ISBN 978-0-428-10364-4
PIBN 11245838

1 MONTH OF
FREE
READING

at
www.ForgottenBooks.com

By purchasing this book you are
eligible for one month membership to
ForgottenBooks.com, giving you
unlimited access to our entire
collection of over 700,000 titles via
our web site and mobile apps.

To claim your free month visit:
www.forgottenbooks.com/free1245838

Nueva Biblioteca de Autores Españoles

fundada bajo la dirección del

Excmo. Sr. D. Marcelino Menéndez y Pelayo.

21

Orígenes de la Novela

Tomo IV

(«El Asno de Oro», de Lucio Apuleyo. — «Eurialo é Lucrecia». — «Fabulario», de Sebastián
Mey. — «Coloquios», de Erasmo. — «Coloquio de las Damas», de Pedro Aretino. — «Diálogos
de Amor», de León Hebreo. — «El Siage entretenido», de Agustín de Rojas)

por

D. M. Menéndez y Pelayo

Con una Introducción de

D. A. Bonilla y San Martín

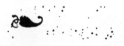

Madrid

Casa Editorial Bailly-Baillière

Núñez de Balboa, núm. 21.

1915

J. C. OLERMAN

MARCELINO MENÉNDEZ Y PELAYO

(1856-1912)

«La voce sua era come la voce di un popolo inte-
ro; nel suo cuore era il palpito del cuore dei mi-
lioni.»

(ARTURO FARINELLI: *En memoria de Menéndez y
Pelayo.*)

I

LA VIDA

«Recuerdo—escribía en 16 de Mayo de 1878 el autor de la exquisita *Historia crítica de la poesía castellana en el siglo XVIII*, al de la deliciosa *Pepita Jiménez*—que nuestro amado é ilustre compañero Hartzenbusch me habló alguna vez de un mozo de pocos años, que llamaba la atención en la Biblioteca Nacional por su asidua asistencia, por su corta edad, por su perseverante estudio, y hasta por la importancia de los libros y manuscritos cuya lectura solicitaba.»

Ese «mozo de pocos años», que antes de los veinte había llamado tan poderosamente la atención de Hartzenbusch, de Cueto, de Valera y de D. Fermín Caballero [1], era D. Marcelino Menéndez y Pelayo, nacido en Santander, el 3 de Noviembre de 1856.

Fueron sus padres D. Marcelino Menéndez y Pintado, natural de la villa de Castropol, en Asturias, y catedrático de Matemáticas en el Instituto provincial de segunda enseñanza de Santander [2]; y Doña María de Jesús Pelayo, natural de esta última ciudad.

La Montaña, no sólo fué la cuna de Menéndez y Pelayo, sino el amor de sus amores. Á través de ella quiso entrañablemente á España, y en ella deseó morir. Sus primeros trabajos, á ella fueron dedicados, y él se complacía siempre en recordar que aquella tierra fué engendradora de las razas generosas de que procedieron el Marqués de Santillana, Garci-Lasso, Lope de Vega, Calderón y Quevedo; y la patria de Beato de Liébana, gloria de la Iglesia española; del gran prosista Fray Antonio de Guevara, del arquitecto Juan de Herrera, del célebre Martín del Río, autor de las *Disquisitiones magicæ*; del dramaturgo D. Antonio de Mendoza, del infatigable erudito D. Rafael Floranes, de Fray José de la Canal, del ilustre bibliófilo La Serna Santander, de Trueba y Cosío, y de Pereda, el más castizo novelista que produjo España en el siglo XIX.....

---

[1] Véase la *Advertencia final* del libro de Caballero: *Alonso y Juan de Valdés* (Madrid, 1875), donde menciona con elogio á Menéndez y Pelayo.

[2] Conozco las siguientes obras suyas: *Principios de Aritmética y Álgebra...*, segunda edic.; Madrid, Tello, 1887. En 4.º

Principios de Geometría y Trigonometría..., segunda edic.; Madrid, Tello, 1890. En 4.º

«Puso Dios en mis cántabras montañas *(escribía en 1877)*
auras de libertad, tocas de nieve,
y la vena del hierro en sus entrañas:
tejió del roble de la adusta sierra
y no del frágil mirto su corona;
que ni falerna vid ni ático olivo,
ni siciliana mies ornan sus campos,
ni allí rebosan las colmadas trojes,
ni rueda el mosto en el lagar hirviente;
pero hay bosques repuestos y sombríos,
misterioso rumor de ondas y vientos,
tajadas hoces, y tendidos valles
más que el heleno Tempe deleitosos,
y cual baño de Náyades la arena
que besa nuestro mar; y sus mugidos,
como de fiera en coso perseguida,
arrullos son á la gentil serrana,
amor de Roma y espantable al Vasco,
pobre y altiva, y, como pobre, hermosa.»

Y, en la *Carta* á sus amigos de Santander, declaraba:

«Ni ingenio ni saber en mí premiaste;
sólo el intenso amor irresistible
que hacia las letras dirigió mis años,
y aquel amor más íntimo y potente
á mi dulce Cantabria, tierra santa,
la tierra de los montes y las olas,
donde ruego al Señor mis ojos cierre,
sonando, cual arrullo, en mis oídos,
lento el rumor de su arenosa playa.»

Concurrió en Santander á la escuela de primeras letras de D. Víctor Setién y Zubieta, y allí mismo comenzó á llamar la atención de sus compañeros. Uno de éstos, entrañable amigo suyo de toda la vida, D. Gonzalo Cedrún de la Pedraja, cuenta que Menéndez, «sin dejar de ser afectuoso y expansivo con sus compañeros, como lo fué siempre, tenía por entonces cierta gravedad algo melancólica, impropia de sus pocos años. Yo no recuerdo—dice—haberle visto nunca jugar á ninguno de los juegos con que nos divertíamos y gozábamos, cuál más, cuál menos, los demás niños de su edad; y no me hace mudar de opinión la casualidad de conservarse en su casa un retrato suyo de aquel tiempo, en el que está de pie con un sable en la mano... Las verdaderas inclinaciones de Marcelino iban ya, desde entonces, por muy otro rumbo. Se susurraba entre los chicos de la escuela, que doña Jesusa, su madre, había tenido que tomar precauciones para evitar que el niño se pasase las noches leyendo á la luz de los cabos de vela sobrantes que, según decían, cogía y guardaba con este propósito tan desusado, y que á muchos (como es de suponer) les parecía extravagante. Á juicio de aquellos infantiles críticos, Marcelino era *un fenómeno.*»

Cuando entraba en los diez años de edad (en 1866), comenzó Menéndez y Pelayo los estudios del Bachillerato. Constaba entonces éste, menos recargado y absurdo que ahora, de cinco cursos, donde figuraban las siguientes materias:

I. Primer año de Latín y Castellano. — Doctrina Cristiana é Historia Sagrada (primer año).
II. Segundo año de Latín y Castellano. — Doctrina Cristiana é Historia Sagrada (segundo año).
III. Retórica y Poética. — Geografía. — Historia de España. — Aritmética y Álgebra.
IV. Psicología, Lógica y Ética. — Fisiología é Higiene. — Historia Universal. — Geometría y Trigonometría. ·
V. Física y Química. — Historia Natural.

Siguió Menéndez y Pelayo estos cinco cursos (desde el de 1866 á 1867 hasta el de 1870 á 1871) con tal aprovechamiento, que obtuvo el «premio ordinario» en todas las asignaturas, excepto en la de Geometría y Trigonometría, en la cual renunció á hacer la oposición que tenía solicitada, por ser su padre uno de los jueces que componían el Jurado. En 26 de Junio de 1871 practicó, en el mismo Instituto de Santander, los dos ejercicios del grado de Bachiller, obteniendo luego, en pública oposición, el día 28, el «premio extraordinario» en la Sección de Letras, honor que, hasta entonces, á nadie había sido concedido allí.

«Cuando cursaba el Bachillerato, iba con frecuencia á la librería de un tal Fabián Hernández (editor del famoso *Libro Becerro de las Behetrías de Castilla*), en donde se reunían su tío (D. *Juan Pelayo y España*, *médico, novelista, y poeta de agudo ingenio*) y otros redactores y colaboradores de *La Abeja* á charlar de novedades literarias después de haber cesado en su publicación el periódico, y como niño curioso, y más que curioso, insaciable de saber, no dejaba parar ningún libro en los estantes. Tenía aquel librero achaques de bibliófilo, y dió en el tema de que se hallaba en posesión de un ejemplar de la primera edición del *Quijote*, con notas de puño y letra del propio Cervantes, en las cuales, anticipándose á la crítica de la posteridad, explicaba de mejor ó peor manera muchos de los descuidos y leves defectos que en su obra inmortal señalaran Clemencín y otros comentadores. Á tan extraño y singular capricho dedicó en la prensa varios artículos, que daban materia de regocijados comentarios á sus contertulios. La tertulia del librero Fabián Hernández, fué el primer ambiente literario que Marcelino respiró fuera de las aulas del Instituto» (¹). Allí también adquirió uno de los primeros libros de su biblioteca: las *Disquisitiones magicæ* del P. Martín del Río.

La lengua latina, en la cual llegó á ser Menéndez y Pelayo consumado maestro, estudióla bajo la dirección del profesor D. Francisco María Ganuza; y, no contento con los dos cursos oficiales, siguió dando lección particular con el catedrático hasta graduarse de Bachiller. Varias veces le oí decir, en sus últimos años, que nadie podía ser perito en dicha lengua, sin dedicarse, cuatro años por lo menos, á traducir los clásicos.

Por aquellos tiempos estudió también el inglés, en unión de su amigo D. Gonzalo Cedrún de la Pedraja. En el francés y en el italiano fué *autodidacto*, y los hablaba corrientemente. El alemán lo estudió mucho más tarde.

Fué su profesor en Filosofía un D. Agustín Gutiérrez, autor de cierto *Curso completo de Filosofía elemental*, en dos tomos (Santander, Hijos de Martínez, 1860-1863), regularmente escritos y donde se muestra algo enterado de los progresos del pensamiento en su tiempo. Dividía la Psicología en Estética, Noología y Prasología, dedicando una lección final á la *Síntesis anímica;* y la Lógica, en Crítica, Metodología, Gramática y Dialéctica· Su pensamiento era muy afín del de Reid, Cousin, Royer-Collard y Laromiguière, á quie-

---

(¹) G. Cedrún de la Pedraja: *La niñez de Menéndez y Pelayo;* Madrid, 1912.

nes cita con frecue · · · · lli, y no en Barcelona (como se ha creído), adquirió Menéndez y Pelayo sus primeras aficiones á la tradición moderada y analítica de la escuela escocesa.

El Sr. Cedrún refiere la siguiente anécdota, relativa á los estudios filosóficos de don Marcelino: «En aquella cátedra de Filosofía, al llegar el curso á cierta altura, acostumbraba el profesor á distribuir los alumnos en trincas, dando á cada uno un tema para que lo desarrollase por medio de un discurso escrito, á cuya tesis debían hacer objeciones en forma silogística los contrincantes. Llegó el día en que debía de actuar Marcelino. Se llenó el aula. Acudimos á ella muchos que todavía no estudiábamos Filosofía. El disertante mantenía como tesis la inmortalidad del alma, y todos nos quedamos pasmados al verle, con los papeles del discurso arrollados en la mano, recitar en latín, á guisa de tema de oración sagrada, un larguísimo párrafo de las *Tusculanas* de Cicerón, pertinente al caso. Luego empezó á leer, y lo escrito guardaba proporción con lo recitado. Hay que advertir, á todo esto, que el disertante tenía trece años. Pero faltaba la segunda parte del ejercicio: los *argumentos.....* Llegó un momento en que no acertó á encontrar salida en medio de aquel laberinto de *mayores, menores* y *consecuencias. ¡Ergo conclusus!*, exclamó su adversario, con la voz tonante y triunfadora que era de rigor en tales casos. Por el momento no pasó nada más. Pero testigos mayores de toda excepción, aseguraron que, al terminar la clase, se había visto á Marcelino llorar de rabia y darse materialmente de cabezadas contra las paredes del patio». (¹).

*

Pertrechado de laureles académicos, admirado de sus condiscípulos, y provisto de los conocimientos humanísticos, literarios y filosóficos á que nos hemos referido, y hasta de un *poema épico* (²) escrito á las trece años, trasladóse Menéndez y Pelayo á Barcelona en 1871, para estudiar la carrera de Filosofía y Letras. «Fué á estudiar Filosofía y Letras á Barcelona—escribe el Sr. Cedrún,—por dos razones: la primera, porque allí vivía, siendo profesor de aquella Universidad, el Dr. Luanco, erudito historiador de la Alquimia en España, paisano y amigo de su padre; la segunda, porque á éste no le agradaban las doctrinas racionalistas de algunos catedráticos de la Facultad de Letras de Madrid.» «No difería esta escuela—escribe Menéndez y Pelayo en 1908, hablando de la Universidad barcelonesa—en su organismo oficial, de lo que eran las restantes de España, sometidas á triste uniformidad después que el plan centralista de 1845 acabó con los restos de la autonomía universitaria, que ahora tímidamente intenta renacer. Pero en Barcelona, como en otros centros de antigua cultura y de vida moderna más ó menos intensa, nunca se había extinguido la espontaneidad nativa del carácter provincial, y en la enseñanza, como en todo, se manifestaba, aunando venerables tradiciones con impulsos y anhelos de renovación, sentidos allí antes que en otras partes de la Península. Tenía, pues, la Universidad barcelonesa en 1870 sus dotes características, que en gran manera la diferenciaban dentro de nuestra vida académica tan pobre y lánguida; y por ellas había conquistado, sin ruido ni aparato externo, cierta personalidad científica, una vida espiritual propia, aunque modesta, que daba verdadera autoridad moral á algunos de sus maestros, haciéndolos dignos educadores de almas y nobles representantes del pensar de su pueblo. Here-

---

(¹) El adversario de Menéndez y Pelayo en aquella justa filosófica, é íntimo amigo suyo durante toda su vida, fué D. José Ortiz de la Torre, gloria de la Cirugía española.

(²) Poema (en octavas reales) á la muerte de D. Alonso de Aguilar, héroe de algunos de los más bellos romances de la conquista de Granada. Ocurrió la heroica muerte de D. Alonso en Sierra Bermeja, á 18 de Mayo de 1501.

dera la Universidad, por una parte, del floreciente «romanismo» de la escuela de Cervera, de la tradición jurídica, arqueológica y de humanidades que se compendia en el gran nombre de Finestres; y, por otra, de las tradiciones de la ciencia experimental, que había sido profesada no sin brillo en la antigua Escuela de Medicina y en los Estudios de la Casa-Lonja, mostró desde los primeros días un *sentido histórico y positivo*, de pausada indagación y recta disciplina, nada propenso á brillantes generalizaciones, intérprete y no deformador de la realidad; tímido, pero seguro, en sus análisis; respetuoso con todos los datos de la conciencia; atento á los oráculos de la venerable antigüedad, sin acercarla ni alejarla de nosotros demasiado. Y este sentido, con la variedad propia de cada género de estudios, inspiró lo mismo á los jurisconsultos que á la luz de la escuela histórica comenzaron la rehabilitación de las antiguas instituciones, que á los psicólogos partidarios de la escuela de Edimburgo, y á los críticos y artistas que, educados en el romanticismo arqueológico, llegaron á convertir en doctrina estética lo que había sido al principio intuición genial. En esta escuela me eduqué primeramente, y aunque la vida del hombre sea perpetua educación, y otras muchas influencias hayan podido teñir con sus varios colores mi espíritu, que, á falta de otras condiciones, nunca ha dejado de ser indagador y curioso, mi primitivo fondo es el que debo á la antigua escuela de Barcelona, y creo que substancialmente no se ha modificado nunca.»

En la Universidad de Barcelona siguió Menéndez y Pelayo los cursos de 1871 á 1872 y 1873 á 1874, estudiando en el primero las asignaturas de Literatura general y española, Literatura latina, Geografía y Lengua griega, cuyos profesores eran, respectivamente, el insigne D. Manuel Milá y Fontanals, D. Jacinto Díaz, D. Cayetano Vidal y Valenciano y D. Antonio Bergnes de las Casas.

Hizo su *debut* en la clase de Literatura general, «y por tan maravilloso modo—escribe García Romero,—con tan desusada maestría, explicó el *concepto de la belleza* y las infinitas teorías que desde Platón acá han venido exponiéndole, que de aquel día data el respecto y admiración con que le trataron siempre sus condiscípulos, reconociendo noblemente la infinita superioridad en cuestiones literarias de un chicuelo que por aquel entonces tenía ¡quince años!»

Allí tuvo por amigos y condiscípulos, entre otros, á Rubió y Lluch, Franquesa y Gomis, Gres, Herminio Fornés, Federico Schwartz y Bertrán y Bros, siendo el primero de los citados su más íntimo amigo en Barcelona, y de quien él loaba, en Noviembre de 1882, con ocasión de prologar su notable libro sobre *El sentimiento del honor en el teatro de Calderón*, las aventajadas dotes de investigador y crítico, la penetración y firmeza en el juzgar, el sentido verdadero y personal de la belleza artística, la cultura intelectual que no es frecuente en nuestra patria, el fácil y ameno estilo, y cierto reposo y elevación moral, que cuadraban bien á la escuela en que se educó y á las gloriosas tradiciones que había recibido de su padre (D. Joaquín Rubió y Ors), añadiendo que su objeto, en el Prólogo, era que sus nombres quedasen unidos, «como lo han estado siempre, desde que la suerte quiso juntarnos en aquella cátedra del Dr. Milá, donde cada palabra era una semilla, y cada pensamiento una revelación».

Habitó Menéndez y Pelayo, en Barcelona, en la calle de la Fuente de San Miguel, 2, 3.º Los domingos solía ir á comer en casa del Dr. D. Joaquín Rubió, poeta notabilísimo é investigador de gran mérito. Sus paseos predilectos eran la carretera de Sarriá ó la muralla del mar.

Llegado el mes de Junio de 1872, y habiendo aprobado con brillante éxito las cuatro asignaturas, Menéndez y Pelayo volvió á Santander á pasar las vacaciones de verano. En 12 de Setiembre solicitó tomar parte en la oposición á los premios de aquéllas. Los ejercicios tuvieron lugar el día 27, disertando D. Marcelino acerca de los siguientes temas: *Teatro español; Poetas trágicos latinos, fijándose especialmente en los de la 2.ª época; La Tierra considerada como cuerpo celeste,* y *Verbos en* μι. Obtuvo premios en las tres primeras, ó sea en Literatura general y española, Literatura latina y Geografía; pero no en la cuarta (Lengua griega), donde le fué «aprobado el ejercicio por unanimidad; pero no le fué concedido el premio, por no haber tratado bien el tema». No deja de ser esto significativo, mucho más si tenemos en cuenta las aficiones humanísticas de D. Marcelino; y no prueba otra cosa sino lo que es notorio desde tiempos bien antiguos: que se puede saber mucho latín y mucho griego, como también mucho castellano, conociendo medianamente la gramática,

En el año académico de 1872 á 1873, cursó Menéndez y Pelayo en Barcelona las asignaturas de Literatura griega, con D. Jacinto Díaz; Lengua hebrea, con D. Mariano Viscasillas y Urriza, é Historia Universal, con D. Joaquín Rubió y Ors.

Durante este curso, Menéndez y Pelayo hizo sus primeras armas ante el público no universitario. El Ateneo barcelonés trataba de conmemorar con una sesión solemne el aniversario de la muerte de Cervantes. Invitado Menéndez á tomar parte en esta sesión, preparó en brevísimo tiempo el estudio: *Cervantes considerado como poeta,* fechado el 23 de Abril de 1873, y leído el 28 de dichos mes y año. El discurso versa principalmente sobre *La Numancia,* que Menéndez y Pelayo considera, sin comparación, como «la obra de más mérito que produjo el teatro español anterior á Lope de Vega. No pueden ponerse á su lado—dice—ni las tragedias de Juan de la Cueva, ni las de Cristóbal de Virués, ni la *Isabela* y la *Alejandra* de Lupercio Leonardo de Argensola. La *Nise Lastimosa* de Jerónimo Bermúdez es una obra más clásica, más correcta, llena en ciertos casos de ternura y de sentimiento; pero, además de no presentar un argumento tan nacional como el de *La Numancia,* además de que sus versos no tienen la robustez que supo dar á los suyos Cervantes en algunas escenas de su tragedia, la obra del monje gallego no es más que una imitación bien hecha de la *Inés de Castro,* tragedia portuguesa de Antonio Ferreira, y el mismo Bermúdez fué muy desgraciado cuando quiso continuar la obra de su modelo, escribiendo la *Nise laureada. La Numancia* está separada de todo lo que la rodea, y forma época en la historia del Teatro español, anunciando ya el drama nacional tal como lo concibió Lope de Vega.»

Durante su estancia en Barcelona, tuvo Menéndez y Pelayo frecuente ocasión de visitar los Archivos y Bibliotecas públicas y privadas de aquella ciudad. Conoció también al catedrático de Filosofía D. Francisco Javier Lloréns y Barba, uno de los representantes más insignes que en España ha habido de la escuela escocesa, que D. José Joaquín de Mora había importado, y que tuvo además, en la región levantina, discípulos tan eximios como D. Pedro Codina y Vilá y Martí de Eixalá (aparte de Monlau y de Beato).

Pero la figura más ilustre y que mayor influjo ejerció en Menéndez y Pelayo, fué la de D. Manuel Milá y Fontanals. «Su dicción—escribe aquél—era pausada, lenta, premiosa, monótonos el ademán y el gesto, algo opaca la voz y como velada. Había conseguido, á fuerza de estudio, dominar su acento nativo y limar las asperezas del lenguaje, y hablaba con tan rara corrección, que hubiera podido estamparse todo lo que decía. Pero no se veía en él ningún conato de agradar; ni cayó nunca en artificios indignos de la severa exposición doctrinal. No hablaba al sentimiento, sino á la razón, y era tan sobrio y económico de palabras hablando como escribiendo. Amplificaba lo menos posible; pero fijaba con mucha insistencia los puntos culminantes, para que sirviesen como tema de meditación á sus alumnos y fuesen despertando en ellos el hábito de pensar, al cual solían ser tan ajenos por su educación primera. Usaba alguna vez el método socrático, pero menos acaso de lo que debiera, y menos que Lloréns por de contado. Aclaraba la lección con oportunos ejemplos que solía llevar escritos, no fiándose ni aun en esto de su felicísima y bien ordenada memoria. Receloso contra las vaguedades de la estética pura, presentaba siempre el hecho artístico al lado de la teoría, y hacía frecuentes aplicaciones á las diversas artes, con lo cual agrandaba de un modo insensible el horizonte intelectual de sus discípulos. En la recomendación de autores y de libros era muy cauto, absteniéndose de citar algunos ni aun para refutarlos. Practicaba con el mayor rigor la máxima de Juvenal: *maxima debetur puero reverentia*, y no hubiera aplicado á los hijos de su sangre, si Dios se los hubiese concedido, más vigilante y amoroso celo que á los hijos de su enseñanza, respecto de los cuales se consideraba investido de una especie de cura de almas. Pero todo esto en una esfera superior, sin hazañerías ni trampantojos, sin disciplina de colegio, sin sombra de «filisteísmo», que es el peor lenguaje que se puede hablar á estudiantes y que, en vez de prevenir, fomenta todo género de anarquías y rebeliones intelectuales. En la clase de Milá no se hablaba más que de estética y de literatura, pero se respiraba una atmósfera de pureza ideal, y se sentía uno mejor después de oir aquéllas pláticas, tan doctas y serenas, en que se reflejaba la conciencia del varón justo, cuyos labios jamás se mancharon con la hipocresía ni con la mentira.»

Los méritos de Milá como provenzalista, como filólogo catalán, como *folklorista* y colector de la poesía popular, como historiador literario de la Edad Media, y como artista, fueron admirablemente expuestos por el mismo Menéndez y Pelayo, heredero de sus papeles literarios, en su famosa *Semblanza*, escrita en 1908. Allí recuerda que Milá fué «nuestro primer provenzalista, ó, por mejor decir, el único que España ha producido después del canónigo Bastero, auténtico precursor de Raynouard»; que fué igualmente el primero, «á lo menos en España, que aplicó los procedimientos de la novísima filología á la variedad catalana de la lengua de *oc* y al catalán vulgar de Barcelona, llegando á entrever alguna importante ley fonética, en cuya comprobación trabajaba con ahínco cuando le sorprendió la muerte»; que también fué el primero, á la vez que el gran poeta portugués Almeida Garrett, «que en la Península publicó colecciones de romances directamente recogidos de la tradición oral, completando con ellos las riquísimas colecciones castellanas, tan conocidas y celebradas desde antiguo, y abriendo nuevo y profundo surco en el estudio del alma colectiva de nuestra raza»; y, por último, que «la epopeya francesa y la castellana de la Edad Media fueron el campo principal de sus estudios y meditaciones», dilucidando así magistralmente «la unidad de nuestra poesía heroica, el verdadero sentido en que ha de tomarse el ambiguo nombre de popular que lleva, la genealogía de los romances y su derivación mediata ó inmediata de los cantares de gesta, las relaciones entre la poesía y la historia, el valor de las crónicas como depósito de la tradición épica y medio de reconstituir los poemas perdidos, el influjo de la epopeya francesa en la castellana, desconocido por unos y exagerado por otros, la teoría métrica del verso de las primitivas gestas y sus evoluciones».

En suma: «*La implantación en España de los modernos métodos de investigación crítica, á Milá se debe principalmente*, y aunque apenas hiciese excursiones fuera del campo de la historia literaria, y en él se concretase á cierta época y á ciertos géneros, su ejemplo pudo y debió ser transcendental á otras ramas de estudios, y no sólo en los cultivadores de la tradición poética, sino hasta en los de la historia jurídica estampó su huella..... Y toda gratitud es poca para los hombres como Milá, que prepararon con esfuerzo casi solitario esta obra de madurez intelectual, contrastando con su asidua labor pedagógica y con la persuasiva moderación de su estilo, el influjo enervante de la retórica estéril y de la erudición inexacta y confusa, que tan sueltas andaban por aquellos tiempos, y tanto nos cuesta hoy mismo reducir á disciplina en el espíritu propio y en los ajenos.»

Ha de tenerse en cuenta, por último (y en esto insistía Menéndez y Pelayo al hacer la semblanza del maestro), que Milá era, dentro de Cataluña, «un castellanista fervoroso y convencido». Sostuvo siempre (y dió ejemplo de ello) que los trabajos científicos debían escribirse en el idioma oficial del reino, con lo cual se lograría su mayor difusión. «El gran monumento de su ciencia, el que domina su obra entera, es un tratado de la epopeya castellana. El que en su oración inaugural de 1864, llena de intuiciones y rasgos geniales, verdadero vuelo de águila crítica, trazaba la más luminosa síntesis de nuestros anales literarios; el que llamaba al castellano una de las lenguas más hermosas que han hablado los hombres; el que difundía desde la cátedra el culto de Fr. Luis de León; el que pagó tan noble tributo á Cervantes, á Quevedo, á Calderón, á Moratín; el que en revistas críticas no bastante conocidas juzgó con tanta penetración y cariño la literatura de su tiempo, desde Zorrilla á Fernán Caballero; el que sabía de memoria la mayor parte de los romances viejos y decía del «Poema del Cid» que debía escribirse con letras de oro, nunca ni para nadie pudo ser sospechoso de tibio españolismo. Frecuentemente repetía el dicho de Capmany: «no puede amar á su nación quien no ama á su provincia», tomando, por supuesto, esta palabra «provincia», no en su acepción administrativa, sino en la étnica y tradicional. Como él pensaban y sentían todos los grandes catalanes de su generación y de la anterior. La misma pluma que escribió la historia mercantil de Barcelona y comentó el *Libro del Consulado*, fué la que erigió el *Teatro crítico de la elocuencia castellana* y exacerbó hasta el delirio la pasión patriótica en el *Centinela contra franceses*. El poeta de la grande y solitaria oda que por universal consentimiento llamamos «á la patria catalana», todavía es más conocido como fundador de la *Biblioteca de Autores Españoles*, cuyos primeros tomos ilustró con prólogos elegantísimos. Piferrer, de quien no conozco una sola línea en catalán, ni siquiera en sus cartas familiares, fué un maestro de la lengua y de la crítica en su libro de *Clásicos Españoles*. Las obras de Coll y Vehí son la flor de la antigua preceptiva, y nadie, excepto el americano D. Andrés Bello, le ha igualado en el análisis prosódico de la versificación castellana.»

Larga ha sido la cita, pero indispensable. Nadie mejor que Menéndez y Pelayo podía decirnos cómo fué y qué representó su maestro. Por otra parte, convenía puntualizar, con palabras auténticas y de las que ninguna duda ofrecen, ciertos extremos que la pasión de secta ó de partido pudiera obscurecer y tergiversar. Por lo demás, la influencia de Milá sobre el espíritu de su discípulo predilecto fué algo más tardía de lo que se supone, y nunca llegó á significar una identificación de métodos. La crítica literaria, para Milá, fué más bien ciencia que arte; en Menéndez y Pelayo, por el contrario, predominó el sentido creador y artístico, y esto explica también su más universal influjo.

*   *
*

Si la estancia en Barcelona de D. José Ramón de Luanco determinó, como hemos visto, el viaje de Menéndez y Pelayo á la ciudad condal en 1871, la venida del mismo Luanco á Madrid, para ser juez en el Tribunal de oposiciones á la cátedra de Química de la Universidad de Valladolid, dió lugar á que su joven pupilo le acompañase; y así, en vez de matricularse éste en Barcelona, para el curso de 1873 á 1874, hízolo en la corte [1], cursando las asignaturas de «Historia de España», «Estudios críticos sobre autores griegos» y «Metafísica», en la Facultad de Filosofía y Letras, y la de «Bibliografía», en la Escuela Superior de Diplomática.

Sin duda, en este curso de 1873 á 1874, además de sus trabajos universitarios, ocupóse Menéndez y Pelayo en registrar las bibliotecas y en acopiar datos para su *Biblioteca*

---

[1] Vivía en la calle de Silva, núm. 4, principal.

de traductores españoles, primer gran proyecto que había meditado en Barcelona y en que no cesó de ocuparse durante toda su vida. En Barcelona también había comenzado una traducción de las Tragedias de Séneca, obras que, para vergüenza nuestra, todavía no están vertidas al castellano ([1]). Además, siguió colaborando en la *Miscelánea científica y literaria*, periódico fundado en Barcelona por algunos Profesores y estudiantes, y donde Menéndez y Pelayo dió á luz varias de sus primeras poesías. En ese periódico, que se publicó durante el año 1874 y primer semestre del 1875, colaboraron Milá, Dolores Monserdá, Victoriano Santamaría, Manuel de Larratea, Enriqueta Lozano de Vilches, Sañudo Autrán, Narciso Oller, Manuel del Palacio, Víctor Roselló, Carlos Esquerdo, Puiggarí, Reñé y Viladot, Bertrán y Bros, Fiter é Inglés, Llorach, Juan de Arana, Francisco Gras, Salas y Antón, Federico Schwartz, Roca y Florejachs, Tort y Martorell, José Ixart, Valls y Vicens, Maluquer y Viladot, y otros muchos, algunos de los cuales alcanzaron nombre ilustre en la república de las letras ([2]).

Llegó el mes de Junio de 1874, y Menéndez aprobó las asignaturas de «Historia de España» y de «Estudios críticos sobre autores griegos»; pero no llegó á examinarse de «Metafísica», cuyo Profesor era Nicolás Salmerón. No está bien claro lo que ocurrió con ese motivo. García Romero afirma que Menéndez y Pelayo no se presentó á examen porque, el 31 de Mayo, Salmerón «prometió suspender á cuantos discípulos entrasen á examen, dado que ni uno había sorprendido las *sublimidades* de la ciencia krausista»! Menéndez y Pelayo, por su parte, asegura en cartas particulares que la *falange krausista* le hizo pasar muchos «malos ratos» en aquel mes de Junio «de infausta recordación». E. hecho fué que trasladó la matrícula á la Universidad de Valladolid, donde se examinó de Metafísica por enseñanza libre, aprobando la asignatura.

En la animadversión de D. Marcelino contra los krausistas, había mucho de antipatía natural, invencible y permanente, además de la diferencia radical de sistema filosófico y de principios religiosos. Y como él fué siempre hombre de una pieza, franco y espontáneo, sin reticencias ni contemplaciones, dijo lo que pensaba con toda sinceridad, é hizo bien en decirlo, si así lo creía. En el tomo III de la *Historia de los heterodoxos españoles*, acabado de imprimir á 26 de Junio de 1882 (págs. 803 y sigs.), censura en Salmerón su educación exclusiva y puramente krausista y lo cerrado é intransigente de su espíritu y sistema, añadiendo: «En los pocos escritos suyos que conozco, y que con grandísima fatiga he leído (disertación sobre el *Concepto de la Metafísica* y otra sobre *La idea del tiempo)*, así como en sus lecciones orales (de las cuales todavía me acuerdo con terror, como quien ha salido de un profundísimo sepulcro), Salmerón sigue paso á paso las lecciones de su maestro *(Sanz del Río)*, acrecentadas con tal cual rareza de expresión, verbigracia, cuando nos enseña que «yo y mi esencia, con el uno y todo que yo soy, existo en la eternidad, en unidad sobre la contrariedad de la preexistencia y de la post-existencia, que sólo con relación al tiempo hallo en mí, sabiéndome de la eternidad como de propiedad mía». Quizá hoy el mismo Sr. Salmerón se ría de esta jerga, y dará en ello una prueba de buen entendimiento, ya que por naturaleza le tiene robusto».

La antipatía á que antes me he referido subsistió siempre. Recuerdo, como dato comprobante, que en 1910, cuando tratábamos de enviar á París uno de los dos retratos que

---

([1]) Tradujo Menéndez y Pelayo, en prosa, la *Medea*, el *Agamenón* y buena parte del *Hipólito*. Refiriéndose á estas versiones, escribía á Laverde, en 1.º de Abril de 1877, desde Roma: «Deben andar entre mis papeles, pero sin corregir ni poner en limpio. Quisiera versificar á lo menos los coros.» También tradujo, por aquellos tiempos, *Los cautivos*, de Plauto, que se publicaron en 1879.

([2]) Cons. Juan Maluquer y Viladot: *Menéndez y Pelayo. Recuerdos de juventud*, en el *Diario de Barcelona* de 12 de Julio de 1912 (edición de la mañana).

Káulak había hecho de Menéndez y Pelayo, para que Dujardin trabajase en el magnífico heliograbado que salió al frente de la nueva edición de los *Heterodoxos*, me encargó con encarecimiento extraordinario que se remitiese uno de ellos, pero no el otro, «porque la expresión de éste se parecía muchísimo á la de D. Nicolás».

Y, sin embargo, Salmerón, además de ser hombre de extraordinario talento, como Menéndez y Pelayo reconoce, era persona de noble corazón y de purísimas intenciones. Yo, que durante varios años seguí los cursos de ambos, puedo afirmarlo con perfecta conciencia. La clase de Salmerón era para el alumno motivo de sutilísimos ejercicios dialécticos, que aguzaban su ingenio y le habituaban á pensar por cuenta propia en los problemas filosóficos. Pero convengo también en que Menéndez y Pelayo está en lo cierto cuando censura la barbarie de ciertas locuciones, y reconozco sin dificultad que no era la transigencia su virtud predominante. No eran, sin embargo, menos bárbaras otras expresiones del tomista Ortí y Lara, ni más brillante su tolerancia. Por eso le increpa también Menéndez y Pelayo en la *Historia de las ideas estéticas*, con no menor dureza. Aparte de ésto, entre los arrojados krausistas de entonces, que proclamaban sus ideas á los cuatro vientos y sufrían persecuciones *por la justicia*, y ciertos ladinos sucesores de ahora, que cubiletean en todos los presupuestos, van del brazo con todos los Gobiernos, y no buscan tanto la afinidad del pensamiento como las concomitancias de la conducta, me atengo más á los primeros que á los segundos.

Volviendo á nuestra narración, recordaremos que Menéndez y Pelayo, aprobada la Metafísica en la Universidad de Valladolid, tomó en ésta el grado de Licenciado el 27 de Setiembre de 1874, disertando sobre el tema «Examen y juicio *crítico* de los concilios de Toledo», y obteniendo la nota de Sobresaliente. El día 29 hizo las oposiciones al premio extraordinario del grado, que ganó también, escribiendo un notable estudio acerca del tema: «Conceptismo, Gongorismo y Culteranismo. Sus precedentes. Sus causas y efectos en la Literatura española.» Fueron sus jueces: D. Gumersindo Laverde Ruiz, D. José Muro y D. Gregorio Martínez Gómez.

El nombre de D. Gumersindo Laverde nos pone en presencia de uno de los varones que mayor influencia ejercieron en los primeros trabajos de Menéndez y Pelayo, y á quienes éste más entrañablemente amó. Su correspondencia, desde Octubre de 1874 hasta fines de 1890, no sufrió interrupción, y en ella ponía el Maestro todas las efusiones de su alma, dándole además cuenta de todos sus proyectos y trabajos.

Todavía en 1911 recordaba Menéndez y Pelayo, en un discurso suyo, aquel «varón de dulce memoria y modesta fama, recto en el pensar, elegante en el decir, alma suave y cándida, llena de virtud y patriotismo, purificada en el yunque del dolor hasta llegar á la perfección ascética. Llamábase este profesor D. Gumersindo Laverde; escribió poco, pero muy selecto, y su nombre va unido á todos los conatos de historia de la ciencia española, *y muy especialmente á los mios, que acaso sin su estímulo y dirección no se hubiesen realizado*».

No se le puede ocultar, en efecto, á cualquiera que lea con atención los preciosos *Ensayos críticos sobre Filosofía, Literatura é Instrucción pública españolas* de D. Gumersindo Laverde (Lugo, Soto Freire, 1868), que allí está, en germen, *La ciencia española*. Ningún campeón tan infatigable ha habido de nuestra filosofía como aquél venerable maestro. No sólo escribió notables artículos acerca de algunos de nuestros pensadores (v. gr., Fox Morcillo), sino que procuró determinar la filiación de sus escuelas, propuso la creación en nuestra Facultad de Filosofía de una cátedra de *Historia de la filosofía ibérica*, y aun publicó, en 1859, el prospecto de una *Biblioteca de filósofos ibéricos*, que no llegó á ver la luz. Recorriendo las páginas de los *Ensayos críticos*, salen al paso nombres, indicaciones y proyectos que parecerán familiares al que haya leído *La ciencia española*.

Menéndez y Pelayo trabó amistad íntima con Laverde en este viaje á Valladolid en 1874. Licenciado ya en Filosofía y Letras, volvió á Madrid en Octubre de 1874, matriculándose en las asignaturas del Doctorado, que aprobó en Junio de 1875, doctorándose en el mismo mes, mediante la presentación de su tesis sobre: «La novela entre los latinos.—El *Satyricón* de Petronio.—Las *Metamórfosis* ó *El Asno de Oro* de Apuleyo». Obtuvo además el premio extraordinario, y fueron sus jueces D. José Amador de los Ríos, D. Alfredo Adolfo Camús y D. Francisco Fernández y González. También fué premiado, anteriormente, en las asignaturas de Estética y de Literatura española. La tesis doctoral se imprimió en Santander, el mismo año de 1875.

En aquel curso de 1874 á 1875, los trabajos de Menéndez y Pelayo se acrecentaron de modo considerable. Seguía recogiendo datos (muchos de los cuales comunicaba á Laverde) para la *Biblioteca de traductores*, y se ocupaba también en una *Bibliografía de escritoras españolas* y en los *Estudios sobre escritores montañeses*, obra ésta que pensaba escribir en unión de Laverde. En 1.º de Octubre de 1874 decía á este último: «Recorriendo las obras del sabio Arzobispo de Tarragona, Antonio Agustín, para extender su artículo, como traductor de la *Ciropedia* de Jenofonte, he tropezado con una noticia que creo de bastante importancia para nuestra historia literaria. De una carta dirigida desde Bolonia á un amigo suyo, en 1540, se deduce que él fué el primero que ensayó en nuestra lengua la metrificación latina. El editor italiano, en una nota á dicha carta, transcribe unos sáficos adónicos, que son, al parecer, los más antiguos de nuestra lengua. Empiezan así:

«Júpiter torna, como suele, rico;
Cuerno derrama Jove copioso,
Ya que bien puede el Pegaseo monte
        Verse y la cumbre.
Antes ninguno sabio poeta
Pudo ver tanto que la senda corta
Viese que á Griegos la subida siempre
        Fuera y latinos, etc., etc.»

»Como ve usted por la fecha, los versos del Arzobispo de Tarragona son bastante anteriores á los coros de las *Nises* de Fray Gerónimo Bermúdez, impresas en 1577, y mucho más á las *Eróticas* de Villegas, publicadas en 1618 (¹).»

Siguiendo los consejos de Laverde, disponíase Menéndez y Pelayo, en 24 de Noviembre de 1874, á traducir la *Académica* de Pedro de Valencia, «poniéndola por introducción—decía—mi artículo biográfico-bibliográfico, un tanto aumentado».

Y escribiendo á su citado amigo, dice Menéndez y Pelayo, en carta de 3 de Enero de 1875:

«Ya está terminada y corriente para la impresión la Memoria sobre Trueba y Cosío. Hará un tomito algo más grueso que los de la *Biblioteca Española* de Medina y Navarro, puesto que consta de 20 pliegos de mi letra, y lleva por apéndice las poesías francesas de su hermano y alguna otra cosilla. Tengo esperanza de publicarla aquí, tomándome la Diputación, el Ayuntamiento y la familia de Trueba algunos ejemplares. En la misma forma de tomitos pudieran irse publicando los estudios sobre montañeses, que formarían una colección de 14 ó 16 volúmenes, distribuyendo la materia de esta aparecida manera:

Tomo 1.º S. Beato de Liébana.—Éste pudiera hacer un volumen en 4.º, y más si añadimos la traducción de algunos escritos suyos.   . . »

(¹) Comp. *Horacio en España*, ed. de 1885; I, 28.

Tomo 2.º Fr. Antonio de Guevara.

Tomo 3.º Juan de Herrera.

Tomo 4.º El P. Martín del Río.

Tomo 5.º Jorge de Bustamante y Juan de Trasmiera.

Tomo 6.º D. Bernardino de Escalante, Sebastián de Guevara, Juan Agüero (misionero filipino).

Tomo 7.º Antonio del Corro y D. Juan de Spina (los agrupo por haber sido ambos perseguidos por la Inquisición).

Tomo 8.º D. Antonio de Mendoza.

Tomo 9.º Historiadores y cronistas de los siglos XVI y XVII (Castañeda, Guerra de la Vega, Villanueva, Huerta de la Vega, Fr. Francisco Sota [natural de Puente-Arce; aunque Fuertes le supone asturiano], Cosío y Celis, etc., etc.).

Tomo 10. El P. Rábago y el P. Terreros.

Tomo 11. Floranes.

Tomo 12. Martínez Mazas, Bustamante, Barreda, etc., etc. (investigadores de la historia de la provincia en el siglo XVIII).

Tomo 13. El P. La-Canal, D. Carlos La Serna Santander, etc.

Tomo 14. Poetas del siglo XVIII (¿Jorge Pitillas?, Doña María Campo-Redondo, García Diego, el Deán Bedoya, etc., etc.).

Tomo 15. Economistas, políticos, etc., etc. (Campillo, Fernández Vallejo, Félix Cavada, Cevallos, etc., etc.),

Tomo 16. Trueba y Cosío.

Tomo 17. Líricos del siglo XIX, comprendiendo sólo los muertos (Campo-Redondo, Silió, ¿Isla Fernández? y algún otro).

Tomo 18. Escritores varios de todas épocas (teólogos, jurisconsultos, etc.); la imprenta en Santander, las publicaciones periódicas, etc. Del número mayor ó menor de datos que encuentre sobre cada uno de los escritores, depende el que entren más ó menos en un tomo. Sobre los vivos, me propongo publicar estudios en otra forma, pues no ha de ser ésta la parte menos curiosa de mi trabajo.»

Cuarenta artículos de la *Biblioteca de traductores* iban redactados ya en 10 de Enero de 1875. En carta de 14 de dicho mes, escribe á Laverde: «He encontrado muchos materiales para ciertas partes de mi trabajo sobre montañeses en la muy abundante colección de obras y papeles relativos á esta provincia que posee aquí un indiano, amigo mío, D. E. de la Pedraja. Con presencia de sus libros, folletos y periódicos, estoy ordenando una *Tipografía Montañesa*, que tiene ya unos 150 artículos, todos *de visu*. Éste ha de ser uno de los Apéndices de mi obra, y aún pudiera abultar bastante para formar un opúsculo: *La Imprenta en Santander*, que sería curioso.» Y añade: «He recibido el tomo LXVII de la *Biblioteca* de Rivadeneyra, tercero de la colección de D. Leopoldo, y tan rico y curioso como los dos anteriores. Contiene obras de 45 poetas. Están muy completos Cienfuegos, Arriaza (de quien, además de todas sus poesías impresas, inserta varias manuscritas, y la traducción del *Arte Poética* de Boileau), Lista (á cuyas obras añade un poema inédito muy notable: *El Imperio de la Estupidez*), Gallego, Somoza y Reinoso. Omite de D. Juan Nicasio los dos poemas ossiánicos, y de Reinoso, una oda. De Maury publica por primera vez la traducción del libro 4.º de la *Eneida*, con prólogo y epílogo. De Burgos falta la versión de una epístola de Pope. Trae asimismo casi todas las poesías inéditas de D. Dionisio Solís, y muchas de poetas menores. Á nombre de Marchena publica la traducción (impresa anónima) de la *Heroida* de Pope. Hay en este tomo otras versiones, entre ellas la *Batracomiomaquia* del Dr. Marcos. De Doña María de Hore, poetisa gaditana, inserta muchos versos; pero omite á Sor María do Ceo, Sor Ana de San Jerónimo, Sor Gregoria de Santa Teresa y Rosa Gálvez, á mi entender más notables. Faltan, entre los poetas dignos de memoria, Montengón, González del Castillo, Lasala, Mármol, Viera y Clavijo, Mor de Fuentes, Silvela, Cabanyes, Aribau, el P. Báguena y otros. Por cierto que, ni en el pasaje correspondiente, ni en la lista de los que le dieron noticias, se acuerda de mí, sin duda por ser persona oscura y desconocida. Dice que por una *casualidad harto rara* supo la existencia de los versos de P. Pérez, agonizante.»

En otra carta observa la omisión de Bances Candamo y la de todos los poetas *americanos*, «que, no sé por qué razón, olvida absolutamente».

Pocos días después recibió D. Marcelino una gratísima nueva, que cuenta á Laverde, en carta de 20 de Enero, desde Santander, del siguiente modo: «El Ayuntamiento de esta ciudad, en sesión de anteanoche, á propuesta del Alcalde y sin la menor noticia de mi parte, acordó, *por unanimidad*, concederme una subvención de 12.000 reales para que viaje por el extranjero y estudie las literaturas extrañas en el modo, tiempo y forma que me parezcan convenientes. Al mismo tiempo acordó oficiar á la Diputación Provincial para que contribuya de igual manera al propio objeto. Según he oído esta tarde, es cosa casi segura que en esta Corporación se tomará igual acuerdo con el mismo unánime consentimiento. Con la asignación, pues, de 24.000 reales, por lo menos, que empezará á figurar en los próximos presupuestos, pienso comenzar en Setiembre mis peregrinaciones, dirigiéndome en primer lugar á París y después á Italia, para hacer en años sucesivos viajes á Inglaterra, Alemania, etc., sin olvidar á Portugal y á Grecia, si esto durare. Así (Deo volente) pienso pasar los años que me faltan para entrar en oposiciones. Esta honrosa demostración de mi pueblo natal en favor mío, y la que, según es de creer, hará la provincia, me impiden solicitar su apoyo para la publicación de la Memoria *Truebina*. La imprimiré, pues, por mi cuenta y riesgo, dedicándola al Municipio.»

En 22 de Enero de aquel año ya estaba en Madrid Menéndez y Pelayo. Siguió cambiando notas con Laverde acerca de traductores y poetisas, enviándole, para que las corrigiese, versiones poéticas de textos griegos, y haciendo proyectos para la publicación de una *Biblioteca* de filósofos.

Volvió á Santander en Semana Santa; pero antes dejó en poder de Alejandro Pidal los artículos relativos al abate Andrés[1], á Eximeno y á Hervás y Panduro, que formaban parte de una serie de 20 ó 24 acerca de los jesuitas españoles deportados á Italia en 1767. Dichos artículos habían de publicarse en la *España Católica*.

Laverde había puesto á Menéndez y Pelayo en relación con sus amigos de Madrid. En Febrero de 1875 se presentó el segundo á D. Juan Valera, con una carta de aquél. Trataron, como era natural, de proyectos bibliográficos, y el autor de *Pepita Jiménez* prometió á Menéndez hablar con el sucesor de Rivadeneyra, para ver si se determinaba á incluir en la *Biblioteca de Autores Españoles* uno ó dos tomos de filósofos. Entusiasmado Menéndez y Pelayo, escribía á su recomendante: «En el caso de que sean dos (*los tomos*), llenaríamos uno con opúsculos latinos y otro con escritos castellanos. Entre los primeros, deberían figurar varios de Luis Vives (esperando que llegue el día de hacer una edición de sus obras filosóficas), todos los de Foxio Morcillo, los de Valencia, Cardillo, Mariana, Gouvea, el Brocense y el portugués Francisco Sánchez, la *Antoniana Margarita* y todos los escritos publicados con ocasión suya, etc., etc. Podrían añadirse el *De animi affectionibus*, del Deán Martí, y alguna otra cosa del siglo pasado. Si hubiera espacio, debían ponerse muestras de Suárez y Domingo de Soto. También pudieran añadirse diferentes tratados de Sepúlveda, de Pedro Juan Núñez y de otros peripatéticos clásicos. Como curiosidad bibliográfica, podría entrar algún tratado de Miguel Servet. De este modo, y procurando la mayor variedad posible, de suerte que pudieran presentarse muestras de diferentes escuelas y tendencias filosóficas, se formaría un tomo interesante y curiosísimo.

En cuanto á las obras castellanas, ó ya traducidas á esta lengua, tampoco habría dificultad en formar una escogida colección. Comenzando por Raimundo Sabunde, como representante del lulismo, podrían entrar sucesivamente el *Cuzary*, de Yehudá-Ha-Leví; los *Diálogos de Amor*, de León Hebreo, traducidos por el Inca Garci-Lasso (estas dos obras desea reproducirlas Valera); varios tratados místicos, y especialmente el *del amor de Dios*, de Fonseca, y diferentes opúsculos dignos de conservarse, como el *Origen de los estoicos y la defensa de Epicuro*, de Quevedo, no incluída en la edición de sus obras que dirigió A. Fernández-Guerra (¹); el tratado *de la hermosura y del amor* y la carta en defensa de Epicuro, del conde de Rebolledo, etc., etc. Debían añadirse los escritos filosóficos del Padre Feijóo, no incluídos en la edición de sus obras; la *Filosofía Scéptica*, del Dr. Martínez; la *Lógica* y la *Filosofía moral*, de Piquer; los *Desengaños filosóficos*, de Valcárcel; algo del P. Ceballos; muestras del *Hombre físico*, de Hervás; las ilustraciones de Forner á sus *Discursos filosóficos;* la obra de Pérez y López, etc., etc. Con esto tendríamos materiales más que sobrados para un buen tomo. Prescindimos de Huarte y Doña Oliva, ya reproducidos por Adolfo de Castro. Tal es el plan que he formado.»

En las vacaciones de Semana Santa, del citado año de 1875, fué cuando escribió por entero la tesis doctoral, á que me he referido, sobre *La novela entre los latinos*, «trabajo extenso—decía—y que, á mi entender, contiene algunas noticias curiosas. En la parte de Petronio, traduzco algunos fragmentos, por no existir (que yo sepa) versión castellana del *Satyricón*». De vuelta á Santander, en Julio del mismo año, dió á la imprenta la tesis, de la cual pensaba tirar unos 300 ejemplares.

Preocupado con cierto extremo de su *Biblioteca de traductores*, escribió al bibliotecario de Nápoles, antes de salir de Madrid, la siguiente carta latina, que copio aquí como muestra de su habilidad en el idioma clásico, y que hasta ahora, según pienso, no se ha publicado:

«Regiae Bibliothecae Neapolitanae Praefecto
M. Menendez Pelayo
S. P. D.

Cùm conscribendae *Hispanorum interpretum Bibliotheca qui vernacula lingua graeca et latina scripta tradiderunt* dificillimum opus suscepissem, tum amore patriae, tum litterarum suavissima dulcedini permotus, ratus scilicet nulla de hac re lucubratio praeter cl. Pellicer Specimen quod nostro vocabulo *Ensayo* appellatur prodidisset, statui (Coelitum numine favente) nihil omittere, nihil intentatum linquere quod ad integritatem huius operis commodi fore arbitraretur. Legi fortasse ih scriptis viri doctissimi atque mihi supra modum amici G. Laverde, cujusdam Tragoediarum Sophoclis Hispanicae interpretationis à Petro *Montengon*, Soc. Iesu in Aragonia provincia olim alumno, Neapoli typis excussae anno MDCCCXX, bibliographicam annotationem quae illi à Cajetano La-Barrera ardentissimo bibliophilo tradita fuerat. Frustrà Hispaniae celeberrimas Bibliothecas adii, frustrà doctorum scientiam consului, nemo hujus interpretationis nec nomen quidem audivit. Nec superest ipse La-Barrera ad veritatis disquisitionem. Stamina hujus vitae ante hos annos solvit *importuna mors quae sacrum omne prophanat*. Tali necessitate constrictus, te, vir illustrissime, oro atque obsecro per Musarum delicias, per litterarum amorem, per clarissimi viri Joannis Andresii popularis mei atque in praefectura Neapolitanae Bibliothecae tui antecessoris memoriam, ut interpretationis Sophoclis à Montengon editae integram atque perspicuam annotationem communicare velis: alicujus fragmenti insertione illustra-

---

(¹) Pero sí en el tomo III de esta edición, publicado por Florencio Janer en 1877 (págs. 413 á 432).

tam, judicium insuper tuum de ejusdem fidelitate ac meritis prolatum, si forte aliquid exemplar in Parthenopea Bibliotheca extiterit. Vale, vir illustrissime, perpetua felicitate et Dei patrocinio munite. Datum &» (¹).

Por aquellos días también, escribió Menéndez y Pelayo los siguientes dísticos latinos, que llevan fecha de Santander, 2 de Agosto de 1875:

«A I. (²).

Elegía.

Mihi dulcis amorum sedes, pulcherrima virgo,
 Quae facie praestas venustiore Deas,
Pedibus alternis digna memorari Tibulli,
 Candidior lacte candidaque nive,
Dicam oculorum lumen velut astra micantium,
 Hecatae similium cum rupit illa nubes,
Et laxos crines capitis in vertice tortos,
 Qui pectus tegunt turgentiaque poma,
Fluctibus densiores humero jactantur utroque,
 Tales Aphroditem flexus habere credo,
Talis caesarie fuerat formosa Lacaena,
 Pergami excidium Trojanique regis,
Talis Berenices coma super astra locata,
 Callimachi ingenio, docte Catulle, tuo.
¿Singula quid referam? manus tornatiles ipsas,
 Gracilesque pedes, incessumque Divûm.
Et leves risus, et blanda murmura linguae,
 Purpureo in ore provocante basia.
¡Felix qui possit dulcem exaudire loquentem,
 Oscula loquenti qui tibi rapiat, felix!
¡Felix qui possit nuptam te ducere lectum,
 Fulmine contactus dummodò postea cadat!»

(¹) La contestación que recibió Menéndez y Pelayo, decía así:

«Vitus Fornari
Regiae Bibliothecae Neapolitanae Praef.
M. M. P.
S.

Statim ut tuas litteras, vir humanissime, accepi, indagini operam dedi, si forte in hac nostra invenissem Bibliotheca exemplar aliquod *Tragoediarum* Sophoclis, quas à Montengon, Societatis Iesu, Hispanico ser-mone conversas typisque Neapolitanis mandatas arbitraris. Sed summam quamvis in hac investigatione dili-gentiam adhibuissem, nihil tamen reperi quod operis à te suscepti alicui utilitati fore existimem. Expedit autem noscas me forte in ejusdem Montengon rarissimum volumen incidisse, Neapoli item anno MDCCCXX (presso Gio: Battista Settembre) excussum, de quo praeter titulum: *Las tragedias de D. P. Montengon, tomo 1.°*, nihil amplius addere possum, quippe quod et praefatione et caeteris indiciis prorsus careat. Enim-vero haud illum e manibus dimisi, quin prius, iis fabulis breviter ac summatim inspectis, comperissem ipsas neque Sophoclis neque alius veteris poetae translationes, sed genuinos popularis tui ingenii partus. Quam-obrem id denique in animum induxi fuisse, qui antea versionem illius memoraverunt, deceptos à fabularum argumentis ex Graeca Mithologia depromptis atque Æschyleis et Sophocleis titulo penè similibus.—Vale, vir clarissime, tuisque studiis viriliter incumbe.—Dedi Neapoli, secundo Kalendas Sextilis, anni MDCCCLXXV.»

Realmente, Pedro Montengon tradujo, por lo menos, tres tragedias de Sófocles: *Electra, Filoctetes* y *Edi-po, rey*, en verso castellano. Poseo copia de esta versión, que no llegó á publicarse, y que no citan Laverde ni Menéndez y Pelayo.

(²) La misma persona á quien van dedicados los sonetos de la *Misceránea científica y literaria* á que des-pués aludo en la *Bibliografía.*

Sucesivamente iba enviando Menéndez y Pelayo á su amigo Laverde, desde Santander ó desde Madrid, las versiones poéticas que hacía de autores clásicos, antiguos y modernos. Deseaba vivamente ver reunidos en un tomo esos trabajos, que después constituyeron la base de los *Estudios poéticos*; y así le escribía, en 4 de Setiembre de 1875: «Tengo pensado reunir mis traducciones de poesías líricas, añadir algunas más, y formar con ellas un tomo semejante en forma y tamaño al de las *Poesías* de Valera, que titularé *Estudios poéticos*. En él entrarán versiones del griego, del latín, del italiano, del inglés, del francés y del lemosín, teniendo de esta suerte la coleccion variedad, á falta de otro mérito· He aquí el *specimen:*

»Del griego: Las dos odas de Safo.—La de Erinna.—Cinco anacreónticas *(La paloma; La cigarra; A un pintor; La Rosa; Vénus sobre las ondas del mar).*—Un fragmento de Alcmán.—La olimpiada décima-cuarta de Píndaro.—*La Hechicera,* idilio de Teócrito.—*La Muerte de Adonis,* de Bion.—*Canto fúnebre de Bion,* de Mosco.—*Himno* de Sinesio, obispo de Tolemaida, á su lira.

»Del latín: Invocación de Lucrecio.—Epitalamio de Catulo, y Elegía al sepulcro de su hermano.—Dos elegías de Tibulo (la 1.ª y la 3.ª).—Una de Propercio (1.ª del libro 4.º).—La de Ovidio á la muerte de Tibulo.—La égloga décima de Virgilio.—Dos odas de Horacio (á Pirra, á Clío).—Fragmento de Petronio.—Himno de Prudencio en loor de los mártires de Zaragoza (como anuncio de la versión completa).

»Del italiano: Dos canciones del Petrarca *(Á la fuente de Valclusa, Á Italia).—Los Sepulcros,* de Hugo Fóscolo.

»Del francés: *La Cautiva* y *El Ciego,* de Andrés Chenier.

»Del inglés: El *Himno á Grecia,* de Byron.

»Del lemosín: Dos cantos de Ausias March, y alguna composición de poetas modernos que tengo traducida.

»Originales *hasta cierto punto: Una fiesta en Chipre.*—Una oda sáfica, titulada *Anyoransa.*—Un soneto.—Los dísticos latinos.

»Todas estas composiciones irán escrupulosamente corregidas.»

Invitó Menéndez y Pelayo á Laverde para que prologase sus *Estudios,* que pensaba ofrecer á los editores Medina y Navarro. Laverde no pudo, por sus achaques, cumplir el encargo, y fué D. Leopoldo Augusto de Cueto, marqués de Valmar, quien escribió, en Madrid, á 16 de Mayo de 1878, la *Carta-Prólogo al Excmo. Sr. D. Juan Valera,* que encabeza las poesías del «brillante y estudioso joven», como dice el prologuista.

El 28 de Setiembre de 1875 encontrábase D. Marcelino en Madrid, donde ganó el premio extraordinario del doctorado en Filosofía. El Reglamento de oposiciones, escribía Menéndez á Laverde, «me deja fuera de combate por cinco años. No sé lo que haré. Pienso solicitar dispensa; si no me la conceden, pediré ingresar en el Cuerpo de Archiveros y Bibliotecarios.» Por aquellos días tenía trazado el plan de la *Historia de los Heterodoxos españoles,* y publicó en la *Revista Europea* su primer artículo sobre el verso *laverdáico* [1]. Á la vez colaboraba con Laverde en cierto *Curso de Retórica,* en el que Menéndez y Pelayo redactó, entre otras, la parte de Estética. Volvió á Santander á primeros de Noviembre, después de haberse detenido algunos días en Valladolid, en casa de Laverde. En 12 de Diciembre había llegado al artículo núm. 100 de la *Biblioteca de traductores,* y tenía recogidos bastantes datos para los *Heterodoxos.*

---

[1] Publicado ya el artículo, escribió Menéndez y Pelayo á Laverde en 14 de Mayo de 1876: «Como verá usted por la adjunta nota, Musso y Valiente cultivó el verso *eneasílabo.* Siento no haber tenido á la vista los suyos cuando escribí el *laverdáico.* Irán en la segunda edición de dicho artículo, si llego á coleccionarle con otros opúsculos.»

En 10 de Febrero del año siguiente, iban tirados ya dos pliegos del estudio sobre Trueba y Cosío. En aquella fecha escribió Menéndez y Pelayo á Laverde: «He visto el número primero del resucitado *Averiguador*, y en él dos preguntas de usted sobre el verbo *aurirrollar*, y otra sobre *bandos del siglo XV*. Agradecería á usted les remitiese las dos siguientes:

«1.ª ¿Cuál fué la patria de D. José Gerardo de Hervás (Jorge Pitillas)? Sí, como parece, nació en *Portillo*, ¿es éste alguno de los dos pueblos de tal nombre existentes en la provincia de Santander? Tal parece persuadir el parentesco muy cercano de Hervás con la familia *Cobo de la Torre*. ¿Hay alguien que posea nuevos datos sobre este escritor? ¿Podría facilitarlos?

»2.ª Se desea saber el paradero de un tomo de poesías castellanas que á su muerte dejó casi preparado para la impresión Trueba y Cosío. ¿Hay alguien que posea obras inéditas de este escritor y quiera comunicar noticia de ellas?»

Mientras se ocupaba en todo esto, Menéndez y Pelayo terminaba los artículos sobre Campo-Redondo y Silió, que habían de seguir á Trueba en los *Escritores montañeses*; traducía el *Elogio de Serena*, de Claudiano; proyectaba una *Sociedad de bibliófilos cántabros*, cuyo prospecto pensaba escribir y publicar en los periódicos locales, y se desesperaba porque Medina y Navarro nada le contestaban acerca de los *Estudios poéticos*, cuya copia les había remitido para la impresión hacía mucho tiempo. En cuanto á la serie de *Escritores montañeses*, había logrado saber que en Casar de Periedo se conservaban nada menos que veinte tomos manuscritos de obras del P. Rábago (entre ellas un Tratado de Filosofía), y formaba el propósito de tratar de la peregrina vida de D. Fernando de la Serna, «natural de Santoña; el español que más largos y difíciles viajes emprendió en los primeros años de este siglo; y digno de compararse con Badía ó con cualquier otro de los más arrojados aventureros. Fugitivo de Filipinas, donde le había sentenciado á muerte un Consejo de guerra, residió largo tiempo en China (cuya lengua llegó á poseer con perfección notable), prestando importantes servicios al Gobierno del Celeste Imperio y contribuyendo á perfeccionar el arte de la navegación en aquel pueblo. Su vida en adelante fué una serie de extraños acontecimientos, que él refiere en parte en dos de sus obras impresas, sobre todo en los *Viajes de un español por el Asia*. Publicó asimismo diversos opúsculos de materias varias, y dejó inéditos numerosos estudios de mecánica y otras ciencias exactas, descripciones de todos los países que recorrió en sus viajes, etc., etc. Escribió una Memoria sobre antigüedades de Cantabria, é hizo largas investigaciones en los Archivos de esta provincia. Levantó un plano topográfico de la isla de Cuba, y planteó en ella el primer ensayo de ferrocarril. Murió, muy anciano, en Santoña, de vuelta de un viaje á Jerusalem. En 1808, antes de su huida á China, era capitán de Ingenieros. Su familia conserva sus obras impresas y manuscritas, y D. Evaristo del Campo, pariente suyo lejano, ha ofrecido hacer lo posible por facilitármelas». Con respecto á la *Sociedad de bibliófilos*, se constituyó una Junta directiva, compuesta de Laverde, Assas, Pereda, Escalante, Leguina y Menéndez y Pelayo; se reunieron 70 socios, y esperaban congregar 100 para estampar el prospecto, acompañado de sus nombres. Pereda trabajaba activa y tenazmente para constituir la *Sociedad*. Assas y Leguina se inclinaban á dar preferencia á los libros de antigüedades é historia de la provincia; Menéndez y Pelayo quería dar á las publicaciones mayor amplitud y universalidad.

Assas y Leguina acabaron por separarse de la Sociedad, y en su lugar fué designado el *sordo de Proaño*, D. Angel de los Ríos y Ríos, traductor de los *Eddas*, autor del *Ensayo sobre los apellidos castellanos* y de la *Noticia de las Behetrías*, arqueólogo diligente y hombre originalísimo, á quien Pereda inmortalizó en *Peñas Arriba*.

Pensó Menéndez y Pelayo inaugurar las publicaciones de la *Sociedad* con las *Memorias históricas de la Iglesia y Obispado de Santander*, que escribió el Deán José Martínez Mazas y se conservaban inéditas en la Catedral. Amós de Escalante prometió escribir el Prólogo. Después irían las *Leyendas* de Trueba, traducidas del inglés. El *Prospecto* de la *Sociedad* salió á luz en el verano de 1876. Al mismo tiempo se hizo provisión de papel y se encargaron á Londres dos ediciones elzevirianas.

En una de sus cartas, Laverde habló á D. Marcelino de los reparos de D. Cayetano Rosell para publicar la *Nueva biografía* de Lope de Vega, compuesta por La Barrera. Menéndez y Pelayo escribía, en 4 de Abril de 1876: «Malo es que las tercerías y embrollos de Lope no se hayan librado de las escudriñadoras miradas de la posteridad; pero, ¿á qué ocultarlos, cuando son bien conocidos de los eruditos, desde el hallazgo de sus cartas al Duque de Sessa, y cuando ya les han dado harta publicidad Fernández-Guerra en el libro de *Alarcón* y Tubino en el suyo de *Cervantes y el Quijote?* La imprudencia estuvo en el primero que echó á volar tales especies.—Respecto á la famosa *Lucinda*, añadiré á usted que á ella están dedicados la mayor parte de los sonetos incluídos en las *Rimas Humanas* del Fénix de los Ingenios. Y aun tengo para mí que ella ha de ser la heroína de la *Dorotea*, «historia en todos sus puntos verdadera», como cuidaron de advertir el mismo Lope y su amigo D. Francisco de Aguilar.»

Laverde había dado noticia á Menéndez y Pelayo del párrafo de D. Gumersindo de Azcárate, que motivó *La Ciencia Española*, estimulándole, al mismo tiempo, á que contestase en un artículo. Desde Santander, á 16 de Abril de 1876, decíale D. Marcelino: «Remito á usted el articulejo contra Azcárate, que borrajeé *calamo currente* estos últimos días. Como usted verá, es harto ramplón y chapucero, sin gran novedad en noticias ni en ideas. Autorizo á usted para que añada, quite, mude, pula y arregle lo que le parezca, y le publique en el modo y forma que más convenga. No le puse más que las iniciales, por la insignificancia y desaliño del trabajo; pero si usted cree que conviene firmarle, ponga el nombre entero. En esto, como en todo, la voluntad de usted será norma.» El artículo se publicó, en efecto, en la *Revista Europea*.

Á fines de Abril de aquel año, se acabó de imprimir el estudio sobre *Trueba y Cosío*, acerca del cual escribió Pereda, para un periódico montañés, un artículo sobremanera eulogístico. Seguidamente, D. Marcelino envió ejemplares á Laverde, Valera, Caminero, Amador de los Ríos, A. Fernández-Guerra, D. Fermín Caballero, Adolfo de Castro, Marqués de Valmar y á varios literatos barceloneses. Poco después, Adolfo de Castro escribió á D. Marcelino que la madre de aquél poseía una comedia manuscrita de Trueba ([1]), de la cual prometió enviarle una copia. Amós Escalante publicó otro artículo en *La Época*, y Laverde en la *Revista de España*, haciendo otro tanto Milá en el *Polybiblion*, de París. La Diputación provincial santanderina, en sesión de 4 de Mayo de 1876, acordó, por unamidad, señalar á Menéndez una subvención de 16.000 reales, para que pudiese continuar, así en España como en el extranjero, sus estudios y tareas literarias y bibliográficas. El agraciado contestó en un oficio admirablemente redactado, que agradó mucho á sus paisanos y que debió de imprimirse en el *Boletín Oficial* de la provincia.

Á todo esto, el Marqués de Valmar, en el mes de Mayo de aquel año, escribió á Menéndez y Pelayo que le había gustado el *Trueba*, y que le enviase los *Estudios Poéticos* para escribir el prólogo en Deva, durante el verano. Laverde deseaba que D. Marcelino suprimiese ciertos pasajes escabrosos de sus versiones. Menéndez se prestaba á ello, eligiendo por juez al eclesiástico Caminero; pero hacía constar, en carta á D. Gumersindo:

([1]) En carta de 9 de Julio, dice Menéndez y Pelayo haber recibido la copia de la comedia, y añade: «Parece que de ella tomó Bretón algunos rasgos de la *Marcela*.»

«No me remuerde, sin embargo, la conciencia en este punto. Todos nuestros traductores, aun los más sabios y piadosos, han respetado, en general, los originales que trasladaban. Fr. Luis de León vertió la égloga *Alexis*, y buen número de *eróticas* de Horacio, entre ellas, dos que cantan el *pecado nefando*, y en una de ellas no dudó en escribir los versos siguientes, más licenciosos que los del texto por él interpretados:

> «Ni te consentirán entretenerte
> con el hermoso Lícidas, tu amado,
> de cuyo fuego saltarán centellas
> que enciendan en amor muchas doncellas» (¹).

» En cuanto á *comentadores* de todas épocas, usted sabe que en nada escrupulizaron. Los traductores no españoles, tampoco se han permitido infidelidades de esta naturaleza. No traeré á cuento á italianos ni á franceses. Baste decir que en Inglaterra, uno de los países más morigerados de Europa (á lo menos en apariencia), en Inglaterra, donde severísimas leyes de imprenta castigan toda infracción, aun leve, del decoro público, aparecen continuamente traducciones de clásicos nunca expurgadas. Los humanistas extranjeros creerían cometer un sacrilegio si mutilasen los originales que traducían.

» Con esta castración, tampoco se logra nada, porque, en mi conciencia de traductor, debo poner en tales lugares una nota que expresamente diga: «Aquí suprimimos algunos versos que nos han parecido libres en demasía.» Y esté usted seguro que á los *débiles* les bastará esto para entrar en curiosidad de conocer tales lugares, y aun suponiendo que no sepan griego ni latín, no faltará en lenguas vulgares alguna traducción que se lo diga. Y lejos de haber evitado el mal, habrémosle causado mayor, pues en el original ó en otras versiones verán enteramente desnudo lo que yo he procurado velar en algún modo. *La privación es causa de apetito;* todo libro vedado se ha leído siempre con avidez. Además, mis traducciones han de correr muy poco, y eso en ciertas manos; no creo tampoco que contengan máximas perversas ni pinturas escandalosas; alguna ligereza hay en ciertos pasajes, pero nada más. Por lo demás, estoy dispuesto á tachar cuanto á usted le disonare, aunque, como pueda, he de tirar algunos ejemplares íntegros para mis amigos. Usted apreciará, como mejor le parezca, estas reflexiones mías; yo, á todo me someto.»

En otra carta, de 25 de Mayo de 1876, escribía D. Marcelino: «He leído el discurso de Núñez de Arce en la Academia, y la contestación de Valera. El primero parece escrito por el Abate Marchena, y es una serie de inocentadas y vulgaridades, indignas del talento de su autor; el segundo es cosa bien escrita y bien pensada, aunque harto escéptica y poco resuelta en las conclusiones. Valera mienta allí mi oscuro nombre (²) entre los defensores de la ciencia española: me agrada el verme colocado, aunque sin méritos, cerca de usted, de quien he de ser (Dios queriendo) continuador y discípulo».

Proseguía, entretanto, la polémica sobre *La ciencia española*. En 1.º de Junio de 1876,

---

(¹) Esta versión no es de Fray Luis, ni tampoco de D. Diego Hurtado de Mendoza, á quien igualmente se ha atribuído, sino del capitán Diego de Mendoza de Barros. Véanse las *Flores de poetas ilustres* de Pedro Espinosa (ed. de Sevilla, 1896; tomo I, págs. 123 y 375).

(²) En el párrafo donde dice: «Pero el amor patrio nos ha hecho clamar contra el desprecio por nuestra ciencia, y, sobre todo, por nuestra filosofía, desde el Renacimiento hasta ahora; y han surgido celosos defensores de que hubo filósofos en España y hasta verdadera filosofía española, entre los cuales merecen citarse nuestros compañeros correspondientes D. Gumersindo Laverde y D. Adolfo de Castro, el joven señor Menéndez Pelayo y los Sres. Ríos Portilla y D. Luis Vidart, el cual hasta ha formado y publicado un tomo de apuntes para la historia de nuestra filosofía.» (Valera: *Obras completas;* tomo I, Madrid, 1905, pág. 289. Los discursos fueron leídos en 21 de Mayo de 1876.)

decía á Laverde: «Envío á usted la carta acerca de los estudios *bibliográficos*, para que añada y corrija en ella lo que bien le pareciere. Pero no sé si será conveniente publicar antes otra, impugnando al bueno de Revilla, que en la última *Revista Contemporánea* dice que es un *mito* la filosofía española, y unos *soñadores* los que en ella piensan, citándonos á usted y á mí *nominatim*. También dice que la Historia de la Filosofía puede escribirse sin hablar de España, y llega á indicar que el catolicismo ha sido la fuente de todos nuestros males, con otros absurdos y desatinos; todo ello á propósito del discurso de Valera, á quien ferozmente impugna. Me parece que vamos entrando en harina, y me alegro de ello. Con esto se fijará algún tanto la atención del público en ciertas cuestiones.»

«¡Qué buenas cosas—escribía pocos días después—se pueden decir del *vivismo!* Para mí, es indudable la existencia de esta escuela filosófica peninsular, y no creo difícil reducir á su fecunda unidad todas las doctrinas de nuestros *pensadores independientes* de los tres siglos anteriores. Fuera de los *lulistas, místicos* y *escolásticos*, apenas hay un filósofo español en quien no sea fácil reconocer rastros de influencia *vivista*, sin pensarlo y sin quererlo á veces. Nuestros *ramistas* y *peripatéticos clásicos*, participan no poco del *criticismo* de la escuela valenciana; hasta Gómez Pereira y Huarte y Doña Oliva reproducen aspectos parciales de aquel sistema, que vive y palpita en toda nuestra historia filosófica, como que responde á una de las direcciones más importantes del pensamiento nacional, y cumple de todo en todo sus providenciales leyes y las del Renacimiento, en medio del cual, y como su mejor y más sazonado fruto, se produce. Tiene usted razón sobrada al afirmar que el *baconismo* y el *cartesianismo* no son más que pedazos del gran sistema, y aplicaciones incompletas y exclusivas del *método* vivista, al cual ha vuelto, no sé si inconscientemente, la escuela escocesa, sobre todo en Hamilton, cuya doctrina enlazaba diestramente Lloréns con la de Vives en sus apuntes y explicaciones de clase, bien diferente en esto de los krausistas y otros sectarios. Si él no hubiese faltado, ¿quién sabe si hubiéramos visto una verdadera restauración del espíritu de Vives, expuesto á la moderna y completado con la ontología escolástica? Hamilton, que era muy erudito, debió conocer las obras de Vives, aunque no las veo citadas en sus *Fragmentos de crítica filosófica* ([1]), insertos en la *Revista de Edimburgo.*»

En carta de 21 de Junio, añadía: «Quisiera que Medina se determinase á hacer una tirada suelta de estas *cartas*, libro que, como de polémica, tendría para el editor no difícil salida, sería para mí *un libro más*, y algo contribuiría á extender la afición á nuestra historia científica. Hágale usted alguna indicación en tal sentido. Me contento con un corto número de ejemplares para regalar.» El título *Mr. Masson redivivo*, que lleva la tercera carta, fué idea del mismo Laverde, á quien D. Marcelino pidió, en 24 de Julio, que prologase el libro, al final del cual pensaba poner (como lo hizo) la *Introducción* de los *Heterodoxos*, que «lleva—decía—quince pliegos de mi letra, y en ella va incluído el plan detallado de todos los capítulos». El propio Menéndez y Pelayo redactó y envió á Laverde el esquema y parte del texto de la *Carta-Prólogo* del segundo, que figura al frente de las *Polémicas*. «En cuanto á lo incisivo y mordaz de mis epístolas—escribía,—creo tener disculpa por la naturaleza de la polémica y el género de adversarios, un si es no es ridículos, que tenemos en campaña. Yo, que con un enemigo personal sería muy comedido, soy implacable con los adversarios sistemáticos y testarudos del sentido común y de la patria. En lo de Salmerón templaré algunas frases, aunque, realmente, todo

---

([1]) Pero sí en las *Lectures on Metaphysics* (págs. 320 y 460 del tomo II de la edición Mansel; London. 1870), que Menéndez y Pelayo no recordaba sin duda en este momento.

lo que digo de su persona y del famoso prólogo es duro y cruel, si bien archijustificado. Dígame usted cuáles son allí las frases más ofensivas, para modificarlas.—Revilla quiere ponerse á salvo, diciendo que *no discutirá conmigo* por las formas que empleo. No sé qué conducta seguiré, después de leída mi segunda carta. Peores formas emplearon Erasmo, Pascal, Forner y otros famosos polemistas, y peores las emplea él en su contestación, lo cual me libra de toda responsabilidad de conciencia en este punto.» Citaba también, en otra carta, las fraternas de D. Fermín Caballero contra el *Diccionario* de Miñano, las pelamesas de Gallardo, Estébanez Calderón y Adolfo de Castro cuando lo del *Buscapié*, las frases de Hamilton respecto del Dr. Brown, y la discusión de Balmes en *La Sociedad* con Torres Amat.

El artículo de Milá y Fontanals en el *Polybiblion* (sobre el *Trueba y Cosío*), donde decía, entre otras cosas: «Le jeune écrivain montre un sang-froid rare à son âge: c'est une précieuse qualité pour un critique (nous le trouvons, toutefois, peu chaud dans l'endroit de Walter Scott), et ne se laisse influencer ni par l'esprit patriotique, ni par l'amour de son sujet», dió lugar á que la Academia Heráldico-Genealógica Italiana, de Pisa, nombrase á Menéndez y Pelayo miembro correspondiente. Menéndez y Pelayo agradeció la atención en una carta en francés. Era la primera distinción honorífica que los extranjeros le otorgaban.

A primeros de Setiembre de 1876, había refundido su antigua Memoria sobre Traducciones de Horacio, «añadiéndola más del doble». «Hace un tomo—decía;—Abelardo de Carlos no acaba de publicarla, y dudo que lo haga, porque es mucho fárrago para su periódico.»

*
* *

Otro gran pensamiento, realizado después, tenía por entonces Menéndez y Pelayo. A cierta carta enviada á Laverde desde Santander, el 21 de Junio de 1876, acompañaban tres hojas, que contenían el *Plan para una Historia de la Estética en España*, germen de la futura *Historia de las ideas estéticas*. El *Plan*, literalmente transcrito, dice así:

«*Introducción*. Importancia del estudio de la Estética.—Necesidad de una historia de esta ciencia, no tan moderna como se supone.—Existen obras alemanas y francesas; pero falta en todas la parte española. Debe llenarse este vacío.—Este trabajo es indispensable: 1.º, como *paralipómenos* de la historia general de la ciencia; 2.º, como clave para explicar las transformaciones del gusto y manera artística en nuestro suelo.—Muéstrase la unidad interna que en esta historia domina.

»*Capítulo I*. La Estética en los escritores hispano-romanos.—Las fuentes.—Formalismo de Séneca el Retórico.—Doctrinas no sistemáticas, esparcidas en los libros de Séneca el Filósofo.—Quintiliano.—Comparación de la doctrina estética de estos escritores con la que más ó menos claramente resulta de Petronio, Plinio el Joven, etc., etc.

»*Capítulo II*. La Estética en las *Etimologías* de San Isidoro.—Interpretación torcida y estrecha del principio aristotélico en los *Comentarios*, de Averroes.—La Estética en los rabinos peninsulares (Maimónides, Yehudá-Ha-Leví, Avicebrón, etc.).

»*Capítulo III*. Elevadas concepciones *estéticas* de Raimundo Lulio y el *lulismo*.—Vislumbres científicas que aparecen en los autores de poéticas lemosinas (Ramón Vidal de Besalú, Berenguer de Troya, etc., etc.).—Metafísica amorosa de los trovadores catalanes y valencianos.—Alto sentido estético de Ausias March y su escuela.

»*Capítulo IV*. La Estética en Castilla.—Ideas esparcidas en el *Septenario*, del Rey Sabio; en el *Elucidario*, de Sancho el Bravo; en la traducción del *Tesoro*, de Brunetto Latini; en las obras de D. Juan Manuel, etc.—Siglo xv. Concepción de la *poesía* en el Marqués de

Santillana, Juan Alfonso de Baena, Pero Guillén de Segovia, Juan del Encina, etc.—Trovadores de aquella edad.—La Estética en libros más científicos.--El Tostado *(Tratado de amor é amicicia)*.—Alfonso de la Torre *(La visión delectable)*.

»*Capítulo V*. Estética *platónica.*—León Hebreo *(Diálogos de amor)*.—Boscán (Traducción del *Cortesano)*.—Fr. Luis de Granada *(Símbolo de la Fé; Memorial de la vida cristiana; Adiciones al Memorial)*.—Fr. Luis de León *(Nombres de Cristo)*.—Malón de Chaide *(Conversión de la Magdalena)*.—Santa Teresa *(Conceptos de amor divino, Las moradas*, etc.) —San Juan de la Cruz *(Llama de amor vivo, Subida al Carmelo)*.—Fonseca *(Del amor de Dios)*.—Maximiliano Calvi *(De la hermosura y del amor)*.—Rebolledo *(De la hermosura y del amor)*.—María de Agreda *(Mística Ciudad de Dios)*.—Nieremberg *(De la hermosura de Dios)*.—Influencia de esta escuela en nuestra literatura.

»*Capítulo VI*. Estética *aristotélica.*—Humanistas (Arias Montano, Matamoros, el Brocense, el Pinciano, Cascales, los traductores de Horacio y Aristóteles, Jiménez Patón, Espinosa de Sanctayana, Saavedra Fajardo, etc.).—Cómo entendieron y aplicaron todos estos preceptistas el principio de la imitación.—Escuela *sevillana.* La doctrina estética en los *Comentarios*, de Herrera á Garcilaso.—Céspedes.—Estética de Francisco Pacheco en el *Arte de la Pintura.*

»*Capítulo VII*. Diversas aplicaciones del principio de la *imitación* hechas en el siglo XVII.—Tendencia libre y popular (Juan de la Cueva, Lope de Vega, Tirso de Molina [*Cigarrales*], Barreda, el P. Alcázar, Sebastián de Alvarado).—El Gongorismo.—Preceptistas culteranos (Salcedo Coronel, Salazar Mardones, Gracián).—Tendencia conservadora y de resistencia desde fines del siglo XVI (Rey de Artieda, los Argensolas, Cervantes, Faría y Sousa, Cristóbal de Mesa, Quevedo, González de Salas, etc.).—Estética pictórica (Carducho, Palomino, etc.).

»*Capítulo VIII*. La Estética en las obras de imaginación.—En las *Celestinas*, y especialmente en la *Tragicomedia de Lisandro y Roselia.*—En los poetas petrarquistas.—En la novela pastoril.—En los discreteos del teatro.

»*Capítulo IX*. Siglo XVIII. Luzán, en su *Poética*, reproduce la doctrina de Crousaz sobre lo bello.—Idealismo manifestado en su oda á las Artes.—Los aprobantes de Luzán. —Doctrinas independientes del P. Feijóo, Porcel, D. Juan de Iriarte, etc.—Discípulos de Luzán (Montiano, Nasarre, Velázquez).—Desvío y mala inteligencia de la enseñanza del preceptista aragonés, que interpretan incompleta y torcidamente.—Mayáns *(Retórica, Arte de pintar)*.—Huerta, Forner (Polémicas).—Ríos *(Análisis* del *Quijote)*.—Arteaga.—Ceris. —Ceballos.—El P. Alegre.—Azara (traducción é ilustración del Mengs).—Sensualismo de Eximeno.—Trascendentalismo de Piquer, Berguizas, Estala, etc.—Capmany.—Sánchez Barbero.—Traductores de Batteux *(Las Bellas Artes reducidas á un principio)*, Blair *(Lecciones)*, Addison *(Ensayo sobre el gusto)* y Burke *(Investigaciones)*.—Idem de Milizia y la *Arcadia Pictórica* de Parrhasio Tebano.—Jovellanos.—Moratín.—Ayala (notable composición leída en la Academia de San Fernando).—Quintana.—Marchena.—Hermosilla.— Martínez de la Rosa.—Pérez de Camino.—Reinoso.—Arriaza.—Gallego, etc.

»*Capítulo X*. Siglo XIX. Iniciadores del Romanticismo (Aribau, Herrera, Bustamante, Maury).—Primeros secuaces y apóstoles (Alcalá Galiano, Durán).—Larra.—Modificación que en manos de Lista sufre la doctrina estética de la escuela sevillana.—Escuela ecléctica (Gil y Zárate, García Luna, Fernández Espino, etc.).—Escuela escocesa (Piferrer, Milá y Fontanals, etc.).—Kantismo (Núñez Arenas).—Hegelianismo (Fernández y González, etc.). —Krausismo (Sanz del Río, Canalejas, Fernández y González en su época granadina, Giner, Revilla, etc.).—Tratadistas secundarios (Gómez Arias, Filhol, Madrazo, etc.).—Traductores de Cousin, Tissandier, Jungmann, el P. Félix, Krause, etc.—Periódicos, revistas y demás morralla.—Discursos académicos, etc.»

.Á este *plan* añadió otras indicaciones, en cartas sucesivas del mismo año. Así, manifestó á Laverde que, en el capítulo de estéticos que trataron de las artes del diseño, convenía exponer ante todo la influencia italiana, especialmente de los tratados de Leonardo de Vinci. Además de Céspedes, Pacheco, Carducho y Palomino, pondría á D. Felipe de Guevara, Jusepe Martínez, el P. Sigüenza y algún otro. Había que apurar los elementos estéticos de la *Música*, de Salinas, y de la *Rítmica*, de Caramuel. Al lado de Jáuregui, y como *conservadores*, figurarían los *últimos humanistas* (Cascales, González de Salas, etc., y también Quevedo, aristotélico en el Prólogo á las Poesías de Fr. Luis de León). Á los estéticos de la Edad Media debía agregarse el nombre de Juan I de Aragón, el *amador de toda gentileza*, que en un privilegio famoso, por el cual se establece el Consistorio de la *Gaya Ciencia* en Barcelona, define ó da el concepto de la *Poesía*. Entre los *aristotélicos* del siglo XVI, convenía poner á Miguel Sánchez de Lima, autor de una *Poética;* entre los del XVII, á Ustarroz, Pellicer, el portugués Antonio López de Vega y algún otro. Entre los estéticos del XVIII, habría que mencionar, además de Fr. Diego González, á los autores de poemas didácticos, como Iriarte (de la *Música*), Rejón de Silva (de la *Pintura*) y Enciso (de la *Poesía*). En el XIX, Valera debía ser mentado por el *Cide Yahye* y algunas poesías sueltas; quizá Caveda, por sus trabajos arqueológicos; el montañés Velarde, autor de ciertas *Nociones de Estética* (impresas en la *Crónica de New-York*) y del folleto *El Poeta y la Humanidad;* y el catalán Ribot y Fontseré, que publicó en Barcelona, hacia 1837, con el título de *Independencia de la poesía*, una muy curiosa *Poética* romántica en verso. Ni eran para olvidados Blanco White, por su *Tratado de la Belleza* y su oda acerca de los *placeres del entusiasmo;* Hidalgo, por su *Discurso sobre la unión entre la razón y el buen gusto;* D. Mariano Sicilia; Arjona, por su traducción de Pedro Versi (*Del placer y el dolor*), por su *Plan filosófico para la historia de la poesía española*, por algunas odas y por diversos opúsculos de índole estética; Roca y Cornet, por su versión de Madama Staël y por sus importantes artículos en el *Diario de Barcelona*, durante el fervor de la contienda romántica; D. José Revilla, por su *Estudio sobre Moratín*, sus *Lecciones de Literatura*, dadas en el Ateneo, y su *Vida artística de Máiquez;* Romea, Bastús y otros tratadistas del Arte de la Declamación; críticos musicales como Peña y Goñi, Fargas y Soler (*Diario de Barcelona*), Castro y Serrano (*Los cuartetos del Conservatorio*), etc., etc.; D. Pablo Milá y Fontanals (hermano de D. Manuel), por sus artículos de Estética aplicada á las artes plásticas; Manjarrés, Profesor de Barcelona, por su libro de *Estética;* Rubió y Ors, por su *Historia de la sátira;* Amós de Escalante, por su brillante defensa del Arte por el Arte en el libro *Acuarelas*, etc. Menéndez y Pelayo hacía notar que la estética catalana une á las doctrinas escocesas mucho *schlegelianismo*, sobre todo en Piferrer, Milá y Rubió.

He ahí, trazado en brevísimo tiempo, el *Plan* de una gigantesca obra, á la vez que el de los *Heterodoxos*, que el de *La Ciencia española*, que el del *Horacio en España;* mientras trabajaba en la *Biblioteca de Traductores*, mientras continuaba los *Escritores montañeses*, mientras trazaba en unión de Laverde cien proyectos más, que no menciono, porque no llegaron á realizarse. ¡Y todo ello antes de cumplir los veinte años de edad!

Quien diga que esto, mejor que extraordinario, es sencillamente *maravilloso*, no hará sino reconocer lo que salta á la vista. Porque no se trata de deshilvanados catálogos de nombres y títulos, sino de clasificación de doctrinas, cuyo interno enlace se descubre; de juicios sobre escritores, fundados, porque descansan en sólidas y meditadas lecturas de sus libros; de erudición, en suma, honrada y de primera mano, obtenida á costa de una labor paciente y diligentísima, que apenas basta para explicar el portentoso resultado conseguido:

‹... monumentum aere perènnius,
regalique situ pyramidum altius,
quod non imber edax, non Aquilo impotens
possit diruere, aut innumerabilis
annorum series, et fuga temporum.›

* *
*

Por fin, Menéndez y Pelayo emprendió el viaje para el cual el Ayuntamiento y la Diputación de su tierra natal le habían pensionado. Á últimos de Setiembre de 1876 estaba en Madrid, y se proponía salir para Portugal el día 6 de Octubre. Valera le dió una carta de recomendación para Latino Coelho; José Amador de los Ríos, otra para el mismo Latino, para Teófilo Braga, para el bibliotecario de Lisboa, Silva Tulio, y para el arqueólogo Posidonio da Silva. El Marqués de Valmar le proporcionó otra para nuestro Embajador en Lisboa. En Madrid vió Menéndez y Pelayo á D. Aureliano Fernández-Guerra, á D. Vicente de la Fuente, á D. Leopoldo de Eguílaz y á D. Francisco de Paula Canalejas. Valera y Canalejas le manifestaron su simpatía por las cartas *anti-revillescas*. Canalejas le dijo que, durante el curso de 1876 á 1877, pensaba dedicar buen espacio, en su cátedra de *Historia de la Filosofía*, á Averroes, Maimónides y Raimundo Lulio, empezando con las *Etimologías* de San Isidoro y acabando con la *Teología Natural* de Raimundo Sabunde. Simonet, en Granada, dedicó su discurso inaugural á *Suárez y el Suarismo*. Valera trabajaba en un discurso sobre Fox Morcillo. Las *Polémicas* habían producido su efecto: la filosofía española comenzaba á estudiarse en serio.

Llegó D. Marcelino á Lisboa el 7 de Octubre, por la mañana, hospedándose en el Hotel Español (Rua da Princeza, 24). Era día festivo; pero esto no le impidió visitar al Embajador y adquirir dos libros importantes: las *Obras* de Gil Vicente (edición hamburguesa) y el *Parnaso lusitano*, de Almeida Garrett (en seis tomos). Pocos días después compró la edición portuguesa en tres tomos, de 1786, del *Palmerín de Inglaterra*.

Su primera visita *bibliográfica* fué para la Biblioteca Nacional. Allí, con el *Diccionario* de Inocencio da Silva delante, examinó cuantas versiones de clásicos había (para la *Biblioteca de Traductores*), convenciéndose de que la literatura portuguesa es muy rica en traducciones de poetas latinos, poco en griegos, y poquísimo en prosistas de ambas lenguas, como pobre es también en prosistas propios. En carta de 18 de Octubre, decía á Laverde: «Con el extenso ensayo sobre traductores castellanos de Horacio, otro sobre portugueses, y un estudio sobre la poesía horaciana en Castilla y en Portugal, pienso hacer un libro titulado *Horacio en España*, al cual pondremos por lema el *Me discet Iber* del poeta. Mi intento es publicarle en la *Revista Europea*. ¿Le gusta á usted el pensamiento? También hablo de los comentadores y de las ediciones.»

En la Biblioteca Nacional, y en la del antiguo convento de Jesús, siguió recogiendo datos acerca de *Traductores* y de *Heterodoxos*. En 29 de Octubre envió á Laverde (que, á consecuencia de una permuta, se hallaba ya en la Universidad de Santiago) el plan de *Horacio en España;* y, en 4 de Noviembre, el de los capítulos de la *Historia de los Heterodoxos*. Al mismo tiempo le anunciaba su propósito, vagamente indicado otras veces, de escribir un *Ensayo sobre los poetas hispano-latinos*, desde el Renacimiento acá.

En la referida Biblioteca del antiguo convento de Jesús, reconoció y cotejó dos ediciones de la *Antoniana Margarita*, de Gómez Pereira: la rarísima de Medina del Campo, y la no menos rara (que él no conocía) de Madrid, 1749. También vió y extractó allí el comentario de Fox Morcillo al *Timeo* (Basileae, 1554).

Vió luego el Archivo general de la Torre do Tombo, donde leyó y extractó el curiosísimo proceso de Damián de Goes, humanista erasmiano, amigo de Lutero y de Melanchthon. Por último, estuvo en la Universidad de Coimbra, cuyos Profesores le recibieron muy atentamente.

Á fines de Noviembre, salió de Portugal ([1]) y volvió á Santander. Su impresión respecto de la cultura portuguesa, queda condensada con toda sinceridad en estos párrafos, escritos en 29 de Octubre:

« El estado actual de las letras portuguesas no es muy halagüeño, excepción hecha de contados individuos. Tienen algunos poetas líricos; pero ninguno como Campoamor ó Núñez de Arce. El teatro nacional no existe, porque Almeida Garrett no tuvo discípulos, y, hoy por hoy, la escena se alimenta de traducciones confesadas ó de plagios inconfesos. Sólo de tarde en tarde aparece alguna producción de cierta originalidad y de mediano mérito. Fuera de Castello-Branco, no tienen novelistas, y aun ese está muy lejos de ser *el primero entre los de la Península Ibérica*, como quiso persuadirnos Romero Ortiz, que en ésto, como en otras cosas, se mostró bien ayuno de sentido crítico. Herculano, cuyo saber (grande, sin duda) se ha exagerado notablemente, murió hace tiempo para las letras y los estudios de investigación histórica. La erudición literaria está representada especialmente por el infatigable Teófilo Braga. Tengo los 14 volúmenes publicados de su *Historia de la literatura portuguesa*, eruditísima, y en muchas cosas excelente, pero llena de errores graves é inspirada por un espíritu anti-católico y revolucionario de mil demonios. De todas suertes, es, por la extensión y el esmero, uno de los grandes trabajos de historia literaria hechos en este siglo en España.

» De filosofía, no se hable. La gente levantisca y joven considera como la última palabra de la ciencia las brutales doctrinas de Comte y Littré, Moleschott y Büchner. En cambio, los sistemas alemanes apenas han penetrado. No se enseña la Filosofía más que en los *Liceos* ó Institutos de segunda enseñanza. No hay una cátedra de Metafísica en regla, y apenas ha llegado aquí el Renacimiento *escolástico;* por lo menos no he visto libro alguno en tal sentido. Hombres en lo demás doctos y juiciosos, están llenos de preocupaciones respecto á la antigua filosofía, y sólo así se explica el que tengan olvidados por completo á los comentadores de la *Escuela Conimbricense*, y para nada tomen en cuenta el desarrollo del *Suarismo* en Portugal, que fué tan notable. Los libros más recientes vienen llenos de declamaciones contra la filosofía de los jesuítas, como si estuviésemos aún á la altura del siglo XVIII.

» Todas estas cosas se entiendan con sus naturales excepciones. El aislamiento en que Portugal quiere vivir, le perjudica notablemente bajo el aspecto científico, como bajo el literario. Sus esfuerzos para apartarse de la corriente española, sólo sirven para esterilizar su actividad propia, en otros tiempos tan grande y gloriosa.»

De regreso á Santander, encontróse Menéndez y Pelayo con que sus *Polémicas* habían sido elogiadas por Amós de Escalante en *La Tertulia* y por Pereda en *La Fe.* Milá le escribió que le habían «enternecido y entristecido» las frases de la *Carta-Prólogo*, en que Laverde dice escribir su «testamento literario». El Marqués de Valmar no acababa de redactar el famoso Prólogo de los *Estudios poéticos*. Entretanto, antes de salir para Italia, Menéndez y Pelayo se ocupaba en terminar, consultando el plan con Laverde, los artículos que habían de constituir el *Horacio en España*. Con motivo de estos trabajos, sintióse inspirado, y compuso entonces su mejor obra poética: la *Epístola á Horacio*, que, en el original que tengo á la vista, lleva fecha de 26 de Diciembre de 1876.

([1]) Donde había tratado, además de José María Latino Coelho y del bibliófilo Silva Tulio, al helenista Antonio José Viale, al poeta Vizconde de Castilho, que le prometió fotografía de un antiguo retrato de Luisa Sigea, á Tomás Ribeiro y al Dr. Ayres de Gouvea, obispo electo de los Algarbes.

Salió para Roma (por Burdeos, Marsella y Génova) el 12 de Enero de 1877, yendo provisto de cartas del Marqués de Valmar para nuestros dos Embajadores Cárdenas y Coello, y de otra del Dr. Deslandes, de Lisboa, para el Conde de Thomar, Embajador de Portugal cerca de la Santa Sede. Llevaba consigo, á manera de *Baedeker* bibliográfico, los cinco tomos de *Cartas* del Abate Andrés.

En cuatro días llegó felizmente á Roma, habiéndose detenido una mañana en Pisa, para ver sus célebres monumentos y conocer á sus compañeros de Academia, que le recibieron muy bien. En la Ciudad Eterna tuvo por hospedería la *Casa Rosa* (Vía di Ripetta, 70, 1.°).

Comenzó por ver algo de lo muchísimo que Roma encierra en punto á restos arqueológicos y tesoros de arte, dando principio á sus visitas por la Roma pagana. No dejó de tropezar con dificultades para entrar en la Biblioteca Vaticana; aparte de ello, los índices (en su mayoría inventarios hechos en el siglo XVII) eran una calamidad, por lo cual no solían facilitarlos; sin contar con las mil reservas, licencias y restricciones, y los obstáculos materiales, que no eran pocos. Pero hizo amistad con un sobrino del Cardenal Simeoni, Secretario de Estado, que le facilitó notablemente el camino.

Entretanto, empezó á trabajar en la Biblioteca Angélica ó de San Agustín, que estaba á dos pasos de su casa. Allí vió ediciones raras de las obras de Núñez, Monllor y otros filósofos españoles. Extractó los libros *De naturae Philosophia, sive Platonis et Aristotelis consensione, De demonstratione, eiusque necessitate et vi*, y *De studii philosophici ratione* de Fox Morcillo. Examinó, además, un raro opúsculo del heterodoxo catalán Miguel Monserrate *(De divinitate Iesu Christi et de Regno Dei)*.

En la Biblioteca Corsini vió también algunas obras aprovechables para los *Traductores*. En la Barberina dió con 25 ó 30 comedias del siglo XVII. En la de la Minerva ó Dominicana, estudió un hermosísimo códice del *Cancionero* de Stúñiga, con las mismas lagunas que el de la Nacional de Madrid.

Al propio tiempo, hacía algunas adquisiciones bibliográficas, como la de un *Lucrecio* de Aldo Manucio, impreso en 1513.

En aquellas Bibliotecas estudió asimismo los dos rarísimos libros de Miguel Servet contra la Trinidad, las obras de Miguel de Molinos, los escritos de Diego de Estúñiga, Sancho Carranza, Fr. Luis de Carvajal y otros contra Erasmo, los del anglicano Adrián Saravia (siglo XVI), numerosas ediciones y traducciones de Fr. Antonio de Guevara, muchos trabajos del célebre General de los Jesuítas Tirso González, etc., etc. En 8 de Febrero llevaba escritos ya más de 40 pliegos de notas.

Finalmente, trabajó en la Vaticana, cuyos deplorables índices pudo manejar á su sabor, gracias al Cardenal Simeoni. Allí leyó y extractó un precioso códice del siglo XIV, comprensivo de varios opúsculos teológicos de Arnaldo de Vilanova y de importantes documentos relativos á sus controversias; copió, de un hermoso códice del siglo XV, casi todo el tratado *De artificio omnis et investigandi et inveniendi natura scibilis* de Fernando de Córdoba (¹), dedicado al Cardenal Bessarión; examinó un comento manuscrito de Melchor Cano á la *Summa* de Santo Tomás; la tesis ó *quodlibetum* de Pedro de Osma sobre la confesión auricular y las indulgencias; el libro *De haereticis*, de Alvaro Pelagio; una versión catalana del siglo XV (ó últimos del XIV) de los Salmos penitenciales, y otros muchos códices y libros filosóficos ó teológicos.

(¹) En carta á Laverde, fechada en Nápoles á 17 de Marzo de 1877, escribe: «De Fernando de Córdoba he hallado otra obra inédita muy curiosa: una refutación de la herejía de los *fraterculi* ó *fratricelli*, como decían en Italia.» Ignoro qué obra sería ésa, de no corresponder á la que Montfaucon cita con el título *De haereticis et damnatis*. (Vid. mi *Fernando de Córdoba*, pág. 102.)

Adquirió, por último, muy buenos ejemplares de Poliziano, Sannazaro, Fracastorio, Vida y otros poetas clásicos italianos y latinos; la *Philosophia libera*, de Isaac Cardoso; los libros *De disciplinis*, de Vives (edición napolitana de 1764); los rarísimos *Dialoghi di Amore*, de León Hebreo (Venecia, 1541); las obras gramaticales de Lebrija (edición de Lyon, 1541); el libro de Bessarión contra Jorge de Trebisonda, en defensa de Plethon (1503); las *Disputationes Metaphysicae*, y el tratado *De legibus*, de Suárez, y otros de gran valor é importancia.

Durante su estancia en Roma, ocupóse también Menéndez y Pelayo en otra tarea literaria, de la que hasta ahora no teníamos ninguna noticia. En carta á su carísimo Laverde, fechada en 28 de Febrero de 1877, dice: «¡Comencé días pasados á hacer un ensayo trágico titulado *Séneca*; pero sólo he versificado tres escenas! Encuentro grandes dificultades, sobre todo para presentar en escena y hacer hablar dignamente á San Pablo. Veremos si llego á terminar este embrión de drama.»

En 17 de Marzo de aquel año se hallaba en Nápoles, en el *Hôtel de la Ville*, ribera de Chiaja, precisamente junto al lugar en que Juan de Valdés coloca la escena de su *Diálogo de la lengua*, y á dos pasos de la playa de Mergellina, cantada por Sannazaro.

Lo mismo su antiguo amigo Vito Fornari, que los bibliotecarios Volpicella y Miola, le recibieron cordialmente. Allí copió una carta autógrafa de Garcilasso, escrita en Provenza y citada ya por Volpicella en sus anotaciones á Tansillo, y encontró una versión, absolutamente ignorada, de los cuatro primeros libros de la *Eneida*, hecha en verso suelto por un tal Aunes de Lerma; un mediano poema de Miguel Sánchez de Lima (doce cantos de octava rima) á la pérdida del Rey D. Sebastián; un *Cancionero* de poetas de fines del siglo XVI, especialmente valencianos, con versos inéditos de Guillén de Castro, Gaspar Aguilar, Miguel Beneito, Gaspar Mercader, Ribellas y otros (¹); y dos curiosas autobiografías, manuscritas también, del siglo XVI: una de D. Alonso Enríquez de Guzmán; otra de un fray Gerónimo de Pasamonte, que anduvo cautivo en Berbería y cuenta en su libro famosas historias de hechicerías, de las cuales fué víctima el autor en Italia y en España.

Vito Fornari, el Prefecto de la Biblioteca (antiguamente dirigida por nuestro Abate Andrés, que dejó en ella muy buenos recuerdos é hizo excelentes adquisiciones), le regaló su libro *Arte del dire*, bello curso de teoría literaria, dividido en tres volúmenes. En filosofía, Fornari era ontológico y giobertista, y su influencia contrarrestaba en Nápoles la de los hegelianos Vera y Spaventa, atrincherados en aquella Universidad.

En la Sala de Manuscritos de la Biblioteca napolitana trabajaba, cuando entró D. Marcelino, el Dr. Boehmer, de Strasburgo, que había publicado el primer tomo de sus *Spanish Reformers*. Era persona docta y sumamente simpática. Menéndez y Pelayo hízose su amigo, á pesar de la diferencia de criterio religioso, y de sus buenas relaciones dió testimonio, veintidós años más tarde, el artículo de Boehmer, inserto en el *Homenaje á Menéndez y Pelayo*.

En Nápoles continuó D. Marcelino sus adquisiciones bibliográficas: compró, entre otras cosas, la *Ethica*, de Fox Morcillo, y sus tres comentarios al *Fedon*, al *Timeo* y á la *República;* la primera edición del *De anima et vita*, de Vives, y de sus cartas latinas; el *De justitia et jure*, de Domingo de Soto; una rara edición de las obras lógicas de Raimundo Lulio; el *Syntagma tragoediae latinae*, de Martín del Río; las *Metamórfosis* ovidianas, traducidas por Jorge de Bustamante (bella y rara edición de Amberes, 1551); el *Asno de Oro*, de Apuleyo, traducido por Cortegana; algunos escritos de Pedro Chacón; las poesías latinas de Juan de Verzosa; la *Dialéctica*, de Pedro de Fonseca; dos tragedias de Colo-

---

(¹) El mismo que se halla descrito en el folleto *El Cancionero de Duque de Estrada*, por E. Mele y A. Bonilla y San Martín; Madrid, 1902.

més (*Coriolano* y *Escipión en Cartagena*); la carta del Abate Andrés contra Tiraboschi, y cuatro rarísimos opúsculos de Arteaga, además de los *Asolanos*, del Cardenal Bembo.

Volvió á Roma á últimos de Marzo, con intención de ir luego á Florencia, después de Semana Santa. Llevaba cartas de recomendación de Fornari para los prefectos de las Bibliotecas Laurenciana y Magliabechiana.

Pasó en Roma la Semana Santa de 1877 y vió al Santo Padre (Pío IX) en [31 de Marzo. Visitó nuevamente la Biblioteca Angélica, y allí estudió varias traducciones latinas inéditas de algunos tratados aristotélicos (*Hermeneia*, *De la memoria y recordación*, *Del sentido y lo sensible*, etc.), hechas por Pedro Juan Núñez.

Llegó á Florencia, la *moderna Atenas*, hacia el 5 de Abril. Pero antes había recibido una carta de Laverde, en que le comunicaba otra del editor D. Luis Navarro, hablándole de un proyecto de cierta *Biblioteca de Clásicos* (antiguos y modernos). Laverde pedía consejo á Menéndez y Pelayo, y éste, *calamo currente*, sin libros y sin sus papeles de Santander, contestó en seguida, enviándole, en cuatro pliegos de menuda letra, todo un *Plan* de la futura Biblioteca, en el cual indicaba qué versiones castellanas convendría publicar de Homero, Hesiodo, Coluto, Museo, Focílides, Esopo, Píndaro, Anacreonte, Calímaco, Meleagro de Gadara, el Nacianceno, Esquilo, Sófocles, Eurípides, Aristófanes, Teócrito, Mosco, Bión, Isócrates, Demóstenes, Lisias, Hipérides, Esquines, Heródoto, Tucídides, Jenofonte, Polibio, Plutarco, Josefo, Appiano, Arriano, Herodiano, Diógenes Laercio, Estrabón, Tolomeo, Luciano, Heliodoro, Aquiles Tacio, Longo, Dión Crisóstomo, Cebes, Juliano, Aristóteles, Platón, Marco Aurelio, Epicteto, Teofrasto, Longino, Dionisio de Ilalicarnaso, San Juan Crisóstomo, Eusebio, Orígenes, San Juan Clímaco, Lucrecio, Catulo, Tibulo, Virgilio, Horacio, Ovidio, Lucano, Valerio Flaco, Estacio, Marcial, Juvenal, Persio, Claudiano, Silio Itálico, Rufo Festo Avieno, Calpurnio, Nemesiano, Prudencio, San Próspero, Boecio, Plauto, Terencio, Séneca, Julio César, Tito Livio, Salustio, Cornelio Nepote, Veleyo Patérculo, Tácito, Suetonio, Valerio Máximo, Quinto Curcio, Eutropio, Justino, Floro, Cicerón, Quintiliano, Plinio, Apuleyo, Columela, Pomponio Mela, Tertuliano, Minucio Felix, Octavio, San Agustín, San Jerónimo, San Isidoro, Angelo Poliziano, Jerónimo Vida, Fracastorio, Sannazaro, Juan Segundo, Erasmo, Luis Vives, Ginés de Sepúlveda, etc., etc. Cito los nombres por el mismo orden en que los menciona Menéndez y Pelayo. El esfuerzo que hubo de hacer para dar á vuela pluma semejantes noticias á su amigo, es uno de los casos de memoria más portentosos que conozco. Y nótese que por aquellos días contestó al segundo artículo de Alejandro Pidal, á propósito de la filosofía española, contestación que se publicó en *La España* y fué reproducida en la segunda edición de *La Ciencia española*.

Habitó, durante su estancia en Florencia, en el «Hotel del Commercio, Piazza Santa Maria Novella». Después de visitar los principales monumentos florentinos, recorrió las Bibliotecas, hallando pocos manuscritos españoles. Encontró, sin embargo, en la Laurenciana, un tratadito inédito de Pedro Hispano, un Orosio del siglo VI «y una voluminosa *Crónica* (que tengo por inédita y desconocida) de Carlos V, escrita por el cosmógrafo Alonso de Santa Cruz, testigo presencial de muchas de las cosas que narra. De ella copié un capítulo, relativo á los *alumbrados* de Toledo, que trae noticias curiosas sobre la doctrina de aquellos herejes» (¹).

En la Biblioteca Nacional, ó Magliabechiana, examinó gran copia de libros de nuestros

---

(¹) En efecto, puede verse citada la obra y copiado el fragmento en el tomo II de la *Historia de los Heterodoxos españoles* (págs. 526-527).

Mr. Morel-Fatio, en su reciente *Historiographie de Charles-Quint* (Première partie; Paris, Champion, 1913; pág. 103), escribe. «A part Ferrer del Río, qui n'a cité qu'en passant le premier de ces ouvrages *(la relación* teólogos y filósofos, tomando nota de seis ediciones diversas de los comentarios de Domingo de Soto á varios tratados lógicos y físicos de Aristóteles, y de la primera edición de las *Consideraciones*, de Valdés. Vió también allí un rarísimo opúsculo autobiográfico de dos hojas, escrito en inglés por un tal Jaime Salgado, protestante de fines del siglo XVII, y dos colecciones de poesías castellanas del siglo de oro. Además hizo un hallazgo importantísimo, del cual dió cuenta á Laverde en los siguientes términos: «Entre los manuscritos, he descubierto un códice de las *Cántigas* de D. Alonso el Sabio. No creo que nadie tenga noticia de su existencia. Le faltan las primeras hojas, y por tal razón ha sido considerado como obra sin título y anónima. El bibliotecario, Sr. Saccone, me habló de él como de una recopilación portuguesa de milagros de *la Madona*. Pero apenas comencé á leer, caí en lo que era. Contiene 100 composiciones, entre *Milagros* y loores. La copia es de principios del siglo XIV, á no dudarlo, y está adornada con muchas miniaturas, teniendo además, al principio de cada *cántiga*, los espacios vacíos para la música, que no llegó á ponerse. Hoy escribo á D. Leopoldo (*el Marqués de Valmar*), por si le puede servir de algo esta noticia en la edición académica del aquel monumento, en que trabajan él y Valera.»

En Florencia adquirió un hermoso ejemplar de los *Septem Tractatus*, de Mariana (edición de Colonia); el *De historiae institutione*, de Fox Morcillo; el *Del amor de Dios*, de Fonseca, y el libro *De gloria*, de Jerónimo Osorio.

Hallábase en Bolonia el 27 de Abril, y allí encontró á un amigo y paisano, Crespo Herrero, Bibliotecario del Colegio de San Clemente, cuyos códices, legado del Cardenal Albornoz, examinó reposadamente. Encontró notables manuscritos jurídicos, y dos copias de la *Historia Gothica*, del Arzobispo D. Rodrigo. Compró también algunos libros, entre ellos el excelente poema descriptivo latino, intitulado: *Rusticatio Mexicana*, del jesuíta guatemalteco P. Rafael Landívar ([1]), y las *Sátiras* latinas del Abate Lassala.

Á primeros de Mayo llegó á Venecia, hospedándose en el Hotel de Roma (Gran Canal). En la Biblioteca de San Marcos halló nuevos datos acerca de Álvaro Pelagio, Tomás Escoto (un averroísta que anduvo por España en el siglo XIII, predicando que el mundo debía regirse por la Filosofía, y no por la Fe); Claudio de Turín, el iconoclasta, y Prudencio Galindo, el adversario español de Escoto Eriúgena. Además acabó de copiar el tratado *De artificio*, de Fernando de Córdoba (que había empezado á transcribir en la Vaticana), teniendo presente el hermoso códice original, en vitela, conservado en San Marcos. Estudió asimismo una obra inédita de Rodrigo Sánchez de Arévalo: *De remediis afflictae Ecclesiae*, en que trata duramente á los del Concilio de Basilea; una versión de la *Metafísica*, de Aristóteles, hecha por el Cardenal Bessarión á ruegos de nuestro Alfonso V, cuyos conocimientos filosóficos encomia en la Dedicatoria, y, sobre todo, tres voluminosos códices, que contienen las lecciones de Montes de Oca, profesor en Padua, durante los tres años de 1525, 1526 y 1527. «Son—escribía á Laverde—comentarios á los libros *De anima*, *De coelo*, y á la *Physica*, de Aristóteles. Los tres son interesantes, pero el primero es de tanta importancia, como refutación de las teorías materialistas de Pomponazzi, que, en mi concepto, debiera hacerse una edición de él, ampliamente ilustrada. Lo que leí, me pareció de una profundidad y delicadeza de análisis admirables. Á las lecciones de Montes de Oca asistían Bembo, Navagiero y otros personajes de cuenta. Debió ser una autoridad filosófica en aquel tiempo.»

---

de lo ocurrido en *Sevilla en tiempo de las Comunidades*), il ne semble pas que les érudits espagnols aient utilisé les travaux historiques de Santa Cruz.»

En Madrid examiné yo hace tiempo otro manuscrito del siglo XVI, de la *Crónica* de Santa Cruz, con notas y firma autógrafas del cronista. Hablaré de él en un trabajo próximo.

([1]) Comp. *Historia de la Poesía hispano-americana;* Madrid, 1911; tomo I, págs. 184 y sigs.

Por aquellos días tuvo noticia Menéndez y Pelayo del artículo publicado por José del Perojo en la *Revista Contemporánea* contra la ciencia española. Contestó en tres largas cartas, que dirigió á Pidal. Perojo hizo trabajos meritísimos para dar á conocer en España el pensamiento alemán. En 1875 había publicado la primera serie de sus *Ensayos sobre el movimiento intelectual en Alemania*, encabezados por un artículo acerca de «Kant y los filósofos contemporáneos», seguido de curiosos estudios sobre Heine, Schopenhauer, Fechner, Wundt y otros pensadores. Más tarde publicó una mediana traducción, directa del alemán, de una parte de la *Crítica de la razón pura*, precedida de la vida de Kant y de la historia de los orígenes de la filosofía crítica, por Kuno Fischer. Pero de la historia de nuestro pasado intelectual sabía muy poco, y habló de él, por lo tanto, muy ligeramente. A sus diatribas contra la Inquisición y la Filosofía españolas, contestaba Menéndez y Pelayo, entre otras muchas cosas, que conservan ahora su actualidad: «No hay, no ha habido, ni habrá en la tierra pueblo que en una misma época presente en igual grado de desarrollo todas las ramas del árbol de la cultura... ¿Dónde nació Copérnico? En Polonia. ¿Qué más dió Polonia en el siglo XVI? Nada, que sepamos. ¿Cuándo florecen Galileo y Torricelli en Italia? A principios del siglo XVII, cuando decaía á todo andar el gusto literario en a península transalpina. ¿Cuándo nacen en Francia los Laplace, los Monge, los Lavoisier? En el siglo XVIII, época de espantoso descenso filosófico, teológico, moral y literario. ¿Dónde nació Franklin? En la América inglesa. ¿Qué literatura, qué filosofía, qué crítica histórica poseían entonces aquellas colonias? Ninguna». «La literatura alemana de los siglos XVI y XVII, por lo que de ella alcanzamos con hastío y con asco los meridionales, ó no existe, ó es barbarie pura ó pedantería insufrible». «En los tiempos medios florecen aquí la astronomía y las matemáticas, que recibimos de los árabes y que de nosotros recibió toda Europa, después que las hicimos hablar en lengua castellana. En cambio, nuestra literatura de esos tiempos es ruda é incompleta aún; nuestra teología no llega, ni por asomo, á la que tuvimos en el siglo XVI. Humanidades, no podía haberlas; los estudios históricos estaban asimismo en la infancia. Por el contrario, en el siglo XVI florecen la teología, la filosofía, la jurisprudencia, las humanidades, la medicina, la poesía lírica, la prosa, y si no decaen (porque esto no está probado), á lo menos quedan relegados al segundo término los estudios matemáticos y astronómicos. En el XVII imperan el teatro y la crítica histórica, y decaen la teología y otras ciencias, decaen la poesía lírica y la prosa. En el XVIII desaparece, ó poco menos, el teatro; renacen la lírica y la prosa, falta casi del todo la teología, cultívanse con empeño las ciencias naturales, prosigue su camino la *crítica histórica*, y nace, con Hervás, la *filología comparada* y, con Andrés, la *historia literaria*. Y este es el giro constante y perenne que han llevado las ciencias en nuestro suelo. Hasta podemos decir que somos afortunados entre todos los pueblos de la tierra; pues, más ó menos, y en una época ó en otra, lo hemos tenido todo».

Y aquel titán de veintiún años, en cuyo cerebro hervía la tradición de todo un pueblo, citaba nombres, comparaba doctrinas, clasificaba escuelas, registraba las huellas de nuestra cultura, y pensaba, sin duda, para sus adentros, como el *Hermann* de Goethe:

«Dass ich die Alten nicht hinter mir liess, die Schule zu hüten,
Dass sie nach Latium gern mir in das Leben gefolgt?
. . . .
. . . .
Und gedächte jeder wie ich, so stünde die Macht auf
Gegen die Macht, und wir erfreuten uns alle des Friedens» (¹).

_____

(¹) «No he dejado detrás de mí á los antiguos, cuidando de la escuela; se han dignado seguirme al Lacio en el seno de la vida... Y si cada uno pensase como yo, la fuerza se levantaría contra la fuerza, y pronto gozaríamos todos de paz.»

Llegó á Milán el 8 de Mayo (Hotel de la Ville.—Corso Vittorio Emmanuele). En la Ambrosiana (con cuyo bibliotecario, el Dr. Ceriani, hizo grandes amistades), copió cartas y versos de Lucrecia Borja y del Bembo, así como una interesante *Apología* latina de la doctrina de Raimundo Lulio, escrita por Juan Arce de Herrera. Cotejó con la edición de Arévalo un precioso códice de los diez primeros libros de las *Etimologías* de San Isidoro, escrito en el siglo VIII y en caracteres longobárdicos, procedente de la abadía de Bovio, fundada por San Columbano. Vió también allí un bello códice de Prudencio, del siglo VI; una traducción *griega* de las *Súmulas* de Pedro Hispano, hecha por el Patriarca de Constantinopla, Jorge Scholario, á principios del siglo XV; las *Cuestiones* (mss.) de Benito Pererio sobre el tratado *De anima*, de Aristóteles, donde defiende las *ideas* platónicas en el mismo sentido que Fox Morcillo; y tomó nota de la riquísima colección de ediciones y manuscritos lulianos que en aquella Biblioteca había. En Milán también, compró el *Quod nihil scitur*, de Francisco Sánchez.

De Milán marchó á París, á últimos de Mayo, hospedándose en el «Hotel du Parlement» (Place de la Madeleine). Sus primeras visitas en aquella «Babilonia» (como él decía) fueron para el Marqués de Molins, que le recibió muy bien, y para el bibliófilo Mr. Alfred Morel-Fatio, encargado de la sección de manuscritos españoles en la Nacional. En esta Biblioteca examinó, entre los manuscritos, dos distintas traducciones catalanas de la *Biblia*, una completa y otra que abraza sólo desde el *Génesis* hasta los *Salmos;* tres *Salterios* catalanes; otras versiones, catalanas también, de las *Epístolas* de Séneca y de Valerio Máximo; un códice que contiene los nueve últimos libros de la *Eneida* de D. Enrique de Villena, y una traducción de las *Vidas*, de Plutarco, anterior á la de Alonso de Palencia y mandada hacer por D. Juan Fernández de Heredia. Extractó, además, el rarísimo ejemplar de la *Christianismi Restitutio*, de Servet, que posee la Nacional, y la copia que allí hay del tratado *De anima*, de Juan Montes de Oca.

Compró también en París muy buenos libros, antiguos y modernos, entre ellos las *Etimologías* isidorianas, impresas en aquella ciudad en 1492, y la primera edición de las *Consideraciones divinas* de Juan de Valdés, «verdadera joya bibliográfica», cuya adquisición le llenó de júbilo.

Visitó, por último, las Bibliotecas del Arsenal, de Santa Genoveva y Mazarina, y regresó á Santander el 10 de Junio, dispuesto á volver nuevamente en Octubre á la capital francesa.

**

En Santander se encontró con varias novedades literarias: Pereda tenía terminados sus *Tipos trashumantes*, y se preparaba á escribir *El buey suelto*..... (¹). Escalante acababa de publicar su novela histórica montañesa: *Ave, Maris Stella*, cuyo buen estilo encantó á Menéndez y Pelayo, escribiendo acerca de ella un artículo que publicó *La Tertulia* (²).

(¹) Menéndez y Pelayo escribía á Laverde, desde Santander, á 18 de Setiembre de 1877: «He estado dos días en Polanco. Pereda me ha leído su novela *El buey suelto*... (dedicada á mí con una especie de carta-prólogo), que está ya terminada. Es obra de gran valentía, de extraordinarios alientos, y de mucho, aunque sano, *realismo*, escrita para servir de antítesis á las *Petites misères de la vie conjugale*, de Balzac.»

(²) En carta de 17 de Agosto, decía á Laverde: «Los periódicos de Madrid han guardado silencio sobre el *Ave, Maris Stella*, de Amós. Ni Revilla, ni los demás críticos contemporáneos, han dicho una palabra. Es hasta donde puede llegar el escándalo. ¿Cuándo verán un libro como ese?»

Tenía razón Menéndez y Pelayo. El autor de *Costas y Montañas* es uno de nuestros más grandes prosistas del siglo XIX; pero era y es muy poco leído; y no está en eso el mayor daño, sino en que hay quien, con la osadía ignara que caracteriza á nuestros *hipercríticos* de última hora, le juzga despectivamente sin conocerle.

Ocupóse luego en el primer tomo de los *Heterodoxos*, cuyos materiales tenía casi por completo reunidos. En 27 de Junio llevaba ya escrito, y puesto en limpio, el primer capítulo, que constaba de 13 pliegos, y había empezado á redactar el relativo á Prisciliano. Morel-Fatio le envió la monografía del Abate Reulet sobre la patria de Raimundo Sabunde. Al dar cuenta de este libro (donde se sostiene, sin pruebas positivas de ninguna especie, que Sabunde era tolosano) á Laverde, Menéndez y Pelayo escribía: «Esta disertación merece ser refutada, y lo haré en una carta á Pidal».

En la misma epístola donde hablaba de todo eso á Laverde, le decía: «El Ministerio de Fomento me ha señalado una pensión de 30.000 reales, por un año, para continuar mis indagaciones bibliológicas. Lo propuso la Diputación Provincial de aquí, y el autor y fautor de todo fué mi amigo Eguílaz, catedrático de Literatura en Granada».

Siguió ocupándose, durante el verano de 1877, en los *Heterodoxos* y en la edición aparte de *Horacio en España*, cambiando con Laverde una extensa correspondencia, donde se tocan puntos de la mayor importancia para la historia de nuestra filosofía. En 17 de Julio había terminado el estudio sobre Prisciliano y demás herejes de la España romana; en 2 de Agosto, el relativo á la época visigoda, y, el 17 del mismo mes, los de las «Artes mágicas» y «Herejías del primer siglo de la Reconquista». Laverde le enviaba numerosos datos acerca de la Edad Contemporánea. Hacia el 6 de Setiembre, había dado fin al tomo I, que pensaba terminase en el año 1085, y tenía escritos los capítulos relativos á «La Herejía entre los muzárabes cordobeses», á Claudio de Turín y á Prudencio Galindo. Al mismo tiempo transmitió á Laverde el plan del tomo II, con el cual acabaría la parte referente á la Edad Media.

En 4 de Octubre de aquel año se hallaba en Barcelona (¹), de paso para Francia. Antes de salir de Santander, el editor Navarro le había enviado ejemplares encuadernados del *Horacio en España*.

Fué admirablemente acogido en Barcelona por sus amigos catalanes, siempre hidalgamente hospitalarios. Allí encontró un notable movimiento literario: Aguiló, que tenía inéditos catorce tomos de poesía popular y una importantísima *Bibliografía*, proseguía la publicación de su *Biblioteca catalana*, estando para terminar el *Tirant lo Blanch* y proyectando ediciones de varios opúsculos de Bernat Metge y de una versión cincocentista, en catalán, del tratado de *De consolatione* de Boecio; Vidal y Valenciano traía entre manos el *Dante*, de Mosén Andreu Febrer (la mejor traducción que existe en lenguas no-italianas); Manuel Bofarull imprimía el tomo VIII de su *Historia de Cataluña*; Rubió y Ors iba á dar á la estampa una monografía acerca de la reina Brunechilda, y preparaba una refutación de Draper; Milá acababa de publicar su Memoria sobre Poesía popular gallega, y proyectaba una segunda edición del Romancero catalán y un estudio sobre los Orígenes de este teatro..... Pero el acontecimiento de que todo el mundo hablaba, era *L'Atlántida*, de Verdaguer, que Menéndez y Pelayo leyó entonces, quedando poseído de entusiasmo. «Es —decía á Laverde— vate de grandes alientos, potentísimo en las descripciones, y tal, que entre los modernos tiene pocos rivales. He leído su obra, con admiración en muchos trozos.» «Verdaguer estuvo á verme —dice en otra carta— y me regaló su *Atlántida*. Piensa hacer una segunda edición, aumentada con dos cantos. Es, á no dudarlo, uno de los poetas de más brío que han aparecido en España en lo que va de siglo.» «El argumento de *L'Atlántida* —escribía desde París en 29 de Octubre de 1877— tiene sencillez y grandeza. Verdaguer ha tenido la feliz idea de enlazarle con un grande acontecimiento nacional. La introducción empieza con el combate de dos galeras, una veneciana y otra

---

(¹) Habitó en la calle de Sagristans, 7, principal.

genovesa: esta última se va á pique, salvándose sólo un joven piloto, que, asido de una tabla, llega á cierta isla del grupo de las Canarias. Allí encuentra á un viejo ermitaño, que le refiere las tradiciones de *L'Atlántida* y su hundimiento. Esta narración llena diez cantos, donde en robustos alejandrinos se describen los portentos del jardín de las Hespérides, las proezas de Hércules, el vencimiento de Gerion, y, finalmente, la catástrofe, *l'enfonzament:* todo esto mezclado con algunos trozos líricos de gran precio, entre ellos dos baladas en distinto metro. El joven genovés (que no era otro que Colón), al oir tales relatos, se inflama en deseos de volver á unir los dos continentes, que un día enlazaba la Atlántida, y en la conclusión, que es bellísima y está adornada con una linda poesía lírica: *Lo sompni d' Isabel*, marcha *á borrar los límites del mundo*, como dijo Campoamor. El poema, aunque más descriptivo que narrativo, es realmente espléndido. Su autor es un modesto presbítero de Vich, que anduvo algún tiempo de capellán en uno de los vapores de Antonio López. Mistral, el famoso autor de *Mireya*, ha llegado á compararle con Milton.»

En la Biblioteca provincial barcelonesa tomó Menéndez y Pelayo curiosísimas notas para sus *Traductores*, viendo, entre otros, dos tomos de obras inéditas de Pedro Juan Núñez. El 5 de Octubre fué al Archivo de la Corona de Aragón, donde halló varios opúsculos de la mayor importancia acerca de Arnaldo de Vilanova, obteniendo copias de todos ellos, gracias á la amabilidad de Bofarull, que además le dió una carta de presentación para Mr. Paul Meyer, y le regaló algunos tomos de la *Colección de documentos inéditos* que publicaba el Archivo. Antes de salir de Barcelona, tuvo la suerte de comprar la primera edición del tratado de las supersticiones y hechicerías de Pedro Ciruelo.

Hallábase ya en París el 19 de Octubre. Vió á Morel-Fatio y á Paul Meyer, y trabajó en la Nacional, copiando el tratado *De processione mundi*, del Arcediano Domingo Gundisalvo, y estudiando detenidamente las 45 lecciones de Montes de Oca sobre el libro III *De anima*. En la sección de impresos tomó notas del *Pugio Fidei*, de Raimundo Martín, quedando asombrado de su erudición rabínica y musulmana. También leyó y extractó allí la *Philosophia antigua poética* de López Pinciano, pensando en la *Historia de la Estética*, con motivo de la cual escribía á Laverde: «Á propósito de *estética*: ¿Quién cree usted que introdujo esta palabra en castellano? Yo la encuentro por primera vez en el Abate Marchena (1819), y después en un artículo de Aribau (1821), extractado de Schiller.»

Examinó también en la Nacional varios rarísimos libros de protestantes españoles, el *Exemplar humanae vitae* ó autobiografía de Uriel de Acosta, y varios códices del franciscano catalán Juan de Rupescissa, visionario y milenarista del siglo XIV.

Durante su estancia en París, conoció y trató á varios eruditos y literatos, entre ellos á Gaston Paris; al Conde de Mas Latrie, jefe del Cuerpo de Archiveros y autor de la *Historia del reino de Chipre bajo la dinastía de los Lusiñan;* al Conde de Puymaigre, tan conocido por sus *Antiguos autores castellanos*, y al crítico Antonio de Latour. Puymaigre le regaló su *Corte literaria de D. Juan II*, y le ofreció tratar del *Horacio en España* en el *Polybiblion*. Latour le mostró su magnífica colección de papeles autógrafos de Iriarte, comprados en el mismo París.

El 13 de Noviembre salió para Bruselas, provisto de cartas para Gachard, Liebrecht, Dozy y otros literatos belgas y holandeses, amigos de los eruditos parisienses.

El bibliotecario de Bruselas, Mr. Ruellens, le recibió muy bien, gracias á la recomendación de Paul Meyer. En la sección de manuscritos encontró, entre otras curiosidades, una traducción francesa, hecha en el siglo XV en la Corte de Borgoña, del *Triunfo de las Donas* y de la *Çadira del honor*, de Juan Rodríguez del Padrón; otra de la *Crónica* de Mosén Diego de Valera, mandada trasladar por el Príncipe D. Carlos (luego Carlos.V);

una relación de la muerte del Dr. Cazalla y sus partidarios; una larga carta de Fray Luis de Granada á la Duquesa de Alba; otra de un amigo de Arias Montano á Felipe II, sobre la impresión de la *Biblia Regia;* una Bibliografía Teológica de La Serna Santander, prefecto que fué de aquella Biblioteca; un poema latino de Jerónimo Pau (del tiempo de los Reyes Católicos) en honor de San Agustín, y un grueso volumen de opúsculos y cartas originales y autógrafas de P. Burriel y de varios amigos suyos (entre ellos, Mayáns, Larramendi, Pérez Báyer y otros). En la sección de impresos, tomó nuevas notas de las obras de Servet y Gómez Pereira.

En el Archivo, dirigido por Mr. Gachard, tan conocido por sus trabajos sobre la historia española del siglo XVI, registró cuidadosamente los libros de matrículas de la Universidad de Lovaina, desde el año 1528 hasta el de 1567, encontrando (en Julio de 1549) el nombre de *Sebastianus Morzillo,* junto con los de otros dos españoles obscuros. Los tres llevaban al margen la nota: «minores hispani». En otras partes del mismo registro, vió matriculados á Juan de Verzosa, Pedro de Espinosa, los dos hijos de Damián de Goes, Pedro de Maluenda, etc. Pero no halló los nombres de Andrés Resende ni de Francisco de Encinas, con saber positivamente que uno y otro cursaron en Lovaina.

De Bruselas fué á Lovaina, simplemente con objeto de ver la ciudad; y de aquí á Amberes, donde se encontraba el 29 de Noviembre. En esta Biblioteca examinó las primeras ediciones de los libros *De naturae philosophia* y *De studii philosophici ratione* de Fox Morcillo, y varias obras latinas del P. Manuel Rodríguez, agustino, de mediados del siglo XVII, entre ellas dos tragedias: *Herodes Saeviens* y *Rodericus Fatalis.* Además, compró el rarísimo opúsculo *De residentia episcoporum* de Fray Bartolomé Carranza, y el *Quijote* de 1615 (Bruselas).

De Amberes se trasladó á La Haya, «con mucho frío y mal humor—decía,—porque la tierra es triste, y no entiendo una palabra de la jerga teutónica que estas gentes hablan». Estuvo allí tres días, y adquirió la famosa biografía de Servet, publicada por Mosheim y Allwoerden. Fué luego á Leyden, donde tuvo una excelente acogida por parte del bibliotecario Dr. Rieu y del famoso orientalista Dozy. En la Biblioteca lugdunense extractó el tratado *De musica,* de Salinas, y halló libros españoles muy raros, como la tercera *Celestina,* de Gaspar Gómez de Toledo.

Visitó, por último, Amsterdam, donde se hallaba el 10 de Diciembre y donde había por entonces unos 8.000 judíos de origen ibérico. Allí descubrió á última hora un *nido* de libros viejos, entre ellos la primera edición de la *Biblia,* de Cipriano de Valera, y la *Christianismi Restitutio,* de Servet (reimpresión de Nuremberga), que adquirió, encargando que se buscase el *Cuzary,* de Yehudá-Ha-Leví.

Hallábase de vuelta en Santander el 20 de Diciembre de aquel año, con propósito de registrar las rarezas de algunas bibliotecas españolas y emprender el viaje á Londres en el mes de Marzo de 1878.

Antes de volver á España, había recibido una carta del editor Navarro, manifestándole que daba principio á la *Biblioteca Clásica* con la *Ilíada,* traducida por Hermosilla. Al mismo tiempo solicitaba su colaboración para traducir las obras ciceronianas, y le pedía precio. Menéndez y Pelayo contestó desde Santander aceptando la colaboración solicitada, y pidiendo 2.000 reales por cada tomo.

La *Biblioteca de Traductores* constaba ya de 300 artículos por orden alfabético. Además, Menéndez y Pelayo tenía otro proyecto, que comunicó á Làverde (carta de 20 de Diciembre) en estos términos: «Yo preferiría que Navarro publicase en cuatro ó cinco volúmenes un ramillete de poetas hispanolatinos, desde el Renacimiento acá, donde incluiríamos lo más selecto y raro, comenzando por los humanistas catalanes y aragoneses de la Corte de Alfonso V (Fernando de Valencia, Ambrosio Nicandro, Miguel Verino), de quienes hay bastantes versos inéditos en la Academia de la Historia; prosiguiendo con los contemporáneos de los Reyes Católicos (Nebrija, autor de una hermosa elegía á su patria, etc.; Arias Barbosa, Juan Sobrarias, J. Pau), y continuando con Juan de Vergara, Alvar Gómez, Fernán Ruiz de Villegas, el otro Alvar Gómez de Castro, la Sigea, Arias Montano, Juan de Verzosa, Jaime Falcó, Juan de la Peña, el Brocense, Fray Luis de León (de quien hay una preciosa oda latina casi desconocida), Jerónimo Ramírez ... *et sic de coeteris*, entrándonos luego por el siglo XVII con Vicente Mariner, y por el XVIII con el Deán Martí, Interián de Ayala, D. Juan de Iriarte, el P. Serrano, el Abate Lasala, Prat de Sabá, Landívar, Pueyo, Sánchez Barbero, y aun alargándonos al presente, en que hay algunas poesías de primer orden, como la *Gesta Rhenana* de Bofarull.—Como es la primera tentativa y no conviene empalagar al público, daríamos sólo la flor y nata de cada uno, procurando variar los géneros. También habría que añadir una sección de *poesía macarrónica*, en cuyo extraño y difícil género, los portugueses compiten ó exceden á los mismos italianos.—Creo que con cinco tomos habrá bastante para una selección en los términos que yo quiero hacerla. Si el público toma gusto, nada más fácil que ofrecerle un *Corpus poetarum hispanorum*, que es uno de mis sueños. Sólo con Arias Montano y Vicente Mariner, había para una serie de doce ó catorce volúmenes como los de Rivadeneyra.»

A principios de Enero terminó su artículo sobre la *Antoniana Margarita*, que ocupaba 24 pliegos. Lo envió á D. Juan Valera para su inserción en la *Revista de España*, pidiendo tirada aparte de diez ó doce ejemplares en papel de hilo.

Al mismo tiempo proseguía sus *Heterodoxos*, y recibió la grata sorpresa de haber sido nombrado Correspondiente de la Academia de Buenas Letras de Barcelona.

De paso para Sevilla, llegó Menéndez y Pelayo á Madrid ([1]) el 2 de Febrero de 1878. Visitó inmediatamente á Valera, á Valmar, á Fernández-Guerra, á Cañete, á Campoamor y á Gayangos, y empezó á buscar editor para los *Heterodoxos*, dudando entre Navarro y Dorregaray. Conoció también, entonces, á Vicente Barrantes, en cuyo *Aparato* encontró datos importantísimos sobre los *alumbrados* de Llerena. Navarro se prestó á editar las poesías, cuyo prólogo seguía Valmar sin escribir, con harto perjuicio del autor.

El 17 de Febrero llegó á Sevilla, hospedándose en la Fonda de Europa (calle de las Sierpes). Llevaba carta de D. Leopoldo Augusto de Cueto para el Chantre de la Catedral, D. Cayetano Fernández.

Encantóle el clima de aquella hermosa ciudad, donde creía sentir la misma exuberancia de vida que en la *dulcis Parthenope*. Pero no encontró gran movimiento literario, y el escaso que observó no le parecía ni sombra del de Barcelona.

En la Biblioteca Colombina registró buen número de códices. Estudió la versión hecha por Gundisalvo del *Fons Vitae* de Avicebrón, la de la *Ilíada*, por Juan Lebrija Cano, copió las poesías latinas de Rodrigo Caro, examinó los tres tomos de obras inéditas de Juan de la Cueva, halló curiosas noticias sobre protestantismo y *alumbrados*, y buscó inútilmente la versión del *Moreh Nebuchim*, citada en el *Registrum* de D. Fernando Colón. En aquella biblioteca tuvo ocasión de conocer á D. Antonio M. Fabié, con quien habló de la conveniencia de publicar una *Biblioteca de filósofos españoles*.

Por entonces murió D. José Amador de los Ríos, cuyos últimos y cristianos momen-

---

([1]) Se hospedó en el Hotel de las Cuatro Naciones (calle del Arenal). No varió de domicilio, mientras estuvo en Madrid, hasta que, habiendo sido nombrado Bibliotecario de la Real Academia de la Historia, trasladó su residencia á ésta, ocupando la mísera habitación del último piso, donde pasó los años restantes de su vida, cuando residía en la Corte.

tos refirió D. Juan José Bueno á Menéndez y Pelayo. El cual escribía á Laverde, en 3 de Marzo: «Dicen unos que su cátedra (la de Ríos) se sacará á oposición. Otros (¡parece increíble!) que será *suprimida*. Yo he escrito á los Pidales para que hablen á Toreno, y éste me conceda una dispensa de edad, fundada en que la ley ha tenido para mí efecto retroactivo, por estar yo graduado con anterioridad al decreto, etc., etc. Pero más quisiera que saliese á concurso y que usted se la llevara.»

Marchó después á Cádiz, donde Adolfo de Castro, con generosidad inaudita, le cedió los documentos y apuntes que tenía recogidos para la *Historia de los protestantes españoles*, que pensaba rehacer en sentido católico. Entre estos papeles figuraban dos informaciones inéditas de Fray Luis de Granada sobre las imposturas de Sor María de la Visitación, muchas relaciones de autos de Fe, y una noticia de las Camachas, famosas hechiceras de Montilla.

De vuelta á Sevilla, vió Menéndez y Pelayo varias bibliotecas particulares, entre ellas la de Asensio, rica en poesía lírica y dramática de los siglos XVI y XVII y en ediciones cervantinas; y se hizo amigo de Mateos Gago, «tan notable por su saber como por su carácter franco y campechano».

El 16 de Marzo salió para Granada, donde D. Leopoldo de Eguílaz y otros amigos le obsequiaron espléndidamente. Allí estuvo ocho días, y visitó la Biblioteca de los Duques de Gor, en la cual extractó 24 cartas inéditas de Góngora; una segunda parte, manuscrita, de las *Flores de poetas ilustres*, de Pedro de Espinosa; un elegante poema latino, de Calvete de Estrella, en loor del Cardenal Espinosa; un tomo de opúsculos inéditos de Jáuregui; otros en pro y en contra de las *Soledades* de Góngora; un códice de Fernán Pérez de Guzmán, y varias traducciones de epigramas de Marcial hechas por Quevedo.

De regreso á Castilla pasó por Córdoba, donde visitó al P. Ceferino González, con quien tuvo una larga conversación sobre historia de la filosofía española.

Ya en Madrid, se dedicó á activar el asunto de sus oposiciones á la cátedra de la Central, que poseyó J. Amador de los Ríos. «El Ministro—escribía á Laverde en 7 de Abril—nos ofreció dos veces hacerlo, y dos veces se atemorizó por el clamoreo de los otros opositores, especialmente de un tal Sánchez Moguel, á quien patrocinan locamente Campoamor y Moreno Nieto. Han hecho cosas inauditas para excluirme; pero, gracias al entusiasmo y diligencia de Alejandro Pidal y á la energía de Cánovas, creo que la cuestión puede darse por ganada. El susodicho Alejandro, con Alonso Martínez y otros, presentó á las Cortes un Proyecto de ley suprimiendo lo de la edad. Ayer fué tomado en consideración. Cánovas ha ofrecido que lo votará la mayoría. Valera lo defenderá en el Senado. De mis amigos, sólo Campoamor me ha faltado en este asunto.»

El Proyecto rebajando la edad para hacer oposiciones á cátedras, se aprobó en el Congreso sin discusión y por unanimidad. El plazo de la convocatoria vencía el 2 de Mayo; pero, antes de terminar, pasó también el proyecto en el Senado, gracias á la intervención de Cánovas, Barzanallana y Valera. La votación fué de las más numerosas que se vieron en aquella legislatura (124 votos contra 19). Cánovas hizo asistir á todos los senadores que estaban en Madrid, y hasta mandó su coche á buscarlos. En la *Gaceta* del 2 de Mayo se publicó la ley, y al día siguiente la convocatoria. Menéndez y Pelayo volvió á Santander inmediatamente después, á preparar el Programa. Antes de salir de Madrid, copió las cartas de Luisa Sigea que estaban en la Nacional, y dejó terminada la impresión de los *Estudios poéticos*. La noche del 24 de Abril, en casa de la hija del Duque de Villahermosa, oyó á éste la lectura de su traducción, en verso suelto, de *Las Geórgicas*, pareciéndole «de primer orden» el trabajo.

***

En 25 de Mayo había terminado su *Programa de Historia crítica de la literatura española*. En él incluía la literatura hispano-romana, la catalana y la portuguesa en toda su extensión, y tres lecciones de «literaturas semíticas», á guisa de elementos influyentes y preliminares. Seguía en él, más bien el orden lógico y cronológico, que el de distribución de la enseñanza. Constaba de 99 lecciones y una Introducción.

Durante aquel verano continuó su trabajo sobre los *Heterodoxos*, proyectando, además, dos estudios: uno sobre *El mundo invisible en la literatura española*, donde hablaría del hombre que en vida presencia su propio entierro (como en la leyenda del estudiante Lisardo, de la cual veía antecedentes en las obras de San Valerio); otro, acerca de *Luisa Sigea y las humanistas españolas de los siglos XVI y XVII*. Entre éstas pensaba incluir á Julia y Teodora de Valencia, Beatriz Galindo, la Reina Católica, doña Juana la Loca, doña Catalina de Aragón, la infanta doña María de Portugal, la infanta doña Catalina, Francisca de Nebrija, Ana Cervatón, Luisa Sigea, Angela Sigea, Isabel de Vergara, Ana Vaz, doña Juana de Aragón, doña Juana de Contreras, la condesa de Monteagudo, doña María Pacheco, doña Mencía de Mendoza, doña Angela Mercader y Zapata, Catalina de la Paz Isabel Joya, Lucía de Medrano, Cecilia Morillas, doña Magdalena de Bobadilla, doña Ana de Villegas, doña Cecilia de Arellano, Catalina de la Estrella, Catalina de Ribera, doña Leonor de Meneses, Catalina Trillo, doña Jerónima Ribot y Ribelles, Lorenza de Zurita, doña María de Sabiote Maldonado, doña María de Urrea, Publia Hortensia de Castro y Juliana Morell.

Entretanto, no se podía quejar de la buena acogida que había merecido á los críticos el *Horacio en España*. Valera publicó un hermoso artículo en *El Debate*; Puymaigre, otro en el *Polybiblion*, y la *Revue des questions historiques* se ocupó asimismo del libro.

A fines de Junio falleció en Asturias, á los ochenta y cinco años de edad, una tía paterna de Menéndez y Pelayo. Este dió la noticia á Laverde en carta de 1.º de Julio. Después le hablaba de asuntos literarios, y, entre otros, del siguiente, que no deja de ofrecer interés: «Revilla publica, en el último número de *La Ilustración*, un artículo, sosteniendo que *El condenado por desconfiado* no es de Tirso, sino de Lope, fundado en que cuatro versos de esa comedia se encuentran también en *El remedio en la desdicha*, de Lope. La prueba no es concluyente. Si el *Quijote* hubiera llegado á nuestros días anónimo, y viéramos que su dedicatoria está calcada en la que puso Hernando de Herrera en sus Comentarios á Garcilaso, ó reparáramos en que la comparación de las traducciones con los tapices flamencos está tomada *ad pedem litterae* del prólogo de D. L. Zapata á su traducción de Horacio, ¿diríamos por eso que *El ingenioso Hidalgo* era obra de Herrera ni de Zapata? La coincidencia de tres ó cuatro versos y de una ó más frases, no es razón bastante. En mi concepto, *El condenado* no pertenece á Lope ni á Tirso, sino á un autor de segundo orden, probablemente Mira de Mescua». Su opinión varió luego bastante, inclinándose en definitiva á la atribución á Tirso.

Escribió Valera á Menéndez y Pelayo, proponiéndole que entre los dos tradujesen en verso el *Lalla Rookh* de Thomas Moore, del cual había ya interpretado D. Juan un cuento: *El Paraíso y la Peri*. No le entusiasmaba la proposición á Menéndez y Pelayo, el cual hubiera preferido que se ocupasen en una traducción completa de los poemas cortos de Lord Byron. Cambiaron poco después de proyectos, y decidieron traducir á Esquilo; Valera escogió *Los Persas* y Menéndez y Pelayo el *Prometeo*, que empezó y terminó en aquel mes de Julio de 1878, no quedando descontento de semejante *tour de force*, á pesar de las increíbles dificultades de la poesía esquílea.

Como todo poeta, Menéndez y Pelayo sentía *comezón* por dar á conocer sus versos. Leyó á Amós de Escalante la versión del *Prometeo*, y *Juan García* escribió, poco después, el siguiente mediano soneto, dedicado á su joven amigo:

«A las cumbres del Cáucaso nevado
llevan las Oceánides el vuelo,
porque en su blando coro hayan consuelo
las penas del Titán encadenado.
        Del mar las olas y el rumor cansado
calman su fiebre al insaciado anhelo,
rival vencido de implacable cielo,
que olvida el hombre y martiriza el hado.
        ¡Claro honor de Cantabria! Altos laureles
del mito antiguo la inmortal belleza
trajo á tu rica, si temprana, historia;
        cuando, con voz y sentimiento fieles,
del vate eleusio el estro y la grandeza
nuestros hiciste, y cántabra su gloria» (¹).

En la *Gaceta* del 2 de Agosto salió, por fin, el Tribunal que había de juzgar las oposiciones de Menéndez y Pelayo. Componíanlo: Valera, Milá, Fernández-Guerra, Cañete, Rodríguez Rubí, Rosell y Fernández y González. «Es mejor—decía Menéndez—que cuanto yo podía desear.»

No abandonaba por eso la continuación de los *Heterodoxos*, pues quería terminar el manuscrito del segundo tomo antes de fines de verano. También acrecía su biblioteca, que constaba ya de cinco estantes, de seis tablas cada uno, en 30 de Julio de 1878.

En el verano de aquel año, conoció personalmente Menéndez y Pelayo á D. Casimiro del Collado, opulento montañés que residía en Méjico y escribía versos bastante buenos. Hacía tiempo que él y D. Marcelino mantenían correspondencia epistolar, y Collado cuidaba de enviarle todas las novedades bibliográficas importantes de América que conocía.

Por esos días asimismo, tuvo Menéndez y Pelayo una agradable sorpresa, que refirió en estos términos á Laverde: «Perojo ha venido á proponerme (¡admírate y suspéndete!) la publicación de una *Biblioteca de filósofos españoles*, que yo he de dirigir. Le ha parecido bien el plan que le indiqué, y está muy en ello. Las ediciones serán bilingües, para que puedan circular en Alemania y otras tierras de extrangis. *¿Quid tibi videtur?* Aquí se puede decir: *salutem ex inimicis nostris*. Sólo temo que Revilla y otros de Madrid se lo quiten de la cabeza.—El referido Perojo, que se ha empeñado ahora en ser editor mío, quiere publicar la *Historia de los heterodoxos* (sin ponerle la rúbrica de *Biblioteca Perojo*), y si consigo que me dé ocho mil reales por cada tomo (que es lo que pedí á Dorregaray), cerraremos el trato.»

El 26 de Junio de 1878, había ocurrido la sentidísima muerte de la Reina Mercedes. A principios de Agosto, recibió Menéndez y Pelayo una carta de Cañete, en que le pedía que colaborase con algunos versos latinos en la *Corona fúnebre* que pensaba publicar *La Academia*. Compuso, en efecto, los que á continuación transcribo, y los envió en Setiembre á Madrid; pero sin duda llegaron tarde, y por eso no figuraron en el tomo (¹). Decían así:

(¹) El soneto figura entre las *Poesías de D. Amós de Escalante* (Madrid, 1907, pág. 203); pero yo sigo la copia hecha por el mismo Menéndez y Pelayo en 7 de Agosto de 1878 (carta á Laverde).

(¹) Que lleva por título: «Corona fúnebre/dedicada á la buena memoria/de S. M. la Reina/doña María de las Mercedes/(Q. D. D. G.)/por el periódico ilustrado/La Academia./Emilio Oliver y C.ª/Editores./ Madrid, calle de San Roque, 8, pral.—Barcelona, Rambla de Cataluña, 36/1878.» XII+228 ps. ns. en 8.º y dos grabados de Maura. Hay, entre otras, poesías de Fernández y.González (Manuel). García Gutiérrez, Hartzenbusch y Zorrilla.

«DE MORTE REGINAE PLANCTUS

(IMITACIÓN DEL «PLANCTUS DE MORTE KAROLI MAGNI»)

Plangit Hesperia dominam Reginam,
Planctus et luctus ubicumque sonant,
Turribus sacris concrepitant aera:
Moeror, tristitia super omnia corda:
    Heu, me! dolens plango.
Gemina maria littore ingemiscunt,
Et *mare nostrum* (¹) et Atlantis sinus:
Iberi cuncti, celtorumque cohors
Magna afficiuntur, ¡miseri!, molestia.
    Heu, me! dolens plango.
Praeliis et ludis valida juventus,
senes, infantes, virgines nuptaeque,
Pauper et dives, princeps et mercator
Plangunt Reginae flebilem interitum.
    Heu, me! dolens plango.
Occidit decus, lumen et Iberiae,
Et pacis spes et concordiae pignus,
Animâ regia, corpore pulcherrima,
Nondum extinctis facibus jugalibus,
    Heu, me! dolens plango.
Vae tibi, Hesperia, hispanoque populo
Turbine nigro obtenebratur coelum:
¿Quis Dei agnoscit vias aut consilia?
Populo nequam (²) obscuratur lumen,
    Heu, me! dolens plango.
Christe, qui regis agmina coelestium,
Tutiorem sedem tribue Reginae:
Preces exaudi conclamantis populi,
Surgat et alia inmoritura lux.
    Heu, me! dolens plango.»

***

El lunes 21 de Octubre tuvo lugar el sorteo de trincas para las oposiciones á la cáte-dra de la Central. Los otros opositores, además de Menéndez y Pelayo, eran D. José Ca-nalejas y Méndez, sobrino de D. Francisco de Paula Canalejas (y en estos últimos años Presidente del Consejo de Ministros, traidoramente asesinado meses después de la muerte de D. Marcelino), D. Antonio Sánchez Moguel (fallecido también antes de cumplirse un año de la muerte de Menéndez y Pelayo) y D. Saturnino Milego (catedrático entonces de Retórica en el Instituto de Toledo y ahora en el de Valencia).

Menéndez y Pelayo hizo su primer ejercicio el 30 de Octubre, asistiendo á oirle un gentío inmenso. Contestó oralmente á diez preguntas sacadas á la suerte, que versaron acerca de: «San Leandro de Sevilla, considerado como orador»; «San Eugenio de Tole-dos, considerado como poeta»; «Causas de la decadencia de nuestra poesía lírica en el siglo XVII»; «La *Celestina*»; «Influencias árabes y rabínicas en la literatura del siglo XIV»;

(¹) «Así llamaban los antiguos al Mediterráneo.» *(Nota de* M. M. P.)
(²) «*Nequam*, indeclinable = *malo, perverso*, etc.» *(Nota de* M. M. P.)

«Calderón y su Teatro»; «Estado de la poesía épico-histórica á principios del siglo XVII»; «Partes en que se divide la Literatura española»; «Góngora y su escuela», y «Los primeros historiadores de Indias». Es fama que los jueces salieron entusiasmados.

Hablando de Canalejas, y después de reconocer su no vulgar talento, escribía Menéndez y Pelayo á Laverde en 11 de Noviembre: «No puedes imaginarte cosa más pedantesca y soporífera que su Programa. Dice, por ejemplo, al tratar de Calderón: «Análisis de »*La Vida es Sueño.*—Concepto místico de la vida, como un momento fugaz y transitorio »que sirve de preparación á un ideal más alto.—Cómo se muestran en las obras de Calde- »rón todos los grados de belleza, desde lo sublime, en que la idea *desborda (sic)* de la for- »ma, hasta la gracia, en que el accidente externo llega á enseñorearse de la idea, vistién- »dola sobria y delicadamente.» Todo lo demás es por este estilo.»

Según Menéndez y Pelayo, la Facultad de Letras matritense no veía con buenos ojos su candidatura. «Esta animadversión—decía—llega á un punto ridículo. Al hijo de Rubió (D. Antonio Rubió y Lluch) le mandaron tachar en el discurso de Doctorado todos los párrafos en que se refería á mí (por noticias que yo le había dado), so pena de no admi- tírsele. En el Tribunal estaban Revilla, M..., Camus y otros *ejusdem furfuris.*»

El segundo ejercicio (de lección) de Menéndez y Pelayo versó acerca de «La literatura hispano-latina del siglo XVI», y produjo extraordinario efecto por la riqueza de pere- grinos datos que en él expuso y lo sólido y bien fundado de su crítica. El tercero y último consistió en la defensa del Programa. Allí sostuvo la necesidad del criterio *histórico* al lado del *estético*, en elocuentes y razonados párrafos. «No es ya lícito—decía—convertir la historia de la literatura en un descarnado índice de autores y de libros, juzgados sólo en su parte externa y formal, ni proceder caprichosa y arbitrariamente en el orden y distri- bución de las materias... Ha llegado la Estética moderna á asentar buen número de prin- cipios fecundos y razonables que, lejos de oponerse al examen detenido de las formas ex- teriores, contribuyen á que éste se haga con mejor luz. Por otra parte, el desarrollo de los estudios históricos ha hecho notar infinitas relaciones entre el arte y las demás activi- dades humanas, que mutuamente se completan y explican.»

Llegado el día de la votación, el Tribunal propuso en el primer lugar de la terna á Menéndez y Pelayo, por *seis* votos contra *uno*. En el segundo iba Canalejas, y en el terce- ro Sánchez Moguel, que, sin embargo, valía más que el segundo.

Después de larga espera, el día 20 de Diciembre recibió Menéndez y Pelayo el nom- bramiento de catedrático, tomando posesión el 22, y volviendo á Santander el mismo día, por la tarde. Ni Canalejas, ni Revilla, ni Camús, ni Bardón, asistieron á su toma de pose- sión. En cambio, los de la Universidad de Barcelona le telegrafiaron felicitándole, y en su tierra obtuvo un recibimiento cariñosísimo.

••*

Durante los pocos días que permaneció en Santander (hasta el 7 de Enero de 1879), ocupóse en disponer los materiales para la segunda edición de *La ciencia española* y en escribir el opúsculo sobre los traductores de la *Eneida*, para la *Biblioteca clásica* de Na- varro. Vuelto á Madrid después de Reyes, empezó sus explicaciones de cátedra por la literatura hispano-latina. En casa del librero D. Mariano Murillo publicó por entonces, á manera de avance de los *Heterodoxos*, los capítulos sobre *Arnaldo de Vilanova*. Además se ocupó en traducir á Cicerón, para la *Biblioteca* de Navarro, y concertó con la Librería Católica de San José la publicación de los *Heterodoxos*. Tiraríanse 4.000 ejemplares, y Menéndez y Pelayo recibiría 50 de éstos y 8.000 reales por cada tomo. El Prólogo lo re- produjeron *La ciencia cristiana*, de Ortí y Lara, y *El Siglo Futuro*. También se empezó á imprimir la segunda edición de *La ciencia española*. Menéndez y Pelayo permaneció aquel año en Madrid hasta entrado Julio, porque formaba parte del Tribunal de oposiciones á la cátedra de Literatura de la Universidad de Zaragoza, que obtuvo Sánchez Moguel por unanimidad.

Su primer cuidado al regresar á Santander fué hojear el magnífico ejemplar de la colección greco-latina, de Didot, con que algunos de sus paisanos le habían obsequiado, y á propósito de lo cual había escrito una *Epístola* en verso, que se imprimió aquel año, y que diputaba por la mejor de sus composiciones. «¡Espléndido regalo—escribía en 10 de Julio á Laverde—el de la colección Didot completa, que me hicieron los montañeses! 66 volúmenes comprende, inclusos los atlas para los geógrafos y el texto fotolitografiado de Ptolomeo. Siento que no vengas por aquí y veas mi Biblioteca, que tengo ya arreglada y clasificada. Había de gustarte.» ¡Todavía en el verano de 1910, trabajando yo en aquélla, me enseñaba el Maestro, con singular complacencia, los volúmenes de la colección, que acariciaba con nerviosa mano!

Durante el estío de 1879, además de corregir pruebas de *La ciencia* y de los *Heterodoxos*, tradujo *Los siete sobre Tebas*, de Esquilo, y continuó escribiendo la segunda de las citadas obras. En virtud de nuevo arreglo con el editor de los *Heterodoxos*, éstos saldrían en tres tomos, y Menéndez y Pelayo cobraría 16.000 reales por cada uno de ellos.

A últimos de Setiembre volvió á Madrid para cumplir sus deberes universitarios, y aquí permaneció hasta primeros de Diciembre, en que regresó á Santander. El proyectado viaje á Londres quedó en el pensamiento, y desde entonces su vida se desenvolvió con monótona regularidad, salvo algunos viajes á Barcelona, y otros á Sevilla. Venía á Madrid á últimos de Setiembre; marchaba á Santander á primeros de Diciembre, para volver el 7 ó el 8 de Enero, y tornar á ausentarse á últimos de Junio. Trabajaba algo en Madrid, pero siempre á disgusto, porque Santander era el lugar predilecto de sus tareas. Compraba libros y más libros, é iba acrecentando paulatinamente el caudal peregrino de su Biblioteca. Su clase en la Universidad era alterna, y solía darla por la tarde (de tres á cuatro y media), distrayéndose no pocas veces respecto del tiempo, por lo cual no era raro que sus alumnos le viesen aparecer por el aula una hora después de la señalada en el cuadro.

A principios de Enero de 1880 estaba impresa ya la segunda edición de *La ciencia española* (¹). También por entonces se imprimieron varios prólogos, estudios críticos y poesías, que señalo en el apéndice bibliográfico. Tradujo asimismo en aquel mes la *Palinodia*, de Leopardi. A principios de Marzo, estaba terminado el tomo i de los *Heterodoxos*.

Por aquellos días tuvo el gusto Menéndez y Pelayo de saludar á su cultísimo amigo *Ipandro Acaico* (D. Ignacio Montes de Oca, Obispo de Linares), traductor exquisito de los bucólicos griegos. Tenía muy adelantada la versión de Píndaro, que había comenzado á instancias de Menéndez, y que vió la luz más tarde en la *Biblioteca clásica* (²).

Siguió ocupándose en los *Heterodoxos* y en la versión ciceroniana. Estando en Santander, recibió la noticia de la muerte de Hartzenbusch, ocurrida el 2 de Agosto de aquel

---

(¹) Sobre esta nueva edición publicaron artículos críticos, entre otros, un discípulo de Lloréns, Masferrer, en *La Veu de Montserrat*, y Barrantes, en el *Diario de Barcelona*.

(²) En Abril de 1880 habitaron en el Hotel de las Cuatro Naciones, donde paraba Menéndez y Pelayo, su amigo Mr. A. Morel Fatio y Carlos Graux, el malogrado autor del precioso libro *Essai sur les origines du fonds grec de l'Escurial* (Paris, 1880). Graux habla de Menéndez y Pelayo en sus cartas (Cons. Ch. Graux: *Correspondance d'Espagne*, publicada por Mr. L. Barrau-Dihigo en la *Revue Hispanique*, Paris, 1905; páginas 300 y 304 de la tirada aparte).

año. Inmediatamente, Valera escribió á D. Marcelino, manifestándole que podía considerarse como académico de la Española, porque ya tenía él arreglado el asunto con Cánovas, Nocedal, Fernández Guerra y demás amigos. La carta llenó de contento á Menéndez y Pelayo, que hacía tiempo tenía puestos los ojos en aquella Corporación ([1]). En efecto, en Diciembre tuvieron lugar las elecciones, y salió académico D. Marcelino, con el voto en contra de Castelar.

El tomo II de los *Heteroaoxos* quedó impreso á fines de Noviembre de 1880.

Continuamente recibía Menéndez y Pelayo, de sus amigos de América, libros y folletos curiosos, de los cuales daba cuenta á Laverde. Caro, Collado é *Ipandro Acaico* eran sus más asiduos proveedores. En carta de 10 de Febrero de 1881 escribía á Laverde, hablándole de uno de esos donativos: «Cada día se va haciendo más necesaria una colección selecta y bien ordenada de poetas americanos.» Más adelante, como veremos, realizó él esta aspiración.

La parte contemporánea de los *Heterodoxos*, era la que más le preocupaba, porque no tenía tan abundantes datos como respecto de las anteriores. Siguiendo los consejos de Laverde, dirigió una circular á los Obispos, pidiéndoles noticias del movimiento heterodoxo durante el período revolucionario. Contestaron más de treinta, algunos con mucha extensión y con datos muy peregrinos, y así pudo conseguir que la última parte de su libro no fuese inferior en copia de datos á las anteriores.

Durante el primer semestre de 1881 dió en la Unión Católica sus conferencias sobre «Calderón y su Teatro»; fueron tomadas taquigráficamente y publicadas aquel mismo año, primero en cuadernos sueltos, y después en un tomo. A fines de 1881 habló también, en el mismo Círculo, acerca de las «Ideas enciclopédicas en España durante el siglo XVIII».

En Setiembre de aquel año, el egregio Verdaguer fué á Santander como capellán del Marqués de Comillas. Allí escribió é imprimió una magnífica oda «A la benediccio de la capella del Cor de Jesus, erigida per l'Excm. Sr. D. Antoni Lopez», con fecha 5 de Setiembre. Es la que empieza:

«Com d'un infant la virginal parpella
Al primer raig del sol que la ferí,
S'ha oberta avuy la mística capella,
La creu brilla en son front com una estrella
En lo front serenissim del matí», etc. ([2])

A primeros de Octubre, Menéndez y Pelayo estuvo nuevamente en Sevilla, y allí leyó su discurso sobre *San Isidoro*, que se imprimió aquel mismo año.

La primera mitad del 1882 dedicóla Menéndez y Pelayo, trabajando febrilmente, á terminar el tercer tomo de los *Heterodoxos*, que, en efecto, se acabó de imprimir en Junio. En 15 de Julio escribía á Laverde, desde Santander: «¿Creerás que á estas horas, ni en bien ni en mal, ha escrito nadie una letra sobre tal libro, ni siquiera para decir que se ha publicado? Los krausistas, periodistas y demás *alimañas*, han recurrido á la estratagema del silencio, y todavía ninguno de ellos ha roto la consigna. Los amigos se callan también, quizá porque he dicho ó procurado decir la verdad á todos. Poco importa.»

([1]) «He de confesar á usted, acá para *inter nos* — escribía á Laverde, en 9 Agosto 1877, — que tengo ciertos deseos de que me hagan académico *correspondiente* de la Lengua, á pesar de lo desdichadamente que la manejo. *Alta petis*, dirá usted.»

([2]) Una hoja en folio.—No consta esta edición en la excelente *Bibliographie de Jacinto Verdaguer*, de Robert Dubois (R. Foulché-Delbosc); *Revue Hispanique*, tomo XXVI (1912).

Por muerte de Moreno Nieto, que falleció poco después de Revilla, Menéndez y Pelayo fué electo académico de la Historia ([1]).

Durante el verano de 1882 se ocupó en reunir materiales para la *Historia de las ideas estéticas en España*. Remitió á Laverde el plan de la parte relativa á la Edad Media el 31 de Agosto, y en Octubre le decía: «Pronto empezaré á dar á la imprenta el primer tomo de la *Estética en España*. Paréceme libro de gran novedad, y que puede constituir una Introducción á la Historia de la Literatura española, *que comenzaré á escribir después*.» Valera le había excitado á esto último con grandes instancias.

Entretanto, su colección bibliográfica iba creciendo «como la espuma». Logró reunir casi todos los escritos de Fox Morcillo, una rarísima copia del *Discurso sobre la figura cúbica*, de Juan de Herrera; los pliegos (impresos en 1861) del *Diario* de Jovellanos (que le fueron regalados por D. Cándido Nocedal), y muchos otros peregrinos volúmenes. Según escribía á Laverde, en 6 de Enero de 1883, había encontrado editor para su *Bibliografía de Traductores*. «La dividiré —decía— en cinco tomos: 1.º, Traductores de lenguas orientales; 2.º, Del griego clásico; 3.º, Del latín clásico; 4.º, De la literatura eclesiástica, así griega como latina; 5.º, De lenguas modernas, incluyendo sólo las traducciones de autores clásicos y archi-famosos» ([2]).

Á últimos de Marzo de 1883, fué Menéndez y Pelayo á Lisboa, donde pasó doce días deliciosos, agasajado espléndidamente por Valera (nuestro Embajador) y por los literatos y amigos de allá. Allí conoció á la poetisa Carolina Coronado, dueña de dos hermosísimas quintas á una y á otra margen del Tajo. No dejó de molestarle, al regresar á Madrid, la noticia de que un conocido escritor pensaba componer cierta *Historia de la literatura española*. «Quizá diga la gente —escribía á Laverde— que yo, que por obligación la enseño, no la he escrito todavía, ó por pereza, ó por no servir para el caso. Y la verdad es que no he puesto mano en ella, por deseo de hacerla buena y completa, y por los enormes trabajos é investigaciones preliminares que exige. Quizá... no se ha hecho cargo de todas las dificultades de la empresa. La *Historia de la literatura inglesa*, de Taine, que es, sin duda, el modelo mejor en su línea, se ha edificado sobre una serie innumerable de monografías. En España no hay nada de esto, y aun muchos de los monumentos literarios son de difícil acceso. Mientras no estén analizados todos, es imposible el trabajo de síntesis y de conjunto. Yo creo, sin jactancia, haber visto tanto número de libros españoles raros, como el que haya visto más en esta generación, y, así y todo, tiemblo antes de escribir la historia, y, cuando lo haga, lo haré á pedazos, á no ser que... se nos adelante, con gloria propia y utilidad de todos. Así y todo, debe irse con pies de plomo, porque no son solamente cosas de erudición las que faltan en nuestra historia literaria, sino cosas esenciales. La historia del Teatro anterior á Lope de Vega, pongo por caso, nadie la sabe sino Cañete, y está en libros inaccesibles. Y así otras cincuenta cosas.» Á pesar de todo, en Setiembre de 1883 tenía intención de comenzar á escribir dicha *Historia*, comenzando por los orígenes, pensamiento que modificó luego, decidiendo empezar por el siglo XVI, para volver luego á los orígenes y á la Edad Media.

([1]) Su discurso de entrada, sobre «La Historia, considerada como obra artística» (tema que le fué indicado por Valera), estaba terminado á últimos de Diciembre de 1882.

([2]) En otra carta, de 12 de Febrero 1883, dice también á Laverde: «Te recomiendo un libro muy notable que acaba de publicar un presbítero catalán, llamado Comellas, con el título de *Introducción á la Filosofía ó determinación del ideal de la Ciencia*. Á mi entender, es un pensador de primera fuerza, y desde Balmes acá no hemos visto en España nada semejante.» El libro de Comellas y Cluet, publicado en 1883, lleva por título *Introducción á la Filosofía, ó sea doctrina sobre la dirección al ideal de la Ciencia*, y es, en efecto, de lo poco bueno que la filosofía española del siglo XIX ha producido

Durante el verano de 1883 se acabó de imprimir el primer tomo de las *Ideas estéticas*, y arregló Menéndez y Pelayo la nueva edición de *Horacio en España*. También tradujo por entonces el *Himno* de Yehudá-Ha-Leví, que se publicó en 1884 *(Ilustración española y americana).*

Después del Gabinete Posada Herrera, vino al poder el partido conservador, con Cánovas á la cabeza y Alejandro Pidal de Ministro de Fomento, á principios de 1884. Menéndez y Pelayo fué electo diputado á Cortes por Palma de Mallorca (¹), adonde hubo de ir, quedando «complacidísimo—escribía á Laverde en 21 de Mayo—no sólo por la belleza insuperable de la tierra, que recuerda lo que nos imaginamos que son ó que fueron las islas griegas, sino por la acogida verdaderamente cariñosa y entusiasta que me hicieron aquellos baleares». En Palma, á instancias de Quadrado y otros amigos, dió una conferencia acerca de Raimundo Lulio, que se imprimió allí. Visitó, además, mejor que el distrito, las bibliotecas públicas y particulares, y adquirió más de 30 volúmenes de raros libros lulianos. En aquella isla encontró un movimiento literario muy considerable, enlazado con el de Cataluña, pero con caracteres propios, dentro de la unidad catalana; florecían elegantísimos poetas, como Aguiló, Roselló y Forteza, y grandes investigadores históricos, como Quadrado, tan notable, además, como polemista católico.

De vuelta á Madrid, ocupóse en planes de reforma de la enseñanza superior, para las bases de una nueva ley de Instrucción pública, que el partido conservador deseaba presentar á las Cortes. Pidió consejo á Laverde, el cual remitió algunos proyectos, que pasaron al Ministerio. Laverde entendía que sería conveniente separar los estudios filosóficos de los históricos, filológicos y literarios, en la Facultad de Letras. Menéndez y Pelayo, con mejor acuerdo, era del dictamen contrario, y así escribía á su amigo: «Casi todas las naciones tienen, como nosotros, unidas en una misma Facultad la Filosofía y las Letras, y, á mi entender, con razón. Si la Filosofía no ha de ser un ergotismo bárbaro, de una ú otra escuela, es menester que tenga á su servicio todos los conocimientos auxiliares, y sobre todo, los de Filología, sin los cuales no podría abordar materialmente los textos de los grandes filósofos, ni penetrarse de su contenido. Por otra parte, es muy conveniente que los filósofos sepan escribir, y que estudien historia, para templar así discretamente el elemento racional con el real. Por otra parte, la Facultad de Letras, si le quitas la Filosofía, queda descabezada y sin verdadera trascendencia. La Estética no puede entenderla sino el que haya recorrido todas las partes de la Filosofía. Y así de los demás estudios que hoy tenemos, en apariencia heterogéneos, pero ligados por un lazo oculto, que hace de nuestra Facultad la mejor cultura general del espíritu. Claro es que los alumnos se inclinarán más á una cosa que á otra; pero esto sucede, poco más ó menos, en todas las Facultades. El que brilla en las clases de Derecho positivo, no suele ser el más fuerte en la de Filosofía del Derecho. Creo, pues, *salvo meliori*, que no conviene romper la unidad en que hoy vivimos, y que, si no da sus naturales frutos, es por culpa de la ley, que no ha sabido organizar de un modo gradual y completo los estudios.» Menéndez y Pelayo se inclinaba, además, á suprimir Facultades de Letras, dejando subsistentes sólo dos ó tres en España. En las reformas que entonces se proyectaron, entraban el nombramiento de los jueces de Tribunales de oposición, á propuesta de Universidades y Academias, y la supresión del año preparatorio de Derecho.

Por desgracia, la *separación* con que soñaba Laverde, se ha realizado después, y el

---

(¹) La legislatura de 1884 á 1885 se abrió el 20 de Mayo de aquel año, y se cerró el 11 de Julio del segundo. La siguiente (de 1885) duró desde el 26 de Diciembre de 1885 hasta el 8 de Marzo de 1886, siendo en ella Presidente del Consejo, Práxedes Mateo Sagasta. En ambas fué diputado Menéndez y Pelayo.

resultado no ha podido ser más desastroso. Á consecuencia de ella, el número de alumnos en la Facultad de Filosofía de Madrid, oscila entre *uno* y *cinco;* pero hay, en cambio, un nutrido cuadro de Profesores y un lujo de asignaturas que representaría un extraordinario renacimiento científico, si no fuese indicio, por el contrario, de una verdadera decadencia. El orden de las enseñanzas es menos racional que antes, porque se estudia, por ejemplo, Historia de la Filosofía, *antes* de saber Metafísica, y el alumno, al llegar el Doctorado, tiene una preparación menos completa que coñ el plan precedente. Añádase á esto la *aptitud oficial* del Doctor *en Letras* para hacer oposiciones á cátedras *de Filosofía*, y se comprenderá el espantoso desorden introducido en esa esfera de nuestra enseñanza superior, donde sólo se ha pensado en crear cátedras nuevas, para favorecer muchas veces intereses personales, antes que los ideales de la instrucción universitaria.

* * *

El 10 de Julio de 1884 se votó en el Congreso de los Diputados la ley para la adquisición de la Biblioteca de Osuna. El preámbulo de esa ley es una especie de historia compendiada de tan célebre colección, y fué redactado por Menéndez y Pelayo.

Este aumentaba rápidamente el número de sus preciosidades bibliográficas. En el verano de 1884, el bibliófilo portugués García Peres, le regaló, entre otros libros, un manuscrito autógrafo de un tratado de Fisionomía y Craneoscopia, absolutamente ignorado por todos los eruditos, obra de un médico de Carrión de los Condes, el bachiller Luis Fernández, que floreció á principios del siglo XVI, y que debe contarse entre los precursores indubitables de Lavater y de Gall. En dicho verano, la biblioteca de Menéndez y Pelayo ascendía ya á unos 8.000 volúmenes, y su dueño hizo construir, en el jardín de la casa, un pabellón capaz para contener 25 ó 30.000 volúmenes más. Al año siguiente (1885), compró muy buenos libros antiguos en la almoneda de Salamanca (entre ellos la versión castellana del *Cuzary* de Yehudá-Ha-Leví), y entró en posesión de todos los manuscritos de Musso y Valiente, entre los cuales figuraba una traducción en verso del *Ayax* de Sófocles, y otra del *Heautontimorumenos* de Terencio.

En 1885 también, pronunció Menéndez y Pelayo su primer discurso parlamentario, y, por cierto, con extraordinario éxito. Fué el 13 de Febrero, con motivo de la interpelación sobre los sucesos universitarios, y contestando á Castelar, que le había aludido. Allí declaró el primero que el Instituto y la Universidad habían sido su segunda familia; que creía en el determinismo científico, y no en la libertad de la ciencia, porque «la ciencia es fatal»; que los Catedráticos pagados por el Estado deben someterse á su Constitución, al Concordato y al Código penal en sus enseñanzas, y refiriéndose á la desamortización, la llamó, recordando palabras de San Agustín, «inmenso latrocinio».

Pero la vida política no entusiasmaba á Menéndez y Pelayo, ni tenía él condiciones para ella. Necesariamente había de atender á las demandas de su distrito, contestar cartas, visitar Ministerios, asistir á reuniones, hacer viajes, y todo esto le robaba tiempo para sus trabajos literarios, y le causaba una molestia indecible. El mismo Laverde, su amigo más íntimo, necesitaba recordarle cuarenta veces una recomendación, para que Menéndez y Pelayo se decidiese á hacer algo eficaz en su favor.

El 16 de Julio de 1884 murió Milá y Fontanals, en su villa natal de Villafranca del Panadés, dejando á Menéndez y Pelayo heredero de sus papeles manuscritos. Con este motivo, en 27 de Julio de 1885, decía el último á Laverde: «Los testamentarios de Milá me escriben que han reunido ya sus papeles para enviármelos, conforme él dejó dispuesto en sus últimas voluntades. Deben ser muchos, porque llenan dos baúles. Debe haber trabajos muy adelantados, sobre todo el de los *Orígenes del teatro en Cataluña*, que era la obra en que últimamente se ocupaba. Así que estén en mi poder sus manuscritos y los tenga revisados, empezaré á escribir su vida literaria con toda la extensión que reclama. Y si encuentro algún editor que quiera encargarse de ello, publicaré en dos ó tres vólumenes sus opúsculos literarios, poesías, etc., que tengo recogidos, y á los cuales, de seguro, podrá añadirse mucha cosa inédita, porque él ya tuvo el pensamiento de reimprimir sus estudios coleccionados».

Durante el verano de 1885 (época en que el cólera hizo estragos en España, alcanzando también á Santander, cuyo Alcalde, que era el padre de Menéndez y Pelayo, se portó bizarramente en aquellas críticas circunstancias), se acabó de imprimir la segunda edición de *Horacio en España*, y terminó D. Marcelino de escribir la parte de las *Ideas estéticas* anterior á la invasión del Romanticismo. En carta de 7 de Octubre, á Laverde Ruiz, deploraba la pérdida de los PP. Caminero (Francisco) y Comellas, y añadía este curioso párrafo sobre *interioridades* académicas: «He oído decir que, para la vacante de la Academia española, se piensa en Ceferino Suárez Bravo. Lo merece por todos conceptos; pero (acá para entre nosotros) creo que debíamos abusar menos de la ventaja del número, y dar entrada de vez en cuando á algún liberal inofensivo y de mérito, ó á algún escritor de relumbrón que nos congraciara un tanto con las masas. Van tres *neos* seguidos, y parece demasiada intolerancia. Yo no tendría inconveniente en votar á Galdós (¹) por ejemplo; pero Tamayo, Cañete y Aureliano piensan de otra manera, y van cerrando demasiado el círculo. De todas maneras, mientras tengamos verdaderos literatos, como Suárez Bravo, los daños de este exclusivismo no serán grandes».

La impresión de las *Ideas estéticas*, la preparación de la nueva edición de *La Ciencia española* con su *Inventario bibliográfico*, que viene á ser una reseña cronológica del desarrollo de cada rama de los conocimientos humanos en España, y otros trabajos menores, ocuparon á Menéndez y Pelayo durante el año 1886.

En carta á Laverde, de 24 de Octubre de 1886, habla Menéndez y Pelayo por primera vez de su hermano D. Enrique, á quien profesó siempre un cariño sin límites: «No sé si sabrás—dice—que tengo un hermano poco menor que yo, llamado Enrique, médico, ó á lo menos Licenciado en Medicina, puesto que no lleva trazas de ejercer nunca tal profesión, á la cual no manifiesta inclinación alguna. Pero, en cambio, manifiesta singulares disposiciones literarias, así de escritor en prosa como de poeta, lo mismo en lo serio que en lo jocoso. Ha escrito mucho en periódicos de Santander, y quizá pronto se publicará un volumen de sus poesías, con prólogo de Amós Escalante. Entretanto, te envío dos ó tres para muestra. Creo que no me ciega la pasión al decirte que pronto tendremos un nuevo poeta montañés, y no de los vulgares».

.*.

Si el objeto de esta Introducción no fuese exclusivamente la personalidad y vida literaria de D. Marcelino Menéndez y Pelayo, yo trataría aquí, con la extensión que merecen, de los escritos de su hermano D. Enrique, porque, por más de un concepto, han de figurar honrosísimamente en la historia de nuestras letras, cuando se escriba con la amplitud é imparcialidad que estas obras deben escribirse.

Y si tal hiciera, claro es que estudiaría con la debida atención sus poesías líricas, de inspiración delicada y sentimental, como las de Selgas y Arnao; sus producciones dramá-

---

(¹) Le votó, en efecto, más adelante, en 1889; pero entonces el Sr. Galdós salió derrotado por el señor Commelerán.

ticas y novelescas, de castiza factura y profunda intención moral; sus artículos festivos y de costumbres, de galana prosa y artístico gracejo. Pero, aunque á algunos pueda parecerles extraño, me detendría con especial complacencia en el volumen: *Interiores*, serie de *cuadros literarios*, publicada en 1910.

No conozco nada, en nuestra literatura contemporánea, que supere en su género á esas íntimas y exquisitas expansiones de un espíritu recogido y modesto, «que ningún placer siente con tanta intensidad como el placer de lo habitual, de lo cotidiano, de lo ordenado», que sabe sacar á la vida su jugo poético, sin temor de que á semejante poesía puedan faltarle materia ni alimento, «puesto que todo lo espera, no de éste ni el otro estilo de vivir, sino del paso de la vida, de su esencia misma y no de sus accidentes».

Leed aquella deliciosa «Apología del rincón», desde el cual, «mirando al claro de la ventana, se ven pasar los hombres y las cosas, ávidos de ser iluminados un momento»; aquella delicada descripción de «La tapia florida», que calma, con el homenaje de sus humildes parietarias, la ambición del poeta; la narración penetrante, en «Un alto», del misterio de las horas en que el alma «se entra adentro á recorrer sus estancias secretas, sus recónditos jardines»; el relato de las cosas vistas, cuando estudiante, una «tarde de domingo», en su casa de la calle de Valverde, en Madrid, casa «que tiene, como la vida, una fachada al Desengaño»; los *pequeños poemas* en prosa «Voces que no suenan», «Vidas grises», «Luna llena»; la bondadosa ironía de «Lo apacible», y decidme si no experimentáis el sedante influjo de lo plácido, y no reconocéis con el autor los encantos de la paz y del silencio, en medio de los cuales «cobran voz y relieve las cosas menudas, las cosas humildes, que son para ciertos espíritus las reinas de las cosas».

De esta clase de escritores hay algunos, pero muy contados, en España. Recuerdo á Eduardo L. Chavarri, el autor de *Armónica* y de *Cuentos lírics*, en Valencia; á Santiago Rusiñol (el Rusiñol de *Oracions* y de *El poble gris*), en Barcelona. Suelen ser humoristas (no al modo cáustico y punzante de Byron ó de Heine, sino á la manera suave y agridulce de Daudet) y críticos; pero antes que nada son poetas, de dulce y serena intimidad.

Así es Enrique Menéndez, por quien su hermano sentía un afecto entrañable, demostrado en mil ocasiones. Y si queréis ver cómo le correspondía el primero, reparad en aquella encantadora y cariñosa alusión con que termina el cuadro de «La criada vieja», en los mencionados *Interiores:*

«Tal es la fuerza de su ilusión, de su traslación á aquellos días felices, que yo me siento menguar de estatura poco á poco, y ya no tengo barbas..., ni escamas, y soy pequeño, y curso Humanidades... Nos han dejado solos á los chiquillos: yo, que debo estudiar mis lecciones, juego á la trompa, ó miro los santos del *Semanario Pintoresco*, y la Juana prepara la cena y cuida á la vez de mi aplicación.

—Á ver cómo estudias, chiquillo.

—No me da la gana. ¡Á la cocina!

—¡Holgazán, más que holgazán! No, no te han de encontrar á ti en las *hibotecas* como á tu hermano...»

***

En Noviembre de 1886, tenía trazado Menéndez y Pelayo el Plan de los últimos tomos de las *Ideas estéticas* (siglo XIX). Como no llegó á publicar sino la larguísima Introducción de esta postrera parte, sólo referente al extranjero, creo conveniente dar á conocer aquí el fragmento de dicho Plan que ha llegado á mi noticia.

La parte española del siglo XIX, había de comprender los siguientes capítulos:

«1.º El Romanticismo: su influjo en la filosofía del Arte y en la preceptiva de las diversas artes.

»2.º La Estética general en España durante el siglo actual.

»3.º Vicisitudes de la preceptiva literaria, desde la época romántica hasta nuestros días.

»4.º Estética de las Bellas Artes del Diseño.

/»5.º Estética musical.—Otras artes secundarias.

»6.º Epílogo.—Estado actual de la ciencia.—Principios fundamentales de ella que pueden tenerse por ciertos y seguros.—Esperanzas de una futura construcción sistemática de la Teoría de lo Bello.»

El capítulo I, según dicho Plan, se distribuía de este modo:

«El Romanticismo en España. Sus innovaciones en la teoría y práctica del Arte.— Enlace del romanticismo con la tradición literaria española.—Breve recapitulación de lo dicho en el volumen anterior sobre las tentativas y protestas románticas del siglo XVIII. (Aquí insistiré en algunas cosas que antes se han dicho sólo de pasada, verbigracia, en los elementos semi-románticos que contienen algunas poesías de Meléndez, Cienfuegos, Quintana, Arriaza, Lista y otros.)—La guerra de la Independencia: su influjo en el despertar del genio nacional.—Primeros asomos de crítica romántica: D. Genaro Figueroa (Análisis del Teatro español; 1813).—Böhl de Faber (1817) levanta resueltamente la bandera romántica en los periódicos de Cádiz y en varios folletos, haciéndose eco de las opiniones de Guillermo Schlegel.—Polémica de Böhl de Faber y de su mujer con Alcalá Galiano y D. José Joaquín de Mora, en defensa del Teatro de Calderón (1818).—Ayudan á Böhl varios escritores gaditanos.—Empiezan á difundirse traducciones de las obras de Chateaubriand, Madame de Staël, etc.—Época constitucional del 20 al 23.—Crítica ecléctica representada por Lista en El Censor, haciendo muchas concesiones al Teatro español, pero conservando lo más sustancial de los preceptos clásicos.—Innovaciones tímidas que acometen en el Teatro Gorostiza, Burgos, Trueba y Cosío y algún otro.—El movimiento romántico en Barcelona: aparición de El Europeo en 1822.—Doctrinas estéticas de Aribáu, López Soler y Monteggia, que dan á conocer las obras de Schiller, Walter Scott, Manzoni, Byron, etc.—Doctrinas literarias dominantes entre los emigrados españoles de 1823.—Romanticismo histórico, á la inglesa ó á la escocesa (Blanco White en las Variedades ó Mensajero de Londres, Andrés Bello en el Repertorio Americano, Salvá y otros en los Ocios de españoles emigrados, Almeida Garrett en O Portuguez, Trueba y Cosío en los prólogos de sus novelas, el duque de Rivas, Alcalá Galiano en el prólogo al Moro Expósito, Villalta, Mora, etc.).—Martínez de la Rosa, después de la publicación de la Poética, modifica sus ideas en sentido romántico templado: sus dramas: su discurso sobre El drama histórico.

»Progresos de las nuevas ideas dentro de España: multiplícanse las traducciones de novelas de Walter Scott.—Primeros conatos de novela histórica, por Húmara y Salamanca, López Soler, Kostka Bayo, P. Pérez y otros de Barcelona y Valencia.—Las ideas críticas en Madrid; Burgos (sus estudios sobre el Teatro español, su discurso de entrada en la Academia, etc.); Clemencín (Notas al Quixote), Cortina y Hugalde (Notas á la Literatura española, de Bouterweck), D. Bartolomé José Gallardo, Navarrete, D. Serafín E. Calderón, y otros eruditos.—Despiértase el amor á la antigua literatura nacional.—Primeros atrevimientos dramáticos de Bretón y Gil y Zárate.—Las Cartas Españolas.—Primeros escritos en sentido romántico: discurso de Donoso Cortés en la cátedra de Humanidades de Cáceres; discurso de D. Agustín Durán sobre el antiguo Teatro español; nuevas publicaciones de Böhl de Faber.—Influencia de las enseñanzas de Lista: sus principales discípulos (Espronceda, Vega, Pardo, Molíns, etc., etc.).—Muerte de Fernando VII y triunfo definitivo de la escuela romántica.—Sus críticos: Larra, Espronceda, Ochoa y Madrazo (en El Artista); Enrique Gil, Pastor Díaz, Tassara, Donoso Cortés

(*Clasicismo y Romanticismo*); Alcalá Galiano, Pacheco, Cueto (en *El Piloto*), etc., etc.—
Posición independiente de Lista: sus artículos en *El Tiempo*, de Cádiz (*Ensayos literarios y críticos*): su influencia en Andalucía; sus principales discípulos en esta nueva etapa ¡Amador de los Ríos, Fernández Espino, Zapata, Huidobro, etc.).— El romanticismo catalán (clasicismo independiente de Cabanyes): Piferrer, Carbó, Semís, Milá (en su juventud), Rubió, Quadrado, Arolas, Aguiló, Ribot y Fontseré (su *Poética romántica*).— Manifestaciones diversas de este romanticismo en Mallorca y Valencia: sus resultados; renacimiento de la lengua y literatura catalanas.—El Romanticismo en Portugal: sus resultados; creación del teatro y de la novela histórica: Almeida Garrett, Herculano, Soares de Passos, Rebello da Silva, Mendes Leal, Andrade Corvo, Silva Gayo, etc., etc.— Posición independiente de A. Feliciano del Castilho. Sus concesiones al romanticismo.— La revista portuguesa *O Panorama*, es allí lo que en Madrid *El Artista*.—Renacimiento de la poesía popular: el *Romancero* de Almeida Garrett, etc., etc.

»Consecuencias del Romanticismo: en la Teoría general del Arte; en las artes plásticas; en la música (esto rápidamente, porque luego ha de tratarse en capítulos diversos); en la poesía lírica; en el teatro; en la novela; en la historia; en la arqueología; en el modo general de sentir y en las costumbres.»

Algunas (muy pocas) indicaciones sueltas hay en las cartas de Menéndez y Pelayo á Laverde, acerca de la manera de desarrollar ciertos temas de los mencionados (¹). Del Duque de Rivas y su influencia tenía altísimo concepto: «Yo no sé—decía—si me ciega la afición que tengo á todas las cosas de su casa; pero creo que *Don Alvaro* es una concepción mucho más amplia y más admirablemente ejecutada que cuantas admiramos en el antiguo teatro español; tal, en suma, que sólo en Shakespeare ó en el *Wallenstein* de Schiller puede encontrar semejante. Y creo también que *El Moro Expósito* y los *Romances* son la poesía más genuinamente épica que ha brotado en el siglo XIX, superior mil veces á los poemas cortos de Walter Scott, y tan buena como sus mejores novelas.» (Carta de 2 de Abril de 1883.)

De una preciosa adquisición bibliográfica, de la cual habla en *La ciencia española*, da cuenta á Laverde, en carta de 13 de Junio de 1887: «He adquirido—escribe,—gracias al librero Quaritch, de Londres, el más extraordinario ejemplar que puedes imaginarte de la *Antoniana Margarita* (primera edición de Medina del Campo, 1554), adicionada con las *Objectiones* de Miguel de Palacios, con la réplica de Gómez Pereira, y con su *Nova veraque Medicina*. Este maravilloso ejemplar tiene, además, una soberbia encuadernación de Dérome en cuero de Levante. A juzgar por las señas bibliográficas, debe de ser el mismo ejemplar que adquirió tan alto precio en la venta de los libros del Duque de La Vallière á fines del siglo pasado, y que luego perteneció al bibliófilo inglés Payne. Le tengo por la joya más preciosa de mi colección de filósofos españoles, donde hay libros tan extraordinarios como aquel *De hominis natura*, de Pedro de Montes, que en ninguna otra parte he visto» (²).

(¹) En carta de 20 Setiembre 1887 disculpa Menéndez y Pelayo la desmedida Introducción del último tomo de sus *Ideas Estéticas*, y añade: «Al principio quise hacer un libro meramente histórico; ahora me va resultando tan didáctico como histórico, lo cual no me pesa, por lo mismo que no hay en España ningún tratado de Estética tan amplio y copioso como hoy exige el contenido de esta ciencia.»

Sobre los tomos de dicha obra, por entonces publicados, publicó un entusiasta artículo el Dr. Ad. Lasson en la *National-Zeitung*, de Berlín, enalteciendo la importancia de los descubrimientos de Menéndez y Pelayo para la historia general de la ciencia estética.

(²) También adquirió entonces una importante colección de más de 300 tragedias clásicas castellanas, impresas y manuscritas, de los siglos XVIII y XIX.

En 1887 también empezó la impresión del tomo III del *Ensayo* de Gallardo, de cuya corrección hubo de encargarse Menéndez y Pelayo á ruegos de Tamayo, porque Zarco del Valle y Sancho Rayón se excusaron. Asimismo comenzó en dicho año la impresión de las *Obras* de Milá, que habían de constar, á juicio de Menéndez, de once á doce tomos; en el último pensaba publicar sus *Memorias sobre la vida literaria de Milá*, con un apéndice de correspondencia suya muy interesante con doctos extranjeros. El Dr. Wilkens, Profesor de Viena, le remitió por entonces parte de la correspondencia de Milá con Fernando Wolf.

En Febrero de 1888, el editor Navarro propuso á Menéndez y Pelayo la publicación de una *Antología de líricos castellanos*, proyecto que el segundo acogió con entusiasmo, y que no empezó á realizarse hasta 1890. Pensaba que la colección constase de *diez* ó *doce* volúmenes. En el primero irían los anteriores á Garcilasso. A Lope de Vega se le dedicaría un tomo, y otro á Quevedo. Se reimprimiría la *Primavera y flor de romances*, de Wolf y Hofmann. Habría dos volúmenes para los poetas americanos. Este plan sufrió luego una transformación radical, de tal suerte, que en 1908, publicados *trece* tomos, todavía no se había entrado en Garcilasso.

Por aquel año de 1888 estuvo nuevamente Menéndez y Pelayo en Barcelona, donde leyó un discurso en catalán, que fué extraordinariamente aplaudido y que se imprimió. «La Reina—escribía á Laverde, contándole el suceso,—á quien se le dimos en una traducción castellana, quedó, al parecer, muy encantada; me convidó á comer, y me dijo mil cosas agradables».

A principios de 1889 fué nombrado Bibliotecario (interino) de la Real Academia de la Historia, á propuesta de Cánovas y de Gayangos, lo cual le agradó sobremanera, no sólo por la ventaja de tener casa, sino por la de estar al frente de una Biblioteca tan importante, y de la cual podía sacar tanto fruto para sus estudios.

***

En la Universidad fué encargado Menéndez y Pelayo de inaugurar el curso de 1889 á 1890. Su primer pensamiento fué tratar de *Luis Vives*, y con esta idea trabajó más de un mes durante el verano de 1889; pero viendo que el estudio resultaba larguísimo y que le sería imposible terminarle dentro del plazo fatal de los dos meses, determinó guardar todos sus apuntes para un libro futuro, y, apremiado por el tiempo, escribió «de prisa» una disertación sobre *las vicisitudes de la filosofía platónica en España*.

Fué entonces la primera vez que oí en público á Menéndez y Pelayo, y jamás se borrará de mi memoria el efecto de aquella magistral oración, briosamente leída, escrita con erudición y crítica profundas, precedida, además, de dos encantadoras semblanzas de Camús y de García Blanco.

Aquel mismo año, la Real Academia Española determinó emplear sus grandes ahorros en una edición monumental y completa de Lope de Vega. Menéndez y Pelayo fué el encargado de dirigirla. El primer tomo había de contener la biografía de Lope, escrita por La Barrera y adicionada por D. Marcelino con nuevos documentos.

A fines de 1889 fué electo Académico de Ciencias morales y políticas. En cuanto al tema de su futuro discurso de entrada, Menéndez vacilaba entre «Séneca y D. Francisco de Quevedo, considerados como moralistas», y «Francisco Sánchez y los precursores españoles de Kant». Al fin se decidió por el segundo.

El tomo I de *Lope*, las *Obras* de Milá, la nueva edición del tomo I de las *Ideas estéticas*, ocupaban á Menéndez y Pelayo al empezar el año de 1890. Adquirió también por aquellos días un libro de la mayor rareza: el *Pugio Fidei*, de Raimundo Martín, y algunos códices importantes del siglo xv (entre ellos, uno que contiene la versión del *Phedon* platónico por el Dr. Pedro Díaz de Toledo, y el compendio de la *Iliada*, por Juan de Mena; y otro, copia del siglo xvi, del *Libro de las virtuosas e claras mugeres*, de D. Álvaro de Luna).

Por entonces dió en Madrid una conferencia pública acerca de Manzoni: pero fué casi totalmente hablada, y no había taquígrafos, por lo cual resultó imposible recogerla.

Su biblioteca pasaba en 1890 de los 10.000 volúmenes. Aquel año, el Marqués de Valmar, en agradecimiento por la colaboración que le prestó en la edición académica de las *Cántigas*, le cedió todos los materiales que tenía reunidos para el tomo iv de *Líricos del siglo XVIII*, que no quiso publicar Rivadeneyra. También le regaló, entre otras curiosidades, el ejemplar de *Esvero y Almedora*, que Maury dió á Valmar en 1844, lleno de enmiendas y adiciones para una segunda edición que el autor proyectaba.

En carta de 23 de Setiembre de 1890, Menéndez y Pelayo hablaba á Laverde del tomo i de la *Antología de poetas líricos*, ya publicado; del iii de las *Obras* de Milá, y del artículo sobre un poeta montañés del siglo xviii, inserto en el volumen *De Cantabria*. Al mismo tiempo le agradecía, en cariñosas frases, la *Oda* que Laverde le había dedicado.

Gumersindo Laverde Ruiz no pudo contestarle. La terrible enfermedad nerviosa que durante diez y seis años le había atormentado cruelmente, poniendo á prueba su resignación cristiana, acabó con su vida entonces. Murió en 12 de Octubre de 1890. En el citado volumen *De Cantabria*, «Pedro Sánchez» había tratado de su persona y escritos. Después de su fallecimiento, nada importante se hizo para enaltecer la memoria del inspirado poeta de *La luna y el lirio* (¹).

* *

La muerte de Laverde fué, sin duda, un golpe durísimo para Menéndez y Pelayo. Con aquel inolvidable «restaurador de los estudios de filosofía española», había convivido intelectualmente desde 1874; con él consultaba las correcciones de sus versos, los planes de sus futuras obras, los pliegos de las que iban imprimiéndose; á él debió, en suma, buena parte de su dirección espiritual durante la época que á grandes rasgos hemos narrado. Tan honda fué esa comunidad de pensamiento, que muchas veces, en el curso de su correspondencia epistolar, Menéndez y Pelayo se olvidaba de la paternidad de sus propias obras, y solía decir «*nuestro* trabajo», refiriéndose á cualquiera de los libros que llevaba publicados.

Y es de notar, además, esta circunstancia: muerto Laverde, el aspecto de la producción literaria de Menéndez y Pelayo cambia de un modo bastante notable. Desde 1874 hasta 1890, Menéndez y Pelayo es, casi únicamente, un *humanista* y un *historiador de la filosofía*. La crítica literaria, en que, ciertamente, no dejó nunca de ocuparse, es un accidente, y nada más que un accidente, en su labor de la época referida. Pero, desde 1890 en adelante, la Poesía, los clásicos y la Filosofía ocupan en su vida un lugar secundario, y, aunque informado por su espíritu renaciente y filosófico, que le dió el sentido artístico de la forma y la visión transcendental del ideal, se ocupa preferentemente en la ilustración de la historia literaria española.

Como antes he dicho, fué electo diputado á Cortes por vez primera en la legislatura de 1884 á 1885. Nuevamente lo fué en 1891, por la circunscripción de Zaragoza. En las legislaturas de 1893 á 1894 y 1894 á 1895, fué senador por la Universidad de Oviedo. Desde 1899 hasta su muerte, desempeñó el cargo de senador, elegido por la Real Acade-

---

(¹) Véase especialmente el artículo de D. Juan Vázquez de Mella en la *Hoja Literaria* de *El Correo Español* de 27 Enero 1892. Fué reproducido en *El Pensamiento Galaico* de 5 Febrero del mismo año.

mia Española. El partido conservador, al cual perteneció, con invariable consecuencia, desde los primeros momentos de su vida política, no encontró ocasión propicia para nombrarle senador vitalicio, á pesar de que Menéndez y Pelayo no ocultaba su deseo en tal sentido. Bien es verdad que D. Marcelino concedía escasísima atención á los asuntos políticos: apenas utilizaba otro derecho de senador que el de servirse de la estafeta oficial; y no iba al Parlamento sino en contadísimas ocasiones, cuando su presencia era necesaria para alguna votación de excepcional interés. Otro tanto le ocurría respecto del Consejo de Instrucción pública, al cual perteneció durante varios años.

Su vida se hacía también cada vez más solitaria y aislada. Cuando joven, no le disgustó, sin embargo, la sociedad: frecuentaba los bailes de la condesa de Villalobos, madre del actual marqués de Cerralbo; asistía á las tertulias de Fernández-Guerra, del marqués de Valmar y del marqués de Heredia; comía y almorzaba en diversas casas (entre ellas, en la de D. Juan Facundo Riaño, en el palacio de la duquesa de Alba y en casa de la marquesa de Viluma); desde 1895 en adelante, fué apartándose poco á poco de lo que no fuera su ordinaria y frugal existencia, limitando sus visitas á contadísimo número de buenos amigos, entre los que figuraba el Excmo. Sr. D. Francisco de Laiglesia, con quien le ligaron lazos de entrañable y nunca desmentido afecto. Aborrecía la etiqueta y las ceremonias oficiales, y siempre fué poco ducho en trámites oficinescos. La ocupación de escribir cartas, que le distraía de sus trabajos favoritos, causábale un martirio increíble, y no hay que decir que las recibía diariamente por docenas, de diversas partes del mundo. Nunca gustó de secretarios, y así la correspondencia se amontonaba en su mesa, causándole desazones sin cuento la imposibilidad en que se hallaba de contestar á todos sus corresponsales.

Durante sus veinte años de profesorado universitario, ejerció influencia eficaz y duradera en las generaciones que escucharon su palabra. Su sistema consistía en dar conferencias sobre los diversos extremos comprendidos en el tema especial del curso. Comenzó su enseñanza explicando la literatura hispano-latina, y sucesivamente siguió tratando, en los cursos posteriores, de las épocas siguientes. El último mes del año académico solía dedicarlo á conversar con los alumnos acerca de los puntos que habían sido objeto de sus conferencias. No encomendaba trabajos particulares, ni hacía excursiones con los alumnos, ni se convertía en *director de las conciencias* de estos últimos, como algunos hacen; pero predicaba con el ejemplo, y enseñaba á trabajar, trabajando él, que es la manera más eficaz, como ha demostrado la experiencia, de crear discípulos. Del efecto de su método podrá dar idea la siguiente anécdota, referida por mí en 1906 y alusiva á la época en que oficialmente fuí su discípulo:

«Hablaba el maestro aquel año de Tirso de Molina, y, desde la primera conferencia del curso, nos cautivaron su incomparable plan y el encantador aticismo de su palabra. Era un día de los brumosos de Enero. Habíamos entrado en clase á las tres de la tarde, para salir á las cuatro y media. Aquel día se trataba de la comedia *El Rey Don Pedro en Madrid*, y el maestro discutía las atribuciones que á Tirso y á Lope de Vega se han hecho de la referida obra dramática. El maestro se *encaró* (ésta es la expresión propia) con la inmortal figura del monarca castellano, comenzó á determinar su representación histórica, y pasó luego á contarnos cómo esa figura había sido interpretada en la literatura, desde Tirso hasta Zorrilla, pasando por Lope de Vega. Más que una conferencia académica, parecíanos aquéllo un desfilar positivo y real de personajes de carne y hueso, cada uno de los cuales vaciaba ante nosotros su alma y nos revelaba con profunda y maravillosa sinceridad los misteriosos escondrijos de su pensamiento y de su vida. El maestro se hallaba como poseído de un sagrado entusiasmo, y nosotros escuchábamos con la misma recogida y ferviente atención con que el prosélito puede oir la palabra de un enviado del

Altísimo. La obscuridad, que cada vez envolvía más intensamente al aposento, el corto número de los que allí estábamos, el silencio imponente que se guardaba, todo contribuía á que la palabra incisiva y vibrante del maestro produjese un efecto más poderoso..... Pero, de pronto, alguno de nosotros observó que la hora de salida iba á dar, y que *Manolín*, el viejo bedel, entraría en breve á indicar á D. Marcelino que la clase debía concluir..... Sin ponernos de acuerdo, surgió la misma idea en nuestras mentes, y un compañero salió sigilosamente á conminar al bedel, con las más estupendas penas, á fin de que, por aquel día, no entrase á perturbar nuestra devoción. En efecto, la hora fatídica no fué anunciada, y el maestro, embebecido en el asunto, hablaba y hablaba, y su palabra era raudal inextinguible de ciencia y de *visión* literaria. Y la luz llegó á desaparecer por completo, y el maestro, no pudiendo ya leer en el texto de Tirso, lo recitaba de memoria, y recitaba también á Lope y á Zorrilla, y á muchos más, y los interpretaba y comentaba, y sacaba á luz los secretos de su obra, y el encanto de la lección tocaba en los linderos de lo prodigioso..... Pero dieron *las seis de la tarde*, y el maestro hubo de advertir lo avanzado de la hora, suspendiendo la explicación.

›Y salimos de clase, silenciosos y conmovidos, absortos en las palabras del maestro, conservando el recuerdo de aquella tarde memorable, como los felices comensales del *Symposio* platónico guardaron siempre el de los divinos coloquios de Sócrates con la extranjera de Mantinea.›

*

En 16 de Diciembre de 1892 fué nombrado definitivamente Bibliotecario perpetuo de la Real Academia de la Historia, trasladando su residencia desde el Hotel de las Cuatro Naciones al modesto desván de aquella Casa, que ocupó hasta su muerte, y donde le acompañó en los primeros años su excelente amigo y paisano D. Gonzalo Cedrún de la Pedraja.

En 1891 había publicado el último tomo de la *Historia de las ideas estéticas en España*, interrumpiendo esta publicación para ocuparse en la *Antología de poetas líricos castellanos* (comenzada en 1890) y en las *Obras de Lope de Vega* (empezadas también en 1890), tareas ingentes, que entremezcladas con la *Antología de poetas hispano-americanos* (1893-1895), le ocuparon, respectivamente, hasta 1908 y 1902. Desde 1905 hasta su muerte, fueron los *Orígenes de la Novela* y la edición de sus *Obras completas* las tareas literarias en que principalmente invirtió su tiempo, no sin producir á la vez considerable número de trabajos menores, que van reseñados en la *Bibliografía*.

En Junio de 1898 murió el dramaturgo Manuel Tamayo y Baus, Director de la Biblioteca Nacional, y en Julio del mismo año fué nombrado en su lugar, para este último puesto, Menéndez y Pelayo. Los trámites de este suceso han sido puntualísimamente narrados por el Sr. Paz y Melia en un interesante artículo de la *Revista de Archivos*, donde se demuestra el decisivo interés que por ese nombramiento mostró la Duquesa de Alba, y la resuelta actitud del Ministro (D. Germán Gamazo) en favor del mismo. Menéndez y Pelayo quedó satisfechísimo con el nuevo cargo, acerca del cual escribía desde Santander, en 27 de Junio, á la Duquesa: «No puedo entrar con mejores auspicios en esta nueva dirección que se abre á mi vida, y en que creo poder prestar más útiles servicios que en la enseñanza, cuyo mecanismo me ha sido siempre antipático, al paso que el vivir entre libros es y ha sido siempre mi mayor alegría.» Como Director de la Biblioteca Nacional, Menéndez y Pelayo dedicó sus esfuerzos á la publicación de Catálogos especiales (que empezaron á aparecer en la *Revista de Archivos, Bibliotecas y Museos*), y á la de Memorias premiadas en concursos. Bajo su dirección, la recién fundada *Revista de Archivos* llegó á figurar á la cabeza de las revistas de erudición española. Él mismo, personalmente, repasó todos los volúmenes de la colección Gayangos, para poner aparte los verdaderamente raros. Preocupábase también de la organización interior de la Biblioteca y de los servicios á ella encomendados; pero luchó casi siempre con la indiferencia ó el espíritu de partido de los Gobiernos, y sobre todo con la falta de recursos económicos, que le impedía realizar todas las reformas que proyectaba, y cuya no ejecución le hizo á veces objeto de censuras, en las que no siempre se tuvo en cuenta que lo más importante no dependía de su voluntad. Secundábale en tales esfuerzos el subjefe de la Biblioteca, D. Antonio Paz y Melia, que, además de haber dado siempre pruebas del celo más exquisito en el cumplimiento de sus deberes profesionales, es uno de los eruditos á quienes más tienen que agradecer la historia y las letras en España.

Menéndez y Pelayo solía hacer dos ausencias bastante largas de Madrid, como cuando era catedrático: una, desde primeros de Julio hasta bien entrado Octubre; otra, desde primeros de Diciembre hasta últimos de Enero. Esperaba siempre con verdadera ansiedad la llegada de estas *vacaciones*, porque durante ellas era cuando realmente trabajaba en su biblioteca de Santander.

En Madrid solía levantarse tarde, aunque leía y corregía pruebas en la cama desde muy temprano. Para desayunarse tomaba una taza de café; levantábase poco antes de mediodía, arreglábase en pocos minutos, y salía de casa. Almorzaba y comía casi siempre en restaurants: primero, en Fornos; después, en el Italiano ó en Tournier. Gustábale una comida selecta; pero era muy parco, en especial para cenar. Muchas veces le vi contentarse, para esto último, con una ración de jamón en dulce y una copa de vino. Después de almorzar, marchaba á la Biblioteca, de donde salía á las tres y media ó las cuatro de la tarde, yendo luego á la Cervecería Inglesa, para tomar una ó dos copas de cognac con agua de Seltz, y retirarse á casa, en la cual solía hallarse á las cinco ó cinco y media de la tarde. Salía nuevamente para cenar, volviendo inmediatamente á casa, porque era poco amigo de trasnochar. Al teatro iba pocas veces; sin embargo, en su juventud frecuentaba el Español. Una de las últimas ocasiones en que asistió al teatro, fué con motivo de la representación de *Los intereses creados*, de D. Jacinto Benavente, cuyas obras tenía en grandísimo aprecio, recomendando siempre su lectura á los que le interrogaban sobre la literatura contemporánea. Estaba muy bien enterado de esta última; pero casi siempre rehuyó escribir acerca de ella, porque tenía entre manos otras tareas que absorbían todo su tiempo. No solía recibir los días de trabajo; pero sí los domingos por la tarde, en que formaban parte de su tertulia algunos amigos, como D. Jacinto Octavio Picón, el Conde de las Navas, D. Ricardo Spottorno, D. Juan y D. Ramón Menendez Pidal, D. Manuel Serrano y Sanz, D. Agustín G. de Amezúa, D. Julio Puyol y otros varios admiradores suyos, españoles y extranjeros.

Cuando se aproximaba la época de su viaje á Santander, dedicábase á empaquetar los libros que había ido adquiriendo, para meterlos en cajones y enviarlos por gran velocidad á aquel punto. En Santander se levantaba algo más temprano que en Madrid; á las ocho, en la cama, tomaba una taza de café puro; á las diez, levantado ya, almorzaba y pasaba á la biblioteca (cuyos índices iba redactando su hermano D. Enrique), y allí revolvía papeles y hablaba con las personas que iban á visitarle ó á consultar sus libros. El trabajo más intenso de producción lo realizaba de una á cinco de la tarde. Á las cinco, comía y salía de paseo (ordinariamente en tranvía) hacia el Sardinero, ó entraba un rato en el Círculo de Recreo. Cenaba entre nueve y diez de la noche, acostándose á las once.

Á su muerte, su biblioteca de Santander pasaba de los 40.000 volúmenes, habiendo entre ellos libros y manuscritos rarísimos. «Está — escribe el Sr. Lomba y Pedraja—en mitad de un jardín..... Isla dichosa para el espíritu, lugar de refugio, santuario de la esquiva, abstraída y austera Palas. Sugiere el recogimiento y le impone. Voz íntima, de

invencible atracción, tiene para el hombre de estudio; rechaza implacablemente al profa-
no. El edificio no es lo principal en este momento; pero tiene interés y fisonomía. Con-
viene, pues, que se sepa que consta de tres naves, y que la del medio es más ancha, más
alta, más clara y más hospitalaria para el visitante estudioso que las otras dos. La luz
invade el recinto por vidrieras espléndidas, situadas en lo alto; dos enormes mesas de
nogal ocupan el centro; en derredor, sin dejar más hueco que el de las puertas que dan
paso á las salas laterales, los estantes suben hasta la bóveda. Los más bajos se sirven
desde el suelo; dos escaleras y un balconcillo en cornisa dan acceso á los superiores. De
las salas laterales, la una, la del Norte, es el vestíbulo; en ella está la puerta de cristales
que comunica con el exterior; los volúmenes que pueblan sus estanterías son obras, las
más de ellas, de gran bulto y de escaso valor bibliográfico: largas colecciones de revistas,
de periódicos, de actas de sociedades, diarios de sesiones parlamentarias, anales, etc.,
etcétera; libros de información y no de doctrina. La sala del Sur es, en cambio, el arca
del tesoro. Allí están los códices preciosos, los ejemplares rarísimos. En ella, al angu-
lo SO. del edificio, separado de lo restante por una puerta, está el estudio del Maestro.
Le veréis siempre revuelto y en desorden: libros apilados, cuartillas, pruebas de impren-
ta, cartas, sobres, tarjetas, plumas partidas, tinteros que se desbordan..... ¡Una leonera
intelectual! Tiene su puesto insigne en el mapa literario de España. Salieron de allí los
prólogos de «Lope», los de la «Antología», la historia de la novela..... ¡Chitón!.....» Entre
las preciosidades acumuladas en aquel espléndido local, que D. Marcelino conocía al
dedillo sin necesitar Indice ni Bibliotecario que lo manejara, «descuella —escribe el mis-
mo Sr. Lomba, discípulo ilustre y queridísimo de Menéndez y Pelayo,— la colección com-
pleta de las ediciones de *Palmerín de Inglaterra*..... La poesía lírica castellana está repre-
sentada soberbiamente por las más inasequibles obras y ediciones. Allí los cancioneros
de Amberes de 1557 y 1573, el cancionero de romances de 1555, el cancionero de Sepúl-
veda, de Amberes, de 1580; allí los romanceros generales de 1604, de 1614, y la segunda
parte del de Miguel de Madrigal de 1605. Los inteligentes conocen bien el valor de estas
joyas. Si hablamos de teatro, aquella inacabable colección de comedias de todas las épo-
cas de nuestra escena nacional, causa maravilla. En este ramo, aparte la cantidad inmensa
de materiales recogidos en todas partes por el infatigable bibliófilo, han venido á parar á
esta biblioteca en su mayor parte las riquezas que en las suyas acumularon pacientemente
Cañete, el marqués de Valmar y D. José Sancho Rayón.—La sección de filosofía española
es asimismo digna de atención especial. Allí, por ejemplo, se admira una colección muy
completa de ediciones lulianas, entre ellas la de Maguncia. Antiguas y raras ediciones de
Averroes, de Maimónides y otros pensadores ilustres españoles la hacen digna compañía.
Brilla entre todas estas preciosidades la *Antoniana Margarita* de 1554, de Medina del
Campo.—Pasaremos como en volandas por las literaturas clásicas, de que existen mu-
chos libros muy buenos, principalmente de humanistas españoles; por las cuatro literatu-
ras modernas: alemana, inglesa, francesa é italiana; por la época moderna de nuestra pro-
pia literatura, tan opulenta; por la sección de historiografía española, que es curiosísima;
por la de libros viejos de ciencia, donde se hallan tantas cosas extrañas; por la sección de
bibliografía; por los libros de música: por las ediciones y traducciones de la Biblia..... ¿Y
nada he de apuntar de los códices preciosísimos? De todas las variantes de la *Crónica ge-
neral* de Don Alfonso el Sabio hay algún ejemplar manuscrito. Uno hay, hermoso en ex-
tremo, de la primera y original redacción, en vitela, conservado primorosamente. Otro hay
bilingüe, parte en castellano y parte en gallego, de otra redacción posterior. Códice hay
y admirable ¡y de qué rareza! de la *Crónica Troyana;* códice de la *Grande é general es-
toria;* códice de gran mérito de las *Ordenanzas de Madrid-Alcalá.....*»
    Todo esto corrió cierto peligro de incendio hacia fines de 1911, lo cual proporcionó

regular susto á Menéndez y Pelayo. Escribiendo al Sr. D. José de Armas, á 8 de Enero de 1912, le decía: «Afortunadamente, lo del peligro de incendio de mi biblioteca tuvo algo de *infundio* periodístico. Hubo, sí, un incendio de poca consideración en un almacén de maderas, pero á razonable distancia de mi casa, y en noche en que no hacía viento, por lo cual pudo apagarse en seguida. Pero no dejé de pasar alguna alarma, porque no tengo asegurado nada, ni las joyas bibliográficas es posible asegurarlas.....»

En la adquisición de tales joyas empleó Menéndez y Pelayo casi todo su caudal, consistente en su sueldo como Profesor, y después como Director de la Biblioteca Nacional, y en los productos de sus libros.

El editor de la *Antología de poetas líricos* le pagaba primero 500 pesetas y después 1.000 por cada tomo. Mil pesetas le valieron también cada uno de los volúmenes de los *Orígenes de la novela*. Quinientas percibió, al principio, del editor de la *Colección de escritores castellanos*, por cada tomo. Mayores cantidades obtuvo por los *Heterodoxos* y por los tomos de Lope. Al celebrar con el editor D. Victoriano Suárez el contrato para la edición de las *Obras completas*, en cuya redacción intervine, comenzó á percibir retribución harto más ventajosa que las anteriores; pero no disfrutó de ella mucho tiempo, porque sólo dos volúmenes se publicaron durante su vida.

⁎

Creada en el Ateneo de Madrid la Escuela de Estudios Superiores, figuró Menéndez y Pelayo entre los primeros profesores, desde el curso de inauguración (1896 á 1897) hasta el de 1902 á 1903, tratando en sus conferencias de *Los grandes polígrafos españoles*. Sus primeras lecciones versaron sobre Séneca, San Isidoro y Averroes. Después comenzó á hablar de los polígrafos españoles del Renacimiento, ocupándose sucesivamente de Raimundo Lulio, de Antonio de Lebrija y de Luis Vives. Pensaba tratar también, en los cursos de 1901-1902 y 1902-1903, de Antonio Agustín y el Renacimiento en los estudios jurídicos; de Benito Arias Montano y el Renacimiento en los estudios orientales, y de Francisco Sánchez de las Brozas y la filosofía gramatical; pero no llegó á desarrollar estos temas [1].

A pesar de no poseer Menéndez y Pelayo condiciones naturales de orador (era algo tartamudo, como Alcibiades y como Demóstenes), su palabra correcta, vibrante, enérgicamente pronunciada, subyugaba siempre al auditorio. Otro tanto acontecía cuando leía: era un lector que arrebataba, y su mismo defecto natural contribuía al éxito, porque no parecía sino que el esfuerzo hecho por él para vencer la rebeldía de sus nervios, prestaba mayor brío á la frase, acrecentando la intensidad dramática del pensamiento.

En 31 de Marzo de 1901 ingresó Menéndez y Pelayo en la Real Academia de San Fernando. En 1902 le fué dada la gran cruz de la Orden civil de Alfonso XII. Pero poco después empezó para él la era de los sinsabores: quiso ser Director de la Academia de San Fernando, y no lo consiguió; deseó serlo también de la Española, y fué derrotado por su antiguo amigo Alejandro Pidal, obteniendo exiguo número de votos y contemplando la defección de algunos de los que consideraba partidarios incondicionales. Esta derrota y estos desengaños le hirieron más profundamente de lo que era de esperar. El pueblo de Santander realizó una manifestación de desagravio en su honor; el Ateneo de Madrid, en No-

---

[1] Publicáronse extractos de algunas de estas conferencias en distintos periódicos de Madrid. Entre los que redactaron esos extractos, recuerdo á Francisco Navarro y Ledesma (que publicó algunos de ellos en *El Globo*), á Pascual de Liñal y Eguizábal y á D. Manuel Multedo.

viembre de 1906, publicó un *Homenaje* en su obsequio; tales muestras de simpatía atenuaron su amargura, pero no la borraron por completo. Poco á poco su tertulia madrileña se fué reduciendo, y paulatinamente también arraigaba más en él su deseo de recluirse de un modo definitivo en Santander, abandonando sus ocupaciones cortesanas. En otros años, cuando partía para la Montaña, la estación del Norte era un hervidero de amigos que iban á despedirle. En la fría noche del 8 de Diciembre de 1911, cuando por última vez salió de la corte para no volver más, sólo cuatro amigos nos encontrábamos allí, y á todos nos sobrecogía el presentimiento de su próximo fin. Su madre había muerto en Setiembre de 1905, cinco años después que su padre; él tardó poco en seguir á los autores de sus días.

Una satisfacción no pequeña tuvo, sin embargo, durante aquel período. La Real Academia de la Historia le nombró su Director. Con este motivo, en el año de 1910, muchos de sus amigos, compañeros y discípulos, deseando dar muestra de la alta estimación en que tenían su personalidad literaria, acordaron acuñar en honor suyo una medalla de bronce, que fué modelada por el notable escultor D. Lorenzo Coullaut Valera. En 25 de Octubre, al recibir la medalla de manos de la Comisión ejecutiva del Homenaje, Menéndez y Pelayo leyó, entre otras, estas memorables palabras:

«Un nuevo accidente de la vida, el honor tan alto como inmerecido que la Academia de la Historia me otorgó eligiéndome para Director de sus trabajos, viene á colmar la medida de mi gratitud y á disipar un tanto la sombra de melancolía que nunca deja de caer sobre el alma al traspasar los umbrales de la vejez. Más de 700 españoles de distintas clases sociales, de diversas y aun contrarias escuelas y opiniones, pero unidos en el culto de la Patria y en el amor de la Ciencia, han prestado su concurso para honrar nuevamente con esta artística medalla, no á un sabio, no á un poeta, no á un grande orador, sino á un modesto erudito, cuyos trabajos no pueden ser populares nunca, y cuya sola representación en el mundo es la de obrero firme y constante de la historia intelectual de España. *Lo que honráis en mí no es mi persona, no es mi labor, cuya endeblez reconozco, sino el pensamiento capital que la informa, y que desde las indecisiones y tanteos de la mocedad me ha ido llevando á una comprensión cada vez menos incompleta del genio nacional y de los inmortales destinos de España. Los tiempos presentes son de prueba amarga y triste para los que profesamos esta fe y procuramos inculcarla á nuestros conciudadanos, pero quizá por lo mismo sean días propicios para refugiarnos en el apartamiento y soledad de la ciencia histórica, nunca más objetiva y serena que cuando vive desinteresada del tumulto mundano.*

»A esta soledad llegan á veces voces amigas que nos exhortan á perseverar sin desfallecimiento; voces las unas de compañeros y discípulos; voces las otras venidas de lejos, y que no habíamos escuchado antes. En todas ellas palpita un mismo anhelo: la regeneración científica de España.

»Podemos diferir en los medios, pero en la aspiración estamos conformes. Y también lo estamos en creer que ningún pueblo se salva y emancipa sino por su propio esfuerzo intelectual, y éste no se concibe sin la plena conciencia de sí mismo, que sólo puede formarse con el estudio recto y severo de la Historia».

*
* *

Pero el día fatal se acercaba. La cruel afección reumática, que desde hacía años aquejaba á Menéndez y Pelayo, se convirtió en una cirrosis atrófica. Apenas se nutría, y á pesar de ello trabajaba sin descanso en la edición de sus *Obras completas*. En 1911 fué preciso hacer al enfermo unas punciones que diesen salida á los líquidos formados en la cavidad del vientre. En Mayo de 1912 se agravó considerablemente. En 2 de dicho mes me escribía: «Los médicos me dicen que adelanto mucho, y quisiera creerles, pero no acabo de recobrar el apetito, y continúo atenido, casi por completo, á la alimentación líquida, que sostiene, pero nutre poco. De esta inapetencia infiero que no ha desaparecido la causa principal de mi hidropesía, que es alguna perturbación en las funciones del hígado. De resultas he enflaquecido notablemente, y cuando usted me vea, le parecerá reconocer alguno de los pupilos del licenciado Cabra. Lo que funciona normalmente es la cabeza, á Dios gracias, y ni un solo día dejo de cumplir muy gustosamente la tarea. Al contrario, cada día me encuentro más ágil y dispuesto para el trabajo. Tampoco del sueño puedo quejarme. Digo á usted todas estas cosas, pero no quisiera que se enterasen otros, porque tal es la pícara condición humana, que son más los que se alegran que los que se conduelen del mal ajeno, *y no quisiera que nadie me creyese más enfermo de lo que estoy*». Todavía en 4 del mismo mes volvió á escribirme una larga carta sobre asuntos literarios y académicos.

¡Pero estaba más enfermo de lo que creía! En la mañana del domingo 19, le sobrevino un colapso, del cual se repuso. A las doce confesó con el coadjutor de la parroquia de San Francisco. Poco después perdió el conocimiento y entró en la agonía. Aquel día no habló nada; sólo se quejaba débilmente. A las cuatro de la tarde recibió la Extremaunción. Rodeaban su lecho su hermano D. Enrique, la esposa de éste y el concejal republicano don Paulino García del Moral. A las seis y media dejó de existir . . . .

. . . .
Su cadáver fué amortajado con hábito de San Francisco. Según los que le contemplaron en aquellos momentos, «demacrado el rostro, cerrados los ojos, la barba un poco en desorden, las manos cruzadas, la figura de D. Marcelino era como la imagen de un santo asceta». . . . .

. . . . •
Cuentan los libros orientales, al narrar la muerte del Byddha, que «entre los hermanos que aun no se habían libertado de las pasiones, algunos retorcían sus brazos y lloraban, y otros cayeron á lo largo sobre el suelo, angustiados por este pensamiento: «¡El bendito ha muerto demasiado pronto! ¡El Bienaventurado ha salido demasiado pronto de la existencia! ¡La luz del mundo se ha extinguido demasiado pronto!

»Entonces el venerable Anuruddha exhortó á los hermanos, diciendo: «¡Basta, her-
»manos míos! ¡No lloréis ni os lamentéis! ¿No os enseñó en otro tiempo el Bienaventu-
»rado, que está en la naturaleza de las cosas, aun cuando nos sean próximas y queridas,
»el separarnos de ellas, puesto que todo cuanto ha nacido, todo cuanto recibe la existen-
»cia y está organizado, encierra en sí mismo la inherente necesidad de su disolución?....
»Los restos terrestres del Maestro se han disuelto, pero la verdad que nos enseñó vive
»en nuestros corazones...... ¡Vayamos, pues, por el mundo, tan compasivos y misericordio-
»sos como nuestro gran Maestro, y prediquemos á todos los seres vivos las verdades exce-
»lentes y la vía de la justicia!.... ¡Que su memoria nos sea sagrada!....» (¹).

.*.

En su testamento, Menéndez y Pelayo legó su biblioteca á la ciudad de Santander. Creo interesante reproducir el siguiente extracto de las disposiciones referentes á ese extremo. Dice así:

«Por gratitud á la ciudad de Santander, mi patria, de la que he recibido durante toda

----

(¹) P. Carus: *The Gospel of Buddha;* Chicago, 1905, pág. 222.

mi vida tantas muestras de estimación y cariño, lego á su Excmo. Ayuntamiento mi biblioteca, juntamente con el edificio en que se halla.

»El cumplimiento de este legado se hará en la forma y se sujetará á las condiciones que se expresan en los párrafos siguientes:

»Mi hermano y los albaceas y ejecutores testamentarios que más adelante nombraré, formarán, dentro de un plazo que no deberá exceder de tres años después de mi fallecimiento, un inventario ó índice de todos los libros, códices; impresos, manuscritos y demás objetos existentes en mi biblioteca al tiempo de mi muerte.

»Los libros y papeles de mi propiedad que en la misma fecha se hallaren en mi casa de Madrid, serán catalogados y remitidos á Santander, con intervención de mis albaceas, para unirlos á los demás y darles igual destino.

»Tan pronto como se haya terminado el inventario de que queda hecha mención en el párrafo anterior, mi hermano, acompañado de los albaceas que puedan concurrir á este acto, hará entrega de la biblioteca y del edificio á la representación legal del Ayuntamiento, mediante acta notarial, de la que se sacarán dos copias: una para el Ayuntamiento y otra para los herederos.

»Quedarán expuestas en lugar visible de la biblioteca, para conocimiento del público, todas las cláusulas de este testamento que tienen relación con el legado de la misma, juntamente con las reglas que después se adopten para el servicio.

»Los libros todos serán sellados antes de la entrega con un sello ó exlibris sencillo que indique su procedencia.

»Independientemente del personal subalterno que el Ayuntamiento considere necesario para el cuidado del edificio y el servicio del público, habrá al frente de la biblioteca un oficial del Cuerpo de archiveros, bibliotecarios y arqueólogos, que será el jefe responsable de ella con arreglo á las leyes generales y á las especiales del Cuerpo.

»Esta plaza se proveerá por oposición entre individuos del citado Cuerpo, debiendo acreditar los aspirantes en sus ejercicios el conocimiento de las lenguas griega y latina, y de dos lenguas modernas, además del francés, en el grado necesario para poder catalogar debidamente y dar razón de los libros, así como los conocimientos paleográficos indispensables para leer sin dificultad los códices de esta biblioteca, y, en general, los conocimientos técnicos bibliográficos que requiere el desempeño de este cargo.

»Los ejercicios de oposición será públicos.

»Mis ejecutores testamentarios y mis herederos se pondrán de acuerdo con el Ayuntamiento para determinar si las oposiciones se han de verificar en Santander ó en Madrid, como acaso fuera preferible para facilitar el concurso de mayor número de aspirantes idóneos, é igualmente resolverán acerca de la composición del tribunal que haya de presidirlas, si bien teniendo en cuenta en este punto mi voluntad de que formen parte de él por lo menos un paleógrafo del Cuerpo de archiveros, con categoría de jefe; un catedrático de Facultad universitaria de Filosofía y Letras, versado en lenguas clásicas, y un profesor oficial de lenguas vivas que conozca la alemana y la inglesa. Cualquiera dificultad que surgiere para el cumplimiento de esta disposición, se someterá á la decisión inapelable del Ministerio de Instrucción pública.

»En la convocatoria de las oposiciones á la plaza de bibliotecario, fijará el Ayuntamiento la retribución que haya de dársele. El nombramiento lo hará el Ayuntamiento, en virtud de propuesta unipersonal del tribunal mencionado en el párrafo anterior.

»El bibliotecario nombrado estará presente al acto de entrega de la biblioteca al Ayuntamiento.

»Ni antes ni después de la entrega de la biblioteca al Ayuntamiento, se podrá, bajo ningún pretexto, prestar ni sacar de ella libro, códice ni documento alguno. Los ejemplares duplicados de libros raros se conservarán en mi biblioteca, en atención á su valor bibliográfico. Las obras que se hallen incompletas por estar en publicación ó por otro motivo podrán completarse, y se podrá asimismo continuar la suscripción á algunas revistas literarias, si lo estimare conveniente y factible la Comisión municipal de biblioteca, á cuyo celo por la cultura y por el buen nombre de nuestra ciudad encomiendo muy especial y confiadamente la conservación y cuidado de esta colección, que me ha costado muchos sacrificios y desvelos.

»La entrada á mi biblioteca será gratuita.

»El bibliotecario, por su parte y bajo su responsabilidad, adoptará las medidas que crea conveniente para garantizar la conservación de los libros y manuscritos puestos bajo su custodia, á la vez que para facilitar su manejo á las personas que acudan á consultarlos. Las obras que por su índole ó tendencias puedan considerarse peligrosas para cierta clase de lectores, sólo se servirán á aquellos que, á juicio del bibliotecario, se propongan con su estudio un trabajo de seria investigación científica ó literaria.

»Será obligación del bibliotecario continuar y concluir con el debido rigor bibliográfico el catálogo comenzado, y podrá darlo á luz por su cuenta y riesgo.

»Si el Ayuntamiento, por cualquiera razón, no pudiera aceptar el legado de mi biblioteca, ó después de aceptarlo dejara de cumplir las condiciones impuestas, deseo que sustituya á la Corporación municipal, como legataria de las mismas obligaciones y derechos, la Diputación provincial de Santander, para impedir que la biblioteca salga de esta provincia; pero en el caso de que ni á una ni á otra de dichas Corporaciones les conviniere aceptar el legado, ó de que á ninguna de las dos les fuere posible, después de aceptado, cumplir las antedichas condiciones, es mi voluntad que esta biblioteca pase á poder del Estado, á fin de que los estudiosos no queden privados de la utilidad que pueda proporcionarles, debiendo incautarse entonces de ella el Ministerio de Instrucción pública, mediante inventario hecho en forma legal, y destinar los libros y manuscritos de que se compone á alguno de los establecimientos siguientes: á la Facultad de Filosofía y Letras de la Universidad Central, de la que fuí por espacio de veinte años catedrático; á la Biblioteca Nacional, de que después he sido y soy actualmente director; á la Facultad de Filosofía y Letras de la Universidad de Barcelona, de la que fuí discípulo.

»Para el cumplimiento de mi última voluntad, nombro albaceas, ejecutores testamentarios con facultades solidarias, á mi hermano y heredero D. Enrique Menéndez y Pelayo, á los Sres. D. Gonzalo Cedrún de la Pedraja, D. Adolfo Bonilla y San Martín, catedrático de la Facultad de Filosofía y Letras de la Universidad de Madrid é individuo de número de la Real Academia de la Historia; D. Ramón Menéndez Pidal, catedrático de la Facultad de Filosofía y Letras de la Universidad de Madrid é individuo de número de la Real Academia Española; D. José Ramón Lomba y Pedraja y D. Carmelo Echegaray, cronista de Vizcaya, por ser todos ellos amigos míos y conocedores de mi biblioteca.»

Describir el duelo que su pérdida causó en España y en el extranjero, las circunstancias del entierro, los honores tributados á su memoria, las veladas que en su honor se celebraron y los artículos y folletos que con tal motivo vieron la luz, sería tarea demasiado prolija y nada indispensable. El Ayuntamiento de Santander aceptó gustosísimo el legado de la Biblioteca y abrió una suscripción, que encabezó con 50.000 pesetas, para erigir un monumento á Menéndez y Pelayo. La colonia española de Buenos Aires creó una fundación literaria que ha de llevar el nombre del Maestro. La Universidad de Barcelona, con especial solemnidad, hizo colocar el busto en mármol del insigne polígrafo en el paraninfo.

En Madrid, la Real Academia de la Historia acordó que las dos modestas habitaciones que en su edificio ocupaba principalmente su antiguo Director, se consagrasen al recuerdo de éste, guardando además intactos los muebles y objetos que fueron de su uso. El eminente arquitecto D. Vicente Lampérez y Romea hizo la obra de decoración de aquellos aposentos. La iniciativa del acuerdo, y todos los gastos que fueron necesarios para realizarlo, debiéronse al Excmo. Sr. D. Francisco de Laiglesia, Académico de la Historia y fidelísimo amigo de D. Marcelino. A derecha é izquierda de la puerta de entrada al despacho de D. Marcelino, se pusieron en el muro cartelas pintadas y adornadas con letras y listones de oro y coronas de laurel, conteniendo los títulos de las principales obras de Menéndez y Pelayo, á saber: *Historia de la Poesía hispano-americana.—Orígenes de la novela.—Historia de las ideas estéticas en España.—Obras de Lope de Vega.—Historia de los heterodoxos españoles.—Antología de poetas líricos castellanos.* En el mismo muro se puso esta inscripción, redactada por D. Manuel Pérez Villamil, de la propia Academia:

> « *A la perpetua memoria*
> *de*
> *Marcelino Menéndez Pelayo,*
> *Director egregio*
> *de la*
> *Real Academia de la Historia.*
>
> « *Qui elucidant me, vitam aeternam habebunt.*»
>
> *Rœli.*, XXIV, 31.»

En el testero principal del despacho, encima del sillón de rejilla que utilizaba D. Marcelino, se colocó una lápida de mármol blanco, con recuadro de hoja de laurel y roble, sobre marco en mármol negro, conteniendo en letras rojas la siguiente inscripción latina, redactada por el doctísimo sucesor de Menéndez y Pelayo en la Dirección de la Real Academia, el P. Fidel Fita:

> HIC · PER · ANNOS · XVIII · COMMORATVS · EST
> MARCELLINVS · MENENDEZ · ET · PELAYO
> MAGNVM · HISPANIARVM · DECVS
> DE REGIA · HISTORIAE · ACADEMIA · PRAESES
> BENE · MERENTISSIMVS
> OBIIT · XIV · KALENDAS · IVNIAS
> A · D · MCMXII
> SEMPER · HONOS · NOMENQVE · TVVM · LAVDESQVE · MANEBVNT (¹).

II

EL ESPÍRITU ARTÍSTICO DE MENÉNDEZ Y PELAYO

La influencia literaria de Menéndez y Pelayo es uno de los hechos que mejor comprueban el valor de su pensamiento estético y de su método. Los nombres de Fonger de Haan, el eminente historiador holandés de nuestros *Pícaros y ganapanes;* de D. Ramón Menéndez Pidal, á quien tan peregrinos trabajos deben nuestra filología y nuestra historia literaria medieval; de D. Juan Menéndez Pidal, colector é ilustrador eximio de nuestro Romancero; de D. Francisco Rodríguez Marín, sucesor de Menéndez y Pelayo en la dirección de la Biblioteca Nacional y escritor elegantísimo, de cuya pluma han salido tan admirables libros sobre la historia literaria española de los siglos XVI y XVII; de D.ª Blanca de

---

(¹) Verso de Virgilio *(Aeneid.*, 1, 609).

los Ríos de Lampérez, sagacísima escudriñadora de la vida y obras de Tirso de Molina; de Francisco Navarro y Ledesma, consumado estilista, biógrafo amenísimo de Cervantes; de D. Joaquín Hazañas y la Rúa, editor de Gutierre de Cetina y autor de tantas y tan importantes investigaciones eruditas; de D. Julio Puyol y Alonso, comentarista eximio de *La Pícara Justina* y profundo analizador del pensamiento y obra del Arcipreste de Hita; de D. José Jordán de Urríes, docto biógrafo y crítico de Jáuregui; de D. Eloy Bullón, investigador de nuestra antigua Filosofía; de D. Víctor Said Armesto, indagador eruditísimo de *La leyenda de Don Juan;* de D. Julio Cejador y Frauca, á quien tan importantes trabajos se deben sobre la filosofía del lenguaje; de D. Antonio Rubió y Lluch, el ilustre historiador catalán; de D. Gabriel Llabrés, infatigable rebuscador de las antigüedades literarias españolas; de D. Eduardo de Hinojosa, insigne historiador de nuestro antiguo Derecho; de D. José Ramón Lomba y Pedraja, el erudito y elegante biógrafo del P. Arolas y de Somoza; de D. Manuel Serrano y Sanz, cuyos trabajos sobre la historia española y americana ofrecen todos excepcional relieve; de D. Miguel Asín, el arabista filósofo; de don E. Cotarelo y Mori, de tantos y tantos renovadores españoles y extranjeros de la historia literaria hispánica como pudiéramos citar fácilmente, corroboran la influencia á que me refería. A los más ocultos rincones de España llegaban su nombre y su obras, y pocos de sus lectores dejaban de ser, directa ó indirectamente, sus discípulos, aun en los casos en que discrepaban de algunos de sus puntos de vista.

Clarín, el independiente y atrevido *Clarín,* echó de ver admirablemente en 1886 la excepcional representación de aquel hombre. «En Menéndez y Pelayo—escribía,—lo primero no es la erudición, con ser ésta asombrosa; vale en él más todavía el buen gusto, *el criterio fuerte y seguro y más amplio cada día,* y siempre más de lo que piensan muchos. Marcelino no se parece á ningún joven de su generación; no se parece á los que brillan en las filas liberales, porque respeta y ama cosas distintas; no se parece á los que siguen el lábaro católico, porque es superior á todos ellos con mucho, y es católico de otra manera y por otras causas. Hay en sus facultades un equilibrio de tal belleza, que encanta el trato de este sabio, cuyo corazón nada ha perdido de la frescura entre el polvo de las bibliotecas: Menéndez va á los manuscritos, no á descubrir motivos para la vanidad del bibliógrafo, sino á resucitar hombres y edades; en todo códice hay para él un palimpsesto, cuyos caracteres borrados renueva él con los reactivos de una imaginación poderosa y de un juicio perspicaz y seguro. Tiene, como decía Valera, extraordinaria facilidad y felicidad para descubrir monumentos; es sagaz y es afortunado en esta tarea, que no es de ratones cuando los eruditos no son topos.

»Sí, dígase alto, para que lo oigan todos. *Menéndez y Pelayo comprende y siente lo moderno con la misma perspicacia y grandeza que la antigüedad y la Edad Media;* su espíritu es digno hermano de los grandes críticos y de los grandes historiadores modernos; él sabe hacer lo que hacen los Sainte-Beuve y los Planche; resucita tiempos como los resucitan los Mommsen y los Duncker, los Taine y los Thierry, los Macaulay y los Taylor. Es posible que le quede á Marcelino algo del Tostado y del Brocense; pero es seguro que en la visión del arte arqueológico, de la historia plástica, llega cerca de Flaubert, el que vió en sueños á Cartago y la catástrofe heroica de las Termópilas.»

Ninguna exageración encuentro en estos elogios, nada sospechosos por cierto, ni la hallarán tampoco los que, antes de juzgar, *se tomen la molestia* de leer cualquiera producción de D. Marcelino. Porque él reconocía y practicaba esta verdad: que la *crítica estética,* sin la *crítica histórica,* vale bien poco, pues las apreciaciones de gusto quedan muchas veces en el aire. «Si no sabemos á ciencia cierta—escribía en *La España Moderna,* en Abril de 1894—que tal ó cual pieza sea de Tirso, ¿cómo vamos á deducir de ella los caracteres del ingenio del poeta? Si no conocemos ni aproximadamente siquiera la cronología de sus obras, ¿cómo vamos á estudiar el desarrollo de su arte? Si nos faltan datos positivos acerca de su vida, ¿cómo podremos establecer la concordancia entre su persona y sus obras? ¿Quién ha de tachar de vana y pueril esta curiosidad, hoy que al crítico se le pide, no ya sólo psicología clásica, como en tiempo de Sainte-Beuve, sino fisiología y su tanto de patología en caso necesario? Cualquiera que sea el valor de tales pretensiones, es cosa de sentido común que para llegar á las intimidades de una obra de arte, mucho más si ha sido producida en época relativamente lejana de la nuestra, no puede ser indiferente el conocimiento de la vida de su autor y del medio social en que se desenvolvió.»

«Bien sé yo—añadía en memorable sesión de la Academia Española, celebrada el 27 de Octubre de 1907—que hay cierto género de trabajo erudito, muy honrado y respetable á no dudar, que de ningún modo está vedado al más prosaico entendimiento cuando tenga la suficiente dosis de paciencia, de atención, de orden y, sobre todo, de probidad científica, sin la cual todo el saber del mundo vale muy poco. Aplaudo de todo corazón á los tales, y procuro aprovecharme de lo mucho que me enseñan; *pero nunca me avendré á que sean tenidos por maestros eminentes, dignos de alternar con los sublimes metafísicos y los poetas excelsos, y con los grandes historiadores y filólogos, los copistas de inscripciones, los amontonadores de variantes, los autores de catálogos y bibliografías, los gramáticos que estudian las formas de la conjugación en tal ó cual dialecto bárbaro é iliterario, y á este tenor otra infinidad de trabajadores útiles, laboriosísimos, beneméritos en la república de las letras; pero que no pasan ni pueden pasar de la categoría de trabajadores, sin literatura, sin filosofía y sin estilo.* La historia literaria, lo mismo que cualquier otro género de historia, tiene que ser una creación viva y orgánica. *La ciencia es su punto de partida, pero el arte es su término, y sólo un espíritu magnánimo puede abarcar la amplitud de tal conjunto y hacer brotar de él la centella estética.* Para enseñorearse del reino de lo pasado, para lograr aquella segunda vista que pocos mortales alcanzan, es preciso que la inteligencia pida al amor sus alas, porque, como dijo profundamente Carlyle (y con sus palabras concluyo), «para conocer de veras una cosa, hay que amarla antes, hay que simpatizar con ella».

Claro es que en la obra de Menéndez y Pelayo, como en toda labor seria y constante, la finalidad *artística* no se consiguió de una vez y desde el primer momento, sino progresivamente y por etapas. Entre la sequedad del *Horacio en España*, de buena parte de los *Heterodoxos*, y de los primeros tomos de las *Ideas estéticas*, y la generosa y poética abundancia de la *Antología de poetas líricos castellanos*, de la *Historia de la poesía hispano-americana*, de los prólogos de *Lope* y de los *Orígenes de la Novela*, media una distancia bastante grande, que el propio autor advertía y confesaba. Pero su criterio, aun en los escritos de su primera juventud, fué siempre muy superior al de un colector de noticias raras y curiosas ó á la vanidad de un empedernido bibliófilo. El mismo *Horacio en España*, la más *bibliográfica* de todas sus obras (si se exceptúa la *Bibliografía hispano-latina clásica*, de la cual era un capítulo aquel libro), no se reduce á una simple ordenación erudita de dispersos materiales, sino que posee altísimo sentido. Para Menéndez y Pelayo, «el *summum* de la perfección artística, en punto á lirismo, es Horacio», y el rumbo de nuestra lírica, si ha de conservarse fiel á sus gloriosas tradiciones, debe ser el horaciano. «Para mí—repetía,—la primera forma lírica es la *horaciana;* nuestro gran modelo debe ser Fr. Luis de León.» Pero entiéndase que -hablaba de la lírica *artística*, y que su pretensión no consistía en que nos vistiésemos de nuevo la toga y nos transformásemos, siquiera momentáneamente, en paganos, ni en que siguiésemos en todo las huellas del Venusino, «lo cual en parte fuera incongruente y en parte digno de censura». La oda *horaciana* no consiste en la imitación *pura* de Horacio en pensamientos, frases, etc., sino que «tiene por caracteres propios sobriedad de pensamiento, ligereza rítmica, ausencia de postizos adornos, grande esmero de ejecución..... y generalmente es *muy breve*. Cumplidas estas y las demás condiciones externas del estilo de Horacio (acertado uso de los epítetos, transiciones rápidas, etc.), la composición será *horaciana*, aunque exprese pensamientos *españoles* y *cristianos*, y hasta *místicos*». La restauración horaciana que él solicitaba, no era la falsa y ridícula imitación de viejas épocas, «con ciertas formas convenidas y de ritual». «No quiero—escribía—poetas estoicos y de una sola cuerda. Gusto de ingenios flexibles, y que sepan recorrer todos los tonos y encantar en todos. Esto hizo Horacio, y después lo han conseguido muy pocos.» El mismo Menéndez y Pelayo dió ejemplo práctico de lo que entendía por esa imitación horaciana en la composición *Diffugere nives.....*, la mejor, á mi juicio, de sus obras líricas.

En suma, la restauración horaciana era para él cuestión de *método estético*, no de pensamiento ni de formas verbales. Porque no podía desconocer, como apuntaba Valera en su juicio de *Horacio en España*, que «el fondo de la poesía lírica no se ha de imitar, ni fingir, ni buscar fuera de nosotros. La fuente del espíritu que anima la poesía lírica brota en lo más hondo del corazón del poeta». Y tampoco se le ocultaba que, al señalar el rumbo horaciano como el más adecuado para la lírica hispana, si había «de conservarse fiel á sus gloriosas tradiciones», quedaba casi por completo fuera de ellas el más insigne representante español del romanticismo *subjetivo ó byroniano*, Espronceda, en el cual no hay versos *horacianos*, pero sí hermosos versos clásicos en el himno *al Sol*, en la elegía *á la Patria* y en los fragmentos del *Pelayo*. En cambio, al Duque de Rivas, cabeza del romanticismo *histórico-nacional*, considerábale Menéndez y Pelayo como un *horaciano puro* en las bellas odas *A las estrellas* y *Al faro de Malta*, tan significativas, como es sabido, desde el punto de vista de la evolución romántica del autor de *Don Alvaro*. Así también (y esto demuestra que su criterio *horaciano* no era cerrado ni exclusivista), cuando en el último tomo de las *Ideas estéticas* analiza el manifiesto romántico· de Víctor Hugo en el prefacio del *Cromwell*, escribe: «Aunque rigurosamente sea falso que la antigüedad no tolerase la imitación de lo grotesco, puesto que le admitió en todas partes, en la epopeya, en la tragedia, en las artes plásticas, y hasta creó para él géneros aparte, como el *drama satírico*, y las *atelanas* y los *mimos*, no se puede dudar que en el arte antiguo impera la categoría de belleza, y en el arte moderno, no precisamente la de lo grotesco, como creyó Víctor Hugo, sino otra más amplia, la de lo *característico*, sea bello ó feo, sublime ó grotesco. Considerar la belleza como único objeto del arte, es error capitalísimo de que Víctor Hugo se salvó por instinto, y Hegel por vigor dialéctico.»

Aunque en sus primeros trabajos Menéndez y Pelayo trató poco de la Edad Media, á ella dedicó la mejor parte de la segunda mitad de su vida. Casi todos los Prólogos de la *Antología de poetas líricos castellanos* la están consagrados, y allí nos ha dejado algunas de sus más peregrinas semblanzas. Parece inevitable recordar, entre otras, aquella caracterización de Gonzalo de Berceo: «Nadie le ha calificado de gran poeta, pero es, sin duda, un poeta sobremanera simpático y dotado de mil cualidades apacibles que van penetrando suavemente el ánimo del lector, cuando se llega á romper el áspera corteza de la lengua y la versificación del siglo XIII. No tiene la ingenuidad épica de los juglares, pero aunque hombre docto, conserva el candor de la devoción popular, y es en nuestra lengua el primitivo cantor de los afectos espirituales, de las frías visiones y de las regaladas ternezas del amor divino. Aunque poeta legendario, más bien que poeta místico; aunque narrador prolijo, más bien que poeta simbólico; aunque sujeto en demasía á la realidad prosaica, por su profunda humildad y respeto un tanto supersticioso á la letra de los textos hagiográficos, asciende á veces, aunque por breve espacio, á las cumbres más altas de la poesía cristiana, haciéndonos sospechar que en su alma se escondía alguna par-

tícula de aquel fuego que había de inflamar muy poco después el alma de Dante.» O aque-
lla otra, más acabada aún, del Arcipreste de Hita, que «escribió en su libro multiforme
la epopeya cómica de una edad entera, la *Comedia humana* del siglo xiv....., y tuvo ade-
más el don literario por excelencia, el don rarísimo, ó más bien único hasta entonces en
los poetas de nuestra Edad Media, rarísimo todavía en los del siglo xv, de tener *estilo*.....;
uno de los autores en quien se siente con más abundancia y plenitud el goce epicúreo del
vivir, pero nunca de un modo egoísta y brutal, sino con cierto candor, que es indicio de
temperamento sano, y que disculpa á los ojos del arte lo que de ningún modo puede
encontrar absolución, mirado con el criterio de la ética menos rígida». O las no menos
vivientes, internas y psicológicas semblanzas del Canciller Pero López de Ayala, del Mar-
qués de Santillana, de Jorge Manrique y de tantos otros próceres y literatos..... ¡A cuántos
historiadores y críticos de nuestra literatura, españoles y extranjeros, han sacado de apu-
ros estas páginas de la *Antología!* ¡Y qué tarea más llana la de *hinchar el perro*, después de
contar con tales precedentes, que se citan luego como al desgaire en notas bibliográficas!

Para explicar el cuadro literario de nuestra Edad Media, por ló que á la poesía lírica
respecta, se creyó Menéndez y Pelayo en el caso de estudiar los elementos latinos, árabes,
hebreos y provenzales; entendiendo que la poesía de estos últimos «fué como una especie
de disciplina rítmica que transformó las lenguas vulgares y las hizo aptas para la expre-
sión de todos los sentimientos», hasta el punto de que «todas las escuelas de lírica corte-
sana anteriores al siglo xvi proceden, mediata ó inmediatamente, de esta breve y pere-
grina eflorescencia del Languedoc». Pero, á su juicio, la verdadera emancipación literaria
de España no se cumple hasta la época del Renacimiento, así como la emancipación lite-
raria de Italia había sido obra de los grandes escritores *trecentistas*. «Nuestra literatura de
los siglos xvi y xvii — añadía — es, no solamente más rica, más grande y sin comparación
más bella que la de los siglos medios, sino mucho más nacional, mucho más española.»

Gustaba Menéndez y Pelayo de insistir en el hecho, comprobado en la historia del
arte, de la aparición de las formas líricas con posterioridad al canto épico. Pero juzgaba que
esto «no ha de entenderse en el sentido de que cierto lirismo elemental, lo mismo que
ciertos gérmenes de drama, no vayan implícitos en toda poesía popular y primitiva, sino
que con ello se afirma solamente que el elemento épico, impersonal, objetivo, ó como
quiera decirse, es el que radicalmente domina. en los períodos de creación espontánea,
entre espíritus más abiertos á las grandezas de la acción que á los refinamientos del sen-
tir y del pensar, y ligados entre sí por una comunidad tal de ideas y de afectos, que im-
pide las más de las veces que la nota individual se deje oir muy intensa. La poesía lírica
trae siempre consigo cierta manera de emancipación del sentimiento propio respecto del
sentimiento colectivo, y no es, por tanto, flor de los tiempos heroicos, sino de las edades
cultas y reflexivas».

La epopeya castellana, á juicio de Menéndez y Pelayo, tiene un carácter más histórico
y parece trabada por más fuertes raíces al espíritu nacional y á las realidades de la vida
que la francesa. Es exigua en nuestros.poemas la intervención del elemento sobrenatural,
y «sólo la creencia militar en los agüeros, herencia quizá del mundo clásico, si no ya de
las tribus ibéricas primitivas, puede considerarse como leve. resabio del sobrenaturalismo
pagano». Es poesía que no deslumbra la imaginación, y en la que es de reparar «la total
ausencia de aquel espíritu de galantería que tan neciamente se ha creído caracterísco de los
tiempos medios, cuando á lo sumo pudo serlo de su extrema decadencia». Además, nues-
tra epopeya es exclusivamente castellana, «en la acepción más restricta del vocablo, no
sólo porque en las demás literaturas vulgares de la Península, en la catalana como en la
portuguesa, faltan enteramente *cantares de gesta*, aunque no faltasen gérmenes de tradi-
ción épica, sino porque, con la sola excepción de la leyenda de Bernardo, que puede su-

ponerse leonesa y que en gran parte se compuso con elementos transpirenaicos, todos los héroes de nuestras *gestas*, Fernán González y los Condes sucesores suyos, los Infantes de de Lara y el Cid, son castellanos, del alfoz de Burgos ó de la Bureba, y lo que principalmente representan es el espíritu independiente y autonómico de aquel pequeño Condado que, comenzando por desligarse de la Corona leonesa, acaba por absorber á León en Castilla y colocarse al frente del movimiento de Reconquista en las regiones centrales de la Península, imponiendo su lengua, su dirección histórica y hasta su nombre á la porción mayor de la patria común». En cuanto á la influencia francesa, no la encontraba en el espíritu general de nuestra poesía (como no sea por antítesis y protesta), pues los temas de la epopeya castellana, con rara excepción, son de nuestra propia historia; ni en la imitación de los metros épicos, que no pasa de cierta semejanza, porque la versificación de los poemas castellanos resulta extraordinariamente bárbara é irregular si se la compara con el sistema de las *gestas* francesas, hallándose sostenido el ritmo por series ó grupos de asonancias muy diversos en extensión, y pareciendo inclinarse con preferencia á uno de dos tipos: ó al *alejandrino*, ó al verso de 16, cuyo hemistiquio es el pie de romance. En suma: que la epopeya francesa y la castellana parecen dos ramas del mismo tronco, aunque de muy desigual fuerza y lozanía, y que la más antigua hubo de influir en la más moderna, «pero que tal influencia tocó más á los pormenores que al espíritu, y no bastó á borrar el carácter genuinamente histórico que, como sello de raza, ostentan las *gestas* castellanas».

El *Tratado de los romances viejos* (1903-1906) hace época en nuestra historia literaria, y será siempre leído con deleite, por el admirable análisis que allí se hace de nuestros antiguos temas poéticos. Cree verisímil Menéndez y Pelayo el enlace de la poesía de los visigodos con la nuestra. En su opinión, es absurdo imaginar que en tiempo alguno coexistiesen los romances y los cantares de *gesta* como especies distintas, cultivadas la una por el pueblo, y la otra por ingenios más ó menos cultos. Una y otra eran cantadas por juglares, y su materia épica es la misma. «¿Quién va á admitir de ligero que los poetas artísticos tuviesen una métrica ruda, bárbara é inarmónica, y el vulgo, como por instinto divino, otra tan refinada, perfecta y exquisita como los tiempos lo consentían? ¿No nos dice el Marqués de Santillana que todavía en su época los cantares y romances se hacían «sin ningún orden, regla ni concierto?»

Tampoco creía necesaria la hipótesis de una poesía lírica popular, para razonar lo que por sí mismo se explica sin salir del verso épico. «Si de una parte tuviéramos sólo el *Poema del Cid* y de otra parte sólo los romances, no sería fácil el tránsito entre estos dos puntos extremos de la serie; pero en el intervalo de una á otra poesía está el *Rodrigo*, están los fragmentos de la segunda *Gesta de los Infantes*, están las *prosificaciones* de las crónicas, y en todo ello, no hay que dudarlo, el tipo métrico de 8 + 8 es el que predomina. ¿Se concibe que si en tiempo de la composición del *Mío Cid* hubiera existido un verso de tan agradable movimiento trocaico, tan adecuado á la índole de nuestra lengua, tan musical en suma, hubiera preferido su autor para un poema destinado al canto una forma tan irregular, tan bárbara y desconcertada como la que emplea?»

En conclusión: respecto del origen de nuestro octosílabo, entiende Menéndez y Pelayo que la forma de los romances, por vieja que se la suponga, no puede considerarse como primitiva, sino como perfección de otra más ruda; que el verso de diez y seis sílabas fué precedido por otro verso épico ó sistema de líneas largas, y que, para que este bárbaro metro se convirtiese en octonario, fué menester un trabajo de selección que eliminó los alejandrinos y los endecasílabos de cesura en la quinta, siendo principal y misterioso agente en esta depuración el genio de la lengua, más inclinada que ninguna de sus hermanas á las combinaciones trocaicas.

Si en lo relativo á la lírica y á la épica españolas, Menéndez y Pelayo trazó el cuadro y las leyes generales de su evolución, en el fondo y en la forma, dejándonos páginas imperecederas de magistral análisis, no menores fueron sus trabajos en lo referente á la literatura dramática (¹). Sin rebajar el mérito de Agustín Durán, ni el de tan preclaros extranjeros como lord Holland, Enk, el conde de Schack, Chorley y Grillparzer, bien puede decirse que á Menéndez y Pelayo debe principalmente Lope de Vega la rehabilitación de su genio dramático á últimos del siglo xix. Ya en las conferencias sobre *Calderón y su Teatro*, encontraba «que Calderón cede á Lope de Vega en variedad, en amplitud y en franqueza de ejecución, en fácil, espontánea y generosa vena, en sencillez y llaneza ¦de expresión, en naturalidad y verdad, por lo que toca á la interpretación de los afectos humanos, y con mucho le es inferior en la pintura de los caracteres femeninos y en la manera de presentar el amor y los celos»; como cede á Tirso en el poder de crear caracteres vivos y enérgicos, y en la gracia, en la discreción y picaresca soltura, en la profunda ironía, en el genio cómico; y es inferior á Alarcón en la comedia de costumbres del tiempo y en la comedia de carácter; sin que esto obste para reconocer en el autor de *La vida es sueño* grandeza en la concepción, condiciones trágicas eminentes, y sobre todo, un altísimo «simbolismo, á veces un poco estrafalario é incongruente, pero informado siempre por alto y superior sentido, y por un espiritualismo cristiano firme y creyente».

Entre los dos polos, igualmente admirables, del arte dramático: el idealismo plácido y sereno de la tragedia griega y el realismo ardiente y desatado de Shakespeare, caben géneros intermedios y un poco convencionales, y entre ellos figura, en opinión de Menéndez y Pelayo, el teatro español, «el cual, sin embargo, se levanta extraordinariamente sobre todas las otras formas, gracias al espíritu nacional que le da vida, y gracias también á haber tenido un desarrollo más largo y más variado que ningún otro teatro del mundo. El teatro español, si hubiéramos de atenernos sólo al de Calderón, tendríamos que definirle: un arte idealista, pero de idealismo un poco convencional á las veces, y en otras ocasiones *un arte realista que no llega á abarcar lo universal de la vida humana, sino la realidad histórica de un tiempo dado*. De aquí lo que tiene el arte español de duradero y eterno; de aquí también lo que tiene de incompleto. No es mero convencionalismo, como la tragedia francesa; pero hay mucho de convencional, sobre todo en Calderón. No es tampoco puro realismo, como en Shakespeare; pero hay mucho de pintura histórica del siglo xvii. Por eso el drama español no se puede reducir á fórmulas tan claras y precisas como aquellas á que pueden reducirse la tragedia griega ó el drama de Shakespeare. Pero ¿quién dudará que, después de ellos, no hay otro arte de tanta vitalidad, aparte de su riqueza incalculable, aparte de haber sido por más de siglo y medio el depósito común de todo lo que sintió y de todo lo que pensó nuestra raza, de tal suerte, que la historia del siglo xvii, la historia de las ideas, que es mucho más importante que la historia de los hechos materiales, puede y debe buscarse más bien en el teatro que en las narraciones de los pocos cronistas oficiales?»

En un artículo sobre Pereda, publicado en 1884, y como incidente de una crítica bastante acerba que allí hace de Zola y de su *sistema* novelístico, Menéndez y Pelayo formula una teoría que podríamos calificar de *idealización artística*, condensada en los siguientes términos, que me parece interesante reproducir: la modificación que el artista más apegado á lo real impone á los objetos exteriores «por medio de los dos procedimientos que

---

(¹) Véase, sobre este extremo, la detenida exposición hecha por doña Blanca de los Ríos de Lampérez en la *Revista de Archivos*, de Julio-Agosto de 1912 (pág. 114 y siguientes; *Menéndez y Pelayo y la Dramática nacional*).

llamaré de *intensidad* y de *extensión*, arranca de la realidad material esos objetos, y les imprime el sello de otra realidad más alta, de otra verdad más profunda; en una palabra: los *vuelve á crear*, los *idealiza*. De donde se deduce que el idealismo es tan racional, tan *real*, tan lógico y tan indestructible como el realismo, puesto que uno y otro van encerrados en el concepto de la forma artística, la cual no es otra cosa que una *interpretación* (ideal como toda interpretación) *de la verdad oculta bajo las formas reales*. Merced á esta verdad interior, que el arte extrae y quintesencia, todos los elementos de la realidad se transforman, como tocados por una vara mágica, y hasta los personajes que en la vida real parecían más insignificantes, se engrandecen al pasar al arte, y por la concentración de sus rasgos esenciales, adquieren valor de *tipos* (que es como adquirir carta de nobleza en la república de las letras), y sin dejar de ser individuos, rara vez dejan de tener algo simbólico».

Uno de los primeros trabajos en que Menéndez y Pelayo pensó, como hemos visto, fué aquel tratado de Estética que comenzó á escribir en colaboración con Laverde. Algunas reminiscencias de su sistema se echan de ver en los volúmenes de la *Historia de las ideas estéticas*, sobre todo en los posteriores á Kant, porque en los que tratan de tiempos anteriores se atuvo casi exclusivamente al método histórico, callando, en lo posible, las propias ideas. No era lícito, á su juicio, tejer la historia de la literatura por un método exclusivamente cronológico, ó atendiendo sólo al desarrollo más externo de las formas artísticas. Y, exponiendo su criterio acerca de este punto, decía en la *Advertencia preliminar* (1883) de aquella historia: «Detrás de cada hecho, ó, más bien, en el fondo del hecho mismo, hay una idea estética, y á veces una teoría ó una doctrina completa, de la cual el artista se da cuenta ó no, pero que impera y rige en su concepción de un modo eficaz y realísimo. Esta doctrina, aunque el poeta no la razone, puede y debe razonarla y justificarla el crítico, buscando su raíz y fundamento, no sólo en el arranque espontáneo y en la intuición soberana del artista, sino en el ambiente intelectual que respira, en las ideas de cuya savia vive, y en el influjo de las escuelas filosóficas de su tiempo.» De tan alta manera comprendía Menéndez y Pelayo la historia literaria, de la cual venía á ser una introducción general la de las ideas estéticas.

No sé yo qué especie de revolución preveía él en el campo de la literatura dramática, ni tampoco explicó claramente su pensamiento sobre este punto; pero en la *Historia de las ideas estéticas* (v, 415) se leen estas significativas palabras, en el capítulo sobre Víctor Hugo, á quien considera como la encarnación más asombrosa y potente de la *retórica* en el arte: «Lícito nos será creer que cuando la pálida y prosaica comedia de nuestros días, la de Augier ó el hijo de Dumas, no conserve más valor que el de testimonio histórico, todavía encontrará eco en la fantasía de nuestros nietos, *que ha de renovarse seguramente por un viento de tempestad semejante al del romanticismo*, la férrea poesía de *Los Burgraves*.» Sospecho, sin embargo, que, en su mente, la renovación consistiría en un remozamiento de forma «con rico caudal de expresiones francas, tomadas de la lengua viva de los rústicos, á la cual hay que volver siempre que se quiera infundir nueva savia á una lengua empobrecida por la etiqueta académica y cortesana, y por el abuso del espíritu de sociedad» (*Ideas*, v, 244); y en la restauración de un helenismo puro, «tan incompatible con el clasicismo académico como cualquiera de las formas del romanticismo», porque «*los griegos son escuela de libertad y no escuela de servidumbre*» (*Ideas*, v, 100).

.*.

¡«Los griegos son escuela de la libertad»! Esta hermosa frase encierra todo un programa y es la expresión de lo que el maestro veía en el helenismo. Su *horacianismo* en la esfera lírica; su *idealismo* en la épica; su esperanza revolucionaria en la dramática; su inclinación á la teoría del Arte por el Arte, que continuamente se transparenta en sus diatribas contra el Arte docente y contra la novela de tesis; sus aficiones á la filosofía del *sentido común*; el psicologismo de su crítica, todo ello está enlazado estrechamente con su espíritu helénico. Valera también lo fué á su modo; pero el autor de *Morsamor* parecía un descendiente de los sutiles Protágoras y de los retóricos Gorgias; mientras que Menéndez y Pelayo venía por línea derecha de aquellos que razonaban serenamente con Platón «á orillas del Iliso, á la sombra del plátano frondoso, sobre la blanda hierba, lugar acomodado para juegos de doncellas, santuario de las Ninfas y del Aquelóo.»

Porque su espíritu era profundamente artístico, su crítica fué también singularmente impersonal. Valera, á quien antes citaba, fué un gran crítico; otros lo han sido á su manera. Pero si leéis cualquier estudio crítico de Valera, por mucho que os cautiven la agudeza de sus apreciaciones y la ingeniosidad de sus pensamientos, no podréis olvidar nunca que se trata de un escrito *de Valera*, no os será posible jamás perder de vista el personal temperamento de quien proceden aquellas líneas, de entre las cuales, como del jardín de *Pepita Jiménez*,

«Surgit *amari aliquid* quod in ipsis floribus angit».

Tratándose de un estudio de Menéndez y Pelayo, si emprendéis su lectura, llegará un instante en que la transparencia del estilo, la objetividad soberana de la expresión, os hagan olvidar al autor de la crítica, y os sumerjan y embeban en el ambiente histórico que se describe, haciéndoos *vivir* en los tiempos y con los personajes de que habla. Al que tiene la preparación suficiente, el estilo de Menéndez y Pelayo le produce la misma impresión á que alude Nietzsche, cuando dice que la música de Beethoven aparece á menudo «como una *contemplación* profundamente provocada al escuchar un fragmento *que se creía perdido desde largo tiempo*». Sus palabras son entonces *recuerdos*, como, según Platón, lo es todo nuestro saber. Y si aquéllo os conmueve y os arrebata, y os ensancha y fortalece el ánimo, no temáis *admirar* ni ahoguéis el impulso de aplaudir, porque podéis hacerlo con toda justicia. Aquéllo no es *oratoria*, porque detrás del orador hay un comediante, y sería una blasfemia contra el Espíritu que pensarais semejante cosa de un hombre que fué todo sinceridad bravía y sencillez de corazón. El que intente cortar entonces vuestro entusiasmo, desempeñará el papel del eunuco, siempre atrabiliario y regañón, que sólo es capaz de descubrir aspectos ridículos en el espasmo sano y engendrador del hombre viril, para él eternamente imposible.

III

EL PENSAMIENTO DE MENÉNDEZ Y PELAYO [1].

Aunque sea incuestionable que la representación capital de Menéndez y Pelayo se refiere á la esfera de la Crítica é Historia literarias, creo que á nadie debe tampoco ocultársele que su labor en el orden filosófico tiene excepcional importancia, y que hizo más él

---

[1] Refundo en las siguientes páginas mis estudios: *La filosofía de Menéndez y Pelayo* (Madrid, 1912; 55 páginas en 4.°) y *La representación de Menéndez y Pelayo en la vida histórica nacional* (Madrid, 1912; 26 páginas en 8.°).

en este orden con sus excitaciones y ejemplos, que muchos de su tiempo con obras di-
putadas por *originales*.

Es de advertir, además, que quizá la parte más extensa de la producción del Maestro,
fuera de los trabajos humanísticos, sea la concerniente á la Filosofía. ¿Qué otra cosa son,
sino exposiciones de doctrinas filosóficas, la *Historia de los heterodoxos españoles* (1880-
1881), *La ciencia española* (1876), la *Historia de las ideas estéticas en España* (1883-1891),
y los dos áureos estudios: *De las vicisitudes de la filosofía platónica en España* (1889) y
*De los orígenes del criticismo y del escepticismo, y especialmente de los precursores españoles
de Kant* (1891), para no hablar de aquellos otros trabajos menores que él escribió acerca
de Pedro de Valencia, Hervás y Panduro, Eximeno, Arnaldo de Vilanova, San Isidoro,
Lulio, el Misticismo, Juan Ginés de Sepúlveda, el Abate Marchena, Francisco de Vitoria,
Prisciliano, Abentofail, Algacel y Balmes? Y ¿cómo pueden exponerse las doctrinas aje-
nas, sin dejar entrever de algún modo la propia?

Cuando, por los años de 1875, Menéndez y Pelayo comenzó á dar muestras de su pro-
digioso genio (que, para algunos á quienes contrariaba su independencia, se llamaba «eru-
dición» ó «extraordinaria laboriosidad»), la situación de la disciplina filosófica era entre
nosotros lamentable: se ahogaba entre dos fanatismos, igualmente absurdos é ignorantes:
el fanatismo de los escolásticos, que no eran pensadores al modo de un Vitoria, de un
Melchor Cano ó de un Suárez, de amplísima cultura y generoso razonar, sino atrabiliarios
argumentistas de sacristía, desprovistos de crítica, ayunos de toda noticia acerca del pro-
greso de la Filosofía y de las ciencias; y el fanatismo de los krausistas, no menos peligroso
y absorbente que el anterior, y causa, juntamente con éste, del retraso y de la decaden-
cia notoria de nuestro pueblo, en la esfera filosófica, durante buena parte del siglo XIX.
Ambos coincidían (y siguen coincidiendo) en apocar la conciencia de nuestro vigor nacio-
nal, en menospreciar nuestra historia y nuestras tradiciones, en segar las espontaneida-
des individuales, en desconocer, con la tranquilidad de la insipiencia, lo que en España
se ha hecho y lo que España ha servido al mundo, pugnando todos por aherrojarnos
en las ergástulas de Santo Tomás de Aquino, de Krause, de Kant ó de Hegel, á la mane-
ra que los ciceronianos proscribían á todo aquel que ampliara el léxico de Marco Tulio; y
sin tener presente que ningún filósofo ha esclavizado su pensamiento, sin perder por ello,.
ipso facto, el derecho de figurar en la historia.

Ante tal situación, Menéndez y Pelayo creyó indispensable enderezar sus esfuerzos en.
el sentido de los siguientes fines: 1.º, labor de crítica imparcial, pero, cuando fuese nece-
sario, dura, violenta, agria y contundente, de los procedimientos seguidos por quienes.
representaban la decadencia; 2.º, labor paciente y amplia de exposición de nuestra histo-
ria, para poner de relieve los hechos y las ideas que en ella deben conocerse; 3.º, labor
de inspiración de nuestro pensar en alguna dirección filosófica que no contrariase su na-
turaleza ni sofocara su tradicional tendencia; porque él entendía, como Taine ([1]), que «en
cada instante puede considerarse el carácter de un pueblo como el resumen de todas sus
acciones y sensaciones precedentes; es decir, como una cantidad y como un peso, no in-
finito (Espinosa: *Ética*, cuarta parte), puesto que todas las cosas están limitadas en la na-
turaleza, sino desproporcionado al resto y casi imposible de ser levantado, porque cada
minuto de un pasado casi infinito ha contribuído á engrosarle, y para vencer la balanza
sería preciso acumular en el otro platillo un número de acciones y de sensaciones todavía
más grande».

A estos tres fines, de *crítica* de lo presente, de *reconstitución* del pasado y de *regene-

---

([1]) *Histoire de la Littérature anglaise*, ed. de París, 1905, I, XXIV.

ración para el porvenir, responde, á mi parecer, toda la ingente obra del Maestro, incluso la literaria. Si á ello se añade su educación, esencialmente humanista, se comprenderá bien la serenidad de su espíritu, el ingenio aristofánico de su sátira, la elegante y clarísima sencillez de su estilo, donde jamás se trasluce pedantesco arcaísmo, ni vana ostentación de la propia figura. Él me declaró en repetidas ocasiones que su aspiración, en materia de estilo, era *no tenerlo;* y así logró aquella pasmosa objetividad (como ahora se dice), propia de todo nuestro realismo clásico, que halló, entre otros, expresión adecuada en su magnífico discurso: *Cultura literaria de Miguel de Cervantes y elaboración del* Quijote (1905).

Porque el secreto de su magia crítica, que en libros, en artículos, en discursos y en lecciones de cátedra producía el escalofrío de lo profundo y de lo grande, no residía precisamente en su erudición, que era inmensa, ni en su modestia, que era infinita, ni en su exactitud, que era extraordinaria. Se concibe que otros hayan poseído su cultura, y hayan visto más libros que él, y hayan publicado textos con más escrupulosidad. Pero todo esto no implica genio, sino tiempo, paciencia y voluntad para el trabajo. No creo que en el mundo haya existido una docena de hombres que hojease más papeles que Bartolomé José Gallardo, ni que tuviese más erudición que Escalígero, y, sin embargo, las producciones de uno y otro son hoy consultadas, pero no *leídas*. Siempre ocurrirá lo contrario con Menéndez y Pelayo: libro que él escribió habrá de ser leído por todo el que piense estudiar el mismo asunto, porque aun cuando la progresiva tarea del historiador haya rectificado atribuciones, enmendado fechas, añadido datos y mejorado ediciones, en aquel libro habrá de hallar puntos de vista luminosos, y apreciaciones que le servirán de guía y le ahorrarán el trabajo de descubrir ahora el Nuevo Mundo.

**

Dos maestros insignes tenía la Universidad barcelonesa en la época en que Menéndez y Pelayo siguió los cursos de la Facultad de Letras: D. Francisco Javier Lloréns y D. Manuel Milá y Fontanals, y ambos influyeron poderosamente en su espíritu. Decía él que Lloréns «no filosofó por alzar figura ni por seducir con vana palabrería á los incautos, *sino con austera y viril consagración al espíritu de verdad y de vida, que emancipa á los hombres de la tiranía del error, de la pasión y de la falacia*». Y aun añadía que Lloréns personificó el segundo momento de la escuela escocesa en Cataluña, «la evolución de la filosofía del sentido común, modificada ya por la crítica de Kant; la comprensión total de la doctrina hamiltoniana de la conciencia, los nuevos rumbos de la psicología experimental y de los estudios lógicos; y, como alma de todo esto, una velada y modesta aspiración metafísica, *que no cristalizó nunca en forma cerrada, pero que fué, por lo mismo, eficacísima como estímulo de pensamiento y germen de libre educación en espíritus muy diversos*» (¹). Esta enseñanza, que será totalmente incomprensible para el cerebro unilateral de un tomis-

---

(¹) Acerca de Lloréns, dice Menéndez y Pelayo, en carta de 4 Octubre 1877, dirigida á Laverde: «He preguntado á Milá en qué estado dejó Lloréns sus manuscritos. Díceme que, fuera de sus explicaciones, taquigráficamente reproducidas y revisadas por él, sólo quedan algunos fragmentos de la traducción y comentario del libro *De anima et vita*, que traía entre manos; un estudio incompleto acerca de Martí de Eixalá, etc. Pero como las lecciones forman un verdadero curso de filosofía escocesa, Milá y otros amigos piensan publicarlas, junto con la oración inaugural del año 1854, único escrito impreso de Lloréns, y con alguna otra cosilla.»

Según mis noticias, no tardará mucho la publicación de las lecciones de Lloréns, acordada por la Facultad de Filosofía de la Universidad de Barcelona.

ta ó de un kantiano, arraigó de tal suerte en Menéndez y Pelayo, que bien puede aplicársele la descripción que él hace de la mentalidad de Lloréns: «A esta escuela—dice el maestro en su prodigiosa *Semblanza de Milá*—debí, en tiempos verdaderamente críticos para la juventud española, el no ser ni krausista ni escolástico, cuando estos dos *verbalismos, menos distantes de lo que parece*, se dividían el campo filosófico y convertían en gárrulos sofistas ó en repetidores adocenados á los que creían encontrar en una habilidosa construcción dialéctica el secreto de la ciencia y la última razón de todo lo humano y lo divino. Allí aprendí lo que vale el testimonio de conciencia y conforme á qué leyes debe ser interpretado para que tenga los caracteres de parsimonia, integridad y armonía. Allí contemplé en ejercicio *un modo de pensar histórico, relativo y condicionado*, que me llevó, no al positivismo (tan temerario como el idealismo absoluto), sino á la prudente cautela del *ars nesciendi*».

Este *pensar histórico, relativo y condicionado*, que en algunas ocasiones llama Menéndez y Pelayo *vivismo*, por la afinidad que guarda con la filosofía del gran polígrafo valenciano, constituye el fondo del espíritu crítico del Maestro, y es, además, la única filosofía posible en los tiempos que corren. Por lo mismo que todo hombre es falible y que todo sistema cerrado es forzosamente anticientífico (porque contradice el natural y evidente progreso de que todas las disciplinas son susceptibles), ningún pensador genial puede ser afiliado á la escuela de un filósofo de sistema, por grande y extraordinario que éste sea. Levantar bandera por Santo Tomás de Aquino, por Kant ó por cualquiera otra de las figuras representativas en la historia de la Filosofía, es en nuestros días una labor de decadencia, si eso significa que el tomista ó el kantiano han de evitar la contradicción con las doctrinas ó con el tecnicismo del caudillo.

Todo pensamiento coartado por el esquema ajeno, será siempre un creador de obstáculos en la evolución intelectual, porque, como Bacon decía en el *Novum Organum*, refiriéndose á los *idola theatri*: «Todos los sistemas filosóficos que sucesivamente han sido inventados y adoptados, son como otras tantas obras dramáticas que los diversos filósofos han dado á luz y han venido cada uno á su vez á representar; obras que ofrecen á nuestras miradas otros tantos mundos imaginarios y verdaderamente compuestos para la escena».

No es esto negar la influencia de unos pensadores en otros, influencia que, no solamente existe, sino que resulta indispensable para explicar, sin soluciones de continuidad, el proceso histórico de la Filosofía. Pero esa influencia, tratándose de filósofos propiamente dichos, jamás equivale á un título de dominio del maestro sobre el discípulo. Aristóteles fué discípulo de Platón, y la enseñanza de éste influyó en el primero harto más profundamente de lo que suele suponerse, y, sin embargo, en la doctrina fundamental de la sustancia, Aristóteles y Platón son incompatibles. Schopenhauer es discípulo de Kant, y, no obstante, en lo relativo á la doctrina sobre la cosa en sí, sus afirmaciones discrepan profundamente. Mas precisamente estas discrepancias son las que justifican el título de filósofos que á Aristóteles y á Schopenhauer damos. Pero un aristotélico ó un kantiano no son filósofos *per se*, es decir, no son amantes de la sabiduría en sí misma, sino amantes de la sabiduría de Aristóteles ó de Kant. Y digo yo, en tal caso, que vale mucho más leer á uno ó á otro en sus propias obras, que no en las de sus intérpretes, que frecuentemente nos desvían de la verdadera inteligencia del original. Si Suárez se hubiese limitado á glosar ó copiar á Santo Tomás, ¿en virtud de qué habríamos de llamarle filósofo? Si Carvajal y Melchor Cano no se hubiesen apartado de los métodos de exposición de la antigua teología escolástica, ¿por qué razón habrían de merecer mención en la historia de la Filosofía? Es decir, que solamente los *independientes* (en mayor ó menor grado), los *desviados*, los *heterodoxos*, son los dignos de recordación en la memoria humana.

Por ser su espíritu profundamente filosófico, y no *especialista* ni *sistemático*, fué Me néndez y Pelayo polígrafo y enciclopédico. Todo especialista es un espíritu unilateral é incompleto, y aun cuando pueda ser genial en su labor, necesariamente se le escaparán, en función de la miopía de sus facultades, las relaciones más fundamentales para el saber humano, que son las que enlazan el objeto de la investigación con los restantes.

Y como la Filosofía es una meditación sobre la síntesis de la ciencia humana, cuanto más universal sea el pensador y en mayor número de disciplinas haya ejercitado su actividad, más capacitado estará para comprender algo del misterio de las cosas. Por eso todos los grandes filósofos, desde Aristóteles hasta Spencer, han sido igualmente grandes enciclopédicos, y así seguirá ocurriendo mientras haya Filosofía, que será mientras el hombre exista.

En virtud de su condición filosófica, pudo llegar Menéndez y Pelayo á aquella *alta crítica*, que ningún *especialista* alcanzará jamás. El que haga, por ejemplo, historia literaria, sin tener temperamento filosófico, producirá una obra imperfecta y poco duradera. ¿Qué especialista, no filósofo, explicará satisfactoriamente, por lo que á España respecta, el carácter realista de sus poemas épicos medievales, el singular fenómeno de la literatura picaresca, el carácter dialéctico de nuestro teatro del siglo xvii, la razón de ser del gongorismo y del conceptismo, y el espíritu docente del siglo xviii? Censurar á Menéndez y Pelayo porque prodigó su actividad en muy distintas direcciones, con el propósito de fundirlas todas en el maravilloso crisol de su crítica, sería lo mismo que lamentarnos de que Lucrecio, en vez de escribir el poema *De rerum natura*, no se hubiese pasado la vida, como Zenodoto y Aristarco, poniendo comas, quitando puntos y proponiendo enmiendas á los versos de Homero.

Todo es útil y meritorio en la vida, cuando se realiza con pureza de intención y mediante honrada labor; pero no confundamos la obra del arquitecto con la faena de los albañiles, que llevan á la práctica, cada uno en su esfera, las indicaciones de aquél.

***

Al primero de los tres fines antes citados responde gran parte de *La ciencia española* y de la *Historia de los heterodoxos españoles*, donde se respira una atmósfera de combate, en la que se movía como en su elemento y á la que debió algunas de sus mejores páginas. Al publicar en 28 de Abril de 1887 la tercera edición de la primera de aquellas obras, escribía: «En descargo de mi conciencia, *no de escritor*, sino de cristiano y de hombre, debo dar alguna explicación sobre las personalidades, acritudes y virulencias que en estas cartas hay y que de buen grado habría yo suprimido si para hacer esto no hubiese sido preciso destruir enteramente el libro y escribir otro nuevo. He vuelto á leer estas cartas diez años después de publicadas, con la frialdad de quien lee cosa ajena, y no he encontrado en ellas verdadera injuria personal, ni expresión alguna que pueda desdorar el crédito moral de ninguno de mis adversarios. En esta parte estoy tranquilo, y si añado que ellos se mostraron en la polémica tan duros y violentos como yo; que por añadidura escribí estas cartas á los veintiún años, sin conocer del mundo y de los hombres más que lo que dicen los libros, creo que ni aun los más severos han de negarme su indulgencia. Pero es tal mi respeto á la dignidad ajena, me inspira tanta repugnancia todo lo que tiende á zaherir, á mortificar, á atribular un alma humana hecha á semejanza de Dios y rescatada con el precio inestimable de la sangre de su Hijo, que aun la misma censura literaria, cuándo es descocada y brutal, cínica y grosera, me parece un crimen de lesa humanidad, indigno de quien se precie del título de hombre civilizado y del augusto nombre de cristiano..... *Yo peleaba por una idea; jamás he peleado contra una persona, ni he ofendido á sabiendas á nadie.*»

Y, en Julio de 1910, al terminar su última gran obra (el tomo I de la segunda edición
de la *Historia de los heterodoxos*), decía: «Para mí *el mejor estilo es el que menos lo parece*,
y cada día pienso escribir con más sencillez; pero en mi juventud no pude menos de pa-
gar algún tributo á la prosa oratoria y enfática que entonces predominaba. Páginas hay
en este libro que me hacen sonreir, y, sin embargo, las he dejado intactas, porque el libro
tiene su fecha y yo distaba mucho de haber llegado á la manera literaria que hoy prefie-
ro, aunque ya me encaminase á ella. Por eso es tan desigual la prosa de los *Heterodoxos*
y fluctúa entre dos opuestos escollos: la sequedad y la redundancia. Otro defecto tiene,
sobre todo el último tomo, y es la excesiva acrimonia é intemperancia de expresión con
que se califican ciertas tendencias ó se juzga de algunos hombres. No necesito protestar
que en nada de esto me movía un sentimiento hostil á tales personas. La mayor parte no
me eran conocidas más que por sus hechos y por las doctrinas expuestas en sus libros ó
en su enseñanza. *De casi todos pienso hoy lo mismo que pensaba entonces;* pero si ahora es-
cribiese sobre el mismo tema, lo haría con más templanza y sosiego, aspirando á la sere-
na elevación propia de la historia, aunque sea contemporánea, y que mal podía esperarse
de un mozo de veintitrés años, apasionado é inexperto, contagiado por el ambiente de la
polémica y no bastante dueño de su pensamiento ni de su palabra.»

En esta exposición que voy haciendo del pensamiento de Menéndez y Pelayo, las citas
de sus libros son inevitables. Fundándome en ellas, recogeré lo más significativo acerca
de las circunstancias históricas que motivaron esa obra de crítica y de combate á que me
refería en un principio.

«Es, por desdicha, frecuente — decía en *La ciencia española* (¹) — en los campeones
de las más distintas banderías filosóficas, políticas y literarias, darse la mano en este
punto solo: estimar en poco el rico legado científico de nuestros padres, despreciar libros
que jamás leyeron, ver con burlona sonrisa el nombre de *Filosofía española*, ir á buscar
en incompletos tratados extranjeros lo que muy completo tienen en casa, y preciarse más
de conocer las doctrinas del último tratadista alemán ó francés, siquiera sean antiguos
desvaríos remozados ó trivialidades de todos sabidas, que los principios fecundos y
luminosos de Lulio, Vives, Suárez ó Fox Morcillo. Y en esto pecan todos, en mayor
ó menor grado, así el neo-escolástico que se inspira en los artículos de *La Civiltà* y en
las obras de Liberatore, de Sanseverino, de Prisco ó de Kleutgen (aprendiendo no pocas
veces, gracias á ellos, que hubo teología y teólogos españoles), como el alemanesco doc-
tor que refunde á Hegel, se extasía con Schelling, ó martiriza la lengua castellana
con traducciones detestables de Kant y de Krause. Cuál se proclama *neo kantista*, cuál
se acoge al *pesimismo* de Hartmann; unos se van á la derecha hegeliana, otros se corren
á la extrema izquierda y de allí al *positivismo;* algunos se alistan en las filas del caído
eclecticismo francés, disfrazado con el nombre de *espiritualismo;* no faltan rezagados de
la escuela *escocesa;* cuenta algunos secuaces el *tradicionalismo,* y una numerosa falange
se agrupa en torno de la enseña *tomista.* Y en esta agitación y arrebatado movimiento
filosófico, cuando todos leen y hablan de metafísica y se sumergen en las profundidades
ontológicas, cuando en todos los campos hay fuertes y aguerridos luchadores, y todos los
sistemas cuentan parciales, y todas las escuelas discípulos, nadie procura enlazar sus doc-
trinas con las de antiguos pensadores ibéricos, nadie se cuida de investigar si hay ele-
mentos aprovechables en el caudal filosófico reunido por tantas generaciones, nadie se
proclama *luliano*, ni levanta bandera *vivista*, ni se apoya en Suárez, ni los escépticos in-
vocan el nombre de Sánchez, ni los panteístas el de Servet; y la ciencia española se des-

(¹) I, 4 y 5.

conoce, se olvidan nuestros libros, se los estima de ninguna importancia, y pocos caen en la tentación de abrir tales volúmenes, que hasta los *bibliófilos* desprecian en sus publicaciones.»

Las páginas del tercero y último tomo de *Los Heterodoxos*, abundan en enérgicos rasgos de severa censura contra los representantes de la dirección aludida, y especialmente contra los krausistas. Se necesitaba valor en 1881 para escribir semejantes páginas, y estoy por decir que no menos se necesitaría hoy, porque es muy poco lo que hemos progresado en lo relativo al sentimiento de independencia:

«Es mala vergüenza para España—escribía en la mencionada *Historia* (¹)—que cuando ya todo el mundo culto, sin distinción de impíos y creyentes, se mofaba con homérica risa de tales visiones, dignas de la cueva de Montesinos, una horda de sectarios fanáticos, á quienes sólo daba fuerza el barbarismo (en parte calculado, en parte espontáneo) de su lenguaje, hayan conseguido atrofiar el entendimiento de una generación entera, cargarla de serviles ligaduras, incomunicarla con el resto del mundo, y derramar sobre nuestras cátedras una tiniebla más espesa que la de los campos Cimmerios. Bien puede decirse de los krausistas lo que de los averroistas dijo Luis Vives: «Llenó Dios el mundo de luz y de »flores y de hermosura, y estos bárbaros le han llenado de cruces y de potros, para des.. »conjuntar el entendimiento humano.»—Porque los krausistas han sido más que una escuela, han sido una logia, una sociedad de socorros mutuos, una tribu, un círculo de *alumbrados*, una *fratría*, lo que la pragmática de D. Juan II llama *cofradía* y *monipodio*, algo, en suma, tenebroso y repugnante á toda alma independiente y aborrecedora de trampantojos. Se ayudaban y se protegían unos á otros: cuando mandaban, se repartían las cátedras como botín conquistado: todos hablaban igual, todos vestían igual, todos se parecían en su aspecto exterior, aunque no se pareciesen antes, porque el krausismo es cosa que imprime carácter y modifica hasta las fisonomías, asimilándolos al perfil de don Julián ó de D. Nicolás. Todos eran tétricos, cejijuntos, sombríos: todos respondían por fórmulas hasta en las insulseces de la vida práctica y diaria: siempre en su papel: siempre *sabios*, siempre absortos en la *vista real* de lo absoluto..... Todo esto, si se lee fuera de España, parecerá increíble. Sólo aquí, donde todo se extrema y acaba por convertirse en mojiganga, son posibles tales cenáculos. En otras partes, en Alemania, pongo por caso, nadie toma el oficio de metafísico en todos los momentos y ocupaciones de su vida: trata de metafísica á sus horas, profesa opiniones más ó menos nuevas y extravagantes, pero en todo lo demás es un hombre muy sensato y tolerable. En España, no: el filósofo tiene que ser un ente raro, que se presente á las absortas multitudes con aquel aparato de clámide purpúrea y chinelas argénteas con que deslumbraba Empédocles á los siracusanos.»

Estas apreciaciones no impidieron á Menéndez y Pelayo (¡tales eran la nobleza de su alma y la imparcialidad de su criterio!), reconocer ciertos méritos en la escuela que combatía. Así califica de «varonil y austera» la elocuencia del discurso que Sanz del Río leyó en la Universidad al inaugurar el curso de 1857 á 1858 (¹): y proclama el «robusto entendimiento» de Salmerón.

No es menos duro con el otro fanatismo; véase lo que escribía en 1888, refiriéndose á la versión del P. Jungmann, hecha por Ortí y Lara:

«¡Pobre juventud nuestra, tan despierta y tan capaz de todo, y condenada, no obstante, por pecados ajenos, á optar entre las lucubraciones de Krause, interpretadas por

---

(¹) III, 731 y 732.
(²) *Heterodoxos*, III, 721.

el Sr. Giner de los Ríos, y las que con el título de *La belleza y las Bellas Artes* publicó en 1865 el jesuíta José Jungmann, profesor de Teología en Inspruck, y tradujo al castellano en 1874 el Sr. Ortí y Lara! *Arcades ambo.* El que quiera cerrarse para siempre los caminos de toda emoción estética, no tiene más que aprenderse cualquiera de estos manuales. El resultado científico es poco más ó menos el mismo..... No son tratados sobre el arte, sino contra el arte, cuya peculiar esencia y valor propio niegan por diversos caminos; no dan luz ni guía al artista ni al crítico para sus obras y juicios, y, en cambio, lo mismo Krause que Jungmann, cada cual por su estilo, propenden á cierto misticismo sentimental, que confunde y borra á cada paso los términos de la moral, de la religión y del arte, sin provecho ni ventaja alguna para el arte, para la religión ni para la moral, que son lo que son, y pueden vivir en armonía jerárquica, sin necesidad de estas absurdas mescolanzas ni de estas recíprocas intrusiones» (¹). Y más adelante añadía las siguientes palabras, que parecen escritas para los actuales momentos: «No basta que un autor tenga apellido alemán para que pase por una Biblia cuanto escriba. En Alemania, como en todas partes, se escriben libros buenos y malos, y éstos en mayor cantidad que los primeros, por lo mismo que se escribe muchísimo. Coger á la ventura uno de estos libros, que en Alemania nadie ha leído, y traducirle porque halaga nuestras propensiones, no es comprender ni traducir la ciencia alemana. *Pero es ya calamidad irremediable que esta ciencia, y aun toda la ciencia extranjera, ha de llegar á nosotros por el intermedio de esos espíritus estrechos y dogmáticos, hombres de un solo libro, que ellos en seguida convierten en breviario, llámese Krause ó Sanseverino, Taparelli ó Ahrens.»*

⁎
⁎

Bastan las citas que preceden para que se comprenda cuál hubo de ser la estructura mental de aquel Maestro insigne, cuya reciente pérdida lamentamos. Fué un espíritu *sui iuris*, independiente y libre dentro de su acendrado é inquebrantable catolicismo; nunca escribió sino aquello en que firmemente creía, y, cuando juzgó necesario rectificarse á sí propio, hízolo con leal y honrada franqueza; tuvo á su Patria un amor profundo y permanente, porque siempre entendió que, aun para elevarnos sobre lo español, es requisito imprescindible conocer y amar á España; y tales fueron los dos fundamentales principios que él hizo arraigar, con la firmeza del roble cántabro, en aquellos que fuimos sus discípulos: *independencia de juicio*, y *amor al conocimiento de las tradiciones españolas.*

Por lo que á la Filosofía respecta, dedicó buena parte de su obra á la vindicación de nuestra historia, no sin mencionar con su habitual sinceridad á los que le habían precedido en esta empresa (Laverde Ruiz, Valera, Campoamor, Canalejas, Adolfo de Castro, Vidart; Ríos Portilla, Federico de Castro, Pi y Margall, Ceferino González, Patricio de Azcárate, Martín Mateos, Weyler y Laviña, López Praza, Guardia, Roselló, Ildefonso Martínez, Sánchez Ruano, el P. Cuevas, Suárez Bárcena, González Múzquiz, Martí de Eixalá, el Dr. Lloréns, Forner, Cerdá y Rico, Mayáns, los PP. Andrés y Lampillas, etcétera). Publicó textos inéditos de nuestros filósofos (por ejemplo, el tratado *De processione mundi*, del arcediano Domingo Gundisalvo; el *Democrates alter*, de Ginés de Sepúlveda, varios opúsculos de Arnaldo de Vilanova); copió otros, inéditos también, que no llegó á publicar (como el *De artificio omnis et investigandi et inveniendi natura scibilis*, de Fernando de Córdoba); reimprimió trabajos de singular rareza (como el *Blanquerna*, de Lulio), y constantemente dedicó especial atención á la exposición y crítica de las doctri-

---

(¹) *Historia de las ideas estéticas en España*, tomo IV, vol. I.

nas de nuestros pensadores (recuérdense, por ejemplo, las de Gómez Pereira, Lulio, Vives, León Hebreo y Francisco Sánchez, para no hablar de otras muchas, tan exactas, profundas y admirables como las precedentes).

Consideraba él como creaciones del pensamiento ibérico: el *senequismo*, el *averroismo*, el panteísmo judaico-hispano de Abengabirol, el *lulismo*, el *suarismo* y el *vivismo* ó filosofía crítica, de la cual surgen, en su opinión, cuatro direcciones oficiales:

1.ª El *peripatetismo clásico*, «muy conforme con la tendencia de Vives, que admiraba y seguía en mucha parte á Aristóteles *puro* y sin mezcla averroísta ni escolástica». Representado por Sepúlveda, Gouvea, Cardillo de Villalpando, Martínez de Brea y Pedro Juan Núñez, «caudillo de la que pudiéramos llamar *escuela valenciana*» (Monzó, Monllor, Serverá, etc.).

2.ª El *ramismo español* (el salmantino Herrera, Pedro Núñez Vela, etc.).

3.ª El *onto-psicologismo* de Fox Morcillo.

4.ª El *cartesianismo ante-cartesiano* (Dolese, Gómez Pereira, Francisco Valles, Torrejón y Barreda).

Y señala, por último, en esta relación de sistemas, el racionalismo escéptico de Francisco Sánchez (á quien creyó, equivocadamente, portugués) y el empirismo sensualista del Dr. Huarte de San Juan y de la falsa doña Oliva Sabuco (¹).

Caracterizando estas escuelas del pensamiento hispano, escribía luego: «En Séneca están apuntados ya los principales caracteres del genio filosófico nacional. Dos de ellos, el *espíritu crítico* y el *sentido práctico*, llaman desde luego la atención del lector más distraído. Séneca es uno de los tres grandes maestros de la raza ibérica: todos nuestros moralistas descienden de él en línea recta. Séneca, gentil en verdad, pero á quien San Jerónimo llama *noster* y pone en el catálogo *de viris illustribus* al lado de los primeros cristianos, preludia nuestra filosofía *ortodoxa*. La *heterodoxa* (tomado el vocablo en su más lato sentido) presenta siempre un carácter distintivo: el *panteísmo*. Porque hay una filosofía *panteísta* española, resuelta y clara, que se anuncia por primera vez en Prisciliano, asombra el mundo en Averroes y en Maimónides, con todas las escuelas árabes y judías que preceden y siguen al uno y al otro; pasa á Francia con el español Mauricio; se vislumbra en Fernando de Córdoba, que en pleno siglo xv formula el principio ontológico de *lo uno*, en que se resuelven *el ser y la nada;* inspira en el siglo xvi al audaz y originalísimo Miguel Servet, y alcanza su última expresión en el xvii bajo la pluma de Benito Espinosa, cuya filiación hebraico-española es indudable.—Si el *panteísmo* está en el fondo de toda la filosofía española no católica, é informa lo mismo el *averroismo* y el *avicebronismo* que el misticismo *quietista* de Molinos, y persigue como un fantasma á todo español que se aparta de la verdadera luz, en cambio la filosofía española *ortodoxa* y castiza de todos tiempos conviene en ser *crítica* y *armónica*, y cuando no llega á la *armonía*, tiende al *sincretismo*..... San Isidoro condensa y *sincretiza* la ciencia antigua. Raimundo Lulio forma un sistema admirablemente *armónico* y levanta el espíritu *crítico* contra la enseñanza averroísta. Luis Vives es la *crítica* del Renacimiento personificada. Fox Morcillo, en su tentativa de conciliación platónico-aristotélica, formula el *desideratum* del *armonismo*. Todas las escuelas nacidas al calor de la doctrina de Vives, son *críticas* por excelencia, sobre todo la valenciana» (²).

Con estas ideas habíale de parecer absurdo á Menéndez y Pelayo que se identificase la *ortodoxia* con el *escolasticismo*, como en nuestros días hace la escuela de Lovaina, en

---

(¹) Cons. *La ciencia española*, i, 250 y siguientes.

(²) *La ciencia española*, ii, 8, 9 y 10.

la cual se ha trazado un cuadro de dogmas, fuera de los cuales nadie es *escolástico* ni *or-todoxo* (¹). Por esto decía: «En rigor, ¿qué es la escolástica? ¿Dónde principia y dónde acaba? ¿Es escolástica la ciencia compilatoria de Casiodoro y de Boecio, la de San Isido-ro, la de Beda ó la de Alcuino? Pues más vale conocer la antigüedad en sus fuentes que en alterados extractos. ¿Es escolástico el *panteísmo* de Scoto Erígena? ¿Lo es el antitrini-tarismo de Roscelín, ó el racionalismo de Abelardo, ó alguna otra de las infinitas herejías que brotaron en las escuelas de la Edad Media? ¿Son escolásticos los místicos educados con el libro falsamente atribuído á Dionisio Areopagita? ¿Sonlo los averroístas con su panteística teoría del entendimiento uno? ¿Dónde está la verdadera escolástica? En el *to-mismo*, dice..... Pero entonces se enojarán los *escotistas* y los *ockamistas*, si alguno queda, y se enojarán también los *suaristas*, á no ser por el fervor architomista que en estos últi-mos años ha entrado á los en otro tiempo disidentes jesuítas.»

El espíritu patriótico y alentador de toda la ciclópea obra de Menéndez y Pelayo constituye una de sus mayores excelencias y desde luego uno de sus más gratos encan-tos. En este sentido, pocos libros hay (por mejor decir, ninguno) tan *fortificantes* para el ánimo de nuestro pueblo como *La ciencia española*. Aun en sus mismas exageraciones (que las tiene, como toda labor de combate) hay algo que satisface, porque constituye la prueba de que en todas las épocas, hasta en las más tristes y ruinosas, hemos tenido cultivadores importantes de la ciencia y de la filosofía. Por eso no hallo inconveniente en suscribir, á pesar de mi respeto, casi religioso, á todas las palabras del maestro, estas otras que D. Juan Valera (²) escribía en 1880 dando cuenta de la aparición de los *Hete-rodoxos*:

«Por cima del patriotismo está la verdad. Menester es confesarlo: casi desde prin-cipios del siglo xvi hay en nuestra civilización un germen deletéreo que la corrompe y marchita. Este germen es el fanatismo religioso, y no porque en otros países no exis-tiera, sino porque aquí existía unido, unánime, y en otros países dividido y luchando. Por allá, en la fiera lucha, acabó por anularse, mientras que entre nosotros apenas hubo lucha, y vivió. Por este lado podemos también seguir á los Sres. Menéndez y Pelayo y Ortí y Lara, y hacer de un modo sofístico la apología de la Inquisición. En efecto: toda la sangre que derramó, todas las lágrimas que obligó á verter, toda la carne humana que tostó, y todas las víctimas que hizo durante dos siglos, no equivalen al número de perso-nas que perecen violentamente en el mismo período histórico y durante pocos años en cualquiera de las guerras religiosas de Alemania, Francia ó Inglaterra; pero allí, por la lucha de fanatismos opuestos, nace la libertad y mueren los fanatismos, mientras que entre nosotros, con poca lucha, y, por consiguiente, con menos horrores y crueldades, pero con una compresión larga, constante y sistemática, la libertad muere y el pensa-miento se agosta y esteriliza.»

Pero la defensa de la Inquisición en *La ciencia española*, y la tesis: «el genio español es eminentemente católico: la heterodoxia es entre nosotros accidente y ráfaga pasajera», que inspiró la *Historia de los heterodoxos*, harto discutibles y difíciles de aceptar, son se-cundarias en las dos monumentales obras citadas, puesto que, aun prescindiendo de aquéllas, queda siempre la demostración y exposición de nuestro valor histórico en la es-fera del pensamiento. Y precisamente en esta apología de lo español y de lo castizo estri-ba la representación capital de su obra.

_____

(¹) Véase á M. de Wulf: *Histoire ae la Philosophie médiévale*, 2ª éd., Louvain, 1905, págs. 367 y 368.

(²) *Obras completas*, tomo xxv, pág. 133. Véase también mi *Luis Vives y la filosofía del Renacimiento*, pá-ginas 233 á 237.

Terminantemente declaró Menéndez y Pelayo que no era *tomista;* pero que, estando obligado cada hombre á tener más ó menos su filosofía, no sólo práctica, sino especulativa, la suya no era otra que «el criticismo *vivista*» ([1]). También cobró afición, merced á las enseñanzas del Dr. Lloréns en la Universidad de Barcelona, á la escuela escocesa, rerepresentada en España, entre otros, por José Joaquín de Mora, Codina y Vilá y Martí de Eixalá. Pero bien echaba de ver sus defectos: «el mal de la doctrina escocesa está en ser puramente psicológica y lógica, en carecer de metafísica. Por horror á los sistemas germánicos de *lo absoluto*, negó Hamilton la filosofía de *lo incondicionado*, sin sospechar que tal negación había de ser arma terrible á la vuelta de pocos años en manos de los positivistas, que, por boca de Stuart Mill, le han acusado de contradicción flagrante» ([2]).

Su antipatía, propia del humanista y del crítico, hacia el tomismo, se revela ya en el bello estudio sobre la *Antoniana Margarita*, de Gómez Pereira, donde aplaude la briosa refutación que el médico de Medina del Campo hace de la teoría escolástica sobre la conversión del *fantasma* en especie inteligible por la luz del entendimiento agente ([3]). Pero su total pensamiento acerca de estas cuestiones, consta especialmente en su controversia con el dominico P. Fonseca ([4]).

Da allí á entender el maestro (y sus afirmaciones han de parecer muy naturales á todo el que haya saludado científicamente la historia de la Filosofía) que Santo Tomás de Aquino tiene sólo una originalidad de método: «ninguno de los principios filosóficos de Santo Tomás ha sido formulado primeramente por el Santo, sino que todos estaban contenidos, ó en germen ó en desarrollo pleno, en Aristóteles y sus comentadores, ó en los platónicos, ó en San Agustín, ó en los escolásticos anteriores al Santo» (y pudiéramos agregar: «ó en los escritores musulmanes ó judíos»). Parécele también peregrina ocurrencia la de atribuir á Santo Tomás el descubrimiento de la inducción baconiana: «Pertenezco —dice— al número de los *inconscientes* que creen que Santo Tomás no adelantó en esto de la inducción sobre lo que Aristóteles le había enseñado, y que Aristóteles, aunque conoció la inducción como todo ser racional, y la aplicó maravillosamente á las ciencias naturales, á la política y á la teoría del arte, en su lógica la relegó á muy secundario lugar, y no la estudió con el mismo amor que el silogismo, ni fijó los cánones del método de invención, mérito que estaba reservado á Bacon, precedido en la Edad Media por el otro Bacon, franciscano, y en el Renacimiento por el gran Vives, por Telesio y por otros italianos. Y aunque sea hoy moda decir mil afrentas de Bacon, á título de fautor del positivismo, yo creo que á cada uno debe darse lo suyo, y que el procedimiento inductivo no es malo cuando rectamente se aplica á sus naturales objetos. Lo malo es el exclusivismo y el abuso.»

En cuanto á la mónserga de las *especies inteligibles*, de las *representaciones* y de los *fantasmas*, opina que se trata de «abstracciones y quimeras idealizadas», y en tal punto se declara «antiescolástico intransigente», abominando de la restauración escolástica al modo de la del P. Fonseca y otros *eiusdem furfuris*, con los cuales proclama no tener nada que ver, y «*cuya obra sólo ha de servir para perpetuar en España el estado de desidia intelectual y de agitación estéril en que vivimos, y que nos hace literalmente el ludibrio y la ignominia de Europa*».

El problema del conocimiento ha sido estudiado con alguna extensión por Menéndez

---

([1]) *La ciencia española,* II, pág. 6.
([2]) Idem íd., II, pág. 26.
([3]) Idem íd., II, págs. 223 y sigs.
([4]) Idem íd., III, págs. 55 á 123.

y Pelayo en esta parte de su obra á que me voy refiriendo. Él defiende, no la *teoría*, sino el *hecho* «del conocimiento *directo*, sin más términos que el sujeto y el objeto, modificándose el sujeto á tenor de la impresión recibida del objeto, y constituyendo esta modificación el conocimiento». Lo que rechaza con el nombre de *hipótesis de la representación* «no es más que la suposición de un *tertium quid* que se atraviesa entre los dos términos del conocimiento, sin que para mi propósito importe cosa alguna que este *tertium quid* sea una representación material del objeto, como suponían los epicúreos y otros materialistas antiquísimos; ó una representación ideal semejante al objeto, como parece que sostienen los escolásticos; ó una representación ideal sin semejanza, como defienden otras escuelas, aunque, á la verdad, no alcanzo á comprender qué especie de representación puede ser la que no se parece en nada al objeto representado. He empezado por poner la cuestión en estos términos, porque los escolásticos la embrollan de un modo increíble (so pretexto de que los demás no los entendemos), confundiendo lo secundario con lo principal; y es error suyo, además (acostumbrados como están á dar soluciones á todo y á convertir en realidades todas las abstracciones, creyendo que basta un nombre para crear un ente), el imaginarse que los adversarios de las especies *inteligibles* traemos alguna hipótesis que sustituir á ésa. No traemos ninguna, y en eso precisamente consiste la fuerza de una escuela que comienza por proclamar la *docta ignorancia* y el *ars nesciendi* como uno de los principios fundamentales de la ciencia. No tratamos de enseñar á nadie cómo se verifica el acto del conocimiento, sino que *declaramos inasequible la pretensión de explicarlo*, y, contentos con la realidad viva, dejamos á los escolásticos, y á los kantianos, y á los idealistas de toda especie, el mundo de las sombras. *Rerumque ignarus, imagine gaudet*».

Es decir: que para Menéndez y Pelayo, consecuente con su abolengo vivista, la Psicología es una ciencia natural, y, como tal, ha de colocarse en el punto de vista del sentido común ([1]), dejando para los *ingenia metaphysica* (según la expresión de Vives) todas las elucubraciones de la *Erkenntnistheorie*. Al mismo tiempo acude, como Hamilton y Mansel, al testimonio de la conciencia, y afirma que la palabra *especie* es un sonido huero, y que «en el acto de la percepción somos *conscios* inmediatamente de un *yo* y de un *no yo*, conocidos al mismo tiempo, pero en oposición mutua. Esta dualidad es evidente. Tenemos, pues, conciencia del yo, como sujeto que percibe, y de la realidad exterior, como objeto percibido. Y esta conciencia se adquiere por una misma intuición indivisible. *El conocimiento del sujeto no precede ni sigue al del objeto, ni le determina ni es determinado por él*. Tal es el hecho de conciencia en que descansa nuestra creencia de la realidad del mundo exterior».

Entre afirmar una entidad representativa presente al espíritu, como los escolásticos, ó una modificación puramente mental, como los kantianos, cree Menéndez y Pelayo más lógica la actitud de éstos que la de aquéllos. «Pero admítase ó no—escribe,—en toda su integridad y valor, el testimonio de conciencia, ¿qué quiere decir el término *representación?* Para representarse un objeto, es preciso tener algún conocimiento de él. ¿Cómo podemos afirmar que una cosa es representación de otra, si no conocemos antes esta otra, independientemente de la representación? ¿En qué fundan los escolásticos su creencia de la realidad del mundo exterior? En la hipótesis de que la especie nos le represente fiel y adecuadamente, tal cual existe. ¿Y en qué estriba la realidad del hecho mismo de la representación? ¿Por dónde hemos conocido el mundo exterior para poder aseverar

---

([1]) Comp. William James: *Précis de Psychologie*, trad. Baudin-Bertier, Paris, 1909, pág. 618.

que esa representación es fiel? La representación (diremos con Hamilton) supone algo representado; la representación del mundo'exterior supone este mundo directamente conocido.»

***

La *Historia de las ideas estéticas en España*, como todas sus demás obras, está llena de apreciaciones personales acerca de cuestiones filosóficas de la mayor importancia. En la imposibilidad de referirme á todas, fijaré tan sólo la atención en su dictamen sobre el *arte docente*, problema que ha preocupado durante largo tiempo á los tratadistas de Estética.

Para Menéndez y Pelayo, la fórmula de «el arte por la moral» es una espada de dos filos «terrible en manos del fanatismo sectario». El fin inmediato de la obra de arte «no es otro que la producción de la belleza, y con producirla se cumple, sin ninguna otra aplicación, sentido ni transcendencia». Las leyes éticas no obligan al artista como artista, sino como persona moral, y por razones que caen fuera de la jurisdicción de la Estética, porque el juicio ético y el estético pueden diferir, siendo «verdad trivialísima que los géneros puros y libres del arte valen más estéticamente que los géneros aplicados y mixtos; mucho más la poesía épica ó dramática que la poesía didáctica; mucho más la poesía que la oratoria ó la historia; mucho más la novela que nada enseña y recrea apaciblemente el ánimo, que la novela que tiene por objeto dar nociones de economía política, de física ó de astronomía, ó defender fastidiosamente tal ó cual tesis moral». Si hay pintores, escultores y poetas inmorales, no es porque el arte que practican sea por sí mismo moral ó inmoral, sino porque ellos son malos hombres y malos artistas, que han tomado al pie de la letra la doctrina de que el arte no debe hacerse por el arte mismo ni por la belleza sino por otros fines distintos, como la lujuria, la concupiscencia ó el sórdido anhelo de ganancia (¹).

Y si de la exposición de doctrinas propias pasamos á la de las ajenas, encontraremos á Menéndez y Pelayo en su verdadero elemento, con las dotes más admirables del genio crítico. ¡Qué noble lealtad la suya al reproducir pensamientos y palabras que hieren á veces sus más profundas convicciones! ¡Qué serenidad y mesura en sus juicios! ¡Qué elevación en sus comparaciones! ¡Qué intuición más prodigiosa de las almas ajenas, cuyos escondrijos sabe revelar con tal clarividencia, que á veces el lector olvida estar siguiendo á un historiador, y se imagina, con la firme persuasión del hipnotizado, vivir y conversar con los personajes que el crítico va describiendo con su mágica pluma! Y, por último, ¡qué generosa amplitud de criterio, libre de todo exclusivismo de secta, de toda estrechez dogmática!

De mí sé decir, que no hallaría gran dificultad para entresacar de la *Antología de poetas líricos castellanos*, de la *Historia de la poesía hispano-americana* (obra predilecta suya, y la menos conocida de todas), de las Introducciones á Lope de Vega, de la *Historia de los heterodoxos*, de la *Historia de las ideas estéticas*, y hasta de los discursos y obras menores, una larga y espléndida serie de retratos vivientes, con el colorido, la expresión y el carácter de los de Velázquez. Y esos retratos enseñarían más á nuestros compatriotas que todos los infolios y disertaciones soporíferas de los eruditos sin alma de artista.

Recuerdo las exposiciones de Platón, de Aristóteles, de Kant y de Hegel, en la *Historia de las ideas estéticas*, por ser de las que más directamente conciernen á la filosofía.

_____

(¹) Tomo IV, vol. I, pág. 436 y sigs.

Y voy á referirme sólo á la tercera, para no alargar demasiado este trabajo, y porque, además, nada puede sustituir á la lectura del original.

«Tomado en conjunto el sistema de Kant—dice el maestro, después de una exposición detenidísima,—por lo que toca al juicio estético, y enlazado con las otras partes de su filosofía, presenta tanta endeblez como grandeza. El vicio interior de la *Crítica del juicio* es el mismo pecado capital de todo el pensamiento kantiano, quiero decir, el haberse encerrado en una fenomenología, el haber tapiado todas las ventanas que dan á la realidad, considerándola como pernicioso enemigo; el haber prestado atención únicamente á las formas subjetivas de la conciencia, y aun ésta no íntegramente estudiada. Su obra es un puro *intelectualismo*, con todas las limitaciones de esta preocupación exclusiva. Así, limitándonos á la doctrina de lo bello, es evidente que en ella no se nos da otra cosa que el análisis del gusto; es decir, la *psicología estética*. En cuanto á las demás partes de la ciencia, Kant no sólo las omite, sino que implícitamente niega su existencia. Mal puede existir *física estética*, cuando no se da fin estético en la naturaleza; ni *filosofía del arte*, cuando el arte no tiene conceptos determinados en qué fundarse; ni *metafísica de lo Bello*, cuando en realidad toda la metafísica se reduce á la hipótesis gratuita y laboriosa de un *noumeno*.—La fuente de las contradicciones que de la misma exposición resultan, y que por nuestra parte no hemos procurado atenuar, es el empeño inmoderado, la verdadera anticipación con que Kant procura celosamente excluir del juicio estético todo lo que se parezca á noción ó concepto intelectual. Y como al mismo tiempo no puede negar la existencia de *ideas* estéticas, esto le envuelve en un laberinto inextricable, del cual no acierta á salir, á pesar de su asombrosa habilidad dialéctica. El, que tan profundamente comprendió la armonía de nuestras facultades, se empeña ahora en estudiar una de ellas como si fuese un mundo aparte, y acude, sin darse punto de reposo, á tapiar todos los huecos por donde pueda comunicarse con las restantes. En vez de reconocer lisa y llanamente que en el fenómeno estético andan mezclados un elemento afectivo y un elemento intelectual, prefiere multiplicar los entes, contra el consejo de su propia metafísica, é inventa esa fantástica facultad del juicio, que no es entendimiento ni sensibilidad, pero que de todo participa. Debajo de esta facultad reúne monstruosamente cosas tan diversas, por no decir contrarias, como la finalidad libre y vaga de lo bello, y la finalidad teleológica, determinada y objetiva. Y el concepto intelectual, ese concepto que tanto persigue y mortifica Kant, reaparece á cada paso en las formas más diversas, puesto que ni aun la misma armonía de las facultades cognoscitivas, en que él hace consistir la belleza, podemos pensarla de otro modo que como un concepto de la inteligencia.—Pero en medio de estas sombras, ¡qué riqueza de doctrina hay en esa *Crítica de la facultad de juzgar (Kritik der Urtheilskraft)*, de la cual verdaderamente puede decirse que realiza una de las antinomias favoritas de Kant, puesto que si con una mano destruye y anula la ciencia estética, con otra vuelve á levantar lo que había destruído, y da á las futuras teorías de lo bello una base crítica y analítica que establece la independencia de su objeto y pone á salvo los derechos del genio artístico contra el menguado criterio de utilidad, contra el empirismo sensualista, y también (¿por qué no decirlo?) contra las intrusiones del criterio ético mal entendido y sacado de quicios! La hermosa fórmula de la *finalidad sin fin*, contenida en potencia en la filosofía escolástica, y especialmente en la de nuestros españoles del siglo XVI, que tanto ahondaron y tanto insistieron en esta distinción racional entre lo bueno y lo bello; el reconocimiento del carácter desinteresado, universal, subjetivo y necesario del juicio de lo bello; la luz de la idea de lo infinito derramada sobre el concepto de lo sublime, que hasta entonces sólo de Silvain había obtenido explicación imperfecta; la distinción luminosa del sublime *matemático* y del *dinámico;* la distinción no menos esencial de la belleza libre y vaga y de la belleza combinada ó adherente......, son puntos definitivamente adquiridos para la ciencia, y que de ningún modo deben ser rechazados *in odium auctoris*, sino recibidos é incorporados en todo cuerpo de doctrina estética digno de este nombre, como lo hizo nuestro Milá y Fontanals en la suya inolvidable» (¹).

De propósito he reproducido todo este pasaje, porque contiene una de las críticas más meditadas de Menéndez y Pelayo, y porque acompaña á la exposición más minuciosa y exacta que en España se ha hecho de la *Crítica de la facultad de juzgar*. Schopenhauer, en su *Kritik der kantischen Philosophie*, había enunciado ya algunos de los puntos de vista que Menéndez y Pelayo adopta (por ejemplo, que Kant, en la *Crítica de la razón pura*, dijo cien veces que el entendimiento es la facultad de juzgar, mientras que en esta otra obra habla de una facultad de juzgar especialísima, diferente por completo de aquélla; que la necesidad de pensar las cosas naturales como sujetas al concepto de finalidad es de origen subjetivo; que la parte mejor de la *Crítica de la facultad de juzgar* es la teoría de lo sublime) (²), pero la crítica del segundo es más completa y terminante que la del primero.

٭ ٭ ٭

Precisamente por sus aficiones á la filosofía de Vives (cuyas ideas fundamentales expuso de un modo acabado en *La ciencia española* y en el discurso sobre los precursores españoles de Kant), Menéndez y Pelayo, como pensador, no es de los que admiten mote de sistema, ni pueden ser afiliados á una comunión filosófica determinada. Así es que él fué un «ciudadano libre de la república de las letras», y entendía que este título es el más hermoso y apetecible que puede darse, añadiendo: «Yo, por mí, no le trocaría por ningún otro, ni siquiera por el de *tomista*, que al cabo indica adhesión á una escuela determinada. Los principios y tendencias del *vivismo* dan, según yo entiendo, ese libérrimo derecho de ciudadanía» (³).

Dentro de esta libertad de espíritu, Menéndez y Pelayo, como Lope de Vega (á quien en tantos conceptos se asemeja), fué la encarnación de su pueblo y de su raza. La tendencia *sincrética* y *armónica*, que él echaba de ver en la especulación filosófica hispana, caracteriza también la suya. Para él, la Filosofía nada enseña si no enseña á ignorar á tiempo y á confesar razonadamente esta *docta ignorancia*. La Metafísica nada tiene de ciencia exacta, y, en su actual crisis, «todos somos más ó menos escépticos»; pero «sin Metafísica no se piensa, ni siquiera para negar la Metafísica», porque «las abstracciones tienen vida más dura y resistente que las más duras realidades». El ideal debe ser aquella *libre síntesis del espíritu*, de que habla Lange, obtenida por «el ancho y triunfal camino del *idealismo realista*, idéntico en substancia al que recorrió el genio semidivino de Aristóteles» (⁴). Este idealismo realista era lo que Menéndez y Pelayo, recordando á Leibniz, llamaba *filosofía perenne*, comprendida á modo de un grande y sereno Océano, «en el cual van entrando todos los riachuelos de las filosofías particulares, depurados en el color y en la calidad de sus aguas. Toda hipérbole, toda mezquindad de espíritu, toda interpretación no completa de la conciencia se diluye y pierde en la congregación de tantas aguas, de las cuales beben copiosamente los espíritus sintéticos y organizadores» (⁵). Platón y Aristóteles, modelos de estos espíritus, son tan eternos como la conciencia humana; pero si los principios de verdad que en ellos hay han de tener alguna eficacia y virtuali-

(¹) *Ideas estéticas*, IV, 1.°, pág. 55 á 58.
(²) Cons. *Die Welt als Wille*, &*, ed. Grisebach, I, 670 y sigs.
(³) *La ciencia española*, II, 27.
(⁴) *Ensayos de crítica filosófica*, Madrid, 1892, págs. 192 y 360 á 366.
(⁵) *La ciencia española*, III, 98.

dad, «será preciso que çada pensador los vuelva á peusar y encontrar por sí mismo. Y entonces no serán ya de Platón ni de Aristóteles, sino del nuevo filósofo que los descubra y en sí propio los reconozca», porque *todo organismo filosófico es una forma histórica que el contenido de la conciencia va tomando según las condiciones de tiempo y de raza»* (¹).

**

«La generación presente—escribía en 1876—se formó en los cafés, en los clubs y en las çátedras de los krausistas; la generación siguiente, si algo ha de valer, debe formarse en las bibliotecas: faltan estudios sólidos y macizos» (²). Eso mismo hizo él: se acostumbró á «vivir con los muertos» (³), dándosele muy poco de los vivos, que no siempre pagaron como correspondía los beneficios de su trato, aunque se hayan apresurado á plañirle cuando ha desaparecido. En esa callada y solitaria contemplación meditó sus mejores y más duraderas obras, amando cada vez más su indomable independencia, y justificando el apotegma ibseniano: «El hombre más fuerte del mundo es aquel que se encuentra más solo.»

A su condición filosófica debió, sin duda, la elevación de su crítica, porque sólo la Filosofía da el hábito de buscar las ocultas causas de los hechos y el sentido orgánico de la evolución de las formas. En sentencia profundísima, dijo: «Hasta hoy no se ha entendido bien la historia de nuestra literatura, por no haberse estudiado á nuestros teólogos y filósofos» (⁴). Él los estudió á la perfección, y gracias á ello supo trazar aquellos rasgos críticos que esmaltan sus obras y que son tan finas muestras de escrupulosa observación erudita como de análisis psicológico.

Sin esta levadura filosófica, ningún literato hará jamás labor de *alta crítica*. Taine escribió la *Historia de la literatura inglesa*, pero es también autor del hermoso libro sobre *La inteligencia;* Macaulay redactó en páginas de oro la historia de la revolución inglesa y las semblanzas de sus grandes hombres, pero hizo á la vez el ensayo sobre *Bacon*. En este género de crítica, que la convierte en un verdadero arte bello, con valor sustantivo é independiente de su materia, Menéndez y Pelayo fué un maestro insigne, y quizá el último de todos en el orden cronológico, si es cierto que la orientación actual de los estudios literarios pone á la primera en peligro. «Hay en la crítica—escribe Lanson (⁵)—una parte de arbitrariedad, de subjetivismo, de preferencia sentimental ó de lógica *a priori,* que aparta de ella los espíritus educados en la disciplina de las ciencias históricas y filológicas. Se aplican los métodos exactos al estudio del desarrollo y de las obras maestras de la literatura, y mientras languidece la crítica, se hace la historia literaria; en este sentido, la actividad es grande y excelentes los resultados. Parece que, cogida entre el periodismo y la historia, á la brillante crítica de otros tiempos le cuesta trabajo subsistir como género; si no fuese permitida más que á los espíritus excepcionales, que nos interesan más por ellos mismos que por el asunto de que hablan, no habría razón para lamentar este cambio.»

En estas afirmaciones de Lanson hay mucho de verdad (sobre todo en cuanto reflejan el actual estado de cosas); pero hay también algo que se presta á interpretaciones equivocadas y que puede aplicarse con intención siniestra. Si se trata, por ejemplo, de averi-

---

(¹) *Ensayos*, etc., pág. 186.
(²) *La ciencia española*, I, 128.
(³) *Discurso leído ante S. M. el Rey en 24 de Mayo de 1902.*
(⁴) *La ciencia española*, II, 10.
(⁵) *Histoire de la Littérature française,* ed. de Paris, 1908, pág. 1.098.

guar si Ulrico de Hutten tomó parte en la redacción de las *Epistolae obscurorum virorum*, ó de determinar la cronología de los diálogos platónicos, ó de saber si la *Metafísica* pertenece á Aristóteles en todos sus libros, la *intuición* del crítico por sí sola es de auxilio bien escaso; entonces es la ocasión de aplicar los *métodos exactos* á que se refiere Lanson, y será preciso comparar documentos, catalogar frases y vocablos, registrar códices, etcétera, etc. Este trabajo no es ciertamente despreciable, sino muy importante y fundamental; requiere tenacidad de esfuerzo, facultades inductivas y deductivas, sagacidad extraordinaria. Pero su resultado es el hecho, y nada más que el hecho, el cual ha de ser luego interpretado por los hombres, según la inteligencia de cada uno. Y en esa interpretación está el Arte, divino y regenerador. Nada sustituye á la lectura directa de los originales; pero esto no excluye la crítica, del mismo modo que la contemplación de la Naturaleza no ahorra el arte pictórico ni el escultórico, que son, sin embargo, interpretaciones de ella. En suma, los método exactos no son Arte bello y la Crítica sí. Lo que ocurre es que son muchos más los que sirven para aquéllos que los que pueden sobresalir en la última; como son en mayor número los que pueden ganarse la vida con las artes útiles que con las bellas. Pero lo alto, lo supremo, lo que eleva al hombre sobre la vida y, por consiguiente, sobre sí mismo, es y será siempre el Arte.

IV

LO QUE REPRESENTA MENÉNDEZ Y PELAYO EN LA HISTORIA ESPAÑOLA

La prosa enérgica y vibrante, llena de jugo y lozanía; la genial intuición de las cosas y de los hombres, de aquel varón insigne cuya pérdida no lamentaremos nunca bastante, serían necesarias para retratar debidamente su figura y colocarla en el altísimo puesto que por tantos conceptos merece.

Yo, el último de sus discípulos, no puedo hacer aquí sino transmitir con honda y sincera veneración el recuerdo que del Maestro y de su obra tengo: recuerdo imborrable, recuerdo animador, poderoso y fortificante, recuerdo impregnado de melancólica serenidad, como el que imprime en nuestro espíritu el rey de los astros al desaparecer entre las sombras de la noche, dejando caldeada la madre Tierra para que no interrumpa ni trunque su eterna labor engendradora.

Porque el influjo de aquel hombre no se circunscribe á una sola ó á varias determinadas esferas de la actividad humana, ni se liga y sujeta á un género particular de investigación. Es más hondo y más universal que todo eso, y en ello estriba su excepcional importancia, que yo desearía acertar á definir en estas últimas consideraciones. Esa profundidad y extensión de su influencia obedecen, en mi sentir, á que Menéndez y Pelayo no fué solamente un varón de talento extraordinario, talentos que siempre son de singular rareza en cualquier país del mundo, sino también un verdadero genio, y esto es todavía más peregrino en cualquier parte. Y tal distinción entre el *talento* y el *genio* basta para que nos expliquemos muchas cosas, tratándose de fijar la representación histórica de la persona.

¿Sabéis en qué consiste esta significación del genio? En un poder natural de síntesis, de enlace entre efectos y causas, que va de unos á otras en virtud de gigantescas é *incomprensibles* intuiciones. Por eso hay algo en el genio que no es susceptible de imitación, pues pertenece al dominio oculto é inescrutable del misterio. Se imitan los procedimientos, se copian las formas; pero el secreto de la obra genial no admite otra manera de

aproximarse á ella que la admiración. Estudiad la estructura de los lienzos de Velázquez
inquirid cómo hacía moler sus colores, cómo elegía sus modelos, de qué suerte disponía
las actitudes y los ropajes; nada de eso es *Velázquez;* el genial artista es la Idea miste-
riosa, escondida tras el manto de los colores y del dibujo, y cuya vida alienta en todo el
cuadro, sin que se concrete perceptiblemente en parte alguna. ¿Queréis otro ejemplo? Re-
cordad el del insigne geómetra noruego Abel, muerto á los veintisiete años, y uno de los
primeros matemáticos del mundo. Fué derechamente á la solución de los más intrincados
problemas relativos á las funciones algebraicas, y un siglo después se siguen investigando
los procedimientos que á sus conclusiones le llevarían. ¿Dónde está el genio de Abel?
¿En haber trazado minuciosamente estos métodos? No; en haber llegado á la solución, sin
darse cuenta del camino, por esa intuición sintética y poderosa á que antes me refería.

Por eso representaría un grave desconocimiento de la personalidad histórica de Me-
néndez y Pelayo, figurárnosle aisladamente como un excelente crítico literario, como un
profundo historiador de la Filosofía, como un eruditísimo indagador de las antigüedades
españolas, ó como un delicado poeta. Fué todo eso; pero *no fué eso sólo.* Conocemos
grandes críticos, y notabilísimos historiadores, y muy escrupulosos y científicos eruditos;
lo que no vemos, muerto Menéndez y Pelayo, es el genio que se cernía con potente vuelo
por encima de todas esas esferas, y que dejó marcada su huella, como la garra del león,
en todas las materias que tocó su pluma.

Así es que yo concibo perfectamente que los textos editados por Menéndez y Pelayo
se vuelvan á imprimir con mayor exactitud; que los orígenes históricos de un cuento se
puntualicen con mayor copia de datos que los que él aportó; que los métodos de análisis
literario se hagan más *científicos* y *exactos,* aun á trueque de convertir el estudio estético
en unas tablas de logaritmos. Lo que se me hace muy difícil de creer, y niego que exista
por ahora entre nosotros, y desearía, sin embargo, que se realizase, es que surja otro en-
tendimiento dotado de tan maravillosa *facultad de visión* interna como el suyo, un enten-
dimiento que, cual sutilísimo zahorí, no necesite tomarse el trabajo de apartar montañas
y separar rocas y remover obstáculos con los calculados instrumentos de un experto inge-
niero, para penetrar en las entrañas de la tierra y sacar á luz sus tesoros ocultos.

Quisiera traer á la memoria algunos ejemplos que sirvieran de comprobación á esto
que digo sobre la intuición genial del Maestro en los variadísimos asuntos á que se refiere
su inmensa producción, cuyo inventario escueto llena abundantes páginas en cualquier
bibliografía; pero temo fatigar al lector con reminiscencias que, sin duda, tiene presen-
tes. Repárese, sin embargo, en aquel admirable discurso sobre la cultura literaria de Cer-
vantes y la elaboración del *Quijote,* que leyó en 1905. Se nos antojaría imposible, después
de tan enorme cúmulo de intérpretes, comentaristas y críticos como Cervantes ha tenido,
decir algo nuevo y original acerca de sus creaciones, y, no obstante, parece que todo
palidece, desde la fría apostilla del escoliasta, hasta la huera declamación del ditirámbico,
ante aquellas páginas donde nos hace ver que «Don Quijote oscila entre la razón y la
locura por un perpetuo tránsito de lo ideal á lo real; pero, si bien se mira, su locura es
una mera alucinación respecto del mundo exterior, una falsa combinación é interpretación
de datos verdaderos. En el fondo de su mente inmaculada continúan resplandeciendo
con inextinguible fulgor las puras, inmóviles y bienaventuradas Ideas de que hablaba
Platón».

«No fué de los menores aciertos de Cervantes—añade—haber dejado indecisas las
fronteras entre la razón y la locura, y dar las mejores lecciones de sabiduría por boca de
un alucinado. No entendía con esto burlarse de la inteligencia humana, ni menos escar-
necer el heroísmo, que en el *Quijote* nunca resulta ridículo, sino por la manera inadecua-
da é inarmónica con que el protagonista quiere realizar su ideal, bueno en sí, óptimo y

saludable. Lo que desquicia á Don Quijote no es el idealismo, sino el individualismo anárquico. Un falso concepto de la actividad es lo que le perturba y enloquece, lo que le pone en lucha temeraria con el mundo y hace estéril toda su virtud y su esfuerzo... Cervantes contempló y amó la belleza, y todo lo demás le fué dado por añadidura..... Se levanta sobre todos los parodiadores de la caballería, porque Cervantes la amaba, y ellos no. El Ariosto mismo era un poeta honda y sinceramente pagano, que se burla de la misma tela que está urdiendo, que permanece fuera de su obra, que no comparte los sentimientos de sus personajes ni llega á hacerse íntimo con ellos, ni mucho menos á inmolar la ironía en su obsequio. Y esta ironía es subjetiva y puramente artística, es el ligero solaz de una fantasía risueña y sensual. No brota espontáneamente del contraste humano, como brota la honrada, serena y objetiva ironía de Cervantes». Y, en cuanto á Sancho, «fisonomía tan compleja como la de Don Quijote, en medio de su simplicidad aparente y engañosa....., no es una expresión incompleta y vulgar de la sabiduría práctica, no es solamente el coro humorístico que acompaña á la tragicomedia humana, es algo mayor y mejor que esto, es un espíritu redimido y purificado del fango de la materia por Don Quijote; es el primero y mayor triunfo del ingenioso hidalgo; es la estatua moral que van labrando sus manos en materia tosca y rudísima, á la cual comunica el soplo de la inmortalidad. Don Quijote se educa á sí propio, educa á Sancho, y el libro entero es una pedagogía en acción, la más sorprendente y original de las pedagogías, la conquista del ideal por un loco y por un rústico, la locura aleccionando y corrigiendo á la prudencia mundana, el sentido común ennoblecido por su contacto con el ascua viva y sagrada de lo ideal. Hasta las bestias que estos personajes montan, participan de la inmortalidad de sus amos. La tierra que ellos hollaron quedó consagrada para siempre en la geografía poética del mundo, y hoy mismo, que se encarnizan contra ella hados crueles, todavía el recuerdo de tal libro es nuestra mayor ejecutoria de nobleza, y las familiares sombras de sus héroes continúan avivando las mortecinas llamas del hogar patrio, y atrayendo sobre él el amor y las bendiciones del género humano».

No creo que la palabra del hombre haya estado nunca tan al servicio del concepto, como en los espléndidos párrafos que acabo de recordar, para traer aquí el eco, débilmente reproducido, de la briosa entonación del Maestro. Y así podría rememorar otros mil lugares análogos, como aquellos profundos capítulos dedicados, en el tomo III de los *Orígenes de la novela*, al análisis de la *Celestina* y de sus imitaciones, y á la descripción de la fisonomía moral de sus personajes y de la finalidad de Fernando de Rojas, para quien «el amor es una deidad misteriosa y terrible, cuyo maléfico influjo emponzoña y corrompe la vida humana, y venga en los hijos los pecados de los padres». Ó bien reproduciría aquellos períodos que consagró al *Poema del Cid* en su estudio sobre la epopeya castellana en la Edad Media y en la *Antología de poetas líricos*, donde con arte mágico nos descubre el espíritu del héroe «en quien se juntan los más nobles atributos del alma castellana, la gravedad en los propósitos y en los discursos, la familiar y noble llaneza, la cortesía ingenua y reposada, la grandeza sin énfasis, la imaginación más sólida que brillante, la piedad más activa que contemplativa, el sentimiento sobriamente recatado y limpio de toda mácula de sofistería ó de bastardos afectos, la ternura conyugal más honda que expansiva, el prestigio de la autoridad doméstica y del vínculo militar libremente aceptado, la noción clara y limpia de la justicia, la lealtad al monarca y la entereza para querellarse de sus desafueros, una mezcla extraña y simpática de espíritu caballeresco y de rudeza popular, una honradez nativa, llena de viril y austero candor». Cualquiera de los ejemplos que escogiésemos, sería de los que producen impresión fuerte y honda, porque no existe asunto en el que Menéndez y Pelayo pensase, donde no veamos grabada la señal de su genio.

En la manera elevada y penetrante que tuvo el gran Maestro de escribir la historia literaria y filosófica, veo yo la expresión de su espíritu artístico. Porque fué él un verdadero y sublime artista, y, por lo tanto, un creador. Para el vulgo (y comprendo en esta categoría á muchas personas de cultura), la historia y la crítica no son obras *de creación*, como, por ejemplo, la novela, la poesía ó el teatro; y el vulgo se engaña en eso, como en otras muchas cosas. Cuando el historiador y el crítico son mediocres, su producción no es ciertamente artística ni creadora; cuando el historiador y el crítico son un Tácito, un Taine, un Macaulay ó un Menéndez y Pelayo, hay en su obra una parte altísima y personal, que constituye la creación del Arte. ¿Qué interpretan el novelista, el poeta, el dramaturgo?: las acciones, los sentimientos, las intrigas, las costumbres humanas, ó las impresiones que la Naturaleza produce en los hombres. Pues eso exactamente hacen el historiador y el crítico, cuya tarea preparan el erudito, el filólogo y todos los demás cultivadores de la ciencia; la tarea de aquéllos es por eso esencialmente psicológica, y de una psicología la más difícil y refinada de todas.

* *

«El genio gusta de la sencillez, el ingenio gusta de las complicaciones»; esta profunda frase de Lessing, en su *Dramaturgia*, tiene perfecta aplicación al modo de ser de Menéndez y Pelayo. Era sencillo en todo: en su indumentaria, en su conversación, en sus gustos, hasta en su limpio y clarísimo estilo, del cual procuraba él apartar con singular esmero cuanto se acercase á la afectación ó á la pedantería. Así logró aquella pasmosa objetividad suya, propia de todo nuestro realismo clásico. Fué, además, de una rectitud inquebrantable en sus juicios, y jamás procuró ofender á los mismos que le habían molestado, porque siempre se vió libre de las bajas pasiones que tan frecuentemente alternan, por desgracia, en las vicisitudes humanas. Declaróse repetidas veces católico á machamartillo; pero este su catolicismo no era intolerante ni de sacristía, ni obstó para que alguien le declarase *impío*, sin duda porque, quien esto hacía, tenía menguado concepto de la piedad. Á pesar de todo, él guardó constantemente en el fondo de su corazón una levadura pagana, como el gran Goethe, y á ello debe la *euritmia* y la serenidad de su estilo. Distaba mucho de menospreciar la Edad Media (ahí están sus admirables semblanzas de Rodrigo Díaz, del Arcipreste de Hita y del Marqués de Santillana, y su bellísimo *Tratado de los romances viejos*, para probar lo contrario); pero sostuvo, en cambio, terminantemente, que el arte histórico de los pueblos cristianos no ha alcanzado, y quizá no alcanzará nunca, «aquella perfecta y serena armonía y compenetración de fondo y forma propias del verdadero arte clásico», del helenismo que empieza en Homero y acaba en Sófocles y en los escultores atenienses de la era de Pericles. Y en la *Epístola á Horacio*, escribió:

> «Orgullosos,
> allá arrastren sus ondas imperiales
> el Danubio y el Rhin antes vencidos.
> Yo prefiero las plácidas corrientes
> del Tíber, del Cefiso, del Eurotas,
> del Ebro patrio ó del ecuóreo Betis.
> ¡Ven, libro viejo; ven, alma de Horacio,
> *yo soy latino y adorarte quiero!*»

Su educación, en efecto, fué esencialmente humanista y clásica, y esto se echa de ver, no sólo en sus primeros trabajos (en las poesías, en el *Horacio en España*, en las Cartas de Italia), sino en las constantes aficiones literarias de toda su vida. Siempre vi sobre su mesa un Homero y un Virgilio, y de vez en cuando, un *Nuevo Testamento* en griego. Porque era más bien hombre del Renacimiento que de estos prosaicos siglos, y se inclinaba más á la corte de los Médicis que á la época de las Constituciones y de los Parlamentos. Hizo en parte su propio retrato, cuando escribió, en el Estudio de la *Propaladia* de Torres Naharro, que éste fué un *humanista*, «y no por la inoportuna profusión de citas y recuerdos clásicos....., sino por otro género de influencia más honda y eficaz: por lo claro y armónico de la composición; por el buen gusto que rara vez falla, aun en los pasos más difíciles; por cierta pureza estética que sobrenada en la descripción de lo más abyecto y trivial; por cierta grave, consoladora y optimista filosofía que suele encontrarse» en sus escritos; «por un buen humor reflexivo y sereno, que parece la suprema ironía de quien había andado mucho mundo y sufrido muchas tormentas en esta vida, y era..... parco en las palabras y mesurado en las sentencias, sin duda porque guardaba para sus versos las expansiones de su alma, no sabemos si regocijada ó resignada. Esta humana y aristocrática manera de espíritu..... tuvieron todos los grandes hombres del Renacimiento, y..... encontró su más perfecta expresión en Miguel de Cervantes»; esta manera fué también la de Menéndez y Pelayo, y en esto principalmente fué un humanista.

∗

Si ahora se me pregunta cómo califico yo la mentalidad del insigne Maestro, y de qué suerte determino su representación en la vida histórica española, contestaré en pocas palabras: su sistema fué el *armonismo;* el sentido de su obra tiene dos formas: una, de *reconstitución* de nuestro pasado; otra, de *regeneración* para el porvenir.

El *armonismo* de Menéndez y Pelayo es consecuencia lógica de su temperamento *humanista*, que le llevaba á una amplísima libertad de criterio (principal riqueza que procuró legar á sus discípulos). Si, en lo literario, experimentó la influencia de Milá y Fontanals, y, en lo filosófico, la de Lloréns, estos gloriosos maestros no sirvieron sino para alentar las tendencias de su espíritu, que, por lo demás, no se afilió nunca á las escuelas que ellos representaban, ni á ninguna otra; porque, como hemos dicho, él quiso siempre libertarse de todo exclusivismo de secta, de toda estrechez dogmática. ¡Sólo él hubiese podido cobijar bajo el manto de su arte sublime á *Gloria* y á *Sotileza*, á *Doña Perfecta* y al señor de la Torre de Provedaño!

Á la difícil empresa de *reconstitución* de nuestro pasado, como base de *regeneración* para el porvenir, dedicó Menéndez y Pelayo la mejor parte de sus titánicos esfuerzos. Si hemos de despreciarnos ó de estimarnos, necesario es saber qué nos conozcamos; y la historia es, para los pueblos, lo que la conciencia y la reflexión para los individuos: un medio de conocimiento de faltas y de méritos, y un aviso para la enmienda ó para la perseverancia. Comprendiéndolo así, escudriñó con potente luz los más ocultos rincones de nuestro pasado, y no hubo región en la que él no penetrase y no hiciese importantes hallazgos. El que se ocupe en la historia de las ciencias, tendrá que consultar el *Inventario* adjunto á ese consolador y confortante libro que se titula: *La ciencia española*. El que trabaje en filosofía, alguna vez habrá de recurrir á la *Historia de los heterodoxos españoles*. El que estudie la literatura ó el arte, incesantemente habrá de leer la *Historia de las ideas estéticas en España*, la *Historia de la poesía hispano-americana*, los *Estudios de crítica literaria*, la *Antología de poetas líricos castellanos*, y otras muchas producciones suyas, entre ellas los egregios Prólogos de la edición académica de Lope de Vega, que ahí quedan sin terminar, como torso de gigantesca estatua, con el gesto, entre arrogante é irónico, del atleta que, después de haber comenzado su trabajo, invita al público á que lo continúe..... si puede.

No es ocasión ésta para entrar en prolijos análisis, que no servirían sino de ampliación de lo que dejo expuesto. Baste proclamar que la obra de Menéndez y Pelayo, en lo que respecta á la rehabilitación de nuestro pasado histórico, es de tal entidad que le hace acreedor al eterno agradecimiento de nuestra Patria.

¡La Patria! Fué el amor de sus amores, el pensamiento de toda su vida; por ella trabajó siempre, y de sus glorias escribía cuando le sorprendió la muerte. En 1901 hacía notar el enorme contingente que el extranjero aportaba para el estudio de nuestro pasado: monografías, tesis doctorales, «y hasta bibliotecas enteras y revistas especiales consagradas al estudio de las literaturas de la Península española». Y añadía: «¡Cómo contrasta esta alegre y zumbadora colmena, en que todo es actividad y entusiasmo, con el triste silencio, con el desdén afectado, y hasta con la detracción miserable que aquí persigue, no ya las tareas de los modestos cultivadores de la erudición, que encuentran en ella goces íntimos mil veces superiores á todos los halagos de la vanidad y de la fama, sino lo más grande y augusto de nuestras tradiciones, lo más sublime de nuestro arte, lo más averiguado é incontrovertible de nuestra historia, que suele calificarse desdeñosamente de *leyenda*, como si hubiésemos sido un pueblo *fabuloso*, y como si la historia de España no la hubiesen escrito en gran parte nuestros enemigos y aun en sus labios no resultase grande!»

Creo firmemente que esta nuestra situación de espíritu, descrita por Menéndez y Pelayo en 1901, algo ha mejorado después; pero temo que este progreso no sea suficientemente hondo, en vista de cierto dejo de amargura que se observa en uno de los últimos escritos del Maestro inolvidable, escrito que puede considerarse como su testamento literario y que marca su definitivo juicio sobre nuestro estado actual:

«Hoy presenciamos—dice—el lento suicidio de un pueblo que, engañado mil veces por gárrulos sofistas, empobrecido, mermado y desolado, emplea en destrozarse las pocas fuerzas que le restan, y corriendo tras vanos trampantojos de una falsa y postiza cultura, en vez de cultivar su propio espíritu, que es el único que ennoblece y redime á las razas y á las gentes, hace espantosa liquidación de su pasado, escarnece á cada momento las sombras de sus progenitores, huye de todo contacto con su pensamiento, reniega de cuanto en la historia los hizo grandes, arroja á los cuatro vientos su riqueza artística, y contempla con ojos estúpidos la destrucción de la única España que el mundo conoce, de la única cuyo recuerdo tiene virtud bastante para retardar nuestra agonía. ¡De cuán distinta manera han procedido los pueblos que tienen conciencia de su misión secular! La tradición teutónica fué el nervio del renacimiento germánico. Apoyándose en la tradición italiana, cada vez más profundamente conocida, construye su propia ciencia la Italia sabia é investigadora de nuestros días, emancipada igualmente de la servidumbre francesa y del magisterio alemán. DONDE NO SE CONSERVA PIADOSAMENTE LA HERENCIA DE LO PASADO, POBRE Ó RICA, GRANDE Ó PEQUEÑA, NO ESPEREMOS QUE BROTE UN PENSAMIENTO ORIGINAL NI UNA IDEA DOMINADORA. UN PUEBLO NUEVO PUEDE IMPROVISARLO TODO MENOS LA CULTURA INTELECTUAL. UN PUEBLO VIEJO NO PUEDE RENUNCIAR Á LA SUYA SIN EXTINGUIR LA PARTE MÁS NOBLE DE SU VIDA, Y CAER EN UNA SEGUNDA INFANCIA, MUY PRÓXIMA Á LA IMBECILIDAD SENIL.»

V

BIBLIOGRAFÍA DE MENÉNDEZ Y PELAYO

Con ocasión del *Homenaje* que la revista *Ateneo* tributó á Menéndez y Pelayo, publiqué, en los números de Noviembre de 1906 y Marzo de 1907, un primer intento de Inventario de los escritos del Maestro. Reuniéronse después aquellos artículos, algo aumentados, en cierta *Bibliografía* publicada en 1911 (¹), al mismo tiempo que el primer tomo de las *Obras completas*, editadas por D. Victoriano Suárez; y nuevamente se repitió la impresión, en Julio de 1912, para el número de la *Revista de Archivos, Bibliotecas y Museos*, dedicado á la memoria de D. Marcelino.

Todo ese trabajo, harto más detenido y penoso de lo que á primera vista parece, era, ciertamente, desordenado é incompleto. Tuve que confiar, casi exclusivamente, en los datos que la memoria me proporcionaba, y, por añadidura, en las tres ocasiones citadas escribí con grandes apremios de tiempo. Así y todo, tengo la satisfacción de que esa *Bibliografía* fué la primera, de alguna extensión, que salió á luz, y he visto después, también con placer, que no ha sido enteramente inútil á los que se han dedicado al mismo asunto.

Encargado luego por la Real Academia de la Historia de redactar la Necrología de Menéndez y Pelayo, dediqué mi labor á refundir por completo la mencionada *Bibliografía,* revisando de nuevo los libros, folletos y artículos que cito, y añadiendo otros no descritos antes (²). Confío, pues, en que las deficiencias resultarán menores, y en que serán rarísimas (si alguna existe) las publicaciones de Menéndez y Pelayo que aquí no se hallen referidas.

Bien meditado el caso, me ha parecido preferible seguir el orden cronológico de composición ó publicación de las obras. Cualquier otro procedimiento engendra confusión en el lector, y le impide apreciar el desenvolvimiento de la labor del biografiado. Claro es, sin embargo, que resulta imposible observar rigurosamente aquel orden, á causa de que algunas obras, empezadas á escribir y á publicar en un determinado año, no se terminaron hasta muchos después. Así, el primer tomo de la *Historia de las ideas estéticas* salió á luz en 1883 y el último en 1891; el primero de la *Antología de poetas líricos*, en 1890, y el postrero en 1908; *Lope de Vega* comenzó á publicarse en 1890; pero el tomo xv, último publicado, es de 1913, y así sucesivamente. Intercalar entre uno y otro tomo una serie larga de trabajos dados á luz en los años intermedios, es expuesto á confusiones. En vista de ello, he puesto el primer volumen de cada obra en el lugar que le corresponde según la fecha de su publicación, colocando seguidamente los demás tomos de la misma obra y las sucesivas ediciones de ella.

No fué Menéndez y Pelayo de los que tuvieron mucho tiempo para pensar y preparar sus trabajos. Como Lope de Vega, pudo decir que

«más de ciento, en horas veinticuatro,
passaron de las Musas al teatro.»

(¹) *Bibliografía de D. M. Menéndez y Pelayo*, por A. B. y S. M.; Madrid, V. Suárez; 1911; 33 págs. en 4.° (Al final de este folleto se encuentra un plan de las «Series que comprenderán las *Obras completas*», redactado por el mismo Menéndez y Pelayo.)

(²) Véase: *Marcelino Menéndez y Pelayo (1856-1912)* por Adolfo Bonilla y San Martín; Madrid, 1914.—Un tomo de 276 págs. en 4.°, publicado por la Real Academia de la Historia.

Escribió casi siempre febril, precipitadamente, enviando á la imprenta las cuartillas aún húmedas, como si presintiese que su fin no estaba muy lejos, y deseara aprovechar los instantes lo mejor posible. De ahí que, por regla general, mediase poca distancia entre la redacción y la publicación de sus libros, y teniéndolo en cuenta, he adoptado la cronología de las mismas ediciones, fijándome excepcionalmente en la fecha de composición. A pesar de ello, siempre que he encontrado datos acerca de esta última, los he hecho constar en la descripción bibliográfica.

Doy también, dentro de los límites á que necesariamente he de atenerme, la noticia de la materia de cada libro, lo cual me parece bastante útil para los lectores. Pasarán muchos años antes de que los escritos de Menéndez y Pelayo pierdan su valor científico. Por ahora, cualquiera que se dedique á la investigación de la historia literaria y filosófica española, necesita indispensablemente consultar esas obras. De aquí la conveniencia de no limitarse en su descripción á referir los títulos y lugares de impresión, sino dar también alguna idea del contenido.

Clasificar racionalmente los escritos de Menéndez y Pelayo, supone la determinación del carácter de toda su obra. Cuando él planeó sus *Obras completas*, en 1911, las distribuyó en los siguientes grupos:

I. Historia de los Heterodoxos españoles.
II. Historia de la Poesía castellana en la Edad Media.
III. Tratado de los romances viejos.
IV. Juan Boscán.
V. Historia de la Poesía hispano-americana, desde sus orígenes hasta 1892.
VI. Orígenes de la novela española, y estudio de los novelistas anteriores á Cervantes.
VII. Estudios y discursos de crítica literaria.
VIII. Ensayos de crítica filosófica.
IX. La ciencia española.
X. Historia de las ideas estéticas en España hasta fines del siglo XVIII.
XI. Historia de las ideas estéticas en Europa hasta fines del siglo XIX.
XII. Historia del Romanticismo francés.
XIII. Poesías completas y traducciones de obras poéticas.
XIV. Traducción de algunas obras de Cicerón.
XV. Calderón y su teatro.
XVI. Bibliografía hispano-latina clásica.
XVII. Opúsculos de erudición y bibliografía.
XVIII. Horacio en España.
XIX. Estudios sobre el teatro de Lope de Vega.

Repasando el contenido de toda esta ciclópea producción, fácilmente se echa de ver su característica: Menéndez y Pelayo fué un *historiador crítico* de la literatura y de la filosofía española; su educación fué principalmente *humanística;* su espíritu, de *poeta* y de artista. Por eso sus escritos admiten una clasificación bien sencilla, por razón de su contenido: son *de historia y crítica literaria*, como la «Antología de poetas líricos castellanos», la «Antología de poetas hispano-americanos», los «Orígenes de la novela», los «Estudios de crítica literaria», «Calderón y su teatro» y el «Lope de Vega»; ó de *historia crítica filosófica*, como la «Historia de los Heterodoxos españoles», los «Ensayos de crítica filosófica» y la «Historia de la Ideas estéticas»; ó de *erudición clásica*, como la traducción de Cicerón, la «Bibliografía hispano-latina» y el «Horacio en España»; ó de *poesía*, como las composiciones de este título y las traducciones de obras poéticas. Pero todo en él era tan unitario y harmónico, que semejantes clasificaciones serán siempre bastante arbitrarias; porque si sabía escribir artísticamente la historia, era por su alma de poeta; y si su erudición era segura, consistía en que poseyó como el que más los métodos de la investigación histórica; y si su poesía fué vibrante, debióse tanto á la nobleza de su alma, como á la profundidad de su pensamiento.

Pasemos, pues, á inventariar sus obras, según el criterio antes formulado (¹).

(¹) No incluyo en el catálogo las exposiciones de su doctrina, ni tampoco los· artículos críticos acerca de sus escritos, ni los biográficos. Entre ellos, citaré:

Miguel García Romero: *Apuntes para la biografía de D. Marcelino Menéndez y Pelayo*; Madrid, 1879 (VI + 134 págs. ns. + 1 sin n., con retrato). Hay ejemplares con la nota de «Segunda edición».

Boris de Tannenberg: *L'Espagne littéraire;* Paris-Toulouse, 1903, págs. 85-210. (Y véase el *Bulletin Hispanique*, tomo V, año 1903, pág. 166.)

Cien hombres célebres, confesiones literarias por Juan José Soiza Reilly (2.ª edic., Barcelona, Maucci, 1909; páginas 223 y sigs.).

Antonio Gómez Restrepo· *Discurso* en elogio de D. Marcelino Menéndez y Pelayo, pronunciado ante la Academia Colombiana el día 30 de Junio de 1912 (Bogotá, 1912; 37 págs. en 4.° Hermosísimo trabajo, de noble elocuencia y bello lenguaje).

Andrés González-Blanco: *Marcelino Menéndez y Pelayo* (su vida y su obra); Madrid, 1912 (157 páginas en 8.°)

Revista de Archivos, Bibliotecas y Museos. Número dedicado á la memoria de D. Marcelino Menéndez y Pelayo; Julio-Agosto de 1912 (contiene artículos de Arturo Farinelli, Georges Cirot, A. Morel-Fatio, A. Rubió y Lluch, A. Bonilla, A. Gómez Restrepo, Blanca de los Ríos de Lampérez, J. Ramón Mélida, A. Paz y Mélia, M. Serrano y Sanz y Manuel Pérez Villamil) (266 págs. en 4.°, con fotografías).

E. Mérimée: *D. Marcelino Menéndez y Pelayo* en el *Bulletin Hispanique* de Julio-Setiembre 1912 (4 págs. en 4.°).

Francisco Javier Garriga: *Menéndez y Pelayo, crítico literario.* Discurso necrológico (tirada aparte de *Nuestro Tiempo;* Madrid, 1912) (9 págs. en 4.°).

Estudios. Revista mensual, redactada por la Academia Literaria del Plata; Buenos Aires, Setiembre, 1912. (Publica un homenaje en el artículo «El Colegio del Salvador á Marcelino Menéndez y Pelayo».)

Junta pública celebrada en honra del Excmo. é Ilmo. Sr. D. Marcelino Menéndez y Pelayo, por la Real Academia Sevillana de Buenas letras, el día 27 de Octubre de 1912. Discursos de los Sres. D. Joaquín Hazañas y la Rúa y D. José Bores y Lledó; Sevilla, 1912 (51 págs. en 4.°).

D. Gonzalo Cedrún de la Pedraja: *La niñez de Menéndez y Pelayo,* discurso leído en la sesión celebrada por el Ateneo Científico, Literario y Artístico de Madrid, en honor del insigne maestro, el 9 de Noviembre de 1912; Madrid, V. Suárez, 1912 (26 págs. ns. en 8.° Trabajo lleno de noticias interesantes, y escrito por quien fué amigo íntimo, desde la infancia, de Menéndez y Pelayo).

M. Polo y Peyrolón: *Menéndez y Pelayo como hombre, como sabio y como católico* (Discurso); Valencia, 1912. (Publica una carta autógrafa de Menéndez y Pelayo, fechada en Madrid, á 15 de Enero de 1879, desde el Hotel de las Cuatro Naciones) (37 págs. en 8.°).

C. Parpal y Marqués: *Menéndez y Pelayo, historiador de la literatura española* (Barcelona, 1912; 119 páginas ns. en 8.°, con extensa Bibliografía).

El Peregrino, revista quincenal; redactor, José de Armas. Madrid, 15 Junio de 1912. (Véanse las páginas 259 y 273 á 301, donde habla el Sr. Armas, con gran tino y elocuencia, de la obra de Menéndez y Pelayo, y publica dos cartas autógrafas de éste, fechadas en Santander en 17 de Octubre de 1905 y en 8 de Enero de 1912).

Dr. José Gómez Ocaña: *Elogio de D. Federico Olóriz y Aguilera... Estudio biográfico de cinco sabios españoles: Olóriz, Menéndez y Pelayo, Saavedra, Echegaray y Ramón y Cajal* (Madrid, Fortanet, 1913; 112 páginas ns., en 4.°, extracto del tomo VII de las *Memorias de la Real Sociedad Española de Historia Natural).* Original y comparativo estudio psicológico de los cinco personajes citados, escrito con gran copia de datos y sugestiva amenidad.

D. Eduardo de Oliver-Copons *Recuerdos de Menéndez y Pelayo.* (Discurso leído en el Ateneo de Vitoria el 31 de Marzo de 1913.) Folleto de 24 págs. ns. en 4.°.

John G. Fitz-Gerald: *Marcelino Menéndez y Pelayo* (artículo publicado en *The Romanic Review:* Enero-Marzo de 1913.)

Homenaje de la Biblioteca Nacional de Chile al ex Director de la de Madrid, D. Marcelino Menéndez y Pelayo. Discurso de D. Juan Agustín Barriga; Santiago, 1913 (56 págs. en 8.°).

Discursos pronunciados en la velada necrológica celebrada en el teatro de la Princesa el día 9 de Junio

Año 1872.

Los cuatro primeros escritos de Marcelino Menéndez y Pelayo y su primer Discurso, por Manuel Rubio Borrás, Bibliotecario Archivero de la Universidad de Barcelona. (Escudo). Barcelona, Gustavo Gili, editor..... MCMXIII

148 × 86 mm.—87 págs. ns + 2 sin n.

Publica los trabajos escritos por Menéndez y Pelayo en la Universidad de Barcelona, para optar al premio en las asignaturas de Literatura general y española, Literatura latina, Lengua griega, y Geografía. Versan acerca de los siguientes temas:

a) *Teatro español.*

b) *Poetas trágicos latinos, fijándose especialmente en los de la 2.ª época.*

c) *Verbos en* μι.

d) *La Tierra considerada como cuerpo celeste.*

---

de 1912, en honor de D. Marcelino Menéndez y Pelayo, organizada por *El Debate;* Madrid, 1912, (116 páginas en 8.º). (Contiene los discursos de los Sres. Herrera, Echegaray (D. Carmelo de), León (D. Ricardo), Martínez (P. Zacarías), Rodríguez Marín, Pidal y Mon y Vázquez de Mella.)

Homenaje á Menéndez y Pelayo. Discursos y poesías leídos en la velada que le dedicó el Círculo Católico de Obreros de Murcia, en la noche del 2 de Junio de 1912.—Murcia, Tipografía de «La Verdad», 1912.—Un folleto de 51 páginas en 8.º, con trabajos de los Sres. Díez Vicente y Báguena, y poesías de los Sres. Tolosa Hernández y Sánchez Madrigal. En el *Prólogo* se da noticia del viaje de Menéndez y Pelayo á Murcia, invitado por el Conde de Roche, en la Semana Santa de 1898.

Luis Antón del Olmet y Arturo García Carraffa: *Los grandes españoles: Menéndez y Pelayo;* Madrid, 1913, (254 págs. en 8.º; interesantísimo libro, lleno de anécdotas y de documentos biográficos importantes.)

D. Gabriel Maura Gamazo: *La Historia y su misión en España, según Menéndez y Pelayo;* Discurso de recepción en la Real Academia de la Historia; Madrid, 1913.

Armando Donoso: *Menéndez Pelayo i su obra;* Imprenta Universitaria, Bandera, 130; Santiago (de Chile) 1913. Un folleto de 112 páginas en 8.º

Arturo Farinelli: *Marcelino Menéndez y Pelayo:* estudio publicado en el *Internationale Monatsschrift für Wissenschaft, Kunst und Technik* de Berlín (Jahrgang 8. No. 8).

El número de revistas y periódicos españoles y extranjeros que con motivo del fallecimiento de Menéndez y Pelayo publicaron artículos acerca de éste, es considerable. Cito á continuación algunos de los que recuerdo:

Revista de la Universidad (Tegucigalpa-Honduras, 15 de Julio de 1912; trae artículos de los Sres. Durón, Ardiola, Rodríguez, López Ponce, Zepeda y Sequeiros).—*La Revista Palafoxiana* (de Puebla-México, Agosto de 1912 y siguientes; contiene la oración fúnebre en honor de Menéndez y Pelayo, pronunciada por el Dr. D. Andrés Alonso Polo).—*The Nation* (New York, 20 de Junio de 1912; contiene un artículo necrológico, por Milton A. Buchanan, en la pág. 613).—*La Ilustración Española y Americana* (números de 22 y 30 de Mayo de 1912, con interesantes fotografías).—*Cultura Hispano-americana* (Madrid, números de Junio y Julio de 1912; contiene artículos de los Sres. González-Blanco y Rodríguez Marín, una inspirada poesía de D. Antonio de Zayas, un estudio de Doña Blanca de los Ríos de Lampérez y una carta autógrafa de Menéndez y Pelayo).—*Pro Patria*, número extraordinario de la Revista *Cultura Hispano-americana* (1913; contienen la página 97 un artículo de Doña Blanca de los Ríos sobre *La Biblioteca del Maestro).—Senado. Extracto oficial de la sesión celebrada el lunes 20 de Mayo de 1912 y el martes 21* (contiene las manifestaciones de pésame de los Sres. Montero Ríos, Conde de Casa-Valencia, Sánchez Moguel, Groizard, Marqués de Laurencín, Bofarull, Rahola, Conde de Esteban Collantes, Conde y Luque, Aramburu, Tormo, Conde de Torreánaz, Allendesalazar, Canalejas, Obispo de Madrid-Alcalá y Conde de Orgaz).—*Solemnes funerales en la Catedral en sufragio de D. M. M. y P., celebrados el 27 de Mayo de 1912* (en el periódico *El Universo* del día 28. contiene el discurso del Dr. D. Diego Tortosa).—*La Lectura Dominical* (Madrid, 25 de Mayo de 1912; contiene un importante artículo de D. Manuel Pérez Villamil, y fotografías de interés).—*Unión Ibero-Americana;* Mayo-Junio de 1912 (64 páginas en 4.º m., con artículos, discursos y fotografías; hay, entre otros, discursos de los Sres. Maura, P. Graciano Martínez y P. Melchor de Benisa, y dos sonetos de D. Ricardo León).—

Los ejercicios tuvieron lugar en 27 de Setiembre de 1872. Menéndez y Pelayo obtuvo los premios de Literatura general, Literatura latina, y Geografía; pero no el de Lengua griega. Publica también el Sr. Rubio el Discurso de D. Marcelino sobre *Cervantes considerado como poeta*, una carta á D. Antonio Rubió y Lluch, fechada en Madrid á 5 de Octubre de 1874, y un retrato de Menéndez y Pelayo cuando éste tenía quince años (1871).

No son aquéllos, ciertamente, los primeros escritos *oficiales* de Menéndez y Pelayo, por la razón sencilla de que habiendo sido éste antes de esa época alumno del Instituto de Santander, y concurrido en él á oposiciones á premios de diversas asignaturas, tales trabajos fueron los primeros que salieron de su pluma para efectos académicos.

La Nación, de Buenos Aires (números del 22, 23 y 24 de Agosto de 1912; contienen noticias del Homenaje celebrado en la Casa Central de la Universidad de la Plata, en honor de Menéndez y Pelayo, con los discursos del Dr. D. Joaquín V. González y de D. Ricardo Rojas).— *Heraldo de Madrid* de 20 de Mayo de 1912 (trae autógrafo, fotografías y noticias interesantes, y un artículo de D. Cristóbal de Castro).— *El Diario Montañés*, de Santander (29 de Mayo de 1912; contiene un artículo de D. R. Menéndez Pidal).— *La Ciudad de Dios*, revista; vol. 89 (1912), pág. 313-348 (contiene artículos de los PP. Valle Ruiz, Carnelo y Martínez-Núñez, y poesías del P. Félix Sánchez y de D. Pedro Gobernado).— *Razón y Fe*, revista; tomo XXXIII (Mayo-Agosto de 1912), págs. 277 y siguientes (artículos de los Sres. Pérez Goyena, Portillo, Astrain, Eguía y Ruiz).— *El Debate* (21 de Mayo de 1912; artículo de *Curro Vargas*; fotografías).— Número extraordinario de *El Universo*, dedicado á la memoria de M. y P. (Mayo de 1912; fotografías, autógrafo, artículos).— *El Correo Español* (números de 21 de Mayo y 10 de Junio de 1912; reproducen la carta al Marqués de Cerralbo, fechada en Santander, á 16 de Mayo de 1912, y otra á D. Manuel Polo y Peyrolón, fechada en Madrid, á 15 de Enero de 1879).— *El Radical* de 22 de Mayo de 1912 (autógrafos; artículos de *Lazarillo de Tormes*). *La Tribuna* de 21 de Mayo de 1912 (artículo de D. Eduardo Zamacois, con el título de *Un recuerdo estudiantil*).— *Mundo Gráfico* de 29 de Mayo de 1912 (trae fotografías de M. y P. á los quince, á los veinticinco y á los treinta y cinco años, y otras de su casa y biblioteca, y del entierro).— *Cataluña* (revista de Barcelona) número de 25 de Mayo de 1912; artículos de los Sres. Rubió y Lluch y Montoliu).— *Anuari del Institut d'Estudis catalans* (Barcelona, 1911-12; en las págs. 718-723 contiene un artículo de D. A. Rubió y Lluch).— *El Imparcial* publicó también un buen artículo de D. Emilio Bobadilla.

Entre las poesías más inspiradas que la muerte de Menéndez y Pelayo ha sugerido, citaré las incluidas en el libro *De mi cercado*, de D. Manuel de Sandoval (Madrid, 1912; pág. 59 y siguientes), y en el tomo *Íntimas* de D. Javier Ugarte (Madrid, 1913; pág. 117 y siguientes).

Recordaré, además, la publicación siguiente:

Homenaje á Menéndez y Pelayo en el año vigésimo de su Profesorado.—Estudios de erudición española con un prólogo de D. Juan Valera.—Madrid, 1899. Librería general de Victoriano Suárez.

Dos tomos de XXXIV + 870 y 956 páginas (171 × 91 mm.).

Figuran en esta importante obra trabajos de los Sres. Apráiz (D. Julián), Asín (D. Miguel), Berlanga (D. M. R.), Blanco García (Fr. Francisco), Bofarull y Sans (D. F. de), Böhmer (Eduardo), Cambronero (don Carlos), Campillo (D. Toribio del), Canella y Secades (D. Fermín), Cañal y Migolla (D. Carlos), Carmena y Millán (D. Luis), Catalina García (D. Juan), Chabás (D. Roque), Cotarelo y Mori (D. Emilio), Croce (Benedetto), Cuervo (Fr. Justo), De Haan (Fonger), Eguilaz y Yanguas (D. Leopoldo), Espinosa y Quesada, Estelrich (J. L.), Farinelli (Arturo), Fernández Llera (D. Víctor), Franquesa y Gomis (D. José), Fitzmaurice-Kelly (Jaime), García (D. Juan), Gestoso y Pérez (D. José), Gómez Imaz (D. Manuel), Hazañas (don Joaquín), Hinojosa (D. Eduardo de), Hinojosa (D. Ricardo de), Hübner (Emilio), Jerez (Marqués de), Lomba y Pedraja (D. José R.), Luanco (D. José Ramón de), Menéndez Pidal (D. Ramón), Mérimée (Ernesto), Michaëlis de Vasconcellos (Doña Carolina), Miola (Alfonso), Mir (P. M.), Morel-Fatio (Alfredo), Paz y Mélia (D. Antonio), Pedrell (D. Felipe), Pereda (D. José María de), Pérez Pastor (D. Cristóbal), Pons (D. Francisco), Rajna (Pío), Restori (Antonio), Ribera (D. Julián), Roca (D. Pedro), Rodríguez Marín (D. Francisco), Rodríguez Villa (D. Antonio), Rouanet (Léo), Rubió y Lluch (D. Antonio), Schiff (Mario), Serrano y Sanz (D. Manuel), Viñaza (Conde de la) y Wulff (Federico).

En los números de Noviembre, 1906, y Marzo, 1907, la revista *Ateneo* dedicó un *Homenaje* al Sr. Menéndez y Pelayo, con páginas originales de éste, artículos de los Sres. Altamira (D. Rafael), Bonilla (D. Adolfo), Cavestany (D. J. A.), Cávia (D. Mariano de), Echegaray (D. José), Estelrich (D. J. L.), Galvarriato (D. Juan Antonio), Lomba y Pedraja (D J. R.), Matheu (D. José M.), Mesa (D. Enrique de), Mourelo (D. José Rodríguez), Picón (D. Jacinto Octavio), Puyol (D. Julio), Ríos de Lampérez (Doña Blanca de los), Rodríguez Marín (D. Francisco), Rubió y Lluch (D. Antonio), *Sánchez (Pedro)*, Ureña (D. Rafael de), Val (D. Mariano M. de) y mensajes de Santander y Cataluña.

1873.

Cervantes considerado como poeta.

Discurso de Menéndez y Pelayo, leído en el Ateneo Barcelonés el día 28 de Abril de 1873. Publicado en la *Misceldnea Científica y Literaria* (¹) (Barcelona 1874, números de Abril-Mayo). Reimpreso en *La Cataluña* (4 de Setiembre de 1909) y en *Los cuatro primeros escritos,* etc., del Sr. Rubio (1913).

1874.

Universidad Literaria de Valladolid. Expediente académico de D. Marcelino Menéndez y Pelayo. (Sello.) Publicación oficial. Valladolid, Tipografía y Casa editorial Cuesta, Macías Picavea, 38 y 40.

182 × 108 mm.—37 págs. ns. Salió á luz en 1912.

A las páginas 19-36 figura el estudio: «Conceptismo, Gongorismo y Culteranismo. Sus precedentes. Sus causas ;y, efectos en la literatura española», firmado por Menéndez y Pelayo en 29 de Setiembre de 1874, y que constituyó el tema de sus ejercicios de oposición al premio extraordinario del grado de Licenciado en la Facultad libre de Filosofía y Letras de aquella Universidad. Fueron jueces en aquel acto: D. Gumersindo Laverde, D. Gregorio Martínez Gómez y D. José Muro.

Crítica de las «Obras inéditas de Cervantes», publicadas por D. Adolfo de Castro.

Artículo de Menéndez y Pelayo en la revista *Misceldnea Científica y Literaria* (Barcelona, 1874, números de Junio-Setiembre).

Soneto. (Dedicado á I. (¹) M.).

Fechado en 15 de Agosto de 1874.

En la *Misceldnea Científica y Literaria,* de Barcelona, de 10 de Diciembre del año 1874 (página 363), donde también salió á luz la traducción en verso, hecha por Menéndez y Pelayo, de la *Elegía* 1.ª del libro I de Albio Tíbulo (pág. 63; en el número de 31 de Marzo. Reproducida esta versión en *La Cataluña* de 4 de Setiembre de 1909; y véase más adelante el año 1878 en esta Bibliografía).

Páginas de un libro inédito: Pérez de Oliva (El maestro Fernán), por M. Menéndez y Pelayo.

Trabajo premiado por *La Ilustración Española y Americana,* en concurso celebrado en 1874, y publicado en dicho periódico en 1875 (números de 8 y 15 de Marzo).

El magnífico caballero Pero Mexía, por M. Menéndez y Pelayo.

Trabajo premiado por *La Ilustración Española y Americana,* en concurso celebrado en 1874, y publicado en dicho periódico el año 1876. (Suplemento al número de 30 de Enero, y número de 22 de Febrero) (²).

(¹) Números de 23 de Abril y 1.º de Mayo de 1874. La *Misceldnea,* á la cual alude M. García Romero en sus *Apuntes* biográficos (pág. 13), era una revista estudiantil que se publicaba en Barcelona por los años de 1873 á 1875.

(²) [Isabel].

(³) El concurso de *La Ilustración* se abrió en 30 de Enero de 1874 y quedó cerrado el 15 de Marzo. Formaron el Jurado de Bellas Letras los Sres. Mesonero Romanos, Cañete, Tamayo, Selgas y Castro y Serrano.

1875.

Sonetos.

Dos, dedicados á I. (Isabel) M., y otro, versión del portugués, de Barbosa de Bocage. Publicados en la *Misceldnea Científica y Literaria,* de Barcelona, año 1875 (páginas 6, 43 y 95).

La Novela entre los latinos. | Tesis doctoral | leída | en la Facultad de Filosofía y Letras de la Universidad de Madrid | por | D. Marcelino Menéndez y Pelayo. | Santander, 1875. | Imp. y Lit. de Telesforo Martínez, | Blanca, núm. 40.

160 × 100 mm. 71 págs. nums.

En la página 5, el título va ampliado de esta manera: «De la Novela entre los latinos.—*El Satyricon* de Petronio.—*Las Metamórfosis* ó *El Asno de Oro* de Apuleyo». Lleva el folleto una dedicatoria á D. José Ramón de Luanco, catedrático de Química general en la Universidad de Barcelona. En la nota primera de la página 24 anuncia «una monografía titulada: *Marchena y su tiempo,* para la cual venimos recogiendo noticias y documentos.»

En el ejemplar que tenemos á la vista, con dedicatoria autógrafa á D. Gumersindo Laverde Ruiz, aparece enmendada, de letra de D. Marcelino, al margen de la línea 13 de la página 7, la palabra *diferencia.* En su lugar puso *diversidad.*

El original autógrafo de esta Tesis se encuentra en la Universidad Central, en el expediente académico de D. Marcelino. Son 128 páginas en 4.°, con numerosas variantes respecto del texto impreso. El decreto del Decano (Dr. García Blanco) lleva fecha de 11 de Junio de 1875. Examinaron la Tesis los Dres. J. Amador de los Ríos, Alfredo A. Camus y Francisco Fernández y González. He aquí el párrafo final de la Tesis, diverso del impreso:

«¡Cuándo será el día en que, reconociendo la novela que no es su fin enseñar, y mucho menos enseñar el mal, y recordando que ella, como toda creación artística, debe realizar, en el modo y forma que le son propios, la belleza, reconozca á la par que esta purísima idea está eterna é indisolublemente unida con las de verdad y bien, cuyos eternos arquetipos residen en la mente de Dios, á cuyo trono sólo puede acercarse el débil mortal por el arte, por la virtud y por la ciencia, cadenas de oro que unen la tierra con el cielo! ¡Entonces sí que se mostrará la novela digna de sus gloriosas tradiciones, y producirá muchas obras que puedan compararse á las dos inmortales que, en distintos géneros, en muy diversos tiempos y con méritos diferentes también, concibieron y ejecutaron Cervantes y Manzoni: el *Quijote,* encarnación bellísima de la idea del Renacimiento, *I Promessi Sposi,* pintura sin igual de los pasados tiempos, animada por el espíritu de la edad presente! (¹)».

Pedro de Valencia.

Dos artículos publicados en la *Revista-histórica-latina,* de Barcelona (1875; números 9 y 10).

Noticias para la historia de nuestra Métrica. Sobre una nueva especie de versos castellanos.

Importante artículo publicado en el tomo v de la *Revista Europea* (año 1875, págs. 569-575 y 609-615). Va fechado en Santander, «2 de Agosto de 1875». Inserta, entre otras composiciones, la mejor poesía de Laverde: *La luna y el lirio,* escrita en 1857. Fué reproducido en *La Tertulia* (páginas 33, 65, 97 y 135), y en el folleto: «Biblioteca de *El Porvenir.* | —Entretenimientos literarios, | por | D. M. M. P. y D. G. L. R.— | Santiago, | Establecimiento tipográfico de José M. Paredes. | Virgen de la Cueva, número 12. | 1879».

La nueva especie de versos castellanos, á que alude aquí Menéndez y Pelayo, es la de los que

---

(¹) «El cetro de la novela contemporánea pertenece á los ingleses, y en especial á Dickens y á Bulwer, autor de dos libros que vivirán sin duda en la posteridad. *Rienzi* y *Los últimos días de Pompeya*.»—*(Nota de M. M. P.)*

llama «*laverdaicos*», por haberlos empleado D. Gumersindo Laverde Ruiz. Son versos de nueve sílabas, con el acento en la segunda y en la sexta; es decir, *sáficos* despojados de las dos primeras sílabas. Tal acontece en la siguiente estrofa, *laverdaico-adónica:*

> «¿No ves, en la estación de amores,
> pintada mariposa breve,
> que, al soplo de las auras leve,
> rondando las gentiles flores,
> ágil se mueve?»

En el volumen v (año 1883) de la *Revista de Madrid*, figura un artículo de Miguel Antonio Caro: *Del verso de nueve sílabas*, tomado del *Repertorio Colombiano* y escrito á propósito del de Menéndez y Pelayo. Opina Caro que el *laverdaico* es un sáfico «brachicatalecto», semejante á los que se leen en algunos coros de las tragedias de Séneca.

Noticias literarias sobre los jesuitas españoles extrañados del Reino en tiempo de Carlos III.

Artículos publicados en *La España Católica* (Madrid, números de 22 de Febrero; 20, 21 y 27 de Abril; 5, 18 y 28 de Mayo, y 9 y 28 de Junio de 1875; tratan de: *El abate Andrés; Hervás y Panduro; Eximeno; Lampillas; Serrano; Nuix, y Llorente).* Los relativos al *abate Andrés*, á *Hervás* y á *Eximeno*, fueron reproducidos en *La Tertulia*, de Santander, de 1876 (páginas 193, 289, 321, 385 y 736).

Noticias bibliográficas.

Artículo crítico de Menéndez y Pelayo, publicado en *La España Católica* de 20 de Julio de 1875, acerca de dos opúsculos de Adolfo de Castro, rotulados: *Sobre el «Centón epistolario»* (Sevilla, 1875), y *La Epístola moral á Fabio no es de Rioja* (Cádiz, 1875).

1876.

Estudios críticos | sobre | escritores montañeses, |`por | D. Marcelino Menéndez y Pelayo, | Doctor en Filosofía y Letras. | I. | Trueba y Cosío. | *(Grabado que representa el escudo de Santander)* | Santander—1876. | Imp. y Lit. de Telesforo Martínez | Blanca, 40.

112 × 58 mm.—256 + 52 págs. nums. y dos hojas más, de *Erratas é Indice.*

Las *Advertencias preliminares* van fechadas en Santander, «Enero de 1876».

Es un estudio biográfico, bibliográfico y crítico del novelista, dramaturgo y poeta montañés D. Joaquín Telesforo Trueba y Cosío (1799-1835). Va dedicado al Ayuntamiento de Santander, «en testimonio de profundo respeto y gratitud eterna». Advierte, en nota de la página 25, tener en preparación la *Biblioteca de Traductores.* En la cubierta se anuncia: «Estudios críticos sobre escritores montañeses, Tomo II», que no llegó á publicarse.

Una comedia inédita de Trueba y Cosío.

Trátase de la comedia en un acto: *Casarse con sesenta mil duros.* Publicóla Menéndez y Pelayo en *La Tertulia* (págs. 353, 417 y 518).

Cartas de Italia:

1. Españoles en Italia.
2. Una visita á las Bibliotecas.
3. Epístola Partenopea.
4. Rerum opibusque potens, Florentia mater!
5. Letras y literatos italianos.

Son cartas á D. José M.ª de Pereda, fechadas en Roma, 1.º y 21 de Febrero; Nápoles, Marzo; Florencia, 13 de Abril, y Venecia-Milán, 13 de Mayo de 1877. Se publicaron en *La Tertulia* (páginas 449, 481, 545, 632 y 673).

Letras y literatos portugueses. (Cartas á D. José María de Pereda, fechadas en Lisboa en 14 y 31 de Octubre de 1876.)

Son dos artículos publicados en la revista *La Tertulia* (2.ª época), de Santander, año 1876 (véase la pág. 225), donde también salieron la primera edición de la *Epístola á Horacio*, la *Paráfrasis de un himno griego de Sinesio de Cirene* y la *Oda de Erina de Lesbos*.

La carta primera, «Letras y literatos portugueses», se reimprimió en la *Revista de Madrid* (tomo III, año 1882; págs. 20-29). También reprodujo esta revista la carta *Letras y literatos italianos* (tomo I, año 1881, pág. 490).

Hay, además, *preguntas y contestaciones* de Menéndez y Pelayo en la sección *El averiguador de Cantabria*, de *La Tertulia* (págs. 30, 31, 32, 61, 93 y 94), y *notas bibliográficas* del mismo sobre libros de D. Enrique de Leguina, Angel de los Ríos y Ríos, José María de Pereda *(Bocetos al temple)* y Amós de Escalante *(Ave, Maris Stella)*, en idéntica revista (págs. 63, 95, 122 y 730). El último fué reimpreso en la *Revista de Madrid* (II, 1881, pág. 364).

El *Prospecto* de la *Sociedad de Bibliófilos cántabros* se reimprimió también en *La Tertulia* (página 189).

A) *Polémicas, Indicaciones y Proyectos* | *sobre* | *la Ciencia Española,* | por | D. Marcelino Menéndez y Pelayo | Doctor en Filosofía y Letras | con un prólogo de | D. Gumersindo Laverde Ruiz | Catedrático de Literatura en la Universidad de Valladolid. | Madrid: | Imprenta á cargo de Víctor Saiz. | Calle de la Colegiata, núm. 6.

126 × 67 mm.—XXIX + 292 págs. nums. y 1 sin núm., de *Erratas.*

Contiene, además de la introducción *A guisa de Prólogo*, de Laverde, fechada en Lugo á 30 de Setiembre de 1876, los siguientes capítulos:

«I. Indicaciones sobre la actividad intelectual de España en los tres últimos siglos (fechado en Santander, 14 Abril 1876).

II. De re bibliographica (Santander, Junio 1876).

III. Mr. Masson redivivo (Santander, 2 de Junio de 1876).

IV. Monografías expositivo-críticas (Santander, 10 Julio 1876).

V. Prosíguese el pensamiento de las cartas anteriores (Santander, 25 de Julio de 1876, con un *post-scriptum* fechado en 20 de Agosto).

VI. Mr. Masson redimuerto (Santander, 22 Setiembre de 1876).

VII. Noticia de algunos trabajos relativos á heterodoxos españoles, y *Plan de una obra crítico-bibliográfica sobre esta materia* (Santander, 9 Setiembre 1876).

Addenda.»

El primero de estos artículos fué motivado por cierto párrafo de uno de los estudios que publicaba D. Gumersindo de Azcárate en la *Revista de España*, con el título de *El Self-Government y la Monarquía doctrinaria* ([1]). El tercero reconoce por causa ocasional otro artículo de Manuel de la Revilla en la *Revista Contemporánea*. Nuevo estudio del mismo Revilla en la indicada *Revista* dió lugar á la carta núm. VI.

Las siete cartas de Menéndez y Pelayo salieron á luz en la *Revista Europea*, que empezó á

([1]) Reunidos luego en el volumen que lleva el mismo título *(El Self-Government y la monarquía doctrinaria*, por Gumersindo de Azcárate, ex catedrático de la Universidad de Madrid y profesor en la Institución libre de Enseñanza; Madrid, A. de San Martín, 1877; véase la pág. 114).

publicarse en Marzo de 1874 y terminó en 20 de Junio de 1880 (véanse el tomo VII, pág. 330, y el VIII, págs. 65, 132, 262, 294, 392 y 459-485-522 del año 1876).

Las cartas III, VI y VII las reprodujo *La España* en los números de 31-Agosto y 1.º-Setiembre; 28-Setiembre, 29-ídem, 30-ídem y 2-Octubre, y 27-Octubre, 28-ídem, 2-Noviembre, 3-ídem y 4-ídem de 1876, respectivamente.

Es interesante, desde el punto de vista biográfico, este párrafo de la carta-prólogo de Laverde:

«Maravilloso en verdad es, en un joven de veinte años, tal conjunto de cualidades, que pocas veces aparecen reunidas. Y el asombro sube de punto al considerar que esas Cartas han sido improvisadas *ex abundantia cordis*, sin desatender otras tareas literarias, de mucho mayor empeño algunas. Ahí están, para no dejarme por hiperbólico, los *Estudios poéticos*, donde en breve conocerá el público la maestría envidiable con que usted, émulo dichoso de Burgos, Castillo y Ayensa, y otros preclaros traductores nuestros, interpreta en verso castellano las inspiraciones de la musa griega, latina, italiana, lemosina, portuguesa, francesa é inglesa; los *Estudios clásicos*, de que es un fragmento el bello discurso acerca de *La Novela entre los latinos*, por usted leído al recibir la investidura de doctor en Filosofía y Letras; el *Ensayo bibliográfico y crítico sobre los traductores españoles de Horacio*, escrito en 1873 y posteriormente acrecido con nuevos y peregrinos datos, por donde ya alcanza honores de libro; el *Bosquejo de la historia científica y literaria de los jesuítas españoles desterrados á Italia por Carlos III*, del cual han salido á luz, valiéndole á usted no pocos plácemes, diversos é interesantes trozos en *La España Católica*; los Estudios críticos sobre escritores montañeses, inaugurados con el tomo relativo á *Trueba y Cosío*, modelo de esta clase de monografías, dignamente ensalzado por el sabio Milá y Fontanals en el *Polybiblion*; la *Biblioteca de traductores españoles*, vasto tesoro de erudición biográfica y bibliográfica, en su mayor parte y con infatigable aplicación y diligencia ya reunida y ordenada; la *Historia de la Estética en España*, en que, por decirlo así, saca usted de bajo tierra una de las corrientes más fecundas y copiosas de la ciencia patria; y, finalmente, la *de los heterodoxos españoles*, cuya *introducción*, que ahora se publica anticipadamente y á manera de *specimen*, manifiesta bastante la magnitud é importancia de la empresa y el talento y saber con que, de fijo, será desempeñada. Ópimos frutos prometía para el porvenir la lucidísima carrera universitaria de usted, discípulo fiel de la *escuela catalana*, educado por los Milá, los Rubió y los Lloréns, que supieron cultivar y desarrollar sus nativas disposiciones.....»

B) **La | Ciencia Española. | Polémicas, Indicaciones y proyectos, |** por el Doctor | D. Marcelino Menéndez y Pelayo | Catedrático de Literatura Española | en la Universidad de Madrid, | con un prólogo de | D. Gumersindo Laverde Ruiz | Catedrático de la Universidad de Santiago. | Segunda edición corregida y aumentada. | Madrid. | Imprenta Central á cargo de Víctor Saiz. | Calle de la Colegiata, núm. 6. | 1879. (*La cubierta lleva el siguiente pie:* «Madrid | Librería de Victoriano Suárez | Jacometrezo, núm. 72 | 1880.»)

160 × 90 mm. XXXII + 470 págs. nums.

Contiene, además de los seis primeros capítulos de la edición anterior, notablemente corregidos y aumentados:

Segunda parte:

I. Dos artículos del Sr. Pidal sobre las cartas anteriores.
II. *In dubiis libertas* (fechado en Florencia á 13 de Abril de 1877).
III. La ciencia española bajo la Inquisición, por el señor del Perojo. (Son tres cartas, fechadas, respectivamente, en Venecia, 6 Mayo 1877, 8 Mayo 1877, y Venecia-Milán, 9 Mayo 1877.)
IV. La *Antoniana Margarita*, de Gómez Pereira. Carta al Sr. D. Juan Valera.
V. La patria de Raimundo Sabunde.

Apéndice:

I. Contestación de D. Alejandro Pidal y Mon á la carta *In dubiis libertas.*

II. *Instaurare omnia in Christo.* Carta al Sr. Pidal.

III. Contestación del Sr. D. Gumersindo Laverde á la última réplica del Sr. Azcárate. (Lugo, 9 de Noviembre de 1876).

IV. **Nota final.**

Los dos artículos de Pidal, señalados con el número 1, salieron á luz en *La España*, que él dirigía, en 1877 (números de 17 y 24 de Marzo). El del Sr. Perojo, en la *Revista contemporánea.* El relativo á la *Antoniana*, en los tomos LX (págs. 362 y 474 y sigs.) y LXI (págs. 63 y 166 y siguientes) de la *Revista de España* (año 1878). El artículo sobre la patria de Sabunde fué motivado por el libro del Abate D. Reulet:'*Un inconnu célèbre: Recherches historiques et critiques sur Raymond de Sebonde* (Paris, 1875). La carta del Sr. Azcárate dedicada á Laverde, vió la luz en la *Revista Europea.* Los capítulos II y III de la segunda parte se publicaron en *La España* (números de 21 de Abril, 19 y 26 de Mayo y 9 de Junio de 1877).

Á la página 237, D. Marcelino anuncia que piensa escribir un libro «con el título de *Exposición é historia del Vivismo*».

En la *Advertencia* preliminar de esta 2.ª edición, dice Menéndez y Pelayo:

«No sólo he corregido las erratas, inexactitudes, omisiones y faltas de elocución que noté en la primera, sino que he añadido una segunda parte, formada con diferentes escritos acerca de nuestra ciencia, por mí publicados en *La España Católica* y en la *Revista de España.* En el texto de las cartas ya conocidas he hecho considerables adiciones, sobre todo en la parte bibliográfica. Suprimo, en cambio, la introducción y plan de mi *Historia de los herejes españoles,* porque esta obra comenzará á publicarse muy luego, y ya no es necesario aquel *specimen.*»

C) *Colección de escritores castellanos:* **La Ciencia Española. (Polémicas, proyectos y bibliografía)**, por el Dr. D. Marcelino Menéndez y Pelayo, Catedrático de Literatura española en la Universidad de Madrid, Individuo de número de las Reales Academias Española y de la Historia, con un prólogo de D. Gumersindo Laverde Ruiz, Catedrático de la Universidad de Santiago. Tercera edición, refundida y aumentada. ..... Madrid. Imprenta de A. Pérez Dubrull, Flor Baja, número 22, 1887-1888.

124 × 68 mm.—Tres tomos, de LVI + 333 págs. ns. + 2 sin n.; LXIX + 387 págs. ns. + 3 sin n., y 478 págs. ns. + 2 sin n., respectivamente.

Esta edición difiere notablemente de las anteriores, por lo corregida y acrecentada.

El primer tomo contiene los seis primeros capítulos de la edición de 1876 y dos apéndices: el *Discurso inaugural* del curso de 1884 á 1885 en la Universidad de Santiago, sobre Fox Morcillo, por D. Gumersindo Laverde, y la contestación de éste (ya publicada en la edición de 1880) á la última réplica del Sr. Azcárate.

En el segundo tomo se reproducen, con muchas variantes, la segunda parte de la edición de 1880 y los Apéndices I y II.

El tercer tomo (que lleva fecha de 1888) es enteramente nuevo. En él figuran los siguientes estudios:

I. Ramón Lull (Discurso leído el 1.º de Mayo de 1884 en el Instituto de las Baleares).

II. Himno de la Creación para la mañana del Día del gran ayuno, poema de Judah Leví, poeta hebraico-hispano del siglo XII (traducción en verso).

III. Contestación á un filósofo tomista.

IV. Réplica al Padre Fonseca (el autor del *Ramillete dedicado á Santo Tomás de Aquino por los Padres Dominicos del Colegio de Corias,* reproducido por *El Siglo Futuro* y que motivó el artículo anterior).

V. Inventario bibliográfico de la Ciencia Española (págs. 125-445).

Apéndice: *El Tradicionalismo en España durante el siglo XVIII*, por D. Gumersindo Laverde Ruiz (artículo publicado por éste en los *Ensayos críticos sobre filosofía, literatura e instrucción pública españolas*. Lugo, 1868; págs. 470-486).

La *Advertencia preliminar* del tomo I va fechada en 28 de Abril de 1887.

El ingente *Inventario* que ocupa la mayor parte del tomo III, representa un colosal esfuerzo bibliográfico. En la nueva edición que pensaba incluir en sus *Obras completas*, Menéndez y Pelayo había de aumentarlo considerablemente, no sólo con notas propias (que iba apuntando en un ejemplar de la tercera), sino con presencia de otros trabajos después publicados, como los *Apuntes para una Biblioteca científica española del siglo XVI*, de D. Felipe Picatoste (1891); los *Discursos* leídos ante la Real Academia de Ciencias exactas, físicas y naturales, en la recepción pública de D. Acisclo Fernández Vallín (1893); la *Bibliografía española de lenguas indígenas de América*, del Conde de la Viñaza (1892), etc., etc.

1877.

«*Tipos trashumantes*» ....., por D. José María de Pereda. (Juicio de esta obra.)

«*Las cuatro estaciones*», poesías de D. E. Bustillo. (Breve juicio de este libro.)

Estudios críticos sobre escritores montañeses.—D. Evaristo Silió y Gutiérrez.

Artículos publicados en la *Revista Cántabro-Asturiana* (continuación de *La Tertulia*), editada por Francisco M. Mazón (Santander, 1877), donde también se publicaron el *Himno de Prudencio*, el *Soneto (imitación de una anacreóntica griega)*, *El enfermo*, de Chénier, y la *Oda XII del libro I de Horacio*, de que luego trataremos (véanse las págs. 38, 60, 122, 158, 261, 368 y 417 de dicha *Revista*).

Los artículos sobre Silió fueron reproducidos al frente del volumen *Poesías de Evaristo Silió*, impreso en 1897.

A) Horacio | en | España | (*Traductores y comentadores. La poesía horaciana.*) | Solaces bibliográficos | de | D. Marcelino Menéndez y Pelayo | Dr. en Filosofía y Letras.

Me peritus
Discet Iber.....

(Horat. Od. xx, lib. II).

Madrid | Casa editorial de Medina | Amnistía, núm. 12.

126 × 69 mm.—xv + 479 págs. ns. + 4 sin n.

Aunque no lleva fecha, la edición se hizo en 1877.

Contiene: Dedicatoria á D. Leopoldo Eguílaz Yanguas.—*Dos palabras á quien leyere.*—Epístola á Horacio.—Traductores castellanos de Horacio.—Traductores catalanes de Horacio.—Traductores gallegos.—La poesía horaciana en Castilla.—La poesía horaciana en Portugal.—Ultílogo.—Addenda et Corrigenda.—Erratas notables.

La monografía que constituye este tomo se halla entresacada, según declara D. Marcelino, de la *Biblioteca de Traductores*.

En la Advertencia, hace notar que su obra «fué pasatiempo de estudiante, que buscaba solaz en la Bibliografía, rendido y fatigado de ciertas explicaciones de *metafísica krausista* que el reglamento le forzaba á oir, y de las cuales sacó el provecho que fácilmente imaginarán los lectores.»

En el *Ultílogo* declara haberse propuesto: «1.º Dar materiales al primer erudito que emprenda la formación de una *bibliografía general horaciana*»; 2.º «Describir una fase de los estudios humanísticos en nuestro suelo, y hacer la historia de una parte de nuestra poesía lírica»; 3.º «Acopiar algunas noticias para uso del primero que á conciencia quiera tratar el punto de *¿cómo ha sido y debe ser la poesía lírica en España?*».

Los capítulos que constituyen esta primera edición salieron á luz en la *Revista Europea* (editada por Medina y Navarro) de 1877, por este orden:

Epístola á Horacio (fechada en 2-Enero-1877), en el tomo IX, pág. 520.
Traductores castellanos de Horacio (al final trata de los catalanes y gallegos); IX, 577, 613, 646, 673 y 709.
Traductores portugueses de Horacio, X, 1.
La poesía horaciana en Castilla; X, 37, 68, 109, 133 y 162.
La poesía horaciana en Portugal (con el *Ultílogo)*; X, 193 y 225.

B) *Colección de escritores castellanos:* **Horacio en España.** Solaces bibliográficos de D. Marcelino Menéndez y Pelayo, Dr. en Filosofía y Letras, Catedrático de Literatura en la Universidad de Madrid, Individuo de las Reales Academias Española y de la Historia..... Segunda edición refundida. ..... Madrid, 1885. Imprenta de A. Pérez Dubrull.

Dos tomos de 123 × 68 mm. El 1 consta de LVIII + 354 págs. numeradas + 1 sin n. de colofón. El II, de 441 págs. ns. + 1 de *Índice* y otra de colofón.

El tomo I contiene: Dedicatoria á D. Leopoldo Eguílaz Yanguas, «catedrático de Literatura en la Universidad de Granada y orientalista eminente».—Advertencia de esta edición (fechada en Santander, Agosto de 1883).—Juicio de la primera edición, por el Sr. D. Juan Valera.—Dos palabras á quien leyere (Advertencia de la primera edición).—Introducción (Epístola á Horacio).—Traductores castellanos de Horacio (ocho capítulos).—Traductores portugueses de Horacio (dos capítulos).—Traductores gallegos de Horacio.—Traductores asturianos de Horacio.—Traductores catalanes de Horacio.—Adiciones.—Índice general de traductores de Horacio.
El tomo II: La poesía horaciana en Castilla (diez y seis capítulos).—La poesía horaciana en Portugal (cuatro capítulos).—Ultílogo.—Observaciones de D. Miguel Antonio Caro sobre la poesía horaciana.—Apéndices.—Adiciones al tomo primero.
Las «Adiciones á Horacio en España» salieron á luz en la *Revista de Madrid* (tomo II, año 1881, págs. 130, 161, 279 y 314).

1878.

A) **Estudios | poéticos |** por | M. Menéndez Pelayo | con una Carta-Prólogo del | Excmo. Sr. Marqués de Valmar | de la Academia Española. | Madrid | Imprenta Central, á cargo de V. Sáiz | Calle de la Colegiata, núm. 6 | 1878.

133 × 77 mm.—xxx + 244 págs. núms. y una sin núm., de *Erratas y correcciones*, que va después de la xxx.

El Prólogo del Marqués de Valmar lleva fecha de «Madrid, 16 de Mayo de 1878».
La obra tiene la siguiente dedicatoria: «A C..... su primo Marcelino».
Contiene las poesías siguientes:

1. Oda primera de Safo (Santander, 5 Enero, 1875) ([1]).
2. Oda segunda de Safo ([2]).
3. Oda de Erina de Lesbos (20 Marzo, 1875).
4. Olimpiaca XIV de Píndaro.
5. Odas anacreónticas (La Cigarra; Á un disco que representaba á Afrodita saliendo de la espuma del mar; La rosa; La yegua de Tracia; Á una doncella) ([3]).

([1]) «6 de Enero de 1875», según el texto original, incluído en las cartas á Laverde Ruiz.
([2]) «6 de Enero de 1875», según las referidas cartas, de las cuales tomo las enmiendas que van en las notas siguientes.
([3]) Las cinco odas estaban traducidas en Noviembre de 1875.

6. La Hechicera, idilio de Teócrito (30 Agosto, 1875).
7. Idilio de Bion á la muerte de Adónis (28 Octubre, 1875).
8. Idilio de Mosco á la muerte de Bion (5 Noviembre, 1876).
9. Paráfrasis de una oda teológica de Sinesio de Cirene (8 Setiembre, 1875).
10. Invocación del poema de Lucrecio: *De rerum natura* (11 Enero, 1876).
11. Epitalamio de Julia y Manlio, de Catulo (2 Julio, 1875) (¹).
12. De Catulo: Al sepulcro de su hermano (3 Julio, 1875) (²).
13. Canto secular de Horacio (Mayo, 1876) (³).
14. Oda xii del libro i de Horacio (25 Julio, 1875) (⁴).
15. Oda v del libro i de Horacio (traducida en versos sáfico-*laverdáico*-adónicos) (9 Julio, 1875).
16. Elegía i del libro i de Tibulo (9 Enero, 1874) (⁵).
17. Elegía de Ovidio á la muerte de Tibulo (18 Marzo, 1875).
18. Fragmento del poema de Petronio: *De mutatione reipublicae romanae* (Agosto, 1875).
19. Himno de Prudencio en loor de los mártires de Zaragoza (15 Agosto, 1875) (⁶).
20. Cintra, poema latino de Luisa Sigea, toledana (27 Diciembre, 1875) (⁷).
21. Traducción del fragmento apócrifo de Catulo que forjó el abate Marchena (⁸).
22. Los Sepulcros, poema italiano de Hugo Fóscolo (4 Setiembre, 1875).
23. El ciego, idilio de Andrés Chénier (6 Diciembre, 1875).
24. El joven enfermo, idilio de Andrés Chénier (8 Diciembre, 1875).
25. Neera, idilio de Andrés Chénier (8 Julio, 1876).
26. La joven cautiva, oda de Andrés Chénier (10 Diciembre, 1875).
27. Imitación del Himno á Grecia de lord Byron (⁹).
28. Á Venus. Oda portuguesa de Francisco Manuel (Filinto) (Setiembre, 1876).
29. La noche. Oda portuguesa de Francisco Manuel (Octubre, 1876).
30. Mis cantares. Oda catalana de Rubió y Ors.
31. Oda á Barcelona, traducida del catalán, de D. Joaquín Rubió y Ors (1 Agosto, 1876).
32. Epístola á Horacio (28 Diciembre, 1876).
33. Á Epicaris (¹⁰).
34. Sáficas, i. (Una fiesta en Chipre; Abril, 1875) (¹¹).
35. Sáficas, ii. (Anyoransa, á Epicaris; Barcelona, 1873).
36. Cantos latinos, á imitación de los que componían los goliardos ó estudiantes juglares de la Edad Media (son dos, fechado el primero en Enero, 1878).
37. Á C..... (Sevilla, Marzo de 1878).
38. Á Epicaris.
39. Á D. Gumersindo Laverde Ruiz, «restaurador de los estudios de filosofía española» (15 Noviembre, 1875).

(¹) «3 de Julio de 1875».
(²) «4 de Julio de 1875».
(³) «Abril de 1875».
(⁴) «24 de Julio de 1875».
(⁵) «5 de Enero de 1874».
(⁶) «22 de Agosto de 1875».
(⁷) Estaba ya traducido en 27 de Noviembre de 1875.
(⁸) «2 de Enero de 1878».
(⁹) «Santander, 22 de Diciembre de 1874».
(¹⁰) «Santander, 17 de Diciembre de 1875».
(¹¹) «Santander, 25 de Diciembre de 1874». En carta á Laverde, fechada en Madrid á 15 de Junio de 1875, dice Menéndez y Pelayo: «Con ésta remito á usted una composición mía escrita hace algún tiempo, é inspirada en diferentes poetas de la antigüedad, especialmente en Calímaco, Lucrecio, Catulo, Horacio y el ignorado autor del *Pervigilium Veneris.*» Al final de la poesía, añade: «*Nota.*—De lo más ó menos licencioso de esta composición yo no respondo. La culpa no es mía, sino de las costumbres antiguas, que yo no he querido desfigurar por vanas meticulosidades. Sería un absurdo hacer hablar á los cipriotas como cristianos. He querido reproducir el espíritu de la poesía de la antigüedad.»

40. En Roma (Roma, Enero de 1877) (¹).
41. Á la memoria del eminente poeta catalán D. Manuel Cabanyes (4 Febrero, 1875).
42. En el abanico de mi prima (Abril de 1878).

En 25 ejemplares de esta edición se incluyó al final (págs. 237 á 242) la versión del idilio 28 de Teócrito (el *Oarystes*), fechada en 8 de Julio de 1876. Los ejemplares que no le llevan, sólo constan de 238 páginas de texto.

La que lleva el título de *Segunda edición*, con el pie de imprenta: «Madrid. Librería de Fernando Fé, Carrera de San Jerónimo, 2.—Sevilla, Librería de Hijos de Fé, Sierpes, 104.—1879» (xxx + 238 págs. núms. y una de *Erratas y Correcciones*), no es, en realidad, tal segunda edición, sino la misma primera, con otra portada, como puede comprobarse cotejando cualquier página con su correspondiente.

B) *Colección de escritores castellanos: Menéndez y Pelayo, de la Real Academia Española.* **Odas, Epístolas y Tragedias.** Con un Prólogo de D. Juan Valera. Madrid, Imprenta de A. Pérez Dubrull, 1883.

122 × 68 mm. LXXXVIII + 304 págs. nums., con el retrato del autor. La *Introducción* de Valera está fechada en Lisboa, á 24 de Diciembre de 1882.

Comprende esta edición los números 41, 32, 40, 39, 3, 4, 13, 9, 19, 27, 34, 21, 22, 23, 24 y 25, señalados en la de 1878, y además, los siguientes, que numeraré correlativamente:

43. Soneto-Dedicatoria.
44. Á Epicaris (Santander, 1874).
45. Carta á mis amigos de Santander, con motivo de haberme regalado la *Bibliotheca Graeca* de Fermín Didot.
46. La Galerna del Sábado de Gloria (1876). (Santander, 1877.)
47. Á Lidia (Madrid, Marzo, 1880).
48. Remember (Agosto, de 1880).
49. Soneto (Santander, 24 Agosto, 1881).
50. Sus ojos (Abril, 1880).
51. Elegía en la muerte de un amigo (Julio, 1881).
52. *Diffugere nives.....* (Abril, 1881).
53. Á Aglaya (Enero, 1882).
54. Nueva Primavera (Junio, 1882).
55. A.....
56. Himno á Dionysos (Marzo, 1879).
57. En el Album de la Duquesa de Villahermosa (Mayo, 1876).
58. Dos tragedias de Esquilo *(Los siete sobre Tebas*, fechada en Santander, á 19 de Julio de 1879. y *Prometeo encadenado;* ambas versiones van dedicadas á D. Amós de Escalante).

C) *Colección de escritores castellanos:* **Odas, Epístolas y Tragedias** de D. Marcelino Menéndez y Pelayo, de la Academia Española, con una Introducción de D. Juan Valera, de la misma Academia. Segunda edición. Madrid, Imprenta de la Viuda é Hijos de M. Tello, 1906.

123 × 68 mm. LXXXV + 328 págs. nums. y una más de colofón.

Además de las poesías contenidas en la edición de 1883, trae ésta las siguientes:

59. Himno de la creación para la mañana del día del Gran Ayuno, poema de Judah Leví, poeta hebraico-hispano del siglo XII (1885).
60. Palinodia, de Leopardi (1881).
61. El pájaro de Aglaya (Madrid, 1887).

(¹) «Foro romano, Enero de 1877.»

Como se ve, para tener completas las Poesías de Menéndez y Pelayo publicadas en colección, es preciso poseer las dos ediciones de 1878 y 1906.

Algunas de las poesías insertas en los *Estudios* y en las *Odas*, se publicaron también en otros lugares. Así, las *Odas* 1.ª y 2.ª de Safo (núms. 1 y 2) y la de Erina de Lesbos (núm. 3), se reimprimieron en el tomo de *Poetas líricos griegos* (Madrid, 1884), de la *Biblioteca clásica*. El núm. 3 salió á la luz en la revista *La Tertulia*, de Santander (1876), y volvió á imprimirse, con el texto griego, en la excelente *Biblioteca de autores griegos y latinos* (Barcelona, 1909), dirigida por los Sres. Segalá y Parpal. El *Soneto* (imitación de una anacreóntica griega, núm. 5-5.ª), en la *Revista Cántabro-Asturiana*, continuación de *La Tertulia* (Santander, 1877); la *Paráfrasis de un himno griego de Sinesio de Cirene* (núm. 9), en *La Tertulia* (1876). El núm. 13 (Canto secular), en la edición barcelonesa (1882) de las *Odas* de Horacio y en *Horacio en España* (2.ª ed.). El 14 *(Oda XII del libro I de Horacio)*, en la *Revista Cántabro-Asturiana* (1877). El 15, en la susodicha edición barcelonesa (1882) de las *Odas* de Horacio. El 16, en la *Miscelánea Científica y Literaria* de Barcelona (1874) y en el número de 4 de Setiembre de 1909 de la *Cataluña* (homenaje á Menéndez y Pelayo, con artículos de los Sres. Roig, Rubió y Lluch, Maragall, Miquel y Planas, Colell, Corominas, López Picó y Barrera). El *Himno de Prudencio en loor de los mártires de Zaragoza* (núm. 19), en la *Revista Cántabro-Asturiana* (1877) y en *La Ilustración Católica* (número de 7 Noviembre-1878). *El enfermo*, de Chénier (núm. 24), en la mencionada *Revista*. El número 27, en *La Ilustracion Católica* (7-Diciembre-1878). Los números 30 y 31, en el volumen 1 de la edición de 1888 de *Lo Gayter del Llobregat*, de Rubió y Ors. La *Epístola á Horacio* (núm. 32), en *La Tertulia* (1876), en *Horacio en España* (1877), en la edición barcelonesa de las *Odas* de Horacio (1882), en la *Revista Europea* (IX, 520: año 1877), en *Ateneo*, y en otros muchos lugares, porque es, justamente, la más conocida y celebrada de estas poesías. *Una fiesta en Chipre* (número 34), en el almanaque de *El Aviso* para el año de 1876 (Santander, 1876). De la *Epístola á mis amigos de Santander* (núm. 45) hay edición especial, como veremos, de 1879. Se imprimió, además, en *La Ilustración Española y Americana* (15 de Junio de 1879 y 30 de Mayo de 1912) y en el *Florilegio de poesías castellanas del siglo XIX*, de Juan Valera (tomo IV; Madrid, 1902: páginas 390 y siguientes). *La Galerna del Sábado Santo* (núm. 46), en *La Ilustración Católica* (número de 21-Noviembre-1879) (¹), en la *Revista de Madrid* (II, 1881, 214), y en el citado *Florilegio* de Valera (pág. 399 y sigs.). Los números 47, 48, 49, 50 y 51, en *La Ilustración Española y Americana* (números de 22-Marzo-1880; 8-Agosto-1880; 30-Agosto-1880; 8-Febrero-1881; 30-Julio-1881). El 51 se reprodujo también en *Ateneo*. *Diffugere nives......* (núm. 52), en el *Almanaque de la Ilustración para el año de 1882* (Madrid, 1881, pág. 56); hay otra edición, con variantes (reproducidas en la edición de las *Odas* de 1906), en el número de Marzo, 1894, de la revista madrileña *Pro Patria* (pág. 172 y sigs.). El número 53, en *La Ilustración Española y Americana* (22-Enero-1882). La *Nueva Primavera* (núm. 54), en el *Almanaque de la Ilustración para el año de 1883* (Madrid, 1882, págs. 140-141) y en *Ateneo*. El número 57, en la *Revista de Madrid* (II, 228, año 1881). Del *Himno de la Creación* (núm. 59, publicado en *La Ilustración Española y Americana*, de 8-Enero-1884) hay edición especial, de 1885 (Palma de Mallorca), y se ha incluído también en el tomo III de *La Ciencia española* (ed. de 1888) y en mi edición del *Cuzary* (1910). El 60 se publicó en la *Revista de Madrid* (I, 376, año 1881).

En su documentado libro sobre *Menéndez y Pelayo* (pág. 63), los Sres. Antón del Olmet y García Carraffa citan como primera poesía impresa de aquél, una « Elegía á la muerte de Eguílaz », impresa en un periódico de Santander, que no he logrado consultar.

Humanistas españoles del siglo XVI (1878).

Lección explicada por Menéndez y Pelayo en los ejercicios de oposición á la cátedra de *Historia crítica de la literatura española* en la Universidad Central. La inserta D. Miguel García Romero, Secretario de la Juventud Católica de Madrid, á las páginas 90-129 de su importante libro: *Apuntes para la biografía de D. Marcelino Menéndez y Pelayo* (Madrid, Imprenta de la

---

(¹) Dirigía *La Ilustración Católica* D. Manuel Pérez Villamil, el cual hizo una tirada aparte, en papel de hilo, de *La Galerna del Sábado Santo* (8 páginas en 8.º).

viuda é hijo de Aguado; Pontejos, 8; 1879; 134 págs. + 1 de *Índice;* de 125 × 68 mm.) (¹). En este mismo libro va reproducida la *Epístola á Horacio* (págs. 51-60).

El *Programa* de la asignatura, presentado por Menéndez y Pelayo, con extensa Introducción, en sus oposiciones, merecería publicarse. Debía hallarse en el Archivo del Ministerio de Instrucción pública y Bellas Artes (entonces de Fomento). Sin embargo, á pesar de nuestras gestiones, no se ha encontrado allí.

El discurso sobre los *Humanistas españoles del siglo XVI* fué también reproducido por la *Revista de Madrid* (tomo v, año 1883, pág. 89 y sigs.).

*Biblioteca clásica.—*Homero: La Iliada. Traducción de J. Gómez Hermosilla. Madrid, 1878.

Tres tomos en 8.º En el III (págs. 5-54) figura un estudio de Menéndez y Pelayo, titulado: *Hermosilla y su Iliada.*

Ese estudio fué reproducido en el número 39 de los *Anales de la Instrucción pública en los Estados Unidos de Colombia* (pág. 451 y sigs.); Bogotá, Echevarría Hermanos, Junio de 1883. Fué seguido de otros, de Bello y Caro.

1879.

Noticias literarias: *Don Gonzalo González de la Gonzalera*, por D. José María de Pereda; Madrid, Tello, 1879.

Artículo crítico de Menéndez y Pelayo sobre dicha novela, en *La Ilustración Española y Americana* (número de 28 de Febrero de 1879).

Los Mayos, novela original de costumbres aragonesas, por D. Manuel Polo y Peyrolón. Segunda edición. Madrid, 1879.

Lleva un prólogo de Menéndez y Pelayo.
Hay séptima edición, que lleva la siguiente portada:

Los Mayos. | Novela original de costumbres populares | de la | Sierra de Albarracín | por | D. Manuel Polo y Peyrolón | con un Prólogo | de | D. Marcelino Menéndez y Pelayo | Séptima edición | Valencia | Imp. de *La Voz de Valencia* | María de Molina, 2 | 1907.

141 × 76 mm. 218 págs. ns. El Prólogo de Menéndez y Pelayo ocupa las págs. XXII á XXVII.

En carta de 12 de Setiembre de 1913, el Sr. Polo y Peyrolón ha tenido la amabilidad de comunicarme los siguientes curiosos datos acerca de la composición del mencionado Prólogo:
«Era por los años de 1879; yo, catedrático provinciano más antiguo que Menéndez, asistí á su cátedra para tener el gusto de conocer y oir á aquella verdadera gloria nacional; salimos juntos de la Central, y caminando hacia su alojamiento por la calle Ancha de San Bernardo, me dijo:
—¿Por qué no hace usted otra edición de *Los Mayos?*
—Porque no se venderá (contesté).
—¡Hombre, sí; créame usted, se venderá!
—Si usted la valorase con un prólogo suyo, seguramente la editaré yo y se venderá.
Y dicho y hecho. En unos minutos escribió el Prólogo, cuyo original conservo, en su cuarto del Hotel de las Cuatro Naciones y en presencia mía; tiré la segunda edición en la imprenta de Minuesa de los Ríos, y se agotó la edición, como se han agotado otras varias que se han hecho, unas con mi permiso y otras á mis espaldas.»

(¹) Algunos ejemplares de este libro llevan en la portada la nota de «Segunda edición», hecha á plana y renglón sobre la primera, en el mismo año de 1879.

M. Menéndez Pelayo. | *Epístola* | *á mis amigos* | *de Santander.* | Madrid. |
Imprenta Central, á cargo de Víctor Saiz | Calle de la Colegiata, núm. 6. | 1879.

133 × 62 mm. — 16 págs. ns.

Poseo ejemplar en papel de hilo. En nota de la página 5.ª, constan los nombres de los amigos
á quienes va enderezada la *Epístola* (que son los que hicieron á Menéndez y Pelayo el obsequio
de la *Bibliotheca Graeca*, de Fermín Didot, que motiva la poesía). Eran: D. Amós y D. Agábio
Escalante, D. José M.ª de Pereda, D. Casimiro del Collado, D. Eduardo Pedraja, D. Andrés
Crespo, D. S. Quintanilla, D. Tomás Agüero, D. A. Revilla, D. José Ferrer, D. Manuel Marañón,
D. Gonzalo Cedrún de la Pedraja, D. F. Mazón, D. Manuel Cabrero (padre é hijo), D. Adolfo de
la Fuente y D. Raimundo Heras.

La *Epístola* va incluída en las ediciones de las *Odas, Epístolas y Tragedias* de 1883 y 1906,
y antes, en *La Ilustración Española y Americana* de 1879, reimprimiéndose luego en el *Flori-
legio* de Valera, como he dicho, y en la misma *Ilustración*, el año 1912.

Poesías y artículos | *del* | *Marqués de Heredia.* | 2.ª edición corregida y aumen-
tada. | Madrid: | Imprenta de la Viuda é hijo de Aguado. | Calle de Pontejos, 8. | 1879.

126 × 67 mm. xiii + 200 págs. ns. Con retrato del autor.

Lleva un *Prólogo* de Menéndez y Pelayo, que ocupa las páginas iii á xiii.
La primera edición de las *Poesías* se publicó en 1875. La tercera, corregida y aumentada,
es de Madrid, 1912, ocupando el Prólogo de Menéndez y Pelayo las páginas 15 á 26.

Biblioteca clásica. **Estudios literarios**, por Lord Macaulay, traducidos directamente
del inglés por M. Juderías Bender. Madrid, 1879.

A las páginas v-xi van «Dos palabras al que leyere», de Menéndez y Pelayo.

Felipe II. Estudio histórico-crítico, por D. Valentín Gómez, con una Carta-Prólo-
go de D. Marcelino Menéndez y Pelayo. Año-1879. Madrid, A. Pérez Dubrull.

xvi + 192 págs.—67 × 127 mm.

El *Prólogo* ocupa las páginas vii á xvi y lleva fecha de 2 de Octubre de 1879.

Los Cautivos, | comedia de | Marco Accio Plauto, | traducida al castellano | por |
M. M. P. | Representada en el Teatro Español en Diciembre de 1879 por alumnos |
de la Facultad de Filosofía y Letras. | Madrid. | Imprenta de Fortanet, | calle de la
Libertad, núm. 29. | 1879.

154 × 90 mm.—xlv + 45 págs. ns. Las páginas de la izquierda contienen el texto latino,
y las de la derecha, el castellano.

Arnaldo | *de* | *Vilanova,* | *médico catalán del siglo XIII.* | Ensayo histórico |
seguido de tres opúsculos inéditos de Arnaldo, | y de una colección de documentos |
relativos á su persona, | por el Doctor | D. M. Menéndez Pelayo, | Catedrático de
Literatura Española en la Universidad | de Madrid. | Madrid: | Librería de M. Muri-
llo, | Calle de Alcalá, núm. 7 | 1879.

126 × 68 mm.—238 págs. nums.

Contiene seis capítulos y diez apéndices. Unos y otros fueron incluídos, meses después, en
el capítulo iii del libro iii de la *Historia de los Heterodoxos y apéndices correspondientes.*

Traductores españoles | de la | *Eneida*. | Apuntes bibliográficos | por el Doctor | D. M. Menéndez Pelayo | Catedrático de Literatura española | en la Universidad de Madrid. | Madrid | Imprenta Central, á cargo de Víctor Saiz. | Calle de la Colegiata, número 6. | 1879.

133 × 76 mm.—LVII págs.

Véase también el tomo II de la traducción de la *Eneida*, por Miguel Antonio Caro, impresa en la *Biblioteca clásica*. De este tomo es tirada aparte el anterior folleto.

*Biblioteca clásica.—***Salustio: Obras.** Traducción del Infante D. Gabriel. Madrid, 1879.

Los *Fragmentos de la Grande Historia*, que figuran en este tomo, están traducidos por Menéndez y Pelayo.

Traductores | de las | *Églogas y Geórgicas* | de Virgilio | por | D. Marcelino Menéndez y Pelayo | Madrid | Imprenta Central á cargo de Víctor Saiz | Calle de la Colegiata, núm. 6 | 1879.

132 × 77 mm.—LXXV págs. ns.

En la cubierta consta la fecha de 1880.

Véase también el tomo de *Églogas y Geórgicas* de Virgilio, publicado en la *Biblioteca clásica*, del cual es tirada aparte el folleto anterior.

1880.

*Biblioteca clásica.—***Poetas bucólicos griegos,** traducidos en verso castellano por Ignacio Montes de Oca y Obregón, Obispo de Linares, Individuo correspondiente de la Real Academia Española (Entre los árcades, Ipandro Acaico.) ..... Madrid, 1880. (2.ª edición.)

132 × 77 mm.—LXXII + 424 ps. ns.

El *Prólogo*, de Menéndez y Pelayo, ocupa las páginas III á XIII.

*Biblioteca clásica.—***Aristófanes: Comedias.** Traducidas del griego por Federico Baráibar. Madrid, 1880-1881.

Son tres tomos en 8.º En el I (págs. VII á XXX) hay un estudio de Menéndez y Pelayo, con el título de: «Cuatro palabras acerca del teatro griego en España».

Bibliografía. *De tal palo, tal astilla*, por D. José María de Pereda; Madrid, Tello, 1880.

Artículo crítico de Menéndez y Pelayo sobre dicha novela, en *La Ilustración Española y Americana* (número de 8 de Abril de 1880).

Poesías | de | Don Casimiro del Collado, | de la Academia Mexicana | Correspondiente de la Real Española. | *Sed canit inter opus.* | Tíbulo. | Segunda edición, corregida y aumentada. | Madrid: | Imprenta de Fortanet, | Calle de la Libertad, número 29. | 1880.

133 × 76 mm.—XXI + 452 ps. ns.

El *Prólogo*, de Menéndez y Pelayo, ocupa las páginas de numeración romana. Se publicó también en *La Ilustración Católica* (números de 21 y de 28 de Marzo de 1880).

En el *Horacio en España* (ed. de 1885, II, 243) hace constar Menéndez y Pelayo que su paisano Collado fué uno de los que le favorecieron con noticias referentes á la literatura horaciana en América.

A) **Historia | de los | Heterodoxos | españoles |** por el doctor | don **Marcelino** Menéndez Pelayo | Catedrático de Literatura española | en la Universidad de Madrid. | *Ex nobis prodierunt, sed non erant ex nobis.* | (I. Joann., 11, 19) | *(Grabado)* | (Con licencia de la Autoridad eclesiástica) | Librería católica de San José | Director— Señor D. Joaquín Torres Asensio—Prelado doméstico de Su Santidad—y Chantre de Granada = Gerente en Madrid — Sr. D. Vicente Sancho-Tello — Admón. de la Librería — Gravina, 20.

Tres tomos de 185 × 118 mm.

El primero fué impreso en 1880; el segundo, en el mismo año; el tercero, en 1882; todos en Madrid. En la portada del tercero se agrega este título, al de catedrático de Literatura española en la Universidad de Madrid: «é individuo de número de la Real Academia Española». Constan, respectivamente, de 802, 786 y 891 (+ 1 sin n. de *Erratas)* páginas nums. El tercero lleva el colofón siguiente: «Acabóse de imprimir | en Madrid | por F. Maroto é hijos. | xxvi de Junio de MDCCCLXXXII».

El tomo 1 contiene: Dedicatoria («A mi Padre—Marcelino»).—Discurso preliminar (Bruselas, 26 de Noviembre de 1877).—Libro 1 (con los siguientes capítulos: 1: Cuadro general de la vida religiosa en la Península antes de Prisciliano; 2: Siglos iv y v; continuación de la España romana; 3: Herejías de la época visigoda; 4: Artes mágicas y de adivinación, Astrología, Prácticas supersticiosas en los períodos romano y visigótico).—Libro 11 (1: Herejías del primer siglo de la Reconquista; Elipando y Félix; Adopcionismo; 2: La herejía entre los muzárabes cordobeses; el antropomorfismo; Hostegesis; 3: Un iconoclasta español en Italia; vindicación de un adversario de Scoto Erígena).—Libro 111 (Preámbulo; 1: Entrada del panteísmo semítico en las escuelas cristianas; Domingo Gundisalvo; Juan Hispalense; El español Mauricio; 2: Albigenses, cátaros; valdenses, pobres de León, «insabattatos»; 3: Arnaldo de Vilanova; 4: Noticia de diversas herejías del siglo xiv; 5: Reacción antiaverroísta; teodicea luliana; vindicación de Raimundo Lulio (Ramón Lull) y de R. Sabunde; 6: Herejes de Durango; Pedro de Osma; Barba Jacobo y Urbano; 7: Artes mágicas, hechicerías y supersticiones en España desde el siglo viii al xv; Epílogo: Apostasías, judaizantes y mahometizantes).—Apéndices (en número de 40).—Nota final.—Erratas y Adiciones.—Dictamen del Censor eclesiástico (fechado en Madrid á 15 de Febrero de 1880 y suscrito por D. Vicente de la Fuente).—Licencia.—Índice.

El tomo 11 contiene: Libro iv (Preámbulo; 1: Los erasmistas españoles; 2: Los erasmistas españoles: Alfonso de Valdés; 3: El erasmismo en Portugal: Damián de Goes; 4: Protestantes españoles del siglo xvi; Juan de Valdés; 5: Luteranos españoles fuera de España; Juan Díaz; Jaime de Enzinas; Francisco de San Román; Francisco de Enzinas; Pedro Núñez Vela; 6: Protestantes españoles fuera de España; el Antitrinitarismo y el misticismo panteísta; Miguel Servet; Alfonso Lingurio; 7: El luteranismo en Valladolid y otras partes de Castilla la Vieja; D. Carlos de Seso; Fray Domingo de Rojas; los Cazallas; 8: Proceso del arzobispo de Toledo D. fray Bartolomé Carranza de Miranda; 9: El luteranismo en Sevilla; Rodrigo de Valer; los doctores Egidio y Constantino; Julianillo Hernández; D. Juan Ponce de León y otros protestantes; 10: Protestantes españoles fuera de España en los siglos xvi y xvii).—Libro v (1: Sectas místicas: alumbrados; quietistas; Miguel de Molinos; embustes y milagrerías; 2: Judaizantes; la sinagoga de Amsterdam; 3: Moriscos; literatura aljamiada; los plomos del Sacro-Monte; 4: Artes mágicas, hechicerías y supersticiones en los siglos xvi y xvii; Epílogo. Resistencia ortodoxa).—Apéndices (en número de seis).—Addenda.—Dictamen del censor eclesiástico (Madrid, 25 de Noviembre de 1880).—Licencia.—Índice.

El tomo 111 contiene: Libro vi (Discurso preliminar; 1: *Regalismo; Novedades filosóficas; la Inquisición; Protestantes y judaizantes;* 2: El jansenismo regalista en el siglo xviii; 3: El Enciclopedismo en España durante el siglo xviii; 4: Tres heterodoxos españoles en la Francia revolucionaria; Otros heterodoxos extravagantes, ó que no han encontrado fácil cabida en la clasificación anterior; Adición á este capítulo: ¿puede contarse entre los heterodoxos españoles al padre Lacunza?).—Libro vii (1: La heterodoxia entre los afrancesados; 2: La heterodoxia en las Cortes de Cádiz; 3: La heterodoxia durante el reinado de Fernando VII; 4: Protestantes españoles en

el primer tercio del siglo xix: Don José María Blanco (White); Muñoz de Sotomayor).—Libro viii
(1: Política heterodoxa durante el reinado de doña Isabel II; 2: Esfuerzos de la propaganda pro-
testante durante el reinado de doña Isabel II; Otros casos de heterodoxia sectaria; 3: De la filo-
sofía heterodoxa desde 1834 á 1868, y especialmente del krausismo; De la apologética católica
durante el mismo período; 4: Breve recapitulación de los sucesos de nuestra historia eclesiás-
tica, desde 1868 al presente).—Epílogo.— Addenda et Corrigenda.—Apéndices (en número de
dos).— Índice.—Erratas.—Colofón.

El capítulo iii del libro iii es reproducción literal del libro sobre *Arnaldo de Vilanova*, publi-
cado en 1879. Lleva la siguiente nota: «Cuando por primera vez se publicó este capítulo con sus
apéndices (hace algunos meses), con el título de *Arnaldo de Vilanova, médico catalán del siglo XIII.
Ensayo histórico*, etc., dió á luz mi buen amigo Morel-Fatio un docto y benévolo juicio sobre mi
trabajo en la *Bibliothèque de l'École des Chartes* (tomo xl). Para él tuvo á la vista, en pruebas, el
estudio que acerca de Arnaldo prepara M. Hauréau para el tomo xxviii de la *Histoire littéraire
de la France*. Este tomo no ha aparecido hasta la fecha.» (Pág. 449 del tomo 1).

La tirada de la 1.ª edición de los *Heterodoxos* fué de cuatro mil ejemplares.

En la *Revista hispano-americana*, que se publicó en Madrid por los años de 1881 y 1882, diri-
giéndola D. Jacinto María Ruiz y D. Salvador López Guijarro (y donde salieron á luz muy impor-
tantes artículos de Fernández Guerra, Cañete, Cánovas, Hinojosa, Saavedra y otros), se inser-
taron parcialmente los siguientes capítulos del tomo iii de los *Heterodoxos:*

a) Tres heterodoxos españoles en la Francia revolucionaria (del capítulo iv del libro vi; nú-
meros de 1.° y 16 de Octubre y 1.° de Noviembre de 1881).

b) Algunas reflexiones acerca del Padre Feijóo (del cap. i, lib. vi; número de 16 Diciembre
de 1881).

c) Impugnadores españoles del enciclopedismo (del cap. iii, libro vi; números de 1.° de Marzo
y 16 Abril de 1882).

d) Blanco (White) (del cap. iv, lib. vii; números de 1.° Junio y 1.° Julio de 1882).

También salieron á luz otros fragmentos de la misma obra en la *Revista de Madrid*. Tales
fueron los artículos titulados:

a) Discurso preliminar al tomo iii (págs. 49, 99 y 145 del tomo i, año 1881, de la *Revista*).

b) Propagación y desarrollo de la filosofía sensualista en España durante el siglo xviii (del
cap. iii, del libro vi; en el tomo iii, año 1882, págs. 79-88 y 111-119 de dicha *Revista*).

c) El Regalismo (del cap. i, lib. vi; en los mismos tomo y año, págs. 259-265 y 345-354).

d) Sectas místicas (cap. i, lib. v del tomo ii; en el tomo iv, año 1882, págs. 10-20; 54-66; 102-119;
152-165; 205-216 y 249-259).

Ya hemos advertido que el *Plan* primitivo de los *Heterodoxos* salió á luz en la *Revista Euro-
pea* de 1876 (viii, págs. 459, 485 y 522) con parte del Prólogo primitivo, y fué reproducido en la
1.ª edición de *La ciencia española* y en *La España*.

La «Vindicación de Jove-Llanos», contenida en el capítulo iii del libro vi de los *Heterodoxos*,
se publicó también en el periódico *El Siglo Futuro*.

B) **Historia | de los | Heterodoxos | españoles |** por el Dr. | D. Marcelino Menén-
dez y Pelayo | Director de la Real Academia de la Historia. | *Ex nobis prodierunt, sed
non erant ex nobis* | (I. Ioann., ii, 19.) | Segunda edición refundida | Tomo i | Madrid |
Librería general de Victoriano Suárez | Calle de Preciados, 48 | 1911.

181 × 113 mm.—516 págs. ns. + 1 sin n. de *Erratas*.

Es el primer tomo publicado de las *Obras completas del Excmo. Sr. D. Marcelino Menéndez y
Pelayo*. Lleva un magnífico retrato del Autor (heliograbado Dujardin).

Contiene: Dedicatoria («A la bendita memoria de mis Padres»).—Advertencias preliminares
(Santander, Julio de 1910)—Discurso preliminar de la primera edición.—Prolegómenos: Cuadro
general de la vida religiosa en la Península antes de la predicación del Cristianismo. (Se divide
en dos partes: I. *Prehistoria*. II. *Historia*. Estudia en la primera las creencias, ritos y supersti-
ciones de la España prehistórica, exponiendo y criticando todos los hallazgos relativos á la ar-

queología prehistórica peninsular. En la segunda parte examina las creencias, ritos y supersticiones de las tribus ibéricas; la colonización fenicia en España; las colonias griegas; la España romana y los cultos orientales en el Imperio romano).—Advertencia final.—Indice-Sumario.—Erratas que se han notado.

Todo este enorme y dificilísimo trabajo corresponde sólo á la ampliación de *seis páginas* del tomo 1 de la edición de 1880.

Entre otras declaraciones, contenidas en las *Advertencias preliminares*, hace Menéndez y Pelayo las siguientes:

«Nada envejece tan pronto como un libro de historia. Es triste verdad, pero hay que confesarla. El que sueñe con dar ilimitada permanencia á sus obras, y guste de las noticias y juicios estereotipados para siempre, hará bien en dedicarse á cualquier otro género de literatura, y no á éste tan penoso, en que cada día trae una rectificación ó un nuevo documento. La materia histórica es flotante y móvil de suyo, y el historiador debe resignarse á ser un estudiante perpetuo y á perseguir la verdad dondequiera que pueda encontrar resquicio de ella, sin que le detenga el temor de pasar por inconsecuente. No lo será en los principios, si en él están bien arraigados; no lo será en las leyes generales de la historia, ni en el criterio filosófico con que juzgue los sistemas y las ideas, ni en el juicio moral que pronuncie sobre los actos humanos. Pero en la depuración de los hechos está obligado á serlo, y en la historia eclesiástica con más rigor que en otra ninguna, por lo mismo que su materia es altísima y nada hay en ella pequeño ni indiferente..... Otro defecto tiene, sobre todo en el último tomo, y es la excesiva acrimonia é intemperancia de expresión con que se califican ciertas tendencias ó se juzga de algunos hombres. No necesito protestar, que en nada de esto me movía un sentimiento hostil á tales personas. La mayor parte no me eran conocidas más que por sus hechos y por las doctrinas expuestas en sus libros ó en su enseñanza. *De casi todos pienso hoy lo mismo que pensaba entonces:* pero si ahora escribiese sobre el mismo tema, lo haría con más templanza y sosiego, aspirando á la serena elevación propia de la historia, aunque sea contemporánea, y que mal podía esperarse de un mozo de veintitrés años, apasionado é inexperto, contagiado por el ambiente de la polémica, y no bastante dueño de su pensamiento ni de su palabra.»

En la intención del Autor, el tomo 1 de la nueva edición había de comprender todo el primer libro de la antigua. Así, se imprimieron, con el título de: *Apéndices del tomo I,* ocho pliegos con nueve apéndices, entre ellos los once Tratados de Prisciliano descubiertos y publicados por Schepss, y el texto griego de la carta de Hosio á Constancio (en total, cxxviii páginas). Cotejé cuidadosamente todos estos textos en unión de D. Marcelino, durante el verano de 1910, en su biblioteca de Santander.

Nada dejó escrito el Maestro, de lo siguiente al tomo 1 de la nueva edición, salvo numerosas notas bibliográficas que iba incluyendo entre las hojas de un ejemplar viejo de los *Heterodoxos.* Una de las últimas notas, tomada rápidamente del *Diccionario* de Hidalgo, pocas horas antes de su muerte, figura, con artístico marco, en la Biblioteca del Real Palacio, donde también se conserva una de las plumas que usó.

1881.

Discursos | leídos ante | la Real Academia Española | en la pública recepción | del doctor | don Marcelino Menéndez Pelayo | el día 6 de Marzo de 1881 | Madrid | Imprenta de F. Maroto é Hijos | calle de Pelayo, núm. 34 | 1881.

163 × 92 mm.—116 págs. ns.

Trata: *De la poesía mística en España* (págs. 7 á 64). El discurso de contestación lo escribió D. Juan Valera (págs. 67 á 116).

Este trabajo de Menéndez y Pelayo ha sido reproducido en la primera serie de *Estudios de crítica literaria* (Madrid, 1884). También lo reprodujo *La Ilustración Española y Americana.* (Suplemento al número de 8 de Marzo de 1881, con el retrato del autor).

Ocupó en la Academia Española la silla L, sucediendo á D. Juan Eugenio Hartzenbusch (m. en 2 de Agosto de 1880).

Hay versión parcial del Discurso de Menéndez y Pelayo, en el folleto de·Mr. Albert Savine; *l'ne réception académique en Espagne*. (Tulle, Mazeyrie, 1881; 27 págs. en 8.°).

Virgilio: Las Geórgicas. Traducidas por el Excmo. Sr. D. Marcelino de Aragón Azlor, Duque de Villahermosa, con un prólogo de D. Marcelino Menéndez y Pelayo. Madrid, Fortanet, 1881.

En 8.° Ocupa el Prólogo las páginas v á xiii. Fué reproducido en la *Revista de Madrid*, i, 1881, páginas 334.

Hay edición posterior, incluída en las *Obras de D. Marcelino de Aragón Azlor*, etc. (Madrid, Tello, 1894).

Brindis pronunciado por M. Menéndez y Pelayo en el banquete celebrado en honor de los Catedráticos extranjeros en el Retiro de Madrid el día 30 de Mayo de 1881, con ocasión del Centenario de Calderón.

Publicado en la *Revista de Madrid* (i, 1881, pág. 555), y en *El Siglo Futuro* de 31 de Mayo de dicho año, y reimpreso en el mismo periódico el 20 de Mayo de 1912.

Como, además de ser breve, es bastante significativo para definir la actitud de Menéndez y Pelayo por aquellos días, lo reproduzco á continuación. Decía así:

«Yo no pensaba hablar; pero las alusiones que me han dirigido los señores que han hablado antes, me obligan á tomar la palabra. Brindo por lo que nadie ha brindado hasta ahora: por las grandes ideas que fueron alma é inspiración de los poemas calderonianos. En primer lugar, por la fe católica, apostólica, romana, que en siete siglos de lucha nos hizo reconquistar el patrio suelo, y que en los albores del Renacimiento abrió á los castellanos las vírgenes selvas de América y á los portugueses los fabulosos santuarios de la India. Por la fe católica, que es el *substratum*, la esencia, y lo más grande, y lo más hermoso de nuestra teología, de nuestra filosofía, de nuestra literatura y de nuestro arte.

» Brindo, en segundo lugar, por la antigua y tradicional monarquía española, cristiana en la esencia y democrática en la forma, que, durante todo el siglo XVI, vivió de un modo cenobítico y austero: y brindo por la casa de Austria, que, con ser de origen extranjero y tener intereses y tendencias contrarias á los nuestros, se convirtió en portaestandarte de la Iglesia, en gonfaloniera de la Santa Sede, durante toda aquella centuria.

» Brindo por la nación española, amazona de la raza latina, de la cual fué escudo y valladar firmísimo contra la barbarie germánica y el espíritu de disgregación y de herejía que separó de nosotros las razas septentrionales.

» Brindo por el Municipio español, hijo glorioso del Municipio romano y expresión de la verdadera y legítima y sacrosanta libertad española, que Calderón sublimó hasta las alturas del arte en *El alcalde de Zalamea*, y que Alejandro Herculano ha inmortalizado en la historia.

» En suma, brindo por todas las ideas, por todos los sentimientos que Calderón ha traído al arte; sentimientos é ideas que son los nuestros, que aceptamos por propios, con los cuales nos enorgullecemos y vanagloriamos nosotros los que sentimos y pensamos como él, los únicos que con razón y con justicia y derecho podemos enaltecer su memoria, la memoria del poeta español y católico por excelencia; del poeta de todas las intolerancias é intransigencias católicas; del poeta teólogo; del poeta *inquisitorial*, á quien nosotros aplaudimos y festejamos y bendecimos, y á quien de ninguna suerte pueden contar por suyo los partidos más ó menos *liberales* que, en nombre de la unidad centralista á la francesa, han ahogado y destruído la antigua libertad municipal y foral de la Península, asesinada primero por la casa de Borbón, y luego por los gobiernos revolucionarios de este siglo.

» Y digo y declaro firmemente que no me adhiero al centenario en lo que tiene de fiesta semipagana, informada por principios que aborrezco y que poco habían de agradar á tan cristiano poeta como Calderón si levantara la cabeza.

» Y ya que me he levantado, y que no es ocasión de traer á esta reunión fraternal nuestros rencores y divisiones de fuera, brindo por los catedráticos lusitanos que han venido á honrar con su presencia esta fiesta, á quienes miro y debemos mirar todos como hermanos, por lo mismo que hablan una lengua *española*, y que pertenecen á la raza *española*; y no digo ibérica, porque estos vocablos de *iberismo* y de *unidad ibérica* tienen no se qué mal sabor progresista (murmullos). Sí, *española*, lo repito; que españoles llamó siempre á los portugueses Camoens, y aun en nuestros días Almeida Garrett, en las notas de su poema *Camoens*, afirmó que españoles somos, y que de españoles nos debemos preciar todos los que habitamos la Península ibérica.

» Y brindo, en suma, por todos los catedráticos aquí presentes, representantes de las diversas naciones latinas que como arroyos han venido á mezclarse en el grande Océano de nuestra gente romana.»

Discurso pronunciado en el Círculo católico de Madrid, por M. Menéndez y Pelayo.

Publicado en la *Revista de Madrid* (tomo 1, año 1881, pág. 557).

En esta *Revista* redactó durante algún tiempo Menéndez y Pelayo una *Sección bibliográfica* (véanse las páginas 28, 268, 436, 543 y 597 del tomo 1, año 1881).

A) **Calderón y su Teatro. | Conferencias | dadas en el | Círculo de la Unión Católica, |** por | D. Marcelino Menéndez Pelayo | de la Real Academia Española..... Madrid: 1881 | Librería de M. Murillo | Alcalá, 7.

123 × 68 mm.—Ocho folletos, que llevan, respectivamente, los siguientes títulos:

I. Calderón y sus críticos (38 págs. ns.).
II. El hombre, la época y el arte (51 págs. ns.).
III. Autos sacramentales (61 págs. ns.).
IV. Dramas religiosos (70 págs. ns.).
V. Dramas filosóficos (44 págs. ns.).
VI. Dramas trágicos (60 págs. ns.).
VII. Comedias de capa y espada y géneros inferiores (40 págs. ns.).
VIII. Resumen y síntesis (32 págs. ns.).

B) *Colección de escritores castellanos.* **Calderón y su Teatro,** por D. Marcelino Menéndez y Pelayo, de las Reales Academias Española y de la Historia, Catedrático de la Universidad de Madrid. Conferencias dadas en el Círculo de la Unión Católica. Tercera edición..... Madrid, Imprenta de A. Pérez Dubrull, 1884.

402 págs. ns. + 1 de *Índice* y otra de colofón (fechado en 23 de Noviembre de 1884). La cubierta trae fecha de 1885.

Es reproducción, á plana y renglón, de la anterior. Lo de «tercera edición», obedece, sin duda, á que se consideraron como segunda los ejemplares de la primera en que la paginación va seguida, constituyendo la obra un tomo.

Hay «cuarta edición», impresa en 1910.

San Isidoro. | Su importancia en la historia intelectual de España. | Discurso leído | ante la Academia Hispalense | de | Sto. Tomás de Aquino, | en la Sesión Inaugural del domingo 16 de Octubre de 1881, | por el Doctor | D. Marcelino Menéndez Pelayo, | individuo de número de la Real Academia Española, Preeminente de la antedicha | de Sto. Tomás y Catedrático de Literatura en la Universidad de Madrid. | (Escudo). | Sevilla. | Imp. y Lib. de los Sres. D. A. Izquierdo y sob.º, | 1881·

161 × 88 mm.—15 págs. nums.

En el ejemplar que tengo á la vista hay correcciones de mano del autor; así, en la página 4, líneas 10 y 11, pone *expresión* en vez de *experiencia*; y en la 7, línea 23, *sublimes* en lugar de *sencillas*.

Este discurso ha sido reproducido en la primera serie de *Estudios de crítica literaria* (Madrid, 1884), con las correcciones indicadas. También lo fué en la *Revista de Madrid* (tomo II, año 1881, pág. 503).

Dramas | de | Guillermo Shakspeare. | El Mercader de Venecia.— Macbeth.—Romeo y Julieta. | Otelo. | Traducción de | D. Marcelino Menéndez Pelayo, | Catedrático de literatura en la Universidad Central y Académico | de la Española. | Dibujos y grabados al boj de los principales | artistas alemanes. | Barcelona. | Biblioteca «Arte y Letras». | Administración: Ausias March, 95. | 1881.

151 × 87 mm. — IV + 482 págs. ns + I sin n.

Los tomos II y III, publicados, respectivamente, en 1883 y 1884, están traducidos por D. José Arnaldo Márquez. Del tomo I hay otra edición, de 1907 (Barcelona).

«En la traducción—dice Menéndez en la *Advertencia preliminar*—he procurado, ante todo, conservar el sabor del original, sin mengua de la energía, propiedad y concisión de nuestra lengua castellana. Muchas veces he sido más fiel al sentido que á las palabras, creyendo interpretar así la mente de Shakspeare mejor que aquellos traductores que crudamente reproducen hasta los ápices del estilo del original, y las aberraciones contra el buen gusto, en que á veces incurría el gran poeta.»

Biblioteca clásica.—Obras completas de Marco Tulio Cicerón. Versión castellana de D. Marcelino Menéndez y Pelayo..... Madrid, Luis Navarro, editor; Colegiata, n.º 6.

133 × 77 mm.

Diez tomos; pero sólo los cinco primeros están traducidos por Menéndez y Pelayo. El I y II (1881) comprende los tratados didácticos de Elocuencia; el III (1883) los libros *De la naturaleza de los Dioses* y *Del sumo bien y del sumo mal;* el IV (1883), los *Oficios*, los diálogos *De la vejez* y *De la amistad*, y las *Paradojas;* el V (1884), las *Cuestiones Tusculanas, De la Adivinación* y *Del Hado.*

1882.

Bibliografía. *El sabor de la tierruca*, por D. José María de Pereda.

Artículo crítico de Menéndez y Pelayo sobre dicha novela, en *La Ilustración Española y Americana* (número de 8 de Agosto de 1882).

El sentimiento del honor en el teatro de Calderón. Monografía por D. Antonio Rubió y Lluch, precedida de un Prólogo de D. Marcelino Menéndez y Pelayo. Barcelona, Viuda é Hijos de J. Subirana, 1882.

En 8.º Ocupa el Prólogo las páginas V-XVI. Fué reproducido en la *Revista de Madrid* (tomo V, año 1883, pág. 205), donde también colaboraba el Sr. Rubió y Lluch.

Odas de Q. Horacio Flaco, traducidas é imitadas por ingenios españoles, y coleccionadas por D. M. Menéndez y Pelayo.—Barcelona, Biblioteca «Arte y Letras», 1882.

156 × 90 mm. — XV + 400 págs. ns.

Lleva una *Advertencia preliminar* de D. Marcelino. Sigue la *Epístola á Horacio*, y vienen luego las versiones é imitaciones de los Epodos.

Al final del tomo I de la edición de 1885 de *Horacio en España* (pág. 325), escribe Menéndez y Pelayo:

«Una empresa editorial de Barcelona, la *Biblioteca de Artes y Letras*, ha publicado en 1882, en un volumen pintoresco ó ilustrado, las *Odas de Q. Horacio Flaco, traducidas é imitadas por in-*

genios españoles, y coleccionadas por el que escribe estas líneas. Los artistas encargados de la ilustración de las Odas fueron los Sres. Fabrés, Gómez Soler, Hernández, Más, Mélida (D. Arturo), Mélida (D. Enrique), Mestres, Pellicer, Pradilla, Riquer, Sala (E.), Sanmartí, Serra (E.), Villegas, Domenech y Jorba. La corrección del texto (cuyas pruebas no vi en su mayor parte) no responde de ningún modo al esmero de la parte artística, habiendo páginas enteras absolutamente ilegibles. Convendría someter á escrupulosa revisión este volumen antes de reimprimirle, y sustituir también, por otras menos endebles, algunas traducciones que fué forzoso insertar por la premura con que el volumen se recopiló y dió á la estampa, y por la dificultad de encontrar á mano algunos libros.»

Diálogos literarios, por D. José Coll y Vehí. – Segunda edición. Con un Prólogo por D: Marcelino Menéndez y Pelayo, de la Academia Española. Barcelona, Librería de Juan y Antonio Bastinos, editores; 1882.

En 8.º Ocupa el Prólogo las páginas ix á xxviii.
La 5.ª y última edición es de Barcelona, 1907. La 1.ª se imprimió en Barcelona el año 1866 (*Biblioteca económica del maestro de primera enseñanza*).

Autores dramáticos contemporáneos, y Joyas del Teatro Español del siglo XIX..... Madrid, Imprenta de Fortanet.....

Dos tomos de 231 × 140 mm. El i lleva fecha de 1881, y el ii, de 1882; pero la obra no terminó hasta 1886, y fué su principal director D. Pedro de Novo y Colson.
En el tomo ii, páginas 5 á 27, hay un estudio de Menéndez y Pelayo, fechado en Madrid á 31 de Mayo de 1882, sobre D. Francisco Martínez de la Rosa.
En el mismo tomo, páginas 293 á 317, figura otro estudio de D. Marcelino, fechado en Santander, «Agosto de 1883», sobre D. Gaspar Núñez de Arce.
Las obras de Martínez de la Rosa y de Núñez de Arce, elegidas para la colección, son *Edipo* y *El haz de leña*, respectivamente.
Reimprimiéronse los trabajos citados en la primera serie de *Estudios de crítica literaria* (Madrid, 1884). Reprodújolos también *La España Moderna*, en dos folletos en 8.º

1883.

Memorial | de la villa de Utrera. | Autor | el Licenciado Rodrigo Caro. | Lo escribió el Autor en el Año de Nuestro | Redemptor 1604. | Copiado por el Códice que está en la librería | del Convento del Carmen de Utrera. | Año de—1883 | Sevilla: Imp. de *El Mercantil Sevillano*, | Olavide, 8.

148 × 90 mm.—LVI + 316 + XII + 38 + III + 56 págs. ns. + 7 sin n. En papel de hilo. Comprende el *Memorial* y dos opúsculos más. Las *Noticias sobre la vida y escritos de Rodrigo Caro*, por Menéndez y Pelayo, ocupan las páginas v á xlv, y han sido reproducidas en la primera serie de *Estudios de crítica literaria* (Madrid, 1884).
El *Memorial* constituye el tomo i de las obras de Rodrigo Caro, publicadas por la Sociedad de Bibliófilos andaluces.

Biblioteca de la «Revista de Madrid». | **Blanquerna | Maestro | de la perfección cristiana** | compuesto en lengua lemosina | por el iluminado Doctor, Mártir invictísimo de | Jesucristo y maestro universal en todas artes | y ciencias | B. Raimundo Lulio, | con un prólogo de | don Marcelino Menéndez Pelayo | ..... | Madrid | Imprenta de la viuda é hijo de Aguado | calle de Pontejos, 8 | 1883.

Dos tomos de 139 × 76 mm. El 1.º consta de xlvii + 455 págs. El 2.º, de 368 págs.

El estudio de D. Marcelino ocupa las páginas xvii á xlvii del tomo i. El texto del *Blanquerna* es reproducción de la versión castellana impresa en Mallorca, en 1749 (hecha á su vez sobre el texto lemosín estampado en Valencia el año 1521). El estudio preliminar de Menéndez y Pelayo contiene los siguientes capítulos:

I. Noticias del autor y de sus libros.
II. Teología racional de Lulio.—Sus controversias con los averroístas.
III. Del *Blanquerna* y de la edición presente.

La *Revista de Madrid*, bimensual, estaba dirigida por D. Miguel García Romero. En su redacción figuraban los Sres. Caminero (D. Francisco), Cañete (D. Manuel), Suárez Brabo (D. Ceferino), Menéndez y Pelayo, Pidal (D. Alejandro) y Liniers (D. Santiago). Empezó á publicarse en 1881, y acabó en 1883.

Discursos | leídos ante la | Real Academia de la Historia | en la recepción pública | del doctor | D. Marcelino Menéndez y Pelayo | el 13 de Mayo de 1883. | Madrid | Imprenta Central á cargo de Víctor Saiz | calle de la Colegiata, núm. 6 | 1883.

173 × 90 mm.—59 págs. nums.

Trata: *De la Historia, considerada como arte bella* (págs. 7 á 40).—El discurso de contestación es de D. Aureliano Fernández-Guerra (págs. 43 á 59).

Menéndez y Pelayo sucedió en la Real Academia de la Historia á D. José Moreno Nieto (m. en 24 de Febrero de 1882), poseyendo la medalla núm. 22.

El discurso fué reproducido en la primera serie de *Estudios de crítica literaria* (Madrid, 1884), y también en la *Revista de Madrid* (tomo v, año 1883, pág. 529 y sigs.).

Informe sobre la obra: «*Monumentos antiguos de la Iglesia compostelana*» (de D. Antonio López Ferreiro y D. Fidel Fita; Madrid, 1882).

El informe fué dado por Menéndez y Pelayo á la Real Academia de la Historia, con fecha «Octubre de 1883», y se publicó en el *Boletín* de esta Corporación (número de Noviembre de 1883).

Biblioteca clásica. Enrique Heine: Poemas y fantasías, traducción en verso castellano, de José J. Herrero, con un prólogo de D. Marcelino Menéndez y Pelayo. Madrid, Luis Navarro, editor; Colegiata, núm. 6; 1883.

133 × 75 mm. — xxxi + 311 ps. ns. + 1 sin n.

El *Prólogo* de Menéndez y Pelayo, fechado en Junio de 1883, ocupa las páginas v á xv. Fué reproducido en la *Revista de Madrid* (tomo v, año 1883, pág. 733), y en la segunda serie de *Estudios de crítica literaria* (Madrid, 1895).

Obras del Marqués de Molíns (Crítica).

Artículo publicado en la *Revista de Madrid* (tomo v, año 1883, págs. 23 y 156).

Colección de escritores castellanos: Historia de las ideas estéticas en España, por el Doctor D. Marcelino Menéndez y Pelayo, de las Reales Academias Española y de la Historia, Catedrático de la Universidad de Madrid. Tomo I (hasta fines del siglo xv). Madrid, Imprenta de A. Pérez Dubrull, Flor Baja, núm. 22, 1883.

122 × 68 mm.—xx + 437 págs. ns. + 5 sin n.

La *Advertencia preliminar* está fechada en Julio de 1883. La obra va dedicada á D. Manuel Milá y Fontanals, «como recuerdo de los días en que recibió su docta enseñanza».

tiene los siguientes capítulos:

Introducción: De las ideas estéticas entre los antiguos griegos y latinos, y entre los filósofos cristianos.

I. Ideas literarias de los escritores hispano-romanos.
II. De las ideas estéticas en los Padres de la Iglesia española.
III. De las ideas estéticas entre los árabes y judíos españoles.
IV. De la filosofía del amor y del arte en la escuela luliana.
V. De las ideas acerca del arte en la Edad Media.

De este tomo I se hizo segunda edición, refundida y aumentada en dos volúmenes. El primero, impreso en 1890, consta de XXIII + 420 págs. ns. + 2 sin n., y lleva una *Nota*, fechada en Noviembre de 1889. Comprende la *Introducción* y el capítulo I. El volumen segundo, impreso en 1891, tiene 364 págs. ns. + 1 sin n., y comprende los capítulos II á V, con seis Apéndices (entre ellos el *Arte de la poesía castellana* de Juan del Encina). La tercera edición es también en dos volúmenes, impresos en 1909 y 1910, respectivamente.

El tomo II salió á luz en 1884, dividido en dos volúmenes, de paginación seguida (690 páginas numeradas + 4 sin n.). Comprende los siguientes capítulos:

VI. De la estética platónica en el siglo XVI.
VII. De la estétiea platónica en los místicos de los siglos XVI y XVII.
VIII. Las ideas estéticas en los escolásticos españoles de los siglos XVI y XVII.
IX. De las teorías acerca del arte literario en España durante los siglos XVI y XVII. *(Con este capítulo termina el volumen 1.º).*
X. Continúan las teorías acerca del arte literario en España durante los siglos XVI y XVII.
XI. La estética en los preceptistas en las artes del diseño durante los siglos XVI y XVII.
XII. La estética en los tratadistas de música durante los siglos XVI y XVII.

De este tomo II se hizo segunda edición, con una numeración tan extravagante, que embrolló por completo la serie de los volúmenes.

En efecto, dicha segunda edición consta de dos *tomos* (no *volúmenes*). El primero, que se titula «tomo III», fué impreso en 1896 (528 págs. ns. + 2 sin n. de *Índice*), y comprende los capítulos VI, VII, VIII, IX y X. El segundo, titulado «tomo IV», se imprimió en 1901 (360 págs. numeradas + 3 sin n. de *Índice* y colofón), y abarca los capítulos XI y XII, y, además, la *Introducción* del siglo XVIII (Reseña histórica del desarrollo de las doctrinas estéticas durante el siglo XVIII).

El tomo III (propiamente dicho) se publicó en 1886, dividiéndose también en dos volúmenes, con paginación distinta. Consta el primero de 418 págs. ns., y contiene los siguientes capítulos:

Introducción: Reseña histórica del desarrollo de las doctrinas estéticas durante el siglo XVIII.
I. De las ideas generales acerca del arte y la belleza en los escritores españoles del siglo XVIII.
II. Desarrollo de la preceptiva literaria durante la primera mitad del siglo XVIII (reinados de Felipe V y Fernando VI).

El 2.º tiene 602 págs. nums. + 2 sin num., de *Erratas* y colofón, y comprende:

III. Desarrollo de la preceptiva literaria durante la segunda mitad del siglo XVIII y primeros años del XIX.
IV. De la estética en los tratadistas de las artes del diseño, durante el siglo XVIII.
V. De la estétiça en los tratadistas de Música durante el siglo XVIII.
  Apéndice.
  Adición.

Hay asimismo segunda edición, dividida en dos *tomos*, que llevan los números V y VI. El primero, publicado en 1903 (342 págs. nums. + 1 sin n.), comprende los capítulos I, II y III (la segunda edición de la *Introducción*, ya hemos visto que figura en el titulado «tomo IV», que es segunda edición del volumen 2.º del tomo II). El segundo, publicado en 1904 (474 págs. nums. + 1 sin num.), comprende los capítulos III (continuación), IV y V, el Apéndice y la Adición.

El tomo IV consta de dos volúmenes. El primero, publicado en 1888 (aunque la portada trae 1887), contiene la Introducción *(Reseña histórica del desarrollo de las doctrinas estéticas durante el siglo XIX, en Alemania)*, y se compone de 509 págs. ns. + 2 sin n. En el segundo, publicado en 1889 (369 págs. ns. + 2 sin n.), continúa la *Introducción*, tratando de Inglaterra y Francia. Hay segunda edición, en dos volúmenes también, impresos en 1907 y 1908.

El tomo v se publicó en 1891, y consta de xiv + 524 págs. ns. + 2 sin n. Trata de *El Romanticismo en Francia*. Hay segunda edición, impresa en 1912, con el título de «tomo ix».

Fué el último tomo publicado. La obra quedó incompleta, terminando con esta magnífica *Introducción*. En la *Advertencia preliminar* escribe Menéndez y Pelayo:

« .... Todo lo relativo á las corrientes posteriores que en la novela se inician con Balzac, en la crítica con Sainte-Beuve, y en la lírica con los pequeños grupos posteriores á Musset y á T. Gautier, y nacidos en gran parte de su impulso, ya por imitación, ya por reacción, será materia del volumen siguiente, que también contendrá un sucinto examen de la Estética italiana..... Por lo mismo que mis investigaciones en lo sucesivo han de versar principalmente sobre nuestra propia historia literaria, y quizá no se me vuelva á presentar en la vida ocasión de exponer mis ideas sobre literatura extranjera (materia muy descuidada en España, donde suele aprenderse en malos é inseguros guías), me he dilatado tanto en estos estudios previos, que para mí han sido muy amenos, y quizá no serán inútiles para otros. Una sola ventaja tiene el aislamiento en que vivimos los que en España nos dedicamos á tareas de erudición ó de ciencia: *El silencio y la indiferencia de la crítica son tales, que, si no nos alienta ni nos estimula, tampoco nos molesta ni perturba, imponiéndonos modas y preocupaciones del momento, ni sujetándonos á la tiranía del mayor número, como en otras partes suele acontecer.* Como apenas somos leídos, libres somos para dar á nuestras ideas el desarrollo y el rumbo que tengamos por conveniente; y quien tenga la fortaleza de ánimo necesaria para resignarse á este perpetuo monólogo, podrá hacer insensiblemente su educación intelectual por el procedimiento más seguro de todos, el de escribir un libro cuya elaboración dure años. Entonces comprenderá cuánta verdad encierra aquella sabida sentencia: «el que empieza una obra, no es más que discípulo del que la acaba». Si algún lector benévolo y paciente notare alguna ventaja, ya de crítica, ya de estilo, en los últimos tomos de esta obra, respecto de los dos primeros, atribúyala á esta labor obscura y austera, que no conduce ciertamente al triunfo ni á la gloria, pero que, para el sosiego y buen concierto de la vida moral, importa tanto.»

Los números i y ii de la Introducción del tomo i salieron á luz también en la *Revista hispano-americana*, con estos títulos:

a) Doctrina estética de Platón (núm. de 16 Noviembre, 1882).

b) De la poética de Aristóteles (núm. de 16 Diciembre, 1882, último de dicha *Revista*).

Los números i y ii de la Introducción del tomo v se publicaron en la revista *La España Moderna*, con estos títulos:

a) Estudios sobre los orígenes del romanticismo francés. Los precursores.

b) Los iniciadores. Mad. de Staël, Chateaubriand y sus respectivos grupos. (Noviembre y Diciembre de 1890, y Enero de 1891).

Parte del volumen 2.º del tomo iv *(De las ideas estéticas durante el siglo XIX en Inglaterra)* salió á luz en la *Revista de España*, tomo 124 (Noviembre y Diciembre de 1888; págs. 82 y siguientes, y 381 y sigs.).

Nuestro Siglo *(Reseña histórica de los más importantes acontecimientos sociales, artísticos, científicos é industriales de nuestra época)*, por Otto von Leixner. Traducción del alemán, revisada y anotada por D. Marcelino Menéndez y Pelayo. Barcelona, Montaner y Simón, editores. 1883.

256 × 174 mm. 408 págs. á dos cols.

1884.

Colección de escritores castellanos: **Estudios de crítica literaria,** por el Doctor D. Marcelino Menéndez y Pelayo, Catedrático de literatura en la Universidad de Madrid, individuo de número de las Reales Academias Española y de la Historia, y

Correspondiente de las de Buenas Letras de Barcelona y Sevilla. Madrid, Imprenta de A. Pérez Dubrull, Flor Baja, núm. 22. 1884.

123 × 68 mm.—329 págs. ns. + 1 de *Índice* y otra de colofón (4 Marzo 1884). Va dedicado á D. Juan Valera.

Contiene los siguientes trabajos, ya publicados, como hemos visto, en otros lugares:

I. De la poesía mística.
II. De la historia considerada como obra artística.
III. San Isidoro.
IV. Noticias sobre la vida y escritos de Rodrigo Caro.
V. D. Francisco Martínez de la Rosa.
VI. D. Gaspar Núñez de Arce.

Hay segunda edición, del año 1893.

M. Menéndez y Pelayo | *Ramón Lull* | *(Raimundo Lulio)* | Discurso leído el día 1.º de Mayo del año actual | en el Instituto de las Baleares. | *(Escudo del impresor)* | Palma de Mallorca | Imprenta de la Biblioteca Popular | MDCCCLXXXIV.

161 × 87 mm.—29 págs. nums. + 1 de *Erratas* y otra de colofón (27 Julio 1884). Cubierta litografiada, con orla y un dibujo de la Trinidad, copia de un códice luliano. La primera inicial del texto, azul y roja, perfilada á imitación de las de los manuscritos antiguos. Portada y cubierta á dos tintas, negra y roja.

Según me comunicó mi buen amigo el ilustre poeta mallorquín D. J. Luis Estelrich, se hizo de este folleto una tirada económica de 1.000 ejemplares (con la misma composición), para regalar á los suscritores del periódico *Las Noticias*.

Este opúsculo se halla reproducido en el tomo III de la 3.ª edición de *La ciencia española*.

Proyecto de Ley, pidiendo un crédito (de 900.000 pesetas) para adquirir la Biblioteca que perteneció al difunto duque de Osuna. (Fué redactado por Menéndez y Pelayo, y ocupa el Apéndice núm. 32 del *Diario de Sesiones* del Congreso de 27-Junio-1884.)

1885.

Discurso parlamentario.

Fué pronunciado por Menéndez y Pelayo en el Congreso de los Diputados, contestando á Castelar (que le había aludido), con motivo de la interpelación sobre los sucesos universitarios, en 13 de Febrero de 1885.

Figura en el *Diario de las Sesiones de Cortes*, de la legislatura de 1884-1885 (tomo VI).

Ana Bolena, por Pablo Friedmann.

Informe de Menéndez y Pelayo á la Real Academia de la Historia sobre dicha obra, fechado en 29 de Mayo de 1885 y publicado en el *Boletín* de aquella Corporación (número de Julio-Setiembre de 1885).

Himno de la Creación para la mañana del día del Gran Ayuno. Poema de Judah Leví, poeta hebraico-hispano del siglo XII. Versión castellana de D. Marcelino Menéndez y Pelayo. *(Las iniciales B. y P. entrelazadas.)* Palma de Mallorca, Imprenta de la Biblioteca Popular, MDCCCLXXXV.

98 × 57 mm.—41 págs. núms. + 1 de colofón. Portada y cubierta á dos tintas.

Fué el segundo volumen publicado por la Biblioteca Popular, y se hicieron dos tiradas, una de lujo y otra económica.

Se publicó primero, como he dicho, en *La Ilustración Española y Americana*.

Según me comunicó Menéndez y Pelayo, hay una reimpresión de Curaçao, que no he visto. También va reproducido el himno en *La ciencia española* (tomo III de la edición de 1868); en *Odas, Epístolas y Tragedias* (edición de 1906) y en mi edición de *El Cuzary* de Yehudá-ha-Leví (Madrid, 1910; tomo I de la *Colección de filósofos españoles y extranjeros*).

Enrique Heine: El Cancionero (Das Buch der Lieder). Traducción directa del alemán, por J. A. Pérez Bonalde, individuo correspondiente de la Real Academia Española. Primera edición, con ilustraciones de los mejores artistas alemanes. New-York, MDCCCXXXV (*sic*, por errata, en vez de MDCCCLXXXV).

En 4.º Contiene una carta de Menéndez y Pelayo, á quien está dedicado el libro por el señor Pérez Bonalde, malogrado poeta venezolano (¹).

Canciones, Romances y Poemas, por D. Juan Valera. Madrid, Manuel Tello, 1885.

En 8.º En la cubierta se lee: «con notas de D. M. Menéndez y Pelayo», las cuales van, en efecto, al final, ocupando las páginas 503 á 550.

Hay segunda edición de estas *Notas*, al final del tomo XVIII de las *Obras completas* de D. Juan Valera (Madrid, 1908).

1886.

Discursos leídos ante la Real Academia Española en la recepción pública del R. P. Miguel Mir. Madrid, Tip. de los Huérfanos, 1886.

La contestación, de Menéndez y Pelayo, ocupa las páginas 53-65.

De ambos discursos se hizo nueva edición, aumentada, en 1902 (Madrid, Imprenta de los Hijos de M. G. Hernández; 95 págs. ns. de 172 × 99 mm.), con el título de: *Causas de la perfección de la lengua castellana en el siglo de oro de nuestra literatura.*

Mosén Jacinto Verdaguer.—Canigó. Leyenda pirenaica del tiempo de la Reconquista. Versión castellana, seguida de notas y un Apéndice, por el Conde de Cedillo, Vizconde de Palazuelos. Dibujos de los Sres. Santa María y López de Ayala. Fototipias de Hauser y Menet. Fotograbados de Laporta. Madrid. Imprenta de Fortanet, calle de la Libertad, núm. 29. M.DCCC.XCVIII.

181 × 100 mm.— xx + 304 págs. nums. + 2 sin num.

Ocupa las páginas VII á IX una carta de Menéndez y Pelayo á D. Jacinto Verdaguer, fechada en Madrid á 25 de Enero de 1886.

Emilia Pardo Bazán: San Francisco de Asís (siglo XIII), con un prólogo por D. Marcelino Menéndez y Pelayo..... Segunda edición. Paris, Garnier, 1886.

En 8.º La primera edición de este libro (en dos tomos) se imprimió en Madrid, el año 1882 (Librería de Olamendi) En ediciones posteriores se ha suprimido el Prólogo.

1887.

Biblioteca clásica.—Calderón: Teatro selecto.—Madrid, 1887.

Cuatro tomos en 8.º En el I hay un *Estudio crítico*, de Menéndez y Pelayo (págs. V-LXV) (²).

(¹) Acerca de Pérez Bonalde y su versión de Heine, véase la *Historia de la Poesía hispano-americana* (tomo I, Madrid, 1911; págs. 415 y 416) de Menéndez y Pelayo.

(²) Al principio del tomo I del *Teatro completo* de Miguel de Cervantes Saavedra (Madrid, 1896), en la misma *Biblioteca*, se anuncia para el tomo III un *Estudio crítico* de Menéndez y Pelayo sobre el Teatro cervantino, estudio que no llegó á escribir.

Poesías divinas y humanas del P. Pedro de Quirós..... Publícalas la Sociedad del Archivo Hispalense, precedidas de un prólogo del Ilmo. Sr. D. Marcelino Menéndez y Pelayo. Sevilla, oficina de *El Orden*, 1887.

En 4.º El Prólogo ocupa las páginas v á xliii.

Dr. Jorge Curtius: Gramática griega elemental, traducida de la 15.ª edición alemana por Enrique Soms y Castelín, con un prólogo de D. Marcelino Menéndez y Pelayo. Madrid, Fe, 1887.

En 4.º El Prólogo ocupa las páginas v-xvi.

A la vuelta de la cubierta del libro: *Embriogenia del Lenguaje*, de D. Julio Cejador y Frauca (Madrid, Hijos de M. G. Hernández, 1904), figura una carta de Menéndez y Pelayo al Sr. Cejador, elogiando la *Gramática griega, según el sistema histórico comparado* (Barcelona, Gili, 1900), compuesta por este último. La misma carta consta á la página 212 del *Nuevo método teórico-práctico para aprender la lengua latina* (1.er curso, tomo 1) del Sr. Cejador, y en la cubierta del tomo i de *La lengua de Cervantes* (Madrid, 1905) del mismo filólogo.

Ateneo | Científico, Literario y Artístico de Madrid | La España del siglo XIX | Colección de | Conferencias históricas | Curso de 1886-87 | 33.ª Conferencia | por | Don Marcelino Menéndez Pelayo | Tema : *D. Manuel José Quintana.—La Poesía lírica al principiar el siglo XIX* | 1887 | Librería de D. Antonio San Martín | Puerta del Sol, núm. 6 | Madrid.

164 × 94 mm.—39 págs. ns.

Es tirada aparte del tomo iii y último de la serie: *La España del siglo XIX*, publicada por el Ateneo de Madrid. Fué reproducida en la quinta serie de *Estudios de crítica literaria* (Madrid, 1908).

1888.

Jochs Florals de Barcelona. Any XXX de llur restauració. Barcelona, *La Renaixensa*, 1888.

170 × 270 mm.

Á la página 257 figura un *Discurs de gracies*, en catalán, de Menéndez y Pelayo.

Ensayo | de una | Biblioteca Española | de libros raros y curiosos, | formado con los apuntamientos de | don Bartolomé José Gallardo, | coordinados y aumentados por | D. M. R. Zarco del Valle y D. J. Sancho Rayón. | Obra premiada por la Biblioteca Nacional, | en la junta pública del 5 de Enero de 1862, | é impresa á expensas del Gobierno. | Tomo tercero. | Madrid. | Imprenta y fundición de Manuel Tello, | Impresor de Cámara de S. M. | Don Evaristo, 8. | 1888.

210 × 131 mm.—x págs. ns. + 1 sin n. + 1.280 cols. + 1 p. sin n.

La *Advertencia* está redactada por Menéndez y Pelayo, y, antes de ella, va una nota que dice así:

«La Biblioteca Nacional se complace en dar testimonio de gratitud al Ilmo. Sr. D. Marcelino Menéndez y Pelayo, por el auxilio con que se ha servido favorecerla, prestándose á dirigir la edición de los volúmenes iii y iv de esta obra.»

El tomo iv lleva fecha de 1889 y consta de 1.572 cols. ns. + 1 pág. sin numerar.

Menéndez y Pelayo pensaba publicar un quinto tomo, formado con las papeletas autógrafas de Gallardo que llegaron á sus manos. De desear es que este anhelo suyo se realice, y también aquel otro, expresado en la *Advertencia*, de añadir un tomo «de índices razonados y de nuevas adiciones, al cual podrán acompañar la biografía literaria de Gallardo y algunos de sus opúsculos de erudición dispersos hasta ahora». Así sería más útil aún el *Ensayo*, precioso libro que, como el Nicolás Antonio, el *Catálogo* de la Biblioteca Salvá y las *Tipografías* de Méndez-Hidalgo y Haebler, forma parte del material indispensable á todo hispanista.

Sabido es que los dos tomos anteriores del *Ensayo* se publicaron en 1863 y 1866. ¡Nada menos que *veintiséis años* tardó en publicarse semejante obra, y aun puede decirse que aguarda la terminación!

Obras completas | del doctor | D. Manuel Milá y Fontanals, | Catedrático que fué de Literatura | en la Universidad de Barcelona. | Coleccionadas por el Doctor D. Marcelino Menéndez y Pelayo, | de la Real Academia Española. | ..... Barcelona, | Librería de Álvaro Verdaguer, | Rambla del Centro | .....

Quedaron sin terminar, aunque es de suponer que ahora se completen, por la Comisión del Homenaje á Milá.

Los tomos publicados (agotados ya algunos de ellos) son ocho y en casi todos hay notas de Menéndez y Pelayo:

I. Tratados doctrinales de Literatura.—Barcelona, 1888; VIII + 528 páginas ns.; de 165 × 94 milímetros. (La *Advertencia preliminar* de Menéndez y Pelayo ocupa las páginas V-VIII).

II. De los Trovadores en España.—1889; XXXII + 542 págs.

III. Estudios sobre historia, lengua y literatura de Cataluña.—1890; 8 + 566 págs.

IV. Opúsculos literarios, 1.ª serie.—1892; 8 + 584 págs.

V. Opúsculos literarios, 2.ª serie.—1893; 8 + 590 págs.

VI. Opúsculos literarios, 3.ª serie.—1895; 8 + 536 págs.

VII. De la poesía heroico-popular castellana.—1896; 8 + XLVI + 490 págs.

VIII. Romancerillo catalán, canciones tradicionales.—1896; XX + 460 págs.

Los tomos VII y VIII son, respectivamente, ejemplares de las ediciones de 1874 (1.ª) y 1882 (2.ª) de los libros *De la poesía heroico-popular castellana* y *Romancerillo catalán*, á los cuales se les cambiaron las portadas y cubiertas.

No deja sorprender que el Sr. Roig y Roqué, en su minuciosa *Bibliografía d' En Manuel Milá i Fontanals* (1913, Barcelona; redactada en catalán, aunque Milá escribió casi todas sus obras en castellano), advierta que Menéndez y Pelayo dejó de incluir ciertos escritos en prosa y en verso de su maestro por considerarlos de poca importancia, ó por desconocerlos, ó por haberle pasado «desapercebuts» al ordenarlos. Si la edición no llegó á terminarse ¿cómo podemos saber si Menéndez y Pelayo conocía ó no, ni si pensaba omitir ó insertar determinados trabajos?

En cambio dicho Sr. Roig, á la página 202 de su citado libro, da una noticia interesante, facilitada por el Sr. Rubió y Lluch:

«En el *Diario de Barcelona* de 5 de Abril de 1881 se publicó un comunicado de Milá protestando de algunas afirmaciones del Sr. Rubió y Lluch en el primero de sus artículos sobre *Menéndez y Pelayo como catalanista*, inserto en el número del mismo diario del 29 de Marzo. El Dr. Rubió, ponderando los altos merecimientos de Menéndez y Pelayo, que acababa de entrar triunfante en la Academia Española, decía que personas de tanta autoridad y tan respetables como el que fué su catedrático de Estética, consultaban sus dudas con el famoso escritor. Y esta afirmación, ciertamente nada maliciosa, motivó la protesta del bueno de Milá, tan celoso de su gloria, á pesar de su modestia.»

1889.

Obras completas de D. José M. de Pereda, con un prólogo por don Marcelino Menéndez y Pelayo. Tomo I. Los Hombres de pro. Segunda edición.—Madrid, Imprenta y fundición de Tello, 1889.

124 × 68 mm.—CIII + 246 págs. ns.

El Prólogo ocupa las páginas de numeración romana. Lleva al final esta inscripción: «*El Co-rreo* del 10 de Febrero de 1889».

La 4.ª y última edición es de 1909.

Discursos leídos ante la Real Academia de la Historia en la recepción pública de D. Eduardo de Hinojosa, el 10 de Marzo de 1889. Madrid, Tip. de los Huérfanos, 1889.

Tratan de «Francisco de Vitoria y los orígenes del Derecho de gentes».
La contestación de Menéndez y Pelayo ocupa las páginas 69-91. Fué reproducida en la primera serie de *Estudios de crítica literaria*.

Crónica del primer Congreso Católico Nacional Español. Discursos pronunciados en las sesiones públicas de dicha Asamblea celebradas en la Iglesia de San Jerónimo de Madrid. Abril y Mayo de 1889. Tomo primero. Madrid, Tipografía de los Huérfanos, 1889.

Un vol. de VII + 643 págs. en 4.º

A las páginas 227-241 figura un Discurso de Menéndez y Pelayo acerca de «La Iglesia y las escuelas teológicas en España», leído el día 2 de Mayo de 1889.

Discurso | leído en la | Universidad Central | en la solemne inauguración | del curso académico de 1889 á 1890 | por el doctor | D. Marcelino Menéndez y Pelayo | Catedrático en la | Facultad de Filosofía y Letras | Madrid | Tipografía de Gregorio Estrada | Doctor Fourquet, 7 | 1889.

182 X 99 mm.— 128 págs. ns.

Fué leído el día 1.º de Octubre de 1889. Trata de las vicisitudes de la filosofía platónica en España, y contiene, al principio, admirables semblanzas de los doctores Alfredo A. Camús y A. M. García Blanco.
Ha sido reproducido en los *Ensayos de crítica filosófica* (Madrid, 1892).

Lo gayter del Llobregat.—Poesías de D. Joaquím Rubió y Ors. Ab un prólech de D. Marcelí Menéndez y Pelayo. Edició políglota. Vólum segón. Barcelona, Jepús y Roviralta, 1889.

El *Prólogo* ocupa las páginas VII á XXIII.

1890.

Un poeta montañés desconocido del siglo XVIII (el jesuíta Antonio Fernández Palazuelos), por D. M. Menéndez y Pelayo.

Artículo que ocupa las páginas 235 á 247 del volumen: *De Cantabria* (Letras, Artes, Historia.—Su vida actual); Santander, 1890. 162 X 238 mm.

Colección de escritores castellanos. **Estudios literarios de D. Pedro José Pidal**, primer marqués de Pidal. Madrid, Imprenta de M. Tello, 1890.

Dos tomos en 8.º Según se advierte en la Introducción (pag. XXXI), pertenecen al Sr. Menéndez y Pelayo las notas críticas, bastante extensas, que van al fin de algunos de estos estudios págs. 127 y sigs., 148 y 349 del tomo I, y 36, 61, 109 y 189 del II).

Biblioteca clásica.—Tácito: Los Anales. Traducción de D. Carlos Coloma..... Madrid, 1890.

Dos tomos en 8.º En el 1 (págs. vii-xv) figura un Prólogo de Menéndez y Pelayo.

Obras de Lope de Vega, publicadas por la Real Academia Española.

Trece tomos de 235 × 150 mm.

I. Nueva Biografía, por D. Cayetano Alberto de la Barrera, Madrid, Establecimiento tipográfico «Sucesores de Rivadeneyra», 1890, 718 págs. ns. + 2 sin n. Las *Adiciones* ocupan las páginas 613 á 697.
II. Autos y Coloquios. 1892.—lxxxvi (¹) + 643 págs. ns. + 2 sin n.
III. Autos y Coloquios (fin).—Comedias de asuntos de la Sagrada Escritura. 1893.—lxxx + 607 págs. ns. + 1 sin n.
IV. Comedias de vidas de Santos. 1894.—cxxv + 591 págs. ns. + 1 sin n.
V. Comedias de vidas de Santos y leyendas piadosas (conclusión).—Comedias pastoriles. 1895.—lxxiv + 762 págs. ns. + 1 sin n.
VI. Comedias mitológicas.—Comedias históricas de asunto extranjero. 1896.—cxl + 642 págs. ns. + 1 sin n.
VII. Crónicas y leyendas dramáticas de España. Primera sección. 1897. cclvii + 629 págs. ns + 1 sin n.
VIII. Crónicas y leyendas dramáticas de España. Segunda sección. 1898. cxlvii + 638 págs. ns. + 1 sin n.
IX. Crónicas y leyendas dramáticas de España. Tercera sección. 1899. clxxxi + 630 págs. ns. + 1 sin n.
X. Crónicas y leyendas dramáticas de España. Cuarta sección. 1899. clxvii + 561 págs. ns. + 1 sin n.
XI. Crónicas y leyendas dramáticas de España. Quinta sección. 1900. clxii + 584 págs. ns. + 1 sin n.
XII. Crónicas y leyendas dramáticas de España. Sexta sección. 1901. clxxxiv + 637 págs. ns. + 1 sin n.
XIII. Crónicas y leyendas dramáticas de España. Séptima y última sección. Comedias novelescas. (primera sección). 1902.—cxlviii + 571 págs. ns. + 1 sin n.

Dejó impresos Menéndez y Pelayo los textos dramáticos de los tomos xiv y xv; pero no escribió las Introducciones. Pensaba continuar esos trabajos en los tomos de sus *Obras completas* que habían de llevar por título: *Estudios sobre el Teatro de Lope de Vega.*
Los quince tomos publicados, contienen las siguientes obras dramáticas:

II. El viaje del Alma.—Las bodas entre el alma y el Amor divino.—La Maya.—El hijo pródigo.—Coloquio del bautismo de Cristo.—Coloquio pastoril en alabanza de la Concepción.—Segundo coloquio de Lope de Vega.—Obras son amores.—El Pastor ingrato.—Fiestas del Santísimo Sacramento: Al túmulo y fama inmortal de frey Lope Félix de Vega Carpio.—Fiesta primera del Santísimo Sacramento.—Entremés del Letrado.—El Nombre de Jesús.—Fiesta segunda del Santísimo Sacramento.—Entremés del Soldadillo.—El Heredero del cielo.—Fiesta tercera del Santísimo Sacramento.—Entremés del Poeta.—Los Acreedores del hombre.—Fiesta cuarta del Santísimo Sacramento.—Entremés del Robo de Elena.—Del Pan y del Palo.—Fiesta quinta del Santísimo Sacramento.—Entremés de la Hechicera.—El Misacantano.—Fiesta sexta del Santísimo Sacra-

(¹) Los números romanos corresponden á las páginas que contienen las *Observaciones preliminares* de Menéndez y Pelayo.

El Prólogo ocupa las páginas de numeración romana. Lleva al final esta inscripción: «*El Co-rreo* del 10 de Febrero de 1889».

La 4.ª y última edición es de 1909.

Discursos leídos ante la Real Academia de la Historia en la recepción pública de D. Eduardo de Hinojosa, el 10 de Marzo de 1889. Madrid, Tip. de los Huérfanos, 1889.

Tratan de «Francisco de Vitoria y los orígenes del Derecho de gentes».

La contestación de Menéndez y Pelayo ocupa las páginas 69-91. Fué reproducida en la primera serie de *Estudios de crítica literaria.*

Crónica del primer Congreso Católico Nacional Español. Discursos pronunciados en las sesiones públicas de dicha Asamblea celebradas en la Iglesia de San Jerónimo de Madrid. Abril y Mayo de 1889. Tomo primero. Madrid, Tipografía de los Huérfanos, 1889.

Un vol. de VII + 643 págs. en 4.º

A las páginas 227-241 figura un Discurso de Menéndez y Pelayo acerca de «La Iglesia y las escuelas teológicas en España», leído el día 2 de Mayo de 1889.

Discurso | leído en la | Universidad Central | en la solemne inauguración | del curso académico de 1889 á 1890 | por el doctor | D. Marcelino Menéndez y Pelayo | Catedrático en la | Facultad de Filosofía y Letras | Madrid | Tipografía de Gregorio Estrada | Doctor Fourquet, 7 | 1889.

182 $\times$ 99 mm.— 128 págs. ns.

Fué leído el día 1.º de Octubre de 1889. Trata de las vicisitudes de la filosofía platónica en España, y contiene, al principio, admirables semblanzas de los doctores Alfredo A. Camús y A. M. García Blanco.

Ha sido reproducido en los *Ensayos de crítica filosófica* (Madrid, 1892).

Lo gayter del Llobregat.—Poesías de D. Joaquím Rubió y Ors. Ab un prólech de D. Marcelí Menéndez y Pelayo. Edició políglota. Volum segón. Barcelona, Jepús y Roviralta, 1889.

El *Prólogo* ocupa las páginas VII á XXIII.

1890.

Un poeta montañés desconocido del siglo XVIII (el jesuíta Antonio Fernández Palazuelos), por D. M. Menéndez y Pelayo.

Artículo que ocupa las páginas 235 á 247 del volumen: *De Cantabria* (Letras, Artes, Historia.—Su vida actual); Santander, 1890. 162 $\times$ 238 mm.

Colección de escritores castellanos. Estudios literarios de D. Pedro José Pidal, primer marqués de Pidal. Madrid, Imprenta de M. Tello, 1890.

Dos tomos en 8.º Según se advierte en la Introducción (pag. XXXI), pertenecen al Sr. Menéndez y Pelayo las notas críticas, bastante extensas, que van al fin de algunos de estos estudios págs. 127 y sigs., 148 y 349 del tomo I, y 36, 61, 109 y 189 del II).

Biblioteca clásica.—Tácito: Los Anales. Traducción de D. Carlos Coloma..... Madrid, 1890.

Dos tomos en 8.º En el 1 (págs. vii-xv) figura un Prólogo de Menéndez y Pelayo.

Obras de Lope de Vega, publicadas por la Real Academia Española.

Trece tomos de 235 × 150 mm.

Dejó impresos Menéndez y Pelayo los textos dramáticos de los tomos xiv y xv; pero no escribió las Introducciones. Pensaba continuar esos trabajos en los tomos de sus *Obras completas* que habían de llevar por título: *Estudios sobre el Teatro de Lope de Vega.*

Los quince tomos publicados, contienen las siguientes obras dramáticas:

II. El viaje del Alma.—Las bodas entre el alma y el Amor divino.—La Maya.—El hijo pródigo.—Coloquio del bautismo de Cristo.—Coloquio pastoril en alabanza de la Concepción.—Segundo coloquio de Lope de Vega.—Obras son amores.—El Pastor ingrato.—Fiestas del Santísimo Sacramento: Al túmulo y fama inmortal de frey Lope Félix de Vega Carpio.—Fiesta primera del Santísimo Sacramento.—Entremés del Letrado.—El Nombre de Jesús.—Fiesta segunda del Santísimo Sacramento.—Entremés del Soldadillo.—El Heredero del cielo.—Fiesta tercera del Santísimo Sacramento.—Entremés del Poeta.—Los Acreedores del hombre.—Fiesta cuarta del Santísimo Sacramento.—Entremés del Robo de Elena.—Del Pan y del Palo.—Fiesta quinta del Santísimo Sacramento.—Entremés de la Hechicera.—El Misacantano.—Fiesta sexta del Santísimo Sacra-

(¹)   ios corresponden á las páginas que contienen las *Observaciones preliminares* de
Mené

mento.—Entremés del Marqués de Alfarache.—Las aventuras del hombre.—Fiesta séptima del Santísimo Sacramento.—Entremés del Degollado.—La Siega.—Fiesta octava del Santísimo Sacramento.—Entremés de la Muestra de los carros del Corpus de Madrid.—El Pastor lobo y Cabaña celestial.—Fiesta novena del Santísimo Sacramento.—Entremés de los órganos.—La vuelta de Egipto.—Fiesta décima del Santísimo Sacramento.—Entremés del remediador.—El Niño pastor.—Fiesta undécima del Santísimo Sacramento.—Entremés de Daca mi mujer.—De los Cantares.—Fiesta duodécima del Santísimo Sacramento.—Entremés de las Comparaciones.—De la Puente del mundo.—Auto famoso del nacimiento de nuestro salvador Jesucristo.—El Tirano castigado.—El Yugo de Cristo.—La Circuncisión y sangría de Cristo.—El Hijo de la Iglesia.—Auto del Avemaría y del Rosario de Nuestra Señora.—El villano despojado.—La Margarita preciosa.—La Privanza del hombre.—La Oveja perdida.—La Locura por la honra.

III. Los dos Ingenios y Esclavos del Santísimo Sacramento.—La adúltera perdonada.—El Tusón del Rey del Cielo.—La Venta de la Zarzuela.—Los hijos de María del Rosario.—El Triunfo de la Iglesia.—La Isla del Sol.—La Araucana.—Las albricias de Nuestra Señora.—El Príncipe de la Paz.—La Santa Inquisición.—Conceptos divinos al Santísimo Sacramento y á la Virgen Nuestra Señora.

La Creación del mundo y primera culpa del hombre.—El Robo de Dina.—Los trabajos de Jacob.—Historia de Tobías.—La hermosa Ester.—La Madre de la Mejor.—El nacimiento de Cristo.—El Vaso de elección.—La corona derribada y vara de Moisés.—David perseguido y Montes de Gelboé.—El Inobediente ó la Ciudad sin Dios.—El Antecristo.

Apéndices:

Títulos de las Comedias de Lope de Vega (loa sacramental).—Las Cortes de la muerte (auto sacramental).

IV. Barlán y Josafá.—Lo fingido verdadero.—Los locos por el cielo.—El prodigio de Etiopía.—El Cardenal de Belén.—La gran columna fogosa, San Basilio Magno.—El Divino Africano.—El Serafín humano.—San Nicolás de Tolentino.—El Santo Negro Rosambuco de la ciudad de Palermo.—El Animal profeta y dichoso parricida San Julián.—Comedia de San Segundo.—El capellán de la Virgen.—La niñez de San Isidro.—La juventud de San Isidro.—San Isidro, labrador de Madrid.

V. La vida de San Pedro Nolasco.—San Diego de Alcalá.—El niño inocente de la Guardia.—Los Mártires de Madrid.—Juan de Dios y Antón Martín.—El saber por no saber.—El Rústico del Cielo.—La niñez del Padre Rojas.—La Buena Guarda.—La fianza satisfecha.—La limpieza no manchada.—Los Terceros de San Francisco.—Santa Teresa de Jesús.—Los primeros mártires del Japón.—El truhán del Cielo y loco santo.—El verdadero amante.—La Pastoral de Jacinto.—Belardo el furioso.—La Arcadia.—La Selva sin amor.

VI. Adonis y Venus.—Las mujeres sin hombres.—El Perseo.—El Laberinto de Creta.—El vellocino de oro.—El marido más firme.—La Bella Aurora.—El Amor enamorado.—Contra valor no hay desdicha.—Las grandezas de Alejandro.—El honrado hermano.—Roma abrasada.—El Esclavo de Roma.—La Imperial de Otón.—La reina Juana de Nápoles.—El Rey sin reino.—El gran duque de Moscovia y Emperador perseguido.

VII. La amistad pagada.—Comedia de Bamba.—El último godo.—Las doncellas de Simancas.—Los prados de León.—Las famosas asturianas.—Las mocedades de Bernardo del Carpio.—El casamiento en la muerte.—Los Tellos de Meneses.—Valor, fortuna y lealtad de los Tellos de Meneses (segunda parte).—Los jueces de Castilla.—El conde Fernán González.—El bastardo Mudarra.—Los Benavides.—El vaquero de Moraña.—El testimonio vengado.

VIII El labrador venturoso.—El primer rey de Castilla.—Las almenas de Toro.—El príncipe despeñado.—El hijo por engaño y toma de Toledo.—La varona castellana.—La Campana de Aragón.—El mejor alcalde, el rey.—La desdichada Estefanía.—El pleito por la honra ó el valor de Fernandico.—El valeroso catalán.—El caballero del Sacramento.—

La lealtad en el agravio.—Las paces de los Reyes y Judía de Toledo.—La Corona mere-
cida.—La reina doña María.
IX. Las dos bandoleras y fundación de la Santa Hermandad de Toledo.—El Sol parado.—El
galán de la Membrilla.—La Estrella de Sevilla.—La inocente sangre.—El guante de doña
Blanca.—La fortuna merecida.—Lanza por lanza, la de Luis de Almanza.—La Niña de
plata.—Lo cierto por lo dudoso.—El médico de su honra.—Audiencias del Rey D. Pe-
dro.—El rey D. Pedro en Madrid y el infanzón de Illescas.—La Carbonera.—Los Ramí-
rez de Arellano.—La primera información.
X. El primer Fajardo.—Los novios de Hornachuelos.—Porfiar hasta morir.—Peribáñez y el
Comendador de Ocaña.—El caballero de Olmedo.—El milagro por los celos y D. Álva-
ro de Luna.—La Paloma de Toledo.—El piadoso aragonés.—Los Vargas de Castilla.—
El mejor mozo de España.—El más galán portugués, Duque de Verganza.—El Duque de
Viseo.—El Príncipe perfecto (primera parte).—El Príncipe perfecto (segunda par-
te).—Fuente Ovejuna.
XI. La envidia de la nobleza.—El hidalgo Bencerraje.—El hijo de Reduán.—Pedro Carbonero.
—El remedio en la desdicha.—Los hechos de Garcilaso de la Vega y moro Tarfe.—El
Cerco de Santa Fe.—Los comendadores de Córdoba.—Los guanches de Tenerife y con-
quista de Canaria.—El Nuevo Mundo descubierto por Cristóbal Colón.—Las cuentas
del Gran Capitán.—El Blasón de los Chaves de Villalba.—La contienda de Diego Gar-
cía de Paredes y el capitán Juan de Urbina.—Las Batuecas del Duque de Alba.—Los
Pórceles de Murcia.
XII. La Serrana de la Vera.—La pérdida honrosa y caballeros de San Juan (inédita).—El cerco
de Viena por Carlos V.—Carlos V en Francia.—La mayor desgracia de Carlos V y he-
chicerías de Argel.—El valiente Céspedes.—El aldegüela.—El valor de Malta (inédita).
La Santa Liga.—Los españoles en Flandes.—D. Juan de Austria en Flandes (inédita).—
El asalto de Mastrique por el Príncipe de Parma.—Pobreza no es vileza.—La tragedia
del rey D. Sebastián y bautismo del Príncipe de Marruecos.—El alcalde de Zalamea.—
Arauco domado por el Excmo. Sr. D. García Hurtado de Mendoza.
XIII. El Marqués de las Navas.—La nueva victoria del Marqués de Santa Cruz.—El Brasil resti-
tuído (inédita).—La nueva victoria de D. Gonzalo de Córdoba.—Diálogo militar.
Los palacios de Galiana.—La mocedad de Roldán.—Las pobrezas de Reinaldos.—El Mar-
qués de Mantua.—Un pastoral albergue.—Los celos de Rodamonte.—Angélica en el
Catay.—El premio de la hermosura.—Relación de la famosa comedia del Premio de la
hermosura y Amor enamorado.—Ursón y Valentín, hijos del Rey de Francia.—Los tres
diamantes.
XIV. *Comedias novelescas (segunda sección).* (Madrid, 1913. 611 páginas).—La fuerza lastimosa.—
D. Juan de Castro (primera parte).—D. Juan de Castro (segunda parte).—La doncella
Teodor.—La prueba de los ingenios.—El mármol de Felisardo.—La pobreza estimada.
—La ley ejecutada.—El llegar en ocasión.—La discreta enamorada.—El halcón de Fede-
rico.—El anzuelo de Fenisa.—El servir con mala estrella.—La boda entre dos maridos.
XV. *Comedias novelescas (tercera sección).* (Madrid, 1913. 608 páginas).—El ejemplo de casadas
y prueba de la paciencia.—El ruiseñor de Sevilla.—No son todos ruiseñores.—La mayor
victoria.—¡Si no vieran las mujeres!....—El mayordomo de la Duquesa de Amalfi.—El
castigo sin venganza.—El villano en su rincón.—Castelvines y Monteses.—La quinta de
Florencia.—El desdén vengado.—El Perseguido.—La viuda valenciana.—El piadoso
veneciano.—Servir á señor discreto.

A) *Biblioteca clásica.*—**Antología de Poetas líricos castellanos, desde la for-**
mación del idioma hasta nuestros días..... Madrid, Librería de la Viuda de
Hernando y Compañía (Después: Perlado, Páez y C.ª, Sucesores de Hernando, calle
del Arenal, núm. 11).

Trece tomos de 132 × 76 mm.

Contienen, respectivamente:

I. (Madrid, 1890; xcv + 300 págs.). En el *Prólogo* se incluyen: la Introducción, y consideraciones sobre las influencias latinas, arábigas, hebreas y provenzales en nuestra poesía lírica medieval.

II. (1891; LXXXVII + 304 págs.). Los cantares épicos.—Berceo.—*Poemas* de Alejandro, de Fernán González, de José y otros.

III. (1892; CXLIV + 267 págs.). La poesía galaico-portuguesa.—El Arcipreste de Hita.—El Poema de Alfonso XI.—El rabí Sem Tob.—La *Revelación de un hermitaño.*—La *Danza de la Muerte.*

IV. (1893; XCIX + 384 págs.). El Canciller Pero López de Ayala.—El *Cancionero de Baena.*

V. (1894; CCCVIII + 136 págs.). Poetas líricos de la época de D. Juan II.

VI. (1896; CDI págs.). Trata en el *Prólogo* de los poetas de las épocas de Enrique IV y de los Reyes Católicos.

VII. (1898; CCLXXX + 110 págs. ns.). En el *Prólogo* se estudian: Juan del Enzina; La poesía castellana en Portugal; Gil Vicente; La poesía castellana en los reinos de la Corona de Aragón.

VIII. (1899; LXXXVI + 300 págs. ns.). Reproduce, con correcciones y adiciones, la *Primavera y flor de romances,* de Wolf y Hofmann (Berlín, 1856).

IX. (1899; 360 págs. ns. + 1 sin n.). Concluye la *Primavera y flor de Romances.*

X. (1900; 379 págs. ns.). Suplemento á la *Primavera y flor de romances:* Romances populares recogidos de la tradición oral.

XI. (1903; 383 págs. ns. + 2 sin n.). Tratado de los Romances viejos, tomo I.

XII. (1906; 549 págs. ns. + 2 sin n.). Tratado de los Romances viejos, tomo II.

XIII. (1908; 488 págs. ns.). Juan Boscán; estudio crítico.

De algunos de estos tomos hay ediciones posteriores, idénticas á las primeras.

Al morir Menéndez y Pelayo, tenía reunidos bastantes materiales para el tomo XIV, que había de versar sobre *Garcilaso,* como él mismo dice en la página 472 del tomo XIII. Dejó también tirados doce pliegos de la refundición que había de publicarse en las *Obras completas,* con el título de: *Historia de la poesía castellana en la Edad Media, tomo I.*

Fragmentos del tomo VI se publicaron en *La España Moderna* (Agosto y Diciembre de 1895), con los títulos de *La sátira política en tiempo de Enrique IV,* y *Jorge Manrique.* También salió á luz en la misma revista (Diciembre-1903 y Enero-1904) un fragmento del *Prólogo* del tomo XII de la *Antología,* con el título de: *Indagaciones y conjeturas sobre algunos temas poéticos perdidos.* Otro fragmento del tomo VI: *La cultura artística y literaria en tiempo de los Reyes Católicos,* se publicó en el tomo XL (1896), páginas 241 y sigs., de la revista agustiniana *La Ciudad de Dios.*

B) Historia | de la | Poesía castellana | en la Edad Media | por el doctor | D. Marcelino Menéndez y Pelayo | Director de la Real Academia de la Historia. | Tomo I, | Madrid | Librería general de Victoriano Suárez | Calle de Preciados, 48 | 1911-1913.

181 × 113 mm.—436 páginas.

Es el tomo IV de las *Obras completas,* y constituye, en parte, una refundición de la *Antología de poetas líricos.* Contiene una Advertencia preliminar, un Prólogo y siete capítulos, que comprenden desde los poetas latino-clásicos hasta el *Cancionero de Baena.* Lleva, además, algunas notas y una «Advertencia» final más. Está impreso el tomo II, ordenado y anotado por mí.

1891.

Discursos | leídos ante la | Real Academia de Ciencias | Morales y Políticas | en la recepción pública | del Dr. D. Marcelino Menéndez y Pelayo | el día 15 de Mayo de 1891. | Madrid | Establecimiento tipográfico de Ricardo Fé | Calle del Olmo, núm. 4, Teléfono 1.114. | 1891.

183 × 103 mm. — 145 págs. ns. + 1 sin n. de *Erratas*.

El tema es el siguiente: *De los orígenes del criticismo y del escepticismo, y especialmente de los precursores españoles de Kant*. El discurso de D. Marcelino ocupa las páginas 1-114; el de contestación (de Alejandro Pidal y Mon) las 117 á 145.

Este trabajo de Menéndez y Pelayo está reproducido en el tomo *Ensayos de crítica filosófica* (Madrid, 1892).

Menéndez y Pelayo poseyó, en la Academia de Ciencias Morales y Políticas, la medalla número 14, sucediendo á D. Mariano Roca de Togores, Marqués de Molins. Fué elegido en 19 de Noviembre de 1889, y presentó su discurso de recepción en 3 de Febrero de 1891.

Tomó parte en dos discusiones de esta Academia: en la que versó sobre el tema: *Observaciones acerca del vasallaje de los Reyes de Portugal á los de León y Castilla*, en 3 de Noviembre de 1891; y en la que se refería al *Socialismo de Estado*, en 27 de Marzo de 1894. Véanse sus palabras á las páginas 515 y 402, respectivamente, de los tomos VII y VIII de las *Memorias de la Real Academia de Ciencias Morales y Políticas* (Madrid, 1893 y 1898).

Soñar | despierto. | Poesías varias | por D. Antonio Arnao | de la Real Academia Española | con un Prólogo | de | D. Marcelino Menéndez y Pelayo | Madrid | Imprenta y fundición de M. Tello | Impresor de Cámara de S. M. | Don Evaristo, 8 | 1891.

124 × 67 mm. — xxi + 148 págs. ns. El *Prólogo* ocupa las páginas v á xxi.

Memoria presentada al concurso sobre el tema «Jovellanos».

Informe de Menéndez y Pelayo á la Real Academia de la Historia sobre dicha Memoria, fechado en 26 de Junio de 1891, y publicado en el *Boletín* de aquella Corporación (número de Octubre, 1891).

Libro de las virtuosas e claras mujeres, el cual fizo é compuso el Condestable D. Alvaro de Luna, Maestre de la Orden de Santiago. Dalo á luz la Sociedad de Bibliófilos Españoles. Madrid, MDCCCXCI.

160 × 90 mm. — xii + 370 págs.

Lleva una *Advertencia preliminar* de Menéndez y Pelayo, autor de la edición y propietario del códice con arreglo al cual se hizo.

Posteriormente se ha publicado otra edición del *Libro de las claras e virtuosas mugeres* (Toledo, 1909), por D. Manuel Castillo, teniendo en cuenta el manuscrito de la Biblioteca de Salamanca, y los dos de la Biblioteca Real.

Catalogue de la Bibliothèque de M. Ricardo Heredia, Comte de Benahavis..... Paris, Em. Paul, L. Huard et Guillemin..... 1891.

El Catálogo consta de cuatro partes, en 4.º m., impresas respectivamente en 1891, 1892, 1893 y 1894. Á las páginas xiii-xxiii de la primera, figura una carta á Ricardo Heredia, firmada por Manuel R. Zarco del Valle y M. Menéndez y Pelayo, donde mencionan algunos de los más raros libros de aquella famosa biblioteca.

1892.

Colección de escritores castellanos.—**Ensayos de crítica filosófica,** por el doctor don M. Menéndez y Pelayo, catedrático de la Universidad de Madrid en la Facultad de Filosofía y Letras, etc., etc..... Madrid, Est. tipográfico «Sucesores de Rivadeneyra», Paseo de San Vicente, núm. 20. 1892.

122 × 67 mm. — 397 págs. ns.

Contiene los estudios antes publicados:

I. De las vicisitudes de la Filosofía platónica en España.

II. De los orígenes del criticismo y del escepticismo, y especialmente de los precursores españoles de Kant.

III. Algunas consideraciones sobre Francisco de Vitoria y los orígenes del Derecho de gentes.

Discursos leídos ante la Real Academia Española (13-Marzo-1892), en la recepción pública del Excmo. Sr. D. Francisco Asenjo Barbieri. Madrid, Ducazcal, 1892.

El discurso contestación de Menéndez y Pelayo ocupa las páginas 29-48. Fué reproducido también en *La España Moderna* de aquel año (mes de Mayo), con el título de «La música de la lengua castellana».

Juan Ginés de Sepúlveda: Diálogo sobre las justas causas de la guerra.

Páginas 257 á 369 del número de Octubre-1892, del *Boletín de la Real Academia de la Historia*

Es una primorosa versión castellana, hecha por Menéndez y Pelayo, del rarísimo diálogo, *Democrates alter, sive de iustis belli causis apud Indos*, acompañada del texto latino.

Discursos leídos ante la Real Academia de Ciencias Morales y Políticas, en la recepción pública del Excmo. Sr. D. Antonio de Mena y Zorrilla, el domingo 11 de Diciembre de 1892.—Madrid, Imprenta y Litografía de los Huérfanos, calle de Juan Bravo, 5.—1892.

166 × 100 mm.—70 págs. ns.

El Sr. Mena trató de la Moral sensualista. El Discurso de contestación de Menéndez y Pelayo ocupa las páginas 57 á 70. En él dice D. Marcelino:

«Apenas salido yo de las aulas, enteramente obscuro y desconocido, debí al Sr. Mena y Zorrilla, Director entonces de Instrucción pública, la protección oficial y los medios indispensables para ampliar mis estudios y continuar mi educación literaria en las universidades y bibliotecas extranjeras. Al Sr. Mena y Zorrilla, pues, y al eficaz concurso de la Diputación y del Ayuntamiento de Santander, se debieron los frutos de aquel viaje, exiguos sin duda para la general cultura, por ser yo quien le llevó á cabo, pero trascendentales en grado sumo para la formación de mis ideas y para mi personal instrucción.»

Obras literarias | de | *D. José Marchena* | (El Abate Marchena) | recogidas | de manuscritos y raros impresos, | con un estudio crítico-biográfico | del doctor | don Marcelino Menéndez y Pelayo | de la Real Academia Española. | Tomo I | Sevilla | Imp. de E. Rasco, Bustos Tavera, 1 | 1892.

164 × 90 mm.—435 págs. ns.—El tomo II lleva fecha de 1896, y consta de CLIX + 423 páginas ns. + 1 de colofón (31-Diciembre-1896) y otra de comprobación de la tirada.

Se imprimieron solamente 250 ejemplares, en papel de hilo, á expensas del Marqués de San Marcial y de Jibaja. La *Introducción* de D. Marcelino ocupa las páginas V á CLIX del tomo II.

En el tomo I van las poesías líricas y el Teatro. En el II, la versión de Lucrecio y los opúsculos en prosa.

La *Introducción* ha sido reproducida en la tercera serie de *Estudios de crítica literaria* (Madrid, 1900), y antes en *La España Moderna* (Junio-1896 á Febrero-1897).

De los historiadores de Colón.

Artículo de Menéndez y Pelayo, publicado en la revista *El Centenario*, de 1892, y reproducido en la 2.ª serie de *Estudios de crítica literaria* (1895).

1893.

Crónica del tercer Congreso Católico Nacional español. Discursos pronunciados en las sesiones públicas y reseña de las Memorias y trabajos presentados en las sesiones de dicha Asamblea, celebrada en Sevilla en Octubre de 1892.—Sevilla, 1893

Un tomo de xxii + 993 páginas en 4.°.

A las páginas 431-446, figura un discurso de Menéndez y Pelayo acerca del tema: «El siglo xiii y San Fernando: la Iglesia y la civilización en España durante este período de la historia».

Ensayos religiosos, políticos y literarios, por D. José María Quadrado.—Segunda edición, precedida de una Introducción por D. Marcelino Menéndez y Pelayo.— Palma de Mallorca, Amengual y Muntaner, 1893.

En 8.° m. De la Introducción, que ocupa 61 páginas, y va fechada en Junio de 1893, se hizo tirada aparte. Fué reproducida en *La España Moderna* de Enero, 1894, y en la segunda serie de *Estudios de crítica literaria* (Madrid, 1895).

«*Ambrosio Espínola, primer marqués de los Balbases*». Discursos leídos ante la Real Academia de la Historia, en la recepción pública de D. Antonio Rodríguez Villa. Madrid, Fortanet, 1893.

La contestación de Menéndez y Pelayo ocupa las páginas 103-118.
La recepción tuvo lugar el 29 de Octubre de 1893.

A) ***Antología*** (¹) ***de poetas hispano-americanos***, publicada por la Real Academia Española.

Cuatro volúmenes, de 161 × 100 mm.

I. México y América Central.—Madrid, Establecimiento tipográfico «Sucesores de Rivadeneyra»; 1893.—clxxxii + 398 págs.
II. Cuba, Santo Domingo, Puerto Rico, Venezuela.—Madrid..... 1893.—clxxxviii + 634 págs.
III. Colombia, Ecuador, Perú, Bolivia.—Madrid..... 1894.—ccxcix + 492 págs.
IV. Chile, República Argentina, Uruguay.—Madrid..... 1895.—ccxviii + 480 págs.

Un fragmento del tomo iv se publicó en *La España Moderna* (Enero-1895) con el título *De los poemas históricos relativos á Chile.*

B) ***Historia | de la | poesía hispano-americana*** | por el Doctor | D. Marcelino Menéndez y Pelayo | Director de la Real Academia de la Historia | Tomo i | Madrid | Librería general de Victoriano Suárez | calle de Preciados, 48 | 1911.

181 × 113 mm. — x + 416 págs. ns. + 1 de *Indice.*

Es el tomo ii de las *Obras completas*, y constituye una refundición de los Prólogos de la *Antología.*

_____

(¹) La publicación de esta *Antología*, á la cual mostraba Menéndez y Pelayo especial cariño, diputándola por la mejor escrita y menos leída de sus obras, suscitó algunos trabajos de crítica de diversos escritores americanos. Entre ellos figuran el notabilísimo crítico cubano Enrique Piñeyro, y D. José M. de Rojas (véase su folleto de 35 páginas en 8.°: *Menéndez y Pelayo y la Antología hispano-americana;* París, Garnier hermanos, 1894). Este último censura especialmente los elogios tributados al tirano del Ecuador, Gabriel García Moreno.

Contiene:

Al Lector (prólogo fechado en Noviembre de 1910).—Advertencias generales.—Seis capítulos que tratan respectivamente de México, América Central, Cuba, Santo Domingo, Puerto Rico y Venezuela.

Iban impresas 417 páginas del tomo II de esta *Historia*, cuando falleció Menéndez y Pelayo, el cual pensaba escribir un Apéndice, para el que tenía reunidos los materiales necesarios, sobre la poesía del Brasil.

El tomo II y último (3.º de las *Obras completas)* se ha publicado en 1913. Consta de 530 páginas ns, + 6 sin n., y contiene siete capítulos relativos á Colombia, Ecuador, Perú, Bolivia, Chile, República Argentina y Uruguay, con los Indices.

1894.

Obras | de | D. Marcelino de Aragón Azlor y Fernández de Córdoba, | Duque de Villahermosa, | Conde-Duque de Luna, | de la Real Academia Española. | Con un prólogo | de D. M. Menéndez y Pelayo, | de la misma Academia. | (Escudo.) | Madrid, 1894.—Est. tip. Viuda é Hijos de M. Tello, | C. de San Francisco, 4.

126 × 67 mm. — XVIII + 366 págs. ns. + 1 de *Indice.*

Contiene un nuevo *Prólogo* (¹) de Menéndez y Pelayo (págs. v á xviii); el *Discurso* del Duque al ingresar en la Real Academia Española; el antiguo prólogo de Menéndez y Pelayo á la versión de las *Geórgicas*, publicado en 1881 (págs. 69 á 78), y, por último, las traducciones de *Las Geórgicas* de Virgilio y del libro I de *Los Tristes*, de Ovidio, acompañadas del texto latino.

Papel de hilo.

Lettres inédites de Beaumarchais, Galiani et D'Alembert, adressées au Duc de Villahermosa.

Texto publicado y anotado por Menéndez y Pelayo, en la *Revue d'Histoire litteraire de la France*, de 15-Julio-1894 (págs. 330-352).

Revistas críticas.

a) Discurso leído por el Sr. Vallín y Bustillo ante la Real Academia de Ciencias exactas, físicas y naturales, acerca de la cultura científica española en el siglo XVI.

b) Influencia de las lenguas y literaturas orientales en la española; discurso de D. Francisco Fernández y González, leído ante la Real Academia Española.

c) Investigaciones biográficas y bibliográficas sobre Tirso de Molina, por E. Cotarelo y Mori.

d) Memorias de Benedetto Croce, acerca de las relaciones políticas y literarias entre España é Italia.

e) Memorias de Benedetto Croce sobre la corte española de Alfonso V de Aragón en Nápoles, sobre versos españoles en loor de Lucrecia Borja, y sobre la *Question de Amor.*

f) La *Historia Parthenopea* de Alonso Hernández (Elogio del Gran Capitán Gonzalo Fernández de Córdoba).—La Corte de las tristes reinas de Nápoles (Juana III y IV).—Tratado de educación de Antonio Galateo; trabajos de Benedetto Croce. Bastero, poeta provenzal; discurso de Rubió.

g) Estudios sobre la Edad Media en España, por L. Dolfus.—Epopeyas francesas, de

---

(¹) Véase Virgilio: *Las Geórgicas,* en el año 1881.

Gautier (tomo II de la nueva edición).—El endecasílabo en la poesía castellana del siglo XV y principios del XVI, por A. Morel-Fatio.

Aparición de la *Revue Hispanique*.

h) Grillparzer y Lope de Vega, por el Dr. Arturo Farinelli.

Sobre todos esos estudios escribió Menéndez y Pelayo artículos críticos, que figuran en los números de *La España Moderna* (Febrero á Diciembre de 1894). Los artículos *b*, *c* y *h* fueron reproducidos en la segunda serie de *Estudios de crítica literaria* (Madrid, 1895). El artículo *a* lo fué en la cuarta serie de dichos *Estudios* (Madrid, 1907).

En cuanto al artículo *c*, es de advertir que se refiere á un libro publicado en 1893, donde su autor dice de Menéndez y Pelayo (pág. 78):

«No hay necesidad de nombrar al prodigioso joven, asombro de nuestro tiempo, para comprender que sólo él puede dar cima á ésa y otras empresas literarias, como la está dando á la de historiar la estética y la crítica literaria y artística.»

El mismo Sr. Cotarelo publicó en 1901 la *Comedia de Sepúlveda..... según el manuscrito del excelentísimo Sr. D. Marcelino Menéndez y Pelayo*, diciendo en la Advertencia: «El único manuscrito hoy conocido de esta obra es propiedad de nuestro insigne y universal maestro D. Marcelino Menéndez y Pelayo, quien, con su generosidad inagotable y su acendrado patriotismo, no vacila en entregarlo al estudio y deleite de los doctos.»

Biblioteca de Jurisprudencia, Filosofía é Historia: **Luis Vives,** por A. Lange, autor de la «Historia del Materialismo». Traducción directa del alemán, revisada por M. Menéndez y Pelayo.—Madrid, *La España Moderna*, Cuesta de Santo Domingo, 16. Teléfono 260.

177 × 104 mm.—155 págs. ns. + 1 sin n.

Sin fecha (detestable costumbre editorial); pero se acabó de imprimir en Agosto de 1894. Es versión del artículo de Lange, publicado en las páginas 776 á 851 del tomo IX de la *Encyklopädie des gesamten Erziehungs und Unterrichtswesens*, del Dr. R. A. Schmid (Leipzig, 1887).

1895.

Colección de escritores castellanos: Menéndez y Pelayo, de la Real Academia Española. **Estudios de crítica literaria. Segunda serie.**—Madrid, Establecimiento tipográfico «Sucesores de Rivadeneyra», 1895.

406 págs.

Contiene los siguientes estudios, antes publicados:

I. Quadrado y sus obras.
II. La *Celestina*.
III. El Alcalde de Zalamea.
IV. Tirso de Molina.
V. De los historiadores de Colón.
VI. Lope de Vega y Grillparzer.
VII. Enrique Heine.
VIII. De las influencias semíticas en la literatura española.

Hay 2.ª edición, impresa en 1912.

Ciento y un sonetos, de el Br. Francisco de Osuna y de Francisco Rodríguez Marín, precedidos de una carta autógrafa de D. Marcelino Menéndez y Pelayo..... Sevilla, E. Rasco, 1895.

126 × 72 mm.—XIV + 116 págs. ns. + 1 sin n.

La carta de D. Marcelino, y su transcripción, ocupa las páginas VII á XIV.

Las Cántigas del Rey Sabio.

Artículo crítico de Menéndez y Pelayo, en *La Ilustración Española y Americana* (núms. de 28 de Febrero, 8 de Marzo y 15 de Marzo de 1895), sobre la edición de la Academia Española.

Fragmentos de este trabajo fueron reproducidos en las páginas vii á xii del *Estudio histórico, crítico y filológico sobre las Cantigas del Rey don Alfonso el Sabio, por el Marqués de Valmar* (2.ª edición. Madrid, 1897; xxii + 400 + 1 págs. en 4.º), publicado por la R. Academia Española.

Bibliografía crítica de las obras de Miguel de Cervantes Saavedra, por don Leopoldo Rius. Madrid, Murillo, 1895 y sigs.

Tres tomos de 190 × 119 mm. El tomo ii (Barcelona, 1899) incluye la *Carta* de Menéndez y Pelayo acerca del famoso *Quijote* de D. Feliciano Ortego Aguirrebeña, y la referente á la *Nueva conjetura sobre el Quijote de Avellaneda* (págs. 212-215). En el tomo iii (Villanueva y Geltrú, 1904, aunque trae la fecha de 1905 en la cubierta) se inserta (págs. 553-556) el final del discurso de contestación de Menéndez y Pelayo al Sr. Asensio en la Real Academia Española, sobre *Interpretaciones del Quijote*, en 1904.

Discursos leídos ante la Real Academia Española, en la recepción pública del Excmo. Sr. Marqués de Pidal. Madrid, Imprenta de los Huérfanos, 1895.

El discurso-contestación, de Menéndez y Pelayo, ocupa las páginas 64 á 86.

‹Revista crítica de Historia y Literatura Españolas› (tomo 1); Madrid, 1895.

En esta Revista (empezó en Marzo de 1895, y acabó en Setiembre del mismo año), que dirigía el Sr. Altamira, publicó Menéndez y Pelayo notas críticas acerca de las siguientes obras:

Di alcuni versi italiani di autori spagnuoli dei secoli XV e XVI, por Benedetto Croce.
Intorno al soggiorno di Garcilasso de la Vega in Italia, por el mismo.
Studi di storia letteraria italiana e straniera, por Francesco Flamini.
Peñas Arriba, por D. José M.ª de Pereda.
Barlaam and Joasaph in Spain, por F. de Haan.

(Páginas 12, 32 y 38 de la primera parte del tomo 1.)
Sobre el Programa de la *Revista crítica*, publicóse una nota de Menéndez y Pelayo en *La España Moderna* del año 1895.

1896.

Revista crítica de historia y literatura españolas, portuguesas é hispano-americanas.

Fué continuación de la *Revista crítica de Historia y Literatura Españolas.* Empezó en Diciembre de 1895 y acabó en igual mes de 1902, después de haberse impreso sucesivamente en Madrid, Oviedo y Barcelona.

En el tomo 1, año 1896, págs. 55 y 105, publicó Menéndez y Pelayo dos notas críticas sobre los trabajos siguientes:

L'immigrazione dei Gesuiti Spagnuoli letterati in Italia (por V. Cian; Torino, 1895).
Italia e Spagna nel Secolo XVIII. Giovambattista Conti e alcune relazioni letterarie fra l'Italia e la Spagna (por V. Cian, 1896).

Biblioteca de Jurisprudencia, Filosofía é Historia.—**Historia de las literaturas castellana y portuguesa,** por Fernando Wolf. Traducción del alemán por Miguel de Unamuno, profesor en la Universidad de Salamanca, con Notas y Adiciones por don

M. Menéndez y Pelayo, de las Reales Academias de la Lengua y de la Historia.—Madrid, *La España Moderna.*

177 × 103 mm. Dos tomos, de 332 + 1 y 491 + 1 págs., respectivamente. No traen fecha; los capítulos se imprimieron sucesivamente en los números de *La España Moderna*, desde Octubre de 1894 hasta Setiembre de 1896.

Es versión de los *Studien zur Geschichte der spanischen und portugiesischen Nationalliteratur* de Fernando José Wolf (Berlín, 1859).

Sevilla intelectual. Sus escritores y artistas contemporáneos, por D. José Cascales y Muñoz, con una carta-prólogo de D. M. Menéndez y Pelayo.—Madrid, 1896.

1897.

Discursos leídos ante la Real Academia Española, en la recepción pública del Sr. D. Benito Pérez Galdós. Madrid, Viuda é hijos de Tello, 1897.

La recepción tuvo lugar el 7 de Febrero de dicho año. El discurso-contestación fué de Menéndez y Pelayo. Reimpreso el mismo año, en la edición de que tratamos en el número siguiente, y, además, en los *Estudios de crítica literaria* (5.ª serie; Madrid, 1908).

Discursos leídos ante la Real Academia Española, en la recepción pública de D. José María de Pereda. Madrid, 1897.

La recepción tuvo lugar el 21 de Febrero de dicho año. El discurso-contestación fué de Menéndez y Pelayo.

De estos dos discursos y de los citados en el apartado anterior, se publicó otra edición, el mismo año 1897, con este título: «Menéndez y Pelayo.—Pereda.—Pérez Galdós: Discursos leídos ante la Real Academia Española en las recepciones públicas del 7 y 21 de Febrero de 1897. Madrid, Establecimiento tipográfico de la Viuda é Hijos de Tello, Impresor de Cámara de S. M.; C. de San Francisco, 4.» (189 págs. ns. + 1 sin n., de 125 × 73 mm.)

Una nueva conjetura sobre el autor del ‹Quijote› de Avellaneda.

Carta al Sr. D. Leopoldo Rius y Llosellas, publicada en *Los lunes de El Imparcial*, de 15 de Febrero de 1897, y reimpresa en el tomo II de la *Bibliografía crítica* de Rius, en la edición barcelonesa del *Quijote* de Avellaneda (1905) y en los *Estudios de crítica literaria* (4.ª serie; Madrid, 1907).

Sospecha que Avellaneda fuese un oscuro poeta aragonés, llamado Alfonso Lamberto (¹) que concurrió á dos certámenes literarios celebrados en Zaragoza en 1614.

Poesías | de | Evaristo Silió | con un Prólogo | de | M. Menéndez y Pelayo | Valladolid: | Imprenta Castellana | 1897.

134 × 77 mm.—xliii + 183 págs. ns. + 1 de *Indice*. Con el retrato de Silió (1841-1874).

El *Prólogo* ocupa las páginas v-xliii y lleva fecha de «Santander, 23 de Abril de 1876». Es reproducción literal del estudio publicado en la continuación de *La Tertulia*. Así se da á entender en la nota de la página v, que dice de este modo:

«Alúdese aquí á una serie de artículos que sobre esta materia empezó á publicar el autor en *La Tertulia*, revista que salía á luz en Santander por los años de 1875 á 1877. La semblanza que antecedió á ésta fué la de D. Calixto Fernández Campo-Redondo.»

Continuación de *La Tertulia*, fué la *Revista Cántabro-Asturiana*.

(¹) En opinión, bastante verisímil, de Menéndez y Pelayo, el soneto de «A. L.», que publiqué en la página 233 de mis *Anales de la Literatura española* (Madrid, 1904), pertenece á Alfonso Lamberto.

Sociedad de Bibliófilos Andaluces. | **Obras completas** | de | **D. Francisco de Que-vedo** | **Villegas** | Edición crítica, ordenada é ilustrada | por | D. Aureliano Fernández Guerra y Orbe | de la Real Academia Española | con Notas y Adiciones | de | don Marcelino Menéndez y Pelayo | de la misma Academia | Tomo primero | Aparato biográfico y bibliográfico | *(Sello)* | Sevilla | Imp. de E. Rasco, | Bustos Tavera, 1 | 1897.

165 × 90 mm.—VIII + 591 págs. ns. + 3 sin n.

El tomo II salió á luz en 1903 (IX + 400 págs. ns. + 2 sin n.), y es el 1.º de las *Poesías*. El III, 2.º de las *Poesías*, se publicó en 1907 (458 págs ns. + 2 al principio y 1 al final sin n.). Impresos en papel de hilo.

Al morir Menéndez y Pelayo, iban impresas 32 páginas del tomo IV (continuación de las *Poesías*).

No llegaron, pues, á reimprimirse los textos en prosa publicados por Fernández-Guerra (m. en 7-Setiembre-1894) en 1852 y 1859, en dos tomos de la *Biblioteca* Rivadeneyra; pero en cambio se han reimpreso, con exactitud infinitamente mayor, buena parte de las poesías publicadas por D. Florencio Janer en su mediocre edición de 1877 (un tomo de la misma *Biblioteca*).

1898.

La leyenda de los Infantes de Lara, por R. Menéndez Pidal (Madrid, 1896).

Artículo crítico de Menéndez y Pelayo, en *La España Moderna* (número de Enero-1898).

En el prólogo de su importante libro, el Sr. Menéndez Pidal da las gracias «especialmente á mi querido maestro el Sr. Menéndez y Pelayo, á quien debo, además del usufructo de su rica biblioteca de Santander, el haberme ilustrado con frecuente conversación y valiosos consejos acerca de la materia.» (Pág. XVI).

1899.

Nuevos datos acerca de Prisciliano, por M. Menéndez y Pelayo.

Artículos publicados en la *Revista de Archivos, Bibliotecas y Museos*, del año 1899 (tomo III, páginas 1, 65, 129, 449 y 577). Formaban parte de la futura refundición de la *Historia de los Heterodoxos españoles*.

Motivó esos artículos la publicación, en 1889, de los once opúsculos priscilianistas descubiertos por el Dr. Jorge Schepss, en 1885, en la Biblioteca de la Universidad de Würtzburg.

La Celestina | **Tragicomedia** | **de Calisto y Melibea** | por | Fernando de Rojas | conforme | á la edición de Valencia, de 1514, | reproducción | de la de Salamanca, de 1500, | cotejada con el ejemplar de la «Biblioteca Nacional» | en Madrid. | Con el Estudio crítico | de | la Celestina | nuevamente corregido y aumentado | del excelentísimo Sr. | D. Marcelino Menéndez y Pelayo de la Real Academia Española | y Director de la Biblioteca Nacional. | Vigo | Librería de Eugenio Krapf | 1899.

112 × 72 mm.—Dos tomos de paginación seguida (LVI + 470 + C + 42 págs. ns. + 3 sin n.). Se acabaron de imprimir el 31 de Julio de 1900.

El *Estudio crítico* de Menéndez y Pelayo ocupa las páginas XI á LVI del tomo I, y es reimpresión del publicado en la 2.ª serie de *Estudios de crítica literaria* (1895.) Otro estudio (titulado *Advertencia*) del mismo D. Marcelino, sobre la comedia *Pamphilus* (reproducida según la edición de A. Baudoin; Paris, 1874), va al final del tomo II, ocupando las páginas 29-42.

La *Bibliografía* publicada por Krapf en el tomo II de esta primorosa edición, es, á pesar de sus deficiencias, la mejor que existe.

1900.

Libros de antaño, nuevamente dados á luz por varios aficionados. Tomo x.—*Propaladia de Bartolomé de Torres Naharro*, con un Estudio crítico de D. M. Menéndez y Pelayo, de la Real Academia Española. Tomo II. Madrid. Librería de los Bibliófilos. Fernando Fé. Carrera de San Jerónimo, 2. M.CM.

122 × 68 mm.—CLIII + 417 págs. ns. + 2 sin n.

El *Estudio preliminar* ocupa las páginas I á CLIII. Hízose de él tirada aparte, y fué incluído, además, en la tercera serie de *Estudios de crítica literaria* (Madrid, 1900). Comprende dicho tomo II las Comedias *Himenea, Jacinta, Calamita y Aquilana*, el *Diálogo del Nascimiento*, el *Psalmo en la gloriosa victoria que los españoles ovieron contra venecianos*, el *Concilio de los Galanes y Cortesanas de Roma* y los *Versos en loor de la Santísima Virgen*.

El tomo I (IX de la colección) salió á luz en 1880 (x + 429 págs. ns. + 1 sin n. y un facsímile de la Portada original), con una *Advertencia preliminar* de M. Cañete. En este tomo figuran las poesías sueltas y las comedias *Serafina, Trofea, Soldadesca y Tinellaria*.

El Filósofo autodidacto de Abentofail, novela psicológica, traducida directamente del árabe, por D. Francisco Pons Boigues, con un prólogo de Menéndez y Pelayo. Zaragoza. Tip. de Comas hermanos, Pilar, 1. 1900.

105 × 63 mm.—LVI + 250 págs. ns.—Es el tomo v de la *Colección de estudios árabes*.

El *Prólogo* de Menéndez y Pelayo ocupa las páginas IX á LVI.

Estudios filosófico-teológicos. Tomo I. Algazel. Dogmática, Moral, Ascética, por Miguel Asín Palacios, presbítero. Con prólogo de Menéndez y Pelayo. Zaragoza. Tip. y Lib. de Comas hermanos, Pilar, núm. 1, 1901.

107 × 64 mm.—XXXIX + 912 págs. ns. Es el tomo VI de la *Colección de estudios árabes*.

El *Prólogo* de Menéndez y Pelayo ocupa las páginas VII á XXXIX.

Colección de escritores castellanos. Menéndez y Pelayo, de la Real Academia Española. Estudios de crítica literaria.—Tercera serie. Madrid, Establecimiento tipográfico «Sucesores de Rivadeneyra», 1900.

388 págs. ns. + 1 sin n.

Contiene los siguientes estudios, antes publicados:

I. Bartolomé de Torres Naharro.
II. El Abate Marchena.

1901.

*Discursos | leídos ante la | Real Academia de Bellas Artes | de San Fernando | en la recepción pública | del Excmo. é Ilmo. Señor | D. Marcelino Menéndez y Pelayo | el día 31 de Marzo de 1901. | Madrid | Establecimiento tipográfico de Fortanet | Impresor de la Real Academia de la Historia | Calle de la Libertad, núm. 29 | 1901.

177 × 113 mm.—91 págs. ns.

El tema fué: *La estética de la pintura y la crítica pictórica en los tratadistas del Renacimiento*, ocupándose especialmente en D. Felipe de Guevara, Francisco de Holanda y Pablo de Céspedes. Contestóle D. Angel Avilés.

Sucedió Menéndez y Pelayo en esta Academia á D. Manuel Cañete (m. en 4-Noviembre-1891), y fué electo en 29 de Febrero de 1892.

El discurso ha sido reimpreso en la cuarta serie de *Estudios de crítica literaria* (Madrid, 1907).

Biblioteca de Jurisprudencia, Filosofía é Historia.—Historia de la Literatura Española, desde los orígenes hasta el año 1900, por Jaime Fitzmaurice-Kelly, C. de la Real Academia Española. Traducida del inglés y anotada por Adolfo Bonilla y San Martín, con un estudio preliminar por Marcelino Menéndez y Pelayo, Director de la Biblioteca Nacional. Madrid, *La España Moderna*, Cuesta de Santo Domingo, 16.

173 × 90 mm.— XLII + 613 págs. ns. No lleva fecha, pero salió á luz en 1901. Después se han hecho varias ediciones.

El *Prólogo* de D. Marcelino ocupa las páginas v á XLII, y lleva fecha de «Santander, 15 de Julio de 1901». Fué reproducido en *La España Moderna* de Agosto-1901. Las observaciones que en él hace han sido aprovechadas en la edición francesa que salió á luz en París, el año 1904 (*Littérature espagnole;* trad. H.-D. Davray; A. Colin). (¹)

1902.

Biblioteca de la Revista de Archivos, Bibliotecas y Museos.—I. *Bibliografía hispanolatina clásica.* (Códices. — Ediciones. — Comentarios. — Traducciones. — Estudios críticos.—Imitaciones y reminiscencias.—Influencia de cada uno de los clasicos latinos en la literatura española), por D. M. M. y P.—Tomo I. Madrid, Est. Tip. de la Viuda é Hijos de M. Tello, Impresor de Cámara de S. M., C. de San Francisco, 4. 1902.

896 págs. (56 pliegos). Empieza con Accio (Lucio) y queda en suspenso, dejando sin acabar Cicerón.

Lleva *Advertencia preliminar*, donde dice, entre otras cosas: «Antes de salir de las aulas universitarias, en 1873, formé el proyecto de una *Biblioteca de Traductores Españoles*, ampliando y continuando el meritorio ensayo de D. Juan Antonio Pellicer. Después concebí un plan más vasto, y los traductores vinieron á quedar como una parte, acaso secundaria, de la obra que imaginé con temeridad juvenil.»

El resto del original, en el que Menéndez y Pelayo trabajó durante toda su vida (puesto que era ese libro una de las primeras obras importantes que proyectó), se conserva en su Biblioteca de Santander.

Ministerio de Instrucción Pública y Bellas Artes.—Discursos leídos el día 24 de Mayo de 1902, en el solemne festival académico celebrado en el Palacio de la Biblioteca y Museos Nacionales, con motivo de la entrada en la mayor edad de S. M. el rey D. Alfonso XIII. Madrid, Imprenta de los hijos de M. G. Hernández; Libertad, 16 duplicado. 1902.

232 × 135 mm.— 147 págs. ns. + 2 sin n.

El discurso de Menéndez y Pelayo, en nombre del cuerpo facultativo de Archiveros, Bibliotecarios y Arqueólogos, ocupa las páginas 127-134. Se reimprimió en la *Revista de Archivos* (t. VI, pág. 410).

Discursos leídos ante la Real Academia Española en la recepción pública de D. Ramón Menéndez Pidal, el 19 de Octubre de 1902.—Madrid, 1902. Est. tip. de la Viuda é Hijos de M. Tello, Impresor de Cámara de S. M., C. de San Francisco, 4.

165 × 95 mm.— 96 págs. ns.

(¹) Véase el Prefacio de la nueva edición castellana del manual del Sr. Fitzmaurice-Kelly (*Literatura española*, Madrid, 1913).

El tema del primer discurso dice así: « *El condenaao por desconfiado*, de Tirso de Molina.» El de contestación, de Menéndez y Pelayo, ocupa las páginas 67-96.

Hízose nueva edición en Quito (Imprenta Nacional), el año 1905.

1903.

Asociación de Conferencias. | *La epopeya castellana en la Edad Media* | *El Cid* | por | D. Marcelino Menéndez Pelayo | Madrid | Tip. de la *Revista de Archivos, Bibliotecas y Museos* | Infantas, 42, bajo izq. | 1906.

178 × 99 mm. — 23 págs. ns.

Es una conferencia dada por Menéndez y Pelayo, el 6 de Febrero de 1903, en el Círculo Patronato de San Luis Gonzaga.

Necrología. — *El Dr. Pedro Roca y López.*

Artículo por M. Pelayo en la *Revista de Archivos* (Febrero de 1903, página 1 y sigs.).

Solemne velada en conmemoración del XXV aniversario de la coronación de Su Santidad León XIII, en el Círculo Patronato de San Luis, el 3 de Marzo de 1903. — Madrid, Fortanet, 1903.

En 4.º Á las páginas 65-73 hay un discurso de Menéndez y Pelayo. Hízose tirada aparte.

Carta de Menéndez y Pelayo al P. Restituto del Valle Ruiz, agustino, con motivo de los *Estudios literarios* de este último (Barcelona, Gili, 1904).

Se publicó en la *Gaceta del Norte*, periódico de Bilbao.

Entre los citados *Estudios*, publicados antes en *La Ciudad de Dios*, hay uno sobre la *Historia de las ideas estéticas en España.*

Poesías líricas y dramáticas, del Excmo. Sr. D. Leopoldo A. de Cueto, Marqués de Valmar, de la Real Academia Española, con un prólogo de D. M. Menéndez y Pelayo, de la misma Academia, Madrid, «Sucesores de Rivadeneyra», 1903.

162 × 90 mm. — XXIV + 477 págs. ns. + 1 sin n., con el retrato del Marqués de Valmar.

El Prólogo ocupa las páginas v-xxiv. Fué reproducido en la quinta serie de *Estudios de crítica literaria* (Madrid, 1908).

Flor de Entremeses | *y* | *sainetes* | *de* | *diferentes autores* | (1657) | Segunda edición corregida | Madrid | Imprenta de Fortanet | 29-Calle de la Libertad-29 | 1903.

138 × 77 mm. — x + 210 págs. ns. + 6 sin n.

Edición en papel de hilo, costeada por el Marqués de Jerez de los Caballeros.

La *Advertencia*, firmada «M. M. P.», ocupa las páginas v á x.

Sólo se conocía un ejemplar de la primera edición (de 1657), por nadie citada. Contiene veinticuatro entremeses (atribuídos á Luis Vélez, Benavente, Juan Vélez, Villaviciosa, Belmonte, Melchor Zapata, Quevedo y Antonio de la Cueva), veinte de los cuales eran desconocidos. El entremés de Quevedo lleva por título: *El caballero de la tenaza;* los de Luis Vélez: *La burla más sazonada; La sarna de los banquetes; Los atarantados,* y *Antonia y Perales;* el de Juan Vélez: *Dios te la depare buena;* los de Benavente: *Las damas del vellón; La constreñida; Los gorrones; De las dos letras: Del miserable; Los condes fingidos; El sueño del perro; Los alcaldes encontrados; El burlón,* y *El invierno y el verano;* el de Villaviciosa: *La vida holgona;* los de Belmonte: *Sierra Morena de las mujeres; Los apellidos en dote; La maestra de gracias; Lo que pasa en una venta,* y *Una rana hace ciento;* el de Melchor Zapata: *Nada entre dos platos,* y el de Antonio de la Cueva: *Felipa Rapada.*

1904.

Interpretaciones del «Quijote».—Discursos leídos ante la Real Academia Española, en la recepción pública del Excmo. Sr. D. José M.ª Asensio y Toledo, el día 29 de Mayo de 1904. Madrid, Imp. Alemana, Espíritu Santo, 18. 1904.

187 × 103 mm.—41 págs. ns.

El discurso de contestación, de Menéndez y Pelayo, ocupa las páginas 21-41. Ha sido reimpreso en la quinta serie de *Estudios de crítica literaria* (Madrid, 1908).

Necrología de la Duquesa de Alba.

Artículo por M. y Pelayo, en la *Revista de Archivos* (Mayo-Junio de 1904, tomo x, pág. III y siguientes). Hay tirada aparte, de 13 págs. en 4.º, con retrato.

La doncella Teodor (Un cuento de Las Mil y Una Noches, un libro de cordel y una comedia de Lope de Vega).

196 × 99 mm.—29 págs., numeradas desde la 483 á la 511.

Artículo con el cual honró Menéndez y Pelayo el *Homenaje d D. Francisco Codera en su jubilación del Profesorado. Estudios de erudición oriental, con una Introducción de D. Eduardo Saavedra* (Zaragoza, Mariano Escar, tipógrafo, 1904; xxxviii + 656 págs. nums.).

Reproducido en la quinta serie de *Estudios de crítica literaria* (Madrid, 1908).

Discurso | del Excmo. Sr. | D. Marcelino Menéndez y Pelayo | en la | solemne fiesta literaria | celebrada | en el Museo Provincial de Bellas Artes | el 5 de Diciembre de 1904 | para conmemorar el quincuagésimo aniversario | de la definición dogmática | del misterio de la Inmaculada. | Sevilla | Lib. é Imp. de Izquierdo y Compañía | Francos, núm. 54 | 1905.

189 × 104 mm.—19 págs. ns.

1905.

Discurso | acerca de | Cervantes y el «Quijote» | leído en la Universidad Central en 8 de Mayo de 1905 | por D. Marcelino Menéndez y Pelayo | De la Real Academia Española | (De la *Revista de Archivos, Bibliotecas y Museos) |* Madrid | Tipografía de la *Revista de Archivos, Bibliotecas y Museos* | Calle de Olid, núm. 8 | 1905.

186 × 113 mm.—31 págs. ns. En la página 1.ª consta el título: «Cultura literaria de Miguel de Cervantes y elaboración del *Quijote*».

Es tirada aparte del «Número extraordinario en conmemoración del centenario del *Quijote*», publicado por la *Revista de Archivos* (Año IX. Mayo de 1905, núm. 5, páginas 309-339). El número contiene además: el *Torneo en el Palatinado en 1613,* la *Información* completa del cautiverio de Cervantes, una reseña de la *Exposición conmemorativa de la publicación del Quijote,* y una *Bibliografía* de los principales escritos publicados con ocasión del tercer centenario del *Quijote*.

Hízose otra tirada aparte del *Discurso,* que lleva la nota de «Segunda edición», y el siguiente pie de imprenta: «Madrid, | Librería Gutenberg de José Ruiz | ·Plaza de Santa Ana, 13. | 1905 ». Ha sido reimpreso en la cuarta serie de *Estudios de crítica literaria* (Madrid, 1907).

El original autógrafo de este *Discurso* le posee Julio Cardenal, criado que fué de D. Marcelino desde la instalación de éste en la Academia de la Historia.

Ortología clásica de la lengua castellana, fundada en la autoridad de cuatrocientos poetas, por D. Felipe Robles Dégano, Presbítero, con una Carta-

Prólogo del Excmo. Sr. D. Marcelino Menéndez y Pelayo ..... Madrid, Marceliano Ta-
barés, impresor; 7, Calle de Trujillos, 7.—1905.

vi + 380 págs. ns. + 2 sin n.

La Carta-Prólogo, fechada en Madrid á 2 de Junio de 1905, ocupa las páginas v y vi.

El Ingenioso hidalgo | *don Qvixote de la Mancha* | compuesto por el licenciado |
Alonso Fernández de Avellaneda | natural de Tordesillas. | Nueva edición | cotejada
con la original, publicada en | Tarragona en 1614, | anotada y precedida de una intro-
ducción | por | don Marcelino Menéndez y Pelayo | de la Academia Española | Barce-
lona | Librería científico-literaria ! Toledano López & C.ª | 4, Elisabets, 4 | MCMV.

166 × 90 mm.—LXIV + 330 págs. ns. + 4 de *Tabla* sin n. + un Apéndice, numerado en
letra, desde la A hasta la M.

La *Introducción* de Menéndez y Pelayo ocupa las páginas vii á lvi. Sigue la *Carta* de J. E. Se-
rrano y Morales á Mr. A. Morel-Fatio, con los documentos relativos al valenciano Juan Martí,
fallecido en Diciembre de 1604. Después va el texto del *Quijote* tordesillesco, y, en los Apéndi-
ces, se reproducen los preliminares de la edición madrileña de 1732.

En la *Introducción*, Menéndez y Pelayo incluye la carta publicada en *El Imparcial* en 1897, y
añade una *Posdata*, donde contesta á ciertas observaciones hechas por Mr. Paul Groussac en su
libro: *Un énigme litteraire... Le Don Quichotte d'Avellaneda* (Paris, 1903), en el cual el erudito
francés defiende la hipótesis de que Avellaneda es Juan Martí, el supuesto autor de la segunda
parte del *Guzmán de Alfarache.*

Hay otra edición, de 302 págs. ns. (+ 4 de *Tabla* sin n.) y la misma caja, sin introducción, ro-
tulada: *El Quijote apócrifo, compuesto por el Licenciado Alonso Fernández de Avellaneda, natural de
Tordesillas. Edición cuidadosamente cotejada con la original, publicada en Tarragona en 1614* (MCMV:
Barcelona; Librería Científico-Literaria; Toledano López & C.ª, 4, Elisabets, 4).

La *Introducción* de Menéndez y Pelayo fué reproducida en la cuarta serie de *Estudios de cri-
tica literaria* (Madrid, 1907).—Ya hemos visto que la *Nueva conjetura* &.ª, fué publicada primero
en *El Imparcial* (año 1897), y después en la *Bibliografía crítica* de Rius (tomo ii, 1899).

Tres Comedias de Alonso de la Vega, con un prólogo de D. Marcelino Menéndez
y Pelayo, de la Academia Española. Dresden. Max Niemeyer, Halle a. S., 1905.

En 4.º 161 × 98 mm. Es el tomo vi de la *Gesellschaft für romanische Literatur*. El Prólogo de
Menéndez y Pelayo ocupa las páginas v-xxx, y en él reproduce parte del de la *Propaladia* de
Torres Naharro. Va fechado en Santander el 1.º de Agosto de 1905.

El texto comprende las comedias *Tholomea, Seraphina*, y *de la Duquesa de la Rosa*, según la
única y rarísima edición conocida (Valencia, 1566). Va plagado de erratas, porque Menéndez y
Pelayo no corrigió las pruebas.

Nueva Biblioteca de Autores Españoles | bajo la dirección del | excelentísimo
Sr. D. Marcelino Menéndez y Pelayo. | Orígenes de la Novela | Tomo i | Introduc-
ción. | Tratado histórico sobre la primitiva | novela española | por | D. M. Menéndez
y Pelayo | de la Real Academia Española. | Madrid | Librería editorial de Bailly-Bai-
llière é Hijos | Plaza de Santa Ana, núm. 10. | 1905.

207 × 131 mm.—DXXXIV págs ns. + 1 de *Erratas.*

Contiene ocho capítulos, que estudian respectivamente estos temas:

I. Reseña de la novela en la antigüedad clásica, griega y latina.
II. El apólogo y el cuento oriental.

III. Influencia de las formas de la novelística oriental en la literatura de nuestra Península durante la Edad Media.

IV. Breves indicaciones sobre los libros de caballerías.

V. Aparición de los libros de caballerías indígenas.

VI. Novela sentimental.—Novela bizantina de aventuras.

VII. Novela histórica.

VIII. Novela pastoril.

El tomo II *(Novelas de los siglos XV y XVI, con un estudio preliminar)*, se publicó en 1907. Consta de CXL + 587 págs. ns. La Introducción, que abarca las páginas I-CXL, y va fechada en Santander, Enero de 1907, contiene el capítulo IX, que trata de los cuentos y novelas cortas. Los textos, que van impresos á dos columnas, son: la *Cárcel de Amor*, de Diego de San Pedro; el *Tractado*, de Nicolás Núñez; el *Sermón*, de Diego de San Pedro; la *Question de Amor de dos enamorados*; el *Diálogo de las transformaciones de Pitágoras*, de Cristóbal de Villalón; *El Crotalón*, del mismo Villalón; la *Diana*, de Jorge de Montemayor; la *Diana enamorada*, de Gil Polo; *El Pastor de Filida*, de Gálvez de Montalvo, y los *Colloquios satíricos*, de Antonio de Torquemada. La *Cárcel de Amor* se imprime según la edición sevillana de 1492; la *Question de Amor*, según las de 1513 y 1553; el *Diálogo de las transformaciones*, según el manuscrito de Menéndez y Pelayo; *El Crotalón*, según los Códices de Gayangos y de la Romana, y los *Colloquios satíricos*, según la rarísima edición de Mondoñedo, 1553.

El tomo III *(Novelas dialogadas, con un estudio preliminar)* lleva la fecha de 1910. Consta de CCLXXXIX + 447 págs. ns. + 1 de *Erratas*. Las páginas de numeración romana contienen los capítulos X y XI de la *Introducción*, que tratan, respectivamente, de la *Celestina* y de sus imitaciones. Los textos publicados son: la *Tragedia Policiana*, del Bachiller Sebastián Fernández (según la edición toledana de 1547); la *Comedia de Eufrosina*, traducida por el capitán Ballesteros (Madrid, 1631); la *Comedia llamada Florinea*, de Juan Rodríguez Florián (Medina del Campo, 1554); la *Comedia intitulada Doleria d'el Sueño d'el Mundo*, de Pedro Hurtado de la Vera (Anvers, 1572), y *La Lena*, de Velázquez de Velasco (Milán, 1602).

Al final de la *Introducción* escribe Menéndez y Pelayo: «En el cuarto y último tomo de estos *Orígenes de la Novela*, trataré especialmente del género picaresco, y también de otras formas novelísticas ó análogas á la novela, como los coloquios y diálogos satíricos.» Desgraciadamente, no llegó á escribir nada de este cuarto tomo, dejando sólo impresos los cuatro primeros pliegos de la versión del *Asno de oro* de Apuleyo, por Diego López de Cortegana, que había de formar parte de dicho tomo. Por ahora, pues, los libros de Fonger de Haan *(An outline of the history of the Novela picaresca in Spain;* The Hague-New York, 1903) y de Frank Wadleigh Chandler *(Romances of Roguery (¹)* I; New York, 1899), son los únicos de conjunto que existen sobre la materia.

El tomo IV sale ahora terminado por mí, con arreglo á las indicaciones del Maestro.

Débese también á Menéndez y Pelayo la redacción del *Prospecto* de la *Nueva Biblioteca de Autores Españoles* (8 págs. en 4.° m.). La primera edición de este Prospecto salió á luz en Setiembre de 1905; la décima y última es de Noviembre-1911.

Un fragmento del tomo I salió á luz en *La España Moderna* (Diciembre-1904) con el título de *Libros de caballerías catalanes: Curial y Guelfa; Tirante el Blanco*.

1906.

Poesías | de | D. Amós de Escalante. | Edición póstuma | precedida de un | Estudio crítico | por | D. M. Menéndez y Pelayo | de la Real Academia Española. | Madrid | Est. Tip. de la viuda é hijos de Tello | Impresor de Cámara de S. M. | C. de San Francisco, 4. | 1907.

120 × 68 mm.—CXXIII + 229 págs. ns. + una hoja, suelta, de *Fe de erratas*. Con el retrato de Escalante.

(¹) Hay reciente traducción castellana de este libro en *La España Moderna*.

El *Estudio preliminar* de Menéndez y Pelayo, una de sus más delicadas obras, ocupa las páginas v á cxxiii. Va fechado en Santander, á 10 de Agosto de 1906. Ha sido reimpreso en la cuarta serie de *Estudios de crítica literaria* (Madrid, 1907).

Discurso con motivo de la manifestación celebrada en su honor, en Santander, el 30 de Diciembre de 1906 (¹).

En la *Revista de Archivos, Bibliotecas y Museos* (tomo xv, pág. 491). La manifestación fué convocada por el Sr. Alcalde Presidente de aquel Ayuntamiento.

1907.

Discursos leídos ante la Real Academia Española en la recepción pública del excelentísimo Sr. D. Francisco Rodríguez Marín, el día 27 de Octubre de 1907.—Madrid, Tipografía de la *Revista de Arch., Bibl. y Museos*, Calle de las Infantas, núm. 42. 1907.

191 × 108 mm.—99 págs. ns.

El Sr. Rodríguez Marín trató de la vida de Mateo Alemán.—El discurso de contestación, de Menéndez y Pelayo, ocupa las páginas 57-96, y ha sido reimpreso en la quinta serie de *Estudios de crítica literaria* (1908).

Hay «segunda edición» de estos Discursos, impresa en Sevilla, por Francisco de P. Díaz, en 1907 (107 págs. ns. de 162 × 94 mm.).

Colección de escritores castellanos. **Menéndez y Pelayo, de la Real Academia Española.—Estudios de crítica literaria.** Cuarta serie..... Madrid, Tipografía de la «Revista de Archivos», Infantas, 42, bajo izquierda. 1907.

121 × 68 mm.—478 págs. ns. + 1 de *Índice.*

Contiene los siguientes estudios, antes publicados:

I. Cultura literaria de Miguel de Cervantes y elaboración del *Quijote.*
II. El *Quijote* de Avellaneda.
III. Don Amós de Escalante (*Juan García).*
IV. Esplendor y decadencia de la cultura científica española.
V. Tratadistas de Bellas Artes en el Renacimiento español.

Nuevo método teórico práctico para aprender la lengua latina, por D. Julio Cejador y Frauca. Primer curso. Libro de casa. Palencia, 1907.

81 × 153 mm.

Lleva una carta-prólogo de Menéndez y Pelayo, fechada en Santander, á 22 de Setiembre de 1907.

1908.

M. Menéndez y Pelayo: | *El Doctor* | *D. Manuel Milá y Fontanals* | Semblanza literaria | publicada por la | «Comissió del Homenatge a Milà». | Barcelona | Gustavo Gili, Editor | Calle Universidad, 45 | 1908.

140 × 72 mm.—80 págs. ns.

(¹) Sobre los antecedentes de este hecho (la elección de Alejandro Pidal para el cargo de Director de la Real Academia Española, en 22 de Noviembre de 1906), véase mi artículo en el *Heraldo de Madrid,* de 21 de Noviembre de 1906 (*La elección académica; méritos de los dos candidatos.*)

Reproducida en la quinta serie de *Estudios de crítica literaria* (Madrid, 1908).

Esta admirable *Semblanza* fué leída, en el Ateneo y en la Universidad de Barcelona, en Mayo de 1908. La reprodujo la *Revista de Archivos, Bibliotecas y Museos* (t. xviii, pág. 331 y sigs.), y se hizo tirada aparte (Madrid, 1908; 184 × 113 mm.; 39 págs. ns.). Además, fué reimpresa en el *Anuario* de la Universidad de Barcelona (Curso 1908-09; págs. 201 á 252), y en la quinta serie de *Estudios de crítica literaria* (Madrid, 1908).

Las cien mejores poesías (líricas) de la lengua castellana. Escogidas por don M. Menéndez y Pelayo..... London & Glasgow: Gowans & Gray, Ltd., 1908.

117 × 67 mm.—xvi + 350 págs. ns.

Lleva una *Advertencia preliminar* de Menéndez y Pelayo.

Colección de escritores castellanos: **Menéndez y Pelayo, de la Real Academia Española.—Estudios de crítica literaria.**—Quinta serie..... Madrid. Tipografía de la « Revista de Archivos », Infantas, 42, bajo izquierda. 1908.

122 × 68 mm.—473 págs. ns. + 1 de *Índice.*

Contiene este tomo los siguientes estudios, antes publicados:

I. El Dr. D. **Manuel** Milá y Fontanals.
II. D. Benito **Pérez** Galdós, considerado como novelista.
III. La doncella Teodor.
IV. Interpretaciones del *Quijote.*
V. D. Francisco Rodríguez Marín.
VI. D. Manuel **José** Quintana, considerado como poeta lírico.
VII. D. José María de Pereda.
VIII. D. Leopoldo Augusto de Cueto.

El capítulo sobre Pereda es una colección de los publicados antes: el 1.º, en 1884; los siguientes, en 27 de Marzo de 1885 (*La Época*); 10 de Febrero de 1889 (*El Correo*), y 1895 (*Revista crítica de Historia y Literatura Españolas*).

El sistema científico luliano. Ars Magna.—Exposición y Crítica, por D. Salvador Bové, Pbro..... Barcelona, 1908.

89 × 168 mm.—lxviii + 596 págs. ns.

Al principio figura una carta de Menéndez y Pelayo al Sr. Bové, fechada en Santander á 7 de Octubre de 1908. Esa carta salió á luz también en la *Revista Popular* de Barcelona (número de 22-Octubre-1908).

Una obra inédita de Tirso de Molina, por M. Menéndez y Pelayo.

En la *Revista de Archivos* (tomo xviii; Enero á Junio de 1908; páginas 1 y sigs. y 243 y sigs.) Trátase de la *Vida de la Santa Madre Doña María de Çervellon.* El ms. se conserva en el Archivo de la Delegación de Hacienda de Barcelona.

Hermosura de la Naturaleza y sentimiento estético de ella, por Federico González Suárez, Arzobispo de Quito. Con un preámbulo de D. Marcelino Menéndez y Pelayo. Madrid, Est. Tipográfico « Sucesores de Rivadeneyra », Impresores de la Real Casa: Paseo de San Vicente, núm. 20. 1908.

127 × 76 mm.—xiv + 134 págs. ns.

El Preámbulo está fechado en Madrid, á 9 de Noviembre de 1907.

Dos opúsculos inéditos | de D. Rafael Floranes | y D. Tomás Antonio Sánchez | sobre los | Orígenes de la Poesía castellana | con una Advertencia preliminar | de M. Menéndez y Pelayo | Extrait de la *Revue Hispanique*, tome XVIII | New York, Paris | 1908.

166 × 99 mm.—137 págs. ns.

Es tirada aparte del indicado tomo de la *Revue Hispanique*. La *Advertencia preliminar* ocupa las páginas 1 á 48.

Los dos opúsculos constan en un manuscrito que pertenecía á Menéndez y Pelayo El 1.° contiene las observaciones de Floranes acerca del tomo 1.° de la *Colección de poesías antiguas*, de Sánchez. El 2.°, la respuesta de este último. Ambos están llenos de apuntamientos utilísimos para nuestra historia literaria de la Edad Media. Floranes hizo notar, entre otras cosas, que la *Crónica general* mandada escribir por Don Alfonso el Sabio se acabó en tiempo de Don Sancho el Bravo; observó las diferencias entre la primitiva Crónica general y la refundición de 1340, y advirtió que de esta última procedía la *Crónica* particular del Cid, en la cual encontró vestigios poéticos; probó la existencia de cantares de Bernardo, y concibió el plan crítico de una Silva de romances viejos.

1909.

Nou llibret de versos, escrit per Teodor Llorente, Mestre en Gay Saber. Preámbul de M. Menéndez y Pelayo. Segona edició molt aumentada.—Valencia, Imprenta de Domenech, 1909.

122 × 77 mm.

El *Preámbulo* de Menéndez y Pelayo ocupa las veintisiete primeras páginas de numeración romana. Fué reproducido en *Cultura Española* (número 14, página 420 y siguientes), y en *Ateneo* (VII, 274 y sigs.).

Zarauz-Melilla.—San Sebastián, 1909.

Publicación benéfica, editada por el Sr. Conde de Cedillo. Hay en ella unas líneas de Menéndez y Pelayo.

1910.

La | Literatura española | en el siglo XIX, | por el P. Francisco Blanco García | Agustino de El Escorial | Tercera edición | Parte Segunda | Con las licencias necesarias | Madrid: 1910 | Sáenz de Jubera hermanos, editores | 10, Campomanes, 10.

166 × 90 mm.—631 págs. ns.

Menéndez y Pelayo corrigió en 1909 las pruebas de este segundo volumen, que el malogrado P. Blanco dejó sin revisar. En la página 617 figura una «Advertencia final» del mismo Menéndez y Pelayo, el cual advierte que se limitó «á corregir erratas evidentes y algunos ligeros descuidos de elocución».

La obra completa consta de tres volúmenes.

Blanca de los Ríos de Lampérez. Obras completas. Tomo III. Del Siglo de Oro (Estudios literarios), con Prólogo del Excmo. Sr. D. Marcelino Menéndez y Pelayo.—Madrid, Imprenta de Bernardo Rodríguez, calle del Barquillo, 8. 1910.

140 × 72 mm.—XLV + 275 págs. ns. + 1 sin n.

El *Prólogo* ocupa las páginas de numeración romana

Dos palabras | sobre el | Centenario de Balmes. | Discurso | de | D. Marcelino Menéndez y Pelayo | leído en la sesión de clausura | del Congreso Internacional de Apologética | el día 11 de Septiembre de 1910 | Vich | Imprenta G. Portavella | Gelada, 35 y 37 | 1910.

162 × 90 mm.—20 págs. ns.

Lleva fecha de «Santander, Julio de 1910».

Publicóse también en el *Diario Montañés* de Santander (martes-13-Setiembre-1910), en el periódico *El Universo*, en el tomo 1 de la Crónica del Centenario de Balmes, en la *Revista de Archivos* (t. XXIII, pág. 288 y sigs.), y en las *Actas del Congreso Internacional de Apologética* (Vich, 1911).

Medalla en honor de Menéndez y Pelayo.—Madrid. Tip. de la «Revista de Archivos, Bibliotecas y Museos», Olózaga, 1.—Teléfono, 3.185.—1910.

183 × 113 mm.—16 págs. ns.

Contiene, al final (páginas 15-16), el Discurso leído por Menéndez y Pelayo, en 25 de Octubre de 1910, cuando la Comisión ejecutiva, en nombre de los adheridos al Homenaje, le hizo entrega de la medalla de oro conmemorativa de su elección de Director de la Real Academia de la Historia.

Es tirada aparte del tomo XXIII de la citada *Revista de Archivos.*

Procesos de protestantes españoles en el siglo XVI.—Madrid, «Revista de Archivos», 1910.

Van publicadas 160 páginas en 4.º, que contienen parte del proceso (existente en Simancas) del Dr. Cazalla (Valladolid, 1558). La *Advertencia preliminar* es de Menéndez y Pelayo.

1911.

Discurso | leído por | el Excmo. Señor D. M. Menéndez y Pelayo | Delegado Regio | en el acto de la inauguración | del monumento á D. José María de Pereda. | 23 de Enero de 1911 | Santander | Imp., Lit. y Enc. Vda. de F. Fons | 1911.

154 × 85 mm.—7 págs. ns.

Publicóse también este bellísimo *Discurso* en periódicos de Santander y de Madrid. Hay segunda edición, hecha en Madrid (Librería general de Victoriano Suárez, 1911; 124 × 68 mm.), con tirada especial en papel Japón.

Real Academia de la Historia: Fernando de Córdoba (¿1425-1486?) y los Orígenes del Renacimiento filosófico en España (Episodio de la Historia de la Lógica). Discurso leído en el acto de su recepción por D. Adolfo Bonilla y San Martín, y contestación del Excmo. é Ilmo. Sr. D. Marcelino Menéndez y Pelayo, Director de la Real Academia de la Historia, el día 26 de Marzo de 1911. Madrid, M.CM.XI.

186 × 103 mm.—158 + LXXX + 26 págs. ns.

La *Contestación* de Menéndez y Pelayo ocupa las 26 últimas páginas.

Hay otra tirada de estos Discursos, con el pie de imprenta siguiente: «Madrid. Librería general de Victoriano Suárez. 48, Calle de Preciados, 48. 1911.»

Obras completas | de | Juan de Timoneda | publicadas por | La Sociedad de Bibliófilos valencianos | con un estudio de | D. Marcelino Menéndez y Pelayo | Director

de la Real Academia de la Historia. | Tomo I. | Teatro profano | (Las Tres Come-
dias. La Turiana) | Valencia | Establecimiento tipográfico Domenech | 1911.

170 × 90 mm.—496 págs. ns. + 6 sin n. de prels. y 2 de *Indice* y colofón (5-Abril-1911).

La *Advertencia* va firmada por Menéndez y Pelayo.

Comprende el tomo las comedias de *Amphitrion, los Menemnos* y *Cornelia*; el entremés de
un ciego y un mozo y un pobre; los pasos de dos clérigos, cura y beneficiado, y dos mozos
suyos simples; de dos ciegos y un mozo; de un soldado y un moro y un hermitaño; y de la
Razón y la Fama y el Tiempo; la tragicomedia *Filomena*; la farsa *Paliana*; la comedia *Aurelia*,
y las farsas *Trapaçera, Rosalina* y *Floriana*.

El tomo II ha de contener el teatro religioso y las poesías líricas, y el III, las obras en prosa.
Tirada de 220 ejemplares en papel de hilo.

Cristóbal de Villalón: El Scholastico. Tomo primero. Madrid, 1911.

165 × 90 mm.—256 págs. ns. + 6 sin n. de prels. y 1 de colofón.—En papel de hilo.

Es el tomo V de la Sociedad de Bibliófilos Madrileños.

Lleva una *Advertencia* de Menéndez y Pelayo, donde éste da cuenta de que la edición va
hecha conforme al ms. 12-7-1; N-46, de la Real Academia de la Historia, y de que, en el tomo II,
insertará un *Ensayo* sobre la vida y obras de Villalón. Nada escribió de esto último. Yo mismo
cotejé las pruebas de este tomo con el ms. del siglo XVI.

La obra lleva por título: «El Scholastico, en el qual se forma vna academica republica o scho-
lastica Vniuersidad, con las condiçiones que deuen tener el maestro y discipulo para ser varo-
nes dignos de la viuir.»

Discurso leído por D. M. Menéndez y Pelayo, Presidente de la Subcomisión del Certa-
men Eucarístico, en la fiesta literaria del 26 de Junio de 1911, Madrid, Imprenta de
la «Revista de Archivos», Olózaga, 1. Teléfono 3.185. 1911.

156 × 76 mm.- -20 págs. ns.

Trata de los autos sacramentales. Fué reproducido en la revista *Ateneo* (tomo XII, núm. 1.°),
que dirigía mi malogrado amigo Mariano Miguel de Val, en el periódico *El Universo*, y en la
Reseña publicada por *La Lámpara del Santuario*.

1912.

Fray Pedro Fabo, Agustino Recoleto: **Rufino José Cuervo y la lengua caste-
llana.** Obra premiada y estampada por la Academia Colombiana. Tomo I. MCMXII.
Arboleda & Valencia. Bogotá.

8.° m. Son tres tomos. En el 3.° (págs. 184-185) figura una carta de Menéndez y Pelayo á
Cuervo, fechada en Madrid, á 4 de Mayo de 1886 (¹).

_____

(¹) Menéndez y Pelayo compuso también la bella inscripción latina grabada en la fachada de la capilla-
panteón del Instituto Rubio, para conmemorar la fundación hecha por el Dr. D. Federico Rubio y Gali (1827-
1902). La inscripción y su versión castellana se han impreso en hoja aparte, de la cual poseo ejemplar
(192 × 255 mm.). También escribió Menéndez y Pelayo el epitafio que puede leerse en el sepulcro de la
Marquesa de Viluma (Convento de Monteano, Santander).

En 1912 salió á luz el siguiente libro:

«Obras del místico doctor San Juan de la Cruz, ... con introducciones y notas del P. Gerardo de San

Juan de la Cruz ..... y un epílogo del Excmo. Sr. D. Marcelino Menéndez y Pelayo. Tomo I. Toledo. 1912, Imp. de la Vda. é Hijos de Peláez.—LXXX-468 páginas en 4.º» Menéndez y Pelayo no llegó á escribir el *Epílogo*, que había de ir en el tomo III y último de la colección.

Pocos años antes del fallecimiento de Menéndez y Pelayo, se leyó cierta epístola suya en uno de los *mítines* celebrados por los católicos de Madrid contra la Escuela laica. Reprodujeron la carta algunos periódicos.

Según me comunica mi querido amigo el académico D. Manuel Pérez Villamil, figura un pensámiento autógrafo de Menéndez y Pelayo en cierto álbum, propiedad de Doña Josefa Verdugo, hija del General que fué del mismo apellido.

Daré aquí, finalmente, las gracias más expresivas á los que me han favorecido con noticias y datos para la formación de este trabajo, y especialmente á mis queridos amigos los Sres. D. Enrique Menéndez y Pelayo, D. Gonzalo Cedrún de la Pedraja, D. Manuel Polo y Peyrolón, D. Manuel Pérez Villamil, D. Eloy García de Quevedo y Concellón, D. Amando Castroviejo (autor de un bello artículo sobre Menéndez y Pelayo, publicado en la *Rivista internasionale di sciense sociali e discipline ausiliarie;* Roma, 30-Setiembre-1913), D. J. Luis Estelrich, D. Juan Marín del Campo, D. José de Liñán (Conde de Doña Marina), D. José M. de Garamendi, D. Juan Hurtado y Jiménez de la Serna, D. Juan Givanel, D. Antonio Graiño y Duque de T'Serclaes.

A mi excelente amigo D. Antonio Graiño debo el haber podido disfrutar de buen número de publicaciones, harto difíciles de encontrar, y de las que he dado cuenta en esta Bibliografía. Ha tenido también el Sr. Graiño la generosidad de poner por completo á mi disposición la rica serie de cartas autógrafas de Me-. néndez y Pelayo á Laverde, que me han servido de principal base para la redacción de la primera parte de este libro. Dicha serie se compone de 264 cartas numeradas, la primera de las cuales está fechada en Madrid á 1.º de Octubre de 1874, y la última, en Santander, á 23 de Septiembre de 1890. Esta importantísima colección se publicará, probablemente, en el último volumen de las *Obras completas* de Menéndez y Pelayo.

Otra serie de cartas del mismo, en número de 110, posee mi buen amigo D. Antonio Rubió y Lluch, invariable en el cariño y admiración hacia el que fué su condiscípulo en las aulas barcelonesas.

ADVERTENCIA

--- --- ---

Al terminar la Introducción del tomo III (Madrid, 1910) de los ORÍGENES DE LA NOVELA, Menéndez y Pelayo dijo: «En el cuarto y último tomo de estos ORÍGENES, trataré especialmente del género picaresco, y también de otras formas novelísticas ó análogas á la novela, como los coloquios y diálogos satíricos.» La muerte le impidió realizar su propósito; pero el autor dejó tirados los cuatro primeros pliegos de la versión del *Asno de Oro,* y habia hecho además algunas indicaciones, con arreglo á las cuales se han coleccionado los textos que van en este volumen.

Como obra picaresca (y sólo hasta cierto punto puede considerarse tal) figura en este tomo IV *El viage entretenido* de Agustin de Rojas; como ejemplo de los coloquios y diálogos satíricos y de costumbres, las rarísimas versiones de los *Colloquios* de Erasmo y de los *Coloqüios de las Damas* de Pedro Aretino; y como forma de la novelística, no contenida en los anteriores volúmenes, el *Fabvlario* de Sebastián Mey. Reimprímense, además, las preciosas traducciones del *Asno de Oro* de Apuleyo, de *Eurialo e Lucrecia* de Eneas Silvio y de los *Diálogos de Amor* de León Hebreo, de tanta transcendencia en la historia de nuestra novela. He cotejado todos estos textos (á excepción del *Asno de Oro*) con las ediciones originales, poniendo en ello el mayor cuidado que me ha sido posible, á fin de que el lector pueda confiar en la exactitud de la reimpresión, ya que, por desgracia, carece de las sustanciosas páginas preliminares que el autor de los ORÍGENES hubiera escrito.

De Apuleyo y sus *Metamorfosis* trató Menéndez y Pelayo en la tesis sobre *La novela entre los latinos* (1875), y de la traducción que ahora se reimprime, en las páginas 72 á 79 de la *Bibliografía hispano-latina clásica,* haciendo notar que «su dicción pura, sencilla, familiar y picaresca, en nada se parece á la violenta y atormentada latinidad de su modelo». Eligió para esta reimpresión la edición de Medina del Campo, 1543, sin duda por no tener á mano la primera, que carece de lugar y de año, aunque se la considera impresa en Sevilla, el año 1513. Existen, además, otras de Zamora, 1536 y 1539; Amberes, 1551; Alcalá de Henares, 1584; Madrid, 1601; Valladolid, 1601, y Madrid, 1890 *(Biblioteca clásica).* El traductor, á juzgar por los versos latinos del final (reproducidos desastrosamente en la edición de 1543), se llamó Diego de Cortegana, y fué Arcediano de Sevilla. En 1520 (Sevilla, Jacobo Cromberger) publicó su versión del *Tractado de como se quexa la Paz* de Erasmo, juntamente con otros dos opúsculos. Allí llama al humanista holandés: «varon doctissimo, mas que ninguno a mi juyzio de nuestros tiempos». Diego López de Cortegana murió en 1524, á los sesenta y nueve años de edad. Su traducción de Apuleyo fué puesta en el *Indice Expurgatorio* de 1559 ([1]).

Sigue al *Asno de Oro* la deliciosa versión de la *Historia de duobus amantibus Eurialo et Lucretia*, reimpresa conforme á la edición sevillana de 1512. Trató de ella Menéndez y Pelayo en el tomo I (págs. ccciii y ccciv) de estos ORÍGENES, haciendo notar su influencia en el desarrollo de nuestra novela sentimental, y especialmente en Diego de San Pedro. También en los mismos ORÍGENES (tomo II, páginas xcviii á cxvi) se habló con extensión de Sebastián Mey y de las fuentes de su curiosísimo *Fabulario*, que reimprimo conforme á la primera edición conocida, de la cual se conserva ejemplar en la Biblioteca Nacional de Madrid.

Van á continuación los *Colloquios de Erasmo*, reproducidos conforme al rarísimo ejemplar que fué de Usoz y Río y que ahora se custodia en la Nacional. Como en otro lugar he advertido ([2]), los traductores de los doce coloquios que la versión castellana comprende, son el protonotario Luis Mejía y el benedictino fray Alonso de Virués (m. 1549).

El *Coloquio de las Damas* se reimprime según la edición de 1548, que seguramente no es la primera ([3]). Hay reimpresiones de Medina del Campo, 1549; 1607, sin lugar, y Madrid, 1900 (en la *Colección de libros picarescos*). El traductor, ó sea «el beneficiado Fernan Xuarez, vezino y natural de Seuilla», puso en castellano el tercer coloquio de la primera parte de los *Ragionamenti* (Paris, 1534) de Pedro Aretino, coloquio del cual había edición suelta italiana, estampada en Nápoles el mismo año de 1534. El beneficiado cambia el nombre de «Nanna» por el de Lucrecia, y suprime algunos de los más escabrosos pasajes del original, lo cual no impidió que su libro fuese prohibido en el *Indice Expurgatorio* de 1559.

Insertamos luego los *Diálogos de amor* del neoplatónico judeo-hispano León Hebreo (Judah Abarbanel, ó Messer Leo el mantuano?), que terminó la obra hacia 1502, y á quien recuerda Cervantes en el prólogo de la primera parte del *Quixote*. La primera edición conocida es italiana *(Dialogi di amore*, Roma, 1535), y hay traducción latina, por Juan Carlos Sarasin ó *Saracenus*, impresa en 1564. De las tres versiones castellanas: la de Garcilasso Inca de la Vega (Madrid, 1590),

---

([1]) Acerca de López de Cortegana y sus versiones, véase mi *Erasmo en España* (New York, París, 1907; páginas 14 á 32). A las noticias que allí recogí deben agregarse las reunidas por mi querido amigo D. Joaquín Hazañas y la Rua en su importante libro sobre *Maese Rodrigo* (1444-1509), impreso en Sevilla el año 1909, págs. 58, 67, 71, 78, 229, 272 á 278, 287, 292, 310, 317, 358 y 485.

([2]) *Erasmo en España* (págs. 55 y sigs.). A las ediciones que allí describo ha de agregarse la recientemente descubierta por el docto bibliófilo D. Juan M. Sánchez, impresa en Zaragoza, por George Coci, el año 1530, con el título de *Doze coloquios de Erasmo* (8.º, 240 fs. sin núm.; Bibl. Nat. de París, Reservados, Z-244; véase la *Bibliografía aragonesa del siglo XVI*, de D. J. M. Sánchez: tomo I, Madrid, 1913).

([3]) Acerca de esta edición escribe Salvá, en su *Catálogo* (II, p. 114): «La letra es mui parecida á la de los *Diálogos* de Luciano, impresos por Grypho en 1550, y la edición tiene bastantes erratas, de modo que parece ejecutada fuera de España. Pero la circunstancia de no llevar el lugar ni el nombre del impresor parecen indicar haberse hecho furtivamente en la Península, en cuyo caso es posible sea de Salamanca, y de uno de los Juntas.»

la del judío anónimo (Venecia, 1568), y la de Micer Carlos Montesa (Zaragoza, 1582), hemos elegido la primera, por su mejor estilo. De las doctrinas é influencia de León Hebreo trató con detenimiento Manéndez y Pelayo en la *Historia de las ideas estéticas en España* (tomo II, vol. 1.°, págs. 7 y sigs.), y en el discurso acerca de las vicisitudes de la filosofía platónica en España ([1]).

Por último, reprodúcese en este volumen *El viage entrètenido* del madrileño Agustín de Rojas Villandrando (n. en 2-Setiembre-1572), según la edición madrileña de 1604, que probablemente es la primera, pues nadie ha visto la de 1603 que Salvá menciona ([1]). Rojas, comediante andariego y de apicarado ingenio en *El viage entretenido,* escrito probablemente en 1602, y moralista no despreciable en *El bven Repvblico* (Salamanca, 1611); mediano autor dramático en *El natural desdichado* ([3]), donde no hay caracteres, ni fuerza, ni originalidad, pero sí cierta escena (la del sueño de Magrollo), análoga á otra del *Viage* ([1]), é interesante por su relación con los orígenes de *La vida es sueño;* Rojas, en fin, escritor de castiza pluma, de puro y propio lenguaje, merece un estudio que todavía no se ha hecho y para el cual hay bastantes elementos no aprovechados en las citadas obras, como en otro lugar demóstraremos.

Tal es el contenido del presente tomo, en el cual se completa la serie de textos que pensó reproducir el preclaro autor de los ORÍGENES DE LA NOVELA.

ADOLFO BONILLA Y SAN MARTÍN

([1]) Véanse también: S. Munk, *Mélanges de philosophie juive et arabe,* Paris, 1859, pág. 522; y B. Zimmels, *Leo Hebraeus, ein jüdischer Philosoph der Renaissance, sein Leben, sein Werke und seine Lehren,* Breslau, 1886; ídem, *Leone Hebreo, Neue Studien,* Wien, 1892. De León Hebreo y sus doctrinas trataré extensamente en mi *Historia de la Filosofía española.*

([2]) Véase la lista de las ediciones conocidas, en el *Epílogo* que añadí al final del tomo II de la edición madrileña del *Viaje,* impresa en 1901.

([3]) Extractado por el Sr. Paz y Melia en la *Revista de Archivos* (3.ª época; tomo V, págs. 44, 234 y 725). El autógrafo de la comedia se conserva en la Biblioteca Nacional.

([4]) Véase la página 537 de los textos que siguen.

LUCIO APULEYO DEL ASNO DE ORO

CORREGIDO Y AÑADIDO

EN EL QUAL SE TRACTAN MUCHAS HYSTORIAS Y FABULAS ALEGRES
Y DE CÓMO VNA MOÇA SU AMIGA, POR LO TORNAR AUE COMO SE AUIA TORNADO SU SEÑORA,
QUE ERA GRAN HECHIZERA, ERRÓ LA BUXETA Y TORNÓLO DE HOMBRE EN ASNO,
Y ANDANDO HECHO ASNO, VIDO Y OYÓ LAS MALDADES Y TRAYCIONES QUE LAS MALAS MUGERES
HAZEN A SUS MARIDOS, Y ANSI ANDUUO HASTA QUE A CABO DE VN AÑO COMIO DE VNAS ROSAS
Y TORNÓSE HOMBRE, SEGUN QUE ÉL LARGAMENTE LO RECUENTA EN ESTE LIBRO

1543

PROHEMIUM

Cum ante hos dies Lucius apuleius de asino aureo in manibus incidisset opere precium duxi illum ad quotidianam traducere sermonem. Ut quibus eius hystoria ignorabatur cognoscendi eam: via perfacilis appareret. Ceterum fluctuanti mihi cui potius hunc asinum dirigerem venit in mentem sic. En asinus iste quanuis olim aureus placebit nemini. Nam bracteolis nunc aureis denudatus salebrositate vernacula prophanatur. Uerum quia vulgo haud quanquam aureum terre conditam parciario iure tractatur: tamen vbinis gentium etiam si in nummos aereos minutatim distrahatur nihilominus magni erga omnes extimabitur. Sic aureus iste asinus ante a paucis cognitus a multis desideratus: ferox et indomitus nunc ceu veruecis filius mansuefactus ac communi sermone lenigatus per ora vulgi debacatur. Forte quispiam curiosus ac licet susurro illepido criminabitur. Quid inquiens tibi cum asino: Quippe milesio sermone varias aut fingit aut vidit fabulas que nostre religioni parum immo nihil conferunt. Huic ego diuum augustinum hieronimum lactantium et fulgentium virum doctissimum ac alios diuinarum scripturarum doctores qui apulei auctoritate subinde vtuntur: ac pluribus in locis eum tanquam philosophum grauem trahunt et allegant: objiciam. Illos quid de illo senserint roguent: sat mihi videtur asinum corio ac labiis durum vobis facilem et mollem reddere. Et si malivoli ac qnod apulei fabulas et joca aperue-

rim: vipereo dente momorderint, saluus sum a morsibus eorum cum sancti patres tum gratia sciendi, tum etiam laxandi animum libros ethnicos et legiese et familiares habuisse satis constat. Nam si seriis ioca non misceas tristia et auster semper eris. Solet enim cantus vocibus grauibus: tinnutus permiscere acutos, et sic concentus prestare sonoros. Preterea quoniam ambitio humana mortales cogit vt libri a se editi principum ac magnatum auspiciis edantur: videlicet vt hamis litteris aurea munuscula capiant. Ideo vos omnes asinum heri aureum: hodie argenteum: cras aut perinde cupreum immo tedium gratis accipite legite et videte. Omnibus enim conuenit ad amussimque coaptatur. Quipe cum omnes asinum non aureum sed lapideum immo luteum dorso iugiter feramus. Quo exui nemo potest nisi rosis prudencie ac rationis auide devoratis id est vitiis quibus cuncti fere mortales brutescunt recalcatis ad vitam lucidam veniamus. Auetote, 1 kal. Februarii. M. d. xliii.

PROHEMIO

Leyendo estos dias passados en Lucio Apuleyo del Asno de oro, me parescio traduzirlo en nuestra lengua quotidiana, por que los que no auian sabido su hystoria tuuiessen facil camino para lo conoscer. De más desto, dudando entre mí a quién podria endereçarlo, vinome al pensamiento desta manera. He aqui este Asno, aunque poco ha era de oro, a nadie agradará porque desnudo de las chapas de oro, que es la excelencia de su estilo e polido hablar en latin, queda profanado e desfauorescido por ser traduzido y tornado en romance e habla comun: verdad es que el oro, aunque esté escondido debaxo de la tierra, no es tratado y posseydo por todos ygualmente. Pero a doquier que se halla, aunque sea en moneda de villon y nonada, siempre tiene su estima y valor. Assi este asno de oro que pocos conoscian e muchos desseauan, antes andaua fiero y brauo, agora manso como un cordero, muy claro e llano en su hablar salta y bayla en presencia de todos. Por ventura alguno más curiosamente de lo que conuiene murmurando con su malicia acusaria al traductor diziendo: Qué tienes tú que hazer con este asno? porque él lo vido o fingió diuersas fabulas en estilo alegre, como hazian los de Milesia, las quales aprouechan poco e aun ninguna cosa a nuestra fe e religion. A esto yo respondo oponiendole delante a los bienauenturados sanctos Jeronimo y Augustino e aun Lactancio Firmiano con Fulgencio varon doctissimo y otros muchos que escriuieron en la sagrada escriptura: los quales muchas vezes y en diuersos lugares en sus libros e tratados allegan la autoridad de Lucio Apuleyo como de philosopho prudente y graue. Pregunte si quisiere a estos doctores catholicos qué sintieron de la doctrina de Apuleyo. A mí harto basta tornar blando y facil vn asno duro en el cuero e en la boca; pero si todavia los maldizientes quisieran morder con sus dientes de biuoras increpandome por auer descubierto las fabulas y juegos de Apuleyo, saluo e libre fuy de sus rauiosos bocados, pues que los sanctos doctores por más saber, e otras vezes por desenojarse, leyan libros¹ de gentiles e los tenian por familiares. Porque si a las cosas graues e honestas no mezclas algun passatiempo, siempre estaras triste y con enojo. Que la musica mezclando las bozes agudas con las graues haze el canto dulce y sonoro. E porque la ambicion humana compelle a los hombres endereçar los libros e tratados que hazen a los grandes señores e principes por pescar algunos dones con anzuelos de sus letras, por ende yo acordé endereçar a todos este asno que ayer era de oro, oy es de plata, e mañana essotro dia será de cobre y avn de enojo y fastidio, sin que por el trabajo me deys gracias. Recebidlo y leedlo de buena gana, pues que a todos conuiene e arma justamente. Porque no se puede dudar sino que todos traemos a cuestas vn asno e no de oro, mas de piedra (y avn lo que peor es) de lodo. Del qual ninguno se puede despojar, sino gustadas las rosas de razon y prudencia. Conuiene saber hollando los vicios y deleytes, con los quales quasi todos los mortales se ciegan. E assi menospreciando los

tales engaños del mundo podamos ir a la vida que dura para siempre. Amen.

Lucio Luciano, natural de Patras de nacion Griega, escriuió vn tratado en el qual dize cómo con desseo y cobdicia de aprender Magica, auiendo ydo a la prouincia de Thesalia, e alli desseando tornarse en aue, fue tornado en asno por industria de una moça que se llamaua Palestra con vn cierto vnguento magico. Y en esta manera andando en forma de asno y reteniendo el sentido de hombre, cuenta cómo padescio muchas tribulaciones e continuos trabajos, hasta que gustadas rosas se tornó en la primera forma de hombre como era antes. Assi que este Luciano escriuió en griego por estilo elegante del Asno de oro; al qual imitando Apuleyo escriuió en latin por semejante argumento y por estilo muy polido onze libros del Asno de oro: en los quales es muy elegante, discreto y polido. E comoquier que sin dubda de las vuas de Luciano hizo vendimia para sí, porque de un mismo armario sacó su obra, pero gran diferencia ay entre el Asno griego y el latino, porque aquél es breue y éste es copioso: aquél de una forma y sumariamente escriue cómo se transformó de hombre en asno y de asno en hombre. Mas nuestro Apuleyo es de muchas maneras, porque interseriendo a sus tiempos fabulas y plazeres quita todo fastidio y enojo de las orejas de los oyentes. Aquel griego paresce que gustó de los primeros labrios la magica. Pero este nuestro bebió dello quanto se pudo tomar en tanto que se cree que fue grandissimo magico: porque, segun dize San Augustin, este Apuleyo y Apolonio dixeron algunos que auia hecho grandes milagros. E como tambien dize Lactancio suelense dezir cosas marauillosas de Apuleyo. Uerdad es que él menospreciando este nombre de mago se defiende eloquentissimamente contra los que acusauan e imponian crimen de arte magico. De más desto en su habla es tan elegantissimo e inuentor de bocablos nueuos con tanta hermosura y adornacion, que ninguna cosa se puede hallar más decente y adornada. Finalmente, que este nuestro asno assi como por palabras se dize de oro, assi lo paresce ser ansi mismo: porque él tiene gran dezir y mucha abundancia de palabras de grande elegancia y no de las comunes. En tal manera que con razon se puede dezir que si las musas quisiessen hablar en latin no anian de vsar otra lengua sino la de Apuleyo. Del qual el bienauenturado Sant Augustin en sus epistolas testifica ser eloquentissimo, diziendo que Apuleyo nascio en Africa en vn lugar onesto de su tierra, y liberalmente enseñado y dotado de grande eloquencia, y porque esta facundia de hablar se puede mejor conoscer en el latin que no en el romance, no cumple aqui más dezir de su eloquencia sino el que lo querra ver lo remitamos al mismo escriptor, porque la verdad es que él escriuio tan adornadamente diziendo vna misma cosa por tan diuersos vocablos, que no se halla romance para ello, de donde se conosce que la abundancia de la lengua latina es mayor que nuestro comun hablar en tanto que en muchas hablas aunque comunes sino trauassemos del latin no podriamos bien explicar nuestro proposito e intencion; y porque se acostumbra que los que interpretan algun auctor han de declarar quien fue, digamos lo que se puede alcançar a saber de la vida de nuestro Lucio Apuleyo.

LA VIDA DE LUCIO APULEYO

Lucio Apuleyo, de noble linaje y en su secta platonico, fue natural de Africa de vna ciudad que se llama Oran, colonia y poblacion de Romanos, debaxo del señorio del rey Siphas. La qual está assentada en los confines de Numidia e de Getulia: de donde el mismo Apuleyo confiessa ser medio Numida y medio Getulo, e assimismo Sidonio le llama Platonico de Oran. Su padre se llamaua Theseo, de los principales de la ciudad. La madre auia nombre Saluia, excelente y honesta entre las otras dueñas. Su linaje y nobleza assaz paresce segun que el mismo Apuleyo dize descender de aquel noble Plutarcho cheronense, y de Sexto, filosopho, sobrino de Plutarcho. La muger de Apuleyo se llamaua Pudentilla, adornada de todas las virtudes y hermosura que en vna dueña pueden ser. El era de buena estatura, los ojos verdes y el cabello ruuio. Floresció en la ciudad de Carthago seyendo proconsules Juliano Auito y Claudio Maximo: adonde en su mocedad él se empleó en todas las artes liberales y aprouechó mucho debaxo de la disciplina de los maestros e preceptores carthagineses; de donde no sin causa él se alaba y predica ser criado de la ciudad de Carthago, a la qual llama la celestial musa e venerable maestra de Africa. Dende moró y estuuo en la ciudad de Athenas, de donde antiguamente se sacauan los rios de todas las doctrinas, de los quales él beuió gran cantidad de todas las sciencias, conuiene a saber la fiction de la poesia y la limpieza de la Geometria y el dulçor de la Musica, la austeridad de la Dialetica y el manjar celestial de la Filosofía. En tal manera, que con su grande estudio y sudor continuo alcançó las nueue musas, que son nueue sciencias liberales. Despues se vino a Roma, adonde fue tan dado a la sciencia de la lengua latina, que llegó a la cima y cumbre de la facundia romana. En tal manera, que él fue auido y tenido ygualmente por tan doctissi-

mo quan eloquente. Aqui fue ordenado e agregado en el numero de los sacerdotes principales de Osiris, el qual se llama el colegio Sacro Sancto, adonde por mandado de aquel dios él tomó cargo de abogar en las causas de los pobres. Escriuio algunos tractados e libros no menos doctos que eloquentes, de los cuales por negligencia de los tiempos passados algunos son desseados e otros han parescido; assi como quatro libros que se llaman floridos, en los quales su florida facundia e olorosa doctrina marauillosamente deleyta y aplaze a quien lo leyere: assi mesmo la oracion copiosissima por la qual se defiende contra sus aduersarios que le imponian crimen de Magica con tanta fuerça y vehemencia de doctrina y eloquencia, que paresce que a assi mismo se vence. Escriuio tambien vn libro del Demonio de Socrates, cuya auctoridad e testimonio allega el bienauenturado sant Augustin en la definicion de los demonios y en la discripcion de los hombres. Assimismo escriuió dos libros del decreto e enseñança de Platon, donde lo que Platon escriuio en diuersos libros Apuleyo recolegio breue e marauillosamente en aquellos dos tractados. Escriuio de Cosmographia vn libro adonde no pocas cosas se contienen de los Meteoros de Aristoteles, y el Dialogo de Trimegisto; y estos onze libros del Asno de oro, con tanta hermosura y tanta elegancia e diuersidad de la narracion, que no ay cosa que se pueda dezir más hermosa ni elegante ni más florida ni más amable. En tal manera, que con mucha razon se puede llamar Asno de oro por el estilo cubierto de oro e limpia hermosura de su dezir. Comoquier que algunos le llaman transfiguracion ó transformacion, tomando argumento de la misma materia. Y porque se acostumbra querer saber la intencion del que escriuió, es de saber que Apuleyo imitó e fingio en el argumento desta su obra a Luciano philosopho griego. Pero en este emboluimiento y escuridad de transformacion parece que quiso como de passo notar y señalar la natura de los mortales e costumbres humanas, por que seamos amonestados que nos tornamos de hombres en asnos quando como brutos animales seguimos tras los deleytes e vicios carnales con vna asnal necedad, y que no reluze en nosotros vna centella de razon ni virtud; y en esta manera el hombre, segun que enseña Origenes en sus libros, es hecho como cauallo y mulo, e assi se transmuda el cuerpo humano en cuerpo de bestia. Demas desto la reformacion de asno en hombre significa que hallados los vicios e quitados los deleytes corporales resucita la razon y el hombre de dentro, que es verdadero hombre salido de aquella carcel e cieno del peccado mediante la virtud y religion torna a la clara y luziente vida. En tal manera, que podemos dezir que los mancebos poseydos de los deleytes se tornan en asnos, y despues quando son viejos, esforçandose los ojos de la razon e madurandose las virtudes, apartada la figura de bestia tornan a recebir la humana. Porque, segun escriue Platon, entonces comiençan los ojos de la razon a ver agudamente quando los ojos del cuerpo desflorecen (¹). Assimismo escriue Proculo, discipulo de Platon, que muchos ay en esta vida lobos y muchos puercos, e muchos otros cercados de vna forma de bestias brutas. De lo qual no nos deuemos marauillar, pues que en este lugar terreno está aquella maga Circes que transforma a los hombres en bestias: y esto es que quando la razon está llena de olores terrenos y embriagada de plazeres mundanos tórnase como bruto animal, hasta tanto que gustadas las rosas, conuiene a saber la sciencia que es alumbramiento de la razon, cuyo olor suauissimo gustado, se torna en humana forma y razonable entendimiento, apartada de sí la gruessa cobertura de las cosas terrenales. E cierto que muy pocos hombres se hallan que estando rebueltos en los vicios corporales biuan templadamente e sin perturbacion alguna. Tambien se puede referir esta materia de transmutacion a los muchos trabajos y muchas variedades de la vida humana, en los quales el hombre casi cada dia se transmuda; y porque estas prefaciones nos enseñan el argumento de la materia propuesta, dexando de más alargar en esto, vengamos a la lection presente y argumento della.

ARGUMENTO DEL PRIMER LIBRO

Lucio Apuleyo, desseando saber arte magica, se fue a la prouincia de Thessalia, adonde estas artes se vsauan: en el camino se juntó tercero compañero a dos caminantes, y andando en aquel camino yuan contando ciertas cosas marauillosas e increybles de vn embaydor y de dos bruxas hechizeras que se llamauan Meroe y Panthia, y luego dize de cómo llegó a la ciudad de Hipata y de su huésped Milon, y lo que la primera noche le acontescio en su casa. Lee y verás cosas marauillosas.

APULEIUS DE ASINO AUREO

LIBRO PRIMERO

IOANNIS DE TOVAR, P. L. TETRASTICHON, AD LECTORES

¶ *Auro conflatum quem asinum gens martia vendit,*
Aemathie magico gramine pinguis erat.
Iulie romulee at postquam compascitur herbas,
Pinguior est proluens labraque bethis aquis.

(¹) En la edición de Amberes, 1551, «desfallescen».

¶ *Eiusdem distichon.*
¶ *Quem domuisse asinum vrbs homini tarpeya uo-*
Hispalis ecce facit gratiam inire Lupo.   [quiuit.

¶ *Eiusdem distichon.*
¶ *Clunibus asper erat qui et onus tunc calcibus*
                                        [urgens:
Storni asinus patitur iam aureus: emptor ades.

LIBRO PRIMERO

En este libro podras conoscer e saber diuersas hystorias y fabulas, con las quales deleytarás tus oydos e sentido, si querras leer y no menospreciares ver mi scriptura: porque aqui verás las fortunas y figuras de hombres conuertidas en otras ymagines y tornadas otra vez en su mesma forma. De manera que te marauillarás de lo que digo. E si quieres saber quién soy, esto en pocas palabras te lo dire. Mi antiguo linage es de Athenas y de Lacedemonia, que son ciudades muy fertiles y nobles celebradas por muchos scriptores. En esta ciudad de Athenas comence a aprender seyendo moço; despues vine a Roma, donde con mucho trabajo y fatiga, y sin maestro me enseñasse, aprendi la lengua natural de romanos. Assi que pido perdon si en algo offendiere seyendo yo rudo para hablar lengua estraña. Que aun la misma mudança de mi habla responde a la siencia y estilo variable que comienço a escreuir. La hystoria es griega, entiendela bien, aurás plazer.

CAPITULO PRIMERO

Cómo Lucio Apuleyo, desseando saber el arte magica, se fue en la prouincia de Thessalia, donde al presente más se vsaua que en otra parte alguna, y llegando cerca de la ciudad de Hipata se juntó con dos compañeros, los quales hasta llegar a la ciudad fueron contando admirables acontescimientos de magas hechizeras.

E yendo a Thesalia sobre cierto negocio, porque tambien de alli era mi linage de parte de mi madre de aquel noble Plutarcho y Sesto su sobrino Philosophos, de los quales viene nuestra honrra e gloria, despues de auer passado sierras y valles, prados heruosos y campos arados, ya el cauallo que me lleuaua yua cansado. E assi por esto como por exercitar las piernas que lleuaua cansadas de venir caualgando, salté en tierra y comence a estregar el sudor y frente de mi cauallo. Quitéle el freno e tiréle las orejas, y lleuélo delante de mi poco a poco hasta que fuesse bien descansado haziendo lo que natura suele. Caminando desta manera, él yua mordiendo por essos prados a vna parte y a otra torciendo la cabeça, y comia lo que podia, en tanto que a dos compañeros que yuan vn poco adelante de mí yo me llegué e me hize tercero, escuchando qué era lo que hablauan. El uno dellos con vna gran risa dixo: Qalla ya, no digas essas palabras tan absurdas y mentirosas. Como oy esto, desseando saber cosas nueuas dixe: Antes, señores, repartid comigo de lo que vays hablando, no porque yo sea curioso de vuestra habla, mas porque desseo saber todas las cosas, o al menos muchas; y tambien como sabimos la aspereza desta cuesta, el hablar nos aliuiará del trabajo. Entonces aquel que auia començado la fabla dixo: Por cierto no es más verdad esta mentira que si alguno dixesse que con arte magica los rios caudales tornan para tras e que la mar se quaja y los ayres se mueren y el sol está fixo en el cielo e la luna despuma en las yeruas, e que las estrellas se arrancan del cielo y el dia se quita y la noche se detiene. Entonces yo con vn poco de más osadia dixe: Oyes tú que començaste la primera habla, por amor de mí que no te pese ni te enojes de proceder adelante. Assimismo dixe al otro: Tú pareceme que con gruesso entendimiento e rudo coraçon menosprecias lo que por ventura es verdad: no sabes que muchas cosas piensan los hombres con sus malas opiniones ser mentira porque son nueuamente oydas o porque nunca fueron vistas, o porque parescen más grandes de lo que se puede pensar? las quales si con astucia las mirasses y contemplasses no solamente serian claras de hallar, pero muy ligeras de hazer. Pues a mí contesçio que yendo a Athenas vn dia ya tarde comiendo con otros, yo por hazer como ellos mordi vn gran bocado en vna quesadilla, a cansa que los combidados dauan priessa en comer. Y como aquel es manjar blanco e pegajoso atrauessoseme en el gallillo que no me dexaua resollar fasta que poco menos quedé muerto; pero con todo mi trabajo llegué a la ciudad, y en el portal grande que llaman Pecile vi con estos ambos ojos vn cauallero destos que hacen juegos de manos que tragó vna espada bien aguda por la punta. E luego por un poco de dinero que le dauan tomó una lança por el fierro e lançosela por la barriga, de manera que el hierro de la lança que entró por la ingle le salió por la parte del colodrillo a la cabeça, e parecio vn niño lindo en el hierro de la lança trepando y bolteando: de lo qual nos marauillamos quantos allí estauamos, que no dixeras sino que era el baculo del dios Esculapio medio cortados los ramos, e assi ñudoso con vna serpiente bolteando encima. Assi que tú que començaste la fabla tornamela a contar, que yo sólo te creere en lugar deste otro, e demas desto te prometo que en el primer meson que

entremos te conbidaré a comer comigo. Esta será la paga de tu trabajo. El respondio: Plazeme aceptar lo que dízes e luego proseguire lo que antes auia començado; mas primeramente juro por este sol que vee a Dios, de te contar cosas que se han hallado e son verdaderas, por que vosotros de adelante no dudeys si llegardes a Thessalia, esta ciudad que está aqui cerca, lo que en cada parte della se dize por todo el pueblo. Y por que sepays quién soy e de qué tierra e qué es mi oficio, aueys de saber que yo soy de Egina e ando por estas prouincias de Thessalia, Etholia y Beocia de acá para allá buscando mercadurias de queso, miel e semejantes cosas de tauerneros; e como oyesse dezir que en la ciudad de Hipata, la qual es la más principal de Thessalia, ouiesse muy buen queso e de buen sabor y prouechoso para comprar, corri luego allá por comprar todo lo que pudiesse: pero con el pie izquierdo entré en la negociacion, que no me vino como yo esperaua, porque otro dia ante auia venido alli vn negociador que se llamaua Lobo e lo auia comprado todo. Asi que yo fatigado del camino e de la peressa que lleuaua si os plaze, fazia la tarde fueme al baño, y de improuiso hallé en la calle a Socrates mi amigo e compañero que estaua sentado en tierra medio vestido con vn sayuelo roto, tan disforme, flaco y amarillo que parecia otro: assi como vno de aquellos que la triste fortuna trae a pedir por las calles e incruzijadas. Como yo lo vi, aunque era muy familiar mio e bien conocido pero dudé si lo conocia, e lleguéme cerca dél dixiendo: O mi Socrates, qué es esto, qué gesto es esse? qué desuentura fue la tuya? en tu casa ya eres llorado y planteado, y a tus hijos han dado tutores los alcaldes; tu mujer despues de hechas tus exequias y auerte llorado cargada de luto e tristeza quasi ha perdido los ojos: es compellida e importunada por sus parientes que se case y con nueuo marido alegre la tristeza y daño de su casa, e tú estás aqui como estatua del diablo con nuestra injuria y desonrra? El entonces me respondio: O Aristomenes, no sabes tú las bueltas e rodeos de la fortuna y sus instables mouimientos y alternas variaciones; e dixiendo esto con su halda rota cubriose la cara que de verguença estaua vermeja, de manera que se descubrio dende el ombligo arriba. Yo no pude sufrir tan miserable vista y triste spectaculo: tomélo por la mano y trabajé con él por que se leuantasse; y él assi como tenia la cara cubierta dixo: Déxame; vee la fortuna de su triunfo; siga lo que començo y tiene fixo. Yo luego desnudéme vna de mis vestiduras y prestamente lo vesti, aunque mejor diria que lo cubri; y hizelo yr a lauar al baño, e le di todo lo que fue menester para se vntar e limpiar su mucha y enorme suziedad que tenia. Despues de bien curado, aunque yo estaua cansado, como mejor pude llevélo al meson y hizelo sentar a la mesa y comer a su placer: amansélo con el bever, alegrélo con el hablar; de manera que ya estaua inclinado a hablar en cosas de juegos y plazer para burlar y jugar como hombre dezidor, quando de la íntimo de su coraçon dio vn mortal sospiro e con la mano derecha diose vn gran golpe en su cara diziendo: O mezquino de mí, que en tanto que anduue siguiendo el arte de la esgrima qne mucho me aplazia cay en estas miserias, porque como tú muy bien sabes, despues de la mucha ganançia que oue en Macedonia, partiendome de alli que auia x. meses que ganaua dineros torné rico y con mucho dinero; y vn poco antes que llegase a la ciudad de Larisa, pensando hazer alli alguna cosa de mi officio, passé por vn valle muy grande sin camino lleno de montes y descendidas y subidas. En este valle cay en ladrones, que me cercaron y robaron quanto traya: yo escapé robado y assi medio muerto vineme a posar en casa de una tauernera vieja llamada Meroe, algo sabida y parlera, a la qual conte las causas de mi camino y robo e la gana y ansia que tenia de tornar a mi casa; contandole yo mis penas con mucha fatiga y miseria, ella començome a tratar humanamente e diome a cenar muy bien y de balde. Assi que mouida o alterada de amor metiome en su camara y cama: yo mezquino luego como llegué a ella vna vez contraxe tanta enfermedad y vejez, que por huyr de allí todo quanto tenia le di, hasta las vestiduras que los buenos ladrones me dexaron con que me cubriesse, e aun algunas cosillas que auia ganado cosiendo xerga quando estaua bueno. Assi que aquella buena muger y mi mala fortuna me traxo a este gesto que poco ante me viste. Yo respondi: Por cierto tú eres merecedor de qualquier extremo mal que te viniesse, aunque ouiesse algo qne pudiesse dezir vltimo de los extremos: pues que vna mala muger y vn vicio carnal tan suzio antepusiste a tu casa, muger e hijos. Socrates entonces, poniendo el dedo en la boca y como atonito mirando en derredor a ver si era lugar seguro para hablar, dixo: Calla, calla, no digas mal contra esta muger, que es maga, por ventura no recibas algun daño por tu lengua. A lo qual yo respondi: Cómo dizes tú que esta tauernera es tan poderosa y reyna? qué muger es? El dixo: Es muy astuta hechizera, que puede abaxar los cielos, hazer temblar la tierra, quajar las aguas, desfazer los montes, invocar diablos, conjurar muertos, resistir los dioses, escurecer las estrellas, alumbrar los infiernos. Quando yo le oy dezir estas cosas dixe: Ruegote por Dios que no hablemos más en materia tan alta; abaxe-

monos en cosas comunes. Socrates dixo: Quieres oyr alguna cosa o muchas de las suyas? ella sabe tanto, que haze que dos enamorados se quieran bien y se amen muy fuertemente, no solamente de aqui de los naturales, pero aun de los de las indias Ethiopes e Antipodes: en comparacion de su saber es cosa muy liuiana y de poca importancia. Oye agora lo que en presencia de muchos osó fazer a vn enamorado suyo porque tuuo que hazer con otra muger; con vna sola palabra lo convertio en vn animal que se llama Castor, el qual tiene esta propriedad: que temiendo de no ser tomado por los caçadores córtase su natura por que lo dexen, y porque otro tanto le conteciesse a aquel su amigo le tornó en aquella bestia. Assimismo a otro su vezino tauernero, e por ello enemigo, convertio en rana; y agora el viejo mezquino andaua nadando en la tinaja del vino, y lançandose debaxo las hezes canta quando vienen a su casa los que continuauan a comprar dél. Tambien a otro procurador de sus casas, porque abogó contra ella, lo transformó en vn carnero, y assi hecho carnero procura agora las causas y pleitos: esta misma, porque la muger de vn su enamorado le dixo cierta injuria por donayre, e assi con la carga de su preñez anda que nunca más pudo parir; y todos cuentan el tiempo de su preñez, que son ya VIII años que a la mezquina cresce el vientre como preñez de elefante. La qual como a muchos dañasse, fue tanta la yra que el pueblo tomó contra ella, que acordaron de la apedrear otro dia y vengarse della; pero con sus encantamientos ella supo lo que estaua acordado. Y como aquella Medea, que con la tregua de vn dia que alcançó del rey Creon, toda su casa e su hija con el mismo rey quemó en biuas llamas, assi ésta con sus imprecaciones infernales que dentro en vn sepulchro hizo e procuró, segun que la beoda me contó, todos los vezinos de la ciudad encerro en sus casas con la fuerça de sus encantamientos, que en dos dias no pudieron romper las cerraduras, ni abrir las puertas, ni horadar las paredes, hasta que vnos a otros se amonestaron e juraron de no le tocar ni hazer mal alguno, antes de le dar toda ayuda i fauor saludable contra quien algo de mal le pensasse hazer. Desta manera ella amansada absoluio y desligó toda la ciudad; pero el auctor deste escandalo con su casa como estaua cerrada e con las paredes y el suelo e sus cimientos a media noche la traspassó e lleuó a otra ciudad cien millas de allí, que estaua assentada en vna sierra muy aspera donde no auia agua; e porque en la ciudad no auia lugar donde pudiesse assentar la casa por la mucha vezindad della, assentola ante la puerta de la ciudad y partiose luego. Quando yo le oy esto dixele: Por cierto, mi Socrates, tú me dizes cosas muy marauillosas y no menos crueles; sin dubda no me as dado pequeño cuidado e miedo; lançado me as no solamente scrupulo mas vna lança. Por ventura esta vieja vsando de su encantamiento no aya conoscido nuestras palabras e platicas; por tanto vamonos presto a dormir: desque ayamos quebrantado vn poco el sueño de la noche, ante el dia huyamos de aqui quanto más lexos podremos.

CAPITULO II

Cómo Aristomenes, que assi se llamaua el segundo compañero, prosiguiendo en su historia recontó a Lucio Apuleyo cómo las dos magas echizeras Meroe y Panthia degollaron aquella noche a Socrates indignadas dél.

Aun no auia acabado de dezir esto, quando Socrates, assi por el beuer, del que no auia acostumbrado, como por la luenga fatiga que auia padescido, ya dormia altamente e roncaua. Yo entonces cerré la puerta de la camara e echéle la aldaua e echéme sobre vna camilla que estaua cerca de los quicios de la puerta. Assi que primeramente del miedo que tenia vélé vn poco, despues quasi a media noche començaronseme a cerrar los ojos: mi fe si os plaze ya dormia, y supitamente con mayor impetu e ruydo que ladrones vienen las puertas se abrieron, e para dezir verdad quebradas e arrancadas de los quicios cayeron por tierra. Mi camilla en que estaua como era pequeña e coxo el banco de un pie e podrido de los otros, con la violencia e fuerça del impetu cayó en tierra: yo cay debaxo en el suelo, e como la cama se boluió tomóme debaxo e cubriome. Entonces yo senti algunos affectos que naturalmente me venian en contrario de lo que queria. Qué como contesce muchas vezes que con plazer salen lagrimas, assi en aquel gran miedo que tenia no podia sofrir la risa, porque estaua de hombre hecho tortuga. Estando assi echado en tierra, assi cubierto con la cama, bolui los ojos por ver qué cosa era aquélla, y vi dos mugeres viejas: la vna traya vn candil ardiendo, la otra vn puñal y vna espongia, y con esto pararonse enderredor de Socrates que dormia muy bien. La que traya el puñal dixo a la otra: Hermana Panthia, éste es el gran enamorado Endimion: éste es mi Ganimedes que dias y noches burló de mi juuentud. Este es que no solamente, pospuestos mis amores, me disfama y deshonrra, mas aun agora queria huyr y que yo quede desamparada y llorando perpetuamente mi soledad, como hizo Calipaso quando Ulixes la dexó y se fue. Diziendo éste señalóme con la mano y dixo a la Panthia: e tambien este buen consegero Aris-

tomenes, que era el auctor desta huyda, aun él cercano está de la muerte: echado en tierra yaze debaxo de la cama; todo esto bien lo ha mirado, pues no crea que ha de passar sin pena por las injurias que me dixo: yo le faré que tarde e aun luego e agora, que se arrepienta de lo que dixo contra mí poco antes y de la curiosidad de agora. Yo, mezquino, como entendi estas palabras, cubrime de vn sudor frio, y començóme a temblar todo el cuerpo e sacudir en tanta manera, que la camilla saltaua temblando encima de mis espaldas. La buena de la Panthia dixo entonces: Pues, hermana, por qué a éste no despedaçamos primero o ligado pies e manos le cortamos su natura? A esto respondió Meroes, que assi se llamaua la tauernera, lo qual yo conosci della más por su gesto de vino que por la conseja que me auia dicho Socrates: Antes me paresce que deue biuir éste, por que siquiera entierre el cuerpo deste cuytado. E tomó la cabeça de Socrates e boluiendola a la otra parte por la parte siniestra de la garganta le lançó el puñal hasta los cabos: e como la sangre començó a salir llegó alli vn barquino en que la rescibio toda, de manera que vna gota nunca parescio. Todo vi yo con estos mis ojos; e aun creo que por que no ouiesse differencia de espiritual sacrificio que hazen a los dioses lançó la mano derecha por aquella degolladura hasta las entrañas la buena Meroes y sacó el coraçon de mi triste compañero. El qual como tenia cortado el gaznate no pudo dar boz ni solamente vn gemido. Panthia tomó la esponga que traya y metiola en la boca de la llaga diziendo: Tú, esponga nascida en la mar, guarda que no passes por ningun rio. Esto dicho ambas juntamente vinieron a mí y quitaronme la cama de encima, e puestas en cuclillas mearonme la cara, tanto que me remojaron bien con su orina anzia. Y entonces salieronse por la puerta fuera, e luego las puertas se tornaron a su primero estado cerradas como estauan: los quicios tornaron a su lugar; los postes se enderreçaron; el aldaua se atrauesó y cerró como antes. Yo como estaua echado en tierra sin ánimo desnudo e frio y remojado de orines, como si entonces ouiera nascido del vientre de mi madre, o quasi medio muerto que yo mismo resucitaua a mí, o como si ouiera huydo de la horca, dixe: Qué será de mí quando éste se hallare a la mañana degollado? Quién podra creer que yo digo cosas verisibles paresciendo en effecto las verdaderas? porque luego me diran: Si tú, hombre tan grande, no podias resistir a vna muger a lo menos dieras bozes, llamaras socorro. Cómo en presencia de tus ojos degollauan vn hombre y tú callauas? por qué, si eran ladrones, no matauan a ti tambien como a él? A lo menos su crueldad no te deuiera perdonar ni' dexar para que pudiesses descubrir el homicidio; assi que, pues escapaste de la muerte, torna a ella. Considerando yo estas cosas muchas vezes y replicandolas entre mi yuase la noche y venia el dia. Assi que me parescio buen consejo yrme ante el alua hurtiblemente y tomar mi camino aunque temblando. Assi que tomé mis alforjas e mi capa y comence de abrir la puerta de la camara con la llaue: e aquellas puertas buenas y muy fieles que essa noche de su propia gana se abrieron, a mala vez y con mucho trabajo pude abrir, teniendo la llaue y dandole treynta bueltas. Despues que sali de la camara fueme a la puerta del meson e dixe al portero: Oyes tú, dónde estás? abreme la puerta del meson, que quiero caminar de mañana. El portero, que estaua acostado en tierra cerca de la puerta, dixome quasi soñoliento: Cómo te quieres partir a esta hora que aun es de noche? no sabes que andan ladrones por los caminos? por ventura si tú, culpado de algun crimen que tú mismo sabes, desseas morir, nosotros no tenemos cabeças de calabaça que queremos morir por ti. Yo dixe: No ay mucho de aqui al dia: quanto más a hombre pobre qué pueden robar los ladrones? No sabes tú, nescio, que a hombre desnudo diez valientes hombres no le pueden despojar? A esto él embeleñado e medio dormido dio vna buelta sobre el otro lado diziendo: Y qué sé yo agora si dexas degollado aquel tu compañero con quien dormiste anoche y te vas huyendo? En aquella hora que le oy aquello me parescio abrirse la tierra y que vide el profundo del infierno y el canceruero hambriento por me tragar. Recordauaseme que aquella buena de Meroe no me auia perdonado e dexado de degollar por misericordia, sino por crueldad por guardarme para la horca. Assi que tornéme a la camara e deliberaua entre mi del linaje de muerte con ruydo e alboroto que me auian de dar. E como en la camara no me daua la fortuna otra arma ni cuchillo saluo solamente mi camilla, díxele: O mi lecho muy amado que has comigo padescido tantas penas e fatigas, tú eres sabidor e juez de lo que esta noche se hizo. Tú solo eres el que yo podria citar en este homicidio por testigo de mi ynocencia. Ruegote que si tengo de morir me des algun socorro. E diziendo esto desaté vna soguilla con que estaua texido y echéla de vn madero que estaua sobre vna ventana de la parte de dentro e di vn ñudo en el otro cabo de la cuerda, e sobido encima de la cama, ensalçado para la muerte, atéme el lazo al pescueço; e como di con el vn pie para derribar la cama, por que con el peso del cuerpo la soga apretasse la garganta y me ahogasse, supitamente la cuerda, que era vieja y podrida, se rompió, e yo como cay de lo alto di sobre Socrates que estaua alli echado

cerca de mi. E luego en esse momento entró el portero dando bozes. Donde estás tú que a media noche con gran priessa te querias partir e agora te estás en la cama? A esto no sé si o con la cayda que yo di o por las bozes y barahunda del portero Socrates se leuantó primero que yo diziendo: No sin causa los huespedes aborrescen e dizen mal destos mesoneros; ved agora este necio importuno cómo entró de rondon en la camara: creo que por hurtar alguna cosa; con sus bozes y clamores el borracho me despertó de mi buen sueño. Entonces quando yo esto vi salgo muy alegre lleno de gozo no esperado diziendo: O fiel portero, ves aqui mi compañero, mi padre e mi hermano, el qual tú anoche estando borracho dezias y me acusauas que yo auia muerto: e diziendo yo esto abraçaua y besaua a Socrates. El como olió los orines suzios con que aquellas bruxas o diablos me auian remojado començo a rufar diziendo: Quitate allá, que hiedes como vna latrina, e preguntóme blandamente qué era la causa deste hedor tan grande. Yo comence a fingir otras palabras de burlas como al tiempo conuenia por le mudar su intencion e echéle la mano diziendo: Por qué no nos vamos y no tomamos nuestro camino de mañana? E luego tomé mis alforjas e pagada la posada començamos nuestra via. Auiamos andado algun tanto quando ya el sol alumbraua toda la tierra; e todauia yo yua muy curiosamente mirando a mi compañero la garganta por aquella parte que le auia visto meter el puñal, e dezia entre mi: Cierto yo estaua tan lleno de vino que soñe cosas marauillosas. He aqui Socrates biuo, sano y entero: dónde está la herida? dónde está la esponja? quanto más vna herida tan honda y tan fresca; e díxele: No sin causa los buenos medicos dizen que los que mucho cenan y beuen sueñan crueles e graues cosas: assi me ha a mi acontescido, que anoche como me desordené en el beuer soñe crueles y espantables cosas, que aun me parescia que estaua rociado y ensuziado con sangre de hombre. A esto él viendome dixo: Antes me paresce que estás ruciado no con sangre, mas con meados. Pero tambien soñaba yo que me degollauan, e aun que me dolio esta garganta, y que me arrancauan el coraçon, e aun agora no puedo resollar; y las piernas me tiemblan, e los pies andan titubando: querria comer alguna cosa para me esforçar. Yo entonces díxele: Pues he aqui el almuerzo: e luego quité mis alforjas del hombro y saqué pan e queso, e digelo diziendo: Sentemonos aqui cerca deste platano: e sentados, yo tambien comence a comer alguna cosa. Assi que yo le miraua de cómo comia tragando e con vna flaqueza intrinseca e amarillo que parescia muerto. En tal manera se le auia turbado el color de la vida, que pensando en aquellas furias o bruxas de la noche passada el bocado de pan que auia mordido, aunque harto pequeño, se me atrauesso en el gallillo que no podia yr abaxo ni tornar arriba, e tambien me crescia el miedo porque ninguno passaua por el camino. Quién podria creer que de dos compañeros fuesse muerto el vno sin daño del, otro? Pero Socrates, de que mucho auia tragado, començo a auer gran sed porque se auia comido buena parte de queso. Cerca de las rayzes del platano corria vn rio mansamente que parescia lago muy llano y el agua clara como vn plato o vidro. Yo le dixe: Anda, hartate de aquella agua tan hermosa. El se leuantó y fue por la ribera del rio a lo más llano. E allí hincó las rodillas y echóse de bruças sobre el agua con aquel desseo que tenia de beuer; e quasi no auia llegado los beços al agua quando se le abrio la degolladura que le parescio vna gran abertura, e subitamente cayó la esponja en el agua con vna poquilla de sangre. Assi que el cuerpo sin ánima poco menos huui..ra caydo en el rio sino porque yo le trané de vn pie e con mucho trabajo le tiré arriba. Despues que segun el tiempo e lugar lloré al triste de mi compañero, yo lo cubri en el arena del rio para siempre, e con grande miedo por essas sierras fuera de camino fuy quanto pude. E quasi como yo mismo me culpasse de la muerte de aquel mi compañero, dexada mi tierra y mi casa, tomando voluntario destierro, me casé de nueuo en Ethiopia donde agora moro y soy vezino. Desta manera nos contó Aristomene su hystoria; y el otro su compañero, que luego al principio era incredulo menospreciaua oyrlo, dixo: No ay fabula tan fabulosa como ésta. No ay cosa tan absurda como esta mentira; e boluiose hazia mi diziendo: Tú, hombre de bien segun tu presencia e habito lo muestran, crees esta conseja? Yo le respondi: Cierto no pienso que ay cosa impossible en qualquier manera que los hados lo determinaren: assi pueden venir a los hombres todas las cosas. Porque muchas vezes acaesce a mí e a ti y a todos los hombres venir cosas marauillosas y que nunca acontescieron, que si las contays .a persona rustica no aen creydas. Mas por Dios a éste yo le creo y le doy muchas gracias que con la suauidad de su graciosa conseja nos hizo oluidar el trabajo, y sin fatiga y enojo anduuimos nuestro aspero y largo camino. Del qual beneficio tambien creo que se alegra mi cauallo, porque sin trabajo suyo he venido hasta la puerta desta ciudad caualgando no encima dél mas de mis orejas. Aqui fue el fin de nuestro comun hablar y de nuestro camino, porque ambos mis compañeros tomaron a la mano yzquierda hazia vnas aldeas.

CAPÍTULO III

En el qual recuenta Lucio Apuleyo cómo llegó a la ciudad de Hipata, fue bien rescebido de su huesped Milon, y de lo que le acontescio con vn antiguo amigo suyo llamado Phitas (¹), *que al presente era almotacen en la ciudad.*

Yo entréme en el primer meson que hallé y pregunté a vna vieja tauernera: Es esta la ciudad de Hipata? Dixo que sí. Preguntéle: Conosces a vno de los principales desta ciudad que se llama Milon? La vieja se rió diziendo: Por cierto assi se dice aqui que este Milon sea de los principales que viuen fuera de los muros e de toda la ciudad. Yo dixe: Madre buena, dexemos agora la burla y dime dónde está y en qué casa mora. Ella respondio: Vees aquellas ventanas del cabo que estan fuera de la ciudad y a la parte de dentro estan frente de una calleja sin salida? allí mora este Milon harto de dineros e muy gran rico, pero muy mayor auariento e de baxa condicion: hombre infame e suzio, que no tiene otro officio sino continuo dar a vsura sobre buenas prendas de oro de plata, metido en vna casilla pequeña e siempre atento al poluo del dinero: allí mora con su muger, compañera de su tristeza e auaricia: que no tiene en su casa persona saluo vna moçuela, que aun tanto es de auariento que anda vestido como vn pobre que pide por Dios. Quando yo oy estas cosas reyme entre mí diziendo: Por cierto liberalmente lo hizo comigo e me aconsejó mi amigo Demeas, que me endereçó a tal hombre como éste en cuya casa no auré miedo de humo ni de olor de la cozina. E como esto dixe hiendo vn poco adelante llegué a la puerta de Milon: a la qual como estaua muy bien cerrada comence a llamar e tocar. En esto salio vna moça que me dixo: Oyes tú que tan reziamente llamas a nuestra puerta, qué prenda traes para que te presten sobre ella dineros? no sabes tú que no auemos de recebir prenda sino de oro o de plata? Yo dixe: Mejor lo haga Dios. Respóndeme si está en casa tu señor. Ella dixo: Sí está; mas dime qué es lo que quieres? Yo respondi: Traygole cartas de Corintho de su amigo Demeas. Ella dixo: Pues en tanto que se lo digo esperame aqui; e diziendo esto cerró muy bien su puerta y entrose dentro. Dende a poco tornó a salir, e abierta la puerta dixome que entrasse. Yo entré e hallé a Milon sentado a vna mesilla pequeña que algun tiempo començaua a cenar. La muger estaua assentada a los pies, y en la mesa auia poco o quasi nada que comer. El me dixo: Esta es tu posada. Yo le di muchas gracias, y

(¹) En la edicion de Amberes, *Pithías*. En el original latino, *Pytheas*.

luego le di las cartas de Demeas, las quales por él leydas dixo: Yo quiero bien y tengo en merced a mi amigo Demeas, que tan honrado huesped embió a mi casa. E diziendo esto mandó leuantar a su muger y que yo me posasse en su lugar. Yo con alguna verguença deteniame, y él tomóme por la halda diziendo: Sientate aqui, que por miedo de ladrones no tenemos otra silla ni alhajas las que nos conuiene. Yo senteme. El me dixo: Segun muestras en tu presencia e cortesia bien paresces ser de noble linage, e assi lo conoscera luego quien te viere, pero demas desto mi amigo Demeas assi lo dize por sus cartas; por tanto, te ruego que no menosprecies la breuedad o angostura de mi casa, que está aparejada para lo que mandares, y vees alli aquella camara que es razonable, en que puedas estar a tu plazer. Porque cierto tu presencia hará mayor la casa y tu serás alabado de no menospreciar mi pequeña posada. Demas desto imitarás a las virtudes de tu padre Theseo, que nunca se menospreció de posar en vna casilla de aquella buena vieja Hecales. Entonces llamó a la moça e dixole: Andria, toma esta ropa del huesped e ponla a buen recaudo en aquella camara; e saca presto de la despensa azeyte para se vntar y vn paño para lo alimpiar; y lleua a mi huesped a este baño más cercano, porque él viene harto fatigado del malo y largo camino. Quando yo oy estas cosas, conosciendo las costumbres e miseria de Milon e queriendo tomar amistad con él dixele: No es menester nada de estas cosas, que donde quiera las hallamos en el camino, pero yo preguntaré por el baño. Lo que más principalmente agora he menester es que para mi cauallo que me ha traydo muy bien hasta aqui me compres tú, señora Andria, feno y ceuada: por estos dineros. Esto hecho e puesta toda mi ropa en aquella camara, yendo yo al baño acordé primero de proueer de alguna cosa para comer; e fueme a la plaça de Cupido, adonde veo abundancia de pescados, e preguntando el precio no quise tomar de lo caro, que valia cient marauedis, e compré otro por veinte marauedis. Al tiempo que yo salia dende con mi pescado viene tras de mí Pinthias, que fue mi compañero quando estudiauamos en Athenas. El qual auia dias que no me auia visto, e como me conoscio vinose a mí con mucho amor y abraçóme dandome paz amorosamente y dixo: O mi Lucio, mucho tiempo ha que no te he visto: por Dios que despues que nos partimos de nuestro maestro Vestio nunca más nos vimos; mas qué es agora la causa de tu venida? Yo dixe: Mañana lo sabras; pero qué es esto? yo he mucho plazer en te ver con vara de justicia y acompañado de gente de pie. Segun tu ábito officio deues tener en la ciudad. El me dixo: Tengo cargo del

pan y soy almotacen; por esso si quieres comprar algo de comer yo te podré aprouechar. Yo no quise, porque ya tenia comprado el pescado nescessario para mi comer; pero él como vio la espuerta del pescado tomóla y en vn llano sacudiola, y vistos los peces dixo: Y quánto te costó este rehus? Yo respondi: Apenas lo pude sacar del que lo vendio por veynte marauedis. Lo qual como él óyó tomóme por la halda y tornóme otra vez a la plaça de Cupido y preguntóme: De qnál déstos compraste esta nada? Yo mostré vn viejezuelo que estaua sentado a vn rincon; el qual con vozes asperas como a su officio connenia començo a maltratar al viejo diziendo: Ya ya, vosotros ni perdonays a nuestros amigos ni a los huespedes que aqui vienen, porque vendeys el pescado podrido por tan grandes precios y hazeis con vuestra carestia que vna ciudad como ésta, que es la flor de Thesalia, se torna en vn desierto y soledad; pero no lo hareys sin pena, a lo menos en tanto que yo touiere este cargo: yo mostraré en qué manera se deuen castigar los malos, y arebató el espuerta e deramada por tierra hizo a vn su official que saltasse encima y lo rehollase bien con los pies. Assi que mi amigo Pathias, contento con este castigo, dixo que me fuesse diziendo: Lucio, bien me basta la injuria que hize a esta vegezuelo. Esto hecho y embaçado y malcontento voyme al baño sin cena y sin dineros por el buen consejo de aquel discreto de Phitias mi compañero: assi que despues de lauado tornéme a la posada de Milon y entréme en mi camara; y luego vino Andria y dixome: Ruegote, señor, que vayas allá. Yo conosciendo la miseria de Milon escuséme blandamente, diziendo que la fatiga del camino más necesidad tenia de sueño que no de comer. Como él oyó esto vino a mí y tomóme por la mano para me lleuar, y porque me tardaua y onestamente me escusaua dixome: Cierto no yre de aqui si no vas comigo, lo qual juro. Yo, viendo su porfia, aunque contra mi voluntad, me ouo de lleuar aquella su mesilla, donde me hizo sentar y luego me preguntó: Cómo está mi amigo Demeas? cómo estan su muger y hijos y criados? Yo contele de todo lo que me preguntaua. Assimismo me preguntó ahincadamente la causa de mi camino, la qual despues que muy bien le relaté empeçome a preguntar de la tierra y del estado de la ciudad, y de los principales della, y quién era el gouernador; assi que despues que me sintio estar fatigado de tan luengo camino y de tanto hablar y que me dormia que no acertaua en lo que dezia tartamudando en las palabras medio dichas, finalmente concedio que me fuesse a dormir. Plugo a dios que ya escapé del combite hambriento y de la platica del viejo rancioso y parlero más hambriento de sueño que harto del manjar. Auiendo cenado con solas sus parlas entréme en la camara y echéme a dormir.

_____

ARGUMENTO DEL SEGUNDO LIBRO

En tanto que Lucio Apuleyo andaua muy curioso en la ciudad de Hipata mirando todos los lugares y cosas de alli, conoscio a su tia Birrena, que era vna dueña rica y honrrada; y declara el edificio y estatuas de su casa, y cómo fue con mucha diligencia él auisado que se guardasse de la muger de Milon, porque era gran hechizera; y cómo se enamoró de la moça de casa, con la qual tuuo sus amores; y del gran aparato del combite de Birrena, donde ingiere algunas fabulas graciosas y de plazer; y de cómo guardó vno a muerto, por lo qual le cortaron las narizes y orejas, y despues como Apuleyo tornó de noche a su posada, cansado de auer muerto no tres hombres, mas a tres odres.

CAPITULO PRIMERO

Cómo andando Lucio Apuleyo por las calles de la ciudad de Hipata, considerando todas las cosas por hallar mejor el fin desseado de su intencion, se topó con vna su tia llamada Birrena, la qual le dio muchos auissos en muchas cosas de que se deuia guardar.

Quando otro dia amanecio y el sol fue salido, yo me leuanté con ansia y desseo de saber y conoscer las cosas que son raras y marauillosas, pensando cómo estaua en aquella ciudad que es en medio de Thessalia, adonde por todo el mundo es fama que ay muchos encantamientos de arte magica; tambien consideraua aquella fabula de Aristomenes mi compañero, la qual auia acontescido en esta ciudad. E con esto andaua curioso atonito escudriñando todas las cosas que oia. E no auia cosa en aquella ciudad que mirandola yo creyesse que era aquello que era, mas paresciame que todas las cosas con encantamientos estauan tornadas en otra figura: las piedras que hallaua que eran endurecidas de hombres; las aues que cantauan assimismo de hombres conuertidas; los arboles que eran los muros de la ciudad por semejante eran tornados; las aguas de las fuentes que eran sangre de cuerpos de hombres: pues ya las estatuas y ymagenes parescian que andauan por las paredes, y que los bueyes y animales hablauan y dezian cosas de presagios o adeuinanças. Tambien me parescia que del cielo y del sol auia de uer alguna señal. Andando assi atonito con un desseo que me atormentaua, no hallando comienço ni rastro de lo que yo codiciaua, andaua cercando y rodeando todas las cosas que via, assi que andando con este desseo mirando de puerta en puerta, subitamente, sin saber por dónde andaua, me hallaua en la plaça de Cupido; y he

aqui dónde veo venir vna dueña bien acompañada de seruidores y vestida de oro y piedras preciosas, lo qual mostraua bien que era muger honrrada; venia a su lado vn viejo ya graue en edad, el qual luego que me miró dixo: Por dios este es Lucio: y diome paz y llegose a la oreja de la dueña: y no se qué le dixe muy passico. Y tornose a mi diziendo: Por qué no llegas a tu madre y le hablas? Yo dixe: He verguença porque no la conozco; y en esto la cara colorada y la cabeça abaxada detuueme; ella puso los ojos en mi diziendo: O bondad generosa de aquella muy honrrada Saluia tu madre, que en todo le paresces ygualmente como si con vn compas te midieran: de buena estatura, ni flaco ni gordo, la color templada, los cabellos roxos como ella; los ojos verdes y claros que resplandescen en el mirar como ojos de aguila; a qualquier parte que lo mireys es hermoso y tiene decentia assi en el andar como en todo lo otro. E añadio más diziendo: O Lucio, en estas mis manos te crié, y por qué no, pues que tu madre no solamente era mi amiga y compañera por ser mi prima, pero porque nos criamos juntas, que ambas somos nascidas de aquella generacion de Plutarcho, y vna ama nos crió, y assi crescimos juntamente como dos hermanos, y nunca otra cosa nos apartó saluo el estado, porque ella casó con vn cauallero, yo con vn ciudadano. Yo soy aquella Birrena cuyo nombre muchas vezes quiza tú oyste a tus padres. Assi que te ruego vengas a mi posada. A esto yo, que ya con la tardança de su hablar tenia perdida la verguença, respondi: Nunca plega a dios, señora, que sin causa o quexa dexe la posada de Milon; pero lo que con entera cortesia se podra hazer será que cada vez que ouiere de venir a esta ciudad me verné a tu casa; en tanto que hablamos estas cosas andando vn poco adelante llegamos a casa de Birrena. La qual era muy hermosa: auia en ella quatro ordenes de columnas de marmol, y sobre cada columna de las esquinas estaua vna estatua de la diosa Victoria, tan artificiosamente labradas con sus rostros, alas y plumas, que aunque las columnas estauan quedas parescia que se mouian y que ellas querian volar. De la otra parte estaua otra estatua de la diosa Diana hecha de marmol muy blanco frente de como entran. Sobre la qual estaua cargada la mitad de aquel edificio. Era esta diosa muy polidamente obrada: la vestidura parescia que el ayre se la lleuaua y que ella se mouia y andaua y mostraua magestad honrrada en su forma. Alderredor della estauan sus lebreles, hechos del mismo marmol, que parescia que amenazauan con los ojos: las orejas alçadas, las narizes y las bocas abiertas; y si cerca de alli ladrauan algunos perros, pensaras que salen de las bocas de piedra. En lo que más el maestro de aquella obra quiso mostrar su gran saber, es que puso los lebreles con las manos alçadas y los pies baxos, que paresce que van corriendo con grande impetu. A las espaldas desta diosa estaua vna piedra muy grande cauada en manera de cueua: en la qual auia esculpidas yeruas de muchas maneras con sus astiles y hojas; pampanos y parras y otras flores que resplandescian dentro en la cueua con la claridad de la estatua Diana, que era de marmol muy claro y resplandesciente. En el margen debaxo de la piedra hauia mançanas e yeruas que colgauan labradas muy artificiosamente: las quales el arte ymitadora de la natura explicó e compuso semejantes a la verdad; pensaras que viniendo el tiempo de las vuas quando ellas maduran que podras cojer dellas para comer. E si mirares las fuentes que a los pies de la diosa corren como vn arroyo, creeras que los razimos que cuelgan de las parras son verdaderos, que aun no carescen de mouimiento dentro en el agua. En medio destos arboles y flores estaua la ymagen del rey Acteon cómo estaua mirando a Diana por las espaldas quando ella se lauaua en la fuente y cómo se tornaua en un cieruo montés. Andando yo mirando esto con mucho plazer dixo aquella Birrena: Tuyo es todo esto que vees; y diziendo esto mandó a todos los que alli estauan que se apartassen, que me queria hablar vn poco secreto; los quales apartados dixo: O Lucio, hijo mio amado, por esta diosa, que tengo mucha ansia y miedo por ti e como a cosa mia desseo proueerte y remediarte. Guardate y guardate fuertemente de las malas artes y peores halagos de aquella Pamphila, muger de esse tu huesped Milon: quanto a lo primero, ella es gran magica y maestra de quantas hechizeras se pueden creer, que con cohollos de arboles y pedresuelas y otras semejantes cosillas con ciertas palabras haze que esta luz del dia se torne en tinieblas muy escuras y de todo se confunde la mar con la tierra. E si vee algun gentil hombre que tenga buena dispusicion luego se enamora de su gentileza y pone sobre él los ojos y el corazon: comiençale a hazer regalos, de manera que le enlaza el ánima y el cuerpo que no puede desasirse. Y despues que está harta dellos, si no hazen lo que ella quiere tornalos en vn punto piedras y bestias o qualquier otro animal que ella quiere; otros mata del todo; y esto te digo temblando porque te guardes que ella ame fuertemente, y tú como eres moço y gentil hombre agradarle has. Esto me dezia Birrena con harta congoxa y pena. Yo quando oy el nombre de la Magica, como estaua desseoso de lo saber, tanto me escondi de la cautela o arte de Pamfila, que antes yo mis-

mo me ofresci de mi propria gana a su disciplina y magisterio, queriendo en vn salto lançarme en el profundo de aquella sciencia. Assi que con la más priessa que pude, alterado de lo que me auia dicho, despedime della soltandome de su mano como de vna cadena, y diziendo: Señora, con vuestra merced yo me voy corriendo a la posada de Milon.

CAPÍTULO II

Cómo despedido Lucio Apuleyo de Birrena su tia se vino para la posada de su huesped Milon, donde llegado halló a Andria la moça de casa que guisaua de comer. Y enamorandose el vno del otro concertaron de se juntar a dormir.

Yendo por la calle como un hombre sin seso, digo entre mí: Ea, Lucio, vela bien y está contigo; agora tienes en la mano lo que hasta aqui desseauas; agora satisfaras a tu luengo desseo de cosas marauillosas. Aparta de ti todo miedo: juntate cerca por que puedas prestamente alcançar lo que buscas; pero mira bien que te apartes y escusas de no hazer vileza con la muger de tu huesped Milon, ni de ensuziar su cama y honrra. Con todo esso bien puedes requerir a Andria su criada, que paresce ser bonica, agudilla y alegre. Aun bien te deues recordar quando anoche te yuas a dormir cómo ella te acompañó mostrandote la cama y cubriendote la ropa despues de acostado, y te besó en la cabeça, partiendose de alli contra su voluntad, segun se mostró en su gesto; finalmente, que quando se yua ella boluia la cara atras y se detenia, lo qual es buena señal, y assi sea adelante. De manera que no será malo que esta Andria sea requerida de amores. Yendo yo disputando entre mi estas cosas llegué a la casa de Milon, e como dizen yo por mis pies confirmé la sentencia de lo que auia pensado. Entrando en casa ni hallé a Milon ni tampoco a su muger, que eran entrambos ydos fuera, sino a mi muy amada Andria, que aparejaua de comer para sus señores pasteles y caçuelas: lo qual olia tan bien que ya me parescia que lo estaua comiendo, tan sabroso era. Ella estaua vestida de blanco, su camisa limpia, y vna facha linda ceñida por debaxo de las tetas; y con sus manos blancas y muy lindas estaua haziendo las caxas de los pasteles redondas; y como traya la massa alderredor tambien ella se monia, sacudiendose toda tan aplaziblemente, que yo con lo que via estaua marauillado mirando en hito, y como marauillado de su lindeza, lo mejor y más cortesmente que yo pude le dixe: Señora Andria, con tanta gracia aparejas este manjar, que yo creo que es el más dulce y sabroso que puede ser. Cierto será dichoso y muy bienauenturado aquel que tú dexaras tocarle a lo menos con el dedo. Ella como era discreta moça y dezidora, dixome: Anda, mezquino, apartate de aqui; vete de la cozina, no te llegues al fuego: porque si vn poco de fuego te toca arderas de dentro, que nadie podra apagarlo sino yo, que sé muy bien mecer la olla y la cama. Diziendo esto miróme y riose. Pero yo no me parti de alli hasta que tenté y conosci toda la lindeza de su persona; y dexadas aparte todas las otras particularidades, yo me enamoré tanto de sus cabellos, que en publico nunca partia los ojos dellos por más los gozar despues en secreto. Assi que conosci y tuue por cierto juyzio e razon que la cabeça y cabellos es la principal parte de la hermosura de las mugeres, por dos razones: ó porque es la primera cosa que nos ocurre a los ojos y se nos demuestra, ó porque lo que la vestidura y ropas de colores adorna en los otros miembros y los alegra, esto haze en la cabeça el resplandor natural de los cabellos. E muchas vezes acontesce que algunas por mostrar su gracia y hermosura a quien bien quieren se quitan todas las vestiduras y la camisa, presciandose muy mucho más de la lindeza de sus personas que no del color de los brocados y sedas. Y aunque sea cosa de no dezir ni nunca huuiese tan mal exemplo, si trasquilassen a una muger que fuesse la más hermosa y acabada en perfection del mundo, aunque fuesse venida del cielo y criada en el mar, y aunque fuesse la diosa Uenus acompañada de sus ninphas y graciosas con su Cupido y toda la compañia que le sigue, con su arreo de cinta de cadenas y olores de cinamomo y bálsamo, si viniere cana (¹) y sin cabellos no podra aplazer a nadie, ni tampoco a su marido Uulcano. Qué color se puede ygualar ni agradar t   to como el lustre natural de los cabellos, que contra el resplandor del Sol relumbra y varia el color en diuersas gracias? agora de vna parte resplandesce como oro, de la otra de color mellada; agora paresce verde oscuro immitando a las plumas e flueco del cuello de las palomas o al cuervo que le luze el color negro. Mayormente quando ellas se peynan y hazen la partidura con vnguento arabigo, despues que juntan sus cabellos y los entrançan en las espaldas, si las veen sus amadores miranse en ellas como en un espejo; especialmente si los cabellos, siendo muchos y espessos, estan sueltos y tendidos por las espaldas. Finalmente, tanta es la gracia de los cabellos, que aunque vna muger esté vestida de seda y de oro y piedras preciosas, y tenga todo el atauio y joyas que

(¹) Debe leerse «calvar, y así está en la edición de Amberes y en el original latino.

quisiere, si no mostrare sus cabellos no puede estar bien adornada ni atauiada; pero en mi señora Andria no el atauio de su persona, mas estando rebuelta como estaua le daua muy mucha gracia. Ella tenia muchos cabellos espessos que le llegauan baxo de la cintura con vna redezilla de oro, ligados con vn nudo cerca del principio. De manera que yo no me pude suffrir más: abaxéme y toméla por cerca del nudo de los cabellos y suauemente la comencé a besar. Ella boluio la cabeza con los ojos quasi destrençada me dixo: Oyes tú, escolar, dulce y amargo gusto tomas: pues guardate que con mucho sabor de la miel no ganes continua amargura de hiel. Yo le dixe: Qué es esto, mi bien y mi señora? aparejado estoy que por ser recreado solamente con un beso suffrire que me asses en esse fuego. E diziendo esto abracéla reziamente y comencéla a besar; ya que ella estaua encendida en la ygualdad del amor comigo, ya que le yo conoscia que con su boca y lengua olorosa ocurria a mi desseo y que tambien queria ella como yo, dixele: O señora mia, yo muero, y más cierto puedo dezir que soy muerto si no has merced de mi. A esto ella besandome respondio: Está de buen ánimo, que yo te amo tanto como tú a mi: y no se dilatará mucho nuestro plazer, que a prima noche yo sere contigo en tu camara: anda vete de aqui y apareja, que toda esta noche entiendo pelear contigo. Assi que con estas palabras y burletas nos partimos por entonces. Despues ya quasi que era medio dia si os plaze, Birrena me embió vn presente de media dozena de gallinas y vn lechon y vn barril de vino añejo fino. Yo llamé a mi Andria y dixele: Uees aqui, señora, el dios del amor e instrumento de nuestro plazer viene sin llamarlo de su propria gana: beuamoslo sin que gota quede, por que nos quite la verguença y nos incite la fuerça de nuestra alegria, que esta es la vitualla o prouision que ha menester el nauio de Uenus: conuiene a saber que en la noche sin sueño abunde en el candil azeyte y vino en la copa. Todo lo otro del dia que restaua gastamos en el baño, y despues en la cena; porque a ruego del bueno de Milon mi huesped yo me sente a cenar a su pequeña y muy breue mesilla, guardandome quanto podia de la vista de Pamphila su muger: porque recordandome del auiso de Birrena, con temor me parescia que mirando en su cara miraua en la boca del infierno; pero miraua muchas vezes a mi amada Andria, que andaua siruiendo a la mesa, y en ésta recreaua mi ánimo. En esto como vino la noche y encendieron candelas, su muger de Milon dixo: Quán grande agua hará mañana! El marido le preguntó que cómo sabia ella aquello. Respondio que la lumbre se lo dezia. Entonces Milon riose de lo que ella dezia, y burlando della dixo: Por cierto la gran sibilla propheta mantenemos en este candil, que todos los negocios del cielo y lo que el Sol ha de hazer se veen en el candelero. Yo entremetime a hablar en sus razones diziendo: Pues sabed que este es el principal experimento de esta adeuinacion, y no os marauilleys, porque comoquier que este sea vn poquito de fuego encendido por manos de hombres, pero recordandose de aquel fuego mayor que está en el cielo, assi como de su principio y padre, sabe lo que ha de hazer en el cielo, y assi nos lo dize acá y anuncia por este presagio o adeuinança. Yo vi en Corintho, agora ante que de allá partiesse, vn sabio que allí es venido que toda la ciudad se espanta de sus respuestas marauillosas que da a lo que le preguntan, y por vn quarto que le dan dize el secreto de la uentura e hado que ha de venir a quienquiera. Qué dia es bueno para hazer casamientos o quál será bueno para fundar vna fortaleza que sea muy perpetua. O quál será más prouechoso para mercaderes. O quál más affamado para mejor poder caminar. O quál más oportuno para el nauegar. Finalmente a mí me dixo, quando queria partirme para esta tierra, preguntandole cómo me succediera en este viaje, muy muchas y varias cosas: agora que ternia prosperidad assaz grande; agora que seria de mí vna muy grande hystoria y fabula increyble, y que auia de escreuir libros. A esto Milon riendose dixo: Qué señas tiene esse hombre o cómo se llama? Yo dixele que era hombre de buena estatura y entre roxo y negrillo que se llamaua Diophanes. Entonces Milon dixo: Esse es y no otro, porque aqui en esta ciudad hablaua muchas cosas semejantes a essas que dizes, por donde él ganó no poco sino muy muchos dineros, y alcançó muy grandes mercedes y dadiuas; despues dél, mezquino, cayó en manos de la fortuna seuera y cruel, que estando un dia cercado de gente diziendoles a cada vno su ventura, vn çapatero que se llamaua Negociador llegose a él por le preguntar si era aquel dia prouechoso para caminar, porque él queria yr a cierto negocio; él como le dixo que era muy bueno, ya que el çapatero abria la bolsa y sacaua los dineros, y aun ya tenia contados cient maranedis para le dar en galardon del adeuinacion que le auia hecho, he aqui que subitamente vn mancebo de los principales de la ciudad le tomó de la halda por detras, y como aquel sabio boluio la cabeça abraçólo y besólo. El sabio como le vido hizole assentar cerca de sí, y atonito de la arrepentina vista de aquel su amigo, no recordandose del negocio que tenia entre manos, dixo al mancebo: O desseado de muchos tiempos, quándo eres venido? Respondio él: Si os plaze ayer tarde; pero tú, hermano, dime tambien cómo te acontescio quando

nauegaste de la ysla de Eubea; cómo te fue por mar y por tierra. A esto respondio aquel Diophanes, sabio muy señalado que estaua priuado de su memoria y fuera de sí: Nuestros enemigos y aduersarios cayan en tanta yra de los dioses y tan gran destierro, que fue más que el de Ulixes. Porque la naue en que veniamos fue quebrada con las ondas y tempestades de la mar y perdido el gouernallo, y el piloto apenas llegó con nosotros a la ribera de la mar, y alli se hundio, donde perdido cuanto trayamos mala vez nadando escapamos. Despues salidos de este peligro, todo lo que de alli sacamos y lo que nos hauian dado, assi los que no nos conoscian, por manzilla que auian de nosotros, como lo que los amigos por su liberalidad, nos lo robaron los ladrones, a los quales resistiendo por defender lo nuestro delante destos ojos mataron vn hermano mio que auia nombre Arisuato. Estando hablando estas cosas aquel sabio enojado y triste, el çapatero tomó sus dineros que auia sacado para le pagar su adeuinança y huyó entre la gente; finalmente Diophanes tornado en sí sintio la culpa de su necedad, mayormente que vio que todos los que estauamos alderredor nos reyamos dél, pues que conoscia el hado de los otros y era nescio en su hazienda; pero tú, señor Lucio, crees que aquel sabio dixo verdad a ti solo más que a otro? Dios te dé buenanentura y que hagas buen viaje. Milon tardaua tanto en contar estas patrañas, que yo entre mí me deshazia todo y me enojaua conmigo mismo que de mi gana auia dado causa de poner a Miloñ en oportunidad de recontar fabulas: por lo qual yo auia perdido de gozar buena parte de la noche del plazer que esperaua; finalmente tragada la verguença dixe a Milon: Allá se lo aya Diophanes, passe su fortuna, y si quiere torne otra vez a dar a la mar y a la tierra lo que despojare y robare a los pueblos; pero como aun estoy fatigado del camino de ayer, dame licencia que me vaya temprano a dormir. E diziendo esto fuyme de alli y entréme en mi camara, adonde yo hallé bien aparejado de cenar.

CAPITULO III

Que trata cómo leuantado Lucio Apuleyo de la misera mesa de Milon apesarado con los cuentos y pronosticos del candil, se fue a su camara: adonde halló aparejado muy cumplidamente de cenar, y despues de auer cenado se gozaron en vno por toda la noche su amada Andria y él.

Fuera de la puerta de la camara estaua en el suelo hecha vna cama para los moços, creo por que no oyessen lo que entre nosotros passaua. Cerca de mi cama estaua vna mesa pequeña con muy muchas cosas de comer, y sus copas llenas de vino templado con su agua: demas desto auia alli vn vaso lleno de vino que tenia la boca muy ancha aparejado para beuer. Lo qual todo era buena antecena para la batalla de amores. Luego como yo fue acostado he aqui dónde viene mi Andria, que ya dexaua acostada a su señora, con vna guirnalda de rosas y otras deshojadas en el seno: e como llegó fueme a besar, y despues de echar aquellas rosas encima tomó vna taça, y templó el vino con agua caliente y diome que bebiesse; y antes que lo acabasse de beuer arrebató la taça y aquello que quedaua començolo a beuer mirandome y saboreando los labrios, y desta manera beuimos otra vez hasta la tercera. Despues que ya estaua harto de beuer, y no solamente con el desseo pero tambien con el cuerpo aparejado a la batalla, roguéle que huuiesse manzilla de mí y se acostasse, diziendole: Ya tú, señora, vees quánta pena me has dado; porque estando yo con esperança de lo que tú me auias prometido, despues que la primera saeta de tu cruel amor me dio eu el coraçon fue causa que mi arco se estendiesse tanto que si no lo afloxas he miedo que con el mucho teson la cuerda se rompa; y si del todo quieres satisfazer mi voluntad, suelta tus cabellos y assi me abraçarás. No tardó ella, que nadando auia alçado la mesa prestamente con todas aquellas cosas que en ella estauan, y desnudada de todas sus vestiduras hasta la camisa y los cabellos sueltos que parescia la diosa Venus quando sale de la mar, blanca y hermosa. sin vello ni otra fealdad, poniendose la mano delante de sus verguenças, antes haziendo sombra que cubriendose, dixo: Agora haz lo que quisieres, que yo no entiendo ser vencida ni te boluere las espaldas. E diziendo esto acostosse, donde cansamos velando hasta la mañana, recreando nuestra fatiga con el beuer de rato en rato, y desta manera passamos algunas otras noches.

CAPITULO IV

Cómo Birrena combidó a cenar a su sobrino Lucio Apuleyo y él lo aceptó: describese el aparato de la cena y cuentanse donosos acontescimientos entre los combidados.

Despues acontescio que vn dia Birrena me rogo muy ahincadamente que fuesse vna noche a cenar con ella. Yo me escusé quanto pude y al cabo huue de hazer lo que mandaua; pero cumpliame tomar licencia de mi amiga Andria y de su acuerdo tomar consejo como de vn oraculo: la qual comoquier que no quisiera me apartara della tanto como vna vña, pero en fin huuo de dar licencia breue a la milicia de amores alegremente, diciendo: Oyes tú, señor, cata

que tornes del combite temprano, porque ay vandos aqui entre los principales, que en cada parte hallarás hombres muertos; y el gouernador no puede remediar esta ciudad de tanto mal, y a ti, assi por ser rico como tambien ser tenido en poco por ser estraño, te puede venir algun peligro. Yo le respondi: No tengas tú, señora, cuydado ni pena desto: porque demas de yo no preferir a mis plazeres el combite de casa agena, y aun tambien no voy sin compañia, que mi espada lleuo debaxo de mí que es ayuda de mi salud. Con esto me despedi y fue a la cena, donde hallamos otros combidados, que como aquella dueña principal y flor de la ciudad, el combite era bien acompañado y sumptuoso. Alli auia las mesas ricas de cedro y de marfil cubiertas con paños de brocado; muchas copas y taças de diuersas formas, pero todas de muy gran precio: las vnas eran de vidrio artificiosamente labrado, otras de cristal pintado. otras de plata y de oro resplandeciente, otras de ambar marauillosamente causado, y todas adornadas de piedras preciosas que ponian gana de beuer; finalmente, que todo lo que paresce que no se puede auer alli lo auia; los pajes y seruidores de la mesa eran muchos y muy bien atauiados; los manjares eran en abundancia y muy discretamente administrados; los pajes en cabello y vestidos hermosamente trayan aquellas copas hechas de piedras preciosas con vino annejo, muy fino y mucho. Ya traydas a la mesa velas encendidas, començo a crescer el hablar entre los combidados y el burlar y reyr y motejar vnos de otros; entonces Birrena me preguntó diziendo: Cómo te va en esta nuestra tierra? que cierto a quanto yo puedo saber en templos y baños y otros edificios precedemos a todas las otras ciudades. Demas desto somos ricos de alhajas de casa. Aqui hay mucha libertad y seguridad; ay grandes negociaciones y mercaderias quando vienen mercaderes romanos; tanta seguridad y reposo a los extranjeros como ternian en su casa. Basta que somos retraymiento y reposo de plazeres para todas las otras prouincias que aqui vienen. A esto yo respondi: Por cierto, señora, dizes verdad, que yo nunca me hallé más libre en parte ninguna como aqui. Pero cierto he miedo de las ineuitables y ciegas escuridades de la arte magica, que he oydo dezir que aqui aun los muertos no estan seguros en sus sepulchros: porque de alli sacan y buscan ciertas partes de sus cuerpos y cortaduras de vñas para hazer mal a los biuos, y que las viejas hechizeras en el momento que alguno muere, en tanto que le aparejan las exequias con gran celeridad preuienen su sepultura para tomar alguna cosa de su cuerpo. Diziendo yo esto respondio otro que alli estaua:

Antes digo que aqui tampoco perdonan a los biuos, y aun no sé quién padescio lo semejante que tiene la cara cortada disforme y fea de toda parte. Como aquél dixo estas palabras començaron todos a dar grandes risas, boluiendo las caras y mirando a vno que estaua sentado al canto de la mesa: el qual confuso e turbado de la burla que los otros hazian dél començo a reñir entre si, y como se quiso leuantar para se yr dixole Birrena: Antes te ruego, mi Thelephoron, que no te vayas; sientate vn poco y por cortesia que nos cuentes aquella hystoria que te acontescio, por que este mi hijo Lucio goze de oyr tu graciosa fabula. El respondio: Señora, tú me ruegas como noble y virtuosa; pero no es de suffrir la superbia y nescedad de algunos hombres. Desta manera Thelephoron enojado, Birrena con mucha instancia le rogaua y juraua por su vida que aunque fuesse contra su voluntad ge lo recontasse y dixesse; assi que él hizo lo que ella mandaua, y cogidos los manteles sobre la mesa puso el codo encima y con la otra mano derecha a manera de los que predican señalando con los dos dedos, los otros dos cerrados, y el pulgar vn poco alçado, començo y dixo: Siendo yo huerfano de padre y madre parti de Mileto para yr a ver vna fiesta Olimpia, y como oy dezir la gran fama desta prouincia, desseaua verla. Assi que andada y vista por mi toda Thesalia llegué a la ciudad de Larisa con mal aguero de aues negras, y andando mirando todas las cosas de alli, ya que se me enflasquescia la bolsa començe a buscar remedio de mi pobreza; y andando assi veo en medio de la plaza vn viejo alto de cuerpo encima de vna piedra que a altas vozes dezia: Si alguno quisiere guardar vn muerto, auengase comigo en el precio Yo pregunté a vno de los que passauan: Qué cosa es ésta? suelen aqui huyr los muertos? Respondiome aquél: Calla, que bien paresce que eres moço y estrangero y por esso no sabes que estás en medio de Thesalia, donde las mugeres hechizeras cortan con los dientes las narizes y orejas de los muertos en cada parte, porque con esto hazen sus artes y encantamientos. Yo le dixe entonces: Dime por tu vida, y qué guarda es ésta de los defunctos? El me respondio: Primeramente toda la noche ha de velar muy bien abiertos los ojos y siempre puestos en el cuerpo del defuncto, sin jamas mirar a otra parte ni solamente boluer los ojos; porque estas malas mugeres, conuertidas en qualquier animal que ellas quieren, en boluiendo la cara luego se meten y esconden, que aunque fuessen los ojos del sol y de la justicia los engañarian, que vna vez se tornan aues y otra vez perros y ratones, y luego se hazen moscas; e como estan dentro, con sus malditos encantamientos oprimen y echan sueños

a los que guardan: de manera que no ay quien pueda contar quántas maldades estas malas mugeres por su vicio y plazer inuentan y hallan, y por este tan mortal trabajo no dan de salario más de quatro o seis ducados de oro poco más o menos. Ho, ho, y lo que principalmente se me oluidaua: si alguno destos que guardan no restituye el cuerpo entero, a la mañana todo lo que le fue cortado o diminuydo es obligado e apremiado a lo cumplir y rehazer cortandole otro tanto de su misma cara. Oydo esto esforçeme lo mejor que pude y luego llegueme al que pregonaua diziendo: Dexa ya de pregonar, que he aqui aparejada guarda para esso que dizes. Dime qué salario me has de dar. El dixo: Darte han mil marauedis, pero mira bien, mancebo, con diligencia; cata que este cuerpo es de vn hijo de los principales desta ciudad: guardalo bien destas malas arpias. Yo dixe entonces: Qué me estays ay contando necedades y mentiras? no vees que soy hombre de hierro que nunca entra sueño en mi? cierto más veo que vn lince y más lleno de ojos estoy que Argos. Quasi yo no auia acabado de hablar quando me lleuó a una casa, la qual tenia cerradas las puertas, y entramos por vn postigo; dende entróme en vn palacio escuro y mostró vna camara sin lumbre donde estaua vna dueña vestida de luto, cerca de la qual él se sento diziendo: Este viene obligado para guardar fielmente a tu marido. Ella como estaua con sus cabellos echados ante la cara, aunque tenia luto estaua hermosa, y mirandome dixo: Mira bien; cata que te ruego que con gran diligencia hagas lo que has tomado a cargo. Yo le dixe: No cures, señora: mandame aparejar la colacion; lo qual le plugo, y luego se leuantó y metióme en vna camarilla donde estaua el defunto cubierto con sauanas muy blancas, y metidos dentro vnos siete testigos; alça la sauana y descubierto el muerto, llorando y demostrando todas las cosas de su cuerpo, pidiendo que fuessen testigos los que estauan presentes, lo qual vn escriuano assentaua en su registro, ella desia desta manera: Ueys aqui la nariz entera, los ojos sin lision, las orejas sanas, los beços sin les faltar cosa, la barba maciça. Uosotros, buenos hombres, dadme por testimonio lo que digo. E como esto dixo y el escriuano lo assentó e signó, partiose de alli. Yo dixele: Señora, mandad que me prouean de todo lo necessario. Ella respondio: Qué es lo que has menester? Yo le dixe: Vn candil grande y azeite para que baste hasta el dia, y vino en el jarro y agua con su taça, y el plato hecho de lo que os sobra. Ella mouiendo la cabeça dixo: Anda vete, loco, que en casa llorosa pides cena y sobras della, en la qual ha tantos dias continuos que no se ha visto humo; piensas que veniste aqui a comer? porque ante no lloras y tomas luto como conuiene al lugar donde estás? Diziendo esto miró a vna moça y díxole: Mirrena, trae presto vn candil y azeyte, y encerrado este guarda en la camara vete luego. Yo quedé assi desconsolado para consuelo del muerto, y refregados los ojos e armados para velar halagaua y esforçaua mi coraçon cantando assi que ya anochescia; despues la noche començaua, ya era bien alta la noche y dende hora de acostar, ya que dormian y callauan todos, a mí me vino vn miedo muy grande; y con esto entró vna comadreja, la qual me estaua mirando, e hincó los ojos en mí fuertemente, de manera que yo me turbé y enojé porque vn animal tan pequeño tuuiesse tanta audacia de assi mirar, e díxele: O bestia suzia e mala, por qué no te vas de aqui y te encierras con los ratoncillos tus semejantes antes que experimentes el daño presente que te puedo hazer? por qué no te vas? En esto boluio las espaldas e luego salio de la camara. No tardó nada que me vino vn sueño tan profundo como que me lançó en el fondon del abismo, de tal manera que el dios Apolo no pudiera facilmente discernir quál de ambos los que estauamos echados fuesse más muerto. Estando assi sin ánima y que auia menester otro que me guardasse, quasi que no estaua alli donde estaua, si os plaze el muerto, y quando los gallos quebrantó las treguas de la noche; finalmente que yo desperte, y assombrado de vn gran pauor corri presto al muerto, y trayda vna lumbre descubrile la cara y comence con diligencia a mirar todas las cosas de su persona, y hallé que todo estaua sano y entero. En esto he dónde entra la mezquinilla de su muger llorando y mostrando mucha pena, y entraron con ella los testigos que ante dia auia traydo. Ella se lançó sobre el cuerpo muchas vezes besandolo, y con vna lumbre en la mano reconosciendo y mirandolo todo, y buelta la cabeça llamó a vn su mayordomo y mandóle que pagasse luego al buen guardian su premio, el qual luego me fue dado diziendo: Mancebo, toma lo tuyo, y muchas gracias te damos que por cierto por este tu buen seruicio te ternemos como vno de los amigos y familiares de la casa. A esto yo, que no esperaua tal ganancia, lleno de plazer tomé mis ducados resplandecientes y como atonito passandolos de vna mano a otra dixe: Antes, señora, me has de tener como vno de tus seruidores, y cada y quando de mi te quieras seruir con fiuzia lo puedes mandar. Aun no auia yo acabado de hablar esto quando salen tras mi todos los moços de casa con armas y palos: el vno me daua de puñadas en la cara, otros porradas en las espaldas, otros me rompian los costados a coçes y me remessauan los cabellos, me rasgauan los vestidos: hasta que yo fue

maltractado y despedaçado de la manera que fue aquel mancebo Adonides con la ruin sangre pintada como vna comadreja; y assi me lançaron de casa y me fue a vna plaça cerca de alli: y estando tomando algun descanso recordeme que merescia y era digno de aquellos açotes y mucho más por la descortesia de mi hablar. En esto he aqui dó assoma el muerto ya llorado y planteado, el qual segun la costumbre de aquella tierra, especialmente que era vno de los principales, lo lleuauan publicamente por la plaça con gran pompa de su entierro. Como alli llegaron ocurrio vn viejo con mucha ansia y pena llorando y messandose sus canas honrradas, y con ambas manos trauó de la tumba dando grandes bozes, comoquier que los solloços y lloros no podia hablar, diziendo: Por la fe que manteneys, o ciudadanos, y por la piedad de la republica que socorrays al triste muerto y vengad con mucha atencion y graueza tan gran traycion y maldad contra esta nefaria y mala muger: porque ésta y no otro alguno mató con yeruas a este mezquino mancebo, hijo de mi hermana, por complazer a su adultero y por le robar su hazienda: desta manera aquel viejo llorana quexandosse a todos. Quando el vulgo oyó aquellas palabras indignaronse contra la muger, por ser el hecho verisimile a credulidad del crimen, y comiençan a dar bozes que traygan fuego para la quemar; otros piden piedras y que la entreguen a los muchachos que la apedreen. Ella con palabras bien compuestas y ante pensadas para se escusar juraua quanto podia por todos los diozes y negaua tan gran traycion. El viejo dixo entonces: Pues que assi es, pongamos el aluedrio desta verdad en la diuina prouidencia para que lo descubra; aqui está presenta Zaclas egipciano, principal profeta, el qual se yguató comigo por cierto precio de hazer salir de los infiernos el espiritu deste defunto y animar este cuerpo despues del paso de la muerte. E como el viejo esto dixo llamó alli en medio de todos vn mancebo vestido de lienço blanco y calçado vnos alpargates y la cabeça quasi rayda, el qual besaua la mano muchas vezes hincandose de rodillas delante dél y diziendo: O sacerdote, aue merced de mi por las estrellas del cielo y por los dioses de la tierra, por los elementos de natura, por el silencio de la noche, por el crescimiento del Nilo y por la municion e reparo fecho por las golondrinas al crescimiento deste rio cerca del castillo de Copto, y por los secretos de Menfis, y por la trompa de la diosa Ysis, que desea este mi sobrino que biua breuemente, y a los ojos que ya son para siempre cerrados dales vna poca de lumbre; no te ruego yo esto para negar a la tierra lo que és suyo, mas para solacio de nuestra venganza te pido vn poco espacio de vida. El propheta desta manera aplacado tomó vna cierta yerua y della puso tres ramos en la boca del muerto y otro en el pecho: e buelto hazia oriente, adonde es el crescimiento del sol, encomenço entre sí a rezar, y con aquel aparato venerable conuertio en sí a todos los que alli estauan por ver vn tan grande milagro. Yo metime en medio de la gente y detras del tumulo subime encima de una piedra que estaua vn poco alta: de donde con mucha diligencia miraua todo que alli passaua. Començo el muerto poco a poco a biuir: ya el pecho se le alçaua, ya las venas palpitauan, ya el cuerpo que estaua lleno de espiritu se leuantó y començo de hablar diziendo: Por qué agora me has hecho tornar a biuir vn momento de vida despues de auer beuido del rio Letheo y auer ya nadado por el lago Stigio? Dexame, por dios, dexame, y permite que me esté en mi reposo. Como esta boz fue oyda del cuerpo, el propheta se enojó algun tanto y dixole: Por qué no manifiestas todas las cosas y declaras los secretos de tu muerte? No sabes tú que con mis encantamientos puedo llamar las furias infernales que te atormenten los miembros cansados? Entonces el defunto se leuantó en el lecho donde yua y dende alli començo a hablar al pueblo desta manera: Yo fue muerto con las artes de mi nueua muger, y matóme con venino que me dio a beuer, por la qual muy presto y arrebatadamente dexé mi cama y casa al adultero. Entonces la buena muger tomó de las palabras audacia, y con ánimo sacrilego altercaua con el marido resistiendo a sus argumentos. El pueblo quando esto oyó alterose en diuersas opiniones: vnos dezian que aquella pessima muger biua la deuian enterrar con el cuerpo del marido, otros que no era de dar fe a la mentira del cuerpo muerto; pero estas alteraciones atajó el habla del defunto, el qual dando vn gran gemido dixo: Yo os dare muy clara razon de la inuiolable y entera verdad, y manifestare lo que otro ninguno sabe. Entonces demostrandome con el dedo prosiguio diziendo: Porque a este muy sagacissimo y astuto guardador de mi cuerpo, que me velaua muy bien y con muy gran diligencia, las viejas encantadoras que desseauan cortarme las narizes y orejas, por la qual causa muchas vezes se auian tornado en otras figuras, no pudiendo engañar su industria y buena guarda le echaron vn gran sueño, y estando él quasi enterrado en este profundo sueño, las hechizeras començaron de llamar mi nombre, y como mis miembros estauan frios e sin calor no pudieron assi presto esforçarse para el seruicio de la arte magica; pero él como estaua biuo, aunque con el sueño quasi muerto y llamause como yo, leuantose a su nombre sin saber que lo llamauan: de manera que él de su propria voluntad an-

dando en forma de ánima de muerto, aunque las puertas de la camara estauan con diligencia cerradas, por vn agujero, cortadas primero las narizes, despues las orejas, rescibio por mí el destroço y carniceria que para mí se aparejaua. E por que el engaño no paresciesse apegaronle alli con mucha destreza cera formada a manera de orejas cortadas y otra nariz semejante a la suya; y agora está aqui el mezquino gozoso que alcançó y fue pagado del salario que huuo no por su industria y trabajo mas por la pérdida y lision de sus narizes y orejas. Como esto dixo, yo espantado luego me eché mano de las narizes y tragelas en la mano; traué de las orejas y cayeronseme. Quando vieron esto los que estauan alrededor começaron todos a me señalar con los dedos haziendo gesto con las cabeças. En tanto que ellos se reyan, yo cayendo a sus pies como mejor pude me escapé de alli, y nunca despues yo tornéme a mi tierra por estar assi lisiado para que burlassen de mí. Assi que con los cabellos de vna parte y otra encubro la falta de las orejas. Y con este pañizuelo que traygo puesto en la cara la fealdad y lision de las narizes. Quando Telefron acabó de contar su hystoria, los que estauan a la mesa, ya alegres del vino, començaron otra vez a dar grandes risadas; y en tanto que beuian lo acostumbrado dixome Birrena desta manera: Mañana se haze en esta ciudad dende que se fundó vna fiesta muy solenne, la qual nosotros solos y no en otra parte festiuamos con mucho plazer e gritos de alegria al sanctissimo dios de la risa; esta fiesta será más alegre y graciosa por tu presencia, y pluguiese a dios que de tus proprias gracias alguna cosa alegre inuentasses con que sacrifiquemos y honrremos a tan gran dios como éste. Yo entonces le dixe: Muy bien, señora, hazerse ha como mandas, y por dios que querria hallar alguna materia con que este gran dios fuesse honrrado. Despues desto dicho mi criado me dixo que era ya tarde; e como tambien yo estaua alegre, leuantéme luego de la mesa y tomada licencia de Birrena titubando los passos me fue para casa, y llegando a la primera plaça vn ayre rezio nos apagó la hacha que nos guiaua, de manera que segun la escuridad de la noche trompeçando en las piedras con mucha fatiga llegamos a la posada; y como llegamos junto a la puerta, yo vi tres hombres valientes de cuerpo y fuerças que estauan combatiendo las puertas de casa. E aunque nos vean no se espantauan ni apartauan siquiera vn poquillo, antes mucho más y más echauan sus fuerças a menudo profiando quebrar las puertas: de manera que no sin causa a mí me parescieron ladrones y muy crueles. Quando esto vi eché mano a mi espada, que para cosas semejantes yo traya comigo, y sin más tardança salté en medio dellos; y como a cada vno hallaua luchando con las puertas doyle de estocadas hasta tanto que ante mis pies con las grandes heridas que les auia dado cayeron muertos. Andando en esta batalla, al ruydo desperté Andria e abriome las puertas: yo fatigado y lleno de sudor lancéme en casa, e como estaua cansado de auer peleado con tres ladrones como Hercules quando mató al Gerion, acostéme luego a dormir.

ARGUMENTO DEL TERCERO LIBRO

Luego que fue de dia la justicia con sus mynistros e hombres de pie vinieron a la posada de Apuleyo y como a vn homiciano lo lleuaron preso ante los juezes. E, cuenta del gran pueblo y gente que se juntó a lo ver. Y de cómo el promutor le accusó como a hombre matador; y como él defendia su innocencia por argumentos de grande orador; y cómo vino vna vieja que parecia ser madre de aquellos muertos, a los quales por mandado de los juezes Apuleyo descubrio por que la burla paresciesse. Donde se leuantó tan gran risa entre todos, que fue con esto celebrada con gran plaser la fiesta del dios de la risa. Andria su amiga le descubrio la causa de los odres. Añade luego cómo él vido a la muger de Milon vatarse con vnguento magico y transfigurarse en aue: de lo qual le tomó tan gran desseo, que por error de la buxeta del vnguento por tornarse aue se transfiguró en asno. En fin dize al robo de la casa de Milon, de donde hecho asno lo lleuaron los ladrones cargado con las otras bestias de las riquezas de Milon.

CAPITULO PRIMERO

Cómo Lucio Apuleyo fue preso por homiciano y lleuado inhabitadamente al theatro público para ser juzgado ante todo el pueblo, y cómo el promutor fiscal le puso la acusacion para celebrar la fiesta solemne del dios de la risa. E cómo Apuleyo responde a ella por defender su inoscencia.

Otro dia de mañana saliendo el sol yo desperté y comencé a pensar en la hazaña que me auia acontescido antenoche; y torciendo las manos y pies estirandome los dedos, y puestas las manos sobre las rodillas, sentado de cuclillas en la cama, lloraua muy reziamente pensando en mí y teniendo ante los ojos la casa de la justicia, los juezes y la sentencia que contra mí se auia de dar, y el verstugo (¹) que me auia de degollar, y dezia entre mí: Qué juez puedo yo hallar tan manso y benigno que me aya de dar por inocente y no culpado, estando ensangrentado y vntado con sangre de la muerte de tantos hombres ciudadanos? Esta es aquella prosperidad de mi camino que el sabio Diophanes con mucha vehemencia me dezia? Esto y

(¹) *Verdugo*, en la edición de Amberes.

otras cosas semejantes diziendo y replicando entre mí, lloraua y maldezia mi ventura. Estando en esto oy abrir las puertas, y con grandes clamores y ruydo abiertas las puertas de casa, entran los alcaldes y alguaziles con mucha compañia de porquerones y gente de pie, que hincheron toda la casa; y luego dos porteros de maça por mandado de los alcaldes me echaron la mano para me lleuar por fuerça, como-quier que yo no resistia; y como llegamos a la primera calleja, toda la ciudad estaua por alli esperandonos y con mucha frecuencia nos siguio. E comoquier que yo lleuaua los ojos en tierra, y aun en los abismos, lançados con mucha tristeza, torci vn poco la cabeça a vn lado y vi vna cosa de gran marauilla: que entre tanto pueblo como alli estaua ninguno auia que no rompiese las entrañas de risa; finalmente, auiendome lleuado por las calles públicas de la manera que purgan la ciudad quando ay algunas malas señales o agueros, que traen la victima o animal que han de sacrificar por las calles e rincones de las plazas, despues de me auer traydo por cada rincon de la plaça pusieronme delante de la silla de los juezes, que era vn cadahalso muy alto, donde estauan sentados: ya el pregonero de la ciudad pregonaua que todos callassen e tuuiessen silencio, quando todos a vna boz dizen que por la muchedumbre de la gente, que peligraua por la gran estrechura e apretamiento del lugar, que este juizio fuessen a juzgar al theatro. E luego sin mas tardança todo el pueblo fue corriendo al theatro, que en muy poco tiempo fue lleno de gente, de manera que las entradas y los tejados todo estaua lleno: vnos estauan abraçados con las colunas; otros colgados de las estatuas; otros á las ventanas y açoteas medio assomados, tanto que con la mucha gana que tenian de ver se ponian a peligro de su salud. Entonces lleuaronme por medio del theatro los hombres de pie de la justicia como a vna victima que quieren sacrificar e pusieronme delante del assentamiento de los juezes. El pregonero a grandes bozes començo otra vez a pregonar llamando al acusador, el qual citado se leuantó vn viejo para me acusar; e para el espacio o término de su accusacion o habla pusieron alli vn relox de agua, que era vn vaso sotilmente horadado a manera de coladera, y echando agua en aquél gotea poco a poco. Basta que le echaron agua y començo el viejo a hablar al pueblo desta manera: Ciudadanos nobles y honrrados, no pensseis que se tractan aqui cosas de muy poca substancia, mayormente que toca a la paz y pro comun de toda la ciudad y al buen exemplo para el prouecho de lo porvenir. Assi que mas os conuiene a todos y a cada uno de vosotros, segun la dignidad de vuestro cargo, prouer que vn homicido (¹) maluado como este no aya cometido sin pena muerte tan cruda y carniceria de tantos hombres. Y no penseys que por tener yo enemistad priuada contra éste diga esto por odio proprio que le tenga. Porque yo soy capitan de la guarda de la noche, y creo que ninguno ay de todos quantos velan de noche hasta oy que con razon pueda culpár mi diligencia; yo dire con mucha verdad la cosa cómo passó. Andando yo anoche quasi a las tres horas de la noche con mucha diligencia cercando y rondando la ciudad de puerta en puerta, veo esse crudelissimo hombre con vna espada en la mano matando quantos podia; ya tenia entre sus pies tres muertos, que aun estauan espirando enbueltos en mucha sangre, y él como me sintió y vio el tan grandissimo mal y traycion que auia hecho, huyó luego, y como hazia muy escuro lançose en vna casa donde toda la noche estuuo escondido. Mas la prouidencia de los dioses, que no los permite a los malhechores quedar sin pena alguna, proueyo que éste ante que escondidamente huyesse lo prendiesse esta mañana y lo presentasse ante la auctoridad sagrada de vuestro juyzio; de manera que aqui teneys este culpado de tantas muertes: culpado que fue tomado en el delicto; culpado que es hombre estranjero. Assi que con mucha constancia y seueridad pronuncié la sentencia contra hombre estraño de aquel crimen y delicto que contra vn vuestro ciudadano pronunciarades. Desta manera hablando aquel rezio accusador, en fin acabó su cruel razon; y luego el pregonero me dixo si queria responder alguna cosa a lo que aquel dezia, que començasse. Pero yo en todo aquel tiempo ninguna otra cosa podia hazer saluo sino llorar, y no tanto por oir aquella cruel acusacion, quanto por saber y ser cierto que estaua culpado del aquel delicto. Con todo esso Dios me dio un poco de osadia, con que respondi desta manera: No ygnoro yo, señores, quán rezia y ardua cosa sea, estando muertos tres ciudadanos, aquel que es accusado de su muerte, aunque diga verdad y espontaneamente y de su voluntad confiesse el hecho, cómo podra persuadir a tanta muchedumbre de pueblo ser innocente y estar sin culpa; mas si vuestra humanidad me quiere dar vna poca de audiencia pública, facilmente vos mostraré este peligro de mi cabeça en que agora estoy, no por mi culpa y merescimiento, mas por caso fortuyto y con mucha razon que tuue lo padezco y sostengo. Porque veniendo de cenar anoche vn poco tarde y auiendo beuido muy bien, lo qual como crimen verdadero no dexaré de confessar, llegando ante las puertas de mi

posada, que es en casa de Milon, vuestro ciudadano honrrado, veo vnos crudelissimos ladrones que tentauan de entrar en casa y procurauan con toda diligencia de quebrar las puertas y arrancarlas de los quicios rompiendo las cerraduras con que estauan cerradas, deliberando y determinando ya consigo cómo ellos auian de matar los que dentro morauan; de los quales ladrones el más principal, assi en cuerpo como en fuerças, incitaua a los otros con estas y otras palabras: Ea, mancebos, con esfuerços de muy valientes hombres y alegres coraçones salteemos a estos que duermen; apartad de vosotros toda pereza y tardança; con las espadas en las manos andemos matando por toda la casa: el que hallaremos durmiendo, muera luego; el que se defendiere, herirle reziamente, y assi nos yremos en saluo si ninguno dexaremos biuo en casa. Yo, señores, confiesso que, pensando hazer officio de buen ciudadano, y tambien temiendo no hiziessen mal a mis huespedes y a mí, con mi espada, que para semejantes peligros traya cumigo, salté con ellos por los espantar y hazer huyr. Ellos, como hombres barbaros y crueles, no quisieron huyr, antes, aunque me vieron con el espada en la mano, pusieronse con grande audacia en gran resistencia, hasta que la batalla se partio en dos partes y el capitan o alferez dellos con mucha valentia arremetio comigo; con ambas manos trauome de los cabellos, y boluiendome la cabeça atras queriame dar con vna piedra; y en tanto que la piedra a alçar, dile vna estocada que luego cayó muerto; a otro que me mordia de los pies le di por las espaldas; al tercero que con discrecion vino contra mí, por los pechos, y assi los despaché a todos tres. En esta manera hecha y sossegada la paz, la casa de mi huesped y salud de todos deffendida y amparada, no pensaua yo que me auian de dar pena, mas que era digno que publicamente fuesse alabado: porque hasta oy no se hallará que en cosa alguna yo aya hecho ni cometido crimen ni nunca dello fue accusado; antes siempre fuy mirado y tenido en honrra, y en mi tierra entre los mios siempre mi limpieza e ygnocencia antepuse a todo otro prouecho e vtilidad: ni puedo hallar qué razon aya para me accusar de tan justa vengança como fue la que hize contra vnos ladrones tan malignos; mayormente que nadie podra mostrar que entre nosotros huuiesse precedido enemystad antes de agora, ni que yo los conosciesse ni huuiesse visto en toda mi vida; quanto más que no se podria mostrar alguna cosa para les robar, por cobdicia de la qual se crea auer cometido tan gran crimen. Auiendo hablado desta manera, los ojos llenos de lagrimas, las manos alçadas, rogando agora éstos,

(¹) *Homicido* por *homicida*.

agora aquéllos, suplicaua por pública misericordia y por la charidad y amor de sus hijos. E como yo creyesse que ya todos por su humanidad estauan commouidos auiendo manzilla de mis lagrimas, comence a protestar y traer por testigos a los ojos del sol y de la justicia a quien nada se puede absconder, encomendando mi caso presente a la prouidencia de los dioses, alçé vn poco la cabeça y veo todo el pueblo que queria rebentar de risa, y no menos mi buen huesped y padre Milon, que se deshazia riendo. Entonces quando yo esto vi comence a dezir entre mí: Mirad qué fe, mirad qué conciencia! yo por la salud de mi huesped soy homicida y me accusan por matador; y él, no contento que aun siquiera por me consolar no está cerca de mí, antes está riendo de mi muerte.

CAPITULO II

Cómo estando Apuleyo aparejado para rescebir sentencia, vino al theatro vna muger vieja llorando, la qual con grande instancia acusa de nuevo a Lucio diziendo auer muerto a sus tres hijos; y cómo alçando la sauana con que estauan cubiertos los cuerpos, paresçio ser odres llenos de viento, lo que mouio a todos a gran risa y plazer.

Estando en esto, viene vna muger por medio del theatro llorando con muchas lagrimas, cubierta de luto y con vn niño en los braços: tras della venia vna vieja vestida de xerga y llorando como la otra, y ambas venian sacudiendo vnos ramos de oliva. Las quales puestas en torno del lecho donde los muertos estauan cubiertos con vna sauana, alçados grandes gritos y bozes llorando reziamente dezian: O, señores, por la misericordia que deueys a todos, y tambien por el bien comun de vuestra humanidad, aued merced y piedad destos mancebos muertos sin ninguna razon, y tambien de nuestra biudez y soledad; e por nuestra consolacion danos vengança socorriendo con justicia a las desventuras deste niño huerfano antes de tiempo: sacrificad a la paz y sossiego de la republica con la sangre deste ladron segun uestras leyes y derechos. Despues desto leuantose vno de los juezes, el más antiguo, y començo a hablar al pueblo en esta manera: Sobre este crimen y delicto que de veras se deue punir y vengar, y el mismo que lo cometio no lo puede negar; pero vna sola causa y solicitud nos resta: que sepamos quién fueron los compañeros de tan gran hazaña, porque no es cosa verissimile que vn hombre solo matasse a tres tan valientes mancebos. Por ende me paresce que la verdad se deua saber por quistion de tormento: porque quien le acompañaua

huyó, y la cosa es venida a tal estado que por tortura manifieste y declare los que fueron con él a hazer este crimen, por que de rayz se quite el miedo de vando tan cruel. No tardó mucho que a la manera de Grecia luego la traxeron alli vn carro de fuego y todos otros generos de tormentos. Acrescentoseme con esto y más que dobloseme la tristeza, porque al menos no me dexauan morir entero sin me despedaçar con tormentos; pero aquella vieja que con sus plantos y lloros turbaua todo dixo: Señores, ante que me pongais en la horca a este ladron matador de mis tristes hijos, permitidme que sean descubiertos sus cuerpos muertos que aqui estan; por que, contemplada e vista su edad e disposicion, más justamente os indigneis a vengar deste delicto. A esto que la vieja dixo concedieron. Y luego vno de los juezes me mandó que con mi mano descubriesse los muertos que estauan en el lecho. Yo escusandome que no lo queria hazer, porque parescia que con la nueva demostracion instauraua y renouaua el delicto passado, los porteros me compelieron que por fuerça y contra mi voluntad lo ouiesse de hazer, y tomaronme la mano poniendola sobre los muertos para su muerte y destrucion; finalmente, que yo constreñido de necesidad obedeci su mandado, y aunque contra mi voluntad, arrebatada su sauana descubri los cuerpos. O buenos dioses! o qué cosa vi! o qué monstruo y cosa nueva! qué repentina mudança de mis fortunas! comoquier que ya estaua destinado y contado en poder de Proserpina y entre la familia del infierno, subitamente, atonito y espantado de ver lo contrario que pensaua, estuue fixo los ojos en tierra que no puedo explicar con ydonea palabras a la razon de aquella nueva ymagen que vi: porque los cuerpos de aquellos tres hombres muertos eran tres odres hinchados con diuersas cuchilladas. Y recordandome de la quistion de antenoche estauan abiertos y heridos por los lugares que yo auia dado a los ladrones. Entonces de industria de algunos detuuieron vn poco la risa, e luego començo el pueblo a reyr tanto, que vnos con la gran alegria dauan bozes: otros se ponian las manos en las barrigas, que les dolian de risa, y todos llenos de plazer e alegria mirandome hazia atras se partieron del theatro. Yo luego que tomé aquella sauana e vi los odres me elé y torné como vna piedra, ni mas ni menos que vna de las otras estatuas o columnas que estauan en el theatro; e no torné en mí fasta que mi huesped Milon llegó y me hechó la mano para me lleuar, y renouadas otra vez las lagrimas y solloçando muchas vezes, avnque no quise mansamente me lleuó consigo; y por las callejas más solas e sin gente por vnos rodeos me lleuó fasta su casa, con-

solandome con muchas palabras, que avn el
miedo e la tristeza no me auia salido del cuer-
po. Con todo esto nunca pudo amansar la in-
dignacion de mi injuria, que muy arraygada es-
taua en mi coraçon. En esto estando, he aqui
dó vienen luego los senadores y juezes con sus
maceros delante, y entrados en nuestra casa
con estas palabras me comiençan a halagar:
No ignoramos tu dignidad y el noble linage de
donde vienes, señor Lucio, porque la nobleza
de tu famosa e inclita generacion tiene com-
prehendida y abraçada toda esta prouincia. Y
esto por que tú agora tan reziamente te quexas
no lo recebiste por te hazer injuria: por esto
aparta de tu coraçon toda tristeza y fatiga, por-
que estos juegos que pública y solemnemente
celebramos en cada año al gratissimo dios de
la risa florecen siempre con inuencion de algu-
na nouedad; y este dios acompaña y tiene por
encomendado con mucho amor al inuentor de
tales plazeres, y nunca consentira que tengas
pena ni enojo en tu ánimo, antes con su apazi-
ble hermosura alegrará siempre tu cara. De-
más desto, toda esta ciudad te offresce señala-
dos honores porque ya te ha assentado en sus
libros por su patron y ha deliberado de hazer
tu ymagen de alambre que esté aqui perpetua-
mente por esta gracia que les has hecho. A esto
que me dezian yo respondi en esta manera: A
ti, ciudad vnica y mas noble de Thesalia, ten-
go en singular gracia tal y tan grande quanto
meresce los beneficios que de tu propria volun-
tad me has offrescido, pero ymágines y esta-
tuas déxolas a los más honrrados y mayores que
yo soy. Desta manera auiendo hablado con al-
guna verguença, mostrando vn poco la cara ale-
gre, sonrriendome y fingiendome alegre quan-
to más podia, les hablé y se partieron de mí.

CAPÍTULO III

Cómo acabada la fiesta del dios de la risa, Bi-
rrena embió Lucio que fuesse a cenar y por
estar affrentado no lo acceptó; y cómo despues
de auer cenado con Millon su huesped se fue
a dormir, donde venida su Andria le descu-
brio cómo su ama Panphilia era grande echi-
zera y por su ocasion auia sido afrentado en
la fiesta de la risa. E cómo Lucio le importu-
nó que se la quisiesse mostrar quando obrasse
los echizos, que la desseaua mucho ver.

En esto he aqui vn criado de Birrena entró
de priessa e dixome: Ruegate tu madre Birre-
na que vayas a comer con ella como anoche le
prometiste, que es ya hora. Yo, como estaua
amedrentado y tenia aborrescida tambien su
casa como las otras, dixe: O señora madre,
quánto querria obedescer tus mandamientos si

guardando mi fe lo pudiesse hazer, porque mi
huesped Milon me tomó juramento por la fiesta
presente deste dios de la risa que comiesse oy
con él, y assi estó prendado que no me conuie-
ne hazer otra cosa ni él se apartará desto ni
consentira que yo me aparte dél; por ende de-
xemos para adelante la promessa del combite.
Estando yo hablando en esto vino Milon y to-
móme por la mano para que nos fuessemos a
bañar a vnos vaños que alli estauan cerca. Yo
yua por la calle escondiendome de los ojos de
quien encontrauamos, huyendo de la risa que
yo mismo auia fabricado yua metido y encu-
bierto a su lado: assi que ni cómo me laué ni
me limpié, ni cómo torné a casa con la gran
verguença no me recuerdo, pero notado y seña-
lado con los ojos, gestos y manos de todos que
quasi sin alma estaua pasmado. Finalmente,
que auiendo comido su pobre cenilla de Milon
y tocado vn paño de cabeça por el gran dolor
que en ella tenia a causa de las muchas lagri-
mas que me auian salido, tomada facilmente li-
cencia me entré a dormir; y echado en mi cama
con mucha tristeza recordauame de todas las
cosas cómo auian passado, hasta tanto vino
mi Andria, que ya su señora era yda a dor-
mir; la qual vino muy desemejada de como
ella era: la cara no alegre ni con habla gracio-
sa, mas con mucha tristeza y seueridad, arru-
gada la frente y temerosa que no osaua hablar.
Despues que començó a hablar dixo: Yo mis-
ma de mi propria gana confiesso, yo misma
digo que fue causa deste enojo; e diziendo esto
sacó vn latigo del seno, el qual me dio e dixo:
Toma este latigo; ruegote que desta muger
quebrantadora de fe tomes vengança, y aun si
te pluguiere qualquier otro mayor castigo que
te paresciere; pero vna cosa te ruego creas y
pienses, que no te di ni inuenté este enojo de
mi gana a sabiendas: mejor lo hagan los dioses
que por mi causa tú padezcas vn tantico de
enojo; y si algun aduersidad tú has de auer,
luego la pague yo con mi propria sangre. Mas
lo que a causa de otro a mí mandaron que
hiziesse, por mi desdicha y mala suerte se tor-
nó y cayó en tu injuria. Entonces yo, incita-
do de vna familiar curiosidad, desseando saber
la causa encubierta del hecho passado, comien-
ço a dezir: Este latigo malo y falso que me dis-
te para que te açotase antes morira y lo haré
pedaços que tocar con él en tu blanda y hermo-
sa carne. Pero ruegote que con verdad me di-
gas y cuentes en qué manera éste tu yerro se
conuertio en mi daño: que por tu vida, que la
quiero como la mia, a ninguno podria creer ni
a ti misma, aunque lo digas, que cosa alguna
pensasses contra mí en daño mio; pero los pen-
samientos sin malicia, si en contrario cuento
succedieren, no son de culpar ni echarlos a

mala parte. Con el fin de estas razones yo be-
saua los ojos de mi Andria que los tenia hume-
dos de lagrimas medio cerrados y marchitos.
Ella, con esta alegria recreada, dixome: Señor,
ruegote que esperes; cerraré la puerta de la ca-
mara porque no aya algun escandalo de las pa-
labras que con nuestro plazer hablaremos. E di-
ziendo esto echó el aldaua a la puerta con su
garauatillo bien affirmado, y tornada a mi
abraçandome con ambas manos dixome con voz
muy sotil y passico: Gran temor y miedo ten-
go de descubrir los secretos desta casa y reue-
lar las cosas ocultas y encubiertas de mi seño-
ra; pero confiando de tu discrecion, que demas
de la nobleza de tu generoso linage y de tu alto
ingenio lleno y consagrado de religion soy cier-
ta que conoces la santa fe del silencio, en tal
manera que qualquier cosa que yo sometiere al
claustro de tu religioso pecho te ruego y supli-
co siempre la tengas y guardes, y lo que simple
y arrebatadamente te digo haslo de remunerar
con la tenacidad de tu silencio: porque la fuer-
ça del amor que más que ninguna de quantas
biuen te tengo me compelle a te descubrir este
secreto. Ya sabes todo el estado de nuestra
casa, y tambien sabras los secretos marauillo-
sos de mi señora, por los quales le obedescen
los muertos, las estrellas se turban, los dioses
son apremiados, los elementos le siruen, y en
cosa alguna tanto esfuerça la violencia desta su
arte como quando vee algun mancebo gentil
hombre que le agrada: lo qual le suele aconte-
cer a menudo, que aun agora está muerta de
amores por vn mancebo hermoso y de buena
dispusicion, contra el qual exerce y apareja to-
das sus artes, manos y artilleria. Oyle dezir
ayer a bisperas por estos mismos oydos, ame-
nazando al Sol, que si presto no se pusiesse y
diesse lugar a que la noche viniesse para exer-
cer las cautelas de su arte magica, que lo haria
cubrir de vna niebla escura y que perpetuamen-
te estuuiesse escurecido: este moço que digo,
viniendo allá antier del baño vido estar assen-
tado en casa de un barbero, y como vido que lo
afeytauan mandome a mi que secretamente to-
masse de los cabellos que le auian cortado y es-
tauan en el suelo caydos; los quales como yo
comence a coger a hurto, el barbero me vido, y
como nosotras somos infamadas de hechizerias,
arrebató de mi riñendo y deshonrrandome, di-
ziendo: Tú, mala muger, no cessas cada dia de
hurtar los cabellos de los mancebos bien dis-
puestos que aqui se afeytan; por Dios, si desta
maldad no te apartas, que sin más tardança lo
digo a los alcaldes y te pongo delante dellos.
Diziendo y haziendo lançó la mano en medio
de mis pechos con gran yra, y buscando sacó
los cabellos que yo tenia alli escondidos. De
lo qual yo fue muy enojada. E conosciendo las

costumbres de mi señora, que con tales resisten-
cias ella se acostumbraua enojar mucho y dar-
me de palos, acordaua de me yr y no tornar a
casa, lo qual no hize a tu causa; pero como yo
me partiesse de alli triste, por no tornar las
manos vazias veo estar un odrero con unas tise-
ras trasquilando tres odres de cabron, los qua-
les como los viesse estar colgados tesos y muy
hinchados, tomé algunos de los pelos que esta-
uan por el suelo, y como estauan roxos seme-
juan a los cabellos de aquel Beocio gentil hom-
bre de quien mi ama estaua enamorado: a la
qual los di dissimulando la verdad. Mi señora
Pamphila, en el principio de la noche, ante que
tú tornasses de cenar, con la pena y ansia que
tenia en su coraçon subio a un tirasol de casa
que estaua abierto a las partes orientales y a
las otras hazia donde querrian mirar; el qual
ella secretamente mora y frequenta, porque es
aparejado para sus artes magicas. Y ante todas
cosas, segun su costumbre, aparejó sus instru-
mentos mortiferos, conuiene a saber todo lina-
ge de especias odoriferas, laminas de cobre con
ciertos caracteres que no se pueden leer, clauos
y tablas de nauios que se perdieron en la mar
y fueron llorados. Assimismo tenia alli delante
de si muchos miembros y pedaços de cuerpos
muertos, assi como narizes, dedos y clauos de
los pies de hombres ahorcados. Tambien tenia
sangre de muertos a hierro, huesos de cabeça
y quexadas sin dientes de bestias fieras. Enton-
ces abrio un coraçon, y vistas las venas y fibras
cómo bullian començó de rociarlo con diuersos
licores: agora con agua de fuente, agora con
leche de vacas, agora con miel siluestre. Assi-
mismo añadio mulsa, que es hecha de miel y
agua cozida. Desta manera aquellos pelos retor-
cidos y añudados y con muchos olores perfu-
mados puso en medio de las brasas para que-
mar. Entonces con la gran fuerça y poder de la
nigromantica y por la oculta violencia de los
espiritus apremiados y constreñidos, aquellos
cuerpos cuyos pelos cluxian en el fuego resci-
ben humano espiritu e sienten y oyen y andan
y vanse hazia la parte los que lleuauan el oro
de su mismo despojo y llegauan a la puerta de
casa porfiando a entrar como si fuera aquel
mancebo beocio. En esto tú, engañado con la
escuridad de la noche y con el vino que auias
beuido, armado con tu espada en la mano y con
gran osadia quasi perdido el seso como aquel
Ajaces griego, no matando ouejas quando des-
truyo y mató muchos, pero muy más fuerte y
esforçadamente mataste tres odres hinchados.
De manera que vencidos los enemigos sin auer
macula de sangre te abraçaré, no como a mata
hombres, pero como a mata odres. Siendo yo
desta forma burlado y escarnecido con las gra-
ciosas palabras de Andria, dixele: Pues que

assi es, paresceme, señora, que yo podré muy bien contar esta primera gloria de virtud ygualandola al exemplo de los doze trabajos de Hercules, que como él mató al Gerion que era de tres cuerpos, o al cancernero del infierno de tres cabeças, asi yo maté otros tantos odres. Pero por el amor que te tengo y por que sin engaño te remita y perdone todo el delicto en que con tanto trabajo y fatiga de mi coraçon me lançaste, te ruego que me digas lo que con mucha vehemencia te demando: y es que me enseñes a tu señora quando haze alguna cosa desta arte magica, quando se muda en otra forma. Porque yo soy muy desseoso de conoscer y ver por mis ojos alguna cosa desta nigromancia, comoquier que bien sé yo cierto que tú no eres ruda y sin parte desta ciencia; lo qual yo sé y siento muy bien, porque he sido hombre que menospreciaua amores y platicas de mugeres casadas: agora con estos tus ojos resplandecientes y tu rostro purpureo y tus cabellos de oro y tu boca linda y pechos como el Sol relumbrantes veo que me tienes como vn cieruo preso y captiuo, queriendolo yo, que ni curo de mi muger y hijos ni pienso en mi casa, pues ya a esta noche ninguna cosa prefiero ni antepongo. Entonces Andria respondio diziendo: Quánto querria yo, señor mio Lucio, enseñarte lo que desseas! Pero mi señora, por su embidia acostumbrada, siempre se aparta a solas y secrestada de la presencia de todos suele hazer los secretos de su mágica; pero por tu amor yo porne tu demanda a mi peligro: lo qual yo haré con diligencia guardando el tiempo y lugar oportunos, con tal condicion que, como te dixe al principio, tú me des la fe de tener silencio a tan secreto. En esta manera hablando y burlandose se incitó la gana de cada vno, y lançadas las camisas que teniamos vestidas tornamos a nuestros plazeres, de los quales y del velar ya fatigado me vino sueño a los ojos y dormi hasta que otro dia amanescio.

CAPITULO IV

Cómo condescendiendo Andria al desseo y peticion de Lucio le mostro a su ama Pamphilia quando se vntaua para conuertirse en buo, y él queriendose vntar por experimentar el arte fue por yerro de la buxeta del vnguento conuertido en asno.

Desta manera passadas algunas noches de plazer, un dia vino a mí corriendo Andria medrosa y alterada; y dixome que viendo su señora cómo con todas las otras artes que hazia no le aprouechaua para sus amores, que deliberaua aquella noche tornarsse en vn aue con plumas e assi bolar a su amigo desseado; por

ende que yo me aparejasse cautamente para ver cosa tan grande y marauillosa. Assi que a la prima de la noche tomóme por la mano y con passos muy sotiles, sin ningun roydo, lleuóme a aquella camara alta donde la señora estaua y mostrome vna hendedura de la puerta por donde viesse lo que hazía. Lo qual Pamphilia hizo desta manera: Primeramente ella se desnudó de todas sus vestiduras, y abierta vna arquilla pequeña sacó dende muchas buxetas, de las quales quitada la tapadera de vna y sacado della cierto vnguento y fregado bien entre las palmas de las manos ella se vnta dende las vñas de los pies hasta encima de los cabellos; y diziendo ciertas palabras entre sí al candil comiença a sacudir todos sus miembros, en los quales assi temblando comiença poco a poco a salir plumas, y luego crescen los cuchillos de las alas; la nariz se endurescio y encoruó; las vñas tambien se encoruaron, assi que se tornó buho: la qual començó a cantar aquel triste canto que ellos hazen, y por se experimentar començó a alçarse vn poco de tierra, y luego vn poco más alto, hasta que con las alas cogio buelo y salio fuera bolando. Pero ella quando le plugiere con su arte torna luego en su primera forma. Entonces quando yo vi esto, aunque no estaua encantado enhechizado, pero estaua atonito y fuera de mí en ver tal hazaña y paresciame que otra cosa era yo y que no era Lucio. En esta manera fuera de seso como loco soñaua estando despierto, y por ver si velaua fregauame los ojos fuertemente. Finalmente, tornado en mi seso, visto lo presente cómo auia passado, tomé por la mano a Andria y llegada ante mis ojos dixele: Ruegote, señora, pues que se ofresce occasion para ello, que me dexes gozar del fructo de tu singular amor y aficion que tú, señora, me tienes. Untame con el vnto de la buxeta por mi vida, y por estos tus hermosos pechos, mi dulce señora, prende a este tu sieruo perpetuamente con beneficio que yo nunca te podré seruir. Ya, señora, hazlo agora porque yo con plumas como el dios Cupido pueda estar ante ti como a mi diosa Venus. Ella dixo: Assi lo dizes, amor falso y engañador; quieres que yo misma de mi propria gana me ponga la hacha a mis piernas que me las corte? Agora que te tengo bien curado que te guarde para las putas de Tesalia? Ueamos: tú hecho aue dónde te yre a buscar? quándo te vere? Entonces yo respondi: Ha, señora, los dioses aparten de mí tan gran maldad; y como aunque yo bolasse por todo el cielo más alto que vn aguila y me hiziesse Jupiter su escudero y mensagero despues de la dignidad y grandeza de mis plumas, no tornaria muchas vezes a mi nido? yo te juro por este dulce trançado de tus

cabellos, con el qual ligaste mi coraçon, que a
ninguna de este mundo quiero más que a mi
Andria. Pero demas desto, me ocurre vna cosa
al pensamiento: que despues que me ayas vn-
tado y me tornare aue, yo te prometo de apar-
tarme de todas las cosas y tambien puedo de-
zir qué enamorado tan hermoso y tan alegre
es el buho para que las casadas lo desseen? an-
tes ay otra cosa peor que estas aues de la no-
che? quando passan por alguna casa procuran
de las tomar y vemos que las clauan a las
puertas por que el mal aguero que con su des-
uenturado bolar amenazan a los moradores lo
paguen y se ensuelua en su tormento dellas.
Pero lo que se me oluidaua de preguntar: Des-
pues que vna vez me tornare aue, qué tengo
de hazer o dezir para desnudarme aquellas
plumas y tornarme Lucio? Ella respondio:
Está de buen animo de lo que a esto perte-
nesce, porque mi señora me mostró todo lo
que es menester para que los que toman estas
figuras puedan tornarse a su natural y forma
primera. Y esto no pienses que me lo mostró
por quererme bien, sino porque quando ella
tornasse le pudiese ministrar medicina saluda-
ble. E mira con quán poca cosa y quán liuiana
se remedia tan gran cosa: por dios que con vn
poco de eneldo y hojas de laurel echado en
agua de fuente, y con esto de lauarla y darle a
beber vn poco. Estas y otras cosas diziendo,
con mucho temor lançose en la camara y sacó
vna buxetá de la arquilla, la qual yo comence
a besar y abraçar, rogando que me fauores.
ciese bolando prosperamente: assi que presta-
mente yo me desnudé lançando allá todos mis
vestidos, y con mucha ansia lancé la mano en
la buxeta y tomé vn buen pedaço de aquel vn-
guento, con el qual fregué todos los miembros
de mi cuerpo. Ya que yo con vn esfuerço sa-
cudia los braços pensando tornarme en aue
semejante que Pamphilia se auia tornado, no
me nascieron plumas ni los cuchillos de las
alas, antes los pelos de mi cuerpo se tornaron
sedas y mi piel delgada se tornó cuero duro; e
los dedos de las partes estremas de pies y ma-
nos perdido el número se juntaron y tornaron
en sendas vñas, y del fin de mi espinazo salio
vna grande cola: pues la cara muy grande, el
hocico largo, las narizes abiertas, los labios
colgando; ya las orejas alçandoseme con vnos
asperos pelos, y en todo este mal no veo otro
solacio saluo que a mi que no podia tener
amores con Andria me crescia mi natura, assi
que estando considerando tanto mal como te-
nia veome, no tornado en aue, mas en asno. Y
queriendome quexar de lo que Andria auia
hecho ya no podia, porque estaua priuado de
gesto y boz de hombre; y lo que solamente
pude era que caydos los bezos y los ojos hun-

didos, mirando vn poco de traues a ella, ca-
llando la accusaua y me quexaua; la qual como
assi me vido abofeteó su cara y rascandose llo-
raua diziendo: Mezquina de mí que soy muer-
ta; el miedo y priessa que tenia me hizo errar
y la semejança de las buxetas me engañó; pero
bien está, que facilmente auremos remedio para
te reformar como antes. Porque solamente
mascando vnas pocas de rosas te desnudarás
de asno y luego te tornarás mi Lucio. E plu-
guiera a dios que como otras vezes yo he he-
cho, esta tarde huuiera aparejado guirnaldas de
rosas, por que solamente no estuuieras en essa
pena espacio de vna noche, pero luego en la
mañana te será dado el remedio prestamente.
En esta manera ella lloraua. Yo comoquier
que estaua hecho perfecto asno y por Lucio
era bestia, pero todavia retuue el sentido de
hombre. Finalmente yo estaua en gran pensa-
miento y deliberacion si mataria a coces y bo-
cados aquella maligna y falsa hembra; pero
deste pensamiento temerario me apartó y re-
uocó otro mejor: porque si matara a Andria,
por ventura tambien matara y acabara el reme-
dio de mi salud. Assi que abaxada mi cabeça
y murmurando entre mí y dessimulada esta
temporal injuria, obedesciendo a mi dura y
aduersa fortuna voyme al establo donde estaua
mi buen cauallo que me auia traydo, donde
assimismo hallé otro asno de mi huesped Mi-
lon que estaua alli en el establo. Entonces yo
pensaua entre mí si algun natural instinto o
conocimiento tuuiessen los brutos animales
que aquel mi cauallo vestido de alguna manzi-
lla o conocimiento me hospedara y diera el
mejor lugar del establo; mas o Jupiter hospe-
dador! o diuinidad secreta de la fel aquel gen-
til de mi cauallo y el otro asno juntaron las
cabeças como que hazian conjuracion para me
destruyr, temiendo que no les comiesse la ce-
uada: apenas me vieron llegar al pesebre quan-
do abaxadas las orejas con mucha furia me si-
guen echando pernadas, de manera que me hi-
zieron apartar de la ceuada que poco antes yo
auia echado con estas manos a mi fiel seruidor
y criado. En esta manera yo maltractado y
desterrado me aparté a un rincon del establo.

CAPITULO V

*Que trata cómo estando Apuleyo conuertido en
asno considerando su dolor vinieron subita-
mente ladrones a robar la casa de Milon, y
cargado el cauallo y asno de las alhajas de
casa huyeron para su cueua.*

En tanto que estaua entre mí pensando la
soberuia de mis compañeros y el ayuda y reme-
dio de las rosas que otro dia auia de auer, tor-

nandome de nueuo Lucio, pensando la vengança que auia de tomar de mi cauallo, miré a vna coluna sobre la qual se sustentauan las vigas y maderos del establo, y veo en el medio de la coluna vna ymagen que estaua metida en vn retablillo de la diosa Hippona: la qual estaua adornada de rosas frescas. Finalmente, que conocido mi saludable remedio, lleno de esperança alcéme quanto pude con los pies delanteros y leuantéme esforçadamente y tendido el pescueço, alargando los beços con quanta fuerça yo podia procuraua llegar a las rosas. Lo qual yo con mala dicha procurando, vn mi criado que tenia cuydado de pensar el canallo, como me vido leuantose con gran enojo y dixo: Hasta quándo auemos de sufrir esta huea castrada? enantes queria comer la ceuada de los otros, agora quiere hazer daño y enojo a las ymagines de los dioses; por cierto que a este vellaco sacrilego yo le quiebre las piernas y lo amanse. Y luego buscando vn palo encontro con vn haze de leña que alli estaua, de la qual sacó un leño ñudoso y más gruesso de quantos alli auia, y comiençó de sacudirme tantos de palos que no acabó hasta que sonó vn gran ruydo y golpes a las puertas de casa, y con temeroso remor de la vezindad que daua bozes: ladrones, ladrones. Desto él espantado huyó. E sin más tardar, supitamente abiertas las puertas de casa, entra vn monton de ladrones: los quales armados cercan la casa por todas partes, resistiendo a los que venian a socorrer de vna parte y de otra; porque como ellos venian todos bien armados con sus espadas y armas y con hachas en las manos que alumbrauan la noche, de manera que el fuego y las armas resplandescian como rayos del sol. Entonces llegaron a vn almazen que estaua en medio de la casa bien cerrado con fuertes candados, lleno de todas las riquezas de Milon, y con fuertes hachas quebraron las puertas: el qual abierto sacaron dende todas las riquezas que alli auia, y muy prestamente hechos sus lios de todo ello repartenlos entre sí. Pero la mucha carga excedia el numero de las bestias que lo auian de lleuar. Entonces ellos, puestos en necessidad por la abundancia de la gran riqueza, sacaron del establo a nosotros ambos los asnos y a mi cauallo y cargaronnos con quanto mayores cargas pudieron, y dexando la casa vazia y metida a saco mano, dandonos de varadas nos lleuaron, y para que les auisasse de la pesquisa que se hazia de aquel delicto dexaron alli vno de sus compañeros. E dandonos mucha priessa y varadas lleuaronnos fuera de camino por essos montes: yo con el gran peso de tantas cosas como lleuaua y con las cuestas de aquellas sierras y el camino largo quasi no auia diferencia de mi a vn muerto. Yendo assi vinome al pensamiento, comoquier que tarde, pero de veras, recurrir a la ayuda de la justicia para que inuocando el nombre del emperador Cessar me pudiesse librar de tanto trabajo. Finalmente, como ya fuesse bien claro el dia, passando que passauamos vn aldea bien llena de gente, porque auia alli feria aquel dia, entre aquellos griegos y gentes que alli andauan tenté inuocar el nombre de Augusto Cessar en lenguage griego, que yo sabia bien por ser mio de nascimiento. E comence valiente y muy claro a dezir: ho ho; lo otro que restaua del nombre de Cesar nunca lo pude pronunciar. Los ladrones quando esto oyeron, enojados de mi aspero y duro canto, sacudieronme tantos de palos hasta que dexaron el triste de mi cuero tal que aun para hazer crinas no era bueno. Al fin dios me deparó remedio no pensado, y fue este: que como passauamos por muchos casares y aldehuelas vi estar vn huerto muy hermoso y deleytable, en el qual demas de otras muchas yeruas auia alli rosas incorruptas y frescas con el rocio de la mañana. Yo como la vide, con gran deseo y ansia, esperando la salud, alegre y muy gozoso lleguéme cerca dellas; e ya que mouia los labios para las comer vinome a la memoria otro consejo muy más saludable, creyendo que si dexasse assi de improuiso de ser asno y me tornasse hombre, manifestamente caeria en peligro de muerte por las manos de los ladrones. Porque sospecharian que yo era nigromantico o que les auia de acusar del robo. Entonces con necessidad me aparté de las rosas y sufriendo mi desdicha presente en figura de asno roya feno con los otros.

ARGUMENTO DEL QUARTO LIBRO

Apuleyo tornado asno cuenta eloquentemente las fatigas y trabajos que padescio en su luenga peregrinacion andando en forma de asno y reteniendo el sentido de hombre: entremete a su tiempo diuersos casos de los ladrones. Assimismo escriue de vn ladron que se metio en vn cuero de ossa para ciertas fiestas que se auian de hazer, y de industria insiere vna fabula de Psiches la qual está llena de doctrina y deleyte.

CAPITULO PRIMERO

En el qual Lucio Apuleyo recuenta por estenso lo que passaron los ladrones y bestias desde la ciudad de Hipata por el camino hasta llegar a la cueua de su aposento, y su proprio trabajo y acontescimientos.

Andando nuestro camino, seria quasi medio dia, que ya el sol ardia, llegamos a vna aldehuela donde hallamos ciertos amigos y familiares de los ladrones: lo qual yo aunque era asno conosci porque en llegando hablaron largamente y se abraçaron y besaron como personas que mucho se conoscian, y tambien porque sacaron algunas cosas de medio de la carga que yo llenaua y se las dieron, diziendoles secretamente cómo eran cosas robadas. Alli nos descargaron de toda nuestra carga y nos echaron en vn prado que estaua alli cerca para que a nuestro buen plazer paciessemos; pero la compañia de pacer con el otro asno y con mi cauallo no pudo tenerme alli, porque yo no era vsado de comer feno; mas como yo estaua perdido de hambre, vi tras de la casa vn hortezuelo en el qual me lancé. Y comoquier que de coles crudas pero abundantemente yo henchi mi barriga. Andando en el huerto yo miraua a todas partes rogando a los dioses si por ventura en los otros huertos que estauan junto a éste ouiesse algun rosal, a lo qual me daua buena confiança la soledad que por alli auia; y estando yo fuera de camino y escondido, en tomando el remedio que desseaua de tornarme de asno de quatro pies en hombre podrialo hazer sin que nadie me viesse. Assi que andando en este pensamiento vacilando veo vn poco lexos vn valle con arboles y sombra, en el qual valle entre otras yeruas verdes y hermosas resplandescian rosas coloradas y muy frescas: ya en mi pensamiento, que del todo no era de bestia, pensaua que aquel lugar fuesse de la diosa Venus y de sus ninfas, cuyas flores y rosas reluzian entre aquellas arboledas y sombras. Entonces inuocando por mí el alegre y prospero euento, comence a correr quanto pude, que por dios yo no parescia ser asno sino cauallo corredor y muy ligero; pero aquel mi osado y buen esfuerço no pudo huyr de la crueldad de mi fortuna. Y que llegaua cerca de aquel lugar veo que no eran aquellas rosas tiernas y amenas ruciadas de rocio y gotas diuinas quales suelen engendrar las fertiles çarças y espinas, ni tampoco el valle era todo arboleda, saluo era la ribera de vn rio que estaua lleno de arboles de vna parte y de otra, los quales tenian la hoja larga de manera de laureles y las flores sin olor, que son vnas campanillas vn poço coloradas a que llaman los rusticos o el vulgo rosas de laurel siluestre, cuyo manjar mata a qualquier animal que lo coma. Con tales desdichas, fatigado ya y desesperado de mi remedio, queria de mi voluntad propria comer de la ponçoña de aquellas rosas; pero como con mala gana y alguna tardança quisiera llegar a morder de aquellas rosas, vn mancebo que me parescio deuia ser el hortelano del huerto que yo auia destruydo y comido las coles, como vido auerle fecho tanto daño arrebató vn gran palo y con mucho enojo fue hazia mí, y diome tantos de palos que quasi

me pusiera en peligro de muerte si yo sabia y discretamente no buscara algun remedio: el qual fue que alcé mis ancas y los pies en alto y sacudolos le muy bien de coces; de manera que él bien castigado y caydo en esse suelo, yo eché a huyr contra vna sierra alta que estaua alli junto; mas luego vna muger que paresce deuia ser muger del hortelano, como lo vido de vn altoçano que estaua tendido en tierra y medio muerto, vino corriendo a él dando gritos, por que auiendo los otros manzilla della diessen a mí mala muerte; los labradores y villanos de alderredor, alborotados con los gritos y lloros de la muger, comiençan a llamar y acumular los perros contra mí, para que como rauiosos me vengan a despedaçar. Entonces como yo me vi sin ninguna dubda cerca de la muerte, y los perros que venian contra mí valientes y muchos y tan grandes que eran para pelear con ossos y leones, del mismo peligro me vino el consejo: assi que dexé de huir a la sierra y tornéme para casa corriendo quanto más podia, y lanceme en el establo de donde auia salido. Ellos de que vieron pacificados los perros tomaronme con vn cabestro bien rezio y atáronme a vna argolla, dandome otra vez tantos de palos que cierto me mataran, sino que con el dolor de los palos, como tenia la barriga tesa y llena de coles crudas, vinome fluxo y suelto vn chizquete, que vnos ruciados de aquel extremo licor y otros del gran hedor que les dio se apartaron de mis abiertas espaldas. No tardó mucho, que ya passaua del medio dia que el sol se inclinaua, quando los ladrones sacaron a mí y a los otros del establo y cargaronnos de nuestras cargas, aunque se echaron a mí más pesada. Ya que auiamos andado buena parte del camino, yo yua muy desfallescido con el largo camino y cansado con el peso de la gran carga y fatigado con los golpes de las varadas que me dauan, e tambien yua coxo y titubeando, porque lleuaua los pies y manos desportillados. Llegando cerca de vn arroyo que corria mansamente paresciome auer hallado con mi buena dicha sotil occasion para lo que pensaua: lo qual derrengarme por las ancas y echarme en tierra muy cierto y obstinado de no me leuantar para pasar el agua con ningunos palos que me diessen; y aun aparejado no solamente a suffrir palos, pero aunque me diessen con vna espada antes morir que leuantarme: porque yo pensaua que ya como cosa debil y quasi muerto era merescedor de ser ahorrado; y tambien creya cierto que los ladrones, assi por no suffrir tardança como por huyr con mucha priessa, quitarian la carga de mis cuestas y la repartirian por los otros dos mis compañeros, y por se vengar mejor de mí que me dexarian alli para que me comiessen los lobos y buytres.

Pero mi desdichada suerte peruertió tan bello consejo, porque el otro asno, adeuinado y tomado mi pensamiento, mintiendo que yua cansado cayó con su carga en tierra. Y caydo assi de manera de muerto, ni con que le dauan de palos, ni con aguijones, ni por le alçar por la cola, ni por las orejas, ni aunque le alçauan las piernas de vna parte a otra, nunca prouó a leuantarse; hasta que finalmente los ladrones, fatigados y con la postrimera esperança, auiendo hablado entre sí porque no estouiessen tanto siruiendo a vn asno muerto y más en verdad se podria dezir de piedra, y no detuuiessen su huyda, quitaronle la carga y repartieronla entre mí y mi cauallo, y a él con sus espadas cortaronle las piernas y apartaronlo vn poco del camino, y medio biuo lançaronlo de vna altura abaxo en vn valle muy hondo. Entonces yo, pensando entre mí la desdicha del triste de mi compañero, acordé, apartados de mí todos fraudes y engaños, como buen asno prouechoso seruir a mis señores. Quanto más que, segun lo que yo les oya estar hablando, cerca de alli estaua su casa donde auiamos de descargar y reposar del fin de nuestro camino, porque alli era su morada. Finalmente, passada vna costezuela no muy aspera, llegamos al lugar adonde yuamos. En llegando, luego nos descargaron y metieron con muy mucha diligencia lo que trayamos dentro de casa; yo aliuiado del peso de la carga, por me refrescar del cansancio del largo camino, en lugar de baño comence a rebolcarme por el poluo.

CAPITULO II

En el qual Lucio Apuleyo descriue elegantemente aquella deleytosa montaña donde los ladrones tenian su cueua; donde llegados, puestas a recaudo las riquezas que lleuauan y refrescados del trabajo, se sentaron a comer, y venida otra compañia de ladrones de la compañia, cuentan cómo perdieron dos capitanes suyos en la ciudad de Beocia.

Paresceme que en este lugar el tiempo y la misma cosa demanda que recuente el sitio y forma de aquella estancia y cueua donde los ladrones morauan: porque en ella yo experimentaré mi ingenio y haré que vosotros sintays si por ventura en mi discrecion y seso yo era asno como parescia. Era alli vna montaña bien alta y muy horrible y vmbrosa de muchos arboles siluestres; desta montaña descendian ciertos cerros llenos de muy asperos riscos y peñas, que no auia persona que pudiesse llegar a ellos, los quales la ceñian: abaxo auia muchas y hondas lagunas en aquellos valles, llenas de espinas y çarças que naturalmente for-

talescian aquel lugar; de encima del monte descendia vna fuente de agua muy hermosa y clara, que parescia color de plata, y corria por tantas partes que henchia los valles que abaxo estauan a manera de vn mar o de vn gran rio o lago que está quedo. Estaua vna gran torre a la puerta de la cueua, donde llegauan las puntas de los cerros, con vn muro fuerte que era aparejado para encerrar ouejas, altas las paredes de vna parte y de otra. Entre ellas yua vn pequeño camino hasta la puerta de la cueua. La qual estancia, segun que yo bien conosci, no puede ser otra cosa sino cueua de ladrones; cerca della ninguna otra abitacion auia, saluo vna chozuela hecha de carrizos, donde los ladrones por sus suertes, segun que despues yo supe, uelauan a noches por atalaya. Assi que descargaronnos ante la puerta y ellos cargados de lo que nosotros trayamos lançaronse en la cueba, y a nosotros atáronnos con los cabestros bien rezios a la puerta, luego començaron a reñir con vna viejezuela corcobada de vieja, la qual sola tenia cargo de la guarda y salud de tantos mancebos, y dizenle: O sepulcro de la muerte, deshonrra de la vida, enojo del infierno, assi nos has de burlar estandote sentada no haziendo nada, que no nos tengas aparejado algun solaz y refiction por tantos y tan grandes peligros e trabajos como auermos passado? que tú dias y noches no entiendes en otra cosa que lançar vino en esse tu vientre sediento, que nunca se harta. La vieja con su voz medrosa y temblando respondio a éste diziendo: O, señores valientes mancebos y mis defensores fidelissimos, todo está presto y aparejado abundantemente: yo tengo guisado de comer muy sabroso, muy mucho pan y mucho vino puesto en sus copas, y jarros limpios e bien fregados, y tambien tengo agua cozida como es costumbre para que en tumulta e juntos os laueys. En acabando la vieja de dezir esto ellos se desnudaron luego y desnudos y lauados con agua caliente despues de recreados al fuego vntaronse con azeite. E puestas las mesas con sus manjares sentaronse a comer.

Luego en aquel tiempo que se sentaron a la mesa heos aqui do vienen otros mancebos más que los que estauan: los quales en viendolos quienquiera viera que eran ladrones como los otros. Porque estos tambien trayan muchos vasos y moneda de oro y plata, vestiduras y ropas de seda y brocado. Assi que por el semejante lauados y refrescados sentaronse a comer con sus compañeros, y cada vno de todos ellos por su suerte leuantauase a seruir a los otros: ellos comian y beuian sin orden, los manjares a montones, el pan a canastos, el beuer sincuenta ni razon; burlan vnos con otros a bozes, cantan con gran ruydo, juegan entre sí, motejandose, y todas las otras cosas semejantes al combite de los medio fieros lapithas, thebanos y centauros. Entonces vn mancebo de aquellos, que parescia más valiente que los otros, dixo: Nosotros combatimos esforçadamente la casa de Milon de Hipata, y demás de la priessa y grandes riquezas que por nuestro esfuerço ganamos, tornamos a nuestra casa todos sin que vno faltasse. E aun si haze a proposito digo que venimos con ocho pies más acrescentados. Pero vosotros, que aueys andado por las ciudades de Boecia (¹), dónde perdistes vuestro muy esforçado capitan Lamato y aueys disminuydo el numero de vuestra flaca y debile compañia? Cierto yo quisiera más su salud y remedio que todo quanto traxistes en estos lios y fardeles; pero en qualquier manera que su virtud aya perescido, la memoria y fama de tan gran varon podra ser celebrada entre los reyes inclitos y grandes capitanes de batallas. Que hablando verdad vosotros soys ladrones hombres de bien, medrosillos y para hurtos pequeños y de esclauos, andando por los baños y casillas de viejas escudriñando sus rinconcillos. A esto começo a hablar vno de aquellos que estaua al cabo de todos y dixo: Cómo, tú solo ygnoras que las casas mayores son mas faciles de robar que las otras, porque comoquier que en las casas grandes aya muchos seruidores, cada vno cura más de su salud que de la hazienda de su señor! Pero los hombres de bien solitarios y modestos, sus bienes pocos o muchos dissimuladamente los encubren y reziamente los defienden, y con peligro de su sangre y vida los fortalescen. El mismo negocio que agora passó os hará creer lo que digo. Quasi como llegamos a Thebas, ciudad de Boecia, que es principal para el trato desta nuestra arte, andando con diligencia buscando lo que auiamos de robar entre los populares, no se nos pudo esconder Criseros, vn cambiador muy rico y señor degran dinero, el qual por miedo de los tributos y pechos de la ciudad, con grandes artes dissimulaua y encubria gran riqueza. Finalmente, que él solo y solitario en vna pequeña casa, aunque bien fortalescida, contento, suzio y mal vestido, dormia sobre los çurrones de oro: assi que todos de vn voto acordamos que el primer impetu fuesse en esta casa, porque todos a vna, começada la batalla, sin dificultad pudiessemos apañar los dineros de aquel cambiador rico. Lo qual puesto en obra, al principio de la noche fuemos a las puertas de su casa, las quales ni podimos alçar ni mouer ni quebrar, porque como eran fuertes, el ruydo dellas desperto toda la vezindad en daño nues-

tro. Entonces aquel esforçado nuestro capitan y alferez Lamato, con la fiuza de su gran esfuerço y valentia, metio la mano poco a poco por aquel agujero que se mete la llaue para abrir la puerta, y prouaua a arrancar el pestillo o cerradura. Pero aquel Criseros maluado y maligno más que hombre del mundo estaua velando, y sintiendo lo que passaua vinose hazia la puerta muy passico que quasi no resollaua, y traya en su mano vn gran clauo y martillo, con el qual subitamente con gran golpe e impetu enclauó la mano de nuestro capitan en la tabla de la puerta; e dexado alli cruelmente clauado como quien lo dexa en la horca, subiose encima de una açotea de su casilla y de alli con grandes bozes llamaua a los vezinos, rogandoles por sus proprios nombres y llamandolos que socorriessen a la salud de todos, porque su casa ardia a biuas llamas. Quando los vecinos oyeron ésto, cada vno, espantado del peligro que les podia venir a su casa por la vezindad de la del cambiador, venian corriendo a le socorrer. Entonces nosotros, puestos en vno de dos peligros, o de matar a nuestro compañero o desampararlo, acordamos con vn remedio terrible, queriendolo él, y fue éste: que cortamos el braço a nuestro capitan por la coyuntura donde se junta con el hombro, y dexado alli el braço, atada la herida con muchos paños, porque las gotas de sangre no hiziessen rastro por donde nos sacassen, arrebatamos a Lamatho y llenamoslo como podimos; y como yuamos huyendo espantados de aquel tumultu y nos era forçado huyr del instante peligro, él ni nos podia seguir ni podia quedar seguro. Y como era valiente, animoso, esforçado, rogauanos muchas vezes quanto él podia por la diestra del dios Martes y por la fe del juramento que entre nosotros auia, que librassemos a vn buen compañero del tormento que rescebia y de no ser captiuo y preso. Diziendo assimismo que cómo auia de biuir vn hombre esforçado teniendo el braço cortado con el qual solia robar y degollar; que él se tenia por bienauenturado si muriesse a manos de sus compañeros. Assi que despues que él vido que a ninguno de nosotros podia persuadir que de nuestra gana lo matassemos, tomó con la otra mano vn puñal que traya, besandole muchas vezes, dio vn gran golpe que se lançó el puñal por los pechos. Entonces nosotros, alabando el esfuerço de tan gran varon, tomamos su cuerpo y embuelto en vna sauana echamosle dentro en la mar para que lo escondiesse, y assi quedó alli nuestro capitan Lamatho cubierto de aquel elemento, el qual hizo fin conforme a sus virtudes. Demas desto el otro nuestro compañero Alcino, que tenia muy buenos y muy astutos comienços en lo que auia de ha-

(¹) *Boecia* está bien corregido en la edición de Amberes.

zer, no pudo huyr la sentencia de la cruel fortuna: el qual despues de quebradas las puertas de casa vna vejezuela que estaua dormiendo, subio a la camara donde durmia y pudiera muy bien ahogarla si quisiera; pero quiso primero lançar por vna ventana a la calle todas las cosas que tenia, para que nosotros las recogessemos por parte de fuera; ya que tenia echadas muy bien a su plazer todas aquellas cosas, no quiso perdonar a la cama en que la vieja dormia, assi que reboluiola en su camilla y tomole la manta de encima para la echar por la ventana. La mala de la vieja, quando esto vido, hincose de rodillas ante él diziendo: O hijo mio, ruegote que me digas por qué estas cosas pobrezillas y rotas de vna vieja mezquina das a los vezinos ricos sobre cuyas casas cae esta ventana. Alcimo oyendo esto fue engañado, creyendo que la vieja dezia verdad y temiendo que las cosas que primero auia lançado y las que despues echasse, ya que estaua auisado, por uentura no las huuiesse echado a sus compañeros sino a otras casas agenas: assomóse a la ventana colgandose para ver muy bien todas las cosas, especialmente de la casa que estaua junta, donde dixo la vieja que auian caydo las cosas que auia echado. Quando la vieja lo vido el cuerpo medio salido de la ventana y que estaua atonito mirando a vna parte y a otra, aunque ella tenia poca fuerça subitamente lo rempuxó que dio con él de alli abaxo. El qual demas de caer de la ventana, que era bien alta, dio en vna piedra grande que alli estaua, donde se quebró e abrio todas las costillas, de manera que salieron dél rios de sangre. Y des que nos huuo contado todo lo que le auia acontescido, no pudiendo sufrir tanto tormento, hizo fin de su vida, al qual dimos sepultura en la mar como la otra, dando compañero a Lamatho.

CAPÍTULO III

En el qual vno de aquellos ladrones, prosiguiendo en sus cuentos, relata que passados de Boecia a la prouincia de Thebas, en vn lugar llamado Plates, robaron vn varon llamado Democares con vna graciosa industria, vestiendose el vno de los compañeros de vn cuero de una loba.

Entonces con la pérdida de estos dos compañeros nosotros tristes y con pena, parescionos que deuiamos dexar de más entender en las cosas de aquella prouincia de Tebas, y acordamos de nos venir a vna ciudad que estaua cerca de alli que ha nombre Plates; en la qual hallamos gran fama de vn hombre que moraua alli llamado Democares, el qual celebraua grandes fiestas al pueblo, porque él era principal de la ciudad, hombre muy rico y liberal: hazia estos plazeres y fiestas al pueblo por mostrar la magnificencia de sus riquezas. Quién podria agora explicar y tener ydoneas palabras para dezir tanta facundia de ingenio, tantas maneras de aparatos como tenia! Los vnos eran jugadores de esgrima afamados de sus manos, otros caçadores muy ligeros para correr, en otra parte auia hombres condennados a muerte que los engordaua para que los comiessen las bestias brauas. Auia assimismo torres hechas de madera a la manera de vnas casas mouedizas que se traen de vna parte a otra, las quales eran muy bien pintadas para se acojer a ellas quando corrian toros o otras bestias en el theatro. Demas desto quántas maneras de bestias auia alli y quán fieras y valientes! tanto era su estudio de hazer magnificamente aquellos juegos, que buscauan hombres de linage que fuessen condennados a muerte para que ellos peleassen con las bestias. Pero sobre todo el aparato que buscaua para estas fiestas principalmente y con quanta fuerça de dineros podia, procuraua tener numero de grandissimas ossas, las quales, demás de las que él hazia caçar y demás de las que a poder de dineros compraua y otras que sus amigos le presentauan, las tenia en casa bien guardadas y a ceuo para que engordassen y se hiziessen grandes. Mas este tan claro e magnifico aparejo de plazer y fiesta popular no pudo huyr los ojos mortales de la embidia. Porque la fatiga de estar mucho tiempo presas y con el gran calor del verano, y tambien por estar floxas y perezosas por no andar ni correr, dio tan gran pestilencia en ellas que quasi ninguna quedó: estauan por essas plaças muchas dellas muertas, con tanto estrago que parescia auer hecho naufragio de bestias. Aquellos pobres del pueblo a los quales la pobreza y nescessidad constriñe a buscar algo para henchir el vientre sin escojer manjares, andauan tomando de la carne de aquellos animales que por alli estauan para se hartar. Quando yo y este nuestro compañero Bardulo vimos aquello, inuentamos del mismo negocio vn muy sotil consejo; estaua alli vna ossa muerta mayor que todas las otras, la qual diziendo que la queriamos para comer lleuamos a nuestra estancia. E alli la dessollamos muy bien, guardando de no le tocar en las viñas, y dexandole la cabeça dende la ceruiz arriba tomamos el cuero muy bien raydo de la carnaza, y con ceniza poluoreado por encima pusimoslo a secar al Sol. En tanto que el cuero se secaua al Sol e se purgaua de aquella humedad, nosotros nos dimos de buen tiempo con la carne e hizimos todos juramento para el negocio presente desta manera: que vno de nosotros, el más valiente, no de cuerpo más de esfuerço, y de su propria voluntad se metiesse dentro de aquella piel y se hiziesse osso: el qual lleuariamos a casa de Democares para que de noche quando todos dormiessen nos abriese las puertas de casa. No pocos de nuestra esforçada compañia se offrescian a lo hazer, entre los quales Trasileon fue escojido por voto de todos y se puso al tablero del juego dubdoso: el qual se metio en el cuero y començo a lo tratar y ablandar para se exercitar en lo que auia de hazer. Entonces nosotros rehinchimos algunas partes del cuero con tascos y lana para ygualarlo todo, y la junta del cuero, aunque era bien sotil, cosimosla, y con los pelos de vna parte y de otra cubrimoslo muy bien. Hezimos a Trasileon que juntasse su cabeça con la de la ossa cerca del pescueço, y por las narizes y ojos de la ossa abrimos ciertos agujeros por do pudiesse mirar y resollar. Assi que nuestro valiente compañero hecho bestia lançamoslo en una jaula que compramos por poco prescio, en la qual él entró con gran esfuerço y muy presto. Desta manera començado nuestro negocio, lo que restaua para el engaño proseguimos en este modo: Supimos cómo este Democares tenia vn grande amigo en Tracia que se llamaua Nicanor, del qual fingimos cartas que le escriuia diziendo que por honrrar sus fiestas le embiaua aquel presente, que era la primera bestia que auia caçado. Assi que siendo ya prima noche, aprouechandonos del ayuda della, presentamos la jaula con Trasileon dentro a Democares y dimosle aquellas cartas falsas. El qual marauillandose de la grandeza de la bestia y muy alegre de la liberalidad de su amigo, mandó luego darnos diez ducados de oro por ser los que le auiamos traydo tanto plazer y gozo. Entonces, como suele acaescer que las cosas nueuas atraen los coraçones de los hombres a querer ver lo que subitamente acontesce, muchos venian a ver aquella bestia, marauillandose de su grandeza. Pero Trasileon con astucia y discreccion desmentialos la vista con su fiero impetu saltando a una parte y a otra. Todos a vna boz dezian que Democares era dichoso que despues de auersele muerto tantos animales y bestias como tenia auia resistir y contradicho a la fortuna, pues que de nueuo tal joya le era venida. Assi que Democares mandó llenar la jaula al pasto do las otras andauan. Entonces yo le dixe: Mira, señor, lo que hazes, porque esta bestia viene fatigada de la calor del Sol y del largo camino; paresceme que por agora no se deuia echar con las otras fieras, mayormente que segun he oydo dezir estan enfermas y amorbadas; antes la deurias mandar poner en algun lugar ancho y que corra grande ayre por de dentro en esta tu casa, y aun si pudiesse ser que estuuiesse cerca de alguna alberca o laguna de agua fresca. Cómo, señor, no sabes tú que

la natura destas bestias es buscar y andar siempre en montañas espessas y valles humedos, en collados frios y fuentes claras y deleytosas? Con estas palabras Democares, auiendo miedo que no se le muriesse aquella como las otras muchas que se le auian muerto, facilmente consintio a nuestras persuasiones y mandó que pusiessemos la jaula o caxa donde a nosotros paresciesse. Demas desto yo dixe que si él mandaua que estauamos prestos de velar alli algunas noches cerca de la jaula para dar de comer a la bestia quando menester fuesse, por que prestamente se le quitasse la fatiga del Sol y cansancio del camino. A esto respondio Democares: No es menester que os pongays en este trabajo, porque todos los de mi casa, por la luenga costumbre, estan bien exercitados para saber curar en estas bestias. Dicho esto tomamos licencia y fuemonos. Saliendo por la puerta de la ciudad vimos estar vn enterramiento apartado y escondido del camino: alli abrimos algunos de aquellos sepulcros medio abiertos donde morauan aquellos muertos hechos ceniza y comidos de carcoma para esconder alli lo que robassemos. Despues al principio de la noche, segun es costumbre de ladrones, el primer sueño, quando más grauemente carga los cuerpos humanos, con toda nuestra gente armada fuemos a poner ante las puertas de Democares para lo robar como quando vamos citados a juyzio. No menos fue perezoso Trasileon, que como vido la oportunidad de la noche saltó fuera de la jaula y luego degolló con su espada a los que lo guardauan e dormian cerca dél, y tambien al portero. Despues abrionos las puertas, y como nosotros prestamente nos lançamos en casa, mostronos él vido meter y encerrar mucha plata: al qual quebradas las puertas por fuerça mandó a cada vno de los compañeros que éntrassen y cargassen quanto pudiessen lleuar de aquel oro y plata y prestamente lo lleuassen a esconder en las casas de aquellos fieles muertos. E que luego corriendo tornassen por más, y que para lo demas yo quedaria alli al vmbral de las puertas a resistir si alguno viniesse y para espiar solicitamente hasta que tornassen. Demas desto la ossa andaua por casa aparejada para matar a los que despertassen, porque en la verdad quién podria ser tan fuerte y esforçado que viendo vna forma de bestia tan fiera, y mayormente de noche, que vista no se pusiesse en huyr y aceleradamente, o que no echasse el aldaua a la puerta de su camara y se encerrasse de miedo? Estas cosas assi prosperamente dispuestas, succedio en ellas fin desdichado, porque en tanto que yo estaua esperando a mis compañeros que tornassen, vn esclauillo de casa, que paresce Dios le despertó, y como vido la ossa que libremente discurria por toda la casa, vase muy passico y callando de camara en camara, llamando a vnos y a otros diziendoles lo que auia visto. No tardó mucho quando salen todos de vna parte y de otra que hinchen toda la casa, vnos con candiles, otros con teas, otros con mechones de seuo y otros instrumentos de lumbre para de noche, que alumbrauan toda la casa, y nadie de los que salieron venia sin armas: vnos con lanças y dardos, otros las espadas sacadas se ponian a guardar las puertas y postigos de casa. Demas desto llamauan los perros de monte grandes y brauos como leones, enhortandolos para tomar la ossa. Quando yo esto vi y que crescia el ruydo y tumulto, aparteme de casa retrayendome vn poco y puseme tras de la puerta, de donde via a Trasileon pelear y resistyr marauillosamente a los perros: el qual comoquier que estaua en el vltimo término de su vida, no se le oluidaua su esfuerço y virtud ni la fe de nuestra compañia, antes con quanto impetu podia resistia a la muerte y a la boca del canceruero infernal; assi que reteniendo con la vida la figura de la ossa que auia tomado, agora huyendo, agora resistiendo con actos varios y mouimientos de su cuerpo, finalmente él se escapó huyendo por la puerta fuera, y aunque ya estaua en la calle pública, donde ay libertad para poder escapar huyendo, no lo pudo hazer porque otros muchos perros de essas callejas cercanas assaz brauos y fieros se mezclaron con aquellos monteros de casa que seguian a la ossa, y hechos vna compañia, yo veo vna negra, amarga y miserable vista. Nuestro Trasileon estaua ceñido y cercado destos perros de vna parte y de otra que le mordian y despedaçauan muy cruelmente. Entonces yo, no podiendo sofrir tanto dolor, lançeme en medio de la gente, y en lo que podia ayudaua secretamente a nuestro buen compañero, persuadiendo a los principales desta caça en esta manera: O qué gran mal! o qué estremo daño y pérdida! por qué queremos perder agora vna tan presciada y hermosa bestia? Pero todas estas cautelas no aprouecharon al desdichado mancebo, por que diziendo esto salio de casa vn hombre alto de cuerpo y valiente, el qual arrojó una lança a la ossa que se la metio por medio de las entrañas, y tras dél otro hizo lo mismo, y otros muchos, ya perdido el miedo, con sus espadas de vna parte y de otra arremetieron a la ossa dandole hasta que la mataron. En todo esto Trasileon, gloria y honrra de nuestra capitania, dio el ánima digna de inmortalidad, con tanta paciencia y esfuerço, que ni en bozes ni en gemidos descubrio la fe del juramento que auia hecho; mas ya despedaçado de las bocas de los perros y atrauessado de las lanças y espadas, suffriendose de no dar bozes,

con vn manso bramido como de alguna bestia muy fiera, tomando la muerte con ánimo muy generoso, reseruó para sí gloria y dio su vida a los hados. Tanto miedo y espanto tenian todos de aquella ossa, que hasta otro dia bien tarde ninguno fue ossado de tocarle solamente con el dedo, aunque estaua muerta tendida, hasta que vno destos que andauan a dessollar bestias, con miedo y poco a poco se llegó y assi vn poco esforçado a abrir la barriga de la ossa, de donde sacó aquel magnifico ladron. En esta manera fue muerto Transileon, como quiera que no prescio su gloria. Entonces nosotros cogimos nuestros lios que tenian guardados aquellos fieles muertos y quan presto podimos salimos de los terminos de aquella ciudad de Platea. Una cosa veniamos siempre platicando entre nosotros: que ninguna fe se puede hallar entre los biuos, porque enojada y malquista de nuestra maldad se es yda a biuir y está con los muertos. Finalmente, que de esta manera fatigados con la carga y camino aspero con tres de nuestros compañeros, venimos cargados desta pressa que veys. Acabada la habla toman sus taças doradas llenas de vino puro y sacrifican gustando vn poco en memoria de los tres compañeros muertos, y despues y de auer cantado ciertas canciones a su dios Marte, reposaron vn rato.

CAPITULO IV

Cómo saliendo los ladrones a robar voluieron subitamente trayendo vna donzella robada a sus padres: la qual llora con mucha ansia el ausencia de vn su esposo con quien estauan muy sumtuosamente aparejadas las bodas.

Aquella buena vieja proueyó muy bien a nosotros de ceuada abundantemente y sin ninguna medida: tanto que mi rocin, como vido tanta abundancia y hartura para sí solo, creya que hazia carnestollendas. Y comoquier que otras vezes huuiesse comido ceuada taraçandola con pena, por ser para mí manjar dañoso y desabrido, pero entonces miré a vn rincon donde auian puesto los pedaços del pan que auian sobrado de aquellos ladrones y comence a exercitar mis quixadas, que tenian telarañas de luenga hambre; venida la noche, que ya todos dormian, los ladrones despertaron con gran impetu y començaron a mudar su real armados con sus espadas y lanças que parescian diablos, y botaron por la puerta fuera muy apriessa. Pero ni todo esto ni aun el sueño que bien me era menester pudo impedir el tragar y comer que yo hazia; y comoquier que quando era Lucio con vno o dos panes me hartaua y leuantaua de la mesa, mas entonces, contentando a vn vientre de asno tan ancho y profundo, ya entraua rumiando por el tercero canastillo de pan, quando estando atonito en esta obra me tomó el dia claro: entonces yo como asno empachado de verguença sali de casa, aunque con pena, y hartéme de agua en vn arroyuelo que alli estaua. No tardó quasi nada quando tornaron los ladrones muy solicitos y con gran barahunda, comoquier que no trayan cosa alguna, ni solamente la vil vestidura; pero con sus espadas en las manos y con toda su hueste trayan cercada vna donzella muy linda, la qual segun su gesto y hábito mostraua deuia ser alguna hijadalgo de aquella tierra: cierto ella era tal, que yo aunque era asno la desseaua; la mezquinilla venia llorando y tambien messando sus cabellos rasgando las tocas; despues que la metieron en su cueua començaronla a amansar su pena diziendola desta manera: Tú, pues estás segura de la vida y honrra, da vn poco de paciencia por nuestra ganancia, que la nescessidad y pobreza nos haze seguir este trato; tu padre y madre, aunque sean auaros, pero de tanta abundancia de riquezas como tienen, sin dilacion aparejarán a redimir su hija. Con estas burlas y otras parlas que le dezian no se le quitaua su dolor, antes metida la cabeça entre las piernas lloraua sin remedio. Los ladrones llamaron allá dentro la vieja y mandaronle que se sentasse cerca della y la consolasse con las más dulces y blandas palabras que pudiesse; en tanto ellos se partieron a hazer su officio. Con todo lo que la vieja le pudo predicar y dezir nunca pudo acabar con la donzella que dexasse de llorar como lo auia començado. Antes más reziamente daua gritos, solloços y grandes sospiros que la arrancauan las entrañas y a mí me hazian llorar. Dezia desta manera: Ay mezquina de mí! cómo podré yo biuir y dexar de llorar viendome priuada de mi casa y de mi familia, de mis amados criados? desconsolada de tan honrrados padre y madre como tengo? verme agora que soy captiua y sin ventura hecha esclaua? encerrada en esta carcel de piedra para seruir y ser apartada de tantas riquezas y deleytes en que fuy criada? verme assimismo en esta carniceria sin esperança de mi vida, entre tantos y tales ladrones, compañia de mala y abominable gente? Llorando desta manera, con el dolor del coraçon y pena de las quixadas y cansancio del cuerpo fatigada, cerraronse los ojos y començo a dormir. Ya que auia dormido vn poco, aunque no mucho, desperto con vn sobresalto como muger sin seso y començo de nueuo a afligirse, llorando y dandose de puñadas en los pechos y bofetadas en aquel hermoso rostro. La vieja preguntauale con mucha instancia la causa por qué de nueuo tornaua a llorar. La donzella sospirando con gran pena dixo: Ay, ay triste de mí! agora soy cierta y

muy certificada que soy muerta; agora he perdido toda la esperança de mi salud: cierto o me tengo de ahorcar o matar con vn puñal o despeñarme de alguna altura. Entonces la vieja con alguna yra, mostrando la cara enojada, mandóle que le dixesse que por qué en mal hora lloraua; qué quería dezir que despues de auer reposado tornasse con mayor impetu a refrescar los llantos y lloros ya passados, diziendo: No te marauilles, pues que quieres defraudar a mis hijos con la ganancia de tu rescate, que si porfias en ello yo haré que, no curando de tus lagrimas, las quales ellos suelen tener en poco, que biua seas quemada. Espantada con estas palabras, la donzella, besando la mano a la vieja, dixo: Perdoname, señora madre, y por tu humanidad socorre y duelete de mi desdicha grande: que no puedo yo creer que en tan honrrada vejez y largos años se aya perdido del todo la compasion y misericordia; espera agora y oyras la causa de mi triste pena. Pocos dias ha que yo fuy desposada con vn mancebo muy hermoso, rico y principal entre los suyos, al qual todos los de la ciudad desseauan por hijo: era primo mio y tres años mayor que yo: auiamonos criado ambos juntamente dende niños en vna casa y en vna mesa y en vna cama; el qual me tenia tanto amor, e yo a él, como si fueramos hermanos: assi que estando para nos velar, de todo consentimiento de nuestros padres, auiendome llamado mi marido en la carta de arras y dote que me auia hecho e yendo acompañado de mis hermanos y parientes sacrificando sacrificios en los templos y casas publicas; estando la casa adornada de laureles y relumbrando con hachas ardiendo y cantando cantares de bodas: teniendo la desuenturada de mi madre en su falda atauiandome para semejante fiesta, besandome suauemente y rogando a dios que me diese hijos, he aqui do entra subitamente vna batalla de rufianes con gran impetu, las espadas desnudas y relumbrando, los quales no curaron de robar cosa alguna ni matar a nadie, sino todos juntos hechos vna cuña se lançaron en la camara donde estauamos, y sin que ninguno de los familiares de casa los resistiesse ni osasse tantico contradezilles arrebataron a mi mezquina, que del miedo y pauor que huue estaua amortescida en las haldas de mi madre. En esta manera se estoruaron mis bodas como las de Acracia y Protesilao [1]; pero agora, señora madre, otra cosa muy más cruel se me ha refrescado, que cresce más mi desuentura y desdicha: es que soñaua que por fuerça y contra mi voluntad me sacauan de mi casa de dentro de mi camara y de mi cama, y que yua por vnos desiertos y soledades fuera de ca-

[1] Atracie y Pirithoo en la edición de Amberes.

mino llamando al desdichado de mi esposo. El qual como estaua atauiado y vestido con ropas de bodas yua tras de mí que me auian apartado de sus braços, e yo yua huyendo en pies agenos: y como él yua dando bozes quexandose que le hauian robado a su hermosa muger, pedia socorro a todos. En esto vno de los ladrones que me lleuauan, enojado de sus bozes e importuno seguimiento, arrebató vna piedra delante de los pies e hirio al mezquino mancebo de mi esposo, de que luego murio, y con este sueño tan horrible y mortal espantada desperte medrosa y despauorida. Entonces la vieja, sospirando a sus lloros y penas, dixo: Hija, esfuerçate y ten buen coraçon, y por dios no te espantes con vanas fictiones de sueños: porque demas de tener por cierto que los sueños de dia son falsos, aun las visiones o sueños de la noche traen los fines y salidas contrarios: porque llorar o ser herido o muerto traen el fin próspero y de mucha ganancia, y por el contrario, reyr o comer cosas dulces y sabrosas, o hallarse en plazeres con quien bien quiere significa gran tristeza del coraçon o enfermedad del cuerpo o otros daños y fatigas. Pero yo te quiero consolar y dezirte vna nouela muy linda con que oluides esta pena e trabajo: la qual luego començo en esta manera.

CAPITULO V

En el qual la vieja madre de los ladrones, conmouida de piedad de las lagrimas de la donzella que estaua en la cueua presa, le contó vna fabula por la occupar que no llorase.

Erase en vna cibdad vn rey y vna reyna, y tenian tres hijas muy hermosas: de las quales dos de las mayores, como quier que eran hermosas y bien dispuestas, podian ser alabadas por loores de hombres; pero la más pequeña era tanta su hermosura, que no bastan palabras humanas para poder exprimir ni sufficientemente alabar su velleza. Muchos de otros reynos y ciudades, a los quales la fama de su hermosura ayuntaua, espantados con admiracion de su grande hermosura donde otra donzella no podia llegar, poniendo sus manos a la boca y los dedos estendidos, assi como a la diosa Venus con sus religiosas adornaciones la honrrauan y adoraauan. Y ya la fama corria por todas las ciudades y regiones cercanas que ésta era la diosa Venus, la qual nascio en el profundo pielago de la mar y el rocio de sus ondas la crió. Y decian assi mismo que otra diosa Venus, por influycion de las estrellas del cielo, ania nascido otra vez, no en la mar, pero en la tierra, conuersando con todas las gentes, adornada de flor de virginidad. Des-

ta manera su opinion procedia de cada dia que ya la fama désta era derramada por todas las yslas de al derredor, en muchas prouincias de la tierra: muchos de los mortales venian de luengos caminos, assi por la mar como por tierra, a ver la diosa Venus que estaua en la ciudad Papho, ni tampoco a la ysla de Gnido, ni al monte Citheron, donde le solian sacrificar: sus templos eran ya destruydos, sus sacrificios oluidados, sus cerimonias menospreciadas; sus statuas stauan sin honrra ninguna, sus aras y sus altares suzios y cubiertos de ceniza fria. A esta doncella suplicauan todos y debaxo de vulto humano adorauan la magestad de tan gran diosa, y quando de mañana se leuantaua, todos le sacrificauan con sacrificios y manjares como le sacrificauan a la diosa Venus. Pues quando yua por la calle o passaua alguna plaça, todo el pueblo con flores y guirnaldas de rosas le suplicauan y honrrauan. Esta grande traslacion de honras celestiales a vna moça mortal encendio muy reziamente de yra a la verdadera diosa Venus, y con mucho enojo, mesciendo la cabeça y riñendo entre sí, dixo desta manera: Veys aqui yo, que soy la primera madre de la natura de todas las cosas; yo que soy principio y nacimiento de todos los elementos; yo que soy Venus criadora de todas las cosas que hay en el mundo, soy tratada en tal manera que en la honra de mi magestad aya de tener parte y ser mi aparcera vna moça mortal, y que mi nombre formado y puesto en el cielo se aya de profanar con suziedades terrenales? Tengo yo de suffrir que tengan en cada parte dubda si tengo yo de ser adorada o esta donzella y que aya de tener comunidad comigo, y que vna moça que ha de morir tenga mi gesto que piensen que soy yo? Segun esto por demas me juzgó aquel pastor que por mi gran hermosura me prefirio a tales diosas: cuyo juyzio y justicia aprouo aquel gran Jupiter; pero esta quien quiera que es que ha robado y vsurpado mi honrra no aurá plazer dello: yo le haré que se arrepienta desto y de su ilicita hermosura. E luego llamó a Cupido, aquel su hijo con alas que es assaz temerario y osado: el qual con sus malas costumbres, menospreciada la auctoridad pública, armado con saetas y llamas de amor, discurriendo de noche por las casas agenas corrompe los casamientos de todos y sin pena ninguna comete tantas maldades que cosa buena no haze. A éste, como quier que de su propia natura él sea desuergonçado, pediguéño y destruydor, pero de más de esto ella le encendio más con sus palabras y lleuólo a aquella ciudad donde estaua esta donzella que se llama Psiche y mostrosela, diziendole con mucho enojo, gemiendo y quasi llorando, toda aquella hystoria de la semejança embidiosa de su hermosura, diziendole en esta manera: O hijo, yo te ruego por el amor que tienes a tu madre, y por las dulces llagas de tus saetas, y por los sabrosos juegos de tus amores, que tú des cumplida vengança a tu madre: véngala contra la hermosura reuelde y contumaz desta muger, y sobre todas las otras cosas has de hacer vna, la qual es que esta donzella sea enamorada de muy ardiente amor de hombre de poco y baxo estado, al qual la fortuna no dio dignidad de estado, ni patrimonio ni salud. Y sea tan baxo que en todo el mundo no halle otro semejante a su miseria. Despues que Venus huuo hablando esto besó y abraçó a su hijo y fuesse a la ribera de vn rio que estaua cerca, donde con sus pies hermosos holló el rocio de las ondas de aquel rio, y dende se fue a la mar, adonde todas las ninphas de la mar le vinieron a seruir y hacer lo que ella queria como si otro dia antes se lo huuiese mandado. Alli vinieron las hijas de Nereio cantando, y el dios Portuno con su aspera barba del agua de la mar y con su muger Salacia, y Palemon, que es guiador del Delfin. Pues las compañas de los Tritones saltando por la mar: vnos tocan trompetas y otros trayan vn palio de seda por que el sol su enemigo no le tocasse; otro pone el espejo delante de los ojos de la señora, desta manera nadando con sus carros por la mar: todo este exército acompañó a Venus hasta el mar occeano. Entre tanto la donzella Psiches, con su hermosura sola para si, ningun fructo rescebia della. Todos la mirauan y todos la alabauan, pero ninguno, que fuesse rey ni de sangre real ni aun siquiera del pueblo la llegó a pedir diziendo que se queria casar con ella. Marauillauanse de ver su diuina hermosura, pero marauillauanse como quien vee vna estatua polidamente fabricada. Las hermanas mayores, porque eran templadamente hermosas, no eran tanto diuulgadas por los pueblos y auian sido desposadas con dos reyes que las pidieron en casamiento, con los quales ya estauan casadas y con buena ventura apartadas en su casa; mas esta donzella Psiches estaua en casa del padre llorando su soledad, y siendo virgen era biuda; por la qual causa estaua enferma en el cuerpo y llagada en el coraçon: aborrescia en si su hermosura como quier que a todas las gentes paresciesse bien. El mezquino padre desta desuenturada hija, sospechando que alguna yra y odio de los dioses celestiales huuiesse contra ella, acordó de consultar el oraculo antiguo del dios Apolo que estaua en la ciudad de Milesia, y con sus sacrificios y ofrendas suplicó a aquel dios que diesse casa y marido a la triste de su

hija. Apolo, como quier que era greco y de nascyon hyonia, por razon del que auia fundado aquella ciudad de Milesia, pero respondio en latin estas palabras: Pornas esta moça adornada de todo aparato de llanto y luto como para enterrarla en vna piedra de vna alta montaña y dexala alli. No esperes yerno que sea nascido de linage mortal, mas esperalo fiero y cruel y venenoso como serpiente: el qual volando con sus alas fatiga todas las cosas sobre los cielos, y con sus saetas y llamas doma y enflaquesce todas las cosas; al qual el mismo dios Jupiter teme y todos los otros dioses se espantan: los rios y lagos del infierno le temen. El rey, que siempre fue próspero y fauorescido, como oyó este vaticinio y respuesta de su pregunta, triste y de la mala gana tornóse para atras a su casa. El qual dixo y manifestó a su muger el mandamiento que el dios Apolo auia dado a su desdichada suerte: por lo qual lloraron y plantearon algunos dias. En esto ya se llegaua el tiempo que auia de poner en effecto lo que Apolo mandaua: de manera que començaron a aparejar todo lo que la donzella auia menester para sus mortales bodas; acendieron la lumbre de las hachas negras con hollin y ceniza, e los instrumentos musicos de las bodas se mudaron en lloro, y amargura, los cantares alegres en luto y lloro, e la donzella que se auia de casar se limpia las lagrimas con el velo de alegria. De manera que el triste hado de esta casa hazia llorar a toda la ciudad: la qual, como se suele hazer en lloro público, mandó alçar todos los officios y que no huuiesse juyzio ni juzgada. El padre, por la nescessidad que tenia de cumplir lo que Apolo auia mandado, procuraua de lleuar la mezquina de Psiches a la pena que le estaua profetizada: assi que acabada lo solemnidad de aquel triste y amargo casamiento, con grandes lloros vino todo el pueblo a acompañar a esta desdichada, que parescia que la lleuauan biua a enterrar y que estas no eran sus bodas mas sus obsequias. Los tristes del padre y de la madre, conmouidos de tanto mal, procurauan quanto podian de alargar el negocio. Y la hija començoles a dezir y a amonestar desta manera: Por qué, señores, atormentays vuestra vejez con tan continuo llorar? Por qué fatigays vuestro espiritu, que más es mio que vuestro, con tantos aullidos? Por qué arrancays vuestras honrradas canas? Por qué ensuziays esas caras que yo tengo de honrrar con lagrimas que poco aprouechan? Por qué rompeys en vuestros ojos los mios? Por qué apuñeays a vuestros sanctos pechos? este será el premio y galardon claro y egregio de mi hermosura. Vosotros estays heridos mortalmente de la enbidia y sentis tarde el daño. Quando las gentes y los pueblos nos honrrauan y celebrauan con diuinos honores; quando todos a vna boz me llamauan la nueua diosa Venus, entonces os auia de doler y llorar, entonces me auiades ya de tener por muerta: agora veo y siento que solo este nombre de Venus ha sido causa de mi muerte; lleuadme ya y dexadme ya en aquel risco donde Apolo mandó: ya yo querria auer acabado estas bodas tan dichosas, ya desseo ver aquel mi generoso marido. Por qué tengo yo de tener (¹) aquel que es nascido para destruycion de todo el mundo? Acabado de hablar esto la donzella calló; e como ya venia todo el pueblo para le acompañar, lançose en medio dellos e fueron su camino a aquel lugar donde estaua vn risco muy alto encima de aquel monte, encima del qual pusieron la donzella e alli la dexaron, dexando assimesmo con ella las hachas de las bodas que delante della lleuauan ardiendo apagadas con sus lagrimas, y abaxadas las cabeças tornaronse a sus casas. Los mezquinos de sus padres, fatigados de tanta pena, encerraronse en su casa y cerradas las ventanas se pusieron en tinieblas perpetuas. Estando Psiches muy temerosa llorando encima de aquella peña, vino un manso viento de cierço y como quien estiende las aldas la tomó en su regaço: assi poco a poco muy mansamente la lleuó por aquel valle abaxo y la puso en vn prado muy verde y hermoso de flores e yeruas, donde la dexó que parescia que no le auia tocado.

ARGUMENTO DEL QUINTO LIBRO

En este quinto libro se contienen los palacios de Psiches y los amores que con ella tuuo el dios Cupido, y de cómo le vinieron a visitar sus hermanas; y de la embidia que huuieron della, por cuya causa, creyendo Psiches lo que le dezian, hirió a su marido Cupido de vna llaga, por la qual cayó de vna cumbre de su felicidad y fue puesta en tribulacion. A la qual Venus como a enemiga persigue muy cruelmente; e finalmente despues de auer passado muchas penas fue casada con su marido Cupido, y las bodas celebradas en el cielo.

CAPITULO PRIMERO

Cómo la vieja, prosiguiendo en su cuento por consolar a la donzella, le cuenta cómo Psiches fue lleuada a vnos palacios muy prosperos, los quales descriue con mucha eloquencia, donde por muchas noches holgó con su nueuo marido Cupido.

Psiches estando acostada suauemente en aquel hermoso prado de flores y rosas aliuiose de la pena que en su coraçon tenia e començó

(¹) *Tener* está en la acepción de *detener*, y así se lee en la edición de Amberes.

dulcemente a dormir. Despues que [suficientemente huuo descansado leuantose alegre y vido alli cerca vna floresta de muy grandes y hermosos arboles, e vido assi mismo vna fuente muy clara y apazible; en medio de aquella floresta cerca de la fuente estaua vna casa real, la qual parescia no ser edificada por manos de hombres, sino por manos diuinas: a la entrada de la casa estaua vn palacio tan rico y hermoso que parescia ser morada de algun dios, porque el çaquiçami y cobertura era de madera de cedro y de marfil marauillosamente labrado, las colunas eran de oro y todas las paredes cubiertas de plata. En la qual estauan esculpidos bestiones y animales que parescia que arremetian a los que alli entrauan. Marauilloso cierto hombre fue el que tanta arte sabia, y pienso que fuesse medio dios, y aun creo que fuesse dios el que con tanta sotilidad y arte hizo de la plata estas bestias fieras. Pues el pauimento del palacio todo era de piedras preciosas de diuersos colores, labradas muy menudamente como obra musayca: de donde se puede dezir vna vez y muchas que bienauenturados son aquellos que huellan sobre oro y piedras presciosas; ya las otras·pieças de la casa muy grandes y anchas y preciosas sin precio. Todas las paredes estauan enforradas en oro tanto resplandesciente, que ella hazia dia y luz assi misma aunque el sol no quisiesse. Y desta manera resplandescian las camaras y los portales y corredores y las puertas de toda la casa. No menos respondia a la magestad de la casa todas las otras cosas que en ella auia, por donde se podia muy bien juzgar que Jupiter huuiesse fundado este palacio para la conuersacion humana. Psiches, combidada con la hermosura de tal lugar, llegose acerca y con vna poca de más osadia entró por el vmbral de casa, y como le agradaua la hermosura de aquel edificio entró más adelante marauillandose de lo que via. Y dentro en la casa vido muchos palacios y salas perfetamente labrados llenos de grandes riquezas que ninguna cosa auia en el mundo que alli no estaua. Pero sobre todo lo que más se podria hombre alli marauillar, demas de las riquezas que auia, era la principal y marauillosa que ninguna cerradura ni guarda auia alli donde estaua el tesoro de todo el mundo. Andando ella con gran plazer viendo estas cosas oyó vna boz sin cuerpo que dezia: Por qué, señora, tú te espantas de tantas riquezas? tuyo es todo esto que aqui vees; por ende entrate en la camara y ponte a descansar en la cama, y cuando quissieres demanda agua para te bañar, que nosotras cuyas bozes oys somos tus seruidoras y te seruiremos en todo lo que mandares, y no tardará el manjar que te está aparejado para esforçar tu cuerpo. Quando esto oyó Psiches, sintio que aquello era prouision diuina; descansando de su fatiga dormio vn poco, y despues que despertó leuantose y lauose; y viendo que la mesa estaua puesta y aparejada para ella fuesse a sentar, y luego vino mucha copia de diuersos manjares, y assi mismo vn vino que se llama néctar, de que los dioses usan: lo qual todo no parescia quien lo traya, y solamente parescia que venia en el ayre; ni tampoco la señora podia ver a nadie, mas solamente oya las bozes que hablauan, y a estas solas bozes tenia por seruidoras. Despues que huuo comido entró vn musico y començo a cantar, y otro a tañer con vna vihuela sin ser vistos; tras desto començo a sonar vn canto de muchas bozes. E comoquier que ningun hombre paresciesse, bien se manifestaua que era coro de muchos cantores. Acabado este plazer, ya que era noche, Psiches se fue a dormir, y despues de auer passado vn rato de la noche começo a dormir: y luego desperto con gran miedo y espanto temiendo en tanta soledad no le contesciesse ningun daño a su virginidad, de lo qual ella tanto mayor mal tenia quanto más estaua ygnorante de lo que alli auia sin ver ni conoscer a nadie. Estando en este medio vino el marido no conoscido y subiendo en la cama hizo su muger a Psiches, y antes que fuesse el dia partiose de alli; y luego aquellas bozes vinieron a la camara y començaron a curar de la nouia, que ya era dueña. Desta manera passó algun tiempo sin ver a su marido ni auer otro conoscimiento. Y como es cosa natural, la nouedad y estrañeza que antes tenia por la mucha continuacion, ya se auia tornado en plazer, y el sonido de la boz incierta ya le era solaz y deleyte de aquella soledad. Entre tanto su padre y madre se enuejescian en llanto y luto continuo. La fama deste negocio cómo auia passado auia llegado donde estauan las hermanas mayores casadas: las quales con mucha tristeza cargadas de luto dexaron sus casas y vinieron a ver a sus padres para les hablar y consolar. Aquella misma noche el marido habló a su muger Psiches: porque como quier que no lo via, bien lo sentia con los oydos e palpaua con las manos, e dixole desta manera: O señora dulcissima y muy amada muger, la cruel fortuna te amenaza con vn peligro della, del qual yo querria que te guardasses con mucha cautela. Tus hermanas, turbadas pensando que tú eres muerta, han de seguir tus pisadas y venir hasta aquel risco de donde tú aqui veniste, y si tú por ventura oyeres sus bozes y llantos no les respondas ni mires allá en manera ninguna: porque si lo hazes a mí me darás mucho dolor, pero para ti causarás vn grandissimo mal que te será quasi la muerte. Ella prometio de hazer todo lo que el marido le mandasse y que no haria otra cosa;

pero como la noche fue passada y el marido della partido, todo aquel dia la mezquina consumio en llantos y en lagrimas, diziendo muchas vezes que agora conoscia que ella era muerta y perdida por estar encerrada y guardada en vna carcel honesta apartada de toda habla y conuersacion humana, y que aun no podia ayudar y responder siquiera a sus hermanas que por su causa llorauan, ni solamente las podia ver. Desta manera aquel dia ni quiso lauarse ni comer ni recrear con cosa alguna si no llorando con muchas lagrimas se fue a dormir. No passó mucho tiempo que el marido vino más temprano que otras noches, y acostandose en la cama, ella aunque estaua llorando y abraçandola començo a reprehenderla desta manera: O mi señora Psiches, esto es lo que tú me prometiste? qué puedo yo siendo tu marido esperar de ti quando el dia y toda la noche y aun agora que estás conmigo no dexas de llorar? anda ya, haze lo que quisieres y obedesce a tu voluntad que te demanda daño para ti, por quando tarde te arrepintieres te recordarás de lo que te he amonestado. Entonces ella con muchos ruegos, diziendo que si no le otorgaua lo que queria que ella se moriria, le sacó por fuerça e contra su voluntad que fiziesse lo que desseaua: que vea a sus hermanas y las consuele y hable con ellas, y aun que todo lo que quissiere dalles, assi oro como joyas e collares, que gelo dé. Pero muchas vezes le amonestó y espantó que no consienta en el mal consejo de sus hermanas, ni cure de buscar ni saber el gesto e figura de su marido, por que con esta sacrilega curiosidad no caya de tanta riqueza e bienauenturança como tiene: que haziendolo de otra manera jamás le veria ni tocaria. Ella dio muchas gracias al marido, y estando ya más alegre dixo: Por cierto, señor, tú sabras que ante morire que no ouiesse de estar sin tu dulcissimo casamiento: porque yo, señor, te amo y muy fuertemente, e a quien quiera que eres te quiero como a mi ánima y no pienso que te puedo comparar al dios Cupido; pero demas desto, señor, te ruego que mandes a tu seruidor el viento cierço que trayga a mis hermanas aqui assi como a mí me traxo. E diziendo esto dauale muchos besos y halagandolo con muchas palabras y abraçandolo con halagos e casi diziendo: Ay dulce marido! dulce anima de tu Psiches! e otras palabras por donde el marido fue vencido y prometio de hazer todo lo que ella quisiesse. Viniendo ya el alua él desaparescio de sus manos. Las hermanas preguntaron por aquel risco o lugar donde auian dexado a Psiches, y luego fueronse para allá con mucha pessar, de donde començaron a llorar e dar grandes bozes e aullidos, hiriendose en los pechos: tanto que a las bozes que dauan los montes y

riscos sonauan lo que ellas dezian, llamando
por su propio nombre a la mezquina de su her-
mana; hasta tanto que Psiches, oyendo las bo-
zes que sonauan por aquel valle abaxo, salio de
casa temblando como sin seso y dixo: Por qué
sin causa os afligis con tantas mezquindades y
llantos? por qué llorays, que biua soy? dexad
essos gritos y bozes; no cureys más de llorar,
pues que podeys abraçar y hablar a quien llo-
rays. Entonces llamó al viento cierço y mando-
le que hiziesse lo que su marido le auia man-
dado. El sin más tardar, obedesciendo su man-
damiento, traxo luego a sus hermanas muy
mansamente sin fatiga ni peligro; y como lle-
garon començaronse a abraçar y besar vnas a
otras, las quales con el gran plazer y gozo que
huuieron tornaron de nueuo a llorar. Psiches
les dixo que entrasen en su casa alegremente y
descansassen con ella de su pena.

CAPITULO II

Cómo prosiguiendo la vieja el cuento contó
cómo las dos hermanas de Psiches la vinie-
ron a ver y ella les dio de sus joyas y rique-
zas y las embió a sus tierras, y cómo por el
camino fueron embidiando della con volun-
tad de la matar.

Despues que assi les huuo hablado, mostro-
les la casa y las grandes riquezas della y la
mucha familia de las que le seruian oyendolas
solamente; y dende las mandó lauar en vn·
baño muy rico y hermoso y sentar a la mesa,
donde auia muchos manjares abundantemente,
en tal manera que la hartura y abundancia de
tantas riquezas, más celestiales que humanas,
criaron embidia en sus coraçones contra ella.
Finalmente, que la vna dellas começo a pre-
guntarle curiosamente y a importunarle que le
dixesse quién era el señor de aquellas riquezas
celestiales, y quién era o qué tal era su mari-
do. Pero con todas estas cosas nunca Psiches
quebrantó el mandamiento de su marido ni
sacó de su pecho el secreto de lo que sabia: y
hablando en el negocio fingio que era un man-
cebo hermoso y de buena dispusicion, que en-
tonces le apuntauan las barbas, el qual andaua
allá occupado en hazienda del campo y caça de
monteria; y porque en algunas palabras de las
que hablaua no se descubriesse el secreto, car-
golas de oro, joyas y piedras preciosas, y lla-
mado el viento mandole que las tornasse a lle-
uar de donde las auia traydo: lo qual hecho, las
buenas de las hermanas tornandose a casa
yuan ardiendo con la hiel de la embidia que
les crescia, y vna a otra hablaua sobre ello mu-
chas cosas, entre las quales vna dixo esto: Mi-
rad agora qué cosa es la fortuna ciega, malua-

da y cruel: parescete a ti bien que seamos to-
das tres hijas de vn padre e madre y que ten-
gamos diuersos estados? nosotras que somos
mayores seamos esclauas de maridos adueñedi-
zos y que biuamos como desterradas fuera de
nuestra tierra y apartadas muy lexos de la casa
y reyno de nuestros padres, y esta nuestra her-
mana, vltima de todas, que nascio despues que
nuestra madre estaua harta de parir, aya de
posser tantas riquezas y tener un dios por ma-
rido? E aun cierto ella no sabe bien vsar de
tanta muchedumbre de riquezas como tiene: no
viste tú, hermana, quántas cosas estan en
aquella casa? quántos collares de oro? quántas
vestiduras resplandescen? quántas piedras pre-
ciosas relumbran? Y demás desto, quánto oro
se huella en casa? Por cierto si ella tiene el
marido hermoso como dixo, ninguna más bien-
auenturada muger biue oy en todo el mundo;
y por ventura podra ser que, procediendo la
continuacion y esforçandose más la afficion,
siendo él dios, tambien hará a ella diosa. E
por cierto assi es, que ya ella presumia y se
tractaua con mucha altinez, que ya piensa que
es diosa, pues que tiene las bozes por seruido-
ras y manda a los vientos. Yo, mezquina, lo
primero que puedo dezir es que fue casada con
un marido más viejo que mi padre y demas
desto mas caluo que vna calabaça y más
flaco que vn niño. Guardando de contino la
casa cerrada con berrojos y cadenas. Desque
ouo dicho esto començo la otra y dixo: Pues
yo suffro otro marido gotoso, que tiene los de-
dos tuertos de la gota y es corcobado, por lo
qual nunca tengo placer con él, fregandole
contino sus dedos endurescidos como piedra
con medicinas hediondas y paños suzios y ca-
taplasmas, que ya tengo quemadas estas mis
manos que solian ser delicadas, que cierto yo
no represento officio de muger, mas antes uso
de persona de físico y aun bien fatigado. Pero
tú, hermana, paresceme que suffres esto con
ánimo paciente; e aun mejor podria dezir que
es de sierua, porque te lo quiero
dezir lo que siento. Mas yo en ninguna mane-
ra puedo ya suffrir que tanta bienauenturança
aya caydo en persona tan indigna: no te re-
cuerdas quán soberuiamente y con quánta erro-
gancia se huuo con nosotras, que las cosas que
nos mostró con aquella alabança, como gran
señora, manifesto bien su coraçon hinchado: e de
tantas riquezas como alli tenia nos alançó esto
poquito por ay contra su voluntad, y pesandole
con nosotras luego nos mandó echar de alli
con sus siluos del viento? Pues no me tenga
por muger, ni nunca yo biua, si no la hago lan-
çar de tantas riquezas; finalmente, que si esta
injuria te toca a ti, como es razon, tomemos
ambas vn buen consejo, y estas cosas que lle-

uamos no las mostremos a nuestros padres ni a nadie digamos cosa alguna de su salud: harto nos basta lo que nosotras vimos, de lo qual nos pesa de auello visto, y no publiquemos a nadie tanta felicidad suya, porque no se pueden llamar bienauenturados cuyas riquezas ninguno sabe: a lo menos sepa ella que nosotras no somos sus esclauas, mas sus hermanas mayores; y agora dexemos esto y tornemos a nuestros maridos y pobres casas, avnque cierto buenas y honestas, y despues instructas con mayor acuerdo y consejo, tornaremos más fuertes para punir su sobernia. Este mal consejo parescio muy bueno a las dos malas hermanas, y escondidas las joyas y dones que Psiches les auia dado, tornaronse desgreñadas como que venian llorando; y rascandose las caras, fingendo de nueuo grandes llantos, en esta manera dexaron sus padres, refrescandoles su dolor, y con mucha yra, turbadas de la embidia, tornaronse para sus casas, concertando por el camino traycion y engaño y aun muerte contra su hermana que estaua sin culpa.

CAPÍTULO III

Cómo Cupido auisa a su mujer Psiches que en ninguna manera descubra a sus hermanas de quién está preñada, ni las crea a quanto le dixeren, porque se perdera.

Entre tanto el marido de Psiches, al qual ella no conoscia, la tornó a monestar otra vez con aquellas sus palabras de noche diziendo: No vees quánto peligro te ordena la fortuna? pues si tú de lexos, antes que venga, no te apartas y prouees, ella será contigo de cerca. Aquellas lobas sin fe ordenan quanto pueden contra ti muy malas assechanças, de las quales la suma es esta: Ellas te quieren persuadir que tú veas mi cara, la qual, como muchas vezes te he dicho, tú no la verás más si la vees. Assi que si despues desto aquellas malas bruxas vinieren armadas con sus malignos coraçones, que bien sé que vernan, no hables con ellas ni te pongas a razones: e si por tu mocedad y por el amor que les tienes no les pudieres suffrir, al menos de cosa que toque a tu marido ni las oyas ni respondas a ella: porque acrescentaremos nuestro linage, que aun este tu vientre niño otro niño trae ya dentro, y si tú encubrieres este secreto, yo te digo que será diuino, y si lo descubrieres, dende agora te certifico que será mortal. Psiches, quando esto oyó, gozóse mucho y huuo placer con la diuina generacion: alegrauase con la gloria de lo que hauia de parir, y gozandose con la dignidad de ser madre, con mucha ansia contaua los dias y meses quando entrauan y quando salian: y como

era nueua, en los comienços de la preñez marauillauase de vn punto y toque tan sotil crescer en tanta abundancia su vientre. Pero aquellas furias espantables y pestiferas ya desseauan lançar el venino de serpientes, y con esta priessa acelerauan su camino por la mar quanto podian; en esto el marido tornó amonestar a Psiches desta manera: Ya se te llega el vltimo dia y la cayda postrimera, porque tu linaje y la sangre tu enemiga ya ha tomado armas contra ti, y mueue su real y compone sus batallas y hace tocar las trompetas, y diziendolo más claro, las maluadas de tus hermanas con el espada sacada te quieren degollar. ¡Oh quantas fatigas nos atormentan: por esso tú, muy dulce señora, aue merced de ti y de mí, y con grande continencia, callando lo que te he dicho, libra a tu casa y marido y este nuestro hijo de la cayda de la fortuna que te amenaza; y a estas falsas y engañosas mugeres, las quales segun el odio mortal te tienen, y el vinculo de la hermandad ya está quebrantado y roto, no te conuine llamar hermanas, ni las veas ni las oyas: porque ellas vernan a tentarte encima de aquel risco como las serenas de la mar, y harán sonar todos estos montes y valles con sus bozes y llantos. Entonces Psiches llorando le dixo: Bien sabes tú, señor, que yo no soy parlera, e ya el otro dia me enseñaste la fe que auia de guardar y lo que auia de callar: assi que agora tú no verás que yo mude de la constancia y firmeza de mi ánimo; solamente te ruego que mandes otra vez al viento que haga su officio y que sirua en lo que le mandare, y en lugar de tu vista, pues me la niegas, al menos consiente que yo goze de la vista de mis hermanas: esto, señor, te suplico por estos tus cabellos lindos y olorosos, y por este tu rostro semejante al mio, y por el amor que te tengo, aunque no te conozco de vista: assi conozca yo tu cara en este niño que traygo en el vientre: que tú, señor, concedas a mis ruegos, haziendo que yo goze de ver y hablar a mis hermanas, y de aqui adelante no curaré más de querer conocer tu cara; y no me curo que las tinieblas de la noche me quiten tu vista, pues yo tengo a ti, que eres mi lumbre. Con estas blandas palabras abraçando a su marido y llorando limpiaua las lagrimas con sus cabellos, tanto que él fue vencido y prometio de hazer todo lo que ella queria, y luego ante que amanesciesse se partio della como él acostumbraua. Las hermanas, con su mal proposito, en llegando no curaron de ver a sus padres, sino en saliendo de las naos, derechas se fueron corriendo quanto pudieron a aquel risco, a donde de con el ansia que tenian no esperaron que el viento le ayudasse, antes con temeridad y audacia se lançaron de alli abaxo. Pero el viento, recordandose de lo que su señor le auia mandado, rescibiolas en sus alas aun contra su voluntad, y pusolas muy mansamente en el suelo: ellas sin ninguna tardança lançanse luego en casa; yuan abraçar a la que querian perder, y mintiendo el nombre de hermanas encubrieron con sus caras alegres el tesoro de su escondido engaño y començaronle a lisongear desta manera: Hermana Psiches, ya no eres niña como solias: ya nos paresce que eres madre. Quánto bien piensas que nos traes en este tu vientre? quánto gozo piensas que daras a toda tu casa? Ó quán bienauenturadas somos nosotras que tenemos linage en tantas riquezas! que si el niño paresciere a sus padres, como es razon, cierto él será el dios Cupido que nascera. Con este amor y afficion fingido comiençan poco a poco a ganar la voluntad de su hermana. Ella las mandó assentar a sus sillas para que descansassen, y luego las hizo lauar en el baño: y despues de lauadas sentaronse a la mesa, donde les fueron dados manjares reales en abundancia; y luego vino la musica y començaron a cantar y a tañer muy suauemente; lo qual, aunque no vian quién lo hazia, era tan dulcissima musica que parescia cosa celestial; pero con todo esto no se amansaua la maldad de las falsas mugeres, ni pudieron tomar espacio ni holgança con todo aquello: antes procurauan de armar su lazo de engaños que trayan pensado. Y començaron dissimuladamente a meter palabras, preguntandole qué tal era su marido y de qué nascion y ley venia. Psiches, con su simpleza, auiendosele oluidado lo que su marido le encomendara, començo a fingir vna nueua razon diziendo que su marido era de vna gran prouincia, y que era mercader que trataua en grandes mercadurias, y que era hombre de más de media edad, que ya le començauan a nascer canas. No tardó mucho en esta habla que luego las cargó de joyas y ricos dones, y mandó al viento que las lleuase: despues que el viento las puso en aquel risco tornaronse a casa altercando entre si desta manera: Qué podemos dezir de vna tan gran mentira como nos dixo aquella loca? vna vez nos dixo que era su marido vn mancebo que entonces le apuntauan las barbas; agora dize que es de más de media edad y ya tiene canas, quién puede ser aquel que en tan poco espacio de espacio de tiempo le vino la vejez? Cierto, hermana, tú hallarás que esta mala hembra nos miente, o ella no conosce quién es su marido: y qualquier cosa destas que sea nos conuiene que la echemos destas riquezas; y si por ventura no conoce a su marido, cierto por esso se casó ella y nos †rae algun dios en su vientre; y assi fuesse lo que nunca Dios quiera, que ésta oyesse ser madre de niño diuino: luego me ahorcaria con una soga; assi que tornemos a nuestros padres y callemos esto, encubriendolo con el mejor color que podremos. En esta manera inflamadas de la embidia tornaronse a casa y hablaron a sus padres, aunque de mala gana.

CAPITULO IV

Cómo venidas las hermanas a visitar a Psiches le aconsejan que trabaje por ver quién es aquel con quien tiene acesso, fingiendole que sea vn dragon: y ella conuencida del consejo le veé viniendo a dormir, e indignado Cupido nunca más la vio.

Aquella noche, sin poder dormir sueño, turbadas de la pena y fatiga que tenian, luego como amanescia corrieron quanto pudieron hasta el risco, de donde con la ayuda del viento acostumbrado bolaron hasta casa de Psiches; y con vnas pocas de lagrimas que por fuerça y apretando los ojos sacaron començaron a hablar a su hermana desta manera: Tú piensas que eres bienauenturada y estás muy segura y sin ningun cuydado, no sabiendo quánto mal y peligro tienes. Pero nosotras, que con grandissimo cuydado velamos sobre lo que te cumple, mucho somos fatigadas con tu daño: porque has de saber que hemos hallado por verdad que éste tu marido que se echa contigo es vn serpiente grande y venenoso; lo qual con el dolor y pena que de tu mal tenemos no te podemos encubrir, y agora se nos recuerda de lo que el dios Apolo respondio quando le consultaron sobre tu casamiento, diziendo que tú eras señalada para te casar con una cruel bestia.

É muchos de los vecinos destos linages que andan a caçar por estas montañas y otros labradores dizen que han visto este dragon quando a la tarde torna de buscar de comer, que se echa a nadar por este rio para passar acá; y todos afirman que te quiere engordar con estos regalos y manjares que te da, y quando esta tu preñez estuuiere más crescida y tú estuuieres bien llena, por gozar de más hartura que te ha de tragar: assi que en esto está agora tu estimacion y juycio. Si por ventura quieres más o creer a tus hermanas que por tu salud andan solicitas y que biuas con nosotras segura de peligro huyendo de la muerte, o si quieres quiça ser enterrada en las entrañas desta cruelissima bestia. Porque si las bozes solas que en este campo oys, o el ascondido plazer y peligroso dormir juntandote con este dragon te deleytan, sea como tú quissieres, que nosotras con esto cumplimos e ya auemos hecho officio de buenas hermanas. Entonces la mezquina de Psiches, como era mochacha y de noble condicion, creyo lo que le dixeron, y con palabras tan espantables salio de sí fuera de seso: por lo qual se le oluidó los amonestamientos de su marido y de todos los prometimientos que ella le hizo, e lançase en el profundo de su desdicha y desuentura; y temblando, la color amarilla, no pudiendo quasi hablar, cortandosele las palabras y medio hablando, como mejor pudo les dixo desta manera: Vosotras, señoras hermanas, hazeys officio de piedad e virtud como es razon: y creo yo muy bien que aquellos que tales cosas os dixeron no fingeron mentira, por que yo hasta oy nunca pude ver la cara de mi marido ni supe de dónde se es. Solamente lo oyo hablar de noche, y con esto passo y çufro marido incierto y que huye de la luz; y desta manera consiento que digays que tengo vna gran bestia por marido, y que me espanta diziendo que no lo puedo ver: e siempre me amenaza que me verna gran mal si porfio a querer ver su cara. E pues que assi es, si agora podeys socorrer al peligro de vuestra hermana con alguna ayuda y fauor saludable, hazeldo y socorresme, porque si no lo haceys podré muy bien dezir que la negligencia siguiente corrompe el beneficio de la prouidencia passada. Quando las dos malas mugeres hallaron el coraçon y voluntad de Psiches descubierto para rescebir lo que le dixeren, dexados los engaños secretos començaron con las espadas descubiertas públicamente a combatir el pensamiento temeroso de la simple muger, e la una dellas dixo desta manera: Porque el vinculo de nuestra hermandad nos compele por tu salud a quitarte delante los ojos qualquier peligro, te mostraremos vn camino que dias ha auemos pensado, el qual solo te sacará a puerto de salud, y es éste: Tú has de esconder secretamente en la parte de la cama donde te sueles acostar vna nauaja bien aguda que en la palma de la mano se aguzó, y pornas vn candil lleno de azeyte bien aparejado y encendido debaxo de alguna cobertura al canto de la sala: y con todo este aparejo muy bien dissimulado, quando viniere aquel serpiente y subiere en la cama como suele, desque ya tú veas que él comiença a dormir y con el gran sueño comiença a ressollar, salta de la cama y descalça muy passo, y saca el candil debaxo de donde está escondido, y toma de consejo del candil oportunidad para la hazaña que quieres hazer; y con aquella nauaja alçada primeramente la mano derecha con el mayor esfuerço que pudieres da en el ñudo de la ceruiz de aquel serpiente venenoso y cortale la cabeça: y no pienses que te faltará nuestra ayuda, porque luego que tú con su muerte ayas traydo vida para ti, estaremos esperandote con mucha ansia, para que lleuandote aqui con todos estos tus seruidores y riquezas que aqui tienes, te casaremos como desseamos con hombre humano, siendo tú muger humana. Con estas palabras

encendieron tanto las entrañas de su hermana, que la dexaron quasi del todo ardiendo. Y ellas temiendo del mal consejo que dauan a la otra no les viniesse algun gran mal por ello, se partieron y con el viento acostumbrado se fueron hasta encima del risco, de donde huyeron lo más presto que pudieron y entraronse en sus naos y fueronse a sus tierras. Psiches quedó sola: aunque quedando fatigada de aquellas furias no estaua sola, pero llorando fluctuaua su coraçon como la mar quando anda con tormenta; y comoquier que ella tenia deliberado con voluntad muy obstinada el consejo que le auian dado, pensando cómo auia de hazer aquel negocio, pero todavia titubaua y estaua incierta del consejo, pensando en el mal que le podia venir: y desta manera ya lo queria hazer, ya lo queria dilatar: agora osana, agora temia: ya desconfiaua, ya se enojaua. En fin, lo que más le fatigaua era que en vn mismo cuerpo aborrescia al serpiento y amaua a su marido. Quando ya fue tarde que la noche se venia, ella començo a aparejar con mucha priessa aquel aparato de su mala hazaña; y seyendo de noche vino el marido a la cama, el qual de que huuo burlado con ella començo a dormir con gran sueño. Entonces Psiches, como quier que era delicada de cuerpo y del ánimo, pero ayudandole la crueldad de su hado. se esforço, y sacando el candil debaxo de donde estaua, tomó la nauaja en la mano y su osadia vencio y mudó la flaqueza de su genero. Como ella alumbrasse con el candil y paresciesse todo el secreto de la cama, vido vna bestia la más mansa y dulcissima de todas las fieras: digo que era aquel hermoso dios del amor que se llama Cupido, el qual estaua acostado muy hermosamente: y con su vista alegrandose, la lumbre de la candela crescio y la sacrilega y aguda nauaja resplandescio. Quando Psiches vido tal vista, espantada y puesta fuera de sí, desfallescida, con la color amarilla, temblando se cortó y cayó sobre las rodillas, e quiso esconder la nauaja en su seno, e hizieralo, saluo por el temor de tan gran mal como queria hazer se le cayó la nauaja de la mano. Estando assi fatigada y desfallescida, quanto más miraua la cara diuina de Cupido tanto más recreaua con su hermosura. Ella le via los cabellos como hebras de oro, llenos de olor diuino: el cuello blanco como la leche: la cara blanca y roxa como rosas coloradas, y los cabellos de oro colgando por todas partes, que resplandescian como el sol y vencian a la lumbre del candil. Tenia assi mismo en los hombros peñolas de color de rosas y flores; y como quier que las alas estauan quedas, pero las otras plumas debaxo de las alas tiernas y delicadas estauan temblando muy gallardamente: y todo lo otro del cuerpo estaua hermoso y sin plumas, como conuenia a hijo de la diosa Venus, que lo pario sin se arrepentir por ello. Estaua ante los pies de la cama el arco y las saetas, que son armas del dios de amor; lo qual todo estando mirando Psiches, no se hartaua de lo mirar: marauillandose de las armas de su marido, sacó del carcax una saeta, y estandola tentando con el dedo a ver si era aguda como dezian, hincosele vn poco de la saeta, de manera que le començaron a salir vnas gotas de sangre de color de rosas, y desta manera Psiches, no sabiendo, cayó y fue presa de amor del dios de amor: entonces con mucho mayor ardor de amor se abaxó sobre él y le començo a besar con tan gran plazer, que temia no despertasse tan presto. Estando ella en este plazer herida del amor, el candil que tenia en la mano, o por no le ser fiel, o de embidia mortal, o que por ventura él tambien quiso tocar el cuerpo de Cupido, o quiça besarlo, lançó de si vna gota de azeyte heruiendo y cayó sobre el ombro derecho de Cupido. O candil osado y temerario y vil seruidor del amor! tú quemas al dios de todo el fuego; e porque tú para esto no eras menester, sino que algun enamorado te halló primeramente para gozar en la escuridad de la noche de lo que bien querria. De esta manera el dios Cupido quemado saltó de la cama, y conosciendo que su secreto era descubierto, callando desaparescio y huyó de los ojos de la desdichada de su muger. Psiches arrebató con ambas manos la pierna derecha de Cupido que se leuantaua, y assi fue colgando de sus pies por las nubes del cielo hasta tanto que cayó en el suelo. Pero el dios del amor no la quiso desamparar cayda en tierra, y vino bolando a sentarse en un cipres que alli estaua cerca, de donde con enojo grauemente la començo a increpar diziendo desta manera: O Psiches, muger simple: yo, no me recordando de los mandamientos de mi madre Venus, la qual me auia mandado que te hiziesse ser enamorada de vn hombre muy miserable de baxo linaje, te quise bien y fue tu enamorado; pero esto que hize bien sé que fue hecho liuianamente. E yo mismo, que soy ballestero para los otros, me heri con mis saetas y te tomé por muger. Paresce que lo hize yo por te parescer serpiente y porque tú cortasses esta cabeça que trae los ojos que bien te quisieron. No sabes tú quántas vezes te dezia que te guardasses desso y benignamente te auisaua por que te apartasses dello? Pero aquellas buenas mugeres tus consejeras prestamente me pagarán el consejo que te dieron; e a ti con mi ausencia, huyendo de ti, te castigaré. Diziendo esto leuantose con alas y boló en alto hazia el cielo. Psiches quando echada en tierra y quanto podia con la vista miraua cómo su marido yua bolando y afligida

su coraçon con muchos lloros y angustias. Despues que su marido desaparescio bolando por las alturas del cielo, ella desesperada estando en la ribera de vn rio lançose de cabeça dentro; pero el rio se tornó manso por honrra y seruicio del dios del amor, cuya muger era ella, el qual suele inflamar de amor a las mismas aguas y a las nimphas dellas. Assi que temiendo de sí mesmo tomóla con las ondas sin le hazer mal y pusola sobre las flores e yeruas de su ribera. Acaso el dios Pan, que es dios de las montañas, estaua assentado en vn altoçano cerca del rio: el qual estaua tañendo con vna flauta y enseñando a tañer a la nimpha Caña. Estauan assi mismo al derredor dél vna manada de cabras, que andauan pasciendo los arboles y matas que estauan sobre el rio. Quando el dios peloso vido á Psiches tan desmayada y assi herida de dolor, que ya él bien sabia su desdicha y pena, llamóla y começo la alagar y consolar con blandas palabras diziendo desta manera: Donzella sabida y hermosa, como quiera que soy pastor y rustico, pero por ser viejo soy instruydo de muchos experimentos: de manera que si bien conjeturo aquello que los prudentes varones llaman adeuinança, yo conozco deste tu andar titubando con los pies y de la color amarilla de tu cara y de tus grandes sospiros y lagrimas de los ojos bien creo cierto que tú andas fatigada y muerta de gran dolor; pues que assi es, tú me escucha y no tornes a lançarte dentro en el rio ni te mates con ningun otro genero de muerte: quita de ti el luto y dexa de llorar. Antes procura de aplacar con plegarias al dios Cupido, que es mayor de los dioses, y trabaja por merescer su amor con seruicios y halagos, porque es mancebo delicado y muy regalado.

CAPITULO V

Como Psiches, muy triste, se fue a consolar con las hermanas de la desdichada fortuna en que auia caido por su consejo; y ellas, codiciosas de casar con el dios Cupido, fueron despeñadas en pena de su maldad; y cómo sabiendo la diosa Venus este acontescimiento trabajó por se vengar de Cupido.

Como esto acabó de dezir el dios pastor, Psiches sin le responder palabra ninguna, sino solamente adorando su deidad, començo a andar; y ante que ouiesse andado mucho camino entró por vna senda que atrauessaua, por la qual yendo llegó a vna ciudad a donde era el reyno del marido de vna de aquellas sus dos hermanas: y como la reyna su hermana supo que estaua alli mandóla entrar, e despues que se ouieron abraçado ambas a dos preguntóle qué era la causa de su venida. Psiches le respondió: No te recuerdas tú, señora hermana, el consejo que me distes ambas a dos que matasse a aquella gran bestia que se echaua conmigo de noche en nombre de mi marido ante que me tragasse y comiesse, para lo qual me distes vna nauaja? lo qual como yo quisiesse hazer tomé vn candil, e luego que miré su gesto e cara veo vna cosa diuina y marauillosa: al hijo de la diosa Venus, digo al dios Cupido, que es dios del amor, que estaua hermosamente durmiendo; y como yo estaua incitada de tan marauillosa vista, turbada de tan gran plazer y no me passasse (¹) de ver aquel hermoso gesto, a caso fortuyto e pessimo rebiruio el azeyte del candil que tenia en la mano y cayó vna gota hiruiendo en su hombro, y con aquel gran dolor despertó, y como me vido armada con hierro e fuego dixome: Y cómo has hecho tan gran maldad e traycion? toma luego todo lo tuyo y vete de mi casa. Demás desto dixo: Yo tomaré a tu hermana en tu lugar e me casaré con ella, dandole arras y dote: diziendo esto mandó al viento cierço que me auentasse fuera de los terminos de su casa. No auia acabado Psiches de hablar estas palabras quando la hermana, estimulada e incitada de mortal embidia, compuesta de vna mentira para engañar a su hermana que auia sabido de la muerte de sus padres, metiose en vna nao e començo de andar hasta que llegó a aquel risco grande, en el qual subio, como quier que otro viento a la ora ventaua; pero ella con aquella ansia y con ciega esperança dixo: O Cupido, recibeme que soy digna para ser tu muger; e tú, viento cierço, recibe a tu señora. Con estas palabras dio vn salto grande del risco abaxo: pero ella vina ni muerta pudo llegar al lugar que desseaua, porque por aquellos riscos e piedras se hizo pedaços como ella merescia, e assi murio haziendose manjar de las aues e bestias de aquel monte. Tras de ésta no tardó mucho la pena y vengança de la otra su hermana, porque yendo Psiches por su camino más adelante llegó a otra ciudad en la qual moraua la otra su hermana, segun que auemos dicho: la qual assi mismo con engaño de su hermandad hizo ni más ni menos que la otra: que queriendo el casamiento que no le cumplia, fuesse quanto más presto pudo a aquel risco, de donde cayó y murio como hizo la otra. Entre tanto Psiches, andando muy congoxosa en busca de su marido Cupido, cercava todos los pueblos y ciudades; pero él, herido de la llaga que le hizo la gota de azeyte del candil, estaua echado enfermo y gemiendo en la cama de su madre. Entonces vna aue

blanca que se llama gauiota, que andaua nadando cou sus alas sobre las ondas de la mar, çabullose cerca del profundo del mar occeano y halló alli a la diosa Venus que se estaua lauando y nadando en aquel agua: a la qual se llegó y le dixo cómo su hijo Cupido estaua malo de vna graue llaga de fuego que le daua mucho dolor, llorando y en mucha dubda de su salud, por la qual causa toda la gente y familia de Venus era infamada y vituperada por los pueblos y ciudades de toda la tierra, diziendo que él se auia ocupado y apartado con vna muger serrana y montañesa, e tú assimismo te has apartado andando en la mar nadando y a tu plazer, y por esto ya no ay entre las gentes plazer ninguno ni gracia ni hermosura; pero todas las cosas estan rusticas grosseras y sin atauio: ya ninguno se casa ni nadie tiene amistad con muger ni amor de hijos, sino todo al contrario suzio y feo y para todos enojoso. Cuando aquella aue parlera dixo estas cosas a Venus reprehendiendo a su hijo Cupido, Venus con mucha yra exclamó fuertemente diziendo: Paresce ser que ya aquel bueno de mi hijo tiene alguna amiga; hazme tanto plazer tú, que me sirues con más amor que ninguna, que me sepas el nombre de aquella que engañó este muchacho de poca edad: agora sea alguna de las ninfas o del número de las diosas, o agora sea de las musas o del ministerio de mis gracias. Aquella aue parlera no se calló lo que sabia diziendo: Cierto, señora, no sé cómo se llama; pienso, si bien me acuerdo, que tu hijo muere por vna llamada Psiches. Entonces Venus indignada començo a dar bozes diziendo: Ciertamente él debe amar a aquella Psiches que pensaua tener mi gesto y era embidiosa de mi nombre: de lo que más tengo enojo en este negocio es que me hizo a mí su alcahueta, porque yo le mostre y enseñé por dónde conosciesse aquella moça. Desta manera riñendo y gritando, prestamente se salio de la mar y fuesse luego a su camara, adonde halló a su hijo malo segun lo auia oydo; y dende la puerta començo a dar bozes diziendo desta manera: Honesta cosa es y que cumple mucho a nuestra honrra y a tu buena fama lo que has hecho! Parescete buena cosa menospreciar y tener en poco los mandamientos de tu madre, que más es tu señora, dandome pena con los suzios amores de mi enemiga, la qual en esta tu pequeña edad juntaste contigo con tus atreuidos y temerarios pensamientos? Piensas tú que tengo yo de sufrir por amor de ti nuera que sea mi enemiga? pero tú, mentiroso y corrompedor de buenas costumbres, presumes que tú solo eres engendrado para los amores, y que yo, por ser ya muger de edad, no podré parir otro Cupido? pues quiero agora que sepas que yo podré engendrar otro mucho mejor que tú y aunque, por que más sientas la injuria, adoptaré por hijo a alguno de mis esclauos y seruidores; y darle he yo alas y llamas de amor con el arco y las saetas y todo lo otro que te di a ti, no para estas cosas en que tú andas, que aun bien sabes tú que de los bienes de tu padre ninguna cosa te he dado para esta negociacion; pero tú como dende muchacho fueste mal criado y tienes las manos agudas, muchas veces sin reuerencia ninguna tocaste a tus mayores y aun a mí que soy tu madre. A mí mesma digo, que como aborrida (¹) cada dia me descubres y muchas vezes me has herido, y agora menospreciasme como si fuesse biuda, que aun no temes a tu padrastro el dios Mares, muy fuerte y grande guerreador? Qué no puedo yo dezir en esto, que tú muchas veces por me dar pena acostumbraste darle mugeres? Pero yo te haré que te arrepientas deste juego, y que tú sientas bien estas azedas y amargas bodas que hiziste, como quier que esto que digo es por demás, porque éste burlará de mí. Pues qué haré agora o en qué manera castigaré este vellaco? No sé si pida fauor de mi enemiga la Templança, la qual yo offendi muchas vezes por la luxuria y vicio déste: como quier que sea, yo delibero de yr a hablar con esta dueña, aunque sea rustica y seuera; pena recibo en ello, pero no es de desechar el plaser de tanta vengança, y por esto yo le quiero hablar, que no hay otra ninguna que mejor castigue a este mentiroso y le quite las saetas y el arco y le desnude de todos sus fuegos de amores; y no solamente haré esto, pero a su persona misma resistira con fuertes remedios. Entonces pensaré yo que mi injuria está satisfecha quando le rayere de la cabeça aquellos cabellos de color de oro que muchas vezes le atauié con estas mis manos, y quando le trasquilare aquellas alas que yo en mi halda le vnté con algalia y almizcle muchas vezes. Despues que Venus huuo dicho todas estas palabras, saliose fuera muy enojada, diziendo palabras de enojo; pero la diosa Ceres e Juno, como la vieron enojada la fueron a acompañar y le preguntaron qué era la causa por que tan turbado, y los ojos que resplandescian de tanta hermosura traya tan rebueltos mostrando su enojo. Ella respondio: A buen tiempo venis para me preguntar la causa deste enojo que traygo, aunque no por mi voluntad, sino porque otro no lo ha dado; por ende yo os ruego que con todas vuestras fuerças me busqueys a aquella huydora de Psiches do quier que la hallaredes, porque yo bien sé que vosotras bien

sabeys toda la historia de lo que ha contescido en mi casa deste hijo que no oso dezir que es mio. Entonces ellas, sabiendo bien las cosas que auian passado, desseando amansar la yra de Venus, començaronle hablar desta manera: Qué tan gran delito pudo hazer tu hijo que tú, señora, estés contra él enojada con tan gran pertinacia y malenconia y que aquella que él mucho ama tú la dessees destruyr? Porque te rogamos que mires bien si es crimen para éste que le paresciesse bien vna donzella. No sabes que es hombre? ha se te ya oluidado quántos años ha tu hijo? porque es mancebo y hermoso tú piensas que es todavia muchacho? Tú eres su madre y muger de seso, y siempre has experimentado los plazeres y juegos de tu hijo: y tú culpas en él y reprehendes sus artes y vicios y amores, y quieres encerrar la tienda pública de los plazeres de las mujeres? En esta manera ellas querian satisfazer al dios Cupido, aunque estaua ausente, por miedo de sus saetas. Mas Venus, viendo que ellas tractauan su injuria burlandose della, dexandolas a ellas con la palabra en la voca, quanto más prestamente pudo tomó su camino para la mar de donde auia salido.

ARGUMENTO DEL SEXTO LIBRO

Despues de auer con mucha fatiga buscado a Cupido y despues de lo que la auisó Ceres y del mal acogimiento que halló en Juno, Psiches de su propia voluntad se offrescio a Venus: y luego escriue la subida de Venus al cielo, y cómo pidió ayuda a los dioses: y con quánta soberuia trataua a Psiches, mandandole que apartasse de vn monton grande de todas simientes cada linage de granos por su parte, y que le traxesse el fluoco del vellocino de oro: y del licor del lago infernal le traxesse vn jarro lleno: assí mismo le traxesse vna buxeta llena de la hermosura de Proserpina: todas las quales cosas hechas por ayuda de los dioses, Psiches casó con su Cupido en el consilio de los dioses. E sus bodas fueron celebradas en el cielo, del qual matrimonio nasció el Deleyte.

CAPÍTULO PRIMERO

Como Psiches, muy lastimada llorando, fue al templo de Ceres y al de Juno a demandarles socorro de su fatiga, e ninguna se le dio por no enojar a Venus.

Entre tanto Psiches discurria y andaua por diuersas partes e caminos buscando de dia y de noche con mucha ansia y trabajo si podria hallar rastro de su marido; e tanto más le crescia el desseo de lo hallar quanto era la pena que traya en lo buscar, y deliberaua entre sí que si no lo pudiesse con sus halagos como su muger amansar, que al menos como sierua con sus ruegos y oraciones lo aplacaria. Yendo en esto pensando vido vn templo encima de vn alto monte y dixo: Dónde sé yo agora si por ventura mi señor mora en este templo? luego enderesçó el paso hazia allá, el qual como quier que ya le desfallescia por los grandes y continuos trabajos, pero la esperança de hallar a su marido lo aliuiaua. Assi que auiendo ya subido y passado todos aquellos montes llegó al templo y entrose dentro, donde vido muchas espigas de trigo y ceuada, hoces y otros instrumentos para segar; pero todo estaua por esse suelo sin ninguna orden confuso, como acostumbran a hazer los segadores quando con el trabajo se les cae de las manos. Psiches como vido todas estas cosas derramadas, començó a apartar cada cosa por su parte y componerlo y ataniarlo todo, pensando, como era razon, que de ningun dios se deuen menospresciar las cerimonias, antes procurar de siempre tener propicia su misericordia. Estando Psiches ataniando y componiendo estas cosas, entró la diosa Ceres, y como la vido començó de lexos a dar grandes bozes diziendo: O Psiches desuenturada, la diosa Venus anda por todo el mundo con grandissima ansia buscando rastro de ti: e con quanta furia puede dessea y busca traerte a la muerte; y con toda la fuerça de su deydad procura auer vengança de ti, y tú agora estás aqui teniendo cuydado de mis cosas? Cómo puedes tú pensar otra cosa sino lo que cumple a tu salud? Entonces Psiches lançose a sus pies y començolos a regar con sus lagrimas y barrer la tierra con sus cabellos, suplicando y pidiendole perdon con muchos ruegos y plegarias diziendo: Ruegote, señora, por la tu diestra mano sembradora de los panes, y por las cerimonias alegres de las sementeras, y por los secretos de las canastas de pan, y por los carros que traen tus dragones tus sieruos, y por las aradas e barbechos de Secilia, y por el carro de Pluton que arrebató a Proserpina, y por el descendimiento de tus bodas, y por la tornada quando tornó con las hachas ardiendo de buscar a su hija, y por el sacrificio de la ciudad Eleusina, y por las otras cosas y sacrificios que se hazen en silencio, que socorras a la triste ánima de tu sierua Psiches y consienteme que entre en estos montones de espigas me pueda esconder algunos pocos dias hasta que la cruel yra de tan gran diosa como es Venus por espacio de algun tiempo se amanse, o hasta que al menos mis fuerças, cansadas de tan contino trabajo, con vn poco de reposo se restituyan. Ceres le respondio: Ciertamente yo me he conmouido a compassion por ver tus lagrimas y lo que me ruegas y desseo te ayudar; pero no quiero incurrir en desgracia de aquella buena muger de mi cuñada, con la qual tengo antigua amystad. Assi que tú te parte luego de mi casa y recibe en gracia que

no fuesse pressa por mí ni retenida. Quando esto oyó Psiches contra lo que ella pensaua, afligida de doblada pena y enojo tomó su camino, tornando para atras, y vio vn hermoso templo que estaua en vna selua de arboles muy grandes, en vn valle, el qual era edificado muy polidamente: y como ella se tuuiesse por dicho ninguna via dubdosa o de mejor esperança jamas dexarla de prouar, y que andaua buscando socorro de qualquier dios que hallase, allegóse a la puerta del templo y vido muy ricos dones de ropas y vestiduras colgadas de los postes y ramos de los arboles con letras de oro que declarauan la causa por que eran alli ofrescidas y el nombre de la diosa a quien se dan. Entonces Psiches, las rodillas hincadas, abraçando con sus manos el altar e limpiadas las lagrimas de sus ojos, començó a dezir desta manera: O tú, Juno, muger y hermana del gran Jupiter! O tú estás en el antiguo templo de la ysla de Samo, la qual se glorifica porque tú nasciste alli y te criaste: o estás en las sillas de la alta ciudad de Cartago, la qual te adora como donzella que fueste lleuada al cielo encima de vn leon: o si por ventura estás en la ribera del rio Inaco, el qual face memoria de ti que eres casada con Jupiter y reyna de las diosas: o tú estás en las ciudades magnificas de los griegos, a donde todo oriente te honrra como a diosa de los casamientos y todo occidente te llama Lucina: a doquier que estés te ruego que socorras a mis extremas nescessidades, e a mí que estoy fatigada de tantos trabajos passados plegate librarme de tan gran peligro como está sobre mí, porque yo bien sé que de tu propria gana y voluntad acostumbras socorrer a las preñadas que estan en peligro de parir. Acabado de dezir esto luego le aparescio la diosa Juno con toda su magestad y dixo: Por Dios que yo querria dar mi fauor y todo lo que pudiesse a tus rogatiuas, pero contra la voluntad de Venus, mi nuera, la qual siempre amé en lugar de hija, no lo podria hazer porque la verguença me resiste. Demas desto las leyes prohiben que nadie pueda rescebir a los esclauos fugitiuos contra la voluntad de sus señores.

CAPITULO II

Cómo cansada Psiches de buscar remedio para hallar a su marido Cupido, acordó de se yr a presentar ante Venus por le demandar merced porque Mercurio la auia pregonado, y cómo Venus la rescibio.

Con este naufragio de la fortuna espantada Psiches, viendo assimismo que ya no podia alcançar a su marido que andaua bolando, desesperada de toda su salud començó a aconse-

jarse con su pensamiento en esta manera: Qué
remedio se puede ya buscar ni tentar para mis
penas y trabajos, a los cuales el fauor e aynda
de las diosas, aunque ellas lo querian, no pudo
aprouechar? pues que assi es, adonde podria yo
huyr estando cercada de tantos lazos? e qué ca-
sas o en qué soterraños me podria esconder de
los ojos ineuitables de la gran diosa Venus?
pues que no puedes huyr, toma coraçon de
hombre e fuertemente resiste a la quebrada y
perdida esperança y offrescete de tu propria
gana a tu señora, y con esta obediencia, aun-
que sea tarde, amansarás su impetu e saña.
Qué sabes tú si por ventura hallarás alli en
casa de la madre al que muchos dias ha que
andas a buscar? Desta manera aparejada para
el dudoso seruicio y cierto fin. pensaua entre
si el principio de su futura suplicacion. En
este medio tiempo Venus, enojada de andar a
buscar a Psiches por la tierra, acordó de se
subir al cielo; y mandando aparejar su carro,
el qual Vulcano, su marido, muy sotil y polida-
mente auia fabricado y gelo auia dado en arras
de su casamiento, hecho las ruedas de manera
de la luna muy rico y prescioso, con daño de
tanto oro y de muchas otras aues que estauan
cerca de la camara de Venus, salieron quatro
palomas muy blancas, pintadas los cuellos, y
pusieronse para lleuar el carro; y rescibida la
señora encima del carro començaron a bolar
alegremente, y tras del carro de Venus comen-
çaron a bolar muchos páxaros a aues que can-
tauan muy dulcemente, haziendo saber cómo
Venus venia. Las nuues dieron lugar, los cie-
los se abrieron y el más alto dellos la rescibio
alegremente; las aues yuan cantando: con ella
no temian las aguilas y halcones que encontra-
uan. En esta manera Venus llegada al palacio
real de Jupiter y con mucha osadia y atreui-
miento pidio a Jupiter que mandasse al dios
Mercurio le ayudasse con su boz que auia me-
nester para cierto negocio. Jupiter ge lo otorgó
y mandó que assi se hiziesse. Entonces ella
alegremente, acompañandola Mercurio, se par-
tió del cielo, la qual en esta manera habló
a Mercurio: Hermano de Arcadia, tú sabes
bien que tu hermana Venus nunca hizo cosa
alguna sin tu ayuda y presencia; ahora tú no
ygnoras quánto tiempo ha que yo no puedo
hallar a aquella mi sierua que se anda escon-
diendo de mi: assi que ya no tengo otro reme-
dio sino que tú publicamente pregones que le
será dado gran premio a quien la descubriere.
Por ende te ruego que hagas prestamente lo
que digo. Y en tu pregon da las señales e in-
dicios por donde manifiestamente se pueda co-
noscer. Por que, si alguno incurriere en crimen
de la encubrir illicitamente, no se pueda defen-
der con escusacion de ygnorancia. Y diziendo

esto le dio vn memorial en el qual se contenia
el nombre de Psiches y las otras cosas que
auia de pregonar. Hecho esto luego se fue a su
casa. No olvidó Mercurio lo que Venus le
mandó hazer, y luego se fue por todas las ciu-
dades y lugares pregonando desta manera: Si
alguno tomare o mostrare dónde está Psiches,
hija del rey y sierua de Venus, que anda huy-
da, véngase a Mercurio, pregonero, que está
tras el templo de Venus, y alli rescibira por
galardon de su indicio de la misma diosa Ve-
nus siete besos muy suaues y otro muy más
dulce. Desta manera pregonando Mercurio, to-
dos los que lo oyan con cobdicia de tanto pre-
mio se adereçaron para la buscar. La qual cosa
oyda por Psiches le quitó toda tardança de se
yr a presentar ante Venus; y llegando ella a
las puertas de su señora salia a ella vna don-
zella de Venus que auia nombre Costumbre, la
qual como vido a Psiches começo a dar gran-
des bozes diziendo: Vos, dueña, mala esclaua,
basta que ya sentis que teneys señora: aun so-
bre toda la maldad de tus malas mañas finges
agora que no sabes quánto trabajo auemos
passado buscandote. Pero bien está, pues que
cayste en mis manos: haz cuenta que cayste en
la carcel del infierno y donde no podras salir, y
prestamente rescibiras la pena de tu contuma-
cia y rebeldia. Diziendo esto arremetio a ella y
con gran audacia echole mano de los cabellos y
començola a lleuar ante Venus, como quier
que Psiches no resistia la yda. La qual luego
que Venus la vido començose de reyr como
suelen hazer todos los que estan con mucha
yra, y meneando la cabeça, rascandose ante la
oreja, començo a dezir: Basta que ya fuyste
contenta de hablar a tu suegra; y por cierto
antes creo yo que lo heziste por ver a tu ma-
rido, que está a la muerte de la llaga de tus
manos; pero está segura que yo te rescibiré
como conuiene a buena nuera; y como esto
dixo mandó llamar a sus criadas la Costumbre
y la Tristeza, a las quales como vinieron man-
dó que açotassen a Psiches. Ellas, siguiendo el
mandamiento de su señora, dieron tantos de
açotes a la mezquina de Psiches, que la afligie-
ron y atormentaron, e assi la tornaron a pre-
sentar otra vez ante su señora. Quando Venus la
vido començose otra vez a reyr y dixo: Y aun
veys cómo en el alcahoteria de su vientre incha-
do nos conmueue a misericordia? Piensas ha-
zerme abuela bien dichosa con lo que saliere de
esta tu preñez? Dichosa yo que en la flor de mi
juuentud me llamarán abuela y el hijo de vna
esclaua vellaca oyra que le llame nieto de Ve-
nus. Pero necia soy en esto yo, porque por de-
más puedo yo dezir que mi hijo es casado,
porque estas bodas no son entre personas
yguales, y demás desto fueron hechas en vn

monte sin testigos y no consentiendo su padre: por lo qual estas bodas no se pueden dezir legitimamente hechas: y por esto, si yo consiento que tú ayas de parir, a lo menos nacera de ti vn bastardo. E diziendo esto arremetio con ella y rompiole las tocas, trauandole de los cabellos y dandole de cabeçadas, que le affligio grauemente; luego tomó trigo y ceuada, mijo, simiente de adormideras, garuanços, lentejas y hauas, lo qual todo mezclado y hecho vn gran monton dixo a Psiches: Tú me pareces tan disforme y bellaca esclaua que con ninguna cosa aplazes a tus enamorados sino con los muchos seruicios que les hazes. Pues yo quiero agora experimentar tu diligencia. Aparta todos los granos de estas simientes que estan juntas en este monton, y cada simiente déstas muy bien dispuesta y apartada de por sí me la has de dar ante de la noche; y dicho esto ella se fue a cenar a las bodas de sus dioses. Psiches, embaçada con la grandeza de aquel mandamiento, estaua callando como vna muerta, que nunca alçó la mano a començar tan grande obra para nunca acabar. Entonces aquella pequeña hormiga del campo, auiendo manzilla de tan gran trabajo y difficultad como era el de la muger del gran dios del amor, maldiziendo la crueldad de su suegra Venus discurrio prestamente por esos campos y llamó e rogó a todas las batallas y muchedumbre de hormigas diziendoles: O sotiles hijas y criadas de la tierra, madre de todas las cosas, aued merced y mancilla y socorred con mucha velocidad a vna moça hermosa, muger del dios de Amor, que está en mucho peligro. Entonces como ondas de agua venian infinitas hormigas cayendo vnas sobre otras, y con mucha diligencia cada vna grano a grano apartaron todo el monton. Despues de apartados y diuisos todos los generos de granos de cada monton sobre sí, prestamente se fueron de alli. Luego al comienço de la noche Venus tornando de su fiesta, harta de vino y muy olorosa, llena toda la cabeça y cuerpo de rosas resplandescientes, vista la diligencia del grande trabajo dixo: O mala, no es tuya ni de tus manos esta obra, sino de aquel a quien tú por tu mal y por el suyo has aplazido. Y diziendo esto echóle vn pedaço de pan para que comiesse y fuesse acostar. Entre tanto Cupido estaua solo y encerrado eu vna camara de las que estauan mas adentro de casa: el qual estaua alli encerrado, assi porque la herida no se dañasse si algun mal desseo le viniesse, como porque no hablasse con su amada Psiches. Desta manera dentro de vna casa y debaxo de vn tejado apartados los enamorados, con mucha fatiga passaron aquella noche negra y muy obscura.

CAPITULO III

En el qual tracta cómo la vieja, procediendo en su muy largo cuento, narra los trabajos que Venus dio a Psiches por dalle occasion a desesperar y a morir. E cómo por commiseracion de los dioses Venus la vino a perdonar y con mucho plazer se celebraron las bodas en el cielo.

Despues que amanescio mandó Venus llamar a Psiches y dixo desta manera: Vees tú aquella floresta por donde pasa aquel rio que tiene aquellos grandes arboles al derredor, debaxo del qual está vna fuente cerca? Y vees aquellas ouejas resplandescientes y de color de oro que andan por alli pasciendo sin que nadie las guarde? Pues ve allá luego y traeme la flor de su precioso vellocino en qualquier manera que lo puedas auer. Psiches de muy buena gana se fue hazia allá, no con pensamiento de hazer lo que Venus le auia mandado, mas por dar fin a sus males, lançandose de vn risco de aquellos dentro en el rio. Quando Psiches llegó al rio, vna caña verde, que es madre de la musica suaue, meneada de vn dulce ayre por inspiracion diuina habló desta manera: Psiches, tú que has suffrido tantas tribulaciones no quieras ensuziar mis sanctas aguas con tu miserrima muerte, ni tampoco llegues a estas espantosas ouejas, porque tomando el calor y ardor del sol suelen ser muy rauiosas y con los cuernos agudos y las frentes de piedra, aun mordiendo con los dientes ponçoñosos, matan a muchos hombres. Pero despues que passare el ardor del medio dia y las ouejas se van a reposar a la frescura del rio, podras esconderte debaxo de aquel alto platano que beue del agua deste rio que yo bebo. E como tú vieres que las ouejas, pospuesta toda su ferocidad, comiençan a dormir, sacudiras las ramas y hojas de aquel monte que está cerca dellas y alli hallarás las vedijas de oro que se apegan por aquellas matas cuando las ouejas passan. En esta manera la caña por su virtud y humanidad enseñaua a la mezquina de Psiches de cómo se auia de remediar. Ella quando esto oyó no fue negligente en lo cumplir. Pero haziendo y guardando todo lo que ella le dixo hurtó el oro con la lana de aquellos montes, y cogido lo traxo y echó en el regaço de Venus. Mas con todo esto nunca merescio cerca de su señora galardon su segundo trabajo, antes torciendo las cejas con una risa falsa dixo en esta manera: Tampoco creo yo agora que tú hiziste no faltó quien te ayudasse falsamente. Pero yo quiero experimentar si por ventura tú lo hazes con esfuerço tuyo e prudencia o con ayuda de otro; por ende mira bien aquella altura de aquel monte a donde estan aquellos riscos muy altos de donde sale vna fuente de agua muy negra, y desciende por aquel valle donde haze aquellas lagunas negras y turbias y de alli salen algunos arroyos infernales. De alli de la altura donde sale aquella fuente me trae este vaso lleno de rocio de aquella agua; y diziendo esto le dio vn vaso de cristal, amenazandola con palabras asperas si no cumpliesse lo que le mandaua. Psiches quando esto oyó aceleradamente se fue hazia aquel monte para subir encima dél y dende alli echarse para dar fin a su amarga vida. Pero como llegó alderredor de aquel monte, vido vna mortal e muy grande dificultad para llegar a él, porque estaua alli vn risco muy alto que parescia que llegaua al cielo, y tan liso, que no auia quien por él pudiesse subir; de encima de aquel salia vna fuente de agua negra y espantable, la qual saliendo de su nacion corria por aquellos riscos abaxo y venia por vna canal angosta cercada de muchos arboles, la qual venia a vn valle grande que estaua cercado de vna parte y de otra de grandes riscos, adonde morauan dragones muy espantables, con los cuellos alçados y los ojos tan abiertos para velar que jamas los cerrauan ni pestañeauan, en tal manera que perpetuamente estauan en vela; y como ella llegó alli, las mismas aguas le hablaron diziendole muchas vezes: Psiches, apartate de ay, mira muy bien lo que hazes. E guardate de hazer lo que quieres: huye luego, si no cata que moriras. Quando Psiches vido la imposibilidad que auia de llegar a aquel lugar fue tornada como vna piedra, y aunque estaua presente con el cuerpo estaua ausente con el sentido. En tal manera que con el gran miedo del peligro estaua tan muerta que carescia del vltimo consuelo y solaz de las lagrimas. Pero no pudo esconderse a los ojos de la prouidencia tanta fatiga y turbacion de la inocente Psiches, la qual estando en esta fatiga, aquella aue real de Jupiter que se llama águila, abiertas las alas vino volando supitamente recordandose del seruicio que antiguamente hizo Cupido a Jupiter quando por su diligencia arrebató a Ganimedes el troyano para su copero, queriendo dar ayuda y pagar el beneficio recibido en ayudar a los trabajos de Psiches, muger de Cupido, dexó de bolar por el cielo y vinose a la presencia de Psiches y dixole en esta manera: Cómo tú eres tan simple y nescia de las tales cosas que esperas poder hurtar ni solamente tocar vna sola gota desta fuente no menos cruel que sanctissima? Tú nunca oyste alguna vez que estas aguas stigeas son espantables a los dioses y aun al mismo Jupiter? demas desto vosotros los mortales jurays por los dioses, pero los dioses acostumbran jurar por la magestad del lago stigio: pero

dame este vaso que traes. El qual ella le dio y el aguila gelo arrebató de la mano muy presto, y bolando entre las bocas y dientes crueles y las lenguas de tres ordenes de aquellos dragones fue al agua e hinchó el vaso consintiendolo la misma agua, e aun amonestandole que prestamente se fuesse antes que los dragones la matassen. El aguila, fingiendo que por mandado de la diosa Venus y para su seruicio auia venido por aquella agua, por la qual causa más facilmente llegó a henchir el vaso y salir libre con ella, en esta manera tornó con mucho gozo y dio el vaso a Psiches lleno de agua: la qual la lleuó luego a la diosa Venus; pero con todo esto nunca pudo aplacar ni amansar la cruel de Venus, antes ella con su risa mortal como solia le habló amenazandola con mayores y más peores tormentos diziendo: Ya tú me paresces vna maga y gran hechizera, porque muy bien has obtemperado mis mandamientos y hecho lo que yo te mandé; mas tú, lumbre de mis ojos, aun resta otra cosa que has de hazer. Toma esta buxeta, la qual le dio, y vete a los palacios del infierno, y darás esta buxeta a Proserpina diziendole: Venus te ruega que le des aqui vna poca de tu hermosura, que baste siquiera para vn dia, porque todo lo hermoso que ella tenia lo ha perdido y consumido curando a su hijo Cupido, que está muy mal, y torna presto con ella porque tengo nescessidad de lauarme la cara con esto para entrar en el theatro y fiesta de los dioses. Entonces Psiches abiertamente sintió su vltimo fin y que era compellida manifiestamente a la muerte que le estaua aparejada. Qué marauilla que lo pensasse, pues que era compelida que de su propria gana y por sus propios pies entrasse al infierno, donde estauan las ánimas de los muertos? Con este pensamiento no tardó mucho que se fue a vna torre muy alta para se echar de alli abaxo, porque desta manera ella pensaua descendir muy presto y muy derechamente a los infiernos. Pero la torre le habló en esta manera: Por qué, mezquina de ti, te quieres matar echandote de aqui abaxo, pues que ya este es el peligro y trabajo que has de passar? porque si vna vez tu alma fuere apartada de tu cuerpo, bien podras yr de cierto al infierno. Pero creeme que en ninguna manera podras tornar a salir de alli. No está muy lexos de aqui vna noble ciudad de Achaya, que se llama Lacedemonia: cerca de esta ciudad busca vn monte que se llama Tenaro, el qual está apartado en lugares remotos. En este monte está vna puerta del infierno, y por la boca de aquella cueua se muestra vn camino sin caminantes por donde si tú entras, en passando el vmbral de la puerta, por la canal de la cueua derecho podras yr hasta los palacios del rey Pluton; pero no entiendas que has de lleuar las manos vazias, porque te conuiene lleuar en cada vna de las manos vna sopa de pan mojada en meloxa, y en la boca has de lleuar dos monedas; y despues que ya huuieres andado buena parte de aquel camino de la muerte hallarás vn asno coxo cargado de leña y con él vn asnero tambien coxo, el qual te rogará que le des ciertas chamizas para echar en la carga que se le cae: pero tú passate callando sin hablarle palabra; y despues como llegares al rio muerto donde está Charon, él te pedirá el portazgo, porque assi passa él en su barca de la otra parte a los muertos que alli llegan: porque has de saber que hasta alli entre los muertos ay auaricia, que ni Caron ni aquel gran rey Pluton hazen cosa alguna de gracia, y si algun pobre muere cumplele buscar dineros para el camino, porque si no los lleuare en la mano no le passarán de alli. A este viejo suyo darás en nombre de flete vna moneda de aquellas que lleuares, pero ha de ser que el mismo la tome con su mano de tu boca. Despues que huuieres passado este rio muerto hallarás otro viejo muerto y podrido que anda nadando sobre las aguas de aquel rio y alçando las manos te rogará que lo recibas dentro en la barca: pero tú no cures de vsar piedad, que no te conuiene. Passado el rio y andando vn poco adelante hallarás vnas viejas texederas que estan texiendo vna tela, las quales te rogarán que les toques la mano: pero no lo hagas, porque no te conuiene tocarles en manera ninguna. Que has de saber que todas estas cosas y otras muchas nascen de las assechanças de Venus, que querria que te pudiessen quitar de las manos vna de aquellas sopas: lo qual te seria muy graue daño, porque si vna dellas perdiesses nunca jamás tornarias a ver esta claridad celestial. Demas desto sepas que está vn poco adelante vn perro muy grande que tiene tres cabeças, el qual es muy espantable y ladrando con aquellas bocas abiertas espanta a los muertos, a los quales ya ningun mal puede hazer, y siempre está velando ante la puerta del escuro palacio de Proserpina guardando la casa vazia de Pluton. Quando aqui llegares con vna sopa que se le alances le ternas enfrenado y podras luego passar facilmente, y entrarás a donde está Proserpina, la qual te rescibira benigna y alegremente y mandarte ha assentar y dar muy bien de comer. Pero tú sientate en el suelo y come de aquel pan negro que te dieren; y pide luego de parte de Venus aquello por que eres venida, y rescibido lo que te dieren en la buxeta, quando tornares amansarás la rauia de aquel perro con la otra sopa. Y dende quando llegares al barquero auariento, darle has la otra moneda que guardaste en la boca; y passando aquel rio tornarás por las mismas pisadas por donde entraste, y assi verás a ver esta claridad celestial. Pero sobre todas las cosas te apercibo que guardes vna: que en ninguna manera cures de abrir ni mirar lo que traes en la buxeta, ni procures de ver el thesoro escondido de la diuina hermosura. Desta manera aquella torre aujendo manzilla de Psiches le declaró lo que le era menester de adeuinar. No tardó Psiches que luego se fue al monte Tenaro, y tomados aquellos dineros y aquellas sopas como le mandó la torre, entrose por aquella boca del infierno, y passado callando aquel asnero coxo, y pagado a Charon su flete por que le passasse, y menospreciado assi mismo el desseo de aquel viejo muerto que andaua nadando, y tambien no curando de los engañosos ruegos de las viejas texederas, y aujendo amansado la rauia de aquel temeroso perro con el manjar de aquella sopa, llegó passado todo esto a los palacios de Proserpina: pero no quiso acceptar el assentamiento que Proserpina le mandaua dar, ni quiso comer de aquel manjar que le ofrescian, mas humildemente se sento ante sus pies, y contenta con vn pedaço de pan baço le expuso la embaxada que traya de Venus; y luego Proserpina le hinchó la buxeta secretamente de lo que pidia: la qual luego se partio, y aplacado el ladrar y la braueza del perro infernal con el engaño de la otra sopa que le quedaua, y aujendo dado la otra moneda a Charon el barquero por que la passasse, tornó del infierno más esforçada de lo que entró. Y despues de adorada la clara luz del dia que tornó a ver, como quier que en cumplir esto acauaua el seruicio que Venus le auia mandado. vinole al pensamiento vna temeraria curiosidad diziendo: Bien soy yo necia trayendo comigo la diuina hermosura que no tome della siquiera vn poquito para mí, para que pueda aplazer a aquel mi hermoso enamorado. E como esto dixo abrio la buxeta, dentro de la qual ninguna cosa auia ni hermosura alguna, saluo vn sueño infernal y profundo, el qual como fue desatapado cubrio a Psiches de vna niebla de sueño gruesso, que todos sus miembros le tomó y posseyó, y en el mismo camino por donde venia cayó durmiendo como vna cosa muerta. Pero Cupido, ya que conualescia de su llaga, no podiendo tolerar ni suffrir la luenga ausencia de su amiga, estando ya bien dispuesto y las alas restauradas porque auia dias que holgaua, saliose por vna ventana pequeña de su camara donde estaua encerrado y fue presto a socorrer a su muger Psiches, y apartando della el sueño y lançado otra vez dentro en la buxeta, tocó liuianamente a Psiches con vna de sus saetas y despertola diziendole: Aun tú, mezquina de ti, no escarmientas, que poco menos fueras muerta por semejante curiosidad que la que hiziste comigo? pero ve agora con la embaxada que mi madre te mandó, y entre tanto yo proveere en lo otro que fuere menester. Dicho esto leuantose con sus alas y fuesse bolando. Psiches lleuó lo que traya de Proserpina y diolo a Venus; entre tanto Cupido, que andaua muy fatigado del gran amor, la cara amarilla, temiendo la seueridad no acostumbrada de su madre, tornose al almario de su pecho y con sus ligeras alas boló al cielo y suplicó al gran Jupiter que le ayudasse, y recontole toda su causa. Entonces Jupiter tomole le barba y trayendole la mano por la cara lo començo a besar diciendo: Como quier que tú, señor hijo, nunca me guardaste la honrra que se deue a los padres por mandamiento de los dioses; pero aun este mismo pecho, en el qual se encierran y disponen todas las leyes de los elementos, y a las vezes de las estrellas, muchas vezes lo llagaste con continuos golpes del amor, y lo ensuziaste con muchos lazos de terrenal luxuria, e lisiaste mi honrra y fama con adulterios torpes y suzios contra las leyes, especialmente contra la ley Iulia y a la publica disciplina, transformando mi cara y hermosura en serpientes, en fuegos, en bestias, en aues y en qualquier otro ganado. Pero con todo esto, recordandome de mi mansedumbre y de que tú cresciste entre estas mis manos, yo haré todo lo que tú quisieres, y tú sépaste guardar de otros que dessean lo que tú desseas. Esto sea con vna condicion: que si tú sabes de alguna donzella hermosa en la tierra, que por este beneficio que de mi recibes deues de pagarme con ella la recompensa. Despues que esto huuo hablado mandó a Mercurio que llamasse todos los dioses-a consilio: y si alguno dellos faltasse que pagasse diez mil talentos de pena. Por el qual miedo vinieron y fue lleno el palacio donde estaua Jupiter, el qual assentado en la silla alta començo a dezir desta manera: O dioses escriptos en el blanco de las musas, vosotros todos sabeis cómo este mancebo que yo crié en mis manos procuré de refrenar los impetus y mouimientos ardientes de su primera juuentud. Pero harto basta que él es infamado entre todos de adulterios y de otras corruptelas, por lo qual es bien que se quite toda occasion, y para esto me paresce que su licencia de juuentud se deue de atar con lazo de matrimonio. El ha escogido vna donzella, la qual priuó de su virginidad: tengala y posseala y siempre vse de sus amores; y diziendo esto boluió la cara a Venus y dixole: Tú, hija, no te entristezcas por esto; no temas a tu linage ni al estado del matrimonio mortal, porque yo haré que estas bodas no sean desiguales, mas legitimas o bien ordenadas como el derecho lo manda. Y luego mandó a Mercurio que tomasse a Psiches y la subiesse al cielo, a la qual Jupi-

ter dio a beuer del vino de los dioses diziendole: Toma, Psiches, beue esto y serás inmortal; Cupido nunca se apartará de ti; estas bodas vuestras durarán para siempre. Dicho esto no tardó mucho quando vino la cena muy abundante como a tales bodas conuenia. Estaua sentado a la mesa Cupido en el primer lugar y Psiches en su regaço. De la otra parte estaua Jupiter con Juno su muger, y dende por orden todos los otros dioses. El vino de alfaxor, que es vn vino de los dioses, ministraualo Ganimedes a Jupiter como copero suyo, y a los otros el dios Bacho. Vulcano cozinaua la cena; las ninphas henchian de flores y rosas y otros olores la sala donde cenauan; las musas cantauan muy dulcemente; Apolo cantaua con su vihuela; Venus entró a la suaue musica y bayló hermosamente. En esta manera era el combite ordenado: que el coro de las musas cantasse y el satiro hinchasse la gayta y el dios Pan tañese vn tamborino. Desta manera vino Psiches en manos del dios Cupido. Y estando ya Psiches en tiempo del parir nascioles vna hija a la qual llamamos Plazer.

En esta manera aquella viejezuela loca y liuiana contaua esta conseja a la donzella captiua; pero yo como estaua alli cerca oyalo todo y doliame que no tenia tinta y papel para escreuir y notar tan hermosa novela.

CAPÍTULO IV

Cómo despues que la vieja acabó de contar esta fabula a vna donzella por la consolar vinieron los ladrones, y cómo tornandose a ausentar prouó Lucio a se libertar con huyda lleuando consigo a la donzella, y topando a los ladrones en el camino los boluieron amenazandolos con el morir.

En esto entraron los ladrones por la puerta cargados, diziendo que auian peleado muy fuertemente; y dexados en casa algunos de los heridos para que curassen sus llagas, algunos de´los otros más esforçados tornauan, segun dezian, por ciertos lios y cosas que auian dexado escondidos en vna cueua; y desque comieron muy de priessa y arrebatadamente, sacaron del establo a mí y a mi cauallo, daudonos buenas varadas para que traxesemos aquellas cosas, y puestos en el camino, passadas muchas cuestas y valles, yendo muy fatigados, quasi a la noche llegamos a vna cueua: de donde cargados de muchas cosas que vn poquito de tiempo no nos dexaron descansar, tornaron al camino; ellos se apresurauan con tanto miedo, que con los muchos palos que me dauan rempuxandome por que andauiesse me lançaron e hizieron caer sobre vna piedra que estaua cerca del camino: de donde rescebí tantos de golpes y guiuchones, que por me leuantar me lisiaron en la pierna derecha y en el casco de la mano siniestra. E como yo comence a andar coxeando, vno de aquellos ladrones dixo: Hasta quándo auemos de mantener de balde a este asnillo cansado y aun agora coxo? Al qual otro respondio· Qué te marauillas? que con mal pie entró en nuestra casa: despues que a nuestro poder vino nunca huuimos otra buena ganancia, sino heridas y muertes de nuestros compañeros. A esto añadio otro: Cierto lo que yo haria es que como él, aunque le pese, aya lleuado esta carga hasta casa, luego le alançaria de essas peñas abaxo para que diesse de comer y fuesse manjar agradable de los buytres. En tanto que los mansos y misericordiosos hombres entre sí altercauan de mi muerte, ya llegamos a casa, porque el temor de la muerte me hizo alas en los pies. Como llegamos, luego prestamente nos quitaron de encima lo que lleuauamos, y no curando de nuestra salud ni tampoco de mi muerte llamaron a sus compañeros que auian quedado en casa heridos, y segun lo que ellos dezian era para les contar el enojo que auian auido de nuestra tardança. En todo esto no tenia yo poco miedo de la muerte de que me auian amenazado, y pensando en ella dezia entre mí desta manera: En que estás, Lucio? qué cosa más extrema puedes esperar? esta muerte muy cruel te está aparejada por deliberacion y acuerdo de los ladrones y en el cierto peligro poco aprouecha el esfuerço. Vees estos riscos y peñas muy agudas? a qualquier parte que cayeres por ellas te desmembrarás y harás pedaços: porque el arte magica que tú andauas a buscar no te dio tan solamente la cara y las fatigas y trabajos de asno, mas aun cuero no grueso como de asno, mas delgado y muy sotil como de golondrina. Pues que assi es, por qué no te esfuerças y en tanto que puedes consejas a tu salud? tienes agora muy buena oportunidad para huyr, y en tanto que los ladrones no estan en casa, has de temer por ventura la guarda de una vieja medio muerta, la qual puedes matar con vna coce de tu pie coxo? pero hasta donde podré huyr? o quién me acojera en su casa? Este pensamiento cierto me paresce nescio y de asno: porque, qué caminante me hallará en el camino que no caualgue encima de mí y me lleue consigo? Diziendo esto con muy alegre esfuerço quiebre el cabestro con que estaua atado y eché a correr quanto más presto pude; pero no pudiendo huyr los ojos de milano de aquella falsa vieja, la qual como me vido suelto, tomada su dacia y esfuerço más que su edad y condicion le podian dar, arrebatóme por el cabestro y porfió a me querer tornar por fuerça al establo; pero yo recordandome del proposito mortal de aquellos ladrones, no me moui a piedad alguna, antes alçados los pies le di vn par de coces en aquellos pechos que di con ella en tierra. La vieja, como quier que estaua en tierra, todauia me tenia fuertemente por el cabestro: de manera que aunque yo corria la lleuaua medio arrastrando; la qual luego començo con grandes bozes y gritos a pedir ayuda de otra más fuerça que la suya; pero de nadie llamaua ayuda con sus bozes, porque nadie auia que le pudiesse socorrer, saluo aquella donzella que alli estaua presa, la qual a las bozes que la vieja daua salio y vido vna fiesta y aparato para ver. Conuiene a saber, la vejezuela trauada no de vn toro mas de vn asno; y como aquello vido, tomada en sí fuerça de varon, osó hazer vna hazaña muy hermosa: trauóme con sus manos del cabestro y con palabras de halago començome a detener vn poco, y saltó encima de mí: despue que yo assi por la gana que tenia de huyr como por escapar aquella donzella, tambien por las varadas que muchas vezes me daua, corria como vn cauallo, saltando quanto podia, y tentaua de responder a las delicadas palabras de la donzella, y aun algunas vezes, fingiendo quererme rascar en el espinazo, boluia la cabeça y besaua los hermosos pies de la moça. Entonces ella con gran sospiro, mirando en hito hasta el cielo, dixo: O soberanos dioses, dad ayuda y fauor a mis extremos peligros, y tú, cruel fortuna, dexame ya de perseguir: harto te basta que ya te he sacrificado con estas mis penas y tribulaciones; e tú, remedio de mi libertad y de mi salud, si me lleuares en saluo a mi casa y me tornares a mis padres y a mi hermoso marido, quántas gracias te daré! quántas honrras te haré! Primeramente estas tus crines muy bien peynadas te adornaré con mis joyas que me dio mi esposo; en tu frente peynada te haré vna partidura; las cerdas de tu cola, que por negligencia estan rebueltas y mal curadas, con mucha diligencia las pulire y atauiaré: todo te adornaré con chatones de oro que relumbres como las estrellas del cielo, como quando en algun triumpho el pueblo salen con mucha pompa y gozo a rescibir al que triumpha; de contino traere en el seno debaxo de la vestidura de seda auellanas y otros manjares delicados para engordar a ti, mi saluador y conseruador; pero entre estos manjares y la perpetua libertad que ternás, la qual es felicidad de toda la vida, no te faltará gloria de tu honrra. Porque yo haré vn testimonio y perpetua memoria de esta mi presente fortuna de la diuinal prouidencia, y pintaré en vna tabla la ymagen y semejança desta mi presente huyda y la porne en el palacio principal de mi casa; la qual será vista y oyda entre otras nouelas, y será perpetuada esta historia por escritos de hombres letrados, que diga assi: Vna donzella de linage real huyó de su captiuidad lleuandola vn asno. Tú serás comparado a los antiguos milagros, porque por exemplo de tu verdad creemos que Phrixo nadó por la mar sobre vn carnero y Árion escapó encima de vn delfin y Europa caualgó y huyó encima de vn toro: porque si fue verdad que Jupiter se transfiguró en buey, bien puede ser que en este mi asno se esconda o alguna figura de hombre o ymagen de los dioses. Entre tanto que la donzella replicaua entre si muchas vezes estas cosas, mezclando con este desseo grandes y continuados sospiros, llegamos a donde se apartauan tres caminos. Quando alli llegamos, ella tirandome del cabestro con quanta fuerça podia porfiaua de me endereçar por el camino de a man derecha, porque aquella era la via para yr a casa de sus padres. Mas yo, sabiendo que los ladrones auian ydo por alli a hazer otros robos y saltos, resistiale fuertemente y entre mi callando dezia desta manera: Qué hazes, moça desuenturada, qué hazes? por qué te apressuras para la muerte? por qué no porfias a hazer con mis pies? Porque no solamente perderas a ti, pero a mí tambien. Estando nosotros altercando cada vno en su porfia y en causa final contendiendo de la propriedad del suelo o diuidir el camino, he aqui los ladrones cargados de lo que auian robado nos tomaron a manos, y como con la claridad de la luna nos conoscieron vn poco de lexos, con vna risa falsa y maligna nos començaron a suludar, y el vno dellos dixo desta manera: Hazia dónde tan de priessa trasnochays este camino, que no temeys las bruxas y fantasmas de la soledad de la noche? y tú, muy buena donzella, das mucha priessa en yr a ver a tus padres? Pues que assi es, nosotros socorreremos tu soledad y te mostraremos el camino bien ancho para yr a tus padres. Y seguiendo las palabras con el hecho echó mano del cabestro y tornóme para atras dandome buenos palos e ginchones con vn palo ñudoso que traya en la mano. Entonces yo contra mi voluntad tornando a la muerte que me estaua aparejada, recordeme del dolor de la vña y comence cabeceando a coxear. Aquel que me tornó para atras dixo: Y cómo tú otra vez vas titubeando y vacilando? y estos tus pies podridos pueden huyr y no saben andar? agora poco ha vencian la celeridad de Pegaso, aquel cauallo que bolaua. En tanto que este compañero muy sabroso jugaua conmigo de esta manera, sacudiendome muy buenas varadas, ya llegamos al canto de su casa: he aqui donde vimos aquella vejezuela que estaua ahorcada con vna soga de la rama de un alto cipres, a la qual los ladrones descolgaron e assi con su cuerda al pescueço la lançaron por estas peñas abajo, y en-

trando en casa, despues que huuieron atado la donzella con sus cordeles, pegaron con la cena que la desuenturada vieja en su vltima diligencia auia aparejado; y despues que con sus animos bestiales y ferocidad tragaron todo lo que alli auia, començaron entre sí a platicar y considerar de nuestra pena y de su vengança, y, como suele acontescer entre gente turbulenta, fueron diferentes las sentencias que cada vno dixo. El primero dixo que le parecia que deuian quemar biua a aquella donzella. El segundo, que la echassen a las bestias. El tercero, que la deuian de ahorcar en vna horca. El quarto mandaua que con tormentos la despedaçassen. Cierto a dicho de todos, como quier que fuesse, la muerte le era aparejada. Entonces vno de aquellos mandó callar a todos y con palabras agradables començo a hablar desta manera: No conuiene a la secta de nuestro colegio, ni a la mansedumbre de cada vno, ni aun tampoco a mi modestia, sufrir que vosotros seays crueles más de lo que el delicto meresce: ni deueys traer para esto bestias fieras, ni horca, ni fuego, ni tormentos, ni aun tampoco muerte apresurada. Assi que vosotros, si tomays mi voto, aueys de dar vida a la donzella, pero aquella vida que meresce. No creo yo que se os ha oluidado lo que teniades deliberado de hazer deste asno, aunque contino pereçoso, pero gran comilon, y aun agora mentiroso, fingiendo que estaua coxo, era ministro y medianero de la huyda de esta donzella. Assi que me paresce que mañana degollemos a este asno y sacadas del todo las entrañas por medio de la barriga, cosamosle dentro esta donzella que huuo en más que a nosotros, y solamente que tenga la cara de fuera, todo el cuerpo de la moça se encierre en el cuerpo del asno; y despues me paresce que se deue poner este asno assi relleno y cosido encima de vn risco déstos, adonde le dé el ardor del Sol. Y desta manera sufriran ambos todas las penas que vosotros derechamente ayays sentenciado. Porque ese asno rescibira la muerte que dias ha ha merescido, y ella sufrira los bocados de las bestias fieras quando sus miembros seran roydos de los gusanos: e tambien passará pena de fuego quando el Sol encendera el vientre del asno con sus grandes ardores, y assi mismo sufrira pena de la horca quando los perros y bueyes lleuarán sus carnes y entrañas a pedaços; demas desto deueys pensar muchos tormentos y penas que passará, ella siendo biua morira en el vientre de la bestia muerta, y del gran hedor sus narizes penarán, y del no comer se secará de hambre mortal, y como estara cosida no terná libres las manos para se poder matar. Los ladrones, quando oyeron esto que aquél dezia, no solamente con los pies mas con todas sus voluntades y animos se allegaron a aquella sentencia: la qual oyendo yo con estas mis grandes orejas, qué otra cosa podria hazer sino llorar mi muerte que auia de ser otro dia?

————

ARGUMENTO DEL SÉPTIMO LIBRO

La historia que Luciano escribio en vn libro Apuleyo lo repitio en muchos, contando largamente cada cosa por sí, por que se paresciesse que era intérprete de obra agena, sino hazedor de hystoria nueua y por que en la variedad de las cosas que suele ser muy agradable prendiesse, halagasse y deleytasse a los lectores sin les dar enojo. Assi que agora cuenta cómo de mañana vno de aquellos ladrones vino de fuera y contaua a los otros en qué manera culpauan a Apuleyo y le ymputauan el robo y destruycion que se auia hecho en la casa de Milon, y que a ninguno de los ladrones culpauan de tan gran crimen, saluo a sólo Apuleyo, que era capitan y auctor de toda esta traydcion, porque nunca mas auia parescido: lo qual oyendo Apuleyo, que estaua hecho asno, gemia entre sí, quexandose amargamente que era tenido por culpado no lo siendo, y por traydor siendo bueno, y que no podia defender su causa. Entrexiere algunas fabulas muy graciosas y la maldad de vn moço que traya ljada con él, y otros engaños de mugeres.

CAPITULO PRIMERO

Que trata cómo viniendo vn ladron de la compañia de la ciudad de Hipata recuenta a los compañeros la seguridad que de sus hechos ha espiado por allá, y cómo oyo en la casa de Milon que toda la culpa del robo echauan a Lucio Apuleyo, y cómo fue rescibido vn afamado ladron en la compañia.

El dia siguiente de mañana, despues de salido el sol, vno de la compañia de aquellos ladrones, segun yo conosci en sus hablas, entró por la puerta, y como llegó a la entrada de la cueua sentose alli para cobrar ressuello y començo a hablar a su compañia desta manera: Quanto toca a la casa de Milon de la ciudad de Hipata, la qual poco ha robamos, ya podemos estar seguros, porque yo lo he bien solicitado: que despues que vosotros robastes todo lo de aquella casa y os partistes para esta nuestra estancia, mezcléme entre aquella gente popular de aquella ciudad, haziendo parescer que me dolia y me pesaua de aquel negocio. Dende andaua mirando qué consejo tomauan sobre buscar quién auia hecho aquel robo y en qué manera y cómo querian hazer la pesquisa para buscar los ladrones: lo qual todo yo miraua para os lo dezir como mandastes, e no solamente por dubdosos argumentos, mas por razones prouadas, todos los de aquella ciudad y de consentimiento de todos pedian no sé qué

Lucio, diziendo ser el auctor manifiesto de tan gran crimen: el qual pocos dias ante con ciertas cartas fingidas y fingiendose hombre de bien auia hecho amistad estrechamente con aquel Milon, en tanto que lo rescibio por huesped de su casa y por amigo muy íntimo entre sus familiares y amigos, y él se detuuo algunos dias en su casa fingiendo tener amores con vna criada de Milon, y espió muy bien las cerraduras de la puerta y de los palacios donde Milon tenia todo su patrimonio: para lo qual no pequeño indicio se halla contra aquel mal hombre, porque aquella misma noche y en el momento de aquel robo él huyó, y dende entonces acá nunca más parescio; y porque tuuiese ayuda para su huyda e muy prestamente lexos y bien lexos se escondiesse, dexando atras los que lo seguian, tuuo buen remedio que lleuó consigo, en que fue caualgando, aquel su cauallo blanco en que auia venido, dexando en la posada a su moço: el qual hallado alli por las justicias de la ciudad lo mandaron echar en la carcel como testigo que sabia de las maldades y consejos de su señor, y otro dia, puesto a question de tormento, que lo quebrantaron y desmembraron quasi hasta lo lleuar a la muerte, nunca confesó cosa alguna de lo que le preguntauan: por la qual causa embiaron muchos del número de la ciudad a la tierra de aquel Lucio, para hazelle pagar la pena del delicto que auia cometido. Contando él estas cosas yo gemia y lloraua dentro de las entrañas, haziendo comparacion de aquella mi primera fortuna, de aquel Lucio bienauenturado, con la presente calamidad de asno malauenturado: demas desto me venia en el pensamiento que los varones de la antigua doctrina no sin causa fingian y pronunciauan ser la fortuna ciega e sin ojos, la qual siempre daua sus riquezas a hombres malos y que no las merescian, y nunca escogia a alguno de los hombres por juyzio justo, antes conuersaua principalmente con tales personas de las quales deuria de huyr si de lexos los viesse; y lo que más estremo y peor es de todos los estremos, que nos da diuersas y contrarias opiniones, en tal manera que vn mal hombre sea glorificado y alabado con fama de buen varon, y por el contrario, vn bueno sea maltractado en boca de los malos. Assi que yo, a quien su cruel impetu traxo y reformó en vna bestia de quatro pies, de la más vil suerte de todas las bestias, de la qual desdicha justamente auria mancilla y se doleria quien quiera de aquél a quien huuiesse acontescido, aunque fuesse muy mal hombre, sobre todo era agora accusado de crimen de ladron contra mi huesped muy amado, que tanta honrra me hizo en su casa: el qual crimen no solamente quien quiera podria nombrar latrocinio, pero más justamente se llamaria parricidio; y con todo esto no me conuenia defender mi causa, al menos negar con vna sola palabra; finalmente, porque la mala conciencia no paresciesse que estando yo presente consentia a tan celerado crimen, con esta impaciencia enojado quise dezir: no hize yo tal cosa; la primera silaua bien la dixe, no vna vez más muchas, pero las siguientes palabras nunca las pude declarar, y quedéme en la primera boz reboznando siempre vna cosa: no, no. La qual nunca pude más pronunciar, como quier que meneasse los beços caydos y redondos. Qué más puedo yo quexarme de crueldad de la fortuna, sino que aun no huuo verguença de me juntar y hazer compañero con mi cauallo y seruidor que me traxo acuestas? Estando yo entre mí fluctuando en tales pensamientos, vínome aquel cuydado principal, en que me recordaua cómo por consejo y deliberacion de los ladrones yo estaua sentenciado para ser sacrificio del ánima de aquella donzella, e mirando muchas vezes mi barriga me parescia que ya estaua pariendo a la mezquina de la moça. Mas si os plaze aquél que truxo de mí falsa relacion del hurto, sacados de su seno mil ducados que alli traya cosidos, los quales segun dezia auia traydo a diuersos caminantes, echandolos dentro en el arca para prouecho comun de todos, començó a inquirir y preguntar solicitamente de la salud de todos los compañeros: y sabido cómo algunos de los más esforçados eran muertos en diuersos aunque no pereçosos casos, persuadioles que entre tanto no robassen los caminos y guardassen treguas con todos hasta que entendiessen en buscar compañeros y la malicia de la nueua juuentud fuesse restituydo el número de su compañia como antes estaua, porque haziendo assi podrian compeler, poniendo miedo a los que no quisiessen y prouocando con premio a los que de su voluntad quisiessen: que no auria pocos que renunciando a la vida pobre y seruir no quisiessen más seguir su opinion y compañia; la qual parescia que era cosa de grande estado y poderio, diziendo que él auia hablado, por su parte, con vn hombre poco auia, alto de cuerpo y mancebo bien esforçado, y le auia persuadido y finalmente acabado con él que tornasse a exercitar las manos que traya embotadas de la luenga paz: e que mientras pudiesse vsasse de los bienes de la buena fortuna y no quisiesse ensuziar sus esforçadas manos pidiendo por amor de dios, sino que se exercitase cogendo oro a manos llenas. Quando aquel mancebo huuo dicho estas cosas, todos los que alli estauan consintieron en ello, diziendo que tal hombre como aquél, que era ya prouado en las armas, que deuria ser luego llamado, y buscaron otros

para suplir el número de los compañeros. Entonces aquél salio fuera de casa y tardó vn poco: el qual traxo consigo vn mancebo grande y esforçado como auia prometido, que no sé si se podria comparar a ninguno de los que estauan presentes, porque demas de la grandeza de su cuerpo sobrepujaua en altura a los otros toda la cabeça, e si os plaze entonce le apuntauan los pelos de las barbas; como quier que venia muy mal vestido y mal atauiado con vn sayo vil y roto, entre el qual parescia el pecho y vientre con las costras y callos duros y fuertes, desta manera como entró en casa dixo: Dios os salue, seruidores del fortissimo dios Mares e mis fieles compañeros; rescibid queriendo de vuestra voluntad y gana vn hombre de gran coraçon que quiere estar en vuestra compañia: que de mejor gana rescibe heridas en el cuerpo que dineros en la mano y es mejor que la muerte, la qual otros temen; y no penseys que soy pobre y desechado, ni estimeys mis virtudes destos paños rotos, porque yo fue capitan de vn esforçado exército que quasi destruymos a toda Macedonia: yo soy aquel ladron famoso que ha por nombre Hemo de Tracia, del qual todas las prouincias temen. Yo soy hijo de aquel Theron que fue muy famoso ladron: yo fue criado con sangre de hombres, y cresci entre los hombres de guerra y fue eredero y imitador de la virtud de mi padre; pero en el espacio de poco tiempo perdi aquellas grandes riquezas y aquella primera muchedumbre de mis fuertes compañeros: porque demás de yo auer sido procurador del emperador Cesar, fuy tambien su capitan de dozientos hombres, de donde la mala fortuna me derribó y fue causa de todo mi mal. Dexado esto aparte, como ya en vuestra presencia auia començado, tomaré la orden de contar el negocio por que sepays cómo passa. En el palacio del emperador Cesar auia vn cauallero muy noble y hidalgo e muy conoscido y priuado del emperador, al qual cruel embidia, por malicia de algunos accusado, alançó y desterró de palacio. Su muger, que auia nombre Plotina, dueña de mucha fieldad y de singular prudencia y castidad, que auia acrescentado el linage de su marido con diez hijos que le auia parido, menospreciando y desechando los plazeres y reposos de la ciudad, le acompañó y fue compañera de su desdicha: la qual cortados los cabellos, en hábito de hombre, ceñida vna cinta llena de oro y de joyas muy preciosas entre las manos y espadas de los caualleros que la guardauan, salio sin ningun temor, siendo participante de todos los peligros, y sosteniendo cuydado continuo por la salud de su marido, sufrio y passó continuas tribulaciones con ánimo y esfuerço de hombre. E despues de passadas muchas dificultades e peligros por mar y por tierra llegó a la ciudad de Zacinto, adonde su suerte y ventura le auia dado por algun tiempo estancia y morada; pero quando llegó al puerto de Acciaco, por donde nosotros andauamos robando toda Macedonia, ya que era de noche, por apartarse de la mar y por tomar algun refresco, entróse aquella noche a dormir en vna venta que estaua cerca de la mar: a donde nosotros llegamos y robamos todo quanto traya, y no con poco peligro de nuestras personas nos partimos de alli, porque como aquella dueña oyó el sonido de la puerta quando la abriamos, lançose en su camara dando grandes gritos y bozes que despertó a todos, llamando por sus nombres a sus escuderos y criados y a toda la vecindad que le viniesse a socorrer, y si no fuera que con el miedo que cada vno tenia de sí mismo se escondian, el negocio fuera de tal manera que no partieramos de alli sin pena; pero despues dende a poco aquella dueña muy buena y honrrada, de gran fe y graciosa en buenas costumbres, porque es razon de contar la verdad, suplico a la magestad del emperador Cesar y alcançó muy presta tornada para su marido, y assi mismo impetró llena vengança del robo que le fue hecho. Finalmente, que el emperador no quiso que huuiesse colegio ni compañia del ladron Hemo, y luego se deshizo y perdió, porque todo lo puede la voluntad de vn gran principe. Assi que, hecha pesquisa contra nosotros, toda la compañia de los caualleros y pendones de aquella hueste fue muerta y destruyda; yo solo en gran pena y fatiga me hurté entre los otros y escapé de la boca del infierno en esta manera: Vestido con una ropa de muger, y tocada vna toca en la cabeça, calçados los pies con seruillas de muger blancas y delgadas, assi escondido debaxo deste ábito de muger, caualgando encima de vn sanillo que yva cargado de espigas de ceuada, passé por medio de las batallas de los enemigos. Los quales pensando que era vna muger asnera, me dexaron passar libremente, quanto más que en aquel tiempo yo no tenia barbas y con la juuentud me resplandescia la cara; pero con todo esto yo nunca me aparté ni cay de la gloria de mi padre ni de mi esfuerço y virtud. Verdad es que quasi con miedo passando cerca de las lanças y espadas de los caualleros, encubierto con engaño de ábito ageno, yo solo me yua por essas villas y castillos, donde apañaua lo que podia para prouision de mi camino. Diziendo esto descojó de aquellos paños rasgados que traya vestidos y sacó dos mil ducados de oro diziendo: Veys aqui esta pitança, y aun digo que en dote los doy de buena gana para vues- tro colegio y compañia; y aun me offrezco por

vuestro capitan fidelissimo, y si vosotros, seño- res, no rehusays esto, yo me obligo a hazer que en espacio de breue tiempo esta vuestra casa que agora es de piedra se torne toda oro. No tardaron más los ladrones: todos confor- mes y de vn boto le hizieron su capitan y le vistieron luego vna vestidura de seda como conuenia a tal capitan, quitandole primero el sayo roto aunque rico que traya. En esta ma- nera reformado dio paz y abraçó a cada vno dellos, y sentado en más alto lugar que nin- guno començaua a hazer fiesta con su cena de muchos manjares.

CAPITULO II

Cómo aquel mancebo rescibido en la compañia por Hemo, afamado ladron, fue descubierto ser Lepolemo, esposo de la donzella, el qual la libertó con su buena industria y lleuó a su tierra.

Entonces hablando vnos con otros comença- ron a dezir de la huyda de la donzella y de cómo yo la lleuaua acuestas, y diziendo assi mismo de la monstruosa y no oyda muerte que para entrambos nos tenian aparejada: lo qual todo por él oydo preguntó dónde estaua aque- lla moça; y lleuaronlo adonde estaua, y como la vio en prision cargada de hierros començo a despresciarla, haziendo vn sonido con las nari- zes, y saliosse luego de la camara, y desque se tornó a sentar dixo luego a los ladrones: Yo, señores, no soy tan bruto ni temerario que quiera refrenar vuestra sentencia y acuerdo; pero yo pensaria que tenia dentro en mi cora- çon peccado de mala conciencia si disimulasse lo que me paresce que es bueno y proue- choso, mas vna cosa aueys de pensar: que esto que yo digo es por vuestra causa y prouecho. Por ende si esto que dixere no os plazera, digo que ten- gays libertad para os tornar al asno. Porque yo, señores, pienso que los ladrones y los que dellos saben más ninguna cosa deuen antepo- ner a su ganancia: tambien esta vengança es dañosa muchas vezes a ellos y a otros. Pues si matardes la donzella en el asno, no hareys otra cosa sino exercitar vuestro enojo sin ningun prouecho ni ganancia. Por ende me paresce que esta donzella se deuria lleuar a alguna ciu- dad, porque no seria liuiano el precio que por ella se diesse segun su edad: que aun yo tengo conocido dias ha algunos rufianes de los qua- les vno podria, segun yo pienso, comprar esta moça con grandes talentos de oro para la po- ner al partido como ella meresce, y aun de se- mejante huyda que ésta quando ella huuiere seruido en el burdel no os dara poca vengança. Este es mi parescer y de lo que yo haria, por ser vtil y prouechoso; pero sobre todo digo que vosotros soys señores de mis consejos y de todas mis cosas. Desta manera aquel abogado del fisco de los ladrones proponia nuestro pleyto y causa como muy buen defensor de la donzella y del asno. Mas como los otros se tardauan en deliberar, con la tardança de su consejo atormentauan mis entrañas y el mezquino de mi espiritu. Finalmente, de buena gana todos se allegaron a la sentencia del nueuo ladron, e luego soltaron a la donzella de las cadenas en que estaua: la qual como vido aquel mancebo y oyó hazer mencion del burdel y del rufian, començó con vna gran risa de alegrarse tanto, que a mí me vino el pensamiento que todo el linage de las mugeres merescia ser vituperado, por ver vna donzella que oluidado el amor del mancebo su marido, y el desseo de las castas bodas que con él auia de hazer, se alegró subitamente oyendo el nombre del suzio y hediondo burdel. E la verdad es que la seta y costumbres de todas las mugeres pendian entonces del juyzio de un asno. Aquel mancebo, tornando a repetir la habla, procediendo adelante dixo: Pues por qué no aparejamos de suplicar y hazer sacrificio el dios Mares nuestro compañero, y tambien para vender esta moça y buscar compañeros para nuestro colegio? Pero segun yo veo no ay aqui animal ninguno para hazer sagrificio, ni tenemos vino para que suficientemente podamos beuer. Assi que dadme diez compañeros destos, con los quales yo me contentaré e yré a un lugar destos por aqui cerca, donde compraré lo que es menester para comer y otras cosas nescessarias: desta manera partido de alli, los otros encendieron vn gran fuego y hizieron vn altar al dios Mares de cespedes verdes; dende a poco rato tornó aquel, y los otros trayan ciertos odres llenos de vino y vna manada de ganado delante, de donde tomaron vn cabron grande y escogido de muchos años con las vedijas alçadas, el qual sacrificaron al dios Mares su compañero a quien ellas seguian; y luego fue aparejado el comer muy abundantemente, y aquel huesped nueuo dixo: Vosotros, señores, no solamente me aueys de tener por capitan de vuestras batallas y robos, pero tambien es razon que me deuays sentir muy diligente para vuestros plazeres. Y diziendo esto con mucha gracia hablando, ministra a todos con diligencia, barriendo la casa, poniendo la mesa, cozinando manjares sabrosos y poniendoles delante abundantemente para que comiessen: mayormente se esmeraua en henchir y hartar a todos con grandes y espessas copas de vino; entre esto algunas vezes, fingiendo que yua por las cosas nescessarias para la mesa, entraua donde estaua la moça y trayale algunas cosas de comer que escondidamente tomaua de la mesa, y

alegre la traya assi mismo alguna taça de vino, de la qual él gustaua primero y ella lo rescibia de buena gana; y alguna vez que él la queria besar ella lo consentia rescibiendole con la boca abierta, la qual cosa a mí me desplazia en estrema manera y dezia entre mí: O moça donzella, tan presto te has oluidado de tu desposorio y de aquel tu muy amado por quien tanto llorauas, y antepones este aduenedizo y cruel matador aquel que no sé quién es tu nueuo marido y esposo que tus padres ayuntaron contigo? no te acusa la conciencia y paresceme que reholado el amor y aficion que le tenias te conuiene ser mala muger entre estas lanças y espadas? pues qué será si en alguna manera los otros ladrones sintieren esta burla? piensas que no tornarás otra vez al asno y otra vez me causarás a mí la muerte? cierto tú burlas y juegas de cuero ageno. En tanto que yo en mi pensamiento falsamente accusaua estas cosas y disputaua dellas con grande enojo, conosci de sus mismas palabras algo dudosas, aunque no muy escuras para asno discreto, que aquel mancebo no era Hemo ladron famoso, mas que era Lepolemo, esposo de la donzella: porque procediendo en sus palabras, que ya vn poco más claramente hablauan, no curando de mi presencia estuuieron hablando muy quedo y él le dixo: Tú, señora Charites, mi dulcissima esposa, ten buen esfuerço, que todos estos tus enemigos te los dare presos y captiuos en las manos. E diziendo esto no cessa de les dar el vino, ya mezclado y algo tibio con mayor instancia: de manera que ellos estauan ya lijados del vino y de la violencia y muchedumbre dél; él se abstenia de no beuer, y por dios que a mí me dio sospecha que les auia echado dentro en los cantaros del vino algunas yeruas para les hazer dormir; finalmente, que todos sin que vno faltasse estauan sepultados en vino, y algunos dellos aparejados para la muerte: entonces Lepolemo, sin ninguna dificultad y trabajo, puestos ellos en prissiones y atados en ellas como a él le parescio, puso encima de mí la donzella y endresço el camino para su tierra, a la qual llegamos. Toda la ciudad salio a ver lo que mucho desseauan: salieron su padre y madre y parientes, cuñados, seruidores, criados y esclauos: las caras llenas de gozo, que quien lo viera pudiera ver muy bien vna gran fiesta de personas de todo linage y edad, que por dios era vn espectaculo digno de gran memoria ver vna donzella triumphante encima de vn asno. Yo tambien como hombre varon, por que no paresciesse que era ageno del presente plazer, alçadas mis orejas e hinchadas las narizes rozné muy fuertemente, y aun puedo dezir que canté con clamor alto y grande.

CAPÍTULO III

Cómo, celebradas las bodas de la donzella, se penso con gran consejo qué premio se daria a Lucio, asno, en recompensa de su libertad; donde cuenta grandes trabajos que padescio.

Despues que la donzella entró en casa, los padres la recibieron y regalauan como mejor podian. Lepolemo tomóme a mí con otra muchedumbre de asnos y azemilas de la ciudad y tornóme para atras: adonde yo yua de buena gana, porque tenia mucha gana y desseo de tornar a ver la prision y captiuidad de aquellos ladrones, a los quales hallamos bien atados con el vino más que con cadenas; assi que nosotros, cargados de oro y plata y otras cosas suyas, que nada les dexaron, tomaron a los ladrones atados como estauan y a los vnos embueltos los lançaron de esos riscos abaxo, otros degollados con sus espadas se los dexaron por ay. Con esta tal vengança alegres y con mucho plazer nos tornamos a la ciudad, a donde pusieron todas aquellas riquezas en el tesoro y arca publica de ella: e la donzella dieronla a Lepolemo su esposo, como era razon y derecho. Dende alli la dueña que ya era cassada me buscaua a mí y me nombraua como a su guardador que le auia librado de tanto peligro, y esse mismo dia de las bodas me mandó enchir el pesebre de ceuada y poner heno tan abundantemente que bastara para vn camello. Quántas maldiciones podria yo echar agora a mi Andria, que es merescedora dellas y de la yra de los dioses, porque me tornó en asno y no en perro! porque veya por allí los perros hartos de aquellas reliquias y sobras de la boda y de la cena muy abundante. Despues de passada la primera noche de boda, la recien cassada no se le oluidó assi cerca de sus padres como de su marido de darme muchas gracias, rogando que le prometiessen de me hazer mucha honrra: para lo que, llamados otros amigos de seso y edad, les preguntó qué consejo darian cómo pudiesse remunerar tanto beneficio como de mí auia rescebido, y vno dixo que me tuniessen encerrado en casa sin que cosa alguna hiziesse y me engordassen con ceuada y hauas y buena cama; pero vencio a este otro que miró más a mi libertad, diziendo que me echassen al campo con las yeguas y que alli andando a mi plazer holgando entre ellas daria a mis señores muchas mulas y buenas: assi que llamaron al yeguarizo, hablaronle muy largamente y con gran prefacion de palabras entregaronme a él que me lleuasse; adonde por cierto yo yua muy alegre y gozoso, creyendo que ya auia renunciado el trabajo y cargas que me solian echar; demas desto me gozaua que me auian dado aquella libertad en principio del ve-

rano, quando los prados estauan llenos de yeruas y flores: donde piensaua hallar algunas rosas, porque me subia vn contino pensamiento que auiendo hecho tantas honrras y dado tantas gracias a vn asno, que tornandome en hombre humano con muchos mayores y más beneficios me honrrarian. Mas despues que aquel yeguarizo me apartó y lleuó lexos de la ciudad, ningunos plazeres ni ninguna libertad yo tomé: porque luego su muger, que era auarienta y muy mala hembra, me puso a moler en vna tahona y con un palo ñudoso me castigaua de contino, ganando con mi cuero para sí y para los suyos; y no solamente era contenta de me fatigar y trabajar por causa de su comer, pero matauame moliendo continamente por dineros el trigo de sus vezinos, y por todos éstos trauajos y fatigas no me daua a comer la ceuada que auian señalado para mí, mezquino, la qual tostaua ella y me la hazia moler con mis continuas bueltas y la vendia a esos vezinos cercanos, y a mí que andaua atento todo el dia al continuo trabajo de la tahona a la noche me ponia vnos pocos de saluados sucios y por cernir, llenos de piedras que no auia quien los pudiesse comer. Estando yo bien domado con tales penas y tribulaciones, la cruel fortuna me truxo a otro nueuo tormento: conuiene a saber, que como dizen yo me gloriasse auer sufrido trabajos de loar, assi en casa como fuera de ella, aquel buen pastor que tarde escuchó el mandado de su señor, plugole ya de me echar a las yeguas; finalmente, desque yo me vi asno libre, alegre y saltando con mis passos blandos a mi plazer, andaua escojendo las yeguas que mejor me parescian, creyendo que auian de ser mis enamoradas. Pero aun aqui la alegre esperança procedio a fin y salida mortal, porque los garañones, como estauan hartos y gruessos y muy terribles por auer muchos dias que andauan a pasto, eran cierto mucho más fuertes que ningun asno, y temiendose de mí, guardando que no hiziesse adulterio monstruoso con sus amigas, no guardando la amistad que Jupiter mandó tener con sus huespedes, començaron a perseguir su yra [1] con mucha furia y odio. El vno, alçados sus grandes pechos en alto, su cabeça alta y con las manos sobre mi cabeça, peleaua con sus vñas contra mí; el otro con sus ancas redondas y gruessas boluiendolas hazia mí me daua de pernadas; otro amenazandome con sus malditos relinchos y abaxadas las orejas y descubiertas las hastas de los blancos dientes me mordia todo. Assi lo auia yo leydo en la historia del gran rey de Tracia, que daua a sus cauallos los mezquinos de los huespedes que acogia para los despedaçar y comer. Tanto era

[1] *Su rival*, en la edicion de Amberes.

aquel tirano escasso de la ceuada, que con abundancia de cuerpos humanos ensuziaua la hambre de sus rauiosos cauallos. De aquella misma manera yo era mordido y lacerado de los saltos y varios golpes de aquellos cauallos: tanto que pensauame seria mejor tornar a la tahona. Mas la fortuna, que no se hartaua de me atormentar, me instruyó y aparejó de nueuo otra mayor pestilencia y daño: la qual fue que me echaron a traer leña de vn monte, y entregaronme a vn muchacho que me lleuasse y truxesse, el más falso rapaz y maligno de todos los del mundo: que no me fatigaua tanto la aspera subida del monte muy alto, ni las piedras y riscos asperos por donde passando me quebrantaua las vñas, como los grandes y muchos golpes de las varadas que a menudo me daua, en tal manera que dentro en el coraçon me entraua el dolor de las heridas, y con el pie derecho siempre me daua tantos golpes que hiriendo en vn lugar me desollaua el cuero y abierto vn agujero de vna llaga muy ancha, que más se puede dezir hoyo y aun ventana grande. Y con todo esto no dexaua de siempre martillar en vna misma llaga llena de sangre, y echauame tan gran carga de leña acuestas, que quienquiera que la viera dixera bastaua más para vn elefante que para vn asno. Aquel falso rapaz, cada vez que la carga pesaua más a vna parte y se acostaua a vn lado, en lugar de me quitar la leña de aquel cabo para que quitado el peso me quitasse de aquella fatiga, o al menos passar de los leños de vn lado al otro para ygualar la carga, hazialo al contrario, porque echaua muchas piedras a la otra parte, e assi curaua el mal y pena de mi carga. No contento con tan gran peso de cargas como me echaua, despues de otras muchas fatigas y tribulaciones, como auiamos de passar vn rio que acaso estaua en el camino, por no se mojar los pies saltaua encima de mis ancas, y assi passaua caualgando, y como quier que él era pequeño, la sobrecarga que me echaua era de tan gran peso, que si acaso en el cieno resbaloso que estaua en la vera del rio yo caya con la fatiga de la carga, el bueno del asnero, en lugar de me ayudar con la mano alzandome la cabeça con el cabestro e tirandome de la cola, o al menos quitarme alguna parte de la carga de encima hasta que me leuantasse, ninguna ayuda destas me hazia, aunque me via cansado: antes começando dende la cabeça y aun de las orejas, con un palo bien pessado me daua tantos golpes que todo el cuero me dessollaua, hasta tanto que con las heridas y palos que me daua me hazia leuantar. Este mal rapaz pensó e hizo vna trauessura desta manera: Tomó vn manojo de çarças con las espinas muy agudas y venenosas, las quales atadas colgó e puso debaxo de mi cola

para me atormentar; de manera que, como yo començasse a andar, conmouidas e incitadas me llagassen con sus puas e mortales aguijones. Assi que yo estaua puesto entre dos males: porque si queria huyr corriendo heriame muy más reziamente la fuerça de las espinas, y si me estaua quedo vn poco, por que no me lastimassen las çarças dauame de varadas para me hazer correr: que cierto aquel maligno rapaz no parescia que pensaua en otra cosa sino cómo me matasse y echasse a perder, y assi lo juraua, y algunas vezes me amenazaua. Y cierto su detestable malicia le estimulaua para que hiziesse otras peores cosas: porque vn dia, a causa que mi paciencia ya no podia suffrir su gran soberuia, dile vn par de coces, por la qual causa él inventó contra mí vn crimen y hazaña endiablada: cargóme encima dos barcinas de tascos muy bien ligados con sus cuerdas, y assi lleuóme por esse camino adelante, y llegado a vna aldehuela hurtó vna brasa de fuego encendida y pusola enmedio de la carga: el fuego, escalentado y criado del nutrimiento de los tascos, alçó grandes llamas de manera que el ardor mortal me cubrio, que ni auia remedio a tan gran mal ni parescia socorro alguno a mi salud; y como semejante peligro no suffre tardança, antes preuierte todo buen consejo, la prouidencia de la fortuna resplandesce a las veces muy alegre en los casos crueles y contrarios. No sé si lo hizo aqui por me guardar para otro mayor peligro, pero cierto ella me libró de la presente y cierta muerte. Acaso estaua vn charquillo de agua turbia, que auia llouido otro dia antes, el qual como yo vi lanceme dentro en vn salto, sin pensar otro peligro, y la llama fue luego apagada en tal manera que yo fue vazio de la carga y escapé libre de la muerte; mas aquel maligno y temerario moço tornó contra mí toda su malignidad que auia hecho, diziendo y afirmando a todos los pastores que por ay estauan que passando yo por los fuegos de los vezinos de aquella aldea de mi propria gana, titubando los passos, auia tomado aquel fuego y aun haziendo burla de mí añadia diziendo: hasta quándo auemos de mantener de valde a este engendrador de fuego?

CAPITULO IV

En el qual Lucio recuenta grandes trabajos que padecio por causa de venir a poder y manos de un rapaz que en estremo le fatigó, hasta que vna ossa le despedaçó en el monte.

No passaron muchos dias que me buscó otro mayor engaño. Vendio la carga de leña que yo traya en vna casa de aquella aldea, y tornóme vacio a casa dando bozes que no podia su fuerça bastar a mi maldad, y que él no queria más seruicio en este miserable officio, y las quexas que inventaua contra mí eran desta manera: Vosotros veys este pereçoso tardon y grande asno? demás de otras maldades que cada dia haze, agora me fatiga con nueuos peligros: como vee por esse camino algun caminante, agora sea muger vieja, agora moça doncella para casar, o mochacho de tierna edad, luego lançada la carga en el suelo, y aun algunas vezes el albarda y quanto trae encima, con mucha furia corre como enamorado de personas humanas, y lançados por aquel suelo prueua de hazer con ellos lo que es contra natura; y aun muerdelos con su boca suzia, que paresce que los quiere besar: lo qual nos es causa de muchos lites y questiones, y aun quiza algun dia nos traera mayor daño. Que agora halló en el camino vna moça honesta y hermosa, y como la vido, lançada por esse suelo la carga de leña que traya, arremetio a ella con impetu furioso, y el gentil enamorado derribó la muger por el suelo, y alli en presencia de todos trabajaua por subir encima della: en tal manera que si no fuera por los gritos y bozes que dio y le acorrieron los que pasauan por el camino, quitandogela de entremedias de los braços y piernas, cierto que él abriera y rompiera la mezquina de la moça y ella sufriera la muerte y a nosotros nos dexara pena y mala ventura. Con estas mentiras mezclando otras palabras que mucho atormentauan a mi vergonçoso callar, incitó cruel y fieramente los ánimos de los pastores para destruycion mia. Finalmente, que vno dellos dixo: Pues que assi es, por qué no sacrificamos este marido público y adultero comun de todas y hazemos sacrificio dél, qual lo merescen aquellas sus bodas contra natura? y tú, moço, oyes: mátalo luego y echa las entrañas y assadura a nuestros perros, y la otra carne guardala para que coman los gañanes, porque poluoreada ceniza encima del cuero lleuarlo emos a sus señores, y finalmente, podemos mentir diziendo que lo mató vn lobo. Cuando esto oyó aquel mortal enemigo y acusador mio estaua muy alegre por ser executor de la sentencia de los pastores, y procurando siempre mi mal, recordandose de aquellas coces que le auia dado, y a mí me dolia porque no lo auia muerto, quitada toda tardança començo luego a aguzar el cuchillo en vna piedra. Entonces vno de la compañia de aquellos labradores dixo: Grande mal es que matemos desta manera vn asno tan hermoso como éste, y que por luxuria o amores él sea acusado y carezcamos de su obra y seruicio tan necesario: quanto más que quitandole los compañones nunca más será celoso ni se alçará para hazer mala cosa,

a nosotros quitaremos de peligro y él se hará muy más hermoso y gruesso. Porque yo he visto muchos, no solamente destos asnos pereçosos, más cauallos muy fieros, que eran celosos en gran manera, y por aquella causa brauos y crueles, y haziendoles este remedio de castrarlos se tornauan muy mansos sin ninguna furia, y por esto no eran menos abiles para traer la carga y hacer todo lo otro que era menester. Si todo esto que os digo creys y os paresce bien, de aqui vn poco de rato yo he acordado de yr a este mercado que aqui cerca se haze, y tomadas de casa las herramientas que son menester para hazer esta cura, tornaré a vosotros muy presto, y castrado este enamorado cruel y brauo, yo lo entiendo tornar más manso que vn cordero. Con esta sentencia yo fue reuocado de las manos de la muerte, pero como quedé dende entonces reseruado para aquella pena, yo lloraua y planteaua viendo que era ya muerto en la vltima parte de mi cuerpo. Finalmente, yo deliberaua de me dexar morir de hambre o de me matar echandome de vn risco abaxo, porque aunque hubiesse de morir muriesse entero. Entre tanto que yo tardaua en pensar y eligir quál destas muertes tomaria. a la mañana aquel maluado moço que me queria matar me lleuó a aquel monte donde soliamos traer leña, y alli atóme muy bien del ramo de vna encina. Yo muy bien atado, él se fue vn poco adelante con su hacha para cortar leña: y he aqui que de una grande cueua que alli estaua salio vna ossa espantable, alçada la cabeça, la qual como yo vi, con su vista repentina muy espantado y temeroso, colgué todo el pesso del cuerpo sobre las coruas de los pies, y la ceruiz alta tiré quanto pude: de manera que quebré el cabestro con que estaua atado, y eché a huyr quanto pude; y por alli abaxo no solamente corria con los pies mas con todo el cuerpo: medio tropeçando sali por essos campos llanos, huyendo con grandissimo impetu de aquella grande ossa y del vellaco del moço que era peor que la ossa. Entonces vn caminante que por alli passaua, como me vido vagamundo y solitario, caualgó encima de mí y con vn palo que traya en la mano començome a echar por otro camino que yo no sabia. Pero yo no yua contra mi voluntad, antes me amañaua para andar muy presto, por dexar aquella cruel carniceria de mis compañones, y tampoco me curaua mucho porque aquél me daua con el palo, porque yo estaua acostumbrado que cada dia me desollauan a varadas; mas aquella fortuna que siempre fue contraria y pertinaz a mis casos peruertió muy prestamente esta mi huyda tan oportuna y luego ordenó otras nueuas asechanças. Aquellos mis pastores andauan a buscar vna vaquilla que se les auia perdido, y auiendo atrauessado y andado por muchas partes, acaso encontraron con nosotros, y luego como me conoscieron tomaronme por el cabestro y començaronme a lleuar; pero aquél otro resistia con mucha osadia, llamando ayuda y protestando la fe de los hombres y del señorio que tenia en mí diziendo: Por qué me robays lo mio? por qué me salteays? Ellos dixeron: Tú dizes que te tractamos descortesmente lleuando como lleuas hurtado nuestro asno? Antes has de dezir dónde escondiste el moço que traya el asno, el qual tú mataste. Y diziendo esto dieron con él en tierra y sacudieronle muy bien de coces y puñadas; y él juraua que nunca auia visto quién traxese el asno, sino que lo cierto era que él lo auia hallado suelto y solo por esse camino y que lo auia tomado por ganar el hallazgo; pero que la verdad era que él tenia pensamiento de lo restituyr a su dueño, y que pluguiesse a dios que este asno, el qual nunca huuiesse encontrado, pudiera hablar con voz humana para que declarara y diera testimonio de su inocencia, porque cierto a ellos les pesara de la injuria que le auian hecho. Desta manera porfiando y defendiendo su causa, ninguna cosa le aprouechaua, porque los pastores enojados le echaron las manos al pescueço y assi lo tornaron hasta cerca de aquella montaña donde el moço acostumbraua hazer leña para lleuar a casa: el qual nunca parescio en toda aquella tierra, pero al cabo hallaron su cuerpo desmembrado y despedaçado derramado por muchas partes; lo qual yo por muy cierto sentia que era hecho por los dientes de aquella ossa, y por dios yo dixera lo que sabia si la copia de hablar me ayudara, mas aquello solo que podia me alegraua entre mí de aquella venganza aunque auia uenido tarde. Los pastores cogeron todos aquellos pedaços del cuerpo, y con mucha pena ayuntado y compuesto lo enterraron alli: desta manera criminando y acusando a mi guiador indubitado e mi bellorophonte, diziendo que era cruelmente ladron y matador, lleuaronlo bien preso y atado, tornaronse a sus casas y choças diziendo que otro dia siguiente lo lleuassen ante la justicia para saber dellos la pena que merescia. Entre tanto que los padres del moço muerto llorauan y planteauan su hijo, he aqui do viene aquel rústico que auia ydo al mercado, al qual no se le auia oluidado lo que prometio; y venia pidiendo muy ahincadamente que me castrassen, al qual vno de los que alli estauan dixo: No es nuestro daño presente de lo que tú agora solamente pides. Pero antes conuiene que mañana, no solamente cortemos la natura a este pessimo asno, mas es razon que tambien le cortemos la cabeça, y no creas que para esto te faltará ayuda y diligen-

cia destos. En esta manera fue hecho que mi mala uentura se dilatasse hasta otro dia. Yo entre mí daua gracias al bueno del moço porque al menos siendo muerto daua vn dia de espacio a mi carniceria. Pero con todo esto nunca fue dado vn poquito de espacio a mi reposo y plazer, porque la madre de aquel moço, llorando la muerte amarga de su hijo, con muchas lagrimas y llantos cubierta de luto messaua sus cauas con ambas manos, aullando y gritando, y desta manera lançosse en mi establo, adonde abofeteandose la cara y dandose de puñadas en los pechos dixo desta manera: Agora este asno está muy seguro sobre su pesebre, entendiendo en tragar y comiendo siempre ensancha su profunda barriga, que nunca se harta, y no se recuerda de mi amarga manzilla, ni del caso desdichado que acontescio a su maestro defunto: antes me paresce que menosprescia y tiene en poco mi vejez y flaqueza y piensa que passará sin pena de tan gran crimen como hizo y cometio; pero como quier que sea, él presume que está inocente y sin culpa, que cierto es cosa conueniente a los malos atreuimientos contra la conciencia culpada esperar seguridad. Mas, o dios, tornando a mi proposito, tú, bestia de quatro pies maligna, aunque tomasses emprestada habla de hombre, a quién, aunque fuesse la más nescia persona del mundo, podrias persuadir que esta crueldad tuya pueda vacar de culpa? mayormente que tú pudieras socorrer y ayudar al mezquino del moço a coces y bocados. Cómo pudiste muchas vezes dalle de coces y no pudiste quando le matauan defenderlo con aquella misma osadia y esfuerço? Cierto tú pudieras arrebatarlo encima de tus espaldas y escapallo de las manos de aquel cruel ladron y enemigo. Finalmente, no deuieras tú solo echar a huyr y desamparar aquél tu compañero maestro y pastor. No sabes que aquellos que niegan ayuda y socorro a los que estan en peligro de muerte, que porque van contra las buenas costumbres y contra lo que son obligados suelen ser punidos y castigados? pero tú, omicida traydor, no te alegrarás mucho tiempo con mi pena y tribulacion: yo te prometo haga de manera que sientas este miserable dolor mio tenga fuerças naturales. Y como esto dixo, desembueltas sus manos desató vna faxa que traya ceñida, y ligados mis pies y manos con ella me apretó muy fuertemente, por que no restasse solaz alguno para mi vengança, y arrebató vna tranca con que se solian cerrar las puertas del establo y no cesó de darme de palos, hasta que con el peso del madero vencida y fatigada su fuerça le saltó de la mano. Entonces, quexandose que tan presto auia cansado, arremetio al fuego y tomó vn tizon ardiendo, y lançomele en medio destas ingles, que me quemó, hasta que ya no me restaua sino solo vn remedio, en que me esforçaua, que solté vn chizquete de líquido que le ensució toda la cara y los ojos. Finalmente, que con aquella ceguedad y hedor se apartó tanta pena y destruycion de mí.

ARGUMENTO DEL OCTAUO LIBRO

En este libro se contiene la desdichada muerte de su marido de Charites, y de cómo ella sacó los ojos a su enamorado Thrasilo; y cómo ella misma de su propria voluntad se mató, y la mudança que hizieron sus criados despues de su muerte: y cuenta muy luzidamente de ciertos echacuernos de la diosa Siria, diziendo de sus vidos y suziedades y cómo se cortauan los miembros para ganar dineros, y despues cómo se descubrieron los engaños que trayan.

CAPITULO PRIMERO

Cómo venido vn mancebo a casa de su amo de Lucio cuenta con admirable dilacion cómo Trasilo por amores de Charites mató con engaño a Lepolemo, y cómo ella le sacó los ojos a Thrasilo y despues se mató a ssi.

Esa misma noche al primer canto de los gallos vino vn mancebo de vna ciudad que estaua alli cerca: el qual segun que a mí me parescia deuia ser vno de los criados y seruidores de Charites, aquella donzella que padescio conmigo tantas tribulaciones y trabajos en casa de aquellos ladrones. Este mancebo estando sentado al fuego con los otros gañanes y moços contaua cosas marauillosas y espantables de la desuentura e infortunio que auia venido a la fortuna y casa de su señora, diziendo desta manera: Yeguarizos, vaqueros y boyeros, quiero os contar cómo yo tuue una mezquina de vna señora, la qual murio de vn caso grauissimo, aunque no fue desacompañada y sin vengança al otro mundo; y por que mejor sepays todas las cosas os quiero dezir este negocio como acontescio desde el principio, por que puedan muy bien los que son más discretos y la buena fortuna los enseñó a escreuir, ponerlo en escriptura a manera de hystoria. Era vn mancebo de esta ciudad que está aqui cerca, hidalgo y noble de linage, cauallero assaz rico; pero era dado a los vicios de luxuria y tauernas, andando de contino en los mesones y burdeles, acompañado de compañia de ladrones y ensuziando sus manos con sangre humana, el qual se llamaua Trasilo: tal era su fama y assi se dezia dél. Este mancebo fue vno de los principales que pidio en casamiento esta dueña Charites siendo ella de edad para casar, y con toda su possibilidad trabajó por se casar con ella; y como quier que en linage precedia a todos los otros, y tambien con sus grandes dadiuas y presentes combidaua la voluntad y juyzio de sus padres, pero por sus malas costumbres él fue dessechado y repelido. Despues que la hija de mi señor se casó y vino en manos de aquel noble varon Lepolemo, Trasilo criaua y continuaua entre si el amor por él començado, y recordandose de aquella indignacion y enojo que tenia por le auer negado el casamiento, buscaua accesso para su cruel desseo; finalmente, que hallando oportuna occasion para la maldad que tenia pensado dias auia, se aparejó a hazer la traycion. Y el dia que la donzella fue librada de mano de los ladrones por astucia y esfuerço de su esposo, él mostrando alegrarse más señaladamente que otro se mezcló con los otros que hazian alegrias, y con mucho gozo mostraua con su presencia que tenia plazer del linage que saldria de los nueuos desposados; y por honrra de tan noble generacion él fue rescebido en nuestra casa como de los principales huespedes, y callando el consejo de su traycion mentia y engañaua con persona y gesto de fidelissimo amigo. Ya con la mucha conuersacion y continuas hablas, y algunas vezes que comia y beuia con ellos, era muy amado. E con la amystad que le tenian, el necio malauenturado poco a poco se lançó en el pozo profundo del amor. Por qué no? pues que el fuego del primer amor primeramente deleyta con muy poquito calor, pero con la yesca de la conuersacion de poco ardor sale tan gran fuego que todo el hombre quema. Finalmente, Thrasilo deliberó consigo muchos dias antes de hazer lo que pudiesse; y como no hallasse lugar oportuno para poder hablar a la dueña secretamente, y viesse assi mismo que por la muchedumbre de los que la guardauan estauan cercados todos los caminos para cumplir su voluntad, y tambien conociesse que el vinculo del nueuo amor y afficion que entre el marido y muger crescia no se pudiesse desatar, y que a la dueña, aunque quisiesse, como quier que ella no podia querer tal cosa, no era possible començar a hazer maldad a su marido, pero con todo esto Trasilo era forçado y compelido con porfia obstinada a procurar lo que no podia alcançar como si pudiesse effectuarlo. E lo que agora le parescia muy dificile de alcançar, el amor loco que cada dia más se esforçaua le hazia creer y tener esperança por su edad y juuentud que era facil cosa de auer. Mas yo os ruego agora que con mucha atencion entendays en qué paró el impetu desta furiosa luxuria. Un dia Lepolemo tomó consigo a Thrasilo y fuesse a caça de monte para buscar animales, assi como corços, porque en estos no ay ferocidad ni braueza como en los otros animales, y tambien Charites no consentia que su marido fuesse a caçar bestias armadas con dientes o con cuernos, por el peligro que de ello se podria seguir. Y llegando a vn monte muy espesso de arboles, començaron los caçadores a llamar los perros, que eran monteros de linage, para que sacassen de alli los animales que auia, y como los perros eran enseñados de aquella arte, repartieronse luego cercando todas las salidas de aquel monte. Estando assi cada vno aguardando en su estancia, hecha señal por los caçadores, començaron de latir y ladrar tan reziamente, que toda la montaña hincheron de bozes, de la qual no salio corça ni gama ni cierua, que es mansa más que ninguna otra fiera, pero salio vn puerco montés muy grande y nunca otro tal visto, gruesso y espantable, con las cerdas leuantadas encima del lomo, echando espumarajos con el sonido de las nauajas, los ojos de fuego, su vista espantable, con impetu cruel que parecia vn rayo; y luego como llegaron a él los principales y más esforçados perros, dando con las nauajas acá y allá los mató y despedaçó, y desde saltó las redes por dondé primero adereçó su camino, y por alli saltó. Nosotros quando aquello vimos, espantados de gran miedo, como no eramos acostumbrados de aquella peligrosa manera de caça, mayormente que estauamos sin armas y sin ninguna manera de defension, escondimonos entre aquellas ramas y hojas de los arboles. Thrasilo, como halló oportunidad de la traycion y maldad que tenia pensada, habló a Lepolemo engañosamente desta manera: Qué es la causa por que, confusos de miedo y semejantes a la flaqueza destos nuestros sieruos, o espantados como mugeres, dexamos perder tan hermosa presa de miedo de nuestras manos? Por qué no subimos en nuestros cauallos y seguimos a este puerco? toma tú este venablo, yo tomaré mi lança. Y diziendo esto no tardaron más y saltaron luego en sus cauallos y con grandissima gana siguieron tras el puerco: el qual viendose apretado no se le oluidó su esfuerço y tornó con gran impetu y encendimiento de su ferocidad, dando golpes con las nauajas, hiriendo y rompiendo al primero que tomaua. Mas el primero que llegó a él fue Lepolemo, que le lançó el venablo que lleuaua, por las espaldas. Thrasilo perdonó al jauali y arrojó la lança al cauallo de Lepolemo, que le cortó las coruas de los pies, por manera que el cauallo cayó hazia la parte donde estaua herido y contra su voluntad dio con su señor en tierra. No tardó el puerco que con mucha furia vino para él y començole a trauar de la ropa, y él que se queria leuantar, el puerco le dio tantas nauajadas que le abrio por muchas partes; pero en todo esto nunca el bueno de su amigo le socorrio ni se arrepintio de la traycion començada,

ni se pudo hartar por ver en tanto peligro a su amigo: al menos deuiera con esto satisfazer a su crueldad; antes hizo al contrario, porque queriendose leuantar Lepolemo y cubriendo sus heridas, rogandole con mucha fatiga que lo socorriesse, Trasilo le metio la lança por el muslo de la pierna derecha, y tanto mayor golpe le dio quanto creyo que la llaga de la lança era semejante a las heridas de las nauajas. Assi mismo mató al puerco. En esta manera muerto Lepolemo, salimos todos de donde estauamos escondidos e corrimos allá. Trasilo, como quier que acabado lo que desseaua, viendo muerto a su amigo estaua alegre: pero con la cara cubrio el gozo fingendo tristeza y dolor y con mucha ansia abraçaua al cuerpo que él auia muerto. De manera que ninguna cosa dexó de hazer, aunque disimuladamente, para cumplir el officio de los que lloran la muerte de sus amigos. Solamente los ojos nunca pudieron echar lagrimas; y assi él confortandose con nosotros, que llorauamos de coraçon y verdaderamente, la culpa que tenia su mano daua la al puerco. Aun quasi no era acabado de hazer este mal tan grande, quando la fama corria por vna parte y por otra, y la primera jornada fue a casa de Lepolemo, la qual firio las orejas de su desdichada muger. Quando la mezquina rescibio tal mensajero, el qual nunca otro oyra, sin seso y conmouida de gran furor y pena, corriendo como loca por essas calles y plazas, y despues por los campos dando bozes, quexandose de la muerte de su marido; luego se juntaron muchos de la ciudad, tristes llorando, y siguieron tras della acompañando su dolor, que quasi nadie quedó en la ciudad con ganas de ver lo que auia passado. He aqui do viene el cuerpo de su marido, el qual como ella vio se cayó amortescida encima dél; y cierto ella diera el ánima alli, como lo tenia prometido, sino que apartada por fuerça de sus criados quedó biua. Dende con mucha pompa y honrra, acompañandolo todo el pueblo, lo lleuaron a enterrar. Trasilo en todo esto no hazia sino dar bozes y llorar, y las lagrimas que al principio de su llanto no tenia, cresciendole ya el gozo de la muerte de su amigo, le salian de los ojos, engañando la verdad con muchos nombres de amor y caridad: llamandole amigo y ambos de vna edad, su compañero y su hermano; finalmente, que le llamaua por su proprio nombre con mucho lloro y planto. Assi mismo algunas vezes tomaua las manos de Charites por que no se diesse golpes entre los pechos, y apartaule el dolor quanto podia y con palabras blandas porfiaule mucho que no tomasse tanta pena, entremetiendo solazes de otros casos acontescidos por muchos y varios exemplos. Desta manera, metiendo todos los officios de amor y piedad, siempre entremetia gana de tocar a la dueña como quier que podia, y deleytandose maliciosamente pensaua hazerle tomar su aborrescible amor. Despues de acabadas las exequias de la sepultura de la dueña, luego procuró de yr adonde estaua su marido, para lo qual començo a tentar todas las vias que pudo: de las cuales le parescio la más reposada y mansa que no ha menester cuchillo ni espada, y semejante a vn apazible holgança, la hambre, y escojendo ésta por mejor para morir, ya auia passado algun dia sin comer estando escondida en hondas tinieblas llorando y malauenturada, donde assi deliberaua de morir. Mas Trasilo con instancia maluada, vnas vezes por si mismo y otras por los familiares de casa y por los parientes y padres de la misma moça, trabajó con ella que confortasse los miembros quasi ya desfaslescidos, amarillos y suzios de la hambre, lauandose y comiendo algun poco. Ella, como tenia mucha reuerencia a sus padres, aunque contra su voluntad, por satisfazer a la obediencia que era obligada, obedecio, pero no con gesto alegre, aunque vn poco más que solia, e hizo lo que le mandauan, comiendo como hazen los que quieren biuir, como quier que todos los dias y noches consumia en lloroso desseo. Y dentro en su pecho y de sus entrañas se deshazia su coraçon llorando y planteando de contino. Y la ymagen de su marido defunto, que ella auia hecho a su semejança del dios Bacho, y continuamente adoraua y honrraua como a dios, le era solaz: en el qual se atormentaua. Trasilo, como era hombre arrebatado y temerario como su nombre lo declara, ante que las lagrimas ouiessen satisfecho al dolor y ante que el furor del coraçon cessasse y el llanto se aplacasse, no auiendo passado mucho tiempo para que la pena se le amansasse, que aun estaua llorando a su marido, messandose los cabellos y rasgando sus vestiduras, no dubdó de le hablar, diziendole que se casasse con él, y con la poca verguença que tenia no dubdó tampoco descubrirle el secreto de su pecho y los inefables engaños y maldades que pensaua. Charites, quando esto oyó, espantose de box tan nefanda y fue herida assi como de vn gran trueno o relampago o como de vn rayo del cielo, de manera que cayó su cuerpo y el ánima se escurescio. Pero dende á vn poco, tornando algo en sí, començo a hazer vn fiero planto y lloro: e mirando que sobre aquel negocio que el maluado Trasilo le proponia era raçon de mirar, puso el desseo del demandador en dilacion de mayor consejo, y essa misma noche le aparescio el ánima del mezquino de su marido Lepolemo, que era muerto, la qual alçando la cara ensangrentada, amarilla y muy disforme, quebrantó el casto sueño de su muger diziendo: Señora mu-

ger, lo qual no conuiene que de otro hombre ninguno te sea dicho, ni por este nombre seas do otro llamada: si tienes memoria en tu coraçon y te recuerdas de mí, o si por ventura el vinculo del amor se te ha quitado del coraçon por el acaescimiento de mi graue y amarga muerte, yo te doy licencia que te cases en buena hora con quien quisieres, con tal condicion que jamás vengas a poder del traydor sacrilego de Trasilo, ni hables con él, ni te sientes a la mesa, ni duermas en cama con él: huye de su mano sangrienta que me mató. No quieras començar bodas con quien mató a tu marido, que aquellas llagas cuya sangre lauaron tus lagrimas no son todas de las nauajas del puerco, porque la lança del maluado de Trasilo me hizo ageno de ti; y desta manera le conto todas las otras cosas, por donde le manifesto toda la traycion como auia passado. Ella como estaua muy triste con sueño muy temeroso, apretó la cara con la ropa y durmiendo le manauan tanto las lagrimas que bañaua la cama, y desperto muy espantada del reposo que tenia sin holgança, assi como si despertara espantada de vn gran trueno; y tornando a su lloro començo a dar aullidos y gritos muy largamente, y rompida la camisa se daua de bofetadas con las manos en la cara. Pero con todo esto nunca descubrio a persona el sueño que auia visto, e dissimulada la traycion y maldad de Trasilo deliberó consigo de matar al maluado matador y de se apartar ella y salir de vida tan mezquina y desdichada. Otro dia siguiente he aqui dónde torna otra vez el abominable demandador de plazer tan presto y no conuenible, y começo a porfiar en las orejas que estauan cerradas para entender en cosa de casamiento; pero ella con astucia marauillosa dissimulando su coraçon, començo blandamente a menospreciar las palabras de Thrasilo, el qual con mucha instancia importunaua y humildemente la rogaua que quisiesse casarse con él, y ella le respondio: Aun agora la hermosa cara de tu hermano y mi amado marido se representa ante mis ojos, y aun el olor celestial de su cuerpo dura en mis narizes, y aun tambien aquel hermoso Lepolemo biue dentro en mi coraçon. Por ende tú tomarás buen consejo si concedieres tiempo nescessario para el luto y llanto que vna mezquina hembra como yo es obligada a hazer legitimamente por su marido hasta que passen algunos meses y se cumpla el año, lo qual cumplira assi a mi honrra como al prouecho de mi salud. Porque por ventura con la priessa de nuestro casamiento no resuscitemos el ánima de mi marido con su causa y enojo justo para daño y fin de su salud y vida. Trasilo, no satisfecho con estas palabras ni contento al menos con el promettimiente que le hazia de aquel poco tiempo, tornó a porfiar echando palabras falsas de su lengua lastimera, hasta tanto que Charites, vencida de su importunidad, con gran dissimulacion començo a dezir desta manera: Necessaria cosa es, Trasilo, que tú me otorgues lo que con mucha gana e ansia te pido: lo qual es que por algunos dias secretamente seamos en vno, en tal manera que ninguno de los familiares de casa lo sienta, hasta que passen algunos dias en que se cumpla el año. Trasilo quando esto oyó, oprimido de la engañosa promesa de la muger, consintio alegremente por cumplir su voluntad con ella a hurto; y luego desseó con gran voluntad la noche y escuras tinieblas, posponiendo todas las cosas a vna voluntad que era tenerla a su plazer. Charites le dixo: Tú, Trasilo, mira bien que lo hagas discretamente: cubierta la cabeça y con tu capa, solo, sin compañia, vernas a mi puerta callando al primer sueño, y solamente con vn siluo que des despertarás a esta mi ama, la qual estara esperando a la puerta, y como llegares ella te abrira y rescibira en casa sin ninguna lumbre y te metera en mi camara. Quando esto oyó Thrasilo plugole mucho de la manera y aparato que le dezia de sus bodas mortales, y no sospechando otra alguna mala cosa, sino turbado con la esperança, solamente se quexaua del espacio del dia y de la mucha tardança de la noche. Despues que el sol dio lugar a la noche, Trasilo, aparejado como lo mandó Charites y engañado con la vela engañosa del ama, lançose en la camara lleno de plazer y esperança: entonces la vieja por mandado de su señora le començo a alagar y hazer caricias, y secretamente, sacado vn jarro grande de vino, el qual estaua mezclado con cierta medicina para darle sueño, de alli con vna copa le dio a beuer tres o quatro vezes, fingiendo que su señora se tardaua porque estaua alli su padre enfermo y ella estaua cerca dél hasta que reposasse: en esta manera Trasilo beuiendo de aquel vino seguramente y con aquel desseo que tenia, facilmente la vieja lo enterró en vn profundo sueño. Estando él ya dispuesto para sufrir todas las injurias que le quisiessen hazer dormiendo de espaldas, la vieja llamó a Charites, la qual con esfuerço varonil y cruel impetu arremetio con aquel matador y estando sobre él dixo estas palabras: Veys aqui el fiel compañero de mi marido, este es aquel noble caçador; este es el marido mucho amado, esta mano es aquella diestra que derramó mi sangre; este es el pecho que penso y compuso aquellos engañosos rodeos y palabras para mi destruycion y pérdida; estos son los ojos a quien yo en mal hora agradé, los quales, en alguna manera sospechando las tinieblas perpetuas que les auia de venir, preuinieron su pena: pues duerme seguro y sueña bien a tu

plazer, que yo no te herire con cuchillo ni con espada; nunca plega a dios que tal haga, por que no te yguales con mi marido en semejante género de muerte. Pero siendo tú biuo moriran tus ojos y no verás cosa alguna si no quando durmieres: yo haré que tú sientas ser más bienauenturada la muerte de tu enemigo que la vida que tú huuieres, porque cierto tú no verás lumbre y auras menester quien te guie; a Charites no ternás ni gozarás de sus bodas, ni te alegrarás con el reposo de la muerte, ni aurás plazer con el desseo de vida; pero andarás como vna estatua incierto, andando entre el sol y el infierno, que ni sepas si te has de contar con los biuos o con los muertos; e andarás mucho tiempo buscando la mano que quebro tus ojos y no la hallarás, lo qual en la pena y turbacion es muy misserable y lleno de toda angustia que no sepas de quién te puedes quexar; de mas desto yo sacrificaré y aplacaré la sepultura de Lepolemo con la sangre de tus ojos, y assi mismo haré sacrificio con estos tus ojos a su ánima sancta. Mas por qué soy causa yo que por esta mi tardança tú ganes alguna dilacion de tu tormento y por ventura tú agora sueñas o piensas en mis pestiferos abraçijos? assi que dexadas las tinieblas del sueño, vela y despierta a otra ceguedad de pena, alça y leuanta la cara vazia de lumbre; reconosce la vengança, entiende de tu desdicha, cuenta tus manzillas. Desta manera pluguieron tus ojos a la muger casta y limpia; desta manera alumbraron las hachas de las bodas al talamo de tu casamiento. En esta manera ternás las diosas del matrimonio por vengadoras y ternás la ceguedad por compañia y perpetuo estímulo de conciencia. En esta manera auiendo hablado y prophetizado, Charites sacó vn alfiler de la cabeça e hirio con él en los ojos de Thrasilo, y dexandolo assi ciego del todo, en tanto que con el dolor no sentido desechaua la embriaguez de aquel sueño, ella arrebató la espada desnuda que su marido Lepolemo se solia ceñir y echó a correr furiosamente por medio de la ciudad, que por cierto yo no sabia qué mal era que queria hazer, y assi se fue corriendo hasta la sepultura de su marido. Nosotros y todo el pueblo sin quedar nadie en casa seguimos tras della, apercibiendo vnos a otros que le quitassemos la espada dy sus furiosas manos; pero Charites sentose cerca de la sepultura de Lepolemo, y echando a vnos y a otros con el espada en la mano, despues que vido los plantos y lloros de los que alli estan dixo: Apartad, señores, de vosotros estas lagrimas importunas; apartad el llanto que es ageno de mis virtudes, porque yo me vengué del cruel matador de mi marido: yo he punido y castigado al ladron y maluado robador de mis bodas; ya es tiempo qué con esta espada busque el camino para yrme adonde estaua mi Lepolemo; y despues que huuo contado por orden todas las cosas que su marido le reueló en el sueño, assi mismo en qué manera y con quánta astucia auia engañado a Thrasilo, diose con el espada por debaxo de la teta derecha, y assi cayó muerta y rebuelta en su propria sangre; finalmente, no pudiendo hablar claro, se le salio el ánima. Entonces los criados de la mezquina de Charites corrieron presto, y con mucha diligencia lauado el cuerpo y en aquella misma sepultura la enterraron, dando perpetua compañera a su marido. Trasilo, vistas todas estas cosas que por él auian passado, no pudiendo hallar género de muerte que satisfiziesse a su presente tribulacion, y teniendose por muy cierto que ningun espada ni cuchillo podia bastar a la gran traycion por él cometida, hizose lleuar al sepulcro de Lepolemo, y estando alli dixo assi: O ánimas enemigas, veys aqui dónde viene la victima y sacrificio de su propria voluntad para vuestra vengança: y diziendo esto lançose en el sepulcro, y, cerradas las puertas de la tumba, deliberó por hambre sacar de sí el ánima condenada por su sentencia.

CAPÍTULO II

Cómo después que los vaqueros e yeguarizos y mayordomos del ganado de Charites y Lepolemo supieron que sus señores eran muertos, robada toda la hazienda que estaua en el alquería, huyeron para tierras extrañas: y de lo que por el camino les acontescio.

Contando estas cosas aquel mancebo que alli auia venido a los otros labradores que con gran atencion lo escuchauan, sospirana algunas vezes, y otras tambien llorana, mostrando gran pena. Entonces ellos, temiendo la nouedad de la mudança de otro señor y auiendo gran manzilla de la desdicha que vino en la casa de su señor, aparejaronse para huyr: pero aquel mayordomo de la casa que tenia cargo de las yeguas y ganado, el qual me rescibio muy recomendado para me tratar y curar bien, todas quantas cosas auia de prescio en la casa y alcaria lo cargó encima de mis espaldas y de otros cauallos, y assi me partio desamparando esta su primera morada. Nosotros lleuauamos acuestas niños, mugeres: lleuauamos gallinas, pollos, paxaros, gatos y perrillos, y qualquier otra cosa que por su flaco passo podia detener la huyda andaua con nuestros pies: y como quier que la carga era grande, no me fatigaua el peso della antes la huyda era gozosa para mí, por dexar aquel vellaco que me queria castrar y deshazerme de hombre. Yendo por nuestro camino, auiendo passado vna cuesta muy aspera de vn

espesso monte, entramos por vnos grandes campos. y ya que la noche venia que quasi no veyamos el camino, llegamos a vna villa muy rica y gruessa, a donde los vezinos nos defendieron que no caminassemos de noche ni aun tampoco de mañana antes del dia, porque auia por alli infinitos lobos muy grandes y de terribles cuerpos, feroces y muy brauos, que estauan acostumbrados de destruyr y maltractar toda aquella tierra, y que salteauan en los caminos a manera de ladrones, matando a los que passauan: y aun con la hambre eran tan rauiosos, que combatian y entrauan en los lugares que por alli auia: de manera que el daño y destruycion que auian hecho en los ganados ya lo començauan a hazer en los hombres: finalmente, nos dixeron que por aquel camino por donde auiamos de passar, auia muchos cuerpos de hombres medio comidos blanqueando los huessos y roydos sin ninguna carne: y por esto que fuessemos mucho sobre auiso que no andauiessemos por aquel camino sino en dia claro y sereno, que el dia fuesse ya bien alto y el Sol esforçado, escusandonos y apartandonos de los montes donde ellos assechauan, porque con el Sol del dia el impetu y braueza destas bestias fieras se refrena y detiene: y que no fuessemos derramados, mas toda la compañia junta passassemos aquellos peligros y dificultades. Pero aquellos maluados huydores que nos lleuauan, ciegos con el atreuimiento de la priessa que ellos lleuauan y miedo que no los siguiessen, desechado el consejo saludable que les dauan, no esperaron el dia, mas cerca de media noche nos cargaron y començaron a caminar. Entonces yo, por miedo del peligro susodicho, quanto más pude me meti enmedio de todos, y escondido enmedio de todas las otras bestias procuraua quanto podia de defender mis ancas que no me mordiesse algun lobo: y todos se marauillauan cómo yo andaua más liuiano que quantos cauallos alli yuan: pero aquello no era liuianeza de alegria, mas era indicio del miedo que lleuaua. Finalmente, que yo pensaua entre mí que aquel cauallo Pegaso por miedo le auian nascido alas con que boló, y por esso boló hasta el cielo auiendo miedo que no le mordiesse la ardiente Chimera. Aquellos pastores que nos lleuauan hizieronse a manera de vn exercito: vnos lleuauan lanças, otros dardos, otros ballestas y otros palos y piedras en las manos: de las quales auia assaz abundancia, porque el camino era todo lleno dellas: otros lleuauan picas bien agudas, y algunos auia que lleuauan hachas ardiendo para espantar los lobos: en tal manera yuan, que no les faltaua sino vna trompeta para que paresciera hueste de batalla. Pero como quier que passamos nuestro miedo sin peligro, caymos en otro lazo mucho mayor, porque los lobos, o por ver mucha gente o por las lumbres, de que ellos han gran miedo, o por ventura porque eran ydos a otra parte, niuguno dellos vimos ni parescio cerca ni lexos: mas los vezinos de aquellas quinterias por donde passauamos, como vieron tanta gente y armada, pensaron que eran ladrones, y proueyendo a sus bienes y haziendas, con gran temor que tenian de no ser robados, llamaron a los perros y mastines, que eran más rauiosos y feroces que lobos y más crueles que osos, los quales tenian criados assi brauos y furiosos para guarda de sus casas y ganados, y con sus siluos acostumbrados e otras tales bozes enhotaron los perros contra nosotros: y ellos, demas de su propria braueza, esforçados con las bozes de sus amos, cercaron nos de vna parte y de otra y comiençan a saltar y morder en la gente, sin hazer apartamiento de hombres ni de bestias: mordian tan fieramente que a muchos echaron por esse suelo. Vierades vna fiesta que era más para auer manzilla que no para contarla, porque como auia muchos perros que ardian como rauiosos, a los que huyan arrebatauan los dientes, y a los que estauan quedos arremetian, y a los que estauan caydos les sacauan los pedaços, en tal manera que a bocados passauan por toda nuestra compañia. He aqui a este peligro sucedio otro mayor: que los villanos, de encima de los tejados y de vna cuesta que estaua alli cerca, echauannos tantas de piedras que no sabiamos de qué auiamos de huyr: de vna parte los perros que andauan cerca de nosotros, y de la otra más lexos las piedras que venian sobre nosotros: de manera que estauamos en harto aprieto. En esto vino vna piedra que descalabró a vna muger que yua encima de mí: y ella con el gran dolor començó a dar grandes gritos y bozes llamando a su marido, que era vn pastor de aquellos, que la viniesse a socorrer: él quando la vido, limpiandole la sangre, començó a dar gritos diziendo: Justicia, Dios: y por qué matays los tristes caminantes y los perseguis, espantays y apedreays con tan crueles ánimos? qué robo es éste? qué daño o auemos hecho? no morays en cueuas de bestias fieras, ni entre los riscos de saluajes barbaros, que os gozeys derramando sangre humana. Como esto oyeron luego cessó el llouer de las piedras y apartaron la tempestad de los perros brauos: y vno de aquellos labradores que estaua encima de vn ciprés dixo a bozes: No creays que nosotros, teniendo cobdicia de vuestros despojos, os queriamos robar, mas pensando que lo mismo queriades hazer a nosotros, nos pusimos en defensa por quitar nuestro daño de vuestras manos: assi que de aqui adelante podeys yr por vuestro camino seguros en paz. Esto dicho començamos a andar nuestro cami-

no bien descalabrados: y cada vno contaua su mal: los vnos heridos de piedras, los otros mordidos de los perros, de manera que todos yuan lastimados. Yendo adelante ya buena parte del camino, llegamos a vn valle de muchas arboledas y muy espesso de verduras y frescura, adonde acordaron aquellos pastores que nos lleuauan de olgar vn rato por descansar y curarse de las heridas: assi que echaronse todos por aquel prado, e despues de auer reposado curaronse sus llagas lo mejor que pudieron: el vno se lauaua la sangre en vn arroyo de agua, y otros con esponjas mojadas remediauan la hinchazon de sus llagas: otros ligauan las heridas con vendas: y desta manera cada vno procuraua su salud. Entre tanto vn viejo assomó por vn cerro, el qual deuia ser pastor de vna manada de cabrillas que apascentaua por alli: y vno de los de nuestra compañia le preguntó si tenia leche o quajada para vender: y el viejo cabrero, meneando la cabeça, dixo: Agora teneys vosotros cuydado de cosa de comer y de beuer ni de otra refection? no sabeys en qué lugar estays? E diziendo esto cojó sus cabras e fuesse dende bien lexos. La qual palabra y su huyda no poco miedo puso a nuestros pastores: assi que estando ellos espantados e no veyan a quién preguntar qué cosa fuesse aquélla, assomó otro viejo muy mayor que aquel e más cargado de años con vn bordon en la mano, corcobado, y venia como hombre cansado: e llorando muy reziamente llegó a nosotros e haziendo grandes reuerencias començó a besar a cada vno de aquellos mancebos en las rodillas, diziendo: Señores, por vuestra virtud e por el Dios que adorays que me socorrays en vna tribulación a mí, viejo cuytado, de vn niño mi nieto que quasi está a la puerta de la muerte: el qual venia comigo en este camino e tiró vna piedra a vn paxarito que estaua cantando: e por lo matar cayó en vna cueua que estaua llena de arboles por encima, que no se parescia: e creo que está en lo vltimo de su vida, aunque por las bozes que da llamando socorro conozco que aun está biuo: mas por mi vejez e flaqueza, como veys, no le pude ayudar: vosotros, señores, que soys mancebos y rezios, facilmente podeys socorrer a este mezquino viejo librandome aquel niño, que no tengo otro eredero ni successor de mi linage. Diziendo esto el viejo pelauase las barbas y messauase las canas, de manera que todos auian manzilla dél: pero vno más rezio que ninguno y más moço, de gran cuerpo y fuerças, que solo auia quedado sano del roydo passado, leuantose alegre y preguntó en qué lugar auia caydo: el viejo le mostró con el dedo entre vnas çarças y matas espessas: assi que el mancebo siguio tras el viejo hazia do le auia mostrado. Los compañeros, desque huuieron comido y nosotros pascido, cargaronnos para yr su camino: y como aquel mancebo no venia, començaron a darle bozes: desque vieron que no respondia, embiaron vno que lo buscasse y le dixesse que viniesse presto, que era ya hora de caminar: aquel tardó vn poco en yr a buscar al otro y tornó amarillo y espantado diziendo que auia visto vna cosa marauillosa de aquel mancebo: que vido cómo estaua muerto en el suelo medio comido y vn dragon espantable encima dél comiendolo todo: y que no parescia el viejo: lo qual visto por los pastores y conosciendo que no auia en aquella tierra otro morador sino aquel viejo, conoscieron que aquel era el dragon: assi que dexaron aquella mala tierra, y dandonos buenas varadas fueronse huyendo quanto pudieron.

CAPÍTULO III

En el qual Lucio prosigue contando muchos y notables acontescimientos que se ofrecieron siendo asno: y principalmente lo que le acontesció quando le lleuauan hurtado los pastores de Charites, adonde se cuentan cosas graciosas.

Dende llegamos a vna aldea donde estuuimos toda aquella noche, e alli acontesció vna cosa que yo desseo contar.

Vn esclauo de vn cauallero cuya era aquella eredad, estaua alli por mayordomo y guarda de toda la hazienda, y era casado con una moça esclaua assi mismo de aquel cauallero: el marido andaua enamorado de otra moça libre, hija de vn vezino de alli; la muger, con el dolor y enojo de los amores del marido, tomó quantos libros de sus cuentas tenia y toda la hazienda y ropa de casa, no estando alli su marido, y quemólo todo: y no contenta con lo que auia hecho, ni pensando que estaua vengada de la injuria, tornose contra si misma y tomó en los braços un niño hijo del marido y atólo consigo y lançóse en vn pozo muy hondo. El señor, quando supo la muerte de su esclaua y del niño y que auia sido por causa de los amores del marido, huuo mucho enojo y tomólo desnudo y enmelado y atólo muy fuertemente a vna higuera vieja que tenia muchas hormigas que heruian de vn cabo a otro: las quales como sintieron el dulçor de la miel y el olor de la carne, aunque eran chicas, pero infinitas, con los continos y espessos bocados que le dauan, en tres o quatro dias le comieron hasta las entrañas, que dexaron los huessos blancos y sin carne ninguna atados a la triste de la higuera, de lo qual los otros labradores estauan espantados y con mucho enojo. Dexamos tambien esta abominable tierra y partimos: todo aquel

dia anduuimos por vnos grandes campos, hasta que cansados llegamos a vna ciudad muy noble y muy poblada, adonde aquellos pastores determinaron de tomar sus casas y morar toda su vida, por que les parescia que alli se podrian muy bien esconder de los que de lexos les viniessen a buscar: demas desto les combidaua a morar alli la abundancia de mucho pan y mantenimientos que auia. Finalmente, que despues de auer reposado tres dias por descansar, porque nos rehiziessemos del camino para mejor nos poder vender, sacaronnos al mercado y vn pregonero con grandes bozes nos començo a pregonar, pidiendo su precio por cada vno. El cauallo y otro asno fueron comprados por vnos mercaderes ricos, pero a mí solo, quasi desechado, todos con fastidio me dexauan y passauan: ya estaua yo muy enojado de los que alli estauan, que todos me palpauan las enzias queriendo saber y contar de mis dientes la edad que auia: e con este asco, llegando a mí vno que me hedian las manos souajando muchas vezes mi boca con sus dedos suzios, dile vn bocado en la mano que casi le corté los dedos: lo qual espantó tanto a los que alli estauan alrrededor, que ninguno me quiso comprar, diziendo que era asno brauo y fiero: entonces el pregonero começo a dar grandes bozes, diziendo muchas gracias y burlas contra mi desdicha e fortuna: Hasta quándo tardaremos en vender esta haca ó asno viejo? él tiene las manos y pies desportillados, flaco y muy ruyn color, perezoso y sobre todo brauo y feroz, tan sin prouecho que no es bueno sino para hazer de su pellejo vna criua para criuar estiercol de cabras: o demoslo a alguno que no le pese de perder la paja que comiere. En esta manera jugando aquel pregonero, hazia dar grandes risadas a los que alli estauan: pero aquella mi crudissima fortuna, la qual yo huyendo por tantas prouincias nunca pude huyr ni con tantos males y tribulaciones como passé pude aplacar, otra vez de nueuo lançó sus ojos ciegos contra mí, dandome vn comprador pertenesciente para mis duras aduersidades: y sabeys que tal? vn viejo calvo y vellaco, cubierto de cabellos de los lados llanos y medio canos, del más baxo linaje y de las heces de todo el pueblo: el qual andaua con otros trayendo la diosa Siria por essas plaças, villas y lugares, tañendo panderos y atabales y mendicando de puerta en puerta. Este echacueruo, con mucha gana que tenia de me comprar, preguntó al pregonero que de dónde era yo. El le respondió que era de Capadocia y que era muy bueno y assaz rezio. Preguntóle más que qué edad auia. El pregonero, burlandose de mí, dixo: Un estrologo que miró la constelacion de su nascimiento, dixo que podria agora auer cinco años, pero él sé que sabrá mejor estas cosas segun la profession de su ciencia: y como quier que yo a sabiendas incurra en la pena de la ley Cornelia si te vendiere ciudadano romano por esclauo, pero por qué no compras vn seruidor tan bueno e prouechoso que te podra ayudar assi en casa como fuera della? Con todo esto aquel comprador malo no dexó de preguntar cuando esto oyó y sacar vnas cosas de otras: finalmente, preguntó con mucha ansia si yo era manso. El pregonero le dixo: Es tan manso, que no paresce asno, sino cordero: para todo lo que quisieres es aparejado, no muerde ni echa coces, que no puedes creer sino que debaxo del cuerpo de vn asno mora vn hombre muy pacifico y modesto: lo qual puedes luego conoscer y experimentar, porque si metes la cara entre los muslos de sus piernas facilmente podras saber y ver quán gran paciencia te mostrará. En esta manera el pregonero con sus chocarrerias trataua a aquel gloton echacuerno, pero él desque conosció que el pregonero le burlaua hizo que se enojaua y dixole: O cuerpo sordo y muerto, pregonero loco, la muy poderosa diosa Siria, criadora de todas las cosas, y sancto Sabadio y la diosa Vellona y la madre Idea Cibeles y la señora Venus con su hijo Adonis te tornen ciego, porque has dicho contra mí tantos juegos y truhanerias: piensas tú, nescio, que tengo yo de fiar la diosa a vn asno fiero para que arroje por esse suelo la ymagen diuina y que a mí, mezquino, sea forçado con los cabellos sueltos discurrir buscando algun medio para mi diosa que está echada en el suelo? Quando yo vy estas palabras, subitamente con quien sale de seso pensé saltar y correr, porque viendome aquel vellaco mouido de 'ferocidad y braueza me dexase de comprar: pero preuino a mi pensamiento el agucioso comprador, porque luego sacó el dinero de la bolsa, el qual con mucho gozo facilmente recibió mi amo, por enojo y fastidio que tenia de mí, conuiene a saber diez y siete dineros: y luego me ató con vna cincha de esparto, y assi atado me dió a Philebo, que assi se llamaua aquel que ya era mi señor: él me tomó como a nouicio seruidor y me lleuó a su casa: y luego a la entrada de la puerta començo a dar bozes a los de su casa diziendo: Moças, vn seruidor os trayo hermoso del mercado: veyslo aqui. Pero aquellas moças que él dezia era vna manada de moços bardaxos, los quales como lo oyeron, auiendo dello mucho plazer y alegria, con bozes roncas y mugeriles alçaron grandes clamores, pensando que era verdad que les traya algun esclauo que fuese aparejado para lo que ellos querian: pero quando vieron que no sucedia como ellos pensauan, ni era cierua por donzella, mas era vn asno por hombre, el rostro torcido y con enojo

increpauan a su maestro, diziendole que no auia traydo seruidor para ellos, mas que traya marido para sí. Dezianle demas desto: Pues guardate que tú solo no comas tan hermoso pollo, mas haz parte dél a nosotros, que somos tus criados. Estas y otras tales cosas parlando entre sí ataronme a vn pesebre que alli cerca estaua: auia entre aquellos vn mancebo alto y de buen cuerpo, el qual sabia muy bien tañer flautas y trompetas: y estaua alli cojido por sueldo para andar por allá fuera con los que trayan a la diosa y para tañer la trompeta: pero en casa exercitandose en contentar a aquellos medio mugeres. Quando él me vido en casa, de muy buena gana me echó de comer, y alegre dixo estas palabras: Basta que tú veniste para me ayudar al miserable trabajo: plegue a dios que viuas y contentes a tu señor, y ayudes a mis lomos cansados y vazios: e oyendo yo estas cosas, ya pensaua en mis fatigas venideras.

CAPÍTULO IV

Cómo despues que a Lucio asno compró vn echacuervo de la diosa Siria, fue destinado para traer sobre sí a la diosa: donde recuenta acontescimientos y casos notables de aquella falsa religion de echacueruos.

Otro dia siguiente, vestidos de varias colores y cada vno de su trage, afeytadas las caras con sus afeytes suzios y los ojos alcoholados, salen muy compuestamente con sus mitras y tunicas y otras vestiduras encima de lino y algodon: otros llenauan tunicas blancas ceñidas y pintadas de colores virguladas y calçados çapatos colorados. Yendo ellos desta manera, pusieron sobre mí a su diosa, cubierta de vna vestidura de seda, para que la lleuasse: y desnudos los braços hasta los hombros llenauan cuchillos y hachas en las manos, y como hombres furiosos saltauan: y con el sonido de la trompeta incitauan sus bayles como hombres sin seso. Auiendo andado por algunas casas y quinterias, llegamos a vna casa y posession de vno que se llamaua Britino: e luego como assomaron, comencaron a correr hazia allá, haziendo gran ruydo con aullidos y desconcertadas bozes furiosamente, abaxando la cabeça, torciendo vna parte y a otra los pescueços, colgando los cabellos y rodeandoselos a la cabeça y mordiendose algunas vezes los braços: finalmente, con vnos cuchillos que trayan de filos dauanse cuchilladas en los braços. Entre éstos auia vno dellos que con mayor furia, assi como hombre endemoniado, fingia aquella dañada locura por parescer que con las preferencias de los dioses suelen los hombres no ser mejores en sí, mas antes hazerse flacos y enfermos. Pues espera y verás qué galardon huuo de la prouidencia celestial: él començo a dezir, adeuinando a grandes bozes y fingendo mayor mentira, que queria castigar y reprehender a si mismo diziendo que auia peccado contra su sancta religion: y por esto queria él tomar por sus propias manos la pena que merescia por aquel peccado que auia cometido: assi que arrebató vn açote, el qual es propria insignia de aquellos medio mugeres, torcidos muchos cordeles de lana de ouejas, y escado con choquezuelas de pies de carnero a colores, y diose con aquellos ñudos muchos golpes, hasta que se adormecio las carnes, que parescia que marauillosamente estaua preseruado para poder sufrir el dolor de aquellas llagas: que vieras cómo de las heridas de los cuchillos y de los golpes de la disciplina todo el suelo estaua bañado de la suziedad de aquella sangre afeminada: la qual cosa no poco cuydado y fatiga me ponia en mi coraçon, viendo derramar tan largamente sangre de tantas heridas: por ventura que al estomago de aquella diosa extraña no se le antojasse sangre de asno como a los estomagos de algunos hombres se les antoja leche: assi que quando ya estauan cansados, cierto por mejor dezir estauan artos de se abrir sus carnes, hizieron pausa cessando de aquella carniceria y començaron a recoger en sus aldas abiertas dineros de cobre y aun tambien de plata que muchos les ofrescian: demas desto les dauan jarros de vino y otros de leche y queso y harina y trigo candial, y algunos dauan ceuada para mí que traya la diosa. Ellos con aquella cobdicia rouauan todo cuanto podian, e lançando en costales que para esto trayan de industria aparejados para aquella echacoreria: y todos los echauan encima de mí: de manera que ya yo yua bien cargado con carga doblada, porque yua hecho troxe y templo: en esta mánera discurriendo por aquella region la robauan. Llegando a vna villa principal, como alli hallaron prouecho de alguna ganancia alegre, hizieron vn combite de plazer, que sacaron· vn carnero gruesso a vn vezino de alli con vna mentira de su fingida predicacion, diziendole que con su limosna y sacrificio hartasse a la diosa Siria que estaua hambrienta: assi que, su cena bien aparejada, fueronse al baño y dende vinieron muy bien lauados: traxeron consigo vn mancebo aldeano de alli bien fuerte y bien aparejado para cenar con ellos: y como huuieron comido vnos bocados de ensalada, alli delante de la mesa aquella aquellos suzios vellacos començaron a burlar con aquel mancebo que tenian desnudo como hazen las mugeres con los hombres. Yo quando vi tan gran traycion y maldad, no lo pudiendo sufrir mis ojos, intenté de dar bozes diziendo: ó romanos: pero no pudiendo pronunciar las otras letras y silabas,

solamente dixe muy claro y muy rezio, como conuiene y es propio de los asnos: o, o: lo qual como dixe a tiempo oportuno, a causa que muchos mancebos de vna aldea de alli cerca andauan a buscar vn asnillo que les auian hurtado aquella noche y andauan muy aguciosos buscando por todos los caminos y apartamientos, oyendo mi rebuzno dentro de aquellas casas, creyeron que en aquel rincon della tenian escondido su asno: y pensauan lançarse dentro por lo tomar doquier que lo hallasen: de improuiso todos juntos saltaron en casa, donde tomaron aquellos vellacos cinedos haziendo aquellas malditas suziedades: y como los vieron començaron a llamar a todos los vezinos para que viessen aquel aparato torpe y suzio: demas desto haziendo burla alabauan la purissima castidad de aquellos echacueruos. Ellos embaraçados y turbados con esta infamia, que facilmente fue diuulgada por todo el pueblo, por lo qual con mucha razon eran aborrecidos y mal quistos de todos, aquella noche a las doze ligados todas sus ropas se partieron hurtiblemente de aquella villa: y auiendo andado buena parte del camino, ante del dia, ya bien claro el dia, entramos por vn desierto y soledad, que nadie andaua por alli. Entonces hablaron entre sí primeramente y despues aparejaronse para mi daño y muerte: assi que quitada la diosa de encima de mí, y puesta en tierra, quitaronme todos aquellos paramentos que traya e desnudo atáronme a vn roble: y con aquel açote que estaua encadenado de osezuelos de ouejas dieronme tantos azotes, que quasi me llegaron a lo vltimo de la muerte: huuo alli vno que con vna hacha que traya en la mano me amenazaua de cortar las piernas, diziendo por qué yo auia auido victoria infamando tan feamente a su casta y limpia verguença. Pero los otros, no por respecto de mi salud, mas por contemplacion de la diosa que estaua callando, acordaron que yo no muriesse: en tal manera que me tornaron a cargar de aquellas cosas que lleuaua, y amenazandome con sus espadas llegamos a vna nóble ciudad, adonde vn varon deuoto de alli, como oyo el sonido de los atabales y panderos y los cantares de aquellos echacueruos, a la manera de los que cantan los sacerdotes de la diosa Cibeles, corrio luego a los rescibir y muy deuotamente rescibió por huespeda a la diosa y a nosotros todos nos hizo meter dentro del cercado de su ancha casa: y luego començaron a entender en aplacar y sacrificar a la diosa con gran veneracion y con gruessos animales y sacrificios. En este lugar me recuerdo yo auer escapado de vn grandissimo peligro de muerte, el qual fue éste: vn labrador de alli embió en presente al señor de aquella casa vn quarto de cieruo muy grande y gruesso, el qual rescibio el cozinero y lo colgo negligentemente tras la puerta de la cozina, no muy alto del suelo: vn lebrel que alli estaua, sin que nadie lo viesse, alcançolo y alegre con su presa prestamente desaparesció delante los ojos de los que alli estauan: el cozinero, quando conosció su daño y la gran negligencia en que auia caydo, llorando muy fieramente y como desesperado que ya quasi su señor demandaua de cenar, no sabiendo qué se hazer y con el mucho temor besó y abraçó vn niño que tenía y tomó vna soga para se ahorcar: la muger, que lo queria bien, no se le escondiendo el caso extremo de su triste marido, con ambas manos arremetió a su marido para quitarle el ñudo mortal de la soga que tenía al pescueço y dixole: Cómo tan espantado te ha este presente mal, en que has caydo y perdido todo tu seso y no miras este remedio fortuyto que acaso te es venido por la prouidencia de los dioses? porque si en este vltimo impetu de la fortuna tornas en ti, despierta y escuchame: y toma este asno que agora es venido aqui, y, lleuado a algun lugar apartado, deguellalo: y vna de sus piernas, que es semejante de la perdida, cortagela, y muy bien aguisada, picada o de otra manera que sea muy sabrosa, ponla delante de tu señor en lugar del cieruo. Al vellaco açotado plugole de su salud con mi muerte, y alabando la sagasidad y astucia de su muger, acordando de hazer de mí aquella carneceria, aguzaua sus cuchillos.

ARGUMENTO DEL NOUENO LIBRO

En este noueno libro cuenta la astucia del asno cómo escapó de la muerte: de donde se siguió otro mayor peligro, que creyeron que rauiaua y con el agua que beuió vieron que estaua sano. Cuenta assi mismo de vna muger que engañaua a su marido, porque su enamorado diziendo que queria comprar vn tonel viejo burló al marido. Item el engaño de las suertes que trayan aquellos sacerdotes de la diosa Siria y cómo fueron tomados con el hurto: y de cómo fue vendido a vn atahonero, donde cuenta de la maldad de su muger y de otras: y despues fue vendido a vn hortelano: y de la desdicha que vino a toda la gente de casa: y cómo vn cauallero lo tomó al hortelano: y el hortelano lo tomó por fuerça al cauallero y se escondió con el asno donde despues fue hallado.

CAPÍTULO PRIMERO

Cómo Lucio asno fue libre de la muerte con buena astucia por dos vezes que se le ofrescio: vna, de las manos de vn cozinero que le queria matar, y otra, de los criados de casa que presumieron rauiar.

Desta manera aquel carnicero traydor armaua contra mí sus crueles manos: yo, con la presencia de tan gran peligro, no teniendo consejo, ni auia tiempo para pensar mucho en el negocio, deliberé huyendo escapar la muerte que sobre mí estaua, y prestamente, quebrado el cabestro con que estaua atado, eché a correr a quatro pies cuanto pude, echando coces á vna parte y a otra por me poner en saluo: y assi como yua corriendo, passada la primera puerta, lancéme sin empacho ninguno dentro en la sala donde estaua cenando aquel señor de casa sus manjares sacrificales con los sacerdotes de aquella diosa Siria, y con mi impetu derramé y verti todas aquellas cosas que alli estauan, assi el aparador de los manjares como las mesas y candeleros y otras cosas semejantes: la qual disformidad y estrago como vido el señor de la casa, mandó a vn sieruo suyo que con diligencia me tomasse y como asno importuno y garañou me tuuiesse encerrado en algun cierto lugar, por que otra vez con mi poca verguença no desbaratasse su combite plazentero y alegre. Entonces yo me alegré con aquella guarda de la carcel saludable, viendo cómo con mi astucia e discreta inuencion auia escapado de las crueles manos de aquel carnicero: pero no es marauilla, porque ninguna cosa viene al hombre derechamente quando la fortuna es contraria: porque la dispusicion y hado de la diuina Prouidencia no se puede huyr ni reformar con prudente consejo ni con otro remedio, por sagaz o discreto que sea: finalmente, que la misma inuencion que a mí paresció auer hallado para la presente salud, me causó y fabricó otro gran peligro, que aun mejor podria dezir muerte presente. Porque vn muchacho, temblando y sin color, entró subito en la sala donde cenauan, segun que los otros seruidores y familiares entre si hablauan: el qual dixo a su señor cómo de vna calleja de alli cerca auia entrado vn poco ante por el postigo de casa vn perro rauioso con gran impetu y ardiente furor: y auia emburujado todos los perros de casa: y despues auia entrado en el establo y mordió con aquella rauia a muchos cauallos de los que alli estauan: y aun que tan poco dexó á los hombres; porque él mordio a Mitilo, azemilero, y a Ephestion, cozinero, y tambien aquel Hipatalio, camarero, y a Apolonio, fisico, y a otros muchos de casa que lo querian echar fuera: en manera que muchas de las bestias de casa estauan mordidas de aquellos rauiosos bocados, lo qual assombró a todos, pensando por estar yo inficionado de aquella pestilencia hazia aquellas ferocidades: assi arrebataron lanças y dardos y començaronse a amonestar vnos a otros que lançassen de sí vn mal comun y tal grande como aquél: cierto ellos me perseguian y rauiauan más que yo, por lo qual sin dubda me mataran y despedaçaran con aquellas lanças y venablos y con hachas que trayan, sino porque yo, viendo el impetu de tan gran peligro, luego me lancé en la cámara donde posauan aquellos mis amos: entonces, bien cerradas las puertas, encima de mí velauan a la puerta hasta que yo fuesse consumido o muerto de aquella rauia y pestilencia mortal y ellos pudiessen entrar sin peligro suyo: lo qual assí hecho, como yo me vi libre, abracé el don de la fortuna que a solas me auia venido y lancéme encima de la cama que estaua muy bien hecha, y descansé durmiendo como hombre, lo qual despues de mucho tiempo yo no auia hecho. Ya otro dia bien claro y auiendo yo muy bien descansado con la blandura de la cama, leuantéme esforçado y assaché aquellos veladores que allí estauan guardandome: los quales altercauan de mis fortunas diziendo en esta manera: Este mezquino de asno creemos que está fatigado con su furor y rauia y aun, lo que más cierto puede ser, cresciendo la ponçoña de su rauia estara ya muerto. Estando ellos en el término destas variables opiniones, ponense a espiar qué es lo que yo hazia: e mirando por vna hendidura de la puerta vieronme que estaua sano y muy cuerdo holgando a mi plazer: y como me vieron ellos ya más seguros, abiertas las puertas de la cámara, quissieron experimentar más enteramente si por ventura yo estaua manso: y vno de aquellos, que paresce que fué embiado del cielo para mi defensor, mostró a los otros vn tal argumento para conoscimiento de mi sanidad, diziendo que me pusiessen para beuer vna caldera de agua fresca, y si yo sin temor y como acostumbraua llegase al agua y beuiesse de buena voluntad, supiessen que yo estaua sano y libre de toda enfermedad: y, por el contrario, si vista el agua huuiesse miedo y no la quisiesse tocar, tuuiessen por muy cierto que aquella rauia mortal duraua y perseueraua en mí: y que esto tal se solia guardar, segun se cuenta en los libros antiguos. Como esto les pluguiesse a todos, tomaron luego vna gran payla de agua muy clara, que auian traydo de vna fuente de allí cerca, y dubdando, con algun temor, pusieronmela delante: yo salime luego sin tardança ninguna a rescibir el agua, con harta sed que yo tenia: y abaxado lancé toda la cabeça y comence a beuer de aquella agua, que assaz era para mí verdaderamente saludable. Entonces yo sufri quanto ellos hazian, dándome golpes con las manos, y tirarme de las orejas, e trauarme del cabestro, y qualquier otra cosa que ellos querian hazer por experimentar mi salud: yo auia plazer dello hasta tanto que contra su desuariada presuncion yo aprouasse claramente mi modestia y mansedumbre para que a todos fuesse manifiesta.

CAPÍTULO II

En el qual recuenta Lucio vna hystoria que oyó auer acontescido en vn lugar donde llegaron vn dia: cómo vna muger engañó graciosamente a su marido por gozar de vn enamorado que tenia.

En esta manera auiendo escapado de dos peligros, otro dia siguiente, cargado otra vez de los diuinos despojos con sus panderos y campanillas, echacorueando por essas aldeas empeçamos a caminar: y auiendo ya passado por algunos castillos y caserias, llegamos a vn lugarejo donde auia sido vna ciudad muy rica, segun que los vezinos de allí contauan y aun parescia en los edificios caydos que auia: aposentados allí aquella noche, oyles contar vna graciosa hystoria que auia acaescido de vna muger casada con vn hombre pobre trabajador, la qual quiero que tambien sepays vosotros. Este era vn hombre que se alquilaua para yr a trabajar: y con aquello poco que ganaua se mantenian miserablemente: tenia vna mugercilla, aunque tambien pobre, pero galana y requebrada. Vn dia de mañana, como su marido se fuesse a la plaça donde lo alquilauan para trabajar, vino el enamorado de su muger y lançose en casa: como ellos estuuiessen a su plazer encerrados en el palacio, el marido, que ninguna cosa de aquello sabia ni sospechaua, tornó de improuiso a casa, y como vio la puerta cerrada, alabando la bondad y continencia de su muger, llamó á la puerta siluando, por que la muger conosciesse que venia: entonce la muger, que era maliciosa y astuta para tales sobresaltos, abraçando y halagando a su enamorado, hizolo meter en vn tonel viejo que estaua a vn rincon de casa medio roto y vazio, y abierta la puerta a su marido començo a reñir con él diziendo: Cómo assi venis vazio y mucho despacio? metidas las manos en el seno aueys de venyr? no mirays nuestra grande nescessidad y trabajo de nuestra vida? por qué no trayades alguna cosilla para comer? yo, mezquina, que todo el dia y toda la noche me estoy quebrando los dedos hilando y encerrada en mi casa, al menos que tenga para encender vn candil: bienauenturada y dichosa mi vezina Andria, que en amanesciendo come y beue quanto quiere y todo el dia se está a plazer con sus enamorados. El marido, con esto conuencido, dixo: Pues qué es agora esto? aunque nuestro amo está oy ocupado en vn pleyto y no pudo lleuarnos a trauajar, yo he proueydo a lo que auemos de comer: sabes, señora, aquel tonel que alli está vazio tanto tiempo ha ocpandonos la casa, que otra cosa no aproueoha, he lo vendido por cinco dineros a vno que aqui viene para que me dé el dinero y lleuelo él por suyo. Por qué no te leuantas presto y me ayudas a que demos este tonel quebrado y viejo a quien lo compró? Quando esto oyo la muger, de lo mismo que su marido dezia sacó vn engaño y fingió una risa, diziendo: O qué gran hombre y buen negociador que he hallado, que la cosa que yo, siendo muger nescessitada en mi casa, tengo vendida por siete dineros, vendio en la calle por menos! El marido contestó alegre y dixo: Quién es este que tanto dio? Respondió la muger: Vos muy poco sabeys: agora entró vno dentro en él para ver qué tal estaua, si era muy viejo. No faltó a su astucia la malicia del adultero, que luego salio del tonel alegre diziendo: Buena muger, quieres saber la verdad? este tonel muy viejo y podrido es, abierto por muchas partes: y dissimuladamente boluiose al marido, como que no lo conoscia, y dixole: Tú, hombrezillo, quienquiera que eres, por qué no me traes presto vn candil para que rayendo estas heces que tiene pueda conoscer si vale algo para me aprouechar del? o piensas que tenemos los dineros ganados a los naypes? El buen hombre, no pensando ni sospechando mal, no tardó en traer el candil: dixo al combleço: Apartate vn poco, hermano, huelga tú, que yo entraré a atauiar y raer lo que tú quieres. Diziendo esto quitóse el capote y tomó la muger el candil: él entró en el tonel y començole a raer aquellas costras. El adultero, como vido la muger estar abaxada alumbrando a su marido, danala por detras: y ella con astucia, metida la cabeça en el tonel, burlaua del marido diziendo: Rae aqui e alli, e quita esto y esto otro, mostrandole con el dedo, hasta que la obra de entrambos fue acabada: Entonces salió del tonel: y tomando sus siete dineros el mezquino del marido, cargó el tonel acuestas y lleuólo hasta casa del adultero. Aqui estuuimos algunos dias, donde por la liberalidad de los de aquella ciudad fuimos muy bien tratados y mis amos bien cargados de muchos dones y mercedes que les dauan por sus adeuinanças.

CAPÍTULO III

En el qual Lucio recuenta vna astuta manera de suerte de que vsauan los echacueruos para sacar dineros: y cómo fueron presos vilmente por auer hurtado de su templo vn cantaro de oro: y cómo fue el asno vendido a vn atahonero: y del trabajo que alli le succedio.

Demas desto, los limpios y buenos de los echacueruos inuentaron otro nueuo linage de apañar dineros: el qual fue que trayan vna suerte sola, y esta, aunque era vna, ellos la referian a muchas cosas, porque en cada quinteria de aquellas la sacauan para responder y engañar a los que les preguntauan y consultauan sobre cosas varias, y la suerte dezia desta manera: Por ende los bueyes juntos aran la tierra, porque para el tiempo venidero nazcan los trigos alegres. Con esta suerte burlauan a todos, porque si algunos desseauan casarse, y les preguntauan cómo sucederia, dezian que la suerte respondia que era muy bueno para juntarse por matrimonio y para criar hijos: si alguno queria comprar vna heredad, respondian que era muy bien, porque los bueyes y el yugo sinificauan los campos floridos y alegres de la simiente: si alguno, solicito de caminar, preguntaua a aquel adeuino o agüero, dezian que era muy bueno, porque vian cómo estauan juntos y aparejados los más mansos animales de quantos ay de quatro pies, y siempre prometian ganancia de lo que en la tierra se sembraua: si alguno de aquellos queria yr a la guerra o a perseguir ladrones, y preguntaua si era su yda prouechosa o no, respondia que la victoria era muy cierta, segun la demostracion de la suerte, porque sojuzgaria a su yugo las ceruices de los enemigos y aurian de lo que robassen muy abundante y prouechosa presa. Con esta manera de adeuinar y con su grande astucia engañaua no pocos dineros apañauan; pero ellos, ya cansados de tantas preguntas y de rescibir dineros, aparejaronse al camino y començamos a caminar por vna via mucho peor que la que auiamos andado de noche, porque auia muchas lagunas de agua y sartenejas, que cada rato cayamos: de vna parte del camino quasi la bañaua vn lago grande que auia alli, y de la otra parte resbaloso de vn barro como de cieno: finalmente, que cayendo y tropeçando, ya desportillados los pies y las manos, que apenas pude salir de alli, cansado y fatigado, llegamos a vnos campos: y he aqui subitamente a nuestras espaldas vna manada de gente a cauallo armada, que no podian tener los cauallos, y con aquel rauioso impetu arremetieron a Philebo y a los otros sus compañeros y echaronles las manos a los pescueços, llamandolos sacrilegos, irregulares y falsarios, dandoles buenas puñadas, echaronles a todos esposas a las manos y con palabras muy rezias les començaron a apretar para que luego descubriessen dónde lleuauan vn cantaro de oro que auian hurtado: y que dixessen la verdad, que aquello era argumento e indicio de su maldad, que fingendo ellos de sacrificar secretamente a la madre de los dioses que alli auia, de su estrado lo hurtaron escondidamente: y pensando escapar la pena de tan gran traycion, callando su partida antes que amanesciesse, salieron ellos de la ciudad: diziendo esto, no faltó vno de aquellos caualleros que por cima de mis espaldas metió la mano debaxo las haldas de la diosa que yo traya: y buscando bien halló el cántaro de oro, el qual sacó delante de todos: pero con todo este tan nefario crimen, no se auergonçaron ni espantaron aquellos suzios vellacos, mas antes fingiendo vn mentiroso reyr diziendo: O qué crueldad! de tan indigna cosa quántos hombres peligran no teniendo culpa: por vn vasillo que la madre de los dioses presento a su hermana Siria en don de la auer tenido por huespeda en su casa, y por esto vosotros lleuays sus sacerdotes como culpados? quebrantamos su religion para nos condenar? Estas y otras tales mentiras baladreando ellos por demas, no se curaron aquellos caualleros e tornaronlos para atras: y assi bien atados los metieron en la carcel: y el cantaro de oro y la diosa que yo lleuaua tornaronlo a poner en su templo, donde estauan aquellos dones que alli ofrescian. Otro dia sacaronme a la plaça: y otra vez me pusieron en almoneda, pregonando el pregonero a quién mas dá por él: y vn atahonero de vn lugar de alli cerca me compró siete dineros más caro que primero me auia comprado Philebo: el qual molinero luego me cargó muy bien de trigo que alli auia comprado: y por vn camino de muchas cuestas pedregoso y muy malo de andar me lleuó a su atahona, que aquel era su officio: assi vide muchos cauallos y azemilas que trayan aquellas muelas en derredor, dando vueltas siempre por vn ca-m'no, y no solamente de dia, pero toda la noche con lumbre hazian, boluiendo continuamente aquellos atahonas: pero como yo venia de nueuo, por que no me espantasse de la nouedad de aquel seruicio, aposentome el nueuo señor en lugar ancho donde estuuiesse, porque aquel dia primero que llegué me dexó holgar, dandome muy bien de comer: pero aquella bienauenturança de holgar y comer no duró más adelante, porque otro dia siguiente bien de mañana yo fuy ligado a vna piedra de aquellas, que parescia ser la mayor de todas, y cubierta mi cara fuy compelido a caminar por aquel espacio redondo de la canal torcida, en manera que yo retornando y rehollando mis pasos en la redondez de aquel término reciproco andaua vagando por herror cierto, y no oluidando mi sagacidad y prudencia, facilmente me di a la nouedad de mi seruicio: y como quier que quando yo era hombre muchas vezes huuiesse visto semejantes piedras traer alderredor, pero como no sabia aquello, mintiendo que me espantaua estaua creyendo que no queria andar, la qual yo hazia creyendo que como no me fallassen aparejado ni prouechoso para officio semejante, que me embiarian a otro lugar adonde huuiesse más liuiano trabajo: o por ventura me dexarian holgar y me darian de comer: pero en balde pensé yo aquella astucia dañosa, porque luego

muchos de los que alli estauan se pussieron alderredor de mí con varas en las manos: y como yo estaua seguro, por tener los ojos atapados, supitamente, dada señal y grandes vozes, dieronme muchas varadas: y en tal manera con aquel ruydo me espantaron, que luego, dexados todos aquellos consejos, muy sabiamente como estaua ligado con aquellas cinchas de esparto hize mis discursos y bueltas alegres: con esta supita mudança de vn extremo a otro los que alli estauan se finauan de risa. Ya gran parte del dia auia molido, que andaua cansado, quando me quitaron las cinchas de esparto con que andaua ligado a la piedra y lleuaronme al pesebre: pero yo, aunque estaua bien fatigado y auia menester descansar, que quasi estaua perdido de hambre, pospuesto el comer, que tenia assaz delante de mí, paréme a mirar la familia y gente de aquella casa: O dios y qué hombrezitos auia alli pintados de las señales de los açotes que les dauan, las espaldas negras de las heridas y palos, con vnos enxalmillos más parco couertura que vestidura: otros solamente en paños menores cubiertas sus verguenças, y tan rotos que quasi todo se les parecia: herrados en la frente y argollas de hierro en los pies: las cabeças trasquiladas, los ojos pelados, y comidas las pestañas del humo y hollin de la casa: por lo qual todos tenian los ojos muy malos y blanqueauan con la ceniza suzia de la harina, como quando los luchadores que quieren luchar se poluorean con tierra: pues de mis compañeros los otros asnos y azemilas que molian, qué podria dezir? quán cansados aquellos mulos y otros hacones flacos; cerca de los pesebres cabizbaxos, royendo grançones de paja, los pescueços dessollados y llenos de llagas podridas, las narizes abiertas, que de cansados no podian tomar huelgo: los pechos de muermo tossiendo y de los antepechos que les ponian para moler todos pelados y llagados, que quassi les parecian los huessos: las uñas de pies y manos alçadas hazia arriba de no se errar, y mancos de andar alderredor: todo el pellejo sarnoso de magrez y flaqueza. Mirando yo esto, temia de venir en otro tanto, y recordandome de quando era hombre, y que auia venido en tanta desuentura, abaxada la cabeça lloraua, y no tenia otro solaz de mi pena sino que con mi natural ingenio que tenia me recreaua algo: porque, no curando de mi presencia, libremente hazia y hablaua cada vno delante de mi lo que querian: por donde yo conoci que no sin causa aquel diuino auctor de la primera poesia, desseando mostrar vn varon de gran prudencia entre los griegos, celebró y alabó a Vlixes auer alcançado las soberanas virtudes por auer andado muchas ciudades y conoscido diuersos pueblos: assi que yo, recordandome desto, hazia muchas gracias a mi asno porque me traya encubierto con su figura, exercitandome por muchos diuersos casos y fortunas: por lo qual, si no fue prudente, al menos me hizo sabidor de muchas cosas.

CAPITULO III

En el qual Lucio cuenta vn gracioso acontescimiento, en el qual la muger del atahonero su amo gozó en enamorado que tenia: y cómo tomandolos juntos los castigó, en la qual vengança le aorcaron por arte de encantamento.

Finalmente, que yo deliberé de traer a vuestras orejas vua buena historya suauemente compuesta, mejor que las que he dicho, la qual comienço. Aquel molinero que me compró, era hombre de bien y de buena conuersacion: y tenia una muger la mas pessima y mala que ninguna podia ser, con la qual él passaua mucha pena y enojo en su casa: que por cierto yo auia manzilla de aquel buen hombre, porque ningun vicio faltaua en aquella mala muger, que todos se auian lançado en su cuerpo como en vna suzia nescessaria: soberuia, cruel, luxuriosa, borracha, porfiada, auara en robar de donde pudiesse, gastadora en cosas suzias, enemiga de fe y de honrra: menospreciaua los dioses y mentia jurando por ellos, y con estos juramentos engañaua a todos y al mezquino de su marido: enbeodauase luego de mañana, y todo el dia gastaua con sus enamorados. Esta mala muger con grande odio me perseguia: que en amanesciendo, ante que ella se leuantasse, llamaua a los moços y mandauales que echassen a moler al asno nouicio: e como ella salia del palacio que se leuantaua, alli en su presencia mandauame dar de palos: y quando soltauan las otras bestias temprano, mandaua que a mí dexassen hasta más tarde, que no me diessen á comer: y esta crueldad suya fue causa que yo más en sus costumbres mirasse: de manera que yo via a menudo entrar vn mancebo en su palacio, la cara del qual yo desseaua ver, mas no podia, por los antojos que traya ante los ojos: verdad es que no me faltaua astucia para descubrir en qualquiera manera la maldad que aquella mala muger hazia a su marido: porque vna vna vieja, que sabia la ruyndad y era mensajera entre ella y su amigo, nunca se partia todo el dia de alli: las quales en amanesciendo almorzauan, y el vino puro alternauan entre sí quién beueria más. La mala de la vieja alcahueta hazia estos aparatos engañosos en gran daño del triste marido: y aunque muchas vezes me enojaua contra Andria, que por me hazer aue me tornó en asno, en esta triste disformidad mia auia plazer,

que como tenia las orejas luengas, qualquier cosa que dezian luego la oya aunque estouiesse lexos. Vn dia, estando la vieja hablando con ella, dezia estas palabras: Deste mancebo, hija señora, mira bien lo que te cumple: tú sin mi consejo lo amaste: él es negligente y temeroso, tiene gran miedo en ver el gesto arrugado de tu marido: y con tal enamorado frio y pereçoso passas tú mucha pena y fatiga, que querrias holgar, agora que tienes tiempo: quánto mejor Pamphilo, aquel mancebo hermoso gentil hombre, liberal, magnifico y contra los celos destos maridos muy esforçado: digno por cierto de ser enamorado de todas las mugeres y merescedor de traer vna corona de oro en la cabeça por sola vna cosa que hizo el otro dia e inuentó contra vn casado celoso? oyeme agora y mira quánta differencia ay de vn enamorado a otro: conoces vn barbudo que es alcalde desta villa, el qual, por ser muy aspero en sus costumbres y conuersacion, todo el pueblo le llama escorpion? Este tiene vna muger hija de algo y muy hermosa, con mucha guarda encerrada en su casa. A esto que la vieja dezia, respondio la muger del atahonero: Pues no la tengo de conoscer? tú dizes, mi compañera, que sabe tanto de esta arte como yo. La vieja procedió diziendo: Pues sabes la historia que le acontesció con este Pamphilo? Respondio la muger: Yo no sé tal cosa, pero desséola saber; por esso te ruego, señora madre, que me lo cuentes todo cómo passó. La mala vieja parlera, sin más tardar, començó: Este barbudo tenia nescessidad de yr vn viaje a otra parte, y como era celoso y desseaua guardar la honra de su muger, llamó a vn su esclauo, por nombre Hormigon, el qual era tenido por más fiel que otro y más diligente; a éste cometio secretamente toda la guarda de su muger, diziendole que si no guardaua bien a su señora, de manera que ninguno passando cerca della le tocasse con el dedo ó con la halda, que le echaria hierros y en carcel perpetuamente donde muriesse de hambre, lo qual juró y perjuró muchas vezes por todos los dioses; assi que con esta seguridad él se partió, dexando por rezio guardian a Hormigon y bien amedrentado, el qual guardaua a su señora con tanta diligencia, que a ninguna parte la dexaua salir y de continuo estaua assentado cerca della estando hilando o haciendo otras cosas que las mugeres hazen en su casa, y si alguna vez por grande necessidad yua a labarse al baño, Hormigon yua tan apegado a ella, que las haldas lleuaua en la mano, y desta manera con mucha sagacidad cumplia lo que su señor le auia mandado. Pero no se pudo esconder a Pamphilo la hermosura desta gentil mujer, porque la bondad y castidad della y la gran diligencia de su guarda le inflamó y puso mas cobdicia para hacer todo lo que pudiesse y ponerse a qualquier peligro que le viniesse; y con esta gana propuso de combatir y expugnar la pudicicia y cosa bien guardada de la dueña, confiando y siendo cierto que la flaqueza humana, con el dinero, al qual toda dificultad es llana, se puede facilmente derribar; que el oro por donde quiera halla entrada, aunque las puertas sean de diamantes muy fuertes. Un dia andando en este pensamiento, Pamphilo halló solo a Hormigon y dixole abiertamente toda su pena y amor, rogándole con mucha contesia que diesse remedio a su tormento, porque si presto no alcançaua lo que desseaua, su muerte era muy cierta, y que en esto no temiesse, porque él yria muy secreto de noche que nadie lo sintiesse y en un momento de hora se tornaria. Estas y otras persuasiones tales diziendo, añadio un grandissimo aguijon, el qual rompio y peruertio a Hormigon por su codicia: echó mano a la escarcela y sacó treynta ducados nueuos resplandeciendo, de los quales dixo a Hormigon que diesse veinte a su señora y tomasse diez para sí. Quando esto oyó Hormigon, espantose de tan abominable peccado, y tapadas las orejas echó a huyr, pero el resplandor y codicia que tenia del oro no le pudo huyr de los ojos y del coraçon; mas apartado lexos yendose apriessa hazia casa, representauasele la hermosura de la moneda ante los ojos y desseaua apañar lo que ya tenía arraygado en el coraçon. Con este pensamiento el mezquino nauegaua como en las ondas de la mar, ya en vna sentencia, ya en otra; de la vna parte se le representaua la fieldad, de la otra la ganancia; de la vna la pena con que le amenazó su señor, de la otra el delyte y prouecho del oro; finalmente, que el oro vencio al miedo de la muerte, de manera que la codicia del hermoso dinero por ningun espacio de tiempo se le mitigaua: antes de noche le daua tanto cuydado la auaricia del dinero, que no podia dormir, que como quier que su señor le auia amenazado que no saliese de casa, el ansia del oro le sacaua fuera, y quando más no pudo consigo tragaua la verguença, y apartada de sí toda tardança, llegose a su señora, y secretamente a la oreja le dixo todo el negocio como passaua; ella, con la natural liuiandad, luego obligó su pudicicia al maldito metal y se prendio por apañar el dinero; quando Hormigon oyó esto, lleno de plazer y gozo desseaua ya, no solamente rescibir, mas siquiera tocar a aquel dinero que en precio de su fieldad auia visto por su mal, y con mucha alegria fue a decir a Pamphilo aquello que tenia concertado con su señora, y pidiole luego lo que le auia prometido. Quando Hormigon vido en su mano mucha moneda de oro, que nunca la auia tenido de villon, estaua tan

alegre, que luego en viniendo la noche tomó a Pamphilo solo, y cubierta la cabeça lo lleuó a su casa y metio en la camara de la señora. Los nueuos enamorados estando desnudos tomando el primer fruto de sus amores, no pensando ni sospechando la venida de su marido, dio supitamente a la puerta de su casa y comiença a dar grandes bozes y quebrar las puertas con vna piedra, y quanto más tardauan en le abrir, tanto más sospecha le ponian de lo que él tenia: assi que començo a amenazar a Hormigon que lo mataria. Hormigon, oyendo esto y con la priessa que le daua, estaua turbado, y con la turbacion no tenia consejo ni sabia qué se hazer; lo más que podia era decir que no tenía lumbre y con la obscuridad que no acertaua con la llave de la puerta, que tanto la tenia de bien guardada que no la hallaua; en tanto Pamphilo, como oyó el ruydo, arrebató su ropa y vestiose, mas con la turbacion no se recordó o no pudo calçarse las chinelas, y saliose de la camara. En esto Hormigon llegó con la llave y abrio las puertas a su señor, el qual entró bramando: Esta es fieldad que tú tienes a tu señor? y como entró arremetio a la camara; en tanto Pamphilo botó por la puerta fuera de casa y Hormigon cerró las puertas. El marido, desque vido todo seguro, ya un poco manso fuese a dormir. Otro dia luego de mañana, como el barbudo se leuantó, vido debaxo de la cama vnas chinelas que no eran de casa, las quales auia traydo Pamphilo cuando alli vino. Sospechando de alli lo que podia ser, calló su dolor y cordojo, que ni a su muger ni a otro de casa dixo cosa alguna, y tomó las chinelas secretamente y metioselas en el seno, y mandó a otros siernos que le traxessen a Hormigon atado hasta la plaça. El barbudo yendo todavia entre sí gruñendo y apriessa andando hacia la plaça, tenia por cierto que por las chinelas auia de hallar el adúltero que sospechaua auer estado con su mujer. Yendo él en este pensamiento, la cara turbia, las cejas caydas y muy enojado, y tras dél Hormigon atado. aunque no se sabia la culpa que tuuiesse, pero él mismo bien lo sabia, por lo qual lloraua de manera que monia los que le vian que se auian manzilla, acaso Pamphilo que yua a otro negocio encontró con ello, y como vido en qué manera lleuauan a Hormigon, sin miedo ni turbacion, recordandose que auia oluidado en la camara las chinelas y sospechando que por aquello lo lleuauan assi atado a Hormigon, astutamente y con su esfuerço acostumbrado apartó a los otros siernos y arremetió con Hormigon, y con grandes bozes començale a dar de puñadas y dizele: O maluado ladron ahorcado; este tu señor y todos los dioses del cielo a quien tú has perjurado te hagan mal y te destruyan, que me hurtaste el otro dia mis chinelas en el baño; bien mereces por cierto y muy bien lo meresces que mueras en estas cadenas y prisiones que agora tienes, y aun en carceles oscuras. Con aqueste engaño de Pamphilo, el barbudo, que yua determinado de matar a Hormigon y puesto ya en toda crueldad, tornose a su casa y llamó a Hormigon, al qual dio las chinelas y perdonó de muy buena gana, y le mandó que luego las tornase a quien las auia hurtado. Acabado de decir esto la viejezuela, començó la muger del atahonero: Bienauenturada ella que goza de la libertad de tan constante y rezio enamorado; pero yo, mezquina de mí, que cay con vno que ha miedo del sonido de la muela y de la cara cubierta de aquel asno sarnoso que alli está. Respondio la vieja: Pues si tú quieres, yo emplazaré a este alegre enamorado que venga delante de tí, y luego voy por él; quando sea noche esperame, que yo tornaré. La buena muger, con el ansia que tenia de ver aquel enamorado, aparejó muy bien de cenar, vinos muy preciosos, la mesa con manteles limpios, esperando su venida como de algun dios; acaso el marido cenaua aquella noche con vn perayle su vezino. Ya quasi a medio dia, que nos soltauan de la atahona para nos dar de comer, yo no auia tanto plazer con la comida y descanso quanto era porque me desatauan los ojos, que libremente podia ver las artes y engaños de aquella mala muger, hasta que ya el sol puesto, viene aquella mala vieja con el adúltero escondido a su lado. Era vn moço gentil hombre, que quasi entonces nascian las barbas. Ella rescibiolo con muchos besos, abraçandolo, y sentose a la mesa. En començando a cenar los primeros bocados, el marido llamó a la puerta sin ser esperado ni creyendo que viniera tan presto; ella, de muy buena muger, quando lo vido, començolo a maldecir, que las piernas tuuiesse quebradas y los ojos; diciendo esto y sobresaltada metio el enamorado debaxo de vna artesa en que limpiauan el trigo, y sentose cerca dél, y con su malicia acostumbrada dissimulando tanta maldad, con su rostro sereno preguntó a su marido qué era la causa porque venia tan presto dexada la cena de su amigo y vezino. El començó a sospirar y con mucha tristeza dixo: Yo me vine porque no pude sufrir tan abominable maldad de aquella mala muger. O dios, y que muger tan honrrada, tan fiel a su marido, tan cuerda, ensuciarse agora en vna cosa tan fea! Juro por este pan que, aunque yo la viera no creyera, no lo creyera. Ella, incitada de estas palabras del marido, muy osada, desseando saber qué cosa era aquello, no cessaua de importunar al marido que le contasse aquel negocio cómo passaua, ni holgó hasta que ge lo contó y satisfizo a su voluntad, contando duelos agenos

y no sabía de los suyos, diziendo assi: La mujer deste perayle mi vezino y amigo, cierto parescia muger de verguença y casta, que segun su buena fama y la gouernacion de su casa y seruicio de su marido no auia sospecha mala contra ella; agora ha caydo en adulterio y maldad de su persona. Cuando yuamos a cenar a su casa, ella paresce que estaua holgando con su enamorado secretamente, y como llegamos, turbada con nuestra presencia, de súbito consejo proueyda tomó a aquel su enamorado y metiolo debaxo de vn açufrador de mimbres, donde tenia çufrando sus tocas que estauan junto con la mesa. Pensando ella que ya estaua seguramente escondido su enamorado, sentose a la mesa a cenar con nosotros sin ningun cuydado ni sobresalto; entretanto, con el gran humo del açufre embaraçando el negro enamorado, y como no podia ressollar debaxo del perfumador, como es biuo aquel humo, començo a esturnudar de la parte donde estaua sentada la muger. El marido pensó que era ella y dixole: Dios te ayude, como se suele decir; dio otro estornudo, y otro, y dende estornudó tantas veces, que el marido sospechó lo que podia ser y arrojó de sí la mesa y alçó el perfumador, y halló debaxo el gentil hombre, que del gran humo estaua quasi muerto que no ressollaua. Quando lo vido, inflamado de su injuria, echó mano a su espada que lo queria degollar, sino porque yo estaua presente y no me culpassen de la muerte de aquel hombre, lo defendi, diciendo tambien que no curasse dél, que presto moriria sin cargarnos culpa segun estaua quasi ahogado de la furia y violencia del açufre. El como vido que le haria bien, mas por nescessidad suya que por mi persuasion amansado del enojo, sacó al adúltero medio biuo y echólo en vna calleja cerca de su casa. Yo como vi la rebuelta, dixe a su muger que huyesse a casa de vna su vezina, en tanto que al marido se le passaua el enojo y se le amansaua el calor de la yra y dolor del coraçon, porque con la rauia no dudaua de sí y de su muger hiziesse algun mal recado. Assi que yo, enojado de lo que auia acaecido en su convite, tornéme a mi casa. Diziendo esto el atahonero, su muger reprehendia muy malas palabras a la muger de aquel perayle, diciendo que era vna mala muger sin fe y sin verguença, desonrra de todas las mugeres, que pospuesta su honra y bondad, menospreciando la honra de su marido y casa, la auia ensuziado y desonrrado, por donde auia perdido nombre de casada y tomado fama de burdelera; y aun añadia encima desto que tales hembras merescian biuas ser quemadas. Pero ésta, instigada y amonestada de la llaga que sintia y de su mala y suzia conciencia, queriendo librar a su enamorado de la pena que tenia debaxo de la artesa, ahincaua mucho a su marido que se fuesse acostar temprano. El, como lo auia atajado la cena en casa de su amigo, por no se yr a dormir ayuno y sin cenar, demandó a la muger que le pusiesse la mesa. Ella, aunque contra su voluntad, porque estaua para otro guisada, puso gela delante muy depriessa y de mala gana. A mí se me queria arrancar el coraçon y las entrañas aniendo visto la maldad passada que hizo y la traycion presente de tan mala muger, y pensaua entre mí cómo descubriendo aquel engaño y maldad podria ayudar a mi señor, aquel que estaua como galapago debaxo de la artesa, e hazer que todos le viessen. Estando en pena con esto, la fortuna le huuo de proueer, porque vn viejo coxo que tenia cargo de pensar las bestias, ya que era la hora de nos lleuar a beuer sacanos a todos juntos, lo qual me dio causa muy oportuna para vengar aquella injuria; assi que, passando cerca de la artesa, vi que, como era angosta, tenia fuera los dedos de la mano, y pusele el pie encima, apretando tan reziamente que le desmenuzé los dedos. El adúltero con el gran dolor dio grandes bozes, y alçando de sí la artesa, de manera que quedó descubierto a todos y fue publicada la maldad de aquella mala muger. El atahonero quando esto vido no se curó mucho por el daño de la honestidad de su muger, antes con el gesto sereno y alegre començo a hablar el moço, que estaua amarillo y temeroso de muerte, y halagándole dixo desta manera: No temas, hijo, que de mí te pueda venir mal ninguno, porque yo no soy barbaro ni hombre rustico, ni tampoco ayas miedo que te mate con humo de piedra çufre mortal, como mi vezino el perayle, ni tampoco te acusaré para te degollar por la seueridad del derecho, ni por el rigor de la ley de los adúlteros, siendo tú tan hermoso y lindo mancebo. Mas cierto yo te trataré ygualmente con mi mujer, y no te apartaré de mi eredad, mas comunmente partiré contigo y sin ninguna dissension ni controuersia; todos tres moraremos en vno, porque siempre yo biui con mi muger en tanta concordia, que, segun la sentencia de los sabios, siempre vna cosa agradaua a entrambos. Pero la misma razon no padece ni consiente que tenga más auctoridad la muger que el marido. Con estos halagos burlando lleuo al moço a su camara, aunque él no quiso, y a la buena de su muger encerróla en la otra camara.

Otro día de mañana como el sol fue salido, llamó a dos valientes mancebos de sus criados y mandó tomar al moço y açotarlo muy bien en las nalgas con vn açote, diciendo: Pues que tú eres tan blando y tierno y tan muchacho, por qué engañas a tus enamoradas y andas tras las mugeres libres y rompes los matrimonios y tomas para ti muy temprano nombre

de adúltero? Diziendole estas palabras y otras muchas, auiendolo muy bien açotado, echó lo fue ra de casa. Aquel valiente y muy esforçado enamorado, quando se vido en libertad que él no esperaua, aunque lleuaua las nalgas blancas bien açotadas, de noche y de día llorando huyó. El atahonero dio carta de quito a la muger y luego la echó de casa. Ella quando se vido desechada del marido y fuera de su casa, assi con verse injuriada como con la gran malicia y natural peruersidad de coraçon, tornóse al armario de sus maldades y armose de las artes que comunmente vsan las mugeres, y con mucha diligencia buscó vna mala vieja hechicera que con sus maleficios y hechizos se creya que haria todo lo que quisiesse. A esta vieja dio muchas dadiuas, prometiendole mayores, y rogó con gran affeccion que hiziese por ella vna de dos cosas: o que amansasse a su marido y le reconciliasse con él, o, si aquello no pudiesse acabar, que embiasse alguna fantasma o algun diablo que le atormentasse el espiritu. Entonces aquella hechicera començo a inuocar los demonios y hazer quanto pudo por tornar el coraçon del marido al amor de su muger, mas esto no sucedio como ella queria, por lo qual se enojó contra los diablos, porque de mas de le hazer perder la ganancia que ya le auian prometido, patescia que la menospreciauan, y començo a hazer su arte contra la cabeça del mezquino del marido, para lo qual llamó el espiritu de vna muger muerta a hierro que le viniesse a assombrar o matar. Aqui por ventura tú, lector escrupuloso, reprehenderas lo que yo digo y diras assi: Tú, asno malicioso, dónde pudiste saber lo que afirmas y cuentas que hablauan aquellas mugeres en secreto, estando tú ligado a la piedra de la atahona y tapados los ojos? A esto respondo: Oye agora, hombre curioso, en qué manera, teniendo yo forma de asno, conosci y vi todo lo que se ordenaua en daño de mi amo. Un dia quasi a medio dia, subitamente cerca del atahona parescio vna muger muy fea y disforme, medio vestida de muy suzio y villissimo ábito, los pies descalços, magra y muy amarilla, los cabellos medio canos, llenos de ceniza, y desgreñada colgando las greñas ante los ojos. Esta muger o diablo echó mano al atahonero como que le queria hablar secreto, y lleuólo a su palacio: alli, cerrada la puerta, tardaua mucho, y como ya se acabaua de moler todo el trigo que estaua en las toluas, los moços tenian nescessidad de pedir más, fueron a la puerta del palacio que estaua cerrada por de dentro y llamaron a su señor que viniesse a dar trigo. Como nadie les respondia, començaron a dar golpes a la puerta de rezio, y como estaua fuertemente cerrada, sospechando algun mal, con vna palanca arrancaron y desquiciaron las

puertas. Cuando entraron en el palacio la mu-
ger no parescio, pero hallaron a su señor ahor-
cado de vna tirante del palacio con vna soga al
pescueço, el qual descolgaron con muchos llan-
tos y lloros. Hechas sus exequias lleuaronlo a
enterrar. Otro dia vino su hija de otro lugar,
donde era casada, messando y dandose puña-
das en los pechos, la qual sabía de la desdicha
que auia acontescido a su padre sin que perso-
na gelo huuiesse dicho, mas en sueños le auia
aparescido el espiritu de su padre, muy lloroso,
atada la soga a la garganta, y le contó toda la
maldad y traycion de su madrastra, del adul-
terio que le cometiera, de los hechizos y de
cómo lo hizo endemoniado descendir a los in-
fiernos, la qual como se fatigaua mucho lloran-
do y planteando, los familiares de casa la con-
solaron y hizieron que diesse espacio a su co-
raçon y al dolor. Despues, passados los nueue
dias, hechos todos los officios y exequias de su
sepultura, sacaron a vender en almoneda toda
la ropa y bestias como bienes de erencia.

CAPÍTULO IV

Cómo Lucio fue vendido a vn hortelano. y cuen-
ta vn acontecimiento notable que sucedio en
la casa de vn caballero amigo del hortelano
su amo.

En manera que la fortuna con su gran licen-
cia desbarató a aquella casa en breve punto, y
nos derramó a todos. Yo fui vendido en aque-
lla almoneda, y compróme vn pobrezillo horte-
lano por cincuenta dineros, lo cual él dezia que
era gran precio, pero que me auia comprado por
tanto prescio por buscar de comer para sí y para
mi. En el tiempo y razon me paresce demanda
que yo cuente la manera de mi seruicio, la qual
era ésta. Aquel mi señor que me auia compra-
do, acostumbraua bien de mañana cargado de
coles y ortaliza yr a la ciudad, que estaua allí
cerca, y despues que auia vendido su mercade-
ria, caualgaua encima de mí y tornauase a su
huerta; entre tanto que él andaua corbado ca-
uando y regando y haziendo las otras cosas de
su huerta, yo solamente me recreaua y holgaua
y descansaua callando, que en otra cosa
no entendia; pero en esto he aquí dónde rebol-
uiendose los cielos y las planetas con sus nume-
ros y cuenta de los dias y meses, tornó el año,
despues de cogidas las riquezas del vino y del
otoño, a las lluuias del signo de Capricornio; de
manera que llouiendo continuamente de noche
y de dia, yo estaua encerrado en vn establo sin
techo y debaxo del cielo, atormentado con el
continuo frio; pero como no auia de estar assi,
pues que mi señor era tan pobre que no sola-
mente para mí no podia dar algun enxalmo,

o siquiera vn poco de tejado, mas aun para si
no lo tenia, que con la sombra de rama de vna
choça donde moraua era contento, de mas desto
en las mañanas hollaua aquel lodo frio y aque-
llos carambanos elados con los pies descalços, y
aun no podia henchir mi vientre siquiera de los
manjares acostumbrados, porque ygual era la
cena a mí y a mi amo, y cierto no auia differen-
cia, pero era bien poca: hojas de lechuga viejas
sin sabor, aquellas que de mucha vejez estauan
espigadas de la simiente, tan altas como esco-
bas, que ya el çumo dellas se auia tornado como
carcoma amarga. Vna noche vn hombre honra-
do que moraua en vna aldea cerca de alli, no
pudiendo llegar a su casa impedido con escuri-
dad de la noche y con la mucha agua que llouia
mojado, auiendo errado el camino derecho, llegó
a nuestra huerta con su cauallo cansado; el qual
fue rescebido alegremente segun el tiempo;
como quier que el rescibimiento no fuesse muy
dilicado, al menos fue necessario para su repo-
so. Aquel buen hombre, queriendo remunerar
este beneficio que le auia hecho su huesped,
prometió de le dar su hacienda, trigo, azeyte y
dos barriles de vino. No se tardó mi amo: otro
dia tomó vn costal y dos cueros vazios, y caual-
gando encima de mí tomó su camino para aque-
lla aldea, que sería obra de vna legua de alli.
Desque huuimos andado nuestro camino, llega-
mos a aquellos campos donde moraua aquel
buen hombre, el cual luego combidó a comer a
mi amo y le dio abundantemente de ayantar.
Estando ellos altercando sobre el beuer, acaes-
cio vn caso marauilloso, el qual fue que vna
gallina de las que alli auia salió corriendo por
medio de casa cacareando como hazen las ga-
llinas quando quieren poner sus hueuos; y quan-
do su señor la vido, dixo: O buena seruidora y
assaz prouechosa, que de mucho tiempo aca nos
has seruido poniendo cada dia vn hueuo, y ago-
ra segun yo veo piensas en nos aparejar alguna
cosa que comamos; y dixo a vn moço: Oyes tú,
toma aquel canasto en que ponen las gallinas
y ponlo en aquel rincon donde suele estar. El
moço hizo lo que le fue mandado; pero la galli-
na, desechando el nidal acostumbrado, pusose
alli delante los pies de su señor y echó vn par-
to que no era hueuo, pero era un pollo hecho
con sus plumas, pies y ojos y boz perfecta, lo
qual fue tenido por vn anuncio de lo poruenir, y
luego començo a andar tras de su madre. No
menor agüero y que con mucha razon se po-
drian espantar los que lo viessen contesció lue-
go, el qual fue que debaxo de la mesa donde
comian se abrió tierra, de donde salio vna fuen-
te de mucha sangre, y de la sangre que saltaua
se bañó toda la mesa. Estando ellos marauilla-
dos y espantados deste tan gran milagro, vino
corriendo el despensero que tenia cargo de la bo-

dega, haziendo cómo todo el vino que auia encerrado en los toneles y botas heruia tan reziamente y con tanto calor como si gran fuego le metiessen debaxo. Entretanto que esto se dezia, vino por allí vna comadreja, que traya de fuera vna culebra muerta en la boca. Assimismo de la boca de un mastin de ganado salió vna rana verde, y vn carnero que estaua allí cerca arremetió con el perro y diole vn bocado que lo ahogó. Estas cosas y otras semejantes pusieron tanto miedo en los coraçones de aquel señor y de todos los de su casa, que les dió mucha afliccion y los llegó a lo vltimo de su vida y los puso en mucha fatiga, pensando qué era lo primero o lo postrero, o qué era lo más o lo menos que auian de hazer para aplacar las grandes amenazas de los dioses, y con quáles y quántas animalias y victimas auian de procurar de amansar su yra. Estando ellos en este cuydado y espantable temor, vino vn moço con nueuas muy amargas para el señor de aquella casa y heredad, porque él tenía tres hijos mancebos muy bien criados y de mucha vergüença, con los quales él biuia muy glorioso y contento; estos mancebos tenian antigua amistad con vn su vezino pobre que allí biuia en una pequeña casilla, y vn otro vezino rico y poderoso posseya grandes tierras y possessiones juntas a la pequeña déste, el qual era rico y mancebo y ¿saua mal de la nobleza o hidalguia de su linage; porque él tenia vandos en la ciudad y facilmente hazia lo que queria, y assi perseguia la pobreza deste su vezino como enemigo, matandole sus vacas, lleuandole sus bueyes, pisandole sus panes antes que espigassen, de manera que auiendole despojado de toda su sementera, porfiaua por le destruyr los cogollos que tornauan a nascer en los terrones, vsurpaua y apropriaua para sí toda la tierra, no curando de pleyto que sobre ello el pobre le mouiesse. Entonces aquel, aunque era aldeano, como era hombre de uergüença, viendose despojado de lo suyo por la auaricia de aquel rico, queriendo siquiera quedar con la tierra que su padre le auia dexado para donde hiziesse su sepultura, avnque con mucho miedo, rogó a muchos de sus amigos que para que supiessen los terminos de sus tierras estuuiessen allí presentes, y entre los otros que allí estauan vinieron estos tres hermanos por socorrer y ayudar a la fatiga y pena deste su amigo; pero aquel maluado nunca se espantó ni tuuo siquiera vn poco de respeto a la presencia de todos aquellos ciudadanos que allí se juntaron, que pues no se templaua de los robos, al menos se deuiera templar en sus palabras; pero avnque muy blandamente le rogauan y le halagauan aplacandole sus soberuias costumbres, él començó a jurar por su vida y sus hermanas que

no tenia en nada la presencia de los medianeros, y que él mandaria a sus esclauos tomar aquel su uecino por las orejas y lançarlo muy lexos de su casilla; lo qual oydo por los que allí estauan, les tomó grande enojo de lo que dezia. Entonces vno de aquellos tres hermanos, sin más esperar respondióle vn poco serio, diziendo que por demas confiaba él en sus riquezas y amenazaua a los otros con soberuia de tirano, mayormente que los pobres, por liberal fauor y ayuda de las leyes, acostumbrauan muchas vezes vengarse de la soberuia de los ricos. Esta palabra encendio tanto la crueldad de aquel hombre, como suele encender el azeyte á la llama, o la piedraçufre al fuego, o el açote a la furia infernal; de manera que estando fuera de seso en la extrema furia, daua bozes que mandaria ahorcar a él y a todos ellos y las leyes que dezian, y mandó luego soltar los perros del ganado, y otros que tenia en casa fieros y muy grandes, acostumbrados de roer los cuerpos muertos que estauan por essos campos; assi mismo estauan criados y enseñados a morder y despedaçar a los que passauan por los caminos, y assi sueltos mandolos assomar contra aquellos. Los perros como oyeron la señal acostumbrada de los pastores, encendidos e inflamados como rauiosos, dando ladridos espantables arremetieron con aquellos hombres, y como juntaron con ellos comiençanlos a morder y despedaçar fieramente, y avnque huyan no los dexauan por esso, antes más brauamente los seguian. Entre esta muchedumbre de estrago, el menor de los tres hermanos tropeçó en vna piedra y quebrose los dedos del pie, de manera que cayó, y caydo fue amargo manjar de aquellos perros fieros y crueles, porque luego arremetieron con el mezquino del moço que estaua en tierra y lo hizieron pedaços; y como los otros hermanos conoscieron las bozes mortales de su hermano, vinieron corriendo por le ayudar, y rebueltas las capas a las manos lançaron muchas piedras por defender a su hermano y echaron los perros de sobre él, pero nunca pudieron vencer ni quebrantar la braueza y ferocidad dellos, porque en diziendo el mezquino del mancebo la ultima palabra, que fue que vengassen su muerte en aquel cruel y suzio rico, luego murio hecho pedaços.

Entonces los otros hermanos, no cierto con tanta desesperación quanto menospreciando su vida, arremetieron hazia el rico y con animos ardientes y esforçados y furioso impetu echauan contra él muchas pedradas. Mas aquel crudelissimo matador, exercitado otras vezes ante en muchos y semejantes ruydos, abaxó la lança, con la qual atrauessó por los pechos a vno de los dos hermanos, el qual como quier que muerto no cayó en tierra, porque atrauessado con la lança que le pasaua gran parte por las espaldas y teniendolo apretado en tierra con la fuerça de su violencia lo alçó del suelo con el hierro de la lança. Entonces vn esclauo de aquéllos, valiente y esforçado, queriendo ayudar aquel homicida, lançó vna piedra de lexos y dio al tercero de aquellos hermanos en el braço derecho; pero el golpe no fue nada, porque le tomó en soslayo el braço y fue corriendo hasta los dedos de la mano, de manera que contra opinion de todos la piedra cayó sin hacerle mal. Este humano acaescimiento dió y administró al discreto mancebo auiso y gran esperança de se vengar de aquel mal hombre, e fingiendo que estaua lijado y manco de la mano, habló a aquel rico cruel desta manera: Gozate con la muerte de toda nuestra familia y harta tu crueldad hambrienta con la sangre de tres hermanos, e sepas que has triumphado muy gloriosamente siendo muertos tus ciudadanos, y como quier que sea priuado el pobre de sus heredades y tú ayas alargado quanto quisieres las lindes de las tuyas, por ventura ternas algun vezino que resista: porque esta mi mano derecha, que de buena gana cortara tu cabeça, por mi desdicha la tengo quebrada y cayda. La qual palabra oyda por aquel furioso, enojose, y sacada la espada, con mucha codicia arremetio al mancebo para lo matar. Como quier que no incitó a otro más flaco que él, porque el mancebo era esforçado, y resistiendo contra él la opinion del rico, no esperando él tal cosa, abraçose fuertemente con él y tuvole el braço con gran fuerça, e con vn puñal diole muchas puñaladas, hasta que le hizo echar la mala y suzia de su ánima, y por se poder librar de la mano de aquellos sus seruidores y familiares que lo venian a socorrer, con aquel puñal que está lleno de sangre de su enemigo, luego alli se degolló. Estas eran aquellas cosas que predestinauan los prodigios agüeros y lo que auian anunciado a aquel viejo, el qual avnque estaua cercado de tantos males, nunca pudo lançar de sí vna palabra ni lagrima siquier; pero arrebata vn cuchillo con que cortaua queso e repartia de la comida entre sus combidados, e a la manera de su hijo se dio muchos golpes por la garganta, hasta que se mató e temblando cayó sobre la mesa, y con el arroyo de su nueva sangre lauó las manzillas de la otra prodigiosa.

CAPÍTULO V

Cómo vn cauallero tomó el asno al hortelano por fuerça, y cómo por industria derrocó él al cauallero del cauallo y puesto en el suelo tuuo lugar de huyr.

En esta manera aquel hortelano, auiendo manzilla de la desdicha e cayda desta casa en tan breuissimo punto, gimiendo grauetenme este caso y echando algunas lagrimas en pago de la comida, dando golpes vna mano con otra muchas veces, caualgó encima de mí e luego nos tornamos para tras por el camino que auiamos venido. Pero no le fue la buelta sin daño, porque vn hombre alto, y según mostraua su ábito y gesto denia de ser hombre de armas de alguna hueste, encontronos en el camino e preguntó con vna palabra muy soberuia y arrogante adonde lleuaua aquel asno vazio. Mi amo, como yua aun lloroso y triste, y tambien como no entendia la lengua latina, no le respondió, y abaxada la cabeça passosse. El cauallero quando esto vido no pudo sufrir su acostumbrada soberuia, y enojado por su callar, como si le huuiera hecho vna injuria, diole de varadas con vn sarmiento que traya en la mano, que le hizo caer de encima de mí. Entonces el hortelano respondiole humildemente dixiendo que por no saber la lengua no podia saber qué es lo que le auia dicho. El cauallero con enojo tornó a decir: Pues dime dónde lleuas este asno. El hortelano respondió que yua a aquella ciudad que alli cerca estaua. El cauallero dixo: Pues yo he menester este asno, porque ha de traer con las otras azemilas desta villa que aqui está cerca ciertas cargas de nuestro capitan. Y luego lançó la mano y arrebatome por el cabestro y començome a lleuar. El hortelano estandose limpiando la sangre que le corria de la cabeça de vna descalabradura que le auia hecho con el sarmiento, rogauale otra vez que tratase bien y mansamente al compañero, lo cual le pedia dixiendo que assi Dios le prosperase lo que esperaua, y assimismo dexia que aquel asnillo era perezoso,, y demás desto tenia vna abominable enfermedad, que era gota coral, y que mala ves acostumbraua traer de cerca de alli vnos pocos de manojos de uerças, y quando llegaua con ellos ya no podia resollar, quanto más para gran carga, que en ninguna manera era ydoneo para ello. Pero desque el hortelano vido que por ningunos ruegos suyos se amansaua el cauallero, antes via que se ensorbeuecia más en su daño y que boluia el sarmiento para darle con lo más gruesso dél y más ñudoso quebrarle la cabeça, corrió al vltimo remedio, fingendo de le querer besar las rodillas para le conmouer a misericordia, y estando assi abaxado y encoruado, arrebatolo por entrambos los pies y alçandolo arriba dio con él vn gran golpe en tierra, y luego saltó encima y diole muchas puñadas, bofetadas y bocados, y arrebató vna piedra del camino y sacudiole muy bien en la cara y en las manos y en aquellos costados. El cauallero que fue echado en el suelo ni pudo pelear ni defenderse, pero muchas vezes amenazaua que, si se leuantaua, que con su espada lo auia de tajar en pieças; lo qual oydo por el hortelano y aprescebido, arrebatóle el espada, y lançada muy lexos tornole a dar más crueles heridas. Estando él tendido en tierra y preuenido de las puñadas y heridas que le auia dado aquel hortelano, no pudiendo hallar otro remedio de su salud, lo que ya solamente restaua fue que fingió ser muerto. Entonces el hortelano tomó consigo aquella espada, y cauallero encima de mí quanto más apriessa pudo acojose a la ciudad, que no curó solamente de ver su huerta, y fuesse a casa de vn amigo suyo, al qual contadas las cosas, le rogó que le ayudasse en aquel peligro en que estaua y que lo escondiesse a él y a su asno tanto hasta que por el espacio de dos o tres dias él se escapasse de aquel pleyto y crimen. Aquel su amigo, no oluidando la antigua amistad que le tenia, recibiolo de buena gana, y a mí, atados los pies y las manos, subieronme por vna escalera en vna camara alta. El hortelano estaua abaxo en casa metido en vna canasta con su tapadera encima. El cauallero, segun que despues supe, como quien se leuanta de vna gran beodera, titubando las piernas y flaco con el dolor de tantas plagas, que quasi con vn bordon en la mano se podia sustentar, llegó a la ciudad, y confuso de su poco poder y fuerça de su flaqueza, no osó decir cosa alguna a ninguno de la ciudad; pero callando tragando su injuria habló a ciertos compañeros suyos y contoles esta su fatiga y pena. A ellos les paresció que él se deuia esconder en su tienda, porque demás de la injuria que auia rescebido, tenia el juramento que auia hecho de la caualleria que le fuesse acusado por auer perdido su espada, y que ellos, como ya tenian señas de nosotros, pornian mucha diligencia en nos buscar para su vengança. No faltó vn traydor vezino suyo que luego descubrió que estauamos alli escondidos. Entonces aquellos sus compañeros fueronse a la justicia, e mintiendo le dixeron que auian perdido en el camino vna copa rica y de mucho prescio de su capitan, y que le auia hallado vn hortelano, el qual no se la queria restituyr, por lo qual estaua escondido en casa de vn su amigo Entonces los alcaldes, conoscido el daño y el nombre del capitan, vinieron a las puertas de nuestra posada y claramente dixeron a nuestro huesped que aquellos que tenia escondidos dentro en su casa, pues sabia que era más cierto que lo cierto, que luego nos entregase antes que incurriesse en pena de su propria cabeça. Pero él ninguna cosa se espantó, antes procurando la salud de aquel que auia rescebido su protection y amparo, no dixo cosa de nosotros, sino que auia muchos dias que nunca auia visto aquel hortelano. Los escuderos porfiauan el contrario, jurando por vida del emperador que alli estaua

escondido y no en otro lugar alguno. Finalmente, que los alcaldes acordaron que, pues tan obstinadamente lo negaua, que lo entrassen a buscar, y luego entraron los alguaciles y otros hombres de la justicia, a los quales mandaron que buscassen muy bien todos los rincones de casa. Ellos desque lo huuieron hecho dixeron que ningun hombre auia en toda la casa, ni asno auia de los vmbrales adentro. Entonces creció la contencion y porfia más rezia entre ellos: los escuderos dezian que tenian por muy cierto que nosotros estauamos alli, y protestauan el ayuda y fauor de la justicia del emperador; los otros negauan, jurando por los dioses que no estauamos alli. Yo quando oy la porfia y bozes que dauan, como era asno curioso, con aquella procacidad sin reposo deseaua saber lo que passaua; como abaxe la cabeça por una ventanilla que alli estaua por ver qué cosa era aquel tumulto y bozes que dauan, vno de aquellos escuderos acaso alçó los ojos a mi sombra que daua abaxo, y como me vido dixolo a dos, y luego leuantaron vn gran clamor y bozes, riendose de como me vieron arriba, y traydas escalas echaronme la mano y lleuaronme como a vn esclauo captiuo. Ya despues que se les quitó la dubda y fueron certificados que estauamos alli, començaron con más diligencia a buscar todas las cosas de casa, y descubierta la cesta hallaron dentro el mezquino del hortelano, el qual sacado de alli lo presentaron ante los alcaldes, y ellos lo mandaron lleuar a la carcel publica, para que pagasse la pena que merecia: y en todo esto nunca cessaron de burlar con gran risa de mi assomada a la fenestra, de donde assi mismo nasció aquel muy vsado y comun proueruio de la mirada y sombra del asno.

ARGUMENTO DEL DECIMO LIBRO

En este decimo libro se contiene la yda del cauallero con el asno a la ciudad, y la hazaña grande que vna muger hizo por amores de su entenado, y cómo el asno fue vendido a dos hermanos, de los cuales vno era pastelero y otro cozinero; y luego cuenta la contencion y discordia que huuo entre los dos hermanos por los manjares que el asno hurtaua y comia. E de la buena vida que tuuo a todo su plazer con vn señor que lo compró, y de cómo sechó con vna dueña que se enamoró dél, y de cómo fué otra muger condenada a las bestias, y vna fabula del juyzio de Paris: su fin, cómo el asno huyó del teatro donde se hazian aquellos juegos.

CAPITULO PRIMERO

Que tracta cómo tornando a colocar el asno por el cauallero, le lleuó a residir a vna ciudad, en la qual sucedió vn notable acontecimiento a vna mala muger por amores de vn su entenado.

Otro dia siguiente, no sé qué fue ni qué se hizo de mi amo el hortelano; pero aquel cauallero que por su gran couardia y poquedad fue muy bien aporreado, quitóme de aquel pesebre y lleuóme al suyo, sin que nadie se lo contradixesse; despues desde alli de su tienda, segun que a mí me parescia que deuia ser suya, muy bien cargado de sus alhajas y adornado, y armado aguisa de caualleria, sacóme al camino. Yo yua alegre y galan, porque resplandecia con vn yelmo muy luziente, y vn escudo mas luengo que todos los otros, y vna lança muy larga y reluziente, la qual él auia compuesto con mucha diligencia encima de lo más alto de la carga, de la manera como la lleuauan enristrada, lo qual él no hazia tampoco por causa de se enseñar quanto por espantar los mezquinos de los caminantes que encontrasse. Despues que passamos aquellos campos, no con mucho trabajo, por ser el camino llano, llegamos a vna ciudad pequeña, y no fuemos a posar al meson, sino a casa de vn capitan de peones su amigo, y luego como llegamos encomendome a vn esclauo, y él fuesse muy apriessa a su capitan, que tenia la capitania de mil hombres de armas. Despues de algunos dias que alli estauamos, acontescio vna hazaña muy terrible y espantable, la qual porque vosotros tambien sepays acordé poner en este libro. Aquel decurio o capitan señor desta posada tenia vn hijo mancebo buen letrado, en consequencia de lo qual él era adornado de modestia y piedad, el qual tú dessearas para ti otro tal. Muerta la madre mucho tiempo auia, su padre se casó segunda vez, y esta segunda muger pario otro hijo que ya passaua de doce años; la madrastra, resplandesciendo en casa del marido más en la hermosura de su persona que en las costumbres y virtudes, o que aquella muger fuesse sin castidad y verguença, o que por su hado fuesse compelida a vn extremo vicio; finalmente, que ella puso los ojos en su entenado. Agora tú, buen lector, has de saber que no lees fabula de cosas baxas, sino tragedia de altos y grandes hechos, y que has de espantar de comedia a tragedia. Aquella muger, en tanto que en aquellos principios el amor tierno y pequeño se criaua, como era avn flaco en las fuerças, ella reprimiendo su delgada verguença facilmente callando lo resistia; pero despues que el fuego cruel del amor se encerró en sus entrañas, el furioso amor sin ningun remedio la quemaua, en tal manera que sucumbio y obedescio al cruel dios de amor, y fingiendo enfermedad mintio, diciendo que la llaga del coraçon estaua en la enfermedad del cuerpo; ninguno ay que no sepa que todo el detrimento de la salud y del gesto conuiene por regla cierta y comun tambien a los enfermos como a los enamorados: la flaqueza y color amarillo de la cara, los ojos marchitos, las piernas cansadas, el reposo sin

sueño, grandes suspiros y luengos con mucha fatiga. Quien quiera que viera a esta dueña, creyera que estaua atormentada de ardientes fiebres, sino que lloraua: Guay del seso e ingenio de los medicos! qué cosa es la vena del pulso o qué cosa es la poca templança del calor! qué es la fatiga del ressuello y las bueltas continuas de vn lado a otro sin reposo, o buen dia! quán facilmente se descubre el mal del amor, no solamente al medico que es letrado, pero a qualquier hombre discreto, especialmente quando vees a alguno arder sin tener calor en el cuerpo! Assi ella, reziamente fatigada con la poca paciencia del amor, rompio el silencio de lo que callaua mucho tiempo auia y embio a llamar a su hije, el qual nombre de hijo ella rayera e quitara de muy buena gana, por causa de no auer del mismo verguença. El mancebo no tardó en obedescer el mandamiento de su madre enferma, y con el gesto triste y honesto entró en la camara de la muger de su padre y madre de su hermano, para le seruir en todo lo que le mandasse; pero ella, fatigada gran rato de un penado silencio, estando atada en vn vado de mucha duda, qualquier palabra que pensaua ser muy conuenible para la presente habla tornaua otra vez a reprouarla, y con la gran verguença tardause, que no sabia por dónde començar. El mancebo, que ninguna cosa sospechaua, abaraxados los ojos le preguntó qué era la causa de su presente enfermedad. Entonces ella, hallando ocasion muy dañosa, que es la soledad, prorrumpio en osadia, y llorando reziamente, poniendose la ropa delante la cara, temblando le començo a hablar breuemente desta manera: La causa y prencipio deste mi presente mal, y aun la medicina para él y toda mi salud y remedio, tú solo eres; porque estos tus ojos, que entraron por los mios a lo íntimo de mis entrañas, mueuen vn cruel entendimiento en mi coraçon, por lo qual te ruego que ayas manzilla de quien por tu causa muere, y no te espante que peccas contra tu padre, al qual antes guardarás su muger, que está para morir; porque conosciendo yo su ymagen en tu cara, con mucha razon te amo; agora tienes tiempo, por estar solo conmigo; tienes espacio harto para cumplir lo que te ruego, porque lo que nadie sabe no se puede dezir que es hecho. El mancebo, quando esto oyó, turbado de tan repentino mal, como quier que se espantasse y aborresciesse tan gran crimen, no le paresció de la exasperar con la seueridad presta de su negativa, antes tuuo por mejor de la amansar con dilacion de cautelosa promission; assi que le prometio liberalmente, diziendole que se esforçasse y curasse de sí y de la salud hasta que su padre se fuesse a alguna parte y huuiesse tiempo libre para su plazer. Diziendo esto apartose de la mortal vista de su madrastra, y viendo que vna traycion y mal tan grande de la casa de su padre auia menester mayor consejo, fuesse luego a vn viejo su ayo que lo auia criado, hombre de buen seso, al qual no parecio otro mejor consejo, auiendo platicado muchas vezes en ello, sino que el mancebo huyesse lo más aceleradamente que pudiesse, por se escapar de la tempestad de la cruel fortuna; pero la madrastra, como no tenía paciencia de esperar siquiera vn poco, fingida qualquier causa persuadio a su marido con marauillosas artes y palabras que luego se fuesse a vnas aldeas que estauan bien lexos de alli; lo qual hecho, ella con su locura apressurada, viendo que auia lugar para su esperança, demandóle con mucha instancia que cumpliesse con ella el plazo de lo que le auia prometido; pero el mancebo escusauase diziendo agora vna causa y despues otra, apartandose de su abominable vista quanto podia, hasta tanto que por los mensajeros que le auia embiado conociendo ella manifiestamente que le negaua la promesa por él hecha, con la mudança de su variable ingenio, prestamente mudó su nefando amor en odio mortal, y llamado luego por ella vn su esclauo muy malo y aparejado para toda maldad y traycion, comunicó con él todo este negocio y pensamiento maluado que ella tenia, lo qual entre ellos platicado no les parescio otro mejor consejo que priuar de la vida al mezquino del mancebo. Assi que in continente ella embió a aquel ahorcadizo para que traxesse veneno que matasse prestamente; el qual traydo y diligentemente desatado en vino, fue aparejado para matar a su entenado que estaua sin culpa. En tanto que la maluada hembra y su esclauo deliberauan entre si de la oportunidad y tiempo para ge lo poder dar, acaso el hermano menor, hijo proprio de la mala muger, viniendo del escuela a hora de comer, començo a almorzar, y como huuo sed beuio de aquel veneno que halló, no sabiendo la ponçoña y engaño escondido que alli dentro estaua; despues que huuo beuido la muerte que estaua aparejada para su hermano, cayó en tierra sin ánima y vida. El bachiller su maestro, comouido de la arrebatada muerte del moço, començo a dar grandes aullidos y clamores, que la madre y toda la casa alborotó. Conocido el caso del veneno mortal, cada vno de los que alli estauan presentes acusauan a los autores de tan estremada traycion y maldad; pero aquella cruel y mala hembra, exemplo vnico de la malicia de las madrastras, no comouida por la muerte de su hijo ni por el parricidio que ella misma auia hecho, ni por la desdicha de su casa, ni por el enojo de su marido, ni por la fatiga del enterramiento del hijo, procuró vengança muy presta, por donde causó daño para

toda su casa. Assi que muy presto despachó vn mensajero que fuesse a su marido y le contasse la muerte de su hijo y el daño de su casa. Quando el marido oyó estas nueuas, tornose del camino, y entrando en casa, luego ella con gran temeridad y audacia començo a acusar y dezir que su hijo era muerto con la ponçoña del entenado, y en esto no mentia ella, porque el muchacho su hijo auia preuenido la muerte que estaua ya destinada y aparejada para el mancebo; pero ella fingia que su hijo era muerto por maldad del entenado, a causa que ella no quiso consentir en su maluada voluntad, con la qual auia tentado de la forçar, y no contenta con estas grandes mentiras, añadia que porque ella auia descubierto esta traycion, él la amenazaua de la matar con un puñal. Entonces el desuenturado del marido, herido de la muerte de dos hijos, fatigauase que no cabia en si con la tempestad de tan gran pena y tribulacion como aquella, porque ya él veya delante de si enterrar al más pequeño, y tambien sabia de cierto que el otro auia de ser condenado a pena de muerte por el pecado del incesto con su madrastra y por el parricidio de su hermano. En esta manera las mentirosas lagrimas de su muy amada muger le pusieron en extrema enemistad de su hijo, que mala vez eran acabadas las exequias del enterramiento del hijo quando luego dende alli se partio el desuenturado viejo, regando su cara con lagrimas continuas y sus canas ensuziadas con ceniza, y muy apriessa se lançó en la casa de la justicia, y alli llorando y con muchos ruegos, besando en las rodillas de los juezes, no sabiendo los engaños de su maluada muger, trabajaua quanto podia porque ahorcassen al otro mancebo su hijo, diziendo que auia cometido crimen de incesto ensuziando la cama de su padre, y que era homicida auiendo muerto a su hermano, y que era vn matador que auia amenazado de matar a la madrastra; finalmente, que él llorando inflamó los juezes y a todo el pueblo, con tanta manzilla dél y tanta indignacion contra el mancebo, que dexada la orden y dilacion del juzgar y las manifiestas prouanças de la acusacion, y los rodeos y dilaciones del responder, que todos a vna voz clamauan y dezian que aquel público mal publicamente se auia de vengar, haziendolo alli cubrir de piedras. Los juezes, considerando y auiendo miedo de su proprio peligro, porque de los pequeños comienços de indignacion acontece muchas vezes proceder gran sedicion e quistiones para perdimiento de las leyes de la ciudad, parescioles que era bien rogar a los officiales de la justicia y por otra parte refrenar el pueblo para que derechamente y por las leyes de los antiguos el processo se hiciesse, y oydas las partes y bien examinado el negocio ciuilmente fuesse la sentencia pronunciada, y no a manera de ferocidad de barbaros, de potencia de tiranos, fuesse condenado alguno sin ser oydo, y que en paz sossegada se diesse vn exemplo tan cruel que todo el mundo lo supiesse. Este saludable consejo plugo a todos, y luego mandaron al pregonero que llamasse a todos los senadores que viniessen a cabildo, los quales venidos y sentados en sus acostumbrados lugares, segun la orden de la dignidad de cada vno, el pregonero otra vez llamó y vino el acusador. Entonces assi mismo, por llamamiento del pregonero, entró el reo, y el pregonero amonestó a los abogados de la causa, segun la costumbre del senado y leyes de Athenas, que no curassen de hazer prohemios en la casa ni comoviessen a los que alli estauan auer mancilla.

Estas cosas en esta manera passadas supe yo, que las oy a muchos que hablauan en ello; pero quántas alteraciones huuo de vna parte a otra, y con qué palabras el acusador dezia contra el reo, y cómo el reo se defendia y deshazia su acusacion, estando yo ausente atado al pesebre no le pude bien saber por entero, ni las demandas, ni las respuestas y otras palabras que entre ellos passaron; y por esto no os podré contar lo que no supe; pero lo que oy quise poner en este libro.

CAPÍTULO II

Cómo, por industria de vn senador antiguo y sabio, fue descubierto el delinqüente, y ahorcado el esclauo, y desterrada la muger, y libre el entenado.

Despues que fue acabada la contencion entre ellos, plugo a los juezes de buscar la verdad deste crimen por cierta prouança y no dar tanta conjetura a la sospecha que del mancebo se dezia; y mandaron que fuesse traydo alli presente aquel esclauo muy diligente que afirmaua que él solo sabía cómo auia passado el negocio; y venido aquel vellaco ahorcadizo, ningun empacho ni turbacion tuuo, ni de ver vn caso de tan gran juycio, ni de ver tampoco aquel senado donde tales personas estauan, o a lo menos de su conciencia culpada, que él sabía bien que lo que auia fingido era falso, lo qual él afirmaua como cosa muy verdadera, diziendo desta manera: que aquel mancebo, muy enojado de su madrastra, lo auia llamado y dichole que por vengar su injuria auia muerto a su hijo della, y que le auia prometido gran premio porque callasse. y porque él dixo que no queria callar, el mancebo le amenazó que lo mataria, y que el dicho mancebo auia destemplado con su propria mano la ponçoña, y la auia dado al esclauo para que lo diesse a

su hermano; pero él, sospechando que el crimen se descubria, no quiso tomar aquel vino ni darlo al muchacho, y que, en fin, el mancebo con su mano propria ge lo auia dado. Diciendo estas cosas, que parescian tener ymagen de verdad, aquel açotado, fingendo miedo, acabose la audencia; lo qual oydo por los juezes, ninguno quedó tan justo y tan derecho a la justicia del mancebo que no le pronunciasse ser culpado manifiestamente deste crimen, y como a tal lo deuian meter en vn cuero de lobo y echallo en el rio como a paricida, y como ya las sentencias y votos de todos fuessen yguales y estuuiessen firmados de la mano de cada vno para los echar en vn cántaro de cobre, segun su perpetua costumbre, de donde despues de echados los votos no se podian sacar ni connenia mudar cosa alguna, porque la sentencia era passada en cosa juzgada y no restaua otra cosa sino entregarlo al verdugo para que cumpliesse la justicia, vno de aquellos senadores, el más viejo y de mejor conciencia de todos, hombre con mucha auctoridad, letrado y medico, puso la mano encima de la boca del cantaro porque ninguno temerariamente echasse su voto dentro, y dixo a totos en esta manera: Yo me gozo y soy alegre de auer biuido tanto tiempo, que por mi edad vosotros, señores, me auedes de tener en alguna reputacion, y por esto no consentire que, acusado el reo por falsos testigos, se aya de perpetrar manifiesto homicidio, ni consentiré que vosotros, que jurastes de juzgar bien y fielmente, vosotros os perjureys siendo engañados por mentira de vn esclauo; porque cierto yo, engañando a mi conciencia y menospreciando a Dios, no podia pronunciar injustamente contra éste; assi que oyd agora y conosced todos cómo passa este negocio: Este ladron, muy diligente para comprar ponçoña que luego matasse, vino a mí poco ha y ofreciame cient sueldos de oro porque ge lo diesse, diziendo que lo auia menester para vn enfermo, el qual estaua muy fatigado en enfermedad de ydropesia, de la qual no podia sanar y desseaua morir por librarse del tormento que con la vida tenia. Yo, viendo que este açotado parlaua mucho y dezia cosas liuianas, no me satisfaziendo, antes siendo cierto que él procuraua alguna traycion, dile aquel breuaje, pero mirando a la verdad que se podria saber o engañado, veslo aqui en esta taleguilla: sellalos con tu anillo hasta que mañana venga vn cambiador y los pese y vea si son buenos. Desta manera él selló los dineros en la taleguilla, la qual, luego que éste fue presentado en juyzio, yo hice muy prestamente traer de mi botica a vno de mis criados, y veysla aqui en vuestra presencia: veala él y conozca su sello: porque la verdad es ésta: en qué manera se puede acusar el hermano de la ponçoña que éste compró? Entonces tomó vn gran miedo y temblor al vellaco del esclauo, y en lugar de color de hombre sucedio vna amarillura infernal, y vn sudor frio manaua por todos sus miembros, e començose a conmouer de vna parte a otra, que no se podia tener sobre los pies, y rascarse en la cabeça, agora a un cabo, agora a otro, y la boca medio cerrada, tartamudeando, començo a dezir ciertas mentiras y necedades, en tal manera que ninguno de los que alli estauan podia creer que él estaua fuera de culpa; pero esforçándose en su maldad, negaua con grandissima constancia y no dexaua de acusar al medico que no dezia verdad: el qual, por la honestidad y auctoridad de su juyzio, viendo que en su presencia le negauan su fe y verdad, con mayor esfuerço começo reprehender a aquel ladronazo, hasta tanto que por mandado de los juezes los hombres de pie de la justicia tomaron las manos de aquel esclauo maligno y sacaronle vn anillo de hierro, el qual, puesto sobre el sello que estaua en el talegon, fue conoscido que era aquel, por esta comparacion fue creyda la sospecha que tenian contra él: por lo qual luego fueron alli aparejados generos de tormentos; pero él, obstinado en su presuncion, nunca quiso confessar la verdad con açotes, ni con tormentos que le diessen, aunque lo pusieron en tormento de fuego. Entonces el fisico dixo: Por Dios, yo no sufrire que contra derecho vosotros condeneys a muerte a este ynocente mancebo, ni tampoco consentire que este esclauo burlando de nuestro juyzio escape y huya de la pena de su traycion y maldad, porque yo os dare enidente y manifiesto argumento deste presente negocio, el qual es que como este maluado pensasse comprar ponçoña matadora e yo no creyesse que a mi officio conuiene dar a ninguno causa de muerte, porque la medicina no fue hallada para muerte, sino para salud de los hombres, temiendo que si yo negasse de darle ponçoña quiçá por la mala respuesta le daria camino para su maldad, porque podria yr a otro y comprar dél esta mortifera pocion, o por ventura con algun cuchillo o otro linaje de arma acabaria la traycion que auia començado, acordé le dar, no ponçoña, mas otra pocion soñolienta de mandragora, que es muy famosa para hazer dormir grauemente y da vn sueño semejante a la muerte, y no es marauilla que este ladron, como muy desesperado, siendo cierto que le han de dar pena de muerte, sufriesse facilmente estos tormentos que le han dado como manda el derecho, teniéndolos por muy liuianos. Pero si es verdad que el muchacho beuio aquel breuajo que por mis ma-

nos fue templado, él es biuo y reposa y duerme, y en quitandosele el sueño graue que tiene, despertará y tornará a esta luz, e si él verdaderamente es muerto o verdaderamente fue preuenido con la muerte, buscad las causas dello de otra parte, que yo no las sé. En esta manera hablando aquel viejo, plugo a todos lo que dezia, y fueron luego con mucha priessa al sepulchro donde estaua el cuerpo de aquel moço, que quasi ninguno de los juezes ni de los principales de la ciudad, ni aun tampoco de los del pueblo, quedó que no fuesse alli con mucha curiosidad por ver aquel milagro. En esto he aqui su padre que con sus proprias manos, alçada la cobertura de la tumba, si os plaze, apartado ya el mortal sueño, halló a su hijo que se leuantaua despues de auer passado los fines y término de la muerte, y abraçandolo fuertemente diziendo palabras conuenientes al gozo presente, enseñólo al pueblo, y assi como estaua amortajado y ligadas las manos y con sus faxas embuelto, lo lleuaron a la casa de la justicia.

Assi que en esta manera descubierta y parescida liquidamente la traycion del maluado sieruo y de la pessima muger, la verdad desnuda y clara paresció en presencia de todos, y la madrastra fue desterrada perpetuamente, y el esclauo fue ahorcado, y al buen medico, de consentimiento de todos, fueron dados los sueldos en precio de aquel oportuno sueño; y la fortuna famosa y digna de memoria de aquel viejo huuo el fin digno a sus meres̄cimientos por la diuinal prouidencia, porque en vn momento, y avn se puede decir que en un pequeño punto despues del peligro en que estuuo de perder sus hijos, subitamente fue hecho padre de aquellos dos mancebos.

CAPITULO III

Cómo el asno fue vendido a vn cocinero y a vn panadero, hermanos, y cómo hallandole vn cauallero comiendo vn dia buenos manjares, se le tomó y le encargó a vn su criado, que le enseñó a vaylar y otras cosas notables.

Yo en aquel tiempo andaua rebuelto en las ondas de los hados de la fortuna. Aquel cauallero que me auia comprado sin que nadie me vendiesse e me hizo suyo sin que por mi diesse precio alguno, hunose de partir a Roma por mandado de su capitan, haziendo lo que era obligado, a lleuar ciertas cartas para vn gran principe, y antes que se partiesse vendiome a dos sieruos hermanos sus vezinos por onze dineros. Estos tenian un señor rico, y el vno dellos era panadero, que hazia pan y pasteles y fruta y de otros manjares; el otro cozinero, que hazia manjares más sabrosos de çumos y otras salsas y manjares delicados. Estos dos hermanos morauan ambos en vna casa, y compraronme para traer platos y escudillas y lo que era menester para su officio, de manera que yo fui llamado como vn tercero compañero entre aquellos dos hermanos para andar por las aldeas de aquel cauallero y traer todo lo que era menester para su cozina; y ciertamente en ningun tiempo yo experimenté tan beniuola mi fortuna; porque a la noche, despues de aquellas abundantes cenas y sus esplendidissimos aparatos, mis amos acostumbrauan traer a su casilla muchas partes de aquellos manjares. El cozinero traya grandes pedaços de puerco, de pollos y de pescado y otras maneras de comer; el panadero traya pan y pedaços de pasteles y muchas frutas de sarten, assí como juncadas y prestiños, anzuelos y otras frutas de miel; lo qual todo dexauan encerrado en su camara para comer y se yuan lauar al baño, en tanto yo comia y tragaua a mi plazer de aquellos manjares que Dios me daua, porque tanpoco yo era tan loco ni tan verdadero asno que, dexados aquellos tan dulces y sabrosos manjares, cenasse heno aspero y duro. Esta manera y artificio de comer a hurto me duró algunos dias, porque comia poco y a miedo, y como de muchos manjares comia lo menos, no sospechauan ellos engaño ninguno en el asno: pero despues que yo tomé mayor atreuimiento en el comer, tragaua lo más principal de lo que alli estaua, y como yo escogia lo mejor y más dulce, no pequeña sospecha entró en los coraçones de los hermanos, los quales aunque de mí no creyesen tal cosa, pero, con el daño cotidiano, con mucha diligencia procurauan de saber quién lo hazia. Finalmente, que ellos el vno al otro se acusauan de aquella rapiña y fealdad, y dende adelante pusieron cuydado diligente y mayor guarda, contando los pedaços y partes que dexauan; e como siempre faltaua, rompido en fin el velo de la verguença, el vno al otro habló desta manera: Por cierto, ya esto ni es justo ni humano menospreciar e disminuyr cada dia más la fe que está entre nosotros, hurtando lo principal que aqui queda, y aquello vendido, acrescentando escondidamente su caudal, de esso poco que queda querer llevar su parte ygual; por ende, si a ti no te plaze nuestra compañia, podemos quedar hermanos en todas las otras cosas y apartarnos deste vinculo de comunidad, porque, segun yo veo, esta querella procede en infinito, de donde nos puede venir gran discordia. El otro hermano le respondio: Por Dios que yo alabo esta tu constancia, que has querido preuenir la querella a lo que hasta agora es secretamente hurtado, lo qual yo su-

friendo muchos dias ha, entre mí mismo me he quexado, porque no pareciesse que reprehendia a mi hermano de vn hurto tan de poco balor como éste; pero bien está, pues que nos auemos dsscubierto, para que por mí y por ti se busque el remedio de nuestro daño, y la embidia, procediendo calladamente, no nos trayga contenciones, como entre los dos hermanos Etheocles y Polinices, que el vno al otro se mataron. Estas y otras semejantes palabras dichas el vno al otro, juraron cada vno dellos que ningun engaño ni ningun hurto auian hecho ni cometido; pero que deuian por todas vias y artes que pudiessen buscar el ladron que aquel comun daño les hazia, porque [no] era de creer que el asno que alli solamente estaua se auia de aficionar a comer tales manjares, pero que cada dia faltauan los principales y mas preciados manjares; demas desto, en su camara no auia muy grandes ratones ni moscas, como fueron otro tiempo las arpias, que rouauan los manjares de Phines, rey de Arcadia. Entre tanto que ellos andauan en esto, yo, cenado de aquellas copiosas cenas y bien gordo con los manjares de hombre, estaua redondo y lleno, y mi cuerpo, ablandado con la hermosa grosura, y criado el pelo, que resplandescia, pero esta hermosura de mi cuerpo causó gran deshonra y verguença para mí, porque ellos, mouidos de la grandeza no acostumbrada de mi cuerpo, y viendo que el heno y ceuada que me echauan cada dia se quedaua alli sin tocar en ello, enderecaron toda su sospecha contra mí, y a la hora acostumbrada hicieron como que se yuan al baño, y, cerradas las puertas de la camara como solian, pusieronse a mirar por vna hendedura de la puerta, y vieronme cómo estaua apegado con aquellos manjares. Entonces ellos, no curando de su daño y marauillandose de los monstruosos deleytes del asno, tornaron el enojo en muy gran risa, y llamado el otro hermano y despues todos los seruidores de la casa, mostraronles la gula que no se puede dezir, y digna de poner en memoria, de un asno perezoso; finalmente, que tan gran risa y tan liberal tomó a todos, que vino a las orejas del señor, que por alli pasaua, el qual preguntó qué buena cosa era aquella de que tanto reya la familia. Sabido el negocio que era, él tambien fue a mirar por el agujero, de que huuo gran plazer, y tan gran risa le tomó, hasta que le dolian las ingles riendo, y abierta la camara sentose e alli comenzo a mirar de mas cerca. Yo quando esto vi paresciome que veia la cara alegre de la fortuna, que en alguna manera ya más blandamente me favorescia, y ayudandome el gozo de los que estauan presentes, ninguna cosa me turbaua, antes comia seguramente, hasta tanto que con la nouedad de aquella vista el señor de casa

muy alegre mandóme lleuar, y él mismo por
sus manos me lleuó a su sala, y puesta la mesa
mandome poner en ella todo genero de manja-
res enteros, sin que nadie huuiesse tocado en
ellos. Yo, como quier que ya estaua algun tanto
harto de lo que auia comido, pero desseando ha-
zerme gracioso al señor y que él me tuuiese en
algo, comia de aquellos manjares como si estu-
uiera muy hambriento. Ellos, por se informar
bien si yo era manso, aquello que creyan que
principalmente aborrescen los asnos aquello
ponian delante por ver si lo comeria, assi como
carne adobada, gallinas y capones salpimenta-
dos, pescados en escabeche. Entre tanto que
esto passaua, auia muy gran risa entre los
combidados que alli estauan, y vn truhan que
alli estaua, dixo: Dad alguna otra cosa a este
mi compañero; a lo qual respondió el señor di-
ziendo: Pues tú, ladron, no has hablado nes-
ciamente, que muy bien puede ser que este
nuestro comensal dessee beuer de buena gana
deste vino; y luego dixo a vn paje: Daca aque-
lla copa de oro, y diligentemente lauada hín-
chela de vino y da a beuer a mi truhan, y aun-
que dile cómo yo beua antes que él. Los com-
bidados que estauan a la mesa estuuieron muy
atentos esperando lo que auia de pasar. En-
tonces yo, no espantado por cosa alguna, me
a espacio y muy a mi plazer retorciendo el la-
brio de abaxo a manera de lengua, de un golpe
me lleué aquella grandissima copa; y luego to-
dos a una boz con gran clamor me dixeron:
Dios te dé salud, que tan bien lo has hecho.
En fin, que aquel señor, lleno de gran plazer y
alegria, llamó a sus dos criados que me auian
comprado y mandóles dar por mí quatro tanto
de lo que me auian comprado, y á mí diome a
otro su criado muy priuado suyo y rico, hazién-
dole vn gran sermon al principio en recomen-
dacion mia, el qual me criaua assaz humana-
mente y como a vn su compañero, y porque su
amo lo tuuiesse más acepto, procuraua quanto
podia de darle plazer con mis juegos: e prime-
ramente me enseñó a estar a la mesa sobre el
codo; despues tambien me enseñó a luchar y
a saltar alçadas las manos; y porque fuesse
cossa marauillossa, me enseñó a responder a las
palabras por señales. En tal manera que quan-
do no queria meneaua la cabeça, y quando algo
queria mostraua que me plazia abaxandola, y
quando auia sed miraua al copero y haciendo
señal con las pestañas demandauale de beuer.
Todas estas cossas facilmente las obedescia yo y
hazia, porque avnque nadie me las mostrara
las supiera muy bien hazer: pero temia que si
por ventura sin que nadie me enseñasse yo hize
estas cosas como hombre humano, muchos,
pensando que podria venir desto algun cruel
presagio, que como á monstruo y mal aguero

me matarian y darian muy bien de comer co-
migo a los buytres.

CAPÍTULO IV

*En el qual relata el asno el estado de su señor,
y cómo venidos a la ciudad de Chorintio tuuo
accesso con vna valerosa matrona que por
aquella noche le alquiló para holgar con él
en vno.*

Ya andaua publicamente gran rumor y fama
cómo yo con mis marauillosas artes y juegos
auia hecho a mi señor muy afamado y acatado
de todos. Quando yua por la calle dezian: Este
es el que tiene vn asno que es compañero y
combidadc, que salta y lucha y entiende las
hablas de los hombres, y exprime el sentido con
señales que haze. Agora lo demas que os quie-
ro dezir, aunque lo deuiera hazer al principio,
pero al menos relatare quién es éste, o de dónde
fue nascido. Thriaso, que por tal nombre se
llamaua aquel mi señor, él era natural de la
ciudad de Corintho, que es cabeça de toda la
prouincia de Acaya; segun que la dignidad
de su nascimiento lo demandaua y de grado en
grado, auia tenido todos los officios de honrra
de la ciudad, y agora estaua nombrado para ser
la quinta vez consul, y porque respondiesse su
nobleza al resplandor de tan gran officio en que
auia de entrar, prometio de dar al pueblo tres
dias fiestas y juegos de placer, estendiendo lar-
gamente su liberalidad y magnificencia. En fin,
tanta gana tenia de la gloria y fauor del pueblo,
que huuo de yr a Thessalia a comprar bestias
fieras grandes y hermosas, y a traer sieruos para
el juego de la esgrima. Despues que huuo a su
placer comprado todas las cosas que auia me-
nester, aparejó de se tornar a su casa, y me-
nospreciadas aquellas ricas sillas en que lo
trayan, y pospuestos los carros ricos, vnos
cubiertos del todo y otros descubiertos, que alli
venian vazios y los trayan aquellos canallos que
nos seguian, y dexados assi mismo los canallos
de Tesalia y otros palafrenes franceses, a los
quales el generoso linage y criança que dellos
sale los haze ser muy estimados, venia con mu-
cho amor caualgando encima de mí, trayendo-
me muy atauiado con guarnicion dorada y cu-
bierto de tapetes de seda de purpura, y con freno
de plata, y las cinchas pintadas, y adornado de
muchas campanillas y caxcaueles que uenian
sonando, y mi señor me hablaua con palabras
muy suaues y compañeras, y entre otras cosas
dezia que mucho se deleytaua por tener en mí
vn combidado y quien lo traya a cuestas. Des-
pues que huuimos caminado por la mar y por
tierra, llegamos a Corintho, adonde nos salió a
rescebir gran compañia de la ciudad, los quales

segun que a mí me parescia no salian tanto por hazer honra a Thiaso quanto era desseando de me ver á mí, porque tanta fama auia allí de mí, que no poca ganancia huuo por mí aquel que me tenia a cargo. El qual como veya que muchos tenian grande ansia desseando de ver mis juegos, cerraua las puertas y entrauan vno a vno, y él rescibiendo todos los dineros, no poca summa rapaua cada dia.

En aquel conuenticulo y Ayuntamiento fueme a ver vna matrona, muger rica y honrada, la cual como los otros mercó mi vista por su dinero, y con las muchas maneras de juegos que yo hazia ella se deleyto y marauilló tanto, que poco a poco se enamoró marauillosamente de mí, y no tomando medicina ni remedio alguno para su loco amor y desseo, ardientemente desseaua echarse conmigo y ser otra Pasiphes de asno como fue la otra del toro. En fin, que ella concertó con aquel que me tenia a cargo que le dexasse echar vna noche conmigo y que le daria gran precio por ello; assi que aquel uellaço, porque de mí le pudiesse venir proueeho, contento de su ganancia prometiogelo. Ya que auiamos cenado partimos de la sala de mi señor y hallamos aquella dueña que estaua esperando en mi camara. O Dios bueno! qué tal era aquel aparato, quán rico y atauiado! Quatro eunuchos que alli tenia nos aparejaron luego la cama en el suelo, con muchos coxines llenos de pluma delicada y muelle, que parescia que estauan hinchados de viento, y encima ropas de brocado y de purpura, y encima de todo otros coxines más pequeños que los otros, las quales las mugeres delicadas acostumbrauan sostener sus rostros y ceruices: y porque no impidiessen el plazer y desseo de la señora con su luenga tardança, cercadas las puertas de la camara se fueron luego: pero dentro quedaron velas de cera ardiendo resplandescientes, que nos esclarescian las tinieblas escuras de la noche. Entonces ella, desnuda de todas sus vestiduras, quitóse assimismo vna faxa con que se ligaua sus hermosas tetas, y llegada cerca de la lumbre sacó vn botezillo de estaño y vntóse toda con balsamo que alli traya, y a mí tambien me vntó y fregó muy largamente, pero con mucha mayor diligencia me vntó la boca e narizes. Esto hecho besóme muy apretadamente, no de la manera que suelen besar las mugeres que estan en el burdel, o otras rameras demandonas, o las que suelen rescebir a los negociantes que vienen, sino pura y sinceramente, sin engaño, y dende començome a hablar muy blandamente diziendo: Yo te amo y te desseo, y a ti solo, y sin ti ya no puedo biuir, y semejantes cosas con que las mugeres atraen a otros y les declaran sus aficiones y amor que les tienen. Assi

que tomóme por el cabestro, y como ya sabia la costumbre de aquel negocio, facilmente me hizo abaxar, mayormente que yo bien veya que en aquello ninguna cosa nueua ni dificile hazia, quanto más a cabo de tanto tiempo que huuiesse dicha de abraçar vna muger tan hermosa y que tanto me desseaua: demas desto, yo estaua harto de muy buen vino, y con aquel vnguento tan oloroso que me auia vntado, desperté mucho más el deseo y aparejo de la luxuria. Verdad es que me fatigaua entre mí, no con poco temor pensando en qué manera vn asno como yo, con tantas y tan grandes piernas, podria subir encima de vna dueña delicada, o cómo podria abraçar con mis duras vñas vnos miembros tan blancos y tiernos, hechos de miel y leche, y tambien aquellos labrios delgados colorados como rocio de purpura auia de tocar con vna boca tan ancha y grande, y besarla con mis dientes disformes y grandes como de piedra. Finalmente, que aunque yo conoscia que aquella dueña estaua encendida dende las vñas hasta los cabellos, pensaua en qué manera auia de rescebir tan gran miembro como el mio. Guay de mí, que rompiendo vna muger hijadalgo como aquella, yo auia de ser echado a las bestias brauas que me comiessen y despedaçassen, y haria fiesta a mi señor. Ella entre tanto tornaua a dezir aquellas palabras blandas, besandome muchas vezes y diziendo aquellos halagos dulces con los ojos amodorridos, diziendo en suma: Tengote, mi palomino, mi paxarito, y diziendo esto mostró que mi miedo y mi pensamiento era muy necio, porque abraçandome fuertemente me rescibió todo en sí: y quántas vezes yo, recelando de no hazer daño, retraya mis nalgas, tantas vezes ella con aquel rauioso impetu me apretaua por el espinazo y se allegaua u mí más apretadamente, tanto que por Dios yo creya que me faltaua algo para suplir su desseo, por lo qual yo pensaua que no de balde la madre del Mino Tauro se deleytaua con el toro su enamorado. Ya que la noche trabajosa y muy veladera era passada, ella escondiendose de la luz del dia partiosse de mañana, dexando acordado otro tanto precio para la noche venidera, lo qual aquel mi maestro concedio de su propia gana sin mucha dificultad por dos cosas: lo vno, por la ganancia que a mi causa rescibia; lo otro, por aparejar nueva fiesta para su señor. En fin, que sin tardança ninguna le descubrio todo el aparato del negocio y en qué manera auia passado.

Quando él oyó esto, hizo mercedes magnificamente a aquel su criado, y mandó que él me aparejasse para hazer aquello en vna fiesta pública.

CAPITULO V

Cómo fué buscada vna muger que estaua condenada a muerte para que en unas fiestas tuuiesse accesso con el asno en el teatro publico, y cuenta el delicto que auia cometido aquella muger.

Y porque aquella buena de mi muger, por ser de linaje y honrrada, ni tampoco otra alguna se pudo hallar para aquello, buscose vna de baxa condicion por gran precio, la qual estaua condenada por sentencia de la justicia para echar a las bestias, para que publicamente delante del pueblo en el teatro se echasse conmigo, de la qual yo supe esta historia. Aquella muger tenia vn marido, el padre del qual, partiendose a otra tierra muy lexos, dexaua preñada a su muger madre de aquel mancebo, y mandole que si pariesse hija, que, luego que fuesse nascida, la matasse. Ella pario una hija, y por lo que el marido le auia mandado, auiendo piedad de la niña, como las madres la tienen de sus hijos, no quiso cumplir aquello que su marido le dixo y diola a criar a vn vezino. Despues que tornó el marido, dixole cómo auia muerto a vna hija que pario: pero despues que ya la moça estaua para casar, la madre no la podia dotar sin que el marido lo supiesse, y lo que pudo hazer fué que descubrio el secreto a aquel mancebo hijo suyo,· porque temia quiza por ventura no se enamorasse de la moça y, con el calor de la juuentud, no lo sabiendo, incurriesse en mal caso con su hermana, que tampoco lo sabia. Mas aquel mancebo, que era hombre de noble condicion, puso en obra lo que su madre le mandaua y lo que a su hermana cumplia, y guardando mucho el secreto por la honra de la casa de su padre, y mostrando de parte de fuera vna humanidad comun entre los buenos, quiso satisfacer a lo que era obligado a su sangre, diziendo que por ser aquella moça su vezina desconsolada y apartada de la ayuda e fauor de sus padres, la queria rescebir en su casa so su amparo y tutela, porque la queria dotar de su propria hazienda y casarla con vn compañero mucho su amigo y llegado. Pero estas cosas assi con mucha nobleza y bondad bien dispuestas, no pudieron huyr de la mortal embidia de la fortuna, por disposicion de la qual luego los crueles celos entraron en casa del mancebo, y luego la muger de aquel mancebo, que agora estaua condenada a echar a las bestias por aquellos males que hizo, començó primeramente a sospechar contra la moça que era su comblueça y que se echaua con su marido, y dende dezia mal della, y de aqui se puso en assecharla por todos los lazos de la muerte. Finalmente, que inuentó y pensó una traycion y maldad desta manera. Esta muger hurtó a su marido el anillo y fuesse al aldea donde tenia sus heredades, y embió a vn esclauo suyo que le era muy fiel, aunque él merescia mal por la fe que le tenia, para que dixesse a la moça que aquel mancebo su marido la llamaua que viniesse luego alli al aldea adonde él estaua, añadiendo a esto que muy prestamente viniesse sola y sin ningun compañero: y porque no huuiesse causa para se tardar, diole el anillo que auia hurtado a su marido, el qual como lo mostrasse, ella daria fe a sus palabras. El esclauo hizo lo que su señora le mandaua, y como aquella donzella oyó el mandado de su hermano, aunque este nombre no lo sabia otro, viendo la señal que le mostraron, prestamente se partió sin compañia como le era mandado. Pero despues, cayda en el hoyo del engaño, sintio las assechanças y lazos que le estauan aparejadas. Aquella buena muger, desenfrenada, y con los estimulos de la furiosa luxuria, tomó a la hermana de su marido, e primeramente desnuda la hizo açotar muy cruelmente, y dende, aunque ella hablando lo que era verdad dezia que por demas tenia pena y sospecha que ella era su combluega, y llamando muchas vezes el nombre de su hermano, aquella mala muger le lançó vn tizon ardiendo entre las piernas, diciendo que mentia y fingia aquellas cosas que dezia, hasta que cruelmente la mató. Eutonces el marido desta y su hermano, sabiendo su amarga muerte por los mensajes que vinieron, corrieron presto al aldea donde estaua, y despues de muy llorada y planteada pusieronla en la sepultura. El mancebo su hermano, no pudiendo tolerar ni suffrir con paciencia la rauiosa muerte de su hermana, y que sin duda auia sido muerta, conmouido y apassionado de gran dolor que tenia en medio de su coraçon, encendido de vn mortal furor de la amarga colera, ardia con una fiebre muy ardiente y encendida, en tal manera que ya él le parescia tomar medicinas. Pero la muger, la qual antes de agora auia perdido con la fe el nombre de su muger, habló a vn fisico que notoriamente era falsario y mal hombre, el qual tenia ya hartos triumphos de su mano y era conoscido en las batallas de semejantes victorias, y prometiole cincuenta ducados porque le vendiesse ponçoña que luego matasse y ella comprasse la muerte de su marido, la qual como vido la ponçoña, fingio que era necesario aquel noble xaraue que los sabios llaman sagrado para amansar las entrañas y sacar toda la colera; pero en lugar desta medicina que ella dezia, puso otra maldita para yr a la salud del infierno. El fisico, presentes todos los de casa y algunos amigos y parientes, queria dar al enfermo aquel xaraue muy bien destemplado por su mano; pero aquella muger audaz y atreuida, por matar juntamente al físico con su marido, como a hombre que sabia su traycion y no la descubriesse, y tambien por quedarse con el dinero que le auia prometido, detuuo el vaso que el físico tenia y dixo: Señor doctor, pues eres mejor de los físicos, no consiento que des este xaraue a mi marido sin que primeramente tú beuas dél vna buena parte, porque dónde sé yo agora si por ventura esté en él escondida alguna ponçoña mortal? cierto no te offende, siendo tan prudente y tan docto físico, si la buena muger, desseosa y solícita cerca de la salud de su marido, procura piedad para su salud necessaria. Quando el físico esto oyó, fue subitamente turbado por la marauillosa desesperacion de aquella hembra cruel, y viendose priuado de todo consejo por el poco tiempo que tenia para pensar, ante que con su miedo o tardança diesse sospecha a los otros de su mala conciencia, gustó vna buena parte de aquella pocion. El marido, viendo lo que el físico auia hecho, tomó el vaso en la mano y beuio lo que quedaua. Passado el negocio desta manera, el medico se tornaua a su casa lo más presto que podia para tomar alguna saludable pocion para apagar y matar la pestilencia de aquel vino que auia tomado; pero la muger, con porfía y obstinacion sacrilega, como ya lo auia començado, no consintio que el medico se apartasse della tanto como vna viña, diziendo que no se partiesse de alli hasta que el xaraue que su marido auia tomado fuesse digerido y paresciesse prouado lo que la medicina obraua. Finalmente, que fatigada de los ruegos e importaciones del físico, contra su voluntad y de mala gana lo dexó yr: entretanto las entrañas y el coraçon auian rescibido en sí aquella ponçoña furiosa y ciega, assi que él, lisiado de aquella y lançado en vna graueza de sueño que ya no se podia tener, llegó a su casa y apenas pudo contar a su muger cómo auia passado, mandole que al menos pidiesse los cincuenta ducados que le auia mandado en remuneración de aquellas dos muertes. En esta manera aquel físico, muy famoso, abogado con la violencia de la ponçoña, dio el ánima; ni tampoco aquel mancebo marido desta muger detuuo mucho la vida, porque entre las fingidas lagrimas della murió otra muerte semejante. Despues que el marido fue sepultado, passados pocos de dias en los quales se hazen exequias a los muertos, la muger del físico vino a pedir el precio de la muerte doblada de ambos maridos. Pero aquella muger mala, en todo semejante a sí misma, suprimiendo la verdad y mostrando semejança de querer cumplir con ella, respondiole muy blandamente prometiendo que le pagaria largamente y aun más adelante, y que luego era contenta con tal condicion que quisiesse dar vn poco de aquel xaraue para acabar el negocio que auia començado. La muger del físico, induzida por los lazos y engaños de aquella mala hembra, facilmente consintio en lo que le demandaua, y por agradar y mostrar ser seruidora de aquella muger, que era muy rica, muy prestamente fue a su casa y traxo toda la buxeta de la ponçoña y diogela a aquella muger, la qual hallada causa y materia de grandes maldades procedió adelante largamente con sus manos sangrientas. Ella tenia vna hija pequeña de aquel marido que poco ha auia muerto, y a esta niña, como le venian por succession los bienes de su padre, como el derecho manda, queríala muy mal, y cobdiciando con mucha ansia todo el patrimonio de su hija, desseauala ver muerta. Assi que ella siendo cierta que las madres, aunque sean malas, heredan los bienes de los hijos difuntos, deliberó de ser tan buena madre para su hija qual fue muger para su marido; de manera que como vido tiempo ordenó vn coubite, en el cual hirio con aquella ponçoña a la muger del físico juntamente con su misma hija, y como la niña era pequeña y tenia el spiritu sotil, luego la ponçoña rauiosa se entró en las delicadas y tiernas venas y entrañas y murió. La muger del físico, en tanto que la tempestad de aquella pocion detestable andaua dando bueltas por sus pulmones, sospechando primero lo que auia de ser y luego, como se començo á hinchar, ya más cierta que lo cierto, corrio presto a la casa del senador y con gran clamor començo llamar su ayuda y fauor, a las quales bozes el pueblo todo se leuantó con gran tumulto; diziendo que queria descubrir grandes trayciones, hizo que las puertas de la casa y juntamente las orejas del senador se le abriessen, y contadas por orden las maldades de aquella cruda muger dende el principio, supitamente le tomo vn desuanecimiento de cabeça, caió con la boca medio abierta que no pudo más hablar, y dando grandes tenazadas con los dientes cayó muerta ante los pies del senador. Quando él esto vido, como era hombre exercitado en tales cosas, maldiciendo la maldad de aquella hechizera con que tantos auia muerto, no permitio que el negocio se enfriasse con perezosa dilacion, y luego trayda alli aquella muger, apartados los de su camara, con amenazas y tormentos sacó; della toda la verdad, y assi fue sentenciada que la echassen á las bestias, como quier que esta pena era menor de la que ella merescia; pero dierongela porque no se pudo pensar otro tormento que más digno fuesse para su maldad. Tal era la muger con quien yo auia de tener matrimonio publicamente; por lo qual estando assi suspenso, tenia comigo muy gran pena y fatiga esperando el dia de aquella fiesta: e cierto muchas vezes pensaua tomar la muerte con mis manos y matarme ante que ensuziar juntandome yo con muger tan maligna, o que huuiesse yo de perder la verguença con infamia de tan publico espectaculo. Pero priuado yo de manos humanas, y priuado de los dedos, con la vña redonda y maciça no podia aprestar el espada ni cuchillo para hazer lo que queria; en fin, yo consolaua estas mis extremas fatigas con vna muy pequeña esperança, y era que el verano començaua ya y que pintaua todas las cosas con yeruezuelas floridas y vestia los prados con flores de muchos colores, y que luego las rosas echando de sí olores celestiales, salidas de su vestidura espinosa, resplandescerian y me tornarian a mi primer Lucio como yo antes era.

CAPITULO VI

En el qual se cuentan muy largamente las solennes fiestas que en Corintho se celebraron, y cómo estando aparejado el theatro para la fiesta que el asno auia de hazer, huyó sin más parescer.

En esto he aqui·dó viene el dia que era señalado para aquella fiesta, y con muy gran pompa y fauor, acompañandome todo el pueblo, yo fue ,llevado al theatro: y en tanto que començauan a hazer para principio de la fiesta ciertas danças y representaciones, yo estuue parado ante la puerta del theatro pasciendo grama y otras yeruas frescas que yo auia plazer de comer, y como la puerta del theatro estaua abierta sin impedimento, muy muchas vezer recreaua los ojos curiosos mirando aquellas graciosas fiestas. Porque alli auia moços y moças de muy florida edad, hermosos en sus personas y resplandescientes en las vestiduras, en el andar, saltadores que baylauan y representauan vna fabula griega que se llama pirrica, los quales dispuestos sus ordenes andauan sus graciosas bueltas, vnas vezes en rueda, otras junto en ordenança torcida, otras vezes hechos vna cuña en manera quadrada y apartandose vnos de otros. Despues que aquella trompa con que tañian hizo señal que acabauan ya la dança, fueron quitados los paños de ras que alli auia, y cogidas las velas aparejose el aparato de la fiesta, el qual era desta manera: Estaua alli vn monte de madera, hecho a la forma de aquel muy nombrado monte, el qual el muy gran poeta Homero celebró llamandolo Ideo, adornado y hecho de muy excelente arte, lleno de matas y arboles verdes, y de encima de altura de aquel monte manaua vna fuente de agua muy hermosa, hecha de mano del carpintero, y alli andauan vnas pocas de cabrillas que comian de aquellas yeruas. Estaua alli vn mancebo

muy hermosamente vestido, con vn sombrero de oro en la cabeça y vna ropa al ombro a manera de Paris, pastor troyano. El qual mancebo fingia ser pastor de aquellas cabras. En esto vino vn muchacho muy lindo, desnudo, saluo que en el ombro yzquierdo lleuaua vna ropa blanca, los cabellos rubios y de toda parte muy gracioso, y entre los cauellos saltauan vnas plumas de oro hermanadas vnas a otras. El qual segun el instrumento y verga que lleuaua en la mano, manifestaua ser Mercurio. Este saltando y baylando con vna mançana de laminas de oro que lleuaua en su mano, llegó a aquel que parescia Paris y diogela, significandole por señales lo que Jupiter mandaua que hiziesse, y luego prestamente tornando los passos hazia tras fuese de delante. Luego vino vna donzella honesta en su gesto, semejante a la diosa Juno, porque traya con vna diadema blanca ligada la cabeça, y traya assimismo vn ceptro real. Tras desta salio otra, que luego pensaras que era Minerua, la cabeça cubierta con un yelmo resplandesciente, y encima del yelmo vna corona de ramos de oliva, con vna lança y vna adarga meneandola a vna parte y a otra, como quando en la pelea. Despues destas entró otra muy poderosa, con hermosa vista, y la gracia de su diuina color manifestaua que deuia ser la diosa Venus, la qual ella era quando fue donzella, el cuerpo desnudo y sin ninguna vestidura, mostrando su perfecta hermosura, saluo que con vn velo sotil de seda obumbraua su espectaculo y vergüença, el qual velo vn ayrezillo curioso enamoradamente meneaua, agora burlando do gelo alçaua en tal manera que apartado descubria la flor de su hedad: agora con mayor amor se le allegaua tan apretadamente, que cubria muy honestamente aquel lugar de plazer. El color desta diosa era tan hermoso, que el cuerpo era blanco y claro, como quando sale del cielo, y la vestidura azul, como quando torna de la mar. Estas tres donzellas, que representauan aquellas tres diosas, trayan sus compañas, que muy sumptuosamente las acompañauan; a Juno acompañaua Castor y Polus, cubiertas las cabeças con sus yelmos y cim·ras adornados de estrellas. Pero estos dos Castores eran dos muchachos de aquellos que representauan la fabula. Esta donzella, como quier que la trompa tañia diuersos sones y bayles, salio muy reposada y sin hazer gesto ninguno, y honestamente con su gesto sereno prometio al pastor que si le diesse aquella mançana que era premio de la hermosura, le daria el reyno y señorio de toda Asia. A la otra donzella que en el atauio de sus armas parescia Minerua acompañauan dos muchachos pajes que lleuauan las armas desta diosa de las‿batallas, a los quales llamauan al vno Espanto y al otro Miedo. Estos venian saltando y esgrimiendo con sus espadas sacadas. A las espaldas dellos estauan las trompetas que tañian como quando entran en las batallas, y junto con las trompetas bastardas tocauan clarines, de manera que incitauan gana de ligeramente saltar. Esta donzella voluiendo la cabeça, y con los ojos que parescia que amenazaua, saltando y dando bueltas muy alegremente, demostraua a Paris que si le diesse la victoria de la hermosura, que lo haria muy esforçado y muy famoso con su fauor y ayuda en los triumphos de las batallas. Despues desto he aqui dó sale Venus con gran fauor de todo el pueblo que alli estaua, y enmedio del theatro, cercada de muchachos alegres y hermosos, y riendose dulcemente, estuuo queda con gentil continencia. Cierto quienquiera que viera aquellos niños gordos y blancos, dixera que eran dioses del amor, como Cupido, que a la hora auian salido del mar o bolado del cielo; porque ellos conformauan en las plumas, arcos y saetas y en todo el otro ábito al dios Cupido, y lleuauan hachas encendidas como si su señora Venus se casara. Assi mismo otro linaje de damas la cercauan: de vna parte las Gracias agradables, y de la otra las muy hermosas Horas, que son ninfas que acompañan a Venus, las quales, por agradar a su señora, con sus guirnaldas de flores y otras en las manos que por alli echauan y derramauan, hazian vn choro muy bien ordenado para dar plazer a su señora con aquellas yeruas y flores del verano. Ya las cheremias tañian dulcemente aquellos cantos y sones musicos y suaves, los cuales deleytauan suauemente los coraçones de los que alli estauan mirando, pero muy más suauemente se conmouian con la vista de Venus, la qual passo a passo por medio de aquellos niños y de sus plumas y alas, mouiendo poco a poco la cabeça, començo andar y con su gesto y ayre delicado responder por su canto de los instrumentos. Una vez abaxando los ojos, otra vez parescia que saltaua con los ojos. Esta como llegó ante la presencia del juez echóle los braços encima, prometiéndole que si ella fuesse preferida a las otras diosas, que le daria vna muger tan hermosa y semejante a sí misma. Entonce aquel mancebo troyano de muy buena gana le dio en señal de vitoria aquella mançana de oro que tenia en la mano. O qué os marauillaya, hombres muy viles y aun bestias letradas y abogados, y aun mas digo buytres de rapiña vestidos como juezes, si agora todos los juezes venden por dineros sus sentencias, pues que en el comienço de todas las cosas del mundo la gracia y hermosura corrompio el juyzio que se trataua entre los dioses y el hombre, y aquel pastor rustico, juez eligido por consejo del gran Jupiter, vendio la prime-

ra sentencia de aquel antiguo siglo por ganancia de su luxuria con destruycion y perdimiento de todo linaje? Por cierto desta manera acontesció otro juizio hecho y celebrado en aquellos famosos duques y capitanes de los griegos quando Palamides, poderoso en armas y claro en doctrina e sabiduria, fue condennado de traycion con falsas accusaciones, o quando Vlixes pequeño fue preferido al grande Ayaces, poderoso en la virtud de las bata'las. Pues qué tal fue aquel otro juyzio cerca los letrados y discretos de Atenas y los otros maestros de toda la sciencia? Por ventura aquel viejo Socrates, de diuina prudencia, el qual fue preferido a todos los mortales en sabiduria por el dios Apolo, no fue muerto con el çumo de la yerua mortal, accusado por engaño y embidia de malos hombres, diziendo que era corrompedor de la juuentud, la qual él constreñia y apretaua con el freno de su doctrina, y murio dexando a los ciudadanos de Athenas macula de perpetua ygnominia? Mayormente que los philosophos deste tiempo desean y siguen su doctrina sanctissima, y con grandissimo studio y afficion de felicidad juran por su nombre. Mas porque alguno no reprehenda el impetu de mi enojo diziendo entre sí desta manera: Cómo! es agora razon que sufframos vn asno que nos esté aqui diziendo philosophias? tornaré otra vez a contar la fabula donde la dexé. Despues que fue acabado el juyzio de Paris, aquellas diosas Juno y Minerua, tristes y semejantes y enojadas, fueronse del theatro, manifestando en sus gestos la indignacion y pena de la repulsa que les era hecha. Pero la diosa Venus, gozosa y muy alegre, saltando y baylando con toda su compaña manifesto su alegria. Entonces de encima de aquel monte por vn caño escondido salio vna fuente de agua desleyda con açafran, y cayendo de arriba rució aquellas cabras que andauan alli pasciendo con aquella agua olorosa, en tal manera que teñidas y pintadas del agua, mudaron la color blanca que era propria suya en color amarilla. Assi que oliendo suauemente todo el theatro, ya que era acabada la fabula, sumiose aquel monte de madera en vna abertura grande de la tierra que alli estaua hecha. En esto he aqui do viene por medio de la plaça corriendo vn cauallero diziendo que sacassen de la carcel pública aquella muger, porque el pueblo assi lo demandaua, la qual, segun arriba dixe, por la muchedumbre de sus maldades auia sido condennada a las bestias y destinada para mis honrradas bodas; assimismo con mucha diligencia se hazia la cama de nuestro matrimonio; el lecho era de marfil muy luziente y de colchones de pluma lleno y con vna cobertura de seda adornado y florido. Yo, demas de la verguença que tenia de echarme publicamente con vna muger, y tambien auer de juntarme con vna hembra tan suzia y maluada, me atormentaua grauemente el miedo de la muerte, diziendo entre mi en esta manera: Que estando nosotros juntos, qualquiera bestia que soltassen para matar a aquella muger no auia de ser tan prudente en la discrecion, ni tan enseñada por arte ni templada por abstinencia, que despedaçasse y comiesse a la muger que estaua a mi lado y a mí me perdonasse como a quien no tuuiesse culpa ni fuesse condennado. Assi que estando yo en este pensamiento, ya no tenia yo tanto cuydado de la verguença como de mi propria salud, y en tanto que mi maestro estaua muy atento en aparejar el lecho, y la otra gente que por alli andaua, los vnos estauan occupados en mirar la caça de las bestias, los otros atonitos en aquel espectáculo y fiesta deleytosa, en tal manera que dauan libre aluedrio a mi pensamiento para pensar lo que auia de hazer, y aun tambien nadie tenia pensamiento ni se curaua de guardar vn asno tan manso, assi que poco a poco començe a retraer los pies hurtiblemente, y desque llegué á la puerta de la ciudad, que estaua cerca de alli, echó a correr quanto pude muy apressuradamente, y andadas seys millas, en breue espacio llegué a Zencreas, que es una villa muy noble de los corinthios, junta con ella el mar Egeo de la vna parte y de la otra el mar Saronico, adonde, porque ay puerto muy seguro para las naos, es frecuentada de muchos mercaderes y pueblos. Quando yo alli llegué, aparteme de la gente que no me viesse, y en la ribera del mar secretamente cerca del rocio de las ondas del agua me eché en vn blando monton de arena, y alli recreé mi cuerpo cansado, porque ya el carro del sol auia abaxado y puesto vltimo término al dia, adonde yo, estando descansando de noche, un dulce sueño me tomó.

ARGUMENTO DEL VNDECIMO LIBRO

Nuestro Lucio Apuleyo todo es lleno de doctrina y elegancia: pero este vltimo libro excede a todos los otros, en el qual dize algunas cosas simplemente, y muchas de hystoria verdadera, y otras muchas sacadas de los secretos de la filosophia y de la religion de Egypto. En el principio explica con gran eloquencia vna ora_ cios [no] de asno teologo que hizo a la Luna, y luego la respuesta y benibola Instruction de la Luna a Lucio Apuleyo: la copiosa y muy discreta descripcion de la pompa sacerdotal: la reformacion de asno en hombre comidas las rosas: la entrada que hizo en la religion de Isis y Osiris: la abstinencia de su castidad. Otra oracion muy deuota a la Luna, y tras desto la felice tornada hazia Roma, adonde, ordenado en las cosas sagradas, de alli fue assupto puesto en el colegio de los principales sacerdotes. Habla tan copiosamente, que es dificile a la letra tornarlo en nuestro romance. Aya paciencia quien lo leyere, y no culpe lo que por ventura él no podrá hazer.

Aureus hic asinus licet eius cauda manebat
Exdor cauda mihi plusque adaman terigeus
Hanc secui tandem hircino ad non sanguine letor.
Altamen ingenti quippe labora meo.

CAPITULO PRIMERO

En el qual Lucio cuenta cómo, venido en aquel lugar de Zencreas, despues del primer sueño vió la Luna, y pone vna eloquente oracion que le hizo, suplicando le diesse manera cómo fuesse conuertido en hombre.

Cerca poco más o menos del primer sueño de la noche, despertado con vn subito pauor, vi la gran redondez de la Luna relumbrando y con vn resplandor grande, que a la hora salia de las ondas de la mar. Assi que, hallando occasion de la obscura noche, que es aparejada y llena de silencio, y tambien siendo cierto que la Luna es diosa soberana y que resplandesce con gran magestad, y que todas las cosas humanas son regidas por su prouidencia, no tan solamente las animalias domesticas y bestias fieras, mas aun las que son sin ánima se esfuerçan y crecen por la diuina voluntad de su lumbre y deydad, tambien por consiguiente los mismos cuerpos en la tierra, en el ayre y en la mar agora se augmentan con los crescimientos de la Luna, agora se disminuyen quando ella mengua; pensando yo assi mismo que mi fortuna estaria ya harta con tantas tribulaciones y desuenturas como me auia dado, y que agora aunque tarde me mostraua alguna esperança de salud, deliberé de rogar y suplicar a aquella benerable hermosura de la diosa presente, y luego, quitada de mi toda pereza, leuantéme alegre, y con gana de me limpiar y purificar lancéme en la mar metiendo la cabeça siete vezes debaxo del agua, porque aquel diuino Pitagoras manifesto que aquel numero septenario era en gran manera aparejado para la religion y sanctidad, y con el plazer alegre, saliendome las lagrimas de los ojos, suplicaule desta manera: O reyna del cielo! agora tú seas aquella sancta Ceres, madre primera de los panes, que te alegraste quando te halló tu hija, y quitado el manjar bestial antiguo de las bellotas, mostraste manjar deleytoso, que moras y estas en las tierras de Athenas; o agora tú seas aquella Venus celestial que en el principio del mundo juntaste la diversidad de los linajes, engendrando amor entrellos y acrescentando el género humano con perpetuo linaje eres honrrada en el templo sagrado de Paphio, cercado de la mar; o agora tú seas hermana del Sol, que con tus medicinas amansando y recreando el parto de las mugeres preñadas criaste tantas gentes, y agora eres adorada en el magnífico templo de Epheso; o agora tú seas aquella temerosa Proserpina a quien sacrifican con aullidos de noche, y que comprimes las fantasmas con tu forma de tres caras, y refrenandote de los encerramientos de la tierra andas por diuersas montañas y arboledas, y eres sacrificada y adorada por diuersas maneras: tú alumbras todas las ciudades del mundo con esta tu claridad mugeril, y criando las simientes alegres con tus humidos rayos, dispensas tu lumbre incierta con las bueltas y rodeos de sol: por qualquier nombre, o por qualquier rito, o qualquier gesto y cara que sea licito llamarte, tú, señora, socorre y ayuda agora a mis extremas angustias. Tú leuanta mi cayda fortuna, tú da paz y reposo a los acaescimientos crueles por mí passados e sufridos; basten ya assi mismo los peligros, y quita esta cara maldita y terrible de asno, y torname a mi Lucio y a la presencia y vista de los mios: e si por ventura algun dios yo he enojado y me aprieta con crueldad inexorable, consienta al menos que muera, pues que no me conviene que biua en esta manera.

Auiendo hecho mis rogatiuas y compuesto mis lloros, tornó otra vez el sueño a oprimir mi coraçon soñoliento en aquel mismo lugar donde me auia echado, y no auia casi cerrado bien los ojos, he aqui aquella diuina cara alçando su gesto honrrado salio de medio de la mar, y dende saliendo poco a poco su luciente figura, ya que toda estaua fuera del agua, parecio que se puso delante mi: de la qual su marauillosa ymagen yo me esforçare de contar si el defecto de la habla humana me diere para ello facultad, o si su diuinidad me administrare abundantemente copia de facundia para lo poder dezir. Primeramente ella tenia los cabellos muy largos, derramados por el diuino cuello y que le cubrian las espaldas; tenia en su cabeça vna corona adornada de diuersas flores, en medio de la qual estaua vna redondez llana a manera de espejo, que resplandescia la lumbre dél para demostracion de la luna de la vna parte, y de la otra auia muchos surcos de arados torcidos como culebras y con muchas espigas de trigo por alli nascidas; traya vna vestidura del lino texida de muy muchos colores, agora era blanca y muy luziente, agora amarilla como flor de açafran, agora inflamada con vn color rosado, que aunque estaua yo lexos me quitaua la vista de los ojos; traya encima otra ropa negra, que resplandescia la escuridad della, la qual traya cubierta y echada por debaxo del braço diestro al hombro yzquierdo, como vn escudo pendiendo con muchos pliegues y doblezes. Era esta ropa bordada alderredor con sus trenças de oro, y sembrada toda de vnas estrellas muy resplandescientes en medio, de las quales la luna de quinze dias lançaua de sí rayos inflamados: y como quier que esta ropa la

cercaua pendiendo de toda parte y tenia la corona ligada con ella adornada de muchas flores, mançanas y otras frutas, pero en la mano tenia otra cosa muy diuersa de lo que auemos dicho; porque ella tenia en la mano derecha vn pandero con sonajas de alambre, atrauessadas por medio con sus virgulas, y con vn palillo dauale muy muchos golpes, que lo hazia sonar muy sabrosamente; en la mano yzquierda traya un jarro de oro, y del asa del jarro, que era muy linda, salia una serpiente que se llamaua Aspis alçando la cabeça y con el cuello muy alto; en los pies diuinos traya vnos alpargates hechos de hojas de palma. Tal y tan grande me aparescio aquella diosa, echando de sí vn olor diuino como los olores que se crian en Arabia, y tuuo por bien de me hablar en esta manera: Heme aqui do vengo conmouida por tus ruegos, o Lucio; sepas que yo soy madre y natura de todas las cosas, señora de todos los elementos, principio y generacion de los siglos, la mayor de los dioses y reyna de todos los defuntos, primera y vnica sola de todos dioses y diosas del cielo, que dispenso con mi poder y mando las alturas resplandescientes del cielo, y las aguas saludables de la mar, y los secretos lloros del infierno. A mi sola y vna diosa honrra y sacrifica todo el mundo en muchas maneras de nombres. De aqui, los troyanos, que fueron los primeros que nascieron en el mundo, me llaman Pessimuntica, madre de los dioses. De aqui assimismo los athenienses, naturales y alli nascidos, me llaman Minerua ceropea, y tambien los de Cipre, que moran cerca de la mar, me nombran Venus Paphia. Los arqueros y sagitarios de Creta, Diana. Los cicilianos de tres lenguas me llaman Proserpina. Los eleusinos, la diosa Ceres antigua. Otros me llaman Juno, otros Bellona, otros Hecates, otros Ranusia. Los etiopas, illustrados de los heruientes rayos del sol quando nasce, y los arrios y egypcianos, poderosos y sabios, donde nasció toda la doctrina, quando me honrran y sacrifican con nis proprios ritos y cerimonias, me llaman mi verdadero nombre, que es la reyna Isis. Auiendo merced de tu desastrado caso y desdicha, vengo en persona a te fauorecer y ayudar; por esso dexa ya estos lloros y lamentaciones, aparta de ti toda tristeza y fatiga, que ya por mi prouidencia es llegado el dia saludable para ti. Assi que con mucha solicitud y diligencia entiende y cumple lo que te mandare. El dia de mañana, que nascerá desta noche, nombro la religion de los hombres y lo festino y dedico para siempre en mi nombre, porque apaziguadas las tempestades del inuierno y amansadas las ondas y tormenta de la mar, estando ya manso para nauegar, los sacerdotes de mi templo me sacrificauan vna barca nueua en señal e primicia de su nauegacion. Esta mi fiesta y sacrificio no la deues de esperar con pensamiento profano e solícito, porque por mi aviso y mandado el sacerdote que fuere en esta procession y pompa lleuará en la mano derecha colgando del instrumento vna guirnalda de rosas; assi que tú sin empacho ni tardança, alegre, apartando la gente, llegate a la procession confiando en mi voluntad, y blandamente, como que quieres llegar a besar la mano al sacerdote, morderas en aquellas rosas, las quales comidas, luego yo te desnudaré del cuero de esta pessima y detestable bestia en que ha tantos dias que andas metido: y no temas cosa alguna de lo que te digo, dixiendo que es cosa ardua y difficil, porque en este mismo monte que estoy aqui y me vees presente, apercibo assi mismo y mando en sueños al sacerdote lo que ha de hazer en prosecucion de lo que te digo, y por mi mandado el pueblo, aunque esté muy apretado, se apartará e te dará lugar: e ninguno aunque esté entre las alegres cerimonias e fiestas se espantará en ver esta cara difforme que traes, ni tampoco accusará maliciosamente ni interpretará en mala parte que tu figura subitamente sea tornada en hombre. De vna cosa te recordarás y ternás siempre escondida en lo intimo de tu coraçon: que todo el tiempo de tu vida que de aqui adelante biuieres hasta el vltimo término della, todo aquello que biues, lo deues con mucha razon a aquella por cuyo beneficio tornas a estar entre los hombres. Tú biuirás bien auenturado y biuirás glorioso sin amparo e tutela, y quando biuieres acabado el espacio de tu vida y entrares en el infierno, alli en aquel soterraño medio redondo me verás que alumbro a las tinieblas del rio Acheronte y que reyno en los palacios secretos del infierno: e tú que estarás y morirás en los Campos Eliseos, muchas veces me adorarás como a tu abogada propria. Demas desto, sepas que si con seruicios continuos, actos religiosos e perpetua castidad merescieres mi gracia, yo te podré alargar, e a mi solamente conuiene, prolongarte la vida allende el tiempo constituydo a tu hado. En esta manera acabada la habla desta benerable vision, desapareció delante de mis ojos, tornandose en sí misma.

CAPITULO II

En el qual se descriue con muy grande eloquencia vna solenne procession que los sacerdotes hizieron a la Luna, en la qual procession el asno apañó las rosas de las manos del gran sacerdote, e comidas se boluio hombre.

No tardó mucho que yo, despierto de aquel sueño, me leuanté con vn pauor e gozo, y assi mismo mezclado de vn gran sudor, marauillandome mucho de tan clara presencia desta diosa poderosa, e rociandome con el agua de la mar, estando muy atento a sus grandes mandamientos, recolegia entre mí la orden de su monicion. En esto no tardó mucho que el sol dorado salio, apartando las tinieblas de la noche escura, y llegandome a la ciudad, yo vi que la gente e pueblo della hinchian todas las plazas en ábito religioso e triunphante, con tanta alegria, que demas del plazer que yo tenia, me parescia que todas las cosas se alargauan en tal manera que hasta los bueyes e brutos animales y todas las cosas y aun el mismo dia sentia yo que con alegres gestos se gozauan, porque el dia sereno y apazible auia seguido a la pluuia que otro dia antes auia hecho. En tal manera, que los paxaritos y auezillas, alegrandose del vapor del verano, sonauan cantos muy dulces y suaues, halagando blandamente a la madre de las estrellas, principio de los tiempos, señora de todo el mundo. Qué puedo dezir sino que los arboles, assi los que dan fructo como los que se contentan con solamente su sombra, meneando y alçando las ramas con el viento austro se reyan y alegrauan con el nueuo nascimiento de sus hojas, y con el manso mouimiento de sus ramos chiflauan y hazian vn dulce estrepito? El mar, amansado de la tormenta y tempestad e dispuesto el rumor e hinchazon de las ondas, estaua templado e con muy grandissimo reposo. El cielo, auiendo alançado de sí las obscuras nuues, relumbraua con la seueridad y resplandor de su propria lumbre. He aqui dónde vienen delante de la procession poco a poco muchas maneras de juegos muy hermosamente adornados, assi en las bozes como en los otros actos y gestos. Vno venia en ábito de cauallero ceñido con su vanda; otro vestido su vestidura y çapatos de caça con vn benablo en la mano, representando vn caçador; otro vestido con vna ropa de seda y chapines dorados y otros ornamentos de muger con vna cabellera en la cabeça andando pomposamente mintiendo con su gesto persona de muger; otro yua armado con quixotes y capacete y bauera y con su broquel en la mano, que parescia salia del juego de la esgrima; no faltaua otro que le seguia vestido de purpura con insignias de senador, y tras deste otro con su bordon, esclauina y alpargates y con sus barbas de cabron representaua y fingia persona de philosopho; otro yua con diuersas cañas, la vna para caçar aues con vn visco, y otra para pescar con anzuelo. Demas desto vi assi mismo que lleuauan vna ossa mansa assentada en vna silla y vestida en ábitos de muger casada y honrrada; otro lleuaua vna vna mona con vn sombrerete velloso en la cabeça, vestida con un sayo amarillo con una

capa de oro que parescia á Ganimedes, aquel
pastor troyano que Jupiter arrebató para su
seruicio; tras desto vi que yua alli vn asno con
alas, que representaua aquel cauallo Bellero-
fonte, y cerca dél andaua vn viejo que podia
dezir quien lo viesse que era Pegaso, como
quier que podia reyrse y burlar de entrambos
a dos. Entre estas cosas de juego que popular-
mente alli se hazian, ya se aparejaua y venia la
fiesta y pompa de mi propria diosa que me
auia de saluar y escapar de tanta tribula-
cion; y delante della venian muchas mugeres
resplandescientes con vestiduras blancas y ale-
gres, con diuersas guirnaldas de flores que
trayan, las quales henchian de flores que saca-
uan de sus senos las calles y plazas por donde
venia la fiesta y procession. Otras lleuauan en
las espaldas vnos espejos resplandescientes, por
mostrar a la diosa que venia atras dellas el
seruicio y fiesta que le hazian. Otras auia que
trayan muy hermosos peynes de marfil en las
manos, haziendo auctos e gestos con los braços
boluiendo los dedos a vna parte y a otra, fin-
gendo que peynauan y adornauan los cabellos
de la reyna Isis. Otras auia que ruciauan las
plazas con muchos vnguentos olorosos, derra-
mando balsamo con vna almarraxa. Demas
desto yua muy gran muchedumbre de hombres
y mugeres con su candellas y hachas y cirios y
con otro género de lumbre artificial, fauores-
ciendo y honrrando las estrellas celestiales.
Dende yuan muy muchos instrumentos de muy
suaue música, assi como cinfonias muy suaues
y flautas y cheremias que cantauan muy dulce
y suauemente, a las quales seguia vna dança de
muy hermosas donzellas con sus alcandoras
blancas, cantando vn canto muy gracioso, el
qual con fauor de las musas ordenó aquel sabio
poeta, en el qual se contenia el argumento y
ordenança de toda la fiesta. Otros tambien auia
que yuan cantando canciones de mayores botos,
y otros con trompetas dedicadas al gran dios de
Egypto Serapio, los quales con las trompetas
retorcidas puestas a la oreja derecha cantauan
aquellos versos familiares del templo y de la
diosa; otros muchos auia que yuan haziendo
lugar por donde passasse la fiesta. En esto
vino vna gran muchedumbre de hombres y mu-
geres de toda suerte y hedad, relumbrando con
vestiduras de lino puro y blanco, y mez-
claronse con los sacerdotes que alli yuan. Las
vnas lleuauan los cabellos vntados con olores y
ligados en limpios y blandos trançados; los
hombres lleuauan las cabeças raydas, reluzien-
doles las coronas como estrellas terrenales de
gran religion, tañiendo y haziendo dulce sonido
con panderos y sonajas de alambre y de plata,
y aun tambien de oro; y aquellos principales
sacerdotes, que yuan vestidos de aquellas ves-

tiduras blancas hasta en pies, lleuauan las al-
hajas e insignias de sus poderosos dioses. El
primero de los quales lleuaua vna lampara res-
plandesciente, no semejante a nuestra lumbre
con que nos alumbramos a las cenas de la no-
che; pero era vn jarro de oro, tenia la boca an-
cha por donde echaua la llama de la lumbre
largamente. El segundo yua vestido semejante
a éste; pero lleuaua en ambas las manos vn
altar, que quiere dezir euxillio, al qual la pro-
uidencia de la soberana diosa que es ayudadora
le dió este proprio nombre. Yua el tercero y
lleuaua en la mano vna palma con hoja de oro
muy sotilmente labrada, y en la otra vn cadu-
ceo, que es instrumento de Mercurio. El quarto
mostraua vn indicio y señal de equidad, con-
viene a saber, que lleuaua la mano yzquierda
estendida, la qual por ser de su natura perezo-
sa y que no es astuta ni maliciosa, paresce que
es mas aparejada y conveniente a la ygualdad
y razon que no la mano derecha. Este mismo
lleuaua en la otra mano vn vaso de oro redon-
do y hecho a manera de teta, del qual salia le-
che. El quinto lleuaua vna criua de oro llena de
ramos dorados. Otro tambien lleuaua vn can-
taro grande. No tardaron tras desto de salir
los dioses que tuuieron por bien de andar sobre
pies humanos. E aqui venia vna cosa espanta-
ble, que era Mercurio, mensajero del cielo y
del abismo, alçando la cara agora negra, agora de
oro, alçando la ceruiz y cabeça de perro, el
qual traya en la mano yzquierda vn caduceo y
en la derecha sacuendo vna palma. Tras dél
seguia vna vaca leuantada en su estado, la qual
es figura de la diosa madre de todas las cosas.
Porque como la vaca es prouechosa y vtile, assi
lo es esta diosa, la qual imagen o figura lleua-
ua en cvna de sus hombros vno de aquellos
sacerdotes con pasos muy pomposos. Otro auia
que lleuaua vn cofre donde yuan todas las co-
sas secretas de aquella magnifica religion. Otro
assi mesmo lleuaua en su regaço la muy vene-
rable figura de su diosa soberana, la qual no era
de bestia, ni de aue, ni de otra fiera, ni tampoco
era semejante a figura de hombre; mas por vna
astuta inuencion y nouedad, para argumento
inefable de la reuerencia y gran silencio de su
secreta religion, era vna cosa de oro resplan-
desciente figurado desta manera: Vn vaso po-
lidamente obrado, abaxo redondo y de partes
de fuera bien esculpido con figuras y simula-
cros de los egypcianos; la boca no muy alta,
pero tenia vn pico luengo como canal por don-
de echaua el agua, y de la otra parte vn asa
muy larga y apartada del vaso, encima del qual
estaua torcida vna muy poderosa serpiente As-
pis con la ceruiz escamosa y el cuello alto y
muy soberuio; y luego he aqui dónde llegan mis
hados y beneficios que por la presente diosa fue·

ron prometidos, y el sacerdote que traya esta misma salud mia allegó a cumplir el mandado de la diuina promission, el qual traya en su mano derecha vn pandero con sonajas y colgada della vna corona de rosas, la qual por cierto a mí se podia muy bien dar, porque auiendo passado tantos y tan grandes trabajos y escapado de tan grandes peligros por la prouidencia de la gran diosa, yo huuiesse vencido y sobrepujado a la crudelissima fortuna que siempre lucha contra mí. A todo esto yo no me moui subitamente, arremetiendo rezio y con ferocidad, temiendo que por ventura con el impetu repentina de vna bestia de quatro pies no se turbasse la orden y sossiego de la religion: mas poco a poco, tardandome, con la cara alegre y el passo como hombre de seso, abaxando el cuerpo, dandome lugar el pueblo, por la gracia de la diosa lleguéme muy passito. Entonces el sacerdote, siendo ya amonestado y auisado por el sueño y vision de la noche passada, segun que del mismo negocio yo pude conocer, marauillandose assimismo cómo todo aquello concordaua con lo que le auia sido reuelado, luego estuuo quedo y de su propria gana tendio su mano a mi boca y me dio la corona de rosas. Entonces yo, temblando y dandome el coraçon muchos saltos en el cuerpo, llegué a la corona, la qual resplandescia texida de rosas delicadas y muy frescas, y tomandolas con mucha gana y desseo desseosamente la tragué. No me engañó el prometimiento celestial, porque luego a la hora se me cayó aquel difforme y fiero gesto de asno. Primeramente los pelos duros se me quitaron, y dende el cuero gruesso se adelgazó, el vientre hinchado y redondo se assento, las plantas de los pies que estauan hechos vñas se tornaron dedos, las manos ya no eran como ante y se leuantaron derechas para muy bien hazer su officio, la ceruiz alta y grande se achicó, la boca y la cabeça se arredondeó, las orejas grandes e inormes se tornaron a su primera forma, y tambien los dientes como de piedra tornaron a ser menudos como de hombre; la cola que principalmente me apenaua desapareció. Aquellas gentes y el pueblo que alli estaua se marauillaron todos; los sacerdotes adoraron y honraron tan euidente potencia de la gran diosa, y la magnificencia semejante a la reuelacion de la noche passada, y la facilidad desta mi reformacion, y alçando las manos al cielo todos a vna boz testificauan y dezian este tan ilustre beneficio de su diosa. Yo, espantado y como pasmado, estaua quedo y callando, reuoluiendo en mi coraçon tan repentino y tan gran gozo que no cabia en mí, pensando qué era lo primero que principalmente auia de començar a hablar, de dónde auia de tomar exordio y comienço de la nueua boz, con qué palabras podria agora la

lengua otra vez nascida començar con mejor dicha, con quáles y quántas palabras yo podria hazer gracia a tan gran diosa; pero el sacerdote, que por la diuina reuelacion estaua informado de todos mis trabajos y penas dende el principio, como quier que él tambien estaua espantado, hizo señal y mandó que primeramente me diessen vna vestidura de lino con que me cubriesse, porque yo luego que vi que el asno, me auia despojado de aquella cobertura bruta y nefanda, apretadas las piernas estrechamente y puestas las manos encima, segun que conuenia a hombre desnudo, tapaua mis verguenças con natural cobertura. Entonces vno de la compañia de aquella religion prestamente desnudose la ropa que traya él encima de todo y cubriome; lo qual assi hecho, el sacerdote, con cara alegre y cierto assaz humanamente, estando atonito de verme en la forma que me via, hablome desta manera: O Lucio! auiendo tú padescido muchos y diuersos trabajos con grandes tempestades de la fortuna, y siendo maltractado de mayores turbaciones, finalmente veniste al puerto de salud y ara de misericordia, y no te aprouechó tu linage y la dignidad de tu persona, ni aun tampoco la ciencia que tienes, mas antes con la incontinencia de tu mocedad puesto en vicios de hombres sieruos y de poco ser reportaste el premio y galardon siniestro de tu agudeza y curiosidad sin prouecho; mas como quier que sea la ciega fortuna, pensando do te atormentar con estos pessimos trabajos y peligros, te trajo con su malicia, no por ella vista, a esta religion bienauenturada. Pues vaya agora y brauee con su furia quanto quisiere, y busque para su crueldad otra materia donde se exercite, porque en aquellos cuyas vidas y seruicios la magestad de nuestra diosa tomó so su amparo y proteccion, no ha lugar ningun caso contrario; qué le aprouechó a la maldada de la fortuna los ladrones? qué le aprouecharon las fieras o el seruicio en que te puso, o las ydas y venidas de los caminos asperos que anduuiste, o el miedo de la muerte en que cada dia te ponia?; y ahora eres rescebido en tutela y guarda de la fortuna; pero de la que vee, la qual con el resplandor de su luz alumbra a todos los otros dioses, y que se conforme con este tu ábito candido y blanco: acompaña la pompa y procession desta diosa que te saluó con pasos alegres, porque lo vean los creyes y vean y reconozcan su error: he aqui Lucio, librado de las primeras tribulaciones, se goza con la prouidencia de la gran diosa y triumpha con vencimiento de su fortuna; y por que seas mas seguro y mejor guardado da tu nombre a esta sancta milicia y religion, a la qual en otro tiempo no fueras rogado ni llamado como agora; assi que obligate agora al seruicio de nuestra religion, y por tu

voluntad toma el yugo deste ministerio, por-
que cuando començares a seruir a esta diosa,
entonces tú sentiras mucho más el fructo de tu
libertad. Desta manera auiendo hablado aquel
egregio sacerdote, estando ya cansado de ha-
blar calló, y dende yo mezclandome con aque-
lla compañia de religiosos yua en la procession
acompañando aquella solennidad, señalandome
y notandome con los dedos y gestos todos los
de la ciudad, y todos hablauan de mí diziendo:
La dignidad de nuestra gran diosa reformó y
trasladó oy a éste de bestia en hombre; por
cierto él es bienauenturado y huuo buena dicha
que por la inocencia y fe de la vida pasada me-
rescio tan gran fauor y ayuda del cielo, que
quasi tornado a nascer oy de nueuo luego fue
dedicado y puesto en el seruicio de las cosas sa-
gradas. Dicho esto, viniendo vn poco adelante
con la procesion llegamos a la ribera de la mar,
en aquel mismo lugar donde otro dia antes mi
amo auia tenido su establo; y allí puesta la
diosa y las otras cosas sagradas en tierra hon-
radamente, el principal de los sacerdotes offres-
cio a la diosa vna naue muy polidamente obra-
da y pintada con pinturas marauillosas como
las que se pintan en Egypto, y hechos sus sa-
crificios y solenissimas preces, con vna tea ar-
diendo y vn veuo y piedra çufre, rezando con
su casta boca despues de la auer limpiada y
purificada, la dedicó y nombró a esta su gran
diosa: la naue tenia vna vela muy blanca de
lino delgado, en la qual estauan escriptas letras
que declarauan el boto de los que la ofrescian
porque la diosa les diesse prospero viaje; tenia
assi mismo la naue su mastel, que era un pino
redondo, alto y muy hermoso, con su entena y
su gauia, y la popa de la naue era cubierta de
laminas de oro, con las quales resplandescia, y
todo el cuerpo de la naue era de cedro limpio
y muy polido. Entonces todo el pueblo, assi
los religiosos como los seglares, con sus har-
neros y espuertas en las manos llenos de olo-
res y de otras cosas semejantes para suplicar a
su diosa, la lançauan dentro en la nao, y assi-
mismo desmenuzadas estas cosas con leche las
lançauan sobre las ondas del mar, por cerimo-
nia de sus sacrificios, hasta tanto que la nao
llena destos dones y otras largas promessas y
deuociones, sueltas las cuerdas de las ancoras
fue echada en la mar con su sereno y próspero
viento, la qual despues que con su yda se nos
perdio de vista, los que trayan las cosas sagra-
das, tomando cada vno lo que traya a cargo,
alegres y con mucho plazer en procession como
auian ydo se tornaron a su templo. Despues
que huuimos llegado al templo, el principal de
los sacerdotes y los otros que trayan aquellas
diuinas reliquias y los que eran nouicios en
aquella religion, entraronse dentro en el sagra-

rio, adonde pusieron sus ymagenes y reliquias
que trayan. Entonces vno de aquellos al qual
los otros llamauan escriuano, estando a la puer-
ta, llamó alli todo el colegio de aquellos sacer-
dotes de encima de vn pulpito, comenzo a pro-
nunciar en palabras y lenguaje griego dizien-
do: Paz sea al principe y gran senado, caualle-
ros, y a todo el pueblo romano, y buen viaje a
los marineros y a las naues que van por la
mar, y salud a todos los que son regidos y go-
uernado debaxo de nuestro imperio. En fin de
lo qual dio licencia a todo el pueblo, diziendo
que se fuessen con Dios, a lo qual respondio
todo el pueblo con gran clamor y alegria, por
donde parescio que a todos auia de venir buena
ventura como el escreuiano decia. Despues des-
to todos los que alli estauan con gran gozo y
con sus guirnaldas de rosas y flores, besados los
pies de la diosa, que estaua hecha de plata y
puesta en las gradas del templo, fueronse para
sus casas. Pero a mí no me dexaua mi coraçon
apartarme de alli quanto vna uña. Mas atento
en la hermosura de la diosa, me recordaua de
la fortuna y acaescimiento que me auia acon-
tescido.

CAPITULO III

*Cómo Lucio recuenta el ardiente desco que tuuo
de entrar en la religion de la diosa y cómo
fue primero industriado para la rescebir.*

En esto la fama, que buela con sus alas muy
ligeramente, no cessó ni fue perezosa, y antes
boló muy presto en mi tierra, recontando el ho-
norable beneficio de la prouidencia de la diosa
y la memorable fortuna que por mí auia passa-
do, en tal manera que mis familiares y criados,
assi mismo mis parientes, quitado el luto que a
mi causa auian tomado por la falsa relacion y
mensajeria que de mi muerte tenian, subita-
mente se alegraron, y luego corriendo vinieron
a mí cada vno con su presente para ver mi
cara y presencia cómo era tornado quasi del
infierno a esta vida. Yo assi mesmo, holgando-
me con ver mi gesto y persona, de lo qual ya
estaua desesperado, recibi sus dones y presen-
tes, dandoles muchas mercedes y gracias por
ello, lo qual yo tenia razon de hazer porque es-
tos mis familiares y amigos auian tenido cuy-
dado de me traer cumplidamente lo que auia
menester, assi para mi vestir y atauiar como
para el otro gasto; assi que despues que les
huue hablado en general y a cada vno particular-
mente, diziendoles todas mis primeras fatigas
y penas y el gozo presente en que estaua, tor-
néme otra vez a la muy agradable vista y pre-
sencia de la diosa, y alquilada vna casa dentro
del cerco del templo, constituy alli mi morada

temporal, siruiendo por entonces en las cosas de dentro de casa que me mandauan, estando de contino en la compañia de aquellos sacerdotes, no me apartando del seruicio de la gran diosa, en tal manera que ninguna noche passó ni huue reposo alguno sin que viesse y contemplasse en esta diosa cuyos sagrados mandamientos y seruicio, como quier que mucho ante a él yo me huuiesse obligado, me parescia que agora lo començaua a hazer y a la seruir, aunque en esto yo tenia gran desseo y voluntad. Pero escusauame y deteniame con vn religioso temor y verguença, mayormente que con mucha diligencia preguntaua la dificultad que auia en el seruicio de aquella religion, y sabía yo que auia gran abstinencia y castidad. Demas desto miraua con mucha cautela que la vida de aquella religion era disminuyda y estaua debaxo de muchos casos y occasiones, lo qual todo pensado entre mi muchas vezes, no sé cómo dilataua lo que mucho desseaua. Estando en este pensamiento vna noche, soñaua que el summo sacerdote me daua y offrescia la halda llena, y preguntandole yo qué cosa era aquélla, me respondia que traya alli ciertas cosas que me embiauan de Thessalia, y que assimismo auia venido de allá un sieruo mio que se llamaua Candido. Despertando con este sueño, reboluia muchas vezes mi pensamiento diziendo qué cosa podia ser aquésta, mayormente que no me recordaua en tiempo alguno auer tenido sieruo que por tal nombre se llamasse. Pero porque la adeuinança y presagio de sueño se enderesçasse a bien, yo creya se me figuraua que el offrescimiento de aquellas cosas que me dauan en todas maneras significauan alguna cierta ganancia. En esta manera estando en congoxa, atonito con la prosperidad de la ganancia, esperaua la ora de maytines para que las puertas del templo fuessen abiertas, las quales desque se abrieron començaron a adorar a suplicar a la ymagen venerable de la diosa, y el sumo sacerdote andando por essos altares y aras procuraua de hazer su sacrificio y diuinos officios, y despues tomó vn vaso de agua de la fuente secreta e hizo la salua como se acostumbra en las solenidades y suplicaciones diuinas, lo qual todo muy bien acabado, los otros religiosos començaron a cantar la hora de prima, adorando y saludando a la luz del dia, que entonces començaua. En esto he aqui dó vienen de su tierra mis criados y seruidores, que alla auia dexado quando Andria, criada de Milon, me encabestró su nescio error, assi que conoscidos mis criados y mi cauallo candido y blanco que ellos me trayan, el qual era perdido y auian cobrado por conoscimiento de vna señal que traya en las espaldas, por lo qual yo me marauillaua de la solercia de mi sueño, mayormente que de más de

concordar con la ganancia prometida me auia dado en lugar de sieruo Candido mi cauallo, que era de color candido y blanco, lo qual todo assi hecho con mucha solicitud y diligencia, yo frequentaua el seruicio del templo, con esperança cierta que por los seruicios presentes auria futura renumeracion; no menos con todo esto cada dia me recrescia el desseo y cobdicia de rescebir aquel ábito y religion, por lo qual muchas vezes rogué y supliqué ahincadamente al principal de los sacerdotes que tuuiesse por bien de me ordenar, para que yo pudiesse interuenir en los secretos sacrificios: pero él era persona graue y muy afamado en la obseruancia y guarda de su religion; con mucha clemencia y humanidad, como suelen los padres templar los desseos apresurados de sus hijos, halagaua y aplacaua la fatiga de mi desseo, dilatando mi importunidad con promessa de mejor esperança: diziendo que el dia que qualquier se huuiesse de ordenar, auia de ser mostrado y señalado por la voluntad de la diosa, y tambien por su prouidencia auia de ser elegido el sacerdote que auia de administrar en sus sacrificios, y por semejante ella auia de declarar el gasto necessario para aquellas cerimonias, las quales cosas nosotros somos obligados a guardar con mucha paciencia, y tambien guardarnos de ser apresurados y de ser remissos, apartandonos de no caer en culpa de lo vno ni de lo otro; conuiene a saber, que si yo soy llamado a la religion, no tengo de tardarme, y si no me llaman, que no dé priessa a que me resciban; ni hay ninguno del número destos sacerdotes que tengan tan perdido el seso, ni se pornia tan a peligro de muerte, que sin ser llamado por la diosa osasse emprender tan sacrilego ministerio, de donde pudiesse contraer culpa mortal, porque en mano desta diosa estan las llaues de la muerte y la guarda de la vida, y la entrada desta religion se ha de celebrar a manera de vna muerte voluntaria y rogada salud; mayormente que esta diosa acostumbra elegir para su seruicio y religion los hombres que ya estan en el ultimo término de su biuir, a los quales seguramente se puede cometer el silencio y auctoridad de su orden, porque con su pronidencia haze tornar luego a biuir los que en alguna manera renascidos a esta religion entran en ella; por las quales razones me conuenia obedescer el mandamiento celestial, y como quier que clara y abiertamente la diosa por su gracia e bondad me huuiesse señalado y elegido para el ministerio de su religion, pero que ni más ni menos que los otros sus seruidores me auia de abstener, guardar y apartar de todos los manjares y actos profanos y seglares, por donde más derechamente pudiesse llegar a los secretos purissimos desta sagrada religion. Despues que el sacerdote huuo dicho esto, no creays que por ello yo me enojasse ni se interrumpio mi seruicio, antes muy atento con gran paciencia y suffrimiento continuamente hazía el officio conueniente a las cosas sagradas del templo y no recibi en ello engaño, ni la liberalidad de la diosa consintio que yo padesciesse pena de luenga tardanza. Mas una noche escura claramente en sueños me reueló diziendo que ya era llegado el dia que yo mucho desseaua, en el qual alcançaria y auria effecto mi voto y desseo, diziendo assi mismo quánto era lo que se auia de gastar en el aparato de los officios y cerimonias, y cómo aquel su principal sacerdote, que Mitra se llamaua, me auia de ayuntar a la compañia sagrada de las estrellas, señalandome ministro de la sancta religion. Yo quando oy estas razones y otras semejantes palabras de aquella gran diosa, recreado en mi corazon, quasi aun no era bien de dia quando muy presto me fue a la celda del sacerdote. E yo que llegaua a la puerta, si os plaze él que salia, dile los buenos dias y con mayor instancia y ahinco que solia pensaua dezirle que tuuiesse ya por bien de me rescebir al seruicio y deuda que deuia su religion: el sacerdote luego que me vido, ante que nada le dixesse començó en esta manera: Ó Lucio! tú eres dichoso y bienauenturado, pues que por su propria voluntad nuestra diosa sancta te ha juzgado y escojido por hombre digno para su seruicio; assi que, pues esto assi es, por qué te tardas y no despachas presto? este es aquel dia que tú mucho desseauas, en el qual por estas mis manos tú seas ordenado para los purissimos secretos desta diosa y de su sancta religion. Diziendo esto aquel viejo honrrado tomóme con su mano derecha y lleuóme muy presto a las puertas del magnifico templo, las quales abiertas con aquella solennidad y rito que conuiene, acabado el sacrificio de la mañana, sacó de un lugar secreto del templo ciertos libros escriptos de letras y figuras no conoscidas; en parte eran figuras de animales que declarauan lo que alli se contenia y en partes figuras de sarmientos torcidos y atados por las puertas, porque la letion destas letras fuesse escondida de la curiosidad de los legos: de alli me dixo y me enseñó las cosas que eran nescessarias aparejar para mi profession, las quales luego yo con alguna liberalidad por vna parte y mis compañeros por otra procuramos de comprar y buscar. Assi que venido el tiempo segun que el sacerdote dezia, lleuóme, acompañado de muchos religiosos, a vnos baños que alli cerca estauan, y primeramente me hizo lleuar como es costumbre, y dende rezando y suplicando a los dioses ruciandome todo de una parte y de otra, limpióme muy bien y tornóme al templo quasi pasadas dos partes del dia, y pusome ante los pies de su diosa, diziendome secretamente ciertos mandamientos que es mejor callar que dezir; pero en presencia de todos me dixo estas cosas, conuiene a saber: Que en aquellos diez dias continuos me abstuuiesse de comer, ayunando, y que no comiesse carne de ningun animal ni beuiesse vino. Las quales cosas por mi guardadas derechamente con venerable abstinencia, ya que era llegado el dia señalado y prometido para mi recepcion, quasi a la tarde, quando el sol abaxa, he aqui dónde vienen muchos con paños vestidos al modo antiguo de vestiduras sagradas, y cada vno dellos diuersamente me daua su don. Entonces, apartados de alli todos los legos y vestido yo de vna tunica de lino blanca, el sacerdote me tomó por la mano y me lleuó a lo íntimo y secreto del sagrario. Por ventura tú, lector estudioso, podras aqui con ansia preguntar qué es lo que despues fue dicho o hecho que me acontescio; lo qual yo diria si fuese conueniente dezirlo, y si no conosciesse que a ninguno conuiene saberlo ni oyrlo, porque ygual culpa incurrian las orejas y la lengua de aquella temeraria osadia. Pero con todo esto no quiero dar pena a tu desseo, por ventura religioso, teniendote gran rato suspenso. Mas creelo que es verdad: sepas que yo llegué al término de la muerte, y hallado el palacio de Proserpina, anduue y fui traydo por todos los elementos, y a media noche vi el sol resplandesciente con muy hermosa claridad, y vi los dioses altos y baxos, y lleguéme cerca y adorélos: he aqui te he dicho lo que vi, lo qual como quier que has oydo es necessario que no lo sepas, pero aquello que se puede manifestar y denunciar a las orejas de todos los legos, yo muy claramente lo dire.

CAPITULO IV

En el qual cuenta su entrada en la religion, y cómo se fue buelto a Roma, donde, ordenado en las cosas sagradas, fue recibido en el colegio de los principales sacerdotes de la diosa Isis.

Otro dia, como fue de mañana, acabadas las horas solemnes, sali vestido con doze vestiduras, que es hábito muy deuoto y religioso, del qual puedo hablar sin prohibicion alguna, mayormente que en aquel tiempo muy muchos que estauan presentes lo vieron. Estaua en medio del templo sagrado delante de la ymagen de la diosa hecho vn cadahalso de madera, encima del qual yo estaua muy adornado de vna vestidura que era blanca de lino, pero de diuersas flores pintadas, que me colgaua de los hombros por las espaldas hasta los pies: ella era tan rica y preciosa, que de qualquier parte que la viessedes parescia de diuersos colores y muy adornada de animales en ella bros!ados: de vna parte auia dragones de India, de la otra grifos hiperboreos que nascen y son criados en otro mundo, con alas a manera de aues; a esta vestidura llamauan los sacerdotes estola almipiaca. En la mano derecha yo tenia vna hacha encencida, y en mi cabeça vna hermosa corona resplandesciente a manera de vnas hojas de palma alçadas arriba como rayos. En esta manera yo adornado, que parecia el sol, y ataviado como vna ymagen, supitamente alçaron la vela que estaua delante y quedé descubierto en presencia de todo el pueblo. Despues desto celebré muy solemnemente la fiesta de mi profession e hize conbite de muy suaues manjares y otros plazeres y fiestas que duraron tres dias, assi en lo que pertenescia a la honesta y religiosa comida, como en todas otras cosas que eran nescessarias a la solennidad y perfecion de mi entrada; dende continuando alli algunos pocos dias, mi desseo y trabajo gozaua de aquel gozo inextimable por estar en seruicio de la diuina diosa: seyendo prendado de tan grande beneficio. Finalmente, que auiendo referido humilmente, segun mi possibilidad, aunque no tan entero como era rázon, las gracias del beneficio y merced rescebida, siendo amonestado por la diosa y con gran pena rompidas las ancoras de mi ardiente desseo, alcancé licencia, aunque tardia, para tornar a mi casa; assi que echado en tierra mi cara ante sus pies y lauandolos con mis lagrimas, amatando la habla con grande solloços y tragando las palabras, finalmente dixe en esta manera: O reyna del cielo! tú cierto eres sancta y abogada continua del humanal linaje. Tú, señora, eres siempre liberal en conseruar y guardar los peccados, dando dulcissima afficion y amor de madre a las turbaciones y caydas de los miserables: ningun dia, hora, ni pequeño momento passa vacio de tus grandes beneficios. Tú, señora, guardas los hombres, assi en la mar como en la tierra, y apartados los peligros desta vida les das tu diestra saludable, con la qual hazes y dessatas los torcidos lazos y ñudos ciegos de la muerte y amansas las tempestades de la fortuna, refrenas los variables cursos de las estrellas: los cielos te honrran, la tierra y abismos te acatan. Tú traes la redondez del cielo, tú alumbras el sol, tú rijes el mundo y huellas el infierno; a ti responden las estrellas, y en ti tornan los tiempos; tú eres gozo de los angeles, a ti siruen los elementos, por tu consentimiento espiran los vientos y se crian las nuues, nascen las simientes, brotan los arboles y crescen las sembradas; las aues del cielo y las fieras que andan por los montes, las serpientes de la tierra y las bestias de la mar temen tu magestad.

Yo, señora, como quier que para te alabar soy de flaco ingenio y para te sacrificar pobre de patrimonio, y que para dezir lo que siento de tu magestad no basta facundia de habla ni mil bocas, ni otras tantas lenguas, ni aunque perpetuamente mi dezir no cansasse, pero en lo que solamente puede hazer vn religioso, aunque pobre, me esforçare que todos los dias de mi vida contemplare tu diuina cara y santissima deydad, guardandola y adorandola dentro del secreto de mi coruçon. Desta manera auiendo hecho mi oracion a la gran diosa, abracé el sacerdote Mira, padre mio, y colgado de su pescueço dandole muchos besos, le mandaua perdon porque no podia remunerar ni agradescerle tantos beneficios y mercedes como dél auia rescebido. Finalmente, que a cabo de gran rato que passamos en referir las gracias y offrescimientos, nos partimos. Yo dende a poco tiempo aderescé mi camino para tornar a ver la casa de mis padres. Assi que, ya passados algunos dias, por auiso y mandado de la gran diosa, hize liar prestamente mi hazienda, y entrando en la nao tomé el camino hazia Roma, y nauegando con fauor y prosperidad de los vientos que nos traya, muy presto tomé puerto. De alli por tierra subi en vn carro y llegé a esta sacrosancta ciudad a doze dias del mes de diziembre, a donde no tune otro mayor cuydado, como llegué, sino cada dia yrme a rezar y orar a la gran magestad de la reyna Isis al templo donde con gran veneracion se adora, que se llama Campense, tomando el nombre del sitio donde está edificado, assi que yo era orador continuo en aquel templo. E aunque nueuamente venido era quasi nascido en la religion; he aqui dónde, passado el sol por los doze signos del cielo auia cumplido vn año, y el cuydado de la diosa que bien me queria tornó de nueuo a interrumpir mi descanso y reposo, diziendome en sueños que otra vez aparejasse para me limpiar y ordenar y para entrar en la religion. Yo estaua marauillado qué cosa podia ser aquélla, si por ventura no era bien ordenado y me faltaua algo. En tanto que yo tenia este religioso escrupulo cerca de mi pensamiento y disputaua en él assi entre mi como tambien comunicandolo con los letrados del templo, hallé vna cosa nueua y marauillosa; conuiene a saber, que aunque yo estaua embeuido en los sacrificios de la diosa Isis, no estaua alumbrado ni limpio para los del gran dios y soberano padre de todos los dioses Osiris, y como quier que todo quassi fuesse vna misma religion y ambas estuuiessen juntas, pero que auia gran differencia quanto al hazer de la profession e consagracion. Por ende que supiesse cómo me conuenia ser tambien seruidor del gran dios, y que assi era pedido por él. No estuuo mucho tiempo la cosa en dubda; porque esta noche vi en sueños vno de aquellos sacerdotes cubierto de vna vestidura de lino sagrada, el qual ponia a mi puerta pampanos, yedras y otras cosas que traya en su mano, y sentado en mi silla denunció los manjares y fiestas de la gran religion de Osiris. Este sacerdote, por me dar conocimiento de sí por alguna cierta señal, andana poco a poco con passos tardios, coxeando un poco del calcañar del pie yzquierdo. Assi que quitada toda escuridad de dubda por la manifiesta voluntad de los dioses, luego de mañana, acabadas las horas matutinas, miraua con gran diligencia a cada vno quién dellos era semejante al que vi en sueños, y no me faltó lo prometido, porque vi luego vno de aquellos sacerdotes que de más de indicio de ser coxo del pie yzquierdo, concordana justamente en todo lo otro, assi en hábito como en estatura, al qual vi en sueños durmiendo, y segun despues supe se llamaua Asino Marcello, el qual nombre no era ageno de mi reformacion de quando yo andaua hecho asno. Visto esto, no me tardé y fuele luego hablar; pero él no estaua incierto de lo que yo le dezia, que ya no auia sido auisado por semejante reuelacion cómo me auia de administrar y admitir en estas cosas de sus sacrificios y religion, porque en sueños él auia oydo la noche proxima passada al gran dios Osiris, estandole atauiando la corona a su propria boca, con la qual dize y declara los hados y ventura de cada vno, cómo le era embiado vn hombre de Oran muy pobre, al qual luego él rescibiesse a sus sacrificios, porque de aquello éste de Oran alcançaria gloria de sus virtudes y el sacerdote gran prouecho y ganancia. En esta manera, estando yo destinado para entrar en la religion, estaua impedido contra mi voluntad por la pobreza y por no tener cumplir lo que era nescessario para la costa, porque los grandes gastos de mi larga peregrinacion auian consumido las fuerças del patrimonio, y tambien las costas y expensae que se auian de hazer en Roma precedian y eran mayores que las que se au'an hecho en la prouincia de Achaya, donde tomé el ábito. Assi que con la pobreza y nescessidad que tenia, estaua en mucha fatiga, puesto, como dize el prouerbio, entre el cuchillo y la piedra. De más de lo qual continuamente era fatigado y amonestado por la instancia de la diosa. En esta manera inducido e instimulado muchas vezes, no sin gran turbacion y pena mia, finalmente, visto que no auia otro remedio, viendo essas alhajas y ropa que tenia, aunque poca, apañé alguna suma de dineros, lo qual especialmente me auia sido mandada por la diosa, diziendome: Veamos, si tú quisiesses hazer alguna cosa para tu plazer y deleyte temporal, perdonarias tus ropas?; pues para entrar en vna religion como esta, por qué tardas en te acompañar de pobreza que nunca te arrepientas? Assi que, aparejadas abundantemente las cosas que eran menester, otra vez torné a ayunar diez dias, contentandome con manjares de yeruas e no comer de cosas animadas. De más desto, seyendo amonestado por las nocturnas reuelaciones del dios Osiris, estaua ya muy satisfecho para entrar en su religion, por ser hermana de la otra de la gran diosa Isis, y por esto yo frequentaua su diuino seruicio, lo qual daua gran descanso y plazer a mi luenga peregrinacion y trabajo; no menos me ayudaua y daua abundantemente lo necessario a mi biuir el officio de abogar causas en lengua romana, que con el fauor de mi buena dicha yo exercitaua y tenia, en que ganaua algo de lo que auia menester: he aqui dende a poquillo tiempo, no lo pensando yo, que otra vez soy amonestado, compelido por marauillosos mandamientos de los dioses, para que la tercera vez me ordenasse y consagrasse en su religion, lo qual no poco cuydado y pena me dio, antes con gran congoxa de mi coraçon pensaua qué cosa podia ser esta nueua y no oyda intencion de los dioses, qué querian dezir o a dónde se endereçaua, o qué faltaua a la procession y entrada que ya dos vezes auia hecho: por ventura maliciosamente y no bien auian entranbos los sacerdotes celebrado mi entrada y profession? y aun por dios que ya començaua a dubdar de su fe, peusando ser de otra manera, quando estando yo en este pensamiento, como hombre sin seso, me parescio en sueños una persona que mansamiente me instituyó y dixo en esta manera: No ay causa de que te puedas espantar creyendo que por te ordenar tantas vezes faltó algo de lo que era nescessario en tu primera institucion y entrada, antes te deues alegrar haziendo tres vezes lo que vna a otros apenas se concede, y con este numero ternario siempre presume que has de ser bienauenturado: assi que este aucto y entrada que te mandan hazer te es muy necessaria, e si contigo mismo pensares, hallarás que en Roma te cumple perseuerar en el templo de la diosa Isis con el hábito y vestiduras de su religion que tomaste en la prouincia de Achaya, y no puedes en los dias solenes suplicar, ni tampoco quando te fuere mandado puedes ser yllustrado y alumbrado sin este felice y religioso ábito, lo qual porque para ti sea dichoso y de buena ventura, rescibelo otra vez con ánimo gozoso y plazentero, pues lo manda y son autores dellos los dioses grandes y soberanos. Hasta aqui de la manera que he contado me persuadio la reuelacion de la diuina magestad, diziendome todo lo que era menester para mi entrada: dende adelante no dilaté ni oluidé el negocio, antes luego me fue al sacerdote principal, y dichas todas las cosas que auia visto, me puse a la obediencia y yugo de la castidad y abstinencia de comer cosa de sangre, y por la ley perpetua de aquellos dias, yo de mi propria gana multipliqué otros más adelante, de manera que largamente aparejé todo lo que era menester para mi profession y entrada, porque muchas cosas de aquellas me fueron dadas mas por virtud e piedad de algunos que por medida de dinero: como quier que a mi no me pessaua del trabajo ni del gasto, pues que liberalmente la prouidencia de los dioses no auia bien proueydo en los negocios y causas de mi abogacia; finalmente, dende a bien pocos dias el dios principal de los grandes dioses y soberanos de los mayores y más grande de los soberanos, Osiris digo, que reyna sobre todos los altos y grandes, me parescio en sueños, no en persona o figura ajena, sino con su benerable gesto y presencia tuuo por bien de me hablar mansamente, mandandome que sin alguna tardança tomasse cargo de patrocinar y ayudar en las causas y pleytos de los que poco pueden, y no temiesse las embidias y murmuraciones de los que mal me querian, las quales alli se cansauan y diuulgauan por la doctrina y trabajo de mi estudio, y no solamente su gran magestad tenia por bien que yo fuesse ayuntado en la compañia de los sacerdotes, mas que fuesse vno de los principales entre los decuriones que de cinco en cinco años se elegian. Finalmente, que yo trayendo mi cabeça rasa de cada parte, segun la cerimonia e institucion del antiguo collegio que se instituyó en los tiempos de Silla, me exercitaua y seruia mis officios y cargos, perseuerando en ellos con mucho plazer y alegria.

FINIS

No sin fatiga de espiritu y trabajo corporal se traduxo Apuleyo y vino a ser a todos manifestado su Asno de oro, que a muchos era encubierto, que, segun al principio fue tocado, cierto él es vn espejo de las cosas desta vida humana. Y en este emboluimiento de su historia se parescen y expressan nuestras costumbres y la ymagen de nuestra vida continuada: cuyo fin y suma bienauenturança es nuestra religion, para seruir a Dios y a su diuina magestad, porque alcanzemos yr a su gloria para donde fuymos criados.

TETRASTICHON AD LECTOREM.

Cordure tygres hidra uut hircana colubris
Tentant huius cui fabula nulla placet,
Ganit nulla quidem eius pars pietatis in aure
Natus ad in siluis trux garamanta fuit.

HEXASTICHON AD EUNDEM.

Transcriptionem aliquis nimium si nosse laboret
Hispalie vrbis enim sum archidiaconus ego.
Littera cognomen triplex dat fronte jacobo.
A reliquis binas suscipe queso tribus.
Apulei igitur nostro sermone lepores
Connexos lector perlege docte precor.

DISTICUM IN FINE.

Interpres diuum haut melius cyllenius vnquam.
Apullei sales transfer hercle tuos.

Fue impresa la presente obra en la muy noble villa de Medina del Campo por Pedro de Castro, impressor, a costa de Juan de Espinosa, mercader de libros. Acabose a seys dias del mes de Abril año de M. D. x l i i j.

LAUS DEO.

EURIALO E LUCRECIA

CARTA DE ENEAS SILUIO, DESPUES PAPA PIO SEGUNDO, A MARIANO SOZINO, QUE LE DEMANDÓ LA COMPOSICION DESTA HYSTORIA DE DOS AMANTES.

Cosa no conueniente en mi hedad y a la tuya muy repugnante y muy contraria me demandas, que es lo que yo cercano a quarenta años escreuir y tú de cincuenta oyr nos conuenga del amor. A los animos jovenes las tales cosas deleytan y coraçones tiernos demandan. Los viejos tan ydoneos son para tratar amores como los moços para discrecion, ni hay cosa más difforme que la vejez que los autos de luxuria sin fuerças dessea. Fallaras algunos viejos amantes, y amado ninguno, porque a las dueñas y moças aborrecible es la mucha hedad. De ningun amor se prende la henbra, sino del que en hedad floreçe. Si otra cosa oyeres, engaño es. Yo conozco, en verdad, que tratar de amores no me conuiene, porque passo ya el medio dia y me lleuan a la tarde. Mas assi como desconueniente a mi el escreuir, assi vergonçoso a ti es demandarlo. Yo deuo ser obediente, tú lo que demandas, mira: quanto en hedad eres mayor, tanto más soy obligado a las leyes de amistad guardar; las quales, si tu justicia no ha verguença quebrantar mandando ni mi locura traspasar obedeciendo, tantos son en mi tus beneficios, que nada de lo que pides podre negar, aunque aya mezcla de torpeza. Ya por diez veces importunado, obedecere tu mandada, y de aqui adelante no negaré lo que con tanto heruor me pides; no empero como lo quieres: auiendo tanta sobra de verdades, para contar vsaré de ficion poetica. Quién es tan malnado que mentir quiera, podiendo con verdad defenderse? Y porque tú muchas vezes fueste amador, e avn agora de encendimiento no careces, quieres que de dos amantes sea el tratado. Luxuria es la que no dexa ser viejo; leze a tu codicia obediente: yo porne començo en essas tus enfermas canas. No fengire donde ay tanta copia de verdad. Qué cosa ay más comun en la redondez de la tierra que el amor? Qué ciudad, qué villa, qué familia carece de enxenplos? Quién llegó a treynta años que por causa del amor no hiciesse hazañas? Piedra es o bestia el que fuego no sintio. Yo de mi hago congetura, a quien el amor en mil peligros enbió; dó a los soberanos muchas gracias, que las assechanças contra my algunas vezes puestas, escapé más bienaventurado que Mares, el qual, dormiendo con Venus, enlazó Vulcano con la red de hierro, y por escarnio lo mostró a los otros dioses. Mas de otros e no de mis amores fablare; porque, las viejas cenizas reboluiendo, no falle alguna centella biua que me encienda, escriuire vn maravilloso amor poco menos increyble, por el qual dos amantes locos el uno en el otro se encendieron. No vsaré de enemplos antiguos ni caducos por vejez, más hechos ardientes de nuestros tiempos contaré; no de Troya ni Babilonia, mas amores de nuestra ciudad oyras, puesto que el vno de los amantes so el cielo setentrional aya nacido. Algo de prouecho por ventura de aqui emanará, porque la moça que en argumento viene, entre los lloros y gemidos la indignante e triste ánima lançó; el otro, despues de aquello, nunca en verdadera alegria participó. Sera amonestacion a todos, que de los engaños e mentiras se guarden: oyan, pues, las moçaluillas, e auisadas deste casamiento, empos de los amores de los mancebos no se vayan más a perder. Enseña tambien la ystoria a los moços que en la requesta de las mugeres no anden mucho solicitos, las quales mucho más de hiel que de miel tienen; mas, dexada la lacinia que los hombres torna locos, al exercicio de la virtud se den, que sola sus posseedores puede hazer bienauenturados; y en el amor quántos males se asconden, si alguno de otra parte no lo sabe, de aqui lo podra aprender.

COMIENÇA LA HISTORIA POR ENEAS SILUIO, POETA LAUREADO Y DESPUES PAPA PIO SEGUNDO, DE DOS AMANTES EURIALO FRANCO E LUCRECIA SENESA, DEL LINAJE DE LOS CAMILLOS.

Ya en todas partes es manifiesto con quánto honrra, con quánta ponpa, con quán solenne recebimiento el emperador Sigismundo entró en la cibdad de Sena, donde tú e yo somos naturales. Fuele hecho aposentamiento cerca el templo de Sancta Marta, en la calle que va a la puerta que llaman del Luzero; donde como acabadas las fiestas el emperador veniesse, quatro mugeres casadas, en nobleza, hermosura, hedad e atauio quasi yguales encontro, las quales si tres fueran, no mugeres, mas deesas las que se dize auer visto Paris en sueños se creyeran. Era Sigismundo, avnque de assaz hedad, a pendencia de amores inclinado, y en fablas y passatiempos con mugeres de honrra en demasia se deleytaua. Mucho le aplazian fauores y lisonjas de damas; ninguna cosa le era más suaue que la vista de illustres mugeres. Como a éstas vio, luego se apeó del cauallo y, metido entre las manos dellas, buelto a los compañeros, dixo: «Vistes nunca hembras semejables destas? Por cierto yo estó dudoso si son caras angelicas o humanas; en verdad a mi ver son celestiales».

Ellas, los ojos baxos en tierra, quanto más cargaua la verguença, tanto más crecian en hermosura. E derramada la bermejura por las mexillas, tal color daua a la cara como el blanco marfil teñido de purpura, o las blancas açucenas mezcladas con coloradas rosas; mayormente Lucrecia entre aquellas resplandecia, no en hedad de veynte años, de la familia o linaje de los Camillos, casada con Menelao, rico varon, indigno empero a quien tanta honrra seruiesse, antes por cierto merecedor que la muger le tornasse, como dizen, cieruo. Era la estatura de Lucrecia algo más que de sus compañeras: su cabelladura roxa en abundancia; la frente alta e espaciosa, sin ruga alguna; las cejas, en arco tendidas, delgadas, con espacio conueniente en medio; sus ojos, tan resplandecientes que, a la manera del sol, la vista de quien los mirasse embotauan, con aquellos a su plazer podia prender, herir, matar y dar la vida; la nariz, en proporcion afilada; las coloradas mexillas, con ygual medida della apartadas; ninguna cosa más de dessear ni más deleytable a la vista podia ser; la qual, como reya, en cada vna de aquellas vn hoyo hendia, muy desseoso de besar de quien lo viesse; su boca, pequeña en lo conuenible; los beços, como corales assaz codiciosos para morder; los dientes, pequeños y en orden puestos, semejauan de cristal, entre los quales la lengua discurriendo, no palabras, mas suaue armonia parecia mouer. Qué dire de la blancura de la garganta? Ninguna cosa era en aquel cuerpo que no fuese mucho de loar, e la fermosura de fuera manifestaua bien la de las partes secretas, Ninguno fue tan honesto en la mirar, que no touiesse mucha embidia de su marido. Eran sobre todo en su boca muchas donayres. Su palabra, qual es fama de la madre

de los Gracos, Cornelia, hija de Hortensio. No es cosa más suaue que su habla, no como muchas que con triste semblante fingen honestidad; ésta con alegre cara mostraua mucha templança. No temerosa ni muy osada, mas con un vergonçoso temor tenia en cuerpo de muger coraçon varonil. Sus vestiduras, ricas e de muchas maneras; no le faltauan collar y axorcas de oro, joyeles, perlas, diamantes y otras muchas joyas en abundancia. No creo la reyna Elena auer salido más galana quando, en lugar de Menelao, a Paris recibio; ni Andromaca salio tan loçana quando con el valiente Hector hizo boda.

Entre aquestas era Catalina Peruchia, que pocos dias despues passó desta vida; en las essequias de la qual fue el emperador, y ante su sepulcro, armó su hijo cauallero. Algo, empero, era menor la hermosura desta que de Lucrecia; todos en Lucrecia hablauan, y a ella dieron la palma y el vencimiento. El Cesar en ésta ponia los ojos, a ella los boluia donde quiera que fuesse; nunca de sus loores hartaua su boca. E como de Orfeo se dize con su melodia lleuar enpos de sí los arules y piedras, assi ésta con su vista lleuaua los hombres donde queria.

Vno, empero, más que todos los otros fuera de toda medida ponia los ojos en ella; Eurialo Franco, al qual la gentil disposicion, hedad, estatura bien proporcionada e miembros a ella respondientes, dauan mucha abilidad para el exercicio de amores. Todos los otros cortesanos, por luengo tiempo gastado en seruicio del Cesar, auian consumido sus arreos y atauios. Este, assi por sus riquezas como por priuança del enperador, muchas veces recebia grandes dadiuas, e assi estaua proueydo que de continuo salia más galan e ricamente atauiado, acompañado siempre de muchos criados e seruidores assaz luzidamente vestidos de brocado, seda e grana. Sus cauallos eran quales se dize el rey Meron a Troya auer lleuado. Ninguna cosa a ésta faltana para despertar aquel blando calor de ánimo, aquella gran fuerça de voluntad que llaman amor, sino el ocio y reposo.

Vencio, pues, la juuentud y superfluydad de bienes de fortuna con que aquél se cria e despierta. Pudieron tambien las gracias e hermosura de Lucrecia; que a este mancebo que fasta entonces nunca fuera presso, subitamente pon esta primera vista le vencio, y metio en su seruidumbre que no fue más poderoso de sí. E de tal manera comengo arder en el amor de Lucrecia, que quanto más se llegaua a su vista, tanto menos la parecia quedar satisfecho, antes con mayor ansia y desseu. E sin pena Lucrecia hizo esta prision. Marauillosa cosa que, assi como hasta alli catiuara caualleros y hombres principales quedando libre, e Eurialo prendiera muchas damas y señoras de merecimiento, a la salud, assí al presente, queriendo el amor, recibio el vno en el otro la pena de sus culpas passadas, y en vna ora fueron presos. No, empero, en aquel dia ni mes Eurialo conocio el encendimiento de Lucrecia, ni Lucrecia de Eurialo, porque ambos se creyan amar en balde. Acabadas las cerimonias de aquel dia, buelta Lucrecia a su casa, todos sus pensamientos fueron en Eurialo, e los cuydados de Eurialo en Lucrecia. Quién se marauillará agora de la fablilla de Piramo e Tisbe, entre los quales los primeros mouimientos causó la vezindad, y por tener muy juntas las casas, por tiempo crecio entre ellos el amor? Estos en ningun lugar antes de agora se auian visto, ni por fama se conocieran. El franconio e ella hetrusca, diferentes en lengua, en ninguna cosa comarcauan: solos los ojos hizieron esta guerra, el vno al otro aplaziendo.

Llagada, pues, Lucrecia de tan graue cuydado, e presa de ciego encendimiento, ya no se acordaua ser casada: a su marido ante en otra cosa no pensaua sino en la llaga que en el pecho tenia del senblante de Eurialo. Ningun descanso daua a sus miembros, e consigo pensando dize: «Qué es lo que me impide llegar a mi marido? No me contentan sus abraçados, no me deleytan sus besos, sus palabras me enhastian; la semejança del mancebo que estaua más cerca del Cesar tengo siempre ante mis ojos. Sacude, mal auenturada, si puedes, del casto pecho las concebidas llamas. Ó quién pu. diesse! Por cierto si en mi mano fuesse, no seria enferma como lo soy. Nueua fuerça me tiene forçada. Vna cosa amonesta el amor y otra la honestidad: conozco lo mejor, e apremiada sigo lo peor. O muger noble e fasta aqui muy señalada! qué tienes con el peregrino que hazer? por qué en el amor estrangero te enciendes? por qué el ayuntamiento de hombre de otra tierra desseas? Si tu marido te pone hastios, tu naturaleza te dara a quien ames. Mas ay de mí, mezquina, qué parecer de hombre! a quién no mouera su hermosura, edad, linaje y virtud? Ciertamente a mí mueuen a mí derriban de desesperar si no socorro los dioses dello mejor. Oy hare traycion a los himeneos que son dioses de las bodas; darme he a vn auenedizo que, despues que de mí se hartare, al mejor tiempo me dexe y avn por ventura se hará de otra y del todo no curará de mí. Por cierto no tiene él tal parecer! gesto es aquel para engañar! La nobleza no le dexará fazer villania. La gracia de su hermosura no es tal de quien yo tema engaños: no olvidará mi amor, que la fe le tomaré antes. Para qué temere tantas cosas? yo porne mis faldas en cinta y trabajare de le

complazer, y assi despedire temor. Por auentura no so yo tan hermosa que me ame tanto como yo a él? Sí por cierto, yo lo catinaré si vna vez lo recibo a mis besos. Quantos hombres de estado me codician, quántos rodean mis puertas; todo esto sera causa que me ame: amandome, aqui lo terne, y si fuere, consigo me lleuará. Yo dexaré mi tierra y mi madre e a mi marido por él. Cruel es mi madre e a mis plazeres sienpre contraria. Pues el marido más lo quiero perder que hallar. La naturaleza alla es donde cada vno biue a su plazer. Que pierda la fama; qué me faze el murmurar de los hombres que no oyre? Quien no cura de la honrra sordo es: muchas otras de su voluntad hizieron esto mismo. Fue Elena lleuada, no la llenó Paris por fuerça. Qué dire de Ariadna e Medea? No deue ser reprehendido el que con muchos yerra». Desta manera Lucrecia consigo razonaua.

Estaua la casa de Lucrecia enmedio de la posada de Eurialo y el palacio del emperador. No podia Eurialo yr al Cesar sin ver a Lucrecia, que ya en lo alto de las ventanas se le mostraua siempre, empero con verguença quando la via, de lo qual el emperador se auisó del amor de ambos. De su costumbre canalgaua el Cesar muchas vezes a vna parte y a otra; y como viesse mudar el rostro de Lucrecia por vista de Eurialo que de contino le acompañaua, como a Otauiano Mecenates, buelto a él le dixo assi: «Eurialo, de tal manera enciendes las hembras? Aquella dama por ti se quema. E vna vez, como con embidia, llegando cerca la casa de Lucrecia, puso el sombrero ante los ojos de Eurialo, diziendo: «No veras agora lo que desseas; yo gozaré desta vista». Respondio Eurialo: «Qué señas son essas? señor. Yo no tengo con aquella dama pendencia: descortesia es grande infamarla poniendo sospecha a los que miran».

Tenia Eurialo vn cauallo vago, assaz loçano y brioso, muy hazedor a marauilla, el qual oyendo la trompeta no podia sossegar. Contornauase y engallaua el pescuezo, aguçaua las orejas, relinchaua y feria reziamente con las patas en el suelo, tascaua y mordia el freno que parecia quebrantarlo, reboluiase en derredor: tal era Eurialo viendo a Lucrecia. La qual, avnque en su retraymiento pensaua al amor cerrar camino, viendo a Eurialo no podia templar su encendimiento ni a sus desseos poner freno: mas como el campo seco que recebido el fuego mansamente se quema, mas si el viento se leuanta crece y sube la llama, assi la desuenturada Lucrecia con la vista de Eurialo más grauemente se encendia.

Acaesce, en verdad, segun que a los sabios parece, que solamente en las pobres casas mora la castidad y sola la pobreza de las passiones no sanas del ánimo es libre. En las ricas posadas no se aposenta pudicicia. Qualquiera que con fortuna próspera se alegra, vicios y superfluydades tiene en abundancia; siempre busca las cosas delicadas, las quales de contino la luxuria acompaña. Viendo, pues, Lucrecia muchas vezes passar a Eurialo, el ardor refrenar no podiendo, vino en pensamiento de buscar a quien su secreto descubrir, porque quien calladamente arde más se quema.

Era entre los seruidores de su marido, Socias, aleman, anciano muy fiel a su señor, a quien ya mucho tiempo seruiera. A éste Lucrecia atreuidamente acometio, confiando dél más por la nacion que por la criança. Y usa por la ciudad gran compaña de hombres principales, y el emperador emparejaua con la casa de Lucrecia; la qual como sentio a Eurialo:

«Ven aca, dixo a Socias, vn poco te quiero dezir: mira de lo alto de la ventana entre qué gentes puede auer juuentad destos semejable. Mira sus cabelladuras roxas y encrespadas, los cuerpos derechos los hombros enhiestos. Qué rostros, qué cuellos como leche, qué disposiciones, qué personas, qué proporcion? Otro linaje de varones es éste que no el que nuestra naturaleza cria. Estos, simiente son de los dioses. O generacion embiada del cielo! O si la fortuna me diera varon destos! Ciertamente si por los ojos no lo viera, nunca te houiera creydo, puesto que muchas vezes me lo as afirmado: entre todas las gentes es fama los alemanes ser muy auentajados de cuerpo y fermosura: creo por aquella tierra muy vezina del frio cria assi los hombres roxos e bellos. Conoces tú algunos dellos?

—Muchos, dixo Socias.

—Con Eurialo tienes conocimiento alguno? dixo Lucrecia.

—Como conmigo mesmo, respondio Socias; mas por qué lo preguntas?

—Dezir te lo he, dixo Lucrecia. Bien sé que me guardarás secreto, tal esperança me da tu bondad. Sabete que de quantos acompañan al Cesar, ninguno me contenta más que Eurialo: en éste se endereça mi coraçon; no sé qué llamas me queman, ni éste oluidar ni comigo tener reposo puedo. Si no le hago entender mi voluntad, yo soy muerta. Ve, yo te ruego, Socias, a Eurialo, dile quánto le amo. No quiero de ti otra cosa: no haras en balde mi mensaje.

—Que, yo, dixo Socias, esta alenosia me mandas fazer? señora. Sere traydor a mi señor? Agora que soy viejo començare engañar? Lo que en la juuentud aborreci hare en la vejez? O señora! acuerdate que eres del más limpio linaje desta ciudad. Sacude las abominables llamas del casto pecho. No sometas a cruel esperança. Mata el fuego antes que te abrase. No se desecha el amor con mucha pena en los primeros acometimientos. Quien aqueste mal dulce lisonjeando cria, de muy duro y soberuio señor se haze sieruo; y no quando quiere puede sacudir el yugo. O si esto supiese tu marido, de quántas maneras te despedaçaria! Cata que ningun amor se puede luengamente encobrir.

—Calla, calla, dixo Lucrecia, no creas es tiempo de auer temor: ninguna cosa espanta a quien no teme morir; qualquiera salida que el hecho aya yo lo sofrire.

—Dónde vas, perdida, malauenturada? dixo Socias. Sola tú infamaras tu casa y familia; sola en tu linaje seras adultera. Segura piensas que sera tu hazaña? Sabe que mil ojos miran por ti. No dexará tu madre tu maldad ser secreta, no tu marido, no los parientes, no los criados e criadas. Y que los sieruos callen, las bestias hablarán. Los marmoles, los rincones de tu casa todos seran en tu acusacion. E que a todos lo encubras, a Dios que todas las cosas vee no lo podras esconder. El remordimiento solo de tu conciencia y el ánimo lleno de culpas te traeran en mucha confusion e aborrecimiento de ti. A las grandes maldades nunca se guarda fe ni lealtad. Refrena, yo te suplico, las llamas deste maluado amor, lança tan mal pensamiento de la casta voluntad e teme mezclar ayuntamientos desonestos a los licitos del matrimonio.

—Bien siento quánto es justo lo que dizes, respondio Lucrecia, mas el furor me apremia seguir lo peor. El ánima sabe quánta destruycion se apareja, y a sabiendas se quiere perder. El amor furioso vence y reyna: con todo su poder se enseñorea de my. Determinada estó de obedecer. Assaz me defendi e mucho resisti, y a más no poder vencida le rendi mis fuerças: su catiua soy, no puedo hazer otra cosa sino seguir su voluntad. Si de mi as compasion, lleua, yo te ruego, mi mensaje.»

Plañio y lloró mucho Socias, e despues de muchas lacrimas dixo:

«Por estas canas de vejez e cuerpo cansado en seruicio fiel de tu linaje, con mucha humildad te suplico despidas este furor, y a ti mesma ayudar. Creeme, que mucha parte de la salud es querer ser sana.

—No pienses, replico Lucrecia, que del todo me dexó la vergüenza. Yo te quiero obedeçer, y a este cruel amor que no se quiere por razon gouernar, yo lo vencere. Yo preuerné con muerte a la maldad; este solo remedio ay e deste quiero vsar.»

Espantado desto Socias, respondio: «Señora, templa tu saña, e este animoso coraje lançalo de ti. No creas que avn has cometido cosa por que deuas morir».

Despues de vn largo sospiro, dixo Lucrecia: «Determinada estoy de morir. La muger de Colatino castigó en sí mesma el passado adulterio dandose la muerte, e bino su fama. Pues mucho más honrradamente preuerné yo con muerte al delicto, que biuiendo no puedo escusar. El linaje de aquella busco agora: con hierro, lazo, despeñamiento o ponçoña deuengaré la castidad.

—No sofrire yo, dixo Socias, tu muerte.

—No se puede vedar al que quiere morir, dixo ella. Porcia, hija de Caton, muerto Bruto, como le quitassen delante los instrumentos con que se podia matar, comio brasas encendidas hasta que murio.

—Si tan desesperado furor en tu voluntad está arraygado, dixo Socias, más quiero remediar la vida que la fama. Tentemos agora este Eurialo, demos obra al amor. Mio sea este trabajo, bien me atreuere a acabarlo.»

Esto dicho, el encendido coraçon de Lucrecia tornó a inflamar en el amor, e mucha esperança dio a la dudosa voluntad. Mas no tenia pensamiento Socias de hazer lo que auia dicho: su cuydado era traer en pendencia el coraçon de la moça y diminuyr la locura. Con el tiempo muchas vezes suele apagar las llamas y sanar semejante enfermedad, assi penso Socias con falsos halagos traer el coraçon desta enamorada en dilaciones, hasta que el emperador partiesse o a ella se canbiasse la voluntad. Creya Socias que si del mensage se escusara, o se matara Lucrecia o buscara otro tercero. Muchas vezes, pues, fingio yr y venir de Eurialo, y él quedar muy alegre con el amor de Lucrecia; y algunas vezes decia no auer oportunidad de fablarle, y otras buscaua caminos y causas de se ausentar e diferia el negocio para la buelta. Desta manera ceuó muchas vezes el ánimo enfermo, e porque en todo no mentiesse vna vez dixo a Eurialo: «O quánto eres de las damas bien quisto, si lo supieses!» Ni a él, queriendo más saber, cosa respondio; antes se ausentó.

Herido, pues, Eurialo del arco de Cupido, segun que antes fue dicho, ningun reposo daua a su ánimo, mas el fuego escondido destruya todas sus venas, le gastaua los tuetanos. No empero conocio a Socias ni creyo que Lucrecia lo houiese embiado. E como tiene tenemos menos de esperança que de codicia, éste, como se vio arder muchos dias, marauillado de su prudencia, muchas vezes a sí mesmo reprehendia diziendo: «Cata, Eurialo, que si al imperio del amor te sometes, no te escusarás de luengos lloros, braues plazeres, poco zayr, mucho temor. Siempre muere y nunca acaba de morir el que ama. Dexa esta locura; qué prouecho puedes tú sacar desta liuiandad?»

Mas como en balde se esforçase, tornaua a dezir: «Para qué, mezquino, en vano trabajo de resistir al amor? A mí sera licito lo que a Julio. Para qué Alexandre y Anibal varones amados contaré? Mira los poetas: Virgilio subido por vn cordel, en el medio camino quedó colgado, pensando gozar de los abraçados de su amiga. E que quiera alguno escusar al poeta como fauorescedor de vida floxa y holgada, qué diremos de los filosophos, maestros de dotrinas y de arte de bien binir enseñadores? En Aristotil como cauallo subio la muger, e con el freno lo apremio y aguijó con espuelas. Los dioses ygual poder tienen sobre los Cesares que sobre los otros hombres. No es verdad lo que se dize en prouerbio que no conuienen la magestad y el amor: quién es más amante que nuestro Cesar? quántas veces se ocupó en amar? De Hercoles se dize que fue muy valiente y del linaje de los dioses: empero dexado el carcax y el despojo del leon, tomó la rueca y guarnescio los dedos de esmeraldas, curó y puso en orden sus cabellos, e con la mano que solia traer la maça o porra, sacaua el hilo de la rueca y cogia en el huso. Natural es esta pasion avn a los brutos animales: las aues y toda cosa biuiente la sienten; para qué, pues, me pongo en resistir a las leyes de natura? Todas las cosas vence el amor. Yo aparejado estó de le obedecer.»

Determinado en esto, delibró de buscar vna alcahueta con la qual vna carta embie a Lucrecia. Niso era muy fiel compañero suyo, maestro sagaz de semejantes cosas; éste tomó el cargo y alquiló vna vieja a la qual encomendo vna carta, la sentencia de la qual fue en la manera siguiente:

CARTA DE EURIALO A LUCRECIA.

«Saludarte hia, Lucrecia, en mi carta, si alguna salud touiesse; mas toda mi sanidad, toda la esperança de mi vida de ti pende. Yo a ti más que a mí amo. No creo que mi amor te es escondido; mi cara llena de lagrimas te es verdadera señal de mi llagado pecho, e los sospiros que de contino te embio te lo manifiestan. Sufre con piedad y mansedumbre, yo te ruego, si mis ansias te descubro. Prendiome tu hermosura, e encadenado me tiene la gracia con que a toda sobrepujas. Qué cosa fuesse amor antes de agora no lo supe: tú me sometiste al imperio suyo. Confiesso que mucho tiempo resisti por fuyr su forçoso señorio: vencio tu resplandor a mis esfuerços, vencieron los rayos de tus ojos más poderosos que del sol. Tu catiuo e sieruo soy, ya de mí no se parte, tú me quitas el sueño, a ti los dias y noches amo, a ti desseo, a ti llamo, de ti espero, en ti pienso, en ti me deleyto, tuyo es el coraçon, tuya el ánima, de contino contigo estan, tú sola me puedes amparar, sola destruyr, sola matar y dar la vida: escoje quál desto quieres y aquello me escriue. No quieras contra mí ser más cruel con palabras que con los ojos que me prendiste. No demando gran cosa: que me hables te suplico; esto solo mi carta demanda, que lo que escriuo en presencia te pueda dezir; si esto me otorgas, por bienauenturado me tengo. Si lo deniegas, morirá mi coraçon que más que a mí te ama. Yo a mí a tu fe encomiendo: a Dios, ánima mia, socorro de mi vida.»

Como el alcahueta recibio la carta de Eurialo, luego a más andar se fue para Lucrecia, y falláudola sola, le dixo: «El más noble y principal de toda la corte del Cesar te embia esta carta y que hayas dél compassion te suplica.»

Era esta muger conocida por muy pública alcahueta: Lucrecia bien lo sabia; mucho pesar ouo que muger tan infame con mensaje le fuesse embiada, y con cara turbada le dixo: «Qué osadia, muy maluada henbra, te traxo a mi casa? Qué locura en mi presencia te aconsejó venir? Tú en las casas de los nobles osas entrar, y a las castas dueñas tentar, y los legítimos matrimonios turbar? Apenas me puedo refrenar de te arrastrar por essos cabellos e la cara despedaçar. Tú tienes atreuimiento de me traer carta? Tú me fablas? Tú me miras? Si no ouiesse de considerar lo que a mi estado cumple más que lo que a ti conuiene, yo te facia tal juego, que nunca de cartas de amores fuesses mensajera. Vete luego, hechizera, lleua contigo tu carta; avnque damela, despedaçarla he, e dare con ella en el fuego.» Y arrebatandole la carta, rompiola en pedaços, e acoceada y escopida muchas vezes, dio con ella en la ceniza. «Otro tal y avn peor hiziera de ti, dixo a la vieja, si mi honestidad no me refrenara. Vete, maluada, presto, no te halle mi marido y te dé lo que mereces; guardate de jamas en mi presencia parecer».

Mucho temor ouiera otra qualquiera: mas ésta que sabia las costumbres de las dueñas, como aquella que en semejantes afrentas muchas vezes se auia visto, dezia consigo: «Agora quieres que muestras no querer?» e allegando más a ella dixo: «Perdoname, señora, yo pensaua no errar y tú auer desto plazer. Si otra cosa es, da perdon a mi ynocencia. Si no quieres que buelua, hecho he el principio, en lo al yo te obedecere. Mas mira qué amante menosprecias».

Esto dicho se fue, y hallado a Eurialo le dixo: «Alegrate, bienauenturado amador: de tu amiga más que amas eres amado. Agora no vuo lugar de responderte; hallé turbada a Lucrecia, e quando le di tu letra muy alegre la recibio, y mil vezes la beso; no dudes que luego

te escriuira». Assi se partio la vieja, y de alli adelante por no tornar al juego se escondio: temor vuo, si más palabras lleuasse, de traer palos.

Lucrecia, despues que escapó la vieja, cogidos los pedaços de la carta, vno con otro los concerto: e las despedaçadas palabras de tal mane a las tornó ajustar que bien se pudieron leer. Despues que mil vezes la leyo, y otras tantas beso, embuelta en vn pañezuelo la puso entre sus joyas: e de vnas y otras razones cada hora se acordando, de contino en el amor de Eurialo más se encendia; al qual deliberó de escreuir, e vna carta desta manera notada le embió:

RESPUESTA DE LUCRECIA A EURIALO.

«Dexa, Eurialo, de esperar lo que alcançar no puedes. No cures más con mensajeros e letras importunarme. No creas que soy de aquellas que se venden. No soy la que tú piensas, ni tal a quien deuas embiar alcahuetas. Busca otra que desonrres; no creas amor en mí hallar lugar, si no fuese casto. Con las otras haz a tu plazer; de mí no demandes cosa que a ti se torne en daño e a mí en desonrra. Sabe que no eres dino de mí.»

Esta carta, avnque a Eurialo parecio muy dura, y a lo que el alcahueta le dixera contraria, abriole empero camino para embiar y recebir cartas. No dudó Eurialo de fiar de quien Lucrecia daua fe; mas afligiale el no saber lengua ytaliana; trabajó con mucho heruor de la aprender. Y porque el amor le hazia solícito e diligente, en breue tiempo la aprendio: y solo consigo ordenaua las cartas que primero le era necessario encomendar a otro. Respondió, pues, a Lucrecia lo siguiente:

REPLICA EURIALO.

«No soy de culpar si my desuentura quiso darme mal mensagero. Yo estrangero no podia en pocos dias las costumbres de las mugeres de tan gran cibdad conocer: el amor causó que no vsasse de otro tercero. No crea que en tanta vejez e años houiesse desonestidad encubierta. Yo que lo honesto buscaua, no juzgué sino lo de fuera. Creo, segun escriues, en ti ser toda castidad e limpieza: y esto encendio mi coraçon en tu amor. La muger pródiga de su fama y honrra, más es dina de aborrecimiento que de amor. Si la pudicicia e limpieza pierde la hembra, qué se puede en ella loar? La hermosura es bien deleytable, mas flaco e caedizo: si honestidad no la acompaña, de ningún precio la juzgo. La que el buen parecer guarnesce de castidad, es mucho de seruir y honrrar. E como de ambas gracias seas dotada, no puedo mejor que en ti enplear mis seruicios, los quales no piden cosa deshonesta que a tu fama pueda enpescer, y porque aquellos mejor en presencia te pueda offrecer, te suplico me mandes hablar.»

Assi dio fin a la carta, y cerrada y sellada la embió a Lucrecia con ciertas joyas en precio e obra muy ricas; las quales como rescibio Lucrecia, desta manera respondió:

LUCRECIA.

«Rescebi tu carta: ya no me quexaré más de la alcahueta enbiada. Que como lo dizes me ames, no lo estimo mucho; que ni eres solo el primero a quien mi hermosura aya engañado. Muchos otros me amaron e aman, mas assi sera vano tu trabajo como el de aquellos. Hablar contigo no puedo, ni avnque podiese quiero. No me puedes hallar sola, si no eres golondrina; altas son las casas y cerradas las entradas. Tus joyas rescebi: mucho me contentó la obra dellas; mas por no te quedar obligada ni parezcas tener esperança de mi amor, embiote vn anillo, la piedra del qual no es de menor precio que tus joyas: quiero parescer aver comprado de ti, e no graciosamente rescebido.»

RESPONDE EURIALO.

«Mucho me alegró tu carta, que dio fin a las quexas del alcahueta; mas mucha pena me da que mi amor tengas en poco. Avnque muchos, como dizes, te aman, ninguno de aquellos es de comparar al mio. Tú esto no crees porque no me hablas; si me oyesses, no me ternias en poca estima. Pluguiesse a Dios que, como lo escriues, podiesse ser golondrina; avnque de mejor voluntad me tornaria pulga porque no tuuiesses poder de cerrar la entrada. No tanto tu no poder quanto el no querer me duele: la voluntad miro que dize no. Ay, mi señora, por qué dizes: «avnque pueda no quiero»? Assi responde a mis seruicios? assi desesperas a quien tu obediencia tiene por ley? Si me mandas echar en el fuego, sin tardança lo cumplire. Dexa, yo te suplico, esta palabra, e si no ay facultad no falte la voluntad. Pues con los ojos das vida, no mates vn razones. Si hablar no te plaze porque no conuiene, obedecere. Mas muda aquella sentencia por la qual mi trabajo por baldio condenas. Vaya lexos tal crueldad. Sey más mansa con tu amante: que si assi lo continas, seras homicida. No dudes: más ligeramente matarás con disfauores que otro con espada. Quiero, como lo mandas, suffrirme de pedir otras cosas; que solamente me ames te pido de merced. No tienes razon de

contradezir: ninguno te puede esto vedar. Di que me amas, descansare. Mucho huelgo que mis joyas en qualquier manera ayas rescebido: alguna vez te traeran a la memoria mi amor. Muy pequeñas fueron, y menores las que agora embio: no las quieras menospreciar. La voluntad mira; mayores e más ricas las espero de mi tierra: como vengan seran tuyas. Tu anillo nunca caerá de mi dedo, y en tu lugar mill vezes lo besaré. Adios, mi deleyte, y el consuelo que es en tu mano me da.»

Assi dio fin a su carta Eurialo. Y como muchas vezes de la vna parte a la otra fuesse replicado, Lucrecia en tal manera escriuió:

LUCRECIA.

«Querriate complazer, Eurialo, y de mi amor te dar parte, porque tus costumbres y nobleza merecen que no ames en vano. Callar quiero quánto tu disposicion y hermosura me contentan, mas ni acostumbro amar, ni oso. Yo a mí por tal conozco, que ni sabre tener modo ni regla en el afficion si vna vez comienço. Tú aqui no puedes mucho tiempo estar, ni yo despues de entrada en el juego podria sin ti biuir. Tú no me querras lleuar, ni yo quedar tú partiendo. Temor grande me ponen los enxemplos de muchas que de amantes estrangeros fueron desamparadas, para que no siga tu amor. Jason engañó a Medea, con el ayuda de la qual mató al valiente dragon y lleuó el vellocino de oro. Manjar fuera Theseo del Minotauro si por consejo de Ariadna no escapara, y después la dexó en la ysla desamparada. Qué dire de Dido malauenturada que al fuydo Eneas resciuio? por auentura no la mató amor estrangero? Sé quánto es incierto y dudoso para no me auenturar a tantos peligros. Vosotros los varones soys de coraçones más firmes; mejor los mouimientos refrenays. Las mugeres, quando locamente aman, con sola muerte se pueden atajar sus encendimientos. No aman, mas pierden el seso las hembras; e si al amor no corresponden, no ay cosa más terib'e que ellas. Despues que el fuego es rescebido, ni curamos la fama ni la vida. Solo este remedio buscamos, que aya copia del amante. De lo que carecemos, aquello desseamos más: tanto que a nuestros desseos se satisfaga, ningun peligro tememos. Assi que vn solo remedio queda: cerrar la puerta al amor, e al tuyo mayormente, que no puede ser durable, por que no pueda ser dicha la rodopeya Philis o otra Sapho. Dexa, pues, de solicitar mi amor, y el tuyo poco a poco lo desecha. Quánto aquesto sea a vosotros más ligero que a las hembras, tú lo sabes; e si con verdad me amas, no deues querer aquello que sabes ser mi destruycion y muerte. Por tus empresas te torno a embiar vna cruz de oro guarnecida de perlas, la qual, avnque breue, no carece de precio.»

No cessó Eurialo rescebida esta carta, mas encendido en la respuesta, tomó la peñola y vna carta escriuio a Lucrecia desta forma:

EURIALO.

«O ánima mia, Lucrecia, Dios te salue, que con tus letras me hazes saluo! Puesto que algo de hiel mezclaste, espero si me oyes lo quitaras. Vino a mis manos tu carta, muchas uezes la ley y en tu lugar besé, mas vna cosa me aconsejas y otra amonesta la carta. Mandasme que dexe tu amor porque no te conuiene participar en affcion de estrangero; y esto tan suaue y dulcemente lo razonas, que más me apremias en deuocion de tu prudencia que en oluidança de tu amor. Quién dexará de amar quando más sabia e discreta a su amiga conoce? Si menguar quieres mi amor, no me muestres tu discrecion: porque esto no lo encendido mata, mas de pequeña centella haze gran fuego. Yo viendo tu hermosura y honestidad, de mucha prudencia acompañada, quando leya más me quemaua. Mandasme por tu carta que dexe de amar: ruega a las sierras e montes que se allanen, e los rios se toruen a sus fuentes, y más ligeramente lo acabarás que comigo no amarte. Ni el sol puede dexar su curso, ni las sierras de Scicia las nieues, ni la mar los peçes, ni Eurialo oluidar a Lucrecia. No es ligero, como piensas, a los varones templar sus encendimientos, e lo que tú condenas en los hombres muchas vezes se halla en las hembras. No quiero sobre esto contender: conuieneme responder a lo que contra mí has dicho. Pones por escusa de no me amar las que de amor estranjero fueron engañadas, e desto pones enexmplos: po dria yo dezir muchos más que de sus amigas fueron desamparados: Troylo, hijo de Priamo, como sabes, de Griseyda fue engañado. A Deyfebo hizo traycion Helena. Circe a sus amantes con hechizos los conuertia en puercos y otros animales fieros. Mas no es justo por la malicia de pocos condenar a los muchos: porque si esse camino lleuamos, tú por pocos malos a todos los varones acusar.is y aborrecerás: yo por otras tantas malas condenaré y dañaré todas las hembras. Tomemos enexmplos fauorables y dexemos los contrarios: qué tal fue el amor de Marco Antonio con Cleopatra, notorio es. Y dexados de contar otros muchos que la breuedad de carta no consiente, tú leyste en Ouidio, despues de tomada Troya, quántos de los griegos boluiendo a sus tierras en el camino de amor fueron presos, que nunca a sus patrias tornaron, oluidando reynos, parientes y natu-

raleza, por complazer a sus amigas. Estas cosas considera, Lucrecia, y no aquellas que a nuestro amor son contrarias. Yo con voluntad de siempre amar te sigo. No me llames estraño, que más natural me haze tu amor que el que aqui nacio. Ninguna naturaleza tengo sino donde tú estouieres. Y avnque alguna vez de necessidad aya de partir, sin tardança boluere; ni yre en Alemañia sino a despedirme y boluere a ti. Ligera causa hallaré de quedar contigo. Muchos negocios el Cesar tiene en esta tierra y comarca: todos los encomendará a mí. Su lugarteniente le conuiene dexar: yo lo sere. No dudes desto, Lucrecia, mi salud, mi esperança, mi coraçon: si sin éste puedo biuir, a ti podre dexar. Aue ya merced de tu amante que como nieue al sol se desata y consume. Considera mis trabajos; pon fin a mis ansias y congoxas. Por qué tanto tiempo me fatigas? De mí me marauillo cómo tantos tormentos sofrir puedo, tantas noches sin sueño, tantos ayunos. Mira quán flaco ando, quán amarillo: ya muy poca sustancia es la que conserua el spiritu en conpañia de la carne; ligero disfauor los partira si no socorres. Si todo tu linaje ouiesse muerto, qué mayores penas me podrias dar? Si assi me atormentas por amarte, qué haras al que te dessiruiere? Pues mi señora, mi salud, mi refrigerio, recibe en tu gracia, no me desesperes. Solamente te pido me escriuas, e como tuyo me ames: ninguna otra cosa demando; pueda yo dezirme tu sieruo, y más no quiero. Los cesares, los reyes aman sus sieruos siendo leales: no desdeñan de los amar sabiendo que ellos aman. Adios, mi esperança, mi temor, vida y muerte.»

Como torre que está cascada dentro e paresce inexpunable por defuera, si combatida es con ingenios, luego cae, assi vencieron a Lucrecia las razones de Eurialo. E como abiertamente conoscio las entrañas de su amante e su diligencia, descubriole el amor que hasta alli auia dissimulado; e con semejante carta se le manifesto:

LUCRECIA.

«No te puedo más resistir, Eurialo, ni de mi amor desesperarte. Vencisteme; ya soy tuya: haz de mí a tu plazer. O malauenturada de mí que tus letras recebi! A grandes peligros soy puesta, si tu fe e prudencia no me valen. Mira que guardes lo que por tus cartas prometes. Ya en tu amor consiento: si me desamparas, el más traydor e cruel de todos los hombres seras. Ligera cosa es de engañar vna hembra, e quanto más ligera tanto más torpe. Avn el negocio en buen estado es: si piensas desampararme. dimelo antes que el amor más se encienda. No comencemos cosa que nos pese auer començado. En todas las cosas el fin se deue mirar. Yo muger no veo los inconuenientes: tú varon, ten de ti e de mí cuydado. Yo a tu fe me do e aquella seguire. No comienço a ser tuya sino para siempre. Adios, my guia y guarda de mi vida.»

Despues de aquesta, muchas cartas fueron embiadas de ambas partes; e nunca con tanto ardor escriuio Eurialo que con mayor heruor no respondiese Lucrecia: vno era ya el desseo de ambos de se juntar de consuno, mas muy dificultoso e quasi impossible les parecia. segun las guardas de contino Lucrecia tenia. Nunca andaua ni estaua sola: ni Argos guardó la vaca de Juno con tanta diligencia quanta Menelao ponia en guardar a Lucrecia. Este vicio manifiesto es en los ytalianos: a sus mugeres más que a tesoro las encierran. A mi juyzio, muy sin prouecho son: que si desta costumbre todas las henbras aquello que más les viedan codician con más heruor: lo que quieres aborrecen, lo que aborreces quieren más. A éstas si les soltares la rienda, mucho menos pecaran. Es tan dificil de guardar la que no quiere, como manada de pulgas en sol muy heruiente. Si de voluntad la muger no es casta, embalde pone cerraduras el marido. Pon guardas a la hembra, mas aquéllas quién las guardará? Cautas son las mugeres y por allí comiençan. No es animal domable la muger, y por tanto no cures ponerle freno.

Tenia Lucrecia vn hermano bastardo: a éste encomendaua sus cartas; a éste descobria sus secretos; con él embiaua sus mensages a Eurialo; con éste concertó que lo recebiesse en casa. Moraua éste con la madre de Lucrecia su madrastra, a la qual Lucrecia muchas vezes visitaua, e della assi mesmo era visitada; tenian ambas alguna vezindad. El ardid fue tal que encerrado Eurialo en casa secretamente, Lucrecia fuesse a visitar la madre a tiempo que oyendo missa en la yglesia estouiesse, como si la ouiesse de hallar en casa. No la hallando fingiesse esperar, e en este tiempo podria llegar con Eurialo hasta que su madre viniesse. Este dia tenia asseñalado dos dias despues del concierto: los quales a los amantes parecieron años, como acaece, a los que bien esperan las oras son muy largas, e muy breues a los que temen. Mas no fauorecio la fortuna a sus desseos como esperauan: sentio las assenchanças la madre, porque venido el dia, saliendo la dueña de casa, echó el entenado fuera, el qual a los amantes el triste mensage lleuó. No menos a Eurialo que a Lucrecia fue molesto, la qual como sentio el engaño descubierto: «No basta esto, dixo; busquemos otro camino: no sera poderosa mi madre dar desman a mis plazeres». Pandalo era pariente de su marido, al qual ya Lu-

crecia hiziera parte de sus secretos; no podia el coraçon ardiente holgar: auisó, pues, a Eurialo que con éste hable, e de su fidelidad lo haze cierto afirmandole que aquél puede dar orden y essecucion de sus desseos. Mas a Eurialo no le parecia seguro fiar de aquel, porque siempre lo via al lado de Menelao. Temor auia de engaño; y en quanto delibraua, mandole el Cesar yr a Roma e tratar con el papa de su coronacion, el qual negocio mucho fue triste a los amantes: mas conuenia obedecer el mando del emperador.

Fue por dos meses el camino, y en tanto queda Lucrecia bien sin abrigo: cierra las ventanas, vistese de tristeza, nunca fue vista salir de casa. Todos se marauillan, no saben la causa. Quasi viuda en todos sus autos se mostraua; e como si el sol eclipsara, parecia a los de casa estar en tinieblas; siempre como enferma está en la cama, nunca la veen alegre: buscanle remedios para el cuerpo, y la enfermedad mora en el ánima; nunca rie ni sale de la camara, fasta que por nueua cierta supo Eurialo ser venido. Entonces como de graue sueño despierta; dexadas las vestiduras de tristeza y guarnida de los primeros arreos, abrio sus ventanas y muy alegre lo esperó. La qual como vio el Cesar, dixo a Eurialo:

«Ya no ay de negar, descubierta es la celada; ninguno pudo ver a Lucrecia estando tú ausente: agora que boluiste, ya vemos el alua; encobrir no se puede el amor ni la tosse asconder.

— Burlas de mí como sueles, señor, dixo Eurialo. Yo no sé aquesto qué sea: el relincho de tus cauallos por ventura desperto a Lucrecia».

Y esto dicho, a hurto puso los ojos en ella e a la primera vista despues de su tornada.

Pocos dias despues desto Niso, fiel compañero de Eurialo, andando anxioso por sacar de congoxa al amigo, espió una tauerna que a las espaldas de la posada de Menelao estaua, junto con la camara de Lucrecia. Hizo con el tauernero su concierto, el qual le metio en vn albañar que salia cerca de vna ventana de la camara de Lucrecia; y de alli lo lleuó a otra ventana bien cerca de aquélla. Visto el aparejo del lugar, traxo a Eurialo: «De aqui, dixo, podras ver y hablar a Lucrecia». Estouo alli Eurialo gran rato esperando si algun caso le mostrase a su amiga. No fue engañado: ahedo llega Lucrecia, y como a todas partes mirasse y no viese impedimiento: «Qué hazes? dixo, gouernadora de mi vida. Dónde vas? luz de mi coraçon. Aca, aca buelue los ojos, anparo mio. Yo soy tu Eurialo, mirame.

— Tú aqui estás? mi señor, dixo Lucrecia. Y es verdad que hablarte puedo? Plugiese a Dios que abraçar.

—Esso a poca costa, dixo Eurialo, se hara: porne vna escala e podre entrar. Cierra la camara, mucho dilatamos ya el gozo de nuestros amores.

—Escusalo, mi Eurialo, si mi saluacion quieres, dixo Lucrecia. Vna ventana ay a la parte siniestra de vn mal vezino, y ni al tauernero deues dar mucha fe. Recaton es, y por poco precio nos vendera. Assaz basta que podamos aqui hablar quando necessario sea.

—Muerta es esta vista, dixo Eurialo, si vna vez no te abraçare e tenga en mis braços».

Muchos dias se hablaron en aquel lugar, y en vna caña se dauan e rescebian de vna parte a la otra muchas joyas. Ni Eurialo fue en esto más que Lucrecia liberal.

Sentio los engaños Sosias e consigo dize: «Embalde presumo resistir a las fuerças del amor. Si astutamente no proueo, perecera mi señora y la casa sera infamada; e destos males, pues más no puedo, assaz me basta escusar el vno. Que tenga amores mi señora, poco daño traera si secreta y discretamente se negociare: ella es ciega con el amor, ningun inconueniente mira. Si la castidad no se puede conseruar, bastará quitar el rumor, por que la casa no sea infamada y no suceda en muerte e otros daños. Yo obuie lo que pude por remediar estos males; pues no se pueden del todo atajar, a mí conuiene curarlo por que lo mal hecho al menos sea secreto. Poca diferencia ay entre no lo hazer o assi obrar que no se sepa. Comun mal es el cuerno, y pocos ay que no alcancen de su pestilencia parte, y la más cauta es tenida por más casta.»

Razonando assi consigo, salio Lucrecia de la camara. y llegado a ella dixo:

«Qué cosa es, señora, que no comunicas comigo cosa de tus amores? Bien sé que del todo amas a Eurialo y que de algunos fias: mira a quién des fe. Cata que la primera grada de prudencia es no amar. La segunda que, assi ames, que sea secreto. Sola, sin tercero, no lo puedes hazer. Mucho tiempo sabes quánta fe y lealtad te tengo; si algo quieres, manda, que yo obedecere y porne en essecucion. Mucho cuydado tengo que tu amor sea secreto, por que no rescibas daño ni tu marido ande por lenguas del pueblo.

—Assi es como lo dizes, respondio Lucrecia, y mucha confiança tengo de ti; mas hasme parecido no ha a qué causa muy negligente e contrario a mis desseos. Agora que de tu voluntad te ofreces, vsare de tu seruicio, bien sé que no me engañaras. Ya sabes quánto ardo, yo mucho tiempo no puedo sufrir esta llama; ayudame como podamos, Eurialo e yo, ser de consuno: él de amores es enfermo e yo muero, ninguna cosa ay más graue que resistir a nuestros desseos. Si sola vna vez nos juntares, más templadamente amaremos y sera encubierto nuestro amor. Ve, pues, a Eurialo, dile que solo vn camino ay para que a mí venga: si de aqui a quatro dias que los labradores traeran pan por sus jornales e en el abito de aquellos lo traxiere a sus cuestas, podra sobir por el escalera con su capote e costal como jornalero, el qual, como tú sabes, passara por ante la puerta de mi camara a descargar en la panera; quedará el postrimero, e a la buelta abrira mi camara, y para entonces yo estare dentro sola: assi podra entrar y rescebir la paga de su jornal.»

Sosias, avnque le parecio la paga del jornal de Eurialo assaz ardua y peligrosa, con temor de otro mayor peligro acetó el mensaje, e hallado Eurialo, todo por orden ge lo contó. El qual, juzgandolo por cosa ligera, de muy buena voluntad se ofrecio a la obra, e de ninguna cosa sino de la tardança se quexa.

O cabeça sin seso de amante, o voluntad ciega, o ánima osada y coraçon sin temor! qué cosa es tan grande que pequeña no te parezca? quál tan barrancosa que no pienses llana? quál tan cerrada que no sea abierta? Tú todo peligro tienes en poco, a ti ninguna cosa es dificultosa. Quanto a ti, ninguna es la guarda del marido, ningunas leyes obedeces. Ningun miedo ni verguença temes. Todo trabajo te es deleytable. Ninguna cosa te resiste. O amor domador de todas las cosas! tú vn priuado e el más principal de la casa de Cesar, bastecido de muchas riquezas en hedad e discrecion, prudente e muy leydo, alla lo lleuas donde dexado el carmesi se viste de capote de sayal, con el qual cubra su cara y de señor se torne sieruo! e el que en mucho deleyte fue criado ya apareja sus hombros a la carga e por público ganapan se alquila en el mercado! O cosa de marauillar! dificultosa cosa de creer! vn varon de mucha grauedad verlo en compañia de ganapanes, entre aquella hez e suziedad de hombres, que busque quien le alquile para lleuar cargos. Quién buscara en los poetas mayor trasformacion? Esto es lo que Ouidio quiere en su Methamorphoseos quando escriue los hombres ser hechos piedras o bestias. Esto sentio el mayor de los poetas, Virgilio, quando dixo la diosa Circe auer conuertido los amantes en bestias fieras. Porque assi es que del fuego de amor, de tal manera se enagena la voluntad del amante, que poca differencia es entre él e las bestias.

Ya, pues, el aurora o alua se leuantaua de la açafranada cama de Titon su marido, e traya el claro dia de los amantes desseado, y Apolo con sus rayos buelue a todas las cosas su color y a el esperante Eurialo recrea; el qual entonces se tiene por bien fortunado quando en compañia de viles sieruos se halla desconocido. Va, pues, en casa de Lucrecia: cargase de trigo, e descargando en la panera, quedó el postrimero segun estaua acordado; e como era auisado, llegó en medio del escalera donde la puerta de la camara estaua, e abriendola se metio dentro y cerró empos de sí. Halló a Lucrecia en labores de seda ocupada, e llegandose más cerca della dixo: «Dios te salue, ánima mia, vna sola esperança de mi vida. Agora te hallo sola; agora lo que tanto he desseado complir. Ya no ay impedimientos para te abraçar: ninguna pared me quitara tus besos».

Lucrecia, avnque ella hauia dado el hauiso, en el primero acometimiento pasmó; y no Eurialo, mas espiritu creya ser. No podia creer que varon tan grande a tanto peligro se pusiesse. Mas desque entre los abraçados y besos lo conocio, dixo: «Y tú, pobrezillo, eres Eurialo? Es verdad que te veo?» Y derramada la color por el rostro, muy apretadamente lo abraçó y en medio de la cara lo miró, e luego tornó a dezir: «O ánima mia, a quánto peligro por mí te pones? Qué dire de aqui adelante, sino que soy bien cierta sobre todas las cosas me amas? Ya esperimenté tu amor, y tú no me hallarás otra. Plega a Dios que mucho tiempo los fados sean prosperos y a nuestros amores den bien-auenturada salida. Mientras el espiritu regiere mis mienbros, nunca de otro sera Lucrecia, ni del marido ni con derecho lo puedo asi llamar; porque Dios sabe quánto contra mi voluntad lo recibe, en el qual es verdad que nunca mi coraçon consintio. Mas ea, deleyte mio, dexa al capote, muestrame quál eres: dexa la forma de ganapan; dexame ver a Eurialo».

Ya él, dexada toda suziedad, resplandecia de brocado e carmesí: ya yua aparejado al exercicio del amor, quando llegó Sosias, llamando a la puerta: «Guardad, amantes, dixo, no sé a qué viene Menelao con mucha priessa: escondded vuestros hurtos y engañadlo con alguna astucia; no penseys de poder salir».

Entonces Lucrecia dixo: «Vn escondrijo está tras el estrado donde estan las cosas preciosas. Ya sabes lo que te escreui si estando comigo viniesse Menelao: aqui con la escuridad estaras seguro; entra y no tossas, ni te mueuas, ni resuelguas».

Dudoso Eurialo qué haria, puso en obra lo que su amiga le mandó. Ella, abiertas las puertas, como si en al no estouiera ocupada, a su labor tornó. Entonces Menelao y Berto llegaron a buscar ciertas escrituras que a la republica pertenescian. Y despues que muy buscadas en las caxas no las hallaron: «En nuestro escondrijo por auentura estaran, dixo Menelao: trae lumbre, dixo a Lucrecia, y buscar se han».

Destas palabras espantado Eurialo quasi sin sangre quedó; ya començo a renegar de Lucrecia y de sus amores y entre sí dezia: «Ay de mí, loco, quién me apremió a venir aqui sino mi liuiandad? Agora soy tomado con el hurto, agora soy fecho infame, agora la gracia del Cesar pierdo; qué la gracia? plegue a Dios escape la vida. Quién me librará de aqui biuo? No se puede escusar la muerte. O vano de mí, y de todos los locos el más loco! en este peligro de mi voluntad entré. Qué plazeres pueden ser los del amor, si tanto han de costar? Breue es aquel deleyte e los pesares muy luengos. O si estas cosas passassemos por el reyno de los cielos! Marauillosa es la locura de los hombres: no queremos soffrir breues trabajos por infinitos gozos, y por causa del amor, cuyos plazeres a humo comparar se pueden, a infinitas angustias nos sometemos. Ahe el enxenplo: ya habilla de todos sere, avn no sé qué salida aura. O si Dios me libra de aqui, nunca más el amor me enlazara. O Dios, escapame, perdona mi junentud, no quieras mirar a mis inorancias! Guardame, Señor, para que destos delitos haga penitencia. No me amó Lucrecia, mas como a cieruo me quiso en la red real caçar. Aqui es mi dia Muchas vezes oya yo los engaños de las mugeres y no me supe guardar: mas si agora escapare, nunca lengua de hembra me engañara».

Lucrecia no estaua con menor congoxa e fatiga, la qual no solamente su salud, mas la de su amante temia. Mas como en las sobrenientas es mayor el ingenio de las mugeres que de los hombres, pensando en la red remedio dixo: «Mi marido, en aquella ventana esta vna cestilla, donde me acuerdo auerte visto guardar ciertas escripturas; quiero ver si lo que buscas estara alli». E subitamente fue alla; e como que queria abrir la cestilla, a sabiendas dio con ella de la ventana abaxo. E como si por caso cayera, dio vozes al marido: «Corre, corre abaxo, que la cestilla con las joyas que en ella estauan cayó en la calle. Yd ambos a priessa, no passe alguno que haga hurto: yo velare de la ventana». Ora mirad qué astucia e osadia de hembra! Dad mucho credito a las mugeres: ninguno tiene tantos ojos que no pueda dellas ser engañado. Aquel solamente escapa que la muger no quiere engañar. Más por ventura que por ingenio somos bienauenturados. Corren Berto y Menelao a más andar para la calle: la casa era muy alta e muchos escalones de decida; e assi ouo espacio Eurialo de mudar lugar, el qual por auiso de Lucrecia se passó a otro nueuo escondrijo. Ellos, cogidas las joyas y escrituras de la cesta, porque no se hallaron los instrumentos necessarios passaron al retrete donde Eurialo auia salido: y hallado lo que buscauan, despedidos de Lucrecia, se fueron.

Ella, echada el aldaba a las puertas: «Sal, dixo, Eurialo, ánima mia, ven, suma de todos mis placares, ven fuente de mis deleytes, manantial de alegria, panal de miel, ven, dulçura mia sin comparacion: ya todo te es llano, ya a nuestras hablas ay campo seguro, ya seguridad ay para nuestros abraçados. La fortuna quiso contradezir a nuestros besos, mas los dioses miran a nuestro amor e no quieren tan fieles amantes desamparar. Ven ya en mis braços; no ay cosa que de aqui adelante ayas de temer: mi lirio, mi monton de rosas, qué esperas? qué temes? aqui estó tu Lucrecia, por qué tardas a abraçarme?»

Eurialo, mala ues dexado el miedo, salio, y abraçada Lucrecia, dixo: «Nunca tan gran temor me salteó: empero dina eres porque en semejantes cosas se suffra. Ni tales besos e abraçados es razon que se alcancen sino a mucha costa; ni yo, si la verdad manifiesto, tan gran bien he comprado por su justo precio. Si despues de la muerte podiesse biuir e gozarte, mil vezes querria morir si por este precio tus abraçados se pudiessen conprar. O mi felicidad e bienauenturança, es vision o verdad que te tengo, o soy engañado por sueño vano? Tú cierto aqui estás, yo te tengo.»

Era Lucrecia vestida de ligera y delgada vestidura, tal que si ruga a sus miembros se juntaua; en ninguna parte mentia, mas tales quales eran los manifestaua; la blancura de la garganta como nieue, la luz de los ojos como la claridad del sol, el mirar aplazible, la cara alegre, las mexillas como açucenas mezcladas con rosas coloradas, la risa en la boca muy suaue y tenplada, los pechos anchos, las tetas como dos mançanas de Africa en cada lado se leuantauan, las quales mucho escandalizarian a quien las tratasse. No pudo más Eurialo soffrir la começon, mas oluidado el temor, lançó de si la verguença, y acometiendo a la señora, dixo: «Tiempo es ya que tomemos el fruto de nuestros amores.» Juntaua las obras a las palabras: resistia Lucrecia diziendo que no quisiesse assi destruyr su honestidad y fama que en mucha estima tenia; dezia que el amor de ambos no requeria más de abraçar y besar. Respondio riendo Eurialo:

«O esto se sabra o no. Si se sabe que yo aqui vine, ninguno ay que no sospeche todo lo que mi venida se puede seguir, y locura seria ser ynfamados sin obra. Si no se sabe, esto assi mesmo sera secreto. Esta es prenda del amor, y antes morire que dexarla.

—Maldad es esso, dixo Lucrecia.

—Maldad es, dixo Eurialo, no vsar de los bienes podiendo, e yo perderia el tiempo desseado y con tanto trabajo buscado?»

Entonces, tomada de la falda a ella resistiendo, avnque vencer no queria, sin mucho afan la vencio. Ni el hecho le causó hastio o aborrecimiento, segun acaescio a Hamon con Tamar, antes le desperto mayor sed e ansia de amor. Finalmente, acordado Eurialo del pecado, tomando algo de las conseruas e vino, contradiziendo Lucrecia se partio de su jornal satisffecho, e ninguno sospechó cosa siniestra; porque todos vno de los acarreadores lo pensaron.

Marauillauase de sí yendo por el camino e consigo dezia: «O si agora me encontrasse el Cesar y me conosciesse, qué sospechas le pornia este abito! quánto burlaria de my! Hablilla seria de todos y dél escarnio. Nunca me dexaria hasta que todo lo supiesse: forçado le auria de dezir lo que esta vestidura de labrador quiere representar; mas yo fingiria venir de otra dama y no de aquésta, porque él la ama. Yo no estó en costumbre de descubrirle mis amores: en ninguna manera descubrire a Lucrecia que me recibio y amparó.»

Mientras assi u fablando, vio a Niso y a Achates e Polimio; sin ser conoscido passó ante ellos, y llegado a casa dexó el capote, y tomada su vestidura, todo su acaescimiento les contó. Mientra les contaua por orden qué peligros y temores, qué plazeres e deleytes auia passado, assi a tiempos se tornaua alegre y temeroso. Quando contaua los miedos, dezia: «Ay de mí, loco, de hembra fie mi cabeça! No es esto lo que mi padre me castigó, quando me amonestaua que de ninguna muger fiasse; dezia él la hembra ser animal no domable, sinple, mudable, crnel, a mill passiones inc'inada: yo, oluidado el consejo del padre, puse mi vida en poder de muger. Qué fuera de mi si cargado del costal alguno me conociera? Qué infamia fuera para mi y desonrra para mis decendientes! Agen> me hiziera el Cesar de sí, y como a liuiano y loco me pudiera aborrecer. Qué fuera, si el marido, trastornando los almarios, me hallara escondido? Rigurosa es la ley Julia a los adulteros, mas avn el pesar del marido busca mayores penas que la ley concede. Este matan a hierro, el otro con crueles tormentos y tal que con las vñas de la sangre del adultero no se puede hartar. Mas pongamos que el marido me perdonara la vida, no me echara en prisiones, e assi infame me entregara al enperador, y que pudiera huyr de sus manos por estar sin armas e yo tener puñal ceñido: no estaua aconpañado el marido? no auia asaz armas de las paredes colgadas e ligeras de tomar? muchos seruidores e criados en casa? Los clamores hizieran luego cerrar las puertas, e alli tomaran de mi vengança? O sin seso de mi, ninguna discrecion deste peligro me libró sino acaescimiento solo. Qué acaescimiento? antes el presto ingenio de Lucrecia me escapó. O hembra fiel, o prudente defensora, o escogido e muy noble amor, por qué de ti no fiare mi persona? por qué tu fe no seguire? Si mill cabeças touiesse, todas a ti las encomendaria; tú eres fiel, tú cauta, tú prudente, tú sabes amar y a tu amante defender. Quién tan ayna pudiera hallar camino para dar desuio a los que me buscauan como tú lo pensaste? Tú la vida me guardaste, yo aquella te ofrezco. No es mio el biuir, sino tuyo. No me sera aspero por ti perder lo que por tu causa tengo. Tú tienes derecho a mi vida, tú poder en mi muerte: haz de todo a tu plazer. O pecho muy blanco, o dulce lengua, o suaues ojos, o ingenio presto, o miembros como marmol de çumo llenos, quándo os tornare a ver? Quándo otra vez los labrios de coral mordere? Quándo la lengua parlando otra vez a mi boca bullir sintiré? O si tratase más aquellas tetillas! Poco es, o Achates, lo que en aquella señora viste; mientras más cercana es, mayor es su hermosura. Pluguiera a Dios que comigo fueras: no creas que tan fermosa fue la muger de Candalo, rey de Libia, como ésta. Ya no me marauillo mostrarla aqnél al compañero desnuda por gozar más de su belleza; yo otro tal haria de Lucrecia si facultad para ello touiesse: desnuda te la mostraria. En otra manera no puedo dezir quánta sea su hermosura, ni quán complido e quán lleno aya sido mi plazer puedes considerar: más alegrate comigo, que mucho más fue mi deleyte que por palabras dezir se puede.» Assi Eurialo con Achates; mas Lucrecia no menos razones consigo passaua. Empero su alegria tanto fue menor quanto más callada; no tuuo confiança de persona alguna con quien comunicarla pudiesse: a Sosias, apremiada de la verguença, no lo osó todo manifestar.

En este tiempo, Pacoro, cauallero de Vngria, varon noble quien al Cesar acompañaua, començo a amar a Lucrecia, y en esfuerço de su disposicion y gala creya ser amado. No piensa que aya otro impedimento sino la honestidad y pudicicia de la hembra. Lucrecia, como es costumbre de nuestras dueñas, con cara alegre a todos miraua; arte es o más verderamente engaño para que el verdadero amor sea secreto. Perdio el seso Pacoro; no puede ser consolado si la voluntad de Lucrecia no sabe. Suelen las dueñas de Sena a vna milla de la cibdad visitar a menudo la hermita de sancta Maria, que ellas llaman de Belen; a la qual yna Lucrecia de dos donzellas y vna vieja acompañada. Siguela Pacoro lleuando vna violeta de hojas doradas en la mano, y en ella muy sotilmente vna carta de amores escondida. Y no te marauilles, porque Ciceron escriue que a él fue mostrada vna oracion de toda la guerra de

Troya tan solamente escrita, que en vna cascara de nuez cabia. Ofrecio la violeta a Lucrecia, la qual la menospreció. Importuna el vngaro con grandes ruegos. «Recibe, señora, la flor, dixo la vieja; para qué temes donde no ay peligro? Poca cosa es con que puedes a este cauallero conplazer.» Seguio Lucrecia el consejo de la vieja: recibio la violeta y a poco rato la dio a vna de las donzellas. No passó mucho tiempo sobreuinieron dos estudiantes, los quales sin mucha importunidad ouieron la violeta de la donzella, y abierto el tronco della, la carta de amores fallaron. Solia este linaje de onbres agradar mucho a nuestras dueñas: mas despues que la corte del Cesar vino a Sena, començo ser aborrecido y tenido en menosprecio, porque más el estruendo de las armas que la gracia de las letras contentó a nuestras damas; de lo qual mucha embidia y contienda nacio. Buscauan las togas todos caminos para enpecer a los albornozes, como se manifesto pues el engaño de la violeta. Van luego a Menalao y muestranle la carta; la qual leyda buelue muy triste a su casa. Riñe con su muger, hinche la casa de bozes, niega la muger ser en culpa, declara la verdad, trae la vieja por testigo, van al Cesar, dan querella del cauallero vngaro, llamanlo, confiessa el delito, demanda perdon, jura en forma de nunca importunar a Lucrecia.

Bien sabe que Jupiter no se ensaña, mas rie y burla de los perjuros de los amantes; quanto le es defendido, tanto más se quema en aquella su llama sin prouecho. Viene el inuierno, que lançados los otros vientos, solamente recibio el cierço. Cae mucha nieue del cielo, ay mucha soltura de holgar en la cibdad: lançan las dueñas nieues por las calles, los varones a las ventanas. De aqui tomó ocasion Pacoro: mete vna carta en cera y la cera en vna pella de nieue embuelue, lançala en la ventana de Lucrecia. O quien dira que Fortuna todas las cosas no rige? Quién no dessea el soplo fauorable de su fado? Más vale su fauor que si Venus por su carta a Marte te encomendasse. Dizen algunos que no puede la fortuna contra el sabio. Yo esto confiesso de aquellos sabios que de sola virtud se gozan, los quales pobres y enfermos y en el toro de Falaride encerrados creen posseer la vida bienauenturada, de los quales nunca vi alguno ni pienso que fue ni lo ay. La comun vida de los hombres, de fauores de Fortuna tiene necessidad. Esta los que quiere ensalça y abate y derrueca. Quién destruyó a Pacoro sino la fortuna? Por ventura no fue consejo discreto en los fiudos de la violeta encerrar la carta? e agora por beneficio de la nieue embiar esta otra? Dira alguno: más cautamente lo podiera hazer. Mas si a este auiso ayudara la fortuna, por muy cauto y prudente fuera juzgado. Mas repunando el fado, cayda la pella de las manos de Lucrecia, la lleuó cabe el fuego, donde con el calor desatada la nieue y derretida la cera, se manifesto la carta; la qual vnas viejas que se callentauan y despues Menalao leyeron. Nueuas contiendas desperto la carta, las quales Pacoro con fuyda más que con desculpas atajó.

Este amor nueuo ayudó al de Eurialo, porque pesquisando el marido en el de Pacoro, a las assenchanças de Eurialo dio lugar. Verdad es lo que se suele dezir, ser dificultoso de guardar donde muchos conbaten. Esperauan los amantes al primero sueño celebrar las segundas bodas. Hauia vna calleja asaz angosta a las espaldas de la casa de Lucrecia, por donde poniendo los pies tendidos en la vna y otra pared, sin mucha dificultad a la ventana de Lucrecia se podia sobir. Esto no auia lugar sino de noche. Menalao va al aldea donde ha de trasnochar. Este dia como de los saturnales lo esperauan los amantes. Eurialo, mudadas las vestiduras, a la calleja se fue. Salia alli vn establo de Menalao donde Eurialo, mostrandole Sosias, entró, y esperando la hora se escondio en el heno. Vino Dromo, cauallerizo de Menalao, y para echar heno a las bestias tomó del lado de Eurialo; hauia de tomar más, y de necessario diera con la horca en Eurialo, si Sosias no atajara. El qual como conocio el peligro, «Dame esse cargo, hermano, dixo al cauallerizo, yo pensaré los cauallos, y tú en tanto ten cuydado de la cena. De alegrar es quando nuestro señor está ausente: mejor nos va con la señora que con él. Ella es alegre y liberal; él sañoso, bozinero, auariento e dificultoso. Nunca bien nos va estando él presente. Miras quán iniquamente castiga nuestros vientres? él nunca se harta por nos matar de hambre: nunca dexa perder pedaço de pan por mohoso que sea, e los pedaços de vn dia guarda para otro a la mesa. Los siluros e anguillas saladas hasta que se podrecen los guarda, e las porretas de los puerros aseñala y cuenta por que no los toquemos. O malauenturado el que con tantos tormentos allega riquezas! qué cosa puede ser de mayor necedad que por morir rico biuir pobre? Quánto es mejor nuestra señora, que no contenta de nos hartar de terneras e tiernos cabritos, nos da muchas vezes gallinas e zorzales y del mejor vino hasta hartar! Hermano, mira que esté bien bastecida la cozina.

—Amigo, dixo Dromo, pierde cuydado; yo curaré mejor la mesa que los cauallos. Yo lleué oy a nuestro amo al aldea: hagale Dios mal, que nunca vna palabra me dixo hasta que a la tarde me embió, y a nuestra señora me mandó dezir que no auia de boluer esta noche.

Tengote en mucho, Sosias, porque las costumbres de nuestro amo aborreces. Ya auria yo mudado señor si la bondad de mi señora no me ouiesse a las mañanas con sopas detenido. No es de dormir esta noche: beuamos y rociemos hasta que venga el dia. No ganará tanto en vn mes nuestro amo quanto gastaremos en vna cena.»

Oya estas cosas de buena voluntad Eurialo, puesto que las costumbres de los seruidores notaua. Bien presumia que otro tal acaecia en su casa. E partido Dromo, leuantose Eurialo. «O quán bienauenturada noche! dixo a Sosias, por tu beneficio he alcançado, que aca me traxiste, e con discrecion curaste no fuesse manifestado. Buen varon eres y con razon te amo; no te sere desagradecido jamas.»

Era llegada la hora acordada y alegre. Eurialo, puesto que por dos peligros auia passado, subio por las paredes y entró por la ventana que ya estaua abierta: falló a Lucrecia sentada al fuego, que con los seruicios necessarios lo esperaua. La qual como vido a su amante, a medio camino lo abraçó. Pasan muchas lisonjas y falagos, danse muchos besos, entran en el juego a velas tendidas, y cansada de nauegar la barca, ora con vianda, ora con vino la recreauan y rehazian. O quán breues son los deleytes, quán luengos los cuidados! Avn Eurialo no auia vna hora de plazer passado, quando he aqui Sosias que les denuncia la venida de Menalao y todo el gozo turba. Teme Eurialo, piensa en la fuyda. Lucrecia, escondida la mesa, sale al encuentro de su marido, hazele su acatamiento: «O mi marido, dixo, bien boluiste, ya yo te tenia por labrador, aldeano: qué tienes que hazer tanto tiempo en el aldea? guarda no huela algo. Por qué te vas de casa? por qué quieres darme con tu ausencia pena? Siempre mientra eres ausente estó en temor. Sospecha tengo que eres en otra parte aficionado, como tienen los maridos a sus mugeres poca fidelidad. Si deste miedo me quieres librar, nunca fuera de casa duermas: no puedo sin ti alegre noche tener. Mas cena agora aqui, despues yremos a dormir.» Estauan en la sala donde suelen comer los seruidores: alli trabajaua Lucrecia de tener a su marido hasta que Eurialo tuuiesse lugar de huyr, el qual de vna poca de tardança tenia necessidad. Menalao auia cenado fuera, aquexauase por dormir. «Poco me amas, dixo Lucrecia; por qué no cenaste comigo? Yo, porque eras ausente, ni comi oy ni beui cosa alguna; mas los gañanes vinieron de Rosalia e traxeron cierto vino, dizen que de la ribera de Trebia, mucho bueno. Yo de tristeza no lo proue: agora que veniste, vayamos, si te plaze, a la botilleria, prouemos si es tal qual nuestros siruientes dizen.» Tomó vna lanterna en la mano diestra e al marido con la siniestra, y a la casa de la prouision lo lleuó. Y tanto se detuuo, oras barrenando el vn tonel, oras el otro, e prouando de cada vno con su marido, hasta que creyo Eurialo ser ydo en saluo. Y en fin, a los ingratos ayuntamientos con el marido se fue. Eurialo a la media noche en su casa tornó.

En el siguiente dia, ora porque assi conuenia a la camara, ora por alguna sospecha mala, Menalao clauó la ventana. Creo, como son nuestros cibdadanos en las congeturas muy agudos y de sospechas llenos, temio Menalao el aparejo del lugar, e como fiaua poco de la muger, acordó quitar aquella ocasion, no porque cosa de lo acaecido supiesse, empero sabía las muchas importunidades que de contino combatian a Lucrecia. Conocia el ánimo de la hembra ser instable, la qual de tantas voluntades se buelue como son las hojas de los arboles. El linaje de las mugeres desseoso es de nouedades: pocas veces aman al varon de que tienen copia. Seguia Menalao el camino de los maridos que con velas e guardas los cuernos se atajan. Quitado les ha la facultad de más por alli se poder juntar; ni ay libertad para embiar y recebir cartas, porque la tauernero que a las espaldas de la casa la tauerna alquilara donde Eurialo solia hablar e dar cartas á Lucrecia, a ruego de Menalao por otras causas de la justicia fue quitado; quedauales sola la vista de ojos, y con señas solamente se consultauan los amantes. Ni con este postrimero remedio podian biuir ni salir de congoxa. Erales gran dolor a muerte semejable, que ni podian oluidar el amor ni en él perseuerar.

Mientra que assi anxioso Eurialo piensa qué consejo seguira, vinole a la memoria el auiso que Lucrecia le escriuio de Pandalo, sobrino de Menalao. Y como los sabios medicos que en las peligrosas enfermedades acostumbran vsar de dudosas medicinas, queriendo antes esperimentar los estremos que dexarlas sin cura, e assi Eurialo acordo de tentar a Pandalo y vsar del remedio que antes auia rehusado. E apartándolo en lo más secreto de su casa, «Sientate, dixo, amigo: vn gran secreto te quiero descobrir, teniendo mucha necessidad de tu diligencia, fe y lealtad. Mucho tiempo ha te lo quise dezir, mas no conocia tu discrecion e fidelidad como agora me son manifiestas; ya te conozco, ya te amo y tengo en mucha estima. E si otra cosa de ti no supiesse, bastaria que todos tus vezinos te alaban e mis compañeros con los quales trauaste amistad me certifican quién eres, quánto vales y eres de tener en precio. De los quales aprendi tú voluntad y amistad: yo aquella a tu voluntad ofrezco, y della segun tu aluedrio puedes vsar; de la qual no eres menos dino que de la tuya yo merecedor. Agora

lo que yo quiero, pues de nuestra amistad se ha tratado, brenemente lo dire. Tú sabes quánto los mortales somos al amor inclinados: agora sea virtud o vicio, manifiesto es este daño; ni ay coraçon, si es de carne, que alguna vez estimulo de amor no sienta. Sabes que ni el sanctissimo Dauid, ni el sapientissimo Salomon, ni el muy fuerte Sanson desta passion fueron libres. El encendido pecho de amor aquesta propiedad tiene, que si le es vedado el amar, más arde; con ninguna cosa esta passion mejor se puede curar que con copia de la cosa amada. Fueron muchos, assi varones como mugeres, assi en nuestra memoria como de los antecessores, a quien la prohibicion de aspera muerte fue causa, e al contrario muchos vimos que a rienda suelta ayuntados, cobraron el seso que perdieran. Ningun remedio ay mayor, despues que el fuego de amor en los huessos entra, que dar lugar al furor. Esforçarse el hombre contra tempestad a nauegar, es a sabiendas perecer; el que a la tormenta da lugar y se dexa lleuar de su furia, en fin queda vencedor e libre. Todo es dicho a fin que mi amor te sea manifiesto, y lo que por mí haras me respondas. Lo que en esto ganarás no callaré, porque ya de mi coraçon te tengo por mucha parte. Yo más que a mí amo a Lucrecia; ni creas, mi Pandalo, que la culpa desto de mí nace, mas la fortuna lo queriendo, en cuya mano es este mundo que poblamos. Yo no sabia vuestras costumbres, ni las condiciones desta cibdad conocia. Pensaua yo que las hembras, lo que en el coraçon tenian con los ojos lo mostrauan. En esto fue engañado: crey amarme Lucrecia quando con ojos alegres miraua: yo assi la comence a amar; pareciome que tan ecelente señora sin retorno de amor no deuia quedar. No avn conocia yo a ti ni a tu linage. Amé pensando ser amado: quién es tan de hierro o pedernal que amado no ame? Mas desque conoci los engaños e a mí con ellos enlazado, porque mi amor seco no fuesse, con todas artes me esforce encender a Lucrecia, porque en el penar fuessemos yguales. Arder yo e no quemar, en mucha verguença e anxiedad de ánimo se me tornaua, que en demassia noches e dias me atormentaua. Entró de tal manera el amor en las entrañas, que nunca de alli pudo ni quiso salir, e assi yo mi requesta continuando, hizose el amor ygual. Ella arde e yo me abraso: y ambos, si no nos vales, pereceremos. El hermano y el marido la guardan y velan: no con tanta diligencia el vellocino de oro el velante dragon guardó, ni las entradas del huerco Cernero, quanto esta es encerrada. Vuestra familia conozco. Sé quánto en esta cibdad soys nobles e principales, ricos, poderosos e bien quistos. Pluguiesse a Dios que nunca esta señora ouiesse conoscido! mas quién es el que a los fados puede resistir? Yo no la escogi, mas el caso me la dio por amiga. Assi passa el negocio; el amor avn secreto es, mas si mucho no se encubre, algun gran mal, lo que Dios no quiera, parira. Yo por ventura partiendo de aqui me podria refrenar, y avnque me fuesse muy aspero, por honrra de vuestro linage e familia lo pornia en obra, si del todo atajar creyesse: mas conozco el furor de Lucrecia que o me seguira, o, constreñida quedar, se matara; lo qual seria desonrra perpetua de vuestra parentela y solar. Aquello para que te l'amé, causa es comun de todos. Para que estos males se atagen, ni yo sé otro remedio sino que tomes el cuydado e guies este nuestro carro de manera que este bien dissimulado fuego no alce llamas y se publique. Yo a ti me encomiendo, do y ofrezco; remedia nuestro furor, porque resistiendole no se encienda y haga mayor. Ten manera de nos juntar, y aquello hecho, el ardor se mitigara y hara más sofridero. Las entradas de casa a pie enxuto las sabes: sabes quándo el marido es ausente, sabes quándo me puedes lleuar. Del hermano del marido te has mucho de auisar, que es muy sagaz, y está la barba en el hombro y con mucho cuydado de guardarla. Siempre sobre auiso está qué Lucrecia habla, qué mira, dónde buelue la cabeça: si gime, si tosse, si estornuda o rie, con mucha atencion lo considera. Todo el acuerdo sobre engañar a éste ha de ser: lo qual sin ti hazer no se puede. Toma este cargo, yo te ruego; y quando el marido fuere ausente, me auisa. Ten cuydado del lado de Lucrecia apartar al hermano; y apartado, que otras guardas no ponga. El de ti fia, pluguiesse a Dios que la guarda te encomendasse: la qual, si a tu mano viniesse, podrias me ayudar como de ti espero; e quando todos durmieren, meterme he en la casa; e assi podrias el amor furioso melezinar. Los prouechos que de aqueste se seguiran, bien creo, segun tu prudencia, manifiestamente los conoces: guardaras primero la honrra de la casa encobriendo nuestro amor, que no se podria sin vuestra infamia manifestar. Reternas en la vida a Lucrecia, guardaras a Menalao su muger, al qual no puede traer tanto daño vna noche para mí hurtada siendo secreto, como si, sabiendolo todos, se va comigo. Qué sera, si Lucrecia determina de seguir a my, noble y poderoso, en mi tierra? Qué desonrra de vuestro linage! qué risa del pueblo! No solamente vuestra, mas infamia de toda la cibdad sera. Dira por ventura alguno: con muerte de la muger se puede todo atajar. Mas ay de aquel que en sangre humana se ensuzia y con mayor peccado ataja el menor! No se han de acrecentar los males, mas amenguarlos en virtud. Todos sabemos que de dos bienes el mayor es de escoger, y del bien e

mal el bien, y de dos males el que menos empece. Todo camino es lleno de peligro, mas este que muestro es más ligero; por el qual, no solo aproucharas a tu linage, mas remediaras a mí, que del todo pierdo el seso viendo por mi atormentarse Lucrecia, a la qual por no te rogar oluidar querria, e mi ventura no quiere. En el estado que tengo dicho está el negocio; mis entrañas te descobri: si por tu arte, por tu industria, por tu discrecion e cuydado no se gouierna la naue, ninguna esperança ay de salud. Ayuda, pues, a ella e a mí, e tu linage sin infamia conserua. No pienses te sere desagradecido. Ya sabes quánta parte en el Cesar tengo: todo lo que demandare alcançaré. E ante todas cosas te prometo, para ello do la fe, su magestad te criara Palatino conde, con que tú y todos tus decendientes seays honrrados. Yo a Lucrecia, a mí, a nuestro amor, fama y honrra de tu linage, a ti todo lo encomiendo e a tu fe lo ofrezco. Tú eres arbitro de todo; todas estas cosas en tu poder estan: en tu mano es de las saluar o dexar perecer.»

Ryó algun poco Pandalo, y despues dixo: «Todas estas cosas sabia yo, y a Dios pluguiesse no ouieran acaecido; mas en estado son, como tú dizes, que es necessario hazer tu mandado, si no quiero sufrir daño de mi linage y a escandalos dar lugar. La muger arde como dexiste; e no poderosa de sí, si no socorro se matara. Ya no tiene cuydado de su vida ni honrra, su ardor me manifestó. Resisti, reprehendi, e trabajé lo que pude por mitigar la llama: ninguna cosa aproueché; todas las cosas en tu respeto tiene en poco. Todo lo pospone sin ti en oluido, tú estás siempre en su voluntad. A ti demanda, a ti dessea, en ti solo piensa. Muchas vezes, comigo hablando, me llama Eurialo; assi la ha trastornado el amor que no es la que solia. O qué piedad, qué dolor! Ninguna, antes desto. fue en la cibdad más casta que Lucrecia. Marauillosa cosa es que al amor tanto derecho aya dado la naturaleza en los coraçenes humanos. De curar es esta enfermedad, e ninguna medicina ay sino la que tú mostraste; porné en ello toda diligencia, e quando tiempo sea, de todo te auisaré. No quiero de ti gracia alguna, porque no es oficio de buen varon quando no se merece demandarla. Yo por quitar infamia de mi linage lo hago, y desta causa no se me deue galardon.

—Yo, dixo Eurialo, obligado te sere; y como dicho tengo, hare que seas conde, tanto que tú lo ayas por bien y la dinidad no menosprecies.

—No la menosprecio, dixo Pandalo, mas no la quiero alcançar por esta causa. Si yo la merezco y ha de venir, venga libremente: yo a mi seruicio no pongo condicion alguna. Si esto se pudiesse hazer, tú no lo sabiendo, que por mi industria te juntasse con Lucrecia, de mejor voluntad esso haria. A Dios, dixo Pandalo.

—Dios te guie, dixo Eurialo: pues el coraçon me tornaste, negocia, finge, haz, acaba cómo nos juutemos.

—Tú me alabaras», dixo Pandalo; e assi se fue muy alegre por auer hallado gracia e conocimiento con tan principal varon, assi porque esperaua ser conde, de la qual dinidad tanto era más codicioso quanto menos desseoso se mostraua.

Son vnos hombres como las mugeres, que quando más dizen no querer, entonces quieren más. Este en galardon de alcahoteria recibira condado, y despues mostraran sus decendientes el preuilejo dorado de su nobleza. En la nobleza muchas gradas ay, mi Mariano. Ciertamente, si los linages bien examinares, segun mi opinion pocos principios de nobleza hallarás que de delitos y maldades no deciendan. Como veamos ser dichos nobles los que en riquezas abundan, las riquezas pocas vezes son en compañia de la virtud. Quién no vee los principios de nobleza ser de vileza? A este enrriquecieron e hizieron noble las vsuras; al otro los robos, las trayciones al ot:o. Aquel enrriquecio con simonia, otro con lisonjas. Vnos con adulterios ganan, a otros aprouecha el mentir; aquéllos alquilan sus mugeres, éstos las hijas; otros con homicidios ganan. Pocos ay que justamente alleguen riquezas. Ninguuo haze gran haze si de todas yeruas no coge. Allegan los hombres riquezas: todos hablan quán muchas son, mas no dónde vienen. A todos agrada el verso, dónde venga ninguno pregunta. Mas conuiene tener: despues que el arca es llena se busca la nobleza, la qual por esta via buscada no es otra cosa sino premio de maldad. Mis antecessores por nobles fueron tenidos, mas no quiero vanagloriarme dello: no creo fueron mejores mis tres abuelos que los ⟨ tros; sola la antiguedad los escusa, porque ninguno de sus vicios se acuerda. De mi sentencia, ninguno es noble sino el amador de virtudes. No me espantan las vestiduras de oro, los cauallos, los perros, los muchos sieruos, las muy bastecidas mesas, las casas de marmol, villas, lugares, heredamientos, montes, estanques, bosques, porque estas cosas los locos pueden alcançar. A los quales si alguno llamase noble, pierde como ellos el seso. Nuestro Pandalo por alcahueteria es hecho noble.

No muchos días despues, en el aldea de Menalao los labradores ouieron contienda, donde morieron algunos que más que lo conuenible auian beuido: necessaria fue la yda de Menalao para entre ellos poner paz. «Mi marido, dixo Lucrecia, eres hombre pesado e flaco, tus caua-

llos estan holgados e briosos, busca vn cauallo amblador que a tu plazer te llene.» Como él preguntasse dónde se podria auer, «Muy bueno, dixo Pandalo, lo tiene Eurialo: de buena voluntad te lo dara: si mandas, yo lo pedire.

—Demandalo, dixo Menalao.» Rogado Eurialo, luego mandó llenar el cauallo, e consigo calladamente dixo: «Tú, Menalao, caualgaras en mi cauallo, e yo sobire en tu muger, si puedo.»

Concertados estauan que a la quinta ora de la noche Eurialo fuesse en la calleja, y estouiese atento si oyria cantar a Pandalo. Era partido Menalao, ya el cielo cobrieran las tinieblas de la noche. La mujer en la camara esperaua el tiempo. Eurialo estaua a la puerta. La seña se tardaua, ni oya canto ni estornudo, ya la ora era passada. Achates amonestaua a Eurialo se fuessen, y escarnido le dezia que dura cosa era al amante partir de alli, y a oras vna, oras otra causa de quedar buscaua. No cantaua Pandalo porque el hermano de Menalao quedara en casa y las entradas todas escodriñaua, porque no ouiesse assechanças. Traya la noche sin sueño. Al qual Pandalo dezia:

«Nunca yremos a dormir? Ya passa la media noche y el sueño carga de mí. Marauillome de ti, como seas moço, que tengas condicion de viejo, a los quales la sequedad quita el sueño, y nunca duermen sino poco ante del dia, quando a los otros es tiempo de leuantar. Vamos ya, que gozes a dormir. Qué quieren dezir estas veladas?

—Vamos, dixo Agamenon, si a ti parece; antes empero visitemos las puertas si estan bien cerradas, por causa de ladrones.»

E viniendo a las puertas, agora vna cerradura, ora otra les echa y despues la aldaba. Estaua alli vna palanca grande que apenas podian dos hombres leuantar: con ella algunas vezes la puerta se atrancaua; la qual despues que Agamenon no pudo mouer, «Ayudame, dixo a Pandalo, encontemos este hierro a la puerta porque vamos a dormir.»

Oya estas palabras Eurialo; «Despachado es, entre sí dixo, si la puerta con la palanca se cierra.

—Qué aparexas? dixo Pandalo. Agamenon. Como si nos ouiessen de conbatir guarneces las puertas? no estamos en cibdad segura? Libertad y descanso ay para todos. Los florentinos, con quien tenemos guerra, lexos son. Si ladrones temes, a buen recaudo estan las puertas; si los enemigos, no ay cosa en esta casa que te pueda defender. Yo esta noche no tomaré tal carga: las espaldas me duelen y a la potra tengo temor; no soy abile para tomar cargos: o la leuanta tú o la dexa.

—Assaz basta»; dixo Agamenon, y a dormir se fue.

—Esperate, dixo Eurialo, vna ora, si por caso abrira alguno la puerta.» Pesaua a Achates con la tardança, y calladamente maldezia a Eurialo que tanto tiempo sin sueño lo auia tenido.

No tardó mucho que no vio a Lucrecia por vna hendedura de la puerta, lleuando consigo vna lunbre, y andando contra ella, dixo: «Dios te salue, ánima mia.» Ella, espantada, subitamente quiso huyr; despues, acordada, dixo:

—«Qué varon eres tú?

—Eurialo, dixo él. Abre, mi deleyte, ya media noche es passada que te espero.»

` Cohocio Lucrecia la boz, mas porque temia ser fengida, no primero osó abrir que las señas secretas entre ellos conociesse; despues de lo qual, con mucho trabajo quitó las cerraduras: mas porque estauan en las puertas muchas herramientas que las manos mugeriles no pudieron quitar, en anchura de medio pie solamente las abrio. «Ni esto, dixo Eurialo, me impedira»; y adelgazando su cuerpo, metiendo primero el lado diestro se lançó dentro, y en los braços a Lucrecia tomó. Achates quedó velando fuera.

Lucrecia, o con el temor o con el mucho plazer, entre los braços de Eurialo desmayó e cayó sin sentido, del todo perdida la color y la habla, los ojos cerrados; en todo parecia como muerta, saluo que algun calor e pulso la quedaua. Espantado Eurialo de tan subito acaecimiento, no sabia qué hazer, e consigo dezia: «Si me vo, culpado sere en la muerte de la señora; desamparandola en tal peligro, yo merezco morir. Si quedo, verna Agamenon o otro de casa, y perecere. O amor malauenturado, que más de hiel que de miel tienes, no es tan amargo el assensio como tú! A quántos peligros me has puesto! a quántas muertes mi cabeça has ofrecido! Avn esto te quedaua, que en mis braços sacasses el ánima de Lucrecia. Por qué a mí antes no mataste? por qué no me echaste a los leones? O quánto era más conueniente morir yo en su regaço que fallecer ella en mis braços!» Vencio el amor al mancebo, e lançando el cuydado de su propia salud, quedó con la dueña, e alçando el mudo cuerpo y besandolo, mojado de lagrimas, «Ay, Lucrecia, dixo, dónde estas? por qué no responde? por qué no abres los ojos? Pidote de merced me mires y rias como sueles. Ves aquí tu Eurialo: tu Eurialo te abraça, ánima mia. Por qué no me tornas los besos? Coraçon mio, espiraste o duermes? dónde te buscare? Por qué, si morir querias, no me amonestaste, e moriria de consuno! Si no me respondes, el puñal abrira mi costado porque vna muerte lleue anbos. O vida mia, mis suaues besos, mis deleytes, vna sola esperança mia, entera holgança, assi te pierdo? Alça los ojos, leuanta la cabeça. Veo que avn biues, avn tie-

nes calor y ressuelgas: por qué no me hablas? assi me miras? a estos plazeres me llamaste? tal noche me das? Leuantate, yo te ruego, holgança mia, mira a tu Eurialo, contigo está Eurialo.» E assi razonando, rio de lágrimas derrama sobre la frente y rostro de la dueña, con las quales, como rosa con el agua, acordada la hembra como si de muy graue sueño despertara, se leuantó, e viendo su amante dixo: «Ay de mí, Eurialo, dónde estuue? por qué no me dexaste morir? ya bienauenturada moria en tus manos Pluguiesse a Dios que assi moriesse antes que desta cibdad partiesses!»

Y hablando de consuno, vanse a la cama, donde ouieron tal noche qual se cree que dos que mucho se aman podrian en tal caso auer, despues que las velas alçadas lleuó a Elena Paris. Y tan dulce les fue esta noche, que ambos negaron entre Venus y Marte auer sido tal. «Tú eres mi Ganimedes, tú mi Ypolito, tú mi Diomedes, dezia Lucrecia.—Tú mi Policena eres, dezia Eurialo, tú Emilia, tú Venus.» E ora la boca, ora las mexillas e ojos loaua, y algunas vezes, alçando la ropa, los secretos que antes no viera contemplaua: «Mas, dezia él, hallo lo que no pensaua. Tal vio Antheon la uando en la fuente a Diana. Qué cosa hay más fermosa que estos miembros? quál blancura mayor? Ya recebi satisfacion de los peligros. Qué cosa puede ser tan aspera que no se deua por ti sofrir? O pecho hermoso, o tetillas resplandecientes, es verdad que os trato? es verdad que os tengo? es verdad que venistes a mis manos? O miembros rollizos, o cuerpo oloroso, es verdad que te posseo? Agora seria conueniente el morir, siendo este plazer fresco, antes que venga algun desastre. O my ánima, tengote o sueño? es verdadero este deleyte o estó fuera de sentido? Nó sueño, en verdad, cierto es lo que se trata. O besos suaues, o dulces abraçados, o bocados llenos de mucha dulçura, ninguno más bienauenturadamente que yo biue, ninguno mejor afortunado! Mas ay, qué ligeras oras! O embidiosa noche, por qué huyes? Está quedo, Sol, en lo baxo mucho tienpo; por qué tan presto traes los canallos al yugo? Dexalos, por mi amor, pacer; no te apressures tanto en mi daño: dame agora vna noche qual la diste a Alchimene. Y tú, Aurora, por qué tan presto dexas la cama de Titon tu marido? Si tanto le agradasses como a mi Lucrecia, no te dexaria leuantar tan de mañana. Nunca noche me parecio tan breue, puesto que en Inglaterra y Dacia he sido muchas vezes.» Assi Eurialo, y no menores cosas dezia Lucrecia. Ninguna palabra ni besso passaua sin recompensacion. Apretaua el vno, estreñia el otro. Ni despues del juego quedauan lasos o cansados: mas como Antheo, que derrocado en la tierra con mayor fuerça se leuantaua, assi despues de los encuentros, más alegres y robustos tornauan estos amantes. Acabada la noche, como ya Aurora sacasse sus crines o cabellos del Oceano, con mucho desseo, ansias e sospiros se partieron.

No pudieron despues muchos dias tornar al juego porque las guardas crecian de contino, mas todas las cosas sobrepuja el amor: y despues hallaron camino de se hablar y juntar algunas vezes.

En este tienpo el Cesar, que ya con el papa Eugenio era reconciliado, deliberó de yr a Roma: sentiolo Lucrecia. Qué no siente el amor? o quién podra al amante engañar? Desta manera Lucrecia escriuio a Eurialo y se quexa:

Carta de Lucrecia a Eurialo.

«Si mi ánimo se pudiesse contra ti ayrar, ya con razon me ensañaria, porque tu partida dissimulas. Más que a mi mi spiritu te ama; y por tanto, con ninguna causa contra ti mouer se puede. Ay, mi coraçon, qué es la razon que la partida del Cesar me encubres? El se apareja al camino; tú no quedaras, bien lo sé. Qué se hara de mí, que sin ti biuir no podre? Qué hare, malauenturada? dónde holgaré? qué descanso me quedará? Si me dexas, no creas dos dias biuire. Por estas letras de mis lagrimas mojadas, por tu mano derecha y fe dadas, si algun merecimiento tengo o algo de mí te fue agradable, te suplico desta malauenturada amante ayas compassion. No que quedes te demando, mas que me lleues contigo. Fingire que en la tarde vo a Belen: yre de vna sola vieja acompañada, estaran alli tus criados, lleuar me han por fuerça yo queriendo. No es gran negocio lleuar a quien no resiste: no creas que desonrra sea. El hijo de Priamo con robo buscó muger. No haras injuria a mi marido, porque de necessidad me perdera. Si no me llenas, la muerte me le quitará. No quieras ser cruel y dexar morir a quien más tu vida que la suya siempre estimó.»

A esto respondio Eurialo lo siguiente:

Respuesta de Eurialo a Lucrecia.

«Callé hasta agora la partida de mí, Lucrecia, porque mucho no te afligeses antes de aquélla. Sé tu condicion e costumbres, quánto te atormentas e matas conozco. No creas partir para no tornar el Cesar: quando de Roma vernemos, el camino por aqui es para la tierra. E si por otra via fuere el Cesar, a mí, si biuo, cierto veras boluer. Nieguenme los soberanos la buelta en la patria y al descaminado Vlixes me haçan semejable, si por aqui no boluiere. Respira, pues, ánima mia, toma fuerças, no te

quieras enflaquezer, antes alegre con buena esperança biue. El robo que dizes mucho alegre y agradable me sería: no se puede mayor deleyte dar que comigo siempre tenerte y gozar a mi voluntad; mas a tu honrra más que a mis codicias es de proueer. Demanda la confiança que de mí siempre has tenido, que consejo fiel te dé más a tu prouecho que a mis desseos endereçado. Tú sabes de quán limpia e noble sangre vienes, con claro linaje casada; nombre, assi como de muy hermosa, de castissima muger tienes. No solamente entre los de Ytalia tu fama se derrama, mas en Alemania, Bohemia y Vngria se estiende. Todos los pueblos del setentrion tu nombradia saben. Pues si yo te lleuasse, dexo mi verguença que en vn cabello a tu causa estimaria. De quánta infamia tus parientes desonrraras? de quánto pesar cargaras a tu madre? qué se dira de ti? qué rumor por el mundo sonara? Ved Lucrecia, que más casta que la muger de Bruto y mejor que Penelope se dezia, ya, oluidada su casa, parientes e naturaleza, a su adultero sigue. No Lucrecia, mas Ypia es, o Medea que siguio a Jason. Ay de mí, quánto llanto, quánta confusion me seguira quando de ti tales cosas sentiere dezir! Agora nuestro amor secreto es, todos te loan, y el robo lo turbaria todo. Nunca tan alabada fuyste quanto vituperada seras. Mas la fama dexemos, que sera que no podremos de nuestro amor vsar. Yo siruo e sigo al Cesar: él me hizo varon de mucho estado, rico e poderoso; sin cayda de todo no puedo partirme dél. Si a él dexo, no podre a ti sin peligro de anbos tener. Si la corte sabe, no sufrira nuestro pecado el Cesar sin mucha verguença suya; que quiera dissimularlo, nunca descansa, todos los dias el real se muda. Nunca en vn lugar como agora en Sena el Cesar tardó; la necessidad de la guerra lo hizo. Si a todas partes te lleuasse y como hembra publica en los reales te traxesse, qué honrra sacariamos de aqui? Por estas causas te suplico, mi Lucrecia, dexes esta voluntad y en la honrra proueas, y no lisongees más que a ti al furor. De otra manera otro amante lo consejaria, e la fuyda por vsar de ti a su plazer amonestaria, en lo venidero no proueyendo, tanto que a la presente enfermedad satisfiziesse; mas el tal no seria amador verdadero, que a los apetitos más que a la fama aconsejasse. Yo, mi Lucrecia, lo necessario amonesto: queda aqui, yo te ruego. De mi tornada no dudes: todos los negocios del Cesar en la Hetruria yo procuraré a mí se cometan, y dare orden cómo sin tu daño gozemos. A Dios biue, ánima. No creas mi fuego ser menor que el tuyo, ni presumas sino mucho contra mi voluntad partir. Otra vez a Dios, mi suauidad e gouierno de mi ánima.»

Consentio con Eurialo Lucrecia, y a todo lo que mandaua muy obediente se profirio, certificandolo de todo por su carta.

Pocos dias despues Eurialo con el emperador partio camino de Roma; e como llegaron, cargaron grandes fiebres muy sin ventura dél. Deuiera el ardor del amor y soledad de Lucrecia bastarle, sin que con fuego de fiebres se ouiesse más de quemar; y como el amor las fnerças ouiese adelgaçado, juntos los dolores de la enfermedad, muy poco le quedaua de vida. Era retenido el spiritu con remedios de medicina más que de suyo estuuiesse. El Cesar todos los dias le visitaua e como a hijo consolaua. Todos los remedios de la fisica alli eran presentes, mas ninguno tanto aprouechó como vna carta de Lucrecia por la qual de su vida e salud lo hizo sabidor, la qual cosa algun poco adelgazó las fiebres, e sobre los pies se leuantó y a la coronacion del Cesar fue presente: donde de su mano recibio cauilleria y doradas espuelas.

Despues de lo qual, como el emperador viniesse a Perosa, Eurialo quedó en Roma, no avn sano de su enfermedad. De alli vino en Sena, flaco avn y debilitado en la cara. Mirar pudo, mas no fablar a Lucrecia. Muchas cartas fueron de ambas partes embiadas; otra vez se tornó a tratar de la fuyda. Tres dias en la cibdad quedó Eurialo: finalmente, como sintio todas las entradas quitadas, su partida a su amante manifestó. Nunca tanta dulçura en su conuersacion ouieron, quanto dolor sentieron en el partir. Estaua a la ventana Lucrecia; ya Eurialo por la calle canalga. Los ojos mojados el vno en el otro ponia: lloraua el vno, lloraua el otro; ambos de mucho dolor eran atormentados, como aquellos que el coraçon sentian dolorosamente de su lugar arrancarse. Si alguno quánto dolor sea el morir no sabe, el partimiento de dos amantes considere, aunque mayor anxiedad e tormento en éste que en aquel ay: siente el ánima angustia en la muerte porque su amado cuerpo dexa, mas el cuerpo, el espiritu ausente, ni recibe ni siente pena. Quando por amores dos animos se ayuntan, tanto el apartamiento es más penoso, quanto mejor qualquiera de los amantes siente. E avn aqui ya no dos spiritus, mas como entre los amigos Aristofanes piensa, de vn ánimo dos cuerpos eran tornados, assi que no vn ánimo de otro se partia, mas vn ánimo en dos se diuide, de manera que el coraçon se partia en partes, y del ánima yua parte e parte quedaua; y todos los sentidos vnos de

otros se partiendo llorauan el partirse de sí mismos. Gota de sangre en las hazes de los amantes no quedó, si lagrimas y gemidos no fuessen; semejables a defuntos parescian. Quién escriuir, quién contar, quién pensar podra los pesares de aquellas ánimas, sino quien algun tiempo de amores fue preso?

Laodomia, partiendo Protesalao a las guerras de Troya, sin sangre cayó ella mesma quando la muerte del marido supo; mas no pudo biuir. Dido, phenisa, despues la fadal partida de Eneas, a sí mesma mató. Ni Porcia despues de la muerte de Bruto quiso más biuir. Esta nuestra, como vido Eurialo partir de su vista, cayda en tierra, la lleuaron a la cama sus sieruas hasta que tornasse el espiritu. La qual como en sí tornó, las vestiduras de brocado, de purpura y todos los atauios de fiesta y alegria encerro y de su vista apartó, y de çamarros y otras uestiduras viles se vistio. Y de alli adelante nunca fue vista reyr ni cantar como solia. Con ningunos plazeres, donayres ni juegos jamas pudo ser en alegria tornada. E algunos dias en esto perseuerando, en gran enfermedad cayó, de la qual por ningun beneficio de medicina pudo ser curada. Y porque su coraçon estaua de su cuerpo ausente e ninguna consolacion se podia dar a su ánima, entre los braços de su llorosa madre y de los parientes que en balde la consolauan la indignante ánima del anxioso e trabajoso cuerpo salio fuera.

Eurialo, partido de los ojos que nunca ver esperaua, a ninguno por todo el camino habló; sola en el ánima lleuando a Lucrecia, e si alguna vez boluer podria pensaua. Vino a Cesar, que en Perosa estaua, al qual dende en Ferrara siguio a Mantua, a Tridento, a Costança, a Basilea, finalmente en Vngria y Bohemia. Mas assi como él al Cesar, assi Lucrecia a él en sueños seguia: ninguna noche lo dexaua en paz. La qual despues por cierta nueua el verdadero amador supo ser muerta, mouido de mucho dolor, de vestiduras de tristeza se vistio, y a ninguna consolacion dio lugar hasta que la sangre y alto linaje de los duques de Alemania el Cesar le dio vna virgen en casamiento, rica, prudente e muy hermosa.

Tienes, mi Mariano muy amado, la salida del amor no fengido ní bienauenturado; el qual quien leyere, de los agenos peligros se auisará a no ser muy solicito en gustar el breuaje de amor, que mucho menos de açucar que de acibar tiene.

Fin del presente tratado de los dos amantes Eurialo franco y Lucrecia senesa.

Fue impreso en la muy noble y muy leal cibdad de Seuilla, por Jacobo Cronberger.

Año de mill e quinientos e doze. A xxviij de Julio.

FABVLARIO

EN QVE SE CONTIENEN FABVLAS Y CUENTOS DIFERENTES, ALGUNOS NUEUOS,
Y PARTE SACADOS DE OTROS AUTORES,

POR

SEBASTIAN MEY

En Valencia. En la impresion de Felipe Mey. A costa de Filipo Pincinali, a la plaça de Vilarasa

Por orden del señor don Balthazar de Borja, Canonigo de Valencia, Arcediano de Xatiua y Vicario General del Arçobispado de Valencia, sede vacante, he visto el libro intitulado Fabulario, y no contiene error alguno ni cosa contra las buenas costumbres, y assi lo firmo de mi mano hoy que contamos veynte de Henero del año 1613. — *El Pauordre Rocafull* (¹).

PROLOGO

Harto trillado y notorio es, a lo menos a quien tiene mediana licion, lo que ordena Platon en su Republica, encargando que las madres y amas no cuenten a los niños patrañas ni cuentos que no sean honestos. Y de aqui es que no da lugar a toda manera de Poetas. Cierto con razon, porque no se habitue a vicios aquella tierna edad, en que facilmente, como en blanda cera, se imprime toda cosa en los animos, hauiendo de costar despues tanto, y aun muchas vezes no hauiendo remedio de sacarlos del ruin camino, a seguir el qual nos inclina nuestra peruersa naturaleza. A todas las personas de buen juizio, y que tienen zelo del bien comun, les quadra mucho esta dotrina de aquel Filosofo; como quepa en razon, que pues tanta cuenta se tiene en que se busque para el sustento del cuerpo del niño la mejor leche, no se procure menos el pasto y mantenimiento que ha de ser de mayor prouecho para sustentar el alma, que sin proporcion es de muy mayor perficion y quilate. Pero el punto es la esecucion, y este ha sido el fin de los que tanto se han desuelado en aquellas bienauenturadas republicas, que al dia de hoy solamente se hallan en los buenos

(¹) A la vuelta de esta licencia, va en el original el escudo valenciano.

libros. Por lo qual es muy acertada y santa cosa no consentir que lean los niños toda manera de libros, ni aprendan por ellos. Vno de los buenos para este efeto son las fabulas, introduzidas ya de tiempo muy antigo, y que siempre se han mantenido, porque a mas del entretenimiento, tienen dotrina saludable. Y entre otros libros que hay desta materia, podra caber este, pues tiene muchas fabulas y cuentos nuevos, que no estan en los otros, y los que hay viejos, estan aqui por diferente estilo; nuestro intento ha sido aprouechar con el a la republica. Dios fauorezca a nuestro deseo.

I

EL LABRADOR INDISCRETO

Bolvian padre y hijo de vna feria en que hauian comprado vn asno, el qual delante si lleuauan descargado camino de su aldea. Viendolos vn labrador que estaua junto al camino arando, començo a reirse dellos, de que el vno viejo y el otro mochacho, entrambos con pocas fuerças para caminar, dexauan ir al pollino vazio, razon que le quadro al viejo, y assi mando al hijo que subiese cauallero. Aunque poco despues, vn pastor, que guardaua ouejas, le hizo mudar de parecer, riñendole porque, siendo viejo y para poco trabajo, regalaua demasiado al hijo, que, por ser moço y mas rezio, podia mejor caminar a pie. Pareciendole, pues, que dezia verdad, haziendo apear al hijo, el padre fue cauallero hasta vn pueblo cercano, donde vnos y otros le dezian que lo hazia mal con el hijo dexandole ir a pie siendo aun mochacho y tierno, y el, con ser aun de buena edad y robusto, iua en el asno. Por donde, mohino el viejo, quiso que subiese a las ancas el hijo. Pero no pudo cerrar las bocas, porqne vn caminante. viendo que lleuaua el asno a dos, dixo a bozes: Lastima es que assi echeys a perder el pobre pollino con tan sobrada carga, señal que o no deue ser vuestro o que os cuesta poco: el cuytado tiene por ventura mas necesidad que le lleuen a el. Parose a pensar entonces el viejo, suspenso entre tantos y tan contrarios pareceres, pues de qualquier manera que fuese, siempre hallaua quien murmuraua y le reprehendia. Con todo le parecio tambien prouar esto, maniatando al asno de pies y manos, y atravesando vn palo algo rezio por ellos, asiendo el de vn cabo y el hijo de otro, se le cargaron a los ombros, y desta manera le lleuauan en peso. A ver tan estraña y donosa nouedad, era mucha la gente que acudia, y todos muertos de risa les preguntauan, vnos si hauian perdido el seso, otros si era por ventura el asno su pariente; y no hauia, en fin, quien no les motejase. El viejo entonces, lleno de saña, dando al diablo el asno y quien se le hauia vendido, maniatado como estaua, dio con el por vn despeñadero abaxo dentro de vn hondo rio, donde presto fue ahogado.

Quien se sugeta a dichos de las gentes,
ha de caer en mil inconuenientes.

II

EL GATO Y EL GALLO

Vn gatazo viejo, hauiendo cogido a vn gallo, determinaua comersele, mas iua buscando achaques para mostrar que no se mouia por su interes, sino por el bien de otros, y assi le dixo: Dias ha que, con deseo del bien comun, tengo intento de castigarte, por causa del grande daño y de la inquietud que causas a todo el mundo, no dexando dormir a nadie, sino despertando a lo mejor del sueño a vnos y a otros, con tu negro cantar y amargo. A esto respondio el gallo: Señor gato, esto lo hago yo en seruicio de la republica y por el bien de todos, y merecia que me dieran algun salario por ello, pues despierto a los oficiales, labradores y jornaleros, para que acudan a sus trabajos y labores; a los hombres ricos, para que, si hay ladrones, los sientan; a las señoras, para que no hagan las moças algun mal recado. Atajandole el gato, replico: Quando tuuieras desculpa en eso, mereces la muerte por biuir siempre abarraganado; tienes vn mundo de amigas, y muchas dellas tus parientas, con lo qual das mal exemplo y mucho escandalo al mundo, y no es bien que biua quien es tan malo. Eso, dixo el gallo, lo hago yo por acrecentar nuestra raça y generacion, y de aqui se siguen vn mundo de bienes, porque para los combites, fiestas y regozijos, o

en la ciudad, o en el campo: para los enfermos, para los debiles y flacos, y aun para los regalones y amigos de plazeres, proueo de gallinas, pollos, hueuos, manjar blanco, hasta los menudillos tienen por medio mio en abundancia, todos manjares de sustancia y sabor marauilloso. Como soys bachiller, dixo el gato entonces, no es posible sino que haueys estudiado; a todas mis razones me contrapuntays; pues por bien que contrapunteys, y por mucha razon y justicia que tengays, yo hallo en mis libros que, si tienes en la mano el paxaro, no le sueltes, porque no le cobraras quando quisieres, y assi he determinado regalarme con vos y darme vn ha.tazgo, con daros a vos en caperuça. Dicho esto, le apreto con los dientes el pescueço y se le comio su poco a poco, sin hauerle valido al pobre gallo sus desculpas.

Con el ruin son por demas razones,
que al cabo preualecen sus pasiones.

III

EL VIEJO Y LA MUERTE

Llevando vn pobre viejo vna carguilla de leña del monte a su casa, tropeçando a caso en vna raiz de vn arbol, dio consigo y con la carga en tierra, por donde leuantado, sentandose a par de su carga, començo a lamentar su miseria y trabajo y llamar a la muerte que viniese presto. La muerte, acudiendo a sus bozes y presentandosele delante, le dixo como ya estaua alli presta para lo que della quisiese. Respondio el viejo entonces: Queria que me ayudases a cargar esta carguilla de leña que me ha caido y no tengo quien me ayude.

Los hombres llaman a la muerte ausente;
mas no la quieren ver quando presente.

IV

LA HORMIGA Y LA CIGALA

Estando la hormiga en tiempo de inuierno a la puerta de su agujero sacando el trigo al sol, llego a ella la cigala, muerta de frio y de hambre, y rogole con mucha humildad que, pues estaua bien proueida de mantenimiento, se doliese della, que si no la socorria, estaua casi para finar de hambre, a causa que por las nieues y yelos no se hallaua que comer. La hormiga entonces le pregunto: En el verano, quando yo acarreaua el trigo a mi granero, tu en que entendias? Respondio la cigala: Iuame cantando harta y llena de boda en boda. Replico la hormiga: Pues aora puedes baylar ayuna y vazia, que assi estaras ligera y mas dispuesta para hazerlo.

Quando estas de tu edad en el verano,
trabaja, porque huelgues quando anciano.

V

EL MOCHACHO Y EL LADRON

Andando vn ladron buscando donde hazer salto, hallo que al brocal de vn pozo estaua vn mochacho haziendo estrañas lamentaciones. Y preguntado que era la causa de su llanto y aflicion, le respondio: que hauiendo venido por agua con vn jarro de plata, la cuerda, por ser algo pesado, se le hauia rompido, y assi se le hauia hundido en el pozo, y por esta razon estaua casi fuera de si, sabiendo que si a casa boluia sin el, hauian de matarle. La codicia hizo que le diese de presto credito, y con intento de cogerle para si, desnudandose los vestidos, se metio en el pozo con increible presteza, y despues de hauer estado mas de vn hora dentro, tentando aora en vn cabo, aora en otro, de puro cansado huuo al cabo de salirse. Salido, entendio la burla no hallando sus vestidos ni al mochacho, el qual, en entrando el en el pozo, hauia echado a huir con ellos.

Al que engañando a todo el mundo ofende,
quien menos piensa alguna vez le vende.

VI

EL ALAMO Y LA CAÑA

Tenia el alamo debate con la caña sobre quien era de mayores fuerças y mas rezio para contrastar a los encuentros que se pudiesen ofrecer, y blasonando de sus raizes y tronco, que no podrian dos hombres abarcarle, mofaua della, que por ser tan delgada podian con vn soplo hazerla temblar. La caña disimulaua, prestando paciencia por no venir del todo a malas, diziendo que se remitia a las obras. En esto se mouio vn viento tan impetuoso, que despartiendo la pendencia puso en cuydado a cada vno de mirar por si; pero la caña, todas las vezes que le via arremeter, inclinando la cabeça y dando lugar a su furia, escapo de la pelea sin daño. El alamo se estuuo muy tieso, sin hazer casi con ramo ni hoja señal de acatamiento. Por donde, con enojo desto, esforçando el viento, le acometio con tanto denuedo, que sin valerle las raizes, tras hauerselas quebrantado, se las trastorno para arriba, dexandole pagado de su loca presuncion.

Mas alcança el humilde con paciencia,
que no el soberuio haziendo resistencia.

VII

LA RAPOSA Y LA RANA

Llegando a beuer la raposa en vna laguna, oyo cantar dentro vna rana; y sospechando por la boz que seria algun animal muy grande, estuuo por echar a huir de puro temor; pero quando la vio nadando salir a la orilla, se le llego cerca para hollarla con los pies, sino que la rana se escondio saltando de presto y çabullendose en el agua.

De la voz entonada no te admires,
sin que primero de quien sale mires.

VIII

EL AMIGO DESLEAL

Havia traido vn mercader a vna cindad maritima muchas y diuersas mercaderias, y hauiendo despe[n]dido las otras, parte al fiado y parte de contado, le quedaron hasta dos mil quintales de hierro, los quales no pudiendo vender, encomendo a vn amigo de quien fiaua mucho se los guardase hasta que boluiese por alli. Encargose dello el buen hombre, y quatro dias despues de partido el mercader hizo venta del en junto para vnas rexas de vn conuento y vnos balcones en la casa real de la dicha ciudad, dandole barato porque le diesen luego todo el dinero, con el qual proueyo a sus menesteres y le gasto en breue tiempo, ni mas ni menos que si fuera suyo. A cabo de algun tiempo, boluiendo por alli el mercader, luego que se vio con el amigo, despues de hauerle preguntado de su salud y de la muger y hijos, le dixo que le queria desembaraçar la casa del hierro, porque hauia hecho concierto del en el camino. Pero el otro, que deuia ya tener pensada la malicia, no se lo hauia bien apuntado, quando, fingiendo grandisima pesadumbre, le dixo: Pluguiera a Dios que nunca huuiera entrado en mi casa hierro; no se que mala planeta ha sido esta, que en el punto que le truxeron acudio tan grande numero de ratones, al olor por ventura, que quando nos dimos acato (pero, quien hauia de pensarlo?) hauian ya dado cabo de todo; no creo que se hallaran en casa tres onças; cierto, quando me acate, lo senti mas que si fuera mio. El dueño del hierro apenas pudo tener la risa oyendo mentir tan descompasada, pero disimulando lo mejor que pudo, mostrando darle credito, le respondio assi: Cosa es tan estraña esa, que no la creyera si me la dixera otra persona; y temo no me haya engañado quien me le vendio y no estuuiese falsificado con mezcla de plomo o de algun otro metal blando; mas, que se puede hazer? hauemos aora de matarnos por el hierro? yo lo tengo por bien empleado, y huelgo de que lo haya pagado mi mercaderia, porque para mi tengo que aquellos malditos ratones venian tan hambrientos que, si no hallaran el hierro en que desfogar su hambre, se arremetieran a ti y a tu muger y hijos, y os comieran hasta las orejas; sea Dios por siempre loado! Quedo muy contento el mal amigo de aquella respuesta, y pensando que se lo hauia engullido, le combido a comer para el dia siguiente. Accepto el combidado, pero toda la noche anduuo desuelado en como podria desquitarse de la burla y del daño sin ir a la justicia. Y acudiendo el otro dia al combite, segun el concierto, despues de hauer comido começo a entretenerse con vn niño hijo del que le hauia combidado, que no vian sus ojos otra lumbre, y hauiendose entrado el padre a reposar, tuuo modo con halagos, sin que lo aduirtiese nadie, de desaparecerle, y encargo a vn amigo que se le tuuiese escondido, determinado de no boluersele hasta ser pagado. Quando el padre hallo menʌs el niño y supo que no hauia parecido en toda la tarde, muy agoniado se puso a bʌscarle por toda la ciudad. Y andando de vnos en otros, viniendo a topar con el que le hauia escondido, le requiro con mucha instancia le dixese si sabia del; el mercader, que no aguardaua otro, disimuladamente respondio: Haura como vna hora que vi aqui donde estoy abatirse vn grande milanazo y lleuarse bolando vn niño entre las vñas; y aora que me hazes acordar, sospecho que era el tuyo; a lo menos le parecia como vn hueuo a otro. El triste padre que oyo cosa tan fuera de termino, começo como vn loco a dar bozes, y haziendo grandisimos estremos, a dezir: Hase visto nunca tal embuste? hay en el mundo quien haya oido que se lleuen los milanos por el ayre a los niños? es lleuarse vn pollito? Tomose a reir entonces el mercader, y dixole: No pense que tenias tan poca esperiencia del mundo, ni que supieses tan poco de cosas antigas; como no has leido que vn aguila se lleuo por el ayre, muchos años ha, otro niño muy bonito que se dezia Ganimedes? diras por ventura que es fabula; sea como tu mandares, que no hauemos de reñir por esso. Pero en tierra donde hay ratones que se comen dos mil quintales de hierro, te espantas que los milanos se lleuen bolando a los niños? mas me espanto yo de que no se lleuen tambien hombres y mugeres. De aqui se le trasluzio al falso amigo que por cobrar su hierro le hauria el otro escondido el hijo. Y finalmente, no hallando por

entonces otro remedio, postrandosele a los pies le pidio perdon de lo pasado, prometiendo pagarle toda la quantia en breue; y con buenas fianças que le dio, tuuo el mercader por bien de boluerle a su hijo

Al que desuergonçadamente engaña,
suelen pagarle con la misma maña.

IX

LA RAPOSA Y LAS VUAS

Iva vna raposa buscando de comer, bien muerta de hambre, y topo a caso con vn parral cargado de vuas muy buenas y maduras; pero porque estauan muy altas, aunque hizo todos los ensayos posibles, nunca tuuo remedio de poder alcançar vn solo grano. Visto que su diligencia y deseo era por demas, mudando de proposito dixo assi: Tambien son verdes, y aunque las hallase en el suelo no me abaxaria por ellas, ni estoy aora tan ganosa de vuas que no quiera mas vna buena gallina.

Quando algo no podemos alcançar,
cordura dizen ques disimular.

X

EL DOTOR Y EL CAPITAN

Llegaron juntos a comer a vna venta el Dotor Calderon, famoso en Medicina, y el Capitan Olmedo. Tuuieron a la mesa perdizes, y comian en vn plato; pero el Capitan, en columbrando las pechugas y los mejores bocados, torciendo a su proposito la platica y tomando lo mejor, dezia: Con este bocado me ahogue, señor Dotor, si no le digo verdad. Disimulo el Dotor dos o tres vezes; pero a la quarta, pareciendole algo pesada la burla, al tiempo que alargaua el Capitan la mano diziendo: Con este bocado me ahogue, sin dexarle acabar de dezir, cogio con la vna mano el plato y con la otra el bocado a que tiraua el Capitan, diziendole: No jure, señor Capitan, no jure, que sin jurar le creo; y si de aqui adelante quisiere jurar, sea que le derribe el primer arcabuzazo que los enemigos tiraren, porque es juramento mas conueniente a vn Capitan y soldado viejo como v. m. Desta manera le enseño al capitan a tener el termino deuido.

Alguna vez suele quedar burlado
el que con otros es desuerjonça lo,

XI

EL LEON, EL ASNO Y LA RAPOSA

Fveron a caça de compañia el leon, el asno y la raposa, y hauiendo hecho mucha presa y teniendola junta, dixo el leon al asno que, pues era cabeça mayor, partiese, que el holgaria dello, para que no huuiese quexas. El asno, quando vio que de aquella manera se justificaua, quiso el justificarse tambien en la particion, y valiendose de su agudeza, pareciendole que la igualdad es muy conforme a justicia y el no hazer acceptacion de personas, procuro que huuiese poca diferencia en las partes y que fuesen harto iguales, y despues le dixo al leon que escogiese; mas viendo el que hauia poco que escoger y no siendo a su gusto la particion, tirando vn terrible çarpazo, dio con el muerto en tierra; luego, con semblante alegre, le dixo a la raposa que partiese, pues el asno lo hauia hecho tan mal. Ella, puesto que no quisiera entonces aquel oficio, disimulando lo mejor que pudo, y sacando fuerças de flaqueza, hizo dos partes de la presa; la vna, de casi toda la caça, aparto para el leon; la otra, que dexo para si, era casi no nada. El leon entonces con gesto risueño le pregunto que quien la hauia enseñado tan bien a partir. Ella respondio que la desuentura del asno.

Quando vemos el daño del vezino,
no escarmentar en el es desatino.

XII

LA MUGER Y EL LOBO

Andando vn lobo buscando que comer cabe vnas caserias, sintio vn niño que estaua llorando, al qual su madre, queriendo acallarle, dezia: Mira que te dare al lobo si no callas. Mas porfiando el en llorar y replicando la madre al mismo tono, el lobo, muy alegre, determino de aguardar hasta que se le echasen, creyendo que hablaua la muger de ueras. Estuuose desta manera grandisimo rato, muerto de hambre y medio desesperado de ver tanta tardança; mas al cabo callando el niño, dixo a su madre que no hiziese venir al lobo, a lo qual respondio ella: Si viniere el lobo, hijo, yo le matare a puros palos. Oyendolo el lobo, tuuo grande temor, y echo luego a huir, diziendo muchas vezes: Quien osara de aqui adelante dar credito a mugeres? quien fiara de su palabra? vna cosa os prometen primero, y despues hazen todo lo contrario. Desta manera el pobreto, harto de aguardar, huuo de ir a otro cabo a buscar la vida.

La muger es mudable como el viento;
de sus palabras no hagas fundamento.

XIII

EL MENTIROSO BURLADO

Solia mentir Martin Sanchez terriblemente, por donde sus amigos le llamauan Martin verdadero, y a quien quiera que iua con el açotaua luego por testigo de su mentira, aunque, por complazerle, algunos disimulauan con el; pero yendo vna vez con Anton Ruiz, y entrando en conuersacion en vn corrillo, dixo como hauia ido a caça del dia antes, y podeysme creer, señores, que lleue vn galgo que no hay mejores quatro pies en España; quedariades asombrados de su destreza en caçar; pensays que se contenta con vna liebre? vna lleuaua en la boca, y viendo que cruzaua otra por entre vnos espinos, sin soltar la que traia, la huuo en dos saltos, y con increible ligereza cogio dentro de vna viña otra. Perdile finalmente de vista, y quando menos me cato, a cabo de poco rato, vierades asomar por encima de vna cuesta vuestro perro cargado de liebres; por lo menos eran media dozena, todas muy terribles; pero aqui esta el señor Anton Ruiz presente, que no me dexara mentir su merced. Si dexare por cierto, dixo el otro: menti, señor, a vuestro plazer; menti tan ancho y largo como se os antojare, que como esta en vuestra mano mentir, assi tambien esta en la destos señores querer dar credito o no darle a tan descompasadas mentiras.

No disimules con quien mucho miente,
porque delante de otros no te afrente.

XIV

EL GALLO Y EL DIAMANTE

Escaruando el gallo en vn muladar, hallo vn diamante muy fino, y dandole con el pie, dixo assi: Alguno se tuuiera por dichoso en hallarte, y te hiziera mucha fiesta; pero de mi te digo que holgara mas de vn puñado de ceuada, que de todas las piedras del mundo.

No se precia vna cosa ni codicia,
si no es donde hay de su valor noticia.

XV

EL CUERUO Y LA RAPOSA

Topandose vna vez la raposa y el cueruo, vieron de lexos a vn mismo tiempo vn pedaço de carne, a la qual arremetieron a toda furia, ella a correr y el a bolar, de manera que con ventaja notable llegando primero el cueruo y alçandose con la presa, bolo con ella encima de vn arbol, y sentado en vna de las mas altas ramas, pretendia ya estar en seguro. La raposa no se oluido de acudir a sus mañas acostumbradas, pues no via otro camino, y poniendose debaxo del arbol, començo a dezirle: Puedome a lo menos loar de que mi pensamiento me ha salido bien, porque viendote tan bien tallado, deseaua verte bolar vn poco, por ver si la ligereza correspondia a la gentileza y donayre, y esta fue la causa que me puse a correr contigo, no porque tuuiese intento de cogerte la presa, que, quando fuera ella mia, de mil amores partiera contigo, segun estoy aficionada, del punto que te vi, a tus buenas partes; porque tu tienes el cuerpo muy bien proporcionado, la pluma blanda como vna seda, la cabeça aguda, el pico rezio, los ojos biuos, las vñas firmes; pues, que dire del color? no hay azauache ni terciopelo que se le iguale. Solo te falta la boz para ser la mas perfeta de todas las aues; que si no fueras mudo, cierto es que a todas les hazias ventaja notable. El cueruo entonces, muy vfano de oirse alabar, por darle a entender que no era mudo, pareciendole que por esta via ganaria grandisima honrra, abrio quanto podia la boca, sin acordarse de lo que tenia en ella, para mostrarle quan bien cantaua. De manera que cayendole la carne, la cogio en el momento la zorra, y assi gano por su astucia lo que perdio el cueruo por su vanidad.

Quando alguno te loa en tu presencia,
piensa ques todo engaño y aparencia.

XVI

EL PINTOR DE VN RETABLO

C[h]ristoual de Vargas, teniendo deuocion al Santo de su nombre y deseando tenerle retratado en vn lienço, acudio a Mase Rodrigo, pintor, que biuia en Toledo cabe la puerta de Visagra, y dixole: Yo querria, señor Mase Rodrigo, que me pintasedes vn San Christoual y me digays quanto me ha de costar, porque os pagare honrradamente lo que concertaremos. Mase Rodrigo respondio: En verdad, señor, que me parece que seria mejor pintar vn Sant Anton, el qual es auogado contra el fuego, y se le pintaria yo a las mil marauillas. Sant Christoual os pido yo que me pinteys, replico el otro. Dos Sant Antones os pintare por el San Christoual, respondio el; y no huuo sacarle de aqui. De manera que huuo de irse a otro pintor.

Cosa semejante les acaecio a vnos galanes con Iuan de Pie de Palo, priuado de la vista corporal, que concertandose con el para que

diese vna musica a vnas damas y cantase algunas letrillas, dixo que sabia el de mil primores

La mañana de San Iuan,
Al punto que alboreaua.

Porfiando los otros en que cantase alguna letrilla buena, dixo que les cantaria dos Mañanas de San Iuan. Parece a lo del raton, que no sabe sino vn agujero.

De ser cantor no tenga presuncion
el que no sabe mas de vna cancion.

XVII

EL LEON Y EL RATON

Iugando vnos ratones en vn desierto, cerca de donde vn leon estaua durmiendo, sin darse vno dellos acato, topando en el y despertandole, fue sin pensarlo asido. El pobre ratoncico, viendose entre aquellas horribles çarpas, le suplicaua con mucha humildad tuuiese por bien de perdonarle, pues no hauia errado de malicia, prometiendole que de alli adelante se guardaria de ofenderle en manera alguna, y considerase que ganaria mas honrra perdonandole que no si le matana por vengarse del. El leon, assi por quadrarle sus razones como por su generosidad natural, sin hazérle daño le dexo ir libre, y dandole el raton las gracias cumplidamente, se fue su camino. A cabo de pocos dias cayo el leon en vna red, donde viendose preso començo a dar grandes bramidos. Acudiendo el raton al ruido y conociendo ser el mismo que le hauia dado libertad, le dixo que tuuiese buen animo y no temiese, porque se acordaua de la merced recebida, y luego conoceria por la obra quan agradecido era. Pusose tras esto a roer las redes, dandose tan buena diligencia, que deshizo en breue aquellos lazos y ataduras, sacando saluo al leon y libre de tales prisiones.

No quieras al menor menospreciar,
pues te podra valer en su lugar.

XVIII

LA MUGER AHOGADA Y SU MARIDO

Estando Marina Gil a la orilla de Henares (rio que da nombre a la insigne villa de Alcala, famosa por su nombrada vniuersidad) lauando trapos, el rio crecio repentinamente con auenida tan grande y tan impensada, que no perdonando a cosa ninguna de quantas topaua, a bueltas de otras muchas se lleuo a la pobre Marina con sus trapos rio abaxo. Y como era conocida (por ser lauandera de los estudiantes y muy habil en su oficio), las nueuas fueron bolando al buen Pero Alonso su marido, que como no tenia otros ojos, aunque penso finar de puro dolor oyendo que se hauia su muger ahogado, en el mismo punto con grande diligencia entendio en buscarla, yendo rio arriba preguntando a vnos y a otros si por dicha la hauian visto. Mas Anton Royo, doliendose de su fatiga, le dixo: Cuydo, compadre, que de pesar de la muerta, que Dios haya en su gloria, haueys perdido el joizio. Como teneys de hallarla rio arriba? se que ell agua van abaxo corre, y para baxo van las cosas que ella lleua. Bien estoy con eso, dixo Pero Alonso; pero como mi muger fue toda la vida hecha al reues, pienso que ira tambien al reues despues de muerta.

Quien acertada muerte hazer desea,
trabaje por que tal su vida sea.

XIX

LA LIEBRE Y EL GALAPAGO

Sacaua la liebre burla del galapago; y como le via mouer tan pesado, preguntaule si tenia los pies de plomo? El galapago, venido a enojarse, la desafio a correr. Pusieron apuestas muy buenas, señalaron el trecho de la corrida, y sin perder punto començo el galapago su carrera; del qual hizo la liebre tan poco caso, y en tanta manera le desprecio, que recostada en tierra esperaua que su contrario llegase a tres o quatro pasos del trecho señalado, pretendiendo que aun assi le hauia de ganar. Pero fue tanto su descuydo, que la vencio el sueño, y quando recordo, hallo que hauiendo ya el galapago salido con su empresa, le hauian los juezes dado las apuestas, que juntamente con la honrra ella por su pereza hauia perdido.

Hazienda y honrra ganaras obrando,
y no con presumir emperezando.

XX

EL HIDALGO Y EL CRIADO

Lvis Campuzo, de tierra de la Mancha y pariente de don Quixote, aunque blasonaua de hidalgo de secutoria, no acompañauan el poder y hazienda a la magnanima grandeza que en su coraçon reynaua. Mas si con las obras no podia, con las palabras procuraua de abultar sus cosas, de manera que fuesen al mundo manifiestas y tuuiesen que hablar del. Era amigo de comer de bueno, aunque no de combidar a nadie, y para que dello tambien se tuuiese noticia, hijos y muger ayudauan a pregonarlo, di-

ziendole, quando estaua en conuersacion con otros hidalgos, que las gallinas o perdizes estauan ya asadas, que entrase a cenar. Quando hijos y muger se oluidauan, el tenia cuydado de preguntarlo en presencia de ellos a vn criado, que como de ordinario los mudaua, no podia tenerlos habituados a su condicion y humor. Hauiendo, pues, asentado Arguixo con el, segun acostumbraua con otros le pregunto a bozes en presencia de sus amigos: Que tenemos para cenar, hermano Arguixo? El otro, sin malicia ninguna, respondio: Señor, vna perdiz. Y boluiendo el otro dia con semejante demanda, quando le dixo: Que hay esta noche que cenar? el otro respondio: Señor, vn pollo. Y la tercera vez que se lo pregunto, respondio: Señor, vn palomino. Por donde hauiendole reñido el amo y dado vna manezica sobre que no se sabia honrrar ni hazer tener, concluyo con enseñarle de que manera hauia de responderle de alli adelante, diziendole: Mirad, quando de aqui adelante os interrogare yo sobre el cenar, haueys de responder por el numero plural aunque no haya sino vna cosa; como, si hay vna perdiz, direys: Perdizes, perdizes; si vn pollo: Pollos, pollos; si vn palomino: Palominos, palominos, y assi de todo lo demas. Ni al criado se le oluido la licion, ni dexo el pasar la ocasion de executarla, porque venida la tarde, antes que la junta de los hidalgos se deshiziese, queriendose honrrar, como solia, en presencia dellos, a bozes pregunto: Que hay que cenar esta noche, Arguixo? Vacas, señor, vacas, respondio el; de que rieron los hidalgos. Pero el amo indignado, boluiendose al moço, dixo: Este vellaco es tan grosero, que no entiende aun que no hay regla sin excepcion. Que culpa tengo yo, replico el, si vos no me enseñastes mas Gramatica? Y hauiendole despedido el amo sobre el caso, fue causa que se vino a diuulgar el chiste de sus grandezas.

Quien mas se entona de lo [que] conuiene,
sin pensarlo a quedar burlado viene.

XXI

LA RANA Y EL BUEY

Andando vn buey paciendo cabe vn pantano, fue visto de vna ranilla, la qual, asombrada, corrio lexos a esconderse, y topando con su madre, preguntada de la causa de su alteracion y huida, le respondio: He visto, madre, vn animalazo tan grande, que no pienso que hay en el mundo todo cosa tan disforme; por cierto que no me ha quedado gota de sangre en el cuerpo, de puro espanto. La rana entonces le dixo que se le enseñase, y visto el buey, aunque le parecio animal disforme, con todo eso, pensando igualarle, començo a hincharse, y preguntole despues si seria tan grande como el. Dexaos deso, madre, dixo la ranilla; de treynta partes no soys la vna. Boluio a hincharse mas la rana, y como la ranilla siempre dixese que por bien que se fatigase trabajaua en vano, porque no era nada en su comparacion, ella, porfiada en querer ser tan grande como el buey, de tanto hincharse vino finalmente a rebentar, sin poder de ninguna manera salir con empresa tan bestial como era pretender poderse hazer mayor de lo que naturaleza permitia.

Con los mayores no entres en debate,
que se paga muy caro tal dislate.

XXII

EL ASNO Y EL LOBO

El asno, vna vez hauiendose metido vn clauo por el pie, y endeñandose la llaga, se vino a encender en calentura. De lo qual teniendo vn lobo noticia, de presto acudio a preguntar si hauia menester medico o cirujano, pretendiendo engañarle si podia, y le persuadia con mucha instancia se pusiese en sus manos, y por la esperiencia veria como le daua en breue tiempo sano, por hauer estudiado muy bien las dichas artes y tener en ellas larga esperiencia. El asno malicioso mostro darle credito y consolarse con su vista; diziendole que le pagaria muy noblemente la cura, y le suplicaua tuuiese por bien de sacarle luego el clauo del pie, porque imaginaua que amaynaria el dolor en sacandole, que no le dexaua reposar. Hizolo el lobo, y asiendo del con los dientes, se le saco. Pero no le hauia aun soltado de la boca, quando le asento el asno en los caxcos vna coz tan terrible, que dio con el desacordado y amortecido en tierra, y luego echo a huir hazia el aldea. A cabo de rato boluiendo el lobo en si, dixo: Bien me esta esto, y me lo merezco yo; porque siendo carnicero mi oficio, he querido vsar el de medico y cirujano.

Entienda cada qual en su exercicio,
y no se meta en el ageno oficio.

XXIII

EL AUARIENTO

Vn hombre muy auariento tenia enterrado vn talegon de dinero lexos de la ciudad en vn lugar despoblado, y por no tocar a el, passaua muy lazeriada vida. Pero acudia de quando en quando al dicho lugar, assi para poner mas dinero, como para regalarse con su vista, contandole y diziendole requiebros. Tuuo cuenta con ello vn vezino, y quando el se cataua menos, a su saluo se le cogio, sin que persona del mundo tuuiese haliento dello. Venido el miserable auariento y no hallando su tesoro, estuuo para ahorcarse, hazia grandes estremos, maldeziase y henchia el ayre de sospiros lamentables. A los quales se llego vn caminante, y consolandole, quiso entender la causa de su aflicion. El se la conto, diziendo como le hauian robado el dinero que alli tenia enterrado. El otro entonces, dando vna gran risada, le dixo: Pues deso te afliges? si no te seruia de mas que de tenerle ai, toma vn guijarro y entierrale en su lugar, y haz cuenta que tienes enterrado tu dinero.

Si no he de aprouecharme del dinero,
vna piedra enterrada tanto quiero.

XXIV

EL CONSEJO DE LOS RATONES

Haviendose vna vez juntado los ratones a consejo, trataron en el de que orden se hauia de tener y con que remedio se podrian de alli adelante atajar los peligros y rebatos en que los ponia el gato, y estoruar los daños que de ordinario les hazia. Y despues de hauerse propuesto diuersos partidos, estauan para resoluerse en lo que hauia votado vno dellos, tenido por de los mas honrrados, y a quien tenian todos mucho respeto: es a saber, que le atasen al gato vna campanilla al cuello, para que, en sintiendola, pudiesen los ratones huir y ponerse cada vno en cobro. Pero entonces vn raton que hauia regido diuersos cargos y tenia de vezes la barua y cabellos muy canos, les hablo assi: La mucha edad, aunque viene acompañada de algunas fatigas y desabrimientos, suele traer consigo este bien, que puede valer mucho en su lugar a la Republica con su consejo, alcançado por la esperiencia larga. Digolo esto, porque antes que se tome resolucion en lo que se ha propuesto, es menester buscar entre nosotros quien se atreua y ofrezca de atar la campanilla al cuello del gato.

Ten por consejo vano y de indiscreto,
aquel del qual no puede verse efeto.

XXV

EL GRILLO Y LA ABEJA

Vn grillo teniendo hambre, llegose a vna colmena y pidio a vna de las abejas, que pues tenian miel en abundancia, le proueyesen de vna pequeña partezica della con que remediase su lazeria. Preguntole la abeja si tenia algun oficio? y respondiendo el que no, le replico: Pues en que gastas el tiempo? Respondio el grillo: La mayor parte del dia duermo, y de noche entretengome haziendo musica y cantando. Dixo entonces la abeja: Nosotras, hermano, todo el dia trabajamos yendo a los romerales y jardines a buscar las mejores flores y fabricando nuestros panales; y descansando lo que nos cabe de la noche, luego a la mañana boluemos a nuestra labor y oficio. Porque como ha ordenado naturaleza que sea el dia para trabajar y no para dormir, assi nos ha dado las noches para descansar del trabajo, no para cantar ni quebrar la cabeça a quien duerme. Parecete, pues, que seria razon que gastasemos en dar de comer a holgazanes lo que tanto trabajo nos cuesta? por tanto yo te aconsejo que aprendas algun oficio y trabajes, si quieres pasar la vida: que, de otra suerte, mal recado ternas.

De su trabajo el hombre se alimente,
y a gente vagamunda no sustente.

XXVI

EL PADRE Y LOS HIJOS

Vn labrador, estando ya para morir, hizo llamar delante si a sus hijos; a los quales hablo desta suerte: Pues se sirue Dios de que con esta dolencia tenga mi vida fin, quiero, hijos mios, reuelaros lo que hasta aora os he tenido encubierto; y es que tengo enterrado en la viña vn tesoro de grandisimo valor; que menester que pongays diligencia en cauarla si quereys hallarle; y sin declararles mas partio desta vida. Los hijos, despues de hauer concluido con el entierro del padre, fueron a la viña, y por espacio de muchos dias nunca entendieron sino en cauarla, quando en vna y quando en otra parte; pero jamas hallaron lo que no hauia en ella, bien es verdad que, por hauerla cauado tanto, dio sin comparacion mas fruto aquel año que solia dar antes en muchos. Viendo entonces el hermano mayor quanto se hauian aprouechado, dixo a los otros: Verdaderamente aora entiendo por la esperiencia, hermanos, que el tesoro de la viña de nuestro padre es nuestro trabajo.

En esta vida, la mejor herencia
es aplicar trabajo y diligencia.

XXVII

EL LOBO, LA RAPOSA Y EL ASNO

Teniendo hambre la raposa y el lobo, se llegaron hazia los arrauales de vna aldea, por ver si hallarian alguna cosa a mal recado, y toparon con vn asno bien gordo y luzido, que estaua paciendo en vn prado. Pero temiendose que, por estar tan cerca de poblado, corrian peligro si alli esecutauan en el su designio, acordaron de ver si con buenas razones podrian apartarle de alli. Por donde, acercandose a el la raposa, le hablo desta suerte: Borriquillo, borriquillo, que norabuena esteys y os haga buen prouecho la yeruezica. Bien vos pensays que no os conozco. Sabed, pues, que no he tenido yo en esta vida mayor amiga que vuestra madre. O! que honrradaza era!; no hauia entre las dos pan partido. Agora venimos de parte de vn tio vuestro, que detras de aquel monte tiene su morada, en vnas praderias que no las hay en el mundo tales. Alli podreys dezir que hay buena yerua, que aqui todo es miseria; el nos ha embiado para que os notifiquemos como casa vna hija, y quiere que os halleys vos en las bodas. Por esta cuesta arriba podemos ir juntos, que yo se vn atajo por donde acortaremos gran rato de camino. El asno, aunque tosco y boçal, era por estremo malicioso, y, en viendolos, imagino hazerles alguna burla. Por esto no huyo, sino que se estuuo quedo y sosegado, sin mostrar tenerles miedo. Pero quando huuo oido a la raposa, aunque tuuo todo lo que dezia por mentira, mostro mucho contento, y començo a quexarse de su amo, diziendo como dias hauia le huuiera dexado, sino que le deuia su soldada; y por no pagarle, de dia en dia le traia en palabras, y que, finalmente, solamente hauia podido alcançar del que le hiziese vna obligacion de pagarle dentro de cierto tiempo. Que pues no podia por entonces cobrar, a lo menos queria informarse de vn letrado si era bastante aquella escritura, la qual tenia en la viña del pie, para tener segura su deuda. Boluiose la raposa entonces al lobo (que ya ella se temio de algun temporal) y le pregunto si sus letras podian suplir en semejante menester? Pero el, no entendiendola de grosero, muerto porque le tuuiesen por letrado, respondio muy hinchado que hauia estudiado Leyes en Salamanca, y rebuelto muchas vezes a Bartulo y Bartuloto, y aun a Galeno, y se preciaua de ser muy buen juristico y sofistico, y estaua tan platico en los negocios, y tan al cabo de todo, que no daria ventaja en la plaça a otro ninguno que mejores sangrias hiziese; por el tanto, amostrase la escritura y se pusiese en sus manos, que le ofrecia ser su auogado para quando huuiese de cobrar el dinero, y hazer que le pagasen tambien las costas, y que le empeñaua sobrello su palabra; que tuuiese buena esperança. Leuanto el asno entonces el pie, diziendole que leyese. Y quando el lobo estaua mas diuertido en buscar la escritura, le asento con entrambos pies vn par de coces en

el caxco, que por poco le hiziera saltar los se-
sos. En fin, el golpe fue tal, que perdido del
todo el sentido, cayo el triste lobo en el suelo
como muerto. La raposa, entonces, dandose
vna palmada en la frente, dixo assi: O! como es
verdadero aquel refran antigo que tan grandes
asnos hay con letras como sin letras! Y en di-
ziendo esto, echo a huir cada qual por su cabo,
ella para la montaña y el asno para el aldea.

Si fueres docto y no seras discreto,
seran tus letras de muy poco efeto.

XXVIII

EL HOMBRE VERDADERO Y EL MENTIROSO

Ivan caminando dos compañeros, entrambos
de vna tierra y conocidos; el vno dellos hom-
bre amigo de verdad y sin doblez algnna, y el
otro mentiroso y fingido. Acaecio, pues, que
a vn mismo tiempo, viendo en el suelo vn tale-
goncico, fueron entrambos a echarle mano, y
hallaron que estaua lleno de doblones de oro y
de reales de a ocho. Quando estuuieron cerca
de la ciudad donde le robaron, dixo el hombre de
bien: Partamos este dinero, para que pueda
cada vno hazer de su parte lo que le diere gus-
to. El otro, que era vellaco, le respondio: Por
ventura si nos viesen con tanto dinero, seria
dar alguna sospecha, y aun quiça nos pornia-
mos en peligro de que nos le robasen, porque
no falta en la ciudad quien tiene cuenta con las
bolsas agenas. Pareceme que seria lo mejor to-
mar alguna pequeña quantia por agora y ente-
rrar lo demas en lugar secreto, y quando se
nos ofreciere despues hauer menester dineros,
vernemos entrambos juntos a sacarlos, y con
esto nos quitaremos por aora de inconuenien-
tes. El hombre bueno, o si se es sufre llamarle
bouo, pues no cayo en la malicia ni engaño del
otro, pretendiendo que su intencion era buena,
facilmente vino en ello. Y tomando entonces
alguna quantidad cada vno dellos, enterraron
lo demas a la raiz de vn arbol que alli juntico
estaua, hauiendo tenido mucha cuenta con que
ninguno los mirase, y muy contentos y alegres
se boluieron de alli a sus casas. Pero el engaño-
so compañero, venido el siguiente dia, puso en
esecucion su pensamiento, y boluiendo secreta-
mente al sobredicho lugar, sin que persona del
mundo tuuiese haliento dello, quando el otro es-
taua mas descuydado, se lleuo el talegoncico
con todo el dinero a su casa. Pocos dias des-
pues, topando el buen hombre y simple con el
vellaco y malicioso, le dixo: Pareceme que ya
sera hora que saquemos de alli y repartamos
aquellos dineros, porque yo he comprado vna
viña, y tengo de pagarla, y tambien he de

acudir a otros menesteres que se me ofrecen.
El otro le respondio: Yo ando tambien en
compra de vna heredad, y hauia salido con in-
tento de buscaros por esta ocasion. No ha sido
poca ventura toparnos, replico el compañero,
para poder luego ir juntos, como teniamos con-
certado. Que vamos en buen hora, dixo el otro.
Y sin gastar mas razones, se pusieron en ca-
mino. Llegados al arbol donde le hauian ente-
rrado, por bien que cauaron al rededor, como
no huuo remedio de hallarle, no hauiendo se-
ñal de dinero, el mal hombre que le hauia ro-
bado començo a hazer ademanes y gestos de
loco, y grandes estremos y quexas, diziendo:
No hay al dia de hoy fe ni verdad en los hom-
bres; el que pensays que os es mas amigo, esse
os vende mejor. De quien podremos fiar hoy
en el mundo? ha traydor, vellaco! esto me te-
nias guardado? quien ha podido robar este di-
nero, sino tu? ninguno hauia qne supiese del.
Aquel simplezillo, que tenia mas razon de po-
derse quexar y de dolerse, por verse despedido
en vn punto de toda su esperança, por el con-
trario, se vio necesitado a dar satisfacion y
desculparse; y con grandes juramentos protes-
taua que no sabia en el robo arte ni parte.
Aunque le aprouechaua poco, porque mostran-
dose mas indignado el otro, y dando mayores
bozes, dezia: No pienses que te saldras sin pa-
pagarlo; la justicia, la justicia lo ha de saber
y darte el castigo que merece tu maldad. Re-
plicando el otro que estaua libre de semejante
delito, se fueron gritando y riñendo delante el
juez, el qual, tras hauer los dos altercado en su
presencia grande rato, pregunto si estaua pre-
sente alguno quando escondieron el dinero?
Aquel tacaño, mostrando mas confiança que
si fuera vn santo, respondio: Señor si; vn tes-
tigo hauia que no sabe mentir, el qual es el
mismo arbol entre cuyas raizes el dinero es-
taua enterrado; este, por voluntad de Dios,
dira toda la verdad como ha pasado, para que
se vea la falsedad deste hombre y sea la justi-
cia ensalçada. El juez entonces (que quiera
que lo mouiese) ordeno de hallarse con ambas
las partes en el dicho lugar el siguiente dia,
para determinar alli la causa. Y assi por vn mi-
nistro les hizo mandato, so graues penas, que
huuiesen de comparecer y presentarse, dando
primero, como lo hizieron, buena seguridad.
Pareciole muy a su proposito esta deliberacion
del juez al malhechor, pretendiendo que cierto
embuste que iua tramando ternia por seme-
jante via efeto. Por donde, boluiendose a su
casa y llamando a su padre, le dixo assi: Pa-
dre muy amado, vn secreto quiero descubri-
ros, que os he tenido hasta agora encubierto,
por parecerme que assi conuenia hazerse. Ha-
ueys de saber que yo propio he robado el teso-

ro que demando a mi compañero por justicia, para poder sustentaros a vos y a mi familia con mas comodidad. Dense a Dios las gracias y a mi buena industria, que ya esta el negocio en punto que, solo con ayudar vos vn poquito, sera sin replica ninguna nuestro. Y contole todo lo que hauia passado, y lo que hauia prouehido el juez. A lo qual añadio: Lo que al presente os ruego, es que vays esta noche a esconderos en el hueco de aquel arbol, porque facilmente podreys entrar por la parte de arriba y estar dentro muy a plazer sin que puedan veros, porque el arbol es grueso y lo tengo yo muy bien notado. Y quando el juez interrogare, disimulando entonces vos la boz, que parezca de algun espiritu, respondereys de la manera que conuiene. El mal viejo, que hauia criado a su hijo tal qual era el, se conuencio de presto de sus razones, y sin temerse de peligro alguno, aquella noche se escondio dentro el arbol. Vino alli el juez el dia siguiente con los dos litigantes y otros muchos que le acompañauan, y hauiendo debatido buen rato sobre el negocio, al cabo pregunto al arbol en alta boz quien hauia robado el tesoro? El ruin viejo, en tono estraordinario y con boz horrible, dixo que aquel buen hombre. Fue cosa esta que causo al juez y a los presentes increible admiracion, y estuuieron suspensos vn rato sin hablar. Al cabo del qual dixo el juez: Bendito sea el Señor, que con milagro tan manifiesto ha querido mostrar quanta fuerça tiene la verdad. Para que desto quede perpetua memoria, como es razon, quiero de todo punto apurarlo, porque me acuerdo hauer leido que antiguamente hauia Nimfas en los arboles; verdad sea que nunca yo hauia dado credito a cosas semejantes, sino que lo tenia todo por patrañas y fabulas de Poetas; mas agora no se que dezirme, hauiendo aqui en presencia de tantos testigos oido hablar a este arbol. En estremo me holgaria saber si es Nimfa o espiritu, y ver que talle tiene, y si es de aquella hermosura tan encarecida por los Poetas; pues caso que fuese vna cosa destas, poco mal podriamos nosotros hazerle por ninguna via. Dicho esto, mando amontonar al pie del arbol leños secos, que hauia por alli hartos, y ponerles fuego. Quien podra declarar qual se paro el pobre viejo quando començo del tronco a calentarse y el humo a ahogarle? Solo se dezir que se puso entonces con bozes muy altas a gritar: Misericordia, misericordia, que me abraso, que me ahogo, que me quemo! Lo qual visto por el juez, y que no hauia sido el milagro por virtud diuina, ni por hauer Nimfa en el arbol, haziendole sacar de alli medio ahogado, y castigandole a el y a su hijo segun merecian, mando que le truxesen alli todo el dinero, y

entregoselo al buen hombre que tan injustamente hauian ellos infamado. Assi quedo premiada la verdad, y la mentira castigada.

La verdad finalmente preualece,
y la mentira con su autor perece.

XXIX

LAS LIEBRES Y LAS RANAS

Viendose las liebres acosadas y perseguidas de los hombres, de los perros y de las aguilas; teniendose por los animales mas desuenturados que hauia en la tierra y mas sugetos a toda manera de miserias, para librarse de tantos trabajos, determinaron de dar todas fin a sus vidas; y para hazerlo se encaminaron hazia vnos pantanos, con deliberacion de ahogarse todas alli. Pero ya que llegauan a ellos, vieron gran muchedumbre de ranas que andauan por la orilla saltando, y como ellas llegaron de improuiso, con grande espanto huyeron al agua y se arrojaron y çabulleron dentro. Visto esto, vna de aquellas liebres, reparando en ello, dixo a las otras que se detuuiesen y no passasen adelante en tal desesperacion, pues ninguna razon hauia para que de aquella manera huuiesen de aborrecer las vidas; antes considerasen que hauia otros animales muy peor librados y mas timidos y miserables; pues manifiestamente vian que aquellos animalejos, de verlas a ellas llegar, hauian concebido tanto espanto, que se hauian ellos mismos ahogado voluntariamente.

Aunque tengas miseria muy notable,
siempre hallaras quien es mas miserable.

XXX

EL ASNO, EL GALLO Y EL LEON

El asno y el gallo estauan juntos en vn prado buscando cada qual su mantenimiento. Hauiendose desmarchado por alli vn leon, en viendo al asno, quiso enuestir con el y comersele. Sino que canto en este punto el gallo, y el leon (el qual dizen que naturalmente le tiene miedo) echo luego a huir. Pero el asno, presumiendo que huia del, començo con gran prisa a seguirle, llamandole de infame couarde y diziendole otros denuestos y baldones. Por donde, quando se vio fuera de la presencia del gallo, reboluiendo el leon sobre el, de presto le hizo pedaços. Gritaua el asno, viendose cercano a muerte, pidiendole con grandes lamentaciones al leon que, pues era tan generoso y rey de todos los animales, se siruiese de perdonarle, pues estaua arrepentido de su arrogancia y presumcion. Viendo que no hauia remedio, dezia: Desuenturado de mi, que no hauiendo sido valientes mis padres ni aguelos, lo he sido yo para mi daño!

Quien presume de si demasiado,
del que desprecia viene a ser hollado.

XXXI

LA RAPOSA Y EL LEON

Topo a caso la raposa vna vez con el leon, y no le hauiendo antes visto jamas, quedo tan asombrada, que de puro espanto penso perder la vida. Boluio pocos dias despues a verle y se paro de proposito a mirarle, llegandosele bien cerca. Pero a la tercera vez que se encontraron, sin temor ninguno se fue para el, y le demando que si tenia salud, y que holgaua de conocerle; y de alli adelante tuuieron amistad.

En aprender no tomes pesadumbre,
pues lo haze facil todo la costumbre.

XXXII

LOS LABRADORES CODICIOSOS

Lvis Manchego era hombre plazentero y regozijado, quitado de ruidos y amigo de atajarlos y de poner paz por donde quiera que iua. Por su buena condicion y trato apazible, no solo era conocido quando iua camino, en los pueblos y mesones, sino que le hazian mucha fiesta quando llegaua a la posada, y le recebian con grande regozijo. Llegando vna tarde al Campillo de Altabuey, mojado y muerto de frio, porque le hauia neuado en el camino, dio luego la huespeda orden en que huuiese buen fuego, y dixole que se asentase a la lumbre. Pero acudiendo algunos labradores del pueblo y ocupando los primeros asientos, el pobre del no estaua muy a plazer, ni se podia bien calentar, ni muy contento de la conuersacion dellos. Viendole, pues, el huesped algo mustio y pensatiuo, le pregunto si hauia recebido en el camino alguna pesadumbre? porque parecia que estaua triste No hay para estar triste? respondio el: si despues de llegar tarde y muerto de frio, me hallo con mas de diez escudos menos, que me han caido por el camino; y fuera de dos dobletas de oro, lo demas es reales senzillos y de a dos. Obra de legua y media de aqui, cabe vn nogal que esta junto al camino, me huue de apear para remendar vna cincha rompida, y alli pienso me cayeron. Agora no hauria modo de llegar alla con lumbre, pero haure de boluer por fuerça a la mañana, en apun-

tando el dia. Oyendole los labradores, y creyendo que dezia verdad, començaron a descabullirse vno a vno y dos a dos; de modo que le desembaraçaron presto el lugar, y el se estuuo a plazer, y ellos toda la noche se cansaron en vano, sin hallar dineros, y a la mañana, muertos de frio, boluieron sin nada.

Hablale de ganancia al codicioso,
si estas de hazerle burla deseoso.

XXXIII

EL ASNO, EL CUERVO Y EL LOBO

Andava vn asno paciendo por vna deesa, el qual tenia llagado el espinazo, de lo qual dandose vn cuervo acato, y tomando el buelo para el, començo a darle de picadas en la llaga. El asno, con el grande dolor que sentia, daua saltos, brincos y corcobos, y tirando coces y rebuznando, ahuyentaua al cuervo. El qual se recogia a vn arbol cercano, y en parando las coces, boluia otra vez a picarle. El dueño del asno se los estaua mirando, riendose mucho y gustando de la pelea. Lo qual visto por vn lobo que los estaua mirando desde vn bosquezillo no muy lexos de alli, dixo sospirando: Como hay en los hombres poca justicia, y quanta diferencia vemos que hazen de vnas personas a otras! Del mal que haze aquel se rien, y lo toman por pasatiempo y deleyte, y si supiesen que yo me atreuia tan solamente a mirarle, correrian con furia tras mi, y aun llamarian los perros por que me alcançasen de presto y me despedaçasen y matasen.

Para bien negociar, fauor procura:
con el, tu causa casi esta segura.

XXXIV

EL ASNO Y EL LOBO

Vn asno viejo estaua muy enfermo, y en su compañia tenia solamente vn asnillo jouen hijo suyo, que le seruia; el qual, porque no inquietasen a su padre, solia tener muy bien cerrada la puerta de su cabaña. Teniendo vn lobo noticia de su dolencia, y pareciendole que se le ofrecia ocasion de aprouecharse, disimuladamente fue alla, y llamando a la puerta, el asnillo se asomo a vn agujero, a ver quien era. Visto que era el lobo, le pregunto que como venia por alli, y que buscaua? Tengo entendido, dixo el, de la indisposicion del señor asno, y vengo a visitarle. No esta para visitas agora, replico el asnillo, porque ha tenido mala noche, y esta durmiendo al presente; assi que puede boluerse por el camino que ha venido, antes que yo le haga ir enoramala; porque si no se desuia luego de la puerta, le arrojare todo quanto me viniere a mano. Mucho brauear es esse, dixo el lobo; mas ya que no quereys que entremos a visitarle, dezidnos a lo menos si se halla ya mejor. Como si se halla mejor? respondio el asnillo; mucho mejor esta de lo que vos quisierades. Desta manera quedo burlado el malicioso lobo, y temiendo de las amenazas del asnillo, se fue huyendo de alli.

Vno que haziendoos mal ha enuegecido,
si hazeros bien ofrece, no es creido.

XXXV

EL RATON DE CIUDAD Y EL DEL CAMPO

Tomole antojo a vn raton que moraua en la ciudad, de salirse vna vez al campo a pasear; y haziendose alexado buen rato della, otro raton que biuia en vn bosquezillo, en la halda de vn monte, quando le vio ir cruzando entre las matas, aunque no tenia conocimiento con el, ni jamas le hauia visto, con todo le salio al encuentro, y despues de hauerse saludado, y que se dieron el vno al otro noticia de quien eran, el raton del monte combido al otro a que fuese a descansar a su cueua, que no estaua lexos de alli; diziendole como el calor era grande y era ya hora de comer, y vsando, en fin, de tanto comedimiento en pedirselo, que mouido el otro de su buen termino y cortesia, y quadrandole sus razones, huuo de aceptar el combite, y assi se fueron a la cueua juntos. El raton montes le saco para comer de la prouision que tenia, que conforme al lugar era muy buena, y en harta variedad, conuiene a saber: garbanços, nuezes, almendras, bellotas, auellanas, castañas, y aun su pedaço de queso que de vna majada de vnos pastores hauia cogido, y de todo abundantemente. Pero el raton ciudadano, aunque agradecio la voluntad, no mostro estar muy satisfecho de la comida; antes le dixo al otro que por su bien le hauria traido alli la fortuna, pues en pago de lo que hauia hecho por el, queria que de alli adelante biuiese en mucha prosperidad y abundancia, y no con aquella pobreza, y que le siguiese a la ciudad, que por la obra conoceria si le dezia verdad. Assi se pusieron los dos en camino, y llegados a la ciudad, entraron en un palacio suntuoso, donde tenia el raton ciudadano su habitacion. El qual como supiese muy bien los pasos de la casa, luego fue con su amigo en la despensa. Quedo pasmado el raton montañes quando vio tanto pernil de tocino, tantas ruedas de queso tan estremado, tanta variedad de frutas, tanta pro-

uision de legumbres diferentes, tanta abundancia de pan y todo tan blanco, y en efeto tanta diferencia de comidas de que no hizieron mucho caso, porque fueron a dar en vnas conseruas y vnas tortas reales que sobre vnos manteles estauan apartadas; de modo que le parecia que los deleytes que cuentan de la tierra que dizen de Xauxa, no podian ser mayores, ni era posible tener alli mas regalada ni abundante vida. Pero al tiempo que estauan con mejor sabor comiendo, sienten ruido de llaues, y luego en abriendo la puerta, entro juntamente con el despensero vn gatazo roxo, que ponia temor en mirarle, cuyos ojos parecian vnas brasas ardiendo. Aqui fue la alteracion, aqui el espanto de los ratones; quien aqui los viera, conociera manifiestamente de sus rostros demudados el temor que hauian repentinamente concebido de aquella visita. Pero el ciudadano, acostumbrado a estos rebatos, en dos saltos se metio en vn agujero, donde solia de ordinario en semejantes trances acogerse. El otro cuytado, no sabiendo que hazerse, casi estaua corrompido; huuo en fin de auenturarse por vna pared arriba, y assi escapo del peligro tan cercano. Mas despues de idos el despensero y el gato, le dixo al compañero que agradecia mucho aquella cortesia y regalo, pero que no le agradaua mas aquella vida, y mas estimaua su quietud y seguridad que todos sus deleytes y riquezas; por tanto, se quedase norabuena, porque el se boluia para su destierro, en donde biuia mas contento.

Ten por mejor con quietud pobreza,
que no desasosiegos con riqueza.

XXXVI

LA RAPOSA Y EL VENDIMIADOR

Vna raposa, huyendo de vnos caçadores, que gran rato hauia le iuan detras dandole caça, fatigada y casi perdido el haliento, vino al cabo a parar en vna viña; donde viendo a vn hombre que alli estaua vendimiando, le rogo muy encarecidamente que tuuiese por bien de apiadarse della y le mostrase algun lugar donde pudiese esconderse, hasta que huuiesen pasado los caçadores que la iuan persiguiendo; ofreciendole que si por su medio escapaua de aquel peligro, toda la vida despues ternia que agradecerle, y para siempre le quedaria obligada. Mostro el hombre dolerse della y tener voluntad de ampararla; por donde le enseño alli cerquita vna chozuela, dentro de la qual tenia el su hato; dixole que se metiese en ella y no temiese de nada, porque alli estaria muy segura. Hizolo assi la zorra, y poco despues que se huuo entrado, llegaron los caçadores y preguntaron al vendimiador si a caso hauia visto pasar vna raposa, y sabria dezirles donde la podrian hallar, o hazia que parte hauia echado. El en boz alta les respondio que no hauia visto tal cosa; pero con la cabeça y la mano les señalaua donde estaua; mas ellos, no aduirtiendo a los señales, se fueron engañados de sus palabras. La raposa que a todo hauia estado muy atenta, notando bien los gestos del vendimiador, y llena de espanto, idos los caçadores, se salio de la chozuela, y se iua sin dezirle nada al vendimiador. Mas el, viendola ir de aquella manera, començo a llamarla de ingrata, pues hauiendola saluado se iua sin darle las gracias. A tu lengua, dixo ella, de buena gana las doy; pero a tus manos y cabeça maldigo; pues con buenas palabras me encubrias y con ruines obras me vendias.

Si con las obras el traidor te vende,
en vano con palabras te defiende.

XXXVII

LA VIEJA, LAS MOÇAS Y EL GALLO

Vna buena vieja solia llamar a sus moças cada mañana en cantando el gallo, para que se leuantasen a trabajar. Ellas, por no leuantarse, se resoluieron de matarle. Y salioles al reues, porque, muerto el gallo, las llamaua mas temprano.

Huir de trabajar, es claro engaño,
y, de poco, venir a grande daño.

XXXVIII

EL EMPERADOR Y SU HIJO

El Emperador de Trapisonda, siendo de edad adelante, concerto de casar con Florisena, hija del Rey de Natolia, enamorado de su beldad por vn retrato que hauia visto della. El Rey de Natolia, a trueco de tener yerno tan poderoso, no reparo mucho en la desproporcion de la edad que hauia entre su hija y el, no llegando ella aun a los veynte y pasando el de los sesenta; antes hauiendole a penas dado parte a la hija, y sin tener della del todo su si, concluyo el casamiento. El Emperador, que no estaua menos deseoso del, embio a su hijo Arminto a que se desposase por el y le truxese la esposa, el qual, obedeciendo al padre, se puso luego en camino. Era gentil meço y en la flor de su edad, de veynte y seys a veynte y siete años. Llegado a la Corte del Rey de Natolia, le recibieron con mucha fiesta, mostrando contento por su venida, y mas Florisena que nadie, porque, como no estaua bien informada del casamiento ni del marido, con alguna sospecha de que fuese aquel, viendo su disposicion y gentileza, se le aficiono luego. El quedo tambien admirado de su hermosura; pero como presuponia que hauia de ser muger de su padre, y le conocia a el por hombre seuero y de rezia condicion, guardaua siempre tanto recato con ella, que no le daua aun lugar de que le pudiese descubrir ella su pecho y el amor que le tenia; y quando algo le apuntaua, mostraua no entenderla y recebir como a cuenta de su padre qualquier aparencia de amor que en ella via. Desesperada con esto Florisena, visto que le valia poco hablar (como dizen) por señas, le reuelo su intencion claramente, requiriendole de amores. Pero el, como cosa muy fea, se lo estraño mucho, poniendole delante la ofensa que haria en ello al Emperador su padre; que quando esta no se atrauesara, muy de grado correspondiera con su voluntad. Y de alli adelante huia de verse solo con ella, de modo que aun le quitaua el gusto de gozar de su conuersacion. Por donde (pareciendole a ella que su partida se hauia de dilatar algunos dias) embio al Emperador con grande priesa vn correo, escriuiendole como le hauia embiado en su lugar vn mancebo que vsaua con ella de tan mal termino, que llegaua a descomedimiento, pues no la queria obedecer en cosas que eran de su gusto, con ser muy justas; que viendo tanto desamor en el hijo, temia, y con razon, que le venia de la condicion desamorada del padre, pues no podia venirle de otra parte, y a ella le hauian ya dicho alguna cosa della; por tanto, si deseaua que perdiese esta sospecha y queria paz con ella, le embiase a mandar con rigor que le fuese obediente, y en todo cumpliese su voluntad. El Emperador, sin considerar mas adelante, sino puesto en complazerla, escriuio al hijo riñendole mucho de la enxutez y estrañeza con que trataua a la que tenia obligacion de tratar con mucho amor y regalo, y del modo que la tratara el si estuuiera presente; por tanto, que mudase de estilo y en cosa ninguna torciese de su voluntad, si no queria indignarle de manera que huuiese de castigarle como inobediente. Con la carta embio juntamente el Emperador a Bercorio Barcelo, cauallero anciano de los de su casa, que hauia sido ayo del Principe y a quien le tenia mucho respeto; mas este los topo ya en el camino, y aun cerca de la Corte del Emperador. Luego le dio al Principe la carta, intimandole juntamente el mandamiento del padre, lo qual no poca inquietud le dio a Arminto, porque ya ella por el camino, siempre que hauia tenido lugar, le hauia requestado; y viendo que ya estauan cerca de la

Corte, determino de hazer el vltimo esfuerço, pretendiendo que no ternia despues tan buena ocasion, animada tambien por la carta que venia para ella tan fauorable. Por donde, fingiendose aquella noche indispuesta del cansancio del camino, mandando que persona no le quedase en el aposento sino sola vna donzella, hizo que le llamasen al Principe; el qual venido, le dixo que hauia entendido que vna de sus donzellas que le seruia de camarera le hazia traycion, metiendo vn su enamorado en el aposento donde dormia ella; que quien a tal se atreuia, dudaria poco de atreuersele a ella; que no hauia osado fiar este secreto de nadie sino del, y le hauian dicho que entraua vestido como muger; que si a caso aquella noche viniese, le haria ella auisar con la otra donzella que le hauia dado el auiso, la qual estaua presente; que estuuiese a punto, porque no se le escapase. Arminto, aunque se temio de algun engaño, viendo que la donzella lo afirmaua de tal manera, pareciole que tambien se podia el engañar y ser aquello verdad, y no sospechando que le podia de alli venir daño, determino asegurarse por la vista. Y porque, si a caso era mentira, no resultase escandalo, no quiso comunicarlo a nadie, sino que, ido a su aposento, a cabo de poco rato salio del, solamente con vna espada y daga, poniendose en centinela por si veria entrar alguno. Florisena, ido el Principe, se salio luego tras el con la donzella (era esta donzella muy querida della, por serle secretaria muy fiel), y a la vna de la noche, quando todo estaua quieto, se boluio a su aposento con ella, y siendo vista por el Principe, con la poca luz que hauia, creyo realmente lo que le hauian dicho. Con todo, se boluio a su aposento a esperar que le llamasen. Luego acudio la donzella, y diziendole que ya era hora, le lleuo al aposento de Florisena, donde le hizo arrimar la espada y daga a vn rincon, asegurandole que era vn mochacho a quien podia d r facilmente de açotes; assi le acerco a la cama de Florisena, la qual se abraço luego con el, y con baxa boz començo a dezirle: Aqui os tengo, traydor, aqui os tengo; mi voluntad haueys de cumplir, o hare que os cueste la vida. El triste manceho, turbado, no sabia que le hauia acontecido. Deslizandose en fin de sus braços, cogiendo al salir la espada, huyo a pie como se hallaua del campo a la ventura, fuera de camino. Pero su fortuna quiso que diese en, vn esquadron de caualleria que su padre, entendiendo que estaua cerca la Emperatriz, hauia embiado para que la acompañas.. Estos, echandole mano, le lleuaron preso. Pero Florisena en huyendo el, començo a dar gritos, quexandose que la hauia desonrrado, hinchiendo el ayre de alaridos y haziendo grandisimos estremos. El Emperador, quando supo

que estaua cerquita, salio fuera de la ciudad a recebirla, aunque de verla con pena la recibio el notable. Y se le aumento entendiendo la causa, y mas quando la caualleria le entrego al hijo preso; porque entonces tuuo por ciertas las quexas della. Hizole poner en estrecha prision, y porque no consintio ella que llegase a ella hasta hauerle justiciado, huuo apresurar la seutencia. Venido el dia, por dar autoridad al negocio, junto los sabios de su consejo y, hallandose la Emperatriz presente, pidio al Emperador que fuesen ellos los juezes, porque la pasion y afecto natural no le dexarian juzgar a el rectamente. Lo qual el le concedio. Fue traido entonces atado el Principe delante, y aunque le interrogaron, jamas abrio la boca. Entonces la Emperatriz, tomandola mano, dixo: Pues el Principe no habla, y es visto que quien calla otorga, claramente queda conuencido del agrauio que me ha hecho; yo pido, pues, a V. magestad, delante destos sabios, dexe del todo en mis manos su castigo y me haga juramento solemne que me hara cuuiplir y obtener todo lo que yo del ordenare; y si es de justicia lo que pido, me sea inuiolablemente guardado, y si no, me desengañen luego aqui, porque no me canse yo en vano. Respondiendo todos que, siendo ella la agrauiada, de justicia era que fuese a su gusto la satisfacion, con que no passase de muerte la pena del castigo, ni se estendiese a tormentos ni a otras ignominias estraordinarias. El Emperador juro solenemente que pasaria por quanto ella ordenase, y haria que pasasen todos por ello. Florisena, entonces, dixo: La verdad es que mi padre no me dio deste casamiento mas razon de que me casaua con el Emperador de Trapisonda, sin dezirme de que edad era ni otras circunstancias; y en viendo yo al Principe, crei que el era mi marido y le cobre voluntad y amor de muger y no de madre; ni mi edad ni la suya lo requieren. Y desde aquella hora, nunca he parado hasta que al cabo le force a cuuiplir mi voluntad. De manera que yo le hize a el fuerça, y no el a mi; yo me despose con el, y siempre con int.ncion de que era verdadero esposo y no prestado. Siendo, pues, ya muger del hijo, no puedo en manera ninguna serlo del padre. Pero quando no huuiera nada desto, supuesto que ha de ser el casamiento voluntario y libre, y no forçoso, digo que a mi señor el Emperador le seruire yo de rodillas como hija y nuera, pero no como muger. Si es otra su voluntad, yo me boluere a casa del Rey mi padre, y biuda esperare a lo que Dios querra disponer de mi. Esto dixo la Emperatriz. Y aunque luego mostro el Emperador alborotarse algun tanto, visto que los sabios y todos los que estauan presentes (que se hauian temido de alguna sentencia rigurosa contra el Principe) eran de su parte, y, encareciendo su discrecion, le pouian delante al Emperador el juramento hecho, tuuo por bien de contenerse, teniendo por cierto que, no viuiendo en ello, no solamente hauian de culparle de riguroso y cruel, sino tambien de viejo indiscreto y loco, pues no se queria conformar con lo que conocia estar mas puesto en razon que no lo que su apetito desordenado le persuadia. Acceptandola, en fin, por nuera, mando que se diese al casamiento conclusion; y assi la pena y temor que todos por amor del Principe hauian sentido, vino a parar en alegria y en fiestas que se celebraron luego por aquel casamiento.

No cases con mochacha si eres viejo;
pesarte ha si no tomas mi consejo.

XXXIX

EL ASNO Y LA RANA

Pasando vn asnillo cargado de leña por dentro de vn charco, cayo en el y començo a lamentar su desuentura y trabajo, quexandose mucho de la fortuna, que tan lazeriada vida le hazia biuir, estando sugeto a tantos trabajos y persecuciones. Las ranas que morauan en el charco, mouidas a compasion y doliendose de su trabajo, acudieron a consolarle, y procurauan con muchas razones de aliuiar su tristeza y desconsuelo. Mas diziendo el que su mal era sin remedio y que ningun consuelo era bastante para que su pena se aliuiase, le pregunto vna dellas qual era la causa porque tanto se afligia, pues ninguno alli le maltrataua? No quereys que me aflija, dixo el, estando en el agua y lodo atascado hasta los pechos, y que ninguno hay que me ayude a leuantar? No te espantes, hermano, respondio ella, ni te de pena eso, que nosotras ha mucho tiempo que estamos aqui y lo pasamos harto bien, y tambien lo pasaras tu si tienes paciencia. Y no tienes ocasion porque te hayas de desesperar ni hazer tan grandes estremos.

Quando vn poco de mal te quita el tino,
mira el que tienen otros de contino.

XL

EL PASTOR Y EL LOBO

Vn pastorcico que apacentaua su ganado en vn montezico a vista de vna aldea, solia por su plazer gritar muchas vezes: Al lobo, al lobo!; por donde, creyendo los otros pastores y labradores que hauia por los campos que verdaderamente venia el lobo, acudian para socorrerle, cada vno con lo que tenia mas a mano. Pero el entonces, dando grandes risadas, solia dezir: O como los he burlado!; y diferentes vezes hazia esto. De modo que, escarmentados ya los labradores, por hauerlos burlado muchas vezes, no se mouian quando le oian, sino que dezian: Ya da bozes el loco; y dexauanle gritar. Acaecio que vn lobo con hambre vino al ganado y començo a hazer destroça en el, y a matar vnas y otras reses. El se puso entonces a gritar: Ayuda, ayuda; al lobo, al lobo; que me come el ganado! Pero ninguno acudio, sino que le dexaron estar, diziendo algunos: El loco buelue a su tema. En fin, no acudiendo ninguno, hizo el lobo grande estrago en el ganado, y castigo la locura del indiscreto pastor.

Al que en mentir por su plazer se emplea,
quando dize verdad no hay quien le crea.

XLI

LA ENFERMA DE LOS OJOS Y EL MEDICO

Tenia vna biuda honrrada mal de ojos tan terrible, que, temiendo de perderlos, se concerto con vno destos Medicos que solamente curan de mal de ojos, mal de muelas y otros quatro o seys males con vnas quantas receptas que tienen, y no saben mas adelante; ofreciendo le daria vn tanto si la curaua. No tenia la triste sino vna criadica mochachuela que le iua a los mandados y la seruia, y como estaua lo mas del dia fuera, podia el Medico hazer las visitas que queria, y entrar y salir quando se le antojaua, sin que le viese nadie; porque la señora biuda, con ciertos emplastos que le hauia aplicado a los ojos, no tenia remedio de ver, lleuandolos vendados: Pero el señor Medico no entraua vez que no apañase algo y se lo lleuase a su casa: quando vn cuchillo, quando vnas tixeras, quando vn candil, quando vn plato, quando vna escudilla, y cosas semejantes, porque la buena biuda no tenia oro ni plata, ni joyas que pudiesen hurtarle; que si lo tuuiera y cayera entre sus manos, por ventura el no lo dexara; mas no era el hombre Medico de casas que lo tienen. Quiso Dios que al cabo curo la buena biuda, cobrando su vista. El Medico le pedia la paga, encareciendo mucho la cura, y diziendo que no hauia hecho en su vida otra tan acertada, y que assi aun merecia se le diese alguna mejoria mas de lo que estauan concertados; mas ella alegaua que via mucho menos que primero, y que por tanto no tenia obligacion de pagarle; pues en toda su casa no via ninguna de quantas alhajas antes que perdiese

a vista ni estuuiese enferma solia ver al rede-
dor de si.

Harta ceguera tiene la cuytada
que tuuo hazienda y no ve suyo nada.

XLII

EL LABRADOR Y LA ENZINA

En el tiempo que hablauan los arboles, cuen-
tan que fue vn labrador a vn bosque, y rogo a
vna enzina que solamente le diese tanto palo
que del pudiese hazer vn mango a su segur.
La enzina, muy comedida, le otorgo lo que pe-
dia, y abaxando sus ramos, le dio lugar a que
desgajase vno dellos, del qual pudo hazer lo que
pretendia. Pero despues que lo huuo hecho y
tuuo su segur aliñada, con grande furia comen-
ço a descargar golpes en la enzina. Gritaua la
triste viendose maltratar assi, y quexauase di-
ziendo: Yo merezco esto y mucho mas, porque
te hize bien y te di armas con que me matases;
porque si no te ayudara yo y te diera lo que me
pedias, no pudieras aora ofenderme; pero esto
se gana de hazer buena obra a los desagrade-
cidos. No paro con todo esto el ingrato labra-
dor, hasta que del todo la tuuo por tierra, y
aun despues de caida la hizo rajas y se la lleuo
a su casa, donde poco a poco la quemo. Y este
fue el galardon que tuuo del.

Si fauoreces al ruin, haz cuenta
que en pago has de tener dolor y afrenta.

XLIII

EL LEON ENAMORADO

Tenia vn leon su cueua en lo alto de vn
monte, al pie del qual, en vna llanura muy
grande, moraua vn labrador en vn cortijo, el
qual tenia vna hija muy hermosa, que solia sa-
lir algunas vezes por los campos, quando a
buscar flores, quando a coger fruta y cosas se-
mejantes. De manera que, hauiendola visto el
leon, quedo muy aficionado a su gracia y do-
nayre, y sin mas pensar embio a pedirla por
muger, pretendiendo que hauia de tener el pa-
dre por muy grande ventura casar su hija con
quien era rey de los animales, siendo el vn la-
brador. Pero el buen hombre estuuo tan lexos
de holgarse dello, que antes le puso en grande
cuydado, y le dio mucha pena demanda seme-
jante; porque pretendia casar su hija con sus
iguales; y de yerno que tanto era mayor, temia
que hauia de querer mandar en su casa mas
que no el, y que todos le estuuiesen sugetos.
Mas como le via tan poderoso, no se atreuia a
dezirle claramente de no, recelando que hauia

de enojarse dello, y que facilmente le podia
destruir siempre que se resoluiese en tomar
vengança. Por donde le parecio que lo mejor
era disimular, y assi con terminos de mucha
humildad y cortesia embio a dezirle que se te-
nia por tan dichoso de que tan grande rey qui-
siese casar con su hija, que no se hauia jamas
atreuido a poner tan alto el pensamiento; que
desde aquella hora entenderia en aparejar lo
conueniente para las bodas. Solamente le supli-
caua, de parte suya y de su hija, que, por ser
ella delicada, para que no la espantase su fero-
zidad, se quitase las vñas y aserrase los dien-
tes, para quando huuiese de darle la mano y
besarla, porque no le hiziese mal. Creyo las
engañosas palabras el enamorado leon, y luego
puso por obra lo que le pedian, y vino al casa-
miento. Pero recibieronle con lanças y otras
armas con que le ofendieron, y hauiendose qui-
tado el mismo las que para su defensa tenia,
huyo muy mal parado.

Los casamientos hechos por amores,
muchas vezes son causa de dolores.

XLIV

LA RAPOSA Y EL ESPINO

Haviendo columbrado vna raposa vn gallo
que andaua con sus gallinas por dentro de vn
huerto, se determino de saltar vn cercado, para
poder entrar en el. Pero poniendo al saltar el
pie en vazio, estando ya para caer, se asio a vn
espino, pensando alli sostenerse. Pero hauien-
dose terriblemente lastimado, no solamente no
pudo saltar, sino que dio vna grande caida; por
donde començo a dezirle al espino denuestos y
echarle mil maldiciones, tratandole de ceuil,
descortes y engañoso; pues si no queria valer-
la, no le hauia de ser contrario y descalabrarla,
sin hauerle hecho el porque. A lo qual respon-
dio el espino: Tu sin razon te quexas de mi,
porque si yo vsase con otros de blandura, po-
drias culparme de que soy malo y contrario
para ti, y de vnos a otros hago diferencia. Pero
que rosas podria yo dar, aunque quisiese, si en
mi no hay otra cosa sino espinas? de ti puedes
quexarte, pues me hauias de conocer antes de
llegarte a mi.

Acudir por socorro es grande engaño
a quien biue de hazer a todos daño.

XLV

EL COMBIDADO VERGONÇOSO

Entre otros gentiles hombres que combido a
sus bodas Gines Mançano, quando caso con

Teresa Galinda, fue vno Toribio Cardillo, jouen virtuoso, de buena condicion y que no tenia dos palabras. Lo qual no le fue de daño en el combite, porque aunque se hauia mouido entre los combidados conuersacion, el escuchaua a los otros y no se metia en ella, y assi no podia dezirse por el: Oueja que bala, bocado que pierde. Pero pagaualo el triste en el beuer, porque aunque los que seruian eran diligentes, no dauan sino a quien lo pedia, y no osaua el pedirlo claramente, sino solamente por señas con los ojos y cabeça, y como con temor que le viesen ni oyesen los otros. Lo qual visto por vno, cogiendo vna capa, y lleuandole muy cubierto el beuer, le dixo muy quedito que beuiese, y puso tambien la capa delante porque no le viesen. Pero aquello fue causa que se boluiesen todos a mirarle, como no sabian a que fin el criado iua de aquella manera, como si escondiera alguna cosa para querersela lleuar, y el triste hidalgo, muy corrido, le dixo al criado que para que hauia hecho aquello? Respondiole entonces el criado: Señor, como vi que iuades con tanto secreto pidiendo de beuer, y que no osando hablar, solamente haziades ademanes de la cabeça, ojos y manos, pense que no queriades que os viesen los otros combidados; y assi, como moço bien mandado y que huelga de hazer todo aquello que le encomiendan, he procurado con muchas veras de seruiros quanto me ha sido posible a vuestro gusto, trayendoos tambien de beuer con muy grande secreto, pensando que no lo querriades si no lo traia de suerte que ninguno lo pudiese ver.

En combite y palacio es mal seruido
el hombre vergonçoso y encogido.

XLVI

EL CURA DE TORREJON

Alonso Fresnedo, Cura de Torrejon, concerto con Iuan Carrasquero, escriuano, que viniese a su casa el dia siguiente, porque le hauia de emplear en cierto menester que le importaua mucho. Y encargole vna, dos y muchas vezes que no le hiziese falta. Respondiendo el otro que perdiese cuydado, le boluio a dezir: Mirad que del todo me echariades a perder; por tanto, desengañadme, y si haueys de venir, no me hagays burla. Yo os prometo, le dijo Carrasquero, que, si no muero, acudire luego de mañana, que no sereys aun vos leuantado. Y si a caso no viniese tan presto como os digo, sin duda ninguna me podeys dar por muerto. El Cura le estuuo a la mañana esperando, y eran ya mas de las nueue. Por donde, viendo que no venia, mando al sacristan que

tañese a muerto. El sacristan començo a tocar a grande priesa. Oyendo esto los del pueblo, acudieron muchos dellos a saber quien era el muerto, y preguntandoselo al Cura, les respondio que Iuan Carrasquero. Tan bueno y sano estaua como yo anoche, dixeron algunos dellos; Dios le haya perdonado; y corrieron en grande numero a su casa, a darle a su muger el pesame. Pero hallaronle a la puerta ya, que iua a casa del Cura, y diziendole: Como que no soys muerto? pues el Cura nos hauia dicho que si; el se fue muy brauo al Cura y le riño mucho por lo que hauia hecho. Como? le dixo el Cura, no me dixiste tu anoche que creyese que eras muerto si a la punta del dia no estauas aqui? pues creyendo yo que dezias verdad y que realmente serias muerto, he mandado que se hiziese lo que por los otros muertos se acostumbra. Y fuera razon que me lo agradecieras mucho.

Si hizieres al ingrato algun seruicio,
publicara que le hazes maleficio.

XLVII

EL TRUHAN Y EL ASNO

Delante del Duque de Bayona tomaua e ayo vn dia licion a los pages, entre los quales hauia vno de tan duro ingenio, que no podian entrarle las letras en la cabeça. De lo qual se quexaua el ayo, diziendo que hauia seys meses que le enseñaua y no sabia aun deletrear. Hallandose vn truhan presente, dixo: Pues a vn asno enseñare yo en seys meses a leer. Oyendolo el Duque, le dixo: Pues yo te apostare que no le enseñas ni en doze. Porfiando el que si, dixo el Duque: Pues sabes como te va? que me has de dar en vn año vn asno que sepa leer, so pena que, si no lo hazes, has de recebir quatrocientos açotes publicamente del verdugo; y si lo hazes y ganas, te haya yo de dar quatro mil ducados; por eso mira en lo que te has puesto por parlar. Pesole al truhan de hauer hablado, pero, en fin, vista la deliberacion del Duque, procuro despauilar el ingenio y ver si ternia remedio de librarse del castigo. Merco primeramente vn asnillo pequeño, muy luzio y bien tratado, y pusole delante vn librazo; mas por bien que le bramaua a las orejas A, b, c, no hauia remedio mas que si le dixera a vna piedra. Por donde, viendo que esto era por demas, imagino de hazer otra cosa. Puesto sobre vna mesa el dicho libro delante del asno, echaule vnos quantos granos de ceuada sobre vna de las hojas y otros tantos sobre la otra hoja siguiente y sobre la tercera tambien. Despues de hauerse comido el asno los granos de la hoja primera, tenia el truhan con la mano la hoja buen rato, y despues dexauale que con el hozico la boluiese, y a la otra hoja hazia lo mismo. Poco a poco habituo al asno a que, sin echarle ceuada, hiziese tambien aquello. Y quando le tuuo bien impuesto (que fue antes del año) auiso al Duque como ya su asno sabia leer, que le señalase dia en que por sus ojos viese la prueua. Aunque lo tuuo el Duque por imposible, y que saldria con algun donayre, con todo eso le señalo dia. Venido el qual, fue traido el asno a palacio, y en medio de vna quadra muy entoldada, hauiendo acudido muchisima gente, pusieron sobre vna mesa vn grande libro, el qual començo el asno a cartear de la manera que hauia acostumbrado, estando vn rato de la vna hoja a la otra mirando el libro. Y desta manera se entretuuo vn grande rato. El Duque dixo entonces al truhan: Como no lee tu asno? tu has perdido. Antes le ganado, respondio el truhan; porque todo el mundo vee como lee, y yo emprendi de enseñarle a leer solamente, y no de hablar. Yo he cumplido ya con mi obligacion, y lo protesto assi, requiriendo y llamando por testigos a todos los que estan presentes, para que me hagan fe de aquesto. Si hallare vuestra Excelencia quien le enseñe a hablar, entonces podra oirle claramente leer; y si a caso huuiere quien tal emprenda, seguramente puede ofrecerle vuestra Excelencia doze mil ducados; porque si sale con ello, los merecera muy bien por su trabajo y habilidad. A todos les parecio que dezia bien el truhan, y el mismo Duque, teniendose por conuencido, mando darle los quatro mil ducados que le hauia ofrecido.

Como tengas paciencia y perseueres,
saldras con qualquier cosa que emprendieres.

XLVIII

EL ASTROLOGO

Iva vn astrologo de noche contemplando el mouimiento de los cielos y el discurso de los planetas y de otras estrellas, y andando en esta contemplacion muy embeuecido, no mirando lo que tenia delante los pies, sin darse acato, vino a dar de ojos en vn grande hoyo que hauia en el camino, y fue de manera que se lastimo algun tanto. Por donde començo a dar bozes para que le ayudasen a leuantar y sacasen de alli. Entre los que acudieron a sus gritos, le pregunto vno como hauia caido, no siendo muy escura la noche? A lo qual respondio que, como andaua diuertido mirando las cosas del cielo, en que descubria marauillas notables, no hauia visto aquel hoyo. Pobre de vos,

le respondio el otro, pues como, no viendo vn hoyo tan grande que teniades a vuestros pies, quereys que os creamos que veys y descubris las cosas del cielo, y que vuestra vista alcança tantas mil leguas como dizen que esta de la tierra?

Que certidumbre puede dar del cielo,
el que a sus pies aun ver no puede el suelo.

XLIX

EL CAUALLERO LEAL A SU SEÑOR

Mvchos años ha que en la ciudad de Toledo huuo vn cauallero llamado Rodrigo Lopez, tenido por hombre de mucha honrra y buena hazienda. Tenia este dos hijas y vn hijo solo llamado Fadrique, moço virtuoso y muy gentil hombre; pero preciauase de valiente y pegauasele de aqui algun resabio de altiuez. Platicando do este y haziendo camarada con otros caualleros de su edad, acaecio que vna noche se hallo en vna quistion con otros a causa de vno de sus compañeros, en la qual, como los contrarios fuesen mayor numero, y esto fuese para el causa de indignacion, y con ella le creciese el denuedo, huuose de manera que mato a vno dellos. Y porque el muerto era de muy principal linage, temiendo de la justicia, determino de ausentarse y buscar por el mundo su ventura. Lo qual comunico con su padre y le pidio licencia y su bendicion. El padre se la dio con lagrimas y lo aconsejo como se hauia de regir, y juntamente le proueyo de dineros y de criados, y le dio dos cauallos. En aquel tiempo tenia el Rey de Francia guerra contra Inglaterra. Por lo qual, determinado de seruirle, fue al campo del Rey, y como su ventura quiso, asento por hombre de armas con el Conde de Armiñac, que era general del exercito y pariente del Rey. Viniendo despues las ocasiones, se començo a señalar y a dar muestras de su valor, haziendo marauillosas proezas, assi en las batallas de campaña como en las baterias de castillos y ciudades, de manera que assi entre los Franceses como entre los enemigos no se hablaua sino de sus hazañas y valentia. Esto fue causa de ganarse la voluntad y gracia del General, y de que le hiziese grandisimos fauores; y como siempre le alabaua y encarecia sus hechos en presencia del Rey, pagado el Rey de su valor, le quiso para su seruicio y le hizo su gentilhombre y cauallero mayor del campo, señalandole plaça de grandisima ventaja, y era el primero del consejo de guerra, y, en fin, hazia tanto caso del, que le parecia que sin su Fadrique no se podia dar efeto a cosa de importancia. Pero venido el inuierno, retiro el Rey su campo, y con la flor de sus caualleros, lleuando entre ellos a Fadrique, se boluio a Paris. Llegado alli, por dar plazer al pueblo y por las vitorias alcançadas, quiso hazer vna fiesta, a la qual mando que combidasen a los varones mas señalados y a las mas principales damas del reyno. Entre las damas que acudieron a esta fiesta, que fueron en gran numero, vino vna hija del Conde de Armiñac, a marauilla hermosa. Dado, pues, principio a la fiesta, con general contento de todos, y señalandose mucho en ella Fadrique en los torneos y en los otros exercicios de caualleria, la hija del Conde puso los ojos en el, y por lo que hauia oido de sus proezas, como por lo que con sus ojos vio, vino a quedar del muy enamorada, y con mirarle muy a menudo, y con otros ademanes, le manifesto su amor, de manera que Fadrique se dio acato de ello. Pero siendo de su inclinacion virtuoso, y acordandose de los beneficios que hauia recebido del Conde su padre, hizo como quien no lo entendia, y passaualo en disimulacion. Pero la donzella, que le amaua' de coraçon, estaua por esto medio desesperada y hazia estremos de loca. Y con esta turbacion le paso por el pensamiento escriuirle vna carta, y poniendolo en efeto, le pinto en ella su aficion y pena con tanto encarecimiento y con tan lastimeras razones, que bastara a ablandar el coraçon de vna fiera : y llamando vn criado de quien fiaua, y encargandole el secreto, le mando que lleuase a Fadrique aquella carta. El criado, receloso de que no fuese alguna cosa que perjudicase la honrra della, y temiendo del daño que a el se le podia seguir, en lugar de lleuar a Fadrique la carta, se la lleuo al Conde su señor. El qual, leida la carta y visto el intento de su hija, penso de pesar dar con la cabeça por las paredes. Imaginaua si la materia, o si la cerraria en vna prision para toda su vida. Pero reportado vn poco, hizo deliberacion de pronar a Fadrique y ver como lo tomaua. Y con este presupuesto boluio a cerrar la carta y mando al criado que muy cauteloramente se la diese a Fadrique de parte de su hija, y cobrasse respuesta del. El criado se la lleuo, y Fadrique, entendido cuya era, la recibio algo mustiamente, y su respuesta era, en suma, que la suplicaua se quitase aquella locura de la cabeça; que la desigualdad era entre los dos tanta, que no podian juntarse por via legitima, siendo el vn pobre cauallero y ella hija de señor tan principal; que a qualquier desgracia y trabajo, aunque fuera perder la vida, se sugetaria el primero que ni en obra ni en pensamiento imaginase de ofender al Conde su señor, de quien tantas mercedes hauia recebido; que si no podia vencer del todo su deseo, le moderase a lo menos, y no diese de si que dezir; que la fortuna con el tiempo lo podia remediar, enti-

biandosele a ella o mudandosele, como conuenia, la voluntad, o dandole a el tanta ventura que, por sus seruicios, haziendole nueuas mercedes, el Rey le subiese a mayor grado; que entonces podria ser que viniese bien su padre, y en tal caso seria para el merced grandisima; pero que sin su consentimiento, ni por el presente ni jamas tuuiese esperança de lo que pretendia del. Esto contenia su respuesta. Y despues de hauer cerrado muy bien la carta, se la dio al criado para que la lleuase a su señora. El se la lleuo al Conde, como el propio se lo hauia ordenado. El Conde la leyo, y fue parte aquella carta, no solo para que se le mitigasse el enojo contra la hija, pero para que con nueua deliberacion se fuese luego al Rey y le contase todo quanto hauia passado, hasta mostrarle las cartas, y le manifestase lo que hauia determinado de hazer. Oido el Rey todo esto, no se marauillo de la donzella, antes la desculpo, sabiendo quanta fuerça tiene naturaleza en semejantes casos; pero quedo atonito de la modestia y constancia del cauallero, y de aqui se le doblo la voluntad y aficion que le tenia. Y discurriendo con el Conde sobre la orden que se hauia de tener, le mando que pusiese por obra y diese cumplimiento a lo que hauia deliberado; que en lo que a su parte tocaua, el le ofrecia de hazerlo como pertenecia a su real persona. Y assi lo cumplio. Con esto mandaron llamar a Fadrique, y el Conde, muy alegre, en presencia del Rey, le dio a su hija por muger. Y el dia siguiente, hauiendo el Rey llamado a su palacio a los Grandes que hauia en Corte, los hizo desposar. Quien podria contar el contento que la dama recibio viendo que le dauan por marido aquel por quien hauia estado tan apasionada y sin esperança de alcançarle? Fadrique tambien quedo muy contento. Las fiestas que se hizieron a sus bodas fueron muy grandes, y ellos biuieron con mucha paz y quietud acompañados muy largos años.

Si a tu señor guardares lealtad,
confia que ternas prosperidad.

L

EL LEON ENFERMO, EL LOBO Y LA RAPOSA

Estando enfermo el leon, y hauiendose diuulgado su dolencia, acudieron a visitarle muchos animales, y entre ellos el lobo; el qual, teniendo rencor á la raposa, y visto que no hauia acudido, pareciendole que aquella era buena ocasion de poderla culpar, y que seria facilmente creido, començo a dezir mal della, reprehendiendo su soberuia y que ya era cosa insufrible, pues se mostraua aun contra su mismo rey, al qual se desdeñaua de visitar, hauiendo acudido los demas animales, que eran tan buenos y mejores que no ella, y prestando a su señor obediencia, hauian cumplido con lo que a fieles vasallos deuian. Estas y otras razones dezia el lobo, quando llegando la raposa de improuiso, y hallandolos hablando, del ademan y semblante ayrado del leon echo de ver que le hauria el lobo indignado contra ella. Y aunque al principio se altero, cobrando despues animo, hizo este razonamiento: Quien hay entre todos los animales que han venido a visitarte, magnanimo Rey, que se haya desuelado y fatigado tanto, consultando a diuersos medicos y buscando medicinas, y nunca, en fin, he parado hasta que he hallado remedio para tu dolencia y medicina para tu mal? Que medicina es esa? dixo el leon. La zorra respondio: Que te cobijes y arropes muy bien con el pellejo de vn lobo rezien desollado, assi caliente. Darte ha la vida esta medicina, porque es muy saludable y apropiada para qualquiera enfermedad. Oyendolo el leon, dixo: El remedio esta presto en la mano, pues que tenemos presente aqui al lobo, el qual nos podra prestar su pellejo. Y mandando a los otros animales que alli estauan que le desollasen, al momento lo pusieron por obra y cumplieron su mandamiento. Viendole assi la raposa, fizgaua y escarnecia del, diziendole con mil denuestos y burlas: No te puedes quexar de vn juez tan la paga que merecias por ser tan buen relator; aunque es verdad que en vn ajuntamiento tan honrrado y tan principal como este, fuera razon que estuieras mejor vestido de lo que agora estas, especialmente hauiendo querido mudar de oficio, pues hasta agora siempre fuiste tu carnicero; no se de donde te venia quererte hazer consejero real y pesquisidor por tu autoridad propia, sin hauerte señalado salario por el cargo mas del que al presente tienes. Pero esta te podra seruir de escarmiento, para que de aqui adelante no digas mal en ausencia de ninguno.

Algunas vezes vrde cosa el malo,
que viene a ser de su castigo el palo.

LI

LA PORFIA DE LOS REZIEN CASADOS

En la Ciudad de Toledo biuia vn mancebo de Avila, llamado Perocosme, muy buen oficial agujetero; el qual caso con la hija de Anton Ruiz, sastre. Y la noche de la boda (que se hizo con la solemnidad acostumbrada en casa del suegro) se truxo a su casa la nouia. Al otro dia, el buen Perocosme, como hauia sido la noche pasada de bodas, o que del bullicio de la fiesta estuiese cansado, o que la nouia le detuuiese, o que quiera que lo causase, se leuanto algo tarde. Leuantado, hallose con halientos de hazer almuerzo y comida todo junto; pero no hauia en casa cosa chica ni grande que comer. El, que toma su capa, y el esportillo debaxo del braço, y aguija a la plaça. De que huuo mercado pan, vio que vendian alli vnos hueuos, y aunque tenia proposito de ir a la carniceria, pareziendole que entretanto que iua y la carne se cozia o asaua, hauia de pasar mayor rato de lo que su estomago permitia, acuerda de mercar cinco hueuos, que, a tres blancas el hueuo, eran siete marauedis y medio. Iuan entonces mas baratos que agora. Llegado a casa, comiença desde la puerta a dezir a su muger: Oialo, Quiteria Ruiz? toma estos hueuos, y mira que me hagays los tres para mi estrellados, que quiero comer luego; los otros dos hazeldos para vos como mejor os pareciere. La muger, que en casa de su padre se hauia visto alguna vez que entre quinze sastres comian vn hueuo con las puntas de las agujas, y a vno que metio el cabo por do meten la ebra le llamaron comilon, pareciole que en casa del marido, aunque se le diese vna dozena a cada comida, no era mucho, de suerte que muy açorada respondio: Como dos? por vida de Marina Gil, mi bisabuela, que yo tengo de comer los tres. Perocosme, que era hombre discreto, como quien algunos años hauia sido representante de farsas, no queriendo renzilla con su muger, procuro aueriguarlo por buenas razones, y assi con mucha mansedumbre le dixo: Quiteria Ruiz, por amor de mi que no nos oygan los vezinos; de cinco hueuos, al vno caben tres y al otro dos; luego claro esta que a mi me tocara comer los tres, y esto por mas de treynta razones, de las quales solamente quiero especificar siete: La primera, porque soy cabeça de casa; la segunda, porque soy mayor de edad; la tercera, porque estoy mas flaco; la quarta, porque yo he ido a mercarlos; la quinta, porque es vianda sustanciosa; la sexta, porque se me han antojado; la septima, porque son de mis dineros. Como? respondio ella, y que no va tambien de mi dote? Qual haca de dote? dixo Perocosme; vnos andrajos que por no despiojarlos seria mejor partido echarlos rio abaxo? Aora vos, dixo Quiteria Ruiz, dexaos de cuentos, que yo tengo de comer los tres. El: No comereys; ella: Si comere, se estuuieron porfiando cerca de dos horas. Al cabo la buena Quiteria lo tomo tan a pechos, que le dixo determinadamente a su marido: O yo he de comer los tres, o me tengo de morir. El, Perocosme, que ya le hazia poco gozo la muger, le respondio: Pluguiese a Dios que te murieses, que luego me casaria con Marinilla. En esto Quiteria cae en el suelo como muerta. Viendola su marido, llegasele bonito, y dizele al oido: Aua que te amortajare, y te hare lleuar a enterrar. Respondio ella: No se me da nada, tres tengo de comer. Visto, esto, el toma vn caxco de cebolla embuelta en el pañizuelo, y haziendo como que se limpiaua las lagrimas, llama a grandes bozes a las vezinas, que luego acudieron, y el con grandes lloros les cuenta como su muger supitamente hauia caido muerta. Las lagrimas que derramaua por la fortaleza de la cebolla, sin que aduirtiesen al engaño las vezinas, eran tantas, que como las tristes eran algo tiernas de coraçon, facilmente creyeron lo que les dezia, y aun alguna se puso de ueras a llorar con el, y consolandole todas lo mejor que supieron, comiençan a amortajar vuesa rezien casada. El, que no via la hora de echarla de casa, corre a llamar a los clerigos. Venidos, y puesta la buena Quiteria, cne ya la hauian amortajado, en el atand, comiençan a caminar con mucha priesa al cimenterio, porque era casi hora de comer. Las vezinas acompañauan el entierro, discantando sobre la defunta. Vna dezia: Ay cuytadilla, y que poco te lograste! Otra, que tenia mas cuenta con los biuos, dezia por el marido: Ausadas que no le faltara muger, que, por la buena freyla, que es el hombre mas aliñado y mejor trabajador. El buen Perocosme, aunque la alegria le retoçaua en el cuerpo, iua junto al atand todo el rostro bañado en lagrimas, y de quando en quando llegauase a la muger y deziale quedito: Mira que te lleuan a enterrar! Pero ella, que hauia dado en tixeretas han de ser, le respondia siempre: No se me da nada, tres tengo de comer. Llegan, en fin, al cimenterio, comiençan los clerigos a cantar sus responsos, el marido le dize otra vez: Mira que te quieren echar en la huesa! Ella responde al mismo tono: Tres tengo de comer. Mas quando iuan a asirla para echarla en la sepultura, ella da vn grandissimo salto fuera del atand, y tras aquel otro y otro, y todo era dar saltos y gritar a grandes gritos: Tres tengo de comer! La gente, que no sabia el chiste de los hueuos, con el sobresalto cayeron vnos sobre otros de tropel, asombrados de ver correr aquella cosa amortajada, y pensando que hauia de comerse tres personas, huian a quien mas podia. Pero vn sacristan, que los dias atras hauia caido de vna escalera, y lastimadose vna pierna, no podia correr como los otros; por donde, viendo el pobreto que le iua en los alcances gritando: Tres tengo de comer; respondia con lastimera boz: No a mi, que soy coxo. No paro desta manera la buena muger hasta su casa, donde ya el marido, adeuinando lo que podria ser, hauia acudido primero, y poniendo a asar los hueuos, que sabia muy bien hazerlo, se hauia comido los tres, y daua tras el otro; el qual le quito la muger

medio comido de entre manos; y huuo de contentarse, mal que le peso, con vno y medio, no hauiendo antes querido a buenas contentarse con dos. Pero no se la perdono muchos dias, porque al cabo de tres meses, oluidado el de los hueuos, le truxo tres turmas de carnero, y ella se comio las dos, dandole a entender que el gato de Inesa Gomez, su vezina, se hauia comido la vna, y aun dezia despues, que mas valia vn par de turmas de carnero que tres hueuos de gallina.

Haras que tu muger de ti se ria,
si la dexas salir con su porfia.

LII

LA RAPOSA Y LA GATA

Iuan camino la raposa y la gata, y para diuertir la pesadumbre y cansancio del camino y no sentirle tanto, començaron a tener conuersacion sobre cosas diferentes; la qual entretenia marauillosamente la raposa, y la lleuaua adelante; porque la gata tenia pocas palabras, pero escuchaua y dexaua parlar a la otra. La qual começo a blasonar de si, diziendo que a ningun otro animal tenia embidia, porque ninguno la igualaua en saber; y si por desdicha topaua con algunos que la sobrepujasen en fuerças, no se la daua mucho dellos, porque con sus enrredos y mañas lindamente los dexaua burlados. Y encarecia, en fin, sus astucias y cautelas, de suerte que, por ser casi infinitas, tenia por imposible contarlas. La gata le respondio que no tenia ella tanta ventura ni saber, mas que quando se le ofrecia algun peligro, se valia de sola vna astucia. Y queriendole dezir qual era, se presento la ocasion de mostrala por la obra; porque asomo vn lebrel con la boca abierta, corriendo a toda furia para ellos. La gata, que le vio, no se oluido de su astucia, que fue subirse por vn arbol arriba, de modo que no pudo alcançarla, y assi escapo. Mas la raposa, no pudiendo subir, començo a huir por el campo, aunque le aprouecho todo su huir muy poco, porque alcançandola de presto el lebrel, que corria mas que ella. la hizo pedaços; sin que todas aquellas astucias, de que tanto fanfarroneaua, le pudiesen valer en aquella ocasion.

Vn arte vale mas auentajada,
que muchas, si aprouechan poco o nada.

LIII

LA PRUEUA DE BIEN QUERER

Anton Gonçalez Gallego era hombre que se biuia muy a plazer en la villa de Torrejon; tenia vna mugeraça de mediano talle y de vna condicionaça muy buena; de manera que aunque el era vn poquito reñidor, ella siempre le abonançaua, porque no le entraua a ella el enojo de los dientes adentro, y assi eran presto apaziguados. Acaecio que, boluiendo el vn dia de labrar, hallo que la muger hauia ido al rio a lauar los paños; por donde se recosto sobre vn poyo, esperando a que viniese, y como ella tardase, començo a diuertir en pensamientos, y entre otros le acudio en quanta paz biuia con su muger, y dezia en su imaginatiua: La causa esta en ella, y en el amor que me tiene. porque hartas ocasiones le doy yo con mi reñir; pero quiereme tanto, que todo lo disimula con muy gran cordura a trueco de tenerme contento. Pues si yo me muriese, que haria ella?; creo que se moriria de tristeza. O quien se hallase alli para ver los estremos que haria y las palabras lastimeras que echaria de aquella boca! pues en verdad que lo he de prouar y asegurarme dello por la vista. Sintiendo en esto que la muger venia, se tendio en el suelo como vn muerto. Ella entro, y mirandole de cerca, y prouando a leuantarle, como el no hazia mouimiento, y le vio sin resuello, creyo verdaderamente que era muerto. Pero venia con hambre, y no sabia resoluerse en si comeria primero o lloraria la muerte del marido; en fin, constreñida de la mucha gana que traia, determino comer primero. Y poniendo sobre las brasas parte de vn recuesto de tocino que tenia alli colgado, se le comio en dos palabras sin beuer, por no se detener tanto; despues tomo vn jarro y començo a baxar por la escalera, con intencion de ir a la bodega por vino; mas he aqui donde llega de improuiso vna vezina a buscar lumbre. Ella que la sintio, dexa de presto el jarro, y como que huuiese espirado entonces el marido, comiença a mouer gran llanto y a lamentar su muerte. Todo el barrio acudio a los gritos, hombres y mugeres; y espantados de muerte tan repentina (porque estaua el tendido con los ojos cerrados, y sin resollar, de manera que parecia verdaderamente muerto), consolauanla lo mejor que podian. Finalmente, quando a el le parecio que se hauia ya satisfecho de lo que tanto deseaua ver, y que huuo tomado vn poco de gusto con aquel alboroto, quando mas la muger lamentaua diziendo: Ay, marido mio de mi coraçon! desdichado ha sido el dia y la hora en que pierdo yo todo mi bien; pero yo soy la desdichada, faltandome quien solia ser mi amparo; ya no terne quien se duela de mi y me consuele en mis trabajos y fatigas; que hare yo sin vos agora, desuenturada de mi? El entonces, abriendo supitamente los ojos, respondio: Ay, muger mia de mis entrañas! que haueys de hazer, sino que, pues haueys comido, baxeys a

beuer a la bodega? Entonces, todos los que estauan presentes, trocando la tristeza en regozijo, dispararon en reir; y mas despues quando el marido les conto el intento de la burla y como le hauia salido.

Tal se penso de ueras ser amado,
y burlando quedo desengañado.

LIV

LOS RATONES Y EL CUERUO

Peleavan dos ratones con grande furia sobre vn xamon de tocino, porque le queria cada vno de ellos para si, y que no tuuiese parte el compañero. Al ruido llegaron vn cueruo y vna raposa, y pusieronse de espacio a mirar la pelea, no sabiendo la ocasion y causa della. Pero como el cueruo miraua de lugar alto, columbro el pedaço de tocino, por el qual era la contienda; el qual estaua alli entre vnas matas algo apartado de donde peleauan. Visto que le huuo, no fue pereçoso en baxar, y lleuandosele bolando en el pico, se sento sobre vn arbol. Dandose entonces la raposa acato, se tuuo por descuydada, y se dolio de que por su culpa, y por estarse mirando la pelea de los ratones, huuiese perdido tan buen bocado; y aunque con halagos y lisonjas procuraua induzir al cueruo a que partiese con ella, fue por demas, porque jamas la quiso creer. Por donde, viendo que de aquello no hauia remedio, boluio su furia contra los ratones, que todavia estauan peleando, los quales al cabo huuieron de huir muy mal parados de sus manos.

Algunos por inutiles contiendas,
pierden la posesion de sus haziendas.

LV

EL MEDICO Y SU MUGER

Hvvo en Tolosa vn Medico de mucha fama, llamado Antonio Geruas, hombre rico y poderoso en aquellos tiempos. Este, deseando mucho tener hijos, caso con vna sobrina del Gobernador de aquella ciudad; y celebradas las uodas con grande fiesta y aparato, segun conuenia a personas de tanta honrra, se lleuo la nouia a su casa con mucho regozijo, y no pasaron dos meses que la señora su muger pario vna hija. Visto esto por el Medico, no hizo sentimiento, ni mostro darse por ello pena; antes viendo a la muger afligida, la consolaua, trabajando por persuadirle con muchos argumentos, fundados en la ciencia de su arte, que aquella mochacha segun razon podia ser suya, y con amoroso semblante y buenas palabras hizo de manera que la muger se sosego, honrrandola el mucho en todo el tiempo del parto, y proueyendola en abundancia de todo quanto era necesario para su salud. Pero despues que la muger conualecio y se leuanto de la cama, le dixo el Medico vn dia: Señora, yo os he honrrado y seruido, desde que estays comigo, quanto me ha sido posible; por amor de mi os suplico que os boluays a casa de vuestro padre, y os esteys alli de aqui adelante, que yo mirare por vuestra hija y la hare criar con mucha honrra. Oido esto por la muger, quedo como fuera de si; pero tomando esfuerço, començo a dolerse de su desuentura, y a dezir que no era honesto ni parecia bien que la echase de aquella manera fuera de casa. Mas no queriendo el Medico, por bien que ella hizo y dixo, mudar de parecer, vinieron a terminos las cosas, que huuo de mezclarse el Gouernador, entendiendo que el Medico en todo caso queria diuorcio con la sobrina, y assi embio por el. Venido el Medico, y hecho el deuido acatamiento, el Gouernador (que era hombre de mucha autoridad) le hablo largamente sobre el negocio, diziendole que, en los casos que tocan a la honrra, conuiene mirar mucho a los inconuenientes que se pueden seguir, y es menester que se tenga mucha cuenta con que no tenga que dezir la gente; porque la honrra es vna cosa muy delicada, y la mancha que cae vna vez sobre ella, por marauilla despues hay remedio de poder quitarla. Tento juntamente de amedrantarle con algunas amenazas; pero quando huuo hablado a su plazer, le respondio el Medico: Señor, yo me case con vuestra sobrina creyendo que mi hazienda bastaria para sustentar a mi familia, y mi presupuesto era que cada año hauia de tener vn hijo, no mas; pero hauiendo parido mi muger a cabo de dos meses, no estoy yo tan abastado, si cada dos meses ha de tener el suyo, que pueda criarlos ni darles de comer; y para vos no seria honrra ninguna que viniese a pobreza vuestro linage, y assi os pido por merced que la deys a hombre que sea mas rico que yo, para que, pariendo tan a menudo, pueda criar y dexar ricos todos sus hijos, y a vos no os venga desonrra por ello. El Gouernador, que era discreto y sagaz, oyendo esto se quedo confuso, y replicole que tenia razon en lo que dezia, y con esto le despidio.

La hazienda que entre pocos es riqueza, repartida entre muchos es pobreza.

LVI

EL COMBIDADO ACUDIDO

Francisco Quintañon, vezino de Bilbao, combido, segun acostumbraua cada año, el dia del Santo de su nombre, en el qual hauia nacido, a algunos amigos; los quales truxeron al combite a Luis Loçano, estudiante, hombre gracioso, bien entrañado, y que si le llamauan a vn combite no dezia de no, y por caer aquel año en viernes, el combite huuo de ser de pescado. A lo qual proueyo el Quintañon en abundancia y muy bueno. Sentados a la mesa, dieron a cada vno su porcion de vesugos, congrios y otros pescados tales; solo a Loçano le dieron sardinas y no se que pescadillos menudos (por ventura por no hauer sido de los llamados, sino que le hauian traido). Como el vio aquella menudencia en su plato, en lugar de comer como hazian los otros, tomaua cada pescadillo y llegauasele al oido, y boluiale despues al plato. Reparando en aquello los combidados, y preguntandole por que haz'a aquello? respondio: Haura seys años que pasando vn hermano mio a Flandes, y muriendo en el viage, echaron su cuerpo en el mar, y nunca he podido saber donde de vino a parar, y si tuuo su cuerpo sepultura o no, y por eso se lo preguntaua a estos pescadillos, si por dicha lo sabrian. Todos me responden en conformidad que no saben tal. porque en ese tiempo no hauian ellos aun nacido; que se lo pregunte a esos otros pescados mayores que hay en la mesa, porque sin duda me daran relacion. Los combidados lo echaron en risa, entendiendo la causa porque lo dezia; y Quintañon, echando a los moços la culpa, que lo hauriau hecho por descuydo, mando traerle vn plato de lo mejor que hauia.

Si en vn combite fueres encogido, seras tambien sin duda mal seruido.

LVII

EL MAESTRO DE ESCUELA

Cabe vna aldea del reyno de Valencia, en vna hermita llamada Santa Barbera, moraua vn hermitaño, el qual enseñaua la doctrina christiana, y juntamente de leer y escriuir a los niños de aquel pueblo, sustentandose desta manera de su trabajo y de algunas limosnas. Este vn dia conuersando con sus dicipulos, les dixo este cuento: Haueys de saber, hijos, que quando yo era de vuestra edad, tenia por costumbre de dezir cada dia el Rosario de Nuestra Señora, y otras deuociones que de mis padres hauia aprendido; y vine vna vez a adolecer de hauer comido mucha fruta; y estando en la cama muy al cabo, por ser la calentura rezia, se me antojo que, asiendo de mi no se quien, fui lleuado a donde de vn Rey de infinita magestad estaua sentado en vn alto tribunal; junto a el estaua vna señora de incomparable hermosura, y al rededor otras muchas personas de presencia muy venerable y grandisimo numero de niñitos con alas. Yo estaua como pasmado de lo que via, quando trauando de mi vno que me parecio el enemigo, muy negro y feo, con cuernos en la cabeça, y muy grandes orejas y boca, y alas como de murciegalo, començo a dar grandes bozes diziendo: Este cautiuo no se me deue quitar; por tanto, mandad, Señor, que se me entregue luego; porque a sus padres ha sido rebelde, no haziendo lo que le mandauan; muchas vezes ha empleado el tiempo en juegos y cosas vanas; ha sido embidioso; ha pecado en la gula, y por ser desordenado en el comer, ha venido al punto en que esta; y finalmente, esta cargado de pecados y no hay en el cosa buena; porque aunque alguna huuiera, no fuera suya, sino de Dios, que le ha dado fuerças y voluntad de hazerla; y assi me le tengo de lleuar luego al reyno de tinieblas. Yo estaua temblando con grandisimo temor que no me lleuase aquel monstruo infernal; quando vn jouen hermosisimo vestido de blanco, cuyas alas eran de mil colores, respondio en alta boz: No te gozaras, maldito, desta alma que me ha sido dada en guarda, a quien redimio el Señor con su preciosisima sangre; ni te valdran tus engaños, porque aunque viene de Dios todo el bien, su liberalidad y clemencia es tanta, que las buenas obras que hazen los hombres con sus inspiraciones y ayuda, se las da por suyas; y con los merecimientos de su sagrada pasion las califica y les da infinito valor. y este pobrezico algunos terna aqui que le abonen. Entonces aquella Reyna soberana, inclinando a mi los ojos y boluiendolos luego al Señor, dixo: Yo se que muchas vezes me ha dicho el Rosario. Cerca estaua San Pedro, que dixo: A mi me tiene particular deuo-

cion, por llamarse de mi nombre, y assi no es verdad, sino grande malicia dezir que no ha hecho cosa buena. En este punto, aquel Rey omnipotente, mirando con desden al maligno espiritu, dixo: De manera que se nos atreue a venir aqui con mentiras? echenle al vellaco fuera, que no parezca mas delante de mi! No lo huuo dicho tan presto, quando el Angel, alçando la cruz, le dio vn porrazo que le hizo trompicar. San Pedro con las llaves le dio vn terrible golpe en la cabeça, de que le rompio vn cuerno. San Isteuan le arrojo vna piedra con que le quebro vn ojo; y cada Santo de aquellos, llamandole de ruin mentiroso, le dauan con lo que tenian en las manos, açotandole muchos dellos con palmas. Era de ver mas que todo, que, como vn exambre de abejas quando les llegan a la colmena, arremetieron bolando aquellos Angelitos, y le dieron tantos mordizcos y repelones, que no se podia valer el cuytado; y todos aquellos santos reian de ver que con grandes gemidos pedia en alta boz socorro. Quando le huuieron echado de alli, llegandose a mi el Angel, me dixo: Dios es seruido que biuas y te emiendes, seas a tus padres obediente, y de aqui adelante te emplees siempre en obras de virtud. Y sobre todo te acordaras de hazer oracion cada dia, encomendandote a Dios con mucha reuerencia, y a Nuestra Señora, y a San Pedro tu anogado, y si quisieres a otros santos, y acordarte has tambien de mi, que estoy siempre a tu lado. Dicho esto me boluio a mi cama, y en breues dias conualeci, y siempre he hecho las sobredichas cosas, y assi os encargo que lo hagays vosotros.

Encomiendate a Christo y a Maria,
a tu Angel y a tu Santo cada dia.

LAVS DEO

COLLOQUIOS DE ERASMO

VARON DOCTISSIMO Y ELOQUENTISSIMO

TRADUZIDOS DE LATIN EN ROMANCE, PORQUE LOS QUE NO ENTIENDEN LA LENGUA LATINA,
GOZEN ASSI MISMO DE DOCTRINA DE TAN ALTO VARON

NUEUAMENTE AÑADIDO EL COLLOQUIO DE LOS NOMBRES Y OBRAS

PROLOGO AL LECTOR

Pensando algunas vezes las ocupaciones de los hombres, que gastan todo el tiempo de su vida en los negocios del mundo, descuydados de si mismos y de su valor, y del prometimiento que Dios nos hizo de su gloria si le siruiessemos, sin que deste tiempo apartemos algun poco para ocuparle en concertar nuestra vida, e aparejarnos para la muerte, pues la breuedad del nos certifica que nos fue dado mas para nos proueer para la vida perpetua, que no para hazer en esta reposo con el descuydo de la otra, veo y considero la poca memoria que los christianos tenemos de la merced inestimable que Dios nos hizo en la redempcion, y el oluido de nuestra saluacion, e de la gloria que nos esta aparejada, pues que assi nos detenemos en las cosas transitorias, que no tomamos cuenta a nos mismos de aquello en que passamos e gastamos la vida, sacando e desarraygando de nosotros infinitas superfluydades en que la ocupamos. E porque mucha parte desta nuestra falta la remediamos leyendo las escripturas que los doctos y enseñados varones an escrito para nuestra doctrina y enseñança, deues, lctor, saber que entre las otras obras dignas de immortal memoria que el famosissimo theologo Desiderio Erasmo Roterodamo, del Consejo de Su Majestad, ha fecho, dexo vn libro que se llama de los Colloquios, en que instituye a todos los estados e condiciones de gentes para saber biuir, assi quanto a la conuersacion que deuemos tener vnos con otros, como a la regla e orden que somos obligados a seguir segun christianos; entre las quales ay doze colloquios, que en la verdad son vn muy necessario memorial, para que todos generalmente tengamos cuenta con nosotros en la vida e nos dispongamos e aparejemos para la muerte. E por ser cosa tan saludable y prouechosa a todos, me parescio que los deuia boluer en romance para los que no deprendieron el latin en que Erasmo los escriuio. Dezir quien es Erasmo, e su vida e costumbres, y las obras marauillosas e de gran dotrina que ha escripto (que son casi infinitas) es para nunca acabar. El biue oy y escriue. Todos los principes ecclesiasticos e seglares le an escripto y escriuen cada dia muchas cartas; Su Magestad tambien se las ha escripto estando en Burgos, en el mes de Deziembre passado de mil e quinientos e veynte e siete le escriuio vna; por donde paresce bien lo mucho en que le tiene, e la cuenta que faze de su persona e doctrina. La qual quise poner aqui, porque vale mas vna palabra della en su loor, que ciento que yo le pueda dezir. E porque es bien que callemos todos fablando Erasmo, oyamos su dotrina para que la obremos e conozcamos nuestros defectos, para que nos emendamos. Vale.

CARTA DE ERASMO AL EMPERADOR

TRASLADADA DE LATIN EN ROMANCE

Assi como confiesso, inuictissimo Cesar, deuer yo mucho a Vuestra Magestad, assi en particular por mi parte como en general por parte de los estudios, en auer tenido por bien de sostenerme tan benignamente con su fauor, assi en gran manera desseo que essa grandeza que doma e sojuzga poderosos reyes, tuuiesse otra tal autoridad y felicidad en domar las rebueltas de algunos malos. Confiando yo en el amparo de los pontifices e principes, e principalmente de V. M., con gran peligro de mi persona, pronoque contra mi toda la secta lutherana, que pluguiesse a Dios no estuuiesse tan derramada; y si desto alguno quisiere testimonio, testificarlo ha el *Sieruo arbitrio* de Luthero, que escriuio contra mi, y los dos libros en que yo le respondo. Agora quel negocio de Luthero se comiença a mitigar, esto en parte con mi trabajo e peligro, leuantanse ay algunos que, procurando, so color de religion, sus interesses particulares, con desordenadas rebueltas desassossiegan a España, prouincia en tantas maneras felicissima. Cierto yo por Christo peleo, no por interesses de hombres; de semejantes principios auemos muchas vezes visto leuantarse muy graues tempestades; a la verdad esta cosa de Luthero por muy mas liuianas causas se leuanto. En lo que a mi toca, mientra la vida me durare, no dexare de defender la piedad christiana. A V. M. pertenecera siempre e con mucha constancia fauorecer a los que con sinceridad y esfuerço defienden la yglesia de Dios. Yo debaxo de la vandera de Jesu Christo e de V. M. peleo, e debaxo della tengo de morir. Pero con mejor coraçon morire, si primero pudiere ver con la prudencia, saber y felicidad de V. M. buelto el sosiego e concordia, assi en la yglesia como en todo el pueblo christiano, lo qual no dexo de rogar a Jesu Christo todopoderoso, que por la mano de V. M. nos conceda. A El plega guardar e acrecentar de bien en mejor a Vuestra Majestad. Fecha en Basilea, a dos de Setiembre. Año de mil e quinientos e veynte e siete Años.

En el sobre escripto: Al inuictissimo Monarcha Carlos, rey catholico, electo Emperador de romanos.

RESPUESTA DEL EMPERADOR A ERASMO

TRASLADADA DE LATIN EN ROMANCE

Carlos, por la diuina clemencia electo Emperador de romanos augusto, etc.

Honrrado, deuoto e amado nuestro: En dos maneras nos auemos holgado con tu carta: lo vno por ser tuya, e lo otro porque entendimos por ella començar ya a desfazerse la secta lutherana. Lo primero deues tu al singular amor que te tenemos. E lo otro te deuemos a ti, no solamente nos, mas avn toda la republica christiana; pues por ti solo ha alcançado lo que por emperadores, pontifices, principes, vniuersidades, y por tantos e tan señalados varones fasta agora no auia podido alcançar; por lo qual conoscemos que ni entre los hombres immortal fama, ni entre los sanctos perpetua gloria te puede faltar, e por esta tu felicidad entrañablemente contigo nos holgamos. Resta que, pues con tanta felicidad has tomado esta empresa, procures con todas tus fuerças de llegarla fasta el cabo, pues por nuestra parte nunca auemos de faltar a tu sanctissimo esfuerço con todo nuestro fauor y ayuda. Lo que escriues de lo

que aca se ha tractado sobre tus obras, leymos de mala gana; porque parece que en alguna manera te desconfias del amor e voluntad que te tenemos, como si en nuestra presencia se ouiesse de determinar cosa ninguna contra Erasmo, de cuya christiana intencion estamos muy ciertos. De lo que consentimos buscar en tus libros, ningun peligro ay, sino que si en ellos se hallare algun humano descuydo, tu mismo, amigablemente amonestado, lo emiendes o lo declares, de manera que no dexes causa de escandalo a los simples, e con esto fagas tus obras immortales e cierres la boca a tus murmuradores; pero si no se hallare cosa que de razon merezca ser calunniada, no vees quanta gloria tu e tu dotrina aureys alcançado? Queremos, pues, que tengas buen coraçon e te persuadas que de tu honrra e fama jamas dexaremos de tener muy entera cuenta. Por el bien de la republica auer yo hecho todo lo que en nuestra mano ha seydo, no ay por que ninguno lo deua dubdar. Lo que al presente hazemos y de aqui adelante pensamos hazer, mas queremos que la obra lo declare. Vna cosa te pedimos: que en tus oraciones no dexes de encomendar nuestras obras a Jesu Christo todopoderoso. Fecha en Burgos, a catorze de Deziembre en el año del Señor de mil e quinientos e veynte e siete. E de nuestro imperio nono.

En el sobre escripto: Al honrrado, deuoto e amado nuestro Desiderio Erasmo Roterodamo, del nuestro Consejo.

EPISTOLA ERASMI AD CESAREM [1]

Vt fateor me tue maiestati plurimam debere gratiam, Cesar inuictissime, quam priuatim meo, tum publice studiorum nomine, quod me suo fauore benigniter subleuare non est granata, ita vehementer optarim, vt ista tua virtus, quae potentissimos reges domat subigitque parem habeat vel autoritatem vel facilitatem in domandis quorundam improborum tumultibus. Ego pontificum, ac principum, sed precipue tue Maiestatis presidio fretus, lutheranam factionem, quae vtinam non tam late pateret, totam in me concitaui magno sane capitis mei discrimine; cuius rei si quis fidem requirat, testabitur Lutheri Seruum arbitrum, quod in me scripsit: testabuntur Hyperapiste libri duo, quibus illi respondeo. Nunc quum lutherana res incipit inclinari, idque ex parte mea opera, meoque periculo, cooriuntur isti hic quidam simulato religionis pretextu, ventris tyrannidisque sue negocium agentes. Nos enim pro

Christo pugnamus, non pro commodis hominum, et Hyspaniam tot alioquin omnibus felicissimam, incompositis tumultibus reddunt irrequietam. Ex istius modi preludiis videmus alioquin grauissimas oriri tempestates. Certe lutheranum hoc negocium ex multo lenioribus causis ortum est. Quod ad me pertinet, non desinam vsque ad extremum halitum christiane pietatis causam tueri. Tue vero maiestatis ac pietatis fuerit, constanter ac perpetuo fauere iis, qui synceriter ac fortiter propugnant Eclesiamque Dei. Sub Christi tuisque signis milito: sub iisdem moriar: sed equiore moriar animo, si prius videre liceat, tua prudentia, tua sapientia, tua felicitate, tranquillitatem redditam tum Ecclesie, tum vniuerso populo christiano. Quod vt per te nobis largiatur christianos optimus maximus orare non desino. Qui tuam maiestatem seruare dignetur: semperque in melius prouehere. Datum Basilee, postridie Calendas septembris. Anno Domini MDXXVII.

A tergo: Inuictissimo Monarche Carolo, Regi Catholico, Romanorum Imperatori electo.

RESPONSIO CESARIS AD ERASMUM

Carolus, diuina ([1]) clementia Romanorum Imperator desinatus Augustus, etc.

Honorabilis denote dilecte: Fuerunt nobis tue littere duplici nomine iucundissime: et quia tue erant et quod ex his intelleximus lutheranorum insaniam ([2]) inclinari. Quorum alterum debes tu quidem singulari nostre erga te beneuolentie; alterum vero non tan nos tibi debemus, quam vniuersa respublica christiana: quum per te vnum id assequuta sit, quod per Cesares, Pontifices, Principes, Academias atque per tot viros eruditissimos hactenus obtinere non valuit. Unde tibi et apud homines immortalem laudem et apud superos perpetuam ([3]) gloriam, nequaquam defuturam, et quam libentissime videmus, et hanc tibi felicitatem contigisse ex animo gratulamur ([4]). Superest, ut prouinciam hanc ([5]) feliciter a te susceptam, pro viribus ad finem vsque perducere adnitaris. Nos enim tuis sanctissimis conatibus omni auxilio et fauore nunquam defuturi sumus. Ceterum quod scribis de his quae in tuas lucubrationes apud nos tractari cepta

sunt, moleste admodum legimus. Nam videris nostro in te animo ac voluntati quodammodo desidere ([1]): quasi nobis presentibus, quicquam aduersus Erasmum, cuius christianam mentem ([2]) exploratam habemus esse ([3]) statuendum. Ex inquisitione enim, quam in tuis libris permisimus, nihil est periculi, nisi vt si quid humani lapsus in his inueniatur, tu ipse amanter monitus, id vel corrigas, vel ita explanes ([4]), vt nullum offendiculum pusillis relinquas: et hac via tuis scriptis immortalitatem pares et obtrectatoribus ora occludas. Si vero nihil calumnia ([5]) dignum repertum fuerit, vides quantam gloriam tibi tuisque lucubrationibus assequuturus es. Bono itaque animo te esse volumus, tibique persuasum ([6]), fammam ([7]) nos tui honoris atque existimationis rationem nunquam non habituros. Pro quiete reipublice quod in nobis fuit, hucusque nos strenue prestitisse non est cur aliqua dubitari ([8]) debeat. Quid in presentia prestemus, quidne deinceps prestaturi simus, ea malumus operibus declarare. Hoc vnum a te petimus: vt tuis precibus actiones omnes nostras Christo Optimo Maximo semper commendes. Vale. E ([9]) ciuitate nostra Burgensi, die XIII Decembris. Anno Domini MDXXVII Regni nostri Romani nono. Carolus ([10]).

Honorabili denoto nobis dilecto Desiderio Erasmo Roterodamo, Consiliario nostro.

[I] COLLOQUIO

Llamado Amor de niños en Dios. Introduxense dos mochachos: el vno llamado Erasmo y el otro Gaspar. Erasmo pregunta a Gaspar en que ocupa la vida. Gaspar le responde a lo que sobre ello le pregunta. Comiença Erasmo y responde Gaspar.

Dize Erasmo.—De donde sales? Sales de alguna cozina?

Gaspar.—Habla cortesmente.

Eras.—Vienes del juego de la pelota?

([1]) S: «diffideres».
([2]) S: «pietatem».
([3]) S: «esset».
([4]) S, con evidente error: «et planes».
([5]) S: «calumnias».
([6]) S: «persuadeas».
([7]) S: «summam».
([8]) S: «dubitare».
([9]) S: «Datum in».
([10]) S añade: «Mandato Caesareae Maiestatis: Alfonsus Valdesius».—En la edición de Leyden de las *Opera Erasmi*, ocupa esta carta la columna 1047 de la 1.ª parte del tomo III. Publiqué estos preliminares de la versión castellana en mi estudio: *Erasmo en España (Episodio de la historia del Renacimiento);* New York, Paris, 1907; págs 69 y siguientes.

([1]) En el texto conservado en el Archivo general de Simancas (Estado-Leg. 1554, fol. 583; *apud* Fermín Caballero: *Alonso y Juan de Valdés;* Madrid, 1875; pág 350), y que designaré con la letra S, se añade: «fauentes».
([2]) S: «infamiam».
([3]) S: «perennem».
([4]) S: «gratulemur».
([5]) S omite «hanc».

Gas.—Ni de ay tanpoco.

Eras.—Es de la tauerna?

Gas.—No por cierto.

Eras.—Pues que yo no acierto adeuinando, di tu mismo donde vienes?

Gas.— Vengo de la yglesia de sancta Maria.

Eras.—Que tienes tu que hazer alli?

Gas.—Hazer oracion a algunos.

Eras.—A quales?

Gas.—A Christo e algunos sanctos.

Eras.—Mas religioso eres que lo pide tu edad.

Gas.—Antes a toda edad conuiene la religion.

Eras.—Si desseasse ser religioso, sufriria que me echassen encima la cugulla.

Gas.— Lo mismo haria yo, si quanto la cogulla trae de calor, otro tanto traxesse de piedad y amor.

Eras.—Dizese vulgarmente que los niños angelicos se conuierten en Satanas despues que enuejecieron.

Gas.—Yo pienso que el autor desse prouerbio es el diablo. Antes tengo por cierto que apenas ningun viejo puede ser verdadero sieruo de Dios, si no se acostumbrare desde niño a estar en su seruicio. Ninguna cosa mejor se deprende, que la que se enseña en la niñez.

Eras.—Pues que assi es, dime que cosa es religion?

Gas.—Es vna honra limpia y puro acatamiento que se deue a Dios, y guardar obseruacion de sus mandamientos.

Eras.—Que mandamientos son essos?

Gas.—Luenga cosa seria dezirlos; mas porque breuemente te los diga consisten en quatro cosas.

Eras.—En quales?

Gas.—La primera es: que recta, santa e limpiamente sintamos de Dios y de las escrituras diuinas, y que no solamente temamos a Dios como a señor, mas tambien le amemos con todas las fuerças de nuestros puros y limpios desseos, como a padre de quien auemos recibido y recebimos todos los bienes. La segunda, que con gran cuydado y diligencia defendamos y guardemos la innocencia, la qual es que no hagamos mal a ninguno. La tercera, que tengamos caridad; esto es, que en todo quanto pudieremos hagamos bien a todos. La quarta, que conseruemos y guardemos la paciencia, porque haze que los males que nos hizieren, si remediar no los pudieremos, pacientemente lo suframos, no tomando vengança ni dando mal por mal.

Eras.—Ciertamente tu eres buen predicador; mas dime, hazes estas cosas que enseñas?

Gas.—Hago todo lo que bastan mis fuerças.

Eras.—Que pueden tus fuerças, siendo mochacho?

Gas.—Essas exercito yo cada dia, tomando a mi mismo la cuenta e razon de mi vida, e si alguna cosa dexe de hazer que deuiera ser fecha, o fize algo que no deuia, trabajo por emendarlo, e si hable desuergonçadamente, o hize alguna cosa sin lo mirar primero, considero que fuera mejor callar lo vno y dexar de hazer lo otro.

Eras.— Quando te tomas essa cuenta?

Gas.—Comunmente en la noche, o en otro tiempo que tenga lugar para lo hazer.

Eras.—Pues que assi es, dime, en que cosas ocupas el dia?

Gas.—Ninguna cosa encubrire a tan fiel compañero. Quando despierto a la mañana, que es a las cinco o a las seys, hago la señal de la cruz en la frente y en los pechos.

Eras.—Y que hazes luego?

Gas.—Hago comienço del dia en el nombre del Padre y del Hijo y del Spiritu Sancto.

Eras.—Ciertamente es muy bien hecho.

Gas.—Luego hago oracion a Christo en pocas palabras.

Eras.—Que le dizes?

Gas.—Doyle gracias porque tuuo por bien de me dar buena noche, e suplicole que tambien el dia me lo de bueno para su gloria e salud de mi anima, y que El, que es luz verdadera y perpetua y sol eterno, y que da vida a todas las cosas e las cria e alegra, tenga por bien de alumbrar mi juyzio e mi anima para que nunca toque en ella manzilla de pecado, y me encamine y lleue a la vida eterna.

Eras.—Por cierto, el comienço del dia es bueno.

Gas.—Hecho esto, hablo e hago reuerencia a mis padres, a los quales despues de Dios deuo la primera honra e acatamiento, e quando es hora, voyme a la escuela, e si es tiempo, entro de passo por la yglesia.

Eras.—Que hazes alli?

Gas.—Otra vez hago oracion con tres palabras a Christo e a todos los santos e sanctas, y señaladamente a nuestra señora la Virgen e madre, e tambien a los otros en quien tengo deuocion.

Eras.—Ciertamente me paresce que leyste bien lo que dize Caton: saluda de buena voluntad a los que encontrares. No te parece que bastaua auer fecho oracion de mañana, sino que luego de nueuo la tornes a hazer otra vez? No temes ser enojoso e importuno con demasiado seruicio?

Gas.—Dios quiere que le llamen e supliquen muchas vezes.

Eras.—Cosa no conueniente paresce hablar al que no vees.

Gas.—Menos veo yo aquella parte mia con la qual hablo con Dios.

Eras.—Con que parte?

Gas. - Con el animo.

Eras.—Demasiada cosa es hablar al que no te fabla ni responde.

Gas.—Antes muy continuamente, al que le llama, fabla y responde con secreto spiritu; sin duda abundosamente responde el que da lo que le piden.

Eras. - Dime: que es esto que pides a Dios con tanta importunidad? Porque veo que estas tus salutaciones son pedigueñas, de la manera que son las de los pobres.

Gas.—Ciertamente no das lexos del blanco. Ruegole que El, que siendo niño de doze años, assentado en el templo enseño a los doctores (al qual el Padre celestial con boz venida del cielo dio autoridad para que enseñasse al humanal linage, quando dixo: este es mi muy amado Hijo, con el qual yo mucho me alegro; oyd a El, que es la eterna sabiduria del Padre celestial) tenga por bien de alumbrar mi entendimiento e ingenio, para que enteramente aprenda las letras honestas y buenas, de las quales yo vse a gloria suya.

Eras.—De que santos principalmente eres deuoto?

Gas.—De los apostoles, de Sant Pablo; de los martyres, de Sant Ciprian; de los doctores, de Sant Hieronymo; de las virgenes, de Sancta Ynes.

Eras.—Que causa te hizo tener deuocion con estos sanctos? Elegistelos, o fue a caso?

Gas. - Por suerte vinieron.

Eras.—A estos no hazes mas de saludarlos, o pidesles alguna cosa?

Gas.—Ruegoles que en sus oraciones e sufragios me encomienden a Christo e hagan de manera que en algun tiempo vaya yo a morar juntamente con ellos.

Eras. - Ciertamente no pides cosa pequeña. Que hazes despues?

Gas.—Voyme al estudio, y hago con toda voluntad lo que aquel lugar demanda, e assi pido e imploro el ayuda de Christo como si nuestras fuerças sin su fauor e ayuda ninguna cosa valiessen, e de tal manera trabajo, como si el ninguna cosa ouiesse de ayudar sino al que bien e sabiamente trabajare, e por todas las vias y modos que puedo hago de manera que con razon no me açoten, y que en dicho ni en fecho no ofenda a mi maestro ni a mis compañeros.

Eras.—Bueno eres, pues que estas cosas piensas.

Gas.—Quando soy embiado del estudio, voyme a casa, y otra vez si puedo passo por la yglesia y torno a saludar a Jesu Christo en tres palabras, e si alguna cosa ay en que sirua a mis padres, hagolo, e si me sobra algun tiempo, passo las liciones que he oydo en el escuela comigo solo o con mi compañero.

Eras.—Por cierto tu eres escasso de tiempo, y te aprouechas bien del.

Gas.—No es marauilla si soy escasso del tiempo, porque es cosa muy preciosa; e si se pierde, no se puede cobrar.

Eras. - Esiodo enseña que en el medio deuemos ser templados, y en el principio la escasseza ha de ser apressurada, y en el fin es tardia.

Gas.—Esiodo muy bien sintio en quanto al vino; pero la escasseza de la edad nunca es sin tiempo. La cuba, si la dexas, no se gasta ni vacia; mas la edad siempre corre: agora duermas, agora veles.

Eras.—Verdad dizes; pero despues, que es lo que hazes?

Gas.—Puesta la mesa a mis padres, digo la bendicion e siruo a los que comen a la mesa, hasta que me mandan que coma; y dadas las gracias despues de comer, si ay tiempo, huelgome con mis compañeros en algun juego honesto fasta que es hora que dexe el juego y me vaya al estudio.

Eras.—Tornas otra vez a saludar a Jesus?

Gas.—Si saludo, si ay disposicion, e si no ay lugar o falta el tiempo, passando por la yglesia le saludo con vn pensamiento secreto; e otra vez en el estudio, con todas mis fuerças hago lo que el lugar requiere; y buelto a mi casa, hago lo mismo que hize antes de comer; acabada la cena, ocupome en platicas alegres; e luego digo a mis padres e a los de casa que Dios les de buenas noches; e voyme presto a mi camara. Alli, hincadas las rodillas ante la cama, pienso entre mi, como te dixe: en que exercicios he gastado aquel dia; e si hallo que cometi algun pecado graue, pido la misericordia de Christo para que me perdone, y prometo de me emendar, e si no hallo nada, doy gracias a la magnificencia e liberalidad suya porque me guardo de todo vicio; y luego encomiendome a El de todo coraçon, e a los otros sanctos para que me defiendan de las assechanças del angel malo y de suzios sueños. Estas cosas hechas, acuestome en mi cama e hago la señal de la cruz en la frente e aparejome para dormir.

Eras.—En que manera te compones para el sueño?

Gas.—Ni me echo boca abaxo ni boca arriba, mas echome sobrel lado derecho; y pongo vn braço sobre otro para que la figura de la cruz defienda mi pecho; poniendo la mano derecha sobre el hombro yzquierdo, y la yzquierda sobre el derecho, e assi duermo suauemente fasta que despierto o me despiertan.

Eras.—Santillo eres, que puedes fazer estas cosas.

Gas.—Antes tu eres loquillo, que esso dizes.

Eras.—Yo loo lo que hazes; si yo lo pudiesse ymitar e hazer!

Gas.—Tan solamente quieras tu, que luego lo podras hazer; porque si lo acostumbrares, en poco tiempo todas estas cosas te seran suaues y se bolueran en naturaleza.

Eras.—Ninguna cosa me has dicho de las cosas sagradas.

Gas.—Ni tampoco dexo esso en los dias de fiesta.

Eras.—En essos dias, que es lo que hazes?

Gas.—Ante todas cosas examino a mi mismo, para ver si mi animo esta corrompido con alguna manzilla de pecado.

Eras.—E si hallas que el animo esta contaminado, que hazer? apartaste del altar?

Gas.—No con el cuerpo, mas con el animo me aparto; y assi como quien esta lexos, no osando alçar los ojos a Dios Padre, a quien ofendi, doyme golpes en los pechos, diziendo con el publicano aquello del Euangelio: Señor, faz misericordia comigo pecador; y allende desto, si siento que alguno es ofendido de mi, procuro de aplacarlo luego si conuiene e ay tiempo para ello, e si no, propongo en mi animo de reconciliarme con mi proximo luego que pueda e ouiere oportunidad para lo hazer. E si alguno me ofendio, perdonole y remito la vengança; e fago de manera que el que me ofendio conozca su error y le pese dello; e si no ay esperança ninguna que el se arrepienta, dexo a Dios toda la vengança.

Eras.—Dura cosa es de hazer esso que dizes.

Gas.—Cosa dura te parece perdonar a tu hermano vna liuiana culpa, auiendo de ser necessario para ti muchas vezes su perdon; y que Christo nos perdono vna vez todos nuestros pecados; y que cada dia nos los perdona? Antes me parece que no es liberalidad que hazes a tu proximo, sino logro e interesse acerca de Dios. Assi como quando el sieruo por conueniencia perdona a otro sieruo tres reales para que el señor le perdone a el diez ducados.

Eras.—Hermosa y sabiamente lo dizes, si cierto es lo que has dicho.

Gas.—Como! piensas tu que ay cosa mas cierta que el prometimiento del Euangelio?

Eras.—No es cosa justa pensarlo; mas ay algunos que piensan que no son christianos si cada dia no oyen missa.

Gas.—Yo no daño ni condeno lo que aquestos hazen, mayormente en aquellos que andan ociosos y que todos los dias ocupan en negocios del mundo; tan solamente no consiento con aquellos que supersticiosamente tienen que el dia que no oyen missa no les ha de suceder bien, los quales, en acabandola de oyr, luego se van a los negocios del mundo, o a robar, o a palacio, y qualquiera cosa que les sucede de lo que bien o mal hizieron, lo atribuyen a la missa.

Eras.—Ay algunos tan locos que assi lo hazen?

Gas.—La mayor parte de los hombres.

Eras.—Torna agora a contar lo que dezias de la missa.

Gas.—Si puedo, allegome al sacro altar, porque pueda oyr y entender aquellas cosas que el sacerdote dize, mayormente en la epistola y en el Euangelio; y de las cosas que alli oygo, trabajo por sacar alguna cosa que assiente en mi animo; y aquello que saco lo estoy algun rato pensando comigo mismo.

Eras.—Y entre tanto ninguna cosa rezas?

Gas.—Rezo; empero mas con el pensamiento que con el estruendo de los labios; y de aquellas cosas que el sacerdote dize, saco materia y ocasion de hazer mi oracion.

Eras.—Di esso mas claramente, porque no entiendo bien lo que quieres dezir.

Gas.—Dezirtelo he; finge que se reza la epistola que dize: limpiadvos de la vieja leuadura, para que seays nueuo rocio, assi como soys panes cenceños sin leuadura; a estas palabras que oygo, assi fablo comigo, endereçandolo a Christo: Plega a Dios que yo sea verdaderamente pan cenceño, libre de toda leuadura de malicia; mas tu, Señor Iesu Christo, que solo eres pan cenceño puro y limpio de toda malicia, ten por bien que de cada dia yo mas e mas me limpie y purgue de la vieja leuadura y de su malicia. Y tambien, si se lee el euangelio del sembrador que sembraua su simiente, desta manera digo comigo mismo: Bien auenturado aquel que meresce ser tierra buena; e ruego a mi Dios que de tierra ynutile e sin prouecho, por su bondad infinita, me faga tierra buena, porque sin su gracia y beneficio ninguna cosa es buena. Estas cosas que he dicho sean dichas por causa de exemplo, porque discurrir por cada cosa seria muy prolixo; mas si topo con algun sacerdote mudo, de los quales ay muchos, o si no puedo estar cerca del altar, tomo mi librillo, en el qual esta escripto el euangelio y epistola de aquel dia, e alli yo mismo, o lo pronuncio con la boca, o lo leo con los ojos.

Eras.—Entiendo lo que dizes, mas dime; con que pensamiento passas este tiempo de la missa?

Gas.—Doy gracias a Jesu Christo por su infinita caridad que tuuo por bien de redemir con su muerte el genero humano; y suplicole no permita que su sacratissima sangre aya sido embalde derramada por mi; mas que siempre apaciente mi animo con su sanctissimo cuerpo, y con su sacratissima sangre biuifique mi spiritu, para que, creciendo poco a poco con los actos de las virtudes, me haga miembro suficiente de aquel cuerpo mistico que es la yglesia catholica; y que nunca me desuie de aquella compañia e confederacion que El puso con sus amados discipulos en la postrimera cena, quando les dio el pan y el caliz: y por estos discipulos, con todos aquellos que por el baptismo estan metidos en su compañia. E si siento que el pensamiento anda vagando, leo algunos psalmos o alguna cosa que sea santa y buena, que retrayga el animo y pensamiento de aquello en que anda.

Eras —Tienes para esto algunos psalmos señalados?

Gas.—Si tengo; mas no estoy tan obligado a ellos que no los dexe si algun pensamiento me viene que mas harte mi animo que aquella lecion de psalmos.

Eras.—Que me dizes del ayunar?

Gas.—Quando ayuno, no me entremeto en negocios, porque assi me lo enseño Sant Hieronymo: que la sanidad no fuesse atormentada con ayunos hasta tanto que el cuerpo por la edad aya alcançado las fuerças que conuiene; yo avn no he salido de los xvii años; empero, si siento que es menester, como y ceno templadamente, para poder mejor y mas alegremente exercitarme en obras de piedad el dia de la fiesta.

Eras.—Ya, pues vna vez comence, quiero preguntar de todas las cosas: en que manera eres aficionado a los sermones?

Gas.—En gran manera a los sermones no menos religiosamente me allego que a la sancta communion; pero escojo los que he de oyr, porque ay algunos que es mejor no auerlos oydo; e si algunos ay destos, o si no ay ningun sermon, passo el tiempo en la lecion de la Sagrada Escritura; leo el euangelio y la epistola con la declaracion de Sant Juan Chrisostomo o de Sant Hieronymo, o de otro que sea doto e sieruo de Dios.

Eras.—Bueno es esso, pero mas atrae e aficiona la boz bina.

Gas.—Confiesso lo que dizes; porque en la verdad, mas quiero oyr sermon, quando el predicador se puede sufrir; mas no pienso que he dexado de oyr sermon si veo lo que han escrito Sant Juan Chrisostomo y Sant Hieronymo, que hablan en lo que escriuieron.

Eras.—Lo mismo digo yo; mas dime, que anto te deleyta e agrada la confession?

Gas.—En gran manera, porque me confiesso cada dia.

Eras.—Cada dia?

Gas.—Assi es.

Eras.—Dessa manera has de tener para ti solo y a tu costa vn sacerdote.

Gas.—Confiessome a aquel que El solo perdona los pecados e tiene poder sobre todas las cosas.

Eras.—A quien?

Gas.—A Christo.

Eras.—Por auentura piensas que basta esso?

Gas.—A mi bastante me seria, si bastasse a los mayores de la yglesia y a la costumbre ya recebida.

Eras.—A quales llamas los mayores de la yglesia?

Gas.—A los pontifices y obispos e apostolos.

Eras.—Entre essos cuentas a Christo?

Gas.—Christo es, sin diferencia ninguna, el mas alto de todos.

Eras.—Y es auctor desta confession recebida?

Gas. — Ciertamente, El es autor de todo bien; empero, si El instituyo esta confession o no, yo lo dexo a los theologos que lo disputen; a mi, que soy mochacho e sin letras, bastame el autoridad de mis mayores; e cierto esta es la principal confession, porque no es cosa ligera confessarse a Christo; no se confiessa a El sino aquel que de toda su voluntad e anima se ayra contra su pecado; delante del declaro y en gran manera lloro mis pecados; derramo lagrimas, doy bozes, aborrezco a mi mesmo, suplicole me de su misericordia, y no cesso fasta que siento que del todo es limpiado el desseo e aficion de pecar, y sacado y desarraygado de lo mas secreto e interior del anima y que aya sucedido reposo y alegria, que es señal y argumento que Dios me ha perdonado mis pecados; y quando es tiempo que me allegue a la comunion del cuerpo y sangre del Señor, confiessome al sacerdote con pocas palabras, y no confiesso saluo aquellos que verdaderamente son pecados, o los de tal calidad que tenga gran sospecha que son pecados. Y no pienso que es pecado aquello que se comete contra las constituciones humanas, saluo si se hiziere con menosprecio malicioso, antes pienso que apenas es pecado mortal el que se comete sin malicia, esto es, la estragada e dañada voluntad.

Eras.—Huelgo mucho en que assi eres religioso, que no eres supersticioso, e aqui tiene lugar el prouerbio que dize: que ni todas las cosas, ni donde quiera, ni a quien quiera.

Gas.—Busco y elijo vn sacerdote tal a quien libremente pueda descubrir los secretos de mi anima.

Eras.—Este es buen saber, porque ay muchos sacerdotes que lo que se les dize en confession lo publican ellos; e ay otros que son tan desuergonçados y nescios, que preguntan muchas cosas a los que se confiessan que fuera muy mejor auerlas callado; ay otros tan bouos indoctos, que, por cobdicia de vna pequeña ganancia, oyen de confession mas con las orejas que con el animo, e no saben juzgar entre lo dañoso e bien fecho, e lo bueno y lo malo; ni pueden enseñar, ni consolar, ni dar consejo. Que estas cosas assi passen, continuamente lo oyo de muchas personas; e parte dellas he yo esperimentado.

Gas.—E yo muy mucho tambien, e por tanto elijo e busco vn sacerdote que sea sabio e graue y de señalada entereza y no parlero.

Eras.—Ciertamente eres dichoso e bienauenturado, pues que començaste temprano a saber estas cosas.

Gas.—Finalmente, que el primero y mas principal de mis cuydados es guardarme que no cometa algun pecado que con peligro mio lo confiesse al sacerdote.

Eras.—Ninguna cosa mejor me parece, si te puedes guardar dello.

Gas.—A mi muy dificile es fazerlo; mas con el ayuda de Jesu Christo ligeramente se haze; lo primero, teniendo buena voluntad, la qual mejoro y renueuo cada dia, mayormente los dias de fiesta. Assi mismo, en quanto puedo e mis fuerças bastan, me aparto de la compañia de los malos y me allego a la de los buenos y de buenas costumbres, para que con su conuersacion me hagan mejor.

Eras.—Rectamente te aconsejas, porque las malas hablas corrompen las buenas costumbres.

Gas.—Huyo la ociosidad assi como de pestilencia.

Eras.—Bien hazes, porque es verdad que la ociosidad enseña muchos males, porque segun oy son las costumbres de los hombres, justamente se puede dezir que aquel solo biue, que se aparta de la conuersacion de los malos.

Gas.—Verdad es lo que dizes, porque muchos son los malos, como dixo aquel sabio griego; empero de los pocos elijo los mejores; que, como sabes, el buen compañero muchas vezes haze mejor a su compañero; tambien huygo de los juegos que prouocan a maldad, e vso de los que no hazen daño; soy apazible e bien criado con todos, y solamente comunico con los buenos, e quando me hallo entre los malos, o los corrijo amonestandoles blandamente, o sufro con dissimulacion; si veo que mi amonestacion no les aprouecha, en viendo oportunidad, salgome de entre ellos.

Eras.—Nunca te tomo gana de meterte frayle?

Gas.—Nunca; pero muchas vezes fue amonestado de algunos que dezian que me saliesse del siglo, assi como de naufragio o pielago peligroso, y me fuesse al puerto, que son los monesterios.

Eras.—Que es lo que oygo? querian asirte?

Gas.—Con marauillosas artes y engaños acometieron a mis padres e a mi para me caçar; pero yo tengo determinado de no me casar, ni ser clerigo ni frayle, ni someterme a sus

constituciones ni a otro genero de vida de donde no me pueda desenlazar, fasta que muy bien me conozca a mi mismo y sepa lo que puedo.

Eras.—Quando sera esso?

Gas.—Podra ser que nunca; empero, antes que aya veynte y ocho años, ninguna cosa determinare de mi mismo.

Eras.—Por que lo has de fazer assi?

Gas.—Porque veo a cada passo muchos clerigos e frayles y casados llorando porque locamente se metieron en seruidumbre.

Eras.—Sabio y astuto eres, pues no quieres ser preso.

Gas.—Entre tanto, de tres cosas tengo cuydado.

Eras.—Quales son?

Gas.—Que aproueche y crezca en la bondad de las costumbres, y que, si no lo pudiere hazer, que sin falta ninguna guarde y defienda mi innocencia e fama limpias e sin manzilla. Lo postrero doyme a buenas letras e disciplinas tales, que me sean prouechosas para qualquier genero de vida que aya de tomar.

Eras.—Entretanto apartaste de los poetas?

Gas.—No del todo; pero principalmente leo algunos, los mas castos e limpios, e si topo con alguna cosa poco honesta, passo corriendo por ello como Vlixes, atapadas las orejas, quando naue gaua cerca de las serenas.

Eras.—Entretanto, a que genero de estudios te das con mas voluntad, a la medecina, o a las leyes, o a los canones, o a la theologia? Porque el saber las lenguas, las buenas letras e la filosofia, ygualmente aprouechan para qualquier sciencia que ayas de seguir

Gas.—Avn no me he aplicado ni determinado del todo a ninguna sciencia; empero de cada vna tomo algun gusto, porque no ygnore alguna, para que, auiendo gustado de cada vna, con mas certinidad elija aquella para que fuere mas bastante e mas inclinado. La medicina es sciencia que se aprouecharas della en qualquier lugar donde te hallares. La sciencia de los juristas abre el camino para las dignidades. La theologia me agrada mas que ninguna de las otras sciencias, sino que me descontenta mucho las costumbres de algunos theologos e las contenciones entre ellos mismos.

Eras.—No cae ligeramente el que anda poco a poco; muchos ay qne se apartan de la theologia porque temen de andar vacilando en la fe catholica, como ven qne son llamados para quistiones.

Gas.—Yo lo que leo en la Sagrada Escriptura y en el simbolo de los Apostoles, sin ninguna duda e con gran confiança lo creo, sin escodriñar ni buscar otra cosa allende de lo que alli esta escrito; las otras cosas dexolas para que las disputen y examinen los theologos si quisieren, e si alguna cosa esta recebida e vsa della el pueblo christiano que a la clara no contradiga a la Sagrada Escritura, guardolo, por no ser causa que alguno no se escandalize.

Eras.—Que filosofo te enseño essa filosofia?

Gas.—Siendo yo mochacho de pocos dias, tuue familiaridad muy continua con Juan Colecto (¹), varon de señaladas e notables costumbres; conocistele?

Eras.—Muy bien, como a ti mismo le conosci.

Gas.—Este enseño mi tierna edad con amonestaciones e consejos de la manera que tengo dicho.

Eras.—Auras embidia de mi si procuro de te ymitar en esta manera de biuir que has contado?

Gas.—Antes, si lo hazes, firmare contigo muy estrecha amistad y te amare muy entrañablemente; porque, como sabes, la semejança de las costumbres ayunta e añuda el amistad e beniuolencia.

Eras.—Verdad dizes, pero essa amistad no se ayunta entre los que procuran e compiten sobre alguna dignidad, quando ambos juntamente trabajan e se congoxan por la alcançar.

Gas.—Ni entre los mancebos que ygualmente los fatiga el amor de alguna donzella, e con gran desseo la querria cada vno para casarse con ella.

Eras.—Dexadas las burlas, yo me determino de te començar a ymitar y seguir en esta manera de biuir.

Gas.—Ruego a Dios que te suceda muy bien.

Eras.—Por auentura te alcançare.

Gas.—Pluguiesse a Dios que tanto corriesses que passasses adelante; pero yo no te esperare, porque cada dia trabajo de sobrepujar a mi mismo; tu procura con todas tus fuerças, si pudieres, de llenarme la delantera.

FINIS

•

[II] COLLOQUIO DE VIEJOS

Hecho por Erasmo Roterodamo, e introduzense Eusebio, Pamphiro (²), Poligamo, Glicion.

Dize Eusebio.—Que nueuas aues son las que veo? si el coraçon no me engaña, o mis ojos veen menos de lo que suelen, yo veo sentados

(¹) John Colet, Deán de San Pablo y Profesor en Oxford (1466-1519). Fué una de las figuras más importantes del Renacimiento inglés. Consérvase parte de su correspondencia epistolar con Erasmo. Su retrato, pintado por Holbein, se custodia en Windsor Castle.

(²) En el texto latino: «Pampirus».

a mis tres viejos fanfarrones: Pamphiro, Poligamo, Glicion; ciertamente ellos son.

Pamphiro—Que nos quieres con tus ojos vedriados, aojador? Allegate aca mas cerca, Eusebio.

Poligumo.—Dios te salue, muy desseado Eusebio.

Glicion.—En buen hora estes, buen varon

Eus.—Dios os salue a todos de vna misma salud, mis muy desseados amigos; que Dios o que caso tan venturoso nos ayunto? porque creo que ha mas de quarenta años que ninguno de nosotros vio al otro. No nos pudiera mejor juntar Mercurio con su embaxador. Que hazeys aqui?

Pam.—Estamos sentados.

Eus. - Bien lo veo, mas pregunto la causa.

Pam.—Esperamos vn carro que nos lleue a Antuerpia.

Eus.—Al mercado?

Pol.—Ansi es; mas nuestro camino es mas por mirar que por negociar, avnque algunos tienen otro negocio.

Eus.   Tambien es alla mi camino; mas, que estoruo teneys que no os vays?

Pol.—No nos hemos avn concertado con los carreteros.

Eus.—Trabajoso linaje de hombres; mas, quieres que los engañemos?

Pol.—Querria, si fuesse licito.

Eus.—Finjamos que nos queremos yr juntos a pie.

Pol.—Antes les haras creer que los cancros buelan, que piensen que hombres de tanta edad an de yr a pie este camino.

Glic.—Quereys vn bueno y verdadero consejo?

Pol.—Mucho querria.

Glic.—Ellos beuen, e mientra mas vezes lo hazen, es mayor nuestro peligro que en alguna parte no nos echen en el lodo.

Pol.—Muy de mañana conuiene que madrugues si quieres fallar al carretero que no este beodo.

Glic.—Si quereys que lleguemos al mejor tiempo a Antuerpia, tomemos vn carro para nosotros quatro solos, e no hagamos caso de tan poco dinero, porque este daño se recompensara con muchos prouechos; sentarnos hemos mejor e mas a nuestro prouecho, e muy suauemente passaremos este camino diziendo fabulas a vezes.

Pol.—Bien nos amonesta Glicion que en el carro el aplazible compañero nos sea carro, e allende desto, como dize el prouerbio de los griegos, fablaremos mas libremente, no del carro, mas en el carro.

Glic.—Ya esta fecho el concierto; subamos hao; agora me plaze biuir, pues que en tanto interualo de tiempo me acaecio que pueda ver mis amigos tan amados en el tiempo passado.

Eus.—A mi me parece que me torno mancebo.

Pol.—Quantos años contays despues que juntamente biuimos en Paris?

Eus.—Pienso que son passados mas de quarenta y dos.

Pam.—Entonces pareciamos todos yguales.

Eus. Ciertamente si eramos, y si alguna diferencia auia, era poca.

Pam.—Eagora, quan desiguales parecemos! Porque Glicion ninguua cosa de vejez tiene, y Poligamo parece su abuelo.

Eus.—Ciertamente assi es; que es la causa?

Pam.—Que es la causa? O el vno se detuuo e paro en la carrera, o el otro le passo adelante.

Eus.—Mirad; no se detienen los años, avnque se detengan los hombres.

Pam.—Di por tu fe, Glicion, quantos años cuentas?

Glic.—Mas que ducados.

Pol.—Mas quantos?

Glic.—Sesenta e seys.

Eus.—O verdaderamente, como dizen, vejez de Titono (¹)!

Pol.—Mas con que arte detuuiste la vejez? Porque ni tienes canas, ni el cuero arrugado, biuos los ojos, de arriba e de abaxo resplandecen los dientes en orden, tienes la color biua, el cuerpo derecho.

Glic.—Quiero dezir mis artes, con condicion que tu a vezes nos cuentes las tuyas, con las quales te heziste viejo temprano.

Pol.—Yo me ofrezco a lo fazer; por ende dinos donde te fuyste quando dexaste a Paris.

Glic.—Por camino derecho me fuy a mi tierra, donde estuue casi vn año; comence a entender en escoger manera de binir, lo qual no pienso que es de poco peso para la felicidad; andaua mirando lo que bien o mal sucedia a cada vno.

Pol.—Marauillome que tuuiste tanto seso, porque en Paris no auia cosa mas burlona y perdida que tu.

Glic.—Entonces fazialo la edad, e tambien aqui no hize toda la cosa por mi parecer.

Pol.—Ya me marauillaua.

Glic.—Ante que en cosa me determinasse, me fue a vno de los ciudadanos grande en edad, muy prudente por el luengo vso de las cosas, e muy aprouado por testimonio de toda la ciudad, e a mi parecer muy bienauenturado.

Eus.—Sabiamente lo heziste.

Glic.—Por el consejo deste tome muger.

(¹) Τιθωνοῦ γῆρας; proverbio griego aplicado á la ancianidad avanzada, pero bien conservada.

Pol.—Bien dotada?

Glic.—Con mediano dote, y, como dize el prouerbio. conforme a mi estado o condicion; porque tambien yo tenia mediana hazienda, y esto me sucedio a mi voluntad.

Pol.—Quantos años auias entonces?

Glic.—Casi veynte y dos.

Pol.—Dichoso tu.

Glic.—No te yerres, que no deuo todo esto a la fortuna.

Pol.—Como assi?

Glic.—Dezirtelo he; otros aman primero que escogen; yo primero escogi que amasse, y esta mas la tome para la generacion que para el deleyte; biui con ella muy suauemente no mas de ocho años.

Pol.—Dexote algun huerfano?

Glic.—Antes me dexo vn quadro de hijos, dos varones e dos hembras.

Pol.—Biues priuadamente, o tienes cargo de algun magistrado?

Glic.—Tengo vn oficio publico; pudiera tener otros mayores, mas este escogi para mi, porque es de tanta dignidad, que faze que no me menosprecien e no es subjecto a enojosos negocios. Y assi no ay quien me ponga por objectos que biuo para mi solo, y es tal que algunas vezes ay en que haga bien a mis amigos; e confento con esto, nunca procure otra cosa mayor, e oueme con el magistrado de tal manera, que de mi se le creciesse dignidad, y esto tengo por mejor que tomar yo la dignidad del resplandor del oficio.

Eus.—Ninguna cosa es mas verdadera.

Glic.—Assi me hize viejo entre mis ciudadanos, seyendo amado de todos.

Eus.—Muy dificultoso es esto que dizes, pues no se dixo sin causa que el que no tiene enemigo alguno, tampoco puede tener amigo, y que la embidia acompaña siempre a la felicidad.

Glic.—La embidia suele acompañar a la muy señalada felicidad. Lo mediano es lo seguro, e tuue siempre continua diligencia de no buscar mi prouecho con daño de otros, y en quanto pude me abrace con aquella que llaman los griegos reposo e sossiego. En ningunos negocios me entremeti, e principalmente me aparte de aquellos que no se podian hazer sin ofensa de muchos. En las ayudas de los amigos assi me he, que por causa de fazerles bien no gane algun enemigo, y si de alguna parte me nace alguna enemistad, o lo amanso con desculpa o lo amato con buenas obras, o lo dexo caer a vezes con dissimulacion; siempre me aparto de diferencias, y si alguna vez vienen, mas quiero perder la fazienda que la amistad, y en las otras cosas heme blandamente; a ninguno injurio; a todos muestro buen rostro; saludo de buena gana a todos; torno a saludar a los que me fablan; no contradigo al parecer de ninguno; ninguna determinacion ni fecho de otro condeno; a ninguno me antepongo, y consiento que cada vno alabe lo suyo y lo tengan por hermoso. No confio mi secreto de otro: no escudriño los agenos secretos, e si acaso se alguno, no lo descubro. De los ausentes, o callo, o fablo bien e con buena criança. La mayor parte de la renzilla de los hombres, nace de la destemplança de la lengua. Agenas enemistades no las despierto ni las crio, mas todas las vezes que me vienen a la mano, las amato o amanso. Con estas razones, fasta agora deseche la embidia e sustente la amistad e bien querencia de mis ciudadanos.

Pam.—No se te fizo graue estar sin muger?

Glic.—Ninguna cosa me dolio mas en la vida que la muerte de mi muger, e holgara mucho que juntamente enuegecieramos e gozaramos de los fijos de entrambos; mas pues a Dios parecio otra cosa, juzgue que fuesse assi mejor y mas conueniente para entrambos; ni me puse a pensar en cosa que con vanos lloros me atormentasse, mayormente como estos lloros aprouechassen poco a la defunta.

Pol.—Nunca te tomo codicia de tornarte a casar, principalmente sucediendote tan bien el primero matrimonio?

Glic.—Si tomo; mas como case por causa de los hijos, tambien por su causa no me caso.

Pol.—Mezquina cosa es acostarse hombre solo todas las noches.

Glic.—Ninguna cosa es dificultosa al que quiere. Tu piensa quantos prouechos tiene la libertad; ay algunos que de todas las cosas sacan lo dañoso, como parece auer sido aquel Crates, por cuyo titulo es dicho el epigrama que coje los males de la vida, y cierto a estos aplaze aquello que se dize: que es muy bueno no nascer. A mi mas plaze Meteodoro (¹), que de qualquier parte sacaua lo bueno que auia, y cierto assi se haze mas dulce la vida. Yo assi gouerne mi animo, que ninguna cosa dessee ni aborreci en extremo, e assi me acaesce que ni la prospera fortuna me ensoberuece, ni la aduersa me atormenta.

Pam.—Ciertamente tu filosofo eres, y mas sabio que Thales, si puedes esto hazer.

Glic.—Si alguna enfermedad me nace eñ el animo, como trae muchas la vida de los mortales, luego la echo de mi animo, agora sea yra que salga de ofensa, o otra cosa contra mi fecha indignamente e sin merescerlo.

Pol.—Tambien ay algunas injurias que al mas sossegado rebueluen el estomago, como son muchas vezes las ofensas de los criados.

Glic.—Ninguna cosa consiento arraygar en

(¹) *Sie*, por «Metrodoro».

mi animo: si le puedo dar medicina, doysela, e si no, considero que por fatigarme no sucedera mejor el negocio. Para que me detengo? Hago de manera que desde luego obre en mi la razon lo que vn poco despues ha de hazer el tiempo. Ciertamente ningun dolor es tan grande, que no le desecho quando me voy a dormir.

Eus.—No me marauillo que no enuejezca hombre que tiene tal animo.

Glic.—E por no tener nada encubierto a mis amigos, principalmente me guardo de cometer pecado que pudiesse denostar a mi o a mis fijos; porque no ay cosa mas desassossegada que el animo que no esta bien satisfecho de si mismo; e si alguna culpa cometo, no me voy a dormir fasta que me reconcilio con Dios, que la fuente del verdadero sossiego, como dizen los griegos, y de la verdadera alegria, es estar bien auenido con Dios; porque a los que assi biuen no les pueden mucho dañar los hombres.

Eus.—No te atormenta por ventura algunas vezes el temor de la muerte?

Glic.—No mas que me enflaquece el dia del nascimiento. Se que tengo de morir, e por ventura este cuydado me quitaria algunos dias de vida, y ciertamente ninguna cosa puede añadir; ansi que todo este cuydado lo dexo a Dios; yo de ninguna cosa otra curo sino de biuir bien e suauemente, e no puede biuir suauemente sino el que biue bien.

Pam.—A mi el fastio me enuegeceria si biuiesse tantos años en vna ciudad, avnque fuesse Roma.

Glic.—Cierto la mudança del lugar trae algun deleyte; mas las luengas peregrinaciones, assi como añaden prudencia, assi tienen muchos peligros. Yo tengo para mi por mas seguro rodear todo el mundo en vna tabla de geographia, y es poco menos lo que se vee en las hystorias, que si bolase ve ynte años a exemplo de Ulixes, por todas las ti erras e mares. Yo tengo vna heredad que esta dos mil passos de la ciudad; alli me voy algunas vezes, y de ciudadano me hago labrador, e despues que me he bien recreado, como nueuo huesped me bueluo a la ciudad, donde assi saludo e soy saludado de los que topo, como si viniesse de ¡as yslas nueuamente descubiertas.

Eus.—No ayudas a conseruar la salud con algunas medicinas?

Glic.—Nunca entiendo con medicos: jamas me sangre, ni purgue, ni trague pildoras, ni beui purgas; si me viene alguna mala disposicion, echo de mi el mal con buen regimiento e con yrme a la eredad.

Eus.—Nunca estudias?

Glic.—Si, antes en esto pongo el principal deleyte de mi vida. Mas deleytome en ello con me fastigo; estudio, o por mi plazer, o por el prouecho de la vida, e no para demostracion e fama del pueblo. Despues de comer, o me apaciento con sabias hablas, o me voy al letor; nunca estoy sobre el libro mas de vna ora, y despues leuantome y tomo la vihuela, passeome vn por la camara cantando o trayendo a la memoria lo que he leydo, e si a caso viene algun poco amigo, comunicole lo que he leydo, y luego me bueluo al libro.

Eus.—Mas dime en buena verdad: no sientes algunos daños de la vejez, los quales dizen ser muchos?

Glic.—En el sueño siento alguna dificultad mas que solia, e por esso no tengo tanta memoria si no lo afixo primero en ella.

Yo soy libre de la fe que di, y os he declarado mis artes magicas, con las quales conseruo mi mocedad; agora, debaxo de la misma fe, nos diga Poligamo como se hizo tan viejo.

Pol.—En verdad, no ay cosa que yo encubra a tan fieles amigos.

Eus.—Tambien lo cuentas a hombres que lo callaran.

Pol.—Bien sabeys, en el tiempo que estuue en Paris, quan poco me faltaua para ser Epicuro.

Eus.—Bien nos acordauamos desso; mas pensauamos que auias dexado alla las costumbres juntamente con la mocedad.

Pol.—Entre otras muchas que alli ame, truxe comigo a mi casa vna que estaua preñada.

Eus.—A casa de tu padre?

Pol.—Por camino derecho; mas fingendo que era muger de vn mi amigo que luego auia de venir.

Eus.—Y creyolo tu padre?

Pol.—Antes olio el negocio dentro de quatro dias, y luego tuuimos crueles renzillas; mas no por esso cessauan entre tanto los banquetes, naypes y otras artes muy malas. Para que muchas razones? Como mi padre nunca cessasse de reñir, y negasse de querer criar en su casa tales gallinas, amenazandome con deseredarme, dexe la casa, y fecho gallo me mude a otra parte con mi gallina, la qual me engendro algunos pollos.

Pam.—De que os sustentauades?

Pol.—Alguna cosa me daua a hurto mi madre, y allende desto me socorri assaz de dinero prestado.

Eus.—Auia hombres tan locos que te lo fiassen?

Pol.—Ay hombres que a ningunos fian de mejor voluntad.

Pam.—Que sucedio mas?

Pol.—Finalmente, como mi padre ya aparejasse de desheredarme, interuinieron amigos, apaziguaron la diferencia, con condicion que me casasse con mi muger y que hiziesse diuorcio con la gallina.

Eus.—Y tenias muger?

Pol.—Auia auido palabras de futuro; mas auiase llegado el ayuntamiento de presente.

Eus.—Pues como podiste apartarte della?

Pol.—Despues vino a oydos de mi gallina que el gallo era ya marido de aquella de quien se auia apartado.

Eus.—Luego agora muger tienes?

Pol.—No mas desta, que es octaua.

Eus.—Octaua? No sin gran aguero te llamas Poligamo. Por ventura murieron todas sin dexar fijos?

Pol.—Antes ninguna ouo que no dexasse algunos cachorricos en mi casa?

Eus.—Yo mas quisiera otras tantas gallinas que pusieran hueuos para en casa. No te pesa de te auer casado tantas vezes?

Pol.—Pesame tanto, que si esta octaua se me muriese, vn dia despues me casaria con otra, que seria nona; e si de algo me pesa, es de no ser licito tener dos o tres, pues que vn gallo gallinazo possee otras tantas gallinas.

Eus.—En verdad, gallinazo, que aora no me marauillo si engordaste poco e cogiste tanta vejez: ninguna cosa mas verdaderamente apressura la vejez que el beuer destemplado y fuera de tiempo, e los desapoderados amores de las mugeres, e la mucha e demasiada sal en los manjares. Mas quien sustenta la familia?

Pol.—De la muerte de mis padres oue mediana fazienda, e diligentemente trabajo con mis manos.

Eus.—Apartastete de las letras?

Pol.—Ciertamente, como dizen: de cauallos vienen a asnos, de letrado me fize carpintero de manos.

Eus.—Mezquino tu, que tantas vezes sufriste el luto e tantas te viste soltero.

Pol.—Nunca biui soltero de diez dias adelante; siempre la nueua muger me fizo desechar el luto de la passada. Ya teneys en buena verdad, de toda mi vida; plega a Dios que tambien Pamphilo nos cuente la fabula de su vida; el qual assaz bellamente trae consigo la edad; porque, si no me engaño, el es mayor que yo dos o tres años.

Pam.—Direlo en verdad, si teneys lugar e folgays de oyr tal sueño.

Eus.—Antes holgaremos de te oyr e sernos ha deleytoso.

Pam.—Quando bolui a mi casa, luego mi padre viejo me començo a fatigar que tomasse alguna manera de vida, de la qual se allegasse alguna ganancia para la familia; despues de lo auer consultado, plugome la mercaduria.

Pol.—Marauillome de te auer principalmente agradado este linaje de vida.

Pam.—Era de mi natural condicion de conocer cosas nueuas e diuersas regiones e ciudades, lenguas y costumbres de hombres; y pareciame que para esto era muy aparejada la negociacion, de las quales cosas nace la prudencia.

Pol.—Mezquina es la prudencia que por la mayor parte es comprada con grandes males.

Pam.—Assi es que mi padre me dio muy gran suma de dinero para que, adestrandome Hercules y fauoreciendo Mercurio, me metiesse en la negociacion, e juntamente procuraua de auer vna muger con muy gran dote y de tal gesto que sin dote podia ser alabada.

Eus.—Sucediote bien?

Pam.— Antes que boluiesse a mi casa, perecio puesto y ganancia.

Eus.—Por ventura en naufragio?

Pam.— Ciertamente en naufragio, porque encontramos en vna peña mas peligrosa que el puerto de Malea.

Eus.—En que manera encontraste esta peña, o que nombre tiene?

Pam.—El mar no lo puedo dezir; mas la peña es famada con destruymiento de muchos: los griegos no se como la llamays; en latin nombrase alea o juego.

Eus.— O loco de ti!

Pam.—Mas loco fue mi padre en confiar tanta hazienda a hombre mancebo.

Glic.—Y que heziste despues?

Pam.—Ninguna cosa hize; mas vinome pensamiento de ahorcarme.

Glic.—Tan rezio era tu padre? porque la hazienda puede remediarse, y en qualquier parte se da perdon al que en vna cosa se esperimenta, quanto mas al que en cada cosa haze experiencia.

Pam.—Verdad es lo que dizes; mas mezquino de mi, que entre tanto me aparte de mi mujer, porque los padres de la moça, luego que vieron en mi estas señales, renunciaron el parentesco, e yo amauala sin rienda ninguna.

Glic.—Gran lastima he de ti; mas que consejo tomaste?

Pam.—Aquel que se suele tomar en las cosas desesperadas: mi padre me desheredaua; perdida la hazienda, perdida la muger, de todas las partes oya: perdido, gloton, prodigo. Que mas quieres? Con diligencia pensaua conmigo si me ahorcaria o me meteria en algun monesterio.

Eus.—O cruel consejo! no se qual dessos dos es mas blando linaje de muerte.

Pam.—Tan descontento estaua de mi, que escogi el que me parecio mas cruel.

Glic.—Muchos ay que se meten en religion por biuir mas suauemente.

Pam.—Andando por mi camino hurtadamente, me fuy lexos de mi tierra.

ORIGENES DE LA NOVELA.—IV.—11

Glic.—Y, en fin, a donde te fuyste?

Pam.—A Hibernia, y alli me hize canonigo del linaje destos que de dentro andan vestidos de lana y de fuera de lino.

Glic.—Touiste el inuierno con los hybernios?

Pam.—No; mas detuueme dos meses en su compañia, y despues passeme a Escocia.

Glic.—Que te descontento estando con ellos?

Pam.—Ninguna cosa, sino que su regla me parecia mas blanda de lo que era menester para los pecados del que era digno de mil horcas.

Glic.—Que determinaste de ti en Escocia?

Pam.—Alli dexe la vestidura de lino e tome la de pellejas en la orden de los cartuxos.

Eus.— Ciertamente, hombres muertos al mundo.

Pam.—Assi me parescio a mi quando los oya cantar.

Glic.—Como, y cantan los muertos? quantos meses estuuiste con ellos escociano?

Pam.—Cerca de seys.

Glic.—O gran constancia!

Eus.—Alli que te descontento?

Pam.—Pareciame vna vida perezosa y delicada, e allende desto estauan alli muchos de no sano celebro; pienso que lo hazia la soledad, y como yo tenia poco, temia de perderlo todo.

Pol.—Y de alli a donde te fuyste?

Pam.—A Francia; alli halle vnos todos vestidos de negro, de la orden de Sant Benito, los quales, con la color de la vestidura, afirman que lloran en este mundo; y entre estos auia otros que por vestidura de encima trayan cilicio semejable a red.

Glic.—O que graue maceracion del cuerpo!

Pam.—Aqui estuue onze meses.

Eus.—Que impedimento tuuiste para no te quedar alli para siempre?

Pam.—Porque alli halle mas de cerimonias que de verdadera piedad; allende desto, auia oydo que auia otros muy mas sanctos que estos, a los quales auia traydo Sant Bernardo a otra disciplina mas estrecha, mudado el habito negro en blanco; con estos biui e more diez meses.

Eus.— E aqui que te ofendio?

Pam.—Ninguna cosa, porque a estos halle muy prouechosos amigos; mas fue mouido con el prouerbio de los griegos: cumple que los galapagos se coman o no se coman. Assi que determine: o no ser monje, o serlo verdaderamente. Auia entendido que auia vnos monjes de la orden de Sancta Brigida, hombres cierto celestiales; a estos me fue.

Eus.—Quantos meses estuuiste alli?

Pam.—Dos dias, e avn no todos enteros.

Glic.—Tanto te contento esse linaje de vida?

Pam.—Estos no resciben sino a los que lue-

go hazen profession, e no era yo tan loco para
que luego me metiesse a cabestro del qual nun-
ca me pudiesse desatar; todas las vezes que oya
cantar a las virgines, me acordaua de mi mu-
ger que me la auian quitado, y era atormenta-
do con este pensamiento.

Glic.—Que mas?

Pam.—Estaua encendido mi animo con
amor de la sanctidad e nunca le contentaua mi
voluntad. Assi que, andando por el mundo,
vine a parar en vnos que traen delante vna
cruz. Esta señal luego me contento; mas la di-
uersidad de la color de las cruzes me hazia es-
tar perplexo qual eligiria: vnos la trayan blan-
ca, otros colorada, otros verde, otros de mu-
chas colores, otros de vna manera, otros de dos
maneras, doblada otros, e algunos quatrodo-
blada, e otros la trayan variada de muchas ma-
neras. e yo, por no dexar nada que no prouas-
se, tente todas estas maneras e formas, e falle
que es muy diferente cosa traer la cruz en la
capa o en la camisa que en el coraçon. Final-
mente, cansado de tentar estas cosas, pense con-
migo que para alcançar de vn golpe toda la
sanidad, era bueno yr a la Tierra Santa para
boluer a casa cargado de santimonia.

Pol.—E por ventura fuyste alla?

Pam.—Si, por cierto.

Pol.—E de donde ouiste para el camino?

Pam.—Marauillome auerte esto venido a
la memoria e no me lo auer preguntado mu-
cho antes; mas bien sabes el prouerbio que
dize que las artes pequeñas qualquier tierra las
cria.

Glic.—Que arte lleuauas contigo?

Pam.—Chiromancia.

Glic.—Donde la auias aprendido?

Pam.—Que faze esso al caso?

Glic.—Quien fue tu preceptor?

Pam.—Aquel que ninguna cosa dexa de en-
señar: el vientre adeuinaua lo passado, e pre-
sente y por venir.

Glic.—E sabiaslo?

Pam.—Ninguna cosa menos; mas adeuina-
ua con mucha osadia e a buen seguro, porque
primero me pagauan.

Pol.—Como te podias sustentar de arte tan
digna de burla y escarnio?

Pam.—Podia en verdad, avn con dos serui-
dores; mira quantos locos y locas ay en cada
lugar. E quando llegaua a Jerusalen, junteme
en compañia de vn cauallero, gran señor e muy
rico, de edad de setenta años, y tenia por cier-
to que no podia morir con seguro animo si pri-
mero no fuese a Jerusalen.

Eus.—Y dexo a su muger en casa?

Pam.—E avn seys hijos.

Eus.—O viejo cruelmente piadoso! Y bol-
uiste sancto de alla?

Pam.—Quieres que te diga verdad? Algo
peor bolui que fuy.

Eus.—Assi como oyo, fue alançado el amor
de la religion?

Pam.—Mas antes se me encendio mas; assi
que, buelto en Ytalia, dime a la guerra.

Eus.—Assi caçauas la religion en la guerra;
que otra cosa ay mas mala?

Pam.—Era sancta la guerra.

Eus.—Por ventura era contra los turcos?

Pam.—E avn algo mas santa.

Eus.—De que manera?

Pam.—Julio segundo tenia guerra contra
los franceses, e cierto la experiencia de muchas
cosas me hazia alabar la guerra.

Eus.—De muchas mas malas.

Pam.—Assi me halle despues, e aqui
biui mas trabajosamente que en los mones-
terios.

Eus.—Que heziste despues?

Pam.—Ya mi animo començo a vacilar si
me bolueria a la negociacion dexada o a la re-
ligion de donde auia salido; y estando en esto,
vinome a la memoria que lo vno se podia ayun-
tar con lo otro.

Eus.—Que? que juntamente fuesses nego-
ciador e monje?

Pam.—Por que no? ninguna cosa ay mas
religiosa que las ordenes de los mendicantes;
mas no ay cosa mas semejante a la negocia-
cion. Andan por todas las tierras e mares; veen
e oyen muchas cosas; negocian en casa de ciu-
dadanos e nobles, e tambien en las de los po-
derosos.

Eus.—Mas no comen ni beuen.

Pam.—Por que no? No son hombres como
nosotros?

Eus.—Y destos, que linaje escogiste?

Pam.—Todas las formas experimente.

Eus.—Ninguna te contento?

Pam.—Antes me ouieran mucho agradado
todas si supiera luego negociar; mas veya que
antes que me encomendassen la negociacion
auia por mucho tiempo de sudar en el coro.
Luego cumence a pensar de caçar vna abadia;
mas al principio no fauoresce aqui la ventura a
todos, e muchas vezes es luenga la caça; assi
que, gastados en esto ocho años, como supiesse
la muerte de mi padre, boluime para mi casa,
e por consejo de mi madre tome muger e bol-
uime para la vieja negociacion.

Glic.—Dime como despues de tanto tiempo
tomaste nueua vestidura, e como en nueuo ani-
mal fuesses transformado, como podiste guar-
dar la hermosura y parecer bien.

Pam.—Por que menos que aquellos que en
vna mesma farsa a vezes toman vna y otra
persona?

Eus.—Dinos, por tu fe, pues ningun linaje

de vida dexaste de experimentar, qual te parece mejor?

Pam.—No son todas las maneras de biuir para todos. A mi ninguna cosa me contenta mas que esta que segui.

Eus.—Muchos daños trae consigo la negociacion.

Pam.—Assi es; mas pues ningun linaje de vida caresce de trabajos, este que me cupo en suerte alabo. Mas agora resta Eusebio, el qual no rescibira pesadumbre en declarar alguna parte de su vida a sus amigos.

Eus.—Antes, si os parece, la contare toda, porque no tiene muchos autos.

Glic.—Sernos ha en gran manera gracioso.

Eus.—Despues que bolui a mi tierra, estuue vn año en determinarme que manera de biuir tomaria, e junto con esto me examine a mi mesmo para saber de mi para que era mas aparejado e suficiente, y estando en esto, ofrecioseme vna que llaman prebenda, de assaz grande prouecho, y tomela.

Glic.—Mal suena en el vulgo este linaje de vida.

Eus.— A mi, segun estan las cosas del mundo, paresceme cosa digna de ser desseada; no es mediana buena ventura supitamente como del cielo venir tantos prouechos, dignidad, casas honestas e bien atauiadas, los reditos de cada vn año en mucha cantidad, amistad honrada, y demas desto templo donde te des a la religion si quieres.

Pam.—Ay! la abundancia de las cosas me dañaria e la infamia de las mancebas, y tambien que los mas destos aborrecen las letras.

Eus.—Yo nunca miro lo que hazen otros, mas lo que yo deuo hazer; e si no puedo fazer a otros mas buenos, a lo menos juntome con los mejores.

Pol.—E siempre biuiste en esta manera?

Eus.—Siempre, sino que primero estuue quatro años en Pauia.

Pol.—E a que causa?

Eus.—Estos quatro años parti desta manera: los dos en el estudio de la Medicina, y lo demas en Theologia.

Pol.—Y esso para que?

Eus.—Para mejor regir el cuerpo y el anima, y para consejar a vezes a mis amigos, porque algunas vezes predico segun mi saber, e assi fasta agora biui en sossiego, contento con vn beneficio, y no procurando ni cobdiciando mas, y estaua en proposito de rehusarlo si me lo dieran.

Pam.—O si pudieramos saber lo que hazen los otros nuestros amigos, con los quales en aquel tiempo tuuimos tanta amistad!

Eus.—De algunos te pudiera dezir algunas cosas, mas veo que estamos cerca de la ciudad; por lo qual, si te parece, juntamente nos apeemos en vn meson, e alli conferiremos en ociosidad de los otros abundosamente.

Huguicio.—Amigo, adonde hallaste tan miserable cargatuerto?

Enrique, auriga.—Mas, adonde lleuas tu essa puteria, frequentador de tauernas?

Hug.—Deuieras echar estos frios viejos en algun ortiguero, para que calentassen.

Enr.—Mas ten tu cuydado de despeñar esse ganado en vn hondo lodo, para que se resfrien, por que estan mas calientes de lo que es menester.

Hug.—No suelo despeñar mi carga.

Enr.—No? no ha mucho que te vi echar en vn cieno seys frayles de la cartuxa, de tal manera que de blancos salieron negros, e tu reyaste y estauas gozoso como de hecho muy señalado.

Hug.—No sin causa; dormianse todos e acrescentauan mucho peso a mi carro.

Enr.—Mis viejos notablemente aliuiaron mi carro parlando por todo el camino; nunca los vi mejores.

Hug.—No sueles tu deleytarte con los tales.

Enr.—Si, mas estos viejos son buenos.

Hug.—Como lo sabes?

Enr.—Porque a su causa beui tres vezes en el camino cerueza muy buena.

Hug.—Ha, ha, he; e por esso te parecieron buenos.

FINIS

[III] COLLOQUIO DE ERASMO

que tracta del matrimonio e sus excelencias, traduzido de latin en romance. E introduzense Pamphilo e Maria.

Dize Pamphilo.—Dios guarde tu gentileza, señora. Siempre que estoy ante tu acatamiento, te me muestras cruel y mas dura que el hierro ni diamante.

Maria.—Dios te guarde, señor Pamphilo, y te de tantos y tan buenos años quantos tu desseas, avnque mas cruel y dura me llamas; pero con todo esso, bien muestras en tus razones la mucha memoria que de mi tienes, pues de mi nombre no se te acuerda. Maria me pusieron en la pila, que no como tu has dicho.

Pam.—Por cierto, con mas razon te pudiera poner Martia.

Mar.—Jesus! y por que? que conueniencia, que similitud hallas tu que yo tenga con Marte?

Pam.—Qué? yo te lo dire. Assi como deste sus fiestas, plazeres e juegos son matar hombres y derramar sangre humana, assi tu tienes por tu gloria y descanso que los que te veen mueran por ti; e avn, si mi dicho fuesse tomado, por muy mas cruel serias auida que Marte, porque el huelgase de subjetar sus enemigos, triunfar de sus aduersarios y rebeldes; mas tu, a quien mas te precia, a quien mas te quiere, a quien mas te ama, tienes en menos y traes hasta la muerte.

Mar.—Habla cortes, señor Pamphilo; no des tan mal blason a mi honra. Dime quantos muertos vees por estas calles? quanta sangre derramada por mi causa?

Pam.—A lo menos este que delante de ti esta y que te fabla, muerto e sin anima le vees.

Mar.—Jesus! que es esto que oygo? es verdad que siendo muerto te oygo fablar y te veo andar en tus pies? plega a Dios que nunca mis ojos vean fantasma que mas temor me ponga.

Pam.—Ha, señora, tu burlas de mi; con estas tus palabras ronceras tienes mi anima presa, e me atormentas e matas mas que si me diesses con vn puñal en el pecho. O desdichado de mi! no me faltaua otro sino que por galardon de mi pena, por descanso de mis trabajos, e por mercedes de mi tormento, tu te riesses de mi, sea de ti escarnecido.

Mar.—Ha, ha! valame Dios! dime por tu fe quantas preñadas de las que has topado por la calle an mouido o peligrado en ver esse tu cuerpo que dizes que esta tan muerto?

Pam.—Cierto, señora, avnque mas quieras comigo dissimular, el color de mi rostro muestra la secreta llaga que en el triste del coraçon esta encerrada, e da a entender que yo sea mas muerto que quantos en los cimiterios estan enterrados.

Mar.—Cierto, verdad me parece esso que dizes, porque el color de tus mexillas da bien a entender lo que dentro tienes; pareceme questas amarillo como la grana o como la cereza, quando esta bien madura.

Pam.—Baste ya, señora, tanto palacio.

Mar.—Si no crees lo que yo digo, mirate a vn espejo.

Pam—No desseo ni pienso que ay en el mundo otro espejo mas claro, mas luzido ni mas resplandeciente que en el que yo agora me miro.

Mar.—Que espejo es esse que me dizes?

Pam.—Tus ojos.

Mar.—Ha, trauiesso, como siempre estas en tus treze! mas dime: como me daras tu a entender que esse tu cuerpo esta sin anima? Las sombras o fantasmas, por ventura comen?

Pam.—Comen, mas desta manera que yo como.

Mar.—Pues si comen, de que manjar se sustenta, n]?

Pam.—De manjares insipidos, como son maluas, puerros e altramuzes.

Mar.—Por cierto, a mi me pareze que no deues tu hazer quaresma de capones, ni menos de perdizes.

Pam.—Assi es; pero no tomo mas gusto en ellas que si fuessen maluas cozidas sin sal, o acelgas comidas sin pimienta.

Mar.—O desuenturado de ti! si assi es, harto tormento passas; pero poco se te parece en el gesto la flaqueza que cuentan tus palabras; mas, dime, los cuerpos examinados hablan?

Pam.—Hablan vna boz delgada, sotil y cansada, assi como la mia.

Mar.—Ha, ha, que precioso muerto! pues menos ha de muchas horas que yo te oya reñir con vn tu amigo, y no tenias entonces la boz tan flaca ni mortal como agora tu la pintas en mi presencia; pero dexemos esto. Las fantasmas o sombras, es possible que andan, visten e duermen como tu dizes?

Pam.—E avn engendran mas en cierta manera.

Mar.—Por cierto tu dulcemente me sabes mentir.

Pam.—Pues que diras si por fuertes y eficaces argumentos te doy a entender como yo estoy muerto y que tu eres la causa?

Mar.—Nunca Dios quiera; no me pongas essa palabra delante, que la tengo por aguero; mas comiença tu sofisma, veamos como sales con el al cabo.

Pam.—Lo primero, tu me concederas, a mi ver, que la muerte no es otra cosa sino apartarse el anima del cuerpo.

Mar.—Yo lo concedo.

Pam.—Señora, mira lo que vna vez me concedieres, ha de ser con condicion que despues no me lo niegues.

Mar.—Yo lo prometo.

Pam.—Lo segundo, que pienso no me negaras, es que el que saca el anima a otros es auido por homicida.

Mar.—Yo lo admito.

Pam.—Tambien me concederas lo postrero que quiero dezir; lo qual por auctoridad de muchos e grandissimos doctores esta dicho e aprouado despues que el mundo es mundo, y es que el anima del que ama no esta en el mismo cuerpo que por ella es animado, sino en el que por ella es amado.

Mar.—Por tu fe, declarame esto vltimo vn poco mejor, que no te entiendo.

Pam.—Y avn por esso me tengo por mas desdichado, que esta vltima razon no la sientes como yo la siento.

Mar.—Haz tu que yo la sienta.

Pam.—Lo mejor que yo pudiere; mas conuiene, señora, que aquella misma diligencia pongas tu para que el que te ama sienta que tu la sientes como el.

Mar.—Cierto, yo vna donzella soy de carne y de huesso. No pienses que soy de marmol o de piedra.

Pam.— Yo lo confiesso, e avn mas dura que el diamante.

Mar.—Dexemos esso; prosigue la conclusion de tu argumento.

Pam.—Dizes bien. Los que de spiritu diuino son transportados e arrebatados, de tal manera pierden los sentidos, que ni oyen, ni veen, ni huelen, ni sienten avnque les metan vna espada por el cuerpo.

Mar.—Oydo lo he dezir.

Pam.—Que piensas que sea la causa?

Mar.—Dimela tu, que estas hecho oy predicador.

Pam.—La causa, señora, es porque el anima de los tales esta eleuada e trasportada en el cielo, adonde esta alguna cosa que mas aman, que es su Criador, Hazedor y Señor, el qual anteponen a todas las cosas en este mundo criadas, y en aquella hora el anima, como digo, esta apartada del cuerpo.

Mar.—Que quieres dezir por esso?

Pam.—Que quiero dezir? muy de nueuas te hazes agora como que no me entiendas; la conclusion esta esta: que yo muero por ti, y tu eres la causa, y, por el consiguiente, yo el muerto y tu el homicida; e mas te declaro que tienes esta infelice anima acuestas sin jamas te acordar de remediarla.

Mar.—Pues donde esta essa tu anima?

Pam.—O desuenturado yo! no te lo tengo dicho? adonde ama.

Mar.—Pues quien te la ha quitado? por que sospiras? habla libremente, que no esta aqui agora juez, ni menos escriuano de crimen, por ante quien parezca tu dicho.

Pam.—Mi anima me quito, señora, vna cradelissima donzella, a la qual, avnque me la tiene e por su causa peno y muero, no puedo querer mal; antes mas la desseo y amo.

Mar.—En esso muestras bien que eres de muy humano ingenio; vsas en querer bien a quien mal te faze; mas dime, por que tu no pagas a essa en la misma moneda, de manera que andeys a la yguala, quitandole tu a ella vna vez lo que ella a ti te quita otra?

Pam.—Ha, señora; no auria hombre en el mundo mas bienauenturado que yo si me fuesse licito fazer, siquiera vna vez, esse troque o cambio, de tal manera que el coraçon desta se infundiesse en mi pecho del modo y arte que el mio esta trasladado en el suyo.

Mar.—Agora dexemos esso; mas porque no me tengas por tan bona como dizes, admitirme as que yo te proponga otro argumento

y que haga del sophista contigo vn dia en el año, como tu fazes cada dia comigo.

Pam.—Antes, señora, te lo suplico.

Mar.—Pues digo, lo primero, que como puede ser que vn cuerpo animado este sin anima?

Pam.—Por impossible lo tengo, si no es en diuersos tiempos.

Mar.—A lo segundo, quando el anima esta apartada del cuerpo, entonces el cuerpo esta muerto, o biuo?

Pam.—Muerto.

Mar.—De manera que el anima no da vida al cuerpo sino quando esta junta con el?

Pam.—Assi es.

Mar.—Pues estando el anima donde ama, segun tu conclusion, como sera possible que de vida al cuerpo que della esta apartado e desamparado? e si a este da vida, amando ella en otro lugar, por que se llamara cuerpo sin anima, pues la tiene, y esta biuo?

Pam.—Muy sotil e cautelosamente me arguyes, mas por ay no me tomaras; mira, señora, el anima que gouierna al cuerpo del amante, si gouierno se puede dezir, impropiamente se llama anima, porque a la verdad no son sino ciertas reliquias o centellas no muy biuas de la verdadera anima que esta encorporada en el cuerpo del amado, assi como el que ha tenido vn manojo de rosas en la mano, o vna poma muy odorifera, que dexandola queda el olor en las manos.

Mar.—Dificile es, segun veo, tomar en lazo a la raposa; pero respondeme a esto. El que mata, es persona que faze?

Pam.—Es.

Mar.—E por el consiguiente, el que es muerto, padece?

Pam.—Padesce.

Mar.—Pues, como puede ser que, haziendo el que ama, y padesciendo la persona que es amada, se diga que esta mata? como mas con verdad se podria dezir del amante que el mesmo se mata a si!

Pam.—Antes es al contrario, señora, essa razon que dizes; porque el que ama padece, y la que es amada haze.

Mar.—Ha, ha! Essa no la vencerias tu oy en la escuela de los crudos gramaticos.

Pam.—No, mas podria vencerla en las vniuersidades o, por mejor dezir, diuersidades de los puros dialecticos.

Mar.—No te sea molesto responder a esto vltimo.

Pam.—No sera, cosa que tu me mandares.

Mar.—Dime, tu amas por fuerça, o por tu grado?

Pam.—Por mi grado por cierto, señora.

Mar.—Pues luego, como sea en libertad del hombre no amar, no te parece que de si mismo es homicida el que pone sus amores, subjeta su libertad e solicita con mucha importunidad a vna donzella para querer della por ventura mas de lo que es licito y honesto?

Pam.—La donzella, señora, no mata al amante por ser del requestada e solicitada, ni menos por ser amada; mas como sea natural condicion de mugeres no corresponder, antes seguir contraria opinion de lo que los hombres quieren o dessean della auer, por dar nueuo genero de tormento a los amantes, vnas dissimulan e hazen que no lo entienden; otras, entendiendolo e avn por ventura estando mas picadas del fuego de Venus que los galanes que las sirnen, por no parecer que dan su braço a torcer, dan mil sinsabores, ofrecen mil desplazeres e muestran diez mil disfauores a los que ellas sienten que les son mas aficionados seruidores, en tal lugar, tiempo e sazon, que les son causa de mil penas, e de tal manera que de muchos son causa de su desesperada muerte, no por otro sino por no parecer que corresponden siquiera en algo al encendido fuego de amor con que se abrasan las entrañas de aquel que las ama.

Mar.— O como todos los hombres hablays en derecho de vuestro dedo e soys grandes oradores en vuestro prouecho! Dime, pues, que diras tu aquel que ama y pone su aficion en heredad agena, cuya possession e omenaje esta en poder de otro, como es vna muger casada, o vna monja professa? de ninguna destas con razon se puede esperar que corresponda en mutuo amor al amante, ni menos le guarde e conserue como tu dizes.

Pam.—Cada vno responda por si. Deste que aqui presente tienes, te hago saber que te ama honesta e licitamente y de amor justo e santo y bueno, e todo esto no basta para que no muera por tu causa; e si con remedio no prouees, desto se seguira que, no solamente seras notada de crimen de homicida, mas acusada de hechizera.

Mar.—Nunca Dios lo quiera; piensas, por ventura, que yo sea alguna Circes o Medea?

Pam.—E avn mucho mas cruel que ninguna dessas; que, si me diessen a escoger, mas querria ser conuertido en puerco, o en osso, o en algun animal de los en que cada vna destas boluian los hombres con sus encantamentos, que binir con tan gran genero de martyrio como yo bino.

Mar.—Con que encantamento mato yo los hombres, señor Pamphilo?

Pam.—Con los ojos.

Mar.—Quieres, pues, que de aqui adelante, quando te sienta, abaxe mis ojos, pues tan ponçoñosos son, porque dellos no recibas daño?

Pam.—No te passe tal, señora, por pensamiento; antes te suplico no me troques por otro ningun objecto, avnque este ausente, quanto mas estando presente.

Mar.—Pues dime, teniendo yo los ojos tan peligrosos como tu dizes, que es la causa que no infecionan a ninguno de quantos miran, ni se quexan de lo que tu te quexas? antes me das sospecha que en ti se cumple el prouerbio que dizen: No haze poco quien su mal echa a otro; e assi tus ojos te deuen a ti auer enojado, que no los mios.

Pam.—Ha, señora! no te bastaua degollarme, sin que triunfasses de mi muerte?

Mar.—O precioso muerto! para quando se aparejan tus obsequias?

Pam.—Muy presto, si tu no me remedias.

Mar.—A tan gran caso puedo yo poner remedio?

Pam.—E avn siendo muerto me puedes resuscitar con muy poca fatiga.

Mar.—O quien me diesse agora aquella yerua panace que dizen que sana de todas enfermedades!

Pam.—Para que?

Mar.—Para poderte remediar.

Pam.—Para mi remedio, señora, poco aprouechan yeruas.

Mar.—Pues que?

Pam.—Que me quieras como yo te quiero, e no ay cosa en el mundo mas facil, ni mas justa; y de otra manera, ninguno te escusara de crimen de homicidio.

Mar.—Delante de que alcalde me pornas demanda? Ante que juez de crimen?

Pam.—Ante ningun dessos; mas seras acusada ante el tribunal de Venus.

Mar.— De essa do soy informada que es vna muy humana, noble e aplazible señora.

Pam.—E avn por esso es mas de temer, mayormente quando ella esta enojada.

Mar.—Por que? Tiene ella los rayos que dizen que son armas de Jupiter?

Pam.—No.

Mar.—Tiene el tridente de Neptuno?

Pam.—Menos.

Mar.—Ha, por ventura, despojado a Pallas de su lança y escudo?

Pam.—Tanpoco.

Mar.—Ha heredado las saetas venenosas y la maça clauada de Hercoles?

Pam.—Ni avn esso.

Mar.—Tiene algunas armas forjadas por Vulcano?

Pam.—No las ha menester.

Mar.—Cupieronle por suerte las armas de Archiles, las quales dizen que le fueron negadas al fuerte Thelamonio por gran rethorica de Ulixes?

Pam.—No; mas esta es señora de todo el mar.

Mar.—Pues que se me da a mi? yo no nauego.

Pam.—Tiene vn niño.

Mar.—No me espanto yo de niños.

Pam.—Este venga las injurias de su madre, y es muy vindicatiuo e porüado.

Mar.—Que me podra a mi hazer esse?

Pam.—Que? Dios te guarde de su yra; no querria prenosticar mal a quien bien quiero.

Mar.—Dilo ya, que no me creo en agueros.

Pam.—Soy contento: si tu menospreciares el amor que agora se te ofresce, no indigno, a mi ver, de lo que te conuiene, temo que este niño, por mandado de su madre, no te hiera de saeta mas emponçoñada que ninguna de las que Hercoles baño en la sangre del Centauro; de tal manera que te esperezcas e mueras por el amor de algun disforme monstruo, el qual no solamente no corresponda a tu amor, mas avn, mientras mas le quisieres, menos te ame y en muy menos te tenga.

Mar.—Gran genero de tormento es el que me cuentas; assi Dios me vala, mas querria morir mil muertes que quirer a hombre feo, e, sobre todo, que el no tuniesse en mas la suela del mi chapin que yo su barua.

Pam.—Pues yo te contare vn exemplo que no ha muchos dias que acontescio a vna donzella no menos dispuesta que otra.

Mar.—En que lugar?

Pam.—En Aurelia (¹).

Mar.—Quantos años ha?

Pam.—Quantos años? Apenas son passados diez meses.

Mar.—Como se llamaua la donzella? Por que dubdas?

Pam.—No te lo quisiera dezir. Como tu.

Mar.—Quien era su padre?

Pam.—Biuo es; vn doctor jurisconsulto, principal abogado, de muy buena hazienda.

Mar.—Dime el nombre.

Pam.—Mauricio.

Mar.—El sobrenombre?

Pam.—Aglayo.

Mar.—Es biua su madre dessa donzella?

Pam.—Poco ha que murio.

Mar.—De que enfermedad?

Pam.—De que enfermedad me preguntas? De tristeza, de enojo, de pesar. E avn el padre, avnque es el hombre tan cuerdo como te he dicho, estuuo en poco que no se fue en compañia de su muger.

Mar.—Puedo yo saber el nombre de su madre?

Pam.—Muy bien. Sophrona, muger muy co-

(¹) Orleons.

nocida; mas que quiere dezir tanto repreguntar? piensas que soy yo el autor desta conseja?

Mar.—Nunca Dios tal quiera, que avn esse vicio mas presto se halla de nuestra parte que de la vuestra; mas en que paró essa donzella?

Pam.—Era, como tengo dicho, de buen linaje, fermosa e rica, tal que merecia ser muger de vn principe. Demandola por muger vn galan no menos gentil hombre que ella, y en linage, estado, hazienda e condicion no desigual, antes tal e tan bueno como la razon y el tiempo requeria.

Mar.—Dime el nombre; por que callas?

Pam.—O pecador de mi! Pamphilo se llamaua como yo. Ella, avnque solicitada e combatida deste que tanto la queria, determino de no tenerle en nada; en fin, el gentil hombre, viendose despreciado y tenido en poco, desde a muy pocos dias murio de dolor. Despues no passo mucho tiempo que la señora, pospuesta todas las telas de la verguença, començo a enamorarse, muy loca e muy perdidamente, de vno en que, sin duda, tiene mas gesto de ximio que de hombre.

Mar. Es verdad esso?

Pam.—Digo que tanto de veras se desprecia por el amor deste, que yo tengo verguença dazirlo.

Mar.—Tan gentil donzella a tan disforme?

Pam.—Yo te dire quan dispuesto. La cabeça ahusada, pocos cabellos remolinados, comidos, mal peynados; mas caspa e liendres en ellos que arenas ay en la mar; dessollado e arrugado el cuero como de raposa vieja sarnosa; los ojos hundidos y retirados, en tal manera que, quando piensas que mira adelante esta mirando atras. Las narizes romas y retorcidas hazia arriba; la boca grande, no muy llena de dientes, y essos podridos; tartajoso; la barba llena de lepra. Una gran giba en las espaldas; el vientre de hydropico; las piernas esteuadas, delgadas e tuertas.

Mar.—Tu me pintas vna fiera bestia.

Pam.—E lo mejor que se me oluidaua: que me dizen que no tiene mas de vna oreja.

Mar.—Si le cortaron la otra en la guerra?

Pam.—Mas antes dizen que en paz y concordia de todos.

Mar.—Quien?

Pam.—Dionisio, verdugo.

Mar.—La infelicidad de la forma, por ventura la recompensa con la hazienda?

Pam.—Antes no tiene tras que parar, que avn el anima tenia empeñada en la tauerna, y con este marido vna donzella tan insigne haze agora su vida, e avn, sobre todo esto, quando a el se le antoja, le da cincuenta açotes y otros tantos palos.

Mar.—Desastrado caso me cuentas.

Pam.—Si; pero lo que passa de hecho de verdad, que assi suele pagar su injuria y hazerse temer aquel niño dios de amor que te he dicho, quando es sin razon despreciado.

Mar.—Antes vn rayo del cielo me matasse que tal marido sufriesse.

Pam.—Pues luego no enojes a Venus, porque no castigue en ti el pecado de presumpcion, despreciando a quien te precia, ama y estima.

Mar.—Si esto basta, yo te precio, amo y estimo.

Pam.—Pero yo, señora, desseo amor perpetuo, verdadero e proprio, no fingido, vano ni loco; muger ando buscar, que no amiga.

Mar.—Bien se me entiende; que si assi no lo pensasse, no aurias auido de mi tan larga audiencia; pero con mucho seso e maduro consejo me parece que se deue determinar antes que se faga el ñudo, que, despues de hecho, en ninguna manera se puede desfazer ni desatar.

Pam.—Yo muchos dias ha que estoy determinado.

Mar.—Mira bien no te engañe el amor, ni tomes por muy seguro su consejo en este caso, porque me dizen que es ciego.

Pam.—El amor que es fundado en razon e buen juyzio no es ciego, como tu dizes, e assi no pienses que porque te amo me pareces bien; mas antes por la mucha bondad que de ti conozco, te tengo por mi señora.

Mar.—Mira por ventura que no me ayas bien conocido. Un çapato nueuo, por bien fecho e lindo que parezca en casa del çapatero, ninguno, fasta que le calça, sabe en que parte le aprieta el pie.

Pam.—Determinado estoy en este parecer, porque yo hallo por todos mis pornosticos que que me ha de suceder de bien en mejor.

Mar.—Por que agueros adeuinas tu que te ha de suceder como piensas? has visto bolar alguna lechuza?

Pam.—A los locos con esso.

Mar.—Pues que has visto? hate passado bolando por el lado derecho algun par de palomas?

Pam.—Menos; mas antes ha muchos años que voy mirando la bondad de tus padres e su nobleza. Esta es la primera señal, e no la peor: que veo que eres nacida de claro linaje. Lo segundo, soy informado de quan saludables consejos, quan santa dotrina y exemplos te ayan instituydo e dotado. E tengo yo en mas ser bien acostumbrada que bien nacida; mucho mas precio nobleza de costumbres que de linaje. Despues desto, veo que mis padres con los tuyos de mucho tiempo aca se conseruan en estrecha amistad, e avn nosotros desde niños nos conocemos e nuestra criança juntamente con la

edad ha crecido, por donde yo hallo que las costumbres del vno no deuen ser muy diferentes para el otro. Allendè desto, la edad entre nosotros, la condicion, estado e dignidad; la nobleza entre los padres del vno y del otro, quasi en todo se ygualan e conforman. En fin, lo que principal se deue mirar en este genero de amistad, es que veo que tus costumbres quadran mucho con mi ingenio, que es lo que yo mas estimo, porque ya puede ser que vna cosa sea en si muy excelente, y acompañada no sea tal. Como te agradan a ti las mias, esto no lo se. Assi que estas son, señora, las señales o agueros que me prometen que nuestro matrimonio ha de ser dichoso, alegre e perpetuo, con que no oyga yo de ti agora alguna mala cancion.

Mar.—Que cancion desseas oyr de mi?

Pam—Que yo te quitare la verguença con que tu me correspondas. Digo assi: Soy tuyo. Di tu: Soy tuya.

Mar.—Assi Dios me vala, que la cancion es harto breue, mas muy larga tiene la glosa.

Pam.—Que haze al caso que sea larga, con que sea toda alegre?

Mar.—Tan mal te quiero, que no oso confiar de ti cosa de que despues te arrepientas.

Pam.—No me digas esso.

Mar.—Por ventura te parecere otra quando viniesse vna enfermedad, quando cargasse la edad, quando mudassen los años esta forma que agora te aplaze?

Pam.—Bien veo, señora, que este xugo de juuentud, esta gentil frescura y tez, no ha de durar para siempre; por esto no tengo en tanto este tu florido e adornado tabernaculo, quanto es el huesped que dentro mora.

Mar.—Que huesped?

Pam.—Essa tu anima, cuya hermosura siempre con la edad yra cresciendo.

Mar—Ojos penetrables tienes, mas que de lince, si tu agora vees mi anima debaxo de tantos doblezes.

Pam.—Dizen que el coraçon nunca se engaña, e assi yo veo tu anima con la mia. Despues desto, que mayor gloria puede ser que renouar nuestra vejez con fruto de bendicion?

Mar.—Verdad es; pero entre tanto, para alcançar esso, necessario es que se pierda el don de la virginidad.

Pam.—Es assi; mas dime, si tu tuuiesses vn rico vergel, lleno de preciados arboles e muy frutiferos, dessearias que todo su fruto se passasse en flor, o que, cayda esta, los viesses cargados de fruta madura e sazonada?

Mar.—Como arguye a su proposito!

Pam.—A lo menos, respondeme a esto: qual es cosa mas gentil de ver: vna vid enterrada siempre e podrida debaxo la tierra, o vna parra quando esta muy bien compuesta sobre vn olmo o vara, cargada de razimos de vuas muy maduras e sabrosas?

Mar.—Hablemos a vezes, no lo quieras tu dezir todo: qual te paresce mas linda cosa de ver: vna rosa fresca en su rosal, o verla despues cortada y marchita entre las manos?

Pam.—Yo por mejor tengo que vna rosa se marchite entre las manos, que no que se enuejezca en el rosal; porque alli claro esta que se ha de podrir; y desta manera pienso que el vino quando esta bueno se deue beuer antes que se faga vinagre. Avnque, fablando la verdad, no luego como la donzella se casa pierde su virtud; que yo he visto muchas antes de su casamiento estar amarillas, flacas e quasi ethicas, e despues que se casan las he visto lindas y hermosas.

Mar.—Puede ser; mas, en opinion de todos, muy fauorable es la virginidad.

Pam.—Yo confiesso que vna donzella virgen es vna preciosa joya; mas que monstruo puede ser mayor que vna virgen vieja? Si tu madre no ouiera perdido aquella flor, no te alabaras tu dessa que tienes. E si, como yo espero, nuestro matrimonio sucede, por vna que se pierda se ganaran muchas.

Mar.—Verdad es; pero siempre he oydo dezir que la castidad es muy acepta a Dios.

Pam.—E avn por esso desseo yo casarme con vna donzella: para biuir en castidad con ella toda mi vida. Yo por fe tengo, señora, que en este casamiento mas ha de ser el ayuntamiento de las animas que de los cuerpos; desta manera aprouecharemos en Jesu Christo, aprouecharemos a nuestra republica. O quanta diferencia aura desto a la virginidad! e por ventura de tal manera nos concertaremos, que passemos nuestra vida en perpetua virginidad, como biuio Nuestra Señora e Joseph; pero entre tanto, el vno y el otro deprendera que cosa es ser virgen, porque no del primer acto virtuoso se alcança el estado de perficion, mas poco a poco se va a lexos.

Mar.—Triste de mi que oygo? que para deprender se ha de perder la mejor joya que Dios me dio, que es la virginidad.

Pam.—Por que no? menester es perder para poder ganar; assi como el que beue vino, para tonarse aguado, es menester que poco a poco se vaya templando, fasta que le sepa bien el agua. Qual te parece a ti que vsa mas de virtud de temperança, el que, estando en medio de los deleytes, ofreciendosele cada ora oportunidad para vsar dellos, se abstiene e los menosprecia, o el que, estando encerrado en vn monesterio o apartado en vn desierto, por no tropeçar en ello es bueno?

Mar.—Pienso yo que mas virtuoso es el que, ofreciendosele aparejo para pecar, se abstiene de pecado.

Pam.—Pues tan buen juez eres, mas te quiero preguntar: a quien darias tu la corona de castidad, al que se haze impotente cortando sus miembros naturales, o al que sin nada deste vsa de continencia?

Mar.—El postrero fallo yo, por mi cuenta, que merece gloria, porque la determinacion del primero gran locura pienso que sea.

Pam.—Allende desto, te hago saber que los que son astritos a voto de castidad, e han renunciado el matrimonio, en alguna manera se pueden llamar castrados.

Mar.—Assi parece.

Pam.—De manera que abstenerse del natural acesso, en si no es virtud.

Mar.—Como no?

Pam.—Entiendelo desta manera: si abstenerse fuesse en si virtud, lo contrario, que es ponerlo en execucion, seria vicio. Agora acaesce que no auer acesso es vicio; luego auer acesso es virtud?

Mar.—Quando acaesce esso que dizes?

Pam.—Todas las vezes que el marido pide el debito juridico a su muger, mayormente si lo haze con intencion de propagar el genero humano.

Mar.—Pues que diremos del que lo pide sin nada de esse pensamiento? podriasele negar?

Pam.—Podriasele con bien, e amonestar que se templasse; mas si porfiasse en su demanda de derecho, no se le puede negar, avnque en este caso pocas quexas veo de maridos contra sus mugeres.

Mar.—En fin, dulce cosa es la libertad.

Pam.—E avn gran carga traer siempre a cuestas la virginidad; quanto mas que, siendo tu en mi poder, tu seras mi señora e yo tu sieruo; nuestra casa e familia seran a tu disposicion e gouierno; esto te parece seruitud?

Mar.—El vulgo, cabestro o soga llama el matrimonio.

Pam.—Por cierto mas dignos son de cabestro, con que los ahorquen, a quien tal nombre le pone; dime, por tu fe, tu anima no esta atada y presa dentro de esse cuerpo como vn papagayo dentro de vna jaula?

Mar.—Si.

Pam.—Pues si tu preguntasses agora si quisiesse salir de ay, mi opinion es que diria que no; que es la causa sino porque de su voluntad esta presa?

Mar.—Avnque todo esso sea, mal se puede passar bien con pobreza; tu renta y la mia es poca.

Pam.—Assi el estado sera mas seguro e la vida mas quieta; esso poco o mucho que sera, tu de tus puertas adentro lo granjearas, vsando de aquella libertad que las mugeres suelen dentro de su casa, que no es poca ganancia; yo aca

de fuera con mi industria, no pienso se perde-
ra nada.

Mar.—En gran cuydado ponen los fijos a los
padres.

Pam.—Verdad es; pero assi ellos mismos
les son causa de grandes plazeres, e muchos
dellos pagan con el doblo la buena obra de que
sus padres an vsado en criarlos.

Mar.—Assi es mas dura cosa la biudez.

Pam—Avn aora tu no eres biuda; dexate
de malos agueros, mayormente en cosa tan du-
dosa; pero dime: ya que sea, qual querrias
mas, no ser nacida, o nacer para morir?

Mar.—Yo mas quiero ser nacida, avnque se
que tengo de morir.

Pam.—Pues assi la biudez es mas trabajosa
a la que queda sola. Quiero dezir a quien ni
tiene hijos ni los espera de auer; de la ma-
nera que se puede dezir que son mas desdicha-
dos los que no son nacidos ni esperan de nacer,
que los que an nacido.

Mar.—Quien son essos que dizes que no son
ni seran jamas?

Pam.—Bien veo que te burlas dessa razon,
como Marco Tulio de Pomponio Athico; pero
tornemos al proposito: avnque sea verdad
que el que nace no puede rehusar las leyes
humanas, antes es necessario que sea subjeto a
ellas, e a esto somos ygualmente obligados
assi el Papa como el que no tiene capa, assi el
Emperador como el mas pobre labrador; pero
de aquello que la fortuna ordenare de nosotros,
en caso de aduersidad, la menor parte sera la
tuya; yo soy el que tomare a mis cuestas la
mayor carga. E por el consiguiente, en tiempo
de fortuna prospera, doblado te sera el deleyte.
E quando la suerte nos ofreciere tristeza, en-
fermedad o passion, con la compañia se aliuia
a lo menos la mitad del dolor. Yo por mi digo,
si me acontaciesse que Dios me lleuasse an-
tes de tu muerte, el mayor descanso que yo
podria lleuar deste mundo seria morir en tus
braços.

Mar.—Con menos fatiga sufren los hombres
los trabajos e aduersidades que natura o fortu-
na les acarrea, que las mugeres; pero tambien
veo que las malas costumbres de algunos fijos
dan mas fatiga a sus padres que si los viessen
morir.

Pam.—Los padres muy piadosos son mu-
chas vezes causa de los pecados de los hijos, e
por esto daremos orden que nuestros fijos ten-
gan buena criança; pues en nosotros esta la
mayor parte.

Mar.—Como?

Pam.—Porque assi acontece que el buen pa-
dre faze buen hijo. Y en lo que toca a la doc-
trina e criança, nunca viste tu que las palomas
criassen milanos. Procuremos, pues, que nos-

otros seamos buenos, e luego pornemos diligen-
cia en que nuestros fijos con la leche mamen
todas las buenas e santas costumbres, porque
mucho va en que desde niños sean bien do-
trinados, e para esto ternemos mucho cuy-
dado que en casa vean ellos tal manera de bi-
uir, que puedan ymitar y les sea exemplo para
su vida.

Mar.—Dificele me parece esso que dizes.

Pam.—No me marauillo que por que es bue-
no te parezca dificile, e avn por essa misma
razon tu eres dificile; pero en esto, quanto mas
dificultad ay, tanto mas nos esforçaremos a
poner mas diligencia.

Mar.—Tu hallaras en mi materia tan apa-
rejada, que podras imprimir qualquiera verdad.

Pam.—Yo assi lo creo; mas entretanto con-
tentame ya con tres palabras.

Mar. No podria yo hazer cosa mas dificile;
mas, como dizen: palabras e plumas el viento
se las lleua; pero darte he yo vn consejo muy
prouechoso para entrambos. Negocia con tus
padres e los mios que de voluntad de todos
este negocio se concierte.

Pam.—Mandasme que me fatigue soborna-
do votos para alcançar lo que tu sola puedes
hazer con dos palabras.

Mar.—Avn yo no se si puedo, porque no
soy en mi libertad: estoy en poder de mis pa-
dres; ni tampoco pienso que ternian fuerça los
matrimonios que antiguamente se concertauan
sin autoridad de sus padres; pero sea como
quiera, a mi me parece que mas dichoso sera
nuestro casamiento si se haze con auctoridad e
voluntad de nuestros padres, e a vosotros los
hombres conuiene buscar estos rodeos, que a
nosotras nos es muy desonesto, porque natu-
ralmente holgamos de ser requeridas y deman-
dadas, avnque mas bien queramos.

Pam. - No me sera fatiga fazer lo que me
mandas, con que tu voto no me falte.

Mar.—No ayas miedo; esta de buena gana,
señor Pamphilo.

Pam.—En este caso, mas religiosa te me
hazes de lo que yo querria, e assi mas te
temo.

Mar.—Mas sabes que deues fazer? Este tu
parecer que agora tienes, examinale bien entre
ti antes que le publiques, e no tomes parecer
con la aficion, mas consejate con la razon, por-
que lo que a la aficion le paresce, temporal es e
momentaneo. Mas lo que la razon determina,
perpetuamente suele agradar.

Pam.—Por cierto, gentilmente hablas oy en
filosofia. Determinado estoy de seguir tu con-
sejo.

Mar.—No te auras arrepentido si tomas mi
parecer; pero escucha vna palabra. Tengo vna
duda que me fatiga el coraçon.

Pam.—Dexame de tantos scrupulos.

Mar.—Pues quieres que yo me case con vn muerto?

Pam.—En ninguna manera, que yo resuscitare.

Mar.—Quitado me has de fatiga; quedate en buena hora.

Pam.—En tu mano esta.

Mar.—Dios te de buenas noches. Por qué sospiras?

Pam.—Ha señora! Buenas noches, pluguiesse a Dios me las diesses como tu dizes.

Mar.—No te apressures, no es avn tiempo; en yerua esta lo que sembraste.

Pam.—Como, señora? tengo de partirme de tu presencia sin lleuar algo de ti?

Mar.—Toma esta poma de olores con que se te alegre el coraçon.

Pam.—Atale ay vn beso.

Mar.—Esso no; la primicia de mi virginidad te guardo para quando enteramente la pueda toda entregar.

Pam.—Como? diminuye esto a'go de la virginidad?

Mar.—Si no diminuye, quieres que le de a quantos me le demandaren?

Pam.—En ninguna manera, antes quiero que todos los guardes para mi.

Mar.—Pues para ti los guardo. Avnque ay otra causa por donde al presente no te lo osaria dar.

Pam.—Por que causa?

Mar.—Porque tu dizes que tu anima esta traspassada y trasladada en mi cuerpo, e que en el tuyo no quedan sino vnas reliquias o centellas casi muertas; temo que dandote lo que me pides, esso poco que te ha quedado, no parando mientes, se passasse donde esta lo mas, y quedasses fecho vna estatua de marmol. Assi que tocame la mano en señal de entrañable, mutuo y verdadero amor, y quedate en buena hora. Gouiernate sabiamente en este negocio. Yo, entre tanto, rogare a Dios que lo que se hiziere sea para su seruicio.

FINIS

[IV] COLLOQUIO DE ERASMO

en el qual se introduzen dos personas, llamadas Arnaldo e Cornelio.

Dize Arnaldo.—Dios te guarde, mi Cornelio; mil años ha que te desseo ver.

Cornelio.—Estes en buen hora tu, Arnaldo, especial amigo.

Arn.—Ya pensauamos que nunca aca auias de tornar. Por donde has andado tanto tiempo?

Cor.—En los abismos.

Arn.—Creolo, segun vienes descolorido, flaco, mal parado.

Cor.—Burlome, que no vengo sino de Jerusalen.

Arn.—Qual Dios o que tempestad te echo alla?

Car.—Lo que lleua a otros muchos.

Arn.—No se yo lo que a ti lleuo; mas algunos he yo conoscido que no los lleuo sino locura.

Cor.—Plazeme que no cabe en mi solo parte dessa tu injuria.

Arn.—Que buscauas alla?

Cor.—Lazeria harta que traxe.

Arn.—Essa en casa te sobraua; no se porque tomauas tanto trabajo en buscarla. Ay por alla alguna cosa de ver?

Cor.—Pocas, para dezirte la verdad. Muestranse algunas señales de antiguedad; pero que puede auer donde sabemos que Jerusalen, despues que Christo nacio en ella, ha sido tantas vezes assolada por guerras, allende de lo que el tiempo desfaze, de manera que apenas ay rastro ni señal de aquella antigua Jerusalen donde tan grandes cosas en entrambas leyes Dios hizo? Y que no auran hecho las guerras de los paganos, quando la deuocion de los christianos ha desfecho muchas cosas de las que alli se hallauan? Porque, como sabes, el santissimo madero de la Cruz por muchas partes esta repartido: los clauos, la lança, fasta el pesebre donde Christo nacio, con otras insignias del comienço de nuestra saluacion, fue todo desraygado y passado a Roma, ciudad diputada por Dios para cabeça de monarchia e sagrario de los tesoreros de la yglesia.

Arn.—No lo has perdido todo, pues has aprendido esso en esta jornada, que medio predicador me parece que vienes hecho. Mas dime, salen de ay los thesoros de donde nos dan por aca las indulgencias?

Cor.—Preguntas si salen destas cosas que te he dicho? No salen dellas, mas salen de las que con ellas se hizieron y padescieron por nuestra saluacion, y de las que despues aca los santos varones an hecho e padescido por Jesu Christo.

Arn.—Segun esso, a costa agena puede hombre salir del infierno?

Cor.—Engañaste, que las bulas no sacan del infierno al que alla esta, ni al que merece estallo; solamente siruen de que, biuiendo nosotros bien, nos ayudan a satisfazer a la justicia diuina, haziendonos parcioneros de los meritos de los santos, porque avnque para esto baste ser christianos y miembros de Christo, por lo qual, estando en gracia, gozamos de la vida e de los otros bienes de que goza todo el cuerpo;

pero de todo esto somos fechos mas especial-
mente parcioneros por la especial aplicacion
del Pontifice romano, a quien Christo dexo sus
bozes para esto y para las otras cosas necessa-
rias a la yglesia.

Arn.—Si esso es en confiança de las indul-
gencias, no ha el hombre de fazer mal ni dexar
de cobrar el bien que pudiere?

Cor.—A essa cuenta, a mas de tres se les
tornaran las bulas en burlas, pues que se ha-
llaran burlados quando se les acabare la vida
que en huzia dellas ouiere mal biuido.

Arn.—Mas tu, a mi parecer, a la primera
cruzada podras ganar de comer, segun vienes
gran bachiller en estas cosas; pero mira que
por ganar las almas de los otros no infiernes
la tuya. E tornando a tu romeria, dime que
viste por alla?

Cor.—Gran muchedumbre de gentes barba-
ras e sin fe.

Arn.—Muy santo deues venir?

Cor.—Antes muy peor que de aca fuy.

Arn.—Vienes mas rico?

Cor.—Antes desnudo.

Arn.—No te arrepientes de auer tomado
trabajo de tan luenga romeria, donde, segun
dizes, no has ganado nada?

Cor. — He ganado grandes perdones que
el Papa otorga a los que visitaren la Tierra
Santa.

Arn.—Essos con dos reales te los pudieras
tener en tu casa, que no cuestan mas las bulas
de San Pedro.

Cor.—En fin, quando nada no aya ganado,
otros muchos que tengo por compañeros de mi
locura me quitaran la mayor parte de la ver-
guença, y escusado es arrepentirse nadie de lo
que ya no lleua remedio.

Arn.—De manera que ninguna cosa has ga-
nado en el trabajo deste camino?

Cor.—Antes mucho.

Arn.—Que?

Cor.—Que biuire de aqui adelante mas ale-
gremente.

Arn.—Esso sera porque es muy gran plazer
acordarse hombre de los trabajos passados
quando es salido dellos.

Cor.—Algo haze esso al caso; pero ay mas.

Arn.—Tienes alguna otra ganancia?

Cor.—Si, sin falta.

Arn.—Pues dila ya.

Cor.—Que tomare mucho passatiempo e
darle a mis amigos con el aparejo que ter-
ne de mentir sin miedo quando contare mi
peregrinaje en los corrillos o en los com-
bites.

Arn.—Por cierto que tienes razon.

Cor. — E mas que me holgare mucho quando
oyere a otros mentir muy osadamente, contando

cosas que nunca vieron ni oyeron; lo qual ha-
zen algunos con tanta confiança, que avnque
cuentan hablillas mas vanas que las chufas que
llaman de Cecilia (¹), ellos mismos, despues que
lo han mucho afirmado e jurado, se persuaden
auer dicho verdad.

Arn.—Gran plazer auras en esso; paresceme
que no as perdido el tiempo del todo, y la cos-
ta, que suelen dezir.

Cor.—Yo por menos locura tengo esta mia
que la destos que por vn pequeño sueldo se al-
quilan para yr a la guerra, que es escuela de to-
das las maldades.

Arn.—Si; mas es muy gran baxeza tomar
plazer en mentir.

Cor.—Por malo que sea, es mejor que pas-
sar tiempo en murmuraciones o detraciones,
o en perder la hazienda y el tiempo a los
naypes.

Arn.—Forçado me es confessar por verdad
todo lo que dizes.

Cor.—Avn otro prouecho he sacado de mi
camino.

Arn.—Qual es?

Cor. — Si tuuiere algun amigo a quien yo
quiera mucho y le viere en proposito de hazer
otro tanto como yo he hecho, auisalle he de lo
que le cumple, como suelen los marineros, si
an corrido tormenta, auisar a los que quieren
entrar en la mar.

Arn.—Pluguiera a Dios que ouiera yo topa-
do antes contigo.

Cor.—Como? has tu tambien pecado deste
humor?

Arn.—Fuy en romeria a Roma e a San-
tiago.

Cor.—Santo Dios, y quan gran plazer he
agora de saber esso! Di, de donde te vino al
pensamiento esse viaje?

Arn. — De donde vienen las otras locuras.

Cor.—Como? e por locura tienes lo que he-
ziste por deuocion?

Arn.—Tengola por tal, que por la esperien-
cia me ha fecho conocer que fuera mejor execu-
tar mi deuocion en trabajar en mi casa, para
mantener a mi muger que tenia moça, e mis
hijos chiquitos e tan pobres, que no teniamos
otra cosa sino lo que yo ganaua a mi oficio.

Cor.—Algun gran caso deuia ser el que
pudo apartarte de tu muger e hijos, e mucha
honra me haras en contarmelo.

Arn.—He verguença.

Cor—No la has de auer para comigo, que,
como sabes, soy tocado del mismo mal.

Arn. - Estauamos vn dia ciertos vezinos be-
uiendo de compañia, e como començo vn poco

(¹) «Siculis gerris vaniora», escribe Erasmo, recor-
dando á Ausonio.

a calentarnos el vino, dixo vno, no se a que proposito, que auia dias que tenia voluntad de yr a Santiago; otro dixo que desseaua yr a Roma; luego salieron otros dos o tres, que prometieron de tenerles compañia; assi acordaron de yr todos juntos. Yo, por no parecer que era peor compañero en el votar, pues era de los mejores en el beuer, hize el mesmo voto con ellos. Luego començamos a tratar donde yriamos primero, a Roma o a Santiago. Acordose en la consulta que otro dia de buena manderecha tomassemos el camino para entrambas partes.

Cor.—O graue decreto, no cierto para esculpirse en tablas de metal, sino para ser escrito con rayas de vino!

Arn.—Luego que esto se acordo, anduuo vna gran taça por todos, la qual, despues que cada vno de nosotros ouo beuido, confirmose el voto e hizose yrreuocable.

Cor.—Nueua manera de religion fue essa; mas dime, tornastes todos sanos a vuestras casas?

Arn.—Todos, saluo tres que quedaron por alla, de los quales el vno, muriendo en el camino, nos encomendo que saludasemos en su nombre a Sant Pedro e a Santiago; el otro murio ya llegados a Roma; el tercero quedo en Florencia, en vn hospital, ya desauziado de vna graue enfermedad; creo que ya sea ydo al cielo.

Cor.—Tan deuoto era?

Arn.—Antes era vn gran chocarrero.

Cor.—Pues de que parte tienes del tan buena confiança?

Arn.—Porque lleua vna talega llena de bulas muy copiosas.

Cor.—Ya no te dixe lo que essas valian y para que eran buenas? creeme que es muy largo el camino del cielo, e no sin hartos peligros de ladrones que estan puestos en assechança para nos estoruar el passo.

Arn.—Bien es esso verdad; pero el tenia muchas bulas que le podrian seruir de saluocondutos.

Cor.—En que lengua escritas?

Arn.—En lengua romana, que en Roma las auia tomado.

Cor.—Si esso es, a buen seguro va.

Arn.—Si va, si no cae en manos de algun demonio que no sepa latin, porque auria de tornar a Roma a sacar de nueuo otro saluoconduto.

Cor.—Como? e ay alli siempre quien venda bulas?

Arn.—Si, santo Dios!

Cor.—Mira con todo esso como hablas en essa materia, que es muy achacosa, e suelen dezir que las paredes han oydos.

Arn.—No, que todo esto se dize burlando;

que yo de las bulas creo todo lo que tu me has dicho, y no les quito su autoridad; mas riome de mi compañero, que desseaua en todas las otras cosas que tocan a buena christiandad vn perdido burlador, toda la confiança de su saluacion ponia en los pergaminos y sellos, y desto hazia mas cuenta que de corregir sus estragadas aficiones. Mas dexado esto, quando gozaremos del passatiempo que dezias con nuestros compañeros?

Cor.—Quando sea tiempo ordenaremos vn combite, llamaremos otros de nuestra encella, e alli mentiremos a porfia e tomaremos plazer mintiendo e oyendo mentir.

Arn.—Hagase assi, y entre tanto anda con Dios.

FINIS

[V] COLLOQUIO DE ERASMO

en el qual se introduzen dos personas: Soldado y Cartuxano.

Dize el Soldado.—Esteys en buena hora, hermano mio.

Cartuxano.—Tu seas bien venido, señor hermano.

Sol.—Apenas te conocia.

Car.—Tanto he enuejecido en dos años?

Sol.—No; mas la cabeça rapada y el nueuo traje de vestidura, fazenme parezcas otro del que solia.

Car.—Como? no conocieras a tu muger si te saliera a recebir con vna ropa nueua?

Sol.—No, si la ropa fuera tal como essa tuya.

Car.—Pues si bien te conocia, avnque no solo el traje, mas el gesto traes mudado y todo lo demas; que pintado e bigarrado vienes! pareces mariposa o paxarico de siete colores; y essas cuchilladas de la gorra? creo que las feziste para vaziar el seso que te sobraua; mas estas otras trepaduras con que toda la ropa traes arpada, de que siruen? Deues de tomar por gala no traer nada como los otros. Essas plumas que traes en la cabeça, son los despojos de los enemigos que has muerto en esta guerra?

Sol.—Si.

Car.—Si esso es, con los ansarones de los labradores deue auer sido tu contienda; veras quan buen conocimiento tengo, que te conoci sobre venir tu tan deuisado en las vestiduras, y avn sobre todo la cabeça tresquilada, la barua medio rapada, como monte rezien roçado por debaxo, y el bosque de encima muy espeso, como si las baruas ayudassen a meter la vianda en la boca y estoruassen de tragalla;

essas vedijas que trays ay retorcijadas de vna parte y de otra, para que las dexas crecer mas que las otras, que parecen de gato?

Sol.—Assi conuiene que tornen los que bueluen de la guerra. Mas dime, tanta falta de buenos medicos ha auido en esta tierra?

Car.—Por que lo preguntas?

Sol.—Porque no ouo quien te sanasse del seso que tenias estragado antes que te metieras en esta jaula.

Car.—De manera que te parece que fize muy gran locura?

Sol.—Muy grande; que necessidad auia de sepultarte aqui antes de tiempo, pues tenias con que passar aca fuera en el mundo?

Car.—Como? no te parece que estoy agora en el mundo?

Sol.—No por cierto.

Car.—Por que?

Sol.—Porque no puedes yr donde quisieres; estas aqui encerrado como en cueua; junto con esto te veo rapado, vestido monstruosamente, solo comiendo pescado, e tan a la continua, que me marauillo como ya no eres tornado en pez.

Car.—Si los hombres se conuertiessen en lo que acostumbran comer, ya mucho auria que tu serias tornado en puerco; que muy gran torreznero solias ser.

Sol.—No dudo que estes ya arrepentido de lo que heziste, que muy pocos ay que no se arrepientan.

Car.—Esso acaesce a los que toman esta vida temerariamente y como quien se arroja en vn pozo; yo descendi passo ante passo e mirando mucho lo que hazia, tentando primero mis fuerças, conociendo primero la aspereza de la vida que tomaua; lo qual todo pude hazer porque soy ya hombre de veynte e siete años, edad en que el hombre puede conocerse y tener esperiencia de sus aficiones. Quanto a lo que dizes del lugar, tambien hallaras que es harto estrecho el tuyo si le comparas con la anchura del mundo; quanto mas que muy poco haze el caso mirar quan ancho o quan angosto sea el lugar, quando tiene todo lo que es menester para el seruicio desta vida. Muchos hallaras que guardan en sus ciudades tanta clausura como yo en mi monesterio, porque pocas vezes o nunca salen dellas. Pero si les fuesse defendido que no saliessen, hazerseles ya muy de mal, e tomarles ya luego gran gana de salir. Por lo qual veras que este afecto de salir o no salir del lugar donde te determinas a biuir, ni es necessario, ni fundado en razon, sino puramente apetito vulgar, del qual yo carezco; ymagino que es todo el mundo, el qual me representa este mapamundi (¹) que aqui

(¹) El texto: *cnapamandi*.

tengo, y desde mi celda, quando yo quiero, con esta figura e con los libros que del hablan le ando todo y passo mas seguramente e mas sin trabajo, con el pensamiento, que le andaria con el cuerpo si ouiese de nauegar a las nueuas Indias.

Sol.—En eso no andas lexos de la verdad.

Car.—Pues la rasura de la cabeça, no ay por que te descontente, pues que tu de tu voluntad te tresquilas, porque hallas prouecho en ello; a mi, andar rapado, quando no me sirua de otra cosa, a lo menos hazeme biuir mas limpio y mas sano de la cabeça. En Venecia, casi todos los nobles, que llaman patricios, se rapan toda la cabeça; pues la vestidura, que monstruosidad te parece que tiene? no cubre el cuerpo? Para dos cosas sirue la ropa: para defendernos del frio y ampararnos del calor, y cobrir el cuerpo. No te parece que esta mia puede bien seruir destos dos o tres oficios? Pero diras que se desplaze esta color. Qual color les esta mejor a todos los christianos que la que a todos se dio en el Baptismo, quando dizen: *Accipe vestem candidam*, etc.? Esta vestidura me aduierte de lo que prometi en el Baptismo, que fue trabajar continuamente con todas mis fuerças por conseruar la innocencia y la soledad que parece ofenderte; si es apartamiento del pueblo, no somos solos nosotros los que lo hazemos, que antiguamente lo hizieron los profetas, e avn los philosophos gentiles, e todos los que alcançaron sabiduria de cosas diuinas o naturales, como los astrologos, poetas y otros semejantes, pareciendoles que no podian acabarse en medio del vulgo las cosas grandes y que salen de la medida e capacidad del vulgo. Avnque no se por que esta vida que yo hago la llamas soledad; la conuersacion de vn amigo suele quitar el enhadamiento de la soledad; yo tengo aqui mas de veynte que me fablan en diuersas cosas quando yo quiero. Demas de esto, aqui soy visitado de mis deudos e conoscidos mas de lo que querria; e con todo esto, te parece que biuo en soledad?

Sol.—Con essos tus amigos no puedes siempre hablar.

Car.—Ni siempre es menester; e por esso me es mas sabrosa su conuersacion, porque el desseo e interpelacion fazen que tome hombre mas plazer en la cosa quando la possee.

Sol.—No has dicho mal en esso, que avn a mi me sabe mejor la carne despues de Quaresma.

Car.—Pues avn quando muy solo te parece que estoy, no me faltan compañeros de mis puertas adentro con quien hablar mas a mi sabor que con essos vulgares fablaria.

Sol.—Donde los tienes?

Car.—Veys aqui vn libro de los Euangelios; en este habla comigo aquel que se hizo muy afable compañero a los dos discipulos que caminauan a Emaus, para que con su conuersacion e habla no sintiessen el trabajo del camino, robando todos sus sentidos la dulçura y ardor de las palabras que les dezia. En este otro libro habla comigo Sant Pablo. En este otro, Esayas e los otros profetas. En este habla comigo el dulcissimo Chrisostomo. En este, Hieronymo. En este, Augustino. En este, Cipriano. Y assi estos doctores que aqui veys, no menos sabios que eloquentes. Has tu conoscido compañeros tan agradables para hablar? Crees tu que, estando en tal compañia, me enhadare de la soledad?

Sol.—Conmigo en vano hablarian, pues no los entiendo.

Car.—De las viandas que va? en quales an de ser las que sustentan el cuerpo, pues que, si a su natural miramos, muy pocas le bastan. Dime, qual de nosotros esta mas gordo e mas fresco, tu que comes gallinas e capones, o yo que no como sino pescado?

Sol.—Si tu tuniesses la muger al lado, como yo, no estarias tan luzio e tan fresco.

Car.—E avn porque no la tengo me basta qualquier vianda, avnque sea poca.

Sol.—Con todo esso, dime, hazes vida judayca?

Car.—Habla cortes; vida christiana trabajamos aca por hazer, e si no alcançamos la perficion, a lo menos no faltan los desseos.

Sol.—Poneys toda vuestra confiança y felicidad en vestir de tal manera, comer tales viandas, y en rezar tal numero a tales tiempos, y en otras cerimonias semejantes; e tanta cuenta hazeys desto, que os descuydays del estudio y exercicio de la piedad euangelica.

Car.—No me meto en juzgar que fazen los otros; pero yo en ninguna dessas cosas me fio, sino en Jesu Christo y en la pureza de la conciencia, con que se alcança el cumplimiento de sus promessas.

Sol.—Pues si destas cosas cerimoniales no te fias quanto al negocio de tu saluacion, para que las guardas?

Car.—Menester es que toda muchedumbre de hombres ayuntada a biuir en vn lugar tenga algunas leyes comunes en que conuengan, para que segun ellas biuan sin confusion e sin ofensa vnos de otros, e para esto se hazen las leyes generales en los reynos, e las particulares en las ciudades, y desto tambien siruen las leyes de nuestros monesterios; porque si donde estamos muchos cada vno fiziesse todo lo que quisiesse, no podriamos llamarnos vna casa, ni vna congregacion, ni vn cabildo, sino vna confusion. E mira quan necessaria cosa es esta,

que, como San Augustin dize, avn vna manada de ladrones por los montes, ni vna nao de cossarios por la mar, no podria sostenerse si no tuuiesse ya ciertos limites entre si y assientos, que son como leyes de lo que an de fazer y de la orden que entre si an de guardar. Pues si esto es assi, como te paroce a ti que podriamos nosotros biuir sin leyes ordenadas e guardadas para conseruacion de nuestra concordia e sossiego de nuestra vida? Esta causa que te he dado basta para que sepas por que guardo estas leyes esteriores e cerimoniales, que es responderte que las guardo por lo que tu guardas muchas leyes de tu ciudad que no son refrenamientos de vicios, sino compostura de buena policia, e por lo que guardauas en tu vandera muchas cosas, por las quales no eras mas fuerte, pero conuenia al concierto de todos los que debaxo dellas os juntauades que assi se fiziesse, o para concierto del caracol que fazeys; pero es bien que sepas avn otra causa por que se guardan, y es que algunos destos exercicios exteriores e cerimoniosos, tomados moderadamente, avnque ellos no son la sustancial perficion e piedad euangelica, ayudan mucho a conseguilla, a lo menos a los començantes, ca menester es, como Sant Pablo dize, que aya primero compostura y mortificacion en lo esterior, que el llama la parte animal, que en lo interior, que es la parte spiritual; e si no se dio en balde el cuerpo al alma, assi como no es hombre el que no tiene cuerpo e anima, assi no puede ser perfecto el que no se siruiere de los exercicios corporales para la perficion de su anima. E assi como en nuestra generacion se forma el cuerpo primero que el anima, assi en nuestra regeneracion es menester que se reforme el cuerpo para alcançar la verdadera reformacion del anima, a la que exortaua e combidaua Sant Pedro que procurassen de llegar los galatas, diziendoles: *Filioli mei quos adhuc parturio, donec formetur Christus in vobis.* Veys aqui como no solamente tenemos razon, mas avn obligacion, a la guarda destas cosas, que para la mortificacion e compostura exterior fueron ordenadas; e si caso fuesse que alguno llegasse a tanta perficion que no ouiesse menester la guarda destas cosas para el aprouechamiento de su espiritu, avn a este tal le connernia guardallas por la conseruacion de la paz e por no ofender la flaqueza de los que no han alcançado tanta libertad de espiritu; por lo qual dezia Sant Pablo: *Si scandalizauero fratrem meum, non manducabo carnes in eternum.* E cierto en poco tiene la paz e salud de sus hermanos quien por cosas tan liuianas e tan faciles de guardar la perturba, ca donde muchos conuienen de diuersos spiritus y estados, qualesquier cosas, por menudas que sean, bastan a ofender a algunos e perturbar el sossiego de todos; bien se que traer la cabeça rapada e vestirme desta color y hechura que ando, no me abona para con Dios, que mira el coraçon, mas, que pareceria yo si criasse cabello e vistiesse vna ropa como essa tuya? Y lo mismo entiendo de todas las otras cosas que que me ves hazer, que avnque no te parezcan fazer al caso de la bondad interior, a lo menos no me puedes negar que no siruen para la presencia exterior. Dadote he cuenta de mi vida e de la razon por que me determine a ella. Agora yo te ruego que tambien me des razon de essa tuya e de lo que te mouio a tomalla. Y por començar por donde tu, dime: quando se agotaron todos los buenos medicos, que no ouo quien te curasse de la locura que feziste de dexar tu muger moça e tus fijos chiquitos, por yrte a la guerra alquilado por tres blancas de sueldo para matar christianos, y esto no fallandolos en alguna mazmorra, sino en medio del campo, donde la mesma auentura de muerte corrias tu si [a] alguno dellos la quisiesses dar; ca no lo auias con hongos, ni con las retamas del campo, sino con hombres fuertes y diestros en aquel oficio, armados y puestos a punto, antes para ofender que para ser ofendidos? Qual te parece mayor desuentura, si quieres que comparemos la tuya con la mia, pues tu mostraste tenella por tal: degollar por vn miserable sueldo vn christiano, de quien nunca fuyste ofendido, o encerrarte cuerpo e alma en algun lugar de perpetua angustia? No sabes que es mayor daño hazer vn pecado mortal que sufrir eternalmente las penas del infierno, si sin el se sufriessen?

Sol.—Bien; pero no es pecado matar a mi enemigo.

Car.—Esso por ventura ha lugar quando comete destruyr tu tierra, o perturbar tu publica paz, e no puede ser atajada sino por armas, ca entonces seria licito pelear por sus hijos e muger, por tus padres e amigos, por la integridad de tu religion e libertad de tu ley, e por todo lo demas que tocasse al sossiego e publica paz, conforme al prouerbio de los antiguos, que dize: Por tu ley, e por tu rey, e por lo tuyo moriras. Pero, que tenia que ver con nada desto esta tu jornada, en la qual no lleuauas intento ni necessidad de remediar semejantes inconuenientes, e sino solamente ganar dineros a matar hombres?; yo, si en esta guerra murieras, no diera por tu alma vna auellana.

Sol.—No?

Car.—No en verdad; pero passemos adelante, en la comparacion de nuestras vidas. Qual te parece cosa mas aspera: obedecer a vn buen hombre, que nosotros llamamos prior, el qual todo quanto nos manda son obras pias e religiosas: como es yr al coro, recogernos a licion,

oyr sermones o leciones de saludable dotrina, seruirnos vnos a otros en caritatiuos oficios, o obedecer a vn capitan, o a vn cabo desquadra renegado e desalmado, que con grandes trabajos e sobresaltos te mande madrugar e trasnochar, caminando con las armas acuestas, durmiendo en medio del campo al rigor del innierno o al ardor del verano? Tras esto, que te mande entrar en ordenança, guardar tu lugar e no desamparalle sino muriendo o matando? Y lo que peor es, que muchas vezes no te mande acometer hombres, sino lombardas, que sin diferencia alguna lleuan quanto hallan delante?

Sol.—No es nada quanto dizes para con las desuenturas que alla sufrimos.

Car.—Junta con la diferencia de los oficios la dureza y crueldad de las leyes; que yo, si errare en algo contra los establecimientos que se acostumbran guardar en mi monesterio, el castigo me sera vna caritatiua reprehension, o quando mas vna liuiana penitencia; porque nuestros superiores, a exemplo de Jesu Christo, cuyas bozes tienen, mas con doctrina y persuasiones que engendran amor nos lleuan por el camino de nuestra salud. Mas alla donde tu voluntariamente te quesiste someter, la pena de las faltas que hizieres en tu oficio es perder la vida en la horca, o passado por las picas, que al que deguellan gran merced le hazen.

Sol.—No puedo negarte que dizes verdad.

Car. - Pues lo que de todo esto deues auer ganado, este tu traje muestra que no deuen de ser muchos dineros.

Sol.—Dineros? Mucho ha que no se que moneda corre; la ganancia que a mi casa torno es auer gastado lo mio e lo ajeno; por esso me he venido por aqui a que me ayudes para el camino.

Car.—Pluguiera a Dios que esta venida hizieras quando yuas a esta maldita guerra; pero dime, en que has gastado tanto?

Sol.—En que? Yo te lo dire. Quanto ganaua del sueldo, quanto hurtaua, robaua, cohechaua, todo se me yua en vino, mugeres y dados.

Car.—O desuenturado de ti! no auias empacho de tal vida, teniendo entre tanto aca tu mugercilla, por quien Dios te mando dexar a tu padre e a tu madre, llorando e passando mucha pobreza de sus puertas adentro, cargada de hijuelos que no la podian ayudar sino a comer lo que tenia? tal vida como essa parece que era biuir, passandola embuelto en tantas maldades e miserias?

Sol.—La muchedumbre de los que andauan de la misma manera engañados, me hazia no sentir el mal tan grande en que andaua.

Car.—Miedo he que no te ha de conocer tu muger.

Sol.—Por que no?

Car.—Porque traes tantas señales por la cara, que le paresçera ver otra cosa nueua. Que hoyo es esse que traes sobre el ojo? parece que te an arrancado de la frente algun cuerno.

Sol.—Si supiesses que fue esto, darias gracias a Dios que me libro de tan gran peligro.

Car.—Por que?

Sol.—Porque llegue a punto de morir desta herida.

Car.—Que fue?

Sol.—Estando junto a vno que harmaua vna ballesta de hazero, salto la verga e diome el vn cabo en la frente.

Car.—Por essas quixadas tambien me paresce que traes una cuchillada de vn palmo.

Sol.—Riñendo me la dieron.

Car.—En la batalla?

Sol.—No, sino jugando se reboluio vn ruydo.

Car.—En la barua te veo no se que granos.

Sol.—No es nada.

Car.—Miedo he que se te deuen auer pegado por alla las buas.

Sol.—En lo cierto estas, que tres vezes he llegado a la muerte dellas.

Car.—De que andas assi medio corcobado, como si fuesses viejo o como si estuuiesses deslomado?

Sol.—Del mal que me dio tollido; que como se me encojeron todos los neruios, nunca me pude bien endereçar.

Car.—Sin duda marauillosa mudança se ha fecho en ti; pues de centauro te has tornado en animal que anda medio arrastrando. Esta deue de ser de las milagrosas transmutaciones que escriuen los poetas que hazian sus dioses.

Sol.—Tales son las venturas de la guerra.

Car.—Mejor diras que tal fue la locura que te lleuo alla; que joyas traes a tu casa para tu muger e hijos, lepra?

Sol.—Como lepra?

Car.—Que otra cosa es esse mal que traes sino lepra? avnque no se hazen para el casas apartadas como para los leprosos; porque es ya tan comun, que no auria donde cupiessen, avnque, en la verdad, cuanto mas comun es, tanto mas remedio se auria de poner en euitalle; porque no ha venido a ser tan comun, sino de ser muy ligero de pegarse.

Sol.—Dizen algunos que no se pega sino de sudor, e quando duermen dos juntos en vna cama, especialmente si son hombre e muger.

Car.—En la verdad, en esso suele estar el mas peligro; pero de otras muchas maneras hemos visto pegarse; ca de solo besar vna muger a vn niño, se hallara auerle pegado las bu-

uas en la boca y despues en todo el cuerpo. Lo mismo ha acaescido y acaesce cada dia de beuer en vna taça, y de otras cosas semejantes; pero todo esto es nada, que, como sea especie de lepra, solo el huelgo basta para pegalle, como de hecho algunas vezes ha acaescido.

Sol.—A mi me parece esse mayor aparejo para pegarse que otro alguno, como el huelgo salga de las entrañas inficionadas y penetre por su sotileza todas las partes de nuestro cuerpo mas tiernas y secretas, e sin falta creo que esta sea la principal causa de durar tanto esta enfermedad, renouandose cada dia, no sin alguna infamia de los que della son lastimados, por el temerario juyzio del vulgo, que luego atribuye las cosas semejantes a la mas fea ocasion.

Car.—Tu lo has bien filosofado; pero por tus palabras puedes conocer la ganancia que traes a tu casa para los que an, no solamente de conuersar, pero avn comer y beuer y vsar de la misma ropa e alhajas contigo; de lo qual no se puede esperar sino que a ellos todos se les pegue y tu biuas muriendo entre ellos.

Sol.—Ruegote, hermano, que no me lastimes mas de lo que yo vengo; pues no son tan pequeños los males que yo traygo, que no se hagan ellos mismos sentir sin tu reprehension.

Car.—Bien seria si todos los que traes sintiesses; pero los que aqui me has contado no son sino vna parte muy pequeña en respecto de los que traes en el alma: quanta sarna, quanto hedor, quantas llagas, quantas dolencias te parece que deues traer en ella?

Sol.—Creo que le traygo tan limpia como vn muladar.

Car.—Miedo he que huela peor en el acatamiento de Dios y de sus angeles.

Sol.—Harto emos contendido, si te paresce; dime, que entiendes hazer para el remedio de mi camino?

Car.—Yo ninguna cosa tengo que te dar; pero sabre la voluntad del prior, que, como es buen christiano y verdaderamente religioso, suele ser muy bien comedido con los parientes de sus frayles, especialmente en semejantes necessidades.

Sol.—Si yo te cometiera a dar algo, ni te faltaran manos ni licencia para recebirlo; mas para darlo sobrauan los inconuinientes.

Car.—Lo que a los otros acaesce, ellos lo vean; mas a mi tan ageno me es el recebir como el dar; pero desto despues de comido trataremos: agora tiempo es que nos sentemos a la mesa, donde callando daremos con mas cuydado mantenimiento a los cuerpos, y con mas seguridad de las animas.

FINIS

[VI] COLLOQUIO DE ERASMO

el qual llaman de religiosos, e introduzense estas personas: Eusebio, Timoteo, Teofilo, Crisogloto, Uriano.

Dize Eusebio.—Marauillado estoy, o Timoteo!, auer algunos hombres que en este tiempo tan fresco, quando todos los campos parescen reyrse, toman sabor de estarse en las humosas e ahogadas ciudades.

Timoteo.—No a todos les es agradable la vista de las flores y prados alegres, ni las fuentes e rios; o si esto a todos agrada, ay otras cosas que mas les aplazen; e assi, deleyte a deleyte, se escluyen, como suelen dezir, que vn clauo saca a otro.

Eus.—Tu me querras traer agora a cuenta los arrendadores y logreros y otros semejantes auariciosos.

Tim.—Por essos lo digo; avnque no solos, antes con ellos ay otros muchos, fasta en el estado de clerigos e frayles, los quales, por la ganancia que en ello fallan, tienen por mejor binir en los grandes pueblos, siguiendo en esto la dotrina, no de Pitagoras ni de Platon, mas la de vn ciego destos que andan por las puertas, que holgaua mucho de ser apretado e casi tropellado con la frequencia de la gente, porque, segun dezia, donde concurre el pueblo alli ay la ganancia.

Eus.—Vayan a la buena ventura los ciegos con su ganancia; nosotros filosofos somos.

Tim.—Verdad es; mas tambien Socrates era filosofo, pero anteponia las ciudades a los campos, porque, como era codicioso de aprender, hallaua para esto mejor aparejo en los pueblos que en los despoblados; e, a la verdad, en los campos, las huertas, arboledas, fuentes, rios, son para recrear la vista; pero como ninguna cosa destas le hablaua, ninguna le enseñaua.

Eus.—Alguna razon tiene lo que Socrates dize. Si solo te anduuieres por los campos, avnque a mi parecer no es del todo muda la naturaleza de las cosas que en ella se hallan, antes por donde quiera que fueres habla y enseña grandes cosas a quien bien las contemplare, si acertare a ser hombre atento e ingenioso, que otra cosa nos manifiesta esta tan agradable presencia del frescor que con marauillosa fertilidad Naturaleza derrama, sino la soberana sabiduria e diuina bondad que se muestran yguales en su hazedor? Y avn Socrates, a quien me alegaste, quan muchas cosas enseña y aprende en el apartamiento que con su Fedro (¹) haze!

(¹) El texto: «Fredo».

Tim.—Si tal compañia se hallasse, ninguna cosa auria mas agradable que la vida del campo.

Eus.—Quieres prouallo? Yo tengo vna heredad aqui cerca de la ciudad, que, avnque no es muy grande, esta bien labrada; para alli os combido mañana a comer.

Tim.—Somos tantos, que en vn dia te comeriamos quanto en ella tienes.

Eus.—Antes me fareys muy poca costa, que todo el combite sera de yeruas y de viandas que, como Oracio dize, no se ayan de comprar. El vino, en la misma eredad se coge; pepinos, melones, figos, peras, mançanas, nuezes, estan tan a mano, que los mismos arboles paresce estan combidandonos con ellas, como en las islas que llaman Canarias, si a Luciano creemos. Y por auentura ternemos alguna gallina de vn cortijo que alli tengo.

Tim.—Pues assi es, acetamos tu combite.

Eus.—Sea con que cada vno de vosotros trayga vn compañero qual quisiere; e assi, como vosotros seays quatro, juntos todos cumpliremos el numero de las nueue musas.

Tim.—Hagase assi.

Eus.—De vna cosa con todo os quiero auisar: que cada vno de vosotros trayga consigo la salsa con que ouiere de comer, porque aqni no le daremos sino sola la vianda.

Tim.—Que salsa quieres que traygamos: de pimienta o de açucar?

Eus.—Ninguna dessas es menester, pues bastara otra menos costosa e mejor.

Tim.—Que salsa es essa?

Eus.—La de Sant Bernardo, que es hambre; esta se podra començar desde esta noche cenando templadamente, e aguzarse ha mañana con passearnos vn rato antes de comer; y desto tambien, como para el combite, seruiran mis huertas; mas a que hora quereys que comamos?

Tim.—A las diez, antes que entre el calor del sol.

Eus.—Assi se hara.

* *

Moço.—Señor, los combidados estan a la puerta.

Eus.—Cumplido aueys vuestra palabra en venir; aueysme hecho doblada gracia en venir temprano y con tan buena compañia; ay algunos que, presumiendo de mucha criança, son tan mal criados, que hazen con su tardança esperar mas de lo razonable a quien los combida.

Tim.—Hemos venido temprano por tener espacio de ver esta tu palacio, que hemos oydo ser apuesto de muchas e diuersas cosas muy agradables, con las quales muestra bien la ingeniosa innencion de su dueño.

Eus.—Vereys el palacio qual el rey que en el biue. A la verdad, el se podra mejor llamar nido, por su estrechura; mas yo con el biuo mas contento que con ninguna anchura de casas reales. Quanto mas que, si se dize reynar el que biue en libertad e dispone de si a su voluntad, yo soy rey en esta casa mas verdaderamente por ventura que algun rey en su reyno. Pero, dexando esto, bien sera que mientra nos guisan de comer, pues avn el calor no ha començado a entrar, nos entremos a ver mis huertas.

Tim.—Tienes otra huerta alguna mas deste vergel que a la entrada tan suaue e alegremente nos recibe?

Eus.—Este sirue para que cada vno coja del las ramas e flores que mas le contentaren, con que no sienta algun menos suaue olor si entrando en casa le ofendiere; no son todos los olores ygualmente agradables a todos; por esso cada vno podra cortar lo que mejor le estuuiere; cortad, cortad sin miedo, que este vergel no se hizo para otra cosa; en tanto que avn a los estraños le hago franco, ni consiento que este primer patio se cierre sino de noche.

Tim.—Cata! a San Pedro tienes pintado en la puerta.

Eus.—Con razon, pues Jesu Christo le dio oficio de portero en el cielo; por lo qual yo quise mas pintalle a la entrada, que no a los Mercurios, Centauros e otros tales vestiglos ;que algunos suelen pintar en sus puertas.

Tim.—Mas conuenible pintura de hombre christiano es esta, que no ninguna dessas otras que has dicho.

Eus.—Mi portero, avnque pintado, no esta mudo si mirays; antes en tres lenguajes habla a todos los que entraren.

Tim.—Que habla?

Eus.—Allegate y leelo.

Tim.—No esta tan cerca que pueda alcançar mi vista a leello.

Eus.—Toma, vees aqui antojo con que alcances a leello mas ligeramente que si fuesses lince.

Tim.—Las letras latinas me parece que dizen: *Si vis ad vitam ingredi, serua mandata.* (Marci., cap. IX.)

Eus.—Passa adelante y lee las griegas.

Tim.—Las letras bien las veo; mas ellas no me veen a mi, porque no las entiendo; por esso, como quien juega a biuo te lo do, quiero passar los antojos a Teofilo, que nunca anda sino cantando versos griegos, para que el nos los declare.

Teofilo.—Las letras griegas dizen: Conuertios e hazed penitencia. Palabras de Sapientie, escriptas en el tercero capitulo de los Actos de los Apostoles, donde la letra latina dize: *Penitemini ergo et conuertimini.*

Crisogloto.—Las hebraycas tomo yo a mi cargo de declarar, las quales dizen: El justo biuira en su fe; palabras son del propheta Abacuch, donde la letra latina dize: *Et iustus in fide sua viuet.*

Eus.—No os parece que tengo portero bien comedido, pues luego a la entrada nos encomienda que nos apartemos de los vicios y nos demos al exercicio de buscar la verdadera piedad; e tras esto nos aduierte que no se gana la vida eterna por las obras cerimoniales e mosaycas, sino por la fe euangelica; e finalmente, nos abre el camino de la vida inmortal, diziendo que, si queremos entrar en ella, guardemos los mandamientos de Dios?

Tim.—O! que hermoso humilladero que veo a la mano derecha por donde hemos de passar! En el altar me parece que tienes a Jesu Christo, alçados los ojos hazia el cielo, al Padre e al Spiritu Sancto, desde donde juntamente con ellos acata sobre nosotros; e para que nosotros assi mesmo acatemos a El, pintastele con la mano alçada, señalando e combidandonos al termino y descansadero de nuestra trabajosa jornada.

Eus.—Ni El tampoco, como Sant Pedro, nos recebira sin hablarnos; lea cada vno en su lengua.

Tim.—*Ego sum via, veritas et vita.*

Teo.—Lo griego es del Apocalipsi de Sant Juan; dize: yo soy alpha e omega, principio e fin de todas las cosas.

Cri.—Lo hebrayco es del psalmo XXXIII, e dize: *Venite, filii, audite me; timorem Domini docebo vos.*

Tim.—En buena estrena e con palabras de buena confiança nos ha recebido Jesu Christo.

Eus.—Assi es; pero, porque no seamos mal criados con quien tan cortesmente nos habla, razon es que nosotros tambien a El le saludemos y hagamos reuerencia, y le supliquemos que, pues nuestras fuerças para ninguna cosa bastan, faga El, por su inestimable bondad, no nos dexe jamas errar del camino de saluacion, sino que, apartadas de nosotros las sombras judaycas e vanas confianças de los engaños deste mundo, nos lleue por el camino de la verdad euangelica a la vida eterna. Esto es, que El nos lleue desta manera para si.

Tim.—Muy justa cosa es lo que mandas, e la oportunidad del lugar nos combida a ello.

Eus.—A muchos de mis amigos e avn de los estraños contenta la frescura deste lugar; e la frequencia de venir a el ha ya puesto en costumbre de no passar nadie por aqui sin que primero faga reuerencia a esta ymagen de Jesu Christo que yo aqui puse por guarda de mi huerto. Porque como la ceguedad de los antiguos ydolatras ponian en los huertos la

ymagen del desonesto Priapo, a quien, a buel-
tas de otros desuarios, adorauan por Dios, assi
yo a este, que verdaderamente lo es, no sola-
mente le tengo encomendado la guarda de mi
huerto y fazienda, mas de todas mis cosas, assi
del cuerpo como del anima. Esta fontezica que
aqui veys, es de muy saludable agua, e con mu-
cha gracia mana e bulle continuamente, en lo
qual representa aquella vnica y soberana fuen-
te que con aguas hiuas de celestial rocio recrea,
refresca y esfuerça a todos los que la pesadum-
bre e molestia de las cosas perecederas trae
cargados e cansados. Esta es la fuente donde
dessea llegar el alma sedienta e cansada con
los males deste mundo. Bien assi como el cier-
uo, con sed de auer tragado las biuas culebras,
busca, segun el Psalmista dize, con gran desseo
las fuentes de aguas perenales e resplan-
descientes, desta fontezica que aqui veys pue-
den beuer de gracia todos los que ouieren sed:
algunos, por estar junto al humilladero e yma-
gen de Jesu Christo, se rocian con ella como
con agua bendita; otros beuen della, no tanto
por matar la sed, como por vna manera de de-
uocion. Bien veo que de mala gana vos parti-
riades agora de aqui, pero tiempo es ya que
entremos a ver otra huerta que tengo dentro
mejor tratada en medio del quadro de toda mi
casa. Todo lo que por casa ouiere que ver, de-
xarlo hemos para despues de comer, quando ya
el ardor del sol nos fara por fuerça recoger en
casa como caracoles.

Tim.—Ualasme Dios, que hermosa cosa!
Pareceme que veo huertos de todos los deley-
tes del Epicuro.

Eus.—Este vergel todo no sirue sino para
solazarnos en el e tomar deleytes, avnque ho-
nestos, quales conuienen a varones christianos.
Aqui se ceuan los ojos con la natural hermo-
sura de las rosas e flores. Aqui las narizes con
la olorosa fragancia que todo este huerto de-
rrama se recrean. Aqui los oydos se deleytan
con la dulce armonia de las aues. Finalmente,
aqui descansa y recrea el animo con la variedad
de las cosas con que por medianeria del cuerpo
goza; aqui ninguna yerua mala nace, antes muy
preseruadas e olorosas, e cada qual segun su
natio tiene su virtud.

Tim.—Segun me parece, en esta casa avn
fasta las yeruas hablan?

Eus.—Bien has dicho. Otros tienen las ca-
sas muy ricas, yo parleras, lo qual hago por
nunca estar solo, que si yo no tuuiere con
quien hablar, a lo menos no falte quien hable
comigo. Lo qual veras mas largamente quando
toda la casa ouieres andado. Assi como todas
las yeruas veys estar repartidas por heras, se-
gun sus natios, assi cada natio, a manera de
esquadron, tiene su vandera e su letra, como veys

deste amoradux (¹), cuya letra dize: *Abstine
sus, non tibi spiro.* Esto dize porque, como sea
yerua de muy suaue olor, los puercos, segun
dizen, no pueden sufrir a olella; de donde na-
cio este refran, que contra los hombres grosse-
ros e despreciadores de lo bueno dize: *Amara-
cus non spirat sui.* Desta manera cada natio,
segun dixe, tiene su retulo, que manifiesta algo
de la particular propriedad natural de la yerua.

Tim.—No he visto jamas cosa mas agracia-
da que esta fontezica que en medio de las yer-
uas tienes para que nunca les falte frescor; pero
sobre todo tiene gracia este arroyo que della
sale, partiendo por medio todo el vergel, dis-
curriendo entre la hermosura de las yeruas
para que puedan resplandecer en el como en
espejo por la claridad del agua que como cris-
talina blancura paresce reyrse; es por ventura
de marmol la labor?

Eus.—Bueno es esso, como si el marmol
fuesse cosa que se halla do quiera; este arroyo
es hecho de argamassa, y el color e lustre que
encima tiene se le dio de betun, por arte de
encantamiento.

Tim.—A donde va a parar tan fresca agua
como esta?

Eus.—Mira quanto es el descomedimiento
de los hombres, que todo este arroyo, despues
que a fecho tan honestos e agradables oficios
como aqui veys, echamosle por la cozina, para
que de alli lleue consigo toda la vassura, e des-
pues va a passar por la necessaria.

Tim.—Assi Dios me vala, cosa cruel me pa-
rece!

Eus.—Assi lo seria si Dios no la ouiera
criado para que en todo esto nos siruamos de-
lla. Entonces somos verdaderamente crueles,
quando, vsando mal de la gran merced que Dios
nos fizo, dandonos la fuente de la Sagrada Es-
criptura, que es sin comparacion mas clara e
suaue que esta, la enturbiamos con nuestros vi-
cios e intereses, torciendola contra su pureza e
rectitud hazia nuestros estragados propositos,
fauoreciendo con ella lo que ella claramente, si
bien la quisiessemos mirar, defiende, ca nos fue
dada para alimpiamiento e descanso de nues-
tros animos, e no para encubrimiento de nues-
tras malicias. Desta agua que aqui veys, nin-
guno se dize vsar mal por repartilla en diuersos
oficios, pues que, segun dixe, para todos ellos
fue criada de la mano de Dios, cuya largueza
abundosamente prouee a las necessidades hu-
manas.

Tim.—Muy gran verdad as dicho en todo;
mas dime, por que este encantamiento de las eras
le heziste verde, pues bastaua la natural ver-
dura de las yeruas?

_____

(¹) *Amaracus* = Mejorana.

Eus.—Assi quiero yo que todo este verde, porque este color me es a mi muy agradable. Bien es verdad que algunos suelen hazer estos setos colorados, porque da mucha gracia el tal color mezclado con la verdura; pero a mi mas me agradan estas e otras cosas semejantes: licito es a cada vno seguir su parecer.

Tim.—Estoy mirando que, con ser este vergel tan fresco y apuesto, todo parece que se me desfaze y escurece en comparacion de la hermostura e riqueza de aquellos tres passeaderos que a tres partes del tienes.

Eus.—Estos tengo fechos para estudiar solo comigo, e passeandome con algunos de mis amigos. Otras vezes, quando el tiempo me combida, como en ellos.

Tim.—Estas colunas que con artificiosa labor salen tan yguales e bien proporcionadas para sostener lo alto del edificio, son por ventura de marmol?

Eus.—Estas son del mesmo marmol que se hizo el arroyo.

Tim.—Por mi fe, hermosamente estan contrahechas; yo jurara que verdaderamente eran marmoreas.

Eus.—Y por esso deue todo hombre biuir muy sobre auiso para no jurar ni creer ligeramente lo que les paresciere hasta ser bien certificado dello, pues vemos que cada dia nos engañamos en las cosas miradas a sobrehaz. Todo esto que tu aqui vees, se hizo para suplir con artificio lo que falta en riqueza.

Tim.—No te bastaua tener huerta tan fresca e tan bien labrada, sino que avn por las paredes tienes pintadas yeruas y verduras?

Eus.—Esto se hizo porque no pudieran en vn huerto caber todos los natios de yeruas, ni se podrian hallar de todas simientes en esta tierra, e por esso, las que no estan nacidas en la tierra, hizelas pintar por las paredes. En lo qual no es pequeño passatiempo mirar las flores naturales e artificiales, e comparar las vnas con las otras, preciando mucho en las vnas el ingenio del pintor, pero estimando mucho mas en las otras el natural artificio, y en las vnas y en las otras alabando la bondad de Dios, que todo esto nos da para que en todo sea conocido e amado. Allende desto, la pintura suple las faltas del huerto, que no puede en todo el año estar verde ni florido, lo qual a la pintura no acaesce assi; antes en medio de los yelos del inuierno retienen estas yernas pintadas la mesma gracia e verdura que por mayo.

Tim.—Si, mas no huelen.

Eus.—Verdad es; mas tambien no nos dan costa ni trabajo en labrarse.

Tim.—No satisfazen mas de a los ojos.

Eus.—Assi es; mas esso nunca lo dexan de hazer.

Tim.—Tambien se enuejecen las pinturas.

Eus.—Enuejecense sin falta, avnque no tan presto como nosotros; e a las buenas pinturas la vejez e antiguedad les da vna cierta gracia, por do son mas estimadas, lo que no acaesce a los hombres, antes de toda la frescura e buen parescer se pierde con la vejez.

Tim.—Pluguiesse a Dios que en esto no ouiesses dicho tan gran verdad.

Eus.—Destos passeaderos, en el que esta contra Ocidente gozo del sol por la mañana e quando sale. En este otro que esta contra Oriente, me abrigo quando es menester. En aquel que esta abierto contra el cierço fasta el Septentrion, me refresco e defiendo contra el ardor e calor del sol. Andemoslos todos, si os parece, para que los podays mejor ver de cara; mirad como avn el suelo muestra frescura en los azulejos pintados de dinersos colores, que con su artificio e variedad marauillosamente se muestran aplazibles. Este bosque que veys pintado por toda la pared desta lonja, me da muchas cosas que mirar. Primeramente, ninguno destos arboles es vno como otro, antes cada vno de su natio, sacado muy propiamente al natural. Assi mesmo, cada vna destas aues que aqui veys es de su manera, avnque aqui no estan todas las diferencias dellas, sino solas las que son muy preciadas, e por ser estrañas e por ser muy nobles, como son las aguilas e pauos; ca las ansares, anades e gallinas e otras semejantes, escusado era pintarlas. Al pie de toda la arboleda estan pintadas dinersas animalias, y entrellas algunas aues que por su grandeza no buelan, sino andan por tierra, assi como los otros animales.

Tim.—Marauillosa variedad se muestra en esta obra, especialmente que ninguna cosa ay aqui pintada que no faga o diga algo. Que es esto que parece estar hablando en su retulo esta lechuza que assoma entre las hojas?

Eus.—En griego habla, e dize: que cada vno procure mirar lo que faze, que avnque algunas vezes suceden bien las temeridades, no nos emos de fiar en ello; es prouerbio antiguo que en latin dize: *Sapite non omnibus faueo.* En lo qual nos manda fazer todas las cosas con tiento, porque no suele suceder bien a todos el atreuimiento e osadia. Deste cabo esta vn aguila despedaçando vna liebre, sin tener acatamiento a los ruegos del escaranajo. De lo qual despues muchas vezes creo que se ha arrepentido, por auelle de tan gran crueldad nascido contienda que saliesse por todo el mundo en prouerbio. Junto al escarauajo esta el troquilo ([1]), el qual es assi mesmo capital enemigo del aguila.

([1]) *Trochilus;* el ave llamada reyesuelo.

Tim.—Esta golondrina, que trae en el pico?

Eus.—La yerua que llaman celidonia, con que restituye a sus hijos la vista si alguna lision en los ojos les acaece rescebir; no conosces la yerua, siendo tan comun?

Tim.—Que manera de lagarto tan estraña es esta?

Eus.—No es lagarto, sino camaleon.

Tim.—Este es aquel tan famoso camaleon, de quien tantos autores fablan? Por mi fe, que yo pensaua que era tan mayor que el leon en el cuerpo como en el nombre.

Eus.—Este es aquel que siempre paresce beuer los ayres, siempre hambriento e ayuno. Este arbol es cabrahigo, al pie del qual el camaleon se embrauece, como en ningun otro lugar haga daño; e quando se embrauesce es tan emponçoñoso, que no deue tenerse en poco avnque parece pequeño y hambriento.

Tim.—Si, pero no veo que muda el color, como del se escriue.

Eus.—Verdad es; pero no es marauilla, pues no muda lugar; quando le mudare, mudara tambien el color.

Tim.—Que haze aca este gaytero?

Eus.—No veys junto con el vn camello que esta baylando?

Tim.—Veo el mas nueuo y estraño visaje que nunca vi: al camello baylar como juglar, e al ximio hazer oficio de gaytero.

Eus.—Passemos adelante, que para ver todo esto en particular otro dia aura de mas espacio; agora basta auello visto de passada. En esta otra parte estan pintadas todas las insignes yeruas que por el mundo nacen, entre las quales, avnque ay muchas ponçoñosas, estad seguros que por vellas ni por tocallas os dañaran.

Tim.—Aqui veo vn escorpion, ponçoña que pocas vezes se halla en esta tierra, avnque en Ytalia ay destos animales en abundancia; avnque, a mi paresçer, no concierta el color que este aqui tiene con los que yo alla he visto.

Eus.—Como assi?

Tim.—Porque en Ytalia me parece que son algo mas negros, y este tira a amarillo.

Eus.—No conoces esta yerua entre cuyas fojas acerto a este?

Tim.—No.

Eus.—No me marauillo, pues tampoco nasce en las huertas desta tierra rejalgar. Esta ponçoña tiene tanta fuerça, que el escorpion, con ser muy ponçoñoso, en tocando la hoja desta yerua, desmaya e pierde el color, e casi reconocele ventaja del veneno mas poderoso que el suyo; pero quando en este trance se vee, toma por remedio de llegarse a otra ponçoña, que es la desta yerua que aqui veys, llamada por dos nombres, segun que ella es de dos natios, de

los quales el vno en castellano llaman vedegambre, y en el otro yerua de ballestero. E quando puede desasirse del rejalgar para llegarse a esta, luego es libre. De manera que vna ponçoña vence a otra, e vn mal remedio a otro.

Tim.—Si esso es, tañer pueden por este escorpion, que nunca escapara, pues no puede desemboluerse del rejalgar donde esta metido. Mas pareceme que aqui avn hasta los escorpiones hablan.

Eus.—Si, e avn ay algunos que el mayor daño hazen hablando; porque con la lengua suelen sembrar la ponçoña; mas este que aqui veys no dize sino pocas palabras en griego.

Tim.—Que dize?

Eus.—Comprehendio Dios al pecador. Palabras parecen del psalmo nono, que dizen en latin: *In operibus manuum suarum comprehensus est peccator.* Aqui, demas de las yeruas, estan pintadas entrellas todos los natios de serpientes: veys aqui vn basilisco con los ojos ardientes y tan espantables, que a todas las otras ponçoñas ponen temor.

Tim.—Y este, hablanos tambien algo?

Eus.—Si, allegate y leelo.

Tim.—*Oderint dum metuant.* O boz, a la magestad real assaz conuenible!

Eus.—Mejor la llamaras tyranica, que a los verdaderos reyes ninguna cosa ay que menos les conuenga que ser temidos e aborrescidos. Desta parte esta peleando el lagarto con la biuora; mas abaxo esta la serpiente que llaman densa puesta casi en assechança, cubierta con el casco de vn hueuo de abestruz. Veys aqui toda la policia de las hormigas de la Yndia que acarrean e guardan el oro.

Tim.—Santo Dios! quien se enhadara de mirar tanta variedad de cosas como estan por este tu palacio?

Eus.—Tiempo aura otro dia de mirallas hasta hartaros; por agora passemos a mirar la pared del tercero passeadero, en que estan pintados los rios y mares con todos los pescados mas nombrados y preciados que en ellos nacen. Este es Nilo, donde veys estar vn delfin, amicissimo de los hombres, peleando con vn cocodrillo, que es, por lo contrario, capital enemigo del hombre. En la ribera, como veys, estan los animales que biuen en el agua y en la tierra, como son cangrejos, lobos marinos e fibros; este es pulpo engañado de la concha.

Tim.—A que proposito dize estas palabras en griego: Por caçar soy caçado?

Eus.—Porque, como escriuen del los naturales, puesto en assechança contra los otros pesces, sus mismas artes le acarrean la muerte, por lo qual salio despues en prouerbio contra los que, queriendo dañar a otros, se destruyen a si.

Tim.—Demasiadamente fizo el pintor estas aguas trasparentes.

Eus.—Menester era que el lo fiziesse assi, o que nosotros buscassemos otros ojos para ver lo que dentro dellas pinto. Aca esta otro pulpo «stendido sobre el agua como si nauegasse a manera de naue liburna. Veys aqui vna tremielga tendida en la arena y buelta de su color para mejor poder engañar; pero aqui, sin miedo de recebir daño, podreys tocalla. Pero vamos adelante, que estas cosas, avnque hartan los ojos, no hinchen el vientre.

Tim.—Avn ay mas de ver?

Eus.—Agora quiero que veays lo que tengo a las espaldas de mi casa. Veys aqui vna huerta farto grande repartida en quatro partes: en la vna tengo ortaliza, la qual esta a disposicion de mi muger e de su familia; en la otra mielgas y alfalfa e otras yeruas de pasto mas preciadas. A la otra parte esta vn prado franco, que no sirue sino de frescura e buen parecer, e para esto le tengo cercado de seto, no entretexido, sino plantado de çarças y espinas; en este me passeo, juego y solazo con mis amigos. A la mano derecha tengo vn frutal, donde, quando tengamos espacio, vereys muchos arboles estraños, los quales poco a poco he fecho prender e arraygar en esta tierra.

Tim.—Valasme Dios: por cierto tu hazes en la fertilidad de las huertas ventaja a aquel Alcinoo, rey de los feacos (¹), cuya virtud enageno tanto su ingenio de los estudios, sagacidades e calunias tyranicas, que lo hizo, entre otros honestos passatiempos, ocuparse mucho en la agricultura.

Eus.—Desta parte esta vna gran jaula de aues al lado del corredor; verlas emos despues de auer comido, vereys diuersas figuras de aues, oyreis estrañas lenguas e cantos, juntamente con la estrañeza de las colores e propiedades muy contrarias. Entre vnas vereys mucha amistad e continua compañia, y entre otras enemistad perpetua e implacable; todas estan ya tan domesticas e mansas, que quando ceno fasia ellas abierta la ventana, luego buelan a la mesa e me toman la vianda de las manos; otras vezes, si me ando por aquel passadizo que veys estar cerca dellas paseando e platicando con algun amigo, todas se allegan hazia aquella parte, e como atonitas o atentas se paran a escuchar; y si fallan abierto, se me assientan sobre los ombros e por los braços. Porque la costumbre de ver que nadie las offende y que todos les fazen bien, les ha hecho perder el temor. En fin, de la huerta de fruta tengo colmenas donde las abejas exercitan su natural monarchia, cosa harto marauillosa e agra-

dable de ver; mas por agora no quiero deteneros en ello, porque quede algo que otro dia os faga venir aca como a cosa nueua; despues de comer os mostrare lo que queda.

Moço.—Señor, mi señora e las moças se estan matando que se estraga la comida.

Eus.—Diles que se sufran, que luego somos alla. Amigos, bien es que nos lauemos en esta fuente, para que con limpias manos e puros animos nos lleguemos a la mesa; ca si ver a los gentiles en la mesa es cosa de grande acatamiento, quanto mas lo deue ser a los christianos, que en ella representan aquel sacratissimo e postrero combite que Nuestro Señor Jesu Chisto celebro con sus discipulos, e de aqui ha venido costumbre de lauar las manos entre los christianos, para que en esto se entienda que si algun [r]ancor, odio o embidia o alguna fea aficion reside en el animo del christiano, que todo lo ha de dexar e purificar antes que llegue a la vianda, assi para que della sea merecedor, como porque sin falta le sera mas saludable al cuerpo comiendola con animo puro e sossegado.

Tim.—Todo quanto dizes es muy gran verdad.

Eus.—Assi mismo, pues que Christo nos dexo exemplo de encomendarnos a Dios e dalle gracias en principio de la mesa, segun que muchas vezes leemos del en el Euangelio auer bendezido e dado gracias al Padre antes que repartiesse la vianda, y auer assi mismo acabado los combites en alabanças de Dios, si os parece rezare vna bendicion que San Chrisostomo marauillosamente alaba e nos encomienda, la qual assi mismo el tuuo por bien de interpretar en vna de las homelias.

Tim.—Antes te rogamos que lo hagamos.

Eus.—*Benedictus Deus, qui me pascis a iuuentute mea, qui cibum prebes omni carni: reple leticia et gaudio corda nostra; vt affatim quod satis est habentes, abundemus in omne opus bonum in Christo Iesu Domino nostro, cum quo tibi gloria honor et imperium cum Sancto Spiritu in omne euum.*

Tim.—Amen.

Eus.—Agora sentaos, e cada vno tome cabe si el compañero que truxo. A tus canas, Timoteo, se deue este primer lugar.

Tim.—Con vna palabra concluyste toda la ventaja que tengo sobre vosotros.

Eus.—De las otras cosas en que nos podras exceder, Dios es el juez; nosotros emos de juzgar por lo que vemos. Tu, Sofronio, sentarte as como por sombra de Timoteo, pues que a su sombra veniste combidado. Tu, Teofilo y Eusebio (¹), poneos a essa parte derecha de la mess. Crisogloto e Teodidato se sentaran

<hr>

(¹) El texto: «seacos».

(¹) Asi en el texto; pero debe leerse: «Eulali..

a la siniestra. Brauio y Nefanio ([1]) en esta que queda vazia; yo sentarme he a esta esquina.

Tim.—Esso no se ha de consentir, que el huesped se ha de sentar a cabecera.

Eus.—Toda esta casa es mia e vuestra, e si yo algun derecho tengo en mi reyno, mi lugar sera el que yo quisiere tomar. Ora plegue a Jesu Christo, alegria de a todos, sin el qual en ninguna cosa se halla verdadera suauidad, que quiera hallarse en este nuestro combite, y con su diuina presencia alegrar nuestros animos.

Tim.—Fio en El que no desdeñara nuestra compañia, pues El se ofrece, segun en el Apocalipsi se escriue, a cenar con quien le abriere. Mas si viene, donde le assentaremos, que estan todos los lugares tomados?

Eus.—A El plega, pues es tan immenso que ningun lugar le basta, de hallarse en todo lo que aqui se hiziere e dixere, fasta mezclarse en la baxilla de todo lo que se ouiere de comer y beuer, porque ninguna cosa aya en que El nos ponga algun gusto por donde su bondad sea conocida e alabada su largueza; mas principalmente le plega de penetrar nuestras animas e hazer en ellas assiento. Lo qual para que seamos ciertos que se ha de hazer e aparejados para le recebir, si no se os haze molesto, leerse os ha vna clausula de la Sagrada Escriptura; pero sea que por esso no perdays tiempo de començar por esta ensalada de hueuos de peces e lechugas, que esta licion, no para estoruo de la comida, sino para muchos prouechos la tengo ya de costumbre; especialmente que con ella se ponen medida a las palabras ociosas y dase ocasion de fablar en cosas de que se puede sacar algun fruto, ca mucho soy ageno del parecer de algunos, que no piensan auer alegre combite ni buena conuersacion donde no ouiere algunos cuentos donosos e palabras embueltas con malicia e regozijo de juglares. La verdadera alegria nace de la seguridad de la buena conciencia. E donde esta falta, marauilla es como el animo de ningun hombre, quanto mas del christiano, puede tomar plazer ni hallar sabor en ninguna cosa que se faga ni diga. Aquellas palabras se pueden llamar verdaderamente alegres, que despues de dichas no dexan ocasion de justa tristeza, antes todas las vezes que hombre dellas se acordare, huelga de auellas dicho e oydo; e no solamente la presencia, quando las dixo, mas la memoria de auellas hablado, quando se le acuerda, le da contentamiento, e no le pone en verguença para con Dios e para consigo.

Tim.—Pluguiesse a Dios que todo esto que has dicho estuuiesse tan en costumbre quanto es verdadero.

([1]) «Uranius et Nephalius», en el texto latino.

Eus.—Allende de vna cierta inclinacion que el animo tiene a estas cosas, dales mucha facilidad e fazelas mas fazederas e suaues la continuacion, siquiera de vn mes, si a ellas te costumbrares.

Tim.— Segun esso, no ay cosa mas saludable que acostumbrarse hombre a lo bueno.

Eus.—Lee, mochacho, clara e distintamente.

Moço.—*Sicut diuisionem aquarum, ita cor regis in manu Domini; quocunque voluerit, inclinabit illud. Omnis via viri recta sibi videtur appendit autem corda Dominus; facere misericordiam et iudicium, magis placet Domino quam victime.*

Eus—Basta; tornalo en romance, que mejor es aprender poco e con gana, que oyr mucho e con fastidio.

Moço.—Como los apartamientos de las aguas, assi el coraçon del rey en la mano del Señor; adonde quiera que quisiere lo inclinara. Todo camino del varon parecele a el derecho; mas el Señor pesa los coraçones; hazer misericordia e juyzio, mas agrada al Señor que los sacrificios.

Tim.—Plinio escriue de los libros de los Oficios que compuso Tulio, ser tan prouechoso, que nunca se auria de caer de las manos a todos los que algo entienden, especialmente a los principes e gouernadores de los pueblos, los quales dize que aurian de aprendelle de coro: mas yo todo esto me parece que compete mejor a este libro de los Prouerbios de Salomon que aqui se ha leydo, el qual, a mi juyzio, a todos los estados de personas compete, como si con cada vno en particular fablasse, e por esso siempre le auia hombre de traer consigo.

Eus.—Porque sabia que la comida no seria muy sabrosa, os quise dar esta salsa de los Prouerbios.

Tim.—No ay aqui cosa que no sea muy buena; pero avnque no tuuieramos sino acelgas, sin pimienta ni vino ni azeyte, con tal licion se hizieran sabrosas.

Eus.—A mi mejor me sabria si entendiesse lo que se ha leydo; pluguiera a Dios que estuuiera aqui algun theologo de los que verdaderamente lo son e merecen este nombre, el qual estas palabras entendiesse e gustasse, que a nosotros, como seamos ydiotas, no se si nos esta bien fablar de cosas tan altas.

Tim.—No solamente a nosotros, mas a los galeotes, a mi parecer, no les esta mal hablar en esto, si tuuieren tiento de no ser temerarios en el determinarse, sino que, confiriendo piamente sus pareceres, se contenten con aquello en que son seguros en que no pueden errar, e la determinacion de lo demas dexen para los mas sabios, quanto mas que a nosotros confiar deuemos que no nos faltara Jesu Christo. El qual tiene prometido de hallarse adonde quiera que dos o tres se juntaren a tratar del, sino que nos alumbrara para hallar aquellas verdades que nos aprouechen en acrecentamiento de su gloria e saluacion de nuestras animas.

Eus.—Que sera si reparto entre todos nueue las tres sentencias que contiene esta clausula que se ha leydo, para que de tres en tres las declaremos, tomando cada tres de nosotros a su cargo vna sentencia?

Convidados.—Todos lo acetamos, con que comience el huesped.

Eus.—No cessaria el trabajo si no temiesse de caer mas ayna en falta en esto que en la comida; pero porque, auiendoos combidado a mi casa, en ninguna cosa es razon que os de pesadumbre, dexadas aparte las varias conjeturas por donde los interpretes en la declaracion deste passo se han guiado, a mi parecer el entendimiento moral deste passo es que todos los hombres se pueden apartar de sus propositos por persuasiones, auisos, reprehensiones, leyes, amenazas, saluo los reyes, que como a ninguno temen, si alguno quiere resistir a sus pareceres, mas los endurece y enciende con la yra que en ellos prouoca, por lo qual parece aqui aconsejarnos Salomon que, quando los principes estan determinados a alguna cosa, lo mejor es dexarlos fazer, no porque siempre sea lo mejor aquello que ellos determinan, sino porque muchas vezes vsa Dios de la temeridad e malicia destos para castigar con ella a los que en otras cosas le han ofendido. Desta manera defendio que no ouiese resistencia contra Nabucodonosor, porque con el estaua determinado castigar a su pueblo de Ysrael. Y por ventura esto mismo es lo que dize Job: que faze Dios reynar al ypocrita por los pecados del pueblo.

Teo.—Antes que passes adelante, me di: por que la Escritura llamo a los reyes ypocritas, como este sea vicio que mas comunmente se falla entre los frayles e clerigos que entre los principes? porque ypocresia, segun que comunmente se toma, es sanctidad fingida, dolencia que por nuestros pecados pocas vezes o nunca se falla en los hombres poderosos, los quales tienen, como tu has dicho, tan perdido todo temor y verguença a los hombres, que, quando determinan de ser malos, ninguna cosa se les da por parecello, por lo qual yo creo que todos los principes que parecen lo son; e si esto es verdad, quedaran libres del nombre e vicio de la ypocresia que la Escritura les puso, y como en ella no se pueda fallar cosa que no sea buena y verdaderamente dicha, conuiene que nos des razon de la palabra que nos ha hecho dudar en el testimonio que alegaste.

Eus.—Verdad es, o Teofilo! por la mayor parte todo lo que de los buenos reyes has dicho; pero la Escritura a los malos, por muy

publicos que sean, llama ypocritas, como verdaderamente lo son; ca esta palabra ypocrita, que de los griegos hemos tomado ya en vso, tanto vale en castellano como si dixessemos enmascarado, e assi ypocritas se podran llamar todos aquellos que no son lo que parecen, bien como en las comedias que se representan, los que parescen reyes no son reyes, ni los que parecen obispos son obispos, porque las personas que debaxo de aquellas insignias reales o pontificales se cubren, son hombres vulgares e uajosos, tomados. de las hezes del pueblo. Pues desta misma manera acaesce muchas vezes en los reyes e principes que se tienen por verdaderos, que ninguna cosa son menos que lo que se piensan ser; porque en el nombre se publican por reyes y en las obras son puros tyranos, los quales son ligeros de conoscer, por la diferencia que Aristoteles entre reyes e tyranos pone, diziendo que rey es aquel que a si mismo e todo quanto puede e sabe emplea en prouecho de su republica, e tyrano, el que el poder e valer de la republica conuierte en su prouecho. Pues aquel que debaxo de nombre de rey haze obras de tyrano, verdaderamente puede llamarse ypocrita y enmascarado, pues que en la fabula destas cosas mundanas no es lo que se nombra. Junta, o Timoteo! con esto el engaño de las insignias reales, y hallaras que, no vna mascara, sino muchas tienen los malos reyes; ca, como por la primera de sus insignias, que es la corona, muestran estar acompañados e adornados de sabiduria, por el ceptro muestran rectitud de justicia, por las ropas roçagantes de purpura muestran grandeza de animo aficionado al bien comun de toda su republica, son, por el contrario, tan temerarios e tan torpes de entendimiento, que ni tienen consejo, ni quieren recebille; son tan interessales, que por su propio prouecho no tienen mas justicia de la que puede acrescentar el Fisco; son tan vanos, que por vn poco de honra o de porfia ponen mil vezes en peligro sus republicas, emprendiendo cosas que, despues de acabadas, quando todo suceda muy bien, no saca el reyno otra cosa sino auer gastado muchos dineros, traspassando los dineros de los pobres en los thesoros e viciosos gastos de los ricos, auer perdido mucha gente, auer metido en la prouincia muchas dolencias de los cuerpos y de las almas que en las guerras se cobran, de las quales sale toda la corruptela e dissolucion en la luxuria, en los juegos y en los robos, y hazerse la juuentud holgazana e agena de buenas artes e oficios. Pues el rey que auentura su reyno a daños tan conoscidos, allende de otros secretos, por salir con sus porfias e vanos interesses de pundonores. o de ganancias tan liuianas, que no ygualan con la menor perdida destas, verdaderamente le llamaremos ypocrita, porque con el nombre e insignias trae mascara de rey, pero en la verdad su animo es de tyrano, encubriendo debaxo de la nobleza exterior muy vulgar seruidumbre e baxeza en sus costumbres; e avnque desta ypocresia este por nuestros pecados lleno el mundo, e la mayor parte de los hombres biuan desta manera enmascarados, porque pocos son aquellos que en sus dignidades, en sus oficios, en sus pueblos, en sus casas e familias hazen lo que con el nombre, habito e lugar que tienen representan, pero mas principalmente atribuyo este nombre la Escriptura a los principes, porque tienen especial nombre e insignias dadas para aduertillos de lo que deurian de hazer, y ellos, conuertiendolo en oficio de mascara con que encubren lo que son, conseruando con este nombre e insignias la auctoridad que por si no merecen, pues no vsan della sino para pecar mas libremente e sin que nadie les pueda yr a la mano; e por esto creo auer dicho el rey, llorando su pecado y endereçando sus palabras a Dios: A ti, Señor, peque, en tu acatamiento hize mal; esto dize, no porque los reyes no pequen en presencia del pueblo en cuya destruycion se estienden sus pecados, por dizese pecar a solo Dios, porque no tienen sobre si otro juez que les pueda castigar su pecado. Pero el juyzio deste no podran rehusar, porque alli ni con el nombre ni con las insignias pornan espanto, pues que no por el nombre y señales de fuera, sino por las obras e afìciones de dentro ha de ser conocido el rey por rey, el obispo por obispo, el regidor por regidor y el christiano por christiano. Y a los que estas señales faltaren, serles ha dicha aquella amarga y espantosa palabra: Digos en verdad que no os conozco; la qual vale tanto como si, acabandose de hazer vna farsa, el que alli parecia rey quisiesse despues llegarse a demandar tributo; con razon le podrias dezir que no lo conosces. Assi, acabada la farsa deste mundo, muchos que dexan aca la mascara de las muestras exteriores, avnque no solamente a los otros, mas avn a si mismos se engañauan, no seran conoscidos de Dios por lo que ellos en este mundo se pensaron ser.

Tim.—Contentame tu exposicion; pero, que significan los partimientos de las aguas, que dixo Salomon, comparando a ellas el coraçon del rey?

Eus.—Las aguas que con su impetu y violencia se quebrantan, son traydas por semejança para mejor declarar su proposito; violenta y poderosa cosa es el animo del rey conmouido, e no puede nadie guialle a vna parte ni a otra; antes su propia furia e impetu le lleua, como acaece a los que de algun spiritu bueno o malo son arrebatados. Bien assi como la mar salien-

do de madre se derrama por las tierras, e sin concierto alguno se estiende por vnas partes e por otras, no curando de los campos, huertas y heredades, edificios, casas e pueblos que destruye, e si la quisieres resistir, perderas todo tu trabajo sin podelle estoruar su curso. Lo qual assi mismo acaesce en los grandes y poderosos rios de donde nacieron las fabulas de Ac[he]leo; y en todos estos casos, menos daño haras en apartarte buenamente y dexarte lleuar con mansedumbre, que si quisieres poner tus fuerzas en resistirlos.

Tim.—Segun esso, ningun remedio ay contra la furia de los malos reyes?

Eus.—Antes si, e muy cierto.

Tim.—Ruegote que me digas en que consiste.

Eus.—De la sentencia del Sabio que emos platicado se saca lo que pides, pues dizen que el coraçon del rey esta en la mano del Señor; e si los principes a ninguno tienen sobre si a quien teman y obedescan sino a Dios; e Dios es el que obra por las manos dellos, o para felicidad o para castigo de su republica, a esse mismo Dios emos de recorrer por el remedio; presupuesto este, digo que el remedio mas saludable de los que nosotros podemos poner seria que, pues no esta en nuestra mano escoger los reyes, sino tomallos quales nacen, el principe, desde su niñez, quando avn no se sabe ni entiende ser principe, fuesse criado y avn enseñado en santos consejos y sanas doctrinas, las quales, haziendo impression en la blandura de su edad, formassen en el animo verdaderamente christiano e libre de toda seruidumbre de vicios, qual conuiene que sea aquel que a tantos pueblos ha de mandar; y he dicho.

Eus.—Tanta verdad me parece lo que as dicho, que creo auer hablado Jesu Christo por tu boca; mas bien es que, mientras ceuamos tan abundosamente las animas, no nos descuydemos de nuestros compañeros.

Teo.—Quales compañeros?

Eus.—De nuestros cuerpos; los cuerpos no son compañeros de las animas? Yo mejor estoy con nombrallos desta manera, que instrumentos, moradas o sepulchros.

Teo.—Sin falta, la entera hartura consiste en el mantenimiento del cuerpo y del anima.

Eus.—Pareceme que ya os enhadays desta vianda, por lo qual, si os parece, mandare traer lo assado, para que el combite no sea largo, pues no es sumptuoso. Veys aqui en que se encierra nuestra comida. Lo que aora traen es vna espalda de carnero muy buena, vn capon, quatro perdizes; estas son compradas; todo lo demas es del ganado que en esta mi heredad se cria.

Tim.—Par Dios, este combite de epicureos me paresce, por no le llamar de sibaritas.

Eus.—Mas parece a los combites del Monte Carmelo; pero tal qual es, perdonad las faltas, que la voluntad sin duda es buena, avnque la comida aya sido muy comun.

Tim.—Esta tu casa, tan determinada esta a no ser muda, que no solamente las paredes, mas avn las taças hablan en ella.

Eus.—La tuya que dize?

Tim.—*Nemo nisi a se ipso leditur.*

Eus.—La taça, en dezir que ninguno es ofendido sino de si mismo, defiende el vino de la culpa que los mal reglados le suelen echar, porque la gente vulgar, en viniendole alguna fiebre o pesadumbre a la cabeça, luego suelen dezir: Aquel vino me ha muerto. Pero engañanse, que el vino no daña, sino el que sin moderacion lo beue se daña a si mesmo.

Tim.—Bien es verdad esso; pero la sentencia que nadie es ofendido sino de si mismo, no solamente en el vino, mas en todos los negocios del mundo, es verdadera, e por tal se hallaria, si los hombres se quisiessen desengañar y entender en que consisten verdaderamente las ofensas.

Soffronio. - Mi taça, en griego, nos dize que en el vino esta la verdad. Enseñanos no ser cosa segura los sacerdotes, ni secretarios, ni familiares de los principes darse mucho al vino, segun dizen, por costumbre sacar a la lengua todo lo que esta en el coraçon.

Tim.—Entre los egypcios era antiguamente defendido beuer vino a los sacerdotes, avnque entonces no eran los hombres obligados a dezilles sus secretos.

Eus.—Agora, beuer vino a todos es licito, avnque no se si a todos es prouechoso. Que es esso, Eulalio, que sacas de la bolsa? Por mi fe, cosa rica es, a lo que parece por de fuera, con essas coberturas doradas.

Eulalio.—Si de fuera es de oro, de dentro es mas que de perlas, que es vn librito de las epistolas de Sant Pablo, que siempre traygo comigo por singular deleyte con que passo tiempo; e sacolas agora aqui porque la palabra que aora dexiste me truxo a la memoria vn passo de la primera epistola *ad Corinthios*, en el capitulo VI, que me ha traydo dubdoso e fatigado en entendelle; e avn agora no estoy del bien satisfecho. Las palabras de Sant Pablo son estas: *Omnia mihi licent, sed non omnia expediunt; omnia mihi licent, sed ego sub nullius redigar potestatem.* Quiere dezir: Todas las cosas me son licitas, mas no todas son prouechosas; todas las cosas me son licitas, pero yo no me porne so el poderio de alguno. Quanto a la dificultad destas palabras, si creemos a los estoycos, cierto es que todo lo que es licito es prouechoso; ca ningun prouecho ay tan grande para el hombre, como siempre fazer

cosas licitas e honestas. Pues si esto es assi, como San Pablo haze diferencia entre lo licito e prouechoso, diziendo que, avnque todas las cosas sean licitas, no son todas prouechosas? O como es possible que lo licito no sea prouechoso? Allende desto, cierto esta que el fornicar ni embriagarse no son cosas licitas; pues, como Sant Pablo dize: Todas las cosas me son licitas, podrame dezir alguno, e dira la verdad, que esta regla general que aqui puso San Pablo diziendo: Todo me es licito, hase de entender, no en todas las cosas, sino en aquellas que pertenecen a la materia en que yua fablando; mas avnque esto sea assi, todavia queda escuro, porque no es ligero de entender que cosas son estas; por lo que despues deste passo se sigue, parece que podriamos conjecturar que va hablando de la diferencia que fazian entre las viandas los judios, los quales no comian de todas, sino de aquellas que llamauan limpias; e avn destas no osauan comer si auian sido sacrificadas a los ydolos, y destas tales que a los ydolos se sacrificauan, tracta el apostol mas adelante en el capitulo VIII, e mas adelante, en el capitulo X, repitiendo esta misma sentencia que arriba pusimos, dize: *Omnia mihi licent, sed non omnia expediunt; omnia mihi licent, sed non omnia edificant.* Quiere dezir: Todas las cosas me son licitas, mas no son todas prouechosas; todas las cosas me son licitas, mas no todas edifican. Ninguno mire solamente lo que a el cumple, sino lo que cumple tambien a los otros. Comed de todo lo que se vende en la carniceria. En las quales palabras da a entender que no ay vnas viandas licitas e otras defendidas para los christianos, como las tenian los judios. E da assi mesmo a entender que las viandas, por auerse sacrificado a los ydolos, no dañan la conciencia del que con buena fe e sin scrupulo las come; ca todas las carnes que se venden en la plaça, de qualquier natio que sean, e como quiera que ayan sido muertas, son yguales a los christianos. E por esto San Pablo dixo: Todas las cosas en este caso son licitas, pero no son todas prouechosas; a lo menos no lo eran entonces, porque, como eran rezien conuertidos los judios e los gentiles a la fe de Jesu Christo, no auian bien dexado la seruidumbre de sus leyes e gustado la libertad euangelica; e por esso escandalizauanse los vnos a los otros muchas vezes en el comer, ca el judio se escandalizaua si veya al gentil comer carne de sacrificio, creyendo que todavia era ydolatria. Y el gentil se escandalizaua de ver comer al judio ciertos manjares determinados e no otros, creyendo que todavia se estaua en su ley. E avnque los vnos e los otros auian començado a comer en Jesu Christo, no auian alcançado esta libertad de saber que todos los manjares son yguales al christiano por via de reiigion, avnque algunas vezes por via de penitencia los dexe; e avnque por via de christiandad era licito comer de todo, no era siempre prouechoso, porque dañaua e ofendia al proximo con el escandalo que en el engendraua. E para darnos a entender Sant Pablo que es malo no escusar el escandalo del proximo quando podemos, dize: Que, avnque todas las cosas sean licitas, no son todas prouechosas quando escandalizan al que las vee. Y esta sentencia de la libertad de todas las viandas, parece concertar con (¹) lo que en otra parte auia dicho: *Esca ventri, et venter escis; hunc et has Deus destruet.* Quiere dezir: Las viandas se hizieron para el vientre, y el vientre para las viandas; mas Dios destruye lo vno e lo otro, e vale esto tanto como si dixere: Delante Dios ninguna cuenta se pide de que calidad de viandas hinches el vientre, porque quando ressuscitaren nuestros cuerpos, quitarnos ha la necessidad de las viandas a nuestros vientres la importunidad de desseallas. Y que Sant Pablo aya tenido en este lugar respecto a la diferencia de viandas que los judios hazian, dalo a entender otra clausula que puso en el decimo capitulo, diziendo: Binio sin ofensa de los judios e de los gentiles y de la yglesia de Dios. Bien assi como yo, en todo lo que hago, a todos tengo contentos, no mirando a lo que a mi me cumple, sino lo que cumple a muchos para que se saluen. En este passo, lo que dize de los gentiles, paresce pertenescer a las viandas que se sacrificauan. Lo que dize de los judios, pertenesce a viandas limpias e no limpias que ellos hazian. Lo que dize de la yglesia de Dios, parece pertenecer a los nueuamente conuertidos. De los vnos e de los otros, que avn eran flacos en la fe, licitas son, pues, segun emos dicho, todas las viandas a los christianos, e a los limpios todas las cosas son licitas; pero en casos ay que, avnque sea licito, no es prouechoso. Que las viandas sean licitas, proviene de la libertad euangelica, que nos quito toda la seruidumbre de la ley vieja; pero que estas cosas licitas se dexen algunas vezes, proviene de la caridad christiana, que nos haze mirar lo que cumple al proximo; e por esso, si ay necessidad, mas quiere que nos conformemos con su flaqueza que con nuestro prouecho; pero sobre todo esto que he dicho, avn me quedan dos dudas. La primera es, que en la prosecucion que San Pablo lleua en sus palabras, no proceden ni se siguen cosas que pertenecen a este sentido; ca donde estas palabras que arriba pusimos dize, reprehende a los de Corinthio, que eran bulliciosos, fornicarios,

adulteros, incestuosos, que pleyteauan ante juezes ydolatras. Con las quales reprehensiones no veo que conueniencia tengan las palabras que diximos: todas las cosas son licitas, mas no son todas prouechosas; despues de las quales se torna el apostol a hablar en la materia de las dichas necessidades de los Corinthios, que primero auia reprehendido, dexando aparte el negocio de los pleytos, por lo qual dize: No se fizo el cuerpo para la fornicacion, sino para que sea organo del Señor, e para que el Señor se sirua del; pero esta duda bien podre salir della entendiendo que por auer arriba hecho mencion de la ydolatria, entre otros vicios que reprehendia, diziendo: No querays errar, que ni los fornicarios, ni los ydolatras, ni los adulteros, etc., posseeran el reyno de los cielos; e como el comer de las cosas sacrificadas pertenezcan a la ydolatria, quiso limitarse en esto e toco en la materia de las viandas defendidas, diziendo: Las viandas se hizieron para el vientre, y el vientre para las viandas, etc., dando a entender que de todo es licito comer, segun el tiempo en que hombre se hallare, si la caridad no demandare otra cosa. Pero las desonestidades dexolas, sin limitacion alguna, por illicitas en todo tiempo e lugar, ca el comer fazese por necessidad, la qual se quitara en la resurrecion; pero la fornicacion no se haze sino por malicia, siendo cosa mas saludable la templança que el vso della. La otra dubda que me quedo es mas dificultosa, tanto que apenas puedo salir della; ca no veo como conuenga con esto que emos dicho aquello que el apostol dize: Yo no me porne en poderio de alguno. Dize que todas las cosas estan en su poder y que el no esta en poder de alguno; e si aquel se dize estar so (¹) poderio ajeno que por no ofender a otros dexa de fazer algunas cosas, todos los christianos estamos desta manera en poderio vnos de otros, ca somos obligados de no escandalizar vnos a otros con nuestras obras, avnque nos parezca que no son malas. E desta manera dize San Pablo de si mesmo en el noueno capitulo: Como yo fuese libre de todas las cosas, de todos me fize sieruo por ganar a todos. Por escusar esta dificultad, le parecio, segun yo creo, a Sant Ambrosio, que en estas palabras començo Sant Pablo a abrir camino a lo que despues auia de dezir de la juridicion apostolica, por lo qual dize en el capitulo IX, tener el poderio de hazer lo que los otros predicadores del Euangelio hazian, si quisiesse, esto es, de mantenerse a costa de los pueblos donde predicauan, avnque esto no lo quiso fazer, avnque le era licito, porque le parescia no ser prouechoso para el fruto de la

(¹) El texto: «non».

(¹) El texto: «no».

dotrina euangelica, especialmente entre los Corintos, a los quales reprehendia de tantos vicios, lo qual no pudiera tan libremente hazer si dellos se encargara, ca el que de otro rescibe, quedale obligado e pierde algo de la auctoridad con que le couuernia reprehendelle; e avn el que da, no sufre tan ligeramente ser reprehendido de aquel a quien ha echado cargo. Pues para esto Sant Pablo dexo muchas cosas que le eran licitas, porque no eran prouechosas para sostener el rigor e libertad apostolica en algunos de los pueblos donde el predicaua, de los quales no se queria encargar por poder mas libremente reprehender sus vicios; e por esto dezia que, avnque todas las cosas que los otros predicadores euangelicos fazian le eran a el licitas, no las hallaua todas prouechosas, por no se poner en poderio de nadie. Esta declaracion de Sant Ambrosio no me desagrada; pero si alguno quisiesse, conforme a lo que arriba diximos, referir estas palabras a la diferencia de las viandas, a mi parecer lo que Sant Pablo dize: Yo no me sometere a poderio de alguno, valdra tanto como si dixesse: Avnque yo algunas vezes rehuso de comer la carne de los sacrificios e las viandas defendidas en la ley, por aprouechar a la salud de los proximos e a la publicacion del Euangelio; pero mi animo no por esto dexa de posseer entera libertad, sabiendo serme licito comer de todo, segun la necessidad de mi cuerpo. Lo contrario de todo enseñauan los falsos apostoles que en aquel tiempo, no por seruicio de Dios, sino por ganar credito e fama entre los pueblos que auian començado a creer, predicauan el Euangelio, mezclando con el algunas dotrinas de la ley vieja, en especial la de la diferencia de las viandas; ca dezian que ay algunos animales de los quales nunca es licito comer el christiano, antes siempre se auia de guardar dellos, bien como se guarda de ser homicida o adultero; esto enseñauan en fauor de los judios, e para que paresciesse enseñar algo mas que los apostoles, ca los animos vulgares, carnales e grosseros, no piensan auer sanctidad donde no veyan alguna obseruacion o cerimonia exterior; e los que esta dotrina recebian, con razon se dezia auer dexado la libertad euangelica e auerse sometido a poderio ageno. Solo Vulgario (¹), doctor griego, de los que yo agora me puedo acordar, trae en este lugar vna exposicion diferente desto que emos dicho e diferente de quanto los otros doctores dixeron, o interpreta a Sant Pablo desta manera: Licito me es comer de todas las viandas; pero no es prouechoso comer sin moderacion, ca de la tal superfluidad nacerian desonestos desseos, e la embriaguez y

(¹) Theofilacto, arzobispo de Bulgaria.

fcna passiones sacan al hombre de su libertad y le ponen en poderio ageno. Esta declaracion, avnque no es mala, no me parece ser la que requiere este passo de San Pablo. Dicho os he mis dudas, e los lugares en que hallo la dificultad; oficio de caridad hareys en ayudarme a salir dellas.

Eus.—Verdaderamente muestras conuenirte bien tu nombre; e quien assi sabe proponer sus questiones, no ha menester otro que se las determine, porque de tal manera nos as contado tus dudas, que a mi me as hecho salir de dubda, avnque, a mi parecer, Sant Pablo, en essa epistola donde as hablado, como determinasse fablar de muchas cosas, va muchas vezes mezclado entrellas passandose de vn proposito a otro y dende a poco tornando a lo que primero auia dexado: en lo qual es menester que vaya muy sobre auiso quien quisiere entender toda la primera epistola *ad Corinthios.*

Cri.—Si no temiese de estoruaros el comer con mis palabras, e si pensasse ser licito mezclar las escrituras profanas con tan santas palabras como aqui aueys conferido, propornia yo tambien vn passo, que, leyendole oy, no me puso en trabajo con su escuridad, mas antes marauillosamente me deleyto con la suauidad de sentencia y palabras.

Eus.—No se deue llamar escritura profana la que tuuiere dotrina pia e prouechosa para buenas costumbres; la Escritura sagrada en todo ha de lleuar la ventaja, ni con ninguna se ha de comparar; pero entre las otras yo muchas vezes hallo algunas cosas que los antiguos dixeron, o los gentiles escriuieron, avn hasta los poetas; las quales son tan puras, tan santas, tan diuinas, que no puedo creer sino que quando las escriuian alguna gracia especial de Dios regia sus coraçones para ello; e por ventura a mas se estendio el spiritu de Dios en repartir su doctrina de lo que nosotros pensauamos, e avn en la vida pienso auer muchos en la compañia de los sanctos que aca no sabemos. Quanto a la doctrina, confessar quiero mis pensamientos, pues estoy entre mis amigos: que nunca leo las obras de Tulio que hizo *De Senectute, De Amicitia, De Officiis, De Questionibus tusculanis,* sin que muchas vezes beso el libro en que estoy leyendo, y tengo en grande acatamiento aquel animo que, segun yo creo, en mucho de lo que alli dixo fue guiado por gracia celestial. Lo contrario me acaesce algunas vezes que leo a estos doctores nueuos que han escrito preceptos de republica y de economica y de otras materias pertenecientes a Filosofia moral, los quales cosa marauillosa es quan friamente proceden en comparacion de los antiguos, e quan enfrascados van en todo lo que escriuen, tanto que avn ellos mesmos parece no entender lo que dizen. Yo, para lo que a mi toca, mas sintiria faltarme vn libro de materias morales de los que escriuieron Tulio o Plutarco, que si me faltasse todo quanto escriuio Escoto, no porque parece mal lo que el escriuio, sino porque me parece aprouecharme mas la lecion destos otros que la suya. Esto digo en las virtudes morales, que en las que llaman theologales, basta lo que nos enseñaron los Apostoles e sus sucessores los doctores antiguos; y en todo lo demas mejor seria gastar el tiempo en obrallas que en disputallas. Pues tu, o Grisogloto, no temas de dezirnos lo que tanto dizes auerte agradado en el libro que oy leyas.

Cri.—Avnque muchos libros de Tulio que escriuio en Filosofía parezca tener en si alguna cosa diuina, pero especialmente el que siendo ya viejo escriuio de la vejez, me paresce ser como los griegos dizen. En este leya oy, y estas palabras que agora os dire aprendilas de coro, porque, como he dicho, me contentaron mucho; las palabras son estas: *Quod si Deus mihi largiatur vt ex hac etate repuerascerem et in cunis vagiam, valde recusem, nec vero velim quasi de curso spatio a calce ad carceres reuocari; quid enim habet hec vita comodi? quid non potius laboris? Sed non habeat sane, habet certe tamen aut satietatem aut molestiam. Nonlibet enim hic deplorare vitam, quod multi et hi docti sepe fecerunt. Nec me vixisse penitet quoniam ita vixi vt frustra me natum non existimem. Et ex vita ista discedo tamquam ex hospitio, non tanquam e domo. Conmorandi enim natura diuersorium nobis, non habitandi dedit. O préclarum illum diem quum ad illum animorum concilium cetumque proficiscar, et cum ex hac turba et colluuione discedam!* Hasta aqui son palabras de Tulio, las quales quieren dezir: Avnque alguno de los dioses me otorgasse que desta edad me tornasse atras hazia la niñez y tornasse a llorar en la cuna, mucho lo rehusaria; ca no querria, acabada casi de passar la carrera, auiendo llegado al termino, ser reuocado al puesto. Que tiene esta vida que avn sea prouechoso? Que tiene que no sea trabajoso? Pero de mas que ningun trabajo tenga, a lo menos tiene enhadamiento e molestia. No quiero aqui quexarme de la vida, avnque muchos sabios lo an fecho. Ni me pesa de auer biuido, pues que assi biui que no me paresce auer nascido en vano, y desta vida salgo como de meson e no como de casa propia. Ca la naturaleza no nos dio este mundo por casa para biuir en el de aássiento, sino para aluergarnos como de passada. O esclarecido dia, aquel en que yo yre a la compañia e ayuntamiento de las animas, e quando saldre deste desassossegado bullicio e concurso de gente en que me hallo! Estas palabras, avn-

que Tulio las aya escrito, no son suyas, sino de Marco Caton, cuyo nombre y persona Tulio introduze en el dialogo *De Senectute* para dezirlas. Que palabras mas santas podria hablar ningun christiano que estas son? Pluguiesse a Dios que tales fuessen las hablas todas de los frayles entre si, o quando fablan con las monjas, qual fue esta habla de Caton, avnque gentil, que trataua con algunos amigos suyos mancebos.

Eus.—Bien podria alguno dezir que nunca tal habla passo entre Caton y estos mancebos que dizes, sino que Tulio la finge para componer debaxo dellas el libro *De Senectute*.

Cri.—A mi no me va nada en que el loor destas palabras se refiera a Caton como a hombre que las sintio e dixo a Tulio, cuyo animo pudo concebir sentencias tan diuinas para dezirlas con ygual elegancia en nombre de otro; avnque yo sin falta creo que si Caton no dixo estas palabras, que el era tal que acostumbraua dezir otras semejantes quando fablaua en conuersacion. Ca no fuera Tulio tan mal mirado que nos fingesse a Caton otro del que era, no guardando en el dialogo lo principal que esta manera de escreuir requiere, que es la conformidad de las palabras, segun la disposicion e condicion de la persona que la dize. Mayormente que en el tiempo que Tulio escriuio este libro *De Senecture*, avn estaua muy fresca la memoria de Caton, por lo qual fuera mas ligeramente conocida la falta de la escritura, si no escriuiera en su nombre palabras conformes a su persona.

Teo.—Muy verisimile es lo que as dicho; pero quiero dezir lo que me passo por el pensamiento quando rezaua las palabras de Caton; muchas vezes me marauillo que como todos los hombres desean si pudiessen alargar la vida e aborrezcan la muerte, con todo esto por marauilla se halla hombre viejo ni de mediana edad que tan felice aya sido en el tiempo passado de su vida, y que si le demandassen si querria tornar a passar por ella de la mesma manera que la ha passado, con seguridad de todos los bienes y certidumbre de todos los males que le an acaecido, no responda lo mesmo que Caton dixo, mayormente si mira muy en particular todas las cosas buenas e malas que por el discurso de su vida an passado por el; ca avnque se podria el tal acordar de muchas cosas suaues, pero la memoria de las tales por la mayor parte viene con alguna verguença, o remordimiento de conciencia de aquellas hecho o dicho, de manera que no menos aborrece el animo acordarse de los tales plazeres, que de los pesares que por el an passado. Esto, segun creo, quisieron dar a entender los mas sabios de los poetas, quando para seguir la dotrina de Platon, que dize tornar las animas a entrar en otros cuerpos despues que salieron de los primeros, escriuen que esta tal buelta a los cuerpos no la fazen las animas hasta que beuen del agua del oluido, que es la del rio Letheo.

Uranio.—Sin falta es cosa de marauillar lo que has dicho, e yo algunas vezes he hallado ser assi verdad. Mas tornando a las palabras de Caton, mucho me agradan aquellas palabras: No me pesa auer biuido, pues que assi biui que no me paresce auer nascido en vano. Qual christiano se hallaria que assi aya moderado e proseguido el curso de su vida, que pueda apropiar a si las palabras deste viejo romano?

Eus.—Ninguno, segun creo, si verdaderamente fuere christiano, las querra vsurpar; porque si malo fuere, no las podra dezir con verdad, e si bueno, no osara, sabiendo que quando aya hecho todo lo que deue, quedara por sieruo sin prouecho, y tanto mas desto conocera, quanto mas fuere aprouechando en la verdadera christiandad, que es escurecer totalmente la gloria humana para que resplandezca en nosotros la gloria de Dios.

Ura.—Bien es verdad todo lo que as dicho; pero no dexan de ser muy prouechosas estas palabras, si miramos las obras de quien las dixo, dexado aparte su infidelidad. El vulgo de los christianos piensa no auer nascido ni passado su vida en vano, si ha allegado muchas riquezas que pueda dexar a sus herederos, ganadas a tuerto o a derecho; mas Caton no le parece assi, antes por esso dize no auer nascido en vano, porque halla auer biuido con mucha integridad en su republica. Porque en los oficios e magistrados de su ciudad se ouo con mucha rectitud e limpieza, teniendo en la execucion dellos respecto a la verdad e justicia, e no a la parcialidad e interesse. Finalmente, por auer dexado a sus successores no muchos thesoros de moneda, sino muy claro renombre de virtud e nobleza. Pero passemos adelante a ponderar todas sus palabras. Que cosa mas diuina se pudo dezir que: Partome deste mundo como de meson, y no como de casa propia? Del meson no nos seruimos sino breuemente e de passada hasta que quien puede nos mande salir. Lo contrario es en las cosas que son nuestras, que nadie tiene derecho a sacarnos dellas. En lo qual Caton nos muestra que por mano agena emos de salir deste mundo quando quisiere el huesped que nos acogio, e no esta en nuestra mano detenernos vn momento despues de llegada la hora de su determinacion; avnque si esta comparacion no la referieremos al mundo, sino al cuerpo, que es morada del anima, lo mismo nos acaesce con el, que no le posseemos sino como cosa agena, pues no quando nos-

otros quisieremos, sino quando otro quisiere emos de salir del. Quanto mas que, avnque no por meson sino por casa le tuuiessemos, avn no nos seria segura la manida, pues muchos son compelidos a salir dessas casas por fuego o terremoto o por otros casos fortuytos. E quando nada desto acaezca, la misma casa, llegada a la vejez, amonesta que es menester de buscar otra morada antes que esta se acabe de caer.

Nefalio.—Mucho son buenas las palabras de Caton, pero no con mejor elegancia dixo Socrates, en vn dialogo de Platon, que la anima humana esta puesta en este cuerpo como en fortaleza que esta en frontera de enemigos, de la qual no es licito partir sin licencia de nuestro capitan, ni tanpoco podemos en ella mas estar de lo que nos mandare quien en ella nos puso. Y a mi parecer fablo mas propiamente Socrates que Caton, porque no quiso a nuestro cuerpo llamarle casa, sino fortaleza frontera, para que entendamos que no son puestas nuestras animas en los cuerpos solamente para estarse en ellos, sino para exercitarse cada vno en el oficio que segun su estado le fuere señalado por su capitan para la expedicion de la guerra en que continuamente biuimos, segun que tambien nuestras sanctas escripturas dan testimonio ser la vida del hombre continua guerra mientra en este mundo biue. E no qualquier guerra, mas tan peligrosa, que por qualquier negligencia e descuydo corremos peligro de la vida. Como acaece a los que estan en frontera, que como siempre tengan los enemigos al ojo, no les conuiene descuydarse solo vn momento, ni ocuparse en otros negocios que los aparten del cuydado que sobre sus vidas e sobre la estancia que les es por su capitan encomendada continuamente deuen tener. E si esta doctrina de los filosofos queremos comparar con la vida de los christianos, cosa marauillosa es de ver, sabiendo todo esto ser verdad, quan seguramente e sin miedo comemos, beuemos, dormimos, reymos, folgamos, negociamos, engañamos, trafagamos, jugamos, murmuramos e hazemos otras obras de hombres que estan sin cuydado, como ningun momento auriamos de estar sin sobreuienta y temor de los enemigos que nos estan a la puerta, por no dezir dentro en casa.

Uri.—Hermosa fue la comparacion de Socrates; mas la de Caton parece concertar mas con la doctrina de San Pablo, que, escriuiendo a los de Corinto, la morada que emos de posseer eh el cielo llama casa de assiento, y los cuerpos que en este mundo posseemos llama choças, diziendo: Los que biuimos en esta choça, gemimos con su pesadumbre.

Nef.—Assi es, e avn tambien concorda con las palabras de Sant Pedro, que dize: Justo es que, mientra estoy en esta chosa, os despierte con auisos, pues soy cierto que presto la he de dexar, que no otra cosa nos encomienda y clama Jesu Christo, sino que biuamos con tanto cuydado como si luego ouiessemos de morir, y que al trabajo de las virtudes e sanctos exercicios nos demos tan de assiento, como si para siempre ouiessemos de biuir. Lo que mas adelante dize Caton en sus palabras: O esclarecido dia aquel quando yo yre a la compañia e ayuntamiento de las animas! etc , pareceme quando lo oyu dezir a Sant Pablo, que de si mismo dize: Desseo ser desatado y estar ya con Christo.

Cri.—Quan bienauenturados son los que con tal animo esperan la muerte! avnque en las palabras de Caton, avnque muy elegantes y de gran doctrina, paresce reprehensible tan gran confiança, nascida no tanto de abundancia de meritos, como de sobrada presuncion, la qual, como Eusebio dixo, conuiene ser muy aborrecida de los verdaderos christianos. Por lo qual yo no hallo cosa en las scripturas de los gentiles que assi quadre con la catholica doctrina que deue seguir qualquier buen christiano, como lo que Socrates, queriendo beuer la ponçoña que los atenienses le embiaron a la carcel, dixo a Crito: Si a Dios le seran acetas mis obras, yo no lo se; lo que en mi ha sido, siempre trabaje por le agradar, de lo qual tengo alguna esperança que se contentara, si no de mis buenas obras, a lo menos del cuydado que tuue de fazellas. E si assi desconfio de sus obras, que no perdio la esperança de auer Dios aprouado la voluntad que tuuo inclinada hazia la de Dios. Por lo qual confio que Dios por su bondad se contentara con ver que auia tenido cuydado de biuir bien.

Nef.—Sin falta es cosa de marauillar hallarse tal animo en hombre que no auia conocido a Christo, ni leydo la Sacra Escriptura, e por esto quando cosas semejantes leo, con dificultad me atiento de no creer determinadamente que Socrates esta en el numero de los sanctos que en ley de natura siruieron a Dios; ca no se deue dudar que ouo algunos ante del aduenimiento de Christo, cuyos nombres no sabemos. O quantos christianos vemos morir, no con aquel ardor e verdadera confiança que Socrates moria, antes con mucha tibieza, haziendo mas cuenta de lo que en este mundo dexan, que lo que en el otro an de hallar, haziendo confiança en las cosas de que no deuria tanto fiarse, como son treyntanarios, missas del conde, oraciones peculiares e otras semejantes inuenciones casi superticiosas, avnque fundadas sobre obras pias! como la verdadera confiança aya de estar donde Socrates la puso, en auer conformado a su voluntad con la de Dios, y

sobre esto hazen muy buen assiento las missas y plegarias fechas libremente e sin algunas niñerias que con ellas se an mezclado. Las quales no son dichas de varones sabios, quanto mas de animos christianos, pues que ni en razon ni en auctoridad de la yglesia se pueden fundar, sino solo en inuencion de hombres ydiotas e vanos, y avn por ventura codiciosos, Ca esta dolencia, ni a las cosas humanas ni a las diuinas perdona, que todo lo saca de sus quicios e propia integridad. Otros, por el contrario, veo morir medio desesperados; parte con duros remordimientos que la memoria de la vida passada les faze en sus conciencias; parte con la de escrupulos de que los suelen cargar a aquel tiempo algunos necios confessores, que en salud popan e dissimulan los pecados de los penitentes, mayormente de los ricos e poderosos, e a la hora de la muerte con tal prolixidad los estrujan, que hazen morir al enfermo con gran agonia y desconfiança, como todo de razon auria de ser al contrario.

Cri.—No es marauilla que mueran assi los que descuydados del amor de Dios, que engendra la verdadera confiança, por todo el tiempo de sus vidas philosofaron en solas cirimonias.

Nef.—Que quiere dezir esso?

Cri.—Yo lo declarare, protestando primero que en lo que dixere no quiero que se entienda de los sacramentos de Jesu Christo, por medianeria de los quales somos encorporados en la yglesia. Porque avnque estos se celebren con algunas cerimonias, e allende destos la yglesia tenga otras muy santas e prouechosas para exercitacion de los animos y enseñamientos de los creyentes, otras costumbres particulares ay que, so especie de deuocion, ha hallado la supersticion humana, contra las quales se endereça lo que dixere sin tocar en las de la yglesia, las quales yo tengo en el acatamiento que qualquier christiano las deue tener, aborreciendo estas otras vanidades inuentadas por hombres malos e supersticiosos, o, si esto es muy aspero, a lo menos por hombres simples e sin letras, las quales enseñan al pueblo christiano fazer mucho caudal e confiança destas cosas, e descuydandose de las que verdaderamente nos hazen christianos.

Nef.—Avn no te tengo bien entendido.

Cri.—Yo fare de manera que me entiendas. Si miras al vulgo de los christianos, no vees que de proa e de popa, como se suele dezir, correu por todo el discurso de su vida tras solo lo cerimonial de las cerimonias, porque assi hablemos? Mira en el Baptismo quan religiosamente se nos representan los antiguos enseñamientos de la yglesia. Es traydo el niño e puesto fuera de la yglesia; alli se rezan sobre el los exorzismos, los quales le comiençan a sacar del poderio del

demonio, para que, remitido el pecado original
en el Baptismo, assiente con Dios y sea puesto
en la nomina de los suyos; rezase assi mesmo
el catezismo, donde se le manifiestan las cosas
a que se obliga, especialmente las que ha de
creer; recibe su protestacion, por la qual renun-
cia al demonio e a todas las cosas que son de
su valia, como son las vanas y engañosas pom-
pas, fauores, riquezas e plazeres deste mundo,
con los quales, como con muy mortales pertre-
chos, faze guerra contina a los que quieren se-
guir la valia de Jesu Christo; passase a la hues-
te de Dios, prometiendole seruicio e fidelidad
perpetua; finalmente, vngenle, danle la insig-
nia de su capitan, que es la cruz, salanle para
que no le pueda corromper el ardor de los mun-
danos deleytes, baptizandole en el agua, donde
recibe la eficacia del sacramento y es aduertido
de la limpieza que ha de guardar. Hecho esto,
son señalados padrinos que entreuinieron a
todo esto, a los quales es dado cargo de le en-
señar el misterio de todas estas cosas quando
llegare a edad de entendello, y de aduertille a
lo que por mano dellos se obligo; con esto el
niño es fecho christiano. Despues, antes que
acabe de salir de la niñez, es tornado a vngir
en el sacramento de la Confirmacion; despues,
quando llega a edad de auerle menester, co-
miença a recebir el sacramento de la Comunion;
tras este el de la Eucharistia; guarda las fiestas;
ayuna los dias señalados por la yglesia; acos-
tumbrase a oyr missa. E allegado a esto, es
auido por verdadero y entero christiano. Des-
pues desto, si se casa, recibe otro sacramento.
Si se haze de la yglesia, recibe las Ordenes me-
nores, e va subiendo de grado en grado hasta
perfecionarse en el sacramento del Sacerdocio,
para lo qual otra vez es vngido e consagrado, e
aquel recibe nueuo habito, diferente de los otros,
como aquel que toma nueuo oficio. Todo esto,
que se haga tan complida e ordenadamente
como Christo e su yglesia lo tiene establecido,
tengolo por tan cosa saucta como ella lo es. Pero
que los christianos, yendose a ojos ciegos tras
la costumbre, passen tan sobrehaz por todo ello
que no miren si en tanta variedad de cerimo-
nias corporales haze alguna mudança el animo
para quien se instituyeron, e donde la verdadera
christiandad se ha de fallar, no me parece bien,
e mucho peor me parece que, satisfechos con
solas estas cosas, no junten otra cosa alguna
con ellas para complimiento de la verdadera
christiandad; porque veo mucha parte de los
christianos tan confiados de auer complido muy
bien todas estas cosas que emos dicho, que,
como si en ninguna manera pudiessen ya per-
der el christianismo, confirmado por tantos se-
llos, se van a rienda suelta tras las riquezas, a
tuerto o a derecho ganadas; siruen a sus inte-

reses; obedescen a sus apetitos; executan sus
enojos; dissueluense en feos deleytes; pudrense
en embidias; hazense esclauos de la ambicion;
finalmente, arden en todo genero de concupis-
cencias, y desta manera passan todo el discurso
de su vida, teniendose por christianos sin cono-
cer ni amar a Jesu Christo; sin tener memoria
del pleyto omenaje que le fizieron, prometien-
dole fidelidad perpetua e capital enemistad a sus
enemigos, con los quales por toda su vida
guarda aliança e confederacion hasta llegar a
la muerte, donde se comiençan a renouar los sa-
cramentos. Confiessase el enfermo vna e dos
vezes, comulga, recibe la Extremavncion, traen-
le la cruz, las candelas e agua bendita; sa-
canle las indulgencias, con que le absueluen a
culpa e a pena, como si pudiesse por mano age-
na ser desatado de la culpa en la muerte el que
nunca se quiso della desatar en la vida, antes
de cada dia se enlazaua y enredaua mas en ella.

Nef.—Como? no podria vn hombre auer a la
hora de la muerte verdadero arrepentimiento
de sus pecados?

Cri.—A la hora de la muerte no es acabada
la vida; e yo de los que en la vida no se arre-
pienten e absueluen ellos mesmos, esto es,
se desatan de sus pecados, hablo, sin la qual
absolucion no aprouecha otra alguna que por
mano agena se haga. Assi que si alguno a la
hora de la muerte verdaderamente se arrepin-
tiere, apartando de si, no fingida y ymaginaria-
mente, sino con verdadera voluntad, todo el
proposito de pecar, este tal en la vida se dize
fazer penitencia; pues nada desto puede acaes-
cer sino al que esta biuo, avnque estos son los
milagros de que suelen dezir que dubda San Au-
gustin. Porque, en la verdad, cosa marauillosa
parece que la penitencia y encomienda dilatada
por todo el discurso de la vida, quando el cuer-
po y el anima estan sanos para toda cosa que
de si quieran hazer, venga a la hora de la
muerte tan verdadera que sea acepta delante el
acatamiento diuinal; e que la conciencia que
por tanto tiempo passo, no desraygando, sino
sobresanando sus llagas, en tan breue espacio
de tiempo, en que la mayor parte del juyzio
tienen enajenado la enfermedad y el cuydado e
angustia de la muger e hijos, e parientes e ami-
gos, hazienda e de todas las otras cosas que
dexa, pueda alcançar verdadera salud. Pero, en
fin, no dudamos que entre otras obras maraui-
llosas que Dios haze acaezca esto; mas no es
seguro esperar tan dudoso trance en cosa don-
de nos va vida perpetua, con seguridad de glo-
ria e descanso, o muerte perpetua con certi-
dumbre de irremediable malauenturança. Quan-
to mas que avn los que esto esperan, no todos
hazen al tiempo de la muerte lo que deuen,
assegurandose con passar exteriormente por

las cosas que emos dicho de confessiones, comuniones, vnciones, indulgencias, las quales con gran diligencia se buscan, o, si el enfermo no las tiene, se compren despues de muerto para suplir lo que en vida falto. Pues desta manera se celebra la muerte, passando por los sanctissimos sacramentos e por las otras cerimonias tan a sobrehaz como se passaron en la vida. Finalmente, viene toda la parentela a ayudarle a morir: cada vno le dice su parecer, aconsejandole que se encomiende a Dios, que se ofrezca a El, que prometa de le seruir si quedare con la vida, e todo esto se haze e dize al tiempo que mas sirue de ayudar a morir al enfermo con las bozes que le dan, que de hazelle entender lo que dizen, puesto que las exortaciones pias e moderadas al que las puede entender sean en aquel tiempo muy prouechosas. Fallescido ya el enfermo, aparejanse las obsequias con grandes ofrendas, con mucho luto y cera, segun la facultad de la hazienda que dexo; dizenle misas, vigilias y preces, segun que lo tienen ya los ministros de la yglesia por costumbre. Todas estas cosas, avnque sean muy bien hechas, especialmente los sacramentos e antiguas costumbres de la yglesia, pero ay otras mas interiores, sin las quales estas no nos pueden verdaderamente dar alegria de spiritu, ni confiança de bien morir. Estas son: fe, esperança y caridad. Fe, para que de ninguna cosa nos fiemos sino de Jesu Christo. Esperança, para que leuante nuestro animo a dessealle. Caridad, con que a Dios e al proximo amemos. Destas tres cosas dan testimonio los sacramentos e ritos eclesiasticos, las quales, si se posseyeren en la vida, daran verdadera seguridad a nuestras animas al tiempo de la muerte; pero si estas faltaren, aquellas mesmas cerimonias que nos dan confiança de bien morir, nos seran testimonio de muerte perpetua.

Eus.—Religiosa y verdaderamente nos has tu, o Crisogloto! predicado; pero, entre tanto, no veo que nadie lleua la mano al plato. Mire cada vno no se engañe, pues os dixe que sobre esto no nos traeran cosa sino fruta, e avn esta no muy delicada ni costosa. Moço: quita esto de aqui e trae otra cosa. Veys aqui todo aquello de que abunda nuestra pobreza: aqui ay de todas las frutas que vistes en las huertas; cada vno coma de lo que mas le agradare.

Tim.—Ay tanta diuersidad de cosas, que avn la vista sola recrea.

Eus.—Acordaos, para que no tengays en poco mi moderado combite, que solo este plato de fruta fuera gran fiesta para Ylario, que fue monje euangelico, avnque tuniera combidados a cient monjes de los de su tiempo; a Paulo e Antonio, monjes, e assi mesmo que en la primitiua yglesia emprendieron la perfecion euan-

gelica, mantenimiento de vn mes les pudiera ser esta fruta que aqui tenemos.

Tim.—No solamente essos que as dicho tuuieran este por muy buen combite; mas avn Sant Pedro, principe que fue de los apostoles, no le desechara quando, predicando en Yope, se aluergaua en casa de vn çurrador.

Eus.—Bien creo que ni avn San Pablo, quando la pobreza le compelio a aprender de noche a coser cueros.

Tim.—Esto denemos a la bondad de Dios; mas yo mas quisiera auer hambre con Sant Pedro e Sant Pablo, con que los regalos que faltassen al cuerpo sobrassen al anima.

Eus.—Mas para sabernos aprouechar de todo, sera mejor que con Sant Pablo, que nos lo enseña en si mesmo en la epistola *ad Philipenses*, aprendamos a tener abundancia y padescer falta, passando por todo ygualmente segun el tiempo en que nos hallaremos; quando faltare, haziendo gracias a Christo que nos da ocasion de ser templados e pacientes; quando sobrare, dando assi mesmo gracias a su liberalidad, porque con su largueza nos combida e prouoca a le amar, vsando con todo templadamente de lo que El magnificamente nos permitiere, acordandonos de los pobres a quien Dios quiso que faltasse lo que a nosotros sobra, para que, como Sant Ambrosio dize, los vnos a los otros seamos causa de merecer la vida eterna; ca dandonos a nosotros con que socorramos a las ajenas necessidades, haze que con la compassion e buenas obras compremos la gloria del otro mundo que a los pobres deste es deuida; y assi, haziendo misericordia con nuestros hermanos, merezcamos misericordia de Dios; e por lo que ellos de nuestra mano reciben, haziendo gracias a Dios, merecen, por la virtud de la paciencia e humildad, que sus plegarias sean por nosotros oydas. E quando ellos falten de lo hazer, la misma limosna, escondida en el seno del pobre, ruega, como en el Euangelio dize, por nosotros, e bien vino agora que nos acordassemos desto. Oyes, moço? Di a tu señora que desso que sobro ay assado embie a Gadula, esta vezina. Biue aqui junto vna biuda preñada, muy pobre de hazienda, pero muy rica de virtudes. Esta ha muy poco que perdio el marido, que fue hombre desperdiciado e holgazan, de manera que ninguna cosa le dexo sino trabajo e cuydado de mantener vn monton de hijuelos.

Tim.—Christo mando dar limosna a qualquiera que nos demandare; pero pareceme que, si yo lo ouiesse de hazer, antes de vn mes me conuernia a mi de andar a demandar.

Eus.—Creo yo que Christo mando hazer esso con los que demandauan las cosas necesarias, sin que no se puede passar la vida humana. Ca los que demandan e importunan e casi por fuerça quieren de las haziendas agenas allegar gran suma con que edifican salas y corredores y cenaderos mas solazosos y frescos que a ellos conuiene, o, lo que peor es, con que puedan sustentar su superfluydad y regalo, negalles lo que demandan es limosna mas verdadera que otorgarselo; avn digo mas: que se deue juzgar por robo dar los bienes a los que han de vsar mal dellos e quitallos a otras necessidades del proximo que de presente podrian ocurrir, por lo qual con dificultad me paresce que se pueden escusar de pecado mortal los que con superfluos y demasiados gastos edefican o adornan los monesterios e yglesias sin particular necesidad del culto diuino, viendo tantos templos biuos de Dios perecer de hambre, encogidos de frio, afligidos con necessidad de otras cosas necessarias. Estando en Bretaña, vi el sepulcro de Santo Thomas de Conturbel cargado de perlas infinitas e de piedras de gran valor, allende de otras marauillosas riquezas que tenia. Yo mas querria que de todas estas cosas se quitasse lo superfluo e se repartiesse a pobres, que no que se guardasse alli para los soldados que en vn desastre de vna guerra lo saqueen todo, y el sepulcro del santo ternia y estaria harto bien ador[n]ado de ramos y de flores, lo qual, con la deuocion de los fieles que le adornassen, seria muy grato al tal santo. Estando en Pauia, vi vn monasterio de cartuxos cerca de la ciudad, en el qual ay vna yglesia toda de marmol blanco de dentro e de fuera labrada, y todo quanto en ella ay, como son altares, pilas, sepulcros, columnas e todo lo demas. Ruegote me digas de que siruio gastar tan gran suma de dineros? Para que quarenta o cincuenta monjes cantassen en templo de marmol, como si no pudieran cantar con tanta deuocion si fuera de piedra e de tierra, y avn los mismos monjes les da mas pesadumbre que prouecho, porque continuamente son desassossegados con la frequencia de los huespedes que alli van solamente por ver la yglesia. Pero avn otra cosa mas vana supe alli, y es que tienen tres mil ducados cada año solamente para la fabrica, e pareceles que seria muy gran pecado gastarse algo de aquello en obras pias, porque seria passar la voluntad, segun dizen, del testador. Por lo qual tienen por mejor derrocar siempre algo que ayan de tornar a edificar, que dexar de gastar todo aquel dinero en labores de la casa. Estos dos exemplos he traydo por mas insignes nombrados; pero cada dia ay cosas semejantes, avnque no de tanta qualidad, en nuestra yglesia. Esto no me paresce a mi limosna, sino fausto e ambicion de los que lo hazen. Antiguamente, avn los sanctos no se osauan enterrar en las yglesias, e todas las sepulturas se hazian por los cimiterios; mas agora los ricos, por prophanos que

sean, osau, no solamente en la yglesia, mas avn junto al altar fazen (¹) sus sepulcros, y esculpir sus ymagenes, escreuir sus nombres y los beneficios que a la yglesia an hecho, casi çahiriendolos a Dios, y paresciendoles que no serian harto pagados en el otro mundo con la gloria eterna, si en este no se pagassen con la temporal que de aquello se les recrece. E plega a Dios que no oygan aquella palabra del Evangelio: Digovos que ya recibieron su galardon. Ca estas dos glorias no pueden buscarse juntas. Este peligro corren los gastos buenos, que no lo suelen ser todos. Pues vemos que muchos dellos mas siruen de ocupar los templos que de adornallos. E miedo he que en vn dia, no contentos con esto, an de començar algunos a quererse enterrar en los altares. Dezirme ha alguno: Como? y parecete que se deuen reprouar semejantes gastos? No por cierto, quando la intencion es pia e la obra necessaria y la costa moderada. Mas yo, si cura o obispo fuesse, aconsejaria a estos ricachos caualleros o mercaderes que, si quieren rescatar sus pecados para con Dios, estos gastos que hazen hazer en dorar y esculpir las piedras de las yglesias, los fiziessen secretamente en socorrer a los verdaderos pobres. Pero como no buscan la gloria de Dios, sino la suya propria, paresceles que lo que se reparte entre muchos, dando secretamente a cada vno vn poco con que aliuiar su necessidad, todo va perdido, pues no queda dello alguna memoria para los que despues del vinieren, y reciben en esto muy grandissimo engaño, ca ningun dinero ay mejor empleado que el que se deposita en Jesu Christo, que es deudor muy cierto e abonado, avnque en este tiempo falla muy poco credito entre los hombres, pues tan pocos ay que le fien en este mundo a pagar en el otro.

Tim.—Como? no te parece bien gastado lo que se da a los monesterios, e lo que se gasta en fazer capillas e sepulcros?

Eus.—A los monesterios darles ya yo, si fuesse rico, medianamente, como a otros pobres, con que se pudiessen sustentar razonablemente, pero no para superfluidad. E allende desto, aquellos que yo pensasse que principalmente la verdadera religion exercitan segun su necessidad y no segun la superfluydad que algunos quieran con sus edificios e mantenimientos. E avn podria principalmente aquellos monesterios donde viesse los frayles preciarse de la verdadera religion. De los sepulcros e capillas dezirte he lo que siento. Hazer mejor capilla para enterrarte e mejor sepultura que otros, no solamente de por si no es obra pia, mas avn es flaqueza humana, como querer traer mejor capa e biuir en mas rica casa que otro; por lo qual,

---

(¹) Así en el texto; pero debe leerse: «fazer».

assi como esto segundo puede ser bueno e malo, assi lo puede ser lo primero, segun la hazienda y estado de cada vno. Por lo qual no tengo por desconuenible cosa que el principe tenga mejor sepultura que el grande, ni el grande que el cauallero, ni el cauallero que el ciudadano, que en esto, si no ay desmedida superfluydad, qualquiera culpa es tolerable. Pero pensar yo que con lo que gasto en las tales capillas e ornamentos de yglesia satisfago lo que por ventura robe en mis vassallos, en mis contrataciones o en otros oficios, si he tenido, es gran desuario, ca nunca sera delante de Dios justa recompensa dotar las piedras e maderos con el sudor ageno. Otrosi, pensar que los tales gastos se ayan de poner en el numero de las limosnas con que se compra el cielo, no lo tengo por seguro, assi porque el motiuo dellos es gloria temporal, la qual, como dixe, no se busca bien con la eterna, como porque en el discurso de las obras pias que en el juyzio, segun Sant Mateo escriue, se ha de hazer, no hallamos esta, que es edificar el hombre para si magnificas sepulturas, y, por no gastar muchas palabras, si las obras que han de merecer el reyno que nuestro Padre nos tiene aparejado, son hartar, vestir, aluergar, visitar a Jesu Christo y otras tales, yo tengo por grande desuario dalle de comer donde El no ha hambre, de beuer donde no ha sed, de vestir donde no esta desnudo, aluergalle donde no le falta casa, pues que, segun El dize, ninguna cosa destas cosas padece El sino donde sus pobres las padecen.

Tim.—Los patriarchas compraron sepulturas señaladas.

Eus.—Verdad es; mas no doradas ni entretalladas; quanto mas que lo que dellos se lee, fue hecho mas por misterio que por vanidad, como lo mas de lo que agora se faze; que quando no nace desta, sino de religioso motiuo, como acesce donde por falta de edificios padece menoscabo el culto diuino y la deuocion de los creyentes, que por estas cosas exteriores an de ser lleuados a las interiores, por buena e pia obra tengo lo que en la restauracion de los templos con esta necessidad e moderacion se fiziere.

Tim.—A muchos les parece que no es bueno dar limosna a estos pobres que andan de puerta en puerta, porque los mas dellos son holgazanes que se crian e permiten en los pueblos por mala gouernacion.

Eus.—A estos no se les ha de negar del todo la limosna; pero deueseles dar con discrecion, para no venir en esse inconueniente; pero a mi mejor me pareceria si cada ciudad diesse forma de mantener los enfermos pobres que ay en ella e dar que hazer a los sanos, porque no anduuiessen discurriendo e vagueando de calle en calle.

Tim.—Pues que assi es, declaranos a quien te parece que se deue principalmente hazer limosna, e quanta e quando te parece que se haga.

Eus.—Dificultoso seria dar de esso puntualmente reglas, porque como sean obras de caridad, ella misma les ha de ser ley, e quasi a ninguna otra pueden ser enteramente subjetas. Pero, ante todo, conuiene que aya promptitud de animo para socorrer a todos e para darse a si, quanto mas su hazienda, para prouecho e aliuio de los proximos. Despues desto, conuiene que segun tu facultad repartas quando se ofresce la ocasion, mirando siempre que eres deudor particular a tus domesticos de las cosas necessarias, e a los estraños eres vniuersal, e lo especial deue preceder a lo general. Assi que, guardado esto, deues dar segun la oportunidad se te ofreciere, especialmente a aquellos de cuya pobreza e bondad tuuieres noticia; pero mira que por esto no te metas en curiosa inuestigacion de las vidas agenas, ca no juezes, sino bienhechores nos mando Dios ser de nuestros proximos. Quando las fuerças no te bastaren, a lo menos con la palabra socorre a los pobres, exortando a otros que les fagan bien.

Tim.—Pues que has hablado de la superfluydad de los edificios, quiero saber si sufriras que en este tu reyno te digamos libremente nuestro parecer, porque es cosa que estos que por verdaderos reyes se tienen, pocas vezes la consienten.

Eus.—Mas ninguna; e como esto les ayan sentido sus consejeros e oficiales, casi nunca les dizen verdad. Pero aqui podeys hablar todo lo que bien os estuuiere, como en vuestra casa.

Tim.—No te parescen bien los gastos que se hazen en los templos; pero estas tus casas bien pudieran ser menos costosas.

Eus.—A mi parecer estas casas son bien apuestas, o, si te paresce a ti, digamos que son muy polidas, pero sumptuosas e superfluas no me parece que lo son. Algunas he yo visto edificadas de limosnas que son mas magnificamente labradas, quanto mas lo mejor de estas casas, que son las huertas, mas es grangeria que sumptuosidad, e dellas tales quales son se reparte harto en prouecho de los pobres, e cada dia quito algo de los gastos que me parescen demasiados en mi casa, poniendo a mi e a los mios en templança porque aya mas para los pobres.

Tim.—Si tal spiritu tuuiesen todos, a muchos que sin merecello son afligidos de pobreza yria mejor de lo que les va, e muchos, por el contrario, que sin merecello estan llenos de lo que a otros falta, aprenderian a moderarse en sus regalos e superfluydades.

Eus.—Bien puede ser; pero quereys que, acabando este combite como se començo, pongamos alguna buena salsa que de sabor a la fruta?

Tim.—Harto ha sido sabroso todo, e avn tanto, que sobra.

Eus.—Avnque esso sea, yo se que sacare de aqui cosa que, avnque os harte, no os porna hastio.

Tim.—De donde?

Eus.—Deste libro de los Euangelios, el qual he sacado para daros en fin del combite la cosa mas sabrosa que yo tengo. Toma, mochacho, lee de donde ayer dexaste.

Moço.—*Nemo potest duobus dominis seruire, aut enim vnum odio habebit, et alterum diliget; aut vnum sustinebit et alterum contemnet. Non potestis Deo seruire et mamonne. Ideo dico vobis ne soliciti sitis anime vestre quid manducatis, neque corpori quid induamini. Nonne anima plus est quam esca et corpus plusquam vestimentum.*

Eus.—Basta; dilo en romance.

Moço.—Niguno puede seruir a dos señores; porque o aborrescera al vno e amara al otro, o comportara al vno y menospreciara al otro. No podeys seruir a Dios e a la concupiscencia de los bienes mundanos. Por lo qual yo os digo que no seays solicitos que comereys para sostener el alma, ni que vestireys para amparar el cuerpo. Por ventura el alma no es mas que la vianda, y el cuerpo mas que la ropa?

Eus.—En este lugar me parece Jesu Christo auer dicho vna mesma cosa dos vezes; ca si lo primero llamo aborrecer, despues llama despreciar, y lo que llamo amar, llama despues comportar. Una mesma sentencia parece auer dicho dos vezes en las primeras palabras deste passo.

Tim.—No entiendo bien lo que quieres dezir.

Eus.—Pongamoslo por figura para que lo entiendas, e para esto pongamos nombres a estos dos señores que no podemos seruir juntos; llamese el vno Pedro y el otro Juan, e assi parece que ponemos el caso al testo como canonistas. Pues dize agora Christo: Ninguno puede seruir juntamente a estos dos señores; porque aborrecera a Pedro e amara a Juan, o comportara a Juan y despreciara a Pedro. No veys que si amar e comportar es todo vno, aborrecer y despreciar es assi mesmo todo vno? Dos vezes es dicho que ama, e otras dos que aborrecera, e assi vna misma sentencia, con sola variacion de palabras, se repite dos vezes.

Tim.—Claro me parece que esta.

Eus.—Pues que diremos que esta conjuncion «o» siempre se pone entre cosas diuersas, y se pone aqui entre dos clausulas que, como he prouado, no significan cosas diuersas? lo qual parece inconueniente, ca no seria conueniente manera de fablar si yo dixesse: O tu me

venciste e yo me rendi, o yo me rendi e tu me venciste; e la causa porque se reprehenderia esta manera de hablar, es porque todo es vno lo que se dize dos vezes, avnque trastrocando las palabras. Lo qual assi mesmo acaece en lo que Jesu Christo dixo, segun os he mostrado.

Tim.—Por mi fe, fermoso argumento nos has hecho.

Eus.—Entonces me parescera a mi hermoso, quando alguno de vosotros me sacare de la dubda que en el os he propuesto.

Tim.—El animo me da no se que como entresueños; si quereys, dire lo que en mi pensamiento he concebido, e vosotros podreys, si no me declarare, serme interpretes de lo que quiere soñado.

Eus.—Avnque se suele entre los vulgares tener por mal aguero contar sueño en los combites, pero este tuyo holgaremos de le oyr, pues le soñaste despierto.

Tim.—El soñar e no dormir, oficio es de locos; pero yo todavia quiero dezir lo que he pensado: llamaldo vosotros como quisierdes. Lo que a mi me paresce en este passo del Euangelio, avnque no se haze mudança de personas, trastruecanse la segunda vez de como se pusieron la primera. E assi querra dezir: Ninguno puede seruir a dos señores, porque, o aborrescera a Pedro e amara a Juan, o amara a Pedro e aborrecera a Juan, y desta manera ay diuersidad en la sentencia e congruidad en las palabras.

Eus.—Sin falta delgadamente nos as soltado nuestro argumento tan claro, que figurandole con rayas, como hazen los geometras, no pudiera entender mejor.

Sof.—Otra cosa ay en essas palabras que a mi mas me haze dudar, y es, que aqui nos defiende Jesu Christo ser solicitos cerca de lo venidero. E por otra parte, hallamos que Sant Pablo trabajaua de sus manos para ganar de comer, y el mesmo reprehende asperamente a los ociosos que no se curan sino de comer los trabajos ajenos, amonestandoles que trabajen de sus manos en oficios honestos e conuenibles a su estado, para que de sus trabajos socorran a la necessidad de los pobres; pues si esto es assi, como Jesu Christo nos defiende la solicitud de buscar las cosas necessarias, e Sant Pablo nos reprehende el descuido? Como? no son sanctos trabajos e cuydados los que el marido toma para proueer su casa, muger e hijos de las cosas necessarias?

Tim.—Esta tu question, a mi parescer, por

muchos caminos se puede determinar. Lo primero, que estas palabras que Christo dixo a sus discipulos, se refieren a aquellos tiempos en que les mandaua entender con todas sus fuerças e poner todos sus cuydados en la publicacion del Euangelio, y para esto les mandaua descuydarse de todas las cosas temporales, certeficandoles quel los proueeria suficientemente dellas. Esto ouo lugar por entonces, quando la necessidad lo requeria; mas agora, que todos rehusamos el trabajo e nos damos a la ociosidad, an lugar los consejos de San Pablo, que pues no allegamos los thesoros del Euangelio, ni negociamos con sus riquezas, repartiendolas y empleandolas en diuersas partes, que trabajemos honestamente para proueernos de las cosas necessarias a nosotros e a nuestra familia e a los pobres. Otro camino de aueriguar tu question es que digamos no nos auer Christo defendido la industria y mediana diligencia en las cosas temporales, sino la solicitud, pues no dize no las procureys, sino no seays solicitos cerca dellas. Esta solicitud nos defiende tener de la manera que oy la mayor parte de la gente la toma, que es con tanta congoxa e anxiedad, que les haze descuydarse de todo lo demas. Esto parece auer dado a entender Christo quando dixo que ninguno podia seruir a dos señores; ca aquel se dize seruir, que esta subjecto a alguna cosa. E por esso no es possible que siruamos a Dios y le demos verdadero señorio sobre nosotros, si seruimos a las aficiones mundanas dexandonos sojuzgar dellas. Por lo qual es menester que nosotros siruamos a Dios, e las cosas deste mundo siruan a nosotros. Esto se haze quando se posseen con la libertad que ya se dixo. Pues, segun esto, no manda Jesu Christo que de solos los negocios euangelicos tengamos cuydado; pero quiere que este sea el principal, e por esso dize: Buscad primeramente el reyno de Dios, e todas estas otras cosas os seran accessorias. No dixo buscad solamente; pero dixo buscad principalmente. En la palabra que dize: No tengays cuydado de lo que es menester para mañana, manera particular es de hablar, que se refiere a todo lo venidero, avnque sea muy lexos, y querernos quitar la congoxa de saber lo que sera. Porque esta es dolencia de los auariciosos, que avnque se hallan ricos de presente, nunca les cessa la cobdicia con fingidos temores de lo venidero e con vanos desseos de dexar memorias de si y de sus herederos.

Eus.—Admitimos la declaración que nos has dado; mas, por que dixo: No seays solicito a que comereys para sostener el alma, y que vestireys para amparar el cuerpo? Del cuerpo cosa propia es cobrirse con la vestidura; pero el anima, que necessidad tiene de la vianda?

Tim.—Por el anima, segun creo, se entiende la vida del hombre, lo qual en otras partes de la Escriptura se vsa, e porque la vida corre peligro si no comemos mas presto que si no nos vestimos, por esso refirio el mantenimiento a sostener la vida, y la vestidura a cobrir el cuerpo; porque avnque no fuesse menester para otra cosa, para esto solo se auia de procurar, mas por la verguença que por la necessidad, que bien podria vn hombre biuir sin vestirse, avnque no sin comer.

Eul.—No veo como concierte con esta tu declaracion lo que se sigue en el Euangelio: No es el anima mas que la vianda, y el cuerpo mas que la vestidura? Ca si la vida se ha de tener en mucho, razon es de procurar de no perdella, e por esto, entendiendo por el anima la vida como dixiste, e alabandonosla tanto Christo, no nos quita la solicitud, antes nos pone en cuydado de conserualla.

Eus. - No lo dixo Christo por esto que tu piensas; mas antes con esta comparacion nos quita el cuydado e nos le traspassa en confiança verdadera, que en solo Dios deuemos tener. Ca si el Padre celestial, por sola su misericordia, tuuo cuydado de darnos lo mas, darnos ha lo menos; pues nos dio el alma, que es cosa mas preciosa, darnos ha mantenimiento para sostenella; e pues nos dio el cuerpo, darnos ha vestido con que le cubramos. Pues teniendo experiencia de su benignidad, e fiandonos de ella, deuemos desechar los cuydados que pueden dar congoxa y desasossiego a nuestras animas. De lo qual queda que deuemos vsar deste mundo como quien no tiene nada del, o a lo menos como quien del no es tenido, y traspassemos todo nuestro cuydado, industria e solicitud en el amor de las cosas celestiales, e sacudida de nosotros la concupiscencia de los bienes mundanos, o mejor diremos renunciando a Sathanas con todos sus engaños, a vn solo Dios sigamos e siruamos, que, como verdadero Padre, no desamparara a sus fijos. Ca si no haze cerca de las cosas deste mundo lo que nosotros querriamos, somos ciertos que quiere lo que nos cumpliria querer, y esto nos deuria bastar para que, haziendo moderadamente lo que en nosotros es, con todo lo que se fiziesse tuuiessemos contentamiento. Mas pareceme que entre este ninguno echa mano a la fruta; desta alegremente e sin duda podemos gozar, pues que sin mucha solicitud, por la liberalidad de Dios, nos la produze la tierra.

Tim.—Abundosamente hemos satisfecho a estos corpezuelos.

Eus.—Quisiera yo auer tambien satisfecho a los animos.

Tim.—Tambien an sido los animos frutuosamente recreados.

Eus.—Moço: quita esto de aqui e trae vna

fuente; lauemonos, amigos, para que nos sea
auiso de alimpiar el spiritu, si alguna manzi-
lla de excesso ha por ventura contraydo en este
combite. E assi purificado, daremos gracias a
Dios; yo, si os parece. acabare la bendicion de
Sant Crisostomo que dixe en principio.

Tim.—Assi te lo rogamos.

Eus.—*Gloria tibi, Domine; gloria tibi,
Sancte; gloria tibi, Rex; quoniam dedisti nobis
escas, imple nos gaudio e leticia in Spiritu
Sancto vt inueniamur in conspectu tuo aceptabi-
les; nec pudefiamus quando reddes vnicuique
secundum opera sua.*

Combidados.—*Amen.*

Tim.—Verdaderamente deuota y elegante
bendicion es esta que has dicho.

Eus.—Por tal la alaba y declara San Cri-
sostomo.

Tim.—En que lugar?

Eus.—En las *Homelias* que hizo sobre Sant
Matheo, Homelia LVI.

Tim.—No saldre deste dia sin leella; mas
vna cosa te ruego nos digas: por que tres vezes
damos gloria a Christo en esta tu bendicion, e
cada vez le ponemos su nombre, llamandole
Señor, Sancto, Rey?

Eus.—Porque es suya e a El se deue toda
la gloria. Pero señaladamente ha de ser de nos-
otros por tres causas glorificado: primeramen-
te, porque con su sagrada sangre nos redimio e
rescato de la tyranica seruidumbre del demonio
y nos compro por suyos, por lo qual justamen-
te le llamamos Señor; lo segundo, porque, no
contento de auernos por su passion perdonado
liberalmente nuestros pecados, pero avn repar-
tiendonos su spiritu nos justifica e da gracia,
con que digamos cosas que nos hagan santos,
e porque en esto nos sanctifica, le llamamos
Santo; finalmente, porque de su mano espe-
ramos recebir el reyno de los cielos, donde El
ya esta a la diestra del Padre, por esso le lla-
mamos Rey, e toda bienauenturança que en
este mundo posseemos y en el otro esperamos,
se deue a sola su diuina liberalidad e amor que
nos tiene. Por lo qual, en lugar del primero se-
ñor, o mejor dire cruel tyrano, que era el de-
monio, tenemos agora por Señor a Jesu Chris-
to; en lugar de las feas manzillas de nuestros
pecados, tenemos agora ynocencia e limpieza;
en lugar del infierno que nos era deuido, espe-
ramos el reyno del cielo que por su misericor-
dia nos sera dado.

Tim.—Deuota declaracion sin falta le as dado.

Eus.—Porque esta es la primera vez que
soys mis combidados, no quiero que vays de
aqui sin estrenas, tales con todo esso qual ha
sido el combite. Oyes, moço; traeme aca mis
preseas. Escoged qual mas quisierdes, o se re-
partan por suertes, o cada vno escoja lo que

mas le agradare: no va mas en lo vno que en
lo otro, pues todas las pieças son de vn valor,
o mejor dire de ninguno. No penseys que ha de
acaecer aqui lo que en las suertes de Helioga-
balo, que a vno cupo cient cauallos e a otro
cient moscas; lo que aqui ay no son sino qua-
tro libritos, dos relojes, vna lucerna, vna escri-
uania con su adereço; estas me parecen para
vosotros, si bien conocidos os tengo, mejores
aguinaldos que si os diese algunos perfumes,
algunos espejos e mondadientes.

Tim.—Todo es tan bueno, que no sabria
hombre que escoger; por esso es mejor que tu
a tu voluntad lo repartas, e assi cada vno sera
mas contento con lo que le cupiere.

Eus.—Este libro es de pergamino e tiene
los *Prouerbios* de Salomon, y porque enseña
sabiduria, tiene las coberturas doradas, ca el oro
sinifica la sabiduria; este assentara bien a las
canas de Timoteo, para que, segun el Euange-
lio manda, se de la sabiduria al que ya la tiene.

Tim.—Avnque no la tengo, a lo menos pro-
curare que de aqui adelante me falte menos.

Eus.—A Sofronio conuiene este relox que
me truxeron de Dalmacia, que esto le faze va-
ler algo, segun la costumbre destos tiempos,
que qualquiera cosa, no por ser muy buena, sino
por ser muy estraña e venida de lexos tierras,
es tenida en mucho, y esta tal vulgar dolencia
no seria muy grande si en solas las joyas se
vsase; mas vsase tambien en las personas, que
no tiene el pueblo en admiracion y en acata-
miento, sino a los que nunca vio ni sabe don-
de nacieron e donde se criaron, en qualquier
sciencia o arte que sea. Pues a Sofronio, que
siempre fue escasso de tiempo e temeroso de
dexalle perder, demosle este relox, con que le
mida, para que no se le pierda nada de lo que
el en tanto estima e todos deuriamos estimar.

Sof.—Antes creo que me le das para desper-
tar mi pereza.

Eus.—Este librito, que es de pergamino,
tiene el Euangelio de San Matheo; mereceria
andar cubierto de perlas, pero esto no es me-
nester, pues que basta cubrille y encerralle en
el coraçon, que sera caxa para el farto mas a
proposito y mas agradable a quien le hizo; e
por no entender esto mucha gente de la deste
tiempo, traen el Euangelio sobre los pechos, no
mirando que el pecho del hombre es verdade-
ramente su lugar, pero auia de andar dentro e
no fuera. Pues tu, o Teofilo, esconde en tu anima
para que conformen las obras con tu nombre.

Teo.—Procurare por lo hazer, siquiera por-
que no sea tu don en mi mal empleado.

Eus.—En este libro estan las Epistolas de
San Pablo, las quales tu, Eulalio, se yo que
traeras de buena gana siempre contigo, pues
siempre traes el auctor dellas en la boca, e no

andaria en la lengua si no auduuiesse en el coraçon; por esso traerle has de aqui adelante en las manos y en los ojos.

Eul.—Esto no es darnos dones, sino consejos, e no ay mayor don que el buen consejo.

Eus.—Esta lucerna conuiene a Crisogloto, que dias ni noches nunca se harta de leer e, como Tulio dize, nunca haze sino tragar libros.

Cri.—En dos cosas me has hecho merced: lo vno, que me as dado hermoso don, y lo otro, que me has exortado a velar.

Eus.—Esta escriuania con sus plumas e adereço se deue a Teodidato, por la facilidad que tiene en escreuir, la qual entonces sera felicissima e bien empleada, quando con ella se escriuieren cosas que manifiesten la gloria de Jesu Christo, mayormente faziendose por tal mano.

Teu tidato.—Pluguiesse a Dios que tan ligeramente como me das los aparejos, me diesses el spiritu para escreuir.

Eus.—Este libro es griego; tiene algunas obras morales de Plutarco, de las mejores, escogidas por vn gran sabio en la lengua griega, en las quales ay tan santa dotrina, que me parece cosa marauillosa auer entrado sentencias tan euangelicas en coraçon de hombre gentil; demosle a Vranio, que es agora mancebo; e queda vn relox: este sea para Nefalio, que nunca gasta mal su tiempo.

Nef.—Gracias te damos, no solamente por lós dones, mas por el buen testimonio que de todos nosotros has dado; ca esto que has fecho, no ha sido solamente darnos estrenas, mas alabanças.

Eus.—Mas yo tengo que os agradecer, porque no solamente os aueys contentado con mi pobreza, mas avn con vuestra doctrina e sabia conuersacion aueys dado mejor mantenimiento a mi anima que yo a vuestros cuerpos. Yo no se que tales os partireys vosotros de mi; pero se que quedo mas docto e mas auisado de lo que me cumple que antes que aqui viniessedes. Agora para sobre mesa bien se que no folgareys que se os trayga musica ni juglares, ni tampoco acostumbrays naypes ni dados. Por esso el tiempo que nos queda gastemosle, si os paresce, en mirar lo que nos quedo de ver deste mi palacio.

Tim.—Esto te queriamos nosotros rogar.

Eus.—Para el fiel prometedor, escusado es recaudador. Esta sala de verano, ya creo que la teneys bien vista: tres vistas tiene, que todas tres caen sobre la verdura de las huertas; todas las ventanas tienen sus vedrieras que se abren e cierran, para gozar del cielo quando esta sereno e para defendernos del quando el ayre estuuiere destemplado; tienen tambien sus puertas de madera para defensa del sol, si por alguna parte entrare mucho calor. Quando en esta sala ceno, pareceme estar en medio de las huertas, assi porque todas se veen de aqui. como porque de muchas yeruas suben las ramas e flores por las paredes fasta entrar por las ventanas. Estas pinturas son muy buenas, assi por el artificio como por las hystorias. Aqui Christo celebra la postrera cena con sus discipulos. Aqui Herodes fizo el combite de su nascimiento, festejado con sacrilega e aborrecible liberalidad. Aqui el rico auariento que el Euangelio dize, come sus delicadas viandas para decendir luego a los infiernos; Lazaro esta a la puerta sin auer quien le haga misericordia, porque luego auia de ser lleuado al descanso.

Tim.—Esta historia que esta deste cabo no entendemos bien.

Eus.—Esta es Cleopatra, que con Antonio, aquel famoso capitan de los romanos, se da a plazer celebrando combites, que despues vinieron a escotarse caramente. Aqui veys como, viniendo a porfia, le ha ganado vna muy preciosa sortija e tiende la mano para sacalle la otra del dedo. Aqui se mescla vna cruda batalla entre los lapitas contra los centauros, que, siendo sus combidados a las bodas de Peritoo su reyna Hipodamia, les quisieron tomar las mugeres, de lo qual solamente por entonces los lapitas, con ayuda de Hercules e Teseo, se vengaron; mas despues sucedieron entre estas dos ferocissimas gentes grandes guerras. Aqui Alexandre, en vn combite, passo con vn venablo a Clicio, tan grande amigo suyo, que en poco estuuo de matarse a si acabando de le matar. Estos exemplos nos auisan de la templança que se ha de guardar en el comer e beuer y en el hablar negocios pesados en los combites. Agora vamos a ver mi libreria, que no tiene muchos libros; pero son muy buenos.

Tim.—Esta pieça, cosa diuina parece, segun resplandece todo en ella.

Eus.—Aqui vereys todo mi tesoro, el qual otros suelen mostrar en los combites poniendo grandes aparadores de plata; pero yo no lo he fecho, assi que en nuestra mesa no aueys visto cosa alguna sino de vidro o estaño, ni en toda mi casa ay pieça de plata, sino vna copa dorada que siempre he guardado por amor de quien me la dio. Esta esphera que esta aqui colgada me representa a todo el mundo e su inquietud. En estas dos paredes mayores que estan a la larga, estan pintadas todas las regiones del mundo; en las otras dos menores, que son el ancho de la casa, estan pintadas las ymagines de los mas nombrados e famosos autores que an escrito, entre los quales Christo, como maestro interior de todos, tiene el primer lugar, sentado en el Monte e en medio de sus discipulos, tendida la mano a manera de hombre que enseña cosas que requieren mucha atencion;

encima esta el Padre, que dize: Este es mi Fijo; a El oyd. El Spiritu Sancto assi mismo con gran resplandor le cubre.

Tim.—Obra es, por mi fe, que merece ser juzgada de mano de Pelles.

Eus.—Veys aqui, junto a esta libreria, vna labor de azulejos, a manera de obra musayca, que estando cerrado, como veys, parece la pared estar maciça, e quitando vna pieça que esta mouediza, muy artificiosamente assentada, abrese vna chimenea para remedio del frio en inuierno.

Tim.—Todo me parece aqui de perlas y de olorosa suauidad.

Eus.—Yo procuro siempre que en toda mi casa aya limpieza e buen olor, porque son cosas que contentan mucho e cuestan poco. Junto a la libreria esta vn corredor para passear, que cae sobre las huertas, y en cabo del vna capilleta.

Tim.—Bien parece, en la magestad que tiene, ser lugar consagrado a Dios.

Eus.—Agora vamos a ver tres corredores que estan sobre los tres passeaderos baxos que vistes en principio. Estos tienen la mesma vista, avnque por ventanas que se pueden cerrar, mayormente las que no caen sobre las huertas que estan dentro de casa, que estan a mejor recaudo porque la casa este segura. En este a la mano derecha, porque tiene mas luz e las ventanas mas a proposito, esta pintada toda la vida de Jesu Christo, por orden, segun que la cuentan los quatro euangelistas hasta la venida del Spiritu Sancto e los apostoles começaron a predicar, segun se escriue en los Actos. Entre las hystorias estan algunos retulos breues e nombres de las personas que dan noticia del miraglo o del acaecimiento que esta alli pintado, para el que lo mirare, donde, con que personas e a que proposito acaescio cada cosa. En otras partes, las palabras breues que acaescieron dezirse declaran el caso de la hystoria, como veys alli, que junto a Christo estan las palabras que dixo al leproso: *Volo mundare.* Por las quales se entiende toda la hystoria que alli junto esta pintada. En contra de cada cosa destas del Nueuo Testamento, estan escritas las profecias e figuras del Viejo que a ellas pertenecen, especialmente de los profetas e psalmos, donde no se escriuio otra cosa sino lo que tocana a la venida e obras de Christo, segun que los Apostoles las cuentan. Aqui me passeo algunas vezes hablando comigo e considerando aquel incomprehensible consejo de Dios, por el qual tuuo por bien de restaurar el linage humano por medianeria de su eternal Hijo fecho hombre, para que, hecho Dios a semejança del hombre, el hombre recobrasse la semejança de Dios que auia perdido.

Tim.—Gran misterio es esse que agora tocaste.

Eus.—Grande, pero mas ligero es de gustar con el spiritu que de esprimir por palabra. Aqui tambien algunas vezes traygo a mi muger, e mostrandole estas hystorias, como las pinturas mueuen mucho los animos mugeriles e flacos, hablamos en alguna cosa destas para despertar su deuocion a dar gracias a Dios por tan grandes beneficios. Lo mesmo me scaece con algunos de mis amigos quando aciertan a venir aqui.

Tim.—En tal casa como esta, quien auria que se enhadasse de morar?

Eus.—Ninguno que quisiesse biuir consigo. Arriba, por orla de toda esta pintura, estan las cabeças de todos los Sumos Pontifices, con sus nombres, y en contra las de los Emperadores romanos, para entender la conueniencia de las hystorias. A entrambas partes deste corredor ay dos camaras pequeñas, que caen assi mismo sobre las huertas, para reposar entre dia, y desde ellas se puede gozar toda la verdura e la armonia de nuestras aues. Veys alli, a la puerta de aquel prado, otra casilla, que agora sirue de quedarnos alla algunas vezes a cenar quando nos salimos a tomar ayre las tardes; pero la principal causa porque se hizo, fue para sacar alli los enfermos quando alguno de casa acierta a enfermar de dolencia contagiosa.

Tim.—Ay algunos que dizen que no deuriamos fuyr de las tales dolencias.

Eus.—Pues porque huyen la ponçoña, y de los despeñaderos e otros peligros publicos? como, por esso, no se ha de temer este peligro, porque no se vea? Desta manera tampoco temeran al basilisco, pues su ponçoña no se vee, que de muy sotil la echa por los ojos. Quando la necessidad lo demandasse, no rehusaria yo ponerme en peligro de la vida; pero ponerse el hombre assi a la muerte sin auer para ello causa que lo requeria, paresce temeridad, e poner a otros, crueldad. Otras cosas nos quedan de ver que se que os agradaran; pero yo no me puedo detener a mostraroslas, porque tengo necessidad de partirme; quedaos aqui por estos tres o quatro dias, e mi muger os mostrara todo lo demas En esta casa podeys estar tan sin pesadumbre como si fuesse vuestra; aparejada es para recrear los ojos e los animos; holgad mientra yo bueluo, y perdonadme, que yo no me puedo escusar de llegarme aqui a vnos dos lugares sobre ciertos negocios.

Tim.—Son negocios de hazienda?

Eus.—No dexara yo por essos la conuersacion de tales amigos.

Tim.—Tienes aparejada alguna caça?

Eus.—Esperança tengo yo de caçar, dandome Dios buena manderecha; pero no puercos ni ossos.

Tim.—Pues que sera esto?

Eus.—Yo os lo dire: En vn lugarejo esta vu amigo mio enfermo, desahuziado de los medicos, segun me dizen; pero no tan bien aparejado para morir como yo querria e como qualquier buen christiano lo deuria estar; llegarme he alla y persuadille he lo que me pareciere que me conuiene para ayudalle a bien morir, para que, agora muera, agora escape, qualquiera cosa que del quisiere Dios hazer, le suceda en bien. En otro lugar estan dos amigos mios, buenas personas; pero son entrambos desta condicion: algo cabeçudos; atrauessose entre ellos cierta contienda, y querria, si pudiesse, atajarlo antes que passasse adelante el enojo, porque seria inconueniente para ellos e para otros muchos, y assi por lo que Christo nos encomienda que hagamos vnos para con otros, como por la antigua amistad que con ellos tengo, los querria poner en paz. Esta es la caça que os dixe que yua a buscar, la qual es tan preciosa, que ninguna otra cosa nos dexo Jesu Christo mas encomendada al tiempo de su partida. Si la caça me sucediere bien, aqui celebraremos la corrobra.

Tim.—Religiosa caça es esta; plega a Jesu Christo que El te de la buena manderecha que los antiguos demandauan a Apolo en el templo de Lio [1].

Eus.—En mas estimaria salir con esto, que si saliesse con vna heredad de dos mil ducados.

Tim.—Tornaras luego?

Eus.—No entiendo de tornar aca hasta hazer todo mi deuer y tentar todo lo que pudiere por salir con ello, y por esso no podria señalar tiempo determinado de mi tardança; vosotros, pues esto todo es tan vuestro como mio, gozad dello y quedad con Dios.

Tim.—Nuestro Señor Jesu Christo te lleue con bien y te trayga con mejor. Amen.

FINIS

[VII] COLLOQUIO DE ERASMO

llamado Mempsigamos, trasladado del latin en romance, en que se introduzen dos mugeres: la vna Eulalia y la otra Xanthipe; la vna contenta e la otra descontenta de su marido.

Dize Eulalia.—En hora buena esteys, mi muy desseada Xanthipe.

(1) Aquí, como en otros lugares, el traductor castellano altera el sentido del texto latino. En éste se lee: «Pia venatio. Precamur, ut tibi *pro Delis. Christus* aspiret». *De ia* es alusión á Diana, que vió la luz en Delo.

Xanthipe.—En hora buena vengas, mi muy amada Eulalia; nunca tan hermosa me paresciste como agora.

Eul.—Assi me comienças luego a motejar?

Xan.—No, por mi vida, sino que assi me pareces.

Eul.—Por ventura el nueuo vestido haze parecer mas hermoso el gesto?

Xan.—Bien lo conjecturas; mucho tiempo ha que no lo vi mas lindo; pienso que deue ser paño de Londres.

Eul.—La lana es de Inglaterra; mas la tintura es de Venecia.

Xan.—Mas blando es que seda. O que hermosa color de grana! De donde ouiste tan linda ropa?

Eul.—De donde conuiene a las honestas mugeres auer cosa alguna sino de sus maridos?

Xan.—O bienauenturada tu, que tal marido te cayo en suerte! no como yo, que mas quisiera auerme casado con vn hongo quando me case con mi Nicolao.

Eul.—Como assi, por tu vida? tan presto estays desauenidos?

Xan.—Nunca yo estare bien con tal hombre. No miras qual me tiene hecha pedaços? desta manera consiente que ande su muger! Mala muerte yo muera si muchas vezes no he enpacho de salir do gentes me vean, viendo quan atauiadas estan otras que se casaron con muy mas pobres maridos que yo.

Eul.—El atauio de las mugeres no consiste en los vestidos ni en otro atauio del cuerpo, segun lo enseña el apostol San Pedro, que assi lo oy el otro dia en el sermon, sino en las castas e limpias costumbres y en los atauios del anima. Las malas mugeres se atauian para parecer bien a muchos; mas nosotras harto estamos atauiadas si agradamos a solos nuestros maridos.

Xan.—Bien; mas aquel mi buen hombre, tan escaso para con su muger, gasta muy largamente el dote que comigo ouo. que no fue pequeño.

Eul.—Y en que?

Xan.—En lo que a el le paresce, en beuer, con putas e tambien en juegos.

Eul.—Mira lo que dizes!

Xan.—Assi es como te digo. Demas desto, quando viene a casa borracho, passada gran parte de la noche, sobre auerle estado esperando tanto tiempo, esta toda la noche roncando; e avn no quiero dezir adelante.

Eul.—Chit; a ti misma desonras desonrando a tu marido.

Xan.—Mala muerte yo muera si no querria mas dormir con vna puerca parida que con tal marido.

Eul.—Pues tu entonces no riñes con el?

Xan.—El siente bien que no soy muda, como el muy bien merece.

Eul.—Y el, que dize a esso?

Xan.—Luego al principio da bozes con mucha soberuia, pensando espantarme con sus fieras palabras.

Eul.—Y nunca, por ventura, la renzilla se encruelecio tanto que viniessedes a las manos?

Xan.—Vna tan sola vez anduuo la quistion tan trauada de ambas partes, que poco falto de venir a las puñadas.

Eul.—Que es lo que oygo?

Xan.—Amagauame con vn palo, y daua entre tanto muy crueles bozes, amenazandome malamente.

Eul.—Y entonces, no auias miedo?

Xan.—Antes yo tambien arrebataua vna silleta; e si me tocara con el dedo, yo te prometo que el sintiera que no me faltauan manos.

Eul.—O nueuo genero de escudo! no le faltaua sino la rueca en lugar de lança.

Xan.—El sintiera bien que lo auia con muger varonil.

Eul.—Mira, mi Xanthipe, no conuiene que lo hagas assi.

Xan.—Pues que conuiene? Si el no me tiene por muger, ni yo le he de tener por marido.

Eul.—Pues Sant Pablo dize que conuiene las mugeres ser sujetas a sus maridos con toda reuerencia, e Sant Pedro nos pone por exemplo a Sarra, que llamaua señor a su marido Abraham.

Xan.—Ya yo he oydo esso; mas tambien enseña Sant Pablo que los maridos amen a sus mugeres como Christo amo a su esposa la yglesia. Acuerdese, pues, el de faser lo que deue, que yo me acordare de faser lo que deuo.

Eul.—Muy bien me parece; mas quando la cosa viene en tal estado que el vno ha de dar ventaja al otro, justa cosa es que la muger la de al marido.

Xan.—Esso seria si se ouiese de llamar marido el que me tiene a mi por esclaua.

Eul.—Pero dime agora, mi Xantipe: despues, dexo de amenazarte?

Xan.—Dexolo, e fue sabio; que de otra manera yo te prometo que el supiera a que saben mis manos.

Eul.—Y tu no dexaste de reñir con el?

Xan.—Ni dexare.

Eul.—Que haze, pues, el entre tanto?

Xan.—Algunas vezes duerme como descosido; otras no haze sino reyr; algunas vezes toma vna guitarra que apenas tiene tres cuerdas, e tañe lo mas rezio que puede por hazerme rauiar.

Eul.—Y pesate mucho de aquello?

Xan.—Tanto, que no lo se dezir; e algunas

vezes apenas me puedo tener que no ponga en el las manos.

Eul.—Mi Xantipe, dasme licencia que mas a la clara fable contigo?

Xan.—Si que te la doy.

Eul.—La misma ternas tu para dezirme lo que quisieres, porque assi sin duda lo requiere la amistad que siempre desde nuestra niñez auemos tenido.

Xan.—Dizes la verdad; e nunca yo tuue amiga a quien tanto como a ti quisiesse.

Eul.—Has de pensar vna cosa: que tal qual es tu marido, no ay remedio de trocarlo por otro. Antiguamente, para las discordias que no tenian cura, el vltimo remedio era el diuorcio; mas agora de todo punto este remedio es quitado; es por fuerça que todos los dias de tu vida el sea tu marido y tu su muger.

Xan.—Mal faga Dios a los que tal derecho nos quitaron.

Eul.—Mira lo que dizes; cata que assi lo ordeno Christo.

Xan.—Apenas lo puedo creer.

Eul.—Assi passa; agora ningun otro remedio ay sino que cada vno de vosotros, haziendose a las costumbres e condicion del otro, trabajeys de biuir en concordia.

Xan.—Por ventura puedo yo fazerlo de nueuo?

Eul.—No va, pues, poco en las mugeres que tales sean los maridos.

Xan.—Y a ti, vate bien con el tuyo?

Eul.—Agora todo esta en paz.

Xan.—Luego algunas discordias deuio auer al principio?

Eul.—Antes ningunas; empero, como suele acaescer entre los hombres, algunas vezes se leuantauan no se que cosillas que pudieran engendrar discordia si no socorrieran alli las buenas costumbres; porque cada vno tiene sus condiciones, e cada vno tiene su parecer; e si queremos dezir la verdad, cada vno tiene sus vicios, lo qual, si en alguna parte conuiene ser conocido e aborrecido, es, sin duda, principalmente en el matrimonio.

Xan.—Muy bien dizes.

Eul.—Muchas vezes acaece perderse la buena voluntad e nacer discordia entrel marido e la muger primero que se conozcan el vno al otro, e para esto es de estar muy sobre auiso, porque, si vna vez nasce entrellos contienda, tarde tornaran a estar conformes, mayormente si la cosa viene fasta dezirse injurias. Lo que se pega con engrudo, si luego, acabado de pegar, lo sacudes, ligeramente se despega; mas siendo bien pegado y seco el engrudo, queda muy firme, por lo qual a los principios se deue mucho procurar que entre el marido e la muger vaya creciendo e conformandose el amor, y esto principalmente se haze con obediencia e conformidad de costumbre, porque el amor causado por sola hermosura no es durable.

Xan.—Pues cuenta, por amor de mi, con que arte traxiste a tu marido a tus costumbres.

Eul.—Dezirtelo he, para que tu hagas como yo.

Xan.—Si pudiere.

Eul.—Muy ligero sera, si tu quisieres; e avn no es tarde, porque el es mancebo e tu moça; e avn creo que no ha vn año que os casastes.

Xan.—Dizes verdad.

Eul.—Pues yo te lo dire; mas has de callar.

Xan.—Tenlo por cierto.

Eul.—Todo mi principal cuydado fue agradar en todo a mi marido y estar sobre auiso que no ouiesse cosa con que el pudiesse recebir enojo; aguardauale su voluntad e apetito; miraua tambien a que tiempos estaua contento e a que tiempos ayrado, como suelen fazer los que amansan los elefantes y los leones y otros animales semejantes, que no pueden por fuerça ser costreñidos.

Xan.—Tal animal tengo yo en mi casa.

Eul.—Los que tratan con los elefantes no andan vestidos de blanco, ni tampoco de colorado los que tratan con los toros, porque se hallan estos animales con estas colores hazerse mas fieros, assi como las tigres, que con el sonido de los panderos o atabales en tal manera son comouidas a rauia, que a si mesmas se hazen pedaços. Y los que tratan los cauallos, tienen sus bozes, tienen sus sonidos y palmadas e otras señales con que los amansan estando feroces. Pues quanto mas nos conuiene a nosotras vsar destas artes con nuestros maridos, con los quales, queramos o no queramos, por todo el tiempo de nuestra vida auemos de dormir en vna cama e binir debaxo vn tejado?

Xan.—Prosigue lo que començaste.

Eul.—Consideradas estas cosas, conformaume con el, estando sobre auiso que no naciesse cosa de que pudiesse auer enojo.

Xan.—Como lo podias hazer?

Eul.—Primeramente tenia gran vigilancia e cuydado de las cosas de casa, que es propio oficio de las mugeres, no solamente proueyendo que ninguna cosa quedasse por hazer, mas avn que todo se hiziesse a su voluntad, hasta las cosas de muy poquita importancia.

Xan.—En que cosas?

Eul.—Como si dixessemos agora: a mi marido le sabe mejor este manjar o el otro; si el manjar le sabe mejor guisado desta manera o desta otra, o si le aplaze mas la cama hecha de vna manera que de otra.

Xan.—Y de que manera te conformarias con aquel que no estuuiesse en casa, o estuuiesse borracho?

Eul.—Espera, que esso queria dezir. Si alguna vez me parecia que mi marido en alguna manera estaua triste y que no era tiempo de fablar con el, en ninguna manera me reya ni burlaua, como algunas mugeres lo suelen hazer, mas yo tambien ponia el gesto triste y cuydadoso; que assi como el espejo, si es bueno, muestra siempre la propia figura del que a el se mira, assi conuiene que la muger se conforme con la passion de su marido y que no este regozijada estando el pensatiuo, ni se muestre alegre estando el ayrado; e quando lo veya mas fuera de razon, halagaualo con blandas palabras, o con callar daua lugar a su yra, hasta que, aquella amansada, ouiesse tiempo de corregirlo o de amonestarlo; lo mismo hazia si alguna vez boluia a casa benido mas de lo que auia menester; e avn entonces no le hablaua, sino muy alegre y con halagos lo lleuaua a la cama.

Xan.—O desuenturado el estado de las mugeres, si siempre an de andar a la voluntad de sus maridos ayrados, borrachos, e faziendo lo que se les antoja!

Eul.—Como si no nos pagassen ellos en la misma moneda!; tambien son ellos forçados a sufrir muchas cosas en nuestras costumbres; assi mismo se ha [de mirar el tiempo quando ha de amonestar la muger al marido en las cosas de alguna importancia, que las liuianas mejor es dissimularlas.

Xan.—Que tiempo?

Eul.—Quando ni estuuiere ayrado, ni ocupado, ni ouiere beuido, entonces blandamente amonestarle e rogarle aparte que mire por su hazienda e por su fama e por su salud; e avn esta amonestacion ha de yr mezclada con burlas e donayres; algunas vezes le saco por partido, antes que le diga cosa alguna, que no me tenga a mal si, como muger que poco sabe, le amonestare alguna cosa que me parezca tocar a su honra e a su salud. E como le he dicho lo que querria, atajo aquella platica e comienço a hablar en otras cosas de plazer, porque casi todas las mugeres tenemos esta mala costumbre, mi Xanthipe, que como vna vez começamos a fablar, no sabemos acabar.

Xan.—Assi lo dizen.

Eul.—En vna cosa principalmente estaua muy sobre auiso: de no reprehender a mi marido en presencia de nadie, ni quexarme a ninguno de fuera de casa de lo que entre nosotros passaua, porque muy mejor se suelda lo que acaece passar entre los dos; e si alguna cosa fuere de tal calidad que ni se pueda sufrir ni por amonestacion de la muger remediar, mucho mejor es que la mujer se quexe a los parientes del marido que a los suyos, e de tal manera tiemple la quexa, que no parezca tener odio al marido, sino solo al vicio, ni avn entonces no lo diga todo, porque el marido entre si conozca e ame la buena criança de la muger.

Xan.—Conuiene que sea filosofa la que sepa hazer todo esso.

Eul.—Antes con estas tales obras combidaremos a nuestros maridos a que ellos fagan lo mismo.

Xan.—Ay algunos que no basta buena criança para los corregir.

Eul.—Yo cierto no lo creo, mas digo que sea assi: primero has de pensar que el marido tal qual es se ha de sufrir, y que es mejor sufrirle tal qual fuere, o hazerlo al mas conuersable con nuestra industria, que boluerlo cada dia peor con nuestra reziura. Que me diras si yo te digo algunos maridos que con la misma arte corrigieron sus mugeres? Pues quanto mas nos conuiene hazer a nosotras lo mismo para con nuestros maridos!

Xan.—Dezirme has exemplo muy diferente de mi marido.

Eul.—Yo tengo mucha familiaridad con vn canallero doto e de muy buenas costumbres; este se caso con vna donzella virgen, de diez y siete años, criada continuamente en vna aldea en casa de sus padres; como por la mayor parte los caualleros huelgan de biuir en las aldeas a causa de la monteria, y el queriala assi boçal porque mas largamente podiese hazerla a su voluntad. començo a bezarle leer y tañer, y poco a poco la puso en que le contasse lo que ouiesse oydo en los sermones, e informola en todas las otras cosas que despues auian de aprouechar, y como todo esto fuesse muy nueuo para ella, que auia sido criada en su casa en mucha ociosidad, y entre las platicas e juegos de la familia, fazinsele muy aspero, e començo a desobedecer al marido, e como el marido la apremiase, no hazia ella sino llorar, y muchas vezes se echaua en tierra, dando tantas cabeçadas en el suelo, que parecia quererse matar. Y como aquestas cosas yuan a la larga, el marido, dissimulando el enojo, combidola, diziendo que se fuessen ambos a holgar al aldea a casa del suegro, porque alli yua la muger de muy buena gana. Como llegaron alla, el marido, dexada la muger con su madre e con sus hermanas, fuese con el suegro a caça, e tomandolo aparte, le dixo: que el penso que tomaua compañia agradable para su vida, e agora hallaua que auia tomado vna continua lloradora, que ella misma se atormentaua y desfazia, y que no auia manera para remediarla con amonestaciones, rogandole que ayudasse a remediar aquella enfermedad de su hija. El suegro le respondio diziendo que el le auia entregado vna vez su hija, e si no podia hazerla obedecer con palabras, vsase de la juridicion que sobre ella tenia. Entonces el yerno le respondio: Bien se la juridicion que sobre ella tengo, pero mas querria sanarla con tu autoridad e industria, que venir a esse vltimo remedio. El suegro le prometio que el lo procuraria. Passados, pues, algunos dias, buscaua lugar para fallarse solo con su hija, y hallandose vna vez con ella, con mucha grauedad le començo a dezir quan fea era y de quan aborrecibles costumbres, y quantas vezes auia temido que no podria hallar marido para ella; pero con muy gran trabajo, dize el, te lo halle tal, que no ay ninguna, por dichosa que sea, que no le quisiesse tomar para si, e tu, no conociendo lo que he fecho por ti. ni considerando el marido que tienes, el qual, si no fuesse por su mucha virtud, se desdeñaria tenerte por su moça, te pones en no le obedescer? Y, por abreuiar, en tanta manera se encendio en yra la platica del padre, que parecia que estaua por poner las manos en ella, porque es hombre de tan astuto ingenio, que sin mascara podria representar qualquier farsa. Entonces ella, conmouida assi por miedo como porque conoscio ser assi verdad, pusose de rodillas ante el padre, rogandole no ouiesse memoria de lo passado, que ella dende adelante ternia cuydado de lo que auia de hazer. El padre la perdono, diziendo que el le seria muy buen padre si ella hiziesse lo que prometia.

Xan.—Pues que mas passo?

Eul.—Como se escapo de la platica del padre, boluiose a su camara, donde hallo al marido solo, y pusose antel de rodillas e dixo: Marido, hasta agora, ni yo he conocido a ti ni a mi; de aqui adelante veras como yo sere otra; tan solamente te ruego que oluides lo passado. Entonces el marido le beso, diziendo que el se lo prometia, si ella perseueraua en aquel proposito.

Xan.—Pues veamos, perseuero?

Eul.—Hasta la muerte, e no ouo dende adelante cosa, por baxa que fuesse, que ella muy alegre y de buena voluntad no se humillasse a la hazer si veya que el marido lo queria, tanto fue el amor que nacio y se conformo entre ellos. Despues, passados algunos años, ella muchas vezes se regozijaua entre si porque le auia Dios dado vn tal marido, conociendo que si con otro topara, fuera la mas malauenturada muger del mundo.

Xan.—De tales maridos no ay menos abundancia que de cueruos blancos.

Eul.—Pues, si no te es molesto, dezirte he vna cosa que este otro dia acaecio en esta mesma ciudad.

Xan.—Ninguna cosa tengo que hazer, y es me muy agradable tu platica.

Eul.—Un cauallero de muy buena parte, yua muchas vezes a caça, como los semejantes suelen hazer, y en vna aldea topo con vna moça, hija de vna mugercilla pobre, y enamorose della siendo ya el de edad, a cuya causa muchas noches estaua fuera de su casa so color de la caça, y su muger, en quien reyna mucha bondad, con no se que sospecha saco por rastro lo que en la caça su marido hazia, y entre tanto que el se fue no se donde, fuese ella a la casa de la labradora e informose muy bien de la cosa como passaua e adonde dormia, con que biuia y que aparejo tenian para comer, y vio que ningun axuar auia en toda la casa sino de pura pobreza. Boluiose la señora a su casa, y dende a poco boluio en casa de la labradora e hizo traer consigo vna buena cama con su adereço e algunas pieças de plata, e dioles tambien algunos dineros, y amonestoles que si aquel señor alguna vez alli boluiesse, lo tratassen mejor, e dissimulando en todo esto ser su muger, fingio que era su hermana. Dende algunos dias, el marido se va alla secretamente y vee acrecentado el axuar e mucho mas rico; pregunto de donde venia aquel atauio no acostumbrado; dixeronle que vna señora muy honrada, parienta suya, se lo auia traydo, e mando que dende adelante lo tratassen mejor. Luego le vino vna sospecha que su muger lo auia hecho, y buelto a su casa pregunto a la muger si auia ella estado alli; ella no lo nego. Preguntole que a que proposito auia embiado alli aquel axuar. Marido mio, dixo ella, tu estas acostumbrado a tener muy buena vida; yo veya que alli tu eras grosseramente acogido; paresciome que a mi pertenescia proueer para que quando quisieres yr alla seas mejor tratado.

Xan.—O muger demasiadamente buena! yo mas presto, en lugar de cama, le estendiera vn haz de ortigas o de abrojos.

Eul.—Oye pues la fin: el marido, viendo la mucha virtad e sufrimiento de su muger, nunca mas tuuo que hazer con otra, y en su casa se contento y holgo con la suya. Bien se que conociste a Gilberto, holandes.

Xan.—Si conoci.

Eul.—Este, como sabes, siendo moço se caso con vna vieja.

Xan.—Por ventura se caso con el dote y no con la mujer.

Eul.—Assi es; este, aborreciendo su muger, andaua enamorado de vna mugercilla, con la qual se holgaua; de manera que pocas vezes comia ni cenaua en su casa. Que es lo que tu aqui hizieras?

Xan.—Que? A ella yo os la tratara de manera que la madre que la pario no la conosciera; e a el, saliendo por la puerta, lo hinchiera de meados, para que assi perfumado fuera a cenar con la señora.

Eul.—Pues mira quanto mas sabiamente lo hizo esta. Combidaua a la mugercilla a su casa,

y tratauala muy amigablemente. Y desta manera, sin otros hechizos, hizo que su marido se estuuiesse en su casa, e si alguna vez el marido cenaua fuera con ella, embiauales algun manjar delicado, diziendoles que se diessen a plazer.

Xan.—Yo mas querria ser muerta que alcahueta de mi marido.

Eul.—Verdad es; pero veamos: no era esto muy mejor que con su rigor enajenar de todo punto a su marido, y toda su vida biuir en renzillas?

Xan.—Digo que era menos mal; mas yo no pudiera acabarlo comigo.

Eul.—Una sola cosa te dire, y con esta porne fin a los exemplos. Este nuestro vezino, hombre como sabes virtuoso, avnque algo ayrado, vn dia puso las manos en su muger, persona muy honrada; y ella retraxose a vna camara apartada, e alli llorando e solloçando entre si, gastaua la malenconia del su coraçon. Y dende a vn poco el marido entro a caso donde ella estaua, e hallola llorando, e dixole: Que estas aqui llorando como niña? Y entonces ella como muger sabia dixo: No te parece que es mejor llorar aqui mi mala ventura, que no estar en la calle dando gritos como acostumbran otras mugeres? Con esta tan buena respuesta, quebrantose y venciose tanto el coraçon del marido, que le prometio de nunca mas poner las manos en ella, e assi lo hizo.

Xan.—Yo alcance lo mismo del mio, mas por otra via.

Eul.—Bien; mas, segun yo veo, siempre estays en guerra perpetua.

Xan.—Pues que quieres tu que haga?

Eul.—Primeramente has de dissimular e sufrir qualquier injuria que te hiziere tu marido, y poco a poco has de ganarle la voluntad con seruicios, buena conuersacion e mansedumbre, porque al fin, o le venceras, o sin duda lo hallaras mas conuersable que agora lo hallas.

Xan.—El es tan feroz, que no ay seruicios que le abasten para amansarlo.

Eul.—Ea ya, no me digas tal cosa; ninguna fiera ay tan cruel que con halagos no se amanse: por esso no pierdas tu la esperança de poderlo hazer con vn hombre; esperimentalo algunos meses, e culpame si no hallares que yo te he dado buen consejo. Ay tambien algunos vicios que has de dissimular e hazer que no lo vees; en esto sobre todo ten muy gran auiso: que ninguna renzilla mueuas al tiempo del acostar ni en la cama; antes has de procurar que lo que entonces hablares sean cosas de passatiempo y alegria, porque si aquel lugar que es dedicado para oluidar todos los enojos e boluer a la amistad, se mezcla con questiones e malenconia, no queda ya remedio para tornar a la amistad. Ay algunas mugeres tan mal acondicionadas, que donde auian de procurar de contentar y agradar a sus maridos, alli se les muestran mas dessabridas.

Xan.—Esso me ha acaescido a mi infinitas vezes.

Eul.—Pues yo te digo que avnque en toda parte la muger ha de estar sobre auiso de no hazer cosa con que aya enojo su marido, que principalmente deue entonces procurar de mostrarse alegre y regozijada.

Xan.—Bien dizes marido; pero el mio no es sino vna bestia fiera.

Eul.—No digas esso, que casi por nuestra culpa son malos los maridos. Mas boluiendo al proposito, los que se dan a las antiguas fabulas de los poetas, cuentan que Venus, porque a ella hazen diosa y presidente de los casamientos, tiene vn cinto fecho por arte de Vulcano, en el qual esta entretexido todo el remedio y medicina de los amores, e aquel dizen que se ciñe ella cada vez que ha de tener que hazer con su marido.

Xan.—Essa es vna fabula.

Eul.—Verdad es; mas oye lo que quiere dezir esta fabula. Danos a entender que conuiene a la muger poner toda diligencia en que en aquel acto del matrimonio se muestre muy alegre a su marido, porque con aquello mas se encienda e confirme aquel amor matrimonial, e si ay alguna ofensa o enojo, se lo quite del pensamiento.

Xan.—Pues donde hallaremos nosotras esse cinto?

Eul.—Ninguna necessidad ay de hechizerias ni encantamentos. Ningun encantamento ay de mas eficacia que la bondad de las costumbres junta con buena conuersacion.

Xan.—Yo no puedo agradar a tal marido.

Eul.—Pues a ti te conuiene hazerlo para que dexe de ser tal. Si con las artes y encantamentos de Circes pudiesses boluer a tu marido en puerco o osso, hariaslo?

Xan.—A la verdad, yo mas querria en hombre.

Eul.—Pues si pudiesses con las artes de Circes boluer a tu marido de borracho templado, de prodigo moderado, de perezoso diligente, por ventura no lo harias?

Xan.—Ciertamente si haria; mas de donde aure yo essas artes?

Eul.—Antes estas artes tienes tu contigo, si solamente quisiesses vsar dellas. Tu marido, quieras o no quieras, de necessidad ha de ser tuyo; quanto mejor, pues, lo fizieres, tanto mas prouechoso sera para ti. Tu tan solamente tienes puestos los ojos en sus vicios, e aquellos te acrescientan el aborrescimiento e tomasle tan solamente por la parte que no se puede tener; pero pon tu los ojos en las virtudes que ay en

en el e tomale por la parte que se puede tener. Primero que con el te casaras, era tiempo de considerar que males tenia, y entonces conuenia, no solamente escoger el marido con los ojos, mas tambien con las orejas; pero agora mas es tiempo de remediarlo que de quexarte.

Xan.—Que muger escogio jamas el marido con las orejas?

Eul.—Con los ojos le escoge la que ninguna otra cosa quiere sino la hermosura del cuerpo; e con las orejas, la que diligentemente escucha que es lo que la fama dize del.

Xan.—Bien me consejas, mas tarde.

Eul.—No es tarde para que pongas diligencia en corregir tu marido, e para esto haria mucho al caso si pariesses.

Xan.—Ya he parido.

Eul.—Quando?

Xan.—Dias ha.

Eul.—Quantos meses?

Xan.—Quasi siete meses.

Eul.—Que es lo que oygo? tu nos renueuas el juego del parto a tres meses.

Xan.—No por cierto.

Eul.—Assi ha de ser de necessidad, si cuentas el tiempo desdel dia que te casaste.

Xan.—Antes que nos casassemos, tuue yo platica con el.

Eul.—Y de la platica nacen los niños?

Xan.—Acaso me tomo vn dia sola e comenco a burlar comigo, de manera que dende a pocos dias halle que me comencaua a crecer el vientre.

Eul.—Como? y tienes tu en poco tal marido que avn burlando haze fijos? que hara quando tomare la cosa de veras?

Xan.—E avn agora sospecho estoy preñada.

Eul.—Plazeme, que cayo en suerte; a la buena tierra, buen labrador. Veamos: y entonces auiase hablado en vuestro casamiento?

Xan.—Si.

Eul.—Dessa manera mas ligero es el pecado. Pero dime, es fijo o hija?

Xan.—Hijo.

Eul.—Esso bastara para bolueros a poner en paz, si tu lo quieres procurar. Veamos: que es lo que dizen de tu marido sus amigos e otros con quien tiene conuersacion?

Xan.—Tienenlo por muy bien acondicionado compañero, liberal, amigo de sus amigos.

Eul.—Muy buena esperança me pone esso que sera tal qual le queremos.

Xan.—Mas para mi sola no es tal.

Eul.—Sey tu para el tal qual yo te tengo dicho, y tenme a mi por mentirosa si el no comencare a hazerse tal para ti qual tu lo querrias. Y tambien has de pensar que avn es muy mancebo, que apenas ha cumplido veynte e quatro años e avn no sabe que cosa es mantener casa, e tu ya no has de tener pensamiento de diuorcio.·

Xan.—A la fe, muchas vezes he pensado en ello.

Eul.—Pues si alguna vez te viniere esse pensamiento, piensa primero contigo quan de poco precio es la muger apartada de su marido, y como es muy gran honra de la muger ser obediente a su marido. Assi lo ordeno la natura. Assi lo quiso Dios, que la muger toda cuelgue del marido; tan solamente piensa que, tal qual es, es tu marido, y que no puedes ya tener otro. Assi mismo piensa que auias de fazer de aquel niño que es de entrambos; si le lleuas contigo, priuaras a tu marido de su possession; si lo dexas con tu marido, despojas a ti misma de aquello que tu mas amas. Finalmente, dime, tienes por ventura algunas que te quieran mal?

Xan.—Tengo vna verdadera madrastra, e allende desto vna suegra semejante a ella.

Eul.—Y tan mal te quieren?

Xan.—Dessearian verme muerta.

Eul.—Essas has de poner tambien delante tus ojos, e pensar con que les podras hazer mayor plazer que en verte apartada de tu marido, biuiendo como biuda e muy peor que biuda, porque a las biudas es licito tomar otro marido, y a las que dexan los suyos, no.

Xan.—Ciertamente yo tengo por bueno tu consejo, mas hazeseme de mal tan contino trabajo.

Eul.—Piensa agora tu quanto trabajo has tomado en abezar a fablar este papagayo.

Xan.—Mucho, sin duda.

Eul.—Y sientes trabajo en poner vn poco de diligencia en fazer tu marido a tu proposito, con quien biuas a tu voluntad todo el tiempo de tu vida? Quanto trabajo toman los hombres por domar vn potro e hazerlo a su voluntad! y tenemos nosotras por mal trabajar para gozar de los maridos mas a nuestra voluntad?

Xan.—Que es lo que tengo de fazer?

Eul.—Ya te lo he dicho; procura que en tu casa este todo muy en orden, sin que aya renzilla que lo eche fuera della; tu muestratele muy conuersable, acordandote de tenerle alguna reuerencia, pues la muger la deue al marido; no te le muestres triste, ni tampoco desuergonçada; no te traygas maltratada, ni menos desonesta; ten siempre la casa muy limpia, e pues sabes el gusto de tu marido, guisale lo que a ti te pareciere que le sabra mejor, e a los que tu sabes que el quiere bien, muestrate alegre y de buena conuersacion, combidalos a comer, y en el combite haz que todo este alegre e lleno de plazer. Finalmente, si alguna vez el, mas alegre de lo que es menester, tañere su guitarra, canta tu al son, e assi acostumbraras a tu marido a que se este en su casa e ahorraras de

la costa, y desta manera el al fin dira entre si: Como esto yo fuera de seso y andando fuera de mi casa, con perdida de mi hazienda y de mi honra en combites con vna muger desonesta, teniendo en mi casa a mi muger, que es muy mas graciosa que ella y me ama mas, con quien puedo mejor y mas limpiamente biuir?

Xan.—Crees que sucedera assi si lo prueuo?

Eul.—Mirame aca; yo lo tomo a mi cargo, y entretanto, yo dare vna mano a tu marido, e auisarle he de lo que ha de hazer.

Xan.—Bien me parece tu consejo, mas mira que estes sobre auiso que no sienta cosa alguna de lo que aqui auemos passado, porque reboluera el cielo con la tierra.

Eul.—No tengas temor; yo le entrare por tales rodeos, que el me cuente todas las diferencias que entre vosotros passan. Hecho esto, yo le traere mansamente, como suelo, y espero en Dios que yo te le hare mas a tu voluntad. Tambien metere vna (¹) [*mentira. diciéndole, cuando venga al caso, lo amorosamente que hablaste de él.*]

Xan.—*Que Cristo dé buen suceso á lo que tramamos!*

Eul.—*Darálo, si no empiezas tú por descuidarlo.*]

[VIII. COLLOQUIO DE ANTRONIO (²) Y MAGDALIA]

[*Antronio.*—*Qué muebles veo aquí?*

Magdalia.—*No son primorosos?*

Ant.—*No sé si hay primor en ellos; pero, en verdad, son poco apropiados para una joven, y aun para una madre de familia.*

Mag.—*Por qué razón?*

Ant.—*Porque todo está lleno de libros.*

Mag.—*Y tú, de tan elevada alcurnia, abad y cortesano, no has visto nunca libros en las moradas de las grandes damas?*

Ant.—*Si he visto; pero escritos en francés, y aquí los veo griegos y latinos.*

Mag.—*Es que sólo enseñan sabiduría los libros escritos en francés?*

(¹) Al ejemplar de la Biblioteca Nacional le falta el folio 115. Suplo su contenido, traduciendo del latin el final de este Coloquio y el principio del siguiente (*Abbatis et Eruditae*). Sigo la edición: *Des. Erasmi Roterodami Colloquia, cum notis selectis variorum .. accurante Corn. Schrevelio* (Amstelodami, Ex Typographia Blaviana, 1693), págs. 221 y 325.

(²) A la cabeza de las páginas se lee «Antonion», pero es errata evidentisima de la versión castellana. El original latino trae «Antronius», y no sin misterio, porque alude al proverbio ἀντρώνιος ὄνος (*burro de Antrón*), aplicado al hombre de gran cuerpo, pero de poco y rudo entendimiento. Antrón, ciudad de Tesalia, era famosa por sus muchas cuevas y cavernas, como tambien por los asnos de gran corpulencia que alli se criaban.

Ant.—Pero son á propósito para las grandes señoras, á fin de que entretengan sus ocios.

Mag.— Es que sólo á las grandes señoras es lícito saber vivir agradablemente?

Ant.—Mal haces en juntar eso de saber y de vivir agradablemente: no corresponde á las mujeres el saber; pero sí á las grandes señoras el vivir agradablemente.

Mag.—Acaso no deben todos vivir bien?

Ant.—Tal creo.

Mag.— Y quién puede vivir agradablemente. no viviendo bien?

Ant.—Mejor dirás: quién puede vivir con agrado, viviendo bien?

Mag.—Luego tú apruebas á aquellos que riven mal, si viven gustosamente?

Ant.—Pienso que viren bien aquellos que gustosamente viven.

Mag.—Pero este gusto, de dónde procede? de las cosas externas, ó del ánimo?

Ant.—De las cosas externas.

Mag.—Oh sutil abad, pero torpe filósofo! Dime, por qué cosa mides el gusto?

Ant.—Por el sueño, los banquetes, la libertad de hacer lo que uno quiera. el dinero y los honores.

Mag.—Mas si Dios añadiese á esas cosas la sabiduria, no vivirías agradablemente?

Ant.— Qué llamas sabiduría?

Mag.—Esto: el entender que el hombre no es feliz sino con los bienes del ánimo; que las riquezas, los honores, el linaje, no tornan más feliz ni mejor.

Ant.—Id con] Dios; tu e tu sabiduria.

*Mag.—*Si a mi me es mayor deleyte leer en vn libro de buena dotrina que a ti comer, e beuer, e dormir, e fazer todo lo que has dicho, no te parece que podre biuir a mi plazer?

Ant.— Yo no tomaria plazer en esso.

*Mag.—*Yo no disputo agora en que tomarias tu plazer, sino en que se deue tomar.

*Ant.—*Yo no quiero que mis monjes traten mucho los libros.

*Mag.—*Mi marido, que es mi superior, como tu lo eres de tus monjes, huelga que yo los trate; mas ruegote me digas por que te desplaze esto en tus monjes?

*Ant.—*Porque no los hallo tan manuales a lo que les mando; respondenme con el Decreto y con las Decretales, o con dichos de San Pedro e de San Pablo.

*Mag.—*Esso señal es que les mandas tu cosas contra lo que San Pedro e San Pablo enseñan.

*Ant.—*Yo no se lo que ellos enseñan; mas no quiero monje repostero, ni quiero que mis monjes sepan mas que yo

*Mag.—*Esso tu lo pudieras auer remediado, trabajando por saber mas que todos ellos.

*Ant.—*No tengo espacio para esso.

*Mag.—*Por que no?

*Ant.—*Porque no me vaga.

*Mag.—*No tienes espacio para saber?

*Ant.—*No.

*Mag.—*Quien te lo estorua?

Ant.— Las horas muy largas, los cuydados de la hazienda, pleytos, negocios, conuersacion de amigos e otras cosas semejantes.

*Mag.—*En tanto tienes essas cosas, que las prefieres al estudio de la sabiduria? quanto mejor seria cercenar algunas dellas, e avn otras dexallas del todo!

*Ant.—*Esso no se puede hazer, que seria dexar del todo el oficio que tengo.

*Mag.—*Bien deues entender tu oficio, pues esso dizes. Tu no vees que hazer bien hecho lo que as dicho es, quando mas te queramos alabar, ser vn buen mayordomo de tu casa. Pero no tiene que ver con ser abad, porque tu oficio es tener cuydado de las animas, y de proueer quien sepa tenello de los cuerpos.

*Ant.—*De las animas, que cuydado puedo yo tener?

*Mag.—*El que tienen los padres de sus hijos, que por esso se llaman abad, que quiere dezir padre.

*Ant.—*Menos te entiendo agora, que nunca fuy padre ni tengo hijos para saber lo que dizes.

*Mag.—*Yo te lo declarare, para que sepas de que siruen los libros; as de saber que nuestros padres se llaman los que nos dieron el ser natural que tenemos despues de Dios, e como todo hazedor se deleyte en la perpetuidad de su hechura, tienen todos los padres naturales inclinacion y desseo natural de conseruar el ser natural que a sus hijos dieron: por esto los crian y regalan en su niñez, passando con ellos mucho trabajo. Por esto trabajan de dexalles mucha hazienda en que biuan, porque desta manera se pueda conseruar en ellos la vida e la honra que les dieron. Pues assi como estos padres naturales procuran de conseruar en sus hijos aquello sobre que tienen paternidad, que es el ser natural, e no solamente le conseruan, mas avn le mejoran e adelantan quanto pueden, assi el oficio del padre espiritual es conseruar aquello sobre que tiene paternidad, que es el ser spiritual de sus hijos, e no solo conseruarle, mas mejorarle e adelantarle de cada dia quanto pudieren.

*Ant.—*Que llamas ser spiritual?

*Mag.—*Allegarse con el spiritu a Dios. Porque, como Sant Pablo dize, el que se allega a Dios, es vn spiritu con Dios.

*Ant.—*Y en esto, que puedo yo hazer?

Mag.— Ya te lo dixe: que como los padres conseruan el ser natural de sus hijos dandoles mantenimientos e riquezas corporales, assi conserues este ser spiritual de tus hijos, dandoles mantenimientos e riquezas spirituales.

Ant.—Y essas donde las fallare yo?

Mag.—En la Sagrada Escritura.

Ant.—No la entiendo.

Mag.—Eres abad beneditino y no entiendes la Sagrada Escriptura? No sabes que, allende de lo que manda Dios a todos los pastores que apacienten su ganado con doctrina e sabiduria, tu regla dize que el que ouiere de ser abad sea enseñado en el Testamento viejo e nuevo, para que sea como el Padre de compañas que dize el Euangelio, que reparte de sus tesoros moneda nueva e vieja?

Ant.—Yo no se si esta esso en mi regla; mas tu, quando la viste?

Mag.—Como quando? vesla alli donde la tengo entre los otros libros.

Ant.—Para que?

Mag.—Para leella como leo los otros.

Ant.—Para que la lees, pues que ni se hizo para ti ni habla contigo?

Mag.—En muchas cosas habla comigo, pues habla con todos.

Ant.—No habla sino con los monjes, pues que a ellos y para darles forma particular de biuir la escriuio Sant Benito.

Mag.—Si a esso mirassemos, tampoco auriamos de leer muchas epistolas de Sant Hieronymo y de Sant Augustin y de otros sabios, pues no se escriuieron sino a particulares personas e sobre su manera de biuir y negocios particulares, quanto mas que tu regla no haze sino daros ciertas leyes de buena policia en que biuays concertadamente como hombres de razon e bien criados, y en todo lo demas al Euangelio.

Ant.—Haga lo que quisiere, que tampoco se de la regla como del Euangelio, ni quiero què sepan mis monjes mas que yo, pues les basta mi voluntad por regla.

Mag.—Y en lo que tu voluntad no fuere buena, a donde ternan recurso?

Ant.—No he menester nada dessas agudezas: bastales biuir como los otros han biuido, y esta costumbre que hallaron les basta por libros.

Mag.—Ruegote que me digas: si algun dios de aquellos que fingia la ceguedad de los gentiles, tuuiera poder de boluerte a ti a tus monjes en diuersas figuras, quisieras que tornara a tus monjes en puercos e a ti en cauallo?

Ant.—No.

Mag.—Pues desta manera ternias lo que quieres, que ninguno de tus subditos ternia mas que tu.

Ant.—A mi no se me da nada de lo que serian mis monjes, mas yo no quiero ser sino hombre.

Mag.—Como! e piensas tu que es hombre el que ni sabe ni quiere saber?

Ant.—Harto se para mi.

Mag.—Dessa manera tambien saben harto los puercos.

Ant.—Parescesme sophistica en essas agudezas con que me arguyes.

Mag.—No quiero dezir lo que tu me pareces a mi, mas acaba de dezirme lo que començaste quando entraste: porque te descontenta tanto este mi axuar?

Ant.—Porque las armas de las mugeres no an de ser sino la rueca y el huso.

Mag.—Assi es; mas no podran siempre hilar; a lo menos las fiestas bien les otorgaras que no hilen ni hagan otra lauor?

Ant.—Las fiestas huelguenlas.

Mag.—En que?

Ant.—Baylen, dancen, huelguen con sus yguales.

Mag.—Que? en esto te parece que consiste la guarda e holgança que Dios manda tener en las fiestas?

Ant.—Pues en que?

Mag.—En que, assi como Dios cesso el seteno dia de las criaturas que en los seys dias auia fecho, e a todas ellas dio holgança en si, desta manera nosotros cessemos de entender en las cosas criadas cuyos negocios tratamos toda la semana, y conuertamos todos nuestros pensamientos en Dios, procurando de dar alguna holgança a nuestro spiritu en El.

Ant.—No te entiendo; mas todavia te digo que las mujeres no han menester libros.

Mag.—Dime, las matronas, no han de gouernar su casa y enseñar sus hijos?

Ant.—Si.

Mag.—Pues son obligadas a fazer esto, no es razon que lo sepan hazer?

Ant.—Si es.

Mag.—Pues como lo podran saber sin sabiduria? Esta sabiduria me enseñan a mi los libros.

Ant.—Yo hartos monjes tengo en mi casa e otra mucha gente que he de gouernar; mas nunca veo libro.

Mag.—Buen recaudo tienen essos monjes.

Ant.—Ya que ayas de tener libros, no puedo sufrir que sean latinos.

Mag.—Por que?

Ant—Porque la lengua no conuiene a las mugeres.

Mag.—Querria que me dixesses la causa.

Ant.—Porque no hazen aproposito de tu castidad.

Mag.—Segun eso, parecete que se guardara mejor la castidad con las mentiras e fabulas llenas de amores y de desonestidades que estan escriptas en castellano?

Ant.—Como si no ouiesse tambien en latin libros desonestos y mentirosos!

Mag.—Si ay, mas son muchos mas los verdaderos e limpios, lo qual no acaesce en castellano. Que nadie, por nuestros pecados, se pone a escreuir en romance sino vanidades, e los varones sabios paresceles menoscabar mucho su honra y saber si escriuiessen en romance, porque no miran quanto podran aprouechar, sino quanta gloria sacaran de su trabajo quando escriuen.

Ant.—Otra cosa ay porque es bien que las mugeres no sepan latin.

Mag.—Dimelo ya claro.

Ant.—Estan mas seguras de ser requestadas de los ecclesiasticos no sabiendo latin.

Mag.—Por que?

Ant.—Porque sabiendolo, entenderse yan con ellos sin que sus maridos los entendiessen.

Mag.—Harto seguros estamos ellos y nosotras de esse peligro mientra los ecclesiasticos no supieren mas que tu, y de cada dia, mal pecado! nos assegurays mas.

Ant.—En fin, la opinion del vulgo es que no es bueno saber las mugeres latin, e por esso es cosa que no se acostumbra.

Mag.—Para que me alegas con el vulgo, cuyo testimonio para ninguna cosa buena vale nada, cuyas costumbres por la mayor parte son maestras de toda maldad?; mejor es acostumbrarnos a lo bueno que seguir las costumbres malas; assi se començara a vsar lo que no se ouiere vsado, y parecera bien lo que por mal juyzio ouiere parecido mal; hazerse ha suaue lo que era dessabrido, y parescera a proposito lo que era fuera de proposito.

Ant.—Di adelante, que no se adonde vas a parar.

Mag.—Dime, parecerte ya agora cosa muy estraña e fuera de proposito que las señoras de España entendiessen la lengua flamenca y alemana? (¹)

Ant.—No.

Mag.—Por que? pues que oy ha treynta años lo era.

Ant.—Porque auiendose juntado en vn principe muchos reynos, es por fuerça que donde el estuuiere concurran muchas gentes de diuersas lenguas, y por esto no es cosa desaguisada, antes muy prouechosa, que los vnos sepan las lenguas de los otros, a lo menos hasta entendellas.

Mag.—Pues essa misma razon que tu has dicho, basta para que no sea cosa desaguisada saber yo latin, pues tengo necessidad de hablar con Jesu Christo e con sus Apostoles, e no me

(¹) Esto, y algo de lo que sigue, es adición del traductor castellano, que se aparta con bastante frecuencia del original.

hablan en otra lengua mas clara que latina, que nadie me los ha querido hasta agora sacar en romance.

Ant.—Los libros quitan mucho seso a las mugeres, y ellas tienen poco de suyo, de manera que ligeramente le pierden todo.

Mag.—Quanto seso tengan los abades, no lo se; mas esse que yo tengo, mas quiero gastalle en los libros, que en oraciones largas e palabritas e sin atencion, en largos combites e glotonias.

Ant.—La mucha familiaridad con los libros engendra locura.

Mag.—A ti la conuersacion de tus coadiutores, chocarreros e juglares, ante hecho locura?

Ant.—Antes me desenhadan e quitan el aborrescimiento.

Mag.—Pues por que te paresce que la conuersacion de tan buenos compañeros, tan sabios, tan eloquentes como yo aqui tengo, me ha de causar locura?

Ant.—Dizese assi.

Mag.—Muy al reues desso muestra la experiencia; quantos mas son los que se han tornado locos de mucho comer y beuer y de desuelarse en combites e otros exercicios viciosos, de dexarse sojuzgar de alguna passion o aficion muy poderosa e violenta, que no de mucho estudiar? quanto mas que lo mucho, si verdaderamente es mucho, yo no lo aprueuo.

Ant.—En fin, yo no querria que mi muger fuesse letrada.

Mag.—Ni yo que mi marido fuesse nescio: mas muchas gracias do a Dios que me lo dio muy diferente de tus pareceres, porque las letras me fazen quererle mas yo a el, y quererme el mas a mi.

Ant.—Infinito trabajo veo que cuesta la sciencia, e al cabo, quando es aprendida, viene la muerte.

Mag.—E parecete que va mal empleada la vida por auerse gastado en estudiar? Dime, si mañana ouiesses de morir, qual querrias mas morir, sabio o nescio?

Ant.—Sabio, si sin trabajo lo pudiesse ser.

Mag.—En este mundo ninguna cosa se alcança sin trabajo, ni avn essa abadia que tu tienes, avnque fuera mejor trabajar por no tenella; mira que todo quanto el hombre gana, avnque con grandes trabajos e cuydados lo aya ganado, en fin lo ha de dexar aca. Pues si esto es, por que se nos ha de hazer de mal de trabajar en la cosa mas preciosa del mundo, la qual avn en la muerte no nos desampara, antes con muy gran fruto nos acompañara en la otra vida?

Ant.—Muchas vezes he oydo que la muger letrada es dos vezes necia.

Mag.—Los que esso dizen, lo son tres. Bien

es verdad que ay algunas mugeres tan ressabidas, que presumen de bachilleras, y destas tales no seria muy fuera de proposito el refran; mas la muger que verdaderamente es sabia, lo primero en que lo muestra es no hazer plaça de lo que sabe, sino en tener vna muy templada modestia en todo lo que fablare, con la qual parezcan salir todas sus palabras mas de inocencia e simplicidad mugeril que de sofistica agudeza.

Ant.—Con todo esso, no se como se es que no parece assentarsele mas las letras a la muger que la albarda al buey.

Mag.—Mejor dixeras que la mitra al asno, que se assienta peor. Dime: de la Virgen y Madre de Dios que te parece?

Ant.—Muy bien.

Mag.—No trataua libros?

Ant.—Si, pero no estos.

Mag.—Pues que leya?

Ant.—Las horas canonicas.

Mag.—En que breuiario?

Ant.—Beneditino. De que te ries?

Mag.—Esta muy bien. Que me diras de Paula y Eustochio? No sabes que leyan continuamente en la Sagrada Escritura?

Ant.—Ya esso no se vsa.

Mag.—Tampoco se vsauan antiguamente abades ydiotas; mas agora no ay cosa mas comun, quanto mas que saber las mugeres latin, no es tan nueuo ni tan raro como piensas: que en España y en Ytalia ay mugeres algunas tan sabias, que no conoceran en la lengua latina ventaja a los varones. Lo mismo ay en Inglaterra y en Alemaña. E si los hombres no tornays por las letras, tiempo ha de venir que las mugeres leamos en las escuelas e prediquemos en los templos.

Ant.—Algunas no seria mucho que fuessedes ya predicadoras, segun tratays continuo con los predicadores.

Mag.—Que llamas tratar contino con ellos?

Ant.—Que nunca salis de sus casas o ellos de las vuestras.

Mag.—En esso la demasia puede ser mala, pero la obra no es sino buena.

Ant.—Que bien tiene?

Mag.—Que bien? que prouecho hallas tu, quando tienes pleyto, en yr a casa del abogado, e tambien, quando estas enfermo, en que venga el medico a la tuya?

Ant.—Al abogado voy para que me de consejo e abogue por mi, e al medico llamo para que cure mi enfermedad.

Mag.—El mismo prouecho hallamos nosotras en yr a las casas de los predicadores o en que vengan ellos a las nuestras, ca todos somos enfermos del anima, donde se encierran y engendran mayores e mas peligrosas dolencias

que en el cuerpo, avnque de los carnales e mundanos no son tan sentidas; para el remedio dellas buscamos los varones sabios, que son medicos spirituales. Todos assimismo tenemos negocios con Dios, para lo qual buscamos los mismos para que sean nuestros consejeros e abogados.

Ant.—Y con Dios, que negocios traeys? teneys con El algun pleyto?

Mag.—Si traemos, y tan grande, que nos va la vida en el si fueremos condenados por el Juez, que es la Sabiduria eterna. E porque es sabiduria, no ha menester testigos. E porque es eterno, no da por su sentencia sino vida eterna o muerte eterna. Pues quien tal negocio como este trae entre manos, parescete que seria razon que se desocupasse de otros para entender en el? Parecete que yerra en poner sus fuerças por buscar las agenas para no ser condenado? Si vosotros, sobre vna hazienda temporal que vale mil ducados, gastays los quinientos en pleyto, buscando consejos de abogados que os los vende a peso de dineros, pareceos que erramos nosotros si en el negocio de nuestra saluacion buscamos consejo e fauor de aquellos que, no solamente nos los dan de balde, mas, si hazen lo que deuen, nos ruegan e importunan con ellos, como Nuestro Señor Jesu Christo en el Euangelio se lo manda e Sant Pablo en su doctrina se lo enseña?

Ant.—No se si los dan de balde; mas veo que nunca se llegan sino a hombres ricos e mugeres ricas.

Mag.—Quan junta anduuo siempre la malicia con la ygnorancia! tu no vees que es escrito que no an menester los sanos al medico, sino los dolientes? No sabes que Nuestro Señor Jesu Christo, que esto enseñó, porque conuersaua con los negociadores, cambiadores, arrendadores, publicanos, fue reprehendido muchas vezes de los phariseos, cuyo oficio querrias tu agora tomar? Los ricos son los que corren peligro de las animas, assi por la muchedumbre de trafagos e negocios que las riquezas traen consigo, como porque son çeuo de muchos males, porque, como dizen, todo es possible al dinero, e no solamente en las costumbres, mas avn en la fe corren peligro los ricos, no para perdella, ni para dexar de ser christianos, pero porque el oficio de la perfecta fe es, no solamente creer las virtudes y promessas diuinas, mas avn en fazer que el spiritu se fie totalmente de Dios e haga aquello que manda el profeta: *Jacta cogitatum tuum in Domino; et ipse te enutriet.* Y esta confiança enflaquece tanto en los ricos e poderosos, quanto ellos confiaren en sus riquezas e poderio. Por lo qual Sant Pablo, escriuiendo a Timotheo lo que auia de enseñar a los ricos, dize: *Diui-*

tis huius seculi precipe non sublimie sapere nec expectare in incerto diuitiarum; sed in Deo viuo, qui prestat nobis omnia abunde ad fruendum.

Ant.—Torname a dezir esso en romance, que no estaue atento quando lo dezias en latin.

Mag.—Bien es que dissimules agora ygnorancia. Quiere dezir San Pablo: Enseña a los que son ricos en este mundo que no se ensoberuezcan ni se fien de la incertumbre de las riquezas temporales, sino en solo Dios biuo pongan su confiança, el qual se las dio liberalmente para que se siruiessen dellas. En estas palabras muestra el santo apostol el peligro de los ricos e la sin razon que tienen, porque lo que les auia de fazer mas amar a Dios, los aparta de su amor, y lo que les auia de fazer que se fiassen del y estuuiessen siempre colgados de su marauillosa prouidencia, pues tan begninamente lo an experimentado, esso los haze enflaquecer en esta confiança tanto quanto confian de las riquezas e poderio temporal que con ellas tienen. Dicho te he por que los varones sabios y religiosos tienen ocasion de conuersar a los ricos. La misma razon te deuria bastar para escusa de su conuersacion con las mugeres ricas. Pero ay otra no menos legitima, y es que, como sabes, a la pobreza acompaña la soledad, e pobreza e soledad juntas abren puerta a muchos males, especialmente en las mugeres, por lo qual no seria segura ni honesta la conuersacion de los tales varones con las mugeres pobres e solas, por buenas que fuessen. Lo qual todo es al reues de las ricas, que la compañia de los. criados e familia las abona, porque todos quantos tienen en su casa son testigos de su vida.

Ant.—Con todo esso, les es de algunos tenido a mal la mucha conuersacion, e no falta quien sobre ello, les toque en la honra.

Mag.—Ya te dixe que lo demasiado siempre es malo, e por esso todo esta en mirar lo que se deue juzgar por demasia; pero esta quitada aparte, no te deues marauillar que aya quien diga mal de lo bueno: que nunca le fue al mundo tan bien, que todos los que en el bien quisiessen ni aprouechassen lo mejor, por lo qual los varones sabios e santos, haziendo lo que yo te he dicho e juntado con ello el buen testimonio de su conciencia y de los buenos, animosamente menospreciaron las calumnias de los malos, poniendola en cuenta de las otras mercedes que con aduersidades temporales Dios les haze, e folgando de parecelle en este genero de persecucion, del qual fue Christo muy calumniado hasta llamalle los fariseos gloton y embriago e amigo de los malos y pecadores. Esto fizo a Sant Hieronymo menospreciar los dichos de sus enemigos, que de la conuersacion que tenia con Paula y Eustachio e Marcela e otras nobles mugeres, tomaron ocasion para le infamar, cuyos ladridos tan poco le mouieron, que no solamente no las dexo, pero aun despues les intitulo muchos de los trabajos que tomo en la interpretacion y exposicion de la Sagrada Escritura, enseñandonos en esto que las cosas que por si son buenas e pias e a los juyzios de los varones retos no tienen especie de mal, no se deuen de dexar por las calumnias de los malos, porque si las dexassemos, auria el demonio, cuyos ministros son salidos con su intencion, que era apartarnos del fruto de la tal obra, o para esso nos arma los tales pertrechos, assentandolos contra la cosa mas preciosa que el hombre tiene, que es la honra.

Ant.—Bien parece que deues tu de ser dessas que mucho conuersan con los hombres sabios e predicadores, pues tanto has dellos aprendido para los defender.

Mag.—No podria yo entender estos libros que aqui tengo sin su conuersacion; mas no pienses que so yo sola, que tantas somos ya, que vn dia destos nos hemos de leuantar contra vosotros e quitaros las abadias e dignidades, por ynabiles.

Ant.—Dios nos guarde de tal cosa como essa.

Mag.—Vosotros vos podeys guardar haziendo lo que deueys; si no, o dexad la mascara, o hazed bien el oficio que es anexo a ella.

Ant.—Quien me topo con esta muger que assi me tracta! Mejor acogimiento por cierto te faria yo si fuesses a mi monesterio o alguna de mis granjas.

Mag.—Que me farias?

Ant.—Festejarte con danças, bayles, caças e juegos. Comeriamos, beueriamos, holgariamos.

Mag.—Si mucha gana ouiesse de reyr, rato auria que me auria reydo con lo que aqui me has dicho; por esso, buen prouecho te hagan tus fiestas.

FINIS

[IX] COLLOQUIO DE ERASMO

en el qual se introduzen dos personas: Jocundo e Sophia (¹).

Dize Jocundo.—Dios te guarde, señora Sophia.

Sophia.—Vengas mucho en hora buena tu, amigo Jocundo; mas que nouedad es esta de

(¹) El traductor cambia en estos nombres los de *Eutrapelus* y *Fabulla* que trae el coloquio (*Puerpera*).

venir agora tu, contra tu costumbre, a visitarme, en cabo de tres años que ha que no entraste en esta casa?

Joc.—Yo te lo dire. Passando acaso por aqui, vi la aldana de tu casa faxada con vna tirilla de lienço blanca, e marauilleme, no sabiendo la causa.

Soph.—Como? tan nueuo eres en esta tierra que no sabes que donde essa se pone es señal que ay alguna parida en aquella casa?

Joc.—Aha! como si por esso no fuesse cosa nueua ver aldaua blanca! Pero hablando afuera de burlas, avnque yo sabia todo esso, no podia sospechar que vna moça como tu, que apenas has diez y seys años, tan presto ouiesse aprendido a parir, oficio que otras apenas le aprenden a los treynta años.

Soph.—Como en todas tus cosas confirmas con tu nombre!

Joc.—Como tu con el tuyo; pues como yo me marauillasse mucho desto, como de cosa que me parecia nueua, passo a la misma sazon por aqui Poligamo.

Soph.—Aquel que ha enterrado onze mugeres?

Joc.—Esse mismo; mas avn creo que tu no sabes como tiene tanta priessa por tornarse a casar, como si hasta aqui ouiese biuido sin muger; pues preguntandole yo la causa desta señal, respondiome: Esto se puso por vn caso muy hazañoso que aqui acontecio. Y preguntele que era. Dixome que auia veynte dias que vna muger auia sido partida en dos partes en esta casa. Sancto Dios, dixe yo, y que hizo porque tal pena le dieron? El, ryendose, me dio vna respuesta de las que suele, y dexome. Luego yo acorde de visitarte para te dar la en hora buena del parto y dar gracias a Dios, que te escapo del peligro.

Soph.—De mi salud, con mucha razon puedes desde agora holgar; mas la en hora buena, entonces me la daras quando el hijo que he parido començare a ser hombre de bien, que hasta entonces en duda esta, para sus padres, qual fuera mejor, auer o no auer nascido.

Joc.—Por cierto que tu, mi Sophia, lo hablas cuerda y religiosamente.

Soph.—Sophia soy, pero no tuya ni de otro alguno, sino del mi Petronio.

Joc.—No auemos embidia a Petronio lo que en ti tiene, que es vn hijo, e muchos mas terna, plaziendo a Dios; mas avnque para el paras, no puedes negar que para todos bines, pues que assi Dios lo quiere, que binamos vnos para otros. Pero tornando a tu parto, allende del plazer que he auido de verte buena, huelgo mucho que has parido hijo varon.

Soph.—Por que te parece mejor auer parido hijo que hija?

Joc.—Mas tu me has de dezir por que todas vosotras, como seays mugeres, os holgays mas de parir varones que hembras?

Soph.—No se de que huelgan mas las otras; mas yo, todo el plazer que tengo de auer parido hijo, es porque Dios lo quiso assi; e si El tuuiera por bien que fuera hija, ouieralo yo por muy bueno.

Joc.—Quieres dezir que te conformaras con la voluntad de Dios, como todos lo deuemos hazer; pero si es mejor parir hijo que hija, no es malo dessear que Dios quiera lo que nos esta mejor, con presupuesto de conformar nuestra voluntad con la suya si otra cosa hiziere.

Soph.—En alguna manera auria lugar esso que tu dixes, o Jocundo!, si nosotras supiessemos conocer qual es lo mejor, e tuuiessemos certidumbre que en el tal conoscimiento no nos engañauamos. Pero como esto nos falte en muchas cosas, es mexor dexarlo a la disposicion de Dios, haziendo lo que en nosotras es, quanto mas que, como sabes, los fijos no nascen para solo el contentamiento de sus padres, sino para lo que todas las otras criaturas fueron hechas y se hazen, esto es, para que en la muchedumbre e variedad dellas resplandezca la gloria de Dios; ca bien assi como para solo esto fue criado el mundo, assi para esto es cada dia con nueuas criaturas adornado e pintado, e como tu, haziendo vn muy buen retablo donde quisiesses mostrar todo el artificio de tu sabiduria, dispornias los matizes, colores y debuxos al tiempo y en lugar que la integridad de toda la obra lo requiriesse para venir en perfecion, e no querrias satisfazer a los antojos particulares de quien te dixesse: Mirad que aqui estaria mejor azul que no blanco, e aqui mejor colorado que verde; antes con alguna indignacion responderias: Callad agora e sufrios, que despues que la obra fuere acabada, vereys como esso que os descontenta viene con todo lo otro muy a proposito de la hermosura y perfecion quel retablo ha de lleuar; bien assi Dios, que de cada dia pinta el mundo con la subjecion de las nueuas criaturas que produze, sabe muy bien donde e quando es menester de assentar cada cosa, para que, acabada la obra, en todas juntas se conozcan los marauillosos thesoros de la sabiduria de Dios, de cuyos secretos juyzios salen todas estas cosas que agora se nos manifiestan, las quales, avnque por si sean buenas, pero nunca se conoscera enteramente su perficion, hasta que, acabandose todo el retablo, veamos cada cosa tener su assiento e lugar, donde, juntamente con las otras, nos daran mucho contentamiento, avnque agora, particularmente mirada, nos descontente; pero entre tanto, deuriamos fiar en la sabiduria de Dios, como nos fiamos en la sabiduria de vn pintor, avnque le veamos hazer algunas cosas que por entonces no nos agradan; porque no sabemos adonde han de yr a parar, mas de quanto somos ciertos que, despues que lo ouiere acabado todo, estara bien lo que primero no sabiamos por que se hazia.

Joc.—Todo esto que como muger, avnque sabia, has dicho, va a parar en las dos otras palabras que primero dexiste, y es, que deuemos holgar de todo lo que Dios haze, pues en todo esso resplandesce y se manifiesta la gloria de Dios a los que para solo esto miraren las cosas criadas, e solo esto buscaren en ellas. Pero si en lo que has dicho no ouiesse mas, seguirse ya que tambien nos deuriamos de holgar que aya malos en el mundo, pues dize Sant Pablo que tambien manifiesta Dios las riquezas de su gloria en los que se condenan.

Soph.—No es todo vno el caso en que yo hasta aqui he hablado y el que tu agora me pones. Porque assi como de las obras diuinas nos auemos de alegrar, porque todas ellas, si bien las entendiessemos, glorifican a Dios, e quanto en si es siruen, assi de las malas obras de los hombres nos deue pesar, porque con ellas, quanto en ellos es, le ofenden y escurecen su gloria, y esto voluntariamente, pudiendolo escusar, pues les dio Dios voluntad libre con que pudiessen apartarse del mal y seguir el bien, y les prometio gracia, por medianeria del Señor Jesu Christo, con que acabassen las obras virtuosas que con sus fuerças no pudiessen acabar. E si Sant Pablo dize que manifiesta Dios su gloria en los que perecen, no lo dize porque El se glorifique en las nuestras maldades, sino porque es tan sabio y tan bueno, que por mil maneras, assi para esta vida como para la otra, sabe del mal sacar bien. Nada desto ha lugar de la materia en que primero hablamos, porque si las mujeres faltan en el parir, no pariendo o pariendo hijas, esta falta, si falta se ha de llamar, es natural, y todas las cosas naturales son guiadas por la Prouidencia diuina, e la Prouidencia diuina executase sobre nosotros para manifestacion de la gloria de Dios. Por lo qual, si bien la mirassemos todo, le auriamos de glorificar en lo que desfaze como en lo que haze.

Joc.—Segun esto que has dicho, parescerte ha que no deuemos demandar a Dios que estas cosas naturales nos procedan prosperamente y a nuestro proposito?

Soph.—Lo que a mi me parece es que quitassemos nosotros la solicitud dellas en quanto nuestra flaqueza lo sufre, e todos nuestros desseos, libres y desraygados dellas, los traspasassemos en Dios, conforme a lo que El nos enseña en el Euangelio, que primeramente busquemos el reyno de Dios e su justicia, que todo esto otro se nos allegaria tras esto. Pero ya que

estas cosas que ni nos hazen mejores ni nos dan mas derecho al cielo se ayan de dessear, bien se que no se deuen demandar sino a Dios, cuya bondad immensa las dispone poniendo en ellas su diuina mano.

Joc.—Y en las preñezes y partos tambien?

Soph.—Por que no?

Joc.—Como? tan ocioso te parece que esta, que tiene cuydado de socorrer a cada vna de las que paren?

Soph.—Mas, que negocios te parece que tiene, o Jocundo! para que no conserue con continos partos el linaje humano, que en solo vn hombre começo a criar?

Joc.—Que negocios tiene me dizes? mas, que fuerças le bastarian en proueer a tantos e a tales como tiene, si no fuesse Dios, cuyo saber e poderio es inmenso? Christerno, rey de Dinamarca, varon christiano y zeloso de la doctrina euangelica, anda desterrado de su reyno. Francisco, rey de Francia, esta preso en España, siendo merecedor que le ouiera tratado mejor la fortuna. Don Carlos, emperador de Roma y rey de España, paresce procurar la monarchia de todo el mundo, que le es deuida. Don Hernando, su hermano, tiene bien que hazer en Alemaña. En todas las cortes ay hambre de dineros. Los rusticos y gente vulgar escogen por todas partes grandes mouimientos. Los pueblos querrian sacudir de si a los señores. La casa de la yglesia padesce gran daño con chismas e discordias. Por mil partes procuran algunos christianos de despedaçar la sanctissima vestidura de Christo, la qual ni sufre ser partida, ni cosida. La viña del Señor no de solo vn puerco es ya destroçada. En algunas partes de la christiandad corre muy gran peligro, la autoridad de los perlados, la dignidad de los theologos, la sanctidad de los frayles, menospreciarse las sanctissimas leyes de la Yglesia. Parece ya quasi assomar el antichristo. Finalmente, en todo el mundo paresce que ha de rebentar alguna gran cosa de mal o de bien; entretanto los turcos se entran por Ungria; e con todo esto, o Sophia, me preguntas que negocios tiene Dios?

Soph.—Lo que a los hombres paresce mucho, a Dios que, como dixe, sabe los fines en que todo ha de parar, le es nada, para que, por todo esso, tenga mas cuydado. Porque, como el Profeta dize: con sossiego juzga e dispone todas las cosas. Mas dexemos, si te parece, los juyzios de Dios, aparte que son incomprehensibles, e dime por que tienes por mejor auer parido fijo que hija?

Joc.—No ay duda sino que es de animo pio e religioso tener por mejor lo que Dios faze que lo que nosotros desseamos. Mas dime: si Dios te diesse vn vaso de christal, agradecerselo yas?

Soph.—Si.

Joc.—Si te le diesse de vidrio, darle yas por el ygualmente gracias como por el de cristal? Pero que hago yo, estando flaca te comienço a ser importuno e darte trabajo con mis filosofias?

Soph.—Mas antes eres seguro que no sera enojoso a la Sophia la filosofia; e ya ha tres semanas que estoy en la cama e soy ya del todo tornada en mis fuerças, no solamente para filosofar, mas avn para luchar.

Joc.—Pues si esso es, por que no te leuantas?

Soph.—Porque lo defiende el rey.

Joc.—Qual rey?

Soph.—Mejor le llamare tiranno.

Joc.—Quien?

Soph.—La costumbre; que queramos o no, se ha de guardar.

Joc.—Con razon le llamaste tyranno, que muchas cosas contra razon nos obliga a fazer, y esta que tu agora hazes es la vna dellas, por la qual ofendes a la libertad christiana y te tornas a las cerimonias del judaysmo.

Soph.—En que?

Joc.—En que, como la cama no sea sino para dormir, o para aliuio de la flaqueza, tu, ni estando ya flaca, ni teniendo necessidad de dormir, te estas en ella esperando cierto numero de dias para salir de tu casa, como en la ley vieja se hazia, y entre tanto dexas, por la costumbre vulgar, de oyr missa, contra el mandamiento de la Yglesia, que te la manda oyr todos los domingos e fiestas.

Soph.—Pues como la oyre, que no puedo entrar en la yglesia sino al tiempo acostumbrado?

Joc.—Ya sabes el refran que nos manda: a la mala costumbre quebralle la pierna.

Soph.—Esso no esta en mi mano, porque se escandalizarian mis vezinos si entrasse en el templo antes del tiempo acostumbrado e sin que el cura de la yglesia me metiese por la mano con cierta cerimonia que para esto se suele fazer, las quales en ninguna manera me consentirian traspassar los clerigos, por no perder sus ofrendas y derechos que en esto tienen.

Joc.—Esta costumbre, para darle el mejor entendimiento, nacio de la flaqueza de las mugeres rezien paridas; e por esso, a mi parecer, se deue encomendar esse oficio al clerigo más moço; mas en ti nada desso ha lugar, pues estas ya sana e rezia para hazer de ti lo que quisieres; pero dexemos esto y tornemos a nuestra disputa del hijo e hija que comparauamos en el cristal y en el vidrio.

Soph.—Al varon, segun veo en tu comparacion, juzgas por mas fuerte que la hembra.

Joc.—Por tal es tenido.

Soph.—No es marauilla que los hombres le tengays por tal; pero dime: fallas que biue mas o mas sano el hombre que la muger?

Joc.—No; mas, generalmente hablando, son de mayores fuerças los varones que las mugeres.

Soph.—Tambien son de mayores fuerças los camellos que los hombres.

Joc.—Dios, quando ouo de criar el mundo, primero crio el hombre que la muger.

Soph.—Por esso no podras concluyr que es mejor, que tambien primero hizo a Adam que a Jesu Christo; e los artifices, las mas vezes, hazen mejores las postreras obras que las primeras.

Joc.—En fin, Dios quiso que fuesse la muger subjeta al varon.

Soph.—Si no es regla general que el que manda sea o fuesse siempre mejor que el mandado, quanto mas que no sometio Dios todas las hembras a los varones, sino las mugeres a sus maridos; e avn esta subjecion fue dandoles ygual señorio en el fruto sacramental. E quando confessemos ser la muger subjeta al varon, serlo ha, no por su mejoria, sino por mayor ferocidad. Dime: qual te parece mas fuerte: el que sufre la ferocidad agena o aquel que ha menester que otros le sufran?

Joc.—Yo sufrire que me ayas vencido en esto, si me declaras que entendia San Pablo, escriuiendo a los de Corinthio, quando dize: que Christo es cabeça del varon, y el varon cabeça de la muger. Y en otro lugar dize: que el varon es ymagen e gloria de Dios, e la muger es gloria del varon.

Soph.—Esso yo te lo declarare, si primero me dixeres si a solos varones es otorgado que sean miembros de Christo?

Joc.—No por cierto, assi como esso se haga por medianeria de la fe, todos aquellos e aquellas podran ser miembros de Christo, que tuuieren verdadera fe en El.

Soph.—Si esso es, por que, pues no ay mas de vna cabeça, que es Christo, no sera cabeça para todos lo[s] miembros, agora sean hombres, agora sean mugeres? Allende de esto, te ruego me digas, como Dios aya hecho el hombre a su ymagen e semejança, si crees que esta ymagen se manifieste en la figura del cuerpo o en las perficiones del alma.

Joc.—En el anima.

Soph.—Pues en essa, ninguna diferencia ay entre hombres e mugeres; por lo qual, si a los dotes naturales miramos, no menos somos las mugeres ymagen de Dios que los hombres. Si miramos a los vicios o virtudes con que esta ymagen se afea o perficiona, en quales se hallan mas embriaguezes, contiendas, guerras, muertes, robos e adulterios, en los hombres o en las mugeres?

Joc.—De todo esso se halla harto en las mugeres.

Soph.—No niego que se halle entre nosotras algo desto; pero quando acaece, quanto nos marauillamos, quanto lo aborrescemos y estrañamos, como cosa agena de las mugeres, e que pocas vezes se suele fallar en ellas! Pero en los hombres estan ya todas estas cosas tan en costumbre, que no solamente nos marauillamos de ver vn hombre que ni juegue, ni jure, ni tome lo ageno pudiendo, ni haga otras cosas semejantes, como de ver vna muger que las haga, porque tan raro es lo vno como lo otro.

Joc.—Si; mas solos los varones defendemos la republica e peleamos por ella.

Soph.—De quien la defendeys?

Joc.—De los enemigos, quando cometen a destruylla.

Soph.—Quien son essos que la cometen a destruyr, hombres o mugeres?

Joc.—Hombres.

Soph.—Luego quieres dezir que el mal que hazen vnos hombres desfazen otros; e a las fuerças que fazen los vnos resisten los otros. Parecete essa muy gran alabança de los varones, sembrar el mundo de tantos males que lo ayan despues de curar con derramamiento de sangre humana e perdimiento de las vidas e avn de las almas? Quanto mejor os podiades alabar si viniessedes todos en tanta paz e sossiego que ni ouiesse defensa ni ofensa de la republica? Dime: si vn animal tuuiesse dos propiedades: la primera ponçoñosa, para matar, e la segunda saludable, para remediar los que con la primera hiriesse, en qual te parece nos haria mas honra y mereceria ser alabado: en ne vsar de ninguna dellas, o en ferir con la vna para tener que remediar con la otra, mayormente siendo el remedio poco mejor que la ferida?

Joc.—Lo que aqui me parece, que, por buscar a Sofia, he fallado a Sofistica; mas, en fin, pues no se puede escusar que aya algunos hombres malos, como tambien ay mugeres malas, tampoco se nos puede a los hombres negar esta ventaja sobre las mugeres, que peleamos por la republica contra los malos.

Soph.—Bueno es esso; como si todos los que van a la guerra fuessen por defensa de la republica, e no por cobdicias e interesses tan viles, que les hazen poner por tres blancas de salario la vida. Y el fin que alla los lleua, muchos dellos lo muestran bien por las obras, que como vilmente, mas por interesse que por esfuerço, se determinaron a dexar sus mugeres e hijos, assi feamente despues huyen al tiempo del peligro, quanto mas que, quando queramos hablar de los mas valientes, ninguno ay de vosotros que, si ouiesse vna sola vez experi-

mentado que peligro e que afrenta es el parir, no quisiesse mas entrar diez vezes en la batalla, que passar lo que tantas vezes nosotras passamos, de lo qual se coge que es menester mas esfuerço para no perder el animo en nuestros peligros que en los vuestros; en las guerras no viene siempre el hecho a las manos, e quando viene, no peligran todos los que se hallan en el exercito. Los tales como tu ponenlos enmedio de las batallas; pero otros estan en lugares mas seguros: vnos en la retaguarda, otros en guarda de la municion; en fin, muchos se escapan huyendo o dandose a prision; pero a nosotras cada vez nos conuiene entrar en campo con la muerte.

Joc.—Todo esso he oydo otras muchas vezes; mas, a la verdad, es todo assi como algunas mugeres lo dizen?

Soph.—Sin falta si.

Joc.—Querras que, para remedio desso, persuada a tu marido que no llegue mas a ti, y seras segura de todos essos peligros?

Soph.—Hazerme yas en ello muy gran plazer.

Joc.—Que me daras si con mi eloquencia lo pudiere acabar con el?

Soph.—Pues todo el trabajo has de tomar con la lengua, darte he diez lenguas de vacas cecinadas e curadas.

Joc.—Mejores son que si fueran de ruyseñores; no rehuso el partido, pero no quiero obligarme a nada hasta que me des seguridad.

Soph.—Toma tu toda la seguridad que quisieres y te pareciere que yo te pueda dar.

Joc.—Bien; assi se hara quando passado este mes estuuieres en tu libre voluntad.

Soph.—Por que, no lo estoy agora?

Joc.—Porque temo que passado este tiempo ternas otro parecer tan contrario del de agora, que me aurias de pagar el salario doblado porque persuadiesse a tu marido lo que agora me ruegas que le defienda, e por esso quiero esperar a ver lo que entonces querras.

Soph.—Hagase assi; pero tornemos a nuestra disputa: por que tienes por mejor ser varon que hembra?

Joc.—Bien veo que has mucha gana de lleuar esta contienda adelante; pero por agora quierote dar la ventaja; otro dia yo verne mejor apercebido para disputar contigo, que, en los negocios que se an de despachar por la lengua, siete hombres no podran tanto como vna muger.

Soph.—Bien es verdad que destas armas nos guarnecio la naturaleza; pero vosotros tampoco quedastes mudos.

Joc.—Assi es; mas que es de tu hijuelo?

Soph.—Alli esta en aquel apartamiento.

Joc.—Que haze alla? cueze la olla?

Soph.—Burlando esta con el ama que le cria.

Joc.—Que me dizes de criar? e ay otra que crie sino la que pare?

Soph.—Ninguna cria si no ha parido; mas no todas crian las que paren.

Joc.—Por que no?

Soph.—Vsase assi ya en todo el mundo.

Joc.—Digote que me has alegado buen testo para lo que se ha de hazer. Desta manera me pudieras dezir: todo el mundo peca, todo el mundo juega, todo el mundo ama, todo el mundo se embriaga, todo el mundo engaña, e otras cosas semejantes. Parescete que seria suficiente escusa para hazer qualquier cosa destas dezir: todo el mundo lo haze?

Soph.—No; mas esto ha parecido a mis vezinas e amigas, porque no me pusiesse en tan tierna edad al trabajo del criar.

Joc.—La edad que dio fuerças para engendrar, darla ya para criar lo que engendraste.

Soph.—Por razon assi parece.

Joc.—Dime: sientes por muy dulce el nombre de madre?

Soph.—Si siento.

Joc.—Consentirias, si se pudiese hazer, que otra muger fuesse madre de lo que tu pariste?

Soph.—Esso no, en ninguna manera.

Joc.—Pues por que te determinas de transferir en otra muger estraña mas de la meytad del nombre de madre?

Soph.—Nunca Dios tal quiera; yo no reparto mi hijo, antes quiero ser enteramente su madre.

Joc.—En esso contradizete auiertamente naturaleza, que hizo las madres para engendrar e criar los fijos. Porque la tierra es llamada madre de todas las cosas, no por cierto solamente por engendrallas, sino porque, despues de engendradas, las cria con la misma fertilidad y virtud que las engendra. Lo que en las aguas se engendra, en las aguas se cria. Ningun animal ni planta se engendra en la tierra que con el mesmo çumo e la humidad de la tierra no se crie. Las bestias, los leones, las biuoras, crian lo que paren, y las mugeres desechan sus partos. Dime: que cosa ay mas cruel que echar vna muger su hijo en los lugares publicos que se suelen poner los niños furtiuamente engendrados y nascidos, si le pone alli no con otra necessidad, sino por rehusar el trabajo de crialle?

Soph.—Cosa muy aborrecible seria hazer esso que dizes.

Joc.—Pues esso que tu hazes, avnque sea poco menos, nadie lo aborresce; no te paresce que es vna honesta manera de poner en vn tal lugar tu hijo, quando luego que es nascido, estando avn no bien enxuto y despedido del calor de tu vientre; en medio de los gemidos que naturaleza le dio en lugar de palabras; antes

que te llamasse entre los desseos de tu natural abrigo, que con natural instincto en nasciendo publica con aquellas infantiles que haze, que avn a las fieras mueuan a compassion, estrañarse de ti y despues darle a vna muger a criar que no conoces, ni sabes si es sana, si es bien acondicionada o mal? E pues, quando todo esto tenga, sabes que hara mas cuenta de ganar vn pobre marauedi que de la vida de tu hijo?

Soph.—Esta muger que auemos tomado, escogida fue por muy sana.

Joc.—Esso mejor lo supieran determinar los medicos que tu; pero demos que en esso te sea ygual, e si quisieres te haga ventaja: no te parece que va mucha diferencia criarse el niño ternezico con el ceuo que ya tiene acostumbrado y le es natural, y de abrigarse con aquel calor y entre aquellas mesmas exalaciones del cuerpo donde se engendro, o de passalle estando avn tan tierno a viandas agenas y calor estraño? El trigo, por bueno que sea, echado en mala tierra pierde su natural bondad y se torna en centeno, no por otra cosa sino porque no es aquella tierra ni el humor della conforme a la donde el se engendro. Las vides, assi mesmo, que en vn puesto dauan buen vino, passadas en otro, se estragan e no dan sino agrazes. Las plantas arrancadas de la tierra se mueren, e por esso se trasplantan con la mesma tierra en que nacieron, para que de alli tengan el ceuo donde tomaron la generacion.

Soph.—Esse exemplo postrero haze contra ti, porque, segun dizen, las plantas agrestes, passadas en otra parte, se hazen suaues y buenas, perdiendo por mudar el ceuo la maleza que en su natural tierra tenian.

Joc.—Assi es, Sophia, lo que dizes; pero esso no se haze luego en nasciendo con aquella ternura con que assoman de la tierra, porque esto seria no aprouecharlas, sino perderlas. E assi deste tu fruto tiempo verna quando avn en los años de su niñez conuerna que le apartes de ti y le trasplantes a donde pueda ver enseñado en letras y estudios mas trabajosos. Lo qual es mas de proueer a los padres que a las madres. Agora que la edad esta tan tierna, mas necessidad ternia de ser abrigada que trasplantada; ca si hazen mucho al caso para la salud e complision del cuerpo del hombre las viandas, mucho mas haze la leche que en su niñez mama, porque entonces emprimen mas todas las propriedades naturales. Y en esto ha lugar lo que Flaco dize: *Quo semel est imbuta recens seruabit odorem testa diu.*

Soph.—No miro mucho en las fuerças del cuerpo; basta que el alma sea tan buena como desseamos.

Joc.—Por que tu, quando cortas las verças, te quexas si esta el cuchillo boto y le mandas aguzar? Por que, quando coses, desechas la aguja si esta bota o despuntada, pues que por esso no sabes menos del arte que si estuuiesse aguda?

Soph.—Avnque por esso no me falte arte, estoruame la execucion la falta del instrumento, por no estar bien aparejado a proposito de la obra.

Joc.—Por que los que quieren tener buena vista ni comen ajos ni cebollas?

Soph.—Porque hazen daño a los ojos. Como? no es el anima la que vee?

Joc. - Si es; que los ojos sin anima no podrian ver nada. Pero que hara el carpintero si se le estraga la herramienta?

Soph.—Esso cosa clara es.

Joc.—Segun esso, confessarme as tambien que si el cuerpo estuuiere dañado, que no podra el anima aprouecharse del para lo que con el ha de hazer tan bien como si estuuiesse sano.

Soph.—Razon lieua lo que dizes.

Joc.—Pues agora que te he començado a entrar por razon como filosofo, pongamos que vn anima humana entrasse en vn cuerpo de vn gallo; dime: hablaria alli de la manera que nosotros hablamos?

Soph.—No.

Joc.—Por que?

Soph.—Porque ni ternia labrios, ni dientes, ni lengua, ni garguero como nosotros; ni ternia tres ternillas que se mueuen con tres pulpillas de carne asidas a los neruios que descienden de la cabeça; ni ternia paladares ni boca como nosotros.

Joc.—Que haria si entrasse en el cuerpo de vn cauallo?

Soph.—Cantaria como cantan los cauallos.

Joc.—Que seria si entrasse en cuerpo de asno, como le acaescio a Apuleyo?

Soph.—Rebuznaria, segun yo creo, como asno.

Joc.—Assi lo confessa el: que dize que como vna vez quisiesse inuocar a Cesar quexandose, apretando y cogiendo los labrios quanto pudo, no pudo pronunciar sino o. Cesar en ninguna manera pudo pronunciarle En otro lugar assi mesmo, como oyesse vna fabula e la quisiesse poner por escrito por no la oluidar, escarnece despues su pensamiento tan asnal de auer querido escreuir teniendo la mano toda cerrada dentro de vna vña.

Soph.—Razon tuno.

Joc.—Pues concluyamos de todo lo dicho que el anima obra segun la disposicion de los miembros del cuerpo que son sus instrumentos; por lo qual si los ojos estuuieren lagañosos, no podra bien ver; e si los oydos ocupados, no podra bien oyr; si en la cabeça ouiere reuma, no olera; si algun miembro tuuiere pasmado, no sentir con el; si la lengua tuuiere estragada de malos humores, no gustara bien.

Soph.—Todo esso no se puede negar.

Joc.—E todo esso acaesce por la falta de los organos o instrumentos del anima, que son los miembros del cuerpo.

Soph.—Assi me parece.

Joc.—Tampoco me negaras que estos tales instrumentos se dañan con las malas viandas.

Soph.—Yo lo confiesso; mas que tiene que ver esso con lo que yo he dicho: que quiero para mi hijo mas buena alma que buen cuerpo?

Joc.—Que tiene que ver el ajo con la vista?

Soph. - Estraga el organo con que el alma vee.

Joc.—Bien respondes; pero piensa agora de donde prouiene que vnos hombres tengan mejor ingenio que otros para entender qualquiera cosa, e vnos se acuerden mejor que otros. De donde assi mesmo prouiene que vnos se enojen mas ligero; pero durales poco e passaseles liuianamente el enojo. Otros se enojan mas tarde, pero durales mucho.

Soph.—Todo esso viene de las diferencias de las animas.

Joc.—No te me yras por ay. Dime: de donde viene que vn mesmo hombre, que primero era ingenioso y de buena memoria, despues se haga torpe e oluidadizo, o por alguna herida, o por alguna dolencia, o por vejez?

Soph.—Paresceme que te quieres hazer comigo sophistico en preguntarme.

Joc.—Procura tu de hazer otro tanto en responderme.

Soph.—Pues paresceme que quieres dezir que assi como el alma vee por los ojos e oye por las orejas, assi tiene otros organos o instrumentos en el cuerpo que le hazen mucho al caso para lo que ha de entender e acordarse, e amar e aborrescer, para ayrarse e amansarse, e para otras obras semejantes.

Joc.—Bien me has entendido.

Soph.—Pues que organos seran estos, o donde estan?

Joc.—En las partes interiores del celebro, e por esso los llamaron los filosofos sentidos interiores, porque su figura ni disposicion no se muestra aca de fuera.

Soph.—No entiendo bien como sea esso.

Joc.—Bien vees donde estan los ojos.

Soph.—Si, e avn las orejas, e narizes, e paladar, todo lo veo; e tambien veo que en todo el cuerpo tenemos esparzido el sentido del tacto, porque con todo el sentimos, si no es quando algun miembro le tenemos seco o pasmado.

Joc.—Dime: si cortaren a vn hombre vn pie, dexara por esso su anima de entender tan bien como de antes?

Soph.—No, ni avnque le corten la mano.

Joc.—Pues de ay conosceras que el alma no se aprouecha del pie ni de la mano, ni de otros miembros semejantes, para entender.

Soph.—Assi es.

Joc.—Pero mira que si acaesce que alguno resciba alguna gran herida en la cabeça, especialmente hazia la sien, o en el colodrillo, cae como muerto, sin ningun sentido. E si la herida fue tan grande que llegasse a los sesos, queda para siempre sin seso, que no entiende, ni se acuerda, ni sabe mas que vn loco.

Soph.—Esso algunas vezes lo he visto.

Joc.—De aqui podras ver que los organos y sentidos de que el anima se sirue quando algo entiende, o ama, o se acuerda, estan dentro del casco de la cabeça, los quales, sin duda, son corporales, pues que con la lision corporal se pierden o dañan; pero son mucho mas sotiles que los ojos, ni todos essos otros sentidos exteriores.

Soph.—Bien me parece todo lo que has dicho; mas avn no puedo entender como el anima aya menester essos organos que has dicho para entender e amar, pues salida del cuerpo sin ellos, es cierto que entiende e ama.

Joc.—Como vn hombre que esta en la mazmora, de dia ha menester candela para ver; mas despues que de alli fuere salido, no la aura menester.

Soph.—De manera que dessos organos no tiene necessidad el alma sino mientra estuuiere encerrada el alma en la grosseria deste cuerpo. Pero dime: estos organos que has dicho que tenemos dentro del celebro, estraganse con las malas viandas tambien como estos otros exteriores?

Joc.—Mucho mas.

Soph.—Como puede esso ser, que el celebro muy lexos esta del estomago?

Joc.—Tambien esta lo mas alto de la chimenea lexos del fuego; mas si alli te pusieres, sentiras el humo.

Soph.—No me matare mucho por prouar si es verdadera tu comparacion.

Joc.—Si no quisieres prouarlo, demandalo a las cigueñas; pero basta que entiendas que va mucho en mirar que humos o que spiritus suben del estomago a la cabeça e a los organos del alma; ca si son crudos e frios, tornanse a caer en el estomago.

Soph.—Ayna me haras entender que el hombre es alquitara, de donde suben con el calor los humos de las yeruas e flores que en ella se echan.

Joc.—No has entendido mal lo que digo: ca el higado, donde esta junta la hiel, sirue en lugar de fuego; el estomago es el alquitara donde se echa lo que ha de vaporear; el casco de la cabeça es lo que se pone encima a manera de boueda cerrada por todas partes; e si quieres que repartamos todos los oficios, sean las narizes el alambique. Pues desta subida de los humos y vapores que suben del estomago a la cabeça, nacen diuersas enfermedades, segun que de muchas maneras tornan a caer; porque, o caen en los ojos, o en el estomago, o en las espaldas, o en la ceruiz, en las partes del cuerpo. E porque mejor entiendas todo esto, dime: por que los que beuen mucho vino tienen mala memoria? Por que los que comen viandas mas delgadas y sotiles tienen mejor ingenio? Por que el culandro adoba la memoria y el vedegambre purifica el juyzio? Por que la mucha glotonia causa gota coral, que entorpece e priua todos los sentidos, como acaece en muy profundo sueño? En fin, ten por cierto que assi como la demasiada haubre y sed daña la fuerça de la memoria e del ingenio en los niños, assi el comer e beuer demasiado les engendra torpeza de juyzio, si creemos a Aristoteles, porque aquella centella de entendimiento se ahoga con la mucha vianda, como el fuego pequeño se suele ahogar con la mucha leña.

Soph.—Es por ventura el anima cosa corporal, para que fagan impression en ella las cosas corporales?

Joc.—La substancia de nuestra alma no es corporal, pero recibe daño o prouecho de las cosas corporales, segun que las tales dañan o aprouechan a los organos de que ella se ha de seruir, que son, segun se dixe, los sentidos interiores; ca si estos se le estragaren, acaescele como al artifice, que en vano tiene sabiduria en su arte si no tiene instrumentos suficientes con que la vsar.

Soph.—Dime: que tal o que tan grande es el alma?

Joc.—Cosa de burla es demandar de la figura del alma, pues confiessas que no es corporal.

Soph.—Yo todo lo que siento pienso que es cuerpo.

Joc.—Otras cosas ay que nó se sienten que son muy mas perfectas que las corporales, como son Dios e los angeles.

Soph.—Oydo he llamar a Dios e a los angeles spiritus; pero no entiendo por que los llaman assi, ni se que quiere dezir spiritu.

Joc.—Spiritu es palabra latina, y en romance quiere dezir ayre.

Soph.—Pues si Dios e los angeles se llaman spiritus, segun essa declaracion seran ayre, e assi podriamoslos sentir, que el ayre sentimosle.

Joc.—No entiendas, o Sophia! que porque la Sagrada Escriptura llame spiritus a Dios e a los angeles, que por esso son ayre; mas las escripturas, conformandose con la flaqueza de nuestro entendimiento, buscando algunos vocablos con que nos dar a entender las cosas que son incomprehensibles, e llama spiritu a Dios, porque en todas las cosas que aca tratamos no ay cosa mas pura, mas sotil ni mas penetratiua que el ayre, e assi por este vocablo se da a entender la pureza de Dios e su incomprehensible sotileza, con la qual penetra todas las cosas. E porque a los angeles conuienen estas mismas cosas, avnque no de la manera que a Dios, llamamoslos spiritus tambien.

Soph. — Que diferencia ay entre el angel e nuestra alma?

Joc. — La que entre la limaza y el caracol, o si quieres, el galapago.

Soph. — Segun esso, el cuerpo sera casa del alma, e no instrumento, como hasta aqui has dicho.

Joc. — No es inconuiniente que el instrumento que no se aparta del artifice sea juntamente casa e instrumento, avnque en esto hablan de diuersas maneras los philosophos. Porque vnos llaman al cuerpo vestidura del alma, otros casa, otros instrumento, otros armonia. De qualquier manera destas que le nombrares, hallaras que las passiones e aficiones del cuerpo son gran estoruo para las obras del anima. Primeramente, si el cuerpo es con el alma como la vestidura con el cuerpo, quanta fuerça ternian las vestiduras para dañar e aprouechar bien mostro la vestidura de Hercules, dexando aparte lo que haze la diferencia de los colores e de los aforros; pero si vna anima puede seruirse de muchos cuerpos, como vn hombre muda muchas vestiduras, vealo Pitagoras, que la filosofia de Jesu Christo no lo enseña.

Soph — No fuera malo que, conforme a la dotrina de Pitagoras, pudieramos mudar muchos cuerpos como mudamos muchas vestiduras, e assi en inuierno tomaramos cuerpos gruessos e de rezia complission, y en verano mas flacos.

Joc. — Si, pero mira que el cuerpo, enuejeciendo e rompiendo muchas, enuejece el tambien, e no seria bueno que si el alma, gastando muchos cuerpos, ella tambien enuegeciesse fasta acabarse ya de vieja.

Soph. — Esso no.

Joc. — Pues assi como haze mucho al caso la vestidura para la salud e desemboltura del cuerpo, assi faze mucho al caso el cuerpo para la presteza o torpeza del anima.

Soph. — Sin duda, si el cuerpo es vestidura del anima, muy diferentemente me parece que andan vestidos los hombres.

Joc. — Assi es; pero mucho va en nosotros de hazer que se le assiente bien al alma su ropa e se pueda bien seruir della.

Soph. — Dexemos ya el nombre de vestidura; dime algo de la casa.

Joc. — Para que lo que en esto te dixere no

te parezca fablilla, mira que Jesu Christo mismo llamo a su cuerpo templo, para dar a entender que era casa donde mora Dios, y el apostol Sant Pedro llamo a su cuerpo choça; no faltaron algunos que llamaron a nuestro cuerpo sepulchro, o mouidos por la ethimologia o deriuacion de los griegos, que al cuerpo llaman soma e al sepulchro llaman sima, e pareceles que el primero vocablo decendio del segundo, de manera que el cuerpo sea como sima donde el anima esta sepultada. Otros ha auido que al cuerpo llamaron fortaleza del alma, e todos estos vocablos, segun su diferencia, muestran las diferencias de nuestras almas. Ca los que tienen sus almas limpias e puras, pueden llamar a sus cuerpos templos, porque en los templos no suelen habitar sino las cosas diuinas. Lo[s] que no hazen cuenta de las cosas temporales e ligeramente passan por ellas, puedan llamar a sus cuerpos choças, porque las choças no las hazemos sino de prestado, para dexallas luego en llamandonos nuestro capitan. Los que andan embueltos e ciegos en vicios e flacos, e nunca gozan de la frescura de la gracia euangelica, pueden llamar sus cuerpos sepulchros, porque en los sepulchros no suelen estar sino cosas muertas y hediondas, e assi estan sus almas en sus cuerpos sepultadas. Los que son molestados de los vicios e no los pueden sojuzgar, para fazer de si lo que quieren, estos pueden llamar sus cuerpos carceles, dentro de los quales estan sus animas opresas, e gimen por libertad, demandandola al Librador de todos, diziendo con el profeta: *Educ de carcere animam meam, vt confiteatur nomini tuo, Domine.* Los que valientemente pelean contra Sathanas, velando e rondando todas sus entradas, para que ni por fuerça ni por engaño puedan ser tomados de aquel que, como San Pedro dize: *Tanquam leo rugiens circuit querens quem deuoret;* estos tales pueden llamar a sus cuerpos fortalezas, desde donde las almas hazen la guerra, y no les conuiene desamparallas, fasta ver mandado de su Emperador.

Soph. — Si el cuerpo es casa del alma, muchos veo que tienen sus almas muy ruynmente aposentadas.

Joc. — Assi es; ca las aposentan en casas llenas de goteras, escuras, humosas, ventosas, desportilladas, podridas y que ya amenazan de caerse. Y mira que Caton, entre las partes de la felicidad, puso estar bien aposentado.

Soph. — Sufridero seria si pudiessen las almas passarse a otra casa despues que la vna les descontentasse.

Joc. — No les es licito a las animas salir de sus casas, sino quando mandare quien se la alquilo. Pero avnque no les sea permitido salir dellas, esta en nosotros procurar con industria e diligencia que nuestra casa este bien tratada, para que el alma se pueda seruir della. Como en las casas materiales acaece, segun la necessidad que ocurre a los moradores, se hazen en ellas mil mudanças. Mudanse ventanas, alçanse suelos, enladrillanse, enluzense las paredes, purificase el sitio con fuego e infinitos sahumerios. Sobre todo, haze mas al caso, en este cuydado que del cuerpo se ha de tener, criar los niños, en el tiempo que son tiernos, con tanta templança de la calidad e cantidad de las viandas, que se vaya formando el cuerpo vsual e bien mandado al alma.

Soph.—Tu, segun me paresce, querrias que las madres e las amas fuessen fisicas.

Joc.—Sin duda lo querria, solamente en lo que toca al saber moderar en el comer, y beuer, c dormir, e los vaños e vnturas e vestiduras de los niños. Quantos ay en el mundo que an incurrido diuersas enfermedades desde su niñez, de gota coral, de flaqueza de cabeças o de estomago, de mal talle o proporcion en los miembros, de desorden, deslomados, contrahechos, torpes, abobados! Todo esto no por otra cosa sino por descuydo e negligencia de las amas.

Soph.—Marauillada estoy como no te has metido frayle, pues tan bien predicas.

Joc.—Quando tu fueres monja, yo sere frayle.

Soph.—Mucho querria saber que cosa es el anima, pues que tantas cosas nos dizen della, como nadie la aya visto.

Joc.—Mas antes ninguno ay, si tiene ojos, que no la vea.

Soph.—Yo visto he animas, mas pintadas a manera de niños desnudos; pero no se por que no les ponen alas como a los angeles.

Joc.—Segun las fabulas de Socrates, quebraronseles cayendo del cielo.

Soph.—Pues como dizen que las animas santas en saliendo del cuerpo buelan al cielo?

Joc.—Porque la fe e la charidad (¹) les hazen nacer alas. Estas alas demandaua aquel que ya, enhadado de biuir en este cuerpo, se quexaua y dezia: *Quis dabit mihi pennas sicut columbe, et volabo et requiescam!* Que quiere dezir: Quien me dara alas como a paloma, e bolare e folgare! No has de entender que el alma tiene alas corporales, siendo ella incorporea, ni tiene figura visible a nuestros ojos corporales. Pero muy mas ciertas e inefables son las cosas que veemos con el entendimiento que las que vemos con los ojos del cuerpo. Tu no crees que ay Dios?

Soph.—Essa es la cosa del mundo que por mas cierta tengo.

Joc.—Pues ninguna cosa ay que menos vean tus ojos que Dios.

(¹) El texto: «claridad».

Soph.—Veole en las cosas que haze.

Joc.—Tambien se vee el alma en lo que haze. Si quieres saber que haze el alma en el cuerpo, mira dos cuerpos, vno muerto e otro biuo, e quando veys que el biuo siente, mira, oye, mueuese, entiende, acuerdase, discurre con el pensamiento de vnas cosas en otras, e nada desto haze el muerto, entonces conoces que todo esto haze el alma que esta en el vno e falta en el otro. Y este conocimiento es mas cierto que el que tu tienes de aquel cantaro que esta alli; porque en lo que conoces con vn sentido, podria auer engaño, pero en lo que conoces con todos tus sentidos exteriores e interiores, no te puedes engañar.

Soph.—Pues no me puedes mostrar el alma, a lo mènos pintame de palabra que tal es: como si me quisiesses declarar que cosa es el emperador, a quien nunca vi.

Joc.—A mi parescer yo te he bien mostrado el alma en esta comparacion de los dos cuerpos que te puse, porque el alma no es sino lo que veys que falta al vno y el otro tiene; pero si como filosofo quieres que te declare el alma, a mano esta la difinicion de Aristoteles.

Soph.—Dimela, que oydo he que esse es muy buen pintor de todas las cosas, mostrandolas mejor por palabras que ningun pintor las mostraria por debuxo.

Joc.—*Anima est actus corporis organici fisici vitam habentis in potentia.*

Soph.—Esso quiere dezir que el anima es mouimiento del cuerpo organico físico, que tiene vida en potencia, e no se porque llamo al alma mouimiento mas que camino.

Joc.—No lo has declarado bien, o Sophia! que Aristoteles no trata aqui de los carreteros ni de las postas, porque hable de los caminos; pero lo que quiere dezir la difinicion de Aristoteles es: Anima es acto del cuerpo organizado natural que puede biuir, e llamala acto, porque da actiuidad al cuerpo, el qual sin el alma es mas aparejado para padecer que para hazer; pero el anima le da actiuidad para todos sus mouimientos naturales que el cuerpo haze, los quales son muchos, y de diuersas maneras nacen del alma.

Soph.—Ya lo entiendo; pero por que dixo cuerpo organizado?

Joc.—Porque entiendas que el alma no puede dar vida a vna piedra, porque no tiene organos, con los quales ya te dixe obra el alma como con instrumentos proprios y hechos a su proposito.

Soph.—Por que llamo al cuerpo organizado phisico?

Joc.—Phisico cuerpo quiere dezir cuerpo natural, e dixolo porque ningun cuerpo artificial puede tener anima. Ni Dedalo, con quanto supo, podria hazer vn cuerpo que pudiesse ser vinificado e gouernado de vn anima. E por la mesma razon añadio que pueda biuir, porque los cuerpos artificiales no pueden tener vida, ni avn todos los naturales, porque el anima no obra sino en massa dispuesta e aparejada para recebir su actiuidad.

Soph. – Que seria si vn angel entrasse en vn cuerpo humano?

Joc.—Mouerle ya, pero no mediante los instrumentos naturales, porque no le daria vida.

Soph.—Encierrase en esto que me has dicho toda la discrecion del anima?

Joc.—La que dio Aristotiles.

Soph. – Oydo he que es excelente filosofo, y temo que si le contradixesse en algo, que gran muchedumbre de sabios me publicarian por hereje; que si no fuesse por esto, osaria dezir que hasta agora todo quanto ha dicho del alma del hombre conuiene tambien al asno e al buey.

Joc.—E avn al caracol e al escarauajo; pero esso no es inconueniente, que el en estas palabras no quiso hablar de alguna alma sola en especial, sino dar vna difinicion general donde todas se comprehendiesen.

Soph.—Que llamas difinicion? que avn el vocablo no entiendo.

Joc.—Es vna clausula breue, en que en pocas palabras e muy substanciales se declara suficientemente el ser de alguna cosa.

Soph.—Que diferencia ay entre el anima del buey y del hombre?

Joc.—Los que dixeron que el anima no es sino vna compostura armonica del cuerpo, por la qual todas sus qualidades, humores e partes, assi interiores como exteriores, se sostienen en diuina proporcion, dirian que no ay mucha diferencia entre el anima del hombre y del buey, porque segun su doctrina no dura mas el anima do quanto dura el cuerpo, como no dura mas la musica de algun instrumento de quanto el estuuiere entero, e la diferencia que ay segun estos entre el hombre y el buey esta en el saber, como tambien entre los hombres ay mucha diferencia en esto.

Soph.—Sin duda los que esso dixeron, almas de bueyes o de boyerizos deuian de tener, mas que no de filosofos.

Joc.—Si, pero en su doctrina ay algo de que tu te puedas aprouechar; ca bien sabes que segun fuere la vihuela, assi sera peor o mejor la musica.

Soph.—Assi es.

Joc.—Y tambien haze mucho para ser buena la musica la hechura del instrumento e la madera de que se haze.

Soph.—Esso razon lleua.

Joc.—Las cuerdas tambien no se hazen de qualquier animal para que sean buenas.

Soph.—Assi lo he oydo.

Joc.—Y por buenas que sean, muchas vezes se destemplan, o porque afloxan con la humidad, o aprietan con la mucha sequedad, e avn a las vezes quiebran.

Soph.—Tambien he oydo hartas vezes esso.

Joc.—Pues segun esto, los que dixeron que nuestra anima era armonia, e nuestro cuerpo como el instrumento, te enseñaran el cuydado que deues tener de tu fijo quanto al cuerpo para que aproueche juntamente al anima, la qual entonces estara templada y en buena proporcion, si la vihuela del cuerpo tuuiere concertada e no desordenada, no floxa con pereza, no dura con yra, no ronca con embriaguez; ca estas faltas e otras tales engendra muchas vezes en nosotros la mala criança e malos mantenimientos.

Soph.—Yo recibo tu consejo, pero quiero ver como defiendes a Aristoteles, que no hizo diferencia del alma del hombre a la del buey.

Joc.—Ya te dixe que Aristoteles en esta difinicion quiso poner diferencia entre las animas que solamente dan vida, y estas llamamos vejetatiuas; ay otras que dan vida y sentido, y estas llamamos sensitiuas; ay otras que dan vida y sentido y entendimiento, y estas llamamos intelectuales. Las primeras vejetatiuas dan vida, pero no hazen animales; ca no llamamos animales todas las cosas que biuen, sino de las que biuen e sienten, e por esso no llamamos animales a los arboles, avnque biuen e mueren, crescen y se enuejecen, pero no sienten, avnque algunos quieren dezir que sienten por testimonio de los montaneros, que dizen que han hallado por experiencia que si bieren al arbol con la mano antes que le hieran con la hacha, le hallan mas duro de cortar que si no le quieran herido primero. De lo qual quieren conjecturar que sienten los arboles, y que assi con miedo se aprietan y encojen quando son heridos. En las cosas que no se mueuen, sino que siempre estan asidas, como son las veneras, hostias e otras semejantes, con dificultad se puede ver si sienten. La esponja siente, segun veen por experiencia los que la arrancan. E si esto es assi, pornemoslas en el cuento de los animales; ca lo que biue e siente llamamos animal; porque, como te dixe, algunas cosas ay que biuen e no sienten, como son los hongos, verças e cardos.

Soph.—Los arboles e plantas biuen segun dizes, e muerense, pues crecen; que subir de pequeño a grande, mouimiento es. Dizes tambien que se halla por experiencia que en alguna manera sienten; por que, si todo es assi, no los llamamos animales?

Joc.—No les parecio a nuestros mayores, que pusieron nombre a las cosas, e no es razon de apartarnos de su parescer, quanto mas que esto haze poco a nuestro proposito.

Soph.—No puedo sufrir que sea vna mesma cosa la anima del hombre y del escarauajo.

Joc.—No es vna mesma cosa, o Sophia! pero tiene alguna conueniencia; ca tu anima da vida y vejeta a tu cuerpo y le haze que sienta, e lo mesmo haze el alma del escarauajo; pero allende desto tu anima entiende, conjectura, ama, aborrece, e nada desto haze el alma del escarauajo, porque no es tan excelente como la tuya, e otras cosas dexa assi mesmo de fazer que tu anima haze; pero la falta de estos esta en los cuerpos, porque no tienen instrumentos con que hazello; no canta ni habla, porque no tiene aparejos de instrumentos corporales para ello.

Soph.—Segun esso, quieres dezir que si el alma de vn escarauajo entrasse en el cuerpo de vn hombre, que hablaria y cantaria e haria otras cosas semejantes, pues que ternia instrumentos conuenibles para lo hazer?

Joc.—Engañaste en esso, que avn el angel que entrasse en vn cuerpo humano, no podria hazer nada desso por medianeria del, segun ya te dixe; ca la diferencia que hay entre el angel y el anima humana, es que nuestra anima determinadamente fue hecha para que biuiesse en cuerpo natural y le mouiesse y se aprouechasse de los miembros humanos, como el alma del escarauajo se sirue de aquel cuerpo e miembros que le fueron dados; pero el angel no fue criado para que de vida al cuerpo, sino para que sin organos corporales entienda.

Soph.—Esso podrialo hazer tambien el anima?

Joc.—Si, quando estuuiere apartada del cuerpo.

Soph.—Luego mientra esta en el cuerpo no tiene libertad?

Joc.—No por cierto, si no le es dada por especial gracia, fuera del comun curso natural.

Soph.—Pareceme que tu, por declararme vn anima, me has puesto muchas delante; conuiene a saber: vegetatiua, sensitiua, intelectual, memoratiua, amante, irascible, concupiscible. A mi bastame que me declarasses vna.

Joc.—Una anima tiene diuersos oficios, e dellos toma diuersos nombres.

Soph.—No entiendo bien esso que dizes.

Joc.—Yo hare que lo entiendas. Tu, quando estas en tu camara con tu marido, eres muger; quando en tu obrador, eres texedera; quando en la tienda, eres tendera de los tapetes que texes; quando estas en la cozina, eres cozinera; entre tus criados, eres señora; entre tus hijos, madre; todo esto eres dentro de tu casa. E assi acaesce al alma dentro de su cuerpo, que en diuersos lugares e tiempos vsa diuersos oficios, y dellos toma los diuersos oficios que dexiste.

Soph.—Bien claro has philosophado en esto; pero yo, quando texo en mi obrador, no guiso de comer en la cozina, como veo que el anima, quando oye en las orejas, siente en el pie y vee en los ojos.

Joc.—Assi es; que tu no puedes hazer juntamente diuersos oficios en diuersos lugares de tu casa, porque los tales oficios los ha de fazer tu anima mouiendo el cuerpo de vnos lugares a otros, e tu cuerpo no puede juntamente estar en dos lugares de tu casa, como tu anima puede estar en dos lugares de tu cuerpo; ca el alma, como sea cosa senzilla, pura, spiritual, de tal manera esta toda en todo el cuerpo, que ni mas ni menos esta toda en qualquier parte del cuerpo. Assi que esta en todas las partes del cuerpo, de la manera que esta en todo el cuerpo, avnque no haze en todas vn mesmo oficio, segun ya dixe, ca en el cerebro exercita las obras de sabiduria y memoria, en el coraçon se enseña, en el figado apetece, oye en las orejas, vee en los ojos, huele en las narizes, gusta en la lengua y en el paladar, siente los tocamientos en qualquier parte del cuerpo donde aya alguna cosa neruiosa, e por esso no siente en los cabellos ni en las vñas que sobran, ni avn el pulmon, ni el higado; ni por ventura el baço siente por si, sino por razon de las partes donde estan arraygados.

Soph.—Segun esso, en algunas partes no haze mas de vinificar y vejetar?

Joc.—Assi parece.

Soph.—Pues que sola vn anima puede fazer todo esso en hombre, seguirse ya que luego que el fruto que es concebido y formado en el vientre e tiene vida, podia sentir y entender, saluo si en el comienço que el hombre se engendra dezimos que tiene muchas animas, vna empos de otra, e despues sucede vna que haze el oficio de todas; de manera que el hombre primero seria planta, despues animal, despues hombre.

Joc.—Esso por ventura no le paresceria a Aristoteles muy fuera de razon; pero a los que filosofan como christianos, mas razonable les parece que luego que el fruto comiença a biuir en el vientre de la muger, tiene anima perfecta, que llamamos anima racional, pero esta como centella sepultada en la vascosidad e humor demasiado del cuerpo, e por esso no puede dar luz de si, ni exercitar las otras operaciones que le conuienen.

Soph.—Segun esso, el anima atada esta al cuerpo que mueue?

Joc.—Como el galapago a la casa que trae consigo.

Soph.—Esso es porque la mueue y el se mueue en ella, como el patron que mueue la naue, mouiendose el tambien dentro della.

Joc.—Mas como la arda (¹), que anda en la jaula redonda, y andando en ella, la mueue.

Soph.—Assi el anima comunica al cuerpo sus operciones e aficiones, e recibe del cuerpo otras que sin el no ternia?

Joc.—Assi es.

Soph.—Luego quanto a las animas solas, ygual sera el anima de vn loco al anima de Salomon.

Joc.—No seria muy fuera de razon esso que dizes, mas harto emos ya filosofado; lo demas dexemoslo a los theologos; nosotros prosigamos lo que en principio tratauamos de la criança de los fijos: si quisieres ser madre en todo de tu hijo, ten cuydado del tratamiento e gouierno de su cuerpo, para que despues que el alma fuere desemboluiendose de los vapores vascosos e pesados de la niñez, e començare a seruirse del, falle conuenibles instrumentos para lo que deue hazer. Despues que pariste, de donde piensas que viene que tu hijo, sin saber hablar, assi comiença ya a demandar la deuda que naturalmente le deues, llamandote madre? como le puedes oyr esta boz mal formada entre los tiernos paladarejos, sin darle luego a mamar, y echasle a que se lo de otra muger alquilada, como si comprasses alguna cabra para criar a tu hijo? que harias si, ya quando sepa hablar, en lugar de madre, le llamasse media madre? no le açotarias? Pues menos eres que media madre a la hora que rehusas de criar lo que pariste, que lo que fasta agora con el has fecho, no tiene mucho que te agradecer, pues no podiste hazer menos, que avn dello yo creo que dexaras si pudieras; pero no pienses con solo ello auerle engendrado. Ca la mayor parte de la generacion es la criança del parto con esta tierno e querria mantenerse fuera del cuerpo de lo que estando dentro se mantenia; ca el humor que acude al vientre en el tiempo de la preñez, y el que acude a los pechos despues del parto, todo es vno, sino que como por los pechos sale mas digesto, muda la color de colorado en blanco. E demas desto, mira que a los niños no solamente los cria la leche, mas el abrigo e calor de las madres, e por esso naturalmente es de creer que, nacidos, apetecen abrigarse en aquel calor e mantenerse de aquella sustancia de que antes que naciessen se abrigauan e mantenian. Por lo qual es mi parescer que en los niños rezien nacidos se daña o aidereça mucho la complision, e por consiguiente las condiciones que an de tener, por la leche que maman ser buena o mala, bien assi como en las plantas de los arboles, quando son tiernas, se toma buen sabor o mal resabio de la tierra buena o mala donde se

(¹) *Sciurus* = la ardilla.

plantan e gouiernan; o crees tu que es vano lo que vulgarmente se suele dezir: Este en la leche mamo la malicia? Cierto yo no lo creo, ni avn pienso que se saco en vano en lenguas del vulgo el refran que los griegos dezian *(Innutrices)* para significar a alguno que era flacamente mantenido, como las amas mantienen a los niños, que de la vianda que les mascan se tragan la mayor parte. Por lo qual, no solamente no es entera madre la que no cria a su hijo, sino mas avn, ni se puede dezir auelle parido, sino mouido, pues que como abortino luego le echa de si, y en las tales mugeres se assienta bien la diriuacion de nombre de madre que suelen dar los griegos, por el qual nombre significan que no guardan lo que paren. Ca sin dubda dar el dicho niño rezien nacido, antes que aya perdido el calor de la madre, a vna muger alquilada para que le crie, genero de desamparalle es.

Soph.—Assi seria, si no ouiessemos buscado muger que ninguna falta le podras hallar.

Joc.—Quando no hiziesse nada para la criança del niño la diferencia de la leche que mama ni la saliua que con la vianda gusta, e quando se hallasse tal ama qual tu dizes, lo qual tengo por dificultoso, porque no miras que no se hallara muger que passe por el hastio de la criança del infante con el cuydado que es menester, si no fuere su madre? qual otra no se enhadara de limpialle, olelle, guardalle, acallarle, curarle, falagarle e jamas partirse de con el? Si pudieras tu darme alguna muger que al fijo ame como su madre, darme has quien le crie tan bien como su madre. Pero mira que sobre todos los inconuenientes que he dicho, avn hay otro: que menos te amara tu fijo repartiendo el amor filial en tantas madres, pues que todos los criados a sus amas llaman madres, e por tales las tienen, e tu, por consiguiente, no le podras tener tan entero amor e como si sola oyesses de su boca el nombre de madre. Allende desto, quando començare a crecer, ni el tan fielmente obedecera, ni tu con tanto cuydado miraras por el, si comienças a sentille algunos respectos e condiciones criados con la leche, que representan, no a tu nobleza, sino a la poquedad e seruidumbre del ama que lo ouiere criado, como en algunos lo hemos visto. E mira sobre todo esto: que vno de los principales aparejos para aprender el que es enseñado, es que aya vna cierta confederacion de amor entre el que enseña y el enseñado, entre el que aconseja y el consejado, por lo qual, si ninguna cosa del natural amor entre tu hijo e ti se menoscabare, mejor le podras infundir los saludables consejos de bien biuir que deues a su alma, tan naturalmente como el mantenimiento a su cuerpo. Ca en esto mucho pueden las madres,

porque tienen consigo los fijos en la edad mas
aparejada, por la ternura e ynocencia, para in-
fundilles, e casi empremilles, los buenos con-
sejos.

Soph.—Segun me parece, no es tan ligero
auer parido como el vulgo lo haze, pues que
no se acaban con el parto los trabajos.

Joc.—Si a mi no me crees en lo que para
con tu hijo eres obligada, lee a Sant Pablo, e
hallaras que dize: La muger casada, que tiene
trabajo en las cosas de su saluacion, porque
siempre piensa en su marido y en las cosas que
a el tocan. Pero añade sobre esto que se saluara
por la generacion de los fijos.

Soph.—Luego salua sera qualquiera que pa-
riere?

Joc.—No sera por solo esso, sino juntan-
dose la condicion que añade el Apostol.

Soph.—Si los fijos permanecieren en la fe?

Joc.—Si guardaren la que recibieron e la
fidelidad que p.ometieron a Jesu Christo. Por
lo qual, no piense ninguna que ha acabado de
parir hasta que su fijo aya confirmado en las
fuerças del cuerpo o fortificado en las virtudes
del alma.

Soph.—Pues como sera esso, que no esta en
mano de las madres, por bien que doctrinen a
sus hijos, hazer que perseueren en la doctrina
euangelica que encierra essas dos cosas que has
dicho?

Joc.—Por ventura es assi como dizes; pero
haze tanto el cuydado e industria de las bue-
nas madres en la tierna edad de los hijos, que
le parecio a Sant Pablo que se deuia echar a
las madres mucha culpa si los hijos no salieren
quales deuen. Ca si tu hizieres lo que en ti es,
Dios dara su gracia para que, juntamente con
tu diligencia, obre en el anima de tu hijo; e si,
sobre todo, por su culpa fuere malo, tu no per-
deras el merito de tu trabajo.

Soph.—A mi persuadido me has a hazer lo
que te paresce; querria que lo mesmo persua-
diesses a mis padres e a mi marido.

Joc.—Esso yo lo tomo a mi cargo, si tu me
ayudares en ello.

Soph.—Yo te lo prometo.

Joc.—Podre agora ver el niño? ·

Soph.—Si; oyes, Siria, llama aca el ama
que traya el niño.

Joc.—O que hermoso niño, suelen dezir! que
no se ha de dar culpa a los que comiençan
alguna obra si no la hizieren muy perfecta;
mas tu de la primera vez has llegado a toda la
perficion deste arte que podras.

Soph.—No es hecho de talla, para que ouies-
se de hazerse por arte.

Joc.—No, mas es fundido como sello de
metal; pero como quiera que sea, tu te puedes
alabar que tienes hermoso hijo; deues dessear

que tales te salgan las ymagines que texes en
los tapetes.

Soph.—Tu, a lo menos, mas hermosos ges-
tos pintas que engendras.

Joc.—Assi trueca Naturaleza las cosas; pero
en este tu hijo, quan artificiosamente ha guar-
dado que no se pierda nada de sus padres! dos
personas nos ha representado en vna: las nari-
zes e los ojos son de su padre; la frente y la
barua tomo de ti; e tan amigable prenda como
Dios os ha dado, podras acabar contigo de ena-
genarla e fiarla de cuydado ageno? A mi en dos
cosas me parescen crueles las que esto hazen:
assi en auenturar sus hijos a los peligros que
he dicho, como en ponerse a si mismas en
auentura de grandes enfermedades. Ca la leche,
corrompida con el restañarse y endurecida en
los pechos, suele engendrar peligrosas dolen-
cias. De donde sucede que, queriendo guardar
vuestra hermosura, auenturays la vida vuestra
y de vuestros hijos, y pensando dilatar la vejez,
caeys en peligro de la muerte. Como se llama
el niño?

Soph.—Cornelio.

Joc.—Assi se llamaua vn su abuelo, padre
de su padre, y plega a Dios que tal nos le ma-
nifieste en las obras como le representa en el
nombre, ca fue buen varon y de mucha inte-
gridad.

Soph.—Yo trabajare quanto pudiere porque
salga tal. Mas mira, Jocundo amigo, vna cosa
te tengo de rogar muy ahincadamente.

Joc.—Mas antes me puedes mandar como
si fuesse tu esclauo.

Soph.—Si esso es, no te ahorrare fasta que
fagas lo que te rogare.

Joc.—Que es lo que me quieres mandar?

Soph.—Que me des algunas reglas con que
pueda crialle assi, quanto a la disposicion del
cuerpo, e doctrina con que despues le enseñe
lo que le conuiene para el anima.

Joc.—Esso otra vez, si nos juntaremos a
hablar, se hara; si no toma por doctrina para lo
primero el libro de Marsilio Ficino ([1]) *De tribu
ritis.* E para lo segundo el *Enquiridion* de
Erasmo ([2]), e vn colloquio suyo que se llama
Exercicio pueril. Agora quieromе yr a persua-
dir a tu marido lo mismo que a ti he consejado.

Soph.—Plega a Dios que lo acabes con el!
Amen.

FINIS

([1]) El texto: «Fiscino».
([2]) Fué traducido al castellano, en excelente estilo,
por el arcediano de Alcor, Alonso Fernández de Ma-
drid, con el título de: *Enquiridio, o manual del caua-
llero christiano;* hay ediciones de: Zaragoza, 1528;
Alcalá (1529?); Lisboa, 1541; Anvers, 1555 La pri-
mera, de la cual no se conoce ejemplar, debió de im-
primirse en 1527.

[X] COLLOQUIO DE ERASMO

en el qual se introduzen estas personas: Conrado, Bernardino, Cura, Mesonero, Su muger.

Dize Conrado.—A quien conuiene rescebir los peregrinos sino al cura? bien como el pastor recoje los corderos, porque no perezcan en el campo.

Cura.—E avn porque soy pastor de corderos, no quiero acojer en mi casa lobos.

Con.—Si nosotros, que somos hombres, te parescemos lobos, por que no te parecen las mugeres lobas? Mas quando fuessemos lo que dizes, por que rehusas de acojernos solamente para dormir debaxo de tejado? que, con el cenar, ni te haremos costa ni pesadumbre.

Cura.—Yo os lo dire: por que si viessedes en mi casa alguna gallina con pollos, luego mañana me publicariades en el sermon ante todo el pueblo; que este pago soleys dar a los que os acogen en su casa.

Con.—No somos todos dessa manera.

Cura.—Seays lo que quisierdes, que yo avn de Sant Pedro no me fiaria, si en tal habito le viesse venir.

Con.—Pues estas determinado de no acojernos, muestranos otra posada.

Cura.—Meson ay en el lugar; yos a el.

Con.—Que señal tiene?

Cura.—Una tablilla colgada delante la puerta, que tiene de la vna parte pintado vn perro que mete la cabeça en vna olla, como se suele hazer en la cozina, y de la otra parte tiene vn lobo sentado en banco de cambiador.

Con.—Aborrecible señal nos has dicho.

Cura.—Buen prouecho os haga.

Bernardino.—O hi de bono, que cura este! con tales pastores bien podriamos morir de hambre.

Con.—Si no da mejor pasto a sus ouejas que a nosotros, no las terna muy gruessas.

Ber.—Lo que sucede mal, es menester remediarlo con buen consejo; que haremos?

Con.—Fregar las frentes y dexar la verguença.

Ber.—Esse es el postrero remedio, que la verguença es muy dañosa quando aprieta necessidad.

Con.—Assi es; San Francisco nos ayudara.

Ber.—En lugar de la fortuna, que fauorece a los osados.

Con.—No esperemos a la puerta la respuesta del mesonero, sino entremos derechos fasta la estufa; e avnque nos quieran echar, porfiaremos de no salirnos.

Ber.—O grande afrenta!

Con.—Pues que hemos de hazer, quedarnos toda la noche en el campo a perecer de frio? no cures, sino pon la verguença en la talega, e mañana, si fuere menester, tornarla has a tomar.

Ber.—Assi lo requiere la necessidad.

Mesonero.—Que animales son estos que veo entrar en mi casa?

Con.—Hombre honrado, siernos de Dios somos, hijos de Sant Francisco.

Mes.—No se si Dios se agrada de tales siernos, mas yo no los querria en mi casa.

Con.—Por que?

Mes.—Porque para comer y beuer soys mas que hombres, y para trabajar no teneys manos ni pies. Cata! vosotros soys los que os llamays hijos de Sant Francisco; soleys predicar que fue virgen, e tiene tan grandes hijos?

Con.—No somos hijos segun la carne, sino segun el spiritu.

Mes.—Harto poco tiene (si esso es) en vosotros, que en cuerpos tan robustos y grosseros no puede auer mucho spiritu; no os sera en mucho cargo, pues tan mal tratays lo que del dezis que teneys, que en cuerpos tan bien tratados no deue auer mucho cuydado de las almas.

Con.—Tu, por ventura, deues pensar que nosotros somos de aquellos que amenguan la virtud de sus mayores; nosotros somos obseruantes, que guardamos quanto en nosotros es el rigor de la penitencia en que nuestro padre San Francisco biuio.

Mes.—Por esso me guardare yo de vosotros, que no ay a gente que mas aborrezca que a vosotros.

Con.—Por que?

Mes.—Porque traeys dientes para comer e no dineros para pagar, y tales huespedes no los quiero ver en mi casa.

Con.—Si no pagamos lo que comemos en dineros, pagamoslo trabajando en vuestro prouecho.

Mes.—Quereys que os muestre como trabajays?

Con.—Muestranoslo.

Mes.—Mirad esse paramento pintado que teneys a la mano yzquierda. Vereys ay donde esta vna raposa predicando, mas por detras del capillo le assoma vna gallina que trae hurtada; cerca della esta vn lobo absoluiendo al penitente, mas parescele parte de la oueja que tiene ascondida debaxo del habito. Desse otro cabo esta vn ximio, vestido en habito de Sant Francisco, sentado a la cabecera de vn enfermo; con la vna mano le da la cruz y la otra le esta metiendo, debaxo de las almohadas, en la bolsa.

Con.—No negamos andar cubiertos deste nuestro habito algunos lobos, raposos o ximios, e avn sabemos que debaxo del se encubren puercos, perros, leones, serpientes. Pero este mesmo habito, que dissimula algunos malos, cubre a muchos buenos; la vestidura, ni nos haze mejores, ni por ella somos peores. Por lo qual es cosa muy injusta juzgar a nadie por el habito que trae, porque si esse tal juyzio valiesse, tu serias tenido por ladron, homicida, adultero, hechizero, pues que muchos hemos visto condenar por tales que andauan vestidos como tu lo andas.

Mes.—De la vestidura no contenderemos si me pagaredes la posada.

Con.—Rogaremos a Dios por ti.

Mes.—Yo tambien por vosotros, e assi os pagare en la mesma moneda.

Con.—Mira que no de todos se han de recebir dineros.

Mes.—Por que vosotros teneys por pecado tocar dineros?

Con.—Porque es contrario a nuestra profession.

Mes.—Tan contrario es a la mia acoger huespedes de balde.

Con.—Nosotros tenemos regla que nos constriñe a no tocar moneda.

Mes.—Tambien tengo yo regla que me manda al reues de todo esso.

Con.—Essa regla donde la tienes?

Mes.—Lee essos versos que estan debaxo de la tabla del aranzel:

Hospes in hac mensa, fuerint cum viscera tensa,
Surgere ne properes, ni prius annumeres.

Con.—Estos versos no hablan con nosotros, pues que, segun me paresce, dizen que el huesped, despues que estuuiere harto, no se leuante sin pagar la costa que ouiere hecho, e nosotros ninguna costa te haremos.

Mes.—Los que no hazen costa, tampoco me traen ganancia.

Con.—Dios te galardonara lo que por nosotros hizieres.

Mes.—No mantengo mi casa con estas palabras.

Con.—Aqui, en vn rincon desta estufa, nos estaremos, sin dar enojo a ninguno.

Mes.—Esta estufa no sufre tales huespedes.

Con.—Assi nos echas de tu casa al campo, donde seamos comidos de lobos?

Mes.—No comen vnos lobos a otros, tampoco como vnos perros a otros.

Con.—Avnque fuessemos turcos, seria crueldad esta que con nosotros hazes, quanto mas siendo christianos, porque no miras que tales quales somos somos hombres.

Mes.—Por demas es dar bozes al sordo; no sabes que no le ay peor que el que no quiere oyr?

Con.—Tu tratas regaladamente tu cuerpo, acostandote desnudo en buena cama despues de la estufa, e a nosotros echasnos a pacer al campo, con la frialdad de la noche?

Mes.—Desnudo biuia Adan en el Parayso.

Con.—Si biuia, quando era innocente.

Mes.—Yo tambien soy innocente.

Con.—Quitada la primera silaba; pero mira que si nos echas de tu parayso, que por auentura Dios no te recebira en el suyo.

Mes.—Hablad cortes.

Muger.—Marido, entre muchos males que auras fecho en este mundo, haz agora siquiera este bien por recompensacion dellos: que recibas estos padres siquiera por vna noche en tu casa; mira que parecen buenos hombres, e Dios te hara bien y te dara doblada ganancia por lo que con ellos dexares de ganar.

Mes.—Mirad qual sale estotra a abogar por ellos; algun concierto deue auer; no me contentan essas razones en ninguna muger de bien.

Mug.—Engañaste mucho en esso; mas mira quantas vezes auras pecado en juegos, embriaguezes, enojos, contiendas; a lo menos haz esta limosna, con que redimas tus pecados; no deseches agora estos, que a la hora de la muerte los querras tener a par de ti. Recibes a quantos truhanes e juglares aqui vienen, y despides a tales hombres como estos?

Mes.—Cata de donde nos vino agora esta sermonadora; anda en buena hora, entiende en tu cozina y dexate desso.

Mug.—Desso pierde cuydado, que assi se hara.

Ber.—Ya se amansa y se comiença a vestir; todo verna a bien.

Con.—La mesa comiença a poner para su gente; dicha ha sido no venir ningun huesped, que de otra manera no quedaramos en casa.

Ber.—Avn bien que deste otro lugar truximos vn barrilejo de vino e vna espalda de cordero assada; que de otra manera, segun veo, ni avn heno no creo que nos dieran en esta casa.

Con.—Ya se comiença a assentar; alleguemonos a vn canton de la mesa, de manera que no demos enojo.

Mes.—Creo que vosotros aueys hecho que esta noche no tengo ningun huesped ni conbidado sino los de mi casa e a vosotros, que no me aueys de dar prouecho.

Con.—Echanos a nosotros la culpa desso, si otras vezes no te suele acontecer.

Mes.—Mas de las que querria.

Con.—De nosotros no tengas cuydado, que Jesu Christo nos proueera, que nunca falta a los suyos.

Mes.—He oydo dezir que os llamays euangelicos; mas el Euangelio defiende traer por camino talega ni pan; vosotros, si no traeys talega, traeys las mangas tan anchas, que siruen de costal; e no solamente traeys pan, mas avn vino e carne.

Con.—Come aqui con nosotros, si te plaze, de esta vianda.

Mes.—Mi vino, comparado con este vuestro, parece despensa.

Con.—Come tambien de la carne, que farto ay para todos.

Mes.—O que buenos pobres! mi muger no auia oy guisado sino vnas verças con tocino rancio.

Con.—Juntemos, si te parece, nuestra cena; que a nosotros no se nos da mas comer de vno que de otro.

Mes.—Pues por que, como traeys cordero y buen vino, no traeys verças y despensa?

Con.—Porque quisieron darnos esto que aqui veys los huespedes con quien oy comimos.

Mes.—Dieronoslo de gracia?

Con.—Y avn agradescieronnos que quesimos comer con ellos, e a la despedida dieronnos esta prouision.

Mes.—De donde venis?

Con.—De Basilea.

Mes.—De tan lexos?

Con.—Si.

Mes.—Que gente soys vosotros, que assi andays de vnas partes a otras sin caualgadura, sin bolsa, sin moços, sin armas, sin vitualla?

Con.—En esto veys vn rastro tal qual de la vida euangelica.

Mes.—Antes me parece vida de vagamundos, que se andan por el mundo baldios.

Con.—Tales vagamundos eran los Apostoles, e tal lo fue Nuestro Señor Jesu Christo.

Mes.—Sabeys catar la buena ventura?

Con.—Essa es la cosa del mundo que menos sabemos.

Mes.—Pues de que comeys?

Con.—Aquel nos prouee que nos lo prometio.

Mes.—Quien es esse?

Con.—El que dixo: No tengays solicitud de las cosas temporales, que todas se os allegaran.

Mes.—Esso prometiolo a los que buscasen el reyno de Dios.

Con.—En esso hazemos lo que segun nuestra flaqueza podemos.

Mes.—Los Apostoles clarecieron por miraglos; vosotros enfermos, por lo qual no es marauilla que hallassen de comer; mas vosotros nada desto podeys hazer.

Con.—Podriamos lo mismo que ellos pudieron, si tales fuessemos quales ellos fueron, e si agora ouiesse necessidad de milagros. Pero los milagros dieron fe a la Yglesia de Christo para conuertir a los incredulos; agora no es menester que hagamos sino buena vida, e a los enfermos que por los miraglos auian de ser cu-

rados, muchas vezes les es mejor estar enfermos que sanar, e morir que biuir.

Mes.—Pues vosotros, que hazeys?

Con.—Lo que podemos cada vno, segun la gracia que Dios le dio; consolamos, exortamos, auisamos, reprehendemos, donde se nos ofrece ocasion. Algunas vezes predicamos, quando llegamos a algun pueblo que el pastor sea mudo; e quando no se ofreciere oportunidad de aprouechar a ninguno, a lo menos procuramos de no dañar ni ofender con nuestras obras ni palabras a ninguno.

Mes.—Mucho querria que predicassedes aqui mañana, que tenemos fiesta en este lugar.

Con.—A que santo hazeys fiesta?

Mes.—Yo te lo dire: en este lugar ay muchos que crian puercos por este monte que aqui cerca esta, donde ay mucha vellota, e ha entrado en opinion de la gente que Sant Anton es abogado deste ganado, e por esso le honran, porque no les haga daño, teniendose por ofendido si no curassen de festejarle.

Con.—Pluguiesse a Dios que verdaderamente le honrassen.

Mes.—En que manera le auian de honrar?

Con.—Aquel honra verdaderamente los santos, que procura de los ymitar.

Mes.—Todo este lugar andara mañana re-·gozijado con combites, con danças e juegos, e avn con enojos e contiendas que siempre desto se recrecen.

Con.—Assi honrauan los gentiles antiguamente su dios Baco; pero mucho me marauillo como Sant Anton, assi honrado, o mejor dicho desonrado, no haze daño en los hombres que se muestran ser mas locos que las bestias por quien le festejan. Dime: aqui que pastor teneys, es mudo o malo?

Mes.—No se para los otros que tal es; mas yo para mi bueno le hallo, que se me esta aqui beuiendo todo el dia, e ninguno ay que me trayga mas ni mejores compañeros a beuer que el, de que a mi se me sigue mucho prouecho; e mucho me marauillo no estar el agora aqui.

Con.—Nosotros no hallamos en el buen acogimiento.

Mes.—Que me dizes! aueysle hablado?

Con.—Rogamosle que nos diesse posada, y echonos de casa como si fueramos lobos, y embionos aqui.

Mes.—Ha, ha, ha! ya entiendo por que no ha venido esta noche; porque conocio que estariades vosotros aqui.

Con.—Es mudo?

Mes.—Mudo? ninguno ay mayor bozinglero quando esta en la estufa, e avn en la yglesia tambien sabe dar buenas bozes; predicar nunca le he visto; mas, que es menester muchas palabras? que vosotros creo que vistes bien que no era mudo.

Con.—Es entendido en la Sagrada Escritura?

Mes.—El dize que es muy sabio en ella; pero lo que sabe aprendiolo en confession, e por esso no nos lo puede mostrar; para que son muchas palabras? en el se cumple bien lo que soleys dezir que dize la Escritura: *Qualis populus, talis est sacerdos.* Y el refran que dizen: Qual la olla, tal la cobertera.

Con.—Por ventura no no nos querra dar lugar a que prediquemos?

Mes.—Si dara; esso yo lo tomo a mi cargo; mas ha de ser con tal condicion que no hableys contra el, como algunos de vosotros lo acostumbrays hazer.

Con.—Mala costumbre toman los que esso hazen; yo quando algo me parece que deuo reprehender en el cura, apartadamente le tomo y le auiso; lo demas dexolo al obispo, cuyo oficio es remediallo.

Mes.—Pocos tales vienen por aqui. Yo veo que deueys de ser buenos hombres; mas, dezidme: por que traeys esta hechura de vestiduras, que algunos en solo veros vestir de aquesta manera os lo tienen a mal?

Con.—Por qué?

Mes.—No se sino que a muchos les parece assi.

Con.—Otros muchos ay que por vernos vestidos assi nos juzgan por santos; los vnos e los otros yerran, pero menos inconuiniente es sentir de nosotros bien por la vestidura que mal.

Mes.—Bien me parece esso; pero que necessidad ay de tantas diferencias de habitos?

Con.—A ti que te parece?

Mes.—A mi no me parece que la ay sino en las comedias y en las batallas, donde entran diuersos personajes de santos, de judios, de gentiles y de otros estados; conocemos todas estas diferencias por las diuersas ropas que lleuan en las guerras. Assi mesmo sirue la diferencia de las ropas o deuisas para que se conoscan en la muchedumbre vnos a otros, e sepan a que vandera han de acudir para que no se desordenen con la gran confusion de gentes.

Con.—Muy bien has dicho, e assi esta nuestra vestidura es habito de guerra; vnos seguimos a vn capitan, e otros a otro, aunque todos biuimos debaxo del imperio de vn solo Principe, que es Jesu Christo; pero mira que en la vestidura tres cosas se an de considerar.

Mes.—Quales son?

Con.—La necessidad, el seruicio, el respecto de la persona que la viste; dime: para que comemos?

Mes.—Para no morir de hambre.

Con.—Assi es menester la vestidura, para no perescer ni morir de frio, y en esto satisfaze a la necessidad.

Mes.—Esso yo lo confiesso.

Con.—Pues desto sirue este nuestro habito mejor que el tuyo, ca nos cubre la cabeça, la ceruiz con todo el pescueço e las espaldas, que todas estas son partes donde ay peligro; lo que dixe del seruicio, requiere diuersas hechuras en el vestido. Al que ha de andar caualgando, conuiene la ropa corta; al que se ha de estar quedo, larga; en verano, delgada; en inuierno, mas gruessa, e avn hallaras algunos ecclesiasticos tan regalados, que tres vezes al dia mudan la ropa: a la mañana, se visten de aforros; a medio dia, de ropas senzillas; a la tarde, de otras vn poco mas grosseras; pero como no alcançan todos con que mudar tantas ropas, hallamos esta hechura de habito que sirue de todo.

Mes.—Como?

Con.—Si anda cierço o si nos da mucho sol en la cabeça, ponemos la capilla; si sentimos mucho calor, quitamosla; si hemos de estar quedos, traemos las haldas colgadas; si hemos de caminar, alçamoslas e ceñimoslas con el cordon.

Mes.—Bien acerto, y no acerto muy mal, el que inuento este habito.

Con.—Es tambien cosa muy prouechosa para bien biuir acostumbrarse el hombre a contentarse con qualquier cosa; ca si començamos a dar lugar a nuestros regalos e apetitos, nunca ternan termino, y para esto ninguna manera de vestidura se pudiera fallar que, siendo sola vna, siruiesse de tantos oficios.

Mes.—Assi me parece tambien a mi.

Con.—Agora vengamos a lo tercero que dixe que se ha de hallar en la vestidura, que es ser a proposito del que la viste. Dime, por tu fe: si tu te vistiesses las ropas de tu muger, no dirian todos que no te vistes segun quien tu eres?

Mes.—Dirian que me tornaua loco.

Con.—Que dirias tu si ella se vistiesse tus vestidos?

Mes.—Podria ser que no le dixesse malas palabras; mas darle ya muy buenos palos.

Con.—Pues no va en vestirte de vna o de otra manera?

Mes.—En este caso mucho va.

Con.—No tienes sinrazon, que avn las leyes de los gentiles castigan al varon e a la muger si fueren hallados en otro habito del que a cada vno dellos conuiene.

Mes.—No es injusto.

Con.—Pues dime: que te pareceria si vn viejo de ochenta años se vistiese como vn mancebito de quinze años; o si vn mancebo se vistiesse como viejo: no pareceria cosa que merecia castigo? De la misma manera mira que seria si vna vieja se atauiasse como moça, o la moça como vieja?

Mes.—No ay duda en esso.

Con.—Lo mismo es del lego si se vistiesse como sacerdote, o el sacerdote como lego.

Mes.—Cada vno dellos haria cosa que no le estaua bien.

Con.—Que te parece si el vassallo se vistiesse de las ropas del principe, o si vn simple clerigo se vistiesse como obispo; no te paresce que seria lo mismo?

Mes.—Sin duda.

Con.—Que seria si vn ciudadano se vistiesse como soldado y se pusiesse plumajes e las otras insignias del blason militar?

Mes.—Escarnecelle yan.

Con.—Que seria si, entre los hombres de guerra, el ingles se pusiese cruz blanca, y el aleman colorada, y el frances negra?

Mes.—Harian cosa muy desaguisada.

Con.—Pues luego, de que te marauillas de la diferencia deste nuestro habito?

Mes.—La diferencia que ay entre el principe y el vassallo, o entre el hombre e la muger, esta ligera de saber; pero que diferencia ay entre frayles y legos, para que no se vistan de vna manera, no lo alcanço.

Con.—En que difiere el rico y el pobre?

Mes.—En la hazienda.

Con.—Pues mira que essa diferencia, por pequeña que es, haze que parezca mal si el pobre se quisiesse vestir como el rico.

Mes.—Assi es, vistiendose los ricos como agora se vsa.

Con.—Que diferencia te paresce que ay entre los locos e los cuerdos?

Mes.—Algo mas que entre ricos e pobres.

Con.—Los locos, no veys que andan vestidos de otra manera que los cuerdos?

Mes.—No se a vosotros que manera de vestiduras es connenga; mas estas que traeys mucho parecen a las que suelen traer los locos, si les añadiessedes orejas e campanillas.

Con.—Sin duda no nos falta mas desso; con razon que somos locos al mundo, si verdaderamente somos lo que nuestra profession requiere.

Mes.—No se lo que os soys, mas se que ay muchos locos con orejas e campanillas que saben mas e tienen mas seso que algunos que traen bonetes con borlas e capirotes maestrales; por lo qual me parece gran locura en solo el habito mostrar sabiduria.

Con.—Pues que? querrias tu que el principe o el grande, que se rie de las locuras de los juglares, por ser mas loco que ellos, trocasse con ellos la ropa?

Mes.—Por ventura algunas vezes seria razon que se fiziesse assi, si las ropas, como tu dizes, an de ser a proposito de quien las viste, e si

en ellas se ha de mostrar de fuera lo que esta ascondido en el animo.

Con.—Sin duda parece auer alguna razon en aquesto que dizes para quien mucho adelgazasse las cosas; pero yo creo que de andar los locos comunes diferenciados en las vestiduras, ay alguna causa especial que no ha lugar en los otros.

Mes.—Que causa es essa?

Con.—Andar señalados para que nadie los enoje por lo que hazen o dizen.

Mes.—No se agora yo si esso acaesce al reues, que algunos, de verlos assi vestidos, se mueuen a hazerles mal, en tanto que muchas vezes los tornan mas locos de lo que son, hasta hazerlos furiosos; ni veo por que vn buey, si mata vn hombre, o vn puerco, o vn perro, si hazen algun mal, no se dexa passar sin pena, e los locos, haziendo cosas muy peores, son aborrecidos por titulo de locura. Pero, dexado esto, todauia estoy esperando que me satisfagas por que vosotros fazeys esta diferencia en el vestir; ca si qualquiera diferencia de personas o de oficios basta para que los hombres hagan diferencia en el vestir, de vna manera se aura de vestir el hornero, y de otra el pescador, y de otra el çapatero, y de otra el sastre, y de otra el boticario, y de otra el tauernero, y de otra el carretero, y de otra el marinero. E finalmente, si vosotros soys sacerdotes, por que no os vestis como los otros sacerdotes? e si soys legos, por que no os vestis como nosotros?

Con.—Antiguamente los frayles o monjes no eran sino vnos seglares que se determinauan e apartauan a biuir mas limpia e puramente que los otros, e no auia mas diferencia entre los tales monjes e los legos, que ay entre dos seglares, vno tan templado y concertado que con el sudor e trabajo de sus manos mantiene su casa en seruicio de Dios, e otro tan profano, que se haze rico y presumptuoso con lo que ha ganado en robos y en cohechos. Despues, los pontifices romanos nos dieron muchas gracias e priuilegios honrosos. El habito que traemos de nosotros começo a ser tenido en algo, como el por si ni sea habito de seglares ni de clerigos, pero tal qual es, muchos grandes varones no le rehusaron de traer despues de cardenales e pontifices.

Mes.—Todo esto esta bien; pero avn no me has acabado de satisfazer esto que llamas vestir los hombres a proposito de la persona o del estado o de donde se consiste, o de donde se començo a tener vna ropa por mas conueniente a vnas personas que a otras.

Con.—Parte desso que preguntas es natural cosa hazerse assi como se haze, e parte dello ha venido de la costumbre de los hombres; dime: no juzgarian los hombres a gran locura si alguno se vistiesse la piel de vn buey, de manera que los cuernos le assomassen por encima de la cabeça, e la cola le arrastrasse por detras?

Mes.—Cosa seria de reyr.

Con.—E si vno hiziesse de tal manera la ropa que cubriesse la cara e las manos y dexasse las otras partes secretas del cuerpo descubiertas?

Mes.—Peor seria esso.

Con.—Por esso avn los escriptores gentiles reprehenden las vestiduras que mas siruen de descubrir que cubrir lo que con ellas se viste. Las quales, no solamente a los varones, mas avn a las mugeres les estan mal; ca menos verguença me parece que seria estar vn hombre desnudo, como se hallamos en la estufa, que vestido de las tales vestiduras. E avnque los gentiles, como dixe, lo reprehendieron, los christianos no solamente lo toleran, mas avn no ay cosa que oy mas se vse entre las mugeres, cuya desonestidad en algunas prouincias es tanta, que dan dos vezes dinero por el lienço: vna a quien lo texe, y otra a quien lo destexe y entresacan, para que de tal manera cubran las gorgueras los pechos, que los dexen mas descubiertos que si no las truxessen, porque las traen llenas de agujeros, o las hazen de tela tan delgada, que sirue mas de apostura que de encubrimiento.

Mes.—Yo creo que todo esso que toca a la diferencia e honestidad de los vestidos, esta en cumbre y en el concierto que en las prouincias se ha tomado de ser vnas cosas mas honestas que otras.

Con.—Como assi?

Mes.—Yo te lo dire. No ha muchos dias que posaron aqui vnos huespedes que dezian auer andado muchas regiones nueuamente halladas, de las quales ninguno de los antiguos cosmographos fazen miucion. Estos contauan auer llegado a vna ysla de tierra muy templada, donde todos andauan desnudos, e tienen por cosa de gran verguença cubrir alguna parte de su cuerpo.

Con.—Essos deuen de biuir a manera de bestias.

Mes.—Antes, segun dezian, biuen muy concertadamente; ca tienen rey a quien son subjetos, e a la mañana todos trabajan en lo que les manda, por espacio de vna hora no mas en cada dia.

Con.—Que labor fazen?

Mes.—Arrancan vnas rayzes que les siruen para hazer pan en lugar de trigo, y esles mas sabroso y saludable que el pan de trigo. Acabado este trabajo, que todos hazen en comun con el rey, vase cada vno donde quiere y entienden en sus negocios; crian virtuosamente a sus hijos; castigan los vicios, e sobre todo el adulterio.

Con.—Que pena dan a los adulteros?

Mes.—A las mugeres ninguna, porque les parece que su natural flaqueza merece perdon. Pero a los varones que se prueua auer cometido adulterio, daseles en pena que por todo el tiempo de su vida salga a cierta hora del dia en publico, como si los sacassen a la verguença, cubiertos los miembros vergonçosos.

Con.—O, gran tormento!

Mes.—En fin, la costumbre haze que les parezca mayor que otro alguno que les pudiessen dar.

Con.—Quando miro lo mucho que puede entre los hombres el concierto de las cosas que vna vez toman, casi me paresce que llena razon lo que dizes; ca si alguno quisiesse dar al ladron vn castigo muy vergonçoso y de grande ignominia, parescerle ya que le afrontaua harto que le cortasse el sayo por encima de los muslos, si le cubriesse sus verguenças con alguna cobertura de piel de lobo, e assi cubiertas le mandasse traellas muy someras; si le hiziesse traer las calças bigarradas con diuersas colores, e le hiziesse traer el jubon e sayo por el pecho e por las espaldas e braços todo harpado y fecho como red, de manera que anduuiese mas desnudo que vestido, e sobre todo esto le hiziesse rapar la barba a manchas, de vn cabo tufada y de otro crescida y retorcijada, la cabeça tresquilada, e con vna caperuça llena de plumas, y desta manera le mandasse andar todas las vezes que saliesse en publico: no te parece que le auergonçaria mas en esto que si le mandasse traer vn capirote de loco con orejas e campanillas? e con ser todo esto assi, se precian de tal atauio los hombres de guerra, y le vsan por cosa muy buena, e no faltan otros a quien parece lo mesmo, siendo como es la mas loca inuencion que podria auer.

Mes.—No es nada esso, sino que ya, avn los ciudadanos e hombres de auctoridad comiençan a vsar todo esso o parte dello.

Con.—Mira tambien que si alguno entre nosotros quisiesse vestirse, como los indios se visten, de plumas de aues, los niños lo correrian como a loco.

Mes.—Esso assi es, sin duda.

Con.—Pues muchos destos trajes que nosotros tenemos en admiracion, son muy mayor locura que esta seria. Por lo qual, como no aya cosa tan fea que la costumbre no la haga parecer bien, assi no se puede negar que ay cosa tan a proposito de los que dellas vsan, que por mucho que las desfaga la costumbre, siempre en el parecer de los sabios e cuerdos retiene su valor; e otras, tan desuariadas, que por mucho que la costumbre las aprueua, siempre parecen mal a los cuerdos. Qual hombre de seso no se reyria de lo que oy las mugeres vsan: traer las ropas tan largas, que aquella se piensa ser mas noble e valer mas que mayor cola trae arrastrando? avnque en esta vanidad no son. solas, que muchos de los ecclesiasticos hazen otro tanto; pero esto no en mas de las capas de coro.

Mes.—Y con ser estos e otros tales muy grandes desuarios, es tanta la fuerça del vso, que a muchos les parece en esto si seria mejor que los frayles no anduuiessen diferentes de los otros christianos en el vestido.

Con.—Lo que yo creo es que la senzilla christiandad e pureza euangelica no sufre que se faga mas cuenta del habito, de quanto sera honesto e a proposito de quien le viste.

Mes.—Si no va mas desso de traer vn habito o otro, por que vosotros no dexays esse vuestro?

Con.—Mas para que le hemos de dexar, pues que ninguna de las condiciones que dixe le falta?

Mes.—Lo que mas rezio fallo en esto, es que, avn entre vosotros mismos, ay tantas maneras de habitos e de diuersas colores y hechuras.

Con.—Esso el vso lo ha hecho, que, los que establecieron las religiones, no miraron tanto en hazer diferencias de habitos, como en dar forma de vida christiana, sino que, de auer ellos biuido en diuersas prouincias, vino vestirse grosseramente de diuersas maneras. Sant Benito no inuento nueuo traje de habitos, sino que se vestian el e sus discipulos de la hechura mas llana e mas grossera que entonces vsauan vestirse los legos. E despues quedo en costumbre de vestirse sus monjes de aquella manera. Ni Sant Francisco inuento tampoco nueua forma de vestidura, mas de quanto esta que agora nosotros a su imitacion vsamos, era entonces la manera de vestir de los labradores e pastores de aquella prouincia donde el biuia, y despues aca hemos añadido ciertas cosas que, todas juntas, hazen el habito de nuestra religion; e no te deues marauillar que los religiosos retengan e conseruen el traje de sus mayores en reuerencia de su sanctidad, e casi para representacion de su templança que en todas las cosas guardauan, pues que veys que muchas personas, hombres y mugeres, con tanta porfia retienen e vsan los trajes del tiempo viejo, que por ninguna mudança de las que agora cada dia se hazen en el vestir, le quieren dexar.

Mes.—Esso assi acaece.

Con.—Pues quando este nuestro habito vees, haz cuenta que vees vna antiguedad de los tiempos passados.

Mes.—Segun esso, vuestro habito no tiene en si mas sanctidad ni causa para ser reuerenciado dessa que has dicho?

Con.—Ninguna.

Mes.—Algunos frayles ay que dizen sus habitos auer sido reuelados diuinalmente por mano de Nuestra Señora.

Con.—Todas essas son inuenciones e sueños de hombres.

Mes.—Ay algunos que no piensan sanar de las calenturas si no les echan el habito de Santo Domingo a cuestas; otros, que no se atreuen morir seguros sino en el habito de Sant Francisco.

Con.—Los que esso aconsejan, haziendo entender que el habito tenga por si virtud de valerlos, o son hombres vanos, o buscan debaxo dessa color su proposito; e los que se lo creen, en lugar de deuotos son supersticiosos, ca Dios no dexara de conocer al robador e al malhechor entre las aues como entre vosotros.

Mes.—No es reprehensible, antes seria cosa de loar que ymitemos, si como ymitays a las aues en las colores, les pareciessedes en los picos.

Con.—Dexemos las burlas, e quiero darte tambien razon de la diuersidad de las colores; dime: no veys que de vna manera se vsan vestir los españoles, de otra los ytalianos, de otra los franceses, de otra los alemanes, de otra los griegos, de otra los turcos, de otra los moros?

Mes.—Sin duda es assi.

Con.—Avn dentro de vna region vemos gran variedad en las ropas de vna mesma edad y estado de personas; quanta diferencia ay del habito que vsan los venecianos del que vsan los florentines e del que vsan los romanos, y esto es dentro de vna misma prouincia de Ytalia!

Mes.—Bien creo que es assi.

Con.—Pues desta diferencia de las prouincias, nascio la diferencia de nuestros habitos; Santo Domingo tomo la forma de vestir de los labradores de España, especialmente de aquellas partes de la prouincia donde el biuia; Sant Benito, de los de Ytalia, donde biuio; Sant Francisco, de los de otras partes; e assi has de entender de todos los otros.

Mes.—Segun veo, vosotros no soys mas santos que nosotros, si no biuieredes mejor?

Con.—Antes somos peores, porque biuiendo mal, escandalizamos a los simples.

Mes.—Luego alguna esperança tendremos nosotros, avnque no tengamos algun santo que podamos llamar nuestro padre sant fulano, e avnque no tengamos regla, ni habito, ni profession.

Con.—Antes todo esso tienes si lo sabes guardar; o amigo! Pregunta a tus padrinos la profession que heziste en el baptismo; que habito te dieron alli quando te dixeron: *Accipe vestem candidam.* De la regla no tienes necessidad de demandalla a los hombres, pues tienes lo que te dio Jesu Christo, que es su santo Euangelio; tampoco has menester tener algun santo por padre, pues tienes por padre a Jesu Christo. Allende desto, tienes otra profession que heziste en el matrimonio; piensa lo que deues a tu muger e lo que a tus fijos e familia, e fallaras tener mayor cargo a cuestas que si fuesses frayle de San Francisco.

Mes.—Creeys que va algun mesonero a Parayso?

Con.—Por que no?

Mes.—Muchas cosas se fazen e dizen en esta casa que no conforman con el Euangelio.

Con.—Esso todo deneslo remediar.

Mes.—Unos beuen demasiado, otros hablan cosas no muy honestas, otros riñen, otros murmuran, e no se si todo lo demas es limpio.

Con.—Esso todo lo deues remediar en quanto buenamente pudieres; e si no pudieres, no mantengas ni procures cosas semejantes por el interesse de la ganancia.

Mes.—Algunas vezes no soy fiel en el vino.

Con.—Que hazes?

Mes.—Quando siento que los que aqui comen estan algo calientes, aguoles largamente el vino.

Con.—Esso no es tan malo como si les diesses vinos adobados, especialmente con adobos peligrosos.

Mes.—Dime agora, tornando a hablar en veras: quanto aueys tardado en este camino?

Con.—Casi vn mes.

Mes.—Quien os da de comer e las cosas necessarias por todo este tiempo?

Con.—No te parece que ternan bien todo lo que ouieren menester, los que tienen muger e fijos, padres e parientes?

Mes.—Sin duda ninguna.

Con.—Tu no tienes mas de vna muger, nosotros tenemos mas de ciento; tu no tienes mas de vn padre, nosotros ciento; tu no tienes mas de vna casa, nosotros ciento; tu no tienes sino estos pocos hijuelos, nosotros tenemos infinitos; tu no tienes sino pocos parientes, nosotros los tenemos sin cuento.

Mes.—Como assi?

Con.—Porque mas se estiende la parentela del spiritu que de la carne; e assi nos lo prometio Jesu Christo; e hallamos por experiencia verdaderas sus promessas.

Mes.—Sin duda tu me as dado buena cena, e, por mi fe, que me he holgado mas con esta fabla; assi yo biua, que querria mas semejantes hablas, que la ganancia que nuestro cura me trae continuando mi casa; querras mañana sermonar al pueblo? e si de aqui adelante por aqui te acaeciere caminar, tendras esta casa por tuya.

Con.—E si vienen otros?

Mes.—No me pesara con ellos, si son tales como tu.

Con.—Mejores, segun yo creo.

Mes.—Mas viniendo tantos malos, como conocere los buenos?

Con.—Yo te lo dire mas secreto.

Mes.—Di.

Con.—Yo te lo terne en la memoria e lo hare.

FINIS

[XI] COLLOQUIO

compuesto por el doctissimo varon D. Erasmo Rotherodamo, doctor en Sacra Theologia, consiliario de sus magestades, etc. De la manera del morir mundana e catholica. Nueuamente sacado en la lengua castellana.

PROLOGO DEL INTERPRETE

Pensaran algunos muy recatados, prudente lector, que fue liuiandad mia querer trasuntar en nuestra lengua española este colloquio que el dotissimo varon Erasmo compuso quasi burlando, el qual, avnque en latin aprouecha para bien hablar con su elegancia, en nuestro vulgar no podria aprouechar con su dotrina, por lo qual acorde aqui, en la primera entrada suya, declarar su intencion e dar a entender el motiuo que le mouio a escreuir coloquio tan yrrisiuo, e a mi a lo passar en nuestra lengua, porque los calumniadores sean satisfechos y los censores de intenciones agenas antes sean assegurados con el prisuelo de la sana intencion, que permitidos en entrar a morder sin estoruo. Por lo qual acorde de la buscar en las obras del mismo auctor, e fallela al cabo de vna epistola que el escriue a vn amigo suyo declarando la intencion de cada colloquio, y es esta que se sigue: «En el colloquio que escreui e compuse del entierro e muerte de aquellos dos, senti que, porque la muerte suele descubrir e declarar la fe y esperança de los christianos, pinte en dos varones sin letras e quasi del medio vulgo tomados, dos diuersos generos y maneras de muerte, como representando quasi en ymagen biua y verdadero exemplo, y poniendo ante los ojos, como es muy varia e diuersa la partida e muerte de los que se fundan e fian en cosas forjadas e vanas, e de los que ponen la esperança de su salud e saluacion en la misericordia e diuina piedad del alto Dios. Reprehendiendo simuladamente e quasi de passo la necia e muy basta ambicion y soberuia de los ricos, que quieren prolongar y estender su demasia e mortal soberuia fuera avn de los limites y terminos de la muerte, siendo ella la que lo auia de atajar e quitar todo. E notando juntamente el vicio e infernal error de aquellos que, buscando su prouecho e propio interesse, dan lugar e aprueuan la necessidad e triste ceguedad de los dichos ricos, la qual ellos muy mas que otros auian de reprehender e corregir. Porque quien aura que ose libremente amonestar y reprehender a los poderosos señores e ricos varones, si los mismos religiosos e frayles, que se confiessan ser muertos quanto al mundo e libres de sus afectos, lisonjean a sus vicios y de vicios e torpes maldades los hazen ser sancta virtud? Si en el mundo no ay ningunos que tales sean quales yo los pinte y escreui, quede lo escripto para exemplo e auiso que ninguno cayga en ello; e si por ay comunmente y a cada passo se cuentan cosas acaecidas en este caso muy mas feas e abominables que las que yo escreui y señale, los que son nobles y varones sin passion e tienen sana conciencia, reciban mi santa intencion e simple auiso e corrijan su vicio y error; e si ellos estan sin culpa, emienden y refrenen a los otros que veen errar e hazer lo que no deuen. No culpo a orden o religion alguna en particular, ni señalo mas a la vna que a la otra, ni por ventura no infama y ofende a toda la religion christiana toda junta el que queriendo auisar y demostrar el camino de la verdad, dize y reprehende algo de las dañadas y peruersas costumbres de los christianos. E si algunos ay que miren y velen mucho sobre la honra e autoridad de la orden o religion, que no se diga della cosa alguna de flaqueza e diminucion, trabajen antes de refrenar e corregir con diligencia a aquellos apassionados religiosos que afrentan y desonran con sus obras e malas costumbres publicamente a la orden y religion toda. Pero, pues vemos que los tienen, conocen, honran y defienden como a hermanos e compañeros, con que cara osan dezir y poner en quexa que la honra e fama de la orden y religion es ofendida y lastimada por el que auisa e amonesta lo que mejor es e mas conuiene? Avnque a la verdad, que razon ay que nos fuerce e obligue que por tener respecto a esta religion humana, o a aquella, dexemos e oluidemos el publico prouecho e comun vtilidad de los christianos todos?» (¹). Por lo qual sera cierto muy mejor para todas las ordenes, assi en comun como en particular, en publico y en secreto, que, dexada la rauia y dañada passion de calumniar y redarguyr, que quiera que no bien aplaze, todos recibamos con limpios animos e sancta intencion qualquiera cosa que con sancto proposito se

(¹) Cita tomada del opúsculo de Erasmo: *De utilitate Colloquiorum*, fechado en Basilea, á 19 de Mayo de 1527.

dize e amonesta para publico prouecho e comun bien de todos los catholicos. Esto es lo que la intencion del autor contiene. Por tanto, no se altere nadie contra el interprete, que si en latin conuiene para los que saben e dissimulan con la cosa, en romance conuendra e aprouechara para los simples y que no saben bien vsar de los fauores de la Sancta Madre Yglesia para sus animas. De manera que sea agora este nuestro tratado como espejo de dos lumbres. La vna que haze el rostro muy mayor e mas ambicioso que el es, y la otra que lo haze e muestra como es al natural, para que ninguno se engañe. Plega a Dios que assi lo entendamos todos e nos auisemos para bien partir desta continua pelea; que el Spiritu Sancto, pacificador de todos vniuersalmente, que por diuersas maneras e modos vsa de sus organos e instrumentos, nos haga a todos concordes e vnanimes en la sana doctrina e sanctas costumbres, porque alcancemos juntamente a entrar y folgar en el ayuntamiento e glorioso reyno de la celestial Jerusalem, donde no ay vandos algunos, ni contiendas de desconformidad.

FIN DEL PROLOGO

Interlocutores: Marcolpho, Phedro.

La cueua de Trophonio es en Boecia (¹). Todos los que entrauan en ella veyan cosas espantosas. Salidos della, estauan muy tristes, jamas se reyan. Phedro, en la lengua griega, quiere dezir alegria.

Dize Marcolpho.—De a do bueno viene agora nuestro amigo Phedro, tan amarillo e marchito? Sales, por ventura, de la cueua de Trophonio, como dizen?

Phedro.—Por que lo dizes?

Mar.—Porque vienes tan triste, tan assombrado, tan flaco, tan encapotado y tan al reues de lo que tu nombre suena y quiere dezir.

Phed.—Marcolpho, los que por algunos dias andan en las tiendas y fraguas de los herreros, suelen siempre leuar en si antes algo de tizne que no de otra cosa. Que te espantas que yo venga tan triste e marchito, auiendo tantos dias estado con dos enfermos muy trabajosos hasta que fallecieron y quedaron sepultados, e siendo mayormente ambos tan grandes amigos mios?

Mar.—Que amigos me dizes que quedan sepultados?

Phed.—Conociste a George Balearico?

Mar.—De nombre si conoci, pero no de rostro.

(¹) *Sic,* por «Beocia».

Phed.— ... ...
... ...
... ...
... ...

Mar.— ... ...
... ...

Phed.— ... ... que por ventura qui-
...

Mar.— ... ... la muerte es cosa tan ...
... ... comunmente
...

Phed.— ... ... para la muerte es
... ... trabajo, que no la mesma
... ... al que quisiere y remaxiere
... ... y ... aquel espanto e
... ... la muerte trae, no terna qua-
... ... trabajo que ella dar puede;
... ... que ay de trabajo o pena, o en
... ... en la mesma muer-
... ... muy ligero e facil quando
... ... y pone todo en la volun-
... ... mesma manos de su mi-
... ... lo que toca al ...
... ... la muerte, quando ya el anima
... ... por que, en ningu-
... ... es muy todo a fina-
... ... porque ya nacen, antes que
... ... llegan, esta muy
... ... es bien muy contra
... ... todas las partes ...
... ...

Mar.— Como no ... nuestros ...

Phed.— ... ... sentido nuestras ...

Mar.— Por que tambien ... no morimos!
Por que quiso Dios que la muerte fuesse de
tanto dolor y tormento!

Phed.— Mira, quiso Dios que el nacer fues-
se tan graue o peligroso a la madre, porque
... ... y en ... tuuiesse lo que con
tanto peligro y trabajo pariesse. La muerte
quiso que fuesse a todos tan temerosa y espan-
table, porque los hombres por ay comunmente
e a cada passo no se la tomassen e buscasen
ellos mesmos. Porque, como veamos continua-
mente, e avn casi cada dia, por ay a tantos to-
marsela ellos mismos con sus manos, que pien-
san que fuera si la muerte no tuuiera temor y
espanto alguno en si? Digote en verdad que no
fuera açotado el esclauo, o el hijo moçuelo en
casa de su padre; no se enojara la muger con-
tra el marido; no se perdiera cosa alguna o
acaeciera otra qualquier desdicha que diera muy
gran pena y trabajo al animo, quando luego to-
dos aguijaran y se ocurrieran o a la soga, o al
cuchillo, o al rio, o al despeñadero, o a la pon-
çoña. Por lo qual el amargura y duro trago
de la muerte, nos haze amar y tener en mas
la vida que otra cosa alguna deste mundo,

viendo mayormente que no ay medico ningu-
no que basta dar la vida al que vna vez está
ya fuera della. Avnque en la verdad, assi como
no todos aciertan nacer por vna manera ni si-
guen vna suerte en el nacimiento, assi tampo-
co todos no aciertan en vna manera y forma de
morir y salir de la vida. Vnos mueren muy de
presto e sin tardar, como casi arrebatados;
otros estan en morir muchos dias, desfazien-
se y gastandose con vna muerte muy prolixa;
los perlaticos, adormecidos e sin sentido casi,
como mordidos de la aspide, mueren sin senti-
do ninguno de la muerte. Vna cosa se y tengo
por muy aueriguada e cierta: que ningun ge-
nero de muerte ay tan aspero y cruel que no
se sufra y haga tolerable quando el hombre,
con todo coraçon e animo, se determina de mo-
rir e salir desta vida.

Mar.— Dessos dos que viste morir, qual te
parecio que murio mas catholica e fielmente?

Phed.— Georje Balearico murio cierto muy
mas honrada y esplendidamente.

Mar.— Pues como? tambien la muerte tiene
su ambicion e fantasia?

Phed.— Agora, mira; yo te digo de verdad
que nunca me acuerdo auer visto morir a dos
por tan diuersa e contraria manera. Si estas
despacio e huelgas de lo oyr, yo te contare la
muerte y partida de ambos, y despues tu juz-
garas qual dellas deue todo christiano y catho-
lico varon escoger, dessear y pedir para si.

Mar.— Antes yo te suplico e pido por mer-
ced que no se te haga graue o pesado de lo
contar, porque en verdad no pienso que podria
yo agora oyr cosa de que mas me holgasse.

Phed.— Agora, pues, oye primero la muerte
de George: Has de saber que ya que la muerte
dio de si muy ciertas y aueriguadas señales,
toda la congregacion y caterna de los medicos
que auian curado muchos dias al dicho enfer-
mo, dissimuladamente, e sin dar muestra de
desesperacion de su vida, demandaron dineros
y el salario de su trabajo.

Mar.— Quantos eran los medicos?

Phed.— Vnas vezes se juntauan diez, e otras
vezes doze, e quando mas menos fueron seys.

Mar.— Pues essos bastauan avn para matar
vn sano.

Phed.— Ya que les ouieron pagado a todos,
muy secretamente dixeron a los deudos del en-
fermo como, sin duda, el no podia escapar, ni
se leuantaria biuo de aquella cama; que curas-
sen de le proueer e aparejar las cosas que con-
uenian para la salud de su anima, y que de la
salud y remedio del cuerpo no fiziessen ya
cuenta. Luego los amigos mas familiares e
honrados vinieron para el enfermo e dixeronle
que seria bien que el remedio e salud de su
cuerpo lo encomendasse a Dios, y que solamen-

Phed.—Pues al otro bien se que no le conoces; era vn Cornelio Monte, con el qual muchos años tuue yo muy gran conuersacion e amistad muy estrecha.

Mar.—Nunca en mi vida me he hallado en muerte y fallecimiento de persona alguna.

Phed.—Yo mas vezes que por ventura quisiera.

Mar.—Pues dime: la muerte es cosa tan horrible y espantosa como por ay comunmente dizen?

Phed.—Mira: el camino para la muerte es muy mas duro e trabajoso que no la mesma muerte. Por tanto, el que quitare y remouiere de su animo y pensamiento aquel espanto e ymaginacion que la muerte trae, no terna quasi en nada el mal o trabajo que ella dar puede; y en fin, todo lo que ay de trabajo o pena, o en la enfermedad y dolencia o en la mesma muerte, se haze y torna muy ligero e facil quando el hombre se entrega y pone todo en la voluntad de Dios y en las piadosas manos de su misericordia. Porque quanto a lo que toca al sentido o dolor de la muerte, quando ya el anima se aparta del cuerpo, pienso yo que es ninguno, o, si alguno es, el deue ser muy boto e fuera de todo sentido, porque ya natura, quando a estos terminos e puntos llegue, esta muy adormida e muy muerta, e tiene muy resfriadas e adormecidas todas las partes sensibles del humano cuerpo.

Mar.—Como nacemos nosotros sin sentirlo?

Phed.—Pero no sin sentirlo nuestras madres.

Mar.—Por que tambien assi no morimos? Por que quiso Dios que la muerte fuesse de tanto dolor y tormento?

Phed.—Mira: quiso Dios que el nacer fuesse tan graue e peligroso a la madre, porque mas amasse y en mas tuuiesse lo que con tanto peligro y trabajo pariesse. La muerte quiso que fuesse a todos tan temerosa y espantable, porque los hombres por ay comunmente e a cada passo no se la tomassen e buscasen ellos mesmos. Porque, como veamos continuamente, e avn casi cada dia, por ay a tantos tomarsela ellos mismos con sus manos, que piensas que fuera si la muerte no tuuiera temor y espanto alguno en si? Digote en verdad que no fuera açotado el esclauo, o el hijo moçuelo en casa de su padre; no se enojara la muger contra el marido; no se perdiera cosa alguna o acaeciera otra qualquier desdicha que diera muy gran pena y trabajo al animo, quando luego todos aguijaran y se ocurrieran o a la soga, o al cuchillo, o al rio, o al despeñadero, o a la ponçoña. Por lo qual el amargura y duro trago de la muerte, nos haze amar y tener en mas la vida que otra cosa alguna deste mundo,

viendo mayormente que no ay medico ninguno que basta dar la vida al que vna vez esta ya fuera della. Avnque en la verdad, assi como no todos aciertan nascer por vna manera ni siguen vna suerte en el nacimiento, assi tampoco todos no aciertan en vna manera y forma de morir y salir de la vida. Unos mueren muy de presto e sin tardar, como casi arrebatados; otros estan en morir muchos dias, desfaziendose y gastandose con vna muerte muy prolixa; los perlaticos, adormecidos e sin sentido casi, como mordidos de la aspide, mueren sin sentido ninguno de la muerte. Una cosa se y tengo por muy aueriguada e cierta: que ningun genero de muerte ay tan aspero y cruel que no se sufra y haga tolerable quando el hombre, con todo coraçon e animo, se determina de morir e salir desta vida.

Mar.—Dessos dos que viste morir, qual te parecio que murio mas catholica e fielmente?

Phed.—Georje Balearico murio cierto muy mas honrada y esplendidamente.

Mar.—Pues como? tambien la muerte tiene su ambicion e fantasia?

Phed.—Agora, mira; yo te digo de verdad que nunca me acuerdo auer visto morir a dos por tan diuersa e contraria manera. Si estas despacio e huelgas de lo oyr, yo te contare la muerte y partida de ambos, y despues tu juzgaras qual dellas deue todo christiano y catholico varon escoger, dessear y pedir para si.

Mar.—Antes yo te suplico e pido por merced que no se te haga graue o pesado de lo contar, porque en verdad no pienso que podria yo agora oyr cosa de que mas me holgasse.

Phed.—Agora, pues, oye primero la muerte de George: Has de saber que ya que la muerte dio de si muy ciertas y aueriguadas señales, toda la congregacion y caterua de los medicos que auian curado muchos dias al dicho enfermo, dissimuladamente, e sin dar muestra de desesperacion de su vida, demandaron dineros y el salario de su trabajo.

Mar.—Quantos eran los medicos?

Phed.—Vnas vezes se juntauan diez, e otras vezes doze, e quando mas menos fueron seys.

Mar.—Pues essos bastauan avn para matar vn sano.

Phed.—Ya que les ouieron pagado a todos, muy secretamente dixeron a los deudos del enfermo como, sin duda, el no podia escapar, ni se leuantaria biuo de aquella cama; que curassen de le proueer e aparejar las cosas que conuenian para la salud de su anima, y que de la salud y remedio del cuerpo no fiziessen ya cuenta. Luego los amigos mas familiares e honrados vinieron al enfermo e dixeronle que seria bien que el remedio e salud de su cuerpo lo encomendasse a Dios, y que solamente ya ordenasse e dispusiesse las cosas que conuenian para bien e catholicamente partir desta vida. Como estas palabras oyo dezir Georje, boluio, con muy grande yra e alterscion del rostro, los ojos contra los medicos, como quasi recibiendo muy gran pena e passion dellos, porque assi lo dexauan e priuauan de toda esperança de biuir. Ellos, como assi lo vieron y que con tanta yra los miraua, respondieronle que por cierto ellos eran medicos e no dioses, que auian fecho e cumplido en el ya todos los remedios e diligencias que su arte mandaua y ellos por ella sabian; pero que contra la vltima voluntad de Dios y necessidad de la muerte, ninguna medicina bastaua ni arte otra humana podia dar remedio. Dichas estas palabras, retraxeronse todos ellos juntos a vna camara que estaua alli cerca.

Mar.—Pues que esperauan ya, recebida la moneda?

Phed.—Nunca entre todos ellos se auia acabado de aueriguar ni conocer el genero e manera de enfermedad de que el dicho Georje moria; porque vno dezia que era ydropesia, otro hinchazon, otro apostema o ayuntamiento en los intestinos, otro, otro mal. Y assi, todo el tiempo que curaron del, siempre disputaron e altercaron del genero e causa de la enfermedad, sin conocer ni acabar de alcançar el principio e causa della.

Mar.—Cuytado del triste enfermo entretanto!

Phed.—E por acabar ya su porfia e contienda en que estauan, suplicaron a la muger e deudos del dicho enfermo, que acabassen con el que tuuiesse por bien de les consentir abrir el cuerpo despues ya de fallescido, lo qual era cosa de muy grande honra, y tal por cierto, que nunca se fazia sino en cuerpos de grandes señores, por manera de grandeza, e tambien porque seria causa de salud e notable experiencia para muchos otros, de lo qual no le podia suceder poco merito y perdon para su anima. E, finalmente, prometen de le hazer dezir treynta missas, para las quales depositaron luego la limosna. Lo qual, avnque con muy gran trabajo e porfia, en fin ya alcançaron del enfermo por las piadosas e blandas palabras de la muger y de los deudos e amigos del dicho Georje. Esto ya concluydo e assi ordenado, saliose toda aquella caterua y esquadron de medicos, e no quisieron estar alli fasta que el enfermo falleciesse, diziendo que no conuenia ni era consentaneo a razon que, pues ellos eran ministros e abogados de la vida, se hallassen presentes en muerte de ninguno ni en su entierro tampoco. Luego de alli llamaron al padre Fray Bernardino, varon muy reuerendo, como ya sabes, guardian de los frayles Franciscos, el qual le oyesse de penitencia.

Apenas casi auia acabado de confessar el triste enfermo, quando ya estaua la casa toda casi llena de frayles de las quatro Ordenes que comunmente llaman mendicantes.

Mar.—Tantos bueytres para vn solo cuerpo?

Phed.—Acabada ya la confession, fueron luego a llamar al cura de la parrocha, para que traxesse el Santo Sacramento e la Extremavncion.

Mar.—Catholico e santo era por cierto esso.

Phed.—Venido ya el cura, errose muy poco que no ouo muy gran pendencia y renzilla entre el cura y los frayles; porque, en verdad, que llegaron ya casi a los cabellos.

Mar.—En la camara misma del enfermo?

Phed.—Y avn delante el mismo Jesu Christo tambien.

Mar.—Pues que fue la causa de tan gran rebuelta e alteracion assi luego entrellos?

Phed.—Como el cura vio que el enfermo se auia confessado con aquel frayle francisco, dixo que por cierto el no le daria el Santo Sacramento de la Eucharistia, ni la Extremavncion, ni sepultura ecclesiastica tampoco, si el propio otra vez no le tornaua a confessar; porque el era cura de aquella parrocha, y que el auia de dar a Dios cuenta de aquella su oueja, lo qual el no bien podia fazer no sabiendo los secretos de su conciencia, ni la cuenta de sus culpas y pecados.

Mar.—Pues no te parece a ti que era justo lo que pedia?

Phed.—A ellos no les parecia assi; porque todos juntamente se lo contradezian; mayormente el fray Bernardino e fray Vincente el dominico.

Mar.—Que escusa dauan ellos por si?

Phed.—Desonrauan muy feamente e con muy desonestas palabras al triste cura; diziendole de asno a cada palabra, digno mas para ser pastor de puercos que para ser pastor de animas. Porque yo (dixo fray Vincente) soy bachiller formado en Sacra Theologia y espero muy presto ser graduado de licenciado, e tambien de titulo de dotor; tu apenas sabes dezir o leer vn euangelio, quanto mas examinar e discutir los secretos e particularidades de vna conciencia. E si tan escrupuloso e diligente eres, anda ve e mira bien que haze tu muger e hijos en casa e visitalos con diligencia. E otras infinitas cosas desta manera, que en verdad yo he verguença de las dezir.

Mar.—Pues bien; y el cura, que dezia? no respondia nada?

Phed.—No respondia? respondia e fablaua tanto, que no parecia sino cigarra asida por el ala; daua muy grandes bozes, diziendo: Yo hare e atare otros bachilleres muy mejores que no tu, por cierto, de cañuelas e ramas de hauas. Los

autores e fundadores mas principales de vues-
tras ordenes, Santo Domingo e San Francisco,
adonde aprendieron la filosofia de Aristoteles, o
los argumentos de Santo Thomas, o las espe-
culaciones del Scoto? o adonde los graduaron
de titulo de bachilleres? Entrastes os en el mun-
do sin ser sentidos, por ser el entonces simple
e sin malicia; porque erades en aquel tiempo
muy pocos, muy humildes, e algunos entre vos-
otros buenos letrados y de muy santa vida;
haziades vuestros nidos o monesterios en los
campos o por los lugares, con toda paciencia e
mansedumbre, e de ay saltastes dentro de las
mas populosas ciudades que fallar podistes, y
sentastes vuestras casas en la mejor e mas
principal parte de la ciudad que os parecio,
auiendo tantos campos e lugares desiertos, don-
de no puede auer ni estar cura alguno. Porque
alli no estays vosotros para recebir e consolar
a los que tienen necessidad de vuestra ayuda e
consuelo? porque nunca os fallo por las casas
de los pobres confessando a los que no tienen,
dando de vuestra limosna a los necessitados,
e visitando tan a menudo los hospitales e car-
celes, como visitays e frequentays las casas de
los ricos e aposentos de grandes señores? Days-
me en cara con el Papa, e dezisme que teneys
facultad para esto; si que vuestros priuilegios
no pueden nada, si no es quando el ordinario
no faze su oficio, o su prouisor o el cura? A lo
menos yo os digo que tanto que Dios me diere
a mi salud e tuuiere fuerças para estudiar, nin-
guno de vosotros predicara en mi yglesia. Yo
no soy bachiller, ni tampoco lo era Sant Mar-
tin, y era obispo e perlado santissimo. Lo que
yo no alcanço de dotrina o ciencia, en verdad
que no lo pregunte a vosotros. Creys por ven-
tura que esta ya el mundo aora tan simple e
necio, que, donde viere vn habito de San Fran-
cisco o de Santo Domingo, ha de pensar luego
y creer que su santidad dellos esta tambien
alli? En lo demas, que os va a vosotros saber
que faga yo en mi casa, o quien este dentro
della? Mira que ya el pueblo, e avn los mas ba-
xos de todo el, tambien sienten e saben muy de
cierto que es lo que vosotros hagays alla en
vuestros rincones y escuras clausuras, e como
tratays a las tristes monjas e sacras donzellas
tambien. Y no menos, en verdad, se repica e
gorgea por las tiendas de los barueros y circu-
los de los ciegos, como dizen: quan no mas lim-
pias ni mas honestamente tratadas sean las ca-
sas de los señores e varones ricos que visitays,
entrando con Dios y saliendo con el diablo.—E
otras infinitas cosas desta manera; de tal modo
que, en verdad, el los trato a los reuerendos
padres no con la reuerencia e cortesia que ellos
quisieran. E digote de verdad, que casi no tu-
uiera fin su alteracion o renzilla, si el mismo

enfermo con la mano no hiziera señal desde la
cama que le escuchassen, que queria dezir vn
poco; por lo qual avn con mucho trabajo se pudo
acabar con ellos que escuchassen vn rato en
tanto que hablaua. Como ya todos callaron,
començo a dezir assi: Paz, señores, paz, por
amor de Dios, e no aya mas contienda entre
vosotros. Señor cura, yo me confessare otra vez
contigo, e luego juntamente, antes que de casa
salgas, se te dara de contado toda la limosna
que es menester por doblar las campanas, por
la letania e obsequias, por la tumba e cama y
por la sepultura tambien; y en verdad que yo
faga de manera que en ninguna cosa te puedas
quexar de mi.

Mar.—E por ventura, el cura no quiso ad-
mitir tan justo partido ni aceptar tan honesta
condicion?

Phed.—Si acepto, avnque toda via começo
a murmurar entre dientes no se que de la con-
fession; la qual despues que vido la moneda al
ojo, remitio al mismo enfermo, diziendo que que
necessidad auia de fatigarse a si e a el en repetir
e tornar a replicar vnas mismas cosas dos vezes,
siendo mayormente ya confessadas e dichas. Por
cierto, dixo, si el comigo se confessara, que por
ventura ordenara mas justa e santamente su
testamento; pero pues assi ha sido, vaya sobre
vuestras conciencias. Todavia les peso mucho a
los frayles deste partido e justa condicion que
el enfermo hizo con el cura, demostrando gran
pena e tristeza de rostro porque perdian aquella
partezilla de la presa que el cura lleuaua. Yo
assi mismo me meti entre ellos tambien e tra-
baje mucho que no ouiesse mas y que el nego-
cio se pacificasse. El cura luego con mucha de-
uocion comulgo al enfermo e diole el Santo
Sacramento de la Extremavncion; e pagaronle
luego alli todo lo que le venia de sus derechos,
e fuesse.

Mar.—Aora bien; ouo luego paz e sosiego
entrellos, despues desta tormenta e alteracion
tan grande?

Phed.—Antes esta fue nada quasi en compa-
racion de otra que se siguio luego empos della.

Mar.—Dime, por tu vida: como o por que?

Phed.—Yo te lo dire. Auianse allegado ya
dentro de la casa del enfermo todas las quatro
ordenes mendicantes, e juntose con ellas la
quinta, que es la de la Trinidad, que dizen, con
sus cruzes en las capas. Começaron no se
como a trauar razones todos estos dichos reli-
giosos, y las quatro ordenes juntas fizieronse a
vna contra la otra quinta de la Trinidad, y co-
mençaron a dar muy grandes bozes e fazer muy
gran bullicio los vnos contra los otros, alter-
cando que las quatro ordenes eran las perfetas
y verdaderas, y que esta otra mas se podia lla-
mar postiza e quasi bastarda que no verdade-

ra orden mendicante; porque, quien nunca vido vn carro andar con cinco ruedas? o con que cara y desuergonçado atreuimiento querian que fuessen mas las ordenes mendicantes que los sacros euangelistas que la ystoria euangelica registraron? Luego dessa manera (dezian los franciscos, dominicos, augustinos e carmelitas, que son las quatro por si), anda, yd por essas plaças y calles, y traed todos los pobres que por Dios piden e fazeldos tambien mendicantes e yguales a nosotros.

Mar.—Pues los de la Trinidad, que respondian a esto?

Phed.—Ellos tambien les preguntauan a los otros que como andaua el carro de la yglesia quando no auia orden alguna de mendicante, e quando fue no mas de vna, y despues quando fueron tres solamente? Porque lo que dezis del numero de los euangelistas (dezian estotros), no tiene mas que hazer con nuestras ordenes que con vn dado, que en cada rostro tiene quatro esquinas. Quien, veamos, hizo a los augustinos mendicantes, o a los carmelitas? Quando mendico Sant Augustin? o quando Helyas? porque estos dos dizen ellos que fueron autores e fundadores de sus ordenes. Estas e otras muchas cosas se dezian vnos a otros con muy gran impetu de bozes e passion; pero, en fin, los de la Trinidad, como eran solos, no pudiendo sufrir el impetu e braueza del exercito todo de las quatro ordenes, callaron e fueronse, jurando de hazer marauillas sobre el negocio.

Mar.—Agora bien; ouo en fin paz entre los que quedaron?

Phed.—Mas antes todo aquel esquadron o ayuntamiento de reuerendos padres que primero contendian contra el pobre del quinto orden, se connertio en muy gran rebuelta e alteracion entre si mismos; porque los franciscos e dominicos dezian e porfiauan que ni los augustinos ni los carmelitas tampoco eran verdaderos e legitimos mendicantes, sino fingidos e quasi bastardos. Fue, mira, tan cruda y aspera esta porfia e quistion entrellos, que tuue gran temor que no llegassen a los cabellos, segun que los vi tan desordenados y fuera de si.

Mar.—Y todo esso podia sufrir el enfermo?

Phed.—Esto no passaua cerca de la cama del enfermo, sino aca en vn portal de la camara mesma; mas toda via oya el toda la grita e bullicio que se hazia, porque no hablauan aora assi baxo o cuerdamente entre si, sino a bozes llenas, como dizen, y mas que (segun ya sabes) los enfermos tienen muy mas despierto el sentido del oyr que no los sanos.

Mar.—Pues bien; en que paro en fin la porfia e cruda renzilla?

Phed.—Embio el enfermo a rogar con su muger que callassen vn poco e no altercassen mas, que el daria orden como todos quedassen contentos e muy bien concordes. Assi, que rogo a los augustinos e carmelitas que al presente se fuessen a sus monesterios, y que no por esso perderian cosa alguna, ni los otros que quedassen lleuarian mas parte de limosna que ellos. Pero al tiempo de su entierro mando que no faltasse orden ninguna, avn la quinta tampoco, y que diessen a cada orden su limosna ygualmente, sin que vna lleuasse ventaja a otra; pero que al combite o comida comun de sus honras no fuessen combidadas las dichas ordenes, porque entrellos no se leuantasse alguna alteracion o rebuelta.

Mar.—Por cierto que me cuentas vn varon muy perfeto y sagaz en regir y moderar; pues que avn muriendose supo ordenar y regir tan cuerdamente tan grandes alteraciones e discordias.

Phed.—Mira; fue muchos años capitan en el campo, y desde su niñez quasi criado en la guerra, en donde cada dia quasi suele auer estas rebueltas e alborotos entre los esquadrones y soldados.

Mar.—Veamos: era hombre muy rico?

Phed.—En muy gran manera.

Mar.—Pero lo que tenía deuia ser mal auido, como suele acaescer: de robos, sacos de templos y nefandas violencias.

Phed.—Assi lo suelen por ay comunmente hazer los capitanes; ni tampoco osaria yo agora jurar que este podia ser muy fuera de las costumbres de los otros. E si yo bien lo conoci, mucho mas se enriquecio con la gran bineza e sagacidad del ingenio que tenia, que no con violencia o ferocidad.

Mar.—Como assi?

Phed.—Era muy gran contador.

Mar.—E bien?

Phed.—Que bien? daua vna lista de gente al señor, faziendo resseña de treynta mil hombres, y en la verdad no eran ni avn siete mil, e avn a muchos destos mesmos no pagaua nada e quedauase con la moneda.

Mar.—Por Dios! donosa arte de contar me cuentas.

Phed.—Tenia assi mesmo muy gran cautela e maña en las cosas de la guerra; porque acostumbraua lleuar o cohechar cada mes cierta contia de dinero quando el campo estaua en alguna parte, e cohechaualo no solamente de los lugares e tierras de los contrarios, pero tambien de los aliados e amigos. De los contrarios, porque la gente no les perjudicasse ni robasse nada, y de los amigos, porque les consintiesse tractar pacto e conuiniencia con sus contrarios.

Mar.—Mas como se yo e conozco essa ser comun e muy vulgar costumbre de soldados! pero acaba de contar lo començado.

Phed.—Assi, quedaron en casa del enfermo solamente fray Bernardino e fray Vincente con algunos compañeros de su habito y religion, e a los demas embioseles su limosna muy largamente de pan e vino e toda vianda necessaria.

Mar.—Y, en fin, essos que quedaron para guardar la presa, estauan del todo en paz e concordia?

Phed.—No aora muy bien del todo; que todavia gruñian alla entre si no se que de las prerrogatiuas de sus priuilegios; pero porque el negocio no se confundiesse e la cosa no se acabasse como ellos querian, dissimulose al presente. Luego leyeron alli delante las condiciones e mandas del testamento que el enfermo fazia, e aceptose e diose por muy bueno, ante los testigos necessarios, todo lo que primero entre si auian acordado y fecho.

Mar.—Esso desseo yo de saber como fue.

Phed.—Dezirtelo he en breues palabras, porque contallo todo seria cosa muy larga. Queda la muger deste dicho defunto, que sera de edad de treynta e ocho años, vna dueña por cierto muy honrada y de muy nobles costumbres. Quedan assi mesmo dos hijos, vno de diez y nueue años e otro de quinze. Quedan dos hijas, pequeñas ambas. Esta en el testamento ordenado y mandado desta manera: Que la muger, por quanto no se pudo acabar en ninguna manera con ella que se metiesse monja, tomasse habito honesto de beata de la orden de las beghinas, porque este es vn genero de mugeres medio entre las monjas e las legas. Y que el fijo mayor, porque tampoco quiso aceptar de ser frayle...

Mar.—Aosadas, zorra vieja nunca se toma en lazo.

Phed.—Luego, acabadas las obsequias de su padre, fuesse con diligencia a Roma y se ordenasse de missa por dispensacion del Papa para lo de la edad e avn habilidad tambien, y que todo vn año dixesse cada dia vna missa en la yglesia de Sant Pedro por el anima de su padre, y cada viernes subiesse de rodillas la santa escalera que esta en Sant Juan de Lutran.

Mar.—Y esso aceptolo de buena voluntad?

Phed.—No quiero dezir que con engaño o simulacion, como suelen los asnos rescebir las cargas ya puestas e bien atadas. El hijo menor, que fuesse frayle de Sant Francisco. La hija mayor, que fuesse monja de Santa Clara, y la menor, de Sancta Catalina de Sena. Solamente esto se pudo alcançar de la muger y de los fijos, que la intencion del enfermo no era sino que, porque Dios le perdonasse mas ayna, estos dichos cinco que assi quedauan biuos fuessen diuididos por las cinco ordenes mendican-

tes, e trabajose muy reziamente en ello; pero la edad de la muger y del fijo mayor, ni por amenazas ni por falagos pudo ser atrayda a que lo aceptasse.

Mar.—Que genero y manera de desheredar!

Phed.—La fazienda toda que quedaua, estaua por esta forma y modo diuidida: Que hechas y pagadas de toda ella junta las costas y gastos de su entierro e obras pias que mandaua, vna parte entera de la fazienda fuesse para su muger, de la meytad de la qual se mantuuiesse ella, e la otra meytad fuesse para el orden y religion cuyo habito tomasse. E si despues la dicha su muger se arrepintiesse e no quisiesse estar por lo ordenado, perdiesse toda la dicha parte e fuesse para la dicha religion. Otra parte fuesse para el hijo mayor, el qual luego como el fuesse sepultado, le fuesse dada toda la suma de marauedis que fuesse necessaria para el camino fasta Roma, e para se mantener todo vn año en la dicha ciudad. E si por ventura mudasse el parecer e no quisiesse ordenarse y ser clerigo, como alli mandaua, su parte la tomassen e ouiessen los frayles de Sant Francisco y de Santo Domingo, e la diuidiessen entre si. Y de verdad que temo que aura de ser assi, segun veo al moço ser enemigo de se ordenar de ser clerigo. Dos partes otras, que fuessen para el monesterio donde su fijo el menor entrase a ser frayle. Assi mismo otras dos para los monesterios que recibiessen a sus dos fijas; pero con tal condicion, que si ellas no quisiessen professar y perseuerar en las dichas religiones, sus partes quedassen para las mesmas casas, e a ellas no se les diesse nada. Item que se diesse vna parte entera a fray Bernardino, e otra a fray Vicente, y media a los religiosos de la Cartuxa, por la comunion y participacion de todos los bienes e sacrificios que se hiziessen en toda la religion e orden vniuersal. E la parte y media que quedaua, se distribuyesse por pobres vergonçantes, los quales el dicho fray Bernardino e fray Vicente eligiessen e nombrassen.

Mar.—Pareceme a mi que auias de dezir ay los quales e las quales, como suelen dezir los juristas.

Phed.—Leydo ya el dicho testamento, hizieron la aceptacion e confirmacion del por estas palabras: George Balearico, biuo y en tu entera e sana razon e voluntad, aprueuas e das por bueno aqueste testamento que agora poco ha heziste e ordenaste, segun el parecer e intencion de tu animo y entera voluntad? Que lo aprueuo. Y que esta es tu vltima e immouible voluntad? Que assi lo es. Y que nombras e instituyes por testamentarios, exsecutores e albaceas de tu vltima voluntad, a mi e al reuerendo señor bachiller fray Vicente, que esta aqui presente? Que los nonbro e instituyo. Luego mandaronle que tornasse a firmar.

Mar.—Y pudo, estandose ya muriendo?

Phed.—Fray Bernardino le tuuo e regio la mano.

Mar.—Y que es lo que escriuio firmando?

Phed.—La maldicion de San Francisco e de Santo Domingo aya el que intentare o quisiere quitar o mudar de aqui cosa alguna.

Mar.—E no temian la action o pleyto de testamento tan contra razon e verdad?

Phed.—No, que essa action no ha lugar en las cosas que son dedicadas a Dios, porque ninguno ay que quiera tomar pleyto con Dios. Ordenadas y fechas ya estas cosas todas, la muger y los hijos dieron sus manos derechas y fe al enfermo que estarian por todo lo que el alli mandaua e ordenaua, e lo cumplirian muy por entero. De ay luego començaron a dar orden en la pompa funeral del entierro, sobre lo qual ania muy grande alteracion e porfia de vnos e de otros; en fin, lo que se concluyo fue esto: Que de cada vna de las cinco ordenes mendicantes viniessen nueue religiosos; lo primero, en significacion de los cinco libros de Moysen; e lo segundo, en significacion de los nueue coros de los angeles. Y que cada vna de las dichas ordenes truxesse su cruz, e dixessen e cantassen sus oficios muy solemnemente. Item: que se cogiessen treynta hombres para leuar las hachas ante las cruzes, en reuerencia de los treynta dineros por que fue vendido Jesu Christo, y que estos dichos hombres, allende de los parientes e deudos, fuessen vestidos de lobas e capirotes de luto. Item: que por honra e grandeza fuessen a par del cuerpo doze e[n]dechaderas o personas que llorassen al defunto, en memoria de los doze apostoles. Item: que luego atras del cuerpo fuesse el cauallo del dicho George, la boca e ceruiz atada o ligada a las manos, que pareciesse que yua por la tierra buscando a su señor, y lleuasse encima vna manta negra o paño grande que de vna parte e de otra tuuiesse el escudo de las armas del defunto. E assi mismo en cada hacha e loba de luto de los que las lleuauan, fuesse en vn escudo de las dichas armas puesto. Item: que el cuerpo del dicho defunto fuesse puesto e sepultado a la mano derecha del altar mayor, en vn tumulo o sepulchro de marmol muy rico, que fuesse quatro pies mas alto que el suelo, y que encima del tumulo estuuiesse su bulto fecho de muy fino marmol de Paro, e todo armado de los pies a la cabeça, e todo armado de los pies a la cabeça, y en lo alto del capacete vn muy rico penacho, el qual penacho era vn cuello de croto, la qual es vna aue muy grande e muy pintada, y en el braço yzquierdo tuuiese su escudo muy bien labrado, en el qual estuuiessen estas armas puestas e ricamente pinta-

das: tres cabeças de puerco jauali, fechas de de oro, en vn campo de plata. Item: al lado su espada con la mançana de oro, tuuiesse ceñida vna muy rica cinta dorada, con sus bollones de piedras muy finas e muy bien señaladas en ella. Item: que los pies no estuuiessen sin sus espuelas, porque era armado cauallero, como dizen, despuelas doradas. Assi mismo, que a los pies stuuiesse vn leopardo muy bien sacado al natural. E finalmente, que por todas las extremidades del dicho tumulo estuuiesse vn titulo o letra tal qual el la merecia. Mando tambien que su coraçon fuesse por si enterrado en la capilla de Sant Francisco, y que el cura lleuasse las tripas e las sepultasse muy honradamente en la capilla de Nuestra Señora.

Mar.—Entierro es honrado y hermoso, pero muy costoso por cierto. En Venecia mucha mas honra se haria a vn oficial e con mucho menos costa, porque la cofradia o hermandad da el lecho e andas muy ricas; e con vn defunto acaescen de yr seyscientos personas con habitos o capas de frayles vestidas.

Phed.—Ya lo vi yo esso tambien, e avn me rey mucho dessas pompas necias de personas baxas e de poca manera. Assi que el orden era que encima yuan los perayles e cortidores, y en lo mas baxo los oficiales mecanicos, y enmedio los frayles; dixeras ser vna chimera o cuerpo compuesto de partes diuersas. En verdad, si lo vieras, no dixeras ser otra cosa. Pero vna cosa proueyo e mando muy bien el dicho George: que los frayles franciscos e los dominicos echassen suertes sobre quales dellos leuarian el primer lugar en la pompa del entierro, y luego despues dellos, los otros religiosos de las otras religiones fiziessen lo mismo, porque no ouiesse entre ellos algun escandalo y altercion al tiempo del salir de la posada; e que el cura con sus clerigos fuessen abaxo de todos, porque los frayles no consintieran ni sufrieran otra cosa.

Mar.—Segun que me parece, no solamente esse tal hombre sabia ordenar muy bien huestes e batallas, pero tambien pompas e solemnes autos.

Phed.—Proueyo tambien e mando que la missa cantada que el cura dixesse en su entierro, fuesse de canto de organo muy solemne e con muchos cantores, por mas honra e grandeza. En tanto que estas y otras cosas se tratauan y ordenauan, el enfermo començaua mucho ahincar, e la muerte dio ciertas señales de como ya la vltima hora llegaua, por lo qual se començo a aparejar la vltima jornada de la miserable farça o comedia.

Mar.—Avn no es acabada?

Phed.—Sacaron la bula del Summo Pontifice, en la qual lo absoluia a culpa e a pena de todas sus culpas e pecados, e le perdonaua todos sus errores y excessos, e lo daua por libre de las penas de purgatorio, e ponia en el primero estado de la inocencia que tuuo quando fue baptizado, e juntamente daua sus bienes por buenos, bien auidos, e de legitima e justa guerra alcançados.

Mar.—Avnque ouiessen sido robados?

Phed.—Si; por justa batalla e a vso de guerra. Pero hallose alli acaso vn hermano de la muger del enfermo, el qual era muy buen letrado jurista, e noto vn passo en la bula de otra manera puesto que conuenia, e puso sospecha de falsedad en ella.

Mar.—Mas a que tiempo tan bueno! Denieralo dissimular, aunque fallara algun error muy claro e patente, e no por esso le fuera peor al enfermo.

Phed.—Assi es la verdad; que fagote saber que el enfermo se altero e perturbo en tanta manera como oyo dezir esto, que no erro mucho de desesperar e morir muy sin confiança de perdon, sino que luego alli el padre fray Vincente, mostrandose varon de muy grande animo, dixo muy determinadamente al enfermo que tornasse en si e tuuiesse muy entero animo e no se alterasse por cosa ninguna de aquellas; que el tenia comission para corregir y emendar e suplir todo lo que en las bulas se hallasse o errado o falto. E dixo assi: Mira, Georje; si la bula fuere falta o no bastare tanto *como la mas perfeta de quantas ay, yo pongo y empeño esta mi anima por la tuya, e quiero que si assi fuere, la mia vaya a los infiernos e la tuya al cielo y gloria para siempre.

Mar.—E Dios acepta tales permutaciones de animas como essas? e si las acepta, yua muy seguro Georje deste mundo con tal prenda? Porque, que sabemos si el anima de fray Vincente sin esso e con esso estaua destinada para el infierno sin permutacion alguna?

Phed.—Yo lo que alli passo te cuento, e no mas. Sin duda que el padre fray Vincente lo fizo assi como dicho tengo, y en verdad que el enfermo parecio que se esforço algo e tomo algun aliuio. Luego empos desto se recito e leyo la patente e bula de participacion, en la qual se le prometia e concedia al dicho enfermo la participacion de todas las obras que se fiziessen por todas las quatro ordenes e la quinta de los cartuxos.

Mar.—Par Dios, que yo temiera mucho de caer en el infierno, si tanta carga de obras ouiera de lleuar a cuestas.

Phed.—Pues hablo yo de las obras buenas e santas, las quales no dan mas peso o impedimento al anima para bolar al cielo, que las plumas al aue.

Mar.—Pues veamos; sus malas obras, con quien las reparten o a quien las dan?

Phed.—A los soldados de Alemania.

Mar.—Pues por que ley?

Phed.—Por ley euangelica que dize: al que tiene, que le den mas. Leyose luego assimismo el numero de las missas e psalterios que auian de yr luego de presente con el anima del defunto, el qual por cierto era quasi infinito. Luego de ay tornole a reyterar la confession, e diose la bendicion como es costumbre.

Mar.—E luego dio el anima a Dios?

Phed.—No avn, que primero tendieron vna estera de juncos en el suelo, e arrollada vn poco a vn cabo, porque fiziesse cabecera.

Mar.—Para que era esso?

Phed.—Rociaronla toda con ceniza, avnque poca, e alli baxaron el cuerpo del enfermo; tendieronle por encima vn habito de Sant Francisco bendito muy deuotamente, con sus oraciones e agua bendita; pusieronle el escapulario debaxo de la cabeça, porque a la sazon no se lo pudieron vestir, e dentro del metieron la bula con las participaciones de las ordenes.

Mar.—Cata que es nueua manera e forma de morir essa.

Phed.—En verdad que dizen e afirman que los demonios no tienen que fazer con los que assi mueren. E assi dizen que murio Sant Martin e Sant Francisco, allende de otros muchos.

Mar.—Verdad es, pero su vida dessos respondia e concordaua con essa tal muerte. Pero di, por tu vida: de ay en que paro el negocio?

Phed.—Dieronle luego al dicho enfermo vna cruz e vna candela encendida de cera. Quando le dieron la cruz, dixo assi el enfermo: En la batalla anduue yo siempre seguro con mi escudo; agora, en esta vltima, pondre yo este diuino escudo contra mi enemigo; e besola e pusosela sobre el ombro yzquierdo. A la candela dixo: Pude yo mucho en mi tiempo con mi lança en las peleas que entre; agora arrojare yo esta lança contra el comun enemigo de las animas.

Mar.—Assaz soldadescamente, por mi fe.

Phed.—Esto fue lo vltimo que dezir pudo; porque luego se le perturbo la lengua e começo la muerte a ahincarle, de manera que ya el anima queria salir. El padre fray Bernardino estaua a la mano derecha del dicho enfermo, y el padre fray Vincente a la yzquierda; ambos dauan muy altas bozes y no cessauan de hablar. El vno le enseñaua la ymagen de Sant Francisco, y el otro la de Santo Domingo. Los otros religiosos todos estauan esparzidos por toda la camara o sala, rezando en tono muy dolorosamente algunos psalmos e oraciones deuotas. Fray Bernardino, con muy grandes bozes, heria en la oreja derecha, e fray Vincente en la yzquierda.

Mar.—Y que dezian con essas bozes?

Phed.—Esto casi era lo que fray Bernardino dezia: George Balearico, si agora tambien aprueuas e das por bueno todo aquello que queda hecho e ordenado entre nos, inclina o buelue la cabeça hazia mi. Inclinola. Fray Vincente, de la otra parte: George, no temas; esfuerçate, que aqui tienes a Sant Francisco e a Sancto Domingo que te aparten y defiendan; esta bien seguro. Piensa quantos meritos tienes para lleuar contigo; que bula tan amplissima; acuerdate, finalmente, que si algun peligro se te ofreciere, mi anima esta empeñada por la tuya; e si oyes, sientes e tienes por bueno esto que digo, buelue la cabeça para mi. Boluiola. Luego, otra vez, dando las mismas bozes, tornauanle a dezir: Si oyes e sientes esto, aprieta mi mano. Apretola luego. Assi que desta manera, boluiendo la cabeça a la vna parte e a la otra, e apretando las manos del vno y del otro, se passaron casi mas de tres horas. Quando ya començo George a boquear, luego fray Bernardino, leuantado en pie, començo a dezir la absolucion plenaria, la qual antes que acabasse, Georje dio el anima a Dios, al punto quasi de la media noche. E luego por la mañana abrieronle los medicos, como auian antes acordado.

Mar.—Y que mal le hallaron dentro del cuerpo?

Phed.—Bien dizes, que en verdad se me auia oluidado. Un pedaçuelo de plomo que estaua en la tela del coraçon.

Mar.—Pues por adonde le entro alli?

Phed.—Dixo alli su muger que en los tiempos passados auia sido herido de vna escopeta, y de aqui conjeturaron los medicos que como el plomo de la pelota se derritio, algun pedaçuelo se quedo alli asido sin que se sintiesse. Ya despues de despedaçado en alguna manera el dicho cuerpo, vistieronle el habito de Sant Francisco. E despues de comer fue sepultado con toda pompa e solemnidad que estaua ordenada, segun que ya he dicho.

Mar.—Por cierto que en mi vida no he oydo muerte mas trabajosa, ni entierro mas ambicioso que esse. Pero pienso yo que no osaras tu contar essa fabula en toda parte ni publicarla tampoco.

Phed.—Por que?

Mar. — Porque no se indignen las moxcardas.

Phed.—No ay peligro ningun en ello, porque si lo que aqui cuento es bueno y sancto, avn a ellos mas que a otro conuiene que lo sepa el pueblo e lo sienta bien. E si no lo es, los que son hombres de bien entre ellos y personas de sancta vida, me daran gracias por que lo digo y escriuo; porque corregidos e quasi afrentados con esta afrenta y verguença algunos que no tienen tanta, dexarse han de hazer semejantes cosas, e los simples assimismo huyran e auisaran caer en tal error e morir con tal liuiandad. Porque, en la verdad, entrellos avn ay algunos hombres muy cuerdos y enteramente christianos, los quales muchas vezes comigo se an quexado; e llorando quasi dicho que la superstricion o la mala intencion de algunos pocos, haze que toda la religion desagrade a los buenos y venga en murmuracion y reprebension entre ellos.

Mar.—Por cierto tu lo piensas bien e muy esforçadamente; poro aora desseo mucho saber como fallescio esse otro Cornelio que dexiste.

Phed.—Assi como biuio, sin perjuyzio oe nadie, ni dando pesadumbre a ninguno, assi fue su muerte. Soliale dar vna cierta calentura o fiꝪbre cada vno de los años por cierto tiempo, la qual, aora porque ya la edad era mucha e muy mas pesada (auia ya mas de sesenta años), o por otras causas que no sabemos, dio mucha mas pena y trabajo al dicho Cornelio. E como le pareciesse que la passion y enfermedad venia con tanto trabajo y peligro, conjeturo que cierto su vltimo dia e hora se le acercaua. Por tanto, quatro dias antes que falleciesse, era dia de domingo, fuese a la yglesia y confessose con su cura con mucha contricion y dolor de sus pecados, oyo el sermon e la missa mayor. Acabada la missa. recibio con mucha reuerencia e lagrimas el santissimo cuerpo de Jesu Christo, y de ay boluiose a su posada.

Mar.—No hizo llamar a algunos medicos?

Phed.—A vno solo hablo; pero no menos buen varon que buen medico, el qual se llama Diego Castrucio.

Mar.—Muy bien le conozco; hombre de muy gran vida por cierto.

Phed.—Como este medico lo vio e visito segun e como conuenia, dixole que por cierto el no dexaria de hazer y obrar en el todo lo que podria y deuria fazer en vn amigo muy intimo e muy amado; pero que le parescia a el que mucho mayor remedio e ayuda se podia esperar ya de Dios que no de los medicos. Como Cornelio le oyo dezir esta palabra, no tomo menos plazer e consolacion della que si le mostrara e prometiera muy certissima esperança de biuir. Assi que luego de ay começo con mucha diligencia a repartir por los pobres, no por estos plagueros e bozingleros que andan por las calles matando a las gentes e poniendose en cada parte donde sienten concurso de gentes, sino por aquellos que resisten a la pobreza con diligencia e trabajo de sus manos, e por sus pocas fuerças no pueden mas, a los que les llaman vergonçantes; conuiene a saber: que quieren mas con verguença morir de hambre, que sin ella mostrar en publico su flaqueza. Assi que repartio por ellos todo aquello que honestamente pudo quitar y cercenar de lo necessario a su muger e a sus hijos, avnque en tanto que biuio no dexo de hazer lo mismo y ser muy piadoso con los pobres y personas necessitadas, quanto las fuerças de su facultad e hazienda lo permitian. Rogauanle mucho todos sus amigos que se acostasse y estuuiesse en casa, y que embiasse a llamar al cura que le viniesse a visitar, dezir missa y consolar, que no fuesse el alla ni se fatigasse tanto e diesse trabajo a su flaco cuerpo. Respondio el entonces: que su costumbre auia sido siempre antes ayudar e apartar de trabajos a sus amigos, que no molestarles y darles pena; que no queria ser contrario a su costumbre muriendo, pues nunca lo auia sido mientras biuio. Y en verdad que ni avn en la cama estuuo acostado, si no fue el dia que partio deste mundo e vn poco de aquella noche. Passaua su enfermedad e trabajo vnas vezes en pie, arrimado a vn bordon, por la flaqueza e cansancio del cuerpo; otras vezes assentado en vna silla de caderas, e lo menos gastaua en la cama, pero vestido o arrimado a vnas almohadas. E desde alli, o mandaua algo de lo que tocaua a la limosna y remedio de los pobres, e mucho mas de los que el conocia e morauan por alli cerca del, o leya en cosas de la Sagrada Escriptura, mayormente en aquellas que alçan y encienden la esperança y fe de los fieles en Dios y declaran y manifiestan su diuina caridad e misericordia en nosotros. E si el por gran flaqueza no lo podia bien leer, oya a vn amigo o familiar suyo que lo leya. Muchas vezes amonestaua y exhortaua a los de su familia y casa a que se amassen vnos a otros e tuuiesen entre si concordia e amistad, y que fuessen muy buenos christianos e tuuiessen siempre a Dios ante si. Consolaua con mucho amor e paciencia a los que veya andar tristes e congoxosos de su muerte e trabajo. Rogaua e con mucha importunacion mandaua a los suyos que no quedasse por pagar cosa alguna que se deuiesse, ni quedasse nadie quexoso del.

Mar.—No hizo testamento?

Phed.—Muchos dias ha que, estando muy bueno y sano, le fizo e ordeno. Dezia el que los que se estauan ya finando no eran testamentos los que hazian, sino desuariamientos e cosas sin razon.

Mar.—No mando nada a monesterios o a pobres?

Phed.—Ni vn maraued. Dixo assi: Yo, segun mi porcion e parte, dispense e diuidi mis cosillas como pude fasta aqui; y aora, assi como doy y entrego la possession dellas a otro, assi le doy y entrego tambien la dispensacion e administracion juntamente. Y espero y enteramente confio que los mios, a quien yo lo dexo, muy mas sancta e catholicamente lo diuidiran y gastaran que yo lo he fecho.

Mar.—No mando llamar a algunas santas personas, o religiosos de buena vida, como fizo Georje?

Phed.—Ni a vno tan solo, mas que a los de su casa e a dos amigos suyos muy grandes que el mucho queria.

Mar.—Muy espantado estoy desso, y me marauillo por lo que hizo assi.

Phed.—Porque dezia el que no queria muriendo dar enojo o trabajo a mas personas que dio quando nascio.

Mar.—Aora esperando estoy el fin desta habla.

Phed.—Presto lo sabras. Vino el dia del jueues, y el no se leuanto de la cama, porque sentia ya muy gran flaqueza y veya como estaua muy cerca de su fin. Llamaron al cura, el qual le torno a dar otra vez el sanctissimo sacramento, pero sin se confesar, que ya de la otra vez estaua confessado, e no se le acordaua cosa alguna de que hiziesse conciencia. E luego diole la Extremavncion. Esto assi hecho, el cura començole a preguntar donde queria elegir sepultura, y con que pompa, o en que manera queria ser sepultado. Respondio Cornelio, e dixo: Padre mio, entierrame como enterrarias a vn christiano de los mas infimos e baxos de quantos en el mundo son. E ni tampoco me doy mucho del lugar donde deposites este corpezillo, pues que do quiera que lo pusieres ha de ser hallado ygualmente en el vltimo dia del juyzio. La pompa e fausto del entierro, tampoco me perturba nada, e por esso no deuemos tardar en hablar en ella. De ay luego hizieron la mencion del numero de las campanas con que auian de tañer por el, los treyntanarios e anniuersarios que queria por su anima, de la bula que se auia de tomar y de la limosna que se auia de dar por la participacion de los meritos e obras pias de las religiones. Entonces el respondio assi: Cura e pastor mio, por cierto nada me ofende que en mi muerte suene o no suene campana alguna, e bastarme ha muy largamente avnque no me digas mas que vna sola missa. E si alguna cosa otra ay que por fuerça no se pueda dexar de fazer e cumplir sin escandalo de los simples e flacos, segun la publica e comun costumbre de la Yglesia, yo lo remito y dexo a tu parecer e arbitrio que se cumpla y haga. En lo demas digo que no es mi voluntad, o de mercar las buenas obras e oraciones de nadie, o despojarlo de sus meritos e santo premio. Hartos e infinitos meritos manan de mi Redentor

Jesu Christo, y espero yo assi mesmo que las oraciones y meritos de toda la Yglesia vniuersal me aprouecharan e ayudaran a mi, si en la verdad soy miembro biuo e sano en ella. E finalmente, pongo y tengo muy sin temor toda mi esperança e fiuzia en dos bulas muy santissimas que yo tengo: la vna es de mis pecados todos, la qual mi Redemptor e verdadero Pastor de los pastores, Jesu Christo, dio e liberto clauandola en la cruz. La otra, que El mismo escriuio e signo con sacratissima sangre, con la qual nos hizo ciertos e dio entera esperança de la eterna bienauenturança e gloria para siempre, si toda nuestra fe e verdadera esperança pusieremos e conuertieremos en El. Nunca Dios quiera que yo, guarnecido e armado de meritos agenos e bulas, prouoque e haga que mi Dios entre en juyzio con su sieruo, sabiendo muy de cierto que ante su magestad e diuino acatamiento ninguna criatura que en el mundo biue sera justificada e limpia. Antes con mucha humildad e arrepentimiento apello de su justicia para su misericordia, porque es muy grande e muy inefable. Esto assi dicho, partiose el cura del e fuesse para su yglesia. Cornelio, muy alegre e consolado, como que ya tenia concebida en si muy grande esperança de salud e saluacion para su anima, mando que le leyessen ciertas partes e lugares de la Sagrada Escritura, las quales confirman la esperança de la futura resurrecion e con los premios de la inmortalidad, como es aquello de Esayas de la muerte prolongada de Ezechias, juntamente con el cantico que se sigue. Luego, empos dello, el capitulo quinze de la Epistola primera de Sant Pablo a los de Corintio; luego el capitulo de Sant Juan, de la muerte de Sant Lazaro, e muy mas principal e continuamente la Passion de Jesu Christo segun todos los Euangelistas. Con que animo e deuocion oya e contemplaua cada cosa de ellas! a vnas sospiraua e daua muy grandes gemidos, e otras, puestas las manos, daua gracias al inmenso Dios. A otras se alegraua e mostraua plazer, e algunas otras rezaua algunas deuociones que se sabia de coro. Como despues que acabo de comer ouiesse dormido vn poco, mando que le leyesen el capitulo doze del Euangelio de Sant Juan, hasta el fin de la hystoria. Si entonces lo vieras, cierto que dixeras aquel hombre sin duda transfigurarse e arrebatarse con vn nueuo spiritu e santissima deuocion. Ya era venida la tarde e quasi queria anochecer, quando mando llamar alli delante a su muger e a sus hijos, e leuantado el cuerpo vn poco quanto fue possible, segun su gran flaqueza, habloles desta manera: Muger mia muy amada, parte verdadera de mi coraçon: Dios, que antes nos ayunto en vno, El mismo por su voluntad nos aparta agora, pero quanto a los cuerpos e no mas, y esso por muy poco tiempo. Suplicote, por Aquel que nos ayunto, que el cuydado, amor e piedad que fasta aqui solias partir e poner en mi y en estos muy amados y queridos hijos, todo lo passes e pongas solamente en ellos. E no creas que por ningunas obras o maneras otras tu podras mas obligar e agradar a Dios e a mi que con criar, encaminar e hazer que estos hijos que Dios nos dio en fruto de nuestro santo matrimonio, vengan a ser dignos de Jesu Christo e merescedores de su reyno. Por tanto, duplica tu piedad e amor en ellos, e piensa mi parte toda e cuydado ser traspassado en ti. Lo qual si hizieres, como espero yo e confio que lo haras, no aura causa porque a nadie parezca ser huerfanos e sin padre. E si por ventura, muger y señora mia, te tornares a casar... Como la muger tal palabra oyo, començo muy resiamente a llorar e a jurar e prometer con toda fe e verdad que nunca ni avn pensaria de tornar a segundo matrimonio ni conocer otro varon. Cornelio entonces dixo assi: Hermana mia muy amada en Jesu Christo: si el Señor tuuiere por bien de te dar e conceder tal proposito e diuino esfuerço de spiritu, no faltes tu al don e gracia celestial, ni por tu flaqueza lo pierdas, porque, en la verdad, sera muy prouechoso e santo, assi para ti como para tus fijos juntamente. Pero si la flaqueza de la carne te encaminare a otro fin e camino, has de saber que, avnque mi muerte te libra del derecho e obligacion del matrimonio, no por esso te libra de la fe e obligacion que en mi nombre e tuyo deues en curar y gouernar los fijos de ambos a dos juntamente. En lo que al matrimonio toca, vsa de la libertad que el Señor te dar permite, avnque entonces vna sola cosa te ruego e amonesto tambien: que escojas y elijas marido de tales virtudes e costumbres, y que tu te muestres marido tal con el en tus tuyas, que pueda, o por su sola bondad guiado, o por su sola nobleza regido y encaminado, amar e bien tratar a sus entenados. Por esso, guarte que no te obligues ni ates con voto a nadie; guardate libre para Dios e para nuestros hijos, a los quales instruyras y doctrinaras por tal manera e modo en la dotrina e santa fe catholica, que mires bien e fagas de manera que no tomen camino de estado o elijan vida alguna hasta que por la edad y experiencia de las cosas vengan a conocer e muy bien entender para que genero de vida sean suficientes e ydoneos. Boluiose de ay luego para sus fijos, y exortoles e mandoles con mucha instancia que fuessen muy buenos christianos e muy temerosos de Dios, e guardassen siempre sus sanctos mandamientos; que obedesciessen a su madre e le tuuiessen aquella reuerencia e acatamiento que deuian, e

que vnos a otros se amassen siempre y quisies-
sen bien, biuiendo en caridad e concordia. Esto
ya assi dicho e amonestado, tomo a su muger
e abraçola e besola, e abraço y beso a sus hi-
jos juntamente, e mandolos hincar de rodillas
e dioles su bendicion, santiguandolos e supli-
cando a Dios que los hiziesse buenos christia-
nos e vsasse siempre con ellos de su santa mi-
sericordia. Luego miro hazia todos los que alli
presentes estauan, e dixo assi: El Señor e Re-
dentor mio, Jesu Christo, que en la mañana
del santissimo dia del domingo resuscito, terna
por bien e querra por su inmensa misericordia
sacar mañana, alla hazia el alua, esta pecadora
anima del sepulchro deste cuerpo e lleuarla
de las tinieblas de la mortalidad a su inmensa
luz y gloria celestial. Por tanto, no quiero fa-
tigar ni molestar la tierna edad de vosotros con
fazeros trabajar y velar en vano. Acostaos to-
dos e dormir seguros en hora buena, y todos
essotros moços de casa hagan lo mismo por ho-
ras, de manera que alguno este despierto e
vele comigo y me lea algo de la Sagrada Es-
critura. Passada la mayor parte de la noche, ya
que eran las quatro de la mañana, mando que
todos viniessen alli antel, e alli en presencia de
todos ellos le rezassen aquel psalmo que Jesu
Christo dixo e oro al Padre estando en la cruz,
el qual es: *Deus, Deus meus, respice in me; qua-
re me derelinquisti? longe a salute mea verba de-
lictorum meorum.* Que quiere dezir: Dios, Dios
mio, buelue tus ojos a mi; por que me desam-
paraste? las palabras de mis delictos muy lexos
son de mi salud. Acabado ya el psalmo e con
muchas lagrimas de todos dicho, mando que le
diessen la candela e la cruz, e tomando la can-
dela en la mano, dixo assi: *Dominus illumina-
tio mea et salus, quem timebo?* Que quiere dezir:
Siendo Dios la lumbre y salud mia, a quien te-
mere? E besando con mucha reuerencia la cruz,
dixo: *Dominus protector vite mee, a quo tre-
pidabo?* Lo qual en romañe suena assi: Sien-
do el Señor defensor de mi vida, de quien tem-
blare? Luego de ay puso las manos sobre el pe-
cho juntas, como quien reza, e alçados los ojos
para el cielo, con mucha fe y esperança dixo:
Señor Jesu Christo, Redentor mio, recibe mi
spiritu; e cerro los ojos como para dormir; e
juntamente con vn muy sotil ressuello e meneo
de boca, dio el anima a Dios. En verdad que,
si lo vieras, dixeras que se auia dormido e no
espirado.

Mar.—Nunca en mi vida oy muerte de per-
sona mas sin pesadumbre e trabajo.

Phed.—Assi fue el en toda su vida hombre
muy sin perjuyzio. Assi que mira: ambos eran
muy grandes amigos mios, y por ventura que
por el mucho amor que les tenia no puedo assi
facilmente juzgar qual dellos fallescio mas ca-

tholica e fielmente; tu, que estas sin ninguna
aficion de ambas las partes, lo juzgaras e sen-
tiras mejor e mas justamente.

Mar.—Assi lo hare, pero quando ouiere es-
pacio.

[XII] COLLOQUIO DE ERASMO

*de los nombres e las obras; en el qual descubre
los engaños en que los hombres voluntaria-
mente se ponen, queriendo mas en algunas
cosas el nombre que la obra, y en otras mas
la obra que el nombre. Interlocutores: Beato,
que quiere dezir rico, e Bonifacio, que signi-
fica hermoso.*

Dize Beato.—Salue Dios a Bonifacio.

Bonifacio.—Esse prospere a Beato. Mas
oxala entrambos fuessemos lo que nuestros
nombres señalan: tu rico, e yo hermoso!

Bea.—Como! poco bien te parece tener mag-
nifico nombre?

Bon.—A mi muy poco, si no responde la
obra.

Bea.—Pues la mayor parte de los mortales
son de otro parecer.

Bon.—Bien creo que sean mortales; mas yo
para mi no los tengo por hombres a los que tal
opinion tienen.

Bea.—E avn hombres son, si quiça no pien-
sas que, so figura de hombres, anden camellos
y asnos.

Bon.—Esso creeria yo antes que tener por
hombres a los que estiman el nombre mas que
las obras.

Bea.—Cosas ay en que tienen en mas la
obra que el nombre, mas en otras muchas por
el contrario.

Bon.—Como es esso? No lo entiendo.

Bea.—A la mano esta el exemplo. Tu nom-
bre es Bonifacio, y la obra conforma con el
nombre; mas veamos: si te ouiesses de despo-
jar de lo vno o lo otro, de qual te penaria mas:
tener el gesto feo, o que en lugar de Bonifacio
te llamassen Cornejo?

Bon.—Yo no se que tal tengo el rostro;
mas no querria ser feo: antes folgaria que me
llamassen Thersites.

Bea.—E avn yo, si rico fuesse y deuiesse
dexar la obra o el nombre, menos me pesaria
ser llamado Jro, que perder la hazienda.

Bon.—Yo tambien soy desse voto.

Bea.—Otro tanto diran los que tienen salud
y los otros prouechos del cuerpo.

Bon.—Assi se ha de creer.

Bea.—Quantos vemos que estiman mas el

nombre de doctos e buenos, que la obra de ser buenos e doctos!

Bon.—Desso muchos conozco yo.

Bea.—Y entre essos, no se tiene en mas el nombre que la cosa?

Bon.—Assi me parece.

Bea.—Si se hallasse aora vn dialetico que a lo biuo nos pintasse que cosa es rey, que cosa es obispo, que gouernador de pueblo y tambien que cosa es filosofo, avn por ventura hallariamos algunos que querrian mas el nombre que la obra.

Bon.—Esso juro yo, si solo aquel es rey que, conforme a las leyes, ocn ygualdad prouee por el prouecho del pueblo y no por el suyo; si obispo, el que siempre vela sobrel rebaño del Señor; si gouernador, el que todo se ocupa en proueer lo que cumple a la republica, sin otro interesse, e si filosofo, aquel que, menospreciados los dañosos prouechos de la fortuna, solamente entiende en adquirir buen animo.

Bea.—Ya vees aqui que de exemplos se ofrecen!

Bon.—Sin cuento.

Bea.—Pues todos estos, diras que no son hombres?

Bon.—Y avn yo temo que nosotros perdamos el nombre de hombres.

Bea.—Aora veamos: si el hombre es animal que vsa de razon, quanto va esto lexos de toda razon, que en los prouechos (que assi se llaman ellos, que no bienes) del cuerpo, y en los otros exteriores, que la fortuna los da e los quita quando le plaze, queramos mas la obra que el nombre, y en los verdaderos bienes del alma estimemos mas el nombre que la obra?

Bon. — Trastrocado juyzio, assi Dios me ayude, si bien se examina.

Bea.—Vna mesma regla se guarda en los contrarios.

Bon.—No lo alcanço.

Bea.—Lo que dezimos acerca los nombres de las cosas que se an de seguir, esso mismo diremos en los vocablos de las que deuen huyr.

Bon.—Assi me parece.

Bea.—Ser tyrano, mas aborrecible cosa es que tener nombre de tyrano. E si el obispo malo es ladron secreto e publico, como lo es, no tanto deuriamos huyr del nombre como de la obra.

Bon.—Assi conuernia, por cierto.

Bea.—Otro tanto te podrias tu notar en otras cosas semejantes.

Bon.—Bien lo entiendo.

Bea.—Tambien, el nombre de loco, no le huyen todos?

Bon.—En extremo.

Bea.—Pues veamos: no seria loco de atar el que pescasse con anzuelo de oro, el que prefe-

riesse el vidrio a las piedras de precio, el que amasse y estimasse mas vn cauallo que a su muger e a sus fijos?

Bon.—Esse seria mas loco que Corebo (¹).

Bea.—Son, por ventura, menos locos los que con mucha gana van a la guerra e con incierta esperança de vna poca ganancia ponen cuerpo y anima a manifiesto peligro? Los que todo su estudio ponen en amontonar riquezas, dexando el alma pobre de todas buenas obras? Los que mucho de proposito traen las ropas muy bordadas, e sus casas muy adereçadas, descuydandose de la tristeza del anima enferma de tantas e tan mortales enfermedades? E finalmente, los que por los deleytes desta vida, que entre las manos se nos huyen, merecen los tormentos eternos?

Bon.—La razon nos fuerça confessar que son mas que locos.

Bea.—Estando destos locos el mundo lleno, apenas hallaras vno que sufra el nombre de loco, y esto siendo tan agenos de agenarse de la obra.

Bon.—Assi es de hecho.

Bea.—Pues los nombres de mentiroso y de ladron, ya sabes quanto son odiosos a todo el mundo.

Bon.—E con razon.

Bea.—Verdad es que con razon; mas como desonrar mugeres agenas sea peor que robar, hallaras muchos que se glorifican del renombre de adulteros, y no assomaras el hurto quando ya tienen la mano al espada.

Bon. — Esso entre muchos se haze.

Bea.—Assi tambien, como aya muchos perdidos tras malas mugeres, y esten a cada passo y publicamente embueltos en las tauernas, al nombre de viciosos y bodegoneros en este punto se alteran.

Bon.—Estos tales la obra tienen por gloria, e an verguença del nombre a tal obra deuido.

Bea.—No ay nombre, a mi parescer, que menos sufran nuestras orejas que el del mentiroso.

Bon.—Yo conozco vnos hombres que vengaron vna tal injuria con muerte.

Bea.—Pluguiese a Dios que assi aborreciessen la obra. Nunca te acontecio faltarte el que te auia prometido pagar lo que le auias prestado para cierto dia?

Bon.—No pocas vezes; e avn auiendolo prometido con juramento, vna vez y muchas.

Bea—No ternian, por ventura, de donde pagar?

Bon.—Si tenian, mas parecieles mas prouechoso el no pagar.

(¹) Frase proverbial, reminiscencia de cierto necio á quien Eustathio y Luciano citan, que se empeñó en contar las olas del mar.

Bea.—Pues esso no es mentir?

Bon.—E avn rementir.

Bea.—Osariasle dezir a tal como esse: Por que me mentiste tantas vezes?

Bon.—No, sino aparejado para puñadas.

Bea.—A quien no mienten dessa manera cada dia los canteros, los carpinteros, plateros e sastres, prometiendo para cierto dia y no cumpliendo, avnque a ti se te atrauiesse (¹) mucho en ello?

Bon.—Gran verguença. Mas por que no pones a esta cuenta los abogados que prometen su fauor?

Bea.—Puedes añadir dos mil dessos, e no av hombre dellos que sufra el nombre de mentiroso.

Bon.—Desse traje de mentiras todo esta lleno.

Bea.—Tambien quien sufrira que le llamen ladron, avnque no assi huyen todos de la obra?

Bon.—Querria que lo dixesses mas claro.

Bea.—Que diferencia ay entre aquel que te toma tu hazienda del arca y el que te niega lo que le prestaste o encomendaste?

Bon.—Ninguna, sino que es mas malo el que roba al que se fio del.

Bea.—Pues quan pocos son hoy los que bueluen lo prestado? e si lo bueluen, no por entero.

Bon.—Pienso que pocos.

Bea.—E ninguno dessos quiere oyr el nombre de ladron, avnque aman la obra.

Bon.—Ninguno.

Bea.—Digamos, pues: de lo que se haze ministrando la hazienda de los pupilos en los testamentos y en los legados pios, quanto se apega en las manos de los que los tratan?

Bon.—Hartas vezes todo.

Bea.—Estos aman el hurto y aborrecen el nombre.

Bon.—Assi es.

Bea.—No digamos aora lo que hazen los administradores de las rentas reales, e los que mezclan los metales para la moneda, vsan de arbitrios; los que, subiendo y abaxando el valor de la moneda, diminuyen la hazienda de los particulares y de los pobres por crecer la suya, que por auentura no viene a nuestra noticia; hablemos de lo que cada dia esperimentamos. El que carga de deudas con pensamiento de nunca pagarlas si pudiere salirse con ello, quan lexos esta de ladron?

Bon.—Esse mas cauteloso se podra dezir que ladron, mas no mejor.

Bea.—Y fallandose destos a cada passo sin cuento, no ay vno que sufra el nombre de ladron.

Bon.—La intencion solo Dios la conosce, y por esso aca entre nosotros solemosles llamar a estos tales endeudados, no ladrones.

Bea.—Quan poco va en como se llamen entre los hombres, si son ladrones para con Dios! A lo menos cada vno sabe su coraçon. Tambien el que deue mucho, y gasta lo que tiene mal gastado; el que desque ha acabado la moneda y el credito en vna ciudad, engañados lo acreedores, huye a otra buscando de nueuo a quien engañar, e lo haze muchas vezes, este no publica harto su intencion?

Bon.—Harto y rebarto; mas essos suelen colorar su hecho con este color.

Bea.—Con que color?

Bon.—Dizen que deuer mucho e a muchos es cosa de caualleros, y de aqui viene que hazen del cauallero, y por tales quieren ser tenidos, estimados.

Bea.—A que fin?

Bon.—Es cosa milagrosa quanta licencia quieren que tengan estos caualleros.

Bea.—Por qual derecho o por que leyes?

Bon.—No por otras sino por las que los almirantes se vsurpan, o lo que del quebrantamiento de las naues se recoge, avnque este presente su dueño, e por derecho que otros quieren como suyo quanto se falla en poder de los ladrones.

Bea.—Essa manera de leyes, los ladrones las podrian fundar.

Bon.—E las fundarian de hecho, si las pudiessen defender; e ternan justa causa, si denunciasen guerra ante de hurtar.

Bea.—Quien dio esse priuilegio mas al cauallero que al de a pie?

Bon.—El fauor de la guerra, que en esta forma se exercitan para la disciplina militar, porque esten platicos para despojar los enemigos.

Bea.—E avn assi deuia abilitar aquel gran capitan Pyrro a sus caualleros.

Bon.—No Pyrro, mas los lacedemonios (¹).

Bea.—Vayan donde quisieren con su exercicio; mas, donde les vino a estos nombre tan priuilegiado?

Bon.—Algunos lo eredan de sus antepassados, otros lo compran por dinero, otros se lo vsurpan.

Bea.—Puedeselo vsurpar quien quisiere?

Bon.—Si puede, si conforman las costumbres.

Bea.—Que costumbres?

Bon.—Si no se exercita en cosa buena; si se viste muy de fantasia; si se carga los dedos de sortijas; si festeja valerosamente; si juega

---

de contino a cartas y a dados; si emplea su vida en banquetes y otros passatiempos dessa arte; si nunca habla de cosas comunes, sino que sus platicas sean siempre de fortalezas, de batallas, y en todo blasone de guerras, hecho vn Trason, qual le pinto Terencio. Estos se dan a entender que pueden desafiar de guerra a quien por bien tuuieren, avnque ellos no tengan donde poner el pie.

Bea.—Caualleros son essos tales, que estarian bien en el cauallo del tormento.
Bon.—Destos tiene Vuestfalia no pocos.

FINIS (¹)

(¹) Sigue, en el texto, la «Tabla de los Colloquios que se contienen en este tratado».

Impressa a XXIII de Agosto MDXXXII.

COLOQUIO DE LAS DAMAS

AGORA NUEUAMENTE CORREGIDO Y EMENDADO

MDXLVIII

CoLOQUIO *del famoso y gran demostrador de vicios y virtudes Pedro Aretina* ([1]), *en el qual se descubren las falsedades, tratos, engaños y hechizerias de que vsan las mugeres enamoradas para engañar a los simples, y aun a los muy auisados hombres que dellas se enamoran. Agora nueuamente traduzido de lengua toscana en castellano, por el beneficiado Fernan Xuarez, vezino y natural de Seuilla. Dirigido al discreto lector.*

EL YNTERPRETE DESTA OBRA AL LECTOR

Bien creo, amado letor, que sera menester dar a entender que causas me mouieron, no solo a traduzir en nuestra lengua este dialogo, sino tambien auello encomendado a la emprenta, y diuulgallo tan en publico. Porque parece cosa mas para, como dizen, echarle tierra y no sacar a plaça tan abominable cieno, corronpedor de toda salud de la casta limpieza, que no para traello en las manos como prouechoso, mayormente diuulgando tantos casos de malicia, de trayciones, de engaños y de torpezas feas, los quales como dende nuestra niñez estan nuestros sentidos enclinados al mal, mas ayna se tomaran por traça para sacar otros, que por auiso para aborrecer y huyr los semejantes. Y tambien parece cosa rezia que, no auiendo cosa de que sea mas costosa la jactura y perdida que la del tiempo, pues nunca se puede recuperar por su curso, tan enpuesta que nunca torna a las manos la ocasion que vna vez se sale dellas, y que, siendo esto assi, se haga tan manifiesta jactura y perdida del, perdiendo en leer estos que parecen enxemplos feos, y no solamente no vtiles, pero tan peligrosos, si se leen para ymitallos, en el qual tiempo se podran leer cosas de sancta dotrina, de reprehension de los vicios, de loor y muestra de las virtudes, de reglas, de auisos para acertar a passar este destierro conforme a la voluntad del Señor, que

([1]) *Sic*.

nos quiere y procura sacar del y aposentarnos en la tierra de nuestro descanso. Con razon, digo, sera menester apercebir este mi proposito de escudo y de armas, para que antes que el se lea, se lean y conoscan las causas ligitimas, onestas y prouechosas que a ello no solo me mouieron, pero casi me cumpelieron y forçaron. Si yo quisiesse agora pararme de espacio a deplorar el corronpimiento tan grande y desenfrenamiento tan desuergonçado, y torpeza tan bestial de nuestros tiempos, no solamente en la sana juuentud, sino que en la arrugada vejez se tiñen las canas, se enxeren en la boca dientes postizos, se remoça en los trajes el que esta decrepito con las rugas y reuma, seria nunca acabar. Basta que otra vez se dira. Agora toda la carne a corrompido su camino, y assi otra vez a traydo nuestro Dios sobre la tierra otro diluuio, no de agua, donde se abrieron las fuentes y abismos de la tierra y las cataratas de los cielos, sino la plaga y dolencia no sabida de los antiguos, ni escrita por los medicos, la qual cada nacion la echa a los estraños. El frances la llama dolencia española; el español la llama dolencia francesa; otros la llaman mal de las Indias; porque ansi como echamos siempre la culpa de nuestra culpa a otros: Adam a Eua, Eua a la serpiente, ansi echamos el açote del pecado a culpa de otros. Pero, a la verdad, como el pecado esta en todos, ansi esta cruel enfermedad y diluuio de la diuina justicia a sido vniuersalmente en todos, porque ansi como la carne inuenta nueuas maneras de pecar, la diuina justicia inuenta nueuos açotes para la afligir y castigar. Pues viendo yo este malauenturado y fidiondo corronpimiento, y aunque açotado nunca corregido, para que pueda dezir otra vez Dios: para que os tengo de açotar, pues siempre añedis el pecar? y conociendo assi mesmo que entre las plagas que este vicio en nuestros tiempos a inuentado, a sido que a turbado assi el juyzio de todos, que lo que antes solia ser causa de apartarse vn hombre de vna muger era verla hazer por otro, y agora esso haze darle mas y seruilla mas, perderse por el, o mas pensando los tristes quedar con pujas con la renta, como si fuesse almoxarifalgo, assi vemos tantos mancebos en dos meses gastar lo que sus padres ganaron en cincuenta años. Y que quando lleuaron a su padre a la sepultura eran ricos, y que quando ouieron de hazer el cabo daño, fue el cabo de la hazienda y de la honra. Otros, tomados como dizen entre puertas, feridos a cuchillados y rescatada la vida por dineros, como si fuessen remeros de Barbaroxa, agora veran en este libro como no es el camino esse para escapar de sus lazos, pues veran sus engaños, sus mentiras, sus disimulaciones, su fingida muestra de amor, sus lagrimas sacadas de los ojos como si las tuuiessen en la bolsa, su falagar hasta tresquilar toda la fuerça a Sanson, y despues dexallo en los filisteos. E aun al tiempo del tresquilar, con vna mano lo estan halagando y con veynte lo estan escarneciendo. Esta manera de auisar a la juuentud no es nueua, ni tiene pequeña autoridad, pues la diuina Escritura la vsa y se aprouecha della. E assi dize Salomon: Panal de miel trae en los labios la muger desuergonçada, y su garganta mas blanda que el azeyte; pero lo con que acaba es mas amargo que el azibar, y su lengua corta mas que cuchillo de dos filos; sus passos van encaminados a la muerte, y sus pisadas decienden a los infiernos. Ved como auisa la diuina Escritura a los que engaña y descuydan la juuentud, que las palabras de las semejantes, aunque parecen dulces como miel y blandas y halagueñas como azeyte, que al fin es todo postema, hiel y camino cierto para la muerte; assi otra vez escriuen sus cautelas y engaños mas manifiestamente, y dize Salomon: De mi ventana a prima noche vide vn mancebo sin consejo passeandose por la plaça par de la puerta de vna mundana, y luego sale a el vna muger vestida como profana, dispuesta para engañar las almas, parlera, andariega, sin que pueda parar ni estar encerrada en casa; agora en la plaça, agora en la puerta, siempre vsando de insidias, y abraça aquel mancebo y besolo, y con cara desuergonçada le hablo y le dixo: Sali a cunplir vn sacrificio que deuia por mi salud, oy he cunplido mi voto, y despues de cumplido, sali por encontrarme contigo, que tenia mucho desseo de verte, y hete hallado; tengo mi cama muy atauiada y colgada de tapicerias traydas de Egito; tengo mi aposento sahumado, oliendo a mirra y canela y a otros olores; anda ca, demonos al amor y gozemos de los abracijos que tanto desseo toda esta noche. No esta mi marido en su casa; fuese camino muy lexos; lleuo la bolsa llena de dineros; no vendra fasta en fin del mes. Con estas palabras lo enlazo, y con los falagos de sus labrios lo atraxo, y luego se fue en pos

della, como buey lleuado para sacrificio, y como cordero ygnorante que no sabe que lo lleuan para atallo al loco, hasta que la saeta le traspasse el coraçon.

Bien creo que he dado a entender como este descubrir los engaños de las semejantes que aqui se descubren es autorizado en la Escritura; todo para desuiar la ciega juuentud de semejantes peligros, y por tanto les amonesta con tanta vehemencia que auian [de huyr], no solamente los peligros, sino las ocasiones. Y assi dize: Entre mil honbres halle vno; entre las mugeres no halle ninguna. No porque no aya muchas sanctas, prudentes, onestas, de recaudo y virtuosas; pero por apartar a los hombres deste peligro que aqui tratamos, para que no solamente huyan del peligro, sino de la ocasion, les dizen que se recaten de todas. Esto es lo que yo aqui he pretendido auisar a los hombres de los engaños dellas; que abran los ojos, para que quando se sientan mas halagados, entonces miren mas por el riesgo que corre su alma, y el peligro que lleua su honrra, quando entre la ✠ y el agua bendita trae la vida, y como no lo an por mas que por consumille toda la fazienda. Y si de aqui nuestra mala inclinacion tomare ocasion para pecar, esso no es a culpa desta obra, sino de nuestra mala condicion, la qual, como estomago muy corronpido, que la medicina que se le da para su salud la conuierte en malos humores, pero no por esso se le a de dexar de dar, porque el arte haze lo que en si es, y ansi yo, lo que es en mi, Dios Nuestro Señor le puede dar el sucesso conforme a su misericordia. Quanto mas que comó aqui se traten los engaños de las malas, e yo lo escriuo para que lo lean los hombres y no las mugeres, para ellos esta aqui el auiso, ellas no lo tomaran, pues no leen de aqui ningun mal exemplo, y por esso no sera tiempo mal gastado leer estos auisos, pues aunque van deste color, van encaminados para sus prouechos, porque si a essos mancebos con quien hablo les conbidasse con vn tratado del titulo que les paresciere, o Via de espiritu, o Subida del monte Sion, o Doctrina christiana, a la hora la echarian de las manos como cosa impertinente a lo que professan. Dexadme, pues, en esta atriaca o confacion que hago, poner este color de ponçoña, porque ansi venga a sus manos y la lean y vean con sus ojos, y dentro hallen debaxó desta golosina la salud y el auiso que yo pretendo. Dicho he a quanto creo mi proposito; paresceme que va encaminado a buen fin. El Señor, que solo puede sanar coraçones y alumbrar almas como luz que alumbra en las tinieblas, El haga de manera que todos saquen de aqui el consejo que va encubierto, y escupan y dennesten en la corteza de carne en que va encubierto. Y si de mi intencion prouecho ouiere, sea para Su Magestad la gloria, como suya e a quien solamente se deue. Y a quien pareciere muy fuera deste fin y no allegado a razon este coloquio, le suplico me perdone, que yo hize lo que pude, y, si mas pudiera, mas hiziera. Por tanto, como dadiua de hombre pobre de ingenio y erudicion, qualquiera cosa es razon que se estime en algo, hasta que Dios Nuestro Señor me de mas para que yo pueda dar mas.

LAUS DEO

ES LA DVDA

si es pecado leer libros de historias prophanas, como los libros de Amadis y de don Tristan, y como este coloquio.

Respondo y digo que, para inteligencia de la verdad que en esta materia se ha de tener, se ha de notar lo siguiente: Que las obras que del hombre proceden, en las quales el hombre tiene libertad de hazerlas o dexarlas de hazer, que se llaman obras humanas, son en tres diferencias, como son de suyo buenas: como es amar a Dios, alabarle, contemplarle; otras ay de suyo malas: como es blasfemar, ydolatrar, mentir; otras indiferentes: como passearse por la calle, yr al campo. Lo segundo, questas tres diferencias de cosas, tienen tambien diferentes condiciones en esto: que las que de suyo son malas, por ningun buen fin o buena intencion se tornan buenas, y assi, aunque el hombre diga la menor mentira del mundo por saluar la vida de vn hombre, no por esso se escusa de pecado, aunque no siempre es pecado mortal, si no fuesse en notable deseruicio de Dios, o negando al juez lo que es obligado a declarar, o en notable perjuycio de si propio o del proximo. En esto no me alargo, porque lo pongo solo por exemplo; pero las que son de suyo buenas, pueden ser malas por el mal fin o mala intencion con que se hazen, como si vno rezasse por vanagloria, el tal rezar seria malo por razon de la mala intencion. Las obras indiferentes solo son buenas o malas, segun el fin por que se hazen, y assi si vno se passea por la calle por ver o codiciar mugeres, sera peccado; pero si esta enfermo y le dize el medico que para exercicio e quitar fastidio se passee, porque le ayudara para su salud, es buena obra. Tambien si vno va al campo para matarse con otro, sera pecado; si va para contemplar, y rezar, y alabar a Dios, viendo las yeruas y flores, e ayres, sera merito. Digo, pues, boluiendo a la duda, que leer en tales libros como los arriba dichos, de suyo no es pecado, ni de suyo es bien, sino indiferente. Y assi digo que puede ser pecado mortal, y pecado venial, y merito. Declarome: si vno leyesse los tales libros para tomar de alli dichos o sentencias, para vsar dellas, prouocando a mugeres a mal, sera pecado mortal, y tambien lo sera si los lee por holgarse en considerar cosas que alli se cuentan, que son contra el sexto mandamiento, quando se huelga de estar pensando e considerando los tales actos; pero si se huelga de leer vnos dichos, no por el mal donde van a parar, sino solo por la sotileza e bineza de ingenio con que se dizen, no sera pecado mortal. E si por leer los tales libros dexasse de fazer cosa en que tuuiesse obligacion de necessidad, como dexar de oyr missa quando es dia de guardar, o cosa semejante; pero si demasiadamente esse huelga de leer aquellas historias, e passa mucho tiempo sin interuenir otro mal, sera pecado venial, y si vno los leyesse por manera de recreacion moderada, como si vno que esta acostumbrado a estudio estuuiesse mal e no pudiesse sin congoxa estar sin leer o oyr leer algo, y vee que leer cosa de sciencia le fatiga el ingenio, este tal podria con merito leer los tales libros, porque aquella manera de lecion es como medicina, y como le seria licito y meritorio tomar medicina para quitar el dolor del cuerpo, le seria licito la tal lecion para quitar la fatiga que el estar ocioso el ingenio le da. Esto entiendo quando la tal persona viesse que no holgarin tanto su ingenio en leer historias verdaderas, como en las de vanidad, pero todos los lectores, enfermos o sanos del cuerpo, tengan tal auiso: que quando los tales libros leyeren, vayan con cuydado de no consentir en cosa que alli lean que sea pecado mortal, ni holgarse de la pensar, y para esto es bien que el que los lee mire su condicion y la experiencia que de si tiene, y si vee que, segun su condicion, no podra, o no sin gran dificultad, leer los dichos libros, sin que estando leyendo venga a consentir o holgarse de cosas que alli se cuentan, que son deshonestas o de tal calidad que la persona no puede holgarse en considerarlas sin que caygan en tal pecado mortal, en caso pecara mortalmente en leer estos libros, porque se pone en peligro de peccar mortalmente y en cosa que puede escusar. Mas se pudiera estender esta respuesta, pero para [la] lectura presente y para otras muchas puede bastar lo dicho.

EL YNTERPRETE AL LECTOR

Si por ventura alguno, mas curioso de lo que conuiene, murmurando acusasse al tradutor deste colloquio, diziendo no auerlo romançado al pie de la letra de como esta en toscano, quitando en algunos cabos partes, y en otros renglones, e assi mesmo mudando nombres e alguna sentencia y en algun otro lugar diziendo lo mesmo que el auctor, aunque por otros modos, a esto respondo que en diuersos lugares deste colloquio falle muchos vocablos, que con la libertad que ay en el hablar y en el escreuir donde el se imprimio se sufren, que en nuestra España no se permitirian en ninguna impression, por la deshonestidad dellos. De cuya causa, en su lugar acorde de poner otros mas honestos, procurando en todo no desuiarme de la sentencia, aunque por diferentes vocablos, excepto en algunas partes donde totalmente conuino huyr della, por ser de poco fructo y de mucho escandalo y murmuracion.

COLOQUIO DEL FAMOSO PEDRO ARETINO

en el qual son interlocutores Lucrecia y Antonia.

ARGVMENTO DE LA OBRA

Lvcrecia y Antonia fueron grandes amigas en su mocedad, por ser naturales y auerse criado juntas en la ciudad de Bolonia; e como viniesse alli el campo de la cesarea magestad de nuestro inuictissimo emperador Charles Quinto ha auerse de coronar, acerto a posar vn alferez tudesco en casa de su madre de Lucrecia, el qual, enamorandose della, la tuno por amiga todo el tiempo que su magestad estuuo en Bolonia. Y despues, al partir de la Corte, determino de yrse con el en Vngria, porque todo el exercito de Cesar yua alla a resistir la baxada del gran turco sobre Viena. E ay, dexando a este y reboluiendose con vn capitan ytaliano, se fue con el a Ancona, y a Corron, y a otros diuersos lugares, hasta que, cansada de seguir la guerra, se fue a reposar a Roma con su madre, que en todas estas auenturas no la desamparo; donde despues de auer biuido quatro años, recreciose en su casa vna pendencia entre ciertos romanos, de que le imponian a ella toda la culpa. Por cuya causa se salio de Roma y se vino en Lombardia, donde passo mucho tiempo de su vida. E auiendo andado Antonia en otras tales ramerias, vinieron a encontrarse, siendo ya ambas mugeres antiguas, en Nuestra Señora de Lorito, y como se conociessen, despues de auerse abraçado muchas vezes, se sentaron, porque Antonia venia muy flaca, que auia muy poco que salia de tomar el Agua del Palo Sancto. É ay començaron a hablar en sus prosperos y aduersos successos, y como Lucrecia auia mas peregrinado por el Vniverso, dio mas larga cuenta de si y de su vida a Antonia, que, cansada ya de escuchar, dieron fin a su platica.

Ynterlocutores: Lucrecia y Antonia.

Antonia — Cuentame de como llegaste a Roma con tu madre.

Lucrecia.—Con buen comienço sea. Nosotros llegamos la vigilia de Sant Pedro, y que te quiera dezir el gran plazer que ouimos de ver los rayos, coetes y botafuegos que el castillo de Sant Angelo tiraua, con tanto strepitu de artilleria, con tanta musica de menestriles y pifaros, y con toda Roma en el Puente, y en el Burgo y en calle de Bancos.

Ant.— Donde fuystes a posar essa noche?

Luc.—A Torre de Nona, vn barrio assi llamado, en vna casa donde dauan camas, e dieronnos vna toda entapiçada e bien en orden, e alli estuuimos ocho dias. Y la señora de la casa estaua empachada de ver en mi tanta hermosura, y pareciendole cada dia mas graciosa, hablo con vn cortesano amigo suyo, al qual dixo tener en su casa vna huespeda hermosa, y este dio parte a otros amigos, y todos juntos era tanto el passeo a cauallo por delante de nuestra posada, murmurando de mi por no dexarme ver a su modo. Estaua yo dentro de vna gelosia, e si por caso la alçaua vn poco fingiendo escupir fuera, mostrando apenas la mitad del rostro, luego la tornaua a cerrar. Y aunque yo era hermosa, aquel reguardarme de no ser vista me hazia parecer mucho mas, por lo qual crescio en aquella gente la voluntad de verme, y en toda Roma no se fablaua en otra cosa sino de vna forastera venida de entonces; tal que apeteciendo siempre las cosas nueuas (como tu sabes), venian vnos sobre otros por verme, y la patrona que en su casa nos tenia, no se podia dar a manos a responder a los que llamauan a la puerta a preguntarle por mi. Ella las mas vezes los dexaua parlar, y cerca del prometerle que los abriesse, no se curaua, diziendoles que, a darselo en mano, no sabia si se determinar. Mi madre, que era muger abil y sagaz en ciertos negocios, fingia no querer oyr a nadie; con dezir estas palabras: Por ventura pagome yo destas hablas? No plega a Dios que mi hijuela pierda la corona de virgen! Yo soy de noble generacion, y si la fortuna nos ha sido contrario, gracias sean dadas a Dios, no nos ha tanto puesto por tierra que no podremos biuir. Y destas palabras nacia todavia el nombre de mi hermosura. E si tu has visto vn paxaro sobre vna granada abierta, que come diez granos, y buela, y vase, y esta pequeño espacio, y torna con dos, y vase, y buelue con quatro, y despues con diez, desta manera venian los galanes al derredor de mi estancia, por poner las bocas en mi granado. E yo, no pudiendome hartar de ver tanta gentileza, perdia los ojos por fuera de la gelosia, holgandome de ver sus polidezas y lindos atauios, con aquellos sayos de terciopelo y raso, con tantas medallas, y puntas en las gorras, y sus cadenas al cuello, y algunos con los cauallos tan enjaezados, que assi relumbrauan como espejos, andando suauemente, con tantos moços y pajes, teniendo el seso en la punta del pie, y con su Petrarca en las manos, cantando al falsete.

Ant.—Aquella cancion, si a mano viene, que dize:

> Para quanto mal sostengo,
> no quiero mas galardon
> que ver a mi coraçon
> captiuo donde lo tengo.

Luc.—Y parandose vnos y otros delante la ventana, fingia yo toser porque me oyessen. Dezian ellos: Señora, sera possible que sea vuestra merced tan omicida que dexe morir aqui a tantos de sus seruidores? Yo alçaua vn poco la gelosia; con vna risa a media boca me metia dentro. Y ellos, con dezirme: Beso las manos a vuessa merced, y con vn Juro a Dios que soys cruel, se partian.

Ant.—Por cierto que yo oygo oy la cosa mas a mi gusto que en toda mi vida he oydo.

Luc.—Estando en esto, mi madre, que no era de las bouas, quiso hazer comigo vna muestra, fingiendo ser acaso, e hizome vestir vna saya de raso morado, desmangada, con infinitos golpes, y rebueltueme las cabellos a la cabeça, que, si los vieras, juraras que no eran cabellos, sino madexas de oro encrespado.

Ant.—Por que la saya no lleuaua mangas?

Luc.—Porque mejor mostrasse los braços, que eran mas blancos que el copo de la niuue, y hizome lauar el rostro con cierta agua que ella sabia, algo fuerte, que me lo puso tan relumbrante como vn espejo, sin otros afeytes ni vellaquerias que otras vsan; y al mejor passear de los galanes, subime a mi ventana, e como me vieron a deshoras, pareciole como a los marineros que passan gran fortuna y llegan a buen puerto. Alegraronse tanto, que casi del regozijo se cayan sobre los cuellos de los cauallos, procurando tanto por verme quanto yo por reguardarme. Leuantauan las cabeças y abrian las bocas, que parecian propios de aquellos animales que vienen de Alexandria.

Ant.—Camaleones quieres dezir.

Luc.—Es verdad, y quiero mas que sepas que me empreñauan con los ojos.

Ant.—Que hazias tu mientras te mirauan?

Luc.—Fingia honestidad de monja e miraua con seguridad de casada, y algunas vezes hazia auctos, meneos y señas, con que los tenia encantados, sin poderse partir de ay.

Ant.—Gentil cosa.

Luc.—Estuue vn tercio de hora mostrandome, y en lo mejor del requiebro viene mi madre a la ventana y mandame quitar, y quedan todos empachados, que no se acertauan a hablar vnos a otros; venida la noche, comiença el tocar a la puerta de vnos y de otros, y subida la huespeda a la ventana a responder, vase mi madre tras ella muy quedito, por escuchar lo que le dezian. Estando en esto, oyo a vno que, teniendo el rostro cubierto, le dixo: Quien es aquella señora que estaua poco ha a la ventana? Respondiole: Es hija de vna dueña forastera que, segun lo que he podido comprehender, el marido le fue muerto por vnos sus contrarios, y la pobre señora asse venido aqui y traydo esta moça, assi por casarla como por auer justicia contra sus aduersarios, y traxo su hato, aunque poco. Estas y otras mentiras le auia hecho entender mi madre a la huespeda.

Ant.—Assi sea todo.

Luc.—E oyendole al galan dezir: Como podria yo hablar a essa señora? No hay remedio, le respondio, porque no quiere oyr a nadie. Y preguntandole si yo era donzella, dixole que donzellissima, pues no se me via otra cosa en todo el dia que mascar auemarias. E pidiendole que la dexasse entrar donde yo estaua, no le fue concedido, de cuya causa le dixo: Pues hazeme tamaña merced le digays tenga por bien de escucharme ciento y cincuenta palabras, que vos lleuareys en las manos cosas con que siempre os bendigan. Y jurandole de hazerlo, pidio ella licencia, e cierra la ventana. Dende a vn rato vino a nosotras diziendo: No ay mejores descubridores del buen vino que los viejos bordoneros; a vuestra hija la han sacado por el rastro estos podencos cortesanos, y han de procurar de auerla a las manos, aunque os subays con ella al cielo; digo esto por vno que, personalmente, me vino a pedir audiencia para hablaros. No, no, respondio mi madre; no, no. Y como la huespeda tuuiesse vna lengua serpentina, le dixo: La principal señal de vna dueña prudente es saber conocer la ventura quando Dios se la embia; el es hombre que os hara oro y de azul; por esso, pensaldo muy bien. Y tornandonos a dar, de parte del galan, otros tratos de cuerda, hizole ella proueer vna comida muy copiosa; y como mi madre la viesse, aconsejandose consigo mesma, la qual era tan buena maestra que para su vtilidad no tenia necessidad de tomar paresceres, hizo tanto el gentilhombre, que le gano la voluntad, por lo qual le vino a prometer que le escucharia. Y el, que se pensaua tener por suyo el pan y el palo, como dize el refran, se vino vna noche a dormir comigo, y despues de auerme hecho mill juramentos, que me pagaria mi virginidad y que me daria este mundo y el otro.

Ant.—Esso me contenta oyr.

Luc.—Por gozar de lo gastado y de lo que mas pretendia, vino a la noche muy determinado, y despues de ser acabada vna cena muy abundante, en la qual no comi sino dos bocados, mascados a boca cerrada, beuiendo solamente media copa de vino, toda quasi agua, e diziendome el mil requiebros sin yo responderle a cosa, me lleuaron a la camara de la señora de la casa, la qual siruio aquella noche por el anima de vn gentil ducado. Y no fue entrado dentro, quando cerro tras si la puerta, sin permitir que ninguno de sus criados le ayudasse a desnudar, y en vn momento se quito todo el vestido y se metio en la cama, y dende alli se me domesticaua con tantas palabras amorosas, atrauessando algunos triunfos, diziendo que me haria y me daria con que no vuiesse embidia a la principal y mas rica cortesana de Roma. Y no aprouechandole para que me metiesse con el en la cama nada de lo que me dezia, se leuanta, e haziendole gran resistencia, en fin se vuo de tornar a la cama, y buelue la cara a la pared mientra me desnudaua, si acaso tenia verguença de que no me viesse en camisa. Y diziendo: No haga esso, no lo haga, llegue a la vela y apaguela. E assi como entre en la cama arremetio a abraçarme, con aquella voluntad que vna madre abraçaria a su hijo teniendolo ya llorado por muerto. Y llegandose a mi, me apretaua entre sus braços; en conclusion, que otra cosa jamas le consenti. Deziame: Anima mia, esperança mia, estad queda, que si yo os enojare, matadme; y entre los ruegos y halagos procuraua de darme algunas puntadas falsas, y con gran congoxa; viendo serle escusado su cansancio, vino en tanta desesperacion, de cuya causa los ruegos se tornaron en amenazas. Renegaua, y descreya, ofreciase, y encomendauase, y con juramentos de importancia, que me auia de ahogar o darme de puñaladas. Y haziendo muestra de querer esecutarlo, echome mano de la garganta, tocandome muy suauemente. Y despues torno a rogarme y halagarme, abraçandome; y de nueuo rehusandolo, toma su camisa, y vistese, y leuantase; y rogandole que se tornasse a la cama, que yo haria lo que el mandaua, en fin se torno acostar, con suplicarme lo dexasse, que mayor picada daria vna mosca, y. a dezirte toda la verdad, nunca le consenti que de veras me tocasse. El, muy ayrado, leuantasse, y tornase a vestir, y comiença a passearse por la camara, y passo el resto de la noche a vsança de quien vela fortaleza, y con vn triste jesto parecia jugador que ha perdido el dinero y el sueño, con aquel gruñir e blasphemar que suelen los que de alguna

dama son burlados. Abrio la ventana de la camara con mil sospiros, puesta la mano en la mexilla, mirando el rio Tiber, que parecia reyrse de la burla que del se hazia. Y todo el tiempo que el gasto en pensamientos, dormi, y siendo ya el dia que recorde, veolo venir a mi los braços abiertos, dandome muchos abraços, que no vi en mi vida nigromantico ni conjurador de demonios dezir tantos donayres y nouelas quantas el me dixo, y todo en vano, como la esperança de los que estan en el infierno. Y queriendo reduzir todo su negocio a que le diesse vn beso, se lo negue; e como oyesse a mi madre que andaua por casa con la huespeda, la llame, y abriendole la camara, entro, diziendo: Que carnecerias y que fuerças son estas?; en el monte de Toroços no se harian tales; y esto dicho con gesto alterado y con boz sonorosa; la huespeda la conortaua y deziele a el muy de quedo: Aun el diablo os ha dado que hazer con donzella. Entre tanto vestime y fuyme a mi camara, dexandolo con mi madre y la huespeda. El proueto ya era entrado en la obstinacion de vnos que se quieren desquitar de lo que han perdido en el juego; salese de casa, y estaria quanto vna hora, y embia vn sastre con vna pieça de rosa carmisi para que, tomada la medida, me cortasse vna vasquiña, creyendose la noche venidera correr por todo el prado a su posta. Yo, acetando el seruicio, voy a mi madre a ver que le parecia. Respondiome: De lo visto se puede colegir que este esta ya moliente y corriente; no hagas cosa por el, que el nos pondra casa y nos la fornecera de todo lo necessario. E yo, que sin su consejo estaua muy instruta en lo que auia de hazer, doy vna buelta a la ventana, e como lo vi venir, tomo el escalera y encuentrolo a la mitad della, con dezir: Dios sabe el dolor que mi anima quedo de verle partir sin dezirme, por lo menos: quedaos a Dios! Agora ya estoy consolada con su venida, e si pensasse perder la vida, hare esta noche quanto me mandardes. Oyendo esto, se arrojo a abraçarme, la boca abierta, y en aquel tiempo le dixe que embiasse por de comer y que se concertasse para la noche vna muy buena cena. Teniendolo el por bien, tuuo tanto cuydado dello como si truxera el relox en su manga, y en siendo el auemaria vino, pareciendole auer diez años que esperaua aquella hora. Acabada la cena, lleuome a la camara donde la noche passada estuuimos, y hallome algo mas amorosa; pero de ver el poco fruto que de su cansancio sacaua, no se pudo abstener de no darme tres o quatro puñadas. Sufrialo yo todo, diziendo: Pues dadme, que a fe que os ha de costar vuestros dineros. Pero tornando a querer majar el agraz, hize los mesmos auctos y quexos que la noche passada.

Leuantose y fuesse a la camara donde mi madre estaua acostada con la señora de la casa, y estuuose con ellas mas de quatro horas consojando e amenazandome. Deziale mi madre: Hijo muy querido, no os espante el esquiuarse desta muchacha, siendo vos el primer hombre del mundo con quien hablo, ni aun con el confessor; pero no tengays duda sino que esta noche venidera quiero que haga vuestra voluntad, aunque muera en la demanda. Y queriendose vistir para yrse, le dio mi madre vna cinta de tafetan larga, y dixole: Tomad, hijo, con que le ateys las manos si no quisiere estar queda. El bouo tomala, y con el mesmo gasto de comida y cena se vino a dormir comigo la tercera noche, y de ver que no le consentia tocarme, vino en tanta desesperacion, que lo vi determinado de darme con vn puñal, y confiessote que temi, y fueme forçado de obedecerle, y el acabo de conseguir su fin tan desseado, y en esto yo uomence a dar gritos, diziendo: Ay, cuytada de mi, que perdida soy! ya no tengo honra! no me veran gentes la cara! Estando en estas cuytas y clamores, estendio el braço y saco la bolsa (que la tenia a la cabecera, debaxo del almohada) y vaziomela en la mano, en que podria auer obra de quarenta ducados en oro y pocos mas que veynte en reales, diziendome: Toma. E yo, fingiendo no quererlos, al fin los vue de acetar, y andando en estos terminos, otras quatro vezes, antes que nos leuantassemos, su cauallo anduuo hasta la mitad del camino de nuestra vida.

Ant.—Ansi dize el Petrarca.

Luc.—A la fe, dizelo el Dante. Y muy contento de lo passado, se leuanto. y no pudiendose quedar a comer comigo, embio lo necessario y boluio a la noche a cenar lo que a el auia costado sus dineros.

Ant.—Escucha vn poco: el no sintio que en tu virginidad no ouo sangre?

Luc.—Por cierto si; y piensas tu que estos cortesanos saben mas de donzellas que de castas? Hizele entender que la vrina fuesse sangre, y bastole a el para creerlo la resistencia grande que yo le hize. En fin, la quarta noche lo dexe a su posta hazer en mi lo que quiso. Venida la mañana, viene mi madre donde estauamos, y viendome cabe el acostada, me echo su bendicion, saludandolo a el, e haziendole yo las mas caricias que podia, le di vn abrazo delante de mi madre. Dizele ella: Yo quiero partirme de Roma despues de mañana en todo caso, porque he auido letras de mi tierra en las quales me dizen que me vaya a morir entre los mios. Estoy en hazerlo en todas maneras, porque Roma es para las bienauenturadas e no para las faltas de ventura como yo. E digoos verdad, hijo, que no me fuera della,

ni lleuara esta muchacha, si vnas possessiones que alla tengo se pudieran auer vendido, para con lo procedido dellas poder comprar aqui por lo menos vna casa, porque no pienso poder sufrir a andar a casa de alquile, y ya que se vendan sin mi, los dineros no me los enbiaran si yo no voy por ellos. Demas, que yo no nasci para estar en casa de otrie, porque siempre despues que soy muger la tuue mia. E yo, interrumpiendo la habla, dixe: Madre, si me he de ver vna hora apartada de este, que es mi coraçon, bien podeys pensar que no biuire vn dia. Y juntandome mas con el, le abrace y eche dos lagrimas, y como el assi me viesse, sentose en la cama diziendo: Pues pese agora a tal y a qual, no soy yo hombre de poneros casa y aparejarosla de todo punto? Y pedido de vestir, se leuanto y bota de casa, y buelue ansi como a hora de bisperas con vna llaue en la mano y con dos hombres cargados de colchones, cubiertas de cama, almohadas, y otros dos con sendas azemilas cargadas de camas de campo, sillas, mesas y cosas de hierro; venian ansi mesmo con el dos mercaderes con sus moços cargados de tapiceria, alhombras, coxines, manteles, estaño y otras cosas tocantes al ornamento de vna casa. Parecia propiamente que se mudaua de vn barrio a otro. Y lleua a mi madre consigo y ponele vna casita en orden, desse cabo del rio, muy concertadita, y buelue donde yo estaua y paga lo que se deuia de la posada a la patrona, y toma vn carro que llenasse lo que alli teniamos (que era harto poco), y en cerrando la noche me lleua consigo y quedasse ay, e yo en mi casa. Hagote saber que gastaua, para hombre de su suerte, tan largo como era possible. Agora, como yo en la otra posada no era vista a la ventana como solia, no falto quien diesse el auiso de do moraua; veriades a todos mis requebrados passearme la puerta! Y acetando a vno con los ojos por amigo, que se mostraua morir por mi, por via de vna tercera que interuino, oue de hazer lo que le plugo. Y paresciendome que era hombre que tenia e gastaua, comence a darle del onze poco a poco al primer bienhechor, el qual, auiendo gastado todo lo que tenia, e auiendo tomado fiado todo lo que me dio, e cumplido el termino, no tuuo con que pagar, fue descomulgado con mil diablos, e puestas las excomuniones por las calles e puertas de yglesias, como es vsança de Roma. E yo, que era de buena casta, tanto tiempo le hize caricias, quanto duro el darme de las ropas e joyas. Y hallando mi puerta cerrada, essas pocas de vezes que escondidamente salia, començaua a çaherir el bien que me auia hecho. Y vase que parecia fantasma, no queriendole dexar entrar en mi casa, y auiendo ya espulgado la bolsa del segundo, me amarre al tercero.

Pero no por esso todavia dexaua de abrir mi puerta al que venia con qualquier cosa razonable. En fin, passeme a otra casa algo mayor, quanto mas auia crecido la ropa que poner en ella. Estaua ya en reputacion de gentes de señoria, y asme de creer que gastaua lo mas del tiempo estudiando en el Putanismo, que es vn libro que compuso la antigua y mas afamada ramera que en Roma vuo, llamada Angela Torrente. De manera que sali mejor estudiante que vnos que van a Bolonia o a Paris y estan siete y ocho e diez años, gastando tiempo y dineros, y blueluen tan necios a sus casas como salieron dellas. Pero yo, en tres meses de estudio, y aun en menos que en dos, sali tan buena maestra en todo lo que se deue saber, assi en dar desabrimientos como en adquirir amigos, como en engañarlos, en saber dexar a vno y tomar a otro, y en llorar riendo y en reyr llorando, como en su lugar lo dire mas largo. Y en estos intermedios, vendi mil vezes mi virginidad. E quierote dezir vna partezilla de las trayciones, que, en la verdad, las que yo he hecho, assi se han de llamar, por ser de mi cosecha. E si tu eres buena alquimista, luego me entenderas.

Ant.—Yo no soy alquimista ni lo quiero ser; pero di lo que quisieres, que yo te creere, y aun, si menester es, sin juramento.

Luc.—Yo tenia, entre otros, vn enamorado a quien era muy obligada; pero vna ramera, que no tiene su fin puesto sino en lo que le han de dar, ni sabe quando esta obligada, ni quando lo dexa de estar. Y teniendole yo el amor, como dize el refran, lo que me has, esso me dueles, vse con este de muy grandes crueldades y de las mayores estrañezas que podia, y tanto peor lo trataua, quanto mas me daua de su hazienda (lo qual siempre hazia a manos llenas). En fin, todos los viernes en la noche yua a dormir con el, e començando a cenar, buscaua yo por que reñir e dar gritos.

Ant.—Y por que?

Luc.—Porque le entrasse en mal prouecho la cena.

Ant.—Iesus! y que crueldad tan grande!

Luc.—En reñir y parlar, entretenialo que no se acostasse hasta dos o tres horas despues de media noche, y en el resto della daule en que royesse con tanto desamor, que se leuantaua renegando de la paciencia y diziendo otras peores blasfemias. Rogauame le hiziesse algunas señales de amor, e yo no queriendo, quando era ya hora de leuantar, boluiame a el, con dos lagrimas en los ojos que me llegaua, y el procurando aprouecharse de aquella buena comodidad, le era necessario darme quantos dineros tenia, y aun la ropa de su vestido, primero que le consintiesse hazer cosa de lo que el queria.

Origenes de la Novela.—IV.—17

Ant.—Eres tu vna Nerona!

Luc.—Pues con los forasteros que venian a Roma a estar ocho o diez dias e boluerse a sus tierras, con estos me di tu que vsaua de mis artes. Tenia yo conocidos destos que acompañan la justicia, que receutauan en mi botica algunas vezes sin paga, teniendo ellos cargo de reñir mis pendencias y de hazer fieros e brauosidades en mi seruicio, en la manera que oyras: ellos venian a Roma por ver las antiguallas, y vistas y cunplido con sus promesas e votos, o expedidos sus negocios, procurauan de ver las cosas modernas. Y encontrados por las calles de aquellos mis escuderos, e conoscido que procurauan ver alguna muger enamorada, luego me los encaminauan, y era yo la primera en cuya casa entrauan. E has de saber que ninguno dormia comigo, que me hiziesse pago con menos que con toda la ropa de su vestido.

Ant.—Como podia ser esso?

Luc.—Pues lo quieres saber, yo te lo dire. En amaneciendo, entraua mi moça por la ropa, so color de quererla limpiar, y dende a vn poco començaua a dar gritos que le auian robado el hato. Oydas las bozes por el nouio, que estaua en la cama, de como su ropa fuesse hurtada, se leuantaua en carnes blasfemando e diziendo que me haria secrestar los bienes, y el valor dellos tendria manera como le fuesse pagado el vestido; e yo, dando muy crueles gritos, me leuantaua diziendo: Como, yo me aueys de hazer secrestar mi bienes? no basta que me aueys forzado en mi casa, sino hazerme ladrona? Como estos gritos fuessen oydos por aquellos que arriba dixe, que estauan preuenidos a la puerta, entrauan con las espadas desnudas y subian arriba, diziendome: Que cosa es esta? que aueys menester? haos enojado alguno? Arremetian con el que estaua en carnes; parescia que cumplia algun voto o penitencia, pidiendome perdon; tenia por muy gran merced que embiasse a llamar a sus amigos y conoscientes, de los quales vno le prestaua calças, otro capa, e ansi gorra, sayo e camisa. Y partiendose de mi casa, le parescia auerse soltado de poder de infieles.

Ant.—Como te lo podia lleuar el coraçon?

Luc.—Muy bien; porque no ay cosa, por cruel, traydora e de grandes insultos e robos que sea, que espante a vna ramera. Estendiose mi fama tanto por la tierra, que aquellos no boluian mas a mi casa, si no tornauan, acabados de desnudar, hazian a su moço, o a su compañero el que no lo tenia, que le lleuasse toda la ropa a la posada, y que a la mañana se lu truxesse. Y con todos estos auisos, les era forçado dexar algo en esta casa, assi como la cofieta con que dormian, los guantes, o trenças de atacar; porque todo es necessario para vna muger enamorada, avnque no sea sino vna rama de finojo, o vna pepita de vn peru, o vn clauo de agujeta. Y con todo esto no podemos escapar de no yr a ser lumbrarias, e causalo el mal frances de los que en mal hora vienen aca con el. Pero, al fin, las que en la mocedad no se saben gouernar, no les faltara a la vejez vn ospital, o fazer afeytes para el rostro, blanduras para las manos, quitar cejas, fazer colchones, o tomar vna venta, o andar estaciones por otras. Quiero que sepas que nunca yo fue de las bouas que se hazen lleuar de la mano como si fuessen princesas; siempre tuue mediano juyzio para saberme regir. Su daño de quien no supiere en este mundo, y no estarse hechas reynas no abriendo sus puertas sino a cardenales, o por lo menos a obispos. Yo no tengo por gran monte, sino aquel que se haze con poca costa Y son palabras todos los que dizen que caga mas vn buey que mil mosquitos, e por esto ay mas mosquitos que bueyes; que por vn gran señor que entre en tu casa, dandote vn buen presente, entran otros veynte que te pagan en promessas y en palabras, e ay mil de los ciudadanos que dan y pagan a manos llenas; e la que no se humana, no rasga terciopelo. E assi veras que debaxo de algunas ruynes capas, y estan encubiertos muy buenos ducados. Pues otra cosa quiero que sepas: que los que mejor pagan en Roma, son moços de mercaderes, e los que venden carbon y despenseros, que los auia de poner en cabecera, porque gastan tanto con vna muger en vn dia, quanto roban a sus amos en vn año. Por manera que conuiene, para medrar, arrimarse a otra gente que no a politidos de botas picadas e sayos de terciopelo.

Ant.—Por que razon?

Luc.—La razon es porque aquellos sayos de terciopelo y raso, estan aforrados de maluadas deudas, e la mayor parte destos cortesanos que los traen, ymitan a los caracoles, que andan con toda su casa acuestas y no se hartan de resuello, e si algun poco tienen, se les va en vnguentos para la barua y para lauarse el cabello, y en tintas para refrescar el color a los tapetados. E por vn par de çapatos de terciopelo nueuos que les vees, andan tras ellos ciento desesperados pidiendoles lo que les deuen. Yo riome quando veo la presuncion que traen mirandose sus sayos, que algunos, de viejos, se han tornado de terciopelo rasa.

Ant.—Tu deues de estar vsada de ver essos pelados que dizes que ay agora. En mis tiempos otra gente auia e de mejor jaez; pero la pobreza tanta que oy dia ay en los criados, procede de la vellaqueria y descuydo de sus amos. Mas dexemos agora de tratar desto, e prosigue tu cuento.

Luc.—Digote que auia vno en Mantua que vsaua comigo del platico, con dezirme que sabia quien yo era e mi linaje, creyendose con esto de auer de mi lo que queria sin paga. Vinoseme vn dia a casa con las mas lindas razones e dulces palabras e nouelas que jamas he oydo. El me alabaua y me seruia, y en cayendoseme qualquier cosa en tierra, se abaxaua por ello e lo besaua, e quitaua su gorra, y con vna galana reuerencia hasta el suelo me la daua. E passando en estos requiebros algunos ratos, me dixo vn dia: Por que no alcanço yo de vuessa merced vna gracia, señora mia, y despues siquiera me muriesse? Respondile: Yo estoy a obediencia de lo que quisierdes mandar; por esso, ved en que quereys ser seruido de mi. Lo que a vuessa merced suplico, respondio, que se vaya a dormir comigo esta noche, e desseo esto porque vuessa merced tome la posesion de vna pequeñuela casa, que le agradara. Yo le prometi que lo haria; pero que auia de ser despues de cena, porque tenia combidado a cenar a vn amigo mio. El holgose .nfinito, por escusarse del gasto e congoxa de la cena, que no me auia de dar otra cosa. Venida la hora, yo me fue a su casa, y despues de acostado estuue atenta, y siendo gran rato de la noche, sintiendo que roncaua, tome su camisa de hombre y vistomela, que era labrada de oro, que no auia ocho dias que se auia traydo de la labrandera, y dexole la mia de muger, vejezuela. Y como mi moça vino por mi a la madrugada, leuantome luego, y vide estar a vn rincon de vna quadreta todos quantos paños de lino tenia ayuntados para dar a la lauandera que la aguardauan, y cargoselos a mi criada sobre la cabeça, embueltos en su manto, y embiola, y dende a vn rato, que el galan todavia dormia, vide en vnas ventanas vnas redomas de aguas de olor, y tomo dos, y lleuomelas vna en cada mano, e voyme con ellas; lo que le diria quando se leuantasse, piensalo tu.

Ant.—Y esso se soportaua?

Luc.—Pues helo aqui que recordo y hecho mano de mi camisa, vieja y remendada, descosida por los lados, y el penso que por yerro deui de trocalla con la suya. Mas como se leuanto e hallo la casa barrida de todos quantos paños e otras cosas auia en ella, hazia como vn leon, y vase, y querella de mi, e dio comigo en la carcel. En conclusion: como en el hecho no ouo testigos, no me pudo prouar cosa, fue suelta, y el fue tenido de muchos por hombre de poca calidad, y desta manera me vine yo a reyr del, que pensaua el reyrse de mi.

Ant.—Su daño.

Luc.—Pues escucha esto: yo tenia en Florencia vn cierto enamorado mercader, buena persona, que no solamente me amaua, pero adorauame. El me mantenia muy bien, e yo lo acariciaua todo lo a mi possible, y no era tenida del en reputacion de muger que queria ni hazia por otro. E dizen muchas personas: No sabeys Hulana muere por Fulano? Es muy gran mentira, que son aquellos ciertos heruores de amor, que duran tan poco como el sol de inuierno e la pluuia de uerano. Porque es impossible que, quien se somete a todos, ame a ninguno.

Ant.—Esso bien me lo se yo.

Luc—Agora el dicho mercader dormia comigo cada noche a su posta, donde por darme yo alguna reputacion, e por caçarlo mejor, lo hize celoso muy galanamente, haziendo el profession de no serlo. Y en que manera, si piensas? Hize comprar tres pares de perdizes e dos muy gruessos capones, y otro par de faysanes, y busco vn moço bien vestido y no conoscido del, e digole que quando sienta que esta comiendo comigo el mercader, que llame rezio a la puerta. El hizolo ansi, e como llamo, dixe a mi criada: Abre a quien es; e, abierta la puerta, sube con dezir: Muy buena pro haga a vuessas mercedes. Mi señor, el conde de Monturque, español, suplica a vuessa merced se la haga en comer esta caça por su amor; e que quando aya oportuno tiempo, dessea dezirle veynte y cinco razones. Yo, muy alterada e medio torcido el rostro, le respondi: Que conde o que trampa? tornaldo, hermano, lo que traeys, que no quiero que me hable otro conde que el que cabe mi tengo, que me ha hecho mas bien que yo le seruire en mi vida. Y boluiendome a el, que estaua medio turbado, lo abrace, y comence a deshonrrar al moço, y que se fuesse en mal hora. El mercader, como me vido tan en colera contra el moço, saco fuerças de flaqueza, e dixome: Tomalo, loca, que es mala criança hazer otra cosa; y dizele al moço: Gentil hombre, dezilde al señor conde que ella lo comera por su seruicio; y despues de algunas risas, aunque no muy verdaderas, me bolui a el, y dixele: No piense este conde español que aura de mi vn beso; que en mas estimo vuestro çapato que a cincuenta condes. El agradeciomelo mucho, y fuesse a entender en sus negocios. Yo entre tanto hize venir aquellos que arriba dixe que me reñian mis pendencias, y concierto con ellos que, cerca del sol puesto, porque a essas horas cenauamos juntos, y que tomassen vn moço desenbuelto, con vna antorcha en la mano, y que los otros estuuiessen alla apartados y muy tapados los rostros, saluo que de mi ventana se pudiessen ver, y que lo hiziessen llamar a la puerta; e, como el llamo, le fue luego abierta, subio arriba y saludonos muy a la española, y dize: El conde, mi señor, viene aqui a hazer a vuessa merced la reuerencia que deue. Respondile turbadissima: Dezilde al señor conde que su señoria

me perdone, porque estoy obligada a otro conde que veys cabe mi; e dichas estas palabras, echele los braços encima. El moço fuesse, y estaria vn poco, y torno a llamar, y mandando yo a mi moça que no le abriessen; pero oymos como dezia: El conde, mi señor, mandara echaros las puertas abaxo, e aun quemaroslas, no queriendolo abrir. Por las quales cosas assome a la ventana dando gritos, diziendo: Que cosas son estas? Vuestro señor ha de mandar derrocarme las puertas? Dezilde, paje, que las mande quemar o hazer pedaços muy a su plazer; que a vno solo quiero y amo, el qual me ha hecho lo que soy, por ser quien es; e siendo menester, moriro por el. Estando en estas platicas, llegan los fariseos a la puerta, que eran cinco o seys, y en el estruendo parescian cincuenta; e vno dellos, con vna boz imperial, me dize: Puta vieja, vos os arrepentireys, y essa gallinilla bañada que esta cabe vos, yo os juro por los buessos del sol que la tengo que hazer surzir el rostro. Vosotros hareys lo [que] quisierdes, les respondi; pero no son fechos de caualleros querer forçar a las mugeres hourradas en sus casas; y queriendo dezirles otras mill perrerias, mi mercader me tira rezio de la ropa, que me quitasse de la ventana, diziendome: No mas, no mas; bastar douria lo que les aueys dicho, si no quereys ser ocasion que en saliendo desta casa me hagan pedaços estos españoles. Y metiendome dentro, me dio tantas gracias por la estima que del auia hecho, mas que yo les que sueltan de la carcel a los que en ella an hecho por ellos algo. Y luego, en la mañana, me hizo cortar vna saya de raso veneciano morado estremadissimo; e siendo el Auemaria, no lo tomarian fuera de casa, si pensara por ello ser Papa; tanto era el miedo que auia cobrado a los españoles, creyendo que el conde le mandsse dar alguna cuchillada por la cara. Y a cada proposito que hablaua, dezia: En verdad que la mi Lucrecia trata bien a estos condes de España.

Ant.—Por que dezia esso?

Luc.—Porque le auia hecho entender que a otros siete o ocho condes y cortesanos auia yo burlado, haziendolos esperar debaxo de vna higuera de mi jardin tanto que desesperaron. E jurauale que tal y tal noche, que el durmio cumigo, auian estado metidos en el soterraño vn caua¹lero y sus criados, esperando a que baxasse, y que otros estauan en el cortinal. Y porque yo no tuuiesse ocasion de hazer por nadie, me doblaua el ordinario y me daua otras muchas joyas, y a todos sus amigos (quando le venia a coyuntura) no publicaua otra cosa sino el grandissimo amor que yo le tenia.

Ant.—Gentil astucia, en verdad.

Luc.—Esta te ha parecido buena? pues aguarda vn poco. Estando yo en Milan, dormia muchas noches con vn brauoso rajabroqueles, que auia estado mucho tienpo en la guardia del Sena y en las compañias de Genoua, y se auia hallado en el saco de Roma y en otras afrentas; en conclusion, era vn hombre que en viendolo qualquiera muger de media legua, dezian: Guarte del como del diablo; y en todo Milan no auia otra platica sino esta. E quiero que sepas que lo que yo tengo no lo he ganado como ramera, sino como demonio. Dexemos esto para su tiempo. Has de saber que, leuantandose vna mañana de cabe mi, le vi en la bolsa diez escudos, y otra noche siguiente hize todo lo possible por cojerselos, y no pude, aunque cautelosamente dexe la vela encendida, y leuanteme, como me podras entender; en fin, no pude. Acorde de vsar desta astucia: El estaua vn dia en mi casa muy de reposo, creyendose que, con no darme nada, me auia de tener toda su vida contenta. Y teniendo yo hecho concierto con vn lencero, que a cierta hora viniesse a pedirme diez ducados que le deuia de lienço que me auia fiado, y de que senti que estaua eu casa, allegome vn poco mas a mi brauoso, y echole vn braço por cima el cuello, y con la otra mano tirele dos vezes de las barbas muy de quedo, y dandole de besos, le pregunto: Por ventura sabrasme dezir quien es tu enamorada? Respondio que yo, y ansi por esta palabra, como por tenello mas contento, procure de acariciallo. Y mientras yo le dezia: Quiero que esta noche durmamos juntos, dize la moça: Señora, el mercader de los lienços ha gran rato que esta ay; al qual mande que entrasse en la camara donde estauamos. Y preguntandome el gentil hombre que quien era aquel o que queria, dixe que venia por diez ducados que le reste deuiendo de vn lienço que me dio para vn pauellon. Dixele a mi moça: Toma esta llaue, y de aquellos dineros que estan en el cofre, dale sus diez ducados. E mientra ella yua abrir el cofre, estaua yo halagando al platico. El lencero queriendose yr, e yo auiendole dicho a mi criada que se despachasse, viendola toda turbada, me leuante a ella, que andaua al derredor del cofre que no lo podia abrir (porque assi como el lencero que venia por los dineros no se le deuian, assi la llaue no era de aquel cofre), e haziendo muestra que la moça ouiesse dañado la llaue, salte a ella con tan grandes puñadas como gritos, diziendole: Enemiga, asme echado a perder el cofre; y todavia dandole, dixe que fuesse a llamar al herrero para decerrajallo. La moça fue y no lo hallo, por cuya causa me bolui a mi galan, y le pedi por merced que, si estaua alli diez ducados, que se los diesse, y que se buscasse quien decerrajasse el cofre, y los sacaria y de alli seria pagado.

Ant.—Tu heziste la mas graciosa cosa del mundo, ni ygual a ella he oydo en mi vida.

Luc.—Lo primero que el hizo fue echra mano a la bolsa, y dalle los diez ducados, y dizele: Toma, hermano, y anda con Dios. Y arremetiendo yo con el cofre, le doy de coces, e con vna piedra muchos golpes para abrillo. Dizeme el: Señora, enbia por vn herrero, porque vos antes lo quebrareys que no lo abrireys, y hablauame ya de tu y vos, y con muy menos respeto, por la liberalidad de que auia vsado en prestarme los diez ducados.

Ant.—Iesus y que tonto deuia de ser su merced!

Luc.—Quitadome que no diese los golpes al cofre, me lleuo a la cama, con intencion que durmiessemos juntos la siesta; pero yo estando indeterminada de si lo haria o no, tocan a la puerta, y queriendo yo asomarme a la ventana a ver quien era, arremete comigo, rogandome que no fuesse. En efeto, me solte de sus manos y pongome a la gelosia, y veo vn cauallero mancebo encima vna mula, con habito disfreçado, ofreciendome las ancas; e yo acetelas, y baxo y tomo la capa de vno de sus pajes, teniendo los demas vestidos de hombre, que assi andaua lo mas del tiempo, y fueme con el. De cuya causa el badajo, descuelga vn retrato mio que estaua pintado en vna tabla y colgado en vn tapiz, y tomalo, como por manera de vengarse de mi, y sale de casa como quien se va del juego auiendo perdido, y dende a muy poco espacio torna a boluer con martillo y tenazas, que queria decerrajar el cofre, para sacar sus diez ducados. Mi moça, que estaua intruta en lo que auia de hazer, començo a dar gritos, diziendo: Que me roban, que me roban!; ladrones, ladrones!; que apellido toda la vezindad. Y el, dandose la mas priessa que pudo, ouo de desclauar la cerradura del cofre, en el qual hallo botezillos de vnguentos del rostro y de las manos, vnciones de los cabellos, poluos y rayzes de malua (¹) para los dientes, pegones para el vello, y vna olla de pomada para quitar el asperura del cuerpo e piernas, y vn par de redomas de aguas de apretaduras, para lo que tu sabes. Mas en contarte estas cosas en que he andado me acontece a mi como a los que quieren hazer vna confession general y acusarse de todas las culpas que en el discurso de toda la vida han cometido, y en tal tiempo, venidos al pie del confessor, no se acuerdan de la mitad.

Ant.—Dime las que se te acordaren, que por essas sacaras las otras.

Luc.—Assi lo hare: Vn cierto bouarron, que de vna sola viña que en todo el mundo tenia, que vendida pudo juntar cien ducados, tomo ymaginacion de quererse casar comigo, y tomando por tercero en el negocio vn barbero que

(¹) El texto «malua».

yo conocia, al qual hizo que me hablasse de su parte, y sabida y vista la moneda que tenia, le di esperança de hazerlo; en tal manera, que estando cierto de tenerme por suya, se me vino vn dia a casa, haziendole yo infinitas caricias; en menos de vn mes gasto todos los cien ducados, en cosas de aderezo de mi casa, y creo que vna o dos vezes le di de merendar, y mas no. La manera que tuue de quitarmelo de acuestas fue que hize vn dia a vn otro amigo mio que me lo espantasse; viniendo el a entrar en mi casa, que echasse mano al espada para el, y no fue menester mas que auerse hecho esto para que del miedo que ouo y del enojo que tomo de ver gastados sus dineros, se metio frayle, y quedeme yo riendo del.

Ant.—Por que?

Luc.—Porque es gran contentamiento para vna ramera quando se puede alabar que ha hecho vn desplazer o engañado o burlado a alguno.

Ant.—Maldita la embidia que desso tengo.

Luc.—Que de dineros he yo ganado en este mundo con meter en mi casa a vnos y sacar a otros! Cenauan muchas noches comigo amigos y requebrados mios, e acabada la cena echauanles en la mesa vn par de naypes, y deziales: Juga vn par de reales para confites. Presupongamos que el juego era que a quien cayesse el rey de copas perdiesse y pagasse los confites; acabado el juego y hecha colacion, quedauanse mis naypes en la mesa, y los que los veen, siendo jugadores, tanto se pueden abstener de no jugar quanto vna mala muger de no hazer engaños. Sacados dineros, començauase el juego de veras. Entre ellos tenia yo dos chocarreros en abito de cortesanos y con aparencia de simples, los quales se hazian de rogar primero, y tomadas las cartas en las manos, mas falsas que yo, con dissimulaciones tirauan assi toda la moneda de los combidados, y hazia yo señas del juego que los otros tenian, pareciendome aun no bastar la falsedad de las cartas.

Ant.—Buenas burlas eran essas.

Luc.—Pues estando en Ferrara, por dos ducados que me dieron, auiso a vno como su enemigo venia dos horas antes del dia, solo, solo, a dormir comigo, y espiado el otro, lo hizieron pedaços.

Ant.—Dime: por que venia dos horas antes del dia?

Luc.—Porque aquella hora se partia de mi casa otro que no podia estar mas. Pero as de creer que, si dormia comigo vn amigo que fuesse el solo a holgarse, yo me leuantaua mil vezes de su lado, fingendo tener dolor destomago, y otras vezes querer exonerar el vientre, y baxaua a contentar a vnos y a otros, que esta-

uan por casa esperando aquel ratillo. Pues de verano, entrando el calor, luego botaua de cabel, y en camisa, passeandome vn poco por la camara, parauame a la ventana otro poquillo, e alli hablaua con la luna, y con las estrellas, y con el cielo, donde tal buelta venia, que hallaua cabe mi dos galanes en lugar de vno que dexaua en la cama.

Ant.—Todo es perdido aquello que se dexa de hazer.

Luc.—No ay que dudar. Pues escucha aquesta. Auiendo yo hechado a perder vnos diez o doze amigos, que ya no les quedaua que darme, tray[a]los a cuestas como a cuerpos muertos. Acorde de dar con ellos, como dizen las viejas, a barranco pardo.

Ant.—Y con que sutileza?

Luc.—Tenia mi amistad vn medico y vn boticario, de los quales podia fiar qualquier secreto; dixeles vn dia, estando ambos en mi posada: Yo quiero fingir vna enfermedad, al respeto que todos mis enamorados procuren de curarme, y vos, medico, despues que yo este en la cama, dezi que tengo gran peligro y ordena medicinas de valor, y tu, boticario, ten la cuenta con ellos y en contra embiame algunas cosas que valgan poco o no nada.

Ant.—Agora digo que eres el diablo, si con tal cosa como essa cogiste los dineros que tus enamorados dauan al medico y al boticario.

Luc.—Gentil seso es el tuyo! y desso te espantas? Pues esta atenta. Fue cosa para reuentar riendo quando, cenando con todos ellos juntos, fingi vn embaraço de estomago con vna muy gran sangustia, y dexome caer debaxo la mesa. Mi madre, como sabia la maldad, lloraua con gran dolor sobre mi, y con toda su pena haze que me lleuen a la cama, y haziendose ansi, ellos con ella me llorauan por muerta. Y paresciendome ser entonces tiempo comodo, di vn gran sospiro, y puestas ambas manos en el coraçon, dixe: Confission! Dixo mi madre entonces muy sangustiada, que otras vezes auia tenido este mal, y que era mal de coraçon; que se procurasse luego de vn medico que fuesse tal, y antes que mi madre acabasse de dezillo, fueron dos dellos bolando por el medico con quien yo me curaua, auisados de mi madre como se llamaua y donde moraua. Venido que fue, tomome el pulso con dos dedos, que parescia que tocaua en los trastes de algun laut, y mando que me vntassen el coraçon con ciertas epitimas que ordeno, y llegase muy de quedo a dos dellos que mas cerca estauan, y dizeles, escusandose mucho que ni yo ni mi madre no lo oyessemos: El pulso es ydo camino, y salese de la camara. Algunos de los galanes començauan a consolar a mi madre, que fazia muestra de quererse echar en el pozo, y estauan otros al derredor del medico, mientra receutaua, para embiar a la botica por remedios; que acabada de escreuir la receuta, fue vno dellos en persona a lleuarla, y trae, como quedo concertado con el boticario, las manos ocupadas de alcartazes, de diaforfoles y otras cosas a este proposito. En efeto; que venidos los remedios y aplicados, fuesse el medico. Vidose mi madre en gran trabajo en embiar los galanes, porque todos se querian quedar ay essa noche, e dormir vestidos para velarme. Venida la mañana, tornaron, y traense de camino al medico, del qual entendieron resolutamente que essa noche moriria si no me reparauan de remedios para el corazon. Ordeno qne se buscassen veynte e cinco ducados venecianos, y que dellos se hiziesse vn cozimiento, hasta tanto que se consumiessen todos en el agua. Vno dellos, el que mostraua quererme mas, toma su capa y va en vn prouiso, y traelos y dalos a mi madre, la qual, como muger diestra, pusolos en cobro donde tan presto podra salir del infierno quien alla fuere como de su poder. Sumo: entre las dietas, ruybarbaro, xaraues, epitimas, cordiales y tabletas, manuschriste y julepes, y de carbon, y leña, y aues, y de la paga del medico, me vinieron en la mano mas de cien ducados.

Ant.—No te deshazias en la cama estando sana?

Luc.—Yo me deshiziera estando sola en la cama. Pero el medico me fregaua las espaldas vna noche y el boticario me ponia las epitimas otra, y andauan los capones y buen vino por sus puntos; no començ·ndose en Roma candiota de ningun perlado, que yo no le ouiesse primero la virginidad.

Ant.—Ha, ha, ha!

Luc.—El mercader que te he dicho me daua a entender el gran desseo que tenia de auer vn hijo; de cuya causa, teniendo comodidad, me hago triste, triste, y a la mañana y a la noche me torzia y hazia mil autos; y en comiendo dos bocados escupia quatro, con dezirle: Que cosas tan amargas son estas que comemos? El mirauame en hito, y dezia entre si: O si pluguiesse a Dios! E digote verdad, que desque el salia de casa, vn cauador no comia mas que yo, y todauia en su presencia fingia auer perdido el gusto. Vino la cosa a terminos, que no prouaua bocado de lo que a la mesa se traya. E al fin com"nce a quexarme que tenia vaguido y reboluimiento de estomago, y que se me tardaua la costumbre, y descubrile por via de mi madre como estaua preñada, y lo que yo dixe confirmolo el medico mi secretario. Por lo qual el gentil hombre, lleno de regozijo, se da a buscar los compadres y a començar de comprar capones para ceuar, y a proueer la casa de quesos, tocino, carbon, manteca; y no auia en las

plaças fruta nueua que luego no la arrebatasse, y me la traya, aunque por ella le pidieran vna oreja, porque no desseasse cosa ni tuuiesse ocasion de mal parir. No me consentia hazer nada, ni aun que me meneasse de vn lugar, ni llegasse las manos a la boca, ni rezasse. El me daua de comer, y el me sentaua y leuantaua; en conclusion, que era para reuentar riendo, quando yo me quexaua, oyrlo a el llorar, e dio vn dia tantos çolloços, que pense que verdaderamente se moriera de pesar porque me oya dezir: Señor, si deste parto muriere, encomiendoos nuestro hijuelo; e hize testamento, en el qual lo dexaua por heredero, y el fizo sacar el testamento y daualo a leer a vnos y a otros, y despues les dezia: Mira si tengo yo razon de querer a esta muger. Y entreteniendolo con estas mentiras mas de dos meses, vn dia hago muestra de auer trompeçado, e fingi auer mouido, e digo a mi madre que echasse en vna bacina de agua templada vna figura de corderito no nascido, que nadie lo viera que no jurara ser mouito, e quando el lo vido, pelandose la mitad de las barbas, hizo vn gran llanto, y daua muy mayores los gritos quando mi madre le dezia que era macho y que le parescia infinito en el largo de las piernas. En fin, gasto el pobreto no se quantos ducados en hazello enterrar, e vistiose de luto, y publicaua que el mayor dolor que deste mundo lleuaria, si agora muriesse, seria no auerlo hecho bautizar y meter en ataud.

Ant.—Y quien fue el padre desse conjelo?

Luc.—Para dezirte verdad, fue vn carnero, y mi costumbre que sobreuino, y juntose todo, y otras cosas que callare, porque hablemos en algo que te de mas contento.

Ant.—Sea como te pluguiere.

Luc.—As de saber, que trayendo muchos dias el sentido derramado en que formas o modos me podria aprouechar en vn tiempo aduerso, en fin vine a caer en vna cosa harto vtil para ramera, y, que si piensas, hazer a todas manos, assi a lo poco como a lo mucho. De manera, que jamas ninguno dormia comigo que no se dexasse en casa algo del pelo, como camisa, cofieta, çapatos, sombrero, guantes o pañezico que se quedasse oluidado, o que en mi poder entrasse, en su vida mas lo auia de ver, porque todo aquello hazia cuerpo en mi casa, y a qualquier leñador, o azeytero, o de los que venden peros, miel rosada y cantueso, y a los de las passas y higos, hasta a los que venden pajuelas. tenia por amigos, y entre ellos auia pendencias sobre qual era de mi mas priuado.

Ant. Y por que, veamos?

Luc.—Porque asomandome yo a mi ventana y passando ellos, aunque no tuuiesse necessidad de lo que lleuauan, lo compraua y hazia a los galanes que comigo estauan que la pagassen, haziendoles dar mas del valor de la cosa por teuellos contentos y obligados. De manera que ninguno podia entrar en mi casa, que por lo menos no le costasse vn real, o medio, o vn quarto; en fin, le auia de costar. Demas desto, estando con quatro o cinco enamorados, venia mi moça de comprar alguna cosa, y como ella estaua impuesta en lo que auia de hazer, entraua diziendo: Señora: no traygo nada, porque el dinero que lleue, no basto para lo que auia de comprar. Deziale yo: Malauenturada! faltarate por alla quien te lo diera? Y quanto te falta, veamos? Respondia: Vn negro real. Llegauame a fazer caricias al mas cercano, y deziale: No ay aqui algun hidalgo que me preste vn real? Teniase por menos que otro el que era postrero en darmelo, y hartas vezes cogia quatro y cinco, de cada vno el suyo, y desta manera traya mi moça cada dia las manos llenas a mi madre de lino y de lienço, y otras cosas que de aquellos benditos dineros se comprauan. Y vnos dauan el lino, otros pagauan la hilança; tampoco faltaua quien diesse para la texedura. Yendose aquellos e veniendo otros, como suelen, quatro o cinco juntos, hazia dezir que estaua ocupada y no abria sino a vno solo, con el qual tenia manera, con gentil entretenimiento, que el mesmo dia me embiaua freçada, o colcha, seda de labrar, o sillas de caderas, o otra cosa buena que el tuuiesse; por lo qual yo le prometia en pago que viniesse a dormir comigo; el embiaua vna cena copiosissima, y venido a la noche a goçar della, le mandaua dezir que diesse vna buelta; el yuase y tornaua, y dezianle lo mesmo, que no estaua aun desocupada, que diesse otra boltezuela, y auiendole dicho que boluiesse dos vezes, vino a la tercera y no le respondieron, por lo qual començaua a bramar y hazer fieros, diziendome de: Puta, puerca, y renegaua del intemerado Iason si no se lo pagaua. Yo, riendome, cenaua con otro lo quel auia traydo, y aun dezia oyendolo ladrar: Ay estaras, bramon, que a mi poco se me da.

Ant.—Como te la perdonaua esse, si era hombre de alguna calidad?

Luc.—Fuessese quien el quisiesse, el se estaua sus tres o quatro dias con su enojo, y en resfriandose vn poco, no se podia abstener de no boluer sobre lo que me auia dado, con dezirme muy dissimuladamente que me queria dezir veynte palabras. Respondia que veynte mil me podia dezir y escucharlas yo. Abierta la puerta, subia muy oloroso y perfumado, diziendome: No pudiera, señora mia, jamas creer que comigo se vsara tal cosa. Respondile: Anima mia, aueysme de creer que yo no amo, ni quiero, ni tengo a otrie en mi memoria sino

a vos; e si supiessedes lo que me importaua yr fuera de casa aquella noche, antes aprouariades la yda que por ella darme reprehension; e si de vos no tengo conceto que me aueys de sufrir algun descuydo, de quien, veamos, lo he de tener? Bien se que, segun soys malicioso, que pensastes que era yda en casa de algun letrado o procurador, sobre algun pleyto, e no andays errado; y entre estas palabras acercauame a el, abraçandolo, e con esto le sacaua el coraçon del cuerpo, e le hazia perder todo el rancor, si alguno le quedaua; de manera que, ante que de mi se partiesse, picaua el pan en el puño manso como vn cordero.

Ant.—Grauemente yerra quien no te da vna catreda en Paris.

Luc.—Dizes tu virtud?

Ant.—No en verdad, sino que la mereces por mas sabia que ninguna de las que oy son.

Luc.—Pues quiero que me oygas, e veras con que nouela vine a ser rica. Vn gentilhombre andaua muerto por mi, e queriendome lleuar consigo por vn par de meses a vna heredad suya, hize echar fama por toda Venecia, donde entonces biuia, que me yua de la tierra; e hago llamar vn pregonero, e dile a vender quantas menudencias tenia; y esta venta no se hizo sin que por ello tuuieron harto enojo otros enamorados que a la sazon tenia; y pongo mis dineros en vn banco, sin que el galan que me lleuaua lo supiesse.

Ant.—Por que vendiste las menudencias de tu casa?

Luc.—Por fazerlas de viejas nueuas; y quieres ver como fue verdad? Assi como torne, venian mis amigos a proueerme, como las hormigas al trigo.

Ant.—Cierto los males que les fazes a los mezquinos son ocasion que no te crean.

Luc.—Yo no niego que todas las artes no se busquen para adquirir dineros, haziendo a los pobretos comer de nuestro estiercol e de nuestra purgacion; e aun yo se de vna ramera, que no quiero dezir su nombre, que, pensando baçer a vno que anduuiesse tras ella, le dio a comer pelos y cabellos y cosas gomitadas y hediondas.

Ant.—Calla, assi Dios te guarde, que no me quedaran tripas en el cuerpo que no lance.

Luc.—Pues oye agora: con vna candela, hecha de vnto de hombre encendida, he prouado, y la he hallado muy buena para algunas cosas; pero, en fin, los hechizos y encantamentos que tu hazias con yeruas secas a la sombra, con humo de sogas de ahorcado, con vñas de muertos, con palabras del demonio, son vn poco de viento a respeto de lo que yo se y te diria si fuesse licito dezirlo.

Ant.—La conciencia de Çarçapelete deue de ser la tuya.

Luc.—No quiero que me tengas por yprocrita, sino dezirte con verdad que se mas que quantos filosophos, astrologos, alquimistas y nigromanticos han sido jamas, y he prouado quantas yeruas ay en los prados, y quantas palabras se dizen en los mercados, y con todas ellas no he podido jamas mouer el coraçon a vn hombre, y con solo vntarlo con mi saliua lo he hecho enmudecerse tan bestialmente por mis amores, y tanto que se estaua mirandome hecho vn ydolo, con ser honbre acostumbrado de andar de vna en otra, no mirar a muger en el rostro mientras yo queria.

Ant.—Mira, mira en que estan los secretos del encantar!

Luc.—Ellos estan en el seso, y el seso tiene la mesma fuerça para sacar los dineros de los miseros, que tiene el dinero para sacar el seso de los monesterios.

Ant.—Si el seso tiene tanta fuerça como tienen los dineros, el seso es mas valiente que no fue Roncesualles, pues murieron en el los doze pares.

Luc.—Mas valiente por cierto; pero sigamos nuestro razonamiento. Escriue en tu memoria esta astucia, que no te desagradara. Yo tenia vn amigo tan colerico como vno que es muy liberal en gastar y no tiene que; y en sentandosele vna mosca en la nariz, o por otra menor ocasion, no se podia abstener de no dezirme mil desonrras; y passada aquella furia, se me hincaua de rodillas, puestos los braços en cruz, pidiendome perdon, y mi gentileza daua le la penitencia en la bolsa. E viendo que daua lo que tenia de buena gana, lo hize venir en tanta desesperacion (y con que? si piensas), con leuantarme de cabe el e yrme con otro mas ruyn, que me lo pagaua doblado. Y tornados a reduzir en buena conformidad, porque yo fingia de no querer verlo mas, ni tener con el entrada ni salida, en fin partio comigo de todo quanto tenia, y desta manera ouo de alcançar a tener paz comigo.

Ant.—Tu hazias con el como quando algun vellaco procura que le den de bofetones o cuchilladas por sacar veynte doblas de la bolsa a quien se las dio, que busca todas las ocasiones para en que trompiece su aduersario.

Luc.—Mas quiero que sepas: que era vno de aquellos que lo queria hazer comigo mesma, pues no vaya el a feria que mas gane; pensauase que con dezir al confessor siete o ocho pecados mortales, que cumplia. Pues la mas triste ramera del mundo comete ciento en vna hora; e si lo quieres considerar, mira quantos tendra vna que, por cubrir vna tan grande falta, descubre mil yglesias agenas. Hermana Antonia: la gula, la yra, la embidia y la soberuia nascieron el dia que nascio el putanismo. E si quieres saber como deguella vna ramera, mira lo que haze gastar en combites y mascaras; e si quieres saber con que rauia sale de su casa, que si pudiesse en vn momento poner fuego a todo el vniuerso, lo haria.

Ant.—No ay en esso que dudar.

Luc.—La soberuia de vna destas excede a la de vn villano rico, y su imbidia es mas y mas dañosa que el que tiene el mal frances metido en los huessos.

Ant.—Hazme agora tanto plazer, pues ya otra vez te lo he rogado y me lo prometiste, que no me traygas a la memoria esse mal, que me tendras por enemiga.

Luc.—Perdoname, hermana; que no me acordaua que lo tenias. La acidia de vna mala muger es mas aguda y mas y mas peruersa que la melancolia de vn escudero que se vee desfauorescido de su señor y sin marauedi de renta de que gastar; y la auaricia desta tal es semejante que la de vn rico auariento que ha robado al vientre y a su apetito muchos buenos bocados y lo que ahorra juntolo con los demas dineros que en casa tiene.

Ant.—Y donde dexas tu la luxuria de vna mala muger?

Luc.—Hermana Antonia: quien siempre beue, jamas tiene sed; y pocas vezes a hambre quien esta de contino a la mesa comiendo. E si alguna vez nos tocan con vna gruessa llaue, comemos de tal manjar por manera de antojo, como muger preñada que come de vna fruta muy verde o de vna tierra de vna pared. Y jurote, assi me de Dios la ventura que busco, que la luxuria es la cosa que menos estimamos, porque nuestro pensamiento no es otro que sacar a todos el cuero y las correas.

Ant.—En verdad que te creo.

Luc.—Puedesme muy bien creer, porque no te dire punto mas que la verdad; y ansi ella me valga, no vn vez, sino mas de ciento, me ha acontecido en este mundo estar seys horas y vna noche entera con vn hombre, e si quinientas vezes me hablaua, tantas de ymaginatiua responderle tan fuera de proposito, que ouo alguno y algunos tan faltos de juyzio que creyan que perdia el seso por sus amores.

Ant.—Antes pensara yo que desuariauas con el calor, si era en verano.

Luc.—Pues ni era esso ni essotro, sino que dende que en mi casa entraua alguno que ouiesse de dormir en ella siesta o noche, mi sentido e juyzio no era otro sino andar de tiendas de lenceros a las de los plateros, sin dexar ropa vieja ni gradas. Y como si piensas, dezia yo entre mi: Este galan por lo menos me dexara a la mañana quando se vaya diez coronas; e si yo las he a las manos, luego me cobijo mi manto y vo al dueño de la casa y le doy para en cuenta del tercio que esta por cumplir tres ducados, por poderme valer de dos tanto tiempo despues que se cumpla. Y de ay me vengo por la tienda de mi lencero, y para en cuenta de los fustanes que saque fiados, darle he otro ducado, por acreditarme con el para adelante; e ansi hare a otros que deuo, y trocare mi saya por otra de mas alegre color, y por ventura echare vn ribete de terciopelo al manto; e si se me antoja comprare cuatro hanegas de trigo, que no es mala granjeria que las amasse mi madre y que las venda la moça, y del acemite que sobrare comeremos pan de balde, y sobraran ahechaduras para criar algunas aues, y si acaso ay priessa que se vende antes que salga del horno, alli es el ganar, porque ni va cozido, ni llena su peso cabal. Assi que, hermana, cata aqui como, haziendo estas consideraciones, no se puede tener cuenta con el peccado de la luxuria; y no solamente en esto perdia el tiempo, pero aun en otros mayores desuarios.

Ant.—Ten punto; nunca essa cuenta te salia mentirosa?

Luc.—Si, y muchas vezes, pues si de contino me saliera verdadera, donde cupiera tanto dinero? Segun la frequentacion de gente que en mi casa entraua, que tal buelta venia, que en el alhondiga, valiendo el pan caro, no podia auer mas priessa. Pues lo mejor se me oluidaua de dezirte, que como venian algunos que echauan dineros de si como si fueran pajas, auia otros tan peruersos y refalçados, que a poder de juramentos que se les oluido la bolsa en casa, cumplian; otros, si eran mercaderes, dezian que aquel dia no se abrieron los bancos sino muy tarde, y que no pudieron aguardar, passauan francos sin pagar el portalgo. Pero si tornauan sobre los amores, armauanles yo con queso, donde pagauan lo nueuo y lo viejo, y aun fasta el contento que recebian de auerme burlado me pagauan. Y he aqui bien prouado como pensando si me dara algo, si no me dara nada, esto comprare, estotro hare, se me yua el tiempo, sin tener mas cuenta ni atencion con lo que passaua, como si estuuieran de mi quinientas leguas. Por manera que torno a lo dicho, que en nosotras no es el mas graue peccado que cometemos el de la luxuria, antes el menor: mira que tales seran los otros. Pero, por hazerme merced, que estes atenta a mil gentilezas que te quiero dezir en vn punto.

Ant.—Dilas, que, aunque te este escuchando de aqui a mañana, maldita la pena que resciba, antes muy gran delectacion y contento.

Luc.—Tres personas entre los otros me amauan, que eran vn pintor y dos escuderos; y la paz que ay entre perros y gatos era la que entre ellos auia, y teniendoles hecho hoto a todos tres que viniessen vna mesma noche a mi casa,

sin que el vno supiesse del otro, acontecio que el pintor tomo la mano y toca a la puerta, la qual luego le fue abierta, donde acabado de subir el escalera, e yo que me queria sentar cabe el, cata viene vno de los dos escuderos y llama, y como en el llamar fue de mi conocido, digole al pintor que se esconda, y haziendome con el encontradiza en el escalera, que subia ya arriba, lo primero que me dixo fue: No lo haria agora el diablo que me topasse yo con aquel vellaco del pintorcillo para darle de garrotazos. E no oyendolo el pintor por las palabras que yo atrauesse, oygo al tercero enamorado dar vn siluo, que era seña entre el y mi, y torno a siluar para que mejor fuesse entendido y le abriesse. Considerando que medio tendria para meterlo en casa estando los otros dentro, en fin me determine a abrirle, y fago meter al segundo donde estaua el pintor. Y como el tercero subio, las primeras palabras que me dixo fueron: Pense hallar alguno de tus amigos, que, a estar aca, no se escusaua matarlo por mis manos. Y no creas, Antonia, que, porque el dezia esto, que dexaua de ser vna gallinilla. E digote verdad, que siendo oydo del pintor, que no sabia que el escudero estaua donde el, ni el escudero del pintor, salieron ambos fuera a vn tiempo, para conocer quien era el que auia entrado tan brauoso, el qual viendo salir a los dos, y queriendose retraer a vn rincon de la quadra, por estar mas fuerte, no mirando como ponia los pies, cayo por el boqueron del escalera, y da abaxo vn golpazo que se molio por los lomos. Los otros dos, con la yra que tenian, baxaron tras el, y todos tres, que tan mal se querian, començaron vna batalla en tercio, a la qual acudio mucha gente de la vezindad, y no podian entrar a despartillos, porque el vno tenia las espaldas a la puerta y no se podia abrir, y creciendo la grita de dentro y la gente de fuera, quiso su ventura que passasse por ay el gouernador, y paro al ruydo, mandando echar las puertas en tierra, y prendelos a todos, y da con ellos en la carcel, suzios y ensangrentados como estauan, y manda que a todos juntos los metan en vna mesma prision, jurando que de ay no saldrian jamas, hasta tanto que fuessen buenos amigos, como despues lo fueron.

Ant.—Cierto, essa fue de las buenas.

Luc.—Mira si fue buena, pues que a todos los forasteros que venian a mi casa lo contaua, y estuue por mandar hazer coplas sobre ello, si no fuera tenida en el pueblo por muger vanagloriosa.

Ant.—Dios te lo page.

Luc.—Dios lo haga. Y assi como en lo passado hize reyr a todos, en lo que agora te contare los hize llorar. Estando yo en Roma en la cumbre de mis prosperidades y riquezas, en el tiempo que mas estima y valor tenia mi persona, y que mas querida y seruida era, y quando de mejor gesto estuue, ymagine de hazerme beata encerrada en Campo Sancto.

Ant.—Por que no en San Pedro, o en San Iuan de Letran, o en otras muchas yglesias que ay en Roma?

Luc.—Porque mi entento principal fue mouer a piedad a mis enamorados, con ponerme junto a tantos rimeros de huessos de muertos.

Ant.—Bien lo pensaste.

Luc.—Y persuadiendome de tal nombre, comence a hazer la vida sancta.

Ant.—Primero que me digas mas, quiero saber de ti como entraste en esse frenesis de querer ser beata encerrada.

Luc.—Por hazerme sacar del emparedamieento a costa de todos mis enamorados.

Ant.—Si, si.

Luc.—Comence a mudar la vida, y del primer encuentro di con toda mi tapiceria en tierra, y quito la cama de campo, y otro dia la mesa alta en que comia, y puseme vna saya parda sin guarnicion, y quiteme la cadena, gargantilla y anillos y otros ornamentos y adereços de mi persona, y dime a fingir que ayunaua de contino, y que no comia sino vna sola vez al dia, y negaua a todos la conuersacion, ni menos consentia que mis amigos me visitassen. Y alli de dia en dia les hazia entender la emienda de mi vida, por lo qual ellos desesperauan. Y sabido yo que la fama de quererme entapiar era ya bien publica por todo Roma, saque todo lo mejor de mi hazienda y pongolo en lugar siguro, y di por Dios muchos handrajos que no valian nada. Y quando me parecio tiempo oportuno, hago llamar a todos mis amigos, que pensauan quedar huerfanos sin mi (a los quales fuera harto mejor no auerme conocido), y ruegoles que se sienten, y estando assi vn poco sentada entrellos sin hablar, comence a reboluer en mi fantasia algunas palabras que dellos en secreto oydo auia, haziendo primero muestra de echar veynte lagrimas, que no se como tan presto se me estancauan, diziendoles: Hermanos, señores y padres: quien no piensa en las cosas del anima, no la tiene, e si la tiene, no mira por lo que conuiene a su saluacion. Yo quiero mirallo, por lo qual os hago saber que estoy conuertida del predicador y de la leyenda y historia de la Madalena, y medrosa y espantada del infierno, que lo he visto pintado, determino de no yr en lugar tan caluroso; porque mis pecados son tantos, que temo en gran manera a mi Dios y a su justicia. Por tanto, hermanos, yo quiero entapiar esta carnacha. Los pobretos murmurauan vnos con otros de ver en mi tanta deuocion, en la manera que hazen aquellos deuotos que no puedan abste-

nerse de sospirar oyendo predicar la passion de Christo. Y prosiguiendo en mi razonamiento, muy llorando les dixe: No quiero mas ponpas. No quiero mas galas. No quiero mas adereços de casa. La camara mia adornada por estremo, sera vn palmo de casa desnudo de cosa que en ella aya colgado. Mi cama sera vna carga de paja echada sobre vna estera. Mi comer la gracia de Dios, y mi beuida agua llouediza, e mis ropas de oro y seda que solia yo traer, seran vn silicio aspero y gruesso, y teniendolo aposta para aquel efecto, se lo mostre, y parecian, si te acuerdas, el llanto que hazen los buenos christianos quando muestran la ✠ de Christo en el coliseo. Yo estauame oyendo el planto que hazian mis enamorados, que se ahogauan con el dolor que sentian, y parlauan vnos con otros a bueltas del pesar. Mas quando les dixe: Hermanos mios, demandoos perdon, aqui se leuantaron con tan grandes gritos, como los auria en Roma si otra vez fuesse saqueada (lo qual la guarde Dios), y echandoseme vn asnazo de aquellos a los pies, rogandome que apartasse de mi tal pensamiento, y visto no aprouechaule nada, se dio de cabeçadas en la pared.

Ant.—Iesus y que gran pecado!

Luc.—Venida la mañana que auia de entrar en el emparedamiento, juraras que estaua toda Roma en la yglesia de Campo Sancto, cruzando la gente con tanto feruor como quando van a alguna gran perdonança, y aun no se si entonces se pudiesse juntar mas gente. Y as de saber cierto que los que an de justiciar por la mañana, siendoles notificada la sentencia de antenoche, no recibieron mayor desplazer ni turbacion que mis enamorados. Y no te digo si muy sobre peyne lo que passa, por no detenerme. Yo fue encerrada con remor de todo el pueblo, que dezian: Dios la ha llamado a penitencia. Otros dezian: O que buen exemplo ha dado de si! Dezian otros: Quien tal creyera jamas! Otros, aunque lo veyan, lo tenian por impossible; otros se admirauan y otros se reyan, diziendo: Quiero que me ahorquen si ella acaba el mes en el emparedamiento. Fue passo para gozar del y notarlo, ver estar los mezquinos en la yglesia buscando oportunidad para poderme hablar. Y en verdad te juro, assi me libre Dios del mal que tienes, que el sepulchro de Christo no fue tan bien guardado de los phariseos quanto yo lo fue dellos. En fin; passados algunos dias, aunque pocos, comence a dar orejas a sus peticiones, con que a todas horas me conquistauan que me saliesse, diziendome que en todo lugar se podia saluar el alma. E por dezirte verdad en vna palabra, arrebataronme de alli y adereçaronme vna casa de nueuo, donde me meti, saliendo del emparedamiento, que ellos rompieron como si fuera la puerta del jubileo, començando el Papa a quitar el primer ladrillo. En conclusion, que sali con mejor gesto que nunca, y todos en Roma reyan; especialmente aquellos que esperauan en que auia de parar, dezian vnos a otros riendo a gritos: Que fue lo que yo dixe?

Ant.—No se qual muger pudo pensar lo que tu pensaste.

Luc.—Las rameras no son mugeres, sino diablos, y por esso piensan y hazen lo que yo hize. Y auisote, hermana mia amada, que vna mala muger siempre tiene en el coraçon vn pellizco que la haze binir descontenta, y este es dudar si a de yr a vender candelas o a ser quitadera de cejas, o colchonera; que tu, como muger sabia, arriba tocaste. E confiessote que, por vna Lucrecia que se a sabido valer, ay mil que han muerto en los ospitales. Y maestre Andres solia dezir que las rameras y los cortesanos estauan en vna mesma balança. Y este es el puñal o pellizco que te dixe que teniamos en el alma, que es mas que en el coraçon, pues nos faze ymaginatiuas, pensando que ha de ser de nosotras a la vejez: si sera tener cargo de algunas lamparas o demanda, o si, hallando vna muchacha de buen gesto, la tomaremos por hija, o si sera mejor buscalla de hedad que comience dende luego a dar fruto.

Ant.—Y quanto he visto yo desso!

Luc.—Mas aure visto yo, que les he visto ponerse de los mejores nombres que hallan, los quales, mudandoselos cada dia, jamas los forasteros pueden atinar qual es su nombre el verdadero. Agora se llama Iulia, otras vezes Laura, otras doña Paula y doña Berenguela; por ocasion solamente de auer passado por su calle vn señor o cauallero, las veras con mas dones a cuestas, que vezes has tomado el agua del Palo. Y por vna dellas que tenga madre, como la tengo yo, que es la que conocistes, ay vn millon dellas sacadas de las cunas de las yglesias, y de mesones y casas agenas, que es impossible poder adeuinar, no solamente quien fue su padre, mas si lo tunieron, por ser de hechura de mandragoras. Y nosotras, si b'en miras en ello, nunca dexamos de publicar ser fijas de señores cardenales y perlados, y es muy gran vanidad, porque ay luego quien nos diga el contrario, por ser tantas las simientes que se plantan en nuestros jardines, que es impossible poder atinar quien aya sido el ortelano de la planta que nascio, y es loca la que se desuela en querer saber de qual grano nacio aquel fructo, porque vn prado sembrado de muchas y diuersas simientes, y todas juntas, y sin ponerles ninguna señal, mira quien quieres que atine!

Ant.—Es muy cierto lo que dizes.

Luc.—Pues triste del que cae en manos de ramera que tenga madre! dolor del si vna vez lo amansan! e si a caso son de hedad conuenible, quieren tan buena parte como sus hijas, de donde conniene que ellas mesclen con engaños de las hijas algunos robos, por la qual via pueden castigar de la bolsa a quien las infama. E siempre, o por la mayor parte, se amarran con gente nueua, porque con viejos pocas vezes pueden tener buen credito.

Ant.—Essa razon me quadra.

Luc.—En que peligro se pone vn mezquino, sobre el qual echan suertes madre y hija, encerradas en su camara! Que de ladronerias se acuerdan! Que crueldades acometen! Que de hechizerias inuentan! Que de repartimientos y anotomias hazen de su bolsa! E digote de verdad, que Paladinas no podia enseñar tantos tiempos a los que auezaua a esgremir, quantos vna madre adotiua o natural a su hija. Dizenles: Quando tu amigo viniere dirasle esto, y pedirle as estotro, y abraçarlo as a tal tiempo, y harasle caricias desta manera, y tratarlo por tal via que no hagas del mucho caso, ni lo desprecies tanto que lo vno y lo otro venga a ser estremo; e mientras estuuieres con el, no dexes de acudir a otros si se ofrescieren; finge estar muy cuydosa; promete y niega quando te paresca; pidele siempre que te preste y busque emprestado manillas, anillos, ropas, tocados, plata para bautismos, y procura siempre de hazelle algo menos, que quando el mundo se hunda, a lo peor que puede venir es boluerselo como te lo dio.

Ant.—En todo dizes verdad, como muger experta y muy sabia y que sabe lo suyo y lo ageno.

Luc.—Creemelo de hecho, porque assi passa.

Ant.—Y tu? por ventura has sido assi peruersa?

Luc.—De las que orinan como las otras. Mientras fue mala muger, procure de serlo tan por entero, que en cosa dexe de hazer aquello que vna ramera podia. Porque yo no me tuuiera por tal, no teniendo intencion de serlo tan cumplidamente quanto la que mas. E si muger tuuo meritos para ser estimada por ramera, lo fue la Lucrecia que tienes presente, que en mantenerse dende que ouo catorze años fue maestra. Pero dexemos estas cosas aparte y fablemos en otras que inporten mas. De quantos mezquinos he hecho hazer pedaços y dar palos y cuchilladas!

Ant.—Dilo, ansi gozes de la vejez como gozaste de la mocedad; y tambien te ruego que me digas si has hecho penitencia por essos pecadillos.

Luc.—Hagote saber que despues aca he tomado infinitas indulgencias y perdones; de

esso lo aueys, toma quanto tengo y vendeldo, y pagaos, y todavia muy enojada leuantome de cabe el y metome en mi camara. Como el me vido tan en colera, leuantasse y vase tras mi, y comiença a falagarme y a darme mill abraços y mill besos. En fin, quedamos amigos; con que fizo juramento solemne de que en todos los dias de su vida a mi ni a otrie prestaria pieça de plata.

Ant.—Ya he dicho que eres de las finas.

Luc.—En tomar de nueuo a vno por amigo, fue ni mas ni menos dulce; de manera que todos los que me hablauan la primera vez me yuan alabando; pero de que me gustauan, me hallauan como vn acibar. Y ansi como en los principios mostraua parecerme mal las cosas mal hechas, assi en los medios y fines las que eran buenas; porque a vsança de buena ramera, recebia gran deletacion en sembrar escandalos, tramar pendencias, poner cisma entre amigos, oyr dezir afrentas, hazer venir a las manos, poniendo yo lengua en los principales, y haziendo juyzio del emperador y del gran turco y de los reyes comarcanos; tratando de la carestia del tiempo y de la riqueza del duque de Ferrara, y dando a entender que las estrellas eran del tamaño de las ruedas de las carretas y no mayores, y que la luna era hermana bastarda del sol, y de ay saltaua en el blason de mis armas y de mi linage, y daua otra buelta por duques, condes y marqueses, y afirmaua que en las mesmas dinidades y honrra que ellos me ania criado, y con tanto descanso, que no se ponian en la cama donde yo dormia sino colchones de seda. Y con esto hazia a mil bouos estarme escuchando de rodillas, las bocas abiertas.

Ant.—Pues ya yo no te quiero escuchar mas.

Luc.—Dexame acabar mi cuento. Vna señora, segun que dizen, no haze estos descaxcamientos vanos, ni toma renombres tan altiuos como las rameras hazen, que vnas publican ser fijas del duque Valentino, otras del cardenal Ascanio; pues dime que echan mano de los mas ruynes apellidos, sino que de Guzman abaxo no se precian, e si de ay disparan, publican luego que en las montañas o en Asturias tienen solar conocido. Pues ver algunas sellar sus cartas con vnos grandes y brauosos sellos, es gran donayre. Y no creas, hermana, que los titulos que ellas mesmas se ponen las hazen mejores, antes con ellos son tan sin amor y tan sin caridad ni piedad, que si San Roque o San Antonio les pidiesse limosna, no se la darian, sino por el miedo que les han.

Ant.—Iesus, y libreme de tales mugeres!

Luc.—Cierto que mejor seria echar las cosas en la mar que darlas a semejantes, que tanto te precian despues que les has dado vna cosa, quanto te fingen agradar antes que se la des. Pues vna sola buena cosa tienen, que es mantener la fe: son en esto peores que diablos. Y por la mayor parte las rameras tienen miel en la boca y nauajas en las manos, y veras dos dellas besarse dende los pies hasta la cabeça, y desuiadas la vna de la otra se dizen cosas para tapar los oydos. Pues oyrlas publicar mal de los honbres es el donayre quando ellas estan en quadrillas, y como en entrando les hazen caricias sea quien se fuere, con tal que entre con el pie derecho gastando, que no durara mas vn punto la muestra de quererlo, quanto durare el dar. Y de como dexan a vno y se arriman a otro que tiene mas pluma, y como auentajan a este entre todos, entreteniendolo con dezille mil vezes a la hora vuestra señoria, y en saliendo de casa, por dar lugar a otros que vienen a conuersacion, al salir les hazen mil carizias de lengua, y no han puesto el pie en la calle quando a las espaldas le quedan haziendo gestos y con las manos cuernos, y dizen: Alla yras, traydor prolixo, y otras peores cosas.

Ant.—Por que lo hazias assi?

Luc.—Porque vna mala muger no pareceria serlo si no fuesse traydora con gracia e preuilegio, y a la que esto le faltasse, seria como cozina sin cozinero, o como comer sin beuer, o lampara sin azeyte, o macarrones sin queso.

Ant. Dexemos esso, por vida mia, sino tornemos a tus hechos en particular, que huelgo mas de oyrlos que de ver recitar comedias.

Luc.—Agradescote esse fauor; pero ya que se que te deleytas en oyrme, dire lo que mas se me acordare. Has de saber que vño a Napoles vn moçuelo de diez y ocho años, mercader, de noble generacion y rico, y del primer boleo me lo echaron a las manos; que donde quiera que yua procuraua de tener amigos que me encaminassen prouechos. De manera que dende luego publique quererlo infinito, e tanto mas era el cuydado que tenia de roballo, quanto a el no le faltaua de holgarse comigo. e para acreditarme mas con el, comence a embiar alla mi moça tres o quatro vezes al dia, vnas vezes a que viesse como estaua, otras a suplicarle tuuiesse por bien de venir a holgarse a esta su casa. Y doyme a publicar por todo Napoles que me moria por el, e que estaua para rescebir la Extremavncion. Dezian algunos: Caydo a esta puta, e mira con quien se tomaua, sino con vn muchacho que le henchira la boca de leche. Yo a todo lo que me dezian callaua, y estauame quedita como gata mansa, gustando del y persuadiendo a todo el pueblo que ni dormia ni comia de enleuamiento y desatino que de sus amores tenia, e fingia durmiendo de noche mentallo como que hablaua con otras, y deziales que sus lindos ojos eran los que me auian catiuado. El muchacho oyalo todo, que dormia cabe mi cada noche, que no lo osaua largar de la mano; porque como era cudicioso y a fama de rico, por ventura otras golosas como yo no me lo caçassen. En efecto, que rescibiendo el de mi algunas buenas cenas y otros seruicios, se yua agradando y mostraua a todos sus amigos vn anillo con vna turquesa que yo le auia dado, que valia medio ducado escasso. E siempre que comigo dormia, no dexaua de dezirle: Mira, si tuuierdes necessidad de dineros, que me los pidays, que yo los proueere, pues lo que yo tengo es vuestro, siendo yo como soy vuestra. Y por estos regalos y fauores que yo le hazia, passeauaseme por la calle muy vfano y contento, y señalauanlo muchos con el dedo, diziendo: Mira Lucrecia como se enamoro de su nieto! En conclusion, que vino a mi casa vn dia el principe de Salerno, estando ay mi muchacho, y hagolo que se metiesse en la camara, y mando que abran, y sube. El muchacho, por meterse de presto, cayosele en el suelo vn pañico de narizes, y el principe alçolo, e dixome despues de auerme saludado: Este pañezico deue de ser de vuestro enamorado Fulano, nombrandolo por su nombre. Que le repondi si piensas? Si que es suyo, y lo amo y quiero mas que a todas las cosas del mundo, y lo tengo por señor, y le soy seruidora, y lo sere hasta que muera. Agora estima tu, oyendo lo que del dezia al principe a sus oydos, que hueco estaria. E acabado de yrse el principe, sale a mi los braços abiertos, y de tan vfano no fue por dezirme muchas gracias por la estima que del auia hecho, sino passeandose como hombre que pensaua tener en mi y en mi casa el pan y el palo, como dizen, mandandome a mi e a mi ama y a toda la casa. Acontecio que queriendo vn dia que nos holgassemos como soliamos, yo no quise, y voyme en casa de otro enamorado que el conocia, e como el no era vsado a aquellas burlas, toma su capa y vasse gruñiendo, echando palabras al ayre, y estase vn dia que no torno a casa, esperando que embiasse a rogarle que tornasse, como otras vezes solia, y no viendo que se hazia como el pensaua, entrole el diablo en el pensamiento, e viene a mi puerta a llamar, y fuele respondido: La señora esta aconpañada; y como esto oyesse, quedose casi hecho piedra marmol, caydo el hocico sobre los pechos, con la boca muy amarga e los labrios azules, con los ojos tiernos y el coraçon dandole saltos, e temblandole las piernas como si se leuantara de dolencia. Yo via todo lo que passaua por vn agujero de mi gelosia, e passando cerca del vn muy grande amigo suyo, le hablo con solamente menear la cabeça sin mirarlo, e boluiendo otra vez a la tarde, mande que le abriessen, y fallome con vnos siete o ocho enamorados, en buena con-

uersacion, e de ver el poco caso que del hize, que no le dixe aun por lo menos sentaos, e visto que yo no se lo dezia, el mesmo se tomo la licencia. Y arrimasse a vn canto de la quadra, sin alegrarse de cosa que viesse ni oyesse, y estase quedo hasta que todos fueron ydos, e quedando solo, me dixo: Estos son los amores? Estas son las caricias e ofrecimientos que me hazias? Respondile yo: Hermano mio, has de saber que de tu bondad e de mi simp!eza quieren representar vna comedia las mugeres enamoradas de Napoles. E mis amigos e requebrados no quieren darme nada, diziendo que gozas tu de sus sudores. Y en caso que quieras que sea yo la que sienpre te he sido, has de hazer vna cosa; e como esto me oyo, alço la cabeça, que hasta entonces no me auia mirado a la cara. En fin, profirioseme que faria por mi amor quanto a el fuesse possible. Dixele entonces: Yo quiero hazer vna cama de campo de carmisi pelo, que echada la cuenta con la seda, e flocaduras, madera y hechura, me allega a ciento e nouenta ducados, poco mas o menos; e porque mis amigos vean que no te do yo, sino que tu me das a mi, conuiene que me los des, e si no los tienes que te enpeñes, o los tomes a cambio, e al tiempo que se cumpla el plazo, dexa tu hazer a mi, que ellos contribuyran con su parte, de manera que assi vengan a sobrar diez ducados que no a faltar vno. Lo que me respondio sin mas determinarse, fue dezirme en mitad de la barba: Esso no puedo yo hazer, porque mi padre ha auisado a todos los mercaderes que nadie no me fie, que lo perderan; e boluiendole las espaldas, le dixe que luego a la hora se fuesse de casa. El vase, y dende a dos dias embiolo a buscar, e venido, digole: Ve a hablar a vn logrero que se llama Aguirre, y el te prestara el dinero sobre vn aluala de tu mano; el fue, e auiendole dicho al logrero lo que queria, le respondio que el no prestaua sino sobre prendas, y que valiessen al doble por lo menos; torno a mi a dezirme lo que con Aguirre le auia passado, e viendo por alli no podia conseguir mi desseo, remitolo a otro mercader conosciente mio, e digole: Ve a el, que el te dara joyas fiadas, de que podras sacar la cantidad de los ciento e nouenta ducados, y el logrero Aguirre te las comprara. En efecto, que el mercader se las fio, y el logrero se las compro, e a mi mano vino el dinero todo, e a el se las fiaron por dos meses.

Ant.—Que quieres dezir por esto?

Luc.—Las joyas eran m[i]as y el dinero tambien, y luego el logrero Aguirre me las torno, que lo que yo pretendia era fazello obligar para lo que oyras. Estando en esto, dende a quinze dias embio a llamar al mercader, e digole: Toma este contrato y vete ante el gouernador, y jura

que por quanto este es forastero e no array-
gado, y que tienes sospecha que se quiere yr a
su tierra; durante vn mandamiento para que lo
prendas o se arraygue. El mercader, siguien-
do mi consejo, vino a dar con el pobre mucha-
cho en la carcel, donde, antes que de ella sa-
liesse, pago y repago lo que deuia, porque no
vsan los mesoneros dar de comer fiado.

Ant.—Yo ha mas de dos horas que te escu-
cho, y digo que no ay muger nascida mas ne-
cia que yo en medio mundo.

Luc.—Pues venia el tiempo de las mascaras
en Roma, e vieras el tormento que daua a los
pobres cauallos! que destruyciones hazia de
ropas! Y començando en vno de mis enamora-
dos, el qual tenia mas voluntad que possibilidad,
serian pocos dias despues de Pascua de los
Reyes, quando las mascaras andan en regozi-
jo, mi galan, que era todo humo, me dixo, vien-
dome estar, como vno que quiere ser entendi-
do sin hablar: Vos no os aueys de hazer mas-
cara? Respondile: Hermano, yo no naci para
essos plazeres, sino para guardar la casa, por-
que vna pobre jelosia que a mi ventana esta, me
lo escusara; demas, que no tengo que vestirme.
Dixo el: De oy en ocho dias quiero que nos
hagamos mascaras muy de arte. Yo calle vn
rato, que nada respondi, y despues, abraçan-
dolo, digole: Coraçon mio, de que manera
piensas hazerme hermosa mascara? Ha cauallo,
dixo el, y vestida por excelencia, que yo aure
el cauallo ginete del reuerendissimo Cardenal
de Medicis, que, a contarte la verdad, su caua-
llerizo me lo ha prometido. Respondile que yo
lo acetaua; pero que para antes se aparejasse,
porque no me podia el coraçon sufrir ha aguar-
dar tan largo tiempo, sino que para otro dia
luego siguiente se aparejasse, y la primera cosa
que le pedi que proueyesse, fue de vn par de
calças, e dixele que, por no meterlo en tanta
costa, lleuaria su sayo de terciopelo, y las
calças tanpoco las hiziesse muy costosas. E
digole: Proueras a vno de tus amigos para que
vaya cerca de mi, porque, si cayere, me ayude
a caualgar. De que le acabe de dezir esto, pa-
reciome que lo via torcerse, e mucho mas quan-
do me dixo: Soy contento, casi como arrepen-
tido de auerme puesto en sobresalto. De cuya
causa le vine ha dezir: Tu lo hazes de mala
gana; dexame estar, que yo no quiero enmas-
cararme. E queriendome entrar en la camara,
me tuuo, diziendo: Tan poca confiança teneys
de mi, pese Iudas? y embiado a su criado por
la ropa, mandale que de camino que llame a vn
calcetero, y teniendo ya yo el paño en casa, assi
como vino me fue tomada la medida de las cal-
ças, y en tres horas se me truxeron hechas. Es-
taua el presente quando vino el calcetero con
ellas, e ayudomelas el a calçar, y deziame: Pare-

cen que os vienen nascidas. Y estando ya yo ve-
tida de abitos de hombre, le dixe: Anima mia,
ya sabeys que quien da calças, tiene obligacion a
proueer de çapatos, y querria mucho que fues-
sen de terciopelo. Y no aprouechandole contra
mis importunidades dezir que no tenia dineros,
le hize que se sacasse del dedo vna sortija de
oro, y embiola por prenda del terciopelo; e
como el moço vino con ello, lo embie al çapa-
tero con quien yo me calçaua, que ya el sabia
mi medida, los quales en vna hora fueron he-
chos. Despues desto, le saque vna camisa suya
labrada de oro e seda, e no de la caxa, sino
que la traya vestida.

Ant.—Ya no te faltaua sino que le pidieras
las pestañas (¹).

Luc.—No lo dexara de fazer si fueran de
prouecho. E, sin pedirle licencia, alargo el bra-
ço e quitole vna buena gorra de terciopelo que
traya tocado, con dezirle: Esta gorra lleuare,
y por aca buscare clauos y medalla de oro que le
ponga. En fin, el muy tibio en darmela, se va
ha su caxa e saca otra vieja que la tenia profe-
tizada para su moço. Ahora vienese la tarde,
e quien lo viera andarse tras mi, que si subia
arriba subia comigo, si baxaua abaxo baxaua
comigo, no parescia sino que era alguazil que
me guardaua no me fuesse de la prision. Pues
mas quiero dezirte: que a las diez de la noche
lo embie a que me comprasse vna pluma blan-
ca para la gorra, y despues lo hize tornar por
ha mascara, e porque no era de las muy finas
de Modena, se la hize tornar y que truxesse
vna de las que le dezia, e cansado, muerto de
yr y venir, le hize boluer por dos dozenas [de]
cintas de atacar.

Ant.—Paresceme que le deuieras mandar
que hiziera de vn viaje todos essos seruicios.

Luc.—Pudiera, pero no quise.

Ant.—Por que no quesiste?

Luc.—Por parescer señora en el mandar,
como lo era en el nombre.

Ant.—Durmio contigo, veamos, la bispera
dessa fiesta?

Luc.—Con mil suplicaciones pudo acabar
comigo que le dexasse darme vn abracijo, di-
ziendole: Mañana en la noche me daras veyn-
te, no contentandote con diez. Agora, venida el
alua, lo hago leuantar diziendole: Anda, ve y
haz echar de comer aquel cauallo, y que este
muy limpio y adereçado, de manera que assi
como yo aya comido, pueda caualgar en el. El
se leuanta y vase, e assi como salio de mi casa,
topa luego al cauallerizo, e con palabras muy
blandas le dize: Vengo por el cauallo. El caua-
llerizo no le respondio nada. Dixole el: Deneys
de querer ser ocasion que pierda yo el credito

(¹) El texto: «pestañies».

con mi amiga. El cauallerizo (¹) le respondio: No quiero esso en verdad, sino que el reuerendissimo mi patron tiene en mucho el cauallo, y sabiendo la propiedad de las rameras, que no guardan cosa que no procuran destruyrla, no querria que se me aguasse el cauallo o le viniesse otro mal, de manera que me echasedes ha mi a perder: de otra manera: que no lo quedareys vos, no dandooslo. Y el le rogo e importuno tanto, que el cauallarizo le dixo: No puedo faltaros, sino que el cauallo se os dara. Y mando a vn moço que tenia el cauallo a cargo que se lo diesse, e paresce ser que entre el cauallerizo y el moço deuia de auer otro acuerdo.

Ant.—Grandes traydores son estos moços; verdaderamente tienen a sus amos por enemigos.

Luc.— No ay en esso que poner duda. Venida la hora del comer, que comiamos juntos, apenas le dexe engullir quatro bocados quando le digo: Haz comer esse moço e vaya por el cauallo. Y quando crey que lo traya, boluio sin el. Subido arriba, dizele que el moço de cauallos que lo tenia ha cargo no se lo quiso dar, porque el cauallerizo quiere hablar primero con el. Y no le ouo acabado de dezir el recando, quando le dio con vn plato en la cabeça.

Ant.—A que proposito le dio?

Luc.—Diole porque quisiera que lo llamara de cabe mi, o le fiziera la embaxada en la oreja, que no lo oyera. E como yo lo oy, dixe: Ello esta bien; por cierto buena esta la burla; vos erades el que me auiades de fazer la mas hermosa mascara que se hiziesse en Roma? Bien cierta estaua yo que ello ania de passar ansi; pero esta sera la postrera que burlareys de mi; harto loca he sido yo en creeros y someterme a vos; pero lo que peor desto siento, es lo que se dira de que no fuestes para sacarme en mascara. Y començando el ha dezir: No tengays duda sino que el caual!o vendra, le bueluo las espaldas. El toma su capa y vase en casa del cardenal, y andaua por casa besando las manos a cada moço de cauallos por que le dixessen donde estaua el cauallerizo. Y tanto les rogo y prometio, que le ouieron de dar el cauallo. É yo, que cada remor que oya me paraua a la ventana por ver que era, creyendo que fuesse el cauallo, veo venir el moço todo sudando y arrastrando la capa por vn lado, que venia ha dezirme que ya trayan el cauallo; y acabado de darme el recando, veo venir vno que lo traya de rienda y venia renegando de cuyo era; y aun mas adelante, tanto era el retoçar e saltar que el cauallo hazia, que no se podian valer con el. Quando yo lo vide, estuueme queda a la ventana.

Ant.—Por que?

Luc.—Porque la gente que passaua viessen que aquel cauallo se traya en que yo caualgasse. Holgauame infinito de ver venir mil muchachos tras el cauallo, los quales todos dezian: Aqui mora la señora que se a de hazer mascara. Y dende a vn quarto de hora llego el galan muy cansado, diziendo: Para estas cosas es menester enbiar hombre que las sepa negociar y sea diestro; otra media dozena de cauallos quedan alla ha mi mandado. Entre tanto llegome ha el e abraçolo, y pidole el sayo de terciopelo que me auia dicho que me haria traer; y como el no lo tenia, quiso fingir que a su moço se le ouiesse oluidado; pero no aprouechandole el descuydo, le fize que embiasse a su moço a casa de algun su amigo por vno, y truxomelo, y el me lo puso e me subio las calças; y faltandome trenças, se quito las con que el estaua atacado, que con vna sola palabra que yo le dezia bastaua a roballe quanto tenia y esperaua tener. Acabado de componerme, en lo qual tardo gran rato, con mil donayres e nouellas me puso encima del cauallo, e voyme y el quedase en casa. Como el me vido yda, embia por vn rocin de vn amigo suyo prestado, e vase tras mi y encuentrame en el puente de San Angelo, e tomame por la mano, e holgara el que toda Roma estuuiera presente para que vieran el fauor que yo le hazia; y andando assi, llegamos donde se venden los hueuos dorados de fuera y de dentro llenos de aguas de olores, y llama a su moço y toma vn par de dozenas dellos, e quitasse vna cadenilla portuguesa que traya al cuello y dexala en prendas; e lleuolo de la mano vna calle, hasta que, topadas vna cantidad de mascaras, me tome con ellas embielta e dexolo a el quedar para badajo. Como me vi en el Burgo junto al sacro palacio, comienço ha correr mi cauallo e darle de las espuelas, sin tener respecto a nadie; y de que oue dado media dozena de carreras, tornolo ha topar, e hago del tanto caso como si no lo conociera. Venida la noche lo torne a topar, que venia yo cantando en compañia de otras mascaras, y dexandole que me tomasse de la mano, hable a las otras diziendo: Buenas noches, buenas noches ha toda la compañia! E quitome mi mascara, e lleuandomela en la mano, le digo: Bienauenturada la que te puede ver! Tu me dexaste, y se yo bien por que. Escusauase el con jurar que siempre auia andado en mi busca, y que en ninguna otra cosa auia entendido; y andando de platica en platicas, fuemos a parar a la plaça llamada Campo de Flor, y parandome a la puerta de vna que vendia caça, eche mano de vn par de buenos capones, de dos dozenas de zorzales gruessos, e doylos a vn moço de otro enamorado mio que me acompañaua, para que me los lleuasse ha mi posada; dixele a el que mandasse pagar; fuele necessario dexarse el espada en prendas, y no contentandose el dueño de la caça con la prenda, se saco vna sortigica muy sutil del dedo, que se la auia dado su madre quando se vino a Roma, la qual estimana tanto quanto yo tenia cuydado de descañonarlo. Y no auiendo en mi casa velas, carbon, ni pan, ni vino para la cena, e queriendo yo que lo proueyesse todo e no gozasse de nada, comence ha reñir con el sobre celos, tornando a las platicas passadas, y comiençole a repreguntar en que auia gastado la tarde. El, por barajar la platica, començo ha querer proueer del resto que faltaua; miro por su moço y no estaua ay, que era ydo ha lleuar el cauallo; y fue tal, que hizo juramento el caualleriço de no prestarlo mas en su vida, aunque fuesse para el Papa. En conclusion, el fue por la cena, y estando que nos queriamos sentar a la mesa, oygo en la calle vno que escupia e tossia ha manera de hazer seña, lo qual fue mucha parte para que el pobreto desesperasse. E assomandome yo a la ventana e conosciendo al que llamaua, baxe de presto e voyme con el, dexandolo solo, sin que en toda la noche durmiesse sueño ni hiziesse otra cosa que gruñir e passearse, diziendo que me auia de hazer y acontescer.

Ant.—Si ha mano viene, tampoco cenaria?

Luc. Ni ceno, ni aun prouo cosa sino siendo el alua; e viendo que no venia, se fue de casa; e boluio quinientas vezes por cobrar de mi el sayo de terciopelo que me auia buscado prestado, y su moço otras tantas primero que lo ouieron a las manos; y al fin le quite las mangas y les fize entender ha amo e criado que no las auia traydo.

Ant.—En verdad que vsaste de gran ciuilidad con vn hombre que te queria bien y procuraua de seruirte en todo lo que podia.

Luc.—Ella fue ceuilidad putanesca; y no menos graciosa que la que me passo con vn mercader portugues que traya de la isla de la Madera mucha cantidad de açucar, el qual me dexo en las manos hasta las caxas por el dulçor de otra cosa que açucar. E mientra le duro el amor, hasta en el ensalada mandaua echar açucar. Y prouando de mi miel, que era de lo que el mas gustaua, bien entiendes por quien digo, porfiaua que su açucar era acibar en comparacion.

Ant.—Bien le deuias de agradar entonces!

Luc.—Tambien fue llorando y las manos en la cabeça, como los otros; pero pues se me acuerda, agora te dire lo que me passo con vn senes.

Ant.—No pudiera esse escapar de tus manos, siquiera por ser de tan buena tierra?

Luc.—El, siendo venido de pocos dias ha a Roma, passeandose por mi puerta, me hazia señas con los ojos; e ninguna vez topaua con mi moça que no le preguntaua por mi; e si acontescia lleuar algo en la mano, preguntauale si aquello era mio, e otras vezes le interrogaua: En que entiende la señora? Respondiole mi criada: Esta presta para hazer lo que vuessa merced le quisiere mandar. Acontescio que passando vn dia de largo por la calle, haziendo las mesmas señas que essotras vezes, assomandome yo a la ventana, videlo; dixele a mi criada: Baxa de presto y faz al senes que pague el portalgo de la calle, pues nos la tiene embaraçada a todas horas. Mi moça hazelo assi, e baxada, abrio la puerta y ponese medio cuerpo fuera y medio dentro; y llega el senes, e mientra que el abrio la boca para saludarla, dixo la moça con boz sonorosa: Primero que aca vengas, vellaco, rapaz, se te quiebren las piernas! Nunca el diablo aca te trayga, assi me tienes podrida y desbechas mis carnes de aguardarte. El senes, acercandose vn poco mas a la puerta, le pregunto: Que cosa es esta? Respondiole: Señor, esto ha mandado de vuessa merced. Dizele el: Pues sabed que soy muy seruidor de la señora y desseo que venga a su noticia. Que respondio mi criada, si piensas? Finge no auer entendido lo que le dixo el senes; dizele: Podridas tengo las carnes, que ha quatro horas que estoy aqui atendiendo ha vn pajezillo de mi señora que lo embie ha trocar vn doblon, para dar vn ducado a vn criado del arçobispo de Rosano, que le truxo vna pieça de chamelote de seda empresentada; y de ver que el rapaz no viene y que essotro se querria yr, estoy la mas congoxada del mundo.

Ant.—Essa tal moça bastaua a hazer rica ha su ama.

Luc.—Por esso dize el refran: no con quien naces, et cetera.

Ant.—Dime en que paro, que muero por oyrlo.

Luc.—El necio, queriendo ser conoscido por hombre liberal, echo mano a su bolsa e dizele a la moça: Sabed, hermana, que sin comparacion amo ha vuessa señora; y saca quatro escudos y poneselos en la mano; haziendo de la reputacion, le pregunto: Es verdad que la señora tiene noticia de mi? La moça, sin responderle ni ser llamada, cierra la puerta y subiose arriba, dexandolo en la calle, como hombre que fue desechado de bodas, no siendo llamado para ellas.

Ant.—Por cierto, el fue pagado como merescia.

Luc.—Dexemos estas menudencias y hablemos en la de los gatos.

Ant.—Y que gatos?

Luc.—Deuia veynte ducados ha vno que ven-

COLOQUIO DE LAS DAMAS

dia tocas; y no teniendo mas pensamiento de pagarle que agora llueue, procure formas como ponerlo en efecto. Yo tenia dos gatos muy hermosos, y estando parada ha mi ventana, veo al toquero que venia por los dineros. Digole ha mi moça: Dame aca vno de aquellos gatos y toma tu el otro, y en subiendo el toquero fingire quererlos matar, y tu porfia de no consentirmelo; e no bien bien lo auia acabado ha mi moça de dezir lo que auia de hazer, quando el toquero auia entrado y començaua ha subir el escalera.

Ant.—No llamo primero a la puerta?

Luc.—No, porque la hallo abierta, y como subio arriba, era tanta la grita que yo daua, diziendo: Matalo, matalo; muera el traydor y no biua mas. Mi moça, quasi llorando, me rogaua que los perdonase esta vez, que ella salia por fiadora que los gatos no comerian mas lo que a casa se truxesse. Yo estaua como vna rauiossa, queriendo ahogar al que tenia en las manos; daua muy crueles puñadas y deziale: No comeras lo que yo tuuiere. Mi acreedor, viendo los gatos en tanto peligro de morir, vino ha tener compassion dellos, de cuya causa me los pidio por muy gran merced. Respondile: Gentil cosa seria, auiendo tambien merescido la muerte, auerlos de perdonar; y el, tornandomelos ha pedir, dixo: Señora, demelos vuestra merced por quinze dias, y passados yo los tornare y los ayudare a matar, en caso que no los quiera perdonar. E diziendo esto, me tomo el gato de la mano. Fingendo yo fazerle vna poca de resistencia, y tomandole el otro ha mi criada, se los da entrambos ha vn moço que consigo traya, e mi criada prestale vn costal en que los llenasse ha su casa. Dixele yo, quando los metia en el costal: Haze de manera que passados los quinze dias se me tornen los gatos, que en todo caso querria que muriessen. Y prometiendome de hazerlo ansi, no me pidio los veynte ducados, e hizome mil juramentos que passados los quinze dias me los trayria. Agora sus has de saber que dende a diez dias torno ha venir a pedirme los veynte ducados, y teniendolos yo atados en vn pañezico, meneandolos, dixe que era contentissima de darselos, pero que queria ante t.das cosas mis gatos. Que gatos? me respondio; luego se me fueron de casa por los tejados y nunca mas los vi. Y como ya yo sabia que me dezia verdad, que se le auian ydo, leuantome de la silla donde estaua sentada, con vn gesto muy alterado le digo: Hazed que mis gatos buelua a mi poder, si no quereys que os cuesten harto mas que los veynte ducados tiñosos. Los gatos son prometidos que se han de embiar ha Berueria; vengan mis gatos; en todas maneras, señor mio, hanseme de traer mis gatos. El cuytado estaua echado de pechos sobre la ventana; viendo que ha los gri-

tos que yo daua estar toda la calle llena de gente, sin dezir ni hablar palabras, como hombre sabio, se buelue por el escalera abaxo. Dixele yo, con no menos yra que hasta entonces: Yos, pues, que vos me pagareys y repagareys los gatos!

Ant.—Quierote dezir vna cosa que se me ofrece.

Lnc.—Dimela.

Ant.—Digo que la astucia que en essa de los gatos tuuiste, ha sido tan buena que, por ser tal, se te auian de perdonar quantas trayciones has hecho en este mundo.

Luc.—Esso creetelo tu.

Ant.—Tambien creo que ofresciendose en que, pondrias tu anima contra vn almendra.

Luc.—No lo tendria en mucho; pero aunque te quiera contar otras mill cosas, tengo tan gran dolor de cabeça, que no aura remedio de podertelas dezir; especialmente de quando tenia algunos escuchandome dos y tres horas, haziendoles entender que salia el sol baylando la mañana de San Iuan, y que la peña de Martos estaua en el ayre, como el çancarron de Mahoma, y otras quinientas mentiras; pero dueleme tanto, que ha penas puedo echar la habla.

Ant.—Hazelo esso mi desgracia y no tu mal, porque no goze yo de oyr cosas tan graciosas.

Luc.—Antonia hermana, quiero que me digas tu parescer en tres palabras, segun que me lo prometiste, aunque harto mas que el mal me aquexa no poderte contar de que arte reformaua y entretenia mis enamorados; que assi como si yo ouiesse perdido no se que, fingiendo caridad contra sus bolsas, no les consentia que se gastassen en banquetes ni en vestidos, ni en mascaras, ni en otros gastos superfluos, y hazialo yo porque los dineros estuuiessen guardados para mis apetitos. Los majaderos alabauanme por muger discreta y que procuraua por sus haziendas. Pero aquexame tanto este dolor, que quisiera como la vida poderte contar lo del pauellon, sobre el qual al que me lo empeñio, y ha quien el dio el dinero, y ha dos que se hallaron presentes, hize estar quatro dias en la carcel.

Ant.—Hazme agora tan gran merced que te esfuerces ha dezirmelo, assi gozes de lo que mas amas en este mundo.

Luc.—Acontescio que ha misser Antonio, cauallerizo del Summo Pontifice, le hurtaron vn pauellon. No ay orden de poderlo acabar de dezir, que me parten esta cabeça por medio; quedarse ha para otro dia, quando nos topemos, con la del obispo que lo hize salir en cueros vna noche por cima de los tejados; pero ya no puedo hablar palabra.

LA TRADVZION DEL INDIO

DE LOS TRES

DIALOGOS DE AMOR DE LEON HEBREO

HECHA DE ITALIANO EN ESPAÑOL

POR

GARCILASSO INGA DE LA VEGA

Natural de la gran Ciudad del Cuzco, cabeça de los reynos y prouincias del Piru,

DIRIGIDOS

A LA SACRA CATOLICA REAL MAGESTAD DEL REY DON FELIPE NUESTRO SEÑOR.

EN MADRID. En casa de Pedro Madrigal. M. D. X C.

TASSA

Yo, Gonçalo de la Vega, Escriuano de camara del Rey nuestro señor, y de los que residen en el su Real Consejo, doy fe que por los dichos señores del Consejo se tassò cada pliego del libro que con licencia suya se imprimio, intitulado *La traducion del Indio de los tres Dialogos de Amor de Leon Hebreo*, traduzido de lengua italiana en castellana por el capitan Garcilasso de la Vega, a cinco blancas en papel, y al dicho respeto dieron licencia para le poder vender, y no mas; y que esta fè se pusiesse en principio de cada cuerpo del dicho libro, so pena de caer è incurrir en las penas contenidas en la prematica que sobre ello dispone. Y porque dello conste, de pedimiento del dicho capitan Garcilasso de la Vega y mandado de los dichos señores del Consejo, di la presente, que es fecha en Madrid, a veynte y dos dias del mes de Diziembre de mil y quinientos y ochenta y nueue años.—*Gonçal de la Vega.*

APROVACION

Aviendo visto y leydo con cuydado este libro intitulado *Dialogos de Amor*, traduzido de lengua italiana en española, hallo que la traduzion es buena, fiel y verdadera, y tiene tambien muchas cosas de grande ingenio, estudio, trabajo y de muy buena filosofia, y no sospechosas contra la fe, y assi se le podria dar licencia para le imprimir. En Madrid à diez y siete de Agosto de mil y quinientos y ochenta y ocho años.—*Fray Fernando Xuarez.*

EL REY

Por quantó por parte de vos el capitan Garcilasso Inga de la Vega, natural de la ciudad del Cuzco, cabeça de los Reynos y Prouincias del Piru, nos fue fecha relacion que auiades traduzido de la lengua italiana en la castellana vn libro llamado *La traducion del Indio de los tres Dialogos de Amor de Leon Hebreo*, en que auiades trabajado mucho con desseo de seruirnos y de aprouechar a vuestra nacion, y de dexar exemplo a los del Nueuo Mundo, particularmente a los del Piru; atento lo qual nos pedistes y suplicastes os diessemos licencia para le imprimir y priuilegio por el tiempo que fuessemos seruido, o como la nuestra merced fuesse: lo qual visto por los del nuestro Consejo, como por su mandado se hizieron en el dicho libro las diligencias que la prematica por Nos sobre ello hecha dispone, fue acordado que deuiamos mandar dar esta nuestra cedula para vos en la dicha razon, y Nos tuuimoslo por bien, por la qual vos damos licencia y facultad para que por tiempo de diez años primeros siguientes, que corran y se cuenten desde el dia de la data della, vos o la persona que vuestro poder ouiere, podays imprimir y vender el dicho libro que de suso se haze mencion en estos nuestros Reynos; y por la presente damos licencia a qualquier impressor dellos qual vos nombraredes para que por esta vez pueda imprimir el dicho libro que de suso se haze mencion por el original que en el nuestro Consejo se vio, que va rubricado cada plana y firmado al fin del de Gonçalo de la Vega, nuestro Escriuano de camara de los que en el nuestro Consejo residen, y cón que antes que se venda lo traygays ante los del nuestro Consejo juntamente con el original, para que se vea si la dicha impression esta conforme a el; y traygays fee en publica forma como por el corretor nombrado por nuestro mandado se vio y corrigio la dicha impression y esta conforme a el y quedan assi mismo impressas las erratas por el apuntadas para cada vn libro de los que ansi fueren impressos, y se os tasse el precio que por cada volumen ouieredes de auer, so pena de caer è incurrir en las penas contenidas en la dicha prematica y leyes de nuestros Reynos. Y mandamos que, durante el dicho tiempo, persona alguna, sin vuestra licencia, no le pueda imprimir ni vender, so pena que el que lo imprimiere o vendiere aya perdido y pierda todos y qualesquier libros y moldes que del tuuiere ò vendiere en estos nuestros Reynos, è incurra en pena de cincuenta mil marauedis, la tercia parte dellos para el denunciador, y la otra tercia parte para la nuestra Camara, y la otra tercia parte para el Juez que lo sentenciare. Y mandamos a todos del nuestro Consejo, Presidente y Oydores de las nuestras Audiencias, Alcaldes, Alguaziles de la casa y corte, y Chancillerías, y a todos los Corregidores, Assistente, Gouernadores, Alcaldes mayores y ordinarios, y otros Juezes y Justicias qualesquier de todas las ciudades, villas y lugares de los nuestros Reynos y señorios, assi los que agora son como los que seran de aqui adelante, que vos guarden y cumplan esta nuestra cedula y merced que ansi vos hazemos, y contra su tenor y forma no vayan ni passen en manera alguna, so pena de la nuestra merced y de diez mil marauedis para la nuestra Camara. Fecha en San Lorenço, a siete dias del mes de Setiembre de mil y quinientos y ochenta y ocho años.— Yo EL REY.—Por mando del Rey nuestro señor, *Iuan Vazquez.*

A DON MAXIMILIANO DE AUSTRIA

Abad mayor de Alcala la Real, del Consejo del Rey nuestro señor.

Por mucho que lo he desseado y procurado, no me à sido possible seruir à V. S. con estos dialogos antes de aora; porque la nueua que yo tuue de que V. S. gustaria de los ver, los

halló en el segundo borrador; y aunque aora van en el tercero, salio tan mal limpio como los passados. Trabajado se à en buscar quien me ayudara à los escriuir, y no se à podido hallar; que vno que se ofrecio por el mejor de los que aqui auia, con quien parti la obra, la hizo tal, que me fue necessario boluer à sacar de mi mano el primer dialogo; y sacara el segundo si no temiera la mucha dilacion. Suplico à V. S. los reciba quales van, supliendoles sus faltas y defetos con el amor y desseo que me queda de morir en vuestro seruicio. Y se digne de mandar que se corrijan y emienden; que pues (si merecieren impression) han de salir en nombre de V. S. y debaxo de su sombra, sera justo V. S. les haga esta merced y fauor.

Para concluyr con la Historia de la Florida, que esta ya escrita mas que la quarta parte della, quedo aprestandome para yrme este estio à las Posadas, vna de las aldeas de Cordoua, à escriuirla de relacion de vn cauallero que esta alli, que se hallo personalmente en todos los sucessos de aquella jornada [1]. Y querria que se acabasse de poner en la perfecion que nos fuesse possible antes que el ò yo faltassemos; porque el vno sin el otro no podra hazer nada. Y aunque entiendo que mi atreuimiento es demasiado en esto, todauia tengo propuesto de gastar lo que de la vida me queda en escriuir lo que fuera mas razon que yo leyera escrito de mano agena; porque de qualquiera saliera mejor que de la mia, que mi profession y exercicio hasta aora, mas à sido para poder criar y hazer cauallos y para preciarme de arcabuzes, que para escriuir libros. Pero la lastima que tengo de que cosas tan grandes, acaecidas en nuestros tiempos, queden en perpetuo oluido, me leuanta el animo à que intente lo que las fuerças, como defetuosas de lo que para tal demanda mas auian menester, rehusan. Empero, considerado que para dezir verdad no es menester mucha retorica, me atreuere, con el fauor de V. S., à no boluer las espaldas à las dos empresas que desseo ver acabadas. Que auiendo hecho en ellas todo lo que pudiere, mostrare lo que desseaua poder, que no me sera de poca gloria, si quiera auer desseado lo que no pude auer, y consolarme he con que estas son las cosas en quien mas propiamente quadra el dicho: Que es mejor hazellas mal hechas, que dexallas de hazer; pues son historias y no poesia; la qual no sufre mediania alguna. Los titulos de las dedicatorias creo no son contra la prematica; assi porque, como ella misma dize, no se deuia enten-

[1] El libro salió á luz, con el título de: *La Florida del Inca. Historia del adelantado Hernando de Soto.. y de otros heroicos caballeros, españoles é indios.* Hay ediciones de Lisboa (Pedro Crasbeeck), 1605; Madrid, 1723 (Oficina Real), 1803 y 1829.

der con los de la Casa Real, como porque antes que ella saliera estauan ya hechas. Pero de qualquier manera que sea, las someto à la correccion de los superiores. Nuestro Señor guarde à V. S. De Montilla doze de Março, mil y quinientos y ochenta y siete años.—*Garcilasso Inga de la Vega.*

AL CAPITAN GARCILASSO INGA DE LA VEGA

Ante ayer me embio don Iuan de Herrera, hijo del Alcayde de Priego, la traducion de Leon Hebreo hecha por V. m. con vna carta suya. Vino todo tan de noche, que pareciendome corto el tiempo para sinificar la merced que con ello auia recibido, con su licencia diferi el hazerlo para aora: que auiendo leydo otra del libro propio, me parece lo sera tambien el de toda mi vida, para corresponder à tanta merced. Beso à V. m. las manos por ella, y por el fauor que me haze con palabras y con obras, poniendo en tanto punto mi corto juyzio, que quiere le haga de obras salidas de sus manos. Lo que el y yo valieremos, sera para reconocimiento della en todo lo que V. m. mandarme quisiere. Para lo qual desde aora me ofrezco por seruidor, suplicando me mande y trate como el Rey nuestro señor ordena. Con licencia de V. m. me quedo con el libro hasta fin de Setiembre, por gozar del de espacio: tendrelo en los ojos, y al fin deste tiempo lo boluere. Nuestro Señor guarde à V. m. De Alcala y de Iunio diez y nueue. 1587.—*Maximiliano de Austria.*

SACRA CATOLICA REAL MAGESTAD

DEFENSOR DE LA FÉ

No se puede negar que no sea grandissimo mi atreuimiento en imaginar dedicar à V. C. R. M. esta traducion de toscano en español de los tres *Dialogos de Amor* del doctissimo maestro Leon Hebreo, por mi poco ò ningun merecimiento. Pero concurren tantas causas tan justas à fauorecer esta mi osadia, que me fuerçan à ponerme ante el ecelso trono de V. C. M. y alegarlas en mi fauor.

La primera y mas principal, es la ecelencia del que los compuso, su discrecion, ingenio y sabiduria, que es digno y merece que su obra se consagre à V. S. M.

La segunda, es entender yo, si no me engaño, que son estas las primicias que primero se ofrecen à V. R M. de lo que en este genero de tributo se os deue por vuestros vassallos los naturales del Nueuo Mundo, en especial por los del Piru, y mas en particular por los de la gran ciudad del Cuzco, cabeça de aquellos reynos y

prouincias, donde yo naci. Y como tales primicias, ò primogenitura, es justo que, aunque indignas por mi parte, se ofrezcan à V. C. M. como à Rey y señor nuestro, à quien deuemos ofrecer todo lo que somos.

La tercera, que pues en mi juuentud gaste en la milicia parte de mi vida en seruicio de V. S. M., y en la rebelion del Reyno de Granada, en presencia del serenissimo don Iuan de Austria, que es en gloria, vuestro dignissimo hermano, os seruí con nombre de vuestro capitan, aunque inmerito de vuestro sueldo, era justo y necessario que lo que en edad mas madura se trabajaua y adquiria en el exercicio de la licion y traducion, no se diuidiera del primer intento, para que el sacrificio que de todo el discurso de mi vida à V. R. M. ofrezco, sea entero, assi del tiempo, como de lo que en el se ha hecho con la espada y con la pluma.

La quarta y vltima causa sea el auerme cabido en suerte ser de la familia y sangre de los Ingas, que reynaron en aquellos Reynos antes del felicissimo imperio de V. S. M. Que mi madre la Palla doña Isabel, fue hija del Inga Gualpa Topac, vno de los hijos de Topac Inga Yupangui y de la Palla Mama Oello su legitima muger, padres de Guayna Capac Inga, vltimo Rey que fue del Piru. Digo esto, soberano Monarca y señor nuestro, no por vanagloria mia, sino para mayor magestad vuestra, porque se vea que tenemos en mas ser aora vuestros vassallos, que lo que entonces fuymos dominando à otros: porque aquella libertad y señorio era sin la luz de la dotrina euangelica, y esta seruitud y vassallaje es con ella. Que mediante las inuencibles armas de los Reyes Catolicos, de gloriosa memoria, vuestros progenitores, y del Emperador N. S. y las vuestras, se nos comunico, por su misericordia, el summo y verdadero Dios, con la Fè de la santa madre Yglesia Romana, al cabo de tantos millares de años que aquellas naciones tantas y tan grandes permanecian en las tristissimas tinieblas de su gentilidad. El qual beneficio tenemos en tanto mas, quanto es mejor lo espiritual que lo temporal. Y à estos tales, Sacra Magestad, nos es licito (como à criados mas propios que somos, y mas fauorecidos que deuemos ser) llegarnos con mayor animo y confiança à vuestra clemencia y piedad à ofrecerle y presentarle nuestras poquedades y miserias, obras de nuestras manos è ingenio. Tambien por la parte de España soy hijo de Garcilasso de la Vega, vuestro criado, que fue conquistador y poblador de los Reynos y Prouincias del Piru. Passò à ellas con el adelantado don Pedro de Aluarado, año de mil y quinientos y treynta y vno. Hallose en la primera general conquista de los naturales del, y en la segunda de la rebelion dellos, sin otras particulares que hizo en nuenos descubrimientos, yendo à ellos por capitan y caudillo de V. C. M. Biuio en vuestro seruicio en aquellas partes hasta el año de cincuenta y nueue, que fallecio desta vida, auiendo seruido a vuestra Real corona en todo lo que en el Piru se ofrecio, tocante à ella; en la paz administrando justicia, y en la guerra contra los tiranos, que en diuersos tiempos se leuantaron, haziendo oficio de capitan y de soldado. Soy assimismo sobrino de don Alonso de Vargas, hermano de mi padre, que siruio a V. S. M. treynta y ocho años en la guerra, sin dexar de assistir a vuestro sueldo ni vn solo dia de todo este largo tiempo. Acompañó vuestra Real persona desde Genoua hasta Flandes, juntamente con el capitan Aguilera, que fueron dos capitanes que para la guarda della en aquel viaje fueron elegidos por el Emperador N. S. Siruio en Italia, Francia, Flandes, Alemaña, en Coron, en Africa, en todo lo que de vuestro seruicio se ofrecio, en las jornadas que en aquellos tiempos se hizieron contra erejes, moros, turcos y otras naciones, desde el año de mil y quinientos y dezisiete, hasta el de cincuenta y cinco, que la Magestad Imperial le dio licencia para que se boluiesse a su patria a descansar de los trabajos passados. Otro hermano de los ya nombrados, llamado Iuan de Vargas, fallecio en el Piru de quatro arcabuzazos que le dieron en la batalla de Guarina, en que entró por capitan de Infanteria de V. C. M. Estas causas tan bastantes me dan animo, Rey de Reyes (pues todos los de la tierra os dan oy la obediencia y os reconocen por tal), a que en nombre de la gran ciudad del Cuzco, y de todo el Piru ose presentarme ante la augusta· Magestad vuestra, con la pobreza deste primero, humilde y pequeño seruicio, aunque para mi muy grande, respeto el mucho tiempo y trabajo que me cuesta: porque ni la lengua indiana, en que estaua, ni la española, en que la he puesto, es la mia natural, ni de escuelas pude en la puericia adquirir mas que vn indio nacido enmedio del fuego y furor de las cruelissimas guerras ciuiles de su patria, entre armas y cauallos, y criado en el exercicio dellos, porque en ella no auia entonces otra cosa, hasta que passe del Piru a España a mejorarme en todo, siruiendo de mas cerca vuestra Real persona. Aqui se vera, Defensor de la Fè, que sea el Amor, quan vniuersal su imperio, quan alta su genealogia. Recebilda, soberana Magestad, como della se espera y como quien soys, imitando al omnipotente Dios, que tanto procurays imitar, que tuuo en mas las dos blancas de la vejezuela pobre, por el animo con que se las ofrecia, que los grandes presentes de los muy ricos; a cuya semejança en todo yo ofrez-

co este tan pequeño a V. S. M. Y la merced que vuestra clemencia y piedad se dignare de hazerme en recebirlo con la benignidad y afabilidad que yo espero, es cierto que aquel amplissimo imperio del Piru, y aquella grande y hermosissima ciudad su cabeça la recebiran y tendra por summo y vniuersal fauor: porque le soy hijo, y de los que ella con mas amor criò por las causas arriba dichas. Y aunque esta miseria de seruicio a V. R. M. le es de ningun momento, a mi me es de mucha importancia, porque es señal y muestra del afectuosissimo animo que yo siempre he tenido y tengo a vuestra Real persona y seruicio: que si en el yo pudiera lo que desseo, quedara con satisfacion de mi seruir. Pero con mis pocas fuerças, si el diuino fauor y el de V. M. no me faltan, espero, para mayor indicio deste afecto, ofreceros presto otro· semejante, que sera la jornada que el adelantado Hernando de Soto hizo a la Florida, que hasta aora esta sepultada en las tinieblas del oluido. Y con el mismo fauor pretendo passar adelante a tratar sumariamente de la conquista de mi tierra, alargandome mas en las costumbres, ritos· y cerimonias della, y en sus antiguallas, las quales, como propio hijo, podre dezir mejor que otro que no lo sea, para gloria y honra de Dios nuestro Señor, que, por las entrañas de su misericordia y por los meritos de la sangre y passion de su vnigenito Hijo, se apiado de vernos en tanta miseria y ceguera y quiso comunicarnos la gracia de su Espiritu Santo, reduziendonos a la luz y dotrina de su Yglesia Catolica Romana, debaxo del imperio y amparo de V. C. M. Que, despues de aquella, tenemos esta por primera merced de su diuina mano: la qual guarde y ensalce la Real persona y Augusta prole de V. S. M. con larga vida y aumento de Reynos è Imperios, como vuestros criados lo desseamos. Amen. De Montilla, 19 de Enero 1586 años.

S. C. R. M. Defensor de la Fè. B. L. R. M. D. V. C. M. vuestro criado, *Garcilasso Inga de la Vega.* ·

A DON MAXIMILIANO DE AUSTRIA

Abad mayor de Alcala la Real, del Consejo de Su Magestad, su muy aficionado seruidor, Garcilasso Inga de la Vega.

Bien descuydado biuia yo de pensar que V. S. tuuiesse noticia de mi, quando supe de personas que dessean mi bien, que no solamente la tenia V. S. sino que, por quien es, se dignaua de hablar en mi fauor y mostraua desseo de conocerme y de ver esta traduzion, en que por mi entretenimiento, à causa de mi mucha· ociosidad, he querido gaster algunos dias, de la qual dio cuenta à V. S. don Alonso de Herrera, primogenito de Francisco de Aranda Herrera, alcayde de la fortaleza y gouernador de la villa de Priego. Luego al punto se leuanto el entendimiento à considerar que esto era obra de la Prouidencia diuina, que no falta jamas à los que de veras le llaman; porque yo desseaua vn fauor tal qual el de V. S., à cuya sombra pudiesse presentarme ante la Magestad del Rey nuestro señor con la poquedad deste humilde seruicio, que por mi solo no osaua, por lo poco que valgo y merezco. Y pues el summo Dios à acudido tan en lleno a esta mi necessidad y desseo, suplico à V. S. no se desdeñe de acetar debaxo de su proteccion y amparo à mi, que por la fama de V. S. à muchos dias que desseo verme en esta felicidad, y muchos mas que le soy muy aficionado seruidor; y à esta obra, que sin procurarlo nadie à ordenado el Señor que sea de V. S. y la causa es porque quiere que V. S., fauoreciendo a los que tan poco pueden, exercite exteriormente las excelencias tantas y tan grandes como la diuina Magestad en el animo real de V. S. acumuló, las quales a. toda su fuerça anda ya la fama apregonando por el mundo. Y tenemos que su voz sera flaca y sus alas cortas para suficientemente publicarlas como ellas son. Y no es de admiracion que ella y todos vuestros seruidores quedemos cortos en este oficio; porque el sujeto, como nieto del inuictissimo Emperador Maximiliano de Austria, nuestro señor, en quien todo el cielo tan llenamente infuyo sus mejores y mayores influencias, y el Summo Hazedor tan al biuo pintò su imagen, excede en mucha distancia à lo que del se puede predicar. Por lo qual dexare yo de tentar mis pocas fuerças en el loor de V. S., porque seria antes escurecer lo que de suyo tanto resplandece, que acrecentarle resplandor alguno. Basta que el mundo tiene V. S. la espectacion que debe a que V. S., como quien es, satisfara y sobrepujara con grandes ventajas, segun la mucha indole de clemencia, piedad, misericordia y afabilidad y otros ornamentos regios que en la puericia y jauentud V. S. à mostrado y con la edad multiplicado, para merecer por propria virtud lo que por la sangre imperial de vuestros padres y abuelos teneis tan merecido. Qne para adornar vuestra persona de los titulos y prelacias que ella merece, bien se sabe que à muchos dias que no se espera mas que el cumplimiento de la edad, que hasta agora à faltado y falta, donde los meritos con abundancia de letras, sabiduria y erudicion de muchas lenguas sobran. Entonces se henchiran ellos y mis desseos, aunque, bien mirado, ni estos podran saciarse jamas en lo que a V. S. dessean, por mucho que le vean, ni aquellos llenarse, como

ellos merecen, hasta ver la gloria del Señor, que es la verdadera pretension de V. S y la final beatitud del vniuerso. Y con esto passare a dar cuenta de mi osadia.

En los prohemios de muchas traduziones que de varias lenguas he visto hechas en la española, he notado que en los mas dellos se disculpan sus autores, diziendo que su intencion al principio no fue de sacar su obra a luz, sino que la importunidad de los amigos que la vieron, le forçaron a que lo hiziesse. Esto, antes que yo lo esperimentara en mi, me parecia que era vna manera de echar a espaldas agenas lo que ellos podian temer por su atreuimiento o descuido; pero aora que lo he visto y sentido con proprias manos, podre afirmar que es verdad muy grande, porque ni mas ni menos à passado por mi. Que cuando yo huue estos dialogos y los comence a leer, por parecerme cosa tal como ellos diran de si, y por deleytarme mas en la suauidad y dulçura de su filosofia y lindezas de que tratan, con yrme deteniendo en su lecion, di en traduzirlos poco a poco para mi solo, escriuiendolos yo mismo a pedaços; assi por lo que he dicho, como por ocuparme en mi ociosidad, que por beneficio no pequeño de la fortuna me faltan haziendas de campo y negocios de poblado, de que no le doy pocas gracias. Y auiendome entretenido algunos dias en este exercicio, lo vino a saber el padre Agustin de Herrera, maestro en santa Teologia y erudito en muchas lenguas, preceptor y maestro de don Pedro Fernandez de Cordoua y Figueroa, marques de Priego, señor de la casa de Aguilar, y el padre Geronimo de Prado de la Compañia de Iesus, que con mucha aceptacion oy lee Escritura en la real ciudad de Cordoua, y el Licenciado Pedro Sanchez de Herrera, teologo, natural de Montilla, que años à leyo Artes en la imperial Seuilla y a mi me las à leydo en particular, y vltimamente lo supo el padre fray Fernando de Zarate, de la orden y religion de San Agustin, insigne maestro en santa Teologia, catredatico jubilado de la Vniuersidad de Ossuna, y otros religiosos y personas graues que por no cansar a V. S. no las nombro. Todos ellos me mandaron è impusieron con gran instancia que passasse adelante en esta obra, con atencion y cuydado de poner en ella toda la mejor lima que pudiesse, que ellos me asseguraùan que seria agradable y bien recebida. Bien entiendo que lo fuera si mis borrones no la desluzieran tanto, de que a V. S. y a todos los que lo vieren suplico y pido perdon, que en mi caudal no huuo mas.

Esto fue causa de que se me trocasse en trabajo y cuydado lo que yo auia elegido por recreacion y deleyte. Y tambien lo ha sido del atreuimiento que esta traduzion y dialogos han tomado para salir fuera y presentarse ante el acatamiento de V. S., y suplicarle con su fauor y amparo supla sus defetos, y como miembro tan principal de la casa Real è Imperial, y tan amado del Rey nuestro señor, debaxo de su sombra, los dedique y ofrezca ü Su Magestad Sacra y Catolica, pues a mi no me es licito hazerlo, como al pueblo hebreo no le era el entrar con sus oblaciones en el Sancta Sanctorum, sino entregarlas al Summo Sacerdote. Que si V. S. les haze esta merced, bien se que a Su Real Magestad le seran de buen olor, y agradables a todos los que en la claridad de sus entendimientos y sutileza de sus ingenios semejaren a su primer autor, y tanto mas quanto mas subidos fueren en estos quilates, y, al contrario, lo bueno que en ellos se hallare todo es suyo, los borrones, como ya lo he dicho, son mios.

Con este atreuimiento he cumplido con lo que al seruicio de V. S. deuo, pues no tengo possibilidad de seruir con otra cosa à tanta merced y fauor como me han dicho que V. S. me haze y dessea hazer sin auerme visto. Y tambien aure cumplido con lo que à esta mi obra, como a proprio hijo, puedo querer, en auerle dado tal señor. Para cuya buena inteligencia entiendo que no seran menester mas que dos aduertencias (esto es hablando con el letor): la vna, que se lea con atencion y no qualquiera, porque la intencion que su autor parece que fue escriuir, no para descuydados, sino para los que fuessen filosofando con el juntamente. La otra, mirar en algunos passos, a donde apelan los relatiuos, que, por no desquadernar la obra a su dueño de su artificio, los dexamos como estauan. Y tambien porque es de estimarle en mucho ver que en lengua tan vulgar, con inuenciones semejantes, como se podran notar, escriuiesse, no para el vulgo. Con estos dos cuydados, creo que, aunque las materias son altas, sutiles, y dichas por diferente manera de hablar que el comun lenguaje nuestro, se dejaran entender. Lo que desto faltare, que sera por mi culpa, se me perdone, que yo quisiera auer podido lo que he desseado en esta parte. De la mia puedo afirmar que me costaron mucho trabajo las erratas del molde, y la pretension que tome de interpretarle fielmente por las mismas palabras que su autor escriuio en el italiano, sin añidirle otras superfluas, pues basta que le entiendan por las que el quiso dezir y no por mas. Que añidirselas, fuera hazer su dotrina muy comun, que es lo que el mas huyò, y estragar mucho la grauedad y compostura de su hablar, en que no mostrò menos gallardia de ingenio que en las materias que propuso, ampliò y declaró con tanta facilidad y galania, a que me remito en todo lo que en loor deste clarissimo varon se pudiera dezir,

que lo dexo por parecerme todo poco, porque ninguno le podra loar tanto como su propria obra. Tambien se podra aduertir que muchas vezes parece que la materia de que va tratando la concluye no con buena satisfacion, y es artificiosamente hecho, como quando en la musica se da la consonancia imperfecta, para que tras ella la perfecta suene con mayor suauidad y sea mejor recebida. Por lo qual es menester esperarle hasta el fin della, donde hallaran toda satisfacion. En que lengua se escriuiessen estos *Dialogos* no se sabe de cierto, porque aunque Alexandro Picolomini, aquel cauallero senes, digno de todo loor, en la *Institucion moral* (¹) que compuso hablando de la amistad, reprehende al tradutor, que el dize que lo traduxo de hebreo en italiano, sin dezir quien es, a mi me parece que lo haze por reprehender en tercera persona al mismo autor; porque si alguno lo traduxera de lo hebreo a lo italiano, de creer es que no callara su nombre en hecho tan famoso. Y la dedicatoria que està en el italiano, mas parece del impresor, o de quien pudo auer la obra para sacarla a luz, como alli dize, que del tradutor. Y mas, que los que entienden la lengua hebrea que han visto estos *Dialogos*, y particularmente el padre Geronimo de Prado, arriba nombrado, que la sabe, me han afirmado que no se puede escriuir con tanto artificio en el lenguaje hebreo, por ser tan curto y declararse mas con la accion corporea, por ser en el mas sinificatiuo, que con la prolacion de las palabras. Y Iuan Carlos Sarracenu, que los traduxo en latin elegantissimo, y muy ampliadamente (²), atendiendo mas a la elegancia de su lenguaje que a la fidelidad del oficio de interprete, no dize de que lengua los traduze. Por todo lo qual me parece que aquel doctissimo varon escriuio en italiano; porque, si bien se aduierte a las galas de su manera de hablar, y a los muchos consequentes que calla, y a las correlatiuas que suple, y a toda la demas destreza, artificio y elegancia que muestra en su proceder, que qualquier curioso podra notar, con otras muchas lindezas que ay en el italiano, que yo no me atreuo a dezir en compendio, se vera que no se pudieran hazer tanta sutilezas, tan galanas, en traduzion de vna lengua a otra. Las quales cosas, a quien no mirare que son artificiosamente hechas, le confundiran en muchos passos de la obra, que de industria el autor quiso escurecer y dexar dificultosos, que, mirados con esta atencion, no lo son. Y esto bastara por prohemio para el discreto lector, a quien pido en caridad que hasta que tenga hijos semejantes y aya sabido lo que cuesta el criarlos, y ponerlos en

(¹) Venecia, 1542.
(²) No conozco ejemplar ninguno de esta versión

este estado, no desdeñe mis pocas fuerças ni menosprecie mi trabajo.

Y boluiendome a V. S., que se que no desdeñara à este su seruidor, antes le recibira con las propriedades del primer Cesar y del segundo Augusto, las quales V. S. como decendiente dellos tiene y en sus heroycas virtudes muestra al mundo, le suplico humilmente que, auiendo aceptado este amoroso seruicio, que es lo que en ellos mas se deue estimar, por pequeños o grandes que sean, se sirua de concederme su licencia y fauor para acabar de texer las historias de la Florida y vrdir la del Piru, que con el de V. S. no dudare de acometer estas dos empresas, aunque desiguales a mis fuerças, que la esperança y pretension que me quedan de que la gloria de aueros seruido sera el galardon de mi seruicio, me las aumentaran. Nuestro Señor la persona de V. S. guarde con aumento de larga vida, para que vuestros seruidores veamos cumplido lo que el cielo en V. S. y por V. S. nos promete, y lo que la tierra, para su bien, os dessea. De Montilla, diez y ocho de setiembre de mil y quinientos y ochenta y seys años.

SEÑOR

Por auer dicho en la dedicatoria que a Vuestra Catolica Magestad hize deste libro, todo lo que aqui me conuenia dezir, no lo repetire en esta; solamente seruira de suplicar à V. M., como a mi rey y señor, se digne de mandar leer y oyr aquella, que solo este fauor desseo y pretendo por gratificacion, assi del trabajo de mi estudio, como del animo que a vuestro real seruicio siempre he tenido. La obra, para que V. M. la vea, es prolixa, aunque la grandeza de su autor merece qualquiera merced que V. M. le haga. De mi parte no ay en ella cosa digna de ser recebida en cuenta, si no fuesse el atreuimiento de vn indio en tal empresa y el desseo que tuue de dar con ella exemplo a los del Piru, donde yo naci, de como ayan de seruir en todo genero de oficio a V. C. M. Con este mesmo desseo y pretension quedo ocupado en sacar en limpio la relacion que a V. M. se ha de hazer del descubrimiento que vuestro gouernador y capitan general Hernando de Soto hizo en la Florida, donde anduuo mas de quatro años. La qual sera obra de importancia al aumento de la felicissima corona de España (que Dios ensalce y en summa monarquia ponga con larga vida de V. M), porque con la noticia de tantas y tan buenas prouincias como aquel capitan descubrio, que hasta aora estan incognitas, y vista la fertilidad y abundancia dellas, se esforçaran vuestros criados y vassallos a las conquistar y poblar, acrecentando su honra y pro-

uecho en vuestro seruicio. Concluyda esta relacion, entendere en dar otra de las costumbres, ritos y cerimonias que en la gentilidad de los Ingas, señores que fueron del Piru, se guardauan en sus reynos, para que V. M. las vea desde su origen y principio, escritas con alguna mas certidumbre y propiedad de lo que hasta aora se han escrito (1). A V. C. M. suplico que, con la clemencia tan propria de vuestra real persona, se humane a recebir el animo deste pequeño seruicio que en nombre de todo el Piru he ofrecido y ofrezco. Y el fauor que pretendo y espero es, para que todos los de aquel Imperio, assi indios como españoles, en general y particular lo gozen juntamente comigo, que cada vno dellos lo ha de tomar por suyo propio, porque de ambas naciones tengo prendas que les obligan a participar de mis bienes y males, las quales son auer sido mi padre conquistador y poblador de aquella tierra, y mi madre natural della, y yo auer nacido y criadome entre ellos. Y porque mi esperança es conforme a mi fe, cesso, suplicando a Dios nuestro Señor guarde a V. C. M. como vuestros criados desseamos. Amen. De las Posadas, juridicion de Cordoua, 7 de nouiembre, 1589.— Vuestro criado, *Garcilasso Inga de la Vega.*

DIALOGO PRIMERO DE AMOR

Interlocvtores: Philon y Sophia.

Philon.—El conocerte, o Sophia! causa en mi amor y desseo.

Sophia.—Discordantes me parecen, o Philon! essos afectos que en ti produze el conocerme; quiça la passion te haze dezirlo assi.

Phil.—De tu parte discuerdan, que son agenos de toda correspondencia.

Soph.—Antes entre si mismos son contrarios afectos de la voluntad, amar y dessear.

El amor y el desseo parecen contrarios afectos de la voluntad.

Phil.—Por que contrarios?

Soph.—Porque de las cosas que estimamos por buenas, las que tenemos y posseemos amamos, y las que nos faltan desseamos. De manera que, lo que se ama, primero se dessea, y despues que la cosa desseada es auida, entra el amor y cessa el desseo.

Phil.—Que se mueue a tener essa opinion?

(1) Alusión á la *Primera parte de los Comentarios Reales,* que tratan del origen de los *Incas,* reyes que fueron del Perú, de su idolatría, leyes y goburno, etc., publicada en Lisboa, por Pedro Crasbeeck, el año 1609. La segunda parte, con el título de *Historia general del Perú,* se publicó en Córdoba, por la viuda de Andrés Barrera, en 1617. Hay otras ediciones, de Madrid, 1722-1723 (Oficina Real), 1800 y 1829.

Soph.—El exemplo de las cosas que son amadas y desseadas. No vees que la salud, quando no la tenemos, la desseamos? Pero no la amamos. Y, despues que la tenemos, la amamos y no la desseamos. Las riquezas, las heredades, las joyas, antes que se alcancen, son desseadas y no amadas, y despues que son auidas, no se dessean mas, pero amanse.

Phil.—Aunque la salud y las riquezas, quando nos faltan, no se pueden amar, porque no las tenemos, empero se ama el auerlas.

Soph.—Esse es vn hablar impropio, dezir *El amor parece ser de la cosa amada, y el desseo de alcançarla.* amar a lo que es querer auer la cosa, que es dessearla, porque el amor es de la misma cosa amada, y el desseo es de tenerla o de ganarla, y parece que no pueden estar juntos amar y dessear.

Phil.—Tus razones, o Sophia! mas muestran la sutileza de tu ingenio que la verdad de tu opinion; porque si aquello que desseamos no lo amamos, dessearemos lo que no se ama, y, por consiguiente, lo que se ha en odio, que no podria auer mayor contradicion.

Soph.—No me engaño, Philon, que yo desseo aquello que, ya que por no posseerlo no lo amo, quando lo aya, lo amare y no lo desseare, y no por esto desseo jamas lo que aborrezco, ni tampoco lo que amo, porque la cosa amada *Lo que se ama se possee, y lo que se dessea nos falta.* se possee, y la desseada nos falta. Y qual mas claro exemplo se puede dar que el de los hijos, que quien no los tiene no los puede amar, pero dessealos, y quien los tiene no los dessea, empero los ama?

Phil.—Assi como muestras el exemplo de los hijos, deuieras acordarte del marido, el qual antes que se aya es desseado y amado juntamente, y despues que es auido cessa el desseo, y algunas vezes el amor; aunque en muchas no solamente persevera, mas antes crece; lo qual muchas vezes acaece assi mismo al marido con la muger. Este exemplo no te parece mas suficiente para confirmar mi dicho, que el tuyo para reprouarlo?

Soph.—Essa platica tuya me satisfaze en parte, mas no en todo, mayormente siguiendo la equiuocacion de tu exemplo, semejante a la duda de que disputamos.

Phil.—Yo te hablare mas vniuersalmente. Bien sabes que el amor es de las cosas buenas, o estimadas por buenas; porque qualquiera cosa buena es amable. Y assi como *Tres suertes de bueno, prouechoso, deleytable y honesto. Tres suertes de amor.* ay tres suertes de bueno, prouechoso, deleytable y honesto, assi ay tres suertes de amor. El vno es el deleytable, y el otro es el prouechoso, y el otro el honesto. De los quales los dos vltimos, quando se han en algun tiempo, deuen ser amados, o antes que se ayan alcançado, o despues. *Lo deleytable se dessea y se ama antes que se alcance, y despues de posseydo se aborrece.* Lo deleytable no es amado despues que se alcança, porque todas las cosas que deleytan nuestros sentidos materiales, de su naturaleza, quando son posseydas, son mas ayna aborrecidas que amadas. Conuiene, pues, por esta razon que concedas que estas tales cosas son amadas antes que se possean, y assi mismo quando se dessean. Pero porque despues que enteramente son posseydas, cessa el desseo, y cessa assi mismo las mas de las vezes el amor dellas, por esto concederas que el amor y el desseo pueden estar juntamente.

Soph.—Fuerça tienen tus razones, a mi juyzio, para prouar aquel tu primer dicho; pero las mias, que le son contrarias, no son flacas ni despojadas de verdad; pues como es possible que vna verdad sea contraria de otra verdad? Absuelueme esta duda, que me haze estar confusa.

Phil.—Yo vengo, o Sophia! a demandarte remedio a mis penas, y tu me pides absolucion de tus dudas. Por ventura lo hazes por desuiarme desta platica, porque no te agrada, o porque los conceptos de mi pobre ingenio te desplazen no menos que los afectos de mi congoxosa voluntad.

Soph.—No puedo negar que no tenga mas fuerça en mi para comouerme el suaue y puro entendimiento, que la amorosa voluntad. Ni por esto creo que te hago injuria en estimar en ti lo que vale mas; porque si me amas, como dizes, deues procurar antes aquietarme el entendimiento, que incitarme el apetito. Por tanto, dexada a parte qualquiera otra cosa, me absuelue estas mis dudas.

Phil.—Aunque la razon esta pronta en contrario, empero conuiene que por *Opinion de muchos que tienen el amor y el desseo por vna misma cosa.* fuerça yo siga tu querer. Y esto nace de la ley que los vencedores amados han puesto a los forçados y vencidos amantes. Digo que ay algunos en todo contrarios a tu opinion, los quales tienen que el amor y el desseo en efeto son vna misma cosa; porque todo aquello que se dessea, quieren que tambien se ame.

Soph.—Manifiestamente estan en error, porque ya que se conceda que todo lo que se dessea se ama, cierto es que muchas cosas se aman que no se dessean, como acaece en las cosas que se posseen.

Phil.—Rectamente has arguydo en contra. Otros creen que el amor es vn cierto genero, que contiene en si todas las cosas desseadas, aunque no se possean, y semejantemente las cosas buenas adquiridas y posseydas, las quales no se dessean mas.

Soph.—Tampoco me suena esso bien; porque, como dizen, muchas cosas ay desseadas que no pueden ser amadas porque no tienen ser, y el amor es de las cosas que tienen ser, y el desseo es propio de las que no tienen ser. Como podemos amar los hijos y la salud que no tenemos? Esto me haze tener que el amor y el desseo son dos contrarios afectos de la voluntad, y tu me has dicho que el vno y el otro pueden estar juntamente; declarame esta duda.

Phil.—Si el amor no es sino de las cosas que tienen ser, el desseo por que no lo sera tambien?

Soph.—Porque assi como el amor presupone el ser de las cosas, assi el desseo presupone la priuacion dellas.

Phil.—Por qual razon presupone el amor el ser de las cosas?

Soph.—Porque es necessario que el conocimiento preceda al amor; que ninguna cosa se podria amar, si primero no se conociesse debaxo de especie de buena. Y ninguna cosa cae en nuestro entendimiento si primero efetualmente ella no se halla ser Porque nuestro entendimiento es vn espejo y exemplo, o por dezir mejor, vna imagen de las cosas reales. De manera que no ay cosa alguna que se pueda amar si primero no se halla ser realmente.

Nuestro entendimiento es espejo o exemplo de las cosas reales.

Ninguna cosa se puede amar si primero no existe.

Phil.—Verdad dizes. Pero tambien por essa misma razon no puede caer sino en las cosas que tienen ser; porque no desseamos sino las cosas que primero conocemos debaxo de especie de buenas. Y por esto difinio el filosofo lo bueno ser aquello que todos dessean. Luego el conocimiento, assi del amor como del desseo, es de las cosas que tienen ser.

El bien es lo que todos dessean.

Soph.—No se puede negar que el conocimiento no preceda al desseo; antes digo que no solamente todo conocimiento es de las cosas que son, mas tambien de las que no son; porque nuestro entendimiento juzga vna cosa que es como la juzga, y assi otra que no es. Y pues su oficio es el discernir en el ser de las cosas y en el no ser, es necessario que conozca las que son y las que no son. Dire, pues, que el amor presupone el conocimiento de las cosas que son, y el desseo, de las que no son y de las que estamos priuados.

Phil.—Assi al amor como al desseo, precede el conocimiento de la cosa amada o desseada, que es buena. Y el conocimiento a ninguno dellos deue ser de otra cosa que de buena; porque si no fuesse assi, el tal conocimiento seria causa de hazer

El conocimiento de la cosa desseada o amada, precede assi al amor como al desseo.

aborrecer totalmente la cosa conocida, y no dessearla o amarla. De manera que assi el amor como el desseo presuponen igualmente el ser de las cosas, assi en realidad como en conocimiento.

Soph.—Si el desseo presupusiesse el ser de las cosas, seguirse hia que quando juzgamos la cosa por buena y desseable, que siempre fuesse verdadero el tal juyzio. Pero no vees que muchas vezes es falso y no se halla assi en el ser? Parece, pues, que el desseo no presupone siempre el ser de la cosa desseada.

Phil.—Esse mismo defeto que tu dizes no acaece menos en el amor que en el desseo, porque muchas vezes lo que estimamos por bueno y amable es malo y deue ser aborrecido. Y assi como la verdad del juyzio de lo que juzgamos causa los rectos y honestos pensamientos, de los quales se deriuan todas las virtudes, los hechos templados y las obras loables, assi la falsedad del tal juyzio causa los malos desseos y los amores deshonestos, de los quales nacen todos los vicios y errores humanos. Assi que el vno y el otro presupone el ser de la cosa.

Assi el amor como al desseo, presupone el ser de la cosa.

Soph.—No puedo, Philon, bolar contigo tan alto; baxemonos de gracia mas a lo baxo. Yo cierto veo que ninguna cosa ay de las que mas desseamos que propiamente no se ame.

Phil.—Siempre desseamos lo que no tenemos; mas no por esto lo que no es, antes el desseo suele ser de las cosas que son, las quales no podemos alcançar.

Soph.—Tambien suele ser de las cosas que efetualmente no son y desseamos que sean, las quales no desseamos tener; como desseamos que llueua quando no llueue, y que haga buen tiempo, y que venga vn amigo, y que se haga alguna cosa, las quales cosas, avnque no son, desseamos que sean, por amor del prouecho; mas no para posseerlas, ni por esto diremos amarlas. De manera que el desseo ciertamente es de las cosas que no son.

Phil.—Lo que no tiene ser alguno es nada, y lo que es nada, assi como no se puede amar, tampoco se puede dessear ni auer. Y estas cosas que has dicho, avnque actualmente no tienen el ser presente quando se dessean, todavia el ser dellas es possible, y del ser possible se puede dessear que vengan al ser actual, assi como las cosas que son y no las tenemos, que de la parte de ellas son se puede dessear que sean posseydas de nosotros. Assi que todo desseo es: o que tenga ser lo que no es, o de alcançar lo que nos falta. Pues por que quieres tu que todo desseo presuponga vnas vezes el ser y otras la priuacion de la cosa, y que dessee el cumplimiento del ser que le falta?

Por tanto el desseo y el amor estan fundados en el ser de la cosa, y no en el no ser. Y a la

Tres titulos pertenecientes a la cosa desseada y amada. cosa desseable deuen precederle tres titulos, por su orden: el primero, el ser; el segundo, la verdad; el tercero, que sea buena, y con estos viene a ser amada y desseada, lo qual no pudiera ser si antes no fuera estimada por buena, porque de otra manera, ni se amara, ni se desseara. Y antes que sea juzgada por buena, es necessario que sea conocida por verdadera; y como realmente se halla antes del conocimiento, es necessario el ser real, porque la cosa primero es en el ser, y despues se imprime en el entendimiento, y despues se juzga por buena, y vltimamente se ama y se dessea. Y por esto dize el filosofo que el ser

Que el ser verdadero y el ser bueno se conuierten, y la diferencia que ay entre ellos. verdadero y el bueno se conuierten en vno, sino que el ser es en si mismo; y el verdadero, quando se imprime en el entendimiento; y lo bueno, quando del entendimiento y de la voluntad, mediante el amor y desseo, vamos a la ganancia de las cosas. De manera que el desseo no menos presupone el ser que el amor.

Soph. —Ciertamente veo que desseamos muchas cosas cuyo ser, no solamente falta al que las dessea, mas tambien en si mismas, como es la salud y los hijos, quando no los tenemos, en las quales cierto no cabe el amor, sino solo el desseo.

Phil. —Lo que se dessea, avnque le falte al que lo dessea y en si no tenga el ser propio, no por esto esta priuado del ser en todo, como dizes, antes es necessario que en alguna manera tenga ser, aunque no sea el ser propio, porque de otra suerte, ni pudiera ser conocido por bueno, ni desseado; y assi digo de la salud en el enfermo, que la dessea porque tiene ser en los sanos, y tambien lo tenia en el antes que enfermara; y lo mismo de los hijos, que ya que no tengan ser en los que los dessean, porque les faltan, empero tienenlo en los demas, porque qualquiera hombre es o ha sido hijo; y por esto quien no los tiene los conoce y juzga que es cosa buena, y los dessea. Y estas tales suertes de ser, son bastantes para dar a entender la salud al enfermo, y assi a los que dessean los hijos y no los tienen. De manera que el amor y el desseo, son de las cosas que de alguna manera tienen ser real y son conocidas debaxo de especie de buenas. Excepto que el amor parece ser comun a muchas cosas buenas, posseydas y no posseydas, empero el desseo es de las no posseydas.

Soph. — Segun esso que dizes, toda cosa desseada fuera amada, como me dixiste ser opinion de algunos; y fuera vn genero que

abraçara en si todas las cosas estimadas por buenas, assi las que no se posseen y se dessean como las que se posseen y no se dessean; todas, segun tu opinion, fueran amadas. Y a mi no me parece que las cosas que del todo faltan, como estas que dixe de la salud y de los hijos, que quien no los tiene, aunque los dessee, los pueda amar. Porque el ser que dizes que tienen en otros, no basta para conocerlas, y por consiguiente no basta para amarlas, porque no amamos los hijos ni la salud agena, sino la propia. Y quando nos faltan, como se pueden amar, aunque se desseen?

Phil. —No estamos ya muy lexos de la verdad. Aunque vulgarmente todas las cosas desseadas se dizen ser amadas, por ser estimadas por buenas, pero, hablando mas corregidamente, no se pueden dezir amadas las que no tienen algun ser propio, como es la salud y los hijos, quando nos faltan. Hablo del amor real, que el

Amor verdadero e imaginado. imaginado puedese tener de todas las cosas desseadas por el ser que tienen en la imaginacion, del qual ser imaginado nace vn cierto amor, cuyo sujeto no es la cosa propia real que se dessea, por no tener aun ser en realidad propia, sino solamente el concepto de la cosa, tomada en su ser comun. Y el sujeto del tal amor es impropio, que no es verdadero amor, porque le falta el sujeto real, sino que es solamente fingido e imaginado, por lo qual el desseo de las tales cosas esta despojado de verdadero amor. De manera que en las cosas se hallan tres suertes de amor y desseo, de las quales algunas son amadas y desseadas juntamente, como la verdad, la sabiduria y vna persona digna, quando nos la tenemos. Otras ay amadas, pero no desseadas, como son todas las cosas buenas auidas y posseydas. Otras son desseadas, mas no amadas, como la salud y los hijos quando nos faltan y las demas cosas que no tienen ser real. Assi que las cosas juntamente amadas y desseadas son aquellas que son estimadas por buenas y tienen ser propio y faltan. Las amadas y no desseadas, son las mismas cosas que las tenemos y posseemos. Y las cosas desseadas y no amadas, son las que, no solamente nos faltan, pero que aun no tienen en si ser propio, en el qual pueda caer amor.

Soph. —Entendido he tu discurso, que assaz me agrada; pero yo veo muchas cosas que tienen ser propio real, y, quando no las tenemos, las desseamos, pero no las amamos hasta que son auidas, y entonces se aman y no se dessean: como son las riquezas, vna casa, vn jardin, vna joya. Las quales cosas estando en poder de otro, se dessean y no se aman, porque son agenas; mas despues que son auidas, cessa el desseo dellas y son amadas. Assi que, antes

que sean auidas, solamente son desseadas y
no amadas, y despues que son auidas, solamen-
te son amadas y no desseadas.

Phil.—Verdad has dicho en esso. Y yo no
digo que todas las cosas desseadas que tienen
ser propio son tambien amadas, sino que he
afirmado que las que son desseadas deuen assi-
mismo tener ser propio; porque de otra mane-
ra, aunque se desseen, no se pueden amar. Y
por esto no te di exemplo de joya ni de casa,
sino de virtud, o de sabiduria, o de persona
digna; porque estas cosas, quando faltan, son
amadas y desseadas igualmente.

Soph.—Dime la causa de essa diferencia
que se halla en las cosas desseadas que tienen
ser propio; por que vnas dellas, quando son des-
seadas, pueden tambien ser amadas, y otras no?

Phil.—La causa es la diferencia de las cosas
amables, que, como sabes, son de tres suertes:
vtiles, deleytables y honestas: las quales se han
diuersamente en el amor y en el desseo.

Soph.—Declarame la diferencia que ay en-
tre ellos, esto es, entre amar y dessear: y por-
que pueda entenderte mejor, querria que difi-
niesses el amor y el desseo, con fin que en la tal
dinicion puedas comprehender todas aquellas
tres suertes.

Phil.—No es tan facil de difinir el amor y
el desseo, con difinicion acomodada a todas sus
especies, como a ti te parece; porque la natu-
raleza dellos se halla diuersamente en cada vna
dellas. Ni se lee auerles dado los antiguos filo-
sofos tan ampla difinicion; empero, conforme
a lo que la presente platica pide, quiero difinir

Difinicion del desseo. que el desseo es afecto volunta-
rio del ser, o de tener la cosa
estimada por buena, que falta,
y que el amor es afecto voluntario de gozar
con vnion la cosa estimada por buena. Y des-
tas difiniciones conoceras, no solamente la dife-

Difinicion del amor. rencia de los tales afectos de la
voluntad, que el vno, como te
he dicho, es de gozar con vnion
la cosa, y el otro de la existencia della, o de
posseerla; pero tambien veras por ellas que el
desseo es de las cosas que faltan, mas el amor
puede ser de las que se han, y tambien de las
que no se han; porque el gozar con vnion pue-
de ser afecto de la voluntad, assi en las cosas
que nos faltan como en las que tenemos, por-
que el tal afecto no presupone habito ni falta
alguna, antes es comun a todas dos.

Soph.—Aunque essas difiniciones tenian ne-
cessidad de mas larga declaracion, por aora me
basta para introducion de lo que te he pregunta-
do de la causa de la diuersidad en el
amar y dessear en las tres suertes que me has
dicho: vtil, deleytable y honesto. Passa, pues,
adelante.

Phil.—Lo vtil, como son las riquezas, bie-
nes particulares de la ganancia,

Bienes vtiles, no se dessean y aman juntamente. no son jamas amadas y dessea-
das juntamente, antes quando
no se posseen se dessean y no
se aman, por ser agenas; pero quando son aui-
das, cessa el desseo dellas, y entonces se aman
como cosas propias y se gozan con vnion y
propiedad. Empero, aunque cessa el desseo de
aquellas particulares riquezas ya posseydas,
nacen inmediatamente nueuos desseos de otras
cosas agenas. Y los hombres, cuya voluntad
atiende al amor de lo vtil, tienen diuersos e in-
finitos desseos; y cessando los vnos por auer-
los alcançado, vienen otros mayores y mas an-

Los bienes vtiles nunca hartan a sus posseedores. siosos, tales que jamas hartan
su voluntad de semejantes des-
seos. Y quanto mas posseen,
tanto mas dessean. Y son seme-
jantes a los que procuran matar su sed con
agua salada; que quanto mas beuen, tanto pro-
duze en ellos mayor sed. Y este desseo de las

Que sea ambicion o codicia. cosas vtiles se llama ambicion
o codicia, cuya templança se lla-
ma contento, o satisfacion de
lo necessario, y es virtud excelente. Y tambien
se llama suficiencia, porque se contenta con lo

El verdadero ri‘o es el que se con-tenta con lo que possee. necessario. Y los Sabios dizen
que el verdadero rico es el que
se contenta con lo que possee. Y

La negligencia en los bienes vtiles, es dexar de des-sear lo necessario. assi como el vn estremo desta
virtud es la codicia de lo su-
perfluo, assi el otro estremo es
dexar de dessear lo necessario, y
llamase negligencia.

Soph.—Que dizes, Philon? no ay muchos
filosofos que juzgan que las riquezas se deuen
dexar todas, y algunos, por dezir verdad, no
las han dexado?

Phil.—Essa opinion fue de algunos filoso-
fos stoicos y academicos; pero en ellos no es
negligencia el dexar de dessear y procurar lo
necessario: que lo hazian por conuertirse a la
vida contemplatiua, con intima y atenta com-
templacion, a la qual vehian ser de grande im-

Lo que hazen las riquezas al enten-dimiento. pedimento las riquezas, porque
ocupan el entendimiento, y lo
diuierten de su misma obra es-
peculatiua y de la contempla-
cion, en la qual consiste su perfecion y felici-
dad. Pero los peripateticos tienen que las rique-
zas se ayan de procurar porque son necessarias

Las riquezas son instrumento de muchas virtu-des morales. para la vida virtuosa, y dizen
que, aunque las riquezas no son
virtudes, a lo menos son instru-
mentos dellas, porque no podria
exercitarse la liberalidad, ni la
manificencia, ni las limosnas, ni las otras obras
pias, sin los bienes necessarios y bastantes.

Soph.—No basta para las semejantes operaciones virtuosas la buena disposicion del animo, pronto para las hazer quando tuuiesse el como, y assi sin las riquezas podria el hombre ser virtuoso?

Phil.—No basta la disposicion sin las obras; porque las virtudes son habito de bien obrar, las quales se alcançan perseuerando en las buenas obras; y siendo assi que las tales obras no se pueden hazer sin los bienes, se sigue que sin ellos no pueden auer las semejantes virtudes.

Las virtudes son habito de bien obrar.

Soph.—Y porque no conocieron esso los stoicos y los peripateticos, como pueden negar que las riquezas no diuierten el animo de la felice contemplacion?

Phil.—Conceden los stoicos que algunas virtudes domesticas y vrbanas no se pueden alcançar sin los bienes; pero no te engañes que consista en ellas la felicidad, sino en la vida intelectiua y contemplatiua, por la qual se deuen dexar las riquezas, y aun las virtudes que dellas proceden se ha de aduertir que no se conuiertan en vicios, sino en otras virtudes mas excelentes y mas propinquas a la vltima felicidad. Ni los peripateticos tampoco pueden negar esto; ni entre ellos ay otra diferencia, sino que los stoicos, con el deseo de lo mas noble, no hizieron cuenta de lo necessario para algunas virtudes morales, que tienen necesidad de los bienes; porque, en efeto, no conuiene a los hombres muy excelentes, que procuran alcançar la vltima felicidad, teniendo la claridad del Sol, buscar lumbre de candela; mayormente conociendo que los tales bienes las mas vezes son causa de vicios antes que de virtudes. Pero los peripateticos, entendiendo que las riquezas no son necessarias a los semejantes hombres, que son claros, han descubierto otras grandes virtudes por inferiores de aquellas, y han mostrado como algunas dellas se alcançan mediante los bienes. Empero, assi los vnos como los otros conceden que es negligencia dexar de dessear lo necessario, lo qual es para aquellas virtudes que no se han mediante la intelectual contemplacion. Sera, pues, la negligencia vicio contrario a la codicia de lo superfluo, que es el otro estremo, y la suficiencia en el dessear lo necessario es el medio de los dos estremos, el qual es virtud excelente en el desseo de las cosas vtiles.

Las riquezas, por la mayor parte, son causa antes de vicios que de virtudes.

Soph.—Assi como me has mostrado en el desseo de las cosas vtiles vn medio virtuoso y dos estremos viciosos, por ventura hallanse assi otros semejantes medios y estremos en las cosas vtiles que se posseen?

Phil.—Si se hallan, y no menos manifiestos:

que el desenfrenado amor que se tiene a las riquezas ganadas o posseydas es inorme; porque quando el amor de las propias riquezas es mas de lo que deue, causa la conseruacion dellas mas de lo que conuiene, y que no se gasten conforme a la honestidad y orden de la razon. La moderacion en amar las tales cosas con el conueniente gasto dellas, es medio virtuoso y noble, y llamase liberalidad. La falta del amor destas cosas posseydas, y el no conueniente gasto dellas, es el otro estremo vicioso, contrario de la auaricia, y llamase prodigalidad. De manera que assi el auaro como el prodigo son viciosos, siguiendo los estremos del amor de las cosas vtiles. El liberal es virtuoso que sigue el medio dellos. Y desta manera que te he dicho se halla el amor y el desseo, en las cosas vtiles, templada y destempladamente.

Auaricia.

Liberalidad.

Prodigalidad.

Soph.—Bien me suena esso que me has dicho. Aora querria entender como se ha el amor en las cosas deleytables, que me parece mas de nuestro proposito.

Phil.—Assi como en las cosas vtiles el propio y real amor no se halla juntamente con el desseo, por el contrario, en las deleytables el desseo no se aparta del amor, porque todas las cosas deleytables que faltan, hasta que enteramente son auidas y posseydas suficientemente, siempre que se dessean o apetecen, son amadas igualmente. El beuedor dessea y ama el vino antes que lo beua, hasta que esta harto del. El goloso dessea y ama lo dulce antes que lo coma, hasta que esta harto dello; y comunmente el que ha sed, siempre que dessea la beuida, la ama; y el que tiene hambre, dessea y ama la vianda; y por el semejante el hombre dessea y ama la muger antes que la aya, y la muger al varon. Tienen assi mismo estas cosas deleytables tal propiedad, que, auidas que son, assi como cessa el desseo dellas, cessa tambien las mas vezes el amor, y muchas vezes se conuierte en fastidio y aborrecimiento; porque qualquiera que tuuo hambre o sed, despues que esta harto, no dessea comer mas, ni beuer mas, antes le da hastio; y assi acaece en las otras cosas que materialmente deleytan, porque con la hartura hastiosa cessa igualmente el desseo y el amor dellas. De manera que, en las cosas deleytables, ambos a dos biuen y mueren juntamente. Bien es verdad que en las cosas deleytables ay algunos tan destemplados, como los ay en las cosas vtiles, que jamas se hartan ni quieren hartarse: como son los golosos, los borrachos y los luxuriosos, a los quales desplaze la hartura, y prestamente bueluen de

Condiciones de las cosas deleytables.

nueuo al desseo y al amor dellas o al de otras de otra suerte. Y el desseo destas cosas deleytables se llama propiamente apetito, assi como el de las vtiles, ambicion o codicia. El excesso dessear destas cosas que dan delectacion propia y el conuersar en ellas, se llama luxuria, Luxuria o apetito. la qual es verdadera luxuria carnal, o de la gula o de otras demasiadas delicadezas o indeuidas molicias. Y los que se crian y biuen en semejantes vicios, se llaman luxuriosos. Y quando la razon en alguna manera resiste, aunque del sea vencida, entonces los tales viciosos se llaman Incontinentes. incontinentes. Pero los que dexan la razon del todo, sin procurar contradezir en parte alguna al habito Destemplados. vicioso, se llaman destemplados. Y assi como este estremo de la luxuria es en las cosas deleytables vicio que corresponde a la auaricia, y a la codicia en las cosas vtiles, assi estimo yo ser el otro estremo de la superflua abstinencia vicio Superflua abstinencia es vicio. que corresponde a la prodigalidad en las cosas vtiles, porque el vno es camino para destruyr la hazienda, cosa no conueniente al honesto biuir, y el otro dexa el deleyte necessario al sustento de la vida y a la conseruacion de la salud. El medio destos dos estremos es grandissima virtud, y Continencia. llamase continencia. Y quando, estimulando la sensualidad, vence la razon con la virtud, se llama templança. Templança. Y quando la sensualidad cessa del todo de dar estimulos a la virtuosa razon, que lo vno y lo otro consiste en contenerse templadamente en las cosas deleytables sin faltar de las necessarias y sin tomar de lo superfluo, entonces llaman algunos Fortaleza. El verdadero fuerte es el que se vence a si propio. Lo deleytable tiene mas fuerça en la naturaleza humana que lo vtil. a esta virtud fortaleza; y dizen que el verdadero fuerte es el que a si propio se vence; porque lo deleytable tiene mas fuerça en la naturaleza humana que lo vtil, por ser aquello con que ella conserua su ser. Por tanto, el que puede moderar este excesso, con verdad puede llamarse vencedor del mas poderoso e intrinseco enemigo.

Soph.—Todo lo que me has dicho del amor y apetito en las cosas deleytables me agrada. Pero vna duda se me ofrece en aquello que dixiste: que las cosas deleytables se dessean y aman quando nos faltan, y no quando son auidas; que aunque es assi verdad quanto al desseo, no parece ser verdadero quanto al amor dellas; porque al tiempo que los deleytes se adquieren, entonces se aman, pero no antes quando faltauan, porque parece que el gusto de las tales delectaciones biuifica al amor dellas.

Phil.—El gusto dellas no incita menos al apetito y leuanta al desseo que biuifica al amor; y bien sabes que no se apetece ni se dessea sino lo que falta.

Soph.—O! como se entiende esso? porque Naturaleza de lo deleytable. vemos que las cosas deleytables, teniendose, no solamente se aman, pero que tambien se atribuye a la falta; luego lo que se tiene deue faltar y no tenerse.

Phil.—Bien es verdad que las delectaciones, mientras se adquieren, se aman y se dessean, pero no despues que enteramente son auidas; porque auidas que son, sucede la compañia dellas y pierdense igualmente el apetito y el amor dellas, que, mientras se adquieren, no cessa la falta hasta la hartura; antes digo que con el primer gusto se esfuerça el conocimiento por la aproximacion del deleytable, y con el se incita mas el apetito y se abiua el amor; la El amor y apetito estan conjuntos quando falta el deleyte, y tambien mientras se adquiere, y con su hastio mueren ambos juntamente causa es sentir mas la priuacion, y, con la presencia y participacion del gusto del deleytable que faltaua, se haze mas fuerte y pungitiuo el apetito, y quando se gusta tanto de los deleytes que llegan a hartar, se quita del todo la falta, y con ella se quita juntamente el apetito y el amor de los tales deleytes y se conuierten en fastidio y en desamor. Assi que el apetito y el amor preceden a los deleytes que estan por adquirir y no siguen a los ya adquiridos.

Soph.—Basta lo que en esto me has enseñado. Pero auiendome dicho en que son semejantes y dessemejantes lo vtil y lo deleytable en el proposito de amar y dessear, siguiendo la causa de la semejança manifiesta, me queda oculta la razon de la diuersidad o contrariedad de la voluntad, la qual querria saber. Digolo, porque en lo vtil no se halla el amor juntamente con el desseo; antes mientras se dessea no se ama, y cessando el desseo, sucede el amor. Y en lo deleytable se halla lo contrario, porque se ama tanto tiempo como se dessea, y cessando el desseo, cessa tambien el amor. Dime, por que en dos suertes de amor tan semejantes, se hallan tantas oposiciones, y qual es la causa?

Phil.—La causa de la dife- Razon de la diferencia que ay en el amar las cosas vtiles y las deleytables. La vtilidad consiste en la continua possession de la cosa vtil. rencia de gozar estas dos suertes de cosas amadas y desseadas; porque, consistiendo lo vtil en la continua possession de la cosa, quanto mas se possee, tanto mas se goza de su vtilidad; por lo qual el amor no viene hasta que se possee y cessa el desseo, y despues se va continuando el amor mientras se possee; y no auiendose la possessïon, o perdiendose del todo despues que fue auida, aunque se dessee la cosa, no por esso se amara.

Pero la delectacion de lo deleytable no consiste en possession ni en habito o en perfeta acquision, sino en vna cierta atencion mezclada con la falta; la qual cessada, haze faltar en todo la delectacion, y consequentemente cessa el amor y el apetito del tal deleytable.

En que consiste la delectacion de lo deleytable.

Soph.—Cosa conueniente a razon me parece que al desseo le conuenga la falta de lo deleytable; pero al amor parecerme hia que antes le perteneciesse la presente delectacion de lo deleytable; y como lo que del todo falta no puede deleytar, assi tampoco se puede amar aunque se dessee. De manera que el amor de lo deleytable deue ser solamente mientras deleyta, y no antes quando falta, ni despues quando harta.

Phil.—Sutilmente has dudado, o Sophia! y en esso es assi verdad lo que dizes: que el amor de lo deleytable no deue ser quando el deleyte esta mezclado con la falta; pero has de saber que en el puro apetito de lo deleytable ay vna fantastica delectacion, aunque no se goza en efeto; lo qual no acaece en la ambicion de lo vtil, antes su falta causa tristeza al que lo dessea; y por esto veras ser comunmente alegres y plazenteros los hombres desseosos de lo deleytable, y mal contentos y melancolicos los ambiciosos de lo vtil. Y la causa es porque, quando ambos faltan, lo deleytable tiene mayor fuerça en la fantasia que lo vtil, y en la real possession dellos tiene lo vtil mayor fuerça que lo deleytable. De suerte que en lo deleytable no ay falta desseada sin deleyte, ni deleyte efetual sin falta. Y por esta razon en ambas a dos cosas se halla igualmente el amor y el desseo; excepto que en la falta del deleyte el apetito y el desseo tienen mayor fuerça que el amor, y en la efetual delectacion es mas fuerte el amor que el apetito

Razon por que comunmente son alegres y regozijados los hombres desseosos de lo deleytable, y tristes y melancolicos los ambiciosos de lo vtil.

Soph.—Agradame lo que me has dicho, porque vemos produzir efetual deleyte los imaginados sueños de las cosas que deleytan mucho, y algunas vezes lo causa la fuerte fantasia della, aunque estemos despiertos, la qual eficacia no la ay en la imaginacion de las cosas vtiles. Pero vna cosa me resta por saber, que es la comparacion destas dos suertes de amor, qual dellas se halla mas ampla y vniuersal, y si se pueden hallar juntamente en vna misma cosa amada.

Phil.—Mucho mas amplo y vniuersal es lo deleytable, porque no todo lo deleytable es vtil,

antes las cosas que mas sensiblemente deleytan, son poco vtiles a la persona que deleytan, assi en la propia disposicion del cuerpo y de la salud, como en los bienes adquiridos, y mas que, concurriendo la delectacion con lo vtil por la mayor parte, quando es conocida por lo vtil, es deleytable. Y mucho mas en la vtilidad de los bienes ganados, los quales mientras que se adquieren, siempre engendran deleyte al que los adquiere, porque todo deleyte parece que nace del efeto de ganar lo que falta, aunque en la continua possession dellos la deleitacion no es tanta. De donde consiste mas en el ganar las cosas, que en el posseerlas.

Lo deleitable es mas vniuersal que lo vtil.

El deleyte mas consiste en la ganancia de las cosas que en la possession dellas.

Soph.—Satisfecha estoy de lo que me has dicho de las cosas vtiles y deleytables. Pareceme que es ya tiempo de entender el amor y el desseo de la suerte de las cosas honestas, que es el mas excelente y el mas digno.

Phil.—Amar y dessear las cosas honestas, es lo que haze al hombre verdaderamente ilustre, porque los tales amores y desseos hacen excelente la parte mas principal del hombre, por la qual es hombre, o la que esta mas alexada de la materia y de la obscuridad y mas propinqua a la diuina claridad, que es el anima intelectiua, la qual sola entre todas las partes y potencias humanas puede huir de la fea mortalidad. Consiste, pues, el amor y el desseo de lo honesto en dos ornamentos de nuestro entendimiento, conuiene a saber: virtud y sabiduria, porque estas son los fundamentos de la verdadera honestidad, la qual precede a la vtilidad de lo vtil y al deleyte de lo deleytable, por estar lo deleytable principalmente en el sentimiento, y lo vtil en el pensamiento, y lo honesto en el entendimiento, que excede a todas las otras potencias, y porque lo honesto es el fin para el qual los otros dos fueron ordenados; porque lo vtil se busca para lo deleytable, que mediante las riquezas y los bienes adquiridos se pueden gozar los deleytes de la naturaleza humana. Lo deleytable es para el sustento del cuerpo; el cuerpo es instrumento que sirue al anima intelectiua en sus acciones de virtud y sabiduria. Assi que el fin del hombre consiste en las acciones honestas, virtuosas y sabias, las quales preceden a todos los otros hechos humanos y a todo otro amor y desseo.

El amor de las cosas honestas haze al hombre verdaderamente ilustre.

El amor de las cosas honestas consiste en virtud i en sabiduria.

Lo honesto es fin de lo vtil y de lo deleytable.

El fin del hombre consiste en lo honesto.

Soph.—Mostrado me has la excelencia de lo

honesto sobre lo deleytable y sobre lo vtil; pero nuestro proposito es sobre la diferencia que ay entre el amor y el desseo en lo honesto, y de que manera son semejantes al que se halla en lo deleytable y en lo vtil.

Phil.—Ya yo yua a dezirtelo, si no me atajaras. El amor y el desseo de las cosas honestas es en parte semejante al vtil y al deleytable juntamente, y en parte semejante al deleytable y dessemejante al vtil, y en parte semejante al vtil y dessemejante al deleytable, y en parte dessemejante a ambos a dos.

Soph.—Declarame distintamente cada vna de essas partes.

Phil.—Es semejante el amor honesto a los otros dos, vtil y deleytable, en el desseo, porque siempre es de aquello que falta, que assi como se dessean las cosas vtiles y deleytables quando faltan, assi tambien se dessea la sabiduria, los actos y habitos virtuosos quando no se han, y es tan semejante en esto el honesto al deleytable, que en todos dos se halla igualmente el amor con el desseo, porque de la misma manera que las cosas deleytables, quando se dessean, son amadas, aunque no sean auidas, assi la sabiduria y la virtud, mientras no se alcançan, no solamente son desseadas, mas tambien amadas. Pero en esto que hemos dicho, lo honesto es dessemejante a lo vtil, antes le es contrario, porque las cosas de lo vtil, cuando no se posseen, se dessean y no se aman.

Soph.—Qual es la causa de la semejança que tiene lo honesto con lo deleytable y de la dessemejança que tiene con lo vtil? Que, conforme a razon, las cosas honestas, como la virtud y la sabiduria, quando no son auidas, no se deuen amar aunque se desseen, porque nuestra virtud y sabiduria, mientras no la tenemos, no tiene en si ser alguno, o son de la suerte de la salud no auida o de las cosas que no tienen algun ser por el qual puedan ser amadas.

Phil.—Lo vtil, quando no se possee en acto, es totalmente ageno de quien lo dessea, y por esto, aunque se halle y tenga ser, no puede ser amado; pero antes que lo deleytable, como ya te dixe, se aya realmente, su desseo produze vna cierta incitacion y vn cierto ser deleytable en la fantasia, que es sujeto del amor, porque aquel poco ser es propio del amante en si mismo para recebir amor. Pues no menor ser, antes mucho mayor, es el que el desseo de la sabiduria y el de la virtud y cosas honestas causan en el anima intelectiua, porque dessear virtud y dessear sabi-

duria, es propia sabiduria y es el mas honesto dessear. Y este tal ser de las cosas honestas que son desseadas y no auidas, es propio en nosotros en la parte mas excelente, y por tanto el desseo de las tales cosas es digno de ser acompañado de amor no lento. De manera que mas amplamente se puede seguir el ser desseable que se halla en lo honesto, que el que se halla en lo deleytable. Assi que en ambos se halla el desseo acompañado con el amor quando faltan, lo qual no se halla en lo vtil.

Soph.—Basta; declarame las otras dos partes que restan.

Phil.—Conformase lo honesto con lo vtil en el amor de las cosas enteramente auidas y posseydas; que assi como las cosas vtiles, despues que son adquiridas, se aman, assi la sabiduria y las virtudes de las cosas honestas, despues que se posseen, son grandemente amadas. En lo qual lo honesto es dessemejante a lo deleytable, porque lo deleytable, despues que perfectamente se ha auido, no se ama, antes muy ayna suele venir en odio y fastidio. Es dessemejante lo honesto a los dos vtil y deleytable, no solamente en ser acompañado siempre del amor, assi quando se dessea y no se ha como quando se ha y no se dessea, lo qual no se halla en alguno de los otros dos; pero tambien es dessemejante a ellos en otra cosa mayor y mas notable propiedad: que en los otros dos consiste la virtud en el medio del amar y del dessear, y lo superfluo de las cosas deleytables y vtiles son los estremos, de los quales proceden todos los mayores vicios humanos. Pero en las cosas honestas, quanto el amor y el deseo es mas sobrado y desenfrenado, tanto es mas loable y virtuoso, y lo poco desto es vicio, y el que del todo fuesse priuado deste tal amor y desseo, no solamente seria vicioso, pero tambien inhumano, porque lo honesto es el verdadero bien, y el bien, como dize el filosofo, es lo que todos los hombres dessean, aunque tambien cada vno naturalmente dessea saber.

Soph.—Pareceme auer yo entendido de otra manera essa dessemejança.

Phil.—De que manera?

Soph.—Dizen que en lo honesto el estremo de lo superfluo es virtuoso, porque quanto mas se dessea, ama y sigue lo honesto, tanto es mas virtud, y el estremo de lo poco es vicio, porque no ay mayor vicio que dexar de amar las cosas honestas. En los otros dos, vtil y deleytable, se halla lo contrario; porque la virtud consiste en el estremo del poco dessear, amar y seguir las cosas vtiles y deleytables, y el vicio consiste en el estremo del procurarlas mucho y en la excessiua solicitud dellas. De suerte que la virtud de lo honesto esta en el excessiuo amor suyo, y el vicio en el poco amor, y la virtud de lo vtil y deleytable esta en amarlos poco, y el vicio en amarlos mucho.

Phil.—Verdadera es essa opinion tuya en alguna suerte de hombres. porque la virtud de lo vtil y deleytable consiste en ellos en el estremo del poco amarlos y poco seguirlos; pero vniuersalmente no es verdadera, porque comunmente en la vida moral la virtud **La virtud y el vicio en que consisten en la vida moral.** destos dos consiste en la mediania y no en estremo alguno: que assi como es vicio amar demasiado lo vtil y deleytable, assi es vicio tambien el no los amar, o por mejor dezir amarlos menos de lo que conuiene, como arriba te dixe. Bien es verdad que los peripateticos, en los que siguen la vida contemplatiua e intelectual, en la qual consiste la vltima felicidad, tienen por vicio el cuydado de las cosas vtiles y el desseo de las deleytables, no solo en el estremo, mas tambien en el medio, y que la estrecheza es necessaria para la intima contemplacion; porque el vso de aquellas cosas les es no poco impedimento, y lo necessario para ellos consiste en mucho menos que lo de los virtuosos morales, segun que los stoicos lo prueuan. De manera que, en la vida moral, consiste la virtud en el medio de las cosas **La virtud y el vicio en que consisten en la vida contemplatiua.** vtiles y deleytables, y en la vida contemplatiua, en el estremo del poco vtil y deleytable. En la moral los dos estremos son viciosos, y en la contemplatiua consiste el vicio solamente en lo poco.

Soph.—Entiendo como ambas las dos opiniones tienen lugar; pero dime la causa desta dessemejança que se halla entre lo honesto y lo vtil y deleytable.

Phil.—La causa es esta: que assi como el desenfrenado apetito del deleyte y la insaciable codicia de las riquezas son las que echan a fondo nuestra anima intelectiua y la ponen en el lugar de la materia y le escurecen la mente clara con la tenebrosa sensualidad, assi el insaciable y ardiente amor de la sabiduria y de la virtud de las cosas honestas es lo que haze diuino nuestro entendimiento humano y conuierte nuestro fragil cuerpo (vaso de corrupcion) en instrumento de angelica espiritualidad.

Soph.—La moderacion y mediania en las cosas vtiles y deleytables, no las tienes tu por honestas?

Phil.—Pues son virtudes, por que no seran honestas?

Soph.—Pues si son honestas, por que es vicio su estremo? Que tu has dicho que las cosas honestas tienen la virtud en el excesso, y no en lo poco ni en la mediania; y, por otra parte, dizes que el excesso de la mediania en lo vtil y deleytable, es virtud. Esto ygualmente es contradicion.

Phil.—Pues tienes ingenio sutil, procura hazerlo sabio. La virtud que en lo vtil y en lo deleytable se halla, no es por la naturaleza dellos; porque residiendo la delectacion en los sentidos, y la vtilidad de las cosas exteriores en la fantasia, son agenas de la espiritualidad intelectiua, la qual es el origen **Causa por que en lo vtil y deleytable consiste la virtud en el medio, y en lo honesto en el estremo.** de las cosas honestas, en esta quanto el amor y el desseo es mas excelente, tanto mas digna es la virtud y la honestidad.

Pero las cosas vtiles y deleytables solo en la moderacion y mediania del amor y desseo dellas pueden tener razon intelectual; porque la tal moderacion y mediania, es solamente la virtud que en ellas se halla, y declinando de aquel medio a mas o a menos, es vicio en lo vtil y en lo deleytable; porque estos tales amores, despojados de razon, son malos y viciosos y mas ayna de animales brutos que de hombres, y el medio que la razon en esto pone es solamente el verdadero amor, y deste medio se verifica que quanto mas excessiuamente es desseeado, amado y seguido, tanto es mas virtud; porque el tal desseo y amor ya no puede llamarse delectacion ni vtilidad, porque depende de la moderacion dellas, que es virtud intelectiua y verdaderamente es cosa honesta.

Soph.—Satisfecho me has de las diferencias que se hallan en el amar y dessear las cosas voluntarias, y he entendido las causas de las tales diferencias; pero yo querria saber aora de ti, de algunas cosas amadas y desseadas, de qual suerte de las tres sobredichas especies de amor son: como la salud, los hijos, el marido, la muger, y tambien la potencia, el dominio, el imperio, el honor, la fama y la gloria, que todas son cosas que se aman y dessean, y no esta bien manifiesto si son del genero de las vtiles, o de las deleytables, o de lo honesto; que aunque por vna parte parecen deleytables, por el deleyte que se consigue en tenerlas, por otra parece que no lo son, porque despues que se han y posseen, tambien se aman sin venir en hartura y fastidio; lo qual mas ayna parece ser de las cosas vtiles y honestas que de las deleytables.

Phil.—La salud, aunque consigue lo vtil, lo proprio suyo es lo deleytable: y no es inconuiniente que de las cosas deleyta **La salud se refiere a todas las tres especies de amor.** bles algunas sean vtiles, assi como de las vtiles muchas son deleytables, y en ambas a dos suertes se hallan algunas honestas. La salud, pues, principalmente tiene de lo deleytable conueniente a su delectacion, y no solamente es vtil, pero tambien honesta; y por esto su hartura nunca es enojosa ni trae jamas fastidio, como las otras cosas puramente deleytables, que quando se posseen no se estiman como quando faltan y se dessean. Ay tambien otra causa por la qual la salud nunca da pesadumbre ni viene en hastio: y es porque el sentimiento de su delectacion no solamente es acerca de los sentimientos materiales exteriores que se hastian presto, como el gusto de las cosas que se comen, o el tacto, como la carnal delectacion, o el olfato, como los olores, sino que tambien es acerca de los sentidos espirituales que se hartan mas tarde; aunque no consiste en el oyr, como las dulces armonias y las bozes suaues, ni tampoco en el ver, como las hermosas y proporcionadas figuras; antes el deleyte de la salud se siente con todos los sentidos humanos, assi del sentimiento exterior como del interior, hasta en la fantasia. Y quando falta. no solamente se dessea con el apetito sensitiuo, pero tambien con la propia voluntad gouernada por la razon. De suerte que es vna delectacion honesta, aunque por la continua possession suele ser menos estimada.

Soph.— Basta lo que me has dicho de la salud. Di aora de los hijos.

Phil.— Los hijos, aunque alguna vez son desseados por la vtilidad, como es para la sucession dellos en las riquezas y para la ganancia dellas, con todo esto el amor y el natural desseo dellos es tambien deleytable, y por esto no se halla semejante amor en los brutos animales, cuyas delectaciones no se estienden sino a los cinco sentidos exteriores arriba nombrados. Pero en los hombres, aunque el ver y el oyr a los hijos causa deleyte a los padres, no por esto el fin de su desseo es solamente el tenerlos, que la principal delectacion consiste en la fantasia y pensamiento, que es potencia espiritual, y no lo es la de los sentidos exteriores, y por esto su hartura no es fastidiosa, mayormente porque no se dessean solamente con el puro sensual apetito, sino tambien con la voluntad endereçada de la mente racional, que es la gouernadora non errante de la naturaleza. Que, como dize el filosofo, faltando a los animales la indiuidual perpetuidad, conociendose mortales,

Razon por que aman los animales a los hijos.

dessean ser inmortales, a lo menos por los hijos, que es el desseo de la possible inmortalidad de los animales mortales; y por ser diferente en esto el deleyte de los hijos a las otras cosas deleytables, se sigue que, quando se han, no vienen en hartura fastidiosa, y en esto son semejantes a la salud, que no solamente no cessa el amor por la possession dellos, mente

antes despues que son auidos, son amados y conseruados con eficaz diligencia; y esto nace del desseo que queda de la futura inmortalidad. De suerte que la delectacion de los hijos, por

El amor de los hijos contiene las tres especies de amor.

ser en los hombres honesta, tiene la propiedad del continuo amor que se halla en las cosas honestas, como en la salud.

Soph.— Entendido he lo que me has dicho del amor de los hijos. Dime aora del amor de la muger al marido y del marido a la muger.

Phil.— Manifiesto es ser deleytable el amor de los casados, empero deue ser conjunto con el honesto; y por esta causa, despues que es auida la delectacion, queda siempre conseruado el reciproco amor, y por la naturaleza de las cosas honestas crece continuamente. Iuntase tambien con el amor matrimonial el vtil con lo deleyt-

El amor matrimonial contiene todos los tres amores.

able y el honesto, porque de continuo reciben los casados vtilidad el vno del otro, lo qual es gran causa de que se siga y conserue el amor entre ellos. Assi que, siendo el amor matrimonial deleytable, se continua por la compañia que tiene con el honesto y con el vtil y con ambos a dos juntamente.

Soph.— Dime aora del desseo que los hombres tienen a la potencia, dominio e imperio, de que suerte es y como se intitula el amor destas cosas.

Phil.— Amar y dessear la potencia, es amor

El amor y desseo de la potencia e imperio, es vtil y deleytable.

deleytable, conjunto con el vtil; pero porque su deleyte no es material quanto al sentimiento, sino espiritual en la fantasia y pensamiento humano, y tambien porque se le ayunta lo vtil, por esto los hombres que possen las potencias no se hartan dellas; antes despues que los reynos, mandos y señorios se han ganado, son amados y conseruados con astucia y solicitud; no porque tengan de lo honesto, que en verdad que en pocos desseos semejantes se halla honestidad, sino porque la imaginacion humana, en la qual reside el deleyte dellos, no se harta como los otros sentidos materiales, antes de su naturaleza es poco saciable, y tanto menos por participar estos desseos no menos de lo vtil que de lo deleytable; lo qual es causa de que se amen los tales dominios posseydos con gran solicitud, desseando siempre acrecentarlos con codicia insaciable y apetito desenfrenado.

Soph.— Aora me falta por saber, de la gloria, honra y fama, en qual de las tres suertes de amor deuen ser colocados.

Phil.— El honor es de dos modos: el vno falso y bastardo y el otro verdadero y legitimo. El bastardo es el lisonjeador de la potencia;

el legitimo es el premio de la virtud. El honor bastardo, que los poderosos dessean y procuran, es de la suerte de lo deleytable; pero porque su deleyte no consiste en el saciable sentimiento, sino solamente en la insaciable fantasia, por esto no sucede hastio en el, como acaece en las otras cosas deleytables; antes, aunque le falta lo honesto, porque en efeto es ageno de toda honestidad, despues que se ha adquirido se continua y conserua con no menor desseo de insaciable aumento. Pero el honor legitimo, como es premio de las virtudes honestas, aunque de su propia naturaleza es deleytable, su deleyte se mezcla con lo honesto; por lo qual, y tambien por ser el sujeto suyo la sin medida fantasia, sucede que, dispues que se ha ganado, se ama y su aumento se dessea con insaciable desseo; y no se contenta la fantasia humana de alcançar la honra y gloria para toda la vida, sino que tambien la dessea y largamente la procura para despues de la muerte, la qual propiamente se dize fama. Bien es verdad que, aunque la honra sea el premio de la virtud, pero no por esto es el deuido fin de los actos honestos y virtuosos, ni por ella se deuen obrar; porque el fin de lo honesto consiste en la perfecion del anima intelectiua, la qual con los actos virtuosos se haze verdadera, limpia y clara, y con la sabiduria se adorna de diuina pintura, por lo qual el propio fin de la pura honestidad no puede consistir en la opinion de los hombres, que ponen la honra y gloria en la memoria de las historias que conseruan la fama, y menos deue consistir en el fantastico deleyte que el glorioso toma de la gloria y el famoso de la fama. Estos son premios que deuidamente deuen conseguir los virtuosos, empero no el fin que les aya de mouer a hazer las obras ilustres. Loarse deue la virtud por su honestidad, pero no deue obrarse la virtud por ser loada. Y aunque los loores hazen crecer la virtud, ella se apocaria antes si essos loores fuessen el fin por el qual ella se obrasse. Empero por la compañia que los tales deleytes tienen con lo honesto, son siempre estimados y amados y siempre se dessea el aumento dellos.

Soph.—Satisfecha estoy de las cosas que te pregunte, y conozco que son todas de la suerte del deleytable fantastico, pero que en algunas se mezcla el vtil, y en algunas el honesto, y en otras ambos a dos, y que por esto su habito no engendra hartura ni fastidio. Al presente me falta por saber de ti, de la amistad humana y del amor diuino, de qual suerte son y de que condicion.

Phil.—La amistad de los hombres vnas vezes es por la vtilidad y otras por el deleyte; pero estos no son perfetos amigos ni firme la amistad; porque quitada la ocasion de las tales amistades, quiero dezir, que cessando la vtilidad y la delectacion, fenecen y se dissueluen las amistades que dellas nacen. Pero la verdadera amistad humana es la que se causa de lo honesto y del vinculo de la virtud, por que el tal vinculo es indissoluble y engendra amistad firme y enteramente perfeta. Esta sola entre todas las amistades humanas es la mas aprouada y loada, y es causa de confederar los amigos en tanta humanidad, que el bien o el mal propio de qualquiera de los dos es comun al vno y al otro, y a las vezes deleyta mas el bien y entristece mas el mal al amigo que al propio que lo padece. Y muchas vezes toma el hombre parte de los trabajos del amigo por aliuiarlo dellos o por socorrerle con la amistad en sus fatigas, porque la compañia en las tribulaciones es causa que se sientan menos; y el filosofo difine las tales amistades diziendo que el verdadero amigo es otro yo mismo, para dar a entender que los que estan en verdadera amistad tienen doble vida, constituyda en dos personas: en la suya y en la del amigo; de tal manera, que su amigo es otro el mismo y que qualquiera de los dos abraça en si dos vidas juntamente: la suya propia y la del amigo, y con igual amor ama ambas a dos personas e igualmente conserua entrambas vidas; y por esta causa la Sagrada Escritura manda tener honesta amistad, diziendo: Amaras a tu proximo como a ti mismo. Quiere que la amistad sea de tal suerte que haga vnidos igualmente los amigos y que vn mismo amor aya en el animo de cada vno dellos. Y la causa de la tal vnion y vinculo, es la reciproca virtud o la sabiduria de los dos amigos, la qual, por su espiritualidad y por la enagenacion de la materia y abstraccion de las condiciones corporeas, remueue la diuersidad de las personas a la indiuiduacion corporal y engendra en los amigos vna propia essencia mental, conseruada con saber, con amor y voluntad comun a todos dos, tan quitada de diuersidad y de discrepancia, como si verdaderamente el sujeto del amor fuera vna sola anima y essencia conseruada en dos personas, y no multiplicada en ellas. Y a lo vltimo te digo que la amistad honesta haze de vna persona dos, y de dos vna.

Soph.—De la amistad humana en pocas palabras me has dicho muchas cosas. Subamos aora al amor diuino, que dessco saber del, como del supremo y mayor que ay.

Phil.—El amor diuino no solamente tiene de lo honesto, empero contiene en si la honestidad de todas las cosas y la de todo amor dellas, de qualquier manera que sea, porque la diuinidad es principio, medio y fin de todos los actos honestos.

El amor diuino es fuente de toda honestidad.

Soph.—Si es principio, como puede ser fin y tambien medio?

La diuinidad es principio, medio y fin de toda honestidad.

Phil.—Es principio, porque de la diuinidad depende la anima intelectiua, agente de todas las honestidades humanas, la qual no es otra cosa que vn pequeño rayo de la infinita claridad de Dios, apropiado al hombre para hazerle racional, inmortal y felice. Y tambien porque esta anima intelectiua, para venir a hazer las cosas honestas, tiene necessidad de participar de la lumbre diuina; porque aunque ella aya sido produzida clara como rayo de la luz diuina, por el impedimento de la ligadura que tiene con el cuerpo y por auer sido ofuscada con la obscuridad de la materia, no puede arribar a los ilustres habitos de la virtud y a los resplandecientes conceptos de la sabiduria, si no es realumbrada de la luz diuina en los tales actos y condiciones. Que assi como el ojo, que aunque de suyo es claro, no es capaz de ver los colores, las figuras y otras cosas visibles, si no es alumbrado de la luz del sol, la qual, distribuyda en el propio ojo, y en el objecto que se vee, y en la distancia que ay del vno al otro, causa la vista ocular actualmente; assi nuestro entendimiento, avnque de suyo es claro, esta de tal suerte impedido en los actos honestos y sabios por la compañia del cuerpo rustico, y de tal manera ofuscado, que le es necessario ser alumbrado de la luz diuina, la qual, reduziendolo de la potencia al acto y alumbrando las especies y las formas que proceden del acto cogitatiuo, el qual es medio entre el entendimiento y las especies de la fantasia, le haze actualmente intelectual, prudente y sabio, inclinado a las cosas honestas y resistente a las deshonestas; y quitandole totalmente la tenebrosidad, lo dexa en acto claro perfectamente. Assi que el summo Dios de la vna manera y de la otra es principio de quien dependen todas las cosas honestas humanas, assi la potencia dellas como el acto. Y siendo el supremo Dios pura, summa bondad y honestidad y virtud infinita, es necessario que todas las otras bondades y virtudes dependan del

La anima intelectiua es vn pequeño rayo de la infinita claridad de Dios.

Nuestro entendimiento tiene necessidad de la luz diuina para los actos virtuosos.

Dios es principio de toda cosa honesta.

como de verdadero principio y causa de todas las perfeciones.

Soph.—Iusto es que el principio de todas las cosas honestas este en el Summo Hazedor, ni en esto auia duda alguna; pero de que manera es medio y fin de todas ellas?

Phil.—La diuina Magestad es medio para reduzir a efeto todo acto virtuoso y honesto; porque siendo la prouidencia diuina apropiada con mayor especialidad a los que participan de las diuinas virtudes, y tanto mas particularmente quanto mas participan dellas, no ay duda sino que les sea grande ayudadora en las tales obras de virtud, dandoles fauor y ayuda a los tales virtuosos para conseguir los actos honestos y reduzirlos a perfecion. Assi mismo es medio en los tales actos por otra via: que como contiene en si todas las virtudes y excelencias, es exemplo imitatiuo para todos los que procuran obrar virtuosamente. Qual mayor piedad y clemencia que la de la diuinidad? Qual mayor liberalidad que la suya, pues de si haze parte a toda cosa produzida? Qual mas entera justicia que la de su gouierno? Qual mayor bondad, mas firme verdad, mas profunda sabiduria, mas diligente prudencia que la que conocemos en la diuinidad, no porque la conozcamos segun el ser que tiene en si misma, sino por las obras suyas que vemos en la creacion y conseruacion de las criaturas del vniuerso? De manera que a quien considera las virtudes diuinas, la imitacion dellas le es camino y medio para le lleuar a todos los actos honestos y virtuosos y a todos los sabios concetos a que la condicion humana puede arribar; que Dios no solamente nos es padre en la generacion, pero tambien maestro y administrador marauilloso para atraernos a todas las cosas honestas, mediante sus claros y manifiestos exemplos.

La diuinidad es medio de todo acto virtuoso.

Soph.—Mucho me plaze que el omnipotente Dios no solamente sea principio de todo nuestro bien, mas tambien medio. Querria saber de que manera es fin.

Phil.—Solo Dios es fin regulado de todos los actos humanos; porque lo vtil es para tener el conueniente deleytable, y la necessaria delectacion es para la sustentacion humana, la qual es para la perfecion del anima; y esta se haze perfeta primeramente con el habito virtuoso, y despues del, llegando a la verdadera sabiduria, cuyo fin es conocer a Dios, que es summa sabiduria, summa bondad y origen de todo bien; y este tal conocimiento causa en nosotros amor inmenso, lleno de excelencia y de honestidad; porque tan-

Solo Dios es fin de todos los actos humanos.

El conocimiento de Dios nos causa inmenso amor.

to son amadas las cosas, quanto son conocidas por buenas, y el amor de Dios deue exceder a todo otro amor honesto y a qualquier acto virtuoso.

Soph.—Entendido he, y atras lo has dicho, que, por ser Dios infinito y en todo perfetissimo, no puede ser conocido del entendimiento humano, que en toda cosa es finito y terminado, porque lo que se conoce deue comprehenderse; pues, como se comprehendera el infinito del finito y el inmenso del pequeño? Y no pudiendo ser conocido, como podra ser amado? Que tu me has dicho que la cosa buena es necessario conocerla para amarla.

Phil.—El inmenso Dios tanto es amado

Conforme al imperfeto conocimiento que de Dios tenemos, es el amor con que le amamos. quanto es conocido; y assi como no puede ser conocido enteramente de los hombres, ni su sabiduria se puede penetrar de la gente humana, assi no puede ser enteramente amado de los hombres en aquel grado que a su parte conuiene, ni nuestra voluntad es capaz de tan excessiuo amor; pero de nuestra mente es conocerle, segun la possibilidad del conocer, mas no segun la inmensa excelencia del conocido. Ni

La naturaleza de Dios excede a todo entendimiento, y su bondad a todo amor. nuestra voluntad le ama segun que El es digno de ser amado, sino quanto puede estenderse en el acto amatorio.

Soph. — Puedese conocer la cosa que por el conociente no se comprehende?

Phil. — Basta que se comprehenda la parte que se conoce de la cosa, y que el conocido sea

De que manera es el conocimiento que de Dios tenemos. comprehendido del conociente, conforme al poder del conociente y no conforme al del conocido. No vees que se imprime y comprehende la forma del hombre en el espejo, no segun el perfeto ser humano, sino segun la capacidad y fuerça de la perfecion del espejo, que es solamente figuratiuo y no essencial? El fuego es comprehendido del ojo, no segun su ardiente naturaleza, que si assi fuera le abrasara, sino solamente segun el color y su figura. Y qual mejor exemplo que ser

Exemplo del conocimiento diuino. comprehendido el grande emisferio del cielo de vna tan pequeña parte como es el ojo? Mira que es tan pequeño, que ay sabio que cree ser indiuisible, sin poder recebir alguna diuision natural. El ojo, pues, comprehende las cosas conforme a su fuerça ocular, conforme a su grandeza y naturaleza; mas no conforme a la condicion de las cosas vistas en si mismas. Desta suerte comprehende nuestro pequeño entendimiento al infinito Dios, segun la capacidad y fuerça intelectual humana, mas no segun el pielago sin fondo de la diuina essencia

e inmensa sabiduria. Al qual conocimiento sigue y responde el amor de Dios, conforme a la habilidad de la voluntad humana, pero no proporcionado a la infinita bondad de esse Dios optimo.

Soph.—Dime si en este amor de Dios se mezcla el desseo.

Phil.—Antes nunca jamas esta el amor

El amor diuino esta siempre acompañado de ardiente desseo de su conocimiento. diuino despojado de ardiente desseo, el qual es de alcançar lo que del conocimiento diuino falta, de tal manera que, creciendo el conocimiento, crece el amor de la diuinidad conocida; porque excediendo la essencia diuina al conocimiento humano en infinita proporcion, y no menos su bondad al amor que los hombres le tienen, de aqui le queda al hombre siempre felice vn ardentissimo y muy desenfrenado desseo de crecer siempre en el conocimiento y amor diuino. Del qual crecimiento el hombre tiene siempre possibilidad de la parte del objecto conocido y amado, aunque de la suya podria ser que los tales efetos fuessen terminados en aquel grado que no pueda el hombre passar mas adelante, o que tambien despues de estar en el vltimo grado le quede impression de desseo de saber lo que le falta, sin poder jamas llegar al cabo, aunque sea bienauenturado por la excelencia del amado objecto sobre la potencia y habito humano. Y el tal restante desseo en los bienauenturados

Lo que falta del conocimiento diuino no causa passion en los bienauenturados. no deue causar passion por lo que falta, pues que en la possibilidad humana no ay auer mas, antes les da summa delectacion el auer llegado al estremo de su possibilidad en el conocimiento y amor diuino.

Soph.—Pues que hemos llegado a esto, querria saber en que consiste esta beatitud humana.

Phil.—Diuersas han sido las opiniones de los hombres en el sujeto de la felicidad. Muchos la han puesto en la vtilidad y possession de los bienes de fortuna y en la abundancia dellos mientra dura la vida. Pero la falsedad

Opinion falsa acerca de la felicidad humana. desta opinion es manifiesta, porque los semejantes bienes exteriores son causados por los interiores; de manera que destos dependen aquellos, y la felicidad deue consistir en los mas excelentes, y esta felicicidad es el fin de todas las otras cosas y ella no es para ningun otro fin, sino que todos son para este; mayormente que los semejantes bienes exteriores estan en poder de la fortuna, y la felicidad

Opinion de los epicurios en la felicidad humana. deue estar en poder del hombre. Otros han tenido diuersa opinion, diziendo que la bienauenturança consiste en lo deleytable; y estos son los epicurios, que tienen la mortalidad del anima y ninguna cosa creen auer felice en el hombre exceto el deleyte de qualquier manera que sea. Pero la falsedad desta opinion tampoco es oculta, porque lo deleytable corrompe a si propio quando llega a hartura y fastidio, y la felicidad da entero contento y perfeta satisfacion; y atras hemos dicho que el fin de lo deleytable es lo honesto, y la felicidad no es para otro fin, antes es causa final de toda otra cosa. Assi que la felicidad

La felicidad consiste en las cosas honestas.

sin duda ninguna consiste en las cosas honestas y en los actos y habitos del anima intelectiua, que son los mas excelentes y fin de los otros habitos humanos, mediante los quales el hombre es hombre y de mayor excelencia que otro ningun animal.

Soph.—Quantos y quales son los habitos de los actos intelectuales?

Los habitos del anima son cinco.

Phil.—Digo que son cinco: arte, prudencia, entendimiento, ciencia y sapiencia.

Soph.—De que manera las difines?

Phil.—La arte es el habito de las cosas fati-

Difinicion de la arte.

bles, segun la razon, y son las que se hazen con las manos y con trabajo corporal, y en este aabito se encierran todas las artes mecanicas, en las quales se exercita el instrumento cor-

Difinicion de la prudencia.

poreo. La prudencia es el habito de los actos agibles conforme a razon, y consiste en la operacion de las buenas costumbres, y en esta se encierran todas las virtudes que mediante la voluntad y los afectos voluntarios del amor y del

Difinicion del entendimiento.

desseo son obradas. El entendimiento es el principio del saber, cuyos habitos naturalmente son conocidos y concedidos de todos quando los vocablos son entendidos; como es que el bien se deue procurar y huyr el mal, y que los contrarios no pueden estar juntos, y otros semejantes, en los quales se exercita la potencia intelectiua en su primer ser. La ciencia es

Difinicion de la ciencia.

el habito del conocimiento y de la conclusion, la qual se engendra de los sobredichos principios, y en esta se encierran las siete artes liberales, en la qual se exercita el entendimien-

Difinicion de la sapiencia.
Llama principio al entendimiento y conclusion a la ciencia.
La sapiencia es cabeça de todas las ciencias.

to en el medio de su ser. La sapiencia es el habito de todos dos juntamente; conuiene a saber, del principio y de la conclusion de todas las cosas que tienen ser. Sola esta sube al conocimiento mas alto de las cosas espirituales, y los griegos la llaman teologia, que quiere dezir ciencia diuina, y se llamo primera filosofia, porque es cabeça de todas las

ciencias y nuestro entendimiento se exercita en ella en el vltimo y mas perfeto ser suyo.

Soph.—En qual destos dos verdaderos habitos consiste la felicidad?

Phil.—Claro esta que no consiste en arte

La felicidad humana en que consiste.

ni en cosas artificiales, las quales antes estoruan la felicidad que la procuran; empero la beatitud consiste en los otros habitos, cuyos actos se incluyen en la virtud o en la sabiduria, en las quales consiste verdaderamente la felicidad.

Soph.—Dime mas en particular en qual destas dos consiste vltimamente la felicidad, o en la virtud o en la sabiduria?

Phil.—Las virtudes morales son caminos

Las virtudes morales son caminos para la felicidad.

necessarios para la felicidad; pero el propio sujeto della es la sapiencia, la qual no seria possible tenerla sin las virtudes morales, que quien no es virtuoso no puede ser sabio, assi como el sabio no puede estar priuado de virtud. De manera que la virtud es el camino de la sabiduria, y ella el lugar de la felicidad.

Soph.—Muchas maneras ay de saber, y las ciencias son diuersas, segun la multitud de las cosas que se alcançan y segun la diuersidad y modo de entenderlas el entendimiento. Dime, pues, en quales y en quantas consiste la felicidad; si esta en conocer todas las cosas que ay, o en parte dellas, o si consiste en el conocimiento de vna cosa sola, y qual podria ser esta tal cosa que su solo conocimiento hiziesse a nuestro entendimiento felice?

Phil.—Algunos sabios huuo

Opinion de algunos sabios sobre la humana felicidad.

que juzgaron consistir la felicidad en el conocimiento de todas las ciencias de las cosas y en todas sin faltar ninguna.

Soph.—Que razones dan en confirmacion de su opinion?

Phil.—Dizen que nuestro entendimiento esta en principio y pura potencia de entender, la qual potencia no esta terminada a ninguna suerte de cosas, sino que es comun y vniuersal a todas, y, como dize Aristoteles, la naturaleza de nuestro entendimiento esta en possibilidad de entender y recebir toda cosa; assi como la naturaleza del entendimiento agente es la que haze las similes intelectinas y alumbra con ellas nuestro entendimiento, y te haze hazer toda cosa intelectual, y alumbra e imprime toda cosa en el entendimiento possible; que no ay otra cosa que ser reduzido de su tenebrosa potencia al acto alumbrado por el entendimiento agente. Por lo qual se sigue que su vltima perfecion y felicidad dene consistir en ser enteramente reduzido de la potencia al acto de todas las cosas que tienen ser; porque estando el en potencia a todas, deue estar su perfecion y felicidad en conocerlas todas, de tal manera que ninguna potencia ni falta quede en el. Y esta es la vltima beatitud y dichoso fin del entendimiento humano; en el qual fin dizen que nuestro entendimiento esta priuado en todo de la potencia y queda hecho actual, y que en todas las cosas se vne y conuierte en su entendimiento agente iluminante, quitada ya la potencia que causa su diuersidad. Y desta manera el entendimiento possible se haze puro en acto. La qual vnion es su vltima perfecion y su verdadera bienauenturança, y a esta llaman felice copulacion del entendimiento possible con el entendimiento agente.

Copulacion felice del entendimiento possible con el entendimiento agente.

Soph. — No menos eficaz que alta me parece la razon destos; empero tambien me parece que mas ayna infiere el no ser de la beatitud, que el modo de su ser.

Phil. — Por que?

Soph. — Porque si el hombre no puede ser bienauenturado hasta que conozca todas las cosas, no podra serlo jamas, porque es casi imposible alcançar vn hombre el conocimiento de todas las cosas que ay, assi por la breuedad de la vida humana, como por la diuersidad de las cosas del vniuerso.

El hombre no puede alcançar todas las ciencias de todas las cosas.

Phil. — Verdad es lo que dizes, y manifiestamente es impossible que vn hombre conozca todas las cosas juntas, y cada vna por si distintamente, porque en diuersas partes de la tierra se halla tanta variedad y maneras de plantas y de animales terrestres y volatiles, y otros mixtos no animales, que para conocerlos y verlos todos, no puede vn hombre discurrir todo el circuyto de la tierra, y mucho menos podria alcançar el conocimiento de todos los peces, aunque pudiesse ver el mar y su profundidad, en el qual se hallan muchas mas especies de animales que en la tierra, tanto que se duda de qual se halle mayor numero en el mundo, o de ojos, y de pelos, porque se estima no ser menor el numero de los ojos de los animales marinos que el numero de los pelos de los animales terrestres. Ni es necessario explicar el incomprehensible conocimiento de las cosas celestiales, ni del numero de las estrellas de la octaua esfera, ni de la naturaleza y propiedad de cada vna dellas; la multitud de las quales forman quarenta y ocho figuras celestes, las doze dellas estan en el Zodiaco, que es la via por donde el sol haze su curso, y las veynte y vna figuras estan de la parte septentrional del Equinocio hasta el Polo Artico, manifiesto a nosotros, que

Flaqueza del ingenio humano.

llaman Tramontana, y las otras quinze figuras que restan son las que podemos ver a la parte meridional, desde la linea equinocial hasta el Polo Antartico, oculto a nosotros. Y no ay duda sino que en aquella parte meridional cerca del Polo se hallan otras muchas estrellas en algunas figuras incognitas a nosotros, por estar siempre debaxo de nuestro emisferio, de la qual hemos estado inorantes millares de años ha, aunque al presente se tiene alguna noticia, por la nueua nauegacion de los portugueses y de los españoles. Ni ay necessidad de dezir lo que no sabemos del mundo espiritual, intelectual y angelico, y de las cosas diuinas, en comparacion de las quales es menor nuestro entendimiento que vna gota de agua en comparacion de todo el mar Oceano. Dexo tambien de dezir quantas cosas ay de las que vemos que no las sabemos, y aun de las nuestras propias, tanto que ay quien dize las propias diferencias sernos ocultas. A lo menos no se duda sino que ay muchas cosas en el mundo que no las podemos ver ni sentir, y por tanto no las podemos entender, que, como dize el filosofo, ninguna cosa ay en el entendimiento que primero no aya sido en el sentido.

Nauegacion nueua y admirable, hallada por los españoles castellanos, y portugueses.

Las diferencias propias nos son ocultas.

Soph. — Como? No vees tu que las cosas espirituales son aprehendidas por el entendimiento sin ser jamas vistas o sentidas?

Phil. — Las cosas espirituales son todas entendimiento, y la luz intelectual esta en nuestro entendimiento por vnion y por propia naturaleza, como esta en si misma; pero no es como las cosas que se sienten, las quales teniendo necessidad del entendimiento para la obra perfeta de la inteligencia, son recebidas en el como se recibe vna cosa en otra, que por ser todas materiales se dize con verdad que no pueden estar en el entendimiento si primero no se hallan en el sentido que las conoce materialmente.

Ninguna cosa ay en el entendimiento que primero no aya sido en el sentido.

Soph. — Crees tu que todos los que entienden las cosas espirituales, las entienden por la vnidad y propiedad que tienen con nuestro entendimiento?

Phil. — No digo yo esso, aunque es esse el perfeto conocimiento de las cosas espirituales. Y tambien lo ay de otra manera: que las cosas espirituales se conocen por los efetos vistos o sentidos, como vees que por el continuo mouimiento del cielo se conoce que el mouedor no es cuerpo ni virtud corporea, sino entendimiento espiritual apartado de materia, de manera que si el efeto de su mouimiento no fuera primero en el sentido, no fuera conocido

Las cosas espirituales de que manera se conocen.

el mouedor. A este conocimiento sucede otro mas perfeto de las cosas espirituales, que se haze entendiendo nuestro entendimiento la ciencia intelectual en si misma, hallandose en acto, por la identidad de la naturaleza y vnion sensual que tiene con las cosas espirituales.

Soph. —Bien entiendo esso; no dexemos el hilo. Tu dizes que la beatitud no puede consistir en el conocimiento de todas las cosas, porque es impossible que se alcance; querria saber como algunos hombres sabios dieron lugar a la tal impossibilidad, no pudiendo consistir en ella la felicidad humana.

Phil. —Essos varones no entienden consistir la bienauenturança en el conocimiento de todas las cosas particulares distribuydamente; empero llaman saber todas las cosas, a la noticia de todas las ciencias que tratan de todas las cosas en vna cierta orden y vniuersalidad, que, dando noticia de la razon de todas las cosas y de todas las suertes der dellas, den vniuersal conocimiento de todas, aunque particularmente algunas no se hallen en el sentido.

Los filosofos, que entendieron por la inteligencia de todas las cosas.

Soph. —Y esse conocimiento de todas las ciencias, es possible que lo aya vn hombre?

Phil. —La possibilidad de esso esta muy lexos; de donde dize el filosofo que todas las ciencias por vna parte son faciles de hallarse, y por otra dificiles; son faciles en todos los hombres y dificiles en vno solo. Y si por ventura se hallassen, la felicidad no puede consistir en el conocimiento de muchas y diuersas cosas juntamente; porque, como el filosofo dize, la felicidad no consiste en el habito del conocimiento, sino en su acto; que el sabio quando duerme no es felice, sino quando alcança y goza de la inteligencia. Pues si es assi, de necessidad consiste la bienauenturança en vn solo acto de entender, porque aunque se pueden tener juntos muchos actos de ciencia, pero actualmente no se puede entender mas que vna cosa sola. De manera que la felicidad no puede consistir en todas ni en muchas o en diuersas cosas conocidas, sino solamente en el conocimiento de vna cosa sola conuiene que consista. Bien es verdad que para llegar a la beatitud es necessaria: primero, gran perfecion en todas las ciencias, assi en el arte del declarar y diuidir lo verdadero de lo falso en toda obra del entendimiento y discurso, la qual se llama logica, como en la filosofia moral, o en el vsar de la prudencia y de las virtudes agibles, como tambien en la filosofia natu-

Possibilidad ó impossibilidad de alcançar todas las ciencias.

La felicidad consiste en vn solo acto de entender.

Para llegar a la bienauenturança que requisitos son menester.

ral, que es de la naturaleza de todas las cosas que tienen mouimiento, mutacion· o alteracion, como tambien en la filosofia matematica, que es de las cosas que tienen cantidad numerable o mensurable, la qual, si es de numero absoluto, haze la ciencia de la arismetica, y si es de numero de bozes, haze la ciencia de la musica, y siendo de medida absoluta, haze la ciencia de la geometria, y si trata de la medida de los cuerpos celestes y de sus mouimientos, haze la ciencia de la astrologia. Y sobre todo conuiene ser perfecto en aquella parte de la dotrina que es mas propinqua al felice ayuntamiento, que es la primera filosofia, que sola se llama sapiencia. Y esta trata de todas las cosas que tienen ser, y de aquellas entiende mas principalmente, que tienen mayor y mas excelente ser. Esta dotrina sola trata de las cosas espirituales y eternas, el ser de las quales, de parte de su naturaleza, es mucho mayor y mas conocido que el ser de las cosas corporeas y corruptibles, aunque de nosotros son menos conocidas que las corporeas (¹), por no poderlas comprehender nuestros sentidos como a aquellas. De manera que nuestro entendimiento es en el conocimiento como el ojo del murcielago en la luz y cosas visibles, que la luz del sol, que en si es la mas clara, no la puede ver, porque su ojo no es bastante a tanta claridad, y vee el lustror de la noche, que le es proporcionado. Esta sapiencia y primera filosofia es la que sube al conocimiento de las cosas diuinas possibles al entendimiento humano y por esta causa se llama teologia, que quiere dezir lenguaje de Dios. De suerte que el saber las diuersas ciencias es necessario para la felicidad, pero ella no consiste en ellas, sino en vn perfetissimo conocimiento de vna cosa sola.

Matematica: su diuision y diferencias.

El ser de las cosas espirituales, de su parte es mas notorio que el ser de las corporales.

Comparacion de nuestro entendimiento a la vista del murcielago.

Soph. —Declarame que conocimiento es esse y de que cosa, que sola haze al hombre bienauenturado; sease qual se quiera, a mi me parece estraño que aya de preceder en causa de la felicidad el conocimiento de la parte al conocimiento del todo; que aquella primera razon por la qual concluyste que consistia la felicidad en el actual conocimiento de todas las cosas o ciencias a que nuestro entendimiento esta en potencia, me parece que concluye que, estando nuestro entendimiento en potencia, toda su beatitud deue consistir en conocerlas todas en acto; y si es assi, como puede ser felice con vn solo conocimiento, como tu dizes?

Phil. —Tus argumentos concluyen, pero las

(¹) *Sic*, por «incorporeas».

razones descubren mas; y como vna verdad no puede ser contraria de otra verdad, es necessario dar lugar a la vna y a la otra, y concordarlas.

Vna verdad no puede repugnar a otra verdad.

Y deues entender que la felicidad consiste en conocer vna cosa sola, porque en el conocimiento de todas, cada vna por si diuisamente no puede consistir, antes en vn conocimiento de vna cosa sola, en la qual esten todas las cosas del vniuerso juntamente, y esta conocida, se conocen todas juntas en vn acto y en mayor perfecion que si cada vna dellas fuesse de por si diuididamente conocida.

Soph.—Qual es essa cosa que, siendo solamente vna, es todas has cosas juntamente?

Phil.—El entendimiento, de su propia naturaleza, no tiene vna essencia señalada, sino que es todas las cosas; y si es entendimiento possible, es todas las cosas en potencia, que su propia essencia no es otra que entenderlas todas en potencia; y si es entendimiento en acto, puro ser y pura forma. contiene en si todos los grados del ser, de las formas y de los actos del vniuerso, todos juntamente en ser, en vnidad y en pura simplicidad; de tal manera que quien puede conocerle, viendolo en ser, conoce en vna sola vision y en vn simplicissimo conocimiento todo el ser de todas las cosas del vniuerso juntamente, en mucha mayor perfecion y puridad intelectual que la que ellas tienen en si mismas, porque las cosas materiales tienen mucho mas perfeto ser en el actual entendimiento que en el que tienen en si propio. Assi, que con solo el conocimiento del actual entendimiento, se conoce el todo de las ciencias de todas las cosas y se haze el hombre bienauenturado.

El entendimiento y su naturaleza qual sea.

Diferencia entre los dos entendimientos.

Soph.—Declarame, pues, que entendimiento es esse que siendo conocido causa la beatitud.

Phil.—Algunos tienen que es el entendimiento agente, que, copulandose con nuestro entendimiento possible, veen todas las cosas en acto juntamente con vna sola vision espiritual y clarissima, por la qual se haze bienauenturado. Otros dizen que la beatitud es quando nuestro entendimiento, alumbrado totalmente de la copulacion del entendimiento agente, es hecho todo actual sin potencia y vee en si mismo espiritualmente todas las cosas, segun su infima essencia intelectiua, en la qual estan; y en vno y en el mismo inteligente vee la cosa entendida y el acto de la inteligencia sin alguna diferencia ni diuersidad de ciencia. Tambien dizen estos que quando nuestro entendimiento esta essenciado

Dos opiniones de los mas insignes filosofos sobre la beatitud humana.

en esta manera, se haze y queda vno mismo essencialmente con el entendimiento agente, sin quedar entre ellos alguna diuision o multiplicacion. Y assi hablan de la felicidad los mas claros filosofos, y seria largo, mas no proporcionado a nuestra platica, dezir lo que traen en pro y contra. Empero lo que yo te dire es que otros que contemplan mejor la diuinidad, dizen, y yo con ellos juntamente, que el entendimiento actual que alumbra al nuestro possible es el altissimo Dios; y assi tienen por cierto que la bienauenturança consiste en el conocimiento del entendimiento diuino, en la qual estan todas las cosas primero y mas perfetamente que en ningun entendimiento criado, porque en el estan todas las cosas essencialmente, no solo por razon de entendimiento, sino tambien causalmente, como en primera y absoluta causa de todas las cosas que son; de tal manera que el es la causa que las produze, la mente que las gouierna y la forma que las informa; y para el fin a que las endereça son hechas, del vienen y a El vltimamente se bueluen como a vltimo y verdadero fin y comun felicidad; El es el primer ser, y por su participacion son todas las cosas; El es el puro acto y el supremo entendimiento, de quien depende todo entendimiento, acto, forma y perfecion; y a El se endereçan como a perfetissimo fin; y en El estan todas las cosas espiritualmente sin diuision o multiplicacion alguna, antes en simplicissima vnidad; El es el verdadero bienauenturado; todas las cosas tienen necessidad del, y El de ninguna; viendose a si mismo, conoce todas las cosas; y viendo, es de si visto; y su vision, a quien puede verle, toda es summa vnidad; y aunque no es capaz, del quanto es capaz; y viendole el entendimiento humano o angelico vee, segun su capacidad y virtud, todas las cosas juntamente en summa perfecion; y participa su felicidad, y por ella se haze y queda felice, segun el grado de su ser. No te dire mas de aquesto, porque la calidad de nuestra platica no lo consiente, ni tampoco la lengua humana es suficiente a explicar perfetamente todo lo que el entendimiento en esto siente, ni con las bozes corporeas se puede representar la intelectual puridad de las cosas diuinas. Basta que sepas que nuestra felicidad consiste en el conocimiento y vision diuina, en la qual se veen todas las cosas perfetissimamente.

Tercera y verdadera opinion de la beatitud humana.

Nuestra felicidad consiste en el conocimiento y vision diuina.

Soph.—Sobre este caso no te pregunte mas, que me parece que basta quanto a mis fuerças, si ya no es demasiado. Pero vna duda se me ofrece: que yo en otro tiempo he entendido que la felicidad no consiste precissamente en conocer a Dios, sino en amarle y gozarle con delectacion.

Phil.—Siendo Dios el verdadero y solo objeto de nuestra felicidad, nosotros le amamos con conocimiento y le conocemos con amor. Y los sabios estuuieron diuersos en estos dos actos; conuiene a saber, si el propio acto de la felicidad es conocer a Dios, o amarle; y a ti te deue bastar saber que el vn acto y el otro son necessarios para la bienauenturança.

Amamos a Dios con conocimiento y le conocemos con amor.

Questiones de sapientissimos varones sobre la beatitud humana.

Soph.—Querria saber la razon que mouio a cada vno de los inuentores destas dos sentencias.

Phil.—Los que tienen que la felicidad consiste en amar a Dios, forman esta razon: que la beatitud consiste en el vltimo acto que nuestra anima obra acerca de Dios, por ser aquel el vltimo fin humano; y como es necessario conocerle primero y amarle despues, se sigue que no en el conocimiento, sino en el amor de Dios, que es el vltimo acto, consiste la felicidad. Ayudanse tambien de la delectacion, que es principal en la felicidad, la qual es de la voluntad; de donde dizen que el verdadero acto felice es voluntario, que es el amor, en el qual consiste la delectacion y no en el acto intelectual, porque no participa assi de la delectacion. Los otros alegan otra razon en contrario, y dizen que la felicidad consiste en el acto de la principal y mas espiritual potencia de nuestra anima; y como la potencia intelectiua es mas principal que la voluntad y mas abstracta de materia, se sigue que la beatitud no consiste en el acto de la voluntad, que es amarlo, sino dizen que al conocimiento siguen como accessorios el amor y la delectacion, pero que no son el fin principal.

Razones de los que fundan la beatitud en el amor diuino.

Razones de los que fundan la beatitud en el conocimiento de Dios.

Soph.—No menos eficaz me parece la vna razon que la otra; querria saber aora tu determinacion.

Phil.—Dificultoso es determinar vna cosa tan disputada entre los antiguos filosofos y modernos teologos; pero por darte contento quiero dezir solo esto en esta nuestra platica, con la qual me has descaminado de dezirte quanto procuras la aflicion de mi anima acerca de ti.

Soph.—Di esto solamente, y despues que estuuieremos saciados de las cosas diuinas, podremos hablar mas puramente de nuestra amistad humana.

Phil.—Entre las proposiciones que son verdaderas y necessarias, es vna que la felicidad consiste en el vltimo acto del anima, como en verdadero fin; otra es, que consiste en el acto de la mas noble y espiritual potencia del anima, y esta es la intelectiua. Assi mismo no se puede negar que el amor presupone conocimiento, mas no por esto se sigue que el amor sea el vltimo acto del anima; porque has de saber que de Dios todas las cosas amadas y desseadas se hallan en dos modos de conocer: el vno es antes del amor que del se causa, el qual no es conocimiento perfetamente vnitiuo; el otro es despues del amor, causado del amor, el qual conocimiento es fruycion de perfeta vnion; que el primer conocimiento del pan haze que lo ame y dessee quien ha hambre; que si primero no lo conociesse exemplarmente, no podria amarlo y dessearlo; y mediante este amor y desseo venimos al verdadero conocimiento vnitiuo del pan, que es quando en acto se come, que el verdadero conocimiento del pan es gustarlo. Assi acaece al hombre con la muger, que conociendola exemplarmente la ama y dessea, y del amor se viene al conocimiento vnitiuo, que es el fin del desseo. Y assi es en toda otra cosa amada y desseada, que en todas es medio el amor y el desseo que del imperfeto conocimiento nos lleua a la perfeta vnion, que es el verdadero fin del amor y del desseo; dos afectos de la voluntad que hazen del diuiso conocimiento gozo de conocimiento perfeto y vnido. Y quando huuieres entendido esta intrinseca naturaleza dellos, conoceras que no estan alexados del mental desseo ni se apartan del mental amor, aunque arriba en sujeto comun lo auemos explicado de otra manera. Assi que el amor se puede difinir con verdad que es desseo de gozar con vnion la cosa conocida por buena; y aunque el desseo, como otra vez te he dicho, presupone ausencia de la cosa desseada, aora te digo que, aunque la cosa buena exista y se possea, de todas maneras se puede dessear, no de auerla, pues que es auida, sino de gozarla con vnion conocitiua; y esta futura fruycion se puede dessear, porque aun no es. Este tal desseo se llama amor, y es de las cosas no auidas que se dessean alcançar, o de las posseydas que se dessean gozar con vnion; y el vno y el otro propiamente se llama desseo; pero el segundo mas propiamente se dize amor. De suerte que difinimos el amor ser desseo de gozar con vnion, o desseo de conuertirse con vnion en la cosa amada. Y boluiendo a nuestro intento, digo que primero deue ser aquel conocimiento de Dios, segun que auerse puede de cosa tan inmensa y tan alta;

Tres proposiciones verdaderas y necessarias para la beatitud.

Dos conocimientos: vno antes del amor, otro que sucede al amor.

El amor y el desseo nos guia del imperfeto conocimiento al perfeto.

y conociendo nosotros su perfecion, porque no podemos conocerla enteramente, la amamos, desseando gozarla con vnion conocitiua, la mas perfeta que nos sea possible. Este amor y desseo tan grande haze que seamos abstrahidos en tanta contemplacion, que nuestro entendimiento viene a leuantarse de tal manera, que alumbrado de vna singular gracia diuina, sube a conocer mas alto que al humano poder y a la humana especulacion conuiene y llega a vna tal vnion y copulacion con el Summo Dios, que nuestro entendimiento se conoce ser antes razon y parte diuina, que entendimiento en forma humana; y entonces se harta el desseo y el amor con mucha mayor satisfacion que la que tenia en el primer conocimiento y en el precedente amor. Y bien podria ser que quedasse el amor y el desseo, no de auer el conocimiento vnitiuo, que ya le ha auido, sino de continuar la fruycion de la tal vnion diuina, que es verissimo amor. Y no afirmaria yo que se sienta delectacion en aquel acto bienauenturado, excepto en el tiempo que se ganó; porque entonces se ha la delectacion quando se adquiere la cosa desseada que faltaua, porque la mayor parte de las delectaciones viene del remedio de la falta y de la ganancia de la cosa desseada; pero gozando del acto de la felice vnion, no queda impression alguna de falta, antes queda vna entera satisfacion de la vnion, que es sobre todo deleyte, gozo y alegria. Y en conclusion te digo, que la felicidad no consiste en aquel acto conocitiuo de Dios, que guia al amor; ni consiste en el amor que al tal conocimiento sucede, sino que solamente consiste en el acto copulatiuo del intimo y vnido conocimiento diuino, que es la summa perfecion del entendimiento criado, y este es el vltimo acto y el fin bienauenturado en el qual se halla antes diuino que humano. Por lo qual la Sagrada Escritura, despues que nos ha amonestado que deuemos conocer la perfeta y pura vnidad de Dios, y despues que nos ha mandado que deuemos amarle mas que a lo vtil de la codicia, y mas que a lo deleytable del apetito, y mas que a todo lo honesto del anima y de la voluntad racional, dize por vltimo fin: por tanto con Dios os copulareys. Y en otra parte, prometiendo la vltima felicidad, solamente dize: con Dios os ayuntareys; sin prometer ninguna otra cosa, como vida, gloria eterna, summo deleyte, grande alegria y luz infinita, y otras cosas semejantes; porque este nombre copulacion, es la mas propia y precissa palabra que sinifica la bienauen-

Nuestro entendimiento de que manera llega a la copulacion diuina.

El acto de nuestra felicissima copulacion con Dios excede a todo gozo, deleyte y alegria.

La Sagrada Escritura promete la copulacion diuina por vltima felicidad.

turança; y contiene todo el bien y la perfecion del anima intelectiua como la que es su verdadera felicidad. Bien es verdad que en esta vida no es muy facil alcançar la tal beatitud, y, quando se pudiesse auer, no es muy facil continuar siempre en ella. Y esto es porque, mientras biuimos, tiene nuestro entendimiento alguna manera de vinculo con la materia deste nuestro fragil cuerpo; y por esta causa alguno que en esta vida llega a la tal copulacion, no continuaua siempre en ella, por la ligadura corporal; antes despues de la copulacion boluia a reconocer las cosas corporeas como primero, excepto que en el fin de la vida, estando el anima copulada, desampara el cuerpo del todo, reteniendose con la diuinidad que la ayunta a si en summa felicidad. El anima, despues de auerse apartado desta atadura corporal, auiendo sido de tanta excelencia, sin impedimento alguno goza eternalmente de su felice copulacion con la diuina luz, de la suerte que los angeles bienauenturados, las inteligencias apartadas, los mouedores y los celestiales cuerpos gozan della perpetuamente cada vno segun el grado de su dignidad y perfecion. Pareceme, o Sophia! que al presente deue bastarte esto poco de las cosas espirituales. Y boluiendo a mi, mira si, para el sustento desta corporal compañia, se puede dar algun remedio a las passiones que me dan mis afectos voluntarios.

La copulacion diuina en esta vida se puede alcançar y continuar con dificultad.

Soph.—Quiero primero saber de ti de qual suerte de amor es el que dizes que me tienes; porque auiendome tu mostrado la calidad de muchos diferentes amores y desseos que en los hombres se hallan, y auiendolos juntado todos en tres suertes de amor, me seria agradable que me declarasses de qual destas suertes de amor es el que me tienes.

Phil.—La suerte del amor que yo te tengo, o Sophia! no la puedo entender ni la se explicar; siento sus fuerças, pero no las comprehendo, que auiendome sido tan tirano, se ha hecho señor de mi y de todo mi animo, y como principal administrador me conoce, y yo, que le soy sieruo mandado y obediente, no soy bastante a conocerle, pero todavia conozco que mi desseo busca lo deleytable.

El amor de Philon a Sophia es deleytable.

Soph.—Si assi es, no deues pedirme, para remedio de tus penas, que yo satisfaga tu voluntad, ni culparme si no te lo concedo, porque ya me has mostrado que quando se consigue el efeto deleytable del desseo, que no solamente cessa el desseo, pero que tambien se extingue el amor y se conuierte en odio.

Phil.—No te contentas con elegir de nuestra platica fruto dulce y saludable para ti, sino que della misma, lo que Dios no quiera, elijas fruto amargo y ponçoñoso, para darmelo en satisfacion de mi trabajo; y en hazerlo assi no podras loarte de agradecida ni adornarte de piedad, pues con la propia saeta que mi arco tiro en tu fauor y seruicio, quieres traspassar mi coraçon cruelmente.

Soph.--Si estimas el amarme por cosa digna, como yo pienso, cosa indigna seria que, concediendote la satisfacion de tu desseo, yo fuesse causa de que el amor que me tienes se apagasse; y en esta concession verdaderamente yo seria cruel, no menos a mi que a ti; a ti, priuandote del amor que me tienes, y a mi, de ser amada; y en negarte el fin de tu desenfrenado desseo, sere piadosa al vno y al otro, porque no tenga fin el suaue amor.

Phil.—O tu te engañas, o quieres engañarme, haziendome fundamento falso y no al proposito del amor, diziendo que yo te aya dicho que alcançar lo desseado haze que se pierda el amor y se conuierta en odio, que no ay cosa mas falsa.

Soph.—Como falsa? No has dicho tu que la calidad del amor deleytable, es la que su hartura se conuierte en odio fastidioso?

Phil.—No todo deleytable, quando se alcança, viene en fastidio, porque al **No todo deleyta-ble causa fastidio despues de alcançado.** virtud y el saber deleytan la mente y jamas fastidian, antes su aumento se procura y se dessea. Y no solamente estas cosas que son honestas, pero tambien las otras no honestas, como la potencia, honras y riquezas, deleytan quando se alcançan, y no llegan jamas a fastidiar, antes quanto dellas mas se tiene, tanto mas se dessea tener.

Soph.—Pareceme que contradizes lo que arriba dixiste de lo deleytable.

Phil.—Lo que arriba dixe es que lo que deleyta solamente a los sentidos exteriores, como **Como se ha lo deleitable en los cinco sentidos.** a los mas materiales, como es al gusto, y al tacto, causa hartura y fastidio; pero lo que deleyta a los otros sentidos, como al ver, oyr y oler, no les tira assi a hartura y fastidio. Dize Salomon que no se hartan los ojos de ver, ni los oydos de oyr. Y mucho menos se harta la fantasia y la imaginacion de las cosas que les deleytan, como son las riquezas, honras, señorios y cosas semejantes, **El deleyte, tanto es mas insaciable y menos fastidioso, quanto la potencia del anima en que existe es mas espiritual.** las quales se procuran siempre. Pues mucho mas insaciable es la delectacion de la mente y la del entendimiento en los actos virtuosos y sabios, cuyos deleytes quanto mas insaciables son, son mas excelentes y mas honestos.

Soph.—Bien entiendo que el deleyte, quan-

to esta en potencia mas espiritual del anima, tanto es mas insaciable y menos fastidioso; pero, segun el vso comun, la delectacion que de mi procura tu deseo, es del sentimiento del tacto, que es aquel en quien mas ayna sucede la hartura fastidiosa, de manera que con razon se puede negar.

Phil.—Manifiesto es que a los sentidos del tacto y del gusto, los quales entre todos los cinco fueron hechos, no solamente para el sustento de la vida del hombre in-**La naturaleza puso limite a dos sentidos y no a todos cinco, y por que.** diuiduo, pero tambien para el sustento de la especie humana con la semejante generacion sucessiua, que es la obra del tacto, la naturaleza puso termino a la operacion destos dos mas que a ninguno de los otros sentidos, que son: ver, oyr y oler, y la causa es, porque estos tres no son necessarios al ser indiuidual del hombre, ni al ser successiuo de la especie, sino solamente para la comodidad y vtilidad de los hombres y de los animales perfetos; de donde, assi como el ser dellos no es necessario, assi no han menester terminos o limitaciones en su operacion. Que assi como el no ver, el no oyr y el no oler no priua la vida del hombre, assi tampoco la quita el mucho ver, ni el superfluo oyr, ni el frequente oler, si ya no fuesse por acidente. Pero el gusto y el tacto, assi como ol ser dellos es necessario a la vida y sucession humana, de tal manera que, si no fuessen, se acabarian, assi el excesso dellos seria causa de la priuacion del hombre, porque el mucho comer y el mucho beuer no menos mataria al hombre que la hambre y la sed; assi la frequente copula carnal y el excessiuo calor o frio en el tacto fuera causa de su corrupcion, porque auiendo vinculo de mayor deleyte en estos dos sentidos, por la necessidad que dellos ay para el ser del hombre propio y sucessiuo, fue necessario limitarles naturalmente, para que si el deleyte los trasportasse al excesso dañoso, el limite natural los refrenasse, porque el tal excesso no pudiesse corromper al indiuiduo. De manera que la naturaleza no vso de menor sabiduria en poner natural limi-**Industria y prudencia marauillosa de la naturaleza.** te y freno al sentimiento del gusto y del tacto para su conseruacion, y no a los otros, que la que vso en produzirlos para su ser. Y aunque el apetito del amante con la vnion copula-**La vnion corporal no priua al cordial amor: antes lo enlaça mas.** tiua se harta, y cessa luego aquel desseo o apetito, no por esso se priua el cordial amor, antes se enlaça mas la possible vnion, la qual tiene actual conuersion del vn amante en el otro, o el hazer de dos vno, quitando la diuision y diuersidad dellos quanto es possible, y quedando el amor en mayor vnion y perfecion, queda en continuo desseo de gozar con vnion la persona amada, que es la verdadera difinicion del amor.

Soph.—Luego concedesme que el fin de tu desseo consiste en el mas material de los sentidos, que es el tacto, y siendo el amor cosa tan espiritual como dizes, me admiro que pongas su fin en cosa tan baxa.

Phil.—No te concedo que sea esse el fin del perfeto amor; empero te he dicho que este acto no dissuelue al amor perfeto, antes le ata y enlaça mas con los actos corporeos amorosos, los quales son tan desseados, assi porque son señales del tal reciproco amor en cada vno de los dos amantes, como porque, estando los animos vnidos en el espiritual amor, dessean los cuerpos gozar tambien la possible vnion, porque no quede diuersidad alguna y la vnion sea en todo perfeta, mayormente porque con la correspondencia de la vnion corporea se aumenta el espiritual amor y se haze mas perfeto, assi como el conocimiento de la prudencia esta perfeto quando corresponden las deuidas obras. Y en conclusion te digo que, aunque arriba difinimos el amor en comun, que la propia difinicion del perfeto amor del hombre y de la muger es conuersion del amante en el amado, con desseo de que el amado se conuierta en el amante, y quando el tal amor es igual en cada vna de las partes, se difine conuersion del vn amante en el otro.

Difinicion del perfeto amor del hombre y de la muger.

Soph.—Aunque tus razones son no menos verisimiles que sutiles, yo juzgo por la experiencia, a la qual se deue dar mas credito que a otra ninguna razon. Muchos ay que aman, y alcançado de sus amadas lo que los actos corporeos amorosos dessean, no solamente cessa el desseo dellos, sino que tambien cessa totalmente el amor, y muchas vezes se conuierte en odio; como fue el amor de Amon, hijo de Dauid, que con tanta eficacia amo a Tamar, su hermana, que enfermo por ella, y llego a peligro de muerte, y despues que Ionadab, con engaño y violencia, le hizo conseguir lo que della desseaua, en continente la aborrecio tanto, que assi en forma de violada la echo de su casa a medio dia.

Amor de Amon para con Tamar, qual fue.

Phil.—El amor es de dos modos. Al vno engendra el desseo o apetito sensual, que desseando el hombre alguna persona, la ama, y este amor es imperfeto, porque depende de vicioso y fragil principio, porque es hijo engendrado del desseo, y tal fue el amor de Amon para con Tamar. Y en este es verdad lo que dizes que acaece, que cessando el desseo o apetito

El amor es de dos suertes.

Amor imperfeto nacido del desseo.

carnal por su satisfacion y hartura, en continente cessa totalmente el amor; porque cessando la causa, que es el desseo, cessa el efeto, que es el amor, y muchas vezes se conuierte en odio, como hizo aquel. Empero, el otro amor es aquel de quien se engendra el desseo de la persona amada, y no el amor del desseo o apetito, antes, amando primero perfetamente, la fuerça del amor haze dessear la vnion espiritual y la corporal con la persona amada. De manera que, como el primer amor es hijo del desseo, assi este le es padre y verdadero engendrador. Y este amor segundo, quando alcança lo que dessea, no cessa el amor, aunque cessa el apetito y el desseo; porque, quitado el efeto, no por esso se quita la causa, mayormente que, como te he dicho, no cessa jamas el perfeto desseo, que es de gozar la vnion con la persona amada, porque este esta siempre conjunto con el amor, y es de su propia essencia; empero, cessa inmediatamente vn particular desseo y apetito de los actos amorosos del cuerpo, por causa del limite terminado que la naturaleza puso en los tales actos, los quales, aunque no son continuos, son empero vinculos del tal amor, antes que ocasion de dissoluerlo. Assi que no deues escusarte del perfeto amor con que te amo, por el defeto que se halla en el imperfeto; porque el amor que yo te tengo no es hijo del desseo, antes el desseo es su hijo y el es el padre, y mis primeras palabras fueron que el conocerte causaua en mi amor y desseo. No dixe desseo y amor, porque el mio no procede jamas del desseo, antes fue primero que el, como productor suyo.

Amor perfeto que engendra al desseo.

Soph.—Si el amor que me tienes no nace del apetito ni se engendra del desseo, hazme entender quien es el que lo produxo, que no ay duda sino que todo amor humano sea engendrado y nazca de nueuo, que a todos los nacidos les es necessario que ayan tenido engendrador; sino que no puede hallarse hijo sin padre, ni efeto sin causa.

Phil.—El perfeto y verdadero amor, qual es el que yo te tengo, es padre del desseo y hijo de la razon, y en mi lo produxo la derecha razon conocitiua, que, conociendo aur en ti virtud, ingenio y gracia de no menos admirable atraccion que de grande admiracion, mi voluntad, desseando tu persona, que rectamente fue juzgada por la razon ser en toda cosa bonissima y excelente y digna de ser amada, se aficiono; esta aficion y amor hizo conuertirme en ti, engendrandome desseo que tu te conuiertas en mi, para que yo, amante, pueda ser vna misma persona contigo, amada, y en igual amor hagas de dos animos vno

El verdadero amor es padre del desseo y hijo de la razon.

selo, los quales puedan semejantemente biuificar y administrar los dos cuerpos. La sensualidad deste desseo haze nacer el apetito de toda otra vnion corporea, para que los cuerpos puedan alcançar en ella la vnion possible a ellos de los animos que se penetran. Aduierte, pues; o Sophia! que por auer sido assi sucessiuamente produzido el amor en mi de la razon conocitiua, y del amor produzido el desseo, dixe por mis primeras palabras que el conocerte causo en mi amor y desseo; porque el conocimiento que yo tnue de tus amables propiedades, causo que yo te amasse, y el amarte me encarino ha dessearte.

Soph.—Como dizes que el verdadero amor nace de la razon? que yo he entendido que el perfeto amor no puede ser gouernado ni limitado de razon alguna, y por esto le llaman desenfrenado, porque no se dexa echar el freno de la razon ni gouernarse por ella.

Phil.—Entendido has la verdad; pero si yo te dixe que el tal amor nace de la razon, no te he dicho que se limita ni guia por ella; antes te digo que, despues que la razon conocitiua lo produze, el amor, nacido que es, no se dexa mas ordenar ni gouernar por la razon, de la qual fue engendrado, antes calcitra contra la madre y se haze, como dixiste, desenfrenado, tanto que sale en perjuizio y daño del amante; porque quien bien ama, se desama a si mismo, que es contra toda razon y equidad; porque el amor es caridad y deue principiar de si mismo, lo qual no guardamos, pues amamos mas a otros que a nosotros mismos, y esto es poco, y por ser el amor, despues que ha nacido, priuado de toda razon, le pintan ciego sin ojos; y porque su madre, Venus, tiene los ojos hermosos, por esto dessea lo hermoso, y la razon juzga la persona por hermosa, por buena y amable, y de aqui nace el amor. Tambien pintan a Cupido desnudo, porque el grande amor no puede dissimularse con la razon ni encubrirse con la prudencia, por las intolerables penas que le da. Es niño, porque le falta prudencia ni puede gouernarse por ella. Tiene alas, porque el amor entra con ligereza en los animos y con celeridad los haze buscar siempre la persona amada, enajenado de si mismo; por lo qual dize Euripides que el amante biue en cuerpo de otro. Pintanle tirando saetas, porque hiere de lexos y tira al coraçon como a propio blanco, y tambien porque la llaga del amor es como la de la saeta, improuisa, estrecha de boca, profunda, penetrante, no facil de ver, dificil de curar y muy mala de sa-

El verdadero amor nace de la razon y no se gouierna por ella.

Interpretacion muy galana de la pintura de Cupido.

Euripides dize que el amante biue en cuerpo ageno. El amor y la saeta hazen las llagas semejantes.

nar; a quien la mira de afuera le parece poco, mas segun lo intrinseco es peligrosissima y las mas vezes se conuierte en fistola incurable. Y mas, que assi como la llaga hecha por la saeta no sana aunque afloxen el arco o se muera el que la tiro, assi la que hizo el amor verdadero no se remedia por delectacion alguna que la fortuna le pueda conceder y la persona amada en algun tiempo le pueda dar, ni tampoco se puede soldar por falta de la cosa amada en la irreparable muerte. Assi que no te marauilles si el perfeto amor, siendo hijo de la razon, no se gouierna por ella.

Soph.—Antes me admiro que pueda ser amor loable el que no es gouernado de la razon y de la prudencia; que yo tenia que fuesse esta la diferencia entre el amor virtuoso y el lasciuo, en todo desordenado y desenfrenado. Mas agora estoy pensando qual es el perfeto.

Phil.—No has entendido bien; porque el desenfrenamiento no es propio del amor lasciuo, antes tiene vna misma propiedad con qualquiera eficaz y grande amor, sease honesto o deshonesto, excepto que con el honesto desenfrenamiento haze mayor la virtud, y con el deshonesto haze mayor el error. Quien puede negar que en los honestos amores no se hallen marauillosos y desenfrenados desseos? Qual mas honesto que el amor diuino? Y qual es de mayor inflamacion y mas desenfrenado? Ni se gouierna jamas por la razon, que rige y conserua al hombre; que muchos por el amor diuino no estiman la persona y procuran perder la vida, y otros, que por amar mucho a Dios se desaman a si mismos, como en contrario el infelice, que por amar mucho a si mismo desama a Dios. Y viniendo a la conclusion, quantos han procurado fenecer su vida y consumir la persona, inflamados del amor de la virtud y gloriosa fama, cosa que la razon ordinaria no la consiente, antes encamina todas las cosas para que puedan biuir honestamente? Y tambien te diria como muchos han procurado morir alegremente por amor de sus honestos amigos, de los quales pudiera darte muchos exemplos, que los dexo por no ser prolixo. Demas desto, pienso que no es menos irreprehensible el inflamado amor y la desenfrenada aficion de la muger al hombre que la del hombre a la muger, con tal que nazca de verdadero conocimiento y de verdadero juyzio, que la juzgue digna de ser amada. El qual amor tiene no menos de lo honesto que de lo deleytable.

El desenfrenarse es tan propio del amor honesto como del no honesto.

Soph.—Pues yo querria que tu amor fuesse regido por la razon, que le fue madre, la qual gouierna a toda persona digna.

Phil.—El amor que es regulado por la razon no suele forçar al amante y, aunque tiene nombre de amor, no tiene el efe-

Fuerças y efeto del amor.

to; porque el verdadero amor a la razon y a la persona que ama haze fuerça con admirable violencia e increyble furor, y mas que otro impedimento humano perturba la mente, donde esta el juyzio, y haze perder la memoria de toda otra cosa, y de si solo la llena, y en todo haze al hombre ageno de si mismo y propio de la persona amada. Hazele enemigo de plazer y de compañia, amigo de soledad, melancolico, lleno de passiones, rodeado de penas, atormentado de aflicion, martyrizado de desseo, sustentado de esperança, instigado de desesperacion, fatigado de pensamientos, congoxado de crueldad, afligido de sospechas, asaeteado de celos, atribulado sin descanso, trabajado sin reposo, acompañado siempre de dolor, lleno de sospiros, de respetos y desdenes, que jamas le faltan. Que te puedo dezir mas, sino que el amor haze que continuamente muera la vida y biua la muerte del amante? Y lo que yo hallo

De contino muere la vida y biue la muerte del amante

de mayor admiracion es que, siendo tan intolerable y estremo de crueldades y de tribulaciones, la mente no espera apartarse dellas, ni lo procura ni lo dessea, antes a quien se lo aconseja y le socorre lo tiene por enemigo mortal. Parecete, o Sophia! que en tal laberintio se puede guardar la ley de la razon y las reglas de la prudencia?

Soph. —No tanto, Philon, que muy bien veo que en los amantes abunda mas la lengua que las passiones.

Phil. —Señal es que no las sientes, pues no las crees; que no puede creer la

Las passiones del amor no las cree sino quien las siente.

grandeza del dolor del amante sino quien lo participa. Si mi enfermedad te hubiera sido contagiosa, no solamente creyeras lo que te digo que padezco, pero aun mucho mas adelante; que lo que yo siento no lo se dezir, ni callarlo; ni lo que digo es la minima parte de lo que padezco. Pues como quieres tu que en la aflicion, en que el amante se halla todo turbado, la razon confusa, la memoria ocupada, enagenada la fantasia, ofendido el sentimiento de inmenso dolor, le quede libre

Quien ama de veras no puede fingir passiones.

la lengua para poder fingir fabulosas passiones? Lo que yo hablo es lo que las palabras pueden sinificar y la lengua declarar; el resto lo entiendan aquellos a quien la aduersa fortuna les a hecho sentirlo, y los que han gustado la amarguissima dulçura del amor, y quien a los principios no supo, ni quiso, ni pudo rehusar su sabroso veneno, que yo, por mi fe, ni tengo ni hallo manera como

poderlo explicar. Arden mis espiritus, mi coraçon se consume y toda mi per-

Miserable estado de los amantes.

sona es vna llama. Quien en tal estado se halla, si pudiesse, crees tu que no se libertaria? Pero no puede, porque ni para libertarse, ni aun para dessear de libertarse, no tiene libertad. Pues como puede gouernarse por la razon el que no esta en su libertad? Que todas las sujeciones corporales doxan solamente la voluntad libre, y la sujecion

El amor solamente puede atar la voluntad.

del amor liga primero la voluntad del amante, y despues della toda la persona juntamente.

Soph. —No ay duda sino que los amantes padecen muchas aficiones hasta que han alcançado lo que mas dessean; pero despues toda la tormenta se les buelue en bonança; de suerte que essas penas mas ayna proceden del desseo de la cosa no auida, que del propio amor della.

Phil. —Tampoco hablas en esso como experimentada. porque el amor de los amantes, cuyas penas cessan con la ganancia de la carnal delectacion, no depende de la razon, sino del apetito carnal; y, como arriba te dixe, sus penas y passiones son carnales, y no espirituales, como

El amor que nace de la razon no se mitiga por los deleytes carnales, antes con ellos crecen sus passiones.

las inmensas de admirable penetracion y de intolerable pungimiento que sienten los amantes cuyo amor depende de la razon. Estos tales, por el deleyte carnal no consignen reposo para su dolor, ni se les mitiga el amor, antes te digo y afirmo que, si sus penas eran primero grandes, que despues de la tal vnion son mucho mayores y mas incomportables.

Soph. —Por que causa, auiendo alcançado su desseo, crece su passion?

Phil. —Porque el tal amor es desseo de vnion perfeta del amante con la

Razon galanissima por que crecen las passiones del amor verdadero despues de auer alcançado lo que desseaua.

persona amada, la qual no puede ser sino con la total penetracion del vno en el otro. Esto en los animos que son espirituales es possible, porque los espiritus incorporeos con los mentales y eficacissimos efetos pueden contrapenetrarse, vnirse y conuertirse en vno. Pero en los diuersos cuerpos, que cada vno dellos requiere propio lugar señalado, esta tal vnion y penetracion no se puede alcançar, y la que se alcança, respeto de la que se dessea, dexa, despues de alcançada, mas ardiente el desseo de aquella vnion que perfetamente no se puede conseguir. Y procurando siempre la mente del amante la entera conuersion en la persona amada, dexa la propia, biuiendo siempre con mucha mayor aficion y pena por el defeto de la vnion, la qual ni la razon, ni la voluntad, ni la prudencia pueden limitar ni resistir.

Soph. — Pareceme que en alguna manera consiente mi animo a tus razones; empero vna cosa sola me queda de todas maneras estraña de conceder, y es que se halle amor o otra cosa buena en el hombre o en el mundo que no se gouierne por la razon, pues es manifiesto ser ella la regla y gouierno de toda cosa buena y loable; que la cosa tanto es digna, quanto participa de razon. Pues como puedes afirmar que el perfeto amor no se gouierna por ella?

Phil. — Pues solo esso dudas, solo esso quiero declararte en esta presente platica. Has de saber que en los hombres se hallan dos suertes de razon; a la vna llamaremos ordinaria, y a la otra extraordinaria. El intento de la primera es de regir y conseruar al hombre en vida honesta, de donde todas las otras cosas se endereçan a este fin; y todo lo que a la buena vida humana impide, lo desuia y reprueua la razon. Esta es aquella razon que te dixe que no puede regir ni limitar al perfeto amor, porque el tal amor perjudica y ofende la propia persona, vida y bien ser del amante con intolerables daños por seguir la persona amada. Pero el intento de la razon extraordinaria es de conseguir la cosa amada, y no atiende a la conseruacion de las cosas propias, antes las pospone por alcançar la cosa que se ama, como se deue posponer lo menos noble por lo mas excelente; porque, como dize el filosofo, el amado tiene razon de mas perfeto que el amante, porque siendo fin del amante, el fin es mas noble que lo que es para el fin; luego con razon deue trabajar lo que es menos por lo que es mas. Lo qual podras comprehender por exemplo natural y moral. Natural, veras herir a vno en la cabeça y naturalmente poner el braço delante para librar la cabeça, por ser parte mas noble. Semejantemente, auiendose hecho vnion de amante y amado, y siendo el amado la parte mas noble desta vnion y el amante la menos noble, naturalmente el amante no rehusa qualquiera afliccion y pena por conseguir al amado, y con todo cuydado y diligencia le sigue, como a verdadero fin, desamparando todas las cosas propias de si mismo como cosas pertenecientes a otro. El exemplo moral es que assi como la primera razon nos manda conseruar las riquezas para nuestra propia necessidad, a fin de que podamos biuir bien y acomodadamente, la segunda nos manda repartirlas prouechosamente en otros, para alcançar fin mas noble, como es la virtud de la liberalidad. Assimismo nos manda la primera razon procurar lo vtil y los plazeres honestos, y la segunda nos manda fatigar y trabajar el animo y la persona por cosas mas nobles y dignas de ser amadas con razon.

Dos suertes de razon se hallan en los hombres: vna ordinaria, otra extraordinaria.

El amado es mas noble, mas perfeto que el amante.

Dos exemplos sobre las dos suertes de razon que en los hombres se hallan.

Soph.—Qual de essas dos suertes de razon piensas tu, Philon, que se deue seguir?

Phil.—La segunda es mas digna y de mas eminente grado, assi como la prudencia del liberal es mas sublime en repartir las riquezas virtuosamente que la del auaro en amontonarlas para su necessidad; que aunque es prudencia el adquirir las riquezas, lo es mayor y mas digna el distribuyrlas liberalmente. Y el hombre que conserua en si vn digno y excelente amor, nacido de la razon, sin gozarlo, es cómo vn arbol que esta siempre verde, grande y abundante de ramos, empero de ningun fruto, el qual verdaderamente se puede llamar esteril. Y al que le falta amor excelente, sin duda le acompañan pocas virtudes. Bien es verdad que quien se diuierte al amor lasciuo y brutal que nace del apetito carnal, no confirmado por la razon de los meritos de la cosa amada, es como el arbol que produze fruto venenoso, que muestra alguna dulçura en la corteza. Empero aquel primer amor, elegido por la razon, se conuierte en gran suauidad, no solo en el apetito carnal, mas tambien en la mente espiritual con insaciable aficion. Y quando huuieres sabido, o Sophia!, de quanto momento es el amor en todo el vniuerso mundo, no solamente en el corporeo, pero mucho mas en el espiritual; y como desde la primera causa que produze toda cosa hasta la vltima cosa criada no ay alguna sin amor, lo ternas en mayor veneracion, y entonces alcançaras mayor noticia de su genealogia.

La razon extraordinaria es mas digna que la ordinaria.

El verdadero y perfeto amor es indicio de muchas excelencias en el que lo tiene. El amor lasciuo es ponçoñoso.

Dispone el autor para el segundo dialogo.

Soph.— Si quieres dexarme contenta, enseñame tambien esso.

Phil.—Es tarde para semejante platica, y es ya hora de dar reposo a tu gentil persona, y dexar la afligida mia en su acostumbrada vigilia, la qual, aunque queda sola, siempre esta acompañada de ti, en no menos suaue que angustiosa contemplacion.

FIN DEL PRIMER DIALOGO

DIALOGO SEGUNDO

TRATA DE LA COMUNIDAD DEL AMOR

Interlocutores: Sophia y Philon.

Sophia.—Dios te salue, Philon; assi te passas sin hablar?

Philon.—La enemiga de mi salud me saluda: no menos te salue a ti Dios, o Sophia! que es lo que quieres de mi?

Soph.—Querria que te acordasses de la deuda en que me eres, y pareceme agora tiempo oportuno de pagarmela, si te pluguiesse.

Phil.—Yo a ti en deuda? de que? a lo menos no de beneficio, ni de beneuolencia, que tu para conmigo solamente has sido liberal de pena.

Soph.—Yo te concedo que no es deuda de agradecimiento; pero esso de

Deuda de promessa no es de menor obligacion que la de agradecimiento

promessa, la qual, si no es tan generosa, a lo menos es de mayor obligacion.

Phil.—No me acuerdo auerte prometido otra cosa que amarte y padecer tus desdenes, hasta que Caron me passe el rio del oluido; demas desto, si el anima alla de la otra parte se halla con algun sentimiento, no estara jamas despojada de aficion y martyrio. Desta promessa no es menester que yo me acuerde, porque siempre la voy pagando de dia en dia.

Soph.—Eres desmemoriado, Philon, o finges serlo? No menos deue acordarse de la deuda el

No menos deue acordarse de la deuda el deudor que el acreedor.

deudor que el acreedor. No te acuerdas que en dias passados, al fin de aquella nuestra platica del amor y desseo, me prometiste dezirme cumplidamente el origen y genealogia del amor? como tan presto se te ha oluidado?

Phil.—Ha, ha! ya me acuerdo; no te marauilles, o Sophia! que, auiendo tu vsurpadome la memoria, no pueda yo acordarme destas cosas.

Soph.—Si te la vsurpo, te la quito de las cosas agenas, mas no de las mias.

Phil.—De aquellas tuyas solamente se acuerda mi alma, que la hinchen de amor y de pena; de essotras, aunque sean tuyas, son agenas de mi padecer.

Soph.—Sea como quisieres, yo te perdono el oluido, mas no la promessa; y pues tenemos tiempo acomodado, sentemonos debaxo desta sombra, y dime del nacimiento del amor y qual fue su primer origen.

Phil.—Si quieres que hablemos del naci-

Orden de la disputacion verdadera.

miento del amor, sera necessario tratar en esta presente platica de la comunidad de su ser y de su ampla vniuersalidad, y otra vez podremos hablar de su nacimiento.

Soph.—No es primero el origen de la cosa, que la vniuersalidad della?

Phil.—Es primero en ser, mas no es primero en nuestro conocimiento.

El origen de la cosa es primero en ser que en nuestro conocimiento. La comunidad del amor nos es mas notoria que su origen.

Soph.—Como no?

Phil.—Porque la comunidad del amor es a nosotros mas manifiesta que su origen; y de las cosas conocidas se viene al conocimiento de las no conocidas.

De las cosas conocidas, venimos al conocimiento de las no conocidas.

Soph.—Dizes verdad, que la vniuersalidad del amor es assaz manifiesta, porque casi no ay hombre que este sin el, varon ni muger, viejo ni moço; y aun los niños, en su primer conocimiento, aman a las madres y a las amas que los crian.

Phil.—Luego tu no hazes al amor mas comun que en la humana generacion?

Soph.—Tambien en todos los animales irracionales que engendran se halla amor entre la hembra y el macho, y entre los hijos y padres.

Phil.—No solamente la generacion es causa del amor que se halla en los hombres y en los otros animales, mas otras muchas cosas lo son. Assi mismo, el amor no solamente lo ay en

El amor se estiende fuera de las cosas animadas.

estos animales, antes su comunidad se estiende a otras muchas cosas del mundo.

Soph.—Dime primero que otras causas de amor se hallan en los biuientes; y luego me diras como en las cosas no animadas y no generatiuas puede hallarse amor.

Phil.—Dezirte he lo vno y despues lo otro. Los animales, demas de que naturalmente aman las cosas conuenientes para seguirlas, assi aborrecen las no conuenientes para huyrlas. Amanse tambien reciprocamente por cinco cau-

Cinco causas de amor que ay entre los animales irracionales.

sas: La primera, por el desseo y por la delectacion de la generacion, como los machos con las hembras. La segunda, por la succession generatiua, como los padres y madres con los hijos. La tercera, por el beneficio, el qual no solamente engendra amor en el que recibe para con el que da, mas no menos lo causa en el que da para con el que recibe, aunque sean de diuersas especies; porque se vee que si vna perra o vna cabra cria vn niño, se han grandissimo amor el vno al otro; y por el semejante si qualquiera animal cria a otro de agena especie. La quarta, por la naturaleza de la misma especie o de otra consimile, que veras indiuiduos de qualquiera especie de animales no rapinantes vsar la compañia por el amor que se han vnos a otros, y aun los rapinantes, aunque no se acompañan, por gozar se solos de toda la caça, a lo menos a los de su propia especie tienen respeto y amor a no vsar con ellos de su naturaleza y cruel ferocidad o venenosidad; y aun en las diuersas especies de animales se halla alguna semejança amigable, como el delfin con el hombre, assi como se hallan otros que se aborrecen naturalmente, como el basilisco y el hombre, que con la vista sola se matan. La quinta, por la continua compañia, la qual no solamente haze amigos los animales de vna misma especie, mas tambien los de otras diuersas especies y de naturaleza enemigable, como se vee un perro con vn leon y vn cordero con vn lobo venir a ser amigos por la compañia.

Soph.—Entendido he las causas del amor de los animales; dime agora quales son las del amor de los hombres.

Phil.—Las causas del reciproco amor de los hombres, son las mismas cinco de los animales; pero el vso de la razon las haze mas intensas o remissas, rec a o indirectamente, segun la diuersidad del fin de los hombres.

<small>¡Cinco causas de amor que ay entre los hombres.</small>

Soph.—Declarame essas diferencias en cada vna de essas cinco causas

Phil.—La primera, del desseo y delectacion que se halla en la generacion, es en los hombres causa de mas intenso, firme y propio amor que en los animales; pero suele ser mas encubierto con la razon.

Soph.—Declarame essas diferencias mas particularmente.

Phil.—Es mas intenso en los hombres, porque aman a las mugeres con mayor vehemencia, buscanlas con mayor solicitud, tanto que por ellas dexan el comer y el dormir y posponen todo reposo. Es mas firme en ellos, porque se conserua mas tiempo entre el hombre y la muger, de manera que ni la hartura, ni la ausencia, ni el impedimento bastan a dissoluerlo. Es mas propio, porque todo hombre tiene mayor propiedad a vna singular muger que el macho de los animales a la hembra, y aunque en algunos se halla alguna apropiacion, en los hombres es mas perfeta y determinada. Es tambien este amor mas encubierto en los hombres que en los animales, porque la razon suele refrenar el excesso del, y lo juzga por brutal quando no es regulado por la razon. Y por la fuerça que este apetito carnal tiene en los hombres y por su inobediencia a la razon, traen los hombres cubiertos los miembros de la generacion, como a cosas vergonçosas y rebeldes a la moderada honestidad.

<small>El amor en el genero humano es mas intenso, mas firme, mas propio que en los animales.</small>

Soph.—Dime la diferencia que ay entre los hombres y los animales en la segunda causa de amor, que es en la sucession generatiua.

Phil.—Por la sucession, en los animales se aman reciprocamente los hijos con los padres y madres solamente, y mas con las madres, que los suelen criar, o con los padres, quando ellos los crian, y no de otra manera. Pero los hombres aman a los padres y a las madres juntamente, y tambien a los hermanos y otros propinquos, por la aproximacion de la generacion. Bien es verdad que muchas vezes la auaricia humana y otros excessos hazen perder el amor, no solamente de los parientes y hermanos, mas tambien el de los padres y madres y el de la propia muger, lo qual no acaece entre los animales irracionales.

<small>El amor en los hombres es mas amplo en el linaje, y por los accidentes, mas peligroso que en los animales.</small>

Soph.—Dime la diferencia de la tercera causa del amor, que es la del beneficio.

Phil.—El beneficio es causa que vn hombre ame a otro, como en los animales. Pero en esto quiero loar mas los irracionales, los quales se mueuen mas a amar por agradecimiento del beneficio recebido que por esperança de recebirlo. Pero la auaricia de los hombres no virtuosos haze que se mueuan mas ayna por esperança de auer vn solo beneficio, que por agradecimiento de muchos ya recebidos. Y ciertamente que esta causa del beneficio es tan ampla, que parece que comprehende la mayor parte de las otras.

<small>El agradecimiento del beneficio recebido es mas de loar en los animales que en los hombres.</small>

Soph.—Y en la quarta causa de la misma especie, dime si ay alguna diferencia de los hombres a los animales.

Phil.—Naturalmente se aman los hombres, como los animales de vna misma especie, mayormente los que son de vna patria o tierra; pero los hombres no tienen tan cierto y firme amor como los animales, que los mas feroces y crueles de los animales no vsan crueldad con los de su especie: el leon no roba a otro leon, ni la sierpe muerde con veneno a otra sierpe; pero los hombres mas males y muertes reciben vnos de otros que de todos los otros animales ni de todas las otras cosas contrarias del vniuerso. Mas hombres mata la enemistad, la assechança y el hierro humano, que todo el resto de las cosas accidentales y naturales. Y de la corrupcion del amor natural de los hombres, es causa la auaricia y cuydado que tienen de las cosas superfluas, de las quales se engendra la enemistad, no solamente entre los distantes de diuersas patrias, mas tambien entre los de vna misma prouincia, de vna misma ciudad y de vna misma casa; entre hermanos y

<small>El amor de la especie entre los animales es mas seguro y firme que en los hombres.</small>

<small>Dos causas de la destruicion del amor entre los hombres.</small>

hermanos, entre padre y hijos, entre el marido y la muger. Y a estas se añaden otras supersticiones humanas, que son causa de crueles enemistades.

Soph.—Agora te queda por dezir la vltima causa del amor, que es la de la compañia, si ay en esta alguna diferencia entre los hombres y los otros animales.

Phil.—La compañia y conuersacion tiene La conuersacion y compañia es causa de mayor amor en los hombres que en los animales. mayor fuerça en el amor y amistad humana que en el de los animales, por ser mas intrinseca, que la habla la haze mucho mas penetratiua en los cuerpos y en los animos; y aunque cesse por la ausencia, queda en la memoria la impression mas que en los animales.

Soph.—Entendido he como todas las cinco causas de amor que se hallan en los animales irracionales, se hallan tambien en los hombres, y las diferencias dellas; querria saber mas, si ay alguna otra causa de amor en los hombres que no se halle en los animales

Dos causas de amor propias del hombre. *Phil.*—Dos causas de amor ay en los hombres, de que los animales estan totalmente priuados.

Soph.—Declaramelas.

Phil.—La vna es la conformidad de la naturaleza y complision de un hombre con otro, que sin otra razon a la primera vista se hazen amigos, y no hallandose desta tal amistad otra causa, dizen que se auienen de complision; y, en efeto, es vna cierta similitud y correspondencia armonial de la vna complision a la otra; assi como tambien se halla odio entre los hombres sin causa aparente, la qual se deriua de la dissimilitud improporcionada de las complisiones dellos. Y los astrologos di- Razones de medicos y astrologos acerca del amor. zen que esta amigable conformidad procede de la semejança o proporcional posicion de los planetas y signos celestiales en el nacimiento del vno y del otro; assi como la diferencia enemigable de las complisiones se deriua de la dessemejante no proporcional posicion celestial en el nacimiento dellos. Esta causa de amor y amistad conocemos en los hombres, mas no en los animales.

Soph.—Qual es la otra?

Phil.—La otra es la virtud moral e intelectual, que son aquellas por las quales los hombres excelentes son muy amados de los hombres buenos, los meritos de los quales causan el amor honesto, que es el mas digno de todos; que las personas humanas, sin otra alguna causa, solamente por la virtud y sabiduria se aman eficazmente con amor mas perfecto y mas firme que no por la vtilidad y por lo deleytable; en los quales dos se encierran todas las otras cinco causas de amor. Este solo es amor honesto y se engendra de la derecha razon, y por esto no se halla en los animales irracionales.

Soph.—He entendido quantas son las causas del amor en los hombres y en los animales irracionales: pero veo que todas son propias de los biuientes y ninguna ay en los cuerpos no biuientes; y tu dizes que el amor, no solamente es comun a los animales, mas tambien a los otros cuerpos insensibles, lo qual me parece estraño.

Phil.—Por que estraño?

Soph.—Porque ninguna cosa se puede amar si primero no se conoce, y los cuerpos insensibles no tienen en si virtud conocitiua. Assi mismo el amor prouiene de la voluntad o del apetito y se imprime en el sentido, y los cuerpos insensibles no tienen voluntad, apetito ni sentido; pues como pueden tener amor?

Phil.—El conocimiento y el apetito, y por consiguiente el amor, es de tres maneras: natural, sensitiuo, racional y voluntario.

Soph.—Declaramelas todas tres.

Phil.—El conocimiento, o apetito, o amor natural, es el que se halla en los El amor o apetito natural es de los cuerpos insensibles. cuerpos no sensitiuos, como son los elementos y los cuerpos mixtos de los elementos insensibles, como los metales y especies de piedras, y tambien las plantas, yeruas o arboles, que todos estos tienen natural conocimiento de su fin e inclinacion natural a el; la qual inclinacion les mueue al fin como a los cuerpos pesados de decendir a lo baxo, y a los liuianos de subir a lo alto, como a lugar propio conocido y desseado. Esta inclinacion se llama y es verdaderamente apetito y amor natural. El conocimiento y apetito y amor sensi- Amor sensitiuo es de los animales irracionales. tiuo es el que se halla en los animales irracionales para seguir lo que les conuiene y huyr lo que no les conuiene, como es buscar la comida, la beuida, la templança, el coito, la quietud y cosas semejantes, que conuiene conocerlas primero, y despues apetecerlas o amarlas, y luego seguirlas; que si el animal no las conociesse, no las dessearia ni las amaria, y si no las apeteciesse, no las seguiria para auellas, y no auiendolas no podria biuir. Pero este conocimiento no es racional, ni este apetito o amor La voluntad no esta sin la razon. es voluntario, que la voluntad no esta sin la razon; empero son obras de la virtud sensitiua, y por esto les dezimos conocimiento y amor sensitiuo, y hablando mas propiamente, apetito. El conocimiento Amor racional o voluntario, es el de los hombres. y amor racional y voluntario se halla solamente en los hombres, porque prouiene y es administrado de la razon, la qual entre todos los cuerpos generables y corruptibles es participada solamente al hombre.

Soph.—Tu dizes que el amor voluntario lo ay solamente en los hombres y no en los otros anima'es y cuerpos inferiores; y dizes tambien que el amor o apetito sensitiuo lo ay en los animales irracionales y no en los cuerpos insensibles; y dizes que el amor y apetito natural es el que se halla solamente en los cuerpos inferiores insensibles. Quiero agora entender si por ventura este amor natural se halla tambien en los animales con el amor sensitiuo que propiamente tienen; y si se halla tambien este amor natural y el sensitiuo en los hombres juntamente con el amor voluntario y racional que es propio dellos.

Phil.—Bien has preguntado, y assi es, que con el amor mas excelente se hallan los menos excelentes; pero con el que es menos, no siempre se halla el mas; de manera que con el amor racional voluntario se halla tambien en los hombres el amor sensitiuo de seguir las cosas sensibles que conuienen a la vida, huyendo los inconuenientes, y se halla tambien en ellos la inclinacion natural de los cuerpos insensibles, que cayendo vn hombre de lo alto, naturalmente va a lo baxo, como cuerpo pesado, y en los animales se halla tambien esta inclinacion natural, que como cuerpos pesados buscan naturalmente el centro de la tierra, como a lugar suyo conocido y desseado de su naturaleza.

Al amor mas noble acompañan los menos nobles.

Soph.—Que razon tienes tu de llamar a estas inclinaciones naturales y sensitiuas amor? Que el amor parece propiamente afecto de la voluntad, y la voluntad, entre todos los inferiores solamente se halla en los hombres; a las otras llamalas inclinaciones o apetito, y no amor.

Phil.—Las cosas se conocen por sus contrarios, que, como dize Aristoteles: La ciencia de los contrarios es vna misma. Si ay contrario deste apetito y se llama odio, este con razon deue llamarse amor; que assi como en los hombres el odio voluntario es contrario del amor, assi en los animales el odio de las cosas no conuenientes para la vida es contrario del amor de las cosas conuenientes para ella; que assi mismo huye de lo vno y sigue lo otro; que el odio lo es causa de hazerle huyr, assi como el amor lo es causa de hazerle seguir. Y en los cuerpos irracionales ay amor natural de lo pesado a lo baxo, y por esto lo siguen, assi como huyen lo alto por tenerle odio. Y el cuerpo liuiano, por el contrario, ama lo alto y aborrece lo baxo. Y assi como en todos se halla odio, assi en todos se halla amor.

Por sus contrarios se conocen las cosas. La ciencia de los contrarios es vna misma.

Soph.—Como puede amar quien no conoce?

Phil.—Antes conoce, pues ama y aborrece.

Soph.—Y como puede ser que conozca quien no tiene razon, ni sentido, ni imaginatiua, como son estos cuerpos inferiores insensibles!

Phil.—Aunque no tienen en si mesmos estas potencias conocitiuas, son guiados de la naturaleza, que conoce y gouierna todas las cosas inferiores, o del anima del mundo, con vn recto e infalible conocimiento de sus cosas naturales, para sustento de sus naturalezas.

Las cosas insensibles son guiadas de la naturaleza.

Soph.—Y como puede amar quien no siente?

Phil.·· Assi como los cuerpos inferiores son guiados de la naturaleza derechamente a conocer su fin y sus propios lugares, assi son guiados della a los amar y apetecer, y en el mouerse para hallarlos quando estan apartados dellos, y como la saeta va derechamente al blanco, no por su propio conocimiento, sino por el conocimiento del vallestero, que es el que la encamina, assi estos cuerpos inferiores buscan su propio lugar y fin, no por su propio conocimiento, sino por el recto conocimiento del primer criador que lo infunde en el anima del mundo y en la vniuersal naturaleza de las cosas inferiores; de tal manera que, assi como la inclinacion de la saeta viene del conocimiento o amor, o apetito artificial, assi la de los cuerpos irracionales viene del conocimiento o amor natural.

Exemplo galano del guiar la naturaleza las cosas insensibles.

Soph.—Agradame la manera del amor y del conocimiento que se halla en estos cuerpos muertos; pero querria saber si por ventura se halla en ellos otro amor o apetito mas del que tienen a sus propios lugares, como lo liuiano a lo alto y lo pesado a lo baxo.

Phil.—El amor que tienen los elementos y los otros cuerpos muertos a sus propios lugares, y el odio que tienen a los contrarios, es como el amor que tienen los animales a las cosas que les conuienen y el odio que tienen a las que no les conuienen, y assi huyen lo vno y siguen lo otro. Es tambien este amor de la suerte del que tienen los animales terrestres a la tierra, y los marinos al agua, y los volatiles al ayre, y la salamandra al fuego, que se dize que nace en el y habita dentro. Tal es el amor de los elementos a sus propios lugares. Demas desta suerte de amor, te digo que en los elementos se hallan todas las otras cinco causas de amor reciproco que auemos dicho hallarse en los animales.

Cinco causas de amor en los elementos.

Soph.—Todas aquellas?

Phil.—Todas.

Soph.—Dimelas distintamente.

Phil.—Começare por la vltima, que es el amor de la misma especie, porque es mas manifiesta. Veras que las partes de la tierra que se hallan fuera del todo, con eficaz amor se mueuen por vnirse con toda la tierra, y assi las piedras que se congelan en el ayre, prestamente buscan la tierra. Y los rios y las otras aguas que se engendran en las concauidades de la tierra de los vapores que exhalan y se conuierten en agua, luego que se hallan en cantidad suficiente corren a buscar el mar y a todo el elemento del agua, por el amor que tienen a la especie. Y los vapores aereos o vientos que se engendran en las concauidades de la tierra, se esfuerçan a salir fuera con terremotos, desseando hallar su elemento del ayre, por el amor que tienen a la especie. Y assi el fuego que se engendra aca baxo, se mueue por subir al lugar de su elemento a la parte superior, por el amor de la especie.

Soph.—Entendido he el amor que los elementos tienen a sus propias especies; dime las otras causas.

Phil.—Dire de la penultima de las cinco causas de amor, que es la quarta de la compañia, porque tambien es manifiesta, por ser proporcionada a lugares naturales.

Soph.—Y que otra compañia se halla en los elementos y en cuerpos tales?

Phil.—A qualquiera de los quatro elementos, que son: tierra, agua, ayre y fuego, aplaze el reposo del vno cerca del otro, y no cerca de los otros. La tierra huye la cercania del cielo y la del fuego, y busca el centro, que es lo mas lexos del cielo, y le plaze estar cerca del agua, y cerca del ayre, debaxo, pero no encima, que hallandose encima huye a lo baxo, y no reposa jamas hasta que se ha alexado del cielo todo lo mas que puede.

Soph.—Y por que lo haze, que del cielo viene todo bien?

Phil.—Hazelo porque es la mas pesada y gruessa de todos los elementos, y, como a perezosa, le plaze el reposo mas que a ninguno de los otros. Y andando el cielo en continuo mouimiento sin reposar jamas, la tierra, por estar quieta, se alexa del todo lo que puede, y solamente halla reposo en el centro, que es lo mas baxo, esta rodeada por vna parte del agua y por otra del ayre.

Razon por que la tierra esta mas alexada del cielo que los otros elementos.

Soph.—Ya he entendido lo de la tierra; dime agora del agua.

Phil.—El agua tiene tambien de lo pesado y perezoso, pero menos que la tierra mas que los otros, y por esto tambien ella huye del cielo por no mouerse con velocidad como hazen el ayre y el fuego; busca lo baxo y le plaze es-

Razon sobre el agua elemental.

tar cerca de la tierra, pero encima y debaxo del ayre, con los quales tiene amor y enemistad, y odio con el fuego, y por esto le huye y se alexa del, y no puede sufrir estar consigo sola sin compañia de los otros.

Soph.—Dime del ayre.

Phil.—El ayre, por su ligereza y sutileza, le plaze la naturaleza y cercania del cielo, y con ligereza le busca quanto puede, y sube a lo alto, no inmediato cerca del cielo, porque no es de sustancia tan purificada como el fuego, que toma el primer lugar, y por esto ama el ayre estar cerca del fuego debaxo del; ama tambien la vezindad del agua y de la tierra, pero no puede sufrir estar debaxo dellos, sino encima, y con facilidad sigue el continuo mouimiento circular del cielo, y es amigable al fuego y al agua. Y por ser estos dos entre si contrarios y enemigos, se pone el enmedio dellos, como amigo de ambos a dos, por que no puedan dañarse con guerra continua.

Razon acerca del ayre elemental.

Soph.—Resta saber del fuego.

Phil.—El fuego es el mas sutil, ligero y purificado de todos los elementos, y con ninguno dellos tiene amor sino con el ayre, cuya vezindad le plaze; empero, ha de estar sobre el; ama al cielo y no reposa jamas, donde quiera que esta, hasta que se le acerca. Este es el amor social que se halla en los quatro elementos.

Razon acerca del elemento del fuego.

Soph.—Plazeme; pero por que no has dicho la causa porque el fuego es tan caliente y el agua tan fria, y la calidad de los otros?

Phil.—Porque no pertenece a esta causa de amor; pero quiero dezirtelo, porque ayuda para las otras. Sabras que el cielo con su mouimiento continuo y con los rayos del sol y de los otros planetas y estrellas fixas del octauo cielo, calientan este globo del cuerpo muerto que hinche todo el concauo dentro del cielo de la luna. Y aquella primera parte deste globo que esta mas cercana al cielo, calentandose, se purifica mas y se sutiliza mucho, y se haze ligera y muy caliente, y su calor es tanto, que consume todo lo humido y queda seca, y este es el fuego. Estendiendose mas aquel calor celestial en aquella parte deste globo que sucede al fuego, la haze tambien caliente, pero no tanto que consuma lo humido; y este es el ayre que es caliente y humido, y por el calor se purifica tambien y se sutiliza y queda ligero poco menos que el fuego, por ser menos caliente. Quando este calor celestial se estiende en este globo mas adelante del ayre, no es ya tanto que pueda hazer elemento caliente, antes, por el apartamiento del cielo, queda frio; pero no tanto

Razon acerca de las calidades de los quatro elementos.

que no pueda estar con el lo humido; queda empero pesado por la grossedad que causa la frialdad, y busca lo baxo, y este es el elemento del'agua fria y humida. Adelante desta es tanta la frialdad en el restante del centro deste globo debaxo del agua, que restringe todo lo humido y queda vn cuerpo grosissimo, pesadissimo, frio y seco, como es la tierra. De manera que el ayre y el fuego, que por la vezindad reciben mas del calor y beneficio celeste, que es la vida de los cuerpos inferiores, aman mas al cielo; y donde quiera que se hallan, se le acercan, y se mueuen con el en su mouimiento continuo circular. Los otros dos, tierra y agua, porque reciben poco del calor y vida celeste, no le aman tanto ni se acercan a el, antes huyen del, por poder reposar quietamente sin mouerse con el continuamente y circularmente.

Soph —Siendo la tierra el mas baxo y vil de todos los elementos, como tu dizes, y mas apartado de la fuente de la vida, que es el cielo, como se engendran en ella tanta diuersidad de cosas mas que en ningun otro elemento, como son las piedras de tantas maneras, algunas grandes, limpias y hermosas, otras claras y muy preciosas, y los metales, no solamente los grosseros, como el hierro, plomo, cobre, estaño y azogue, mas tambien otros ricos y lustrosos, como la plata y el oro; demas desto, tanta diuersidad de yeruas, flores, arboles y frutas, quantas la tierra produze, sin otra tanta multitud y deformidad de animales, los quales son todos anexos a la tierra; que aunque en la mar se hallan algunas plantas y gran copia de animales diuersos, y assi mismo en el ayre de los volatiles, pero todos tienen reconocimiento a la tierra y en ella mayormente se assientan; y sobre todo se engendra en ella la humana generacion, de admirable perfecion entre todos los cuerpos que ay debaxo del cielo; la qual no se engendra ni se coloca en otra ninguna esfera de los elementos; pues como dizes tu que la tierra es el mas vil y el mas mortificado de todos los quatro elementos?

Razon por que nacen tantas generaciones de mixtas en a tierra, y no en los otros elementos.

Phil —Aunque la tierra, por estar tan distante del cielo, es en si misma la mas gruessa, fria y baxa y la mas agena de vida, empero por estar en el centro vnida, recibe vnidamente en si todas las influencias y rayos de todas las estrellas, planetas y cuerpos celestiales; y aqui se complisionan de tal manera, atrayendo a ella la virtud de todos los otros elementos, que se vienen a complisionar de tantas y de tales maneras, que se engendran todas las cosas que has dicho; lo qual no seria possible hazerse en ningun lugar de los otros elementos, por no ser receptaculo comun vnido de todas las virtudes celestiales elementales. En la tierra se vnen todas, y por los otros elementos solamente passan, mas no se afirman sino en la tierra, por su grosseza y por estar en el centro; en la qual todos los rayos hieren mas firmemente. De manera que esta es la propia y ordinaria muger del cuerpo celeste, y los otros elementos son sus concubinas; porque en ella engendra el cielo toda o la mayor parte de su generacion, y ella se adorna de tantas y tan diuersas cosas.

Soph. —Satisfecha estoy de mi duda; boluamos al proposito. Dime de las otras causas de amor de los hombres y animales, si se hallan en los elementos y otros cuerpos muertos, como es la tercera causa del beneficio, y la segunda de la sucesion generatiua, y la primera del desseo y delectacion de la generacion.

Phil. —La del beneficio en los cuerpos elementales es vna misma con la de la sucession y generacion; porque el engendrado ama al generante como a su beneficiador, y el generante ama al engendrado como a reciliente de su beneficio Esta causa de la sucession generatiua se halla bien en los engendrados de los elementos, como tu veras en las cosas engendradas en la region del ayre de los vapores que suben de la tierra y del mar, de los quales, quando son humidos, se engendra el agua, la nieue y el granizo; los quales, luego que son engendrados, con impetu amoroso decienden a buscar el mar y la tierra, madre dellos. Y si los vapores son secos, se hazen dellos vientos y cosas igneas y los vientos buscan el ayre con su respiracion, y lo igneo va mas alto buscando el fuego, mouido cada vno dellos del amor de su propio origen y elemento generatiuo. Veras tambien las piedras y metales engendrados de la tierra, quando se hallan fuera della, como la buscan con velocidad y no descansan jamas hasta que estan en ella; assi como buscan los hijos a las madres, que con ellas solamente se aquietan. La tierra tambien con amor los engendra, los tiene y conserua; y las plantas, las yeruas y los arboles tienen tanto amor a la tierra, madre y genetrice dellos, que jamas sin corrupcion no quieren apartarse della, antes con los braços de las rayzes la abraçan con aficion, como hazen los niños los pechos de sus madres. Y la misma tierra, como madre piadosa, no con pequeña caridad y amor, no solamente los engendra, sino que tambien tiene siempre cuydado de criarlos con sus propias humidades, sacandoselas de sus partes interiores a la superficie para mantenerlas con ellas, como haze la madre, que saca la leche de sus entrañas a las tetas para criar sus hijos. Assi mismo, quando à la tierra le falta hume-

Semejança del amor que ay entre la tierra y sus hijos al que tiene la muger a los suyos.

dad para darsela a ellos, con ruegos y suplicaciones la pide al cielo y al ayre, y la compra y contrata con sus vapores que suben, de los quales se engendra el agua llouediza para sustentar sus plantas y sus animales. Qual madre podra auer tan llena de piedad y caridad para con sus hijos?

Soph.—Ciertamente es admirable vn semejante cuydado en vn cuerpo sin anima, como es la tierra; y mucho mas admirable del que la pudo hazer tan curiosa. Solamente me queda agora por entender de la primera causa de amor en los animales, que es el desseo y la delectacion de la generacion, de que manera se halla esta en los elementos y cuerpos sin anima sensitiua.

Phil.—El amor generatiuo se halla en los elementos y en la materia de todas las cosas inferiores mas copiosamente que en ninguno de los otros amores.

Soph.—Como, en la materia? Es por ventura la materia de todas estas cosas inferiores otra que estos quatro elementos? Nosotros solamente vemos que destos quatro se engendran todas las otras cosas engendradas.

Phil.—Assi es; pero los mismos elementos tambien son generables, por lo qual es necesario dezir de que cosa se engendran.

Soph.—De que?: el vno del otro; del agua vemos que se haze ayre, y del ayre agua, y de fuego ayre, y del ayre fuego, y assi tambien la tierra.

Phil.—Tambien esso que dizes es verdad; pero de las cosas que se engendran de los elementos, los propios elementos son materia y fundamento que queda en la cosa engendrada dellos; pero todos quatro vnidos virtualmente. Empero quando se engendra el vno del otro, no puede ser assi, que quando el fuego se conuierte en agua, no queda el fuego en el agua, antes se corrompe el fuego y se engendra el agua; y pues que es assi, es necessario señalar alguna materia comun a todos los elementos, en que puedan hazerse estas transmutaciones dellos, la qual es vna voluntad o aptitud, que

Materia primera, que es. siendo informada de ayre por suficiente alteracion, dexando la forma del ayre, toma la forma del agua, y assi la de los otros. A esta llaman los filosofos materia primera, y los mas antiguos la llaman caos, que en *Caos sinifica confusion.* griego quiere dezir confusion, porque todas las cosas potencialmente y generatiuamente estan en ella juntas y en confusion, y desta se hazen todas, cada vna de por si difusamente y successiuamente.

Soph.—Y que amor puede auer en esta?

Phil.—Esta, como dize Platon, apetece y ama todas las formas de las cosas engendradas como la muger al hombre; y no *La materia primera apetece todas las formas.* hartando a su amor, apetito y desseo, la presencia actual de vna de las formas, se enamora de la otra que le falta, y dexando aquella toma esta; de manera que, no pudiendo tener juntas todas las formas en acto, las recibe todas successiuamente la vna empos de la otra. Tambien possee en las muchas partes suyas todas las formas juntamente; pero como cada vna de aquellas partes apetezca gozar del amor de todas las formas, les conuiene successiuamente de continuo transmutarse de la vna en la otra, que vna forma no basta a hartar su apetito y amor, el qual excede en mucho a su satisfacion, porque vna sola forma destas no puede hartar a su insaciable apetito. Y assi como ella es causa de la continua generacion de las formas que le faltan, assi ella *La materia primera es causa de la generacion y corrupcion de todas las cosas.* mesma es causa de la continua corrupcion de las formas que possee. Por lo qual algunos la llamaron meretrix, porque no *Materia primera: por que se llama meretrix.* tiene vnico ni firme amor a vno; que quando lo tiene a vno, dessea dexarlo por otro; pero con este adultero amor se adorna el mundo inferior de tanta y tan admirable variedad de cosas tan hermosamente formadas. De manera que el amor generatiuo desta materia primera, y el desseo suyo siempre del nueuo marido que le falta, y la delectacion que recibe del nueuo coito, es causa de la generacion de todas las cosas generables.

Soph.—Bien he entendido el amor y el apetito y el desseo insaciable que se halla siempre en esta materia primera; querria saber que amor generatiuo se puede hallar en los quatro elementos, pues que son entre si contrarios.

Phil.—El amor que suele hallarse en los *El amor de los quatro elementos es causa generatiua de los compuestos dellos.* quatro elementos, aunque son contrarios el vno del otro, es causa generatiua de todas las cosas mixtas, y dellos compuestas.

Soph.—Declarame de que manera.

Phil.—Los elementos, por su contrariedad, estan diuididos y apartados. Porque, siendo el fuego y el ayre calientes y ligeros, buscan lo alto y huyen lo baxo. Y siendo la tierra y el agua frios y pesados, buscan lo baxo y huyen lo alto. Pero muchas vezes por intercession del cielo benigno, mediante su mo- *El cielo es causa del amor de los elementos.* nimiento y sus rayos, se ayuntan en amistad, y de tal manera se mezclan juntos, y con tal amistad, que llegan casi en vnidad de cuerpo vniforme y de vniforme calidad. La qual amistad es capaz de recebir, por la virtud del cielo, en el todo otras formas mas excelentes que ninguno de los elementos en diuersos grados, quedando todavia los elementos mezclados materialmente.

Soph.—Quales son las formas que los elementos reciben mediante su amistad, y quantos son los grados della?

Grados del amor de los elementos y lo que se cria en cada grado.

Primer grado donde se crian los mistos inanimados

Phil.—En el primer grado y mas tenue de la amistad, reciben las formas de los mistos no animados, como son las formas de las piedras, algunas escuras, y otras mas claras, y otras lustrosas y relumbrantes, en las quales la tierra pone la dureza, el agua la claridad y el ayre lo diafano o transparencia, el fuego lo lustroso o lucido, con los rayos que se hallan en las piedras preciosas. Tambien resultan desta amigable mezcla de los elementos las formas de los metales, algunos grosseros, como el hierro y plomo; otros mas limpios, como el cobre, y estaño, y azogue; otros claros y hermosos, como es la plata y el oro, en los quales todos domina tanto el agua, que el fuego suele derretirlos. En todos estos tanto es mas perfeta la forma del misto, piedra o metal, quanto la amistad de los elementos es en ella mayor y mas ygual. Y quando la

Segundo grado en que se crian los vegetables.

amistad destos quatro elementos contrarios es de mayor grado, y su amor esta mas vnido, con mayor ygualdad y con menor excesso de cada vno dellos, no solamente tienen las formas de la mistura, mas tambien reciben formas mas excelentes, como son las animadas, y primero las del anima vegetatiua, que causa en las plantas el brotar y criar y crecer por todas partes, y la generacion de los semejantes con la semilla y ramos del generante. Y desta manera se engendran todas las especies de las plantas, de las quales las menos perfetas son las yeruas, y los arboles son mas perfetos. Y entre las animas vegetatiuas de todas especies, tanto es la vna mas perfeta que la otra y de mas excelente operacion, quanto estos quatro elementos se hallan en ella con mayor amor y con mas vnida e igual amistad; y este es el segundo grado de la amistad dellos. Y quando el amor de los elementos es mayor,

Tercero grado de la amistad de los elementos, en el qual se crian los animales sensitiuos.

mas vnido, mas igual, no solamente recibe las formas de los mistos y las formas de la anima vegetatiua, con el criar, aumentar y generar, pero tambien recibe mas las formas de la anima sensitiua, con el sentido y mouimiento local, y con la fantasia y apetito. Y en este grado de

amistad, se engendran todas las especies de los animales terrestres, aquaticos y volatiles. Y algunos son imperfetos, que no tienen mouimiento, ni sentidos, sino el del tacto. Pero los animales perfetos tienen todos los sentidos y mouimiento. Y tanto es la vna especie mas excelente que la otra en su operacion, quanto la amistad de sus elementos es mayor y de mayor vnion e igualdad. Y este es el tercer grado de amor en los elementos. El quarto y vltimo grado de amor y amistad que se halla

Quarto y vltimo grado de la amistad de los elementos, en el qual se cria la especie humana.

en los elementos, es que, quando llegan al mas igualado amor y a la mas vnida amistad que ser puede, no solamente reciben en si las formas mistiuas, vegetatiuas y sensitiuas, con las motiuas, mas tambien se hazen capaces de participar la forma mas alexada y agena de la vileza destos cuerpos generables y corruptibles, antes participan la forma propia de los cuerpos celestiales y eternos, la qual es la anima intelectiua, que, entre todos los inferiores, solamente se halla en la especie humana.

Soph.—Y como fue possible que el hombre, siendo hecho destos mismos elementos contrarios y corruptibles, aya alcançado en suerte forma eterna e intelectual, anexa a los cuerpos celestiales?

Phil.—Porque el amor de sus elementos es

Razon por que solo el hombre recibio forma eterna.

tan igual, vniforme y perfeto, que vne toda la contrariedad de los elementos y queda hecho vn cuerpo remoto de toda contradicion y oposicion, assi como el cuerpo celeste, que esta desnudo de todo contrario, y por esto viene a participar forma intelectual y eterna, la qual solamente suele informar a los cuerpos celestes.

Soph.—No auia yo entendido jamas de tal amistad en los elementos; bien se que, segun la perfecion de la complision dellos, la forma del compuesto viene a ser mas o menos perfeta.

Phil.—La complision de los elementos es

La complision de los elementos es su amistad.

su amistad dellos. Y no te parece a ti que, como los contrarios, assi como la enemistad causa la discordia, puedan estar vnidos juntamente, sin litigio ni contradicion, que es verdadero amor y amistad? Algunos llaman a esta amistad harmonia, musica y concordancia. Y bien sabes que la amistad haze la concordia, assi como la enemistad causa la discordia. Y por esto dize el filosofo Empedo-

Empedocles y su sentencia.

cles, que las causas de la generacion y corrupcion en todas las cosas inferiores son teys: los quatro elementos, la amistad y la enemistad; porque la amistad de los quatro elementos contrarios, causa todas las generaciones de los cuerpos compuestos dellos, y su enemistad causa su corrupcion; porque, segun estos quatro grados de la generacion de amor, que te he dicho, en los quatro elementos que son causa de la generacion de todos los cuerpos compuestos en los quatro grados de composicion, has de entender otros tantos grados de odio, que son causa de la dissolucion y corrupcion dellos. Assi que, como todo mal y ruyna se deriua de la enemistad destos quatro elementos, assi todo bien y generacion viene del amor y amistad dellos.

Soph. — Plazeme el discurso que has hecho en las maneras y razones del

Conclusion y suma de lo que se ha dicho arriba.

amor que se halla en este mundo inferior, que es, en todas las cosas generables y corruptibles, assi en los hombres como en los animales brutos, como en las plantas y en los mixtos que no tienen anima, y assi en los quatro elementos y en la materia primera, comun a todos. Y bien veo que, assi como vna especie de animales ama a otra y se acompaña con ella y aborrece a otra y huye della, assi tambien en las plantas se hallan algunas especies amigas de otras, y nacen juntas, y quando estan en compañia, produzen mejor y son enemigas de otras que estando cerca se corrompen. Y vemos los metales acompañar vno a otro en sus minerales, y a otro no. Y por el semejante en las piedras preciosas. Y vemos la piedrahiman ser tan amada del hierro que, no obstante lo tosco y pesado suyo, se mueue y va a buscarla; y, en conclusion, veo que no ay cuerpo alguno, debaxo del cielo, que no tenga amor, desseo y apetito natural o sensual o voluntario, segun que me has dicho. Pero en los cuerpos celestiales y en los entendimientos espirituales me pareceria cosa estraña que se hallasse amor, no auiendo en ellos de las passiones destos cuerpos generables.

Phil. — En los cuerpos celestes y cosas intelectuales no se halla menos amor

El amor es mas excelente en los cuerpos celestes y en los espirituales que en los inferiores.

que en las inferiores, antes mas eminente y de mayor excelencia.

Soph. — Querria saber de que manera; porque la principal y mas comun causa que veo del amor es la generacion, y no auiendo generacion en las cosas eternas, como puede auer amor en ellas?

Phil. — No ay generacion en ellas, porque son ingenerables e incorruptibles; pero la generacion de los inferiores viene del

La generacion de los inferiores se atribuye al cielo y a la materia primera.

cielo como de verdadero padre, assi como la materia es la madre primera en la generacion, y despues los quatro elementos, mayormente la tierra, que es la madre mas ma-

nifiesta. Y bien sabes que no aman menos los padres de la generacion que las madres, antes por ventura tienen amor mas excelente y perfeto.

Soph. — Dime mas largamente desse amor paternal del cielo.

Phil. — En comun te digo, que, mouiendose el cielo, padre de las cosas generables, en su mouimiento continuo y circular, sobre todo el globo de la materia primera, y mouiendola y mezclando todas sus partes, ella produze todos los generos y especies e indiuiduos del mundo inferior de la generacion, assi como mouiendose el macho sobre la hembra y mouiendola a ella, ella procrea hijos.

Soph. — Dime essa propagacion mas clara y particularmente.

Phil. — La materia primera, como vna hiembra, tiene cuerpo que recibe, humidad que la

Semejança de la materia primera a la muger en la generacion.

cria, espiritu que la penetra, calor natural que la templa y biuifica.

Soph. — Declaramelas vna a vna.

Phil. — La tierra es el cuerpo de la materia primera, receptaculo de todas las influencias de su macho, que es el cielo. El agua es la humidad que la cria; el ayre es el espiritu que la penetra; el fuego es el calor natural que la templa y biuifica.

Soph. — De que manera influye el cielo su generacion en la tierra?

Phil. — Todo el cuerpo del cielo es el macho que la cubre y rodea con mouimiento continuo. Ella, aunque esta queda, se mueue algun tanto por el mouimiento de su varon; pero su humidad, que es el agua, y su espiritu, que es el ayre, y su calor natural, que es el fuego, se mueuen actualmente por el mouimiento celeste viril, segun que se mueuen todas estas cosas en la hembra al tiempo del coito por el mouimiento del macho, aunque ella no se mueue corporalmente, antes esta quieta para recebir el semen de la generacion de su varon.

Soph. — Que semen es el que pone el cielo en la tierra y como puede darlo?

Phil. — El semen que la tierra recibe del cielo es el rocio y el agua llouediza,

El rocio y las pluuias son el semen del cielo.

el qual con los rayos solares y lunares y de los otros planetas y estrellas fixas engendra en la tierra y en la mar todas las especies e indiuiduos de los cuerpos, compuestos en los quatro grados de composicion, como te dixe.

Soph. — Quales son propiamente en el cielo los productores de esse semen?

Phil. — Todo el cielo lo produze con su continuo mouimiento, assi como todo el cuerpo del hombre en comun produze la esperma; y de la manera que

Semejança del cielo al cuerpo humano en la generacion.

Semejança del cielo estrellado y de los siete planetas al cuerpo humano y sus siete miembros en la produccion del rocio y pluuias.

el cuerpo humano es compuesto de miembros homogeneos, que es no organizados: huessos, nieruos, venas, paniculos y ternillas, demas de la carne, que es vn henchimiento entre lo vno y lo otro, assi el gran cuerpo del cielo octauo es compuesto de estrellas fixas de diuersas naturalezas, las quales se diuiden en cinco grandezas y en otra sexta especie de estrellas ñublosas, de mas de la sustancia del cuerpo diafano del cielo, que se continua y hinche entre la vna y la otra.

Soph.—Y los siete planetas, de que siruen en la generacion deste semen del mundo?

Phil.—Los siete planetas son siete miembros y heterogeneos, que es: organizados, principales en la generacion deste semen, como son en el hombre los que engendran el esperma.

Soph.—Dimelos distintamente.

Phil.—La generacion del esperma en el hombre depende: Primero, del coraçon, que da los espiritus con el calor natural, el qual es formal en el semen. Segundo, el celebro de lo humido, que es la materia del semen. Tercero, el higado, que tiempla con suaue decoccion el semen y lo rehaze y aumenta de lo mas purificado de la sangre. Quarto, el baço, el qual, despues que lo ha purificado con la atraccion de las hezes melancolicas, lo engruessa y lo rehaze viscoso y ventoso. Quinto, los riñones, los quales con la propia decoccion lo hacen pungitiuo, caliente e incitatiuo, mayormente por la porcion de colera que tienen siempre de la hiel. Sexto, los testiculos, en los quales el semen recibe perfecion de complision y naturaleza seminal generatiua. El septimo y vltimo es la verga, que pone el semen en la hembra que recibe.

Siete miembros que concurren en el semen del hombre.

Soph.—Entendido he como estos siete miembros organicos concurren en la generacion del semen viril; pero que tiene que hazer esso con los siete planetas?

Phil.—Desta manera concurren los siete planetas en el cielo para la generacion del semen mundano.

Semejança de los siete planetas a los siete miembros de la generacion del hombre.

Soph.—De que manera?

Phil.—El Sol es el coraçon del cielo, del qual se deriua el calor natural espiritual, que haze exhalar los vapores de la tierra y del mar y engendra el agua y el rocio, que es el semen, y los rayos, aspectos suyos, lo conduzen, mayormente con la mutacion de los quatro tiempos del año que se haze con su mouimiento anal. La Luna es el celebro del cielo que causa las humidades, que son el semen comun; y por sus mutaciones se

mudan los vientos y decienden las aguas, haze la humidad de la noche y el rocio, que es nutrimento seminal. Iupiter es el higado del cielo, que con su calor y humido suaue ayuda en la generacion de las aguas y en la templança del ayre y suauidad de los tiempos. Saturno es el baço del cielo, que con su frialdad y sequedad haze engrossar los vapores y congelar las aguas y mouer los vientos que los traen y templar la demasia del calor. Marte es la hiel y los riñones del cielo, que con su calor excessiuo ayuda en la subida de los vapores y derrite el agua y la haze correr y la haze sutil y penetratiua, y le da calor seminal incitatiuo para que la frialdad de Saturno y de la Luna no haga al semen indispuesto para la generacion por falta de calor actual. Venus es los testiculos del cielo: esta tiene gran fuerça en la produccion del agua buena y perfeta para la sementera, que la frialdad y humidad suya es benigna, muy digesta y apta a causar la generacion terrestre; y por la proporcion y aproximacion que los riñones tienen con los testiculos en la generacion del esperma, fingieron los poetas a Marte enamorado de Venus; porque el vno da la incitacion y el otro el humido dispuesto al semen. Mercurio es la verga del cielo, vnas vezes directo y otras retrogado; vnas vezes causa actualmente las lluuias y otras las impide. Mueuese principalmente de la aproximacion del Sol y de los aspectos de la Luna, como se mueue la verga del desseo e incitacion del coraçon y de la imaginacion y memoria del celebro.

Razon del amor de Venus y Marte.

Assi que puedes ver, o Sophia! como el cielo es perfetissimo marido de la tierra, que con todos sus miembros organicos y homogeneos se mueue y esfuerça a poner en ella su semen y a engendrar tantas bellas generaciones y de tanta diuersidad. No vees que no se continuara vna tan summa diligencia y vn tan sutil proueymiento, sino por vn feruentissimo y finissimo amor del cielo, que como propio hombre generante tiene a la tierra y a los otros elementos y a la materia primera en comun como a propia muger, de la qual esta enamorado o casado con ella? Y tiene amor a las cosas engendradas y cuydado admirable en el nutrimento y conseruacion dellas, como de hijos propios. Y la tierra y materia tiene amor al cielo como a dilectissimo marido o amante y bienhechor. Y las cosas engendradas aman al cielo como a padre piadoso y optimo curador. Con este reciproco amor se vne el vniuerso corporeo y se adorna y sostiene el mundo. Que otra mayor demostracion quieres entender de la comunidad del amor?

Semejança del cielo y de la tierra, y sus generaciones, al hombre, y a la muger, y a sus hijos.

Soph.—Admirable es el amor matrimonial

y reciproco de la tierra y del cielo, y assi mismo todo quanto la tierra tiene de la propiedad de muger y el cielo de marido, con sus siete planetas, correspondientes a los miembros concurrientes en la generacion del semen del hombre. Y yo auia entendido que cada vno de estos siete planetas tenia sinificacion, segun los astrologos, sobre vno de los miembros del hombre, pero no de los apropiados a la generacion, sino que antes tenian mas ayna sinificacion sobre los miembros exteriores de la cabeça, hechos para seruir al conocimiento sensible e interior.

Phil.—Bien es verdad que los siete planetas tienen sinificacion sobre las siete concauidades que ay en la cabeça, que siruen al sentido y conocimiento, esto es: el Sol, sobre el ojo diestro; la Luna, sobre el siniestro, porque ambos son los ojos del cielo; Saturno, sobre el oydo diestro, y Iupiter, sobre el siniestro, segun otros al contrario; Marte, sobre la ventana diestra de la nariz, y Venus, sobre la siniestra, y segun otros al contrario; Mercurio, sobre la lengua y la boca, porque el es sobre la habla y dotrina, pero esto no quita que, como dizen los astrologos, no tengan tambien sinificacion sobre estotros siete miembros del cuerpo, que concurren a la generacion como te he dicho.

> Semejança de los siete planetas a las siete concauidades de la cabeça.

Soph.—Por que causa apropian estas dos maneras de sinificaciones parciales en los miembros humanos?

Phil.—Porque estos siete miembros del conocimiento, corresponden en el hombre a los siete de la generacion.

> Los siete miembros del conocimiento correspondan en el hombre à los siete de la generacion.

Soph.—De que manera?

Phil.—El coraçon y el celebro son en el cuerpo como los ojos en la cabeça; el higado y el baço, como los dos oydos; los riñones y testiculos, como las dos ventanas de la nariz; la verga es proporcionada a la lengua en la manera de la postura, y en la figura, y en el estenderse y recogerse, y en estar puesta en medio de todos, y en la obra; que assi como mouiendose la verga engendra generacion corporal, la lengua la engendra espiritual con la locucion diciplinal, y haze hijos espirituales, como la verga corporales; y el beso es comun a entrambos, incitatiuo del vno al otro. Y assi como todos los otros miembros siruen a la lengua en el conocimiento, y ella es fin de la aprehension y de la salida de esse conocimiento, assi todos los otros siruen a la verga en la generacion, y en ella consiste el fin y la salida della. Y assi como la lengua esta puesta entre las dos manos, que son instrumentos de la execucion de lo que se

> Maxima pœnis et lingua similitudo.

conoce y de lo que se habla, assi la verga esta puesta entre los pies, instrumentos del mouimiento para acercarse a la hembra que recibe.

Soph.—Entendido he la correspondiente proporcion de los miembros conocitiuos de la cabeça y los miembros generatiuos del cuerpo; pero dime: Por que no se hallan en el cielo semejantes dos maneras de planetas, correspondientes en conocimiento y generacion, para hazer la similitud mas perfeta?

Phil.—El cielo, por su simplicidad y espiritualidad, con los miembros e instrumentos mismos del conocimiento, engendra las cosas inferiores; de manera que el coraçon y el celebro, productores del semen generatiuo del cielo, son los ojos con que el vee, que son el Sol y la Luna; el higado y el baço, que templan el semen, son los oydos con que oye, que son Saturno y Iupiter; los riñones y testiculos, que perficionan el semen, son las ventanas de la nariz con que huele, que son Marte y Venus; la verga, que echa el semen, es la lengua mercurial, guia del conocimiento. Pero en el hombre y los otros animales perfetos, aunque son imagen y simulacro del cielo, fue necessario diuidirles los miembros conocitiuos de los generatiuos. y poner aquellos en la parte superior de la cabeça y estos en la inferior del cuerpo, pero correspondientes los vnos a los otros.

Soph.—Satisfecha estoy desto; pero quedo en duda que tu comparaste el cielo al hombre, y la materia, y tierra, y los otros elementos a la muger, y yo he entendido siempre que el hombre es simulacro, no solamente del cielo, mas tambien de todo el vniuerso corporeo e incorporeo juntamente.

Phil.—Assi es verdad, que el hombre es imagen de todo el vniuerso, y por esto los griegos le llaman Microcosmos, que quiere dezir mundo pequeño. Empero, el hombre y qualquiera otro animal perfeto, contiene en si macho y hembra, porque su especie se salua en ambos a dos, y no en vno solo dellos. Y por esto no solamente en la lengua latina homo sinifica hombre y muger, pero tambien en la lengua hebrea, antiquissima madre y origen de todas las lenguas, Adam, que quiere dezir hombre, sinifica macho y hembra, y en su propia sinificacion los contiene ambos a dos juntamente. Y los filosofos afirman que el cielo es solamente vn animal perfeto, y Pitagoras ponia que en el auia diestra y siniestra, como en todo animal perfeto; diziendo que la mitad del cielo, de la linea equinocial hasta el Polo Ar-

> El hombre, porque es imagen de todo el vniuerso, se llama mundo pequeño.
>
> Lengua hebrea, origen y madre de todas las lenguas.
>
> Adam quiere dezir hombre; sinifica macho y hembra.
>
> El cielo, segun los filosofos, es animal perfeto.
>
> Opinion de Pitagoras acerca del cielo.

tico, que llamamos Tramontana, era la diestra del cielo, porque de la dicha linea equinocial hasta la Tramontana vehia mayores estrellas fixas y mas claras y mayor numero que las que vehia de la equinocial hazia el otro Polo, y tambien le parecia que causasse en los inferiores mayor y mas excelente generacion en aquella parte de la tierra que en la otra, y llama a la otra mitad del cielo, que esta de la linea equinocial hasta el otro Polo Antartico, que nosotros no vemos, siniestra del cielo. Pero el filosofo Aristoteles, confirmando

Opinion del grande Aristoteles acerca del cielo. ser el cielo vn animal perfeto, dize: que no solamente tiene estas dos partes de animal, que son diestra y siniestra, pero que tambien, aliende destas, tiene las otras partes del animal perfeto, que son delantera y trassera, que es cara y espaldas; alto y baxo, esto es, cabeça y pies, porque en el animal se hallan diuididas y diferentes todas estas seys partes, y la diestra y la siniestra presuponen las otras quatro, sin las quales no podrian estar, porque la diestra y la siniestra son partes de la anchura del cuerpo del animal, y lo alto y baxo, que es cabeça y pies, son partes de la largura, la qual, naturalmente, precede a la anchura. La delantera y trassera, que es pecho y espaldas, son partes de la profundidad del cuerpo del animal, la qual es fundamento de la anchura y de la largura. Assi que, auiendo diestra y siniestra en el cielo, segun dize Pitagoras, conuiene que se hallen en el las otras quatro partes de las otras dos medidas, cabeça y pies de la largura, y pecho y espaldas de la profundidad. Dize Aristoteles que no es la diestra del cielo nuestro Polo, ni la siniestra el otro, como dize Pitagoras, porque la diferencia y mejoria de la vna sobre la otra no sera, en el cielo mismo, sino en aparencia a nosotros o en respeto, y quiça que en la otra parte que no conocemos se hallan mas estrellas fixas en el cielo, y mas habitaciones en la tierra; y en nuestros tiempos la experiencia de la nauegacion de los portugueses y españoles nos ha mostrado parte desto. Por lo qual el dize que el Oriente es la diestra del cielo, y el Ocidente la siniestra, y pone ser todo el cuerpo del cielo vn animal, cuya cabeça es el Polo Antartico, a nosotros oculto, y los pies el Polo Artico de la Tramontana. Y desta manera queda la diestra en el Oriente y la siniestra en el Ocidente; y el pecho es la parte que ay del Oriente al Ocidente, y las espaldas o trasera es la parte que ay del Ocidente al Oriente, debaxo. Assi que, siendo todo el vniuerso, como estos dizen, vn hombre o vn animal que contiene macho y hembra, y siendo el cielo vno de los dos perfetamente con todas sus partes, ciertamente puedes creer que es el macho o el

hombre, y que la tierra y la materia primera con los elementos es la hembra, y que estos estan siempre ambos a dos conjuntos en amor matrimonial o en reciproca aficion de dos verdaderos amantes, segun que te he dicho.

Soph.—Plazeme lo que de Aristoteles me has dicho de la animalidad del cielo, y de las seys partes suyas naturalmente diferentes en el animal; que en las plantas, aunque ay diferencia de la cabeça y de los pies,

Las plantas son animales al reues. que la cabeça es la rayz y los pies las hojas, que en esto es animal al reues, en lo que es de lo alto a lo baxo, pero no se hallan en ellas las diferencias de las otras partes, porque no tienen delantera ni espaldas, ni diestra ni siniestra; mas en lo que dize Aristoteles, que el Oriente es la diestra del cielo y el Ocidente la siniestra, me ocurre vna duda: que el Oriente ni el Ocidente no es vno a todos los habitadores de la tierra,

Propone vna question dificultosa. antes nuestro Oriente es Ocidente a los que habitan debaxo de nosotros, que se llaman antipodas, y nuestro Ocidente es Oriente para ellos, y todas las partes de la redondez del cielo, del Leuante al Poniente, son Oriente a vnos habitadores de la tierra y Ocidente a otros. Pues qual destos dos Orientes sera la diestra y por que mas el vno que el otro? Y si todo Oriente es diestra, vna misma cosa sera diestra y siniestra. Absuelueme esto, que me parece dudoso.

Phil.—Tu duda, o Sophia! no es muy facil de absoluer. Algunos dizen que el Oriente, que es diestra del cielo, es el Oriente de los que habitan en medio de la longitud de la habitacion del mundo, del Leuante al Poniente; porque creen que la mitad de la longitud es habitada o tierra descubierta, y que la otra mitad esta cubierta de agua.

Soph.—Es esso verdad?

Phil.—No, por cierto, que no es verdad; porque nosotros sabemos que la

Repraeua la opinion de muchos acerca de la ablacion de la tierra. mayor parte de la redondez de la tierra, del Leuante al Poniente, esta descubierta, y que cada region tiene su Oriente, y el vno no deue ser la diestra mas que el otro; mayormente que lo que es Oriente a vnos es Ocidente a otros. Y desta manera vn mismo Oriente fuera diestra y siniestra, como has dicho. Por lo qual dizen otros que el signo Aries es la diestra del cielo y el signo Libra la siniestra.

Soph.—Por que razon?

Phil.—Porque quando el sol esta en Aries, tiene gran potencia, y se engendran entonces todas las plantas y se remoça el mundo. Y quando esta en Libra, todas se van secando y enuejeciendo.

Soph.—Aunque fuesse assi, no por esso se-
ria Aries la diestra, pues que
no esta siempre en Oriente, sino
algunas vezes en Ocidente; y
quando es Oriente a vno, es
Ocidente a otro; y Aristoteles
declara que el Oriente es la diestra.

Phil.—Bien lo prueuas, mayormente por-
que no a todos los habitadores de la tierra es
el Sol igualmente beneuolo y bienhechor quan-
do se halla en Aries: porque los de la otra
mitad de la tierra, que habitan de la otra parte
de la Equinocial y veen el otro Polo Antarti-
co, los quales se llaman antitones, reciben el
beneficio de la primauera quando el Sol esta en
Libra, porque entonces comiença a allegarseles;
y prueuan el daño del otoño quando esta en
Aries, que entonces se alexa dellos al contra-
rio de nosotros. Luego nuestra diestra les se-
ria a ellos siniestra; y al fin la diestra del ani-
mal con todos es diestra, y assi la siniestra.

Soph.—Sin duda es assi; que entendido he
que, los que habitan de la otra parte de la torri-
da zona, tienen la primauera quando nosotros el
otoño, y el otoño quando nosotros la primaue-
ra; por tanto, te suplico, o Philon! que no dexes
mi duda sin verdadera absolucion, si la sabes.

Phil.—Los que comentaron a Aristoteles,
no hallaron otra manera de absoluerlo sino
estas dos; y porque conocieron la flaqueza de
su absolucion, se asieron al inconueniente me-
nor que pudieron hallar. Tu, o Sophia! conten-
tate con lo que essos que supieron mas que tu
se contentaron.

Soph.—Por mi gusto me deleyto y no por el
ageno, y veo que tu estas menos satisfecho de
essas absoluciones que yo; y para que yo me
aquiete, conuiene que me concedas que Aris-
toteles erro, o que halles otra respuesta mas
suficiente que esta para darme.

Phil.—Pues que mi mente esta conuertida
en ti, ninguno de mis conceptos
puede negarsete. Yo de otra
manera entiendo a Aristoteles,
el qual declara sutilmente las
obras destas seys partes, assi en el cielo como
en todo animal perfeto. Dize que lo alto o
cabeça, que es principio de la largura del animal,
mal, es aquella parte de donde primero depende
la virtud del mouimiento, que ciertamente los
nieruos y espiritus motiuos vienen de la cabeça
o del celebro, y la diestra es la parte de donde
el mismo mouimiento principia, segun se ma-
nifiesta en el hombre; y la cara o delantera es
aquella adonde se auia el mouimiento de la
diestra; las otras tres partes son las opuestas
a estas en las tales operaciones.

Soph.—Bien entiendo esso; vengamos a la
duda.

Phil.—Dize Aristoteles que la diestra es la
parte de adonde sale el Sol, y las estrellas, y
planetas, que es el Oriente; y este dize que no
esta apropriado a vna parte señalada del cielo
materialmente, sino en todas virtualmente en
quanto son Oriente, y se auian hazia Ocidente,
y no al contrario, segun el mouimiento errati-
co de los planetas, que es de Ocidente a Orien-
te; que aquel es mouimiento siniestro y de la
parte siniestra, y es como el mouimiento im-
perfeto y debil de la mano siniestra en el hom-
bre, assi como el de Oriente a Ocidente, en
qualquiera parte del cielo, es mouimiento dies-
tro y de la parte diestra; porque siendo la ca-
beça el Polo Antartico y los pies el Artico,
como el dize, conuiene que, encaminandose todo
el cielo, siempre y en toda parte, de Oriente a
Poniente, que el mouimiento sea de la parte
diestra y el oposito sea de la si-
niestra, y queda la cara encima
en la parte que esta entre el
Oriente y el Ocidente hazia don-
de camina el cielo en el moui-
miento diestro, y las espaldas
son la parte que queda debaxo
detras del Oriente; de la qual se
diuide el Oriente como la mano
diestra de las espaldas.

Soph.—Plazeme entenderte,
y segun esto, en el cielo sola-
mente lo alto y lo baxo, o la cabeça y los pies,
estan materialmente diuididos; que lo vno es el
vno de los Polos, y lo otro es el otro; las otras
quatro partes se diuiden en manera formal por
el encaminarse el mouimiento. Es assi, Philon?

Phil.—Assi es, y bien lo has entendido.

Soph.—Con todo esso, en los animales al fin
estan todas las seys partes materialmente diui-
didas y diferentes. Dime, por que hay entre
ellos tal diuersidad?

Phil.—Porque el animal se mueue derecha-
mente de vn lugar a otro, y sus
partes de la anchura y largura
estan diuididas y diferentes.
Pero en el cielo, que se mueue
con mouimiento circular de si
mismo en si mismo, y siempre buelue sobre
si, es necessario que estas partes en el esten
materialmente vna mesma en la otra misma
y todo en el todo; y que en la forma y via del
mouimiento se diuidan solamente; por lo qual
la cabeça y los pies del cielo, que son los dos
Polos, porque no se mudan jamas el vno ni el
otro, estan materialmente diuididos, assi como
en los animales.

Soph.—Si vno mismo es Oriente y Ociden-
te, siguese que vno mismo es diestra y siniestra?

Phil.—No es assi; que aunque materialmen-
te vn pedaço del cielo señalado sea a vnos

Oriente y a otros Ocidente, empero segun el mouimiento que todo el cielo y cada parte suya haze, es Oriente a todos, quando se halla en su oriente, y por la via del mouimiento es siempre la diestra y nunca es la siniestra, porque jamas se mueue el cielo ni alguna de sus partes en contrario del mouimiento diestro, o al reues, como hazen siempre los planetas erraticos, por lo qual el mouimiento dellos es siniestro; y se mueuen assi al reues, por contraoperar al mouimiento diestro celeste, por fauorecer los contrarios inferiores y por causar la continua generacion dellos.

Soph.—Entendido te he y quedo satisfecha de mi duda. Solamente querria aora que me declarasses como dizen los filosofos que vn hombre solo es simulacro de todo el vniuerso, assi del mundo inferior de la generacion y corrupcion, como del mundo celeste y del espiritual y angelico o diuino.

Phil.—Parece que me diuiertes algo del proposito en que estamos de la vniuersalidad del amor; pero porque de todas maneras esso tiene alguna dependencia desta materia, te lo dire debaxo de breuedad. Todos estos tres mundos que has explicado, generable, celeste e intelectual, se contienen en el hombre como en mundo pequeño, y se hallan en el el, no solamente diuersos en virtud y operacion, mas tambien diuinos por miembros, partes y lugares del cuerpo humano.

Con quanta razon se llama el hombre mundo pequeño.

Soph.—Enseñamelos todos tres particularmente.

Phil.—El cuerpo humano se diuide en tres partes, segun el mundo, vna sobre la otra; y de la infima parte, la primera mas alta es desde vna tela o paniculo que parte el cuerpo por medio en la cintura, que se llama diafragma, hasta lo baxo de las piernas. La segunda mas alta es desde encima de aquella tela hasta la cabeça. La tercera mas alta es la cabeça. La primera contiene los miembros de la nutricion y de la generacion, estomago, higado, hiel, baço, venas miseraycas, intestinos, riñones, testiculos y verga Y esta parte en el cuerpo humano es proporcionada al mundo inferior de la generacion en el vniuerso. Y assi como en el se engendran de la materia primera los quatro elementos, fuego, ayre, agua y tierra, assi en esta parte se engendran del manjar, que es materia primera de todos los quatro humores colera caliente, seca y sutil, de la calidad del fuego;

Tres partes distintas del cuerpo humano, que corresponden a las tres del vniuerso, y su marauillosa semejança en todo.

Semejança de la parte infima del cuerpo humano al mundo elemental.

Semejança del manjar y los quatro humores a la materia primera y a los quatro elementos.

sangre caliente y humida, suauemente templada, de la calidad del ayre; la flema fria y humida, de la calidad del agua, y el humor melancolico, frio y seco, de la calidad de la tierra Y assi como de los quatro elementos se engendran animales que, demas de la nutricion y aumento, tienen sentido y mouimiento, y las plantas, que no tienen sentido ni mouimiento, sino solamente nutricion y aumento, y otros mistos priuados de anima, sin sentido ni mouimiento, ni nutricion ni aumento, que son como hezes de los elementos, que son las piedras, hongos, sal y metales. assi destos quatro humores eugendrados en esta parte primera e inferior de los humores, se engendran miembros que tienen nutrimento, aumento, sentido y mouimiento, como los nieruos y paniculos, morecillos y musculos, y otros que de si no tienen sentido ni mouimiento, como son los huessos, las ternillas y las venas. Y tambien se engendran del manjar y de los humores otras cosas que no tienen sentido, ni mouimiento, ni nutricion, ni aumento, sino que son hezes y superfluydades del manjar y de los humores, como son las hezes duras, la orina y el sudor y la superfluydad de las narizes y de los oydos. Y assi como en el mundo inferior se engendran algunos animales de la putrefaccion, muchos de los quales son venenosos, assi de la putrefaccion de los humores se engendran humores de muchas maneras, de los quales algunos son venenosos. Y assi como en el mundo inferior vltimamente, con participacion celestial, se engendra el hombre, que es animal espiritual, assi de lo mejor de los humores y de lo mas sutil del vaporal se engendran espiritus sutiles y purificados, los quales se hazen para participacion y restauracion de los espiritus vitales que estan manentes siempre en el coraçon, los quales son de la segunda parte del cuerpo humano, correspondiente al mundo celestial, segun diremos.

Soph.—Bien he entendido la correspondencia de la parte inferior del hombre al mundo inferior de la generacion y corrupcion; dime aora de la celeste.

Phil.—La segunda parte del cuerpo humano contiene los miembros espiritales, que estan encima de la tela diafragma, hasta las cañas de la garganta, que son el coraçon y los dos pulmones, el diestro y el siniestro; en el diestro ay tres partezillas de pulmon diuisas y en el siniestro dos; esta parte corresponde al mundo celestial. El coraçon es la octaua esfera estrellada, con todo lo celeste sobre ella, que es el primer monil que toda cosa mueue ygualmente, vniformemente, circularmente, y sustenta toda

Segunda parte del cuerpo humano y lo que contiene.

Semejança de la segunda parte del cuerpo humano al mundo celestial del mouimiento.

cosa corporea del vniuerso con su mouimiento continuo, y qualquier otro mouimiento continuo que se halle en los planetas y elementos procede del. Assi es el coraçon en el hombre, que siempre se mueue con mouimiento circular y vniforme, no reposa jamas, y con su moui· miento sostiene en vida todo el cuerpo humano y es causa del mouimiento continuo de los pulmones y de todas las arterias que pulsan en el cuerpo. En el coraçon se hallan todos los espi ritus y fuerças humanas, assi como se hallan en aquel cielo tantas estrellas claras, grandes, medianas y pequeñas y tantas figuras celestiales que estan coligadas a este cielo, primer mobil, los siete planetas erraticos, las quales se llaman assi porque yerran en el mouimiento,

Razon por que se llaman erraticos los siete planetas. que vnas vezes van derechos y otras vezes bueluen atras; vnas vezes van a priessa, otras vezes de espacio y todos siguen al pri· mer mobil. Assi los pulmones. que siguen al coraçon y le siruen en su continuo mouimiento, los quales pulmones, siendo espongiosos, se estienden y se recojen, vnas vezes a priessa y otras vezes a espacio, como los planetas erraticos. Y assi como los principales dellos para el gouierno del vniuerso son las dos lumbreras Sol y Luna, y encima, con el Sol, se acompañan tres planetas superiores, Marte, Iupiter y Saturno, y encima de la Luna otros dos, Venus y Mercurio, assi el pulmon diestro, mas principal, es simulacro del Sol y por esto tiene consigo tres partezillas diuididas, que proceden del mesmo pulmon, y el pulmon siniestro, que sinifica la Luna, tiene dos, y todos hazen numero de siete. Y assi como el mundo celeste sustenta con sus rayos y mouimiento continuo este mundo inferior, participandole con ellos el calor vital, la espiritualidad y el mouimiento, assi el coraçon, con los pulmones, sustenta todo el cuerpo por las arterias, por las quales participa en todo el su calor y espiritus vitales y su mouimiento continuo. Assi que en todo es perfeta la semejança.

Soph —Gusto me da esta correspondencia del coraçon y de los miembros espirituales con el mundo celestial y sus influencias en el mundo inferior. Si quieres aora complazerme, dime la correspondencia del mundo espiritual en el cuerpo humano.

Phil.—La cabeça del hombre, que es la par-

La cabeça del hombre se semejança del mundo espiritual, al qual le compara doctissimamente. te superior de su cuerpo, es simulacro del mundo espiritual; el qual, segun el diuino Platon, no lexos de Aristoteles, tiene tres grados: anima, entendimiento y diuinidad. El anima es aquella de la qual proniene el mouimiento celestial y que prouee y gouierna la naturaleza

del mundo inferior, como la naturaleza gouierna en el a la materia primera. Esta en el hombre es el celebro, con sus dos potencias del sentido y del mouimiento voluntario, las quales se contienen en el anima sensitiua proporcional a la anima del mundo, que prouee y mueue los cuerpos. Despues ay en el hombre el entendimiento possible, que es la vltima forma humana, correspondiente al entendimiento del vniuerso, en el qual estan todas las criaturas angelicas. Vltimamente, ay en el hombre el entendimiento agente; y quando se junta con este el possible, se hace actual y lleno de perfecion y de gracia de Dios, copulado con su sagrada diuinidad. Esto es lo que en el hombre corresponde al diuino principio, del qual tienen principio todas las cosas, y todas se endereçan a el y reposan como en vltimo fin. Esto deue bastarte, o Sophia! en esta nuestra familiar platica de la semejança del hombre con todo el vniuerso, y como con razon fue de los antiguos llamado mundo pequeño. Otras muchas particulares semejanças tenemos, que serian prolixas y fuera de nuestro proposito: desto que hemos dicho nos seruiremos despues, quando hablaremos del nacimiento y origen del amor, y entenderas entonces que no se aman en vano las cosas del mundo la vna a la otra, las altas a las baxas y las baxas a las altas, pues que son todas partes de vn cuerpo que corresponden a vna integridad y perfecion.

Soph.—Transportado nos ha la platica y

Conclusion de las cosas arriba dichas apartado algun tanto de nuestro proposito; boluamos aora, Philon, a nuestro intento. Si bien te he entendido, me has declarado quanto es el amor que tiene el cielo, a modo de hombre generante, a la tierra y a la primera materia de los elementos, como a propria muger que recibe su generacion. Y no ay duda, segun esto, sino que tambien el cielo tenga amor a todas las cosas engendradas de la tierra o de la materia de los elementos, como padre a proprios hijos; el qual amor se manifiesta largamente en el cuydado que El tiene de conseruarlas, premiarlas y en sus sustentos, produziendo el agua llouediza para sustento de las plantas, las plantas para sustento de los animales, y lo vno y lo otro para sustento y seruicio del hombre, como de primogenito o principal engendrado suyo. El muda los quatro tiempos del año, primauera, estio, otoño, innierno, para el nacimiento y sustento de las cosas y para templar el ayre por la necessidad de la vida dellas y para ygualar la complision dellas. Tambien se vee las cosas engendradas aman al cielo, piadoso y verdadero padre, por el alegria que los animales tienen con la luz del sol y con la venida del dia, y por la tristeza y encogimiento

que tienen con la escuridad del cielo con la
venida de la noche. Desto soy cierta que sa-
bras dezirme mucho mas; pero basta lo que
me has dicho del reciproco amor del cielo y de
la tierra, a semejança de hombre y muger, y
del amor de cada vno dellos para las cosas eu-
gendradas, como amor de padre y madre para
los hijos, y assi el amor de essos generados
para la tierra o para el cielo, como de hijos a
la madre y al padre. Pero lo que yo querria sa-
ber de ti es si los cuerpos celestiales, de mas
del amor que tienen a las cosas del mundo in-
ferior, si se aman reciprocamente el vno al otro;
porque atento que entre ellos no ay generacion,
la qual me parece potissima causa del amor
entre las cosas del vniuerso, parece que por
esta no deuria auer entre ellos el reciproco
amor y la conuertible delectacion.

Phil.—Aunque entre los celestiales falta la
Que ay amor reci-
proco entre los cie-
los, y en que se vee.
resucitada y mutua generacion,
no por esso falta entre ellos el
perfeto y reciproco amor. La
causa principal que nos muestra
amor entre ellos, es la amistad dellos y la con-
cordancia harmoniaca que perpetuamente se
halla en ellos; que bien sabes que toda concor-
dia procede de verdadera amistad o de verda-
dero amor. Y si contemplasses, o Sophia! la co-
rrespondencia y concordancia de los mouimien-
tos de los cuerpos celestiales, de aquellos prime-
ros que se mueuen del Leuante al Poniente y
de los otros que se mueuen, al contrario, del
Poniente al Leuante, el vno con monimiento
velocissimo, el otro con menos velocidad, algu-
nos tardos, otros tardissimos, y como vnas ve-
zes se mueuen derechos y otras vezes bueluen
atras, y vnas vezes estan como quietos en la
estacion acerca de la direccion y otras acerca
de la retrogradacion, vnas vezes se diuierten
hazia el Setentrion, otras vezes hazia el Medio-
dia, vnas vezes van por medio del Zodiaco, y
vno dellos, que es el Sol, nunca se aparta jamas
de aquel camino derecho del Zodiaco, ni va ja-
mas hazia el Setentrion ni hazia el Mediodia,
como hazen todos los otros planetas; y si co-
nociesses el numero de los orbes celestiales, por
los quales son necessarios los diuersos moui-
mientos, sus medidas, sus formas y posiciones
y sus polos y sus epiciclos, y sus centros y cen-
triculos, vno ascendiente y otro decendiente,
vno oriental del Sol, otro ocidental, con otras
muchas cosas que seria cosa muy larga dezir-
las en esta nuestra platica, verias vna tan ad-
mirable correspondencia y concordia de diuer-
sos cuerpos y de diferentes mouimientos en
vna vnion harmonial, que quedarias admirada
de la prudencia del que lo ordeno. Qual de-
mostracion de verdadero amor y perfeta delec-
tacion del vno al otro ay mayor, que ver vna

tan suaue conformidad, puesta y continuada en
tanta diuersidad? Pitagoras de-
Opinion de Pitago-
ras en el moui-
miento del cielo
zia que mouiendose los cuerpos
celestiales engendrauan excelen-
tes bozes, correspondientes la
vna a la otra en concordancia harmoniaca. La
qual musica celestial dezia ser causa de la sus-
tentacion de todo el vniuerso en su peso, en
su numero y en su medida. Señalaua a cada
orbe y a cada planeta su tono y su boz propia,
y declaraua la harmonia que re-
Razon por que no
oymos la harmo-
nia del mouimien-
to del cielo.
sultaua de todos. Y dezia ser la
causa que nosotros no oyesse-
mos ni sintiessemos esta musica
celestial, la distancia del cielo a
nosotros, o la costumbre della, la qual hazia
que nosotros no la sintiessemos, como acaece
a los que biuen cerca del mar, que por la cos-
tumbre no sienten su ruydo como los que nue-
uamente se acercan a esse mar. Siendo, pues,
el amor y la amistad de toda concordan-
cia, y auiendo en los cuerpos celestiales mayor
concordancia, mas firme y mas perfeta que en
todos los cuerpos inferiores, se sigue que entre
ellos ay mayor y mas perfeto amor y mas per-
feta amistad que en estos cuerpos baxos.

Soph.—La concordia y correspondencia mu-
tua y reciproca que se halla en los cuerpos
celestiales, mas ayna me parece efeto y señal
de su amor que causa del, y yo querria saber
la causa del tal amor reciproco en los cielos;
porque faltando en ellos la propagacion y su-
cession generatiua, que es la causa potissima
del amor de los animales y hombres, de las
otras causas no veo alguna que le conueuga a
los celestiales, no beneficio voluntario del vno
al otro, que sus cosas son ordinarias, menos el
ser de vna misma especie, que, segun he en-
tendido, en los celestiales no se halla especie,
assi como no se halla genero ni propria indi-
uiduacion, o, si se halla, cada vno de los cuer-
pos celestiales es de vna propria especie; ni
tampoco por la compañia, porque vemos que,
por la orden de su mouimiento, vnas vezes se
acompañan y otras vezes se desacompañan; ni
el vno deue engendrar nueuo amor, ni el otro
nueua amistad, porque son cosas ordinarias sin
inclinacion voluntaria.

Phil.—Aunque en los celestiales no se halla
alguna de las cinco causas del amor comun a
los hombres y a los animales, quiça se hallan
en ellos las dos proprias de los hombres.

Soph.—De que manera?

Phil.—La causa principal del amor que se
halla en los cuerpos celestiales,
Dos causas de
amor en los cuer-
pos celestiales.
es la conformidad de la natu-
raleza, como en los hombres la
de las compliciones. Entre los
cielos, planetas y estrellas ay tal conformidad

de naturaleza y essencia, que en sus mouimientos y actos se corresponden con tanta proporcion, que de diuersos se haze vna harmonial vnion, por lo qual parecen mas ayna diuersos miembros de vn cuerpo organizado, que diuersos cuerpos apartados. Y assi como de diuersas bozes, vna alta y otra baxa, se engendra vn canto entero, suaue al oydo, y faltando vna dellas se corrompe todo el canto o harmonia, assi destos cuerpos, diuersos en grandeza y en mouimiento graue y ligero, por su proporcion o conformidad, se compone dellos vna proporcion harmonica tal y tan vnida que, faltando la menor partezilla, se dissoluiera el todo. Assi que esta conformidad de la naturaleza es causa del amor de los cuerpos celestiales, no solamente como diuersas personas, sino como miembros de vna persona sola; que assi como el coraçon ama al celebro y a los otros miembros y les pronee de vida y calor natural y espiritus, y el celebro a los otros de nieruos, sentido y mouimiento, y el higado de sangre y venas, por el amor que se tienen el vno al otro y cada vno al todo, como parte suya, el qual amor excede a todo amor de qualquiera otra persona, assi las partes del cielo se aman reciprocamente, con natural conformidad, y concurriendo todas en vna vnion de fin y de obra, se siruen el vno al otro y se acomodan las necessidades; de manera que hazen vn cuerpo celestial perfetamente organizado. Tambien ay en ellos la otra causa propia del amor de los hombres, que es por la virtud; que siendo cada vno de los cuerpos celestiales de excelente virtud, la qual es necessaria para el ser de los otros y de todo el cielo y del vniuerso, conocida tal virtud por los otros, estos aman por ella a aquellos; y tambien dire que los aman por el beneficio que hazen, no proprio y particular a vno, sino vniuersal en todo el vniuerso, que sin el se destruyria todo. Y desta manera se aman los hombres virtuosos, esto es, por el bien que hazen en el vniuerso, no por el beneficio particular, como es el de las cosas vtiles. Assi, que siendo los cuerpos celestiales los mas perfetos de los animales, se hallan en ellos las dos causas de amor que se hallan en los hombres, los quales son la especie mas perfeta de los animales.

Soph.—Auiendo, como dizes, tanta eficacia de amor entre los cuerpos celestiales, no deue ser vano el que los poetas fingen del amor de los dioses celestiales, como los enamoramientos de Iupiter y de Apolo, excepto que los poetas pusieron este amor las_iuo como de varon a hembra, algunos matrimoniales y otros adulterinos; tambien lo hazen generatiuo de otros dioses; las quales cosas ciertamente son

Muchas son las mentiras de los poetas.

muy agenas de la naturaleza de los celestiales; pero, como el vulgo dize: muchas son las mentiras de los poetas.

Phil.—Ni los poetas han dicho en esto cosas vanas, ni mentirosas, como tu crees.

Soph.—Como no? creeras tu jamas cosas semejantes de los dioses celestiales?

Phil.—Yo las creo, porque las entiendo, y tambien las creeras tu si las entendieres.

Soph.—Pues damelas a entender para que yo las crea.

Phil.—Los poetas antiguos enredaron en sus poesias, no vna sola, sino muchas intenciones, las quales llaman sentidos. Ponen el primero de todos por sentido literal, como corteza esterior, la historia de algunas personas y de sus hechos notables dignos de memoria. Despues, en la misma ficcion, ponen como corteza mas intrinseca cerca de la medula el sentido moral, vtil a la vida actiua de los hombres, aprouando los actos virtuosos, y vituperando los viciosos. Aliende desto, debaxo de las proprias palabras, sinifican alguna verdadera inteligencia de las cosas naturales o celestiales, astrologales o teologales. Y algunas vezes se encierran dentro en la fabula los dos, o todos los otros sentidos scientificos, como las medulas de la fruta dentro de sus cortezas. Estos sentidos medulados se llaman alegoricos.

Los poetas encierran muchos sentidos en sus ficciones.

Alegoria que sinifica.

Soph.—No me parece pequeño artificio, ni de ingenio flaco, encerrar en vn cuento historial, verdadero o fingido, tantas y tan diuersas y altas sentencias; querria de ti algun breue exemplo, porque me fuesse mas creedero.

Phil.—Cree ciertamente, o Sophia! que los antiguos no quisieron exercitar menos la mente en el artificio de la sinificacion de las cosas de las ciencias, que en el verdadero conocimiento dellas; y darte he vn exemplo. Perseo, hijo de Iupiter, por ficcion poetica, mato a Gorgon; y vencedor volo al Ether, que es lo mas alto del cielo. El sentido historial es que aquel Perseo, hijo de Iupiter, por la participacion de las virtudes iguales que auia en el, o por genealogia de vno de los reyes de Creta, o de Atenas, o de Arcadia, que fueron llamados Iupiter, mato a Gorgon, tirano en la tierra; porque Gorgon en griego quiere dezir tierra, y por ser virtuoso fue exaltado de los hombres hasta el cielo. Sinifica tambien moralmente Perseo el hombre prudente, hijo de Iupiter, dotado de sus virtudes, el qual matando al vicio baxo y terreno, sinificado por Gorgon, sube al cielo de la virtud. Sinifica tambien alegoricamente: primero, que la mente humana, hija de Iupiter, matando

Perseo y las alegorias de su fabula.

y venciendo la terrestreidad de la naturaleza gorgonica, subio a entender las cosas celestiales, altas y eternas; en la qual especulacion consiste la perfecion humana. Esta alegoria es natural; porque el hombre es de las cosas naturales. Quiere tambien sinificar otra alegoria celestial, que auiendo la naturaleza celeste, hija de Iupiter, causado, con su continuo mouimiento, la mortalidad y corrupcion en los cuerpos inferiores terrestres, essa naturaleza celestial, vencedora de las cosas corruptibles, despegandose de la mortalidad della, volo en alto y quedo inmortal. Sinifica tambien la tercera alegoria teologal, que la naturaleza angelica, que es hija de Iupiter, summo Dios criador de todas las cosas, matando y apartando de si la corporalidad y materia terrea, sinificada por Gorgon, subio al cielo; porque las inteligencias apartadas de cuerpo y materia, son las que perpetuamente mueuen los orbes celestiales.

Soph.—Admirable cosa es poder encerrar en tan pocas palabras de vn hecho historial tantos sentidos llenos de verdadera ciencia, y el vno mas excelente que el otro; pero dime, te suplico, porque essos no declararon mas libremente su dotrina?

Cinco causas por que los antiguos encerraron su dotrina debaxo de fabulas y verso.

Phil.—Quisieron dezir estas cosas con tanto artificio y estrechura, por muchas causas. La primera, porque estimaron ser odioso a la naturaleza y a la diuinidad manifestar a todo hombre sus excelentes secretos, y en esto cierto tuuieron razon; porque declarar demasiadamente la verdadera y profunda ciencia, es echarla en los inhabiles della, en cuyas mentes ella se corrompe y adultera, como haze el buen vino en ruyn vaso, del qual adulterio se sigue vniuersal corrupcion de las dotrinas acerca de todos los hombres, y cada hora se corrompe mas andando de ingenio inhabil en ingenio inhabil, la qual enfermedad se deriua de manifestar mucho las cosas scientificas; y en nuestros tiempos se ha hecho tan contagiosa, por el mucho parlar de los modernos, que apenas se halla vino intelectual que se pueda beuer y que no este corrompido; pero en los tiempos antiguos encerrauan las secretos del conocimiento intelectual dentro de las cortezas de las fabulas con grandissimo artificio, para que no pudiesse entrar dentro sino ingenio apto a las cosas diuinas e intelectuales y mente conseruatiua de las verdaderas ciencias, y no corruptiua dellas.

Razon primera.

Soph.—Plazeme essa razon, que las cosas altas y excelentes se deuen encomendar a los aptos y claros ingenios, porque en los no tales se enuilecen: pero dime las otras causas de las ficciones poeticas.

Phil.—Tambien lo hizieron por otras quatro

causas. La vna, es segunda, por querer breuedad, que en pocas palabras se entretegiessen muchas sentencias; la qual breuedad es muy vtil para la conseruacion de las cosas en la memoria, mayormente hecha con tal artificio, que acordandose de vn caso de historia, se acordassen de todos los sentidos dotrinales encerrados en el debaxo de aquellas palabras. La tercera, por mezclar lo historial, deleytable y fabuloso, con lo verdadero intelectual, y lo facil con lo dificultoso; de tal manera que, auiendo sido regalada primero la fragilidad humana con la delectacion y facilidad de la fabula, con sagacidad le entrasse en la mente la verdad de la ciencia, como se suelen enseñar los niños en las cosas diciplinales y virtuosas, començando por las mas faciles, mayormente pudiendo estar todo junto, lo vno en la corteza y lo otro en la medula, como se hallan en las ficciones poeticas. La quarta es por la conseruacion de las cosas intelectuales, que no vengan a variarse en progresso de tiempo en las mentes diuersas de los hombres; porque poniendo las tales sentencias debaxo destas historias, no se pueden variar de los terminos dellas. Assi mesmo para mayor conseruacion declararon la historia en versos medidos y obseruantissimos porque no pudiessen corromperse facilmente; porque la medida ponderosa no sufre vicio; de manera que ni la indisposicion de los ingenios, ni la incorreccion de los escritores, no puede alterar facilmente las ciencias. La vltima y principal es, porque, como de vn mesmo manjar, pudiessen dar de comer a diuersos combidados cosas de diuersos sabores; porque las mentes baxas pueden tomar de las poesias solamente la historia con el ornamento del verso y su melodia; las otras mas leuantadas comen, demas desto, el sentido moral, y otras mas altas pueden comer, aliende desto, del manjar alegorico, no solo de la filosofia natural, mas tambien de la astrologia y de la teologia. Iuntose con esto otro fin, y es que, siendo estas poesias manjar tan comun para toda suerte de hombres, es causa de perpetuarse en la mente de la multitud, que las cosas muy dificultosas pocos son los que las gustan, y de los pocos puede perderse presto la memoria, ocurriendo vna edad que descamine a los hombres de la dotrina, segun hemos visto en algunas regiones y religiones, como los griegos y en los arabes, los quales, auiendo sido doctissimos, han perdido casi del todo la ciencia; lo mesmo passo en Italia al tiempo de los griegos; despues se renouo esso poco que tenemos al presente. El remedio deste peligro es el artificio de encerrar las ciencias debaxo de cantares fabulosos

Razon segunda.

Razon tercera.

Razon quarta.

Razon quinta, vltima y principal.

e historiales, que por su delectacion y suauidad del verso andan y se conseruan siempre en boca del vulgo de hombres, mugeres y niños.

Soph.—Todas essas causas de las ficciones poeticas me plazen; pero dime, Platon y Aristoteles, principes de los filosofos, por que el vno dellos no quiso, aunque vso la fabula, vsar el verso, sino solamente la prossa, y el otro no vso verso ni fabula, sino oracion diciplinal?

Phil.—No quebrantan jamas las leyes los pequeños, sino solamente los grandes. El diuino Platon, queriendo ampliar la ciencia, quito della vna cerradura, que fue la del verso; pero no quito la otra de la fabula, assi que el fue el primero que rompio parte de la ley de la seruacion de la ciencia; pero de tal manera la dexo cerrada con el estilo fabuloso, que basto para la conseruacion della. Aristoteles, mas atrauido y codicioso de ampliacion, con nueuo y proprio modo y estilo en el dezir, quiso quitar tambien la cerradura de la fabula y romper del todo la ley conseruativa, y hablo las cosas de la filosofia en estilo cientifico en prossa. Bien es verdad que vso de tan admirable artificio en el dezir tan breue. tan comprehensiuo y de tan profunda sinificacion, que basto para la conseruacion de las ciencias en lugar del verso y de la fabula; tanto que respondiendo el a Alexandro Macedonio, su dicipulo, el qual le auia escrito que se marauillaua que huuiesse manifestado los libros tan secretos de la sagrada filosofia, le respondio que sus libros eran publicados y no publicados; manifiestos solamente a aquellos que los auian entendido del. Destas palabras notaras, o Sophia! la dificultad y artificio que ay en el hablar de Aristoteles.

Soph.— Yo la noto; pero pareceme estraño que diga el que no los entendera sino quien los huuiere entendido del; porque muchos filosofos ha auido despues que los han entendido todos o la mayor parte. Por lo qual este su dicho, no solamente me parece mentiroso, mas tambien arrogante; porque si sus dichos son limpios, deuen ser entendidos de los buenos entendimientos, aunque esten ausentes; que la escritura no es para seruir a los presentes, sino a los que estan lexos en tiempo y ausentes de los escritores. Y por que no podra hazer la naturaleza tales ingenios, que puedan entender a Aristoteles por sus libros, sin auerselos oydo a el?

Phil.—Fuera estraño este dicho de Aristoteles, si no tuuiera otra intencion.

Soph.—Qual otra?

Phil.—El llama oyente suyo a aquel cuyo entendimiento entiende y filosofa al modo del entendimiento del mismo Aristoteles en qualquier tiempo y lugar que se halle; y quiere dezir que sus palabras escritas no hazen filosofo a todo hombre, sino solamente a aquel cuya mente es dispuesta al conocimiento filosofico como fue la suya; y que este tal le entendera y los otros no, como acaece en la filosofia, cuyo sentido esta encerrado debaxo de la ficcion poetica.

Soph.—Segun esso, no hizo mal Aristoteles en quitar la dificultad del verso y de la fabula, pues que dexo la dotrina con tanta otra cerradura, que bastaua para la conseruacion de la ciencia en las mentes claras.

Phil.—El no hizo mal, porque lo remedio con la grandeza de su ingenio; pero dio atreuimiento a otros no tales a escriuir la filosofia en prosa suelta; y de vna declaracion a otra, viniendo de mentes inhabiles, ha sido causa de falsificarla, corromperla y arruynarla.

Soph.—Assaz me has dicho desto: boluamos a los amores poeticos de los dioses celestiales; que me dizes tu dellos?

Phil.—Yo te lo dire; mas primero deues saber quales y de quantas maneras son estos dioses poeticos, y despues sabras de sus amores.

Soph. —Tienes razon, y por tanto dime primero que dioses son estos.

Phil.—El primer dios acerca de los poetas es aquella primera causa productiua, que conserua todas las cosas del vniuerso, al qual llaman comunmente Iupiter, que quiere dezir padre ayudador, por ser padre que ayuda a todas las cosas, pues las hizo de nada y les dio el ser. Y los romanos le llamaron Optimo Maximo, porque todo bien y todo ser procede del, y los griegos le llamaron Zefs, que quiere dezir vida, porque del tienen vida todas cosas, antes el es vida de toda cosa.

Bien es verdad que este nombre de Iupiter fue participado por el omnipotente Dios a algunas de sus criaturas, las mas excelentes; y en el mundo celestial alcanço por suerte este nombre el segundo de los siete planetas, llamado Iupiter por ser de fortuna mayor, y de clarissimo resplandor y de bonissimos efetos en el mundo inferior, y el que con su constelacion e influencia haze mejores hombres, mas excelentes y mejor afortunados. Y en el mundo inferior el fuego elemental tambien se llama Iupiter, por ser el mas claro y el mas actiuo de todos los elementos, y como vida de todos los inferiores, que, segun dize Aristote-

[marginal notes:]
Las leyes no las quebrantan los pobres, sino los ricos y poderosos.
Platon vso de la fabula y no del verso.
Aristoteles no vso de verso ni de la fabula.
Artificio admirable de Aristoteles en su dotrina.
Graue y aguda respuesta de Aristoteles a Alexandro Magno.
Reprehension contra Aristoteles.
Iupiter es el primer dios acerca de los poetas.
Este nombre Iupiter se aplica a otras muchas cosas

les, se biue con el calor. Este nombre tambien fue participado a los hombres a algunos excelentissimos,

Los inferiores biuen mediante el calor.

que ayudaron grandemente a la humana generacion, como fue aquel Lissania de Arcadia, que yendo a Atenas y hallando aquellos pueblos rusticos y de costumbres bestiales, no solamente les dio la ley humana, pero tambien les mostro el culto diuino; por donde ellos le alçaron por rey y le adoraron por dios, llamandole Iupiter por la participacion de sus virtudes. Por el semejante, Iupiter Cretense, hijo de Saturno, que por la administracion que hizo en aquellas gentes, vedandoles el comer carne humana y otros ritos bestiales, y mostrandoles las costumbres humanas y los conocimientos diuinos, fue llamado Iupiter y adorado por dios, por ser, al parecer dellos, embiado de Dios y formado del, que ellos llamauan Iupiter.

Soph.—Llamauan por ventura los poetas a este summo dios por otro nombre proprio?

Phil.—Propriamente le llamauan Demogorgon, que quiere dezir dios

Demogorgon, supremo dios entre los poetas.

de la tierra; esto es, del vniuerso, o dios terrible, por ser mayor que todos. Dizen que este es el productor de todas las cosas.

Soph.—Despues del summo dios, que otros dioses ponen los poetas?

Phil.—Ponen primero los dioses celestiales, como son: Polo, Cielo, Eter, y los siete planetas, que son: Saturno, Iupiter, Marte, Apolo o el Sol, Venus, Mercurio, Diana, o sea la Luna, a los quales todos llaman dioses y diosas.

Soph.—Con que razon aplican la deydad a las cosas corporeas, como son estas celestiales?

Razon por que aplican la deydad a los cuerpos celestiales.

Phil.—Por la immortalidad dellas, claridad y grandeza, y por la gran potencia dellas en el vniuerso, y mayormente por la diuinidad de las animas dellas, las quales son entendimientos apartados de materia y corporalidad, puros y siempre en acto.

Soph.—Estiendese mas el nombre de dios acerca de los antiguos?

Phil.—Si, que deciende al mundo inferior; porque los poetas llaman dioses

Los nombres celestiales de los dioses deciende al mundo inferior.

a los elementos, mares, rios y a las montañas grandes del mundo inferior. Llaman al elemento del fuego Iupiter; al del aire, Iuno; al agua y al mar, Neptuno; a la tierra, Ceres, y al profundo della, Pluton, y al fuego misto comburente dentro de la tierra, Bulcano, y assi otros muchos dioses de las partes de la tierra y del agua.

Soph.—Muy estraño es esso, que llamen dioses a los cuerpos no biuos, ni sensibles, priuados de anima.

Phil.—Llamanlos dioses por la grandeza

Razon por que llamaron dioses a cuerpos insensibles.

dellos, noticia, obra y principalidad que tienen en este mundo inferior. Tambien porque creian ser cada vno destos gouernado por virtud espiritual, participatiua de la intelectual diuinidad, o, como siente

Platon y sus Ideas.

Platon, que cada vno de los elementos tiene vn principio formal incorporeo, por cuya participacion ellos tienen sus proprias naturalezas, las quales llama Ideas. Y tiene que la idea del fuego sea verdadero fuego por essencia formal, y el elemental sea fuego por participacion de aquella idea suya, y assi los otros; de manera que no es estraño apropriar la diuinidad a las ideas de las cosas, de donde ponian tambien diuinidad en las plantas, mayormente en aquellas que son manjares mas comunes y mas vtiles a los humanos, como Ceres a las miesses y Baco al vino, por la vniuersal vtilidad y necessidad que los hombres tienen dellos; porque tambien las plantas tienen sus proprias ideas, como los elementos, y por esta razon llamaron dioses y diosas a las virtudes, a los vicios y passiones humanas; porque de mas de que aquellas por su excelencia y estas por su fuerça participan algun tanto de diuinidad, al fin, la principal causa es porque cada vna de las virtudes, cada vno de los vicios y cada vna de las passiones humanas, en vniuersal, tiene su propria idea; por cuya participacion mas o menos se hallan en los hombres intensamente o remissamente. Y por esto son nombrados entre los dioses la Fama, el Amor, la Gracia, la Codicia, el Deleyte, el Litigio, la Fatiga, la Embidia, la Fraude, la Pertinacia, la Miseria y otras muchas desta suerte; porque cada vna tiene su propria idea y principio incorporeo, como te he dicho, por el qual es nombrado dios o diosa.

Soph.—Quando bien las virtudes por su excelencia tuuiessen ideas, los vicios y passiones malas, de que manera las pueden tener?

Phil.—Assi como entre los dioses celestiales ay algunas buenas y bonissimas fortunas, como Iupiter y Venus, de los quales dependen siempre muchos bienes, y tambien ay algunos malos que son infortunios, como Saturno y Marte, de los quales se deriua todo mal, assi tambien entre las ideas platonicas ay algunos principios de bienes y de virtud, y otras que son principios de males y de vicios; porque el vniuerso tiene necessidad de lo vno y de lo otro para su conseruacion; segun la qual necessidad todo mal es bien, que todo aquello que es necessario al ser del vniuerso es ciertamente bueno, pues que la essencia del es buena. De manera que el mal y la corrupcion son tan necessarios al ser del mundo, como el

La corrupcion y el mal son necessarios al ser del mundo. bien y la generacion, que lo vno dispone a lo otro y es camino para aquello. Luego no te marauilles si assi el vno como el otro tiene principio diuino de inmaterial idea.

Soph.—Pues yo he entendido que los vicios y los males consisten en priuacion y dependen del defeto de la materia primera y de su imperfeta essencia potencial. Luego, como tienen principios diuinos?

Phil.—Quando bien fuesse assi, segun la via de los peripateticos, no se puede negar que la misma materia no sea produzida y ordenada de la mente diuina, y que todos sus efetos y defetos no sean endereçados de la summa sabiduria, pues que son necessarios a la essencia total del mundo inferior y al ser humano; de donde le son apropriadas de Dios proprio ideas para sus principios, no materiales, sino agentes y formales, que causan el ser destas cosas imperfetas y fundadas en priuacion y entificadas para el necessario ser del vniuerso.

Soph.—Yo me doy por satisfecha desto. Boluamos al proposito y dime: el nombre de Dios acerca de los poetas es mas comunicable?

Phil.—Vltimamente han querido comunicar en particular a los hombres; pero solamente a aquellos

El nombre diuino tambien se aplico a los hombres heroycos. que tuuieron alguna virtud heroyca y hizieron actos semejantes a los diuinos y cosas grandes y dignas de eterna memoria, como las diuinas.

Soph.—Y por esta similitud sola dan el nombre de dios a los hombres mortales?

Phil.—No los llaman dioses por la parte que son mortales, sino por la que son inmortales, que es el anima intelectiua.

Soph.—Essa ay en todos los hombres, y no todos son dioses.

Phil.—No es en todos excelente y diuina ygualmente; empero por los actos conocemos el grado del anima del hombre,

El animo del hombre se conoce en sus actos y virtudes. y las animas de aquellos que en las virtudes y actos semejan a los diuinos, participan actualmente la diuinidad y son como rayos della; por donde con alguna razon los llamaron dioses, y a algunos dellos, por su excelencia, los intitularon con nombres de dioses celestiales, como de Iupiter, Saturno, Apolo, Marte, Venus, Mercurio y Diana, Cielo, Polo, Ether y otros nombres de estrellas fixas, de las figuras estrelladas de la octaua esfera. Otros fueron llamados hijos destos, como Hercules, hijo de Iupiter; Neptuno, hijo de Saturno. Otros, no tan excelentes, son nombrados con nombres de los dioses inferiores, como

Oceano, Tierra, Ceres, Baco y semejantes, o hijos de aquellos; de algunos de los quales el padre fue dios y la madre dea; de otros no fue la madre dea, y de otros fue el padre dios celestial y la madre diosa inferior. Y desta manera se multiplican las ficciones

De que manera se aplican las ficciones poeticas. poeticas de los hombres heroycos. llamados dioses porque, contando sus vidas, actos e historia, sinifican cosas de la filosofia moral; pues quando los nombran con nombres de las virtudes, de los vicios, de las passiones, sinifican cosas de la filosofia natural, y nombrandolos con nombres de los dioses inferiores del mundo, de la generacion y corrupcion, demuestran la astrologia y ciencia de los cielos; y nombrandolos con nombres de los dioses celestiales, sinifican la theologia de Dios y de los angeles.

Soph.—Harto tengo de la naturaleza de los dioses gentiles y de su multifaria nominacion; dime aora de sus amores, que es el intento nuestro, y como se puede pensar en ellos propagacion generatiua y sucesiua genealogia, segun ponen los poetas, no solamente en los hombres heroycos, a los quales llaman dioses participatiuos, pero tambien en los dioses celestiales e inferiores, en los quales parece cosa absurda la lasciuia, matrimonios y propagacion que cuentan dellos.

Phil.—Ya es tiempo de declararte alguna parte de los amores destos y de su generacion.

La generacion es comun. Sabras, o Sophia! que toda generacion no es propagacion carnal y acto lasciuo, porque esta manera de engendrar ayla solamente en los hombres y en los animales, y la generacion es comun en todas las cosas del mundo, desde el principal Dios hasta la vltima cosa del mundo, excepto que El es solamente engendrador y no engendrado; las otras cosas son todas engendradas, y la mayor parte tambien engendradoras. Y las mas de las cosas engendradas tienen dos principios de su generacion, el vno formal y el otro material, o el vno que

Dos principios en la generacion: formal y material. da y el otro que recibe, de donde los poetas llaman al principio formal, padre que da, y al material, madre que recibe; y por concurrir estos dos principios en la generacion de todo engendrado, fue necessario que el vno y el otro se amassen y se vniessen me-

Amor necessario entre los dos principios de la generacion. diante el amor para produzir al engendrado, como hazen los padres y las madres de los hombres y de los animales. Y quando esta conjuncion de los dos padres del engendrado es ordinaria en la naturaleza, se llama acerca de los poetas matrimonial, y el vno se llama el marido y el otro la muger. Pero quando es conjuncion extraordinaria, se dize amorosa o adultera; y los padres, o sean engendradores, se llaman amantes. Assi que puedes consentir los amores, matrimonios, las generaciones, parentescos y genealogias en los dioses superiores e inferiores sin admiracion.

Soph.—Entendidote he, y me plaze este fundamento vniuersal en los amores de los dioses; pero querria que mas particularmente me declarasses los enamoramientos de algunos dellos, a lo menos los mas famosos, y sus generaciones, y me agradaria que hiziesses principio de la generacion de Demogorgon, que dizes entenderse por el summo y principal dios, porque he entendido que el hizo hijos por estraña manera. Dime, te ruego, lo que sientes desto.

Phil.—Dezirte he lo que he entendido de la generacion de Demogorgon. Dize Pronapides,

Pronapides, poeta, en su Protocosmo, dize.

poeta, en su *Protocosmo*, que estando Demogorgon acompañado solamente de la Eterni-

Demogorgon y su fabula y estraña generacion.

dad y del Caos, reposandose en aquella su eternidad, sintio alboroto en el vientre del Caos, donde por socorrerlo Demogorgon, estendio la mano y abrio el vientre del Caos, del qual salio la Contienda, haziendo alboroto con fea y deshonesta cara, y queria volar en alto; pero Demogorgon la echo a lo baxo, y quedando todavia el Caos agrauado de sudores y sospiros fogosos, Demogorgon no tiro hazia si la mano hasta que le saco tambien del vientre a Pan, con las tres hermanas llamadas Parcas, y pareciendo Pan a Demogorgon mas hermoso que ninguna otra cosa engendrada, lo hizo maestro de su casa y le dio las tres hermanas por criadas, que es por seruiciales y compañeras. Viendose el Caos libre de su carga, por mandado de Demogorgon puso a Pan en su silla. Esta es la fabula de Demogorgon, aunque Homero en la *Iliada* aplica la generacion del Litigio o de la Discordia por hija de Iupiter, de la qual dize que porque hizo disgusto a Iuno en el nacimiento de Euristeo y de Hercules, fue echada del cielo a la tierra. Dizen tambien que Demogorgon engendro a Polo, a Fiton, a la Tierra y a Herebo.

Soph—Dime la sinificacion desta fabulosa generacion de Demogorgon.

Phil.—Sinifica la generacion o produccion

Alegoria sobre la fabula de Demogorgon.

de todas las cosas del summo Dios criador, al qual dizen auerle sido compañera la Eternidad, porque El solo es el verdadero eterno, pues que es, fue y sera siempre principio y causa de todas las cosas, sin auer en El alguna sucession temporal. Danle tambien por

compañera eterna al Caos, que es, segun declara Ouidio, la materia comun

Caos y su eternidad acerca de los poetas.

mista y confusa de todas las cosas, la qual los antiguos ponian coeterna con Dios, de la qual El, quando le plugo, engendro todas las cosas criadas, como verdadero padre de todas. Y la ma-

Ouidio haze al Caos materia comun.

teria es la madre comun a todo engendrado, de manera que a estos pone solamente eternos y no engendrados dos padres de todas las cosas, el vno padre y el otro madre; pero ponian al padre causa principal y al Caos causa accessoria y acompañadora, que desta misma manera parece que lo sintio Platon, en el *Timeo*, de la nueua generacion de las cosas, produzidas de la eterna y confusa materia por el summo Dios; pero en esto podian ser reprehendidos, porque siendo Dios productor de todas las cosas, conuiene que tambien aya produzido la materia de la qual son engendradas; pero deue entenderse que ellos sinifican, por el auer estado el Caos en compañia de Dios en la eternidad, auer sido produzido de *ab eterno*, y que Dios produxesse todas las otras cosas de esse Caos de nueuo en principio de tiempo, segun la opinion platonica. Y llamanla compañera, no obstante que aya sido produzida, por auer sido produzido el Caos *ab eterno*, y auerse hallado siempre en compañia de Dios; pero, por auer sido compañera del Criador en la creacion y produccion de todas las cosas, y consorte suya en la generacion dellas, pues que el fue inmediatò produzido de Dios, y todas las otras cosas han sido produzidas de Dios y de aquel Caos, o sea materia, el Caos con razon se puede llamar compañera de Dios; pero no falta por esto que no aya sido produzido de Dios *ab eterno*, assi como Eua, que auiendo sido produzida de Adam, le fue compañera y consorte, y todos los otros hombres nacidos de ambos a dos.

Soph.—Bien parece que en esta fabula quisieron sinificar la generacion del vniuerso de Dios omnipotente, como de pa-

Lo que sinifican las particularidades de la fabula de Demogorgon.

dre, y de su Caos, o sea materia, como de madre. Pero dime alguna cosa de lo sinificado en la particularidad de la fabula, conuiene a saber, del tumulto en el vientre del Caos, de la mano de Demogorgon, del nacimiento del Litigio y de los otros.

Phil.—El alboroto que Demogorgon sintio en el vientre del Caos, es la potencia y apetito de la materia confusa a la germinacion de las cosas diuinas; la qual diuision causaua o suele causar tumulto. El estender la mano Demogorgon para abrir el vientre del Caos, es la potestad diuina, que quiso reduzir la potencia vniuersal del Caos en acto diuino, que esto es abrir el vientre de la preñada para sacar fuera lo que esta dentro oculto. Y fingieron este modo extraordinario de generacion con mano y no con miembro ordinario generatiuo, para demostrar que la primera producion o creacion de las cosas no fue ordinaria, como la natural generacion acostumbrada y sucessiua despues de la creacion, sino estraña y milagrosa con mano de omnipotencia. Dize que el primero que salio del Caos fue la Discordia; porque lo primero que salio de la materia primera fue la diuision de las cosas, las quales en ella estauan indiuisas, y en su parto con la mano, poder del padre Demogorgon, fueron diuididas. Llama a esta diuision contienda, porque consiste en contrariedad, esto es, entre los quatro elementos, que el vno es contrario del otro; y lo figura con fea cara porque, en efeto, la diuision y contrariedad es defeto, como la concordia y vnion es perfecion. Dize que el Litigio quiso subir al cielo, y que fue echado del cielo a la tierra por Demogorgon; porque en el cielo no ay discordia ni contrariedad alguna, segun los peripateticos, y por esto los cuerpos celestiales no son corruptibles, sino solamente los inferiores, por auer entre ellos contrariedad; porque la contrariedad es causa de la corrupcion, y por auer sido echado del cielo a la tierra, se entiende que el cielo es causa de todas las contrariedades inferiores, y que el es sin contrariedad.

El cielo causa las contrariedades inferiores con tres contrariedades de sus efectos, y quales son.

Soph.—Pues como la puede causar?

Phil.—Por la contrariedad de los efetos de los planetas, estrellas y signos celestiales y por la contrariedad de los mouimientos celestes, vno de Leuante a Poniente, otro de Poniente a Leuante; vno hazia Setentrion, otro hazia Mediodia. Y tambien por la contrariedad del sitio de los cuerpos inferiores colocados en la redondez del cielo de la Luna; que los cercanos a la circunferencia del cielo, son ligeros, y los apartados della y allegados al centro, son pesados; de la qual contrariedad depende toda otra contrariedad de los elementos. Podria tambien sinificar aquella opinion antigua y platonica, que las estrellas y planetas son hechas de fuego por el resplandor dellas, y el resto del cuerpo celeste de agua, por su diafanidad y transparencia; de donde el nombre hebrayco de los cielos, que es scamayn, se interpreta exmaini, que en hebrayco quiere dezir fuego y agua; y segun esto, el Litigio y la Contrariedad en la primera creacion subieron al cielo, porque son hechos de fuego y de agua; pero no quedaron alla sucessiuamente, antes fueron echados del cielo para que habitassen continuamente en

Opinion antigua y platonica acerca de las estrellas y cielo

la tierra, en la qual se haze la sucessiua generacion con la continua contrariedad.

Soph.—Estraño me parece que en el cielo aya naturalezas contrarias elementarias, como fuego y agua.

Phil.—Si la materia primera es comun a los inferiores y a los celestes, como estos sienten, y tambien Platon, no es estraño que en el cielo se halle tambien alguna contrariedad elemental.

Soph.—Pues como no se corrompen como los cuerpos inferiores?

Phil.—Platon dize que los cielos de suyo son corruptibles; pero que la potencia diuina los haze indissolubles. Entiende por las formas intelectuales en acto que los informan. Assimismo, porque estos elementos celestiales son mas puros y casi animas de los elementos inferiores, ni son mistos en el cielo, como en los inferiores mistos, que el fuego esta solamente en los lucidos y el agua en los transparentes; de manera que aunque el Litigio al principio de la produccion, del vientre del Caos quiso subir al cielo, fue empero arrojado al mundo inferior, donde oy dia es su habitacion. Donde prosigue la fabula que estando el Caos todavia agrauado en este parto del Litigio con sudores y sospiros fogosos, estendio Demogorgon la mano y saco del vientre a Pan con las tres hermanas Parcas. Por los afanes en el nacimiento del Litigio, se entiende la naturaleza de los quatro elementos contrarios, y por la agrauacion se entiende la tierra, que es la mas pesada, y por el sudor el agua, y por los sospiros fogosos el ayre y el fuego. Y por causa y para remedio de la fatiga destos contrarios, produxo del Caos la omnipotencia diuina al segundo hijo Pan, que en griego sinifica el todo; por el qual se entiende la naturaleza vniuersal, que ordena todas las cosas produzidas del Caos, y la que pacifica los contrarios y los concierta juntamente; de donde Pan nacio despues que el Litigio, porque la concordia sucede a la discordia y viene despues della. Produxo tambien con las tres hermanas parcas llamadas Clotos, Laquesis y Atropos, las quales Seneca llama fadas; y por ellas se entienden las tres ordenes de las cosas temporales de lo presente, de lo porvenir y de lo passado; las quales dize que Dios las hizo sequaces de la naturaleza vniuersal; porque Clotos se interpreta volucion de las cosas presentes, y es la fada que tuerce el hilo que se hila de presente. Laquesis se interpreta protraccion, que es la produccion de lo porvenir, y es la fada que guar-

Opinion de Platon, que los cielos son de suyo corruptibles.

Pan y las tres Parcas sus hermanas.

Seneca llama Hadas a las Parcas. Sinificacion de las Parcas.

da lo que queda por hilar en la rueca. Atropos se interpreta sin buelta, que es lo passado que no puede boluer, y es la fada que hilo el hilo ya recogido en huso, y llamanse parcas, por el contrario, porque a ninguno perdonan. Dize de Pan que fue puesto en la silla por mandado de Demogorgon, porque la naturaleza exercita el orden diuino y su administracion en las cosas. Siguese despues la generacion de Demogorgon de vn sexto hijo llamado Polo, que es la vltima esfera, que rebuelue sobre los dos polos Artico y Antartico, y otro septimo llamado Fiton, que es el Sol, y otro octauo, que fue hembra, que es la Tierra, la qual es el centro del mundo. Esta Tierra dizen que pario la Noche, porque la sombra de la tierra causa la noche. Tambien se entiende por la Noche, la corrupcion y priuacion de las formas luminosas, la qual se deriua de la materia tenebrosa.

La Noche, la Fama, Tartaro, hijos de la Tierra. Dizen que la Fama fue hija segunda de la Tierra; porque la tierra conserua la fama de los mortales despues de sepultados en ella. El tercer hijo suyo dizen que fue Tartaro, que es el infierno; porque al inferior vientre de la tierra bueluen todos los cuerpos engendrados. Dizen auer parido la Tierra estos hijos y otros sin padre, porque estos son defetos y priuaciones del ser, los quales dependen de la descompuesta materia y no de forma alguna.

Herebo y lo que sinifica. El vltimo hijo de Demogorgon fue Herebo, que quiere dezir inherencia, que es la potencia natural inherente a todas las cosas inferiores; la qual en el mundo baxo es la materia de los generables y es causa de la generacion y corrupcion y de toda variacion y mutacion de los cuerpos inferiores; y en el hombre, que se llama mundo pequeño, es el apetito y desseo a la ganancia de todas las cosas nueuas; de donde dizen que Herebo engendro muchos hijos, que son:

Hijos muchos de Herebo y de la Noche. Amor, Gracia, Fatiga, Embidia, Miedo, Astucia, Engaño, Pertinacia, Pobreza, Miseria, Hambre, Quexa, Enfermedad, Vejez, Amarillez, Obscuridad, Sueño, Muerte, Caronte, Dia y Ether.

Soph.—Quien fue la madre de tantos hijos?

Phil.—La Noche, hija de la Tierra, de la qual engendro Herebo todos estos hijos.

Soph.—Por que atribuyen todos estos hijos a Herebo y a la Noche?

Phil.—Porque todas estas cosas se deriuan de la potencia inherente y de las noturnas priuaciones, tanto en el gran mundo inferior quanto en el pequeño humano.

Soph.—Dime, como?

Phil.—El Amor, que es el desseo, es engendrado de la inherente potencia y de la falta;

porque la materia, como dize el filosofo, apetece todas aquellas formas de que esta priuada. La Gracia es la de la cosa desseada o amada; la qual preexiste en la mente que dessea o en la potencia que apetece. La Fatiga es los afanes y trabajos del que dessea arribar a la cosa que apetece. La Embidia es la que tiene el que dessea al que possee. El Miedo, el que se tiene de perder lo ganado de nueuo; porque toda ganancia se puede perder, o, de no poder alcançar las cosas desseadas. La Astucia y el Engaño son medios de alcançar las cosas desseadas. La Pertinacia es la que se vsa en seguillas. La Pobreza, Miseria y Hambre son los defetos de los que dessean. La Quexa es el lamentar dellos, quando no pueden auer lo que dessean o quando pierden lo ganado. La Enfermedad, Vejez y Amarillez son disposiciones para la perdida y corrupcion de las cosas adquiridas por voluntad o potencia generatiua. La Obscuridad y el Sueño son las primeras perdidas; que la Muerte es la vltima corrupcion. Caronte es el oluido que sigue a la corrupcion y a la perdida de lo adquirido. El Dia, es la forma resplandeciente a que puede arribar la inherente potencia material, que es la intelectiua humana; y en el hombre es la resplandeciente virtud y sapiencia, a la qual se endereça la voluntad y el desseo de los perfetos. Ether es el espiritu celeste intelectual, que es aquello mas que puede participar la potencia material y la voluntad humana. Podria tambien sinificar por estos dos hijos de Herebo, Dia y Ether, las dos naturalezas del cielo: la resplandeciente de las estrellas y planetas, la qual se llama dia; y la transparente del orbe, la qual se llama ether.

Soph.—Que tienen que ver essas naturalezas celestiales con Herebo, que es la materia de los generables y corruptibles, y como le pueden ser hijos?

Phil.—Porque muchos de los antiguos, y con ellos Platon, afirman que estas naturalezas celestiales son hechas de la materia de los cuerpos inferiores, de donde ellas vienen a ser los hijos mas excelentes de Herebo.

Soph.—Bastame lo que en breue has dicho de la generacion de Demogorgon; solamente me falta por entender las cosas que pertenecen al amor, como el enamoramiento de Pan, hijo segundo de Demogorgon, con la ninfa Siringa.

Phil.—Pintan los poetas al dios Pan con dos cuernos en la cabeça, derechos hazia el cielo; la cara de fuego, con la barba larga, que deciende sobre el pecho; tiene en la mano vna vara y vna fistola con siete cañas; tiene acuestas vna piel manchada de diuersas manchas; los miembros baxos, asperos

Pan y su figura, y su amor con la ninfa Siringa.

y (¹) grosseros, y los pies de cabra. Dizen que contendiendo Pan con Cupido, siendo vencido del, fue constreñido a amar a Siringa, virgen ninfa de Arcadia; la qual siguiendola Pan y ella huyendo, fue impedida del rio Ladon; por lo qual, pidiendo ella socorro a las otras ninfas, fue conuertida en cañas o juncos de lagunas. Y oyendo Pan, que la seguia, el sonido que el viento hazia hiriendo las cañas, sintio tanta suauidad de harmonia, que por la delectacion del sonido y por el amor de la ninfa, tomo siete dellas, y las junto con cera, y hizo la fistola, instrumento suaue para tañer.

Soph.—Querria saber de ti si los poetas sinificaron en esto alguna alegoria.

Phil.—Demas del sentido historial de vn Siluano de Arcadia, el qual siendo enamorado, se dio a la musica y fue inuentor de la fistola (flauta) con las siete cañas juntadas con cera, no ay duda sino que tiene otro sentido alto y alegorico; y es, que Pan, que quiere dezir el todo, es la naturaleza vniuersal que ordena todas las cosas mundanas. Los dos cuernos que tiene en la frente, que se estienden hasta el cielo, son los dos polos del cielo Artico y Antartico. La piel manchada que tiene acuestas, es la octaua esfera llena de estrellas. La cara de fuego, es el Sol con los planetas, que por todo son siete, assi como en la cara ay siete organos, que son los dos ojos, dos oydos, dos ventanas de la nariz y la boca; los quales, como arriba hemos dicho, sinifican los siete planetas. Los cabellos y la barba larga, pendiente sobre el pecho, son los rayos del Sol y de los otros planetas y estrellas que baxan al mundo inferior para hazer toda generacion y mistura. Los miembros baxos y grosseros, son los elementos y cuerpos inferiores, llenos de grosseria y de rustiqueza respeto de los celestiales, entre los quales miembros los pies son caprinos, porque los pies de las cabras no caminan jamas por camino derecho, antes van saltando y atrauessando desordenadamente. Tales son los pies del mundo inferior, y sus mouimientos y transformaciones de vna essencia en otra transuersalmente, sin orden cierta; de las quales grosserias y desordenes estan priuados los cuerpos celestiales. Esta es la sinificacion de la figura de Pan.

Soph.—Agradame; pero dime tambien el sinificado de su amor con Siringa, que es mas de nuestro proposito.

Phil.—Dizen assi mismo que esta naturaleza vniuersal tan grande, poderosa, excelente

y admirable, no puede estar priuada de amor; y, por tanto, amo a la pura virgen e incorrupta, que es el orden estable e incorruptible de las cosas mundanas; porque la naturaleza ama lo mejor y lo mas perfeto, siguiendo lo qual, ella le huye, porque este mundo inferior es tan instable y siempre desordenadamente mudable, como pies de cabra. Hizo cessar la huyda de la virgen el rio Ladon, que es el cielo, que corre continuamente como rio, en el qual es detenida la incorrupta estabilidad, aunque fugitiua, de los cuerpos generables del mundo inferior; aunque el cielo no esta sin continua instabilidad, por su continuo mouimiento local. Pero esta instabilidad es ordenada y sempiterna, por lo qual es virgen sin corrupcion; y sus deformidades son con ordenada y harmoniaca correspondencia, segun que arriba hemos dicho de la musica y melodia celestial. Estas cosas son las cañas del rio, en las quales fue conuertida Siringa; en las quales cañas el espiritu engendra sonido suaue y harmonia; porque el espiritu intelectual que mueue los cielos, causa la consonante correspondencia musical suya. De las quales cañas hizo Pan la fistola con siete dellas; que sinifica la congregacion de los orbes de los siete planetas y sus admirables concordancias harmoniales, y por esto dizen que Pan trae el cetro y la fistola, con la qual tañe siempre; porque de continuo se sirue la naturaleza de la ordenada mutacion de los siete planetas para las mutaciones del mundo inferior. Veras, o Sophia! como te he dicho breuemente, lo que se contiene en el amor de Pan con Siringa.

Soph.—Gusto me da el enamoramiento de Pan con Siringa; querria saber aora la generacion, matrimonios, adulterios y enamoramientos de los otros dioses celestiales, y quales son sus alegorias.

Phil.—Dezirte he debaxo de breuedad alguna parte dellos, porque el todo seria cosa larga y fastidiosa. El origen de los dioses celestiales viene de Demogorgon y de sus dos nietos, hijos de Herebo, o, segun que otros quieren, hijos suyos proprios, que es de Ether y de Dia, su hermana y muger. Dizen que destos dos nacio Celio o Cielo, con el qual nombre fue nombrado acerca de los gentiles Vranio, padre de Saturno, por ser tan excelente en virtud y de tan profundo ingenio, que parecia celestial y digno de ser hijo de Ether y de Dia, porque participaua la espiritualidad etherea en su ingenio y la luz diuina en su virtud. Lo alegorico desto es muy manifiesto, porque el cielo, que rodea, cela y cubre todas las cosas, es hijo de ether y de dia; porque es compuesto de naturaleza etherea por la diafanidad suya, sutil y espiritual, y de naturaleza clara

(¹) Repetido: «y».

diuina por las estrellas relumbrantes que tie-
ne; y el ether se llama padre por
ser parte principal en el cielo,
assi por su grandeza, que com-
prehende todos los orbes, como tambien, segun
Plotino, de mente de Platon, porque penetra
todo el vniuerso, el qual pone estar lleno de
espiritu ethereo; pero que las estrellas claras
son miembros particulares del
cielo, a manera de la hembra,
que fue parte sacada del hom-
bre. el qual es el todo; como
tambien por ser el ether cuerpo mas sutil y
mas espiritual que los cuerpos lucidos de las
estrellas y planetas: de donde dize Aristoteles
que, por ser las estrellas de mas gruessa y densa
corporalidad que el resto del cielo, son capaces
de recebir y retener en si la luz, lo qual no pue-
de hazer el orbe, por su transparente sutilidad.
Y Plotino tiene ser tanta la sutileza del ether,
que penetra todos los cuerpos
del vniuerso, assi superiores
como inferiores, y que esta con
ellos en sus lugares sin aumento
dellos; porque el es espiritu interior sustentatiuo
de todos los cuerpos, sin acrecentarles su pro-
pria corporeydad. De donde el ether tiene pro-
priedad de marido espiritual, y dia de muger
mas material, de las quales dos naturalezas es
compuesto el cielo.

Soph. — Y de Cielo, quien nacio?

Phil. — Saturno.

Soph. — Y quien fue la madre?

Phil. — Saturno, rey de Creta, fue hijo de
Vranio y de Vesta. Y siendo el
Vranio por su excelencia llama-
do Cielo, Vesta su muger fue
llamada Tierra, por ser tan generatiua de tan-
tos hijos, y mayormente por Saturno, que fue
inclinado a las cosas terrestres e inuentor de
muchas cosas vtiles en la agricultura; tambien
Saturno fue de naturaleza tarda y melancolica
a manera de la tierra; y alegoricamente la tie-
rra, como te he dicho, es muger del cielo en la
generacion de todas las cosas del mundo in-
ferior.

Soph. — Siendo Saturno planeta, como pue-
de ser hijo de la tierra?

Phil. — Por vna parte es hijo del cielo, por-
que el es el primer planeta y mas cercano al
cielo estrellado, y absolutamente se dize cielo,
y como padre rodea todos los planetas. Y
tambien, porque Saturno tiene muchas seme-
janças de la tierra, le llaman hijo
suyo. Primeramente en el color
aplomado, que tira a lo terreno.
Y despues porque entre todos los planetas
erraticos es el mas tardo en su mouimiento,
assi como la tierra entre todos los elementos es

El cielo consta de dos naturalezas.

Las estrellas son mas densas que el cuerpo del cielo.

Plotino y su opinion acerca del ether.

Alegoria del naci-miento de Saturno

Semejança de Sa-turno con la tierra.

el mas pesado Tarda Saturno treynta años en
reboluer su cielo, y Iupiter, que es el mas tardo
de los otros, doze años, y Marte cerca de dos, y
el Sol, Venus y Mercurio vn año, y la Luna
vn mes. Demas desto, Saturno
asemeja a la tierra en la compli-
sion que influye, la qual es fria
y seca como ella; haze los hombres en quien
domina melancolicos, tristes, pesados y tardos
y de color de tierra, inclinados a la agricultura,
edificios y oficios terrenos; y el planeta domina
tambien todas estas cosas terrenas; pintanle
viejo, triste, feo de cara, pensatiuo, mal vesti-
do, con vna hoz en la mano, porque haze tales
los hombres que del son dominados; y la hoz
es instrumento de la agricultura a que los haze
inclinados De mas desto da grande ingenio,
profunda cogitacion, ciencia verdadera, conse-
jos rectos y constancia de animo, por la mistu-
ra de la naturaleza del padre celeste con la
madre terrena. Y, finalmente, de la parte del
padre da la diuinidad del anima y de la parte
de la madre la fealdad y ruyna del cuerpo. Y
por esto significa pobreza, muerte, sepultura y
cosas escondidas debaxo de la tierra, sin apa-
rencia y ornamento corporeo. De donde fingen
que Saturno se comia todos los hijos machos,
mas no las hembras, porque el corrompe todos
los indiuiduos y conserua las rayzes terrenas,
madres dellos. Assi que con razon fue llamado
hijo del Cielo y de la Tierra.

Soph — Y quien fue hijo de Saturno?

Phil. — Muchos hijos y hijas aplican los poe-
tas a Saturno, como Cronos, que quiere dezir
tiempo determinado o circuyto temporal, como
es tambien el año, que es el tiempo del circuyto
del Sol, que dizen ser hijo de Saturno; porque
el mayor circuyto temporal que el hombre pue-
de ver en su vida, y que sea de mas tiempo, es
el circuyto de Saturno, que, como te he dicho,
se haze en treynta años, que los de los otros
planetas se hazen en mas breue tiempo.

Soph. — Quien fue la muger de Saturno,
madre de Cronos?

Phil. — Su muger madre de Cronos y de los
otros hijos fue Opis, su propria hermana, hija
de su padre Cielo y de la Tierra su madre.

Soph. — Entienden hazerse otra cosa por
Opis, que la verdadera muger de Saturno, rey
de Creta?

Phil. — La alegoria es que Opis quiere dezir
obra, y sinifica la labor de la
tierra, assi en la agricultura
co no en la fabrica de las ciuda-
des y habitaciones; la qual con razon es muger
y hermana de Saturno; es hermana, por ser hija
del Cielo, el qual es causa principal de la agri-
cultura de la tierra y de las terrenas habitacio-
nes; de manera que los padres que engendra-

Influencias de Sa-turno.

Alegoria acerca de Opis.

ron a Opis son los mismos de Saturno, que es el Cielo y la Tierra. Es su muger, porque Saturno produze las fabricas y la agricultura como agente, y Opis como receptaculo paciente y material.

Soph.—Que otros hijos tuuo Saturno de Opis?

Phil.—A Pluton y a Neptuno, que sinifican, este el abismo del mar, y aquel el de la tierra; porque en ambos a dos tiene dominio Saturno. Otros hijos les dan los poetas; pero, boluiendo a las cosas celestiales que son de nuestro proposito, te digo que Iupiter fue hijo de Saturno, el qual Iupiter es el planeta mas cercano que sigue a Saturno, y en el orden celeste sucede a Saturno de la manera que sucedio Iupiter, rey de Creta, a su padre Saturno. El qual Iupiter tuuo el nombre deste excelente y benigno planeta por su benigna y noble virtud; assi como su padre el de Saturno por las semejanças ya dichas. Y participando estos dos reyes de la naturaleza destos dos planetas, fueron nombrados de sus nombres, como si aquellos celestiales huuieran decendido a la tierra y hechose hombres. Tambien se asemejaron a estos dos planetas en los casos que les acaecieron, assi a cada vno dellos de por si como al vno con el otro.

Soph.—Ya me has dicho de Saturno. Dime aora de Iupiter la alegoria de los casos que le acaecieron con su padre Saturno; y tambien la de los suyos proprios.

Phil.—De qual de sus casos quieres que te diga?

Soph.—De aquel que dizen que, quando Iupiter nacio, lo escondieron de su padre Saturno porque mataua todos sus hijos.

Phil.—Lo alegorico es que Saturno es destruydor de todas las bellezas y excelencias que vienen al mundo inferior de los otros planetas, y principalmente de las que vienen de Iupiter, que son las principales y las mas ilustres, como es: la iusticia, la liberalidad, la magnificencia, la religion, el ornamento, el resplandor, la hermosura, el amor, la gracia, la benignidad, la libertad, la prosperidad, las riquezas las delicias y cosas semejantes; de todas las quales es Saturno arruynador y destruydor. Y de aquellos que en su nacimiento tienen a Saturno poderoso sobre Iupiter, les es damnificador, y arruyna en ellos todas estas noblezas o las ofusca; assi como Iupiter Cretense, siendo niño y flaco de fuerças, fue escondido de la mal querencia de su padre Saturno, que queria matarlo porque era poderoso sobre el.

Soph.—Y qual es la alegoria de aquello que dizen que estando Saturno en prision de los titanes, Iupiter su hijo lo libro con suficientes fuerças?

Phil.—Sinifican, que estando Iupiter fuerte en el nacimiento de algunos o en el principio de algun edificio, o habitacion, o obra grande, si se halla con buen aspecto sobrepujante a Saturno, libra a aquel tal de toda calamidad, miseria y prision y reprime todos sus infortunios.

Soph.—Y aquello que dizen que Iupiter, despues que libro a Saturno, lo priuo del reyno y lo destierro al infierno, que sinifica?

Phil.—La historia es que Iupiter, despues que libro al padre de la prision de los titanes, le quito el reyno y le hizo huyr a Italia y alli reyno en compañia de Iano, y dio principio a vna tierra, donde aora es Roma, y assi desterrado murio. Los poetas llaman infierno a Italia, assi porque era en aquel tiempo inferior a Creta, que el rey della le reputaua infierno en respeto de su reyno, como porque, en efeto, Italia es inferior a Grecia, por ser mas ocidental, porque el Oriente es superior al Ocidente. Pero la alegoria es que siendo Iupiter mas poderoso que Saturno en qualquiera persona o acto, le quita el dominio de aquel tal a Saturno y le haze quedar inferior en influencia. Sinifica tambien vniuersalmente que, aunque reyna Saturno primero en el modo de la generacion, conseruando las semillas debaxo de la tierra y congelando la esperma en el principio de la concepcion de los animales, pero no embargante, en el tiempo del aumento y ornamento de las cosas nacidas, es Iupiter el que reyna y es el principal en esto; y quitando al padre Saturno del dominio, lo destierra al infierno; esto es, a los lugares escuros, donde se absconden las semillas de las cosas en el principio de la generacion, sobre las quales semillas esse Saturno tiene proprio dominio.

Soph.—Bien me suenan cosas alegorias de los casos acaecidos entre Iupiter y Saturno, y pues que estos tienen sutil sinificacion, tanto mas la ternan las cosas que se dizen de la virtud y vitorias de Iupiter y de su iusticia, liberalidad y religion.

Phil.—Assi es; que dizen que el enseño al vulgo la manera del bien biuir, apartandoles de muchos vicios que tenian, porque comian carne humana y la sacrificauan, y el les quito de aquella costumbre inhumana. Sinifica que Iupiter celestial, por su benignidad, prohibe a los hombres toda crueldad, y los haze piadosos, y les alarga y preserua la vida y los defiende de la muerte; por donde esse Iupiter en griego se llama Zefs, que quiere dezir vida. Dizen tambien que el dio ley y religion y constituyo tiempos; porque el planeta Iupiter

(marginal notes:)
Alegorias sobre las fabulas de Saturno y Iupiter.

Esclarecidas influencias de Iupiter.

Zefs, en griego, quiere dezir vida.

concede las tales cosas a los hombres, haziendoles reglados, moderados y atentos al culto diuino. Dizen que gano la mayor parte del mundo, la qual diuidio entre sus hermanos, hijos, parientes y amigos, y para si quiso solamente el monte Olimpo, donde residia y los hombres yuan a pedirle sus rectos juyzios, y el hazia razon y justicia a qualquier agrauiado. Sinifican que el planeta de Iupiter da vitorias, riquezas y possessiones a los hombres iouiales, con liberal distribucion dellas, y que el tiene en si vna sustancia clara y naturaleza limpia, agena de toda auaricia y fealdad, y que haze a los hombres justos, amadores de la virtud y de los rectos juyzios, y por esto se llama en lengua hebrayca Sedech, que quiere dezir justizia.

Sedech, en lengua hebrea, sinifica justicia.

Soph.—Todas essas alegorias iouiales me aplazen; pero, que diras, Philon, de sus enamoramientos, no solamente matrimoniales con Iuno, mas tambien adulterinos, que son mas de nuestro proposito?

Phil.—Lo historial es que Iupiter tauo por muger a Iuno, su hermana, hija de Saturno y de Opis, nacidos ambos de vn mesmo parto, y ella nacio primero. En lo alegorico tienen a Iuno por la tierra y por el agua y a Iupiter por el ayre y por el fuego; otros ponen a Iuno por el ayre y a Iupiter por el fuego, entre los quales parece que ay hermandad y conjuncion; otros la ponen por la luna, y cada vno acomoda las fabulas de Iuno a su opinion.

Alegorias sobre las fabulas de Iupiter y Iuno.

Soph.—Y tu, Philon, que entiendes por Iuno?

Phil.—Entiendo la virtud que gouierna al mundo inferior y a todos los elementos, y mayormente al ayre, que es el que cerca y rodea al agua y penetra la tierra por todas partes. Que el elemento del fuego no era conocido ni concedido de los antiguos, antes tenian que el ayre era contiguo al cielo de la luna, aunque aquella parte primera, por la cercania de los cielos y por el continuo mouimiento dellos, fuesse la parte mas caliente. De donde, por la vniuersalidad del ayre en todo el globo, es mas apropriado a Iuno. Y ella es la virtud que gouierna a todo el mundo de la generacion y de los elementos, assi como Iupiter es la virtud que gouierna los cuerpos celestiales; y apropriase al planeta Iupiter, porque es el mas benigno y excelente y el mas alto despues de Saturno, que es su padre, conuiene a saber, el entendimiento productor del anima celestial. Y Opis, su madre, sinifica el centro de la tierra y la materia primera. Iupiter queda medio en lo celeste, porque es principio y pa-

Elemento del fuego no fue concedido de los antiguos.

dre de los demas planetas; esta entre el Cielo y su hermana Iuno, la qual contiene todo lo que ay desde el centro de la Tierra hasta el Cielo. Y por estar contiguos el vno con el otro, se llaman hermanos. Y dizese que son nacidos de vn mismo parto, por denotar que el mundo celeste y el elemental fueron produzidos juntos, del entendimiento padre y de la materia madre, segun lo dize Anaxagora, conforme a la Sagrada Escritura, en la produccion o creacion del mundo, quando dize que de vn principio y simiente de las cosas crio Dios el cielo y la tierra. Y dizen que salio primero Iuno del vientre de la madre, porque entendian que la formacion de todo el vniuerso principiaua del centro y que yua assi sucessiuamente subiendo hasta la circunferencia vltima del cielo, como arbol que va creciendo hasta la cumbre, conforme al dicho del psalmista, que dize, en el dia que crio Dios la tierra y el cielo, que antepuso en la orden de la creacion lo inferior a lo superior corporeo. Y llamanse conjuntos en matrimonio, porque, como arriba te dixe, el mundo celeste es verdadero marido del mundo elemental, que es su verdadera muger, el vno agente y el otro recibiente. Y llamase Iuno, porque ayuda casi como la deriuacion de Iupiter; porque ambos a dos ayudan a la generacion de las cosas, el vno como padre y el otro como madre. Tambien se llama Iuno diosa de los matrimonios y Lucina de las paridas, porque ella es la virtud que gouierna al mundo inferior de la conjuncion de los elementos y generacion de las cosas.

Anaxagora.

Razon por que dizen que nacio primero Iuno que Iupiter.

Iupiter y Iuno tienen vna misma deriuacion.

Soph.—De la conjuncion dellos bastame esto. Dime aora de la generacion de Hebe, hembra, y de Marte, varon.

Phil.—Fingen que, estando Apolo en casa de su padre Iupiter, dio, entre otras cosas, a su madrastra Iuno lechugas agrestes a comer; por donde ella, auiendo sido primero esteril, se empreño de subito y pario vna hija, llamada Hebe, la qual por su hermosura fue hecha diosa de la juuentud y se caso con Hercules.

Alegoria de la fabula de Iuno y Apolo.

Hebe nacio de Iuno

Soph.—Qual es la alegoria?

Phil.—Estando el Sol, llamado Apolo, en casa de Iupiter su padre, que es en Sagitario, que es el primer domicilio de Iupiter, y desde alli hasta Pesce, que es el segundo signo de Iupiter en el Zodiaco, y esto es desde mediado nouiembre hasta mediado março, por el gran frio y mucha humedad de aquellos meses, se empreño Iuno, que es el mundo elemental, y esto se entiende quando se dize auerle dado

Apolo a comer lechugas agrestes, que son muy frias y humidas, las quales dos calidades hazen empreñarse la tierra estando ella esteril del otoño passado, y entonces las rayzes de las cosas principian a tomar virtud germinatiua, que es verdadera concepcion, y ella viene a parir en la primauera, que es passando el Sol de Pesce en Ariës, y porque entonces estan floridas todas las plantas y se renueuan todas las cosas, por esso se llama diosa de la juuentud, que, en efeto, Hebe es la virtud germinatiua de la Primauera, la qual nace de Iupiter celeste y de Iuno terrestre y elemental, por intercession del Sol.

Alegoria del matrimonio de Hebe con Hercules. Y dizen auerse casado con Hercules, porque los hombres excelentes y famosos en virtud se llaman Hercules, porque la fama de los tales hombres esta siempre fresca y jamas muere ni se enuejece.

Soph.—Entendido he de Hebe. Dime de Marte. hijo dellos.

Phil.—Marte, como bien sabes, es planeta calido, y produze calor en el mundo inferior, el qual calor, mezclado con la humidad, sinificada por Hebe, haze la generacion deste mundo inferior, que es sinificado por Iuno. Assi que esta hijo y esta hija pario Iuno de Iupiter celeste, con los quales se hazen despues todas las generaciones inferiores. Tambien dizen que, assi Alegoria del nacimiento de Marte. como Hebe sinifica la generacion vniuersal del mundo, assi Marte, que es comburente y destruydor, sinifica la corrupcion, la qual se causa mayormente del gran calor del estio, que desseca toda humidad. Assi que estos dos hijos de Iupiter y de Iuno son la generacion y corrupcion de las cosas, con las quales se continua el mundo inferior. Y porque la corrupcion no se deriua del principio celeste sino por acidente, porque su propria obra e intencion es la generacion, por esto dizen que Iuno pario a Marte de la percussion de la vulua; porque la corrupcion viene del defeto y percussion de la materia, mas no de la intencion del agente.

Soph.—Plazeme lo alegorico del matrimonio y de la legitima generacion de Jupiter y Juno; querria saber alguna cosa de sus enamoramientos y generacion.s extraordinarias, como los de Latona y de Alcumena y de otras.

Phil.—Dizen que Jupiter se enamoro de Fabula de Iupiter y Latona. Latona, virgen, y que la empreñio; lo qual sufriendolo Juno asperamente, comouio contra ella, no solamente todas las partes de la tierra, de manera que ninguna la recibia; mas tambien la hizo perseguir a Fiton, serpiente grandissimo, que la desterraua de todo lugar. Por lo qual ella vino huyendo a la isla de Delos, que la recibio, y alli pario a Diana y a Apolo; pero Dia-

na salio primero, y ayudo a la madre, haziendo oficio de Lucina en el nacimiento de Apolo, el qual, nacido que fue, con su arco y saetas mato al dicho Fiton, serpiente.

Soph.—Dime lo alegorico.

Phil.—Sinifica que en el diluuio, y tambien poco despues, estaua el ayre tan Alegoria sobre la fabula de Iupiter y Latona, aplicada al diluuio. espessado con los vapores del agua que cubria la tierra por las grandes y continuas lluuias que huuo en el diluuio, que no se aparecia en el mundo la luz de la Luna ni del Sol, porque los rayos dellos no podian penetrar la densidad del ayre. De donde dize que Latona, que es la circunferencia del cielo, por donde va la via lactea, estaua preñada de Iupiter, su amante, y queriendo parir en el vniuerso la lumbre lunar y solar, despues del diluuio, Iuno, que es el ayre, el agua y la tierra, desdeñada de celos de aquella preñez, impedia con su espessura y sus vapores el parto de Latona y la aparicion del Sol y de la Luna en el mundo; de manera que en ningun lugar de la tierra era recebida ni podian verla, y aliende desto, que Fiton, serpiente, que era la gran humidad que quedo del diluuio, la perseguia con la continua subida de los vapores, que espessando el ayre no dexaua nacer ni parecer los rayos de la Luna y del Sol. Y llaman sierpe a aquella superflua humidad, porque era causa de la corrupcion de las plantas y de todos los animales terrestres. Finalmente, en la isla de Delos, donde se purifico primero el ayre por la sequedad de lo salobre del mar, Latona pario a Diana y a Apolo, porque los griegos tienen que primero que en otra parte despues del diluuio, aparecio en Delos la Luna y el Sol. Y dizese auer nacido primero Diana, porque primero fue la aparicion de la Luna de noche, y despues nacio Apolo, y aparecio en el dia siguiente; de manera que la aparicion de la Luna dispuso la del Sol, como si huuiera sido Lucina de la madre en el nacimiento del hermano. Y nacido que fue Apolo, dizen que con su arco y saetas mato a la serpiente Fiton. Esto es que el Sol. como aparecio, desseco con sus rayos la humidad, que prohibia la generacion de los animales y de las plantas.

Soph.—Qual es el arco de Apolo?

Phil.—Podre dezirte que es la circunferencia del cuerpo solar, de la qual salen rayos a manera de saetas. que las saetas presuponen el arco; pero, en efeto, el arco de Apolo es vn otro mas proprio, el qual te declarare quando hablaremos de sus amores. Podre dezirte otra alegoria mas antigua, docta y sabia del nacimiento de Diana y Apolo.

Soph.—Dimela, te suplico.

Phil.—Denota la produccion dellos en la

creacion del mundo, conforme a la mayor parte de la sagrada Escritura mosayca.

Soph.—De que manera?

Phil.—Escriue Moyses que, criando Dios el mundo superior celeste, y el inferior terrestre, que el terrestre con todos los elementos estaua confuso y hecho vn abismo tenebroso y escuro, y que aspirando el espiritu diuino sobre el agua del abismo, produxo la luz, y fue primero noche, y despues dia el dia primero. Esto sinifica la fabula del parto de Latona, la qual es la sustancia celeste, de la qual auiendose enamorado Iupiter, que es el summo Dios criador de todas las cosas, la empreño de los cuerpos lucidos en acto, mayormente del Sol y de la Luna, y no consintiendo Iuno, que es el globo de los elementos, que estaua confuso, los cuerpos lucidos no podian penetrarlo con sus rayos, antes eran rebatidos de la otra parte del globo; aliende desto, el abismo del agua, que es la serpiente Fiton, impedia al Cielo el parir sobre la Tierra la luz del Sol y de la Luna. Finalmente, en Delos, isla, que es lo descubierto de la tierra, que en el principio no era grande, puesta a manera de vna isla dentro de las aguas, aparecieron primero por lo descubierto del agua, porque el ayre no estaua alli tan espesso. Donde en la sagrada creacion se cuenta que, despues de criados en el primer dia la noche y el dia, fue criado y estendido en el segundo dia el firmamento ethereo, que fue la diuision del ayre, del agua y de la tierra, y despues, en el dia tercero, fue descubierta essa tierra, dando principio a la produccion de las plantas, y en el quarto dia fue la aparicion del Sol y de la Luna sobre la tierra ya descubierta, que es la figura del parto de Latona en la isla Delos, en el qual parto se denota auer sido su preñez en el primer dia, y el parto y la aparicion en el quarto dia de los seys de la creacion, y dizen que Diana salio primero, que fue Lucina que ayudo en el nacimiento de Apolo, porque la noche en la creacion precede al dia, y los rayos lunares principiaron a disponer el ayre para recebir los solares. Apolo mato a Fiton, que es el abismo, porque el Sol anduuo dessecando con sus rayos y descubriendo cada hora mas la tierra, purificando el ayre y digiriendo el agua, y consumiendo aquella humedad indigesta que quedaua del abismo en todo el globo, que impedia la creacion de todos los animales, aunque no prohibia la de las plantas por ser mas humedas. De donde en el quinto dia de la creacion, que fue el siguiente a la aparicion de las luminarias, fueron criados los animales volatiles y aquaticos, que eran los menos perfetos, y en el sexto y vltimo dia de

Marginal note: Alegoria segunda sobre la fabula de Iupiter y Latona aplicada a la creacion del mundo.

la creacion fue formado el hombre como el mas perfeto de todos los inferiores, al tiempo que el Sol y el Cielo auian ya dispuesto de tal manera los elementos y la mezcla dellos, que pudo hazerse della animal, en el qual se podiesse mezclar lo espiritual con lo corporal, y lo diuino con lo terrestre, y lo eterno con lo corruptible, en vna admirable composicion.

Soph.—Mucho me aplaze esta alegoria, y la conformidad que tiene con la creacion que se cuenta en la Sagrada Escritura mosayca, y la continuacion de la obra de los seys dias, el vno tras el otro, y verdaderamente es para admirar poder esconder cosas tan grandes y altas debaxo del velamen de los amores carnales de Iupiter. Dime aora si en los de Alcumena ay alguna sinificacion.

Phil.—La ficcion es que Iupiter se enamoro de Alcumena, y vso con ella en figura de Anfitrion, su marido, y nacio della Hercules. Y bien sabes que Hercules, acerca de los griegos, quiere dezir hombre dignissimo y excelente en virtud, y estos tales nacen de mugeres bien acomplisionadas, hermosas y buenas, como fue Alcumena, que fue honesta y hermosa, amadora de su marido. de las quales mugeres suele enamorarse Iupiter, y en ellas influye sus virtudes iouiales de tal manera, que conciben principalmente de esse Iupiter, y su marido es casi instrumento de la concepcion, y esto quiere dezir que Iupiter vso con ella en figura de su marido, porque el semen de Anfitrion, si no fuera la virtud e influencia de Iupiter, no era digno para del poderse engendrar Hercules, el qual, por mas diuinas virtudes, participadas de Iupiter, fue verdadero hijo de Iupiter, y figuralmente o instrumentalmente, de Anfitrion, y assi se entiende de todos los hombres excelentes, que pueden llamarse tambien Hercules, como aquel clarissimo hijo de Alcumena.

Marginal note: Alegoria sobre la fabula de Iupiter y Alcumena.

Soph.—Iupiter tambien se enamoro de otras y tuuo muchos hijos. Dime alguna cosa dellos.

Phil.—Otros muchos enamoramientos aplican a Iupiter, y la causa es, porque el planeta Iupiter es amigable de suyo, e inclina los suyos a amistad y amor, y aunque su amor es honesto, todavia, teniendo comercio con algunos de los otros planetas en el nacimiento de los que nacen debaxo de su influencia, a los quales los poetas llaman hijos suyos, los haze ser amadores de las cosas honestas, mezcladas con las de la naturaleza de aquel planeta, de donde vnas vezes da vn amor limpio, puro, claro, manifiesto y suaue, segun su propria naturaleza iouial, y desta manera fingen que amo a Leda, y que vso con ella en

Marginal note: Razon por que aplican a Iupiter tantos enamoramientos.

forma de cisne, porque el cisne es blanco, lim-
pio y claro y de suaue canto,
Alegoria sobre los amores de Leda. y por esto lo prendio la Leda,
y despues se hallo presa del,
y pario del a Castor y a Polux, de vn parto,
los quales se llaman hijos de Iupiter, porque
fueron excelentes en virtud. Y assi tambien
Helena, por su clara hermosura, a manera de
cisne, y los dos hermanos fueron connertidos
por Iupiter en el signo de Gemini, por ser casa
de Mercurio, que da la suaue eloquencia sinifi-
cada por el suaue canto del cisne, denotando
que la pureza del animo, con la dulçura del ha-
blar, es gran causa de amor y de amistad. Otras
vezes da Iupiter su amor honesto no tan aparen-
te y manifiesto, sino nebuloso, intrinseco y cu-
bierto, y por esto dizen que amo
Alegoria sobre los amores de la hija de Inaco. a la hija de Inaco, la qual huuo
en forma de niebla. Y si Iupiter
tiene comercio con Venus, haze
el amor tendiente al deleytable, de donde fingen
que amo y alcanço a Europa, en
Alegoria sobre los amores de Europa. forma de vn hermoso toro, por-
que el signo del Toro es domici-
lio de Venus. Y si tiene comercio con Mercurio,
da amor tendiente a lo vtil, porque Mercurio es
procurador de las sustancias, por lo qual dizen
que amo y gozo de Danae, en
Alegoria sobre los amores del Danae. forma de pluuia de oro, porque
la liberal distribucion de las ri-
quezas haze al hombre ser amado de los neces-
sitados que la reciben como pluuia. Y teniendo
conmistion con el Sol, da amor de estado, do-
minio y de grandes altezas, lo qual sinifican
fingiendo que amo y vso con
Alegoria sobre los amores de Asterie Asterie en forma de aguila. Y
mezclandose con la Luna, haze
vn amor tierno y piadoso, como el de la madre
o el de la ama al niño; por donde fingen que
amo y alcanço a Semele, hija
Alegoria sobre los amores de Semele de Cadmo, en figura de su ama
Beroe. Y siendo complisionado
con Marte, haze vn amor caliente, fogoso y
comburente, y desta manera dizen que amo y
alcanço a Egina en forma de
Alegoria sobre los amores de Egina. rayo. Y teniendo mezcla con
Saturno, haze vn amor misto
de honesto y bruto, en parte humano, intelec-
tual, y en parte ferino e inmundo, de donde fin-
gen que amo y amo a Antiopa
Alegoria sobre los amores de Antiopa en forma de satiro, que tiene las
partes superiores de hombre y
las inferiores de cabra, porque el signo Capri-
cornio es casa de Saturno. Assi mismo si Iupi-
ter se halla en signo femenino, da amor feme-
nil, y por esto dizen que amo y
Alegoria sobre los amores de Caliston alcanço a Calixton en forma de
muger. Y si se halla en signo
masculino, mayormente en casa de Satur-

no, que es Aquario, da amor masculino, de
donde fingen que amo a Ganimedes, niño, y
Alegoria sobre el amor de Gani-medes. que lo conuirtio en Aquario,
signo de Saturno. En todos es-
tos enamoramientos, y otros de
Iupiter, podria dezirte de nueuo
muchas alegorias; mas porque no nos son muy
importantes, las dexo, por escusar prolixidad.
Basta que sepas que todos sus enamoramientos
denotan maneras de amores y de amistades, que
dependen de la influencia de Iupiter en aque-
llos en cuya natiuidad el domina. El qual in-
fluxo vnas vezes lo da el solo, y otras acompa-
ñado con diuersos signos del cielo, sinificando
y denotando el numero grande de sus diuersos
hijos y la historia de los que participaron di-
uersamente las virtudes de Iupiter y las mane-
ras de las tales participaciones.

Soph.—Harto hemos hablado de los amores
de Iupiter. Dime de aquel famoso enamora-
miento de su hijo Marte con Venus.

Phil.—Ya supiste arriba el nacimiento de
Marte, de la percussion de la
Alegoria del estra-ño nacimiento de Marte. vulua de Iuno, que sinifica que
el planeta Marte es calidissimo,
pungitiuo e incitatiuo a la gene-
racion del mundo inferior, llamado Iuno, y es
hijo de Iupiter, porque es el planeta que le esta
mas cerca inferior a el. Y el planeta Venus,
segun los antiguos, se sigue en medio despues
de Marte. Luego se sigue Mer-
Opiniones de los astrologos antiguos y moder-nos en las posicio-nes de los planetas curio, despues el Sol y despues
la Luna. Pero los astrologos
mas modernos ponen al Sol en-
tre Marte y Venus, de la qual
Venus fingen los poetas diuersas cosas. Vnas
vezes la llaman magna, aplicando a ella las cosas
mas excelentes de la naturaleza, y que es hija
de Cielo padre y de Dia madre. Danle por pa-
dre al Cielo, por ser Venus vno
Alegorias sobre las fabulas de Venus. de los siete planetas celestiales,
y por madre al Dia, porque es
muy clara; y quando es matuti-
na, anticipa al dia, y quando es vespertina, lo
alarga; dizen que pario al Amor, gemino de
Iupiter, y a las tres hermanas llamadas Gra-
cias, entendiendo que el amor en los inferiores
procede de los dos padres benignos llamados
Fortunas, de Iupiter, Fortuna mayor, y de Ve-
nus, Fortuna menor; pero a Iupiter en lugar de
padre, por su superioridad y excelencia mascu-
lina, y a Venus en lugar de madre, por ser
menor, mas baxa y feminil. Assi mismo, el
amor de Iupiter es honesto, perfeto y mascu-
lino, y el de Venus es deleytable, carnal, im-
perfeto, feminil; de donde fingen este Amor na-
cido de ambos a dos ser gemino, por ser com-
puesto de honesto y deleytable; y tambien por-
que el verdadero amor deue ser gemino y reci-

proco en los dos amantes, de donde engendraron juntos las Gracias, porque el amor no esta jamas sin gracia de ambas las partes. Dizen que esta Venus, yendo a casa de Marte, causo en ella Furias, sinificando que quando en el nacimiento de alguno se halla Venus en vno de los signos que son de Marte en el cielo, que es en Aries o en Scorpio, engendra furiosos amantes y de ardiente amor, por el calor de Marte, y assi es quando Venus tiene aspecto con Marte. Y la pintan ceñida de vn cesto, quando haze matrimonios y bodas, por sinificar la ligadura grande y vinculo inseparable que Venus pone entre los conjuntos en amor. Aplicanle a ella,

Las palomas, el mirto y las rosas, aplican a Venus.
de los animales, las palomas, por ser muy dedicadas al ayuntamiento amoroso; y de las yeruas, el mirto, assi por el suaue olor como porque esta siempre verde como el amor. Tambien porque sucessiuamente tiene el mirto las hojas de dos en dos, y el amor es siempre gemino y reciproco. Assi mesmo el fruto del mirto es negro, para denotar que el amor da fruto melancolico y congoxoso. De las flores le dan la rosa, por su hermosura y olor suaue, y tambien porque esta rodeada de agudas espinas; porque el amor esta rodeado de passiones, dolores y tormentos pungitiuos.

Soph.—Es esta misma aquella Venus que pintan desnuda en el mar, dentro de vna concha que anda nadando?

Phil.—En efeto; Venus humana fue vna

La vida de Venus y su buena ley.
sola, hija de Iupiter y de Dion, y fingen auerse casado con Vulcano; pero, en efeto, fue casada con Adonis, y otros creen que primero se huuiesse casado efectualmente con Vulcano y despues con Adonis. Esta fue reyna en Chipre, y tan dada al amor concupiscible, que enseño y hizo licito a las mugeres el ser publicas. Por su gran hermosura y resplandeciente aspecto, fue llamada Venus, a semejança de la claridad de aquel planeta, dando a entender que aquella celeste huuiesse influydo en esta reyna, no solamente hermosura grande, mas tambien aquella ardiente lasciuia, segun que es la naturaleza suya de causar en el mundo inferior vida deleytable y generacion concupiscible. De donde Venus fue primero adorada por diosa en Chipre y honrada con templos. Pero los poetas, debaxo del velamen de esta terrena, han dicho muchas cosas hechas, que son simulacro de la naturaleza, complission y efetos de la Venus celeste; y sus excelentes virtudes son sinificadas debaxo del nombre de Venus magna, hija de Cielo y de Dia, como ya te dixe. Empero su inicion a la lasciuia carnal la muestran los poetas, contando otra manera de nacimiento suyo. Dizen que Saturno corto con la hoz los testiculos a su padre Celio, y otros dizen que Iupiter fue el que los corto a su padre Saturno

Monstruoso nacimiento de Venus.
con su propria hoz y los echo en la mar, de cuya sangre junta con la espuma del mar nacio Venus; y por esto la pintan desnuda dentro de vna concha en la mar.

Soph. - Qual es la alegoria de este su estraño origen?

Phil.—Los testiculos de Celio son la virtud

Alegoria sobre el nacimiento de Venus.
generatiua, que se deriua del cielo en el mundo inferior, cuyo instrumento proprio es Venus; siendo ella la que propriamente da el apetito y virtud generatiua a los animales. Dizen que Saturno los corto con la hoz, porque Saturno en griego quiere dezir Cronos, que sinifica el tiempo, el qual es causa de la generacion en este mundo inferior; porque las cosas temporales desse mundo no siendo eternas, ay necessidad que tengan principio y que sean engendradas. Tambien porque el tiempo corrompe las cosas que estan debaxo del, y todo corruptible conuiene que sea engendrado. Assi que el tiempo, sinificado por Saturno, truxo del cielo, por medio de Venus, la generacion al mundo inferior, que se llama mar, por su continua mudança de la vna forma en la otra con la continua generacion y corrupcion; y esto

La generacion se hase mediante la corrupcion.
se hizo por cortar los testiculos con la hoz, porque mediante la corrupcion se haze la generacion en este mundo. Tambien la pro-

Naturaleza de Saturno y la de Venus.
pria naturaleza de Saturno es de corromper, assi como la Venus de engendrar, que esta es causa del nacer y aquella del morir; porque si no se corrompiessen las cosas no se engendrarian, y por esto dizen que Saturno con su hoz, con la qual destruye y corrompe toda cosa, corto los viriles de su padre Celio y los echo en este mar mundano, de los quales se engendro Venus, que da a los inferiores virtud generatiua mezclada con la potencia corruptiua por la cortadura de los testiculos de Celio. Los que dizen que los testiculos

Otra alegoria sobre el nacimiento de Venus y sobre los dominios de Saturno y Iupiter.
cortados fueron los de Saturno, de los quales nacio Venus, sinifican que Saturno prohibe la generacion, porque Iupiter le corto los testiculos, por lo qual el quedo inhabil para la generacion; pero los instrumentos generatiuos que faltaron a Saturno formaron a Venus, que es toda la causa de la generacion. Sinifican tambien que Saturno es el planeta que primero despues del coyto causa la concepcion; porque el congela la esperma, y por esto domina el primer mes de la preñez. Pero Iupiter toma en continente el dominio de la concepcion, for-

mando la criatura en el segundo mes, en el qual domina Iupiter; y esto quiere sinificar el cortar de los testiculos del padre Saturno, que fue primero en la concepcion. De los quales testiculos se dize que nacio Venus, porque ella es principal en la generacion. Tambien porque ella domina en el quinto mes y haze perfeta toda la formacion y hermosura de la criatura; por donde dizen que fue engendrada de la sangre de los testiculos y de la espuma del mar, que quiere dezir que el animal se engendra del semen del macho, que es la sangre de los testiculos, y del esperma sutil de la hembra, que es a manera de espuma; o se entiende por la espuma el semen del hombre, que es assi blanco, y por la sangre la de la muger, de la qual se sustenta la criatura. Pintanla desnuda, porque el amor no se puede encubrir, y tambien porque ella es carnal y porque los amantes deuen hallarse desnudos. Nada en la mar, porque el amor generatiuo se estiende por todo este mundo, que continuamente es mudable como la mar. Tambien porque el amor haze a los amantes inquietos, dudosos, vacilantes, tempestuosos como el mar.

Soph.—Del origen y nacimiento de Venus he entendido harto; ya es tiempo que yo sepa de su enamoramiento con Marte.

Phil.— Dizen que Venus fue casada con Vulcano; y por ser el coxo, ella se enamoro de Marte, animoso y fuerte en armas, y vsando con el secretamente, fue vista del Sol y acusada a Vulcano, el qual tendio secretamente inuisibles redes de hierro al derredor de la cama donde ambos estauan acostados, y alli desnudos se hallaron presos. Vulcano, llamando a los dioses, principalmente a Neptuno, Mercurio y Apolo, les mostro a Marte y a Venus desnudos, presos en las redes de hierro; al qual espectaculo se cubrieron los dioses de verguença la cara; pero Neptuno solo rogo tanto a Vulcano, que por sus ruegos fueron librados Marte y Venus; por lo qual siempre Venus aborrecio despues al Sol y a toda su progenie, y hizo adulterar a todas sus hijas.

Fabula de los amores de Marte y Venus.

Soph.—Pues, que dizes, Philon, de tanta lasciuia y adulterio entre los dioses celestes?

Phil.—La alegoria desta fabula no solamente es cientifica, mas tambien vtil; porque muestra que el exceso de la lasciuia carnal, no solamente daña todas las potencias y virtud del cuerpo del hombre, pero que tambien causa defeto en el mismo acto con diminucion de lo ordinario.

Soph.—Declaramela distintamente.

Phil.—Venus es el apetito concupiscible del hombre, el qual se deriua de Venus, que segun la eficacia de su influencia en la natiuidad, es grande e intenso. Esta Venus fue casada con Vulcano, que es el dios del fuego inferior, que en el hombre es su calor natural, que limita y actua la concupiscencia, y como marido suyo le esta siempre conjunto actualmente; el qual Vulcano dizen ser hijo de Iupiter y de Iuno, y que porque era coxo lo echaron del cielo y lo crio Tetis, y es herrero de Iupiter que haze sus artificios. Quieren dezir que el calor natural del hombre y de los animales es hijo de Iupiter y de Iuno, porque tiene de lo celeste misto con la materialidad, y por la participacion de Iupiter y del Cielo, es sujeto adornado de las virtudes naturales, animales y vitales, y por causa de la mezcla que tiene con la materia, no es eterno, como el calor efectiuo del Sol y de los otros cuerpos celestes, ni menos siempre poderoso, ni tampoco se halla siempre de vna manera en el cuerpo humano; antes, como haze el coxo, crece y despues mengua, sube y despues baxa, segun la diuersidad de las edades y de las disposiciones del hombre. Y esto quiere dezir que, por ser coxo, fue echado del cielo, porque el calor y las otras cosas celestiales son vniformes y no coxean como las inferiores; y que lo crio Tetis, que es el mar, porque, assi en los animales como en la tierra, este calor lo cria la humidad y ella lo sustenta; y tanto es intenso o remisso, quanto el humido natural proporcionado le es suficiente o menos suficiente. Dizen ser herrero y artifice de Iupiter, porque es ministro de tantas operaciones admirables y iouiales, quantas ay en el cuerpo humano. Siendo, pues, la concupiscencia venerea casada y conjunta con el calor natural, se enamora de Marte, que es el feruiente desseo de la lasciuia, porque el da libidine ardiente, excessiua y enamorada, y por esto dizen que no nacio del semen de Iupiter, ni participo cosa buena de las suyas, sino que nacio de la percussion de la vulua de Iuno, que quiere dezir la venenosidad del menstruo de la madre; porque Marte con sus ardientes incitaciones haze sobrepujar la potencia de la materia de Iuno sobre la razon de Iupiter. Assi que la concupisciente Venus suele enamorarse del ardientissimo Marte; por lo qual los astrologos ponen grandissima amistad entre estos dos planetas; y dizen que Venus corrige con su benigno aspecto toda la malicia de Marte, y que, excediendo la luxuria por la mezcla de ambos a dos, el Sol, que es la clara razon humana, los acusa a Vulcano, dando a conocer que por aquel excesso viene a faltar el calor natural; de donde pone cadenas inuisibles, en las quales se hallan vergonçosa-

Alegoria doctissima sobre los amores de Marte y Venus.

Vulcano y sus condiciones.

Amistad de Marte y Venus, segun los astrologos.

mente presos ambos a dos los adulteros; porque
como falta el calor natural, falta la potencia de
la libidine, y los desseos excessiuos se hallan
atados sin libertad ni potencia, desnudos de
efeto y auergonçados con penitencia; y assi
auergonçados los muestra Vulcano a los dioses.
Quiere dezir que haze sentir el defeto del calor
natural a todas las potencias humanas que por
sus virtuosas operaciones se llaman diuinas, las
quales todas quedan defetuosas con la falta
del calor natural; y (¹) especifican a los tres:
Neptuno, Mercurio y Apolo, que son tres ca-
beças de las potencias del cuerpo del hombre.
Neptuno es el anima nutritiua con las virtudes
y potencias naturales que vienen del higado; las
quales se hazen con la abundancia de la humi-
dad, sobre las quales es Neptuno. Mercurio es
el anima sensitiua que contiene el sentido, el
mouimiento y el conocimiento, que proceden
del celebro, que son proprios de Mercurio.
Apolo es el anima vital pulsatiua, que da los
espiritus y el calor natural por las arterias, el
qual tiene origen del coraçon; porque, como
arriba te dixe, el coraçon en el cuerpo humano
es como Apolo en el mundo. Assi que de la
excessiua libidine se sigue daño y verguença al
coraçon y a sus virtudes, y al celebro y a sus
virtudes, y al higado y a sus virtudes. No bas-
ta ninguno a aplacar a Vulcano ni a remediar
su defeto sino Neptuno, que es la virtud nu-
tritiua, que con su cibal humidad puede recu-
perar el consumido calor na-

El amor es enemi-
go de la razon, y
la luxuria contra-
ria de la prudencia

tural y restituyr en libertad la
potencia de la libidine. Dizen
que Venus tuuo grandissimo
odio a la progenie del Sol, y que
hizo adulterar sus hijas, conuirtiendolas a su
naturaleza della, porque el amor es enemigo
de la razon y la luxuria contraria de la pruden-
cia; y no solamente no los obedece, antes pre-
uarica y adultera todos sus consejos y juyzios,
conuirtiendolos a su inclinacion, juzgandola por
buena, y sus efetos por hazederos; de donde
los pone en execucion con summa diligencia.

Soph. - De Marte y de Venus he entendido
suficientemente, y por esto deuen de dezir los
poetas que destos dos enamorados nacio Cupido.

Phil.—Assi es, porque el verdadero Cupi-
do, que es la passion amorosa y entera concu-

Alegoria sobre las
condiciones de Cu-
pido.

piscencia, se haze de la lasciuia
de Venus y del feruor de Marte,
y por esto le pintan niño, des-
nudo, ciego, con alas, tirando
saetas. Pintanle niño, porque el amor crece
siempre y es desenfrenado, como lo son los ni-
ños. Pintanle desnudo, porque no se puede en-
cubrir ni dissimular; ciego, porque no puede

(¹) Repetido: «y».

ver razon ninguna que le contradiga, que le
ciega la passion. Pintanlo con alas, porque es
velocissimo, que, el que ama, buela con el pen-
samiento, y esta siempre con la persona amada
y biue en ella. Las saetas son con las que tras-
passa el coraçon de los amantes; las quales
saetas hazen llagas estrechas, profundas e in-
curables, que las mas vezes vienen de los co-
rrespondientes rayos de los ojos de los aman-
tes, que son a manera de saetas.

Soph.—Dime aora como pario Venus, de
Mercurio, al Hermafrodito.

Phil. - Deues saber que los poetas dizen
que Mercurio nacio de Celio y de Dia, y que

Mercurio, su naci-
miento, deidad, in-
siuias, influencias
diuersas.

es hermano de Venus; otros le
hazen hijo de Iupiter, y que lo
crio Iuno. El qual Mercurio di-
zen ser dios de la eloquencia,
dios de las ciencias, mayormen-
te matematica, arismetica, geometria, musica
y astrologia, dios de la medicina, dios de los
mercaderes, dios de los ladrones, mensajero de
Iupiter e interprete de los dioses, y sus insi-
nias son vna vara rodeada de vna sierpe. Y
destas intenciones se cuentan del muchas fabu-
las. Pero, en efeto, el planeta Mercurio influye
las naturalezas destas cosas, segun la disposi-
cion suya en la natiuidad del hombre. De donde
si el se halla fuerte y con buen aspecto, da elo-
quencia, elegancia y suaue platica, dotrina e
ingenio en las ciencias matematicas. Y con el
aspecto de Iupiter haze filosofos y teologos.
Y con buen aspecto de Marte haze verdaderos
medicos, y con mal aspecto haze ladrones, o
medicos ruynes miserables, mayormente quan-
do es combusto del Sol; de donde nace la
fabula que hurto las vacas de Apolo, y dizen
que engendro de Liqueon a Antolomo, ladron.
Y con Venus haze poetas, musicos y compone-
dores de versos. Y con la Luna haze mercade-
res y negociantes. Y con Saturno da profun-
dissima ciencia y vaticinio de las cosas venide-
ras; porque el de su naturaleza es mudable en
la naturaleza del planeta con quien se mezcla;
y mezclandose con planeta masculino, es ma-
cho, y con femenino, hembra. Y entre los
hombres huuo muchos llamados Mercurios,
principalmente algunos sabios de Egypto, y
medicos que participaron las virtudes mercu-
riales. Y por eso Mercurio planeta claro, lo ha-
zen hijo de Celio y de Die, porque participa la
sustancia celeste con la luz diuina; porque la
luz de todos los planetas les viene del Sol, que
haze al dia. Es hermano de Venus, porque los
padres son comunes, y estos dos planetos es-
tan juntos, y cada vno dellos buelue su orbe
casi en vn mismo tiempo, que es en vn año, y
van siempre cerca del Sol, sin alexarse mucho
del, y por esto dizen que son hermanos. Otros

dizen ser Mercurio hijo de Iupiter por su diuina sabiduria y virtud, y dizen que le crio Iuno, porque la sabiduria humana procede de la diuinidad y se sustenta en las escrituras materiales, sinificadas por Iuno. Llamanle mensagero de Iupiter, porque anuncia y dize antes las cosas venideras que el omnipotente Dios quiere hazer. Y por esto y por su eloquencia le llaman interprete de los dioses. Su ceptro es la rectitud del ingenio, que da en las sciencias, y la serpiente que lo rodea es el sutil discurso, que va en torno del recto ingenio, o el ceptro es el entendimiento especulatiuo de la ciencia y la sierpe es el entendimiento actiuo de la prudencia acerca de las virtudes morales; que la culebra, por su sagacidad, es señal de prudencia, y el ceptro, por su derechura y firmeza, es señal de ciencia.

Alegoria sobre el nacimiento e insinias de Mercurio.

Soph.—He oydo que el ceptro se lo dio Apolo.

Phil.—La fabula es que Mercurio hurto las vacas de Apolo, y siendo visto de vno llamado Bato, porque callasse le dio vna vaca; pero dudando, quiso hazer experiencia de la fe de aquel, y se mudo en figura de otro, y vino al Bato y le prometio vn buey si le descubria quien huuiesse hurtado las vacas. El Bato se lo dixo todo. Entonces Mercurio, temiendo a Apolo, lo conuirtio en piedra. Finalmente, siendo manifiesta la verdad a Apolo por su diuinidad, tomo su arco para assaetear a Mercurio; pero haziendose le inuisible, no pudo acertarle. Despues, concertandose entre ellos, Mercurio presento a Apolo la harpa y Apolo le dio a el el ceptro. Otros dizen que, prenista por Mercurio la furia de Apolo, le tomo secretamente las saetas del aljaua; lo qual, viendolo Apolo, aunque estaua airado, se rio de la astucia de Mercurio, y le perdono y le dio el ceptro y recibio del la harpa.

Soph.—Que quiere sinificar tal fabula?

Phil.—Sinifica que los mercuriales son pobres, pero astutos para alcançar con engaño, encubiertamente, la abundancia y riqueza de los reyes y de los grandes maestres. Porque estos, por la abilidad mercurial que tienen, suelen ser administradores y secretarios regios. Y esto quiere dezir que Mercurio hurto las vacas de Apolo; porque Apolo sinifica y haze los poderosos señores, y las vacas son sus riquezas y abundancias. Y quando los principes estan airados contra estos por sus latrocinios, ellos se libran de la ira de los señores con la astucia mercurial, quitandoles las causas de donde les podria venir el castigo, y mitigando la furia de los señores, quedan en gracia. Tambien su baxo estado haze que no sean ofendidos de los grandes maestres, porque ellos no hazen resistencia; que assi es Mercurio el mas pequeño de todos los planetas, por donde los rayos solares y la combustion dellos le dañan menos que a ningun otro planeta. Concertados que son ambos, Mercurio da la harpa a Apolo y Apolo le da a el el ceptro. Quiere dezir, que el sabio mercurial sirue al principe con prudencia harmonial y con suaue eloquencia, sinificada por la harpa, y el principe presta al sabio mercurial potencia y autoridad, y da credito y reputacion a su sabiduria; de donde dize Platon que la potencia y la sabiduria deuen abraçarse, porque la sabiduria tiempla a la potencia, y la potencia fauorece a la sabiduria. Sinifica tambien que estando concordes en conjuncion perfeta el Sol y Mercurio, en buen lugar de la natiuidad y en buen signo, hazen al hombre mercurial letrado ser poderoso, y al hombre solar y gran maestre, sabio, prudente y eloquente.

Alegoria sobre la fabula de Mercurio y Bato.

La potencia y la sabiduria deuen abraçarse, y por que.

Soph.—Harto me has dicho del nacimiento de Mercurio; ya es tiempo que me declares lo que te pregunte, que es como nacio el Hermafrodito del y de Venus?

Alegoria sobre el Hermafrodito.

Phil.—Esso es lo que dize Ptolomeo en su *Centiloquio:* que al hombre en cuyo nacimiento se halla Venus en la casa de Mercurio, y Mercurio en la de Venus, y mucho mas si estan ambos juntos corporalmente, le hazen inclinado a bestial y no natural libidine, y estos son los que aman a los varones y no se auerguençan de ser agentes y pacientes juntamente, haziendo oficio, no solamente de macho, pero tambien de hembra; y este tal se llama Hermafrodito, que quiere dezir persona del vn sexo y del otro; y dizen verdad, porque nace de la conjuncion de Mercurio y de Venus. Y la causa es, porque estos dos planetas no se acomplisionan bien, ni naturalmente juntos, por ser Mercurio todo intelectual y Venus toda corporea; de donde, quando se mezclan ambas a dos naturalezas, hazen vna libidine contrahecha y no natural.

Soph.—De los enamoramientos, matrimonios y generaciones de los dioses celestes y de sus naturalezas me has dicho harto, assi del padre vniuersal Demogorgon, como de los padres celestes Ether y Celio, y de los planetas que successiuamente proceden dellos, que son: Saturno, Iupiter, Marte, Venus y Mercurio. No me queda otra cosa por saber sino de los hijos de Latona y de Iupiter, que son Apolo y Diana, aunque de Diana no tienes que dezir, por auer sido, como dizen, virgen siempre. Solamente querria saber del enamoramiento de Apolo con Daphne, la qual dizen que huyendo del Sol fue conuertida en laurel.

Phil.—La generacion de Apolo y Diana arriba la entendiste ya del todo.

Alegoria sobre la naturaleza y condiciones de Diana. Hazen a Diana virgen, porque la excessiua frialdad de la luna quita la incitacion y el ardor de la libidine a aquellos en cuyo nacimiento ella tiene dominio. Llamanla Dea de montes y campos, porque la luna tiene gran fuerça en el brotar de las yeruas y de los arboles, con los quales apacienta los animales saluaticos. Llamanla caçadora, porque con su claridad ayuda a los caçadores de noche. Tambien la llaman guarda de los caminos, porque con su luz noturna haze los caminos seguros para los caminantes. Dizen que trae arco y saetas, porque sus rayos son muy dañosos a los animales, mayormente si a manera de saetas entran por agujeros estrechos. Dedicanle vn carro que lo llenan cieruos blancos, para dar a entender, por la velocidad dellos, que su mouimiento es mas veloz que el de otro ningun orbe, porque acaba su circuitu en vn mes, y la blancura es el color suyo proprio. Llamase Luna, porque, quando es nueua, alumbra al principio de la noche. Llamase Diana, porque, quando es vieja, anticipa el dia, alumbrando la mañana antes que salga el sol, y tambien porque muchas vezes parece de dia.

Soph.—De Diana basta; dime de Apolo y de su enamoramiento, que esto solamente me falta de los enamoramientos de los dioses celestes.

Phil.—Apolo acerca de los poetas es dios de la sabiduria y de la medicina; tiene la harpa que le dio Mercurio y preside a las Musas; aproprianle el laurel y el cueruo, y dizen que trae arco y saetas.

Soph.—La sinificacion quiero.

Phil.—Es dios de la sabiduria, porque domina especialmente el coraçon y alumbra los espiritus, que son

Alegoria sobre el dominio e insignias de Apolo origen del conocimiento y sabiduria humana; tambien porque con su luz se veen y se disciernen las cosas sensibles, de las quales se deriua el conocimiento y la sabiduria. Es dios de la medicina, porque la virtud del coraçon y el calor natural que depende del, conserua la salud en todo el cuerpo y sana las enfermedades. Tambien porque el calor templado del Sol en primera manera sana las enfermedades largas que quedaron del inuierno y del otoño, en los quales tiempos, porque son frios, es el calor del Sol debil y diminuydo, y por esto se causan entonces muchas enfermedades, que con la renouacion del calor de la primauera se sanan. Dasele la harpa y dizen que es dios de la musica, porque haze la harmonia del pulsar, que se deriua de los espiritus del coraçon en todo el cuerpo humano,

la qual harmonia conocen los medicos experimentados en el tacto. Tambien porque la harmonia celeste, que se haze de la diuersidad de los mouimientos de todos los orbes, la qual, segun te dixe, tiene Pitagoras, que consiste tambien en concordancia de bozes, el Sol, por ser el mayor, el mas resplandeciente y el principal entre todos los planetas, como capitan de todos es el que gobierna toda la harmonia. Y por tanto le aplican la harpa y dizen que la huuo de Mercurio, porque da la concordancia y ponderacion harmonial; pero el Sol, como principal, es el maestro de la musica celeste, y no sin razon, pues que su mouimiento es mas ordenado que otro ninguno de los otros. Va siempre por medio del Zodiaco sin apartarse, derecho siempre en su mouimiento; por tanto el es medida de los mouimientos de los otros, assi como es el el que da luz a todos los otros. Y esto sinifica lo que dizen que es presidente de las musas, las quales son nueue, entendiendo por los nueue orbes celestiales que haze la harmonia, de los quales es el que forma la vniuersal concordancia dellos. Sus saetas son los rayos que muchas vezes dañan por mucho calor o por venenosidad del ayre, por lo qual le hazen autor de la peste. De los arboles le aplican el laurel, por ser caliente, aromático y siempre verde, y porque se coro-

Laurel y su naturaleza, loores y propriedades. nan con el los sabios poetas y los emperadores quando triunfan, los quales todos estan sujetos al Sol, que es dios de la sabiduria y causa de las exaltaciones de los imperios y de las vitorias. Tambien le dan el laurel por otro respeto, porque Apolo, por ser Dios de la sabiduria, influye la aduinacion; de donde dizen que como huuo muerto a Phiton, començo a dar respuestas en Delphos; y del laurel se escriue que durmiendo el hombre con la cabeça rodeada con sus hojas, sueña cosas verdaderas, y los sueños participan aduinacion, y por esta misma causa le aproprian el cueruo, porque

El cueruo aproprian a Apolo, porque tienen sesenta y quatro bozes diuersas. dizen que el cueruo tiene sesenta y quatro bozes diuersas, de las quales se toman agüeros y auspicios adeuinatorios mas que de otro ningun animal.

Soph.—De la naturaleza y condicion de Apolo me basta esto; dime lo que pertenece al enamoramiento suyo con Daphne.

Phil.—La poesia es que, jatandose Apolo en presencia de Cupido de su arco

Fabula de los amores de Apolo con Daphne. y saetas, con que auia muerto a la venenosissima serpiente Phiton, parecia que casi no estimaua la fuerça del arco y saetas de Cupido, como armas de niño, no aptas a tan terribles golpes; de lo qual desdeñandose Cupido, hirio a Apolo con vna saeta de oro y a Daphne, hija del rio Peneo, con vna de plomo, de donde causo que Apolo amo a la virgen Daphne y la siguio como se sigue el oro, y a Daphne se le hizo tan pesado el amor de Apolo como el plomo, y que huia continuamente; pero viendose Daphne seguir y que casi la alcançaua Apolo, pidio socorro a su padre Peneo y a los otros rios, los quales, por escaparla del, la conuirtieron en laurel; y hallandola Apolo assi conuertida en laurel, todavia la abraçaua, y ella temblaua de miedo. Finalmente, Apolo tomo de sus hojas y adorno con ellas su harpa y aljaua, y aproprio para si el laurel por arbol suyo, de que Daphne quedo contenta del.

Soph.—La fabula es linda, pero que sinifica?

Phil.—Quisieron mostrar quan grande y vniuersal es la fuerça del amor,

Alegoria y galana exposicion de los amores de Apolo y Daphne.

hasta en el mas altiuo y poderoso dios de todos los celestiales, que es el Sol, de donde fingen galanamente que el se jataua que con su arco y saetas, que son sus ardientissimos rayos, huuiesse muerto la espantosa sierpe Fiton; lo qual, como te he dicho, sinifica la aquosidad del diluuio, que quedo esparzida sobre toda la tierra, y prohibia la generacion y nutricion de los hombres y de todos los otros animales terrestres, la qual aquosidad enxugo el Sol con sus ardientissimos rayos, que son como saetas, y dio el ser a los que biuen sobre la tierra. Y porque sepas, o Sophia!, qual es el arco de Apolo precissamente, aliende de su curso y la circunferencia solar, con la qual el quito el daño del diluuio y nos asseguro de la cruel Phiton, te digo que es aquel verdadero arco de diuersas colores, que se representa en el ayre de frente del Sol quando es el tiempo humido y lluuioso, al qual arco los griegos llaman Iris, y sinifica lo que la Sagrada Escritura cuenta en el *Genesis*, que passado el diluuio, quedando de los hombres solamente Noe, hombre justo, con sus tres hijos, el qual se saluo en vna arca que nadaua, con vn macho y vna hembra de cada vna de las especies de animales terrestres, Dios les asseguro que no passaria adelante el diluuio, y

Arco del cielo, seguridad de diluuio

les dio por señal aquel arco Iris que se engendra en las nuues quando ha llouido, el qual da firmeza que no aura mas diluuio. Y aunque este arco se engendra de los rayos de la circunferencia del sol en las nuues humidas y gruessas, y que la diferencia de la grossedad dellas haze la diuersidad de sus colores, conforme al dessemejante y vario aprehender de las nuues, se sigue que el arco del Sol es el que haze por orden de

Dios la firmeza y la seguridad de que no aura mas diluuio.

Soph.—De que manera nos da el Sol con su arco essa seguridad?

Phil.—El Sol, quando haze el arco, no se imprime en el ayre sutil y sereno, sino en el gruesso humido;

Razon como nos assegura de diluuio el arco del cielo.

el qual si fuera de espessa grossedad, bastante a poder hazer diluuio por muchedumbre de lluuias, no fuera capaz de recebir la impression del Sol y hazer el arco y por esto la aparicion desta impression y arco, nos assegura que las nuues no tienen grossedad para poder hazer diluuio. Esta es la firmeza y la seguridad que el arco nos da del diluuio, de lo qual es causa la fuerça del Sol, que purifica de tal manera las nuues y las sutiliza de modo que, imprimiendo en ellas su circunferencia, las haze insuficientes a poder hazer diluuio; de donde han dicho con razon y prudencia que Apolo mato al Fiton con su arco y con sus saetas. Por la qual obra, estando el Apolo soberuio y altiuo, segun que es la naturaleza solar, no pudo por esto librarse del golpe del arco y saeta de Cupido; porque el amor no solamente constriñe a los inferiores a amar a los superiores, mas tambien fuerça a los superiores a que amen a los inferiores; por lo qual Apolo amo a Daphne, hija de Peneo, rio, que es la humedad natural de la tierra, la qual viene de los rios que passan por ella. A esta humedad ama el Sol, y echando en ella sus ardientes rayos, procura de atraherla a si exhalandola en vapores; y podriase dezir que el fin de la tal exhalacion sea el sustento de los celestes;

Opinion poetica acerca del sustento de los planetas.

porque los poetas tienen que se sustentan los vapores que suben de la humedad del globo de la tierra; pero aunque esto sea tambien metaforico, se entiende que se mantienen, mayormente el Sol y los planetas en su proprio oficio, que es de gouernar y sustentar el mundo inferior, y consequentemente el todo del vniuerso, mediante la exhalacion de los humidos vapores; y por esto ama la humidad, para conuertirla a si en su necessidad; pero ella huye del Sol, porque toda cosa huye de quien la consume; tambien porque los rayos del Sol hazen penetrar la humidad por los poros de la tierra y la hazen huyr de la superficie, y por esto la resuelue el Sol; y quando esta ya tan dentro en la tierra, y que no puede huyr mas del Sol, se conuierte en arboles y en plantas, con ayuda e influencia de los dioses celestiales, engendradores de las cosas, y con ayuda de los que la restauran y socorren de la persecucion y comprehension del Sol. Dizen, segun la fabula, que se conuirtio en laurel, porque por ser el laurel arbol excelente, diuturno, siempre verde, odorifero y caliente en su generacion, se manifiesta mas en el que en otro ningun arbol la mezcla de los rayos solares con el humido terreno. Dizen que fue hija de Peneo, rio, porque la tierra por donde passa engendra muchos laureles. Dizen que Apolo adorno con sus hojas su citara y aljaua, para sinificar que los claros poetas, que son la vihuela de Apolo, y los capitanes vitoriosos, y los emperadores que reynan, que son la aljaua del Sol, el qual propriamente da las famas claras, las poderosas vitorias y los altos triunfos, son solamente los que suelen coronarse de laurel en señal de eterna honra y de gloriosa fama; que assi como el laurel dura mucho, assi es inmortal el nombre de los sabios y de los vitoriosos. Y assi como el laurel es caliente y oloroso, assi los animos esforçados de estos dan suauissimo olor en los lugares distantes desde la vna parte del mundo hasta la otra. de donde este arbol se llama lauro, por ser entre los otros arboles como el oro entre los metales; tambien porque se escriue que los antiguos le llamauan laudo por sus loores, y porque se coronauan con sus hojas los que eran dignos de eternos loores. Por tanto, es el arbol que se apropria al Sol, y dizen que no puede herirle rayo del cielo; porque la fama de las virtudes no puede el tiempo deshazerla, ni tampoco los mouimientos y mutaciones celestiales; las quales hieren qualquiera otra cosa deste mundo inferior, con vejez, corrupcion y oluido.

Temperamento del laurel.

Peneo, rio en Tesalia.

Corona de laurel se da solamente a los vitoriosos en letras o en armas.

Nombres antiguos del laurel.

Al laurel no le hiere rayo. Lo contrario se vio en Roma el año de 1539, aunque mas se tomo a mal aguero que a cosa natural; y assi salio el sucesso, que confirmo auer sido auiso del cielo.

Soph.— Satisfecha estoy de ti en quanto a los amores de los dioses celestiales, assi de los orbes como de los siete planetas; y de los enamoramientos de los otros dioses terrenos y humanos no quiero que tomes mas trabajo, porque no importa mucho a la sabiduria; pero bien querria que me declarasses sin fabulas o ficciones lo que los sabios astrologos tienen de los amores y de los odios que se tienen los cuerpos celestiales y los planetas el vno con el otro particularmente.

Phil.—Debaxo de breuedad te dire parte de lo que me preguntas, que el todo seria muy prolixo. Los orbes celestiales que los astrologos han podido conocer, son nueue; los siete cercanos a nosotros son los orbes de los siete planetas erraticos; de los otros dos superiores es el octauo aquel en quien esta fixada la gran multitud de las estrellas que se veen, y el vltimo y noueno es el diurno, que en vn dia y en vna noche, que es en veynte y quatro horas, buelue todo su circuitu; y en este espacio de tiempo buelue consigo todos los otros cuerpos celestiales. El circuitu destos orbes superiores se diuide en medida de trezientos y sesenta grados, diuididos en doze signos de treynta grados a cada vno: el qual circuitu se llama Zodiaco, que quiere dezir circulo de los animales; porque aquellos doze signos estan figurados de animales, los quales son: Aries, Tauro, Gemini, Cancer, Leo, Virgo, Libra, Scorpio, Sagitario, Capricorno, Aquario y Piscis. Los tres dellos son de naturaleza de fuego, calientes y secos, que son: Aries, Leo y Sagitario, y tres de naturaleza de tierra, frios y secos, que son: Tauro, Virgo y Capricorno; tres de naturaleza de ayre, calientes y humidos, que son: Gemini, Libra y Aquario, y tres de naturaleza de agua, frios y humidos, que son: Cancer, Scorpio y Piscis. Estos signos tienen entre ellos amistad y odio, porque cada tres de vna misma complision parten el cielo por tercio y estan apartados ciento y veynte grados solamente; por esto son amigos enteros, como Aries con Leo y con Sagitario, Tauro con Virgo y Capricorno, Geminis con Libra y con Aquario, Cancer con Scorpio y Piscis, que la conueniencia del aspecto trino con la misma naturaleza, los concordа en perfeta amistad. Y los signos que parten el Zodiaco por sesto, que estan apartados sesenta grados, tienen media amistad, que es imperfeta, como Aries con Gemini, y Gemini con Leo, y Leo con Libra, y Libra con Sagitario, y Sagitario con Aquario, y Aquario con Aries; los quales, de mas de la conueniencia del aspecto sestil, son conformes que todos son masculinos y todos de vna mesma calidad actiua; esto es, que son calientes, o con sequedad de la naturaleza ignea, o con humidad de la naturaleza aerea; porque, en efeto, el fuego y el ayre tienen entre si mediana conformidad y amistad, aunque son elementos. Esta misma conformidad tienen entre si los otros signos de naturaleza terrea y aquea, porque tambien ellos son medianamente conformes; que es Tauro con Cancer, y Cancer con Virgo, y Virgo con Scorpio, y Scorpio con Capricorno, y Capricorno con Piscis, y Piscis con Tauro; que todos tienen aspecto sestil de sesenta grados de distancia, y son femeninos de vna misma calidad actiua; esto es, frios, aunque se diuierten en la calidad passiua de seco a humido,

Los orbes celestiales, son nueue.

Orbe diurno.

Grados del cielo, son 360.

Zodiaco quiere dezir cerco de animales.

Nombres de los signos y sus naturalezas.

Odio y amistad entre los doze signos y sus aspectos.

como es la diuersificacion de la tierra al agua, por donde la amistad dellos es media e imperfeta. Empero, si los signos son opuestos en el Zodiaco en la mayor distancia que puede ser, que es de ciento y ochenta grados, tienen entre si entera enemistad, porque el sitio del vno es oposito y totalmente contrario al otro; y quando el vno sube, el otro baxa; quando el vno esta encima de la tierra, el otro esta debaxo, y aunque son siempre de vna misma calidad actiua, esto es, ambos a dos calientes, o ambos a dos frios, al fin en la passiua son siempre contrarios; porque si el vno es humido, el otro es seco; y esto ayuntado con la oposita distancia y aspecto, los haze capitales enemigos, como Aries con Libra, y Tauro con Scorpio, y Gemini con Sagitario, y Cancer con Capricorno, y Leo con Aquario, y Virgo con Piscis. Y quando estan distantes la quarta parte del Zodiaco, que es en nouenta grados, son medio enemigos, assi porque la distancia es la mitad de la oposicion, como porque siempre las naturalezas dellos son contrarias en ambas a dos calidades, actiua y passiua; que si el vno es igneo caliente y seco, el otro es aqueo frio y humido, y si es signo aereo caliente y humido, el otro es terreo frio y seco; como es Aries con Cancer, Leo con Scorpio, Sagitario con Piscis, que el vno es igneo y el otro aqueo; y como son Gemini con Virgo, Libra con Capricorno, Aquario con Tauro, que el vno es acreo y el otro terreo; o son contrarios a lo menos en la calidad activa, que si el vno es caliente, el otro es frio; como Tauro con Leo, Virgo con Sagitario, Capricorno con Aries; y assi Cancer con Libra, Scorpio con Aquario, Piscis con Geminis, que todos estos tienen entre ellos contrariedad de calidad actiua, con aspecto quadrado de media enemistad.

Soph.—Entendido he bien como entre los doze signos del cielo se hallan amor y odio perfeto e imperfeto; querria aora que me dixesses si se hallan tambien entre los siete planetas.

Phil.—Los planetas se aman el vno al otro quando se miran de aspecto benigno, que es trino de distancia de ciento y veynte grados, el qual es aspecto de perfeto amor, o de aspecto sestil de la mitad de aquella distancia, que es de sesenta grados del vno al otro; el qual es aspecto de lento amor y de media amistad. Empero hazense enemigos y se aborrecen el vno al otro quando se miran de aspecto oposito, de la mayor distancia que puede ser en el cielo, que es de ciento y ochenta grados, el qual es aspecto de entero odio y enemistad y de total oposicion; y tambien, quando se miran de aspecto quadrado de la mitad de aquella dis-

Odio o amistad entre los planetas, segun sus aspectos.

tancia, que es de nouenta grados del vno al otro, es aspecto de media enemistad y de odio lento.

Soph.—De los aspectos has dicho que el trino y el sestil dan amor, y que el oposito y el quadrado dan odio. Dime si quando estan conjuntos, si estan en amor o en desamor.

Phil.—La conjunction de dos planetas es amorosa y odiosa segun la naturaleza de los dos conjuntos; que si estan conjuntos los dos planetas benignos, llamados fortunas, esto es, Iupiter y Venus, se tienen amor y beneuolencia el vno al otro; y si la Luna se ayunta con cada vno dellos, haze conjuncion felice y amorosa, y si se ayunta el Sol con ellos haze conjuncion dañosa y enemistable, porque los haze combustos y de poco valor, aunque a esse Sol le es en alguna cosa buena, pero no mucho, por la combustion dellos. Mercurio con Iupiter haze conjuncion felice y amigable, y con Venus la haze amorosa, aunque no muy recta; con la Luna es de mediana amistad, pero con el Sol es combusto y su conjuncion es poco amigable, excepto si estuuiessen vnidos perfetissimamente y corporalmente, que entonces seria conjuncion bonissima y amorosissima, y por ella crece el vigor del Sol como si huuiesse dos soles en el cielo. La conjuncion del Sol con la Luna es muy odiosa, aunque estando vnidos enteramente y corporalmente la hazen algunos astrologos amigable, mayormente para las cosas secretas. Pero la conjuncion de cada vno de los dos planetas infortunios, Saturno y Marte, es odiosa con todos, excepto la de Marte con Venus, que haze lasciuia amorosa y excessiua. La de Saturno con Iupiter es amorosa a Saturno y odiosa a Iupiter; pero la conjuncion dellos con el Sol, assi como es de enemistad de esse Sol, assi tambien es dañosa a ellos, porque el Sol los abrasa y les debilita su potencia; tambien en el hazer mal con Mercurio y con la Luna tienen malissima conjuncion, y a ellos mismos no prouechosa.

Conjunciones amorosas o odiosas de los planetas.

Soph.—Si como las conjunciones son disformes en el bien y en el mal, segun la naturaleza de los planetas conjuntos, si son tambien assi disformes los aspectos beneuolos entre ellos a los maleuolos, segun la naturaleza de los dos que se miran?

Phil.—Los aspectos beneuolos se diuierten, y assi los maleuolos mas o menos, segun son los aspicientes, que quando las dos fortunas, Iupiter y Venus, se miran de aspecto trino o de sestil, es aspecto bonissimo, y si es oposito o quadrado, se miran enemigamente; pero no por esto influyen mal alguno, sino poco bien y con dificultad. Y assi quando cada vno dellos mira a la Luna y a Mercurio

Aspectos beneuolos o maleuolos de los planetas.

y al Sol de aspecto amoroso, sinifica felicidad de la suerte de su naturaleza; y si se miran de aspecto enemigable, sinifica poco bien y auido con dificultad. Pero si las dos fortunas miran de buen aspecto a los dos infortunios, que son Saturno y Marte, dan mediano bien, pero con algun temor y desgusto, y si los miran de mal aspecto, dan mal debaxo de especie de bien; excepto Marte con Venus, los quales tienen tan buena complision, que quando entre ellos tienen buen aspecto, son muy fauorables, mayormente en cosas amorosas. Y tambien Iupiter con Saturno, mirandose con buen aspecto, haze cosas diuinas, altas y buenas, apartadas de sensualidad. Tambien Iupiter fortunado corrige la dureza de Saturno, y Venus bien colocada corrige la crueldad y maldad de Marte. Y Mercurio de buen aspecto con Marte, a Saturno haze poco bien, y de mal aspecto haze gran mal, porque es conuertible en la naturaleza del planeta con quien se mezcla. Mercurio con la Luna es bueno con buen aspecto y malo con el malo. Los dos infortunios con la Luna, de mal aspecto son malissimos, y de bueno, no buenos; pero moderan los inconuenientes, y assi son con el Sol. El Sol con la Luna, de aspecto amoroso son bonissimos y corrigen todos los excessos y daños de Marte y de Saturno, pero de mal aspecto son dificultosos y no buenos. Y este es el sumario de las diferencias de los aspectos dellos.

Soph.—Bastame, Philon, lo que me has dicho del amor y del odio que se tienen los doze signos entre ellos y los planetas; suplicote me digas si tienen los planetas esse amor y odio a vn signo mas que a otro.

Phil. — Tienenlo ciertamente; porque los doze signos diuididamente son casas o domicilios de los siete planetas, y cada vno tiene amor a su casa; porque hallandose en aquel signo, su virtud es mas poderosa y aborrece al signo opuesto a su casa; porque hallandose en el su virtud es debil.

Amor y odio de los planetas a los signos.

Soph. — Con qual orden se reparten estos doze signos por casas de los siete planetas?

Phil.—El Sol y la Luna tiene cada vno dellos vna casa en el cielo: la del Sol es Leo, la de la Luna es Cancer. Los otros cinco planetas tiene cada vno dos casas: Saturno tiene por casas a Capricornio y Aquario; Iupiter a Sagitario y a Piscis; Marte, a Aries y a Scorpio; Venus, a Tauro y a Libra; Mercurio, a Gemini y a Virgo.

Casas propias de los planetas.

Soph. — Dime si enseñas alguna cosa con la orden destas particiones.

Phil.—La razon y el orden de la posicion de los planetas, segun los antiguos, es que el mas alto, que es Saturno, por su excessiua frialdad, tomo por casas suyas a Capricorno y Aquario, que son aquellos dos en los quales, quando el Sol se halla en ellos, que es desde mediado diziembre hasta mediado hebrero, el tiempo es mas frio y tempestuoso que en todo el año, las quales cosas son proprias de la naturaleza de Saturno. Iupiter, por ser segundo cerca de Saturno, tiene sus dos casas en el Zodiaco, cerca de las dos de Saturno: Sagitario, antes de Capricornio, y Piscis, despues de Aquario. Marte, que es el tercer planeta cerca de Iupiter, tiene sus dos casas cerca del: Scorpio, antes de Sagitario, y Aries, despues de Piscis. Venus, que segun los antiguos es el quarto planeta cerca de Marte, tiene sus dos casas cerca del, que es Libra, antes de Scorpio, y Tauro, despues de Aries. Mercurio, que es el quinto planeta cerca de Venus, segun los antiguos, tiene sus dos casas cerca de aquellas, que es Virgo, antes de Libra, y Geminis, despues de Tauro. El Sol, que los antiguos ponian por sexto planeta cerca de Mercurio, tiene vna casa sola antes de Virgo, casa principal de Mercurio. Y la Luna, que es el septimo y vltimo planeta, tiene su casa despues de Geminis, que es la otra casa de Mercurio. Assi que no acaso, sino por orden cierta sortearon los planetas sus casas en el Zodiaco.

Orden de los planetas segun los antiguos.

Soph.—Essa orden me aplaze, y es conforme a la posicion de los planetas segun los antiguos, que ponian al Sol debaxo de Venus y de Mercurio; pero segun los astrologos modernos, que lo ponen cerca de Marte y encima de Venus, esta orden no sera justa ni conforme a razon.

Phil.—Tambien sera la orden justa segun los modernos, haziendose principio, no de Saturno, sino del Sol y de la Luna, y de sus casas, por ser estos las dos lumbreras principales del cielo, y los otros sus sequaces. Los quales Sol y Luna tienen principal cuydado de la vida deste mundo.

Orden de los planetas segun los astrologos modernos.

Soph.—Declaramelo vn poco mas.

Phil.—Assi como primero començauan desde Capricorno, que es al solsticio hiemal, quando comienzan los dias a crecer, assi aora començaremos desde Cancer, que es el solsticio vernal, quando los dias son los mayores del año en el fin del crecimiento. El qual Cancer, por ser frio y humido, de la naturaleza de la Luna, es casa de la Luna, y a Leo, que esta cerca, por ser caliente y seco, de la naturaleza del Sol, y porque quando el Sol esta en el es poderosissimo, le hazen casa del Sol.

Soph.—Luego tu hazes la Luna principal al Sol?

Phil.—No te marauilles, que en la sagrada creacion del mundo la noche se

Antepone la Luna al Sol.

antepone al dia, y, como te he dicho, Diana fue Lucina, segun los poetas, en el nacimiento de Apolo. Assi que rectamente Cancer, casa de la Luna, es primero que Leo, casa del Sol.

Signos, casas de los planetas y como se reparten.

Cerca destos dos estan las dos casas de Mercurio, el qual es el mas cercano a la Luna, la qual es el primer planeta y mas inferior, y Mercurio es el segundo, cuyas casas son: Geminis, antes de Cancer, y Virgo, despues de Leo. Venus, que es el tercero, esta encima de Mercurio, y tiene sus casas cerca de las de Mercurio: Tauro, antes de Geminis, y Libra, despues de Virgo. Marte, que es el quinto, y esta encima de Venus y del Sol, tiene sus casas cerca de las de Venus: Aries, antes de Tauro, y Scorpio, despues de Libra. Iupiter, que es el sexto, esta encima de Marte, tiene sus casas cerca de las de Marte: Piscis, antes de Aries, y Sagitario, despues de Scorpio. Saturno, que es el septimo mas alto, esta encima de Iupiter, tiene sus casas cerca de las de Iupiter: Aquario, antes de Piscis, y Capricornio, despues de Sagitario, y vienen a estar la vna junto a la otra, porque son los vltimos signos oposito y mas apartados del signo del Sol y del de la Luna, que son Cancer y Leo.

Soph.—Satisfecha estoy de la orden que los planetas tienen en la particion de los doze signos por casas suyas, y cada vno con razon tiene amor a su casa y odia a la contraria, segun has dicho; pero yo querria saber de ti si esta oposicion de signos corresponde a la diuersidad o contrariedad de aquellos planetas cuyas casas son los signos opuestos.

Phil.—Si corresponden ciertamente, porque la contrariedad de los planetas

Correspondencia de la contrariedad que ay entre signos y planetas.

corresponde a la oposicion de los signos casas dellos, que las dos casas de Saturno, Capricorno y Aquario, son opuestos a las de las dos luminarias Sol y Luna, esto es, a Cancer y a Leo, por la contrariedad de la influencia y naturaleza de Saturno a la de las dos lumbreras.

Soph.—De que manera?

Phil.—Porque assi como las dos luminarias son causas de la vida deste mundo inferior, de las plantas, de los animales y de los hombres, poniendo el Sol el calor natural y la Luna el

El Sol y la Luna son causas de la vida del mundo inferior.

humido radical, porque con el calor se biue y con el humido se sustenta, assi Saturno es causa de la muerte y de la corrupcion de los inferiores con sus calidades contrarias de frio y de seco. Y las dos casas de Mercurio, Geminis y Virgo, son contrarias a las de Iupiter, Sagitario y Piscis, por la contrariedad de sus influencias.

Soph.—Quales son?

Phil.—Iupiter da inclinacion de adquirir abundantes riquezas, y por esto

Iupiter y Mercurio son contrarios en influencia.

los hombres iouiales son comunmente ricos, magnificos y abundantes; pero Mercurio, porque da inclinacion para inuestigar ciencias sutiles e ingeniosas dotrinas, aparta el animo de la ganancia de la hazienda, y por esto las mas vezes los sabios son poco ricos, y los ricos poco sabios, porque las ciencias se

Pocas vezes se halla los sabios ser ricos y los ricos sabios.

alcançan con el entendimiento especulatiuo y las riquezas con el actiuo, y siendo el anima humana vna, quando se da a la vida actiua, se enagena de la contemplatiua, y quando se da a la contemplacion, no estima los negocios mundanos, y estos tales hombres son pobres por eleccion, porque aquella pobreza vale mas que la ganancia de las riquezas. Assi que con razon las casas de Mercurio son opuestas a las Iupiter, y los que en su nacimiento tienen las casas del vno que suben sobre la tierra, tienen las casas del otro que descienden debaxo de la tierra, de tal manera que raras vezes el buen iouial es buen mercurial, y el buen mercurial buen iouial. Restan las dos casas de Venus, Tauro y Libra, las quales son opuestas a las dos de Marte, Scorpio y Aries, por la contrariedad complisional que ay del vno al otro.

Soph.—Como contrariedad? Antes amistad y buena conformidad; porque, como tu mesmo has dicho, Marte es enamorado de Venus, y ambos a dos se auienen bien juntos.

Phil.—No es la contrariedad de la influencia dellos como la de Iupiter a

Marte y Venus contrarios, no en influencia, sino en complision.

Mercurio; pero es en la complision, como la de Saturno a las dos luminarias, aunque estos tambien son, como te he dicho, contrarios en influencia. Pero Marte y Venus son contrarios solamente en complision qualitatiua, porque Marte es seco, caliente y ardiente, y Venus es fria y humida templada, no como la Luna, que en frialdad y humedad es excessiua, por lo qual Marte y Venus se auienen bien como dos contrarios de cuya mistura prouiene templado efeto, mayormente en los actos nutritiuos y generatiuos; que el vno da el calor, que es la causa actiua en ambos a dos, y el otro da el humido templado, que en ellos es la causa passiua dellos, y aunque el calor de Marte es excessiuo en ardor, la frialdad templada de Venus lo tiempla y lo haze proporcionado a las tales operaciones; de manera que en la tal contrariedad consiste la conueniencia amorosa de Marte y de Venus, y por ella solamente tienen sus casas opuestas en el Zodiaco.

Soph.—Agradame esta causa de la oposicion de los signos por el odio o contrariedad de los planetas cuyas casas son; dime, te suplico, si en la orden y oposicion se muestra tambien alguna cosa del amor y beneuola amistad, assi como se muestra el odio y la contrariedad.

Phil.—Si se muestra, mayormente en los luminares. Veras que, por ser Iupiter fortuna mayor, ninguna de sus casas mira de aspecto enemigable a las casas de las dos luminarias Sol y Luna, como Saturno, que, por ser infortunio mayor, ninguna de sus casas mira de aspecto beneuolo a las de las luminarias, antes de opuesto, que totalmente es enemigable; pero la primera casa de Iupiter, que es Sagitario, mira de aspecto trino de entero amor a Leo, casa del Sol, lumbrera mayor, y la segunda, que es Piscis, mira a Cancer, casa de la Luna, luminaria menor, de aspecto de la misma manera trino de amor perfeto. Assi mismo ninguna de las casas de Mercurio tiene aspecto enemigable con la casa del Sol y con la de la Luna, por ser su familiarissimo, antes su primera casa, que es Geminis, mira de aspecto sestil de medio amor a Leo, casa del Sol, y su segunda casa, que es Virgo, mira a Cancro, casa de la Luna, semejantemente de aspecto sestil amigable. Restan las casas de Venus, fortuna menor, y las de Marte, infortunio menor, los quales planetas, assi como son conformes en vna influencia, assi sus casas tienen ygualmente mediana amistad a la del Sol y a la de la Luna; que Aries, casa primera de Marte, tiene aspecto trino con Leo, casa del Sol, porque ambos los planetas y ambos los signos son de vna misma complision caliente y seca, y tiene aspecto quadrado de media enemistad con Cancer, casa de la Luna, porque Marte y su casa Aries, que son calientes y secos, son de calidad contraria a la Luna y a su casa Cancer, que son frios y humidos. Y Scorpio, segunda casa de Marte, tiene aspecto trino de perfeto amor con Cancer, casa de la Luna, porque son ambos a dos signos de vna complision frios y humidos; pero con Leo, casa del Sol, tiene aspecto quadrado, por la contrariedad que ay de lo caliente y seco de Leo a lo frio y humido de Scorpio. Y casi se auienen desta manera las casas de Venus con las de los luminares, que Tauro, primera casa de Venus, mira a Cancer, casa de la Luna, de aspecto sestil amigable, y son ambos a dos frios, y mira a Leo, casa del Sol, de aspecto quadrado medio enemigable, el qual le es contrario por ser caliente. Y assi Libra, segunda

Correspondencia de la amistad de los signos, casas de los planetas y su orden.

casa de Venus, mira a Leo, de aspecto sestil amigable, porque ambos a dos son calientes, y a Cancer, por ser frio, de aspecto quadrado de media enemistad. Assi que estos dos planetas, Marte y Venus, son medios de Saturno y de Iupiter, por lo qual sus casas son mistas de amistad con las del Sol y de la Luna. Muchas otras proporciones podria dezirte, o Sophia!, de las amistades y enemistades celestiales; mas quiero dexarlas, porque harian muy larga y dificultosa nuestra platica.

Soph.—Acerca desta materia, solamente quiero que me digas tambien si los planetas tienen otra suerte de amistad y odio a los signos, aliende de ser sus casas contrarias a ellos, o bien aspicientes.

Phil.—Tienenla ciertamente; lo primero, por la exaltacion de los planetas, que cada vno tiene vn signo, en el qual tiene potencia de exaltacion: el Sol, en Aries; la Luna, en Tauro; Saturno, en Libra; Iupiter, en Cancer; Marte, en Capricorno; Venus, en Piscis; Mercurio, en Virgo, aunque es vna de sus casas. Tambien tienen autoridad de triplicidad, la qual tienen tres planetas en qualquier signo destos; esto es: el Sol, Iupiter y Saturno, en los tres signos de fuego, que son de los seys masculinos Aries, Leo, Sagitario, Venus, la Luna y Marte, tienen autoridad en los signos femeninos, esto es, en los tres signos terrenos, que son: Tauro, Virgo y Capricornio, y en los tres aquosos Cancer, Scorpio y Piscis; Saturno, Mercurio y Iupiter tienen triplicidad en los tres signos, que son los otros tres masculinos: Geminis, Libra y Aquario. No te dire difusamente las causas desta particion, por euitar prolixidad; solamente te digo que en los signos masculinos tienen triplicidad los tres planetas masculinos, y en los signos femeninos los tres planetas femeninos. Tienen tambien los planetas amor a sus hazes, y cada diez grados del Zodiaco es la haz de vn planeta, y los primeros diez grados de Aries son de Marte; los segundos, del Sol; los terceros, de Venus, y assi sucessiuamente, por la orden de los planetas y de los signos, hasta los vltimos grados de Piscis, que vienen a ser tambien la haz de Marte.

Tienen assi mismo los planetas amor el Sol y la Luna, a sus terminos, porque cada vno de los cinco planetas restantes tienen ciertos grados, terminos en cada vno de los signos. Tambien tienen amor todos los planetas a los grados luminosos y fauorables, y odio a los escuros y desechados. Y tienen amor a las es-

La exaltacion de los planetas es otra causa del amor dellos a los signos.

Autoridad de triplicidades de los planetas en los signos.

Amor de los planetas a sus hazes.

Amor de los planetas a sus terminos.

trellas fixas quando se ayuntan con ellas, mayormente si son de las grandes y lucidas, esto es, de la primera grandeza o de la segunda, y tienen odio a las estrellas fixas, que son de naturaleza contraria a ellos. Pareceme que te he dicho de los amores y odios celestiales lo que basta para esta nuestra platica.

Amor de los planetas a los grados luminosos.

Odio de los planetas a los grados obscuros.

Amor y odio de los planetas a las estrellas fixas.

Soph.—Bien copiosamente he entendido los amores celestiales; aora querria saber, o Philon!, si los espiritus o entendimientos espirituales celestiales estan tambien ellos, como todas las otras criaturas corporales, ligados del amor, o si, por ser apartados de materia, estan libres de las ligaduras amorosas.

Phil.—Aunque el amor se halla en las cosas corporales y materiales, no por esto es proprio dellas, antes, assi como el ser, la vida y el entendimiento y toda otra perfecion, bondad y hermosura, depende de los espirituales y se deriua de los no materiales en los materiales, de manera que todas estas excelencias primero se hallan en los espirituales que en los corporales, assi el amor, primero y mas essencialmente se halla en el mundo intelectual y del depende en el corporeo.

El amor, primero y mas essencialmente se halla en los intelectuales, que en los corporales.

Soph.—Dime la razon.

Phil.— Tienes tu, por ventura, alguna en contrario?

Soph.—Esta esta pronta, que tu me has enseñado que el amor es desseo de vnion, y al que dessea le falta lo que dessea, y falta en los espirituales no la ay; antes es propria de la materia y, por tanto, no se deue hallar amor en ellos. Tambien porque los materiales, como imperfetos, suelen dessear vnirse con los espirituales, que son perfetos; pero los perfetos, como pueden dessear vnirse con los imperfetos?

Phil.—Los espirituales se tienen amor, no solamente el vno al otro, pero tambien aman a los corporales y materiales; y lo que tu dizes que el amor dize desseo y que el desseo dize falta, es verdad; pero no es inconueniente que, auiendo en los espirituales ordenes de perfecion, que el vno sea mas perfeto que el otro y de mas igual y sublime essencia, y que el inferior, que es de menos, ame al superior y dessee vnirse con el. De donde todos aman principalmente y summamente al summo y perfeto Dios, que es la fuente de quien todo ser y bien dellos se deriua; cuya vnion dessean todos afectuosissimamente y la procuran siempre con sus actos intelectuales.

Los inferiores aman a los superiores, y todos al summo Dios.

Soph.—Yo te concedo que los espirituales se amen el vno al otro, porque el inferior ama al superior, pero no el superior al inferior, y menos que los espirituales amen a los corporales o materiales; que cosa sabida es que estos son mas perfetos y que no tienen falta de los imperfetos y, por tanto, no pueden dessear ni amar como has dicho.

Phil.—Ya vna a responderte a este segundo argumento, si huuieras tenido paciencia. Sabras que, assi como los inferiores aman a los superiores, desseando vnirse con ellos, por lo que les falta de su mayor perfecion, assi los superiores aman a los inferiores y dessean vnirlos consigo, porque sean mas perfetos; el qual desseo presupone falta, no en el superior que dessea, sino en el inferior menesteroso; porque amando el superior al inferior, dessea suplir con su superioridad lo que al inferior le falta de perfecion; y desta manera aman los espirituales a los corporales y materiales, para suplir con su perfecion la falta dellos y para vnirlos consigo y hazerlos excelentes.

Amor de los inferiores a los superiores y de los superiores a los inferiores, con sus alternadas razones.

Soph.—Y tu, qual tienes por mas verdadero y entero amor, o el del superior al inferior, o el del inferior al superior?

Phil.—El del superior al inferior y del espiritual al corporal.

Soph.—Dime la razon.

Phil.—Porque el vno es por recebir y el otro por dar; el espiritual superior ama al inferior, como haze el padre al hijo, y el inferior ama al superior, como el hijo al padre; bien sabes quanto mas perfeto es el amor del padre que el del hijo. Tambien el amor del mundo espiritual al mundo corporal, es semejante al que al varon tiene a la hembra, y el del corporal al espiritual al de la hembra al varon, como ya arriba te lo declare. Ten paciencia, o Sophia!, que mas perfetamente ama el varon, que da, que la hembra, que recibe; y entre los hombres, los que hazen el bien aman mas a los que lo reciben, que los que lo reciben a los que hazen el bien; porque estos aman por la ganancia y aquellos por la virtud, y el vn amor tiene de lo vtil y el otro es todo honesto; pues bien sabes quanto mas excelente es lo honesto que lo vtil. Assi que no sin razon te dixe que el amor en los espirituales es mucho mas excelente y perfeto para con los corporales, que en los corporales para con los espirituales.

El amor de los espirituales para con los corporales, es mas excelente que el de los corporales para con los espirituales, y la razon por que.

Mas perfetamente ama el que da que el que recibe.

Soph.— Satisfecho me ha lo que me has didicho; pero otras dos dudas se me ofrecen de

nueuo: la vna es que el dosseo presupone pri-
uacion y falta de la cosa desseada en el que
dessea y ama, pero no la falta de la perfecion
del amante en la cosa amada, como parece que
dizes; esto es, que la falta sea en el inferior
desseado y amado del superior. La otra duda
es que yo he entendido que las personas ama-
das, en quanto son amadas, son mas perfectas
que los amantes, porque el amor es de las co-
sas buenas, y la cosa amada es fin e intento
del amante, y el fin es lo mas noble; luego,
como puede el imperfeto ser amado del perfeto,
como dizes?

Phil.—De alguna importancia son tus du-
das. La absolucion de la primera es que en la
orden del vniuerso el inferior depende del su-
perior, y el mundo corporeo del
*Orden del vniuerso
y su dependencia.* espiritual, por lo qual la falta
del inferior induziria falta al su-
perior, de quien depende; porque la imperfe-
cion del efeto denota imperfecion de la causa;
amando, pues, la causa a su efeto y el superior
al inferior, dessea la perfecion del inferior y
de vnirselo consigo, por librarlo de defeto, por-
que, librandolo a el, se libra a si mismo de falta
e imperfecion; assi que quando el inferior no
llega a vnirse con el superior, no solamente el
queda defetuoso e infelice, pero tambien el su-
perior queda maculado, con falta de su alta
perfecion; porque el padre no puede ser padre
felice siendo el hijo imperfeto; por esto dizen
los antiguos que el pecador pone macula en la
diuinidad y la ofende, assi como el justo la
exalta. De donde, no solamente el inferior ama
con razon y dessea vnirse con el superior, pero
tambien el superior ama y dessea vnir consigo
al inferior, para que cada vno dellos sea per-
feto en su grado sin falta, y para
*Perfecion del in-
ferior y del supe-
rior en la vnion de
ambos.* que el vniuerso se vna y se ligue
successiuamente con la ligadura
del amor, que vne al mundo cor-
poral con el espiritual y a los
inferiores con los superiores; la qual vnion es
el fin principal del summo opifice y omnipo-
tente Dios en la produccion del mundo, con di-
uersidad ordenada y pluralidad vnificada.

Soph.—Visto he la absolucion de la primera
duda; absuelueme aora la segunda.

Phil.—Aristoteles la absuelue, que auiendo
prouado que los que mueuen eternalmente los
cuerpos celestiales son animas intelectiuas e
inmateriales, dize que los mue-
*Fin por el qual las
inteligencias mue-
uen sus orbes.* uen por algun fin e intento de
sus animas; y dize que el tal fin
es mas noble y mas excelente
que el mismo mouedor, porque el fin de la
cosa es mas noble que el'a. Y de las quatro
causas de las cosas naturales, que son: la ma-
terial, la formal y la causa agente, que haze o

mueue la cosa, y la causa final, que es el fin
que mueue al agente a hazer,
*Quatro causas de
las cosas naturales* de todas es la mas baxa la ma-
terial, la formal es mejor que
la material, y la agente es mejor y mas noble
que las dos, porque es causa dellas, y la causa
final es la mas noble y excelente de todas qua-
tro, y mas que la causa agente, porque para el
fin se mueue el agente; de donde el fin se llama
*El fin es causa de
todas las causas.* causa de todas las causas. Por
esto se concluye que aquello que
es el fin por el qual el anima in-
telectiua de cada vno de los cielos mueue su
orbe, es de mas excelencia, no solamente que
el cuerpo del cielo, pero tambien mas que la
misma anima que mueue; el qual fin dize Aris-
toteles que, siendo amado y desseado del anima
del cielo, por su amor esta anima intelectual,
con firme desseo y aficion insaciable, mueue
eternalmente el cuerpo celestial apropriado a
ella, amandolo y biuificandolo, aunque es me-
nos noble e inferior a ella, porque el es cuerpo
y ella entendimiento; lo qual haze principal-
mente por el amor que tiene a
*Razon por que
aman los superio-
res a los inferiores* su amado, superior y mas exce-
lente que ella, desseando vnirse
eternalmente con el y con su
vnion hazerse felice, como vna verdadera aman-
te con su amoroso. Por lo qual podras enten-
der, o Sophia!, que los superiores aman a los
inferiores, y los espirituales a los corporales,
por el amor que tienen a otros sus superiores,
y los aman por gozar la vnion dellos, y aman-
dolos benefician a sus inferiores.

Soph.—Dime, te suplico, quienes son de
mas excelencia que las animas intelectiuas que
mueuen los cielos, cuyos amantes ellas pueden
ser y dessear la vnion dellos, y que con ella se
hagan felices, y que por ella sean tan solicitas
a mouer eternalmente sus cielos. Y tambien es
necessario me digas de que manera los su-
periores, amando a los inferiores, consiguen la
vnion de sus superiores, porque la razon desto
no me es manifiesta.

Phil.—Quanto a la primera pregunta tuya,
los filosofos que comentaron a Aristoteles, pro-
curaron saber quienes fuessen estos tan exce-
lentes que son fines y mas sublimes que las
animas intelectuales que mueuen los cielos. Y
la primera academia de los arabes, Alfarabio,
*Opinion de la pri-
mera escuela de
los arabes acerca
de los mouedores
de los orbes.* Auicena, Algazel y el nuestro
Rabi Moyse, de Egypto, en su
Morhe, dizen que a cada orbe
estan apropriadas dos inteligen-
cias, la vna de las quales lo mue-
ue efectualmente y es anima motiua intelectual
de aquel orbe, y la otra lo mueue finalmente,
porque es el fin por el qual el mouedor, que es
la inteligencia que anima el cielo, mueue su

orbe; la qual es amada de la otra como inteligencia mas excelente, y, desseando vnirse con la que ama, mueue eternalmente su cielo.

Soph.—Pues como constara aquella sentencia de los filosofos del numero de los angeles o inteligencias apartadas que mueuen los cielos, que son tantas quantos los orbes que mueuen y no mas? Que, segun estos arabes, las inteligencias seran doblado numero que los orbes.

Phil.—Dizen que consta este dicho y este numero en cada vna destas dos especies de inteligencias, esto es, mouedores y finales, porque conuiene que sean tantas las inteligencias mouedoras, quantos los orbes, y tantas las inteligencias finales, quantos ellos.

Soph.—Verdaderamente alteran aquel dicho antiguo en hazer doblado el numero; pero, que dizen del primer mouedor del cielo supremo, que tenemos que es Dios? Cierto es impossible que El tenga por fin a otro mejor que El.

Phil.—Estos filosofos arabes tienen que el primer mouedor no es el summo Dios, porque Dios fuera anima apropriada a vn orbe, como son las otras inteligencias que mueuen, la qual apropriacion y paridad fuera en Dios no poco inconueniente; pero dizen que el fin por el primer mouedor, es el summo Dios.

Soph.—Y essa opinion, concedenla todos los otros filosofos?

Phil.—No por cierto, que Auerrois y los otros que comentaron despues a Aristoteles, tienen que son tantas las inteligencias, quantos los orbes, y no mas, y que el primer mouedor es el summo Dios.

Auerrois y la segunda escuela de los arabes, y su opinion acerca de los mouedores de los orbes.

Dize Auerrois que no es inconueniente en Dios la apropriacion suya al orbe, como anima o forma que da el ser al cielo superior; porque las tales animas estan apartadas de materia, y siendo su orbe el que contiene todo el vniuerso, y abraça y mueue con su mouimiento todos los otros cielos, que la inteligencia que lo informa y mueue y le da el ser, deue ser al mesmo Dios y no otro, y que El por ser mouedor no se haze ygual a los otros. antes queda mucho mas alto y sublime, assi como su orbe es mas alto què el de las otras inteligencias. Y assi como su cielo comprehende y contiene todos los otros, assi su virtud contiene la virtud de todos los otros mouedores. Y si por ser llamado mouedor, como los otros, fuera ygual a ellos, tambien, segun los primeros, fuera ygual a las otras inteligencias finales, por ser como ellas fin del primer mouedor. Y, en conclusion, dize Auerrois que poner mas inteligencias de las que la fuerça de la filosofica razon induze, no es de filosofo; como sea verdad que no se puede ver de otra manera mas de quanto la razon nos enseña.

Origenes de la Novela.—IV.—23

Soph.—Mas limitada opinion me parece esta que aquella; pero que dira este a lo que Aristoteles afirma, y la razon con el, que el fin del que mueue el orbe es mas excelente que el que lo mueue?

Phil.—Dize Auerrois que Aristoteles entiende que la misma inteligencia que mueue sea fin de si mesmo en su mouimiento continuo, porque mueue el orbe por llenar su propria perfecion, segun lo qual es mas noble, por ser fin del mouimiento, que por ser eficiente del. De donde este dicho de Aristoteles es mas ayna haziendo comparacion entre las dos especies de causalidad que se hallan y concurren en vna misma inteligencia, esto es, efectiua y final, que comparando la vna inteligencia a la otra, como dizen los primeros.

Opinion de Auerrois sobre las inteligencias mouedoras.

Soph.—Estraño me parece que por estas palabras diga Aristoteles que vna misma inteligencia es mas perfeta que ella misma.

Phil.—Tambien me parece sin razon que vn dicho tan absolutamente comparatiuo como este de Aristoteles se deua entender restringidamente de vna misma inteligencia, y aunque esta sentencia de Aristoteles [1] sea verdadera, y mayormente en el primer mouedor, que siendo Dios conuiene que sea fin de su mouimiento y accion; y aunque tambien sea verdad que la causa final es mas excelente que la efectiua, no por esto parece que sea intencion de Aristoteles inferir tal sentencia en aquel su dicho.

Soph.—Pues qual te parece a ti que fuesse?

Phil.—Mostrar que el fin de todos los que mueuen los cielos, es vna inteligencia mas sublime y superior que todas, amada de todos, con desseo de vnirse con ella, en la qual consiste la summa felicidad dellos, y este es el summo Dios.

Opinion del mismo autor, declarando la intencion de Aristoteles

Soph.—Y tienes tu que sea El el primer mouedor?

Phil.—Seria largo dezirte lo que en esso se puede dezir, y por ventura seria atreuimiento afirmar la vna opinion sobre la otra; pero quando se concediesse que la mente de Aristoteles fue que el primer mouedor sea Dios. te dire que tiene que El sea fin de todos los mouedores y mas excelente que todos los otros, de los quales es superior; pero no dize que es mas excelente que si mismo, aunque en El sea mas principal el ser causa final de toda cosa, porque lo vno es el fin al qual se endereça lo otro.

Soph.—Y tu niegas que los otros mouedores no mueuen los cielos por cumplir su perfecion, la qual dessean gozar, como dize Auerrois?

[1] El texto: «Auerrois».

Phil.—No lo niego, antes te digo que dessean la vnion de sus animas con Dios por llenar su perfecion; assi que el vltimo fin e intento dellos es su perfecion; pero como es cosa sabida que ella consiste en la vnion dellos con la diuinidad, se sigue que en la diuinidad esta su vltimo fin y no en las mismas animas; de donde dize Aristoteles que esta diuinidad es fin mas alto que el dellas, y no sus proprias perfeciones en ellas manentes, como estima Auerrois.

Soph.—Y la beatitud de las animas intelectiuas humanas, y su vltimo fin, sera jamas, por esta semejante razon, en la vnion diuina?

Phil.—Si. ciertamente; porque su vltima perfecion, fin y verdadera bienauenturança, no

La felicidad del entendimiento humano consiste en la copulacion diuina.

consiste en essas mismas animas, sino en la soleuacion y vnion dellas con la diuinidad, y por ser el summo Dios fin de toda cosa y beatitud de todos los intelectuales, no por esso se escluye que la propria perfeccion dellos no sea su vltimo fin; porque en el acto de la felicidad el anima intelectiua no esta ya en si misma, sino en Dios, el qual da felicidad por su vnion, y en esto consiste su vltimo fin y felicidad y no en si mesma, en quanto no aya y tenga esta bienauenturada vnion.

Soph.—Gusto me da essa sutileza, y quedo satisfecha de la primera pregunta; vamos a la segunda.

Phil.—Tu quieres que te declare de que manera amando y mouiendo la in-

Quistion galana y dificultosa.

teligencia al orbe celeste corporeo, que es menos que ella, essa inteligencia pueda engrandecerse en el amor del summo Dios y arribar a su felice vnion?

Soph.—Esso es lo que yo quiero saber de ti.

Phil.—La duda viene aun a ser mayor, porque el acto proprio y essencial suyo de la inteligencia apartada de materia, es el entenderse a si misma y en si toda cosa juntamente, porque reluze en ella la essencia diuina en clara vision, como el sol en el espejo, la qual contiene las essencias de todas las cosas y es causa de todas. En este acto deue consistir su felicidad y su vltimo fin, no en mouer cuerpo celeste, que es cosa material y acto extrinseco de la verdadera essencia suya.

Soph.—Plazeme verte ensangrentarme la llaga, para curarmela despues mejor; veamos, pues, el remedio.

Phil.—Entendido has de mi otra vez, o Sophia!, que todo el vniuerso

Todo el vniuerso es como vn indiuiduo.

es vn indiuiduo; esto es, como vna persona; y cada vno destos corporales y de aquellos espirituales, eternos y corruptibles, es miembro y

parte deste gran indiuiduo. Siendo el todo y cada vna de sus partes produzida de Dios para vn fin comun en el todo, juntamente con vn fin proprio, en cada vna de las partes, se sigue que tanto el todo y las partes son perfetas y felices, quanto rectamente y enteramente consiguen los oficios a que son endereçados por el summo Opifice. El fin del todo es la vnida

El fin del vniuerso en que consiste. El fin de cada vna de las partes del vniuerso qual es.

perfecion de todo el vniuerso, señalada por el diuino Arquitecto; y el fin de cada vna de las partes, no es solamente la perfecion de aquella parte en si, sino que con ella sirua rectamente a la perfecion del todo, porque el fin vniuersal es el primer intento de la diuinidad, y para este fin comun, mas que para el proprio, fue cada parte hecha, ordenada y dedicada; de tal manera que, faltando la parte del tal seruicio en los actos pertenecientes a la perfecion del vniuerso, le seria mayor defeto y vernia a ser mas infelice que si le faltasse el acto suyo proprio; y assi se felicita mas por lo comun que por lo proprio, a manera de vn indiuiduo humano, que la perfecion de vna de sus partes, como el ojo o la mano, no consiste solamente ni principalmente en el tener lindo ojo o hermosa mano, ni en la mucha vista del ojo, ni tampoco en el hazer muchos actos la mano, sino primero y principalmente consiste en que el ojo vea y la mano haga lo que conuiene al bien de toda la persona, y se haze mas noble y excelente por el recto seruicio que haze a la persona toda; porque la propria hermosura es el proprio acto: de donde, muchas vezes, la parte naturalmente se presenta y dispone al proprio peligro por saluar toda la persona, como suele hazer el braço que se presenta a la espada por la salud de la cabeça. Pues siendo guardada siempre esta ley en el vniuerso, la inteligencia se felicita mas en el mouer el orbe

En que se felicita mas la inteligencia mouedora.

celeste, que es acto necessario al ser del todo, aunque es acto extrinseco y corporeo, que en la intrinseca contemplacion suya essencial, que es su proprio acto. Y esto entiende Aristoteles diziendo que la inteligencia mueue por fin mas alto y excelente, que es Dios, consiguiendo el orden suyo en el vniuerso, porque amando y mouiendo su orbe, coliga la vnion del vniuerso, con la qual propriamente consigue el amor, la vnion y la gracia diuina que biuifica al mundo, la qual es el vltimo fin suyo y desseada felicidad.

Soph.—Agradame, y creo que por esta misma causa las animas espirituales intelectiuas de los hombres se coligan a cuerpo tan fragil como el humano, por alcançar el orden diuino en la coligacion y vnion de todo el vniuerso.

Phil.—Bien has dicho, y assi es verdad, que siendo nuestras animas espirituales e intelectiuas, ningun bien les podria ocurrir de la compañia corporea, fragil y corruptible, que no les estuuiesse mucho mejor su acto intelectiuo intrinseco y puro; pero aplicanse a nuestro cuerpo solamente por el amor y seruicio del summo Criador del mundo, trayendo la vida, y el conocimiento intelectiuo, y la luz diuina, del mundo superior eterno al inferior corruptible, para que esta parte mas baxa del mundo no este ella tampoco priuada de la gracia diuina y vida eterna, y para que este grande animal no tenga parte alguna que no sea biua e inteligente como todo el. Y exercitando nuestra anima en esto la vnion de todo el mundo vniuerso, segun el orden diuino, el qual es fin comun y principal en la produccion de las cosas, ella goza rectamente del amor diuino y arriua a vnirse con el summo Dios despues del apartamiento del cuerpo, y esta es su vltima felicidad. Pero si yerra en la tal administracion, falta deste amor y desta vnion diuina, y esto le es a ella summa y eterna pena, porque pudiendo subir al altissimo parayso con la rectitud de su gouierno en el cuerpo, por su iniquidad quedo en el infimo infierno desterrada eternalmente de la vnion diuina y de su propria beatitud, si ya no huuiesse sido tanta la diuina piedad, que le huuiesse dado manera de poderse remediar.

Causa por que se vnen las animas a los cuerpos.

Gloria o pena del anima, segun huuiere sido el gouierno de su cuerpo.

Soph.—Dios nos guarde de tal error, y nos haga de los rectos administradores de su santa voluntad y de su diuino orden.

Phil.—Dios lo haga; pero bien sabes, o Sophia! que no se puede hazer sin amor.

Soph.—Verdaderamente el amor en el mundo, no solamente es comun en toda cosa, mas tambien summamente es necessario, pues que ninguno puede ser bienauenturado sin amor.

Phil.—No solamente faltaria la bienauenturança si faltasse el amor, pero ni aun el mundo ternia ser, ni cosa alguna se hallaria en el, si no huuiesse amor.

Soph.—Tantas cosas, por que?

Phil.—Porque tanto el mundo y sus cosas tienen ser, quanto esta todo el vnido y enlazado con todas sus cosas a manera de miembros de vn indiuiduo; de otra manera la diuision fuera causa de su total perdicion. Y assi como no ay cosa ninguna que haga vnir al vniuerso con todas sus diuersas cosas sino el amor, se sigue que esse amor es causa del ser del mundo y de todas sus cosas.

El amor es causa del ser del vniuerso.

Soph.—Dime como biuifica el amor al mundo y haze de tantas cosas diuersas vna sola.

Phil.—De las cosas ya dichas podras comprehenderlo facilmente. El summo Dios produze con amor, y gouierna el mundo y lo ayunta en vna vnion; porque siendo Dios vno en simplicissima vnidad, es necessario que lo que del procede sea tambien vno en entera vnion, porque de vno prouiene y de la pura vnidad vnion perfeta. Assi mismo el mundo espiritual se haze vno con el mundo corporal mediante el amor, ni jamas las inteligencias apartadas o angeles diuinos se vnieran con los cuerpos celestes, ni les informaran, ni les fueran animas que les dan vida, si no los amaran; ni las animas intelectiuas se vnieran con los cuerpos humanos para hazerlos racionales, si no las forçara el amor; ni se vniera essa anima del mundo con este globo de la generacion y corrupcion, si no huuiera amor. Assi mismo los inferiores se vnen con sus superiores, el mundo corporal con el espiritual, y el corruptible con el eterno, y el vniuerso con su Criador, mediante el amor que les tiene y el desseo suyo que les da de vnirse con el y de beatificarse en su diuinidad.

Quantas cosas i quan grandes vne el amor.

Soph.—Assi es, porque el amor es vn espiritu que biuifica y penetra todo el mundo, y es vna ligadura que vne todo el vniuerso.

Phil.—Pues que assi sientes del amor, no ay necessidad de dezirte aora mas de su comunidad, de que todo oy hemos hablado.

Soph.—Aora te falta dezirme del nacimiento del amor, segun que me lo prometiste; que de su comunidad en todo el vniuerso y en cada vna de sus cosas harto me has dicho; y manifiestamente veo que en el mundo no ay ser que no tenga amor; solamente me falta por saber su origen y alguna cosa de sus efetos buenos y malos.

No ay ser que no tenga amor.

Phil.—Del nacimiento del amor te soy en deuda; pero de sus efetos haras nueua demanda; ni para lo vno ni para lo otro tenemos tiempo, porque es ya tarde para dar principio a nueua materia; assi que preguntamelo otro dia, quando te pareciere. Pero dime, o Sophia! como siendo el amor tan comun, no se halla en ti?

Soph.—Y tu, Philon, en efeto, amasme mucho?

Phil.—Tu lo vees y lo sabes.

Soph.—Pues que el amor suele ser reciproco y de geminal persona, segun que tantas vezes lo he entendido de ti, es necessario, o que tu finges y simulas comigo el amor, o que yo lo encubro y dissimulo contigo.

Phil.—Yo me contentaria con que tuuiessen

tus palabras tanto de engaño como tienen las mias de verdad; pero temome que no digas lo cierto, como yo lo digo, y esto es porque el amor no se puede fingir ni negar por largo tiempo.

El amor no se puede fingir ni negar.

Soph.—Si tu tienes amor verdadero, yo no puedo estar sin el.

Phil.—Lo que no quieres dezir, por no dezirlo falso, quieres que yo lo crea por conjetura de argumentos; yo te digo que mi amor es verdadero, pero que es esteril, pues no puede produzir en ti su semejante, y que es bastante para ligarme a mi y no para ligarte a ti.

Soph.—Como no? no tiene el amor naturaleza de piedrahiman, que vne los diuersos, aproxima los distantes y atrahe lo graue?

El amor tiene naturaleza de piedra himan.

Phil.—Aunque el amor es mas atractiuo que la piedrahiman, al fin el que no quiere amar es mas pesado y resistente que el hierro.

Soph.—No puedes negar que el amor no vne los amantes.

Phil.—Si, quando ambos a dos son amantes; pero yo soy solamente amante y no amado, y tu solamente amada y no amante; como quieres tu que el amor nos vna?

Soph.—Quien vio jamas vn amante no ser amado?

Phil.—Creo que soy contigo otro Apolo con Daphne.

Compara el autor sus amores a los de Apolo y Daphne.

Soph.—Luego quieres que Cupido te aya herido con la saeta de oro y a mi con la de plomo?

Phil.—Yo no lo quisiera, pero veolo; porque desseo tu amor mas que al oro, y el mio para ti es mas pesado que el plomo.

Soph.—Si yo fuera Daphne para contigo, mas ayna me conuirtiera en laurel del temor de tus palabras, que ella por el miedo de las saetas de Apolo.

Phil.—Poca fuerça tienen las palabras quando no pueden hazer lo que solamente los rayos de los ojos suelen hazer con solo vn mirado, que es el mutuo amor y la reciproca aficion. Al fin, a resistirme te veo transformada en laurel, tan inmouible de lugar como inmudable de proposito, y tan dificultosa para poderte atraher a mi desseo, aunque yo cada hora me acerco mas al tuyo; como el laurel, verde y olorosa, en cuyo fruto ningun otro sabor se halla que el amargo y aspero, mezclado con xugo pungitiuo. Assi que para mi en todo estas hecha laurel. Y si quieres ver tu conuersion en laurel, mira mi sorda harpa, que no sonara si no estuuiera adornada de tus hermosissimas hojas.

Soph.—Que yo te amo, Philon, no seria honesto el confessarlo, ni piadoso el negarlo; creelo, que la razon haze ser mas conueniente, aunque temas lo contrario: y pues que el tiempo nos combida ya al reposo, sera bien que cada vno de nos vaya presto a tomarlo; despues bolueremos a vernos; entre tanto, atiende a la recreacion y acuerdate de la promessa. A Dios.

Fin del segundo Dialogo de Amor de Leon Hebreo traduzido por Garcilasso Inga de la Vega.

SEGVNDA PARTE

DE LOS DIALOGOS DE AMOR DE LEON HEBREO, TRADUZIDOS DE ITALIANO EN ESPAÑOL POR GARCILASSO INGA DE LA VEGA, NATURAL DE LA GRAN CIUDAD DEL CUZCO

DIALOGO TERCERO

TRATA DEL ORIGEN DEL AMOR

Interlocutores. Sophia y Philon.

Sophia.—Philon, o Philon!, no oyes, o no quieres responder?

Philon—Quien me llama?

Soph.—No te pasres assi tan de prissa; escucha vn poco.

Phil.—O Sophia! aqui estauas?; no te veia: inaduertidamente passaua.

Soph.—Donde vas con tanta atencion, que no hablas, ni oyes, ni vees los circunstantes amigos?

Phil.—Yua por algunas necessidades de la parte que menos vale.

Soph.—Menos vale? No deue valer en ti poco lo que priua de tus ojos abiertos el ver y de tus oydos no cerrados el oyr.

Phil.—No vale en mi aquella parte mas que en otro, ni yo la estimo mas de lo que es justo; ni las necessidades presentes son de tanta importancia que puedan abstraher totalmente mi animo. Assi que las cosas a que yua, no son causa, como piensas, de mi enagenacion.

Soph.—Pues di la causa de tus ocupaciones.

Phil.—Mi mente, fastidiada de los negocios mundanos y fatigada de tan baxos exercicios, por su refugio se recoge en si misma.

Refugio de la mente quando esta fatigada, qual es.

Phil.—El fin y objeto de mis pensamientos tu lo sabes.

Soph—Si yo lo supiera, no te lo preguntara; pues te lo pregunto, no lo deuo saber.

Phil.—Si no lo sabes, deurias saberlo.

Soph.—Por que?

Phil.—Porque quien, conoce la causa, deue conocer el efeto.

Soph.—Y como sabes tu que conozco yo la causa de tus pensamientos?

Phil.—Se que te conoces a ti misma mejor que a otro.

Soph.—Puesto que yo me conozca, aunque no tan perfetamente como yo quisiera, no por esso conozco que sea yo causa de tus abstractas fantasias.

Phil.—Vsança es de vosotras, hermosas amadas, conociendo la passion de los amantes, mostrar que no la conocen. Pero assi como eres mas hermosa y generosa que otra, querria que fuesses tambien mas verdadera. Y pues que tu proprio ser es ser sin macula, que la comun costumbre no causasse en ti defeto.

Condicion de las mugeres hermosas

Soph.—Ya veo, Philon, que no hallas otro despidiente para huyr mis acusaciones sino reacusarme. Dexemos aparte si tengo noticia de tus pensamientos o no, y dime aora claro que era lo que te hazia yr tan pensatiuo?

Phil.—Pues te plaze que yo declare lo que tu sabes, te digo que mi mente, retirada a contemplar, como suele, la hermosura en ti formada y en ella impressa por imagen y desseada siempre, me ha hecho dexar los sentidos exteriores.

Soph.—Ah, ah! reyr me hazes. Como puede imprimirse con tanta eficacia en la mente lo que estando presente no puede entrar por los ojos abiertos?

Phil.—Dizes verdad, o Sophia!, que si tu resplandesciente hermosura no se me entrara por los ojos, no huuiera podido traspassarme tanto como ha hecho el sentido y la fantasia; y penetrando hasta el coraçon, no huuiera tomado por eterna habitacion, como tomo, la mente mia, llenandola de la escultura de tu imagen; que no traspassan tan facilmente los rayos del sol a los cuerpos celestiales o a los elementos que estan debaxo hasta la tierra, como me traspasso la imagen de tu hermosura, hasta ponerse en el centro del coraçon y en el coraçon de la mente.

Soph.—Si esso que dizes fuesse verdad, tanto seria de mayor admiracion que, estando yo tan en lo intimo de tu animo y señora de todo, que aora a gran pena se me ayan abierto tus puertas del verme y oyrme.

Phil.—Y si yo durmiera, acusarasme?

Soph.—No, que el sueño te escusara, que suele quitar los sentimientos.

Phil.—No me escusa menos la causa que me los ha quitado.

Soph.—Que cosa los podria quitar como el sueño, que es medio muerte?

Phil.—La eleuacion o enagenacion causada de la meditacion amorosa, que es mas que medio muerte.

La extasis amorosa, es mas que medio muerte.

Soph.—Como puede el pensamiento abstraher al hombre de los sentidos mas que el sueño, que lo echa por tierra como a vn cuerpo sin vida?

Phil.—El sueño mas ayna cansa vida que la quita, lo que no haze la extasis amorosa.

Soph.—De que manera?

Phil.—El sueño nos restaura de dos maneras, y para dos fines fue de la naturaleza produzido: el vno, para hazer quietar el instrumento de los sentidos y los mouimientos exteriores, y recrear los espiritus que exercitan sus operaciones, porque no se resueluan y consuman con los continuos trabajos de la vigilia; y el otro, para poder seruirse de la naturaleza de sus espiritus y calor natural en la digestion del manjar, que para hazerlo perfetamente induze el sueño para el cessar de los sentidos y mouimientos exteriores, atrayendo los espiritus a lo interior del cuerpo, por ocuparse juntamente con todos en la nutricion y restauracion del animal. Y que este sea assi, mira los cielos, que porque no comen y no se cansan de sus mouimientos continuos, velan siempre y no duermen jamas. Assi, que el sueño en los animales mas ayna es causa de vida que semejança de muerte. Pero la enagenacion hecha por la meditacion amorosa, es con priuacion de sentido y mouimiento, no natural, sino violento: ni los sentidos reposan con ella, ni el cuerpo se restaura, antes se impide la digestion y se consume la persona. Assi, que si el sueño me escusara de no muerte, mucho mas deue escusarme la enagenacion y extasis amorosa.

El sueño fue produzido para dos fines.

Razon por que los cielos no duermen jamas.

Extasis amorosa causa muchos daños.

Soph.—Quieres que el pensatiuo que vela duerma mas que el que duerme?

Phil.—Quiero que sienta menos que el que duerme, que no menos que en el sueño se retiran adentro los espiritus en el extasis y dexan los sentidos sin sentimiento y los miembros sin mouimiento, porque la mente se recoge en si misma a contemplar en vn objeto tan intimo y desseado, que la ocupa toda y la enagena, como aora hizo en mi la contemplacion de tu hermosa ymagen, dea de mi desseo.

El pensatiuo siente menos que el dormido.

Soph.—Estraño me parece que el pensamiento haga el adormecimiento que el profundo sueño suele hazer. Que yo veo que nosotros pensando podemos hablar, oyr y mouernos; antes sin pensar no podemos hazer estas operaciones perfeta y ordenadamente.

Gouierno y exercicio interior y exterior de la mente.

Phil.—La mente es la que gouierna los sentimientos y ordena los mouimientos voluntarios de los hombres; de donde, para hazer este oficio, conuiene que salga de lo interior del cuerpo a las partes exteriores a buscar los instrumentos para hazer las tales obras, y para aproximarse a los objetos de los sentidos que estan de fuera, y entonces, pensando, se puede ver, oyr y hablar sin impedimento. Pero quando la mente se recoge adentro y en si misma a contemplar con summa eficacia y vnion vna cosa amada, huye de las partes exteriores, y desamparando los sentidos y mouimientos, se retira con la mayor parte de la virtud y espiritus en aquella meditacion, sin dexarnos en el cuerpo otra virtud mas de aquella sin la qual no podria sustentarse la vida, que es la vital del mouimiento continuo del coraçon, y anhelito de los espiritus por las arterias, para atraher el ayre fresco de fuera y para echar de adentro el ya escalentado. Esto queda solamente con alguna cosa poca de la virtud nutritiua, que la mayor parte della esta impedida en la profunda cogitacion,

Razon por que poco manjar sustenta mucho tiempo a los contemplatiuos.

y por esto sustenta poco manjar mucho tiempo a los contemplatiuos. Y assi como el sueño, haziendose fuerte con la virtud nutritiua, roba, priua y ocupa la recta cogitacion de la mente, perturbando la fantasia con la subida de los vapores al celebro del manjar que se cueze, los quales causan los

Los sueños de que se causan.

varios y desordenados sueños, assi el intimo y eficaz pensamiento, roba y ocupa al sueño, nutrimento y digestion del manjar.

Soph.—Por vna parte hazes semejantes el sueño y la contemplacion, porque el vno y el otro desamparan los sentidos y los mouimientos y atrahen adentro los espiritus, y por otra los hazes contrarios, diziendo que lo vno priua y ocupa a lo otro.

Semejanças y dessemejanças entre el sueño y la extassis.

Phil.—Assi es en efeto, porque en algunas cosas son semejantes y en otras dessemejantes. Son semejantes en lo que dexan, y dessemejantes en lo que adquieren.

Soph.—De que manera?

Phil.—Porque el sueño y la contemplacion ygualmente desamparan y priuan el sentido y el mouimiento; pero el sueño los desampara, haziendo fuerte la virtud nutritiua, y la contemplacion los desampara, haziendo fuerte la virtud cogitatiua. Tambien son semejantes, porque ambos retiran el espiritu de lo exterior a lo interior del cuerpo. Y son dessemejantes, porque el sueño lo retira a la parte inferior del cuerpo, debaxo del pecho, que es al vientre, donde estan los miembros de la nutricion, el estomago, higado, intestinos y otros, porque alli atienden a la digestion del manjar para la sustentacion; y la contemplacion lo retira a la parte mas alta del cuerpo, que esta sobre el pecho, esto es, al celebro, que es la silla de la virtud cogitatiua y morada de la mente, para hazer alli la meditacion perfeta. Assi mismo, la intencion de la necessidad de retirar los espiritus es diuersa en ellos, porque el sueño los retira adentro, por retirar con ellos el calor natural, de cuya abundancia tiene necessidad para la digestion que se haze en el sueño. Pero la contemplacion los retira, no por retirar el calor natural, sino por retirar todas las virtud es del anima y vnirse el anima toda, y hazerse fuerte para contemplar bien en aquel desseo. Auiendo, pues, tanta diuersidad entre el sueño y la contemplacion, con razon el vno roba y ocupa al otro. Pero en el perderse de los sentidos y mouimiento, la contemplacion es ygual al sueño, y quiça los priua con mayor violencia y fuerça.

Soph.—No me parece que el pensatiuo pierde los sentidos como el que duerme. Y tu no me negaras que al amante, en el extasis, no le queda el contemplar y pensar en gran fuerça, siendo anejo a los sentidos, y que al que duerme no le queda desto cosa alguna, sino solamente la nutricion, que no tiene que hazer con los sentidos, lo qual tambien se halla en las plantas.

La extasis priua mas los sentidos que el sueño.

Phil.—Si lo considerares bien, hallaras lo contrario: que en el sueño, aunque se pierden los sentidos del ver, oyr, gustar y oler, no se pierde empero el sentido del tacto, que durmiendo se siente frio y calor, y tambien queda la fantasia en muchas cosas, y aunque es desordenada, sus sueños las mas vezes son de las passiones presentes; pero en la transportacion y contemplatiua se pierde tambien, con los otros sentidos, el sentimiento del calor y del frio, y assi mismo se pierde el pensamiento y fantasia de toda cosa, excepto de aquella que se contempla. Y aun esta meditacion sola que al contemplatiuo amante le queda, no es de si, sino de la persona amada, ni el, exercitando la tal meditacion, esta en si, sino fuera de si y en el que contempla y dessea. Que quando el amante esta en extasis contemplando en lo que ama, ningun cuydado ni memoria tiene de si mismo, ni haze en su beneficio obra alguna natural, sensitiua, motiua o racional; antes del todo es ageno de si mismo y proprio del que ama y contempla, en el qual se conuierte totalmente, que la essencia del anima es su proprio acto, y si se vne para contemplar intimamente vn objeto, se transporta en el su essencia y aquel es su propria sustancia, y no es mas anima y essencia del que ama, sino sola especie actual de la persona amada. Assi que mucho mayor abstraccion es la de la enagenacion amorosa que la del sueño. Pues luego, con qual razon podras acusarme, o Sofia!, de no auerte visto o hablado?

Soph.—No se puede negar que no se vea a todas horas que la eficaz contemplacion de la mente suele ocupar los sentidos; pero yo querria saber mas claramente la razon. Dime, pues, por que pensando tan intimamente quanto se quiera, no quedan los sentidos en su operacion. Que la mente para contemplar no tiene necessidad de seruirse de la retraccion de los sentidos, pues no tienen que hazer en su obra. Ni ha menester la copia del calor natural, como en la digestion del manjar, ni tiene necessidad de los espiritus que siruen a los sentidos, porque la mente no obra mediante los espiritus corporales, por ser incorporea. Pues, luego que neccessidad tiene la meditacion del enagenamiento de los sentidos, y por que los priua o los retira y recoge?

Phil.—El anima es en si vna e indiuisible; pero estendiendose virtualmente por todo el cuerpo, y dilatandose por sus partes exteriores hasta la superficie, se derrama para ciertas operaciones pertenecientes al sentido, y mouimiento, y sustentacion, mediante diuersos instrumentos, y se diuide en muchas y diuersas virtudes, como acaece al sol, que, siendo vno, se diuide y multiplica por la dilatacion y multiplicacion de sus rayos, segun el numero y diuersidad de los lugares a que se aplica. Pues quando la mente espiritual (que es el coraçon de nuestro coraçon y anima de nuestra anima), por la fuerça del desseo se retira en si misma a contemplar en vn intimo y desseado objeto, recoge en si el anima toda, restringendose toda en su indiuisible vnidad, y con ella se retiran los espiritus, aunque no los exercita, y recogense en medio de la cabeça, donde esta el pensamiento, o al centro del coraçon, donde esta el desseo; dexando los ojos sin vista, los oydos sin oyr, y assi los otros instrumentos sin sentimiento y mouimiento, y aun los miembros interiores de la nutricion se disminuyen de su continua y necessaria obra de la digestion y distribucion del manjar; solo encomienda el cuerpo humano a la virtud vital del coraçon, la qual te he dicho que es guardiana vniforme de la vida; la qual virtud es medio en lugar y dignidad de la virtud del cuerpo humano, y la que liga la parte superior con la inferior.

Razon por que en la extasis no quedan los sentidos en su operacion.

La mente es coraçon de nuestro coraçon y anima de nuestra anima.

Soph.—De que manera es la virtud vital ligadura y segundo lugar y dignidad de las partes superiores e inferiores del hombre?

Phil.—El lugar de la virtud vital es el coraçon, el qual esta en el pecho, que es medio entre la parte inferior del hombre, que es el vientre, y la superior, que es la cabeça. Y assi es medio entre la parte inferior nutritiua, que esta en el vientre, y la superior conocitiua, que esta en la cabeça. De donde por su medio se enlazan el ser humano estas dos partes y virtudes; de manera que si no fuera por el vinculo desta virtud, nuestra mente y anima en las afectuosissimas contemplaciones se desenlazara de nuestro cuerpo, y la mente volara de nosotros de tal manera, que quedara el cuerpo priuado del anima.

El coraçon y su naturaleza.

Soph.—Seria possible que, eleuandose tanto la mente en las tales contemplaciones, recogiesse tambien consigo este vinculo de la vida?

Phil.—Tan pungitiuo podia ser el desseo y tan intima la contemplacion, que del todo desenlazasse y retirasse el anima del cuerpo, resoluiendose los espiritus por la fuerte y apretada vnion; de modo que, aferrandose el anima afectuosamente con el desseado y contemplado objeto, podria dexar el cuerpo desanimado del todo.

El anima puede desamparar el cuerpo en la intima contemplacion.

Soph.—Dulce seria tal muerte.

Phil.—Tal fue la muerte de nuestros bienauenturados, que contemplando con summo desseo la hermosura diuina, conuirtiendo toda el anima en ella, desampararon el cuerpo. De donde la Sagrada Escritura, hablando de la muerte de los dos santos pastores Moyses y Aron, dize que murieron por boca de Dios. Y los sabios declararon, metaforicamente, que murieron besando la diuinidad; esto es, arrebatados de la amorosa contemplacion y vnion diuina, segun has entendido.

Genero de suauissima muerte.

Moyses y Aron murieron contemplando la diuinidad.

Soph.—Gran cosa me parece que nuestra anima pueda con tanta facilidad volar a las cosas corporeas y tambien retirarse toda juntamente a las cosas espirituales; y que, siendo vna e indiuisible, como dizes, pueda volar entre cosas summamente contrarias y distintas, como son las corporales de las espirituales. Querria que me declarasses, Philon, alguna razon con que mejor pudiesse entender mi mente este admirable boltear de nuestra anima; y dime con que artificio dexa y toma los sentidos, insiste y desiste de la contemplacion siempre que le plaze, como has dicho.

Phil.—En esto, el anima es inferior al entendimiento abstracto, porque el entendimiento es en todo vniforme, sin mouimiento de vna cosa en otra, ni de si a cosas agenas; pero el anima, que es inferior a el, porque depende del, no es vniforme, antes, por ser medio entre el mundo intelectual y el corporeo (digo medio y vinculo con que el vno y el otro se liga), conuiene que tenga vna naturaleza mista de inteligencia espiritual y mutacion corporea; de otra manera, no podria animar los cuerpos. Por lo qual acaece que muchas vezes sale de su inteligencia a las cosas corporales, para ocuparse en la sustentacion del cuerpo con la virtud nutritiua, y tambien para reconocer las cosas exteriores necessarias a la vida y a la contemplacion, mediante la virtud y obras sensitiuas. Y otras vezes se retira en si y buelue a su inteligencia y se enlaza y vne con el entendimiento abstracto su antecessor; y de alli sale assi mismo a lo corporeo, y despues torna a lo intelectual, segun sus ocurrentes inclinaciones. Y por esto dize Platon que el anima es compuesta de si y de otra cosa, de inuisible y de visible, y dize que es numero que mueue a si mismo. Quiere dezir, que no es de vniforme naturaleza, como el puro entendimiento; antes es de numero de naturalezas; no es corporal ni espiritual, y se mueue de la vna en la otra continuamente. Y dize que su mouimiento es circular y continuo, no porque se mueua de lugar a lugar corporalmente, antes espiritualmente, y operatiuamente se mueue de si en si; esto es, de su naturaleza intelectual en su naturaleza corporea, boluiendo despues a ella assi siempre circularmente.

Naturaleza y mutacion del anima.

Opinion de Platon acerca del anima.

Soph.—Pareceme que casi entiendo essa diferencia que hazes en la naturaleza del anima; pero si hallasses algun buen exemplo para mejor aquietarme el animo, seria agradable.

Phil.—Qual exemplo ay mejor que el de los dos principes celestiales, que el immenso Criador hizo simulacros del entendimiento y del anima?

Soph.—Quienes son?

Phil.—Las dos lumbreras, la grande que haze dia, y la pequeña que sirue de noche.

Soph.—Quieres dezir el sol y la luna?

Phil.—Ellos.

Soph.—Que tienen que ver con el entendimiento y el anima?

Phil.—El sol es simulacro del entendimiento diuino, del qual depende de todo entendimiento: y la luna es semejança del anima del mundo, de la qual procede toda anima.

El sol es semejança del entendimiento diuino La luna es simulacion del anima del mundo.

Soph.—De que manera?

Phil.—Bien sabes que el mundo criado se diuide en corporal y espiritual; esto es, incorporeo.

Soph.—Bien se esso.

Phil.—Y sabes que el mundo corporeo es sensible y el incorporeo intelegible.

Soph.—Tambien se esso.

Phil.—Pues deues saber que, entre los cinco sentidos, solo la vista ocular es es la que haze al mundo corporeo ser sensible, assi como la vista intelectual haze ser al incorporeo intelegible.

Soph.—Y los otros quatro sentidos: oydo, tacto, sabor y olor, para que son?

Phil.—La vista sola es el conocimiento de todos los cuerpos: el oydo ayuda al conocimiento de las cosas, no tomandolo de las mismas cosas, como el ojo, sino tomandolo de otro conociente, mediante la lengua: la qual o las ha conocido por la vista, o entendido del que las ha visto. De manera que el antecessor del oydo es la vista, y comunmente el oydo supone el ojo como a origen principal para el conocimiento intelectual. Los otros tres sentidos son todos corporales, hechos mas ayna para el conocimiento y vso de las cosas necessarias a la sustentacion del animal, que para el conocimiento intelectual.

La vista y su excelencia.

El oydo y su oficio.

Soph.—Tambien tienen vista y oydo los animales que no tienen entendimiento.

Phil.—Si que lo tienen, porque tambien a ellos les son necessarios para la sustentacion del cuerpo. Pero en el hombre, de mas del prouecho que hazen a su sustento, son propriamente necessarios para el conocimiento de la mente: porque por las cosas corporeas se conocen las incorporeas; las quales el anima recibe del oydo por informacion de otro, y la vista por proprio conocimiento de los cuerpos.

La vista y el oydo son necessarios para el conocimiento de la mente

Soph.—Bien he entendido esso; di mas adelante.

Phil.—Ninguna destas dos vistas, corporal e intelectual, puede ver sin luz que le alumbre. Y la vista corporal y ocular no puede ver sin la luz del sol, que alumbra al ojo y al objeto, sea de ayre, o de agua, o de otro cuerpo transparente o diafano.

No se puede ver sin la luz del sol.

Soph.—El fuego y las cosas resplandecientes, no nos alumbran tambien y hazen ver?

Phil.—Si, pero imperfetamente, tanto quanto ellas participan de la luz del sol, que es el primer resplandor: sin la qual, auida del immediatamente, o de otra manera por habito y forma participada, el ojo jamas podria ver. Assi la vista intelectual jamas podria ver y entender las cosas y razones in-

La vista intelectual no puede ver sin la luz diuina.

corporeas y vniuersales, si no fuesse alumbrada del entendimiento diuino, y no solamente ella, pero tambien las especies que estan en la fantasia (de las quales la virtud intelectiua toma el conocimiento intelectual) son alumbradas de las eternas especies que estan en el entendimiento diuino, las quales son exemplares de todas las cosas criadas, y preexisten en el entendimiento diuino, de la manera que preexisten las especies exemplares de las cosas artificiadas en la mente del artifice, las quales son la misma arte, y a estas especies solas llama Platon ideas, de tal manera que la vista **Platon y sus ideas.** intelectual, y el objeto, y tambien el medio del acto inteligible, todo es alumbrado del entendimiento diuino, assi como es alumbrada del sol la vista corporea con el objeto y el medio. Luego es manifiesto que el sol en el mundo corporeo visible es simulacro del entendimiento diuino en el mundo intelectual.

Soph.—Agradame la semejança del sol al entendimiento diuino, y aunque **Con mas razon se llama luz la del entendimiento diuino, que la del sol.** la verdadera luz sea del sol, tambien la influencia del entendimiento diuino con buena similitud se puede llamar luz, como tu la llamas.

Phil.—Antes con mas razon se llama luz, y mas verdaderamente lo es, esta del entendimiento que la del sol.

Soph.—Por que es mas verdadera?

Phil.—Assi como la virtud intelectiua es mas excelente, y tiene mas perfeto y mas verdadero conocimiento que la visiua, assi la luz que alumbra a la vista intelectual, es mas perfeta y mas verdadera luz que la del sol, que alumbra al ojo. Y mas te dire: que la luz del **La luz de sol es sombra de la luz intelectual.** sol no es cuerpo, ni passion, calidad o acidente de cuerpo, como creen algunos baxos filosofantes; antes no es otra cosa que sombra de la luz intelectual, o resplandor della comunicado al cuerpo mas noble. De donde el sabio profeta Moysen dize del principio de la **Nota acerca de la produzion de la luz** creacion del mundo, que siendo todas las cosas vna confusion tenebrosa, a manera de vna escura profundidad de agua, el espiritu de Dios, aspirando en las aguas del Caos, produxo la luz. Quiere dezir que del resplandeciente entendimiento diuino fue produzida la luz visiua en el primer dia de la creacion, y en el quarto dia fue aplicada al sol, y a la luna, y a las estrellas.

Soph.—Dime, te ruego, como puede ser que la luz de los cuerpos sea cosa incorporea y casi intelectual? Y si es corporea, como podras negar que no sea o cuerpo, o calidad, o acidente de cuerpo?

Phil.—La luz del sol no es acidente, sino **La luz es forma espiritual del sol.** forma espiritual suya, dependiente y formada de la luz intelectual y diuina. En las otras estrellas es tambien formal, pero participada del sol, y mas infima, y corporalmente es participada como forma en el fuego, y en los cuerpos luzidos de los mundos inferiores. Pero en los cuerpos diafanos transparentes, como es el **El diafano es vehiculo de la luz, pero no sujeto della.** ayre y el agua, se representa la luz del iluminado como acto separable espiritual y no corporeo, a manera de calidad o passion, y el diafano es solamente vehiculo de la luz, pero no subjeto della.

Soph.—Por que no?

Phil.—Porque si la luz en el diafano fuera calidad en subjeto, tuuiera las condiciones della, **Seys argumentos que muestran la luz no ser calidad en sujeto.** que son seys. Y la primera, porque se dilatara por todo el sujeto, vna parte despues de la otra; pero la luz subitamente penetra por el diafano. La segunda, que la calidad adueniente muda la natural disposicion del sujeto; pero la luz ninguna mudança haze en el diafano. La tercera, porque la calidad se estiende a limitado espacio; pero la luz se estiende en el diafano sin limite ni medida. Quarta, porque, remouido el formador de la calidad, siempre queda por algun tiempo alguna impression della en el sujeto, como el calor del agua despues de apartada del fuego; pero quitado el iluminante, nada de la luz queda en el diafano. Quinta, porque la calidad se mueue con su sujeto; pero la luz en quanto iluminante no se mueue ella por el mouimiento del ayre o del agua en que esta. Sexta, que las muchas calidades de vna especie en vn sujeto, se confunden y mezclan, o se componen en vno; pero muchas lumbres no se componen en vno: veras que si caminas con dos lumbres, hazen dos sombras, y si con mas, mas sombras hazen. Tambien si se ponen a vn agujero pequeño tres o mas lumbres de diuersas partes, veras que entran por el agujero tres luzes opuestas. Todas estas cosas nos muestran que la lumbre en el diaphano o en el cuerpo iluminante, no es calidad o passion corporea, antes vn acto espiritual que actua al diaphano por representacion del iluminante, y separable por la remocion del. Y no assiste de otra manera **La luz assiste en el diaphano como el entendimiento en el cuerpo.** la lumbre al diaphano que el entendimiento o anima intelectina al cuerpo, que tiene con ella ligadura existente o essencial, pero no mistible: por lo qual no se muda por la mutacion del cuerpo, ni se corrompe por la corrupcion del. Assi que la verdadera luz es la intelectual, que alumbra essencialmente al mundo corporeo e incorporeo, y en

<small>La verdadera luz es la intelectual.</small>

el hombre da la luz al anima, y vista intelectiua: de la qual luz se deriua la luz del sol, que formalmente y actualmente alumbra al mundo corporeo; y en el hombre da luz a la vista ocular, para poder comprehender todos los cuerpos, no solamente los del mundo inferior de la generacion (como hazen tambien los otros sentidos), pero tambien los cuerpos diuinos y eternos del mundo celestial. La qual principalmente causa en el hombre el co-

<small>La vista causa en el hombre el conocimiento intelectiuo.</small>

nocimiento de las cosas incorporeas, que por ver las estrellas y los cielos en continuo mouimiento, venimos a conocer ser los mouedores dellos intelectuales e incorporeos, y tambien la sabiduria y potencia del vniuersal Criador, y opifice dellos, como dize Dauid: Quando veo tus cielos, obra de las tus manos, etc.

Soph.—Mucho mas excelente hazes la vista que todos los otros sentidos juntos. Empero

<small>La vista es mas excelente que los otros sentidos en quatro excelencias.</small>

los otros, mayormente el tacto y el gusto, veo que son mas necessarios a la vida del hombre.

Phil.—Son mas necessarios a la vida corporal, y la vista a la vida espiritual de la inteligencia; y por esto es mas excelente en el instrumento, en el objeto, en el medio y en el acto.

Soph.—Declarame essas quatro excelencias.

Phil.—El instrumento, tu lo vees quanto es mas claro, mas espiritual y artificiado que los instrumentos de los otros sentidos; que los ojos no semejan a las otras partes del cuerpo, no son carnales, sino lucidos, diafanos y espirituales; parecen estrellas, y en hermosura exceden a todas las otras partes del cuerpo. El artificio dellos conoceras en la compostura de sus siete humidades o tunicas, la qual es admirable mas que de ningun otro miembro o instrumento. El objeto de la vista es todo el mundo corporeo, assi el celestial como el inferior; los otros sentidos solamente pueden comprehender parte del mundo inferior imperfetamente. El medio de los otros sentidos es, o carne, como en el tacto, o vapor, como en el olfato, o humidad, como en el sabor, o ayre que se mueue, como en el oydo; pero el medio de la vista es el lucido, espiritual, diafano, que es el ayre iluminado de la celestial luz, la qual excede en hermosura a todas las otras partes del mundo, como excede el ojo a todas las otras partes del cuerpo animal. El acto de los otros sentidos se estiende a pocas cosas de los cuerpos, que ellos comprehenden: el olfato siente solamente los pungimientos de los vapores, y el sabor los pungimientos de la humidad del man-

jar y beuida; el tacto los pungimientos de las calidades passiuas, con algun poco de sentimiento comun, materialmente e imperfetamente; de manera que las especies destos tres sentidos son solamente passiones y pungimientos propinquos. El oydo, aunque es mas espiritual y alexado de los objetos, al fin siente solamente los golpes graues y agudos del ayre, mouido por la percussion del vn cuerpo con el otro, y esto en breue distancia, y sus especies son mistas mucho con la passion percussiua y con el mouimiento corporeo. Pero el ojo vee las cosas que estan en la vltima circunferencia del mundo y en los primeros cielos, y mediante la luz comprehende todos los cuerpos alejados y cercanos, y aprehende todas las especies dellos sin passion alguna; conoce sus distancias, sus colores, sus luzes, sus grandores, sus figuras, su numero, sus sitios, sus mouimientos y toda

<small>Los ojos son espias del entendimiento.</small>

cosa deste mundo con muchas y particulares diferencias, como si el ojo fuera vna espia del entendimiento y de todas las cosas inteligibles; por lo qual dize Aristoteles que amamos mas

<small>Por que amamos mas los ojos que a los otros sentidos.</small>

al sentido de la vista que a los otros sentidos, porque aquel nos adquiere mas cosas conocidas

<small>Semejança entre el ojo y el entendimiento humano.</small>

que todos los otros. Pues assi como en el hombre, que es mundo pequeño, el ojo, entre todas sus partes corporeas, es como el entendimiento entre todas las virtudes del anima, y es simulacro y ministro della, assi en

<small>Semejança entre el sol y el entendimiento diuino.</small>

el mundo grande, el sol, entre todos los corporales, es como el entendimiento entre todos los espirituales, y es simulacro suyo y su verdadero sequaz y ministro; y assi como la luz y la vista del ojo del hombre es dependiente de la luz intelectual y de su vista, y le sirue con muchas diferencias de cosas vistas y conocidas, assi la luz del sol depende y sirue a la primera verdadera luz del entendimiento diuino. Assi que bien podras creer que el sol es verdadero simulacro del entendimiento diuino; y sobre todo se le assemeja en la hermosura, que assi como la summa hermosura consiste en el entendimiento diuino, en el qual todo el vniuerso esta hermosissimamente figurado, assi en el mundo corporeo la del sol es la summa hermosura, que a todo el vniuerso haze hermoso y resplandeciente.

Soph.—Verdadero simulacro es el sol del entendimiento diuino, y assi el ojo del entendimiento humano, como has dicho, y verdaderamente tienen gran semejança el entendimiento humano y el ojo corporeo con el entendimiento diuino y con el sol. Pero vna dessemejança me parece que ay entre nuestro ojo y el sol, que no la ay entre nuestro entendimiento y el diuino. Sabida cosa es que el nuestro assemeja al diuino en esto: que cada vno dellos vee y alumbra; que assi como el diuino no solamente entiende todas las especies de las cosas que estan en el, mas tambien alumbra todos los otros entendimientos con sus resplandecientes y eternas ideas o especies, assi nuestro entendimiento, no solamente entiende las especies de todas las cosas, pero tambien alumbra todas las otras virtudes conocitiuas del hombre, para que, ya que el conocimiento dellas es particular y material, sea endereçado por el conocimiento no bestial, como en los otros animales. Y por esto no son tan semejantes el ojo y el sol, que el ojo vee y no alumbra, y el sol alumbra y no vee.

Phil.—Quiça no los hallaremos dessemejantes en esto, que nuestro ojo no solamente vee con la luz vniuersal del diafano, mas tambien con la luz particular de los rayos lucidos que salen del mismo ojo hasta el objeto; los quales solos no son suficientes a alumbrar el medio y el objeto, empero sin ellos la luz vniuersal no bastaria a hazer actual la vista.

Soph.—Crees tu que vee el ojo embiando sus rayos al objeto?

Phil.—Si que lo creo.

Soph.—Ya en esso no eres peripatetico, que Aristoteles lo reprueua, y tiene que la vista se haze por representacion de la especie del objeto en la pupila del ojo, no embiando los rayos, como dize Platon.

Phil.—Aristoteles no enseño contra Platon, porque yo tengo que en el acto

Tres condiciones necessarias para la vista.

visiuo son necessarias ambas estas dos cosas, assi la embiada de los rayos del ojo a aprehender y a alumbrar el objeto, como la representacion de la especie del objeto en la pupila; y aun no bastan estos dos mouimientos contrarios para la vista, sin otro tercero y vltimo, y es que el ojo, mediante los rayos sobre el objeto, es necessario que conforme y concuerde la especie del objeto impressa con el objeto exterior, y en este tercer acto consiste la perfeta razon de la vista.

Soph.—Nueua me parece essa opinion tuya.

Phil.—Antes antigua quanto la propria verdad; y lo que yo quiero enseñarte es que el ojo no solamente vee, sino que tambien alumbra primero lo que vee. Assi que, consequentemen-

El sol, no solamente alumbra, sino que vee.

te, no creas que el sol alumbra solamente, sino que vee, que de todos los sentidos del cielo solamente el de la vista se estima, que alli esta mucho mas perfetamente que en el hombre ni en otro animal.

Soph.—Como? veen los cielos como nosotros?

Phil.—Segun dizen, mejor que nosotros.

Soph.—Tienen ojos?

Phil.—Y quales mejores ojos que el sol y las estrellas, que en la Sagrada Escritura se llaman ojos de Dios, por la vista dellos; diziendo el profeta, por los siete planetas: aquellos siete ojos de Dios que se estienden por toda la tierra. Y otro profeta dize, por el cielo estrellado, que su cuerpo esta lleno de ojos, y al sol llaman ojo y dizen ojo del sol. Estos ojos celestiales tambien quanto alumbran tanto veen, y mediante la vista comprehenden y conocen todas las cosas del mundo corporeo y las mutaciones dellas.

Soph.—Y si no tienen mas que vista, como pueden comprehender las cosas de los otros sentidos?

Phil.—Las cosas que consisten en pura passion, no las comprehenden en aquel modo que nosotros, de donde no sienten los sabores por el gusto, ni la calidad por el tacto, ni los vapores por el olfato; pero como aquellos celestiales son causa de las naturalezas y calidades de los elementos (de los quales se deriuan las tales cosas), preconocen causalmente todas aquellas cosas, y tambien por la vista comprehenden las cosas que hazen las tales passiones y efetos.

Soph.—Y del oydo, que diras? oyen?

Phil.—No por proprio instrumento, que so-

Los cielos oyen.

lamente tienen el de la vista: pero viendo los mouimientos de los cuerpos y de los labrios, lengua y otros instrumentos de las bozes, se puede dezir que comprehenden los sinificados dellas: como veras que hazen muchos hombres sagaces en el ver, que viendo los mouimientos de los labrios y boca, sin mas oyr las bozes, comprehenden lo que se habla: quanto mejor podra hazerlo la vista de las grandes y claras estrellas, y mayormente la del Sol, que yo estimo que con ella sola penetra todos los cuerpos del mundo, y aun la sombria Tierra, como se vee por el calor natural que el Sol da hasta el centro de la Tierra: y assi con sola la virtud visiua comprehende sutilissima y perfetissimamente todas las cosas, calidades, passiones y artes del mundo corporeo. Assi que, como nuestro entendi-

Semejança de nuestro entendimiento al diuino

miento se assemeja al entendimiento diuino en el ver y alumbrar ygualmente, assi el ojo se assemeja al Sol en el ver y alumbrar ygualmente. Y assi como nuestro ojo se

Semejança del ojo al Sol.

assemeja a nuestro entendimiento en dos cosas: vista y lumbre, assi el Sol se assemeja al entendimiento diuino en el ver y alumbrar las cosas.

Soph.—Assaz me has dicho de la semejança

del Sol al entendimiento diuino: dime algo de la semejança que dizes que tiene la Luna al anima del mundo.

Phil.—Assi como el anima es medio entre el entendimiento y el cuerpo, y es hecha y compuesta de la estabilidad y vnidad intelectual, y de la diuersidad y mutacion corporea, assi la Luna es medio entre el Sol (simulacro del entendimiento) y la corporea Tierra, y assi es hecha y compuesta de la vnica y estable luz solar y de la diuersa y mudable tenebrosidad terrestre.

Semejança de la Luna al anima del mundo.

La Luna es medio entre la luz del Sol y las tinieblas de la Tierra.

Soph.—Ya te he entendido.

Phil.—Si me has entendido, declarame lo que te he dicho.

Soph.—Que la Luna sea medio entre el Sol y la Tierra, es manifiesto: porque su sitio es debaxo del Sol, y se halla sobre la Tierra y en medio de ambos, mayormente segun los antiguos, que dixeron que el Sol esta inmediate sobre la Luna. Assi mismo, que la composicion de la Luna sea de la luz solar y de la tenebrosidad terrestre, se muestra por las escuras manchas que aparecen en medio de la Luna quando esta llena de luz: de manera que su luz es mista de tenebrosidad.

Phil.—Entendido has parte de lo que te dixe, y la mas llana; la principal te falta.

Soph.—Declarame, pues, lo que resta.

Phil.—Demas de lo que has dicho, la misma luz de la Luna o lumbre, por ser lenta en su resplandecer, es medio entre la clara luz del Sol y la tenebrosidad terrestre. Y assi mismo la propria Luna esta compuesta de luz y de tinieblas: porque siempre (excepto quando esta eclipsada) esta la mitad della alumbrada del Sol y la otra mitad escura. Y ya pudiera dezirte en esta composicion grandes particularidades de la semejança de la Luna al anima como de su verdadero simulacro, si no temiera ser prolixo.

La Luna siempre esta compuesta de luz y de tinieblas.

Soph.—Dimelas de todas maneras, te suplico, porque esto no me quede imperfeto, que la materia me agrada y no me acuerdo auerla oydo a otro, y el dia es bien largo, tanto que aura para todo.

Nueua filosofia que no la ha enseñado otro.

Phil.—La Luna es redonda como vna bola, y siempre (si no esta eclipsada) recibe la luz del Sol en la mitad de su globo. La otra mitad de su globo de atras, que no vee al Sol, esta siempre escura.

Soph.—Pues no parece que esta siempre alumbrada la media bola de la Luna, antes raras vezes, y solamente en el plenilunio: en los otros tiempos no comprehende la luz la media bola, sino vna parte della, vnas vezes grande, otras pequeña, segun va creciendo o decreciendo la Luna: y otras vezes parece que no tiene luz alguna, como es a la coujuncion de la Luna, y vn dia antes y otro despues, que no parece iluminada en parte alguna.

Phil.—Dizes verdad quanto a la aparencia, pero en efeto siempre tiene toda la media bola iluminada del sol.

Soph.—Pues como no la vemos?

Phil.—Porque mouiendose la Luna siempre, apartandose o acercandose al Sol, se muda de la luz, la qual siempre alumbra su mitad circularmente de la vna en la otra parte; esto es, de la parte suya superior a la inferior, o de la inferior a la superior.

Soph.—Qual se llama superior y qual inferior?

Phil.—La parte inferior de la Luna es la que esta hazia la Tierra y mira a nosotros, y nosotros la vemos quando esta toda luminosa o parte della: y la superior es la que esta hazia el cielo del Sol, que es encima de la Luna, y no la vemos aunque este luminosa. De manera que vna vez al mes esta toda la mitad inferior alumbrada del Sol y nosotros la vemos llena de luz, y esto es en la quintadecima de la Luna, porque esta frontero del Sol en oposito. Otra vez esta la otra mitad iluminada, que es la superior, y esto es quanto se ajunta al Sol, que esta encima della, y le alumbra toda la parte superior, y la inferior, que esta hazia nosotros, queda toda tenebrosa, y entonces por dos dias no se nos aparece la Luna. En los demas dias del mes se ha diuersamente la iluminacion de la mitad de la bola de la Luna; porque desde la conjuncion comiença a faltar la luz de la parte superior y a venir a la inferior poco a poco hazia nosotros, segun se va apartando del Sol; pero siempre esta toda la mitad, porque lo que luze faltando a la parte inferior, se halla en la superior, que no vemos siempre enteramente toda la mitad de la bola; y assi va hasta la quintadecima, que entonces esta lucida toda la parte inferior hazia nosotros, y la superior esta tenebrosa. Despues comiença la luz a transportarse a la parte superior, descreciendo poco a poco de hazia nosotros a la parte superior; entonces carece de luz toda nuestra parte, y la superior que no vemos esta toda lucida.

Parte superior y parte inferior de la Luna, quales son.

El crecer y menguar de la Luna, de que se causa.

Soph.—Bien he entendido el progresso de la luz de la mitad de la Luna y de la escuridad de la otra mitad de la parte superior hazia el cielo a la inferior hazia nosotros, y tambien al contrario. Pero dime: como es esto simulacro del anima?

Phil.—La luz del entendimiento es estable, y participada en el anima se haze mudable y mista con tenebrosidad, porque es compuesta de luz intelectiua y de tenebrosidad corporea, como la Luna de luz solar y de escura corporeydad. La mutacion de la luz del anima es como la de la Luna de la parte superior a la inferior hazia nosotros, y al contrario; porque el alma algunas vezes se sirue de toda la luz conocitiua que tiene el entendimiento en la administracion de las cosas corporeas. quedando tenebrosa totalmente de la parte superior intelectiua, desnuda de contemplacion y del conocimiento de las cosas abstractas de materia, despojada de verdadera sabiduria, toda llena de sagacidad y vsos corporeos; y como quando la Luna esta llena y en oposito al Sol, dizen los astrologos que entonces esta en aspecto summamente enemigable con el Sol, assi quando el anima toma toda la luz que tiene del entendimiento para la parte inferior hazia la corporalidad, esta en oposicion enemigable con el entendimiento y se aparta del totalmente. Y lo contrario es quando el anima recibe la luz del entendimiento en la parte superior incorporea hazia el mismo entendimiento y se vne con el como haze la Luna con el Sol en la conjuncion. Bien es verdad que aquella diuina copulacion le haze dexar las cosas corporales y los cuydados dellas; y queda tenebrosa, como la Luna de la parte inferior hazia nosotros. Y siendo tan abstracta la contemplacion y copulacion del anima con el entendimiento, las cosas corporales no son proueydas ni administradas connenientemente della; pero porque no se destruya toda la parte corporea por esta necessidad, se aparta el anima de la conjuncion del entendimiento, dando parte de la luz a la parte inferior poco a poco, como haze la Luna despues de la conjuncion. Y quanto la parte inferior recibe de la luz del entendimiento, tanto le falta della a la superior. Y porque la perfeta copulacion no puede ser con prouidencia de las cosas corporeas, se sigue que el anima va poniendo su luz y conocimiento en lo corporeo, quitandola de lo diuino poco a poco, como la Luna, hasta que ha puesto toda su prouidencia en ello, dexando totalmente la vida contemplatiua; y entonces esta como la Luna en la quintadecima, llena de luz hazia nosotros y escura hazia el cielo. Tambien se sigue que el anima (como la Luna) quita su luz del mundo inferior, boluiendola al superior diuino poco a poco, hasta que buelue otra vez a aquella total e intelectual copulacion con entera tenebrosidad corporea, y assi se muda sucessiuamente en el anima la luz intelectual de la vna parte a

La Luna es simulacro del anima.

Mutaciones del anima como las de la Luna.

la otra, y la oposita tenebrosidad, como en la Luna la del Sol, con admirable similitud.

Soph.—Causame admiracion y dame alegria ver quan bien aya puesto el hazedor del vniuerso el retrato de las dos luminarias espirituales en las dos luminarias corporales celestes, Sol y Luna, para que viendolas nosotros, que no pueden ocultarse a los ojos humanos, puedan los de nuestro entendimiento ver aquellas espirituales que solamente a ellos pueden ser manifiestas. Pero para mayor suficiencia querria que, assi como me has dicho de la similitud de la conjuncion de la Luna con el Sol y de la oposicion dellos, me dixesses tambien alguna cosa de la similitud de los dos aspectos quadrados, que se dizen quartos de la Luna, el vno siete dias despues de la conjuncion y el otro siete dias despues de la oposicion, si por ventura tienen alguna sinificacion en la mutacion del anima.

Phil.—Tambien la tienen, porque aquellos quartos son quando puntualmente la Luna tiene la luz en la mitad de la parte superior y en la otra mitad de la parte inferior; de donde los astrologos dizen que el quarto es aspecto de media amistad y litigioso, que estando las dos partes contrarias yguales entre ellas y con yguales partes de luz, litigan qual dellas tomara el resto. Y assi, quando la luz intelectual del anima esta ygualmente repartida en la parte superior de la razon, o en la mente, y en la parte inferior de la sensualidad, litiga la vna con la otra sobre qual dellas aya de dominar, o la razon a la sensualidad. o la sensualidad a la razon.

Soph.—Y que sinifica ser dos los quartos?

Phil.—El vno es despues de la conjuncion, y del comiença la parte inferior a sobrepujar a la superior en la luz. Y assi, es en el anima quando viene de la copulacion a la oposicion; que despues que ambas las partes estan yguales en la luz, la superior es sobrepujada de la inferior, porque la sensualidad vence a la razon. El otro es despues de la oposicion, y del principia a superar en la luz la parte superior, que no vemos, a la inferior, que vemos. Y assi es en el anima quando va de la oposicion a la copulacion intelectual, porque despues que ambas a dos las partes estan yguales en la luz, principia a sobrepujar la parte superior intelectiua y vence la razon a la sensualidad.

Soph.—Pareceme que no era adicion esta para dexarla. Dime tambien, si tienes pronta, alguna similitud a los quatro aspectos amigables de la Luna al Sol, que son dos sestiles y dos trinos, en la mutacion del anima.

Phil.—El primer aspecto sestil de la Luna al Sol es a cinco dias despues de la conjuncion,

Semejanças de los quartos de la Luna al anima.

y la amigable, que la parte superior participa sin litigio de la inferior suya, porque la superior todavia vence y la inferior le esta sujeta. Assi es en el anima quando sale de la copulacion: que ella participa vn poco de su luz a las cosas corporeas por la necessidad que ellas tienen, sobrepujando todavia la razon a lo sensual. Y, por tanto, las cosas corporeas son entonces mas debiles, y por esto dizen los astrologos judiciarios de las abundancias corporeas que es aspecto de amistad disminuyda. El primer aspecto trino de la Luna al Sol, es a los diez dias de la conjuncion, y la mayor parte de la luz esta ya hazia nosotros; pero la superior no queda aun del todo sin ella, pero esta sujeta a la inferior. Y assi es el anima quando va del primer quarto a la oposicion; que aunque la razon no queda sin luz, pero las mas vezes se obra en las cosas corporeas sin litigio, y porque entonces las cosas corporeas estan abundantes, le llaman propriamente los astrologos el trino aspecto de amistad perfeta. El segundo trino de la Luna con el Sol, es a los veynte dias de la conjuncion, despues de la oposicion, antes del segundo quarto; y ya entonces la luz se va participando en la parte superior, que estava toda tenebrosa en la oposicion; empero, sin litigio, que la mayor parte de la luz esta todavia en la parte inferior hazia nosotros. Assi es el anima quando de lo corporeo, al qual esta toda entregada, viene a dar vna parte de si a la razon y al entendimiento; de tal manera, que aunque las cosas corporeas esten mas abundantes, se ayunta con ellas el resplandor intelectual y viene a ser acerca de los astrologos segundo aspecto de entera amistad. El segundo aspecto sestil de la Luna al Sol, es a los veynte y cinco dias de la conjuncion, despues del segundo quarto, antes de la conjuncion sucediente; y en la parte superior auia ya recebido la mayor parte de la luz, aunque quedasse a la inferior suficiente parte della; pero de tal manera, que sin contrasto esta sometida a la superior. Y assi es en el anima quando se ha conuertido de las cosas corporeas y esta apta, no solamente a hazer la razon equiualente al sentido, empero a hazerla superior, sin litigio del sentido, aunque le queda prouidencia de las cosas corporeas, conforme a la necessidad dellas, sometida a la mente recta. Pero porque en tal caso las cosas corporeas estan todavia debiles, los astrologos, juzgandolas, le llamaron aspecto de amistad diminuyda. Despues deste quarto y vltimo aspecto amigable, si el anima atiende a lo espiritual, llega a la diuina copulacion, que es su summa felicidad y diminucion de las cosas corporeas. Desta manera, o Sophia! el anima es

Semejanças de los trinos y sestiles de la Luna al anima.

numero que a si propria mueue en mouimiento circular, y el numero de los numeros es quanto el numero de los aspectos lunares con el Sol, que son siete, y la conjuncion es la suprema vnidad, principio y fin de los siete numeros, como la conjuncion es principio y fin de los siete aspectos.

Opinion de Platon acerca del anima.

Soph.—Contenta quedo del simulacro lunar al anima humana. Querria saber si tienes alguna similitud en los eclipses de la Luna a las cosas del anima.

Phil.—El pintor del mundo tampoco fue negligente en esto. El eclipse de la Luna es por interposicion de la Tierra entre ella y el Sol, que le da la luz, por cuya sombra la Luna queda escura de todas partes, assi de la parte inferior como de la superior; y se dize eclipsada, porque totalmente pierde la luz en ambas a dos mitades. Assi le acaece al anima quando se interpone lo corporeo y terrestre entre ella y el entendimiento, que pierde toda la luz que recebia del entendimiento, no solamente en la parte superior, pero tambien en la inferior actiua y corporea.

Semejança del eclipse de la Luna al anima.

Soph.—De que manera puede interponerse lo corporeo entre ella y el entendimiento?

Phil.—Quando el anima se inclina fuera de medida a las cosas materiales y corporeas y se enloda en ellas, pierde la razon y la luz intelectual en todo; porque no solamente pierde la copulacion diuina y la contemplacion intelectual, sino que tambien su vida actiua se haze en todo irracional y pura bestial; y la mente o razon no tiene lugar alguno ni aun en el vso de sus lasciuias. Por lo qual el anima, tan miserablemente eclipsada de la lumbre intelectual, es comparada al anima de los animales brutos y se haze de la naturaleza dellos; y destas dize Pitagoras que se passan en cuerpos de fieras y de brutos animales. Bien es verdad que, assi como la Luna vnas vezes esta toda eclipsada y otras vezes parte della, assi el anima vnas vezes pierde en todos los actos la luz intelectual, y otras vezes, no en todos, es hecha bestial. Pero como quiera que sea, la bestialidad en todo o en parte es summa destruycion y summo defeto del anima; y por esto Dauid, suplicando a Dios, dize: libra mi anima, Señor, de destruycion y de poder ser vna de los perros.

Como se causa el eclipse en el anima.

Pitagoras dezia que las animas se passan a los cuerpos de las bestias.

Soph.—No me agrada poco este residuo de la semejança del anima corrupta, escura y bestial a la Luna eclipsada; solamente querria saber si el eclipse del Sol tiene tambien semejante sinificacion.

Phil.—El eclipse del Sol no es defeto de luz en el cuerpo del mismo Sol, como el eclipse de la Luna, porque el Sol jamas se halla sin luz; que sabida cosa es que aquella es su propria sustancia; pero el defeto esta en nosotros terrenos, que, por la interposicion de la Luna entre el y nosotros, somos priuados de su luz y quedamos a escuras.

Eclipse del Sol, de que se causa.

Soph.—Bien entiendo esso; pero dime: que semejança tiene con el entendimiento?

Phil.—Assi el entendimiento no esta jamas priuado ni defetuoso de la luz intelectual, como le acaece al anima; porque la luz intelectiua es de la essencia del entendimiento, sin la qual no tuuiera ser, y en el anima es participada por el entendimiento. De donde por la interposicion de la terrestre sensualidad entre ella y el entendimiento, se eclipsa al modo de la Luna y se haze escura y priuada de luz intelectual, como te he dicho.

Semejança del eclipse de Sol al anima.

Soph.—Bien veo que son semejantes el Sol y el entendimiento en la priuacion del defeto en si mismos; pero en el defeto de la luz, que el eclipse solar causa en nosotros por interposicion de la Luna entre nosotros y el Sol, que semejança tiene el con el entendimiento?

Phil.—Assi como, interponiendose la Luna entre el Sol y nosotros terrenos, nos quita la luz del Sol, recibiendola ella toda en la parte superior suya, quedando en la inferior hazia nosotros escura, assi quando se interpone el anima entre el entendimiento y el cuerpo, esto es, copulandose y vniendose con el entendimiento, recibe el anima toda la luz intelectual en la parte superior suya y de la parte inferior corporea queda escura; y el cuerpo, no iluminado della, pierde el ser y ella se dissuelue del; y esta es la muerte felice que causa la copulacion del anima con el entendimiento, la qual gustaron nuestros antiguos bienauenturados Moysen y Aron y otros, de los quales dize la Sagrada Escritura que murieron por boca de Dios, besando la diuinidad, como te dixe.

Soph.—Plazeme la similitud, y es bien justo que, vniendose el anima tan perfetamente con el diuino entendimiento, venga a dissoluerse de la ligadura que tiene con el cuerpo. De manera que este eclipse es solamente del cuerpo y no del entendimiento, el qual es siempre inmutable; ni tampoco del anima, que con el se haze felice; assi como el eclipse del Sol es solamente a nosotros y no al Sol, el qual jamas se escurece, ni a la Luna, la qual antes recibe y contiene en su parte superior toda la lumbre del Sol. Pues Dios haga nuestras animas dignas de fin tan dichoso. Pero dime, te ruego, siendo el anima espiritual, que defeto o passion tiene

en si, que le haga hazer tantas mudanças, vnas vezes hazia el cuerpo, otras hazia el entendimiento? Que de la Luna el mouimiento local apartado del Sol es causa manifiesta de sus mutaciones hazia el Sol y hazia la Tierra, la qual causa no se halla en el anima espiritual.

Phil.—La causa de tantas mudanças en el anima, es el amor gemino que en ella se halla.

Causas de las mutaciones de la Luna y del anima.

Soph.—Que amor es este que el anima tiene, y como es gemino?

Phil.—Como este en el entendimiento diuino la summa y perfeta hermosura, el anima, que es vn resplandor procedente del, se enamora de la summa hermosura intelectual, su origen superior, como se enamora la hembra imperfeta del varon en perficiente y dessea hazerse felice en su perpetua vnion. Con este se junta otro amor gemino del anima al mundo corporeo, inferior a ella (como del varon a la hembra), para hazerlo perfeto, imprimiendo en el la hermosura que recibe del entendimiento mediante el primer amor; el anima, como que llena de preñez de la hermosura del entendimiento, la dessea parir en el mundo corporeo, o toma la semilla de essa hermosura para hazerla brotar en el cuerpo, o como artifice toma los exemplares de la hermosura intelectual para esculpirlos al proprio en los cuerpos. Lo qual sucede, no solamente en el anima del mundo, pero lo mismo acaece en el anima del hombre con su entendimiento en el mundo pequeño. Siendo, pues, gemino el amor del anima humana, no solamente inclinado a la hermosura del entendimiento, pero tambien a la hermosura retratada en el cuerpo, sucede vnas vezes que, siendo atrahida grandemente del amor de la hermosura del entendimiento, desampara del todo la amorosa inclinacion del cuerpo, de tal manera que totalmente se desata del y se le sigue al hombre la muerte felice copulatiua, como te dixe en el eclipse del Sol. Otras vezes le acaece lo contrario; que inclinada mas que lo justo al amor de la hermosura corporea, dexa del todo la inclinacion y amor de la hermosura intelectual, y de tal manera se esconde del entendimiento, su superior, que se haze en todo corporea y escura de luz y hermosura intelectual, como te dixe en el eclipse lunar. Otras vezes obra segun los dos amores intelectual y corporeo, con templança e ygualdad, y entonces la razon litiga con la sensualidad, como te he dicho en los dos aspectos quadrados de la Luna al Sol, o declina al vno de los dos amores, como te dixe en los quatro aspectos amigables, dos trinos y dos sestiles. Y quando la declinacion es al amor intelectual, si la declinacion es poca y todavia con estimulo de la sensualidad, se llama el hombre continente. Y si declina mucho al amor intelectual y no queda estimulo de lo sensual, entonces se llama el hombre templado. Pero si declina mas al amor corporeo, es lo contrario; que declinando poco y quedando todavia alguna resistencia de lo intelectual, se llama el hombre incontinente. Y si declina mucho, de manera que el entendimiento no haga resistencia alguna, se llama el hombre destemplado.

Soph.—No me satisfaze poco esta causa de las mutaciones del anima, que es el amor de la belleza intelectual y el de la hermosura corporea. Y de aqui viene que, assi como en el hombre se hallan dos amores diuersos, assi tambien se hallan dos diuersas hermosuras, intelectuales y corporales. Y conozco quanto es mas excelente la belleza intelectual que la corporal y quanto es mejor el ornamento de la hermosura intelectiua que el de la corporea. Pero solamente me resta por saber de ti si por ventura la Luna tiene, como el anima, estas amorosas inclinaciones para con el Sol y para con la Tierra, y si, por ventura, la Luna tambien en esto es simulacro del anima.

Phil.—Sin duda lo es; que el amor que la Luna tiene al Sol, de quien su

<small>Amor de la Luna al Sol y al mundo terreno.</small> luz, vida y perfecion depende, es como el de la hembra al varon, y este amor le haze ser solicita a la vnion del Sol. Tiene tambien amor la Luna al mundo terreno, como el varon a la hembra, para hazerlo perfeto con la luz e influencia que recibe del Sol. Y por esto haze sus mutaciones semejantes a las del anima, las quales no declaro por exemplos, por no ser mas largo en esta materia; solamente digo, que, como el anima transporta con sus mutaciones la luz del entendimiento en el mundo corporeo, por el amor que tiene a todos dos, assi la Luna transfiere la luz del Sol en el mundo terreno por el amor que tiene a entrambos.

Soph.—Este vltimo resto de la conformidad me aplaze, y cierto que me has aquietado mucho el entendimiento en esta materia.

Phil.— Parecete, o Sophia! concederme aora, por esta larga interposicion, que nuestra anima, quando contempla con intensissimo amor y desseo en vn objeto, puede y suele desamparar los sentidos con las demas virtudes corporeas?

Soph.—Puede, sin duda.

Phil.—Luego no es justa tu querella contra mi; que quando, o Sophia!, me viste arrebatado del pensamiento sin sentidos, estaua entonces mi entendimiento con toda el anima tan retirado a contemplar la imagen de tu hermosura, que, desamparados juntamente el ver y el oyr, solo con el mouimiento que tienen tambien los

animales brutos me lleuaua por aquel camino que yo dessee primero. De manera que, si quieres quexarte, podras quexarte de ti, que a ti misma cerraste las puertas.

Soph. — Cierto me quexo que pueda y valga en ti, mas que mi persona, la imagen della.

Phil.—Puede mas, porque ya la representacion de dentro en el animo precede a la de fuera; porque aquella, por ser interior, se ha enseñoreado de todo lo interior. Pero podras juzgar, o Sophia! que si tu imagen no quiere recebirte consigo, sera imposible que reciba la de otra en su compañia.

Soph.—Aspera me pintas. Philon.

Phil.—Antes ambiciosissima, que me robas a mi y a ti y a toda otra cosa.

Soph.—A lo menos te soy vtil y saludable, que te quito muchos pensamientos fastidiosos y melancolicos.

Phil.—Antes eres venenosa.

Soph.—Como venenosa?

Phil.—Venenosa, y de tal veneno, que se le halla menos remedio que <small>Semejança que Philon haze entre el veneno y la imagen de Sophia.</small> ninguno de los otros corporales. Que assi como el veneno va derecho al coraçon, y de alli no se aparta hasta que ha consumido todos los espiritus, los quales le siguen en pos, y quitando los pulsos y enfriando las estremidades, quita totalmente la vida si no se le aplica algun remedio exterior, por el semejante tu imagen esta dentro en mi mente y de alli jamas se aparta, trayendo a si todas las virtudes y espiritus, y totalmente quitara la vida juntamente con ellos, sino que tu persona existente de fuera me recobra los espiritus y sentidos, quitandole de las manos el despojo por entretenerme la vida.

Soph.—Luego bien he dicho que te soy saludable; que si mi ausente imagen te es veneno, yo presente te soy triaca.

Phil.—Tu quitaste la presa a tu imagen, porque ella te quita y prohibe la entrada; y en verdad que no lo has hecho por hazerme beneficio, sino de miedo que, si mi vida se acabasse, se acabaria tambien con ella tu veneno; y porque desseas que mi pena sea durable, no quieres consentir que el veneno de tu imagen me de la muerte, porque es mayor el <small>La pena mas durable es la mayor.</small> dolor quando es mas duradero.

Soph. — Philon, no se concordar tus dichos; vnas vezes me hazes diuina y muy desseada de ti, y otras me hallas venenosa.

Phil.—Lo vno y lo otro es verdad, y ambas a dos cosas pueden estar juntas; porque la venenosidad se causa de la diuinidad.

Soph.—Como es possible que del bien venga mal?

Phil.—Puede acaecer, pero indirectamente, porque se interpone el desseo insaciable.

Del bien puede venir mal indirectamente.

Soph.—De que manera?

Phil.—Tu hermosura en forma mas diuina que humana se me representa; pero por estar siempre acompañada de vn pungitiuo e insaciable desseo, se conuierte de dentro en vn pernicioso y muy furioso veneno; de manera que, quanto tu hermosura es mas excessiua, tanto mayor y mas ranioso desseo produze en mi. Tu presencia me es triaca solamente para retenerme la vida, pero no para quitarme la venenosidad y la pena; antes la alarga y la haze mas durable, porque el verte me prohibe el fin, el qual fuera termino a mi ardiente desseo y reposo a mi trabajosa vida.

Soph.—Desta enagenacion assaz buena cuenta has dado, ni yo quiero examinarla mas; que para otra cosa te llame y otra cosa es la que quiero de ti.

Phil.—Que otra cosa?

Soph.—Acuerdate de la promessa, que ya otras dos vezes me has hecho, de darme noticia del nacimiento del amor y de su diuina progenie; y tambien me sinificaste querer mostrarme sus efetos en los amantes; el tiempo es oportuno, y tu dizes que no auias venido a cosas que importauan; por tanto, procura cumplir la promessa.

Phil.—En tales terminos me hallo, que tengo mas necessidad de tomar fiado que de pagar lo que deuo. Si quieres hazerme bien, ayudame a hazer deudas nueuas y no me fuerces a pagar las viejas.

Soph.—Que necessidad es la tuya?

Phil.—Grande.

Soph.—De que?

Phil.—Qual mayor que no hallar remedio a mi cruelissima pena?

Soph.—Quieres que te aconseje?

Phil.—Siempre querria yo de ti consejo y socorro.

Soph.—Si de lo poco te hazes buen pagador, siempre que quisieres hallaras mucho fiado; porque el buen pagador es señor de lo ageno.

Phil.—Luego en poco estimas lo que pides?

Soph.—En poco, respeto de lo que tu pides.

Phil.—Por que?

Soph.—Porque es menos para ti dar lo que puedes dar, que auer lo que no puedes auer.

Phil.—Essa misma razon deuria constreñirte a darme primero remedio; y mas, porque el beneficio entonces seria mutuo y trocado. Cada vno deue dar de lo que tiene y recebir lo que le falta y ha menester.

Soph.—Dessa manera, de tu parte ni sera pagar ni hazer merced; porque veo que de nue-

uo quieres vender lo que ya prometiste. Paga vna vez la deuda, y despues diras de que manera deuen contribuyrse los mutuos beneficios.

Phil.—Cierto ay muchas deudas que no son prometidas.

Muchas deudas se dessan que no fueron prometidas.

Soph.—Dime alguna.

Phil.—Socorrer a los amigos con lo possible, no te parece deuda?

Soph.—Gracia sera, no deuda.

Phil.—Gracia seria socorrer a los forasteros, que no son amigos; pero a los amigos es deuda, y no hazerlo seria vicio de infidelidad, crueldad y auaricia.

La obligacion de socorrer a los amigos es deuda.

Soph.—Aunque esso sea deuda, no me negaras que, entre las deudas, la prometida se deue pagar primero que la no prometida.

Phil.—Tampoco quiero concederte esso; porque, de razon, primero se deue pagar lo que de suyo es deuda y no prom.ssa, que lo que la promessa solamente la hizo deuda; porque, en efeto, la obligacion sin promessa, precede a la promessa sin obligacion. Mira que dar tu remedio a mi terrible pena es verdadera deuda, aunque no lo ayas prometido, pues que somos verdaderos amigos. Pero mi promessa no fue por obligacion, sino de gracia, ni te es muy necessaria, que no es para librarte de peligro o daño, sino para darte alguna delectacion y satisfacion del entendimiento. Deue, pues, preceder tu deuda no prometida a mi libre promessa.

La deuda se deue anteponer a la promessa.

Soph.—La promessa solamente es la que haze la deuda, sin que aya necessidad de otra obligacion.

Phil.—Mas justo es que solamente la obligacion haga la promessa, sin que aya necessidad de prometerla.

La obligacion, sin la promessa, haze la promessa.

Soph—Aunque sea assi, como dizes, no vees que lo que yo quiero de ti es la teorica del amor, y lo que tu quieres de mi es la pratica del? y no puedes negar que siempre deue preceder el conocimiento de la teorica al vso de la pratica, porque, en los hombres, la razon es la que endereça la obra. Y aniendome tu dado alguna noticia del amor, assi de su essencia como de su comunidad, pareceria que faltaua lo principal, si faltasse el conocimiento de su origen y efetos. Assi que, sin poner dilacion, deues dar perfecion a lo que has començado y satisfazer a este residuo de mi desseo. Porque si, como dizes, me amas rectamente, deues amar al anima mas que al cuerpo. Por tanto, no me dexes yrresoluta de tan alto y digno conocimiento, y si quieres dezir verdad, concederas que en esto consiste tu obligacion juntamente con la promessa. De manera que pri-

mero te toca a ti hazer la paga, y si la mia no
sucediere, entonces te podras quexar con ma-
yor razon.

Phil.—No te puedo resistir, o Sophia! Quan-
do pienso auerte atajado todos los caminos de
la huyda, te me vas por nueua senda. Conuie-
ne, pues, hazer lo que te plaze; y la principal
razon es que yo soy amante y tu amada; a ti
toca darme la ley, y a mi guardarla con execu-
cion. Y ya querria yo seruirte en esto y dezirte,
pues te agrada, alguna cosa del origen y efe-
tos del amor; sino que no se resoluerme de
que manera aya de hablar del, o loandole, o vi-
tuperandole. Del loor es digna su grandeza, y
del vituperio su feroz operacion, mayormente
contra mi.

Soph.—Di la verdad, sea en loor o en vitu-
perio, que no puedes errar.

Loar
al malo es injusto.
Vituperar al
poderoso es peli-
groso.

Phil.—Loar a quien haze
mal, no es justo; vituperar a
quien puede mucho, es peligro-
so. Estoy dudoso; no se deter-
minarme; dime, Sophia, qual
es lo menos malo.

Soph.—Menos malo es siempre lo verda-
dero que lo falso.

Phil.—Menos malo es siempre lo seguro
que lo peligroso.

Soph.—Eres filosofo, y has miedo de dezir
la verdad?

Phil.—Aunque no es de hombre virtuoso

El filosofo deue
dezir verdad osa-
damente.
Dezir mentira no
es de hombre vir-
tuoso.

dezir mentira (puesto que fuesse
prouechosa), no por esso es de
hombre prudente dezir la ver-
dad, quando nos trae daño y
peligro; que la verdad que sien-
do dicha es dañosa, prudencia
es callarla y temeridad hablarla.

Soph.—No me parece temor honesto el que
se tiene de dezir la verdad.

Dezir la verdad
que es peligrosa,
no es de prudente.

Phil.—No temo el dezir verdad, sino el daño
que por auerla dicho me puede
suceder.

Soph.—Estando tu tan assae-
teado del amor como dizes, que
otro miedo le has? Que mal te puede hazer
que ya no te aya hecho? Y en que puede ofen-
derte que ya no te aya ofendido?

Phil.—Temo nueuo castigo.

Soph.—Que temes que pueda serte nueuo?

Phil.—Temo que me suceda lo que sucedio
a Homero, que perdio la vista

Homero perdio la
vista, y por que.

por auer cantado en disfauor
del amor.

Soph.—Ya no ay para que temas perdella,
que el amor (sin auer tu dicho mal del) te la
ha quitado ya; que poco ha passaste por aqui
con los ojos abiertos y no me viste.

Phil.—Si solamente por condolerme comigo

mismo del agrauio que el amor me haze y del
tormento que me da, me amenaza de quitarme
los ojos, como tu vees, que haria si publica-
mente blasfemasse del y vituperasse sus obras!

Soph.—Homero fue castigado con razon,
porque dezia mal injustamente de quien no le
auia hecho mal ninguno; pero si tu dixeres
mal del, diraslo con justicia, porque te trata lo
peor que puede.

Phil.—Los poderosos, no piadosos, castigan

Condicion de
tyranos.

con furia mas que con razon. Y
justamente tomara de mi ma-
yor venganza que de Homero,
porque soy de sus subditos y Homero no lo era.
Y si a el lo castigo solamente por auer sido
descortes, mucho mas grauemente me castigara
a mi por la descortesia y por la inobediencia.

Soph.—Di, pues, ya; y si vieres que se in-
digna contra ti, desdezirte has de lo que hu-
uieres dicho y pedirle has perdon.

Phil.—Tu querrias que hiziesse yo esperien-
cia de la salud, como la hizo Stesicoro?

Soph.—Que hizo Stesicoro?

Phil.—Canto contra el amor de Paris y

Stesicoro y su as-
tucia.

Helena, vituperandolo; y auien-
do recebido la misma pena de
Homero, que perdio la vista,
reconociendo la causa de su ceguera, la qual no
conocio Homero, se rescato en continente ha-
ziendo versos contrarios a los primeros, en
fauor de Helena y de su amor, por lo qual su-
pitamente le restituyo el Amor la vista.

Soph.—Ya puedes dezir lo que se anto-
jare, que, segun veo. bien sabes el modo de
rescatarte como Stesicoro.

Phil.—No quiero esperimentarlo, porque

Los yerros de los
proprios sieruos
causan mayor ira
a sus señores.

se que contra mi sera el amor
mas riguroso que lo fue contra
el; porque los yerros de los pro-
prios sieruos, acarrean mayor fu-
ria y prouocan a mayor cruel-
dad a sus señores. Pero en esto quiero ser mas
sabio que lo fueron ellos dos. Al presente ha-
blaremos ccn toda veneracion de su origen y
antigua genealogia; pero de sus efetos, buenos
y malos, por aora no te dire cosa alguna. De
manera, que ni terne ocasion de loarle por mie-
do, ni de vituperarle con atreuimiento.

Soph.—No querria que dexasses imperfeta
esta nuestra platica; porque assi como en su
origen consiste el principio del amor, assi su
fin consiste en sus efetos. Y si el miedo no te

Los seueros en el
castigo, suelen
ser liberales en las
mercedes.

dexa dezir sus faltas, a lo me-
nos di sus loores; quiça por esta
via podras alcançar gracia de re-
conciliarte con el y hazer que te
sea beneuolo; que los que son
destemplados en castigar, suelen ser liberales
en hazer mercedes.

Phil.—Si, si fuessen verdaderos loores; pero no los siendo, sera adulacion.

Soph.—De qualquier manera, conuiene lisonjear al que puede mucho.

Phil.—Si adular a los bienhechores es cosa fea, quanto mas a los malhechores?

Soph. — Dexando aparte tu passion y la cuenta que ay entre ti y el amor, te ruego me hagas entender de cierto quales de los efetos del amor crees que son los mas, o los buenos dignos de loor, o los vituperables?

No se deue adular al bueno ni al malo.

Phil.—Si en lo que dixere me administrare mas la verdad que la passion, hallare en el muchos mas loores que vituperios, y no solamente de numero, pero tambien de mas excelencia.

Soph.—Pues si en calidad y en cantidad los buenos efetos del amor exceden a los malos, dilos todos; que mas ayna alcançaras su gracia por manifestar sus grandes beneficios, que pena por dezir con verdad sus pocos maleficios. Y si el amor es del numero de los dioses celestiales espirituales (como dizen), no le desagradara la verdad; porque ella es siempre aneja y conjunta a la diuinidad y es hermana de todos los dioses.

Los efetos del amor, en calidad y en cantidad, son mas los buenos que los malos.

Phil.—Para la jornada de oy harto sera hablar del nacimiento del amor; quedara para otro dia el dezir de sus efetos, assi buenos como malos; quiça entonces me determinare a complazerte y lo dire todo; y si el amor se indignare contra mi, para aplacarlo le pondre delante la verdad, que le es hermana, y a ti, que le eres hija y pareces a su madre.

Soph.—Yo te agradezco el ofrecimiento y te ofrezco la intercession; y porque el dia no se nos vaya en palabras, di si nacio, quando nacio, donde nacio, de quien nacio y para que nacio este fuerte y diestro, antiguo y famosissimo señor.

Cinco preguntas acerca del origen del amor.

Phil.—No menos sabia que breue y elegante me parece, o Sophia! esta tu pregunta del nacimiento del amor, en los cinco miembros que la has diuidido, y los ampliare, por ver si te he entendido.

Soph.—Bien se que me has entendido, pero plazer me haras en aclararlos.

Phil.—Primeramente preguntas si el amor es engendrado y procedido de otro, o si es ingenito, sin auer tenido jamas dependencia de antecessor alguno. Lo segundo, preguntas quando nacio, supuesto que sea engendrado, y si, por ventura, su succession o dependencia fue ab eterno o temporal. Y si temporal, en que tiempo nacio: si na-

Repeticion de las cinco preguntas del origen del amor.

cio al tiempo de la creacion del mundo y producion de todas las cosas, o despues en otro algun tiempo. Lo tercero que preguntas es el lugar donde nacio y en qual de los tres mundos tuuo origen, si en el mundo baxo y terrestre, o en el celeste, o en el mundo espiritual, que es el angelico y diuino. Lo quarto, preguntas quienes fueron sus padres; esto es, si tuuo solamente padre, o solamente madre, o si nacio de ambos a dos, y quienes fueron, si diuinos, o humanos, o de otra naturaleza, y tambien qual aya sido la genealogia dellos. Y vltimamente, lo quinto, quieres saber el fin para que nacio en el mundo y que necessidad le hizo nacer; porque la causa final es aquella para la qual todas las cosas produzidas fueron produzidas; y el fin del produzido es primero en la intencion del productor, aunque es vltimo en su execucion. Son estas, o Sophia!, tus cinco preguntas acerca del nacimiento del amor?

La causa final es sobre todas las causas.

Soph.—Essas son, por cierto, yo las hize; pero tu las has ampliado de tal manera, que me das buena esperança de la desseada respuesta; que como las llagas bien abiertas y bien vistas se curan mejor, assi las dudas, quando son bien diuididas y desmembradas, se absueluen mas perfetamente; vengamos, pues, a la conclusion, que la espero con desseo.

Phil.—Bien sabes que, auiendo de determinar cosas pertenecientes al nacimiento del amor, es necessario presuponer que lo ay y saber qual es su essencia.

Soph.—Que ay amor es cosa manifiesta, y qualquiera de nosotros puede dar testimonio de su ser; y no ay alguno que en si mismo no lo sienta y lo vea. Qual sea su essencia, pareceme que me dixiste harto el otro dia, quando hablamos del amor y del desseo.

Es cosa manifiesta que ay amor.

Phil. No me parece poco que confiesses sentir en ti misma que ay amor; que yo estaua temeroso que, por faltarte esperiencia, me pidiesses demostracion de su ser; la qual para la persona que no lo siente (como yo de ti presumia) no es facil de hazer.

Soph.—Ya en esta parte te he quitado el trabajo.

Phil.—Presupuesto que es, tienes bien en la memoria las cosas pertenecientes a su essencia, segun que hablamos el otro dia?

Soph.—Creo que me acordare bien; mas todavia, si no te es graue, querria que en breue me replicasses las cosas que me conuienen tener en la memoria pertenecientes a la essencia del amor, porque yo entienda mejor lo que me dixeres de su nacimiento.

Phil.—De buena gana te complaziera en esso; pero no me acuerdo bien dellas.

Soph.—Gentil fama te das de tener buena memoria; si de tus proprias cosas no te acuerdas, como te acordaras de las ajenas?

Phil.—Si possee otro mi memoria, como puede ella seruirme en mis cosas? Y si de mi mismo no me acuerdo, como quieres que me acuerde de los passados razonamientos?

Soph.—Cosa estraña me parece que de los dichos que supiste formar no puedas acordarte.

Phil.—Entonces, quando yo hablaua contigo, mi mente formaua las razones y la lengua las palabras que pronunciaua; pero los ojos y los oydos, obrando al contrario, lleuauan tu imagen alla dentro al anima, y tus faiciones juntamente con tus palabras y acentos; los quales solamente me quedaron impressos en la memoria. Estos solos son mios, y los mios son agenos; si alguien los quisiere, de estos que te oi me acuerdo; de los que yo pronuncie por mi boca, que estan fuera de mi mente y de mi memoria, acuerdese dellos quien le pluguiere.

Soph.—Sea como quisieres, la verdad siempre es vna misma. Si lo que sobre este caso me dixiste el otro dia fue verdad, aunque la memoria no te sirua para replicarlo, te seruira la mente para dar de nueuo otra vez aquellas mismas verdades.

Phil.—Creo que se podra hazer eseo bien, pero no por aquel modo, forma y orden que lo passado; ni podre contar aquellas particularidades, que, en efeto, no me acuerdo dellas.

Soph.—Dilas, pues, al modo que quisieres, que la diuersidad de la forma no importa, pues la sustancia es vna misma; y yo, que de tus cosas me acuerdo mejor que tu mismo, te apuntare en las partes que te viere dexar o mudar.

Phil.—Pues quieres que te diga que cosa es el amor, lo dire llanamente y vniuersalmente. Amor en comun quiere dezir desseo de alguna cosa.

Soph.—Esse es vn difinir bien llano, y pudieras dezirlo mas breue diziendo solamente que amor es desseo; que siendo desseo, necessario es que sea de alguna cosa desseada, assi como el amor de alguna cosa amada.

Phil.—Dizes verdad; empero la declaracion no es defeto.

Soph.—No; pero si difines que el amor en comun es desseo, te es necessario conceder que todo amor es desseo y todo desseo es amor.

Phil.—Assi es; porque la difinicion se conuierte con el difinido, y tanto comprehende lo vno como lo otro.

Soph.—De otra manera me acuerdo que me arguiste el otro dia, diziendo que el amor no es siempre desseo; porque muchas vezes es de las cosas que se han y son, como amar los padres a los hijos y la salud que se ha y las riquezas que se posseen; pero el desseo es siempre de las cosas que no son, y si son no las tenemos, que aquello que falta se dessea que sea si no es, y que se aya si no se ha; pero las cosas o personas que amamos, muchas vezes son y las posseemos, y las que no son, jamas las amamos; pues, como dizes que todo amor es desseo?

Phil.—Tambien se me acuerda que primero difinimos de otra manera al amor y al desseo; porque diximos el desseo ser afecto voluntario del ser o de auer la cosa estimada por buena, que falta; y el amor ser afecto voluntario de gozar con vnion la cosa estimada por buena, que falta. Assi mismo declaramos despues que, aunque el desseo sea de la cosa que falta, de qualquier manera presupone, assi como el amor, algun ser; que, aunque falte en nosotros, tiene ser acerca de otros o en si misma, si no en acto, en potencia; y si nó tiene ser real, lo tiene a lo menos imaginario y mental. Y auemos dicho que el amor, no obstante que algunas vezes es de la cosa posseyda, con todo esso presupone siempre alguna falta della, como haze el desseo; y esto es, o porque el amante aun no tiene perfeta vnion con la cosa amada, de donde viene a amar y dessear perfeta vnion con ella; o porque, puesto que de presente la possea y goze, le falta la futura fruycion della y por esto la dessea. Assi que, en efeto, bien especulado, el desseo y el amor es vna misma cosa, no obstante que en el modo del hablar vulgar cada vno dellos tenga alguna propriedad, como has dicho. Y por esto, en el fin de aquella nuestra platica difinimos ser el amor desseo de vnion con la cosa amada, y declaramos de que manera todo desseo es amor y todo amor es desseo. Y segun aquello, al presente te he difinido el amor en comun, que es desseo de alguna cosa.

Soph.—Siendo el amor y el desseo dos vocablos que muchas vezes sinifican diuersas cosas, no se como los puedes hazer vno mismo en la sinificacion; que aunque se pueda dezir que es vna misma cosa amar y dessear, parece que sinifican dos diuersos afectos del anima; porque el vno parece que es de amar la cosa y el otro de dessearla.

Phil.—La manera del hablar haze parecerte esso; y ya ha auido algunos modernos que han hecho alguna diferencia essencial entre el vno y el otro, diziendo que el amor

(marginal notes, left column:)
Difini[cion] del amor en comun.

La difinicion se conuierte en el difinido.

(marginal notes, right column:)
Repeticion de lo arriba dicho acerca del amor y del desseo.

El amor y el desseo es vna misma cosa.

El amor es desseo de vnion con la cosa amada.

Diferencia que algunos ponen entre el amor y el desseo

es principio de desseo; porque amandose primero la cosa, se viene a dessear.

Soph.—Con qual razon hazen al amor principio de desseo?

Phil.—Difinen el amor ser complacencia en el animo de la cosa que parece buena, y que desta complacencia procede el desseo de la cosa que agrada; el qual desseo es mouimiento al fin o a la cosa amada. De manera que el amor es principio del mouimiento desideratiuo.

Soph.—Esse amor sera de las cosas que faltan y no se posseen, al qual sigue despues del mouimiento del desseo; pero el amor de las cosas ya posseydas, que no puede ser principio de mouimiento desideratiuo, que dizen estos que es?

Phil.—Dizen, que assi como el amor de la cosa que falta es complacencia

<small>Dos especies de amor que algunos modernos ponen.</small> de aquella aprouacion en el animo del amante y principio del mouimiento del desseo, assi el amor de la cosa posseyda no es otra cosa que el gozo y delectacion que se ha por la fruycion de la cosa amada, y que es fin y termino del mouimiento del desseo y su vltima quietud.

Soph.—Luego estos hazen dos especies de amor: el vno principio del mouimiento desideratiuo, el qual es de las cosas no posseydas; el otro fin y termino del gozo y delectacion, el qual es de las cosas posseidas. Y este vltimo bien parece que es otro que el desseo, porque le sucede; pero el primero no parece tan diuerso del desseo, porque el vno y el otro es de las cosas que faltan. Tienen ellos, por ventura, otra euidencia para la diferencia destas dos passiones, amor y desseo?

Phil.—Otra razon forman, que fundan en los contrarios destas dos passiones, que son diferentes; porque el contrario del amor es el odio, y el contrario del desseo dizen que es la fuga de la cosa aborrecida. De donde dizen, que assi como el amor es principio del desseo, assi el odio es principio de la huyda; y assi como el odio y la fuga son dos passiones para huyr lo malo, assi el amor y el desseo son dos afectos de nuestros animos para seguir lo bueno. Y dizen, que assi como el gozo y la delectacion es fin y causa del amor y del desseo, assi la tristeza o el dolor es causa del odio y de la huyda. Y assi como la esperança es medio entre el amor y el desseo y el gozo (porque la esperança es del bien venidero y alexado, y el gozo es del bien presente o conjunto), assi el temor es medio entre la tristeza y el dolor y entre la fuga y el odio; porque el temor es del mal futuro o apartado, y la tristeza o el dolor es del mal presente o conjunto. Assi que algunos hazen en todo diferente el desseo del amor, tanto del que le es principio, que llaman com-

placencia, como del que le es fin y termino, que llaman gozo y deleyte.

Soph.—Pareceme que esta bien hecha essa diferencia; y tu, Philon, por que no la consientes, antes dizes que el amor y el desseo son vna misma cosa?

Phil.—Assimismo, engañados algunos de la diuersidad de los vocablos, procuran poner acerca del vulgo diuersidad de passiones en el anima, la qual diuersidad, en efeto, no la ay.

Soph.—De que manera?

Phil.—Ponen diferencia essencial entre el amor y el desseo, los quales, <small>Reprueua la opinion de los modernos acerca del amor y del desseo.</small> en sustancia, son vna misma cosa, y hazen diferencia entre el amor de la cosa que falta y entre el de la posseyda, siendo el amor vno mismo.

Soph.—Si tu no niegas que el amor es complacencia de la cosa amada, la qual causa el desseo, no puedes negar que el amor no sea otra cosa que el desseo; esto es, principio de la complacencia, como el desseo principio del mouimiento.

Phil.—La complacencia de la cosa amada no es amor, pero es causa de amor, assi como es causa del desseo; que amor no es otra cosa que desseo de la cosa que agrada, de donde la complacencia con el desseo es amor y no sin el. De manera que el amor y el desseo son vna misma cosa, en efeto, y ambos a dos presuponen complacencia. Y el desseo, si es mouimiento, es mouimiento del anima a la cosa desseada, y assi es el amor mouimiento a la cosa amada. Y la complacencia es principio deste mouimiento llamado amor o desseo.

Soph.—Si el amor y el desseo fueran vna misma cosa, no fueran diuersos sus contrarios; que el contrario del amor es el odio, y el contrario del desseo es la fuga.

Phil.—Tambien en esso se ha la verdad de otra manera; porque el huyr es <small>El huyr es contrario del seguir y no del desseo.</small> mouimiento corporeo contrario, no del desseo, sino del seguir, que sucede despues del desseo; porque el contrario del desseo es el aborrecimiento, que es lo mismo que el odio, el qual es contrario del amor. Assi que, como ellos son vna misma cosa, tambien sus contrarios lo sor.

Soph.—Bien veo que el amor y el desseo son vna misma cosa en sustancia, y assi sus contrarios; pero el amor de la cosa no posseyda y el de la posseyda parece (como <small>El amor y gozo de lo que se possee, difieren en mucho.</small> estos dizen) bien diferentes.

Phil.—Parece, pero no son diuersos; que el amor de la cosa posseyda no es el deleyte, ni es el gozo de la fruycion de lo posseydo, como estos dizen. Deleytase y goza el posseyente de la cosa amada; pero el gozar y el deleytarse no es amor, porque no puede el amor, que es mouimiento o principio del mouimiento, ser vna misma cosa con el gozo o deleyte, que son quietud, fin y termino del mouimiento. Digo que tienen progressos tan contrarios, que el amor va del amante a la cosa amada; pero el gozo se deriua de la cosa amada en el amante; mayormente que el gozo es de lo que se possee y el amor es siempre de lo que falta, y siempre es vna misma cosa con el desseo.

Soph.—Pues la cosa posseyda se ama y aquella ya no falta.

Phil.—No falta la presente possession, pero falta la continua perseuerancia della en lo poruenir, la qual dessea y ama el que de presente possee. Y la presente possession es la que deleyta, y la venidera es la que se dessea y se ama. De manera, que tanto el amor de la cosa posseyda como el de la no posseyda, es vna misma cosa con el desseo; empero es otra cosa que la delectacion, assi como el dolor y la tristeza es otra cosa que el odio y el aborrecimiento; porque el dolor es por la presente possession del mal presente y el odio es por no tenerlo en lo poruenir.

Soph.—Pues de que manera pones tu la orden de essas passiones del anima?

Phil.—La primera es el amor y desseo de la cosa buena, y su contrario es el odio y aborrecimiento de la cosa mala. Despues del amor y desseo se sigue la esperança, la qual es de la cosa buena futura o alexada, y su contrario es el temor, que es de la cosa mala por venir o apartada. Y quando con el amor y el desseo se junta la esperança, sucede el seguir la cosa buena amada, assi como quando con el odio y el aborrecimiento se junta el temor, sucede el huyr de la cosa mala aborrecida. El fin es el gozo y deleyte de la cosa buena presente y conjunta, y su contrario es el dolor y la tristeza de la cosa mala presente y conjunta. Esta passion, que es la vltima en alcançarse, conuiene a saber, el gozo y el deleyte de la cosa buena, es la primera en la intencion; que por alcançar gozo y deleyte se ama y se dessea, se espera y sigue, y por tanto se aquieta y reposa el animo en ella; y auiendose, por lo presente se ama, y se dessea por lo futuro. De manera que, filosofando rectamente, de qualquier arte que sea, el amor y el desseo son vna misma cosa essencialmente, aunque en la manera del hablar alguna especie de amor se llama mas propriamente desseo y otra mas propriamente amor. Y no solamente estos dos vocablos, pero otros

Orden marauillosa de algunas de las passiones de la anima.

Conclusion que el amor y el desseo es vna misma cosa.

con ellos dizen vna misma cosa; porque, en efeto, lo que se ama, vnas vezes se codicia, se dilige, se opta, se apetece y se quiere, y assi tambien se dessea. Y todos estos vocablos y otros tales, aunque cada vno se appropie a vna especie de amor mas que a otra, todavia en sustancia todos sinifican vna misma cosa, que es dessear las cosas que faltan. Porque lo que se possee, quando se possee, no se apetece ni se ama; empero dezimos que siempre se ama y se apetece, por estar en la mente debaxo de especie de cosa buena; de donde se dessea y ama, si no es que sea realmente, y como esta en la mente, y que sea en acto como en potencia; y si es en acto y no la tenemos, que la ayamos; y si la tenemos de presente, que la gozemos siempre; la qual futura fruycion aun no es y falta. Desta suerte se aman entre ellos los padres y los hijos, que desseen gozarse siempre en lo poruenir como en lo presente; y assi ama el sano la salud y el rico las riquezas, que no solamente dessea que se le acrecienten, pero tambien que en lo futuro pueda gozarlas como de presente. Conuiene, pues, que assi el amor como el desseo sea de cosas que en alguna manera faltan; de donde Platon difine el amor ser apetito de la cosa buena para posseerla, y siempre, porque en el siempre se incluye la falta continua.

Muchos verbos que sinifican amar

Difinicion de Platon acerca del amor.

Soph.—Aunque con el amor se junte alguna falta continua, con todo esso presupone el ser de la cosa; porque el amor es siempre de las cosas que son, pero el desseo ciertamente es de las cosas que faltan y muchas vezes de las que no son.

Phil.—En lo que dizes que el amor es de las cosas que son, dizes verdad; porque lo que no es no se puede conocer, y lo que no se puede conocer, no se puede amar. Empero lo que dizes que el desseo es algunas vezes de las cosas que no son, porque sean, no tiene en si absoluta verdad; porque lo que en ninguna manera tiene ser no se puede conocer, y lo que no se puede conocer menos se puede dessear. Assi que lo que se dessea, conuiene que tenga ser en la mente; y si existe en la mente, conuiene que tambien exista fuera realmente, si no en acto, en potencia, a lo menos en sus causas; de otra manera, el conocimiento seria mentiroso; assi que el amor en todo no es otra cosa que el desseo.

El amor y el desseo presuponen el ser de la cosa.

Soph.—Declarado me has bien que todo amor es desseo, y siempre de cosas que, aunque tienen alguna manera de ser, faltan o de presente o en lo poruenir; pero restame vna duda: que, puesto que todo amor sea desseo, no por esso diras que todo desseo es amor; porque parece que el amor no se estiende sino a persona biuiente o a cosas que causan alguna especie de perfecion, como la salud, virtud, riquezas, sabiduria, honra y gloria, que estas cosas tales se suelen amar y dessear. Pero hay otras muchas que son acidentes y acciones. que, quando faltan, jamas diremos amarlas, sino dessearlas.

Phil.—No te engañe el vso de los vocablos del vulgo, que muchas vezes vn

Vso del vulgo acerca de algunos vocablos.

nombre que tiene general sinificacion suele aplicarse a vna de sus especies solamente, y assi le acaecio al amor.

Soph.—Dame algun exemplo.

Phil.—El nombre de cauallero es de qualquiera que caualga en bestia de quatro pies; pero solamente se apropria a los que son diestros y esperimentados para hazer guerra a cauallo. Y el nombre de mercader es de qualquiera que compra alguna cosa; pero solamente lo aproprian a los que tienen por propria arte el comprar y vender mercaderias para ganar con ellas. Assi el amor, siendo nombre vniuersal de toda cosa desseada, se apropria a personas o a cosas principales que tengan en si ser mas firme, y de las otras se dize dessearlas, y no amarlas, porque el ser dellas es mas debil, pero en efeto todas se aman. Que aunque no diga que amo la cosa que no es, dire que amo que sea, y, si no la he alcançado, que amo alcançarla; y aun esta es la propria intencion del que dessea, quando dessea, que, si no existe, dessear que exista, y si no la tiene, dessear de auerla. Pero el amor, como vocablo mas excelente, se aplica primeramente a personas que son y a cosas excelentes perfectiuas o posseydas; y de las otras, mas ayna diremos codiciarlas, optarlas y dessearlas, que amarlas, ni apetecerlas, ni diligere; porque estos verbos suelen demestrar mas noble y firme objeto. Y comunmente el amor se aplica a las cosas, y el desseo a las acciones del ser dellas o de auerlas; no obstante que, en sustancia, la sinificacion sea vna misma.

Soph.—Tambien me doy por satisfecha en esto, y concedo que, acerca de los mortales, todo amor es desseo y todo desseo es amor. Pero acerca de los animales irracionales, que diras? Que nosotros vemos que dessean lo que les falta para el comer o beuer, o para su delectacion o su libertad, quando no la tienen; pero no aman sino lo que tienen presente, como a

El amor y el desseo en los animales es vna misma cosa.

los hijos, a las madres y a las hembras, y a los que les dan la comida y beuida.

Phil.—Tambien los animales lo que dessean aman tenerlo, y lo que aman, dessean no perderlo. Assi que en todo se encuentra el amor con el apetito y *si* desseo.

Soph.—Quiero dezirte, o Philon! de vn amor que no puede llamarse desseo.

Phil.—Qual es?

Soph.—El amor diuino.

El diuino amor mas verdaderamente es desseo.

Phil.—Antes esse es mas verdaderamente desseo; que la diuinidad, mas que otra cosa alguna, es desseada de quien la ama.

Soph.—No me entiendes; no hablo de nuestro amor para con Dios, sino del amor de Dios para con nosotros y para todas las cosas que a criado; porque yo me acuerdo que en la segunda platica nuestra me dixiste que Dios ama mucho todas las cosas que produxo. Deste amor no podras dezir que presupone falta; porque Dios es sumniamente perfeto y nada le falta; y si no la presupone, no puede ser desseo; el qual, como me has dicho, siempre es de lo que falta.

Phil.—En gran pielago quieres nadar. Sa-

Los nombres que a Dios y a los hombres se aplican, distan mucho en sus sinificaciones.

bras que qualquiera cosa que se diga y aplique a nosotros y a Dios, no es menos diferente y distante en sinificacion, que quanto esta lexos su alteza de nuestra baxeza.

Soph.—Declara mejor esso; que quieres dezir?

Phil.—De vn hombre se puede dezir que es bueno y sabio, lo qual se dize tambien de Dios; pero es tan diferente en exaltacion la vnida bondad y la sabiduria diuina de la humana, quanto Dios es mas excelente que el hombre. Semejantemente, el amor que Dios tiene a la criatura no es de la suerte del nuestro, ni tampoco el desseo, porque en nosotros lo vno y lo otro es passion y presupone falta de alguna cosa, y en El es perfecion de toda cosa.

Soph.—Bien creo lo que me dizes; empero la respuesta no me da la propria satisfacion a mi duda; porque si Dios tiene amor, conuiene que ame; y si tiene desseo, que dessee; y si dessea, que dessee lo que en alguna manera falta.

Phil.—Verdad es que Dios ama y dessea,

Dios ama y dessea lo que a sus criaturas falta.

no lo que a El le falta, que nada le falta, pero dessea lo que falta a aquel a quien El ama, y dessea que todas las cosas del produzidas lleguen a ser perfetas, mayormente de aquella perfecion que ellas pueden conseguir, mediante sus proprios actos y obras; como seria en los hombres por sus obras virtuosas y por su sabiduria. Assi que el desseo diuino no es passion en El ni presupone falta alguna en El, antes por su inmensa perfecion ama y dessea que sus criaturas arriben al mayor grado de la perfecion dellas, si les falta, y si la tienen, que la gozen siempre felicemente; y para esto les da siempre toda ayuda y auiamiento. Satisfazete esto, o Sophia?

Soph.—Agradame, pero no me satisfaze del todo.

Phil.—Que otra cosa quieres?

Soph.—Que me digas que cosa es la que constriñe a aplicar amor y desseo a Dios por las faltas de otros, pues a El le falta nada; que que esto no parece bien justo.

Phil.—Sabras que essa razon hizo afirmar a Platon que los dioses no te-
Opinion de Platon acerca del amor. nian amor, y que el amor no era Dios, ni idea del summo entendimiento; porque siendo el amor, como el difine, desseo de cosa hermosa que falta, los dioses, que son hermosissimos y sin falta, no es possible que tengan amor. De donde viene el a
Demon ilaifica vn gran sabio. tener que el amor es vn gran demon, medio entre los dioses y los hombres, que lleua las buenas obras y los espiritus limpios de los hombres a los dioses, y trae los dones y beneficios de los dioses a los hombres, porque todo se haze mediante el amor. Y su intencion es que el amor no sea hermoso en acto, que, si lo fuera, no amara lo hermoso ni lo desseara; que lo que se possee no se dessea, sino que sea hermoso en potencia, y que ame y desse la hermosura en acto. De manera que, o es medio entre lo hermoso y lo feo, o compuesto de todos dos, assi como la potencia es compuesta entre el ser y la priuacion.

Soph.—Y por que no apruevas essa sentencia y razon de tu Platon, pues sueles ser tan su amigo?

Phil.—No la aprueuo en nuestro discurso;
Aristo. dixo: Amigo soy de Socrates y de Platon, pero mas amigo soy de la verdad. porque, como dize del Aristoteles, su discipulo, aunque soy amigo de Platon, mas amigo soy de la verdad.

Soph.—Y por que no tienes tu essa opinion por verdadera?

Phil.—Porque el mismo la contradize en otra parte, afirmando que los que contemplan intimamente la diuina hermosura, se hazen amigos de Dios. Viste jamas, o Sophia! amigo que no fuesse amado de su amigo? Tambien Aristoteles dize, en la *Etica*, que
Prueua con grandes autoridades que ay amor en Dios. el virtuoso y sabio es felice y se haze amigo de Dios, y Dios le ama como a su semejante; y la Sagrada Escritura dize que Dios es justo y ama a los justos; y dize que Dios ama a sus amigos, y dize que los buenos hombres son hijos de Dios, y Dios los ama como padre. Pues como quieres tu que niegue yo que en Dios no ay amor?

Soph.—Tus autoridades son buenas, pero no hartan sin las razones. Y yo no te he preguntado que quien pone amor en Dios, sino qual razon compele a ponerlo, pareciendo mas razonable que en El, como dize Platon, no lo aya.

Phil.—Ya se halla razon que constriñe a poner amor en Dios.

Soph.—Dimela, te suplico.

Phil.—Dios produxo todas las cosas.

Soph.—Esso es verdad.

Phil.—Y continuamente las sustenta en su ser; que si El las desamparasse vn momento, todas se conuertirian en nada.

Soph.—Tambien es esso verdad.

Phil.—Assi que El es vn verdadero padre que engendra sus hijos, y despues que los a engendrado, los mantiene con toda diligencia.

Soph.—Propriamente padre.

Phil.—Di, pues, si el padre no apeteciesse, engendraria jamas? Y si no amasse los hijos engendrados, mantenerlos ia con summa diligencia?

Soph.—Razon tienes, Philon, y veo que mas excelente es el amor de Dios a las criaturas, que el de las criaturas de vnas a otras y a Dios; no de otra manera que el amor del padre al hijo, y el de vn hermano al otro. Pero lo que me resta dificultoso es que el amor y el desseo, que siempre presuponen falta, no aya alguno que la presuponga en el mismo amante, sino solamente en la cosa amada; por ventura hallaras algun amor acerca de nosotros que presuponga assi la falta en la cosa amada y no en el amante, como dizes del amor diuino?

Phil.—El simulacro del amor de Dios a los
Semeja el amor de Dios al de los padres, precetores y amigos. inferiores es el amor del padre al hijo carnal, o el del maestro al dicipulo, que es hijo espiritual; y tambien le assemeja el amor de vn virtuoso amigo a otro.

Soph.—De que manera? A lo menos no le assemeja en el desseo que el padre tiene de gozar siempre de su hijo y el amigo de su amigo, que este presupone en el amante falta de perpetua fruycion, lo qual no acaece en Dios.

Phil.—Aunque en esso no le assemeja, le assemeja por cierto en lo que el amor del padre consiste mucho, que es en el dessear al hijo todo el bien que le falta, qual presupone falta en el hijo amado y no en el padre amante. Assi el maestro dessea la virtud y la sabiduria del dicipulo, que faltan al dicipulo y no al maestro; y el vn amigo apetece la felicidad que falta al otro amigo, que la tenga y la goze siempre. Bien es verdad que estos amantes, por ser mortales, quando su desseo viene en efeto, ganan del bien de su amigo vna cierta alegria deleytable que no tenian primero; lo qual no acaece en Dios, porque nada de nueua alegria, deleyte o otra passion

El amor diuino en que es diferente del humano.

o nueua mutacion puede sobreuenirle de la nueua perfecion de sus amadas criaturas; porque El es libre de toda passion, y siempre inmudable, y lleno de dulce alegria, suaue gozo y eterno contento; solamente es diferente en esto: que su alegria reluze en sus hijos y amigos, que son los perfetos, mas no en los imperfetos.

Soph.—Mucho me plaze esse discurso; pero como me consolaras de Platon, que, siendo quien es, niegue que en Dios ay amor?

Phil.—De aquella especie de amor de que disputa Platon en su *Combite*, que es solo del amor participado a los hombres, dize el verdad, que no puede auerlo en Dios; pero del amor vniuersal, de que nosotros hablamos, seria falso negar que no lo ay en Dios.

Soph.—Declarame essa diferencia.

Phil.—Platon, en aquel su *Simposio*, disputa solamente de la suerte de amor,

Suerte de amor del qual habla Platon en el Simposio.

que en los hombres se halla terminado en el amante, pero no en el amado, porque aquel principalmente se llama amor, y el que se halla terminado en el amado se llama amicicia y beneuolencia. Este difine el, rectamente, que es desseo de hermosura; y tal amor dize que no se halla en Dios, porque, quien dessea hermosura, no la tiene ni es hermoso; y a Dios, que es summo hermoso, no le falta hermosura ni puede dessearla: luego no puede tener amor; conuiene a saber, de tal suerte. Empero nosotros, que hablamos del amor en comun, es necessario comprehender ygualmente el que se termina en el amante, que presupone falta en el amante, y el que se termina en el amado, que presupone falta en el amado y no en el amante. Y por esto nosotros no le auemos difinido desseo de cosa hermosa, como Platon, sino solamente desseo de alguna cosa, o desseo de cosa buena, la qual puede ser que falte al amante y puede ser que no falte sino al amado, como es la parte del amor del padre al hijo, del maestro al dicipulo, del amigo al amigo; y tal es el de Dios a sus criaturas, desseo del bien dellas, pero no del suyo. Y desta segunda suerte de amor concede y dize Platon y Aristoteles que los hombres buenos y sabios son amigos de Dios y muy amados del; porque Dios ama y dessea eternalmente e impassiblemente la perfecion y felicidad dellos. Y ya declaro Platon que el nombre del amor es vniuersal a qualquiera desseo, de qualquier cosa que sea y de qualquiera que dessee; pero que en especial se dize solamente desseo de cosa hermosa. Assi que el no excluyo todo amor en Dios, sino solo este especial, que es desseo de hermosura.

Soph.—Plazeme que Platon quede por verdadero y que no se contradiga; pero no me parece que la difinicion que el pone al amor excluye el amor de Dios, como el quiere inferir; antes me parece que no lo comprehende menos que la difinicion que tu le has dado.

Phil.—De que manera?

Soph.—Que assi como tu (diziendo que el amor es desseo de cosa buena) entiendes, o por el amante, a quien ella falta, o por otra persona amada del, a quien falte, assi, diziendo yo que amor es desseo de cosa hermosa, como quiere Platon, entendere por el amante, a quien falta la tal hermosura, o por otra persona del amada, a la qual le falte la tal hermosura; pero no al amante, y en esta suerte de amor se incluye el de Dios.

Phil.—Engañaste; que crees que lo hermoso y lo bueno es vna misma cosa en todo.

Soph.—Y tu, por ventura hazes alguna diferencia entre lo bueno y lo hermoso?

Phil.—Si que la hago.

Soph.—De que manera?

Phil.—Que lo bueno, puede el que dessea dessearlo para si o para otro

Diferencia entre lo bueno y lo hermoso.

que el ame; pero lo hermoso propriamente, solo para si mismo lo dessea.

Soph.—Por que razon?

Phil.—La razon es que lo hermoso es apropriado a quien lo ama; porque

Lo hermoso es apropriado al amante, y la razon por que.

lo que a vno parece hermoso, no lo parece a otro; de donde lo hermoso, que es hermoso acerca de vno, no lo es acerca de otro. Pero lo bueno es comun en si mismo, por lo qual las mas vezes lo que es bueno es bueno acerca de muchos; de manera

Lo bueno es comun al amante y al amado.

que, quien dessea lo hermoso, siempre lo dessea para si, porque le falta; pero el que dessea lo bueno, puede dessearlo para si mismo o para otro amigo suyo a quien le falte.

Soph.—No siento essa diferencia que pones entre lo hermoso y lo bueno; porque assi como tu dizes de lo hermoso, que a vno le parece hermoso y a otro no, assi dire yo, y con verdad, de lo bueno, que a vno le parece buena vna cosa y a otro no buena; y tu vees que el hombre vicioso reputa lo malo por bueno, y por esso lo sigue, y lo bueno lo reputa por malo, y por esso lo huye, y lo contrario es del virtuoso. Assi que lo que acontece a lo

Oficio del buen juyzio.

hermoso, acontece tambien a lo bueno.

Phil.—Todos los hombres de sano juyzio y de recta y templada voluntad juzgan lo bueno por bueno y lo malo por malo; assi como a todos los sanos del gusto el manjar dulce les es dulce y el amargo les amarga; empero a los de enfermo y corrupto ingenio y destemplada voluntad, lo bueno les parece malo y lo malo bueno; assi como a los enfermos, que lo dulce les amarga y lo amargo algunas vezes les es dulze. Y assi como lo dulce, aunque amargue al enfermo, no dexa de ser verdaderamente dulce, assi lo bueno, no embargante que del enfermo de ingenio sea reputado por malo, no por esso dexa de ser verdaderamente y comunmente bueno.

Ingenio enfermo y voluntad destemplada, que es lo que hazen.

Soph.—Y no es assi lo hermoso?

Phil.—No por cierto; porque lo hermoso no es vno mismo a todos los hombres de sano ingenio y virtuosos; porque aunque lo hermoso sea bueno acerca de todos, acerca de vno de los virtuosos es de tal manera hermoso, que se mueue a amarlo. Y assi como lo bueno y lo malo semejan el animo a lo dulce y a lo amargo en el gusto, assi lo hermoso y no hermoso en el animo semejan a lo sabroso, que es lo deleytable, en el gusto, y a lo no sabroso. Y lo feo y deforme semejan a lo aborrecible y abominable en el gusto. De donde assi como se halla vna cosa dulce, que acerca de todos los sanos es dulce, pero a vno es sabrosa y deleytable y a otro no, assi se halla vna cosa o persona acerca de todo virtuoso buena, pero acerca de otro hermosa, tanto que su hermosura le incita a amarla, y a otro no; por esto veras que el amor passionable que punge al amante, es siempre de cosa hermosa, del qual solamente habla Platon, y define que es desseo de hermosura; esto es, desseo de vnirse con vna persona hermosa o con vna cosa hermosa, para posseerla, como seria vna hermosa ciudad, vn hermoso jardin, vn lindo cauallo, vn lindo balcon, vna hermosa ropa y vna bella joya. Las quales cosas, o que se desseen auer o, auidas, gozarlas de contino, presuponen siempre falta de presente o en lo poruenir, en la persona que ama. Y deste tal amor dize Platon que no lo ay en Dios, y no porque en Dios no aya amor, sino porque tal amor en esta sin potencia, passion y falta, las quales cosas en Dios no se hallan. Y dize que es vn gran demon, porque el Demon, segun el, es medio entre el puro espiritual y perfeto y el puro corporal imperfeto. Assi, las potencias y passiones de nuestra anima son medios entre los actos puros corporales y entre los actos intelectuales diuinos, y medios entre la hermosura y

Lo hermoso no es vno mismo a todos los hombres.

Difinicion del amor, segun Platon, por lo hermoso.

Demon y su naturaleza, segun Platon.

la fealdad, porque la potencia es medio entre la priuacion y el ser actual. Y porque entre las passiones del anima el amor es la mayor, por esto le llama Platon Magno Demon; pero, como quiera que sea, el amor en toda su comunidad, no solamente es acerca de las cosas buenas que son hermosas, mas tambien acerca de las buenas aunque no sean hermosas, y abraça a lo bueno en toda su vniuersalidad, sea hermoso, sea vtil, sea honesto, sea deleytable, o de qualquiera otra especie de bueno que se halle. Por esto acaece que vnas vezes es de las cosas buenas que faltan al que ama, y otras vezes de las cosas buenas que faltan a la cosa amada o al amigo del amante. Y desta segunda suerte ama Dios a sus criaturas, para hazerlas perfetas de toda cosa buena que a ellas falte.

La potencia es medio entre la priuacion y el ser actual.

De que suerte ama Dios a sus criaturas.

Soph.—Ha auido alguno de los antiguos, que aya difinido al amor en su comunidad, que abraçe lo bueno en su vniuersalidad?

Phil.—Quien mejor que Aristoteles en su *Politica*, que dize que amor no es otra cosa que querer bien para alguno, esto es, o para si mismo, o para otro? Mira como, por hazerlo comun a todas las especies del amor, no lo difinio por lo hermoso, sino por lo bueno; y galanamente y con breuedad incluyo ambas a dos suertes de amor en esta su difinicion; que si el amante quiere el bien para si mismo, falta al mismo amante, y si lo quiere para otro a quien el ama, falta solamente al amado o amigo y no al amante, como es el amor de Dios.

Difinicion de Aristoteles al amor, hecha por lo bueno.

Assi que Aristoteles, que difinio el amor vniuersalmente por lo bueno, incluyo el amor diuino; Platon, que lo difinio especialmente por lo hermoso, lo excluyo; porque lo hermoso no señala falta sino en el amante, al qual le parece hermoso.

Diferencia entre las difiniciones del amor hechas por Aristoteles y Platon.

Soph.—No me satisfaze a mi tanto essa difinicion de Aristoteles como a ti.

Phil.—Por que?

Soph.—Porque el proprio amor me parece a mi que es querer siempre el bien para si y no para otro, como lo sinifica; porque el proprio y vltimo fin en las obras del hombre, o de otro qualquiera, es de conseguir su proprio bien, plazer y perfecion, y por esto haze cada vno lo que haze; y si quiere el bien para otro, es el contento que el recibe del bien del otro; de manera que el intento suyo en amar es su proprio plazer y no el bien del otro, como dize Aristoteles.

Phil.—Esso que has dicho no es menos verdadero que sutil; porque el proprio y vltimo fin en las obras de todo agente, es su perfecion, su deleyte, su bien y finalmente su felicidad, y no solamente el bien que quiere para su amigo o amado es por el plazer que el amigo recibe dello, pero tambien porque el recibe el mismo bien que recibe el amigo o amado; porque no solo es amigo de su amigo, sino otro el mismo; por lo qual los bienes del amigo son suyos proprios. Assi que, desseando el bien de su amigo, dessea el suyo proprio; y bien sabes que el amante se conuierte y transforma en la persona amada; de donde te digo que los bienes de la persona amada son mas verdaderamente del amante que los suyos proprios, y los del amante mas verdaderamente de la persona amada que los proprios de la persona amada, si la persona amada ama reciprocamente al amante; porque entonces el bien de cada vno dellos es proprio del otro y ageno de si mismo; por tanto, dos que se aman trocadamente, en ninguna manera son dos.

El fin de todo agente es su perfecion y deleyte.

Soph.—Pues quantos?

Phil.—O solamente vno, o quatro.

Soph.—Que los dos sean vno, entiendolo, porque el amor vne ambos a dos los amantes y los haze vno; pero quatro, de que manera?

Phil.—Transformandose cada vno dellos en el otro, qualquiera dellos se haze dos; esto es, amado y amante juntamente, y dos vezes dos son quatro. De manera que cada vno dellos es dos, y ambos a dos son vno y quatro.

Dos verdaderos amigos son vno o quatro.

Soph.—Agradame la vnion y multiplicacion de los dos amantes; pero tanto mas estraño me parece que Aristoteles diga que vna de las especies del amor es querer el bien para otro.

Phil.—Aristoteles presupone que el fin del amor es siempre el bien del amante; pero esto, o es bien suyo inmediate, o bien suyo mediante otro amigo o amado; y el declara que el amigo es vn otro el mismo.

Fin del amor, segun Aristoteles, qual es.

Soph.—Essa glossa de la difinicion de Aristoteles te la consentire; pero quando se entienda assi, no incluyra el amor de Dios, como dezias?

Phil.—Por que?

Soph.—Porque si Dios ama el bien de sus criaturas, como dezias, amandolo, amaria su bien; y no solamente presupondria falta del bien desseado en sus criaturas, pero tambien en el mismo Criador, lo qual es absurdo.

Phil.—Ya en lo passado te sinifique que el defeto de la cosa obrada induze sombra de defeto en el artifice; empero solo en la relacion operatiua que tiene con la cosa obrada. En esta manera se puede dezir que, amando Dios la perfecion de sus criaturas, ama la perfecion re-

latiua de su operacion, en la qual el defeto de la cosa obrada induziria sombra de defeto, y la perfecion della ratificaria la perfecion de su diuina operacion; de donde dizen los antiguos, que el hombre justo haze perfeto al resplandor de la diuinidad, y el iniquo lo mancha. Assi, que te concedere que, amando Dios la perfecion, ama la perfecion de su diuina accion; y la falta que se le presupone no es en su essencia, sino en la sombra de la relacion del Criador a la criatura; que, pudiendo ser maculado por defeto de sus criaturas, dessea su inmaculada perfecion con la desseada perfecion de sus criaturas.

La perfecion que Dios ama, qual es.

Soph.—Agradame essa sutileza; pero tu me dixiste, en aquella primera platica nuestra, que el amor es desseo de vnion; esta difinicion comprehendera el amor de Dios en quanto dessea el bien de sus criaturas, pero no que dessee vnirse con ellas, porque ninguno dessea vnirse sino con lo que reputa por mas perfeto que el.

Phil.—Ninguno dessea vnirse sino con aquello con que, estando vnido, estaria mas perfeto que no lo estando. Y ya te he dicho que la diuina operacion relatiua es mas perfeta quando las criaturas estan por su perfecion vnidas con el Criador que quando no lo estan. Empero, Dios no dessea su vnion con las criaturas, como hazen los demas amantes con las personas amadas, sino que dessea la vnion de sus criaturas con su diuinidad, para que la perfecion dellas con la tal vnion sea siempre perfeta, e inmaculada la operacion del Criador referida a sus criaturas.

La vnion que Dios dessea, qual es.

Soph.—Satisfecha estoy en esso; pero en lo que aora me hallo inquieta es que hazes gran diferencia de lo hermoso, por el qual difinio Platon el amor, a lo bueno, por el qual lo difinio Aristoteles; y a mi, en efeto, lo hermoso y lo bueno me parece vna misma cosa.

Phil.—Estas en error.

Soph.—Como me negaras que todo hermoso no sea bueno?

Phil.—Yo no lo niego, pero vulgarmente se suele negar.

Soph.—De que manera?

Phil.—Dizen que no todo hermoso es bueno, porque alguna cosa que parece hermosa, es mala en efeto; y alguna cosa que parece fea, es buena.

Lo hermoso es mas aparente que lo bueno. Y lo bueno mas existente que lo hermoso.

Soph.—Esso no a lugar; porque la cosa parece hermosa, tambien le parece buena de la parte que es hermosa; y si en efeto es buena, en efeto es hermosa. Y la que parece fea, parece tambien mala de la parte que es fea, y si en efeto es buena, en efeto no es fea.

Phil.—Bien lo reprueuas, no obstante que, como te he dicho, en la aparien-

Todo hermoso es bueno; pero no todo bueno es hermoso.

cia tiene mas lugar lo hermoso que lo bueno, y en la existencia mas lo bueno, que lo hermoso.

Pero, respondiendote a ti, digo que, aunque todo hermoso es bueno, como dizes, o sea en ser, o sea en aparencia, no por esso todo bueno es hermoso.

Soph.—Qual bueno no es hermoso?

Phil.—El manjar, la beuida, lo dulce, la sa-

Nombra muchas cosas que son buenas, mas no hermosas.

lud, el suaue olor, el aire templado, no negaras que no son buenos; pero no los llamaras hermosos.

Soph.—Essas cosas, aunque no las llame yo hermosas, creo que lo son; porque si estas cosas buenas no fuessen hermosas, seria necessario que fuessen feas, y ser bueno y feo me parece contrariedad.

Phil.—Mas corregidamente querria yo que hablasses, o Sophia! Bueno y feo de vna misma parte, bien es verdad que no pueden estar juntamente; pero no es verdad que toda cosa que no es hermosa sea fea.

Soph.—Pues que es?

Phil.—Ni hermosa ni fea, como son muchas cosas del numero de las buenas; porque bien vees que aun en las personas humanas, en las quales hay hermoso y bueno, se hallan algunas que ni son hermosas ni feas; quanto mas en las muchas especies de las cosas buenas, en las quales no ay hermosura ni fealdad, como las

Diferencia entre las personas y las cosas que al son feas ni hermosas.

que te he dicho, que verdaderamente no son hermosas ni feas! Solamente ay esta diferencia entre las personas y las cosas: que en las personas dezimos que no son hermosas ni feas, quando son hermosas en vna parte y feas en otra; pero las cosas buenas, que te he nombrado, no son hermosas ni feas en todo ni en parte.

Soph.—Essa composicion de hermosura y fealdad en las personas neutrales, no se puede negar; pero de la neutralidad destas cosas buenas que no son hermosas ni feas, querria yo algun exemplo o euidencia mas clara.

Phil.—No vees muchos que no son sabios ni inorantes?

Soph.—Pues que son?

Phil.—Creyentes de la verdad, o rectamente opinantes; porque los que no alcançan la verdad, no son sabios, porque no saben por razon o ciencia; ni son inorantes, porque creen la verdad o tienen della recta opinion; desta manera se hallan muchas cosas buenas, que ni son hermosas ni feas.

Soph.—Luego lo hermoso no es solamente bueno, sino bueno con alguna adicion o acrecentamiento?

Phil.—Con acrecentamiento en verdad.

Soph.—Que es el acrecentamiento?

Phil.—La hermosura. Porque lo hermoso es

Difinicion de lo hermoso.

vn bueno que tiene hermosura, y lo bueno sin ella no es hermoso.

Soph.—Que cosa es la hermosura? Da ella acrecentamiento a lo bueno, demas de la bondad de lo bueno?

Phil.—Largo discurso fuera menester para declarar o difinir que cosa es hermosura; porque muchos la veen y la nombran y no la conocen.

Soph.—Quien no conoce lo hermoso y lo feo?

Phil.—Quien quiera conoce lo hermoso,

Pocos conocen la hermosura.

pero pocos conocen que es la cosa por la qual todas las cosas hermosas son hermosas, que llaman hermosura.

Soph.—Suplicote me digas que es.

Phil.—Diuersamente a sido difinida la hermosura, y al presente no me pareçe necessario declarartelo, ni discernir la verdadera de la falsa, que no es muy del proposito, mayormente que mas adelante creo sera necessario hablar

Difinicion de la hermosura.

mas largo de la hermosura. Por aora te dire en suma solamente su verdadera y vniuersal difinicion. La hermosura es gracia que, deleytando el animo con su conocimiento, lo mueue a amar. Y la cosa buena o persona en la qual se halla esta tal gracia, es hermosa; pero la cosa buena en la qual no se halla esta gracia, no es hermosa ni fea, porque no tiene gracia; ni es fea, porque no le falta bondad.

Pero aquello a que faltan am-

Entre hermoso y feo ay medio. Entre bueno y malo no ay medio.

bas estas cosas, que son gracia y bondad, no solamente no es hermoso, empero es malo y feo; que entre hermoso y feo ay medio, pero entre bueno y malo verdaderamente no ay medio, porque lo bueno es ser y lo malo priuacion.

Soph.—No me has dicho tu que la potencia es medio entre el ser y la priuacion?

La potencia, el ser actual y la total priuacion; lo hermoso y lo feo, malo y bueno; y quales destas cosas tiene medio y quales no.

Phil.—Es medio entre el ser en acto y perfeto, y entre la total priuacion; porque la potencia es ser acerca de la priuacion y es priuacion acerca del ser actual. De donde es medio proporcional compositiuo de la priuacion y del ser actual; assi como el amor es medio entre lo hermoso y lo feo. Y no por esto puede auer

medio entre el ser y la priuacion; porque entre
el habito y su priuacion no puede auer medio,
porque son contraditorias; que la potencia es
habito en respeto de la pura priuacion, y entre
ellas no ay medio, y es priuacion respeto del
habito actual, y assi entre ellos no ay medio.
El qual ay entre lo hermoso y lo feo, pero en-
tre lo bueno y lo malo absoluto no ay medio
alguno.

Soph. — Agradame essa difinicion; pero que-
rria saber por que toda cosa buena no tiene essa
gracia.

Phil. —En los objetos de los sentidos exte-
Los cinco sentidos
y sus objetos, y las
diferencias que ay
entre los vnos y
los otros.
riores se hallan cosas buenas,
vtiles, templadas y deleytables;
pero gracia que deleyte y mueua
el anima a proprio amor (que se
llama hermosura), no se halla
en los objetos de los tres sentidos materiales,
que son: gusto, olfato y tacto, sino solamente
en los objetos de los dos sentidos espirituales:
vista y oydo. De donde el dulce y sano manjar y
beuida, y el suaue olor, y el ayre saludable, y el
templado y dulcissimo acto venereo, con toda su
bondad, dulçura, suauidad y vtilidad necessa-
ria a la vida del hombre y del animal, aunque
son buenos, no por esso son hermosos; porque
en estos materiales objetos no se halla gracia o
hermosura, ni por estos tres sentidos grosseros
y materiales puede entrar la gracia y hermosu-
ra a deleytar nuestra anima, o a mouerla para
amar lo hermoso, el qual solamente se halla en
los objetos de la vista, como son las bellas for-
mas y figuras y hermosas pinturas y linda or-
den de las partes entre si mismas al todo, y
hermosos y proporcionados instrumentos, y
lindas colores, bella y clara luz, hermoso Sol,
hermosa Luna, lindas estrellas y hermoso cie-
lo; porque en el objeto de la vista por la espi-
ritualidad della se halla gracia, la qual por los
claros y espirituales ojos suele entrar y mueue
nuestra anima a amar aquel objeto que llama-
mos hermosura. Y tambien se halla en los ob-
jetos del oydo, como hermosa oracion, linda
voz, linda habla, hermoso canto, linda musica,
bella consonancia, linda proporcion y armonia;
en la espiritualidad de las quales cosas se halla
gracia, que mueue al anima a delectacion y
amor, mediante el espiritual sentido del oyr.
Assi que en las cosas hermosas, que tienen de
lo espiritual y son objetos de los sentidos espi-
rituales, se halla gracia y hermosura; pero en
las cosas buenas muy materiales, y en los obje-
tos de los sentidos materiales, no se halla gra-
cia de hermosura; y por tanto, aunque son bue-
nas, no son hermosas.

Soph. —Por ventura ay en el hombre otra
virtud que comprehenda lo hermoso, de mas
del ver y oyr?

Phil. —Las virtudes conoscitiuas, que son
Las virtudes mas
espirituales
conocen mejor lo
hermosura que los
sentidos.
mas espirituales que essos dos
sentidos, conocen mejor lo her-
moso que ellos.

Soph. —Quales son?

Phil. —La imaginacion y fan-
tasia, que comprehende, discierne y piensa las
cosas de los sentidos, conoce muchos mas ac-
tos, oficios y casos particulares, graciosos y her-
mosos, que mueuen el anima a delectacion amo-
rosa, y assi se dize: vna hermosa fantasia, vn
lindo pensamiento, vna linda inuencion. Y
mucho mas conoce de lo hermoso la razon in-
telectiua, la qual comprehende gracias y her-
mosuras vniuersales corporeas e incorruptibles
en los cuerpos particulares y corruptibles; las
quales mueuen mucho mas al anima a la delec-
tacion y al amor, como son los estudios, las le-
yes, las virtudes y ciencias humanas, las qua-
les cosas todas se llaman hermosas: hermoso
estudio, linda ley, bella ciencia. Pero el supre-
mo conocimiento del hombre consiste en el en-
tendimiento abstracto, el qual, contemplando
en la sciencia de Dios y de las cosas abstractas
de materia, se deleita y enamora de la summa
gracia y hermosura que ay en el Criador y Ha-
zedor de todas las cosas, por la qual alcança
su vltima felicidad. De manera que nuestra
anima se mueue por la gracia y hermosura, que
entra espiritualmente por la vista, por el oydo,
por el conocimiento, por la razon y por la men-
te; porque en los objetos destos, por la espiri-
tualidad dellos, se halla gracia, que deleita y
mueue el anima a amar, y no en los objetos de
las otras virtudes del anima por la materialidad
dellas. Assi que lo bueno, para ser hermoso,
Lo que a de tener
lo bueno para ser
hermoso.
aunque corporeo, conuiene que
tenga con la bondad alguna ma-
nera de espiritualidad graciosa,
tal que, passando por las vias
espirituales a nuestra anima, la pueda deley-
tar y mouer a amar aquella cosa hermosa. De
manera que el amor humano, de quien prin-
cipalmente hablamos, es pro-
El amor,
segun Platon, es
desseo de cosa
hermosa; y segun
Aristoteles, des-
seo de cosa buena.
priamente desseo de cosa her-
mosa, como dize Platon. Y co-
munmente es desseo de cosa bue-
na, como dize Aristoteles.

Soph. — Bastame essa rela-
cion de la essencia del amor para introducion
de hablar despues en su nacimiento. Vamos
aora a lo que yo desseo, y absuelueme aquellas
cinco preguntas que hize del origen del amor.

Phil. —La primera pregunta tuya es si el
amor nacio; esto es, si tuuo origen de otro
que le fuesse causa produziente, o si es primer
eterno, de ninguno otro produzido. A la qual
respondo, que es necessario que el amor sea
produzido de otro, y que en ninguna manera

puede ser primero en eternidad, antes es necessario conceder que ay otros primeros que el, en orden de causa.

El amor es produzido de amante y amado.

Soph.—Dime la razon.

Phil.—Son muchas las razones; la primera, porque el amante precede al amor, como el agente al acto; y assi el primer amante es necessario que preceda y cause el primer amor.

Soph.—Parece buena essa razon, que el amante deua preceder al amor; porque amando, lo produze. De donde la persona puede estar sin amor, pero no el amor sin la persona. Dime otra razon.

Phil.—Assi como el amante precede al amor, assi tambien le precede el amado; que si no vuiesse persona o cosa amable primero, no se podria amar ni auria amor.

Soph.—Tambien tienes razon en esso, que como es del amante, assi es del amado, que el amor no puede exsistir sin cosa o persona amable; pero la cosa amable podria estar sin amor, esto es, sin ser amada; y bien parece que el amante y el amado son principios y causas del amor.

Phil.—Que diferencia de causalidad te parece, o Sophia! que ay entre el amante y la cosa amada, y qual de los dos te parece que sea primera causa del amor?

Soph.—El amante me parece que sea agente, como padre; y la persona o cosa amada parece que sea el que recibe, como casi madre; porque, segun los vocablos, el amante es operante, y la cosa amada operata. Assi que el amante es la primera causa del amor, y el amado, la segunda.

Phil.—Mejor sabes preguntar que absoluer, o Sophia!; porque es lo contra-

El amado es el padre, y el amante la madre del amor.

rio. Porque el amado es causa agente generante del amor en el animo del amante, y el amante es recipiente que recibe del amado el amor. De manera que el amado es el verdadero padre del amor, que lo engendra en el amante, que es la madre, que pare al amor, al qual concibio del amado y lo pario semejante al padre; porque el amor se termina en el amado, el qual fue su principio generatiuo. Assi que el amado es primera causa agente formal y final del amor, como entero padre; y el amante es solamente causa material como grauida y parturiente madre. Y esto entiende Platon, quando

Difinicion del amor, segun Platon.

dize que el amor es parto en hermoso; y tu sabes que el hermoso es el amado, del qual la persona amante, primero grauida, pare el amor, a semejança del padre, hermoso y amado, y a el como a vltimo fin lo encamina.

Soph.—Yo estaua en error, y plazeme saber

la verdad. Pero que me diras de la sinificacion de los vocablos, la qual me engaño: que amante quiere dezir agente y amado paciente?

Phil.—Assi es verdad; porque el amante es el agente del seruicio del amor,

Amante y amado que sinifican en su propria sinificacion.

pero no de su generacion; y el amado recibe el seruicio del amante, pero no la causalidad del amor. Y yo te pregunto: qual es el mas digno, o el que sirue, o el que es seruido; el que obedece o el obedecido: el que reuerencia, o el reuerenciado? Cierto diras que los agentes son inferiores a los recipientes. Pues assi es el amante acerca del amado, porque el amante sirue, obedece, reuerencia al amado.

Soph.—Esso tiene lugar en los amantes

El amante, qualquiera que sea, en quanto amante, es inferior a su amado.

menos dignos que los amados; pero quando el amante en efeto es mas digno que el amado, la sentencia deue ser contraria; que el amante deue ser como padre del amor, y el superior; y la cosa amada, como madre inferior.

Phil.—Aunque sean de los amantes que, segun la naturaleza dellos, son mas excelentes que los amados, como es el marido mas que su muger, a quien ama, y el padre que el hijo, y el maestro que el dicipulo, y el que haze el bien que el que lo recibe; y, mas en comun, el mundo celeste que el terrestre, al qual ama, y el espiritual que el corporeo, y, finalmente, Dios que sus criaturas, que son amadas del, todo amante, en quanto amante, se inclina al amado y se le allega como acessorio a su principal; porque el amado engendra y mueue al amor, y el amante es mouido del.

Soph.—Y como puede ser que el superior se incline v sea acessorio al inferior?

Phil.—Ya te he dicho que todo quanto vno ama y haze, es por su propria perfecion, gozo o deleyte. Y aunque la cosa amada en si no sea tan perfeta como el amante, esse amante queda mas perfeto quando vne consigo la cosa amada, o a lo menos queda con mayor gozo y deleyte. Y esta nueua perfecion, gozo o deleyte, que adquiere el amante por la vnion de la cosa amada, o sea en si misma mas digna que el amante o menos digna, lo haze inclinado al amado; pero no por esto queda el amante defetuoso y de menos dignidad o perfecion, antes queda demas con la vnion y perfecion de la cosa amada. De manera que no solamente quien ama alguna persona se inclina a ella por la perfeccion o gozo que adquiere con su vnion, pero tambien quien ama, no persona, sino alguna otra cosa para posseerla, se inclina a ella, por lo que auentaja en si, quando la adquiere.

Soph.—Bien entiendo esso; pero que diras quando dos se tienen amor trocado y cada vno es amante y amado ygualmente? Es necessario que concedas que cada vno dellos es inferior y superior al otro, lo qual seria contrariedad.

Phil.— No es contradicion, antes verdad; que qualquiera dellos, en quanto ama, es inferior al otro, y en quanto es amado, le es superior.

Soph.— Luego sera superior cada vno a si mismo?

Phil.—Tambien es esso verdad que qualquiera amado es superior a si mismo amante; y si por ventura vno se amasse a si mismo, seria superior el mismo amado a si mismo amante. Y ya te dixe, quando hablamos de la comunidad del amor, que Aristoteles, segun siente Auerrois, tiene que Dios es mouedor de la primera esfera diurna, la qual mueue por amor de cosa mas excelente, como qualquiera de los otros entendimientos mouedores de las otras esferas; y puesto que ninguno es mas excelente que Dios, antes inferior a El, es necessario dezir que Dios mueue aquella summa esfera por amor de si mismo; y que en Dios es mas sublime el ser amado de si mismo que el amar a si mismo, aunque su diuina essencia consiste en purissima vnidad, segun que mas largamente lo entendiste de mi entonces; pues si Dios, con su simplicissima vnidad, tiene mas de lo summo y supremo, en quanto es amado de si mismo, que en quanto ama a si mismo, tanto mas sera esto en otros dos, que se amen reciprocamente, que cada vno puede ser mas excelente en el ser amado que en el amar, no solo mas que el otro, sino mas que si mismo.

Soph.— Ya me satisfarian tus razones, si yo no vuiera oydo dezir a Platon claramente lo contrario.

Phil.— Que dize, que sea contrario?

Soph.— En su libro del *Combite*, me acuerdo que dize que el amante es mas diuino que el amado; porque el amante es arrebatado de diuino furor amando. De donde dize que los dioses son mas gratos y propicios a los amados, que hazen cosas grandes por los amadores, que a los amadores, por hazer cosas estremadas por los amados. Y da el exemplo de Alcestes; a la

Alcestes y Achiles. qual, porque quiso morir por su amado, la resucitaron los dioses y la honraron, pero no la passaron a las islas Beatas, como a Aquiles, porque quiso morir por su amador.

Phil.— Essas palabras, que Platon refiere en

Phedro, dicipulo de Socrates. su *Simposio*, son de Phedro, mancebo galano, dicipulo de Socrates; el qual dize que el amor es vn gran dios y summamente hermoso, y que por ser hermosissimo ama las cosas hermosas; y que estando el amor en el amante, como

en proprio sujeto, habitante dentro en su coraçon, como el hijo en el vientre de su madre, dize Phedro que el amante, por el diuino amor que tiene, es diuino mas que el amado, el qual no tiene en si amor, sino que solamente lo causa en el amante; de donde el dios de amor da al amante furor diuino, lo qual no da al amado; y por esto los dioses son mas fauorables a los amados, quando siruen a sus amantes, como se muestra por Aquiles, que a los amantes, quando siruen a sus amados, como parece por Alcestes.

Soph.— Y essa razon, no te parece suficiente, Philon?

Phil.— No me parece recta, ni a Socrates le parece justa.

Soph.— Assi, y por que?

Phil.— Socrates, disputando contra Agaton,

Socrates y su opinion acerca del amor. orador, que tambien tenia ser el amor vn gran dios y hermosissimo, declara que el amor no es dios, porque no es hermoso; como sea cosa sabida que todos los dioses son hermosos; y enseña que el no es hermoso, porque amor es desseo de hermosura, y lo que se dessea falta siempre al que dessea, y lo que se possee no se dessea. Por lo qual dize Socrates que el amor no es dios, sino vn gran demon, medio entre los dioses superiores y los humanos inferiores Y aunque no es hermoso como Dios, tampoco es feo como los inferiores, sino medio entre la hermosura y la fealdad; porque el que dessea, aunque en acto no es lo que dessea, eslo a lo menos en potencia; y assi, si el amor es desseo de hermosura, es hermoso en potencia, y no en acto, como los dioses.

Soph.— Que quieres inferir desso, Philon?

Phil.— Enseñote consistir la diuinidad en

El amado participa mas de la diuinidad que el amante. el amado y no en el amante; porque el amado es hermoso en acto, como dios, y el amante que le dessea es hermoso solamente en potencia. Y aunque por este desseo se haze diuino, no por esso merece llamarse dios, como el amado. De donde veras que el amado en el entendimiento del amante es venerado, contemplado, adorado como proprio dios, y su hermosura en el amante es reputada por diuina, de tal manera que ninguna otra se le puede ygualar. Pues no te parece, o Sophia! que el amado precede en excelencia y causalidad del amor al amante y es mas digno?

Soph.— Si, cierto; pero que diras al exemplo de Aquiles y de Alcestes?

Phil.— Alcestes, que murio por el amado, no fue remunerada como Aquiles, que murio por el amante, porque el amante de necessidad esta en obligacion de seruir a su amado como a su dios, y esta constreñido a morir por el, y no podra hazerlo de otra manera si ama bien; porque esta ya transformado en el amado, y en el consiste su felicidad y todo su bien, y ya no en si mismo. Pero el amado no esta en obligacion alguna al amante, ni esta constreñido del amor a morir por el, y si todavia lo quisiere hazer, como Aquiles, es acto libre y para liberalidad; por la qual deue ser mas galardonado de Dios, como fue Aquiles.

Razon por que merecio Achiles mas premio que Alcestes.

Soph.—Agradame esso que me has dicho; pero no me parece creedero que si Aquiles, como era amado, no fuera tambien amante de su amante, que quisiera morir por el.

Phil.—No negare yo que Aquiles no amasse a su amante, pues quiso morir por el; pero aquel era amor reciproco, causado del amor que su amante le tenia; de donde propriamente diremos que murio por el amor que su amante le tenia, que fue la causa primera, y no por el amor que el reciprocamente tenia a su amante, que fue causado del primero.

Soph.—Huelgome saber la razon que hizo merecer mas premio de los dioses a Aquiles que a Alcestes. Pero como puede ser que el amado sea siempre dios del amante? Que se seguiria, que la criatura, amada de Dios, fuesse dios de Dios, que es absurdo, no solamente de Dios a las criaturas, pero tambien de lo espiritual a lo corporal, y del superior al inferior, y del noble al plebeyo.

Phil.—El amor que ay entre las criaturas de la vna a la otra presupone falta; y no solamente el amor de los inferiores a los superiores, pero tambien del de los superiores a los inferiores arguye falta, porque ninguna criatura ay summamente perfeta, antes amando, no solamente a los superiores a ellos, sino tambien a los inferiores, crecen en perfecion y se allegan a la summa perfecion de Dios; porque el superior, no solamente acrecienta en si perfecion en hazer bien al inferior, pero tambien acrecienta en la perfecion del vniuerso, que es el fin principal, segun te he dicho. Por este aumento de perfecion en el amante y en el vniuerso, el amado inferior tambien se haze diuino en el amante superior, porque en ser amado participa de la diuinidad del summo Criador, que es primero y summamente amado, y por su participacion todo amado es diuino. Porque siendo El summo hermoso, es participado de todo hermoso, y todo amante se acerca a El, amando qualquiera cosa hermosa, aunque sea inferior al amante; y con esto el amante crece en her-

El amor entre las criaturas presupone falta.

Todo amado, en ser amado, participa de la diuinidad.

mosura y diuinidad, y assi haze crecer al vniuerso, y por esto se haze mas verdadero amante y mas allegado al summo hermoso.

Soph.—Respondido me has del amor que el superior tiene al inferior entre las criaturas, pero no del amor de Dios a las criaturas, en el qual consiste la mayor fuerça de mi argumento.

Phil.—Ya yua a responderte. Sabras que el amor, assi como muchos actos y atribuciones que de Dios y de las criaturas suelen dezirse, no se dizen del como de las criaturas, y ya te he dado exemplo de algunos atributos. Y bien sabes que el amor en todas las criaturas dize falta, aun en las celestiales y espirituales, porque todas tienen falta de la summa perfecion diuina; y todos sus actos, desseos y amores, son por acercarse a ella quanto pueden. Bien es verdad que en los inferiores el amor, no solamente sinifica falta, mas tambien en algunos dellos la sinifica, y es passion, como en los hombres y en los animales, y en los otros, como en los elementos y en los mistos insensibles, dize inclinacion natural. Empero en Dios el amor no dize passion ni inclinacion natural ni falta alguna, como El sea libre, impassible y summamente perfeto, al qual ninguna cosa puede faltar.

El amor en las criaturas, aun en las espirituales, sinifica falta.

El amor en los hombres y en los demas animales, es passion.

El amor en los mistos insensibles, es inclinacion natural.

Soph.—Pues que dize en Dios este vocablo amor?

Phil.—Dize voluntad de hazer bien a sus criaturas y a todo el vniuerso y de acrecentar la perfecion dellas quanto la naturaleza dellas fuere capaz. Y, como ya te dixe, el amor que ay en Dios presupone falta en los amados, mas no en el amante, y el amor de las criaturas, al contrario. Aunque de la tal perfecion, en la qual crecen las criaturas por el amor que Dios les tiene, goza y se alegra, si alegrarse la diuinidad se puede dezir; y en esto reluze mas su summa perfecion, como ya te he dicho. Y por esto dize el psalmo: Dios se alegra con las cosas que hizo. Y este aumento de perfecion y gozo en la diuinidad, no es en Dios absolutamente, sino solamente por relacion de sus criaturas; donde, como te he declarado, no muestra en el absolutamente alguna naturaleza de falta, sino solamente la muestra, en su ser relatiuo, respeto de sus criaturas. Esta perfecion relatiua en Dios es el fin del amor que al vniuerso tiene, y a cada vna de sus partes; y es aquella con la qual la summa perfecion de Dios es summamente llena. Y este es el fin del amor diuino y

Este nombre amor en Dios sinifica voluntad de hazer bien a sus criaturas.

El fin del amor de Dios para con el vniuerso, qual es.

el fin amado de Dios, por el qual toda cosa produze, toda cosa sustenta, toda cosa gouierna y toda cosa mueue, y auiendo necessariamente en essa simplicissima diuinidad principio y fin, amante y amado, esto es lo mas diuino de la diuinidad, como todo fin y amado suele ser mas que su amante.

Soph.—Mucho me agrada esso, y bien satisfecha estoy de la precedencia del amado al amante en la produccion del amor; y esto me basta para la primera pregunta que te hize, si el amor nacio; esto es, si fue engendrado de otro o ingenito; que aora yo veo manifiestamente que el amor es produzido y engendrado del amado y del amante, como de padre y madre. Querria que me satisfiziesses assi de la segunda pregunta mia, que es de

<small>Segunda pregunta: de quando nacio el amor.</small>

quando nacio el primer amor; si por ventura fue produzido ab eterno, o engendrado de amados y amantes eternos, o si fue produzido en algun tiempo, o si aquesto fue en el principio de la creacion, o despues, y en que tiempo.

Phil.—Essa tu segunda pregunta, no es poco dificultosa y dudosa.

<small>Dificultad de la segunda pregunta.</small>

Soph.—Que te haze poner mas duda en esta que en la primera?

Phil.—Porque el primer amor a los hombres es manifiesto ser aquel diuino por el qual fue el mundo produzido de Dios; y parece que aquel es el amor que primero nacio. Auiendo, pues, duda entre los hombres, de muchos millares de años a esta parte, de quando fue produzido el mundo, queda dudoso el quando nacio el amor.

Soph.—Di vna vez la duda que ay entre los hombres de quando fue el mun-

<small>Orden de la quistion venidera.</small>

do produzido, y entenderemos la duda que ay de quando nacio el amor; y despues que la duda estuuiere bien manifiesta, hallaras mas ayna el camino para la absolucion.

Phil.—Yo te lo dire. Concediendo todos los hombres que el summo Dios, engendrador y hazedor del mundo, es eterno, sin ningun principio temporal, estan diuisos en la produccion del mundo, si es ab eterno o de algun tiempo aca. Muchos de los filosofos tienen ser ab eterno produzido de Dios y no auer tenido principio temporal; assi como el mis-

<small>Opinion de Aristoteles acerca de la creacion del mundo.</small>

mo Dios no lo tuuo jamas; y desta opinion es el grande Aristoteles y todos los peripateticos.

Soph.—Pues que diferencia huuiera entre Dios y el mundo, si ambos a dos huuiessen sido ab eterno?

Phil.—La diferencia entre ellos quedara no menos grande, porque Dios fuera productor ab eterno, y el mundo huuiera sido produzido ab

<small>Orígenes de la Novela.—IV.—25</small>

eterno; el vno causa eterna, y el otro efeto eter-

<small>Opinion de los fieles de la creacion del mundo.</small>

no. Pero los fieles, y todos los que creen la sagrada ley de Moysen, tienen que el mundo no aya sido ab eterno produzido, sino criado de nada en principio temporal. Y tambien parece que algunos de los filosofos sienten esto; de los quales es el diuino Platon, que en

<small>Opinion de Platon acerca de la creacion del mundo.</small>

el *Timeo* pone ser el mundo hecho y engendrado de Dios, produzido del Chaos, que es la materia confusa, de que son engendradas todas las cosas. Y aunque Plotino, su sequaz, lo quiere reduzir a la opinion de la eternidad del mundo, diziendo que aquella platonica genitura y hechura del mundo se entiende auer sido ab eterno, todavia las palabras de Platon parece que ponen temporal principio, y assi fue entendido por otros claros platonicos. Bien es verdad que el haze al Chaos, de quien todas las cosas fueron hechas, eterno; esto es, eternalmente produzido de Dios; lo qual no tienen los fieles, porque ellos tienen que hasta la hora de la creacion solo Dios fue en ser sin mundo y sin Chaos, y que la omnipotencia de Dios produxo todas las cosas en principio de tiempo; que, en efeto, no parece claramente en Moysen que le ponga a Dios materia coeterna.

Soph.—Luego tres son las opiniones en la produccion del mundo de Dios:

<small>Suma de las tres opiniones del origen del mundo.</small>

la primera, de Aristoteles, que todo el mundo fue produzido ab eterno; la segunda, de Platon, que solamente la materia o Chaos fue produzido ab eterno, pero el mundo en principio de tiempo; y la tercera, de los fieles, que todo es produzido de nada en principio de tiempo. Aora podras, Philon, dezir las razones de cada vno dellos.

Phil.—Alguna cosa te dire en breue, que la suficiencia seria muy larga. Al

<small>Razones de Aristoteles sobre la eternidad del mundo.</small>

peripatetico le parece que las cosas criadas en el mundo son de tal manera, que a la naturaleza dellas repugna el auer auido principio y el auer fin, como es la materia primera, la continua corrupcion y generacion de las cosas, la naturaleza celeste, el mouimiento, mayormente circular, y el tiempo.

Soph.—De que manera repugna a la naturaleza de essas cinco cosas el auer auido principio? Por que no podia auer sido de nueuo la materia primera con la generacion y corrupcion? Y por que el cielo y su mouimiento circular, y el tiempo que del procede, no pudiera auer tenido principio temporal?

Phil.—Pues quieres saber la razon desto, sera necessario dezirtela, aunque nos diuierta mos algo del proposito. La materia primera, dize Aristoteles que no puede ser hecha de nueuo, porque todo lo que se haze conuiene que de alguna otra cosa sea hecho; que todos *De nada nada se haze.* conceden que de nada, nada se puede hazer. Y si la materia primera huuiera sido hecha, de alguna otra cosa fuera hecha, y aquella fuera materia primera y no esta; y no pudiendo proceder en infinito, es necessario dar vna materia verdaderamente primera y no hecha jamas. Luego la materia primera es eterna; y assi la generacion y corrupcion que della se haze; porque siendo la materia primera de imperfeto ser, es necessario que siempre exista debaxo de alguna forma sustancial; y la generacion de lo nueuo es corrupcion del preexistente; de donde *La corrupcion es necessaria para la generacion, y la generacion para la corrupcion.* es necessario que a toda generacion preceda corrupcion, y a toda corrupcion generacion; porque la generacion del pollo es por la corrupcion del hueuo. Luego la generacion y corrupcion de la cosa es eterna; de manera que todo hueuo nacio de gallina, y toda gallina de hueuo, y ninguno dellos fue absolutamente primero. El cielo de suyo parece eterno, porque, si fuera engendrado, fuera tambien corruptible, y corruptible no *La corrupcion se causa del sobrepujar de vno de los contrarios. La generacion es mouimiento de vn contrario en el otro.* puede ser, porque no tiene contrarios, como los elementos y los compuestos dellos, y la corrupcion sobreuiene de la superacion del contrario; y la generacion tambien es mouimiento del vn contrario en el otro; y muestrase que el cielo no tiene contrario, porque es impassible, inmudable en sustancia y calidad, y su figura, redonda entre todas las otras figuras, sola carece de contrariedad. Por consiguiente, al mouimiento circular repugna el auer principio; porque assi como la figura redonda, qual es la celeste, no tiene principio y todo punto en ella es principio y fin, assi el mouimiento circular es sin principio, y qualquiera parte suya es principio y fin. Tambien el primer mouimiento; porque si el se engendrara, su generacion, que es mouimiento, fuera primero que el primero, lo qual es impossible; y no pudiendo darse processo en infinito en los mouimientos engendrados, es necessario venir a vn primer mouimiento eterno. Tambien el *El tiempo es cuenta o medida del primer mouimiento.* tiempo, el qual sigue al primer mouimiento, porque se cuenta o medida de lo antecedente y sucediente del mouimiento, es necessario que sea eterno como el; porque, en efeto, es fin del momento passado y principio del venidero; donde no se puede señalar instante que sea primer principio. Luego es el tiempo eterno, sin jamas auer tenido principio.

Soph.—Entendido he las razones que mouieron a Aristoteles a hazer eterna la materia primera, y los cielos en ellos mismos, y la generacion de las cosas, y el mouimiento circular, y el tiempo en modo sucessiuo, vna parte en pos de la otra Por ventura tiene el otras razones, sin estas, para prouar la eternidad del mundo?

Phil.—Estas que te he dicho son sus razones las naturales. Otras dos teologales dan tam- *Dos razones teologales de Aristoteles sobre la eternidad del mundo.* bien los peripateticos para prouar que el mundo es ab eterno: la vna sacada de la naturaleza del opifice, y la otra del fin de su obra.

Soph.—Haz que entienda yo tambien essas.

Phil.—Dizen que, siendo Dios el artifice eterno e inmudable, la obra, que es el mundo, deue ser ab eterno, hecha de vna misma manera; porque la cosa hecha deue corresponder a la naturaleza de la haze. Y vltra desto, que el fin del Criador, en la creacion del mundo, no fue otro que querer hazer bien; pues por que este bien no deue auerse hecho siempre? que impedimento alguno no podia entreuenir en el omnipotente Dios, que es summo perfeto.

Soph.—Pareceme que no son sin fuerça essas razones del peripatetico, mayormente las teologales, de la naturaleza eterna del opifice diuino y del fin de su voluntaria produion. Que diran los platonicos, y nosotros todos los que creemos la sagrada ley mosayca, que pone la creacion de todas las cosas de nada en principio temporal?

Phil.—Nosotros dezimos muchas cosas en *La verdad de los fieles en la creacion del mundo, y las razones dellos contra las de Aristoteles.* nuestra defensa. Consentimos que, naturalmente, de nada no se puede hazer cosa alguna; pero milagrosamente, por la omnipotencia diuina, tenemos poder de hazer todas las cosas de nada, no que nada sea materia de las cosas, como el madero de que se hazen las estatuas, sino que Dios puede hazer las cosas de nueuo sin precedencia de materia alguna. Y dezimos que, aunque el cielo y la materia primera son naturalmente ingenerables e incorruptibles, con todo esso, por la omnipotencia diuina, en la absoluta creacion fueron en principio criados de nada milagrosamente. Y aunque la reciproca generacion de las cosas, y el mouimiento circular, y el tiempo, naturalmente repugnen al auer principio, todavia lo tuuieron en la admirable creacion; porque son consequentes de la materia primera y del cielo, los quales fueron criados de nueuo. Y quanto a la naturaleza del opifize, dezimos que el eterno Dios obra, no por

necessidad, sino por libre voluntad y omnipo-
tencia. La qual, assi como fue
Dios obra por libre voluntad, y no por necessidad. libre en la constitucion del mun-
do, en el numero de los orbes y
de las estrellas, y en la grande-
za de las esferas celestiales y elementales, y en
el numero, medida y calidad de todas las cosas,
assi fue libre en querer dar principio temporal
a la creacion, aunque pudo hazerla eterna como
el. Y quanto al fin de su obra, dezimos que,
aunque su fin en la creacion fue hazer bien, y
acerca de nosotros el bien eterno es mas digno
que el temporal, como nosotros no alcançamos
a conocer su propria sabiduria, no podemos al-
cançar a conocer el proprio fin della en sus
obras. Y quiça acerca del, el bien temporal en
la creacion del mundo precede al bien eterno;
porque se conoce mas la omnipotencia de Dios
y su libre voluntad en criar todas las cosas de
nada, que en auerlas produzido ab eterno; que
pareciera una dependencia necessaria, como la
continua dependencia de la luz del Sol, y no
mostrara auer sido hecho el mundo por libre
gracia y esplendido beneficio, como dize Dauid,
que el mundo fue fabricado por gracia y mise-
ricordia de Dios.

Soph.—Al fin pareciera mayor poder hazer
vna cosa buena eterna, que hazerla temporal.

Phil. - Mayor poder es hazerla temporal y
eterna todo juntamente.

Soph. -- Como puede el mundo ser temporal
y eterno todo juntamente?

Phil.—Es temporal, por auer tenido princi-
pio de tiempo, y es eterno, porque no tendra fin,
segun muchos de nuestros teologos; y assi
como reluze la summa potencia en el principio
temporal, assi resplandece el inmenso beneficio
en la eterna conseruacion del mundo. Y vni-
uersalmente dire al peripatetico
Reprehension a la arrogancia de los peripateticos. que, pues de la summa sabidu-
ria de Dios el puede alcançar
tan poquito, como podra decla-
rar la intencion, el fin y proposito della? De
manera que se puede concluyr necessariamente
con lo que dize el profeta en nombre de Dios:
Mas altos que los cielos de la tierra, estan lexos
mis caminos de los vuestros y mis pensamien-
tos de los vuestros.

Soph.—Bastanme tus razones para defen-
derme del peripatetico, aunque no para ofen-
derle, y estas mismas tomara Platon para su
defensa. Pero que le mueue a poner el Chaos
eterno, pues la omnipotencia de Dios puede
hazerlo de nada, y del todo el
La fe no tiene necessidad de prueua. mundo, como dezimos nosotros?
Phil.—Si que basta que la fe
no sea ofendida de la razon, que
no tenemos necessidad de prouarla, porque en-
tonces fuera ciencia y no fe; y basta creer fir-

memente lo que la razon no reprueua. La causa
porque Platon hizo la materia primera eterna,
Platon quiso con-cordar la Teologia de Moysen con la opinion de los filo-sofos. fue por poner la creacion mosay-
ca no desnuda de razon filosofi-
ca; porque el quiso ser y parecer
mas ayna filosofo que credulo
de la ley.

Soph.—Y con qual razon puede Platon
acompañar la creacion del mundo en principio
de tiempo, poniendo la materia o Chaos eter-
nalmente produzido de Dios? Y que gana en
poner el Chaos eterno, pues tiene que el mun-
do fue hecho de nueuo?

Phil.—A lo vltimo te respondere primero.
Gana no contradezir aquel dicho de los anti-
guos, tan largamente afirmado, que de nada
ninguna cosa se puede hazer; y aunque el pone
ser el mundo hecho de nueuo, no lo pone ser
hecho de nada, sino del antiguo
Opinion antiquissima acer-ca del Chaos. y eterno Chaos, materia y ma-
dre de todas las cosas hechas y
formadas. Y bien sabes que los
primeros que fabulosamente teologizaron de
los dioses, ponen que antes del mundo fue so-
lamente el gran dios Demogorgon, con el Chaos
y la Eternidad, que le acompañauan.

Soph.—Este dicho antiguo: que de nada
nada se haze, tiene otra fuerza de razon mas
que ser aprouado y concedido de los anti-
guos?

Phil.—Si no tuuiera otra fuerça de razon,
no fuera tan concedido y aprouado de tantos
excelentes antiguos.

Soph.—Di la razon, y dexemos la autoridad
de los viejos.
Razon por que hizo Pla-ton al mundo temporal y eterno al Chaos. *Phil.*—Yo te la dire, y te ser-
uira por respuesta, no solamen-
te al segundo miembro de tu
pregunta, mas tambien al pri-
mero juntamente con el segundo. Y veras vna
razon que constriñio a Platon a poner, no so-
lamente el mundo hecho de nueuo, sino tam-
bien el Chaos y materia del mundo, produzido
ab eterno del summo Criador.

Soph.—Damela a entender, que la desseo.

Phil.—Viendo Platon ser el mundo vna co-
mun sustancia formada, y cada vna de sus par-
tes ser assimismo parte de aquella comun sus-
tancia, formada de propria forma, conocio de-
rechamente que tanto el todo como cada vna
de las partes, era compuesto de vna o sustan-
cia informe y comun, y de vna pro-
pria forma que la informa.

Soph.—Razon tienes; di mas adelante.

Phil.—Iuzgo que esta formacion de las co-
sas, assi del todo, como de cada vna de las
partes, era nueua de necessidad y no ab
eterno.

Soph.—Por que?

Phil.—Porque es necessario que el informe aya sido antes que el formado.

El informe conuiene que preceda al formado. Si tu, o Sophia!, vees vna estatua de palo, no juzgaras que primero el palo fue informe de forma de estatua, que formado della?

Soph.—Si, cierto.

Phil. — Assi, el Chaos es necessario que sea hallado informe antes que formado el mundo. De manera que la formacion del mundo muestra su nouedad y auer sido hecho de nueuo; y lo informe que ay en el, de que fue hecho, muestra no nouedad, antes antiguedad eterna. Siguese, pues, y es necessario conceder, que assi como el mundo formado fue hecho de nueuo, assi es necessario conceder que el Chaos informe no aya jamas sido de nueuo, antes aya tenido ser ab eterno. Aora, pues, entenderas la razon de aquel dicho de los antiguos: **Razon del antiguo dicho, que de nada nada se haze.** que nada haze nada, porque el hazer dize formacion nueua, y la forma es relatiua al informe de que se haze, que, de nada informe, ningun formado puede hazerse. Es, pues, necessario que, assi como el formado mundo fue hecho de nueuo, assi el informe Chaos sea ab eterno produzido de Dios.

Soph.—Aunque te conceda que el Chaos **Que el Chaos es produzido de Dios.** aya sido hecho ab eterno, no por esso te concedere que sea produzido de Dios.

Phil.—Es necessario que lo concedas, porque el Chaos es informe y imperfeto; y es necessario dedicarle causa productiua, que sea vniuersalissima forma y perfecion, assi como el es vniuersalissimo informe e imperfeto, la qual es Dios.

Soph.—Como, Dios tiene forma? seria luego formado y hecho de nueuo, que es absurdo.

Phil.—Dios no es formado ni tiene forma, pero es summa forma en si mismo; **Dios es summa y absolutissima forma.** de quien el Chaos y todas sus partes participan forma, y de ambos se hizo el mundo formado y todas sus partes formadas. El padre de los quales es aquella diuina formalidad, y la madre es el Chaos, ambos ab eterno, el perfeto padre produxo de si la sola sustancia imperfeta madre, y de ambos son hechos y formados de nueuo todos los mundanos hijos, los quales tienen con la materia la formalidad paterna. Assi que por esta razon, no vana, **El mundo, segun Platon, tuuo origen de Dios y del Chaos, como de padres eternos.** afirma Platon que el Chaos fue produzido de Dios ab eterno; y que el mundo con sus partes es hecho y formado del de nueuo en la creacion.

Soph.—No me plaze poco entender essa razon de Platon; pero quedame en contrario, que

el se funda en que el informe se deue hallar primero y sin el formado; la qual prioridad, aunque es de conceder naturalmente, nò se deue conceder en sucession temporal; porque puro informe no puede estar ni hallarse sin forma, y la forma es aquella por la qual el informe se halla; de donde es necessario que, o ambos sean ab eterno, la forma y la materia, y todo el mundo, como dize Aristoteles, o ambos y todos sean de nueuo criados, como tienen los fieles; y assi, de la vna manera o de la otra, la materia es primera en el origen natural, mas no en la anticipacion temporal, como funda Platon.

Phil.—Que la materia tenga prioridad natural a la forma, como el sujeto a la cosa de que es sujeto, es manifiesto. Pero aliende desto, es necessario conceder que tambien sea primero la materia en tiempo a todo tiempo y formacion della; lo qual muestra Aristoteles, **La materia, no solo en naturaleza, pero en tiempo, precede a toda forma.** porque la materia primera conuiene que primero en tiempo este en potencia a qualquiera forma coeterna a la materia; que acto en potencia no es otra cosa, como dize Aristoteles, que quitar totalmente la naturaleza de la materia y de la potencia.

Soph.—Pues como pone Aristoteles el mundo formado ab eterno?

Phil.—Porque el no pone la materia primera comun a todo el mundo, sino **Opinion de Aristoteles acerca de la materia primera.** solamente en el mundo inferior de la generacion y corrupcion. En el qual pone la materia primera eterna, y ninguna forma a ella coeterna, sino cada vna nueua en ella por generacion, y la otra renacida por corrupcion. Y pone la sucession de muchas y diuersas formas eterna, con eterna generacion y corrupcion; pero que las singulares, cada vna dellas es nueuo generable y nueuo corruptible.

Soph.—Luego en los cielos, donde no ay generacion, no pondra Aristoteles materia?

Phil.—De ninguna manera quiere que los cielos y las estrellas tengan materia sustancial: porque, si la tuuieran, fueran generables y corruptibles, como los cuerpos inferiores; sino que solamente son cuerpo eterno, que es materia de mouimiento, pero no de generacion.

Soph.—Y Platon, por que no pone la materia eterna informada eterna, y successiuamente de successiuas formas?

Phil.—A Platon le parecio impossible que cuerpo formado no aya sido hecho de materia informe; de donde **Opinion de Platon en la materia primera.** de el cielo, el sol y las estrellas, que son hermosamente formadas, afirma ser hechas de materia informe, como todos los cuerpos inferiores.

Soph.—Y la materia de los cielos, es por ventura la misma que la de los inferiores, o otra?

Phil.—Otra no puede ser que la materia primera de toda manera informe, porque no tiene por que pueda multiplicarse y hazerse diuersa de otra; y es necessario que sea vna misma en todos los compuestos de materia. Y le parece justo que el mundo todo, assi como tiene vn padre comun, que es Dios, que tambien tenga vna madre comun a todas sus partes, que es el Chaos, y el mundo sea hijo de ambos.

Soph.—Luego los angeles y entendimientos puros, es necessario que sean compuestos de materia?

Phil.—Ya vuo alguno de los platonicos que dixo que el Chaos tiene su Opinion de algunos platonicos acerca de la materia primera. parte en los angeles y en los otros espirituales entendimientos; porque da en ellos la sustancia, la qual se forma de Dios intelectualmente sin corporeidad. De manera que los angeles tienen materia incorporea e intelectual; y los cielos tienen materia corporea incorruptible successiuamente; y los inferiores tienen materia generable y corruptible. Pero a los que tienen que los entendimientos son animas y formas de los cuerpos celestes, les basta que vsen de la materia solamente en composicion de los cuerpos celestiales y no de los entendimientos, que son las animas dellos.

Soph.—Luego los cielos, segun Platon, son hechos de la materia que somos nosotros?

Phil.—Della propria.

Soph.—Pues como pueden ser eternos?

Phil.—Por esso afirma Platon que los cielos tambien son hechos de nueuo de materia informe coeterna a Dios.

Soph.—Bien esta; mas tambien conuiene que diga que son corruptibles, como los inferiores; porque la materia es necessario que successiuamente sea muchas vezes formada.

Phil.—Tambien tiene que los cielos de suyo Platon afirma que los cielos son de suyo corruptibles, y por la omnipotencia de Dios son hechos indissolubles. son dissolubiles, porque toda cosa hecha de materia y forma se dissuelue, si no fuera por la omnipotencia diuina, que los haze indissolubiles, aunque de suyo son solubiles.

Soph.—Y tu crees que Dios, que hizo la naturaleza dellos soluble, contradiziendo su natural obra, los haga indissolubiles, que parece vna reprouacion de si mismo?

Phil.—Tu objecion es eficaz; por lo qual dize Platon, en el *Timeo*, que el Summo Dios, hablando con los cielos, les dixo: Vosotros soys hechura mia, y de vosotros dissolubiles; pero porque es cosa fea dexar que lo hermoso se

dissuelua, por mi comunicacion sed indissolubiles; porque mayores son mis fuerças que vuestra fragilidad. Pero yo creo que por estas palabras no pone Platon los cielos para siempre indissolubiles, sino que son para mostrar la causa por que no son successiuamente generables y corruptibles y poco durables, como los inferiores, siendo todos hechos de vna misma materia, que causa la nouedad y el dissoluerse. Y dize que, aunque por la naturaleza material dellos deuria ser assi, todauia, por la mayor belleza formal suya, participada grandemente de Dios, son muy diuturnos.

Soph.—Luego, segun Platon, los cielos se Opinion de Platon, que los cielos se han de dissoluer. han de dissoluer?

Phil.—Si.

Soph.—Y sabras dezir el quando se cree que sera?

Phil.—Quando acabaren su natural edad, que la tienen limitada, como qualquiera de los cuerpos inferiores, pero mucho mas duradera.

Soph.—Ay alguno que les aya señalado termino de tiempo?

Phil.—Los theologos, mas antiguos que Platon, de los quales el fue dicipulo, dizen que el mundo inferior se corrompe y renueua en siete mil años.

Soph.—Y quanto tiempo dura corrupto?

Phil.—De los siete mil años, los seys mil esta siempre brotando el Chaos de los inferiores cuerpos, y, acabados estos, dizen que, recogiendo en si toda cosa, se reposa en el siete millesimo año; y en aquel espacio de tiempo concibe para nueua generacion, para otros seys mil años.

Soph.—Y quantos tenemos nosotros destos siete mil años?

Phil.—Tenemos, segun la verdad Hebrea, cinco mil y dozientos y sesenta y dos, desde el principio de la creacion (1). Y quando fueren acabados los seys mil, se corrompera el mundo inferior.

Soph.—Y que le hara corromperse?

Phil.—La corrupcion sera por el sobrepujar de vno de los quatro elementos, mayormente del fuego, o quiça del agua.

Soph.—Y los cielos, quando se corromperan?

(1) «La edad del mundo quando el autor escriuio, era 5262 años. Para saber con qual de los de nuestra redencion viene este año, es dificultoso sacarlo, por la mucha variedad de opiniones que ay en la cuenta hebrea. Quando esta traducion se acabo era el año del parto virginal de 1586.»

Copiamos aquí en forma de nota, la apostilla marginal del traductor. El año hebráico 5262. á que se refiere el texto, es el 1502 de la Era cristiana, y empezó en 13 de setiembre (Cons. E. Jusué: *Tablas para comprobación de fechas en documentos históricos*; Madrid, 1911: p. 227).

Phil.—Dizen que, corrompido el mundo inferior siete vezes de siete mil en siete mil años, viene a dissoluerse el cielo con todo el lleno; y toda cosa buelue al Chaos y a la materia primera. Y esto viene a ser vna vez despues de passados quarenta y nueue mil años.

Que el vniuerso se dissuelue passados os XLIX mil años de su creacion.

Soph.—Y despues, como se cree que sucederan las cosas?

Phil.—Aunque es atreuimiento hablar de cosas tan altas e incognitas, te las dire. Tienen que, despues que aya estado ocioso el Chaos por algun espacio, torna a empreñarse de la diuinidad, y a brotar el mundo, y a formarse otra vez.

Opinion antiquissima de eterna sucession del mundo.

Soph.—Y este mundo, a sido hecho otra vez?

Phil.—Quiça si, como ellos dizen.

Soph.—Y por ventura podriamos acabar de llegar a alguna primera y suprema procreacion del mundo?

Phil.—Siendo el Chaos eterna madre, y la germinacion suya del eterno y omnipotente padre Dios, la ponemos eterna; esto es, infinitas vezes successiuamente; lo inferior, de siete mil en siete mil años, y lo celeste con el todo que se renueue de cincuenta mil en cincuenta mil años.

Soph.—Las animas intelectuales, y los angeles, y los entendimientos puros, como se han en esta corrupcion mundana?

Como se han las animas intelectiuas, los angeles y entendimientos puros en esta vniuersal corrupcion.

Phil.—Si no son compuestos de materia y forma, ni tienen parte en el Chaos, se estan apartados de los cuerpos en sus proprias essencias contemplando la diuinidad. Y si tambien son compuestos de materia y forma, assi como participan sus formas del Summo Dios, padre comun, assi tambien participan la sustancia y materia corporea del Chaos, madre comun, como pone nuestro Albenzubron (¹) en su libro de *Fonte vitæ*; tambien ellos bolueran su parte a cada vno de los dos padres en el quinquagesimo millesimo año, conuiene a saber, la sustancia y materia al Chaos, el qual entonces recogera en si las porciones de todos sus hijos; y las intelectuales formalidades, al Summo Dios, padre dador dellas; las quales lucidissimamente seran conser-

Albenzubron y lo que dize en su libro de Fonte vitæ.

(¹) El gran pensador hebreo hispano, Salomón ben Yehudá ben Gabirol (1025?-1070?). Su *Fuente de la Vida* ha sido traducida del latin al castellano por don Federico de Castro (Madrid, 1901). El texto latino (versión del original arábigo) fué esmeradamente publicado por Cl. Baeumker (Münster, 1895). Cons. A Bonilla: *Historia de la Filosofia española*; II; Madrid, 1911; p 97 y sigs.

uadas en las altissimas Ideas del diuino entendimiento hasta la nueua buelta dellas en la vniuersal creacion y generacion del vniuerso. Y que entonces el Chaos, ya fecunda de la diuinidad, brotara sustancias materiales formadas de todas las Ideas; esto es, en el mundo inferior corporeo, y successiuamente generable y corruptible; y en el mundo celeste corporeo, y mouible circularmente sin generacion y corrupcion successiua; y en el mundo intelectual materias sustanciales incorporeas, inmouibles e ingenerables, e incorruptibles; aunque en el fin del siglo todas se dissolueran, boluiendo a sus primeros padres, como te he dicho.

Soph.—Si el cielo con todo el lleno se dissuelue passados los quarenta y nueue mil años, como estos dizen, luego aquella octaua esfera, donde esta la multitud de las estrellas, segun la tardança de su mouimiento. pocas circulaciones podra hazer en todo el tiempo de la vida del mundo y suya? Porque, segun he entendido de ti, los astrologos dizen que haze vna circulacion en no menos de treynta y seys mil años. Otros dizen que en mas de quarenta mil años. Si su vida no es mas de quarenta y nueue mil años, poco mas de vna circulacion podra hazer en todo el tiempo de su vida, lo qual parece estraño.

Phil.—Segun ellos, nada mas que el tiempo de vna sola reuolucion de la octaua esfera dura, toda la vida suya y del resto del vniuerso; porque, en efeto, aunque los primeros astrologos la ponen en treynta y seys mil años, y otros mas antiguos en menos, la verificacion de los vltimos, a la qual por la esperiencia mas larga damos mas fe, pone vna circulacion suya en quarenta y nueue mil años passados. Dizen, pues, estos teologos, que tanta es la vida del mundo, quanto la octaua esfera esta en dar vna buelta; y acabada esta, se dissuelue con todo el resto, boluiendose las formas a la diuinidad y las materias a la madre Chaos (¹); el qual, auiendo reposado mil años, buelue a concebir del entendimiento diuino, e informado otra vez de todas sus Ideas, despues de cincuenta mil años, buelue a brotar el cielo y la tierra y las otras cosas del vniuerso. Y los astrologos, notando esto, dizen que dando la octaua esfera vna buelta, se bueluen todas las cosas como al principio.

Opinion de los astrologos modernos acerca de la octaua esfera.

Que la vida del vniuerso es de XLIX mil años.

Nueua sucession del vniuerso.

Soph—Pues bien suena la astrologia con el dicho destos teologos. Pero dime, si assi como la duracion y relaxacion del todo sigue a la circulacion de la octaua esfera, casi como cau-

(¹) Aquí. como en otros lugares, León Hebreo hace femenino al neutro *Chaos*.

sadas della; si la duracion y corrupcion del mundo inferior, que es de siete mil en siete mil años, si por ventura es tambien causada de algun curso celestial?

Phil.—Si que es causada del curso de la misma octaua esfera del moui-miento suyo de acesso y reces-so, el qual haze de siete mil en siete mil años siete bueltas en toda su circulacion, cada vna de las quales haze dissoluerse y renouarse el mun-do inferior; y quando viene la septima vez, se dissuelue lo celeste despues de quarenta y nueue mil años, que son siete vezes siete, como te he dicho.

El acesso y recesso de la octaua esfera es causa de la co-rrupcion del mun-do inferior.

Soph.—No es poca demonstracion esta con-cordancia de astrologia. Pero dime, estos as-trologos han tenido esto solamente por razon, o por disciplina autentica?

Phil.—Ya te he dicho que para poner el mundo corruptible, creen ser acompañados de razon, pero en la limitacion del tiempo, demas de la astrologica euidencia, dificil seria hallar razon filosofica; pero lo vno y lo otro dizen te-ner por diuina disciplina, no solamente de Moysen, dador de la ley diuina, pero desde el primer Adam, de quien por tradicion de boca, la qual no se escriuia, llamada en lengua hebrea Cabala, que quie-re dezir recepcion, vino al sabio Enoc, y de Enoc al famoso Noe; el qual, despues del diluuio, por la inuencion suya del vino, fue llamado Iano, porque Iano en hebreo quiere dezir vino, y le pintan con dos caras, vna atras y otra adelante, porque vio lo que auia antes del diluuio y despues del. Este dexo esta, con otras muchas noticias diuinas y humanas, al mas sabio de sus hijos, Sem, y a su decendiente Heber, que fueron maestros de Abraham, llamado Hebreo por Heber su ante-cessor y maestro. Y tambien vio a Noe, que murio siendo Abraham de cincuenta y nueue años. De Abraham, por succession de Isaac y de Iacob y de Leui, vino la tradicion, segun di-zen, a los sabios de los hebreos, llamados cabalistae. Las quales noticias dizen auer sido confir-madas por Moysen por reuela-cion diuina, no solamente de palabra, mas sini-ficadas tambien en la Sagrada Escritura en diuersos lugares, con proprias y verisimiles ve-rificaciones.

Cabala, antiquissi-ma dotrina entre los hebreos.

A Noe por que le llaman Iano y le pintan con dos caras.

Los hebreos sa-bios se llamauan cabalistas.

Soph.—Si en las sagradas letras de Moysen, con algun color de verdad, nos han sido sinifi-cadas estas cosas, y son de mayor eficacia, pla-zerme ia que me las declarasses.

Phil.—Dezirte he lo que dizen, lo qual no te persuado que tengas, porque la euidencia dello en los textos no esta clara, sino figura-tiua; y yo en esto, por complazerte, sere sola-mente relator, aunque nos apartemos algun tanto del proposito. Moysen, como sabes, dize que Dios crio el mundo en seys dias; en el sep-timo reposo de toda su obra, en memoria del qual mando a los hebreos que en los seys dias trabajassen o hiziessen obras y en el septimo descansassen del trabajo. Estos teologos dizen que estos dias di-uinos de la creacion del mundo inferior se entiende por cada vno de los mil años, como dize Dauid, que mil años, en el acatamiento de Dios, son vn dia; luego los seys dias naturales de la obra de la creacion de Dios, tienen virtud de seys mil años de duracion germinatiua en el mundo inferior, y el septimo dia de quietud dio al Chaos sin obra germinatiua en el mundo inferior. Tambien en los ritos de los hebreos deuen connumerar desde el dia que salieron de Egypto siete semanas, que son quarenta y nue-ue dias, y el quinquagesimo dia hazen la fiesta de la data de la ley, quando la diuinidad quiso comunicarse a todos en comun; dizen que sini-fica las siete reuoluciones del mundo inferior en quarenta y nueue mil años y la nueua co-municacion de todo el vniuerso, y dizen sinifi-car esto Moysen, no solamente en el numero de los sieruos, pero tambien auerlo sinificado en el numero de los años vn año por mil, por-que el grande año celeste acerca de los astrologos es mil años; de donde Moysen manda en la ley, que los seys años se labre la tierra y el septimo se dexe ocio-sa sin labor y propriedad alguna, y dizen sinifi-car la tierra el Chaos, al qual los hebreos sue-len llamar tierra, y tambien los caldeos y otros gentiles; y sinifica que el Chaos deue estar en germinacion de las cosas generables seys mil años, y el septimo reposar con todas las cosas confusas connumente sin propriedad alguna. Y assi manda Moysen que en este septimo año se deuen soltar las deudas y las obligaciones de las possessiones y boluer toda cosa a su principio. De donde llaman a este septimo año Xemita, que quiere dezir dexacion, y sini-fica la dexacion de la propriedad de las cosas en el septimo año millar y la reducion dellas al Chaos primero. Y esta Xemita es como el sabado en los dias de la semana. Dize tambien Moysen, que quan-do vuieren passado siete Xemitas, que, sinifican los quarenta y nueue mil años, se deue celebrar el quinquagesimo año Iobel, que en latin quie-re dezir Iubileo y buelta de lo recebido, por-

Rasones de los cabalistas en la co-rrupcion del mundo inferior.

La Pascua de los hebreos.

El grande año celeste acerca de los astrologos es de mil años.

Xemita, acerca de los hebreos, sini-fica la dexacion de todas las cosas.

que en aquel año auia de auer perfeta quietud de todas las cosas, assi terrestres como negociatiuas, y todo esclauo alcançaua libertad, toda manera de obligacion se soltaua, la tierra no se la braua, los frutos eran comunes y toda possession boluia a su primer señor, no embargante qualquiera vinculo: llamauase año de la libertad. El texto dize: en el año del Iubileo todas las cosas bolueran a su origen y rayz, la libertad se apregonara en la tierra; de manera que en aquel año las cosas passadas se extinguian y principiaua mundo nueuo por cincuenta años, como el passado. El qual Iubileo dizen que sinifica el quinquagesimo millar de años en que se renueua todo el mundo, assi el celeste como el inferior. Otras muchas cosas te podria dezir en esto; pero lo dicho te deue bastar para darte alguna noticia de la posicion destos teologos y ocasion de su atreuimiento en la limitacion de los tiempos y vida del mundo, que, como ya te dixe, no lo has de tener.

Año de Iubileo, año Iobel.

Año de la libertad.

Soph.—De que manera pueden reduzir a su opinion a Moysen? El dize claro que in principio crio Dios el cielo y la tierra, que parece poner juntamente la creacion del Chaos con todo el resto.

Phil.—Leemos el texto de otra manera. Este vocablo *In principio*, en hebraico puede sinificar *antes.* Dira, pues: Antes que Dios criasse y apartasse del Chaos el cielo y la tierra; esto es, el mundo terrestre y celeste: la tierra, que es el Chaos, estaua sin fruto y vazia; y mas propriamente dize, porque dize: estaua confusa y descompuesta; esto es, oculta, y era como vn abismo de muchas aguas tenebroso, sobre el qual soplaua el Espiritu diuino, como haze vn viento grande sobre vn pielago, que aclara las tenebrosas, intimas y ocultas aguas, sacandolas afuera con successiua inundacion; assi hizo el Espiritu diuino, que es el summo entendimiento lleno de Ideas, el qual, comunicado al tenebroso Chaos, erio en el la luz por extraccion de las sustancias ocultas y luminadas de la formalidad ideal; y en el segundo dia puso el firmamento, que es el cielo, entre las aguas superiores, que son las essencias intelectuales, las quales son las supremas aguas del profundissimo Chaos; y entre las aguas inferiores, que son las essencias del mundo inferior generable y corruptible. Y assi diuidio el Chaos en tres mundos: intelectual, celeste y corruptible. Despues diuidio lo inferior de los elementos, el agua de la tierra, y, descubierta la tierra, le hizo brotar yeruas, arboles y animales terrestres, volatiles y aquati-

Razon con la qual los platonicos y caballistas quieren reduzir a su opinion dellos a Moisen en la eternidad del Chaos, y de que manera leen el sagrado texto.

les. Y despues, en el sexto dia, al fin de todo crio al hombre. Y desta manera, sumariamente dicho, entienden estos el texto de la creacion mosayca y creen denotar que el Chaos fuesse antes de la creacion confuso y por la creacion diuino en todo el vniuerso.

Soph.—Plazeme verte hazer a Platon mosayco y del numero de los cabalistas; y bastame esto para noticia, como dizes; pues que ni absoluta razon, ni determinada fe, me constriñe a estas tales credulidades. Pero dime: con estas sus posiciones pueden por ventura absoluer mas razonablemente los sobredichos argumentos de Aristoteles, que los fieles, los quales creen la creacion del mundo ser vna sola vez?

Platon hecho mosayco i cabalista.

Phil.—Aristoteles mismo confiesa que la opinion que pone antes deste mundo auer auido otro, y despues deste auer de auer otro, y assi siempre en continua sucession, hechos todos de mano eterna, es opinion mas puesta en razon que la que pone este mundo auer tenido principio, y antes del no auer cosa alguna; porque aquella pone orden successiuo eterno en la generacion del mundo, y concede que de nada no se haze cosa alguna, y estotra no lo sinifica. Assi que contra aquella opinion no tienen lugar los mas fuertes de sus argumentos, como aquel que de nada nada se haze, y que la materia primera no puede ser de nueuo hecha o engendrada; por lo qual concede y presupone Platon aquellas proposiciones, tambien como los dos argumentos teologales de la obra diuina, que deue ser eterna, como el opifice della; y tambien que el fin de su obra, que es bueno, deue ser eterno: las quales proposiciones ambas concede Platon, quanto es por parte del agente diuino. Empero dize que Dios de la eternidad a aquello que es capaz de la gozar, como es el entendimiento, en que estan las Ideas y la materia primera, que es el Chaos; porque el vno es puro acto y forma, y el otro pura potencia y materia del todo informe; el vno es padre vniuersal de todas las cosas, y el otro madre comun a todos. Estos solamente pudieron participar de la eternidad diuina, auiendo sido produzidos della ab eterno; pero que los hijos dellos, los quales mediante estos dos padres son hechos y formados de Dios, como es todo el vniuerso y cada vna de sus partes, no son capaces de eternidad; porque todo hecho y formado, esto es, compuesto de la materia del Chaos y de la

Con la opinion de Platon y de los caballistas se absueluen los argumentos que Aristoteles pone de la eternidad del mundo.

Respuesta de Platon a los dos argumentos teologales de Aristoteles.

Platon dize que Dios de la eternidad a lo que es capaz de la recebir y gozar.

forma de la Idea intelectual, es necessario que tenga principio y fin temporal, segun que arriba te dixe. Assi que la obra y el fin de la produccion diuina, fueron eternos en los primeros padres del mundo, pero no en el mismo mundo singular formado; y fueron eternos en la succession eterna de muchos mundos, assi como el mismo Aristoteles pone en el mundo inferior, que ninguno de sus indiuiduos es eterno, y que la generacion y la materia primera dellos es eterna.

Soph.—Bien veo la absolucion de las razones teologetas de Aristoteles y de la primera de las naturales; pero, como me absoluera Platon las otras quatro naturales?

Phil.—Platon no concede a Aristoteles que el Chaos se pueda ha'lar sin forma; antes dize que, auiendo produzido largo tiempo, recoge en si todas las cosas y se aquieta con ellas por cierto espacio de tiempo, hasta que, haziendose preñada de las Ideas, buelue despues a brotar hijos y a produzir de nueuo al vniuerso. Y concede que la generacion es eterna en muchos mundos successiuos, pero no en vno. A lo del cielo, que la contrariedad, por la qual se dissuelue, es por ser formado, hecho' y compuesto de materia y forma; porque todo tal es necessario que se dissuelua, y assi cessa su mouimiento circular, aunque el mouimiento en vniuersal sea eterno por eterna produccion successiua del Chaos. Y quanto al tiempo, dize que es eterno, no por el mouimiento del cielo. sino por el mouimiento eterno germinatiuo del Chaos successiuamente.

Soph.—No me plaze poco la absolucion de los argumentos de Aristoteles Resolucion de las tres opiniones acerca del origen del mundo. por parte de Platon: y harto me has enseñado de la produccion del mundo, segun todas las tres opiniones: de Aristoteles, *la eternidad de vn mundo solo*; de Platon, *la eternidad successiua* de muchos mundos, el vno despues del otro; de los fieles, *la creacion* de vn mundo solo y de todas las cosas. Aora me parece que es ya tiempo de boluer a nuestro proposito del amor, y que me respondas a la segunda pregunta, de quando nacio el amor y qual fue el primer amor.

Phil.—El primer amor es el del primer amante al primer amado: pero • El primer amor es eterno. como sea cosa manifiesta que ninguno dellos jamas aya nacido, antes ambos sean eternos, conuiene dezir que tambien el amor dellos, que es el primer amor, jamas aya nacido, antes es, como ellos, eterno, y de ambos a dos produzido de eterno.

Soph.—Dime quienes son el primer amado y el primer amante, que, conociendo el amor dellos, sabre qual es el primer amor.

Phil.—El primer amante es Dios, que coEl primer amor es el de Dios a si mismo. noce y quiere, y el primer amado es el mismo Dios, summo, hermoso.

Soph.—Luego el primer amor es de Dios a si mismo?

Phil.—Si, cierto.

Soph.—Muchas cosas se siguieran desto absurdas y contrarias. La primera, que la simplicissima essencia diuina fuera partida, en parte amada y no amante, y en parte amante y no amada. La segunda, que Dios amante fuera inferior a si mismo amado; que, segun me has enseñado, todo amante, en quanto amante, es inferior a su amado; porque si el amor es desseo de vnion, como has dicho, Dios, amando, dessearia vnirse consigo mismo, y siendo siempre vna cosa consigo mismo, seria poner que Dios careciesse de si mismo, el qual amor presupone falta; y otros muchos semejantes inconuenientes se siguirian, que no me alargo a dezirtelos, porque a ti y a qualquiera que aya entendido las condiciones que has puesto en el amor, son manifiestos.

Phil.—No es licito, o Sophia! hablar del amor intrinseco de Dios, amanNo nos es licito hablar de la Santissima Trinidad como hablamos de nosotros. te y amado, con la lengua y labrios con que solemos hablar de los amores mundanos. No haze en El diuersidad alguna ser amado y amante; antes esta intrinseca relacion haze su vnidad mas perfeta y simple; porque su diuina essencia no fuera de summa vida si en si misma no reuerberara de la hermosura o sabiduria amada del sabio amante, y de ambos a dos el optimo amor. Y assi como en El el conociente, y la cosa conocida, y el mismo conocimiento, son todas vna misma cosa, aunque dezimos que el conociente se haze mas perfeto con la cosa conocida, y que el conocimiento se deriua de todos dos; assi en El el amante, y el amado, y el mismo amor es todo vna cosa; y aunque los numeramos tres y dezimos que del amado se informa el amante, y de ambos a dos (como de padre y madre) se deriua el amor, todo es vna simplicissima vnidad y essencia o naturaleza, en ninguna manera diuisible ni multiplicable.

Soph.—Si en El no ay otra cosa que pura vnidad, de donde viene esta trina reuerberacion de que hablamos?

Phil.—Quando su pura claridad se imprime en vn espejo intelectual, haze aquella trina reuerberacion que has entendido.

Soph—Luego sera falso y mentiroso este nuestro conocimiento que del tenemos, pues que del puro vno haze tres?

Phil.—No es falso, porque nuestro entendimiento no puede comprehender la diuinidad, que en su propria naturaleza intelectual le excede en infinito. Y tu no llamaras mentiroso al ojo o al espejo si no comprehende al Sol con su claridad y grandeza, y al fuego con su grandeza y ardiente naturaleza; porque le basta recebirlo, segun la capacidad de la naturaleza del ojo o del espejo; y esto le haze receptor fiel, aunque no pueda conseguir toda la naturaleza de la cosa recebida. Assi a nuestro espejo intelectual le basta recibir y figurar la immensa essencia diuina, segun la capacidad de su intelectual naturaleza, aunque en infinito es sobrepujado y deficiente de la naturaleza del objeto.

La naturaleza diuina excede a nuestro entendimiento en infinito.

Nuestro entendimiento comprehende a Dios, no segun la infinita essencia diuina, sino segun la poca capacidad humana.

Soph.—Si, por no poder alçancar tanto quanto es el objecto; pero no para hazer del vno tres.

Phil.—Antes, no pudiendo comprehender la pura vnidad del diuino objecto, la multiplica relatiuamente y reflexiuamente en tres; que vna cosa clara y simple no se puede imprimir en otra menos clara que ella, sino multiplicando su eminente luz en diuersas menos claras luzes. Mira el Sol, quando se imprime en las nuues y haze el arco, con quantas colores se transfigura en las nuues que le reciben, o en el agua, o en el espejo, siendo el vna simple sin color proprio, antes excediendo y conteniendo todas las colores. Assi la formalidad diuina, vna y simplicissima, no se puede transfigurar sino con reuerberante luz y multiplicada formalidad.

Razon por que nuestro entendimiento multiplica la vnidad diuina en trina relacion.

Soph.—Y por que nuestro entendimiento haze de vno tres y no otro numero?

Phil.—Porque vno es principio de los numeros, porque vno dize primera forma, y dos primera materia, y tres el primer ente compuesto de ambos a dos; y como nuestro entendimiento es en si trino y primer compuesto, no puede comprehender la vnidad sin la trina relacion, no que haga del vno tres, sino que comprehende al vno debaxo de forma trina, y juzga que en el objeto diuino la vnidad es purissima, la qual en summa simplicidad contiene la naturaleza del amado, del amante y del amor, sin multiplicacion y diuision alguna; assi como la luz del Sol contiene todas las essencias de las luzes y colores particulares con vna simple y eminente claridad, assi la mente humana recibe en si aquella amorosa vnidad debaxo de forma trina, de amado, amante y amor, todos tres en vno; y esto es solo por la baxeza e incapacidad de esse enten-

Razon por que nuestro entendimiento base de vno tres, y no otro numero.

dimiento que le recibe. Y con esto soldaras, o Sophia! todas tus dudas y qualquiera otra que te pueda ocurrir en el amor intrinseco de Dios amante en Dios amado.

Soph.—Pareceme que te entiendo; pero si pudiesses declararme alguna cosa mas, como en Dios es vna misma cosa el amado, el amante y el amor, me seria mayor satisfacion.

Phil.—Assi como el inteligente, y la cosa entendida, y la inteligencia, tanto estan diuisos, quanto estan en potencia, y tanto estan vnidos, quanto estan en acto, assi el amado, el amante y el amor, tanto son tres y diuisos, quanto estan en potencia, y tanto son vna misma cosa e indiuisa, quanto estan en acto. Pues si el estar en acto los haze vno e indiuisibles, tanto mas, estando en el summo y purissimo acto diuino, son vno en simplicissima y purissima vnidad, y, en todos los otros actos inferiores, la vnion dellos no es tan pura y desnuda de la trina naturaleza amorosa e intelectual.

El acto de la naturaleza amatoria o intelectual en Dios, que es summo acto, es mas vnido, puro y simple que en qualquier otro acto inferior.

Soph.—Grandemente me aplaze esta abstraccion; pero restame en contrario esto: que aunque se consienta que nuestro entendimiento aprehenda la vnidad diuina, la qual simplicissimamente sobrepuja y contiene todas las tres naturalezas amatorias de amado, amante y amor, debaxo de forma trina relatiua, no por esso te consentire que aprehenda que la vna destas tres naturalezas dependa de la otra; esto es, el amante del amado, y que la tercera, que es el amor, nazca destas dos primeras, como de padre y madre, segun que has dicho; porque toda producion y nacimiento es alienissimo y contrario de la simplicissima vnidad diuina.

Phil.—Antes debaxo desta forma productiua, no solamente es licito, mas conuiene que la vnidad diuina se imprima en nosotros: porque assi como, para que nuestro entendimiento le reciba, conuiene que se multiplique el vno en tres, assi es necessario que en el aya succession de aquella trina naturaleza; que de otra manera quedaran tres naturalezas diuisas y no vna sola, y entonces nuestro entendimiento fuera mentiroso. Y no puede figurarse la vnidad con la multiplicacion, si aquella multiplicacion no retiene la vnidad con la produccion vnitiua; de donde te he dicho que, en la diuinidad, la mente o sabiduria amante se deriua ab eterno de la hermosura amada, y el amor nacio ab eterno de ambos a dos, del hermoso amado como de padre, y del sapiente o amante como de madre. Y digo que el amante fue produzido, no que naciesse, porque no tuuo ambos los padres ne-

Nuestro entendimiento, de que manera deue y es necessario que reciba la vnidad diuina.

cessarios para el nacimiento, sino vno solo antecessor, como fue produzida la madre Eua del padre Adam, y el Chaos y la materia, madre comun del entendimiento diuino, que es padre vniuersal. Pero el amor, digo que nacio porque fue produzido del padre amado y de la madre amante, como todos los demas hombres de Adam y de Eua, y todo el mundo del entendimiento y de la materia. Desto que te he dicho, o Sophia!, si quieres leuantar algun tanto el entendimiento, veras de donde viene la produccion tuya y la multiplicacion de las cosas.

Soph.—Declarame esso tambien, que yo no lo entiendo de mio.

Phil.—Del summo resplandor de la diuina hermosura amada, fue produzido el entendimiento primero vniuersal con todas las Ideas, el qual es padre del vniuerso, y la forma, y el marido y el amado del Chaos; y de la clara y sabia mente diuina amante fue produzida la madre Chaos, amadora del mundo y muger del primer entendimiento; y del ilustre amor diuino, que nacio de ambos a dos, fue produzido el amoroso vniuerso, el qual nacio desta manera del entendimiento padre y de la madre Chaos. O, quanto pudiera dezirte desto, que te leuantara el animo!; pero fuera muy lexos de nuestra intencion, y para de presente basta lo dicho.

Soph.—Antes quisiera que lo declararas mejor.

Phil.—El hombre es inteligente, y la naturaleza del fuego es cosa entendida del: si estan en potencia, son dos cosas diuisas, hombre y fuego; y la inteligencia, assi en potencia, es otra tercera cosa; pero quando el entendimiento humano entiende el fuego en acto, se vne con la essencia del fuego y es vna misma cosa con aquel fuego intelectual; y assi la misma inteligencia en acto, es la misma cosa con el entendimiento y con el fuego intelectual sin alguna diuision. Assi el amante en potencia es otro que el amado en potencia, y son dos personas, y el amor en potencia es otra tercera cosa, que ni es el amado ni el amante; pero quando es amante en acto, se haze vna misma cosa con el amado y con el amor. Pues si, como tu vees, las tres diuersas naturalezas, mediante el acto, se hazen vna misma, quanto mas sera esto en el summo acto diuino, que son vna purissima y simplicissima naturaleza sin alguna diuision?

Soph.—Entendido he de ti del amor intrinseco de Dios, y aunque nosotros le aplicamos nacimiento y consentimos que nacio de esse Dios amante y amado, con todo esso, aquel amor

Produccion del entendimiento primero y del Chaos, materia primera, padres del vniuerso.

El acto intelectiuo o amatorio, de tres naturalezas o cosas diuersas, hazen vna sola.

El amor intrinseco de Dios es eterno.

procedio de Dios ab eterno y es vno en su vnidad, eterno en su eternidad. Deste amor no ay para que preguntarte el quando nacio, porque el mismo Dios es eterno, que jamas nacio; empero, quiero preguntarte del particular amor del mundo, despues deste intrinseco, quando nacio.

Phil.—El primer amor, despues del intrinseco vno con Dios, fue aquel por el qual el mundo fue hecho o produzido, y nacio quando el mundo; porque siendo el amor causa del nacimiento del mundo, conuiene que la causa propria e inmediata se halle quando el efeto, y el efeto quando la causa.

Soph.—Como es causa el amor del nacimiento del mundo?

Phil.—El mundo, como qualquiera otra cosa hecha y engendrada, es engendrado de dos engendradores: padre y madre; de los quales no pudiera ser engendrado sino mediante el amor del vno al otro, que los vne en el acto generatiuo.

Soph.—Quienes son essos dos padres o genitores?

Phil.—Los primeros padres son vn Dios, como ya te he dicho, y son el summo hermoso o summo bueno, como Platon le llama, el qual es verdadero padre y primer amado, y el amante es vno con la diuinidad o sabiduria, o sea diuision; la qual, conociendo su diuision, ama y produze al intrinseco amor, y la primera madre con el padre es vna misma en essa diuinidad. Amando, pues, la diuinidad su propria hermosura, desseo produzir hijo a su semejança, el qual desseo fue el primer amor extrinseco; esto es, de Dios al mundo produzido; el qual, quando nacio, causo la primera produccion de los primeros padres mundanos y la del mismo mundo.

Soph.—A quienes llamas tu otros padres del mundo?

Phil.—A los dos primeros engendrados de Dios en la creacion del mundo, que son el entendimiento primero, en quien resplandecen todas las Ideas del summo artifice, el qual es padre formador y engendrador del mundo, y al Chaos vmbroso de las sombras de todas las Ideas, el qual contiene todas las essencias dellas, que es madre del mundo. Mediante estos dos primeros instrumentos engendradores, Dios, como amor desideratiuo, crio, formo y pinto todo el mundo a similitud de la hermosura y sabiduria o essencia diuina. Fue tambien medio en la creacion vn otro amor segundo, demas del diuino extrinseco, que es el

Qual fue el primer amor despues del intrinseco diuino.

El amor fue causa de la generacion del mundo.

El primer amor extrinseco de Dios fue causa del origen del mundo y de sus padres.

Segundo amor en la generacion del mundo.

de Chaos al entendimiento, como el de la muger a su marido, y reciproco del entendimiento a el, como el del marido a la muger, mediante el qual fue el mundo engendrado.

Tercero amor necessario al ser del mundo. Vuo tambien otro amor tercero, necessario en la creacion y ser del mundo, que es el amor que tienen todas sus partes la vna con la otra y con el todo, segun que largamente te dixe quando hablamos de la vnidad del amor. Todos estos tres amores nacieron

Resolucion de las varias opiniones de filosofos y teologos acerca del quando nacio el amor en el mundo. quando nacio el mundo o quando nacieron los dos primeros padres. Pues si el mundo es eterno, como Aristoteles quiere, estos primeros amores nacieron ab eterno todos con el intrinseco diuino, que es vno con Dios; del qual no ay necessidad de hablar mas. Y si el mundo y sus padres ambos son criados en principio temporal, como nosotros los fieles creemos, estos tres primeros amores nacieron en el principio de la creacion sucessiuamente, porque en el primer principio nacio el amor desideratiuo de Dios a la creacion del mundo a la imagen de su hermosura y sabiduria; segundariamente hechos los dos primeros padres, nacio el reciproco amor dellos, que es el segundo; y despues de formado todo el mundo con sus partes, nacio el tercer amor vnitiuo del mundo. Y si por ventura el mundo fue hecho en el tiempo de los dos eternos padres, como pone Platon, aquel primer amor de Dios, que produxo los primeros instrumentos o padres del mundo, que son el entendimiento y el Chaos, nacio ab eterno con los padres; los otros dos, acompañados del diuino, nacieron, en principio de tiempo, quando el mundo fue hecho: el vno, que es el de los dos padres, nacio al principio de la hechura del mundo; el otro, vnitiuo, nacio al fin de la formacion del mundo; y quantas vezes fue el mundo hecho, tantas vezes nacieron entonces estos dos amores. De manera que, segun que es la opinion de la generacion del mundo, assi conuiene que sean las opiniones del quando el amor nacio. Tu,

Lo que deuen creer los fieles acerca del quando nacio el amor en el mundo. o Sophia!, que eres de los fieles, es necessario que creas que el amor diuino extrinseco y el mundano intrinseco, que son los primeros despues de Dios, nacieron quando el mundo fue por El de nada criado.

Soph.—Del quando nacio el amor, me plaze auer entendido de ti, no solamente las diuersas opiniones de los sabios, pero

Tercera pregunta, donde nacio el amor. tambien la sentencia fiel, en la qual nos deuemos apoyar, y harto basta para la segunda pregunta. Vamos aora a la tercera, y si es necessa-

rio me declara donde nacio el amor, si en el mundo inferior de la generacion y corrupcion, o en el celestial del mouimiento continuo, o en el espiritual de la pura vision intelectual.

Phil.—Pues me has entendido en lo passa-

El primer amor nacio cerca de Dios. do, que el primer amor que nacio fue el amor extrinseco diuino, por el qual fue el mundo criado de Dios criador, manifiesto te podra ser que fue cerca de Dios donde el amor nacio.

Soph.—Esso bien lo tenemos en la memoria; pero yo no te pregunto del amor intrinseco ni extrinseco diuino, por ser mas alto que lo que mi mente puede alcançar; empero preguntote del amor mundano.

Phil.—Y del amor mundano te he dicho

El amor reciproco entre el entendimiento primero y el Chaos o materia primera, nacio acerca dellos. que el primero fue por reciproco amor, que nacio entre el entendimiento primero y el Chaos; de manera que cerca dellos nacio primeramente el amor.

Soph.—Tambien me acuerdo desso; pero esse amor mas ayna es de los dos progenitores del mundo, padre y madre, segun has dicho, que de alguna de sus partes; y yo desseo saber del amor que se halla en el mundo criado, en qual de sus partes nacio primero, si en la corruptible, si en la celeste o en la angelica, y en qual parte de cada vna de las partes.

Phil.—Quanto mas distintamente se de-

El amor en lo criado nacio primero en el mundo angelico. clara la pregunta, tanto menos litigiosa sale la absolucion. Yo te respondo que el amor nacio primeramente en el mundo angelico, y que de alli fue participado al celestial y al corruptible.

Soph.—Que razon te mueue a dar essa sentencia?

Phil.—Procediendo el amor, como te he dicho, de la hermosura, donde la hermosura es mas inmensa, mas antigua y coeterna, alli deue el amor nacer primero.

Soph.—Parece que quieres engañarme.

Phil.—De que manera?

Soph.—Porque me dizes que donde esta la hermosura, alli esta el amor; y ya tu me enseñaste que el amor esta donde falta la hermosura.

Phil.—Yo no te engaño; tu eres la que te engañas a ti misma. Yo no te he dicho que el

El amor procede de la hermosura. amor consiste en la hermosura, sino que procede della, y que el amor se halla donde esta la hermosura, sino en aquel a quien le falta y la dessea.

Soph.—Luego donde ay mayor falta de hermosura, alli deue auer mayor amor y nacer primero; y pues es cosa sabida que el mundo inferior tiene menos hermosura que el celeste y que el angelico, alli deue auer mayor copia de amor y se deue tener que alli naciesse primero.

Phil.—Todauia te hallo, o Sophia! mas subtil que sabia. Assi como la memoria de las cosas dichas te sirue para contradezir a la verdad, querria que te siruiesse para mas ayna hallarla. No vees que no solamente el faltar la hermosura causa amor y desseo della, sino que principalmente quando es muy conocida del amante a quien falta, y es juzgada por buena, estremada, desseable y bella, entonces la dessea para gozarla; y quanto el conocimiento della es mas claro en el amante, tanto es mas intenso el desseo y mas perfeto el amor. Pues dime, o Sophia!, en quien se halla este conocimiento mas perfeto, en el mundo angelico o en el corruptible?

No solamente la falta de la hermosura, s'no que tambien el conocimiento della, causa el amor y el desseo de la hermosura.

Soph.—En el angelico ciertamente.

Phil.—Luego en el angelico es el amor mas perfeto, y alli tuuo su primer origen.

El amor es mas perfeto en el mundo angelico que en el corruptible, y alli nacio primero.

Soph.—Si conforme al conocimiento es el amor en el amante, razon tienes de poner su principio en el mundo intelectual; pero yo veo que no presupone menos el amor la falta de la hermosura que el conocimiento della, y no procede menos de lo vno que de lo otro; antes parece que la falta es la primera condicion en el amor, y despues della es la segunda el conocimiento de la hermosura que falta, y debaxo de especie de hermoso y desseable. Pues la razon querria que, donde es mayor la falta, alli naciesse el amor, que es en el mundo inferior; que aunque alli no es el conocimiento tan grande como en el angelico, es mayor la falta, la qual es primera en la produccion del amor.

Phil.—Aunque la falta y el conocimiento de lo hermoso son causas produzientes del amor, no solamente no precede la falta en ser causa al conocimiento, mas antes no le es ygual a el.

Soph.—Como no? Antes es necessario que la falta preceda al conocimiento, como la cosa en el ser a la noticia della; que conuiene que primero falte la cosa, que se conozca la falta della.

Phil.—Aunque es verdad que es primero la falta que el conocimiento en sucession temporal y original, porque, como dizes, conuiene que primero falte la cosa que se conozca faltar; pero no es primero en la principalidad del ser causa del amor; porque la falta

Primero es la falta que el conocimiento della.

sin el conocimiento, ningun amor o desseo induze de la cosa buena o hermosa; de donde veras los hombres que son desnudos de ingenio y conocimiento, ser priuados del amor de la sabiduria y del desseo de la dotrina; pero quando a la falta sobreuiene el conocimiento de lo hermoso y bueno que falta, entonces este conocimiento es el que principalmente enciende al amor y al desseo de la cosa hermosa; pues donde este conocimiento se halla acompañado de falta de algun grado de hermosura, como en el mundo angelico, alli nacio el amor, y no en el mundo inferior, donde la falta sobra y el conocimiento falta.

El conocimiento de la hermosura es mas principal que la falta della en ser causa del amor.

Soph.—Aun no me llamo vencida, ni quiero concederte que el conocimiento exceda assi a la falta en ser causa del amor; porque puede el conocimiento estar juntamente con la hermosura; antes, en el vniuerso, los que tienen mayor hermosura tienen mas conocimiento. Qual mas excelente hermosura que el mismo conocimiento? Assi que, el conocimiento, antes esta con la hermosura que con la falta della, y quanto es mayor, tanto menos falta tiene lo hermoso. Luego, donde el conocimiento es grande, como en el mundo angelico, poca falta pueda auer y, por consiguiente, poco desseo y amor; porque poco dessea quien poca falta tiene. Pero en el mundo inferior, donde la falta es grande y el conocimiento y la hermosura poca, alli el desseo y el amor deue ser mas intenso y nacer primero.

Phil.—Mucho me plaze, o Sophia! que tu animo no quiera aquietarse hasta que la especulada verdad le suene bien de todas partes. En essa tu duda vsas de algunas equiuocaciones que te la hazen parecer eficaz, diziendo que el conocimiento esta juntamente con la hermosura, y que es ella misma, y que no esta con la falta della; y dizes verdad del conocimiento que esta en habito, que es el mas perfeto, pero no del conocimiento que esta en potencia de aquello que falta.

Dos conocimientos, vno abitual y otro potencial.

Soph.—Declarame essa diferencia mejor, que me parece que no la entiendo bien.

Phil.—Aquella es excelente hermosura, que a si misma se conoce, y aquel es alto conocimiento, que es de su propria hermosura; y este conocimiento no presupone falta, antes habito de cosa hermosa, que es el objeto del conocimiento; y en el vniuerso, quanto la hermosura es mas excelente, tanto es mas conocitiua de si misma, y este no induze desseo ni amor, saluo quiças por reflexion relatiua en

Que el conocimiento abitual no induze amor ni desseo. El conocimiento potencial causa amor y desseo.

si misma. Otro conocimiento ay, cuyo objeto no es la hermosura que tiene el que conoce, sino la que le falta; y este es el que engendra al desseo y al amor en todas las cosas que son despues del summo hermoso.

Soph.—Y este segundo conocimiento, pues presupone falta y es de hermosura que falta, en el mundo inferior, donde mas hermosura falta, deue causar mas amor que en el mundo angelico, donde la falta es poca; porque este conocimiento deue ser proporcionado a la hermosura que falta, la qual es su objeto.

Phil.—Este es el segundo engaño tuyo. Sabras que, como el primer conocimiento abitual es mas excelente en el mas hermoso, y en el mundo angelico mas que en el inferior, assi el segundo conocimiento priuatiuo es mayor en los superiores que en los inferiores, ecepto en el summo Dios, en el qual no ay conocimiento alguno priuatiuo, porque su conocimiento es de su summa hermosura, a la qual ningun grado de perfecion falta.

Qualquiera de los dos conocimientos, abitual y potencial, es mayor y mas excelente en el mundo angelico que en el corruptible.

Soph.—Luego no me negaras que a los superiores celestiales angelicos les falta menos hermosura que a los inferiores corruptibles; de donde el desseo de la hermosura que falta, deue ser mayor en los pobres inferiores que en los ricos angeles.

Phil.—No concluyes derechamente; porque no aquel a quien falta mas del bien dessea mas el bien que le falta, sino aquel que conoce mejor el bien que le falta. Mira, en la diuersidad de las cosas inferiores, que las partes de los elementos, y las piedras y metales, a los quales faltan muchos grados de belleza, la dessean poco o nada, porjue les falta el conocimiento del bien que les falta.

No la falta mayor del bien o de la hermosura que falta, sino el mejor conocimiento de lo que falta, causa mas intenso amor y mas ardiente desseo.

Soph.—Pues enseñado me has que tambien ellos tienen amor y desseo natural.

Phil.—Si, pero solamente para aquel grado de perfecion connatural a ellos; como lo graue al centro, y lo leue a la circunferencia, y el hierro a la piedrayman que le ponen cerca.

Soph.—Pues, con todo esso, no tienen conocimiento?

Phil.—Ya te he dicho que el conocimiento de la naturaleza generante les sirue para encaminarles a sus perfeciones naturales, sin otro proprio conocimiento; de donde el amor y el desseo dellos no es intelectiuo ni sensitiuo, sino solamente natural; esto es, endereçado de la naturaleza y no de si mismos. Y assi las plantas, que son las

Amor natural se llama el que tienen las cosas inanimadas.

menos perfetas de las cosas biuas, careciendo grandemente de la hermosura, porque no la conocen no la dessean, sino aquello poco que pertenece a su perfecion natural. Y a los animales sensitiuos, a los quales de la perfecion y hermosura falta mucho mas que a los hombres racionales, no tienen vna minima parte de desseo y amor del bien que les falta y los hombres tienen, porque el conocimiento suyo de la hermosura que les falta es poco, y solamente se estiende a sus comodidades sensitiuas; y el amor dellos, por ser sensitiuo, no puede dessear las bellezas intelectuales que les faltan, que son las mas excelentes. Tambien en los mismos hombres, los que son de ingenio mas flaco y tienen menos conocimiento, son aquellos a quien de la perfecion y hermosura mas les falta y menos la dessean. Y quanto mas ingeniosos son y mas sabios, y menos les falta de la bella perfecion intelectual, tanto mas intensamente la aman y tanto mas intensamente la dessean. Y por esto Pitagoras a los sabios llamaua filosofos, que quiere dezir amadores o desseadores de la sabiduria; porque el que tiene mas sabiduria, conoce mas lo que le falta para la perfecion della y tanto mas la dessea; que siendo la sabiduria mucho mas ampla y profunda que el entendimiento humano, el que mas nada en su diuino pielago, conoce mas su anchura y profundidad, y tanto mas dessea llegar a sus perfetos terminos y el possibles; y su agua es como la salada, que a quien mas beue della, mas sed le pone; porque no son saciables como qualquiera otra delectacion, antes a todas horas mas desseables e insaciables. Y por esto Salomon en sus *Prouerbios*, comparando la sabiduria, dize: cierua de amor y corcita de gracia, sus aficiones te deleytaran en abundancia a todas horas, y en su amor creceras siempre. Quando, o Sophia! vuieres subido por esta escala al mundo celestial y angelico, hallaras que los que participan mas de la belleza intelectual del summo hermoso, conocen mejor quanto falta al mas perfeto de las criaturas de la hermosura de su Criador; y tanto mas la aman y dessean gozar eternamente en el mayor grado de participacion y vnion a ellos possible. en la qual consiste su vltima felicidad. Assi que el amor principalmente esta en la primera y mas perfeta inteligencia criada, por el qual

Los arboles son menos perfetos de las cosas biuas.

El amor de los animales es sensitiuo, sin conocimiento de hermosura.

Diferencia que ay en los mismos hombres en el conocimiento de la hermosura.

Pitagoras llamaua filosofos a los sabios.

La sabiduria es comparada al mar.

Los deleytes de la sabiduria son insaciables.

goza vnidamente de la summa hermosura de su Criador, de quien ella depende, y della succesiuamente se deriuan las otras inteligencias y criaturas celestiales, decendiendo de grado en grado hasta el mundo inferior, del qual solo el hombre es el que puede asemejarle en el amor de la diuina hermosura, por el entendimiento inmortal que en cuerpo corruptible el Criador quiso darle, y solamente mediante el amor del hombre a la hermosura diuina se vne el mundo inferior; el qual todo esta por el hombre vnido con la diuinidad, causa primera y vltimo fin del vniuerso, y summa hermosura, amada y desseada en todo; que, de otra manera, el mundo inferior estuuiera diuidido totalmente de Dios. Assi que en el mundo criado nacio el amor en la parte angelica, y de alli fue participado en las otras.

El amor donde esta principalmente, y como se deriua de alli.

El amor del hombre es el vinculo del mundo inferior con la diuinidad.

Soph.—Ya mi entendimiento se aquietara en esso, y concediera que el amor vuiesse nacido primero en el mundo angelico, y en el principalmente tuuiesse mas fuerça, sino que me parece estraño poner con la falta menor de la hermosura mayor conocimiento y desseo de lo que falta, como afirmas del mundo intelectual; porque, como ya te he dicho, estas cosas deurian ser proporcionadas conforme a razon; y segun la falta deuria ser el conocimiento y el desseo de la hermosura que falta. Y aunque tu, o Philon! con tus sutilezas lo interpretas a lo contrario, y tus razones no se pueden contradezir, todauia la conclusion tuya, que pone desproporcion entre la falta y el conocimiento, y entre el desseo y lo que falta, parece contraria.

Conclusion de que el amor nacio primero en el mundo angelico.

Phil.—Aunque hemos dicho que en el mundo angelico, por ser mas hermoso que el corruptible, es menor la falta de la hermosura que en los inferiores, porque donde la perfecion es mayor, conuiene que la priuacion y falta de la hermosura sea menor, con todo esso, quando vuieres considerado los terminos de la falta de la hermosura, respeto del amor y desseo de que es causa, hallaras que no solamente el mundo angelico es ygual en la falta de la hermosura a los inferiores, pero que tambien les excede, y es mayor su falta, por induzir mayor desseo y amor que la del corruptible

Soph.—Esso me parecera aun mas estraño. Dime la razon de la ygualdad de las faltas de ambos los mundos, y tambien, si es possible, del excesso de la falta del angelico sobre la del corruptible.

Phil.—Siendo la hermosura del Criador excelente sobre otra qualquiera hermosura criada, y ella sola perfeta hermosura, es necessario que concedas que ella sea la medida de todas las otras hermosuras, y que por ella se midan las faltas de las perfeciones de las otras.

La hermosura diuina es medida de todas las otras hermosuras.

Soph.—Esso te concedere muy bien, porque es assi en efeto, que la hermosura diuina es causa, fin y medida de todas las hermosuras criadas; pero di mas adelante.

Phil.—Concederas tambien que la hermosura diuina es inmensa e infinita, donde no ay proporcion alguna conmensuratiua con la mas excelente de las hermosuras criadas.

La hermosura diuina es inmensa e infinita.

Soph.—Tambien esso me parece necessario, que el Criador no tenga proporcion en hermosura a cosa alguna criada; porque a su belleza, sabiduria y a qualquiera otra perfecion suya, es incomparable la que se halla en todo lo criado. Empero este titulo de infinito que das a la hermosura, yo no lo entiendo; porque la infinidad dize medida indeterminada e imperfeta; porque la cantidad perfeta tiene sus terminos que la hazen perfeta; y si la belleza diuina es perfetissima, deue ser entera con sus terminos y no infinita, que pues dizes. Quanto mas que finito e infinito son condiciones de cantidad estendida o numerada, la qual no se halla sino en los cuerpos; y pues la hermosura diuina es incorporea y abstracta de toda passion corporea, no se como se pueda dezir infinita.

Ninguna perfacion criada se puede comparar a la del Criador.

Phil.—No te engañe la propriedad del vocablo infinito, que sinifica cantidad indeterminada e imperfeta, de la qual esta muy apartada la hermosura diuina; que nosotros no podemos hablar de Dios y de las cosas incorporeas sino con vocablos algun tanto corporeos; porque la misma lengua y pronunciacion nuestra es en si corporea. Tambien dezir perfeto, es vocablo incompetente a la diuinidad, porque quiere dezir enteramente hecho, y en la diuinidad no ay hechura alguna; pero queremos dezir por perfeto, que es ageno de todo defeto, y que contiene toda perfecion; y queremos dezir por infinito, que la perfecion, sabiduria y hermosura de Dios Criador, es improporcionable e incomparable a qualquiera otra perfecion criada; porque el que de nada crio todas las cosas, conuiene que exceda tanto en perfecion a sus criaturas, que de si son nada, quanto excede el summo ser al puro nada, que es excesso inconmensurable sin proporcion o comparacion alguna, al qual nosotros llamamos infinito, aunque en si es enterissimo

Estos nombres, infinito y perfeto, como se entienden en Dios.

y perfetissimo. Assi mismo la hermosura, sabiduria, ser y toda virtud diuina, se llaman infinitas, porque no son contrahidas a alguna essencia propria, ni a subjeto alguno determinado; antes todas las perfeciones en El son abstractissimas, transcendientes e infinitas; porque no se difinen por subjeto y essencia propria, como se difinen el ser y la hermosura de toda cosa criada por su propria essencia.

Soph.—Plazeme auer entendido de que manera ponemos infinidad en las perfeciones diuinas. Di, pues, mas adelante, como la falta de la hermosura en el mundo angelico es igual a la del corruptible.

Phil.—El infinito igualmente esta lexos de todo finito, o sea grande o pe-
El finito, grande o pequeño, dista igualmente del infinito.
queño; porque de tal manera es inconmensurable por multiplicacion del grande finito, como del pequeño.

Soph.—Esso me parece puesto en razon, aunque a la fantasia le es estraño que vn grande no tenga mas proporcion y aproximacion con el infinito que vn pequeño, y que no pueda conmensurarle mejor. Suplicote me declares mas essa sentencia.

Phil.—No conuiene que la fantasia impida a la razon en los tales como tu,
La fantasia no deue en los discretos impedir a la razon.
o Sophia! bien vees que el infinito es inmensurable de toda especie de medida grande o pequeña; que si por alguna se midiesse, por aquella se acabaria y no seria infinito; de donde al infinito jamas se le puede señalar ni medio, ni tercio, ni quarto, ni
Condiciones del infinito.
otra parte alguna, porque por aquella se mediria. Es luego impartible, indiuisible e inmensurable, sin termino y sin fin; y ninguna cosa finita, por grande y excelente que sea, le es proporcionable en alguna especie de proporcion.

Soph.—Dame algun exemplo, para que mejor se aquiete la fantasia.

Phil.—El tiempo, segun los filosofos, es infinito; ni tuuo principio, ni ten-
Exemplo acerca de lo infinito.
dra fin jamas, aunque nosotros, los fieles, tenemos lo contrario. Pero, segun ellos, el tiempo, por ser infinito, es inconmensurable de ninguna cantidad grande o pequeña de tiempo finito. Por lo qual es improporcionado e inconmensurable, assi a vn millar de años, como a vna hora; de manera que en el tiempo infinito no se contiene menor numero de millares de años que de horas, ni les excede en menos; porque ni lo vno ni lo otro puede conmensurar su infinidad. Luego no me negaras, o Sophia! que el tiempo infinito no sobrepuje y traspasse a vn millar de años, como a vna hora.

Soph.—No se puede negar que el excesso de lo infinito no sea de vna misma manera excesso infinito, tanto del grande como del pequeño.

Phil.—Luego la hermosura diuina, que es infinita, no excede menos a la mas hermosa de las inteligencias apartadas de materia, que al menos hermoso de los cuerpos corruptibles, siendo ella medida de todos y ninguno medida della. Pues tanto le falta al primer angel de aquella summa belleza, como al mas vil gusano de la tierra. Luego son faltas iguales, que la falta de la hermosura de las criaturas, respeto a la hermosura del Criador, es infinita, y lo infinito es igual a lo infinito a manera de
Lo infinito es igual a lo infinito.
La igualdad es condic'on de lo finito.
De infinito a finito no ay proporcion alguna.
dezir; aunque la igualdad es condicion del finito. Y siendo la belleza diuina perfetamente abstracta de todo subjeto y proprio termino, ninguna comparacion tiene con qualquiera hermosura criada y terminada, como infinito con finito.

Soph.—Pareceme que es necessario que las faltas sean iguales de vna misma manera; pero quedanme en esto dos dudas: la primera es que, si igualmente estan apartados el mundo angelico y el corruptible de la inmensa hermosura diuina, no deuria ser el vno mas perfeto que el otro; porque la perfecion de las criaturas parece que consiste en la aproximacion al Criador mas o menos. La segunda es, que dizes que ninguna criatura tiene proporcion con el Criador; y como puede ser esso, pues dize la Escritura que el hombre fue hecho a imagen y semejança de Dios? Y de ti mismo he entendido que el mundo es imagen y semejança de Dios; y no ay duda, sino que el mundo angelico es mucho mas semejante a la diuinidad que todo el resto, pues la imagen deue ser proporcionada a la figura de quien es imagen, y el simulacro a aquel de quien es semejança. Luego tienen proporcion las cosas criadas con el Criador, pues son su imagen.

Phil.—Tus dudas muestran tu ingenio; pero la absolucion dellas no es dificultosa. Aunque la hermosura diuina en si es in-
La hermosura que en el vniuerso se repartio, es finita.
mensa e infinita, la parte que quiso participar al vniuerso criado, es finita, la qual se repartio en diuersos grados finitos, a quien mas, a quien menos; porque toda hermosura criada es abreuiada a propria essencia, y a terminado sujeto, y por tanto finita. El mundo angelico tomo la mayor parte; despues el celeste; despues el corruptible. Estas partes son proporcionadas en si, y el mundo que mas tiene, se dize mas participatiuo de la diuinidad y mas allegado a ella; no porque sea mas proporcio-

nado a la diuina infinidad, porque entre finito e infinito no ay proporcion, sino porque le
cupo en suerte mayor grado de belleza de la
que el Criador repartio al mundo criado, y
quedo su hermosura menos terminada, menos
abreuiada, y menos finita en su propria essencia. De manera que quando se dize aproximarse vna criatura a su Criador mas

Como se entiende el acercarse a Dios vna criatura mas que otra. que otra, no es porque le sea
mas proporcionada, como tu entiendes en tu primera duda, sino
porque le cupo mas parte de la
liberalidad de los dones diuinos; y con esto soltaras tu segunda duda: que en las criaturas
esta la imagen y semejança de Dios por aquella hermosura finita, participada del inmenso
hermoso; porque la imagen del

La imagen del infinito, de necessidad a de ser finita. infinito es necessario que sea
finita, que de otra manera no
seria imagen, sino aquello de
que es imagen. Pintase e imaginase la hermosura infinita del Criador en la
hermosura finita criada, como vna hermosa
figura en un espejo; mas no por esso conmensura la imagen al diuino imaginado; pero bien
le sera simulacro, semejança e imagen. Puede,
pues, el hombre, el mundo criado, y primeramente el angel, ser imagen y semejança de
Dios, sin tener, como te he dicho, proporcion
mensurable a su inmensa hermosura. De don

Autoridades de profetas acerca de la improprcion de lo finito con lo infinito. de dize el Profeta: A quien semejays a Dios, y qual simulacro
comparays a El? Y en otro lugar
dize: A quien me assemejays
proporcionalmente? Dize el santo: Alçad vuestros ojos al cielo,
y mirad quien crio a aquellos, quien produxo
y conto los exercitos dellos, y a todos los llama
por sus nombres: por la summa virtud e inmensa potencia suya, ningun lugar ay despojado. Mira, o Sophia! quan claro nos mostro
este sabio Profeta la infinita excelencia e improporcion que tiene el Criador con las criaturas, aun con las celestiales y angelicas, las
quales dize auerlos produzido todos innumeradamente, y a cada vno con propria essencia y
nombre; y por su omnipotencia e inmensa virtud, tienen ellos ser y no son priuados del, que
de si mismo son nada. Pues que comparacion o proporcion puede tener el nada con la
fuente del ser, que al nada de suyo produxo
en ser, y en excelentes grados de perfecion? Y
por esto Ana, en su oracion, dize: No ay santo
alguno como tu, Dios; porque sin ti ninguno
es. Quiere dezir, que no se puede comparar el
que recibe el ser con aquel de quien lo recibe.

Soph.—Mostradome has la igualdad de la
falta de la hermosura en el mundo angelico y
en el corruptible: aora te resta enseñarme como

es mayor la del angelico; lo qual, demas de
ser estraño, parece que implica contradicion,
porque, si son iguales, no deue la vna ser
mayor que la otra.

Phil.—La razon de la igualdad, ya la has
entendido. Yo te dixe que aun es mayor la

La falta de la diuina hermosura, por el mayor conocimiento della, es mayor en el mundo angelico que en el corruptible. falta de la hermosura en el mundo angelico, porque la conoce
mejor; porque auiendo vna misma falta en dos personas, en
aquella se haze mayor que mejor la conoce, y en ella misma
induze mayor desseo de lo que
le falta. Quando los ornamentos ciuiles y señoriles faltan igualmente a
vn noble y a vn plebeyo, en qual dellos hazen
mayor falta, o en el noble, que conoce la falta
que causan, o en el villano, que no sabe lo que
son, y qual dellos los dessea mas?

Soph.—En el noble, ciertamente; que, el que
no siente, no tiene falta ni desseo de lo que
falta.

Phil.—Pues assi, aunque lo que falta de la
infinita hermosura al mundo celestial y al corruptible es igualmente infinito, todauia en el
angelico donde se conoce mejor la inmensa
belleza que falta, la falta se haze mayor, por
incitar mayor desseo y produzir mas intenso
amor que en el mundo inferior; donde, aunque
la falta respeto a la diuina hermosura es igual,
al fin, por el defeto del conocimiento, es menor
la falta, y el desseo y amor de lo que falta es

Razon de la igualdad y desigualdad entre el mundo angelico y el corruptible. mas remisso. Assi que la igualdad de la falta en los dos mundos, es respeto de la cosa que
falta, que es igualmente infinita; y lo mas y lo menos es respeto de aquellos a quien falta, segun que mejor la conocen y mas la dessean y aman.

Soph.—Bien claro he entendido como la
falta de la belleza en el mundo angelico, no
solamente es igual a la falta del mundo inferior, pero aun mayor; por donde con razon el
desseo y el amor es mucho mas ardiente, intenso y excelente, y con razon se puede afirmar que alli naciesse primero. Pero mi animo
queda inquieto de la dignidad del mundo angelico; porque siendo imperfecion la falta de
la hermosura, donde la falta es mayor, deue ser
mayor la imperfecion; de donde se seguiria,
que el mundo angelico, a quien falta mas de
la hermosura segun tu, fuesse mas defetuoso

La falta priuatiua induze mayor defeto en el que la tiene. y menos perfeto que el corruptible, lo qual es absurdo.

Phil.—Siguierase el inconueniente que dizes, si la falta de
hermosura, la qual te he dicho
ser mayor en el mundo angelico que en el corruptible, fuera la falta absolutamente priua

tiua; porque esta verdaderamente induze mayor defeto en aquello en que esta, quanto ella es mayor; pero yo no te he dicho que semejante falta sea mayor en el mundo angelico, sino solamente la falta incitatiua y productiua del amor y del desseo; la qual no es defeto en las cosas criadas, antes mas ayna perfecion que defeto; de donde con razon deue ser mayor en el mundo angelico que en el corruptible.

La falta incitatiua y productiua del amor, es perfecion antes que defeto.

Soph.—La diuersidad de los vocablos no me harta. Declarame essas dos maneras de faltas; conuiene a saber, la priuatiua y la productiua de amor, y la diferencia que ay entre la vna y la otra.

La falta de la perfecion es de dos maneras: la vna en acto, pero con potencia; la otra en acto y potencia, llamada absoluta priuacion.

Phil.—La falta de toda perfecion, puede estar en acto solamente, teniendo empero la potencia della, la qual primeramente se llama falta; c que falte el acto y la potencia juntamente, y a esta llaman priuacion absoluta.

Soph.—Dame los exemplos de ambas.

Phil.—En las cosas artificiales, veras vn madero tosco que le falta la forma y hermosura de vna estatua de Apolo; con todo esso, esta en potencia della; empero vna parte de agua, assi como esta priuada en acto de forma de estatua, assi tambien lo esta en potencia; porque de agua no se puede hazer estatua como de madera. Aquella primera falta, que no esta despojada de potencia, se llama falta; estotra, a quien con el acto falta tambien la potencia, se llama absoluta priuacion. Y en las cosas naturales, la materia primera, que esta en el fuego o en el agua, aunque le falta la forma y essencia del ayre en acto, no por esso le falta en potencia: porque del fuego se puede hazer ayre, y assi del agua; pero totalmente le falta la forma de estrellas, de Sol, de Luna o de cielo, no solamente en acto, pero tambien en potencia; porque la materia primera no tiene potencia ni passibilidad a cielo ni a estrellas. Esta diferencia ay en la falta de la hermosura entre el mundo angelico y el corruptible: que en los angeles su falta es falta solamente en acto, pero no falta en conocimiento e inclinacion, que es como la potencia en la materia primera. Y assi como en ella la falta del acto le da inclinacion y desseo de toda forma, a que ella esta en potencia, assi el conocimiento y la inclinacion angelica a la summa hermosura, que le falta, le da intensissimo amor y ardentissimo desseo. Esta falta

Exemplos del ser actual y potencial y absoluta priuacion.

Diferencia de las faltas de hermosura entre el mundo angelico y el corruptible.

no es priuacion absoluta, porque quien conoce y dessea lo que le falta, no esta del todo priuado de aquello; porque el conocimiento es vn ser potencial de lo que falta; y assi lo es el amor y el desseo. Pero en el mundo inferior, donde no ay este tal conocimiento y desseo desta summa belleza, con el acto falta la potencia della, y tal falta es priuacion absoluta y verdadero defeto; no el conoscitiuo, incitatiuo y productiuo del amor, que esta es perfecion en las cosas criadas, y en las mas excelentes se halla esta falta mayor; esto es, mas conoscitiua e incitatiua de amor que en el corruptible, y la priuatiua menor. Y en el corruptible es al contrario, que la falta incitatiua es menor y la priuatiua mayor, de donde es menos perfeto y mas defetuoso.

Soph.—Bien veo la diferencia que ay entre la falta de hermosura, falta conoscitiua y productiua de amor, la qual se halla mayor en el mundo intelectual, y entre la priuatiua, desnuda de conocimiento y de amor, la qual se halla mayor en el mundo corruptible; y conozco como la vna denota perfecion y la otra defeto.

Tres dudas muy galanas que propone Sophia.

Empero, quedanme tres cosas dudosas: La primera, que la falta del mundo inferior no se puede llamar absoluta priuacion, porque tambien en el se conoce la summa hermosura y es desseada de los hombres, que son parte del. La segunda, que la falta conoscitiua y desideratiua de la summa hermosura, parece que no puede estar con el ser en potencia de la cosa que falta en acto, como has dicho; porque la potencia se puede reduzir a acto, y ningun hermoso finito puede tener hermosura infinita, que es la que tu dizes que conoce y dessea. La tercera, que me parece estraño que Dios ponga en criatura alguna conocimiento y desseo de cosa que le falte y le sea impossible alcançalla, como es lo que dizes del mundo angelico. Absuelueme, Philon, estas dudas, para que se me aquiete mejor el animo en esta materia de donde nacio el amor.

Phil.—Semejantes dudas esperaua yo de ti y son a proposito; porque con la absolucion dellas conoceras mas enteramente que el amor nacio en el mundo angelico, como te he dicho. A la primera, te digo que en el mundo corruptible no ay conocimiento claro de la summa hermosura diuina, porque no se puede auer sino por entendimiento en acto apartado de materia, el qual es espejo capaz de la transfiguracion de la diuina hermosura; y entendimiento tal no se halla en el mundo inferior, porque los elementos mistos inanimados, plantas y animales

Conocimiento claro de la summa hermosura no lo ay en el mundo corruptible.

Entendimie to actual no lo ay en el mundo inferior.

carecen de entendimiento, y el hombre, que lo tiene, lo tiene potencial, que entiende las essencias corporeas recebidas por los sentidos; y a lo que mas se puede leuantar, quando se ha criado con verdadera sabiduria, es llegar en conocimiento de las essencias incorporeas, mediante las corporeas, como venimos a conocer por el mouimiento de los cielos a los mouedores dellos, que son virtudes incorporeas e intelectuales. *Que ay muy gran diferencia entre el conocimiento humano y el angelico de la hermosura diui a.* y por su sucession venir en conocimiento de la primera causa, como del primer mouedor. Pero esto es como ver el lucido cuerpo del Sol en agua o en otro diafano, porque la debil vista no puede verlo de directo en si mismo. Assi nuestro entendimiento humano en las cosas corporeas vee las incorporeas, y aunque conoce que la causa primera es inmensa e infinita, la conoce por su efeto, que es el vniuerso corporeo, y por la obra conoce al maestro; no que lo conozca derechamente por sí mismo, viendo su propria mente y arte, como haze el mundo angelico, que, por ser entendimientos apartados de materia, son capaces de ver o de que se imprima en ellos derechamente e inmediatamente la clara belleza diuina, como el ojo del aguila, que es capaz de ver directamente al lucido Sol y no en enigma.

Soph.—Y tu, no me has mostrado que alguna vez llega el entendimiento humano a tanta perfecion, que se puede leuantar a copularse con el entendimiento diuino, o angelico apartado de materia, y gozarlo en acto, viendolo derechamente y no por discurso potencial ni medio corporeo?

Phil.—Verdad es esso, y los filosofos tienen que nuestro entendimiento puede copularse con el entendimiento agente apartado de materia, lo qual es del mundo angelico; pero quando *El entendimiento humano, quando esta copulado con el agente, ya no es humano.* llega a este grado, ya no es entendimiento humano, potencial ni corporeo, ni es del mundo corruptible, sino, o ya es hecho del mundo angelico, o medio entre lo humano y lo angelico.

Soph.—Por que medio, y no del todo angelico?

Phil.—Porque, copulandose con el angelico, conuiene que sea inferior a el, que el que se copula es inferior a aquello con que se copula; assi como el angel es inferior a la diuina hermosura, con cuya copulacion se felicita. Assi *Quatro grados de entendimiento, diuididos en cinco.* que el entendimiento copulado es al angelico casi como el angelico al diuino, y ay medio entre el entendimiento humano y el angelico, y ay medio entre el y el diuino; aunque el diuino, por ser infinito, le excede en mu-

cho mas que el medio y es el vltimo grado de la hermosura, improporcionable al otro. Assi que ay quatro grados de entendimiento; este es, humano, copulatiuo, angelico y diuino; y el humano se diuide en dos, que es en potencia, como el del ignorante, y en habito, como el del sabio; y assi son cinco. *El entendimiento humano, segun el filosofo, no puede de directo comprehender, ver ni conocer la hermosura diuina.* De donde conoceras que el entendimiento humano, ni aun el copulatiuo, no puede comprehender, segun el filosofo, la hermosura diuina de directo, ni tener la vista y el conocimiento della; y por tanto, su dessco y amor no pueden endereçarse derechamente a aquella no conocida hermosura, si no es confusamente por el conocimiento de la primera causa y del primer mouedor, alcançado mediante los cuerpos; el qual no es perfeto ni recto conocimiento, ni puede induzir el puro amor ni el intenso desseo que a la summa belleza se requiere; em*Muestra lo que el entendimiento humano puede conocer estando copulado.* pero puede conocer en la copulacion la essencia del entendimiento agente, cuya hermosura es finita, hazia la qual endereça su amor y desseo, y mediante ella o en ella vee y dessea la hermosura diuina como por vn medio cristalino o en vn claro espejo; pero no inmediate en si misma, como haze el entendimiento angelico.

Soph.—Todauia me acuerdo que me dixiste que las animas de los santos padres profetas fueron copuladas con la misma diuinidad.

Phil.—Lo que aora te dixe es segun el filosofo, que inuestiga la mayor per*Diferencia entre filosofos y theologos, acerca de la beatitud humana.* fecion a que el hombre naturalmente puede llegar; pero la Sagrada Escritura nos muestra quanto mas alto puede bolar el entendimiento humano quando es hecho profetico por la gracia de Dios y elegido por la diuinidad; porque entonces puede tener la copulacion con la hermosura diuina inmediatamente, como qualquiera de los angeles.

Soph.—Y llegaron, por ventura, todos los profetas a esse tal grado de la vision diuina?

Phil.—No, excepto Moysen, que fue principe de los profetas, porque todos los demas huuieron la profecia mediante angel, y la fantasia dellos participaua con el entendimiento en su copulacion; de donde su profecia dellos venia la mayor parte en sueños, y estando adormecidos con figuras y exemplos fantasticos; pero *Moysen como profetizaua.* Moysen profetizaua despierto con el entendimiento claro y limpio de fantasia, copulado con la diuinidad, sin medio de angeles y sin figuras ni fantasias algunas, excepto la primera vez, por ser nueuo; de donde murmurando del

Aaron y Maria, sus hermanos, que dezian que tambien ellos eran profetas como el, les dixo Dios que no eran yguales, diziendo: Si Dios profetiza en vosotros, es en espejo y en sueño; esto es, mediante el espejo del angel o compañia de la fantasia somnilera; y prosigue: No es assi mi tierno Moysen, que es fiel en toda mi casa. Hablo con Dios boca a boca en vista y no en enigma, y vio la figura de Dios, que quiere dezir que el es fiel conocedor de todas las Ideas que ay en la mente diuina, y que profetizaua boca a boca, no por intercession angelica, sino con clara intelectual vista, sin sueño ni enigma; y finalmente, vio la hermosissima figura de Dios como el primero de los angeles; de manera que de este solo tenemos noticia que aya alcançado la vista de Dios como el entendimiento angelico, y no otro profeta alguno, y por esto dize del la Sagrada Escritura que Moysen hablaua a Dios faz a faz como habla vn hombre a su compañero, que quiere dezir que, de directo profetizando, veia la vista diuina.

Moysen hablaua con Dios cara a cara.

Soph.—Quien en vida pudo llegar a tanta alteza, que aura sido despues de la muerte, auiendose ya el anima desenlazado de los impedimentos corporeos?

Phil.—Cree que con mayor facilidad fue entonces su copulacion mas intima con la diuinidad, y con mayor vnion, y continua siempre sin interposicion; lo qual, biniendo, no podia ser; y no solamente tenemos que Moysen se aya copulado inmediatamente con la diuinidad, pero tambien lo han alcançado en muerte muchos de los otros profetas y santos padres, aunque en vida no lo aya alcançado otro que Moysen.

Copulacion del entendimiento humano, quando es mayor y mejor.

Soph.—Bastantemente he entendido la absolucion de la primera duda; querria que me absoluiesses la segunda: como puede ser que el angel este en potencia por conocimiento desideratiuo a la infinita hermosura, la qual es impossible que alcance en acto.

Phil.—Impossible es que el finito llegue a ser infinito; como es possible que la criatura se haga criador? y para tal ganancia no se halla potencia en las animas de los bienauenturados; pero estan en potencia de copularse y vnirse con la infinita hermosura de Dios, aunque ellos son finitos; y para esto les sirue el conocimiento que tienen de la inmensa belleza, y a esto les endereça el amor y la inclinacion.

Impossibilidad y possibilidad de los angeles y animas bienauenturadas.

Soph.—Como puede el infinito ser conocido del finito? Y la infinita hermosura, como se puede imprimir en mente finita?

Phil.—Esso no es estraño, porque la cosa conocida esta y se imprime en el conociente segun el modo y la naturaleza del que conoce, y no del conocido. Mira que todo el emisperio es visto del ojo, y se imprime en la minima pupila, no segun la grandeza y naturaleza celeste, sino segun que es capaz la cantidad y virtud de la pupila. Assi la infinita hermosura se imprime en la finita mente angelica o beata, no segun el modo de su infinidad, sino segun la finita capacidad de la mente que la conoce; que el ojo del aguila vee y se transfigura en el derechamente el lucido y gran Sol, no como el es en si, sino como el ojo del aguila es capaz de recebirlo. Otro conocimiento ay de la inmensa hermosura diuina, que se iguala a ella, que es el que el summo Dios tiene de su propria belleza; y es como si el mismo Sol con su claridad, que es visible, se viesse a si mismo, que aquella seria vision perfeta; porque el conocimiento se iguala al conocido Assi que son tres las maneras del ver a Dios, como las del Sol: la infima del entendimiento humano, que vee la hermosura diuina en el enigma del vniuerso corporeo, que es simulacro della; assi como vee el ojo humano al lucido cuerpo del Sol transfigurado en agua, o impresso en otro diafano; porque de derecho no es capaz de verlo. La segunda es del entendimiento angelico, que vee la inmensa hermosura diuina de directo, no ygualandose con el objeto, sino recibiendolo segun su finita capacidad, assi como el ojo del aguila vee el claro Sol. La tercera es la vista del entendimiento diuino de su inmensa belleza, la qual se yguala con el objeto; como si el resplandeciente Sol se viesse a si proprio.

De que manera es conocido el infinito del finito.

De que manera se imprime la diuina hermosura en la mente angelica o beata.

Las maneras del ver a Dios son tres.

Soph.—Plazenme las absoluciones de la segunda duda; pero todavia se me haze dificultoso que, siendo los angeles inmudables, y siempre en vn grado de felicidad, como puede ser que esten en potencia de alguna perfecion para alcançarla en acto, como has dicho de la diuina copulacion dellos? Y si ellos estan siempre copulados con la diuinidad, no ay necessidad de desseo ni de amor para aquello que tienen siempre; que, como dizes, se dessea lo que falta, y no lo que siempre se possee.

Phil.—Siendo tanto mas excelente el objeto que el conociente, no es estraño que pueda crecer siempre el conocimiento y vnion copulatina de la mente finita con la infinita hermosura, mediante el desseo y amor que se causa por la gran falta de la

Rason por que crece siempre el conocimiento y vnion copulatiua.

summa belleza conocida, por gozar siempre mas y mas la copulacion y contemplacion vniuua della; y aunque los angeles no son temporales, la eternidad dellos no es infinita, ni toda juntamente sin sucession, como la eternidad diuina. De donde ellos, aunque son incorporeos y no tienen mouimiento corporal, tienen mouimiento intelectual a su primera causa y vltimo fin, con contemplacion y copulacion sucessiua; la qual sucession llaman los filosofos Euo angelico, que es medio entre el tiempo del mundo corporeo y la eternidad diuina; y en tal sucession puede auer potencia, amor y desseo intelectuales, y adherencia sucessiua y vnitiua, segun te he dicho. Y quando te concediesse que ellos estan siempre en vn grado de copulacion, no por esso faltaria el amor y el desseo de la continuacion della in æternum; que, como te dixe, las cosas buenas posseydas se aman, desseando gozarlas siempre con perpetua delectacion. Assi que el amor angelico se endereça siempre a la diuina hermosura, intensiuamente y extensiuamente.

Los angeles tienen mouimiento Intelectual.

Euo angelico.

Soph.—De la segunda duda estoy satisfecha; dime algo de la tercera.

Phil.—Con lo ya dicho en la absolucion de la segunda, esta manifiesta la absolucion de la tercera. Te concedo que Dios ni la naturaleza no ponen en criatura alguna entero amor, ni desseo, o inclinacion, o inherencia, sino para alcançar o para ser cosa possible, y no para el vero manifiesto impossible; y por esto veras que vn hombre no dessea subir por su pie al cielo, o volar con alas, o ser vna estrella, o tenerla en la mano, ni cosas semejantes, que, aunque son dignas, y faltan, y la dignidad dellas es conocida, no por esso son desseadas, porque la impossibilidad dellas es manifiesta; de donde, faltando la esperança de alcançarlas, falta el desseo; porque la esperança de alcançar la cosa que deleyta, quando es conocida y falta, incita al amor y al desseo a adquirirla, y quando la esperança es lenta, el amor jamas es intenso, ni el desseo ardiente; y quando no ay esperança, falta assi mismo (por la impossibilidad de la ganancia) el amor y el desseo del que conoce. Empero el amor y el desseo angelico de gozar la inmensa hermosura diuina, no es de cosa a ellos impossible ni desesperada, que, como te he dicho, pueden y esperan alcançarla y gozar della como de propria felicidad; y a ella se endereçan y conuierten siempre, como a proprio

El amor que Dios y la naturaleza dan a todo lo criado, qual es.

La esperança de alcançar lo desseado incita al amor y al desseo.

El amor y desseo angelico no es de cosa impossible ni desesperada a ellos.

fin, no obstante que ella sea infinita y los angeles finitos.

Soph.—Bien he entendido la absolucion de la tercera duda y veo que acrecientas en el amor quarta condicion, que, de mas de que es necessario que sea de cosa hermosa y conocida del amante, y que en qualquier manera le falte o pueda faltarle, conuiene tambien, segun dizes, que sea possible alcançarla y se tenga esperança de adquirirla; lo qual me parece cosa puesta en razon; pero hallamos la esperiencia en contrario, y veemos que los hombres naturalmente dessean no morir jamas; lo qual es impossible, manifiesto y sin esperança.

Quatro condiciones necessarias para incitar al amor.

Phil.—Los que lo dessean, no creen enteramente que es impossible; y han entendido por las historias legales que Enoc y Elias, y tambien San Iuan euangelista, estan inmortales en cuerpo y anima; y aunque veen que fue por milagro, piensa cada vno que podria Dios hazer por el semejante milagro: y por esta potestad diuina, se ayunta a esta possibilidad alguna remota esperança, la qual incita vn lento desseo; mayormente por ser la muerte horrible, y la corrupcion propria odiosa a quien quiera que se sea; y el desseo no es de alcançar cosa nueua, sino de no perder la vida que se possee; la qual posseyendose de presente, es cosa facil engañarse el hombre a dessear que no se pierda, aunque naturalmente es impossible; y para el vero desto es de tal manera lento, que lo puede ser de cosa impossible e imaginable, siendo de tanta importancia al que la dessea. Y tambien te digo que el fundamento deste desseo no es en si vano, aunque algun tanto es engañoso; porque el desseo del hombre de ser inmortal, es verdaderamente possible; porque la essencia del hombre, como rectamente Platon quiere, no es otra cosa que su anima intelectiua, la qual, por la virtud, sabiduria, conocimiento y amor diuino, se haze gloriosa e inmortal; que a los que estan en pena no los llamo enteramente inmortales, porque la pena es prinacion de la vista diuina, que al anima se le puede reputar mortalidad, aunque no este del todo aniquilada. Y los hombres, engañados en que el ser corporeo sea su propria essencia, creen que el natural desseo de la inmortalidad sea en el ser corporeo; lo qual, en efeto, no es sino en el ser espiritual, como te he dicho. Desto entenderas, o Sophia! la certidumbre del anima intelectiua humana,

Enoc, Elías y San Iuan Euangelista estan inmortales.

La muerte es horrible, y la corrupcion propria odiosa.

El desseo de la inmortalidad no tiene fundamento vano.

La essencia del hombre, de mente de Platon, qual es.

que si el hombre no fuera verdaderamente inmortal, segun el anima intelectiua, que es el verdadero hombre, no dessearan todos los hombres la inmortalidad como la dessean: que los otros animales son enteramente mortales, assi puedes pensar que no piensan, no conocen, no dessean y no esperan la inmortalidad; y quiça tampoco conocen la mortalidad, aunque huyen del daño y del dolor por el conocimiento de los contrarios, que es vno mismo. El hombre, que conoce la muerte, conoce y procura su inmortalidad, que es la de su anima; y esto no lo hiziera si no le fuera possible alcançarla de la manera que te he dicho. Deste verdadero desseo, acompañado de las otras causas que te dixe, se deriua el desseo engañoso de que no muera el cuerpo.

Certidumbre de la inmortalidad del anima intelectiua humana.

Los irracionales no conocen la inmortalidad, porque son enteramente mortales.

El conocimiento de los contrarios es vno mismo.

Soph.—Yo me doy por contenta de las absoluciones de mis dudas, y conozco que el amor del vniuerso criado verdaderamente nacio en el mundo angelico; pero solamente me esta en contra lo que me dixiste de Platon, que dize que el amor no es dios, sino vn gran demon; y acuerdome auer entendido de ti que la orden de los demones Platon la haze inferior a la de los dioses; esto es, de los angeles; luego no principia el amor, segun el, en el mundo angelico, sino en el demonico; y por esta razon los angeles deuen ser totalmente prinados de amor; porque es justo que el demon, que es inferior, influya amor en sus superiores, esto es, en los angeles, como influye en los hombres a los quales es superior.

Platon haze el amor, no dios, sino vn gran demon.

Phil.—Nosotros hemos hablado del amor del vniuerso mas vniuersalmente que hablo Platon en aquel su *Combite*; porque nosotros hemos tratado aqui del principio del amor en todo el mundo criado, y el solamente trato del principio del amor humano; el qual, teniendo algunos que era vn dios o diosa, que continuamente influia este amor en los hombres, Platon dize, contra ellos, que no puede ser dios, porque los dioses infunden perfecion y hermosura en abito como ellos, que son verdaderamente perfetos y hermosos; empero que el amor en los humanos no es possession ni perfecion de hermosura, sino desseo de la que falta; de donde su hermosura es solamente en potencia y no en acto, ni abito, como en efecto es en los angeles, porque verdaderamente el amor es la primera passion del anima, que su ser consiste en inherencia potencial a la hermosura amada, y por esto

Razon por que Platon no haze al amor dios, sino demon.

pone Platon su principio inferior al de los dioses, que es el demon, cuya hermosura esta en potencia en respeto de la de los angeles, que esta en acto. Y assi como Platon pone a las perfeciones actuales, ciencias y sabidurias humanas en acto, las Ideas por principios, assi a las potencias, virtudes y passiones del anima les pone los elementos, inferiores a los dioses, por principios; y siendo el amor, como te he dicho, la primera passion del anima, pone vn grande y primer demon por principio suyo. Pero el amor de quien nosotros hablamos, no es passion corporea en los angeles, sino inherencia intelectual a la summa hermosura, por lo qual este excede a los demones y a los hombres juntamente, y es principio del amor en el mundo criado; lo qual no niega Platon, porque el mismo pone amor en el summo Dios, participado a los otros dioses, como el del demon a los humanos; pero, por ser aquel mas alto que este, no habla de ambos a dos en comun, como hemos hecho nosotros.

Soph.—Tambien me doy por satisfecha desta vltima duda. Solamente querria saber de ti, en esta parte del amor que nacio en el mundo angelico, como procede de alli y como se participa a todo el vniuerso criado, y si los angeles participan todos de la diuina hermosura inmediatamente, o el vno mediante el otro superior a el.

Phil.—Los angeles participan del amor diuino de la manera que gozan de su vnion, y en ello los filosofos, teologos y los arabes discrepan. La escuela de Auicena y Algazel, y nuestro rabi Moysen [1] y otros, tienen que la causa primera es, sobre todas las inteligencias monedoras de los cielos, causa y fin amado de todas; la qual, siendo simplicissima vnidad, por el amor de su inmensa hermosura, produze de si inmediatamente sola la primera inteligencia monedora del primer cielo, y esta sola goza de la vista y vnion diuina inmediatamente; por lo qual el amor suyo se endereça inmediatamente a la diuinidad, su propria causa y dilectissimo fin. Esta inteligencia tiene dos contemplaciones: la vna de la hermosura de su causa, por cuya virtud y amor produze tambien ella la segunda inteligencia; la segunda contemplacion es la de su propria hermosura, por cuya virtud y amor produze el primer orbe, compuesto de cuerpo incorruptible circular y de anima intelectiua amadora de su inteligen-

Diferencia entre filosofos, teologos y los arabes en la manera del distribuyrse el amor diuino en el vniuerso.

Opinion de Auicena, de Algazel y del rabi Moysen y de otros muchos acerca de la participacion del amor diuino en el vniuerso.

---

(1) Moisés ben Maimón, ó *Maimónides*, insigne filosofo hebreo-español (1135-1204).

cia, del qual orbe es perpetua mouedora, como de su proprio fin amado. La segunda inteligencia contempla la belleza diuina, no inmediatamente, sino mediante la primera, como quien vee la luz del Sol mediante vn vidrio cristalino. Y tiene tambien dos contemplaciones: la vna de la hermosura de su causa, por virtud y amor de la qual produze la tercera inteligencia; y la de su misma belleza, por la qual produze el segundo orbe apropriado a si en continuo mouimiento. Desta manera ponen la prodacion y contemplacion de todas las inteligencias y orbes celestiales successiuamente y encadenadamente: o que sean

Opiniones diferentes en el numero de los orbes. ocho los orbes, como tenian los griegos, o nueue, como los arabes, o diez, como los antiguos hebreos y algunos modernos, assi es el numero de las inteligencias monedoras y las virtudes de sus animas, como el numero de los cielos, los quales se mueuen de si en si circularmente, por el conocimiento y amor que el anima dellos tiene a su inteligencia y a la summa hermosura que en ella resplandece, a la qual siguen todos por copularse y felicitarse en ella como en vltimo y felicissimo fin. Y el mas inferior de los mouedores, que es el del orbe de la Luna, por la contemplacion y amor de su misma hermosura, produze el orbe de la Luna, que el mueue siempre, y, por la contemplacion de la belleza de su causa, dizen que produze el entendimiento agente, que es la inteligencia del mundo inferior, que es casi el anima del mundo; porque, como Platon enseña, dizen que esta vltima inteligencia es la que, por contemplacion y amor de la propria hermosura, da todas las formas en los diuersos grados y especies del mundo inferior en la materia primera, la qual mueue siempre de forma en forma para la generacion y sucession continua. Y por la contemplacion y amor de la hermosura de su causa, produze al entendimiento humano, vltimo de los entendimientos, primero en potencia, y despues, alumbrandole, lo reduze en acto y habito sapiente, de tal manera que puede lenantarse por la fuerça del amor y del desseo, a copularse con el mismo entendimiento agente, y ver en el, como en vltimo medio o espejo cristalino, la inmensa belleza diuina, y felicitarse en ella con eterna delectacion, como en vltimo fin de todo el vniuerso criado. De manera que, auiendo declinado las essencias criadas de grado en grado, no solamente hasta el vltimo orbe de la Luna, mas tambien hasta la infima materia primera, desde alli buelue a leuantarse la materia primera con inclinacion, amor y desseo de acercarse a la perfecion diuina, de la qual esta mas alejada, subiendo de grado en grado por las formas y

perfeciones formales: Primero, en la forma de los elementos. Segundo, en las formas de los mistos inanimados. Tercero, en las de las plantas. Quarto, en las especies de los animales. Quinto, en la forma racional humana en potencia. Sexto, al entendimiento en acto o en habito. Septimo, al entendimiento copulatiuo con la summa hermosura, mediante el entendimiento agente. Desta suerte hazen los arabes vna linea circular del vniuerso, cuyo principio es la diuinidad, y della, sucediendo encadenadamente de vno en otro, viene hasta la materia primera, que es la mas distante della; y della va subiendo y allegandose de grado en grado, hasta que buelue a fenecer en aquel punto que fue principio, que es en la summa hermosura diuina, por la copulacion con ella del entendimiento humano.

Soph.—Entendido he, como estos arabes entienden, que el amor deciende de la cabeça del mundo angelico hasta lo vltimo del mundo inferior, y que de alli sube hasta su primer principio, todo sucessiuamente de grado en grado con orden admirable en forma circular, con señalado principio. Yo no quiero por aora juzgar que tanta sea la verdad desta opinion; empero tiene de lo ingenioso y aparente, y es muy adornada. Dime la discrepancia de los otros arabes en esto.

Phil.—Creo que ya otra vez te he dicho que Auerrois, como muy aristo-

Auerrois fue muy amigo de la dotrina de Aristoteles. telico, las cosas que no hallo en Aristoteles, o porque no vinieron todos sus libros a sus manos, mayormente los de la Metafisica y Teologia, o porque el no era de la opinion y sentencia destos, trabajo en contradezirles y anularles, y no hallando en el este encadenamiento del vniuerso, contradixo la opinion de los arabes sus antecessores, diziendo que no es de la filosofia de mente de Aristoteles, porque el no tiene por inconuiniente que del vno y simplicissimo Dios dependa inmediatamente la multitud coordenada de las essencias del vniuerso, atento a que todo se vne como miembros de vn hombre indiuiduo; y por esta total vnion pueden todas sus partes depender juntamente de la simplicissima vnidad diuina, en cuya mente esta exemplado y figurado todo el vniuerso. como la forma de lo artificiado en la mente del artifice, la qual forma, en Dios, no implica multiplicacion de essencias, antes de su parte es vna, y en lo artificiado se multiplica, por la falta que tiene de la perfecion del artifice. Assi que las Ideas diuinas, por la comparacion que tienen a las essencias criadas, son muchas; pero, por estar en la mente diuina, son vna con ella. Dize Auerrois que la diuina hermosura se imprime en todas las inteligencias mouedoras de los cielos inmediatamente, y todas con sus orbes tienen deriuacion inmediata della, y tambien la materia primera y todas las especies y el entendimiento humano, que son los eternos en el mundo inferior; empero dize que esta impression, aunque es inmediata en todo, todauia es graduada por orden, segun mas o menos, porque la diuina hermosura se imprime en la primera inteligencia, mas digna, espiritual y perfetamente, con mayor conformidad de semejança, que en la segunda, y en la segunda mas que en la tercera, y assi sucessinamente hasta el entendimiento humano, que es el vltimo de las inteligencias. En los cuerpos se imprime en modo mas baxo; porque alli es hecha dimensionable y diuisible; con todo esto, se imprime en el primer orbe mas perfetamente que en el segundo, y assi sucessiuamente hasta passar el orbe de la Luna y venir a la materia primera, en la qual se imprimen tambien todas las Ideas de la hermosura diuina, como en cada vna de las inteligencias mouedoras y animas de los cielos, y como en el entendimiento humano, agente y sapiente; pero no en aquella claridad y resplandor, sino en modo vmbroso; esto es, en potencia corporea; y es semejante la impression de la materia primera, respeto de los cuerpos celestiales, a la impression del entendimiento humano possible respeto de todos los otros entendimientos actuales. Y no ay otra diferencia en estas dos impressiones, sino que en la materia primera son impressas todas las Ideas formales en potencia corporalmente, por ser la mas infinita de los corporeos; y en el entendimiento possible son assi todas impressas en potencia, no corporea, sino espiritual, esto es, intelectual. Y segun esta graduacion sucessiua de las impressiones de la hermosura diuina, sucede el amor y el desseo della en el mundo intelectual, de grado en grado, desde la primera inteligencia hasta el entendimiento possible humano, que es el mas baxo e infimo de los entendimientos humanos. Y en el mundo corporeo, en el qual el amor depende del entendimiento, sucede assi del primero y supremo cielo gradualmente hasta la materia primera, la qual es tambien como cada vno de los orbes celestiales, los quales, por el amor insaciable que tienen a la hermosura diuina, y por participarla mas y gozarla, se mueuen circularmente de contino sin reposo; assi la materia primera,

Opinion de Auerrois en la manera de la distribucion del amor diuino en el vniuerso.

Diferencia entre las dos maneras de imprimirse las Ideas en la materia primera y en el entendimiento possible.

La materia primera es semejante a los orbes celestiales.

Desseo insaciable de la materia primera.

con el desseo insaciable de participar de la belleza diuina, con el recebir de las formas, se mueue de continuo de forma en forma, en mouimiento de generacion y corrupcion, sin cessar jamas. Muchas particularidades pudiera dezirte de cada vna destas dos opiniones en el modo de la sucession de las essencias y amores en el vniuerso en sus diferencias, y razones que cada vno trae en fauor de su opinion y en disfauor de la ajena; pero, por no ser prolixo en cosa no necessaria al proposito, las dexare. Bastarte ha que qualquiera destas dos opiniones te muestra la respuesta de lo que preguntaste; esto es, de que manera el amor depende del mundo angelico, donde nacio, en el mundo celestial y en el inferior, quando se haze comun a todo el vniuerso criado.

De que modo depende el amor del mundo angelico en el celestial y en el corruptible.

Soph.—Entendido he la diferencia de la sucession de la impression de la hermosura diuina y del amor della en los grados intelectuales del vniuerso entre las dos opiniones de los arabes; y me parece auer comprehendido que la primera es como la impression del sol en vn claro cristal, y mediante aquel en otro menos claro, y assi sucessiuamente hasta el entendimiento humano, que es el vltimo y menos claro de todos. Y la segunda, como la impression tambien del sol inmediatamente en muchos espejos, el vno menos claro que el otro, gradualmente desde la primera inteligencia hasta el entendimiento humano. Y de la vna manera y de la otra veo que el amor depende del mundo angelico en todo el vniuerso criado. Y, por tanto, estoy enteramente satisfecha de la tercera pregunta mia: donde nacio el amor. Y conozco verdaderamente que su primer nacimiento y principio en el mundo criado fue en la primera inteligencia cabeça del mundo angelico, como has dicho.

Dos exemplos muy galanos acerca de las dos opiniones de los arabes, ya referidas.

Pareceme que ya es tiempo que me respondas a la quarta pregunta mia, que es: de quien nacio el amor, y quienes y quantos fueron sus progenitores.

Quarta pregunta: De quien nacio el amor.

Phil.—Los poetas griegos y latinos, que cuentan al amor entre los dioses, diuersos entre si, le atribuyen diuersos progenitores. Vnos le llaman Cupido; otros, Amor; y de los Cupidos ponen mas de vno; pero el principal es aquel niño ciego, desnudo, con alas, que trae arco y saetas y dizen ser hijo de Marte y Venus; otros le pintan nacido de Venus, sin padre.

Varias opiniones de los poetas acerca de los padres del amor.

Nombres del amor acerca de los poetas.

Soph.—Que quisieron enseñar en esso?

Phil.—Cupido, dios de amor, es el amor voluptuoso, deleytable y proprio libidinoso; y

Alegoria acerca de los padres de Cupido libidinoso.

por esto fingen que el deleite es su hijo, el qual se halla excessiuo y ardiente en aquellos hombres en cuyo nacimiento Marte y Venus son muy poderosos y entre si comunicantes, de aspecto beneuolo y conjunto; porque Venus da abundancia de humidad natural digesta y dispuesta a la libidine, y Marte da el caluroso y ardiente desseo y la incitacion; de manera que el vno da el poder y el otro el querer excessiuo. Los poetas llaman padre a Marte, que da el calor, porque es actiuo, y a Venus dizen madre, porque lo humido es material y passiuo. Los que dizen que es sin padre, quieren inferir que la luxuria ardentissima no tiene razon intelec-

Alegoria de Cupido sin padre. La razon haze oficio de buen padre. Alegoria sobre Cupido codicioso, hijo de Mercurio.

tual, que, como buen padre, es la que endereça las voluntarias passiones; tiene solamente madre Venus, planeta y dea de las libidinosas delectaciones. El otro Cupido dizen ser hijo de Mercurio y Diana; piutanle con alas, y entienden por ellas que la codicia de las riquezas y possessiones, y el amor de lo vtil, haze a los hombres lijeros y casi voladores a la ganancia dellas, el qual es excessiuo en aquellos en cuyo nacimiento Mercurio y la Luna son los mas poderosos significadores conjuntos, con buen aspecto y en lugares fuertes; porque Mercurio los haze cuydadosos y subtiles negociadores, y Diana, que es la Luna, los haze abundar en ganancias mundanas; por esto los poetas llaman a Mercurio, como a actiuo, padre de lo vtil, y a Diana, por material y passiua, le dizen madre.

Soph.—De las tres especies de amor, deleytable, vtil y honesto, fingieron los poetas dos Cupidos: al vno del deleytable y al otro del vtil; han fingido por ventura otro algun Cupido por dios del honesto?

Phil.—No por cierto, porque Cupido quiere

Cupido quiere dezir amor y desseo encendido y desordenado.

dezir amor y desseo encendido y desordenado sin moderacion, los quales excessos se hallan en el deleytable y en el vtil, pero no en el honesto; que lo honesto dize moderacion, templança y orden; porque la honestidad, sease quanta se quisiere, no puede ser destemplada ni excessiua. Pero hablando los poetas de la progenie del amor, pintaron alguna vez al honesto, y otras vezes a todos juntamente.

Soph.—Pues dime lo que dizen de los progenitores del amor, como me has dicho de los Cupidos.

Phil.—Ya estaua en el camino para dezirte-

lo. Algunos tienen que el Amor es hijo de Herebo y de la Noche; antes dizen que, de muchos hijos suyos, segun que ya te dixe, hablando de la comunidad del amor, es el primogenito.

Soph.—De quien hablan? Y que sinifican por estos dos padres?

Phil.—Hablan del amor en comun, que es

Por que fingen los poetas que el Amor es hijo de Herebo y de la Noche.

la primera entre todas las passiones del anima, y a Herebo, como ya te he dicho, fingenlo dios de todas las passiones del anima, y tambien de las potencias de la materia. Y por Herebo entienden la inherencia y potencia del anima y de la materia a las cosas buenas y malas. Y porque la primera passion de las del anima es el amor, por esto lo fingen primogenito de Herebo, y le atribuyen otros hijos, que son todos passiones consequentes al amor. Y ponen la Noche por madre del Amor, por mostrar que el amor se engendra de priuacion y falta de hermosura con inherencia a ella; porque la noche es priuacion de la hermosa luz del dia. En todas estas tres especies de amor concurren los poetas en comun sin diferencia. Despues fingen otro dios de amor, hijo de Iupiter y de Venus magna, el qual dizen auer sido gemino.

Soph.—De qual de las especies de amor es este? Y que sinifican sus padres?

Phil.—Por este entienden el amor honesto

Que el amor honesto es hijo de Iupiter y de Venus magna, y lo que sinifican sus padres.

y templado acerca de qualquier naturaleza de ganancia, o sea de cosa corporea. vtil o deleytable, en las quales la moderacion y templança haze honesto al amor de la cosa corporea, o sea de cosa incorporea, virtuosa o intelectual; lo honesto de las quales cosas consiste en que el amor sea el mas intenso y ardiente que ser pueda. Y su destemplança y deshonestidad no es otra cosa que ser muy remisso y tardio; y danle por padre a Iupiter, que acerca de los poetas es summo dios, porque el tal amor honesto es diuino, y el fin de su desseo es contemplar la hermosura del gran Iupiter; y ya te dixe que el amado es padre del amor, y el amante madre. Danl. por madre a la gran Venus, la qual no es la que da los desseos libidinosos, sino la. inteligencia de la que da los desseos honestos, intelectuales y virtuosos, como madre que dessea la hermosura de Iupiter, su marido, padre del honesto amor. Y segun los

Influencias de Iupiter y Venus, segun los astrologos.

astrologos, quando Iupiter y Venus, con suaue aspecto o conjuncion, son fuertes y sinificadores del nacimiento de alguno, por ser planetas beneuolos y ambos fortunas, le hazen benigno, bien afortunado y amador de todo bien y virtud; y le dotan de amor honesto y espiritual, segun te he dicho; porque en las cosas corporales, Venus da el desseo y Iupiter lo haze honesto, y en las intelectuales Iupiter da lo desseado y Venus el desseo, el vno como padre y el otro como madre del amor honesto; que assi como Venus, con la conjuncion y virtud de Marte, haze los desseos humanos excessiuos y libidinosos, assi con la conjuncion y matrimonio de Iupiter, los haze honestos y virtuosos.

Soph.—Ya entiendo como el Amor es hijo de Iupiter y de Venus; dime aora por que le pintan gemino.

Phil.—Platon refiere en el *Combite* vn dicho de Pausanias, diziendo que el amor es gemino porque, en efeto, son dos los amores, assi como son dos las Venus, porque toda Venus es madre de amor; de donde, siendo

Dos may dessemejantes amores, nacidos de las dos Venus.

las Venus dos, conuiene que tambien los amores sean dos. Y porque la primera Venus magna es celestial y diuina, es su hijo el amor honesto; de la otra, que es Venus la inferior libidinosa, es su hijo el amor brutal; y por tanto es el amor gemino; esto es, honesto y deshonesto.

Soph.—Luego el amor gemino no es solamente el honesto, como has dicho?

Phil.—Este amor gemino, de quien hemos

El amor gemino, segun vnos poetas, es compuesto del honesto y del deshonesto. Otro amor gemino, todo honesto; su sinificacion y en que cosas es gemino.

hablado, es compuesto de Cupido, hijo de Venus la inferior, y de Marte, y del Amor, hijo de la magna Venus y de Iupiter. Pero sigamos a otros, que ponen el amor gemino ser el otro diferente del Cupido, conuiene a saber: aquel hijo de Iupiter y de la magna Venus, y este es el honesto.

Soph.—Pues de que manera es gemino solamente el honesto?

Phil.—Fingen ser este amor gemino, porque, como has entendido, el amor honesto existe en las cosas corporales y en las espirituales; en lo vno, por la moderacion de lo poco; y en lo otro, por todo el crecimiento possible, y el que es honesto en lo vno, es honesto en lo otro; porque, como dize Aristoteles: todo sabio es bueno y todo bueno es sabio; de manera que es gemino en lo corporal y espiritual juntamente. Assi mismo la duplicidad le conuiene al amor amigable, y a la amistad honesta, porque siempre es reciproco, que, como dize Tulio, la amistad se halla entre virtuosos, y por cosas

El anima del anima del amante es su proprio amado.

virtuosas; de donde los amigos se aman al trocado por la virtud de cada vno dellos. Tambien es gemino en cada vno de los amigos y amantes, porque cada vno es el mismo, y el que ama, porque el anima del anima del amante es su proprio amado.

Soph.—Entendido he los progenitores del amor que los poetas fingen; querria saber los de los filosofos.

Phil.—Hallamos a Platon, que tambien fa-

El Androgeno, segun Platon, fue origen del amor humano.

bulando señala otros principios del origen del amor, que en el *Combite*, en nombre de Aristofanes, dize que el origen del amor fue desta manera: Que auiendo en el principio de los hombres otro tercer genero de hombres, esto es, no solamente hombres, y no solamente mugeres, sino aquel que llaman Androgeno, que era macho y hembra juntamente; y que assi como el hombre de-

Pintura del Androgeno.

pende del Sol, y la muger de la Tierra, assi aquel dependia de la Luna, participante del Sol y de la Tierra. Era este Androgeno grande y terrible, porque tenia dos cuerpos humanos ligados en la parte del pecho, y dos cabeças puestas en el cuello, vna cara a la vna parte de las espaldas y otra a la otra, y quatro ojos, y quatro orejas, y dos lenguas, y assi los genitales al doble; tenia quatro braços con manos, y quatro piernas con pies, de manera que venia a ser casi en forma circular; mouiase velocissimamente, no solo a vna y a otra parte, pero tambien en mouimiento circular con quatro pies y quatro manos, con gran celeridad y vehemencia. Ensoberuecido

Temeridad del Androgeno y su soberuia.

de sus fuerças, se atreuio a contender con los dioses y ser'es contrario y molesto; por lo qual, aconsejandose Iupiter sobre esto con los otros dioses, despues de diuersas sentencias, le parecio no destruyrlos, porque, faltando el genero humano, no auria quien honrasse a los dioses; tampoco le parecio dexarlos en su arrogancia, porque sufrirla seria vituperio a los dioses; por tanto, determino que los diui-

Castigo que se dio al Androgeno.

diessen, y mando que Apolo los partiesse por medio, y de vno hiziesse dos, para que solamente pudiessen andar derechos a vna parte sobre los dos pies; y assi fuesse doblado el numero de los cultores de la diuinidad; amonestandoles que, si mas pecauan contra los dioses, que boluerian a diuidir cada medio en dos, y quedaria con vn ojo y vna oreja, media cabeça y

Galana semejança y comparacion.

cara, con vna mano y vn pie, como que andarian saltando como los coxos, y quedarian como hombres pintados en las colunas a media vista. Apolo los diuidio por la parte del pecho y del vientre, y boluio'es la cara a la parte cortada, para que, viendo la cortadura, se acordassen de su error y assi mismo, para que pudiessen guardar mejor la parte cortada y lastimada, les puso cuero sobre los huessos del pecho; y todas las partes cortadas del vientre las

tomo, recogio y junto y las ato por medio, la
qual cortadura se llama ombligo, y cerca del
dexo algunas arrugas de las cicatrices de la
cortadura, para que, viendolas el hombre, se
acordasse del pecado y de la pena. Viendose
cada vno de los medios falto de su resto, des-
seando reintegrarse, se acercaua al otro medio,
y abraçandose se vnian estrechamente; y sin
comer ni beuer se estauan assi hasta que pe-
recian; cuyos genitales estauan a la parte pos-
terior de las espaldas, que antes era anterior,
por lo qual echauan el semen fuera, y caia en
tierra, y se engendrauan manlragoras. Vien-
do, pues, Iupiter que el genero humano pere
cia totalmente, mando a Apolo que les passasse
los genitales a la parte anterior del vientre,
mediante los quales, vniendose, engendrauan
su semejante; y quedando satisfechos, buscauan
las cosas necessarias a la conseruacion de la
vida. De entonces aca fue entre los hombres

Causa del origen del amor humano, segun Platon. engendrado el amor, reconcilia-
dor y reintegrador de la antigua
naturaleza. Y aquello que de
dos buelue a hazer vno, remedio
es del pecado, que hizo que de vno fuesse hecho
dos. Assi que ay amor en qualquiera de los
hombres, macho y hembra, porque cada vno
dellos es medio hombre y no hombre entero;
por lo qual cada medio dessea su reintegracion
con el otro medio. Nacio, pues, segun csta fa-
bula, el amor humano de la diuision del hom-
bre, y sus progenitores fueron los dos medios,
el varon y la hembra, para fin de la reintegra-
cion dellos.

Soph.—La fabula es hermosa y adornada, y
no es de creer sino que sinifica alguna linda
filosofia, mayormente aniendola compuesto
Platon en su *Simposio* en nombre de Aristo-
fanes; dime, pues, o Philon!, alguna cosa de
lo que sinifica.

Phil.— La fabula fue traduzida de autor
La fabula del Androgeno fue sacada de la Sagrada Escritura. mas antiguo que los griegos;
conuiene a saber, de la Sagrada
Historia de Moysen, de la crea-
cion de los primeros padres hu-
manos, Adam y Eua.

Soph.—No auia yo entendido jamas que
Moysen huuiesse hablado essas cosas.

Phil.—No las hablo con esta particularidad
y claridad; empero puso la sustancia de la fa-
bula breuemente; y Platon la tomo del y la
amplio y adorno conforme a la oratoria griega,
haziendo en esto vna mezcla desordenada de
las cosas hebreas.

Soph.— De que manera?

Phil.—En el dia sexto de la creacion del
vniuerso, fue la creacion del hombre, la vltima
de todas sus partes, de la qual dize Moysen es-
tas palabras: Crio Dios a Adam, esto es, al
hombre, a su imagen, a imagen de Dios; criolo
Cuenta la creacion del hombre como la escriue Moysen. macho y hembra; criolos y ben-
dixoles Dios y dixoles: Frutifi-
cad, multiplicad y henchid la
tierra y señoreadla. Y despues
cuenta como se perficiono el vniuerso al fin
del sexto dia, y la quietud en el sabado, dia
septimo, y la santificacion del. Y despues dize
de que manera començo el mundo a brotar
sus plantas, por la subida de los vapores de la
tierra, y generacion de las lluuias. Y dize como
Dios crio al hombre del poluo de la tierra e
inspiro en su rostro espiritu de vida, y fue
hecho el hombre anima biuiente. Y que plan-
tado Dios un huerto de regalos de todos los
arboles hermosos y gustosos, con el arbol de
la vida y el arbol de conocer el bien y el mal,
puso Dios al hombre en aquel huerto para que
lo labrasse y guardasse; y mandole que co-
miesse de todos los arboles, excepto el arbol de
conocer el bien y el mal, que no comiesse del,
porque, el dia que lo comiesse, moriria. Continua
el texto: Y dixo Dios: No es bien que este el
hombre solo: hagamosle ayuda semejante a el;
y auiendo Dios criado todos los animales del
campo y todas las aues del cielo, las truxo al
hombre, a ver qual llamaria para si, el qual les
puso sus nombres, y para si no hallo el hom-
bre ayuda semejante a el. Por lo qual Dios le
hizo dormir. y tomo vna de sus partes, y el
lugar della lo suplio de carne, y de la parte
que tomo del hombre fabrico la muger, y pre-
sentola al hombre, y dixo el hombre: Esta por
esta vez es huesso de mis huessos y carne de
mi carne; esta se llamara muger, y fue dedica-
da para muger del hombre. Por tanto, dexa el
hombre padre y madre, y se ayunta con su mu-
ger, y son dos en vna carne continua. Prosi-
gue despues contando el engaño de la serpien-
te y el pecado de Adam y Eua por comer del
arbol vedado de conocer el bien y el mal, y las
penas. Y despues dize que Adam conocio a
Eua, su muger, y engendro a Cain, y despues
a Abel. Y cuenta como Cain mato a Abel y
fue maldito en destierro por el. Y cuenta la
generacion de Cain, y despues dize estas pala-
bras: Este es el libro de la generacion de Adam
en el dia que Dios crio al hombre a semejança
de Dios; hizolo macho y hembra, criolos y ben-
dixoles, y llamo el nombre dellos Adam, que
es hombre, en el dia que fueron criados.

Soph.—Que quieres inferir deste sagrado
cuento de la creacion del hombre?

Phil. — Deues aduertir que
Muestra auer contradicion en la mosayca procrea-cion del hombre esta Historia Sagrada se con-
tradize; que primero dize que
Dios crio a Adam en el sexto
dia, macho y hembra, y despues
dize Dios: Adam no esta bien solo, hagamosle

ayuda semejante a el, que fue criarle la muger, la qual dize que la hizo durmiendo el, de vno de sus lados; luego no estaua hecha al principio, como tiene dicho. Assi mismo. en el fin, queriendo contar la progenie de Adam, dize, como has visto, que Dios lo crio a semejança de Dios; macho y hembra los crio, y llamo el nombre dellos Adam, en el dia que fueron criados. Parece, pues, que, en el principio de su creacion, en continente fueron macho y hembra, y no despues por la subtrahaction del lado o costilla, como a dicho. Por lo qual en cada vno destos textos parece auer contradicion manifiesta de si a si mismo. Primero dize que Dios crio a Adam a su imagen, macho y hembra, y criolos, y bendixoles, &c. Adam es nombre del primer hombre varon, y la hembra se llamo Eua despues que fue hecha; pues criando Dios a Adam, y no a Eua, crio solamente varon, y nq hembra y macho, como dize; y lo mas estraño es lo que dize en lo vltimo: estas son las generaciones de Adam: en el dia que Dios lo crio, macho y hembra los crio, y llamo el nombre dellos Adam en el dia que fueron criados. Mira que dize que, criando Dios a Adam, hizo macho y hembra, y dize que llamo el nombre de ambos a dos Adam, en el dia que fueron criados, y de Eua no haze mencion, que es el nombre de la hembra, auiendo ya antes contado de Adam; a la qual despues, estando Adam solo sin muger, Dios la crio de su lado y costilla, y la llamo Eua. No te parecen, o Sophia! grandes contradiciones estas en los sagrados textos mosaycos?

Soph.—Ciertamente me parecen grandes. y no es de creer que el santo Moysen se contradiga tan manifiestamente, quando parece que el mismo procura contradezirse; de donde es de creer que quiere inferir a'gun oculto misterio, debaxo de la manifiesta contradicion.

Phil.— Bien juzgas, y, en efeto, el quiere que sintamos que se contradize y que busquemos la causa de su intencion.

Soph.— Que quiere sinificar?

Phil.—Los comentadores ordinarios se fatigan en concordar literalmente este texto, diziendo que primero habla en suma de la creacion de ambos a dos, y que despues dize por estenso de que manera la muger fue hecha del lado del hombre. Pero verdaderamente esto no satisfaze, porque desde el principio quiere inferir contradicion en aquello vniuersal, que no dize que crio primero a Adam y a Eua, sino a Adam solo, macho y hembra, y assi lo confirma en lo vltimo, y llama el nombre de ambos Adam, en el primer dia que los crio, y no haze memoria de

Muestra auer poca satisfacion en la concordancia deste texto, hecha por algunos comentadores, en la creacion de hombre.

Eua en esta vniuersalidad, sino despues en la diuision de la costilla, de donde la contradicion queda en su dificultad.

Soph. — Pues que entiende sinificar por aquella oposicion de vocablos?

Phil.—Quiere dezir que Adam, que es el primer hombre, al qual crio Dios en el sexto dia de la creacion, siendo vn supuesto humano, contenia en si macho y hembra sin diuision, y por esto dize que Dios crio a Adam a imagen de Dios, macho y hembra los crio. Vna vez le llama en singular Adam, vn hombre; otra vez le llama en plural macho y hembra los crio, por denotar que, siendo vn supuesto, contenia macho y hembra juntamente. Por esto comentan aqui los comentarios hebreos antiguos en lengua caldea, diziendo: Adam fue criado de dos personas, de vna parte varon y de la otra hembra; y esto declara en lo vltimo del texto, diziendo que Dios crio a Adam macho y hembra, y llamo el nombre dellos Adam, que declaro solo Adam contener a todos dos; y que, primero, vn supuesto hecho de ambos a dos, se llamaua Adam; porque no se llamo jamas la hembra Eua entre tanto que no fue diuidida de su varon Adam, del qual tomaron Platon y los griegos aquel Androgeno antiguo medio macho y medio hembra. Despues dize Dios: No es bien que este el hombre solo; hagamosle ayuda semejante a el; esto es, que no parecia que estuuiesse bien Adam macho y hembra en vn cuerpo solo, coligado por las espaldas, a contra risso; que era mejor que la muger estuuiesse diuidida, y que viniesse de frente de vista a vista para que le fuesse ayuda. Y para hazer esperiencia del, le truxo los animales terrestres y a ver si se contentaua para su compañia con alguna de las hembras de los aniles; y el les puso nombre a cada vno de los animales, segun sus proprias naturalezas, y no hallo alguno suficiente para serle ayuda y consorte; entonces, pues, le adormecio, y tomo vno de sus lados, el qual vocablo en hebraico es equiuoco, a lado y a costilla; pero aqui y en otras partes tambien esta por lado; esto es, el lado de la persona femenina que estaua detras a las espaldas de Adam, y la diuidio de Adam y suplio de carne el vazio del lugar diuiso; y aquel lado hizo muger apartada, la qual se llamo Eua despues que fue diuidida y no antes, que entonces era lado y parte de Adam. Y hecha que fue, Dios la puso delante de Adam recordado del sueño, y el le dixo: Esta por esta vez es huesso de mis huessos y carne de mi carne; esta se llamara virago, porque fue sacada del varon. Y prosigue diziendo: Por esto dexara el hombre el padre y la madre y se coligara con su muger, y sera vno por carne; esto es, que por auer sido diuididos de vn mismo indiuiduo el hombre y la muger, se bueluen a reintegrar en el matrimonio y coito en vn mismo supuesto carnal e indiuidual. De aqui tomo Platon la diuision del Androgeno en dos medios apartados, macho y hembra, y el nacimiento del amor, que es la inclinacion que queda a cada vno de los dos medios a reintegrarse con su resto y ser vno en carne. Esta diferencia hallaras entre el vno y el otro, que Moysen pone la diuision por mejor, porque dize: No es bien que el hombre este solo; hagamosle ayuda semejante a el, y despues de la diuision, cuenta el primer pecado de Adam y Eua por auer comido del arbol vedado de saber el bien y el mal, por el qual fue a cada vno dada pena propria. Empero Platon dize que primero peco el hombre estando conjunto de macho y hembra, y en pena del pecado fue diuidido en dos medios, segun has entendido.

Soph.—Plazeme saber que aya beuido Platon del agua de la sagrada fuente; pero de donde viene esta diuersidad, que el pone la diuision del hombre por el pecado precedente a ella, contra la Sagrada Historia, que pone la diuision por bien y ayuda del hombre y el pecado sucediente?

Phil.—No es tan grande la diferencia como parece, si lo consideras bien; y Platon, en esto, antes quiso ser declarador de la Sagrada Historia, que contraditor della.

Soph.—De que manera?

Phil.—En efeto, el pecado es el que corta al hombre y causa diuision en el, assi como la justa derecheza lo haze vno y conserua su vnion; y tambien podemos dezir con verdad que el estar el hombre diuidido le haze pecar, que mientras esta vnido no tiene inclinacion a pecar ni a diuertirse de su vnion; de manera que por ser el pecado y la diuision del hombre casi vna misma cosa, o dos inseparables y conuertibles, se puede dezir que de la diuision vino el pecado, como dize la Sagrada Escritura, y del pecado la diuision, como dize Platon.

Soph.—Querria que me declarasses mejor la razon de essa conformidad.

Phil.— Dezirte he primero como se entiende la historia hebrea, y despues la fabula platonica. Al principio, siendo criado el hombre varon conjunto con la hembra, como te he dicho, no auia ma-

nera de pecar, porque la serpiente no podia engañar a la muger estando conjunta con el hombre, como lo hizo despues apartada del; que sus fuerças y sagacidad no eran bastantes para engañar a los dos estando conjuntos en vno, sino estando ya diuididos el hombre y la muger por la incission diuina para buen fin; esto es, para que pudiessen ayudarse el vno enfrente del otro en el coito, para la generacion, primer intento del Criador; desta diuision se siguio la habilidad del pecar, porque la serpiente pudo engañar a la muger, diuidida del hombre, en el comer del arbol prohibido de conocer el bien y el mal; y la muger hizo tambien comerlo al hombre juntamente, y assi fueron comprehendidos en el pecado y en la pena. Por esto veras que primero cuenta la creacion del parayso terrestre, y que Adam, assi vnido de macho y hembra, fue puesto en el para labrarlo y guardarlo, y el precepto hecho al mismo Adam de que no comiesse del arbol de conocer el bien y el mal; y en continente cuenta la incision de Adam en macho y hembra diuididos, y hecha la diuision, pone luego el engaño de la serpiente y el pecado de Adam y Eua y la pena dellos. Assi que, por el modo de la historia hebraica, era necessario que la diuision precediesse al pecado; pero la fabula platonica, aunque es sacada de la historia hebrea y vna con ella, es de otro traje; porque ella haze el pecado en el hombre conjunto por querer combatir con los dioses; de donde, por pena de su arrogancia, fue partido y diuidido en dos, macho y hembra, y el acomodarles los genitales pone por remedio del perecer dellos, como has visto. Y quando huuiesses entendido, o Sophia! la sinificacion alegorica de la vna y otra narracion, verias que, aunque los modos son diuersos, la intencion es vna misma.

Soph.—No solamente la fabula platonica muestra ser hecha para alguna sabia sinificacion, mas tambien la historia hebraica, en esta primera vnion y despues diuision del hombre, denota querer sinificar de la naturaleza del hombre otra cosa que lo literal de la historia; que yo no creo que en ningun tiempo el hombre y la muger fueron de otra manera que en dos cuerpos diuididos, como lo son al presente. Ruegote, Philon, que me digas la sinificacion de la vna y de la otra.

Phil.—El primer intento de la historia hebrea, es mostrar que, quando el hombre fue criado en el estado de la beatitud y puesto en el parayso terrenal, aunque era macho y hembra, porque la especie humana no se salua en vn supuesto, sino en dos, que es macho y hembra, y ambos a dos juntos hazen vn hombre indiuidual con la especie y essencia humana entera; con todo esso, estos dos supuestos y partes de hombre, en aquel estado bienauenturado, estauan coligados por las espaldas en contrauisso; esto es, que la conferencia dellos no era inclinada al coito ni a la generacion, ni la vista del vno se endereçaua de frente a la vista del otro, como suele ser para el tal efeto; antes, como a enajenados de la tal inclinacion, dize ser la vnion dellos en contrauisso, no que fuessen vnidos corporalmente, sino vnidos en essencia humana e inclinacion mental; conuiene a saber, ambos a la beata contemplacion diuina, y no el vno al otro para deleyte y coyto carnal, sino para que mejor pudiesse ayudarse el vno al otro fueron diuididos. La muger, engañada de la serpiente, causo e¹ pecado del marido y el suyo, y comieron el arbol prohibido de conocer el bien y el mal, que es la delectacion carnal, que al principio es buena en aparencia, y en la existencia y fin es mala, porque diuierte al hombre de la vida eterna y lo haze mortal. Y por esto dize el texto que, como pecaron, conocieron que estauan desnudos, y procuraron cubrir los miembros de la generacion con hojas, pareciendoles vergonçosos, porque les diuertian de la inclinacion espiritual en que se felicitauan primero, y en pena del pecado fueron echados del parayso terrenal, en el qual consistia la delectacion espiritual, y fueron elegidos para labrar la tierra con trabajos, porque las corporales delectaciones todas son trabajosas, dandoseles cuydado de la generacion y procreacion de los hijos para remedio de la mortalidad. Por lo qual no se escriuio jamas la generacion de Adam y Eua hasta que estuuieron fuera del parayso, que en continente dize que conocio Adam a su muger y concibio a Cain su hijo, &c. Este es el primer intento mosayco en la vnion y separacion humana, en el pecado y pena dellos, auiendoles dado Dios la potencia de la diuision para poderse inclinar facilmente visso a visso a la copula carnal, diuertiendose de la inclinacion de las cosas espirituales a las corporales.

Soph.—Esta alegoria me sonara bien, sino que me parece estraño que Dios vuiesse hecho al hombre y a la muger en forma que podian engendrar; pero el proprio fin del hombre no es el engendrar, sino el felicitarse en la contemplacion diuina y en el parayso de Dios; lo qual haziendo, quedauan inmortales y no tenian necessidad de engendrar, porque en ellos se saluaua perpetuamente la essencia y especie

El proprio fin del hombre consiste en la diuina contemplacion.

humana; que a los inmortales no les es necessaria la generacion de hijos de su especie. Mira los angeles, los planetas, estrellas y cielos, que no engendran hijos de sus especies La generacion, como dize Aristoteles, fue para remedio de la mortalidad. y por esto el hombre, entretanto que fue inmortal, no engendro; pero quando ya por el pecado se hizo mortal, se socorrio con la generacion del semejante, a que Dios dio potencia, para que, de vna manera o de otra, no pereciesse la especie humana.

A los inmortales no les es necessario el socorro de la generacion de hijos de su especie. La generacion se dio para remedio de la mortalidad.

Soph.—Esta primera sinificacion alegorica me agrada, y me incita a dessear la segunda; dimela, pues.

Phil.—El primer hombre, y qualquier otro hombre de quantos vees, es hecho, como dize la Escritura, a imagen y semejança de Dios, macho y hembra.

Alegoria segunda sobre la historia mosayca de la creacion del hombre, que expone larga y galanamente su pecado, su castigo y su generacion, con la possibilidad de su remedio.

Soph.—Como? todo hombre, todo varon o toda hembra?

Phil.—Todo varon y toda hembra.

Soph.—Como puede ser que sola la hembra sea macho y hembra juntamente?

Phil.—Cada vno dellos tiene parte masculina perfeta y actiua, que es el entendimiento, y parte femenina imperfeta y passiua, que es el cuerpo y la materia; de donde la imagen diuina es impressa en materia, porque la forma, que es el varon, es el entendimiento, y el formado, que es la hembra, es el cuerpo. Estauan, pues, en el principio estas dos partes masculina y femenina en el hombre perfeto, que Dios hizo vnidas con perfeta vnion, de tal manera que lo corporeo sensual femenino estaua obediente y seguia al entendimiento y razon masculina; por lo qual no auia diuersidad alguna en el hombre, y la vida era del todo intelectual. Fue puesto en el parayso terrenal, donde estauan todos los arboles lindos y sabrosos, y el de la vida entre ellos mas excelente, como estan en el sabio entendimiento, qual era el de Adam en su vida pura, y en qualquier otro tan perfeto, todos los eternos conocimientos, y el diuino sobre todos. Mando Dios a Adam que comiesse de todos los arboles del parayso y del de la vida, porque le causaria vida eterna; porque el entendimiento, por conocimientos eternos, mayormente diuinos, se haze inmortal y eterno y llega a su propria felicidad. Pero que del arbol de conocer el bien y el mal no comiesse, porque lo haria mortal; esto es, que no diuirtiesse su entendimiento a los ac-

Arbol de la vida, y su sinificacion.

Arbol de conocer el bien y el mal, y su interpretacion.

tos de la sensualidad, a exercicio corporeo, como son las delectaciones sensuales y la ganancia de las cosas vtiles', que son buenas en aparencia y malas en existencia. Y llamanse tambien arboles de conocer el bien y el mal, porque en el conocimiento dellos no cabe dezir verdad o mentira, como en las cosas intelectuales y eternas, sino solamente cabe dezir bueno o malo, y segun que se acomodan al apetito del hombre; porque al dezir que el Sol es mayor que la Tierra, no se respondera que es bueno o malo, sino que es vero o falso; pero al ganar de las riquezas, no diras verdad o mentira, sino diras bueno o malo. Y segun estos conocimientos corporeos, que diuierten al entendimiento de aquellos, en que consiste su propria felicidad, es el arbol del conocer el bien y el mal, que fue prohibido a Adam; porque solo esto podia hazerle mortal. Que assi como las cosas diuinas verdaderas y eternas hazen al entendimiento diuino, verdadero y eterno como ellas, assi las cosas sensuales, corporales y corruptibles, lo hazen material y corruptible como ellas. Preconociendo, pues, la diuinidad, que esta manera de vnion de las dos partes del hombre, y de la obediencia de la femenina corporea a la intelectual masculina, aunque felicitaua al hombre y hazia inmortal su essencia, esto es, a la anima intelectiua, hazia empero corromper mas ayna la parte corporea y femenina, assi en el indiuiduo, porque quando el entendimiento se inflama en el conocimiento y amor de las cosas eternas y diuinas, desampara el cuydado del cuerpo y lo dexa perecer antes

Contemplacion vehemente que causa en el hombre y en su especie.

de tiempo, como tambien en la especie humana, sucession de la especie humana, porque los que son ardientes en las contemplaciones intelectuales, desprecian los amores corporeos y huyen del acto lasciuo de la generacion, de donde esta intelectual perfecion causaria la perdicion de la especie humana, por tanto, delibero Dios poner alguna diuision templada entre la parte femenina sensual y la parte masculina intelectual, inclinando la sensualidad y el entendimiento a algunos desseos y actos corporeos necessarios para la sustentacion corporea indiuidual y para la sucession de la especie. Esto es lo que sinifica el texto quando dize: No es bien que este el hombre solo; hagamosle ayuda de frente del, o en contra del; esto es, que la parte sensual femenina no siguiesse de tal manera el entendimiento, que no le hiziesse alguna resistencia, atrayendolo algun tanto a las cosas corporeas, para ayuda del ser indiuidual de la especie; donde, mostrandole todos los animales y conociendo en todos como cada vno se inclinaua a la sustentacion corporea y a la generacion del semejante, el hombre començo a ha-

llarse defectuoso, por no tener tambien el semejante causa e inclinacion a la parte femenina corporal, y desseo entonces imitarles en esto; y permitiendo Dios, segun dize el texto, que Adam fuesse preso del sueño, durmiendo el, diuidio la parte femenina de la masculina; la qual el de ay en adelante reconocio por muger diuidida de el mismo. Quiere dezir que, viniendole sueño no acostumbrado, esto es, priuacion y ocio de aquella vigilia intelectual primera, y de aquella ardiente contemplacion, el entendimiento començo a inclinarse a la parte corporea, como el marido a la muger, y a tener cuydado templado de la sustentacion della, como de parte suya propria, y de la sucession del semejante, para sustentacion de la especie. De manera que la diuision entre el medio masculino y femenino para buen fin y necessario fue hecha, y se siguio la resistencia de la materia femenina, y la inclinacion a ella del entendimiento masculino con suficiencia templada de la necessidad corporal, y no fue moderada por la razon, como fuera justo y era la intencion del Criador; antes, excediendo el entendimiento los limites de la diuision a la materia, y por la sumersion suya en la sensualidad, sucedio el pecado humano. Esto denota la historia quando dize que la serpiente engaño a la muger, diziendole que comiesse del arbol prohibido de conocer el bien y el mal, porque, quando lo vuiessen comido, se les abririan los ojos y serian como dioses, que conocen el bien y el mal. La qual muger, viendo el arbol bueno para comer, lindo y deleytoso y de inteligencia desseable, comio del fruto y hizo comer consigo al marido; y luego conocieron que estauan desnudos, y cosieron juntamente de las hojas de la higuera, y hizieron cinturas para si. La serpiente es el apetito carnal, que incita y engaña primero la parte corporea femenina quando la halla algun tanto apartada del entendimiento, assi muger y resistente a sus estrechas leyes; para que se enlode en las delectaciones carnales y se ofusque en la ganancia de las demasiadas riquezas, que es el arbol de conocer el bien y el mal, por las dos razones que te he dicho, mostrandoles que se les abririan los ojos; esto es, que conocerian muchas cosas de semejante naturaleza que antes no conocian, que son muchas astucias y conocimientos pertenecientes a la lasciuia y auaricia, de que antes estauan priuados; y dize que seran semejantes en esto a los dioses; esto es, en la opulenta generacion; que assi como Dios es inteligente, y los cielos son causas productiuas de las criaturas inferiores a ellos, assi el hombre, mediante las continuas meditaciones carnales, vendria a engendrar mucha generacion. La parte corporea femenina, no solamente no se dexo regular en esto, como era justo, de su intelectual marido, antes lo arrastro a la sumersion de las cosas corporales, comiendo entre ellos del fruto del arbol prohibido; y en continente se les abrieron los ojos, no los intelectuales. que estos antes se les cerraron, sino los de la fantasia corporal, acerca de los actos lasciuos carnales. De donde conocieron que estauan desnudos; esto es, la inobediencia de los actos carnales al entendimiento, y por esto procuraron cubrir los instrumentos genitales, como a cosas vergonçosas y rebeldes a la razon y a la sabiduria. Despues dize que en continente oyeron la boz de Dios y se escondieron; esto es, que reconociendo las cosas diuinas que auian dexado, se auergonçaron. En pos del pecado sucedio la pena, y la Historia Sagrada cuenta distintamente el castigo de la serpiente, el de la muger y el del hombre. Maldize a la serpiente mas que otro animal, y le haze andar sobre el pecho y comer tierra todos los dias de su vida, poniendo odio entre la muger y su generacion, y entre la serpiente y su progenie, de tal manera que el hombre quebrantaria la cabeça a la serpiente, y ella al hombre el calcañar; esto es, que el apetito carnal del hombre es mas desenfrenado que el de otro algun animal, y va con el pecho por tierra; esto es, que haze inclinar el coraçon a las cosas terrestres y huyr de las celestiales, y toda su vida come poluo, porque se sustenta de las cosas mas baxas y viles que ay; y el odio es que el apetito carnal mancha la parte corporea y la destruye con los excessos, de donde se deriuan muchos defetos corporeos, y enfermedades y aun muertes; y tambien que desto mismo queda deshecho el apetito carnal, que se debilita y se pierde por la destemplança de la complission y por la enfermedad del cuerpo. A la muger castigo con muchedumbre de trabajos y concepciones, y en el parir con dolor los hijos y tener desseo del marido, teniendo poder el sobre ella: esto es, que la vida lasciua causa dolores al cuerpo, y todo deleyte suyo es doloroso, y todas sus progenies y sucessos trabajosos y fastidiosos; empero que, amando ella a la parte intelectual, como a marido, le queda poder sobre ella para ordenarla y templarla en los actos corporeos. Al hombre, porque obedecio a la palabra de la muger y comio del arbol prohibido, le dixo: que la tierra seria maldita para el, y que con tristeza y afan la manejaria y cultiuaria toda su vida, y ella le produziria espinas y cardos, y el comeria de la yerua del campo, y con sudor de su cara comeria su pan, hasta que boluiesse a la tierra de que fue hecho, porque era poluo y en poluo se auia de tornar; esto es, que las cosas terrestres serian malas y dañosas al entendimiento, y le serian manjares tristes y dolorosos, como aquellos que partici-

pan mortalidad a lo inmortal; y el sucesso de sus actos terrestres seria trabajoso y pungitiuo, como las espinas; su manjar seria yerua del campo, que es manjar de animales irracionales, porque el, como ellos, auia puesto su vida en sola la sensualidad; y si quisiesse comer pan, seria con sudor de su cara, cauando y trabajando; esto es, que si quisiesse comer manjar humano, no bestial, y hazer actos humanos, le serian dificultosos, por el habito contrario que auia tomado ya en la bestial sensualidad. Dixole que todos estos males le sucederian del pecado, hasta que boluiesse a la tierra de la qual fue sacado; porque de todos los terrestres mortales, siendo entre todos ellos hecho, por gracia de Dios, inmortal, el quiso de todas maneras ser poluo terrestre, enlodandose en los pecados corporeos. Esta fue la causa para boluerse en poluo, como lo era antes, igual en la mortalidad a los anima'es terrestres. En continente dize el texto que Adam llamo Eua al nombre de su muger, que quiere dezir animal parlero y hembra, porque fue madre de todo animal; esto es, que llamo la parte corporea con nombre igual a los otros animales brutos, porque ella fue causa de produzir en el hombre toda fealdad bestial. Y denota que Dios, mediante el entendimiento humano, que de contemplatiuo se auia hecho actiuo y baxo, para entender acerca de las cosas del cuerpo, começo a mostrarle las artes, haziendole vestiduras de cuero para que se cubriesse, y echolo fuera del parayso a que labrasse la tierra; esto es, quitado de la contemplacion para atender a lo terrestre, deseandole solamente la possibilidad de poder boluer a comer del arbol de la vida, y biuir para siempre. Para el qual efeto dize que Dios coloco en oriente del parayso cherubines, y el resplandor de la espada que se reboluia para poder guardar el camino del arbol de la vida; los cherubines sinifican los dos entendimientos angelicos depositados en los hombres, que son: el possible y el agente, y la espada versatile o resplandor es la fantasia humana, que de lo corporal se rebuelue a buscar el resplandecer espiritual; para que por aquella via pueda, saliendo del cieno, considerar y seguir el camino del arbol de la vida, y biuir para siempre espiritualmente. Al fin, Adam, desterrado del parayso con la sentencia de la mortalidad, procuro la sucession y conseruacion de la especie en la generacion del semejante: empero, hallandose el entonces pecador, fue su primer hijo Cain, pecador y matador de su hermano; y el segundo fue Abel, que quiere dezir nada: que assi quedo el por nada, que murio sin sucession. Pero despues que ya se resfrio del pecado, siendo de ciento y treynta años, reboluiendo algun tanto a lo intelectual humano semejante a

la diuinidad, engendro al tercer hijo a su seme-
jança intelectual, el qual se llamo Seth, que
quiere dezir postura; diziendo: por que Dios me
ha puesto otra generacion en lugar de Abel,
muerto por Cain. Deste Seth sucedio genera-
cion humana y virtuosa, segun cuentan las his-
torias, y del se principio a inuocar el nombre
de Dios; esto es, que el hombre pecador engen-
dra generaciones y actos suyos, primero malos,
como Cain, que sinifica habito malo, y quando
se tarda mas en el pecado. los engendra inuti-
les, como Abel. que quiere dezir nada. Pero
quando se buelue ya a la vida intelectual y a
conocer el nombre de Dios, las sucessiones su-
yas son virtuosas y perpetuas, como las de Seth.
Esta es, o Sophia!, la sabiduria alegorica que
sinifica la historia verdadera mo-

Suma de toda la alegoria de la creacion del hombie. sayca de la vnion del hombre
macho y hembra: el colocarlo en
el parayso: la diuision en dos; el
pecado dellos por el engaño de
la serpiente; la pena de todos tres; la possibi-
lidad del remedio; las generaciones malas im-
perfetas y perfetas que de los dos sucedieron.
Las quales cosas acaecieron, en efeto, corpo-
ralmente al primer hombre, y denotan, segun lo
alegorico, las vidas y sucessos de cada vno de
los hombres, qual sea su fin bienauenturado, lo
que requiere la necessidad de la humanidad, y
el sucesso del excessiuo pecado, y la pena de
su acidente, con la vltima possibilidad del re-
medio. Si lo entendieres bien, veras en vn es-
pejo la vida de todos los hombres, y el bien y el
mal dellos: conoceras la via que se deue huyr
y la que se deue seguir, para llegar a la eterna
bienauenturança, donde no ay morir jamas.

Soph.—Yo te lo agradezco, y bien querria
hazerme canta y sabia en esta declaracion de
la Sagrada Historia; empero no quiero que
por esto se oluide la alegoria proporcionada a
la fabula del Androgeno de Platon, nacida
desta historia.

Phil.—Entendida la intencion alegorica de la
mosayca historia de la primera
Alegoria de la fabula del Androgeno. seme,ante a la historia de Moysen. generacion del hombre, facil cosa
sera ver el intento de la fabula
platonica. Dize que los hombres
primero eran doblados, medio
machos y medio hembras, vnidos en vn cuer-
po; esto es, que la parte intelectual y la sen-
sualidad corporea estauan vnidos en el hom-
bre, segun la primera intencion de su creacion,
de tal manera, que la parte corporea femenina
se aquietaua en todo a la intelectual masculina
sin diuision o resistencia alguna. Y dize que
la naturaleza masculina viene del Sol, y la fe-
menina de la Tierra, y el entero Androgeno,
compuesto de ambos a dos, de la Luna; por-
que, como te he dicho, el Sol es simulacro del

entendimiento, y la Tierra de la parte corpo-
rea, y la Luna es simulacro del anima, que con-
tiene lo intelectual y corporal juntamente, que
es toda la essencia humana, assi como la Luna
contiene la luz participada del Sol, y la mate-
ria gruessa semejante a la terrestre, segun lo
tiene Aristoteles. Y dize que, siendo excessi-
uas las fuerças del Androgeno, vino a combati-
tir contra los dioses; esto es, que estando reti-
rado todo a la parte intelectual y a la vida
contemplatiua, sin resistencia ni impedimento
alguno de la parte corporea, venia casi a ser
igual a los angeles, y a igualarse a las intelli-
gencias apartadas, como dize Dauid de la crea-
cion del hombre: Diminuistelo poca cosa me-
nos que a los angeles. Moysen, en nombre de
Dios, dize: Era el hombre como vno de nos-
otros; esto es, antes que pecara. Por lo qual
Iupiter, consultando el remedio, lo hizo diuidir
en dos medios, macho y hembra; y no son los
dos medios el entendimiento infuso y el inge-
nio, como algunos imaginan, sino la parte in-
telectual masculina y la corporea femenina,
que hazen el entero hombre; porque siendo el
hombre todo especulatiuo, venia a ser del ge-
nero de los angeles y espirituales, fuera de la
intencion del Criador, que era que fuesse hom-
bre con alternado entendimiento y cuerpo; el
qual conuitiendose todo en angelico, corrom-
pia la composicion humana, y la conseruacion
indiuidual y la sucession de la especie; y esta
es la pelea contra los dioses que Platon dize,
por la qual los hizo deuidir; esto es, que hizo
que el cuerpo hiziesse alguna resistencia al en-
tendimiento, y que el entendimiento se incli-
nasse a los cuydados necessarios del cuerpo y
a sus naturalidades, porque la vida fuesse
antes humana que angelica. Y dize que desta
diuision nacio el amor, porque todo medio
dessea y ama la reintegracion de su medio res-
tante; esto es, que, en efeto. el entendimiento
no tuuiera jamas cuidado del cuerpo, si no
fuera por el amor que tiene a su compañero
medio corporeo femenino; ni el cue] o se go-
uernara por el entendimiento, si no fuera por
el amor y aficion que tiene a su consorte y
medio, masculino. Y en lo que dize que. abra-
çandose por amor el vn medio con el otro
medio, no buscauan las cosas necessarias para
su sustento, y que perecian, por lo qual Iupi-
ter. para remedio, les hizo boluer los genitales
del vno hazia el otro, y satisfechos por el coito
y generacion del semejante, se reintegro la
diuision dellos, sinifica que el fin de la diui-
sion dellos de la parte intelectual y corporea
fue para que, tomando satisfacion de los deley-
tes corporeos. se sustentassen en el indiuiduo
y engendrassen su semejante para la perpetua
conseruacion de la especie. Amonestalos des-

pues que no pequen, porque cada medio del hombre vernia a diuidirse y quedaria cada vno en vn quarto de hombre; dando a entender que si la parte del entendimiento no esta vnida, sino diuisa con imperfetos conocimientos y consejos, queda imperfeta y debil la naturaleza; porque la vnion es la que la haze vigorosa y perfeta, y la diuision le quita la perfecion y el vigor. Y assi tambien la parte corporea, quando esta vnida en buscar lo necessario, es perfeta, y quando esta diuidida en las ganancias de las cosas superfluas e insaciables, queda imperfeta y fragil; de manera que con la tal diuision de cada vna de las partes, viene el hombre a faltar, no solamente de aquella primera e intelectual vnion del Androgeno. pero tambien de aquel ser medio, segun que se requiere en la vida humana, y queda medio de medio, siguiendo la vida lasciua y pecatoria. Esto es lo que sinifica alegoricamente la fabula platonica; y las otras particnlaridades que escriue en la manera del diuidir y del consultar, y otras semejantes, son ornamentos de la fabula, para hazerla mas hermosa y verisimil.

Soph.—Tambien me agrada esta alegoria acomodada a la fabula platonica del Androgeno; empero querria que, hallando la intencion, me dixesses, o Philon! el artificio y prouecho della en nuestro proposito del nacimiento del amor.

Phil.—El prouecho que sacamos desta alegoria para nuestro proposito del nacimiento del

Todos los amores y desseos humanos nacen de la diuision del entendimiento y cuerpo humano.

amor, es que todos los amores y desseos humanos nacen de la coalternada diuision del entendimiento y del cuerpo humano; porque el entendimiento, inclinado a su cuerpo, como el varon a la hembra, dessea y ama las cosas pertenecientes al cuerpo; y si son necessarias y moderadas, son desseos y amores honestos, y si son superfluas, son inclinaciones lascinas y deshonestas y actos pertenecientes al pecado. Assi mismo, el cuerpo amando al entendimiento como la muger al marido, se lenanta a dessear la perfecion del, solicitando y procurando con los sentimientos, con los ojos, con los oydos y con el sentimiento, fantasia y memoria, de' alcançar lo necessario para los rectos conocimientos y eternos habitos intelectuales con que se solicita el entendimiento humano; y estos son desseos y amores absolutamente honestos; y quanto mas ardientes, tanto mas loables y perfetos. Assi que en esto nos mostro Platon el nacimiento del amor, y de todos los amores humanos solamente, cuyos progenitores haze, a la parte intelectual como a padre, y a la parte corporea como a madre. Y el primer amor del hombre es este, trocado de la

vna parte a la otra, que no se puede diuidir; como es el amor que ay entre el varon y la hembra. Despues

El primer amor del hombre es el mutuo que ay en el ay de su parte intelectiua a la corporea y de la corporea a la intelectual.

deste amor primogenito, nacen destos dos padres todos los desseos y amores humanos para todas las cosas; los quales se incluyen en tres especies, conuiene a saber: o intelectuales,

Todos los amres humanos se incluyen en tres especies, esto es, o intelectuales, o corporales honestos, o brutales deshonestos.

porque son absolutamente honestos, como eran los del hombre conjunto y entero en la primera vida felice del parayso, o son todos corporales necessarios y moderados, porque la templança los haze honestos entre

Todos los amores humanos nacen del primer amor mutuo que ay en el hombre de su parte intelectiua a la corporea.

cosas corporeas, como era la vida del hombre qnando fue diuidida para la ayuda necessaria, antes que pecara, o son actos corporales desordenados, superfluos y excessiuos, porque son brutales, pecatorios y deshonestos, como fue la vida del hombre despues que se enlodo en el conocimiento del bien y del mal, submersos en la lascinia y abitnados en el pecado. Los quales amores dependen todos del amor mutuo que ay entre la parte intelectual y la corporea, como te he dicho.

Soph.—Conozco quienes son, segun Platon, los progenitores del amor del hombre, que es mundo pequeño. Querria assi mismo saber de ti, si se halla que aya el señalado tambien padres primeros al amor vniuersal de todo el gran mundo corporeo criado.

Phil. - Despues que Platon señalo los progenitores del amor humano en el libro del *Vanquete*, en nombre de Aristofanes, como has entendido, se esforço a señalar tambien los primeros padres del amor vniuersal de todo el mundo corporeo en nombre de la fada Diotima, que fue maestra de Socrates en los conocimientos pertenecientes al amor, y ella le conto auer sido el nacimiento del amor desta ma-

Fabula de Platon del nacimiento del vniuersal amor de to lo el mundo corporeo.

nera: Que, quando nacio Venus, estauan todos los dioses en vn combite, y con ellos Metides, que es Poro, hijo del Consejo, que quiere dezir Dios de la influencia: a los quales, ya que auian cenado, vino Penia, que es la pobreza, como vna pobrezilla, por auer alguna cosa para comer de la abundancia de las viandas del vanquete de los dioses, y estaua, como los pobres mendigantes, pidiendo fuera de las puertas. Poro, embriagado del nectar, que entonces aun no auia vino, se fue a dormir en el jardin de Iupiter. Penia, costreñida de la necessidad, penso de que manera pudiesse, con alguna astucia, concebir vn hijo de Poro; fue a echarse cerca del, y concibio del al Amor, de los quales padres nacio el amor flechero y obseruador de Venus; porque nacio en el dia de su nacimiento della; el qual tiene siempre desseo de cosas hermosas, porque la misma Venus es hermosa. Y

Contrarias condiciones del amor, segun las contrarias naturalezas de sus padres.

por ser hijo del dios Poro y de la pobrezilla Penia, participo de la naturaleza de ambos. Por lo qual es al principio seco y despeluzado, con los pies descalços; buela siempre por tierra, sin casa ni posada, sin cama ni cobija alguna; duerme por los caminos al descubierto, guardando siempre la naturaleza de su madre, pobre y necessitada. Y segun la estirpe del padre, procura las cosas hermosas y buenas: es animoso y atreuido, vehemente y sagaz caçador; anda siempre maquinando nueuas tramas; estudioso de prudencia, facundo y toda la vida filosofante; es engañoso, embaydor, hechizero y soficta; y segun su mixta naturaleza, no es del todo inmortal ni mortal, sino que en vn mismo dia muere y biue; y si vna vez resucita, otra vez falta; y assi lo haze muchas vezes por la mezcla de la naturaleza del padre y de la madre. Lo que gana pierde, y lo que pierde buelue a recobrar; por lo qual nunca es pobre ni rico. El qual tambien esta constituydo entre la sabiduria y la inorancia: porque ninguno de los dioses filosofa, ni dessea hazerse sabio, porque lo son;

Lo peor del necio es no dessear saber.

que, en efeto, ningun sabio filosofa, ni los que son del todo inorantes; porque estos nunca dessean ser sabios. Y verdaderamente que lo peor del inorante es que no es ni dessea ser sabio; porque nunca jamas dessea las cosas, porque no conoce que le faltan. El

El filosofo es medio entre el ignorante y el sabio.

filosofo es medio entre el ignorante y el sabio, y porque no es hermoso como el sabio, dessea la sabiduria que le falta; y no es feo como el ignorante, al qual le falta no solamente la hermosura, pero tambien el desseo

El amor es medio entre lo feo y lo hermoso.

della. Es, pues, el amor medio entre lo feo y lo hermoso.

Soph.—La fabula esta bien compuesta, y harto se muestra en ella, por las condiciones y formas del amor. la naturaleza del padre rico y la de la madre pobre mezclada juntamente; pero querria saber lo sinificado de Poro, padre, y de Penia, madre, y del tiempo, lugar y modo del nacimiento del Amor, hijo dellos.

Phil.—La sabia Diotima nos muestra ingeniosamente en esta fabula quienes son los progenitores del amor, como nacio dellos y qual naturaleza tomo de sus padres. Dize primero que nació estando los dioses juntos en el com-

bite del nacimiento de Venus. Algunos ay que dizen entenderse por el nacimiento de Venus la influencia de la inteligencia, primero en el angel y despues en el anima del mundo, auiendo ya participado en el angel y en la Venus mundana y en la anima del mundo la vida de Iupiter, la essencia de Saturno y el primer ser de Celio, que eran los tres dioses del vanquete que precedio a la natiuidad de Venus magna. Pero nosotros no curaremos de alegorias tan abstractas, tan sin

Alegoria sobre la fabula de Platon del nacimiento del Amor, y sobre sus padres y condiciones.

termino y desproporcionadas al literal fabuloso. La misma Diotima, como has entendido, declaro que por Venus entendia la hermosura; de donde dize que el Amor siempre ama lo hermoso. porque nacio quando nacio la hermosa Venus. Sinifica tambien nacer el amor quando nacio la hermosura, que todo amor es de cosa amada, y toda cosa amada es hermosa, y por ser hermosa, o parecerlo, se ama, porque el amor es desseo de hermosura. Dize que estando los dioses en el combite quando nacio Venus, Penia la pobre estaua de fuera por alcançar algunas sobras de las viandas del combite; y el dios Poro, hijo del Consejo, embriagado del nectar, salio de la casa donde estaua con los otros en el combite y fue al huerto a dormir, a donde Penia, desseosa de auer hijos suyos, se le echo cerca y concibio al Amor. Quiere dezir que, produziendo los dioses, que es Dios con el mundo angelico, hermosura a ellos semejante en el mundo corporeo criado, a lo qual concurrian juntamente con liberal dadiua y alegria, como en vanquete del nacimiento de la hermosura, la necessidad de la materia potencial vino alli, con desseo de participar de las formas hermosas y perfeciones diuinas y angelicas; Poro, hijo del Consejo, que es el entendimiento influyente, embriagado del nectar, esto es, lleno de las Ideas y formas diuinas, desseo comunicarlas al mundo inferior por hazerle bien, aunque el inclinarse a lo baxo le fuesse a el defetuoso. Y esto es lo que dize que se fue a dormir al huerto de Iupiter; es a saber, que adormecio su vigilante conocimiento, aplicandolo al mundo corporeo del mouimiento y generacion, que es el huerto de Iupiter; porque el entendimiento celeste en la casa y palacio de Iupiter, donde se haze el combite y se beue el nectar diuino, que es la eterna contemplacion y desseo de la diuina y hermosissima magestad. Pues quando el entendimiento, hijo del Consejo, que es el summo Dios, quiso comunicarse al mundo inferior, la pobrezilla necessitada Penia se le llego cerca; esto es, la potencia de la materia desseosa de perfecion, y concibio del, embriagado del desseo de la perfecion corporea, medio durmiente de su eterna contemplacion diuina y diuertido algun tanto della por participar perfecion a la menesterosa materia, y de ambos a dos nacio el Amor; poque el amor dize perfecion, no en acto, sino en potencia. Y assi es el entendimiento en el cuerpo generable, que es forma potencial y entendimiento possible; y por ser entendimiento conoce las cosas hermosas, y por estar en potencia le falta la possession dellas y dessea la hermosura actual. Y esto es lo que dize que es medio entre lo hermoso y lo feo; porque el entendimiento possible y las formas materiales son medio entre la pura materia, totalmente informe, y entre las formas apartadas e inteligencias actuales angelicas, que son verdaderamente hermosas. Por lo qual le dedica Diotima al Amor igualmente las condiciones e inuenciones engañosas de la materia corporea, necessitada, mortal, variable e imperfeta madre suya; y las condiciones intelectuales y perfetas del abundante entendimiento, Poro, su padre. Y a el le haze filosofante y no sabio, porque el entendimiento possible dessea la sabiduria y esta en potencia della; porque no es en acto sabio, como el entendimiento angelico. Tambien nos mostro

Otros sentidos alegoricos debaxo de la misma fabula platonica del nacimiento del Amor. Diotima en esta su fabula que el entendimiento possible participa del entendimiento agente o en acto angelico o diuino; y que la possibilidad no le viene de su propria naturaleza intelectual, como algunos creen, sino solamente de la compañia de la necessitada materia, priuada de todo acto y reduzida a pura potencia. Enseñonos que el primer producidor del amor engendrado es la engendrada hermosura, y los padres proprios suyos son el conocimiento de la hermoura, que le es padre, y la falta della, que le es madre; porque todo lo que se ama y se dessea es necessario que sea conocido antes por hermoso, y que falte o que pueda faltar y se dessee conseruar siempre. Assi que tu, o Sophia! conoces que el padre del amor vniuersal del mundo inferior es el conocimiento de la hermosura, y la madre es la falta della.

Soph—Bien entiendo esso; pero pareceme que estos padres se aplican solamente al mundo corporeo, y tambien al generable solo, y arriba entendi de ti que en el mundo angelico se halla el amor primero, y principalmente, al qual le dedicaste essas dos proprias causas, que son conocimiento y falta de hermosura.

Phil.—Verdad es, que el amor no solamente en los inferiores, pero principalmente en lo angelico es por conocimiento de hermosura que falta; pero esta es la hermosura innmensa y diuina, de la qual estan defectuosos todos los entendimientos criados, y la conocen y aman y dessean. Y a esta tal hermosura llama Platon

magna Venus, que es la hermosura del mundo intelectual. Y esta no nacio en tiempo, porque es eterna e inmudable, ni menos tiene su amor nueuos nacimientos, sino que, si nacio, nacio ab eterno en aquel diuino mundo. Ni la falta desta viene por la compañia de la necessitada Penia o materia con el entendimiento, que en aquel mundo no ay materia; empero viene por el defeto que ay en la criatura, por ser criatura, de la summa perfecion de su Criador, o por la excelencia de su hermosura sobre la de la criatura. Assi que estos padres son proprios del amor engendrado en el mundo inferior, en el nacimiento de Venus inferior, que es la hermosura participada a los cuerpos engendrados, y no del amor del mundo angelico, el qual es superior a Poro embriagado en el huerto de Iupiter, y ajeno de Penia menesterosa.

Magna Venus, y su sinificacion.

Poro y Penia son padres solamente del amor del mundo inferior, y no del angelico.

Soph. Entendido he de ti que los poetas y los filosofos han fabulado del nacimiento del amor y de sus progenitores, y lo que sus fabulas sabiamente sinifican. Aora desseo saber de ti llana y claramente, quienes son los primeros padres del amor, assi del humano como del amor vniuersal del vniuerso.

Phil.—Dezirte he primero, o Sophia! los que yo creo que son en comun padre y madre de todo amor; y despues, si quisieres, los apropriare al amor humano y al mundano tambien.

Soph.—El orden me agrada, porque el conocimiento comun deue anteponerse al mas particular; dime, pues, quien es en comun el padre de todo amor y quien es su madre?

El conocimiento comun deue anteponerse al particular.

Phil.—Yo no hago madre a la pura priuacion y falta, como Diotima, ni padre al abundante conocimiento, como ella quiere, ni pongo la hermosura venerea coligada a su generacion, ni a Lucina o la Parca, como pone Platon en otra parte, no siendo su padre ni madre; porque, a dicho de todos, el Amor es hijo de Venus y, segun algunos, sin padre. Pero dexadas las ficciones de los poetas y opiniones de otros, te digo que el padre comun de todo amor es lo hermoso, y la madre comun es el conocimiento de lo hermoso mezclado con falta. Destos dos, como de verdaderos padre y madre, se engendra el amor y el desseo; porque lo hermoso, conocido de aquel a quien falta, es en continente amado y desseado del conocedor amante y desidrante de lo hermoso; y assi nace el amor engendrado de lo hermoso en el entendimiento del que lo conoce a quien

Los padres comunes de todo amor son lo hermoso y el conocimie..to de lo hermoso mezclado con falta.

le falta y lo dessea. Assi que lo hermoso es padre amado, y el que engendra al amor, y la madre es la mente del amante preñada del semen de lo hermoso, que es su exemplar hermosura en essa mente del que lo conoce, preñada de la qual hermosura dessea la vnion de lo hermoso o la generacion del semejante. E ya arriba entendiste como el amado tiene naturaleza paterna generante, y el amante tiene naturaleza materna que concibe del amado y dessea el parto en hermosura, como dize Platon.

Soph.—Agradame esta absoluta y clara sentencia del padre y madre del amor en comun. Pero antes que yo te pida mas declaraciones, conuiene que me absueluas vna contradicion que remanece en dos palabras. Dizes que la madre del amor es el conocimiento de lo hermoso que falta, y por otra parte dizes que esta primero preñado de la forma de lo hermoso, y que por esto lo dessea y ama. La contradicion es, que si la mente del que conoce esta preñada de lo hermoso, ya no le falta, antes lo tiene, por que la preñada tiene en si el hijo y no le falta.

Phil.—Si la forma de lo hermoso no estuuiesse en el entendimiento del amante debaxo de especie de hermoso, bueno y deleytable, no fuera lo hermoso jamas amado del, porque los enteramente priuados de hermosura, no tienen ni dessean lo hermoso; pero el que lo dessea no esta del todo priuado del, porque tiene noticia del, y su mente esta preñada de la forma de su hermosura. Pero porque le falta lo principal, que es la perfeta vnion con esse hermoso, le sucede el desseo del principal efeto que falta, y dessea gozar con vnion lo hermoso, cuya forma impressa en su mente le incita a que dessee, como dessea la preñada el parir y sacar a luz lo oculto dentro en si. De manera que la madre del amor, que es el amante, aunque esta priuada de la vnion perfeta con el amado, no por esso esta priuada de la forma exemplar de su hermosura, la qual le haze amar y dessear la vnion de lo hermoso, que le falta.

Soph.—Plazeme esso que dizes; pero quedame en contrario que pareceria que la madre amante, preñada del hermoso padre amado, pariesse o engendrasse por hijo al mismo padre; porque tu dizes que la generacion y filiacion destos no es otra cosa que la vnion y fruycion del mismo padre en acto.

Phil.—Sutilmente arguyes, o Sophia! pero si fueras mas sutil, vieras por absolucion que el acto de gozar con vnion lo hermoso, no es propriamente ni totalmente esse mismo hermoso, aunque es semejantissimo a el, como el proprio hijo al pa-

Razon por que dessea el amante la vnion con el amado.

La vnion y fruycion de lo hermoso es muy semejante al mismo hermoso.

dre; y con esta similitud paterna se junta alguna impression materna del conocimiento amante, que no seria acto de fruycion si no acabasse de venir del conociente amante en el hermoso conocido amado. Assi que el es verdadero hijo de ambos, y tiene la parte material del conocimiento materno y la formal de la hermosura paterna. Y como Platon muestra, el amor es preñez y desseo de parir lo hermoso semejante al padre. Y este no solamente es el amor intelectual, pero tambien el sensual.

Soph.—Declarame como consiste en cada vno destos amores la preñez con el desseo de parir lo hermoso, y por que se dessean tanto las tales generaciones.

Phil.—Bien vees quan grande es, no solamente en el hombre, pero tambien en qualquier animal, el desseo de conocer su semejante, y quantas ansias, trabajos y peligros passan los padres, mayormente las madres, por la generacion y sustento de sus hijos, hasta disponerse a la muerte por el bien dellos. El fin primero es la produccion del hermoso, semejante a aquel de quien la madre se hizo preñada. Y el vltimo fin es la desseada inmortalidad, que, no pudiendo ser perpetuos, como dize Aristoteles, los indiuiduos animales dessean y procuran perpetuarse en la generacion del semejante, cuya vida y ser procuran muchas vezes mas que la suya propria, porque les parece que la suya se passa ya y que aquella es la parte suya, que queda para ser y hazer inmortal su vida con la continua y semejante sucession. Tambien ay estos fines en el anima humana, la qual estando preñada de la hermosura de la virtud y de la sabiduria intelectual, dessea siempre dar generacion de semejantes hermosos en actos virtuosos y abitos sabios; porque con la verdadera generacion destos se adquiere la verdadera inmortalidad, la qual es mejor que la que los cuerpos animados alcançan en la generacion de los semejantes animales. Que assi como las reliquias de los padres, faltando ellos, permanecen y se perpetuan en los hijos, assi se perpetuan las virtudes del anima, faltando ellos, por los actos virtuosos y abitos intelectuales, que como hijos espirituales le causan la eternidad. Assi que auras entendido como el padre del amor es lo hermoso amado, y la madre es el amante que conoce lo hermoso; la qual, preñada de el, ama y dessea parir semejante hermoso, mediante el qual se vne y goza con perpetuydad la hermosura viril.

Soph.—Pareceme auer comprehendido harto bien de que manera lo hermoso o hermosura

Dos razones por que dessean tanto la generacion, assi los hombres como los animales.

Dos fines que los animales tienen en la generacion.

Generacion e inmortalidad que el anima humana dessea.

es el padre del amor, y el que la conoce y la dessea es la madre; la qual, preñada de el, dessea el parto del semejante, que es la vnion y fruycion de esse hermoso. Pero veo, siendo esto assi, que todo consiste en la hermosura, porque el padre es lo hermoso y la madre preñada es la forma exemplar conoscitiua de el, y el hijo desseado es el tornar por fruycion vnitiua en el mismo hermoso; y me admiro que hagas tanto caso de la hermosura, porque precediendo a todo amor, seria necessario que precediesse, no solamente al mundo inferior y al entendimiento abstracto de los hombres, pero tambien al mundo celeste y a todo el angelico; que cosa sabida es que en cada vno de ellos, como ya dixiste, se halla amor y todos son verdaderamente amados. Assimismo, si en la summa diuinidad, como algunas vezes lo has dicho, ay amor para con sus criaturas y es amante dellas, como en los sagrados libros se cuenta, como puede imaginarse precedencia de hermosura a la que a todas summamente precede?

Precedencia y efectos de la hermosura. La hermosura es principio, medio y fin de todo amor.

Phil.—No te marauilles, o Sophia! que la hermosura sea la que haze a todo amado, amado, y a todo amante, amante, y que de todo amor sea principio, medio y fin; conuiene a saber, principio en el amado, y medio en la reberueracion suya en el amante, y fin en la fruycion y vnion del amante con su principio amado; porque siendo el primer hermoso el summo hazedor del vniuerso, y la hermosura de toda cosa criada es la perfecion de la obra hecha en el por el summo artifice, y es la cosa en que el operato comunica y semeja mas al operante, y la criatura al Criador; y siendo esta la diuinidad participada en todas las partes del vniuerso, no es estraño, sino justo, que preceda a qualquiera otra cosa del vniuerso y sea la que haze amables las cosas en que ella se halla mas copiosamente y a las otras conoscitiuas de estas, amantes y desseosas de la comunicacion de las vnas con las otras mediante la diuina hermosura opifice de todas; la qual no solamente precede al amor que se halla en las criaturas, o sean corporeas, corruptibles y celestes, o incorporeas, espirituales y angelicas, pero tambien

La hermosura amada precede a todo amante y a todo amor.

precede al amor que viene de Dios a las criaturas, porque aquel amor no es otra cosa que

Difinicion galana del amor diuino.

querer que la hermosura de las criaturas crezca y se assemeje a la summa hermosura de su Criador, a cuya imagen ellas fueron criadas. Assi, que primero es en Dios la hermosura que el amor, y el ser hermoso y amable precede al ser amador.

Soph.—Veo lo que respondes a mi pregunta, y aunque parece que me satisfazes, no satisfazes; porque la dignidad y tanta excelencia desta hermosura yo no la comprehendo bien, ni veo como sea de tanta importancia que aya de ser principio de todas las cosas dignas y perfetas como tu la hazes. Querria que de la essencia desta hermosura me hartasses mas; acuerdome bien que vna vez me la difiniste, diziendo que la hermosura es gracia que, deleytando al animo con el conocimiento della, lo mueue a amar; pero de la excelencia desta gracia, y de lo mucho que importa en el Criador y en todo el vniuerso, me queda la misma sed de conocerla, que de la misma hermosura difinida.

Difinicion segunda vez hecha de la hermosura.

Phil.—Tambien yo me acuerdo auerte mostrado parte de la espiritual essencia de la hermosura, porque yo te hize entender que, de los cinco sentidos exteriores, la hermosura no entra en el animo humano por los tres dellos materiales; esto es, ni por el tacto, ni por el gusto, ni por el olfato; que las templadas calidades, ni los deleytosos tactos venereos no se llaman hermosos; menos los dulces sabores, ni los suaues olores se dizen hermosos, sino solamente por los dos espirituales; esto es, parte por el oydo por las lindas platicas, oraciones, razones, versos, lindas musicas y hermosas y concordantes harmonias, y la mayor parte por los ojos, en las lindas figuras y hermosas colores y proporcionadas composturas y hermosa luz, y cosas semejantes; las quales denotan quan espiritual cosa sea la hermosura y quan abstracta del cuerpo. Tambien te mostre que las mayores hermosuras consisten en las partes del anima, mas elevadas que el cuerpo; como primero en la imaginatiua con las lindas fantasias, pensamientos e inuenciones, y mas en la razon intelectiua apartada de materia con los hermosos estudios, artes, actos y abitos virtuosos y ciencias, y mas perfetamente en el entendimiento abstracto con la principal sapiencia humana, que es verdadera imagen de la summa hermosura. Assi que por estas cosas podras principiar a conocer quan ajena es de suyo la hermosura de la materia y de la corporeidad, y como es a ella comunicada espiritualmente.

Repite lo arriba ya dicho: que por quales sentidos y potencias del anima es conocida la essencia espiritual de la hermosura.

Las mayores hermosuras consisten en las partes del anima, que son: imaginatiua, razon intelectiua y entendimiento abstracto.

Soph.—Cierto, el vulgo comunmente pone la hermosura principalmente en los cuerpos, como propria dellos, y bien se parece que a ellos les conuiene mas. Y si las cosas que no son cuerpo se llaman hermosas, parece que es a semejança de la hermosura corporea; assi como tambien se llaman grandes, como grande animo, gran ingenio, gran memoria. grande arte, a semejança de los cuerpos; porque las cosas incorporeas, no teniendo en si cantidad ni medida, no pueden ser ni grandes ni chicas propriamente, sino a semejança de los cuerpos medidos; por la misma razon, parece que la hermosura es propria de los cuerpos, e impropria, y por semejança, de los incorporeos.

Opinion del vulgo acerca de la hermosura.

Phil.—Aunqne en lo grande acaece esso, por ser la grandeza propria de la cantidad y la cantidad del cuerpo, que razon tienes tu para que sea assi la hermosura?

Soph.—Demas del vso del vocablo, que la apropria a los cuerpos, la del vulgo se reputa ser mas verdadera hermosura, y tambien ay alguna razon; porque la hermosura parece que es la proporcion de las partes al todo, y la conmensuracion del todo a las partes, y assi la han difinido muchos de los filosofantes; luego es propria del conmensurable cuerpo, y del todo compuesto de sus partes, y presupone cantidad en cuerpo propriamente. Y si se dize de las cosas incorporeas, es porque, a semejança del cuerpo, tienen partes, de que son compuestos proporcionalmente por orden, como son: la harmonia, la concordancia y la ordenada oracion; y por esto se llaman hermosas, a semejança de la compuesta y proporcionada cabeça. Y assi en las consideraciones imaginatinas racionales y mentales, el orden de las partes al todo es a semejança del cuerpo, que propriamente es compuesto de partes conmensuradas, que se llaman hermosas. Assi, que lo proprio de la hermosura, tambien como de la grandura, parece que es del cuerpo; el qual es proprio sujeto de la cantidad y composicion de las partes.

Diferencia entre el vulgo y hombres sabios acerca del conocimiento de la hermosura.

Phil.—El vso deste vocablo hermoso, acerca del vulgo, es segun el conocimiento que los vulgares tienen de la hermosura; que cosa sabida es que ellos no pueden comprehender otra hermosura que la que los ojos corporales y los oydos comprehenden; por lo qual creen fuera desta no auer otra hermosura, sino que es alguna cosa fingida, soñada o imaginada. Pero aquellos cuyos entendimientos tienen ojos claros y veen mucho mas adelante que los corporales, conocen mucho mas de la hermosura incorporea que los carnales de la corporea. Y conocen que la hermosura que se halla en los cuerpos es baxa, poca y superficial, en respeto de la que se halla en los incorporeos; antes conocen que la hermosura corporea es sombra e imagen de la espiritual y participada della, y no es otra cosa que el resplandor que el mundo espiritual da al mundo corporeo. Y veen que la hermosura de los cuerpos no procede de la corporeidad o materia dellos, que, si fuera assi, todo cuerpo y cosa material fuera hermosa de vna misma manera; porque la materia y corporeidad es vna en todos los cuerpos, o de los cuerpos el mayor fuera el mas hermoso, que muchas vezes no lo es, porque la hermosura requiere mediania en el cuerpo; el mayor de los quales, como el menor, es deforme. Y conocen que la hermosura viene en los cuerpos por la participacion de los incorporeos sus superiores; y tanto quanto faltan de la participacion dellos, tanto son deformes; por manera que la fealdad es lo proprio del cuerpo, y la hermosura es aduenticia en el del espiritual su bienhechor. A ti, pues, o Sophia!, no te basten los ojos corporales para ver las cosas hermosas; miralas con los incorporeos, y conoceras las verdaderas hermosuras que el vulgo no puede conocer; porque assi como los ciegos de los ojos corporales no pueden comprehender las hermosas figuras y colores, assi los ciegos de los ojos intelectuales no pueden comprehender las clarissimas hermosuras espirituales, ni deleytarse en ellas; porque no deleyta la hermosura sino a quien la conoce, y el que no gusta della, esta priuado de susuissima delectacion; que si la hermosura corporal, que es sombra de la espiritual, deleyta tanto a quien la vee, que se lo roba, y le conuierte en si, y le quita la libertad, y le haze su aficionado, que aquella lucidissima hermosura intelectual, de la qual la corporal es solamente sombra e imagen, a los que son dignos de la ver? Se tu, pues, o Sophia! de aquellos a quien la hermosura vmbrosa no roba, sino la que es señora della, suprema en belleza y delectacion.

La fealdad es lo proprio del cuerpo: la hermosura es espiritual y aduenticia en el.

La hermosura corporal es sombra de la espiritual.

Soph.—Bastame esto para que el vulgo no me engañe en lo que llama hermosura; empero querria que me absoluiesses la razon de la proporcion do las partes al todo, que haze por ellos, y muestra que la hermosura es propria de los cuerpos e impropria, y por semejança della, de los incorporeos.

Con muchos argumentos repruena la difinicion de la hermosura hecha por algunos modernos filosofantes.

Phil.—Essa definicion de la hermosura, dicha por algunos de los modernos filosofantes, no es la propria ni la perfeta, porque, si fuera assi, ningun cuerpo simple, no compuesto de diuersas y proporcionadas partes, se llamara hermoso; de manera que no fueran el Sol, la Luna y las estrellas hermosas, ni la resplandeciente Venus, ni el ilustre Iupiter.

Soph. — Quiça tienen essos la hermosura por la figura circular, que es la mas hermosa de las figuras, la qual esta toda en si y tiene partes.

La mas hermosa de las figuras, es la circular.

Phil. — La figura redonda bien es en si hermosa; pero su hermosura no es la proporcion de las partes la vna a la otra ni al todo; porque sus partes son iguales y de vn mismo genero, en las quales no cabe proporcion alguna; ni la hermosura de la figura circular es la que haze hermoso al Sol, a la Luna y a las estrellas, que, si fuera assi, todo cuerpo redondo tuuiera la hermosura del Sol; empero la hermosura dellos es la claridad, la qual en si no es figura ni tiene partes proporcionadas. Y assi el ardiente fuego, y el oro resplandeciente, y las transparentes piedras preciosas, no fueran hermosas; porque todas estas cosas son simples y de vna naturaleza las partes y el todo sin diuersidad proporcionada. Assi mismo, segun ellos, solamente el todo fuera hermoso, y ninguna de las partes fuera hermosa sino en proporcion del todo. Tambien veras vn rostro estar vna vez hermoso y otra vez no, siendo siempre la proporcion de las partes al todo vna misma. Parece, pues, que la hermosura no esta en las proporciones de las partes. Y sin esto ay mas, que, segun ellos, no fueran hermosas las lindas colores, ni la luz, que es lo mas hermoso del mundo corporeo y la que le da la hermosura, se pudiera llamar hermosa; y assi la boz suaue al oydo no se dixera, como se dize, linda. Y si la hermosura de la musica quieren que sea la concordancia de las partes, la hermosura intelectual qual sera? Y si dixeren que es el orden de la razon, que diran de la inteligencia de las cosas simples y de la purissima diuinidad, que es summa hermosura? Assi que, si lo consideraes, hallaras que aunque en las cosas proporcionadas y concordantes se halla hermosura, la hermosura es aliende de la proporcion dellas; de donde se halla, no solamente en los compuestos proporcionados, pero aun mas en los simples.

La hermosura del Sol. Luna y estrellas, es la claridad.

Soph. — Podrian los improporcionados ser tambien hermosos?

Phil. — No por cierto; porque los improporcionados son defectuosos y malos, y ningun malo es hermoso; pero no por esso es la proporcion la hermosura; porque de las que no son ni proporcionados ni desproporcionados, porque no son compuestos, los ay hermosissimos. Y mas que en los proporcionados y concordantes ay algunos no hermosos, porque no todo hermoso y bueno es proporcionado. Y en las cosas malas se halla tambien proporcion y concordancia, que acerca de los mercaderes se dize que el tramposo se conciertan presto: y el temor se acompaña con la crueldad, y la prodigalidad con el robo: luego no es todo hermoso proporcionado, ni todo proporcionado hermoso, como estos han pensado.

Entre las cosas malas tambien hay proporcion y concordancia.

El temor se acompaña con la crueldad, y la prodigalidad con el robo.

Soph. — Pues que es la hermosura de las cosas corporeas? Y quien haze que las figuras y los cuerpos bien proporcionados sean hermosos, si la hermosura no es la proporcion?

Phil. — Sabras que la materia, fundamento de todos los cuerpos inferiores, es de suyo fea, y madre de toda fealdad en ellos; pero formada en todas las partes por participacion del mundo espiritual, se torna hermosa. Assi que las formas, que como rayos del Sol decienden a ella del entendimiento diuino, y de la anima del mundo, o del mundo espiritual o del celestial, son las que le quitan la fealdad y le dan la hermosura. De manera, que la hermosura deste mundo inferior viene del mundo espiritual y celestial, assi como la fealdad y grosseria es propria en el su deforme e imperfeta materia, de que son hechos todos sus cuerpos.

La fealdad se refiere a la materia de los cuerpos, y la hermosura a las formas dellos.

Soph. — Luego todo cuerpo seria ygualmente hermoso, porque essencialmente son del mundo superior informados.

Phil. — Te concedo que todo cuerpo tiene alguna hermosura, la qual le viene de la forma que informa su materia deforme, pero no son igualmente hermosos, porque las formas no informan de vna manera perfectamente a todos los cuerpos inferiores, ni a todos les quitan de vna misma manera la fealdad de la materia, antes en algunos quita poca parte de la fealdad, y en otros mas y mas, gradualmente; y quanto la forma es mas bastante para quitar mas de la fealdad material. tanto dexa el cuerpo mas hermoso. y quanto menos, menos hermoso y mas feo Y esta diferencia, no solamente la ay en la diuersa especie de los cuerpos del mundo inferior, pero tambien en los diuersos indiuiduos de vna especie; que vn hombre es mas hermoso que otro, y vn cauallo mas liado que otro, porque su forma essencial señoreo mejor la materia, por lo qual pudo quitar mas de la fealdad della y dexar lo hermoso.

La mucha o poca hermosura de los cuerpos es segun la menor o mayor resistencia dellos a sus formas.

Soph. — Y de donde viene que los cuerpos proporcionados nos parecen hermosos?

Phil. — Porque la forma que informa mejor la materia, haze las partes del cuerpo entre si mismas con el todo proporcionadas y ordenadas intelectualmente, y bien dispuestas a sus propias operaciones y fines, viuificando el todo y las partes, o sean diuersas o semejantes: esto es, de vn mismo genero o de diuersos generos, en la mejor forma que le es possible, para que el todo sea perfetamente informado y vno; y assi se haze hermoso. Y quando la materia es inobediente, no puede vnir assi las partes intelectualmente al todo, y queda menos hermoso y mas feo por la desobediencia de la materia deforme a la informante y hermoseante forma.

Razon por que nos parecen bien los cuerpos proporcionados.

Soph. — Plazeme conocer qual es la hermosura de los cuerpos inferiores, y quien la haze, y de donde viene; pero quedame vna duda, parte de las dudas que tu pusiste contra los que dizen que la hermosura es la proporcion; porque los alegres colores, aunque son hermosos, no son vnidos de forma; y assi la luz, aunque es hermosissima, no tiene partes informadas y vnidas al todo; y assi mismo el Sol, la Luna y las estrellas, aunque son cuerpos, no tienen materia deforme ni forma que los informe; pues por que son hermosos? Demas desto, la musica, la harmonia, la boz suaue y las oraciones elegantes, los resonantes versos, no tienen materia deforme ni forma que los informe, y todauia son hermosos; finalmente, las cosas hermosas que has dicho de la imaginacion, y de la razon, y de la mente humana, no tienen composicion de materia ni forma, y ciertamente son lo mas hermoso del mundo inferior.

Phil. — Bien has preguntado; y ya yo yua a declararte la hermosura de essas cosas, aunque tu no me lo preguntaras. En el mundo inferior, todas las hermosuras son de las formas, como lo he dicho, las quales, quando conuencen bien la materia deforme y señorean la rustica corpulencia, hazen los cuerpos hermosos, y ellas en si es justo que sean mas hermosas, o hermosura, pues son bastantes a hazer de lo feo hermoso; porque si no fuessen hermosas, o fueran feas, o neutrales esto es, ni hermosas ni feas; pues si son feas, como hazen hermosos por su essencia? o que vn contrario essencialmente no puede obrar su contrario, antes mas ayna su semejante: y si neutrales, por que hazen antes hermosos que feos? Y esto se sigue siempre en todas ellas; luego necessario es conceder que son mas hermosas las formas que los informados dellas.

Las formas son mas hermosas que los formados dellas.

Los colores tambien son hermosos, porque son formas; y si por ellos los cuerpos bien coloreados se hazen hermosos, tanto mas hermosos deuen ser ellos mismos, o hermosura. Y mucho mas la propria luz, que a todo color y coloreado haze hermosos; y es propriamente forma en los cuerpos abstractos, y no mezclada con la corporeidad, como ya lo has entendido. Y si la luz se lee ser madre de las lindas hermosuras del mundo inferior, es justo que sea la hermosissima. El Sol, la Luna, las estrellas, por su luz son hermosas, la qual en todas tiene razon de forma, y ellas mismas, segun dize Temistio, pueden llamarse formas, antes que cuerpos informados. Y siendo el Sol padre de la hermosa luz, es justo que sea cabeça de la hermosura corporea, y empos de los otros cuerpos celestiales resplandecientes, que primero y siempre participan la luz del, y, despues dellos, haze tambien hermosos a todos los cuerpos inferiores lucidos y coloreados; principalmente al fuego le haze relumbrar, por ser mas formal y menos corporeo por su sutileza y lijereza; y porque participa mas de la luz solar, y parece su formalidad en esto, que de ningun otro elemento se dexa violar, ni alterar, si del todo no se corrompe, porque ningun otro elemento puede enfriarle, ni humedecerle, ni induzir en el calidad contraria a su propria naturaleza, mientras que es fuego, como el haze a los otros elementos: que calienta el agua y la tierra, y desseca al ayre contra la propria naturaleza dellos. Y uniuersalmente la luz es forma en todo el mundo inferior, que quita la fealdad de la obscuridad de la materia deforme; y por esto buelue mas hermosos a los cuerpos que mas la participan. Por lo qual es justo que ella sea verdadera hermosura, y el Sol, de quien depende, es fuente de la hermosura, y las estrellas y la Luna son sus primeras compañeras y los mas dignos participes. La harmonia es hermosa, porque es forma espiritual ordinatiua y vnitiua de muchas y diuersas bozes en vna y perfeta consonancia por modo intelectual, y las bozes suaues son como materia y partes formadas al todo, y participan su hermosura. La belleza de la oracion viene de la hermosura espiritual ordinatiua y vnitiua de muchas y diuersas pala-

Los colores son formas.

La luz es la hermosura de todas las cosas corporeas.

La luz es la hermosura del Sol, Luna y estrellas y la forma dellas. Temistio, y su opinion acerca del Sol, Luna y estrellas.

El fuego y su natiua y formal naturaleza.

La luz es forma en todo el mundo inferior.

El Sol es fuente de la luz y hermosura corporal o visible.

Hermosuras que se perciben por el oydo.

bras materiales en vnion perfeta e intelectual con alguna parte de la harmoniaca hermosura; de tal manera que con razon se puede dezir mas hermosa que las otras cosas corporeas; y assi mismo los versos, en los quales semejantemente ay hermosura intelectual, y tienen mas de la hermosura harmoniaca resonante que la oracion. Las hermosuras del conocimiento y de la razon y del entendimiento humano, manifiestamente preceden a toda hermosura corporea, porque estas son las verdaderas, formales y espirituales; y las que ordenan y vnen los muchos y diuersos conceptos del anima, sensibles y racionales; y tambien dan y participan hermosura doctrinal en todos los entendimientos dispuestos a recebir hermosura; y tambien es hermosura artificial en todos los cuerpos que por artificio son hechos. Assi que la hermosura en todo el mundo inferior, procede del mundo espiritual en las formas, y mediante las formas en los cuerpos; las quales formas o hermosuras formales siempre estan abstractas de la materia, porque no tienen compañia de materia fea que impida jamas su hermosura, y por esto las virtudes y la sabiduria son siempre hermosas; pero los cuerpos informados, vnas vezes son hermosos y otras no segun que la materia se halla obediente o resistente a la hermosura formal.

Las hermosuras de la razon y del entendimiento son mui espirituales.

La hermosura, de donde procede y como sucede.

Las hermosuras formales estan siempre abstractas de la materia.

Soph.—Entendido he de que manera toda la hermosura natural del mundo corporeo se deriua de la forma o formas que dan forma a los cuerpos en la materia del; pero quedame por entender de donde depende la hermosura de las cosas artificiales, pues que no viene de la espiritual o celestial, origen de las formas naturales, ni es del numero y naturaleza dellas.

Phil.—Assi como la hermosura de las cosas naturales se deriua de las formas naturales essenciales o acidentales, assi la hermosura de las cosas artificiadas se deriua de las formas artificiales; de donde la difinicion de la vna hermosura y de la otra es vna misma, distribuyda en ambas.

La hermosura natural y la artificial, de donde proceden.

Soph.—Y qual es la difinicion dellas?

Phil.—Gracia formal, que deleyta y mueue a amar a quien la comprehende. Y esta gracia formal, assi como en los naturales hermosos es de la forma natural, assi en los hermosos artificiados es de la forma artificial. Y para conocer que la hermosura de los cuerpos artificiados viene de la forma del artifi-

Difinicion comun a ambas las hermosuras, natural o artificial.

Exemplo acerca de la hermosura artificial.

cio, imagina dos pedaços de palo iguales, y que en el vno se entalla vna hermosissima Venus y en el otro no; conoceras que la hermosura de Venus no procede del palo, porque el otro madero igual no es hermoso. De manera que queda que la forma o figura artificiada es su hermosura, y la que la haze hermosa. Y assi como las formas naturales de los cuerpos se deriuan del incorporeo y espiritual origen, que es el anima del mundo, y, aliende della, del primero y diuino entendimiento, en los quales dos existen primero todas las formas con mayor essencia, perfecion y hermosura que en los cuerpos diuisos, assi las formas artificiales se deriuan de la mente del artifice humano, en la qual existen con mayor perfecion y hermosura que en el cuerpo hermosamente artificiado. Y assi como, quitando por consideracion la corporalidad del artificiado hermoso, no queda otra cosa que la Idea, que esta en el entendimiento del artifice, assi quitando la materia de los hermosos naturales, quedan solamente las formas ideales preexistentes en el entendimiento primero, y del en el anima del mundo. Bien alcançaras, o Sophia, quanto mas hermosa deue de estar la Idea del artificio vnida en el entendimiento del artifice, que quando esta distribuyda en el cuerpo y desmembrada; porque a toda hermosura y perfecion la acrecienta la vnion, y la diuision la diminuye. Y las partes de la hermosura de la estatua de Venus en el madero, estan diuididas cada vna por si, de donde hazen lenta y debil su hermosura, en respeto de la que esta en el anima del artifice, porque en ella consiste la Idea del arte con todas sus partes abraçadas juntamente; de tal manera que la vna fauorece a la otra, y la haze crecer en hermosura, y la hermosura de todas esta juntamente en cada vna, y la de cada vna en todas sin alguna diuision o discrepancia; de tal manera que quien viesse la vna y la otra, conoceria que sin comparacion es mas hermosa el arte que lo artificiado, como la que es causa de la hermosura artificiada; la qual, en la compañia de los cuerpos, pierde de su perfecion tanto quanto los cuerpos ganan en ella; porque quanto el cuerpo grossero y feo es mas leuantado de la forma, tanto queda lo artificiado mas hermoso; y quanto la forma es mas dissipada e impedida del cuerpo, tanto menos hermoso queda el compuesto artificiado. Queda, pues, que la forma sin el cuerpo es hermosissima, assi como el cuerpo sin la forma es feissimo. Y de la manera de las cosas artificiales, son

Tres maneras de hermosura: natural, artificial e ideal.

Quanto mayor es la hermosura que esta en la mente del artifice que la distribuyda, porque a toda hermosura y perfecion la acrecienta la vnion.

Hermosura artificial.

las naturales; porque las formas que hazen hermosos a los cuerpos naturales, es manifiesto que en la mente del summo artifice y verdadero arquitecto del mundo, esto es, en el entendimiento diuino, estan mucho mas hermosas; porque alli estan todas juntamente abstractas de materia, de mutacion o alteracion, y de toda manera de diuision o muchedumbre; y la hermosura de todas juntas haze hermosa a cada vna dellas, y la hermosura de cada vna se halla en todas. Despues se hallan todas las formas en el anima del mundo, que es su segundo artifice; pero no en aquel grado de hermosura que ay en el primer entendimiento, supremo maestro de fabrica; porque en el anima no estan en aquella pura vnion, sino con alguna muchedumbre o diuersidad ordenada, porque ella es medio entre el primer opifice y las cosas artificiadas; con todo esso, alli estan en mucho mayor grado de hermosura que en las cosas naturales; porque alli se hallan espiritualmente todas en vnion ordenada, abstractas de materia, de alteracion y mouimiento. Y della emanan todas las animas y formas naturales en el mundo inferior, diuididas en los diuersos cuerpos suyos; sujetas todas a la alteracion y mouimiento, con la successiua generacion y corrupcion; excepto sola el anima humana racional, que es libre de corrupcion, alteracion y mouimiento corporeo, solamente con algun mouimiento discursiuo, y el recebir de las especies en modo espiritual; porque ella no es mezclada con el cuerpo, como las otras animas y formas naturales, de las quales cierto, como hemos dicho de las artificiales, las que son menos mistas con el cuerpo, son mas hermosas en si y bueluen sus cuerpos mas hermosos, y las que tienen mas mezcla con la corporalidad, son menos hermosas en si y bueluen sus cuerpos mas feos. Y lo contrario es en los cuerpos naturales, que el mas leuantado de la forma y el mas sujeto a ella, es mas hermoso, y el que resiste a su forma y la sujeta a si, es mas feo. Tu, o Sophia!, por este discurso podras conocer como la hermosura de los cuerpos inferiores naturales o artificiales no es otra cosa que la gracia que cada vno dellos tiene en su propria forma sustancial, fea o acidental, o de su forma artificial; y conoceras que las formas en si, o de la vna manera o de la otra, son mas hermosas que los informados dellas. Y en su ser espiritual, son mucho mas

Hermosura natural.

Las formas ideales en la mente diuina estan hermosissimas.

De que manera estan las formas en el anima del mundo. Excelencia del anima del mundo.

El anima humana nobilissima sobre todas las formas naturales.

La mayor o menor hermosura de las formas naturales de que se causa. La mayor o menor hermosura de los cuerpos naturales de que procede. Suma de las cosas arriba dichas.

excelentes en hermosura que en su ser corporal. Y la corporal se aprehende con los ojos corporales y parte con los oydos. Y la espiritual no, porque se aprehende con los ojos del anima o del entendimiento, proporcionados a ella y dignos de la ver.

Soph.—De que manera son tan proporcionados los ojos de nuestra anima y el entendimiento a las hermosuras espirituales?

Phil.—Porque nuestra anima racional, por ser imagen del anima del mundo, es figurada obscuramente de todas las formas que existen en essa anima mundana, y por esto con discurso racional, como semejante, las conoce distintamente y gusta de su hermosura y la ama. Y el puro entendimiento que reluze en nosotros, es semejantemente imagen del entendimiento puro diuino, señalado de la vnidad de todas las Ideas, el qual, al fin de nuestros discursos racionales, nos muestra las essencias ideales en intuitiuo, vnico y abstractissimo conocimiento, quando nuestra razon bien habituada lo merece. Assi que con los ojos del entendimiento podemos ver en vn mirado la summa hermosura del primer entendimiento y de las Ideas diuinas. Y siendo vista nos deleyta, y nosotros la amamos; y con los ojos de nuestra anima racional, con ordenado discurso podemos ver la hermosura del anima del mundo, y en ella todas las formas ordenadas, las quales tambien nos deleytan grandemente y mueuen a amar. Son assimismo proporcionadas a estas dos hermosuras espirituales del primer entendimiento y del anima del mundo las dos hermosuras corporales, la que se alcança por el ver y la que se alcança por el oyr, como semejanças e imagines suyas. La de la vista es imagen de la hermosura intelectual, porque toda consiste en luz, y por la luz se aprehende; y ya tu sabes que el Sol y su luz es imagen del entendimiento primero; de donde assi como el entendimiento primero alumbra con su luz los ojos de nuestro entendimiento y los llena de hermosura, assi su imagen el Sol, con su luz, que es resplandor de esse entendimiento, hecha forma y essencia de esse Sol, alumbra nuestros ojos y les haze comprehender todas las resplandecientes hermosuras corporeas. Y la que se alcança por el oydo, es imagen de la hermosura del anima del mundo, porque consiste en concordancia, harmonia y orden, assi como existen las formas en ella en ordenada vnion. Y

Semejança entre el anima del mundo y la humana.

El entendimiento humano es imagen del entendimiento diuino.

La hermosura del primer entendimiento se vee con los ojos intelectuales. La hermosura del anima del mundo se vee con el discurso racional. Proporcion de las dos hermosuras corporales a las dos hermosuras espirituales, con otras galanas semejanças de las vnas a las otras.

assi como el orden de las formas que ay en el anima del mundo hermosea a nuestra anima y es comprehendido della, assi las composiciones de las bozes en canto harmoniaco, o en oracion sentenciosa, o en verso, se comprehenden por nuestros oydos, y mediante ellos deleytan nuestra anima por la harmonia y concordancia de que ella esta figurada del anima del mundo.

Soph.—Entendido he como las hermosuras corporeas, assi las que se veen como las que se oyen, son imagines y semejanças de las hermosuras espirituales del entendimiento primero y del anima del mundo; y que assi como los ojos y los oydos son los que comprehenden las dos hermosuras corporeas, assi nuestra anima racional y mente intelectiua son las que entienden ambas las hermosuras espirituales. Pero quedame vna duda, y es que yo veo que nuestra anima y mente intelectiua son las que por via de los ojos y de los oydos conocen y juzgan las hermosuras corporeas y se deleytan en ellas y las aman; y parece que los ojos y oydos proprios no son otra cosa que atenores y caminos de las hermosuras corporeas a nuestra anima y entendimiento. De donde me parece que ellos se boluiessen mas ayna y mas propriamente hazia las hermosuras corporales, que hazia las espirituales, como has dicho.

Phil.—No ay duda sino que el anima es la

El conocimiento de las hermosuras corporales, mas consiste en el anima que en los ojos y oydos, aunque ellos son los que las lleuan a dentro.

que conoce, juzga y siente todas las hermosuras corporeas y se deleyta en ellas y las ama. y no los ojos ni los oydos, aunque ellos las lleuan adentro; porque si estos fueran los que conocieran y amaran la hermosura, siguierase que qualquiera igualmente conociera las hermosuras de las cosas corporeas, e igualmente se deleitara en ellas y las amara, porque todos tienen ojos y oydos. Pero bien vees muchas cosas hermosas que no son conocidas de muchos ojos muy claros, ni ellas causan a los que las veen deleyte ni amor; y quantos hombres veras de buen oydo que no gustan de la musica, ni les parece hermosa, ni la aman; y otros a quien parecen inutiles los hermosos versos y oraciones. Parece, pues, que el conocimiento de las hermosuras corporeas y la delectacion y el amor dellas, no consiste en los ojos y oydos, por donde passan, sino en el anima, a donde van.

Soph.—Aunque en esso fauoreces a mi duda, quiero interromperte la respuesta hasta que me digas la razon por que todas las animas no tienen igualmente el conocimiento, la delectacion y el amor de lo hermoso, pues que todos los ojos y oydos lo llenan igualmente al anima.

Phil.—La respuesta desto veras, juntamente con la absolucion de tu duda, si me dexares

hablar. Bien sabes que las hermosuras corporeas son gracias formales; y ya te dixe que todas las formas abstractas se ha-

Nuestra anima de mente de Platon y de Aristoteles esta llena y figurada de las formas espirituales.

llan espiritualmente en orden vnitiuo en el anima del mundo, cuya imagen es nuestra anima racional, porque su essencia es vna figuracion latente de todas aquellas espirituales formas, por impression hecha en ella del anima del mundo, su origen exemplar. Esta figuracion latente es la que Aristoteles llama potencia y preparacion vniuersal del entendimiento possible a recebir y entender todas las formas y essencias; porque

Tres maneras de hablar, que son: reminicencia de Platon, potencia de Aristoteles, latencia del autor, concordadas en vna misma significacion.

si no estuuieran en ella todas en modo potencial o latente, no pudiera recebirlas y entenderlas cada vna en acto y por preexistencia. Platon dize que nuestro discurso y entender es reminiscencia de las cosas ante existentes en el anima en manera de oluido, que es la misma potencia de Aristoteles y el modo latente que yo te digo. De manera que de las cosas dichas conoceras que todas las formas y especies no saltan del cuerpo a nuestra anima, porque traspassar del vn sujeto al otro es impossible; empero representadas por los sentidos, hazen relumbrar las mismas formas y essencias que antes estauan resplandecientes en nuestra anima. A este relumbrar llama Aristoteles acto de entender, y Platon recuerdo; pero la intencion del'os es vna en diuersas maneras de dezir. Assi que nuestras animas esta llena de las hermosuras formales, antes ellas son su propria essencia, y si es-

La latencia y oscuridad de las formas en el anima es por la parte del cuerpo.

tan escondidas en ella, no viene la latencia por su parte al entendimiento, el qual la haze essencial, sino por la parte de la ligadura y vnion que tiene con el cuerpo y materia humana; que aunque no esta mezclada con ella, solamente la vnion y atadura mista que con ella tiene, haze que su essencia, en la qual esta el orden de las hermosuras formales, sea vmbrosa y oscura; de tal manera, que es necessaria la representacion de las hermosuras derramadas en los cuerpos, para aclarar las latentes en el anima. Y como esta latencia y tenebrosidad sea muy diuersa en las animas de los indiuiduos humanos, segun la diuersidad de las obediencias de

Razon por que vnos hombres conocen mejor las hermosuras que otros.

los cuerpos y de sus materias a sus animas, acaece que el anima de vno conoce facilmente las hermosuras, y la de otro con mas dificultad, y la de otro no puede conocerlas de ninguna manera, por la rudeza y grosedad de su materia, que no dexa aclarar la escuridad que ella causa en el anima. Y de aqui veras que vn hombre las conoce prontamente y de si mismo, y otro tendra necessidad de que le enseñen, y otro no saldra jamas enseñado. Veras tambien vn mismo hombre co-

Razon por que vn mismo hombre conoce facilmente vnas hermosuras y otras con dificultad.

nocer facilmente algunas hermosuras, y otras con dificultad, porque su materia es mas proporcionada y semejante a vnos cuerpos y cosas hermosas que a otras; de donde la latencia y sombra de las hermosuras en su animo, no es igual en todas las cosas; porque el anima conoce facilmente parte della por la representacion de sus sentidos, y parte no. Y en estas disposiciones de la materia, se hallan en los hombres tantas maneras de diuersidad, que son incomprehensibles. Podras, pues, auer conocido que todas las hermosuras naturales de nuestra anima, lleuadas adentro por los sentidos corporeos, son las hermosuras formales que el anima del mundo tomo del entendimiento primero y distribuyo por los cuerpos mundanos y las proprias hermosuras, con las quales essa anima a imagen y semejança suya figuro e informo nuestra anima racional. Assi que facilmen-

Por el conocimiento de las hermosuras corporales, se sube al conocimiento de las espirituales.

te podremos subir del conocimiento de las hermosuras corporeas al conocimiento de la nuestra propria intelectiva y al de la hermosura del anima del mundo; y della, mediante nuestra mente intelectual, al de la summa hermosura del primer entendimiento diuino, como del conocimiento de las imagines al conocimiento de los exemplares, cuyas imagines son. De manera que estan espirituales en nuestro animo las hermosuras corporeas, y como tales son del cono-

Diferencia entre la razon y la mente humana en el conocimiento de las hermosuras.

cidas; y por esto te dixe que los ojos de nuestra anima racional y mente intelectual conocen las hermosuras espirituales, pero con esta diferencia: que la racional conoce las hermosuras de las formas que estan en el anima del mundo, mediante el discurso que haze de las hermosuras corporeas, imagines mundanas y causadas de las espirituales. Pero la mente pura conoce derechamente en vn intuito la vnica hermosura de todas las cosas en las Ideas del primer entendimiento. que es la final beatitud humana. Y podras conocer tam-

Los que conocen dificultosamente las hermosuras corporales, conocen con dificultad las espirituales.

bien, que las animas que conocen dificultosamente las hermosuras corporeas; esto es, la espiritualidad que ay en ellas, con dificultad las pueden sacar a fuera de la fealdad material y deformidad corporea, son assi mismo dificiles en conocer las hermosuras

espirituales de essa anima, conuiene a saber, las virtudes, ciencias y sabiduria. Y assi como, no obstante que todos los que tienen ojos veen las hermosuras corporeas, pero

No todos conocen ni estiman ygualmente las hermosuras corporales ni espirituales, y la razon por que.

no todos las conocen por hermosas ni se deleytan en ellas, sino solamente los que las aman, vno mas que otro, segun que es mas de lo amatorio. assi, aunque todas las animas conocen las hermosuras espirituales, no todas las estiman ygualmente por hermosas, ni deleyta a todos la fruycion dellas, sino solamente a las animas pertenecientes al amor y a vna mas que a otra, segun que es mas connaturalizada del espiritual amor.

Soph —Ya entiendo de que manera conoce nuestra anima espiritualmente las hermosuras, primero las corporeas, y despues por ellas las incorporeas, que preexisten en el primer entendimiento y en el anima del mundo en modo clarissimo y resplandeciente, y en nuestra anima racional en modo vmbroso y latente. Y entiendo que assi como los que mas perfetamente conocen las hermosuras corporeas las aman y los otros no, assi los que mas conocen las incorporeas, son ardientes amadores dellas y los otros no. Y tambien me has dicho que los que conocen bien las hermosuras corporeas y las aprehenden con facilidad, son los que mejor y mas prontamente conocen las hermosuras incorporeas del entendimiento y anima superior. Contra lo qual se me ofrece vna duda no, pequeña; y es, que si el amor de la hermosura se causa del perfeto conocimiento della, se sigue que assi como los que conocen bien las hermosuras corporeas, son los que conocen bien las incorporeas, assi los que intensamente aman las hermosuras corporeas, son los primeros amadores de las hermosuras incorporeas intelectuales, como en la sabiduria y la virtud; lo contrario de lo qual es manifiesto; porque los que aman mucho las hermosuras corporeas, estan desnudos del conocimiento y amor de las hermosuras intelectuales, y casi ciegos en ellas, y los que aman ardentissimamente las hermosuras intelectuales, suelen despreciar las corporales, desampararlas, aborrecerlas y huyr dellas.

Phil. —Plazeme entender tu duda, porque la absolucion della te mostrara de que manera se deuen conocer y amar las hermosuras corporales, y de que manera se deuen huyr y aborrecer, y qual es el perfeto concimiento y amor dellas, y qual el falso, sofistico y

El anima es medio entre el entendimiento y el cuerpo.

aparente. Bien has entendido que el anima es medio entre el entendimiento y el cuerpo; no solamente digo el anima del mundo, sino que tambien la nuestra, semejança de aquella. Tiene, pues, nuestra anima dos caras, como te dixe de la Luna hazia el Sol y hazia la Tierra: la vna cara hazia el entendimiento, superior suyo, y la otra hazia el cuerpo, inferior a ella. La primera cara hazia el entɔndimiento es la razon intelectiua, con la qual discurre con vniuersal y espiritual conocimiento, sacando fuera las formas y essencias intelectuales de los particulares y sensibles cuerpos, conuirtiendo siempre el mundo corporeo en el intelectual. La segunda cara, que tiene hazia el cuerpo, es el sentido, que es el conocimiento particular de las cosas corporeas, ayuntada en si y mezclada la materialidad de las cosas corporeas conocidas. Estas dos caras tienen contrarios o opuestos mouimientos; que assi como nuestra anima con el primer rostro, o conocimiento racional, haze de lo corporeo incorporeo, assi con el segundo rostro, o conocimiento sensible, allegandose a los cuerpos sensitiuos y mezclandose con ellos, abreuia lo incorporeo en lo corporeo. Con estas dos maneras de conocimiento son conocidas de nuestra anima las hermosuras, corporales con la vna y otra cara, esto es, sensitiuamente y corporalmente, o racionalmente e intelectiuamente. Y conforme a cada vno de estos dos conocimientos de las hermosuras corporeas, se causa en el anima el amor dellas; que es amor sensual por el conocimiento sensible, y amor espiritual por el conocimiento racional. Ay muchos que la cara del anima, hazia los cuerpos, la tienen clara, y la otra, hazia al entendimiento, escura; y esto viene de estar su anima dellos submergida y muy adherente al cuerpo, y el cuerpo inobediente y poco vencido de anima. Todo el conocimiento que estos tienen de las hermosuras corporeas es sensible, y assi todo el amor que tienen a ellas es puro sensible, y no conocen las hermosuras espirituales, ni las aman, ni se deleytan en ellas, ni las estiman dignas de ser amadas. Y estos tales son de los hombres los infelicissimos y poco diferentes de los animales brutos; y lo que tienen de mas es lascinia, libido, concupiscencia, codicia y auaricia, y otras passiones y tribulaciones que hazen a los hombres, no solamente viles e indignos, empero tambien trabajados e insaciables, y siempre turbados e inquietos, con ninguna satisfacion y contento; porque las imperfeciones de tios tales desseos y delectaciones, les quitan todo fin satisfatorio y todo contento quieto, conforme a la naturaleza de la inquieta materia, madre de las hermosuras sensibles. Ay otros que mas verdaderamente pueden llamarse hombres, porque la cara del anima que esta hazia el entendimiento, esta no menos llena de lumbre que la que esta hazia el cuerpo. Y ay algunos en los quales esta mucho mas resplandeciente. Estos endereçan el conocimiento sensible al racional como a proprio fin; y tanto estiman por hermosuras las sensibles con la cara inferior, quanto se sacan dellas las hermosuras racionales con la cara superior racional, sacando dellas las formas y especies intelegibles, que son las verdaderas hermosuras, segun te he dicho. Y aunque allegan el anima espiritual con el rostro inferior a los cuerpos, para tener de la hermosura dellos el conocimiento sensible, en continente leuantan en mouimiento contrario las especies sensibles con la cara superior racional, sacando dellas las formas y especies intelegibles, y reconociendo ser este el verdadero conocimiento de la hermosura dellas, dexan lo corporeo y lo sensible como a feo y corteza de lo incorporeo, o sombra o imagen suya. Y de la manera que endereçan el conocimiento al otro, assi endereçan el vn amor al otro, esto es, el sensible al intelegible; que tanto aman las hermosuras sensibles, quanto el conocimiento dellas los guia a conocer y amar las espirituales insensibles, a las quales aman solamente como a verdaderas hermosuras, y se deleytan en la fruycion dellas, y al resto de la corporalidad y sensualidad, no solamente no le han amor ni se deleitan en ella, antes la aborrecen como a fea material, y huyen della como de dañoso contrario; porque la mezcla de las cosas corporeas impide a la felicidad de nuestra anima, priuandola, con la luz sensual del rostro inferior, de la luz intelectual del rostro superior, que es la propria beatitud suya: que assi como el oro, quando tiene liga o mezcla de metales baxos y parte terrestre, no puede ser hermoso, perfeto ni puro, porque su bondad consiste en estar purificado de toda liga y limpio de toda mezcla baxa, assi el anima, mezclada con el amor de las hermosuras sensuales, no puede ser hermosa, ni pura, ni llegar a su bienauenturança, sino quando estuuiere purificada y limpia de incitaciones a las hermosuras sensuales. y entonces llega a posseer su propria luz intelectiua sin impedimento alguno, la qual es la felicidad. Engañaste, pues, o Sophia! en dudar qual es el mas principal conocimiento de las hermosuras sensuales; tu crees que esta en el que las conoce en modo sensitiuo y material, no sacando dellas las hermosuras espiritnales, y estas en error; que este es imperfeto conocimiento de las hermosuras corporeas; porque

(marginal notes:)

Nuestra anima tiene dos caras.

Dos contrarios mouimientos de las dos caras de nuestra anima.

Amor sensual y amor espir tual.

Miserable genero de hombres, mucho peores que bestias.

Genero de hombres morales.

Genero de hombres heroicos.

La mezcla de las cosas corporales impide la felicidad de nuestra anima.

quien de lo acessorio haze principal, no conoce bien; y quien dexa la luz por la sombra, no vee bien; y el que dexa de amar la forma original por amar su semejança o imagen, a si proprio aborrece; porque el perfeto conocimiento de las hermosuras corporeas, esta en conocer de tal manera, que facilmente se puedan sacar de ellas las hermosuras incorporeas. Y quando la haz inferior de nuestra anima, que mira hazia el cuerpo, tiene la conueniente luz, entonces sirue a la luz de la haz superior intelectiua, y le es acessoria e inferior y vehiculo suyo; y si

Summa miseria del anima. le vence, es imperfeta la vna y la otra, y queda el anima desproporcionada y desdichada.

Assi que el amor de las hermosuras inferiores, entonces es conuiniente y bueno, quando es solamente para distilar dellas

Amor de las hermosuras inferiores quando es bueno. las hermosuras espirituales, que son las vere amables, y quando el amor esta principalmente en ellas y en las cosas corporeas accessoriamente por ellas. Que assi como los antojos tanto son buenos, lindos y amados, quanto la claridad dellos es proporcionada a la vista y a los ojos, y les siruen bien en la representacion de las especies visiuas, y siendo mas claros y desproporcionados son malos, y no solamente inutiles, mas antes dañosos e impedimento a la vista, assi el conocimiento de las hermosuras sensitiuas en tanto es bueno y causa de amor y deleyte, en quanto se endereça al conocimiento de las hermosuras intelectuales e induze el amor y el gozo dellas. Y quando es desproporcionado y no endereçado a esto, es dañoso e impediente de las hermosuras de la luz intelectual, en que consiste el fin humano. Aduierte, pues, o Sophia! que no te enlodes en el amor y delectacion de las hermosuras sensuales, apartando tu anima de su hermoso principio intelectual por çaballirla en el pielago del cuerpo feo y suzia materia. No te acaezca lo de la fabula de aquel que, viendo hermosas figuras esculpidas en agua turbia, boluio las espaldas a las originales y siguio las vmbrosas imagines, y se echo y anego entre ellas en el agua turbia.

Soph.—Tu dotrina en esto me agrada, y desseo seguirla, y conozco quanto engaño puede auer en el conocimiento y amor de las hermosuras corporeas, y el gran riesgo que en ellas se corre; y veo distintamente, que las hermosuras corporales, en quanto son hermosuras, no son corporales, sino sola la participacion que las corporales tienen con las espirituales, o el resplandor que las espirituales infunden en los cuerpos inferiores, cuyas hermosuras son verdaderamente sombras e imagines de las hermosuras incorporeas intelectuales; y que el

Las hermosuras corporales son sombra de las espirituales. bien de nuestra anima esta en subir de las hermosuras corporales a las espirituales, y conocer por las inferiores sensibles las hermosuras superiores intelectuales. Pero, con todo esto, me queda todavia desseo de saber que cosa es esta hermosura espiritual que haze hermoso a cada vno de los incorporeos y se comunica tambien a los cuerpos, y no solamente a los celestiales en gran abundancia, pero tambien se participa a los inferiores y corruptibles, segun les cupo, mas y menos, y mas que a todos al hombre, y principalmente a su anima racional y mente intelectiua. Pues, que cosa es esta hermosura que assi se derrama por todo el vniuerso, y en cada vna de sus partes: y por ella todos los hermosos, y cada vno dellos, es hecho hermoso? Que aunque me has declarado que la hermosura es gracia formal, cuyo conocimiento mueue a amar, esta difinicion es solamente de la hermosura de los cuerpos formados y de sus formas; pero querria yo saber precissamente como es sombra e imagen esta de la incorporea, y que cosa es esta hermosura incorporea, de la qual depende esta hermosura: porque, quando supiere esto, conocere lo que es la verdadera hermosura que se distribuye por todos, y no tendre necessidad del particular conocimiento y difinicion de la hermosura corporea que me diste: porque la difinicion de la corporea no es la difinicion de la hermosura, sino de ella en cuerpo, y no se lo que la misma hermosura es en si misma fuera de los cuerpos, lo qual principalmente desseo saber. Suplicote que con las demas cosas quieras enseñarme tambien esta.

Phil.—Assi como en los hermosos artificia-

La hermosura de los cuerpos, assi naturales como artificiados, procede de la Idea que esta en la mente del artifice. dos, segun que ya has entendido, la hermosura no es otra cosa que el arte del artifice participada difusamente en essos cuerpos artificiados y en sus partes, de donde la verdadera y primera hermosura artificial es el arte scientifica preexistente en la mente del artifice, de la qual dependen las hermosuras de los cuerpos artificiados, como de su primera Idea comunicada a todos, assi la hermosura de todos los cuerpos naturales no es otra que el resplandor de sus Ideas; de donde essas Ideas son las ver-

El resplandor de las Ideas es la hermosura de los cuerpos. daderas hermosuras, por las quales todos los cuerpos son hermosos.

Soph.—Tu me declaras la cosa por lo que no es menos oculto que ella. Dizesme que las verdaderas hermosuras son las Ideas, y a mi no me es menos necessario declararme que cosa es Idea que que es hermosura; mayormente que el ser de las Ideas, como tu sabes, nos es mucho mas escondido que el ser de la hermosura. Pues, como quieres declararme lo mas manifiesto con lo escondido? Quanto mas que, allende de ser mas oculto el ser de la Idea que el de la hermosura, es tambien mucho mas dudoso e incierto; porque todos conceden auer vna verdadera hermosura, de la qual dependen todas las otras, y muchos de los filosofos sapientissimos niegan el ser de las Ideas platonicas, como es Aristoteles, y todos sus sequaces los peripateticos. Pues, como quieres declararme lo cierto por lo dudoso, y lo mas manifiesto por lo oculto?

Phil.—Las Ideas no son otra cosa que las *Las Ideas son noticias del vniuerso criado que preexisten en la mente diuina.* noticias del vniuerso criado con todas sus partes, preexistentes en el entendimiento del summo opifice y criador del mundo; el ser de las quales ninguno de los sujetos a la razon lo puede negar.

Soph.—Pues dime la razon por que no se puede negar.

Phil.—Porque si el mundo no fue produzido a caso, como se muestra por *Razon por que no se pueden negar las Ideas.* el orden del todo y de las partes, conuiene que sea produzido de mente o entendimiento sabio, el qual lo produze en aquel orden perfetissimo, y con aquella proporcion respondiente que tu y todo sabio vee en el. El qual no solamente es admirabilissimo en el todo, pero en sus partes las mas minimas es de grande admiracion a qualquiera sabio que lo considera, y en el orden y correspondencia de cada vna de sus minimas partes veo la summa perfecion de la mente del Hazedor del mundo y la infinita sabiduria del que lo crio.

Soph—Esso no negare yo, ni creo se puede negar, porque en mi misma y en qualquiera de mis miembros veo el gran saber del Criador de todas las cosas, el qual sobrepuja a mi aprehension y a la de todo hombre sabio.

Phil.—Bien conoces, mayormente si viesses la anotomia del cuerpo humano y la vna de sus partes, con quanta sutileza de arte y sabiduria esta compuesto y formado, que en qualquiera dellas se te representaria la inmensa sabiduria, prouidencia y cuydado de Dios nuestro Criador, como dize Iob: De mi carne veo a Dios.

Soph.—Vamos adelante a las Ideas.

Phil.—Si la sabiduria y arte del summo Hazedor hizo al vniuerso con todas sus partes y partes de partes en modo perfetissimo, concordancia y orden, conuiene que todas las noticias de las cosas tan sabiamente hechas, preexistan en toda perfecion en la mente de esse obrador del mundo; assi como conuiene que las noticias de las artes de las cosas artificiadas preexistan en la mente del artifice y arquitecto dellas; que de otra manera no serian artificiadas, sino solamente hechas a caso. Estas noticias del vniuerso y de sus partes, que preexisten en el entendimiento diuino, son las que llamamos Ideas; conuiene a saber, prenoticias diuinas de las cosas produzidas. Entendido has aora lo que son las Ideas, y como verdaderamente son?

Soph.—Entiendolo euidentemente. Pero dime como las puede negar Aristoteles y los otros peripateticos.

Phil.—Largo discurso fuera necessario para dezir en que consiste la discrepancia entre Aristoteles y Platon, su maestro, en esto de las Ideas, y las razones de cada vna de las partes, y quales son las que mas conuencen. No te las aire aora, porque seria apartarnos mucho de nuestro proposito y hazer prolixa esta nuestra *Aristoteles no niega las Ideas platonicas, antes las confirma.* platica; solo te digo, para satisfacion tuya que esto que te hemos dicho de las Ideas, no lo niega Aristoteles, ni puede negarlo, aunque no las llama Ideas: porque el pone que preexiste eu la mente diuina el Nimos del vniuerso, que es el orden sabio del; del qual orden se deriua la perfecion y ordenacion del mundo y de todas sus partes, assi como preexiste en la mente del capitan general el orden de todo su exercito; del qual orden procede la ordenança y los hechos de todo su exercito y de cada vna de sus partes. Assi que, en efeto, las Ideas platonicas en la mente diuina, en diuersos vocablos y varios exemplos son concedidas de Aristoteles.

Soph.—La conformidad entiendo; pero dime aora alguna cosa de la diferencia que ay entre ellos en el ser de las Ideas, que tanto Aristoteles y los suyos se esforçaron a negar.

Phil.—Yo te la dire. Sabras, en suma, que *Diferencia entre Aristoteles y Platon acerca de las Ideas.* Platon puso en las Ideas todas las existencias y sustancias de las cosas; de tal manera que todo lo procrado dellas en el mundo corporeo, se estima que sea mas ayna sombra de sustancia y essencia, que poderse dezir essencia ni sustancia; y assi desprecia las hermosuras corporeas en ellas mismas; porque dize que, no siendo ellas para otra cosa mas que para mostrarnos las ideas y guiarnos en el conocimiento dellas, que por si su hermosura es poco mas que nada. Aristoteles quiere en esto ser mas templado; porque le parece que la summa perfecion del artifice deue produzir perfetos artificiados en ellos mismos; de donde tiene que en el mundo corporeo y en sus partes ay essencia y sustancia propria de cada vna dellas, y que las noticias ideales no son las essencias y sustancias de las cosas,

sino causas produotiuas y ordenatiuas dellas;
de donde tiene el que las primeras sustancias
son los indiuiduos, y que en cada vno dellos se
salua la essencia de las especies. De las quales
especies, las vniuersales no quiere que sean las
Ideas, que son causas de las reales, sino sola-
mente conceptos intelectuales de nuestra anima
racional, sacados de la sustancia y essencia que
ay en cada vno de los indiuiduos reales; y por
esto llama a los conceptos vniuersales segun-
das sustancias; por ser abstrahidos por nuestro
entendimiento de los primeros indiuiduales; y
las Ideas no quiere que sean primeras sustan-
cias, como Platon dize, ni tampoco las segun-
das, sino primeras causas de todas las sustan-
cias corporeas y de todas sus essencias com-
puestas de materia y forma; porque el tiene
que la materia y el cuerpo entra en la essencia
y sustancia de las cosas corporeas, y que en la
difinicion de toda essencia, la qual se haze por
genero y diferencia, entra primero la materia,
o corporalidad, o forma material comun por
genero, y la forma especifica por diferencia;
porque su essencia y sustancia es constituyda
de ambas a dos, materia y forma. Y puesto
que en las Ideas no ay materia y cuerpo, en
ellas no cae, segun el, essencia ni sustancia,
sino que son la diuino principio de quien de-
penden todas las essencias y sustancias, conuie-
ne a saber, las primeras como primeros efetos
corporales, y las segundas como imagenes es-
pirituales de las primeras. Tiene tambien que
las hermosuras del mundo corporeo son verda-
deras hermosuras, empero causadas y depen-
dientes de las primeras hermosuras ideales del
primer entendimiento diuino. Desta diferencia
que ay entre estos dos teologos, nacen todas
las otras que en las Ideas entre ellos se hallan,
y tambien la mayor parte de sus diferencias
teologales y naturales.

Soph. — Mucho me agrada conocer la dife-
rencia, y assi mismo me agradaria saber con
qual dellos se conforma mas tu parecer en esto.

Phil. — Quando supieres considerar bien esta
diferencia, la hallaras mas ayna

La diferencia que
ay entre Platon y
Aristoteles,
consiste antes en
los vocablos que
en la sinificacion
dellos.

en la imposicion de los vocablos
que en la sinificacion dellos, de
la manera como se denen vsar;
conuiene a saber, que quiere
dezir essencia, sustancia, vni-
dad, verdad, bondad, hermosu-
ra y otros semejantes que en la realidad de las
cosas se vsan. Assi que en la

Aristoteles
deue ser preferido
a Platon en el vsar
de los vocablos.

sentencia sigo a ambos a dos,
porque la de ellos es vna misma;
en el vso de los vocablos por
ventura es de seguir Aristote-
les, porque el moderno lima mejor el lenguaje
y suele apropriar los vocablos a las cosas mas

diuididamente y mas sutilmente. Quiero dezirte

Declaracion de la
diferencia que
ay entre Platon y
Aristoteles
acerca de las Ideas.

tambien esto: que Platon, ha-
llando los primeros filosofos de
Grecia, que no estimauan otras
essencias, ni sustancias, ni her-
mosuras que las corporeas, y
que pensauan que fuera de los cuerpos auia
nada, le fue necessario curarles con lo contra-
rio, como verdadero medico, enseñandoles que
los cuerpos de si mismos posseen ninguna
essencia, ninguna sustancia, ninguna hermo-
sura, como ello es verdaderamente; ni tienen
otra cosa que la sombra de la essencia y her.
mosura incorporea ideal de la mente del sum-
mo artifice del mundo. Aristoteles, que ha-
llo los filosofos, por la dotrina de Platon, apar-
tados ya del todo de los cuerpos y que esti-
mauan que toda la hermosura, essencia y sus-
tancia estaua en las Ideas y nada en el mundo
corporeo, viendolos que por esto se hazian ne-
gligentes en el conocimiento de las cosas cor-
poreas, y en sus actos, mouimientos y alter-
aciones naturales, y en las causas de su genera-
cion y corrupcion, de la qual negligencia auia
de resultar defeto y falta en el conocimiento
abstracto de sus espirituales principios, porque
el gran conocimiento de los efetos ciertamente
induze perfeto conocimiento de sus causas, por
esto le parecio tiempo de templar el estremo
que en esto auia, el qual por ventura en pro-
cesso vendria a exceder al intento platonico.
Y mostro, como te he dicho, auer propriamen-
te essencias en el mundo corporeo, y sustancias

Metafora flaca
de dos medicos
prudentes.

produzidas y causadas de las
Ideas, y auer en el tambien ver-
daderas hermosuras, aunque de-
pendientes de las purissimas y
perfetissimas ideales. Assi que Platon fue me-
dico que curo la enfermedad con el excesso de
la medicina, y Aristoteles, con el vso del tem-
peramento, fue medico conseruador de la salud,
ya induzida por la industria de Platon.

Soph. — No he auido poca satisfacion en en-
tender que quiere dezir Ideas, y como el ser
dellas es necessario, y que tambien Aristoteles
no las niegue absolutamente, y la diferencia
que ay entre el y Platon en el entender y ha-
blar dellas. Y acerca desto no te preguntare
mas, por no apartarte de nuestro proposito de
la hermosura; y boluiendo a el, tu me has di-
cho que las verdaderas hermosuras son las Ideas
intelectuales, o las noticias exemplares, y el or-
den del vniuerso y de sus partes preexistentes
en la mente del summo artifice suyo; esto es,
en el primer entendimiento diuino; y aunque
sea de conceder que en ellas ay mayor hermo-
sura y primera que la corporea, como en cau-
sas, no me parece que es de conceder que las
Ideas sean la verdadera y absolutamente la pri-

mera hermosura, por la qual toda otra cosa es hermosa o hermosura; porque las Ideas son muchas, como conuiene dezir que son las noticias exemplares del vniuerso y de todas sus partes, que son tantas que casi son innumerables; y si cada vna de las Ideas es hermosa o hermosura, conuiene que la verdadera y primera hermosura sea otra mas superior que las Ideas; por cuya participacion toda Idea es hermosa o hermosura. Porque si la verdadera fuera la propria de vna de aquellas Ideas, ninguna de las otras fuera verdadera hermosura, ni primera, sino segunda por participacion de la primera. Conuiene, pues, que me declares qual es la primera verdadera hermosura, de quien todas las Ideas la reciben, pues que la verdadera hermosura ideal no satisfaze en esto por su muchedumbre.

Phil.—Esta duda que has mouido me aplaze, porque la absolucion della pondra termino satisfatorio al desseo que tienes de saber qual es la verdadera y primera hermosura. Y ante todas cosas, te digo que te engañas creyendo que en las Ideas ay diuersidad y multitud diuidida, como en las partes mundanas que de ellas

Los defetos e imperfaciones de los efetos no proceden de sus causas.

proceden; porque los defetos no vienen de los efetos y no se hallan en las perfetas causas dellos, sino que son proprios en los efetos porque son efetos, y por su ser efetiuo estan muy distantes de la perfecion de la causa; y por esto caen defetos en ellos que no preexisten ni vienen de sus causas.

Soph.—Antes parece que de las buenas causas vienen los buenos efetos; y los efetos deuen ser tan semejantes a las causas, que por ellos se puedan conocer sus causas.

Phil.—Aunque de la buena causa viene el buen efeto, no por esto se iguala

Diferencia que ay entre la causa y su efeto.

la bondad y perfecion del efeto a la de la causa; y aunque el efeto se asemeja a su causa, no por esto le iguala en las cosas perfetiuas. Bien es verdad que la perfecion de la causa induze perfecion en el efeto proporcionada al mismo efeto, pero no igual a la de la causa; porque assi fuera el efeto causa y no efeto, o la causa efeto y no causa. Aunque es verdad que tan bueno y perfeto es el efeto para

Igualdad del efeto a la causa: solamente differen en perfecion.

efeto, como la causa para causa; sino que solamente en perfecion no son iguales, antes al efeto falta mucho de la perfecion de su causa, y por esto se hallan defetos en el, los quales no se hallan en la causa.

Soph.—Entiendo la razon, pero querria algun exemplo.

Phil.—Bien sabes que el mundo corporeo procede del incorporeo, como proprio efeto de su causa y artifice; empero no contiene el corporeo la perfecion del incorporeo; y bien vees quanto desfallece el cuerpo del entendimiento. Y aunque tu halles muchos defetos en el cuerpo, como la medida, la diuision y en algunos la alteracion y la corrupcion, no por esso juzgaras que preexisten en las causas intelectuales dellos en modo defetuoso, sino juzgaras que esto es en el efeto, solamente por el defeto suyo a la causa. Assi, la pluralidad, diuision y diuersidad que se hallan en las cosas mundanas, no creas que preexisten en las noticias ideales dellas; antes, lo que en

De que manera las Ideas son muchas y vna e indiuisible.

el entendimiento diuino es vno indiuisible, se multiplica idealmente hazia las causadas partes del mundo; y en respeto dellas las Ideas son muchas, pero en esse entendimiento es vna e indiuisible.

Soph.—Como quieres tu que las noticias de muchas y diuersas cosas sea vna en si?

Phil.—Essas muchas cosas, no son partes del vniuerso?

Soph.—Si.

Phil.—Y todo el vniuerso con todas sus partes, no es vno en si?

Soph.—Vno es verdaderamente.

La Idea del vniuerso es vna en si, y no muchas.

Phil.—Luego la noticia del vniuerso y su Idea es vna en si, y no muchas.

Soph.—Si; pero como el vniuerso, siendo vno, tiene muchas partes diuersamente essenciadas, assi aquella noticia e Idea del vniuerso tendra en si muchas diuersas Ideas.

Phil.—Quando bien te concediesse que la Idea del vniuerso contiene muchas diuersas Ideas de las partes del vniuerso, no ay duda sino que, assi como la hermosura del vniuerso precede a la hermosura de las partes, porque la hermosura de cada vna es participada de la hermosura del todo, assi la hermosura de la Idea de todo el vniuerso precede a la hermosura de las Ideas parciales, y assi como primera es verdadera hermosura, y participandose a las otras Ideas particulares, las haze hermosas gradualmente. Empero la multiplicacion de las Ideas apartadamente vna de otra,

La Idea que esta en el entendimiento diuino, aunque es con orden multiplicada a las muchas partes del vniuerso, no por esso admite en si diuersidad, diuision ni numero diuidido.

no es de conceder; porque aunque la primera Idea del vniuerso, que esta en la mente del summo Hazedor, sea multifaria, esto es, de muchas maneras, con orden a las essenciales partes del mundo, no por esso aquella multifariedad induze en ella diuersidad essencial separable, ni particion dimensionaria, ni numero diuidido, como haze en las partes del vniuerso;

sino que es de tal manera multifaria, que queda en si indiuisible, pura y simplicissima, y en perfeta vnidad, conteniendo juntamente la pluralidad de todas las partes del vniuerso produzido, con todo el orden de sus grados; de tal suerte, que donde esta la vna estan todas, y las todas no quitan la vnidad de la vna. Alli el vn contrario no esta diuidido del otro en lugar, ni diuerso en essencia oponente, sino que juntamente en la Idea del fuego, y en la del agua, y en la del simple, y en la del compuesto, y en la de cada parte, esta la del vniuerso todo; y en la del todo, la de cada vna de las partes; de tal suerte que la multitud en el entendimiento del primer artifice es la pura vnidad, y la diuersidad es la verdadera identidad, en manera tal, que mas ayna puede el hombre comprehender esto con la mente abstracta, que dezirlo con la lengua corporea, porque la materialidad de las palabras impide la precissa demonatracion de tanta puridad, legissima del pintar corporeo.

La materialidad de las palabras impide la precissa ostension de las cosas espirituales.

Soph.—Pareceme que entiendo esta leuantada abstraccion, y como en la vnidad consiste multifaria causacion, y como del vno simplicissimo dependen muchas apartadas cosas; pero si me diesses algun exemplo sensible, me agradaria mucho.

Phil.—Acuerdome suerte dado ya en esto vn exemplo visible del Sol con todas las colores y luz corporea particular, porque todas dependen del, y en el consisten, como en la Idea, todas las essencias de las colores, y la luz del vniuerso con todos sus grados: empero en el no estan multiplicados y diuididos, como en los cuerpos inferiores que el alumbra, sino en vna essencial luz solar, que con su vnidad contiene todos los grados y diferencias de las colores, y la luz del vniuerso. De aqui veras que quando esse puro Sol se imprime en las nuues humidas opuestas, haze el arco llamado Iris, compuesto de muchas y diuersas colores mezcladas, de tal suerte que no podras conocer si estan todas juntamente o cada vna por si. Y assi tambien quando se representa esse Sol en nuestros ojos, causa en nuestra pupila vna multitud de colores y luzes diuersas todas juntamente, de tal suerte, que sentimos la multiplicacion que esta con la vnidad, sin poder dar entre ellos diuersidad alguna separable. Desta manera haze tambien lustrosas otras cosas que en el ayre y en el agua se imprime con muchedumbre de colores y de luz juntamente, sin diuision vna de otra, siendo ella vna simple. Assi que la simplicissima luz solar, aunque en si contiene en vnidad todos los grados de la luz

Exemplo del Sol para la vnidad y relatiua diuersidad y multitud de la primera Idea.

y colores, se representa con multitud de colores y de luz en los cuerpos diuersos apartadamente vna de otra, y en nuestros ojos y en nuestros diafanos, como el ayre y el agua, con multifarias y resplandecientes colores todo juntamente; porque el transparente dista menos de su simplicidad que el cuerpo escuro para recebirla vnidamente. Desta manera imprime el entendimiento del summo Hazedor su pura y hermosissima Idea, la qual contiene todos los grados essenciales de la hermosura de los cuerpos del vniuerso, con muchedumbre apartada de hermosas essencias y diuersos grados graduados; y en nuestro entendimiento y en los otros angelicos y celestiales, se representa con multifaria, esto es, de muchas maneras, vnida hermosura, sin alguna diuision apartada. Y tanto es la multitud mas vnida, quanto el entendimiento que la recibe es mas excelente en actualidad y claridad; y la vnion mayor le causa mayor hermosura y mas propinqua a la primera y verdadera hermosura de la Idea intelectual que esta en la mente diuina. Y para mayor satisfacion tuya, sin este exemplo de la semejança del Sol, te dare otro del entendimiento humano, que en naturaleza es conforme al exemplar. Bien vees que vn concepto simple intelectual se representa en nuestra fantasia o se conserua en nuestra memoria, no en aquella vna intelectual simplicidad, sino en vna multifaria y vnida imaginacion, que emana del vnico y simple concepto; y se representa en nuestra pronunciacion con muchedumbre apartada de bozes diuisamente numeradas; porque en nuestra fantasia, o en la memoria, esta la representacion del concepto de nuestro entendimiento, de la manera que el Sol se imprime en el diafano, y como la hermosura diuina esta en todo entendimiento criado. Y en la prolacion se imprime el concepto de la manera que la luz del Sol se representa en los cuerpos opacos, y como la hermosura y sabiduria diuina en las diuersas partes del mundo criado. De manera que la semejança de la participacion de la summa hermosura y sabiduria la podras conocer, no solamente en la luz solar visiua, pero tambien en el simulacro mas proprio de la representacion de nuestros conceptos intelectuales en el sentido interior o en el oydo exterior.

Exemplo del concepto intelectual para la vnidad y pluralidad de la Idea diuina del primer entendimiento.

Soph.—Entera satisfacion me has dado con el exemplo de la representacion de la luz solar en las dos maneras de recebirla, que es gruesso opaco y sutil diafano, semejante a la representacion de la diuina Idea intelectual en el vniuerso criado en las dos naturalezas que la reciben, que es la corporea y la espiritual intelectiua. El qual Sol con su luz, como ya me has dicho, es exemplo, no solamente de la Idea y entendimiento diuino, pero verdadero simulacro hecho por el a su imagen; porque de la manera que el Sol participa su resplandeciente hermosura estendidamente o apartadamente a los diuersos cuerpos gruessos opacos, participa el entendimiento diuino su hermosura ideal estendidamente y diuididamente en todas las essencias de las diuersas partes corporeas del vniuerso. Y de la manera que el Sol comunica su hermosura y resplandeciente claridad con multifaria vnidad en los cuerpos sutiles transparentes, assi participa esse entendimiento diuino su hermosura ideal con multifaria vnidad en los entendimientos produzidos humanos, celestiales y angelicos. Pero sola vna cosa desseo saber tocante a la primera hermosura: que tu la pones ser forma exemplar o Idea de todo el vniuerso produzido, assi corporeo como espiritual; esto es, la noticia y el orden suyo preexistente en la mente o entendimiento diuino, segun el qual fue el mundo con todas sus partes produzido; y siendo esta Idea del vniuerso la primera y verdadera hermosura, como dizes, seguirse hia que la hermosura del mundo en hermosura fuesse sobre toda otra hermosura, como primera, que me parece fuera de razon; porque la hermosura del entendimiento y mente diuina, precede manifiestamente a la hermosura de la Idea y noticia exemplar, que esta en el y produzida del, como precede la hermosura de la causa productiua al efeto. No es luego essa Idea la primera hermosura, como dizes, sino la del entendimiento y mente diuina, de quien ella emana y su hermosura.

Phil.—Tu duda nace del engañoso y no suficiente conocimiento, causado del necessario vso de los improprios vocablos; que porque dezimos que la Idea del mundo esta en el entendimiento o mente diuina, piensas que es otra cosa la Idea que esse entendimiento o mente en que ella esta.

Soph.—Necessario es cierto dezirlo; porque la cosa que esta en algo, es otra de necessidad que aquello en que esta.

Phil. - Si, si propriamente estuuiesse en el; pero la Idea no existe propriamente en el entendimiento, antes es el mismo entendimiento y mente diuina; porque la Idea del mundo es la summa sabiduria, por la qual fue el mundo hecho. Y la sabiduria diuina es el Verbo, y su entendimiento, y su propria mente; porque no solamente en el, pero tambien en todo actual entendimiento produzido, la sabiduria y la cosa entendida y

Margen izquierdo: Semejança entre el Sol y el diuino entendimiento.

Margen izquierdo: La Idea, el entendimiento y mente diuina, y la summa sabiduria, es vna misma cosa.

el mismo entendimiento es vna misma cosa: si, y solamente acerca de nosotros es representada en estos tres modos su simplicissima pura vnidad. Pues si esta vnidad cabe en qualquier entendimiento criado, quanto mas en el summo y purissimo entendimiento diuino, que es de todas maneras vno mismo con la sabiduria ideal! Assi que la hermosura de essa Idea, es la misma hermosura del entendimiento; no que este en el la hermosura, como en subjeto, sino que el mismo entendimiento o Idea es la misma primera hermosura, por la qual toda cosa es hermosa.

Soph.—Luego tu no quieres que la mente y entendimiento diuino sea otra cosa que el dechado del vniuerso, por el qual fue produzido?

Phil.—No otra cosa por cierto.

Soph.—Luego seria el entendimiento diuino solamente para seruir al ser del mundo, pues que no es otra cosa que el dechado para produzirlo, y en si mismo ninguna excelencia tendria.

Phil.—Esso no se sigue, porque el entendimiento diuino es por si excelentissimo y eminentissimo sobre todo el vniuerso produzido; y aunque te digo que es exemplar suyo, no quiero dezir que fue hecho para el, como el instrumento y el modelo para las cosas artificiadas; empero, digo que, siendo el perfetissimo, resulta y se deriua del todo el vniuerso a semejança suya, como su imagen; y el es tanto mas excelente que el vniuerso, quanto lo es la verdadera persona mas que su imagen, y la luz mas que la proporcionada sombra; y, por tanto, aquella summa hermosura, quando esta en si, es purissima, simplicissima y en perfetissima vnidad; y en el vniuerso y en las muchas partes suyas se produse y distribuye en vnidad multifaria del vnico todo, en gran distancia de su perfecion, quanta es la distancia del efeto a la eminente causa, segun te he dicho.

Soph.—Aquietame el animo esta teologica y abstracta vnion, y conozco que la summa hermosura es la primera sabiduria; y esta, comunicada en todo el vniuerso y en cada vna de sus partes, las haze hermosas. Assi que ninguna otra hermosura ay que la sabiduria, o sea la participable o la comunicada: la vna produziente o la otra produzida; aquella purissima y summamente vna, y estotra derramada, estendida, apartada vna de otra y multiplicada: pero siempre a imagen de aquella summa y

Margen derecho: En qualquier entendimiento actual, el inteligente y la cosa entendida y la inteligencia es vna misma cosa.

Margen derecho: La hermosura de la Idea es la misma que la del entendimiento.

Margen derecho: Excelencia del entendimiento diuino sobre todo el vniuerso.

verdadera hermosura, primera sabiduria. Empero, de vna cosa solamente quiero que me aquietes el animo, y es que, siendo la primera hermosura, como has dicho, essa sabiduria diuina, Idea del vniuerso, o el entendimiento produzido, o su mente, parece que la hermosura de esse Dios precediesse a esta y que fuesse la verdadera y primera hermosura, y estotra que bazes primera, mas ayna parece segunda, porque el sabio precede a la sabiduria y el inteligente al entendimiento; luego deue ser primera hermosura la del summo sabio e inteligente, y la segunda la de su entendimiento y summa sabiduria. Quanto mas que essa sabiduria es la Idea del vniuerso, dechado y modelo del mundo artificiado, como has dicho, a la qual es necessario que concedas que precede el summo Hazedor; porque el arquitecto conuiene que preceda al modelo exemplar de su artificio, que el modelo sea primero causado del arquitecto y mediante el artificiada la obra. Y precediendo el summo Artifice a la Idea del vniuerso, conuiene que su hermosura sea primera que la Idea, assi como la hermosura de la Idea es primera hermosura que la del vniuerso produzido. Luego la hermosura de la Idea y entendimiento primero, o de la mente y sabiduria diuina, es segunda en orden de las hermosuras, y no primera; y la primera sera la del summo Maestro, y no la Idea, como has dicho.

Phil.—No me desplaze que tambien ayas mouido essa duda, porque la absolucion della te lleuara al termino final desta materia y te reintegrara en el conocimiento de la summa y verdadera hermosura, primera y eminentissima sobre todas las otras. Primero absoluere tu duda con mucha facilidad, mostrandote que el primer entendimiento, de mente de Aristoteles, es vno mismo con el summo Dios, en ninguna cosa diuerso sino en los vocablos y maneras de filosofar acerca de nosotros de su simplicissima vnidad; porque el tiene que la essencia diuina no es otra cosa que la summa sabiduria y entendimiento; la qual, siendo purissima y simplicissima vnidad, produze al vnico vniuerso con todas sus partes ordenadas a la vnion del todo; y assi como lo produze, lo conoce todo, y conoce todas sus partes y partes de las partes en vn simplicissimo conocimiento; esto es, conociendose a si mismo, que es summa sabiduria, de la qual depende el todo, como imagen y semejança suya; y en el es lo mismo el conociente y el conocido, el sabio y la sabiduria, el inte-

La hermosura diuina es duplex: comunicable y comunicada, produziente y produzida; la vna summamente vna, la otra multiplicada, derramada y apartada vna de otra.

ligente y el entendimiento y la cosa del entendida. En la qual diuina essencia, siendo ella simplicissimamente vna sin alguna multiplicacion, consiste el conocimiento perfetissimo de todo el vniuerso, y de cada vna de las cosas produzidas mucho mas eminente, perfeta y distintamente, y en manera mucho mas perfeta y acabada que en el conocimiento que se toma de las mismas cosas de cada vna diuididamente; porque este conocimiento es causado de las cosas conocidas y conforme a ellas diuiso y multiplicado e imperfeto; pero aquel conocimiento es primera causa de todas las cosas y de cada vna dellas de por si, y por tanto es libre y no tiene necessidad de los efetos para el conocimiento dellos; que puede por la vnidad y simplicidad del entendimiento tener infinito y perfetissimo conocimiento, assi de todo el vniuerso como de cada vna de las cosas produzidas, hasta la vltima parte suya. Filosofando, pues, esta via peripatetica de la essencia diuina, es manifiesta la absolucion de tu duda; que siendo Dios su misma sabiduria, primer entendimiento, Idea del vniuerso, su hermosura es la misma que su sabiduria y que su entendimiento y que la Idea del todo; y esta, como te he dicho, es la verdadera y primera hermosura, por cuya mayor o menor participacion toda cosa de las del vniuerso viene a ser mas o menos hermosa, y el mismo vniuerso, que la contiene toda y el que mas la participa, como su propria imagen; y de sus partes, la naturaleza intelectual es aquella en quien mas semejante y mas perfetamente se imprime y la que mas recibe de sus rayos.

El conocimiento del vniuerso consiste perfetissimamente en el conocimiento que la diuina essencia tiene de si misma.

La naturaleza intelectual recibe de los rayos diuinos mas que otra ninguna.

Soph.—Despues desta reintegracion, no me queda mas sed desideratiua de nueua beuida en esta materia; porque de tal suerte me ha satisfecho esta tu vltima resolucion, que mas ayna procuro que mi entendimiento sea informado essencialmente della, que buscar mas nueuas cosas. Pero, con todo esso, porque tu llamaste peripatetica a esta primera via de mi satisfacion, si por ventura ay otra alguna que me conuenga entender, te suplico me la comuniques, que yo no la merezco por propria ganancia.

Phil.—Tambien ay otro camino de responder á tu duda; concediendote que la sabiduria y entendimiento diuino, Idea del vniuerso, es en alguna manera distinta y otra que el summo Dios; porque parece que assi lo afirma Platon: porque el tiene que el entendimiento y sabiduria diuina, que es el verbo ideal, no es propriamente el summo

Opinion de Aristoteles acerca del entendimiento diuino.

Opinion de Platon acerca de la summa sabiduria y entendimiento diuino.

Dios, ni menos en todo otro y distinto del; sino que es vna cosa suya dependiente y emanante del, como la luz del Sol, y no apartada ni del distinta realmente. Y a este su entendimiento o sabiduria llama opifica del mundo, Idea suya; y que en su simplicidad y vnidad contiene todas las essencias y formas del vniuerso, a las quales llama Ideas; esto es, que en la summa sabiduria se contienen todas las noticias del vniuerso y de todas sus partes; de las quales noticias son produzidas todas las cosas y conocidas conjuntamente. El summo Dios,

Platon, que Dios es sobre el primer entendimiento y sobre todo ente. a quien el algunas vezes llama summo Bien, dize ser sobre el primer entendimiento; conuiene a saber, aquel origen de quien el primer entendimiento emana, y dize que no es ente, sino sobre ente; porque la essencia primera es el primer ente, y el primer entendimiento es primera Idea; y tanto lo halla oculto de la pura abstracta mente humana, que a penas halla nombre que ponerle; y por esto las mas vezes le llama Ipse, sin otra

IPSE, nombre con que Platon nombra muchas vezes a Dios. propriedad de nombre, temiendo que ningun nombre que la mente humana puede produzir y la lengua material puede pronunciar, no es capaz de propriedad alguna del summo Dios. Y quisieron seguir este camino, aunque imperfectamente, algunos peripateticos, como fueron Auicena, y Algaselli, y Rabi Moyse nuestro, y sus sequaces, los quales dizen que el mouedor del primer cielo, cuerpo que contiene todo el vniuerso, no es la primera causa, sino el primer entendimiento o inteligente primero, e inmediatamente produzido de la primera causa; la qual es sobre todo entendimiento, y sobre todos los mouedores de los cuerpos celestiales, segun que mas largamente lo entendiste quando hablamos de la comunidad del amor. Pero desta opinion yo no te dire otra cosa, porque ella fue vna composicion de las dos vias teologales de Aristoteles y Platon, mas baxa, disminuyda y menos abstracta que ninguna dellas.

Soph.—Segun esta via platonica, pareceme eficaz mi duda, porque precediendo al summo Dios al primer entendimiento, su diuina hermosura deue ser la verdadera y primera hermosura, no la del primer entendimiento, como has dicho.

Phil.—Ya yo vna a absoluerla. Sabras que

Dios es origen, principio y fuente de donde emana la summa sabiduria y hermosura y mente ideal. el summo Dios no es hermosura, sino primer origen de su hermosura; y su hermosura, que es la que primero del emana, es su summa sabiduria o entendimiento y mente ideal. Assi que esta, aunque es emanante de Dios y dependiente del, con todo esso es la primera y verdadera hermosura diuina; porque Dios no es hermosura, sino origen de la primera y verdadera hermosura suya, que es su summa sabiduria y entendimiento ideal. Por lo qual, conocido que Dios, sabio o inteligente, precede a su summa sabiduria y entendimiento, no por esso es de conceder que su hermosura preceda a la hermosura de su summa sabiduria; porque su sabiduria es su misma hermosura, y la precedencia que Dios tiene a su sabiduria, la tiene a su hermosura, que es la primera y verdadera hermosura, y el, como autor de la sabiduria, no es hermosura ni sabiduria, sino fuente de donde emana la primera hermosura y la summa sabiduria. Y la hermosura que el tiene es essa summa sabiduria suya; la qual comunicada haze hermoso a todo el vniuerso y a todas sus partes. Assi que en el mundo ay tres grados en la hermosura: el autor della, ella

Tres grados que ay en la hermosura. y el que participa della; conuiene a saber: hermoso que hermosea, hermosura, y hermoso hermoseado. El hermoso hermoseante, padre de la hermosura, es el summo Dios, y la hermosura es la summa sabiduria y el primer entendimiento ideal; y el hermoso hermoseado, hijo de essa hermosura, es el vniuerso produzido.

Soph.—La suprema abstraccion desta segunda via de la absolucion, me

Esta pregunta y su respuesta se declara y entiende mejor adelante con el exemplo que para ella se da del Sol y de su luz. Razon por que no llama hermosura a Dios como a la sabiduria y primer entendimiento. La hermosura diuina se vee en la obra del vniuerso. leuanta el entendimiento de tal manera, que me parece que a penas es mio, y mas ayna se me assemeja rayo de aquel primer entendimiento diuino y summa sabiduria; empero, para mi mayor satisfacion, dime por que a Dios, summo bien, no le llamas hermosura, como hazes a su primer entendimiento, sin que aya necessidad de dar origen y principio a la primera hermosura, como lo das a la sabiduria y entendimiento primero.

Phil.—Porque a la sabiduria, mas ayna que

La sabiduria diuina se conoce en su orden y gouierno. Ninguna vista intelectual produzida puede penetrar mas que hasta la hermosura ideal. al sabio, de quien ella emana, parece conuenirle este nombre de verdadera hermosura, y la razon es que la hermosura es cosa de su hermosura visible, o con los ojos corporeos, o con los del entendimiento: y por la complacencia, gracia, amor y deleyte que ella causa en el que la vee, se llama hermosura. Y, segun te he dicho, ninguna vista intelectual produzida puede penotrar mas que hasta la sabiduria diuina; pero el principio della, aunque conoce que es por el conocimiento que tiene de essa sabiduria, no puede discerner en el mismo cosa que pueda dezir hermosura; y por esto intitula al summo hermoso, origen y principio de la hermosura. Y a la summa sabiduria, la qual conoce por la ordenada obra suya, con sus proporcionadas partes, la llama con razon primera y verdadera hermosura; porque la vnidad della, porque contiene todos los grados essenciales o ideales, se representa summamente hermosa en los entendimientos que la pueden contemplar. Este conocimiento de la hermosura no es possible que se aya del purissimo y oculto origen y principio della; porque si no se le puede dar nombre que propriamente le sinifique, como se le podrá apropriar hermosura? Y en esto podre darte por exemplo al Sol, simulacro e imagen corporea de la incorporea diuinidad; porque la mayor hermosura que los ojos corporeos pueden ver del Sol, es la propria luz que le rodea; y aun con grandissima dificultad pueden los ojos carnales afijarse en ella para la juzgar. Al fin conocen que aquella es la primera y summa luz del vniuerso, de la qual depende qualquiera otra luz en el mundo; assi como los ojos intelectuales hazen de la summa sabiduria primera hermosura. Pero de la sustancia intima del Sol, de quien aquella primera circundante o coligada luz depende, los ojos carnales ninguna claridad, hermosura o otra cosa alguna pueden juzgar, excepto conocer que es vn cuerpo o sustancia que da y produze aquella su hermosissima luz conjunta a el, de la qual dependen todas las luzes y hermosuras del mundo corporeo; assi como los ojos intelectuales no pueden conocer otra cosa, aliende de la summa hermosura y sabiduria, sino que ay vn summo hermoso y sabio origen della. Y assi como aquella primera luz del Sol es produzida del primer resplandeciente, y produze todos los lucidos, que son los hermosos corporeos del mundo; assi aquella summa sabiduria y hermosura depende del summo hermoso y hermoseante, y hazer por su participacion todos los hermosos corporeos e incorporeos del mundo produzido.

Soph.—Despues desto, ya no me queda otra cosa que preguntarte, sino que me digas qual destas vias teologas es la que mas te aquieta el animo.

Phil.—Sabida cosa es que yo soy mosayco,

El autor sigue la dotrina de Platon, porque es Teologia mossyca.

en la sabiduria teologal me abraço con esta segunda via, porque verdaderamente es teologia mosayca; y Platon, como aquel que tuuo mayor noticia desta antigua sabiduria

que Aristoteles, la siguio. Y Aristoteles, cuya vista en las cosas abstractas fue algun tanto mas corta, no teniendo la enseñança de nuestros teologos antiguos, como Platon, nego aquello escondido que el no pudo ver, y junto a la summa sabiduria la primera hermosura; de la qual saciado su entendimiento, sin mirar mas adelante, afirmo que aquella era el primer principio incorporeo de todas las cosas. Empero Platon, auiendo aprendido de los viejos de Egypto, pudo sentir mas

Platon aprendio en Egypto.

adelante, aunque no alcanço a ver el escondido principio de la summa sabiduria o primera hermosura, y hizola segundo principio del vniuerso, dependiente del summo Dios, principio de todas las cosas. Y aunque Platon fue maestro de Aristoteles tantos años, al fin en las cosas diuinas, auiendo sido Platon dicipulo de nuestros viejos, aprendio de mejores

Platon en las contemplaciones diuinas es preferido a Aristoteles.

maestros, y mas que Aristoteles del; porque el dicipulo del dicipulo no puede alcançar al dicipulo del maestro. Y aunque Aristoteles fue

Arrogancia de Aristoteles.

sutilissimo, creo yo que, en la abstraccion, su ingenio no podia leuantarse tanto como el de Platon. Y el no quiso, como los otros, creer al maestro lo que las proprias fuerças de su ingenio no le descubrian.

Soph.—Pues yo, en seguir tu dotrina, hare a la platonica; entendere lo que pudiere, y el resto te creere como a quien vee mejor y mas adelante que yo. Pero querria que me mostrasses donde sintieron esta verdad platonica Moysen y los otros santos profetas.

Phil.—Las primeras palabras que Moysen escriuio, fueron: En el principio

Concuerda la opinion de Platon con la dotrina de Moysen y con la del rey Salomon.

crio Dios el cielo y la tierra; y la antigua interpretacion caldea, donde nosotros dezimos: en el principio, dize: con sabiduria crio Dios el cielo y la tierra; porque la sabiduria se dize en hebraico principio; como dixo Salomon: principio es la sabiduria, y la dicion *in*, puede dezir *cum*. Mira como la primera cosa que nos muestra es que el mundo fue criado por sabiduria, y que la sabiduria fue el primer principio creante; para declararnos que el summo Dios criador, mediante su summa sabiduria, primera hermosura, crio y hizo hermoso todo el vniuerso criado. Assi que las tres primeras palabras del sabio Moysen, nos señalaron los tres grados de lo hermoso: Dios, Sabiduria y Mundo; y el sapientissimo rey Salomon, como sequaz y dicipulo del diuino Moysen, declara esta suprema sentencia en los *Prouerbios*, diziendo: El Señor con Sabiduria fundo la tierra, compuso los cielos con summa ciencia; por su entendimiento fueron rompidos los abismos y los cielos distilan rocio. De donde el enseña diziendo: Hijo mio, no la apartes de tus ojos; mira y guarda los summos pensamientos, los quales seran vida de tu anima, etc. No se pudo escrinir esto mas claro.

Soph.—Tambien concede Aristoteles que Dios hizo con sabiduria toda cosa, como la concede Platon; pero la diferencia es que el pone ser la sabiduria vna misma cosa con Dios, y Platon dize que depende del. Tu, que dizes que lo platonico es mosayco, querria que me mostrasses esta diferencia clara en lo antiguo.

Phil.—Los primeros nuestros en cosas semejantes, hablaron precissamente, y no dixeron: crio Dios sabio, o crio sabiamente, sino dixeron: Dios con sabiduria, por mostrar que Dios es el summo Criador, y la sabiduria es medio e instrumento por el qual fue la creacion. Y esto veras mas claro en el dicho del deuoto rey Dauid, que dize: Con la palabra del Señor fueron hechos los cielos, y con el espiritu de su boca todo su exercito. El Verbo es la sabiduria, y semejase al espiritu que sale de la boca, que assi emana del primer sabio la sabiduria, y no son ambos a dos vna misma cosa, como dize Aristoteles. Y para mayor euidencia, mira quan claramente lo pone el rey Salomon, tambien en los *Prouerbios*, quando principia diziendo: Yo soy la Sabiduria, y declara como ella contiene todas las virtudes y hermosuras del vniuerso, sciencias, prudencias, artes y las virtudes abstinentes, y al fin dize: Yo tengo consejo y razon; yo soy entendimiento; yo tengo fortaleza, y comigo reynan los reyes, y los grandes conocen la verdad; los que aman me aman, y los que me buscan me hallan; todas las hermosuras diuinas tengo comigo dignas y justas, para participarlas mucho a mis amigos y henchirles sus tesoros. Y despues que a dicho, como has visto, de que manera viene de la sabiduria diuina todo el saber, virtud y hermosura del vniuerso, las quales cosas ella comunica en gran abundancia al que la ama y solicita, declarando de quan summa sabiduria viene, continua diziendo: El Señor me produxo en el principio de su camino, antes de sus obras antiguamente; desde la eternidad fuy exaltada de la cabeça de las mayores antiguedades de la tierra; antes que fueran los abissos fuy produsida, antes que fueran los abundantes origines del agua, antes que los montes y los valles y todos los poluos del mundo; quando compuso los cielos alli estaua yo, y quando señalaua termino sobre la haz del abisso; quando puso sitio al mar, y a las aguas que no passassen su mandado, y quando señalo termino a los fundamentos de la tierra, entonces yo, artificio o arte, estaua cerca del, exercitandome

en hermosos y deleytables artificios, jugando cada dia en su presencia, jugando cada hora en el mundo, en el mundo y en su terreno, y mis deleytes con los hijos de los hombres; por tanto, hijos mios, oydme y guardad mis preceptos, etc. Mira, o Sophia! con quanta claridad nos mostro este sapientissimo Rey que aquella summa sabiduria emana y es produzida del summo Dios, y no son vna misma cosa, como quiere Aristoteles, a la qual llama principio de su camino; porque el camino de Dios es la creacion del mundo, y la summa sabiduria es el principio della, con la qual fue el mundo criado, declarando con nombre de sabiduria la palabra de Moysen: In principio crio Dios, etc. Y declara auer sido esta la primera produccion diuina, como summa sabiduria, precediente a la creacion del vniuerso, porque mediante ella todo el mundo y sus partes fueron criadas. Y llamala, como Platon, arte o artificio, o summo artifice, porque esta es el arte o artificio con que todo el vniuerso fue de Dios artificiado; conuiene a saber, exemplar o modelo suyo. Y dize que fue cerca de Dios, por mostrar que no es diuidido essencialmente el emanante de su origen, sino que son conjuntos. Y dize como todas las hermosuras deleytables y deleytosas vienen della, assi al mundo celestial como al terrestre. Y declara que sus hermosuras en los terrestres son baxas y ridiculosas, en respeto de las que ella imprime en los hijos de los hombres; porque, como te he dicho, assi como la hermosura de la luz del Sol se imprime en el sutil diafano mas perfetamente que en el cuerpo opaco, assi la primera hermosura summa sabiduria se imprime mucho mas propria y perfetamente en los entendimientos criados angelicos y humanos, que en todos los otros cuerpos de ella informados en el vniuerso. Y este sapientissimo Rey, no solamente declaro esta emanacion ideal, principio de la creacion, debaxo de especie y nombre de summa sabiduria; pero tambien lo declaro debaxo de especie y nombre de hermosura en sus *Cantares*, donde, hablando de ella, dize: Toda eres hermosa, compañera mia, y en ti no ay falta. Mira quan claro señala la summa hermosura ideal de la sabiduria diuina, en poner la hermosura en toda ella sin mezcla de algun defecto. Esto no se puede dezir de algun hermoso por participacion, porque de la parte que recibe, el participante ya no es hermoso, y de aquella parte es defectuoso; y cierto, el que participa la hermosura no es todo hermoso. Y llamala compañera, porque le acompaño en la creacion del mundo, como el arte al maestro. Y en otra parte declara la vnidad y simplicidad della, quando dize: Sesenta son las reynas, etc. Vna es la paloma mia, la perfeta

mia, etc. Y despues la llama, diziendo: Tu,
paloma mia, escondida en la altura, muestra-
me tu presencia, hazme oyr tu boz; porque tu
presencia es hermosa y tu boz suaue. Con es-
tas palabras declaro la simplicissima vnidad de
la summa hermosura, y como es oculta por el
supremo grado que tiene sobre todos los entes
criados. Y la inuoca que quiera comunicar la
hermosura a los cuerpos del vniuerso preessen-
cialmente en modo vissino y aparente. Y mas
dize vocalmente y verbalmente; conuiene a sa-
ber, en modo sapiente a los entendimientos
criados. Otras muchas cosas de la summa her-
mosura escriue en sus *Cantares* aquel Rey ena-
morado della, que las dexo por no ser prolijo;
solamente te dire, que assi como señalo la sum-
ma hermosura en la ideal sabiduria, assi al
summo Dios, de quien la hermosura emana, le
llame summo hermoso, diziendo: Tu eres her-
moso mio amado, y tambien graciosissimo;
nuestra cama tambien esta florida; quiere de-
zir, que no es hermoso, como los otros, por par-
ticipacion, sino supremo productor de la her-
mosura. Y señala la coligacion y conjuncion
de la summa hermosura, que emana, con el
summo hermoso, de quien emana, diziendo que
el lecho de ambos esta florido; quiere dezir que
Dios, conjunto con la summa hermosura, haze
florido y hermoso a todo el vniuerso. Tambien
declara el mismo Rey en el *Ecclesiastes* la
hermosura participada en esse vniuerso, di-
ziendo: El todo hizo Dios hermoso en su
hora; tomada esta manera de hablar de Moy-
sen, que dize: Vio Dios todo lo que hizo, y era
muy bueno; y a cada vna de las partes del vni-
uerso dize que Dios la vio buena, y al todo
dize que lo vio muy bueno; y lo bueno quiere
dezir hermoso, por esto lo ayunta con el ver,
porque la bondad que se vee, es siempre hermo-
sura. Y dize que lo vio Dios bueno, por mos-
trarnos que la vista diuina y su summa sabi-
duria hizo hermosa cada parte de las del mun-
do, participandole hermosura, y al todo hizo
hermosissimo y bonissimo, imprimiendo en el
toda la sabiduria y hermosura diuina junta-
mente.

Soph.—Gracias te doy por la satisfacion de
mis dudas, y mas por auer sido con tan claras
y abstractas noticias de la sagrada y antigua
teologia mosayca. Y me doy por satisfecha
en el conocimiento de la verdadera hermosura;
la qual conozco ser verdaderamente la summa
sabiduria diuina, que resplandece en todo el
vniuerso y hermosea a cada vna de sus partes
con el todo. Solamente quiero que me digas
de que manera pone enamoramiento el rey Sa-
lomon en sus *Cantares* entre el summo hermo-
so y la summa hermosura; porque siendo el el
amante, seria inferior a la hermosura amada,

segun me has enseñado, y tu lo pones primer
productor della; esto parece que discrepa.

Phil.—Por tu satisfacion te dire tambien
esso. Bien sabes que Salomon

y los otros teologos mosaycos
tienen que el mundo fue produ-
zido a manera de hijo del sum-
mo hermoso, como de padre, y
de essa summa sabiduria verda-
dera hermosura, como de madre: y dizen que
la summa sabiduria, enamorada del summo
hermoso, como la hembra del perfetissimo
varon, y el summo hermoso reciprocando el
amor en ella, ella se hizo preñada de la sum-
ma potestad del summo hermoso, y pario el
hermoso vniuerso con todas sus partes, hijo
dellos. Y esta es la sinificacion del enamora-
miento que Salomon dize en los *Cantares* del
hermosissimo amado con su compañera. Y
porque el tiene en ella primera y mas razon

deste nombre amado, por ser su
principio y productor, que ella
en el por ser produzida e infe-
rior a el, por esto veras que ella
le llama siempre amado, como
inferior a superior; y el no la
llama jamas amada, sino com-
pañera mia, paloma mia, perfe-
ta mia, hermana mia, como su-
perior a inferior; porque ella con
el amor del se haze perfeta y
quita la esterilidad concibiendo,
y produze la perfecion del vniuerso; pero el
amor en el no es por adquirir perfecion, porque
no se le puede añadir, sino por adquirirla para
el vniuerso engendrandolo, como a hijo de am-
bos a dos, aunque tambien resulta en el per-
fecion relatiua; porque el perfeto hijo haze per-

feto padre, pero no essencial y
real, como haze en essa hermo-
sura. A imagen desto se pro-
duze del varon perfeto y de la
hembra imperfeta el indiuiduo
humano, que es el Microcosmus, que quiere
dezir mundo pequeño. Y tambien en el cielo,
a manera de hombre y muger

enamorados, el Sol y la Luna,
como ya te dize, engendran to-
das las cosas del mundo.

Soph.—Luego el amoroso
matrimonio del hombre y de la muger, es seme-
jança del sagrado y diuino matrimonio del
summo hermoso y de la summa hermosura,
del qual viene todo el vniuerso, sino que ay
diferencia en la summa hermosura, que no so-
lamente es muger del summo hermoso, pero
primero hija produzida del.

Phil.—Tambien veras la semejança de esso
en el primer matrimonio humano, que Eua pri-

mero fue sacada de Adam, como de padre, y fue hija suya, y despues le fue muger en matrimonio. De todo este discurso creo que deues conocer ya suficientemente como

El amor del vniuerso nacio, y quien son sus padres. el amor del vniuerso nacio de la primera hermosura como de padre y del conocimiento que tiene della la primera inteligencia criada, mouedora del summo orbe que contiene a todo el vniuerso corporeo, desiderativa de lo que le falta de la summá hermosura y del conocimiento della, como de ma-

El origen de qualquier amor particular qual es. dre. Y assi todo particular amor se engendra de la participacion de aquella summa hermosura y del conocimiento della a quien le falta y desea vnirse con ella; y tanto es mayor el amor, quanto la participacion de la summa hermosura, o el conocimiento della, a quien falta, es mas copioso; y tanto mas excelente el amante, quanto es mayor la hermosura que se ama, porque las cosas grandemente hermosas hazen muy hermosos a sus amadores.

Las hermosuras corporales no se deuen amar. Luego es justo, o Sophia!, que dexemos las pequeñas hermosuras mezcladas con deformidad y feos defectos, como son todas las hermosuras materiales y corporeas, y en tanto las amemos, en quanto nos guian al conocimiento y amor de las perfetas hermosuras incorporeas; y tanto las aborrezcamos y huyamos dellas, quanto nos impiden la fruycion de las claras y espiri-

Las virtudes y las ciencias merecen ser amadas. tuales; y amemos principalmente a las grandes hermosuras apartadas de la materia deforme y feo cuerpo, como son las virtudes y ciencias, que son siempre hermosas y priuadas de fealdad y defecto; y aun en ellas, subamos de las menores a las mayores hermosuras y de las claras a las clarissimas, de tal suerte que nos lleuen al conocimiento y amor, no solamente de las hermosissimas inteligencias, animas y mouedoras de los cuerpos celestiales, mas tambien al de essa summa hermo-

Como se alcança la beatitud. sura y del summo hermoso, que da toda hermosura, vida, inteligencia y ser. Y esto podremos hazer quando dexaremos las vestiduras corporeas y las passiones materiales, despreciando, no solamente sus pequeñas hermosuras por aquella summa, de quien dependen estas y otras mucho mas dignas; pero tambien aborreciendolas y huyendolas como a cosas que nos impiden el llegar a la verdadera hermosura en que consiste nuestro bien. Y para ver esta, conuiene vestirnos de vestiduras limpias y puras espirituales, haziendo como el summo sacerdote, que, quando en el dia sagrado de los perdones entraua en el Sancta Sanctorum, dexaua las ves-

tiduras doradas, llenas de piedras preciosas, y con vestimentos blancos y candidos impetraua la gracia y el diuino perdon; porque quando nuestro conocimiento llegare a la summa hermosura y al summo hermoso, sera nuestro amor tan ardiente en el, que desamparara qualquiera otra cosa, por amar solamente a ella y a el con todas las fuerças de nuestra anima intelectiua, vnida en su mente pura; mediante lo qual nosotros nos bolueremos hermosissimos;

El primer hermoso es nuestro padre. porque los amantes del summo hermoso se hermosean grande-

La primera hermosura es nuestra madre.

La summa sabiduria es nuestra patria, de donde venimos: nuestra felicidad consiste en boluer a ella. mente en su summa hermosura, y entonces gozaremos de la suauissima vnion suya, que es la vltima felicidad y desseada bienauenturança de las clarissimas animas y puros entendimientos; porque siendo el primer hermoso nuestro progenitor, y la primera hermosura nuestra madre, y la summa sabiduria nuestra patria, de adonde venimos, el bien y beatitud nuestra consiste en boluer a ella y en allegarnos a nuestros padres, felicitandonos en la vista suaue dellos y deleytable vnion.

Soph. —Dios haga que no quedemos por el camino priuados de tan suaue delectacion, y que seamos de los que son elegidos para llegar a la vltima felicidad y final bienauenturança. Y de mi quarta pregunta, que es: De quien nacio el amor, yo me doy por no menos satisfecha de ti que de las otras tres, que son: Si nacio, quando nacio y donde nacio el amor. Solamente te queda responderme a mi quinta pregunta, que es: Para que nacio el amor en el vniuerso y qual es el fin para que fue produzido.

Phil. —Segun lo que has entendido, en respuesta de las quatro quistiones

Introducion a la quinta pregunta: para que nacio el amor. antecedentes, del nacimiento del amor, no ay necessidad de hablar muy largo en respuesta de esta vltima. Podremos conocer facilmente el fin para que nacio el amor en todo el vniuerso, quando consideraremos el fin del amor singular en cada vno de los indiuiduos, assi humanos como los otros. Bien vees

El fin de todo amor es el deleyte. que el fin de todo amor es la delectacion del amante en la cosa amada, assi como el fin del odio es euitar el pesar que daria la cosa aborrecida; porque el fin que se adquiere por el amor, es contrario del que el odio esquiua; y assi los medios dellos son contrarios, porque los medios del amor son la esperança y el seguir del deleyte, y los del odio son el temor y el huyr del dolor. De manera que si el fin del odio es el apartarse del dolor, como de malo y feo, el fin del amor sera el acercarse al deleyte, como a bueno y hermoso.

Soph.—Luego tu afirmas, o Philon! que el fin de qualquiera amor es el deleyte?

Phil.—Afirmolo ciertamente.

Soph.—Luego no todo amor es desseo de hermoso, como has difinido?

Phil.—De que manera se sigue esso?

Soph.—Porque ay muchas delectaciones, en las quales no ay hermosura; antes en las que mas enteramente deleytan, como son las del gusto con la dulçura, y las del olfato con su suauidad, y las del tacto, no solamente con la amena templança, remedio del excesso del vn contrario con el otro, que lo reduze a temperamento, como el del calor con el frio y el del frio con el calor, y de lo seco con lo humido, y de lo humido con lo seco, y de otros semejantes, pero especialmente en aquella pungentissima delectacion venerea, que excede a todo deleyte corporeo, en ninguno destos ay hermosura ni pueden llamarse hermosos ni feos, y tu los pones por fines del amor, porque todos se adquieren mediante el querer y el desseo. Luego la verdadera difinicion del amor no es desseo de lo hermoso, como has dicho, sino desseo de deleyte, o sea hermoso, o no hermoso.

Phil.—Aunque, como ya te dixe, amor, desseo, apetito, querer y otros vocablos semejantes, muchas vezes se vsan comunmente en vna misma sinificacion, empero quando se huuiere de hablar precissamente, aura alguna diferencia en los sinificados dellos, en vnos de diuersidad y en otros de mas o menos comunidad. Bien es verdad que todo amor es desseo, pero no todo desseo es verdadero amor precisso, qual es el que yo te he difinido. Porque con toda delectacion esta el desseo, y todo desseo es de deleyte; pero no con toda delectacion esta el amor, aunque con todo amor esta el deleyte, como proprio fin suyo. Assi que parte de los deleytes son fin de todo amor, y todos fin del desseo, y el desseo se ha al amor y al no amor como vn genero comun.

> *Todo amor es desseo, pero no todo desseo es verdadero amor precisso.*

Soph.—Luego el amor es vna de dos especies del desseo.

> *El desseo contiene dos especies de amor.*

Phil.—Si, ciertamente.

Soph.—Y la otra especie, que no es amor, como la llamaras?

Phil.—Llamarla he apetito carnal.

Soph.—Que diferencia hazes del amor al apetito? No es vno mismo el fin de ambos a dos, que es lo deleytable? Pues como los hazes assi diuersos?

> *El deleyte hermoso es fin del amor, y el deleyte no hermoso es fin del apetito.*

Phil.—Verdad es que el fin de cada vno dellos es el deleite; pero el fin del amor es el deleyte hermoso, y el del apetito es el deleyte no hermoso.

Soph.—Si el fin del apetito fuera el deleyte no hermoso, fuera feo; y demas de que es estraño que lo feo nos deleyte, porque la naturaleza le huye como a contrario y sigue lo hermoso como a amado, es assimismo impossible, porque todo feo es malo, assi como todo hermoso es bueno, y el desseo nunca es jamas de lo malo, que Aristoteles dize que lo bueno es lo que todos dessean y apetecen.

> *Lo bueno es lo que todos dessean y apetecen.*

Phil.—Acuerdome auerte reprehendido otra vez esse error,

> *Entre hermoso y feo ay medio.*

que piensas que todo no hermoso es feo, y no es assi, que muchas cosas ay que no son hermosas ni feas, porque en la naturaleza dellas no ay de los dos contrarios, conuiene a saber, ni hermosura ni fealdad, y todavia son delectaciones, como todas las que me has nombrado.

Soph.—Ya no me negaras que todo hermoso no sea bueno.

Phil.—No.

Soph.—Luego lo no hermoso es no bueno, y todo no bueno es malo, que entre ellos no ay medio, como me has dicho. Luego todo no hermoso es malo, y los deleytes que no son hermosos, seran malos; lo qual es falso, porque son desseados y todo desseado es bueno.

> *Entre bueno y malo no ay medio.*

Phil.—Tambien te engañas en esso; que aunque todo hermoso es bueno, no todo bueno es hermoso; y aunque todo no bueno es malo y no hermoso, no todo no hermoso es malo y no bueno; porque lo bueno es mas comun que lo hermoso, y por esto ay vnas cosas buenas y hermosas, y otras buenas y no hermosas. Y todo deleyte es bueno en quanto deleyta, y por esto se dessea; pero no todo deleyte es hermoso, antes de los deleytes buenos y hermosos, y estos son fin del desseo, que es amor. Y ay otros deleytes buenos y no hermosos, como los que nombraste, que son fin del desseo que no es amor, antes propriamente apetito, conuiene a saber, carnal.

> *Lo bueno es mas comun que lo hermoso.*
>
> *Las cosas buenas son hermosas, y otras no hermosas.*
>
> *Los deleytes buenos y hermosos son fin del amor.*
>
> *Los deleytes buenos y no hermosos son fin del apetito carnal.*

Soph.—Bien entiendo la diferencia que pones entre el desseo amoroso y el apetito, y como son fin del amoroso las delectaciones buenas y hermosas, y del apetito las buenas y no hermosas. Y me admiro, por que me concediste y pones que toda delectacion es buena porque es desseada y todo desseado es bueno; lo qual, aunque se toma de Aristoteles, que difinio lo bueno ser lo que se dessea, y por la conuersion de la difinicion con lo difinido, assi como todo bueno es desseado,

La difinicion y el difinido siempre se conuierten.

conuiene que todo desseado sea bueno, con todo esto vemos lo contrario, que muchos deleytes no son buenos, antes malos, dañosos y destruydores, no solamente de la sanidad y vida del cuerpo, empero tambien de la salud y vida de su anima, y todavia son desseados de muchos que de otra manera no se siguieran. Assi que no todo desseo es de cosa buena, ni todo desseo es bueno, ni toda delectacion es buena; antes ay muchos desseos y deleytes que son contrarios y destruydores del bien humano.

Phil.—Por el dicho de Aristoteles no se concederia que todo desseado fuesse bueno; porque el no dize que lo bueno es lo que se

El bien es lo que todos dessean.

dessea, sino dize que el bien es el que todos dessean, y esta difinicion se conuierte bien con esse bueno difinido, porque lo que todos dessean es verdaderamente bueno.

Soph.—Y qual puede ser este bien que los hombres dessean?

Phil.—El mismo Aristoteles lo declara, y dize que es el saber, y principia

Todos los hombres naturalmente dessean saber.

su *Metafisica* diziendo: Todos los hombres naturalmente dessean saber; y esto, no solamente es bueno, empero verdadero y siempre her-

Todo amor y todo apetito sigue lo bueno o el bien.

moso. Assi que Aristoteles no nos constriñio por esto a dezir que todo desseado es bueno.

Soph.—Pues por que me lo concediste y aun lo has confirmado?

Phil.—Porque, en efeto, es assi; que el fin de la voluntad y del desseo es el bien, y todo lo

Los desseos y deleytes son varios, segun la varia naturaleza de los que los dessean.

que se dessea es debaxo de especie de bueno y deleytable. Y assi todo deleytable, en quanto deleytable, es necessario que sea bueno y desseado. Pero los desseos y las delectaciones desseadas son como los que las dessean, que vnos son templados en si, y assi sus desseos son delectaciones templadas. Y otros desiderantes ay en si destemplados, y assi sus desseos son de las delectaciones destempladas.

Soph.—Luego no seran buenas.

Phil.—Verdaderamente, no son buenas en si; pero son buenas al que las dessea, porque la destemplança de su complision le haze errar, primero en el juizio y despues en el desseo y en la delectacion desseada, que, siendo mala, la estima por buena.

Soph.—Luego ay delectaciones que no son buenas, aunque lo parecen, y desseos tambien de cosas no buenas; lo qual es en contra de lo que me has concedido y afirmado.

Phil.—Assi como todo deleytable parece bueno, assi participa de alguna cosa buena que le haze parecer bueno; y el desseo va a el por la parte de lo bueno que participa;

La delectacion, de su naturaleza siempre es buena.

y bien vees que la delectacion, en quanto deleyte, es cosa buena, assi como el dolor en contrario della, en quanto dolor, es malo. Luego no es sin razon; que assi como todo dolor se aborrece, teme y huye, assi todo deleyte se dessee, espere y siga.

Soph.—Pues, como dizes que ay muchas delectaciones malas y destempladas, son assi los desseos y los que los dessean?

Phil.—En vn subjeto puede auer bien y mal, no de vna parte, sino de diuersas; porque

Variedad de deleytes aparentes o existentes.

vna cosa puede ser buena en la menor parte suya y aparente; pero mala en la mayor parte suya y mas intimamente y existentemente. Y tales son los deleytes malos y destemplados, que, en quanto deleytan, son y parecen buenos; pero en si mismos son malos; porque lo bueno que tienen de su forma esta vnido con la malicia de la materia y anegado en ella; de donde son malos en si, aunque tienen alguna cosa de bueno aparente que deleyta. Y aun esto no es bueno absoluto, ni aparente, ni deleytable a todos, sino solo a sus destemplados desiderantes, que andan ceuados con el desseo del pequeño bien dellos, sin consideracion del sobrado mal que ay debaxo del. Pero a los templados no los engaña el pequeño bien aparente, porque conocen el grande mal con que esta mesclado; por lo qual los juzgan no ser deleytables ni desiderables, sino verdadera pena que se deue aborrecer, teme. y huyr. Y destos se hallan muchos en el apetito carnal, porque la mayor parte de las delectaciones del gusto y del tacto venereo y otras molicies, son malas y dañosas.

Soph.—Pues algunas destas delectaciones carnales ay, que son verdaderas buenas.

Phil.—Si: las que son templadas, necessarias a la vida humana y a la

Los deleytes necessarios a la vida y especie humana, siendo templados, son buenos y honestos.

progenie, las quales, aunque son delectaciones carnales, son y se llaman honestas, porque estan medidas y templadas por el entendimiento, principio de la honestidad; y los que las dessean y los desseos dellas, son verdaderamente virtuosos y honestos.

Soph.—En las delectaciones hermosas, por ventura ay tambien esta diferencia de buenas y malas, como en las que no son hermosas?

Phil.—Antes muy grande, porque muchas cosas se aman por hermosas que, aunque tienen alguna formal hermosura aparente que las haze amadas, aquella hermosura esta tan vencida de la deformidad y fealdad de la materia, que son verdaderamente feas, no amables, sino aborrecibles y de huyr. Y de la suerte destas es la hermosura del oro, de los ornamentos, de las joyas y de las otras cosas materiales superfluas y no necessarias a la vida, el amor de las quales propriamente se llama codicia y auaricia. Y de la misma manera parecen hermosos los razonamientos, oraciones y versos que son donayrosos y consonantes y contienen sentencias deshonestas y suzias. Lo mismo todas las vagabundas fantasias e imaginaciones, lindas a la aparencia, las quales son de la razon intelectual juzgadas por feas. Y desta suerte son la ilicita gloria y honor, y el injusto dominio e imperio, que como hermosos aparentes son desseados, siendo en si feos y deshonestos; el amor de los quales se dize ambicion. Y el desseo de todas las cosas desseadas hermosas y buenas aparentes, y no existentes, comunmente se llama antojo sin razon.

En los deleytes hermosos tambien ay diferencia de buenos y malos.

Varios deleytes hermosos en aparencia, pero feos y malos en existencia.

Soph.—Luego, segun esto, ay quatro maneras de delectaciones, dos buenas y hermosas y dos buenas y no hermosas. La vna de las buenas y hermosas es existente, y la otra es aparente. Y assi la vna de las buenas y no hermosas es de bien existente, y la otra de bueno aparente. Ay, por ventura, en los desseos y en los que dessean otras tantas diferencias?

Quatro maneras de deleytes.

Phil.—En los desseos si, que tienen todas las quatro diferencias de los deleytes desseados; pero en los que dessean no ay necessidad de poner mas de dos especies, que es templado o destemplado, o honesto o deshonesto. Los templados de las hermosuras hermosas y buenas, y de las que son buenas y no hermosas, dessean las que son tales en verdadera existencia y no solo en aparencia. Pero los desiderantes destemplados, dessean los deleytes que son hermosos o buenos en aparencia, no en verdadera existencia. Y esta diferencia procede de la bondad y hermosura que ay en las animas de los que dessean; porque el que es hermoso y bueno, ama las delectaciones verdaderamente hermosas y dessea las verdaderamente buenas. Y el que no tiene bondad ni hermosura existente, sino solamente aparente, ama los deleytes aparentemente hermosos y no en existente verdad. Aunque entre estos dos tambien se hallan medios compuestos de ambos a dos, que algunos ay templados y honestos a cerca de algunas de las delectaciones, y destemplados a cerca de otras. Y algunos son templados en la mayor y mas principal parte dellas, y destemplados en la menor. Y otros al contrario. Por lo qual deuen tomar el nombre de aquello a que son mas inclinados, honesto o deshonesto.

Dos diferencias de los que dessean los deleytes.

Razon porque vnos aman los deleytes hermosos y buenos, y otros los feos y malos.

Soph.—Entiendo de que manera toda delectacion es buena, aparente o existente, y que por esto es desseada. Y las que, demas de ser buenas, son hermosas aparentes o existentes, no solamente son desseadas, pero que tambien son amadas. Y por esta causa has dicho que el fin del amor es la delectacion del amante en la cosa amada. Y assi tambien el fin del desseo deue ser el deleyte del que dessea en la cosa desseada, pues que entre ellos no ay otra diferencia sino que el desiderante non amante dessea debaxo de especie de bueno lo no hermoso o aparente a el, y el desiderante amante ama debaxo de especie de bueno lo hermoso que es hermoso, o que a el lo parece. Aora querria saber de ti, o Philon!, como se conforma este fin del amor con el que me dixiste en su primera difinicion, que es desseo de vnion, que la vnion parece que es otra cosa que el deleyte.

Suma de todo lo arriba dicho acerca del deleyte.

Phil.—Antes es ella misma; que el deleyte no es otra cosa que la vnion de lo deleytable; y lo deleytable, como te he dicho, es, o solamente bueno, o tambien hermoso, o que lo parece al que dessea. Assi que dezir del fin del amor que es el deleyte del amante en la cosa amada, es tanto como dezir la vnion del amante en la cosa amada.

La vnion con la cosa amada y el deleyte, son vna misma cosa.

Soph.—Tambien entiendo esso; pero quedame todavia vna duda: que tu hazes al deleyte fin de todo amor, y de essa manera todo amor sera de lo deleytable. Y tu, de mente de Aristoteles, me has dicho que ay tres amores, deleytable, vtil y honesto; pues como, dexando los dos principales, lo hazes todo de lo deleytable, poniendo el fin del amor solamente en el deleyte?

Phil.—Aunque Aristoteles reparte al amor en tres, como has dicho, y al vno dellos solamente llama deleytable, sabras que el fin de cada vno de los tres es el deleyte; porque assi como el que ama las delectaciones corporeas, procura deleytarse en la vnion dellas, assi el que ama las cosas vtiles y dessea posseerlas, es por el deleyte que goza en la ganancia y possession dellas. Hallaras muchos a los quales deleyta mucho mas la ganancia de lo vtil que la dulce

El deleyte es el fin de cada vno de los tres amores: deleytable, vtil y honesto.

comida y beuida y que los actos venereos, por lo qual muchas vezes dexan estas cosas por seguir el prouecho. Y assi lo honesto es summamente deleytable al que lo ama, y el amante dessea gozar el deleyte de la honesta ganancia. Assi que el fin de cada vno de estos tres amores, vltimamente, es deleytarse el amante en la vnion de la cosa amada, o sea deleytable, o vtil, o honesta.

Soph. — Pues por que Aristoteles llama solamente al vno amor de lo deleytable y a los otros nombra de otra manera?

Phil. — Porque las delectaciones carnales vulgarmente son llamadas y tenidas propriamente por deleytes; no porque verdaderamente lo sean, que la delectacion menor consiste en ellas, porque son baxas y materiales, y la mayor parte dellas priuadas de hermosura, y, como has entendido, mas verdaderamente se desseean que aman. Y si tienen alguna hermosura, esta tan vencida de la vileza de la materia, que esta anegada en la fealdad della y la poca bondad en su malicia. Por lo qual lo bueno y lo hermoso que en ellas se halla, es solo aparente y no existente. Y Aristoteles, conforme a la opinion vulgar, le intitulo del nombre de lo deleytable, y al vtil, aunque a muchos no deleyta menos, a diferencia de este, le llama prouechoso, assi por tener a la vtilidad en mayor grado que al deleyte, como porque principalmente su delectacion, por ser en la espiritual imaginacion, no es tan materialmente sentida como la carnal. Y al honesto, aunque es mucho mas deleytable y mas verdaderamente deleytable que los otros dos, lo llama honesto, assi por la honesta y propria diferencia suya, como porque su deleyte, por ser en la mente espiritual, no se siente materialmente como lo deleytable carnal. El qual, aunque, como te he dicho, es el mas aparente al vulgo de los hombres y tambien a las bestias, en efeto es poco o nada existente en bondad ni hermosura.

Soph. — Como no? En las delectaciones carnales no vees que ay muchas que son necessarias a la sustentacion del indiuiduo y a la conseruacion de la especie? De donde, por la naturaleza, de mente del Summo Hazedor, con admirable arte y sutilissima sabiduria en sus proprios organos con suauissimo deleyte fueron ordenadas y dedicadas. Pues por que tales delectaciones no son verdaderamente buenas, aunque sean carnales, sino solamente aparentes, como dizes? Esto no es semejante a verdad.

Phil. — No he dicho yo jamas que esta suerte de deleytes son malos y solamente buenos

en aparencia, antes te afirmo que son verdaderamente buenos.

Soph. — Al fin son deleytes carnales, y el amor dellos es de la parte de lo deleytable.

Phil. - Delectaciones carnales son; pero no son puramente de la especie del deleytable, antes son verdaderamente de la del honesto, quando, como dixe, son templadas, lo que se requiere a lo necessario de la sustentacion del indiuiduo y conseruacion de la especie. Y quando exceden a esta templança, son deshonestas y destempladas, y proprias del puro deleytable, desnudo de honestidad; y el bien y la hermosura dellas es solamente aparente y no existente.

Soph. — Por que las que son carnales, por ser templadas y honestas, las apartas del miembro de lo deleytable? Pues no me parece que podras sacarlas de su genero deleytable, como lo hazes.

Phil. — Ni yo las saco totalmente de esse genero; pero digo que no son del puro deleytable; conuiene a saber, de lo que no participa de lo honesto, porque estos son deleytes honestos.

Soph. — Luego vn mismo deleyte entra en dos generos de amor, en el deleytable y en el honesto.

Phil. — Verdaderamente entra en ambos a dos, pero por diuersas partes; porque estos deleytes necessarios, aunque tienen su parte material de lo deleytable, tienen la parte formal de lo honesto, que es el conuiniente temperamento dellos para los necessarios y muy buenos fines a que son endereçados de la indiuidua sustentacion y de la conseruacion de la especie. Y lo mismo acaece en el genero del amor de lo vtil, que el que tiene del puro vtil, desnudo de lo honesto, conuiene a saber, destemplado e improporcionado a lo necessario de la vida y de las obras virtuosas, es solamente bueno y hermoso aparente, y malo y dañoso existente, como es la codicia y la auaricia. Pero quando es templado y conuiniente a estos dos fines, es verdaderamente bueno y hermoso y entra en dos generos del amor, vtil y honesto, porque su materia es de lo vtil y la forma de su temperamento es de lo honesto.

Soph. — Luego el amor de lo honesto es materialmente vnas vezes de lo deleytable y otras de lo vtil. Auria, por ventura, algun amor que materialmente y formalmente fuesse honesto, sin tomar punto de alguno de los otros dos generos?

Razon por que Aristoteles diuidio al Amor en tres especies, siendo todo deleytable.

Las delectaciones carnales, siendo templadas, son de la especie del amor honesto.

El amor deleitable, quando es templado, tiene la parte material de lo deleitable y la formal de lo honesto. El amor vtil templado tiene la parte material de la vtilidad y la formal de lo honesto.

Phil.—El amor de lo honesto es amar las virtudes morales e intelectuales; y por ser las morales acerca de las operaciones del hombre, conuiene que la materia dellas sea conforme a la naturaleza de las operaciones en que la virtud existe; de donde la virtud de la continencia o templança en los deleytes carnales, tiene por materia al corporal deleyte y por forma a la continencia y templança en el, la qual concede a sus amantes tanto mayor y mas digna delectacion, que la corporalidad de su materia, quanto es mas digno en nosotros lo espiritual que lo corporeo. E ygualmente las virtudes de la liberalidad, continencia y abstinencia de lo superfluo en las cosas posseydas, tienen por materia las cosas vtiles, y a la satisfacion y abstinencia templada de lo superfluo con liberal distribucion dellas por forma; la qual al honesto amante le buelue muy deleytosa la misma possession de lo vtil. Y semejantemente todas las otras virtudes morales, que son acerca de las operaciones humanas, como la fortaleza, justicia, prudencia y otras, tienen la materia de la naturaleza operatiua, y su forma es el abito honesto y la templança. Pero las virtudes intelectuales son todas honestas y no tienen cosa alguna de lo material, porque no se manejan acerca de actos ni delectaciones corporeas, de las quales puedan tomar materia alguna, sino acerca de cosas eternas apartadas de cuerpo e inteligencias, por lo qual todas son formas intelectuales sin compañia de materia; y son puras y vere honestas por si mismas, y no por participacion como las otras; y por esto Platon al amor destas le llamo diuino.

Soph.—Y a las otras especies de amor, como las llama Platon?

Phil.—El diuide los generos del amor en tres, como Aristoteles, pero de otra manera, conuiene a saber: amor bestial, amor humano y amor diuino. Llama bestial al amor excessiuo de las cosas corporeas, no templado con lo honesto ni medido con la derecha razon, assi en los deleytes carnales demasiados, como en la codicia y auaricia de lo vtil y otras ambiciones fantasticas; porque faltando en todas estas cosas la moderacion y templança del entendimiento, quedan hechos amores de vn animal sin entendimiento y verdaderamente bestiales. Y llama amor humano al que es

acerca de las virtudes morales temperatiuas de todos los actos sensuales y fantasticos de esse hombre y que moderan el deleyte dellos. Al qual amor, porque tiene la materia corporea y la forma intelectual y honesta, le llama amor humano, por ser el hombre compuesto de cuerpo y de entendimiento. Y llama amor diuino al amor de la sabiduria y de los eternos conocimientos, al qual, por ser todo intelectual honesto y todo formal sin compañia de materia alguna corporea, le llama diuino; porque en solo esto son los hombres participantes de la diuina hermosura. Y quanto el amor humano excede al bestial, tanto el deleyte, que es el fin del amante en la cosa amada, es mayor y mas excelente que no son los corporeos y descaminados deleytes bestiales, que acerca del vulgo son tenidos por los principales en el deleyte, siendo, en efeto, viles y menguadissimos en el. Y assi tambien podras entender que quanto el amor diuino es mas alto que el humano, tanto es mayor su deleyte, mas suaue, mas satisfatorio y mas intensamente desseado de quien lo conoce, que los deleytes de las otras virtudes morales y amores humanos. De manera que diuidiendo el amor a la peripatetica o a la stoyca, no hallaras alguno cuyo fin no sea la delectacion del amante en la cosa amada, como te he dicho.

Soph.—En efeto, veo que es assi, y que el fin de todo particular amor es el deleyte del amante en la vnion de la cosa amada. Aora podras passar adelante respondiendo a mi pregunta: Qual es el fin vniuersal por que nacio el amor en el vniuerso? Que en este no me parece que es tan facil de poner el deleyte por fin, como en los otros amores particulares de los hombres y de los otros animales.

Phil.—Ya es tiempo de dezirtelo. Bien sabes que el mundo fue, mediante el amor, produzido del summo Criador; porque mirando el summo bien la immensa hermosura suya, y amandola, y ella a el como a summo hermoso, produxo o engendro, a semejança de su hermosura, al hermoso vniuerso; porque el fin del amor es, como dize Platon, parto en hermoso. Produzido, pues, el vniuerso del summo Criador suyo a semejança o a imagen de su immensa sabiduria, nacio el amor del Criador acerca de esse vniuerso, no como de imperfeto a perfeto, sino como de perfetissimo superior a menos perfeto inferior, y como el del padre al hijo, y el de la causa a su efeto singular; por lo qual el fin de este amor no es de alcançar

Marginal notes (left column):

El amor honesto es duplex: vno de las virtudes morales, y otro de las intelectuales.

Las virtudes morales tienen por materia la naturaleza de la obra vtil o deleitable en que la virtud se exercita, y por forma la templança y el abito honesto.

Las virtudes intelectuales no tienen cosa alguna de lo material.

Platon llama diuino al amor intelectual.

Platon diuide el amor en tres especies: farino, humano y diuino.

Concuerda a Platon con Aristoteles acerca de la diuision del amor, y concluye que el deleyte es fin de todo amor.

El mundo fue, mediante el amor, produzido del summo Criador.

El amor de Dios al mundo criado, qual es.

hermosura que falte al amante, ni por deleytar-se en la vnion del amado, sino por hazer alcançar al amado mayor perfecion, de la qual faltaria si no la adquiriesse por el amor del amante y por deleytarse esse diuino amante en la hermosura mayor, la qual el amado vniuerso alcança mediante su diuino amor; como acaece en todos los amores de las causas a sus quatro efectos, de los superiores a los inferiores, de los padres a los hijos, del maestro al dicipulo y de todos los bienhechores a los que reciben sus beneficios. Que su amor dellos es desseo que su inferior arribe al grado mayor de la perfecion y hermosura en la vnion, de la qual se deleyta esse amante con esse amado; y esta delectacion del amante, que recibe en la perfecion y hermosura del amado, es el fin del amor de esse amante.

La intencion del amor diuino para con el mundo criado, qual es.

Soph.—Sobre esta materia ya me acuerdo auerme tu dicho esta diferencia que ay entre el amor del superior al inferior y el amor del inferior al superior, y la sentencia a sido casi vna misma, aunque en otras maneras de dezir y en otros propositos. Y conozco que, aunque el fin de cada vno destos amores es el deleyte del amante en la adquirida hermosura del amado, que todavia es con esta distincion: que el amor del inferior al superior es por la hermosura del superior amado, alcançada por el inferior amante a quien le faltaua; y el fin de su amor es el deleyte del amante inferior en la vnion de la hermosura del amado superior, la qual le faltaua. Pero el amor del superior al inferior, es por la hermosura que gana el inferior amado, que le faltaua; con la qual ganancia esse amante superior, como en el fin del amor suyo, tambien se deleyta, como se deleyto el amado inferior en la ganancia y vnion de la hermosura que amaua y desseaua, faltandole. Y conozco que el amor del summo Criador al vniuerso criado es desta suerte. Y en el es mas verdadera y propria esta distincion que en ningun otro amor de superior a inferior, aunque los otros superiores se assemejan en esto. Quanto mas que el amor diuino, como dizes, al vniuerso, es aquel mediante el qual esse vniuerso adquiere el summo grado de hermosura a el possible, como se vee en el amor del maestro al dicipulo, que es medio para hazer crecer al dicipulo en perfecion

Assi el amor del inferior como el del superior, tienen por fin al deleyte; pero con distincion, y qual es.

Excelencia del amor diuino al mundo criado. La distincion dicha es mas propria en el amor de Dios.

El amor del maestro al dicipulo, por ser mas espiritual, semeja al diuino mas propriamente que otro algun amor.

y hermosura intelectual, lo qual no ay en el amor de muchos de los otros superiores a sus inferiores. De donde este amor diuino, no solamente no denota falta en esse superior amante, mas antes denota su summa perfecion participada del mayor grado possible en el vniuerso criado, sino es vna manera de falta imaginaria relatiua, que haze sombra del efeto en la causa, segun que otras vezes me lo has dicho. Parecete, Philon, que he entendido bien esta sutil distincion tuya del amor del superior al inferior con la comun delectacion del vno y del otro?

El amor de Dios denota su summa perfecion, desseosa de participarse al vniuerso en el mayor grado a el possible.

Phil.—Pareceme que si, que harto bien la has referido. Y, pues, que mas quieres?

Soph.—Quiero inferir que esto no satisfaze a mi pregunta; ¿porque yo no te pregunto del fin para que nacio el amor diuino, aquel que, quando el mundo fue produzido, nacio con el; empero preguntote para que nacio el amor del vniuerso criado y qual es el fin suyo?

Phil.—Yo te satisfare bien quando quieres oyrme lo que resta, cuyo principio conuiene que fuesse esto. Siendo el primer amor diuino o enamoramiento del summo Dios el de su propria y summa hermosura y sabiduria, este fue causa productiua del vniuerso, a semejança de aquella summa hermosura, y es causa de la continua conseruacion del vniuerso; porque el amor que primero lo produxo, porque no se dissuelua, produziendo siempre lo conserua.

El primer amor diuino fue causa de la produccion del vniuerso, y lo es de su conseruacion.

El segundo amor diuino, que es al vniuerso ya produzido, es el que al produzido lleua a su vltima perfecion; porque assi como el primer ser del vniuerso viene de aquel primer amor, que le precede, assi el vltimo y perfectiuo ser suyo precede y es causa del segundo amor diuino, que es el que tiene al vniuerso auiendolo ya produzido, a semejança de vn padre que, amandose primero a si mismo, dessea engendrar en hermoso su semejança, y por aquel amor que precede engendra al hijo, y despues, adquiriendo con el hijo vn segundo y nueuo amor para con el, mediante este segundo amor procura guiar al hijo amado a su vltima perfecion y al mayor grado de hermosura a el possible.

El segundo amor diuino es causa de la perfecion del vniuerso.

Semejança de los dos amores diuinos a los de vn padre para con su hijo.

Soph.—Tambien entiendo esso, y me plaze mucho entenderlo; empero no me muestra aun el fin para que nacio el amor del vniuerso, aunque me muestra los dos fines de los dos amores diuinos: del primero, la produccion; del segundo, la perfecion del vniuerso. Aora te queda dezir el fin para que nacio el amor de esse vniuerso.

Phil.—Tambien te lo dire luego, y acerca desto deues entender primero que es aquello en que consiste la perfecion del vniuerso produzido.

Soph.—Esso ya lo he entendido bien; no tengo necessidad de nueua enseñança para ello; porque auiendo sido el vniuerso, como me has dicho, produzido a imagen y semejança de la summa sabiduria, su perfecion consiste en ser propriamente imagen della, que es el proprio fin del que lo produze, como acaece en toda cosa artificiada, cuya perfecion consiste en ser hecha semejante al proprio, a la forma del arte que esta en la mente del artifice, y este es el proprio fin del artifice en la hechura de la cosa artificiada, y assi lo deue ser la de esse vniuerso produzido.

Phil.—Bien es verdad que es essa la primera perfecion del vniuerso produzido, y el primer fin del summo produziente en la produçion suya, como bien lo has assemejado a toda cosa hecha por arte; esto es, *Dos fines del artifice y dos perfecciones de la cosa artificiada.* que sea semejante tan proprio a la sabiduria del summo hazedor, quanto sea possible; pero no es este el fin vltimo del productor ni la vltima perfecion del mundo; porque assi como en toda cosa artificiada, como dezir: vn vaso para beuer, la primera perfecion y fin suyo es ser hecho propriamente semejante a la forma y arte que esta en la mente del artifice; y el vltimo fin y perfecion suya es el ser exercitado en su proprio vso y operacion para lo qual fue hecho, que es en beuer por el; y destas dos, la primera perfecion es el fin de la obra, y la vltima es el fin de lo obrado, *Dos fines del hazedor del vniuerso, y dos perfeciones de su obra.* assi en el vniuerso produzido, el primer fin del produziente y la primera perfecion del vniuerso consiste en la perfecion de la obra diuina, que sea propria semejança de la diuina sabiduria; empero el vltimo fin de aquel y la vltima perfecion deste consiste en exercitarse esse vniuerso en la accion y operacion para la qual fue produzido; la qual es el fin de esse obrado, porque el ser del operato es el fin de la obra del operante, y la operacion del operato es el fin de su ser.

Soph.—Pues qual es el acto y la operacion que es fin de esse vniuerso produzido y su vltima perfecion?

Phil.—Muchos actos perfectiuos se hallan en el vniuerso; pero su vltima perfecion consiste en el vltimo y mas perfeto dellos, y los otros subalternados son camino o escala para

llegar al vltimo perfetissimo. Empero en esto todos conuienen en vno: que *La perfecion vltima del vniuerso consiste en boluer a la diuinidad de donde salle.* assi como el ser del vniuerso consiste en la legitima produccion y derecha salida de la diuinidad a esse vniuerso, assi sus actos perfectiuos consisten en la verdadera y propria tornada del vniuerso a essa diuinidad de la qual tuuo la salida primero. De manera que assi como ella fue su primer principio efectiuo, assi tambien ella misma sea su vltimo fin. Que el summo Dios, no *Dios es causa eficiente, formal y final del vniuerso.* solamente quiso ser causa eficiente del mundo, mas tambien causa formal y causa final: caussa eficiente en produzirlo, y causa formal en conseruarlo y sustentarlo en su proprio ser, y causa final en reduzirlo a si mismo, como a vltima perfecion y fin, mediante los actos perfectiuos de esse vniuerso.

Soph.—Entendido he muy bien de que suerte el summo Dios es causa del vniuerso en tres maneras: eficiente, formal y final: la vna por salida productiua, la otra por sustentacion conseruatiua, y la otra por reduccion perfectiua. Pero dime quales son estos actos perfectiuos del vniuerso, que causan su reducion a su Criador, y qual dellos es el vltimo perfetissimo en que consiste su vltima perfecion?

Phil.—Los actos del vniuerso, parte son corporeos y parte incorporeos. En los corporeos, cierto esta que no consiste *El boluer del vniuerso al summo Dios no consiste en los actos corporeos, sino en los incorporeos.* su boluer al summo Dios; porque por ellos antes se alexa de su purissima diuinidad que se acerca a ella; por lo qual consiste su reducion en los actos incorporeos, los quales dependen solamente del entendimiento, que es apartado de materia. Assi que todo el vniuerso produzido se reduze a su Criador, mediante parte intelectiua que en el quiso comunicar y mediante los actos della.

Soph.—El entendimiento, tiene algun otro acto mas que el entender?

Phil.—No.

Soph.—Luego no son muchos los actos que hazen perfeto al vniuerso, sino solamente vno, que es el entender.

Phil.—Quando bien te conceda que el entendimiento no tiene otro acto mas que el entender, erse entender es de diuersas cosas, son *El entendimiento tiene diuersos actos intelectuales.* diuersos actos intelectuales. Y aunque todos son actos perfectiuos, que ayudan a la reducion de la criatura a su Criador, con todo esso, el acto intelectual que derechamente la causa, es el que tiene por objeto a la essencia diuina y a su summa sabiduria; porque en este, como ya en otra parte dixe, consiste y se comprehende toda cosa entendida y todo grado de inteligencia. Y este es el que puede reduzir al entendimiento possible, segun toda la essencia suya, en entero acto, y a los otros entendimientos produzidos actuales al summo grado de su perfecion. Y tambien se hallan, en esta orden de los entendimientos e inteligencias, grados no poco subalternados el vno al otro, que assi mismo podremos dezir diuersos actos. E ya en la primera platica nuestra te declare que nuestra anima intelectiua se reduze, me-

Tres actos con que se reduze la criatura a su Criador.

diante tres actos, al summo Criador suyo: con inteligencia, con amor y con fruycion vnitiua.

Soph.—Pues pones tu en el entendimiento otro acto mas que el entender?

Phil.—Ya sabes que, aunque en las cosas corporeas el amor es diferente de la inteligencia (como vna de las passiones corporeas de la accion incorporea), que en las essencias intelectuales e inmateriales estan tan juntos, que el amor dellos es intelectiuo, y la inteligencia dellos de las cosas mas altas es amorosa; solo segun razon reciben alguna distincion, no real ni essencialmente, y la fruicion vnitiua es la vltima y perfetissima inteligencia; porque quanto mas perfeto es el acto intelectiuo, tanto es mayor y mas perfeta la vnion del entendimiento que entiende con la cosa entendida.

En la naturaleza intelectual, la inteligencia, el amor y la fruycion es vna misma cosa.

Los conocimientos son de dos maneras: vnos ay con amor y otros sin el. El conocimiento, o precede al amor, o le sucede.

El conocimiento que precede al amor, tiene al amor por fin, y el que sucede al amor, es fin de esse amor.

Soph.—Luego bastara esse acto intelectiuo por vltimo fin del vniuerso y su perfecion, sin hazer mencion de los otros dos?

Phil.—No basta, porque este tercero no puede venir sino mediante los otros dos: porque, como te he dicho, de los conocimientos ay algunos que son sin amor y otros que son con amor. Y de los que son con amor, ay vno que precede al amor y amor es su fin, y el otro, a quien el amor precede, es el fin del amor.

Soph.—Buelue a repetirmelo breue y distintamente.

Phil.—Los conocimientos en los quales no ocurre el amor, son de las cosas buenas y no hermosas, y, por consiguiente, no desseadas, o porque son malas y feas aborrecidas, o, por ventura, por no ser o no parecer hermosas ni feas, no desseadas ni aborrecidas. Todos los otros conocimientos, que son de las cosas buenas y hermosas, son o de

Los conocimientos sin amor son de las cosas buenas, pero no hermosas. Los conocimientos con amor son de las cosas buenas y hermosas.

aquellos cuyo fin es el amor o el desseo, como es el conocimiento del manjar que nos falta, que, quando ay necessidad del, le sucede el desseo; o de aquellos que son fin del desseo, como es el gozar de esse manjar con vnion; y no ay duda sino que este es el perfeto conocimiento del manjar, conuiene a saber, el vnitiuo, y por lo tanto cessa con el el desseo precedente; que el primer conocimiento del manjar era imperfeto, por no ser aun vnitiuo, y por la falta de la vnion le sucede el desseo, que es el que le guia a la perfecion vnitiua, y entonces cessa, cessando la falta. Assi que el desseo y el amor no es otra cosa que el camino que del conocimiento imperfeto nos guia al perfeto vnitiuo. Desta manera concurren los tres actos perfectiuos de la inteligencia del vniuerso a la primera causa; porque el primer acto reductiuo de la criatura a su Criador, es el primer conocimiento que tiene de su inmensa sabiduria y summa hermosura, y sintiendose distante de su vnion, la ama y dessea llegar a gozarla con perfeta vnion y entera conuersion de esse amante en el hermosissimo amado; mediante el qual amor y desseo de essa diuinidad, se llega a aquel vltimo y perfetissimo fin vnitiuo, que es el vltimo acto perfetissimo, en que consiste, no solamente la bienauenturança del entendimiento transformado y vnido en ella y hecho diuino, mas tambien la vltima perfecion y felicidad de todo el vniuerso criado, cuya parte principal y essencial es esse entendimiento, mediante el qual el todo de esse vniuerso es digno de vnirse con su summo principio y hazerse perfeto y bienauenturado en la fruycion de su diuina vnion.

Exemplo con el qual se declaran las dos maneras de conocimientos.

El conocimiento es de dos maneras: vno apartado del sujeto y otro vnido con el.

El amor y el desseo son caminos para la perfecion.

Tres actos perfetiuos que concurren a la vnion del vniuerso con la primera causa.

Todo el vniuerso viene a vnirse con su summo principio mediante la vnion de su parte intelectual.

Soph.—Muy bien entiendo como en este vltimo acto y fruycion vnitiua del entendimiento produzido con su summo productor, consiste la vltima perfecion del vniuerso criado; y de esto voy ya considerando el fin de algun amor del vniuerso y la necessidad por que nacio en el; porque yo veo que el vltimo acto vnitiuo que perficiona al vniuerso, le infunde el presente amor, y el es el fin de esse amor a quien precede; assi que es manifiesto que el fin deste amor del vniuerso es la vltima perfecion suya, la qual es el vltimo acto y fruycion vnitiua del mundo con su Criador. Pero en el vniuerso ay otros amores, sin el que la naturaleza intelectual produzida tiene a su primera causa. Querria que me dixesses el fin comun para que nacio todo amor en el vniuerso produzido, comprehendiendo todo particular amor suyo.

Phil.—Assi como los grados del ser en el

Las essencias del vniuerso de que manera estan ordenadas vnas para otras.

vniuerso son subalternados y ordenados el vno para el otro, sucediendo del primero al vltimo y del infimo al supremo; que el ser de la materia primera esta ordenado al ser de los elementos, y el de los elementos al ser de los mistos no animados, y este al ser de los animados del anima vegetatiua, y este al ser de los animales, y el ser animal al ser hombre, que es el vltimo y supremo en el mundo inferior, y aun en esse hombre sus virtudes estan assi subordenadas las inferiores a las superiores, es a saber, las del anima vegetatiua a las de la sensitiua, y las de la sensitiua a las de la intelectiua, que es la vltima y suprema virtud, no solamente del hombre, pero de todo el mundo inferior; y aun en esta intelectiua virtud se ordenan los actos intelectuales de inferior a superior, conforme al orden de las cosas intelegibles, objeto dellos, de inferior a superior, hasta el supremo y vltimo intelegible; el qual, assi como es summo ente y vltimo fin, a quien todos van ordenados, assi el acto de la inteligencia humana y angelica, cuyo objeto es el, es el summo acto intelectiuo de la mente humana, celeste y angelica, a quien todos los otros actos van ordenados, como a vltimo fin y perfecion del vniuerso produzido. Assi desta misma manera has de entender que son subalternados los amores del

Los amores del vniuerso, van subalternados de menor a mayor hasta el supremo, que tiene a Dios. El vltimo amor del vniuerso y su fin, se termina en la diuinidad.

vniuerso produzido el inferior al superior, hasta el vltimo y mas alto, que es el amor que el vniuerso tiene a su Criador. Al qual amor sucede, como proprio fin, la fruycion suya vnitiua con el, que es su vltima perfecion, como te he dicho. De manera que el fin del vltimo y supremo amor

del vniuerso produzido, es el vltimo fin de todos los amores del vniuerso en comun.

Soph.—Conozco que es assi, que la fruycion vnitiua de la criatura intelectual con su Criador, no es solamente el fin del amor que ella le tiene, mas tambien el de todo el amor vniuerso produzido en comun. Empero no me agradaria poco que, assi como me mostraste el orden de los grados del ser en el vniuerso, desde el vltimo al supremo, assi me mostrasses la coordenacion de sus amores del primero al vltimo.

Phil.—Que es lo que quieres saber, o Sophia! solamente el medio circulo del orden de los amores que ay en el vniuerso, como fue el

que te mostre de los entes que en el ay, o todo el circulo entero en orden?

Soph.—Aunque yo no entiendo que quiere dezir medio circulo ni circulo entero en los amores del vniuerso, ni por que este orden de los grados de los entes que me has dicho es medio circulo y no entero, todavia, porque de

De las cosas buenas, es mejor el todo que la parte. El cerco de todas las cosas principia de Dios y se acaba en el.

lo bueno es mejor el todo que la parte, querria que si aquello de los entes es medio, me lo enterasses y me mostrasses el cerco entero de los amores que dizes.

Phil.—El cerco de todas las cosas es el que comiença gradualmente del primer principio dellas, y circulando successiuamente por todas, buelue al proprio principio como a vltimo fin, comprehendiendo todos los grados de todas las cosas en modo circular; y el punto, que fue principio, buelue a ser fin. Este cerco tiene dos medios:

El cerco de todas las cosas se diuide en dos medios.

el vno es desde el principio, esto es, desde el punto a lo mas distante del, que es su medio; y el segundo medio es desde aquello mas distante del punto, hasta boluer a el.

Soph.—En el cerco figural assi es. Pero, dime, por que o como es assi en el cerco de todas las cosas?

Phil.—Siendo principio y fin del cerco el summo productor, su medio es

Declaracion del cerco de todas las cosas.

decendiendo del hasta lo mas infimo, mas distante de su summa perfecion; porque del sucede primero la naturaleza angelica por sus grados ordenados de mayor a menor; y despues la celeste con sus successiuos grados desde el cielo impireo, que es el mayor, hasta el menor, que es el de la Luna; y del viene a nuestro globo

La materia primera es la cosa que mas alexada esta de la diuinidad.

mas baxo, que es a la materia primera, que de las sustancias eternas es la menos perfeta y la mas alexada de la summa perfecion del Criador; porque assi como El es puro acto, assi ella es pura potencia; y en esta se termina la primera mitad del cerco de los entes, que deciende del Criador por grados successiuos, de mayor a menor, hasta essa materia primera infima de todo grado del ser. Della buelue el cerco la segunda mitad, subiendo de menor a mayor, como arriba te dixe; conuiene a saber, de la materia primera a los elementos, despues a los mismos, despues a las plantas, despues a los animales y despues al hombre. En el hombre, del anima vegetatiua a la sensitiua, y desta a la intelectiua. Y en los actos intelectuales, de vn intelegible menor a otro mayor, hasta el acto intelectual del supremo intelegible diuino, que es el vltimo vnitiuo, no solamente con la naturaleza angelica, pero, mediante ella, con essa suprema diuinidad. Mira como la segunda mitad del cerco, subiendo los grados de los entes, llega a terminarse en el principio diuino, como en vltimo fin, enterando perfetamente el cerco gradual de todos los entes.

Soph.—Veo el admirable cerco de los entes en su orden gradual; y aunque otra vez me lo has sinificado a otro proposito, tanto me satisfaze y deleyta al entendimiento, que siempre me es nueuo. Aora podras enseñarme el cerco de los amores en orden gradual, de que es nuestro proposito.

Phil.—Assi como el ser, en el primer medio cerco, procede decendiendo, a manera de salida productiua, desde el primer ente, del mayor al menor, hasta el infimo Chaos o materia prima; y del, en el otro medio circulo, buelue el ser a subir de menor a mayor a manera de reduccion hasta aquel de quien primero auia salido, assi el amor tiene origen del primer padre del vniuerso, y del successiuamente viene decendiendo paternalmente siempre de mayor a menor y de perfeto a imperfeto, y mas propriamente de mas hermoso a menos hermoso, para darle su perfecion y participarle su hermosura quanto sea possible, sucediendo por los grados de los entes, assi en el mundo angelico como en el celeste, que cada vno con caridad paterna causa la producion de su sucediente inferior, comunicandole su ser o hermosura paterna, aunque en menor grado, segun conuiene, y assi deciende por orden en todo el primer medio cerco, hasta el Chaos, infimo grado de los entes. Y del principia el amor a subir en el segundo medio cerco de inferior a superior y de imperfeto a perfeto, por arribar a su perfecion, y de menos hermoso a mas hermoso, por gozar de su hermosura. Porque la materia primera naturalmente dessea y apetece las formas elementales, como a mas hermosas y mas perfetas que ella; y las formas elementales, las mistas y vegetables; y las vegetables, las sensibles; y las sensibles aman con amor sensual la forma intelectiua, la qual, con amor intelectual, sube, de vn acto de inteligencia, de vn intelegible menos hermoso al de otro mas hermoso, hasta el vltimo acto intelectiuo del summo intelegible diuino con el vltimo amor de su summa hermosura, con el qual se entera el cerco amoroso en el summo bien, vltimo amado, que fue primer amante padre criador.

Concuerda el cerco de las essencias con el de los amores.

El primer medio cerco de los amores es de los mas hermosos a los menos hermosos.

El segundo medio cerco de los amores es de los menos hermosos a los mas hermosos.

Soph.—Luego, el primer medio cerco de los amores, es de los mas hermosos a los menos hermosos, y de los perfetos a los imperfetos; y el otro medio cerco es al contrario, que es de los amores de los menos hermosos a los mas hermosos. Y de mas de que es estraño que sea el amor eficaz del mas hermoso al menos hermoso, porque ninguno dessea lo menos que el, es tambien estraño que el vniuerso se diuida todo en estos dos medios destas dos maneras de amores; por tanto, querria que me declarasses la causa.

Phil.—No menos eficaz es el amor del padre al hijo, y el del maestro al dicipulo, y el de la causa al efeto, que el de estos a sus summas eficas que el superiores, y quiça lo es mas, pues hazen mayores cosas, mediante el amor que les tienen, en produzirlos, en engendrarlos y en beneficiarlos, que estotros por sus primeros; que no hazen otra cosa mas que dessear llegarse a su perfecion. Y aunque los inferiores no tienen la hermosura que falta a los superiores, por la qual ellos los amen desseandola, aman su propria hermosura por participarla a los inferiores, a los quales ella falta; con la qual participacion sus superiores quedan mas hermosos, siendo sus inferiores hermoseados dellos. Y tambien por la hermosura de todo el vniuerso, como ya mas largamente te lo he dicho. Y todo el primer medio cerco es de semejante amor, de superior mas hermoso a inferior menos hermoso; porque todo aquel medio consiste en salida productiua, y el que produze es mas hermoso que el produzido, y el amor le haze produzirlo y comunicarle su hermosura. Y assi es desde el primer productor hasta la materia primera, vltima produzida; porque el amor del mayor al menor, es medio y causa de la producion. Pero en el otro medio cerco, desde la materia primera hasta el summo bien, por ser reductiuo por via de subida perfectiua del inferior al superior, conuiene que el amor sea del menos hermoso al mas hermoso, por alcançar su hermosura y vnirse con ella; y assi de grado en grado superior successiuamente, hasta llegar a la vnion de la naturaleza intelectual criada con la summa hermosura, y a su fruycion en el summo bien mediante el vltimo amor della, que es causa del acto vnitiuo del vniuerso con su Oriador, el qual es su vltima perfecion.

El amor de los superiores a los inferiores es mas eficas que el de los inferiores a los superiores.

El primer medio cerco es de amor productiuo.

El segundo medio cerco es amor reductiuo.

Soph.—Plazeme no poco entender el circulo entero de los amores del vniuerso conforme al de los grados de los entes; y con esto conozco que los amores del vniuerso van endereçados al vltimo acto vnitiuo con su Criador, como a vltimo fin; porque los amores productiuos son para los reductiuos, y los reductiuos todos successinamente son para el vltimo amor que guia al vltimo acto vnitiuo del vniuerso con el summo bien, que es su vltima perfecion.

De manera que todo lo que salio de aquella pura y hermosissima vnidad diuina, fue para que, reduziendose el vniuerso, buelua a la vnion della, en la qual el todo como perfeto se beatifica.

Pero acuerdate, o Philon! que me dixiste que el fin de todo amor es el deleyte del amante en la cosa amada, y dixiste que el fin del amor del vniuerso es de la misma suerte. Ahora lo pones en el acto vnitiuo con el principio diuino, que parece otra cosa.

Phil.—No es otra cosa, antes tanto quanto este acto es mas supremo, por ser el vnitiuo del vniuerso con la summa hermosura, tanto la delectacion que ay en el, que es el proprio fin del amor, es mayor sin proporcion y mas inmensa, y la summa de todos los deleytes de las cosas criadas. Y ya te he dicho que no es otra cosa la delectacion del amante sino la vnion suya con la hermosura amada. Y quando la hermosura es finita, la delectacion, poca o mucha, es finita, conforme a la hermosura. Y siendo infinita, como es en el vltimo amor del vniuerso produzido, es a saber, de su parte intelectiua al summo bien, conuiene que el fin de aquel amor sea inmensa e infinita delectacion, la qual es el fin de todo el amor del mundo criado, por el qual nacio el amor en esse vniuerso. Porque sin amor y desseo de boluer a la summa hermosura, era impossible que las cosas salieran en su produccion alexandose de la diuinidad; que sin amor paternal y desseo productiuo semejante al diuino, impossible era que procediera el vn grado del ente produzido de su superior y se alexara de la diuinidad, sucediendo assi de grado en grado hasta la materia primera; porque el amor paternal o productiuo, es el que tiene todo el primer medio cerco, desde el summo ente hasta el vltimo Chaos. Y assi no era possible que los entes produzidos pudieran boluer a vnirse con la diuinidad y alcançar aquella summa delectacion en que consiste la perfecion y felicidad de todo el vniuerso, estando summamente distantes della en essa materia primera, si no vuiera amor y desseo de boluer a ella, como a vltima perfecion dellos, que es el que los guia

hasta el vltimo acto que felicita al vniuerso. Assi que, siendo el amor productiuo del primer medio cerco para el amor reductiuo del segundo, y este para la vltima perfecion y bienauenturança del vniuerso, se sigue que el amor del vniuerso nacio para guiarle a su vltima felicidad.

Soph.—Verdaderamente conozco que el amor nacio en el vniuerso primeramente para ampliar sucessiuamente su produccion, y despues para hazerlo bienauenturado con summa delectacion, induziendo su vnion con el summo bien, primer principio suyo; y con esto estoy satisfecha de mi quinta pregunta, conuiene a saber, para que nacio el amor en el vniuerso.

Tres cosas solas me quedan por saber en esta materia: La vna, que aunque la delectacion deue ser el fin del amor natural o sensible, esto es, de aquel amor que prouiene del anima y virtud corporea, no parece conuiniente que tambien sea fin del amor intelectual; porque el deleyte es passion, y el entendimiento apartado de materia no es passible, ni es justo que sea subjeto de passion alguna, quanto mas el entendimiento angelico y el diuino; por lo qual ellos no deuen tener la delectacion por proprio fin; luego no es alla el fin comun de todo amor, como has dicho. La segunda es que, aunque el fin de todos los amores reductiuos sea el deleyte, como has dicho, los amores productiuos no parece que tienen este fin, porque ninguna cosa se deleyta en acercarse a lo no hermoso; por lo qual parece que el fin de los amores productiuos antes es el dar y comunicar hermosura donde no la ay, que el deleytarse, como has dicho; porque no se puede deleytar con lo que de suyo no tiene hermosura. La tercera, es que tu has dicho arriba que el amor que tiene el Criador al vniuerso criado, es el que lo reduze a su perfecion, assi como el amor que tiene a su propria hermosura es el que lo produxo; y aora me dizes que el amor que le guia a su propria perfecion, es el que tiene el vniuerso mediante su parte intelectiua a la summa hermosura diuina; luego no es el amor de Dios al vniuerso el que le guia a su perfecion, sino el del vniuerso a Dios. Absuelueme estas tres dudas, y darme he por satisfecha de lo que me prometiste dezir del nacimiento del amor.

Phil.—Por esso poco que resta, no quiero dexar de salir de esta deuda. El deleyte sensual es passion en el anima sensitiua, como el amor sensual es tambien passion della, sino

---

Sidenotes (left column):

Todos los amores del vniuerso y sus fines van guiados al vltimo acto vnitiuo del vniuerso con el summo Criador como a vltimo fin.

Dios es primer principio y vltimo fin de todo el vniuerso.

El deleyte del amante no es otra cosa que la vnion suya con la hermosura amada.

El deleyte es mucho o poco, pequeño o grande, finito o infinito, conforme a la hermosura amada.

La delectacion que el vniuerso alcança en la vnion con su Criador, es el fin de todo su amor, por el qual fin nacio el amor en esse vniuerso.

Sidenotes (right column):

Tres dudas que Sophia propone: La primera duda es acerca del deleyte en los espirituales.

La segunda duda es acerca del deleite del superior con el inferior.

La tercera duda es acerca del amor de Dios y el del vniuerso.

quę el amor es la primera de sus passiones, y la delectacion la vltima y fin de esse amor. Pero el deleyte intelectual no es passion en el entendimiento que ama. Y si consientes que en los entes intelectuales ay amor, que no es passion, conuiene que tambien concedas que en ellos ay delectacion sin passion; la qual es el fin del amor dellos, y mas perfeta y abstracta que el mismo acto amoroso.

El amor y deleyte sensual son passiones en el anima sensitiua.

El deleyte intelectual no es passion en el entendimiento que ama.

Soph. — Si el amor y el deleyte de los intelectuales no son passiones, que son?

El amor y el deleyte en los intelectuales son actos intelectuales.

Que es el amor intelectual.

Phil.—Son actos intelectuales, segun te he dicho, apartados de toda natural passion, que nosotros no tenemos otros nombres que darles, aunque en la sensualidad dizen passion. Y ya te he dicho que el amor, en el entendimiento produzido, es el yr del primer conocimiento del hermoso intelegible al vnitiuo, que es el perfeto. Y la delectacion en el no es otra cosa que el mismo conocimiento vnitiuo con esse hermoso intelegible.

Soph.—Y en el entendimiento diuino, que son?

Phil.—El amor diuino es tendencia o salida de su hermosissima sabiduria a su imagen; esto es, al vniuerso produzido por el, con buelta del vniuerso a vnion con su summa hermosura. Y su delectacion es la perfeta vnion de su imagen dolo o mismo, y del vniuerso su produzido con esse produziente. Y por esto dixo Dauid: Deleytase el Señor en sus efetos, porque en la vnion de la criatura con el Criador, no solo consiste la delectacion y saluacion de la criatura, como dize Dauid: Deleytarnos hemos en el summo principio de nuestra salud, sino que tambien consiste en aquella vnion la diuina delectacion relatiua por la felicidad de su efeto. Y no te parezca estraño que Dios se deleyte, porque El es el summo deleyte del vniuerso; y por el eterno amor de su misma hermosura conuiene que en El, de El y a El aya summa delectacion. Y por esto los antiguos hebreos, quando hazian alegrias, dezian: Bendito sea aquel en quien habita el deleyte, pues la delectacion es vna misma cosa con el deleytante y con lo que le deleyta. Y no es estraño que digamos deleytarse El con la perfecion de su criatura, quando vemos que la Sagrada Escritura, por el pecado comun de los

Que es el deleyte intelectual.

El amor diuino para con el vniuerso, qual es.

La delectacion diuina, qual es.

Por razones y autoridades prueua auer delectacion en Dios.

Palabras que vsauan los hebreos en sus mayores alegrias.

hombres, por el qual vino despues el diluuio, dize: Vio el Señor quan grande era la maldad del hombre en la tierra, y que la inclinacion de sus pensamientos empeoraua cada dia, y se arrepintio de auer hecho al hombre en la tierra, y se entristecio en su coraçon, y dize: Desharé al hombre que yo hize con todas las otras cosas de la tierra, etc. Pues si la maldad del hombre entristece a Dios intimamente y cordialmente, su perfecion y bienauenturança, quanto le deleytara? Pero, en efeto, ni la tristeza, ni el alegria son passiones en El; sino que el deleyte es agradable correspondencia de la perfecion de su efeto; y la tristeza es priuacion della de parte del efeto.

La tristeza y alegria diuina, que es lo que propriamente sinifican en Dios.

Soph.—De mi primera duda estoy satisfecha, y conozco que la delectacion en los intelectuales, en la qual no cabe passion, es mayor y mas verdadero deleyte que el de los corporeos, donde ay passion. Y tambien como el amor de aquellos, por ser sin passion, es mayor y mas verdadero que el de estos corporeos apassionados. Respondeme aora a la segunda.

Phil.—Por lo que te he dicho en la primera, sera facil responder a la segunda. Quando el superior ama al inferior en todo el medio cerco primero, desde Dios hasta la materia primera, no consiste la delectacion, que es el fin dellos, en el vnirse con el no hermoso, o menos hermoso, su inferior, como tu arguyes, sino en el vnir al no hermoso, o al menos hermoso, consigo, hermoseandolo o haziendole perfeto participandole su hermosura. Lo qual no solo da perfecion deleytable a esse efeto inferior, pero tambien la da a la causa por relacion de su efeto; porque el efeto hermoso y perfeto haze a su causa mas perfeta y mas hermosa y deleytable en la hermosura acrecentada por relacion, como ya te he dicho. Y si te he mostrado que Dios se deleyta con la perfecion de sus efetos, y que por los defetos dellos se entristece; tanto mas puede constar en todo ente produzido el deleytarse con el bien de su sucediente efeto, y entristecerse de su mal.

El deleyte del superior consiste en participar su hermosura y perfecion al inferior.

Soph.—Tambien me has aquietado el animo en esta segunda duda, y veo como el fin de todos los amores del vniuerso es la delectacion del amante en la vnion de la cosa amada, o sea inferior a el, o superior. Solamente te queda por absoluer la tercera y vltima duda; esto es, si el amor del vniuerso a Dios es el que le guia a su vltima perfecion vnitiua con el, como ya dixiste denantes; o si es el amor que tiene el Criador a

El deleyte es fin comun de todo amor, assi del superior como del inferior.

esse vniuerso el que causa este efeto y le guia al dichoso fin vnitiuo con la summa hermosura?

Phil.—No se puede negar que, assi como el amor del vniuerso es el que le guia a la deleytable felicitante vnion del Criador, assi el amor de Dios a esse vniuerso es el que lo atrahe a su diuina vnion, en la qual, con suprema delectacion, se haze bienauenturado. Porque assi como, en vn padre, el amor productiuo del hijo no es el amor que tiene al hijo, que aun no existe, sino el amor de si mismo es el productiuo del hijo, que por su propria perfecion dessea ser padre, produziendo hijo a su semejança, y otro segundo amor del hijo ya produzido le haze sustentarle, criarle y guiarle a la possible perfecion, assi el amor de Dios, el productiuo del vniuerso, no es el amor que tiene a esse vniuerso, sino vn otro antes que el; esto es, el amor de si mismo que dessea comunicar su summa hermosura a su vniuerso produzido a su imagen y semejança; porque no ay perfeccion ni hermosura que no crezca quando es comunicada; que el arbol frutifero siempre es mas hermoso que el esteril, y las aguas que manan y corren fuera de sus fuentes, son mas excelentes que las represadas y encharcadas. Assi que, produzido el vniuerso, fue produzido con el el amor de Dios a esse vniuerso, como el del padre al hijo ya nacido, el qual fue, no solamente para le sustentar en el primer estado de su produccion, pero tambien, y mas verdaderamente, para le guiar a su vltima perfecion con la felicitante vnion suya con la diuina hermosura.

Soph.—Aunque, por la paternal semejança, parece que el amor diuino a esse vniuerso es el que le guia a su vltimo fin perfectiuo, con todo esso esta obra parece ser propria del amor que el vniuerso tiene a la diuina hermosura; porque mediante el llega a vnirse mediatamente con ella, en la qual se felicita. Y del otro, conuiene a saber, el amor que Dios tiene al vniuerso, aunque parece que tambien el deue de ser causa desto, todavia la propria obra suya en esto no me es aun manifiesta. Muestramela, te suplico.

Phil.—La obra del amor de Dios en causar nuestra felicidad y la de todo el vniuerso, es tal qual la obra del Sol en causar que nosotros le veamos. No ay duda sino que nuestros ojos y virtud vissiua, con el desseo de sentir la luz, nos guia a ver la luz y el cuerpo del Sol,

[marginal notes, left column:]

El amor del vniuerso le guia a la felicidad de la vnion diuina.

El amor de Dios atrahe al vniuerso a su felice copulacion diuina.

El amor de Dios al mundo aun no produzido, qual fue.

La hermosura se haze mayor quando es comunicada.

El amor de Dios al vniuerso ya produzido, qual es.

La obra del amor diuino en nuestra felicidad, declara galanamente con el exemplo de la luz del Sol.

en el qual nos deleytamos. Empero si nuestros ojos no fueran primero alumbrados de esse Sol y de la luz, nunca nosotros pudieramos alcançar a lo ver; porque sin el Sol, impossible es que el Sol se vea; porque con el Sol se vee el Sol. De la misma manera, aunque nuestro amor y el del vniuerso a la summa hermosura diuina, es el que nos guia a vnirnos con ella con dichosa delectacion; con todo esso, ni nosotros, ni el vniuerso, ni nuestro amor, ni el suyo, fueran jamas capaces de semejante vnion, ni suficientes de tan alto grado de deleytosa perfecion, si no fuesse nuestra parte intelectiua ayudada y alumbrada de la summa hermosura diuina y del amor que tiene al vniuerso; el qual abiua y leuanta al amor del vniuerso, alumbrandole su parte intelectiua, para le poder guiar a la felicidad vnitiua de su summa hermosura. Y por esto dixo Dauid: Con tu luz veremos la luz. Y dize el profeta: Blueluenos, Dios, a ti, y blueremos. Y otro dize: Blueleme, y blueluere, que tu eres el Señor y mi Dios. Porque sin su ayuda para bluer a el, seria impossible a nosotros solos el bluelernos. Y mas determinadamente lo declara Salomon en sus *Cantares* en nombre del anima intelectual, enamorada de la diuina hermosura, diziendo: Atraheme, y correremos tras ti; si el Rey me metiere en sus camaras, nos deleytaremos y alegraremos en ti; acordarnos hemos de tus amores mas que del vino; las rectitudes te aman. Mira como ruega primero el anima intelectual que sea atrahida del amor de la diuinidad, y que entonces ella con su ardentissimo amor correra tras ella. Y dize que metiendola el Rey en sus camaras; esto es, que siendo vnida por gracia diuina en lo intimo de la hermosura real, alcançara en ella la summa delectacion; la qual es es el fin de su amor en Dios. Y dize que se acordara de sus amores mas que del vino; esto es, que el amor diuino le estara siempre presente, de otra manera acordado en la mente, que el amor de las cosas mundanas, que son de la calidad del amor del vino, que embriaga al hombre y lo aparta de la rectitud de la mente; por esto acaba: las rectitudes te aman. Quiere dezir: Tu no eres amada por irrectitud del animo, como son los amores carnales, sino que la propria rectitud del anima es la que te ama. Aduierte como principia a hablar en singular, diziendo: Atraheme; y en continente dize en plural: correremos en pos de ti. Y blueue a dezir en singular: Si el Rey me lleua a sus camaras, y torna a dezir en plural: Nos deleytaremos y alegraremos en ti; acordarnos hemos de tus amores mas que del vino; por mostrar que con la vnion de la parte intelectiua del

[marginal notes, right column:]

Confirma la doctrina arriba dicha con autoridades de la Sagrada Escritura.

hombre, o del vniuerso produzido, se felicita y se deleyta, no solamente ella, empero todas las partes del vniuerso con ella; por las quales dize en plural: Las rectitudes te aman; porque todas se endereçan al amor diuino, mediante la parte intelectiua. Assi que la obra y el resplandecer del amor diuino en nosotros, es lo que primero nos guia a nuestra dichosa delectacion, y tras ella va la ardentissima obra de nuestro amor en nosotros, que nos lleua a vnirnos y a hazernos bienauenturados con la summa hermosura. Lo qual, para que mejor lo entiendas, mira su semejança entre dos perfetos amantes, hombre y muger, que aunque el hombre amante tenga ardiente amor, a la muger amada, no tendria el jamas atreuimiento ni possibilidad de gozar la deleytable vnion della, que es el fin de su amor, si ella con los rayos de los ojos amorosos, con dulces palabras, con suaues indicios, con agradables señas y afectuosas obras, no le mostrasse vna tal complacencia de correspondencia amorosa, que le leuantasse y abiuasse el amor, y lo hiziesse capaz y osado para lleuar esse amante a la deleytable vnion de la amada, fin perfectiuo de su ardentissimo amor.

Soph. — De estas mis dudas tengo entera satisfacion. Y de oy mas, de la obligacion que tenias de dezirme del nacimiento del amor, estas absuelto con no menor paga que la que me heziste: primero, de la essencia del amor y del desseo; y despues, de la comunidad del amor. Y en esto tercero conozco que el amor nacio verdaderamente, y conozco como el que Dios tiene al vniuerso, y el vniuerso a Dios, nacieron quando nacio el vniuerso; y assi el reciproco amor de sus partes de la vna a la otra. Y conozco como el principio de su nacimiento en el vniuerso produzido fue en el mundo angelico. Y assi mismo conozco su nobilissima genealogia, y que sus padres son el Conocimiento y la Hermosura, y Lucina en su parto es la falta. Y finalmente, conozco que el fin suyo es la delectacion del amante en la fruycion vnitiua de la hermosura amada, y del vniuerso en la summa hermosura, que es el vltimo fin que haze bienauenturadas todas las cosas. El qual se digne el summo Dios de concedernos. Amen. Aunque yo me creia, o Philon!, que tambien el fin para que el amor vuiesse nacido, fuesse algunas vezes el afligir y atormentar a los amantes, que afectuosamente aman a sus amadas.

Con la vnion de la parte intelectiua del hombre o del vniuerso, se felicitan todas sus partes.

La obra del amor diuino para con el vniuerso en su felicidad, y la del vniuerso para con Dios en su copulacion, declara bien con los amores de dos enamorados: hombre y muger.

Suma y conclusion de los tres dialogos del amor.

Phil. — Aunque el amor trae consigo afliccion y tormento, fatiga y congoxa, y otras muchas penas, que seria largo contarlas, no son estas su proprio fin, sino el suaue deleyte, que es el contrario dellas. Pero con todo esso has dicho verdad, no de todo amor, sino solamente del mio para contigo; que su fin nunca jamas a sido plazer ni deleyte; antes veo que su principio, medio y fin se todo angustias, dolores y passiones.

El deleyte es el proprio fin del amor, no las penas y passiones que trae consigo.

Soph. — Pues, como falta en ti la regla? Y el tuyo, por que esta priuado de lo que todo amor deue conseguir?

Phil. — A ti y no a mi pudieras preguntar esso. A mi toca amarte quanto a mi animo le sea possible; si tu hazes el amor esteril y priuado de su deuido fin, quieres que busque yo tu escusa?

Soph. — Quiero que busques la tuya; que estando tu amor desnudo del proprio fin que has dado al amor, es necessario que el tuyo no sea verdadero amor, o que este no sea su verdadero fin.

Phil. — El fin de todo amor es el deleyte, y el mio se veriessimo amor, y su fin es gozarte con vnitiua delectacion; el qual fin procuran el amante y el amor; empero no todos el fin que procuran le alcançan; y tanto menos quanto el efecto de ganar aquel fin es necessario que venga de mano agena, como es el deleyte del amante, que es el fin al qual camina su amor; pero no llegara jamas a el, si el reciproco amor de su amada no le lleua hasta el. Assi que lo que le haze faltar de su fin al amor que yo te tengo, es lo que tu reciproco amor falta de su obligacion. Porque en todo el vniuerso, y en cada vna de sus partes, nacio el amor, en ti sola me parece que no nacio jamas.

El fin de todo amor es el deleyte. No todos alcançan el fin que pretenden, principalmente si a de venir de mano agena.

La causa de no alcançar vn amor su fin, qual es.

Soph. — Quiça no nacio porque no fue bien sembrado.

Phil. — No fue bien sembrado, porque la tierra no quiso recebir la perfeta semilla.

Soph. — Luego es defectuosa?

Phil. — En esto si, verdaderamente.

Soph. — Todo defectuoso es feo; pues como amas tu lo feo? Si porque te parece hermoso, luego tu amor no es recto, ni verdadero, como dizes.

Phil. — No hay cosa tan hermosa, que no tenga algun defecto si no es el summo hermoso. Y en ti ay tanta hermosura qua, aunque con ella se acompaña esta falta, que a mi me haze infelice, puede mouerme mucho mas

Nada ay sin defecto sino el summo hermoso.

la gran hermosura a amarte, que el pequeño defecto, a mi no poco dañoso, a odiarte.

Soph.—Yo no se que hermosura puede ser esta mia, que tanto te mueue a amarme. Tu me has mostrado que la verdadera hermosura es la sabiduria; de esta, en mi no ay mas parte que la que me has enseñado; luego en ti esta la verdadera hermosura, y no en mi; por lo qual yo deuria amarte a ti, y no a mi.

Phil.—Bastame dezirte la causa por que te amo, sin buscar la causa por que no me amas, que yo no se otra sino que mi amor para contigo es tan grande, que no te dexa parte alguna con que puedas amarme.

Soph.—Basta que digas como tu me amas no siendo yo hermosa; por lo qual es necesario, o que la hermosura sea otra cosa que la sabiduria, o que tu me amas no verdaderamente.

Phil.—Es verdad que te he dicho que la summa hermosura es la sabiduria diuina; la qual en ti, en la formacion y gracia de la persona, y en la angelica disposicion del anima, aunque le falte algo del exercicio, reluze de tal manera, que tu imagen en mi mente esta hecha y reputada por diuina y adorada por tal.

La summa hermosura es la sabiduria diuina.

Soph.—No crea yo que en tu boca cabia adulacion, ni que la vsaras comigo jamas. Yo, segun tu doctrina, no puedo ser hermosa, porque en mi no ay sabiduria; y quieres dezirme que soy diuina.

Phil.—La disposicion de la sabiduria es la hermosura que Dios comunico a las animas intelectiuas quando las produxo; y tanto mas hermosa formo al anima, quanto mas dispuesta la hizo a la sabiduria; de la qual disposicion fue la tuya grandemente dotada. Y el ser sabio en acto, consiste en la enseñança y en el vso de las doctrinas, y es como la hermosura artificial sobre la natural. Pues quieres tu que sea yo tan grossero, que dexe de amar vna gran hermosura natural, porque le falte algun tanto del artificio y diligencia? Yo quiero amar antes vna natural hermosa no compuesta, que vna compuesta no hermosa. Y lo que tu llamas adulacion, no lo es; porque, en efeto, si tu hermosura no se huuiera hecho diuina en mi, jamas tu amor vuiera apartadome la mente de toda otra cosa, saluo que de ti, como lo ha hecho.

La disposicion del anima intelectiua a la sabiduria es su hermosura.

La hermosura natural se a de preferir a la artificial.

Que no merecen ser amadas las afeytadas.

Soph.—Si no fue adulacion, es error que vna persona fragil, como la mia, se transforme en ti en forma diuina.

Phil.—Tampoco quiero concederte que sea error, porque esto es proprio de los amantes y de las cosas amadas; que el amado, en la mente del amante, se haze y es reputado por diuino.

El amado en la mente del amante adquiere diuinidad.

Soph.—Luego es error de todos.

Phil.—En todos no puede auer error, si el mismo amor no fuesse error.

Soph.—Pues como se hazen sin error tan distintas variaciones de la cosa amada a su imagen, en la mente del amante, que de humana la buelue diuina?

Phil.—Siendo nuestra anima imagen pintada de la summa hermosura, y desseando naturalmente boluer a la propria diuinidad, esta preñada siempre della con este natural desseo. Por lo qual quando vee vna persona hermosa en si de hermosura a ella misma conueniente, conoce en ella, y por ella, la hermosura diuina; porque aquella persona es tambien imagen de la diuina hermosura. Y la imagen de aquella persona amada en la mente del amante, auiua con su hermosura la hermosura diuina latente, que es la misma anima del amante; y le da actualidad de la manera que se la daria essa misma hermosura diuina exemplar; por lo qual ella se haze diuina, y su hermosura crece y se haze mayor en ella, tanto quanto es mayor la diuina que la humana. Y por esto llega el amor del amante a ser tan intenso, ardiente y eficaz, que roba los sentidos, la fantasia y toda la mente, como lo haria essa hermosura diuina, quando retirasse a el en contemplacion al anima humana. Y tanto se adora por diuina la imagen de la persona amada en la mente del amante, quanto la hermosura suya del anima y del cuerpo es excelente y mas semejante a la hermosura diuina; y quanto en ella reluze mas la summa sabiduria. Y tambien se junta con esto la naturaleza de la mente del amante que la recibe; porque si en ella esta la diuina hermosura muy submergida y latente, por estar vencida de la materia y cuerpo, aunque el amado sea muy hermoso, puede deificarse poco en ella por la poca diuinidad que en aquella mente reluze. Ni ella tampoco puede ver en el hermoso amado sea su hermosura, ni conocer el grado de su belleza. De donde acaece que las animas baxas y anegadas en la materia, aman raras vezes a las grandes y verdaderas hermosu-

Nuestra anima naturalmente ama la hermosura, y la razon por que.

En el amado y en el amante esta la imagen diuina.

Fuerças y vehemencia del amor.

La diuinidad tanto mas resplandece en el hermoso amado y en el discreto amante, quanto ellos fueron mas sabidos en estos quilates. El necio ni conoce la hermosura ni puede amarla. La hermosa o hermosura amada de vn necio es desdichada.

ras, y que el amor dellas sea muy excelente. Pero quando la persona amada hermosissima, es amada de anima clara y eleuada de la materia, en la qual la summa hermo

Al merecimiento de la hermosura y a la exelencia del amor insigne, conuiene que el amante sea discreto.

Loor de la hermosura espiritual y corporal de Sophia.

sura diuina summamente relumbra, entonces se deifica grandemente en ella; la qual la adora siempre por diuina, y su amor para con ella es muy intenso, eficaz y ardiente. Pues al que yo te tengo, o Sophia!, lo haze grandemente diuino la muy resplandeciente hermosura tuya espiritual y corporal, y aunque la claridad de mi mente no es proporcionada y capaz a deificarla quanto conuernia, la excelencia de tu hermosura suple la falta de mi mente obscura.

Soph.—Luego no tengo obligacion de amar al no adulador ni mentiroso, pues lo que en mi loor dixiste lo da el amor de suyo; ni es error, pues prouiene de la naturaleza de lo hermoso y de la del anima. Aunque yo muy bien veo que desta mi transformacion de humana en diuina, antes es causa la diuinidad de tu sabia mente, que mi baxa hermosura.

Phil.—Esse engaño tuyo acerca de mis loores querria que fuesse, antes que hazerte que me amasses por tal, qual seria razon si los creyesses, que para dezirmelos con la lengua. Y si todavia no los crees, como es justo, no puedes

El amor que al summo Dios tenemos, prouee y atrahe a la diuina Magestad a que nos ama.

negar que la summa hermosura diuina, que es mayor y mas exce·lente que todas en infinito, no sea atrahida del amor de vna meute humana baxa y finita, si ella le ama, a reamarla y a retirarla a su felicissima delectacion vnitiua mediante el amor que aquella le tiene. Pero tu que entre los humanos tanto semejas a la summa hermosura, por que no quieres assemejarla tambien en esta agradable reciprocacion amorosa?

Soph.—Creo que no la dessemejo mucho en esto; porque assi como ella no atrahe al amante a otra vnion que a la espiritual de la mente, y para esto lo reama, assi yo no quiero negar que no te amo y desseo la vnion de la mente, no de la tuya con la mia, sino de la mia con la tuya, como con mas perfeta. Y desto no puedes dudar, atenta la solicitud mia a contemplar los conceptos de tu mente y a gozar de tu sabiduria, en que recibo grandissimo deleyte. De la otra vnion corporea, que suelen dessear los amantes, no creo que en ti se halla, ni querria

Diferencia entre el amor espiritual y el corporeo.

que en mi se hallasse desseo alguno; porque assi como el amor espiritual es todo lleno de bien y de hermosura, y todos sus efetos son conuinientes y saludables, assi el corporeo creo que antes es malo y feo, y sus efetos por la mayor parte molestos y dañosos. Y para que en esto pueda responderte mejor, te suplico me digas, como ya me lo prometiste. de los efetos del amor humano, quales son los buenos y loables y quales los dañosos y vituperables, y quales destos bazen mayor numero, Porque, con esto que falta, acabaras de salir de todas las obligaciones que por tus promessas me has hecho.

Phil.—Muy bien veo, o Sophia!, que por huyr de mis justas querellas me pides la paga

Dichosa nuestra edad, si meresciera ver cumplida esta promessa!

del resto de la obligacion; y en esto acuerdome auerte dado ambigua promessa. Y al presente bien vees que no es tiempo de cumplirla, porque hemos tardado mucho en esta platica del origen del amor y es ya tiempo de dexarte reposar. Piensa de pagarme tu a mi las deudas, a que amor, razon y virtud te obligan, que yo, si pudiere auer tiempo, no faltare de seruirte con lo que mi promessa y seruitud acerca de ti amorosa me compelen.

Vale.

—————

Assi acabo su obra este preclarissimo varon; obra mas digna de que su autor le diera fin con su ambigua promessa, que no de que el tiempo se lo de con sus calamidades.

—————

Alexandro Picoolomini, en la primera Institucion moral que compuso de la vida del hombre noble, en la carta dedicatoria de su obra a Madonna Laudomia Forteguerri, dize de nuestro Leon Hebreo ciertas palabras; las quales, traduzidas de italiano en español, suenan assi:

Por cartas de mis amigos he entendido lo mucho que desseays que saliesse a luz el quarto dialogo de Philon y Sophia, en el qual se auia de tratar de los efetos del amor, auiendose tratado ya en los tres primeros de su essencia, comunidad y origen; y que, si todavia no se hallasse, os seria agradable que yo tomasse el trabajo de añadirlo, y que, procediendo por el estilo començado, me conformasse con la intencion de aquel Hebreo, mas platonica que peripatetica. A esto digo, virtuosissima comadre, que en qualquiera ocasion tendre siempre en mucho hazer lo que yo entendiere que os agrada. Pero en esta podria ser que, siendo los primeros tres dialogos tan diuinos y no pudiendo ygualarles con el quarto, nos arrepintiessemos de la empresa; de mas de que se le haria ofensa al primer autor, si se pusiesse otro dialogo ageno con los suyos. Por lo qual me parece que seria mejor que esperassemos algun tiempo a ver si sale el tal dialogo. Y no sucediendo assi, y gustando vos de que yo lo escriua, aunque he negado la misma demanda al muy ilustre señor mio el señor don Diego de Mendoça, embaxador de su Magestad acerca de los seño-res venecianos, a vos no os la negare. Y hare que, no en nombre de quarto dialogo de Leon Hebreo, sino como en dialogo de por si distinto de los otros, hablen Philon y Sophia muy abundantemente de los efectos del amor, etcétera.

LAVS DEO (¹)

EL VIAGE ENTRETENIDO

DE AGUSTIN DE ROJAS,

natural de la villa de Madrid.

CON VNA EXPOSICION DE LOS NOMBRES HISTORICOS Y POETICOS QUE NO VAN DECLARADOS.

A Don Martin Valero de Franqueza, Cauallero del habito de Santiago y gentil hombre de la boca de Su Magestad.

Con priuilegio de Castilla y Aragon.—En Madrid, en la Emprenta Real.—M. DC. IIII.

Vendese en casa de Francisco de Robles.

TASSA

Yo, Pedro Zapata del Marmol, escriuano de camara de su Magestad, de los que en el su Consejo residen, doy fe: Que auiendose presentado ante los señores del Consejo vn libro intitulado *El viage entretenido*, que con su licencia fue impresso, compuesto por Agustin de Rojas, vezino de la villa de Madrid, los dichos señores tassaron cada pliego del dicho libro a tres marauedis; el qual dicho libro tiene cincuenta y vn pliegos, que al dicho precio monta quatro reales y medio, y al dicho precio y no a mas mandaron se venda cada vno de los dichos libros en papel, y que esta tassa se ponga al principio de cada vno dellos. Y para que dello conste, de pedimiento de la parte del dicho Agustin de Rojas, y mandado de los dichos señores del Consejo, di la presente, que es fecha en la ciudad de Valladolid a veynte y dos dias del mes de otubre de mil y seyscientos y tres años.—*Pedro Zapata del Marmol* (¹).

APROBACION

Por mandado de Vuestra Alteza, he visto este libro intitulado *El viage entretenido*, compuesto por Agustin de Rojas, natural de la villa de Madrid, y assi por no tener cosa que ofenda, como por ser de buen lenguaje y tocar el autor diuersas materias de curiosidad, ingenio y entretenimiento, conforme al titulo del libro, se le puede dar la licencia y priuilegio que suplica. En Valladolid a quinze de mayo de mil y seyscientos y tres.—El secretario, *Tomas Gracian Dantisco.*

(¹) Siguen, á la vuelta, las «Eratas» (*sic*), certificadas por el Licenciado Murcia de la Llana.

EL REY

Por quanto por parte de vos, Agustin de Rojas, vezino de la villa de Madrid, nos fue fecha relacion que vos auiades compuesto vn libro intitulado *El viage entretenido*, el qual era muy curioso y se podian sacar del muchos auisos y dotrina, en que la republica seria muy aprouechada, y auiades puesto en el mucho trabajo, atento a lo qual nos pedistes y suplicastes os mandassemos dar licencia y facultad para lo poder hazer imprimir, y priuilegio por diez años, o como la nuestra merced fuesse: lo qual visto por los del nuestro Consejo, y como por su mandado se hizieron las diligencias que la prematica por Nos vltimamente fecha sobre la impression de los libros dispone, se acordado que deuiamos de mandar dar esta nuestra cedula para vos en la dicha razon, e Nos tuuimoslo por bien. Por la qual os damos licencia y facultad para que por tiempo de diez años primeros siguientes que corren y se cuentan desde el dia de la data desta nuestra cedula en adelante, vos o la persona que vuesto poder huuiere podays imprimir y vender el dicho libro que de suso se haze mencion, por su original que en el nuestro Consejo se vio, que va rubricado y firmado al fin de Pedro Zapata del Marmol, nuestro escriuano de camara de los que en el nuestro Consejo residen; con que antes que se venda le traygays ante ellos con su original, para que se vea si la dicha impression esta conforme a el, o traygays fe en publica forma en como por corretor nombrado por nuestro mandado se vio y corrigio la dicha impression con su original. Y mandamos al impressor que ansi imprimiere el dicho libro, no imprima el principio y primer pliego, ni entregue mas de solo vn libro con su original al autor o persona a cuya costa lo imprimiere, y no a otra persona alguna, para efeto de la correcion y tassa, hasta que antes y primero el dicho libro estè corregido y tassado por los del nuestro Consejo, y no de otra manera podays imprimir el dicho principio y primer pliego, y seguidamente pongan esta nuestra cedula y la aprouacion que del dicho libro se hizo por nuestro mandado, tassa y erratas, so pena de caer e incurrir en las penas contenidas en las leyes y prematicas destos nuestros reynos que sobre ello disponen; y mandamos que durante el tiempo de los dichos diez años persona alguna sin vuestra licencia no pueda imprimir el dicho libro, ni venderlo, so pena que el que lo imprimiere o vendiere, aya perdido todos y quale[s]quier libros, moldes y aparejos que del dicho libro tuuiere, y mas incurra en pena de cinquenta mil marauedis; la qual dicha pena sea la tercia parte para la nuestra Camara, y la otra tercia parte para el Iuez que lo sentenciare, y la otra tercia parte para la persona que lo denunciare. Y mandamos a los del nuestro Consejo, presidente y oydores de las nuestras Audiencias, alcaldes, alguaziles de la nuestra casa y corte y chancillerias, y a todos los corregidores, assistente, gouernadores, alcaldes mayores y ordinarios, y otros juezes y justicias qualesquier de todas las ciudades, villas y lugares de los nuestros reynos y señorios, assi los que agora son como los que seran de aqui adelante, que voy guarden esta nuestra cedula y lo en ella contenido, y contra su tenor y forma no vayan ni passen, ni consientan yr ni passar en manera alguna, so pena de la nuestra merced y de diez mil marauedis para la nuestra Camara. Fecha en San Iuan de Ortega a diez y seys dia[s] del mes de Iunio de mil y seyscientos y tres años.—Yo EL REY.—Por mandado del Rey nuestro señor, *Iuan de Amezqueta.*

PRIVILEGIO

Don Felipe, por la gracia de Dios rey de Castilla, de Aragon, de Leon, de las Sicilias, de Ierusalen, de Portugal, de Vngria, de Dalmacia, de Croacia, de Nauarra, de Granada, de Toledo, de Valencia, de Galicia, de Mallorca, de Seuilla, de Cerdeña, de Cordoua, de Corcega, de Murcia, de Iaen, de los Algarues, de Algezira, de Gibraltar, de las islas de Canaria, de las Indias orientales y occidentales, islas y tierra firme del mar Oceano; archiduque de Austria; duque de Borgoña, de Brabante, de Milan, de Atenas y Neopatria; conde de Apspurgh, de Flandes, de Tirol, de Barcelona, de Rosellon y Cerdeña; marques de Oristan y conde de Goceano: Por quanto por parte de vos, Agustin de Rojas, natural de la nuestra

villa de Madrid, me ha sido hecha relacion que con vuestra industria y trabajo aueys compuesto vn libro intitulado *El viage entretenido,* el qual desseays imprimir en los nuestros reynos de la corona de Aragon, suplicandonos fuessemos seruido de hazeros merced de licencia para ello, y Nos, teniendo consideracion a lo sobredicho, y que ha sido el dicho libro reconocido por persona experta y por ella aprouado, que os resulte dello alguna vtilidad, lo auemos tenido por bien. Por ende, con tenor de las presentes, de nuestra cierta sciencia y real autoridad, deliberadamente y consulta, damos licencia, permisso y facultad, a vos el dicho Agustin de Rojas, que por tiempo de diez años, contaderos desde el dia de la data de las presentes en adelante, vos o la persona o personas que vuestro poder tuuieren, y no otro alguno, podays y puedan hazer imprimir y vender el dicho libro intitulado *El viage entretenido* en los dichos nuestros reynos de la corona de Aragon, prohibiendo y vedando expressamente que ningunas otras personas lo puedan hazer por todo el dicho tiempo sin vuestra licencia, permisso y voluntad, ni le puedan entrar en los dichos reynos para vender de otros adonde se huuieren imprimido. Y si despues de publicadas las presentes, huuiere alguno o algunos que durante el dicho tiempo intentaren de imprimir o vender el dicho libro, ni meterlos impressos para vender como dicho es, incurran en pena de quinientos florines de oro de Aragon, diuidideros en tres partes: a saber, es vna para nuestros cofres reales, otra para vos el dicho Agustin de Rojas, y otra para el acusador; y demas de la dicha pena, si fuere impressor, pierda los moldes y libros que assi huuiere imprimido, mandando con el mismo tenor de las presentes a qualesquier lugares tenientes y capitanes generales, regentes la canceleria, regente el oficio, portantes vezes de general, gouernador, alguaziles, porteros, vergueros y otros qualesquier oficiales y ministros nuestros mayores y menores, en los dichos nuestros reynos y señorios constituydos y constituyderos, y a sus lugares tenientes y regentes los dichos oficios, so incurrimiento de nuestra yra e indinacion y pena de mil florines de oro de Aragon de bienes del que lo contrario hiziere, exigideros y a nuestros reales cofres aplicaderos, que la presente nuestra licencia y prohibicion, y todo lo en ella contenido, os tengan y guarden tener, guardar y cumplir hagan sin contradicion alguna, y no permitan ni den lugar a que sea hecho lo contrario en manera alguna, si, demas de nuestra yra è indignacion, en la pena sobredicha dessean no incurrir. En testimonio de lo qual, mandamos despachar las presentes, con nuestro sello real commun en el dorso selladas. Datas en la nuestra ciudad de Valladolid a veynte y quatro dias del mes de setiembre, año del nacimiento de Nuestro Señor Iesu Christo de mil y seyscientos y tres.—Yo EL REY —Dominus rex mandauit mihi, *Hieronymo Gasol;* vise per *Couarruuias,* vicecancellarium, comiti generalem thessaurarium; *Guardiola,* clauero; *Subbater* et *Nuñez,* regentes cancellariam, et *Franquessa,* consiliarium generalem. In diuersorum, IIII, fol. CCXII.

DEL DOTOR AGUSTIN DE TEJADA PAEZ.

Camina el auariento, y el salado
pielago surca, al Norte de la mina,
cuya codicia el pecho suyo inclina
que rompa el mar, del Austro alborotado;
y el mercader camina fatigado
(porque sigue el cansancio al que camina),
y el peregrino el mundo peregrina,
cumpliendo el voto a quien está obligado;
    mas no sintieran del trabajo vltraje,
mercader, peregrino ni auariento,
con *Viage* tan bien *entretenido:*
que Rojas facilita ya el viage
con dulce prosa y numeroso acento,
muerte del tiempo, espada del oluido.

DE ALONSO DE CONTRERAS (¹), ALGUAZIL DE LA CASA Y CORTE DEL REY NUESTRO SEÑOR.

Si tanto estimó Trajano
la eloquencia de Adion,
y a Virgilio, Octauiano;
y a Enio, el gran Cipion;
y a Ausonio Galo, Graciano.
    Si aquella estatua a Platon
el rey Mitridates hizo
por la mano de Asilon,
y de aqueste varon quiso
dexar eterna opinion,
    a quien tambien la merece
y este *Viage* enriquece
con tanto dezir gallardo,
oy para Rojas la aguardo,
que de oro España la ofrece.

DE DON IUAN DE PIÑA (²).

Soys, *Viage entretenido,*
cifra del siglo dorado.

(¹) No es el picaresco soldado madrileño Alonso de Contreras (1582—m. despues de 1640), cuya *Vida* publicó el Sr. Serrano y Sanz en el *Boletin* de la Real Academia de la Historia (Julio Setiembre, 1900); ni otro Alonso de Contreras, hidalgo de Talavera, mencionado por Zapata en su *Miscelánea* (p. 150 de la ed. de 1859).
(²) El autor de los *Casos prodigiosos y Cueva encantada* (Madrid, 1628).

do el arte, ingenio y cuydado
muestran bien lo que han podido.
Mercurio, Apolo y Cupido,
os den por tan rica historia
lauro de eterna memoria
con esmeraldas por hojas,
pues la fama en vuestro Rojas
tiene Homero y nueua gloria.

DE IUANA VAZQUEZ.

Tan bien del *Viage* vsas,
que si este leyendo estoy,
entiendo que al monte voy,
do estan coronadas musas.
    Madrid, aduierte dos cosas,
que qualquiera te enriqueze:
Vega, que vega te ofrece,
y Rojas, jardin de rosas.

DEL DOTOR FRANCISCO DE CORCUERA A AGUSTIN DE ROJAS.

Rebueluo y miro al circulo en que afirma
el Antartico curso nuestro pole,
paso adelante y veo la luz de Apolo,
con su Diana, que en tu amor confirma.
    Miro mas alto y veo que se refirma
con nueue cielos este Mauseolo;
vi vuestra estrella al fin, y soys vos solo
quien rige, manda, predomina y firma.
    De vos recibe el Sol sus rayos bellos
con que nos rige, y a su esfera casta
days luz, que no alumbrara si no os viera.
    Vuestro *Viage* ha sido la luz dellos,
y al fin soys Rojas, que esto solo os basta
para estar con Faeton alla en su esfera.

DE DON IUAN LUYS DE VELASCO, CAUALLERO DEL HABITO DE SANTIAGO.

Cansancio es vano el de mi debil pluma
en querer remontarse tan de buelo,
pues mientras se leuanta mas del suelo,
es todo quanto dize leue espuma.
    Porque la mas gallarda que presuma
comunicar su estilo con el cielo,
en tratando de vos ha de hazer pelo,
antes que reduzirlo a breue suma.
    Pensar, diuino Rojas, alabaros,
bien se vee claro que mi lengua yerra,
que engrandeceros ella es humillaros.
    Y assi mirando lo que en vos se encierra,
espantase, y concluye con llamaros
prodigioso milagro de la tierra.

DE DOÑA IUANA DE FIGUEROA.

No os culparan bagamundo,
puesto que en romero days,

pues dando vna buelta al mundo,
como reliquias mostrays
vuestro ingenio sin segundo.
  Y como al amado nido,
buen romero, aueys venido,
enseñays reliquias tales
por honras y por señales
del *Viage entretenido.*
  Que como el diestro romero,
por su credito exercita
tomar medallas de acero
en los templos que visita;
para bordar el sombrero,
  vos, Rojas, que el templo amado
de Apolo aueys visitado,
las medallas que sacays,
por escrito las mostrays,
que es el credito doblado.

De Alonso de Salas Barbadillo (¹).

Del runio Febo el celestial viage,
quando ciñendo el mar cerca la tierra,
hasta que el propio mar su luz encierra,
dandole en sus corrientes hospedage,
  rinda al vuestro el deuido vassallage,
pues el vuestro le humilla y le destierra,
sin que le cante el monte, valle y sierra,
alabanças en lyrico lenguaje.
  Ciña, por hijo tal, la bella frente
Mançanares del lauro vitorioso,
poniendo raya al mar de sus congojas.
  Palacios le fabrique en su corriente,
pues por aqueste Rojas milagroso
estima Febo mas sus trenças rojas.

De doña Antonia de la Paz.

Ninfas que en vuestro coro retumbando
estan los instrumentos, en oluido
los dexad por agora, celebrando
de Rojas *El viage entretenido.*
  Vereys en el quan bien que va ymitando
al sacro Apolo y al rapaz Cupido,
y pues le pinta qual famoso Apeles,
coronadle su frente de laureles.

De Leonardo, el Cortesano, a Agustin de Rojas.

  Qve lo que se puede ver
puede exceder al desseo,
en vuestro *Viage* veo
oy, Rojas, que puede ser;

 (¹) El famoso novelista madrileño (1581-1635). Este
soneto es la más antigua obra literaria que de Salas
Barbadillo se conoce.

¿que mas puede apetecer
el juyzio mas delicado
que vn estilo tan limado,
tan diuino y celestial,
que solo el original
es ygual a lo copiado?

De Maria de los Angeles.

  En *Viage* tan diuino,
digno de cien mil loores,
pintado con viuas flores
miro el humanal camino,
caso raro y peregrino;
en el claramente veo
lo incierto, lo hermoso y feo,
y dibuxado vn varon,
donde al juyzio y la razon
no vence el torpe desseo.

Del Licenciado Francisco Sanchez de Villanueua.

  De jazmin blanco y de purpurea rosa
a sembrar tu camino nos incitas,
que descubre de ricas margaritas
el valor sumo y la beldad preciosa.
  Es vtil la jornada y deleytosa,
porque eres con ventajas infinitas,
quando a aquel y este en vno y otro imitas,
Pindaro en verso, y Luciano en prosa.
  De nueuo, o Mançanares cristalinol,
por Rojas quedas incapaz de agrauios
y el de laureles y memorias digno;
  pues con lengua erudita y dulces labios,
haziendo dos mandados de vn camino,
enseña idiotas y deleyta sabios.

De don Antonio de Rojas, Cauallero del habito de San Iuan.

  Tengas, Madrid, muchos dias
de contento y regozijo,
que ya ha parecido el hijo
que por perdido tenias.
Mançanares, alegrias,
que ya Rojas ha venido
de las Indias, y ha traido
perlas, diamantes y oro,
y con ellos el tesoro
del *Viage entretenido.*

Del Licenciado Francisco de Aranda.

  Tanto bolaste con tus alas, Rojas,
que la mas roja esfera, sin dañarte,
procuraste passar con solo el arte
del dios Apolo que en tu ingenio alojas.

Las comicas historias quedan cojas
sin ti, y qual guerras viuen con su Marte,
alimentando (solo en escucharte)
el ingenio sutil que desenojas.

Alegrese Madrid con hijos tales,
pues aquel que la voz parlera llama
(para viuir continuo en su memoria),
exceden con ventajas desiguales,
ganando nombre, ser y eterna fama,
con triunfo altiuo de suprema gloria.

DE DOÑA MARIA DE GUZMAN.

El planeta mejor que conocemos
entre los astros es el rojo Apolo,
y Rojas es, en los linages solo,
el mas gallardo y amplo que sabemos.

En el bermejo o roxo mar tenemos,
a quien con vientos hincha el dios Eolo,
el milagro que de vno al otro polo
auer Dios hecho todos entendemos.

Apolo te da el lauro de eloquencia,
pues entre Rojas solo te ha escogido,
dandote en sus palacios hospedage.

Eres el rojo mar de ingenio y ciencia.
y assi por Rojas bien has merecido
se tenga por milagro tu *Viage*.

DE PEDRO IUAN OCHOA.

Famoso Rojas, que dexando el puerto
que bate Mançanares caudaloso,
andays por alta mar tan animoso,
que es nada el mar en animo tan cierto:

Engolfado piloto en el desierto
del mar de Apolo, en donde aueys, gozoso,
qual otro Colon nueuo, en Indio honroso,
las Indias del Parnaso descubierto:

Con razon de Pisuerga el puerto claro,
porque en el zabordò el barco lucido,
os deue recibir en su regazo.

Y pues desembarcays, piloto caro,
mostrad desse *Viage entretenido*
nueuas ojas del mundo de Parnaso.

DE DON FERNANDO DE LEDESMA.

Aquel que dio principio al Astrolauio,
ordene que su maquina excelente,
pues con su anhelo va de gente en gente,
publique tu saber de labio en labio.

Diga de tu *Viage* el modo sabio,
pues ya essa roja y laureada frente
corona y ciñe el Delfico luciente,
sin recebir Virgilio en cosa agrauio.

Y en tanto que tu altiua y dulce tuba
en torno del Parnaso se baldona,
viendo que se renueua tanta fama,

pues es razon que el rojo a Rojas suba,
baxe aquel radiante de su zona
y lleue vuestra fenix en su llama.

DE FELIPE DE SIERRA AL CELEBRADO ROJAS.

Oy las diuinas musas se juntaron
en su insigne y famoso anfiteatro,
bolò la fama desde el Tile al Batro,
y en la academia el scita y persa entraron.

El albanes llegò; no començaron,
porque del mundo y de sus partes quatro
vinieron mil naciones al teatro
y de ver tal grandeza se espantaron.

Entrò a la posta vn español vistoso,
de buen cuerpo, galan, bizarro en suma,
que Mançanares es su patrio nido.

Las musas le coronan, y el, gozoso,
tomò el laurel, y con su heroyca pluma
las escriuio *El viage entretenido*.

DE LUYS VELEZ DE SANTANDER ([1]).

Entre los dulces cisnes de tu orilla,
Mançanares famoso, oy se leuanta
otro nueuo hasta el Sol, con lo que canta,
para viuir por nueua marauilla.

Tus ninfas por los prados de Castilla
le texan lauros de la ingrata planta
que al Sol corona la cabeça santa,
que para hazerle salua oy se le humilla.

El premio de vn *Viage* le apercibe
la fama, auentajada con el buelo
del ingenio de Rojas peregrino.

Con esta pluma nueuo honor recibe,
que el Sol hiziera (a no mouerle el cielo)
por aqueste *Viage* su camino.

DEL LICENCIADO IUAN DE VALDES
Y MELENDEZ.

Pintò en sus doctas tablas Tolomeo
el indio mar, el Alpe y Apenino,
ganando con su estudio peregrino
eterno nombre e inmortal trofeo.

Seguro de las aguas del Leteo,
heroycos versos escriuiò el Latino,
y buscando el dorado vellocino,
cumplio Iasson en Colcos su desseo.

Mucho mas que a los tres le deue el mundo,
diuino Rojas, pues tu ingenio alcança,
quedando solo, de los tres la gloria.

Pintando a España quedas sin segundo,
buelue inmortal el verso tu esperança
y este *Viage* eterna tu memoria.

([1]) El insigne dramaturgo y novelista Luis Velez
de Guevara (1579-1644), que usó, hasta 1609, el se-
gundo apellido de su madre (D.ª Francisca de Ne-
grete y Santander).

DE DOÑA INARDA DE ARTIAGA (¹).

El Fenix es estimado,
porque si viue en el mundo,
no puede tener segundo
hasta que muere abrasado;
mas tanto te has leuantado
con lo que al mundo preuienes,
que ya corona tus sienes
y ensalça mas tu loor,
porque Fenix sucessor
agora ni despues tienes.

DE IUAN GERONYMO SERRA, CRIADO
DE SU MAGESTAD.

Soneto.

El roxo Apolo, o Rojas ingenioso!,
en el *Viage* excelso se apressura,
alumbrando de passo su hermosura,
hasta que el mar le hospeda generoso.
Ocaso tiene el Sol marauilloso,
y por su ausencia al mundo noche oscura,
cuya sombra apadrina la locura
del moço que se arroja a ser vicioso.
Mas tu, de Mançanares premio y gloria,
en el *Viage* que formò tu mano
assistiendo las nueue del Parnaso,
de tu ingenio fixaste la memoria,
diuino Sol, luciente y soberano,
que siempre alumbras sin tener ocaso.

DE GERONYMO DE LEON.

Soneto.

Por prosa, Ciceron muy bien merece
el lauro y la corona que le han dado,
hasta ser orador tan estimado,
pues Roma que lo sea le agradece.
A Virgilio la fama le enriqueze
por los versos que ha escrito y enseñado;
esto Cesar Augusto lo ha mostrado
con el fauor que a otro ensoberuece.
El lauro que los dos han merecido,
a ti se deue, pues con buen lenguaje
entretienes la vida trabajosa.
De oy mas el caminar es buen partido,
pues muestras ser, en este tu *Viage*,
Virgilio en verso, Ciceron en prosa.

DE DON ALONSO DE TRUXILLO, CRIADO
DEL MARQUES DEL CARPIO.

Soneto.

De Smirna parte Homero el celebrado
desde el alegre oriente al triste ocaso,

(¹) Consérvase un soneto suyo en el ms. M. 84 de la
Biblioteca Nacional.

ORÍGENES DE LA NOVELA.—IV.—30

Maron de Mantua con ligero passo,
de Sulmo Ouidio, tierno enamorado.
De Italia va el Petrarca sublimado;
de nuestro pueblo ibero, Garcilasso;
cada qual desseando en el Parnaso
ser de mano de Apolo laureado.
Vaya despues dellos, Rojas eloquente,
y tan alto bolays, que aueys llegado
primero que ellos ante el sacro Apolo.
Y assi os dio lauro y coronò la frente,
dexando vuestro nombre eternizado,
del celebrado Betis a Pactolo.

A DON MARTIN VALERO DE FRAN-
QUEZA, CAUALLERO DEL HABITO DE
SANTIAGO Y GENTILHOMBRE DE LA BOCA
DE SU MAGESTAD.

Conociendo el caudal de mi pobre ingenio y
el poco valor desta pequeña obra, no acabo de
entender lo que me ha podido animar a dirigir
a v. m. vna cosa tan humilde, siendo, como es,
vn atreuimiento tan grande. Porque si digo que
la grauedad de la compostura pudo darme alas,
yerro; si digo que la confiança de mi buen en-
tendimiento, es locura. Pues, que me pudo mo-
uer o me monio? La gran nouedad del libro o la
intima aficion de criado. Porque si yo fuera vn
hombre muy docto, pudiera estar seguro v. m. no
me imputara de necio, antes amparara mis bue-
nos desseos, qual hizo el magno Alexandro con
el poeta Homero, que, sin conocerle, fue tan
aficionado suyo, que debaxo de su almoada
tenia de contino su *Iliada*. O como el gran rey
Demetrio con el filosofo Hermogenes, que es-
tando el vno en Asyria y el otro en Grecia,
Hermogenes presentaua muchos libros a De-
metrio, y Demetrio hazia grandes mercedes a
Hermogenes. Pero siendo yo tan moço y de
tan poco ingenio, la obra tan humilde y de tan
poco fruto, bien conozco que no ha sido acer-
tado; pero tambien confiesso que, aunque no
tengo discrecion para escriuir, partes para me-
recer, suficiencia para dirigir, tengo humildad
para suplicar reciba v. m. debaxo su poderosa
mano la humildad de mi pobre entendimiento.
—*Agustin de Rojas.*

AL VVLGO

Con mal andan los asnos, quando el arriero
da gracias a Dios. Con mal va mi libro, quan-
do yo me acuerdo de ti, vulgacho, que, como te
conozco, no es razon que te passe en blanco.
Diras tu agora: valgate Dios por cauallero del
milagro! (¹) libro has compuesto de loas, prossas

(¹) Véase, sobre este dicho, mi edición de *El Dia-
blo Cojuelo* de Vélez de Guevara (Madrid, 1910), pá-
gina 136; y, más adelante, la loa relativa á Rojas, apo-
dado también ʉel caballero ʉel milagro.

y versos? Pues, ven aca, Rojuelas: las loas, no conoces que son malas y vn disparate todas? (¹), porque ya sabes que no tienen mas mysterio de juntar rabanos, alcaparras, lechugas y falsas riendas, y dezirlo con velocidad de lengua, que la tienes buena, y acabose la historia; que es como juntar dos asnos y vn Pedro, que hazen vn asno entero (²). Pues prossa, tu la tienes mala, y quando valga algo, no para hazer vn libro. Pues versos, tu no tienes ciencia; anda, que eres vn barbaro!—Ay, vulgo, vulgo! si como en esto andas acertado lo anduuieras en todo, mi libro disculpara su yerro, el sabio no me tuuiera por loco, tu fueras mas discreto, y yo hablara menos temeroso. Mas, que dirè de ti? Pero escucha mi disculpa, que luego oyras de tu justicia. Has de saber, amigo vulgo, que, assi para mi intento como para el discurso de mi libro, importa darte quenta de quien soy, donde naci, los padres que he tenido y en los oficios que me he ccupado; que por saber que eres como en todo andas ciego y errado, te dare en poco razon de mucho. No digo que naci en el Potro de Cordoua, ni me criè en el Zocodouer de Toledo, aprendi en el Corrillo de Valladolid, ni me refinè en el Azoguejo de Segouia (³); mas digo que naci en la villa de Madrid, fuy soldado, y aloxando por Galicia, hallè vn gallego que afirmaua ser yo su hijo, porque era vn traslado de la mal lograda de su muger y de vna hija que en su poder tenia, no poco hermosa. Al fin, que quise que no quise, me lleuò a su casa. Aconsejome mi capitan que callasse y concediesse. Hizelo, regalome, diome dineros, y mi hermana tres camissas, que sabe Dios si lleuaua yo mas de vna, y a essa le faltaua manga y media. Passe por su hijo, llamandome el mismo nombre que el me puso. Despues de algunos años, andando en las galeras, vine a Malaga, donde, buscando vn escritorio para descansar, hallè vn pagador que me lleuò a Granada por su escriuiente, donde lleguè a tener vestidos y cadenas, que este fue el primero de mis milagros, y el mayor auer compuesto este libro. Vien-

dome galan, dieron en dezir que le parecia en todo a mi amo con grande estremo, y que sin duda era hijo suyo, y yo tenia entonces veynte y dos años y el poco mas de veynte y ocho; mirà como podia ser mi padre! Vine a la comedia, y en Ronda, estando para representar, llegose a mi vn morisco, llena la cara de tizne, porque era carbonero, muy puerco, hecho pedaços, y enpieça a abraçarme, y dando gritos dize que soy su hijo. Bolui a mirarme, y halleme tiznado todo el cuello, vn coleto blanco que lleuaua, suzio, y vnas botas blancas y nueuas, llenas de lodo. Alborotase la compañia, y yo, corrido, ni sabia que hazer, ni acertaua que dezir, ni aun entiendo que podia negar. El autor, que se llamaua Angulo (¹), y otros compañeros, entraron de por medio; hizose la comedia, lleuaronme a su casa, metile por camino, nunca tuuo (²) remedio. En efeto, quedè por su hijo. Y agora ha vn año, estando representando por Villegas (³) en Seuilla, vn hombre que tratana en Indias da en dezir que es mi padre, y que me dexo niño de quatro años en Cordoua, donde auia nacido. Hablaronme sobre ello, y dixele como no era yo, y no dandome credito, responde que negaua porque era representante, y hazeme prender y dize que el dara informacion que soy su hijo, y que mi nombre no era Rojas, sino Ximenez, y que, para mas comprouacion, auia de tener vn lunar en el muslo yzquierdo. Miranme, y hallan el lunar como el lo auia dicho. De manera que me llama vn Oydor, y despues de vn largo preambulo, me dixo que no negasse ser hijo de vn hombre tan honrado; que si lo hazia por ser de la profession comica, que muchos buenos lo eran. Y al fin, para desengañarle desto, dixe auia nacido en Madrid, en el Postigo de San Martin, y era hijo de Diego de Villadiego, Retor del Rey nuestro Señor, natural de Melgar de Herramental, y de Luysa de Rojas, natural de la villa de San Sebastian, en Vizcaya. Y para mas claridad, yo haria informacion desto. Hizela con dos contadores y otros criados del Rey, que eran de Madrid, y vista por el mercader, dixo era falsa, y que el queria quitarme de la comedia y darme dos mil ducados de mercaduria y embiarme a las Indias; al fin no quise acetarlo, por no ser este mi intento. Y, vltimamente, agora en Salaman-

---

(¹) Cristóbal Suárez de Figueroa, en su curiosísimo libro El Passagero (Madrid, 1617), da por quitada ya de las farsas la parte introductoria llamada loa. Sin embargo, siguieron recitándose hasta la segunda mitad del siglo XVIII.

(²) El maestro Gonzalo Correas, en su Vocabulario de Refranes (Madrid, 1906), trae en mejor forma este proverbio, que dice asi: «Dos Juanes y un Pedro, hacen un asno entero».

(³) Todos los mencionados son grandes lugares de la nación picaresca, y á ellos podrían agregarse el Compás de Sevilla, la Almadraba de Zahara, la Playa de San Lúcar, las Islas de Riarán, los Percheles de Málaga, la Rondilla de Granada, la Olivera de Valencia, las Ventillas de Toledo, los Bancos de Flandes y los Olivares de Santarén (no de Santander, como se ha dicho desde el siglo XVI), puntos de reunión de la gente fina y matrera.

(¹) ¡El cordobés «Angulo el Malo» (1540?—1615?) citado por Cervantes en la parte segunda, cap XI de Don Quijote y en el Coloquio de los perros, y por Figueroa en su Plaza universal?

(²) El texto: atuun.

(³) Antonio de Villegas, sevillano (m. después de 1613), que figuraba ya en 1592 en la compañia de Gaspar de Porres, y de quien dice Lope de Vega que era acelerado en la propiedad, afectos y efectos de las figuras».

ca, no ha treynta dias, estando en vn monasterio, se llegò vn viejo a mi y me pregunto de donde era y como me llamaua; dixeselo, y respondio que le engañaua y que era su hijo. Vn frayle me apartò aparte, y me requirio dixesse la verdad, y no me afrentasse de dezirla. En efeto, viendo que yo negaua, el viejo se fue santiguando, y yo me quedè riendo. Ves aqui, hermano vulgo, los padres que he tenido. Faltan agora los oficios en que me he ocupado. Sabras, pues, que yo fuy quatro años estudiante, fuy page, fuy soldado, fuy picaro, estuue cautiuo, tire la jabega, anduue al remo, fuy mercader, fuy cauallero, fuy escriuiente y vine a ser representante. Dolencia larga y muger encima, mala noche y parir hija. Que azuda de Toledo ha dado mas bueltas? Que Guzman de Alfarache (¹) o Lazarillo de Tormes tuuieron mas amos ni hizieron mas enredos; ni que Plauto tuuo mas oficios que yo en el discurso deste tiempo? Vesme aqui agora en la comedia, de donde te conozco por las loas que digo y lo poco que en ella[s] represento; estas sabes la honra que me han dado, las vezes que las he dicho, los hombres de buen entendimiento que las han loado y la mucha gente que me las ha pedido. Y aunque es verdad que los versos son malos, algunos sugetos son buenos, porque los mas dellos no son mios, y si su bondad atribuyes a mi lengua, otros las dizen, mira tu lo que parecen. Y aunque son de rabanos, como dizes, quien a muchos ha de contentar, de todo se ha de valer. Para tu gusto bastan hojas de lechugas, y para los discretos, la voluntad del dueño. Porque la harina de los sabios comen los simples por saluado, y el saluado de los simples es harina de los filosofos. Tras todo lo que me dizes, respondeme, pues me conoces. No soy humilde? no aprendo de los sabios? no huyo de los necios? no me corrixo de muchos? no tomo parecer de todos? Tu el primero, quantas vezes me auras dicho que destos disparates hiziesse vn libro?; no te acuerdas? No. Pero no me espanto, porque tu eres vn sueño que hecha modorra, vn pielago que no tiene suelo, vna sombra que no tiene tomo, vna fantasma que esta encantada, y vn laberinto que no tiene salida. Tyrano vulgo, ya te conozco! a perro viejo no cuzcuz. Si dizes que no tengo ciencia, el natural que tengo, los trabajos que he passeado, las tierras que he visto, la esperiencia de que estoy cargado, los muchos libros que he leido; y con no mas de quatro años de estudio, considera si puedo saber algo. Y quando esta obra sea mala, segun dize Plinio, no ay libro, por malo que sea, que no tenga alguna cosa buena, y con vna sola en que me honren, me animarè a hazer otra con que me alaben. Porque, como dize Tulio, la honra cria las artes, y no ay tan buen ingenio que no tenga necessidad de ser censurado. Porque has de saber, que tu no lo sabras, que Socrates fue reprehendido de Platon, Platon de Aristoteles, Seneca de Aulo Gelio, Tessalo de Galeno y Hermagoras de Ciceron. Pues en los modernos, quien se escapa de tu ponçoña venenosa y de tu rapante lengua, que es, como dize Seneca, comparada al perro rauioso, que el rauia y a quantos llegan a el haze rauiar? Mas no me espanto, porque eres vn sepulcro de ignorantes, vna sima de maldicientes, vn tyrano de virtudes, vn inuentor de mentiras, vna mar de nouedades, vna cueua de traydores, vn amigo de malos, vn verdugo de virtuosos y vn pantano donde se hunden los buenos entendimientos. No quiero que me honres; di de mi lo que quisieres, que quando desplegares al viento las vanderas de tu lengua sobre el muro de tu ignorancia, y assestares la mosqueteria de tus palabras y los tiros de tus mentiras sobre el alcaçar de mi buen zelo, y desportillares la muralla de mi voluntad, asaltando la ciudad de mis intentos, saldra la esquadra de mi humildad con las armas de mis desseos, que ressistan tus balazos, derriben tus muros, y entronizen mis buenos pensamientos.

AL LETOR

Dize Aulo Gelio, en el libro de *Las noches de Atenas*, que por esso fueron los passados tan tenidos, porque auia pocos que enseñassen y muchos que deprendiessen. Al contrario se vee en el tiempo pressente, que ay muchos que enseñen y no ay ninguno que aprenda, porque todos pensamos que sabemos mas para poder ser maestros que para humillarnos a ser discipulos, y antes nos inclinamos a dar pareceres que a admitir consejos, a censurar lo ageno que a enmendar lo propio. Y teniendo, como dize el diuino Platon, tanta necessidad los sabios de consejo como los pobres de remedio, nos parece que el recebirle es locura, pero el darle mucha discrecion o sobra de esperiencia, sabiendo que dize Ciceron que no ay en el mundo hombre tan sabio que no se aproueche del parecer ageno. Pero como ya los hombres tengamos los pensamientos tan leuantados, y a todos nos parezca que podemos enseñar y no ser de filosofos reprehendidos, queremos enmendar, sin letras, lo que otros han estudiado quemandose las pestañas. Y no contentos con dezir de lo bueno mal, queremos muchas vezes dezir de lo malo bien, sustentando nuestro parecer y per-

(¹) La primera edicion de la *Primera parte* salió á luz en 1599.

seuerando en nuestra necedad. Y assi, todo el tiempo se nos va en hablar, en contradezir y en porfiar, pero no en saber, si no es vidas agenas: como viue Rojas, de que come, quien le viste, muchos milagros haze; y no vee lo que el triste Rojas padece. Solon Solonino ordenó en sus leyes a los de Atenas que todos los de la ciudad tuuiessen cerraduras en las puertas de sus casas, y que si alguno entrasse sin llamar, fuesse castigado con la pena que el que roba la casa agena. Entre los cretenses, era ley inuiolable que si algu peregrino viniesse de estrañas tierras a las suyas propias, ninguno fuesse osado preguntarle de donde venia, quien era, que buscaua o adonde yua, al que lo preguntasse y de docientos açotes al que lo dixesse. Plutarco, Aulo Gelio y Plinio loauan mucho al buen romano Marco Porcio, porque nadie jamas le oyó preguntar las nueuas que auia en Roma, como viuia fulano en su casa, del officio que tenia el vno, ni de la vida ociosa que passaua el otro. Filipides, poeta, siendo muy querido y priuado del rey Lysimaco, dixole vn dia: Amigo Filipides, pide mercedes; mira que quieres que te de? A lo qual respondio: La mayor merced que me puedes hazer, o rey y señor miol, es que no me des parte de tus secretos. La causa porque estos antiguos ordenaron estas leyes, y estos filosofos ordenaron estas sentencias, fue para quitar a los necios maldicientes el vicio de esta maldita murmuracion, y el mal desseo de saber vidas agenas, no haziendo, como no hazen, caso de las suyas propias, y siendo cosa comun que ninguno, por justo que sea o aya sido, tenga su fama tan limpia, su conciencia tan justa, ni aun su vida tan corregida, que no aya en ella que dezir y que enmendar. Porque puesta en juyzio, hallaria tanto que esaminar en su casa o en su oficio, que no se acordasse de lo que el otro auia hecho en el suyo. Y siendo juez de su vida propia, no se acordaria de murmurar la vida agena Auiendo, pues, yo consumido la flor de la mia en Francia, en seruicio del rey nuestro señor, que fueron seys años, siendo de diez y seys, despues de auer padecido inmensos trabajos y necessidades, assi por tierra como por mar, arribè a España. Y como mi edad aun no fuesse capaz de consejo, ni mi pobre ingenio cargado de esperiencia, ni mi persona humilde digna de merecimiento, andaua lleno de santos desseos, cercado de humanos vicios y combatido de temerarios pensamientos, segun los passos en que andaua y los peligros a que me ponia. Porque si hablaua mucho, dezian que era necio; si callaua, que era graue; si seruia, no me estimauan; si no seruia, me aborrecian; si buscaua la paz, era couarde; si seguia la guerra,

era perdido; si me enamoraua, era liuiano; si queria vn libro de vn mercader, no tenia quien me fiasse; si pretendia vna comision, no tenia quien me fauoreciesse; si me passeaua, dezian de que viuia; si andaua galan, que hazia milagros; si representaua, todos me honrauan, todos me acariciauan, todos me prometian, y en no representando, nadie me remediaua. Y todo aquesto era falta de ventura. Porque ya sabemos que para emprender vna cosa es menester prudencia; para entablarla, discrecion; para seguirla, industria; para conocerla, esperiencia; para merecerla, partes; mas para alcançarla, fortuna. Areta, la gran greciana, tuuo la hermosura de Helena, la bonestidad de Tirma, la pluma de Aristipo, el anima de Socrates y la lengua de Homero; la qual dezia: que mas queria para sus hijos buena dicha y criança, con que viuiessen, que mucha hazienda y fama, con que se perdiessen. Y assi, como esta me faltasse, procurè buscar los sabios, tratar con los sabios, aprender de los sabios, no dexando de aplicarme muchas vezes con necessidad a los necios, a quien enseñaua lo que de los sabios aprendia, y con alguna esperiencia aconsejaua. Y oxalà supiera yo tambien enmendar lo que hago, como sabia y se dezir lo que los otros han de hazer. Mas como mi voluntad aya sido tan libre y mi libertad tan grande, no vine a ver mi daño hasta que no lleuaua remedio. Pues siendo como es el tiempo tan mudable y el hombre tan variable, no entiende del estado que ha de escoger, ni aun sabe del oficio que se ha de aprouechar. Pues por momeutos vemos que con lo que vno esta contento otro viue desesperado, con lo que vno rie otro llora, con lo que vno sana otro enferma, y aun con lo que vno se honra otro se afrenta. Porque no ay cosa en este mundo en que no aya trabajo, no ay cosa en que no aya disgusto, no ay cosa en que no aya murmuracion, no ay cosa en que no aya peligro, ni cosa en que aya contentamiento; y assi como en todas las maneras de viuir siempre viuimos tan descontentos, procuramos buscar alguna, por infame que fuesse, donde hallassemos gusto, aunque en ello pusiessemos todo nuestro cielo; ya procurando a que sabe el ser picaro, a que sabe el ser religioso, a que sabe el ser soldado, y aun a que sabe el ser representante, como yo lo he sido algun poco de tiempo. Porque no ay años tan bien empleados como los que se gozan con hombres discretos, aunque el venir a serlo fue mas mouido de virtud que de vicio, mas apremiado de necessidad que de ocio. Aunque en casos del tener y valer, vemos muchas vezes viuir vnos mas contentos con el oficio que tienen, que otros con lo mucho que valen. Licurgo, en las leyes de los lacedemones, mandó que los padres pusiessen a sus hijos, cumplidos catorze años, no a los oficios que los padres quisiessen, sino a los que los hijos se inclinassen. Que ya sabemos que no ay oficio de hombre en el mundo en que no se pueda saluar, ni ay estado en la Yglesia de Dios en que no se pueda perder; porque para el hombre bueno no ay oficio malo, ni para el hombre malo ay oficio bueno. El religioso, segun dize Gueuara, puedese saluar rezando, y puedese condenar maldiziendo; el eclesiastico puedese saluar diziendo su missa, y puedese condenar vsando de auaricia; el rey puedese saluar haziendo justicia, y puedese condenar haziendo tyranias, y el pastor puedese saluar guardando sus ouejas, y puede condenarse hurtando las agenas. Y para mas claridad y comprouacion de lo que tengo dicho, digo que, en el estado de sacerdotes, Mathias fue bueno y Onias fue malo. En el estado de profetas, Daniel fue bueno y Balaan fue malo. En el estado de reyes, Dauid fue bueno y Saul fue malo En el estado de ricos, Iob fue bueno y Nabal fue malo. En el estado de casados, Tobias fue bueno y Ananias fue malo. En el estado de biudas, Iudith fue buena y Iezabel fue mala. En el estado de consegeros, Achitofel fue bueno y Cussi fue malo. En el estado de los Apostoles, San Pedro fue bueno y Iudas fue malo. Y en el estado de pastores, Abel fue bueno y Abimelec fuè malo. De los quales se puede claramente entender que el ser buenos o ser malos no depende del oficio que elegimos, sino del ser nosotros poco o mucho virtuosos. No con poco miedo me he atreuido, discretissimo letor, a sacar a luz esta pequeña obra, siendo como soy en edad tan moço, en ciencia tan falto y en esperiencia tan corto. Pero segun lo que dize Salomon, a los veynte y ocho capitulos de sus *Prouerbios:* Bienauenturado el varon que siempre va medroso, podrè animar mis desseos y dar valor a mis escritos. Ellos van pobres de todo, pero la discrecion de los hombres sabios supla la falta de los hombres necios. Bien se que no ha de auer nadie que no diga dello mal, ni a ninguno que le parezca bien; mas puedome consolar con lo que dize Christo, por San Lucas, a sus seys capitulos: Ay de vosotros, quando todos diran bien de vosotros! Lo que me ha animado a hazer esto, no ha sido confiança de mi ingenio, sino persuassion de mis amigos y voluntad de mis nobles desseos, pareciendoles que, pues auia esta gastado en componer tantas y tan varias loas, y algunas de tanto gusto, hiziesse vn libro para dexarles algun entretenimiento. Y yo, por seruirles y entretener algunas horas que he tenido desocupadas, quise hazerlo, imitando a San Agustin, segun dize Erasmo, que escriuió sus *Condicio-*

nes (¹) estando ocioso, y para gente valdia. Y assi, por dar muestra de mi humildad, obedeci, aunque no con poco recelo de errar. Que ya tendran entendido todos de mi que, pues siempre los he seruido con lo que mis fuerças han alcançado, que el hazer agora esto mas es voluntad de humillarme en su seruicio, que animo de engrandezer mi pensamiento.

EL VIAGE ENTRETENIDO
DE AGUSTIN DE ROJAS

LIBRO PRIMERO

Rios, Ramirez, Solano y Rojas (²).

Solano.—No ay plazo que no llegue.
Rios.—Por mi se puede dezir: ni deuda que no se pague.
Ramirez.— Bien a mi costa a llegado este.
Rojas.—Mas por la posta a llegado estotro.
Rios.—Oxala nunca llegara, y costarame a mi la vida.
Sol.— El plazo del ausencia, ò el termino de la execucion?
Rios.—No soy yo de los hombres que se ahogan en poca agua.
Ram.—De que manera?
Rios.—Porque siento mas el dexar a Seuilla, que todo lo que deuo en España.
Roj.—No sera pequeño el sentimiento.
Ram.—Yo, que lo se, lo juro.
Sol.—Yo, que lo imagino, lo callo.
Roj.—Yo, que lo pierdo, lo lloro.
Rios.—Yo, que lo debo, lo padezco.
Sol.—*Per omnia secula seculorum.*
Ram.—Aora, señores, hablemos claro: que trae Rios?
Roj.—Aclaradselo vos, compadre, que teneis la boca a mano.
Sol.—Viene loco.
Roj.—Y con razon, por cierto.
Ram.—Esso no viene a proposito de nuestro camino. Dexemos los angeles en el cielo, que

(¹) *Confessiones?*
(²) «Rios» es el toledano Nicolás de los Rios, *autor de compañias,* amar de donayre y natural gracia», según Lope de Vega. Hay noticias de él desde 158 . Murió en Madrid, en la calle de las Huertas, el 29 de Marzo de 1610.

«Ramirez» parece ser el toledano Miguel Ramirez, *autor* de quien se habla ya en 1579. Vivia aún en 1615 Contrató á Agustin de Rojas en 26 de febrero de 1602.

«Solano» es Agustin Solano, de Toledo, que formaba parte de la compañia de Tomás de la Fuente en 1584. Había muerto en 1615. Lope de Vega escribía de él que «en la figura del galán, por la blandura, talle y aseo de su persona, nadie [le] ha igualado».

esse que os ha faltado, perdistesle por no auelle merecido.

Rios.—Yo lo confiesso.

Ram.—Por esso esta en el otro mundo gozando del descanso eterno; nosotros vamos por este camino trabajoso, y vos tendreys alla quien procure vuestro remedio.

Rios.—Podre deziros yo agora lo que aquel nuestro amigo, que lleuandole a enterrar vn niño de dos años, y consolandole algunos diziendo que tendria quien rogasse a Dios por el en el cielo, respondio: No se si tendra tanta habilidad.

Ram.—Mejor podreis dezir lo que dixo el otro r:presentante lleuando a enterrar a su muger, que, preguntandole como no yua con ella al entierro, dixo: Vayase esta vez assi, que a otra yo se lo que tengo de hazer. Pero, dexando esto, Solano de que viene tan melancolico?

Sol.—Dexo en Seuilla la mitad de mi pensamiento, y no es justo que a quien tanto he querido, tanto dessasossiego, enfermedad y lagrimas me ha costado, y a quien tanta merced me ha hecho, yo sea desagradecido.

Ram.—Razon ay para ello, mas no se si diga que teneys mal gusto.

Sol.—Pues, que tenia malo?

Ram.—No mas del rostro.

Sol.—Por que?

Ram.—Porque era gordo.

Sol.—En los gustos no ay disputa.

Ram.—Es verdad; pero esso no era bueno.

Sol.—Señor, yo busco las mugeres que lo sean de tomo y lomo.

Rios.—Assi quiero yo el conejo.

Sol.—Para mi gusto, han de ser frescas.

Roj.—Esso es bueno para los viejos, que, como les falta potencia, se les va todo en manoseallas.

Sol.—Aora yo digo que la gorda es fresca de verano y tiene con que abrigarse vn hombre en el inuierno; tiene que tomar, y que dexar, y no huessos con que herir. Y la vaca gorda haze la olla, y la gallina y el carnero ha de ser gordo para ser bueno; y yo confiesso de mi mal gusto, que en no siendo la muger abultada, chica y fresca, para mi no es buena.

Roj.—Señor Solano, la flaca bayla en la boda, que no la gorda; yo he hecho de todo esperiencia, y digo que la muger ha de ser alta, flaca y algo descolorida; esto es a mi gusto, que en lo demas no me entremeto, porque no son huessos para necios, ni porfiar en gustos es de hombres cuerdos.

Rios.—La muger, señores mios, yo, para mi traer, ni la quiero flaca que me lastime, ni gorda que me empalague, sino de buena suerte.

Roj.—Esse es tema de bobos, gusto de indianos o voluntad de hombres recogidos, que por la mayor parte son enfadosos; que como le cuestan sus ducados y se siruen de terceros, sacan mas partidos que jugadores de trucos, pidiendolas que sean limpias, muchachas, de buenos rostros, chicas de cuerpo, y no muy gordas ni muy flacas; y esto no lo piden por lo que gustan, sino por los dineros que gastan, y por parecerles que aciertan.

Ram.—Preguntauanle a vn hombre no muy sabio, en vn vanquete, como no comia, y respondio: no se que me tengo de vnos dias a esta parte, que no puedo comer sino los lomos de los conejos o la pechuga de las gallinas.

Sol.—Y era bobo!

Rios.—Y pedia para los martyres!

Ram.—Esse mas me parece a mi que era bellaco.

Roj.—Por esso dixo el otro: Hijo, si fueres cuerdo, para ti planto vn majuelo, y si asno, para ti planto (1).

Roj.—Antes me parece a mi que hablaua a bulto, y en esso no era muy discreto. Porque el lomo del conejo, por lo que vale algo es por estar tan pegado al huesso; pero en la pechuga de la gallina se echarà de ver su mal gusto.

Ram.—Del mio confiesso que mas quisiera el espolon que la pechuga, porque es la comida muy enfadosa; y en resolucion, qualquiera carne de pulpa, aunque sea de vn faysan, para mi no es buena si con algun huesso no se dissimula, y para echarme a mi de casa, no ay sino darme carne gorda, que empalaga mas que muger necia.

Sol.—Pues veni aca, insensato; si os diessen a comer vna perdiz, que auiades de hazer de las pechugas?

Ram.—Comerlas, porque es la perdiz tan buena como la muger flaca, que despues de vna vez comida, se han de comer de nueuo todos los huessos della.

Sol.—Hija, se buena; madre, he aqui vn clauo (2).

Rios.—Digo que estamos metidos en gentil disputa; dexemos a cada loco con su tema y boluamos a Seuilla, que desde esta cuesta se diuisa alguna pequeña parte de su grandeza, que no es tan poca que no se pueda tratar mucho en su alabança.

(1) El citado Gonzalo Correas trae asi la frase: «Hijo, si fueses bueno, para ti planto majuelo; si malo, ni podo ni planto.—Hijo, si fueres bueno, para ti planto majuelo; si malo, para ti planto. (Tiene gracia en la palabra *planto*, por plantar y por el lloro y planto ó lamento .»

(2) Correas dice: «Hija, sei buena: madre, atruena! —Hija, sei buena: madre, la gaita suena!—Hija, sei buena: madrecita, las oyo!—Hija, sei buena: madre, he aqui un clavo. (De los que no toman enseñanza ni son atentos; aci por *sé tú*).» El Comendador Hernán Núñez, en sus *Refranes glossados* (ed. de 1618; fol. 53-*a*) trae: «Hija, sey buena; madre, citolas oyo!»

Roj.—La torre es la que se parece (¹).

Rios.—Notable es su altura, y que puedan subir hasta lo alto della dos personas juntas a cauallo!

Ram.—Es, sin duda, cierto todo lo que della os han dicho, pues vemos claro que en obra, aparencias, ventanage y campanas, es la mejor del suelo. Sin esto, tiene quarenta colunas de jaspe y marmol, y su alcayde, que le vale mucho la renta della por año.

Rios.—Y a la Giralda, que le falta, si con cada viento se muda?

Ram.—Esso yo lo jurara.

Roj.—Direys que porque tiene nombre de hembra.

Sol.—Y esso no basta?

Roj.—Por fuerça se ha de tocar historia.

Rios.—Dexemos esso, y vamos a la mia.

Ram.—Digo que esta torre, con las dos hermanas a los lados, son armas de su santa Iglesia.

Roj.—Y quien son las hermanas?

Ram.—Santa Iusta y Rufina, patronas desta gran ciudad.

Roj.—Vna cosa siento en el alma de no auer visto en ella, que me tienen muy loada, que es el monumento que hazen el Iueues Santo.

Sol.—Es cosa peregrina esso, y las limosnas que se dan essa semana.

Roj.—Por cierto que la iglesia es suntuosa.

Rios.—Aueis notado las muchas capillas que tiene, puertas y altares?

Roj.—No.

Rios.—Pues passan de setenta los altares que ay en ella (estos sin los del claustro); tiene tambien nueue puertas y ochenta vidrieras; la grandeza de aquellas gradas, que es cosa peregrina, y sin esto el arçobispo, dignidades, canonigos, racioneros, veinteneros, capellanes, musicos, sacristanes, moços de coro, pertigueros y otros muchos, y sobre todo, passa la renta de sola su fabrica de mas de cinquenta mil ducados.

Roj.—La custodia dizen que es cosa admirable vella.

Rios.—Es tan grande, que la lleuan en vn carro.

Ram.—Pues que tendra de peso?

Rios.—Mas de mil y trecientos marcos de plata, que hazen veynte y seis arrobas, y de altor, tres varas y media, y esto sin la cruz que lleua por remate, que es de vna quarta, y del ancho, de coluna a coluna tiene cerca de dos varas.

Sol.—Si supierades esto quando hizistes aquella loa de toda la compañia, no dexarades de ponerlo en su alabança.

Ram.—Que loa fue essa?

Roj.—Vna que dixe los dias passados, viniendo en vna compañia muy humilde.

Rios.—Seria buena.

Sol.—El pensamiento fue notable, y parecio milagrosamente.

Rios.—No la oyremos?

Roj.—Como es entre muchos, no se puede gustar della.

Ram.—A fè de quien soy, que aueys de dezilla, essa y todas las que saueys; que el viage es largo y le auemos de lleuar entretenido, que yo, Rios y Solano contaremos algun cuento, y con esto entretendremos el camino.

Roj.—Cumplire vuestro gusto, que a trueque de oyros, quiero empeçar a obedeceros: Gomez y yo empeçamos:

«*Rojas.*   No es buena la necedad
              en que este demonio a dado?
Gomez.   No es sino vn desseo honrado
              de seruir a esta ciudad.
Roj.   Estays loco? Que dezis?
              Pues representar quereys,
              que autor de fama traeys
              o con que gente venis?
              Villegas y Rios presentes
              con tan buenas compañias,
              tantas farsas, bizarrias,
              tan buena musica y-gentes,
              venis a representar?
              Yo no acabo de entender
              que os ha podido mouer.
Gom.   El desseo de agradar.
Roj.   Que galas? Que compañeros?
              Que musicos de gran fama?
              Que muger que haga la dama?
              Que bobo que haga Zisneros?
              Que Morales? Que Solano?
              Que Ramirez? Que Leon? (¹)
              O que hombres de opinion
              traeys?
Gom.   El cuento es galano.
              Pues, tiene necessidad
              Seuilla de essa riqueza,
              si es reyna de la grandeza
              y amparo de la humildad?
              Fuera desto ay compañia.
Roj.   Compañia? Con que gente?

(¹) «Parecerse», por «descubrirse», «dejarse ver».

(¹) Alonso de Cisneros, famosísimo *autor de compañías*, tole-lano (1550?—m antes de 1615). Representó en 1581, en el Corral de doña Elvira de Sevilla, *El Infamador* de Juan de la Cueva.

Alonso de Morales, llamado *el Divino*, también celebrado representante. Hay noticias de él en 1584. Parece que habia fallecido en 1612 Rojas, como veremos, le atribuye la comedia *El conde loco*.

«León» es probablemente el antiguo *autor* Melchor de León, que figuraba ya en 1586 y vivia aún en 1629. Cons. Hugo Albert Rennert: *Spanish actors and actresses between 1560 and 1680* (en la *Revue Hispanique* de 1907, tomo XVI, núm. 50).

Gom. Vos, Arçe (¹), yo, vn penitente
y vn moro de Berberia.

Roj. Es essa buena razon?
Pues con esso os animays
y aquesta ciudad pagays
nuestra grande obligacion?
Saueys que nos ha ayudado
y siempre fauorecido,
como señora admitido,
y como madre amparado?
No saueys que en ella hallamos
todo quanto pretendimos,
quando licencia pedimos,
quando a sus muros llegamos?
La gran merced, el fauor
que siempre hemos recebido,
poneys tan presto en oluido?
pues, que es aquesto, señor?
A que salimos aqui?
Desta suerte agradeceys
lo que a Seuilla deueys?
Cielos, que ha de ser de mi?

Gom. Rojas, no nos aflixamos,
que ya todos han sabido
que ha seruirla hemos venido
y como oy representamos.
Yo confiesso que es verdad
que la compañia es pobre
y no ay nada que le sobre
si no es su gran humildad.
Si de verla os satisfaze,
pues que visto no la aueys,
yo se cierto que direys
que todo lo nueuo aplaze.
Y si los quereys mirar,
llamarelos luego aqui.

Roj. Bien dezis, hazedlo assi,
que quiero verlos y hablar.

Gom. Señor Ribera! (²). *(Sale.)*

Ribera.   Señor.

Gom. Vna palabra querria.

Roj. Buen talle, por vida mia!

Rib. Mi voluntad es mayor.

Roj. Huelgome de conocer
a quien tengo de seruir.

Gom. Vuesa merced me ha de oyr
y vna merced ha de hazer.

Rib. Por cierto, Señor, yo hare
todo aquello que pudiere
y aun en mi possible fuere.

Gom. Essa merced seruire.
A mi, señor Artiaga? (³) *(Sale.)*

(¹) Bartolomé Calvo de Arze, que formaba parte de
la compañía de Nicolás de los Rios en 1603, y vivia
aún en 1624.
(²) Fabián de Ribera, que formaba parte de la com-
pañía de Jerónimo Velázquez en 1584 1590
(³) El Sr Rennert cree probable que este Artiaga
sea el *autor* Juan de Arteaga, que representó con
Melchor de León en Sevilla, el año 1606.

Artiaga. Quien llama?

Roj.   Bueno, por Dios!
Mancebitos son los dos?

Gom. Vuesa merced nos la haga
de fauorecernos oy.

Art. Por cierto que yo quisiera
que en mis manos estuuiera;
pero la palabra doy.

Gom. Reyes (¹), Henriquez, que digo? *(Salen.)*

Reyes. Señor Gomez, que se ofrece?

Roj. Esta gente me parece
que trae la humildad consigo.
Y ella, como es gran verdad,
bastará para vencer,
porque tiene gran poder
la fuerça de la humildad.

Rey. Digo que la seruiremos.

Henr. Yo, por mi parte, me ofrezco,
aunque hazello no merezco,
que es poco lo que valemos.

Roj. Dezid, que musicos son
los que tienen de cantar?

Gom. Esso aueys de perdonar,
porque es malo en conclusion.
A, señora? A, Arçe? A, Herrera?
(Salen estos con guitarras)

Arçe. Ofrecese en que siruamos?

Herrera. Señores, por aca estamos?

Gom. Quise que Rojas oyera
aquel romance cantar,
que se le tengo alabado,
porque esta puesto en cuydado
quien nos tiene de ayudar.

Arçe. Yo, señores, poco puedo;
pero lo que yo pudiere
hare quando se ofreciere,
y à aquesto obligado quedo.

(Cantan.)

Gom. Pues lo que es graciosidad,
aqui esta Bartolome
Rodriguez.

Roj.   Muy bueno, a fe.

Gom. Y Antequera, esto es verdad.

Roj. Es vn hombre muy donoso;
llamadlos, por vuestra vida,
si no ay causa que lo impida.

Gom. Casi de temor no oso.
A, señor Bartolome
Rodriguez? A, Antequera? *(Salen.)*

Bart. Que quisieron que saliera?

Ant. Que ay de nueuo?

Gom.   No lo ve?

Roj. Por aca tan buena gente?

Bart. A Seuilla hemos venido,

(¹) Gaspar de los Reyes, que perteneció á la Com-
pañía española, con Pedro Rodriguez y Diego de Ro-
jas, en 1602.

Gom.
que Gomez nos ha traydo,
para esta ocasion presente.
No nos aueys de ayudar?

Ant.
Yo quisiera valer algo,
mas con lo poco que valgo
podeys, señores, mandar.

(Vna niña.)

Niña.
Que haze la gente honrada?
señores, que ay por aca?

Gom.
Ya vuesa merced vera:
bien poquito mas que nada.

Niña.
Que buena junta, por cierto!
Pues bien, que se haze, señores?
Es vanda de segadores?

Roj.
Y de segadoras puerto.

Gom.
De representar tratamos,
si nos quieres ayudar.

Niña.
Quien ha de representar?

Gom.
Todos quantos aqui estamos.

Niña.
Para esta ciudad seruir,
la primera he de ser yo.

Roj.
Pues yo, mi señora, no,
ni aun me atreuere a salir.

Niña.
De donde nace el temor?

Roj.
De ser mi possible poco
para seruilla.

Niña.
                Esta loco?
No conoce su valor?
Sabe que es su nombre tal
que ampara al pobre, al perdido,
al humilde, al afligido,
al estraño y natural?
Que es su nombre sin segundo,
por ser tanto su valor
y ser la ciudad mejor
de la redondez del mundo?
Si el persa, si el babilon
de ver Seuilla se alegra,
y desde la gente negra
a la mas fiera nacion
le da tributo en el suelo,
por ser su nombre sin par;
si le da riqueza el mar;
si le da ventura el cielo;
si halla el pobrezito amparo,
el rico gusto y contento;
si halla el estraño assiento
y el nauegante reparo;
si todos en ella viuen;
si todos en ella caben;
si todos su nombre saben;
si todos della reciben;
si todos hallan regalo;
si todos hallan fauor,
desde el criado al señor
y desde el bueno hasta el malo;
si su grandeza sabeis;
si a seruirla, al fin, venis;

si vuestra humildad dezis,
remedio en ella hallareis.

Roj.
Ya conozco su grandeza,
que es ciudad diuina y santa,
que a las del mundo adelanta
en valor, trato y nobleza.

Niña.
Pues como dezis aqui
que no os teneys de atreuer,
conociendo su poder?

Roj.
Yo confiesso que es assi.

Niña.
Pues porque acaben de creer
que es esta ciudad famosa,
quiero que vean vna cosa
que ante todos he de hazer.
Seuilla esta aqui, yo quiero
ofrecerme a su presencia
y demandarle licencia.

Roj.
Sola essa licencia espero,
y digo que si la da,
sin falta me atreuere,
como licencia me dè.

Niña.
Pues yo la pido, escuchà.

*(Parece Seuilla, al son de chirimias, con las armas a vn
lado y letras a otro.)*

Ilustre ciudad famosa,
con cuya ley y gouierno
has hecho tu nombre eterno
por mas fuerte y belicosa.
Ya las heroycas vozinas
de la pregonera fama
por vencedora te llama
de tus gloriosas ruinas.
Ya con tu fe y christiandad
vas escalando hasta el cielo,
con la escala del consuelo,
monte de tu eternidad.
Ya el mundo embidioso tienes,
y en ti sola el mundo està,
pues en ti se a hallado ya
gloria, amor, riqueza y bienes.
Yo, vna muger afligida,
ante el sacro tribunal
de tu clemencia inmortal
presento mi pobre vida.
Vengo tan necessitada
de fauor y de remedio,
que te he eligido por medio
para que sea remediada.
A tu diuina presencia
vengo, señora, qual ves,
a suplicarte me des
de representar licencia.

Seuilla.
Mucho me he holgado de veros,
hija, yo os la otorgo y doy,
y contentissima estoy
de hablaros y conoceros.
Representà, no temais,
ni de mi desconfieis,

y ruego a Dios que ganeis
todo lo que desseais.
Yo a mis hijos pedirè
que os amparen y no ofendan,
y a mis armas, que os defiendan
ansimismo rogare,
que es mi aficion excessiua.
Quedà con Dios, niña hermosa.

Niña. Viua Seuilla famosa!
Todos. Viza muchos años, viua!»

Roj.—Con esto y chirimias se acabaua la loa y se entraua toda la compañia.

Rios.—Buena es por cierto, y el pensamiento muy a proposito, y aquel salir de la ciudad y pedirla licencia, me parece bien. Pero no tratais en ella de alabança ninguna.

Roj.—Ay tanto que dezir della, que viniera à ser muy larga; y lo que tiene de bueno no es mas del sugeto, que los versos son muy ordinarios.

Rios.—Humilde es el estilo, pero no es malo.

Sol.—Sospecho que es vna de las ciudades mas antiguas Seuilla de quantas ay en España.

Ram.—Mil y setecientos y veynte y siete años antes que Christo Nuestro Señor encarnasse, tuuo principio su antigua fundacion. Pero dexando esto, no es sin numero la riqueza que en si encierra y la remota gente que en ella se halla.

Rios.—Dos cosas me asombran desta ciudad (dexo la riqueza de cal de Francos y Alcayzeria, la sumtuosidad estraña de su real Alcazar, Contratacion, Aduana, Casa de la Moneda, Lonja de Mercaderes y comunicacion con las Indias): lo que me espanta es la carcel de Seuilla, con tanta infinidad de presos por tan estraños delitos, las limosnas que en ella se dan, las cofradias tan ricas que tiene, la vela de toda la noche que en ella se haze, y el vino y vacallao tan bueno que en ella se vende; esta es la vna. Y la otra, la Alhondiga, que es vna de las mayores grandezas que tiene, no digo Seuilla, pero el mundo, aunque, si bien se aduierte, Seuilla y el mundo todo es vno, porque en el sin duda està todo abreuiado. Pero no es cosa memorable que se arriende la renta della en mas de mil ducados cada año, no mas de los granos de trigo y ceuada que se quedan entre los ladrillos?, que tenga su juridicion de por si, de sus puertas adentro, con horca y cuchillo, carcel y prisiones, leyes y ordenanças que los Reyes Catolicos ordenaron y dieron?

Roj.—Cosa es peregrina.

Rios.—Sin esto, que prouea Seuilla de azeyte a todo el reyno y a las Indias?

Ram.—Yo he oydo dezir que muchos dias se registran en la Aduana mas de diez mil

arrobas, y que su diezmo y alcaualas passa de quarenta mil ducados y veynte mil arrobas de azeyte, y que en espacio de dos horas se vende a su puerta todo de contado.

Rios.—Sin esso, mirad sus bastimentos de pan, vino, carne, frutas y caça. Pues, pescados, son en tanta abundancia, que la renta del fresco, dizen passa de veynte mil ducados, y del salado, de mas de veynte y quatro quintales. Sin esto, tiene nueue carnicerias y vn matadero, de donde se sustentan tanto numero de perdidos, valentones y brauos como tiene esta ciudad.

Ram.—Pues si esso no tuuiera, auia otra para la comedia como Seuilla? Porque de tres partes de gente, es la vna los que entran sin pagar, assi valientes como del barrio (¹). Y estorbarselo, no tiene remedio.

Roj.—A esse proposito hize yo los dias passados vna loa que fue bien receuida.

Sol.—No la oyremos?

Roj.—Escuchalda mientras llegamos a Carmona:

Sale marchando vn escuadron volante,
y vn capitan valiente en retaguarda;
marcha tras este vn firme y semejante
al volante que lleua la vanguarda.
Vn sargento mayor, vn ayudante,
que a estos dos escuadrones ponen guarda:
general, capitanes y soldados,
alferez y sargentos reformados (²).

En cada hilera van de ciento en ciento,
sugetos al rigor del alto cielo;
faltan vagajes, falta aloxamiento,
no ay barracas, garitas ni consuelo;
aguas, nieues, granizos, sol y viento,
rayos, truenos, calores, frio y yelo:
y en medio de vna landa, entre dos peñas,
don socorro con muestra, nombre y señas.

Aqui cortan faxina los pobretes,
a las armas haziendo centinelas,
coraças, arcabuzes y mosquetes,
alabardas, espadas y rodelas,
cañas, manoplas, fundas, coseletes (³),
morriones, brazaletes, escarzelas,

(¹) «Hay un género de gente en Sevilla, á quien comúnmente suelen llamar *gente de barrio.* Estos son los hijos de vecinos de cada collación, y de los más ricos de ella, gente más holgazana, baldía y murmuradora, la cual, vestida *de barrio,* como ellos dicen, extienden los términos de su jurisdicción y alargan su parroquia á otras tres ó cuatro circunvecinas .. Espantan juntos, no admiran solos, ofrecen mucho, cumplen poco, pueden ser valientes y no lo parescen.. »
(Cervantes: *El celoso extremeño;* ed. Bosarte). El *barrio,* por antonomasia, tratándose de gente valentona, era el de la Heria ó Feria.
(²) «*Reformado*—según la Academia—decíase del oficial militar que no estaba en actual ejercicio de su empleo.»
(³) El texto: «cosoletes »

horquillas, espaldares y pistolas,
grebas, ginetas, lanças, picas, golas.
    Aqui no ay torre fuerte o casamata,
muros, fosos, castillos ni troneras,
que el furor de vn balaço desbarata
torreones, plataformas y trincheras;
assalta, mina, bate, hunde, mata
gentes, collados, surcos y laderas,
sin valerles pertrechos ni pantanos,
frascos, poluora, yesca, cuerda y manos.
    Qual dexa todo el tercio sin mas pena,
y va por pecorea (¹) a(l)ta montaña,
y qual, robando, juega, come y cena;
qual no dexa ferrage en la campaña,
yerua, heno, ceuada, trigo, auena,
siendo como es tan fertil la Bretaña,
y qual hurtando frutas y viandas,
joyas, ropas, camisas, cuellos, vandas.
    Qual la vandera al viento tremolando,
ya en sus manos, ya al ayre enarbolada;
qual pifaros y caxas ribombando
con sonoroso son en la estacada;
qual todo el firmamento amenaçando,
y qual puesto de guarda en emboscada,
aguarda, escucha, calla, teme, aduierte,
tiempo, enemigo, espia, ronda y muerte.
    Viene la ronda, pues, muy paso a paso,
y el valiente soldado puesto a punto,
le pregunta: quien va?—Don Iuan de Eraso.
—No conozco; quien viue? les pregunto.
—Soy vuestro general.—Detenga el passo,
que no conozco al diablo en este punto.
—No conoceys quien soy?—El nombre pido.
Llega, en efeto, y dasele al oydo.
    Ó milagroso exemplo del que cobra
la entrada, resistiendo a mil don Iuanes,
sin nombre, sin virtud, sin fama ni obra,
y al preguntar: quien puga? son Guzmanes.
—Dineros pido.—Ser quien soy no sobra?
—El nombre me han de dar.—Somos rufianes.
Demanda el nombre, y entran sin dinero
paje, rufian, valiente y cauallero.
Entra el otro calada la visera,
y dizenle: quien paga?—A gentil hombre?
—Oye vuesa merced, oye?, no espera?
Conoceme? Quien es? Diga su nombre.
Hombre de bien, pues pague ò salga fuera.
—Los honrados no pagan.—Gran renombre!
dize el otro que escucha y à pagado.
Luego yo que paguè no soy honrado?
    Barbaro, simple, bestia, almidonado,
poeta, bachiller, valiente ò nada,
ya que no pagas, no seas mal criado,
pues por hablarnos bien no pierdes nada;
si en no pagar estriba el ser honrado,

no te digo que pagues, si te enfada;
pero a lo menos, lo que yo querria,
que nos pagues con buena cortesia.
    Que el otro que te escucha y tiene cuenta,
dize: Cuerpo de tal!, esto es engaño;
pues este dize que es pagar afrenta,
no pienso pagar mas en todo vn año.
No solo quien no paga se contenta
con hazernos tan solo vn solo daño,
sino que quien lo escucha se deshonra
y toma el no pagar por punto de honra.
    Qual general aura aqui tan discreto,
que dè el nombre llegandose al oydo,
que es pagar, dar silencio, ser secreto?
Qualquiera que me otorgue lo que pido,
con escritos caracteres prometo
dexar su nombre en marmol esculpido,
y en el tronco mas duro de vna rama,
armas, valor, nobleza, virtud, fama.

Ram.—Es muy buena y bien aplicada, que
es lo mejor que yo hallo en ella. Pero lo que
me espanta de Seuilla es que aya tanta justi-
cia y no tenga remedio esto de la cobrança.
    Rios.—Muchas diligencias se han hecho y
no han aprouechado, porque el hombre que
acostumbra a entrar de valde, si le hazen pe-
daços, no han de poder resistille.
    Sol.—Muchos autores lo han querido lleuar
con rigor, y no es possible. Antes si riñen con
vno es peor; porque ha de entrar aquel con
quien riñen y otros veynte que a hazer las
amistades se ofrecen.
    Ram.—A rio buelto, ganancia de pesca-
dores.
    Roj.—Lo que desto se suele mas sentir, es
el termino del hablar y su mal proceder.
    Rios.—Ay, Seuilla, Seuilla, que al fin te
dexo!
    Roj.—Esse es el tema de todos los que se
ausentan.
    Ram.—Si, pero desseo saber la causa por
que tan presto oluidan.
    Roj.—Yo os la dirè: no nace el oluido del au-
sencia, aunque ay algunos que se quexan della,
sino de nuestra maldita memoria, que es tan
villana, que a vn paso que damos nos oluida-
mos de lo que hazemos. Pues siendo esto ver-
dad, como lo es, todas las vezes que vno se
ausenta, llora y suspira porque lleua en la me-
moria lo que ama; pero al cauo de algunos
dias, como esta sea tan auarienta, poco a poco
se le oluida, y mientras mas va, menos se
acuerda. Y para comprobacion desto, vereys
que si despues le tratan de aquella muger, se
quexa y dize: Ay, fulana?, mas la quise que a
mi vida; y fue porque se la truxeron a la me-
moria, pero no porque se acordaua della. De
manera que se oluida de lo que ama y maldize

    (¹) «Hurto ó pillaje que salen á hacer algunos sol-
dados, desbandados del cuartel ó campamento» (Aca-
demia).

luego la ausencia. Que es la culpa del asno echa-
lla al albarda.

Ram.—No me parece mala razon essa; pero
boluiendo a la grandeza de Seuilla, que no pue-
do oluidalla, no es bueno que tenga dos almo-
nas (¹) de jabon, donde se gastan mas de se-
senta mil arrobas?

Sol.—Yo he visto doze calderas en que se
haze el blanco, tan grandes, que cada vna lleua
mas de quatrocientas arrobas de azeyte, sin la
cal y ceniza que se gasta.

Rios.—Ay, Alameda mia! quien estuuiera
agora junto a vna fuente tuya!

Roj.—No es cosa memorable aquellas co-
lunas que tiene? En vna puesta la figu-
ra de Hercules, primero fundador desta gran
Babilonia, y en la otra la de Iulio Cesar, que
la ilustrò con los muros y cercas que la ador-
nan y quinze puertas en ellas que la engrande-
cen y guardan.

Sol.—Si miramos en ello, que mayor que
estos caños que vienen de Carmona, que fabri-
caron los moros? No son por excelencia?

Ram.—Pues los vestidos, galas è inuencio-
nes de sus naturales, bien se puede creer que
son las mejores de España y a menos costa; de
donde han salido y salen todos los buenos vsos
della?

Rios.—Y aquella limpieza de sus baños?

Roj.—Essa es vna de las cosas mas pere-
grinas que tiene.

Sol.—Muger conozco yo en Seuilla, que to-
dos los sabados por la mañana ha de yr al
baño, aunque se hunda de agua el cielo.

Ram.—Por essa se dixo: la que del baño
viene, bien sabe lo que quiere.

Roj.—Vn cuento me sucedio con vna muger
muy fea, yendo vna noche al baño, que es de
mucho gusto.

Sol.—No fue el que dixistes en aquella loa
el martes?

Roj.—Esse mismo.

Rios.—No la oyremos todos?

Roj.—Assi dize:

Estesse Venus en Chipre
con su dios alado y ciego,
de bellas ninfas cercada,
cantando al son de instrumentos.
Y essotra por cuya causa
el pueblo misero griego
al sin ventura troyano
los muros entregò al fuego.
Y aquella insigne muger
que passò su limpio pecho

por la fuerça de vn tirano,
con vn casto y firme intento.
Y aquella que entregò a vn aspid
su pecho diuino y vello,
viendo de su amado esposo
de la vida el fin postrero.
Y aquella diosa ò muger
que enfrena al ligero viento
quando sus velozes plantas
bolando estampan el suelo.
Estense donde estan todas,
que por agora las dexo,
en tanto que vn cuento os digo;
escuchad, que es bueno el cuento:
Es, pues, que sali vna noche
de aqueste passado inuierno,
mas para echarme en vn rio
que no a procurar contento,
conmigo a solas hablando
por essas calles sin termino,
qual zeloso toro que anda
bramando de cerro en cerro,
o como la mar hinchada
quando, herida de los vientos,
en lugar de bramar habla
y amenaza tierra y cielo.
Ansi andaua aquella noche,
rasgandose de agua y viento
los cielos, que parecia
ser otro diluuio nueuo.
Noche tenebrosa y triste
de relampagos y truenos,
de granizo, piedra y rayos,
imagen propia del miedo.
Sin llene Barrabas quarto,
mirad que aliño tan bueno
para vn buen renegador
dado al diablo y sin dinero!
Yendome, pues, como digo,
por detras de vn cimiterio,
vna sombra vi de aquellas
que suelen verse a tal tiempo.
Era en forma de muger,
y asomada a vn agugero,
me dixo:—Es el, ce, a quien digo?
Iesus, de milagro ha buelto!
Pues como ohi dezir milagro,
dixe entre mi: Yo soy, cierto,
a quien estan aguardando;
y respondile: Que ay? entro?
—Entre, que me estoy elando,
y en entrando, cierre luego.
Lleguè a la puerta y abri,
y admirado del sucesso,
entrè al fin. Nunca yo entrara!
porque, en entrando, al momento
vi vna obscuridad profunda,
semejança del infierno.
En esto llegose a mi

(¹) Jaboneria, y, en general, la casa ó lugar en que
se juntan ó guardan las provisiones (del arabe: *dár
almóna*) (Eguilaz).

vn bulto que, viue el cielo!,
que aun no vi bien si era bulto,
segun estaua de muerto.
Hazia la cama nos fuymos,
y yo, con mucho desseo
de ver quien era la dama,
y enxugar mi triste cuerpo,
apresurè el tardo passo
arrimado a su ombro yzquierdo,
y de vn infierno salimos
para entrar en otro infierno.
Halleme confuso y triste
por no auer visto primero
si era aquel hombre o muger;
ofrezcote al diablo el cuento.
Lleguè con esto a su cama
(mexor dixera a mi entierro,
que por aqueste se dixo
sepulcro de viuos muertos),
y a penas en ella entrè,
quando, con vozes y estruendo,
senti llamar a la puerta,
y ella asomose de presto,
y dixo: Triste de mi!
que es la justicia; que haremos?
Debaxo la cama se entre,
que yo hare se vayan luego.
Subieron seys de quadrilla,
y tras todos subio en esto
con vna linterna vn moço,
y tras la linterna vn perro.
—Ola, muger! a quien digo?
dixo el alguazil soberuio;
—Quien està en aquesta casa?
Y dixo:—Yo sola, cierto.
Mi señor, yo estaua sola.
Y el replicò:—Ansi lo creo,
pero importame aguardar
aqui a cierto cauallero.
Acostaros podeys yr;
y sacando vn instrumento,
empezaron a baylar
la chacona vno o (¹) dos dellos.
Pues como mi dama vio
baylar, no tuuo sossiego,
y arrojose de la cama
y empeçò a baylar con ellos.
Yo helado, ardiendo y corrido,
tendido en el duro suelo,
con la humidad que cobrè
di vn grande estornudo rezio.
Sintiome el mal alguazil,
y dixo a mi dama:—Bueno;
quien ay debaxo la cama?
descubierto se ha el enriedo.
Leuantò la delantera,
y yo, triste, saquè ciego

la cabeça por vn lado,
como galapago necio.
Y vi a mi señora dama
su cuerpo, su talle y gesto.
A! nunca yo la sacara
y muriera yo primero.
Tan gran corcoba tenia
como vn terrible camello,
y en la camisa mas grassa
que vn sombrero de gallegos.
Vna nariz grande y chata,
tuerta del ojo derecho,
la frente chica, y muy lleno
de lamparones el cuello.
La boca algo grandecilla,
los dientes pocos y negros,
hembra de hasta cincuenta años,
quatro mas ò quatro menos.
Miren que buena muger
para quitar vn martelo
a vn galan desesperado
o seruir de salsa a vn viejo.
El alguazil, socarron,
me dixo:—Señor don Diego,
como no sale buace?
Es de vergüença, ò de miedo?
Y respondile:—Señor,
no he salido, porque temo
de ver tan mala vision.
—Aora la escupes? bueno.
Salga y no tenga vergüença
replicò, so Cauallero
del milagro, que ya se
que es vuesa merced discreto,
y que no se espantarà .
de verse como le vemos .
En efeto, yo sali
desnudo y aun casi en cueros.
La verguença que passe!
Los dichos que me dixeron!
Los apodos que me echaron
y la vaya que me dieron!
En descuento de mis culpas
vaya, amen, ruego a los cielos,
y quien no me cree, se vea
qual yo me vi en este puesto.
Yo se que me està escuchando
la hembra y se està riendo
de su burla y de mi afrenta;
al fin, boluiendo a mi cuento,
no quiero mirar alla,
que aun agora, si la veo,
pienso que me ha de espantar;
mejor sera que callemos,
que es necia y se correrà.
Señores mios, silencio;
ansi les suceda à todos
otro semejante enredo
como a mi me sucedio,

(¹) El texto: «e».

y amanezcan al sereno
elados como besugos
de la playa de Laredo.
Veanse como me vi,
mojada el alma y el cuerpo,
y debaxo de vna cama,
desnudos y sin dineros.
Saqueles vn alguazil
arrastrando del pescuezo,
que mal de muchos es gozo,
y duelos con pan son menos.

Sol.—Buen sucesso!

Ram.—A fe que el alguazil era bellaco.

Rios.—Y parò en efeto...?

Roj.—En que me fueron acompañando hasta la plaça de San Francisco, y ellos se fueron a sus casas riendo y yo a la mia suzio y elado.

Sol.—Supistes como se llamaua essa muger?

Roj.—Lucrecia la ohi llamar.

Ram.—No seria como la romana?

Roj.—Antes si, porque la otra murio por ser casta, y esta moria por hazerla. Pues no he dicho otra particularidad que tenia.

Rios.—Y es?

Roj.—Que olia de suerte a vino, que no pude llegarme a ella.

Sol.—Para mi, essa fuera la mayor falta.

Rios.—Dizen que en el andar y el beuer se conoce la muger.

Ram.—Mejor la conocio Enacio Metuatino, que porque la suya destapò vna bota de vino y beuiò della, la matò a palos, y le absoluio dello Romulo, segun cuenta Plinio, libro decimotercio.

Roj.—Muerte bien empleada!

Sol.—Si a todas las que beuen en este tiempo huuieran de quitar las vidas, no estuuieramos sugetos a tantas mudanças, que a fe que son muchas las que beuen y muy pocas las que se arrepienten. Beuer vna muger vino no es milagro, principalmente si es de hedad o ha parido, y sin esto, beuer vn poco y aguado no lo condeno; pero las que lo tienen por vicio y se echan vn jarro a pechos, fuego de Dios en el querer bien.

Ram.—Dezia los dias passados vna amiga mia, que muger que a diez no beue, a onze no quiere y a doze no pare, que le mandaua mal de madre.

Roj.—Mugeres ay que ponen su felicidad en beuer vino, como otras en afeytarse el rostro.

Sol.—Ninguna cosa aprueuo, digo, quando es demasiado. Que algunas tienen tanta necessidad en esto, que ay mas botes en su casa que redomas en vna botica, aprouechandose de mil vntos, azeytes, aguas y mudas.

Ram.—Y de que hazen, si sabeys, todas estas cerem:nias?

Sol.—Las aguas para labarse y adelgazar el cuero, son de rassuras, agraz, zumo de limones, traguncia, cortezas de espantalobos, yeles, mosto y otras muchas cosas que no digo.

Ram.—Y los vntos?

Sol.—De gatos monteses, cauallos, vallenas, gauilanes, ossos, vacas, culebras, garzas, erizos, nutras, tejones, gamos y alcarauanes; sin esto y la color que se ponen, passas, soliman y otras cosas, tienen sus lustres, cerillas, clarimentes y vnturas.

Roj.—O!, reniego de quien tal haze; que se laue vna muger con agua de parras, cogida antes que salga el Sol, o destile en vna redoma, de la flor del romero, vn poco de agua clara, y en esto eche vn poco de soliman y borrax, y se laue con ella, passe, o agua de tojo, si pudiere auerla; pero lo que teneys dicho tengolo por enfadoso, fuera de que es muy suzio.

Sol.—El vino tinto, sacado por alquitara con cabeças de carnero negro y hueuos frescos, es tambien muy bueno para el rostro.

Rios.—Muchas cosas ay buenas para el.

Ram.—Esso y agua de calabaça, de guindas y razimillo, es muy fresco.

Roj.—Otra cosa se yo aprouadissima, que es echar vnos granos de ceuada en agua, mondarlos, y sacar la leche dellos, y echarla en vn poco de agua clara del rio, y lauarse con ella de en quando en quando, es cosa muy buena. Pero la que digo del romero es muy aprouada, y hazese desta manera: Hanse de meter dos manojos con flor en dos redomas, y ponellas donde les dè el Sol; y ellos poco a poco van destilando agua, y luego quitar estos y poner otros, hasta tanto que aya la cantidad que les pareciere, y echar en ella vn poco de soliman, y lauarse con esta agua, digo que si vna muger acostumbra a lauarse con ella, jamas tendra paño en la cara, peca ni arruga. Y aun estoy por dezir que no parecerà vieja, fuera de que haze vna tez muy buena.

Rios.—Quien os ha enseñado toda esta germania?

Roj.—Si huuiera de dezir todo lo que se de mudas para la cara y las manos, blanduras y aguas, fuera no acabar en diez viages, porque, dexado todo lo que he dicho, os dire otra cosa, que es notable para el rostro, y no es mas de vn poco de termentina de vete, lauada en nueue aguas, batida con vn poco de azeyte de hueuos y soliman labrado. Esta es blandura y sirue para despues de lauada la cara, y afirman las que sauen desto que. conforme tienen el rostro el dia primero que se ponen este azeyte de hueuos, en esse estado le tienen todo el tiempo que lo vsan. Y si teneys alguna amiga que aya menester muda, dezilda que tome zumo de limon, y de pasas, miel virgen, hueuos frescos,

azucar piedra, borrax y soliman, y esto junto
lo ha de batir y poner a serenar nueue dias, y
le seruira de muda para todo el año, y si no de-
zilda que se vaya con otro, y seruirá de mu-
dança para toda la vida.

Ram.—De quien aprendistes todo este len-
guaje del genero femenino?

Roj.—Vna vieja que tuue por amiga, mayor
echizera y alcahueta que en su tiempo Celes-
tina, ni que ha auido ni ay aora en España.

Sol.—Y que aprendistes della?

Roj.—Muchas cosas la vi hazer, y verdade-
ramente que para mi todas eran mentiras, em-
bustes y quimeras, que ni ay echizos, ni puedo
entender que los aya.

Sol (¹).—Yo he oydo dezir que si, y aun he
visto por mis ojos muchos hombres echizados.

Roj (²). — Para mi todos son enredos, porque
yo vi a esta todos sus instrumentos y le pre-
guntè si eran de consideracion, y me respon-
dio que de ninguna.

Sol.—Y en efeto, que hazia?

Roj.—Ella se aprouechaua de mil cosas,
como son: habas, verbena, piedra (que dezia
ser del nido del aguila y se la auia yo tray-
do de vn arroyo de la fuente de la teja); tenia
pie de tejon, soga de ahorcado, granos de he-
lecho, espina de herizo, flor de yedra, huessos
de coraçon de cieruo, ojos de loba, vnguentos
de gato negro, pedazos de agujas clauadas en
coraçones de cabritos, sangre y barbas de ca-
bron bermejo, sessos de asno, y vna redomilla
de azeyte serpentino, sin otras inuenciones de
que no me acuerdo.

Sol.—Y al fin, en que parastes en todo
aquesse echizo?

Roj.—En que la encorozaron: y a ella y a
otras diez o doze las dieron a trecientos aço-
tes: y embiome a dezir otro dia que se yua a
Antequera, donde ella era nueua, y los açotes
no valian; estaua cierta la ganancia; que no
dexasse de yr a verla, si no queria que me lle-
uasse en bolandas. Fue a Antequera, cogieron-
la haziendo baylar vn cedazo y echando vnas
hauas; dieronla otros ducientos tocinos; fuesse
a Malaga, y alli dio fin a su miserable vida.

Sol.—Reniego della y su echizo.

Ram.—Todo aquesso es sueño, que el amor
es rey absoluto de todo y verdadero señor del
pecho, que pisa yeruas y deshaze palabras; que
para el no aprouechan encantamentos ni con-
juros, hazer imagines, encender velas, dezir
oraciones al alma, formar caracteres en perga-
mino virgen; todos los echizos del monte de la
Luna, Tesalia, Colcos y Rodas, Pentaculos de
Salomon y quanta Geomancia ay, toda es nada

(¹) El texto: «*Ram.*»
(²) El texto: «*Ram.*»

llegado a querer de veras, que estas son las
verdaderas echizerias.

Roj.—Lo que desto me assombra es que ay
mugeres tan pobres, que aun no tienen vn
manto que cubrirse, y tienen veynte seuillos
con que vntarse, y trecientos badulaques que
ponerse, y dos mil hechizos e inuenciones de
que aprouecharse.

Sol.—Esso me parece que es ahorrar para
la vegez, ganar vn marauedi y beuerse tres.

Rios.—No podra dezir Rojas que aquella
mi señora gasta mucho en la cara, porque la
tiene buena y ella es muy niña.

Roj.—Con todo esso, reniego della, que tie-
ne mas mudanças que la luna.

Rios.—Y siendo tan muchacha?

Roj.—No veys que tiene madre que la go-
uierna, y aun ayo que la guia?

Rios.—Pues que os ha sucedido con ella?

Roj.—Digalo la compañia de Vergara.

Sol.—Que fue, por vida vuestra?

Roj.—Que en viniendo que vino, me echo
de casa.

Sol.—Luego por esso hizistes aquella loa
de todo lo nueuo aplaze.

Roj.—Por essa y otra, y os prometo que fue
muy celebrada en Seuilla, porque auia dos años
que estaua Villegas representando en ella, y
llegò Vergara con buena compañia y mejores
comedias (aunque no ganò nada, porque a Vi-
llegas le quieren mucho en esta tierra, y trae
a su muger y hijo, que basta).

Ram.—No nos direys la loa?

Roj.—La ocasion a que se dixo fue muy
buena, y aun la loa sospecho que no es mala:

Quien duda, señores mios,
que con los nueuos farsantes,
nueuas galas, nueuos brics,
nueuas caras, nueuos talles,
nueuo entremes, nueua loa,
nueuas damas y galanes,
nueuo autor, comedias nueuas,
nueua la musica y trages,
vuesas mercedes no digan
en corrillos por las calles:
—Vamos a ver a Vergara,
que trae brauos recitantes,
muchas comedias y buenas,
y el buen Villegas descanse?
Quien duda que lo diran,
que todo lo nueuo aplaze?
Quien duda que el mas amigo
destos que raxan y parten,
desde el oficial que cose
hasta quien se entra de valde,
no diga:—Vergara vino,
o, que brano recitante!
el sea muy bien venido,

y el otro autor pique y vayase?
No es este vn hombre pequeño
que haze bien vn arrogante?
—El mismo.—Ya le conozco:
algun ladron que trabaje.
—Señor maestro, perdone
y deme boace ocho reales,
que, aunque no coma, he de vellos,
que todo lo nueuo aplaze.
Quien duda que la donzella
no diga:—Señora madre:
no sabe?—Farsantes nueuos.
—Es cierto?—Ansi Dios me guarde.
Comamos muy tempranito
y vamos alla esta tarde.
—Huelgome, dize la vieja,
por el siglo de mi padre,
porque el bellaco milagro,
con su boca de alnafe,
no diga mal de las viejas.
—Muy bien hazes, muy bien hazes.
Maldito sea tan mal hombre;
Iesus!, mal fuego me abrase
si ya no le he aborrecido,
que todo lo nueuo aplaze.
Quien duda que la casada
no oyga quatro necedades
por yr a ver la comedia
sin licencia de su amante;
y arrimando el almohadilla,
le pida a su dueña Hernandez
el manto de batallar
y el casco de dar las pazes;
y que a su marido diga
fue en casa de su comadre
por los anchos de baynillas
para que el cuello le acaben,
porque ay comediantes nueuos
y ha de ver como lo hazen
aunque pese a su marido,
que todo lo nueuo aplaze?
Quien duda que a vn mercader
deua yo el lunes cien reales
y, porque otros han venido,
venga a executarme el martes?
Quien duda que en la posada
me siruan y me regalen,
y por los nueuos me oluiden,
si no me echan en la calle?
Quien duda que quien me laua
o la que los cuellos abre,
con los nueuos no me diga
que la dexe y no la enfade?
Y quien duda que a Villegas,
que tuuistes por vn angel,
no os parezca ya vn demonio,
que todo lo nueuo aplaze?
Quien duda que Ana Muñoz.....
(pero desto no se trate,

que lo que es bueno, y tan bueno,
siempre tiene su quilate)?
Mas quien duda que a Monçon,
que tantas vezes llamastes:
Salga Monçon! Monçon salga!
si sale, ya no os enfade?
San Miguel, con sus bexetes;
Cristoual, con sus galanes;
Iuanico, con su agudeza,
y el bobo con sus donayres,
por Dios! que os han de enfadar
aunque la Chacona hable
y mas diga: Ha! ha! ha!,
que todo lo nueuo aplaze.
Quien duda que alguna dama,
que ha sido su gusto hablarme
algunos meses, por dicha,
si es que ay dicha con las tales,
anoche no me dixesse
arrimado a sus vmbrales:
—Que es lo que busca el picaño?
—Rojas soy.—Rojas?—Si, abre.
Y echome vn caldero de agua,
y tras esto medio alnafe,
y al fin de todo me dixo:
—Amor, *resquiescat in pace,*
que ay representantes nueuos;
fuesse, y dexome en la calle;
yo fuyme y considerè
que todo lo nueuo aplaze.
Yo confiesso que es verdad
que es gusto ver nouedades;
dezis que lo nueuo agrada?
muy enorabuena, passe;
y mas vna compañia
de tan buenos oficiales
como la que trae Vergara,
es muy digna que la alaben.
Pero, señores, es justo
que porque lo nueuo agrade
oluidemos a Villegas?
Esto no ay ley que lo mande.
Que a Vergara vays a oyr
por ver las farsas que trae?
ite in paz, ego os absoluo,
que todo lo nueuo aplaze.
Pero entrad conmigo en cuenta,
pues todos soys principales,
los trabajos, las fortunas
desdichas y aduersidades
que Villegas ha tenido,
sustentando como Atlante
el peso de vuestro gusto
diez y ocho meses cauales.
Cincuenta y quatro comedias
que ha hecho nueuas, sin cansarse,
y otros quarenta entremeses
de tanto gusto y donayre,
merece premio? por cierto

que le merece, y muy grande,
aunque mas digan y digan
que todo lo nueuo aplaze.
Pero para que sepays
que no ay fuerças que contrasten,
que no ay animo que llegue
ni voluntad que le yguale
a la que tiene Villegas
de seruiros, escuchadme:
Doze comedias le quedan
mejores que quantas haze.
Desde oy empieça a serviros;
desde oy aueys de ayudalle,
para que con vuestra ayuda
fuerças de flaqueza saque.
Agora teneys de ver
mejores comedias que antes,
para que el refran se cumpla
que todo lo nueuo aplaze.
Ea, pues, Seuilla insigne:
ansi gozes mil hedades
la fama de tu grandeza
con tus hechos immortales;
ansi, ilustre ciudad, veas
tu gran nombre eternizarse,
y por cabeça del mundo
venga el mundo a coronarte;
que a Villegas fauorezcas,
pues contino le amparaste
con tu poder infinito
en competencias mas graues.
Y aunque vengan mil autores,
mal aya quien le oluidare,
haziendo comedias nueuas,
que todo lo nueuo aplaze.

Rios.—No era essa muger del medio alnafe la amiga de aquel hombre que con la pena que lleuaua el la daua gloria a ella?

Ram.—Luego no la queria?

Rios.—No lo entendeys; digo que era vn fiel, y con la pena que lleuaua en la plaça a la frutera, la daua gloria a ella en su casa; no era esta?

Roj.—Essa misma, pues tenia muy mala cara, era vn poquito suzia y no se si tuerta, y sobre todo, mas vieja que el alcuzala.

Sol.—Señor, ojos ay que de lagaña se enamoran.

Roj.—Quien feo ama, hermoso le parece.

Rios.—Pues otra cosa tenia, aliende destas: que era libre y muy desuergonçada. Oy haze ocho dias que la vi passar ca vn barco a Triana, y conociendo que era cosa vuestra, llegué con mucha cortesia a pagar por ella, y embiome en ora mala.

Ram.—Por esso dizen que la vergüença y la honra, la muger que la pierde nunca la cobra.

Roj.—Aora no tratemos della, que yo se bien las faltas que tenia.

Ram.—Por lo que dixistes de Triana, aueys notado la loza que ay en ella?

Rios.—A propósito, fray jarro.

Sol.—Por esso que dezis de albarda, mi padre tiene vna xatonera de golpe.

Roj.—Oydo he dezir que ay mas de sesenta tiendas, donde se haze y vende ansi vidriado como amarillo y blanco, y aun muy buenos azulejos de diferentes colores.

Ram.—Tiene este lugar tantas cosas buenas, que con razon le llaman Seuilla la Chica.

Sol.—Estuuistes en el monasterio de la Vitoria?

Roj.—Es vn templo muy bueno.

Rios.—No es temeridad los que tiene Seuilla, ansi de frayles como de monjas?

Sol.—Pues sin esso y sus muchas parrochias, tiene mas de cien hospitales.

Ram.—Yo he visto pedir en vno la limosna a cauallo.

Roj.—Yo lo vi estotro dia junto al rio, y verdaderamente me dexó admirado.

Ram.—Entre las grandezas que auemos dicho, es la mayor la que se nos ha oluidado.

Rios.—Qual es?

Ram.—La de su famoso rio, pues segun Plinio y Estrabon, toda la Andalusia tomo nombre deste celebrado Betis, llamandose ella Betica.

Roj.—Sin esse nombre, ha tenido otro, pues despues de esso se llamó Hispalis, por la ciudad Hispalia o Hispalensis, que es Seuilla.

Sol.—Pues como se llama aora Guadalquiuir?

Roj.—Quando los moros entraron en España, le llamaron esse nombre de Guadalquiuir, que en arauigo quiere dezir rio grande, el qual tiene su nacimiento de las sierras de Segura. Y segun escriue Tolomeo en su Geografia, tratando del rio Ganges, vemos claramente ser este mayor que el.

Sol.—Famosos rios tiene España, y muchos.

Roj.—Marineo Siculo cuenta a nuestra España ciento y cincuenta rios, y los mas notables dellos me parece a mi son: Hébro, Tajo, Duero, Guadiana y Guadalquiuir.

Ram.—Tambien Miño es muy caudaloso, Pisuerga, Guadalete y otros muchos sin estos.

Roj.—Mançanares, por humilde, bien pudiera entre todos tener nombre, pues si toda la riqueza de Seuilla, y aun el remedio de toda España, entra por Guadalquiuir, desde San Lucar, ya en Mançanares hemos visto toda la chrismoura, alegria y recreacion del suelo, grandeza y magestad del mundo, cifrada en su manso, cristalino y deleytoso rio, donde ni las crecientes lleuaa los molinos,

la triste noche amenaza,
los rayos atemorizan,
los relámpagos espantan.
Al cielo sube la proa,

el garces al centro baxa;
ya van las gumenas rotas,
despedazadas las jarcias.
Qual promete de yr a Roma,
qual a la Peña de Francia,
qual de no ofender a Dios,
si deste peligro escapa.
Cesa el fiero toruellino
y el ayrado viento amayna;
buelue el mar tranquilo y quieto
Santelmo sobre las aguas.
Con la bonança dichosa
descubrese alegre el alua;
ya lo passado se oluida
y en lo presente se trata.
Toman puerto, hechan esquifes,
en la amada tierra saltan;
vnos las arenas besan,
otros los riscos abraçan.
Los affigidos remeros
los lacios miembros descansan,
qual durmiendo con los ojos,
qual velando con el alma.
Aquî el marinero vela,
alli el comitre trabaja,
hazia aqui el soldado juega,
y alla el otro mira y calla.
En efeto, dos soldados
al pañol llegan y llaman:
—A, pañolero! a quien digo?
Y responde:—Quien me llama?
—Dadnos quatro ò seys raciones,
para en cuenta de mañana,
de vizcocho, vino, azeyte,
tozino, garbanços, habas.
—Señores, las de oy he dado,
que es las que dar se me mandan;
mi patron esta aora en tierra
y sin el yo no soy nada.
Les dize, y que le perdonen,
porque el se holgara de darlas.
Respondenle: —En fin, no quiere?
Y respondio:—Yo, gustara,
pero falta mi patron,
y en faltar el todo falta.
—No quiere? Pues, viue Dios,
responden, si en tierra salta,
que le hemos de hazer que quiera!
Dicho y hecho; vanse y callan,
aperciben quatro ò seys,
y otro dia de mañana
cogen en tierra al cuytado,
comiendo solo y sin armas,
y al fin, para concluyr,
daule vna herida y escapan.
Y dexandole por muerto,
hizo a todos tanta lastima,
que aquel en braços le lleua,
y el otro en pie le leuanta

Qual le anima y le consuela,
qual el cirujano llama,
qual le desnuda el vestido,
y qual llora su desgracia.
Lo mismo me sucedio
estando en vna posada,
que es la galera que he dicho,
siendo (¹) el pañol vna sala.
Pues llegandome a pedir
del dinero de la entrada
lo que yo no podia dar
ni por cuenta mia estaua,
dixe que me perdonassen,
que el autor no estaua en casa,
que en viniendo el lo daria,
que por mi parte me holgara.
Y dizeame:—En fin, no quiere?
Y dixe:—Digo que basta
dezirles que, si pudiera,
que lo diera con el alma.
Replican tercera vez:
—Que, no quiere darnos blanca?
Respondi:—Hasta aqui he querido,
y agora no quiero darla.
—Pues mañana nos veremos,
sor el de las plumas blancas.
Vanse, y vienen otro dia
cinco o seys de mano armada,
y sin tener culpa alguna
entran dentro de mi casa,
acuchillan, matan, yeren,
parten, rompen, despedaçan.
Salgo en amistad con ellos,
y en llegando junto a Gradas,
por mis yerros, que son muchos,
me dieron vna estocada.
No senti que estaua herido,
que la passion demasiada
cerrò al sentido la puerta
abriendo camino al alma.
Llegò Villegas a mi
quando ya me desmayaua,
y dixome:—Animo, Rojas;
buen animo, que no es nada!
Abri los ojos y vile,
y con tan buena esperança,
saquè fuerças de flaqueza
y animò las mias flacas.
Luego vn confuso tropel
de gente me lleuò a casa;
qual dexaua la comida,
qual me cubre con su capa,
qual me encomiendaua a Dios,
qual en suspenso callaua,
qual en sus braços me anima,
qual el confessor me llama,
qual con mi salud se alegra,

(¹) El texto; «ciendep.

qual enciende luminarias,
qual me consuela con obras,
qual me anima con palabras,
qual haze dezirme missas,
qual me visita en la cama,
y qual me regala en ella
sin saber quien me regala.
O, ciudad reyna del mundo!,
ò, amparo de gente estraña!,
ò, muralla de la Iglesia!,
ò, escudo de la fè santa!,
o, relicario de Dios!,
ò, archiuo de gentes varias!,
ò, luz de la christiandad!,
ò, espejo ilustre de España!,
o, Seuilla venturosa!
ò, tu, mil vezes monarca
de quantas ciudades cubre
toda la capa estrellada!
Tu a los perdidos remedias,
tu a los estraños amparas,
tu a los pobres fauoreces,
tu a los humildes leuantas.
Tu eres ser de la grandeza,
tu eres lustre de las galas,
tu eres madre del valor,
tu eres reyna de las armas.
En ti ay catedral iglesia
donde redimen las almas,
con que enriqueces los cielos
y a Dios su tributo pagas.
En ti ay santos monasterios,
cuyas diuinas campanas
son vozinas que publican
tus milagros, vida y fama.
En ti ay cauildo, en ti ay ley,
en ti ay nobleza y criança,
en ti ay justicia y gouierno,
y en ti todo el mundo se halla.
En ti nacen los que mueren,
en ti viuen los que matan,
pues yo muerto estuue en ti,
y en ti halle vida amada.
Bien puedo dezir que eres,
ò gran Seuilla!, mi patria,
pues bueluo a nacer en ti
y he viuido por tu causa.
Los que me dezian milagro,
ya de veras me lo llaman,
que bien de milagro viue
quien de milagro se escapa.
A ti, pues, ciudad famosa,
madre de los que te llaman,
vengo yo a pedir mercedes,
tras vna merced tan alta:
Y es que ampares a Villegas
como continuo le amparas,
pues conoces que es tu hijo,
pues sabes lo que te ama,

por auer nacido en ti,
y ser tu su madre amada;
y a vosotros, caualleros,
hermosas y bellas damas,
las mercedes que me hizistes
os pague Dios, que son tantas,
que yo no puedo seruillas
por ser mis fuerças tan flacas.

Ram.—Con razon la llamastes desgracia venturosa.

Rios.—Y es posible que no huuo mas causa de la que dixistes en la loa?

Roj.—Yo os prometo que aun no fue tanta. Pero las sentencias y castigos, ò por mejor dezir mercedes, que emanan del tribunal de Dios, vienen por las culpas presentes ò por las passadas, castigando con enfermedades prolixas, con prisiones largas ò con afrentas publicas, y esto las mas vezes por manos agenas. Bien pudiera Nuestro Señor hazerlo con las suyas, pero ataselas su gran misericordia, y assi vemos que castiga a Egypto con langostas, embia contra Iezabel profetas, doma con mosquitos y ranas la soberuia de gitanos Faraones, destruye con fuego a Sodoma y Gomorra, con piedras a Damasco y Syria, y aun açuela a España con moros sin fuerças. Si esto es assi, Dios mio, que mucho que por manos agenas me viniesse a mi el castigo de tantas culpas? Yo confiesso que quando me dieron esta herida, fue menester tan grande aldauada para acordarme de su gran clemencia, conocer mi inmensa culpa y alauar su inefable misericordia. Porque verdaderamente, no siruio de mas la pena que de vn auiso que llegò a los vmbrales del alma, y tocando en el cerrojo del descuydo de la vida, me abrio las puertas de mi ignorancia para que viesse mi vista ciega los passos en que andaua y las graues ofensas que al Señor hazia.

Ram.—Segun esso, bien digo yo que fue notable vuestra ventura?

Roj.—Yo os certifico que fue tan grande como el sentimiento que generalmente causò en toda Seuilla. Que fue tanto, que es poco lo que digo en la loa. Porque luego que me lleuaron a mi casa, no auia quien llegara de gente a la puerta, y en doze dias que estuue en la cama, me sucedieron cosas que parecen increybles. Porque, acauado de curar, el primero dia entrò vna muger de Madrid, muy buena christiana, y llorando y consolandome me dixo: Agustin, encomiendate a Dios y a aquesta Virgen bendita; y dexome vna ymagen de Nuestra Señora de Atocha a la cauecera. Y como bolui la cara y la vi, fue tan grande el consuelo que me dio y la confiança que en ella tuue, que me parecio podia ya leuantarme. Reciuila con la grimas, manifestela mis culpas, pusela por intercessora de mis ansias. Y os prometo (que esto ya se sabe y fue publico) que sin curarme por ensalmo, estuue dentro de tres dias bueno, siendo la herida tan penetrante como os he dicho. Y mas digo (y esto no parezca cuento, que nuestra Señora de Atocha puede hazerlo todo), que es tanto lo que quiero a esta imagen desde que naci, y la confiança que en ella tuue desde que alli la mirè, que si me tomaran juramento si estaua herido, dixera que no. Y veese claro en que nunca me hallaron calentura ni accidente della, ni yo senti dolor, ni aun me acordaua estar herido hasta que venia a curarme el cirujano, de que el tambien quedaua asombradissimo de verme en tan pocos dias bueno.

Sol.—Al que es de vida, el agua le es medicina.

Ram.—Yo lo supe en Granada, pero dixeron que estauays muerto.

Rios.—Las mismas nueuas tuuimos en Valencia yo y Solano, y aun nos dixo vn frayle que se auia hallado en vuestro entierro.

Roj.—No me espanto, porque fue esso en Seuilla tan publico, que quando me leuantè no passaua por calle que todos no se asombrauan. Y en la iglesia mayor me sucedio con algunos dexar de oyr missas y yrse tras mi muy asombrados, dezir el vno que le deuia dos missas, el otro las oraciones, la pobrecita las Aue Marias, y aun la otra buena christiana algunas limosnas. Porque cierto a mi me quieren mucho en aquella tierra, y para que conozcays su caridad, os prometo que de noche ni de dia no se desocupaua mi casa de caualleros y gente principal, que en mi vida auia visto, ni conocia. Y entre estos vino vn dia vn vizcaino y me dixo de quien era deuoto; preguntado el porque lo dezia, respondio que me yua a dezir quatro missas al santo Crucifixo de San Agustin. Este hombre de Dios me hizo tanto bien, que quererlo dezir seria nunca acauar. Pues entre mugeres, os prometo que entre muchas que me visitaron sin conocellas, fue vna que jamas la vi la cara, que me lleuò tres cirujanos, los mejores que auia, y dio a cada vno, porque me visitassen y viessen si la herida era peligrosa, doze reales, y sin esto mil regalos. Y para que me siruiesse me embio vna criada, que dormia dentro de mi aposento, por si de noche se ofrecia alguna cosa. Y el dia que estos me vieron (como digo) y dixeron estaua fuera de peligro, y la herida buena, aquella noche se encendieron, desde la esquina de la calle de la Mar hasta la puerta de Triana (a trechos) por cal de Gimios, y la Pageria, barriles grandes de alquitran vacios, y candiles que ardian, y luminarias por todas las ventanas.

Rios.—Esso mismo me escriuieron a mi a Valencia.

Roj.—Pues no digo todo lo demas que me sucedio despues aca en Seuilla, para que vierades la mayor grandeza que del lugar està escrita.

Rios.—Sin duda lo fuera si no tuuiera en si alguna gente tan traydora, de tan malas obras y tan infames palabras.

Roj.—Bien dezis, porque al hombre honrado mas lastima la palabra fea que la mortal herida. Pero en tan gran laberinto no es possible que dexe de auer de bueno y de malo.

Ram.—Y al fin, en que pararon los que os hirieron?

Roj.—En que visto yo que aquel era castigo del cielo, y no poder suyo, les perdonè las heridas a ellos: y supliquè a Dios perdonasse sus graues pecados.

Sol.—Es vna anima bendita: cortalde vn poco de la ropa.

Rios.—Valgate Dios, Iuan de buen alma!

Ram.—De mi digo que yo me vengara, ò por mis manos ò por la justicia. Y quando mas no pudiera, callara, y callando hiziera mi vengança.

Sol.—Dizen que nunca venga la injuria sino el que la disimula.

Roj.—Pues yo quise mas perdonalla que vengalla; porque no ay a Dios tan aceto sacrificio como el perdon del enemigo.

Rios.—Bien dize Rojas; porque la mayor vitoria es la que sin sangre se alcança.

Roj.—Pues sucedio vna cosa increyble al que dizen me hirio, que como eran tantos, no podre certificar si era aquel ò otro; y es que dentro de pocos dias, yendo en vna procession de penitentes, se llegò a el vn diciplinante, y con vn terciado le passò dos vezes el cuerpo. Este huyo sin ser conocido, y pareciendoles algunos ser yo cul pado en esto, fue Dios seruido que se aueriguò quien lo auia hecho. Al fin, lleuandole a su casa en vna tabla, medio muerto, encontraron conmigo junto a San Pablo, y diziendome el sucesso me quedè asombrado. Y fue tanto mi sentimiento, que os certifico que llorè su desgracia como si fuera mia propia. Y aun podrè afirmar que no senti tanto la mia.

Rios.—De Gayo Metelo Macedonio cuenta Tito liuio que, sabiendo la muerte de Scipion Africano, su enemigo, salio a la plaça llorando y diziendo en altas vozes: A, ciudadanos! Como ya se nos caen de la ciudad los muros!

Sol.—Es de coraçones piadosos enternecerse de los males agenos.

Ram.—No es sino de maricas. Yo, a lo menos, no puedo ver hombres llorones, aunque sea por la muerte de sus padres: que aun en las mugeres parece mal.

Roj.—No teneís razon, que muchos a auido valerosos que han llorado. Pues vemos que él rey Demetrio lloro por su padre Antigono; el viejo Anchises, la destruycion de la soberuia Troya; Marco Marcelo, viendo arder la ciudad de Siracusa; Scipion, a Numancia; Arispo (¹) Salustio, la cayda del pueblo romano; Iulio Cesar, con la cabeça de Pompeyo; el magno Alexandro, a Dario. Pues si hablamos de la Escritura, Dauid lloró por la muerte de su contrario Saul, y la vengò como si fuera de vn hermano propio. Y este mismo a su querido Absalon, quando le dio de lançadas Ioab; el profeta Ieremias, la destruycion de su republica, quando fue cautiua a Babilonia; el patriarca Iacob, a su hijo Ioseph por muerto, y a su amado Benjamin, preso en Egypto, y Christo Dios y hombre lloró tres vezes. Todos estos han llorado, sin otros muchos que dexo, que han sido obedecidos en la paz y temidos en la guerra. De donde se infiere que el llorar no es baxeza, quando nace de piedad de el alma ò de propia naturaleza.

Sol.—Es, sin duda, que por valeroso que vn hombre sea, no puede refrenar el llanto, si de si mismo es piadoso.

Rios.—Esso, ni oluidar injurias, abstenerse de palabras, resistir las ocasiones y atajar los desseos, tengolo en muchos por impossible.

Roj.—Acuerdome que en Bretaña me conto vn cuento vn capitan amigo mio, tan piadoso, que el contandole lloraua, y oyendole yo me enternecia. Pero cierto era digno que se oyera con el alma, se alauara con la lengua, se escriniera con la pluma, y aun de que se imprimiera en la memoria.

Sol.—Dos legnas estamos de Marchena, donde esta noche vamos a dormir: por vuestra vida que nos lo conteys.

Roj.—Es muy largo y yo no voy con mucho gusto; quedese para otro mejor tiempo, y oyreis vn caso tan amoroso como estraño.

Ram.—Pues no le dezis, entretenednos con algo.

Roj.—Vna loa os dire de algunas naciones del mundo, y en ella vn cuento a proposito de lo que vamos hablando.

Rios.—Aunque el viage es enfadoso, no dexa de ser bien entretenido. Dezid.

Roj.—No se si me tengo de acordar, porque es muy dificultosa, pero quando me yerre, seguro estoy que perdonareys mis faltas:

Despues que me libré, por mi ventura,
de aquella confusion, de aquel peligro,
de aquel surcar el mar a vela y remo,
cansado ya de ver tantas naciones,

tantos reynos remotos y apartados,
hallandome mancebo toda via,
procuré consumir otros dos años
en ver del mundo lo que me quedaua,
o al menos ver lo que possible fuesse.
Tomè, pues, en Saona puerto vn dia,
y fuyme desde alli a Roma la santa;
vi a Florencia la bella, vi a Saboya,
Bolonia grasa, Genoua soberuia,
Tyro la fuerte, Numancia la dichosa,
Napoles la gentil. Milan la grande,
Padua la fertil, Sena la valiente,
Venecia rica, Capua la amorosa,
sin otras muchas que dire adelante.
Donde vi por los ojos tantas cosas,
que parecen, de estrañas, increibles.
Pero como los animos se estienden
a procurar saber cosas notables,
ver inuenciones, nouedades, traças,
varios reynos, naciones estrangeras,
passè con mis desseos adelante:
y vi gentes incognitas y estrañas,
como son scitas, medos, babilonios,
dalmacios, partos, persas, garamantes,
hestracos moscouitas, tesalianos,
esclauones, franceses, dinamarcos,
getas, hanitas, indios, cracios, italos,
vngaros, transiluanos, palestincs,
araues, mauritanos, niniuitas,
escoceses, bohemios, macedonios,
hiberios, frigios, rodos, penos, galos,
croacios, griegos, tiros, bolon̄eses,
assirios, alemanes, lomgobardos,
dardanos, bolscos, egypcios y noruegos,
cretenses, vmbros, tartaros, germanos,
syros, lacedemones, massagetas,
albaneses, colosos y panonios,
ialoquos, monicongos y guineos,
epirotas, tebanos, zurgundianes,
hebraicos, turcos, barbaros, caldeos,
panfilios, capadocios, atenienses,
lonceses, betulianos y corintios,
normandos, rocheleses y tudescos,
irlandeses, ingleses, berberiscos,
sicilianos, bretones y flamencos.
Y pues tan por estenso os he contado
estos lugares, quiero aora deziros
quales son las cabeças destos pueblos,
que es a donde las cortes de ordinario
suelen estar como en ciudades grandes.
Es Lanchin la cabeça de la China,
Pauris de Persia. Moscate Moscouia,
de Berberia (¹) Fez, Cayro de Egypto.
Aburcia de Bitinia, y de Etropia
Nadabera, Cetay de Circasia:
tambien Constantinopla lo es de Grecia,
de Babel Babilonia, y Sarmacanda

(¹) Así, por «Crispo».

(¹) El texto: «Cerbe ir»

de Tartaria, y de la gran Italia
Venecia, y de la Nueua España
Mexico, Lanton de Macro de Indias,
de Alemania Bauera, y de Polonia
Cracobia, y de Chipre Nicoesia,
de Dalmacia Delum, de Austria Viena,
Bosna de Trapisonda, Amberes de Flandes,
Samo de Assia menor, Buda de Vngria,
de el Nueuo Reyno de Granada, es Indias,
Pamplona, y Paris de toda Francia,
Croya de Macedonia, y Zaragoça
de Sicilia, y de Amasia Sultania:
de la grande Tesalia Tesalonica, (¹)
Valladolid de nuestra madre España.
Y al fin, por no cansaros, voy al caso,
que boluiendome a ella junto a vn monte,
cepas vertientes llaman las Rifeas,
que despeñadas van a dar a vn llano,
en lo alto del monte vi vna cueua
obscura, sola, triste y temerosa,
y en tanta soledad, que aun animales
no vienen a beuer destas vertientes.
Encima della estaua en vna peña
escrito este epitafio en letra arauiga:
De hablar tanto, nacio callar yo tanto.
Admirado de ver cosa tan nueua,
bolui los ojos y vi mas adelante
escritos en latin aquestos versos:
La discrecion es madre del silencio;
la voluntad, las obras que en mi faltan,
y si aquestas faltaren en mi cueua,
supla la voluntad, que aquesta es grande.
Quise entrar, y vi junto a vnos riscos
vn hombre viejo, venerable, anciano,
la barba larga, los cauellos grandes,
los pies descalços, cubierto de vnas pieles,
lloroso, macilento, triste y flaco.
Llegueme a ver quien fuesse, y conociome,
y hechandome sus braços por mi cuello
me dio de bien venido enorabuena.
Preguntele quien era, y respondiome:
que era representante ò auia sido,
y que habladores necios le truxeron
a aquella soledad donde hauitaua,
desterrado del bien que humanos gozan.
—Es posible, le dixe, que esso solo
os pudiesse traer a este destierro?
—No mas, me respondio, porque vna lengua
bastara solamente a desterrarme
a mayor soledad que la que tengo,
quanto y mas donde ay tantas maldizientes
que sin saber murmuran de los tristes,
que quiça, todo el año desuelados,
continuo aprenden como contentarles,
tenerlos gratos y seruir a todos,
por agradar los necios que discretos
reciuen voluntad a falta de obras.

(¹) El texto: «Fe alonicas.

Y dize el vno, si es la muger fea:
quiteume aquel demonio de delante
y no la vea yo mas en el tablado,
que tiene mala cara y mala gracia
(qual si huuiera de hazer vida con ella);
y este no considera que es discreta,
buena representante ò buena musica,
y tiene otras mil cosas que son buenas.
Pues si es hermosa nada les contenta,
luego disen que es fria ò que es muy necia,
porque no les miro quando le hablaron;
y que tiene buen rostro, pero es mala.
Si el farsante es muy bueno, dizen todos:
que lastima tan grande de aquel hombre,
que habilidad tan buena y que perdida!
Hideputa, ladron, si no merece
por buen representante que le açoten,
pues anda en este oficio y no es letrado
y tomara por dicha ser verdugo.
Pues si llega la suerte a que se yerre:
que remo para aquel bellaconazo!
No estuuiera mejor este en galeras
y no engañando el mundo con palabras
sacandome el dinero a mi y a otros?
Por no ver estas cosas, y otras tales,
me he venido a este monte con los brutos,
donde padezco lo que Dios se sabe.
Pareceme que basta aqueste exemplo
para que pueda yo dezir a todos
que sigan el camino que quisieren,
pues importa tan poco el buen seruicio,
la voluntad, el animo, el cuydado,
la justicia, la ley, la razon justa,
para que nos amparen qual se deue
al zelo tan humilde que tenemos,
pues que solo se estiende a contentaros
seruiros de continuo y agradaros.

Rios.—Veis aqui vna loa que no es buena,
y costaria mucho trabajo de hazer y no menos
de estudiar. Porque tantos lugares, es fuerça
que se lleue mucho cuydado en ellos.
Sol.—No es mala la ficcion del viejo, aquel
pintalle tan solo, palido y en vn desierto.
Ram.—La loa llegado ahi promete mucho.
Roj.—El tratar de las naciones fue solo mi
fundamento.
Rios.—Vna cosa he notado, y es que dezis
en ella algunas caueças de los reynos, y de
España hazeis caueça a Valladolid, pudiendo
serlo con mas justa razon Seuilla, pues vemos
solamente en ella las riquezas de Tyro, la fer-
tilidad de Arania, las alabanças de Grecia,
las minas de Europa, los triunfos de Tebas, la
abundancia de Egypto, la opulencia de Escan-
cia y las riquezas de la China. Y, en efecto, si
los siete milagros del mundo se encierran en
España, el mundo todo se encierra dentro de
Seuilla.

vida poco mas de quatro semanas, comiendo
poco, caminando mucho, con el hato de la farsa
al ombro, sin auer conocido cama en todo aqueste
siglo. Yendo desta suerte de vn pueblo a
otro, llouio vna noche tanto, que otro dia nos
dixo que, pues no auia mas de vna legua pequeña
hasta donde yua, que hiziessemos vna
silla de manos y que entre los dos lleuassemos
a su muger; y el y otros dos que auia lleua-
rian el hato de la comedia, y el muchacho el
tamboril y otras zarandajas. Y la muger muy
contenta, hazemos nuestra silla de manos, y
ella con su barba puesta, empezamos nuestra
jornada.

Ram.— Pues caminaua con barba?

Sol.— Bueno es esso! Las faldas muy cor-
tas, vn çapato de dos suelas, vna barbita entre
cana, y otras vezes con mascarilla, por guardar
la tez de la cara.

Roj.— Buena cosa, por mi vida!

Rios.— Llegamos desta manera al lugar
hechos mil pedazos, llenos de lodos, los pies
llagados y nosotros medio muertos, porque,
en efeto, seruiamos de asnos. Pidio el autor
licencia y fuymos a hazer la farsa, que era la
de Lazaro. Pusose aqui nuestro amigo su ves-
tido prestado, y yo mi sayo ageno, y quan-
do llegamos al passo del sepulcro, el autor, que
hazia el Christo, dixole muchas vezes al La-
zaro: Leuanta, Lazaro, surge, surge! y viendo
que no se leuantaua, llegaron al sepulcro, cre-
yendo estaua dormido, y hallaron que en cuerpo
y alma auia ya resucitado, sin dexar rastro de
todo el vestido. Pues como no hallaron el san-
to, alborotose el pueblo, y pareciendole que
auia sido milagro, quedose el autor atonito. Y
yo, viendo el pleyto mal parado, y que Solano era
ydo sin auerme auisado, hago que salgo en su
seguimiento, y de la manera que estaua tomè
hasta Zaragoça el camino, sin hallar yo en todo
el rastro de Solano, el autor de sus vestidos, ni
la gente del Lazaro (que sin duda entendieron
que se auia subido al cielo, segun se desaparecio
en vn prouiso); en efeto, yo entrè luego en vna
buena compañia y dexe esta vida harta (¹).

Ram.— Cierto que ella es mala, y dudo yo
que aya otra en el mundo, aunque sea la de mi-
licia, que se compare con ella.

Roj.— Mas padece vn soldado en vna hora,
que vn representante en toda la vida. Padecido
aure yo trabajos en España, y algunos en la
comedia, que tambien he gozado de la vida fa-
randulica; pero todo es nada respeto de la gran
desuentura de la soldadesca.

Sol.— Muchos padeceriades en Bretaña.

(¹) Este episodio de Lázaro fué imitado por Le Sage
en su *Gil Blas* X, 10), al narrar las aventuras de Es-
cipión.

Roj.— Acuerdome que los dias passados hize
vna loa en que trataua del cautiuerio que tuue
en la Rochela, y respeto de lo que aqui se passa
con aquel que murmura y el otro que no se
contenta, es sin duda esta mas trabajosa, por
ser peor agradecida y auer de dar a tantos gus-
to con ella.

Rios.— No se passe en blanco la loa.

Roj.— Pues gustays que la diga, dize desta
manera:

Despues que quedè cautiuo
y al remo en vna galera,
no de hereges, turcos, moros,
de Argel, Fez ni Ingalaterra,
sino de propios christianos,
y que mis amigos eran,
de forçados españoles,
y avn algunos de mi tierra,
que viniendo nauegando
viento en popa y la mar sessga,
desde Nantes a Blaubete,
se leuantaron con ella.
No digo en que puerto fue,
quien el autor de la empresa,
el faraute de la historia,
y el culpado en la tragedia,
la confussion de aquel dia,
las muertes y las afrentas,
las heridas y los palos,
las vozes y las faenas;
solo digo que mis culpas,
mucho mas que las agenas,
a padecer me lleuaron
su rigurosa inclemencia.
Desnudaronme, en efeto,
echaronme vna cadena
a donde preso quedè,
mas por paz que no por guerra.
Y al fin, para no cansaros,
passeandome vna siesta
mientras mi amo dormia
(que era el Monsiur de Fontena),
poco a poco me lleguè
al pie de vnas altas peñas,
a quien la mar en creciente
con sus ondas toca y besa;
y contemplando en el mar,
y otros ratos en la arena,
a mis ojos lastimados
les dixe desta manera:
—Lloremos, ojos, los dos;
de nadie formemos quexas,
aunque para tantas culpas
pocas lagrimas son estas.
Entre aquestas desuenturas,
tengamos, ojos, paciencia,
que bien la abra menester
el triste que viue en ellas.

Ay, soledades dichosas
para aquel que no os contempla,
ni con vida desde lexos,
ni con ojos desde cerca!
Quien ay que en vosotras viue
que la muerte no dessea?
porque en vida que es tan mala,
no ay muerte que no sea buena.
O, piadosissimo mar!,
o, inuencible madre tierra!,
duelante mis desuenturas
si es possible que te duelan.
Patria mia venturosa,
dame vn hora de licencia
para contar mis desdichas
a quien es la causa dellas.
Que aunque es monte a mis suspiros,
muda selua a mis querellas,
contrastará su diamante
la sangre de mi inocencia.
Ay, muger mudable, varia!
todos de ti se querellan;
si quien te entienda buscamos,
nunca hallamos quien te entienda.
Infierno que adoran tantos,
cielo que nadie dessea,
esperança que se tarda,
muerte que jamas no llega,
vida donde todos mueren,
gloria donde tantos penan,
muger por quien todos lloran,
dela Dios a quien la quiera.
Ojos mios, aduerti
que andays por patrias agenas,
y que nacio del mirar
toda la desdicha vuestra.
Quexauanse ayer de vos
que mirauays sin prudencia,
que matauays sin piedad
y hablauays sin tener lengua.
Ponçoña de basilisco
es la vuestra, y aun mas fiera,
que este mata con la vista,
pero vos con la sospecha.
Si con mirar offendistes,
no es mucho que agora venga
por vuestra causa a mirar
los peligros que me cercan.
Entre Caribdis y Scylla
nauego el mar que me anega;
plega a Dios que no me hunda,
que es muger quien me gouierna.
Mirad vuestra salud,
que si os duele la cabeça,
no hallareys dotor que os mate
ni clerigo que os absuelua.
Iaraues de confusion
y pildoras de tristeza,
hartas ay; si mas quereys,

mis ojos, tened paciencia.
No sabeys de que me holgara?
que os murierais por mi cuenta,
para ver si os enterrauan
en alguna madriguera;
que en la barca de Aqueronte
alguna furia os metiera,
y los forçados cantaran,
y los diablos los oyeran.
Aunque ay alguno tan malo,
que, por no oyrle en mi pena,
a la rueda de Ixion
siguiera atado sus bueltas.
Requiescat in pace amen,
el anima de mi agüela,
que cantaua con las niñas
y lloraua con las viejas.
Y vn sacerdote de Baco,
canonigo de Ginebra,
le enseñaua el *Gama ut a re*
por amor de la xaqueca.
Vaya arredro, Satanas!
Verbum caro, quien me tienta?
yo no era christiano antaño?
quien me ha hecho ogaño poeta?
Si es aquel diablo, mi amigo,
ya sabe que hizimos treguas
de no dezir mal de gordas
ni hazer satiras a viejas;
pues no ay otro que me tiente,
que esso es de lo que me pesa,
que harto persegui aquel diablo,
mas no ay diablo que me quiera.
Pero donde voy perdido?
que quimeras son aquestas,
que aun hasta aqui me persiguen
memorias que me atormentan?
Valgame Dios! Que es aquesto?
Estando en esta aspereza,
desnudo, triste, afligido,
cautiuo y con tantas penas,
aquella ingrata no oluido?
Que desuentura es aquesta?
A, cuerpo desuenturado!,
a, infame naturaleza!
Que remedio puede auer
contra tu grande potencia,
pues estando como estoy
me buscas y me inquietas?
Hercules tenga disculpa
de que vna muger le vença,
pues veo que no es possible
poderme refrenar desta.
Aquel Mironides, griego,
que quanto ganó en la guerra
en mas de veynte y dos años
dé a vna muger en Boecia;
vn Anibal contra Roma,
sin vencelle nadie en ella,

arrancan los arboles, hunden los nauios, ahogan los hombres, matan los ganados, destruyen los trigos ni asuelan los cimientos. Porque si esotros son grandes, es ayudados de muchos que los engrandezen. Pero este con razon se puede llamar grande, dichoso y rico, pues no ha menester fauor de ninguno. Y si verdad tenemos de dezir, en el se halla quanto en el mundo se puede dessear, ansi de bosques, jardines y huertas, agua de San Isidro que beuer y hondura en muchas partes donde nadar; dexo su puente de oro, en quien está engastado el diamante deste sagrado rio, y vamos a su Casa de Campo. Si se huuiera de dezir y alauar todo lo que ay en ella, pregunto que lengua bastaria para tratar de su famosa cerca, quartos, salas, repartimientos, arboledas, frutales, galeras, castillos, ninfas, pastores, corderos, peregrinos, todo hecho de yerua, con tan grande ingenio y admirable industria, que se afrenta la naturaleza. Vn laberinto que llaman Troya, fuentes tan diuersas que ay en ella, pues por todas las junturas de los ladrillos de vna sala salen mil hilos delgados de agua cristalina. Sus estanques, con tanta cantidad de pescados y cisnes; los reloxes tan concertados, las flores tan odoriferas, los edificios tan suntuosos, los castillos tan insignes, con tantas pieças de artilleria para batirles y asolarles, todo hecho de agua, con tan estraña perfeccion, que ni tiene el mundo mas que gozar, los ojos que ver, los gustos que pedir, ni los hombres que dessear. Pues no quiero dezir de lo que goza este famoso rio en la casa del Pardo, que fuera proceder en infinito. Solo digo que ni las riberas del Po, Rin, Gange, Tibre, Dan, Nilo, Tigris ni Eufrates gozan de tantas recreaciones y frescuras como tiene el Mançanares en poco mas de dos leguas.

Ram.—Cosa es llana, y a no ser tan conocida, creyeramos hablauades con passion de la patria.

Roj. — Sin duda que no digo la mitad de lo que pudiera.

Ram.—Con todo, no negays la grandeza del rio de Seuilla.

Roj.—Essa, como puedo yo negalla?

Sol.—En el se echo a nado, segun me aueys dicho, vno de los que se hallaron en vuestra desgracia.

Roj.—Venturosa podeys llamalla, porque fue vna de las mayores que yo he oydo en mi vida.

Ram.—Como fue?

Sol.—Que le sacaron ocho o diez hombres armados en mitad del dia junto a Gradas, y le dieron por encima de la tetilla derecha vna estocada que le passo al cuerpo; y esto sin otras muchas; aunque ninguna de momento, sin hallarse aquella hora vn hombre que los metiese en paz; y ya publico en todo Seuilla que era muerto, le dio vn hombre dentro de ocho dias sano.

Ram.—Notable sucesso!

Rios.—Vna lee me dizen que hizistes cerca de esso, que parecio con mucho estremo.

Ram.—Ya sabeys a lo que os aueys obligado mientras durare este camino. Perdonad si soy enfadoso.

Roj.—Para mi es de mucho gusto el seruiros, que bien se que quando el oyllas no sirua de fauorecellas, seruira a lo menos de censurallas.

Rios.—Pues para que podamos enmendar, podeys empeçar a dezir.

Roj.—En todo os quiero ouedecer:

De las famosas riberas
que el sagrado Betis vaña;
en cuyo raudal soberuio
dieron fondo mis desgracias,
salieron quatro galeras
la buelta del mar de España,
las dos para Cartagena,
las otras dos para Italia.
Surcan el salado charco,
arando montañas de agua,
azotando con los remos
las tranquilas olas varias.
Fauorable viento lleuan,
el mar seago y con bonança,
todos gozosos y alegres
nauegan, boga arrancada.
Llegan junto a la herradura,
leuantase vna borrasca,
turbase el cielo en vn punto,
el mar sus olas ensancha,
los soberuios truenos crecen,
el ayrado viento brama,
con que a las galeras hunde
y a los peñascos arranca.
Ya baxan a las arenas,
ya a los cielos se leuantan,
ya se hunden y trastornan,
ya van todos a la vanda.
Ya rechina el mastil roto,
ya los remos se quebrantan,
ya el gouernalle se pierde,
ya la chusma va turbada.
Vnos gritan, otros lloran,
este yza, aquel amayna,
qual va debaxo cubierta,
qual con la tabla se abraça.
El coruo pito no suena,
la triste noche amenaza,
los rayos atemorizan,
los relampagos espantan.
Al cielo sube la proa,

entiendo que bastara,
no hazer para su grandeza
catalogo de los reyes
que con sus personas mesmas
la han honrado, y se han honrado
de representar en ella,
saliendo siempre en teatros
publicamente en mil fiestas,
como Claudio, emperador,
lo acostumbraua en su tierra,
Heliogaualo y Neron
y otros principes de cuenta,
sino de aquellos varones
que con la gran sutileza
de sus diuinos ingenios,
con sus estudios y letras,
la han compuesto y dado lustre,
hasta dexarla perfeta,
despues de tan largos siglos
como ha que se representa.
Y donde mas ha subido
de quilates la comedia,
ha sido donde mas tarde
se ha alcançado el vso della,
que es en nuestra madre España,
porque en la dichosa era
que aquellos gloriosos reyes,
dignos de memoria eterna,
Don Fernando è Ysabel,
que ya con los santos reynan,
de echar de España acabauan
todos los moriscos que eran
de aquel reyno de Granada,
y entonces se daua en ella
principio a la inquisicion,
se le dio a nuestra comedia.
Iuan de la Enzina (¹) el primero,
aquel insigne poeta
que tanto bien empezò,
de quien tenemos tres eglogas,
que el mismo representò
al almirante y duquessa
de Castilla y de Infantado,
que estas fueron las primeras.
Y para mas honra suya
y de la comedia nuestra,
en los dias que Colon
descubrio la gran riqueza
de Indias y Nueuo Mundo,
y el Gran Capitan empieça
a sugetar aquel reyno
de Napoles y su tierra,
a descubrirse empezo
el vso de la comedia,
porque todos se animassen
a emprender cosas tan buenas,
heroycas y principales,

viendo que se representan
publicamente los hechos,
las hazañas y grandezas
de tan insignes varones,
ansi en armas como letras,
porque aqui representamos
vna de dos: las proezas
de algun ilustre varon,
su linage y su nobleza,
o los vicios de algun principe,
las crueldades o baxezas,
para que al vno se imite
y con el otro aya enmienda;
y aqui se ve que es dechado
de la vida la comedia,
que como se descubrio
con aquella nueua tierra
y nueuo mundo el viage
que ya tantos ver desean,
por ser de prouecho y honra,
regalo, gusto y riquezas,
ansi la farsa se hallò
que no es de menos que aquesta,
desde el principio del mundo
hallada, vsada y compuesta
por los griegos y latinos
y otras naciones diuersas,
ampliada de romanos,
que labraron para ella
teatros y coliseos,
y el anfiteatro, que era
donde se encerrauan siempre
a oyr comedias destas
ochocientas mil personas
y otras que no tienen cuenta.
Entonces escriuio Plauto
aquella de su Alcumena,
Terencio escriuio su *Andria*,
y despues, con su agudeza,
los sabios italianos
escriuieron muchas buenas,
los ingleses ingeniosos,
gente alemana y flemenca,
hasta los de aqueste tiempo,
que, ilustrando y companiendola,
la han ydo perficionando
ansi en burlas como en veras.
Y porque yo no pretendo
tratar de gente estrangera,
si de nuestros españoles,
digo que Lope de Rueda (¹),
graçioso representante
y en su tiempo gran poeta,
empeçò a poner la farsa
en buen vso y orden buena;
porque la repartio en actos,
haziendo introito en ella

(¹) 1468?-1529?

(¹) 1510?-1565?

que agora llamamos los,
y declarauan lo que eran
las marañas, los amores,
y entre los passos de veras
mezclados otros de risa,
que, porque yuan entremedias
de la farsa, los llamaron
entremeses de comedia,
y todo aquesto yua en prosa
mas graciosa que discreta.
Tañian vna guitarra,
y esta nunca salia fuera,
sino a dentro y en los blancos, [1]
muy mal templada y sin cuerdas.
Baylaua a la postre el bobo
y sacaua tanta lengua
todo el vulgacho embouado
de ver cosa como aquella.
Despues, como los ingenios
se adelgazaron, empiezan
a dexar aqueste vso:
reduziendo los poetas
la mal ordenada prosa
en pastoriles endechas,
hazian farsas de pastores,
de seys jornadas compuestas,
sin mas hato que vn pellico,
vn laud, vna vihuela,
vna barba de samarro,
sin mas oro ni mas seda.
Y, en efeto, poco a poco
barbas y pellicos dexan,
y empiezan à introduzir
amores en las comedias,
en las quales ya auia dama
y vn padre que aquesta zela;
auia galan desdeñado,
y otro que querido era;
vn viejo que reprehendia,
vn bobo que los azecha,
vn vezino que los casa
y otro que ordena las fiestas.
Ya auia saco de padre,
auia barba y cauellera,
vn vestido de muger,
porque entonces no lo eran
sino niños; despues desto
se vsaron otras, sin estas,
de moros y de christianos,
con ropas y tunicelas.
Esto empezo Berrio; [2]
luego los demas poetas
metieron figuras graues,
como son reyes y reynas.
Fue el autor primero desto

el noble Iuan de la Cueua ([1]);
hizo del padre tirano,
como sabeys, dos comedias.
Sus Tratos de Argel, Ceruantes ([2]);
hizo el comendador Vega ([3])
sus Lauras, y el bello Adonis
don Francisco de la Cueva ([4]);
Loyola ([5]) aquella de Audalla,
que todas fueron muy buenas,
y ya en este tiempo vsauan
cantar romances y letras.
Y esto cantauan dos ciegos
naturales de sus tierras;
hazian quatro jornadas,
tres entremeses en ellas,
y al fin con vn baylecito
yua la gente contenta.
Passo este tiempo, vino otro,
subieron a mas alteza;
las cosas ya yuan mejor;
hizo entonces Artieda ([6])
sus encantos de Merlin
y Lupercio ([7]) sus tragedias.
Virues ([8]) hizo su Semiramis
valerosa en paz y en guerra;
Morales ([9]) su Conde loco
y otras muchas sin aquestas.
Hazian versos hinchados,
ya vsauan sayos de telas
de raso, de terciopelo
y algunas medias de seda.
Ya se hazian tres jornadas
y echauan retos en ellas,
cantauan a dos y a tres,
y representauan hembras.
Llegò el tiempo que se vsaron
las comedias de apariencias,
de santos y de tramoyas,

---

[1] Así el texto, pero quizá debe leerse abancos.
[2] El licenciado Gonzalo Mateo de Berrio (1554-1628?), alabado, entre otros, por Cervantes y por Lope de Vega. No conservamos ninguna de sus comedias.

[1] Murió después de 16 9.
[2] 1547-1616. El Trato de Argel no se publicó hasta 1784.
[3] La Barrera cree, sin gran fundamento, que este Vega sea el doctor Damián de Vegas, autor de la Comedia Jacobina.
[4] 1550?-1627? No se conserva El bello Adonis; pero sí la Trajedia de Narciso, escrita probablemente hacia 1580, y publicada con muy doctas ilustraciones por J. P. Wickersham Crawford en 1909 (Philadelphia).
[5] El comediante Juan Bautista de Loyola, toledano? No se conserva ninguna de sus obras dramáticas.
[6] Micer Andrés Rey de Artieda (1549-1613), valenciano. De sus obras dramáticas, sólo se conservan Los Amantes (1581).
[7] Lupercio Leonardo de Argensola (1559-1613). Consérvanse sus trag-dias La Isabela y La Alejandra.
[8] Valenciano. Vivía aún en 1609, año en que publicó sus Obras trágicas y líricas, entre las cuales figura la tragedia La gran Semiramis.
[9] Alonso de Morales célebre comediante, apellidado el divino. Hay noticias de él desde 1584. Había muerto en 1612. Se ha pe dido la comedia que cita Rojas.

y entre estas farsas de guerras
hizo Pero Diaz (¹) entonces
la *del Rosario*, y fue buena,
San Antonio Alonso Diaz, (²)
y al fin no quedo poeta
en Seuilla que no hiziesse
de algun santo su comedia;
cantauase a tres y a quatro,
eran las mugeres bellas,
vestianse en habito de hombre,
y bizarras y compuestas
a representar salian
con cadenas de oro y perlas.
Sacauanse ya cauallos
a los teatros, grandeza
nunca vista hasta este tiempo,
que no fue la menor dellas.
En efeto, este passò;
llegò el nuestro, que pudiera
llamarse el tiempo dorado,
segun al punto en que llegan
comedias, representantes,
traças, concetos, sentencias,
inuentiuas, nouedades,
musica, entremeses, letras,
graciosidad, bayles, mascaras,
vestidos, galas, riquezas,
torneos, justas, sortijas,
y al fin cosas tan diuersas,
que en punto las vemos oy
que parece cosa incredula
que digan mas de lo dicho
los que han sido, son y sean.
Que haran los que vinieren,
que no sea cosa hecha?
que inuentaran que no estè
ya inuentado? Cosa es cierta.
Al fin la comedia està
subida ya en tanta alteza,
que se nos pierde de vista:
plega a Dios que no se pierda.
Haze el sol de nuestra España,
compone Lope de Vega (³)
(la fenix de nuestros tiempos
y Apolo de los poetas),
tantas farsas por momentos
y todas ellas tan buenas,
que ni yo sabre contallas,
ni hombre humano encarecellas.
El diuino Miguel Sanchez (⁴),
quien no sabe lo que inuenta,
las coplas tan milagrosas,

sentenciosas y discretas
que compone de contino,
la propiedad grande dellas,
y el dezir bien dellas todas,
que aquesta es mayor grandeza?
El jurado de Toledo, (¹)
digno de memoria eterna,
con callar esta alauado;
porque yo no se aunque quiera.
El gran canonigo Tarrega: (²)
Apolo, ocasion es esta
en que, si yo fuera tu,
quedara corta mi lengua.
El tiempo es breue y yo largo,
y assi he de dexar por fuerça
de alabar tantos ingenios,
que en vn sin fin procediera.
Pero de passo dirè
de algunos que se me acuerdan,
como el heroyco Velarde, (³)
famoso Micer Artieda,
el gran Lupercio Leonardo,
Aguilar el de Valencia, (⁴)
el Licenciado Ramon, (⁵)
Iustiniano, Ochoa, Zepeda,
el Licenciado Mexia,
el buen don Diego de Vera,
Mescua, don Guillen de Castro,
Liñan, don Felix de Herrera,
Valdiuiesso y Almendarez, (⁶)
y entre mucho[s], vno queda:

(¹) El licenciado Pedro Díaz, de quien no se conserva actualmente obra ninguna.

(²) Escritor y comedia desconocidos (Comp. La Barrera: *Catálogo*, p. 125).

(³) 1582-1635.

(⁴) El licenciado Miguel Sánchez, autor de *La isla bárbara* y de *La guarda cuidadosa*. Vivía aún en 1615

(¹) Juan de Quirós, autor de la comedia *La famosa toledana* (1591?), aun inédita.

(²) Francisco Agustín Tárrega (1554?-1602).

(³) La Barrera sospecha que se trata de Alfonso Hurtado de Velarde, natural de Guadalajara, cómico en el lenguaje antiguo, según Suárez de Figueroa, y autor de la tragedia de *Los siete infantes de Lara*, escrita entre 1612 y 1615.

(⁴) Gaspar Honorato de Aguilar (1561-1623), valenciano.

(⁵) Fray Alonso Remón ó Ramón, mercenario. Había muerto en 1633.

(⁶) El licenciado Lúcas Justiniano, que vivía aún en 1614, escribió la comedia *Los ojos del cielo y martirio de Santa Lucía*, que se conserva manuscrita.

Ochoa es probablemente el licenciado Juan de Ochoa, de quien existe la comedia *El vencedor vencido*, y que vivía en Sevilla á principios del siglo XVII.

Cepeda, ingenio sevillano, fué autor de *La zapatela*, pieza que se ha perdido, citada por Matos Fragoso.

Mejía es quizá el licenciado Mejía de la Cerda, autor de la tragedia famosa de *Doña Inés de Castro*, *reina de Portugal*, impresa en 1611 (?) y 1612.

Vera es Diego de Vera y Ordóñez de Villaquirán (1570? — m. después de 1636).

Los aludidos después por Rojas son Antonio Mira de Amescua (1578?-1644); Guillén de Castro y Bellvís (1569-1631), el toledo o Pedro Liñán de Riaza (m. 1607), de quien no se conserva ninguna comedia auténtica; Félix de Herrera, del cual no hay otras noticias que la mención de Rojas; el maestro José de Valdivielso (m. 1638), y Julián de Armendáriz ó Almendarez, citado también por Cervantes y por Lope, y de quien tampoco se conserva ninguna producción dramática.

Damian Salustio (¹) del Poyo, (²)
que no ha compuesto comedia
que no mereciesse estar
con las letras de oro impressa,
pues dan prouecho al autor
y honra a quien las representa.
De los farsantes que han hecho
farsas, loas, bayles, letras,
son: Alonso de Morales,
Grajales, Zorita, Mesa,
Sanchez, Rios, Auendaño,
Iuan de Vergara, Villegas,
Pedro de Morales, Castro,
y el del *Hijo de la tierra*,
Caravajal, Claramonte, (³)
y otros que no se me acuerdan,
que componen y han compuesto
comedias muchas y buenas.
Quien a todos no conoce?
Quien a su fama no llega?
Quien no se admira de ver
sus ingenios y eloquencia?
Supuesto que esto es assi,
no es mucho que yo me atreua
a pediros en su nombre
que, por la gran reuerencia
que se les deue a sus obras,
mientras se hazen sus comedias,
que las faltas perdoneys
de los que las representan.

Sol.—Por cierto la loa es buena, y tiene muchas cosas antiguas de la comedia y de hombres que ha auido en ella de mucha fama.

(¹) De tres maneras se halla citado este nombre: «Salustio», «Salustrio» y «Saluzio».

(²) Murciano, contemporáneo de Lope. A las cinco comedias suyas que cita La Barrera, debe agregarse *La vida y muerte de Judas*, reimpresa por Adolf Schaeffer en el tomo I de sus *Ocho comedias desconocidas*, etc. (Leipzig, 1887).

(³) Sobre Alonso de Morales, Rios y Villegas, vése más arriba (págs. 471, 469 y 466).

Grajales (que no creo sea el licenciado Juan de Grajal, ó Grajales) formaba compañía con su mujer Catalina de Peralta en Marzo de 1604; Pedro de Zorita, segoviano, pertenecía á la compañía de Jerónimo Velásquez en 1590; «Mesa» es Baltasar de Mesa, celebrado por Claramonte en su *Letanía moral*; «Sánchez» es quizá, como sospecha el Sr. Rennert, Fermín Sánchez de Vargas, actor de la compañía de Diego de Santander en 1597 (m. en 1644); «Auendaño» era tal vez Lope de Avendaño, padre del famoso *autor* Cristóbal de Avendaño; de Juan de Vergara (de quien imprimió Timoneda dos *Coloquios pastoriles*), natural de Getafe, hay noticias desde 1594; Pedro de Morales, *autor*, es alabado por Lope de Vega como «cierto, adornado y afectuoso representante»; «Caravajal» es Baltasar de Carvajal, cuya comedia *El Hijo de la Tierra* ha sido publicada por el profesor A. Restori (Halle, 1893) con el título de *La Bandolera de Flandes*; Andrés de Claramonte y Corroy (m. en 1626) es el autor de la *Letanía moral*, escrita ya en 1611, pero no publicada hasta 1613. El «Castro» no está todavía identificado.

Ram.—Vn Nauarro, natural de Toledo, (¹) se os oluidò, que fue el primero que inuentò teatros.

Rios.—Y Cosme de Ouiedo, aquel autor de Granada tan conocido, (²) que fue el primero que puso carteles.

Sol.—Y aun el que truxo gangarilla por los lugares de la costa.

Ram.—Que es gangarilla?

Sol.—Bien parece que no aueys vos gozado de la farandula, pues preguntays por vna cosa tan conocida.

Rios.—Yo tengo mas de treynta años de comedia y llega aora a mi noticia.

Sol.—Pues sabed que ay ocho maneras de compañias y representantes, y todas diferentes.

Ram.—Para mi es tanta nouedad essa como essotra.

Rof.—Por vida de Solano que nos las digays.

Sol.—Aueys de saber que ay bululu, ñaque, gangarilla, cambaleo, garnacha, boxiganga, farandula y compañia. El bululu es vn representante solo, que camina a pie y passa su camino, y entra en el pueblo, habla al cura y dizele que sabe vna comedia y alguna loa; que junte al barbero y sacristan y se la dira, porque le den alguna cosa para passar adelante. Iuntanse estos, y el subese sobre vna arca y va diziendo: agora sale la dama y dize esto y esto, y va representando, y el cura pidiendo limosna en vn sombrero, y junta quatro ò cinco quartos, algun pedaço de pan y escudilla de caldo que le da el cura, y con esto sigue su estrella y prosigue su camino hasta que halla remedio. Ñaque es dos hombres (que es lo que Rios dezia agora a poco de entrambos); estos hazen vn entremes, algun poco de vn auto, dizen vnas otauas, dos ò tres loas, lleuan vna barba de çamarro, tocan el tamborino y cobran a ochauo, y en essotros reynos a dinerillo (que es lo que haziamos yo y Rios), viuen contentos, duermen vestidos, caminan desnudos, comen hambrientos y espulganse el verano entre los trigos, y en el inuierno no sienten con el frio los piojos. Gangarilla es compañia mas gruessa; ya van aqui tres ò quatro hombres, vno que sabe tocar vna locura; lleuan vn muchacho que haze la dama, hazen el auto *de la oue*

(¹) Pedro Navarro ó Naharro, mencionado por Cervantes en el Prólogo de las *Ocho comedias*, por Lope en el *Arte nuevo* y por Juan de la Cueva en el *Exemplar poético*. No ha de confundirsele con el célebre Bartolomé de Torres Naharro (m. 1530?), mucho más antiguo; ni tampoco con el autor de la *Comedia muy exemplar de la marquesa de Saluzia, llamada Griselda* (publicada en 1603), que parece ser, en opinión del Sr. Rennert, el actor Diego Navarro, citado igualmente por Rojas.

(²) Representada ya en Sevilla por los años de 1561.

ja perdida, (¹) tienen barba y cauellera, buscan saya y toca prestada (y algunas vezes se oluidan de boluella), hazen dos entremeses de bobo, cobran a quarto, pedaço de pan, hueuo y sardina y todo genero de çarandaja (que se echa en vna talega); estos comen asado, duermen en el suelo, beuen su trago de vino, caminan a menudo, representan en qualquier cortijo, y traen siempre los braços cruzados.

Rios.—Por que razon?

Sol.—Porque jamas cae capa sobre sus ombros. Cambaleo es vna muger que canta y cinco hombres que lloran; estos traen vna comedia, dos autos, tres ò quatro entremeses, vn lio de ropa que le puede lleuar vna araña; lleuan a ratos a la muger a cuestas y otras en silla de manos; representan en los cortijos por ogaça de pan, racimo de vuas y olla de verças; cobran en los pueblos a seys marauedis, pedaço de longaniza, cerro de lino (²) y todo lo demas que viene auentarero (sin que se deseche ripio), estan en los lugares quatro ò seis dias, alquilan para la muger vna cama, y el que tiene amistad con la huespeda, dale vn costal de paja, vna manta y duerme en la coçina, y en el inuierno el pajar es su habitacion eterna. Estos a medio dia comen su olla de vaca, y cada vno seys escudillas de caldo; sientanse todos a vna mesa, y otras vezes sobre la cama. Reparte la muger la comida, dales el pan por tassa, el vino aguado y por medida, y cada vno se limpia donde halla, porque entre todos tienen vna seruilleta, ò los mantelcs estan tan desnudos que no alcançan a la mesa con diez dedos. Compañia de garnacha son cinco ò seys hombres, vna muger que haze la dama primera y vn muchacho la segunda; lleuan vn arca con dos sayos, vna ropa, tres pellicos, barbas y cauelleras y algun vestido de la muger de tiritaña. (³) Estos lleuan quatro comedias, tres autos y otros tantos entremeses; el arca en vn pollino, la muger a las ancas gruñendo, y todos los compañeros detras arreando. Estan ocho dias en vn pueblo, duermen en vna cama quatro, comen olla de vaca y carnero, y algunas noches su menudo muy bien adereçado. Tienen el vino por adarmes, la carne por onças, el pan por libras y la hambre por arrobas. Hazen particulares a gallina asada. liebre cocida, quatro reales en la bolsa, dos açumbres de vino en casa y a doze reales vna fiesta con otra. En la boxiganga van dos mugeres y vn muchacho, seys ò siete compañeros, y aun suelen ganar muy buenos disgustos, porque nunca falta vn hombre necio, vn brauo, vn mal sufrido, vn porfiado, vn tierno, vn zeloso, ni vn enamorado, y auiendo qualquiera destos, no pueden andar seguros, viuir contentos ni aun tener muchos ducados. Estos traen seys comedias, tres ò quatro autos, cinco entremeses, dos arcas, vna con hato de la comedia y otra de las mugeres; alquilan quatro jumentos, vno para las arcas y dos para las hembras, y otro para remudar los compañeros a quarto de legua, conforme hiziere cada vno la figura y fuere de prouecho en la chacota. Suelen traer entre siete dos capas, y con estas van entrando de dos en dos como frayles. Y sucede muchas vezes, lleuandosela el moço, dexarlos a todos en cuerpo. Estos comen bien, duermen todos en quatro camas, representan de noche y las fiestas de dia, cenan las mas vezes ensalada, porque como acauan tarde la comedia, hallan siempre la cena fria. Son grandes hombres de dormir de camino, debaxo de las chimeneas, por, si acaso estan entapizadas de morçillas, solomos y longanizas, gozar dellas con los ojos, tocallas con las manos y combidar a los amigos, ciñendose las longanizas al cuerpo, las morçillas al muslo, y los solomos, pies de puerco, gallinas y otras menudencias en vnos oyos en los corrales ò cauallerizas, y si es en ventas en el campo, que es lo mas seguro, poniendo su seña para cunocer donde queda enterrado el tal difunto. Este genero de bojiganga es peligrosa, porque ay entre ellos mas mudanças que en la luna y mas peligros que en frontera (y esto es si no tienen caueça que los rija). Farandula es vispera de compañia: traen tres mugeres, ocho y diez comedias, dos arcas de hato; caminan en mulos de arrieros, y otras vezes en carros; entran en buenos pueblos, comen apartados, tienen buenos vestidos, hazen fiestas de Corpus a dozientos ducados, viuen contentos (digo los que no son enamorados); traen vnos plumas en los sombreros, otros veletas en los cascos, y otros en los pies, al meson de Christo con todos. Ay Laumedones de ojos, dezidselo vos, (¹) que se enamoran (²) por debaxo de las faldas de los sombreros, haziendo señas con las manos y visajes con los rostros, torciendose los mosta-

---

(¹) Célebre auto, fundado en el capitulo XV del Evangelio de San Lucas. Fué incluido por Timoneda en el primero de sus *Ternarios Sacramentales* (1575). Véase la edición de González Pedroso, con las variantes del códice de la Academia de la Historia, en el tomo LVIII de la *Biblioteca de Autores Españoles*.

(²) «*Cerro* en el lino y en cañamo—escribe Covarrubias—es el maço o copete que queda despues de espadillado y rastrillado.»

(³) Especie de seda delgada.

(¹) No creo que esto de «dezidselo vos» haya de interpretarse como una frase imperativa, dirigida por Solano á Rios, sino como una alusión á ciertos relamidos tipos, á quienes con impertinente y poco inteligible clasicismo llama «Laumedones», cuya cortedad de razones le recuerda algún cantar ó romance, cuyo primer verso era: «*Ojos, dezidselo vos*».

(²) El texto: «emamoran».

chos, dando la mano en el aprieto, la capa en el camino, el regalo en el pueblo, y sin hablar palabra en todo el año. En las compañias ay todo genero de gusarapas y varatijas, entreban qualquiera costura, (¹) saben de mucha cortesia, ay gente muy discreta, hombres muy estimados, personas bien nacidas y aun mugeres muy honradas (que, donde ay mucho, es fuerça que aya de todo); traen cincuenta comedias, trecientas arrobas de hato, diez y seys personas que representan, treinta que comen, vno que cobra y Dios sabe el que hurta. Vnos piden mulas, otros coches, otros literas, otros palafranes, y ningunos ay que se contenten con carros, porque esto suele auer muchos malos estomagos. Sobre esto suele auer muchos disgustos. Son sus trabajos excessiuos, por ser los estudios tantos, los ensayos tan continuos y los gustos tan dineros, aunque desto Rios y Ramirez saben harto, y assi es mejor dexallo en silencio, que a fè que pudiera dezir mucho.

Rios.— Digo que me aueis espantado.

Ram.— Agora os confirmo por el mayor comico que tiene el suelo.

Roj.— Por vida de quien soy, que aueys vos passado por todo.

Sol.— Yo confiesso que no ay para mi tan buen rato como tratar de aquesto.

Rios.— Echase de ver ahi vuestro buen gusto; pero, dexandolo a vn lado y boluiendo a nuestro principio, que fue la loa de donde nacio todo este fundamento y rato tan gustoso como hemos tenido, la memoria de los poetas me agradò mucho, porque es razon que de los hombres de buen entendimiento la aya.

Sol.— Dize Salustio que gran fama se deue a los que obraron las hazañas, y no menor a los que en buen estilo las escriuieron.

Roj.— Como calla tanto Ramirez? Por el se puede dezir: este mi hijo don Lope, ni es yel, ni miel, ni vinagre, ni arrope.

Ram.— Vengome acordando de vn cuento donoso, que le sucedio aqui a Alcaraz (²) con vn musico de Cisneros, deue de auer quatro años, y fue que estando jugando con otro en el vestuario, perdio lo que traya vestido, de manera que se quedò en calçones de lienço. Ofreciose salir a cantar en la tercera jornada, y el tomò de presto vna capa que no era suya, y echosela por debaxo del braço y salio con mucho desenfado. Alcaraz, que echò de ver su atreuimiento desuergonçado, no quiso quedasse sin castigo,

y prendiole con vn alfiler la capa lo mas alto que pudo. El, muy descuydado, empeço a cantar de aquella manera, y la gente diole mucha grita. El no hecho de ver por lo que era hasta que de corrido se entrò, y cayò en la burla quando se vio toda la camisa de fuera.

Roj.— Por esso dizen que ojos que no ven, coraçon que no quiebran.

Sol.— Por demas es la citola en el molino si el molinero es sordo. (¹) Por demas es que vno padezca vna afrenta si no se emienda, que harto es ciego quien no ve por tela de cedaço. Bien vee que aquello es mal echo; pero en llegando a ser en vn hombre vicio, no tiene remedio.

Ram.— En perdiendo vno la verguença, toda la villa es suya.

Rios.— Vn compañero mio, en Antequera, jugó vna noche quanto tenia, y fue de manera que se estuuo en la cama hasta que le embiamos vn vestido con que viniera a la comedia, y luego a la noche fue a casa y se quedo otra vez en camisa.

Roj.— Mas quisiera auer llegado ya a Antequera.

Ram.— Dizenme que es vna de las buenas ciudades del Andaluzia.

Rios.— Della os puedo dezir algunas cosas que he leydo; y es la primera que esta fundada en vn alto, cercada de muros, que esta fue su primera fundacion, quando el infante don Fernando, tio del rey don Iuan el segundo, la ganò a los moros, dando la tenencia della a Rodrigo de Naruaez, aquel valeroso caudillo de quien hazemos essa comedia.

Roj.— Con razon le days esse titulo, porque era digno, segun su gran nobleza y valentia, de ponelle entre los nueue de la fama.

Rios.— Tiene tambien esta ciudad, en lo baxo della, otra gran poblacion, y es muy abundante de quantos mantenimientos y regalos se pueden dessear.

Sol.— Vna legua della nace vna fuente de vna peña, que es sin duda la principal de España. Muelense con ella veynte y tantas paradas de molinos, riega muchos oliuares, mas de cien huertas y otras ocho mil alançadas de viñas y seyscientos cayzes de pan lleuar.

Roj.— Otra tiene, que llegaremos presto a ella, que estara tres leguas de aqui y quatro de Antequera, que llenan su agua a muchas partes, porque es buena para vna enfermedad muy mala, que es de piedra, la qual es cosa clara que la expele por la orina, y assi tiene el nombre conforme al mal para que aprouecha.

(¹) *Entrevar*, en la jerga de germanía, valía tanto como *entender*. «Entrebar qualquiera costura», significa ser ducho en todo género de astucias y bellaquerías.

(²) ¿Diego López de Alcaraz, *autor* famoso, natural de Cuenca? Vivía aún en 1622. Hay noticias suyas desde 1594.

(¹) «*Citola* es vna cierta tablilla que cuelga de vna cuerda sobre la rueda del molino, y sirue de que, en no sonando, echan de ver que el molino está parado, de donde nacio el prouerbio: *Por demas es la citola en el molino, si el molinero es sordo*.» (Covarrubias).

Rios.—La plaça desta ciudad de Antequera esta siempre muy proueyda; porque en ella ay buen pan, vino, caças, carnes, frutas y pescado, todos los dias fresco.

Roj.—No me espanto, que viene de aquel parayso (que, si alguno ay en la tierra, lo es sin duda Malaga), porque es el lugar de mayor recreacion y mas vicioso que tiene el mundo.

Sol.—No dezis mal, que antiguamente se llamò Villauiciosa, por la gran hermosura y recreaciones que dentro del encierra, y esto fue antes que entrara en el la Caua para passar con el conde don Iulian, su padre, a Ceuta, que despues que salio della dizen muchos que la llamaron Malaga, por auer salido della vna muger tan mala.

Ram.—Quien no a estado en Antequera, no os admirareys que no aya visto a Malaga, y assi holgare que me conteys algunas cosas della.

Rios.—El nombre que esta insigne ciudad tuuo, y le pusieron los primeros que la fundaron, que fueron los fenices que vinieron de Tyro y Sydon, segun cuenta vna coronica de España, fue Menace, ò, como dize Tarafa, Melace; despues, engrandecida de los cartagineses con moradores africanos, la alteraron el nombre y llamaron Melaca, y luego Malaca, y poco a poco se ha llamado Malaga. Y pues no aueys estado en ella, yo os dire algunas grandezas suyas. Es vna ciudad muy fuerte, porque, fuera de los muros que la cercan, tiene a vn lado la fortaleza que llaman del Alcaçaba, y mas arriba, en la cumbre de vn cerro, otra que llaman Giblalfaro, la qual està muy fortalecida de muros, torres y cauas, con mucha artilleria y gran defensa. Tiene tambien aquellas famosas ataraçanas, muchos molinos de poluora, hornos de vizcocho y vn muelle que van acauando, para abrigo y defensa de los nauios y galeras que llegan a su playa, cerca de donde està tapiada aquella puerta por donde salio la Caua, la qual se llama oy de su mismo nombre. Es vna ciudad muy llana, de muy buenos y hermosos edificios. Pues templos, no es cosa milagrosa el de la iglesia mayor?

Rios.—La obra mas curiosa y peregrina es que yo he visto en España.

Roj.—Y aquel monasterio de Nuestra Señora de la Vitoria, que haze tantos milagros cada dia?

Sol.—Tiene tantas cosas buenas, que es proceder en infinito loallas.

Rios.—Con razon a de saber Rojas muchas, porque a estado alli de assiento algunos dias. Y aun entiendo que le han sucedido en ella muchas desgracias.

Roj.—Essa fue mi dicha, que me sucediessen en ella y no en otra.

Sol.—Y que han sido?

Roj.—La primera que tuue (trato de ventura), fue, estando retraydo en San Iuan por vna muerte, que padecia tanta hambre, por tenerme cercado dos dias auia en la torre, que sali vna noche, ya que me quitaron las guardas, con vna determinacion espantable, que la dexo porque parece increyble y no ser mi intento daros cuenta de mi vida, que fueran menester para ella diez Coronicas de España. Solo digo que, llegando cerca de la plaça, encontre vna muger que en mi vida auia uisto, la qual fue tan honrada, que me hizo boluer a la iglesia, sanido el mal intento que lleuaua, y me fauorecio de manera que vendio todo quanto tenia, concerto en trecientos ducados mi desgracia y se quedò en camisa por librarme della. Esta muger era tan hermosa, que sin encarecimiento os doy mi palabra que en el Andaluzia, sin hazer agrauio a ninguna, podia en nobleza, honestidad, entendimiento y hermosura competir con todas quantas ay en ella. Fue tanto el amor que me tuuo, que basta para su gran encarecimiento lo que tengo dicho. Porque en todas quantas historias he leydo, humanas y diuinas, verdaderas y fabulosas, no he visto que muger aya echo por hombre lo que esta hizo por mi.

Sol.—Y vos, que hizistes por ella?

Roj.—Para lo mucho que la deuia y ser ella quien era, nada. Porque supuesta mi pobreza y tenella como la tenia, que era en vna casa oculta, lleguè a termino, para sustentalla, que despues de no tener ella toca ni yo camisa, pedia de noche limosna, y hallandome mal con tanta baxeza, porque lo es pedir, sin duda, en el monasterio de San Agustin vn frayle me daua cada dia vn puchero de vaca y vna libra de pan, porque le escriuia algunos sermones. Y faltandome esto, no se si quitè capas, destruya las viñas, asolaua las huertas; finalmente, tire mas de dos meses la juerga para lleualla que comiera. Y vna noche, tendiendo vna red en vn barco por la mar, me vi con vna gran tormenta muerto, y fue Dios seruido que sali a nado, y dentro de ocho dias despues desto, en este mismo barco, estando en tierra me vi captiuo, y el cielo no me deparara vn peñasco donde estuue nueue horas y mas escondido, y de ocho que yuamos, cautiuaron los cinco. Despues de todo esto, vn dia, no teniendo que lleualla que comer..... no lo quiero dezir, que os prometo que me haze enternecer; dexemoslo, por vida vuestra, que se me arranca de pena el alma.

Ram.—Pues no sabremos en que parò esta historia, aunque vaya tan sucinta?

Roj.—Si no quereys que tuerça el camino, no hablemos mas en ello. Que quando empeçè el sucesso, no entendi que lo sintiera tanto.

Rios.—Linda noche a buelto; que hermosa
està la luna!

Sol.—Contento da el miralla.

Roj.—Cerca della os quiero dezir vna loa, lo
vno porque diuierta mi pena, y lo otro por en-
treteneros con esto y pagaros lo que en esotro
no he podido obedeceros.

Ram.—Dezid, que de vuestro gusto gusta-
mos todos.

[*Roj.*] Vn cuento vengo a contaros,
y no se por donde empiece;
sospecho que es muy gracioso;
oyd, que yo sere breue:
Tuuieron entre los dioses
alla en el cielo vn banquete,
a honra de Lampetusa
y del hijo de Climene.
Hallaronse en el Apolo,
Iupiter omnipotente,
el fuerte nieto de Atlante
y aquel hijo de Semele,
Vulcano, Saturno, Marte
y los dioses que en la fuente,
de temor de aquel gigante,
se conuirtieron en pezes;
el dios Eolo, Neptuno,
Phryxo con su hermana Hele
y las que en los desposorios
del dios Peleo y de Thetis
por la mançana compiten,
y quien mas hermosa fuesse;
y aquella que calurosa
llego a beuer a vna fuente,
que vnos rusticos la impiden,
y ella en ranas los conuierte;
la diosa de la eloquencia,
Doris, Amphitrite y Ceres.
Despues de auer bien beuido
y estar los dioses alegres,
entran todos en consulta
diziendo que les parece
que ya la Luna es muy grande
y està a punto de perderse;
que sera razon casalla,
por el dezir de las gentes.
Los dioses dizen que es justo,
y que se case conuiene,
porque donzellas y hermosas
estan en peligro siempre;
que se le busque un marido
humilde, noble, prudente,
muy honrado y principal,
de buen talle y buena suerte;
no jugador ni vicioso,
ni de aquestos galanzetes
todos palabras y plumas,
y los dioses lo conceden.
A llamar embian la Luna,

y ella muy compuesta viene,
con los ojos en el suelo,
como las donzellas suelen,
muy mesurada y honesta,
hermosa mas que otras vezes,
porque en aquesta ocasion
dizen que estaua en creciente.
Dixole Apolo: Hija mia,
aquestos señores quieren
casaros, porque no diga
el vulgo errante è imprudente
que estays sola y sin marido;
mirad vos lo que os parece.
Ella respondio muy graue:
Perdonen vuessas mercedes,
que no me puedo casar,
porque ha mas de cinco meses
que he dado mano y palabra
por el dezir de las gentes.
—Como palabra! O, traydora!
O, Luna infame! O, insolente!
Echenla luego del cielo;
ninguno por ella ruegue.
Alborotanse los dioses,
leuantanse los parientes;
vnos dizen que la maten,
otros que bien lo merece.
Mas las diosas, como nobles,
y al fin fin como mugeres
que ya saben en que caen
estos dimes y diretes,
no haziendo arrumacos desto,
les dizen que no se alteren,
y preguntanle a quien ama,
y responde que al Sol quiere.
—Pues si es el Sol, dixo Venus,
luego al momento se ordene
que el Sol y Luna se casen;
a llamarle al punto buelen.
Van luego, auisan al Sol,
vino humilde y obediente,
mandan que la dè la mano
a la Luna, y el alegre
y con su suerte dichoso,
aquel mandato obedece.
—Para en vno son, les dizen,
estando Hymeneo presente.
Fue la Luna a replicar,
mas de verguença no puede,
y al fin se casò por fuerça,
por el dezir de las gentes.
Publicase por el cielo
que se hagan fiestas solenes,
que se enciendan luminarias,
aya toros con cohetes,
cañas, justas y torneos,
aya saraos y banquetes,
mascaras y encamisadas,
buenas farsas y entremeses:

que vayan luego a la Tierra
y traygan sin detenerse
a la compañia de Rios
para que les represente;
saquen telas y brocados,
aya bordados jaezes,
y, sobre todo, que al punto
vn sastre ò dos les truxessen,
para cortar los vestidos
a los nouios; van y vienen,
y traen vn sastre famoso
de aquestos que nunca mienten;
toma medida a la Luna,
llena entonces y en creciente,
para jubon, ropa y saya
de tela morada y verde,
y en secreto al sastre pide
le trayga quando boluiere
dos reales de soliman,
passas, arrebol, afeyte,
vnto de gato, seuillos,
y alguna muda si huuiere,
para ponerse en la cara,
por el dezir de las gentes.
Vinose el sastre a la Tierra,
y empieça muy diligente
a procurar oficiales,
a visitar mercaderes,
sacando lo necessario
para vn caso como aqueste;
hizieronse los vestidos,
y hechos, al cielo se buelue.
Recibenle con gran honra
(que qualquier hombre que tiene
fama de bueno en su oficio,
que le honren todos merece).
Vino la Luna a probarse
sus galas, no muy alegre,
porque estaua ya en menguante,
y tan anchaças la vienen,
tan sin proporción, tan largas,
como a niña de dos meses
los vestidos de su madre,
y aun mas si mas venir pueden.
Muy enojada la Luna,
admirados los presentes,
penoso el sastre y confuso,
le mandan que los emiende,
que los achique y acorte;
el desuenturado viene
admirado del sucesso,
y en los vestidos se mete
como en tierra de enemigos,
corta todo quanto puede,
y hurta mas de la mitad,
por el dezir de las gentes.
Bueluese al cielo otro dia,
amanece no amanece,
quando el Sol salia de casa

y la hermosa Luna duerme.
Aguardò que despertasse,
y despertò quando viene
Faeton de dar buelta al mundo
y su Cintia salir quiere.
Leuantose esta señora
alla cerca de las nueue,
y muy gallarda y compuesta
salio la Luna en creciente.
Admirose el pobre sastre,
y ymagina como pueden
venirle aquellos vestidos
que de criatura parecen.
Saca fuerças de flaqueza,
y con sudores de muerte
quiere ponelle vna ropa,
y no halla por donde empieçe.
Comiençan al triste sastre
a maldecille mil vezes;
quiere yr a dar su disculpa,
y aun oyrsela no quieren,
antes con vozes y estruendo
le dizen que es vn aleue,
vn barbaro, vn ignorante,
necio, simple, impertinente.
Y, sin ser la culpa suya,
el desdichado enmudece,
y de afrentado no habla,
por el dezir de las gentes.
O, autor, sastre y sin ventura,
vulgo menguante y creciente!
Con razon te llamo Luna,
pues en todo lo pareces.
Que vestido ay que te venga?
Que comedia te apetece?
Ya por grande, ya por chica,
que ropa ay que te contente?
Desdichado del autor
que aqui, como el sastre, viene
con farsas, aunque sean buenas,
que ha de errar quando no yerre!
Pues si vno no habla tan presto,
no falta quien dize: Vete,
no te vayas, habla, calla,
entrate luego, no te entres.
O, Lunas en la mudança,
que no ay nada que os contente!
Tiempos en la variedad,
pues todos soys pareceres!
Muerte en no perdonar nada,
pues no ay nada a quien reserue!
Fortuna en el ser ingratos,
pues a quien la sirue ofende!
Como puedo contentar
gustos que menguan y crecen,
aunque os tome la medida
y en seruiros me desuele?
Que perdoneys os suplico
el yerro ò falta que huuiere,

quando no por ser quien soys,
por el dezir de las gentes.

Ram.—El pensamiento es bueno, bien escrito y aplicado. Que, sin duda, lo mejor que yo hallo en estas loas que hazeys es el fin, porque en el esta toda la fuerça de ser buena ò mala.

Sol.—Por esso dizen que al fin se canta la gloria.

Rios.—Mucho se ha caminado con el buen entretenimiento.

Roj.—Aunque haze el tiempo tan caluroso y los dias tan largos, venimos tan entretenidos, que ni sentimos el calor del dia, ni aun nos acordamos del sueño de la noche.

Ram.—De mi confiesso que en llegando a las posadas querria salir dellas, aunque a ratos caen del cielo llamas.

Rios.—Mañana al amanecer estamos en Loxa.

Sol.—A buena hora entraremos en Granada.

Ram.—Fertilissima tierra es essa, y en este tiempo la mejor de España. Mucho nos auemos de holgar en ella, porque quanto es de inuierno fria, es de agradable la primauera.

Roj.—En su alabança tengo hecha vna loa, y quiero que la oygays, para ver si podre dezilla.

Sol.—De quien dezis?

Roj.—De la primauera:

Despues que el gran artifice del cielo
tuuo desecho el caos, tuuo apartada
del suelo el agua, dandole su limite,
y despues que compuso tantas machinas,
dando entre tierra y fuego assiento al aire,
y entre aire y cielo al elemento anido,
en la tierra escondio secretas minas
de rubios y bellissimos metales;
diò encinas a los montes, y a los llanos
apacibles frutales, y a las fuentes
encomendò el sustento de animales;
a la tierra dio fieras, al mar peces,
y a la region del ayre aues ligeras:
despues de aquesto hecho, como he dicho,
el gouierno de toda aquesta maquina
de su mano tomò el alma Natura,
y siendo hermosa, rica y muy honesta,
enamorose della el viejo Tiempo.
Descubriole su pena, y, en efeto,
despues de auer desdenes padecido,
vino à alcançar el premio desseado,
y en trocar en descanso sus tormentos.
Con ella se caso, y de aquesta junta
nacio la alegre y bella Primauera;
luego tras ella el caluroso Estio,
el seco Otoño y erizado Inuierno.
Crecio en edad aquesta hermosa dama,
y con los años crece su belleza,

y della el mismo Sol enamorado,
por esposa a su padre se la pide.
Pidenla dioses, pidenla mil Faunos,
pretendenla tambien mil nobles heroes;
primero que a Pomona, el gran Bertuno
tambien la pide, y otros muchos dioses;
solo el lasciuo Amor pudo alcançarla,
y no mil dioses que esto pretendian.
Al desposorio vino el gran Proteo,
Tyoneo vino, Cypris y Cyleno,
Triton, Diana, Daphne y Leucatos,
el noble Orfeo con su voz angelica,
acompañado de la gran Caliope,
y otras ninfas, pastores y zagalas
(que por verse en las bodas de Cupido
ninguna en su morada se detiene);
dexa la selua el Fauno, y quantos dioses
auitan en el cielo, en monte y sierra,
y los que ay en el reyno del pescado,
todos acuden hasta el padre Ioue,
con su querida Iuno de la mano,
a quien Temis, la diosa de la tierra,
compone vn rico estrado suntuoso,
y derrama por ella en vn instante
mil differentes flores hermosissimas
de aquel color de Clicie, Ostro o Murices,
coronas haze para sus cabeças;
y tomando de Iris las colores,
aljofaradas de diuinas perlas,
que el Aurora hermosissima derrama,
a la madre de Amor, santa y hermosa,
guirnaldas preciosissimas presenta.
Flora las mesas en la yerua pone,
adornandolas todas con mil gracias,
de rosas, de jazmines, de violetas,
candidas azucenas y claueles,
tegiendo de todo esto mil guirnaldas,
para el Viento, galan a quien adora.
La ortelana Pomona, de sus arboles
ofrece fruta a la rezien cassada,
y despues del combite ya acabado,
de aquellas ninfas el hermoso coro
ordena con los dioses mil mudanças,
siendo Priapo en todo quien les guia
lleno de mil lasciuos pensamientos;
y en efeto, acabado todo aquesto,
desposorio, comida, bayle y fiestas,
y ya el dia passado, determinan
de boluerse los dioses a los cielos,
y los demas a donde auian salido.
Dexan al nouio, dexan a la nouia
compuesta, hermosa, graue y muy alegre;
y agora que ella esta con su velado,
y tan contenta, me parece justo,
pues es este su dia dichosissimo
y el dios Apolo entra en signo Tauro,
y es quando el suelo y aguas mas se alegran,
contento nada el pez y buela el aue,
da el olor suauissimo la rosa,

el hermoso arbolillo tierno crece,
y, en efeto, el alegre Abril adorna
la sierra, el llano, el monte, el campo y prado;
agora, pues son tuyas tantas glorias,
y al verano compones y enriquezes,
dame tu, Primauera hermosa, ayuda,
porque pueda dezir en tu alabança
algo de aquello mucho que en ti veo.
  Por ti rompe del arbol la corteza
con tierna punta el cogolluelo tierno;
por ti cobran los campos su hermosura,
dexando la aspereza de los yelos
y del inuierno las prolijas nieues;
tu resucitas los marchitos panes,
y la yerua, en la tierra sepultada
por el temor de los ayrados vientos,
desde oy con tu fauor halla salida;
los arboles descubren ya sus flores,
aumentase del prado la belleza,
descubriendo colores differentes
el morado alheli y el roxo acanto,
su blancura descubre la açuzena,
el amaranto su color alegre,
la olorosa aluahaca su verdura,
la suya el trebol, estimada siempre,
el clauel sus bellissimos colores,
el azahar, la marauilla, el nardo,
tambien el lirio del color del cielo.
Por ti se ven de aquel Narciso hermoso
las flores rojas conuertido en ellas,
y todo el campo lleno de alegria,
adornado y compuesto de verduras
tan varias, odoriferas y alegres,
que a todos los sentidos dan contento.
La alegre Filomena te saluda,
ya pajaro vengado de su afrenta;
el alcion sus infortunios canta,
y vfana buelue a su querencia Progne;
la humilde vid, desnuda de su leña,
por ti de hojas se compone y viste;
las aues, fabricando ya sus nidos,
cantan de amor regalos y querellas;
el sol esta en los prados aumentando
el matiz de sus flores hermosissimas,
y susurrando la discreta aueja,
a aprouecharse dellas va solicita;
el cabritillo por la yerua corre,
y la preñada cierua, fatigada,
a parir viene ya sin miedo alguno;
si obscurecio los cielos el inuierno,
amenazando al mundo con relampagos,
con aguas, toruellinos y granizo,
tu le quitas aquel obscuro velo
y sossiegas sus fuertes terremotos;
y al fiero mar hinchado, que parece
que a 'os cielos azota y amenaza,
por ti pierde el rigor, buelue sereno,
y a tu beldad, o hermosa Primauera!,
quiebra la furia y la ceruiz inclina.

Por ti el desconsolado marinero,
viendo aplacar el fresco mar ayrado,
descansa en las riberas y repara
el mastil roto y la quebrada triza,
y el embreado leño al agua entrega,
nauegando del Artico al Antartico
seguro de tormentas (¹) y borrascas;
el animal, el pez, la yerua y planta,
el sol, el cielo, estrellas, las criaturas,
todos se alegran con tu hermosa vista;
el viento se quebranta, el mar se humilla,
el estrellado cielo queda hermoso,
y hasta el suelo se viste y engalana.
El venturoso amante, fatigado
de la nieue y granizo del inuierno,
que al viento y yelo, como galan firme,
passo las noches con constante pecho,
con tu fauor renueua su ventura,
haziendosele breues ya las horas
que antes tuuo por largas y prolijas.
Por ti el misero triste y desterrado,
que con rigor procura la justicia,
sin tener vn amigo ni vn pariente
que se atreua a hospedalle dentro en casa,
tu, sagrada y hermosa Primauera,
le encubres en tu prado milagroso,
y halla cama de campo entre tus flores,
gozando de quien ama la hermosura,
de las estrellas en el Artico cielo,
que le estan alegrando con su vista;
del olor de las flores en la tierra,
que le estan combidando a nueuo gusto;
y, al fin, duerme seguro y descuydado
del furioso rigor de la justicia;
no viue con cuydado si le buscan;
donde me escondere?, ruydo suena;
vna gotera ha dado en este lado;
cubridme aquese braço, que me yelo;
en que colchon ha de acostarse el ama?
hazed lumbre, helada esta la cena;
cuerpo de Dios!, que viento que me ha dado!
callentadme esse pie; echad mas ropa;
tapad el agujero y la ventana;
acuestate a los pies, Agustinillo;
dame aquel tocador, dame el almilla.
Ay, proceloso y herizado inuierno,
quartanario, anariento, miserable!
y, ay, Primauera santa cien mil vezes!
muy digna de alabança es tu grandeza,
que, quando no tuuieras otra alguna
sino el hallar los hombres en ti amparo
y ser madre de todos los perdidos,
merecias tenerte colocada
entre los dioses, o en lugar mas alta.
Este es el tiempo, o Primauera bella!
en que nuestros farsantes tienen gusto,
ganan dineros, andan mas contentos,

(¹) El texto: «tormentos».

tienen fiestas de Corpus, ay otauas,
caminan como quieren, sin recelo
si llouera, si atancara (¹) este carro,
este macho si es bueno, si esta mula
me ha de dexar en el primer arroyo,
dame botas de vaca, dame fieltro,
mejor es vn gauan y vna montera,
capote de dos aldas no es muy malo,
polaynas, medias, guantes, mascarilla,
y tras todas aquestas preuenciones,
y trezientos ducados de viage,
llegan a donde van, y en treynta dias
no dexa de llouer vna hora sola,
y el pobre autor se queda del agalla. (²)
Que pudiera dezir de aquesta diosa,
de aquesta Primauera soberana?
Fuera nunca acabar querer dezillo;
y pues con ella tanto pueden todos,
que a todos por ygual les da alegria,
oy en su nombre quiero suplicarles
que perdonen las faltas que aqui hauiere,
pues no es posible, donde salen tantos,
que dexe vno de herrar, y quien hiziere
al contrario de aquesto que suplico,
ruego a Dios que el inuierno le execute
en quitalle la ropa de la cama,
las chinelas, si acaso las traxere,
y el dia que mas agua y mayor viento
hiziere, y mayor frio y tempestades,
esse dia le hurten el vestido,
y no le quede otro que ponerse.
Y si fuere camino, que lo yerre
y de en vn lodazal, donde no salga
ni halle quien le ayude en todo vn dia,
y que llegue de noche à alguna venta
donde no halle lumbre, pan ni vino,
ni otro consuelo, ni aun pajar tan poco
donde se acueste, y en el duro suelo
passe la noche y amanezca elado,
la mula muerta y el perniquebrado.

Ram.—La loa es buena; pero vna cosa he
notado de las que aueys dicho, y es que son
muy largas.

Roj.—Bien dezis; pero como estas las hago
para mi y yo tengo tanta presteza en dezillas,
quando veo que gustan dellas voy poco á poco,
y en viendo que cansan, las abreuio.

Sol.—Con vuestra licencia, he de beuer deste
arroyo.

Rios.—El va tan claro, que combida a hazer
todos lo mesmo.

Ram.—Tiene esta ciudad de Loxa muchas
aguas muy buenas, recreaciones y frescuras, y
gran cantidad de oliuares.

(¹) *Atancar* tenia, según Covarrubias, la significa-
ción de *apretar*.
(²) «*Quedose de la agalla:* quando vno queda asido
o preso, o frustrado de su pretension...» (Covarrubias).

Sol.—Y aun de mugeres como serafines.

Rios.—Yo represente aqui vna quaresma, y
podre bien dezir lo mucho bueno que vi en ella.

Roj.—De todo lo que yo he visto en Casti-
lla, aqui, y en Medina del Campo, he visto ge-
neralmente muy buenos rostros para ser luga-
res chicos.

Ram.—Y en mi tierra, no los ay celestiales?

Roj.—Toledo tiene essa fama, por el gran
donayre y pico que en las mugeres dellá se en-
cierra.

Rios.—Tambien en Granada ay muchas her-
mosas.

Sol.—Essas y las de Toledo parecen vnas
mismas, ansi en el donayre y hermosura como
en la desdicha y pobreza; trato de las mugeres
de capa parda, (¹) que no hallaran en sus ca-
sas vna silla, aunque entren por sus puertas
trecientas albardas.

Rios.—Yo tuue en Santa Fè, agora ha tres
años, vna huespeda (yendo alli a representar en
vna bogiganga), (²) la mas hermosa que he vis-
to en mi vida.

Roj.—De mucho bueno participa, para ser
vna ciudad tan pequeña; porque goza de mu-
chos priuilegios que le dieron los Reyes Cato-
licos.

Ram.—Son las mercedes como de tales fun-
dadores.

Sol.—No aura mucho que se fundó?

Roj.—El año de mil y quatrocientos y no-
uenta y vno, de manera que aura ciento y onze
años que la fundo el rey don Fernando. (³)

Ram.—Auia, si sabeys, en ella algun lugar,
o era vega rassa?

Roj.—Oydo he dezir que antes era vn lu-
gar pequeño de moros, que llamauan Goston,
y dentro de muy pocos dias se acabo, con sus
muros, torres, fosos, valuartes y puertas, que
en medio de vna calle se ven todas, como el
castillo de Pamplona, que en mitad de su plaça
de armas se ven, y da orden a todas las garitas.

Rios.—La mayor parte de la compañia aura
entrado ya en Granada.

Sol.—Bien dezis, porque salieron antes que
nosotros mas de dos horas, y nos hemos dete-
nido cerca de otra en aquella venta.

Ram.—Toda la demas llegara mañana.

Rios.—Oydo he dezir que es esta ciudad la
mayor del Andalusia.

Roj.—Sospecho que es sin duda, porque si
miramos la poblacion que tiene en el Albaycin
y Alcazaua, es grandissima.

(¹) «*Hombre de capa parda,* labrador ó trabaja-
dor». (Covarrubias).
(²) Ya va impresa de tres maneras, en el texto, esta
palabra: «bosigangas», «boxigangas» y bogiganga».
(³) Nótese el recuento; de ese modo, la conversación
se supone celebrada en 1602.

Ram.—Dizen que tomó este nombre de vna donzella llamada Gnata, y porque vinia junto a vna cueua llamada Gar, la llamaron deste nombre, y de alli deriuado se vino a llamar Granada.

Sol.—Con mas razon puede tener esse nombre por su poblacion y edificios, porque, bien considerada, parece toda junta a los granos de vna granada.

Roj.—Desa donzella que aueys dicho ohi dezir que tomo el nombre, aunque tambien dize fray Iuan Anio (sobre Beroso) que el Rey Hispan (de quien España tomo nombre) tuuo vna hija que se llamo Iliberia; y esta fundo a Granada y la puso, de su mismo nombre, Illiberis (Ptolo., lib. 2., cap. 6). Tambien Pomponio la llamo Coliberia.

Ram.—Sea lo que fuere, ella es vna de las mejores de España, y pues ya estamos cerca de sus puertas, roguemos a Dios que nos de en ella a todos dicha y al autor mucha ganancia.

FIN DEL LIBRO PRIMERO

EL VIAGE ENTRETENIDO

DE AGUSTIN DE ROJAS

LIBRO SEGVNDO

Rios.—Ramirez.—Solano.—Rojas.

Solano.—Gracias a Dios que ha llegado el tiempo que vamos a Toledo, y gozará Ramirez lo que tiene desseado.

Ramirez.—El lugar de donde salimos es tan bueno, que se pueden oluidar por el todos los del mundo; pero ha corrido el tiempo con mi desseo, que estas cinco semanas que en el hemos estado puedo dezir se me han hecho vn siglo, lo que otras vezes vn año no se me hasia vn minuto.

Rios.—Pues no sabremos lo que os ha sucedido?

Ram.—He tenido cartas que mi madre se está muriendo. Y esta es la causa por que estos dias me aueys visto tan disgustado y de donde ha nacido el dexar lugar tan bueno y dessear hazer este camino.

Rojas.—Muy bien dezis, porque el peligro subito no quiere lugar consejo, ni da lugar a tener mucho descanso.

Sol.—A todos nos pesa de vuestro disgusto. Pero, siendo Dios seruido, quando llegueys a Toledo sera su mal acabado. Y pues tenemos propuesto de lleuar nuestro viage entretenido, la pena se oluide, que la mala nueua siempre llega por la posta, y cuentenos Rios como le ha ydo en estas treynta y seys representaciones que ha hecho.

Rios.—Hanme salido vna con otra a mas de quarenta ducados, y si no tuuiera (como tengo) en Toledo la fiesta del Corpus, me estuuiera aqui hasta la Pascua de Espiritu Santo; porque sin duda fuera para mi de mucho prouecho el tomar la fiesta de Antequera y yrme a mediado Agosto a Castilla, que en mi vida se me ha hecho corta Quaresma sino esta.

Sol.—Hazerte ha corta la Quaresma.

Rios.—Señor, mas vale Pascua mala y ojo en la cara, que Pascua buena y el ojo de fuera. Y yo espero para despues del Corpus no deuer nada en la compañia.

Ram.—Dezilde al Duque que cnque, y si no tiene blanca, que busque.

Rios.—Hasta aora no es mucha la deuda, y buenas son mangas despues de Pascua, que ya sabeys que he pagado estos dias mas de quinientos ducados en Granada.

Roj.—Ella es notable para la comedia, y holgarse vn hombre treynta dias.

Sol.—Yo puedo dezir que no me he holgado tanto en mi vida como este sabado passado en el Alhambra. Que aunque es verdad que la he visto diuersas vezes, esta fue para mi de mayor gusto que todas.

Rios.—Por que le dieron, si sabeys, aqueste nombre de Alhambra?

Sol.—Porque en arauigo sinifica cosa bermeja, y como se ve claro serlo la tierra della, se le dio este nombre de Alhambra, aunque pudiera llamarse ciudad ella sola.

Roj.—Aquel quarto de los Leones es cosa peregrina por tantas losas y marmoles puestos con tan admirable artificio e industria, que exceden a nuestro humano entendimiento. Y aquel quarto de los Vencerrages. con aquella sangre tan viua, como si oy huuiera sido la miserable tragedia. Pues el de las Frutas, y la admirable perfeccion con que estan pintadas, verdaderamente combidan a comer dellas. Sin esto, la gran architetura del quarto de Comares, y sus peregrinas labores, los baños, aguas, algines y estanques que ay en ella; y aquella obra tan buena que agora se va haziendo, que sera sin duda despues de acabada la mejor del mundo.

Ram.—Muchas cosas tiene que poder dezir, que seria nunca acabar.

Rios.—Admirado estoy de la poblacion del Alcazaua.

Sol.—Esso tambien en arauigo quiere dezir casa fuerte o lugar fortalecido. Pero no es de tanto espanto como el del Albaycin, que casi en altura compite con la Alhambra; el qual tiene tantos arboles, alamedas, fuentes, huertas, recreaciones, frutales, algives de agua, acequias, aqueduchos o cauchiles, que passan por toda la ciudad, fortaleaida con mil y treynta torres y doze puertas, todas con salidas de grandes recreaciones.

Rios.—Bien dezis, aunque algunos de sus edificios he visto muy arruynados; porque me dizen que era vn parayso en tiempo de los moros, aunque agora no lo es menos.

Sol.—Quanto aura que se alçaron?

Rios.—Treinta y quatro años, poco mas o menos, (¹) fue quando leuantaron por rey a vn don Fernando de Valor, y noche de Nauidad quando lo pusieron en efeto, y no con pequeño estrago de todo aquel reyno.

Roj.—Ya aureys visto, cerca del Alhambra, vna casa de plazer que se llama Generalife.

Rios.—Y se ve bien ser propia recreacion de reyes.

Ram.—Y la de los Alixares es muy buena.

Rios.—Ay tantas, que no puede vn hombre acordarse dellas.

Roj.—Pues los dos rios, que generalmente es publico que lleua Xenil plata y Darro oro?

Sol.—Esse me dizen que nasce quatro leguas de la ciudad, sobre vn monte muy alto.

Ram.—Muchas y peregrinas son las recreaciones que tiene este lugar.

Sol.— Bien merece toda la alabança que dixistes en vuestra loa.

Rios.—No es bueno que nunca pude oylla, por estarme vistiendo de moro para empezar la comedia del *Padrino desposado?* (²)

Sol.—Pues hartas vezes se dixo.

Rios.—Yo no la obi ninguna, y gustara de oylla.

Roj.—Ya se que no ha de ser esta sola, y ansi empieço por ella, por ser, como es, en alabança de Granada:

Surcando del mar furioso (²)
las impetuosas aguas,
cuyas temerarias olas
a todo el cielo amenaçan,

vn pobre y triste baxel
que solo amor le acompaña,
combatido de mil vientos,
rodeado de esperanças,
engolfado en alta mar,
sugeto al tiempo y desgracias,
solo, temeroso, humilde,
sin ferros, gumenas, jarcia,
auierta toda la proa,
sin arbol, timon, ni carta,
sin velas, gauias, ni entenas,
sin pieças, poluora o valas,
sin remedio, sin defensa,
los marineros sin almas,
que donde no sobran fuerças
siempre los animos faltan;
huyendo de vn galeon
que le viene dando caça,
artillado, fuerte, rico,
viento en popa, mar bonança,
todos pilotos, maestres
y marineros de fama,
que, conocidos del mar,
ya libres el mar surcauan
sin ningun temor de ofensa
ni de fortuna contraria,
que a vezes el poder mucho
los mas poderosos mata,
al fin el triste baxel,
que de sus manos se alarga,
surca el agua, rompe el viento,
llega al puerto y alli para,
pidiendo a vozes fauor
a los que ya le esperauan
don pecho y braços abiertos,
en las arenosas playas.
Llegan con barcas a bordo,
y al fin, saltando en las barcas,
la amada tierra que pisan
adoran, besan y abraçan,
y juntamente los pies
a quien las vidas les dauan,
ganadas por su pobreza
y por su humildad ganadas.
Entra luego el galeon,
llega al puerto y haze salua;
disparan la artilleria,
todas la velas amaynan;
recibenle en la ciudad
con grita, con algazara,
chirimias, añafiles,
clarines, pifanos, (¹) cajas;
con sacabuches, trompetas,
con fiestas, bayles y danças,
y al fin entra vitorioso,
con gallardetes y flamulas.
O mil vezes venturosa

(¹) Nueva alusión cronológica que nos lleva al año 1602, porque la rebelión de los moriscos de la Alpujarra aconteció en 1568.

(²) *El padrino desposado* (con otro título: *Argolán, rey de Alcalá*), comedia de Lope de Vega, incluida en la *Parte II* de las suyas (Madrid, 1609).

(³) A loas como ésta se refería el maldiciente Suárez de Figueroa en *El Passagero* (f. 109 r. de la edición de 1617), cuando escribía: «En las farsas que comunmente se representa», han quitado ya esta parte que llamaban Loa. Y según de lo poco que seruia, y quan fuera de proposito era su tenor, anduuieron acertados. Salia vn farandulero, y despues de pintar largamente vna naue con borrasca, o la disposicion de vn exercito, su acometer y pelear, concluia con pedir atencion y silencio, sin inferirse por ningun caso de lo vno lo otro.»

(¹) Comp. «pifaros» en la pág. 475, col. 1.ª, línea 21.

ciudad que a todos amparas
y en tu milagroso puerto
los afligidos descansan!
Oy nuestra naue, perdida,
llega a donde desseaua;
tu nobleza es quien la ayuda
si los clarines le faltan.
Su humildad la fauorece
y tu discrecion la ampara.
Lustre, ser, honor, grandeza,
proezas, valor, prosapia,
saber, fortaleza, imperio,
industria, renombre, fama,
virtud, constancia, riquezas,
fuerça, bizarrias, galas,
vigor, prudencia, hidalguia,
estados, titulos, armas,
diadema, cetro, corona,
gouierno y silla de España.
Ninguna ciudad mejor
cubre la celeste capa,
pues mereciste tener
por rey a tan gran monarca.
Tu relumbras entre todas
qual suele el fuego o luz clara
en medio de las tinieblas
a quien el bello sol falta;
tu, señoril, eloquente,
gloriosa, prudente, sabia,
populosa, antigua, fuerte,
altiua, cortes, hidalga,
dichosa, soberuia, rica,
generosa, insigne, braua,
sagaz, liberal, hermosa,
diuina, pomposa y santa,
celebre, abundosa, ilustre,
bella, gentil, soberana,
amorosa, fiel, leal,
grande, principal, bizarra,
inuencible, valerosa,
pacifica, honesta, blanda,
odorifera, oriental,
alegre, admirable, rara,
magnanima, belicosa,
famosa, noble, sagrada,
profetisa, milagrosa,
firme, inexpugnable y alta.
Con cuyas soberuias torres
compiten fuertes murallas,
tus hermosos edificios,
tus chapiteles de plata,
tus pinaculos y almenas,
tus muros, tus fuertes casas,
tus omenages ilustres,
tus paredes torreadas,
tus olorosos jardines
y tus caudalosas aguas,
donde los sagrados cisnes
sonorosamente cantan;

los diuinos templos tuyos,
sesgos rios, fuentes claras,
tus carmenes y tus huertas,
tu prado, tu Vega llana,
tu hermosissima alameda,
tu real Audiencia sacra,
tu bello Generalife,
tu Albayzin y tu Alcazaua,
tu famosa Alcayceria,
tu Zacatin, Biuarrambla,
tu diuino Monte santo,
tu Jaragi y tu Alhambra;
tu santidad, tu justicia,
remedio de tantas almas,
admiracion de los hombres
y del mundo nombre y fama;
a donde no falta el oro
que en si produze la Arabia,
las ropas de Alexandria,
los terciopelos de Italia,
vasos finos de Corinto,
las medallas del Acaya,
y mas quanto el indo suelo
produze de ambar y algalia.
O insigne ciudad gloriosa,
mas te ofende quien te alaba;
tu antiguedad te engrandezca,
que mi alabança no basta!
En tu puerto milagroso
oy mi pensamiento amayna,
dando fondo al gran temor
que en mi coraçon reynaua.
Mas quando el baxel se rompa,
nuestra voluntad nos salua,
que esta pueden ofrecer
los que de la mar escapan
perseguidos de otras naues
prosperas, ricas, bizarras,
con fuerças, poder, ingenios
dignas de laurel y palma.
Pero nosotros venimos
qual nauegantes que exhala
el fiero mar en la orilla
desnudos en vna tabla,
pobres, perdidos, humildes,
sin ropas, fuerças, sin galas,
sin vestidos, sin riquezas,
sin graciosidad, sin farsas.
Incognitos somos todos,
no viene nadie de fama:
mercedes vengo a pediros,
a ofreceros vengo el alma.
No a pedir silencio vengo,
sino a daros muchas gracias,
y a suplicaros tambien
el perdon de nuestras faltas.

Rios.—Cierto que me he holgado de oylla,
porque es buena, bien aplicada y muy humilde.

Roj.—Esso es sin duda, y lo que la ensalça mas que la bondad della.

Rios.—De vna cosa no tratastes, que es de las mayores y de mas consideracion que ay en Granada. Dexemos el Monte Santo, que esso ya se sabe que es de las grandes reliquias que tiene el mundo, pues ya sabreys el principio que tuuo tan estraño, las laminas por donde fueron descubiertos tanta infinidad de santos, las grandes diligencias que se hizieron para entendellas y virificallas, que para tratar desta grandeza es necessario muy larga pluma. Pero voy al que no es para mi menos que ella, que es la Capilla Real, donde estan enterrados los Reyes Catolicos, el principe don Miguel y el rey don Felipe el primero, y estuuo la emperatriz doña Ysabel: la gran riqueza que tiene de tantos y tan ricos ornamentos de sedas, brocados, oro y plata: auer en ella veynte y quatro capellanes, tener su coro y seruicio como en yglesia catredal, y ansi esto como otras muchas cosas me tienen assombrado, que para tratar dellas requiere va entendimiento mas que humano.

Roj.—Como esse es don del cielo, con razon le podeys dar nombre de diuino; porque las mercedes de la tierra pueden hazellas los reyes, principes y hombres poderosos; las comissiones, cargos y oficios pueden dar sus priuados; la sangre, la buena naturaleza, los patrimonios, nuestros padres; el merecimiento, la honra, la fama, la fortuna; pero el buen entendimiento, Dios, que como es el mayor don del mundo, viene de tribunal tan alto.

Sol.—Dezia a este proposito Cornelia a sus hijos, que mas queria dexalles habilidad con que viuiessen, que hazienda con que se perdiessen. Porque muy pocas vezes hazen notables hechos los que desde niños heredaron grandes mayorazgos.

Roj.—El mayor que yo he hecho en mi vida hize los dias passados aqui, en Granada, quando quitaron la comedia, que fue poner vna tienda de merceria, sin entender lo que era, y sali tan bien con ello, que vendia mas en vn dia que otros en toda la semana.

Ram.—Y aun algunos lo juzgarian a codicia.

Roj.—Como no tengo fama de anillo, no me espanto que juzgassen esso; pero sin duda es engaño, que no lo hize sino por entretener el tiempo y no andarme vagamundo.

Rios.—Lleuandolo por esse camino, muchos exemplos teneys que hazen en vuestro abono, como el de vn Arsacidas, rey de los Batros, que passaua el tiempo en teger redes para pescar; el rey Artaxerxes, en hilar; Artabano, rey de los Hircanos, en caçar ratones; Vianto, rey de los Lidos, en pescar ranas, y el emperador Domiciano, en caçar moscas; y ansi no es mucho que vos os entretuuiessedes en vender escobillas, dedales y otras menudencias.

Rios.—Mas se puede esso atribuir a virtud que a otra cosa.

Ram.—Dizen que la mudança del tiempo es bordon de necios, y cabra coja no quiere fiesta; el hombre sin renta no es mucho que procure en que passar la vida.

Roj.—Nunca aueis oydo la loa que dezimos Mariquita y yo de mi tienda?

Ram.—No.

Roj.—Pues por ser buena quiero dezilla, la qual salgo yo a empezalla:

Rojas. Vna dama muy hermosa
estotro dia me dio
palabra de si y de no;
dezidme: que es cosa y cosa?
El no, bien lo comprehendo;
el si, estoy difficultando,
porque el si dixo callando,
y el no me dixo riyendo.
El si, callando, ha nacido
de amor, verguença o engaño,
y el no, riendo, del daño
que deste si he concebido.
Con la risa señalô
el no que me dixo alli,
y callando dezir si
es porque me ria del no.
Que el no se da por fauor
y el si por entretener,
y con no suele querer
quien con si no tiene amor.
No ay quien lo declare?

(Sale Maria.)

Maria.   Si.
Roj. Quien me ha respondido?
Mar.   Yo,
que estaua escuchando el no
y a declararle sali.
Roj. Pues entiendes tu algo desto?
Mar. Entiendo lo que no entiende.
Roj. Vete, que eres niña; aprende,
que tu no sabes de aquesto.
Mar. Oyga, que ha andado estremado,
señor milagro, yo se
mucho mas que el.
Roj.   Bueno a fe.
Mar. Entrese, que me ha enfadado.
Roj. Enfadado, mi clauel?
Mar. Piensa, mi bien, desse modo,
que es hazer milagros todo?
Pues sepa que es mas que el.
Roj. Por mi fe que andas donosa
y con mil donayres oy.
Mar. Pues sepa, amigo, que soy
mas bellaca que no hermosa.

Roj.   Por Dios!
Mar.   Como se lo cuento.
Conozcame, por su vida.
Roj.   Si hare, pues me combida.
Mar.   No le faltara vn jumento.
Roj.   Ay mas donosa rapaza?
ay tal donayre en la tierra?
Mar.   Quedo, que se va a la sierra,
y habla mas que vna picaza.
Vamos a lo que sali
y de gracias nos dexemos.
Roj.   Digo, amores, que empeçemos.
Mar.   No soy la del no ni el si;
ni vendo, como solia,
aljofares ni granates,
para dezir disparates,
amores, ni gloria mia.
Diga alla, a los labradores,
a los que vendia el coral:
lleue esto, que es celestial,
y a mi no me diga amores.
Roj.   Pues diga a lo que salio.
Mar.   Yo dire a lo que sali;
a declarar aquel si
y el secreto de aquel no.
No dixe que, preguntando
no se que, le respondieron
si y no, y el no rieron
y el si dixeron callando?
Roj.   Es ansi.
Mar.   Lo que el dezia
importa agora saber.
Roj.   Deziale a vna muger
que la adoraua y queria;
y que si acaso gustaua
de mis penas admitir,
que la empeçaria a seruir,
porque en estremo la amaua.
Mar.   Pues bien; que enigma ay aqui?
Si adorarla prometio,
al quererla dixo no,
y al seruirla dixo si.
De manera que al seruir
le respondio con callar,
y al querer y al adorar
fue la respuesta el reyr.
Y ansi callando otorgò,
como se ve claro aqui;
al interes dixo si,
y al amor dixo que no.
Quiere saber mas?
Roj.   Señora,
vuesa merced ha acertado:
[con] cuydado me ha dexado
lo que ha dicho.
Mar.   Aquesto ignora?
Sepa que ya la muger
no quiere al hombre galan,
que vale muy caro el pan

y muy barato el querer.
Discrecion ni poesia,
donayre ni gentileza,
no vale donde ay pobreza.
Dexese dessa (¹) porfia,
que vuesa merced, señor,
es vn Alexandro Magno,
y no gasta en el verano
sino ternezas de amor,
y tiene en España fama
de muy largo gastador,
y que con verso y amor
suele sustentar su dama;
que promete mas que vn Fucar,
por ser liuiano de cascos,
y son sus manos peñascos
de la barra de San Lucar.
Roj.   Yo confiesso ques verdad
que en mi vida di a muger,
quando no llegò a querer
con ygual conformidad.
Porque es muy gran majadero
el que quiere amor comprado,
pues quiere gusto forçado
a peso de su dinero.
Porque el amor que es honrado
no se funda en interes,
quando por dicha no es
de necessidad forçado.
Que entonces por caridad
qualquier hombre de razon
acude a su obligacion
quanto y mas con voluntad.
Porque este amor saber quiero
si le han de tener aqui
por el dinero ò por mi,
por mi y no por el dinero?
Mar.   Agora, se(ñ)or Rojas, esso
no lo sali à aueriguar;
la loa quiero empeçar,
entrese alla.
Roj.   Como es esso?
Mar.   Que se entre luego bolando,
que la loa he de dezir.
Ea, no se acaba de yr?
Roj.   Niña, niña, estaste holgando?
Mar.   Acabemos, no se va?
Roj.   Que dizes, niña?
Mar.   Que acabe,
y pues tan poquito sabe,
que se entre al momento alla,
que la loa he de dezir.
Roj.   Quien, niña?
Mar.   Yo, niño.
Roj.   Tu?
Mar.   Si, niño de Berzebu.
Roj.   Basta, que me haze reyr.

(¹) El texto: «dessa essar».

Mar.   Basta, que es vn mentecato;
y no le parece a el
que la dire mejor que el,
no yo, pero mi çapato?

Roj.   Pues tu que puedes hazer?

Mar.   Mucho mas que el.

Roj.   Poco a poco.

Mar.   Digo que el hombre esta loco
ò lo quiere parecer.

Roj.   Salido de angel ò dama,
de vn niño, de algun capon,
que has de hazer?

Mar.   Gentil razon
para detras de vna cama.
Sepa que yo puedo hazer,
mientras de aquesta edad gozo,
el angel, el niño, el moço,
el galan y la muger,
y el viejo, que para hazello,
y otras figuras que hare,
vna barba me pondre
y ansi aure de parecello.
El pobre, el rico, el ladron,
el principe, la señora...

Roj.   Anda, que eres habladora.

Mar.   Pues oyga y deme atencion,
que yo he de prouar aqui
todo lo que puedo hazer
y luego auemos de ver
las muestras que el da de si.
Va de angel.

Roj.   De angel va.
(Representa de angel.)

Mar.   Sanson, a Sanson! esfuerça,
que Dios te buelue tu fuerça.

Roj.   Esso de angel bueno esta.

Mar.   Va de dama.

Roj.   Dama?

Mar.   Si.
(Representa de dama.)
Ola, Hernandez, ola, oys?
corrè bolando a don Luys
que se llegue luego aqui.

Roj.   Bueno esta; va de galan.

Mar.   De galan? Ansi lo hare.

Roj.   Que hazes?

Mar.   Desnudome.

Roj.   Ay mas gracioso ademan?
(Quitase la saya y queda de hombre.)

Mar.   Oyga, amigo, no se assombre,
que el galan tengo de hazer;
quando dama, de muger,
y quando galan, de hombre.

Roj.   Va de figura.

Mar.   Señora:
(Representa de galan.)
a vuestra gran discrecion
humilla su coraçon
este esclauo que os adora.

Tened de mi mal memoria,
mueuaos amor mi desgracia,
y no pierda vuestra gracia
pues no alcanço vuestra gloria.

Roj.   Bueno esta! Va de vn ladron
ò de vn rufian arrogante.

Mar.   Ya va de vn hombre matante;
señor Rojas, atencion.
(Representa de rufian.)
Amayne (¹), seor Garrancho,
no se entruche (²) oon la yza (³),
que es muy godeña marquiza (⁴),
la guimara (⁵) de Polancho.
Que le cortare las nares (⁶)
si mas con ella se entreua (⁷),
y le quitare vna greua (⁸)
con sus calcorros (⁹) y alares (¹⁰).

Roj.   Valgate el diablo Cangrejo,
quien te enseño germania?

Mar.   Oygame, por vida mia,
que falta mas?

Roj.   Falta el viejo.

Mar.   Deme vna barba.

Roj.   Aqui està,
que para mi la guardé.

Mar.   Enseñe, y me la pondre.
Esta buena?

Roj.   Buena està.
(Ponese la barba y representa de viejo.)

Mar.   Hija enemiga de honra
de aquestos caducos dias,
mueuante ya mis porfias,
pues no te ablanda mi honra.
(De dama.)
Señor padre, no me afrente
con tan estraño rigor,
que siento mas su dolor
que no el mis desdichas siente.
(De galan.)
Vuesa merced no me culpe,
que si a su hija he seruido,
es para ser su marido,
y esto solo me disculpe.

Roj.   Epilogo bueno, a fe.

Mar.   Ve aqui el galan, dama y viejo;
agora en sus manos dexo
que empieze vuesa merce.
Haga, pues, lo que le toca.

Roj.   Dime tu lo que he de hazer.

(¹) Ceda en su empeño.
(²) Entienda.
(³) Mujer pública.
(⁴) Principal—mujer pública.
(⁵) Con mayúscula en el texto. *Gomarra*, en gitano, equivale á gallina.
(⁶) La nariz.
(⁷) Entiende.
(⁸) Pierna.
(⁹) Zapatos.
(¹⁰) Zaragüelles

Mar. Digo que haga vna muger
puesta aquesta saya y toca.

Roj. Yo muger?

Mar.   Pues el muger.

Roj. Pues como? con barbas puedo?

Mar. Luego con vitoria quedo;
alo ya echado de ver?

Roj. Digo que verdad ha sido.

Mar. En fin, señor, yo venci;
que dize?

Roj.   Digo que si.

Mar. Està contento?

Roj.   Y vencido.

Mar. Pues por vencido se da,
quiero hazelle vna mamona,
y tras esto vn buzcorona,
y luego entrarse podra.
Llegue y beseme esta mano.

Roj. De muy buena voluntad.

Mar. Por sola aquessa humildad
quiero perder lo que gano,
mas con condicion sera
que hara lo que yo mandare,
no hablarà donde yo hablare
ni mas fanfarroneara.

Roj. Digo que es justa razon.

Mar. Meta halla dentro essa saya.

Roj. Que he de hazer? Paciencia, vaya!

Mar. Senado ilustre, atencion.

Rios.—La inuencion me contenta de la loa,
porque es buena, principalmente que siendo
para vna niña ha de parecer muy bien, y mas
con la apariencia de la barba, que es ocasion
de mucha risa.

Sol.—Por estremo me holgaria llegassemos
a Iaen temprano mañana.

Ram.—No me pesara a mi que representa-
ramos ocho dias en el, porque es muy buen lu-
gar de comedia, y aun tiene muy buenos entre-
tenimientos.

Roj.—Dizenme que ay en esse lugar muchas
antiguedades, ansi de medallas y piedras como
de otras cosas romanas muy antiguas.

Rios.—Es verdad, por auer sido en otro
tiempo posseydo de romanos, pues dize Tito-
liuio que estando antiguamente esta ciudad
baxo de la obediencia romana, se reuelò, y Pu-
blio Scipion, capitan romano, vino sobre ella
con grande exercito y la ganò. Y en este
tiempo fue posseyda de los romanos, la qual
se llamaua entonces Illiturgi, aunque vnos
dizen que se llamò despues Mentesa, y otros
Giene, de donde afirman que agora se llama
Iaen, pero su verdadero nombre antiguo fue
Aurigi.

Sol.—Aueys visto la sagrada Veronica, don-
de està la figura de nuestro Señor Iesu Chris-
to esculpida viuamente en vn lienço, la qual

señalò el mismo con su rostro santissimo,
quando yua a ser crucificado?

Rios.—Ya le he visto tres o quatro veces, y
no podrè juzgar de la color que sea.

Sol.—Esso mismo sucede a todos los que
la ven.

Ram.—Aueys sabido quien traxo a este lu-
gar vna reliquia tan preciosa?

Rios.—He oydo dezir que vn Obispo natu-
ral della, el qual està enterrado en la capilla
principal de la yglesia mayor.

Roj.—Quando otra cosa no tuuiera, con ra-
zon se podia llamar la mejor y mas dichosa
ciudad de España.

Rios.—Pues dexando el bien tan soberano
que en si encierra, es muy proueyda de trigo
y todos mantenimientos; tiene muchos gana-
dos, recreaciones y huertas, y vnos baños que
estan junto a la Madalena, que llaman de don
Fernando, que en ellos se puede conocer su
grande antiguedad.

Roj.—Bien cerca dellos, agora ha dos años,
vi vna muger de tan buen rostro que, a no te-
ner en el vna falta, era sin duda vna de las mu-
geres mas hermosas de España.

Sol.—Y que venia a ser la falta?

Roj.—Tuerta del ojo yzquierdo.

Rios.—Por essa se dixo: no le haze mas fal-
ta que a la tuerta el ojo.

Ram.—Como quien dize: beuè con guindas.

Sol.—Dizen que huerto, tuerto, moço y po-
tro, y muger que mira mal, se quieren saber
tratar.

Roj.—Pues lleuaua vn niño de la mano,
hermoso por todo estremo, a quien tambien
faltaua el ojo derecho, y admirado de vn caso
tan peregrino, fuy a mi posada y hize esta loa,
y por ser tan bueno el sugeto y que no fuesse
en Iaen conocido, fingi auerla visto en Grana-
da, la qual dize desta manera:

No el sitio desta ciudad
y su maquina admirable;
no su hermosa y fertil vega,
llena de huertas y carmenes,
mas ricos y mas hermosos
que aquellos artificiales
que en otro tiempo tenian
las Hesperidas de Atlante:
todos los del mundo es risa;
aqui los de Chipre callen,
afrentense los pensiles,
que con estos todo es ayre;
no sus frescuras alegres,
y no su campo agradable,
mas que el de Pancaya fertil,
en el dulce olor suaue;
no sus christalinos rios,
a aquel sacro semejantes,

y origen del Po, del Nilo,
del G(r)ange, Tigris y Eufrates;
no sus claras bellas fuentes,
alegrando por mil partes,
mejores que la Hypocrene,
y aun no es rason se le yguale
las de Aganipe y Beocia,
a donde las ninfas Taxides
se bañaran mas contentas
que entre sus bellos christales.
No trato de su grandeza,
edificios, omenajes,
su sagrado Monte Santo,
que del mismo cielo nace:
no de su Alhambra famosa,
torres, plaça, Audiencia, calles;
no de sus murallas fuertes
las leuantadas piramides,
con quien las altas de Egypto
aun no pueden ygualarse;
no de sus hermosos templos,
mejores que donde yaze
Erix, por Hercules muerto,
porque aquestos son imagen
de aquel hebrayco de Dios
o del romano de Marte.
Y en efeto, la belleza
deste espejo de ciudades,
donde todas las mejores
pueden venir a mirarse,
no me han admirado tanto
como ha pedido admirarme
vna muger, cielo ò sol,
si ay sol ò cielo que hablen.
Vila ayer, considerela
(si pueden considerarse
con ojos de cuerpo humano
las proporciones de vn angel).
No digo que era cristura
del suelo, que era afrentalle,
ni la rubia y santa aurora
quando las nuues esparse;
no que era de Arauia el oro
de su cabello admirable,
ni que era mas blanca y bella
que la nieue quando cae
sobre los mas altos montes,
ni la rosa mas fragante
que fresca y aljofarada,
al nacer la aurora nace:
no que su nariz hermosa
era al christal semejante:
sus cejas, arcos del cielo;
su hermoso cuello, de jaspe.
Pues tras esto, que dire?
solo dire que su imagen
la hizo sin duda Dios
en la estampa de algun angel.
Pero tras destas grandezas,

Orígenes de la Novela.—IV.—33

el cielo quiso quitalle
el ojo yzquierdo, imbidioso
de su hermosura notable.
Consigo, lleuaua vn niño,
que del me dixo era madre,
mas hermoso y mas perfeto
que aquel que pintò Timantes.
Era vn Castor, era vn Polux,
que a verlo Iupiter antes,
como al otro Ganimedes
se lo lleuara en su aue.
Era vn retrato de Dios,
tan viuo, tan semejante,
que al fin, como hechura suya,
por suya pudo admirarme.
Tambien la Naturaleza
permitio que le faltasse
vn ojo, que fue el derecho;
mirad si puede admirarse.
Dixele espantado al niño:
niño hermosissimo, dale
a tu madre el ojo yzquierdo,
para que nada le falte,
pues si tu beldad es mucha
y de Dios eres imagen,
estando ciega, podran
qual niño Dios adorarte.
Si te vendaren los ojos,
sera porque a nadie mates,
que de lastima de verte,
ninguno podra escaparse.
No supe mas que dezirle,
quise passar adelante;
pero transformème en verle
y no pude mas hablarle.
Boluio la cara el rapaz,
y llegandose a su madre,
medio lloroso le dixo
que aquel ojo le sacase.
—Cumpla, madre, con las gentes,
aunque mil ojos me saque,
y aumente mas su belleza
para que nada le falte.
Sera Venus, yo Cupido,
yo niño Dios, ella vn angel;
dare gusto a este señor,
y nada vendra a faltalle.
La madre le dize alegre:
—hijo mio, no os engañen,
que no ay cosa en este suelo
sin falta pequeña ò grande.
Por cierto razon discreta
y digna de que la alaben
tanto como su hermosura,
si aquella puede alauarse,
pues no ay persona en el mundo
tan perfeta y tan loable,
que no tenga imperfeccion
o falta alguna notable.

Que es ver a vn hombre discreto,
ya enfadoso, ya arrogante,
ya jugador, ya perdido,
ya maldiciente ò muy graue;
la dama hermosa, discreta,
humilde, onesta y afable,
y al fin con aquellos dones
que el cielo pudiera darle,
muy melindrosa ò muy loca,
la boca vn poquito grande,
semejante à aquesta mia
para que nada nos falte;
los dientes algo morenos,
que es la falta mas notable,
o la mayor hermosura
que en vn rostro puede hallarse;
frente chica, grandes pechos,
flaquita, de pocas carnes,
ya muy gorda ò muy grosera,
ya muy niña ò muy pasante.
Assi mismo en la comedia
ay malos representantes,
ay mejores, no tan buenos,
ay muy buenos, y ay no tales.
Esta comedia de oy,
ni es mala para asombrarse
ni buena para admirar,
sino en vn medio que aplace.
Verso humilde, traça buena,
y vno con otro bastante
a seruiros y agradaros;
pero si en ella faltaren,
al ygual de los desseos,
obras justas que no alcancen,
supla vuestra discrecion
para que nada le falte.

Sol.—Yo he oydo dezir esta loa no se a quien de diferentes versos; pero no era buena, porque quien la hizo no supo aplicalla, y por esta razon no se dezia.

Roj.—No me espanto, que podria ser que, contando el cuento a alguno, quisiesse hazella y no hallase tan buena salida, y, como dizen, en el fin se canta la gloria, y essa seria la razon porque fuesse mala; pero esta a donde quiera a parecido bien.

Rios.—Es buena, y sin esto esta bien aplicada.

Roj.—Vn gallo he oydo cantar, sin duda quiere ya amanecer.

Sol.—Bien podremos dezir: pues los gallos cantan, cerca esta el lugar.

Ram.—No sabriamos por que canta este animal siempre a media noche y a estas horas?

Roj.—No os espanteys de que el gallo, entre los demas animales, sea el que primero sienta la venida del sol, y dando las nueuas, parezca que pida a las gentes las albricias del venidero dia, y los despierte y llame para el trabajo. Porque en la monarquia de la maquina del mundo, ya sabeys que fue Dios seruido de que se guardasse este orden y concierto entre las cosas inferiores y superiores: que las otras tengan su dependencia destas, en quanto en alguna manera se rijen, gouiernan y moderan por ellas, dependiendo de su influencia en sus acciones, si no es el hombre, que si bien es [verdad que] tiene dependencia de estas influencias por la parte que es corporeo y sensible, mas por razon del libre aluedrio puede determinarse a esto ò aquello, a seguir lo bueno y abraçar lo malo, aunque debaxo de especie y apariencia de algun bien. Y con todo esto no podemos negar que en el hombre se muestran tambien algunas destas inclinaciones ò propensiones, que le fueran en mil ocasiones peligrosas, a no tomarlas con el entendimiento y razon, y destas es de quien los astrologos echan sus juyzios, en los quales sacan en limpio, no lo que el hombre hara (porque esto ni lo dizen ni ay razon para dezirlo, porque fuera quitar al hombre el libre aluedrio, poniendo en el determinacion a vna cosa) sino lo que los astros y aspectos del le inclinan a hazer. Pero en los demas animales tienen tanta fuerça las influencias de los cielos, que les hazen obedecer a aquello a que el tal signo, planeta ò estrella inclina. Y assi ay algunos astros que tienen particular y principal dominio sobre particulares animales, de suerte que en ellos mismos se les echa de ver. En el gato predomina admirablemente el primer planeta, que es la Luna, y es de suerte que ordinariamente les van creciendo ò menguando a estos animales las niñas de los ojos, como la Luna en el cielo va creciendo ò menguando. En las palomas predomina el tercero planeta Venus, y assi son muy venereas. Los animales ponçoñosos frios, que participan desta calidad en quarto grado, como la tarantula, salamandria y otros, estan sujetos a Saturno. Y los calidos a Marte, como son la viuora, culebra y la serpiente, que por nombre especifico particular llama Lucano en su *Pharsalia* seps. De la propia suerte en el gallo predomina el Sol, quarto planeta de los del cielo, y siente su influencia de suerte que quando el Sol se va a poner, sintiendo su ausencia, se recoge primero que ningun animal, y a la media noche, sintiendo que se va llegando su venida, da nueuas della al mundo y despierta a los que duermen; y no solo reynan en los sensibles estas influencias, sino tambien en los insensibles, como lo podemos echar de ver en las plantas, que vnas son dulces, otras agrias, otras azedas: vnas frias, otras calidas, otras templadas. La yerua que llaman los latinos heliotropio, y acà llamamos giganta ò tornasol, sigue con tan

natural fuerça al sol, que siempre le va miran-
do, boluiando su cogollo y hojas hazia donde
el sol anda y camina; cierrase su flor quando el
sol se pone, y abrese quando buelue a salir. La
cieuta, yerua ponçoñosa con que murio Socra-
tes, por la fuerça de Saturno, que en ella rey-
na, mata con la frialdad vnas vezes, otras con
el calor, por la de Marte. Otras en las quales
predomina Iupiter, como la escorçonera, lengua
buey y borraja, son templadas y sani(si)ssi-
mas. Los milagros que haze el Sol en el rome-
ro, ya son publicos, y, finalmente, nunca aca-
uaramos si huuieramos de especificar y parti-
cularizar todas estas cosas y marauillas que se
ven en las plantas. Pues si vamos a las pie-
dras, no nos da menos que admirar este mara-
uilloso artificio en ellas, porque en ellas se re-
conoce admirablemente la superioridad de los
astros. El precioso diamante es piedra del Sol,
cuya virtud parece diuina, aunque su secreto
es tan grande en la honra y castidad de los
casados, como necessario el callarle. El rubi es
de Venus. El carbunco, parte del Sol, parte de
Iupiter, de quien son el safiro y el jacinto. La
esmeralda es de la Luna. La piedra iman, del
Norte, a quien mira y haze mirar al hierro, al
qual atrahe a si con tanta fuerça, que se sus-
tenta del y le conuierte en su mesma sustan-
cia; y, finalmente, todas estas cosas inferiores
dependen de las superiores en esto: guardando
el orden y armonia dicha entre si.

Ram.—Muy bien aneys dicho; pero, dexan-
do esto, desidme: que los lleuays para la fiesta
del Corpus de Toledo?

Roj.—Soy tan malo en esso de diuino, que
no se si vale algo vn disparate que he hecho;
escuchalda, y si os pareciere bien se dira, y si no
el Jurado (¹) es vuestro amigo, y nos podra
remediar de todo.

Rios.—Aora desilda, que, si no fuere bue-
na, no faltara quien haga otra.

[*Roj.*] A la fiesta del combite
que hizo a la tierra el cielo,
el mismo cielo se admira,
temblando estan los infiernos.
Los vicedioses de Christo,
marmores doze del templo,
comiendo estan, eleuados
con tan diuino sustento.
Suspensos estan los hombres,
en libertad nuestros cuerpos,
las almas estan en gloria,
los angeles en silencio.
Alegres estan los signos,
parados los elementos,
suspendidos los planetas,

(¹) El citado Juan de Quirós (véase la pág. 496).

del orbe los mouimientos.
Los serafines cantando,
todos los santos contentos,
luminosas las estrellas,
firmes los exes del cielo.
Estan los campos gloriosos,
verdes, floridos, amenos,
sesgo el reyno de Neptuno
y en fiestas todos los reynos.
Estan los tristes alegres,
estan sanos los enfermos,
estan viuos los difuntos,
y los malos estan buenos.
Alegres los animales,
saltando de cerro en cerro,
ossos, tigres y leones,
bueltos en mansos corderos.
Las ouejuelas humildes
luchando con sus hijuelos,
todas las aues cantando,
deteniendo el veloz buelo.
A, milagroso combite!
a, combite de los cielos!
a, redencion de las almas!
a, libertad de los cuerpos!
a, sangre de Dios preciosa!
a, pan de Dios verdadero!
a, eterno Dios dado en pan!
a, pan de Dios todo eterno!
Pan sagrado y repartido,
Dios precioso y todo entero,
vuestra echura days en pan,
combidays con vuestro cuerpo.
Y porque los combidados
se admiren con tal sucesso,
vienen a comer con vos,
y soys el manjar vos mesmo.
Mas que mucho que se admiren,
si a vos mesmo os days por ellos
y vuestra preciosa sangre
days a lançadas del pecho!
Y que mucho diga el hombre
que esta harto y satisfecho,
si por darle de comer
baxays desde el cielo al suelo!
Y vos, sagrada Maria,
madre del Rey de los cielos,
intercesora del mundo,
christalino y claro espejo,
de Dios tesorera rica,
oloroso lirio fresco,
alta torre de Dauid,
preciosissimo sol vello,
estrella del mar fulgente,
altiuo y hermoso çedro,
en tan sagrado combite
merezca yo al hijo vuestro.
Y vos, insigne ciudad
y christianissimo pueblo,

noble, inespugnable, antigua
metropoli destos reynos,
catolicissima y santa,
archiuo de mil secretos,
castigo de tantos malos,
defensa de tantos buenos,
con tu catedral iglesia,
con tus santos monasterios,
con tanta fama y milagros
qual todos saben y vemos.
Mas que mucho que los aya
si ay vn cardenal tan bueno,
tan christianissimo y justo,
tan santo, tan limosnero;
vna ciudad, vn cauildo,
vna justicia, vn gouierno,
vn corregidor tan noble,
tan principal, tan discreto?
Y que mucho que esta fiesta
sea al fin como del cielo,
pues que tales diputados
la honran con sus ingenios,
con su virtud, con su hazienda,
con su amor, con su buen zelo,
con su cuydado y trabajo,
con sus christianos desseos!
Y que mucho esta ciudad
sea la mejor del reyno,
si es el crisol de las damas,
espejo de caualleros,
retrato de buenos tratos,
cortesia de discretos,
amparo de los perdidos
y de los pobres remedio!
Y que mucho que mi autor,
siendo tan criado vuestro,
sus faltas le perdoneys,
y a mi, que a seruiros vengo!

Sol.—Yo no hallo en ella cosa que no me parezca tan bien como quantas he oydo.
Ram.—A mi me ha parecido lo propio.
Roj.—Segun esso, bien se podra dezir?
Rios.—Y seguro que parecera muy bien.
Sol.—A la venta nueua hemos llegado.
Rios.—Porque Rojas diga el cuento que nos tiene prometido desde el viage passado, os tengo de contar otro que me sucedio aura tres años en esta propia venta.
Ram.—Dilo cantado, que se sale la cuba; no direys: el que nos sucedio a entrambos?
Rios.—Teneys razon, que juntos veniamos.
Sol.—Por vida de Rios, que le oygamos.
Rios.—Yo sali vna Quaresma de Granada para Madrid a ver vna dama que tenia, a quien queria tanto, que era sin duda la mitad de mi pensamiento: lo vno porque lo merecia, y lo otro, por lo que me costaua.
Sol.—Tanto te quiero, quanto me cuestas.

Rios.—A esta daua ocho reales cada dia para su plato, y seys ducados cada mes para la casa, y todo lo que auia menester de galas, acudiendole siempre con mucha puntualidad desde donde quiera que me hallaua; y excediendo muchas vezes del poder que tenia, haziendo mostras y vendiendo mis prendas porque no le faltasse dinero, ni tuuiesse ocasion de yrse con otro. En efeto, yo yua con mucha confiança, mediante la correspondencia que tenia y las cartas que de ocho a ocho dias me embiaua, aunque algo temeroso, no de mudança, sino de vna maldita suegra que tenia.
Roj.—Cuñada y suegra, ni de barro es buena.
Rios.—Salimos al fin Ramirez y yo de Granada el segundo dia de Quaresma, y para regalarnos por el camino busqué pescado fresco; hallé vn amigo que me dio vn sabalo y dos bonitos; esto hize que se empanasse todo, y henchi vna bota grande de vino aloque de ojo de gallo, sin otras cosas que ao digo. Llegando vna noche a esta vonta, no hallamos que cenar en ella sino sardinas, y yo saqué de mis alforjas las empanadas, hize poner la mesa, puse a mi lado la bota, y sentamonos a cenar yo y Ramirez alli cerca de la puerta. Estando cenando entró vn estudiante alto de cuerpo, medio capigorrista, el sombrero metido hasta los ojos, y despues de saludarnos apeose de su mula, metiola en la caualleriza, echola paja y ceuada y sale luego sacudiendose la sotanilla y preguntando que auia que cenar a la señora huespeda. Dixole lo que auia, que eran sardinas, y el, muy enfadado, replicò: es possible que no tendra algun pescado fresco? Y yo, como tan cortesano, dixele, si era seruido, que llegasse, alcançaria vn bocado. El no se hizo de rogar, sino que antes que yo lo acauara de dezir se llego a hazernos merced, y sentose diziendo: Señor, entre la gente principal y hombres que tanto pueden, por fuerça han de recenir merced los que poco valen, y tras esto tomò vn cuchillo y con mucho desenfado empieça a desnastar pan como vn carretero. Yo que le auia combidado, y no soy nada corto, dixele que alcançasse de lo que mas bien le pareciesse. Señalò con el cuchillo vna empanada y preguntò que era aquello, y respondile: Señor, bonito. Y dixe: Bonito, señor? O pese a mi sayo, viue Dios que no ay hombre tan amigo de bonito como yo en el suelo, y echose en la boca la mitad de la empanada, diziendo: O bonito, mateme Dios en tierra donde ay tal pescado! Señala a la del sabalo y haze lo propio, con la mayor desemboltura del mundo, que, a no ser yo tan amigo de dar, daua ocasion a que le diera con vn leño; bebe tras esto vino en vna taça para Ramirez, y el, como lo vio, dixo: Aloque es el vinillo? O plegue a mi vida, por vida de Apolo el Delfico, que se re-

gala vuessa merced como vn arçobispo, y que
me ha de hazer vn brindis del ojo de gallo! Yo
lo hize, y a el pareciole ser muy chica la taça,
y dixele a la huespeda: Señora, no aura vna
cosa ancha que se vea toda la beuida, que ten-
go echo juramento de no beuer en taça angos-
ta? deme vuessa merced, reyna mia, aquella al-
jafayna (y cauia en ella media arroba). Echanle
vino, y la huespeda, que lo yua echando, para-
ua, pareciendole que auia echado mucho, y el
dezia: eche, señora, pese a mi anima, y no le
duela; piensa vuessa merced que es gente mi-
serable la que tiene en su casa? y desta manera
le echo mas de açumbre y media. Y sin dezir
esta boca es mia, dexò a te suspiramus la taça,
y acabò con dezir: O que pequeña es la bota!
no tengo yo harto para vna comida en seys bo-
tas como esta; bien parece que yo no traya mu-
cha gana, que a fe de quien soy que no auia
de quedar gota. Yo por vna parte reuentaua
de pena, y por otra no podia disimular la risa;
al fin, despues que se cumplio la maldicion so-
bre la triste bota, dio cabo de mas de vna em-
panada, y dexò barrida la mesa, dixo: el hom-
bre apercibido, medio combatido. Preguntele
por que lo dezia, y respondio: quien adelante
no mira, atras se queda; acordemonos que ay
mañana, y que no es razon se destruya todo en
va dia, y diziendo esto y sacando vn lienço
muy encerado (de sucio), fue echando en el
todo lo que auia quedado de las empanadas, y
atole muy bien y dixo: esto sera para almorçar
por la mañana vn bocadillo, porque prometo a
vuessas mercedes que soy enfermissimo del es-
tomago, y es morir si no me desayuno [1]. Yo
entendi que yuamos todos vn camino, y pre-
guntele de donde venia ò a donde caminaua, y
respondiome que de Madrid yua a la ciudad de
Granada. Yo, como tenia alla a mi Marcela
(que assi se llamaua esta mi señora), dixele
que auia en Madrid de nueuo? y respondio: Se-
ñor, si trata vuessa merced del genero femeni-
no, ninguno le pudiera dar mas buena razon
desso, porque soy muy juguetoncillo. Sabra
vuessa merced que està alli agora vna braua
dama que se llama doña Nufia, que tiene re-
buelta la Corte, porque es muy bella muger, y
està otra doña Zangamanga, cabos negros, de
buen gusto; pero la que entre todas se lleua la
flor y a hecho raya en las salidas al sol destas
Carnestolendas, es vna Marcelilla, que le doy
a vuessa merced mi palabra que es los ojos de
toda la villa. Pues como me tocò en lo viuo de
mi gusto, apurele que me dixera donde viuia,
quien era ò con quien trataua, y el me dixo:

Señor, viue hazia la puerta de Santo Domin-
go, y es muger que haze plazeres y tiene visi-
tas, aunque es muy amiga de su gusto, y por
esto no tiene ley con nadie: el otro dia estuuo
presa por amancebada con vn licenciado foras-
tero. Y respondio Ramirez: Sabeldo coles, que
espinazo ay en la olla; y el prosiguio dixiendo:
Este aura tres meses que la habla, y aunque
ella dize que le quiere bien, es fingido; porque
aura vuessa merced de saber que adora a vn
farandulero que esta aqui en Granada, que se
llama Rios, vn bellaconazo destos que andan
de venta en monte, y es con tanto estremo lo
que le quiere, que me han dicho de su casa por
cosa muy cierta que se muere por el. Mire
vuessa merced la lastima destas pobretas, y si
vn hombre honrado como vuessa merced llega-
ra a ella, se hiziera de los godos, y no se con-
tentara con muchos ducados: y vn picaro como
aquel y otros de su trato, gozan del mejor en-
tretenimiento. Yo dixe entre mi: topado a San-
cho con su rocino; y aunque algo alborotado
con las malas nueuas, preguntele si conocia a
Rios, y respondio: Iesus, señor, es el mayor
amigo que yo tengo. Rihuelos es vn picaño, vn
hombrecillo pequeño de cuerpo, mal barbado, y
aun desto es lo que me marauillo, que siendo
como he pintado, le quiera vna muger de tan
buen rostro. Pero sin duda que estos bellaco-
nes tienen garauato. Al fin, despues que le
huue oydo y disimulado (que no fue poco), dixe
a Ramirez que nos recogiessemos, y a la maña-
na tomé mi camino; y llegado a Madrid hallé
verdadero todo el pronostico de aquel mi ami-
go; dexela, y ella, de aburrida, casose con el
Licenciado que el capigorron auia dicho, y yo
busquè otro entretenimiento.

Sol.—Por vida de quien soy, que ha sido
bueno el caso y de mucho gusto.

Roj.—Verdaderamente que todos los vicios
en vna muger son como vara verde, que dobla;
pero la mudança es palo seco, que quiebra.

Ram.—Niña, viña, peral y habar, dizen que
son malos de guardar.

Rios.—Señor, ni ay muger sin tacha, ni
mula sin raça [1].

Roj.—Si; pero essa fue con vos como el eri-
zo, que primero os sacò la sangre de las venas
que viessedes lo que tenia en las entrañas.

Rios.—Hermano mio, las mugeres son como
la liga, buenas de pegar y malas de desasir; y
vemos que si vn hombre gasta con ellas su
hazienda y las regala, le pagan desta manera,
y si no les da nada, dizen que es la misma
miseria; pues si las dexa salir con su gusto, le
tienen por necio, y si se le estorua, por enfa-

---

[1] Este gracioso lance de la venta fué imitado por Quevedo en su *Buscón* (I, 4), y después por Le Sage en el *Gil Blas* (I, 2).

[1] Hernán Núñez trae así el refrán: «Ni muger sin tacha, ni mula sin taca».

poso; si las quiere le aborrecen, y si no las quiere le persiguen.

Sol.—En los anales pompeyanos he leydo que alla en el Oriente y vertientes de los montes Rifeos, ay vnas gentes barbaras que llaman masagetas, y tiene cada vno destos en lugar de casas dos cuevas donde viuen, en la vna los maridos, moços y hijos, y en la otra mugeres, hijas y moças, y juntanse con ellas solamente vn dia en toda la semana, porque dizen aquellos barbaros que lexos dellas estan seguros de oyr sus disgustos y apartados de ver la mudança de sus pechos.

Roj.—Tambien dize Homero que los hombres de Grecia cuentan los años que tienen desde el dia que se casan, por el estado que toman, la vida que mudan y las mudanças á que se sugetan.

Rios.—Preguntando a vn filosofo por que no se casaua siendo vn hombre de tanta edad, respondio que por quatro causas: porque si era fea, la auia de aborrecer; si rica, de sufrir; si pobre, de mantener, y si hermosa, de guardar.

Ram.—Por cierto dezia bien.

Sol.—Mejor dezia el otro: padre, que cosa es casar? hijo, sufrir, trabajar, gruñir y llorar.

Ram.—Pareceme a mi que, pues en España perdonan a los locos porque carecen de juyzio, auian de perdonar a los enamorados, pues carecen de sentido.

Rios.—Yo os prometo que estaua yo bien fuera del mio quando quise vna muger que me dio tan maldito pago, y merecia por ello, en lugar de perdon, muy gran castigo, pues gastó con ella en regalos y terceros muy buenos ducados.

Ram.—Dizen que la plata blanca se labra con la pez negra, y el arbol tierno se conserua con la corteza muy aspera, y la muger vana se rinde con passos, escudos y terceros.

Roj.—Bien dixistes vana, pues fue echa entre sueños, mientras Adan dormia, y con caner en el tanta ciencia y auiso, se vino a destruyr por no la saber entender.

Sol.—A este proposito digo algunas vezes entre mi: ven aca, muger; si eres de carne, como eres tan dura? si eres de huesso, como eres tan blanda? si eres compañera del hombre, como eres tan contraria suya? si no temiste vna serpiente, como huyes agora de vna araña ò otra qualquiera sabandija? y si es verdad que tienes temor de vna araña, como eres tan braua y terrible? y si naciste desnuda, como inuentas por momentos tantos generos de vestidos y galas? Dime, muger, como es possible que en el mundo sobras, si vemos claramente que fuyste compuesta de faltas? y si fuiste echa de vna costilla, como ay en ti tan poca firmeza? Pero sin

duda que de aqui nace tu mudança, que como fuiste echa como a traycion y de las espaldas, siempre piensas que no se pueden dexar de ver ser firme, y assi apeteces tanto el ser mudable.

Roj.—Por vida de quien soy que, pues somos empeçado a tratar dellas, que os he de dezir vna loa que hize no ha muchos dias en su vituperio (quiça por alguna mala obra que de alguna he recibido), y aunque está en prosa, es de mucho gusto.

Rios.—Con no pequeño la oyre yo, por ser contra las que son malas, que las buenas no han menester nuestra alabança.

Roj.—Veynte y cinco años a que peleo, por mis graues culpas, en este triste campo de la miseria, y el propio tiempo ha que corro la posta de la vida, sugeto a los peligros della, mudanças del tiempo, variedad de fortuna, trabajos de cautiuo, escandalos de preso, afliciones de pobre, necessidades de ausente, y sugeto, sobre todo, a la inconstancia de las mugeres: donde he procurado conocer sus tratos, assi en España como fuera della, gastando este breue discurso de mi florido tiempo en saber del mundo todo aquello que mis buenos desseos pretendian y mi pobre ingenio aprender pudiesse. Porque dize vn sabio que el hombre que no sabe lo que ha de saber, es bruto entre los hombres, y el que no sabe mas de lo que ha menester, es hombre entre los brutos, y el que sabe todo lo que se puede saber, es Dios entre los hombres. Y assi se me ha passado lo mejor de mi mocedad en liuiandades, aunque arrimado siempre a algunos exercicios, como son armas ò letras, procurando gastar el tiempo en semejantes actos, porque dize el diuino Platon que el hombre que sin vtilidad a passado la vida, como indigno de vida le quiten lo que le queda de vida, y confiesso mi pecado que si alguno he gastado mal y merezco la muerte por el, es el desdichado que he perdido con mugeres, porque toda mi passada pena, respeto de su daño, ha sido gloria; mi esclauitud, contento; mi prision, libertad; mi pobreza, gusto; el regalo de amor breue, infierno perdurable, y al fin confusion todo, porque, como dize Ouidio en el libro *De arte amandi:* amor es vn no se que, viene por no se donde, embiale no se quien, engendráse no se como, sientesse no se quando, mata no se por que, y al fin es todo viento, y la muger nada. *Sicut lex instituta,* § *7: quid leuius vento? fulmen; quid fulmine? flamen; quid flamine? mulier; quid muliere? nihil.* Que cosa ay mas liuiana que el viento? el rayo? y que el rayo? la llama; y que la llama? la muger; y que la muger? nada, porque es la misma nada. *Quoniam quatuor sunt insatiabilia: terra, ignis, infernus & mulier.* Quatro cosas ay insaciables que nunca se hartan: la tierra, el fuego, el infierno y la muger; y aunque lo dicho bastaua por exemplo, con vuestra licencia passare adelante. Trayendole Democrates a Demostenes, por cierta diferencia que entre los dos tenian, vna muger la mas sabia y virtuosa que pudo hallar, vista por Demostenes le dixo: lleuala, que todas son mugeres, y aquesa no tan loca como las demas. Muchos exemplos tenia que dezir, pero hame parecido traeros a la memoria algunas historias cerca deste particular, para que verdaderamente conozcays quien son (¹).

Por Eua perdio su mayorasgo el genero humano (²).

Por Herodias mandò Herodes cortar la cabeça al Bautista (³).

Mugeres hizieron idolatrar a Salomon (⁴).

La sodomia començo por las mugeres.

Lo primera que dixo mentira en el mundo fue muger.

Los corros, bayles y danças de las mugeres fueron la principal parte de la indignacion diuina contra la ciudad de Niniue.

Por quien castigò Dios tan asperamente a Dauid, fue por el adulterio que cometio con Bersabe, por cuya causa murio el valeroso Vrias (⁵).

La muger de Loth, por inobediente la castigò Dios, mudandola en estatua de sal, y sus hijas desta se echaron con su padre (⁶).

Dina fue causa de la muerte de Sichen Principe (⁷).

Por amor de Tamar perdio la vida Amon (⁸).

Y dexando las de la Escritura, veremos claramente que por la Caua se perdio España.

Eulisia, la muger de Marco Antonio, hizo cortar la caueça a Ciçeron, padre de la eloquencia.

Mesalina hizo traycion a Claudio, emperador romano.

La madre Celestina dize que son las mugeres arma del diablo, destruycion de Parayso, albañar suzio debaxo de templo pintado.

Pasife se encerro en vn cuero de vaca por gozar de vn toro de que estaua enamorada.

Mira, Circes y Fedra, fueron grandes echizeras.

En vn combite que hizo Cleopatra a Marco Antonio, en el bosque de Sefin, de sesenta hijas de senadores remanecieron cincuenta y cinco preñadas.

Deyanira abraçò a Hercules y le quemò con vna camisa.

Clitemnestra matò a su marido Agamenon por ser vicioso.

Tulia, hija de la reyna Tanechil, despedaçò a su padre.

Rosemunda matò a su marido Alboyno, rey de los longobardos, por casarse con su criado; y segunda vez. matò a este por casarse con otro.

Romilda matò a su marido el duque Sisulfo por amores del rey Cacano.

Egialea matò a Diomedes por hazerle traycion.

Henrico octauo, rey de Inglaterra, perdio la vida por vna muger, y esta misma despues le hizo traycion, y murio por ella.

Quien destruyò el valor del exercito de Anibal, fueron mugeres de la ciudad de Capua.

Por Elena se destruyò Troya y despobló Grecia.

Fuera cansaros y proceder en infinito si huuiera de dezir y especificar tantas y tan verdadoras historias como a auido de mugeres. Pero que mayor exemplo ni mas euidente prueua quereys que las presentes de agora; pues ellas menosprecian lo que les dan, y mueren por lo que les niegan, y si el hombre haze todo lo que la muger quiere, ella no haze nada de lo que el hombre dessea; y en efeto digo y conoluyo con dezir que las mugeres son verdugo de nuestras honras, pestilencia de nuestras vidas y infierno de nuestras almas, y diaquilon de nuestras bolsas, pues nos chupan las entrañas y nos cicatrizan hasta la sangre de las venas.

Rios.—La mejor que aueys dicho es esta.

Ram.—Bien se parece que vos escriuistes con passion y enamorado, y Rios habla sin juyzio y zeloso, que, aunque ha caminado el tiempo, no dexan de quedar reliquias del mal passado, y no he de consentir donde yo estuuiere que se diga mal de quien sabemos que se encierra tanto bien. Y aunque no soy poeta, puedo dezir mucho en su alabança, pues Eusebio, Bocacio, Anio rustico y Laercio dizen que Teoclea enseñò a Pitagoras, y siendo como era hermana suya, aprendia el della.

Roj.—Tambien dize Falaris el tyrano tener mas embidia a la fama de vna muger antigua que a la vida de todas las presentes.

Ram.—Esse no podia hablar sino como quien era: que, si era tyrano, como podia dezir bien de ninguno?

Roj.—Pues dexemos esto y vamos al caso: la soberuia, la crueldad, la imbidia, la traycion, la impaciencia, la deshonestidad, la malicia y la mudança, todo esto no se hallara junto en Filomena, Marcia, Popilia, Mamea, Macrina, Medea, Domicia, Biblis, Fedra, Mir(t)ra y otras mil de que estan llenas las historias? Y dexando aparte las que aqui se han dicho en la loa de la Escritura, tratemos de la gran facilidad de otras muchas, co[mo]la de Verona, Sofonisba, que se enamoró en vnas fiestas de vn cauallero romano que se llamaua Estrasco, y era mudo; Helena griega, de Paris troyano, de verse juntos sola vna vez en vn templo; Eurifile, reyna de las Amazonas, del Magno Alexandro en vna guerra, y vino a conuertirse en amores la batalla; Gemilicia, señora de Partinuples, de Piro, rey de los Epirotas, y de vn solo dia que estuuo en su ciudad quedò preñada, y en pariendo la matò vn hermano suyo. Pudiera dezir tantas, que no tienen numero.

· *Ram.*—Pues ven aca, mentecato; si buscamos valentia, nobleza, sabiduria, castidad, fortaleza, amor, fe y honestidad, donde la hallaremos sino en Rodogona, reyna de Persia, viuda de Oron, que estando peynandose los cabellos le dieron nueuas que se le reuelauan los suyos, y sin mas aderezallos subio en vn cauallo y salio con su exercito a pelear, y despues de vencidos los peynò y aderezò?

, *Roj.*—Esso mismo podeis dezir de Semiramis; pero dezidme luego quien era, quantos matana y por que lo hazia?

· *Ram.*—Llegado a que ayamos de especificar sus virtudes mas por extenso, ya sabemos que todos los exercicios virtuosos del mundo los inuentaron las mugeres; pues la inuencion de escriuir letras inuentò Nicostrata, que por otro nombre llamaron Carmenta; Polina, la retorica, segun Plinio; Milexia, los reloxes; Ceres, el pan y guisado, segun Solino; y Diodoro y Plinio afirman que esta misma dio principio al auer leyes; Anachil fue la primera que se vistio paño; Aragne inuento el hilar; Safo, el hazer versos, que llamò saficos, y los de Crina (¹) compitieron con los de Homero (segun Propercio, en sus libros segundo y quinto); y Teobulina, Damorfila, Valeria, Proba, Praxila, Hipatra (²), Aspasia, Cornelia, Musea, Fermones, Teofelia, Sisipatria y Telesila fueron grandes poetas, de las quales escriuen Lucrecio y Teofras[t]to en la vida de Apolonio; Erasmo, Quintiliano, Plutarco, en el libro *De virtutibus mulierum*; Celos, en el libro octauo, capitulo vndecimo; y si quereys saber particularmente sus proezas y constancia, leed a Valerio Maximo, Tito liuio, Apiano y Sabelico. Si de amor verdadero y honestidad, a Ponponio Mella y Iuuenal. Si de sabiduria y discrecion, leed a San Geronimo, en la Biblia; San Agustin, el *Dictionario griego,* Ciceron, Marcio y Capela. Si de valor, secreto y fortaleza, a Plinio, Barron, Iustino, en el libro segundo; Quinto Curcio, Diodoro. Si de esfuerço, discrecion y humilidad, a Aristo,

(¹) Así, por «Corinna».
(²) Hipparchia?

Alexandro, Areta, Licurgo, Marcial, Pitagoras, Demostenes, Cleobulo, Columela, Iuan Boccacio, Paulo Osonio (¹), Dodrilo, don Luis Zapata (²), don Martin de Volea (³), sin otros mil autores, y en ellos y todos los que he dicho hallareis la honestidad de la hermosissima Lucrecia, de Tanachil, Caliuse, Aronaca, Diamira, Minerua y la reyna Dido; el amor verdadero de Persia, Paulina, Ceatesa, Cleopatra y Artemisa; la discrecion, valor y eloquencia de las Sibilas, Persica, Libica, Eleaspanziaca, Delfica, Samia, Heritea, Fisia, Cumea, Burtina, Cumana, Tiburtina, Heuropa, Cimeria, Policrata, Aspicia, Proba, reyna Saba y Valeria: hechos magnanimos de Fabiola, Sabina, Panfila, Anastasia, Luceya, Telexila, Patra, Pola, Lelia, Istrina, Marcela, Pantea y Martia. Y si quereys conocer con mas veras quien son, dexemos todas las passadas y vengamos a las que hemos conocido y conocemos agora en nuestra edad presente: la gran christiandad y valor de nuestra reyna y señora doña Margarita de Austria, que Dios guarde felicissimos años; la gran sabiduria de doña Ana, reyna de Francia, y doña Maria portuguesa, hermana del rey don Iuan; mirad en España a Ysabel Rosales, que leyò en Roma las diuinas letras y la oyeron leer muchos cardenales en escuelas; la prudencia de doña Teresa Henriquez, la reyna doña Ysabel y emperatriz doña Maria de Austria, que Dios aya, y aquel echo de la hermosa è insigne cordouesa, la qual viendose biuda y siendo muy perseguida, se abrasò la mayor parte de su cuerpo. Mirad a Catalina Ortiz Nauarra, y entre todas las que tengo dichas, la santidad de Teresa de Iesus, y sin esto hai sabeys la gran discrecion y honestidad de muchas que oy conocemos nosotros propios en toda España, que qualquiera dellas pudiera gouernar diez mundos, segun su gran valor y prudencia.

Roj.—Ramirez tiene mucha rason, que està tan introduzido entre algunos hombres el dezir mal de las mugeres, que porque vna que es la escoria del suelo hizo vna baxeza, tuuo vna mudança ò otra semejante cosa, luego deximos mal de todas, y pues yo he sido el mas culpado en esto, quiero enmendallo, y deziros otra los que hize en su alabança, arrepentido de dezir mal de aquellas en quien està cifrado todo nuestro bien y sin quien es imposible que pudiessemos viuir.

(¹) Así, por «Orosio».
(²) 1532?—1599? Escribió el pesadísimo poema épico *Carlos famoso* (1566) y una muy curiosa *Miscelánea.* También tradujo en verso *La Arte Poética,* de Horacio (1592).
(³) D. Martín Abarca de Bolea y Castro, el traductor del *Orlando determinado* (1587) y del *Orlando enamorado* (1578)?

Sol.—Aora dezid la loa, que, aunque Rios calla, no dexara de gustar de oylla.

Roj.—Dize desta manera:

Quien duda aora que estas mis señoras no esten quexosas, y con justa causa, de mi? Si estaran. Pero considerando que mi desseo de ofenderlas es animo de seruirlas, me ha dado atreuimiento para reduzir en su alabança lo que ayer fue en vituperio, y assi digo:

Que quando Dios crio a Eua, fue de costilla y no de carne, como lo dize la Escritura, porque quiso Dios hazer vna nobilissima y fuerte criatura, y assi no tomò lo mas flaco, sino lo mas fuerte; al contrario del hombre, que fue edificado de barro, lo qual se vee en el mesmo verbo que dize el Genesis, *edificauit*, que es propio de palacios, casas, torres, templos; significando que les hazia templos del Espiritu santo. De manera que, segun su creacion, facil se nos da a entender quiso nuestro Señor mostrar la grandeza de su misericordia inaccesible y suma generosidad y largueza de su diuina mano en criar vna cosa fortissima, como fue la muger. Y assi vemos que quando la Iglesia ruega por nosotros en particular y especificamente, no habla de los hombres, sino de las mugeres: diziendo, *intercede pro deuoto fœmineo sexu*, que son palabras del gran Agustino. Y ser esto verdad, como verdaderamente lo es, baste por exemplo aquella milagrosa y admirable muger hebrea [1] que animaua sus siete hijos a que padeciessen muerte por la ley de Dios, y en el sermon que Christo predicò a los fariseos, quando hizo el milagro del endemoniado, ciego, sordo y mudo, entre tanta infinidad dellos se leuantò Marcela, vna muger sola, pobre y vieja, y dixo a vozes alabando aquel milagro: *Beatus venter qui te portauit, & vbera quæ suxisti*. Segun esto, claro vemos ser las mugeres dignas de qualquier alabança, y para que mejor se vea, dire de algunas que han sido c·stas, hermosas, discretas, constantes, virtuosas, profetisas, valerosas, magnanimas y eloquentes. Y assi empieço y digo:

Que si por Eua se perdio el mundo, por la Virgen se començo la redencion [2].

Por la hermosura de Rachel se facilitaron a Iacob sus catorze años de seruicio [3].

Por la traça de Raab fueron libres los exploradores de Israel [4].

Por la industria de Iael fue muerto el capitan de los cananeos, y libre de su opresion el pueblo de Dios [5].

Por su virtud y paciencia merecio Rut casar con Booz [6].

Por el juyzio de Delbora se governo todo el pueblo de Israel, y con su valentia vencio a Sisara, capitan del exercito contrario [1].

La prudencia y hermosura de Abigail, librò de la muerte a su marido Nabalcarmelo [2].

Ana, muger del Cana [3], por su humildad y oracion merecio, siendo antes esteril, ser madre del profeta Samuel [4].

El animo y hermosura de Iudich dio libertad a los Betulianos, y cortò la caueça al capitan Holofernes [5].

Estimò Dios mas las dos monedas que ofreciò la viuda, que los tesoros que los ricos ofrecieron.

En el mysterio de la Resurrecion fueron mas promptas las mugeres en creer que no los hombres.

La discreta platica de la muger cananea alcançò de Christo salud para su hija [6].

La Madalena con sus lagrimas alcançò perdon de sus delitos [7].

La viuda de Nain con su dolor alcançò vida para su muerto hijo [8].

Marta y Maria, huespedas de Christo, con su deuocion, tristeza y lagrymas prouocaron a Christo a derramar lagrymas, y su fè merecio que les resucitasse a su hermano [9].

A quien primero aparecio Christo resucitado fue a su madre preciosissima [10].

Aqui sera bien que acabe, que aunque es verdad que pudiera traer otras sin numero, bastan las que he dicho para que estas mis señoras, vsando en el silencio de su discrecion, acudan como yo a su alabança; que por fin della, y engrandecimiento de todas las mugeres del mundo, solo dire que las mugeres nos quieren, cosen, guisan, lauan, espulgan, remiendan y almidonan, cuezen la carne y guardan el dinero.

Ram.—Pareceme agora Rios al gaytero de Bujalance, que le dan vn maraued porque taña y tres porque calle.

Sol.—De que aueys enmudecido?

Ram.—De ver que le aueys obligado a que diga bien de lo que quiere mal.

Roj.—Essa fuerça tiene la verdad, que no ay nada que la pueda encubrir, sino que donde quiera tiene de resplandecer.

Rios.—Yo conozco que es assi, pero no me negareys que no ay algunas mugeres tan soberuias y vengatiuas, que si las ofendeys en vn pelo de la cabeça, no procuren sacaros diez vezes el alma.

Ram.—Pues que persona ay ofendida que no procure tomar vengança, principalmente

[1] 2 Matt., 7. (*Esta y las notas que siguen, hasta el final de la enumeración, constan también al margen del original del* Viage.)—[1] D. Bern.—[2] Genes.—[4] Iosue.—[5] Iudich.—[6] Rut.

[1] Iudich & c. 5.—[2] Reg., 1.—[3] Así, por «Elcana».—[4] 1 Reg. 1.—[5] Iudich.—[6] Matt.; 15.—[7] Luc., 9.—[8] Luc., 7.—[9] Ioan.—[10] Doctor.

quien tiene en sus manos nuestra honra, y aun
muchas vezes nuestra vida; y siendo esto assi,
para que se ha de ofender a quien sabemos que
se puede tan a poca costa suya vengar, dando-
la ocasion de podello hazer, porque sin duda la
muger lleuada por buen termino es buena, y
lleuada por malo no me espanto que alguna
mala busque su remedio? Porque no ay tigre,
osso, ni leon tan brauo que regalandole no sea
como vn cordero, ni cordero tan manso que
maltratandole no sea como vn toro furioso.

Roj.—A este proposito os dire vna loa de
vna enigma de la muger, que entiendo es buena.

Ram.—Si es en su alabança, bien podeys
dezilla.

Sol.—Ella lo dira.

Roj.—Pues escuchalda.

Passeandome ayer tarde
triste y solo en vna huerta,
despues de vn prolijo ensayo
de vna comedia no buena,
acordeme de Artemisia,
la hermosa Dido y Lucrecia,
y de otras muchas que callo,
assi malas como buenas.
Contemplè, mirè, aduerti
su discrecion y nobleza,
y al fin de vn breue discurso,
que fue muy breue a mi cuenta,
vi venir quatro galanes,
y los dos dellos poetas,
por medio de aquellas ramas
tratando de la comedia.
El vno dize que es mala,
el otro que no era buena;
este que es de Miguel Sanchez,
aquel de Lope de Vega;
que tiene bellaco fin,
malos versos, pocas veras;
en efeto, que ella es mala
y sea de quien se sea.
Quise llegar, reporteme,
porque enojado pudiera
hazer vna necedad,
y no fuera bien hazerla.
Al fin me fuy y los dexe,
y agora salgo à hazer prueua
de sus diuinos ingenios,
de su discrecion y letras.
Oygan, que con ellos hablo,
con ellos quiero contienda,
con los cofrades de amor,
praticantes de la esfera,
ballesteros de Cupido,
uoueleros de Guinea,
martires de vn pensamiento,
confessores de mil reynas,
penitentes de vn fauor,

tributarios de seys viejas,
adamados paseantes,
trasnochantes con rodelas;
por lo humilde seruiciales,
por lo soberuio sin lenguas,
deuotos de media cama,
ayunantes de por fuerça;
a lo señor mentecatos,
a lo fruncido poetas,
aguilas que contra el sol
resisten del sol las hebras,
teologos de nacion,
dichosos por vna estrella,
sabios que enseñan y tienen
conocidas academias.
Qual los indos en Olimpo,
ò los griegos en Atenas,
ò los latinos en Samia,
ò los galos en Aurelia,
los siros en Babilonia,
ò los hebreos en Elia,
ò los hispanos en Gades,
ò los caldeos en Tebas,
assi aquestos mis señores
tienen dentro de sus puertas
academias donde aprenden
a murmurar lo que enseñan,
a donde estudian sus faltas
y castigan las agenas,
que solo de ciencia alcançan
hazer sus culpas secretas.
Pregunto, pues, a estos tales,
a los quѕ saben de letras,
de circulos, paralelos,
de climas y de planetas,
vn enigma ò cosa y cosa,
que anoche en la casa puerta
estudiè con seys gauchos
y quatro moças gallegas.
Estenme vn poquito atentos
y adiuinen lo que sea:
Que es la cosa que no come
y come y siempre esta hambrienta?
Es couarde y animosa,
es muy pesada, es ligera,
es muy flaca y es muy fuerte,
es muy necia y es discreta,
es misera, es dadiuosa,
es vn bronce, es vna cera,
es cruel, es amorosa,
es vn tigre, es vna oueja.
Quiere y aborrece mucho,
oluida y siempre se acuerda,
promete mucho, da nada,
da contento y da tristeza,
es valiente y es medrosa,
es muy noble y es soberuia,
es dichosa, es desdichada,
es muy hermosa, es muy fea,

es ingrata y agradece,
es pobre y tiene riqueza,
es amiga y enemiga,
es casta y es deshonesta,
dize verdad, siempre miente,
no ha estudiado y tiene escuela,
aprende de los que aprenden,
a los letrados enseña,
a quien engaña despide,
a quien desengaña ruega,
desecha vinos presentes,
y ausentes y muertos pena.
No ay nadie que me responda?
no ay ninguno que lo sepa?
pues, por no enfadaros tanto,
la muger digo que es esta,
de quien tantos males dizen
y tantos bienes se encierran;
los hombres las hazen malas,
que ellas de suyo son buenas.
pues no ay pesar, no ay desdicha,
no ay encanto de sirena,
no ay llanto de crocodilo,
no ay basilisco, no ay fiera,
no ay males, no ay mortandad,
no ay rauia, no ay pestilencia,
no ay engaño, no ay traycion,
no ay crueldad, no ay muerte eterna
que mas acabe y consuma,
no ay pena que dè mas pena,
que vna muger ofendida,
si acaso por mal la llenan.
Tratalda mal y vereys
vuestra sepultura cierta,
prision, infamia y destierro,
horca, cuchillo ò galeras.
Lleuada por mal es mala,
pesada, couarde, necia,
facil, ingrata, enemiga,
desgraciada y deshonesta;
es muda y callando habla,
que son los ojos sus lenguas,
que hablan mas que letrados
quando en su derecho alegan;
la mas ligera es pesada;
la que es mas lince, mas ciega;
la mas fiel, mas traydora;
la mas hermosa, mas fea.
Mas si la lleuays por bien,
la mas pesada, es ligera;
la mas couarde, animosa;
la mas necia, mas discreta.
Todas dan gloria y contento,
gustos, regalos, ternezas,
descanso, amor, vida y honra,
fama, dicha, nombre y prendas.
O venturosas mugeres,
nobles, constantes y bellas,
discretas, damas, hermosas,

castas, deuotas y honestas!
Estando de nuestra parte,
no aura nadie que se atreua
a murmurar de nosotros,
porque en efeto es comedia
adonde se encierra todo
lo que en la muger se encierra;
mirada con buenos ojos,
recenida con nobleza,
amparada de discretos,
admirada de poetas,
pardonadas nuestras faltas
y vista nuestra pobreza,
nuestra voluntad, que es grande,
ya que pequeñas las prendas,
hara eternos vuestros nombres,
suplireys nuestra flaqueza,
remediareys los humildes,
amparareys nuestras quexes,
aumentareys vuestras famas,
honrareys nuestras comedias,
animareys el desseo
para que en seruiros crezca,
pues donde sobra aficion,
no faltaron jamas fuerças.

Ram.—Esto es lo propio que yo dezia; pero
ay hombres tan pobres de entendimiento, tan
faltos de juyzio y tan soberuios de coraçon, que
le dan a vna muger honrada por compañera, y
a dos dias la hazen su esclaua, sin conocer sus
prendas, virtud y honestidad, vnas vezes apar-
tando cama, otras no comiendo a la mesa, y
aun muchas tratandolas mal de palabra.

Rios.—Enemistado està con la fortuna el
que no puede reposar en su casa.

Sol.—Si, porque no ay mayor trabajo que
no saber a que sabe el reposo.

Roj.—Dize Seneca que mas auiamos de llo-
rar porque viuen los hombres mal casados,
que no porque mueren los buenos solteros;
porque vnos hazen que los temamos, pero los
otros que nos emendemos.

Ram.—El oraculo de Apolo dixo a los em-
baxadores del pueblo romano que si querian
que estuuiesse su pueblo bien regido, viuiessen
bien los casados y se conociessen todos a si
mesmos.

Sol.—No me parece mala ocasion esta para
que Rojas nos diga aquel cuento que nos tiene
prometido, que le conto en Bretaña aquel ami-
go suyo.

Ram.—Muy bien aueys dicho.

Roj.—Y yo estoy muy contento de dezille
porque me parecio tambien. que os lo dire de
la misma manera que el me le conto, porque
era vn hombre de muy buen entendimiento,
gran musico y poeta, y tenido fuera desto en
todo el exercito por muy gran soldado, y par-

ticular amigo mio, lo vno por ser de vn mismo lugar entrambos, y lo otro por ser nuestro conocimiento desde niños, y empieza desta manera el cuento:

Aun no bien la bellissima aurora, acompañada de la dulcissima armonia de las sonoras aues, destilaua copiosas lagrymas, començando el vsado lloro por la desgraciada muerte de su hijo Menon, que a manos de aquel griego, capitan fortissimo, perdio la vida, quando en el lugar de Pontíui, en Bretaña, el capitan Leonardo, que assi se llamaua aqueste amigo mio, y yo, nos salimos passeando hazia vn fuerte que esta en el mismo lugar, y arrancando del alma vn profundo suspiro y dandome cuenta de su cuydado, me dixo: Has de saber, amigo caro, que desdichas mias, que tengo dellas harta copia, me lleuaron aura tres años a Galizia, con vn cargo mayor que mi merecimiento, y dexando vn dia las orillas del Sil y sus apacibles y deleytosos valles, poblados de frutíferos castaños y otros mil generos de arboles, quajados de suaues frutas, sustento propio de los agrestes montañeses de aquellas partes, en vn cauallo morcillo, con mas priessa de la que mi amorosa passion pedia, empece a caminar por los espaciosos campos de la tierra de Viana, y no dandome mis ansiosos suspiros lugar para que del todo me despidiesse de aquellas apacibles orillas del anciano Sil, sin que primero contemplasse la antigua gloria que en ellas auia recibido, deteniendo vn poco la floxa rienda del cansado cauallo, boluiendo el rostro a las christalinas aguas, començe a dezir: Ay aguas dulces y delicadas, que acompañadas de la creciente de mis ojos apresurays vuestra corriente mas del passo acostumbrado! deteneos vn poco, pues soys testigos de mi gloria, y ayudadme a aliuiar y desfogar mi pena. Acordaos de aquel venturoso y felicissimo dia, principio de mi descanso y causa de todo mi cuydado, en el qual mereci ver la diuina hermosura de mi querida Camila, ò por mejor dezir acordarme de aquella antigua gloria, para que, teniendola presente en los ojos del alma, eche de ver la razon que tengo para llorar y sentir la desgraciada suerte de mi contraria fortuna. Ay tiempo auaro! aquellos son los altos y apocados castaños en los quales la vi y contemple primero, y viendo su rara y bella hermosura, perdieron los ojos su vista y el alma su libertad. Aquella es la alabastrina fuente donde primero la hablè, hallandola sola, y, siruiendome la soledad de escudo y amparo de mis libertadas razones, la descubri mi passion con mas animo del que en mi pense huuiera. En aquel fresno leuantado esculpi las primeras señas y muestras de mis primeros fauores. Aquellos son los amenos prados por donde alegres nos saliamos a passear,

seguros de los reueses y baybenes de la fortuna, y este es el primero dia, açote de mi alma, verdugo de mi paciencia, principio de mi destierro. Mas yua a dezir, si la furiosa auenida de suspiros y sollozos, acompañados de lagrimas que mis ojos como fuentes despedian, no anegaran y detuuieran mis amorosas quexas; pero boluiendo vn poco sobre mi, mirando la compañia que me hazian la musica sonora de las aues y el silencio de las demas criaturas, sacando vna citara de vna caxa guarnecida de çapa en que venia metida, colgada del arçon, hecha de vn oloroso nebro, quaxada de espesos lazos de oro, marfil y euano, templandola con mis ansias y suspiros, comencè, despues de vna pequeña pieça, mirando las veloces aguas del Sil, a cantar de esta suerte (que aun los versos que cantaua me contentaron tanto que los estudiè todos muy de proposito):

En este valle ameno,
que el Sil con sus velozes aguas vaña,
corriendo tan sereno
a los postreros limites de España,
mirando su corriente,
canto mi muerte y lloro por mi ausente
Camila, pues padezco
este destierro por mi auara estrella,
mi propia vida ofrezco
a quien poco podra durar sin ella,
y si acaso durare,
oluideme de mi si te oluidare.
  La naue te presento
del alma, y si de ausencia el mar la casca
en medio mi tormento,
no temere su fribola borrasca,
que no ay furor ni encanto
que abata vn alma que ha subido tanto.
  Y si en ella pudiera,
adorada Camila, libertarte,
embarcacion te diera
en la mar de mis ojos, por librarte,
siendo mi alma el nauio,
porque no se anegara el dueño mio.

Aqui llegaua, quando vn criado mio, llamado Sergesto, tomandome del braço, me dixo: Señor, mira que vendra gente, y sera notada mucho tu couardia y flaqueza de animo por la que por este passagero camino haze su viage. Ay, mi querido y leal criado, le dixe [1], tienes razon, perdona mi inaduertencia, que la sobra de mis penas me hazia caer en falta en este mi vltimo trance y postrera despedida; y boluiendo la citara a su lugar, torne a proseguir mi viage, diziendo: a Dios, tierra; a Dios, cielo donde esta toda mi gloria; a Dios, parayso y mora-

[1] El texto: «dixo».

da de mis deleytes; a Dios, que ya no pienso mas veros, porque la fauorable fortuna que huye de mi me priua eternamente de tu compañia! Dixe, y proseguimos por aquellos espaciosos campos del valle de Viana, en los quales se vee marauillosamente la abundancia de los roxos trigos y panes que la diosa Ceres fue causa huuiesse en la tierra. Y passando por el poblezuelo pequeño del Pereyro, cabeça de aquel señorio que en sus antiguas ruynas muestra la grandeza y magestad que solia tener, y hallandome de la otra parte de vn pequeño rio que aquellos valles riega y fertiliza, entramos por los terminos anchos, ricos y espaciosos de la noble ciudad de Orense, los mas de los quales estauan poblados de fertiles viñas, llenas de sus copiosos frutos, puestos a trechos vistosos jardines, compuestos de varias y diuersas flores, por la naturaleza producidas, porque en estas partes poca necessidad ay del arte, donde la marauillosa compostura de la naturaleza vence y sobrepuja a qualquier otro artificio. Por las sendas, caminos y encruzijadas anis marauillosos, encañados, donde la madreselua trauaua con amorosos lazos al jasmin y rosal, y el suelo, matizado de finissimos janquillos, tomillos y otras olorosas flores, daua y produzia olores suauissimos. Aqui en este puesto, propio para contemplatiuos, quisiera, amigo Rojas, pararme a contemplar la soledad y tristeza de mi alma, si el demasiado bullicio de gentes que yuan y venian no me obligara a proseguir mi camino. Y auiendo de entrar en la ciudad, dixe a mi leal criado: aora entramos en la parte donde viue aquella zelosa pastora cortesana que tanto con sus vanos zelos me persigue. Y pues, me ha sido forçoso hazer por aqui mi viage, ten cuenta con dissimular mi nombre y persona, si ya mis propias desgracias no me descubren. No huue acabado de dezir esto, quando hallé a mi lado vn escudero anciano, que, con vna grauedad apacible, me dixo: Señor cauallero, vna señora que viue junto a esta puerta, cuyo nombre es Leonida, ofrece su casa y seruicio al vuestro, suplicandoos os siruais de sestear en ella, pues el riguroso calor de la siesta no os da lugar a que passeys adelante hasta que el sol vaya haziendo ausencia de nuestro emisferio. Ya yo me espantaua, dixe boluiendome a Sergesto, que mi rigurosa estrella me dexasse, no digo descansar, sino de perseguir algun pequeño tiempo: yd, señor, dixe al escudero, y dezid a essa señora que al punto cumplo lo que se me manda, pues de seruirla y obedecerla gano y saco tan grande interes. Y guiando tras el, a pocos passos que andauimos despues de entrados por la puerta de la ciudad, nos hallamos junto a la de la casa de la hermosa Leonida, que, echos sus ojos fuentes, no pudiendo dissi-

mular el contento, plazer y regozijo que reciuia con aquel que tan dentro de sus entrañas tenia, los braços abiertos llegò a mi, y apretandome con estrechos ñudos y amorosos lazos, començo: Ay mi Leon! y no pudo dezir ardo con la boca, porque el que tenia en el coraçon, con la supita y demasiada alegria, le consumio lo demas; pero boluiendo algo en si, me dixo: Ay, mi querido Leonardo, leon robador de mi alma, ardor y fuego de mi coraçon, era tiempo en que esta desdichada, que solo para ti nacie, y por ti solo viue, ò por mejor dezir muere, viesse tu agradable semblante? Quantos millares de años ha que no me ves? quantos siglos que no te acuerdas de mi? que mudança es esta? que pensamientos tan nueuos? que nouedad tan estraña? que estraño termino, estilo y modo de proceder? como me has oluidado? como no te has acordado de mi? como has perdido la memoria de las obligaciones que me tienes? Habla, porque no me respondes? conuenceme tus culpas? cierrante la boca tus injusticias? anublante el entendimiento tus sinrazones? Respondeme, aunque me engañes; dime alguna razon con la boca, aunque no la sientas con el coraçon, para que siquiera entienda que no eres hombre, que no eres la misma instabilidad y mudança: que eres aquel que en algun tiempo fingiste ser. Mil años ha que sabes, hermosa Leonida, la respondi, que si a la iguala del conocimiento en que estoy de las obligaciones que te tengo, pudiera correr la aficion y voluntad que quisiera tenerte, fuera esta la mayor del mundo, pues otro tanto es lo que te deuo. Mas los mismos tiempos, que en los passados nos tuuieron enredados en amorosos desseos, aora me tienen en honestas obligaciones. De que te aprouecha que te diga que te quiero, si la distancia de la tierra en que hasta este tiempo he viuido, y la donde de aqui adelante voy a viuir, ò a morir de nueuo, te han de persuadir lo contrario? Mil años ha que no soy mio, sino de mis cuydados. Todos los que antes ocupauan mi pensamiento eran de seruirte, y aora son tantos los que me cercan y rodean, que ni me conozco, ni desseo que alguno me conozca, porque no me buelua a la memoria mis contentos y cielos passados. Ay, ingrato, me dixo Leonida, que essos cielos ò essos infiernos son, que me acaban y consumen! Ya sabes que el amor entra por los ojos y se descubre y conoce por todos los sentidos. En los tuyos se echa de ver que le tienes, y no a mi, pues en mi no los ocupas; veo tus ojos fixos clauados con la tierra, varios y diuertidos, tu hermoso y alegre rostro palido y macilento, tu lengua muda, tus oydos sordos, tus manos quedas y tu alma dura y diamantina. Quiere a quien quisieres. Solo quiero que tengas alegria y contanto, para que, no viendo en tu rostro las señales y muestras de tu coraçon, no me hagas padecer dobladas penas y miserias. Con estas y otras amorosas razones passamos el tiempo hasta que se llegó la ora de comer, en la qual, puestos sobre blanquissimos manteles de Alemania mil dulces y sabrosos manjares, satisfiximos la necessidad de la naturaleza, y en acabando de comer me despedi de la hermosa Leonida, no sin grandes suspiros y solloços de la vna parte y de la otra, prometiendole no oluidar las antiguas obligaciones que la tenía. Y prosiguiendo mi camino, vine a llegar a los famosos valles y riberas de Lacria, rio copioso y abundante en pesca, y en cuyas orillas se coge el mas dulce, oloroso y suaue vino que en otra qualquiera de las del mundo; y ya cerca del anochecer senti raydo como de vn cauallo que cerca de mi lleguaa, y boluiendo el rostro hazia tras, vi vn cauallero encima de vn hermoso cauallo, manchado de manchas negras y blancas, y el dueño de tan buen parecer, que luego me dio el alma ser alguna persona de respeto y consideracion. Y deteniendo vn poco las riendas a mi cauallo, aguardè a que el otro ygualasse con el, que como llegasse y me saludasse, le dixe: Suplicoos, señor cauallero, si acaso no se os haze agrauio, os siruays de dezirme a donde guiays vuestro viage, porque si acaso es a parte donde yo pueda seruiros y acompañaros, os ofrezco mi persona y voluntad para ello. Y dixo el caminante: Estimo en mucho la merced que me hazeys, y como tal la seruire, empleandome en vuestro seruicio. Mi camino es para Compostela y de alli he de passar a la Coruña, a negocios que me importan; pero si el vuestro guia a otra parte, y vos me days licencia para que os acompañe, harelo con las mismas veras y voluntad que vuestro buen termino merece. Mil gracias doy al cielo, le dixe, que se me ofreze ocasion en que poder seruiros la mucha merced que de vos recibo, porque os certifico cierto que mi camino va por las mismas partes adonde el vuestro se endereza: y assi, pues el de entrambos es vno, y vos dello recibis seruicio, es justo lo sea la compañia. Pagadas estas cortesias con otras tales, proseguimos nuestro viage, confirmandose desde este punto con la compañia la amistad que entre los dos huuo, y siempre fue creciendo. Pero yo, aficionado a la cortesia de mi noble compañero, antes de caminar mas adelante, le dixe: Suplicoos, señor, para que sepa a quien tengo de estimar y seruir toda mi vida, que me digays, si dello no recibis disgusto, vuestra tierra y nombre, y todas las otras circunstancias que de aqui se siguen. Harelo, dixo, por seruiros y por suplicaros me pagueys en la misma moneda, porque me parece que alguna passion ó cuyda-

do deue de andar en vuestra alma y acompañar vuestro coraçon. Mi nombre es Montano de Vlloa, de la noble casa deste apellido, nacido en tierra de Monterroso, donde esta su antiguo solar. Y porque mas claro entendays lo que os digo, ya aura llegado a vuestra noticia la del rio Miño, cuyas aguas, naciendo en tierra de la antigua ciudad de Lugo, van regando todos aquellos espaciosos llanos y faldas de las fragosas y empinadas cuestas hasta meterse en el Sil. Yo he oydo y tengo bastante noticia de esse rio, le dixe, aunque por mi mal, pues en sus orillas tiene su morada y buelue en cielo su suelo y tierra la gloria de mi alma y causa de toda mi pena. Huelgome, dixo el noble Montano, que tengays tanta noticia del; sabed, pues, que mas abaxo de la villa de Puertomarin comiença luego a regar el valle y tierra que llaman de Monterroso, tierra gruessa y en quien se ven marauillosamente en grande abundancia los raros frutos de la diesa Ceres; es sitio apacible y regalado, en donde el cielo depositò todos los deleytes que en vna apacible soledad se pueden dessear, assi para el alma como para el cuerpo. En medio, pues, deste valle està vn castillo y fortaleza fuerte, vistoso, antiguo y de buen edificio y morada, que es el solar de la antigua y noble casa de los Vlloas, de donde por linea recta desciendo. Y aora hago mi camino para la real audiencia de la Coruña, en defensa de vn pleyto del mayorazgo de mi casa. Esta es, en suma, la cuenta que me aueys pedido y os puedo dar de mis cosas; y pues he cumplido con lo que me mandays, suplicoos me deys noticia de las vuestras y de la causa de la melancolia que en esta soledad os acompaña, que no deue de ser poca, pues haze señal en vn pecho tan discreto como el vuestro, y aunque por la obligacion que teneys de hazerme merced estays obligado a hazerlo, por el desseo que tengo de seruiros, tambien lo aueys de hazer para procurar el aliuio de vuestro mal, pues qualquiera se disminuye comunicado, y con lagrimes se vienen a deshazer y resoluer las apretadas nuues del coraçon, y la tristeza que esta rebalsada en el alma, repartiendose por los demas sentidos, se viene a diuertir. Ay, noblissimo Montano!, dixe, si como conosco que tus consejos son de verdadero amigo, pudiera tener animo para ponerlos por obra, quien duda que luego te obedeciera en lo que me mandas, conociendo la obligacion que te tengo en auerme dado cuenta de tu alegre estado?; mas como el triste que padezco està tan lexos de todo remedio, no es mucho rehuse la lengua lo que es impossible que sienta el coraçon. Pero por acudir a la deuda en que estoy, te dare larga y prolixa relacion de mis males, siquiera porque, cotejandolos con tus bienes, conozcas y reconoscas en la obligacion en que al cielo le estàs en suerte dado estos y guardadote de los otros. Mi nombre es Leonardo de Sotomayor, capitan de infanteria española por su Magestad; desciendo por linea recta desta antiquissima casa, siendo de los deudos mas cercanos de su noble mayorazgo, cuya calidad es bien conocida por el mundo, ora trayga su origen de la herculea sangre del padre Osiris, quando viniendo a librar esta tierra de Galizia de los tres hermanos Gerriones, grandes cosarios, que la andauan tiranizando, y fundando la torre que llaman de Hercules, junto a la Coruña, dexasse en ella vn primo hermano suyo que la gouernasse; ora, como dizen otros desciendan de aquel lastimado ayo del principe gallego, que con incauta mano, pensando la empleaua en vna fiera andando a caça, empleó la lança en el coraçon de su discipulo, que venia entre vnas matas, por lo qual le dio el rey por armas, conocida su inocencia, tres barras negras en campo de plata. Mis padres y antepassados siguieron siempre la corte de los reyes de España, ocupados en el gouierno della, que por su nobleza, letras, discrecion y prudencia se les encargaua y fiaua, assi en la paz como en la guerra. Dioles el cielo hijos, y a mi hermanos, auentajados en todo genero de buena criança y diciplina. Por lo qual fueron siempre muy fauorecidos del rey, y assi les entretenia en oficios y cargos de su real seruicio, y a mi como a vno dellos, ò quiça por mi desdicha, que es lo mas cierto, me cupo, con el cargo de capitan, el gouierno de cierta parte del reyno en que estamos, adonde, ò por ser mi natural, o por particular amor y aficion a que mi estrella me inclinaua, fuy siempre aficionado desde que en ella comence a viuir, embiandome mis padres a vn noble colegio della, siendo de pequeña edad, a aprender las artes liberales, y despues, andando muchas vezes con mi compañia aloxado por ella, y agora vltimamente gouernando aquella parte que me tocaua, con toda la equidad, amor y clemencia que alcançaua; porque estas dos partes, moderadas por la discrecion, son las mas principales en los principes y señores, porque con el amor atraen y con la clemencia vencen las voluntades de sus vassallos y subditos. Y es cierto que en mi verifiquè esto; de suerte que era tan bien quieto como amado, y pienso que fuy el mas amado señor que han conocido vassallos. No auia regalo ni seruicio que no fuesse para mi, teniendo a todos mis soldados en lugar de hijos, porque su trato era digno de todo buen acogimiento, que para entre soldados no es poco. Las aues que bolauan, las flores y azahares del verano, las frutas del estio, las vuas del otoño, animales sabrosos, brauos y mansos, todo genero de caças era mio, que parecia que brota-

uan los arboles sus flores y frutos para mi. Solo se armaua la red y perseguia el perro el cerdoso jauali para darme gusto; solo se paraua la perdiz para mi; solo edificauan los ruyseñores sus nidos y sacauan sus pollos para mi; solo en las fragiles aguas del Miño se ponian redes y assechanzas a los golosos è incautos pezes para mi. Si aguardauan aguas del cielo para que con ellas creciessen los frutos de la tierra, todo era para seruirme con ellas; si se cercauan los montes, si se median los llanos, si se ojeauan los bosques, todo era para mi regalo, y al fin ellos se desuelauan y auentajauan en seruirme, qual nunca a señor siruieron vassallos. Pero cierto que me lo deuian al zelo con que procuraua su acrecentamiento el tiempo que estuuieron debaxo de mi gouierno y mando. Porque todo mi cuydado era de ayudar y amparar al pobre, conseruar al rico, limpiar la tierra de alguaziles y soplones, que con nombres de justicia quiebran las leyes y fueros della, contentandome con pocos, y estos honrados christianos y hacendados; porque la necessidad en los juezes haze doblar la punta a la espada y torcer la vara de la justicia; esta es la que da entrada a los sobornos, puerta a los agrauios, casa a las particularidades y excepciones de personas, perdonando los insultos de los ricos y castigando demasiado las flaquezas de los pobres. Si auia entre ellos pleytos y renzillas, procuraua componerlas, interponiendo mi autoridad antes que entrassen enredos de corchetes, trampas de escriuanos, ni insolencias de alguaziles. Quantas vezes me acontecio, sabiendo la necessidad del pobre honrado, cargado de hijos, embiarle a casa de noche las limosnas secretas, quiça mas de las que podia, socorriendo a su necessidad y verguença, el cielo lo sabe; si morian hombres honrados y dexauan hijos pequeñuelos, criaualos sin encargarlos a tutor que les destruyesse la hazienda, dotrinandoles yo mismo y ocupandoles y enseñandoles exercicios de letras; amparaua las biudas, miraua por la honra de las casadas, no consentia holgazanes, polilla de la republica, y al fin hazia todo aquello que con mis pocos años y el consejo de gente prudente que tenia a mi lado alcançaua que era necessario para la paz, sossiego y acrecentamiento de mis vassallos. Y como por todas estas cosas, y los pocos años que tenia, creciessen en mi los brios jauueniles, procuraua conuersaciones y entretenimientos de gusto, a que me ayudaua la demasiada entrada que tenia en las casas de mis subditos, por el amor grande que para conmigo tenian. Entre todos estos auia vno casi de mi propio nombre, nobilissimo en linage, riquissimo en hazienda, de bonissimas entrañas y condicion para con todos, y para conmigo de rara fe y amistad, aunque particularmente le tenia por padre.por su consejo y prudencia. Y todas estas partes de nobleza y discrecion, con las demas que he dicho, concurrian en su amada y querida compañera. Estos tenian quatro hijas de singular y rara belleza, pero entre todas resplandecia, como la luna entre las estrellas de la noche, la tercera hija, cuyo nombre es Camila, que en hermosura, bondad y gentileza no la ygualò la de su nombre que se hallò en los campos latinos. Esta fue la cruel Medusa de mis entrañas y el principio del metamorfosis de mi coraçon, que priuandole del ser que tenia, le hizo esclauo de libre y señor, y de yelo viuo efficacissimo fuego. La primera vez que la vi, te puedo dezir de veras que quedè elado, y las alas de mi afligido coraçon se quedaron en aquel punto del modo en que les cogio su vista, y sin poderse menear, priuadas de su oficio, tuuieron al cuerpo y a todas las demas potencias y partes suyas yertas sin mouerse,. con aquel espanto que les causo tener delante tan diuina y soberana hermosura. No la conocia ni imaginaua quien podria ser, por verla fuera de su casa persiguiendo vn fiero y cerdoso jauali, con su venablo en la mano, cogidos sus hermosos cabellos en vna redecita de oro, y echados a las espaldas; mas auisado de los que me acompañauan de quien era, apretè las piernas y bordè con la espuela los hijadas de vna yegua alazana en que yua, y aguardando a la bestia fiera desde vn lado, la tire vna media lança que llenaua al punto quedò cosida con el suelo, y no bien se declarò en esto por mia la buena dicha, quando llegaua la hermosa Camila bolando con sus hermosas plantas mas que la antigua Atlanta; entonces, saltando en vn punto de mi yegua, me lleguè a ella, y disimulando la turbacion de mi alma, recibid, la dixe, hermosissima Camila, este pequeño seruicio de mi mano, que si me atreui a matar lo que vos buscauades, fue porque no se alabasse esta bestia fiera de auer cansado vuestros diuinos y delicados pies. Pero si acaso en ello se offendio vuestra beldad, ella y yo estamos humildes, postrados, pidiendo aquel perdon que merecemos ambos, y auer pagado con la vida el desacato que cometimos. No se si ella me entendio, mas se que me quise dar harto a entender. Ella, matizando con el virgineo color aquel hermoso rostro, espejo de mi alma y causa de todo mi bien, no tenia, me dixo con vna agradable risa y afabilidad, señor gouernador, esta fiera bestia necessidad de vn tan honrado y noble verdugo que le ataxasse los passos y cortasse los dias de la vida. Pero quiza le quiso hazer essa merced el cielo para aumentar vuestras hazañas y hazerle digno de que, muriendo por vuestro braço, bordando su

cuerpo de estrellas, contasse de aqui adelante y pusiesse entre los signos que en su zodiaco tienen assiento y lugar. Cada palabra que salia de aquella diuina boca, era saeta que atrauesaua mi coraçon, el qual estimando en mas verse ansi rendido y preso que libre y señor, procurò con corteses cumplimientos, exagerar y estimar la soberana merced que me parecia hazerme en aguardar mis cortas razones, y al fin, poniendo el jauali en la yegua, passo a passo me bolui con ella a casa de sus padres, que alegres y contentos en ver la compañia que venia haziendo a su hija, no sabian con que exagerar la merced que les parecia hazerles, siendo yo el que la recibia. Qual bolueria a mi casa, tu lo puedes conocer, o aquel a quien ha passado tan estraña nouedad y miseria como la que mi alma padecia. Recogime en mi camara, y haziendo entre mi mismo silogismos de mil imposibles, miraua la. poca esperança que tenia mi desseo de alcançar lo que desseaua; porque aunque se me ponia. delante la nobleza de mi linage, grandeza de mi animo, muchedumbre de buenas obras con que tenia obligados a sus padres, esso mismo me hazia dificultar y reparar en lo que desseaua,. ponia la obligacion que tenia de por todos estos respetos y consideraciones no manzillar nuestra amistad, no desdorar mi calidad y nobleza, con pretender algo contra la honra de tal señora, hija de tales. padres, y no perder en vn punto todo lo que en ellos auia sembrado con la largueza de mi animo. Pero quando despues consideraua y contemplaua aquella diuina hermosura, aquella frente alabastrina, limpia, lisa y hermosa, aquellas enarcadas cejas algo pobladas y del color del azanache, aquellos dos espejos y soles en cuyo campo se parecia la vna y otra esmeralda, aquellas rosadas mexillas, aquella diuina boca hermoseada y sembrada de coral, en cuyo centro se mirauan menudas perlecitas que la seruian de dientes, y lo que mas me sacaua de mi, aquellas doradas trenzas, que te puedo dezir con verdad, y nadie piense que es encarecimiento, que el oro era oscuro en comparacion suya, no podia, amigo Montano, dexar de deshazerme en viuo fuego, ni dexar de llorar desde aquel punto el poco recato que auia tenido en hazer dueña de mi alma a quien no sabia como auia de tratar prenda de tanta estima. Y a desde entonces hize firme proposito de hazer treguas con el contento, deshazerme en viuas lagrimas, apartarme del trato y comunicacion de todos, para llorar conmigo solo mi sola desuentura, y lo peor es que lo puse por obra mejor de lo que lo prometi. Esta subita mudança dio mucho que pensar a todos mis amigos, y mas que a todos al noble Floriso, padre de mi Camila, que, viendo que me retraya y apartaua tanto de las cosas en que antes hallaua gusto, y que quando salia fuera de mi casa mi semblante yua triste, mis ojos fixos y clauados en tierra, destilando de quando en quando algunas lagrimas que sin reparar dellos se me yuan, los profundos suspiros que despedia, como no sabian la ocasion, sentian en estremo tanto mi miseria y desuentura, quanto el no saber la causa della. Todos procurauan ocasiones de mi gusto, y yo, como estaua tan lexos de tenerle, con ninguna recibia mudança y todas me dauan en rostro. No frequentaua la casa ni visitaua las sombrias arboledas para gozar del murmurio de las sonoras fuentes. Si alguno yua a mi casa a consolarme, todos estauan parados sin saber con que entretenerme, como no sabian de donde procedia mi tristeza, y hallandome retraydo en mi aposento, solo, cerradas las ventanas, porque aun la luz del sol no me hiziesse compañia, espantauanse de tan estraña nouedad, y con silencio acompañauan mi dudoso silencio. Mas al fin Floriso, como el mas noble, discreto y amigo mio y de todos, cansado de tanta suspension, estando conmigo vn dia entre otros, me dixo: Señor capitan Leonardo, todos vuestros seruidores y amigos, y entre todos yo mas que todos lo soy y he sido y sere toda mi vida, sentimos como es razon esta subita y lastimosa mudança que vemos en vuestra persona, y mas nos aflige y atormenta que no nos hagays dignos de saber la causa della, para ver si nuestras fuerças llegan a seruiros y poner en ello el justo remedio. Suplicoos que nos saqueys desta suspension, pue[s] no es justo que en tan poco estimeys los que tanto os dessean seruir. No ignoro, le respondi, noble Floriso, aquel cuydado que siempre en hazerme merced y mirar por mis cosas tuniste; mas el desconsuelo que aflige mi coraçon es sin remedio, porque, aunque quisiera, no es posible ni sabre dezirte a donde procede, que es cierto que semejante passion no la tuue en mi vida. Algunas melancolias deuen de ser, dixo Floriso, essas sin falta, que tienen por principio algun humor melancolico, que muchas vezes fatiga sin conocerse. Mas en vn entendimiento tan acentajado como el vuestro no es razon que assi se les de entrada; suplicoos procureis desenfadaros y diuertiros, que con esto se suele remediar esta passion, y assi os pido por merced os vays mañana a comer conmigo y con mi amada Claridia y mis dulces hijas, pues sabeys la voluntad con que en mi casa tan propia vuestra se os sirue. Nunca dexe de acetar la merced que me hiziste, le respondi, y ansi agora lo hago, y espero que por esse camino quiça tendre el consuelo que me falta. Esto le prometi, porque desde aquella hora me parecio se me abria la puerta para mi remedio,

o por lo menos que todo el tiempo que durase la comida podria dar algun aliuio a mi alma ceuando mis ojos en mi hermosa Camila. La noche se me hizo mil años, y en toda ella siempre me engañaua la imaginacion con la ilusion de los falsos sueños que en ella veya. Vna vez, pareciendome que mi Camila me miraua con aquellos diuinos soles, bastantes a sacar gruessos vapores que, bueltos en lagrimas copiosas, regauan mi cuerpo de donde auian salido, y sonriendose de ver mi pena, me prometia el remedio della. Otras vezes me parecia que me miraua con rostro ayrado, indignada por mi atreuimiento, amenazandome si insistia en amarla; y que yo, las rodillas en el suelo, enseñandola mi coraçon, la dezia: Saca este del pecho donde viue y pon en su lugar otro, el que a ti te agradare; pero mientras estuuiere, tan impossible sera dexar de quererte, como dexar tu de ser la mas hermosa del mundo. Al fin, entre todos estos deuaneos, vino la mañana, y en ella la hora de yr en casa de Floriso al combite aplazado, que como mis subditos oyeron que salia de casa à algun negocio de gusto, no quedo hombre que no me acompañasse, alegrandose tanto todos desto, como si fuera remedio para aliuiar y remediar el dolor de cada vno en particular. En llegando a su casa, era de ver el contento del noble Floriso, y toda su dulce familia. La nobilissima y anciana Claridia, con vn semblante graue, fingiendo vn amoroso enojo, me reprehendia, pidiendome zelos del tiempo que auia estado sin visitar aquella casa, y estando ya disculpandome como mejor podia, estimando aquella cortesia lo que era justo, atajome mis palabras ver salir a la bella Diana, mi hermosissima Camila, acompañada de sus tres bellas hermanas, a las quales hazia tanta differencia en beldad y hermosura, como entre la diosa Diana y sus compañeras. Yo quede sin sentido de verla, pero disimulando mi turbacion llegue a ellas, y haziendolas la deuida cortesia y reuerencia, aqui vengo, dixe, hermosa Camila, à acabar de daros satisfacion de los agrauios del dia passado, si acaso la vida de vn hombre puede ser bastante satisfacion por la de vn fiero jauali. No me contentara yo con menos, dixo ella con vn donayre estraño, si no entendiera que auia de tener necessidad della para semejantes auenturas. Con estas y otras amorosas y corteses razones nos sentamos a comer, donde yo, con color de cortesia, me siente junto a la discreta Claridia, por tener enfrente a mi Camila hermosa. No cuento la grandeza del combite, la variedad de manjares, la magestad del seruicio, porque esto fuera nunca acabar. Solo te digo que en el acabé de beuer la ponçoña que agora me abrassa, porque cebando los ojos de quando en quando en mi Camila, se acabò de apoderar de mi alma el fuego que la deshaze y consume, contemplando mas despacio sus diuinas perfecciones. Acabando de comer, dixo Floriso que nos fuessemos a tomar el fresco a la huerta, porque, aunque era la hora de siesta y el sol aun no auia salido de Geminis, hazia vn dia fresco y pardo, propio para gozar de la armonia que las ojas de los verdes alamos hazian, respondiendo al dulce canto de las parleras aues, y diuertir los sentidos con el murmurio de las delicadas aguas que con apacible son en las cristalinas y alabastrinas fuentes se hazian consonancia. Aqui se entraron padres y hijos acompañandome, y como Floriso y Claridia eran tan discretos y cortesanos, en entrando se salieron dissimulando y fingiendo alguna necessidad, y me dexaron solo con sus regaladas prendas en dulce y suaue conuersacion, donde, por entretenerme, ni dexaron fabula ni patraña, ni historia tragica ò comica que no me contassen: señalandose en procurar mi gusto mi hermosa Camila, como quien mas obligacion la parecia tener por las cosas passadas, y para regozijar mas la conuersacion, tomò en sus delicadas manos vna curiosa harpa, y templandola començo a esparcir por el ayre la voz angelical, y suspendiendo con su dulçura todas las criaturas, cantò assi:

Con el consuelo solo de esperança,
de vna parte el ausencia y el cuydado,
de otra el temor del pecho enamorado,
tienen mi alma en vna igual balança.
  Sospechas me atormentan con mudança,
temor destruye el medio procurado,
amor añade al alma amor dóblado
y la del remedio confiança.
  Quanto mas me descuydo, mas me siento
rendido al amoroso y dulce fuego
que causa en mis entrañas vida y gloria.
  Hallo vida en el fuego del tormento,
y como salamandra estoy tan ciego,
que añade el fuego gloria a mi memoria.

Aqui lo dexò, y yo, como quien despierta de vn profundo sueño con repentino temor y sobresalto, bolui en mi, porque aquella melodia y suauidad angelical me tenia eleuado, absorto y suspenso, y lo que mas me espantò en aquella suspension y extasis, fue que las sentencias que auia cantado eran tan conformes a mi sentimiento, que parecia tener su coraçon en mi boca, o en su boca mi coraçon. No pude disimular las lagrimas que como de preñadas nuues salieron de mis ojos, y ellas, entendiendo que todo aquello procedia de mis melancolias, mandaronme que cantasse, porque sabian que lo sabia hazer, y mi Camila, poniendo la harpa

en mis manos: entendi, dixo, señor Leonardo, que la musica auia de aliuiar vuestro cuydado, y pareceme que os le he añadido: en mi deue de auer estado la falta, perdonad, y pues que vos soys el enfermo y os podeys dar la medicina, el instrumento esta en vuestras manos, abrid la botica a vuestro gusto, sacad de vos mismo el medicamento que quisieredes y fuere mas conforme a el. Yo la respondi: hermosa y querida Camila, no ignoro que con tu diuino entendimiento conoces que con vn cuydado se suele aliuiar y diuertir otro cuydado, y que si los mios proceden de melancolia, con la suaue armonia que de la musica suele proceder, y mas de la celestial tuya, se me aliuiaran y diuertiran del todo, y quiza estas lagrimas salian del gozo que recibio mi alma con la nueua medicina. Pero por ouedecerte, y porque se conozca la excelencia de tus gracias por las mias rudas y toscas, como vn contrario suele mostrar sus excelencias puesto con su contrario, hare lo que me mandas; y tomando el harpa en las manos, comence desta suerte a cantar este soneto del amor:

Amor de amor nacido y engendrado,
a la fe de tu amor estoy rendido;
Amor, si, en fe de amor, fe te he tenido,
como es posible, Amor, que me has dexado?
  Amor, donde ay amor siempre ay cuydado;
Amor, do no ay amor siempre ay oluido;
a tu blanda coyunda, Amor, asido,
mi indomable ceruiz has sugetado.
  Amor, sin ti no ay gusto, no ay contento;
Amor, contigo ay rauia, ay pena, ay llanto;
Amor, por ti ay desgracias, ay castigo.
  Si busco amor, Amor me da tormento;
si dexo amor, Amor me causa espanto;
pues a quien seguire, si Amor no sigo?

No pude passar adelante, aunque quisiera, porque la auenida de sollozos y suspiros atò en este punto mi voz al paladar, y fuera muy notada mi flaqueza de las quatro hermanas, si entonces no llegaran Floriso y Claridia, con cuya venida reprimi las lagrimas, porque no echassen de ver mi cobardia; y como nuestra conuersacion se deshizo, fingiendo algun caso forçoso me despedi de todos y me embosque en lo mas entricado del bosque, y entendiendo que estaua solo y lexos de todos, comence a esparzir mis quexas al viento desta suerte: Fiero monstruo que despedazas y consumes mis entrañas, que contradiciones son estas que en mi veo? que muera cruel y rauiosa muerte, y, teniendo delante el remedio para mi vida, me hagas huyr y boluer el rostro atras como el mordido y herido de rabia huye del agua, medicina que piensa ser de su vida? quien me ha de remediar, si yo mismo huyo de mi remedio? que se quexen otros de no poder dar vn alcance a la medicina y al medico, y que pueda yo quexarme de que por tenerlos delante se me dobla el dolor? quien ata mi lengua? quien cierra mi boca? quien da mil nudos a mi garganta? La verguença? No; porque quien no pretende cosa contra la honra de mi cruel homicida, no tiene de que tenerla. El miedo y temor? No; porque quien perdio la vida, que cosa teme que pueda perder? Mas ay de mi, que esta es la mayor enfermedad y la causa de la muerte que padezco; mil contrariedades se veen en mi: conozco mi mal y no lo conozco; busco el remedio para mi muerte, y huyo juntamente del, y, lo que peor es, aborrezco la vida y no ay cosa que mas me agrade que no dessear la muerte. Estando en estas razones, senti que se meneauan algunas ramas de los arboles que estauan junto a mi, y determinado de inquirir quien era el que ansi se atreuia a interrumpir mis quexas, viendome determinado y que casi yua hazia alla, veo salir de entre las matas otro leon mas furioso que el de la Selua Nemea, mi bellissima Camila, que, como conocia que mi braço no era el herculeo, venia derecha y segura a la presa. La qual como llegasse a mi: no os espanteys, me dixo, señor Leonardo, en ver que ansi vaya siguiendo vuestros passos, que como se y sabeys la obligacion que os tengo, por las muchas veras con que me hazeys merced, siento en el alma vuestro mal; y tomando con su blanca y poderosa mano la mia, sentemonos, dixo, en esta alabastrina fuente, que aqui quiero que me deys cuenta de vuestro trabajo y dolor, y aunque entendas que se me encubre el origen y causa del, no es ansi, que bien se de ver que procede de tener amor a ¡quien no se yo como es posible dexar de remediar vuestro mal; siendo vos en quien el cielo depositò tantas partes y dones de discrecion, grandeza, valentia y hermosura, quien puede ser aquella que no reconozca la merced que el cielo la haze en que pongays los ojos en ella? quien sera la que no estime y se tenga por dichosa de que vos la querays? No lo se ni puedo conocerlo; si vos mismo no me lo descubris. Suplicoos, pues, que no me encubrays cosa que tanto saber desseo; que muchas vezes, donde menos se piensa se halla el remedio al trabajo, y por demas calla la lengua y disimula quando el coraçon y todas las demas partes descubren la passion. Milagro y portento del mundo en hermosura, discrecion y prudencia, la respondi; tan grande como es mi desconsuelo y la miseria en que me veo, es la soberana merced que de vu:stra poderosa mano recibo, y aunque no dudo que entre las grandes y excelentes gracias de que el cielo marauillosamen-

te os doto, no os auia de faltar el don de las apolineas sacerdotisas, es mi dolor tan grande, que aun yo mismo que lo padezco no le acabo de entender ni conocer, quanto y mas quien no le siente y padece: verdad es que vos misma, que os preciays de conocerle, podeys tambien preciaros de remediarle, porque soys la persona mas conocida y querida de la que atormenta y apassiona mi alma; y ansi puedo dezir y tener por cierto que en vuestras manos esta mi vida y mi muerte, mi enfermedad y salud, mi pena y mi gloria, mi tormento y aliuio. En mucho me estimo y estimare mas de aqui adelante, respondio mi Camila, que puedo ser aquella que mereza que por mi mano recibays algun sernicio y consuelo, y mas en cosa que tanto nos importa, como en que vos tengays aquel que todos desseamos; pues acabad, suplicoos, de sacarme deeta duda y suspension, y dezidme presto quien es essa con quien tanta mano tengo. Aqui me digas, noble Montano, que fue la contienda y lucha del temor con el amor, del miedo con la esperança, del recelo con la verguença. Mas al fin, sacando algunas fuerças de mi acouardada flaqueza, y venciendo con la esperança de mi remedio qualquier temor espantoso, ofreciosseme camino con que descubriesse mi amoroso pensamiento, sin recelo del temor y miedo, y sin que la verguença me lo impidiesse. Y ansi la dixe: diuina Camila, estoy tan confiado en tu soberano valor de que en todo cumpliras la palabra que me has dado, y que pondras en execucion el remedio que de tu libre voluntad me has prometido, que estoy determinado de manifestarte la causa, origen y principio de mi tristeza y desconsuelo. Pero porque conuiene primero hazer cierta diligencia, vamos hazia casa, que presto veras y te satisfaras de lo que desseas. Diziendo esto, començamos a caminar, y yo, con vna firme esperança de que aquel sin duda auia de ser el vltimo dia de mis trabajos y penas y primero de mis consuelos y alegrias, yua tan demudado y tan otro, que quien me mirara mi semblante facilmente pudiera conocer ser los cuydados que trahia differentes de los que auia lleuado: que no poco contento dio al noble Floriso y a la anciana y graue Claridia. Entreme derecho en llegando a casa en vn aposento donde auia visto vn terso y resplandeciente espejo, y tomandole sin que alguno le viesse, bolui con el a aquella fuente donde auiamos estado mi hermosa Camila y yo, y enboluiendole en limpio lienço de olanda blanquissima, le puse al pie de vn (¹) poblado laurel que junto a la fuente estaua, y diziendole: quedate a Dios, secretario fiel de mi coraçon, interprete de mi alma, que si

(¹) El texto: «mi».

vsando de tu oficio declarares la causa de mi pa-
ssion, yo te pondre en mas honrado y excelente
lugar que estuuo aquel antiguo y adiuinador en
la torre fundada por Hercules. Hecho esto, me
bolui a casa, y encontrando luego a mi Camila,
la dixe: En la misma fuente donde estauamos,
al pie del vitorioso arbol en que se boluio y
conuirtio la rigurosa Dap[h]ne, hallareys, seño-
ra, el retrato de la que atormenta mi alma,
bien conocida por vos; suplicoos, pues mos-
trays tanto remediar mi pena, y en vuestra sola
mano està declararla el tormento en que viuo,
procureys mi remedio con las mismas veras
que hazerlo prometistes. Ella, sin aguardar a
que la dixesse mas, tomo su camino derecho
para alla; y yo, metido entre varios y diuersos
pensamientos, me fuy con sus padres a aguar-
dar la resolucion que tendria la traça con que
auia procurado que conociesse mi pena y la
causa della; la qual como llegasse a la fuente,
segun despues me confesso, rodeada de algu-
nos nueuos desassossiegos y cuydados, viendo
el lienço al pie del alto laurel, estuuo vn rato
suspensa, temerosa, y recelandose del secreto
que dentro del auria; pero al fin, determinada
y codiciosa de saberlo, leuantolo de tierra, y
quitando la cortina descubrio el cristalino es-
pejo y en el su bello rostro angelical; que como
le viesse, de la misma suerte huyo y boluio el
rostro hazia atras, como aquel que yendo des-
cuydado por vn camino encuentra la ponçoño·
sa serpiente, sobre cuyo cuello yua ya casi a
poner el pie, y al fin, sin detenerse mas, dexan-
do mis prendas y despojos despreciados en el
suelo, en pena de aquel loco y soberuio desua-
rio que quisieron tener, demudadas las colores
de su bellissimo rostro, se boluio a casa, y pas-
sando como vn rayo por delante de sus padres
y de mi, dio muestra de la ofensa que auia re-
cibido su virginal verguença. descubriendola
mi passion con modo tan libre y ageno de su
soberana modestia, aunque en mis ojos el mas
humilde y apacible de todos, y entrandose en
su aposento cerro la puerta tras si algo furiosa.
Yo, que en las señales eche de ver que la sen-
tencia se auia dado contra mi, lleno de vn pa-
uoroso miedo, como quien sin pensarlo recibe
las nueuas de la perdida de las cosas que mas
ama y estima, sin aguardar a mas, el rostro
demudado, los ojos hundidos, el passo alboro-
tado y sin compas, despidiendome como pude
de mis huespedes, me fuy para mi palacio; y
metiendome en mi aposento, me dexè caer en
la cama, y con furiosas bascas, reboluiendo en
mi fantasia mil dudosos impossibles, estaua
inquieto y desassossegado, sin saber tener re-
poso en vn lugar. Y viendo quan falsa y frus-
trada auia quedado mi esperança, con que al
principio me auia prometido el aliuio de mi

pena, apretado de la melancolia tome vna ci-
tara que halle a mano, y sin curarme de tem-
plarla, comence a dezir ansi contra mi engaño-
sa esperança:

Vana y dudosa esperança,
en valde tu ser contemplo,
siendo vn retrato o exemplo
que se viste de mudança.
Es dulce tu nacimiento,
tu fin es fingido engaño,
que promete bien de vn año
y da dos mil de tormento.
Tu ser es largo y dudoso,
es seguro y es incierto,
es viua imagen de muerto,
es descanso sin reposo.
Es medroso y arrojado,
es animoso y cobarde,
y madruga a vezes tarde,
para caminar doblado.
Es mano del desconcierto
de vn relox desuaratado,
que señala el bien soñado
como si fuesse muy cierto.
Es viua imagen del miedo,
veloz mas que el mismo viento,
y va tras el pensamiento
volando, y siempre esta quedo.
Que tienes, vana esperança,
que bueno pueda llamarse,
o que pueda desuearse,
o que merezca alabança?
Desde que en el hombre naces,
comiença en el tu tormento,
porque siempre estas de assiento
junto a los males que hazes.
Tu agotas del alegria
y la conuiertes en pena,
y beues la sangre agena
de aquel mismo que te cria.
Tu, si duerme, le despiertas
y le consumes la vida,
y das al plazer salida
y abres al dolor las puertas.
Tu hazes al dueño esperar
y le estas entreteniendo
con lo que estas prometiendo,
aunque nunca ha de llegar.
Das promesa imaginada
que de aparencia depende,
y es vn tesoro de duende,
que mirado bien no es nada.
Aunque el hombre no se acuerde,
prometes bien de futuro,
y es a vezes tan seguro,
que de seguro se pierde.
No tienes vista ni ojos,
y en qualquiera coyuntura

te pones por tu locura
mil differencias de antojos.
    Y en este desassossiego,
como es de imaginacion,
das credito a su ficcion
como a muchacho de ciego.
    Iamas se halla paz contigo,
aunque con ella acometes,
porque es la paz que prometes
como de fingido amigo.
    Con engaño manifiesto
viues siempre, a lo que veo,
dando veneno al desseo
para acabarle mas presto.
    Prometes glorias estrañas
que aseguran mil venturas;
pero con lo que aseguras
es lo mismo con que engañas.
    Es tu engaño manifiesto,
tan doble, falso y fingido,
que a quien mas te ha conocido,
aquese engañas mas presto.
    Quando es mi gloria acabada
y viues dentro de mi,
pienso que en tenerte a ti
tengo mucho y tengo nada.
    Que aunque tu ser es eterno
en tus fingidos plazeres,
es eterno porque eres
pena eterna del infierno.
    Y assi dispones la suerte,
que eres, sin ser conocida,
la salida de la vida
y la entrada de la muerte.

En este punto llegaua, quando de subito se apodero de mi coraçon vna desesperada y rauiosa desconfiança de alcançar aquello que su desseo me tenia fuera de mi. Porque dezia: desuenturado yo! si aquella que desseaua y andaua al alcançe de mi remedio, procurando saber los medios mas ciertos para el, es la que mas enemiga se me muestra, que refugio puedo tener en mis trabajos? Pero como entre estas indisposiciones y accidentes de amor, el mayor suele ser la inconstancia del que ama, en la variedad y confusion de sus pensamientos boluia luego sobre mi, y dezia: Quien es el que aparta de mi pecho la firmeza antigua de la esperança de mi remedio? mi diuina Camila? no; porque en toda ella no ay cosa que no prometa bonança a la naue que camina por el mar de mis desseos; porque en aquel rostro angelical, como puede hallarse muestra ni rastro de infernal coraçon? La suauidad y dulçura de su termino y nobleza, como puede prometer pecho y alma de tigre rauiosa? Tantos passos andados para saber mi mal y procurar mi remedio, no pueden prometerme la confirmacion de mi tor-

mento; quiça aquel enojo no procedio de mala voluntad que me tenga, sino de verguença suya en pensar que huuo en mi atreuimiento de fiar mis secretos de mudos interpretes Y al fin, sea lo que fuere, yo no estoy obligado a condenarme si no ay parte que dè quexa de mi y juez que pronuncie la sentencia en mi contra. Y determinandome de acabar de salir desta sospecha y confusion, parecióme que seria lo mejor escriuir a mi Camila vna carta en que mas claro le declarase mi passion y la causa della; y despues que la tuue escrita, estuue vn rato dudando como la pondria en sus manos, y no auia poco que dudar, porque para darsela aun no me fiaua de las propias mias, que es mucha razon que el principe y señor, que esta obligado a dar buen exemplo y buen olor de si a sus inferiores, quando por su flaqueza y miseria tropieçe y dè de ojos, procure huyr de todo punto los testigos de su desuentura. por el mal exemplo y el escandalo que del se sigue; que es tanto mayor que los otros, quanto el es mas auentajado en obligaciones, honra y dignidad. Y ya en nuestros tiempos pocos ò ninguno ay de quien fiar ; porque fiarse el hombre de los que son mas que el, es notable yerro, porque si antes le estimauan en poco, despues le estiman en nada, viendo no solo que es menos que ellos, sino que esso poco que està deslustrado con la passion y desordenado desseo. Si el hombre se fia de los yguales, queda inferior a ellos, mostrandoles su flaqueza. Si de sus menores, ygualase con ellos, dando ocasion para que se le pierda el respeto. Si de sus criados, ay pocos tan seguros, que ya pienso que esta demas el oficio de secretario en la casa de los principes, y que por vagamundo le podrian desterrar de los palacios. De suerte que entiendo que, por nuestros pecados, nunca a auido, ni tiempo de mas secretos, ni menos de quien fiarlos, que en los tristes y desuenturados en que viuimos. La razon de todo esto deue de ser que, como la malicia va creciendo y es contraria de la bondad, ay menos desta; y assi se calla lo bueno, si ay algo, y se descubre lo malo, y aun hasta la verdad se descubre a fuerça de mentiras. Tampoco me atreuia a fiar mis secretos de nadie; porque la honra de las mugeres, y mas la de las donzellas y gente principal, es mas que de vidrio, y assi corre peligro de quebrarse y poderse (¹) al menor golpecito del mundo: a vna sospecha, a vna parleria, a vn recelo, a vn si es no es, puede vn hombre auenturar la honra de la mas señalada muger. Y en los hombres principales, que estan mas obligados a guardar y mirar por ellas con mas veras, ha de ser mirada y ponderada esta obli-

(¹) Asi, por «perderse».

gacion y respeto. Por todas estas cosas no me
atreui a fiar mi carta ni secretos de nadie, y
rodeado y cercado de todos estos varios y pe-
nosos pensamientos, passè la noche con las ma-
yores ansias que se pueden imaginar, y al dia
siguiente ohi que Floriso y Claridia, con sus
hijas, y entre ellas mi hermosa Camila, se
yuan al campo a recrear y gozar de la frescura
de sus fuentes y alamedas. Oyendo esto, quise
prouar fortuna y tentar todos los caminos po-
ssibles para dar vado a mi afligido pensamiento.
Y assi mandè ensillar vn hermosissimo caua-
llo para mi y otros para mis criados, y man-
dando a los monteros aparejassen y sacassen
las redes, traillassen los perros, cargassen las
escopetas, començè con todos estos instrumen-
tos de caça a rodear y buscar el monte, de
suerte que en breue tiempo caçamos mil ani-
males de diferentes especies. Y sabiendo en que
parte del bosque estaua la fiera que audaua a
buscar, con todas estas traças y estratagemas
di orden a mis monteros que guiassen hazia alla
vn osso que auian. leuantado, y siguiendole yo
con toda la priessa que mi cauallo podia, veni-
mos a llegar a vnos castaños, en cuya sombra
estauan Floriso, Claridia y sus amadas pren-
das. Los quales, espantados con la supita vista
de la temerosa fiera, sin saber donde guarecerse,
quedaron turbados. Yo entonces, boluiendo el
braço derecho vn poco hazia atras, innocando
al dios de amor, a mi fortuna y a los cielos en
mi ayuda, arrojè vn venablo que en la mano
trahia, con tan buena dicha y tanta fuerça y
pujança, que cogiendo en el camino a la fugi-
tiua bestia, la passo de parte a parte, quedando
casi el yerro sepultado en tierra y el osso muerto
a los pies de mi hermosa Camila.

Rios.—Valgate el diablo por mosca, si no
me viene persiguiendo mas ha de vna hora!;
perdonad si corto el hilo a cuento tan bueno,
que entiendo que en mi vida no he oydo cosa
con mas gusto.

Sol.—Cierto que teneys razon.

Ram.—Dad al diablo la mosca, y boluamos
a oyr esto.

Roj.—Primero, con vuestra licencia, os ten-
go de dezir vna loa en alabança dessa mosca
de quien Rios viene tan quejoso y fue la causa
de que parasse nuestro cuento.

Rios.—Todo sera de mucho gusto, y assi la
escucharemos con todo aquel que merece la
merced que recebimos; pero con protestacion
que aueys de proseguir luego con lo que teneys
empeçado.

Roj.—Esse interes es mio, y por agora que
me escucheys os ruego.

La omnipotencia y valor
del autor de quantas cosas

a criado en cielo y tierra
con su mano poderosa,
mas se mira en la hermosura
y perfeccion milagrosa
que resplandeciendo està
en las mas chicas de todas.
Porque criar deste mundo
la maquina poderosa,
entapizar a los cielos
de diamantes, perlas, joyas,
de signos y de planetas
y de estrellas luminosas,
con diuersas calidades,
cuya influencia grandiosa
a los terrestres gouierna,
y para que los compongan,
al elemento del agua
pone limite en sus ondas;
criar plantas y animales,
aunque son excelsas obras
y tienen poder sin termino,
si bien miramos en otras,
parece que son mas grandes
ver en las pequeñas cosas,
como vna mosca, vna ormiga,
los sentidos que la adornan,
las manos, las piernas infimas,
ojos, narizes y boca,
y todas las demas partes
que con aquestas conforman,
que por la anima sensible
les competen y les tocan,
tambien puestas y adornadas,
que admiracion nos prouocan.
Quanto mas nos mouerà
esta marauilla entre otras,
para el autor conocer
que es hazedor de todas?
Fiado en esto, pretendo
loar en aquesta loa
vna cosa bien humilde,
aunque a muchos enfadosa.
Esta, con vuestra licencia,
señores, sera la mosca,
cuyo sugeto es tan alto,
quanto mi alabança corta.
Empieço por su valor,
por su antiguedad notoria,
sus franquezas, libertades
y prosapia generosa.
Celebrese su nobleza
desde Paris hasta Roma,
y desde el Tajo al Bactro
su grandeza se conozca.
Desde el rustico gañan
que se calça abarcas toscas,
al principe mas supremo
que ciñe regia corona,
que casas ò que palacios

de reynas y de señoras,
que antecamaras ocultas,
que damas las mas hermosas,
que templos ò que mezquitas,
que anchas naues, que galeotas,
que Senado ò real Audiencia,
que sarsos, fiestas ò bodas,
que tauerna, que hospital
ay de España hasta Etiopia
que la mosca no visite
y entre libremente en todas?
Quien le ha negado jamas
el passo franco a la mosca?
En que lugar no se sienta?
De que hermosura no goza?
De que dama mas bizarra,
con mas arandela y pompa,
los hermosissimos labios
no besa alegre y gozosa?
Y no contenta con esto,
suele bajar de la boca
hasta los hermosos pechos,
y aun lo mas (¹) oculto toca.
A quantos su libertad
no enciende en rauia zelosa,
viendola libre y essenta
gozar lo que ellos adoran?
En que consejo no se halla?
que consulta ay que se esconda
de su vista peregrina,
ò que secretos pregona?
Ella oye, vee y calla,
no se precia de habladora,
no dize lo que no sabe,
es discreta, no es chismosa.
En el teatro se assienta
a ver la farsa dos horas,
sin pagar blanca a la entrada
ni hazer caso del que cobra.
Si quiere ver todo el mundo,
no ha menester lleuar bolsa,
que ella come donde quiere
y todos le hazen la costa.
Los principes la acompañan,
duques y marqueses la honran,
lleuandola a donde van
junto a sus mismas personas.
Tiene carta de hidalguia,
y tan noble executoria,
que nunca paga portazgo
en barco, puente ni flota.
En su vida tuuo pleyto,
y si vende alguna cosa,
jamas no paga alcauala
ni por perdida se ahorca.
Goza de todas las frutas,
comiendo las mas gustosas:

(¹) El texto: «mal».

es amiga del buen pan,
del buen vino y buenas ollas,
del turron y mermeladas,
de arrope, miel y meloja,
de tortadas, manjar blanco,
y de nada, nada escota.
En Salamanca, en Paris,
en Alcala y en Bolonia
tiene cursos, y en escuelas
se sienta a do se le antoja.
Quantos juegos tiene el mundo
tantos sabe, assi a la argolla,
como a naypes y axedrez,
dados, trucos y pelota.
Es hidalga, es bien nacida,
y natural de Moscouia,
ciudad en Mosquea antigua
y muy noble antes de agora.
Para ella no ay engaños,
beuedizos no la ahogan,
los tormentos no la matan,
la justicia no la enoja.
Ella entra en las batallas
atreuida y animosa,
sin arcabuz, sin mosquete,
peto fuerte, lança ò cota.
Los echizos no la ofenden,
que ha estado en Colcos y Rodas,
en el monte de la Luna
y en las fuentes de Beocia.
En su aposento ve al rey,
y al maçapan ò la torta,
la trucha, el pauo, el faysan
que el paje en sus manos toma
para lleuallo a la mesa,
antes que el rey dello goza,
que porque le hagan la salua,
la dexan de todo coma.
Ella ha de beuer primero,
y en aquella misma copa
que beuiere el sancto Papa:
mosca mil vezes dichosa.
Fue esta aue preciosissima,
otro tiempo mas hermosa
que la del Arabia Felix,
aunque tan pequeña agora.
La culpa tuuo Diana
y cierto coro de diosas,
que porque las vio bañar
en vna fuente, la mojan,
y sus coloradas plumas
en vn momento transforman
en cosa tan negra y muda;
pero aquesto poco importa,
pues sabemos que ella fue
quien de la muerte, en sus bodas,
librò al valeroso Alcides,
de su madrastra enojosa.
Quien tanta nobleza tiene,

a quien tantas partes honran,
tantas grandezas competen
y inmensas gracias adornan,
digna es de mas alabança,
de eterna fama y memoria,
y que otra lengua la alabe,
que la mia queda corta.
Suplicoos, pues, nos honreys
nuestro trabajo dos horas,
y si alguno no lo hiziere,
murmure y hable en buen hora,
que vn moscon està en el patio,
marido de nuestra mosca,
que, si fuere a dezir mal,
se le metera en la boca,
y se le caera en el plato
quando algun guisado coma,
y, si durmiere la siesta,
le dara tanta congoxa,
que busque donde jugar
y pierda hazienda y persona,
y venga las manos puestas
a pedir misericordia.

Ram.—La loa es muy buena, y aunque yo he oydo otra del mismo sugeto, no es tan buena como esta.

Roj.—Los dias passados la dixe en Medina, y acabada la comedia se llego a mi vn hombre muy pobre, y tan viejo que sin duda tendria mas de setenta años, a pedirmela con muchos ruegos; preguntado para que la queria, dixo que para leella algunos ratos y gustar della. En efeto, se la di, y admirado de que vn viejo que apenas se podia tener en pie y era mas de la otra vida que desta, se entretuuiesse en procurar loas para leer, auiendo cuentas en que rezar y en Medina del Campo tan buenos vinos que beuer.

Sul.—Dize Galeno que la vejez, ni es enfermedad acabada, ni salud perfeta.

Ram.—Tambien dize el mismo que los hombres tienen seys edades, que son: puericia, hasta los siete años; infancia, que dura hasta los diez y siete; juuentud, hasta los treynta; viril edad, hasta los cincuenta y cinco; senetud, hasta los setenta y ocho, y decrepita edad, hasta la muerte; y este era de los setenta arriba, porque no tenia pelo que no fuesse blanco.

Rios.—Muchas vezes vienen las canas por herencia, como la vejez por dolencia.

Sol.—Las canas de la cabeça son emplaçadoras de la muerte, y las de la barba executores de la sepultura.

Roj.—Verdaderamente digo, que quando vn viejo (si es pobre) no llore por la pobreza que tiene, podria llorar por lo mucho que viue.

Ram.—Lehi los dias passados en vn libro de vn hombre de muy buen ingenio, vn caso que sucedio al duque Filipo el bueno, que fue el primero que instituyò la orden del tuson en la villa de Tomer, en vna iglesia que llaman de san Bertin, dandole a veynte y quatro caualleros a quien el llamaua sus doze paies, el qual trahia por insignia, pintada en sus vanderas, vna mano con vn eslabon que yua a dar en vn pedernal, y alrededor vn letrero que dezia: primero se ha de dar el golpe que salten las centellas. Lehi, pues, como digo, que este christianissimo p[r]incipe era de mucha edad, y acostumbraua a dezir infinitas vezes lo que era el mundo y quan poco auia que confiar en el. Yendo, pues, vna noche rondando con algunos criados suyos, hallaron tendido en vna calle a vn hombre que estaua borracho, lleno de lodo, toda la cara sucia y tiznada, y tan dormido que no pudieron metelle en su acuerdo. Mandò el duque que le lleuassen a palacio, que queria en aquel hombre enseñarles lo que era el mundo; lleuaronle de la manera que lo mandò, y despues desto dixo que le desnudassen y vistiessen vna camisa muy buena, y acostassen en su propia cama, y à la mañana le diessen de vestir y siruiessen como a su misma persona; hizose todo aquello, y otro dia, quando ya se auria acabado la borrachera, entraron los gentiles hombres de la camara a dezille de que color queria vestirse, y el asombrado de verse en apossento tan rico y rodeado de gente tan principal, y viendo que estauan tantos delante del descubiertos, no sabia que responder, sino miraualos a todos, y deuia de parecelle a el sin ninguna duda que no auia dos horas que estaua beuiendo en la taberna y andando los fuelles en su casa (que, segun se supo despues, era herrero y viuia cerca de palacio). Dieronle, pues, vestido muy bueno, dieronle agua a manos, la qual el rehusaua de tomar, porque aun no sabia como auia de labarse. À todo quanto le preguntauan no respondia; miraua desde vnas ventanas su casa, y deuia de dezir: valgame Dios, la casilla de aquella chimenea, no es mia? aquel muchacho que juega a la peonça, no es mi hijo Bartolillo? y aquella que hila a la puerta, no es mi muger Toriuia? Pues quien me ha puesto a mi en tanta grandeza? Digo yo, sin duda, que diria el esto. Quando pusieron las messas, sentose a comer, y el duque presente a todo; echo esto y venida la noche, dieronle vino bastante para ponelle como le hallaron, y quando estuuo fuera de juyzio y bien dormido, desnudaronle y boluieron a poner su vestido viejo, y mando el duque que le lleuassen al mismo puesto donde le auian hallado. Hizose, y hecho llego el duque con mucha gente y dixo que le despertassen, y despierto preguntole quien era, y el, muy asombrado, respondio: que segun las cosas que en dos horas auian por el passado, no sabria dezir quien era. Preguntado la causa, respondio: Señor, yo soy vn herrero y me llamo fulano; sali de mi casa aura vna hora ò poco mas; beui vn poco de vino; cargome el sueño y quedeme aqui dormido, y en este tiempo he soñado que era rey y que me seruian tantos de caualleros, y trahia tan lindos bestidos, y que dormia en vna cama de brocado, y comia muy bien y benia, y estaua yo tan gozoso de verme tan seruido y regalado, que casi estaua fuera de juyzio de contento, y bien se vee que lo estaua, pues todo fue sueño. Y dixo entonces el duque: Veys aqui, amigos, lo que es el mundo; todo es vn sueño, pues esto verdaderamente a passado por este como aueys visto, y le parece que lo ha soñado (¹).

Sol.—El Magno Alexandro, siendo señor del mundo. supo de vn filosofo que sin aquel auia otros tres mundos, y dixo que era gran cortedad suya ser señor de vno solo, y en lo que parò fue que, estando con esperança de gouernar tres mundos, nợ fue señor dos años de vno.

Rios.—Deso se entiende que en todo vn mundo no ay harto para vn coraçon soberuio.

Roj.—Yo he leydo, que preguntando Filipo, padre de esse Alexandro, a vnos filosofos, qual era la mayor cosa del mundo, dixo vno que el agua, otro que el sol, otro que el monte Olimpo, pues del se descabria todo el mundo; otro dixo que el gigante Atlas, pues sobre su sepultura estaua fundado el monte Ethna; otro dixo que el poeta Homero, pues auia contienda entre siete ciudades sobre qual seria su patria, y otro dixo que la mayor cosa del mundo era el coraçon que despreciaua las cosas del mundo.

Ram.—Él dixo bien por cierto, porque los bienes del son como el sueño del otro, que quando mas metidos estamos en el, y mas sin memoria que ha de tener fin, entonces nos quita las haziendas y nos executa en las vidas, porque mientras vinimos en el no ay ora de plazer que no se mezcle con mil de pessares, y no ay dia de gusto tras quien no vengan mil de azibar. Porque todo este mundo no es mas que trabajar para tener. tener para dessear, dessear para gozar, gozar para viuir, viuir para morir y morir para dexar. Porque hasta los animales en el mundo vemos no tener contento, sino que los vnos riñen con los otros, peleando la onça con el leon, el rinoceronte con el crocodilo, el elefante con el minotauro, el osso con

el toro, el girifalte con la garza, el aguila con el auestruz, el sacre con el milano, el hombre con el hombre, y todos juntos con la muerte.

Sol.—Desdichado del que en el se fia, y venturoso el que del se aparta. De lo mas que he gustado de todo lo que aueys dicho, es del cuento del borracho, que verdaderamente es muy bueno para considerado y mejor para tomar del exemplo.

Rios.—Quien era al que dezis que le sucedio?

Ram.—Al duque Filipo de la casa de Borgoña, abuelo de Madama Maria, que fue casada con el emperador Maximiliano, por donde se juntaron estas dos tan nobilissimas casas de Austria y Borgoña.

Roj.—Pues aueys tocado en ellas, os quiero dezir vna loa que hize estotro dia desta famosa casa de Austria.

Rios.—Mucho gustaremos todos de oylla.

Tengo dichas tantas loas,
he compuesto tantos casos
de sucessos fabulosos,
ficciones, burlas, engaños,
alabanças, vituperios,
enigmas y cuentos varios,
que ya no se que me diga
despues de auer dicho tanto.
Pero mis buenos desseos
me han auierto vn fertil campo,
vna hermosissima vega,
llena de arboles tan altos,
que al cielo besan sus puntas
y eclypsan el sol sus ramos;
de cuyo tronco dichoso
nacen principes magnanimos,
poderosissimos reyes,
inuictissimos y santos;
nacen monarcas del mundo
y emperadores christianos.
Con vega tan abundosa,
con campo tan soberano,
con arbol tan venturoso
y con sugeto tan alto,
quien no dira alguna cosa
teniendo que dezir tanto?
Animo, todo es ventura,
quiero, temo, dudo y callo!
Ó tu, cabalina fuente,
la de Helicona y Pegaso!
infundidme nueua ciencia
para que yo acierte en algo,
que la descendencia ilustre,
principio y origen claro
de la casa milagrosa
de Austria quiero contaros!
Denme todos grato oydo,
ayuden mi pecho flaco,

(¹) Es esta, en el fondo, la misma histoɪia de Abu Hasáu, el *durmiente despierto* de las *Mil y una noches*, que tiene precedentes en el *Decamerón* (III, 8), de Boccaccio, y que fué utilizada también por Grazzini (1503-1584) en *Le cene*, por Shakespeare en el prólogo de *The taming of the shrew*, por Calderon en *La vida es sueño* (escrita en 1630), y modernamente por el dramaturgo Gerhard Hauptmann en *Schluck und Jau* (1890).

el buen estilo profanes,
mis donares empaçando.
Austria, parte de Pannonia
en otros tiempos passados,
muy vezina de Alemania
y noble en todos sus tratos,
passa por (el) medio el Danubio,
y en sus riberas a vn lado
esta fundada Viena,
cabeça destos estados.
Fueron marqueses primero
los que esta tierra gozaron,
que elegian emperadores
en su defensa y amparo.
Y entonces esta provincia
la Marca Oriental llamaron
los marqueses, cuyos nombres
yre, señores. contando:
Balario, Grifon, Geroldo,
Teodorico, Alberto, Ocario,
Gotifredo, Rudigero,
Balderico, Sigenardo,
Gebelardo, Vpaldo, Arnulfo,
otro Geroldo y Conrado,
y faltando aqui heredero
que viniesse a estos estados,
el emperador Henrico
tercero dio el marquesado
a Opoldo, duque sueuo,
cuyo descendiente entrando
fue duque de Austria el primero,
y que este fue Henrique el Magno.
A este sucedio Leopoldo,
que auiendo vencido en campo
a los infieles prusones,
en memoria deste caso
puso por blason deste hecho
en sus armas, como sabio,
vna ancha faxa de plata
en campo roxo, dexando
las antiguas de su casa
y de sus antepassados,
que eran cinco cugujadas
de oro en vn azul campo.
Despues de aqueste huuo muchos,
y al fin sucedio al ducado
Federico el inquieto,
que el belicoso llamaron,
al qual mataron los vngaros
sin heredero acabando.
Y por ser la casa de Austria
feudo al imperio romano,
la recuperò Rodulfo,
descendiente por milagro
de la casa nobilissima,
que es la de los condes de Aspurg,
cuyos descendientes fueron,
por vn don inmenso y raro,
Alberto, Alberto el segundo

y aqueste llamado el sabio;
Leopoldo el bueno y Hernesto,
a quien el ferreo llamaron,
y Federico el pacifico,
el noble, el bueno, el callado,
que fue emperador tercero,
padre de vn Maximiliano,
emperador inuictissimo,
fuerte, inuencible, gallardo,
muy piadoso y justiciero,
poderoso, justo y sabio.
A este sucedio Filipo,
vn gran principe christiano
y el primero rey de España
de su nombre y su reynado.
Este gran principe fue
con doña Iuana casado,
hija vnica heredera
de Ysabel y de Fernando.
Sucedio a aqueste Filipo
el emperador don Carlos,
vn gran monarca del mundo
y el mayor de sus passados,
gloria de sus venideros,
cuchillo de sus contrarios,
señor de sus enemigos
y defensa de christianos.
Pues ni do destruye el griego,
ni do edifica el troyano,
ni donde ennobleze el godo,
ni donde canta el tebano,
ni donde tremola el libio,
ni donde guerrea el parto,
ni donde el indio no entiende,
ni donde engaña el gitano,
ni del Oriente y Leuante
hasta el Poniente y Ocaso,
huuo temor sin su nombre,
porque fue del mundo espanto.
A este sucedio Filipo,
inuictissimo christiano,
el segundo deste nombre
y sin segundo llamado,
la luz de la christiandad,
el terror de los paganos,
la discrecion de los hombres,
del mismo cielo el retrato.
Inuicto monarca y rey,
noble, justiciero, sabio;
por su valor y proezas,
por su prosapia y reynado,
por su imperio y fortaleza,
por sus hechos soberanos,
por su industria milagrosa,
el principe mas christiano
que ciñó corona regia
ni tuuo en el mundo mando;
señor de la redondez
de todo el concauo santo;

otro nueuo Iulio Cessar,
otro emperador Trajano;
que si Aquiles mató a Hector,
vencio a Brante Argesilao,
el buen Cessar a Pompeyo,
el Magno Alejandro a Dario
y Augusto a Marco Antonio,
y a Anibal Scipion el brauo,
el gran Scila a Mitridates,
y a Decebalo Trajano,
este principe triunfó
del mundo y sus partes quatro.
Sucediole otro Filipo,
que guarde Dios largos años,
de aqueste nombre el tercero
y el primero de Alexandro.
Este monarca inuencible
es espejo de christianos,
santo, justo y christianissimo,
fuerte, cortes y gallardo.
Si otro tiempo las naciones,
y en este que agora estamos,
se han sugetado a mil reyes,
como agora vereys claro;
si fue rey de los asirios
vn Nino tan justo y sabio,
Licurgo lacedemones,
Ptolomeo de egypcianos,
vn Hercules de los griegos,
vn Hector de los troyanos,
vn Teotonio de los vmbros,
vn Viriato de hispanos,
Anibal cartagineses,
Iulio Cessar de romanos,
este sera rey de todos,
por mas que todos christiano.
Este hara lo que no hizieron
ninguno de sus passados;
este vencera a Mahometo,
emperador otomano;
entrara en Constantinopla,
de su enemigo triunfando;
sugetara a Inglaterra
al turco y morisco vando;
desde el vno al otro polo
librara el clero christiano
de esclauitud, seruidumbre,
de enemigos y contrarios;
sera, en fin, señor del mundo,
tendra debaxo su mano
quanto mira el ancho cielo
y cubre el celeste manto;
que, segun su gran valor
y los hechos soberanos
de su padre y sus abuelos,
mucho mas del esperamos.
Sus desseos cumpla Dios,
pues son tan justos y santos,
y vos esta voluntad,

discretissimo senado,
que buscando cada dia
nouedad con que agradaros,
desuelandome en seruiros
vuestros gustos procurando,
bien merezco perdoneys
mis yerros, que ellos son tantos,
que en solo vuestra clemencia
puedo salir confiado.
Vuestros ingenios conozco,
aqui con ellos me amparo;
nobles y discretos soys,
perdonar sabreys agrauios,
pues estos, que no son yerros
de voluntad, ya esta claro
que podran tener disculpa
con el desseo de agradaros.

Sol.—Buena es la loa.

Ram.—De lo que me pessa es que llegamos ya a Toledo y no hemos sabido en lo que paró aquel cuento de aquel amigo vuestro.

Roj.—Es largo, y por esto y estar tan cerca como estamos, no le prosigo; pero yo tendre cuydado del primero viage que hagamos de ylle prosiguiendo.

Ram.—Ay, Toledo mio, que es possible que te veo? nunca entendi que este desseo se me cumpliera segun lo desseaua.

Roj.—Siempre el bien que mucho se dessea parece que se tiene de alcançar menos esperança; y al fin quando mas se siente, es quando se pierde.

Rios.—Oydo he dezir que es este lugar de los mas antiguos de España

Sol.—Lo que yo he leydo de la muy noble ò imperial ciudad de Toledo, es que fue poblada quinientos años, pocos mas ò menos, antes del nacimiento de nuestro Señor y Redentor Iesu Christo, y que fueron sus fundadores Tolemon y Bruto, capitanes romanos, de los quales se llamó Toledo y desto hazen mencion Estrabon y Plinio.

Ram.—Vna de las casas mas notables que ay en esta ciudad es el templo de santa Maria, que es, como ya sabeys, la iglesia mayor, la qual edificaron el santo rey don Fernando, que ganó a Seuilla, y don Rodrigo, arçobispo de Toledo.

Rios.—Entre muchas reliquias que tiene nuestra santa iglesia, està el cuorpo de san Eugenio, primer arçobispo deste lugar.

Roj.—Tambien se honra mucho con el cuerpo de santa Leocadia y vn libro que tiene escrito de la mano de san Juan Euangelista, que daua vn rey a Guadalaxara por el y no se le quisieron dar.

Sol.—Y la leche que enseñan de nuestra Señora en vna redouita, no es de las mayores reliquias que se pueden dezir? Querer tratar de las que tiene es cosa inumerable, y por esto es mejor dexallas; porque si bien se considera, no se [puede] comparar la de ay ciento y cinquenta que se toca con los dedos por entre aquella rexita pequeña, que es del tamaño de media mano, que encima della tiene escritas estas letras que tantas vezes aureys leydo:

Quando la Reyna del cielo
puso los pies en el suelo,
en esta piedra los puso;
de besarla tienen vso
para mas vuestro consuelo.

Rios.—Que mayor grandeza, si bien se mira, que aquel altar donde el bienauenturado san Ilefonso, arçobispo desta gran ciudad, se vio reuestido de vna casulla traida del cielo por mano de nuestra Señora la madre de Dios, la qual está agora en la iglesia de san Saluador de Ouiedo, entre otras que de España alli se recogieron al tiempo que entraron los moros en ella? Y este gran misterio está puesto de bulto de alabastro en vna capilla pequeña de su santa iglesia, la qual tiene por armas este gran milagro. Pues si mirays el oro y plata, perlas y piedras preciosas que tiene en el Sagrario, es proceder en infinito, pues tiene vnas ajorcas de oro, que son de nuestra Señora, que costaron catorze mil ducados de echura, y vna mitra que dexò vn arçobispo, que vale mas de ochenta mil ducados. Esto sin las muchas casullas que tiene de sedas y brocados, y dizen que del primero oro que vino de las Indias se hizo parte de la custodia desta iglesia, la qual tiene, sin otras muchas cosas que no digo, setecientas y cincuenta vidrieras de varias colores.

Ram.—Pues si queremos tratar de la ciudad, cosa milagrosa los edificios, recreaciones y antiguedades que tiene, pues vemos que se manda por quatro puertas principales, y la mas frequentada dellas es la que sale a la puente de Alcantara, la qual es la mas rara y artificiosa de quantas ay en España, y aun en gran parte del mundo, porque es, como sabeys, de solo vn ojo, muy alta y de gran firmeza, porque está fabricada toda de cal y canto.

Roj.—Rasis, escritor, coronista de los arabes, celebra mucho esta puente, y dize el mismo que fue hecha en tiempo de Mahomat Helimen, que fue hijo del rey Habdarratiman, en la de los arabes de docientos y quarenta y quatro.

Sol.—Tambien tiene otra puente sobre el rio Tajo, de dos ojos, que llaman de san Martin, labrada con tanta excelencia, que es tenida por vna de las buenas de España. Desta dizen algunos que la hizieron de nueuo los reyes godos, teniendo su corte en Toledo, el qual cerca

Tajo mas de las dos tercias partes del, y lo que no cerca esta muy fortalezido de dos fuertes murallas, en que ay ciento y cinquenta torres. Y tiene vn campo llano, que se llama la Vega, la qual es muy apazible, y donde salen a recrearse las ninfas deste lugar en todos tiempos, porque en inuierno tiene Sol y en verano frescura. Sin esto, aquel Alcaçar tan fuerte y santuoso, que casi compite con el cielo.

Ram.—Y aquel artificio que sube el agua desde Tajo a lo mas alto de la ciudad, no es cosa increyble y que causa notable admiracion que suba por mas de quinientos codos de altura?

Sol.—Obra es la mas insigne y de mayor ingenio de quantas de su genero sabemos que ay en el mundo. Cuyo inuentor fue Iuanelo Turriano (¹), natural de Cremona, en Lombardia, que por sola esta obra merecio ygual gloria con aquel Arquimedes, de Siracusa, ò con el otro Arquitas, tarentino, que fue tan gran matematico, que hizo bolar vna paloma de madera por toda vna ciudad, y vemos que sola la inuencion de su maderage deste artificio tiene mas de docientos carros de madera delgada, que sustentan encima mas de quinientos quintales de laton, y mas de mil y seyscientos cantaros de agua.

Roj.—Obra fue por cierto ingeniosissima y digna de eterna alabança.

Rios.—Pues, sin esto, tiene esta ciudad otra grandeza no menor que las que auemos dicho, y es que en el reyno de Toledo tienen sus estados muchos señores de las casas mas antiguas y mas calificadas de España, como son: el marques de Villena y duque de Escalona, el duque de Maqueda, marques de Montemayor, conde de Orgaz, conde de Fuensalida, conde de Casarrunios, conde de Arcos, marques de Malpica, conde de Malagon y el mariscal de Noues, sin otros señores particulares que tienen mucha renta y no son titulos, aunque pudieran serlo. Pues, sin esto, tiene hombres de grande ingenio, y si no miradlo en nuestro oficio, que los famosos autores que le han ilustrado y puesto en el punto que agora vemos han sido todos naturales de Toledo, de donde se arguye que produce este lugar personas de peregrinos entendimientos y abiles para todo genero de artes ingeniosas y de abilidad, pues dexando a parte los antiguos, que fueron Lope de Rueda, Bautista, Iuan Correa, Herrera y

---

(¹) El texto: «Furriano». Acerca de Juanelo y su artificio, véanse: N. Magán: *Juanelo Turriano y el famoso artificio de Toledo* (en el *Semanario pintoresco español*, año 1839, pp. 229 y 238); Luis de la Escosura: *El artificio de Juanelo y el puente de Julio César* (Madrid, 1888; publicación de la Real Academia de Ciencias exactas, físicas y naturales).

Nauarro ([1]), que aunque estos dieron principio a las comedias, no con tanta perfecion como los que agora sabemos y hemos conocido, y que empeçaron a hazerlas costosas de trages y galas, como son Cisneros, Velazquez, Tomas de la Fuente, Angulo, Alcozer, Gabriel de la Torre y yo ([2]), que tambien lo soy. Pues representantes, los mejores que ha auido en nuestro oficio tambien han sido de Toledo; si no, digalo Ramirez y Solano, Nobles, Nauarrico, Quiros, Miguel Ruyz, Marcos Ramirez, Loyola ([3]), y otros muchos que no me acuerdo.

Roj.—El rato que hemos traydo ha sido de tanto gusto, que no se me han hecho estas quatro leguas vn passo, y pues que ya estamos no mas de vna de Toledo, quiero entretenella con deziros vna loa que dixe aqui quando estuue con Villegas, que parecio bien con grandissimo estremo, por ser la traça nueua y la nouedad peregrina, y dize desta manera:

> Piedras, bronzes, chapiteles,
> piramides, coliseos,
> obeliscos y colosos,
> mobiles y paralelos,
> rafes, techumbre, arquitraues,
> pentagonos y cruceros;
> bien se que solo me entienden
> no mas de los arquitetos.
> —Dioptra, timpano, limbo,
> aranacs, pinolas, globos,
> almicantarad, numitos,
> coluros y meteoros,
> Pleyadas, Arturo, norte,
> Via lactea, signos, polos;
> bien se que solo me entienden
> aquellos que son astrologos.

([1]) Bautista (Juan), sevillano, fué de profesión escultor. Hay noticias de él como *autor* de comedias desde 1576.

Luis Zapata, en su *Carlos famoso* (Valencia, 1566; f. 256 v.), escribe:

«Vio el Duque entre los Musicos loados
Resa, Antonio Morales, Talamantes:
Naruaez, Mudarra, Enrrique, y señalados
Bautista, y *Correa*, y *Rueda* en ser farsantes.»

([2]) Velázquez (Jerónimo), que representaba ya en los corrales de Madrid en 1568, murió en 1613 Es famoso por su querella contra Lope de Vega, desterrado de Madrid en 1587, á consecuencia de la misma.

Tomás de la Fuente figuraba como *autor* de comedias en 1584.

El *autor* Juan de Alcozer representaba en Madrid en 1587.

Gabriel de la Torre, de quien hay noticias desde 1589, vivía aún en 1623.

([3]) Del toledano Bartolomé Lópes de Quirós hay noticia de que representó en Madrid en 1586, estando luego en Sevilla (1586) y Valencia (1589).

Miguel Ruiz pertenecía á la compañía de Velázques en 1590. Vivía aún en 1614.

—Laurel blanco, gramonilla,
flor saluaje y higueruela,
azeytes para la cara,
de jazmin, limon, violeta,
de azufayfas, de estoraque,
de altramuzes y de aruejas,
cabeças de codornizes,
los granos de aquella yerua.
piedra del nido de aguila,
lengua de viuora fiera,
aguja marina y soga,
haua morisca, y la tela
del cauallo y la criatura,
sesos de asno y flor de yedra;
bien se que solo me entienden
no mas de las echizeras.
—Sacres, petages, trabucos,
morteruelos, falconetes,
escuribandas, cortinas,
tigeras, espaldas, frente,
peñas, guardas, casa matas,
culebrinas y mosquetes;
ma foy, monsieur, si voules,
je port vn braue capitene,
qui vou donara vn cheual,
tout asteur que vou voudres,
argen, cuiraza, pistola,
samordio, alon, amene
a diner a mon ([1]) meson.
viteman, & tout insieme;
ya entenderan lo que digo
los soldados y franceses.
—El guro está en el verdoso,
abizorad el antano,
polinches y lobatones,
poleos y chupa granos,
que las marquizas godenas.
las guimarras del cercado,
entruchan qualquier resuello
y entreuan todo reclamo
de mondruchos, brechadores,
florayneros y lagartos;
ya entenderan lo que digo
los del germanico trato ([2]).

([1]) El texto: «mon»

([2]) *Guro* = alguacil; *verdosos* = higos, según Juan Hidalgo, pero más bien parece significar aquí campo; *avizorar* = mirar con recato; *polinche* = encubridor de ladrones; *lobaton* = ladrón de ovejas ó carneros; *poleo* = lo mismo que *polinche; grano* = ducado de once reales; *marquiza* = mujer pública; *godena* ó *godeña* = rica ó principal; *guimarra* ó *gomarra* = gallina; *cercado* ó *cerco* = mancebia; *entruchan* = entienden; y atraen con engaños; *resuello* (*ressullo*, trae Hidalgo) = dinero; *entreuan* = lo mismo que *entruchan; reclamo* = voz, grito, y también criado de la mujer pública; *brechador* = el que mete dados falsos; *floraynero* = el que engaña ó flurea en el juego de naipes; *lagarto* = ladrón del campo. No hallo *antano* ni *mondrucho* en los vocabularios germanescos.

—Contumelia y puspusura,
argonauta y cicatriza,
regomello y dinguindayna,
cazpotea y sinfonia,
magalania y cinfuntunia,
zagomella y ciparisa;
esta lengua entiende Rios
y otros que echan bernardinas.
—Sahumate bien las faldas,
frunce essa boca, mozuela;
llegate al rostro essa toca,
claua essos ojos en tierra.
Ay, señor, que es vna tonta,
mal lograda de su abuela:
alça esse manto del rostro,
descubre essas manos, necia.
Tienelas como alabastro,
mas blandas que vna manteca,
vn piedezillo tamaño
y vnas tetillas tan tiernas.
Pues el olfato de boca
mas lindo que de açucenas;
aun no ha cumplido quinze años,
quitele aquella verguença.
Lleguese, no tenga empacho,
mire que muchacha aquesta,
putas higas para todas;
llegate, bobillo, a ella,
que es como vna paua gorda
y como vna polla tierna;
piensas que no se del mundo?
pues mas tengo de quarenta.
Dale essa sortija, acaba.
ponle al cuello essa cadena,
ay que floxon, Dios me guarde!;
ya me entenderan las viejas.
—Vuesa merced, señor mio,
me tenga por su criada,
porque en lo que es voluntad
nadie en el mundo me yguala.
Ola, si viene el platero
diras que no estoy en casa,
y al mercader di que acuda,
que no tengo aora blanca.
Cierto, señor, que quisiera
hazer lo que se me manda,
mas no faltaran mugeres
a vuesa merced de gracia.
Lo otro, en la vezindad
estoy en muy buena fama,
y yo no querria perdella
por quien se me ha de yr mañana.
Ola, ha passado don Diego,
corre y dile a doña Inana
que venga a hazerme merced,
que ya son las onze dadas.
Por mi fe que estoy corrida,
que tengo vna combidada
y no se halló que comer

esta mañana en la plaça.
Vna olluela tengo ahi
y no se que zarandajas,
que aun el pan no me han traydo;
ya me entenderan las damas.
—No sabeys de que me espanto?
Como estos farsantes pueden,
haziendo tanto como hazen,
tener la fama que tienen.
Porque no ay negro en España,
ni esclauo en Argel se vende,
que no tenga mejor vida
que vn farsante, si se aduierte.
El esclauo que es esclauo,
quiero que tracaje siempre
por la mañana y la tarde;
pero por la noche duerme.
No tiene a quien contentar,
sino a vn amo ó dos que tiene,
y haziendo lo que le mandan,
ya cumple con lo que deue.
Pero estos representantes,
antes que Dios amanece,
escriuiendo y estudiando
desde las cinco a las nueue,
y de las nueue a las doze
se estan ensayando siempre;
comen, vanse a la comedia
y salen de alli a las siete;
y quando han de descansar,
los llaman el presidente,
los oydores, los alcaldes,
los fiscales, los regentes,
y a todos van a seruir
a qualquier ora que quieren.
Que es esso ayre?; yo me admiro
como es possible que pueden
estudiar toda su vida
y andar caminando siempre,
pues no ay trabajo en el mundo
que puede ygualarse a este.
Con el agua, con el sol,
con el ayre, con la nieue,
con el frio, con el yelo,
y comer y pagar fletes;
sufrir tantas necedades,
oyr tantos pareceres,
contentar a tantos gustos,
y dar gusto a tantas gentes.
Ya me han entendido todos;
gracias a Dios que me entienden,
y pues ya me han entendido
hombres, niños y mugeres,
astrologos, architectos,
viejas, damas y franceses,
hechizeras y soldados
y todas las demas gentes,
murmuren, hablen y rian
de todos los que salieren:

del vno porque salio,
del otro porque se entre;
rianse de la comedia,
digan que es impertinente,
malos versos, mala traça
y que es la musica aleue,
los entremeses malditos,
los que los hazen crueles;
ansi Dios les de salud,
mucha vida y muchos bienes,
tengan contento en su casa,
el estado y honra aumente,
dè a las donzellas maridos,
y a las casadas plazeres,
à las biudas hombres biudos,
ricos, galanes, alegres;
a las viejas, pan y vino,
y tras todos estos bienes,
vna toz que los ahogue,
vna muger que los pele,
y vna sarnaza perruna
que les dure ochenta meses.

Rios.—La loa es buena, de mucho gusto y entretenimiento, por la variedad de las cosas que tiene, que esso es sin duda lo que mas agrada.

Sol.—Dezia vn amigo mio que las alcahuetas son como el abecedario de los mercaderes, que tienen libro donde escriuen las partidas y su abecedario para buscarlas, pues sin el no las hallarian con tanta facilidad. Y ansi son las damas sin ellas, que las andarà vn hombre buscando toda la ciudad y no las halla, y para esto es manester acudir a la alcahueta, que es el abecedario, para que vea donde viue fulana, en que calle y a quantas casas.

Ram.—Yo me he aprouechado alguna vez dessa industria.

Rios.—Trataua vn hombre mozo diez y ocho años auia con vna vieja, y dixole vn amigo suyo que se apartasse della, si no por ser el tiempo tan largo, el pecado tan escandaloso y la carga tan pesada, a lo menos por ser ella tan vieja.

Sol.—Señor, esse podia dezir: amiga vieja y camisa rota, no es deshonra.

Rios.—Yo conoci a Solano vna que tenia mas de cinquenta años; no se yo si era su amiga, pero yo le vi muchas vezes hablar con ella.

Sol.—Por estar ya en Toledo, no respondo lo que ay en esso, ni digo quien era y por que lo hazia.

Roj.—Bien se puede creer todo de vuestra buena fama: y ansi esso como essotro se puede quedar para el siguiente camino.

EL VIAGE ENTRETENIDO
DE AGUSTIN DE ROJAS

LIBRO TERCERO

Rios, Ramirez, Solano, Rojas.

Solano.—Hvmo, gotera y muger parlera, dizen que echan al hombre de su casa; pero desseo saber que nos echa a nosotros tan presto de nuestra tierra, pues ayer acabamos la fiesta del Corpus della, y oy nos ponemos en camino para Valladolid?

Rios.—Lo que me saca de Toledo con tanta breuedad son tres cosas: gusto, interes y fuerça; pato, ganso y ansaron, que tres cosas suenan y vna son. Gusto de representar en la Corte, por la mucha merced que en ella se me haze, que quien a buen arbol se arrima, buena sombra le cobija; e interes, por el grande que se me sigue, porque mas da el duro que el tesudo; y fuerça, porque me han embiado a llamar que estè en la Corte para veynte deste, y donde ay fuerça pierdese derecho.

Ramirez.—Achaques al viernes por no le ayunar. Pues lo que dezis de ganancia, de mayor es las otauas de Toledo que todo lo que se puede ganar en Valladolid en este tiempo.

Rios.—Para la Corte no ay ninguno malo, y mas auiendo vn autor solo.

Sol.—Señor, quien gasta y miente, su bolsa lo siente. Esse es vuestro gusto, como aueys dicho, y supuesto esso, yo callo y lo demas remito al tiempo.

Ram.—Muy bien dize Solano; pero dexemos esto, y pues en el viage passado tratamos de algunas grandezas de Toledo, no se nos passe en blanco la que no es de menos consideracion que todas, que es deste famoso rio Tajo.

Roj.—Lo que cerca del os podre dezir, es que en quanto al nombre que tiene de Tajo, le tomò de Tago, que fue rey de España; y Plinio dize deste rio ser preferido a otros muchos, ansi por sus aguas como por las arenas de oro que en el encierra, y por estas como por otras muchas causas ha sido ordinariamente tan celebrado de los poetas y escritores antiguos.

Rios.—Luego de veras dezis que son sus arenas de oro?

Roj.—Es sin duda.

Rios.—Yo entendi que era por encarecimiento.

Roj.—Del dize Iuuenal, encareciendo su riqueza: No tengas en tanto todo el oro que se halla en el rio Tajo. Y fuera desto, le llama aurifero, porque cria en sus arenas, como he dicho, mucho oro.

Sol.—No solo me parece a mi que cria oro, pero que todo el es de crystal, pues vemos pone los rostros mas tersos que plata muy fina y acendrada, siendo estimada para esto en toda España su agua crystalina; la qual, si se vendiera, le pudieran con razon llamar rio de plata, segun el interés que diera y la plata que del se sacara.

Ram.—De donde nace este rio?

Roj.—De vnas montañas muy altas de el reyno de Aragon, cerca de vna ciudad que llaman Albarrazin. Aunque a vnos he oydo dezir que nace en las sierras de Molina, y a otros en las sierras de Cuenca, muy cerca de la raya de Aragon; el qual entra en la mar media legua mas abaxo de la ciudad de Lisboa.

Rios.—Orillas deste rio, cerca de la huerta del Rey, vi los dias passados vna muger de muy buen talle, buena cara y hermosissimos dientes.

Roj.—Bastaua esso para que fuesse hermosa.

Rios.—La qual me dixo que era portuguesa; supe su casa y hame regalado, mientras hemos estado en Toledo, con muchas caxas de dulce, que Ramirez, como enfermo, ha participado de algunas.

Ram.—Y aun despues aca me duelen las muelas de manera que no puedo sossegar.

Rios.—Yo os prometo que me duele a mi este diente, que rebiento de dolor del.

Sol.—Qualquiera cosa dulce es muy dañosa para la dentadura.

Roj.—Cerca desso hize yo vna loa, que tiene hartos remedios para ella.

Rios.—Dezilda, podria ser nos aprouechasemos de alguno.

Sol.—No la oyremos?

Roj.—Dize assi:

No se si mi buena suerte,
discretissimo senado,
o el fin de mis desuenturas,
que ha llegado en breues plazos,
me lleuò a missa ha seys dias
al monasterio sagrado
de aquel santo a quien dio Christo
por armas suyas dos braços.
Descuydado y venturoso,
que es muy propio en descuydados
venirles de presto el bien
sin saber de donde o quando,
yo, que yua a entrar en la iglesia
mas que deuoto bizarro,
el pensamiento en Babiera
y mi rosario en la mano,
en ella vi vna muger,
vi vn angel en cuerpo humano,
que por ser angel del cielo

estaua en lugar tan santo.
Llamome, llegue y ohila,
Dios sabe si mas temblando
que la sentencia de muerte
escucha algun condenado.
Passe la palabra alerta
a mis bienes mal logrados,
y al escarmiento dichoso
puse de posta vn soldado.
Toquè al arma al pensamiento
para que saliesse armado
a competir con el cielo
de aquel angel soberano.
Mis desseos recogi,
mandeles hiziessen alto,
que vi el enemigo al ojo
tocando al arma de falso.
Mandè marchar mi firmeza,
y fuela el amor guiando,
que, aunque es cegueçuelo el niño,
sabe muy bien los pantanos.
Echè vn vando a mis memorias,
y, pena de muerte, mando
no pretendan impossibles,
que es fuego de desengaños.
Con aquesta preuencion
llegò el general Mandando,
y el capitan Obediencia,
que es vn soldado gallardo;
el alferez Humildad,
con el sargento Cuydado,
y el cabo de esquadra Gusto,
que es de mil esquadras cabo.
Lleguè al fin, y dixo: rey,
ansi viua muchos años,
que me diga como tiene
aquesos dientes tan blancos;
diga con que se los limpia,
y para que valgan algo
han de ser chicos o grandes,
menudos, juntos o ralos;
respondame por su vida,
que estos mios me han loado,
y no acabo de entender
si son buenos o son malos.
—Ansi hiziera Dios los mios,
porque pudiera ygualarlos
con los de vuesa merced,
que son mas que perlas blancos,
la respondi medio muerto,
y ella, sacando vna mano,
se echò el manto sobre el rostro
y sobre el cielo vn nublado.
Leuantose y dixo: basta;
pues dizen que es cortesano,
haga lo que le he pedido;
repliquè: obedezco y callo.
Fuesse y dexome, y ayer
me auisò con vn criado

que oy en la farsa estaria
en vn aposento baxo;
que en la loa le dixesse
lo que me auia preguntado,
so pena de su desgracia,
y al fin cumpli su mandato.
Recogime, escreui vn poco,
y lo mas que he alcançado
cerca de este proposito
dirè aqui, si digo algo.
Dientes, colmillos y muelas,
blancura, quenta y tamaño
que tendran quiero dezir
con auisos necessarios.
Ha de auer treynta y dos piezas,
diez y seys en cada lado,
quatro dientes, dos colmillos
y dos muelas, que llamamos
colmillares, y ocho simples,
doze arriba y doze abaxo,
y por todos treynta y dos,
ansi en baxo como en alto.
El ancho, largo y color
sera de vn mismo tamaño;
la dentadura por orden,
los dientes algo mas largos
que las muelas y colmillos,
muy poca cosa apartados,
blancos, delgados, menudos,
firmes y bien encarnados.
Los colmillos puntiagudos,
rollizos, rezios y blancos,
y las encias delgadas,
que estè el diente muy pegado
a ellas, y estas maciças,
enxutas, color rosado;
los dientes seran vn poco
mas salidos los mas altos,
de manera que cerrada
la boca cubran los baxos,
y las muelas que parezcan
de vna pieça entrambos lados.
Digo, pues, que para ser
buena dentadura, es llano
que tendran lo que aqui he dicho,
y es aquesto lo ordinario.
Enseña naturaleza
que estas muelas que tratamos
son para solo mascar,
y ansi las dio assiento llano;
para morder, los colmillos,
recios y agudos vn tanto,
y para bien parecer
y bien hablar, dientes blancos.
A aquestos suelen venir
por momentos muchos daños,
nacidos de corrimientos,
fistolas, flemon, salado,
apostemas, pudrimientos

de algunos dientes gastados,
dolor, mouimiento, toba,
limosidad, olor malo,
neguijon, deminucion
y otros males que no trato,
que ay tambien cruentacion,
espongiosidad y tantos,
que fuera nunca acabar
dezir dellos ni tratallos,
que ay remedios para todos,
mas por no enfadar los callo;
azeytes y aguas diuersas
os dirè algunas de paso,
como es agua llouediza,
rosada, llanten, del palo,
agua de murta, agua ardiente,
agua de lentisco amargo (¹),
agua de piñas, zumaque,
azeyte simple y rosado,
azeyte de mirto, almastiga,
azucar candi, alabastro,
cortezas de olmo y cipres,
de pino y nogal granado;
canela, cuerno de cieruo,
coral blanco y colorado,
cascaras de hueuos, cal,
cardamomo, cera, clauos,
encienso, ladrillo, hollin,
huessos de mirabolanos,
las hojas de yedra, ruda,
oro, plata, orines, balsamo;
rayzes de nogal, rosas,
romero, sangre de drago,
triaca, toruisco, vidrio,
rasuras, vinagre aguado,
piedra alumbre, porcelana,
saluia y vnguento egipciaco,
sal comun, violetas, vino,
piñas, jaraue violado.
Desto se hazen cocimientos,
agua estitica, y del palo,
peuetes, destilaciones,
poluoras, colirios, balsamos,
poluos, conseruas, opiatas
y otras mil cosas que callo
por dexar lo que no importa
y yr a lo que haze al caso.
Para que la dentadura
estè limpia todo el año
y se conserue en vn ser,
lo siguiente es necessario:
lo primero que han de hazer
luego que ayan despertado,
es enjugar las encias
con vn paño muy delgado;
luego inmediate tras esto,
despues de ya leuantados,

(¹) El texto: «amarga».

enjaguarse bien la boca
con agua fria en verano,
y para que temple el frio
en inuierno, de la mano,
porque el agua es santa cosa
y este vn remedio acertado,
que refresca las encias,
templa el calor demasiado,
mundifica la inmundicia
y sobre todo es muy claro
que repercute la reuma;
y ansi mismo el vino aguado,
despues de comida o cena,
es bueno para enjaguarlos.
Los mondadientes que se vsan
son tan diuersos y tantos,
que vnos los traen de viznaga,
tea, enebro y otros palos,
de nogal, salce, lentisco,
maluarisco, hinojo, y damos
en traer de plata y oro,
que esto es malo de ordinario,
y lo mejor que es de todo
y que mas facil hallamos
y podriamos traer
es vna pluma de ganso,
pues no tiene calidad
contraria, es rezio y delgado,
y limpia entre diente y diente
mejor, y es mucho mas sano
que los demas que aqui he dicho
y de que muchos vsamos,
corta la toba mejor
y este ha de ser romo y blando.
Digo tambien que a los dientes
es dañosissimo y malo
lauarse con legias fuertes
los cabellos ni enrubiallos,
ponerse afeyte en los rostros,
comer dulce, leche, rabanos,
verzas, repollos, cebollas,
queso, quaxada, pescado,
y qualquier cosa flemosa;
esto quando es de ordinario
y mucho, que, como dizen,
rexalgar poco no es malo.
Comer canteros de pan
muy duros es reprouado;
hazer fuerça con los dientes
es de hombres insensatos,
roer huessos, comer neruios,
beuer tras lo frio calido,
ni tras lo calido frio,
es dañoso, y acertado
comer vn poco de pan
antes desto, y aqui paro
con dezir, señora mia,
que no se mas deste caso.
Esto he dicho de esperiencia,

y de auerlo exercitado;
vuesa merced me perdone,
que yo holgara saber algo
cerca de aqueste proposito,
que es el que se me ha mandado;
mas reciba mi desseo
de seruirla, que es tan alto,
que donde yo acabo empieza,
señores, a suplicaros,
perdoneys mi atreuimiento,
que ya conozco que os canso
con necedades prolijas,
con fabulosos engaños,
con disparates forzosos
y con versos mal limados.
Mas todo tiene disculpa
con ser yo vuestro criado
y tan honrado mi zelo
de seruiros y agradaros.

Rios.—La loa es buena, y para conseruar vno la dentadura no ha menester sino aprendella y guardar todo lo que dize con puntualidad.

Roj.—Los dientes, ni quieren mucho descuydo ni demasiado cuydado: que tan malo es lo vno como lo otro.

Sol.—En llegando a Valladolid me aueys de dar vn traslado desta loa, porque, dexado aparte que es de mucho gusto, me quiero aprouechar de algun remedio para limpiarme los dientes, aunque los tengo tan malos que me parece impossible que yo venga a tener en mi vida buena dentadura.

Roj.—Della se dizen tantas cosas, y tan estrañas, que no facilmente se puede dar credito a ellas; aunque de las que vemos cada dia les podremos dar alguno. Yo he oydo dezir que a vna muger le faltò su regla y se le cayò toda la dentadura, y a los ochenta años le boluio su costumbre y a nacer los dientes. Y ansi mismo de otra que en cada vn año los mudaua, y que otras los han mudado dos vezes en la vida.

Rios.—Vna persona de mucha autoridad y credito me dixo que a vna abuela y tia suya le auian salido a cada vna destas señoras dos dientes delanteros, de edad de ochenta años, y otros que de treynta años arriba se han sacado dientes y muelas y les han buelto a nacer.

Ram.—Vna cosa harto estraña me dixeron a mi de vn hombre: que nunca le nacieron dientes, ni aun salido donde pudiessen nacer, sino que los labios venian y començauan donde auian de nacer los dientes.

Roj.—Pues vna persona, de no menos credito y autoridad que las passadas, me dixo le auia dicho vn juez que en vn lugar de las Alpuxarras, estando el alli en vna comission, vio

vn hombre y conocio con cabellos blancos y
sin dientes; y que boluio al mismo lugar de ahi
a doze años, donde hallo aquel hombre con ca-
bellos negros y dientes.

Ram.—Parece que quiso naturaleza verificar
aquel dicho: que los muy viejos son dos vezes
niños, y lo que dize Aristoteles, que a los
ochenta años tornan a renacer los dientes.

Sol.—De vn cauallero me dixeron a mi en
Seuilla, personas que le vieron en Indias, que
los dientes de arriba eran todos vna pieza y los
de abaxo otra, sin hazer diuision ni señal de
dientes.

Ram.—Yo conoci vna donzella en Toledo,
que se metio monja de edad de veynte y cinco
años, y de achaque de tener vn aposento re-
cien labrado y humedo dizen que se le cayò
toda la dentadura, y despues le torno a nacer.

Rios.—Pues yo vi por mis ojos vn colmillo
a vna muger, y me dixo la misma que le auia
mudado cinco vezes.

Sol.—En el año de mil y quinientos y se-
senta y seys ohi dezir a mi padre que trataron
a Madrid vna muela que se hallo en Argel en
vna sepultura de vn gigante, que pesò mas de
dos libras y tenia quatro dedos de ancho; y
otros dizen que era pedazo de quixada, y por
gran marauilla la lleuaron a palacio.

Ram.—Yo conoci vn religioso que le nacie-
ron las muelas cordales de edad de mas de cin-
quenta años.

Rios.—Sucessos son que parecen increy-
bles.

Roj.—Pues escuchad, que no me auia acor-
dado: vn grande amigo mio, y persona a quien
se puede dar mucho credito, me conto en Sala-
manca los dias passados vn cuento que le su-
cedio a vn villano en vn lugar del reyno de
Valencia, en que se le cayeron por cierta des-
gracia todos los dientes y muelas de la boca, y
comia despues tambien con las encias, que de-
zia que no le pesaua sino del tiempo que los
auia tenido. Y fue el cuento de tanto gusto,
que compuse del vna loa que gustareys de ohi-
lla, y dize desta manera:

En la ciudad mas insigne
que ay en Francia, Egypto, España,
ni el sol y las cinco zonas
alumbran con su luz clara:
no la que Baco fundò,
Tebas, ni la gran Dardania,
Partenope la famosa,
que es la belleza de Italia;
ni del neuado Aleman
a la adusta Tingintania,
ay ciudad que sea mejor
que la insigne Salamanca.
Si mirays sus edificios,

assientos, calles y casas,
colegios, templos y escuelas,
muda quedara la fama;
si aduertis en los regalos
de su generosa plaça,
en grandeza y bastimentos
qual en el mundo la yguala?
Si quereys ver su nobleza,
vereys en ella cifrada
toda la que tiene el suelo
de Europa, Flandes y Francia;
pues si mirays sus ingenios,
tanta ciencia y letras tantas,
dezid todos: non plus vltra,
aqui es donde el mundo acaba.
Donde acaba y donde empieza,
pues vemos que es cosa clara
que los que el mundo gouiernan
son ramos de aquesta planta.
Los pilotos que en la naue
de Dios gouiernan las almas,
salen desta gran ciudad:
para saber quien es basta.
Cardenales, arçobispos,
reyes, principes, monarcas
que tienen al mundo en peso,
ella les dio las tiaras,
las mitras y las coronas;
della han salido las plaças
de presidentes, oydores,
dignos de eterna alabança.
Pues si dexamos las letras
y venimos a las armas
(aunque ha publicado guerra
contra la pluma la lança),
ya conocemos, y es cierto,
que entre las naciones varias
que tiene el mundo, españoles
entre todas se auentajan;
pues si españoles buscays,
buscaldos en Salamanca,
que alli hallareys de andaluzes
la flor de Cordoua y Malaga;
si de Castilla, tambien;
si de Aragon, de Nauarra,
de Valencia, Cataluña,
de Portugal, de Vizcaya,
de Galicia, de Leon,
de las Asturias, montañas,
todo lo mejor de todo
aquesta ciudad abraça,
porque los siete milagros
del mundo en ella se hallan,
y la que aquel poblador
fundò primero en España.
Digo, pues, que vn estudiante
de aquesta ciudad sagrada,
a quien el gran Aristoteles
en ninguna ciencia yguala,

me conto vn cuento donoso
que os ha de paiecer fabula,
no sucedido en la China,
en la isla Taprouana,
en los montes Pirineos,
de Chipre, o de Sierra Caspia,
si en el reyno de Valencia,
que me dixo ser su patria.
Fue el caso que ay de costumbre
celebrar con muchas danças,
mil diuersas inuenciones,
autos diuinos y farsas
aquel dia tan solene
en que Iesu Christo baxa
desde el cielo hasta la tierra
a darse al hombre en sustancia;
entre todas estas cosas
me dixo sacan vn aguila
donde va metido vn hombre,
con vnas muy grandes alas,
la qual va haziendo camino
quando la procession passa,
y juntamente con esto,
entre otras figuras, sacan
a dos angeles vestidos,
muchachos de buenas caras,
con cabelleras muy rubias
y con sus alas doradas.
Viendo, pues, vn labrador
la fiesta por su desgracia,
al aguila y a los angeles
y las alas que lleuauan,
fabrica en su pensamiento
la mas peregrina traça,
la inuencion mas inaudita
que el gran Sertorio inuentara,
ni en genero de tormentos
Perilo, ni el rey de Tracia,
Progne, Scinis o Medea,
que con esta todas callan,
pues pareciendole a el
que con las alas bolara,
procura hazer esperiencia
de su imaginacion vana,
y auiendo de yr otro dia
al campo que acostumbraua,
a vn hijo suyo le dixo
que lleuasse alla las alas.
Lleuolas, y a medio dia,
quando del trabajo alçan
vn rato para comer,
le dixo aquestas palabras:
Has de saber, hijo mio,
que he pensado vna gran traça
para no venir a pie
a la heredad desde casa;
y es que si con gran fuerça
aquestas alas me ataras
a los braços, pienso yo

que qual las aues bolara.
Al hijo le parecio
aquella inuencion no mala,
y determinase al fin
de hazer lo que el padre manda.
Ataselas fuertemente,
y en vna peña muy alta
el pobre viejo se sube
a executar su ignorancia.
Empezo a mouer los braços,
y con las alas trabaja
para leuantar el buelo,
y viendo que no bastaua,
dixo al hijo que entre tanto
que sus fuerças le ayudauan
y estuuiesse algo mas diestro
en el bolar, que llegara;
y le diera vn rempujon;
obedece el hijo y calla,
con el desseo de ver
el fin de inuencion tan alta;
llega y dale, y por bolar
hazia el cielo da en el agua,
que era vn pequeñuelo arroyo
que al pie de aquel monte estaua.
Quebrose el misero viejo
los braços y las quixadas,
vna pierna y la cabeça;
y viendo lastima tanta,
el hijo fue a buscar gente;
vienen, lleuanle a su casa,
ponenle en cura, y al fin
de mas de cinco semanas
que estaua el triste mejor,
dixo a los que le curauan
que le parecio sin duda
quando cayò que volaua,
y que volarà sin duda
si no lleuara vna falta;
y preguntado que era
aquello que le faltaua,
le respondio que la cola,
que a no faltarle volara;
pero que el se acordaria
para otra vez de lleuarla.
Bien podre dezir agora
que, entre muchos que aqui hablan,
ay algunos a quien sobra
lo que al labrador faltaua.
Quantos ay aqui con colas!
a fé que si rebuznaran,
que dixeran que eran bestias
mas de quarenta que callan;
los que dizen mal del verso,
de la comedia y la traça,
si fue propia ò si fue impropia,
larga ò corta la jornada.
Traer las comedias buenas
para el autor es ganancia,

que pues le cuestan su hazienda
no procura que sean malas.
Sucede que compra vna
que leyda y ensayada
nos parece milagrosa,
y es mala representada.
Quien tiene la culpa desto,
el poeta? No. La farsa?
Menos. Los representantes?
Tanpoco. Sera el erralla?
No por cierto; no es la culpa
sino vuestra, cosa es llana.
A los de las colas digo,
los que emiendan, los que tachan,
los que pretenden bolar
sin alas donde no alcançan,
los que quitan, los que ponen
y no les contenta nada;
que como la presuncion
les sobra, que es cola larga,
piensan con ella suplir
lo que no alcançan sus alas.
De aquestos, pues, es la culpa,
pero nuestra la desgracia
en auer de alas tan pocos
para suplir faltas tantas;
pero a los pocos que huuiere,
que pocos pienso que bastan,
suplico que, si nosotros
oy bolaremos sin alas,
y desde el monte del yerro
se despeñare la farsa,
con las alas de su ingenio
suplan todas nuestras faltas.

Sol.—Vos tuuistes razon de alaualla, por-
que verdaderamente es de mucha riça.
Ram.—No es buena la inuencion de querer
volar?
Roj.—Sin duda este queria ser correo, y
como era viejo y le faltauan fuerças, quiso ca-
minar con alas, y lo que no hizo Pirro (que fue
el primero que inuento correos), quiso hazer
este siendo segundo: que se hiziessen los hom-
bres pajaros.
Rios.—Trujo vn correo los dias passados
vna carta al moço que me guarda el hato, y de-
zia el sobre escrito: a Iuan Diaz, guarda ma-
yor de la ropa de Rios y maestro de hazer nu-
ues en los tablados; porte, vn quartillo, y dixo
vno: echele media açumbre.
Sol.—Quando fuera arroba, yo seguro que
no la huyeramos la cara.
Ram.—No es Madrid aquel que se diuisa?
Rios.—Quien puede ser sino el mejor lugar
que tiene España, y quando dixera el mundo,
no hiziera a ninguno agrauio?
Sol.—Cierto que me pesa de auer por aqui
venido.

Roj.—Por que?
Sol.—No quisiera velle tan solo.
Roj.—No por esso dexa de ser el que siem-
pre ha sido; y quien tiene tantos meritos y ha
hecho tan buenos seruicios, no es possible esté
tan oluidado que algun dia no le den el go-
uierno de alguna real Corte a cargo, que es el
oficio de que tantos años ha seruido. Que para
otra cosa sin duda que no es bueno, y esta
assienta en el como sobre azul el oro.
Ram.—Participa Madrid, entre otras mu-
chas cosas, de vn cielo muy claro, que assi por
esto como por ser los ayres que por ella corren
muy delgados, es el lugar mas sano que cono-
cemos.
Sol.—Sabeys como se llamò aquesta villa
antiguamente?
Roj.—Segun dize vna coronica, fue su nom-
bre antiguo Mantua Carpe(n)tanorum, la qual
dizen fundò vn hijo de Tiberino (esto toca a la
ciudad de Mantua de Italia), rey de los latinos,
y la llamò deste nombre de Mantua por me-
moria de su madre, que se llamò Manto, y el
sobre nombre Carpetana se le dio por estar en
los pueblos carpetanos. Y despues dizen algu-
nos que se llamò Vrsaria.
Rios.—Querer tratar de su grandeza, tem-
plos, suntuosidad y edificios, es cansarnos; solo
digo que no ay rincon en Madrid donde no
se puede boluer los ojos con estraño gusto, por
auer en el tanto que mirar. Fuera desto es el
lugar mas venturoso y de mejor estrella de
quantos cubre el cielo.
Sol.—De que manera?
Rios.—Porque no hallareys en el mundo
nacion, por remota que sea, aunque nunca la
aya visto si no es de oydas, que no le quiera
bien, dessee bien, diga del bien y le pese en-
trañablemente de su mal.
Ram.—Verdaderamente que teneys razon;
que hasta oy no he visto hombre ni muger, na-
tural ni estraño, que no le alabe.
Rios.—Todo lo merece, y pues nos es tan
claro su merecimiento y le viene tan de atras,
quedese su alabança en silencio mientras es-
tuuiere puesto en oluido.
Roj.—Cerca del silencio se quiero dezir vna
loa, que sin duda entiendo es la mejor que hasta
agora he dicho ni hecho.
Sol.—Siendo loa, sera para nosotros de mu-
cho gusto.

[*Roj.*] No salgo a pedir que callen,
no a pedir silencio vengo,
que ya no se halla en España
ni en los mas remotos reynos.
Ya en los alcazares sacros,
ya en los cristalinos cielos,
ya en los siete errantes signos,

ya en todos quatro elementos,
ya en quanto Telus ocupa
con su manto oscuro y negro,
ya en los astros luminosos,
ya en los palacios de Febo,
ya en los campos, ya en los prados,
ya en los lugares plebeyos,
ya en los mas peynados riscos,
ya en los mas desiertos yermos,
ya en las plaças, ya en las calles,
ya en las ventas, ya en los pueblos,
ya en las fuentes, ya en los rios,
ya en los jardines, ya en huertos,
ya ni en los ceruleos mares,
ya ni en casas, ya ni en templos,
ni en quanto ay del Gange a Atlante,
ya no se hallara silencio.
A, omnipotente fortuna,
y como es facil tu credito!
ay, cielo voluble y mobil!
ay, triste siglo del yerro!
ay, hambre sedienta de oro,
a quantos hidalgos pechos
tu cruel maldad incita
a hazer negocios bien feos!
ay, vengatiuas discordias!
ay, palido y torpe miedo!
ay, trabajos! ay, desdichas!
ay, amor! ay, duros zelos!
ay, gran maquina del mundo!
mas ay, licencioso tiempo,
con qué ligereza passas
y quan veloz es tu buelo!
como encumbras al humilde
y humillas al altanero,
descasas a los casados
y cautiuas los solteros,
quitas muger, das amiga!
mas como es possible, tiempo,
que oluides discretos pobres
y quieras a ricos necios?
Ay, silencio de mi alma,
quedese aquesto en silencio,
que yo callare verdades
bien a costa de mi pecho!
Murio el silencio ya, en fin;
ya, en fin, el silencio es muerto;
embidiosos le mataron,
que a quien no mataran ellos?
Credito, fortuna, amor,
trabajos, desdichas, zelos,
oro, bien, necessidad,
discordias, maldades, miedo,
mundo, temor, cielo y tierra,
mugeres, maquinas, tiempo,
embidia, discretos, pobres,
casados, ricos y necios,
todos estos le mataron,
y aquesto se por muy cierto,

y si quereys saber como,
estadme vn poquito atentos.
Quando en descanso apazible,
en graue y profundo sueño,
en el silencio y aplauso
de la muda noche en medio,
los humanos dan reposo
a los miserables cuerpos,
qual si el licor de la Estigia
o el agua del rio Leteo
les huuiera ruciado
ojos, sienes y cerebros;
quando al fin descansan todos
y yo solo triste peno,
por medio de vna ancha calle
vi venir vn bulto negro
y entre vn susurrar confuso
algunos suspiros tiernos.
Detune el passo, pareme,
harto temeroso el pecho,
inquieto el coraçon,
herizados los cabellos;
ya que estuuieron mas cerca,
vi quatro enlutados cuerpos
con grillos y con cadenas,
todos cargados de yerro;
lleuauan quatro mordaças,
y al misero son funesto,
mil tristezas, mil gemidos,
ansias, congoxa y lamentos;
sustentauan en los ombros
vna ancha tabla ò madero,
trahida del sacro Gargano
sin duda para este efeto;
yua de diez mil heridas
vn hombre passado el pecho,
y en cada herida vna lengua,
y a vn lado aqueste letrero:

Estas me dieron la vida
y aquestas lenguas me han muerto.

Era la noche tan clara
qual si la aurora en el cielo
con su lampara febea
luz diera a nuestro emisferio,
de suerte que pude ver
todo lo que yre diziendo.
Yua al otro lado escrito
aqueste epitafio en verso:

Bueno me ha dexado el tiempo,
y para mejor dezir,
con tiempo para morir
y para viuir sin tiempo.

Lleuaua vn purpureo lustre,
vn hermoso rostro bello,
que le juzgara por viuo
a no saber que yua muerto.
No pude saber quien era,

y desseando saberlo,
llegueme mas. y en la boca
lleuaua escritos dos versos:

Aqui yaze mi ventura
y aqui dio fin el silencio.

De vna nouedad tan grande
quede admirado y suspenso,
y por saber lo que fuesse
quise ver el fin postrero.
Fueron saliendo hazia el campo
y al fin me sali tras ellos,
y entre vnos sombrosos arboles,
de hojosas ramas cubiertos,
cuyas leuantadas cimas
competian cop los cielos,
adonde nace vna fuente
y despeña vn arroyuelo
que con raudo remolino
haze vn sonoroso estruendo,
sobre vna natiua piedra
pusieron el triste cuerpo.
y encima del muchos ramos,
colocasia y nardo bello,
sagrado mirto y laurel,
y acanto florido en medio,
y con yesca y pedernal
otros encendiendo fuegos,
donde aplicauan olores
quemando encienso sabeo,
al fin le dieron sepulcro;
y despues de todo aquesto
ocho funerales achas
sobre el sepulcro pusieron.
No es esperar a mas,
porque ya yua amaneciendo,
y el animo no era tanto
que no le venciera el miedo.
Yendome, pues, a mi casa,
vi lleuar algunos presos,
por indicios desta muerte
condenados a tormento;
vi que la justicia andaua
grande informacion haziendo
por saber quien le matò,
y nunca se ha descubierto.
Esto està en aqueste estado,
todos me tengan silencio,
porque el primero que hablare
he de dezir que le ha muerto.

Ram.—Que breue aplicacion y que buena!
Sol.—Toda se acabo con vna copla.
Ram.—Cierto que me ha contentado con grande estremo el discurso della.
Rios.—Ahora veni aca, Solano; dezidme que es cosa y cosa que no es juez y juzga, no es letrado y arma pleytos, no es verdugo y afrenta, no es sastre y corta de vestir, y es todo

esto y no es nada desto, y si nada no haze, goza del cielo, y si todo lo haze, le lleua el diablo.
Sol.— Que es, en efeto?
Ram.— La mala lengua. Porque sin ser juez, juzga las vidas agenas; sin ser letrado, arma pleytos con todos sus vezinos; sin ser inquisidor, quema aquel y al otro; y sin ser verdugo, afrenta a todos, llamando bellacos a vnos y cornudos a otros; y sin ser sastre, corta de vestir a todo vn lugar; y ya se vee que es todo esto, y que no es nada desto, y que si no lo haze gana el cielo, y si todo lo haze se le lleua el diablo.
Rios.—No es malo este enigma para vna loa.
Ram.—No sabeys lo que me espanta que aya remedios y defensiuos para el rejalgar, de triaca y vnicornio, y que el veneno del maldiciente sea sin remedio y mate sin que se le halle defensiuo.
Roj.— Dize Salomon que el callado tiene la lengua en el coraçon, y el maldiciente el coraçon en la lengua.
Sol.—El que a semejantes descubriesse su secreto, pareceme que en essa hora se vendia por su esclauo.
Ram.—El hombre callado, que es lo mismo que dezir discreto, por muchos casos de fortuna siempre esta en pie; pero el hablador, que es dezir necio, en el menor que tropieçe da de ojos.
Roj.—Xenofonte el Filosofo dezia que tenia lastima al hablador encumbrado, y embidia al callado abatido.
Rios.—Nigidio, Sanocracio, Ouidio y otros, escriuieron muchos libros del remedio de saber querer, pero no de saber callar.
Roj.— Estotro dia, por lo que dezis de querer, estauan en Toledo no se quantos galanes tratando en la comedia quien seria el amor; y vno dezia que deuia de ser como abestruz, otro como galapago; cada vno, al fin, lo que con su juyzio alcançaua y lo que cerca desto sabia. Y yo, con aquel pensamiento, estune algun rato variando y, en efeto, hize aquesta loa acerca deste proposito, que entiendo que es de mucho gusto:

Debaxo de vna ventana
que mira al sagrado Betis,
cuyas cristalinas aguas
besan sus murallas fuertes,
estauan ciertos amigos,
destos de manteo y bonete,
tratando ayer del amor
anocheze no anocheze.
Llegue, y, aunque yua de prissa,
por escucharles pareme,
y ohi que el vno dezia:
este es pajaro celeste,

pues que buela mas que el viento
y anda vendado siempre,
con arco y flechas al ombro,
hiriendo y matando gentes;
mas las heridas que da
no son heridas de muerte,
sino heridas con que sangra
las bolsas de los que hiere.
Es amigo que le den;
quiere mas mientras mas tiene,
y todo aquesto que he dicho
de aqueste verso se infiere:

Crescit amor nummi quantum ipsa pecunia crescit.

Dixo otro: dalde a las furias,
que hartas haziendas tiene
vsurpadas el auaro,
vsurero maldiciente,
cuya auaricia profunda
a la de Midas excede,
como se podra entender
deste verso claramente:

Auaritia caput malorum est omnium.

Dixo otro, medio poeta:
amor es vn accidente,
es vn caos, es confusion,
es vn no ver, no entenderse;
es en el siglo vn infierno,
es rauia, es la misma muerte
y es la mayor marauilla
de las marauillas siete;
es en estas mis señoras
qual suele ser vn cohete
de vna centella encendido
que alla en el cielo se mete,
y en faltando la materia,
que es este dar que apetecen,
cae de la esfera del fuego
en el agua, donde muere;
de la hermosura no nace
este trasgo en quinta especie,
que a ser assi no dixera
Virgilio el verso siguiente:

Hic crudelis amor tauri supostaque surto.

Pero nacio este nigromante
de lo que el Petrarca quiere,
quando en su *Triunfo de amor*
aquestos versos se leen:

Ei nacque de otro e di lasciua humana,
nudrito di pensier dolci è soaui,
fato signor è dio da gente vana (¹).

(¹) Asi el texto del *Viage*, plagado de erratas. El
Petrarca escribió (*Trionfo d'Amore*, cap. I):

«Ei nacque d'ozio e di lascivia umana,
Nudrito di pensier dolci e soavi,
Fatto signor e Dio da gente vana.»

Dieron todos en reyr,
y yo eleuado quedeme,
pensando quien pueda ser
aqueste trasgo ò juguete.
Y con este pensamiento
fuyme a mi casa y dexeles,
confuso con mi cuydado
y con el buen rato alegre.
Estuue considerando
quien este buen hombre fuesse,
que talle podia tener,
si andaria vendado siempre;
si tendria los ojos grandes,
como otros muchachos suelen;
si hablaria como yo
y todos vuessas mercedes.
Vn niño que a todos manda;
rapaz que a nadie obedece;
vn ciego que nos gouierna
y vn dios que todo lo puede.
Y al cabo de mas de vn hora
que procurè conocerle,
me parecio que seria
vn muchacho regordete,
como aquel moscatelillo
que esta jugando alli enfrente;
y estando considerando
las propiedades de aqueste,
acordeme de su padre,
que es dios que todo lo puede,
quiero dezir el dios Marte,
a quien el mundo obedece,
a quien el cielo respeta
y todos los hombres temen;
figurè en mi pensamiento
vn hombre de estraña suerte:
alto, sufridor, neruioso,
robusto, fiero, valiente,
intrepido, denodado,
animoso, brauo, fuerte,
esforçado, guerreador,
gran comedor de molletes,
de vnas narizes muy grandes,
como otras que ya me entienden,
que son trompa de elefante
de vn amigo penitente,
vn hombre de grande espalda,
de faciones diferentes,
zegijunto, patituerto,
los ojos chicos y alegres,
como aquel que esta sentado
buelta la cara a la gente.
Discurriendo por mis lances,
de lance en lance acordeme
de aquel dios de Monicongo
que andaua tiznado siempre.
Dizenme que fue Vulcano,
de este dios Marte pariente,
no se si en el sexto grado,

que este testo no parece.
Pensando en aqueste dios,
casi eleuado quedeme
de verle junto a la fragua
ser dios y andando los fuelles.
Considerando entre mi,
el talle que tendria deste,
pintè en mi memoria vn hombre
de baxa y humilde suerte.
Digo que seria callado,
sufrido, honrado, paciente,
amigo de hazer su oficio
y en lo demas no meterse;
toda la cara tiznada,
ñarizes, orejas, frente,
los braços arremangados
dando martilladas siempre;
con vn debantal de cuero
y en la cabeça vn birrete;
de buen cuerpo, corcobado,
chica boca, grandes dientes,
braços, piernas, pecho, espaldas
tan blancos como la nieue,
pero el bello seria tanto
que pusiesse espanto velle.
Valgate Dios por herrero,
y que mala cara tienes!
Pareceme que seria
como aquel negro de en frente.
Pero que casase Venus
con vn hombre como aqueste!...
Vna dama tan hermosa,
de tan honrados parientes,
que seria sin duda alguna
vna muger con copete,
con vn verdugado grande,
con muchas dueñas y gente,
muy hermosissima y graue,
de vn rostro resplandeciente,
sabia, honesta, recatada,
y que no se pondria afeyte;
con vn manto do soplillo,
vestida de blanco y verde,
los ojos çarcos azules,
de aljofar sus blancos dientes!
Hideputa, bellacona!
Como tendria buen jarrete,
y sabria amartelar
a los hombres con desdenes!
Que amiga seria de arroz
y de patatas calientes,
como aquella mi señora
que esta sentada alli enfrente!
Pero solo falto a Venus
que vna criada tuuiesse,
como otra Circe ò Medea
que embelecase la gente,
que no importa la hermosura
en las hembras, todas vezes

que ay feas con mucha dicha
y hermosas con poca suerte.
Pero ya que toquè en Circe,
sera acertado que piense
quien seria esta muger
que tanto embeleco hiziesse,
tantos enredos, marañas,
encantamentos, baybenes,
embustes, echizerias
y tanto engaño a las gentes.
Digo yo que seria esta
moça? No es possible fuesse,
sino alguna mala vieja
de mas de setenta y nueue.
La barbilla arremangada,
arrugada cara y frente,
la boquita con alforjas,
las narizes con joanetes,
la frente con pauellon,
los ojos con caualletes,
el rostro con espolones,
y las manos con cayreles.
Valgate el diablo por vieja!
Que me hazes señal? que quieres?
que no dire que eres tu,
que ya conozco quien eres.
Tengo de dezir quien es?
No, que basta que me entienda,
y està sentada frontero
entre aquellas dos mugeres.
Señoras, nadie se corra,
y si quien es saber quieren,
es la que fuere mas vieja
de todas vuessas mercedes.
Y si alguna confessare,
quiero que me den la muerte,
que no ay vieja que sea vieja
ni moça que serlo piense.
Mas ruego a Dios que, si hablaren,
que Dios las dè como puede
mal de madre, romadizo,
calentura, tauardete,
tiña, bubas, pestilencia,
ausencia, zelos, desdenes,
a ellas si no callaren,
y a todos vuessas mercedes.

Sol.—La loa es buena, y mejor para representada en el tablado que para dicha por el camino, porque sera de mucho gusto el señalar al niño, al negro y a la vieja.

Rios.—Sin duda sera de mucha risa; pero, boluiendo a lo que tratamos del amor, muchos exemplos tenemos entre manos de hombres poderosos que han hecho casos muy feos, por donde se puede colegir la gran fuerça que tiene, pues vemos que a Hercules hallaron en el regaço de su amiga, sacandole aradores, con vn çapato della en su cabeça y ella puesta la corona del en la suya. Athanarico, rey de los godos y señor de la Europa, mirad lo que hizo por Pincia, su amiga. El rey Demetrio estuuo tan enamorado de vna cautiua suya, que, estando ella enojada, la pidio de rodillas que se fuesse à acostar, y no queriendo, la lleuo a cuestas hasta la cama. Dionysio, siracusano, siendo tan fiero, estuuo de su amiga Mirta tan vencido, que firmaua ella y despachaua todos los negocios que el rey tenia. Mironides, griego, quiso tanto a Numidia, que la dio de vna vez quanto ganò en la guerra de Boecia.

Ram.—Caligula dio para reparar los muros de Roma seys mil sestercios, y cien mil para aforrar la ropa de vna amiga suya.

Roj.—Temistocles, capitan, quiso tanto a vna su cautiua egypciana, que, estando enferma ella, todas las vezes que se purgaua y sangraua lo hazia el, y con la sangre de su braço se lauaua el el rostro.

Sol.—Notable estremo de aficion.

Ram.—De ninguna necedad que haga vn hombre queriendo me espanto; y assi de las muchas que haze aquel nuestro amigo le disculpo.

Rios.—Agora que me acuerdo, no sabriamos en que parò el cuento de aquel soldado?

Ram.—Muy bien à dicho Rios.

Rios.—Cierto que le auemos de acauar de oyr mientras llegamos a Segouia, pues que quiere Solano que vamos por ella.

Sol.—No importa nada, que poco es lo que se arrodea.

Roj.—Si no me acuerdo mal, quedamos en que Leonardo matò al fiero osso en presencia de su querida Camila.

Ram.—Muy bien dezis, que el cuento quedò en esse punto.

Roj.—Pues hazed cuenta que habla el mismo Leonardo; y prosiguiendo el sucesso, dize desta manera a aquel nueuo amigo suyo que os he dicho: Atrauesada y muerta la fiera, amigo Montano, a los pies de mi fiera homicida, no te puedo dezir quien se turbò mas, si ella de ver aquel sucesso tan repentino, ò yo de ver su diuina hermosura. Al fin, despues de varios y diuersos cumplimientos y cortesias, ofrecida a Floriso y a su noble compañera la mayor parte de la caça, supliquè a mi Camila se siruiesse del osso, pues parece que su suerte le auia traido a morir a sus pies. Y fingiendo la risa que de mi coraçon estaua bien agena, no se, señora, la dixe, si tiene ygual vuestro rigor, pues ya qualquier cosa que merece veros lo paga con la vida. Pero que culpa tuuo quien no pudo dexar de miraros, porque vos misma quisistes que os viesse? Ella no me respondio con la lengua, aunque yo colegi de sus acciones vna respuesta no muy contra mi desseo; porque la veia pensatiua, mudando varias y diuersas vezes los co-

lores de su rostro, despidiendo de quando en quando vn medio suspiro, a quien la virginal verguença hazia que se quedasse en el camino y se quebrasse y deshiziesse entre los dientes, destilando de quando en quando algunas orientales perlas de sus dos diuinos y soberanos soles. Todos estos accidentes, a mi parecer, sustanciauan el processo de mi causa no muy en contra mia: y assi, viendo esto. saquè la carta, que la lleuaua conmigo, y fingiendo sacar vn lienço de narizes, descuydadamente hize como que la carta sin notarlo yo saliesse con el y cayesse sobre su regaço, teniendo cuenta con que fuesse a tal tiempo y sazon que sus padres en ninguna manera pudiessen notarlo. Ella que vio la carta, casi sin saber por donde auia venido, tomola, y viendo que el sobre escrito venia para ella, con grandissima presteza la metio en la manga de la ropa. Yo, que vi que todo me auia sucedido conforme a mi desseo, fingiendo que se me hazia tarde, bolui para mi casa, aguardando buen sucesso de mi inuencion, pues hasta entonces me auia todo sucedido como desseaua. Y porque entiendo que gustaras de oyr las necedades que en la carta yuan, te la quiero dezir, que como todas estas eran finezas de amor, me recreo cada vez que dellas me acuerdo, y assi. procurando refrescar con ellas la memoria, se me quedan en ella, la qual dezia assi:

Si a los humanos ojos mouer suele
ver vn humano cuerpo maltratado,
y tanto mas el mal ageno duele
quanto es mas riguroso y encumbrado;
si les suele mouer a los leones
el timido animal que se ha humillado;
si suelen los sangrientos coraçones
a piedad compassiua prouocarse,
mouidos de vnas lugubres razones;
si suelen los valientes aplacarse
por mirar humillado al enemigo,
y a lagrymas humanas incitarse,
por que a quien se le humilla a vn dulce amigo
ha de tener el pecho alabastrino
cerrado a la verdad de vn fiel testigo?
Por que su coraçon tan diamantino
le ha de mostrar al animal rendido
vn animal tan dulce y tan diuino?
Por que ha de ser vn pobre perseguido
sin lastima ò piedad de vn pecho fuerte,
y si afflixido està, mas afflixido?
Por que aquel que esta en punto de la muerte
le han de ayudar a despedir el alma,
procurando acabar su triste suerte?
Por que no llevarà de amor la palma
quien tiene por amar su triste vida
en el mar de la muerte puesta en calma?
Por que se ha de morir de aquesta herida
quien la tomò por saludable gloria

y trae su alma della reuestida?
　　Mueuate, pues, mi lastima notoria,
y piensa, mi Camila, y considera
que te tiene por blanco mi memoria.
　　Recibe mi fè pura y verdadera,
salida de vn hidalgo y noble pecho,
contra quien eres sin razon tan fiera.
　　Mira que estoy en lagrymas desecho,
siruenme de verdugo mis porfias,
que traen mi alma en tan amargo estrecho.
　　Ya el fin de mis humanas alegrias
espera el sin ventura tiempo, quando
con muerte acaben las desdichas mias.
　　Ya està mi triste vida contemplando
que entiendes mi firmeza ser incierta,
y por esso me yras menospreciando.
　　Ya mi esperança esta segura y cierta
del temor de la rigida sentencia
que ha de cerrar al bien del bien la puerta.
　　Ya entiendo que el amor y la clemencia
estan de tu beldad tan apartadas
como està de mi pecho la paciencia.
　　Ya entiendo que han de ser enarboladas
contra mi vida rigidas vanderas
en el alcazar del rigor fixadas.
　　Ya me acometen las sospechas fieras
de ransias, pesadumbres, penas, zelos,
que amenazan mi muerte en mil maneras.
　　Ya los dos soles que adorè por cielos
entiendo que mi amor candido y puro
pisan, huellan y arrastran por los suelos.
　　Ya entiendo no ay lugar que estè seguro
para apartarme de tu ayrada vista
y de los golpes de esse pecho duro.
　　Ya entiendo soy en vista y en reuista
condenado a morir por tu belleza,
aunque mas en amarte siempre insista.
　　Entiendo, mas no entiendas mi firmeza
ser de tan vil caudal y poco brio
que resistir no pueda a tu fiereza.
　　Solo pido, señora, lo que es mio,
solo el premio de amarte y de quererte,
de vn fuego que encendiera vn yelo frio.
　　Confiesso he pecado en conocerte,
mas pues tuue la gloria de mirarte,
entiendo la merezco en merecerte.
　　Mi coraçon se avassallò en amarte,
mi alma se deshizo en amor tierno
luego que pudo verte y contemplarte.
　　Confiesso que sera mi fuego eterno,
si algunas gotas de tu dulce fuente
no me libran de aqueste horrible infierno.
　　Siempre mis ojos te tendran presente
tu diuina belleza contemplando,
aunque estes de mi vista mas ausente.
　　De tu clemencia sola confiando,
en esta confusion y amarga duda,
acaba quien se queda ya acabando,
si tu beldad diuina no le ayuda.

Hecho esto como has oido, y venida la noche,
atormentado de la melancolia ordinaria de mis
pensamientos, tomando vna vihuela me sali por
vna puerta trasera al campo a suspender mis cuy-
dados y gozar del viento fresco que corria. Y en-
derezando mis passos hazia la casa de Floriso, y
hallandome en vna alameda bien cerca della, sen-
tandome al pie de vn alto y derecho alamo, de
adonde, con las vislumbres que entre las pobla-
das ramas los rayos de la hija de Latona hazian,
podia ver el sitio que era guarda y deposito de
todo mi bien, comence a cantar desta suerte:

　　Pues vn amor tan leal
pagas con tanto desden,
y porque te quiero bien
tu, mi bien, me quieres mal;
pues mi tormento inmortal
tu pecho no ha enternecido,
señora, clemencia pido,
que, en los tormentos de amor,
el que tengo por mayor
es querer sin ser querido.
　　Para el oluido ay razon;
para el amor, esperança;
para el desden ay mudança,
y a zelos, satisfacion;
mas, ay de mi coraçon!
que tan desdichado es,
que ruega vn mes y otro mes,
y quanto mas te importuna,
eres como la fortuna,
que mata al que està a sus pies.
　　No fuerço tu libertad,
mi Camila, a que me quieras,
mas solo que agradecieras
dos años de voluntad.
Ten, gloria, de mi piedad
y dame, si eres seruida,
no mas de vn hora de vida,
que no es mucho, ingrata amada,
que a dos años de adorada
seas vn hora agradecida.
　　Como el sol de aqueste cielo
yo me consumo y traspasso,
y este fuego en que me abrasso
jamas ablanda tu yelo;
pero sin duda recelo
que, como tu me aborreces,
con tu fuego tu yelo creces,
y al sol que me esta abrassando,
yo soy cera que me ablando,
tu piedra que te endureces.

　　Aqui lo dexè, y no de derramar algunas la-
grimas, con que hize compañia a mi tragica
musica. Y estando en esto, senti cecear, como
que llamauan a alguno para que viniesse. Y
como yo quisiesse saber, algo turbado, quien

auia sido el testigo de mis quexas, mouido de la curiosidad y del enojo, me leuantè y fuy hazia donde auia oido la voz. Y como siempre la fuesse oyendo de mas cerca, sin perder el tino, a pocos passos que caminè, me halle junto a la casa de Floriso, pegado casi con vna ventana, en donde estaua vna menuda reja. Aqui cessaron de llamar y yo de caminar. Y como viesse abierta la ventana, estuue vn rato aguardando sin atreuerme a respirar ni alentar, dandome mil saltos el coraçon, cosidos los pies con la tierra mas fuertemente que si fuera vna de las hayas de aquel monte. Y al cabo de pequeño rato, ohi que salia de parte de adentro vna voz humilde que preguntaua quien era yo. Y como el eco della retumbasse en lo mas profundo de mi coraçon, senti y reconoci ser de mi querida Camila. Y dandome temblores de muerte, respondi: Vuestro Leonardo es, señora, si acaso ay quien merezca tener algun ser delante de vuestra diuina presencia. Ella, turbada, preguntò que como la conocia y sabia que era la que dezia. En mi alma, la dixe, en quien no puede caber engaño de vuestro conocimiento, tengo figurada vuestra soberana imagen Y por lo que essa voz dize con lo que esta en ella, hecho de ver que soys mi diuina señora y su propio original. Ella entonces, haziendo cielo de aquella reja, se puso en ella, desterrando las tinieblas de la noche, alegrando y regozijando el campo è hinchendo mi alma de vna subita y no esperada alegria; y abriendo aquellos bellissimos corales, me dixo: Señor Leonardo, baxad la voz, porque nos pueden oyr, y oydme aora vn rato. Las muchas obligaciones que os tengo, y las que siento tener para cumplir con lo mucho que soys, me tenian en este punto con alguna duda y suspension para responderos a vn papel que artificiosamente dexastes esta tarde en mi poder. Y aunque me pudiera hazer algo de la offendida, de la arisca y enojada, y hazer culpado vuestro atreuimiento por no auer procedido, al parecer de algun juyzio, con el termino y leyes que vuestra discrecion prometia, y deziros, como otras suelen, que quando vistes cosa en mi que os diesse alas y atreuimiento para pretender cosa contra vuestra autoridad y mi honra; con todo esso, como os tengo por tan discreto y cuerdo que se que no la aureys desseado, y por tan reportado que se que no la aureys pretendido, conociendoos en la suauidad de la voz y armonia de la musica, quise llamaros por esta ventana que cae a mi aposento, para saber de vos mismo qual es vuestro pensamiento. No ignoro que me teneys aficion, ni culpo en esta parte vuestra voluntad, porque conozco que estas cosas no son en nuestra mano. Mas quisiera saber que es lo que con ella pretendeys, estando obligado a sa-

ber, por ser quien soys, como deueys guardar y mirar por mi propria honra, por la de mis padres y de mi linage, y por la vuestra misma, que se desdorara y perdiera pretendiendo vos algo contra la mia. Hermosissima señora, la respondi, doy mil gracias al Criador que os hizo tan discreta como bella y os formo la mas bella del mundo. Auiendo vos entendido la enfermedad de mi alma, no tengo de ser como el indiscreto enfermo que anda recelandose y recatandose de descubrir su mal al medico que puede darle salud. Sabe el cielo que nunca tuue pensamiento de offenderos, porque fuera offender su diuina y soberana grandeza, sino que esta verguença y temor, enemigos de la vida y salud de las almas, han cerrado mi boca y atado mi lengua para que aun no fuessen instrumentos muertos de mi remedio. Pero aunque estas potencias no han hecho su oficio, no han faltado los caminos que vos sabeys, por donde os he venido a descubrir mi mal. Lo que pretendo y lo que desseo es solamente quereros y seruiros, y esto de la manera que vos quisieredes, que pues teneys mi alma desde el primero dia que os mereci ver en vuestro poder, es bien que vseys della como os diere gusto. Como quereys, me dixo ella, que pueda creer essas que, lo vno por ser en mi fauor, lo otro siendo al proposito que son, se pueden llamar lisonjas, si son publicos en esta tierra los amores que con Leonida, la hermosa dama de Orense, teneys? Tengo?, la respondi; señora, mejor dixerades que tuue, y esto fue por no auer amanecido ni salido en mi emisferio el sol de vuestra diuina hermosura; que si esto fuera ansi, qualquiera otra se desuaneciera, como con los rayos de el sol se deshazen las tinieblas de la noche. El tiempo que yo he gastado en seruir a Leonida solo fue por cortesia, desseandola pagar la merced que en todas ocasiones mostrò hazerme. Y no passò de aqui; aunque imbidiosos de mi honra quieran persuadir lo contrario. Mas despues que conoci vuestro soberano valor, ya veys que de todas las demas cosas me he priuado, cifrando todo mi contento en emplear todos mis sentidos y potencias en contemplaros y mis fuerças en seruiros. Y desto no pongo otro testigo sino a vos misma, que sabeys los sollozos, los suspiros, las lagrimas que por vos he derramado, las lobregas y tenebrosas noches en que mi alma se ha visto hasta este punto. Todos estos montes tengo llenos de mis quexas: al eco, cansado de responderme; los arroyos y rios desta vega han salido de madre con mis lagrimas, y los arboles y plantas han crecido con las continuas lluuias de mis ojos. Y por todos estos trabajos que en seruicio vuestro he passado, solo os suplico mireys quien soy y, tratandome como quien soys, permitays que os ame y que os sirua eternamente. Y si andando el tiempo mis seruicios merecieren que leuanteys mi estado y mi ventura en lo alto de vuestra diuina hermosura con el ligitimo matrimonio, esso lo dexo a vuestra disposicion. Todas estas razones y otras que aquella noche entre mi señora y mi passaron, fueron bien oydas y admitidas de los dos, y aunque con la granedad natural de su soberano semblante quisiera mi Camila dissimular el contento que recibio en saber tan a las claras mi amorosa passion, para quien padecia el mismo mal era inutil y por demas aquella disimulacion, porque el mismo faraute que estaua en su alma, estaua en la mia, interpretando sus incognitas passiones. Y despues de auer passado otras razones concernientes al proposito de entrambos, concertamos de tener secretos nuestros amores hasta que nos pareciesse descubrirlos a sus padres, para que, con contento de todas las partes, ligados con el nudo del santo matrimonio, cogiessemos el fruto de nuestros desseos. Y en aquella misma reja me juro mi Camila de amarme eternamente y no trocarme por otro del mundo. Y despues de auer besado su blanca mano y concertado de vernos algunas noches por aquel mismo lugar, tomada su licencia, me bolui para mi casa con el contento que puedes imaginar, y ponderar y sentir qualquiera que huuiere nauegado por este proceloso mar del amor y la esperança. Ya desde aquel punto començo a amanecer otro nueuo sol en mi alma; no se me acordaua de tristeza alguna que por mi huuiesse passado, pareciendome que el menor rastro de alegria que entonces ocupaua mi alma era mayor, de mas auentajados quilates y ventajas que todas quantas tristezas y passiones auia antes tenido. Ya desde aquel dia començo a viuir en mi otro nueuo hombre. Vestia a lo galan, de varias y differentes libreas, conformando los colores del cuerpo con los de el alma; frequentaua las caças; era autor de las fiestas, y acudiendo ordinariamente a la casa de Floriso y Claridia, procuraua, haziendo mil muestras de mi persona, afficionarles mucho a ella para disponer nuestras cosas para adelante. Y como ellos conocian mis honrados pensamientos, y por esto no se recatauan de mi, entraua y salia quando queria en su casa, recreando mi alma con la vista y conuersacion de mi amada Camila, y acudiendo de noche al puesto acostumbrado, porque si los dias passaua con contento, las noches passaua en la gloria, porque lo era para mi el verla y oyrla; porque, fuera de su diuina hermosura, tiene vna lengua tan suaue y delicada y vnas razones tan viuas y dulces, que bastan para eleuar y suspender al mas viuo y agudo entendimiento. Y como los dotes de su alma son de tanta perfeccion y qui-

lates, te puedo jurar y prometer de cierto que nunca mi pensamiento se baxò a pensar cosa contra su diuina honestidad. Que esta diferencia ay entre el amor casto y honesto al que no lo es, que como el primero tiene su assiento en el alma y en solos los gustos, deleytes y contentos della, y el alma es eterna, pura, y espiritu, tambien el es eterno y nunca se acaba, antes mientras mas el alma ama, con mas fuerça y mas viueza, con mayor pureza y espiritu va amando. Y estando siempre satisfecha, siempre esta con nueua sed y hambre de amor. Lo qual no acontece en el amor torpe y lasciuo, porque como este tiene su assiento en el cuerpo y por objeto el de[le]yte carnal, sensual y temporal, y todas estas cosas son vanas, caducas y perecederas, en llegando este a alcançar su fin, y a tener lo que dessea, alli se acaba y perece, embaça el desseo, y la voluntad no solo se harta, sino hartandose se fastidia. Y ansi los que tienen este amor son comparados a los animales brutos, y los que tienen el primero a los angeles y bienauenturados, que viendo siempre y gozando de Dios, estando hartos y satisfechos, estan con nueua hambre y desseo del. Y la causa desta comparacion es porque los que aman con amor casto y honesto las criaturas, amanlas en quanto las perfecciones de su criador resplandecen en ellas. Y por esto todo este amor se viene a resoluer en el criador como diuino y soberano primer principio, causa, fuente y origen de todas las perfecciones. Este, pues, era el amor que auia entre los dos, y por esto nunca nos hartauamos de amarnos y querernos, porque no nos cansauamos, ni dauamos ocasion à aquellos que con nosotros tratauan de cansarse con nosotros. Y aunque Floriso y Claridia echauan de ver algunas muestras, rastros y centellas de amor entre los dos (que este, por vna parte ò por otra, es impossible encubrirse), como me tenian por tan honrado y mirado, y a su hija por tan casta y honesta, no nos interrumpian nuestros desseos, ni les pesaua que las veras con que se seruia à su hija, pareciendoles, como yo no estaua ligado ni impedido por otra parte, que aquellos serian medios, como lo fueron, para ligar nuestros cuerpos, pues lo estauan las almas, con el nudo del santo matrimonio. Por estas razones tenia entrada franca en su casa, con mucho gusto y contento de todos, y aunque con todos hablaua y conuersaua, no dexaua de hurtar mil ratos y guardarlos para mi amada Camila. Y ansi en el discurso de todo este tiempo viui con el mayor gusto y contento que se puede imaginar. Y acuerdome que vna vez, entrando en la huerta de Floriso, halle a mi Camila sentada al pie de aquel alto laurel donde primero tuuo noticia de mi amor, conociendo su diuino rostro en el limpio, terso y cristalino espejo, y vi que, absorta y eleuada, tañendo vna guitarra y concertando con ella su diuina voz, estaua cantando vn romance, y luego que me acerto a ver, antes de acabarle, dexando la musica se leuantò para mi los braços abiertos, y coronando mi cuello, nos sentamos vn rato junto a la cristalina fuente, renouando las memorias del primer cuento de nuestros amores, que alli nos auia acaecido a los dos. Este y otros alegres dias passamos, reynando en mi alma el mas agradable clima que podia hombre constituydo en el mas felice y venturoso estado dessear. Aunque tambien te digo, amigo Montano, que comimos estos sabrosos y regalados bocados del amor con su salsa, pues aunque huuo contentos, alegrias, descansos y gloria, no faltaron penas, rezelos, temores, desassossiegos, ni perdonaron al alcazar y omenage de mi firmeza y amor los infernales zelos, que siempre acompañan al alma que con veras quiere bien. Auia cerca del gouernacion vn noble y principal cauallero, mas en oficio que en linage, que en estos tiempos procurò escurecer mi gloria y anublar mi contento. Este dio en seruir y visitar a mi Camila, frequentando la casa de sus padres mas de lo que yo quisiera. Y como los amantes, aunque ciegos, veen mas que Argos con sus cien ojos veladores, no se me pudieron esconder sus pretensiones. Y aunque me pesaua de verle entrar tantas vezes en casa de Floriso, no podia dar muestra deste sentimiento, por no dar a entender de camino mi amor. Mi Camila bien sentia y conocia mis imaginaciones y los passos mal dados de Persanio (que ansi se llamaua mi injusto competidor), y por esto procuraua auerse de suerte con el que, aunque su mal termino del me diesse ocasion para sospechar algo, su recato, recogimiento y limpieza della me pudiesse librar de qualquier sospecha. Haziaseme Persanio muy amigo y muy familiar prenda de mi casa, sin ver que me procuraua robar la mejor y mas preciada della. Entendia que, teniendo mano conmigo, podia entrar y salir con seguridad y sin sospecha en la casa de Floriso, por ser el y su noble amada Claridia cosas tan mias. Ves aqui, Montano, las amistades del mundo, que son tan falsas como aparentes, y siendo todo aparentes, seran todas falsas; son como langostas, que hazen assiento en el prado mientras dura la verde yerua, y quando se van le dexan todo seco, mustio, marchito, agostado y abrassado; son sol de inuierno, que quando mas luze y abrassa, es señal que se ha de cubrir y anublar mas presto. Tal era la amistad que Persanio tenia conmigo, porque sabia yo al blanco que tiraua, y ansi te prometo que no podia dissimular la variedad de pensamientos que en mi alma estauan. Y era de

suerte que mi querida Camila conocia casi con certidumbre mi sentimiento, y por esto con mas veras procuraua siempre hurtar el cuerpo a mi enemigo. Quiso mi desgracia que vna vez fuessemos Persanio y yo a casa de sus padres, la qual como le viesse que yua vn poco delante de mi, retirose colerica a su aposento, de que no poco me alborotè, pensando que yo era la causa de aquella huyda, porque nunca entendiera que, aunque lo fuera acompañado de leones y basiliscos, mi Camila huyera mi vista, entendiendo que ella sola les pudiera seruir de saluo conduto para que ella no lo hiziesse. Ella, por otra parte, que vehia su enemigo acompañado de mi, entendia que todo aquello era por mi gusto, por tenerle yo ya puesto en otra parte, y ansi gustar que Persanio se acomodasse con ella, y que para esto se seruia de mi compañia como de tercero. Ves aqui quales andauamos los dos, y considera qual estaria yo, que no tenia ni esperaua tener otro contento sino el que me podia dar la fe y amor de mi señora. Para sacar en limpio todos mis temores y aueriguar todos mis recelos, determinè hablarla vna noche por la ventana de la reja que auia sido el testigo de nuestras primeras palabras, y yendo alla hize la seña acostumbrada vna, dos y tres vezes. Ella, que entendio que yo trahia la compañia que antes, ni quiso abrir ni responder, lo qual senti tanto, que desde aquel punto se confirmaron mis sospechas. Y ansi, sin aguardar mas, desesperado, me bolui para mi casa, y otro dia muy de mañana, con dos ò tres criados, me retirè a vna aldea mia que estaua tres leguas de alli, y no lo pude hazer con tanto secreto que no se publicase luego mi ausencia, y mi Camila con ella no confirmasse la sospecha que de mi poca fe auia tenido. Yo, por otra parte, que me era tan impossible viuir sin ella, como sin el mouimiento del cielo, el calor del sol y la influencia de las estrellas, deshaziame en viuas lagrimas, todo el dia le lleuaua y passaua en vn suspiro, no hallaua differencia entre el dia y la noche para mi, porque todo me parecia vna noche escura. Y con la fuerça de la desesperacion, tomè vn dia tinta y pluma, y determineme de escriuirla esta carta:

Leonardo el triste amador,
el noble que ser solia
vino retrato de amor,
a quien mas que a si queria
esta escriue con temor.
En otras mil te he embiado
mi amorosa pesadumbre,
y ha sido bien escusado,
pues al fin las han borrado
mis lagrimas y tu lumbre.
Mas por mas que en este estrecho

pretendas gloriosa palma,
no ha de serte de prouecho,
que assi podras en el pecho
borrarlas como en el alma.

Pero no puedo negarte
que me canso de escriuirte,
cansada en aquesta parte
la mano de porfiarte
y el alma no de seruirte.

Y aunque en aquesta labor
mi mano nada descansa,
no es porque me falte amor,
mas porque el pinzel se cansa
por mas que quiera el pintor.

Muchas vezes dibuxè
en papeles escusados
tu bella gracia, y errè;
pues al fin, como tu fe,
quedaron ellos borrados.

De mi pecho desencierro
muchos ratos esta quexa,
porque (y en esto no yerro)
fe jurada en vna reja
comiença y acaba en hierro.

Pero luego que reuiue
la esperança con que lucho,
dize al alma, en donde viue,
que lo que en hierro se escriue
siempre suele durar mucho.

Despierta mi desuentura
al punto que llego aqui,
y dize al alma segura
que la fe en el hierro dura,
pues que dura el hierro en mi.

El que muestra tu mudança,
mi Camila, tu desden,
a ver vn milagro alcança,
ve mi fe sin esperança,
mi mal juzgado por bien.

Aunque quien con sufrimiento
viere mi mal poco a poco,
dira que yo en mi tormento,
como estoy muerto, no siento,
ni juzgo, como estoy loco.

Mi poco juyzio confiesso,
y mi vida he renunciado,
porque, mirando tu excesso,
muero porque te has mudado,
y por verte pierdo el sesso.

No se que ha sido la causa
de venirme a aborrecer;
pero, que causa ha de auer,
si no es que mi muerte causa
ser hombre y tu ser muger?

Soy peña, soy firme roca,
soy fe, soy todo esperança,
soy do el amor siempre toca;
tu, muger, que es cosa poca,
facil confusion, mudança.

Perdona que determino
dezir quien son las mugeres,
pues quiça, si las difino,
podre dezir de camino,
fiera ingrata, quien tu eres.

Son las mugeres, si son,
las que nunca tienen ser,
retrato de la opinion,
cifra escrita con carbon,
que no se puede entender.

Son la fabula del Momo,
en maldezir su trasunto,
la fe y belleza sin tomo,
como imagines de plomo,
que se doblan en vn punto.

Es su auiso parleria,
y su donayre malicia,
su silencio, boberia;
sus dadiuas, grangeria,
y su grangear, codicia.

Sus ojos, de basilisco;
su voz, de cruel sirena;
sus sospiros son de hiena;
su condicion, no de risco,
mas de moudiza arena.

Su amor es torpe deleyte,
su afficion, sensualidad;
su recato, necedad;
sus lagrimas, torpe afeyte,
que es soliman la mitad.

Su essencia es ser variables,
y en todo ser repugnables
à aquel sumo inmenso modo;
Dios es inmudable en todo,
y ellas en todo mudables.

En todo su proceder
al hombre contrarias son,
y, por no me detener,
son, han sido y han de ser
su misma contradicion.

No digo que te he seruido,
enemiga injusta mia,
que, aunque quise, no has querido,
con amar si que he excedido
a quien mas te seruiria.

Mi don es fe verdadera,
y tu palabra primera
fue, ingrata, que me querrias;
mas todas son burlerias,
fe en la muger, sello en cera.

No en conchas de nacar perlas
para poder ofrecerte
tuue, ni quise tenerlas,
pensando que merecerlas
bastaua para quererte.

Los mas soberuios despojos
con que enriqueci tu palma
a montones y a manojos,
son suspiros de mi alma

y lagrimas de mis ojos.
   Mas muero auiendo sabido
que las deudas tan estrechas
que en ti sembre se han perdido,
y de entre ciertas sospechas
mil verdades he cogido.
   Conozco que el mas gallardo
es ya de menos valor,
y menos vale el amor
de vn noble y leal Leonardo,
que el de vn Persanio traydor.

Estas razones estaua escriuiendo, amigo
Montano, y de repente ohi en el zaguan de mi
casa gran ruydo de perros, cauallos y gente
que entraua como de tropel.

Pero porque parece llegamos ya a la ciudad
de Segouia y mi cuento va algo prolixo, dexe-
moslo para otro dia, y tratese de otra cosa esta
legua y media que nos queda, pues ya la chirria-
dora Progne, con sus vltimos acentos, se re-
coge à abrigar sus recien puestos hueuos, y
comiença la lobrega y escura noche a cubrir
con su manto la tierra.

Rios.—Ya que no passays adelante, dezid-
me, antes que se me passe de la memoria: hi-
zistes aquella loa que os dixe para empezar en
Valladolid?

Roj.—Tengola hecha, y no me he acordado
de dezirosla; pero, como es entre toda la com-
pañia, ay poco que estudiar en ella.

Ram.—No podremos oilla?

Roj.—Iuana Vazquez (¹) y yo empezamos
desta manera:

Iuana.	No por mucho madrugar
	amanece mas aina.
Rojas.	La ocasion es peregrina.
Iuana.	Que hemos de representar?
Rojas.	En Valladolid estamos;
	ya no ay temer, sino hazer.
Iuana.	Pues agora quiero ver
	la farsa con que empezamos.
	El temor que traygo veo,
	porque es tan grande mi amor,
	que deste justo temor
	se ha engendrado mi desseo.
	Vengo a agradar y dar gusto,
	y como me veo venir
	sin fuerças para seruir,
	tengo el temor que es muy justo.
	Veo la mejor ciudad
	que ciñe el mar, cubre el cielo;
	veo la discrecion del suelo,
	del mundo la magestad.

(¹) Pertenecia á la compañia de Juan de Limos
en 1583. Ya hemos visto que es autora de una octa-
villa en loor de *El Viage entretenido.*

   Veo a Rios que se fue
despues del Corpus de aqui;
veo que me trae a mi,
y lo demas que trae se
que, aunque es algo, todo es nada,
porque auiendo estado tanto
en esta corte, me espanto
hiziesse aquesta jornada.
Comedias trae, no lo niego;
pero si a Toledo tiene,
y a Madrid, como se viene
donde ayer salio? està ciego?

Rojas.	Como el fuego va a su esfera,
	el ayre a su firmamento
	y a su humedo elemento
	el pez, de aquesta manera
	acude Rios aqui,
	como ayre, pez, fuego y mar,
	que es su centro este lugar
	y descansa en el.
Iuana.	Ansi.
Rojas.	Fuera desto, trae estudiadas
	seys comedias.
Iuana.	Ya lo se.
Rojas.	Pues si lo sabe, no ve
	lo que han sido celebradas
	donde se han hecho?
Iuana.	Ea, acabe!
Rojas.	Sin esto, por mejoria
	yo mi casa dexaria.
Iuana.	Si; pero quien poco sabe...
Rojas.	Dira que presto lo reza.
Iuana.	Es ansi.
Rojas.	Pues, mi señora,
	dexe esse temor agora,
	que a representar empieza.

(*Quiteria y Torres.*) (¹)

Torres.	Donde yra el buey que no are!
	Si va a dezir la verdad,
	por diez que es temeridad
	la que haze Rios.
Quit.	Donayre
	tiene. De que es el temor?
Torres.	De lo que es justo tener,
	que es auer salido ayer
	y boluer oy, que es rigor.
Quit.	Aora, por lo que diran,
	no venga de mala gana,
	que el molino andando gana.
Torres.	Bien ò mal, casado me han.

(*Bartolico y Maria, niños.*)

Bart.	A las vezes lleua el hombre
	a su casa con que llore.

(¹) «Quiteria» era la actriz Quiteria Hernández
(cons. el precioso libro de D. Narciso Alonso Cortés:
Noticias de una corte literaria; Madrid-Valladolid,
1906; p. 34). «Torres», Bartolomé de Torres.

Maria. Quien es el hombre?
Bart. No ignore
que lo soy.
Maria. Como es su nombre?
Bart. Bartolillo.
Maria. Y esso solo
es nombre de hombre?
Bart. Señora,
Bartolillo soy agora,
mas ya puedo ser Bartolo.
Assi [me] puedo llamar,
que si se dezir y hazer,
a mas me puedo atreuer;
y si no, quiere apostar?
Maria. No diga mas.
Bart. Va vn doblon
que no haze lo que yo hiziere?
Maria. Aqueste no nada quiere
que le buelua vn torniscon.
Bart. Si soy Bartolillo o no,
quiero que en esto se vea;
va vn ochabo que no mea
a la pared como yo?
Pero gente veo venir,
y por esto callo, dama;
si no...

(*Callenueua* (¹) *y Arze.*)

Calle. Cobra buena fama
y echate luego a dormir.
Arze. En la Corte estamos ya.
Calle. Yo espero en Dios que han de ver
letras que sombra han de ser
de quanto baylado està.
Que dezis vos?
Arze. Que me corro
de no poderla seruir.
Calle. Por vos se podra dezir:
baylo bien [y echas del corro]? (²)

(*Ramirez y Rosales.*) (³)

Ram. Mal de muchos gozo es.
Ros. Viue el cielo que me he holgado
de echar cuydados a vn lado
estos dos meses o tres.
Ram. Que alegre estays!
Ros. No he de estar?
Ram. Por mi vida, que me espanta.
Ros. Señor, cada gallo canta...
Ram. Adonde.
Ros. En su muladar.
Ram. Pues vos, soys gallo, o capon?
Ros. En los nidos del otro año
no aura paxaros ogaño.
Ram. En esso teneys razon.
Que si barbado no aueys

(¹) Pedro de Callenueva.
(²) Suplo estas cuatro últimas palabras. El refrán
dice: «Baylo bien y echayse del corro?»
(³) Juan Bautista Rosales. Viuia en 1613.

ORIGENES DE LA NOVELA.—IV.—36

en tanto tiempo como ha,
como paxaros aura,
pues vos barbas no traeys?

(*Antonio y Solano.*)

Ant. Dixole la leche al vino,
bien venido seays, amigo.
Sol. Yo soy desso buen testigo.
Ant. Sin serlo yo lo adiuino.
En Valladolid estamos,
señor Solano.
Sol. Ya veo
cumplido vuestro desseo;
pero no el que desseamos,
que es de acertar a seruilla
como es razon.
Ant. Bien podeys,
que en su grandeza vereys
vna otaua marauilla.
Sol. Con esso el temor aplaco
y quedo mas satisfecho;
mas dizen que honra y prouecho
que no caben en vn saco.

(*Rios.*)

Ant. Rios viene.
Sol. Rios?
Ant. Si.
Rios. Aora, Dios me de contienda,
ruego a el, con quien me entienda.
Señores, que hazen aqui?
Iuana. Estauamos esperando
si se ha de representar.
Rios. Ya no es ora de empeçar?
que esperan?
Iuana. Estoy dudando
si se burla, o es de veras
lo que dize, señor Rios.
Rios. Que donosos desuarios!
Iuana. Mas, que gentiles quimeras!
Ant. Ay algunos descontentos,
y estan con algun temor
de salir aqui.
Rios. Señor,
essos son otros quinientos.
Pero quisiera saber
de do el temor ha nacido.
Iuana. De donde? De auer salido
de aquesta ciudad ayer;
hazer como hizo la fiesta,
y auerse representado
lo mas del año passado
en ella; la causa es esta.
Rios. Señores, no nos matemos;
los que entonces me ampararon,
fauorecieron y honraron,
no son los mismos que vemos?
No son estas mis señoras,
las que mercedes me hazian,
y entonces fauorecian
en mi comedia dos horas?

Ansi humildes como altas,
no gustauan de ampararme,
de verme, oyrme y honrarme,
perdonandome mis faltas?
Los duques, condes, marqueses,
caualleros principales,
nobles, discretos, leales,
generosos y corteses
que en esse tiempo me honrauan,
no son los mismos que veo?
Hasta aquestos bancos creo
son los propios que alquilauan.
No son estos mosqueteros
quien con gozos infinitos
aqui me dauan mil gritos
y a la puerta sus dineros?
Hablad, mosqueteros mios,
respondedme vnos a otros,
que, por diez, que soys vosotros
los que hazeys la barba a Rios.
Son nuestras ollas las caxas
donde cobran los dineros,
y dellas los mosqueteros
el tozino y zarandajas.

Ros.　Como se han de auer mudado
todos los que estan aqui,
si yo con barbas sali
y me he buelto desbarbado?
Y que es posible que crece
cabello, vñas, persona,
y esta barba socarrona
contino se estè en sus treze?

Bart.　Todos los santos le valgan!
Mi señor no estè afligido,
porque en todo largo ha sido,
mas no en que barbas le salgan.
El jurò dandole vaya
antes de Pasqua barbar;
pero ya puede cantar:
jura mala en piedra caya.

Ros.　Niño, tengoos de açotar
con la merced que alcançamos;
señores, adentro vamos,
que ya es hora de empeçar.

Ant.　Esso es andar por las ramas;
señoras, pues son tan bellas,
hablen los galanes ellas,
y Rosales a las damas.

Ros.　Digo, pues, que yo me fundo
en seruiros humillado,
como el hombre mas barbado
que tenga España ni el mundo.

(Entrase cada vno como [va] hablando.)

Iuana.　En tu gran merced fiada,
segura me puedo entrar.

Quit.　Yo tambien, con suplicar
me ampareys como a criada.

Maria.　Yo para seruir naci,
no tengo que me ofrezer.

Arze.　Yo, que me holgara de ser
el mejor que viene aqui.

Ant.　Yo me ofrezco, que es muy justo,
como vn humilde criado.

Torres.　Y yo como esclauo herrado
al banco de vuestro gusto.

Sol.　Yo os pido por Dios tambien
recibays mi voluntad.

Calle.　Yo, que guarde esta ciudad
por muchos años amen.

Ram.　Yo, que es lo mas importante,
me perdoneys os suplico.

Bart.　Yo quisiera, aunque soy chico,
ser en seruiros gigante.

Ros.　Yo, que me perdoneys vos
si a seruiros no acertare.

Rios.　Y si aquesto no bastare,
baste la gracia de Dios.

Sol.—Buena es la loa, y muy breue, para ser entre toda la chusma, y esso de yr a la fin diziendo cada vno sus dos versos y entrandose, es muy bueno.

Rios.—Pues sera menester que aqui en este lugar se saque en papeles, porque se reparta en llegando a Valladolid.

Roj. (¹)—Bien cerca estamos de la ciudad de Segouia.

Sol.—No es cosa peregrina las muchas nxas y paños que se labran en ella, y que buenos todos?

Rios.—Es ansi; pero otras cosas tiene de grandissima alabança, como son la casa de la moneda, alcaçar y fortaleza, que es de las mejores, mas vistosas y fuertes que ay en el reyno.

Ram.—Y aquel bosque que està metido en aquel valle, con tantas arboledas y aguas, lleno de jaualies, corços, gamos y todo genero de animales, ansi de aues como fieras, no es cosa que admira?

Roj.—Pues si se trata de su antiguedad, de las mas antiguas es de España. Pues segun dize vna coronica, fue fundada por los celtiberios españoles y poblada por el rey Hispan, de quien España tomò nombre, aunque ay algunos que quieren que esta ciudad sea la que Ptolomeo llamò Segoncia en los pueblos arenacos. Entre los grandes edificios que ay en ella, assi fuertes como principales, ay vna puente de piedra por la qual viene el agua a la ciudad, que dizen fue hecha por mandado del emperador Trajano, la qual tiene, como ya aueys visto, muchos arcos sobre arcos, y es sin genero de mezcla de cal, yesso ni otra materia alguna.

Ram.—La sala de las armas que està en el Alcazar, no es notable? Y aquella donde estan

(¹) El texto: «Ri».

pintados los retratos de todos los reyes y prin-
cipes de España, imitando las efigies, figuras y
edad que cada vno tenia quando murio?

Sol.—Sin esso, tiene muchos monasterios y
muy buenos, y entre ellos el del Parral, que es
de Geronymos, y el de Santa Cruz la Real, de
Dominicos, y aquella yglesia que se está labran-
do de nuestra Señora de la Fuencisla, que haze
tantos milagros cada dia.

Roj.—Muchas cosas se pudieran dezir en
alabança desta gran ciudad, porque sin duda
entiendo que es donde mas limosnas se hazen
de todas quantas ay en Castilla ni en mucha
parte de España, y esto puedo dezir como tes-
tigo de vista, que lo vi y supe el tiempo que
estuue aqui con Rios aora tres años, que fue
quando hize aquella loa en alabança de la A.

Rios.—Bien me acuerdo della.

Sol.—Yo no la he oydo, y gustarè de oyrla.

Roj.—Pues escuchalda:

«De la antigua Babylonia,
ciudad insignia y soberuia,
aura que sali tres años;
pluguiera a Dios no saliera!
Surquè el mar de Alexandria,
en Ancona pisè tierra,
vi a Napoles, a Milan,
Padua, Genoua, Florencia,
Sena, Numancia, Sicilia,
Tiro, Cartago, Venecia,
a Tebas, Corinto, Troya,
a Roma la santa y bella;
vi sus alcaçares sacros,
murallas, torres, almenas,
piramides, chapiteles,
bronzes, marmores y sierras,
pinaculos y obeliscos,
cornises, efigies, termas,
simulacros, mauseolos,
colosos, laminas, puertas,
monumentos inmortales,
y en los sepulchros de letras
mil epitafios escritos
con caracteres en piedra;
mas como el hombre se incline
continuo a ver cosas nueuas,
dexè a Roma, vine a España,
que es mi patria y es agena,
pues ampara a los estraños
y a sus propios hijos niega,
que la virtud al estraño
haze natural por fuerça.
Yendome, pues, vna tarde
acaso a ver la comedia,
entre otras cosas que vi,
vi vna nouedad, que es esta:
que en la loa engrandezian
la alabança de vna letra,

de forma que de vna cosa
tan minima y tan pequeña,
con diuino entendimiento,
gracia, ser, ingenio y ciencia,
le venian a dar lustre,
forma, virtud y excelencia.
Yo, entendiendo parecerme
a vno destos que se emplean
en cosas tan leuantadas,
quise alabar esta letra,
que es A, por ser de mi nombre,
mejor por ser la primera,
que todas las que se siguen,
pues todas vienen tras esta.
Digo, pues, que Dios se llama
en griego y en lengua hebrea
Alpha et o y *Adonai,*
y *Agnus Dei* en cielo y tierra.
Los *angeles* que criò
son las criaturas primeras;
donde Dios baxa es *altar,*
y *ara* donde se recrea.
El primer signo es *Aries,*
y *Aquario* el postrero llega;
tambien *Apolo* es el quarto
de todos siete planetas,
y los exes de aquel cielo
que esta maquina sustentan
llaman *Artico* y *Antartico,*
y *astros* llaman las estrellas.
De todos quatro elementos,
los tres se nombran con esta:
ayre, y *agua,* y en el texto
se nombra *arida* a la tierra.
Crio Dios al primer hombre,
que fue *Adan,* y aqueste peca;
diòle *anima, aluedrio;*
hizo en vn *arbol* la ofensa;
restaurole *amor* diuino;
fue *Anunciacion* medianera;
traxola el *angel* diziendo:
Aue Maria, gratia plena.
Ancilla Domini dio
la Virgen por su respuesta;
su madre se llamò *Ana,*
Aula Virginalis ella.
El primer martyr fue *Abel;*
patriarca *Abraham* era;
primer Pontifice *Aaron;*
Amos y *Abacuc* prophetas.
En vn *arca* saluò Dios
sus escogidos en tierra;
a sus *Apostoles* hizo
vice dioses en su ausencia.
La primer ciudad christiana
fue *Antiochia* la primera;
Ambrosio y *Agustino*
son doctores de la Yglesia.
Tres partes del mundo son

Assia, Africa y *America,*
y si estendemos la vista
por arboles, plantas, yeruas,
veremos *almoraduz,*
alelies, açucenas,
achicoria, acelgas, ajos,
ajonjoli, alcarabea,
anis, arrayan, axenjos,
azahar, alpiste, auena,
amapolas, albahaca,
alfalfas, apio, alhuçema,
ambrosia, acanto y *amomo,*
axonxe, amaro y *adelfas;*
los arboles, *auellanas,*
aluaríquoques, almendras,
azeytunas, alcaparras,
azufayfas, amacenas,
alcarchofas, algarrouas,
sin otras muchas sin estas.
Es el *aguila* caudal
de todas las aues reyna;
la mas libre es el *açor,*
el *alcon* la mas ligera.
De animales, el *armiño,*
mas bello y casto en limpieza;
el mas fuerte es el *abada;*
el *aspid* mas en fiereza;
el mas pequeño, *arador;*
el mas dulce es el *aueja;*
el mas ponçoñoso, *araña,*
y mas el *asno* en nobleza.
Los primeros nauegantes,
aryonautas, y *Argo* era
la primera naue que huuo;
y lo que la nao gouierna
son *aguja* y *astrolabio;*
tienen *arboles* por fuerça,
y con *ancoras* y *amarras*
aquestas naues se aferran.
Estas han menester *armas,*
arcos, *astas,* y en troneras
arcabuces, alabardas,
y si faltaren rodelas,
alfanges, adarga, arnes,
ardil, animo y *alteza.*
Son *Atenas* y *Alcala*
deposito de las ciencias.
Fue *Alexandro* rey del mundo;
Augusto, señor de Grecia;
Antioco, rey de Egypto;
Ariadna, reyna en Creta;
Asaruco, rey de Troya;
Ascanio, el hijo de Eneas;
el mejor pintor, *Apeles;*
Arquimedes, Auicena,
Antiguronas y *Aristes,*
inuentores de las ciencias;
destes principe *Aristoteles,*
y *Ariosto* de poetas.

Alpes y *Apenino,* montes,
son los que ellos mas celebran,
y porque se vea mas claro
el valor de aquesta letra,
solo al mudo se le entiende
a, a, a, de todas ellas,
y entre todas las demas
no pronuncia mas de aquesta.
Principales instrumentos
que nuestra vida sustentan
an sido *aguijon* y *açada,*
aguijada, arado y *reja.*
Son los mejores pescados
que el mar en su seno encierra,
albur, acedia y *atun,*
aguja, arañas y *almejas.*
De las Indias orientales
vienen *alfombras* de seda,
ambar, algalia y *almizcle,*
anime, algodon, alheña,
alabastros, amatistas,
sin otras preciosas piedras;
aljofares, abanillos
para estas señoras reynas.
Ellas dizen *alma, amigo,*
amor, deme vna *agujeta;*
ariuique, argenteria,
alfileres y *arandelas,*
aluayalde y *alcanfor,*
arrebol y *arrebolera,*
azafran para la toca,
arina para la artesa,
almidon para las mangas,
açucar para la lengua,
alcohol para los ojos,
alumbre para las muelas,
anillos para los dedos,
arillos a las orejas.
Lo que ha menester mi autor,
auditorio en la comedia,
ayuntamiento, aparatos,
atencion, aplauso, alteza,
auxilio y *autoridad,*
argentum et aurum etiam.»

Ram.—No he visto yo ninguna de *alabança*
de letra en romance como esta, sino en *prosa*
o verso castellano.
Sol.—Bien dezis, porque tambien he *oydo*
yo otra a Rojas de la R; pero es en *prosa,*
cierto que es de las mejores que se han *echo*
de letras.
Rios.—En siendo loa, aueys de *perdonar,*
porque no os escusays de dezilla.
Ro.—Ya se a lo que me obliga el dia *que*
hazemos jornada, y assi no replico; dize *desta*
manera:
Segun la diuersidad de tantos y tan *buenos*
entendimientos como oy en España *florecen*

y por momentos nuestra amada madre la tierra produze, y el leuantado estilo que al presente la composicion poetica tiene; entre la muchedumbre de leuantados pensamientos y conceptos humildes y entronizados versos que a mis manos han llegado, assi en representacion como fuera della, me a parecido ser vno bueno y de mucho entretenimiento la alabança de las letras, tanto para el ministerio a que es aplicado de la loa, como para grandeza de la misma letra. Desseoso de alcançar con mi pobre entendimiento el caudal de mayor suma que los de rico alcançan, la necessidad me hizo pobre de ciencia, y mis nobles desseos rico de conocimiento, segun dize Homero en su *Iliada:* a los filosofos condeno lo que supieron, y agradezco lo que desseçaron saber, y assi en la presente obra no se juzgue lo que nos falta, pero estimese lo que nos sobra, que es desseo de saber para seruiros, y entendimiento para conoceros, porque, como dize el Sabio a los veynte y ocho capitulos de sus *Proberuios:* Yo soy el mas necio de todos los hombres, y no se halla en mi la sabiduria de los hombres, y entiendo lo que saben los santos. Mucho tenia que dezir cerca deste particular; pero no quiero enfadaros; solo dire que lo que vn sabio con mucho acuerdo escriue, vn simple sin oyrlo lo menosprecia. Y ansi Marco Aurelio dize no alcançò el Imperio por la filosofia que aprendio entre los sabios, sino por la paciencia que tuuo entre los necios. No ha de faltar quien murmure mi atreuimiento cerca de la alabança desta milagrosa letra R, que es a lo que salgo, auiendo oydo la de la F, P y otras; pero al ser esta de mi nombre, me ha animado a engrandezerla, assi en diuino como humano. Y empieço prouando ser la mejor de todas, y digo (1):

Que los hebreos llamaron a Christo *Rabi* (2).

Los indios, *Rex Iudæorum* (3).

El *Apocalypsi, Rex regum & Dominus Dominantium,* y este letrero trahia nuestro Señor escrito en vn muslo, segun san Iuan, capitulo 19 (4).

La bendita Madalena, *Raboni* (5).

Christo *redimio* el mundo, *reparo* el pecado, *rescato* al hombre, y digo que no importara que Dios muriera si no *resucitara,* segun san Pablo: *Si Christus non resurrexit, vana est fides nostra* (6).

Errè y *remediome* Dios.

Vno de los grandes milagros que Nuestro Señor hizo, fueron los *rostros* diferentes de las criaturas.

(1) Las notas que siguen, hasta el final de la enumeración, se hallan al margen del original.
(2) Mat., 26. — (3) Mat., 15. — (4) Apoc., 19.—
(5) Ioan., 20.—(6) I Cor., 15.

El sumo sacerdote en la ley antigua traia escrito en la frente en vna lamina de oro: *rationale iuditij.* (1).

. El mejor estado del mundo, la *religion,* segun san Agustin, epistola 137; escriuiendo al pueblo de Lona, dize no auer hallado mas buenos en el mundo de los que aprouecharon en la religion, ni peores de los que en ella auian faltado.

Vna de las mejores armas que trae el christiano, es el *rosario.*

Rebeca fue vna muger famosa.

Por quien Iacob siruio catorze años de pastor, fue por la hermosissima *Rachel* (2).

Abogado de la pestilencia, el bienauenturado san *Roque.*

Llamamos medicina de Dios a san *Rafael.*

Lo que mas hermosea los campos y los sustenta, faltando el agua, es el *rocio,* y en *Rocio* dio Nuestro Señor dos vezes la señal a Gedeon de que venceria la batalla.

Con lo que la Virgen sahumò las mantillas de su precioso hijo, fue con *romero.*

Y dexando cosas tan leuantadas y hablando de otras mas humildes, vemos que en los campos ay *rosales,* y estos produsen *rosas;* de rosas hazemos *ramilletes;* con estos se adornan los *retablos,* las iglesias con *ramos;* estos tienen *rayzes* y ellas *racioneros.*

La fruta que estimamos en mas a su tiempo, el agraz y las vuas; estas llamamos *razimos.*

Con lo que se gouierna la gente, es el *relox.*

En las costas de mar tocan *rebato,* responde la atalaya, repican las iglesias, los moros roban y en *robando* se recogen y aquesto lo *reparten,* y lo mas precioso que tiene el mundo es la libertad y esta se alcança con el *rescate.*

A las damas seruimos con *regocijos, regalos* y *requiebros;* mas todo es viento si no ay *reales;* para sus cabellos son buenas *rasuras,* y lo que mas estiman estas mis señoras es el *resplandor* para la cara, y lo que mas temen los hombres es el *remo* para las manos.

Lo que mas se teme y mas se dessea, es la *respuesta.*

Quien gouierna nuestra España es el *rey,* que Dios guarde.

Las leyes con que nos gouierna, *reglas;* para esto ay en ella *republica, regidores,* y en Seuilla *regente.*

Lo que mas ordinariamente nos vestimos, *raso* y *raxa;* en ella caben *recamados, randados,* y en ligas, *rapacejos.*

Lo que mas vsan los ricos y mas necessidad tienen los pobres, es *ropa* en casa y no falte en la cama.

(1) Gen., c. 29.—(2) Exod., 28.

El Cid se llamò *Ruy Diaz de Biuar*.

Vno de los reyes mas christianos de España, *Ramiro*.

Quien mas hecho hizo con los moros, fue *Rodrigo de Naruaez*. alcayde de Antequera.

La mejor ciudad del mundo, *Roma*, porque en ella tiene assiento la cabeça de la christiandad. Sus fundadores, *Romulo y Remo*. En ella ay *reliquias* de santos, *remission* de pecados, *remedio* de almas, *restitucion* de bienes, *releuacion* de culpas, *reuelacion* a santos.

El mejor puerto de mar del mundo y ciudad de Bretaña, la *Rochela*.

La mas antigua, *Rosternan*.

La mejor de Francia, *Ruan*.

El arbol donde cria el aue Fenix, se llama *rasin*.

Los rios tienen *riberas*; sus corrientes llamamos *raudales*. Y el mejor que oy se conoce en diuersos reynos y naciones remotas es el *Rin*, en Francia, y montes los *Rifeos*, y por fama los *robledos de Corpes* (1) y *Roncesualles*, y alli muriò el mas famoso frances que huuo, que fue *Roldan*.

Todos los caualleros tienen *recamaras y retretes*; estos se adornan con *reposteros*.

Lo primero que enseñan los maestros de esgrima es el *reparo*.

El mundo es *redondo*.

El mayor animal del, el *rinoceronte*.

El mas astuto, la *raposa*.

El mas suaue, el *ruyseñor*.

Lo que mas teme la tierra del cielo son *rayos y relampagos*, y a la justicia, como *ruynes*, los *rufianes*. Ellos *riñen*, hazen *resistencias*, echan *retos*, *retraense* en sagrado y paran en el *rollo*.

El mas baxo de los ladrones es el *ratero*.

Con lo que Su Magestad sustenta la gente de guerra es con sus *rentas reales*; sobre ellas ay *requerimientos*, *respuestas*, sentencias en *reuista*, *remates* de bienes, *registros* de escriuanos.

En lo que bate la mar y se pierden baxeles, *riscos y rocas*.

Al juego de los naypes, a la primera ay *restos*; a los cientos, *repiques*; a la carteta, *reparos*, y lo que acostumbran mas jugar beuedodores es al *rentoy*.

La fortuna tiene *rueda*.

Los indios, *ritos*.

Los prados, *reses*.

Los caminos, *recuas y recueros*.

Los honrados, *respeto*.

Los estudios y academias, *rotulos, rectores y retoricos*.

Los sacristanes, por Todos Santos, *roscas*.

(1) El original: «torpes».

Vn entretenimiento sabroso es el *rascar* quando ay sarna.

Lo mejor de las ciudades, villas y lugares. *rastro*.

Lo peor de los españoles, *rauia* con *razon*.

Lo mejor de los poetas, *romances*, *rimas* y *redondillas*.

El autor desta compañia se llama *Rios*; el que haze los galanes, *Ramirez*; el que haze los reyes, *Rosales*, y el que dize las loas, *Rojas*. Procediera en infinito en la alabança desta preciosa letra; pero solo dire que con lo que a vn hombre pagan despues de muchos seruicios, es con vn *requiescat in pace*.

Sol.—No se qual de las dos juzgue por mejor, porque entrambas son tan buenas, que no hallo diferencia en ninguna.

Ram.—Y son estas nueuas en Valladolid?

Roj.—Y todas las que hasta aqui aueys oydo.

Rios.—Mucho me holgara, si no lleuaramos esta loa, que dixerades vna en alabança de Valladolid.

Roj.—Es tan ordinario esto de empeçar alauando los lugares, que tengo por mejor la que lleuamos. Lo vno por ser nouedad, y lo otro por huyr de lo que dizen todos.

Sol.—Arto auia que dezir en su alabança, porque es la ciudad mas noble y principal de toda Castilla. La qual, segun he oydo, se llamò en otro tiempo Pincia, y Ptolomeo la pone en la region de los pueblos vaceos, de donde se colige, si assi es, su mucha antiguedad.

Rios.—Pues como se vino a llamar Valladolid?

Sol.—De vn moro que fue señor della, que se llamò Olith, y por estar fundada en vn valle que antes auia, se llamò Valladolid.

Ram.—Mañana pienso ver su plaça, con el fauor de Dios.

Rios.—Essa es la mejor que yo he visto en España.

Roj.—Pues que tiene? que yo, como no he estado en ella, no la he visto.

Ram.—Es tan grande y està hecha con tanto niuel, que no discrepa vna casa de otra cosa ninguna.

Roj.—No viniera mal para essa ciudad vna loa que yo hize muchos dias ha.

Rios.—Dezilda; podra ser que la estudie y empiece con ella.

Roj.—No se si sera a proposito; pero si os contentare, facil sera de emendar.

No en alcazares reales;
no en sus chapiteles altos;
no en los bronces y obeliscos
del transparente alabastro;
no en la gran arquitetura;
no en los releuados casos
de historias acontecidas

en bellos marmores parios;
no de Dedalo en las obras,
labradas a lo mosayco;
no en las pinturas de Apeles,
ni de Arquimedes retratos;
no en los portales eburneos
del sacro templo de Iano;
no en el manseolo sepulcro;
no en los palacios troyanos;
no en el diamantino Hemo;
no en el neuado Moncayo;
no en el Mongibelo ardiente;
no en el sublime Caucaso;
no en las lobregas cauernas;
no en los inhiestos peñascos,
con cuya cumbre compite
el elemento salado;
no en las cristalinas fuentes;
no en los borbollones raudos;
no en los frondosos olinos
y no en los ceruleos lagos;
no en las corrientes de Ebro;
no en el amoroso Tajo;
no donde el Gange y el Tibre
dan tributo al mar hinchado;
no donde Eolo gouierna
sus tremebundos vassallos,
con ser la region mas fria
que tiene el concauo santo;
no donde el arabe habita;
no donde reposa el mauro;
no donde come el frances;
no donde ayuna el pagano;
no en las efigies supremas
que estan en el zodiaco;
no en todas las cinco zonas;
no en el tropico de Cancro;
no en el lugar mas sublime
de estrellas, signos y astros,
luzeros mobles y quietos,
assi fixos como erraticos,
puede auer gusto si el ausencia es llanto,
pena la gloria y muerte los regalos;
pero al fin buela el tiempo
y con sus mismas alas mis desseos.
   Alcaçares, chapiteles,
obeliscos, alabastros,
arquiteturas, historias,
Dedalo, marmores parios,
Apeles, Iano, Arquimedes,
retratos, obras, mosayco,
Caucaso y Mongibelo,
Hemo, Mausolo, Moncayo,
portales, palacios, templo,
cauernas, cumbres, peñascos,
elemento, oliuos, fuentes,
Ebro, Gange, Tiber, Tajo.
arabe, mauro, Eolo,
franceses, region, pagano, :

efigies, zonas, estrellas,
signos, luzeros, Zodiaco;
todo lo huuiera solo caminado
por veros, por seruiros y agradaros,
porque a mi gran desseo,
sierras, montes y mares fueran viento.
   No de aquel famoso Aiax
el sucesso desgraciado;
el de Agenòr y su Europa,
ni el valiente Belisario;
de Curcio el insigne hecho,
ni el de aquel famoso Claudio,
Leonides, ni Marco Sceua,
Milciades ni Torcato;
no el heroyco fundador
de aquel pueblo veneciano,
ni del gigante Briareo
las cien espadas y manos;
no la crueldad de Busiris
ni los cicones ismarios,
de Erine la gran discordia
ni de Cygne el llanto amargo;
no de Iacinto Amicleo
el bellissimo retrato,
la desgracia de Orion,
de Ino el intento falso;
no de aquel valiente Minias
el pecho animoso y brauo,
de Omphale reyna el rigor,
la transformacion de Glauco;
no la dulçura celeste
de aquellos Orpheos gallardos
Yopas y Demodoco,
grandes musicos entrambos;
no la hermosissima Andromeda,
ni Asteria, retrato amado
del ojo del cielo hermoso
que alumbra su luz a tantos;
no los cauallos del Sol,
de Canace el pecho osado,
la cabeça de Quimera,
ni los aruspices sabios;
no de Nubis la figura,
de Canicula el cuydado,
fabula de las palomas
ni de Policena el llanto,
de Palinuro la suerte,
de Ramnusia los abraços,
de Liuitina las roscas,
del grande Xerxes el campo;
no de Saturno el assiento,
ni de Cypris los regalos,
del gran Phaeton la caida
ni la muerte del Troyano,
pudieran impedir desseos honrados,
yendo a vuestro seruicio dedicados.
   Que Aiax, Agenor, Europa,
Belisario, Curcio, Claudio,
Leonides y Marco Sceua,

Meteyades (¹) y Torcato,
Antenor y Briareo,
Busiris, Érine, Ismarios,
Cygno, Iacinto Amicleo,
Minias, Ino, Orion, Glauco,
Omphale, Yopas, Demodoco,
Andromeda, Sol, retrato,
Canace, Quimera, aruspices
Nubis, Canicula, llanto,
Policena, Palinuro,
fabula, Ramnusia, abraços,
Liuitina, Xerxes, Cypris,
Saturno, Phaeton, Troyano,
nos traxeran a todos en sus braços
por llegar a gozar vuestros abraços,
que, a los hombres discretos,
cielo, fortuna y tiempo estan sugetos.

No el contento de seruiros;
no el gusto de contentaros;
no la alegria de veros,
que nada aquesta ha ygualado;
no los caminos ni penas;
no los passados trabajos;
no los cielos rigurosos
ni el tiempo cruel y ayrado;
no la vida que viuimos;
no la muerte que esperamos;
no el regalo que oy tenemos
ni nuestra gloria y descanso;
no el amor que todos traen;
no el desseo de agradaros
ni fortuna que le impide
haziendo mares los campos;
no las peñascosas sierras,
los montes de nieue canos,
contra quien el cielo inmenso
despide furiosos rayos;
no aquesta ciudad famosa;
no sus templos sacrosantos;
no su rio y alameda,
sus fuentes, casas y prados;
no la prudencia que encierra
el mundo y sus partes quatro,
cifrada en sus bellas damas,
de hermosura, ingenio y trato;
no sus caualleros nobles,
oficiales hijos dalgo;
no el titulo que nos days
ni el fanor de que oy gozamos;
no el estado que nos vemos,
la humildad que professamos;
no la honra y no el prouecho,
que aqui caben juntos ambos;
no vuestra gran discrecion;
no su nobleza y aplauso,

que a nuestra gran voluntad
sirue de escudo y amparo;
no la razon que teneys
de oyrnos y de ampararnos,
ni la ventura que desto
seguimos si lo alcançamos;
no el ser, señores, quien soys,
que aunque esto os obliga tanto,
no os obligue, que no es justo,
ni el ser yo vuestro criado,
sino el amor inmenso y zelo honrado,
que a vuestros pies humilde me ha arrojado:
que, si humildad leuanta,
oy la mia en los cielos me trasplanta.

Contento, gusto, alegria,
caminos, penas, trabajos,
cielos, tiempo, vida, muerte,
regalo, gloria, descanso,
amor, desseo, fortuna,
campos, sierras, montes, rayos,
ciudad, templos, alameda,
rios, fuentes, casas, prados,
prudencia, damas y mundo,
hermosura, ingenio, trato,
caualleros, oficiales,
titulo, fauor, estado,
humildad, honra, prouecho,
discrecion, nobleza, aplauso,
voluntad, amparo, escudo,
razon, ventura y criado,
todo a vuestra grandeza lo consagro
si hiziessedes conmigo este milagro,
pues no es de hidalgos tratos
a tan nobles desseos ser ingratos,
y si obliga el buen trato hasta los robles,
porque no ha de obligar pechos tan nobles?

Sol.—La loa y estilo me ha agradado mucho; pero ya lleuamos esta, y fuera desto es poco el tiempo que ay para estudialla, pues empeçaremos dentro de tres dias.

Ram. (¹) —Lo que tendremos bueno en Valladolid, es que gozaremos de muchos y muy buenos pescados, ansi frescos como salados, y vino por todo estremo bueno, aunque algo caro; pero lo que es pan, carne, caça, fruta y todo genero de bastimentos, muy bueno y a precios muy moderados. Y tambien a las tardes, en acabando la comedia, podreys gozar algunos ratos de Pisuerga, que es vn famoso rio, aunque, sin esta, ay otro riachuelo que se llama Esgueua, que es el que tiene a su cargo la limpieza de toda esta ciudad. Y sin esto, vereys el prado que llaman de la Madalena, el qual es de mucha recreacion, y toda Valladolid la tiene, ansi de riberas, heredades, huertas, granjas, arboledas y casas de plazer, como de templos suntuosisimos, y entre ellos el que llaman de San Beni-

(¹) Así el original; pero en la página anterior ha dicho «Milciades», y á él debe referirse, puesto que «Meteyades» no es ningún nombre célebre en la historia.

(¹) El original: «Rios».

to el Real, y otro de San Pablo, que son los
mejores que aureys visto.

Rios.—Auerdome que representando yo, ago-
ra ha dos años, al rey el dia del Corpus, cerca
de esse monasterio de San Pablo que dezis,
dixe aquella loa vuestra del Santissimo Sacra-
mento, hecha por el mismo estilo que la que aca-
bastes de dezir agora, que parecio notablemente.

Roj.—No es vna de vnos bayles?

Rios.—La misma, y si la supiera toda la di-
xera, porque la oyera Solano, que no la ha oido.
Pero ya sabeys que es vuestra, y vuestro el ofi-
cio de dezillas, y ansi lo podeys hazer mientras
llegamos a Valladolid.

Roj.—No se si me tengo de acordar; pero,
si no me acordare, dire lo que supiere:

«Oy, que es dia de alegria,
de fiestas y combidados,
y tan gran huesped tenemos,
como no nos alegramos?
Alegrese el sol hermoso,
den gloriosa luz sus rayos,
pues tienen de mirar oy
aquel sol diuino y claro.
Alegrense las estrellas
y baxenle acompañando;
luna, signos y planetas,
a sus pies vengan postrados.
Oy los angeles se alegren,
tambien se alegren los santos;
cherubines, serafines
te canten *Te Deum laudamus.*
Alegrese el denso velo
del pauellon turquessado;
oy las virgines se alegren,
santas, bienauenturados.
Alegrense los del cielo,
los confessores sagrados;
oy los martyres se alegren,
en premio de sus trabajos.
Alegrese nuestra vida,
pues oy la eterna alcançamos;
tambien la muerte se alegre,
pues goza del que ha triunfado.
Alegrense cielo y gloria,
pues se acaba nuestro llanto;
alegrense las ofensas,
las culpas y los pecados,
que a perdonar baxa Dios,
y no solo a perdonallos,
pero a darnos a si mismo,
solo con que le digamos:
Domine mi non sum dignus
que entres en mi cuerpo flaco;
mas por tu santa palabra
espero ser perdonado.
Sol, estrellas, luna, signos,
planetas, angeles, santos,

cherubines, serafines,
velo, bienauenturados,
santas, confessores, virgines,
cielo, martyres sagrados,
vida, muerte, gloria, pena,
hombres, culpas y pecados,
todos se alegren con vn bien tan alto,
panderos y sonajas repicando.
Salgan pastores, toquen instrumentos,
y aqui baylando canten estos versos.

*(Salen los musicos con pandero, sonajas y guitarras, y
cantan y baylan todos.)*

Que no me los ame nadie
a los pecadores, he,
que yo que mori por ellas,
cuerpo y sangre les dare.
Alegrese el purgatorio,
digan las almas cantando:
in te, Domine, speraui,
aunque sea su plazo largo.
Alegrense los infiernos,
mas no pueden, que su llanto
es sin fin, y pues lo es,
nulla est redemptio digamos.
Alegrense el ayre y fuego,
alegrese el mar hinchado,
tambien la tierra se alegre
de tanta gloria gozando.
Alegrese el gran Pontifice,
pues oy viene a visitarlo
aquel Dios que es trino y vno,
Padre eterno y consagrado.
Hagan fiestas y alegrias,
alegrense sus perlados,
pues baxa Dios a la tierra
a ser oy su combidado.
Alegrense rey y reyna,
que guarde el cielo mil años,
pues es Dios quien les combida,
y a si mismo viene a dallos.
Oy Valladolid se alegre,
pues goza del bien mas alto
que goza ciudad ninguna
en presentes ni passados.
Alegrense sus consejos,
su cabildo y comissarios,
pues esta fiesta celebran
con animos tan christianos.
Hasta la Virgen se alegre,
pues su hijo soberano,
llena de razimos de angeles
la trae a su diestro lado.
Y como a señora, reyna,
è intercessora digamos:
Mater Dei, memento mei,
pues soys todo nuestro amparo.
Purgatorio, llanto, infierno,
tormento, padre, descanso,
ayre, fuego, tierra, mar,

fin, Pontifice, perlados,
reyna, rey, Valladolid,
consejos y comissarios,
Virgen, hijo, intercessora,
angeles, reyna y amparo,
todos se alegren, y oy nos alegremos,
con el diuino huesped que tenemos.
Y baylando contentos,
bueluan luego a tañer los instrumentos.
Quen viernes murio el Rey de tierra y cielo,
y en iueues se da al hombre en sangre y cuerpo.

    Alegrese aquesta corte,
que oy en ella esta encerrado
de todo el cielo el poder,
de toda la tierra el mando.
Sus santos templos se alegren,
y su gloria publicando
con hymnos y dulces vozes
y al son de instrumentos varios,
digan: *Benedictus Dominus
Deus Israel,* cantando;
pues el Señor de los cielos
oy su pueblo ha visitado.
Casas y calles se alegren,
pues con sedas y brocados
se veen oy, y hasta sus suelos
con espadaña y mastranços.
Alegrense los jardines,
alegrense huertas, campos,
pues oy dan flores y rosas
a este santo relicario.
Alegrese el rio Pisuerga,
detenga su raudo manso;
tambien las aues se alegren,
nuestra gloria publicando.
Alegrese la alameda,
produzcan manna sus ramos,
todas las viejas se alegren,
pues que deste dia han gozado.
Alegrense ricos, pobres,
alguaziles y escriuanos,
y hasta las niñas se alegren,
pues oy las compran çapatos.
Alegrense sacristanes,
pues lleuan oy en sus braços
la cruz donde murio aquel
que oy viene a alegrar a tantos.
Los monazillos se alegren,
alegrense los notarios,
y nosotros, por que no?
recitantes, alegraos.

    Corte, templos, pueblo, cielos,
casas, calles y brocados,
rio, aues, alameda,
jardines, huertas y campos,
viejas, ricos, pobres, niñas,
alguaziles, escriuanos,
sacristanes, monazillos,
recitantes y notarios,

salgan, canten y baylen vn villano,
pues ninguna a esta gloria se ha ygualado.
Y pidiendo perdon de nuestros yerros,
acaben con cantar aquestos versos:
Oy al hombre se le dan
à Dios viuo en cuerpo y pan »

Roj.—Y cantando y baylando aquestos versos, se entrauan.

Sol.—Buena es, por cierto, y la nouedad muy peregrina.

Ram.—Con el buen trato no sentimos el camino, principalmente como paramos en las posadas poco, y esso es de dia, por el gran calor que haze, y de noche, con el entretenimiento, no se duerme, caminase mucho y sin cansancio.

Rios.—Negociò ya Solano lo que tenia en Segonia?

Sol.—No era mas de dar alli vna carta y cobrar respuesta, y ansi lo hize en poco mas de vna hora.

Roj.—Que, luego no fue a mas la venida que por ella?

Sol.—Era para cierta dama, è importaua mucho que se diera en mano propia.

Ram.—Yo traygo otra para vn colegial, y en llegando que llegue, es fuerça que vaya a dalla.

Roj.—Pues ay colegios en Valladolid?

Ram.—Y Vniuersidad, de las mas graues y honradas de España, con los mismos priuilegios que tiene la de Salamanca, donde se leen muchas leciones de Teologia, Canones, Leyes, Medicina, Artes, Hebreo y Griego, y de donde han salido grandissimos escritores y muy conocidos.

Roj.—De espacio tengo de verlo todo.

Ram.—Pues ay que ver mucho.

Sol.—Acuerdome que, agora siete años, viniendo a Valladolid en la compañia de Cisneros, en este mesmo arroyo que agora llegamos, se atolló vn carro hasta el cubo, y no pudiendo sacalle, dixo vn compañero nuestro: Como ha de salir si no valen nada las mulas? A fe que si fueran las de Frutos, que el saliera. Y respondio el carretero: Como las mulas de Frutos? Iuro a Dios no le sacaran ni aun las de *ventris tui.*

Rios.—Vna muger de mi compañia, no cabiendo vn carro de lo alto por vn meson, dixo: Quitenle las reatas y cabra luego.

Ram.—Dicho fue como suyo.

Sol.—Veni aca, Rojas, agora que me acuerdo, por que os llamaron el cauallero del milagro?

Roj.—Es muy largo esse cuento, y estamos ya muy cerca de Valladolid, y por esta causa no os lo digo. Vna loa que yo hize a esse proposito os dire mientras llegamos, que no es de pequeño gusto para quien sabe el suceso; pero lo demas se dira quando Dios fuere seruido y tengamos mas tiempo.

Sol.—Pues ya que no sea lo vno, dezidnos lo otro.

Roj.—Lo que es la loa, mientras llegamos a Valladolid, pues ya estamos tan cerca, podeys oilla.

Despues que de mis desdichas
vi mi suerte mala ò buena,
y de quien llaman fortuna
tuue vn pie sobre la rueda;
despues que passè a Bretaña
y sulquè el mar con galeras,
anduue en corso dos años
y vi la cara a la Inglesa,
trabajè vn año en vn fuertè,
marchè otros quatro por fuerça,
a ley de soldado viejo,
armado de todas piezas,
a pie descalço y desnudo
de vestidos y paciencia,
que esta muchas vezes falta
a los de mas fortaleza;
despues de muchos trabajos;
despues de muchas miserias;
despues de algunas bonanças;
despues de muchas tormentas;
despues de algunas batallas
y despues de algunas fuerças
que tomaron y rindieron
todos juntos y yo a bueltas;
despues de otras muchas cosas
que agora en silencio quedan,
que para mas larga historia
este discurso se dexa;
y despues de estar cautiuo
algun tiempo en la Rochela,
vine a dar por mi ventura,
en las manos de vna vieja.
Despues que por agradalla,
por no se que que vi en ella,
la serui, la regalè,
hize versos, cantè endechas,
dixe mentiras al vno,
formè del otro querellas,
engañè con la verdad,
librela de vna tormenta,
vestime al vso de Corte,
capa corta, calça entera,
y, confiesso mi pecado.
que le prometi mi hazienda
(no diera en darsela mucho,
quando toda se la diera,
que bastaua ser muger,
y si no diganlo ellas),
al fin la buena señora
echò en burla mi promessa,
como no merecedora
de la voluntaria oferta.
En aquellos tristes dias

que segui esta mala seta,
dexè el cielo por infierno,
la amada paz por la guerra,
la señora por la esclaua,
la discreta por la necia,
la agua clara por la turbia
y la hermosa por la fea;
burlandonos muchas vezes,
que es muy burlona la hembra,
entre ellas me dixo vn dia:
las mugeres que son necias,
ya vuesa merced sabra,
rey mio, por esperiencia,
que se mueren por saber,
y ansi yo soy vna dellas.
No me dira, señor Rojas,
vn enigma que quisiera
saber mucho por mi gusto
al cabo de vna quaresma:
por que le llaman los hombres,
ansi en plaças como en ventas,
cauallero del milagro,
pues es milagro sin renta?
Diga que son sus milagros,
que tengo vn dolor de muelas
y no puedo sossegar
de vn mal de madre y jaqueca.
Como yo vi la muger
buelta en burlona de necia,
no buena para burlar
y mala para discreta,
respondile: Reyna mia,
vuesa merced estè atenta:
y ella dando grato oydo,
la dixe desta manera:
son mis milagros, señora,
milagros aca en la tierra
que aboban a las mugeres
y a los bobos embelecan.
A las mugeres taymadas
las digo razones necias,
y no hablo en vn mes palabra,
fundado siempre en cautela.
Si me piden, oygo y callo,
y alla entre burlas y veras
digo que soy insensato,
y hagome tonto con ellas;
y quando estan en mas fuga
de cumplimiento y ternezas,
suelo prometer el alma,
y tras el alma el hazienda.
Cuento luego vn cuentecito
y vna cosita risueña,
y quando estan con mas gusto,
me salgo la puerta afuera.
Si es hermosa, rica y tonta,
la digo que es muy discreta,
y que quise a vna muger
que era tan linda como ella.

Cuentola al fin mil mentiras
embueltas entre mil quexas,
enoxome y pido zelos,
y si veo que le pesa,
como ella demuda el rostro,
voy yo mudando la lengua,
y digo: Ya se, mi bien,
que eres honrada y honesta;
mas no te espantes de mi,
que si zelos me atormentan,
no puedo mas, que te adoro,
no te dò mi gloria pena.
Lleuola con humildad,
porque a las mugeres necias
procuro hablar con criança
y engañallas con verguença.
Y si es mas fea que el diablo,
la digo luego que es fea,
pero que tiene vnos ojos
mas lindos que las estrellas,
y que su olfato de boca
no le tienen todas hembras,
y poco a poco la alabo
hasta que la hago Lucrecia.
Y si es vieja endemoniada
y tiene mas de setenta,
la digo yo que es muger
de hasta veyte y seys ò treynta;
y a esta martirizo a zelos,
y, por no dormir con ella,
en cenando que he cenado,
armo luego vna pendencia;
y sobre si fue o no fue,
si era ella o no lo era,
si miraua o no mirò,
la doy con toda la mesa.
Todo esto es si yo no quiero,
pero si quiero no ay tretas,
no ay cautelas que aprouechen,
pues milagros no aprouechan.
Soy con damas Alexandro,
con los sabios trato veras,
con los arrogantes, graue;
con los humildes, oueja;
con los auaros soy Midas;
con los magnanimos, Cesar;
con los galanes, Narciso;
con los soldados, la guerra;
con los oradores, Tulio;
con los poetas, poeta;
con los musicos, Iusquin;
con historicos, Illescas;
con los arriscados, Cassio;
con los gramaticos, *etiam*,
templum, sermo, quis vel qui,
ego, sensus, biblioteca (¹).
Mas, sobre todo, señora,

(¹) El original: «blibioteca».

cautiua el alma en Ginebra,
vine a dar, por mi desdicha,
en las manos de vna vieja.
Atenta estuuo escuchando,
y reboluiendo en su idea
quien esta vieja seria,
echò de ver que era ella.
Disimulando, callò,
y pidiome vna receta
para mal de necedad,
que es incurable dolencia.
Tomè papel, tinta y pluma,
y ella, corrida y suspensa,
me rogo que la escriuiese,
y dixe desta manera:
Stultus tacendo iudicabitur sapiens:
Que quiere dezir, señoras,
para que todas me entiendan,
que la que es necia, callando
es tenida por discreta.
Con este recipe mio
se fue muy triste la hembra,
maldiziendo ella sus años,
yo culpando mi inocencia.
Al fin, para concluyr
con sus gracias y mi afrenta,
ella es fea y nada hermosa,
ella es necia y no discreta,
ella es suzia y nada limpia,
ella engaña y amartela,
y, al fin, es vieja, que basta,
mas pobre que seys poetas;
es Lucrecia en castidad,
y passando de cincuenta,
me dixo al cabo de vn año:
señor Rojas, soy donzella;
y viue Dios que lo creo,
que hablò la vieja de veras,
porque vna muger tan mala,
no es milagro que sea buena.
A vuesas mercedes ruego,
y suplico a todas ellas,
ansi Dios les de salud
y muchas pascuas como estas,
que a nadie digan mi error,
que a mi ceguedad no atiendan,
que no descubran mis faltas,
que en los hombres ay flaquezas;
que callen como discretos,
que como amantes aprendan,
que las damas me disculpen
y me perdonen las viejas;
que yo, como pecador,
queriendo hazer penitencia,
vine a dar, por mi desdicha,
en las manos de vna vieja.

Ram.—No sabeys lo que he notado? Que el
viage passado, quando entramos en Toledo, se

acabò con vn cuento de vna vieja de Solano, y
agora que llegamos a Valladolid, con otro
vuestro.

Roj.—Lo que es el mio, bien os podre jurar
que escapò esta vieja tan virgen de mis manos
como la muger de Focio de las de Dionisio, y
la del rey Dario de las de Alexandro.

Sol.—Tambien puedo yo dezir que salio la
de Toledo de las mias como la dama de Car-
tago de las manos de Scipion, y Cleopatra de
las de Augusto.

Ram.—Aora, señores, dexemos esso, que en
esto del sesto y setimo pocos hombres ay cuer-
dos a cauallo, porque son treynta y nueue ligi-
timas con que el diablo embida el resto. Y no
digo mas, porque ya entramos por la puerta
del Campo.

FIN DEL TERCERO LIBRO

EL VIAGE ENTRETENIDO
DE AGUSTIN DE ROJAS

LIBRO QVARTO

Rios, Ramirez, Solano, Rojas.

Solano.—No poco contento he recibido de
que con tanta breuedad vamos a Burgos; lo
vno, porque la mudança de la tierra es ocasion
de mudar la vida; lo otro, porque aunque Va-
lladolid es vn lugar muy bueno, verdaderamen-
te estaua ya en el enfadado.

Ramirez.—Seria por la misma causa que
todos lo salimos, que es ser las posadas tan
estrechas, calurosas y caras, que he estado este
mes y medio con el mayor disgusto del mundo.
Pero dexando esto, que no haze a nuestro pro-
posito, antes que prosigamos mas adelante
nuestro camino, aueys de acabar aquel cuento
que tanto tenemos desseado de saber el fin que
tuuo.

Rojas.—Por no seros con el enfadoso ni yo
en contarle prolixo, aunque ya queda del muy
poco, digo que vn dia, quando el sol de todo
punto auia dexado los antipodas sin luz, es-
tendiendo sus luminosos rayos por estotra par-
te de la esfera, los nobles Leonardo y Montano
començaron, segun me conto aquel amigo
mio, a proseguir su viage. Y como la prolixi-
dad del camino, como agora el nuestro, les
diesse materia para procurar diuertirse en al-
guna cosa de gusto con que engañar el cansan-
cio, arrojando mil lastimosos suspiros de lo
mas intimo y secreto de su coraçon, fue Leo-
nardo prosiguiendo su amorosa historia desde

el punto donde yo la dexè, que fue el fin de
aquella carta y principio de vn ruido que sin-
tio en el patio de su casa, y dize desta manera:
Luego que senti aquel rumor, deteniendo el
buelo de mi pluma, suspenso, sin passar ade-
lante con mis razones, veo las pobres salas de
mi soledad acompañadas y adornadas con la
mas rica tapizeria del mundo, haziendo esta
preciosa labor los nobles Floriso y Claridia y las
bellas Cintia, Roselia y Anati[r]si, sus hijas,
y con ellas mi diuina y hermosa Camila. Lo
que con estraño y subito espetaculo senti, bien
lo puedes echar de ver claramente, y qualquie-
ra que se considerare en semejante desconsuelo
y apretura de coraçon, y viendo delante de sus
ojos la causa della. Fingiendo al fin el aliento
que no tenia, recibi a mis nueuos huespedes los
braços abiertos, diziendo a Floriso: Agora veo,
señor, que no ay puesto, sitio ò parte, por es-
condida que estè, que se pueda escapar y librar
de ladrones, y mas siendo caseros, que saben
y escudriñan los mas escondidos rincones. El
y su Claridia, con termino apazible, discreto y
vrbano, despues de pagadas mis cortesias con
otras semejantes, me dixeron: que auiendo sa-
bido mi retraymiento, y ignorando la causa de
auerme apartado de mi propio palacio tan sin
pensar, venian a saber la razon de todo esto
de mi boca misma, y hazerme compañia en esta
soledad, no gustando yo de boluerme a pobla-
do. Y que para diuertirme traian todos los
aparejos de caça, como eran perros, redes, ga-
uilanes, açores, sacres, halcones, y añadio tras
esto la nobilissima Claridia: Camila trae el ve-
nablo de la caça del primer jauali, por ver si en
estos montes se ofrecia otra ventura, por no
dezir auentura, semejante a la primera que
tuuo. Yo, despues de auer agradecido y esti-
mado esta merced lo que pude, disimulando
mis passiones, fingi auerme venido a aquella
estraña soledad a diuertirme vn poco de los
cuydados de Corte y gouierno. Aunque se echa
de ver que esta disculpa era tan fribola como
aparente, porque la flaqueza y amarillez de mi
rostro daua euidentes señales de que estaua
en aquel puesto llorando y sepultado entre mil
terribles cuydados, antes que diuertidos dellos.
Lo qual sintio mi Camila con tanto estremo,
viendome con gusto tan nueuo y diferente del
que ella entendia que tenia, que no pudo de-
tener las lagrymas que como menudas perlas
destilauan sus ojos diuinos, las quales sabe
Dios si quisiera mezclar con las mias como
las aguas de la Salmacida fuente, si la varo-
nil verguença no me detuuiera. Al fin, des-
pues de auer los huespedes descansado y to-
mado algun pequeño aliuio con lo que en aque-
lla soledad seruirles pude: de otra manera,
me dixo Floriso, gastays por aca el tiempo de

lo que por alla se gasta. Como, le pregunte yo, en que se entiende por alla? Tan oluidado estays de fiestas. me dixo, que no sabeys las que por alla tenemos con los casamientos de Persanio? Yo, con tan subita y estraordinaria turbacion, que no quedò parte en mi cuerpo que no la sintiesse, espantado del nombre de mi enemigo, que aun hasta el me assombraua: como, le dixe, Persanio casado? Persanio casado? con quien, Floriso?, dimelo presto. Con Crinarda, la gallarda dama del valle de Amande, me respondio; es possible que no lo sabias? Tal quedè como quien acaba de despertar de vn graue y pesado sueño, que duda si duerme ò esta despierto. Desde aquel punto començò a ilustrar a mi alma vna nueua luz, con cuyos rayos se deshizieron los nublados de mi coraçon. Y al fin, poco a poco vine a caer en la cuenta de mi yerro. Y por no dar a entender la variedad de mis pensamientos, di orden de que luego saliessemos a caça, de que auia grande abundancia en aquellos montes. Y dexando a Claridia y sus tres hijas en vn hermoso y fresco jardin que aquella casa tenia, nos salimos al monte Floriso, mi Camila y yo con todos nuestros criados, y puestas las redes en partes conuenientes, a pocos passos lenantamos vn ligero cieruo, al qual siguio Floriso con toda la gente, codiciosos de alcançarle, siendome con este lance fauorable la fortuna para que tuuiesse lugar de quedarme con mi Camila, lo qual ella tambien desseaua. Y assi al passo y compas que los otros corrian, nos fuymos los dos quedando; y entonces ella, mirandome con ceño terrible, armando los diuinos ojos, que assi relucian como si fueran rayos del cielo, me dixo: Ingrato, desconocido, es honra de los hombres de tus prendas y de los que aman y ponen sus pensamientos donde tu pusiste el tuyo, engañar con palabras alagueñas, lisongeras y falsas a las nobles donzellas? Donde huiste? Donde te pensaste esconder (¹) de mi presencia, pensando que estauas libre de mi vista? Assi dexaste la tierna ouejuela en la boca y dientes de los sangrientos lobos? Piensas que mi padre es el que me a traido acà? Engañaste, porque yo he sido la que he traido a mi padre para ser testigo de tu injusto oluido. Que es de tu amigo y y compañero Persanio? Como no eres el padrino de su boda? Es porque no las celebra conmigo, como tu quisieras y pretendias? Has huido de mi presencia por verguença de no salir con lo que quisiste, ò por querer a alguna a quien no puedes tener sino injusto amor? Pero haz lo que quisieres y quiere a quien gustares; que yo tengo la culpa, y merezco qualquier pena, por auerme fiado y creido al mas ingrato y desconocido hom-

(¹) El original: «enconder».

bre del mundo. No pudo passar mas adelante, porque los cielos ò soles de su diuino cielo començaron a despedir espesa lluuia de cristalinas lagrymas. Yo, que hize harto en no perder alli el poco aliento y espiritu que sustentaua mi ,cansada vida, comence, culpando mi ignorancia, a dar las disculpas que pude de mi destierro. Y dando muestras de mi amor con la manifestacion que hize de mis zelos, y de la razon que tune para tenerlos, se deshizo el laberinto y enredo que hasta aquel punto auian enmarañado nuestros pechos, quedando mi Camila contenta y yo mas enamorado de lo que estaua antes a su diuina hermosura, soberano valor y estraordinaria fidelidad; entonces me conto ella los enredos de Persanio, y las quimeras, estratagemas y telas que auia vrdido para aficionarla a que le quisiesse bien, no auiendo dexado de aprouecharse de cautelas, dadiuas, mensages, tercerias, promesas, visitas y muestras de su persona, y finalmente, de todo aquello que le parecio a proposito para alcançarla, y que al fin, viendo que todo esto era açotar al viento y sembrar en arena, desesperado se auia casado con la hermosa Criuarda, dama de mejor talle y rostro que nombre y reputacion. Preguntome despues desto mi Camila que era aquello que estaua escriuiendo quando entraron en mi casa, de que quedé harto turbado y suspenso, sin saber por vn rato que responder. Mas al fin, acordeme de no se que que auia echo el dia antes a la soledad, diuertido con la rabiosa melancolia que en ella passaua; y dixele que quando entrò estaua escriuiendo esta cancion alabando la soledad en que me hallaua, dissimulando quanto pude lo de la carta; diziendo ella que le dixesse si se me acordaua, dixe desta suerte:

Sagrada soledad, aluergue y nido
de aquel cuyos diuinos pensamientos
derechos van al gusto y al sossiego.
Oy que en ti se acomoda mi sentido
y libro mis plazeres y contentos
en tu amoroso aluergue y dulce fuego,
escucha el justo ruego
de aquel que tanto estima
tu mas que humana gloria,
y alienta la memoria
que el contrario bullicio desanima,
tu que eres en el suelo
la escala por do el alma sube al cielo.
   En ti el retor del cielo soberano
quiso que hallasse el gusto y el aliuio
el pecho celestial y humano pecho.
Halla en ti su contento el pecho humano
quando entre el descontento y plazer tibio
su ambiguo coraçon se siente estrecho:
en lagrymas desecho,
buscando va tu amparo,

que la melancolia
halla su compañia
en la diuina luz del cielo claro,
y en la tranquila calma
halla el silencio que pretende el alma.

Mientras mas de ti goza, mas suspende
la espada que sus gustos taja y corta
el temeroso golpe que amenaza.
Ninguno le es contrario ni le ofende,
en paz el cuerpo tiene, el alma absorta,
ni el trafago le ocupa ni embaraça.
Halla en tus aguas traça
a su viuir yguales;
pues quanto mas caminan,
tanto mas le adiuinan
que aquel es el éstado de sus males,
que como el Sol y Luna,
corren y buelan sin tardança alguna.

El verde de los arboles sombrios,
con que el florido Abril su tronco cubre,
añade a su esperança la esperança;
los pesados calores y los frios,
quando el Deziembre el rostro yerto encubre,
prometen a su ayrado mar bonança.
No ay en ygual balança
cosa alguna en el suelo:
lo que oy de hoja carece,
mañana reuerdece;
camina el agua y nunca para el cielo;
el bello sol dorado
oy da luz y mañana està eclypsado.

No del adulador la lengua falsa,
ni del parlero la nociua lengua
perturban su quietud y su reposo;
ni como la grandeza con la salsa
de la abatida y deshonrada mengua
que le causa el vezino cauteloso:
el es el poderoso:
el a quien reuerencia
el vezino senzillo:
el quien solo en dezillo
qualquier dicho le tienen por sentencia:
y el solo es el seguro,
del Iano, amigo falso, y del perjuro.

No embidia los brocados de los reyes,
ni el paño del traydor ingles bastardo
viste, por contrauando, con rezelo.
Mucho mas apacibles son sus leyes,
con el tosco sayal ya mas gallardo
que el mundo sale el gran señor de Delo;
no viue con rezelo
del vano cumplimiento
que tiene el cortesano,
ni teme del tyrano
el barbaro rigor y el fin violento,
ni de vn injusto mando
su vida, ser y honor estan colgando.

Pues que, si el cielo santo le enriqueze,
para engañar los tiempos mas prolixos,

con vna hermosa y bella compañera?
con nueua juuentud su edad florece;
crece el amor con los queridos hijos,
la entrañable aficion, la fee sincera;
es verde primauera
su vida corta ò larga,
ni teme los rezelos,
fruta que al mas couarde gusto amarga,
porque, en beldad y auiso,
el solo es el Adonis y el Narciso.

Despues que sus labores a tratado,
desde que Apolo mira su emisferio
hasta que se escondio en el mar de España,
gozando del descanso desseado,
sin temer el argolla ò cautiuerio
a sus hijuelos tiernos acompaña,
y desde su cauaña
gouierna el mundo todo,
y con el pensamiento
mide el furor violento
del herege aleman, del persa ò godo,
hasta que el dulce sueño
restituye a su lecho el propio dueño.

O, vida solitaria,
el que no te conoce no te adora,
pues solo eres contraria
a aquel que por perderte siempre llora,
y de ti despedido,
canta tu gloria, como yo, afligido!

Quedò mi Camila tan contenta como enga-
ñada con la elegancia y grandeza de estilo de
la cancion, y ciñendo mi cuello con sus diuinos
braços en pago de auerla recitado, me dexò
mas vfano que està el coronado Atlante con
la pesada carga de los cielos. Y despues de
auer vn poco considerado sus pensamientos y
la verdad dellos, me dixo: A, Leonardo mio,
y quien fuera tan dichosa que como vna hu-
milde y simple pastora pudiera passar la vida
de la propia suerte que la has pintado, tenien-
dote por compañero della! Agora digo que con
razon embidio el cayado pastoril, por todas
essas razones con que le has abonado. Mucho
mas es, mi señora, la dixe, el contento y aliuio
con que en ella se viue que lo que del se pue-
de dezir; pues por mas que en pintarla se es-
mere la mas cortada pluma y el mas delicado
pinzel, ay del escriuirla al viuirla tanta dife-
rencia, como va de lo viuo a lo pintado; aun-
que si estuuiera algo despacio, yo te la pintara
de suerte que te aficionaras mas della. Ya que
no sea agora, por la parte y oficio en que esta-
mos, dixo ella, no te perdono essa palabra que
me das: mandandote que a la noche, en el jar-
din, me cantes algo de la vida pastoril, dando-
me alguna cuenta della y fingiendote el mismo
pastor que has de pintar. Yo se lo prometi de
la misma suerte que ella me lo mando, pues

era lo menos que por seruilla podia hazer. Y al fin, estando en medio de nuestra conuersacion, vimos menear vnas matas del monte en donde estauamos, y procurando inquirir quien fuesse la causa dello, leuantamos, casi de entre los pies de los cauallos, dos fieros lobos, que en viendonos començaron a huyr, y nosotros a seguirlos, aunque mi diuina Camila, impaciente de que tanto se alexassen, sacò de vna aljaua, que de los ombros le colgaua, vna aguda saeta, y poniendola en el arco, la despidio con tanta fuerça y destreza, que cogio a la bestia en medio del camino, y atrauessada de parte a parte, a pocos passos cayò muerta en tierra. Y yo, que con la furia de mi cauallo vine a alcançar al otro, metiendole dos pelotas de vn pistolete, le hize passar por la propia suerte del compañero, que no poco contento nos dio. Despues discurrimos el monte y matamos diuersos generos de fieras, y cargando de nuestra caça los dos cauallos, aun no bien auiamos salido del monte, quando encontramos a Floriso con toda la demas gente, cargados de diuersos despojos, que quando nos vimos nos recibimos con regozijo general de vna y otra parte, y con el nos boluimos a casa, donde nos estauan esperando Claridia con sus tres bellas prendas, desseossas de nuestra vista. Y despues de auer passado parte de la noche en contar cada vno sus lançes y auenturas, determinamos partirnos otra dia para la villa, y luego todos de compañia nos metimos en el vergel, y diuirtiendose cada qual por donde mejor les parecio, mi Camila y yo nos entramos por vn ingenioso laberinto de madreseluas y auellanos, entretexidas en diuersos encañados, que venian a dar a vna fuente que la copa, chafariz ([1]) y figuras todas eran de vn marmol pario. Y sentandonos en vnos assientos de finissimo jaspe que alrededor estauan, comencè a templar vna guitarra que auia echo traer, y pidiendola en las blancas manos de mi hermosa Camila, la supliquè diesse principio a la conuersacion; y como ella me dixesse que no se me denia de acordar de la palabra que le auia dado en el campo: Bien me acuerdo, la dixe, angel mio; pero antes que yo entre alauando la vida pastoril, quisiera que vos alauarades la vida en comun, pues la que yo en particular tengo y posseo es cierto que es por sola vos, que soys la causa della, y todo quanto por tenella espero. Ella, estimando mis humildes y corteses razones, haziendo parar los cielos de su continuo mouimiento, y deteniendo el de las mas liuianas hojas de los verdes y frescos arboles, por oyrla dexaron las cristalinas

aguas de la fuente y pequeños arroyuelos su murmurar continuo, y ella dixo y cantò desta suerte:

Bien es, Leonardo, que la vida alabe
quien sabe por la muerte lo que es vida;
que al fin dara difinicion cumplida,
si acaso en vn humano juyzio cabe.
  Es vida vn manso zefiro suaue,
gloria entera en mil glorias diuidida,
desseo y esperança posseida,
de todo el bien y el mal la puerta y llaue.
  Es vn camino corto y prolongado,
vn extasis del alma imperceptible,
y es vida al fin aquello que no es muerte.
  Es vida vn mar tranquilo y sossegado,
y si ha de ser la vida desta suerte,
que es muerte la que passo, es infalible.
  O suerte corruptible,
al fin viene Camila a concederte
que el punto de la vida està en la muerte!

Diuina sentencia es essa con que acabastes, hermosa Camila mia, la dixe, pues en vn punto me distes gloriosa vida y muerte, y agora vi la vida en vuestra soberana y dulce armonia, acompañada en vn punto con la muerte del fin de vuestra diuina diffinicion y musica. Dexado de esso, mi Leonardo, dixo ella, que bien sabeys vos que soys la causa de mi vida y de mi muerte, aunque tengo la muerte por dichosa vida. Yo entonces, obedeciendola, cantè este romance, dando a mi diuina Camila muestra de quien era su Leonardo y alabando la vida pastoril:

Bellissima pastorcilla,
mas hermosa que los cielos,
alma de mi voluntad,
vida de mi pensamiento;
ya que merezco ser tuyo,
ò, aunque yo no lo merezco,
quiere el cielo que me llame
el mas dichoso del suelo;
ya que has subido mi suerte
sobre el alto firmamento,
al cielo de quien tus ojos
son el sol y luna bellos,
escucha vn rato, que canto,
en estos humildes versos,
a quien amas, y el oficio
que tu quieres que cantemos.
No es soberuia que publique
su altura es soberuio cedro,
pues quien le conoce sabe
que es en altura soberuio.
Ni en que yo diga quien soy
perder lo que soy pretendo,
mas quiero, ya que no en mas,

([1]) Vocablo de orígen arábigo, según Eguilaz. Significa: estanque, alberca.

que no me tengan en menos.
Los campos de Mançanares
saben quien son mis abuelos,
cuya apazible ribera
conoce mi nacimiento.
Las sombras de sus alisos
ni las ramas de sus fresnos
no se acuerdan, porque entonces
me vieron dorados techos.
Yo, aunque de la gran nobleza
de mis padres estoy lexos,
qualquiera que me conoce
me dize que los parezco.
No digo que esto es verdad,
mas con ella dezir puedo,
si serlo el desseo arguye,
que son nobles mis desseos.
Es oficio de pastor,
pastora hermosa, el que tengo,
el mas feliz de la tierra
y el que mas parece al cielo.
Tiene el año doze meses,
y el mes treynta dias enteros,
veynte y quatro horas el dia,
que a mi gusto se las cuento.
Leuantome de mañana,
y al alua, que esta riendo,
la saludo, acompañando
a los pintados girgueros.
Llamo entonces mi familia,
que auiendo vencido al sueño,
sin pereza y sin cuydado
dexa el apacible lecho.
Despues de estar en pie todos,
es de mirar el contento
que alrededor de la lumbre
tienen al son del torrezno.
Y en auiendo reforçado
las fuerças con el almuerzo,
acuden a su exercicio
mas que los rayos ligeros.
Vnos ponen con presteza
al arado el corbo yerro,
otros al buey perezoso
vncen con el compañero.
Van al campo a sus trabajos,
a pagar el graue censo
que puso Dios por sus culpas
a nuestros padres primeros.
Y despues de auer medido
los campos y los oteros,
bueluen el ganado a casa
con sus veladores perros.
El labrador da a sus bueyes
con francas manos el heno,
que aun hasta en los animales
se sigue al trabajo el premio.
Pero el pastor codicioso
coge el tierno corderuelo

Origenes de la Novela.—IV.—37

y a la madre se le pone,
que bala por darle el pecho.
Y a la cabra que codicia
el recien nacido hijuelo,
saca el cabrito que en casa
se quedò por ser tan tierno.
Este es todo su cuydado;
despues, de todos agenos,
mas contentos que los reyes,
ponen a la mesa cerco.
Para vencer a la hambre,
que es el contrario mas rezio,
no faltan dulces manjares
sin embidiar a los cetros:
La manteca regalada,
ocupa el primer assiento,
que, en vez de azucar, la comen
con panal reciente y fresco.
Y quando de su dulçura
estan harto satisfechos,
tienen, como le dessean,
el tierno y gruesso carnero.
De los mejores del hato
cogen vn cabrito gruesso,
y sin reparar en gastos
lo comen quando es su tiempo.
Quando viene el san Martin,
de los mas cebados puercos
rechinan los chicharrones
y traciende el entrecuesto (1).
Ay entonces las marranas,
que a pares las da el Enero,
que hacen labor con el ajo
y milagros con sus cueros.
Y si para hartar su sed
no bastan los arroyuelos,
en casa del mayoral
no les falta el vino añexo.
Esta es la vida que passo,
señora, y la que te ofrezco
por victima y por primicias
de nuestro dulce himeneo.
Las sedas y los brocados
que he de colgar en tu templo
son rendidas voluntades
y amorosos pensamientos.
Los ambares y los estoraques
y el encienso mas sabeo,
la firmeza en adorarte,
que es el mas precioso incienso.
Las piedras y los anillos
con que he de adornar tus dedos,
no seran duros diamantes,
sino coraçones tiernos.
Aunque si fueres seruida
de otros tesoros de precio,
con todo puede seruirte

(1) El espinazo.

quien de todo te haze dueño.
Las margenes de Madrid
y las vegas de Toledo
saben que todas son tuyas,
porque yo soy tuyo mesmo.
Las naues que de la India
traen los tesoros inmensos,
todo es tuyo, porque es mio,
si a caso quiero quererlo.
Y si quieres que te ofrezca
las prestas aues del viento,
la tortola y la paloma
vendran a ver que las quiero.
Y aunque te parezca rico,
es mucho mas lo que tengo,
porque te tengo en el alma
y en lo que es razon te precio.
Y pues mereci tenerte
por amor casto y honesto,
todos los demas tesoros
desde oy mas los aborrezco.
Solo a tu coyunda dulce
sugeto el vfano cuello,
a tu belleza me postro
y tu beldad reuerencio.

El contento con que mi hermosa Camila oyo el romance no te lo sabria esplicar, amigo Montano. Mezclò los suspiros de su alma con los vltimos acentos de mis versos. Y dixome: No en balde, querido Leonardo, estoy vfana de la merced que el Cielo por tu causa me haze; pues dizes lo que sientes, y dizes tambien, que las piedras de los tebanos muros huyeran de Orfeo por oyrte y las atraxera tu diuina melodia con mas ventajas. Y si como el espiritu de Euridice estuuiera el mio en las estigias aguas, aunque las infernales furias tuuieran fiereza doblada, pausaran de sus acostumbrados castigos y dexaran de atormentar las almas desuenturadas de los condenados. Tu discrecion supla mis faltas, la dixe, que lo mas que puedo hazer y dezir en tu seruicio, me parece muy poco respeto de lo mucho que te deuo. Entre estas y otras razones que hablamos y platicamos de nuestros passados sucessos, no dexandome ella de preguntar la menor circunstancia de mi solitaria vida, se hizo hora de recogernos, y determinè con los nobles Floriso y Claridia, y sus hermosas y diuinas prendas, boluerme otro dia a la Villa. Y en el mismo punto que los rubios cabellos del radiante Apolo començaron a ilustrar el nueuo dia, lo hizimos ansi. Y antes que hiziesse su viage por el meridiano, llegamos alla, cosa que no poco plazer y contento dio a mis vassallos y soldados. Y al fin, desde aquel dia passe la vida mas agradable y dulce que se puede imaginar, no passandose punto que no recibiesse mil soberanos

fauores de mi Camila. Y como a los dos nos pareciesse justo acabar de premiar nuestras voluntades y esperanças con la dulce possession del fruto de nuestro limpio amor, vn dia, auiendo combidado a Floriso y Claridia, con sus bellas hijas, a comer en mi palacio, estando sobremesa, declarè a los padres el estremado amor que siempre tuue a su hermosa hija, las veras con que procurè mostrarle la limpieza de mi voluntad, declarada y manifestada en mis justas pretensiones. y, al fin, que en pago de todo esto estaua determinado de suplicarles me hiziessen tan soberano fauor y merced de darme por compañera y señora de mi alma a la que siempre lo auia sido, prometiendoles que en las veras con que conocerian lo que yo estimaua el verme colocado en tan excelso grado de grandeza, echarian de ver lo que amaua su diuina prenda. Ellos, que otra cosa no desseauan, bañados los venerables rostros de tiernas lagrimas, me abraçaron y recibieron desde luego por su amado yerno. Y llamado el sacerdote, hinchiendose la tierra de mil diuersos y varios regozijos, assistiendo por testigos la gente toda principal del pueblo, nos desposamos, dilatando las velaciones para el dia de san Iuan, que siempre le tuue por venturoso y propicio de todos mis sucessos. Hasta el qual dia, que cerca estaua, differi el traer a mi palacio a mi dulce esposa, para cumplir en todo sus honestos y nobles desseos. Lo que los dos sentiriamos bien lo puedes echar de ver, y ansi lo quiero reseruar y dexar a tu discreto pensamiento. Pues lo que mis vassallos sintieron es inesplicable; auia regozijos publicos, reciprocos parabienes, como si de todos en particular fuera la buena dicha. Parece que entonces reuistio la hermosa Flora los campos segunda vez, y que los peces saltauan de contento en el caudaloso Miño. Las aues, con nueuos y desussados cantos, publicauan mi ventura; los hermosos planetas, los bellos signos y las luzientes estrellas, reluzian con nueua fuerça, viueza y resplandor. Esta, amigo Montano, hasta este punto es la historia de mi vida; lo que de aqui a delante se sigue abreuiar en dos palabras, porque no se me acabe la poca que tengo, que aunque la tengo aborrecida, huyo de la muerte como el que rabia de las fuentes que dessea, y quiça es para passarla mas larga y penosa. Digo, pues, que aura seys dias, que eran catorze antes de san Iuan, me vino vna carta y mandamiento del Rey nuestro señor, en que me manda que dos dias antes de san Iuan sin falta ninguna estè en su Corte por cosas tocantes a su real seruicio. Ves aqui, amigo Montano, anublado mi cielo, cortadas las alas de mi esperança, atajados los passos de mi descanso y sossiego. Fueme necessario apresurar

mi jornada, lleuando el cuerpo sin alma, a ser-
uir a mi rey, y dexar a mi esposa, a mi cielo, a
mi esperança, a mi descanso y sossiego, sola, se-
pultada entre amargos sollozos y desuenturas,
y biuda antes que casada. La qual me dixo, des-
pidiendome della con muchas lagrimas y suspi-
ros, que para que no creyesse auia sido mi amor
fingido en querella, que no fuesse parte la ausen-
cia para oluidalla, ni yo mostrasse ser hombre
en aborrecella, que, aunque muger, me prometia
de ser en adorarme la misma firmeza. Y a este
proposito te quiero dezir vnas dezimas, que las
hize antes que me fuesse, prouando como era
impossible oluidalla, y al contrario lo que ella
por ser muger me prometia. Y esto no embar-
gante que yo estaua bien seguro de su gran
firmeza y ser como era mi adorada esposa :

Si te da pena mi ausencia,
no te de temor mudança,
que mi fe te da esperança
y tu amor me da paciencia;
mas si por justa sentencia
tantos males me han venido,
llorar tengo lo que he sido,
y ansi forçoso ha de ser
que presente he de tener
la gloria del bien perdido.
Si no supiera querer,
nunca la ausencia temiera,
porque si amar no supiera,
no tuuiera que temer;
si ausente he de padezer,
bien me pueden enterrar,
que la memoria de amar
no da lugar al viuir,
y ansi es mas cierto morir
que no poder oluidar.
Quien no sabe que es amor,
no juzgue de mi derecho;
meta la mano en su pecho
quien sabe deste dolor;
tener recelo y temor
de amor nace su accidente,
que se halla ordinariamente
en el amante mas fiel;
mas desdichado de aquel
que esta zeloso ò ausente.
Culpar mi ausencia no es justo,
pues donde ay tanta razon,
no perdiendo la afficion,
se ha de posponer el gusto,
y si dizes que es injusto,
pues de ti no he de acordarme,
no ay razon porque culparme,
pues si me ausento de ti,
sabes que te lleuo en mi
y a mi no puedo oluidarme.
No negare que te adoro,

y si quieres yo lo niego,
y aqui veras si estoy ciego,
pues confiesso lo que ignoro;
guardo a tu amor el decoro,
y como es fuerça partir
donde sin ti no ay viuir,
es qual la vela mi amor,
que da claridad mayor
quando ya se va a morir.
Dizen algunos amantes
que de ausencia nace oluido,
y yo digo que ha nacido
el oluidar de ignorantes,
que el ser o no ser constantes
consiste solo en razon;
que no es la ausencia ocasion
a vencer la voluntad,
y ansi donde ay necedad
jamas ay firme afficion.
Si te dixeren de mi,
señora, que no te amè,
si dudares de mi fe,
que ruego a Dios no sea ansi,
solo te suplico aqui
que te acuerdes de quien eres,
que me quieras si me quieres,
aunque tenga por simpleza
pedir que tengan firmeza
en ausencia las mugeres.
Confiesso que algunas son
llanas, faciles, possibles,
y otras fuertes è inuencibles,
mas que el monte de Sion;
pero llegado a razon,
que muger ay que en vn mes,
por gusto o por interes,
o cosas mas importantes,
no oluide lo que fue antes
por lo que vino despues?
El tiempo doy por testigo,
y en el, Camila, veras
que si de mi ausente vas,
te lleua mi alma consigo;
denme los cielos castigo
si en lo que digo no acierto,
que puedo jurarte cierto,
y esto solo te apercibo,
que en tus ojos estoy viuo
y en tu ausencia parto muerto.
Pues quando tu consideres
que eres muger y yo ausente,
tu discreta, yo imprudente,
yo quien soy y tu quien eres,
si por ventura me vieres
de aqui a vn mes o de aqui a vn año,
veras claro el desengaño
y me diras que acertè,
yo en guardarte amor y fe,
y tu en conocer tu engaño.

No ay dezir no lo sabran
como presentes no se hallen,
pues quando todos lo callen
mis ojos te lo diran,
porque en ellos se veran
las quexas de tu razon,
mi mudança o tu aficion,
que, si bien lo consideras,
son los ojos vedrieras
del alma y del coraçon.
    Quando tu amor sea ninguno,
yo con tu gusto concuerdo,
que jamas vn hombre cuerdo
ha sido amante importuno;
mas si te dixere alguno
que no tengas confiança
viendo ausente tu esperança,
no lo creas, que es error,
porque siempre vn nueuo amor
requiere nueua mudança.

Y acabando de escriuir estos tristes y vltimos versos, y poniendome en camino, todo fue vno, porque como los mandados de los reyes son imperio, y las obligaciones de la honra mayores que las de la vida, dexo el cuydado de viuir y de mi propia voluntad sigo el de la amarga, triste y desastrada muerte. Aqui acabè de contar mi historia a mi noble amigo Montano, acompañando el vltimo y postrimero fin della con mil suspiros, sollozos y lagrimas qne la fuente del coraçon como arroyos despedia. El cual me consolò lo que pudo, prometiendome, como fidelissimo amigo, de ocupar siempre el tiempo en mi amistad y seruicio de la noble Camila, sin apartarse della vn solo punto, pues no estaua su tierra del Miño mas que distancia de cinco ò seys leguas. Y al fin aquel mismo dia me parti y llegue a la antigua ciudad de la Coruña, honra de la noble y leal Galicia, donde vi sus fuertes muros, sus gruessas piezas de artilleria, los fuertes de san Anton y de santa Marta y todas las demas cosas que ay que ver, que son hartas. Y auiendo visitado al Gouernador y gente principal de la ciudad, que eran mis deudos, me despedi de mi fidelissimo y nobilissimo amigo Montano, que casi me falto el coraçon en esta despedida, dexandole encargadas las prendas de mi alma: todo lo qual el prometio de hazer, despues de auer acabado los negocios a que auia ido a la Coruña. Qual quedaron la bella y hermosissima Camila y sus ancianos padres, tu, amigo Rojas, pues eres discreto, lo podras considerar, y ansi tengo por indiscrecion esagerarlo. Yo tomè luego mi camino, y saliendo de los muros de la Coruña, contemplando su soledad, comence a dezir:

A Dios, herculeos muros que a los cielos amenazays con la soberuia altura.
A Dios, tierra dichosa, sepultura de mis contentos, glorias y consuelos.
    A Dios, arboles verdes, que mil yelos, mil blancos pechos, mas que nieue pura, encubris en quien tiene la hermosura tanto lugar como ay en mi recelos.
    A Dios, sabrosas fuentes apazibles; a Dios, mar, que oy os vence el de mis ojos, quedaos a Dios y a Dios tambien yo mismo.
    Oy muero, oy son mis penas insufribles, oy me voy y me quedo, y mis enojos hallan en mi destierro el propio abismo.

Esto acabè de dezir, y luego por la posta tomè mi camino para la Corte, do en llegando me mandò su magestad leuantase esta compañia que agora tengo en Bretaña, y apenas sali con la conduta y leuantè mi vandera, quando de improuiso recibi vna carta de mi querido y fiel amigo Montano, en que me auisaua estaua enferma mi Camila.

Y diziendo esto, quedò tan fuera de sentido el sin ventura Leonardo, que le tuue mas de dos horas por muerto. El qual, buelto en su acuerdo, empezo a despedir vn arroyo de lagrimas que me enternecieron de manera que en lugar de consolalle en su pena le ayude a llorar su desgracia, con la qual dio fin a su amorosa historia. Y dentro de ocho dias mi capitan, que se llamaua Rostubaldo, a su miserable vida. Porque llegando vna tarde al campo de la verdad en busca del enemigo, le hallamos atrincherado entre vnos castillos, donde el triste Rostubaldo, que era vn capitan valentissimo, con cincuenta arcabuzeros llego a reconocer el puesto y a ganalle dos trincheas al contrario, y al retirarse le dieron vn mosquetazo. De cuya muerte todo el campo hizo no pequeño sentimiento, porque era de todos los soldados generalmente muy querido. Y esta misma noche, que fue domingo, le sacò vn cabo de esquadra suyo, al ombro, de donde auia caido, y se le hizo en vna hermita vn lastimoso entierro. Por cuya muerte le encargo su magestad al capitan Leonardo vna de las mas principales fuerças y gouiernos del reyno de Bretaña, donde assiste agora, con los cuydados que es razon de su hermosa Camila, cuyo casamiento pienso se cumplira en la cercana primauera, en la qual sin falta yra por su querida esposa, y se acabaran los desseos destos dos ilustres apassionados, que en el modo de tenerlos enseñan a los principes a guiar los suyos y a guardar el decoro a las nobles donzellas, refrenando ellos su apetito y midiendole con la honra y razon. Lo que sucediere adelante en el discurso de la vida destos dos espejos de honra y amor, se cantara en nueuos libros, en los quales se proseguira esta dulce, apazible y agradable historia.

Rios.—Por cierto el cuento ha sido bueno y de mucho gusto.

Roj.— Pues por lo que dixe auia sucedido esta desgracia de mi capitan en domingo, os tengo de dezir vna loa en alabança deste dia y de la misma loa, y despues ansi mismo de todos los demas dias de la semana. Que porque me han costado algun trabajo y son de mucho entretenimiento, os las tengo de dezir.

Ram.—Todos le tendremos por grandissimo en que nos hagays essa merced.

Roj.— Ya sabeys que os tengo de seruir, escuchad:

Son tantas y tan varias las comedias,
tanta la muchedumbre de romances
y tan grande el discurso de las loas
que hasta agora se han hecho, que me espanto
que nadie pueda hazer mas de lo hecho,
ni nosotros dezir mas de lo dicho.
Vnos hazen las farsas de marañas,
otros de historias, fabulas, ficciones;
las loas de alabanças de las letras,
de plantas, animales, de colores;
vno alaua lo negro, otro lo blanco,
este el silencio, la humildad el otro,
sin otras muchas de que no me acuerdo.
Y es trabajo tan mal agradecido,
esto de loas, como en otro tiempo
fue de todos los hombres estimado;
porque los versos se inuentaron solo
para las loas, como dize Eusebio;
que auiendo ya passado el mar Bermejo
con su gente Moysen, compuso hymnos (¹)
(que es lo mismo que loas) alabando
al sumo Dios que tanto bien le hizo.
Y todos los cantares que compuso
Salomon a la esposa del esposo, (²)
segun el texto, tambien se llaman loas.
El profeta Dauid tambien nos dize
que alabemos a Dios, quando en sus psalmos
nos dize ansi : *Laudate pueri Dominum,*
Laudate nomen Domini. Y Porfirio
tambien dize que Orfeo hizo estas loas,
y el dezirlas fue oficio antiguamente
de aquellos oradores tan insignes,
segun lo cuenta Plinio, libro setimo,
que entrando nuestro padre, el gran Virgilio,
a dezir vna loa al gran Senado,
todos se leuantaron y le hizieron
vna gran cortesia (merced rara,
a nadie hecha jamas, si a emperadores).
Por otra loa que Pindaro auia hecho

à aquel inuicto cesar Alexandro,
yendo asolando la ciudad de Tebas,
mando que no tocassen a la casa
de aquel famoso Pindaro poeta.
Scipion el Africano, de contino
a su lado lleuaua al poeta Ennio
por las loas que hazia, y este muerto,
mando le edificassen vna estatua.
Los antiguos tambien si vno moria
le hazian vna loa en su alabança,
que es lo que aora llamamos epigrama,
endechas o elegias, que esto es loas,
y aquesto, segun Liuio, era gran honra.
Loò a su padre muerto el buen Marcelo,
consul; Suetonio dize Cayo Cesar
loò de doze años a su abuela,
y Tiberio de nueue, y en los rostros,
que es como agora dezir en los teatros,
hizo vna loa a su diffunto padre.
Y Plinio dize que vna de las cosas
que eternizaron a Virginio Rufo,
que fue vna loa de Cornelio Tacito.
Vino esta dignidad de hazer las loas
a tanta calidad y tanto punto,
que Ciceron lo tuuo por oficio
y aquel sabio andaluz Quintiliano.
El segundo Filipo, señor nuestro
(que Dios tenga en su gloria como puede),
qnatrocientos escudos dio de renta
por vna loa hecha a la Catholica
reyna doña Ysabel, que el cielo aya.
Las loas que compuso el gran Petrarca
de aquella Laura, le han eternizado;
y segun la opinion de mucha gente,
los sonetos, los hymnos, las canciones,
todos son loas, y fueron inuentadas
para loar y eternizar los nombres,
para hazer inmortales a las famas,
para animar los hombres que emprendiessen
cosas altas, empresas memorables.
Y en comedias antiguas y modernas,
para tener propicios los oyentes,
para alabar sus animos hidalgos
y para engrandecerles sus ingenios.
Y ansi, pues trato solo de alabanças,
alabare oy domingo aqueste dia;
mañana, lunes, tratare del lunes,
y desta misma suerte por su orden
todos los dias que ay en la semana.
Digo, pues, que en domingo tuuo el mundo
su principio, segun escriue el *Genesis:* (¹)
in principio creauit Deus cælum et terram;
en domingo tendran fin las desdichas,
miserias y trabajos desta vida,
porque, segun Guillermo, en este dia
se ha de acabar el mundo miserable.
En domingo nacio la Virgen nuestra,

(¹) Exod., c. 15 *(Esta nota y las que siguen hasta el final de la loa, figuran al margen en la primera edición del* VIAGE*)*.—(²) Lib. I Canticorum, toto.

(¹) Gen., c. I.

madre de Dios, y en este mismo dia
Iesu Christo nacio desta señora.
En domingo tambien el mismo Christo,
primero dia de año, mes, semana,
començo a derramar su santa sangre.
En domingo fue, este mismo dia
el dulce nombre de Iesus le dieron. ([1])
En domingo hizo Dios aquel combite
a mas de cinco mil personas juntas,
con solos cinco panes y dos peces. ([2])
   En domingo, que aca dizen de Ramos,
el Cordero dulcissimo triunfando
entrò en Ierusalem de su enemigo ([3])
ya condenado a muerte; y en domingo
obro muchas è inmensas marauillas.
En domingo tambien, en cuerpo y alma
resucito el Señor de entre los muertos. ([1])
   En domingo la Yglesia nuestra madre
recibio la merced tan soberana
del Spiritu Santo, y su venida
sobre aquel apostolico colegio. ([5])
La gloriosa Maria Madalena
en domingo llegò a los pies de Christo. ([6])
   Y en domingo tambien las tres Marias
vnguentos preciosissimos compraron
y fueron al sepulchro a vngir a Christo,
el qual hallaron ya resucitado,
segun san Marcos dize, Euangelista. ([7])
San Agustin, dotor de nuestra Yglesia,
nacio en domingo; y en efeto, España
se perdio en el espacio de ocho meses,
y en ochocientos años que passaron
no se recupero; al fin, en domingo
affirman muchos que boluio a ganarse.
   En domingo tambien, siete de Otubre,
el señor dcn Iuan de Austria, que Dios aya,
la batalla naual ganò en Lepanto.
Los que en domingo nacen, segun cuento
astronomico, suelen ser hermosos,
virtuosos, altiuos y seguros.
   En domingo cayò, en primero dia,
del año que llamamos Todos santos;
huelgan los oficiales los domingos,
los domingos se visten las fregonas,
juntanse los domingos las vezinas,
los domingos se alegran las comadres,
passeanse los maridos
y juegan al rentoy los caldereros.
   Nosotros desseamos los domingos,
porque en domingo viene mucha gente,
y siempre las comedias en domingo
representamos todos con mas gusto,
porque en domingo ay siempre mas dineros.
   Los galanes dessean los domingos
para ver a sus damas en la yglesia,

ò sin el almohadilla a la ventana.
Todos los mas estados deste mundo,
ansi plebeyos como principales,
dessean el domingo; hasta los niños,
para no yr a la escuela, dizen todos:
señora madre, quando es el domingo?
   Y en efeto, en domingo ay tantas cosas,
que fuera proceder en infinito
tratar de engrandecellas ni alaballas.
Solo suplicare, pues oy domingo
es dia de contento y alabança,
de holgura, regocijo y alegria,
que no tengan silencio, que murmuren,
que den vozes, que rian, que se huelguen,
que Dios les dexe ver tantos domingos,
que de aqueste en cien años nos veamos,
vegezuelos, caducos y sin brios,
corremos los muchachos por las calles
con martingalas justas vn domingo,
sin colmillos, sin dientes, ni sin muelas,
llenos de sarampion y de viruelas.

Sol.—La mejor es[y]de mas consideracion
que aueys dicho, y acabose a tiempo que llegamos a Palencia.
Rios.—Esta es vna de las ciudades mas antiguas de España, y segun Pomponio Mela y Estrabon, se nombro primero Palancia; la qual fundò el rey Palatino, y estuuo primero en ella el Estudio general de España, y desde aqui se passo a Salamanca, por el rey don Fernando de Castilla, que començo a reynar el año de mil y duzientos y diez y seys.
Ram.—Yo ley los dias passados, que reynando en Castilla don Sancho, que era de Nauarra, y yendo a caça por las riberas de Carrion, hallo vn puerco montes, y siguiendole con vn venablo, se le metio en vna cueua, y entrando tras el, le hallo echado al pie de vn altar, y quiriendole herir, le fue detenido el braço. El qual pidiendo a Dios misericordia, le fueron restituydas sus fuerças, y en saliendo de la cueua, se informo y supo que alli auia auido vn santo llamado Antolio, y mando reedificar la ciudad de Palencia, que estaua destruyda desde la general destruycion de España, y su yglesia mayor es agora donde estaua aquesta cueua; y ella se llama de san Antolin, por san Antonino, y aun dizen que se entra a ella por debaxo de tierra, cosa de diez passos, y que es vn lugar de mucha deuocion.
Sol.—Yo he oido dezir que ay en la diocesis de esta ciudad quatrocientos beneficios curados, que instituyo la mesma ciudad; y estos no se dan sino a los naturales della.
Rios.—Porque no se passe de la memoria lo que nos aueys prometido, y porque es tan bueno que obliga a acordallo, nos aueys de yr prosiguiendo las loas de la semana.

([1]) Luc., c. 2.º—([2]) Ioan. c. 6,—([3]) Math., c. 21.—
([4]) Marc., c. 16.—([5]) Actuum, cap 2.—([6]) Luc.,
c. 17.—([7]) Marc., c. 16.

Roj. — Pues gustays de esso, oyd la del lunes:

Diodoro Siculo dize que quando algun vassallo egypcio tenia con su principe que negociar, hincaua ante el las rodillas, y con humildad dezia estas palabras: soberano señor, si estoy en tu gracia, ossare pedir, y si no lo estoy, no te quiero importunar. Aquesto mismo, con vuestra licencia, podria yo dezir; si acaso, discretissimo auditorio, estoy en vuestra gracia, seguro puedo aqui salir; pero si no me podeys ver, como me atreuere a representar? El diuino Platon, en los libros de su *Republica*, dize que seruir y agradar es imposible ninguno por sabio merecello, sino fortuna a quien le parece dallo, pues vemos cada hora que quien no ha seruido vn mes precede al que ha seruido toda su vida, y esto no por lo bien que sirue, sino por la gracia en que cae. No me negareys que no es grandissimo trabajo dar gusto a muchos, seruir a muchos y alcançar fauor de muchos, porque son algunos que me oyen como las palmas, que primero tienen debaxo de la tierra vna vara de rayz que descubran señal de hoja; primero auemos de hazer milagros que os tengamos contento; primero han de ser inmensas nuestras obras, que de vosotros alcancemos buenas palabras, pues ya se por mi suerte que para contentaros son menester mil seruicios supremos, y para caer en vuestro disgusto basta vn solo yerro pequeño. Pues si yo me plante ayer en vuestro seruicio, como es possible que antes de descubrir hoja pretenda ganar fama? Verdad es que la opinion con gente tan discreta y principal, es honrosa y pruechosa; pero junto con esto, es muy perecedera, porque sin duda es nuestro oficio como la Luna: que quando esta en mas creciente, espera su menguante, y aun suele estar a pique de padecer eclipse. Quando la fortuna ensalça a vno de poco a ser mucho, esta sin duda es gloria, pero quando le abate de grande a pequeño, diremos que es affrenta; porque para subir al escalon de daros gusto, es menester ventura, y para caer deste escalon, tropezar en qualquiera piedra pequeña. Preguntando a Socrates que cosa era mas cierta y mas segura en esta vida, respondio: no ay cosa en esta vida mas cierta que es tener a todas las cosas por inciertas, y dixo bien; porque si la mayor riqueza que podemos tener y de que podemos gozar es la vida, y al fin aquesta vida es tan dudosa, que cosa puede auer en ella segura? El rey Filipo, padre que fue del Magno Alexandro, como en vn dia le traxessen nueuas de tres insignes victorias que sus exercitos en diuersas tierras auian vencido, hincadas las rodillas y fixados los ojos en el cielo, dixo estas palabras: O, fortuna cruel! ò, dioses poderosos! ò, tristes hados mios! humil-

demente os ruego que, despues de tanta gloria como me aueys dado, os templeys en el castigo que me aueys de dar; de manera que me castigueys y del todo no me destruyays, porque tanta felicidad sin duda que es aguero de alguna gran desdicha. A los que fortuna sublima de pequeños a ser repentinamente grandes, mas es para infamarlos que para engrandecerlos. Ansi mismo, si siendo yo tan humilde y valiendo tan poco, me ensalçays para ser mucho, en la comedia diran que soy venturoso; pero si en viendome ensalçado me bueluo a ver abatido, podran todos dezir: ay de aquel desdichado! Lucano dize que muchas vezes dezia Pompeyo a sus vassallos: se deziros, amigos, vna cosa muy cierta, para que veays lo poco que ay que fiar de la fortuna, y es que el imperio romano, sin tener esperança de alcançalle, le alcancè, y despues, sin tener sospecha de perdelle, le perdi. Lo que cerca desto puedo yo dezir, es que jamas me fie de la fortuna, porque si alguna vez la crey y entre mi y ella huuo treguas, fue no para fauorecerme, sino para assegurarme, y despues de todo punto destruyrme. La fama que nos days, la honra que nos hazeys, todo nos lo days dado, mas yo lo recibo en deposito; y nunca su vanagloria me ha alterado el pecho; porque si oy dezis que soy bueno y llego hasta la cumbre de daros gusto, mañana represento mal y baxo al centro, donde eternamente quedo a vuestro disgusto condenado. Conociendo esto, quien ay en el mundo tan necio, que pretenda tener vn solo giron de confiado, si no es que le sobre mucha ropa de loco? Quien ay de nosotros, auditorio insigne, tan venturoso que acierte siempre a daros gusto, sin caer de su estado ni verse de vuestras lenguas abatido? Que autor ay en nuestro oficio, tan bueno, tan justo y que mas seruicios os aya hecho y con mas voluntad seruido, a quien por el menor descuydo no ayays en vuestros pechos condenado? O, mil vezes venturoso aquel que acierta a daros gusto y se ve de vosotros mas apartado! Y aunque no parezca que me salgo del proposito, ya se que vengo a tratar de la alabança deste glorioso dia lunes, y ansi digo:

Que en lunes hizo Dios el firmamento en medio de las aguas y aparto las superiores de las inferiores, llamando al firmamento Cielo. (¹)

En lunes se hazen todos los sufragios por las benditas animas.

Lunes instituyo el duque Filipo el Bueno la orden del Tuson en san Bertin, en la villa de Tomer.

Lunes fue fundada Vizancio, dicha Costantinopla, por Pausanias, rey de los espartanos, segun Iustino, libro nono, y Paulo Orosio, tercero.

(¹) Gene., 1.

Lunes, despues de assolada por el emperador Seuero, la cobro y gano Constantino, hijo de Helena, donde se llamo Constantinopla, la qual posseyeron christianos passados de mil y ciento y nouenta años.

Lunes nacio el hombre primero que planto viña, hizo vino y lo beuio.

Lunes començo a llouer en Israel, por ruegos del profeta Helias, quando auian passado tres años y medio que no llouia en el por sus mismos ruegos.

Lunes se empeço aquella famosa obra del Escurial.

Lunes cesso el diluuio de Noe, segun san Hieronymo en su traslacion, y Filon Hebreo en sus coronicas.

Lunes se edifico Roma.

Lunes se empeço a poblar España por Tubal, año del diluuio ciento y quarenta y tres.

Lunes se empezo a poblar Burgos por el conde don Diego, año de ocho cientos y setenta y quatro.

Lunes gano el rey don Alonso sexto la ciudad de Toledo, cuyo reyno començo año de mil y setenta y tres, en el qual florecio don Esteuan Illan, de quien decienden los señores del linage de Toledo, cuya imagen esta en la yglesia mayor de la dicha ciudad, porque la libertò de cierto tributo.

Lunes se fundo la orden del glorioso san Benito, que es la mas antigua de Europa, la qual florecio en los años del Señor de quinientos, y passa de mil y ciento y cincuenta que fue instituyda.

Lunes se fundo la orden de la Cartuja. Tuuo fundamento año del Señor de mil y ochenta y seys, por el santo varon Bruno, el qual fundò el primer monasterio en Cartusia, de donde tomo renombre la religion.

Lunes se fundo la orden de los predicadores; tuuo principio por el santissimo padre santo Domingo, año del Señor de mil y docientos y diez y seys, el qual fundo algunos conuentos como el de Santa Cruz de Segouia y Santo Domingo el Real de Madrid.

Lunes se fundo la orden de los Menores por el glorioso padre san Francisco, y llego el numero de sus religiosos, segun Antonio Sabelico, cerca de los años del Señor de mil y quinientos, quando el lo escriuio, a mas de sesenta mil frayles.

Lunes, a cinco de Mayo, nacio el rey don Felipe, nuestro señor, que estè en el cielo; fue bautizado en San Pablo de Valladolid por don Alonso de Fonseca, arçobispo de Toledo.

Lunes, cinco de Abril, dia de santo Matia, se coronò en Bolonia el inuictissimo don Carlos por emperador.

Lunes, año de mil y quinientos y treynta y cinco, tomò la ciudad de Tunez de poder de Barbarroja.

Los que nacen lunes, segun curso astronomico, son constantes y nobles, aunque algo perezosos y dormilones, pero esta no es falta.

Muchas mas alabanças pudiera dezir deste dichosissimo dia lunes; pero solo os ruego, y con la humildad que puedo os suplico, que perdoneis nuestros yerros, considerando que solo venimos a seruiros. Y pues Dios, siendo Dios, se dexo rogar de los de Niniue, que estauan condenados; de Ezechias, que estaua oleado; de Dauid, que cometio el adulterio; de Iosue, que no auia vencido, y de Susana, por el falso testimonio, no es mucho que vosotros os dexays rogar de quien no os ha offendido y os dexeys seruir de quien dessea daros gusto.

Sol.—Si no me engaño, dezis en la loa que fue sostituyda la orden del glorioso padre san Benito en lunes, y he oido dezir della tantas grandezas, que os quisiera rogar, si aueys leydo algo cerca desto, nos lo dixerades, para yr entreteniendo nuestro camino.

Roj.—No quisiera meterme en tan estraña hondura y de adonde con tanta difficultad tengo de salir, como en contaros las grandezas desta sagrada y soberana religion, y de las casas y monasterios y moradores della; pero al fin os dire lo que cerca desto he leydo. Ya sabreys como el glorioso padre san Benito fue hijo de los condes de Murcia y nieto del emperador Iustiniano. Su santidad conoce y reconoce el mundo, que tanta gloria por el y ella ha recibido; su persona reuerencia la tierra y la grandeza de su gloria publica el cielo. Instituyo su religion en los años que he dicho del Señor, de quinientos, pocos mas o menos, la qual diuina y soberanamente se estendio tanto, que huuo tiempo en que se vieron juntos treynta y siete mil monasterios, abbadias principales de religiosos y religiosas, y quinze mil prioratos, y en muchas destas abadias auia a mil y a dos mil monges, en cuyos tiempos tuuo el glorioso padre san Benito reuelacion de Dios que en trecientos años no se le auia de condenar religioso de su orden. Esta sagrada religion honro y enriquecio el mundo, conuirtio a la fe catolica treynta reynos y prouincias, ilustro la religion christiana, instituyendo cien mil cosas concernientes a la honra y gloria de Dios. Porque en ella, por Hermano Contrato, monge y religioso, se compuso la Salue regina a la Madre de Dios, vna de las quatro oraciones mas principales de la yglesia. Por ella se instituyo la fiesta de todos los santos, la comemoracion de los difuntos, la fiesta que se celebra del santissimo Sacramento despues de la Trinidad. Y instituyo la ceremonia de tomar la ceniça el miercoles de Quaresma, el lauatorio de los pies del Iueues Santo, el ayuno del santo Aduïento. Y san Pedro, monge della, instituyo el Rosario de nuestra Señora, de cinquenta auemarias y cinco pater nostres, el qual despues tresdoblo el bienauenturado santo Domingo, padre de los predicadores, a honor de tres maneras de gozos de la Virgen. Ella instituyo seys fiestas de las de la Madre de Dios. Ella ilustro todas las ciencias y facultades, la teologia y letras diuinas con tantos y tan insignes dotores como à tenido, que son quinze mil y setecientos, y entre ellos tan ilustres como san Gregorio el Magno, san Bernardo, san Ilefonso, arçobispo de Toledo; san Anselmo, san Roberto Beda y otros señaladisimos della. Hallò Iuan veinte y dos, Pontifice, cinquenta y cinco mil santos canonizados en los archiuos de Roma. Della an salido quarenta y seys santos Pontifices, todos santos y de los mas excelentes de la Iglesia; an salido mas de docientos cardenales, cinquenta y dos patriarcas, mil y seiscientos arçobispos, quatro mil y setecientos obispos. An dexado los cetros y coronas del mundo por viuir en [e]ste santo habito, diez y ocho emperadores, veinte y cinco emperatrizes, quarenta y seis reyes, cinquenta y vna reynas, ciento y quarenta y seis hijos de emperadores y reyes, docientos y quarenta y tres principes, condes, duques y marqueses. Mas de seiscientos años estuuieron las vniuersidades de la christiandad en esta sagrada religion. Della salieron vn Graciano y vn Abad Panormitano que ilustraron las canones, y otros mil que ilustraron la medicina y todas las artes liberales, insignes y soberanos varones. Y aunque esta sagrada religion se estendio por el mundo tanto como he dicho, no cupo la menor parte a España, pues antes de su destruycion por los moros auia en ella mas de setecientas abadias principales todas de su habito, las mas de las quales poblaron de martyres al cielo, y de sagrados cuerpos los mas ilustres lugares de España. Y aunque vemos que los infieles barbaros, enemigos de Dios, destruyeron algunos monasterios destos, toda via quedaron muchos nobilissimos, y de suerte que os puedo dezir que los desta sagrada religion son de los mas nobles de España, enriquezidos ellos solos con mas cuerpos de santos que todos los monasterios juntos de las demas religiones, pues ay abadia que tiene mas de duzientos cuerpos enteros de martyres, que es la de san Pedro de Cardeña. Y ilustrada con los mas cuerpos de los reyes de nuestra España, auiendo casa que tiene mas de diez y seys cuerpos reales, que es en santa Maria la Real de Nagera. De los monasterios, pues, mas insignes desta sagrada religion, le cupo al reyno de Galicia no la menor parte, porque en Compostela està la nobilissi-

ma Abadia de San Martin. En Ribas del Sil, junto a Orense, la insigne Abadia y colegio de san Esteuan, enriquezida con nueue cuerpos de santos obispos; junto a Sarria la ilustrissima casa de san Iulian de Samos, que en vna hermita suya tiene el cuerpo de san Eufrasio, discipulo de Santiago y compañero de san Torcato, apostol de España, que fueron de los pocos discipulos que Santiago el Mayor conuirtio a la fe en España, y despues del martyrio de Santiago los boluio a embiar a España el apostol san Pedro, con otros cinco, todos siete hechos obispos. Y estos siete conuirtieron toda España y por esto se llaman Apostoles de España. Iunto a Ponteuedra estan san Iuan del Poyo, san Saluador de Lerez, nuestra Señora de Lorençana, todas casas muy ilustres desta sagrada religion. Pero entre todas las que he dicho, tiene vn no se que de mayor grandeza la de san Saluador de Celanoua, que en entrando en ella se siente mas que se puede esplicar, porque parece que se ensancha el coraçon y leuanta el espiritu para alabar al Criador (que como yo anduue alexado por esta tierra, puedo bien desir muchas grandezas della); fue su fundador san Rosendo, ilustrissimo santo, gallego de nacion, de linage y sangre real, que despues de auer sido obispo de la ciudad de Dumio, de Mondoñedo y arçobispo de Santiago, fundando de su propio vinculo y mayorazgo, y entre sus propios vassallos, este monasterio, è instituyendole por heredero suyo, trocando el mando y dignidad temporal por la celestial, traxo al glorioso san Franquila, que era abad de San Esteuan de Ribas del Sil, y recibiendo el habito de san Benito de su mano, fue el primer abad despues del en esta casa, y ennoblecio en vida con sus milagros y santidad, y en muerte con sus santas reliquias este monasterio. Toda la renta que tiene, como he dicho, es el vinculo deste glorioso santo, con que es de los mas ricos del reyno, porque vn año con otro alcança de onze a doze mil ducados, tiene quatro o cinco mil vassallos y en toda su juridicion pone y quita justicias, con tanta equidad, discrecion y prudencia, que siempre son de los mas bien gouernados del reyno; sustenta ochenta o nouenta religiosos, y mas dentro de casa y en prioratos, y da tantas limosnas, que ordinariamente suele remediar, vn dia con otro, mas de dozientos pobres. Aqui se me acaba la paciencia quando considero la miseria de nuestros tiempos, que aya caualleros de diez, veynte, quarenta, ochenta, cien mil ducados de renta y mucho mas, y que estos, con veinte ò treinta criados que sustentan, andan siempre alcançados y empeñados sin tener vna blanca ni vn marauedi, echando tributos a sus vassallos cada punto. Y que

vn monasterio con solos onze ò doze mil duca-
dos de renta sustente cien religiosos, otros
tantos criados, dozientos pobres, el culto diui-
no con la magestad y grandeza que estas reli-
giones suelen, sobrando siempre tres ò quatro
mil ducados cada año; trayendo sus vassallos
bien regidos y gouernados, ricos, prosperos y
contentos, es cosa que mientras mas la consi-
dero, mas me causa admiracion. Esto es lo que
cerca de lo que me aueys pedido puedo dezir,
que es todo lo que yo he alcançado a saber. Y
porque veo en el rostro escrito a Solano que
quiere mandarme prosiga con lo que a todos
tengo ofrecido, empiezo ansi en la alabança
deste soberano dia *Martes*, que algunos tienen
por desgraciado:

> Desde las cumbres mas altas
> que el mar del Poniente besa,
> cuya inmensa excelsitud
> compite con las estrellas,
> sali a llorar mis desdichas
> y a contemplar las agenas
> vn martes por la mañana,
> verdad es que martes era.
> Y al cabo de mas de vn hora
> que en vna prolixa arenga
> entretuue el pensamiento,
> bolui a vn lado a ver la tierra,
> y como me vi tan alto,
> parece que la cabeça
> se me yua desuaneciendo
> de imaginaciones necias.
> Yua engendrando locuras,
> como me vi en tanta alteza,
> y por no desuanecerme
> con altiuez y soberuia,
> baxeme muy poco a poco,
> y quando me vi en la arena,
> pareme a considerar
> vna locura harto buena.
> (Plugiera al cielo que todos
> la contemplaran y vieran
> con ojos de la razon
> y no sin los ojos della):
> Que es la grande presuncion
> y la vanagloria necia,
> la soberuia y vanidad
> que a tantos hombres nos ciega.
> Estuue considerando
> las desuenturas que cercan
> a vn altiuo coraçon
> que da a sus locuras rienda.
> Vinieronme a la memoria
> mil historias verdaderas,
> mil exemplos de filosofos
> y de sabios mil sentencias
> que cerca desto han escrito,
> y aunque importunas os sean;

> las dire, porque son dignas
> de que se digan y aprendan,
> y porque mi intento ha sido
> que so color de quimeras
> y de burlas fabulosas
> saquemos a luz las veras,
> digo, pues, que Domiciano
> tan soberuissimo era,
> que en sus pregones mandaua
> que desta suerte dixeran:
> Domiciano, nuestro Dios
> y nuestro principe, ordena
> que aquesto y esto se haga;
> y al fin toda aquella alteza
> vino a parar en que, al cabo,
> su muger misma aconseja
> que a puñaladas le maten,
> porque su maldad fenezca.
> Perdio el rey Geroboan, (¹)
> por su idolatria soberuia,
> doze reynos que su padre
> le dio en possession y herencia.
> El rey Demetrio tambien,
> segun Plutarco nos cuenta,
> fue tan soberuio, que el mismo
> mandaua en todas sus tierras
> le adorassen como a Dios
> y por tal le obedecieran;
> y para aquesta ambicion
> en que como viuio muera.
> Fue tan estimado Aman
> del rey Asuero, (²) que intenta
> que como a señor le siruan
> y como a rey obedezcan;
> y viendo que Mardoqueo
> no le haze reuerencia
> y el solo no le obedeze,
> a la horca le condena.
> Y su soberuia intencion,
> para en que el señor ordena
> que donde penso ahorcalle
> alli Aman ahorcado muera.
> No contento Faraon
> con las mercedes inmensas
> de aquelle Dios castigado
> con las diez plagas sus tierras (³)
> y perdonalle despues
> todas sus culpas y offensas,
> al israelitico pueblo
> tanto persigue y aquexa,
> que quiere Dios que los mares,
> que caminos antes eran
> para los tristes hebreos,
> por su maldita soberuia
> viene a ordenar que sepulcros

(¹) III Reg., c. 14. (*Esta y las notas que sigu*e
*hasta el final de la loa pertenecen á Rojas. Aduierte
lo mismo respecto de las loas restantes.*)—(²) Hes-
ter, c 5.—(³) Exod., c. 8, 9, 10, 11.

y abismos profundos sean
para el y sus egypcios,
a donde todos perezcan. (¹)
Estando Pompeyo en Asia,
le auisan que Iulio Cesar
le viene a dar la batalla
con mucha gente de guerra,
y el gran Pompeyo, furioso,
herido de pena inmensa,
amenazando los cielos,
responde desta manera:
El gran Pompeyo no teme
de vn hombre solo la fuerça,
ni teme a los mismos dioses,
porque es tanta su potencia
para este atreuido loco,
que hare que la tierra mesma
se leuante contra el
y contra sus gentes fieras.
Y para al fin su arrogancia
y su altiuez loca y necia,
en que pierda la batalla
y que su fama se pierda,
todas sus gentes las vidas,
todos sus hijos la hazienda,
la libertad pierda Roma
y Pompeyo la cabeça.
O, soberuia endemoniada!
o, presuncion altanera!
quantos de tus altas cumbres
vemos oy que se despeñan!
O, profundo mar! o, abismo
a donde tantos se anegan
con mil propositos santos
y mil intenciones buenas!
Si acaso los animales,
si por dicha los planetas
pudieran aprouecharse,
como nosotros, de lenguas,
sin duda que nos quitaran
la vanagloria y soberuia
que en mil coraçones necios
por nuestras locuras reyna;
porque nos podrian dezir
las refulgentes estrellas
que en el alto firmamento
se auian criado ellas.
El claro sol, que en el cielo
se crio tambien dixera,
y las aues en el ayre
dezir lo mismo pudieran ;
la salamandra, en el fuego
(que es de lo que se sustenta),
y los pezes en el agua;
pero el hombre, triste, en tierra.
Por muy rico y principal,
por muy señor que vno sea,

jamas le preguntaremos
de que cielo es, que planeta,
de que sol, ni de que luna,
de que ayre, de que esfera,
de que mar, ni de que fuego,
sino solo de que tierra.
Pues somos de tierra al fin,
y al fin nacimos en esta,
y como a natural nuestro
hemos de boluer a ella,
grandissima necedad
y aun locura no pequeña
es la del hombre que quiere
en vn dia, por soberuia,
perder lo que la fortuna
le dio en cien años de herencia.
Ay, hombre ensoberuecido,
triste de ti si tropiezas,
que qualquiera china basta
para humillar tu grandeza,
y para alçarte despues,
aun no la humana potencia!
De que presumes, cuytado?
que vanidades te ciegan?
que disparates fabricas?
que vanaglorias intentas?
No sabes que el rey Saul
escogido por Dios era,
y por el gran Samuel
vngido con su potencia? (¹)
Y siendo rey, como digo,
de ser labrador se precia,
y, porque lo fue su padre,
de serlo no se desdeña?
Tambien el rey Agatocles,
por ser hijo de vna ollera,
mandaua que sus criados
en su aparador y mesa
pusiessen platos de barro
entre el oro, plata y piedras:
y preguntando el porque
mandaua cosa como esta,
respondio: Para acordarme
quien soy y mis padres eran,
y por no ensoberuecerme
viendome en tanta riqueza;
y porque es mas facil cosa
que de rey a ollero buelua,
que no de ollero a ser rey.
Profunda y alta sentencia!
Siempre los mas abatidos,
los que de humildes se precian,
los despreciados del mundo,
los ignorantes sin letras,
a los que el vulgo no estima
y los soberuios desdeñan,
vemos que el Señor ensalça

y destos tristes se acuerda. (¹)
Al gran Iudas Macabeo,
que de tres hermanos era
el mayor y el mas humilde,
le encomiendan la defensa
de los hebreos, (²) y a el solo
ansi mismo dan y entregan
armas contra los asirios.
Suma bondad, gran larguesa!
De los hijos de Abraham,
a Isaac el menor precian, (³)
porque en el solo se puso
de Christo la linea recta. (⁴)
Ioseph, hijo de Iacob,
de los doze tribus cuentan
ser el menor en la edad (⁵)
y el mayor en la obediencia.
Y el fue quien hallo la gracia,
con su humildad y nobleza, (⁶)
entre los reyes egypcios,
y sus sueños interpreta.
Tambien Dauid fue el menor
de siete hermanos, (⁷) y ordena
la diuina Magestad
que, siendo pastor de ouejas,
por la soberuia maldita
de Goliat (⁸) a ser venga
castigo de su locura
y rey de toda su tierra.
Como de aquestos he dicho,
dezir de otros mil pudiera
que por humildad subieron
y cayeron por soberuia.
Todos los vicios del mundo
que oy en los hombres se encierran,
les hallaremos disculpa,
pero a este, mala ni buena.
Puede el jugador dezir
que por passatiempo juega;
el que guarda lo que tiene.
que es hombre que se gouierna;
el hablador, que es alegre;
el callado, que se precia
de ser cuerdo; el beuedor,
que tiene buena cabeça;
el gastador, que es magnanimo,
y desta misma manera
daran su disculpa tcdos.
Solamente la soberuia
no la tiene: que caer
en qualquier vicio es flaqueza;
pero aqueste es de locura
y al fin redunda en afrenta.
Mas poco a poco me salgo
de la intencion verdadera

a que sali, y ansi callo,
porque es razon tratar della.
Quedese esto en este punto,
que la alabança me espera
de oy martes, dichoso dia,
y ansi su alabança empieça.
En martes, dia tercero
del mundo y semana, ordena
el gran Dios y Señor nuestro
que apareciesse la tierra, (¹)
a la qual con su poder
y soberana clemencia
la mandò que produxesse
arboles, plantas y yeruas,
y diesse fruto y semillas,
segun la naturaleza
que de su diuina mano
todas juntas recibieran.
Martes, año del Señor
de quinientos y nouenta,
reynando el gran Recaredo,
fue aquesta la vez primera
que se començò en España,
por gracia de Dios inmensa,
a predicar y creer
su ley diuina y perfeta.
Tambien es claro y notorio
que los hombres que en las guerras
han valido por sus armas
y han hecho algunas proezas,
les dezimos que son Martes,
porque Marte es cosa cierta
que fue el primer maestro que huuo
deste arte, segun cuenta
Diodoro Siculo. En martes
fueron las primeras tierras
y las primeras prouincias
que se ganaron por guerra;
y aquestas ganò el rey Niño (²),
que de los assirios era;
y esto, segun Fabio Pictor
y Trogo Pompeyo quentan,
y san Agustin tambien
con estos mismos concuerdan
(libro quarto, intitulado
Ciudad de Dios); martes era
el dia que hallò vn iudio,
cauando junto a vna peña,
dentro de Toledo, vn libro,
el qual de dos mundos quenta,
desde Adan al Antechristo,
y en otro dezian sus letras
que Christo, hijo de Dios,
naceria de donzella,
y en parto y fuera de parto
quedaria siempre entera;
y el otro que moriria

(¹) Psal. 112.—(²) I Mach., c. 2.—(³) Gene., c. 21.
(⁴) Math., c. 1.— (⁵) Gene., c. 49 — (⁶) Gene., c. 41.
(⁷) I Reg , c. 16.—(⁸) I Reg., c. 17.

(¹) Genes, 1.—(²) Así, por «Nino».

por la salud vniuersa
de todo el linaje humano.
Suma bondad, gran clemencial
Martes, a diez de Setiembre
de mil quinientos quarenta
y nueue, la villa de Africa
quedò rendida y sugeta
por los fuertes españoles
y su gran valor y fuerças.
En el año de seyscientos
y veynte y seys, en las Huelgas,
que es en la ciudad de Burgos,
en martes, que dia era
del Apostol Santiago,
se coronaron en ellas
el rey don Iuan el primero,
que ya con los santos reyna,
con doña Leonor, su esposa,
dignos de memoria eterna,
sin otras cosas que callo,
por no enfadaros con ellas.
Todos los que en martes nacen
se inclinan a cosas buenas:
los vnos a religion
y los otros a la guerra.
Y ansi me sucedio a mi,
que en martes dexe mi tierra
por mi gusto y ser soldado,
porque sin el no lo hiziera.
Martes assentè mi plaça
de soldado en Castilleja,
y en martes tambien sali
a aloxar con la vandera.
Martes me embarquè en san Lucar,
en vna vrca pequeña,
de edad de catorze años,
lleno de vna gloria inmensa.
En martes me sobreuino,
llegando a vista de tierra,
no muy lexos del Ferrol,
vna furiosa tormenta.
Martes nos echò a la mar
mas de quatrocientas leguas,
engolfados y perdidos,
sin arbol mayor ni antenas.
Martes, al fin, tomè puerto
en Bretaña y en la fuerça
que tuuo nombre del Aguila.
En martes empezè en ella
a echar tierra, a echar fagina,
cargado con pariguelas.
En martes me embarquè en Nantes,
por mi ventura, en galera.
En martes se leuanto,
martes ilegò a la Rochela,
en martes quedè cautiuo,
martes sali de cadena,
martes tuue libertad,
martes alcancè licencia

para que viniesse a España
a hazer ciertas diligencias.
Martes fue el primero dia
que vi en Seuilla comedias.
Martes fuy representante
y en martes puse vna tienda.
Todo aquesto ha sido en martes,
y aunque es verdad que lo era,
y muchas dellas desgracias,
por alabanças se cuentan,
que yo por tales las tengo,
pues es cierto que por ellas
dexe el mal, conoci el bien,
tengo vida y tengo hazienda.
En martes me enamorè
de vna muger muy discreta;
yo la digo que es hermosa
y ella dize que es Lucrecia.
En martes la vi y la amè,
en martes me quiso ella
y en martes empeçò a ser
casta, deuota y honesta.
En martes salgo a seruiros
y en martes mi autor os ruega
que por ser martes le honreys
oy martes en su comedia.

Ram.—La loa es buena, y por lo que tratays en ella de soberuia, yo he leydo que Hannon, cartagines, fue tan soberuio y ambicioso de gloria, que enseñaua a las aues a dezir Hannon es Dios, y para que despues lo publicassen las soltaua, segun escriue Luys Contareno.

Rios.—Al hombre soberuio, ni ay señor que le señoree, justicia que le castigue, ley que le sojuzgue, verguença que le enfrene, ni aun padre que le corrija.

Ram.—Dezia Filipides, el poeta, que el consejo y cordura de los padres honrados remedia los desatinos de los hijos soberuios. Pero yo digo que en esto son muchos los que saben aconsejar y pocos los que dan consejo.

Roj.—Lehi no ha muchos dias, cerca de lo que vamos tratando de la soberuia, los sobrenombres que tomauan algunos principes antiguos, y dize que Nabucodonosor se llamaua rey de los reyes; Dionysio, huesped de todos; Ciro, guarda de los dioses, y Athila, el açote de Dios (que aun no ay en el harto para vn hombre que es soberuio). Y porque soberuia y embidia son primas hermanas y andan siempre juntas, oyd la loa que se sigue en alabança del miercoles, que trata della.

Considerando la grauedad de las cosas que emprendo, los leuantados sugetos a que me arrimo y el poco ingenio que tengo, vnas vezer me hallo corto y otras corrido; y en efeto, quanto mas saber procuro, mas ignorante me hallo. Trabajo por acertar y siempre yerro,

procuro teneros gratos y jamas acierto a serui-
ros. Que me aprouecha que Platon diga que el
hombre que trabaja por no errar, que esta cer-
ca de acertar, si quando yo imagino que acierto
nunca falta vn filosofo que censure mi buen
desseo y otro que contradiga mis honrados
pensamientos? Ricos de los pobres que saben
que no saben, y pobres de los necios que de
saber presumen, pues la menor parte de lo
que estos ignoran es mayor que todo quanto
alcançan! Dezia Socrates que no sabia otra
cosa mas cierta que saber que no sabia nada.
No digo que vnos no sepan mas que otros;
pero, sabio, si yo te conozco por sabio y apren-
do de tu escuela lo que aprendo, para que dizes
que soy vn asno, si vees que me confiesso por
tu discipulo? Peleando Iphicrates, varon insig-
ne ateniense, como valiente capitan, y metien-
dose mucho entre los enemigos, dixeronle sus
soldados que que hazia, y el respondio: que
digays a los viuos como yo muero peleando,
que yo dire a los muertos como vosotros os
vays huyendo. Assi podre dezir yo aora: dezi
a los necios que yo muero peleando por saber,
que yo dire a los sabios como vosotros vays
huyendo por no me enseñar, que harto mejor
dixera de embidia de verme morir. Y aunque es
verdad que yo no tengo en mi nada que nadie
pueda embidiar, lo que vnos juzgan a virtud
en otros puede ser que cause embidia, por ser
este, como es, el vicio mas antiguo del mundo.
Adan y la serpiente, (¹) Abel y Cain, (²) Iacob
y Esau, Iosef y sus hermanos, Saul y Da-
uid, (³) Iob y Satan, (⁴) Architofel y Cusi, (⁵)
Aman y Mardoqueo, (⁶) no se perseguian por
las haziendas que tenian, sino por la mucha
embidia que en ellos reynaua; porque este mal-
dito veneno no ay pecho donde no quepa ni
aun casa donde no vina. El ser vn hombre em-
bidiado es de virtud, y el embidioso, de vicio,
porque la diferencia que ay entre estos es que
el embidiado entre los embidiosos es vna rosa
entre las espinas y vna perla entre la concha,
y por el contrario, es el embidioso, con sus en-
trañas rauiosas, como las pildoras doradas a la
vista y amargas para el gusto, como herida
curada sobre sano, como redoma de botica
abierta con el sobre escrito nueuo, como panta-
no helado, que yendo a passar se quedan den-
tro, persiguen a vn hombre hasta hazerle caer
y caydo no le ayudan a leuantar. El embidioso
no solo es malo para si, pero es malo para
quantos se llegan a el. La hermosura de Absa-
lon, (⁷) la ligereza de Azael (⁸), la fortaleza de
Sanson, las riquezas de Creso, la largueza de

Alexandro, las fuerças de Hector, la fortuna de
Iulio Cesar, la vida de Augusto, la eloquencia
de Homero y la justicia de Trajano. Todos es-
tos insignes varones fueron de muchos ensal-
çados y temidos, y con todo esto no se pudie-
ron escapar de ser embidiados; porque la em-
bidia y su ponçoña entre buenos y malos se
derrama, y en efeto, a altos ni a baxos no
perdona. Mucho mas tenia que dezir, pero ca-
llo por cumplir con la obligacion que tengo
cerca de la alabança deste soberano dia mierco-
les, y ansi digo:

Que en miercoles, Dios trino y vno crio el
Sol, Luna y estrellas (²) para que nos alegras-
sen y alumbrassen dia y noche.

Miercoles se fundó la santissima ciudad de
Ierusalen y fue su fundador Melchisedec, se-
gun Iosefo y Nicolao de Lyra en el capitulo
veynte y ocho del Genesis. Y despues deste
huuo muchos que la posseyeron: Dauid, Salo-
mon, los doze Tribus, Iudas Macabeo; y al
fin vino a ser tomada por Vespasiano despues
de quatro años de cerco, en el qual fueron
muertos seyscientos mil hombres, segun Iosefo,
testigo de vista, que dize fueron vn quento de
muertos y los cautiuos nouenta y siete mil: y
esto no digo que sucedio en miercoles, pero fue
a los setenta y tres años del nacimiento de
Christo, y quinientos y nouenta y vno que fue
segunda vez edificado el Templo, (³) y mil y
ciento y dos años que Salomon le edificó (³)
hasta que fue asolada, segun Eusebio.

Miercoles se boluio a edificar, despues desto
mas de cinquenta años, por el emperador Adria-
no, y la llamó Aelia Adria; y trezientos años
despues del nacimiento de Christo, Helena,
madre de Constantino, halló la santa Cruz
miercoles, y despues desta, Cosroe y otros
muchos, hasta Godofre de Bullon que la ganó
miercoles, y tras destos y otros vino a poder
del Saladino a dos de Otubre del año de mil
y ciento y ochenta y siete. Y al fin, por nues-
tros pecados, ha quedado hasta oy en poder de
infieles.

Los que nacen miercoles, segun curso astro-
nomico, son industriosos e ingeniosos, y incli-
nados a yr por el mundo.

Miercoles, año de mil y dozientos y quaren-
ta y ocho, se le entregó Seuilla al rey don Fer-
nando el tercero.

Miercoles, dia de Santo Matia Apostol, el em-
perador don Carlos vencio la batalla de los fran-
ceses en Pauia y prendio al rey Francisco en ella.

Miercoles nació San Iulian en la ciudad de
Burgos, año de mil y ciento y veynte y ocho;
bautizose miercoles, y estando para bautizalle,

(¹) Gene., c. 3, 4.—(²) Gene., c. 27. 37.—(³) I Reg.,
18.—(⁴) Iob, I.—(⁵) I Reg., 17.—(⁶) Hester. — (⁷) III
Reg., c. 14.—(⁸) II Reg., c. 2.

(¹) Gene., c. 1.—(²) I Paral., cap. 8.—(³) I Esdr.,
cap. 3.

le aparecio vn niño con vn baculo y vna mitra, que dixo le pusiessen nombre Iulian, y por mandado del rey don Alonso el nono fue obispo de Quenca en miercoles, y entrò miercoles en la dicha ciudad, a pie. Y despues de muchos milagros que hizo en vida, le lleuò Dios para si en miercoles; el qual murio, en vna cama de ceniza, a veynte y ocho de Enero de mil y dozientos y seys, de edad de setenta y ocho años.

Miercoles, a veynte y quatro de Abril de mil y quinientos y quarenta y siete, vispera de San Marcos, vencio el emperador don Carlos y prendio al duque Federico de Saxonia, siendo capitan general don Fernando Aluarez de Toledo, duque de Alua.

Miercoles de Ceniza, del año passado de mil y seyscientos y vno, la reyna de Inglaterra sentencio a degollar a algunos grandes de su reyno; ponese en alabança deste dia, porque tantos quantos murieron, tantos enemigos tiene menos nuestra santa Fe Catolica.

Miercoles se descubrio aquella sagrada reliquia del monte santo de Granada. Y en efeto, digo que este milagroso dia miercoles es el mejor de toda la semana, porque en el han sucedido cosas dignas de gran memoria: muchos nacimientos de infantes, iuras de principes, casamientos y coronaciones de reyes y eleciones de emperadores, y sobre todo, en miercoles ha auido grandes regozijos y fiestas de toros para alegrar los cuerpos, y muchos jubileos plenissimos para saluar las almas.

Sol.—En cada loa tomays vn tema y en esta fue de la embidia, y por cierto vos aueys dicho muy bien mal della, porque si bien se mira, es vna peste de las vidas, vna ponçoña de las almas, vn demonio encubierto, vna bibora fea y encoruada, vn basilisco con la cara hermosa, vna apacible fantasma muy fuerte para los males, muy flaca para los bienes. Y digo, sin duda, que es el mas fiero monstro del mundo, pues que causa en el tantas disensiones, inficiona tantos cuerpos y corrompe tantas honras. Y sin esto, es polilla de nuestras vidas y aun açote de muchas famas, porque es otra segunda mentira, destruycion del Parayso, arma de los demonios y cabeça de tantos males nuestros.

Rios.—Ya estoy con desseo de saber que es lo que tratays en la loa del Iuenes.

Ram.—Yo voy con tanto gusto de oyrlas, que parece que estuuistes en mi pensamiento.

Sol.—Quien no lleua aquese mismo?

Roj.—No es menester que lo encarezcays tanto, que yo voy con mucho desseo de hazer vuestro gusto, y siendo assi digo:

Cansado estoy de oyr a mis oydos
a algunos habladores ignorantes

que, entre murmuracion y barbarismo, alla en sus buenos juyzios han pensado que, como dizen muchos por su gusto que viuo de milagro, tambien puedo sustentarme por gracia de algun santo y viuir sin comer; y dizen muchos: cuerpo de tal, Señor, no ha de estar rico esse Rojas que llaman del milagro, si no come, ni riñe, ni putea, ni beue vino, presta, ni combida, ni jamas a muger la dio vna blanca, ni en su vida ha jugado vn real siquiera? a fe que si el gastara como gasto, que no tuuiera tanto como tiene; pese a tal, que quereys? pone vn puchero con vn poco de carne y çarandajas y a la noche vn pastel o vn guisadillo, vn bizcocho, vnos huebos, vn hormigo, y tras todo se arroja vn jarro de agua; ni el merienda, ni almuerza, ni se mete en mas que su ordinario; lindo quento, pese a quien me pario, si ahorra tanto, no ha de tener vestidos y dineros? Si el se comiera como yo me como mi perdiz a almorçar o mi conejo, la olla reuerenda al medio dia, con su pedaço de jamon asado y medio azumbre de lo de a seys reales; y a merendar vn pastelito hechizo o la gallina bien salpimentada que me guarda mi amigo el del bodego; y a la noche, su quarto de cabrito o las albondiguillas y el solomo, y tras esto la media que no falta, que la puede beuer el Santo Padre, y el ordinario a doña Fafulina, y para el faldellin de en quando en quando, por vida de la tierra, que el se hallara con mas salud y menos pedorreras. Valgate Dios, saluage, en que imaginas? ven aca, simple, gastador magnanimo, sin cuello ni camisa, siempre roto, y el ingenio tan bronco como el trage: no ves que yo no como por mi gusto, si por necessidad, y tu al contrario, porque el censo que echò naturaleza sobre si mesma fue que no pudiessen viuir los hombres sin comer, de suerte que podremos dezir que yo no como mas de para viuir y sustentarme; y tu por ser gloton y porque digan que no tienes vn cuarto que sea tuyo? El superfluo comer no solo es malo para passar la miserable vida, mas tambien es enfermo para el cuerpo; porque ya sabes, aunque sabes poco, que hemos visto morir a hombres muy ricos mas por lo que les sobra en sus despensas que no por lo que a pobres tristes falta.

El filosofo Socrates dezia
a los de su academia estas razones:
Hagoos saber, carissimos discipulos,
que en los reynos que estan bien gouernados,
Republicas y Cortes bien regidas,
jamas para comer viuen los hombres,
sino para hablar, y es cosa justa.
Quando desde Sicilia boluio a Grecia
el diuino Platon, en su academia
dixo como venia asombradissimo
de vn monstruo que auia visto alla en Sicilia;
y preguntado quien era aquel monstruo,
respondio que el tyrano de Dionysio;
pues no se contentaua aquel injusto
de comer vna vez a medio dia,
sino cenar tambien otra a la noche.
O sabio insigne, o tiempo milagroso!
exemplo es este digno de memoria,
porque el mucho comer desordenado
otra cosa no es sino vna campana
que los desseos torpes nos despierta
a mil libidinosos pensamientos.
Del glorioso Geronymo he leido
que estaua en el desierto con vn saco,
muy quemado del sol manos y cara,
los pies descalços, açotado el cuerpo,
ayunando los dias y las noches;
y confiessa de si el bendito santo,
que con hazer tan grande penitencia,
soñaua estar en Roma el gran Geronymo
con las romanas viles de aquel tiempo.
El diuino Agustin tambien confiessa
en aquel libro de sus *Confessiones*,
que al desierto se fue, que comia poco,
que grauissimamente castigaua
· su cuerpo con ayunos, diciplinas,
continuo contemplando y escriuiendo;
y viendo que sus torpes pensamientos
a fondo echan sus desseos santos,
por aquellas montañas dezia a vozes:
mandasme tu, Señor, que yo sea casto,
y no lo puedo yo acabar conmigo
ni con este maldito de mi cuerpo;
da, pues, Señor inmenso, lo que mandas
y mandame despues lo que quisieres.
El apostol San Pablo, ([1]) varon justo,
pues que vio los secretos nunca vistos,
trabajò mas que todos los apostoles, ([2])
la comida ganaua con sus manos ([3])
andaua a pie y descalço por los reynos, ([4])
predicò y conuirtio infinitos barbaros,
y porque era christiano le açotauan
los enemigos de la ley diuina
y el por gran pecador hacia lo mesmo;
dize que con passar tantos trabajos
no se podia valer, ni era possible,

de los torpes y feos pensamientos
de la concupiscencia y de sus llamas. ([1])
Pues quando aquestos santos gloriosissimos,
haziendo tan crecidas penitencias,
no se podian librar con sus ayunos
de la humana flaqueza de la carne,
que haremos los glotones miserables
comiendo mil manjares diferentes?
Lehi los dias passados en vn libro,
que en vn meson que estaua alla en Italia,
auia escrito encima de la puerta
ciertas palabras, las quales quien entraua
tenia de dezir, y eran aquestas:
quando quisiesse entrar, *Salue Regina;*
mientras comia alli, *Vita dulcedo;*
y al tiempo que llamassen a la quenta,
dixesse de por si : *ad te suspiramus;*
y al punto del pagar, que es el mal punto,
que *gementes et flentes* digan todos.
En otro libro que anda traduzido,
intitulado *De los doze Cesares,*
lehi de vn famosissimo combite
que aquel emperador Vitelio hizo, ,
en el qual no auia mas de vna cazuela
que el broquel de Minerua se llamaua;
y alli mandò que echasen seys mil aues,
dos mil pezes, cien vacas, cien terneros,
mil barbos enlardados con tozino,
cien lechones rellenos de lampreas.
de culebras. de ranas, de tortugas;
assaduras de mulas y cauallos,
gato montes, cabeças de elefantes,
higados de leones y camellos,
coraçones de scauros, y cerebros
de faysanes, y colas de ballenas;
lenguas traidas desde el mar Carpacio
para aquesto, de diez fenicopteros,
y lenguas de murenas que traxeron
de las Colunas de Hercules; y todo
mandò que se guisase en la campaña,
en horno de trezientos pies de largo.
Y acabado el combite y borrachera,
Roma se leuantò contra Vitelio
y dieron el Imperio a Vespasiano,
el qual entrò triunfando, y este dia
los soldados de aqueste, a puntillazos,
al tyrano Vitelio le lleuaron
en medio de la plaça en vna horca,
donde acabò su miserable vida.
Como deste banquete solo he dicho,
os pudiera dezir de otros sin numero
de que tenemos llenas las historias,
ansi en letras diuinas como humanas,
de mil muertes, sucesos desgraciados
que del mucho comer han procedido;
y porque no parezca esto donayre,
dire de algunos, si me estays atentos,

([1]) 2 Cori., cap. 12. — ([2]) 2 Cor., cap. 15. — ([3]) (3)
Actor., cap. 20. — ([4]) 2 Cor., cap. 11.

([1]) 2 Cor., cap. 12.

do prouarè ser malos los combites
y el comer demasiado dañosissimo.
El primero que se hizo en todo el mundo
fue vno que Adan y Eua hizieron
con el demonio, (¹) y al fin deste combite
redunda a Dios alçalle la obediencia,
ser nuestra madre Eua alli engañada,
el perder la inocencia Adan resulta,
y suceder naturaleza humana
por nuestra gran miseria en la malicia.
El rey Assuero hizo otro banquete, (²)
y tan costoso, que durò su gasto
ciento y ochenta dias, y al fin, para
que la reyna Vasthi quede sin reyno, (³)
la noble Hester en su lugar suceda, (⁴)
el priuado del rey Aman muriesse (⁵)
y a Mardoqueo en honra leuantassen.
Hizo tambien Rebeca (⁶) otro combite
a su marido Isaac, y del resulta
que perdiesse Esau su mayorazgo
y Iacob sucediesse en esta casa,
que diesse Isaac la bendicion al vno
pensando darla al otro, y que Rebeca
saliesse al fin con su intencion en todo.
Tambien hizo Absalon a sus hermanos (⁷)
otro banquete, y lo que alli procede
es quedar alli muerto Aman su hermano,
Tamar, su noble hermana, disfamada,
su padre, el rey Dauid, desesperado,
y del caso asombrado todo el reyno.
Tambien el santo Iob (⁸) tenia diez hijos;
los siete hombres y las tres mugeres
ordenaron de hazer otro banquete,
y vinieron a ser tan infelices
que perdieron las vidas todos juntos.
Aquel gran Baltasar tambien hizo otro
a todas sus mugeres concubinas, (⁹)
y toda la baxilla en que comieron,
Nabucodonosor, su padre deste,
auia robado del sagrado templo
de Ierusalen, y al fin resulta
que el rey en el banquete fuesse muerto
y el reyno a sus contrarios entregado.
Y aquellas dos ciudades generosas
de Sodoma y Gomorra perecieron (¹⁰)
y vinieron a ser todas hundidas,
no por el vicio, ni por el vicio
del comer demasiado, segun dize
el Profeta Ezechias, como es llano. (¹¹)
Entre los scitas huuo vna costumbre
bien digna de notar en nuestros tiempos,
y aquesta fue que si escupia alguno,
todos lo reprehendian por mal hecho;
pero si a caso regoldaua otro,
le castigauan, porque aquel dezian

que del mucho comer estaua ahito.
Tambien dize Platon que en las ciudades
adonde muchos medicos residen,
es argumento cierto que ay en ellas
muchos glotones y hombres muy viciosos;
porque el mucho comer, sin duda alguna,
haze torpes los hombres y pesados.
El comer demasiado engendra sueño,
y aun el mucho beuer embota el juyzio;
quien come mucho siempre està sugeto
a infinitos peligros y desgracias,
como tengo prouado antes de agora;
y fuera desto à mil enfermedades
y a ponerse en las manos de algun medico
que le quite la hazienda y aun la vida;
y por diez, que no es sueño lo que digo,
porque ay del hombre triste que se cura
con medico que es necio y porfiado,
que no mataron tantos sus abuelos
peleando en la guerra con sus lanças,
como este recetando en las boticas!
Y que esto sea verdad quiero prouallo
con todos los que huuo en otros tiempos,
desde el primero que hallò este arte,
que fue Apolo, y tras aqueste vino
Esculapio su hijo, y despues dellos
perdida estuuo nuestra Medicina
mas de quinientos años, hasta tanto
que Artaxerxes nacio, y en este tiempo
nacio tambien Hipocras y Diodoro,
Estrabon, Plinio y, junto con aquestos,
vna muger greciana tambien huuo,
muy grandissima medico y astrologo,
y otra tambien en la prouincia Acaya,
que aquesta fue la que curò primero
con ensalmo en el mundo; huuo Hypocras,
Crisipo y Aristrato y Herofilo,
y Asclepides tambien, el qual tomaua
el pulso en las narizes y en las sienes.
Y Roma al fin, despues de todos estos,
se passo mas de quatrocientos años
sin medicos ningunos y viuian
los hombres sanos y por largos tiempos.
Y el primero que entrò despues en ella,
fue vn Antonio Musa, y era griego,
y aqueste curò a Augusto vna sciatica
en vn muslo, al qual por esta cura
mandò el emperador le leuantassen
a nuestro honrado medico vna estatua;
el qual dando en vsar la cirugia,
y viendo que cortaua piernas, braços,
vino a morir el misero a pedradas,
arrastrado por Roma, y desde entonces,
medicos, abogados, cirujanos
de alli los desterraron y aun del mundo.
Quando los griegos no podian con armas
matar sus enemigos, embiauan
a matallos con medicos. Los godos
jamas pagaron a dotores necios,

(¹) Gen., c. 3.—(²) Esther, cap. 1.—(³) Esther, cap. 1.
— (⁴) Esther, cap. 2. — (⁵) Esther, cap. 5. — (⁶) Ge.,
c. 25.—(⁷) II Reg., cap. 13 —(⁸) Iob., c. I.—(⁹) Dan ,
c. 5.—(¹⁰) Ge , c. 19.—(¹¹) Eze., c. 16.

y otros mil que en el mundo no han querido
que aya en sus reynos medicos ni astrologos.
Todo esto he dicho cerca del proposito
que tratamos atras del comer mucho;
y pues tengo prouado con exemplos,
con historias humanas y diuinas,
ser infierno abreuiado para el alma
y muerte conocida para el cuerpo,
quiero dezir agora a lo que salgo,
prouando ser el iueues mejor dia
que quantos hasta aqui me aueys oido,
y ansi empieço diziendo en su alabança:
Iueues crio la Magestad del cielo,
nuestro Señor, los pezes de las aguas (¹)
y produxo las aues de los vientos,
a las quales les dio virtud inmensa
para que se ampliassen y creciessen
con su bendicion santa y mandamiento.
En iueues, Christo, Redentor del mundo,
cenò el Pasqual Cordero aqueste dia
con sus santos discipulos amados. (²)
En iueues tambien hizo Dios al hombre,
instituyendo para el hombre en iueues
de la Eucaristia el santo Sacramento. (³)
En iueues fue el Señor del cielo preso,
iueues por su virtud subio a los cielos. (⁴)
Los que nacen en iueues son modestos,
sossegados, pacificos y humildes;
en vn iueues tambien, que fue año santo,
que de mil y quinientos se contaua,
nacio el emperador Carlos quinto,
señor nuestro, que Dios tenga en su gloria;
iueues fue eleto, dia del bendito
san Ilefonso, y este mesmo dia
a reynar empeçò, tambien en iueues,
segun Iustino, Abidis rey de España;
fue el primer hombre que enseñó a los hombres
a vncir los bueyes para arar la tierra.
En iueves empeçò la Orden sagrada
de nuestros Carmelitas por Alberto,
de aquella gran Ierusalen Patriarca.
Tambien en iueues fue fundada la Orden
que es de la Trinidad por Iuan Matense
y otro que llaman Felix, a los quales
por mandado de vn angel les fue dicho
se llamasen ansi y del Pontifice
Innocencio tercero, y este angel
traia dos cautiuos en las manos,
para señal de que seria esta Orden
la que los redimiesse, como es cierto.
En iueues fue la Orden instaurada
del bendito y glorioso san Geronymo
por el padre fray Lope de Seuilla,
y florecio en su vida y en su habito
el padre fray Hernando Talauera,

arçobispo primero de Granada.
Aquel rey don Alonso, que fue el sexto,
que a Toledo ganò, despues de muerto
ocho dias no mas, manaron agua
las piedras del altar mayor y iglesia
por lo maciço dellas, y fue en iueues
el dia en que empeçò aqueste milagro;
durò tres dias, iueues, viernes, sabado,
y esta agua se guardò por gran reliquia.
En iueues se caso el rey don Felipe,
que yaze con los santos en el cielo,
en la insigne ciudad de Salamanca,
con la señora infanta, que Dios aya,
doña Maria; nacio tambien en iueues
el infante don Carlos en la villa
que el rey hizo ciudad y agora es corte.
Tambien en iueues y en Guadalajara
celebraron las bodas de Filipe
y Isabel de la Paz, Reyes Catolicos.
Hanse ganado en iueues mil vitorias,
hanse dado coronas y laureles,
ha auido en iueues muchos regozijos
de justas, de sortija, de torneos.
Estrenamos oy iueues, finalmente,
vna comedia mia (¹); ruego al cielo
que Dios la saque al puerto con bonança,
del alterado mar de vuestros gustos,
para que puesta en tierra en saluamento,
a seruiros me anime con la vida
que a vuestra voluntad està ofrecida,
y yo pueda dezir a quantos veo
que ygualaron las obras al desseo.

Sol. —Sin duda que gastan muchos mas
por la opinion que no por la razon.

Rios. —En tres cosas se conoce el hombre
sabio o el necio, que es en saber gouernar su
casa, refrenar la yra y escriuir vna carta.

Ram. —Tres cosas son muy buenas y de
harta consideracion; porque el hombre de ne-
cesidad ha de gastar lo que justamente puede,
y con discrecion repartir lo que tiene. Y para
refrenarse ha menester paciencia, y para go-
uernarse cordura.

Rios. —No era como ninguno de los que di-
xistes en la loa el (²) rey don Alonso el dezimo
de Castilla, que diferentemente gastaua y con
mas discrecion repartia. Pues os contarè del
vna de las mayores grandezas que he oydo
hasta oy de ningun principe.

Roj. —Y qual fue?

Rios. —Reynando en la ciudad de Burgos
este rey don Alonso el decimo, que he dicho,

(¹) Gene., c. I.—(²) Ioannis., c. 13, Matth., c. 26,
Marc., c 14, Luc., c. 23. — (³) I Cor., c. II. —
(⁴) Acto., 12.

(¹) Sólo una comedia de Rojas conocemos: *El na-
tural desdichado*, cuyo manuscrito autógrafo poseyò
D. Agustin Durán y hoy pára en la Biblioteca Nacio-
nal, habiendo sido publicado por D. A. Paz y Mélia
en la *Revista de Archivos* (tomo V, año 1901, pp. 44,
233 y 725).—(²) El original: «al».

vino la emperatriz de Constantinopla a ella, la
qual hablò al rey y dixo como el emperador su
marido estaua preso en poder del Soldan de
Babylonia, y que su rescate era cinquenta
quintales de plata, para lo qual el Padre santo
le auia dado la tercia parte y el rey de Fran-
cia la otra, y venia a suplicarle le fauoreciera
con la que faltaua. Y el rey la consolo, y dixo
que todo quanto le auian dado boluiesse de
quien lo auia recebido, y mandò que se le dies-
se todo el rescate entero, que eran diez mil
marcos.

Sol.—Notable pecho.

Rios.—Digo que este rey christianissimo no
gastaua sus rentas, como essos principes que
dixistes, en vanquetes, sino en grandezas se-
mejantes.

Ram.—Nosotros llegaremos mañana tem-
prano, siendo Dios seruido, a vno de los
mejores lugares que ay en Castilla, que
bien puedo dezillo, pues es cabeça de todo el
reyno.

Roj.—Mucho desseo tengo de llegar a el
por ver el santo Crucifixo, que ha muchos dias
que lo he desseado.

Rios.—Pues vereys vna de las deuotas ima-
gines que ay en el mundo, el qual dizen que
hizo Nicodemus y que le hallo vn mercader,
que venia por la mar metido en vn esquife, y
le traxo a esta ciudad, como parece por cier-
ta memoria que esta en el monasterio de san
Agustin.

Sol.—Vno vi en Palencia los dias passa-
dos, en el monasterio de santa Clara, que sin
duda ninguna es vno de los mas contemplati-
uos que he visto en mi vida.

Ram.—No es el que esta en vn sepulcro y
le enseñan las mismas muonjas?

Sol.—Esse mismo.

Ram.—Puedo dezir que la primera vez que
le vi, me admirò, y no le ve ninguno a quien
no suceda lo propio.

Roj.—Muchas grandezas y antiguedades he
oido dezir desta ciudad de Burgos.

Ram.—Lo que yo he leydo della y puedo
deziros es que antiguamente se llamo Auca,
y algo corrompido el vocablo, los montes de
Oca, y tambien Plinio la llamo Cenca, y des-
pu[e]s Masbnrgi, y alterado este nombre se vino
a llamar Burgos, cuya yglesia catedral es muy
rica y tiene muchas reliquias de cuerpos de
santos, y entre ellos el de santa Centolla, vir-
gen y martyr, y vna capilla muy grande y sun-
tuosa del Condestable de Castilla. Pero por-
que con esto no se oluide esotro, oygamos la
loa del viernes.

Roj.—No tengo que replicar, pues soy
mandado y veo que os doy en esso gusto; dize
ansi:

Antequam incipias caueto.

Antes que te cases, mira lo que hazes;
digo que si son muchos los casados,
los mas, sin duda, estan arrepentidos,
pues no ay hombre casado en esta vida,
que viua sin trabajo, aunque le sobre
el descanso, la hazienda y la ventura,
que mala se la mando al que por suerte
cupiere en casamiento muger necia,
que mas a aque[l] triste le valiera
ser de vn hombre de bien hnmilde esclauo,
que de vna muger necia ser marido;
y aunque esto no lo supe de casado
ni por reuelacion como profeta,
tampoco en cerco como nigromante,
ni lo hallè en Tolomeo como astrologo,
ni conoci en el pulso como medico,
ni lo supe por ciencia qual filosofo;
de esperiencia lo se por lo que he visto;
pluguiera a Dios no huuiera visto tanto!

*Quoniam melius est mulierem sepelire
quam ducere in vxorem.*

Mas vale sepultarse que casarse,
y es cierto, pues no tengo por tan graue
meterse vn hombre honrado en nouiciado
como a casarse mal ò sin prudencia;
porque el vno saldrase quando quiera,
y el otro no podra hasta que muera,
y si casa temprano y sin cordura,
temprano llorara su desuentura.
Taurino el orador dize y affirma
que son los casamientos a disgusto
como al que tiran vn terron de tierra,
que al que con el aciertan le lastiman
y a los que estan mas cerca deste ciegan,
y en efeto el terron se desmorona.
Pobre de ti, insensato; en que imaginas
que aun no tienes veynte años y te casas,
pues ni sabes la carga que te tomas
ni aun conoces la libertad que pierdes?
Pues hagote saber, pobre ignorante,
que no ay mayor desdicha en este mundo
que ser vn hombre enamorado necio;
pues todos los oficios y las ciencias
de aquesta vida pueden aprenderse,
pero el saber amar es impossible,
porque ni Ciceron supo escriuillo,
pintar Timantes, enseñarlo Socrates,
cantar Helena, ni aprender Cleopatra,
sino que ha de salir aquesta ciencia
de nuestro coraçon y de su escuela
ò de la pura discrecion del alma.
Dime, barbaro, simple, desdichado,
que porque tienes quatro mil de renta
te casas por poder con vna dama

que te dixeron que era muy discreta,
muy noble, bien nacida, muy honrada
y muy hermosa, segun necedad tuya,
folio quarenta y cinco, en vn retrato,
aetatis suæ veynte y quatro, etcetera,
es posible, di, hombre, que te cases,
por vn retrato? estas aborrecido;
no ves que puede esta muger ser necia,
no tener dientes; si los tiene, malos;
el olor de la boca ser pestifero,
y ser su condicion endemoniada,
y aquesto no se pinta en vn retrato
ni menos se publica por escrito?
El verdadero casamiento, hermano,
ha de ser sobre amor y no intereses,
ha de auer igualdad en las personas,
hanse de auer tratado ó conocido,
y aqueste trato puede ser sin macula,
visitandose dos de quando en quando,
reyr, jugar, hablar, entretenerse,
todo con honra, y junto con la honra
auer entrellos vn amor senzillo,
que aqueste viene a ser el verdadero.
Con los ojos, que son lenguas del alma,
se suelen penetrar los pensamientos,
oy de la discrecion minando el muro,
asaltando mañana el buen intento,
luego la condicion, luego el buen trato,
y poco a poco yr descubriendo tierra,
y lo postrero que ha de ser de todo,
sera la hazienda y luego la hermosura,
porque donde ay amor todo es hermoso,
y donde no ay amor todo es infierno.
Mira que es la muger qual bestia mala,
que, quando la cargamos, se esta queda,
y siempre al descargalla tira cozes.
Si procuras, señor, ser bien casado,
procura vna muger que sea discreta,
digo discreta en gouernar su casa,
honésta y graue para salir fuera;
que tenga amor para criar los hijos
y paciencia en sufrir a su marido:
tenga afabilidad con los vezinos;
para guardar la hazienda, diligencia;
en las cosas de honor, generosissima;
muy amiga de buenas compañias,
pero de liuiandades enemiga,
y todo esto tendra siendo discreta.
Mira que tiene el bien casado, cielo,
pero el que no, infierno y desuentura,
y que los casamientos al principio
suelen ser blandos, suelen ser gustosos,
pero acabado el gusto o el dinero,
tocan luego a la puerta los enojos
y avn dan que murmurar a los vezinos.
Que pudiera auisarte cerca desto!
mas tengo que dezir en la alabança
de aqueste dia viernes, y ansi callo
por tratar lo que importa a mi proposito.

En este venturoso y santo dia,
que es el sesto del mundo y la semana,
crio nuestro Señor los animales, (¹)
distintos en especie y todos juntos,
solo para seruicio de los hombres.
Viernes crio la magestad del cielo, (²)
nuestros primeros padres, y criolos
a imagen suya y propia semejança,
haziendoles capaces de su gloria
y absolutos señores de la tierra, (³)
aunque ellos por su culpa despues desto
su santa gracia con pecar perdieron.
Tambien a veynte y cinco dias de março
del año de tres mil y nouecientos
y cinquenta y nueue años, que fue viernes,
despues de la creacion de aqueste mundo,
el verdadero Dios y Señor nuestro
encarnó en las entrañas virginales
de la humilde y purissima Maria. (⁴)
Viernes, a veynte y quatro dias de iunio,
nacio el diuino precursor Bautista. (⁵)
Viernes fue visitado y adorado
nuestro niño Iesus en vn pesebre
de los tres Reyes Magos dichosissimos,
ofreciendole oro, encienso y mirra. (⁶)
Viernes tambien, a seys del mes de enero,
siendo el Señor de veynte y nueue años
y treze dias de edad, fue bautizado
por nuestro gloriosissimo Bautista. (⁷)
Viernes tambien, a veynte dias de março,
resucito el verdadero Christo
a Lazaro, de quatro dias muerto. (⁸)
Viernes, a tres de abril, murio viuiendo
el Redentor del mundo y Señor nuestro.
San Francisco de Paula nacio en viernes,
y viernes, a la misma hora que Christo,
murio tambien este glorioso santo.
Los que nacen en viernes son dichosos,
nobles de condicion, ingeniosissimos;
son callados, y viuen largo tiempo.
Gano en viernes a Oran, a seys de Mayo,
fray Francisco Ximenez, que Dios aya.
Los Catolicos Reyes christianissimos
ganaron a Granada tambien viernes.
Viernes se conuirtieron en Toledo
nouenta mil iudios, y vno entre ellos,
y aqueste fue san Iulian Pomerio.
En viernes el noueno rey Alfonso
vencio tambien las Nauas de Tolosa.
Viernes encoroçaron en Granada
onze ò doze famosas hechizeras,
y entre ellas vna vieja de nouenta,
que lo menos que hazia esta señora
era juntar vn esquadron de diablos
y arar, sembrar, nacer y coger trigo,

(¹) Gen., c. 1. — (²) Gen., c. 1.— (³) Gen., c. 3 —
(⁴) Luc., c. 1.—(⁵) Luc., c. 1.— (⁶) Mat., c. 2.—
(⁷) Mat., c. 3.—(⁸) Ioan, c. 11.

dentro de vn quarto de hora, en vna artesa.
En Seuilla los viernes de quaresma
van a la Cruz las damas y galanes.
Todos los pasteleros huelgan viernes.
Viernes se enamoro de mi vna vieja
de mas de sesenta años, y a tres dias
dixo estaua preñada y que la diesse
cien reales para hazelle camisicas,
pañales y mantillas al infante;
por alcahueta la prendieron viernes,
y viernes me sacaron a mi hembra,
dandola cien açotes por las calles,
y a fe que ay mas de quatro que me escuchan.....
no se alborote el aula, que ya callo.
Viernes, al fin, hazemos nuestra farsa,
y pues en viernes nos hazeys mercedes
de venirnos a oyr y deste dia
ay tantas escelencias como he dicho,
que premian buenos y castigan malos,
y son las voluntades suple faltas
de los hombres que tienen pocas fuerças,
las nuestras perdonad, pues cierto creo
que no las puede auer en el desseo.

Ram. — El Magno Alexandro dixo que el oficio del marido es ganar lo perdido, y el de la muger conseruar lo ganado.

Rios. — Quexauase vna vez vn amigo mio casado de que tenia gran cruz con su muger, y respondiole otro: y de sola vna cruz se quexa? que hiziera si tuuiera v. m. a cuestas, como yo, todo vn caluario? Preguntado como era que el tenia vn caluario, dixo que el otro tenia muger sola, que era la cruz que auia dicho; pero el, madre, hija y muger, que era vn caluario entero.

Sol. — Donde no ay gusto, sin duda que es infierno.

Roj. — Aconsejaua el diuino Platon a los de su Republica, que en tal edad casassen a sus hijos, que considerassen lo que elegian y conociessen bien la carga que tomauan. Dixistes en la loa como se ha de buscar la muger y lo que ha de hazer para tener contento a su marido, y no os acordastes lo que ha de hazer el marido para no dar disgusto a su muger.

Roj. — Ya dixe atras que muy temprano lloran los que desde poca edad se casan, y de aqui nacen cada dia entre los casados mil disgustos. Porque como no tienen edad ni esperiencia, cansanse al primero dia, y los hombres que saben poco no ay cosa que les enfade mas presto que ver a vna muger siempre a su lado, y esto nace de lo que tengo dicho. Y ansi ordenó Solon a los atenienses que no se casase ninguno hasta edad de veynte y cinco años, Licurgo a los la[ce]demones hasta los treynta, y Prometeo a los egipcios hasta los treynta y quatro, y si algunno se casase, castigassen al padre y desheredassen al hijo.

Sol. — Casamiento hagas que a pleyto andes, que es la mayor maldicion que pueden darte los hombres.

Roj. — No lo digays burlando, porque sin duda esse es el infierno que ay en este siglo, y aunque yo no he sido casado, me parece que puedo dar en esto algun consejo, segun lo mucho que he visto y los trabajos que por mi han passado, y ansi digo que para que vn marido vina contento y tenga cielo en este mundo, si puede auerlo, lo principal que ha de tener será ser muy verdadero en lo que con todos hablare, secreto en lo que se le dixere y fiel en lo que se le confiare; tras esto será sufrido en las importunidades de su muger, zeloso en la criança de sus hijos, cuydadoso en proueer su casa, diligente en curar de su hazienda y muy recatado en las cosas de la honra; porque si se encuentra con muger generosa, ha de saber sufrilla su locura; si con muger hermosa, muchas vezes se la dan sin blanca y ha menester trabajar para mantenella y discrecion para no zelalla; si con braua y arrojadiza, ha de saber ser muy discreto y reportado para con ella, y si por sus pecados encuentra con muger fea y da en ser zelosa, ha de viuir con cuydado de no ofendella, y si lo hiziere, que no digo que lo haga, con tanto secreto que ella no lo entienda, porque aunque sea fea, quando nace la escoua, nace el asno que la roa, y no faltara quien diga que de casada y ensalada dos vocados y dexalla. Y andando desta manera, ay de su honra! Porque si da en encerralla, siempre se quexa; si sale muy a [me]nudo y quando quiere, da a todos que dezir, y en la vida la muger tres salidas ha de hazer. Pues si la riñe porque sale, anda rostrituerta y no ay remedio que haga nada. Si calla y la dexa, dize luego: que no la estima, y se le sube a las barbas, porque la boda de los pobres todo es vozes, y la de los ricos, quando pitos, flautas, quando flautas, pitos. Pues si ella gasta, ay de la hazienda, y si no gasta, se leuanta de noche y le visita la fa[l]triquera o le vende lo que ay en casa, y por esto me parece que huela la casa a hombre. Pues si siempre está en ella, tienele por sospechoso, y si viene a desoras, por traniesso; que quien bueyes ha perdido, cencerros se le antojan. Si la quiere mucho, estimale en poco, y si no, siempre anda riñiendo, y mire no se diga por el que en la casa del ruin la muger es alguazil. Si la viste y trae muy galana, quiere ser vista, que es el primer escalon para ser amada. Y la muger y el huerto no quieren mas de vn dueño, y si anda holgazan y no trabaja para regalalla y vestilla (como ay algunos oy, y aun muchos, que no se les da nada, vienen a mesa puesta y cama hecha, y sin tener vna blanca ni vn marauedi de renta) ven oy el faldellin, essotro

que te dixeron que era muy discreta,
muy noble, bien nacida, muy honrada
y muy hermosa, segun necedad tuya,
folio quarenta y cinco, en vn retrato,
aetatis suæ veynte y quatro, etcetera,
es posible, di, hombre, que te cases,
por vn retrato? estas aborrecido;
no ves que puede esta muger ser necia,
no tener dientes; si los tiene, malos;
el olor de la boca ser pestifero,
y ser su condicion endemoniada,
y aquesto no se pinta en vn retrato
ni menos se publica por escrito?
El verdadero casamiento, hermano,
ha de ser sobre amor y no intereses,
ha de auer igualdad en las personas,
hanse de auer tratado ò conocido,
y aqueste trato puede ser sin macula,
visitandose dos de quando en quando,
reyr, jugar, hablar, entretenerse,
todo con honra, y junto con la honra
auer entrellos vn amor senzillo,
que aqueste viene a ser el verdadero.
Con los ojos, que son lenguas del alma,
se suelen penetrar los pensamientos,
oy de la discrecion minando el muro,
asaltando mañana el buen intento,
luego la condicion, luego el buen trato,
y poco a poco yr descubriendo tierra,
y lo postrero que ha de ser de todo,
sera la hazienda y luego la hermosura,
porque donde ay amor todo es hermoso,
y donde no ay amor todo es infierno.
Mira que es la muger qual bestia mala,
que, quando la cargamos, se esta queda,
y siempre al descargalla tira cozes.
Si procuras, señor, ser bien casado,
procura vna muger que sea discreta,
digo discreta en gouernar su casa,
honesta y graue para salir fuera;
que tenga amor para criar sus hijos
y paciencia en sufrir a su marido:
tenga afabilidad con los vezinos;
para guardar la hazienda, diligencia;
en las cosas de honor, generosissima;
muy amiga de buenas compañias,
pero de liuiandades enemiga,
y todo esto tendra siendo discreta.
Mira que tiene el bien casado, cielo,
pero el que no, infierno y desuentura,
y que los casamientos al principio
suelen ser blandos, suelen ser gustosos,
pero acabado el gusto o el dinero,
tocan luego a la puerta los enojos
y aun dan que murmurar a los vezinos.
Que pudiera auisarte cerca desto!
mas tengo que dezir en la alabança
de aqueste dia viernes, y ansi callo
por tratar lo que importa a mi proposito.

En este venturoso y santo dia,
que es el sesto del mundo y la semana,
crio nuestro Señor los animales, [1]
distintos en especie y todos juntos,
solo para seruicio de los hombres.
Viernes crio la magestad del cielo, [2]
nuestros primeros padres, y criolos
a imagen suya y propia semejança,
haziendoles capaces de su gloria
y absolutos señores de la tierra, [3]
aunque ellos por su culpa despues desto
su santa gracia con pecar perdieron.
Tambien a veynte y cinco dias de março
del año de tres mil y nouecientos
y cinquenta y nueue años, que fue viernes,
despues de la creacion de aqueste mundo,
el verdadero Dios y Señor nuestro
encarnò en las entrañas virginales
de la humilde y purissima Maria. [4]
Viernes, a veynte y quatro dias de iunio,
nacio el diuino precursor Bautista. [5]
Viernes fue visitado y adorado
nuestro niño Iesus en vn pesebre
de los tres Reyes Magos dichosissimos,
ofreciendole oro, encienso y mirra. [6]
Viernes tambien, a seys del mes de enero,
siendo el Señor de veynte y nueue años
y treze dias de edad, fue bautizado
por nuestro gloriosissimo Bautista. [7]
Viernes tambien, a veynte dias de março,
resucito el verdadero Christo
a Lazaro, de quatro dias muerto. [8]
Viernes, a tres de abril, murio viuiendo
el Redentor del mundo y Señor nuestro.
San Francisco de Paula nacio en viernes,
y viernes, a la misma hora y en Christo,
murio tambien este glorioso santo.
Los que nacen en viernes son dichosos,
nobles de condicion, ingeniosissimos;
son callados, y viuen largo tiempo.
Gano en viernes a Oran, a seys de Mayo,
fray Francisco Ximenez, que Dios aya.
Los Catolicos Reyes christianissimos
ganaron a Granada tambien viernes.
Viernes se conuirtieron en Toledo
nouenta mil iudios, y vno entre ellos,
y aqueste fue san Iulian Pomerio.
En viernes el noueno rey Alfonso
vencio tambien las Nauas de Tolosa.
Viernes encoroçaron en Granada
onze ò doze famosas hechizeras,
y entre ellas vna vieja de nouenta,
que lo menos que hazia esta señora
era juntar vn esquadron de diablos
y arar, sembrar, nacer y coger trigo,

[1] Gen., c. 1. — [2] Gen., c. 1.— [3] Gen., c. 3.—
[4] Luc., c. 1.—[5] Luc., c. 1.—[6] Mat., c. 2.—
[7] Mat., c. 3.—[8] Ioan, c. 11.

dentro de vn quarto de hora, en vna artesa.
En Seuilla los viernes de quaresma
van a la Cruz las damas y galanes.
Todos los pasteleros huelgan viernes.
Viernes se enamoro de mi vna vieja
de mas de sesenta años, y a tres dias
dixo estaua preñada y que la diesse
cien reales para hazelle camisicas,
pañales y mantillas al infante;
por alcahueta la prendieron viernes,
y viernes me sacaron a mi hembra,
dandola cien açotes por las calles,
y a fe que ay mas de quatro que me escuchan.....
no se alborote el aula, que ya callo.
Viernes, al fin, hazemos nuestra farsa,
y pues en viernes nos hazeys mercedes
de venirnos a oyr y deste dia
ay tantas escelencias como he dicho,
que premian buenos y castigan malos,
y son las voluntades suple faltas
de los hombres que tienen pocas fuerças,
las nuestras perdonad, pues cierto creo
que no las puede auer en el desseo.

Ram. —El Magno Alexandro dixo que el oficio del marido es ganar lo perdido, y el de la muger conseruar lo ganado.

Rios. —Qtexauase vna vez vn amigo mio cassado de que tenia gran cruz con su muger, y respondiole otro: y de sola vna cruz se quexa? que hiziera si tuuiera v. m. a cuestas, como yo, todo vn caluario? Preguntado como era que el tenia vn caluario, dixo que el otro tenia muger sola, que era la cruz que auia dicho; pero el, madre, hija y muger, que era vn caluario entero.

Sol. —Donde no ay gusto, sin duda que es infierno.

Roj. —Aconsejaua el diuino Platon a los de su Republica, que en tal edad casassen a sus hijos, que considerassen lo que elegian y conociessen bien la carga que tomauan. Dixistes en la loa como se ha de buscar la muger y lo que ha de hazer para tener contento a su marido, y no os acordastes lo que ha de hazer el marido para no dar disgusto a su muger.

Roj. —Ya dixe atras que muy temprano lloran los que desde poca edad se casan, y de aqui nacen cada dia entre los casados mil disgustos. Porque como no tienen edad ni esperiencia, cansanse al primero dia, y los hombres que saben poco no ay cosa que les enfade mas presto que ver a vna muger siempre a su lado, y esto nace de lo que tengo dicho. Y ansi ordenò Solon a los atenienses que no se casasse ninguno hasta edad de veynte y cinco años, Licurgo a los la[ce]demones hasta los treynta, y Prometeo a los egipcios hasta los treynta y quatro, y si algunno se casasse, castigassen al padre y desheredassen al hijo.

Sol. —Casamiento hagas que a pleyto andes, que es la mayor maldicion que pueden darte los hombres.

Roj. —No lo digays burlando, porque sin duda esse es el infierno que ay en este siglo, y aunque yo no he sido casado, me parece que puedo dar en esto algun consejo, segun lo mucho que he visto y los trabajos que por mi han passado, y ansi digo que para que vn marido vina contento y tenga cielo en este mundo, si puede auerlo, lo principal que ha de tener serà ser muy verdadero en lo que con todos hablare, secreto en lo que se le dixere y fiel en lo que se le confiare; tras esto serà sufrido en las importunidades de su muger, zeloso en la criança de sus hijos, cuydadoso en proueer su casa, diligente en curar de su hazienda y muy recatado en las cosas de la honra; porque si encuentra con muger generosa, ha de saber sufrilla su locura; si con muger hermosa, muchas vezes se la dan sin blanca y ha menester trabajar para mantenella y discrecion para no zelalla; si con braua y arrojadiza, ha de saber ser muy discreto y reportado para con ella, y si por sus pecados encuentra con muger fea y da en ser zelosa, ha de viuir con cuydado de no ofendella, y si lo hiziere, que no digo que lo haga, con tanto secreto que ella no lo entienda, porque aunque sea fea, quando nace la escusa, nace el asno que la roa, y no faltara quien diga que de cassada y ensalada dos vocados y dexalla. Y andando desta manera, ay de su honra! Porque si da en encerralla, siempre se quexa; si sale muy a [me]nudo y quando quiere, da a todos que dezir, y la vida la muger tres salidas ha de hazer. Pues si la riñe porque sale, anda rostrituerta y no ay remedio que haga nada. Si calla y la dexa, dize luego: que no la estima, y se le sube a las barbas, porque la boda de los pobres todo es vozes, y la de los ricos, quando pitos, flautas, quando flautas, pitos. Pues si ella gasta, ay de la hazienda, y si no gasta, se leuanta de noche y le visita la fa[l]triquera o le vende lo que ay en casa, y por esto me parece que huela la casa a hombre. Pues si siempre està en ella, tienele por sospechoso, y si viene a desoras, por trauiesso; que quien bueyes ha perdido, cencerros se le antojan. Si la quiere mucho, estimale en poco, y si no, siempre anda riñendo, y mire no se diga por el que en la casa del ruin la muger es alguazil. Si la viste y trae muy galana, quiere ser vista, que es el primer escalon para ser amada. Y la muger y el huerto no quieren mas de vn dueño, y si anda holgazan y no trabaja para regalalla y vestilla (como ay algunos oy, y aun muchos, que no se les da nada, vienen a mesa puesta y cama hecha, y sin tener vna blanca ni vn marauedi de renta) ven oy el faldellin, essotro dia la ropa y aun muchas vezes la cadena y la sortija, y no preguntan de a donde vino toda esta deshonra. Quiça le dira algun dia su muger: marido, cornudo sodes? y el respondera: mas vale que hinchar odres. Porque el casado pobre y enemigo del trabajo està a mucho mal sugeto. Porque ya sabemos que el hombre es fuego y la muger estopa, y llega el diablo y sopla. Y assi digo que haga el de su parte lo que le toca, pues como hombre esta obligado a tener mas prudencia y a saber quitar la causa. Que quien quita la causa quita el pecado, y muy pocas mugeres ay que sean buenas si véen que sus maridos las dan ocasion para ser malas. Y de aqui nace aquel refran que dize: Amor loco, yo por vos y vos por otro. Esto es lo que yo puedo dezir, y sobre todo te auiso, casado, que ni caualgues en potro, ni tu muger confies a otro. Y pues me queda por dezir la loa del sabado, y no es justo ser con esto mas importuno, digo assi:

Dize el diuino Platon en su *Timeo*, que tanta necessidad tienen los ricos de consejo como los ingratos de castigo. Cornelia, muger de Sempronio Graco, tambien escriuiendo a sus hijos, dize estas memorables palabras: por lo mucho que os quiero, ò hijos mios! desseo que aprendais a ser bien criados y procureys de ser agradecidos, pues no tengo otra hazienda que dexaros. Por cierto, razones fueron estas bien dignas de ser notadas y aun de quedar en las memorias de los hombres eternas, Ohi dezir los dias passados a vn hombre de buen ingenio, que tenia mas imbidia a la fama de vn hombre antiguo que a la vida de todos los presentes, porque el discreto era desdichado y el necio desagradecido; y el dixo muy bien por cierto, pues ni los gastos que hizo Marco Antonio con Cleopatra, ni la conjuracion que inuento Catilina contra su patria, ni la sangre que se derramò por Pompeyo en los campos de Farsalia, ni las crueldades de Neron con su madre, el robo de Iulio Cesar del Erario, los estupros de Caligula con sus hermanas, la traycion que hizo Bruto con su padre Gayo, ni las crueldades de Domiciano, no fueron tan grandes en todos los passados como vna ingratitud en los presentes. Las mercedes que los principes hazen quieren que se las siruan, pero Dios que se las agradezcan [1]; porque no ay para la Magestad diuina tan aceto sacrificio como el agradecimiento del beneficio recibido, y la buena obra mas es agradecella que pagalla. Y ansi digo, que vicio por vicio, traycion por traycion, maldad por maldad y malo por malo, no ay en el mundo hombre tan malo como el hombre desagradecido. Porque ni el pecado de Iu-

das, la crueldad de Cain, la idolatria de Salomon, el adulterio de Dauid, la soberuia de Lucifer ni las culpas de todos quantos ay en el infierno, no son tan grandes como las de vna persona ingrata a Dios, porque por ley no ania de viuir el que no sabe agradecer. Pregunta Seneca que porque las leyes no señalan castigo a la ingratitud como a los demas vicios, pues en ninguna se halla castigo señalado para ella, y responde que como es vn vicio tan abominable, tuuieron por impossible que hombre que le cometiesse y ansi no le señalaron, y si acaso algun hombre le cometiesse, les parescio se reseruasse su castigo a los dioses, pues sabrian ponderar la culpa, a lo qual no se atreuieron los legisladores, porque por ley no auia de viuir el que no sabe agradecer. Dize Socrates que los desagradecidos son bobos, y los bobos por la mayor parte viuen sanos, y digo, segun esto, que en el sabio es muy mal empleada la muerte, y en el ingrato es muy peor empleada la vida. El vicio mas antiguo en el mundo es la imbidia, como tengo dicho antes de aora. Pero digo que mas mal haze vn ingrato que vn imbidioso, porque ya sabemos que donde no ay sugecion no ay rey, donde no ay rey no ay ley, donde no ay ley no ay justicia, donde no ay justicia no hay paz, donde no ay paz ay guerra, y donde ay guerra no puede durar la Republica; pero donde ay ingratitud no puede auer obra buena, porque mas muerta esta el alma ingrata y sin gracia que lo suele estar vn cuerpo sin alma. Dize Seneca que mayor gloria merecio Ciceron por desterrar los vicios de los ingratos de Roma, que Scipion por vencer los cartagineses en Africa. Quexase Asiria que se reboluio por Semiramis, Damasco por Mitrida, Armenia por Pincia, Grecia por Helena, Germania por Vxodonia, Roma por Agripina, España que se perdio por la Caua y el mundo por vna muger ingrata. Mucho pudiera dezir, si el alabança deste soberano dia sabado no me obligara a callar; pero, pues, salgo a esto y es este mi intento, digo:

Que sabado, setimo dia de el mundo y el vltimo de la semana, se llama *sabbatum*, [1] que en hebreo significa holgança o reposo, porque en tal dia reposò en el sepulcro el cuerpo sacrosanto de nuestro Maestro y Redemtor Iesu Christo, [2] cessando los dolores y tormentos.

En sabado, a ocho de Diziembre, fue concebida la Virgen, nuestra Señora, sin pecado original.

En sabado, a seys de Enero, obro Christo aquel famoso y primero milagro, que fue conuertir el agua en vino en Canna de Galilea, [3] teniendo Christo treynta y vn años.

[1] Colo. c. 3.

[1] Gene., c. 2. – [2] Math. c. 27.—[3] Ioan., c. 2.

En sabado estuuo la Yglesia firme y constante en la virgen Maria y en los demas fieles.

En sabado murio Nuestra Señora, Madre de Dios, de edad de sesenta años menos veynte y tres dias, segun lo escriuio Niceforo Calixto, el qual dize que viuio la dicha Señora onze años despues de la muerte de su precioso Hijo, Dios y hombre verdadero.

En sabado era la fiesta entre los iudios, (¹) y ansi como la Yglesia nombra a los dias de la semana: domingo primera feria y al lunes segunda feria, etc., los iudios dezian al domingo prima Sabbathi, (²) al lunes segunda Sabbathi, porque Sabbathum, segun Siluestro, a *Sabe*, que es dicion hebrayca, ò de *Saba*, que es vocablo siriaco, que en latin dezimos Septem, diremos que Sabbathum se llama qualquiera dia de la semana ò toda entera. Y aunque la Yglesia haga commemoracion de la Virgen casi en todos los dias della, en especial en el sabado; la razon pone el Racional en el libro quarenta, capitulo primero. Y es que en vna yglesia de Constantinopla auia vna imagen de la Virgen Maria, la qual cubria vn velo, y este se apartaua milagrosamente sin llegar a el todas las visperas del sabado, y acabadas se cerraua. Visto este milagro, se ordenò que en este dia se festejasse la fiesta de la purisima Maria, y tambien porque assi como Dios descansò en el sabado en el vientre y alma desta Señora benditissima, el Papa Vrbano segundo ordeno que se dixessen las horas de nuestra Señora en sabado y se hiziesse su santo oficio en este dia.

Cuenta Iacobo de Voragine, en la leyenda de Pelagio, Papa, que en el año del Señor de quatrocientos y nouenta florecieron dos hermanos, San Medardo y San Geraldo, nacidos en sabado de vn vientre, en sabado hechos obispos, en sabado muertos y en sabado colocados con Christo en la bienauenturança. Todos los sabados tenia de costumbre San Luys, rey de Francia, lauar los pies a doze pobres, y este dia comia con ellos.

En sabado se casò el bendito santo con la reyna Margarita, su muger.

En sabado mando pusiessen guarda a su persona, la qual no auian tenido hasta alli ningunos reyes sus passados.

En sabado embiudo.

En sabado tomo el habito de religion de la orden Francisca, donde acabo.

En sabado empezo la orden de los Minimos por el bienauenturado San Francisco de Paula, año de mil y quatrocientos y nouenta y vno, y año de mil y quinientos y seys se confirmò, y su fin fue año de mil y quinientos y siete.

Los que nacen en sabado, segun curso astro-

nomico, son fuertes y principales, y, en efeto, digo que, hablando de cosas humildes y baxas.

En sabado matan carne en el matadero.

Las mondongueras compran menudo, hazen morzillas, cuezen tripicallo, venden mondongo, y los picaros hinchen el pancho.

Y concluyo con dezir que en sabado lauan las mugeres las tocas, arriman las almohadillas, almidonan las gorgueras, enrubianse los cabellos, ponense las pasas, quitanse las mudas, sahumanse las camisas y lauanse las piernas.

Rios.—Las loas de la semana son tan buenas y exemplares, que echo de ver, segun me han parecido y lo mucho que tienen bueno, el trabajo que os deuen de auer costado.

Roj.—Algunos libros he rebuelto para hazellas.

Sol.—No es de pequeña alabança saber vn hombre aprouecharse bien de lo que hurta, y que venga a proposito de lo que trata.

Roj.—Que hombre ay en el mundo que no hurte y se aproueche de algo ageno? porque todo lo mas que oy se escriue, si bien se mira, esta ya dicho; pero el buen estilo con que se dize, es justo que se celebre. Y a este proposito os dire vna loa en alabança de los ladrones, que os ha de parecer buena.

Ram.—Para nosotros sera de mucho gusto oylla.

[*Roj.*] Quanto va, señores mios,
que no saben a que vengo,
aunque aya tantos que digan
que entienden los pensamientos?
Ya van docientos açotes
contra aquel que escucha atento,
que no ay nadie que adiuine
que salgo a pedir silencio.
Pero dexemos a vn cabo
apuestas y passatiempos;
dezir quiero a lo que vengo,
oygan, que ya va de cuento.
Viniendo ayer por la tarde
a la comedia vn mancebo,
de aquestos de mangas anchas,
calzon justo, tiesso cuello,
llegò y me dixo: O, mi rey,
señor Rojas, que ay de nueuo?
—Seruir a vuesa merced,
le respondi: y el, muy tiesso,
replicò: No ay tal farsante;
ohille hablar es contento;
que lengua, que talle y gracia,
por mi vida, que es del cielo!
Y tras esto poco a poco
se llegò, y dandome vn tiento,
con dos dedos me sacò
de la faltriquera vn lienço.
Sentilo y callè, y el dixo:

(¹) Luc., c. 10.—(²) Ioan, c. 20.

Crea, Rojas, que desseo
seruille en lo que se ofrezca ,
porque lo merece, cierto.
Y con muchas reuerencias,
mucho sombrero hasta el suelo
y francesas cortesias,
se fue muy graue y seuero.
Fuy en casa de vna muger,
y pidiendome el pañuelo,
porque era suyo, la dixe
la verdad de todo el cuento.
Estuuo atenta escuchando,
y admirada del sucesso,
pareciole tan honrado
de aqueste ladron el termino,
que me mandò que callasse;
y no solo mandò aquesto,
pero que, si era possible,
compusiesse algunos versos
en alabança de vn hombre,
aunque ladron, tan discreto,
tan astuto y cortesano.
No pude dexar de hazerlo,
que a mi tambien me obligara
su gran cortesia a ello,
a no ser mandado suyo,
y ansi su alabança empiezo.
Ladrones, oy es el dia
que salis de cautiuerio;
dadme albricias, brechadores,
lagartos y cicateros, (¹)
que oy dire en vuestra alabança
cosas que asombren el suelo.
Ea, señores ladrones,
escuchen y oygan atentos,
que no quisiera yo mas
de las capas y sombreros
de los que me estan mirando
y piensan que no los veo.
Va de alabança, ladrones,
y empiezo por el ingenio,
sagacidad, sutileza,
vigilancia, estilo bueno,
ciencia y arte liberal,
que fue cursada otros tiempos,
de los hombres en la tierra,
de los dioses en el cielo.
Entre los persas vsauan
que los mas ricos del reyno
desde niños aprendiessen
este exercicio discreto,
diziendo que alli se hazian
astutos, sabios, secretos,
cautelosos, reportados,
altiuos de pensamientos,

agiles de pies y manos,
viuos y agudos de ingenio.
A la guerra va el soldado
por hurtar, y por aquesto
viene a alcançar mil renombres
triunfos, coronas, trofeos,
a desposseer tiranos,
a ganar remotos reynos.
Y entre amigos y enemigos,
de hurtarse los pensamientos
vemos resultar por horas
muchos y buenos efetos.
Si no, mirad los poetas
que por puntos hazen esto,
hurtandose aquel al otro
las sentencias, los concetos.
El atribnto mayor
y lauro de Vlixes, griego,
fue de hurtalle a los troyanos
aquella imagen del templo.
Si Eneas no hurtara el ramo,
jamas baxara al infierno,
ni estuuiera con el alma
de su padre Anchises muerto.
Si aquellas mançanas de oro
no hurtara Alcides del huerto
de Atlante, careciera
del triunfo mayor del suelo.
De su oficina a los dioses
tambien hurtò Prometeo (¹)
hasta el fuego celestial.
Temerario atreuimiento!
Mercurio con la cautela
del hurtar, astuto y diestro,
engañò a Argos, y cumple
de Iupiter el dessɔo.
Por hurtar a las Sabinas,
los romanos adquirieron
generacion, potestad,
vitoria y tan grande imperio.
Hurtò a Ipodamia Peritoo
y celebrò el casamiento;
Paris a Helena, muger
del rey Menelao el Griego.
Vlises tiene por gloria
de que le digan que es deudo
de Sisifo, vn gran ladron
y respetado en su tiempo.
Por los escelentes hurtos
que Anteon hizo en sus reynos,
alcançò grandes riquezas,
adquiriendo nombre eterno.
El rey Gerion hurtò,
y Vlises, que del rey Reso
tambien robò los cauallos,
gloria del greciano pueblo.
Filotetes, por ladron

(¹) *Brechador*, «el que entra por tercio en el juego» (Hidalgo); *lagarto*, «ladrón del campo, ó que se muda de muchas colores el vestido para que lo desconozcan» (idem); *cicatero*, el ladrón de bolsas *(cicas)*.

(¹) En el original: «Promoteo».

alcançò nombre en su tiempo,
por hurtalle al fuerte Alcides
las saetas. Harto inmenso!
Ope, muger de Saturno,
por hurtar sus hijos mesmos
de la muerte los librò,
mirad que mayor exemplo!
Iupiter, mudado en toro,
robo a Europa, y este mesmo
robo a Yo y Alcumena,
resultando vn bien eterno
deste hurto, pues que del
nacio Alcides, y tras esto
tambien hurto a Ganimedes.
que aun los dioses se honran desto.
El dios Apolo robo
la hija de Macareo.
Deyanira, muger de Hercules,
la robo el satiro Neso;
y aquel rey de Siracusa
hurto vn vestido en el templo,
a Esculapio, dios, que dioses
aun no estan seguros dellos.
Ni de robar no lo estan
dioses a dioses, pues vemos
que Mercurio robò a Apolo
las vacas del rey Admeto;
Pluton robo a Proserpina,
el dios Marte robo a Venus.
Y quien es mayor ladron,
si mas exemplo queremos,
que nuestra naturaleza?
La tierra, los elementos,
son ladrones famosissimos;
ladron es el mismo cielo,
pues hurta las humedades
de la tierra con su fuego,
y dellas borda sus nuues
y forma cometas, truenos.
Hasta las mismas estrellas
son ladronas, prouarelo,
pues hurtan al sol la luz
de que ellas carecen, cierto.
Y aquel ladron dichosissimo,
aquel Dimas santo y bueno,
que fue en hurtar tan famoso,
que robo hasta el mismo cielo?
Principes, reyes, monarcas,
altos, baxos, malos, buenos,
aues, pezes, animales,
dioses, elementos, cielo,
todos son ladrones y hurtan
con artificios diuersos;
vnos con redes los rios
y profundo mar soberuio,
para despojar y hurtar
sus perlas y coral tierno;
otros por sacar los pezes
de su humido elemento.

Las aues no estan seguras
aun volando por los vientos;
los animales tampoco
en los montes mas excelsos:
despues de hurtallos los hombres,
tambien se hurtan ellos mesmos;
hasta el animal mas vil
de la tierra, es claro exemplo
para que seamos ladrones,
y tan preciosa arte vsemos;
la ladrona de la hormiga
podra bien dezir aquesto.
El exercicio de hurtar
es tan honroso y tan bueno,
que da brio, calidad,
hazienda, gusto, dineros.
Nunca el ladron conocio
la necessidad, ni creo
que jamas la vio la cara.
Que bien tan alto y supremo!
Aora vengamos al caso,
que he de prouar mejor esto.
Digan todos la verdad,
ya que no a mi, alla en sus pechos.
Ay entre todos alguno
que no aya hurtado, en efeto,
quando no actualmente,
no ha hurtado con el desseo?
Por vida de quien soy yo,
que todos los que aqui veo
han hurtado y son ladrones
con obras ò pensamientos.
Hasta los nombres de Hurtados
y Ladrones conocemos
ser vn ilustre linage
en España y otros reynos.
Ay algunos ignorantes
que me dizen que es muy bueno
el oficio de ladron,
pero que se acaba presto.
Ven aca, barbaro, dime,
ay oficio en todo el suelo
que dure mas que la vida?
Pues el ladron es lo mesmo.
Que dura hasta que le ahorcan,
esto es llano y verdadero,
ò, oficio! ò, ciencia! ò, reynado!
yo te alabo y reuerencio.
Ladrones, teneos en mucho,
y nosotros, *vigilemus
et semper de manus vestras*
con tantos ojos andemos.
Viuid, famosos ladrones,
y tu, honrado cicatero,
si me escuchas, dame oydo,
ansi te libren los cielos
a tus espaldas de açotes,
tus manos de vn fuerte remo,
tus orejas del cuchillo

y del verdugo tu cuello.
Y de açotes y verdugo,
cuello, cuchillo y del remo,
libera nos Domine
te canten todos los ciegos,
y te depare en tus trances,
si acaso fueres corriendo,
los alguaziles follones
que corren poco y a trechos,
y te libre de escriuanos,
de sus plumas y sus pliegos,
y de testigos de vista,
y del: fallo que condeno.
Et rogamos audi nos
te canten y te cantemos,
que tus cortesias te lleues
y me bueluas mi pañuelo.
Y si no me le boluieres,
a todos los santos ruego
que te prenda vn alguazil
çurdo, coxo, manco y ciego;
te den quinientos açotes
por hurto que no ayas hecho,
al vso de Berberia,
en barriga, espalda y pecho,
y que acabes perneando,
·y diziendo: Credo, Credo,
te quedes bamboleando
con tanta lengua y pescueço. (¹)

Sol.—Basta, que todas las que aueys dicho
este viage han sido de alabanças, y pues se tra-
ta desto, os quiero dezir de vn monasterio que
tiene Burgos, que es muy digno della, que,
como hombre que no ha estado en el, no le aura
visto, el qual fundó el rey don Alonso otauo
de Castilla. Esta fuera de la ciudad, es de mon-
jas y se llama las Huelgas; cuya abadessa tie-
ne debaxo de su dominio mas de ciento y cin-
cuenta hijas de señores muy principales, y ha
auido monjas en el tres infantas donzellas, hi-
jas de grandes reyes de Castilla, las quales,
aunque las trahian casamientos para ser rey-
nas, no quisieron serlo. Este monasterio tiene
debaxo de su juridicion otros diez y siete mo-
nasterios, y treze villas, y mas de otros cin-
cuenta lugares, y prouee doze encomiendas y

(¹) El mismo tema que Rojas en esta loa, adoptó
el incógnito «Dr. Carlos Garcia» en su curiosisimo
libro: *La desordenada codicia de los bienes agenos*
(París, 1619, traducido al francés «par le Sr. Davdi-
gvier» en 1621.) Tengo por seguro que el ingenioso
defensor de la antigüedad y nobleza de los ladrones,
conocia harto la loa del comediante madrileño, pues
utiliza algunos de los argumentos de éste cuando abo-
na las proezas de todos aquellos *duendes, maletas,
cigarreros, sátiros, dacianos* y demás *hurtadores á
lo descubierto*. de los cuales trata, distinguiéndolos
donosamente de los ladrones *discretos*, que son los que
ejercen otros oficios tenidos por honestos en las repú-
blicas.

muchas capellanias, y otros officios de justicia
y regimientos.

Roj.—Por cierto que es notable grandeza, y
tanto, que parece increyble, y pues llegamos oy
a Burgos temprano, con facilidad podremos yr
a vello.

Sol.—Esso y todo lo demas veremos de es-
pacio, que ay mucho que ver en esta ciudad.

Rios.—Y aun si fuera mia aquella manada,
yo arrimara a vn lado la comedia antes de mu-
chos dias.

Ram.—Bien valen los puercos mas de dos
mil ducados, porque son muchos y buenos.

Sol.—Notable animal es este.

Roj.—Suzio, pero el mejor del mundo. Y
pues va todo de alabança, oyd vna loa que hize
en la deste hermosissimo cochino, que es de
grande gusto.

Rios.—Y essa oyremos todos con mucho si-
·lencio.

[*Roj.*] No dize mal el refran,
que amor, passion ò dineros
son muy malos de encubrir,
y tiene razon por cierto;
porque vn hombre enamorado,
aunque sea muy discreto,
callado, astuto, prudente,
fiel amante y verdadero,
es impossible encubrillo,
que como es la cara espejo
del cuydado, sale al rostro
el fuego que esta en el pecho.
Y el hombre que sabe mas,
quiere con mayor estremo,
porque tanto quanto sabe,
tanto quiere, y aun mas que esto.
Mas si el hombre necio dize
que adora, que pierde el sesso,
que suspira, rauia y muere,
este miente como necio,
que no sabe que es amor.
y, si lo sabe, es vn sueño,
que amor de tantos es poco,
y poco oluidase presto.
Porque no es ciencia el querer
que se aprende con el tiempo,
que la enseñan las escuelas,
la esperiencia ni hombres viejos,
que esta ciencia milagrosa
se aprende de nuestros pechos
y de la escuela del alma,
que es el principal maestro.
Naturalmente ha de ser
el querer y el hazer versos,
que lo demas es locura
o mucha fuerça de ingenio.
Yendo, pues, a mi proposito,
aunque no voy del muy lexos,

digo que se llegò a mi
ayer tarde vn compañero
muy turbado y melancolico,
confuso, triste y suspenso;
y preguntando la causa
y de su mal el sucesso,
me respondio: Señor Rojas,
vuesarced (¹) es mi remedio,
es toda mi libertad;
en sus manos me encomiendo.
Ha de saber que yo adoro
a vn angel con grande estremo,
y que no me puede ver:
mire si es mi mal eterno.
Y sobre aqueste desden,
me dixo ayer que era vn puerco,
que la dexasse y me fuesse.
Possible es que tan grossero
soy yo que puerco me llame?
yo soy puerco?—No por cierto,
le respondi, ni imagino
que ella lo diria por esso,
que antes me parece a mi
que todo aquese desprecio
fue merced y fue fauor,
y yo por tal le confiesso.
Por esto y mas que le dixe,
no fue de ningun prouecho,
y agora, porque conozca
que puerco no es vituperio,
sino vn animal mas noble
de quantos sustenta el suelo,
y el mas vtil que ay en muchos,
ansi su alabança empieço.
Digo que aqueste animal
tan principal que celebro,
despues de otras mil grandezas,
hallo en el vn priuilegio,
en que se auentaja a todos
los demas que conocemos.
Ya es cierto, y sabemos claro,
que el asno, despues de muerto,
cria siempre escarauajos,
como cada dia lo vemos;
el cauallo cria abispas,
y el hombre, en la tierra puesto,
salen del y su mortaja
culebras, aquesto es cierto,
y del buey salen auejas;
mas deste animal tan bello
y deste puerco, que sale?
Vn obispo reuerendo,
gloria y honra de las ollas
y de estomagos hambrientos.
Las bodas y los banquetes,
los plazeres y los juegos,
si el no los honra, que valen?

Yo sin el reniego dellos.
Los regalos, golosinas
de tanto gusto y prouecho
que de sus entrañas salen,
a que hombre no dan contento?
La morzilla, el adouado,
testuz y quaxar relleno,
el pie ahumado, la salchicha,
la cecina, el pestorejo,
la longaniza, el pernil,
que las paredes y techos
mejor componen y adornan
que brocado y terciopelos?
Este gentil animal,
que ha dado, cierto sabemos,
a mas de algun rey de España
su natural nombre mesmo,
y algun necio le ha pesado,
porque le han llamado puerco,
y a este el mucho honor le daña,
como indigno de tenerlo.
Quien su nombre da a los reyes,
y con el honra a los reynos,
de que se afrenta, sepamos,
si no es por no merecello?
Pues sancho, puerco o cochino
todo es vno, aquesto es cierto,
y deste nombre de Sancho
quantos reyes conocemos!
La dulce yerua y bellota,
que manjar de Adan f[u]e vn tiempo,
agora es suyo, gozando
de aquel siglo verdadero.
Y aunque ay algunos que dizen
que no es sano, es desconcierto,
que yo digo y prouare
que es mas sano que el carnero,
porque en las Indias les dan
por regalo a los enfermos,
en vez del pollo o gallina,
a comer carne de puerco.
Y del iauali la orina
es aprouado remedio
para el dolor de vn oydo,
y yo he hecho esperiencia desto.
Derretido el puerco gordo,
y con vinagre algo rezio
lauado, o con agua clara,
para que madure es bueno.
Y su preciosa manteca
es buena contra el veneno,
y el vnto de su quixada
para hinchazon del cerebro.
Es contra la pestilencia,
buelue a las cejas los pelos,
es muy bueno para empeynes
y para dolores viejos.
Medicina saludable
el vnto suyo, y tras esto,

(¹) El texto «v. m.».

es vn remedio eficaz
para camaras su estiercol.
Teniendo estas propriedades
y otras muchas que no cuento,
pareceme injusta cosa
dezir que el puerco es enfermo.
Que en aquella edad primera,
por gran regalo sabemos
que los hombres lo comian,
por ser muy sano sustento.
Quien estuuo entonces malo?
Dezidme, en aquellos tiempos,
quien tomò el agua del palo,
jaraues ni cozimientos?
quien murio de pestilencia,
tomo poluos, vso vnguentos?
quien se purgo ò se sangro
ni tuuo roncha en su cuerpo,
sarna, comezon, ni tiña,
ni el mal frances o flamenco,
tauardete, ni esquinencia
ni otros males que agora vemos?
Nadie; pues puerco comian,
sin otros mantenimientos:
gallinas, pauos, faysanes,
no gustauan de comerlos,
porque solo por sus plumas
su estimauan, y, en efeto,
para otra ninguna cosa
jamas les fue de prouecho.
Entonces para el pescado
ninguno armo red ni anzuelo,
ni estoruauan a las aues
el presto y ligero buelo.
Matar buey era injusticia;
las vacas y los carneros
y los demas animales
libres gozauan del suelo.
Solamente el puerco hidalgo,
en los bayles, en los juegos
y en las fiestas principales
les aumentaua el contento,
pues jamas faltò en la casa
mas rica de todo el pueblo
regozijo en aquel dia
que tenian puerco muerto.
Que atabales, que trompetas,
que flautas o que instrumentos
eran de mas alegria
para niños, moços, viejos?
Dezir que era enfermo entonces
fuera clamar en desierto,
porque afirmar lo contrario
por opinion justa tengo.
Comalo, pues, todo el mundo
descuydado y sin rezelo,
pues se hazen del medicinas
mas que romances se han hecho.
Hasta aquel que en Calidonia

fue por Meleagro muerto,
ofreciendole a Atalanta
su hermosissimo pellejo,
por ser de tan alta estima,
se adornò con el Tideo,
y con hija del rey de Argos
vino a casarse por esto.
Entonces este animal
era galan, limpio, bello,
hermoso, graue y vizarro,
si no lo estoruara Venus
por el enojo mortal
que tuuo con el vn tiempo,
por la muerte desdichada
del bellissimo mancebo,
quedando Iuno y Minerua
vengadas con verle muerto
al ya conuertido en flores
de Cinira hermoso nieto.
Y Venus desto indinada,
la limpieza de su cuerpo
la conuierte en suciedad,
y hazele que sea muy feo
y que entre los lodos ande
siempre metido en los cienos;
y el pobre, de verse ansi,
asqueroso, suzio y negro,
nunca de corrido habla
ni alça los ojos del suelo;
mas con estar como està,
siempre de verle me alegro.
Y ansi suzio, cabizbaxo
y asqueroso, ruego al cielo
que no le falte jamas
a la nuera de mi suegro.
Lo que tiene es que en la vida
es animal sin prouecho,
y holgazan, que la comida
la gasta holgando y gruñendo.
Porque direys que la oueja
da la leche, lana y queso;
que labra la tierra el buey,
canta el gallo, caça el perro,
trabaja el asno y encierra
el trigo el agosto hecho.
El cauallo va a la guerra,
del raton escombra el techo
el gato maullador,
y otros muchos sin aquestos,
y solamente el cochino
mientras viue nunca es bueno.
Pero quando de su vida
llega el venturoso termino,
y su alegre san Martin
le viene, que viene presto,
que dezis deste animal,
quando de muy suzio puerco
le conuertis en tocino?
entonces, es malo o bueno?

Con lo que esta en sus entrañas
sepultado y encubierto,
se entretienen todo vn año
padres, madres, hijos, nietos.
O bellissimo animal,
que, como prouado tengo,
eres el mas prouechoso
de quantos oy conocemos!
Concluyo por no cansar,
y digo que eres tan bueno,
que quien fuere tu enemigo
sera enemigo del cielo.
Mi gran rudeza perdona,
cochino hermano, pues siendo
sin numero tus grandezas,
tan pocas son las que cuento.
Y si en alabar soy largo
a vn animal que es tan bello,
quien fuere puerco perdone
y no se corra de sello.
A mi compañero digo
que tenga de oy mas consuelo,
y si todo lo que he dicho
no ha sido de algun prouecho,
hagase animal de carga,
si no esta contento desto,
ò de caça, y podra ser
que le despedazen perros.
Mas yo por mejor tendria
ser cochino que no cieruo,
y si no lo quiere ser,
sufra carga y sea jumento,
que quien se afrenta de ser
de boca de muger puerco,
de la de vn amigo suyo
ser asno no es mucho yerro.
Y si tambien se afrentare,
mañana le alabaremos,
que alabança ay para todos,
aunque no para hombres necios.

Rios.—Ninguna me ha agradado tanto como esta.

Sol.—Quiza sera por lo que os toca.

Rios.—Sea por lo que fuere, ella me ha contentado mucho; y lo que mas siento es que estemos tan cerca de Burgos que no podamos mas oyros.

Sol. — De mi confiesso no he sentido viage ninguno de todos los que hemos hecho este año.

Ram.—No solo no me he acordado yo si camino, pero aun el dolor de mi pierna se me ha quitado con el buen entretenimiento.

Roj. — Besoos las manos por la merced que recibo, que esso y mas se deue a mi buen desseo. Y atreuido ansi a lo vno como a lo otro, llegaremos a Burgos con vna loa que quiero deziros de las quatro edades.

Rios.— Mucha merced sera que todos recibiremos.

Roj.—Ansi dize:

Antes que diessen las aguas
que agora riegan el suelo
fertilidad a los campos
y tributo al mar soberuio,
y antes que el viento veloz
tuuiera forma ni assiento
y la gran Troya humillara
sus bien fundados cimientos,
y antes que el fuego abrassasse
aquellos muros excelsos,
cuyas sagradas reliquias
aun nos siruen oy de exemplo,
era el ayre y era el mar,
lo mismo que fuego y suelo,
porque no era nada entonces
ninguna cosa de aquesto.
Solo era Aquel que es,
porque su ser es eterno,
desde *ab inicio* nacido
y desde entonces inmenso.
Lo otro era confussion,
vn caos, vn dudoso estruendo,
y aunque ser mucho esperaua,
era vn nada incorpulento.
Queriendo, pues, el Criador,
como hazedor de los cielos,
formar este nueuo mundo,
con querer se hizo luego.
Hizo fuentes, rios, mares,
sierras, montes, llanos, cerros;
criò plantas y animales
tan varios y tan diuersos;
criò el hombre, y para el solo
hizo la tierra y el cielo;
criole a su semejança,
hizole de todo dueño,
diole razon, aluedrio,
diole buen entendimiento,
y, sobre esto, compañia,
como el mayor bien del suelo.
Dio al hombre muger, gran bien
de nuestros padres primeros;
tuuieron hijos queridos,
viuiendo en paz y sossiego.
Era aquesta edad, señores,
en vn tiempo tan sincero,
que jamas fueron vestidos
ni pan ni carnes comieron.
Viuian los hombres entonces
vna eternidad de tiempo:
nouecientos y treynta años
viuio Adan; Seth, pocos menos;
Can, nouecientos y diez;
los menos a setecientos,
porque entonces desta edad

eran los hombres mancebos.
Eran estos apazibles,
queridos, fieles, discretos,
humildes, justos, tratablen,
ansi niños como viejos.
No huuo nadie que buscase
mas que solo su sustento,
y este fue comun a todos.
Mirad que tiempo tan bueno!
Fue nuestra segunda edad
de la plata; en este tiempo
empezo la industria humana
a romper y abrir cimientos,
a labrar reales casas,
fabricar suntuosos templos,
leuantar soberuios muros,
a alçar edificios bellos.
Desta nueua confusion,
deste laberinto nueuo,
desta no vsada costumbre
y deste trabajo cierto,
crecio en los pechos la hambre
y en los hombres el esfuerço,
y matauan animales
para sustentarse dellos;
cozieron pan, que jamas
no vieron sus padres ni ellos,
y los que desnudos yuan
de la lana se vistieron.
Huuo justicia sin ella,
porque no la consintieron,
ni rey, que todos son reyes
donde todos son sugetos.
Los bienes se repartian
al fin como suyos mesmos,
con tanto amor, que ninguno
pidio mas ni lleuò menos.
En su poder los tesoros
fueron tesoros de sueño,
que lo que en dormir tardauan
solo esso gozauan dellos.
Al fin, jamas los buscaron,
porque todos los tuuieron
y nadie los procurò.
Mirad que dichoso tiempo!
Ya voy llegando a lo hondo,
aqui de Dios, que me anego!
al tercero llego ya,
y el de arambre es el tercero.
No fue este tiempo tan malo,
que otro tiempo vendra luego,
que no ay arambre en el mundo
que pueda soldar su yerro.
En este tiempo huuo reyes
que gouernaron sus reynos
juzgando con rectitud
y siendo juzgados ellos.
Huuo tratos, huuo cambios,
huuo cuentas con mil yerros,

huuo auaricia en los ricos
y huuo soberuia en los necios.
Huuo imbidia, huuo priuança,
no guardò nadie secreto;
huuo enemigos de balde
y huuo amigos por dineros.
Huuo ingratitud en muchos
que se fueron al infierno,
y huuo alguno con dos caras.
Ved que tiempo tras que tiempo!
La quarta y vltima edad
es la que agora tenemos;
de hierro la llaman todos,
y bien lo dizen sus yerros.
Ay, que dixera de ti,
tiempo bueno, tiempo bueno!
pero al fin como tu pan
y he de guardarte respeto.
Sigo, tiempo, tu estandarte,
tus tratos me has descubierto,
y no quiero que se diga
que te siruo y que te vendo.
Viuo al vso, como todos,
mas sabe el cielo si muero
por no dezir lo que callo
y por callar lo que siento.
Pero dire y callare,
por no dexaros suspensos,
y ansi, declarando parte,
dexare el todo en silencio.
En esta edad començaron
las trayciones, los enredos,
las muertes, los latrocinios,
los insultos, desafueros,
juzgar por el interes,
dar lo hecho por no hecho,
yrse las hijas de casa,
matar los hombres durmiendo,
llamar al callado graue,
al que es hablador discreto,
al perdido liberal,
y al aplicado auariento;
robar vnos en poblado,
en fe de vn vestido negro,
y alcançar otros fauor
porque tienen fauor ellos;
comer muchos con callar,
que es opinion de discretos,
y hazerse ciegos a ratos
por no descubrir sus tuertos;
trocar los cuerpos de grana
por piezas de terciopelo;
y aun oyr sermon algunos
porque no tenian dineros;
comer oy alguno vn pauo,
por hazerse cauallero,
y querer cenar mañana
y no tener para peros;
gastar su hazienda en creciente

con doña Vrraca don Bueso,
y quedarse a la menguante
ella rica y el en cueros;
saber dezir las mugeres:
adorote, eres mi cielo,
peno, rabio, desconfio,
suspiro, lloro; y tras esto:
ay señor, que soy perdida!
por vn solo Dios le ruego
que vuesa merced se esconda,
que este que llama es mi suegro.
Metelde en essa cozina,
cubrilde con el tablero,
pongase Hernandez delante
y entre mi señor don Diego.
Entra el suegro tras el primo,
y tras el primo don Diego,
y tras don Diego el lacayo,
y tras el lacayo, ciento.
Todo este mundo es fingir,
todo interes y embelecos,
y al fin fin desdichas todo.
Mirad si es errado tiempo!
En este, por mi ventura,
mis pecados me traxeron
a que diesse gusto a tantos,
vnos sabios y otros necios.
Desaventurado de mi!
pues quando acierto, no acierto,
ni agradecen quando siruo,
ni perdonan quando yerro.
Errar los hombres no es mucho,
que alla dize Marco Aurelio
que quien herrare como hombre,
remedie como d screto.
Si erraremos como tales,
desculpadnos como vuestros,
perdonando como nobles,
callando como discretos,
recibiendo voluntades
y admitiendo los desseos
que se humillan a seruiros
a pesar de muerte y tiempo.

Ram.—Esta y todas las demas que hemos oido son muy buenas, de grandissimo entretenimiento y muy peregrinas; y he dicho esto de todas, porque a Rojas es a quien ha tocado el dezillas y a nosotros el alaballas.

Roj.—Si, porque la alabança en mi boca no fuera cordura, fuera de que no son dinas della; pero, con todo esso, os suplicare recibays la voluntad de seruiros y el desseo de entreteneros, que bien sabe Dios que el aueroslas dicho no ha sido por hazer alarde de mi ingenio, ni vanagloria mia para que me estimeys en algo, sino la mayor humildad que se ha conocido de hombre en el mundo, pues tengo tantas causas para serlo, ser los viages que hemos traido tan largos, y procurar traeros entretenidos, aunque harto temeroso de enfadaros.

Rios.—Si de lo que aueys dicho no se tuuiera conocido todo esso, y para nosotros el oiros no fuera de tanto gusto, bastaua vuestro buen zelo para que, quando ello huuiera sido muy malo, quedara disculpado vuestro yerro.

FIN

EXPOSICION

DE LOS NOMBRES POETICOS QUE VAN POR DECLARAR EN ESTE LIBRO (¹)

A

Amfitrite: muger de Neptuno y hija de Nereo, dios del mar.
Apolo: hijo de Latona y Iupiter, adorado en Delfos, donde tenia su oraculo.
Antenor: troyano que fundò a Venecia: *Illyricos penetrare sinus fontesque Timaui.* (²)
Alecto: es vna de las tres furias infernales.
Aganipe: region de Beocia dedicada a las Musas, del qual nombre se llamaron Aganipides.
Anibal: hijo de Amilcar: capitan valeroso y de veynte años, vencio a Sagunto, ganò infinitas vitorias, y entre ellas la de Canas, donde matò nouenta senadores y quarenta y cinco mil soldados, y vltimamente fue vencido de Scipion.
Apolo: inuentor de la Medicina.
Anteo: gigante, hijo de la Tierra: fue rey de Africa; a este matò Hercules leuantandole de la tierra, porque cada vez que en ella cahia cobraua fuerças nueuas.
Alcides: nombre de Hercules, deriuado de Alceo, padre de Anfitrion.
Aiax Telamonio: no le quisieron dar las armas de Aquiles, siendo vn capitan famoso, y se las dieron a Vlises, por ser vn hombre astuto.

Alcides (que es Hercules, como ya he dicho) y Teseo mataron muchos ladrones: a Caco, Scyron, Procusto, Seynes (³), Creonte, Minotauro.
Astrea: es el signo de Virga.
Adonis: mancebo muy hermoso, amado de Venus, muerto de vn jauali y conuertido en flor. Onid. & Teocrit.)
Alexandria: ciudad de Egypto; está fundada a la entrada del rio Nilo, por Alexandro Magno.

(¹) Esta especie de Diccionario mitológico figura á continuación del texto de Rojas en la edición de 1603. Lo reproducimos aquí solamente á título de curiosidad, porque su exactitud deja harto que desear y es bien escaso su mérito.
(²) Los versos de Virgilio (*Æneid.* I, 243-244) dicen así:

« illyricos penetrare sinus atque intima tutus
regna Liburnorum, et fontem superare Timavi.»

(³) Así, por «Synnis».

Aretusa: ninfa; huyendo de los abraços de Alfeo, rio, se conuirtio en fuente y està en Sicilia.

Agenor: fue rey, y auiendole hurtado su hija Europa, echò de casa a sus tres hijos. Fenix, que fundò a Fenicia; Cilix, que fundò a Cicilia, y Cadmo, el qual siguiò por el oraculo vna bezerra, que en su termino se llama Tebas. Llegado a donde ella parò (que era vna fuente) embiò sus compañeros a ella por agua, y matolos vna sierpe, fue el y matola, y sacandola diez y ocho dientes los sembrò, y nacieron diez y ocho caualleros, que se combatieron, y saluaronse los cinco, y con ellos fundò a Tebas, donde parò la bezerra.

Argos: la primera naue que huuo, llamada deste nombre del arquiteto que la hizo, en la qual passò Iason a Colcos. (Val. Fla., I *Arg.*)

Alexandro: fue emperador del mundo. el qual desia ser hijo de Olimpia y de Iupiter, y no de Filipo.

Acteon: porque vio a Diana desnuda fue conuertido en cieruo y despedaçado de sus perros.

Antonio: amigo de Cleopatra, gitana, hija de Dionysio Auleto, el qual, veucido de Augusto, le forçò a que se matasse, y lo mismo hizo ella con dos aspides.

Aurora: hija de Hyperion y Etra, hermana del Sol y de la Luna, muger de Titon y madre de Memnon. Es aquel primero resplandor de la mañana; llamauanla los poetas hija de la Tierra, porque parece que va saliendo della.

Aruspices: son los agoreros que conocian o juzgauan los casos por el buelo de las aues.

Asteria: hija del Sol. Siendo amada de Iupiter, le despreció, y fue por ello conuertida en codorniz, y yendo al mar hizo vna isla de su nombre, y en esta fue escondida Latona por el viento Aquilon, y en ella pario a Febo y a Diana, y quedò inmoble, y llamada Delos.

Andromeda: hija de Lifeo y Cassiopea; siendo echada a vna balleua para ser comida, la librò Perseo, y a ella y a su padre subio Iupiter al cielo.

Atlante: fue rey de Mauritana, hijo de Iapeto y de Climenes, hermano de Prometeo; fue grande astrologo y el primero que disputò de la esfera. Dizen los poetas del, que tuuo auiso de vn oraculo que se guardasse de todos los hijos de Iupiter, y por esta razon no queria hospedar a nadie, y como le aconteciesse lo mismo con Perseo, hijo de Iupiter, mostrandole la cabeça de la gorgona Medusa le conuirtio en piedra o monte, que de su mismo nombre se llamò Altas o Atlante, tan alto, que nunca se vee su cumbre, y ausi fiugen los poetas que sustenta el cielo en los ombros; e! qual por todas estas cosas, y lo principal por lo verdadero de su historia, dize del Virgilio, principe de los poetas: *Vbi califer Atlas axem humero torquet, stellis ardentibus aptum* (¹). Y por ser Atlas grande astrologo, fingiendo que tenia y sustentaua el cielo sobre sus ombros.

(¹) «.....ubi maxumus Atlas axem humero torquet stellis ardentibus aptum.» (*Æneid.*, IV, 481-482).

Ancona: ciudad muy celebre, fundada por los sicilianos en la orilla del mar Adriatico.

Apeles: famoso pintor. (Plinio, 7, cap. 37.)

B

Betis: rio de España; nace en la prouincia Tarraconeuse; llamase Guadalquiuir, nombre arauigo que quiere dezir rio grande, el qual le pusieron los africanos quando ganaron a España.

Busiris: rey de Egypto; auiendo sufrido nueue años de esterilidad en su reyuo, pidio remedio a los agoreros griegos, los quales le mandaron sacrificar todos los huespedes que le viniessen.

Briareo: gigante; tenia cien braços, manos y espadas.

Belona: diosa de las batallas, y la que incita el animo a guerras, campos y desafios.

Barcelona: principal ciudad y cabeça de Cataluña en España.

Biblis: hija de Mileto y Ciane; enamorada de su hermano Cauno, que antes de gozallo o despues se mató.

Blaubete: puerto de mar en Bretaña, donde huuo vna fortaleza inexpunable llamada el Fuerte del Aguila, del mismo nombre de quien la fundò, que fue don Iuan del Aguila, en la qual trabajè yo mas de dos años con vnas pariguelas.

Baco: hijo de Iupiter y Proserpina; fue nacido en Tebas, la qual cercò Amfion, atrayendo las piedras con la armonia de su musica; fue despedaçado de los titanes, y su coraçon, molido, le dio a beuer a Semele, de lo qual concebio, y Iuno, por embidia, hizo que mouiesse a Baco de siete meses, y el tiempo que le quedaua le criò Iupiter debaxo de su rodilla.

Belisario: maestre de campo del emperador Iustiniano; auiendo vencido los vandalos, triunfado de los persas, echado dos vezes los barbaros de Italia, sin otras muchas hazañas dignas de grande honra, temiendole el emperador le mandò sacar los ojos, y el pedia de puerta en puerta para susteutar su vida, diziendo estas memorables palabras: Dad limosna a quien dio luz a la virtud y cegò la embidia.

Babylonia: ciudad de Caldea, por la qual se llamò deste nombre gran parte de Mesopotamia y Assiria, segun Plinio en el lib. 6, cap. 26. Esta ciudad fundò Semiramis. (Estrab., lib. 16.).

C

Cipris: es Venus, de su isla Chipre ansi llamada.

Cyleno: es Mercurio, llamado assi de Cylene, monte de Arcadia, donde nacio.

Colcos: region de Asia; està junto a Ponto y es muy abundante de venenos. (Horat., lib. 2°, *Carm.*)

Calisto: hija del rey Licaon, de Arcadia; fue hecha vrsa por Iuno, indinada y celosa de que Iupiter la huuiesse conocido, el qual la subio al cielo y la puso al Setentrion.

Cortes: lugar muy fuerte de Bretaña.

Cintia: es la Luna, llamada assi del monte Cinto, en Delos, do nacio.

Cupido: hijo de Iupiter y Venus.

Chipre: isla en el mar Panfilo; fue fertilissima y consagrada a Venus. (Horat., 2, cap. (¹) 2.)

Calipso: tuuo siete años a Vlises en la isla Orgigia, enamorada del, sin quererle dexar yr, hasta que le soltò por Mercurio.

Caliope: vna de las nueue musas, hijas de Iupiter y Moneta, llamada assi por su dulce voz.

Cocodrilo: animal de la hechura de vn lagarto, el qual adorauan por dios los egypcios, segun Pierio Valeriano (lib. 39); viue ansi en el agua como en la tierra, y en viendo vn hombre llora, y acercandose a el le mata. (Cicer., 2, *De Natura Deorum.*)

Clicie: es el tornasol, que siempre se buelue a el.

Ceres: hija de Ope y Saturno, hermana de Iupiter; es la diosa del trigo, porque inuentò la manera de sembrar.

Cadiz: ciudad de España y isla.

Ciro: rey de los persas, el qual murio a manos de la reyna Tomiris.

Circe: hija del Sol, que con cierta beuida boluia los hombres en puercos, y assi lo hizo con veynte y dos compañeros de Vlises.

Cicones: los habitadores de la isla Ismaria, los quales venciò Vlises.

Lotofagos: comedores de loto, que era vn fruto que de la flor de vn arbol se daua tan suaue, que el que le comia no se acordaua de boluer mas a su tierra, y assi se quedaron dos compañeros de Vlises, hasta que el los traxo a todos.

Ceix: hijo de Hespero y Filonida; siendo hundido en vn naufragio en la mar, su muger, Alcione, hija de Eolo y Egiala, se arrojò en ella, y fueron conuertidos ambos en aues alciones.

Chimera: vnos dizen auer sido vna fiera, cabeça de dragon, cuerpo de fuego, pies de cabra; otros, vn monte que echaua llamaradas por la cumbre, y en la falda criaua leones, tigres y otros animales, y en la falda apacentaua ganados.

Canaze: hija de Eolo; enamorada de su hermano Macareo, que como la conociesse y su padre viniesse a saberlo, le embiò vna espada con que se matasse, la qual tomò en la mano yzquierda y en la derecha vua pluma, escriuiendo vna carta a su hermano, al fin de la qual se matò.

Cleopatra: reyna de Egypto, hija de Aletes y hermana de Ptolomeo, amada de Cesar y Antonio.

Claudio Marcelo: capitan romano, vencedor de Anibal.

Curcio: fue vn capitan romano muy valeroso, el qual auiendo en Roma vna grande abertura, en que se yua consumiendo la tierra, dixo el Oraculo que no se cerraria hasta que alguno entrasse dentro; y Curcio, estando a cauallo, saltò dentro del hoyo.

Cloto, Lachesis y Atropos: son las Parcas, hijas del Herebo y la Noche; llamanse Parcas porque no perdonan a nadie.

Codro: rey de los atenienses; estando en la guerra peloponense le dixeron que aquel campo venceria cuyo general fuesse muerto, y se me-

tio disfraçado entre los enemigos por que le matassen, y fue assi, pues dexò en sus manos la vida.

Cygno: fue amigo de Faeton, y llorando su muerte fue conuertido en cisne, que son los que lleuan el carro de Venus.

Caribdis y Scylla: son dos peligros que ay en la mar cabe Sicilia, los quales son perros ladradores, el vno medio muger y la mitad inferior (¹), y Caribdis, que haze tres remoliuos al dia, donde se hunden las naos.

Cinco zonas: son en las que diuiden los astrologos el cielo; las dos mas altas, por eladas no se auitan; la de en medio, por calurosa, y las dos que quedan mas baxas son las mas templadas, que es debaxo de donde nosotros viuimos, vna llamada del Cancro y otra de Capricorno, donde estan los Antipodas.

Cloris: diosa de las flores.

Canicula: perro que guardò a Europa, y con ella vino hasta Minos enfermo, y curolo Procris, muger de Cefalo, y fuele dado en premio que alcançasse todos los animales; muerta Procris, huuolo Cefalo, y vino con el a Tebas, donde auia vna liebre a quien concedio Iupiter ahuyentar todos los perros; juntandose los dos, matolos Iupiter y subiolos al cielo.

Cicuta: yerua ponçoñosa con que murio Socrates.

D

Doris: hija de Tetis y el Oceano, casada con su hermano Nereo.

Demetrio: hijo de Antigono, rey de Macedonia; vencio a Pirro, ganò a Tebas, a Chipre y a Babylonia, y murio a manos de Antioco.

Daphne: hija del rio Peneo; huyendo de Apolo se conuirtio en laurel.

Dardania: llamada Troya, de Dardano, su primer rey.

Del Tajo al Bactro es de Poniente a Oriente, por los dos rios, vno de Occidente, que es Tajo, en España, y otro que es Bactro, del Oriente.

Dedalo: grandissimo arquitecto, el que labrò el laberinto de Creta.

Diana: hija de Iupiter y Latona.

Diomedes: rey de Tracia; sustentaua sus cauallos con carne humana, hasta que Hercules le matò.

Demodoco: musico; cantò en el banquete que Alcino, rey de los feaces, hizo a Vlises.

Dinan: villa de Bretaña.

Dido: reyna de Cartago, hija de Belo, rey de los tirios, muger de Siqueo, sacerdote de Hercules; fue honestissima, porque auiendole muerto Pygmaleon, su hermano, a su marido Siqueo, hombre riquissimo, por robarle sus tesoros, ella, que los tenia escondidos, los sacò vna noche, y huyendo se fue a la Tingitania, prouincia de Africa, donde edificò a Cartago, y se vino a matar por no consentir querer casarse con Hiarbas, rey de Getulia. Y esta es su verdadera historia, porque la que cuenta Virgilio en el 1 y 4 de la *Eneyda* es falsa y fabulosa.

(¹) Sic.

(¹) Falta algo en el texto.

E

Evfrates: rio de Mesopotamia: nace del monte Nifate, de Armenia, atrauie-sa a Babylonia y muere en el mar Bermejo.

Eolo: hijo de Heleno, a quien Iupiter dio mando sobre los vientos.

El nieto de Atlante es Mercurio, hijo de Iupiter y de Maya, hija de Atlante.

Etna: monte de Sicilia que vomita fuego. (Iust., lib. 2.)

Eoo, Eton, Phlegon y Pyrois, son los quatro cauallos del sol.

Erix: hijo de Bute y Venus; fue muerto por Hercules y euterrado en vn monte de Sicilia, en el qual Eneas edificò vn templo a Venus y del se llama Erycina.

Eryne o *Erymnis:* diosa de la discordia, hija de la Noche y del Erebo, que en los desposorios de Tetis y Peleo, auiendo Iupiter combidado a todos los dioses y no a ella, desde la puerta arrojò vna mançana de oro con vna letra que dezia: a la mas hermosa; compiten sobre cuya sera Iuno, Palas y Venus; nombra Iupiter por juez a Paris en el monte Yda.

Estigia, laguna del infierno por cuyas aguas jurauan los dioses, y era juramento irrefragable. (Virgil., Homer., Ouid.)

Eco: niufa que, amando a Narciso, fue conuertida en piedra. (Ouid., lib. 3.)

F

Flora: fue vna cautonera que dexò por heredero de su hazienda al pueblo romano, y por esto fue tenida por diosa de las flores, haziendole las fiestas florarias o laurencias.

Falerno: es vn monte de Campania y donde se da muy buen vino.

Fabula de las palomas fue ansi: Cogian Venus y Cupido flores a porfia; vencia Cupido a su madre, y por tener Alasperistera donzella, que ayudò de secreto a Venus, venciò la madre al hijo, y el enojado conuirtio a Alasperistera en paloma, y Venus por esto la tomò en su tutela.

Faeton: hijo de Climene y del Sol, que no sabiendo regir el carro paterno abrasò a toda Etiopia, por lo qual fue precipitado en el Po.

Faunos: dioses de las seluas y hijos de la Tierra. (Ouid., *Meta.*)

Febo: hijo de Iupiter y Latona y hermano de Diana; es el mismo que el sol Apolo. Teniaule los antiguos por inuentor de la musica y de la poesia. Dauaule tres nombres, y segun ellos tres diferentes poderes y assistencias: en los cielos le llamauan Sol o Febo; en la tierra, el Libeto padre, y en los infiernos, Apolo; piutauanle cou lira, sombrero, arco y saetas, y assi lo dizen Ouidio, Pausanias y otros.

Fenix: aue famosa de Arauia, y viue seyscientos años.

Florencia: señoria y ciudad, cabeça de la Toscana.

Filautia: es el amor que cada vno tiene a ssi mismo, de donde nace no conocerse ninguno.

Fortuna: es vn suceso no pensado; fue tenida por diosa de los antiguos. (Iuu., *Sat.* 10.)

G

Gange: es vno de los quatro rios del Parayso.

Gargano: vn monte o promontorio de Pulla, que se estiende por muchas leguas al mar Adriatico, y ahora se llama el monte de San Angel.

Ganimedes: muchacho muy hermoso, que robò del suelo el aguila de Iupiter. (Virg., 1 *Ænei*)

Genoua: señoria y ciudad cabeça de ella.

Gigantes, hijos de la Tierra y Tartaro; quisieron pelear con los dioses.

Guadiana: famoso rio de España.

Glauco: hecho pez de hombre y de pez dios; amò a Scylla, siendo el amado de Circe, hija del sol, la qual, de celos de verse desdeñada, en vna fuente donde Scylla se bañaua puso tales encantamentos, que yendose a lauar la Scylla quedò de la cinta abaxo hecha perros ladradores.

Goston: se llamò antiguamente la ciudad que es agora Santa Fe, en el reyno de Granada, que fundaron los Reyes Catolicos.

H

Hipocrene: es la fuente de Beocia que hizo el Pegaso con la vña, dedicada a las Musas.

Hebro: famoso rio del reyno de Aragon, en España.

Hesperidas son: Egle, Hesperie y Erica, hijas de Hespero, el qual tuuo los huertos con las mançanas de oro en la ciudad de Lixa, de la Mauritania Tingitana.

Helena: hija de Iupiter y Leda, casada dos vezes y ambas robada, vna del Tindaro y otra de Paris. (Virgil., 7.)

Homero: poeta excelentissimo, que escriuio los trabajos de Vlises en la *Vlixea.*

Hierusalen: cercada por Tito Vespasiano, y murieron en el cerco vn millon y cien mil personas.

Helicona, monte de Beocia, junto a Tebas.

Hele y su hermado Frixo, hijos de Atamante y la Niebla; huyendo de su madrastra Yno, les dio su madre el carnero del Vellocino dorado, hijo de Neptuno y Teofanes, con que huyessen a Colcos a Eeta, hijo del Sol. Cayò Hele en medio del mar y dio su nombre a las aguas llamadas de Helesponto.

Harpias: hijas de la Tierra y de Neptuno, con alas y rostros de donsellas y grandes vñas.

Heroes: varones illustres.

Hector: hijo del rey Priamo y el mas fuerte de los troyanos; murio a manos de Aquiles. (Ho., 32 (1) *Illia.*)

Himeneo: dios de las bodas, hijo de Baco y Venus.

I

Ivpiter: hijo de Saturno y Ope; partio el reyno de su padre con sus hermanos: a Neptuno dio

(1) Sic.

el mar, a Pluton el infierno, a Iuno caso consigo, a Vesta hizo religiosa y el se hizo padre de los dioses.

Iuno: hermana y muger de Iupiter y hija de Saturno.

Ino: hija de Cadmo y Armonia; pretendio matar sus dos entenados Hele y Frixo; sabido por Atamante, su marido y padre dellos, entregò a ella a Frixo, para que la matasse con su hijo Melicerta, y, huyendo ellos los encubrio Baco con vna nuue y los echò en la mar, donde son dioses.

Iano: cuyo templo se abria en tiempo de guerra y se cerraua en el de paz; pintauanle en Roma con dos rostros, como quien veia lo presente y lo passado.

Iaen: ciudad del Andalusia en España.

Isis: reyna, inuentora de las letras egypcias (*Offi.* Text.).

Iacinto Amicleo: era hermosissimo; fue amado de Febo y Zefiro, y como quisiesse mas a Febo, matolo de zelos Zefiro, y fue trausformado en lirio.

ris, que el vulgo llama el arco de la vieja o mensagera de Iuno (Virg., 5 *Æneid.*)

L

Leonides: espartano, con quatro mil soldados defendio el passo a Xerxes, que traia vn millon de hombres y tres mil velas.

Leon, Silua Nemea: es el que matò Hercules (Mart., lib. I).

Los dioses hechos pezes fueron Venus y Cupido, que estando en Siria junto al rio Eufrates, vieron al gigante Tifon, y de miedo se metieron en el agua y tomaron figura de pezes, los quales despues Iupiter puso en los doze signos del Zodiaco.

Lira de Orfeo: por ser dada de mano de Apolo, fue lleuada entre las estrellas.

Libitina: era vna diosa que tenia las roscas y bollos que se sacrificauan a los muertos, llamados en latin *Liba* y *Teneo,* que es tener, y assi se entiende que es Proserpina.

Latona: huyendo de Iuno vino a Licia, y calurosa quiso llegar a beuer donde vnos pastores estauan; no le dexaron llegar, y el pidio a Iupiter que alli se quedassen, y fueron luego conuertidos en ranas (Ouid., libro 6 *Metam.*).

Lampetusa: hermana de Febo. hijos del Sol y de Climene, que llorando la muerte de su hermano se conuirtio en alamo blanco.

Leucotea: niufa de la mar, amada de Apolo.

Lisboa: ciudad de Portugal; fue fundada de Vlises, y del se llamò Vlisipo.

Leteo: es vn rio del infierno a quien los poetas llamauan del oluido, porque dezian que qualquiera que beuiesse de sus aguas se oluidaria de todo quanto por el passaua. Pero la verdad desta fabula es, que este Leteo es vn estanque o laguna de Africa, situada en lo postrero de las Sirtes, junto a la ciudad de Berenice, y alli se hunde, y por baxo de la tierra va muchas leguas, y assi se dio lugar a la fabula, diziendo que va al infierno. Ay otros muchos

rios Leteos: vno en Asia, en la tierra de Efeso, segun Estrabon en el libro 14; otro en la isla de Creta, segun el mismo en el lib. 10, y otros muchos que cuenta el mismo autor, aunque el primero es sin duda el rio de los poetas. (Luc., 8).

Lucrecia: muger de Colatino, violada por el rey Tarquino de Roma, se matò por el zelo de la honra.

M

Marte: dios de la guerra y hijo de Iupiter y Iuno; enamorado de Venus, muger de Vulcano, el qual, como muchas vezes los hallasse juntos y no pudiesse remediarlo, hizo de adamante vuas redes muy delgadas, en que los cogiò a ambos, y fue a auisar al Sol que alumbrasse y fuessen vistos de los dioses; y de aqui se dixeron las redes de Vulcano.

Mercurio: hijo de Iupiter y Maya; es vno de los siete planetas, y cuyo cuerpo es el menor de todas las demas estrellas. (Cic., 3 *De Nat. Deorum.*).

Mahoma: hijo de Abdala, ydolatra, [y] de Ymina, iudia; nacio año de 568.

Minerua: hija de Iupiter, sin madre; diosa de la eloquencia.

Morfeo: hijo o seruidor del dios del sueño.

Mongibel: monte en Italia que echa fuego.

Minias es Iason, nieto de Climene y Minias, capitan de los que yuan a conquistar a Colcos el bellocino dorado en la nao que llamauan hadada, porque fue hecha por orden de Minerua de vna encina Dodonea, que les profetizaua lo que auian de hazer.

Milcyades: capitan de los atenienses; vencio cien mil soldados de Dario, rey de los persas.

Mausoleo: sepulcro de Mausolo, rey de Caria, de quien los sepulcros famosos tomaron este nombre de mausoleos.

Marco Sceua: centurion de Cesar; guardando vn castillo en Francia que Cesar le auia encomendado, defendio la puerta passado vn muslo de vua lançada, sacado vn ojo, herido en vn ombro, quebrados los cascos, despedaçada la espada y con ciento y veynte heridas en el escudo.

Memnon: hijo de Titon y el Aurora, muerto de Aquiles en la guerra de Troya (Stra,. 13).

Mançanares: rio de Madrid, que basta.

Mitra: hija de Cinare, rey de Egypto; se enamorò de su padre y concibio del a Adonis. (Ouid., lib. 10).

Megera: vna de las furias infernales, hija de Aqueronte y de la Noche.

Medusa: hija de Gorgon y Ceto, de cuyos cabellos se enamorò Neptuno, y Tetis se los hizo boluer en culebras; tenia dos criadas, que la velauan con solo vn ojo, que eran las Greas, a quien hurtò el ojo Perseo, quando cortò la cabeça a Medusa, de cuya sangre se criaron las serpientes y biuoras en Africa.

Medea: despedaçò su hermano, yendo huyendo con Iason, por que el padre, que los seguia, se detuuiesse en coger los miembros de su hijo, y despues matò sus hijos delante de Iasson.

Midas: rey de los frigios; pidio a Baco que, en premio de auer hospedado a Syleno, su ayo, todo lo que tocasse se conuirtiesse en oro.

N

Nubis: era vn dios en figura de perro, el qual adorauan los egypcios.

Neron: hijo de Agripina y Sexto, emperador de romanos, tan cruel como cuentan Suetonio y Corn. Tacit.

Nisa: fue la ciudad que Baco edificò en la India, llamada assi de su amo Niso, que lo crio.

Nantes: villa principal de Bretaña.

Neptuno y Apolo: fabricaron a Dardania los muros de Troya, porque les prometio de ofrecerles toda la cria de su ganado de aquel año.

Nilo: es rio de Egypto, tan conocido por sus siete bocas.

Noe: fue el primero que plantò viña; con su muger y tres hijos y tres nueras se saluò, en el arca, del diluuio.

Nino: hijo de Semiramis, que conocio a su madre y luego la matò.

Nápoles: reyno y ciudad cabeça del.

Nicostrata: muger famosa, inuentora de las letras latinas.

Numancia: ciudad de España, que tuuo veynte años guerra con los romanos, y al fin la cercaron, y estuuo cercada catorze, y con solos quatro mil hombres que dentro tenia, se detuuo todos estos catorze años, y matò quarenta mil romanos, y quando se huuo de entrar la ciudad, porque no pudiessen gozar ni triunfar dellos ni de sus haziendas los romanos, se quemaron los naturales con todo quanto dentro tenian. (Assi lo dize Floro, libro 2.)

Narciso: hijo de Zefiro y Liriope, enamorado de si y conuertido en flor de su nombre.

O

Ostro o *Murice* sinifica purpura, porque con el humor deste pez se da esta color perfeta.

Orfeo: inuentor de la musica, marido de Euridice.

Omfale: reyna de los lidios, hermosissima, de quien se enamorò Hercules, de suerte que le hizo esta hilar y vestirse como donzella.

Olimpo: monte entre Tesalia y Macedonia, cuyo estremo passa la primera region del ayre. (Liu., 2.)

Orion: siendo Iupiter, Mercurio y Neptuno hospedados del rey Birseo, les pidio por merced vn hijo, y trayendo Mercurio vn cuero de vn buey que le auian sacrificado, orinaron todos en el y enterraronlo, de do nacio Orion, el qual queriendo despues violar a Diana, fue della muerto, y Iupiter le subio al cielo, y por ser tan mal afortunado en sus amores, guarda el rostro a Venus.

Ojo del cielo se llama el Sol, y assi lo llama Platon en su *Timeo.*

Occidente: donde se pone el Sol.

P

Proteo: hijo de Tetis y el Oceano; apacienta las focas en la mar, que son los lobos marinos.

Plauto: tan pobre, que traia vna atahona.

Portugal: se dixo Lusitania de Lysa, o Luso, criado de Baco.

Pancaya: tierra fertilissima de balsamo y otros olores. (Ouid., 10 *Metamor.*) *Sudataque ligno thura ferat floresque alios Panchaia tellus.* [1]

Platon: filosofo, natural de Atenas, y tan sabio que merecio nombre de diuino, y que le llamasse dios Marco Tul. Ciceron.

Peritoo, hijo de Ixion, y Teseo, hijo de Tegeo, baxaron al infierno a hurtar a Proserpina, muger de Pluton.

Partenope: es Napoles, llamada assi del nombre de vna sirena alli enterrada.

Pitagoras: filosofo, hijo de Menesarco. (Ouid. 15 *Metamor.*)

Progne: matò a su hijo Itis, y le dio a comer a su marido Tereo, porque forçò a su hermana Filomena.

Perilo: sabiendo que Falaris el tyrano prometia premio a quien inuentasse nueuo tormento, inuentò el toro de arambre [2], donde metiessen vn hombre y le pusiessen fuego por abaxo.

Porcia: hija de Caton; sabiendo que era muerto su marido, y no hallando armas con que matarse, se matò con vnas brasas. (Plut., Val. Max.)

Pompeyo: valerosissimo capitan (como lo cuenta Paulo Orosio), alcançando tantos trofeos y triunfos en Oriente y Poniente, fue vencido de su suegro, y muerto miserablemente de vn soldado, y enterrado en vn arenal de Egipto. Y da Eusebio por razon deste desastre, en su *Tripartita,* auer el profanado el templo de Hierusalen, haziendolo caualleriza para sus cauallos.

Pasifae: madre del Minotauro, hija del Sol, muger de Minos. (Prop., lib. 3).

Policena: hija de Priamo y Hecuba, de quien se enamorò Aquiles, y por ella le mataron.

Pegaso: cauallo con alas, nacido de la sangre de Medusa, el qual hizo en vna piedra con el pie aquella famosa fuente de Helicona, de quien tantos han benido y tan pocos se han aprouechado.

Pyrro: hijo de Aquiles y de Andromaca.

Prometeo: hijo de Iapeto, hizo vnos hombres de lodo, y hurtando del cielo fuego se lo inspirò y viuieron, por lo qual estuuo quarenta años atado al Caucaso, y vn aguila comiendole el coraçon, hasta que queriendo Iupiter auer a Tetis, le dixo el que no la conociesse, porque auia de auer della vn hijo que fuesse mayor que su padre, por este auiso mandò Iupiter a Hercules que matasse el aguila le soltasse.

Paris: hijo de Priamo y Hecuba, reyes de Troya, el que robò a Helena.

Pentisilea: reyna de las amazonas sciticas que vinen junto al rio Tanays y Termodoonte.

Padua: ciudad de la señoria de Venecia.

Polifemo: hijo de Neptuno, a quien Vlises, despues de encerrado en cueua y comidos dos compañeros, le sacò el ojo.

---

[1] Verson 308 y 309.

[2] Bronce.

Palinuro: piloto famoso, que se les quedò a Eneas y sus compañeros en la mar.

Popea: muger de Neron, muerta a coçes por el, aunque triste despues de muerta por lo mucho que la amaua. Exemplo para las muchas que padecen oy sin causa, y auiso para los que castigan sin culpa.

Pactolo: rio de Lidia que lleua areuas doradas, y otro ay de Asia.

Polidoro: hijo de Priamo.

Pomona: diosa de los huertos.

Proserpina: furia del infierno.

Pluton: dios del iufierno, marido de Proserpina.

Palas, hija de Iupiter, y Neptuno, dios del mar, tuuieron competencia sobre quien seria el dios celebrado en Atenas, y resoluiendose que aquel quedasse por dios que diesse vna cosa mas prouechosa, dio Palas la oliua y Neptuno el cauallo, y porque para el estudio es la oliua, y el cauallo para la guerra, quedò Palas mas hourada en Atenas.

Q

Qvintiliano: fue natural de Calahorra, en España, y gran retorico. (Eusenio).

R

Romulo y Remo: hermanos, hijos de Marte y Syluia, los quales criò vna loba.

Rodas: isla del mar Carpacio, llamada assi de Rodia, donzella amada de Apolo. (Diod., lib. 6.)

Ramnusia: diosa de las vengançus, que con Minos, Eaco y Radamanto juzga en el infierno.

Radamanto: hijo de Iupiter y Europa, y juez de las almas condenadas. (Virg., 6 Æneid.)

S

Sinon, griego: persuadio a los troyanos a meter el cauallo y su destruycion en la ciudad de Troya.

Saturno: marido de Opa; sabia que vu hijo suyo le auia de quitar el reyno, y assi en naciendo se los comia.

Scylla: matò a su padre Niso, rey de los Megarenses, por amor del rey Minos, de Creta, con quien pensaua casarse.

Schinis: fue vn ladron famoso cabe Corinto, y de tanta fuerça, que abaxaua las puntas de los arboles al suelo, y en ellos ataua los que robaua para despedaçarlos.

Sisifo: hijo de Eolo; este matò Teseo, y lo pusieron los dioses en el infierno vn peñasco a cuestas, que sube siempre por vna cuesta muy aspera. (Ouid., 5 Met.)

Sirenas: hijas de Acheloo y Caliope, musa; eran donzellas de la cinta arriba, y la otra mitad era de gallinas; vna cantaua, otra tañia vihuela y la tercera flauta. Era su hado que auian de viuir todo el tiempo que quantos las oyessen adormeciessen, y dormidos los ahogassen. Passando por ellas Vlises, se hizo atar al mastil, y a sus compañeros poner cera en los oydos, con que no fueran encantados, y en passando, ellas se echaron en la mar y acabaron.

Socrates: natural de Atenas, gran filosofo y tenido por el mas sabio del mundo; pero no eu auerse casado, que aunque se caso con muger que auia querido, queria y desseaua mucho, viuio despues con grandissimo tormento, como oy viuen muchos, porque, si yerra, desdichado del que se casa; de donde se infiere que no ay casamiento tan desseado que no dò despues mas dolor que gozo.

Signo de Tauro: es a diez de abril.

Siete milagros del mundo, son estos:

El primero, el templo de Efeso.

El segundo, el Mauseolo, de alto ochenta pies, y de circuito mil y trezientos y quarenta, sepulcro de Mausolo, rey de Caria, que su muger, Artemissa, le mandò hazer.

El tercero, en Rodas, la figura del Sol, que teuia de alto uouenta pies.

El quarto, la figura de Iupiter Olimpio, hecho de marfil y oro, que sentado tenia de alto quareuta pies.

El quinto, la casa del rey Ciro que hizo Memnon.

El sexto, los muros de Babylouia, que hizo Semiramis, que de ancho tenian veynte y cinco pies, de alto sesenta y de circuyto sesenta mil.

El septimo, las piramides egypcias, que tenian de alto sesenta pies.

Sena: ciudad de Italia, en la Etruria.

Sicilia: reyno.

T

Tyfeo: hijo de Titan y de la Tierra; era gigante grandissimo de cuerpo, y saliante de los ombros cien cabeças de dragones; desafio a Iupiter, y Iupiter le confundio con vu rayo y le puso debaxo del monte Etna, que està en Sicilia.

Taprobana: isla al cabo de Comari, llamada aora Zeylan, do entendio Ptolomeo ser el fin de la tierra.

Tetis: hija de Celo y Besta, muger de Peleo, madre de Aquiles y muger de Neptuno.

Temis: hija de la Tierra.

Thyoneo: es sobrenombre de Baco, llamado assi de su madre Semele, que por otro nombre fue dicha Thyone en griego, que quiere dezir sacrificadora.

Tingitania: es parte de Africa, y la ciudad de Tanjar, Tingis.

Triton: hijo de Neptuno y Aufitrite.

Tibre: rio de Italia muy celebrado, el qual nace de la mitad del monte Apenino.

Torquato: se llamò primero Tito Manlio, porque vencio en desafio a vn famoso frances y le quitò vn collar, que en latin se llama torques (Aul. Gel., cap. 13, lib. 9), y lo mismo hizo Valerio Coruino, teniendo vn cueruo que le ayudaua, y del se llamò Coruino (Aul. Gel., capit. 11, lib. 9).

Tarpeya: virgen vestal, hija de Tarpeyo, alcayde romano; yeudo por agua le prometieron los sabinos grandes riquezas porque rindiesse la fuerça que tenia su padre; pidioles en premio vnos braçaletes que trahian al braço yzquierdo:

entraron, y en paga la dieron con los escudos y la mataron, y ganaron a Roma.

Tajo: rio de España; nace en las sierras de Cuenca, celebrado de tan diuinos ingenios como han uacido en sus riberas.

Telus: las diosa de la tierra, segun Ciceron, Ouid. y Virg., y segun S. Ambrosio y S. Agustin la tierra misma.

Tesifon: vna de las tres furias infernales, hija de Acheronte y de la Noche.

Tesalia: region de Grecia, famosa por veynte y quatro montes (Strab., 10).

Timantes: pintor famoso.

V

Vlises: escapado de Polifemo, le dio Eolo, hijo de Heleno, rey de los vientos, a la partida, vnos cueros llenos de arena, y los compañeros, creyendo ser oro, los soltaron, por lo qual padecio graudes naufragios. Fue rey de Itaca, hijo de Laertes y Anticlea, marido de Penelope y padre de Telemaco, muy astuto y eloquente (Ouid. & Hom.).

Vulcano: hijo de Iupiter y Iuno, marido de Venus, y herrero que labra en Lipara, con los Cyclopes, los rayos que Iupiter echa.

Virgilio: principe de los poetas, que en los 6 de la *Eneida* cuenta las peregrinaciones de Eneas.

Venus: dizen algunos auer nacido de la espuma del mar, y assi la llaman Afrodite, de Afros, que sinifica espuma, y a esto acude el poeta Seueca: *Diua non mili generata ponto* (¹); es la diosa de la hermosura, muger de Vulcano y madre de Cupido.

Venecia: republica y ciudad.

Viriato: español, famoso capitan en Lusitania que traxo quarenta años guerra con los romanos.

X

Xerxes: rey de Persia y hijo de Dario.

Y

Yocas (²): musico excelente.

Z

Zodiaco: tiene los dos signos, por medio del qual va la ecliptica camino del Sol.

Zefiro: viento enamorado de Flora.

Zoroastro: rey de los bactrianos, e inuentor de la magica, segun Plinio.

FIN DE LA EXPOSICION DE LOS NOMBRES

(¹) *Phaedr.* v. 274.
(²) Asi, por «Yopas».

INDICE

(¹) En el texto, por error, « III ».
(²) En el texto, por error, « IV ».
(³) En el texto, por error, « V ».

Lightning Source UK Ltd.
Milton Keynes UK
UKHW020618051218
333473UK00010B/321/P